lonely planet

Südostasien
für wenig Geld

Nick Ray, Isabel Albiston, Greg Bloom, Ria de Jong, David Eimer, Sarah Reid, Simon Richmond, Iain Stewart, Ryan Ver Berkmoes, Richard Waters, China Williams

REISEPLANUNG

MACAQUES, UBUD S.131

MATT MUNRO/LONELY PLANET ©

REISFELD, LUANG NAMTHA S. 373

PRESSDIGITAL/LONELY PLANET ©

REISEZIELE IN SÜDOSTASIEN

Inhalt

REISEZIELE IN SÜDOSTASIEN

Inhalt

SÜDOSTASIEN VERSTEHEN

PRAKTISCHE INFORMATIONEN

SPECIALS

Willkommen in Südostasien

Traumlandschaften, Stadtdschungel, herrlich ruhige Strände, brodelnde Vulkane, uralte Tempel, modernistische Architektur und eine kreative Küche, Südostasien ist erschwingliche Exotik zum Anfassen.

Urgewalten

Wasser formte große Teile dieser Region. Korallenriffe umkränzen von Dschungel bedeckte Eilande und zwingen den Ozean in türkisgrüne Becken. Vietnams Küste schmiegt sich an das Südchinesische Meer, und im Landesinneren streben atemberaubende Karstberge himmelwärts. Der Mekong schlängelt sich von den Bergen im Norden Laos' bis in die Ebenen des Mekong-Deltas. Borneos traditionelle „Schnellstraßen" sind kaffeefarbene, von Dschungelvegetation flankierte Flüsse und indonesische sowie philippinische Vulkane lassen das unberechenbare Herz, das in der Erde wummert, erahnen.

Spirituelle Reisen

Südostasien ist ein spiritueller Ort. Bei Tagesanbruch brechen barfüßige Mönche auf, um Almosen zu sammeln, Muezzins rufen zum Gebet und die Familienaltäre ächzen unter der Last von Obst und Blumen für die Schutzgeister. Die fantastischen Baudenkmäler der Region, von Angkors real gewordener Vision des Himmels bis hin zu den schimmernden Türmen Bagans, sind die Werke göttlicher Inspirationen. Spiritualität ist allgegenwärtig, und Reisende können ihr Karma bei Meditationsseminaren oder auf Wanderungen zu goldenen Tempeln auf heiligen Bergen wieder ins Lot bringen.

Stadtabenteuer

Südostasiens Städte streben nach vorn, mit einem Fuß stecken sie aber in der Vergangenheit fest. In Bangkok – für viele der Anfang des Asienabenteuers – sausen Skytrains von einem Einkaufszentrum zum nächsten, während auf den Gehwegen darunter Händler ihre Waren feilbieten. Singapur ist das schillernde Beispiel für asiatische Effizienz. Die Gassen von Phnom Penh, die Altstadt Hanois oder das Zentrum Yangons locken mit einem betörenden Mix aus traditioneller Architektur, Kolonialschätzen und modernem Pfiff. Alle südostasiatischen Städte haben eine mitreißende Energie.

Vielfältiger Genuss

Viel Sonne und Regen sorgen für reiche Ernten. In den Böden wachsen Früchte, Gewürze – einst so kostbar wie Gold – und Reis, Südostasiens Grundnahrungsmittel Nummer eins. Die Küche – von indischem Curry bis hin zu chinesischem Dim Sum – erzählt von der bewegten Vergangenheit der Region. Wer den Schmelztiegel der Kulturen, ihren ansteckenden Esprit und ihre unbändige Lebenslust hautnah erleben möchte, sollte auf einem lokalen Markt oder an einem Straßenstand essen und trinken, denn die Straße ist noch immer die Bühne, auf der sich das wahre Leben Tag für Tag abspielt.

Warum ich Südostasien liebe

Von Nick Ray, Autor

Meine Liebe zu Südostasien entbrannte 1995, bei einem sechsmonatigen Aufenthalt dort, und sie ist immer noch so frisch wie eh und je. Frühe Highlights waren für mich gemächliche Bootsfahrten auf dem Mekong, Motorradtouren im Dschungel und Inselhopping in Indonesien, aber der konstante Wandel der Region eröffnet Travellern immer neue Möglichkeiten. Die unbändigen Einheimischen und die unvergesslichen, völlig einzigartigen Erlebnisse stehlen früher oder später einfach jedem das Herz.

Weitere Informationen über unsere Autoren s. S. 1038

Frauen mit Kegelhüten auf einem Boot im Mekong-Delta (S. 954), Vietnam

Südostasien

0 — 1000 km
OSTCHINESISCHES MEER
Nördlicher Wendekreis
TAIWAN
Ha-Long-Bucht (Vietnam)
Grün-blau glitzernde, von Kalksteinfelsen gesäumte Bucht (S. 886)
Phong-Nha-Ke-Bang-Nationalpark (Vietnam)
Die größte Höhle der Welt (S. 902)
20°N
Batanes-Inseln
Luzonstraße
Babuyan-Inseln
Reisterassen von Ifugao (Philippinen)
Smaragdgrüne Stufen (S. 629)
Banaue
Luzon
PHILIPPINISCHES MEER
Polillo-Inseln
MANILA
Palawan (Philippinen)
Unebene, abgelegene und traumhaft schöne Strände (S. 657)
Catanduanes
PHILIPPINEN
Mindoro
Sibuyan-See
Samar
Calamian
Visayan-See
10°N
Panay
Letye
Cebu
Dinagat
Bohol
Siargao
Malaysisch-Borneo
Jeden Menge Dschungelabenteuer (S. 480)
Palawan
Negros
Bohol-See
SULUSEE
PALAU
Mindanao
Basilan-
Jolo
Sulu-Archipel
PAZIFISCHER OZEAN
Talaud
Tawi-Tawi
Semporna-Archipel
Sangir-Inseln
Komodo & Flores (Indonesien)
Idyllische Strände (S. 164)
CELEBESSEE
Morotai
Halmahera
Äquator 0°
Waigeo
Pulau Biak
Teluk Tomini
Togean-Inseln
HALMAHERA SEE
MALUKU-SEE
Yapen
Pulau Bacan
Teluk Cenderawasih
Sula-Inseln
Obi
Misool
SERAMSEE
Sulawesi
Banggai-Inseln
Seram
Tana Toraja
INDONESIEN
Buru
Puncak Jaya (5030 m)
INDONESIEN
Papua
Ambon
PAPUA-NEUGUINEA
Teluk Bone
Banda-Inseln
Butung (Buton)
Kai-Inseln
Aru-Inseln
BANDASEE
Selayar
Yos Sudarso
FLORESSEE
Wetar
Alor-Inseln
Atauro-Insel
Leti-Inseln
Tanimbar-Inseln
Sumbawa
Komodo
Babar-Inseln
DILI
ARAFURASEE
Flores
Solor-Inseln
TIMOR-LESTE
10°S
Osttimor
Abenteuer abseits der üblichen Pfade (S. 582)
SAWUSEE
West Timor
TIMORSEE
Sumba
Sawu
Rote
120°O
AUSTRALIEN
140°O

Südostasiens Top 20

1

Die Tempel von Angkor (Kambodscha)

1 Die Tempel von Angkor (S. 272) gehören zu den weltweit eindrucksvollsten Bauten und übertreffen alle Superlative. Angkor Wat ist das größte religiöse Gebäude und Bayon mit seinen vier riesigen Steingesichtern das bizarrste spirituelle Monument der Welt, während in Ta Prohm die Natur das Zepter übernommen hat. Das lebendige Siem Reap dient als Ausgangsbasis für die Erkundung der Tempel und punktet zudem mit tollen Restaurants und Bars. Neben den Tempeln locken kulturelle Attraktionen wie schwimmende Dörfer und Kochkurse. Bayon (S. 281), Angkor Thom

Hoi An (Vietnam)

2 Diese schöne alte Hafenstadt ist der kosmopolitischste Ort Vietnams und bietet unzählige Restaurants für Feinschmecker, hippe Bars und Cafés sowie skurrile Boutiquen und hervorragende Schneidereien. Bei einem Spaziergang durch die schönen Straßen der Altstadt kann man in die Geschichte eintauchen, Geschäfte besuchen und prächtige Pagoden und Tempel erleben. Für wenig Geld gibt's leckeres Essen und die Möglichkeit, wie die Einheimischen kochen zu lernen. Anschließend können der nahe gelegene An-Bang-Strand (S. 926) besucht, am Fluss entlanggewandert oder die Seitenstraßen mit dem Rad erkundet werden. Die Altstadt von Hoi An (S. 920)

LUIS CASTANEDA INC/GETTY IMAGES ©

2

FELIX HUG/GETTY IMAGES ©

MATT MUNRO/LONELY PLANET ©

Bagan (Myanmar)

3 Über die Ebenen von Bagan (S. 556), Stätte des ersten birmanischen Königreichs und architektonisches Gegenstück zu Angkor, verteilen sich mehr als 4000 aus dem 11. bis 13. Jh. stammende buddhistische Tempel. Die meisten wurden restauriert, da Bagan bis heute eine aktive religiöse Stätte und Pilgerort ist. Die beliebtesten Plätze, die bei Sonnenuntergang von Reisebussen und Touristen frequentiert werden, sollte man meiden und stattdessen mit dem Rad die besser erhaltenen Tempel ansteuern.

Bangkok (Thailand)

4 In Bangkok (S. 716) denkt man in großen Dimensionen, ob beim Essen, Shoppen oder Amüsieren. Neuankömmlinge sind schnell überwältigt, doch nach Wochen auf staubigen Landstraßen tut ein wenig Zivilisation sicher gut. Hier gibt's Souvenirs, frische Garderobe, Massagen und nette Unterhaltungen bei einem Bier. Zum Pflichtprogramm gehören eine Flussfahrt bei Sonnenuntergang, eine abendliche kulinarische Tour durch Chinatown und eine letzte Runde Tempelbesichtigungen.

Ha-Long-Bucht (Vietnam)

5 Über 3000 Kalksteininseln umgeben von glitzerndem Wasser machen die Ha-Long-Bucht (S. 886) zu einer Hauptattraktion Vietnams. Auf einer Fahrt mit Übernachtung lässt sich die Welterbestätte bei unterschiedlichen Lichtverhältnissen bewundern: Nach dem morgendlichen Nebelspektakel geht's mit dem Kajak in von Gezeiten geformte Grotten und Lagunen, bevor die untergehende Sonne für ein tolles Farbenspiel sorgt. Die weniger touristische Lan-Ha-Bucht bietet noch mehr Karstlandschaften.

Luang Prabang (Laos)

6 Luang Prabang (S. 354), gesäumt von den Flüssen Mekong und Namkan, besticht durch seine Geschichte, Religiosität und schöne Natur. Die einstige königliche Hauptstadt hat zahlreiche Tempel, und Mönche sammeln jeden Morgen Opfergaben. Daneben locken von Wald gesäumte Flusslandschaften und französische Küche. Man kann mit dem Leihrad Nebenstraßen erkunden, es gibt Kochkurse, Elefantentouren und günstige Massagen. Wat Ho Pha Bang (S. 355), Royal Palace Museum

SIMON IRWIN/LONELY PLANET ©

CHRISTIAN A. BAUMLE/500PX ©

Bali (Indonesien)

7 Indonesiens 17 000 Inseln warten allesamt mit jeder Menge Kultur und Abenteuer auf. Der absolute Pflichtstopp unter ihnen ist jedoch Bali (S. 113). In dem Backpackerparadies kann man tagsüber auf epischen Surfwellen reiten und die Nächte in legendären Clubs verbringen. Bali hat aber auch eine der reichsten Kulturen Südostasiens: Die Einheimischen leben ihre einzigartige Form des Hinduismus Tag für Tag und verleihen ihr in Ritualen Ausdruck. Der Aufenthalt in einem der coolen Strandlokale macht es schließlich schwierig, an die Weiterreise auch nur zu denken. Strand von Kuta (S. 116)

Komodo & Flores (Indonesien)

8 Im Komodo-Nationalpark (S. 164) kann man prähistorische Warane sehen. Außerdem findet man hier einige der besten Plätze zum Tauchen sowie traumhaft schöne, verlassene Strände. Gleichzeitig bietet die immer beliebter werdende Küstenstadt Labuanbajo im Westen der mit Vulkanen gespickten Insel Flores viele Vergnügungen (S. 165). Die Stadt erfreut sich großer Beliebtheit und gilt mit ihren beeindruckenden Ausblicken und der reichen Kultur als zukünftiger Hotspot. Auch die umliegenden Inseln bieten eine Menge Abwechslung. Komodowaran (S. 164)

Georgetown (Malaysia)

9 Das einst von Einheimischen verlassene und lange von Touristen ignorierte Georgetown (S. 431) ist heute wieder eines der begehrtesten Ziele in der Region. Nach der Aufnahme in die Liste der UNESCO-Welterbestätten im Jahr 2008 wurden eine ganze Reihe von Maßnahmen zur Erhaltung der Kultur und Umwelt angestoßen. Gleichzeitig baute man die charismatischen Geschäftsgebäude zu Museen, reizenden Hotels und schicken Cafés um. Von rücksichtslosen Autofahrern abgesehen, ist Georgetown auch eine lohnende Stadt für eine Erkundung zu Fuß. Fahrradrikscha, Blaue Villa (S. 431)

Chiang Mai (Thailand)

10 Die Kultur- und Kunstszene sowie die nahe gelegenen Gebirge Chiang Mais (S. 756) ziehen sowohl Thais als auch Ausländer an. Die Teaktempel der von einem historischen Graben umrahmten Altstadt bringen Besuchern die nordthailändische Kunst und Architektur näher. Man kann Sprach-, Massage- und Meditationskurse belegen oder mit Mönchen sprechen. Über der Stadt wacht der Doi Suthep, ein heiliger Berg mit einem Tempel. Das Umland bezaubert mit Bergtälern und Traumblick. Talat Pratu Chiang Mai (S. 764)

Si Phan Don (Laos)

11 Der ansonsten meistens schlammig-trübe Mekong leuchtet rund um die 4000 Inseln, Si Phan Don (S. 391) genannt, in tropischem Türkisblau. Das verschlafene Flussidyll könnte für Laos nicht typischer sein. Die Dörfer laden zu entspannten Stunden in Hängematten, ausgedehnten Radtouren und abendlichen Trinkrunden ein. Kajak- und Tubeausflüge sorgen bei all der Entspannung für sportliche Abwechslung und gelegentlich lässt sich der seltene Irawadidelfin blicken.

10

11

Osttimor

12 Zu Unrecht oftmals von den Reiseplänen ausgeschlossen, hat die jüngste Nation der Region (S. 582) doch einige wahrhaftige Abenteuer zu bieten. Nachdem man in den Museen von Dili mehr über die bewegte Geschichte Osttimors erfahren hat, ist die Hauptstadt ein idealer Ausgangspunkt für Tauch- und Schnorchelausflüge zu den unberührten Riffen an der Nordküste, Allradexpeditionen, Bergbesteigungen und Besuche in traditionellen Dörfern. Eine Nacht auf der verschlafenen Insel Atauro vermittelt ein Gefühl vom Leben im Südostasien der 1960er-Jahren. Feier zum Unabhängigkeitstag

Inle-See (Myanmar)

13 Der von einer riesigen Grünfläche umgebene Inle-See (S. 535) ist so eindrucksvoll und gigantisch, dass jeder Besucher seine ganz eigenen Eindrücke sammelt. Wer wenig Zeit mitbringt, beschränkt sich wahrscheinlich auf die Hauptattraktionen: Tempel im Wasser, Märkte am Ufer sowie schwimmende Gärten. Alle anderen können Tageswanderungen unternehmen oder die abgelegeneren Ecken erkunden. Kühles Wetter, nette Menschen und der friedliche, tintenfarbene See sorgen für ein unvergessliches Erlebnis. Traditioneller Fischfang auf dem Inle-See

12

JOHN W BANAGAN/GETTY IMAGES ©

13

Singapur

14 Der kleine Stadtstaat (S. 676) ist ein Mekka der Multikulti-Küche. Generationen chinesischer, malaysischer, indonesischer und indischer Einwanderer haben Speisen aus ihren Heimatländern neu kombiniert und perfektioniert. Zwischen den Mahlzeiten lockt der Gardens by the Bay mit topmodernen Gewächshäusern oder das Baba House, ein restauriertes streng-chinesisches Haus mit kostenlosen Einblicken in Geschichte und Kultur. Danach folgt schon wieder die nächste Stärkung. Supertrees, Gardens by the Bay (S. 681)

Palawan (Philippinen)

15 Das abgeschiedene Palawan (S. 657) wird von Reisemagazinen zu den besten Inseln der Welt gezählt. Highlight ist der Bacuit-Archipel (S. 661) nahe El Nido, eine surreale Meereslandschaft mit Kalksteinklippen, zwischen denen Kajakfahrer Schildkröten entdecken. Südlich locken die Traumstrände von Port Barton und Sabang, im Norden ein gespenstischer Tauchgang zu Schiffswracks in Coron Bay. Inselausflüge rund um Coron oder El Nido sollte man nicht verpassen. Cadlao Island (S. 662), El Nido

Malaysisch-Borneo

16 Die malaysischen Staaten Sabah (S. 461) und Sarawak (S. 480) haben einen ganz eigenen Charakter und erscheinen wie ein Dschungeltraum. Man kann die in Langhäusern lebenden Stämme in Sarawak besuchen, den Kinabalu in Sabah besteigen, an den Riffen Sipadans tauchen oder Orang-Utans in den Baumwipfeln beobachten. Eine faszinierende Ansammlung von Kulturen, Religionen und Sprachen, vom Essen ganz zu schweigen, findet man hier. In Kuching (Sarawak) und Kinabalu (Sabah) gibt's hervorragende Meeresfrüchte. Ibanisches Langboot, Sarawak

Reisterrassen von Ifugao (Philippinen)

17 Vor Jahrhunderten schlug der Ifugao-Stamm Reisterrassen (S. 629) in die abgeschiedenen Kordilleren im Norden der Philippinen und verwandelte die Abhänge in landwirtschaftliche Nutzflächen. Von den Philippinern als Weltwunder betrachtet, säumen die Reisterrassen von Ifugao die Orte Banaue und Batad; Abenteuerlustige finden die Terrassen fast entlang der gesamten Gebirgskette. Reisterrassen, Banaue (S. 629)

16

17

CHRIS HANNANT/LONELY PLANET ©

M. GEBICK/GETTY IMAGES ©

Phnom Penh (Kambodscha)

18 Die Hauptstadt Kambodschas ist chaotisch, aber charmant; die Schatten der Vergangenheit hat sie längst hinter sich gelassen. Mit einem der schönsten Küstenabschnitte der Region befindet sich Phnom Penh mitten im Aufschwung. Hippe Hostels, Cafés und Bars heißen urbane Entdecker willkommen. Das Nationalmuseum und das erschütternde Tuol Sleng Museum zeigen die guten und schlechten Seiten der Landesgeschichte. Einst als "Perle Asiens" bezeichnet, gewinnt die Stadt ihren alten Glanz derzeit wieder. Königspalast (S. 250)

Gili-Inseln (Indonesien)

19 Eine der schönsten Vergnügungen Indonesiens ist die Fahrt auf einem Schnellboot vom geschäftigen Bali zu den unwiderstehlichen Gili-Inseln (S. 154). Weiße Strände, türkises Wasser und traumhafte Hotels und Bungalows machen einen Aufenthalt einmalig. Ganz zu schweigen von den Korallenriffen mit sich tummelnden Haien, Rochen und Schildkröten. Auf Gili Trawangan gibt's leckeres Essen und ein aufregendes Nachtleben, aber auch die ausgewogene Gili Air und die charmante Gili Meno haben Verlockungen zu bieten. Meeresschildkröte

Phong-Nha-Ke-Bang-Nationalpark (Vietnam)

20 Schroffe Hügel ziehen sich durch saftig-grünen Regenwald, Gebirgsflüsse stürzen durch beeindruckende Schluchten. Die Phong-Nha-Ke-Bang-Region gehört zu Vietnams spektakulärsten Nationalparks (S. 902). Nur mit Glück können Reisende die unterirdischen, kathedralenartigen Kammern von Hang Son Doong, der weltgrößten Höhle, erleben. Ziplining und Kajakfahren in der Hang Toi (Dunkle Höhle) oder der wunderschönen Paradieshöhle sind dagegen für jeden möglich.

Gut zu wissen

Weitere Infos gibt's im Kapitel „Praktische Informationen" (S. 991)

Auto

Autovermietungen gibt's viele. Wegen der verwirrenden Verkehrsregeln engagiert man am besten einen Fahrer.

Bus

Das Verkehrsmittel in der Region, wobei Verlässlichkeit und Straßenbedingungen variieren.

Flugzeug

Günstige Flüge helfen beim Inselhopping in Indonesien und gegen anstrengende Busreisen.

Lokale Verkehrsmittel

Es gibt viele Mietfahrzeuge (etwa Taxis); vorm Einsteigen unbedingt den Preis aushandeln!

Motor-/Fahrrad

Praktisch und bequem innerhalb der Städte.

Schiff/Fähre

Fähren verbinden Inseln und Festland; Qualität und Sicherheit variieren.

Zug

Eine langsame, aber landschaftlich reizvolle Alternative zu Bussen.

Reisezeit

Hochsaison
(Jun.–Aug. & Dez.–Feb.)

- Trocken und kühl im Winter
- Frostig in den Bergen
- Während des Tet-Festes ist das Reisen in Vietnam schwierig
- Sommerregen im Großteil der Region

Zwischensaison
(März & Nov.)

- Im März beginnt die heiße Trockenzeit

Nachsaison
(Apr.–Jun. & Sep.–Okt.)

- Schwierige Reisebedingungen zu den Neujahrsfesten in Kambodscha, Laos, Myanmar und Thailand (April)
- Osterfeste auf den Philippinen
- Regenzeit (Sept.–Okt.); Fluten, Taifune, Ausfall von Verkehrsmitteln
- Trockenzeit in Indonesien (Apr.–Mai)

Nützliche Websites

Lonely Planet (www.lonelyplanet.com) Landesinfos lesen, im Forum Fragen an die Traveller Community stellen und Reisebuchungen vornehmen.

Travelfish (www.travelfish.org) Beliebte Reise-Website mit Schwerpunkt Südostasien.

Agoda (www.agoda.com) Regionale Website für Hotelbuchungen.

Bangkok Post (www.bangkokpost.com) Ausführliche Analysen aktueller Ereignisse in Südostasien.

Zeitzonen

GMT+ 6½ Std. Myanmar

GMT+ 7 Std. Thailand, Kambodscha, Vietnam, Laos, Teile Indonesiens (Sumatra, Java sowie West- und Zentralkalimantan)

GMT+ 8 Std. Malaysia, Singapur, Brunei, Philippinen, Teile Indonesiens (Bali, Nusa Tenggara, Süd- und Ostkalimantan sowie Sulawesi)

GMT+ 9 Std. Osttimor, Teile Indonesiens (Papua, Maluku)

Geld

Jedes Land hat seine eigene Währung. Auf dem südostasiatischen Festland und den Philippinen sind Geldautomaten weithin verfügbar. In Indonesien, Laos, Myanmar und Osttimor gibt's nur in Großstädten Geldautomaten; wer diese Länder bereist und kleinere Orte oder entlegene Regionen besuchen will, sollte genug Bargeld und Reiseschecks dabeihaben. Die Gebühren für internationale Abhebungen erfährt man bei seiner Bank, die man auch über seine Reisepläne informieren sollte.

Tagesbudget

Günstig: unter 50 US$

- Billige Pension 10–20 US$
- Lokale Restaurants oder Straßensnacks 1–5 US$
- Lokale Verkehrsmittel 1–5 US$
- Bier 1–5 US$

Mittelteuer: 50–100 US$

- Hotelzimmer 21–75 US$
- Essen im Restaurant 6–10 US$
- Motorradverleih 6–10 US$

Teuer: mehr als 100 US$

- Boutique-Hotel oder Strandresort ab 100 US$
- Tauchgang 50–100 US$
- Mietwagen 50 US$

Visa

- Für die meisten Nationalitäten kein Visum notwendig in Brunei, Malaysia, den Philippinen, Singapur und Thailand. Vietnam kann für eine Dauer von 15 Tagen visafrei betreten werden.
- Visa werden bei der Ankunft in Kambodscha, Indonesien, Laos und Osttimor erteilt. Die meisten Visa sind bis auf wenige Ausnahmen etwa einen Monat lang gültig. Für die Visaanträge sollte man immer genügend Passfotos dabeihaben.
- Für Reisen nach Myanmar wird empfohlen, das Visum im Voraus besorgen.
- Stellen Sie sicher, dass an der Grenze Visa ausgestellt werden; das ist nicht an allen Grenzübergängen der Fall.
- An Grenzübergängen im Inland wird man oft übers Ohr gehauen.

In Verbindung bleiben

Südostasien ist großflächig mit modernen Kommunikationstechnologien vernetzt. Dazu zählen Internetcafés, WLAN-Netzwerke und 3G. Touristenzentren bieten mehr und günstigere Möglichkeiten sowie schnelleres Internet als Dörfer.

Handy Lokale Prepaid-SIM-Karten und Handys bekommt man problemlos. Internationales Roaming (z. B. mit der deutschen Nummer) ist sehr teuer.

WLAN & Internetzugang In Touristenzentren gibt's jede Menge Internetcafés. WLAN ist in den meisten Pensionen und Restaurants kostenlos. 3G-Mobilfunksysteme sind in vielen Großstädten verfügbar.

Zu Hause anrufen Internationale Telefonanrufe sind relativ preiswert. Mit einem lokalen Handy wählt man den internationalen Zugangscode, gefolgt von Landesvorwahl, Ortsvorwahl und Teilnehmernummer. Internetcafés verfügen oft über Kopfhörer und Skype. Mit dem Mobiltelefon kann man Skype oder Viber nutzen.

Ankunft am...

Suvarnabhumi International Airport (Bangkok, Thailand) Taxis (1 Std.) und Züge (15–30 Min.) ins Zentrum

Changi International Airport (Singapur) Züge (45 Min.) und Taxis (1 Std.) ins Zentrum

Kuala Lumpur International Airport (Kuala Lumpur, Malaysia) KLIA-Ekspres-Zug (15 Min.) ins Zentrum

Soekarno-Hatta International Airport (Jakarta, Indonesien) Taxis und Busse (1 Std.) ins Zentrum

Mehr zum Thema **Unterwegs vor Ort** auf S. 1003.

Südostasien für Einsteiger

Weitere Informationen siehe S. 991

Checkliste

- Reisepässe sollten ab Ankunft im Reiseland noch mindestens sechs Monate gültig sein.
- Verlängerung von Visa im Voraus beantragen, wenn einem die reguläre Laufzeit nicht ausreicht.
- Reiseversicherung abschließen , Führerschein und internationale Fahrerlaubnis besorgen (S. 1003–1004).
- Sich beim Arzt untersuchen und impfen lassen (S. 1010).
- Bank und Kreditkarteninstitut über die Reisepläne informieren.

Reisegepäck

- Genug leichte Kleidung für mindestens eine Woche
- Regenbekleidung (Jacke, atmungsaktiver Umhang, Dry Pack für Elektroartikel)
- Bequeme Sandalen
- Ohrenstöpsel
- Reiseapotheke
- USB-Stick
- GSM-Mobiltelefon
- Befüllbare Wasserflasche
- Sonnencreme und ein gutes Deo

Wichtige Tipps für die Reise

- Vorsicht vor Abzocke (S. 998–999).
- Einheimische Fahrer achten grundsätzlich nicht auf Fußgänger.
- Das meiste (Mückenschutz, Regenschirm) kann man vor Ort kaufen.
- Man sollte sich am Kleidungsstil der Einheimischen orientieren.
- Digitalfotos von wichtigen Dokumenten und Bank-/Kreditkarten etc. machen, falls diese gestohlen werden oder verloren gehen.
- Seine Passwörter kennen! Zusätzliche Sicherheitsmaßnahmen lohnen sich auf Reisen.
- Wertsachen gegen Diebstahl in einer Bauchtasche tragen und sie auch in Schlafsälen und Zimmern ohne Schließfächer sicher aufbewahren.
- Die Unterkunft gleich morgens bezahlen; wer frühmorgens abreist, sollte den Abend zuvor zahlen.

Reisekleidung

Leichte, locker sitzende Kleidung ist am bequemsten. In kühlen Bergregionen und klimatisierten Bussen braucht man eine Jacke. Beim Besuch von Tempeln und ländlichen Gegenden immer Ellbogen und Knie mit Kleidung bedecken.

Schlafen

In der Hauptsaison sowie während Festen oder Ferien wird es schnell voll, deshalb im Voraus buchen. Mehr zu Unterkünften in der Region steht auf S. 1000.

- **Hotels** Die Bandbreite der Hotels reicht von spießig bis schick, aber alle haben moderne Annehmlichkeiten (Kühlschränke, Fernseher, Klimaanlage) und Privatbäder.
- **Gastäuser/Pensionen** Bei Backpackern beliebt; bieten alles von einfachen bis hin zu schicken Zimmern und zudem Infos zur Region.
- **Homestays** Wie ein Dorfbewohner bei einer Familie wohnen; einfache Unterbringung, aber eine kulturelle Bereicherung.
- **Hostels** Schlafsäle sind billige und gesellige Unterkünfte für Einzelreisende. Manchmal haben die Hostels auch Pools, Restaurants und Aufenthaltsbereiche.

Geld

Geschäfte akzeptieren meist nur Bargeld. Man kann die lokale Währung an Geldautomaten vor Ort direkt vom Heimatkonto abheben (in lokaler Währung). Zur Sicherheit immer Bares und Reiseschecks dabeihaben. Wechselstuben akzeptieren US-Dollars, britische Pfund und Euro.

➡ Geld immer in einer Bauchtasche am Körper tragen.

➡ In Geschäften/Restaurants niemals mit Geldkarte zahlen.

➡ Gebühren für Auslandsüberweisungen sowie eine ständig erreichbare Servicehotline für den Verlust oder Diebstahl der Bank-/Kreditkarte ermitteln.

➡ Kreditkartenaktivitäten überwachen, um Zahlungsversäumnissen und Betrugsversuchen zuvorzukommen.

➡ Einige Wechselstuben akzeptieren keine alten oder eingerissenen Scheine.

➡ Reiseschecks in großen Beträgen (100 oder 50 US$) mitnehmen, um unnötige Gebühren zu vermeiden. Eingelöste Schecks notieren, im Fall von Diebstahl oder Verlust.

Weitere Infos siehe S. 999.

Feilschen

Wenn Preise nicht festgelegt sind, darf man handeln. Bei Nahrungsmitteln, Festpreisangeboten oder in Einkaufszentren ist Feilschen tabu.

Trinkgeld

Trinkgeld ist unüblich, wird aufgrund der niedrigen Löhne aber gern angenommen. Man sollte seinem Guide immer das Mittagessen bezahlen und am Ende noch ein wenig Trinkgeld drauflegen.

ANDREW MONTGOMERY/LONELY PLANET ©

Reisgebäckverkäuferin auf einem Dorfmarkt am Inle-See (S. 535), Myanmar

Verhaltensregeln

➡ **Anstand** Auch wenn sich die Sitten in Großstädten langsam ändern, legt man in konservativen Regionen noch immer sehr viel Wert auf Anstand – vor allem in muslimisch dominierten Gebieten. Nicht zu viel Haut zeigen und sich nicht oben ohne sonnen. Beim Besuch religiöser Gebäude immer angemessene Kleidung tragen.

➡ **Tabus** Sensible Themen wie Politik und Religion immer mit Rücksicht und ohne Kritik behandeln. Die Glaubenssätze der örtlichen Kulturen sollte man kennen und befolgen. Muslime konsumieren weder Alkohol noch Schweinefleisch. Für Frauen gilt: muslimische Mönche oder deren Habseligkeiten nicht berühren.

➡ **Gesicht wahren** Südostasiaten, besonders die buddhistischen Kulturen, legen großen Wert auf ein harmonisches Miteinander. Man sollte nie Ärger zeigen oder Streit anfangen – das ist peinlich für einen selbst und die anderen. Im Zweifel einfach lächeln.

➡ **Schuhe** Beim Betreten von Privathäusern, religiöser Bauwerke oder bestimmter Geschäfte immer die Schuhe ausziehen. Wenn man einen Haufen Schuhe sieht, sollte man seine dazulegen.

Sprache

In touristischen Städten sprechen viele Menschen Englisch, die Busfahrer, Markthändler und Taxifahrer allerdings meist weniger gut. Thailand, Laos, Kambodscha und Myanmar haben eine eigene Schrift. „Hallo", „Danke" und „Wie viel?" sollte man in den jeweiligen Landessprachen lernen. Zahlen sind auch hilfreich. Wer gern Fotos von Menschen macht, sollte sie in ihrer Sprache um Erlaubnis fragen können.

Wie wär's mit ...

Köstliche Küche

Bangkok (Thailand) Das Essen hier ist ein Traum! Alles in der lebendigen Stadt schmeckt frisch und köstlich. (S. 731)

Hanoi (Vietnam) Von den Gerichten an den Straßenständen kann man einfach nie genug bekommen. (S. 879)

Luang Prabang (Laos) Viele Cafés und Bäckereien mit französischem Flair pflegen eine köstliche koloniale Tradition. (S. 354)

Chiang Mai (Thailand) In einer Kochschule lernen, so fein wie ein Thai-Koch zu schneiden. (S. 764)

Singapur An Ständen mit bis zu 50 Jahren Tradition und schicken internationalen Restaurants zeigt sich Asien von seiner alten und neuen Seite. (S. 698)

Penang (Malaysia) Dieser kulturelle Schmelztiegel lockt mit indischen Currys, chinesischem Dim Sum und malaysischen Desserts. (S. 435)

Phnom Penh (Kambodscha) In Phnom Penh bieten zahlreiche Ausbildungsrestaurants Chancen für sozial Benachteiligte. (S. 248)

Bali (Indonesien) In Kerobokan und Seminyak gibt' einige der günstigsten und einfallsreichsten Restaurants in ganz Asien. (S. 113)

Tempel & Moscheen

Tempel von Angkor (Kambodscha) Ein architektonisches Weltwunder, gebaut von den frühzeitlichen Gottkönigen der Khmer. (S. 272)

Bagan (Myanmar) Auf einer Ebene voller Stupas erstrecken sich Hunderte uralte Tempel bis zum Horizont. (S. 556)

Borobudur (Indonesien) Nebel und Berge umgeben das imposante buddhistische Monument. (S. 101)

Shwedagon Paya (Myanmar) Im Herzen von Yangon versprüht dieser prachtvolle goldene Tempel auf einem Hügel himmlischen Glanz. (S. 514)

Wat Phra Kaew (Thailand) Der beeindruckende Königstempel ist die Aufbewahrungsstätte des Smaragd-Buddha. (S. 770)

Wat Xieng Thong (Laos) Der schönste von Luang Prabangs Tempeln mit majestätischen niedrigen Dächern. (S. 355)

Hue (Vietnam) Vietnamesische Herrscher bauten diese imposanten Monumente rund um Hue. Die Grabstätten von Tu Duc und Minh Mang sollte man sich nicht entgehen lassen. (S. 907)

Sukhothai (Thailand) Die Hauptstadt eines der ersten in Thailand enstandenen Königreiche. (S. 750)

Masjid Jamek (Malaysia) Anmutige Moschee im Mughal-Stil, mitten im Herzen von Kuala Lumpur. (S. 410)

Trekkingparadies

Gunung Bromo (Indonesien) Nachts kann man einen aktiven Vulkan besteigen und von der Mondlandschaft oben die Sonne aufgehen sehen. (S. 109)

Mt. Kinabalu (Malaysia) Eine Zweitagestour führt auf Borneos höchsten Berg. (S. 469)

Sa Pa (Vietnam) In der zerklüfteten Bergkette winden sich viele Wanderwege durch die grünen Reisterrassen der Hmong und anderer Bergvölker. (S. 894)

Taman Negara National Park (Malaysia) Dieser Primärregenwald liegt in bequemer Nähe zur Zivilisation. (S. 458)

Gibbon Experience (Laos) Per Zipline über den Baumwipfeln schweben und nachts in Baumhäusern übernachten. (S. 378)

Kordilleren (Philippinen) Uralte von Hand geschlagene Reisterrassen in zerklüfteten Felsen. (S. 624)

Khao-Yai-Nationalpark (Thailand) Wilder Dschungelabschnitt nahe Bangkok mit Elefanten, Vögeln und Affen. (S. 792)

Kalaw (Myanmar) An waldbestandenen Hügeln entlang,

Oben: Nudelgericht im Pad Thai Shop (S. 840), Phuket, Thailand
Unten: Kitesurfen, Mui Ne (S. 933), Vietnam

durch Wälder und Bergdörfer gelangt man zu dem schönen Inle-See. (S. 535)

Nam-Ha-Naturschutzpark (Laos) Tolle Öko-Trekkingtouren durch altbestehenden Wald und hochgelegene, von Bergvölkern bewohnte Dörfer. (S. 373)

Mondulkiri (Kambodscha) Wanderungen mit einer Elefantenherde beim Elephant Valley Project in Kambodschas wildem Osten. (S. 316)

Traumstrände

Lombok (Indonesien) Das hiesige Kuta ist noch schöner als das auf Bali – und hat die berühmten Gili-Inseln direkt vor seiner Küste. (S. 146)

Krabi/Railay (Thailand) Karstklippen für Kletterer und juwelenfarbenes Wasser für Kajakfahrer. (S. 843)

Sihanoukville (Kambodscha) In Kambodschas wohl schönstem Küstenort sowie auf den nahegelegenen Inseln Koh Rong und Koh Rong Sanloem hat einfach jeder Spaß. (S. 295)

Phu-Quoc-Insel (Vietnam) Sonnenanbeter lieben die sichelförmigen Buchten mit perfekt weißem Sand und behütet von felsigen Landspitzen. (S. 957)

Bohol (Philippinen) Auf dieser Insel tummeln sich die Sand- und Tauchliebhaber. (S. 652)

Pulau Tioman (Malaysia) Für Hollywood dient dieses abgeschiedene Paradies regelmäßig als Double von Bali Ha'i. (S. 446)

Ko Pha-Ngan (Thailand) Die wilden Vollmondpartys des legendären Backpackerziels sind kaum zu toppen; sonst sind seine Traumküsten sehr ruhig. (S. 817)

Mui Ne (Vietnam) Sauberer Sand, hohe Dünen und jede Menge Kitesurfer. (S. 933)

Wildes Nachtleben

Bangkok (Thailand) In der bewährten Partyhochburg ist Schlaf immer noch optional. (S. 716)

Phnom Penh (Kambodscha) Ab ins Vergnügen: Erst Happy Hour, dann ein Pub-Crawl und am Ende geht's zum Tanzen in einen Nachtclub. (S. 256)

Ko Pha-Ngan (Thailand) Die bevorzugte Insel aller Strandliebhaber veranstaltete auch die ersten Vollmondpartys in Südostasien. (S. 821)

Nha Trang (Vietnam) In dieser lebhaften Küstenstadt gibt's jede Menge Spaß und Unterhaltung. (S. 932)

Boracay (Philippinen) Kompaktes Strandparty-Paradies. (S. 641)

Kuala Lumpur (Malaysia) Die beleuchteten Petronas-Türme sind einfach umwerfend bei Nacht und zu ihren Füßen lockt das wilde Nachtleben. (S. 417)

Bali (Indonesien) Erst ein Sundowner am Strand von Kuta oder Canggu, dann ab in die bebenden Nachtclubs. (S. 121)

Siem Reap (Kambodscha) Pub Street sagt schon alles – diese Tempelstadt ist auch eine echte Partystadt. (S. 276)

Singapur Gigantische Drinks zu gigantischen Preisen, aber der Blick ist es wert. (S. 701)

Märkte & Shoppen

Bangkok (Thailand) Der Chatuchak-Wochenendmarkt mit 8000 Ständen sowie die Straßenverkäufer und glitzernden Malls machen Bangkok zum Shoppingparadies. (S. 737)

Singapur Shoppen ist hier ein Nationalsport – und von belebten Märkten bis hin zu Luxusmalls ist alles dabei. (S. 704)

Chiang Mai (Thailand) An Wochenenden kann man auf den „Walking Streets" shoppen bis zum Umfallen. (S. 767)

Bac Ha (Vietnam) Auf einem der buntesten Märkte in ganz Südostasien kann man auch die einzigartigen Trachten der Hmong bewundern. (S. 893)

Luang Prabang (Laos) Der kerzenbeleuchtete Kunsthandwerkermarkt bietet farbenfrohe Textilien, Papierlaternen und ethnische Motive. (S. 361)

Can Tho (Vietnam) Für die berühmten Schwimmenden Märkte im Mekong-Delta sollte man früh aufstehen. (S. 894)

Jonker Walk Night Market (Malaysia) Jede Woche kommen in Melaka Ramschhändler, Essensverkäufer und Wahrsager zusammen. (S. 426)

Phnom Penh (Kambodscha) Der Russische Markt ist *die* Shopping-Adresse in der Stadt. Hier kann man alles kaufen, was es in Kambodscha gibt. (S. 258)

Kulturelle Begegnungen

Balinesischer Tanz (Indonesien) Eindringliche Klänge, aufwendige Kostüme und eine ausgefeilte Choreografie gibt's in Ubud zu sehen. (S. 137)

Hsipaw (Myanmar) Rund um dieses reizvolle Hochland liegen die traditionellen Dörfer Lisu, Palaung und Shan. (S. 554)

Georgetown (Malaysia) Altstadthäuser werden von der lebendigen Straßenkunst junger Künstler geschmückt. (S. 431)

Maubisse (Osttimor) Im Hochland kann man *uma lulik* (traditionelle Heiligenhäuser) besichtigen. (S. 596)

Luang Prabang (Laos) Auf der Living Land Farm erlernt man den Anbau von Kleibreis, dem Nationalgericht. (S. 358)

Singapur Zeitgenössiche Kunst aus Südostasien wird in der National Gallery Singapore ausgestellt, einem architektonischen Meilenstein. (S. 680)

Chiang Mai (Thailand) Natürliche Entgiftung durch Meditation bei Wat Suan Dok in Chiang Mai. (S. 757)

Siem Reap (Kambodscha) Ein Auftritt des kambodschanischen Zirkus Phare ist eine einzigartige Erfahrung. (S. 270)

Koloniale Klassiker

Hanoi (Vietnam) Die Grande Dame Französisch-Indochinas hat imposante Stadthäuser und beeindruckende Villen. (S. 870)

Yangon (Myanmar) Endlose Straßen mit Geschäften aus der Zeit der britischen Besatzung und monumentale, verlassene Regierungsgebäude. (S. 514)

Luang Prabang (Laos) Die Franzosen liebten diesen Stützpunkt am Mekong und haben sich hier mit einigen Wahrzeichen verewigt. (S. 354)

Georgetown (Malaysia) Aus verfallenen Herrenhäuser wurden Hotels und Galerien, was dem ethnischen Schmelztiegel neues Leben eingehaucht hat. (S. 431)

Hoi An (Vietnam) Portuguiesen, Spanier, Japaner, Chinesen und Franzosen haben sich alle in dieser alten Hafenstadt verewigt. (S. 920)

Vigan (Philippinen) Perfekt erhaltenes spanisches Kolonialjuwel, direkt unter dem namensgebenden Vulkan. (S. 630)

Battambang (Kambodscha) Architektur aus der Zeit der französischen Besatzung prägt dieses hübsche Städtchen direkt am Sangker-Fluss. (S. 284)

Monat für Monat

TOP-EVENTS

Buddhistisches Neujahrsfest/Wasserfest, April

Rainforest World Music, August

Ork Phansaa, Oktober

Fest der Neun Herrschergötter, Oktober

Deepavali, November

Januar

Die Hauptsaison in Südostasien; auf dem südostasiatischen Festland und den Philippinen ist es kühl und trocken, an der Ostküste der Malaiischen Halbinsel (Samui-Archipel, Pulau Perhentian) und in Indonesien regnet es viel. Auf Bali ist Nachsaison.

Ati-Atihan

Die Mutter aller philippinischen Feste ehrt Santo Niño (das Jesuskind) mit vielen bunten, traditionellen Kostümen und Vorführungen in Kalibo auf der Insel Panay.

Unabhängigkeitstag von Myanmar

Das Ende der Kolonialherrschaft wird immer am 4. Januar als Nationalfeiertag begangen.

Geburtstag des Sultans von Brunei

Am 15. Januar wird Sultan Hassanal Bolkiahs Geburtstag farbenfroh gefeiert.

Bun Pha Wet

Das laotisch-buddhistische Fest ehrt das Leben des zukünftigen Buddhas (Pha Wet oder Prinz Vessantara). Es gilt als Glück verheißend, in dieser Zeit als Mönch ins Kloster einzutreten. Die Festlichkeiten finden in Dörfern in ganz Laos statt.

Februar

Auf dem Festland ist noch Hochsaison. An der Ostküste der Malaiischen Halbinsel wird es langsam trockener, der Regen zieht weiter Richtung Osten; auf Bali schüttet es weiterhin.

Tet

Das Mondneujahr (teils auch Ende Januar) ist der wichtigste Feiertag Vietnams und markiert den Frühlingsanfang. Die Menschen beschenken sich, besuchen ihre Familien, huldigen den Vorfahren und feiern. Geschäfte haben geschlossen.

Chinesisches Neujahr

Dieses Mondfest (manchmal auch Ende Januar) wird in chinesisch dominierten Städten gefeiert. In Penang und anderen Orten ist es ein reines Familienfest und Geschäfte schließen ein bis zwei Wochen. In Bangkok, Singapur, Phnom Penh und Kuching hingegen gibt's Paraden mit Drachentänzen, Gourmetfeste sowie nächtliche Feuerwerke.

Makha Bucha

Makha Bucha ist einer der drei buddhistischen Feiertage und fällt auf den Vollmond des dritten Mondmonats. Er erinnert an eine Ansprache Buddhas zu 1250 erleuchteten Mönchen und wird in den Tempeln von Kambodscha, Laos, Myanmar und Thailand gefeiert.

MONDKALENDER

Buddhistische und hinduistische Feste folgen dem Mondkalender und variieren jedes Jahr innerhalb einer Periode von zwei Wochen. Muslimische Festtage richten sich nach dem islamischen Kalender; sie bewegen sich jährlich um elf Tage rückwärts.

März

Auf dem Festland ist es heiß und trocken, die Strände werden langsam leerer. Der Wind nimmt zu und die Kitesurf-Saison beginnt. In Bali führt der Nordwestmonsun nachmittags zu Regen.

Hinduistisches Neujahr (Nyepi) Bali

Balis „Tag der Stille" wird mit Fasten und Meditation begangen; Geschäfte und Strände sind geschlossen. Am nächsten Tag ist das balinesische Neujahrsfest.

Osterwoche

Vietnam, die Philippinen, Indonesien, Melaka und Osttimor feiern Ostern. Am Tag vor Gründonnerstag beginnt auf den Philippinen die Semana Santa (Heilige Woche), ein Erbe der spanischen Kolonialzeit, mit Bräuchen wie Fasten, Buße und Kirchenbesuchen.

April

Die heißeste Jahreszeit auf dem Festland macht Sightseeing zur lästigen Pflicht. Kambodscha, Laos, Myanmar und Thailand feiern ihr Neujahr: Transportmittel vorab buchen. Gute Zwischensaison auf Bali.

Buddhistisches Neujahr/Wasserfest

Mitte April begehen die buddhistischen Länder das Mondneujahr mit religiösen Vorführungen und symbolischem Wasserwerfen.

Vietnamesischer Befreiungstag

Der 30. April, als die USA sich aus Saigon zurückzo-

Oben: Loi Krathong (S. 30), Thailand

Unten: Nyepi, Bali, Indonesien

gen und es an Nordvietnam fiel, heißt auch Wiedervereinigungstag.

Hue Festival

Vietnams größtes Kulturfest findet alle zwei Jahre (2018, 2020 etc.) mit internationalen Künstlern statt.

Mai

Auf dem Festland bleibt es heiß, die Regenzeit steht vor der Tür und die Reispflanzungen beginnen. In Nordvietnam ist frühlingshaftes Wetter und Bali ist noch nicht überfüllt.

Königliche Pflugzeremonie

In Thailand und Kambodscha gibt's zum Beginn der Reispflanzsaison königliche Zeremonien mit uralten brahmanischen Ritualen.

Raketenfest

Dorfbewohner, vor allem im Nordosten Thailands und in Laos, feuern selbstgebaute Bambusraketen (*bang fai*) ab, um Regenfälle für eine reiche Reisernte heraufzubeschwören. Die Termine variieren von Ort zu Ort.

Visaka Bucha

Dieses buddhistische Fest am 15. Tag des zunehmenden Mondes im sechsten Mondmonat feiert die Geburt, Erleuchtung und den Heimgang *(parinibbana)* Buddhas. Festlichkeiten in den Tempeln Kambodschas, Laos', Myanmars und Thailands.

Unabhängigkeitstag von Osttimor

Die junge Nation feiert am 20. Mai mit Kulturevents und Sportwettbewerben.

Juni

Der Südwestmonsun bringt Regen aufs Festland und einen großen Teil der Philippinen. Zum Sommerbeginn in Europa und China beginnt die nächste Hauptsaison, vor allem auf Bali.

Gawai Dayak

Am 1. und 2. Juni wird im malaysischen Bundesstaat Sarawak auf Borneo das Ende der Reisernte gefeiert. Stadtbewohner treffen sich in ihren Heimatorten, um zu essen und massenweise *tuak* (Reiswein) zu trinken.

Ramadan

Malaysia, Indonesien, Brunei und Teile Südthailands begehen die muslimische Fastenzeit. Sie beginnt im neunten Monat des islamischen Kalenders (2017 und 2018 jeweils Mai bis Juni) und endet mit dem Idul-Fitri-Fest. Zwischen Sonnenauf- und -untergang sind für Gläubige Essen, Trinken, Zigaretten und Sex tabu.

Juli

Südostasien bereitet sich auf die buddhistische Fastenzeit vor, die mit der Regenzeit (dem Südwestmonsun) zusammenfällt. Trotz Nieselregens die perfekte Zeit für Ausflüge aufs Land, denn jetzt beginnen die Reispflanzungen. Meist bleibt der Samui-Archipel Thailands vom Regen verschont.

Asanha Bucha

Bei Vollmond im achten Mondmonat wird Buddhas erster Predigt gedacht. In Kambodscha, Laos, Myanmar und Thailand treffen sich Buddhisten in den Tempeln, um Kerzen zu entzünden, Blumenopfer zu erbringen und zu beten.

Khao Phansaa

Zu Beginn der Regenzeit ziehen sich die buddhistischen Mönche ins Kloster zurück und traditionell verbringen jetzt auch junge Männer einige Zeit dort. Gläubige opfern in den Tempeln Kerzen und Spenden. Ubon Ratchathani (Thailand) feiert mit einer Parade.

August

Es gibt eine weitere kurze Hochsaison. Auf dem Festland regnet es oft nachmittags, manchmal ganztägig. In Indonesien und besonders auf Bali ist das Wetter einfach perfekt.

Rainforest World Music

Dreitägiges Musikfestival in Sarawak (Malaysisch-Borneo) mit internationaler Stammesmusik.

Geburtstag der Königin

Thailand feiert am 12. August den Geburtstag seiner Königin (und Muttertag).

Unabhängigkeitstag von Indonesien

Am 17. August feiert das Land die Befreiung von den Niederländern mit langen Paraden in Jakarta.

September

Eine der feuchtesten Zeiten der Regensaison auf dem Festland. Es kommt häufig zu Fluten, deshalb

verkehren nur selten Fähren und Boote. Vietnam und die Philippinen werden gelegentlich von Taifunen heimgesucht, die Chaos und Verwüstung anrichten. Zwischensaison auf Bali.

Pchum Ben

In Kambodscha ehrt man die Toten mit Tempelopfern. Viele Khmer kehren in ihre Heimatdörfer zurück und versuchen, sieben Tempel in sieben Tagen zu besuchen. Pchum Ben wird manchmal auch im Oktober gefeiert.

Oktober

Südostasien bereitet sich auf das Ende des Regens und der buddhistischen Fastenzeit vor. Der Nordostmonsun trifft auf die Ostküste der Malaiischen Halbinsel und Indonesien. Auf Bali gibt's ab und zu Regenschauer.

Fest der Neun Herrschergötter

Dieses taoistische Fest wird in Thailand „Vegetarisches Fest" genannt. Gläubige verzichten auf Fleisch und halten Rituale zur Reinigung von Körper und Seele ab. Die Parade der Anbeter in Phuket, die sich überall am Körper piercen lassen, gilt als extremste Version. Weitere Variationen werden in Singapur, Malaysia und Myanmar gefeiert.

Ork Phansaa

Am Ende der buddhistischen Fastenzeit (drei Mondmonate nach Khao Phansaa) übergeben Gläubige den Mönchen neue Gewänder. Ork Phansaa fällt mit den kuriosen „Naga-Feuerbällen" am Mekong zusammen. An vielen Orten in Thailand und Laos gibt's traditionelle Bootsrennen.

Islamisches Neujahr

Das islamische Mondneujahr (als Awal Muharram bekannt) wird in Indonesien und Malaysia durch Fasten, Selbstreflexion und Gedenken an den Märtyrer Hussein ibn Ali begangen.

November

Der Monatsanfang gilt als gute Zwischensaison auf dem Festland mit kühlen, trockenen Tagen und üppig grüner Landschaft. Das nördliche Hochland ist nachts sehr kalt. Indonesien und die Ostküste der Malaiischen Halbinsel sind in der Regenzeit.

Bon Om Tuk

Kambodscha feiert (manchmal im Oktober) den Sieg Jayavarmans VII. über die Cham im Jahre 1177 und den Fließrichtungswechsel des Tonlé-Sap-Stroms. Es gibt Bootsrennen und Menschenmengen strömen nach Phnom Penh. In Siem Reap fallen die Feierlichkeiten bescheidener aus.

Deepavali

Der bedeutendste Tag im Hindu-Kalender (manchmal im Oktober) ist das Lichterfest, das den Triumph des Guten über das Böse feiert. In Malaysia werden winzige Öllampen erleuchtet, während Singapurs Little India mit öffentlichen Festen aufwartet.

Loi Krathong

Im November setzen die Thailänder bei Vollmond mit Kerzen geschmückte Boote aus Bananenblättern aufs Wasser, um die Flussgöttin zu ehren. In Chiang Mai werden schwimmende Papierlaternen geopfert. Eine ähnliche Tradition sind die Feuerballon-Wettbewerbe im Shan-Staat Myanmars.

Bun Pha That Luang

Laos würdigt seinen ikonischen Stupa in Vientiane mit einem einwöchigen Fest zum Vollmond.

Dezember

Die belebteste Hauptsaison in Südostasien mit tollem Wetter. Auf den Samui-Inseln nimmt der Regen ab, auf Bali ist noch Regenzeit.

Laotischer Nationalfeiertag

Am 2. Dezember bejubelt Laos den Sieg über die Monarchie im Jahre 1975 und die Gründung der Laotischen Volksrepublik Laos.

Geburtstag des Königs

An dem thailändischen Feiertag (5. Dezember) finden Paraden und Segnungsfeste zu Ehren des Königs statt; außerdem ist Vatertag.

Geburtstag des Propheten Mohammed

Im dritten Monat des islamischen Mondkalenders (1. Dezember 2017, 21. November 2018) wird Mohammeds Geburt gefeiert.

Reiserouten

8 WOCHEN Südostasiens Highlights

Den Anfang macht **Bangkok**, dann nimmt man den Bus nach **Siem Reap**, zu den umwerfenden Tempel von Angkor. Anschließend geht's in die Partyhochburg **Phnom Penh** und danach nach **Ho-Chi-Minh-Stadt** (Vietnam). Weiter nördlich locken **Hoi An**, die alten Straßen von **Hanoi** und die Karstformationen in der **Ha-Long-Bucht.**

Mit dem Flieger gelangt man nach **Luang Prabang** (Laos), eine Welterbestätte der UNESCO. Dann nimmt man noch einmal das Flugzeug nach **Chiang Mai** (Thailand), um auf Tuchfühlung mit Bergvölkern zu gehen und einen Kochkurs zu belegen.

Gen Süden geht's via Bangkok nach **Ko Tao**. Dort kann man eine Tauchlizenz erwerben, und dann in **Krabi** Felsklettern. Von Ko Lipe setzt man zur malaysischen **Pulau Langkawi** über, um sich durch die Gourmethochburg **Georgetown** (Penang) zu futtern und über Land in Malaysias Hauptstadt **Kuala Lumpur**, ein kulturelles Potpourri, zu reisen. Unterwegs macht man halt in den herrlich grünen **Cameron Highlands**.

Von Kuala Lumpur aus fliegt man in die indonesische Hauptstadt **Jakarta** und lässt danach **Yogyakartas** Kultur auf sich wirken. Mit dem Bus geht's zum **Gunung Bromo**, einem aktiven Vulkan, bevor Chillen in der Sonne, Spaß und noch mehr einzigartige Inselkultur auf **Bali** anstehen. Zuletzt reist man in das lebendige, multikulturelle **Singapur**.

6 MONATE

Rundumschlag

Los geht's in **Bangkok**, und dann entlang der Küste zur bewaldeten **Ko Chang**, dann über die Grenze bei Hat Lek–Cham Yeam zu den Traumstränden von **Sihanoukville** und den Inseln Koh Rong und Koh Rong Samloem. Weitere Stationen sind **Kampot**, die nahe gelegene Bokor-Bergstation sowie die Genozid-Museen von **Phnom Penh**. In **Siem Reap**, lässt man sich von der monumentalen Pracht Angkors verzaubern.

Man fliegt nach **Pakxe** und nimmt den Bus nach **Vientiane, Vang Vieng** und **Luang Prabang**. Von Nong Khiaw wandert man zu verschiedenen ethnischen Volksgruppen und wandelt auf den Spuren der Revolutionäre zu den Vieng-Xai-Höhlen und nach Na Meo, einem abgeschiedenen Grenzübergang nach **Hanoi**.

Vietnam lockt mit Geschichte, Kultur und Stränden. Dann geht's mit dem Flieger von **Ho-Chi-Minh-Stadt** nach **Bangkok** und weiter Richtung Süden zur Malaiischen Halbinsel. Auf **Ko Pha-Ngan** und in **Krabi** kann man schwimmen und tauchen.

Malaysias **Penang** bietet exzellente Straßenküche, **Pulau Perhentian** ist ein friedliches Strandrefugium. Im Anschluss an das Tierschutzgebiet **Taman Negara** und die nebelverhangenen **Cameron Highlands** landet man zuletzt in **Kuala Lumpur**.

Von **Jakarta** (Java) aus kann man in den kulturellen Reichtum **Yogyakartas** abtauchen und das UNESCO-Kleinod Borobudur besichtigen. Dann locken die Strände von **Bali** und den **Gili-Inseln** oder die Ruhe von **Flores**, und auf **Komodo** gibt's die berühmten Riesenechsen zu sehen. Von Bali fliegt man in die Touristenstadt **Dili** in Osttimor.

Alternativ geht's von Jakarta nach **Banjarmasin** (Kalimantan), um eine Dschungelexkursion auf Borneo zu unternehmen. In **Pangkalan Bun** kann man sich die Orang-Utan-Forschungsstätten im **Tanjung-Puting-Nationalpark** ansehen, dann geht's (mit dem Flugzeug) von Banjarmasin nach **Pontianak** und mit dem Bus zur Grenze ins malaysische **Kuching**, das Tor zu weiteren Naturschutzgebieten auf der Insel.

Als Nächstes steht ein Flug zurück nach **Kuala Lumpur** mit Anschluss nach **Yangon** (Myanmar) an. Die buddhistischen Tempel von **Bagan** sind magisch. Man kann entweder nach **Kalaw** wandern oder am ruhigen Wasser des **Inle-Sees** entspannen.

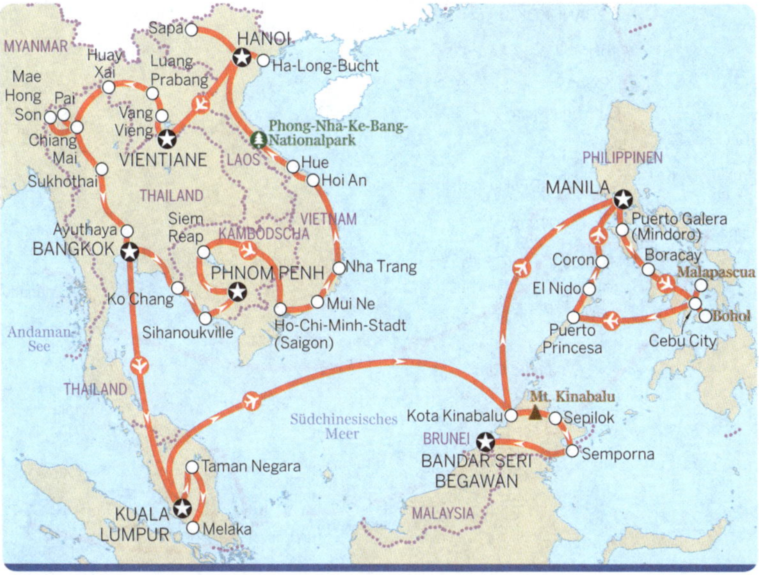

10 WOCHEN Vom Festland nach Borneo & auf die Philippinen

Von **Bangkok** geht's nach **Ko Chang**, an den Partystrand von **Sihanoukville** und weiter ins elegant-verlotterte **Phnom Penh**. Die wunderbaren Angkor-Tempel erkundet man von **Siem Reap** aus und fliegt dann nach **Ho-Chi-Minh-Stadt** (HCMS). Es folgen die Strände **Mui Ne** und **Nha Trang**, das antike **Hoi An** und die alte kaiserliche Hauptstadt **Hue** sowie die verzweigten Höhlensysteme im **Phong-Nha-Ke Bang-Nationalpark**. Anschließend verweilt man in **Hanoi**. Nach einer Bootsfahrt durch die **Ha-Long-Bucht** und einem Besuch der Bergdörfer rund um **Sa Pa** kehrt man nach Hanoi zurück.

Nach dem Flug in Laos' Hauptstadt **Vientiane** geht's mit dem **Bus** weiter nach **Vang Vieng** und **Luang Prabang**, eine bildschöne UNESCO-Welterbestätte, und dann auf dem Mekong zur thailändischen Grenze in **Houay Xay** und zum berühmten Goldenen Dreieck.

Die Berge **Pai** und **Mae Hong Son** in der Nähe von **Chiang Mai** bieten Einblick in die faszinierenden Kulturen der Grenzregion. Bevor man zurück nach **Bangkok** fährt, warten im Flachland noch die uralten Hauptstädten **Sukhothai** und **Ayutthaya**.

Mit dem Flieger oder Bus geht's nach **Kuala Lumpur** und in die uralte Wildnis **Taman Negara**. Vor der Rückkehr nach KL und einer Tour nach Borneo durchstreift man den Kolonialhafen **Melaka**. Man fliegt nach **Kota Kinabalu**, von dort geht's Richtung Sabah und auf den **Mt. Kinabalu**, Borneos höchsten Berg. Dann reist man gen Osten ins Orang-Utan-Reservat bei **Sepilok** und taucht bei **Semporna**. Auch das ölreiche Sultanat Brunei mit seiner von unberührtem Regenwald und schwimmenden Dörfern umgebenen Hauptstadt **Bandar Seri Begawan (BSB)** ist einen Abstecher wert.

Günstige Flüge verbinden **Kota Kinabalu** mit **Manila** (Philippinen). Von dort fahren Busse zu den Ifuagao-Reisterrassen in den Bergen von **Nord-Luzon**. Dann stürmt man die Partyinsel **Boracay** – und geht auf dem Weg in **Puerto Galera** (Mindoro) tauchen. Nach ein paar faulen Tagen geht's nach **Cebu-Stadt** und zu den relaxten Strandorten in dessen Nähe, z. B. **Malapascua** und **Bohol**, dann weiter nach **Puerto Princesa** (Palawan). Auf dem Weg Richtung Norden nach **El Nido** passiert man einsame Strände und unberührte Dschungelabschnitte an der Westküste Palawans. Vor der Rückkehr nach Manila lockt eine ganztägige Bootstour nach **Coron**, bekannt für exzellentes Wracktauchen.

8 WOCHEN Von den Festlandstränden nach Indonesien

Von **Bangkok** aus besucht man die Inseln im Golf von Thailand: das Taucherparadies **Ko Tao** und das Hippie-Nirvana **Ko Pha-Ngan**. In Tao macht man die Tauchlizenz und nutzt sie in der Andamanensee sowie bei Tauchtrips zu den Surin- und Similan-Inseln von **Hat Khao Lak**. **Krabi**, eine Hochburg für Kletterer und Höhlenforscher, sorgt für einen Adrenalinschub. Danach geht's zur Rastafari-Insel **Ko Lipe** und von **Pulau Langkawi** über die Grenze weiter nach **Penang**, berühmt für seine günstigen Garküchenzentren.

Ab Penang nimmt man den Bus nach **Kota Bharu**, dem Sprungbrett zu den fantastischen Dschungelinseln rund um **Pulau Perhentian**. Dann südlich die Küste entlang nach **Mersing**, dem Festlandhafen der schläfrigen Insel **Pulau Tioman**, bevor man in **Kuala Lumpur** in einen Flieger nach Indonesien steigt.

Von **Medan** auf der Insel Sumatra geht's zu einem Besuch der Orang-Utans von **Bukit Lawang**. Nach einer Vulkanwanderung in **Berastagi** fliegt man weiter nach **Banda Aceh** und genießt beim Tauchen die Unterwasserwelt von **Pulau Weh**.

Jetzt auf in Javas Hauptstadt **Jakarta**, von der aus man **Yogyakarta** und seinen Kulturpfad erkundet, einen Tagesausflug zum gigantischen buddhistischen Stupa von **Borobudur** oder dem alten Hindu-Tempel **Prambanan** macht und dann weiter östlich den Sonnenaufgang über der Mondlandschaft des Vulkans **Gunung Bromo** genießt.

In **Denpasar** auf Bali locken die Sandstrände der Bukit-Halbinsel oder auch ein Kulturtrip nach Ubud. In **Gili Trawangan** wird gefeiert, auf **Komodo** hält man nach Drachen Ausschau und an den Stränden von **Flores** folgt die Entspannung.

Vor dem Flug nach **Makassar** (Sulawesi) verlängert man in Denpasar sein Visum. **Tana Toraja** ist für antike blutige Beisetzungsrituale bekannt und Puppen halten Wache an den Felsengräbern. Dann weiter zu den abgeschiedenen und herrlich unberührten **Togean-Inseln** und zum nördlichen Tauchspot **Pulau Bunaken** – sie sind weit ab vom Schuss lohnen aber einen Abstecher. Hinterher fliegt man von **Manado** nach Kuala Lumpur.

Alternativ geht's von Denpasar aus in Osttimors Hauptstadt **Dili** und von dort zu alten Kolonialstädten sowie zu menschenleeren Riffen.

4 WOCHEN Die Mekong-Mission

Diese Route folgt den Windungen des berühmten Flusses von Laos' Norden bis zum Mekong-Delta in Vietnam. Auf dem Weg durch die vier Mekong-Anrainer erwarten einen die unterschiedlichsten Landschaften und Kulturen. Von **Bangkok** aus geht's nach **Chiang Rai** nahe dem Goldenen Dreieck, wo Laos, Myanmar (Burma) und Thailand aufeinanderstoßen. Die Grenzüberquerung nach Laos bei **Huay Xai** kommt einer Zeitreise in die Vergangenheit gleich. Mit einem langsamen Boot fährt man nach **Luang Prabang** und übernachtet in **Pak Beng**, wo man das Flussflair genießt, bevor es zum Entspannen nach **Vang Vieng** geht.

In **Vientiane** trifft man wieder auf den gewaltigen Strom. Die verschlafene laotische Hauptstadt lockt mit netten Cafés, Restaurants und Bars (die man anschließend eine Weile lang nicht sehen wird). Im Bus geht's via **Thakkek** und **Savannakhet** am Fluss entlang Richtung Südosten nach **Pakxe**. Sehenswert: das Khmer-Heiligtum **Wat Phu Champasak**, die Wasserfälle und Dörfer auf dem **Bolaven-Plateau** und die Inseln von **Si Phan Don**.

Im kambodschanischen **Kratie**, einer entspannten Stadt am Fluss, hat man die Chance, Irawadidelfine zu sichten (falls man das nicht bereits in Si Phan Don getan hat). Kratie bietet sich für einen Besuch der Berge in der **Mondulkiri-Provinz** an, wo Elefanten, Bergvölker und unberührte Natur locken.

Nach Wochen in ländlichen Provinzen wird man sich auf **Phnom Penh** freuen, wo sich der Mekong mit dem Tonlé Sap vereint. Nach einer Bootstour bei Sonnenuntergang geht's zum wohlverdienten Feiern in die Bars. Anschließend nimmt man ein Schnellboot nach **Chau Doc** (Vietnam), dem Tor zum Mekong-Delta, und sieht sich **Can Tho** an. **Ho-Chi-Minh-Stadt** verspricht Zerstreuung, bevor man weiter ins Herz des Deltas vordringt und in einer Privatunterkunft bei **Vinh Long** übernachtet oder sich für ein tropisches Intermezzo auf **Phu Quoc** entscheidet. Wer dann noch Zeit und Lust hat, kann weitere Teile Vietnams bereisen.

6 WOCHEN Fauna

Von **Bangkok** aus macht man sich auf den Weg zu den wilden Elefanten und Kragenbären im **Khao-Yai-Nationalpark**. Der weiter südlich gelegene **Khao-Sok-Nationalpark** bietet Gibbons und Makaken ein Zuhause. Vor den **Similan-Inseln** besteht die Möglichkeit, Walhaie zu sichten.

In **Kuala Lumpur** nimmt man einen Flieger nach **Sarawak** (Borneo). Im Bako-Nationalpark sind seltene Nasenaffen beheimatet, im Semenggoh Wildlife Centre sanftmütige Orang-Utans. In **Kota Kinabalu** (Sabah) kann man den Fluss Kinabatangan erkunden und vielleicht wilde Orang-Utans und seltene Zwergelefanten zu Gesicht bekommen. An den Stränden und Riffen des **Semporna-Archipels**, einer der malaysischen Topdestinationen für Taucher, ist Ausspannen angesagt.

Der **Tanjung-Puting-Nationalpark** in Kalimantan (Indonesien) trumpft mit Wasserstraßen durch den Dschungel auf. Man übernachtet auf einem *klotok* (Boot) und besucht **Camp Leakey**, eine Orang-Utan-Forschungsstation. Mit dem Flugzeug geht's nach **Bali** und zu den felsigen Inseln **Komodo** und **Flores**. Dort leben Warane und man kann wunderbar tauchen gehen.

6 WOCHEN Die Tempel-Runde

In **Bangkok** steht der Tempel der Morgenröte und die alte Hauptstadt **Ayuttaya** ist mit Stupas gespickt. Weiter nördlich liegt die frühere Khmer-Hauptstadt **Sukothai**.

Nachdem man die Grenze am Mekong bei **Huay Xai** überquert hat, geht's auf dem Fluss nach **Luang Prabang**, einer „goldenen" Stadt voller gut besuchter Tempel und Mönche in safranfarbenen Roben. Tief im Süden von Laos lohnt der Khmer-Bergtempel **Wat Phu Champasak** einen Besuch.

Dann steht die regionale Tempelhochburg Kambodscha auf dem Programm. Von **Phnom Penh** aus gelangt man zu den Tempeln von **Sambor Prei Kuk**, die älter als Angkor sind. Nach einem Schlenker Richtung Norden zum Bergtempel **Prasat Preah Vihear** folgen die **Tempel von Angkor** mit dem imposanten Angkor Wat – insgesamt die wohl großartigste Ansammlung von Tempeln der Welt.

Mit dem Flieger geht's nach **Yangon**, zur goldene Pagode Shwedagon Paya. Die letzte Station ist **Bagan** mit der größten Tempel-Dichte Südostasiens. Hier erstrecken sich Stupas so weit das Auge reicht.

Oben: Tempel, Bagan (S. 556), Myanmar

Unten: Walhai, Similan-Inseln-Meeresnationalpark (S. 834), Thailand

ARMIBLUE/GETTY IMAGES ©

Abseits der üblichen Pfade in Südostasien

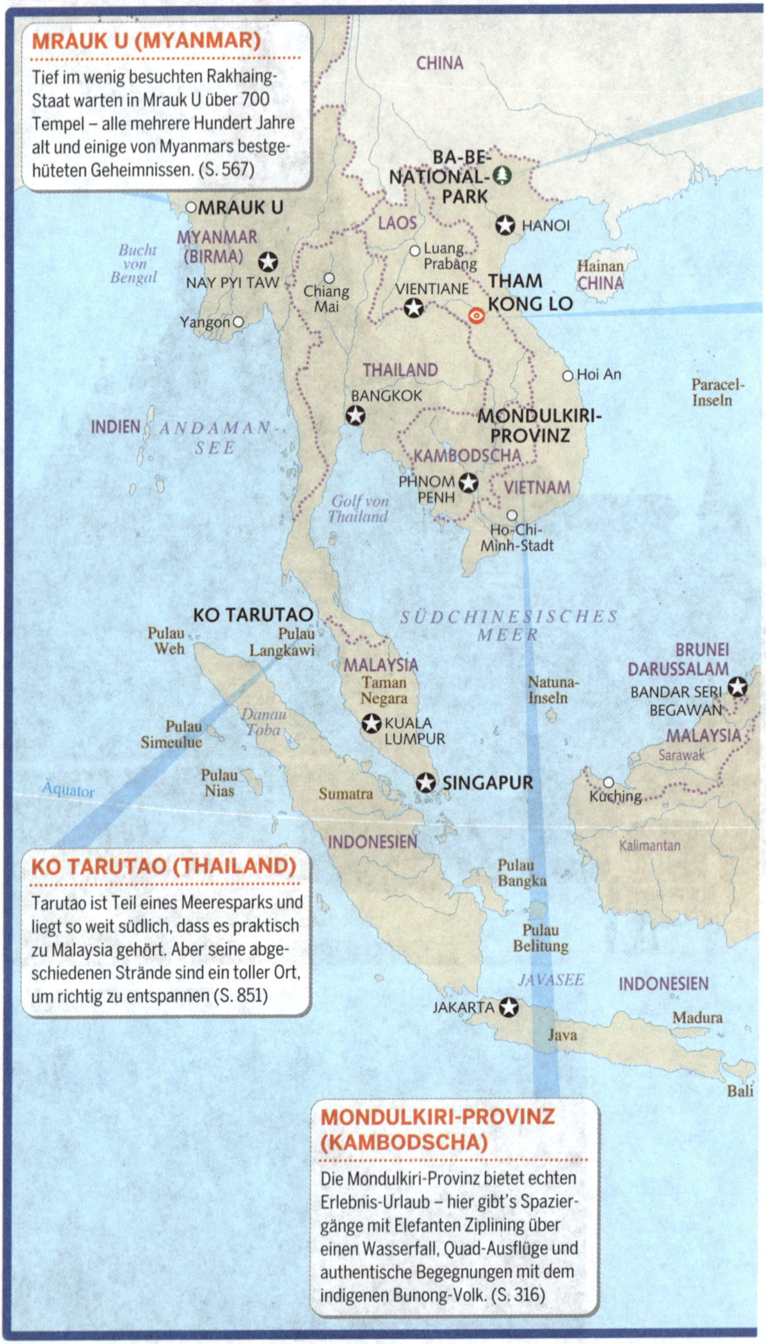

MRAUK U (MYANMAR)

Tief im wenig besuchten Rakhaing-Staat warten in Mrauk U über 700 Tempel – alle mehrere Hundert Jahre alt und einige von Myanmars bestgehüteten Geheimnissen. (S. 567)

KO TARUTAO (THAILAND)

Tarutao ist Teil eines Meeresparks und liegt so weit südlich, dass es praktisch zu Malaysia gehört. Aber seine abgeschiedenen Strände sind ein toller Ort, um richtig zu entspannen (S. 851)

MONDULKIRI-PROVINZ (KAMBODSCHA)

Die Mondulkiri-Provinz bietet echten Erlebnis-Urlaub – hier gibt's Spaziergänge mit Elefanten Ziplining über einen Wasserfall, Quad-Ausflüge und authentische Begegnungen mit dem indigenen Bunong-Volk. (S. 316)

BA-BE-NATIONALPARK (VIETNAM)

Eine umwerfende Landschaft voller Kalksteinberge, abfallender Täler, nebliger Seen und immergrünem Wald erlaubt es, die Natur in vollen Zügen zu erkunden. In rustikalen Homestays der ethnischen Minderheiten erlebt man die regionale Kultur. (S. 892)

THAM KONG LO (LAOS)

In einem Longtailboot lässt sich die Unterwelt dieser 7,5 km langen Höhle erforschen. Man lässt das Tageslicht hinter sich, während man langsam ins Dunkel unter den Kalkskulpturen der gewölbten Decke vordringt. (S. 379)

SIARGAO (PHILIPPINEN)

Die als Surfspot bekannte katholische Insel im nördlichen Mindanao hat hübsche Buchten, feine helle Strände und ruhige Dörfer. Das nahegelegene Camiguin bietet Vulkanbesteigungen, Rifftauchgänge und Landschaftswanderungen. (S. 655)

ULU-TEMBURONG-NATIONALPARK (BRUNEI DARUSSALAM)

Dieses unberührte Stückchen Regenwald, das nur mit dem Boot erreichbar ist, gehört zu den wenigen verbleibenden Ecken des wilden Dschungels, der früher ganz Borneo bedeckte. (S. 65)

TOGIAN-INSELN (INDONESIEN)

Die traumhaften Togian-Inseln sind ein unverfälschtes Stück Tropen. Strahlend weiße Sandstrände, umgeben von Kokosnusspalmen laden zum Wandern und herrliche Korallenriffe zum Tauchen und Schnorcheln ein. (S. 215)

INSEL ATAURO (OSTTIMOR)

Wer es bis nach Osttimor geschafft hat, sollte noch ein Stückchen weiter zu dieser unerschlossenen Insel vor Dili reisen, um vor Ort zu Schnorcheln, zu Tauchen, oder einfach in einer Hängematte zu Faulenzen. (S. 592)

Reiseplanung

Große Abenteuer, kleines Budget

Auch für wenig Geld können Traveller in Südostasien wunderschöne Strände und beeindruckende Tempel besuchen sowie herrliche Landschaften erkunden. Aber man muss seine Ausgaben ständig im Blick haben und seine Reise gut planen.

Reiseplanung und -kosten

Zeitplanung

12 Monate vorher Reisebudget kalkulieren und anfangen zu sparen.

6 Monate Zielländer auswählen und planen, wann und wie lange man diese besuchen möchte. Langstreckenflüge recherchieren.

8 bis 6 Wochen Visa und Reisepässe besorgen.

4 Wochen Impfungen vornehmen und Reiseversicherungen abschließen.

2 Wochen Für beliebte Reiseziele sowie zur Hauptsaison Transportmittel und Unterkünfte, Tauchtrips und Trekkingtouren auf Borneo reservieren.

1 Woche Unterkunft für den Ankunftsort buchen; packen.

Durchschnittliche Preise

1 Flasche Bier 1–3 US$

Fahrt mit dem Langstreckenbus 10–30 US$

Essen am Straßenstand 2–5 US$

Zimmer in einer Pension 10–25 US$

Internetzugang (pro Std.) 0–5 US$

Inlandsflug 50–150 US$

Budget-Guide

Die Lebenserhaltungskosten in Südostasien sind sehr niedrig. Traveller kommen mit einem Tagesbudget von 25 bis 50 US$ für die Grundversorgung aus: Verpflegung, Unterkunft, lokale Verkehrsmittel und ein paar Bier sind damit abgedeckt. Die Kosten variieren von Land zu Land und hängen von der Beliebtheit des Reiseziels und der Jahreszeit (Haupt- bzw. Nachsaison) ab.

Zusätzlich muss man Langstreckenreisen per Bus, Schiff oder Flugzeug einberechnen sowie Aktivitäten wie Tauchen und Klettern. Und man sollte auf unerwartete Ausgaben wie eine teurere Unterkunft oder eine spontane Fahrt vorbereitet sein.

Unterkünfte verschlingen den größten Teil des Budgets, doch glücklicherweise gibt's in der Region viele günstige Gästehäuser. Je mehr Komfort (Klimaanlage, Warmwasser, Privatbad) man entbehren kann, umso mehr Geld wird man sparen.

Öffentliche Verkehrsmittel sind innerhalb jedes Landes günstig. Teurer wird es bei Schiffs- und Flugreisen oder auch bei schlechten Straßenbedingungen. Privattaxis kosten immer recht viel. Wer besondere Inseln besuchen will, muss aufgrund von Festpreisen oder fehlender Konkurrenz oft tief in die Tasche greifen. Mit dem Motorrad kommt man günstiger herum, noch billiger sind aber Leihfahrräder – und eine wunderbare Art, Südostasien zu erkunden.

Brunei Darussalam Das winzige ölreiche Sultanat ist sehr günstig, wenn man von Malaysisch-Borneo mit dem Bus anreist. Am besten übernachtet man in Hostels, kauft auf Open-Air-Märkten und besucht kostenlose Sehenswürdigkeiten.

Indonesien Bali kann man billig bereisen, wenn man einen Ulu-Watu-Gastfamilienaufenthalt wählt. Um die schicke Surferszene und die tollen landschaftlichen Ausblicke zu genießen, braucht man gerade so viel Geld, dass es locker noch für ein paar Bintangs reicht.

Kambodscha In Sihanoukville kann man für wenig Geld viel Spaß haben: Schlafsaalbetten kosten nur 5 US$ und ein Bier 0,50 US$. Oder man macht einen Ausflug nach Koh Rong, der neuen Partyinsel der Region, um das alte Thailand zu erleben.

Laos Si Phan Don (viertausend Inseln) lockt mit einer aufregenden Travellerszene, entspanntem Inselleben, „Tubing" im Fluss und Delfinbeobachtung.

Malaysia Pulau Perhentian gilt als eines der günstigsten Ziele Asiens für Taucher und kann durchaus mit Ko Tao mithalten. Cherating ist ein weiterer budgetfreundlicher Strand.

Myanmar (Birma) Die Anreise ist etwas mühsam, aber dafür überzeugt die antike Stadt Mrauk U mit ihren Preisen. Die Tempel können für wenig Geld besichtigt werden, außerdem gibt's weniger Pauschaltouristen als in Bagan.

Osttimor Man nimmt einen *microlet* (lokaler Bus) nach Liquica (1 US$) und steigt am Felspunkt unweit des Papstdenkmals aus. Willkommen in Dili Rock West! Hier gibt's beim Schorcheln wunderschöne Korallen und Fische zu sehen.

GEPÄCK

Am besten sollte man möglichst wenig mit auf die Reise nehmen, denn man muss sein Gepäck vor Ort immer mit sich herumschleppen. Beim Packen unbedingt darauf achten, dass die Reisetasche klein genug ist, um in das Gepäckfach des Flugzeugs zu passen – die meisten Staufächer in Südostasiens Bussen und Zügen haben ungefähr dieselbe Größe. Mit kleinem Gepäck lässt es sich auch leichter in öffentliche Verkehrsmittel ein- und wieder aussteigen sowie die Gegend zu Fuß erkunden – und man ist dann auch kein Ziel für Schlepper und Gauner.

Philippinen Nord-Luzon und Palawan sind günstige, wenig überlaufene Ziele. Schlafen kann man mitten in Batads Reisterassen oder an den Stränden von Coron oder El Nido.

Singapur Luxus für Budgetreisende sucht man hier vergeblich, doch bei den kostenlosen Konzerten des Singapore Symphony Orchestra erlebt man die Kultur des Landes aus erster Hand.

Thailand Auf Ko Tao kann man relativ günstig einen PADI-Open-Water-Tauchschein machen. Auch die Ostseite von Ko Pha Ngan ist ein Budgetknaller. Auf der Andaman-Seite lässt sich Railay am günstigsten bereisen.

Vietnam Mit dem billigsten Bier der Region (ab 0,30 US$ pro Glas) ist Vietnam der Gewinner. Nha Trang ist *der* Backpacker-Strand mit tollem Nachtleben und günstigen Unterkünften.

Das Budget im Blick behalten

- An Straßenständen oder auf Märkten essen.
- Ein Bett im Schlafsaal nehmen oder sein Zimmer mit einem Freund teilen.
- In Zimmern mit Ventilator (ohne Klimaanlage) und Gemeinschaftsbädern übernachten.
- Auf dem Landweg reisen statt zu fliegen.
- Schnorcheln statt tauchen.
- Kein Motorrad, sondern ein Fahrrad leihen.
- Nationalparks sehr sorgfältig auswählen.
- Die Standardpreise für Verkehrsmittel kennen und entsprechende Tarife aushandeln.
- Souvenirs vor Abreise mit Restgeld kaufen.
- Tägliche Ausgaben aufschreiben, um sein durchschnittliches Tagesbudget zu kennen.

Tipps zu Unterkünften

Die Kosten für Unterkünfte sind eine der größten Ausgaben. Hier ein paar Tipps, um Geld zu sparen:

- Wenn der Preis zu hoch ist, nach einem günstigerem Zimmer fragen.
- Die meisten Preise sind nur in der Nachsaison verhandelbar.
- Wer einmal für ein Zimmer bezahlt hat, bekommt nichts zurückerstattet.
- Lieber pro Tag zahlen als alles auf einmal. So bleibt man bei der Reiseplanung flexibel.
- Buchungen nicht in Reisebüros vornehmen, um die hohen Gebühren zu umgehen.

Surfen in Sumbawa (S. 162), Indonesien

Reiseplanung

Aktivitäten

Hohe Berge, reißende Flüsse, dräuende Vulkane, Höhlen so groß wie Kathedralen, Barrels und Tubes an der Wasseroberfläche und Riffe gleich darunter – in Südostasien locken unzählige Abenteuer. Ob Trekking, Fahrradfahren, Klettern, Höhlenwanderungen, Surfen oder Tauchen, hier ist alles möglich. Und anschließend kann man sich bei einer Wellnessanwendung entspannen.

Top-Aktivitäten

Die besten Tauchspots

Indonesien & Philippinen In Sachen Riffe und Steilwände sind die Inselnationen die unangefochtenen Hochburgen für Taucher in Südostasien.

Die besten Wanderungen & Trekkingtouren

Malaysia Die Mondlandschaft des Kinabalu entdecken, durch Primärwald streifen oder die Cameron Highlands entdecken – die Highlights in einem Land voller erstklassiger Wanderrouten.

Die besten Surfspots

Indonesien Barrels vor Java und Bali reiten und sich dann zu den großen Breaks von Sumbawa und Sumba in Nusa Tenggara vorarbeiten oder es im Norden auf den Mentawai-Inseln vor Sumatra versuchen.

Tiere beobachten

Malaysia Borneo ist nicht umsonst als der Amazonas Asiens bekannt. In den Nationalparks Sabah und Sarawak leben Orang-Utans, Nasenaffen und Zwergelefanten.

Die besten Höhlenwanderungen

Vietnam Es gibt derzeit eigentlich keinen besseren Ort, um unter die Erdoberfläche abzutauchen, als den Phong-Nha-Ke-Bang-Nationalpark, in dem immer noch größere und tollere Höhlen entdeckt werden.

Wandern & Trekking

Wandern ist in der gesamten Region beliebt – ob Dschungeltreks oder Vulkanbesteigungen, ob Tagestouren oder mehrtägige Exkursionen. Guides sind unerlässlich, denn die Wege sind nicht gut beschildert, die Anreise zu den Startpunkten ist nicht immer leicht und als Ortsfremder kennt man nicht die Mikroklimata. Gleichzeitig steuert man damit zum Auskommen einheimischer Familien bei.

Touristen sollten die lokalen Bestimmungen, Gesetze und Verhaltensregeln zu Fauna und Umwelt kennen.

Für Wanderungen benötigt man eine lange Hose, feste Wanderschuhe und Socken gegen Blutegel (während und nach der Regenzeit). Regenkleidung sollte man auch bei klarem Himmel einstecken. Ebenfalls wichtig sind eine Taschenlampe, Mückenspray und ein Verbandkasten. Viel trinken und die Kräfte gut einteilen! Die hohe Luftfeuchtigkeit macht alles anstrengender.

Elefantenwanderungen sind beliebt, die Standards in den Elefantencamps variieren jedoch stark. Man sollte sich vorab genau informieren und anstelle eines Ritts (nicht besonders tierfreundlich) für eine „Wanderung mit der Herde“ entscheiden (möglich in Kambodscha, Laos und Thailand).

Reisezeit

Nicht die Temperatur, sondern der Regen ist ausschlaggebend. Gleich nach Ende der Regenzeit (November bis Februar) ist der perfekte Zeitpunkt für das südostasiatische Festland. Dann sind die Wälder üppig grün und es gibt keine Überschwemmungen. In Höhenlagen, z. B. in Sa Pa, gibt's aber schon mal Frost. Die Hauptsaison für internationale und einheimische Touristen ist von Dezember bis Januar. Die nassesten Monate des Nordostmonsuns in weiten Teilen Bruneis, Indonesiens, Malaysias und Osttimors sind der Januar und Februar. In Indonesien reicht die Zwischensaison von April bis Juni; dann ist es trockener. Auch der Juli und August sind beliebte Reisemonate. Auf dem südostasiatischen Festland sind der September und Oktober die nassesten Monate.

Reiseziele

Kinabalu (Malaysia) Borneos schönster Sonnenaufgang: eine Mondlandschaft aus Granit führt auf den Gipfel des 4095 m hohen Kinabalu. (S. 469)

Ifugao-Reisterrassen (Philippinen) Eine der schönsten Wanderrouten führt durch die kunstvoll angelegten Reisterrassen von Ifugao, Bontoc und Kalinga. (S. 629)

Baliem-Tal (Indonesien) Eine Top-Destination. Auf den Treks kann man einige der faszinierendsten Kulturen der Welt kennenlernen. (S. 225)

Sa Pa (Vietnam) Vietnams Trekking-Mekka mit spektakulären Landschaften, majestätischen Gipfeln, saftgrünen Reisfeldern und spannenden Dörfern ethnischer Minderheiten. (S. 894)

Hsipaw (Myanmar) In den Hügeln rings um Hsipaw kann man viele zeitlose Siedlungen der freundlichen Shan, Palaung und Lisu erkunden. (S. 554)

Radtour zu verschiedenen Tempeln, Bagan (S. 556), Myanmar

VERANTWORTUNGSVOLLES TREKKING IN DÖRFERN

Der Tourismus bringt den Hochlandgemeinden viele Vorteile: kulturelle Verständigung, eine verbesserte Infrastruktur, günstigere Waren, Arbeit und Dollars, mit denen die (Kunst-) Handwerkerbranche unterstützt wird. Auf der Liste der möglichen Nachteile stehen mehr Müll, die Kontrolle des Tourismussektors durch die dominante Gemeinde auf Kosten der ethnischen Minderheiten und die Gefahr, dass ausländische Reisende die lokalen Sitten und Traditionen missachten.

Wer beim Dorfbesuch nachhaltig vorgehen möchte, sollte in kleinen Gruppen reisen und einheimische Guides anheuern, damit das Geld unmittelbar in die Gemeinden fließt. Die Guides sorgen zudem dafür, dass man einen direkteren Kontakt zu den Einheimischen hat. Anders als ortsfremde Guides kennen sie die Tabus und Gebräuche, ebenso wie die hiesige Natur.

Ramelau (Osttimor) In aller Herrgottsfrühe aufstehen, um den höchsten Berg Osttimors zu bezwingen und sich den Sonnenaufgang über dem glitzernden Ozean vom Gipfel aus anzusehen. (S. 596)

Fahrradfahren

Auch Radfahrer sind in Südostasien gut aufgehoben. Man kann Städte entdecken oder echte Hochlandabenteuer erleben. Für hartgesottene Radler sind die Berge im Norden Vietnams und im nördlichen Laos das Nonplusultra. Weniger fordernd, aber denkwürdig sind Trips zu den Dörfern am Mekong-Ufer, insbesondere im Mekong-Delta in Vietnam. Bedeutende historische Stätten wie Angkor, Bagan und Sukothai können ebenfalls wunderbar erkundet werden. In Thailand und Borneo kommen Mountainbikefans auf ihre Kosten. Indonesien ist abschreckend groß, aber man könnte sich einzelne Inseln vorknöpfen statt des gesamten Landes. Tolle Strecken gibt's etwa auf Bali und Lombok oder, wenn einem der Sinn nach Abenteuer steht, Flores und Sulawesi.

In der Region sind einfache Mieträder schon für 1 bis 5 US$ pro Tag zu haben. Qua-

DIE BESTEN VULKANWANDERUNGEN

Indonesien und die Philippinen gehören zum Pazifischen Feuerring und beherbergen mehr als 100 aktive Vulkane. Viele davon können bestiegen werden, manchmal innerhalb eines Tages, manchmal im Rahmen mehrtägiger Expeditionen. Einige Vulkane brodeln still und leise vor sich hin, andere „schlafen" seit Jahrhunderten. Vor der Wanderung sollte man sich bei den lokalen Behörden genau informieren.

Gunung Bromo (Indonesien) Einer von drei Vulkankegeln (einer ist aktiv), die aus einem spektakulären Krater aufragen. Absolut empfehlenswert! (S. 109)

Mayon (Philippinen) Der philippinische Vulkan hat Kultstatus und eine perfekte Kegelform. Gleichzeitig ist der Mayon (2462 m) einer der aktivsten Vulkane des Landes – vorab sorgfältig informieren! (S. 632)

Gunung Batur (Indonesien) Bei der traumhaften Szenerie dieses Vulkans auf Bali vergisst man das nervige Theater an seinem Fuß. (S. 141)

Pinatubo (Philippinen) Vorbei an bizarren Lavaskulpturen geht's zu dem traumhaften Kratersee auf dem Pinatubo (1450 m) hinauf. Ein Muss. (S. 622)

litativ hochwertige Mountainbikes kosten 10 bis 20 US$. Der Südostasienexperte für Radtouren ist **Spice Roads** (www.spiceroads.com) mit Sitz in Bangkok, man findet aber in allen Ländern professionelle Anbieter.

Reisezeit

Man sollte seinen Besuch in die Trockenzeit legen. Während der Regenzeit stellen Erdrutsche in Berggegenden eine reale, ernst zu nehmende Gefahr dar. Die besten Monate für Radtouren auf dem Festland sind November bis Februar, mit milden Temperaturen und einer kühlen Brise.

Reiseziele

Tempel von Angkor (Kambodscha) In der Hauptsaison ist an den Tempeln oft sehr viel los. Deshalb folgt man besser lokalen Dschungelpfaden. (S. 279)

Bagan (Myanmar) Die Tempel sind über die gesamte Irawadi-Ebene verstreut, deshalb bietet es sich an, das Areal mit dem Rad zu erkunden. (S. 556)

Luang Prabang (Laos) Die Altstadt und die Dörfer ethnischer Minderheiten im Umland lassen sich wunderbar im Fahrradsattel entdecken. (S. 354)

Mekong-Delta (Vietnam) Die Nebenstraßen in den Ebenen des Mekong-Deltas sind wie gemacht für lange Touren. (S. 954)

Motorradfahren

Ein unvergessliches Erlebnis für Abenteuerlustige sind Motorradtouren in die entlegenen Gegenden Südostasiens. Dabei bezwingt man Wege, vor denen selbst die stärksten Jeeps kapitulieren, und man ist noch näher an der Natur dran als im Auto oder Bus. Motorräder sind unverändert das wichtigste Transportmittel in der Region, folglich gibt's überall Werkstätten. Die Top-Destinationen für Motorradabenteuer sind Vietnam, Kambodscha, Laos und Thailand.

Tagesraten für Bikes mit 100 ccm starten bei 5 bis 10 US$, Dirt- oder Straßenmotorräder mit 250 ccm bekommt man für 15 bis 50 US$. Einwegmieten (mit einem anderen Abgabe- als Abholort) sind gegen einen Aufpreis möglich. Spezialisierte Anbieter stellen mehrtägige Touren in abgeschiedene Gebiete auf die Beine.

In diesem Teil der Welt muss man selten einen Führerschein vorlegen, um ein Motorrad zu mieten. Am wahrscheinlichsten wird man noch in Brunei, Malaysia oder Thailand dazu aufgefordert. Allerdings muss fast immer der Reisepass als Pfand hinterlegt werden. Das kann zu Komplikationen führen, wenn man in einer entlegenen Region einen Unfall hat und zur Behandlung in ein anderes Land überführt werden muss.

Reisezeit

Auch Motorradfahren macht keinen Spaß, wenn es regnet, deshalb sollte man den Trip in die trockenen Monate legen. (Mehr zu den Monsunzeiten siehe Kasten S. 49.)

Wer in Kambodscha, Laos und Vietnam „off-road" fahren möchte, sollte das im Januar tun, denn die abgeschiedenen Dschungelpfade brauchen nach dem Regen etwas Zeit, um vollständig zu trocknen.

Reiseziele

Sa Pa (Vietnam) Die Bergszenerie, Flusstäler und Bergdörfer rund um Sa Pa, Bac Ha und Dien Bien Phu sind ein Traum. (S. 894)

Preah-Vihear-Provinz (Kambodscha) Ein echtes Highlight ist die Route 66, die alte Angkor-„Schnellstraße" vom Tempel Beng Mealea zum Tempel Preah Khan. (S. 282)

Vang Vieng (Laos) Ein landwirtschaftlich umwerfender Motorradritt führt tief in die Kalksteinfelsen entlang des Westufers des Nam Song. (S. 349)

Mae Hong Son (Thailand) Die klassische Route im Norden ist der 600 km lange Rundweg durch Mae Hong Son. Er startet in Chiang Mai und führt durch Pai, Mae Hong Son und Mae Sariang. (S. 781)

Bootstouren, Kajakfahren & Rafting

Bootstouren sind eine der Hauptattraktionen in Südostasien. Kein Wunder, schließlich wird die nördliche Hälfte der Region vom Mekong durchzogen und der andere Teil besteht aus Inseln und Archipelen. In Kambodscha und auf Borneo gelangt man auf kleinen Nebenflüssen durch den Dschungel zu Siedlungen ethnischer Minderheiten oder erkundet Höhlensysteme in Laos und Vietnam vom Boot aus. Ein weiteres Highlight sind die lebendigen schwimmenden Märkte im Mekong-Delta. In Indonesien und auf den Philippinen kommt man ums „Inselhopping" nicht herum, insbesondere in abgelegenen Winkeln ohne Flughäfen.

Der Kajaksport hat in den letzten Jahren einen ziemlichen Hype erlebt. Die beste Adresse für Kajakfahrten auf offenem Meer ist die Provinz Krabi in Thailand. Bei den Touren durch die vietnamesische Ha-Long-Bucht ist mittlerweile fast immer auch ein Kajaktrip durch die Karstklippen dabei. Beliebte Ausflugsziele sind zudem verzweigte Flusssysteme in Indonesien, Laos und Malaysia. Über sie gelangt man zu abgeschiedenen Stammesdörfern. Seen eignen sich ebenso zum Paddeln. Unsere Tipps: der bildschöne Ba-Be-Nationalpark in Vietnam, die überfluteten Wälder und schwimmenden Dörfer des Tonlé Sap in Kambodscha und die Nebenflüsse des Mekong im Norden von Laos.

Die Rafting-Bedingungen sind nicht ganz so spektakulär wie z. B. in Nepal, aber in der Regenzeit legen die Ströme etwas zu. Anlaufstellen sind der Pai in Thailand sowie der Chico und Cagayan auf den Philippinen.

Stehpaddeln (Stand-up-Paddleboarding, kurz SUP) wird immer beliebter, und Anfänger können ihre Seetauglichkeit auf ruhigem Wasser testen.

DER WETTERBERICHT FÜR DIE STRANDSUCHE

STRAND	JAN.–FEB.	MÄRZ–APRIL	MAI–JUNI	JULI–SEPT.	OKT.–DEZ.	MEHR INFOS
Ko Tao (Thailand)	trocken, Hochsaison	trocken, Zwischensaison	trocken, Zwischensaison	trocken, Hochsaison	Regen, Nebensaison	S. 823
Phuket (Thailand)	trocken, Hochsaison	trocken, Zwischensaison	Auftakt der Regenzeit, Zwischensaison	Regen, Nebensaison	trocken, Zwischensaison	S. 835
Bali (Indonesien)	Regen, Nebensaison	Ende der Regenzeit, Zwischensaison	trocken, Zwischensaison	trocken, Hochsaison	Auftakt der Regenzeit, Zwischensaison	S. 113
Nha Trang (Vietnam)	trocken, Hochsaison	trocken, Hochsaison	trocken, Hochsaison	trocken, Hochsaison	Regen, Nebensaison	S. 927
Sihanoukville (Kambodscha)	trocken, Hochsaison	trocken, Zwischensaison	Auftakt der Regenzeit, Zwischensaison	Regen, Nebensaison	Regen, Zwischensaison	S. 295
Boracay (Philippinen)	trocken, Hochsaison	trocken, Hochsaison	trocken, Zwischensaison	Regen, Nebensaison	Ende der Regenzeit, Zwischensaison	S. 637
Osttimor	Regen, Nebensaison	trocken, Hochsaison	trocken, Hochsaison	trocken, Hochsaison	trocken, Hochsaison	S. 582

Kajakfahren in Sabah (S. 461), Malayisch-Borneo

Reisezeit

Was man auch vorhat, man sollte es in die Regenzeit legen, denn dann sind die Wasserstände hoch, die Seen voll und die Landschaften herrlich grün.

Reiseziele

Ha-Long-Bucht (Vietnam) Eine Bootsfahrt mit Übernachtung zwischen den Karstfelsen unternehmen und versteckte Lagunen erkunden oder sich im Stehpaddeln versuchen. (S. 886)

Krabi-Provinz (Thailand) Südostasiens Wiege des Kajakfahrens auf offenem Meer mit traumhaftem Panorama aus malerischen Karstinseln. (S. 843)

Tham Kong Lo (Laos) In der Flusshöhle kommt man sich vor wie am Styx. Eine unvergessliche unterirdische Bootsfahrt. (S. 379)

Chico-Fluss (Philippinen) Eine philippinische Topadressen für Rafting im Norden Luzons. (S. 627)

Von Bhamo nach Mandalay (Myanmar) Auf dem mächtigen Irawadi vom entlegenen Bhamo nach Mandalay schippern. (S. 542)

Ulu-Temburong-Nationalpark (Brunei) Mit einem Langboot in den beeindruckenden Nationalpark fahren – ein unvergleichlicher Flussritt. (S. 65)

Tauchen & Schnorcheln

Südostasien ist ein Paradies für Taucher und Schnorchler. Es gibt günstige Kurse und die Vielfalt der Unterwasserlandschaften beeindruckt nachhaltig. Thailand, Malaysia, Indonesien und die Philippinen haben berühmte Tauchgründe, während Kambodscha, Vietnam und Myanmar weniger spektakulär, dafür aber gut für Anfänger geeignet sind. Fortgeschrittene finden in Indonesien und auf den Philippinen einige der weltbesten Tauchmöglichkeiten.

Sowohl das Tauchen als auch das Schnorcheln können die Umwelt belasten. Deshalb sollte man renommierte, nachhaltige Touranbieter wählen.

Reisezeit

Beim Tauchen kommt es auf die Sichtweite an – je ruhiger, desto besser, je stürmischer, desto schlechter. In der Regenzeit sind die Bedingungen an fast allen Tauchorten in der Region unterdurchschnittlich. Dank der beiden Monsune gibt es aber immer irgendwo gute Sichtweiten. Im Golf von Thailand kann man den Großteil des Jahres tauchen gehen.

VERANTWORTUNGSVOLLES TAUCHEN

- Niemals an Riffen ankern und darauf achten, Boote nicht auf Korallen abzusetzen.
- Lebende Meeresorganismen nicht anfassen oder darauf stehen und keine Ausrüstung übers Riff schleifen.
- Auf die Schwimmflossen achten. Der Sog, der beim Beinschlag entsteht, kann fragile Organismen am Riff schädigen. Keine Sandwolken lostreten; sie können Organismen ersticken.
- Mit der Tarierweste die Lage im Wasser beständig kontrollieren. Taucher, die zu schnell absinken und mit dem Riff kollidieren, richten z. T. erhebliche Schäden an.
- In Unterwasserhöhlen besonders achtsam sein. So wenig Zeit wie möglich darin verbringen, denn die beim Ausatmen produzierten Luftblasen können sich unter dem Dach stauen und Organismen ersticken und austrocknen. Am besten wechselt man sich ab, wenn man kleinere Höhlen erkunden möchte.
- Keine Korallen oder Muscheln einsammeln bzw. kaufen oder Souvenirs von archäologischen Stätten unter Wasser (wie Schiffswracks) mitnehmen.
- Allen Müll wieder mitnehmen – den eigenen und fremden –, den man beim Tauchen findet. Plastik stellt eine erhebliche Gefahr für Meeresbewohner dar.
- Keine Fische füttern.
- Meerestiere so wenig wie möglich stören. Sich niemals von Meeresschildkröten ziehen lassen.

Reiseziele

Komodo-Nationalpark (Indonesien) Hier gibt's Warane und die wohl besten und abwechslungsreichsten Tauchgründen Indonesiens. (S. 164)

Bohol (Philippinen) Ganz Bohol ist mit wunderbaren Tauchgründen gespickt. Das Highlight ist ohne Zweifel Balicasag Island. (S. 652)

Similan-Inseln (Thailand) An Bord der Tauchschiffe Ausschau nach Walhaien halten. (S. 834)

Semporna-Archipel (Malaysia) Das legendäre „Korallendreieck" wartet mit wilden Meeresschildkröten, Haien und vielfarbigen Riffen auf. (S. 476)

Atauro (Osttimor) Unberührte Riffe säumen Osttimors Nordküste, die wohl besten Tauchgründe liegen aber vor Atauro. (S. 592)

Preisgünstig tauchen lernen

Ko Tao (Thailand) Der günstigste und beste Ort, um Tauchgrundlagen zu lernen, ist Ko Tao. (S. 823)

Gili Trawangan (Indonesien) Einer der Top-Orte weltweit, um die Tauchlizenz zu erwerben. Ein Boot braucht nur zehn Minuten zu den Riffen. (S. 159)

Perhentian-Inseln (Malaysia) Bei schwachem Ringgit sind Open-Water-Kurse spottbillig. (S. 452)

Moalboal (Philippinen) Die Wiege des Tauchsports auf den Philippinen bietet unverändert tolle Bedingungen auch für Anfänger. (S. 650)

Wassersport

Surfen und Kitesurfen liegen in Südostasien ganz groß im Trend. Das regionale Surfer-Mekka ist derzeit Indonesien, dicht gefolgt von den Philippinen. In Vietnam und Thailand sorgt konstanter Wind für saisonales Kitesurfen, Vietnam bietet zudem gut erreichbare Breaks für Surfer. Besonders Anfänger sollten darauf achten, dass sie einen Anbieter mit guten Sicherheitsreferenzen wählen.

Reisezeit

Von Mai bis September gibt's vor Lombok und Sumbawa (Indonesien) fantastische Wellen, und auf Bali findet man immer ein paar tolle Breaks. Auf den Philippinen fällt die Surf-Saison hingegen mit der Taifun-Saison (August bis November) zusammen. Unsere Tipps für Anfänger sind Phuket (Thailand) von April bis September und Cherating (Malaysia) von November bis März.

Kitesurfen wird auf Boracay (Philippinen), an der Ost- und Westküste Thailands (Hua Hin und Phuket), in Mui Ne (Vietnam) und an den Stränden Hu'u und Lakey Beach auf Sumbawa (Indonesien) betrieben. Dort weht fast das gesamte Jahr über eine beständige Brise.

Schnorcheln auf den Philippinen

Reiseziele

Sumatra (Indonesien) Das Surferparadies Indonesien bietet viele Topspots, die Mentawai-Inseln in Sumatra sind aber schlichtweg perfekt. (S. 178)

Phuket (Thailand) Einer der besten Strandorte Thailands bietet Möglichkeiten für Surfer, Kitesurfer und mehr. (S. 835)

Mui Ne (Vietnam) Für „Windsuchende" gibt es wenig bessere Destinationen in Asien. (S. 933)

Siargao (Philippinen) Der legendäre Righthander Cloud Nine ist die beste Welle des Landes. (S. 655)

Klettern

Südostasiens Kalksteinklippen wurden präpariert und in Kletterrouten für vertikale Abenteuer verwandelt, auf denen man einen spektakulären Ausblick genießt. In Thailand, Laos und Vietnam findet man mehrere Kletterzentren für Anfänger und Fortgeschrittene. In der Provinz Krabi in Thailand und auf der Cat-Ba-Insel nahe der Ha-Long-Bucht in Vietnam kann man Karstklippen im/am Meer erklimmen. Einen Versuch wert ist auch das Deep Water Soloing (DWS) oder Free Climbing mit abschließendem „Sturz" ins Wasser (nur in Begleitung eines erfahrenen Kletterguides!). Tolle Karstfelsen auf dem Festland gibt's z. B. in Vang Vieng in Laos, Chiang Mai in Thailand oder im Phong-Nha-Ke-Bang-Nationalpark in Vietnam.

Reisezeit

In der Regenzeit sollte man nicht klettern, weil die Oberfläche der Felsen dann zu glitschig ist und ein hohes Verletzungsrisiko besteht. Starkregen schränkt überdies die Sichtweite ein – nicht so toll, wenn man sich gerade auf halber Strecke eine Route hinauf befindet.

Reiseziele

Railay (Thailand) Kalksteinfelsen umgeben von azurblauem Wasser bezwingen und dazu ein fantastischer Strand ... Kein Wunder, dass Railay das Kletterziel Nummer eins in Thailand ist. (S. 844)

Cat-Ba-Insel (Vietnam) Einführungen für Novizen und tolle Trips für erfahrenere Kletterer vor der Kulisse der Ha-Long-Bucht. (S. 887)

Vang Vieng (Laos) Mehr als 200 Kletterrouten an Kalksteinfelsen, vielfach bereits mit Bohrhaken versehen. (S. 349)

DURCH DEN MONSUN

Die beiden Monsune in der Region und die Touristensaison sind die wichtigsten Kriterien bei der Reiseplanung. Der Südwestmonsun (Juni/Juli bis September/Oktober) bringt Regen aufs südostasiatische Festland und an die Westküste der Malaiischen Halbinsel (Phuket und Langkawi). Im Anschluss an die Regenperiode folgt trockenes, kühles Wetter (November bis Februar), dann wird es heiß (März bis Juni). Ein Großteil der Philippinen folgt diesem klimatischen Muster. Wenn sich ein Taifun zusammenbraut, sollte man das Weite suchen. Der Nordostmonsun beginnt im September. Dann regnet es an der Ostküste der Malaiischen Halbinsel (Ko Samui, Pulau Perhentian). Anschließend zieht der Wind nach Osten, durch Indonesien, und erreicht Osttimor im Dezember.

Caving (Höhlenwanderungen)

Zum Bereich Outdoor-Sport gehören auch Ausflüge in die „Unterwelt“, genauer gesagt Erkundungen weit verzweigter Höhlensysteme – nichts für Leute mit Platzangst. Wer dagegen gerne mal in unterirdischen Flüssen schwimmen, sich durch Spalten quetschen und über Felsvorsprünge klettern würde, um zu atemberaubenden Gesteinsformationen und in kathedralenartige Durchgänge zu gelangen, für den ist Caving genau das Richtige.

Reisezeit

Da man sich unter der Erdoberfläche befindet, ist das Wetter fürs Caving nicht so wichtig. Nur manche Höhlen sind in der Regenzeit wegen rutschiger Pfade schlecht zugänglich. Von Flüssen durchzogene Höhlen werden bei zu hohem Wasserpegel geschlossen.

Reiseziele

Phong-Nha-Ke-Bang-Nationalpark (Vietnam) Die Höhlen hier sind fantastisch. Caving-Touren umfassen hier vielfach eine Mischung aus Wandern, Schwimmen und Klettern. (S. 902)

ZIPLINING

Ziplines findet man in Kambodscha, Laos, Indonesien, Thailand und Vietnam. In Malaysia und Thailand kann man zwischen Inseln hin und her sausen, in Kambodscha und Laos über Wasserfälle und in Vietnam in eine Höhle hinein.

Gibbon Experience (S. 378) in Laos hat einen „Luftpfad“ angelegt: Die Besucher gleiten durch Wälder, in denen die Gibbons umherstreifen, und können die Nacht in einem Baumhaus verbringen. In Kambodscha bietet **Flight of the Gibbon Angkor** (S. 270) Ziplining in der Nähe der Tempel. Auch dort findet man wilde Gibbons in den Bäumen. Das neue Unternehmen **Mayura Zipline** (S. 318) trumpft mit einem tollen Flug über den Bou-Sraa-Wasserfall in der Mondulkiri-Provinz im Nordosten Kambodschas auf.

Ziplining mit der Gibbon Experience (S. 378), Laos

Vieng-Xai-Höhlen (Laos) Die unterirdische Basis und Kriegs-„Hauptstadt“ der kommunistischen Pathet Lao befindet sich unter beeindruckenden Kalksteinformationen. (S. 371)

Gunung-Mulu-Nationalpark (Malaysia) In dem Nationalpark in Sarawak liegen mehrere der größten und spektakulärsten Höhlen der Welt. (S. 497)

Sagada (Philippinen) Die faszinierenden hängenden Särge bestaunen oder sich auf unterirdischen Flüssen von Höhle zu Höhle vorarbeiten. (S. 627)

Tiere beobachten

In den dampfenden Dschungeln Südostasiens wimmelt es nicht so vor wilden Tieren wie in den Ebenen Afrikas. Das heißt aber nicht, dass es nicht auch hier tolle Möglichkeiten gäbe, die lokale Fauna aus nächster Nähe zu beobachten – in Malaysia und Indonesien gibt’s einige große Säugetiere wie Elefanten oder Orang-Utans. An Seen und Flüssen kann man seltene Vögel sichten und in den Küstengewässern lockt eine unglaubliche Unterwasserwelt. Wer Tiger und große Wildkatzen sehen möchte, sollte die Tierschutzparks und Zoos in der Region aufsuchen.

VÖGEL BEOBACHTEN IN SÜDOSTASIEN

Tram-Chin-Nationalpark (Vietnam) Hier ist der seltene Saruskranich beheimatet. Viele Flachreliefs von Angkor zeigen den großen Vogel mit dem roten Kopfgefieder. (S. 659)

Khao-Sok-Nationalpark (Thailand) In dem wunderschönen Nationalpark sind Fischadler, Nashornvögel und Eisvögel zu Hause. (S. 832)

Papua (Indonesien) Hier sind Begegnungen mit Paradiesvögeln – oft endemische Arten – in allen Farben des Regenbogens möglich. (S. 222)

Jurong Bird Park (Singapur) Der größte Vogelpark der Welt beherbergt Vertreter von so ziemlich jeder Vogelart unter der Sonne. (S. 692)

Reisezeit

Die besten Reiseziele für Tierbeobachtung sind geschützte Wälder und tiefster Dschungel, deswegen sollte man den Besuch in die Trockenzeit legen. Manche Nationalparks in der Region erreicht man nur per Boot; dort kann man auch in der Regenzeit Ausflüge unternehmen. Vogelbeobachtungen sind saisonale Aktivitäten und hängen von dem Migrationsverhalten der Tiere ab.

Reiseziele

Sungai Kinabatangan (Malaysia) Den Sabah hinunterschippern und Orang-Utans, Nasenaffen, Warane und sogar Elefanten aufspüren. (S. 475)

Khao-Yai-Nationalpark (Thailand) In diesem Monsunwald sind Elefanten, Affen, Nashornvögel, Blutegel und anderes Krabbelgetier zu Hause. (S. 792)

Cat-Tien-Nationalpark (Vietnam) Auf einem „Gibbon-Trek" kann man im Dschungel von Cat Tien Primaten entdecken und das Dao Tien Endangered Primate Species Centre besuchen. (S. 935)

Kratie (Kambodscha) Bei Kampi in der Provinz Kratie seltene Irawadi-Delfine im Mekong beobachten. (S. 310)

Tanjung-Puting-Nationalpark (Indonesien) An einem der malerischen Flüsse von Kalimantan vor Anker gehen und den Alltag der Orang-Utans aus nächster Nähe mitverfolgen. (S. 203)

Wellness

Südostasien ist eins der weltweit besten Ziele, um sich verwöhnen zu lassen. Bei den unterschiedlichsten Behandlungen und Aktivitäten – sehr beliebt sind etwa Meditation und Yoga – kann man Stress abbauen und sich erholen. In Thailand und auf Bali gibt's außerdem ein paar hervorragende Gesundheitsseminare, Workshops u. Ä.

Manche Massagen in Kambodscha, Thailand und Vietnam sind zwar etwas anders, als erwartet – normalerweise verrät das Erscheinungsbild des Ladens aber, welche Art von „Dienstleistung" man zu erwarten hat. (Rote Lampen oder Lichterketten deuten z. B. darauf hin, dass Wellnessbehandlungen nicht die wichtigste Einkunftsquelle sind). Dennoch sind die meisten Salons seriös und die Masseure wahre Meister ihres Fachs. Manche haben sehr viel Kraft und einige Techniken sind eher schmerzhaft als wohltuend, deshalb sollte man nur dann „fester" sagen, wenn man auf eine Karriere als Wrestler zurückblicken kann.

Reisezeit

Wenn die Meditation oder der Yogaunterricht nicht im Freien stattfindet, ist es eigentlich egal, wann man sich für seinen Workshop anmeldet. Manche Zentren bieten in der Hauptsaison abwechslungsreichere Programme, da die Yogalehrer z. T. im Verlauf eines Jahres von Ort zu Ort reisen. Wer sich für ein maßgeschneidertes Wellnessvergnügen interessiert, sollte frühzeitig planen.

Reiseziele

Phuket (Thailand) Auf der Insel gibt's mehrere tolle Orte mit spirituellen Zentren speziell für Ausländer sowie einige führende Yogaschulen. (S. 835)

Ubud (Indonesien) Ubud ist der Inbegriff für Wellness auf Bali. Yoga, Meditation, Massage – chilliger als hier geht's kaum. (S. 131)

Siem Reap (Kambodscha) Fußmassagen als Entspannung für die Seele, Yogaunterricht, Meditationsseminare und ein paar der besten Spas im ganzen Land. (S. 265)

Luang Prabang (Laos) Das spirituelle Herz von Laos mit einigen hervorragenden Wellnesszentren und einer kleinen Yoga-Gemeinde. (S. 354)

Mawlamyine (Myanmar) Das Kloster Pa-Auk-Taw-Ya ist eins der größten und einladendsten Meditationszentren von Myanmar. (S. 532)

Südostasien im Überblick

Thailand

Kultur/Geschichte
Strände
Essen

Monarchen & Monumente

Bangkoks prächtige Königstempel zeugen von der Verbindung zwischen Monarchie und Religion. Im Nordosten errichteten die Khmer Minivarianten von Angkor, in den zentralen Ebenen schufen die Einheimischen Zeugnisse imperialer Macht.

Faulenzen an der Küste

Mit azurblauem Wasser und strahlendem Sand haben Südthailands Strände das Flair tropischer Inselparadiese und einen ganz eigenen Charakter. Ko Samui und Pha-Ngan sind die Hauptattraktionen, während Krabi ein tolles Karst-Panorama bietet, wo man wunderbar tauchen kann.

Curry & Chilli

Die Thai-Küche ist legendär! Sie mischt die vier Grundgeschmäcker (scharf, süß, sauer und salzig) zu knallbunten Currys, gemüsereichen Pfannengerichten und dampfenden Nudelschalen.

S. 713

Brunei Darussalam

Essen
Outdoor-aktivitäten
Flussreisen

Kulinarische Überraschungen

Bruneis Küche ist vielleicht international nicht besonders bekannt, aber Gerichte wie *ambuyat* (angedickt mit Sago) oder das köstliche *kueh* (gebackene Süßigkeiten), die es auf den Nachtmärkten gibt, sind die perfekte Ergänzung zu Satay-Hühnchen.

Zwischen Himmel & Erde

Bruneis Regenwald steht als kostbarer natürlicher Lebensraum unter Schutz. Besucher können die unberührte Natur bei einem Blick aus dem Kronendach erleben.

Wasseradern

Im weltgrößten Stelzendorf am Ufer des Sungai Brunei kann man mit einem Longtailboot an einem Hindernisrennen im Wasser teilnehmen.

S. 56

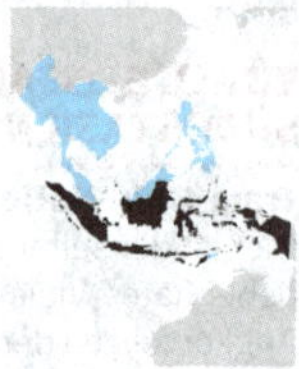

Indonesien

Kultur/Geschichte
Outdoor-aktivitäten
Strände

Inselfülle

Das mythische und magische Indonesien erstreckt sich über zwei große Ozeane und bietet rauchende Vulkane, tiefe Regenwälder und lebhafte Kulturen. Kurzum – man muss die Zeit gut einteilen.

Qualmende Riesen

Wer die steilen Wände eines Vulkans bis zum schwelenden Gipfel erklommen hat, wird nicht nur mit übelriechenden Gasen belohnt, sondern auch mit einem unbeschreiblichen Wolkenpanorama.

Strandbüfett

Das charmante Bali bietet Kultur und viele Strände. Auf der anderen Kanalseite locken die Gili-Inseln Taucher, Sumbawa Surfer, Flores Entdecker und Sumba Ausspanner an.

S. 69

Kambodscha

Kultur/ Geschichte
Gemeindebasierter Tourismus
Strände

Himmel & Hölle

Ein Besuch der Tempel von Angkor, dem Architekturwunder aus der Frühzeit, ist ein Muss. Im Tuol-Sleng-Gefängnis und auf den Killing Fields wird an Völkermord und den Bürgerkrieg erinnert.

Als Traveller Gutes tun

Gemeindeprojekte beschäftigen ehemalige Wilderer als Guides und machen ländliche Dörfer zu tollen Erfahrungen für Traveller. Nun kann man als Tourist Gutes tun.

Himmlische Strände

Die Strände Thailands werden immer teurer. In Kambodscha dagegen finden sich noch viele schöne saubere Sandflächen. Hier trifft man junge Leute in Feierlaune und kaum Pauschaltouristen.

S. 244

Laos

Kultur/ Geschichte
Outdoor-aktivitäten
Flussreisen

Tempel & Volksstämme

In der früheren Königsstadt Luang Prabang locken Tempel und Relikte Indochinas. In umliegenden Bergdörfern ermöglichen Homestays einen direkten kulturellen Austausch.

Grünes Laos

In 20 Schutzgebieten voller unberührter Wildnis laden umweltbewusste Anbieter wie Gibbon Experience zu Erlebnissen wie Seilrutschen und Übernachtungen in Baumwipfeln ein.

River Reverie

An Laos' Flüssen herrscht ein entspannter Lebensrhythmus. Man kann am Ufer faulenzen, mit dem Kajak ins Hinterland vordringen oder den Fluss als Verbindung von Luang Prabang zum Goldenen Dreieck nutzen.

S. 334

Malaysia

Essen
Tauchen
Outdoor-aktivitäten

Laksa-Glück

Malaysia zeigt, wie Multikulti funktioniert: Einwanderer aus China und Indien haben mit Malaysiern Familien gegründet. Diese Vielfalt zeigt sich auch an Straßenständen, die Nudeln und Klöße mit Kokosnussmilch-Curry servieren.

Unter der Oberfläche

Sporttaucher lieben den Semporna-Archipel und Pulau Perhentian in Borneo. An den Stränden geht's zum Glück nicht so feuchtfröhlich zu wie in Thailand.

Nähe zu Borneo

Borneos berühmte Regenwälder sind von teefarbenen Flüssen durchschnitten. Zum Granitgipfel des Mt. Kinabalu führt eine Zweitagestour, außerdem kann man Orang-Utan-Reservate besuchen.

S. 405

Myanmar (Birma)

Kultur/ Geschichte
Outdoor-aktivitäten
Feste

Lebendige Geschichte

Aung San Suu Kyis Nationale Liga für Demokratie regiert das Land und das Volk ist optimistisch. Die goldenen Pagoden und frühzeitliche Städte sind wunderschön, aber der neue Optimismus ist noch beeindruckender.

Kühle Berge

Der Inle-See liegt in einer zerklüfteten Berglandschaft, die in fruchtbares Ackerland verwandelt wurde. Boote sind hier wichtiger als Schuhe und das Bummeln von Ort zu Ort ist eine friedliche Erfahrung.

Ausschweifende Feste

Myanmar erstrahlt zum Lichterfest (Tazaungdaing) und begießt das birmanische Neujahr (Thingyan) zur heißen Jahreszeit.

S. 511

Osttimor (Timor-Leste)

Kultur/ Geschichte
Outdooraktivitäten
Tauchen

Geschichte in Bewegung

Osttimor ist eins der jüngsten Länder der Welt – und hat doch eine sehr bewegte Vergangenheit. Koloniale Architektur, Jesusstatuen und Nonnen im Habit sind Teil des portugiesischen Erbes, während die Friedhöfe und Museen in Dili an den Unabhängigkeitskampf gegen Indonesien erinnern.

Aussichtspunkt

Auf dem Gipfel des heiligen Bergs Ramelau kann man den Sonnenaufgang vor und hinter der Insel betrachten.

Tauchparadiese

Bislang ist die Insel Atauro mit ihren unberührten Riffen vor der Küste bei den Tauchfans der Welt so gut wie unbekannt – dabei gibt's hier jede Menge Meeresbewohner.

S. 582

Philippinen

Kultur/ Geschichte
Outdooraktivitäten
Strände

Maritime Madonna

Diese Küsten haben schon immer Fremde angezogen. Die Spanier brachten Kolonialarchitektur und Katholizismus, die Amerikaner Autos und die englische Sprache – und die Filipinos haben aus diesen Einflüssen eine ganz eigene Kultur gestrickt.

Rauchende Gipfel

Die eindrucksvollen Vulkane – einige schlafend, andere immer noch aktiv – sind ein prägender Teil der Landschaft. Einige von ihnen dienen heute als Reisterrassen.

Coastal Jigsaw

Auf den über 7000 Inseln sind einsame Palmenstrände kein Mythos. Für Taucher, Strandgutsammler und auch Surfer dienen sie als riesige Spielwiese.

S. 607

Singapur

Kultur/ Geschichte
Essen
Outdooraktivitäten

Boomendes Singapur

Singapur vereint das Beste aus Ost und West – mit vielen informativen Museen, stimmungsvoller Kolonialarchitektur und hochmodernen Einkaufszentren.

Essen im Hawker Centre

Der effiziente Stadtstaat hat Straßenverkäufer in sogenannte Hawker Centres gepfercht. In diesen Open-Air-Pavillons können Besucher Tag und Nacht leckere Speisen genießen.

Stadtdschungel

Zwischen Wolkenkratzerstädten lockt die Wildnis in den futuristischen Gardens by the Bay oder den üppigen Botanic Gardens. Abenteurer können das Naturschutzgebiet Bukit Timah oder die Southern Ridges erkunden.

S. 676

Vietnam

Kultur/ Geschichte
Strände
Essen

Kleines Land, große Politik

Ob Nachbar China, Frankreich oder die USA – ausländische Mächte konnten die Finger einfach nicht von Vietnam lassen. Es gibt viele Erzählungen über die Besatzung, den Widerstand und lokale Helden des alten Hanoi, des kaiserlichen Hue und der rührigen Ho-Chi-Minh-Stadt

Dünen & Songs

Vietnam lockt mit üppiger Küste und geselliger Atmosphäre, wie im Erholungsort Nha Trang und in den hohen Dünen von Mui Ne.

Guten Appetit

Die Landesküche ist dank der pikanten Gerichte des schwülen Südens und der herzhaften Suppen des Nordens legendär. Zum kolonialen Erbe gehören starker Kaffee sowie knusprige Baguettes.

S. 866

Reiseziele in Südostasien

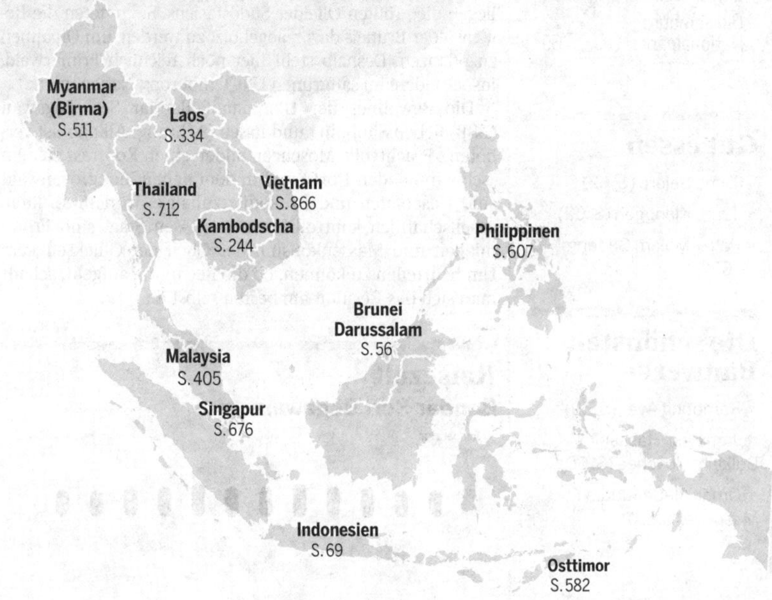

Brunei Darussalam

Inhalt ➡

Gut essen

- Tamu Selera (S. 62)
- Tamu Kianggeh (S. 62)
- Pasar Malam Gadong (S. 62)

Die schönsten Bauwerke

- Kampong Ayer (S. 59)
- Jame'Asr-Hassanil-Bolkiah-Moschee (S. 60)
- Omar-Ali-Saifuddien-Moschee (S. 59)

Auf nach Brunei Darussalam

Das kleine Sultanat, letztes Überbleibsel einer Seemacht, die einst ganz Borneo und einen Großteil der Philippinen beherrschte, ist vor allem für seinen Ölreichtum bekannt. In diesem ruhigen *darussalam* (arabisch für „Ort des Friedens") liegen die größten Ölfelder Südostasiens. Sie retteten die Regenwälder Bruneis davor, abgeholzt zu werden, um Ölpalmen zu pflanzen. Deshalb steht hier noch reichlich Primärwald, insbesondere im sattgrünen Ulu-Temburong-Nationalpark.

Die Bewohner der Hauptstadt Bandar Seri Begawan (BSB) lieben Shopping und Essen (Achtung: Alkohol ist verboten). Prachtvolle Moscheen bilden einen Kontrast zu dem „schwimmenden Dorf", und in dem nahen Mangrovenwald sind Nasenaffen und Krokodile zuhause. In dem strikten, gesellschaftlich kontrollierten, religiösen Staat sind Frömmigkeit und Massenkonsum der Quell der Glückseligkeit. Um beurteilen zu können, ob die Rechnung aufgeht, schaut man sich das Resultat am besten selbst an.

Reisezeit

Bandar Seri Begawan

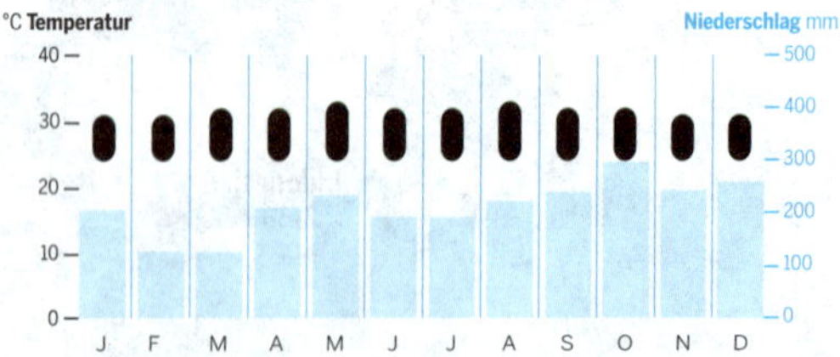

Feb.–März Die trockensten Monate. Am 23. Februar wird der Nationalfeiertag begangen.

Juni (bzw. Juli) Bruneis wichtigstes Fest ist das Fastenbrechen, (26. Juni 2017, 15. Juni 2018).

Juli Es ist brütend heiß. Das ganze Land feiert am 15. Juli den Geburtstag des Sultans.

Nicht versäumen

Es zählt zu den Highlights in Brunei Darussalam, Zeit in den raschelnden, summenden und zirpenden Wäldern des Ulu-Temburong-Nationalparks zu verbringen. Das Abenteuer beginnt schon mit der Anreise: Nachdem man die von Palmen gesäumten Wasserwege auf einem Speedboot von BSB aus entlanggerast ist, geht's in einem *temuai* (schmales Iban-Langboot) zwischen überschwemmten Felsen und hängenden Lianen hindurch im frühen Morgennebel flussaufwärts. Ein steiler glitschiger Aufstieg durch unberührten Dschungel führt zu einem sich auftürmenden Gerüst, dem berühmten Canopy Walk des Parks. Beim Klettern ins Blätterdach ächzt die von Drahtseilen gehaltene Struktur und man darf sich auf einen atemberaubenden Blick auf den Regenwald freuen.

REISEROUTEN

Zwei Tage

Den ersten Tag verbringt man in BSB. Morgens geht's ins Wasserdorf Kampung Ayer, dann schaut man sich das Stadtzentrum an, besonders die herrliche Omar-Ali-Saifuddien-Moschee und das Museum der Kroninsignien. Nun folgt eine Wassertaxifahrt bei Sonnenuntergang, bevor man Tag eins mit einem Besuch des Nachtmarkts in Gadong beendet. Am zweiten Tag steht ein Ausflug in den Ulu-Temburong-Nationalpark auf dem Programm.

Fünf Tage

Am zweiten Tag in BSB besucht man das Brunei Museum und probiert noch mehr hervorragende Straßenküche, bevor man an Tag drei das glamouröse Ambiente des Empire Hotel & Country Club genießt oder auf einen Tauchausflug zu Bruneis Korallenriffen und Schiffswracks unternimmt. Zum Abschluss gönnt man sich zwei Tage im Temburong-Bezirk, übernachtet im Dschungel und macht eine Canopy-Tour bei Sonnenaufgang.

Typische Gerichte & Getränke

Ambuyat Bruneis inoffizielles Nationalgericht ist ein klebriger, gelatineartiger Brei, der aus dem Mark der Sagopalme gemacht und in pikante Soßen getunkt wird.

Kueh Die grellbunten und teuflisch süßen Kuchen werden auf Märkten und an Straßenständen verkauft.

Ayam Penyet Eigentlich ein indonesischer Klassiker, aber sehr beliebt in Brunei: gebratenes und zart geklopftes Huhn mit Sambal.

Teh Tarik Tee und Kondensmilch werden aus beträchtlicher Höhe in eine Tasse geschüttet, ein sehenswertes Ritual.

AUF EINEN BLICK

Geld In Städten gibt's viele Geldautomaten (außer im Temburong-Bezirk).

Handy Lokale Prepaid-SIM-Karten 30 B$.

Sprache Bahasa Malaysia, Melayu Brunei (Brunei Malay), Englisch

Visa Deutsche und Österreicher dürfen ohne Visum 90, Schweizer 14 Tage bleiben.

Währung Brunei-Dollar (B$), Singapur-Dollar (S$)

Kurzinfos

- **Fläche** 5765 km²
- **Hauptstadt** Bandar Seri Begawan (BSB)
- **Notfall** Krankenwagen ☎991, Polizei ☎993, Feuerwehr ☎995

Wechselkurse

Eurozone	1 €	1,50 B$
Malaysia	1 RM	0,30 B$
Schweiz	1 SFr	1,40 B$
Singapur	1 S$	1 B$
USA	1 US$	1,30B$

Preise

Schlafsaalbett 10–25 B$

Straßenküche ab 1 B$

Museumseintritt frei

Kaffee 3–4 B$

Anreise

Täglich verkehren Busse zwischen BSB und Sabah (KK) sowie Sarawak (Miri). Es gibt Fährverbindungen zwischen Pulau Labuan und Brunei (Muara).

Highlights

1 Im **Ulu-Temburong-Nationalpark** (S. 65) ins Blätterdach hinaufklettern und in einem kühlen Fluss im Dschungel schwimmen.

2 Auf einem **Speedboat** (S. 61) über mangrovengesäumte Wasserwege von Bandar Seri Begawan nach Bangar sausen.

3 Ein Wassertaxi zum schwimmenden Dorf **Kampong Ayer** (S. 59) nehmen und sich quer durch die kulinarischen Leckerbissen von **Bandar Seri Begawan** (S. 59) essen.

4 In den unberührten Wassern vor dem **Serasa-Strand** (S. 61) die Riffe und Schiffswracks erkunden.

5 Den übertriebenen Luxus des imposanten **Empire Hotel & Country Club** (S. 62) genießen und sich Abkühlung im Pool verschaffen.

6 Umgeben von dem ländlich-grünen Idyll des Temburong-Bezirks im **Sumbiling Eco Village** (S. 65) ausspannen.

BANDAR SERI BEGAWAN

241 000 EW.

Städte, die mit den Gewinnen aus der Ölindustrie gebaut wurden, sind oft protzig, doch Bandar (so die gängige Abkürzung der Hauptstadt, oder, noch kürzer, BSB) ist mit Ausnahme des Palastes (der normalerweise nicht öffentlich zugänglich ist), einiger riesiger Moscheen und eines prächtigen Hotels vergleichsweise bescheiden. Der städtische Alltag dreht sich im Wesentlichen um die Moscheen, Einkaufszentren und Restaurants, es gibt jedoch auch ein paar Museen und gute Essensstände. Außerdem befindet sich in BSB das größte „Wasserdorf" der Welt.

Sehenswertes

Stadtzentrum

★ Kampong Ayer WASSERDORF

Um die 30 000 Menschen leben in Kampong Ayer, einem schwimmenden Dorf, das aus 42 aneinandergrenzenden Stelzendörfern am Ufer des Sungai Brunei (Brunei-Fluss) besteht. Vor einem Jahrhundert lebte noch die Hälfte der Gesamtbevölkerung Bruneis hier, und bis heute ziehen viele Einheimische den Lebensstil auf dem Wasser vor. Kampong Ayer verfügt über eigene Schulen, Moscheen, Polizeiwachen und eine Feuerwehr. Um über den Fluss zu kommen, hält man einfach an einer Stelle am Ufer, die Platz zum Anlegen bietet, ein Wassertaxi an (1 B$).

Kampong Ayer Cultural & Tourism Gallery GALERIE

(Südufer, Kampong Ayer; Sa–Do 9–17, Fr 9–11.30 & 14.30–17 Uhr) GRATIS Eine gute Adresse, um mit der Besichtigung von Kampong Ayer zu beginnen und Bruneis Kultur aus der Zeit vor dem Erdöl kennenzulernen, ist die Kultur- & Tourismusgalerie direkt gegenüber vom Sungai Kianggeh (dem Fluss am Ostrand des Stadtzentrums) am südlichen Ufer des Sungai Brunei. Der Komplex am Wasser wurde 2009 eröffnet. Der Fokus liegt auf Exponaten zu Geschichte, Lebensweise und Kunsthandwerk der Bewohner von Kampong Ayer. Der quadratische **Aussichtsturm** mit Glaswänden bietet einen Panoramablick auf die Szenerie unterhalb.

Omar-Ali-Saifuddien-Moschee MOSCHEE

(Jln Stoney; Besichtigung 8.30–12, Sa–Mi 13.30–15 & 16.30–17.30, Do & Fr geschl., Außenanlage tgl. 8–20.30 Uhr, außer zu den Gebetszeiten) GRATIS Die 1958 errichtete Moschee Masjid Omar Ali Saifuddien ist nach dem 28. Sultan von Brunei, dem verstorbenen Vater des derzeitigen Sultans, benannt und von einem Wasserbecken umgeben, in dem sich das Bauwerk spiegelt. Der Innenraum ist – typisch Brunei – opulent gestaltet: Türen und Wände bestehen aus feinstem italienischem Marmor, die Kronleuchter wurden in England gefertigt und die luxuriösen Teppiche aus Saudi-Arabien eingeflogen. Die Hauptkuppel ziert ein Glasmosaik mit 3,5 Mio. Teilen auf echtem Blattgold.

Museum der Kroninsignien MUSEUM

(Jln Sultan; So–Do 9–17, Fr 9–11.30 & 14.30–17, Sa 9.45–17, letzter Einlass um 16.30 Uhr) GRATIS Was kann man einem Mann wie dem Sultan von Brunei schenken, der schon alles hat? In diesem unterhaltsamen Museum wird geklärt, wie Staatsoberhäupter dieses Problem gelöst haben. Ein kleiner Tipp: Gold und Juwelen gehen immer! Familienfotos und Hinweistexte vermitteln einen guten Eindruck vom Leben des Sultans, dessen Konterfei auf zig verschiedene Weisen dargestellt ist, u. a. als Hologramm.

Östlich des Stadtzentrums

Brunei-Museum MUSEUM

(Jln Kota Batu; Sa–Do 9–17, Fr 9–11.30 & 14.30–17 Uhr, letzter Einlass 30 Min. vor Schließung; P) GRATIS Das Nationalmuseum von Brunei mit der Galerie für islamische Kunst, Exponaten zu Bruneis Rolle in der südostasiatischen Geschichte seit der Ankunft der Spanier und Portugiesen im 16. Jh. und der Naturkundegalerie ist ein guter Ort, um sich ein Stündchen oder auch mehr die Zeit zu vertreiben. Es liegt 4,5 km östlich des Stadtzentrums an der Küstenstraße in Kota Batu (Anfahrt mit der Buslinie 39). Bei unserem Besuch war das Museum wegen Renovierungsarbeiten noch geschlossen.

Maritimes Museum Brunei Darussalam MUSEUM

(Muzium Maritim; Simpang 482, Jln Kota Batu; Sa–Do 9.30–16.30, Fr 9–12 Uhr; P) GRATIS Ein glänzendes Gebäude, das sowohl von der Form als auch von der Größe her an ein Schiff erinnert, beherbergt dieses spannende Museum (eröffnet 2015) in Kota Batu, 4,5 km östlich des Stadtzentrums (Buslinie 39 nehmen). Hier ist eine Auswahl der mehr als 13 000 Gegenstände zu sehen, die aus einem Schiffswrack geborgen wurden; das Boot hatten Taucher 1997 entdeckt. Es soll Ende

Bandar Seri Begawan

des 15. oder Anfang des 16. Jhs. von China in See gestochen und dann vor Brunei in einen Sturm geraten und auf Grund gelaufen sein.

Nördlich & westlich des Stadtzentrums

Jame'Asr-Hassanil-Bolkiah-Moschee MOSCHEE

(Sultan Hassanal Bolkiah Hwy, Kampung Kiarong; 8–12, Mo–Mi & Sa 14–15 & 17–18, So 10.45–12, 14–15 & 17–18 Uhr, Do & Fr geschl.; P) GRATIS Bruneis größte Moschee wurde 1992 zum Jubiläum der 25-jährigen Herrschaft des Sultans errichtet. Ihre vier mit Terrazzofliesen verkleideten Minarette dominieren die Umgebung und sind nicht zu übersehen, wenn man aus dem Zentrum etwa 3 km in Richtung Gadong fährt (Buslinie 1).

Das beeindruckende Gebäude wartet mit 29 goldenen Kuppeln auf, da der amtierende Sultan der 29. Herrscher seiner Dynastie ist. Nachts ist die Moschee beleuchtet und sieht aus wie eine goldene Flamme.

Istana Nurul Iman PALAST

(Jln Tutong) Der Istana Nurul Iman (Palast des Lichts des Glaubens), der offizielle Wohnsitz des Sultans, ist eine der größten Behausun-

Bandar Seri Begawan

Highlight
1 Kampong Ayer C5

Sehenswertes
2 Kampong Ayer Cultural & Tourism Gallery D5
3 Omar-Ali-Saifuddien-Moschee A3
4 Museum der Kroninsignien B2

Aktivitäten, Kurse & Touren
5 Borneo Guide C3
6 Water-Taxi Cruise B4

Schlafen
7 Brunei Hotel C3
8 Capital Residence Suites C2
9 KH Soon Resthouse C3
10 Youth Hostel C2

Essen
11 Tamu Kianggeh D3
12 Tamu Selera B1

Ausgehen & Nachtleben
13 De Royalle Café C3

Shoppen
14 Hua Ho Department Store B4

Praktisches
15 Australisches Hochkommissariat C3
16 Britisches Hochkommissariat B4
17 Kanadisches Hochkommissariat C4
18 Französische Botschaft B4
19 Deutsche Botschaft B4
20 Neuseeländisches Konsulat C3

gen überhaupt. Zum besseren Vergleich: Schloss Versailles bei Paris hat nicht mal ein Viertel der Fläche.

Öffentlich zugänglich ist der Palast nur während des dreitägigen Fests zum Fastenbrechen (Hari Raya Aidilfitri) am Ende des Ramadan. An den restlichen 362 Tagen des Jahres kann man bei einer Tour mit dem Wassertaxi einen Blick auf das Bauwerk erhaschen.

Aktivitäten

Bruneis Tauchszene ist relativ neu, was den Vorteil hat, dass die guten Tauchschulen nicht so überlaufen sind. Unter Wasser locken mehrere interessante Schiffswracks und viele intakte Riffe; manche Ecken sind noch nahezu unberührt.

Poni Divers TAUCHEN
(☎223 3655; www.ponidivers.com; Seri Qlap Mall, Unit L3/12, Kiulap; 2 „Spaß"-Tauchgänge 150 B$; ⌚9–17 Uhr) Das größte Tauchzentrum des Landes bietet die gesamte Palette an PADI-Tauchkursen, Freizeittauchen und andere Wassersportaktivitäten an, z. B. Wasserski oder Bananenbootfahrten. Ausgangspunkt ist der Strand Serasa, das Büro befindet sich in BSB. Poni Divers schnürt auch pauschale Tauchurlaubspakete inklusive Flughafentransfer und Übernachtung in der eigenen Taucherunterkunft.

Wassertaxi-Fahrten BOOTSTOUREN
(1 Std., 30–40 B$) Kampong Ayer und den berühmten Palast des Sultans, Istana Nurul Iman, sieht man am besten bei einer Fahrt in einem Wassertaxi; Boote können am Ufer für 30 bis 40 B$ gechartert werden (manchmal muss ein bisschen gehandelt werden; ein schlagkräftiges Argument ist sicherlich, dass der Kraftstoff in Brunei wirklich nicht die Welt kostet!). Ein Boot zu finden ist leicht. Gewöhnlich wird man angesprochen, noch bevor man eines gesichtet hat.

Geführte Touren

Borneo Guide TOUREN
(☎718 7138, 242 6923; www.borneoguide.com; Unit 204, Kiaw-Lian-Gebäude, Jln Pemancha; ⌚Mo–Do 9–17, Fr 9–12 & 14–17, Sa & So 9–13 Uhr) Exzellenter Service, gute Preise und verschiedene Pauschaltouren in Brunei und Borneo. Ein Tagesausflug in den Ulu-Temburong-Nationalpark ab BSB kostet 135 B$ pro Person. Ebenfalls im Programm sind Temburong-Touren mit Übernachtung im Sumbiling Eco Village (S. 65) direkt vor den Toren des Parks (2 Tage und 1 Übernachtung ab 185 B$). Das Büro ist überdies eine gute Anlaufstelle für touristische Informationen.

Schlafen

Eine günstige Übernachtungsmöglichkeit in BSB zu finden ist nicht ganz einfach, aber auch nicht unmöglich. Hotels der gehobenen Preiskategorie bieten ihre Zimmer online häufig erheblich günstiger an.

Youth Hostel HOSTEL $
(Pusat Belia; ☎222 2900, 887 3066; Jln Sungai Kianggeh; B 10 B$; ❄📶≋) Beliebt bei Backpackern, obwohl Pärchen hier nicht in einem Zimmer übernachten dürfen. Die nach Geschlechtern getrennten Mehrbettzimmer (5 für

VERWÖHNPROGRAMM

Die Ausstattung und die Proportionen des **Empire Hotel & Country Club** (☎ 241 8888; www.theempirehotel.com; Lebuhraya Muara-Tutong, Jerudong; DZ 400–600 B$, Suite 1000–2750 B$, Villen 2200–3500 B$;) mit 522 Zimmern erinnern an die Pharaonen! Prinz Jefri ließ es für 1,1 Mrd. US$ als Unterkunft für Gäste der Königsfamilie errichten, es wurde aber schon bald in ein Luxuresort umgewandelt. Ein Besuch lohnt sich schon allein, um das riesige Glasatrium und die Lampe aus Gold und Baccarat-Kristall im Wert von 500 000 US$ in der Lobby zu bestaunen. Die Nutzung des Schwimmbadkomplexes am Ufer kostet 25 B$. Darüber hinaus verfügt die Anlage über ein **Kino** (☎ 261 0001; www.timescineplex.com; Erw. 4–8 B$, Kind 3–8 B$; 11–2 Uhr) mit drei Leinwänden.

Das Hotel liegt 26 km nordwestlich von Bandars Zentrum. Man kann dort in Bus 57 (1 B$) steigen oder sich ein Taxi nehmen (einfache Fahrt 35 B$).

Männer, 4 für Frauen) sind mit funktionellen Möbeln eingerichtet und haben passable Bäder. Man findet sie am südlichen Ende des Jugendzentrums, hinter der Wendeltreppe. Die Rezeption sollte montags bis donnerstags und samstags eigentlich von 7.30 bis 16.30 Uhr besetzt sein (ist sie aber nicht immer).

KH Soon Resthouse PENSION $
(☎ 222 2052; khsoon-resthouse.tripod.com; 2. OG, 140 Jln Pemancha; B 25 B$, EZ/DZ 40/50 B$, ohne Bad 35/40 B$;) Die einfache Pension, eine frühere Gewerbefläche mit roten Zementböden, bietet große, wenn auch spartanisch eingerichtete Zimmer in zentraler Lage zum Budgetpreis. Auf der Rezeptionsebene übernachtet es sich trotz Gemeinschaftstoiletten (Hockklosetts) besser als treppauf; dort hätte man zwar ein eigenes Bad, dieses befindet sich aber hinter sehr niedrigen Abtrennungen und wenig vertrauenerweckenden elektrischen Kabeln.

★ **Brunei Hotel** HOTEL $$
(☎ 224 4828; www.thebruneihotel.com; 95 Jln Pemancha; Zi./Suite inkl. Frühstück 140–175/240–320 B$;) Ein schickes, geradezu hippes Hotel mit klaren Linien, monochromer Farbgebung, geometrischen Mustern und einem insgesamt modernen Stil – ziemlich unerwartet in einem Sultanat wie Brunei. Zum Deal gehört ein ordentliches Frühstücksbüfett, das im Choices Café unten serviert wird.

Capital Residence Suites HOTEL $$
(☎ 222 0067; www.capitalresidencesuites.com; Simpang 2, Kampong Berangan; DZ/Suite inkl. Frühstück 80/180–280 B$;) Gutes Preis-Leistungs-Verhältnis in einer eher uninspirierten Aufmachung. Doch das machen das freundliche, hilfsbereite Personal und ein kostenloser Shuttle-Service (9–21 Uhr) wieder wett. Letzterer kutschiert die Gäste quer durch die Stadt und zu den Stränden und Attraktionen weiter außerhalb. Die geräumigen Suiten sind wie kleine Apartments inklusive Sofas, Küche und Waschmaschine gestaltet. Die Standardzimmer sind zwar komfortabel eingerichtet, aber ein wenig beengt.

Essen

★ **Tamu Selera** STRASSENKÜCHE $
(Ecke Jln Tasek Lama & Jln Stoney; Hauptgerichte 2–6 B$; 17–24 Uhr) Ein Markt in einem schattigen Park mit Essensständen alter Schule unter farbenfrohen Zeltplanen. Ventilatoren wirbeln unter der Decke. Das Essen – Gerichte aus Malaysia und Indonesien wie Satay-Spieße, gebratenes Huhn, Meeresfrüchte, Reis und Nudeln – ist günstig. Außerdem gibt's kalte Getränke. Der Tamu Selera liegt 1 km nördlich des Ufers.

Pasar Malam Gadong MARKT $
(Gadong-Nachtmarkt; Jln Pasar Gadong; 16–22 Uhr) Dank der authentischen lokaltypischen Snacks und Speisen ist der Pasar Malam Gadong der beliebteste Nachtmarkt der Stadt. Leider ist er in erster Linie für Einheimische gedacht, die mit dem Auto vorbeikommen und Essen mitnehmen, deshalb gibt es fast keine Sitzplätze. Er befindet sich 3 km nordwestlich des Stadtzentrums. Die Buslinie 1 fährt hierher, aber ab ca. 19 Uhr kommt man nur noch mit dem Taxi zurück (15 B$ bis 22 Uhr, danach 20 B$).

Tamu Kianggeh STRASSENKÜCHE $
(Kianggeh-Markt; Jln Sungai Kianggeh; Hauptgerichte ab 1 B$; 5–17 Uhr) An den hiesigen Straßenständen gibt's das günstigste Essen in ganz Brunei, z. B. *nasi katok* (Reis, ein Stück Huhn – gebraten oder als Curry – und Sambal; 1 B$) und *nasi lemak* (in Kokosmilch gegarter Reis mit Huhn, Ei und Gurkenscheiben; 1 B$). Dieser Markt ist herrlich chaotisch und durcheinander, eine echte Rarität im sonst so aufgeräumten Brunei.

Aminah Arif BRUNEIISCH $$
(☎223 6198; Unit 2–3, Block B, Rahman-Gebäude, Simpang 88, Kiulap; Hauptgerichte 4–28 B$; ⏲7–22 Uhr; ✎) Aminah Arif ist das Synonym zu *ambuyat*, das Nationalgericht Bruneis. Wem der Sinn nach einer großzügigen Portion weißem, glibberigem Brei steht, dem sei dieser Laden empfohlen (22 B$ für ein Menü für 2 Pers.). Dazu passt eisgekühlter *kasturi ping* (Calamondinorangensaft; 1,50 B$).

Ausgehen & Nachtleben

Ein doppelter Espresso ist das so ziemlich stärkste Getränk, das man in Brunei finden wird, denn der Verkauf und öffentliche Konsum von Alkohol ist verboten.

De Royalle Café CAFÉ
(38 Jln Sultan; ⏲24 Std.; ☰) Drinnen sieht es aus wie in einem Wohnzimmer (samt Armsesseln mit Leopardenprint), draußen stehen Tische am Gehweg. In dem rund um die Uhr geöffneten Café liegen Zeitungen in englischer Sprache aus und in der Küche werden internationale Gerichte zubereitet (Hauptgerichte 5,90–15,90 B$). Frischen Kaffee gibt's natürlich auch. Ein netter Ort für ein entspanntes Treffen mit Freunden.

Shoppen

Die Malls von Gadong, Bruneis Haupteinkaufsviertel rund 3 km nordwestlich vom Stadtzentrum, sind mit der Buslinie 1 oder mit einem Taxi (einfache Fahrt 15 B$) zu erreichen.

Hua Ho Department Store WARENHAUS
(Yayasan-Komplex, Jln McArthur; ⏲10–22 Uhr) Ein viergeschossiges Kaufhaus inklusive einem großen Supermarkt im Untergeschoss.

Praktische Informationen

Im Zentrum gibt's Banken und internationale Geldautomaten, vor allem an den Straßen Jalan McArthur und Jalan Sultan. Weitere Geldautomaten findet man am Flughafen.

Brunei Tourism (☎220 0874; www.bruneitourism.travel; Kampong Ayer Cultural & Tourism Gallery; ⏲Mo–Do & Sa 9–12.15 & 13.30–16.30, Fr 9–11.30 & 14–16.30 Uhr) Kostenlose Karten, Broschüren und Infos zu Brunei. Auch die Website ist sehr hilfreich für Touristen.

Hauptpostamt (Ecke Jln Sultan & Jln Elizabeth Dua; ⏲Mo–Do & Sa 8–16.30, Fr 8–11 & 14–16 Uhr) In der Stamp Gallery (Briefmarkengalerie) sind einige historische Ersttagsstempel und Vergrößerungen von Briefmarken aus der Kolonialzeit zu sehen.

Isman Money Changer (Geschäft G14, EG, Block B, Yayasan Complex, Jln Pretty; ⏲10–20 Uhr) Wechselstube neben dem zentralen Atrium.

Paul & Elizabeth Cyber Cafe (1. OG, 62 Jln McArthur; 1,80 B$ pro Std.; ⏲8.30–20.30 Uhr) Altmodisches Internetcafé mit guter Verbindung und schlechter Hintergrundmusik.

EINREISE NACH MALAYSIA

Von BSB nach Miri

Zur Grenze Zwei Busse pro Tag verbinden BSB mit dem Busterminal Pujut in Miri (20 B$, 3½ Std., 7 & 13 Uhr).

An der Grenze Bei der Einreise nach Malaysia erhalten die meisten Besucher ein Visum für 30 oder 90 Tage. Die Grenzposten sind von 6 bis 22 Uhr geöffnet.

Weiterreise Ein Taxi vom Busbahnhof Pujut ins Zentrum von Miri (4 km) kostet 18 RM.

Infos zur Grenzüberquerung in die andere Richtung auf S. 496.

Von BSB nach Pulau Labuan & Kota Kinabalu

Zur Grenze Täglich fährt ein Bus von BSB über Limbang, Bangar, Lawas und andere Städte in Sabah zum Jalan-Tugu-Busbahnhof in Kota Kinabalu (45 B$, 8 Std., 8 Uhr). Wer mit der Fähre von Muara (20 km nördlich von BSB) nach Pulau Labuan übersetzt (17 B$, 1½ Std., 4-mal tgl.), kommt um siebenmaliges (!) Schlangestehen und Passabstempeln herum.

An der Grenze Bei der Einreise erhalten die meisten Besucher ein Visum für 30 oder 90 Tage. Die Grenze ist von 6 bis 22 Uhr geöffnet.

Weiterreise Von Labuan machen sich täglich zwei Fähren auf den Weg nach Kota Kinabalu (3 Std.).

Infos zur Grenzüberquerung in die andere Richtung auf S. 479.

RIPAS Hospital (☎224 2424; www.moh.gov.bn; Jln Putera Al-Muhtadee Billah; ⏲24 Std.) Bruneis Hauptkrankenhaus ist modern ausgestattet und die Oberärzte wurden größtenteils im Westen ausgebildet. Es liegt 2 km westlich der Stadt (die Edinburgh Bridge überqueren) und wird von den Bussen 01C und 20 angefahren.

ℹ Unterwegs vor Ort

AUTO

Nirgendwo in Südostasien ist der Kraftstoff billiger als in Brunei – Benzin bekommt man schon für 0,53 B$ pro Liter, Diesel für 0,31 B$.

Mit einem Mietwagen lässt sich das Hinterland gut erkunden. Die Preise beginnen bei rund 85 B$ pro Tag. Fast alle Anbieter bringen das Fahrzeug zum Hotel und holen es dort auch wieder ab.

Avis (☎222 7100; www.avis.com; Radisson Hotel, Jln Tasek Lama 2203; ⏲Mo–Do 8–12 & 13.30–17, Fr 8–12 & 14–17, Sa 8–12 & 13.30–16, So 9–12 & 13.30–15 Uhr) Verfügt über ein weiteres Büro am Flughafen (☎233 3298; ⏲8.30–17.30 Uhr).

Hertz (☎Flughafen 872 6000; www.hertz.com; Ankunftshalle Flughafen Brunei; ⏲8–17 Uhr)

BUS

Öffentliche Busse sind in BSB bemerkenswert günstig, das Streckennetz ist jedoch etwas unübersichtlich. Zudem gibt's keine festen Fahrpläne.

Busse (1 B$) fahren täglich von etwa 6.30 bis etwa 18 Uhr, danach kann man nur noch ein Taxi nehmen oder zu Fuß gehen. Die Haltestellen sind nicht immer leicht zu finden. Einige erkennt man an den schwarz-weißen Pfosten oder an einem Unterstand, andere anhand eines auf die Straße gemalten gelben Dreiecks. Manche sind aber auch gar nicht an einem Symbol zu identifizieren.

Der Busbahnhof im Erdgeschoss eines mehrstöckigen Parkhauses zwei Blocks nördlich des Flussufers hat kein Informationsbüro und keinen Ticketschalter. Einheimischen erschließt sich möglicherweise die schematische Karte an der Wand, wer sich aber nicht in BSB auskennt, ist ziemlich aufgeschmissen. Am besten informiert man sich im Hostel oder Hotel über die Transportmöglichkeiten.

VOM/ZUM FLUGHAFEN

Vom Flughafen, rund 8 km nördlich von BSBs Innenstadt, fahren die Busse 23, 36 und 38 bis etwa 17.30 Uhr ins Zentrum, u. a. zum Busbahnhof an der Jln Cator.

Ein Taxi vom/zum Flughafen kostet 25 B$ und wird am Taxischalter bezahlt. Manche Hotels holen ihre Gäste auf Wunsch am Flughafen ab.

TAXI

Taxis sind ein praktisches, aber auch teures Verkehrsmittel, um Brunei zu erkunden – wenn man denn eines findet: Es gibt keine Taxizentrale und es ist fast unmöglich, spontan einen Wagen auf der Straße heranzuwinken. An den Hotelrezeptionen erhält man die Mobilfunknummern von Fahrern. Fast alle Autos haben gelbe Schilder; ein paar, die zum Flughafen fahren, sind komplett weiß.

Der einzige offizielle **Taxistand** (Jln Cator) der Stadt befindet sich zwei Blocks nördlich des Ufers am Busbahnhof auf der Jalan Cator. Manche Taxifahrer benutzen Taxameter, vielfach machen sie jedoch vorab einen Preis mit ihren Fahrgästen aus. Typischerweise kostet eine Fahrt (tagsüber) nach Gadong 15 B$, zum Brunei-Museum 25 B$, nach Muara 40 B$ und zum Empire Hotel & Country Club 35 B$. Nach 22 Uhr muss man 50 % mehr zahlen.

WASSERTAXI

Liegt das Ziel am Sungai Brunei, sind Wassertaxis ein geeignetes Verkehrsmittel. Man kann sie überall am Ufer in BSB finden, wo die Boote eine Möglichkeit zum Anlegen haben, sowie am Sungai Kianggeh. Direkte Überfahrten kosten 1 B$ pro Person, diagonale Strecken sind etwas teurer.

TEMBURONG-BEZIRK

11 000 EW.

Diese ungewöhnliche kleine Enklave (Teil eines Landstrichs, der außerhalb von Brunei liegt und von malaiischem Staatsgebiet umschlossen ist) ist kaum größer als Penang, hier befindet sich jedoch der vielleicht unberührteste Primärwald von ganz Borneo. Hauptattraktion des Gebietes ist der fantastische, nur per Langboot erreichbare Ulu-Temburong-Nationalpark.

Bangar

Bangar, eine Stadt mit drei Straßen an den Ufern des Sungai Temburong, ist das Tor zum Temburong-Bezirk und dessen Verwaltungszentrum. Sie lässt sich problemlos im Rahmen eines Tagesausflugs von BSB aus besuchen.

🛏 Schlafen & Essen

Youth Hostel HOSTEL $

(Pusat Belia; ☎522 1694; Jln Bangar Puni-Ujong, Bangar; B 10 B$; ⏲Rezeption 7.30–16.30 Uhr, Fr & Sa geschl.; ❄) Dieses einfache Hostel mit der

VERWÖHNPROGRAMM

Die einzige Unterkunft im Ulu-Temburong-Nationalpark ist das **Ulu Ulu Resort** (☎244 1791; www.uluuluresort.com; Ulu-Temburong-Nationalpark; Standard/Superior/Deluxe 275/360/395 B$ pro Pers.; ❄), eine noble Lodge am Fluss. Manche Unterkünfte wurden nach dem Vorbild malaysischer Chalets aus den 1920er-Jahren gestaltet. Hier zu übernachten ist nicht billig, doch dafür wird man auf Wunsch um 4.30 Uhr geweckt, damit man sich den Sonnenaufgang vom Baumkronenpfad aus ansehen kann – ein unvergessliches Erlebnis.

orangen Fassade liegt von Bangars Fährterminal aus ca. 100 m die Straße hinunter. Die Sechs-Bett-Schlafsäle sind nach Geschlechtern getrennt, sauber und klimatisiert. Die Rezeption ist im Obergeschoss.

Food Court STRASSENKÜCHE **$**
(1. OG, Kompleks Utami Bumiputera; Hauptgerichte 1–3 B$; ⌚6 bzw. 7–20, Fr 12–14 Uhr geschl.) Von dem kleinen Obst- und Gemüsemarkt führen Treppen zu dem halben Dutzend Essensständen, die günstige malaiische Gerichte verkaufen.

ℹ Praktische Informationen

3 in 1 Services (Geschäft A1–3, 1. OG, Kompleks Utami Bumiputera; 1 B$ pro Std.; ⌚8–17.30 Uhr, So geschl.) Das Internetcafé im 1. Stock des Gebäudes neben dem Markt ist vom Food Court aus über die Fußgängerbrücke zu erreichen.

Bank Islam Brunei Darussalam (⌚Mo–Do 8.45–15.45, Fr 8.45–11 & 14.30–16, Sa 8.45–11.15 Uhr) Am Fluss 150 m nördlich der Brücke gelegen. An dem Geldautomaten der einzigen Bank im Ort kann man nur mit ausländischen Karten von Cirrus Geld ziehen (Visa-Karten funktionierten nicht), und wer kein Konto bei der Bank hat, kann kein Geld wechseln.

Chop Hock Guan Minimarket (⌚8–20 Uhr) Wechselt malaysische Ringgits in Brunei-Dollars. In der ersten Ladenreihe westlich des Fährterminals.

ℹ An- & Weiterreise

Mit dem Schnellboot geht's von BSB nach Bangar, eine aufregende Fahrt. Während unserer Recherche vor Ort hatten allerdings die Bauarbeiten an einer 30 km langen Brücke begonnen, die die beiden Bezirke Brunei-Muara und Temburong ab 2018 verbinden soll.

Schnellboote (Erw. 7 B$, 45 Min.) verkehren von 6 bis mindestens 16.30 Uhr (sonntags und an Feiertagen länger). Die Anlegestelle in BSB liegt an der Jalan Residency, rund 200 m östlich des Sungai Kianggeh. Die Boote starten nach Fahrplan; wenn sie voll sind, geht's schon früher los. Zur Stoßzeit erfolgt die Abfahrt im 15-Minuten-Takt.

Der Bus von **Jesselton** (☎719 3835, 717 7755, in BSB 718 3838), der von BSB nach Lawas und Kota Kinabalu (25 B$) verkehrt, hält irgendwann gegen 10 Uhr vor der Jugendherberge in Bangar.

Ulu-Temburong-Nationalpark

Der Ulu-Temburong-Nationalpark dehnt sich im Herzen unberührter Regenwälder aus, die einen Großteil des südlichen Temburong-Bezirks bedecken. Nur etwa 1 km^2 ist für Touristen zugänglich, denn um das Schutzgebiet für zukünftige Generationen zu erhalten, darf das restliche Areal nur von Forschern betreten werden.

Eins der absoluten Highlights des Besuchs in dem Nationalpark ist die Anreise; mit einem *temuai* (schmales Iban-Langboot) geht's ab Batang Duri flussaufwärts. Die Hauptattraktion des Parks ist ein wackeliger Weg aus Aluminium, der in bis zu 60 m Höhe über dem Waldboden in die Nähe des Blätterdachs führt.

☞ Geführte Touren

Traveller können den Park nur im Rahmen einer geführten Tour besuchen. Ein guter Veranstalter ist Borneo Guide (S. 61) mit Sitz in BSB.

Schlafen

★ **Sumbiling Eco Village** HÜTTEN **$$**
(☎242 6923, 718 7138; www.borneoguide.com/ecovillage; Kampong Sumbiling Lama, Jln Batang Duri; inkl. Halbpension 85 B$ pro Pers.) Auf der Suche nach Bruneis Version eines Dschungelcamps mit einfacher Ausstattung und gechillter Atmosphäre, die dazu einlädt, in einen extrem entspannten Zen-Zustand zu verfallen? Dann ist das Öko-Dorf Sumbiling genau die richtige Wahl. Diese umweltfreundliche, rustikale Unterkunft hat eine wunderschöne Lage am Fluss. Geschlafen wird in Bambushütten oder Zelten inklusive Betten, Moskitonetzen und Ventilatoren und man wird außerdem mit leckeren Iban-Gerichten bekocht.

BRUNEI DARUSSALAM VERSTEHEN

Brunei Darussalam aktuell

2014 sorgte die Umsetzung der ersten Stufe eines Drei-Phasen-Plans zur Einführung der Scharia in Brunei für internationale Schlagzeilen, doch eigentlich hat sich das Leben in dem ruhigen, gesetzestreuen Sultanat dadurch kaum verändert. Das neue Strafgesetz gilt auch für Nichtmuslime und sieht körperliche Züchtigungen für Vergehen wie Diebstahl und Ehebruch vor.

Bruneis Reichtum an Öl und Erdgas ermöglicht seinen Bürgen einen der höchsten Lebensstandards der Welt. Das Bruttoinlandsprodukt pro Kopf liegt bei beachtlichen 73 200 US$, die Alphabetisierungsrate bei 96 %, die durchschnittliche Lebenserwartung beträgt 77 Jahre und die staatlichen Sozialleistungen sind großzügig: das Gesundheits- und Bildungssystem sind kostenlos, Kredite sind preiswert und Wohnraum wird subventioniert. Angesichts dieses Wohlstands ist es wenig verwunderlich, dass die Bruneier lieber nicht darüber nachdenken, was passieren wird, wenn die Ölquellen versiegen (aktuellen Berichten zufolge wird dies bereits in etwa 20 Jahren der Fall sein, wenn die geförderten Ölmengen gleich bleiben).

Geschichte

Erstmals schriftlich erwähnt wird Brunei in Dokumenten, die Chinas Handelsverbindungen mit „Pu-ni" betreffen. Diese stammen aus dem 6. Jh. n. Chr. Bevor die Region um 1400 islamisch wurde, lag Brunei innerhalb der Grenzen des Srivijaya-Reichs auf Sumatra, später gehörte es zum Majapahit-Reich von Java. Im späten 15. und frühen 16. Jh., dem Goldenen Zeitalter des Sultans Bolkiah (des fünften Sultans), wurde es zu einer regionalen Großmacht. Es herrschte als Seemacht sowohl über ganz Borneo als auch über die Philippinen.

Im 16. Jh. kamen Spanier und Portugiesen in die Region. Sie starteten mehrere Angriffe gegen das Sultanat, auf lange Sicht erwies sich jedoch die Störung des traditionellen Handels durch die Europäer als schädlicher. Mitte und Ende des 19. Jhs. ebneten interne Konflikte und die Strategien des ersten Weißen Radschas von Sarawak, eines britischen Abenteurers namens James Brooke, den Weg für eine Reihe von Verträgen, die dem Sultanat Land und Macht nahmen. Um nicht in der Bedeutungslosigkeit zu verschwinden, wurde Brunei 1888 britisches Protektorat. Zwei Jahre später, als auch Limban an Sarawak verloren ging, zerbrach das Sultanat dennoch in zwei Hälften.

1929 entdeckte man hier Erdöl. So wurde aus dem winzigen Staat quasi über Nacht eine ökonomische Großmacht. Der Vater des gegenwärtigen Herrschers, Sultan Omar Saifuddien, hielt diesen von der malaiischen Konföderation sowie Malaysia fern und sorgte dafür, dass er britisches Protektorat blieb, damit die Ölgewinne der Heimat zugutekamen.

Im Jahre 1967 dankte Saifuddien ab und überließ den Thron seinem allseits beliebten Sohn und Erben Sultan Hassanal Bolkiah. Widerstrebend führte dieser 1984 das streng regierte Land in die Unabhängigkeit von den Briten. Später folgte das Sultanat einer nationalen Ideologie namens Melayu Islam Beraja (MIB, Malaiische Islamische Monarchie). Sie betont besonders die malaiische Kultur, den Islam (die offizielle Religion) sowie die Legitimität des Sultans.

Menschen & Kultur

Menschen malaiischen Ursprungs stellen drei Viertel der 420 000 Einwohner des Sultanats, Einwohner chinesischer Herkunft rund 10 % und Iban, Kelabit sowie andere Dayak-Stämme ungefähr 3,4 %. Den Rest machen Gastarbeiter aus. Der Islam ist Staatsreligion.

Traditionelle Handwerkskunst ist inzwischen leider so gut wie verschwunden. In seiner Blütezeit war Brunei in ganz Borneo und darüber hinaus für seine Messingarbeiten (Kessel, Betel-Schalen und die berühmten zeremoniellen Kanonen) berühmt. Zu festlichen Anlässen trägt man nach wie vor *jong-sarat*-Sarongs, die unter Verwendung von Goldfäden handgewebt werden.

Natur & Umwelt

Brunei (5765 km^2) besteht aus zwei nicht zusammenhängenden Gebieten, die durch den Sarawak-Bezirk Limbang getrennt werden. Die größeren Städte liegen im ausgedehnteren westlichen Teil des Landes: Bandar Seri Begawan (BSB), die Ölstadt Seria und das Handelszentrum Kuala Belait. Im Gegensatz dazu ist der östliche Teil des Landes, der hügelige, meist bewaldete Temburong-Bezirk, weitaus weniger entwickelt.

PRAKTISCHE INFORMATIONEN

Allgemeine Informationen

BOTSCHAFTEN & KONSULATE

Deutsche Botschaft (☎ 222 5547; www.bandar-seri-begawan.diplo.de; Unit 2.01, 2. OG, Block A, Yayasan-Komplex, Jln Pretty)

Indonesische Botschaft (☎ 233 0180; www.kemlu.go.id/bandarseribegawan; Lot 4498, Simpang 528, Jln Muara, Kampung Sungai Hanching)

Malaysische Botschaft (☎ 238 1095-7; www.kln.gov.my/web/brn_begawan; No 61, Simpang 336, Jln Kebangsaan)

Philippinische Botschaft (☎ 224 1465/6; www.philippine-embassybrunei.com; Simpang 336–17, Diplomatic Enclave, Jln Kebangsaan)

Schweizer Konsulat (☎ 223 29 45223 6601; www.eda.admin.ch/singapore; 6 OG, Bangunan Haji Ahmad, Laksamana Othman, 38–39 Jln Sultan)

Hochkommissariat von Singapur (☎ 226 2741; www.mfa.gov.sg/brunei; No 8, Simpang 74, Jln Subok)

ESSEN

Die Küche Bruneis ähnelt der Malaysias, es gibt aber natürlich auch typisch bruneiische Spezialitäten. An Marktständen bekommt man Mahlzeiten für wenig Geld.

Folgende Kategorien beziehen sich auf den Preis des günstigsten nicht vegetarischen Hauptgerichts auf der Speisekarte.

**$** unter 6 B$ (4 US$)
**$$** 6–16 B$ (4–11 US$)
**$$$** über 16 B$ (11 US$)

FRAUEN UNTERWEGS

Frauen werden selten belästigt und berichten davon, frei mit Frauen sowie Männern sprechen zu können. Manche muslimische Frauen reichen Männern nicht die Hand.

GELD

Der Brunei-Dollar (B$ oder BND) und Singapur-Dollar (S$ oder SGD) sind die offiziellen Landeswährungen und werden in beiden Staaten fast überall akzeptiert.

INTERNETZUGANG

Alle Hotels sowie viele Restaurants und Cafés bieten einen Internetzugang. In BSB gibt's zudem einige Internetcafés.

MEDIEN

Das *Borneo Bulletin* (www.borneobulletin.com.bn) und die *Brunei Times* (www.bt.com.bn) veröffentlichen lokale und internationale Nachrichten. Kritische Berichte wird man allerdings vergeblich suchen.

> **KLEIDERETIKETTE**
>
> Was die Kleidung betrifft, ist Brunei recht konservativ. Frauen müssen sich nicht verschleiern, aber sowohl Männer als auch Frauen sollten ihre Schultern bedecken und Hosen und Röcke sollten bis über die Knie reichen.

ÖFFNUNGSZEITEN

Sämtliche Behörden, Betriebe und Geschäfte, auch Restaurants und Essensstände, müssen freitags von 12 bis 14 Uhr, wenn Muslime traditionell in den Moscheen beten, schließen. Während des Ramadan sind Läden und Büros kürzer geöffnet, und in den Restaurants und Cafés darf während der Fastenzeiten kein Essen serviert werden, auch nicht für Nichtmuslime. Ansonsten sind in Brunei die folgenden Öffnungszeiten üblich:

Banken Mo–Fr 8.45–15.30 oder 16, Sa 8.45–11 Uhr.

Behörden Mo–Do & Sa 7.45–12.15 & 13.30–16.30 Uhr.

Geschäfte 10–18 Uhr; Einkaufszentren meist 10–22 Uhr.

RECHTSFRAGEN

Bei Drogendelikten drohen in Brunei drakonische Strafen. Es wird sogar die Todesstrafe verhängt.

Der Verkauf und öffentliche Konsum von Alkohol ist verboten. Nichtmuslimische Besucher ab 17 Jahren dürfen zwölf Dosen Bier und zwei Flaschen Wein oder Spirituosen für den persönlichen Bedarf importieren.

Während des Fastenmonats Ramadan dürfen weder Muslime noch Nichtmuslime in der Öffentlichkeit essen, trinken oder rauchen.

SCHWULE & LESBEN

In Brunei ist Homosexualität illegal.

STROM

In Brunei sind 240 V mit 50 Hz gängig. Stecker haben drei flache Kontaktstifte.

TELEFON

Prepaid-SIM-Karten (30 B$, inkl. 5 B$ Guthaben) gibt's in DST-Läden (www.dst-group.com). Reisepass mitbringen.

TOURISTENINFORMATION

Brunei Tourism (S. 63) unterhält ein Büro in der Kampong Ayer Cultural & Tourism Gallery und hat eine nützliche Website.

UNTERKUNFT

Folgende Preiskategorien beziehen sich auf ein Doppelzimmer mit Bad.

**$** unter 60 B$ (40 US$)
**$$** 60–150 B$ (40–100 US$)
**$$$** über 150 B$ (100 US$)

VISA

Deutsche und Österreicher dürfen ohne Visum 90 Tage, Schweizer 14 Tage bleiben.

An- & Weiterreise

Brunei bietet sich bestens als Zwischenstopp auf dem Weg zwischen den malaysischen Bundesstaaten Sabah und Sarawak an.

BUS

Täglich um 8 Uhr fährt ein Bus von **Jesselton Express** (☎ 016-830 0722, 0060 88 751722; www.sipitangexpress.com.my) über Limbang, Bangar und Lawas nach Kota Kinabalu (45 B$, 8 Std.). In entgegengesetzter Richtung gibt's um 8 Uhr eine Verbindung ab dem Jalan-Tugu-Busbahnhof in Kota Kinabalu. Reservierungen sind online unter www.busonlineticket.com möglich. Der Reisepass sollte über genügend freie Seiten verfügen – bei der Fahrt zwischen BSB und Sabah werden acht neue Stempel fällig!

PHLS Express (☎ 277 1668) verbindet täglich um 7 und 13 Uhr BSB mit Miri (20 B$ ab BSB, 50 RM ab Miri, 3½ Std.); Tickets werden an Bord verkauft. Am Pujut-Busbahnhof in Miri verkehren gegen 8.15 und 15.45 Uhr Busse von Bintang Jaya. Vorausbuchungen sind nicht erforderlich.

Die Strecke zwischen BSB und Miri bedienen zudem private Anbieter (25 B$ oder 70 RM pro Pers., 3 Std.). Reservierungen nimmt **Herr Foo** unter den Nummern ☎ 013-833 2231 (malaysische Mobilfunknummer) oder ☎ 878 2521 (bruneiische Mobilfunknummer) vor. Abfahrt in BSB ist gewöhnlich um 13 oder 14 Uhr, in Miri um 9 der 10 Uhr.

FLUGZEUG

Der **internationale Flughafen von Brunei** (☎ 233 1747; www.civil-aviation.gov.bn) liegt 8 km nördlich vom Zentrum BSBs. Dort starten und landen Maschinen von AirAsia (nach Kuala Lumpur), Cebu Pacific Air (nach Manila), Royal Brunei Airlines (nach London, Dubai, Hongkong, Shanghai, Bangkok, Manila, Melbourne, Singapur, Surabaya, Jakarta und Kuala Lumpur) und Singapore Airlines (nach Singapur).

SCHIFF/FÄHRE

Um 7.45, 8.30, 13 und 16.40 Uhr verkehren Passagierfähren vom Terminal Feri Serasa in Muara, rund 20 km nordöstlich von BSB, nach Pulau Labuan (17 B$, 1¼–1¾ Std.). In Labuan machen sich täglich zwei Fähren auf den Weg nach Kota Kinabalu (3 Std.).

Um vom Busbahnhof im Zentrum von BSB zum Fährhafen in Muara zu gelangen, kann man erst die Buslinie 38 (1 Std.) nach Muara und dann Bus 33 nehmen. Man sollte reichlich Zeit für die Fahrt einplanen. Ein Taxi kostet 40 B$.

Indonesien

☎ 62 / 255 MIO. EW.

Inhalt ➡

Die besten Strände

- Kuta Beach, Lombok (S. 116)
- Gili Air (S. 156)
- Komodo-Nationalpark (S. 164)
- Pulau Ai (S. 222)

Kultur erleben

- Museum Nasional, Jakarta (S. 75)
- Tänze in Ubud (S. 137)
- Begräbnisriten in Tana Toraja (S. 210)
- Banda-Inseln (S. 220)

Auf nach Indonesien

Dieser fantastische äquatoriale Archipel mit mehr als 17 000 Inseln erstreckt sich zwischen Malaysia und Australien und trumpft mit einer atemberaubenden biologischen Vielfalt auf, die von schneebedeckten Wipfeln in Papua über Sandelholzwälder in Sumba und unberührten Urwald in Borneo bis zu üppigen Reisfeldern auf Bali und Java reicht. Von den indonesischen Korallenriffen und den tollen Wellen träumen Taucher und Surfer rund um den Globus.

Doch obwohl die Abwechslung an Land und im Wasser als Traum für jeden Traveller gilt, ist die Mischung von Völkern und Kulturen sogar noch reizvoller. Bali liegt auf der Beliebtheitsskala ganz vorne, dicht dahinter folgen indigene Völker in Papua, die vielen Kulturen auf Flores und in Westtimor, javanisches Kunsthandwerk, Jakartas Einkaufszentren, Sumatras Orang-Utans und vieles mehr. Egal, ob man idyllische, entlegene Strände, eine eindrucksvolle Entdeckungstour der Unterwasserwelt oder lange Nächte auf Bali bevorzugt – Indonesien bezaubert einfach jeden!

Reisezeit

Jakarta

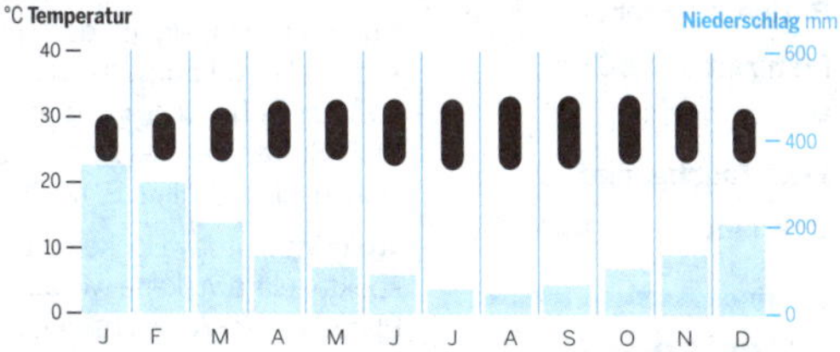

Sept.–März Regenzeit; beginnt im Südosten später. Im Januar und Februar regnet es überall.

April–Juni Trockene, heiße Tage. In Bergstädten wie Ubud auf Bali kann es nachts kühl sein.

Aug. Hauptsaison. Hohe Preise auf Bali und den Gili-Inseln; vorab buchen. Menschenmassen.

AUF EINEN BLICK

Geld In Hauptzentren gibt's Geldautomaten; auf entlegenen Inseln braucht man Rupiah.

Handy SIM-Karten (ab 5000 Rp) werden überall verkauft. Billige Gebühren.

Sprache Bahasa Indonesia; in Touristengebieten Englisch.

Visa Für die meisten Nationalitäten 30 Tage ab Ankunft.

Währung Rupiah (Rp); 100 000-Rupiah-Noten sind schwer einzulösen.

Kurzinfos

Fläche 1,9 Mio. km^2

Hauptstadt Jakarta

Notfall Einheimische um Rat bitten

Wechselkurse

Eurozone	1 €	14 500 Rp
Schweiz	1 SFr	13 900 Rp
USA	1 US$	13 060 Rp

Preise

Budgetzimmer 200 000 Rp

Mahlzeit 30 000 Rp

Bier 20 000 Rp

Zwei Tauchgänge 90 US$

Überlandbus 100 000 Rp

Anreise

Es gibt Flüge nach Jakarta oder Bali, und Verbindungen nach Sulawesi, Lombok und mehr. Sehr beliebt sind Fähren nach Sumatra von Malaysia und Singapur.

Nicht versäumen

Bei so vielen Inseln wäre es schade, den riesigen Archipel nicht genauer zu erkunden. (Verwahrloste) Fähren bieten unzählige Verbindungen, zudem kann man die Distanzen mit Flügen vieler Billigairlines abkürzen und auf dem Festland mit Bussen fahren, die in halsbrecherischer Geschwindigkeit die Straßen unsicher machen.

REISEROUTEN

Eine Woche

Erstes Ziel dieser straffen Route ist Bali. Zunächst verbringt man einige Tage im Süden und kann z. B. in Seminyak Partys feiern sowie auf der Halbinsel Bukit surfen und relaxen. Dann geht's nach Ubud, um bei Streifzügen durch die Reisfelder die berauschende Kultur kennenzulernen. Anschließend nimmt man ein Schnellboot zu den nahe gelegenen Gili-Inseln, um die aufregende Travellerszene zu erleben.

Einen Monat

Bali und die Gili-Inseln sind ein Muss, aber als Erstes steht Java mit der Kulturstadt Yogyakarta sowie der UNESCO-Welterbestätte Borobudur auf dem Programm. Dann fährt man von Lombok mit Fähren und Bussen durch Sumbawa nach Flores und legt unterwegs an Stränden und in Komodo Zwischenstopps ein. Man kann die Reise auf Sulawesi abschließen, aber auch weiter nach Osten zu den idyllischen Banda-Inseln Malukus fahren oder sich auf Kalimantan oder Sumatra Orang-Utans ansehen.

Die besten Aktivitäten

Tauchen & Schnorcheln Westflores, Komodo, die Gili-Inseln, Pulau Menjangan (Bali), Pulau Bunaken, die Togean-Inseln (Sulawesi), Pulau Weh (Sumatra), die Banda-Inseln (Molukken) und die Raja-Ampat-Inseln (Papua).

Spas & Wellness Besonders in den Touristenhochburgen gibt's zahlreiche erschwingliche Schönheitssalons und Spas.

Surfen Alle Inseln auf der Südseite des indonesischen Archipels, von Sumatra bis Timor, haben verlässliche, oft außergewöhnliche und manchmal furchterregende Wellen. Viele Surfer zieht es zu den legendären Breaks der Bukit-Halbinsel auf Bali, z. B. nach Ulu Watu.

Trekking Auf Java locken organisierte Wanderungen auf spektakuläre Vulkane wie den Gunung Bromo und im Ijen-Plateau. Mehr Abwechslung bietet Bali: In der wunderschönen Region Gunung Batur und in den Hügeln um Munduk gibt's tolle Wege durch kühle Bergwälder, zu Gewürzplantagen und Wasserfällen. Auch eine Wanderung nach Gunung Rinjani auf Lombok lohnt sich. Auf Sumatra sind die Dschungel von Bukit Lawang einen Abstecher wert. Beliebt ist auch das Baliem-Tal auf Papua, so hat Tana Toraja großartige Trekkingmöglichkeiten durch Sulawesis spektakuläre traditionelle Dörfer zu bieten.

Highlights

1 Tagsüber surfen, nachts Partys feiern und nebenbei die faszinierende Kultur der Insel **Bali** (S. 113) kennenlernen.

2 Den uralten buddhistischen Stupa von **Borobudur** (S. 101) und die Batikmärkte im nahe gelegenen **Yogyakarta** (S. 92) erkunden.

3 Im **Komodo-Nationalpark** (S. 164) die bekannten Echsen bestaunen und danach das lebendige **Labuanbajo** (S. 166) in Nusa Tenggara erkunden.

4 Auge in Auge mit den „Menschen des Dschungels", den **Orang-Utans** (S. 204) auf Sumatra und Kalimantan.

5 Durch unberührte Korallenschluchten im Indischen Ozean bei **Pulau Bunaken** (S. 217) in Sulawesi tauchen.

6 Auf Malukus charmanten **Banda-Inseln** (S. 220) eine Reise in die Vergangenheit unternehmen.

7 Wilde Flüsse entlangwandern und über Bergkämme die entlegenen Bergdörfer Papuas im **Baliem-Tal** (S. 225) erklimmen.

8 Auf Nusa Tenggaras **Gili-Inseln** (S. 154) nach Partynächten tauchen und relaxen.

JAVA

Mit ihren pulsierenden Großstädten, ihrer atemberaubenden natürlichen Schönheit, den magischen archäologischen Stätten und den tief verwurzelten Kunst-, Musik- und Tanztraditionen ist die Insel Java wohl das Herz Indonesiens.

Dank der riesigen Vielfalt an faszinierenden Landschaften in Form von schimmernden Reisfeldern, rauchenden Vulkanen, grünem Regenwald und unberührten Stränden sind die meisten Entdeckungstouren von wahren Naturwundern geprägt. Die exzessive Seite der Insel zeigt sich in den überfüllten, verschmutzten Städten mit ihren hektisch-lauten Betonlabyrinthen. Neben der traumhaften Natur der Insel locken Jakartas süchtig machendes Chaos, das atmosphärische Yogyakarta und Spaziergänge durch das Batikzentrum Solos.

Auf Java leben 140 Mio. Menschen und vor allem im Westen müssen sich Besucher auf längere Reisezeiten einstellen. Das Bahnnetz ist in der Regel jedoch zuverlässig und effizient, das Fliegen außerdem recht günstig. Und letztendlich wird man für seine Geduld mit höchst faszinierenden Einblicken in Indonesiens facettenreichste und kulturell zweifellos interessanteste Insel belohnt.

Anreise & Unterwegs vor Ort

BUS

Das Busnetz deckt im Grunde ganz Java ab, zudem gibt's Verbindungen nach Sumatra, Bali und sogar nach Nusa Tenggara. Aufgrund des

Java

schlechten Zustands der Straßen müssen sich Reisende jedoch auf langsame, ermüdende Fahrten einstellen, vor allem im Westen der Insel.

FLUGZEUG

Jakarta fliegt verschiedene internationale und nationale Ziele an. Zu den nützlichen Transitstädten für ausländische Besucher gehören Surabaya, Solo (Surakarta), Bandung, Yogyakarta und Semarang. Inlandsflüge sind teils ebenso bequem wie erschwinglich; zu den beliebten Routen gehört Jakarta–Yogyakarta. Wer nicht viel Zeit hat, für den lohnt es sich, mit nationalen Flügen Reisezeit zu sparen.

SCHIFF/FÄHRE

Die Passagierboote von Pelni nutzen nur wenige Besucher, doch von Jakarta aus kommt man per Schiff zu den meisten Häfen im Land.

Zwischen Java und Bali sowie Java und Sumatra gibt's zahlreiche Verbindungen.

ZUG

Java bietet ein recht pünktliches und effizientes inselweites Bahnnetz. Wegen der kürzeren Fahrtzeiten sind Zugfahrten den langen Busfahrten vorzuziehen. Unter www.kereta-api.co.id kann man Fahrpläne nachlesen und Onlinetickets buchen, die Seite ist allerdings nicht sehr benutzerfreundlich. Wenn möglich, sollte man im Voraus reservieren.

Jakarta

☎021 / 10,2 MIO. EW.

Jakarta, einer der größten Ballungsräume der Welt, präsentiert sich als dynamische Stadt einschüchternder Extreme. Die rasante Geschwindigkeit, in der sie sich entwickelt, bringt Herausforderungen und geradezu surreale Gegensätze mit sich, die quasi an jeder Straßenecke sichtbar sind. Als eigener Mikrokosmos durchlebt Jakarta eine offensichtliche Metamorphose und trotz des chaotischen Verkehrs leben die Einheimischen auf der Überholspur, getrieben von Fleiß und Optimismus, der Störungen der Abläufe einfach ignoriert.

Im Klartext: Schön ist Jakarta nicht, doch hinter der wenig attraktiven, von wackligen Slums gesäumten Fassade neu gebauter Hochhäuser und ermüdender verstopfter Betonstraßen, über der ein allgegenwärtiger Smogteppich liegt, bietet die Stadt viele Gesichter und jede Menge Überraschungen.

Sehenswertes & Aktivitäten

Kota

In Kota, Jakartas historischem Kern, befinden sich die Überreste der von den Niederländern gegründeten Hauptstadt Indonesi-

ens, Batavia. Der Platz **Taman Fatahillah** wartet mit einem rissigen Kopfsteinpflaster, dem einen oder anderen Postkartenverkäufer, prächtigen Kolonialbauten und einigen Museen auf. Am Wochenende strömen Massen von Einheimischen hierher und schaffen eine fast schon karnevalartige Atmosphäre. Hier halten Züge, die am Bahnhof Gondangdia nahe der Jl Jaksa abfahren. Ein Taxi an der Jl Thamrin kostet rund 50 000 Rp.

Auf und um den Taman Fatahillah stößt man auf mehrere interessante Gebäude und Denkmäler. Hier steht die älteste noch intakte Kirche Jakartas, die **Gereja Sion** (Karte S. 77; Jl Pangeran Jayakarta) GRATIS. Sie wurde 1695 für die „schwarzen Portugiesen" errichtet, die als Sklaven nach Batavia kamen. Sobald sie der niederländisch-reformierten Kirche beitraten, entließ man sie in die Freiheit.

Den Kali-Besar-Kanal säumen weitere schöne Beispiele für niederländische Architektur, darunter das **Toko Merah** (Karte S. 77; Jl Kali Besar Barat, Roter Laden), wo früher der Gouverneur General van Imhoff lebte. Weiter nördlich überspannt die **Hühnermarktbrücke**, die einzige noch erhaltene niederländische Zugbrücke, die Wasserstraße.

Ein Muss ist auch ein Besuch des wunderbaren Café Batavia (S. 82), das voller Kolonialnostalgie steckt.

Museum Bank Indonesia MUSEUM

(Karte S. 77; Pintu Besar Utara III; Audioguides 50 000 Rp; ⏲ Di–Do 8–15.30, Fr 8–11.30 & 13–15.30, Sa & So 8–16 Uhr) GRATIS Eines der besten Museen des Landes. Es widmet sich der indonesischen Geschichte, und ungeachtet der Räumlichkeiten hält sich der Bezug zur Finanzwelt in Grenzen. Das prächtige, neoklassizistische Gebäude aus dem frühen 20. Jh. wurde fachmännisch restauriert und diente ehemals als Hauptsitz der Bank. Alle Exponate (vielfach audiovisueller Natur) sind schön auf Flachbildschirmen in Szene gesetzt und fesseln ungemein. Es geht um den Gewürzhandel, die Finanzkrise 1997 sowie die daran anschließenden Aufstände, und in einer Galerie sind Banknoten so ziemlich aller Währungen weltweit ausgestellt.

Museum Sejarah Jakarta MUSEUM

(Karte S. 77; Taman Fatahillah; Eintritt 5000 Rp; ⏲ Di–So 9–15 Uhr) Das Museum zur Stadtgeschichte, auch Museum Kesejarahan Jakarta genannt, ist im alten Rathaus von Batavia, einem stattlichen Kolonialbau von 1627, untergebracht und war einst das Zentrum des niederländischen Imperiums. In diesem Gebäude mit Glockenturm von 1627 residierten einst die Verwaltung und der Gerichtshof. Heute trifft man hier auf ein recht lieblos gestaltetes Museum: Der Putz kommt von

Jakarta

0
5 km
A
B
C
D
1
2
3
4
5
6
7
Tanjung-Priok-Hafen
Teluk Jakarta
Soekarno-Hatta International
siehe Karte Kota & Sunda Kelapa (S. 77)
Jl Prof Sudiyatmo
ANCOL
Jl Toll Pelabuhan Barat
Jl Gaya Motor
SUNTER
Jl Gajah Mada
Jl Mangga Besar
Jl Gunung Sahari
Jl Laksamana M Yos Sudarso
JELAMBAR
GLODOK
Banjir Canal
Kalideres (3 km)
KEMAYORAN
Jl Sunter Jaya
Jl Raya Barat Boulevard
GROGOL
siehe Karte Jakarta Zentrum (S. 78)
KELAPA GADING
Jl Daan Mogot
Jl Hasyim Asyhari
Pelni
SENEN
TOMANG
GAMBIR
Pasar Senen
Jl Suprapto
Jl Perintis Kemerdekaan
Jl Tomang Raya
Gunung-Jahari-Kanal
Jl Toll Jakarta Merak
Tanah Abang
Jl Abdul Muis
Jl Thamrin
PULO MAS
Pulo Gadung
MENTENG
Sekretaris
Kali Grogol
SLIPI
Jl Pramuka
RAWAMANGUN
Jl S Parman
Jl Matraman Raya
Jl Jend A Yani
KARET
Jl HR Rasuna Said
Jl Proklamasi
7
6
Manggarai
MANGGARAI
Jl Gatot Subroto (Toll Road)
SENAYAN
11
10
4
9
JATINEGARA
Jl Jend DI Panjaitan
8
12
13
KUNINGAN
TEBET
KEBAYORAN BARU
Jl Inspeksi Saluran
Jl Letjent Haryono
5
KEMANG
Jl Raya Pasar Minggu
CAWANG
HALIM
Jl Metro Pondok Indah
1
3
H Nawi
SOS Medika Klinik
CILILITAN
Jl Ciputat Raya
Jl Fatmawati
Jl Pangeran Antasari
Jl Raya Jagorawi (Toll Road)
CONDET
PONDOK INDAH
CILANDAK
Jl Warung Jati Barat
Jl Raya Pondok Gede
TB Simatupang
LEBAK BULUS
Kali Krukut
Jl Cilandak KKO
Pesanggrahan
PONDOK LABU
RAGUNAN
Äußerer Ring (Mautstraße)
Taman Mini Indonesia Indah
Kali Ciliwung
RAMBUTAN

Jakarta

Schlafen
1 Fave Hotel B5
2 Packer Lodge B2

Essen
3 D'Fest B5

Ausgehen & Nachtleben
4 Potato Head Garage B4

Shoppen
5 Pasaraya A5

Praktisches
6 Australische Botschaft B4
7 Kanadische Botschaft B4
8 Niederländische Botschaft B5
9 Malaysische Botschaft B4
10 Neuseeländische Botschaft A4
11 Papua-neuguineische Botschaft A4
12 Singapurische Botschaft B5
13 Britische Botschaft B5

den Wänden und überall stehen schwere Möbel aus geschnitztem Ebenholz und Teak aus niederländischer Zeit.

Museum Wayang MUSEUM
(Karte S. 77; ☎021-692 9560; Taman Fatahillah; Eintritt 5000 Rp; ⏲Di–So 9–15 Uhr) Das Puppenmuseum hat eine der besten Sammlungen von *wayang*-Puppen in ganz Java. Die staubigen Schaukästen stecken voller Persönlichkeiten aus Indonesien, aber auch aus China, Vietnam, Indien, Kambodscha und Europa. Das Gebäude selbst stammt aus dem Jahre 1912. Sonntags um 10 Uhr finden kostenlose *wayang*-Vorführungen statt. Vorsicht: Es gibt Berichte von einer Betrugsmasche, bei der freiberufliche Guides Besucher nach einer Führung durch die Ausstellungen zu sehr teuren Käufen drängen.

Museum Bank Mandiri MUSEUM
(Karte S. 77; Jl Pintu Besar Utara; ⏲Di–So 9–15 Uhr) GRATIS Einen starken Kontrast zum schicken, modernen Nachbarn, dem Museum Bank Indonesia, bildet das Bankmuseum. Es ist leer und bietet nicht viel mehr als hallende Gänge und geräumte Geldkassetten. Dennoch lohnt es sich, das Innere des schönen Art-déco-Baus zu erkunden und die Marmorschalter, alte Rechenmaschinen und Rechentafeln sowie die gusseisernen Tresore zu bewundern.

Balai Seni Rupa MUSEUM
(Karte S. 77; Taman Fatahillah; Eintritt 5000 Rp; ⏲Di–So 9–15 Uhr) Der frühere Justizpalast (erb. 1866–1870) beherbergt heute das Museum der Schönen Künste, das vor allem moderne Arbeiten zeigt. Zu den bekannteren Künstlern gehören Affandi, Raden Saleh und Ida Bagus Made. In einem Teil des Gebäudes ist ein Keramikmuseum untergebracht mit chinesischem Porzellan und Majapahit-Arbeiten aus Terrakotta.

Sunda Kelapa

Inmitten des etwas hektischen Treibens, zwischen umhertreibendem Müll und Ölteppichen, liegen im alten niederländischen Hafen von **Sunda Kelapa** (Eintritt 2000 Rp) zahlreiche großartige *pinisi* (makassarische Schoner) vor Anker. Die Szenerie hat sich im Laufe der Jahrhunderte kaum verändert: Noch immer hieven Arbeiter Waren von Segelbooten auf Transportkarren. Allerdings herrscht heute weniger Betriebsamkeit als früher. Der Hafen liegt 1 km von Taman Fatahillah entfernt.

Museum Bahari MUSEUM
(Karte S. 77; www.museumbahari.org; Eintritt 5000 Rp; ⏲Di–So 9–15 Uhr) Ein paar alte Lagerhäuser (sie stammen von 1652) nahe dem Eingang zum Sunda Kelapa wurden zu einem Museum umfunktioniert, in dem man sich über die Seefahrergeschichte der Stadt informieren kann. In den bildschönen alten Gebäuden (z. T. renoviert) ist nie viel los, und die Infotafeln (auch auf Englisch) sind klasse.

Stadtzentrum

Herzstück der weitläufigen Stadt ist der Merdeka Square (Lapangan Merdeka). Auf der riesigen Rasenfläche prangt Sukarnos Nationaldenkmal, darum herum finden sich Museen und einige hübsche Kolonialbauten.

★**Museum Nasional** MUSEUM
(Karte S. 78; ☎021-381 1551; www.museumnasional.or.id; Jl Merdeka Barat 12; Eintritt 10 000 Rp; ⏲Di–Do 8–16, Sa & So 8–17 Uhr) Das 1862 erbaute Nationalmuseum ist das beste seiner Art in Indonesien und ein echtes Muss für Besucher. Startpunkt der riesigen Ausstellung ist ein offener Hof mit großartigen jahrtausendealten Statuen, darunter eine massive, 4,5 m große Steinfigur. Sie stellt einen Bhairawa-König aus Rambahan in Sumatra dar, der menschliche Schädel mit Füßen tritt. Die exzellente ethnologische Abteilung umfasst Dayak-Puppen, Holzstatuen aus Nias mit Bärten (ein Zeichen von Weisheit) und einige faszinierende Textilien.

Lapangan Banteng AREAL

(Karte S. 78; Banteng Sq) Unmittelbar östlich des Merdeka Square liegt Lapangan Banteng mit einigen der besten Kolonialbauten Jakartas. Von 1901 stammt die **katholische Kathedrale mit Zwillingstürmen** (Jl Katedral 7B). Direkt gegenüber steht Jakartas bedeutendstes muslimisches Gotteshaus. Die eindrucksvolle modernistische **Mesjid Istiqlal** (Jl Veteran I), deren auffälligstes Merkmal die geometrisch angeordneten Fenster sind, wurde vom katholischen Architekten Frederich Silaban entworfen und 1978 fertiggestellt. Ihre fünf Etagen symbolisieren die fünf Säulen des Islam, ihre Kuppel hat einen Durchmesser von 45 m und das Minarett ist über 90 m hoch.

Monas NATIONALDENKMAL

(Monumen Nasional; Karte S. 78; Merdeka Sq; Eintritt Museum 5000 Rp, Aufstieg 10 000 Rp; ⌚ 8.30–17 Uhr, am letzten Mo im Monat geschl.) Das 132 m hohe Nationaldenkmal mit dem unrühmlichen Spitznamen „Sukarnos letzte Erektion" überragt den Smogteppich über dem Merdeka Square. Es ist Jakartas Wahrzeichen und die bekannteste architektonische Extravaganz des letzten Präsidenten. Nach 14-jähriger Bauzeit weihte Suharto 1975 das Bauwerk ein. Es besteht aus italienischem Marmor, die skulptierte Flamme ist mit 35 kg Blattgold ummantelt.

Glodok

Glodok, das traditionelle chinesische Viertel der Stadt, ist ein typischer innerstädtischer Bezirk mit viel Verkehr, Straßenmärkten, dem einen oder anderen schäbigen Einkaufszentrum und einem ausgesprochen ausschweifenden Nachtleben.

Highlight ist das lokale Flair, am besten zu erleben beim Kosten von Teigtaschen und während eines Bummels durch die zahllosen Stände und Geschäfte.

Jin De Yuan BUDDHISTISCHER TEMPEL

(Dharma-Bhakti-Tempel; Karte S. 77; www.jindeyuan.org; Jl Kemenangan III 13) GRATIS Die große chinesisch-buddhistische Tempelanlage geht auf das Jahr 1755 zurück und zählt zu den bedeutendsten der Stadt. Das auffällige Dach des Hauptgebäudes wird von zwei Perlen essenden Drachen gekrönt. Im Inneren sorgen dichter Weih- und Kerzenrauch, der über buddhistischen Statuen aufsteigt, alte Gongs und Trommeln sowie wunderschöne Kalligrafie für jede Menge Atmosphäre. Leider wurde kürzlich bei Feierlichkeiten zum Chinesischen Neujahr mit Feuerwerk die Hälfte des Originalbaus in Brand gesetzt. Bei unserem Besuch war der Wiederaufbau gerade im Gange.

Petak-Sembilan-Straßenmarkt MARKT

(Karte S. 77) Nicht versäumen sollte man einen Bummel auf dem sehr schmalen Petak-Sembilan-Straßenmarkt abseits der Jl Pancoran, entlang von schiefen Häusern mit roten Ziegeldächern. Gehäutete Frösche und lebendiges „Krabbelzeug" werden neben einem offenen Abwasserkanal verkauft, ein überwältigender Angriff auf diverse Sinne.

Geführte Touren

Jakarta Hidden Tours GEFÜHRTE TOUREN

(☎ 0812 803 5297; www.realjakarta.blogspot.com; 50 US$ pro Pers.) Lust auf das andere Jakarta abseits klimatisierter Einkaufszentren? Jakarta Hidden veranstaltet Touren durch die traditionellen *kampung* der Stadt, die städtischen Dörfer der Armen. Teilnehmer bekommen das ungeschminkte Leben zu sehen: Die Ausflüge führen durch zugemüllte Flusswege zu Baumwollfabriken, zudem kann man in Häusern von Einheimischen Tee trinken.

Feste & Events

Java Jazz Festival MUSIK

(www.javajazzfestival.com) Findet Anfang März im Jakarta Convention Center in Senayan statt. Dann geben sich international bekannte Künstler ein Stelldichein, darunter Jazzgrößen wie Ramsey Lewis und Brad Mehldau. 2015 traten Crossover-Popstars wie Bobby McFerrin und Michelle Ndegeocello auf.

Jahrestag der Stadtgründung MESSE

Jakarta wurde am 22. Juni 1527 gegründet. Dieser Tag wird jedes Jahr mit Feuerwerk und einer Messe gefeiert.

Unabhängigkeitstag KULTUR

Indonesien feiert seine Unabhängigkeit am 17. August. Die Umzüge in Jakarta sind die größten im ganzen Land.

JiFFest FILM

(Jakarta International Film Festival; ☎ 021-3005 6090; www.muvila.com/jiffest) Dieses international gesponserte und gefeierte Filmfestival im November und Dezember ist das wichtigste des Landes.

Schlafen

Backpacker aufgepasst: In Jakarta gibt's nicht viele gute Budgetoptionen, deswegen sollte man im Voraus buchen oder auf eine

Kota & Sunda Kelapa

Kota & Sunda Kelapa

Sehenswertes

1 Balai Seni Rupa C3
2 Gereja Sion C3
3 Jin De Yuan B4
4 Museum Bahari A1
5 Museum Bank Indonesia B3
6 Museum Bank Mandiri B3
7 Museum Sejarah Jakarta B3
8 Museum Wayang B3
9 Petak-Sembilan-Straßenmarkt B4
10 Toko Merah B3

Essen

11 Historia B3
12 Kedai Seni Djakarté B3
13 Santong Kuo Tieh 68 .... B4
Warung Kota Tua .... (siehe 12)

Ausgehen & Nachtleben

14 Café Batavia B3

Mittelklasseunterkunft ausweichen (davon gibt's genug). Jalan Jaska war einst die Backpacker-Zentrale der Stadt, heute lockt es jedoch nur noch wenige Urlauber an. Das mag daran liegen, dass die meisten Hotels an der Jl Jaksa ziemliche Absteigen sind. Die Jl Wayid Hasim und Jl Sabang in der Nähe sind gesäumt von verschiedenen Restaurants und Bars sowie einigen großartigen Mittelklasseunterkünften. Ihre Lage in der Nähe der Jl Thamrin (mit Anschluss an das Busnetz) und des Bahnhofs Gambir ist exzellent.

★ **Hostel 35** PENSION $
(Karte S. 81; ☎ 021-392 0331; Jl Kebon Sirih Barat I 35; Zi. inkl. Frühstück mit Ventilator/Klimaanlage 150 000/250 000 Rp; ❄ 📶) Für den Preis eine gute Option. Die sauberen, wenn auch in die Jahre gekommenen, gefliesten Zimmer haben

Jakarta Zentrum

INDONESIEN JAKARTA ZENTRUM

Jakarta Zentrum

hohe Decken, der Lobby-/Loungebereich mit Rattansofas ist einladend mit hübschen Textilien und geschmackvollen Fotos dekoriert.

Packer Lodge HOSTEL $
(Karte S. 74; ☎ 021-629 0162; www.thepackerlodge.com; Jl Kermunian IV 20–22; B 145 000–155 000 Rp, EZ 205 000–215 000 Rp, DZ 310 000 Rp; ❄ 📶) Bei dem charmanten Neuzugang handelt es sich um ein sauberes inhabergeführtes Boutique-Hostel mit hipper Einrichtung à la Ikea und vielen Annehmlichkeiten nahe Kota. Zur Auswahl stehen Schlafsäle für vier oder acht Personen. Die Betten haben Vorhänge, Steckdosen, Lampen und USB-Ladegeräte. Ohrstöpsel sind im Preis inbegriffen.

Six Degrees HOSTEL $
(Karte S. 78; ☎ 021-314 1657; www.jakarta-backpackers-hostel.com; Jl Cikini Raya 60B-C, Cikini; B 125 000–160 000 Rp, DZ 280 000 Rp; ❄ @ 📶) Das Hostel in einem kleinen Einkaufszentrum unter hilfsbereiter, freundlicher irisch-englisch-indonesischer Führung erfreut sich bei Besuchern konstanter Beliebtheit. Es besitzt eine entspannte, gesellige Atmosphäre, einen Billardtisch, ein Zimmer mit großem Fernseher, eine Gästeküche und einen Dachgarten. Die Schlafsäle sind klein, aber sauber, das Frühstück im Preis inbegriffen. Das Six Degrees ist nicht ganz leicht zu finden; am besten nach dem Ibis Budget Hotel direkt gegenüber Ausschau halten.

Gondia International Guesthouse PENSION $
(Karte S. 78; ☎ 021-390 9221; www.gondia-guesthouse.com; Jl Gondangdia Kecil 22; Zi. inkl. Frühstück 400 000–500 000 Rp; ❄) In einem kleinen grünen Garten an einer ruhigen Vorstadtstraße liegt diese einfache Pension mit hostelähnlicher Beschilderung. Ihre geräumigen Zimmer sind gefliest.

★ **Kosenda Hotel** BOUTIQUE-HOTEL $$
(Karte S. 81; ☎ 021-3193 6868; www.kosendahotel.com; Jl KH Wahid Hasyim 127; Zi. ab 750 000 Rp; P ❄ 📶) Hip, jedoch nicht überladen, minimalistisch-modern, jedoch gemütlich. Die Zimmer sind nicht groß, dafür aber sehr sauber und geschmackvoll mit langen Einbauschreibtischen, Hängebetten und verglasten Bädern eingerichtet. Wer übers Internet bucht, erzielt echte Schnäppchenpreise. Gäste erwartet zudem ein tolles Frühstücksbüfett, exzellenter Kaffee, ein gutes, rund um die Uhr geöffnetes Restaurant in der Lobby und eine großartige Bar auf dem Dach (S. 81).

Max One HOTEL $$
(Karte S. 81; ☎ 021-316 6888; www.maxonehotels.com; Jl Agus Salim 24; Zi. ab 550 000 Rp; ❄ @ 📶) Das angesagte Hotel verfügt über recht kleine, aber hübsch eingerichtete Zimmer in angenehmen Pastelltönen. Pluspunkte gibt's für die moderaten Preise, außerdem für die erheblichen Rabatte am Wochenende, den kleinen hauseigenen Supermarkt und die exzellente Lage.

Fave Hotel HOTEL $$
(Karte S. 74; ☎ 021-718 1320; www.favehotels.com; Jl Kemang 16, Kemang; Zi. ab 421 200 Rp) Als Ableger der indonesischen Drei-Sterne-Kette ist dieses Haus modern und kreativ. Seine kleinen, aber wohnlichen Zimmer haben Zimmerservice, Fertigmöbel und schicke Bettwäsche, viel mehr jedoch nicht. Solides Preis-Leistungs-Verhältnis.

Essen

Jakarta ist eine Topadresse für Feinschmecker. Neben erstaunlichen Optionen wie der wirklich raffinierten kaiserlichen Java-Küche locken Imbissstände und – für weniger Experimentierfreudige – westliche Klassiker.

Zwei sehr gute Adressen für Imbissstände sind die Jl Pecenongan (ca. 500 m nördlich von Monas) mit *sate babi* (Schweinefleischspießen) und frischen Meeresfrüchten sowie die Jl Sabang (unmittelbar westlich der Jl Jaksa) mit *sate ayam* (Hähnchenspießen) an *lontong* (Klebreis) und anderen Leckereien.

Bei knurrendem Magen schaffen außerdem Einkaufszentren Abhilfe – viele haben günstige Food Courts.

Jalan Jaksa & Umgebung

In Jalan Jaksa befinden sich verschiedene Backpacker-Cafés. Außerdem gibt's viele authentische indonesische Läden in den umliegenden Straßen.

Daoen Sirih INDONESISCH $
(Karte S. 81; Jl Kebon Sirih 41–43; Gerichte 12 000–25 000 Rp; 11–22 Uhr) Einen kurzen Fußmarsch nordwestlich der Jl Jaksa trifft man auf diesen untouristischen, zu den Seiten hin offenen Food Court mit einer großen Auswahl an Garküchen. Dort werden Nudelgerichte, *nasi goreng kambing* (pikanter Reis mit Ziegenfleisch) und *sate madura* (Fleischspieße mit süßer Sojasoße) zubereitet, aber auch Nudeln und Espresso.

KL Village MALAYSISCH, INDONESISCH $
(Karte S. 81; 021-3192 5219; Jl Jaksa 21–23; Hauptgerichte ab 23 000 Rp; So–Mi 7–23 Uhr, Do–Sa rund um die Uhr;) Unverändert beliebt und mit untrüglich malaysischer Note, tischt das KL Village billiges Essen auf: Hühnchen mit schwarzem Pfeffer, *canai* (malaysisch-indisches Brot) und *martabak* (gefüllte Pfannkuchen). Nach einem langen Flug (oder einer langen Nacht) wirken die supergesunden Säfte Wunder. Sie tragen Namen wie „Herz und Hirn" oder „Zuckerbalance".

Sate Khas Senayan INDONESISCH $
(Karte S. 81; 021-3192 6238; Jl Kebon Sirih Raya 31A; Hauptgerichte 30 000–50 000 Rp; 11.30–22 Uhr;) Gehobenes klimatisiertes Restaurant am nördlichen Ende der Jl Jaksa. Erstklassiges *sate* (mit Hühnchen, Rind oder Lamm), indonesische Klassiker wie *ayam goreng kremes* (gebratenes Huhn im Teigmantel) und *gurame bakar* (gegrillter Fisch) haben ihm seinen guten Ruf eingebracht.

★ **Garuda** INDONESISCH $$
(Karte S. 81; 021-6262 9440; Jl Hayam Wuruk 100; Gerichte ab 100 000 Rp; 24 Std.;) Der dunstige Laden mit Neonlicht verkauft rund um die Uhr zu Bollywood- und Indo-Pop-Klängen einer treuen einheimischen Klientel beliebte Leckereien der Padang-Küche. In Windeseile werden kleine aromatische Gerichte serviert: Jackfrucht-Curry, Chili-Garnelen, *tempe penyet* (frittiertes Tempe mit würziger Soße), *rendang* (Curry mit Rindfleisch und Kokosmilch) oder Kartoffel- und Maisplätzchen. Alles ist frisch zubereitet.

Wer eine Sache probiert, will sofort mehr davon, was sich in der Rechnung widerspiegelt. Es lohnt sich jedoch!

VERWÖHNPROGRAMM

Wer *nasi goreng* richtig satt hat, findet in Jakarta tolle Restaurants, die alle Geschmacksnerven glücklich machen. Im **Lara Djonggrang** (Karte S. 78; 021-315 3252; www.tuguhotels.com/laradjonggrang; Jl Teuku Cik Ditiro 4; Hauptgerichte 48 000–108 000 Rp; 12.30–23 Uhr;) speist man umgeben von museumstauglichen Statuen, Antiquitäten und Tempelschätzen und das gediegene Ambiente passt perfekt zur vorzüglichen kaiserlich-javanischen Küche. Schmackhafte Inselküche serviert das **Historia** (Karte S. 77; 021-3176 0555; Jl Pintu Besar Utara 11; Hauptgerichte 35 000–73 000 Rp; So–Do 10–22, Fr & Sa bis 2 Uhr). Die exzellenten indonesischen Gerichte kommen in einem stylishen gefliesten Lagerhaus mit hohen Decken auf den Tisch. In der angeschlossenen Bar sorgen DJs und Bands für Stimmung.

Weitere Viertel

Bei Einwanderern sehr beliebt ist der luxuriöse Vorort Kemang, der viele stilvolle Bars, Clubs und Restaurants beherbergt. Rucksacktouristen hingegen sieht man dort eher selten. In den Food Courts der Gegend kann man sich vor einer langen Clubnacht billig mit Essen versorgen.

Auch das Viertel Kota bietet mehrere Optionen. Die meisten sind auf Touristen (einheimische wie ausländische) zugeschnitten, aber insgesamt sind es ganz nette Anlaufstellen für ein ausgedehntes Mittagessen während der Sightseeingtour.

D'Fest FOOD COURT $
(Karte S. 74; Jl Kemang Raya 19C; Hauptgerichte 20 000–60 000 Rp; 17–24 Uhr) Sehr beliebter Food Court unter freiem Himmel mit geselliger Atmosphäre, stilvollen Sofas und verschiedenen Essensständen, die indonesische und internationale Küche im Angebot haben. Kebabs, reichlich japanisches Essen, *soto* (Suppen), *roti canai* (malaysisch-indisches Fladenbrot) und eine „Bierhalle" sind

Jalan Jaksa & Umgebung

nur ein paar der kulinarischen Leckerbissen. An den Wochenenden wird abends oft Livemusik gespielt.

Santong Kuo Tieh 68 CHINESISCH $
(Karte S. 77; ☎ 021-692 4716; Jl Pancoran; 10 Teigtaschen 20 000 Rp; ⏲ 10–21 Uhr) Vor dem einfachen, aber sehr beliebten kleinen Laden bereiten Köche frittierte und gedämpfte chinesische Teigtaschen mit Schweinefleischfüllung zu. Auch die *bakso ikan isi* (Fischbällchen) schmecken köstlich.

Warung Kota Tua INDONESISCH $
(Karte S. 77; Jl Pintu Besar Utara 11; Gerichte 20 000–25 000 Rp; ⏲ 8–20 Uhr) An der Westseite des Platzes Taman Fatahillah liegt dieses teilrenovierte, alte, offene Lagerhaus mit freigelegtem Gebälk und Kunst. Hier kann man sich in entspannter Atmosphäre eine Mahlzeit, einen Kaffee, einen Tee oder einen Saft zu günstigen Preisen genehmigen. Empfehlenswert sind *ayam bakar* (Grillhähnchen), *mie medan* (Nudeln nach Sumatra-Art) und *nasi cap cai* (Reis mit verschiedenem Gemüse).

Kedai Seni Djakarté INDONESISCH $
(Karte S. 77; Jl Pintu Besar Utara 17; Hauptgerichte 21 000–45 000 Rp; ⏲ So–Do 9–21, Fr & Sa bis 22 Uhr) Eines von mehreren ziemlich ähnlichen Restaurants rund um den Taman Fatahillah. Es befindet sich im Untergeschoss eines alten niederländischen Kolonialgebäudes. Im Innenraum sorgen Deckenventilatoren für eine leichte Brise. Wer lieber schwitzt, kann auch an den Tischen draußen Platz nehmen. Das Essen – klassische indonesische Wohlfühlgerichte à la *nasi goreng* – ist günstig und schmackhaft.

Jalan Jaksa & Umgebung

Schlafen
1 Hostel 35 ... C1
2 Kosenda Hotel ... A2
3 Max One ... B1

Essen
4 Daoen Sirih ... C1
5 Garuda ... A2
6 KL Village ... C1
7 Sate Khas Senayan ... C1

Ausgehen & Nachtleben
Awan Lounge ... (siehe 2)

Ausgehen & Nachtleben

Wer erwartet, dass Jakarta als Hauptstadt des größten muslimischen Landes ein nüchterner Ort mit wenig Trinkkultur ist, irrt sich grundlegend. Bars findet man in der ganzen Stadt, lässigere Locations gibt's rund um die Jl Jaksa, schickere Dach-Lounges und Biergärten im zentralen und südlichen Jakarta. Auch dazwischen ist die Auswahl groß. In den letzten Jahren gab es einen regelrechten Boom bei der Cafékultur.

Seit Jahrzehnten ist Jakarta ein Hotspot der südostasiatischen Clubszene. Dafür sorgen tolle Läden (im Norden der Stadt sind sie vorwiegend dunkel und anrüchig, im Süden schicker und teurer), international anerkannte DJs und bombastische Soundanlagen. Meistens kostet der Eintritt zwischen 50 000 und 100 000 Rp inklusive eines kostenlosen Getränks.

In den letzten Jahren ergriff der indonesische Staat Maßnahmen gegen den Verkauf von Bier und Alkohol, weswegen manche

KULTURELLE BESONDERHEITEN

Die Indonesier sind in der Regel ziemlich locker, doch das soll kein Grund sein, ihre Gefühle zu verletzen.

- Es ist ein konservatives Land und fast alle Einheimischen sind Muslime. An Balis Stränden können Bikinis und Speedo-Badehosen zwar ohne Bedenken getragen werden, andernorts sollte man hingegen hiesige Gepflogenheiten bezüglich der Kleidung respektieren. Das gilt vor allem in der Nähe von Moscheen oder anderen religiösen Orten.
- Pärchen sollten davon absehen, sich in der Öffentlichkeit zu küssen.
- In Indonesien muss gehandelt werden, allerdings sollte man dies respektvoll tun und wissen, wann man aufhören muss. Die Beherrschung zu verlieren und herumzubrüllen gilt als extrem unhöflich. Man sollte sich bewusst machen, dass schon ein paar zusätzliche Rupiah wichtig für das Auskommen der Einheimischen sein können.
- Bahasa Indonesia ist gar nicht so schwer, und wer sich in der Landessprache verständigen kann, wird die Einheimischen für sich gewinnen und sogar Geld sparen können, z. B. wenn man sich etwas zu essen kauft oder mit einem *becak*-(Fahrradrikscha-)Fahrer verhandelt.

Restaurants inzwischen ihre Schanklizenz verloren haben. Das Verkaufsverbot von Bier für Minimärkte wurde im Sommer 2016 in Jakarta wieder aufgehoben, auf Bali schon etwas früher. In anderen Teilen des Landes bleibt das Verbot jedoch weiterhin bestehen. Als Folge der sogenannten „Antispaß-Initiative" müssen Bars und Clubs um Mitternacht schließen, wobei die Umsetzung bisher lax gehandhabt wurde.

Bei der Planung eines Ausgehabends helfen Websites wie www.indo-clubbing.com, www.jakarta100bars.com und (vor allem) www.whatsnewjakarta.com.

★ Awan Lounge BAR
(Karte S. 81; www.awanlounge.com; Jl Wahid Hasyim 127; ⌚ So–Do 17–1, Fr & Sa bis 2 Uhr) Als dezent und dramatisch zugleich erweist sich die hübsche Dachgartenbar im Obergeschoss des Kosenda Hotel. Pluspunkte sind ein vertikaler Garten, viele Pflanzen und zahlreiche private Ecken mit Kerzenschein, ein gläsernes Dachfenster gibt den Blick über neun Stockwerke frei.

Potato Head Garage CLUB
(Karte S. 74; ☎ 021-5797 3330; www.pttgarage.com; Jl Sudirman 52–53; Eintritt unterschiedl.; ⌚ 11–1 Uhr) Ein verlassenes Stadion wurde von den Betreibern dieses Clubs in einen riesigen pulsierenden und stilvollen Tanztempel verwandelt. Das geschmackvolle Dekor geht in Richtung Vintage, und es wird auch Essen serviert. Vor allem ist das Garage jedoch ein Ort, in dem man mit seinen 1000 Freunden mal so richtig die Nacht durchfeiern kann.

Café Batavia BAR
(Karte S. 77; www.cafebatavia.com; Jl Pintu Besar Utara 14) In diesem klassischen Restaurant kann man sich auch einfach nur einen Cocktail, ein kühles Bintang oder einen heißen Kaffee gönnen.

Dua Nyonya CAFÉ
(Karte S. 78; www.duanyonyacafe.com; Jl Cikini Raya 27; ⌚ 11–22 Uhr) Das intime Dua Nyonya ist in erster Linie ein Café. Auf zwei Etagen serviert es guten indonesischen Kaffee (aus Bali, Toraja und Aceh) und traditionelle Küche, darunter Reisgerichte wie *nasi bebek goreng keramat* (gebratener Reis mit Ente). Klassische Musik und Kunst sorgen zusätzlich für Atmosphäre.

☆ Unterhaltung

Taman Ismail Marzuki KULTURZENTRUM
(TIM; Karte S. 78; ☎ 021-3193 7325; www.tamanismailmarzuki.com; Jl Cikini Raya 73) Jakartas Kulturzentrum Nummer 1 umfasst eine Reihe von Kinos, Theatern und Ausstellungsbereichen. Die Vorführungen (z. B. sundanesischer Tanz oder *gamelan*) sind immer erstklassig, und wer hungrig ist, hat die Wahl zwischen ein paar guten Restaurants mit entspannter Atmosphäre.

Shoppen

Jakartas Bewohner lieben ihre klimatisierten Einkaufszentren: Im Stadtgebiet gibt's mehr als 100. Cikini und Menteng sind die richtigen Adressen für schicke Malls, Elektronikartikel und einen verrückten Flohmarkt.

Flohmarkt MARKT

(Karte S. 78; Jl Surabaya; 8–16 Uhr) Auf Jakartas berühmtem Flohmarkt in Menteng kann man schöne Schnitzarbeiten, Möbel, Textilien, Schmuck, alte Schallplatten und viele (dubiose) Antiquitäten aufspüren. Ein Tipp: feilschen, was das Zeug hält!

Plaza Indonesia EINKAUFSZENTRUM

(Karte S. 78; www.plazaindonesia.com; Jl Thamrin 28–30;) Das zentral gelegene Einkaufszentrum hat eine große Auswahl an Geschäften führender indonesischer und internationaler Designer. Bei Toko Ampuh gibt's hiesige Arzneien, bei Batik Karis hochwertige indonesische Batik. Im Untergeschoss ist ein hervorragender günstiger Restaurantbereich.

Pasaraya KAUFHAUS

(Karte S. 74; www.pasaraya.co.id; Jl Iskandarsyah II/2) Das Kaufhaus gegenüber der Blok M Mall präsentiert auf zwei riesigen Etagen Batik und Kunsthandwerk vom gesamten Archipel.

Praktische Informationen

GEFAHREN & ÄRGERNISSE

Für eine so riesige Stadt mit so vielen sozialen Problemen ist Jakarta überraschend sicher. Gewaltverbrechen sind selten, ebenso Übergriffe auf Touristen. Nach Einbruch der Dunkelheit sollte man trotzdem etwas mehr Vorsicht walten lassen. Das gilt vor allem für Glodok und Kota am späten Abend, denn dort gibt's einige zwielichtige Clubs und Bars. In der Vergangenheit kam es zu Überfällen durch Taxifahrer, deswegen sollte man sich immer für renommierte Unternehmen wie das stadtweit agierende Bluebird entscheiden.

Jakartas Busse und Züge sind teils hoffnungslos überfüllt, vor allem in den Hauptverkehrszeiten. Dann ist auch die Gefahr von Taschendiebstählen am größten.

GELD

Banken gibt's überall in der Stadt und der nächste Geldautomat ist nie weit entfernt.

INTERNETZUGANG

In Cafés, Restaurants, Hotels und Einkaufszentren ist kostenloses WLAN üblich. In der Innenstadt gibt's nur wenige Internetcafés.

MEDIZINISCHE VERSORGUNG

SOS Medika Klinik (Karte S. 74; 021-750 6001; Jl Puri Sakti 10, Cipete; 7–22 Uhr) Englischsprachige Ärzte, Zahnmedizin, Notfälle und fachärztliche Betreuung.

NOTFALL

Touristenpolizei (Karte S. 81; 021-566000; Jl KH Wahid Hasyim) Im zweiten Stock des Jakarta Theatre.

TOURISTENINFORMATION

Besucherzentrum Jakarta (Karte S. 81; 021-316 1293, 021-314 2067; www.jakartatourism.go.id; Jl KH Wahid Hasyim 9; Mo–Fr 9–19, Sa bis 16 Uhr) Die Touristeninformation ist im Theatergebäude untergebracht und wartet mit vielen Broschüren, Prospekten und einer bunten Landkarte auf. Das Personal beantwortet gern Fragen und verkauft Touren im Westen der Insel, wobei es ein wenig an praktischen Infos mangelt. Am Flughafen befindet sich ein weiterer Infoschalter.

An- & Weiterreise

Jakarta ist der wichtigste Verkehrsknotenpunkt Indonesiens. Von hier aus können zahlreiche Ziele im gesamten Archipel per Luft- und Seeweg erreicht werden. Busse steuern diverse Städte auf Java, Bali und Sumatra an und auch mit dem Zug kann man problemlos weiterreisen.

BUS

Jakartas vier große Busbahnhöfe liegen alle ein gutes Stück von der Innenstadt entfernt. Dorthin verkehrt der TransJakarta-Bus, alle anderen Verkehrsmittel können für den Weg Stunden brauchen. Für die Anreise nach Jakarta bzw. für die Weiterreise sind Züge generell die bessere Alternative. Tickets (manchmal ist die Fahrt zu den Busbahnhöfen inbegriffen) für die komfortableren Busse werden von Agenturen verkauft.

Kalideres Fährt Ziele westlich von Jakarta an. Busse verkehren nach Merak (35 000 Rp, 2½ Std.) und Labuan (50 000 Rp, 3½ Std.). Zudem gibt's ein paar Verbindungen nach Sumatra, die meisten Busse fahren jedoch vom Busbahnhof Pulo Gadung ab. Nach Kalideres verkehrt der Busway Koridor 3.

Kampung Rambutan Hier fahren die Busse in erster Linie zu Zielen südlich und südwestlich von Jakarta, darunter Bogor (Standard/klimatisiert 12 000/20 000 Rp, 45 Min.), Cianjur (klimatisiert 35 000 Rp, 2½ Std.), Bandung (Standard/klimatisiert 50 000/60 000 Rp, 3 Std.), Pangandaran (85 000–90 000 Rp, 8–9 Std.) und Pelabuhan Ratu (55 000 Rp, 4 Std.). Der Busway Koridor 7 fährt hierher.

Lebak Bulus Luxuriöse Überlandbusse nach Yogyakarta, Surabaya und Bali; zum Ausgangspunkt kommt man mit dem Koridor 8.

Pulo Gadung Busse nach Bandung, Zentral- und Ost-Java, Sumatra, Bali und sogar nach Nusa Tenggara. Die Busse nach Bandung nehmen die Mautstraße (47 000 –60 000 Rp, 3 Std.), ebenso die Langstreckenbusse nach Yogyakarta (200 000–260 000 Rp, 12 Std.). Eine Busfahrt von Jakarta nach Sumatra dauert lang, doch es gehören u. a. Bengkulu (ab 300 000 Rp) und Palembang (ab 350 000 Rp) zu den Fahrtzielen. Zu diesem Busbahnhof verkehren Busway 2 und 4.

FLUGZEUG

Alle internationalen und die meisten nationalen Flüge werden vom **Soekarno-Hatta International Airport** (CGK; www.jakartaairportonline.com) abgewickelt. Informationen und Flugpläne liefert die Website.

MINIBUS

Möchte man die Stadt auf möglichst direktem Weg verlassen, sollte man sich besser nicht in einen *travel*-Minibus setzen, denn es kann Stunden dauern, bis im chaotischen Stadtverkehr alle Passagiere eingesammelt und teilweise auch wieder abgesetzt worden sind! Manche Reisebüros organisieren Transfers mit Minibussen, doch eventuell muss man zum Busbahnhof am Stadtrand fahren.

SCHIFF/FÄHRE

Pelni-Boote fahren regelmäßig Häfen im gesamten Archipel an. Der **Pelni-Ticketschalter** (Karte S. 74; ☎ 021-6385 0960, 021-439 3106; www.pelni.co.id; Jl Angkasa 18) befindet sich in Kemayoran nordöstlich der Innenstadt. Fahrkarten (plus Kommission) verkauft auch die Agentur **Kerta Jaya** (Karte S. 78; ☎ 021-345 1518; Jl Veteran I 27) gegenüber der Mesjid Istiqlal.

Boote des Unternehmens legen am Pelabuhan Satu (Dock 1) in Tanjung Priok an. Der Hafen erstreckt sich 13 km nordöstlich des Zentrums. Der Busway Koridor 12 verkehrt direkt hierher; ein Taxi ab der Jl Jaksa kostet rund 120 000 Rp.

ZUG

Die vier wichtigsten Bahnhöfe liegen recht zentral. Wer sich die Weiterreise leicht machen möchte, nimmt also am besten den Zug. Der Bahnhof Gambir befindet sich an der Ostseite des Merdeka Square. Von der Jl Jaksa aus benötigt man nur etwa 15 Gehminuten dorthin. Vor Ort fahren Expresszüge nach Bogor, Bandung, Yogyakarta, Solo (Surakarta), Semarang und Surabaya. Den Bahnhof Pasar Senen im Osten steuern vor allem Züge der Economy-Klasse an. Vom Bahnhof Tanah Abang verkehren Economy-Züge Richtung Westen. Der Bahnhof Jakarta Kota liegt im Norden; hier halten manche Züge aus Gambir.

Fahrpläne findet man unter www.kereta-api.co.id. Hilfe bekommt man sonst auch im **Infozentrum am Bahnhof** (☎ 021-692 9194). Im Bahnhof Gambir gibt's einen Taxibuchungsstand; die Preise sind dort etwas teurer, so kostet die Fahrt zur Jl Jaksa rund 45 000 Rp. Zu beliebten Zielen gehören:

Bandung Regelmäßig sind Züge auf einer hübschen Route durch die Berge nach Bandung unterwegs. Man sollte auf jeden Fall im Voraus buchen, insbesondere am Wochenende und an Feiertagen. Die komfortablen Züge von *Argo Parahyangan* fahren zwischen 5.55 und 20.25 Uhr sechsmal täglich am Bahnhof Gambir ab (Business 60 000 Rp, Executive 80 000 –95 000 Rp, 3¼ Std.).

Bogor Züge verkehren ab den Bahnhöfen Gambir und Jakarta Kota. Klimatisierte Züge (1 Std., 15 000 Rp) fahren etwa stündlich ab. Daneben gibt's sehr viel langsamere (und schmutzigere) *ekonomi*-Züge (2 Std., 8000 Rp). Während der Stoßzeiten platzen sie aus allen Nähten.

Surabaya Viermal am Tag verkehren Züge der Exclusive-Klasse zwischen dem Bahnhof Gambir und Surabaya (395 000 –520 000 Rp, 10½–11 Std.).

Yogyakarta & Solo In Gambir starten zwischen 8 und 20.45 Uhr sechsmal täglich Exclusive-Züge (300 000 –450 000 Rp, 7¼–9 Std.) nach Yogyakarta; vier davon fahren weiter ins 45 Minuten entfernte Solo.

ℹ Unterwegs vor Ort

Die meisten Touristen bewegen sich mit Taxis oder den Bussen der TransJakarta-Linien in der Stadt fort. Von anderen Bussen sollten Traveller lieber die Finger lassen, da sie langsam, unklimatisiert und überfüllt sind. Zudem muss man auf Langfinger aufpassen.

BUS

In Jakarta gibt's das effiziente TransJakarta-Expressbusnetz, mit dem das städtische Nahverkehrssystem in den letzten Jahren erheblich aufgewertet wurde. Zu den nützlichsten Routen gehört Koridor 1 nördlich nach Kota über Monas und entlang der Jl Sudirman. Die Touristeninformation hält eine Karte mit den verschiedenen Strecken bereit.

VOM/ZUM FLUGHAFEN

Jakartas Soekarno-Hatta International Airport liegt 35 km westlich der Innenstadt. Eine Mautstraße verbindet den Flughafen mit der Stadt. Die Fahrt dauert ungefähr eine Stunde, zu Stoßzeiten länger.

Flughafenbusse von **Damri** (☎ 021-550 1290, 021-460 3708; www.busbandara.com; Tickets 40 000 Rp) fahren von 4 bis 20 Uhr alle 15 bis 30 Minuten zum Bahnhof Gambir (nahe der Jl Jaksa) und zu anderen Zielen in der Stadt, darunter Blok M, Tanjung Priok und der Busbahnhof Kampung Rambutan. Eine Taxifahrt vom Bahnhof Gambir zur Jl Jaksa oder nach Cikini kostet rund 45 000 Rp; man kann die knapp 1 km lange Strecke aber auch laufen. Damri-Busse starten regelmäßig nach Bogor (55 000 –75 000 Rp, alle 15–30 Min.). Taxis vom Flughafen zur Jl Thamrin/Jl Jaksa schlagen mit rund 170 000 Rp bis 200 000 Rp (inkl. Mautgebühren) zu Buche. Es empfiehlt sich, über die offiziellen Taxistände zu buchen und die nicht lizensierten Fahrer draußen zu meiden.

Zum Halim Perdana Kusuma Airport (HLP), 11 km südlich vom Distrikt Cikini, verkehren keine öffentlichen Verkehrsmittel. Eine Taxifahrt ab der Innenstadt Jakartas kommt auf rund 100 000 Rp.

NAHVERKEHR

Bajaj (sprich ba-dschei; dreirädrige Motorradtaxis) ähneln den indonesischen *túk-túks*, sind jedoch eher selten geworden. Wer eines mietet, sollte wissen, dass sie auf vielen Hauptverkehrsstraßen nicht fahren dürfen.

Ojek sind Motorradtaxis. Fahrer warten an belebten Straßenecken und sind meist an neonfarbenen Westen zu erkennen. Auf zwei Rädern ist man in Jakarta sehr viel schneller unterwegs als mit dem Auto. Motorräder sind jedoch auch gefährlicher und man ist der verschmutzten Luft direkt ausgesetzt. Den Preis immer vor der Fahrt verhandeln; eine kurze Strecke kostet rund 20 000 Rp. Vor Kurzem hinzugekommen ist das stadtweite *ojek*-Netz **Go-Jek** (☎ 021-725 1110; www.go-jek.com). Alle Fahrer sind registriert, über eine App können Nutzer direkt über das Smartphone buchen und zahlen (ähnlich wie bei Uber).

In Kota gibt's Becak-Fahrradrikschas mit einem zusätzlichen gepolsterten Rücksitz. Diese unkonventionellen Gefährte eignen sich bestens für die Fahrt nach/ab Sunda Kelapa. Für Kurzstrecken muss man mit 10 000 bis 20 000 Rp rechnen.

TAXI

Jakartas Taxis sind günstig und benutzen Taxameter. Der erste Kilometer kostet zwischen 5000 und 8000 Rp, pro weitere 100 m werden jeweils rund 300 Rp fällig. Trinkgeld wird erwartet und teils auch eingefordert.

Viele Taxifahrer bieten guten Service. Es gibt in Jakarta jedoch auch genügend schwarze Schafe, die für den durchwachsenen Ruf ihrer Zunft verantwortlich sind. In jedem Fall sollte man sich an renommierte Anbieter wie **Bluebird** (☎ 021-794 1234; www.bluebirdgroup.com) halten. Wer ein Taxi bestellt, zahlt einen Mindesttarif von 30 000 Rp. Uber ist mittlerweile auch in Jakarta vertreten und bietet oftmals mehr Komfort zum selben Preis. Sämtliche Maut- und Parkgebühren – und davon gibt's viele – werden zusätzlich zum Fahrtarif berechnet.

Bogor

☎ 0251 / 1,02 MIO. EW.

Sir Stamford Raffles beschrieb Bogor, das er während der britischen Herrschaft zu seinem Landsitz erkor, als „romantisches kleines Dorf". Die kühle, ruhige Stadt ist für ihre Wetterkapriolen bekannt (in einem Jahr wurden ganze 322 Gewitterstürme gezählt). Sie war ein beliebter Rückzugsort der Kolonialisten, die Erholung von der stickigen, überfüllten Hauptstadt suchten.

Heute reicht der lange Arm Jakartas jedoch bis nach Bogor, das wie die Hauptstadt mittlerweile auch mit verstopften Straßen und Luftverschmutzung zu kämpfen hat. Dennoch hat es seinen Reiz. Die Einheimischen sind recht herzlich und freundlich und der erstklassige botanische Garten ist noch immer wunderschön. Beides sind gute Argumente für einen Besuch.

Sehenswertes

Auf der Jl Suryakencana, nur einen Katzensprung vom Eingang zum Garten entfernt, sorgen die einkaufsfreudigen Massen, die aus den byzantinischen Betonhallen des **Pasar Baru** (Ecke Jl Otto Iskandardinata & Suryakencana; ⏲ 6–13 Uhr) auf die Straße strömen, für rege Betriebsamkeit. Im Inneren verkauft der morgendliche Markt eine bunte Auswahl an Obst, Gemüse, Blumen, Fleisch, Fisch, gebrauchten Kleidern und mehr. Schwül-heiße Luft und jede Menge Lärm machen einen Besuch zu einem einzigartigen Erlebnis. Wer das eigentliche Bogor kennenlernen möchte, wirft sich in das Getümmel und stellt sein Verhandlungsgeschick unter Beweis.

Kebun Raya BOTANISCHER GARTEN

(Großer Garten; www.bogor.indo.net.id/kri; Eintritt 26 000 Rp; ⏲ 8–17 Uhr) Im Herzen von Bogor liegt der wunderschöne botanische Garten Kebun Raya, die 87 ha große grüne Lunge der Stadt. Ursprünglich wurde er unter Generalgouverneur Raffles angelegt. Für die Erweiterung der großen, 1817 offiziell eröffneten Anlage des Istana Bogor (Präsidentenpalastes) ist jedoch der niederländische Botaniker Professor Reinwardt verantwortlich, unterstützt wurde er von den Londoner Kew Gardens. Seine Kollegen entwickelten zudem verschiedene Nutzpflanzen für die Kolonialherren, darunter Tee, Maniok, Tabak und Fieberrinde.

Schlafen

Die meisten Traveller unternehmen nur einen Tagesausflug nach Bogor und bleiben nicht über Nacht.

Abu Pensione PENSION $

(☎ 0251-832 2893; Jl Mayor Oking 15; Zi. mit Ventilator/Klimaanlage ab 175 000/275 000 Rp; ❄) Die Zimmer liegen sicher abseits der Straße. Diejenigen um den Garten sind geräumig

Bogor & Kebun Raya

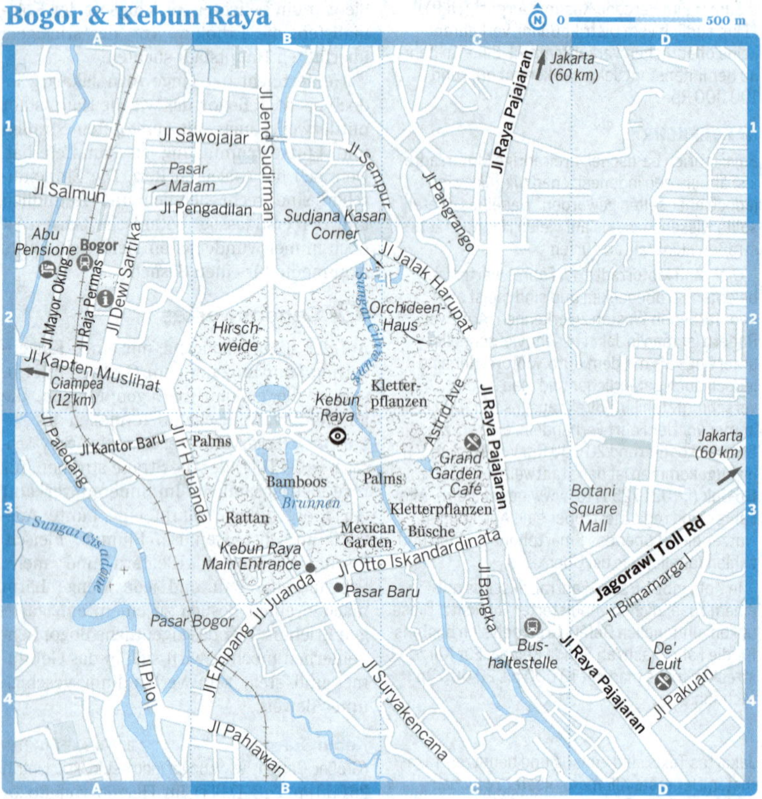

und gut in Schuss, solche mit Flussblick sind allerdings etwas dunkel. Für eine oder zwei Nächte können beide Varianten überzeugen. Die Pension liegt gegenüber dem Bahnhof, wer also gern zu Fuß unterwegs sein möchte, ist hier richtig.

Essen

Imbissstände gibt's auf dem **Nachtmarkt** entlang der Jl Dewi Sartika und der Jl Jenderal Sudirman. Bei Regen bietet sich außerdem der Food Court im Einkaufszentrum am Botani Square an.

★ De' Leuit INDONESISCH **$$**

(☎0251-839 0011; Jl Pakuan III; Gerichte 10 000–99 000 Rp; ⏲11–21 Uhr;) Das unterhaltsamste Lokal Bogors hat Tische auf drei Etagen neben einem hohen pyramidenförmigen Strohdach. Am schönsten sitzt man in den unteren zwei Stockwerken. Auf den Tisch kommen *sate*, verschiedene Reisgerichte, frittierter Fisch, Brathähnchen sowie hiesige Gemüsegerichte. Wer es den sundanesischen Familien gleichtun möchte, kommt am besten mit einer Gruppe.

Grand Garden Café INTERNATIONAL **$$**

(☎0251-835 0023; Kebun Raya; Hauptgerichte 30 000–80 000 Rp; ⏲Mo–Do 10–20, Fr–So 10–22 Uhr) Das Café-Restaurant im botanischen Garten ist ein sehr angenehmer Ort, um einen Happen zu essen oder etwas zu trinken. Der Blick schweift über die Anlage bis zu den Seerosenteichen. Zwar ist das Ganze nicht billig, doch das machen die leckeren internationalen und indonesischen Gerichte sowie die erstklassige Lage wieder wett.

Praktische Informationen

Touristeninformation (☎081 6195 3838; Jl Dewi Sartika 51; ⏲8–18 Uhr) Das Team der Touristeninformation hilft bei den meisten Anfragen zur Region, verteilt kostenlose Karten und bietet exzellente, günstige Touren.

An- & Weiterreise

BUS

Am Busbahnhof Kampung Rambutan in Jakarta (10 000–15 000 Rp, 45 Min.) fahren etwa alle 15 Minuten Busse nach Bogor ab.

Außerdem verkehren von dort auch regelmäßig Busse nach Bandung (Economy/klimatisiert, 50 000/60 000 Rp, 3½ Std.), Pelabuhan Ratu (55 000 Rp, 3 Std.) und Labuan (55 000 Rp, 4 Std.). Den ganzen Tag über starten zudem weiße Minibusse (*colt* genannt) von der Jl Raya Pajajaran in Richtung Cianjur (30 000 Rp, 2 Std.). Nach Bandung kommt man mit *travel*-Kleinbussen, die ihre Passagiere am Hotel abholen und direkt zum Ziel bringen (100 000 Rp).

Damri-Busse fahren von 4 bis 23 Uhr alle 20 Minuten von der Jl Raya Pajajaran direkt zum Jakartas Soekarno-Hatta International Airport (55 000 Rp, 2–3 Std.).

ZUG

Wer in die Hauptstadt möchte, nimmt einen der etwa stündlich fahrenden Expresszüge (15 000 Rp, 1 Std.). Dabei sollte man Hauptverkehrszeiten am besten meiden. Züge der Economy-Klasse fahren häufiger, sind jedoch komplett überfüllt (teils klammern sich Passagiere am Dach fest!)

Unterwegs vor Ort

Grüne *angkot*-Minibusse (3000 Rp) sind in der ganzen Stadt unterwegs, vor allem zwischen Busbahnhof und Bahnhof. Angkot 03 umrundet auf dem Weg zur Jl Kapten Muslihat in Bahnhofsnähe im Uhrzeigersinn den botanischen Garten. Angkot 06 verbindet den Bahnhof mit dem Busbahnhof.

Bandung

Bandung steht für Punks und Gläubige, Religion und Cafékultur. Die Stadt vereint Indonesiens positive und negative Seiten: betriebsame Märkte und gute Shoppingmöglichkeiten, beliebte Cafés in restaurierten niederländischen Bauten und herzliche Begegnungen an Straßenecken, aber eben auch den allgegenwärtigen, nervtötenden, die Luft verpestenden Verkehr.

In der Stadt gibt's drei verschiedene Bezirke, die für Besucher interessant sind. Die Gegend rund um die **Jl Braga** besitzt eine Café- und Restaurantmeile und wird von Märkten und Museen gesäumt. Der Distrikt **Jl Cihampelas**, auch Jeans-Street-Viertel genannt, bietet Läden, Gastronomie und Hotels. Der grünere Norden ist der schickste Teil der Stadt, entlang der **Jl Tirtayasa** und **Jl Trunojoyo** reihen sich Bandungs neueste und angesagteste Restaurants.

Die wichtigste Straße der Stadt, die Jl Asia Afrika, führt durch das Zentrum und am *alun alun* (Hauptplatz) vorbei. Als Unterkünfte bieten sich dort z. B. das **Chez Bon** (☎ 022-426 0600; www.chez-bon.con; Jl Braga 45; 150 000 Rp pro Pers.; ❄📶), ein neueres, professionell geführtes Hostel, und das luftig-gemütliche, bei Besuchern beliebte **Hotel Kenangan** (☎ 022-421 3244; www.kenanganhotel.com; Jl Kebon Sirih 4; Zi. inkl. Frühstück mit Ventilator/Klimaanlage ab 265 000/395 000 Rp; ❄📶) an.

5 km südlich des Zentrums liegt der **Busbahnhof Leuwi Panjang** (Jl Sukarno Hatta). Dort gibt's Verbindungen zu Zielen im Westen wie Bogor (50 000–60 000 Rp, 3½ Std.) und zum Busbahnhof Kampung Rambutan in Jakarta (37 000–47 000 Rp, 3 Std.).

Pangandaran

☎ 0265 / 52 200 EW.

Pangandaran, Westjavas Strandort Nummer eins, erstreckt sich zwischen zwei breiten Sandstreifen und einem dicht bewaldeten Nationalpark auf der nahegelegenen Landzunge. Die meiste Zeit im Jahr herrscht hier absolute Ruhe, doch in den Ferien (und an den Wochenenden) füllt sich der Ort. Wegen der starken Brandung sollte man nicht schwimmen, dafür eignet sich der Strand gut zum Surfen, bei kleinen Wellen auch für Anfänger. Bei zu hohem Wellengang (was oft der Fall ist), kann man eine Stunde die Küste hinauf ins geschützte Batu Karas (S. 90) fahren.

Sehenswertes & Aktivitäten

Pangandaran-Nationalpark NATIONALPARK
(Taman Nasional Pangandaran; Eintritt 210 000 Rp; ⌚ 7–17 Uhr) Der Pangandaran-Nationalpark, ein verwildertes, dichtes Waldgebiet, nimmt das gesamte Südende von Pangandaran ein. Hier leben Stachelschweine, *kijang* (Muntjaks), Nashornvögel, Warane und Affen (z. B. Silbergibbons), und kleine Buchten umschließen hübsche, von Bäumen gesäumte Strände. Der Park umfasst zwei Teile, den Besucherbereich und den Dschungel.

Um ihn zu schützen, ist der Dschungel für Besucher geschlossen. Gut instand gehaltene Wege führen durch den zugänglichen Teil des Parks zu kleinen Höhlen (darunter Gua Jerang, die im Krieg von den Japanern genutzt wurde), zu den Überresten eines Hindu-Tempels, nach Batu Kalde und zu einem

Pangandaran

Pangandaran

Sehenswertes
1 Pangandaran-Nationalpark B4

Aktivitäten, Kurse & Turen
2 Pangandaran Surf A2

Schlafen
3 Adam's Homestay A2
4 Mini Tiga Homestay A2
5 Rinjani Homestay A2

Essen
6 Pasar Ikan B3
7 Rumah Makan Christi B3

netten Strand auf der Ostseite. Englisch sprechende Guides warten an beiden Eingängen auf Kundschaft und verlangen rund 100 000 Rp (pro Gruppe à 4 Pers.) für eine zweistündige Wanderung bzw. bis zu 200 000 Rp für eine Fünf-Stunden-Tour.

Pangandarans bester Badestrand, Pasir Putih, liegt an der Westseite des Nationalparks. Den dünnen Streifen aus weichem, weißem Sand säumt ein Riff, in dem sich zahlreiche Fische tummeln. Wenn das Meer nicht zu rau ist, kann man vom Südende des Hauptstrandes hierher schwimmen. Allerdings muss man sich vor Rückströmungen und den permanent verkehrenden Booten (hin & zurück 50 000 Rp), die keine Rücksicht auf Schwimmer nehmen, in Acht nehmen. Der Strand erstreckt sich bei starkem Wellengang bis zu einem Punkt, wo sich das Wasser bricht. Ist es windstill, kann man in Ruhe hinausschwimmen und wird auch nicht vom Bootsverkehr gestört. Steigt man am Hauptstrand von Pangandaran in ein Boot, erspart man sich die hohe Gebühr für den Nationalpark.

Bei Sonnenuntergang tauchen Flughunde aus dem Wald auf und fliegen den Strand von Pangandaran hinunter. Einheimische Jungen mit Drachen aus Stacheldraht versuchen sie dabei zu erwischen. Nur wenige werden auf diese Art gefangen, ab und an verfängt sich jedoch ein Tier mit dem Flügel in der Drachenschnur, wird trotz seines lauten Quiekens zu Boden geschleudert und landet dann im Kochtopf.

Surfkurse SURFEN
(200 000–250 000 Rp pro halbem Tag inkl. Surfbrett) Wer Interesse an Surfstunden hat, sollte sich zum nördlichen Ende des Strandes begeben. Pangandaran bietet ausgezeichnete Bedingungen für Anfänger, die diese Sportart auf sogenannten „weichen" Brettern lernen. Die netten Mitarbeiter von **Pangandaran Surf** (www.pangandaransurf.com; am Strand, Steak House) sind allesamt Rettungsschwimmer, sprechen Englisch und kennen sich mit den lokalen Gegebenheiten bestens aus. Boote werden für rund 70 000 Rp pro Tag verliehen.

Geführte Touren

Die einheimischen Bootsführer bieten Touren nach Paradise Island, einer unbewohnten Insel in der Nähe mit hervorragenden Stränden (darunter ein 5 km langer weißer Sandstrand) und Wellen. Pro Person sollte man rund 400 000 Rp einplanen (Mindestanzahl 6 Pers.). Vor dem Aufbruch ist ein morgendlicher Besuch von Pangandarans *pasar ikan* (S. 89) zu empfehlen. Kommt man zur Mittagszeit auf die Insel, empfiehlt sich ein leckeres Fisch-Barbecue.

Mas Rudin ABENTEUERTOUREN
(☎ 0813 8005 6724; www.pangandaran-guide.com) Ein großartiger einheimischer Guide, der von MM Books aus operiert. Er bietet verschiedene Touren zu fairen Preisen und auf der Website stehen jede Menge Informationen.

Schlafen

Viele Unterkünfte haben flexible Preise, die sich an der Nachfrage orientieren. Echte Schnäppchen lassen sich unter der Woche außerhalb der Hauptferienzeiten erzielen. Budget- und Individualreisende werden vor allem abseits des Nordabschnitts des Hauptstrandes fündig, wo sich Pensionen auf ein Netz aus ruhigen Straßen in unmittelbarer Nähe zum Meer verteilen.

Rinjani Homestay PENSION $
(☎ 0265-639757; Zi. mit Ventilator/Klimaanlage 140 000/180 000 Rp; ❄ 📶) Zehn hübsche geflieste Zimmer mit Holzmöbeln und Privatveranden in einem charmanten, ruhigen und günstigen Familienbetrieb. In der Ferienzeit steigen die Preise um bis zu 100 000 Rp.

Mini Tiga Homestay PENSION $
(☎ 0265-639436; www.minitigahomestay.weebly.com; EZ/DZ/3BZ inkl. Frühstück 100 000/150 000/250 000 Rp; @ 📶) Die neun Zimmer sind sauber, geräumig und mit Bambuswänden und gebatikten Wandbehängen ansprechend aufgemacht. Private Bäder und moderne Toiletten (sprich: zum Sitzen) sind Standard. Zum Angebot gehören außerdem gute Touren, u. a. eine beliebte zum Green Canyon in der Nähe (250 000 Rp), sowie die Buchung von Tickets.

★ **Adam's Homestay** HOTEL $$
(☎ 0265-639396; www.adamshomestay.com; Jl Pamugaran; Zi. 250 000–550 000 Rp; ❄ 📶 🏊) Pangdarans einziges wirklich überzeugendes Hotel besitzt eine wunderbar entspannte Atmosphäre und ist eine tolle Bleibe. Die ästhetisch ansprechenden Unterkünfte (viele mit Balkon und Bädern unter freiem Himmel) sind um einen tropischen Garten mit Lotusteichen, exotischen Pflanzen und Vögeln angeordnet. Leckere internationale und heimische Küche gibt's ebenfalls.

Essen

Pangandaran ist berühmt für seine Meeresfrüchte. Der mit Abstand beste Ort, um sie zu kosten, ist der *pasar ikan* (Fischmarkt).

Rumah Makan Christi INDONESISCH $
(Jl Pamugaran; Gerichte 15 000–40 000 Rp; ⏲ 7–23 Uhr) Gute hiesige Küche serviert das saubere, ordentliche *rumah makan* (Restaurant) mit großem Innenraum und Bänken im Außenbereich. In der Küche werden Tofu, Hühnchen und Fisch gebraten, gegrillt und gekocht. Zur rundum authentisch javanischen Auswahl zählen auch vegetarische Gerichte. Man wählt seinen Favoriten und lässt ihn sich an Gemeinschaftstischen zusammen mit neuen Freunden schmecken.

★ **Pasar Ikan** FISCH & MEERESFRÜCHTE $$
(Fish Market; Jl Raya Timor; gr. Fisch 40 000–70 000 Rp; ⏲ 11–22 Uhr) Auf dem genialen Fischmarkt gibt's mehr als ein Dutzend große, zu den Seiten hin offene Restaurants ganz in der Nähe des Oststrands. **Karya Ba-**

ABSTECHER

AUTHENTISCHER TOURISMUS IN CIANJUR

Der Autor Yudhi Suryana, der einige Jahre in Neuseeland lebte, baut in der berühmten Marktstadt Cianjur eine Tourismusindustrie auf. Mit seiner großartigen **Privatunterkunft** (☎ 0813 2172 9004; www.cianjuradventure.com; all-inclusive 200 000–250 000 Rp) und seinem originellen Programm an Wanderungen und Ausflugsfahrten möchte er Individualreisenden Einblicke in den authentischen sundanesischen Alltag bieten. Für seine Gäste gibt's eine kostenlose Tour nach Cangling, einem **schwimmenden Dorf** auf einem nahegelegenen See mit Fischereiwirtschaft, und zu einer hiesigen Schule in der Stadt.

Ebenfalls zu empfehlen ist die **Traditional Village Tour** (175 000 Rp pro Pers.). Diese 90-minütige Wanderung führt zu eleganten stufenförmigen Reisterrassen, zu Gewürznelken-, Kardamom- und Guavenhainen. Im Preis inbegriffen ist ein köstliches Mittagessen nach Hausmannsart.

Yudhi bietet außerdem einen Abhol- und Bringservice vom/zum Flughafen, zudem vermittelt er Bus- und Bahntickets nach/ab Jakarta, Bandung und Yogyakarta. Busse fahren alle 30 Minuten vom Kampung Rambutan in Jakarta nach Cianjur (35 000 Rp, 2½ Std.).

hari gilt als das beste, was den großen Gästeandrang erklärt. Im Grunde funktionieren jedoch alle nach demselben Prinzip.

Praktische Informationen

Wer Pangandaran betritt, muss an den Zugangstoren 3500 Rp Eintrittsgeld zahlen.

An- & Weiterreise

Pangandaran liegt etwa auf halbem Weg zwischen Bandung und Yogyakarta. Die Reise hierher kann zu einer frustrierend langen und komplizierten Angelegenheit werden.

BUS

Viele *patas*-(Express-)Busse nach Jakarta und Bandung starten am Bahnhof Sari Bakti Utama, unmittelbar nördlich der Stadt, und am Busbahnhof Budiman, rund 2 km westlich von Pangandaran entlang der Jl Merdeka. Vom zentralen Busbahnhof gibt's weitere Verbindungen.

Etwa stündlich fahren Busse nach Bandung (40 000–63 000 Rp, 6 Std.) und zum Busbahnhof Kampung Rambutan in Jakarta (85 000–90 000 Rp, 8–9 Std.).

ZUG

Sidareja, der nächste Bahnhof, ist 41 km entfernt. Mas Rudin (S. 89) vermittelt Zugtickets. Von Sidareja fahren täglich zwei Züge (3½–4 Std.) nach Yogyakarta. Bei Agenturen in Pangandaran sind Kombitickets für Minibusfahrten zum Bahnhof Sidareja und Zugfahrten der Economy-/Business-/Exclusive-Klasse für 140 000/230 000/350 000 Rp erhältlich.

Batu Karas

☎0265 / 3000 EW.

Batu Karas, ein idyllisches Fischerstädtchen und Surferhotspot, liegt 32 km westlich von Pangandaran. Es handelt sich um einen der schönsten Orte im Westen Javas. Mit lediglich einer einspurigen Straße und zwei Stränden, die durch eine bewaldete Landspitze voneinander getrennt sind, scheint das winzige Fischerdorf einer Postkarte entsprungen zu sein.

Der kleinere Surferstrand erstreckt sich an einer charmanten Bucht, versteckt zwischen zwei felsigen Landzungen. Am anderen Strand, einem langen, geschwungenen Streifen aus schwarzem Sand, liegen Ponton-Fischerboote vor Anker. Sie stechen allabendlich zum Fischfang in See. In den geschützten ruhigen Bereichen kann man gut baden, viele Besucher kommen jedoch wegen der Wellen – die Surferdichte ist sehr hoch.

Aktivitäten

Batu Karas ist einer der besten Orte Javas, um das Surfen zu lernen. Für Anfänger eignet sich die Pointbreak (vor der Bucht von Java) perfekt. Die sanfte Sandbodenwelle ist vom Strand aus gut zu erreichen.

Surf co-op unter einheimischer Leitung direkt vorm Strand verlangt 200 000 Rp für zweistündige Kurse, Brett inklusive. Mieten kann man lange und kurze Surfbretter (ab 70 000 Rp/Tag) hier oder bei Einheimischen.

Schlafen & Essen

Nayla Homestay HOMESTAY $
(☎0852 1755 3017; DZ 150 000 Rp) Kein WLAN und kein Schnickschnack, sondern zwei kleine, saubere und einfache Zimmer mit Betonwänden an der Hauptstraße, einen Katzensprung vom Strand entfernt.

Wooden House PENSION $
(☎0813 6919 4405; woodenhouse@yahoo.com; Zi. 200 000 Rp) Die drei hübschen Zimmer mit hohen Decken versprühen Holzhüttenflair. Sie sind sauber und haben Zugang zu einem Gemeinschaftsbalkon mit Meerblick. Unten serviert ein gutes *warung* hiesige Küche, Sandwichtoasts, Salate und Pfannkuchen.

BK Homestay HOMESTAY $
(☎0822 6023 7802; Zi. inkl. Frühstück 200 000 Rp; P 📶) Abseits des Parkplatzes für den Hauptstrand, mitten im Trubel, locken vier seitlich verglaste Zimmer mit Ventilator, hohen Decken und Parkettboden. Das Restaurant im unteren Stock bietet WLAN und ein großartiges Preis-Leistungs-Verhältnis. Warmes Wasser gibt's nicht, das stört aber kaum.

Pondok Cowet PENSION $$
(☎0815 7316 2286; www.facebook.com/pondokcowet; Zi. 450 000–600 000 Rp; ❄ 📶) An einer unbefestigten Straße, 50 m vom zentralen Fischerstrand entfernt, versteckt sich dieser Neuzugang mit hübschen Ziegelsteinbunkern. Die recht kreativen, modernen Zimmer haben eine verglaste Front, Backsteinwände, Bäder mit Kieselsteinboden und Bettwäsche mit Kuhmotiven.

An- & Weiterreise

Wer den Ort betritt, muss 3000 Rp zahlen. Nach Batu Karas fahren keine öffentlichen Verkehrsmittel. Alternativ steigt man in Pangandaran in einen Bus nach Cijulang (10 000 Rp) und dann in einen *ojek* (30 000 Rp). Wer möchte, kann sich in Pangandaran (50 000 Rp/Tag) ein Motorrad mieten und selbst fahren.

Rund um Batu Karas

6 km von Batu Karas fahren Boote flussaufwärts zum **Green Canyon** (Cujang Taneuh; 150 000 Rp/Boot; ⌚ Sa–Do 7.30–16, Fr 13–16 Uhr). In dem grünen Flusstal kann man baden gehen oder eine erfrischende Dusche unter den Wasserfällen nehmen. Traveller buchen entweder in Pangandaran einen Tagesausflug für 300 000 Rp oder fahren mit einem Leihmotorrad zur Schlucht; der Weg ist ausgeschildert.

Wonosobo

☎ 0286 / 113 000 EW.

Wonosobo ist eine typisch ländliche Stadt mit einem lebendigen Markt und dient außerdem als Tor zum Dieng-Plateau. Es liegt auf einer Höhe von 900 m über dem Meeresspiegel und wartet mit einem angenehmen Klima auf.

Das **Wisma Duta Homestay** (☎ 0286-321674; dutahomestay@yahoo.com; Jl Rumah Sakit III; Zi. inkl. Frühstück 300 000 Rp; P ❄ ☎) empfängt schon seit mehreren Jahren Gäste. Antiquitäten stehen in den hübschen Zimmern mit freigelegtem Mauerwerk. Tatsächlich ist das ganze Haus mit Stücken aus der wunderbaren Sammlung des Besitzers dekoriert. Im Voraus buchen.

Das **Shanti Rahayu** (Jl A Yani 122; Gerichte 12 000–25 000 Rp; ⌚ 7–21 Uhr) gilt unter Einheimischen als bestes Billiglokal im Stadtzentrum und serviert ein leckeres Hühnchencurry. In einem alten niederländischen Kolonialhaus logiert das hübsch eingerichtete **Dieng** (☎ 0286-321266; Jl Sindoro 12; Gerichte 25 000–40 000 Rp; ⌚ 10–20 Uhr); hier können sich Gäste ihr Essen selbst zusammenstellen.

Der Busbahnhof von Wonosobo liegt 4 km außerhalb der Stadt an der Straße nach Magelang.

Von Yogyakarta kommend nimmt man einen Bus bis Magelang (25 000 Rp, 1½ Std.) und steigt dort in einen Bus nach Wonosobo (10 000 Rp, 2½ Std.) um. Bis etwa 16 Uhr bestehen außerdem noch regelmäßige Busverbindungen zwischen Borobudur und Magelang (10 000 Rp, 40 Min.). **Rahayu Travel** (☎ 0286-321217; Jl A Yani 95) bietet Minibusfahrten von Wonosobo nach Yogyakarta an (55 000 Rp, 3½ Std.).

Busse nach Dieng (12 000 Rp, 1 Std.) starten den ganzen Tag über regelmäßig von der Jl Rumah Sakit.

Dieng-Plateau

☎ 0286 / 2000 M

Das Dieng-Plateau (Wohnsitz der Götter) scheint zu einer anderen Welt zu gehören. Während das Tiefland von hohen Temperaturen und fruchtbaren Böden geprägt ist, wartet die Hochebene mit einer windgepeitschten Vulkanlandschaft, umherwirbelnden Wolkengebilden, grünen Hügeln, Nebel und Dunst sowie uralten Ruinen auf.

Die Hauptsehenswürdigkeiten inklusive Dutzender alter Hindu-Tempel sind problemlos zu Fuß an einem Vor- oder Nachmittag zu bewältigen. Wer die diversen Kraterseen und die komplette Hochebene jedoch lieber in aller Ruhe betrachten möchte, sollte sich dafür ein paar Tage Zeit nehmen.

Sehenswertes & Aktivitäten

Die eigentlichen Attraktionen des Plateaus sind dessen natürliche Schönheit und Abgeschiedenheit. Vom Dorf aus kann man eine zweistündige Rundwanderung unternehmen und einen Blick auf den türkisfarbenen See **Telaga Warna** (Eintritt werktags/am Wochenende 100 000/150 000 Rp; ⌚ 8–16.30 Uhr) sowie die dampfenden Erdspalten und blubbernden Schlammpfützen im Vulkankrater **Kawah Sikidang** (Eintritt inkl. Besuch der Arjuna-Tempel) werfen.

Die Wanderung zum **Dorf Sembungan** (2300 m) zur Beobachtung des Sonnenaufgangs wird von den Pensionen heftig angepriesen, obwohl es ein zweifelhaftes Privileg ist, dafür zu zahlen, um 4.30 Uhr morgens aufzustehen (besonders an bewölkten Tagen).

Arjuna-Tempelanlage HINDU-TEMPEL
(Eintritt inkl. Candi Gatutkaca & Kawah Sikidang 25 000 Rp) Die fünf Haupttempel dieser Anlage drängen sich auf der zentralen Ebene. Es handelt sich zwar um Shiva-Tempel, doch wie die anderen Dieng-Tempel sind auch diese nach den Helden der *wayang*-Geschichten aus dem Mahabharata-Epos benannt: Sie heißen Arjuna, Puntadewa, Srikandi, Sembadra und Semar. Die Eingänge erinnern an Münder, die Fenster haben eine eigenartige Glockenform. Manche Einheimische bringen Opfergaben dar, zünden Räucherstäbchen an und meditieren.

Schlafen & Essen

Diengs ein Dutzend oder mehr Pensionen können mit ihrem Preis-Leistungs-Verhältnis nicht überzeugen. Spartanisch eingerichtete, nur oberflächlich saubere Zimmer und kaltes oder lauwarmes Wasser sind die Regel. Das Dorf ist winzig und ein Großteil der Unterkünfte liegt an der Hauptstraße.

Bu Djono PENSION $
(☎0852 2664 5669, 0286-642046; Jl Raya Dieng, km 26; Zi. ohne Bad 100 000 Rp; 📶) Schon seit Jahren beherbergt die einfache, freundliche Pension Backpacker, ihre einfachen, sauberen und günstigen Zimmer besitzen einen etwas maroden Charme. Das angenehme, gepflegte Restaurant im unteren Stock (Hauptgerichte 15 000–25 000 Rp) beeindruckt mit Tischdecken und Spitzenvorhängen. Das Bu Djono liegt nahe der Abzweigung nach Wonosobo und veranstaltet gute Touren zum **Gunung Prau** (2565 m).

Hotel Gunung Mas HOTEL $
(☎0286-334 2017; Jl Raya Dieng 42; DZ 180 000–275 000 Rp) Solide gebautes Hotel mit einer breit gefächerten Auswahl an ausreichend sauberen Zimmern mit viel Licht. Die Zimmer im oberen Stock verfügen über eine kleine Veranda und überblicken Ackerland. Gelegen ist das Hotel fast gegenüber der Zugangsstraße zum Arjuna Complex.

Homestay Flamboyan HOMESTAY $
(☎0852 2744 3029, 0813 2760 5040; www.flamboyandieng.com; Jl Raya Dieng; Zi. 200 000 Rp; 📶) Eine von drei Privatunterkünften in dieser Ecke, die ein anständiges Preis-Leistungs-Verhältnis bieten. Die Teppiche mögen Flecken haben, dafür gibt's kreative kubistische Malereien. Alle Zimmer haben eigene Bäder, hohe Decken und ein ansprechendes Flair.

An- & Weiterreise

Dieng ist 26 km von Wonosobo, seinem Hauptzugangspunkt, entfernt. Zwischen beiden Orten fahren regelmäßig Busse (12 000 Rp, 1 Std.).

Yogyakarta

☎0274 / 636 700 EW.

Wenn Jakarta Javas Finanz- und Industriezentrum ist, ist Yogyakarta (jog-ja-*kar*-ta; kurz Yogya oder Jogja) seine Seele. Hier ist das künstlerische und intellektuelle Erbe der Insel am greifbarsten, die javanische Sprache am reinsten, die Kunst am strahlendsten und die Tradition am tiefsten verwurzelt.

Die Stadt verteidigt stolz ihre Unabhängigkeit und Bräuche. Bis heute herrscht hier ein Sultan, dessen *kraton* (ummauerter Stadtpalast) das Herz des traditionellen Lebens bildet. Gleichzeitig ist das moderne Yogya ein riesiger urbaner Ballungsraum (im gesamten Einzugsgebiet leben über 3,3 Mio.) mit Internetcafés, Einkaufszentren und verstopften Straßen und bleibt dabei doch ein Zentrum der Batikkunst, des Musikstils *gamelan* und uralter Rituale.

All diese Facetten ergeben Indonesiens lebens- und liebenswerteste Stadt mit zahllosen Hotels, die, unabhängig von ihrer Kategorie, das beste Preis-Leistungs-Verhältnis Javas bieten. Darüber hinaus finden sich gute Restaurants und jede Menge kulturelle Attraktionen. Das gilt sowohl für die Stadt selbst als auch für die Randgebiete, wo Borobudur und Prambanan, die bedeutendsten archäologischen Stätten des Landes, warten.

Sehenswertes

Ein Großteil von Yogyas Sehenswürdigkeiten versammelt sich in einem kleinen Bereich im Zentrum, konzentriert auf den *kraton*-Komplex und den unmittelbar nördlich davon liegenden Bezirk.

Kraton PALAST
(Karte S. 94; ☎0274-373321; Eintritt 12 000 Rp, Kamera 1000 Rp, geführte Touren gegen Spende; ⏲Sa–Do 8.30–14, Fr bis 13 Uhr) Kulturelles und politisches Herz der faszinierenden Stadt ist der riesige Sultanspalast von Yogya, der *kraton*.

Bei diesem einzigartigen Komplex handelt es sich quasi um eine ummauerte Stadt. Hier leben rund 25 000 Menschen, es gibt einen eigenen Markt, außerdem Geschäfte, Batik- und Silberindustrie, Schulen und Moscheen. Rund 1000 Bewohner arbeiten für den Sultan. Leider werden die Attraktionen nicht besonders gut präsentiert, deswegen sollten Besucher nicht viele Informationen zu dem Palast, den Gebäuden oder der Geschichte erwarten.

Taman Sari PALAST
(Karte S. 94; Jl Taman; Eintritt 7000 Rp; ⏲9–15 Uhr) Der Komplex erstreckt sich südwestlich des *kraton* und diente einst dem Sultan und seiner Gefolgschaft als prachtvoller Erholungspark mit Palästen, Becken und Wasserwegen. Angeblich ließ der Sultan den portugiesischen Architekten, der die kunstvolle Anlage entworfen hatte, hinrichten, um sein verstecktes Erholungsparadies geheim zu halten. Es entstand zwischen 1758 und 1765 und wurde im javanischen Krieg beschädigt. Den Rest übernahm ein Erdbeben im Jahr 1865.

Sono-Budoyo-Museum MUSEUM

(Karte S. 94; ☎0274-376775; Eintritt 5000 Rp; ⏲Di–Do & So 8–13.30, Fr & Sa bis 12 Uhr) Es ist angestaubt und schlecht beleuchtet, aber dennoch das beste Museum der Stadt, denn die Sammlung javanischer Kunst, darunter *wayang-kulit*-Puppen, *topeng* (Holzmasken), *kris* und Batikartikel, ist wirklich hochkarätig! Zudem quillt der Hof über vor lauter Hindu-Statuen und Artefakten von weither, und die balinesischen Schnitzarbeiten sind großartig. Auch *wayang-kulit*-Vorführungen finden statt.

Pasar Beringharjo MARKT

(Karte S. 94; Jl A Yani; ⏲8–16 Uhr) Etwa 800 m nördlich des *kraton* befindet sich Yogyas quirliger, faszinierender Hauptmarkt. Im vorderen Bereich bekommt man sehr viele Batikwaren, hauptsächlich günstige *batik cap* (aufgedruckte Muster). Spannender ist allerdings der traditionelle Markt im alten Bereich weiter hinten, denn dort dominieren *warung* und Stände, an denen die unterschiedlichsten Obst- und Gemüsesorten verkauft werden. Auch die Auswahl an *rempah rempah* (Gewürzen) im 1. Stockwerk kann sich sehen lassen. Frühmorgens ist die Atmosphäre am eindrucksvollsten.

Geführte Touren

Die verschiedenen Reiseagenturen entlang der Jl Prawirotaman und in der Sosrowijayan-Gegend bieten zahlreiche Touren zu ähnlichen Preisen an. Typische Tagesausflüge (Preise pro Pers., aber exkl. der Eintritte) führen zum Borobudur (90 000–100 000 Rp), nach Dieng (275 000 Rp), Prambanan (75 000 Rp), Borobudur (250 000 Rp) sowie nach Solo und zum Candi Sukuh (300 000 Rp).

Die Anbieter organisieren auch einen Wagen inkl. Fahrer, wofür man mindestens 500 000 Rp pro Tag einplanen muss.

Via Via Tours TOUREN

(Karte S. 94; www.viaviajogja.com; Jl Prawirotaman I 30) In diesem berühmten Café-Restaurant werden viele verschiedene Touren angeboten, darunter einige sehr kreative. Zum Angebot gehören eine Auswahl von Rad- und Motorradausflügen, u. a. auf abgelegenen Seitenstraßen nach Prambanan (190 000–210 000 Rp), Stadtspaziergänge (120 000–135 000 Rp) sowie sogar eine *jamu*- (Kräutermedizin) und eine Massagetour (235 000–265 000 Rp), die zu einem Spezialmarkt führt. Daneben kann man auch Exkursionen nach Ostjava buchen.

Kaleidoscope of Java TOUREN

(Karte S. 94; ☎0812 2711 7439; www.kaleidoscopeofjavatour.com; Gang Sartono 823, Rumah Eyang) Faszinierende Touren in die Region Borobudur. Der Tagesausflug (300 000 Rp) von Yogya aus umfasst das Genießen des Sonnenaufgangs vom Menoreh-Hügel aus und Besuche der Tempel in Borobudur, Pawon und Mendut. Außerdem besichtigt man ein Kloster sowie kleine Industrieunternehmen und wirft einen Blick auf javanische Tanztraditionen. Die Verpflegung ist im Preis inbegriffen.

Feste & Events

Die drei Gerebeg-Festivals Ende Januar, Ende April und Anfang November sind Javas bunteste und prächtigste Umzüge.

Schlafen

In Yogya gibt's Javas beste Auswahl an Pensionen und Hotels, viele mit exzellentem Preis-Leistungs-Verhältnis. In der Hauptsaison (Juli, August, Weihnachten und Neujahr) ist es ratsam, im Voraus zu buchen.

Sosrowijayan & Umgebung

Das traditionelle Viertel ist bei Backpackern sehr beliebt, da sich ein Großteil von Yogyas Budgethotels in seinem Souk-ähnlichen Labyrinth von *gang* (Gassen) befindet. Darüber hinaus profitieren Übernachtungsgäste in dieser Art *bule*-(Ausländer-)Ghetto davon, dass die kleinen Straßen zur Jl Sosrowijayan führen und nur einen kurzen Fußmarsch von der authentischeren Jl Malioboro entfernt liegen.

Dewi Homestay HOMESTAY $

(Karte S. 97; ☎0274-516014; dewihomestay@hotmail.com; Jl Sosrowijayan Gt I 115; Zi. 125 000 Rp) Die ansprechende, langlebige Pension hat viel Persönlichkeit, einen schattigen, grünen Garten und großzügig geschnittene, hübsche Zimmer, vielfach inklusive Himmelbetten mit Moskitonetzen.

Losmen Lucy PENSION $

(Karte S. 97; ☎0274-513429; Zi. mit Ventilator/Klimaanlage 125 000/200 000 Rp; ❄) Dieser *losmen* unter Leitung einer stolzen Hausdame gehört zu den besten der Gegend. Seine zwölf ordentlichen, gefliesten Zimmer haben gute Betten und eigene *mandi*.

Tiffa PENSION $

(Karte S. 97; ☎0274-512841; tiffaartshop@yahoo.com; Jl Sosrowijayan Wetan Gt II 12; EZ/DZ inkl.

Yogyakarta

0 — 1 km

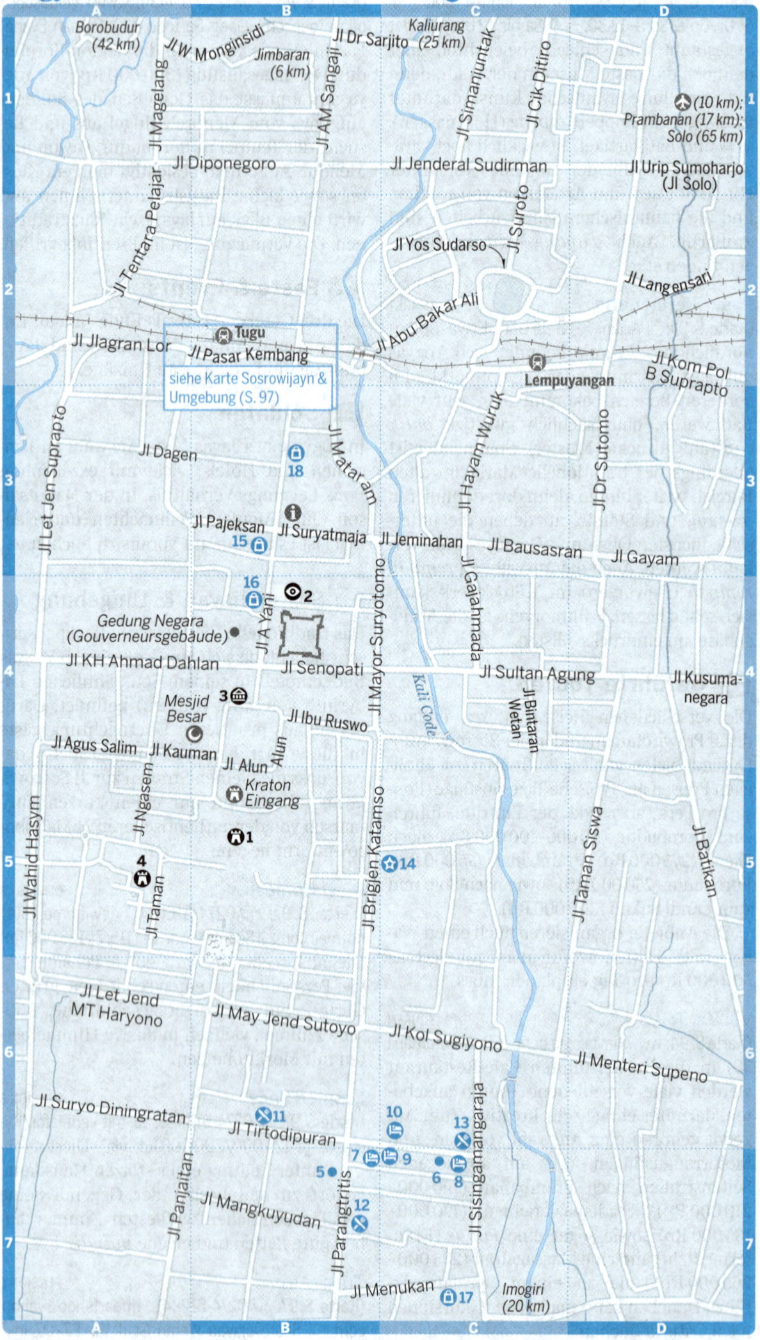

Yogyakarta

Sehenswertes
1 Kraton ... B5
2 Pasar Beringharjo ... B4
3 Sono-Budoyo-Museum ... B4
4 Taman Sari ... A5

Aktivitäten, Kurse & Touren
5 Kaleidoscope of Java ... B7
6 Via Via Tours ... C7

Schlafen
7 Delta Homestay ... B7
8 Kampoeng Djawa Hotel ... C7
9 Prambanan Guesthouse ... C7
Rumah Eyang ... (siehe 5)
10 Via Via ... C6

Essen
11 Bu Ageng ... B6
12 Milas ... B7
13 Tempo del Gelato ... C6
Via Via ... (siehe 6)

Unterhaltung
14 Purawisata ... C5
Sono-Budoyo-Museum ... (siehe 3)

Shoppen
15 Batik Keris ... B3
16 Hamzah Batik ... B4
17 Lana Gallery ... C7
18 Mal Malioboro ... B3

Frühstück 125 000/150 000 Rp) Der ordentliche kleine *losmen* über dem Kunstgeschäft wird von einer freundlichen Familie betrieben. Zur Auswahl steht eine Handvoll recht kleiner, skurril-charmanter Zimmer mit eigenem *mandi*. Auf dem Gemeinschaftsbalkon kann man das kostenlose Frühstück verspeisen oder einen Tee oder Kaffee trinken.

105 Homestay PENSION $
(Karte S. 97; 0274-582896; homestay_105@yahoo.co.id; Zi. mit Ventilator/Klimaanlage 120 000/200 000 Rp;) Das 105 liegt im Herzen der basarähnlichen Nebenstraßen von Sosrowijayan und wartet mit sieben verschiedenen Zimmerkategorien auf, alle hübsch und ordentlich aufgemacht. Der Besitzer ist sehr nett, und die Kacheln in der Lobby lassen an Gaudí denken.

Bladok Losmen & Restaurant HOTEL $
(Karte S. 97; 0274-560452; www.bladok.web.id; Jl Sosrowijayan 76; EZ mit Ventilator 100 000 Rp, DZ mit Ventilator 150 000–240 000 Rp, DZ mit Klimaanlage 320 000 Rp;) Gutes, effizient geführtes Hotel, das ein klein wenig an eine österreichische Berghütte erinnert. Die Zimmer enttäuschen auf keinen Fall: bildhübsche Holzbetten und Möbel, hohe Reinlichkeitsstandards und frische, saubere Bettwäsche. Manche Zimmer haben einen Balkon. Ein weiterer Pluspunkt ist der (kleine) Pool. Im Café-Restaurant werden europäische Küche und hausgemachtes Brot serviert.

1001 Malam HOTEL $$
(Karte S. 97; www.1001malamhotel.com; Sosrowijayan Wetan Gt I/57; DZ ab 550 000 Rp;) Wunderschön im marokkanischen Stil errichtetes Gebäude mit handgeschnitzten Holztüren und einem hübschen maurischen Hof mit kunstvollen Fliesen. Die Kulisse ist zweifellos atmosphärisch, die Preise sind angesichts der Konkurrenz jedoch ein bisschen überteuert.

Jalan Prawirotaman & Umgebung

In diesem Gebiet mischen sich ein paar günstige Optionen unter die zahlreichen Mittelklasseunterkünfte. Viele haben Pools, zudem ist die Auswahl an Restaurants exzellent. Allerdings wirkt das Viertel wie ein touristisches Getto inmitten einer indonesischen Stadt.

Kampoeng Djawa Hotel PENSION $
(Karte S. 94; 0274-378318; www.kampoengdjawahotel.com; Jl Prawirotaman I 40; Zi. mit Ventilator 111 000–190 000 Rp, mit Klimaanlage 230 000 Rp;) Das lang gezogene, schmale Haus hat wirklich eine Menge Charme. Seine Zimmer (fünf verschiedene Preiskategorien) bestechen durch ein paar Hingucker: unverputzte Ziegelsteinwände, Kachelmosaiken und Bäder, deren Wände mit Kieseln besetzt sind. Im idyllischen Garten hinten kann man kostenlosen Tee und Kaffee trinken. Die Mitarbeiter sind sehr hilfsbereit.

Delta Homestay PENSION $
(Karte S. 94; 0274-327051; www.dutagardenhotel.com; Jl Prawirotaman II 597A; Zi. mit Gemeinschaftsmandi 115 000–135 000 Rp, Zi. 230 000–250 000 Rp;) Sonnige Pension an einer Nebenstraße mit kleinen, aber perfekt angelegten Zimmern aus Naturmaterialien mit Privatveranden, die sich um einen Pool verteilen. Die Atmosphäre ist friedlich, das Personal freundlich und das Frühstück im Preis inbegriffen.

Via Via PENSION $
(Karte S. 94; ☎ 0274-386557; www.viaviajogja.com; Jl Prawirotaman 3/514A; Zi. inkl. Frühstück 150 000–200 000 Rp; ❄ ☰) Diese sehr hübsche Pension gehört zum wachsenden Via-Via-Unternehmen und punktet mit einer ruhigen Lage in einer Seitenstraße, nicht weit vom zugehörigen **Café-Restaurant** (Karte S. 94; ☎ 0274-386557; Jl Prawirotaman I 30; Hauptgerichte 27 000–115 000 Rp; ☰) entfernt. Ihre sieben stilvollen Zimmer haben hohe Decken, hochwertige Betten und halboffene Bäder.

Rumah Eyang PENSION $
(Karte S. 94; ☎ 0812 2711 7439; Jl Parangtritis, Gang Sartono 823; Zi. inkl. Frühstück ab 220 000 Rp; ❄ @ ☰) Ein stilvolles Vorstadthaus wurde in eine einladende Pension mit Ausstellungsbereich verwandelt. Die Zimmer sind einfach und gemütlich, doch der eigentliche Grund für einen Besuch ist Atik, der liebenswürdige javanische Besitzer. Er kennt die Gegend wie seine Westentasche und stellt tolle Touren auf die Beine.

Prambanan Guesthouse HOTEL $$
(Karte S. 94; ☎ 0274-376167; www.prambanangh.be; Jl Prawirotaman I 14; EZ/DZ mit Ventilator & Duschen mit kaltem Wasser 245 000/285 000 Rp, mit Klimaanlage & Duschen mit heißem Wasser 380 000/400 000 Rp; ❄ ☰ ≋) Mittlerweile wirkt das ruhige Hotel etwas verwohnt, es bleibt jedoch eine Option mit kleinem Pool und hübschem Garten. Günstigere Zimmer sind recht einfach, teurere dafür sehr komfortabel und auf den hochwertigen Betten liegen *ikat*-Stoffe.

Essen & Ausgehen

Abends säumen Straßenverkäufer das Nordende der Jl Malioboro. Hier kann man Yogyas berühmtes *ayam goreng* (Hühnchen in Kokosmilch) probieren, außerdem Gerichte wie *sambal welut* (würziger Aal) und *nasi langgi* (Kokosreis mit Tempe).

Sosrowijayan & Umgebung

Die Gegend hält viele günstige Gastrobetriebe bereit, etwa verschiedene gute *warung* an der Jl Pasar Kembang neben der Bahnlinie.

Bedhot Resto INTERNATIONAL $
(Karte S. 97; Gang II; Hauptgerichte 18 000–42 000 Rp; ⏲ 8–23 Uhr; ☰ ✎) Eines der stilvolleren Restaurants in Sosrowijayan. Bedhot bedeutet auf Alt-Javanisch so viel wie „kreativ". Die feine indonesische und internationale Küche hebt sich etwas von der üblichen Touristenkost ab, es gibt gute Säfte und WLAN.

Hanis Restaurant & Bakery INTERNATIONAL $
(Karte S. 97; Jl Sosrowijayan, Gang II; Hauptgerichte 24 000–49 000 Rp; ⏲ 8–23 Uhr) Wen es nach internationaler Küche gelüstet, z. B. nach einem Frühstück mit Müsli und Joghurt, recht gutem Schwarzbrot oder Hühnchen-Fajitas, der ist in dieser charmanten Bäckerei mit Café genau richtig. Auch der Kuchen und die Pasteten können sich sehen lassen.

Oxen Free KNEIPE $$
(Karte S. 97; www.oxenfree.net; Jl Sosrowijayan 2; Hauptgerichte 30 000–60 000 Rp; ⏲ So–Do 11–2, Fr & Sa bis 3 Uhr; ☰) Der hippste Neuzugang der Gegend ist in einem alten Kolonialgebäude mit Sitzecken, Glühbirnen und alten Campinglaternen untergebracht. Die meisten Gäste gehen hinunter in den Biergarten hinterm Haus, um sich Frühstück nach westlicher Art (den ganzen Tag verfügbar), Grillhähnchen und Lamm zum Abendessen schmecken zu lassen. Für Vegetarier gibt's leckeres Tempe-Steak.

An den meisten Abenden herrscht gesellige Bar-Atmosphäre.

Jalan Prawirotaman & Umgebung

Bu Ageng INDONESISCH $
(Karte S. 94; ☎ 0274-387191; Jl Tirtodipuran 13; Hauptgerichte 14 000–30 000 Rp; ⏲ Di–So 11–23 Uhr) Traditionelle javanische Gerichte wie *eyem penggeng* (in würziger Kokoscreme geschmortes und dann gegrilltes Hähnchen) kommen im geschmackvollen Speisebereich des Bu Ageng mit Holzsäulen und einer Bambusmattendecke mit rotierenden Ventilatoren auf den Tisch. Zur unkonventionellen Auswahl an gemischten Reistellern gehören Gerichte wie Rinderzunge, Räucherfisch oder in Kokosmilch geschmortes Rind. Es gibt sogar einen Brotpudding mit Stinkfrucht.

Milas INDONESISCH $
(Karte S. 94; ☎ 0274-742 3399; Jl Prawirotaman IV 127; Gerichte 15 000–45 000 Rp; ⏲ Di–Fr 15–21, Sa & So 12–21 Uhr; ✎) Dieses „geheime" Gartenrestaurant ist ein toller Rückzugsort fernab vom Lärm der Straßen. Es ist Teil eines Hilfsprojekts für Straßenkinder. Serviert werden gesunde Snacks, Sandwiches, Salate und Biokaffee.

Sosrowijayan & Umgebung

Sosrowijayan & Umgebung

Schlafen
1 1001 Malam B2
2 105 Homestay C2
3 Bladok Losmen & Restaurant B2
4 Dewi Homestay B2
5 Losmen Lucy C2
6 Tiffa B2

Essen
7 Bedhot Resto B2
8 Hanis Restaurant & Bakery B2
9 Oxen Free C2

Unterhaltung
10 Lucifer A2

Tempo del Gelato EISCAFÉ $
(Karte S. 94; Jl Prawirotaman I; klein/mittel/groß 20 000/40 000/65 000 Rp; 11–23 Uhr) In dem Laden aus Stein und Glas dreht sich alles um italienisches Eis. Zur wechselnden Auswahl gehören Geschmacksrichtungen wie Ingwer, Guave, Drachenfrucht, Schokolade, Grüner Tee, Praline, Zitronengras, Rum-Rosine und Kokosnuss. Bei unserem Besuch war das Café gerade mal vier Monate im Geschäft und bereits extrem erfolgreich.

Unterhaltung

Im *kraton* finden fast jeden Morgen Tanz- und *wayang*-Vorführungen oder *gamelan*-Auftritte statt (Eintritt frei). Viele Choreografien gehen auf das *Ramayana* zurück oder werden wegen der berühmten Aufführungen auf dem Gelände des Prambanan als solche bezeichnet. Jeden Abend stehen in Yogya *wayang-kulit*-Stücke auf dem Programm. Wer gerne Livemusik hört, ist auf der Jl Sosrowijayan richtig. Hier sorgen oft hiesige Bands für Stimmung.

Purawisata TANZ
(Karte S. 94; 0274-375705; Jl Brigjen Katamso; 300 000 Rp) In dem Vergnügungspark finden jeden Abend um 20 Uhr Ramayana-Vorführungen statt. Währenddessen kann man auch etwas essen.

Sono-Budoyo Museum PUPPENSHOW
(Karte S. 94; 0274-376775; Eintritt 20 000 Rp, Kamera 3000 Rp; Mo–Sa 20–22 Uhr) Die beliebten zweistündigen Vorstellungen finden jeden Abend von 20 bis 22 Uhr statt (20 000 Rp). In der ersten halben Stunde wird die Geschichte auf Javanisch vorgelesen; die meisten Touristen sparen sich das und kommen einfach etwas später.

Lucifer LIVEMUSIK
(Karte S. 97; Jl Sosrowijayan) Zu den führenden Livemusik-Locations der Stadt gehört diese intime Bar. An den meisten Abenden spielen Bands.

Shoppen

Yogyakarta ist ein Paradies für Kunsthandwerk- und Antiquitätenliebhaber. Die Jl Malioboro ist ein großer und sehr lebendiger Basar mit Souvenirläden und Ständen, die u. a. günstige Kleider, Lederarbeiten, Batiktaschen, *topeng*-Masken und *wayang-golek*-Puppen verkaufen. In den Geschäften mit festen Preisen an der Jl Malioboro und in den umliegenden Straßen kann man sich über die üblichen Preise informieren. Als erste Station eignet sich perfekt das **Ham-**

zah Batik (Karte S. 94; ☎ 0274-588524; Jl A Yani 9; ⏲ 9–21 Uhr). Danach kann man sich auf der Dachterrasse mit traditioneller javanischer Küche stärken.

Konventionelles Shopping bietet die **Mal Malioboro** (Karte S. 94; Jl Malioboro; ⏲ Mo–Sa 10–21, So bis 20 Uhr) im Herzen der Stadt.

Batik Keris KLEIDUNG

(Karte S. 94; www.batikkeris.co.id; Jl A Yani 71; ⏲ 9–20 Uhr) Hochwertige Batikwaren zu festen Preisen. Am schönsten sind die traditionellen Artikel. Männerhemden gibt's ab ca. 200 000 Rp.

Lana Gallery KUNST

(Karte S. 94; ☎ 0877 3929 3119, 0818 0412 8277; rlhwildan@yahoo.com; Jl Menukan; ⏲ Di–So) Die Galerie zeigt eine tolle Auswahl an zeitgenössischer Kunst junger und aufstrebender Künstler vom gesamten Archipel, von denen viele an Yogyas Kunstschule studiert haben. Betreiber ist Wildan, ein äußerst freundlicher Zeitgenosse.

Praktische Informationen

Die Website www.yogyes.com bietet exzellente Infos über die Stadt und Zentraljava.

Jeder Besucher der Stadt muss sich mit unermüdlichen Batikverkäufern herumärgern. Sie wollen potenzielle Kunden in einen Laden locken (z. B. in den „Sultan-Batik-Workshop"), um eine saftige Kommission zu kassieren. Eine weitere typische Masche ist es, Besucher zum Besuch einer „studentischen Kunstausstellung" oder eines „staatlichen Ladens" zu überreden; in der Stadt gibt's keine offiziellen Geschäfte oder Galerien.

Ludira Husada Tama Hospital (☎ 0274-620333; Jl Wiratama 4; ⏲ 24 Std.)

Mulia (Karte S. 97; Inna Garuda Hotel, Jl Malioboro 60) Die besten Wechselkurse in Yogya.

Touristeninformation (Karte S. 94; ☎ 0274-562000; Jl Malioboro 16; ⏲ Mo–Do 8–20, Fr & Sa bis 19 Uhr) Die vielleicht am besten organisierte Touristeninformation im Land. Hier gibt's freundliche, hilfsbereite Mitarbeiter, kostenlose Karten und gute Infos zu Verkehrsmitteln. Das Büro bringt verschiedene Publikationen heraus (z. B. einen Veranstaltungskalender und eine tolle Karte), zudem verkauft es Tickets für sämtliche Transportmittel sowie für hiesige Attraktionen und Vorstellungen. Es gibt weitere Vertretungen am Flughafen und an der Ostseite des Bahnhofs Tugu.

An- & Weiterreise

BUS

Yogyas Hauptbusbahnhof Giwangan liegt 5 km südöstlich des Stadtzentrums. Von hier verkehrt der Bus 3B zum Bahnhof Tugu und zur Jl Malioboro. Von Giwangan gibt's Verbindungen nach ganz Java und nach Bali. Lange Strecken sollte man mit einem Luxusbus zurücklegen. Tickets sind am Busbahnhof günstiger; allerdings ist es einfacher, Preise und Abfahrtszeiten in einer der Verkaufsstellen an der Jl Mangkubumi, Jl Sosrowijayan oder Jl Prawirotaman zu vergleichen. Dort kann man auch einen Abholservice vom Hotel buchen.

Wer nach Prambanan (3600 Rp) reisen möchte, steigt an der Jl Malioboro in den Stadtbus 1A. Busse nach/ab Borobudur benutzen den Busbahnhof Jombor. Um dorthin zu gelangen, fährt man mit dem TransJogya-Bus 3A von der Jl Malioboro zur Jl Ahmad Dahlan und steigt dann in die Linie 2B nach Jombor um.

FLUGZEUG

Der Flughafen von Yogyakarta (JOG) bietet internationale Flüge nach Singapur und Kuala Lumpur sowie viele Inlandsverbindungen.

MINIBUS

Direkte *travel*-Minibusse, die Fahrgäste am Hotel abholen, fahren von Yogya aus alle größeren Städte an. Tickets erhält man in Agenturen in Sosrowijayan und Prawirotaman. Zu den Fahrtzielen gehören Semarang (80 000 Rp, 4 Std.), Surabaya (90 000 Rp) und Malang (110 000 Rp). Täglich zwischen 8 und 18.30 Uhr verkehren Minibusse von **Estu Travel** (☎ 0274-668 4567; Jl Gampingan) nach Pangandaran (110 000 Rp, 8 Std.).

BUSSE AB YOGYAKARTA

ZIEL	PREIS (RP)	FAHRTZEIT (STD.)	HÄUFIGKEIT
Bandung	klimatisiert 120 000	10	3-mal tgl.
Borobudur	Standard 20 000 (kleine Scheine erforderlich)	1½	alle 30 Min.
Denpasar	klimatisiert 325 000	19	3-mal tgl.
Jakarta	Standard/klimatisiert 200 000/260 000	12	zw. 15 & 17 Uhr tgl. 10–12-mal

ZÜGE AB YOGYAKARTA

ZIEL	PREIS (RP)	FAHRTZEIT (STD.)	HÄUFIGKEIT
Bandung	200 000–300 000	7–8¾	6-mal tgl.
Jakarta	300 000–450 000	7–9	6-mal tgl.
Malang	250 000–300 000	7	3-mal tgl.
Sidareja (nach Pangandaran)	150 000	3½–4	2-mal tgl.
Solo (Surakarta)	6000–20 000	1	14-mal tgl.

ZUG

Yogyas Bahnhof Tugu ist zentral gelegen. Hier verkehren alle Züge der Business- und Executive-Klasse. Economy-Züge fahren auch den Bahnhof Lempuyangan, 1 km weiter östlich, an.

Unterwegs vor Ort

BUS

Yogyas verlässliches Bussystem nennt sich TransJogja. Die modernen, klimatisierten Fahrzeuge verkehren zwischen 6 und 22 Uhr auf sechs Strecken kreuz und quer durch die Stadt bis nach Prambanan. Tickets kosten 3600 Rp pro Fahrt, TransJogja-Busse halten nur an ausgewiesenen Haltestellen. Besonders nützlich ist die Linie 1A von der Jl Malioboro über den Flughafen nach Prambanan. TransJogja-Fahrpläne sind bei der Touristeninformation erhältlich.

FAHRRAD

Hotels verleihen Fahrräder für rund 30 000 Rp pro Tag. Abschließen nicht vergessen!

VOM/ZUM FLUGHAFEN

Yogyas Flughafen, Adi Sucipto, liegt 10 km östlich des Zentrums und ist durch öffentliche Verkehrsmittel gut an die Stadt angebunden. Bus 1A (3600 Rp) verkehrt von der Jl Malioboro hierher.

NAHVERKEHR

In Yogyakarta gibt's viel zu viele *becak* (Fahrradrikschas). Die meisten Fahrer sind recht aufdringlich, dennoch macht eine Fahrt Spaß. Um Fahrer, die günstige Stundentarife anbieten, sollte man einen Bogen machen, es sei denn, man möchte alle Batikgalerien besuchen, die ihnen Kommission bezahlen. Eine kurze Fahrt kostet etwa 10 000 bis 15 000 Rp. Die Strecke von der Jl Prawirotaman zur Jl Malioboro schlägt mit rund 25 000 Rp zu Buche.

TAXI

Taxis mit Taxametern sind günstig. Kurzstrecken kosten 10 000 bis 30 000 Rp.

Prambanan

Die spektakulären, in die flache Landschaft eingebetteten mystischen Tempel von Prambanan sind atemberaubend. Als bestes bis heute verbliebenes Beispiel für Javas lange Hindu-Periode sind sie ein Muss für jeden Besucher.

Alle Tempel von Prambanan wurden zwischen dem 8. und 10. Jh. errichtet. Damals stand der Süden Javas unter der buddhistischen Herrschaft von Sailendras und der Norden unter der hinduistischen Herrschaft des alten Sanjayas-Mataram-Reichs.

Nach dieser kreativen Phase wurde die Prambanan-Ebene verlassen und die hindujavanischen Könige zogen nach Ostjava. In der Mitte des 16. Jhs. soll ein großes Erdbeben viele Tempel zum Einsturz gebracht haben. Ihre Zerstörung wurde durch Schatzjäger und Einheimische, die nach Baumaterial suchten, beschleunigt. Die meisten Tempel hat man mittlerweile wieder bis zu einem gewissen Grad restauriert. Wie Borobudur erklärte die Unesco auch Prambanan 1991 zum Weltkulturerbe.

Prambanan wurde bei dem Erdbeben 2006 stark beschädigt. Heute sind die Hauptbauten wieder intakt, allerdings ist noch viel zu tun und manche Tempel sind abgesperrt.

Sehenswertes

Prambanan-Tempel TEMPEL
(www.borobudurpark.co.id; Eintritt 225 000 Rp; 6–18 Uhr) Der riesige Prambanan-Komplex entstand Mitte des 9. Jhs., also rund 50 Jahre nach Borobudur. Über seine frühe Geschichte ist nur wenig bekannt. Heute ist die Anlage bei Besuchern sehr beliebt; dem größten Ansturm entgeht man am späten Nachmittag. Die Spitze des Haupttempels thront 47 m über Hunderten kleinerer Tempel, die unterschiedlich gut erhalten sind. Im restaurierten Innenraum beherbergt eine Kammer eine vierarmige Statue, sie stellt Shiva, den Zerstörer, dar.

Plaosan-Tempel TEMPEL
GRATIS Ungefähr zur selben Zeit wie die Prambanan-Anlage entstanden die Plaosan-

Tempel. Sie kombinieren ebenfalls hinduistische und buddhistische Symbole und Schnitzarbeiten. Plaosan Lor (Plaosan Nord) umfasst zwei restaurierte identische Haupttempel. Sie sind umgeben von 126 kleinen Schreinen und massiven Stupas, von denen größtenteils nur Steinhaufen geblieben sind. Vor jedem Haupttempel, zu erkennen am unkonventionellen dreistufigen Design, stehen zwei riesige und imposante *dwarapala* (Tempelwächterstatuen).

Südgruppe TEMPEL

(Eintritt 110 000 Rp) Der *kraton* Ratu Boko (Palast von König Boko), ein teilweise verfallener hinduistischer Palastkomplex aus dem 9. Jh., war angeblich der zentrale Sitz der mächtigen Mataram-Dynastie. Er thront auf einem Hügel, von dem man auf Prambanan hinabblickt. Zur Anlage gehören neben dem großen Eingangstor die Plattform des Candi Pembakaran (Königlichen Krematoriums) sowie verschiedene Badeplätze auf mehreren Ebenen, die hinab zum Dorf führen. Bei Sonnenuntergang bieten sich traumhafte Ausblicke über die Prambanan-Ebene.

Westgruppe TEMPEL

(Eintritt 2000 Rp pro Tempel) Diese Gruppe zwischen Yogyakarta und Prambanan umfasst drei Tempel. Zwei davon stehen in der Nähe des Dorfes Kalasan an der Hauptstraße nach Yogyakarta. 3 km sind die Ortschaften Kalasan und Prambanan voneinander entfernt, man legt sie am besten per *angkot* oder Bus zurück. Candi Kalasan in der Nähe von Ka-

ABSTECHER

GUNUNG MERAPI & KALIURANG

Nur wenige Vulkane in Südostasien sind so faszinierend und zerstörerisch wie der Gunung Merapi (Feuerberg). Der gewaltige dem Fuji ähnelnde Gipfel ragt 2930 m über Yogyakarta, Borobudur und Prambanan empor und ist für viele Tausend Menschen ein bedrohlicher, beunruhigend naher Nachbar. Im letzten Jahrhundert ist der Merapi Dutzende Male ausgebrochen. Bei dem verhängnisvollen Ausbruch von 2010 starben 353 Menschen, über 360 000 mussten evakuiert werden.

Der Gunung Merapi gilt offiziell als Indonesiens aktivster Vulkan, was angesichts von 127 aktiven Vulkanen im Land etwas heißt. Manche sind der Meinung, dass er der Grund für die rätselhafte Evakuierung Borobudurs und den Zusammenbruch des alten Mataram-Königreichs im 11. Jh. war.

Für Besucher, die einen Blick auf den Merapi werfen möchten, ist das Bergdorf Kaliurang, 25 km nördlich von Yogyakarta, der wichtigste Zugangspunkt. Vor Ort gibt's zwei gute Museen, **Ullen Sentalu** (☎ 0274-895161; www.ullensentalu.com; Eintritt 50 000 Rp; ⌚ Di–Fr 8.30–16, Sa & So bis 17 Uhr) mit einer umfangreichen Sammlung an javanischer Kunst und das **Merapi Museum** (Jl Kaliurang Km 25.7; Eintritt 5000 Rp, Film 5000 Rp; ⌚ Di–So 8–15.30 Uhr) mit einer Vulkanausstellung.

In regelmäßigen Abständen wird der Merapi für Besucher gesperrt. Wenn es die Bedingungen zulassen, darf man den Vulkankegel jedoch in der Trockenzeit (April–Sept.) besteigen. Dorthin gelangt man über das Dörfchen Selo am Nordhang des Berges. Es ist allerdings extreme Vorsicht geboten. Guides (250 000 Rp) sollten bei zu gefährlichen Bedingungen vom Aufstieg abraten; sie wollen sicherlich keine Menschenleben gefährden, gehen jedoch eventuell Risiken ein, um ihren Lohn zu erhalten. Die Eintrittsgebühr für den Nationalpark beträgt 150 000 Rp.

Wegen der vulkanischen Aktivität ist es seit 1994 nicht mehr möglich, den Gipfel von Kaliurang aus zu besteigen. Dennoch bieten sich exzellente **Wandermöglichkeiten** mit tollen Blicken auf Lavaströme rund um die unteren Ausläufer des Merapi. Christian Awuy, Besitzer des legendären **Vogels Hostel** (☎ 0274-895208; www.vogelshostel.blogspot.com; Jl Astamulya 76, Kaliurang; B 25 000 Rp, DZ mit Gemeinschaftsbad 100 000 Rp, Bungalows mit Bad & warmem Wasser 150 000 Rp, Hauptgerichte 13 000–35 000 Rp; @), organisiert seit Jahren Wandertouren und ist eine ausgezeichnete Informationsquelle. Sechsstündige Exkursionen mit Blick auf den Sonnenaufgang (25 US$, mind. 2 Pers.) starten etwa um 4 Uhr an seinem Hostel.

Kaliurang liegt 26 km nördlich von Yogya. *Angkot*-Minibusse fahren von der Jl Kaliurang in Yogyakarta für 15 000 bis 20 000 Rp hierher; die letzte Abfahrt erfolgt um 15 Uhr. Die Taxifahrt ab Malioboro kostet pro Strecke rund 150 000 Rp.

lasan zählt zu den ältesten buddhistischen Tempeln der Prambanan-Ebene. Eine Sanskritinschrift aus dem Jahr 778 gibt Aufschluss darüber, dass er dem weiblichen Bodhisattva Tara geweiht ist.

★ Unterhaltung

Ramayana-Ballett TANZ
(☎ 021-496408; www.borobudurpark.com) Das berühmte Ramayana-Ballett, Javas spektakulärstes Tanzdrama, wird im Freilufttheater westlich des Haupttempelkomplexes aufgeführt. Von Mai bis Oktober (der Trockenzeit) wird jeweils zwei oder drei Mal im Monat an vier aufeinander folgenden Abenden die Geschichte von Rama und Shinta erzählt.

An- & Weiterreise

Prambanan liegt 17 km nordöstlich von Yogyakarta.

Alle Tempel sind von Yogyakarta aus mit dem Fahrrad zu erreichen. Die angenehmste Route führt von der Jl Senopati zur östlichen Ringstraße. Dort biegt man links ab und fährt bis zur Jl Solo und zur Jl Babarsari. Dann geht's am Sahid Garden Hotel vorbei zum Selokan Mataram. Der Kanal verläuft parallel zur Straße nach Solo, rund 1,5 km weiter nördlich. Nach etwa 6 km gelangt man nach Kalasan, ca. 2 km vor Prambanan.

In Yogyakarta steigt man an der Jl Malioboro in den TransYogya-Bus 1A (3600 Rp, 40 Min.).

Borobudur

☎ 0293

Zusammen mit Angkor Wat in Kambodscha und Bagan in Myanmar gehört Javas Borobudur zu Südostasiens nahezu identischen spektakulären Stätten. Das imposante buddhistische Bauwerk thront inmitten eines Flickenteppichs aus flaschengrünen Reisfeldern und sich wiegenden Palmen. Es überlebte die Ausbrüche des Gunung Merapi, terroristische Anschläge und das Erdbeben von 2006 und hat in 1200 Jahren nichts von seiner Mystik und Schönheit eingebüßt.

Sehenswertes

Borobudur-Tempel BUDDHISTISCHER TEMPEL
(Eintritt 250 000 Rp, Sonnenaufgang & Sonnenuntergang 380 000 Rp, 90-min. geführte Tour für 1–5 Pers. 100 000–150 000 Rp; ⏲ 6–17.15 Uhr) Borobudur ist Indonesiens bekanntestes buddhistisches Bauwerk. Aus mehr als zwei Mio. Steinblöcken wurde ein massiver symmetrischer Stupa geformt, der sich einmal um einen kleinen Hügel „wickelt". Seine Grundfläche misst 118 m mal 118 m, und die sechs quadratischen Terrassen werden von drei runden gekrönt. Vier Treppen führen durch verzierte Tore zur Spitze hinauf. Aus der Vogelperspektive erinnert der Komplex an ein kolossales dreidimensionales tantrisches Mandala.

Vielleicht waren die Mitglieder der buddhistischen Gemeinde, die einst im Borobudur beteten, frühe Vajrayana- oder Tantra-Buddhisten, die sich ein Mandala zum Anfassen und Durchlaufen schufen. Die Malereien sind längst verblasst, doch einst soll der graue Stein in der Sonne bunt geleuchtet haben.

Zudem repräsentierte das Baudenkmal die steingewordene buddhistische Vorstellung des Kosmos: Man beginnt in der Alltagswelt und arbeitet sich ins Nirwana vor, den buddhistischen Himmel. Die Reliefs an der Basis des Borobudur zeigen eine Welt voller Leidenschaft und Verlangen. Die „Guten" werden als höhere Lebensform wiedergeboren, während die „Bösen" nach der Reinkarnation einen Rückschritt zu erwarten haben. Die Meißelarbeiten und Szenen fleischlicher Lust sind hinter Stein versteckt. Einzig auf der Südseite kann man das eine oder andere Detail erkennen.

Wir empfehlen, am Haupttor (Osttor) zu beginnen und im Uhrzeigersinn um die Galerien des Stupa herumzuwandern (so gehört es sich bei buddhistischen Denkmälern!). Borobudur beeindruckt schon aufgrund seiner massigen Erscheinung, aber auch die fein gearbeiteten Bildhauerarbeiten sollte man sich auf jeden Fall aus der Nähe ansehen. Der Pilgerweg ist ca. 5 km lang und führt durch schmale Korridore an knapp 1460 reich verzierten Schriftzügen

GEFÜHRTE TOUREN

Das Unternehmen **Jaker** (☎ 0293-788845; jackpriyana@yahoo.com.sg; Jl Balaputradewa), eine Gruppe von Touristenführern und einheimischen Aktivisten, ist in der kleinen Siedlung Borobudur zu finden.

Im Angebot sind günstige Ausflüge nach Selogryo (hier locken gewaltige Reisterrassen und ein kleiner Hindutempel) und Tuksongo (ein Zentrum der Glasnudelherstellung) sowie Touren in Tofu- und Töpfereidörfer, zu einer großen Batikwerkstatt und zum Setumbu-Hügel, um den Sonnenaufgang über dem Borobudur-Tempel zu bewundern.

und 1212 dekorativen Motiven vorbei, ein wahrer Fundus buddhistischer Doktrinen, der gleichzeitig Aufschluss darüber gibt, wie der Alltag auf Java vor 1000 Jahren ausgesehen hat. Man darf sich das Ganze als eine nicht enden wollende Prozession aus Schiffen und Elefanten, Musikern und Tänzerinnen, Kriegern und Königen vorstellen.

Auf der dritten Ebene zeigt eine längere Tafel Szenen aus einem Traum von Königin Maya, in dem weiße Elefanten mit sechs Stoßzähnen eine Rolle spielen. Mönche und Höflinge interpretierten dies als Zeichen dafür, dass ihr Sohn Buddha werden sollte. Schlusspunkt der Sequenz sind die Geburt von Prinz Siddhartha und seine Reise zur Erleuchtung. Viele andere Bilderfolgen sind den buddhistischen Konzepten von Ursache und Wirkung und des Karmas gewidmet.

Rund 432 Buddha-Figuren blicken gütig aus offenen Kammern auf die Galerien. 72 weitere Buddha-Statuen (viele davon mittlerweile ohne Kopf) sitzen in vergitterten Stupas auf den oberen drei Ebenen und sind nur zum Teil zu sehen. Bei einer soll es sich um den Glücks-Buddha handeln. Die oberste Plattform ist rund und steht für das immerwährende Nirwana.

Im Ticketpreis ist der Eintritt zu zwei Museen enthalten: Im archäologischen Museum Karmawibhangga gleich östlich des Borobudur sind 4000 Originalsteine, Meißelarbeiten sowie Fotos ausgestellt. Besucher können zudem einen Blick auf das sogenannte Elefantenhaus werfen. Dort bitten zwei kleine Elefanten mit aneinandergeketteten Vorderbeinen vergeblich um Gnade. Das Ganze ähnelt eher einem Elefantengefängnis – auch Borobudur hat eine dunkle Seite.

Mendut-Tempel & Kloster BUDDHISTISCHER TEMPEL, KLOSTER
(Eintritt 3500 Rp; ⏲8–16 Uhr) Dieser Tempel in einer charmanten Gegend, ca. 3,5 km weiter östlich, kommt zwar optisch nicht gegen seinen übermächtigen Nachbarn an, aber kein Tempel auf Java verfügt über eine derart beeindruckende Originalstatue: Der 3 m hohe Buddha wird von den Bodhisattvas Lokesvara (links) und Vairapana (rechts) flankiert. Bemerkenswert ist auch seine Haltung: Er sitzt nämlich wie ein „Westler" – mit beiden Füßen auf dem Boden.

Schlafen & Essen

Die meisten Unterkünfte bieten Mahlzeiten für ihre Gäste an. Am Tempeleingang gibt's günstige *warung*.

Rajasa Hotel & Restoran PENSION $
(☎0293-788276; Jl Badrawati II; Zi. inkl. Frühstück mit Ventilator & kaltem Wasser/Klimaanlage & Warmwasser 200 000/400 000 Rp, Mahlzeiten 20 000–25 000 Rp; ❄📶) Eine verdientermaßen beliebte Pension 1,5 km südlich des Busbahnhofs. Über die Brüstung schaut man auf die Reisfelder. Wir empfehlen die Zimmer mit Ventilator, denn für die Klimaanlage und kaum schickere Möbel muss man gleich eine ganze Menge mehr bezahlen. Die Preise fürs Essen sind o.k.

Lotus II PENSION $$
(☎0293-788845; jackpriyana@yahoo.com.sg; Jl Balaputradewa 54; Zi. inkl. Frühstück 250 000–275 000 Rp; ❄@📶) Beliebte, nette Adresse, die einem der Gründer von Jaker gehört – das bedeutet, dass man hier viele Infos abgreifen kann und alle Angestellten gut Englisch sprechen. Die sauberen, einfachen Zimmer haben Holzbetten und hohe Decken. Auf dem langen Balkon hinten kann man frühstücken oder eine Tasse Tee bzw. ein Bier mit Blick auf die Reisfelder trinken. Weit im Voraus buchen.

An- & Weiterreise

Busse fahren vom Busbahnhof Jombor in Yogyakarta (20 000 Rp, alle 30 Min., 1¼ Std.) ins 42 km weiter nordwestlich gelegene Borobudur. Der letzte Bus nach/ab Borobudur startet um 16.30 Uhr.

Solo (Surakarta)

☎0271 / 520 000 EW.

Diese Hochburg javanischer Identität und Tradition ist eine der am wenigsten verwestlichten Städte der Insel. Yogyakartas ständiger Rivale ist konservativ geprägt und spielt oft nur die zweite Geige hinter seinem auffälligeren Nachbarn. Mit seinen *kampung* und dem eleganten *kraton*, traditionellen Märkten und glitzernden Einkaufszentren lohnt Solo jedoch zweifellos einen Besuch mit einer, besser zwei Übernachtungen. Es gibt einige faszinierende Tempel in der Nähe, zudem ist die Stadt eine gute Ausgangsbasis für Ausflüge in die grünen Hügel Zentraljavas.

In mancher Hinsicht ist Solo eine Miniaturvariante von Java: Es hat dieselben Laster und Tugenden und steckt voller Geschichte. Das unbeständige Gemüt der Insel flackert tendenziell zuerst in Solo auf, das u. a. Schauplatz einiger der schlimmsten Aufstände Javas der letzten Zeit war.

Solo (Surakarta)

Andererseits sorgt die lange und bewegte Vergangenheit der Stadt, einst Sitz des großen Mataram-Reiches, dafür, dass sie neben Yogyakarta als Zentrum javanischer Kultur gilt.

Sehenswertes & Aktivitäten

Kraton Surakarta PALAST, MUSEUM

(Kraton Kasunanan; ☎0271-656432; Eintritt 15 000 Rp, Guide 25 000–30 000 Rp; ⏱9–14 Uhr) Früher war dieser Palast der Mittelpunkt eines Reichs, doch heute ist der Kraton Surakarta nur noch eine verblasste Erinnerung an eine längst vergangene Ära. Ein Großteil des *kraton* wurde 1985 bei einem Brand zerstört. Viele der inneren Gebäude sind seitdem wieder aufgebaut worden, dennoch hat der einst Ehrfurcht einflößende Palast heute viel von seinem Zauber eingebüßt. Er wirkt nackt und vernachlässigt. Die Hauptattraktion für Touristen ist das Sasono-Sewoko-Museum.

Solo (Surakarta)

Sehenswertes

1 Haus von Danar Hadi A3
2 Istana Mangkunegaran C2
3 Kraton Surakarta C4

Schlafen

4 Cakra Homestay C4
5 Istana Griya 2 .... C3
6 Red Planet A2
7 Warung Baru Homestay C3

Essen

8 Galabo D3
9 Nasi Liwet Wongso Lemu C3
10 Omah Sinten C3
11 Warung Baru C3

Unterhaltung

12 RRI Auditorium B1

Istana Mangkunegaran PALAST, MUSEUM
(Eintritt 20 000 Rp; ⌚Mo–Sa 8.30–14, So 8.30–13 Uhr) Der 1757 erbaute Istana Mangkunegaran ist in besserem Zustand als der *kraton* und Solos Palast Nummer zwei. Inmitten der Anlage steht der *pendopo,* ein Pavillon sowohl mit javanischen als auch europäischen Stilelementen. Die reich verzierte runde Decke wurde 1937 bemalt. Eine Flamme in der Mitte ist von bunten Figuren des javanischen Tierkreises umgeben.

Haus von Danar Hadi MUSEUM
(☎0271-714326; www.houseofdanarhadi.com; Jl Slamet Riyadi 261; Eintritt 35 000 Rp; ⌚9–16 Uhr, Verkaufsraum bis 21 Uhr) Das Danar Hadi ist eines der besten Batikmuseen der Welt mit einer umwerfenden Sammlung antiker und königlicher Textilien aus Java, China und anderswo. Es ist in einem eindrucksvollen weißgetünchten Kolonialgebäude untergebracht. Der Eintritt beinhaltet eine exzellente geführte Tour auf Englisch (ca. 1½ Std.), bei der die Geschichte der vielen Exponate (die Sammlung umfasst 10 000 Stücke) erklärt wird.

Besucher können außerdem in einem Atelier Kunsthandwerkerinnen bei der Fertigung neuer Meisterwerke zusehen und einen exklusiven Lagerraum und einen Souvenirladen besuchen.

Feste & Events

Kirab Pusaka KULTURELLES FEST
(Prozession) Bereits seit 1633 findet die Kirab Pusaka immer am ersten Tag des javanischen Monats Suro (zwischen März und Mai) statt. Die bunten Prozessionen beginnen am frühen Nachmittag am Istana Mangkunegaran und dauern stets bis spät in die Nacht.

Schlafen

Solo wartet mit zahlreichen tollen Budgethotels auf.

Warung Baru Homestay PENSION $
(☎0271-656369; Jl Banda; Zi. inkl. Frühstück mit Ventilator/Klimaanlage ab 100 000/150 000 Rp; ❄) Vier wunderbar preisgünstige Zimmer, die um einen Garten angeordnet sind, vermietet diese neue Pension in einem hübschen Haus am Ende einer kleinen *gang.* Die teureren Räume warten mit Warmwasser und Badewannen auf. Im hauseigenen Restaurant ist die Rezeption zu finden.

Cakra Homestay HOMESTAY $
(☎0271-634743; Jl Cakra II 15; Zi. mit Gemeinschaftsbad 150 000 Rp, mit eigenem Bad 200 000–250 000; ❄ 📶 🏊) Die atmosphärische Unterkunft ist die perfekte Wahl für alle, die sich für javanische Kultur interessieren (das herzliche Personal erzählt gerne mehr zum Thema). Im großartigen *gamelan*-Raum finden dienstag- und donnerstagabends kostenlose Vorführungen statt, zudem hat es einen tollen Poolbereich. Die Zimmer sind hingegen recht einfach. Frühstück ist im Preis inbegriffen und Gemeinschaftsbäder gibt's im westlichen und im *mandi*-Stil.

Red Planet HOTEL $
(☎0271-788 9333; www.redplanethotels.com; Jl Dr Supomo 49; Zi. ab 220 000 Rp; ❄ @ 📶) Eine weitere schicke Drei-Sterne-Kette mit fairen Preisen, die in einer Handvoll indonesischer Städte vertreten ist. Die Zimmer verfügen über Holzböden, hohe Decken, Flachbildfernseher an den Wänden, Regenduschen und Safes. Groß sind sie allerdings nicht und trotz des guten Preis-Leistungs-Verhältnisses etwas uninspiriert.

Istana Griya 2 PENSION $$
(☎0271-661118; Jl Imam Bonjol 35; Zi. inkl. Frühstück 225 000–350 000 Rp; ❄ 📶) Die renovierte Unterkunft in guter zentraler Lage steht unter derselben Leitung wie das ältere Original um die Ecke. Sie ist schicker, dafür sorgen große, moderne Zimmer und Warmwasserduschen.

Essen

Solo wartet traditionell mit großartigen Imbissständen an den Straßen auf. Das verkehrsberuhigte Areal **Galabo** (Jl Slamet Riyadi; ⌚17–23 Uhr) ist eine Art Food Court unter freiem Himmel mit Dutzenden Ständen, die hiesige Spezialitäten verkaufen. Dazu gehören *nasi gudeg* (unreife Jackfrucht mit Reis, Hühnchen und Gewürzen), *nasi liwet* (in Kokosnuss gekochter Reis mit diversen Beilagen) und *timlo solo* (Nudelsuppe mit Rindfleisch).

Eine Barszene gibt's in Solo nicht.

Warung Baru INTERNATIONAL $
(☎0271-656369; Jl Ahmad Dahlan 23; Hauptgerichte 10 000–18 000 Rp; ⌚Mo–Sa 7.30–22, So 17–22 Uhr; 🖉) Baru ist ein altmodischer Backpacker-Treff. Das Brot schmeckt super, und es gibt einige Optionen für Vegetarier, doch sonst ist die umfangreiche Karte nicht sonderlich spannend. Dafür organisieren die netten Besitzer Touren und Batikkurse.

Nasi Liwet Wongso Lemu INDONESISCH $
(Jl Teuku Umar; Gerichte 12 000–18 000 Rp; ⌚16–1 Uhr) Hier gibt's mit die beste Straßenküche

ZÜGE AB SOLO

ZIEL	PREIS (RP)	FAHRTZEIT (STD.)	HÄUFIGKEIT
Jakarta	90 000–535 000	8¼–9	4-mal tgl.
Surabaya	115 000–285 000	3½–4	6-mal tgl.

der Stadt. Der Stand ist nur abends geöffnet, wird von einer *ibu* in traditioneller Batikkleidung betrieben und ist auf *nasi liwet* spezialisiert. Mit Kokosnuss verfeinerter Reis wird auf einem Bananenblatt serviert und mit geschnetzeltem Hähnchenfleisch, Hähnchenleber (optional), Ei, in Kurkuma gekochtem Tofu und saisonalen Gewürzen bedeckt. Als Vorspeise gibt's eingelegtes Gemüse, mit Kurkuma gebratenen Tofu und Hühnerfüße. Hiesige Essenskultur vom Feinsten!

Adem Ayem INDONESISCH $
(☎ 0271-716992; Jl Slamet Riyadi 342; Hauptgerichte 14 000–60 000 Rp; ⊙7–22 Uhr) Das riesige, an eine Kantine erinnernde Adem Ayem verfügt über einen Speisesaal mit Ventilatoren, den Fotos aus Surakartas vergangenen Tagen schmücken. Man schnappe sich einen Plastikstuhl und bestelle Hühnchen in Suppe, gebraten oder nach *gudeg*-Art.

Omah Sinten INDONESISCH $$
(www.omahsinten.com; Jl Diponegoro 34–54; Hauptgerichte 25 000–55 000 Rp; ⊙8–22 Uhr) Serviert werden ausgezeichnete javanische Gerichte, darunter viele Spezialitäten aus Solo wie mit Kräutern und grünen Chilis geschmorte Rindfleischstücke oder in Kokosmilch gekochte Ente. Wer möchte, probiert einfach beides. Kostenlos dazu gibt's das Plätschern von Springbrunnen und beruhigende Klänge klassischer javanischer Musik. Das Restaurant liegt gegenüber dem Eingang zum Istana Mangkunegaran (S. 104).

☆ Unterhaltung

Solo ist bestens geeignet, wenn man traditionelle javanische Kunstformen erleben will. Sowohl im Istana Mangkunegaran als auch im Kraton Surakarta werden entsprechende Tänze vorgeführt. Das Programm ist in der Touristeninformation erhältlich.

RRI Auditorium KULTURELLE VERANSTALTUNGEN
(☎ 0271-641178; Jl Abdul Rahman Saleh 51) Das abwechslungsreiche Programm des RRI umfasst kulturelle Vorführungen, u. a. *wayang orang* und *ketoprak* (Volkstheater). Am zweiten Dienstag jedes Monats findet um 20 Uhr eine kostenlose *wayang-orang*-Veranstaltung statt.

ℹ Praktische Informationen

BCA Bank (Ecke Jl Dr Rajiman & Jl Gatot Subroto; ⊙Mo–Sa 8–16 Uhr) Wechselmöglichkeiten.

Touristeninformation (☎ 0271-716501; Jl Slamet Riyadi 275; ⊙Mo–Sa 8–16 Uhr) Die Mitarbeiter können allerdings nur begrenzt weiterhelfen. Sie geben Karten, Broschüren und Infos zu kulturellen Events aus. Darüber hinaus verkaufen sie (etwas zu teure) Touren.

ℹ An- & Weiterreise

BUS

Vom Busbahnhof Tirtonadi 3 km außerhalb des Stadtzentrums fahren Economy-Busse zu Zielen wie Prambanan (14 000 Rp, 1½ Std.), Semarang (30 000 Rp, 3¼ Std.), Surabaya und Malang. Am Minibus-Terminal Gilingan in der Nähe des Busbahnhofs starten klimatisierte *travel*-Express-Minibusse nach Semarang (55 000 Rp), Surabaya und Malang (beides 80 000 Rp). Nach Yogyakarta gelangt man am besten mit dem Zug.

FLUGZEUG

Von Solos Flughafen Adi Sumarmo (SOC) starten regelmäßig Flüge nach Jakarta.

ZUG

Solo liegt an der Haupttrasse Jakarta–Yogyakarta–Surabaya. Fast alle Züge halten im Hauptbahnhof **Balapan** (☎ 0271-714039). Vom Bahnhof Jebres im Nordosten von Solo geht's mit ein paar sehr langsamen Zügen der Economy-Klasse nach Surabaya und Jakarta. Zugtickets nach Yogyakarta kosten zwischen 6000 und 20 000 Rp.

ℹ Unterwegs vor Ort

Klimatisierte Batik-Solo-Trans-Busse verbinden den Flughafen Adi Sumarmo, 10 km nordwestlich des Zentrums, mit der Jl Slamet Riyadi. Eine Taxifahrt kommt auf etwa 70 000 Rp; die von **Kosti Solo** (☎ 0271-856300) sind verlässlich. *Becak* vom Bahnhof oder Busbahnhof ins Zentrum schlagen mit 10 000 Rp zu Buche.

Rund um Solo

36 km östlich von Solo erstreckt sich die faszinierende abgelegene Tempelanlage **Candi Sukuh** (Eintritt 10 000 Rp; ⊙8–17 Uhr) an den Hängen des Gunung Lawu (3265 m). Sie stammt aus dem 15. Jh. und zählt zu den letzten Gebäudekomplexen ihrer Art, die in

Java von den Hindus errichtet wurden. Diese befanden sich in jener Zeit nämlich bereits auf der Flucht vor den Muslimen und waren gezwungen, sich in entlegene Bergregionen und nach Bali zurückzuziehen.

Die Architektur des Haupttempels erinnert an den Baustil der Inka oder Maya: Alle Seiten laufen nach oben hin zusammen wie bei einer Pyramide. In der Mitte erhebt sich eine Treppe mit zwei steinernen Schildkröten, deren flache Rücken vielleicht als Opferaltäre dienten. Es steht fest, dass hier ein Fruchtbarkeitskult praktiziert wurde, und mehrere eindeutige Schnitzereien haben dem Bau den Spitznamen „Erotiktempel" eingebracht. Der ruhige isolierte Ort überzeugt mit seiner Atmosphäre. Alle Restaurationsarbeiten sollen bis 2017 abgeschlossen sein.

Rund um den Candi Sukuh und Nglorok, ein Dorf in der Nähe, haben sich ein paar Pensionen angesiedelt. Diese Gegend eignet sich wunderbar zum Entspannen, ruhig auch für mehrere Tage, um die dörfliche Atmosphäre, das kühle Klima und die üppige Vegetation zu genießen.

Fast alle Besucher gelangen im Rahmen einer Tour ab Solo oder Yogyakarta zum Tempel. Die Anfahrt mit öffentlichen Verkehrsmitteln ist ziemlich kompliziert: Von Solo fährt ein Bus Richtung Tawangmangu; in Karangpandan (6000 Rp) muss man aussteigen. Dann geht's per Minibus nach Kemuning (2000 Rp) bis zur Kreuzung zum Candi Sukuh. Entweder legt man nun die letzten 2 km, die steil bergauf führen, zu Fuß zurück oder zahlt 40 000 Rp für eine Fahrt mit dem *ojek*. Für rund 70 000 Rp bringen *ojek* ihre Fahrgäste zum Sukuh und zum Cetho, einem Tempel aus dem 14. Jh. an der Südseite des Gunung Lawi.

Malang & Umgebung

☎0341 / 820 000 EW.

Malang wartet mit belaubten Boulevards aus der Kolonialzeit, kühlem Klima, viel Kultur und einer entspannteren Atmosphäre als die regionale Hauptstadt Surabaya auf. Darüber hinaus gibt's hier mehrere bedeutende Universitäten und viele Studenten. Das Zentrum ist nicht sehr groß und recht gut zu Fuß zu erkunden.

Malang wurde Ende des 18. Jhs. von den Niederländern gegründet. Kaffee, der in den umliegenden Hügeln gedieh, entwickelte sich zum finanziellen Standbein der Stadt. Verschiedene Hindu-Tempel und Sehenswürdigkeiten außerhalb Malangs machen den Ort zu einer idealen Ausgangsbasis für Ausflüge in diesen faszinierenden Teil Ostjavas.

Sehenswertes

Im Inneren des betriebsamen *alun-alun* vor dem Hotel Tugu Malang erstreckt sich ein hübscher, lebendiger Park. Wunderschöne ausladende Bäume säumen einen Teich mit Hunderten von Lotusblüten und einem Denkmal für Indonesiens Unabhängigkeitskampf in seiner Mitte.

Hotel Tugu Malang MUSEUM

(www.tuguhotels.com; Jl Tugu III; WLAN) Malangs eindrucksvollstes Museum ist eigentlich gar kein Museum, sondern eine Boutique-Vier-Sterne-Unterkunft, nämlich das **Hotel Tugu Malang** (☎0341-363891; Zi. ab 900 000 Rp; ❄@WLAN🏊). Der Besitzer, Indonesiens wohl führender Sammler von Kunst und Antiquitäten aus Asien, nutzt sein Haus als Ausstellungsfläche. Zu sehen sind z. B. Keramik aus dem 10. Jh., Jade-Schnitzarbeiten aus dem 13. Jh., Ming-Porzellan, Holzarbeiten der Qing-Dynastie und sogar die komplette Fassade eines chinesischen Tempels. Besucher sind willkommen, sich die Sammlung anzusehen, die über die gesamte Hotelanlage verteilt ist, wobei es höflich wäre, zumindest ein Getränk zu kaufen.

Jalan Besar Ijen STRASSE

Malang hat eine wundervolle Kolonialarchitektur. Die Jl Besar Ijen nordwestlich des Zentrums – die Straße der Reichen und Schönen – ist von weißen Herrenhäusern aus der niederländischen Besatzungszeit gesäumt. Viele Gebäude wurden saniert, aber es gibt hier immer noch eine Menge zu bewundern.

Ende Mai ist das Areal für den Verkehr gesperrt, denn dann findet hier das riesige Stadtfest Malang Kembali statt.

Schlafen

Malang wartet mit tollen Budgetunterkünften auf.

★ **Kampong Tourist** HOSTEL $

(☎0341-345797; www.kampongtourist.com; Hotel Helios, Jl Patimura 37; B/Zi. 120 000/160 000 Rp; WLAN) 🌿 Auf dem Dach des Hotel Helios haben die Besitzer des Kampong Tourist ein wirklich erstklassiges Backpacker-Hostel geschaffen. Ein Großteil der Gebäude wurde wunderschön aus Bambus und Holz erbaut. Sie thronen wie Dorfhütten auf dem Betondach und beherbergen gemütliche Schlafsäle sowie Privatzimmer im Gazebo-Stil. Zudem gibt's einen Block mit tollen Gemeinschaftsduschen und eine Gästeküche.

Jona's Homestay HOMESTAY $
(☎0341-324678; Jl Sutomo 4; EZ/DZ mit Ventilator 115 000/130 000 Rp, DZ mit Klimaanlage ab 230 000 Rp; ❄📶) Diese alteingesessene Privatunterkunft in einer imposanten Kolonialvilla mit einer Digitaluhr auf der Vorderseite wird von einer netten Familie geführt, die sich rührend um die Gäste kümmert und Touren anbietet. Die Lage ist praktisch und ruhig, allerdings sind die Zimmer etwas in die Jahre gekommen. Ein tolles Preis-Leistungs-Verhältnis bieten etliche der klimatisierten Quartiere durch ihre enorme Größe.

Hotel Emma HOTEL $
(☎0341-363198; Jl Trunijoyo 21; Zi. mit Ventilator & kaltem Wasser 150 000–175 000 Rp, mit Klimaanlage & Warmwasser 215 000–250 000 Rp; ❄) Sauberes, freundliches Hotel gegenüber dem Bahnhof. Seine gepflegten, geräumigen Zimmer sind preiswert und die Deluxe-Varianten riesig. Viele Unterkünfte haben Fenster zur Innenseite des Gebäudes, weshalb sie etwas beengend wirken. Frühstück ist im Preis inbegriffen.

Essen & Ausgehen

Günstiges Essen gibt's an der Jl Agus Salim, die nachts mit den Ständen und Gerüchen von Malangs **Nachtmarkt** (Hauptgerichte 10 000–25 000 Rp) zum Leben erwacht.

Mie Tomcat NUDELN $
(Jl Trunijoyo; Gerichte 6000–9000 Rp; ⏲9–23 Uhr) Der schicke neue Designer-*warung* in Jenga-ähnlichem Stil und mit Kirschholzeinrichtung im Innen- und Außenbereich ist bei Einheimischen beliebt. Zwar spricht das Personal kein Englisch, dafür bereitet es leckere Nudelsuppe, *ramen* und *mie goreng* (gebratene Nudeln) zu. Die praktischen an einer Tafel angeschriebenen Schärfeangaben helfen dabei, den eigenen Empfindlichkeitsgrad zu bestimmen.

MALANG KEMBALI

Ende Mai feiert Malang Kembali die *ludruk*, eine alte Musikhallentradition, die im letzten Jahrhundert auf Java sehr beliebt war. Während der Festivitäten ist die Jalan Besar Ijen, in der viele wunderschöne alte holländische Villen stehen, fünf Tage lang für den Verkehr geschlossen, und es gibt Straßentheater, Livemusik, Shows, Schauspieler in Kolonialkostümen sowie traditionelle Gerichte und Getränke.

Goreng Kremes INDONESISCH $
(Jl Cokroaminoto 2d; Gerichte 5000–20 000 Rp; ⏲10–22 Uhr) In dem schön herausgeputzten *warung* mit hübschen Rattanlaternen und Bambustapete genießen zahlreiche Einheimische Brathähnchen und Entengerichte. Als Beilagen werden roher Kohl und Spargelbohnen serviert. Reis kostet extra.

Praktische Informationen

Hauptbüro des Gunung-Bromo-Nationalparks (☎0341-490885; tn-bromo@malang.wasantara.net.id; Jl Raden Intan 6; ⏲Mo–Do 8–15, Fr bis 11 Uhr) Infos rund um den Gunung Bromo.

Touristeninformation (☎0341-558919; Jl Gede 6; ⏲Mo–Fr 8–16 Uhr) Hilfreich, aber 3 km nordwestlich des *alun alun.*

An- & Weiterreise

BUS & ANGKOT

Malang hat drei Busbahnhöfe:

Arjosari, 5 km nördlich der Stadt, ist der Hauptbusbahnhof. Es gibt regelmäßige Verbindungen nach Surabaya, Probolinggo und Banyuwangi. Überlandbusse nach Solo, Yogyakarta, Denpasar und Jakarta fahren in der Regel am frühen Abend ab. Minibusse (von

BUSSE AB DEM BUSBAHNHOF ARJOSARI (MALANG)

ZIEL	PREIS (RP)	FAHRTZEIT (STD.)	HÄUFIGKEIT
Banyuwangi	39 500–71 000	7	7 & 13 Uhr
Denpasar	150 000	12	17 Uhr
Probolinggo	22 000–36 000	2½	5–17 Uhr stündl.
Solo (Surakarta)	100 000	10	18.30 Uhr
Surabaya	25 000	2½–3	stündl.
Yogyakarta	105 000	11	7, 13 & 18.30 Uhr

NICHT VERSÄUMEN

TEMPEL RUND UM MALANG

Zahlreiche alte Tempelruinen verteilen sich über das idyllische Umland von Malang. Es lohnt sich, mit anderen zusammen einen Wagen für eine halbtägige „Tempeltour" zu mieten (anschließend kann man sich vom Fahrer in der Nähe des Bromo absetzen lassen). **Helios Tours** (☎ 0341-362741; www.heliostour.net; Jl Pattimura 37) ist der beste Ansprechpartner für solche Unternehmungen. Die Singosari-Tempel sind in erster Linie Begräbnistempel, die den Königen der gleichnamigen Dynastie (1222–1292) gewidmet sind. Sie waren die Vorgänger der Majapahiten.

Der **Candi Singosari** (⏲ 7–17 Uhr) steht mitten im Dorf Singosari, 12 km nördlich von Malang, 500 m abseits der Hauptstraße zwischen Malang und Surabaya. Als eines der letzten Denkmäler, das sich die Singosari-Dynastie setzte, war er 1304 zu Ehren von König Kertanegara errichtet worden, dem fünften und letzten Singosari-König. Dieser kam 1292 bei einem Aufstand im Palast zu Tode.

Der kleine, bullige buddhistische Stupa **Candi Sumberawan** (⏲ 7–17 Uhr) liegt in den stufenförmigen, bebauten Ausläufern des Gunung Arjuna ca. 5 km nordwestlich von Singosari. Er erinnert an den Besuch des großen Majapahiten-Königs Hayam Wuruk, der die Gegend 1359 bereiste. Auf dem Tempelgelände sind ein Lingam-Stein, die bröckelnden Ruinen weiterer Stupa und Überreste kürzlich erbrachter Opfergaben zu sehen. Eigentliches Highlight ist jedoch die Kulisse.

An einer Nebenstraße nahe dem Markt von Tumpang, 22 km von Malang entfernt, steht der **Candi Jago** (Jajaghu; Eintritt 25 000 Rp; ⏲ 7–17 Uhr). Er wurde zwischen 1268 und 1280 erbaut, vermutlich zum Gedenken an den vierten Singosari-König Vishnuvardhana. Den Tempel schmücken einige interessante dekorative Schnitzarbeiten mit Motiven aus dem Jataka und Mahabharata. Ihr dreidimensionaler *wayang-kulit*-Stil ist typisch für Ostjava.

Candi Kidal (Eintritt 5000 Rp; ⏲ 7–16 Uhr) Der prachtvolle Tempel im Dorf Kidal ist von Häusern und einer Hühnerfarm (mit entsprechendem Gegacker) umgeben. Er stammt aus der Zeit um 1260 und diente als Begräbnisschrein für König Anusapati, den zweiten Singosari-König, der 1248 verstarb. Ursprünglich 17 m hoch, ist der heute 12 m hohe Tempel ein Beispiel für ostjavanische Architektur. Den schmalen Bau schmücken auf drei Seiten Bilder des Garuda (Vogel aus der indonesischen Mythologie und Nationaltier des Landes) sowie finster dreinblickende *kala*-Köpfe und *haruna*-Medaillons.

Einheimischen *angkot* oder *mikrolet* genannt) verkehren von Arjosari zu nahe gelegenen Dörfern wie Singosari und Tumpang.

Der Busbahnhof **Gadang** liegt 5 km südlich des Zentrums. Von hier bestehen Verbindungen in den Süden, z. B. nach Blitar (33 000–54 000 Rp, 2 Std.).

Vom Busbahnhof **Landungsari**, der 5 km nordwestlich der Stadt liegt, fahren Busse zu Zielen westlich der Stadt, darunter Batu (10 000 Rp, 40 Min.).

MINIBUS

In Malang gibt's viele Minibusunternehmen. Fahrkarten können in Hotels und Reisebüros gebucht werden. **Helios Tours** (☎ 0341-362741; www.heliostour.net; Jl Pattimura 37) und **Wijaya Travel** (☎ 0341-327072) sind zwei renommierte Agenturen. Nach Solo (150 000 Rp), Yogyakarta (150 000 Rp) und Probolinggo (60 000 Rp) fahren Minibusse.

ZUG

Der **Bahnhof Malang** (☎ 0341-362208) liegt zwar recht zentral, hat aber keine gute Anbindung an das Hauptverkehrsnetz. Jeden Tag fahren drei Züge über Solo nach Yogyakarta (250 000 Rp, 8 Std.). Surabaya wird nur von sehr langsamen und überfüllten Economy-Zügen bedient. Darüber hinaus gibt's eine tägliche Verbindung nach Banyuwangi (65 000 Rp, 7½ Std.), wo Fähren nach Bali verkehren.

ℹ Unterwegs vor Ort

Mikrolet verkehren in der ganzen Stadt. Meistens pendeln sie zwischen den Busbahnhöfen und fahren dabei durch das Zentrum. Sie sind mit A–G (Arjosari nach Gadung und zurück), A–L (Arjosari nach Landungsari) oder G–L (Gadang nach Landungsari) ausgeschildert. Ein Ticket kostet 3000 Rp.

Gunung Bromo

☎0335

Der Gunung Bromo (2329 m), eine mondähnliche Landschaft von epischen Dimensionen und surrealer Schönheit, zählt definitiv zu den atemberaubendsten Sehenswürdigkeiten ganz Indonesiens. Bromo ist der javanische Name von Brahma, dem hinduistischen Gott der Schöpfung. Eine passende Bezeichnung, denn mit jedem Ausbruch kreiert der Vulkan völlig neue Landschaften.

Er ist einer von drei Vulkanen innerhalb des gewaltigen Tengger-Kraters, hat einen Durchmesser von 10 km und seine Wände fallen steil zu einer flachen Ebene aus Lava und Sand ab. Besonders bei Sonnenaufgang gleicht die karge Gegend einer Endzeitvision.

Der schöne Vulkan wird von Javas höchstem Berg, dem Gunung Semeru (3676 m), überragt, und gehört zum Bromo-Tengger-Semeru-Nationalpark.

Normalerweise dient Probolinggo als Ausgangspunkt für Erkundungstouren zum Bromo; der Ort kann von Surabaya und Banyuwangi aus mit Bussen und Zügen erreicht werden, aber auch via Malang gibt's Transportmöglichkeiten.

Sehenswertes & Aktivitäten

Bei der klassischen Bromo-Tour, angeboten von allen Hotels und Guides in Cemoro Lawang (und anderen Dörfern), werden Teilnehmer gegen 3.30 Uhr abgeholt und in Jeeps zu dem benachbarten Gipfel **Gunung Penanjakan** (2770 m) gefahren. Von diesem Aussichtspunkt bieten sich die besten Ausblicke (und Fotomotive) der Gegend, etwa auf den rauchenden Gunung Semeru am Horizont. Nach Sonnenaufgang fahren die Jeeps den steilen Kraterrand entlang zurück und weiter über Laotian Pasir (Sandmeer) zum Fuß des Bromo. Meist ist es nicht schwer, sich mit anderen zusammenzutun, um Kosten zu sparen. Privatjeeps kosten 500 000 Rp, einzelne Plätze 150 000 Rp. Der Preis ist angemessen, denn wenn man Letzteres bucht, muss man sich mit vier oder fünf anderen Passagieren ins Fahrzeug quetschen. Zu beliebten Besuchszeiten geht es geschäftig zu.

Alternativ führt eine zweistündige Wanderung vom Cemoro Lawang zum Gipfel des Gunung Penanjakan, dem sogenannten zweiten Aussichtspunkt. Doch vom King-Kong-Hügel, nur 20 Minuten hinter dem ersten Aussichtspunkt auf dem Penanjakan auf einem Felsvorsprung am Hauptweg, bieten sich sogar noch bessere Ausblicke als von ganz oben. Wer von hier nach Westen blickt, sieht im Licht der Dämmerung den Bromo und den Gunung Batok. Dahinter thront ein echtes Traummotiv, der Gunung Semeru. Der Weg dorthin dauert bis zu einer Stunde, ist jedoch absolut überwältigend. Auf den Hängen oberhalb des Dorfes werden Frühlingszwiebeln, Kartoffeln und Blumenkohl angebaut. Im Dunkeln sind sie nicht zu erkennen, bieten aber einen netten Anblick bei dem entspannten Spaziergang bergabwärts.

Schlafen & Essen

Cemoro Lawang

Cemoro Lawang liegt am Rande des Tengger-Kraters. Vor Ort beginnt die schöne Wanderroute zum Bromo. Viele Touristen übernachten hier, und es gibt einige billige Unterkünfte, die aber für das, was sie bieten, durchweg überteuert sind.

Tengger Indah HOMESTAY **$**

(Zi. ab 150 000 Rp) Diese recht förmliche Privatunterkunft an der Ostseite des Ortes liegt nur einen Steinwurf vom Kraterrand entfernt an der Kreuzung. Ihre Fassade schmücken Wandmalereien, die Innenräume sind einfach, gefliest und günstig. Nichts Besonderes.

Cafe Lava Hostel HOTEL **$$**

(☎0335-541020; Zi. ohne Bad ab 175 000 Rp, mit Bad & Frühstück ab 425 000 Rp; WLAN) Mit seinem Straßencafé und geselliger Atmosphäre, dessen hübsche Aufmachung (die Zimmer liegen an der Seite eines Tals) trotz der etwas hohen Preise viele Reisende anzieht. Die „Economy"-Zimmer sind sehr klein, aber nett und haben Zugang zu einer Gemeinschaftsveranda. In den kleinen Bädern (ebenfalls gemeinschaftlich genutzt) fließt heißes Wasser.

Ngadisari

Weitere 3 km in Richtung Probolinggo stößt man auf das winzige Dorf Ngadisari.

Yoschi's Hotel PENSION **$**

(☎0335-541018; www.hotelyoschi.com; Zi. ohne Dusche 240 000 Rp, mit Dusche ab 540 000 Rp, Hütten ab 900 000 Rp; @ WLAN) Rustikale Bleibe mit viel Charme auf einem weitläufigen grünen Gelände. Oft muss man sich aber mit kaltem Wasser waschen und richtig sauber ist es nicht. Im großen Restaurant gibt's teures westliches und lokaltypisches Essen (die Servicegebühr liegt bei stolzen 20%).

Probolinggo

Probolinggo gilt als *der* Ausgangspunkt für Touren zum Gunung Bromo. Es liegt an der Schnellstraße zwischen Surabaya und Banyuwangi. Wer den letzten Bus verpasst hat und hier „gestrandet" ist, kann sich zwischen mehreren Hotels entscheiden.

Sinar Harapan HOTEL $
(☎0335-701 0335; Jl Bengawan Solo 100; Zi. 120 000–200 000 Rp; ❄📶) Verströmt modernes Flair, ist aber in die Jahre gekommen. Vermietet für 60 000 Rp am Tag Motorräder.

Praktische Informationen

Wer den Nationalpark besuchen will, muss an den Kontrollpunkten des PHKA (Nationalparkbüro) 75 000 Rp bezahlen.

PHKA Post (☎0335-541038; ⏱Di–So 8–15 Uhr) Beim PHKA-Kontrollpunkt gegenüber dem Hotel Bromo Permai in Cemoro Lawang gibt's zahlreiche Infos über den Vulkan. Der Gunung-Penanjakan-Aussichtspunkt befindet sich außerhalb des Parks und damit in der gebührenfreien Zone. Allerdings liegt das Sandmeer im Nationalpark, sodass man im Parkbüro am Rand von Cemero Lawang Eintritt zahlen muss. Das Ticket behält für den gesamten Aufenthalt seine Gültigkeit.

An- & Weiterreise

Die wichtigste Ausgangsbasis für einen Abstecher zum Bromo ist Probolinggo. Hotels in der Gegend nehmen Buchungen für Minivans nach Probolinggo (35 000 Rp, 2 Std.) vor. Dort fahren Überlandbusse nach Yogyakarta (90 000–150 000 Rp, 10–11 Std.) und Denpasar (125 000–150 000 Rp, 11 Std.). Am Busbahnhof sollte man sich vor Betrügern in Acht nehmen.

Viele Besucher gelangen im Rahmen einer Tour von Yogyakarta aus hierher. Dabei muss man eine anstrengende Überlandfahrt in einem beengten Minibus überstehen. Wen umsteigen nicht stört, für den ist die folgende Variante am schnellsten und bequemsten: mit dem Zug von Yogyakarta nach Surabaya, dann mit dem Zug oder Bus nach Probolinggo und schließlich mit einem Minibus hinauf zum Cemoro Lawang.

Bondowoso

☎0332 / 71 000 EW.

Bondowoso ist die Ausgangsbasis für Ausflüge nach Bromo und Ijen. Hier gibt's mit das beste *tape* der Insel. Der leckere süßsaure Snack besteht aus gekochten und fermentierten Gemüsewurzeln. Bondowoso ist in erster Linie eine Transit- und Marktstadt. Vor Ort werden Touren nach Ijen angeboten.

Schlafen

Palm Hotel HOTEL $$
(☎0332-421201; www.palm-hotel.net; Jl A Yani 32; Zi. inkl. Frühstück mit Ventilator & mandi 190 000 Rp, mit Klimaanlage 320 000–610 000 Rp; ❄📶🏊) Direkt südlich des riesigen, grasbewachsenen *alun-alun* gelegen, verfügt dieses Hotel über ein gutes Preis-Leistungs-Verhältnis und einen riesigen Pool für eine erfrischende Abwechslung von Javas strapaziöser Feuchtigkeit. Zur Auswahl stehen einfache Quartiere mit Ventilatoren und Kaltwasser-*mandi* sowie schicke, geräumige, klimatisierte Zimmer im minimalistischen Design.

An- & Weiterreise

Nach Ijen fahren viele (überfüllte) Minibusse (35 000 Rp). Sie brechen grundsätzlich vor 12 Uhr auf und benötigen für die Strecke 2½ Stunden.

Ijen-Plateau

Das legendäre Ijen-Plateau, eine weitläufige Vulkanregion, wird von den drei Kegeln des Ijen (2368 m), des Merapi (2800 m) und des Raung (3332 m) dominiert. In dem wunderschönen, dicht bewaldeten Hochland erstrecken sich Kaffeeplantagen und ein paar isolierte Siedlungen.

Fast jeder Besucher kommt wegen der Wanderung zum spektakulären Kratersee des Kawah Ijen. Der dramatische weit aufgerissene „Mund" des Berges taucht gleich oberhalb vom Rand des Hochlands auf. Weite Blicke und ein moderates Klima machen das Plateau zu einer tollen Ausgangsbasis, um ein paar Tage in den Wolken, fernab der Menschenmassen, zu genießen.

Sehenswertes & Aktivitäten

In wunderschönem Türkis präsentiert sich der Schwefelsee **Kawah Ijen.** Er liegt 2148 m über dem Meeresspiegel, umgeben von den blanken Kratermauern des Vulkans. An seinem Rand steigt schwefelhaltiger Rauch in die Höhe, und wenn die Aktivitäten des Vulkans zunehmen, brodelt das Wasser. Der letzte größere Ausbruch fand 1936 statt.

Ijen ist ein bedeutendes Zentrum der Schwefelindustrie. Auf dem Weg zum Krater kommt man an Bergarbeitern vorbei, die meist einen kleinen Obolus für Fotos verlangen. In der Regel wird eine Zigarette als Zahlungsmittel akzeptiert.

Ideal für eine Wanderung zum Kawah Ijen ist die Trockenzeit zwischen April und Oktober. Der Weg ist steil, jedoch meist nicht besonders rutschig, deswegen lohnt sich auch an einem klaren Tag in der Regenzeit ein Versuch. Am besten macht man sich kurz nach Sonnenaufgang auf den Weg.

Als Startpunkt der Wanderung dient der **PHKA-Kontrollposten** (Eintritt werktags/am Wochenende 100 000/150 000 Rp; 7–17 Uhr), der von Bondowoso oder Banyuwangi aus erreichbar ist. Hier muss man sich anmelden und den Eintrittspreis zahlen. Der steile 3 km lange Pfad zum Beobachtungsposten (mit Teehaus) dauert etwa eine Stunde; unterwegs lassen sich manchmal Gibbons blicken. Von dort geht man in 30 Minuten zum Rand des windumtosten Kraters mit seinen großartigen Ausblicken.

Vom Kraterrand führt ein steiler Kiesweg zum See und den Schwefelablagerungen herunter. Aufgrund der extremen Bedingungen blicken viele Besucher nur über den Rand. Wer zum Wasser hinuntersteigt, sollte gut ausgerüstet sein: Die Schwefelgase sind hochgiftig, und man muss unbedingt eine Gesichtsmaske tragen. Menschen mit Atemproblemen oder Kinder dürfen nicht in den Krater steigen.

Schlafen & Essen

★ Catimor LODGE $
(0813 3619 9110, 0813 5799 9800; catimor_n12@yahoo.com; Zi. 125 000–325 000 Rp;) In dieser Budgetlodge lockt mit einer erstklassigen Lage auf der Kaffeeplantage Kebun Balawan, nahe den heißen Quellen. Da schon einige Zeit nichts mehr renoviert wurde, ist die Pension eine etwas wackelige Angelegenheit, insbesondere die Originallodge aus Holz von 1894. Es gibt noch einen separaten Block mit günstigen, halbwegs sauberen Zimmern.

Arabika LODGE $
(0811 1350 5881, 082 8330 1347; arabica.homestay@gmail.com; Zi. inkl. Frühstück 175 000–325 000 Rp;) Diese betagte, recht kühle Berghütte gehört zur Kaffeeplantage Kebun Kalisat und liegt nur einen kurzen Fußmarsch von ihr entfernt. Leider ist sie nicht mehr in bestem Zustand und die Hygienestandards könnten höher sein (teurere Unterkünfte sind sauberer), dafür verfügen alle Zimmer über warmes Wasser und eine Badewanne.

An- & Weiterreise

Man kann fast den gesamten Weg bis zum Kawah Ijen mit öffentlichen Verkehrsmitteln zurücklegen, aber die meisten Besucher mieten sich lieber ein Fahrzeug.

VON BONDOWOSO

Von Wonosari, das 8 km von Bondowoso entfernt in Richtung Situbondo liegt, führt eine holprige Straße mit vielen Schlaglöchern über Suko-sari und Sempol nach Pos Paltuding. In der Regel kommt man ohne größere Probleme in einem Auto mit hoher Bodenfreiheit an sein Ziel, manchmal ist jedoch ein Geländewagen erforderlich. Unterwegs muss man sich an den Kontrollpunkten der Kaffeeplantage anmelden (ca. 5000 Rp).

SURABAYA

Der Flughafen von Surabaya ist der drittwichtigste des Landes und seine verstreut liegenden Terminals werden von vielen Besuchern als Transit genutzt. Er ist der wohl einzige Grund für einen Abstecher in die verschmutzte, überfüllte und für Besucher wenig reizvolle Stadt. Allein die Überquerung der achtspurigen Schnellstraßen im Zentrum ist eine echte Herausforderung.

In der Innenstadt liegt allerdings ein faszinierendes **arabisches Viertel**, Ampel oder Kampung Arab genannt. Optisch und atmosphärisch erinnert es an eine nordafrikanische Medina. In seinem Labyrinth aus engen Gassen mit arabisch beschrifteten, bogenförmigen Eingängen stehen zahlreichen Stände. Alle Straßen führen zur **Mesjid Ampel** (Jl Ampel Suci) GRATIS, wo Sunan Ampel (einer der *wali songo*, der „neun heiligen Männer", die den Islam nach Java brachten) 1481 begraben wurde.

Wer hier gestrandet ist, sollte wissen, dass es nur wenige gute Budgetoptionen gibt. Das einfache **Hotel Paviljoen** (031-534 3449; Jl Genteng Besar 94–98; Zi. mit Ventilator/Klimaanlage ab 150 000/198 000–220 000 Rp;) ist in einer ebenso prachtvollen wie charmanten Kolonialvilla untergebracht. Es lohnt sich, den Aufpreis für die sauberen und komfortablen Zimmer im **Citihub** (031-535 7066, 031-502 9292; www.citihubhotels.com; Jl Gub Suryo IJ; Zi. 375 000 Rp;) zu bezahlen.

SURFING G-LAND

Am südöstlichen Ende Javas liegt die abgeschiedene Blambangan-Halbinsel. Die gewaltige Brandung in Plengkung an der Südostspitze der Peninsula bringt eine der besten linksläufigen Wellen der Welt hervor. Sie teilt sich über einem flachen Riff in perfekte Tunnelwellen und wird von Surfern **G-Land** genannt. Beste Bedingungen herrschen zwischen April und September. Das Gebiet ist nur etwas für Experten, ein paar Sandbodenwellen eignen sich auch für Anfänger.

Vor Ort gibt's drei saisonal geöffnete Surfcamps mit All-inclusive-Angebot. Dazu gehört das **G-Land Joyo's Surf Camp** (☎ Buchungen auf Bali 036-176 3166; www.g-land.com; Paket für 3 Nächte ab 625 US$; ❄ 📶) mit hübschen strohgedeckten Bungalows und gutem Essen. Die Surfcamps kümmern sich um den Transport (auch von Bali aus). Alternativ leiht man sich ein Motorrad oder Auto in Banyuwangi; zwar sind die Zugangsstraßen in schlechtem Zustand, jedoch in der Regel passierbar. Das größtenteils raue Gebiet gehört zum Alas-Purwo-Nationalpark.

Mehrere *angkot* fahren von Bondowoso nach Sempol (25 000 Rp, 2½ Std.); die meisten starten am späten Morgen, es gibt jedoch eine letzte Verbindung um 15 Uhr. Wenn es der Passagier wünscht, fährt der Fahrer manchmal weiter bis nach Pos Paltuding. *Ojek* in Sempol verlangen für die einfache Strecke rund 30 000 Rp.

VON BANYUWANGI

Die Straße zwischen Banyuwangi und Ijen befand sich während unseres Besuchs in einem guten Zustand, allerdings war sie in der Vergangenheit für ihre zerfurchte Fahrbahn berüchtigt. Vor dem Aufbruch in die Region sollte man sich noch mal vor Ort nach den aktuellen Bedingungen erkundigen. Es gibt keine öffentlichen Verkehrsverbindungen von Banyuwangi direkt nach Pos Paltuding, einer nur schwach besiedelten Region.

Jeep-ähnliche Fahrzeuge (650 000 Rp pro Fahrzeug) können über die Touristeninformation Banyuwangi gebucht werden. Wer ein *ojek* für die Fahrt von Banyuwangi nach Ijen chartert, zahlt dafür rund 200 000 Rp (inkl. Wartezeit von 4 Std.). Die *Ojek*-Fahrer warten am Fährhafen von Ketapang und am Busbahnhof von Banyuwangi.

Für die Rückfahrt den Berg hinab von Pos Paltuding nach Banyuwangi schlägt ein *ojek* mit 75 000 bis 100 000 Rp zu Buche.

Banyuwangi

☎ 0333 / 115 000 EW.

An Javas Landspitze befindet sich diese wirklich ganz nette Stadt, die sich als Ausgangsbasis für Ausflüge in die Region eignet. Seltsamerweise liegen der Fährhafen nach Bali, der Busbahnhof und der Bahnhof 8 km nördlich des Ortes am Hafen von Ketapang, obwohl alle Transportmittel „Banyuwangi" als Ziel angeben.

Schlafen & Essen

Wer billig essen will, findet an der Ecke Jl MT Haryono und Jl Wahid Haysim mehrere *warung*.

Hotel Ketapang Indah HOTEL **$$**
(☎ 0333-422280; www.ketapangindahhotel.com; Jl Gatot Subroto; DZ ab 600 000 Rp; ❄ 📶 🏊) Einen erholsamen Aufenthalt verspricht das hübsche Hotel 2 km südlich des Fährhafens. Seine sehr großen, gepflegten Zimmer und Hütten im traditionellen Stil verteilen sich auf einen weitläufigen Garten mit Schatten spendenden Kokospalmen bis zum Meer. Der 18 m lange Pool ist groß genug, um Bahnen zu ziehen, das Restaurant hingegen nur mittelmäßig.

Praktische Informationen

Touristeninformation Banyuwangi (☎ 0333-424172; Jl Ahmad Yani 78; ⏲ Mo–Do 7–16, Fr bis 11 Uhr) Die hilfsbereiten Mitarbeiter dieses Büros sprechen Niederländisch sowie etwas Englisch und organisieren Touren.

An- & Weiterreise

BUS

Banyuwangi hat zwei Busbahnhöfe. Das Sri-Tanjung-Terminal liegt 3 km nördlich des Fährhafens Ketapang, 11 km vom Zentrum entfernt. Von hier verkehren Busse entlang der Nordküste nach Probolinggo (Standard/*patas* 40 000/50 000 Rp, 5 Std.) und Surabaya (46 000/66 000 Rp, 7 Std.). Außerdem gibt's Direktbusse nach Yogyakarta (*patas* 150 000 Rp, 15 Std.) und Denpasar (ab 70 000 Rp, 5 Std. inkl. Fährfahrt).

SCHIFF/FÄHRE

Rund um die Uhr machen sich Fähren nach Gilimanuk auf Bali (alle 45 Min., 1 Std.) auf den Weg. Passagiere zahlen pro Kopf 7500 Rp, ein Motorrad kostet 25 000 Rp, ein Auto 148 000 Rp (inkl. 4 Passagiere). Direktbusse zwischen Bali und Java enthalten bereits den Preis für die Fähre.

ZUG

Der Hauptbahnhof von Banyuwangi liegt nur ein paar Hundert Meter nördlich des Fährhafens. Um 8 und 21.45 Uhr startet der Expresszug *Mutiara Timur* nach Probolinggo (Economy/Business/Executive ab 60 000/105 000/140 000 Rp, 5 Std.) und Surabaya (130 000 Rp, 7 Std.).

BALI

Einmalig grüne Reisterrassen, atemberaubende Wellen, eindrucksvolle Hinduzeremonien, hypnotisierende Tanzvorführungen, weiße Strände, wahrhaft bezaubernde Menschen: Für Bali lassen sich ebenso viele Assoziationen finden wie Blüten an den allgegenwärtigen Wachsblumenbäumen.

Die kleine Insel ist eine wichtige Station jeder Indonesienreise, denn es gibt wahrscheinlich kein besucherfreundlicheres Reiseziel. Unterkünfte reichen von Surferabsteigen bis zu abgelegenen Berghütten. Kulinarisch gesehen locken aromatische hiesige Spezialitäten, die frisch auf Märkten verkauft werden, erstklassige Küchenchefs nehmen die Gäste mit auf eine Reise rund um den Globus. Abends genießt man bei einem kalten Bintang den Sonnenuntergang und tanzt danach die ganze Nacht.

Trotz ihrer geringen Größe mangelt es der Insel nicht an Abwechslung. Das energiegeladene Kuta geht in das luxuriöse Seminyak über, während die künstlerische Atmosphäre in Ubud einen Gegenpol zu nebligen Vulkanwanderwegen bildet. Charmante Strandorte wie Bingin, Amed und Pemuteran erstrecken sich direkt an der Küste.

Geschichte

An der Westküste verzeichnete Bali bereits ca. 3000 v. Chr. die ersten prähistorischen Besucher. Möglicherweise trug das entspannte und sorgenfreie Leben am Strand dazu bei, dass es die neuen Bewohner zunächst extrem ruhig angehen ließen. Erst im 9. Jh. entwickelte sich eine Art organisierte Gesellschaft, die Reisanbau betrieb.

Schon bald gewann der Hinduismus an Bedeutung. Als der Islam in den folgenden Jahrhunderten auf Java Einzug hielt, flohen die Könige des hinduistischen Majapahit-Reichs samt ihrem Gefolge nach Bali. 1478 verließen die letzten hinduistischen Herrscher die Nachbarinsel. Viele Elemente der balinesisch-hinduistischen Religion gehen auf den Priester Nirartha zurück.

Im 19. Jh. verbündeten sich die Niederländer mit einheimischen Prinzen im Norden Balis. Ein Streit um die Plünderung gekenterter Schiffe lieferte 1906 den Vorwand für eine holländische Invasion im Süden der Insel. Sie gipfelte in einem *puputan* (Selbstmordkommando): Die Adeligen von Denpasar brannten ihre eigenen Paläste nieder und legten dann ihren kostbarsten Schmuck an, bevor sie – ihre goldenen *kris* (traditionelle Dolche) schwenkend – geradewegs in die Schusslinien der Angreifer hineinmarschierten.

In späteren Jahren ermutigten niederländische Beamte die Einheimischen dazu, ihre Traditionen zu pflegen. So weckte man Interesse im Ausland und lockte in den 1930er-Jahren die ersten westlichen Urlauber an.

Der in den frühen 1970er-Jahren einsetzende Tourismusboom brachte zahlreiche Veränderungen mit sich. Nun konnten Straßenbau sowie eine Verbesserung der Telekommunikationsmittel, der Bildung und des Gesundheitswesens finanziert werden. Zwar hatten der Tourismus und die boomende balinesische Wirtschaft durchaus negative Auswirkungen auf die Umwelt und die Gesellschaft, doch Balis einzigartige Kultur erwies sich als außergewöhnlich robust, obwohl fast 4 Mio. Besucher pro Jahr auf die Insel kommen.

ℹ Gefahren & Ärgernisse

Für die meisten Traveller sind die hartnäckigen Händler ein absoluter Albtraum. Am besten ignoriert man sie einfach. „Vorübergehende" Tattoos können bleibende Schäden hinterlassen, da die Farben giftige Chemikalien enthalten. Auch Arrak, jener Alkohol, der gewöhnlich aus dem Pflanzensaft der Kokospalmen oder Reis gewonnen wird, sollte stets mit Argwohn betrachtet werden. Darüber hinaus gibt's anhaltende Probleme mit Tollwut.

Vor den Stränden auf der Westseite, z. B. in Kuta und Seminyak, herrschen starke Strömungen und die See ist rau. Rund um die Touristenzentren ist das Meer durch Abwasser aus den bebauten Gebieten und vom umliegenden Ackerland verschmutzt, insbesondere nach starken Regenfällen. Das kann man sogar riechen.

Balis wirtschaftlicher und touristischer Boom hat im Süden der Insel zu großen Verkehrsproblemen geführt. Jeden Tag kommt auf den stark befahrenen Straßen jemand ums Leben, deshalb sollte man niemals ohne Helm auf einen Roller oder ein Motorrad steigen.

ℹ An- & Weiterreise

BUS

Der Busbahnhof Mengwi liegt 12 km nordwestlich von Denpasar, direkt bei der Hauptstraße nach

Bali

0 — 20 km

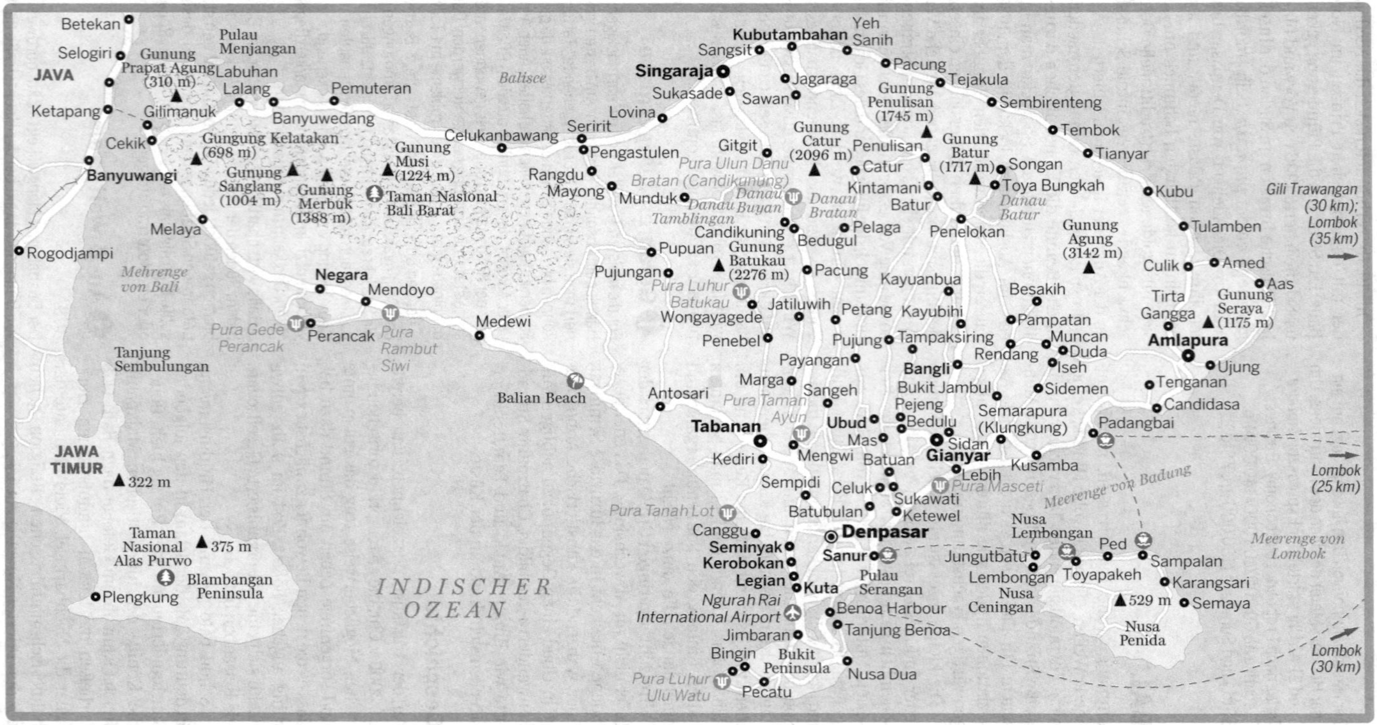
Betekan
Selogiri
JAVA
Ketapang
Gunung Prapat Agung (310 m)
Pulau Menjangan
Labuhan Lalang
Gilimanuk
Cekik
Banyuwangi
Pemuteran
Banyuwedang
Balisee
Gungung Kelatakan (698 m)
Gunung Sanglang (1004 m)
Gunung Merbuk (1388 m)
Gunung Musi (1224 m)
Taman Nasional Bali Barat
Melaya
Rogodjampi
Mehrenge von Bali
Negara
Mendoyo
Pura Gede Perancak
Perancak
Pura Rambut Siwi
Medewi
Tanjung Sembulungan
Balian Beach
JAWA TIMUR
322 m
Taman Nasional Alas Purwo
375 m
Blambangan Peninsula
Plengkung
INDISCHER OZEAN
Celukanbawang
Seririt
Lovina
Pengastulen
Rangdu
Mayong
Munduk
Singaraja
Sukasade
Sangsit
Kubutambahan
Yeh Sanih
Jagaraga
Sawan
Pacung
Tejakula
Gunung Penulisan (1745 m)
Sembirenteng
Tembok
Tianyar
Gitgit
Gunung Catur (2096 m)
Penulisan
Catur
Gunung Batur (1717 m)
Songan
Toya Bungkah
Pura Ulun Danu Bratan (Candikunung)
Danau Tamblingan
Danau Buyan
Danau Bratan
Danau Batur
Kintamani
Batur
Penelokan
Candikuning
Bedugul
Pelaga
Pupuan
Gunung Batukau (2276 m)
Pujungan
Pacung
Kubu
Tulamben
Gili Trawangan (30 km); Lombok (35 km)
Gunung Agung (3142 m)
Culik
Amed
Aas
Pura Luhur Batukau
Jatiluwih
Wongayagede
Petang
Kayuanbua
Kayubihi
Besakih
Pampatan
Tirta Gangga
Gunung Seraya (1175 m)
Amlapura
Ujung
Penebel
Pujung
Tampaksiring
Muncan
Duda
Rendang
Iseh
Payangan
Bangli
Marga
Sangeh
Bukit Jambul
Sidemen
Tenganan
Candidasa
Antosari
Pura Taman Ayun
Pejeng
Bedulu
Semarapura (Klungkung)
Padangbai
Tabanan
Ubud
Mas
Sidan
Gianyar
Kusamba
Lombok (25 km)
Kediri
Mengwi
Batuan
Lebih
Pura Masceti
Meerenge von Badung
Sempidi
Celuk
Sukawati
Pura Tanah Lot
Batubulan
Ketewel
Canggu
Denpasar
Nusa Lembongan
Seminyak
Kerobokan
Sanur
Jungutbatu
Ped
Sampalan
Meerenge von Lombok
Legian
Kuta
Pulau Serangan
Lembongan
Toyapakeh
Karangsari
Ngurah Rai International Airport
Benoa Harbour
Nusa Ceningan
529 m
Semaya
Jimbaran
Tanjung Benoa
Nusa Penida
Bingin
Bukit Peninsula
Nusa Dua
Lombok (30 km)
Pura Luhur Ulu Watu
Pecatu

Westbali. Viele Überlandbusse zum/ab dem Busbahnhof von Denpasar halten hier. Für die Anreise/Abreise nach/ab Südbali spart man im Vergleich zu Denpasar durch die Nutzung dieses Terminals Zeit. Die Preise für Taxis mit Taxametern liegen zwischen 150 000 und 200 000 Rp.

Bei zahlreichen Busunternehmen sind Fährüberfahrten von Bali nach Java und Lombok inbegriffen; nach Java fahren viele über Nacht. Es ist ratsam, Tickets mindestens einen Tag im Voraus bei einer Reiseagentur oder bei den Busbahnhöfen in Denpasar (Ubang) und Mengwi zu kaufen. Flüge sind übrigens oft so günstig wie Busreisen.

Je nach Unternehmen schwanken die Preise. Für einen bequemen Sitz und Klimaanlage lohnt es sich, etwas mehr zu investieren. Zu den Verbindungen gehören Surabaya (150 000 Rp, 12 Std.), Yogyakarta (350 000 Rp, 16 Std.) und Jakarta (470 000 Rp, 24 Std.). Weitere Busse starten in Singaraja im Norden der Insel, zudem gibt's Minibusse ab Kuta.

FLUGZEUG

Balis einziger Flughafen ist der Ngurah Rai International Airport (DPS) unmittelbar südlich von Kuta. Auf den Websites mancher Airlines wird er als „Denpasar" oder einfach nur als „Bali" bezeichnet. 2014 hat ein großer neuer Terminal eröffnet.

Bali ist ein wichtiges Drehkreuz für internationale Flüge und sein Flughafen der zweitbedeutendste des Landes. Die Inlandsverbindungen scheinen sich dauernd zu ändern und die Konkurrenz ist hart. Zahlreiche Ziele sind für weniger als 100 US$ zu erreichen.

SCHIFF/FÄHRE

Fähren pendeln zwischen Gilimanuk im Westen Balis und Ketapang auf Java.

Regelmäßig fahren öffentliche Fähren von Padangbai nach Lombok. Darüber hinaus verkehren schnelle Touristenboote zu den Gili-Inseln.

Pelni-Schiffe fahren sporadisch von Bali aus zu vielen anderen Inseln. im **Pelni-Büro** (☎ 0361-763963; www.pelni.co.id; Jl Raya Kuta 299; ⏲ Mo–Fr 8–12 & 13–16, Sa 8–13 Uhr) in Tuban gibt's Infos zu den Verbindungen und Tickets.

ZUG

Die Zweigstelle der **staatlichen Eisenbahngesellschaft** (☎ 0361-227131; Jl Diponegoro 150/B4; ⏲ Mo–Fr 8–15, Sa & So 9–14 Uhr) in Denpasar verkauft Kombitickets für aufeinander abgestimmte Busse und Züge. Preise und Zeiten ähneln denen von Busreisen, allerdings sind die klimatisierten Züge selbst in der Economy-Klasse komfortabler. *Jadwal* auf der Website heißt Fahrplan.

ℹ Unterwegs vor Ort

Bali ist eine kleine Insel mit guten, aber chronisch verstopften Straßen und unzähligen Transportmöglichkeiten.

AUTO & MOTORRAD

Wer vor Ort einen Wagen mietet, wird meist einen kleinen Jeep bekommen, der 200 000 Rp pro Tag inklusive Versicherung und unbegrenzter Kilometerzahl kostet.

Motorräder sind ein beliebtes, aber nicht ganz ungefährliches Fortbewegungsmittel. Die Preise liegen im Schnitt bei 50 000 Rp pro Tag. Weil Helmpflicht herrscht, erhält man einen Kopfschutz dazu; teils ist auch ein Surfbretthalter inklusive.

Wer keinen internationalen Führerschein besitzt, kann bei einer bestimmten Polizeiwache in Denpasar eine vorübergehend gültige Fahrerlaubnis beantragen (200 000 Rp).

Ein Mietwagen mit Fahrer kostet für acht bis zehn Stunden Nutzungszeit inklusive Benzin mindestens 600 000 Rp. Die Buchung ist in allen Unterkünften möglich. In Touristengegenden muss man nur die Straße hinuntergehen, schon wird man mit Angeboten überhäuft. Dies ist die übliche Weise, von einem Teil der Insel zum anderen zu gelangen.

Eine gebührenpflichtige Schnellstraße verbindet die Sanur-Umgehung bei Benoa mit dem Flughafen und Nusa Dua.

BEMO & BUS

Die meisten *bemo* (Minibusse) findet man in Denpasar, aber da es immer mehr Motorräder und Taxis gibt, verschlechtert sich das Netzwerk zunehmend. Sie bedienen keine beliebten Orte wie Seminyak, und wer z. B. von Kuta nach Ubud will, ist den ganzen Tag unterwegs. Eine Fahrt kostet mindestens 4000 Rp.

Perama (☎ 0361-751170; www.peramatour.com) Betreibt neben einigen anderen Unternehmen Touristen-Shuttlebusse, die man mindestens einen Tag vorher buchen muss. Leider steuern sie beliebte Ziele wie Seminyak und die Halbinsel Bukit nur selten an. Man zahlt etwa ein Drittel der Taxipreise.

Trans-Sarbagita (Jl Imam Bonjol; Fahrpreis 3500 Rp; ⏲ 5–21 Uhr) Fährt mit großen, klimatisierten Pendlerbussen nach Batubulan, über die Umgehungsstraße von Sanur nach Nusa Dua und von Denpasar nach Jimbaran. An den gut ausgezeichneten Bushaltestellen hängen Pläne aus. Die verschiedenen Linien haben eine gemeinsame Haltestelle gleich östlich von Kuta: ein großer Parkplatz südlich des Einkaufszentrums Istana Kuta Galleria.

FAHRRAD

In seiner Unterkunft kann man sich darüber informieren, wo gute Fahrräder vermietet werden. Hotels haben oft auch eigene Leihräder. In der Regel zahlt man 30 000 Rp pro Tag.

VOM/ZUM FLUGHAFEN

Am Flughafen warten Festpreistaxis. Fahrten nach Seminyak kosten 110 000 Rp und nach

Ubud 300 000 Rp. Wer Geld sparen will, geht 300 m nordöstlich über den Flughafenparkplatz und die stark befahrene Zufahrtsstraße zu den Bluebird-Taxis mit Kilometerzählern, die am Ausgang des Flughafens warten.

SCHIFF/FÄHRE

Von Serangan, Sanur und Padangbai verkehren unterschiedlich ausgestattete Boote nach Nusa Lembongan und Nusa Peni.

TAXI

Im Süden von Bali sind Taxis mit Kilometerzählern üblich, die man überall einfach anhalten kann. Wer die Gegend rund um Kuta und Seminyak kennenlernen möchte, muss zwangsläufig darauf zurückgreifen. Fahrer, die „Probleme" mit dem Taxameter haben oder es nicht einschalten, sollte man meiden.

Bluebird Taxi (☎ 0361-701111; www.bluebirdgroup.com), das angesehenste Unternehmen, verfügt über blaue Fahrzeuge mit der Aufschrift „Bluebird Group" auf der Windschutzscheibe (Vorsicht vor Nachahmern). Die Fahrer sprechen vernünftig Englisch, machen keine rechtswidrigen Angebote und schalten grundsätzlich den Gebührenzähler ein. Bluebird-Taxis kann man auch über eine praktische App buchen.

Uber ist mittlerweile auch in Südbali vertreten.

Kuta & Seminyak

☎ 0361

Kuta ist Balis größtes Strandresort. Früher oder später kommen die meisten Besucher hierher, da es sich in der Nähe des Flughafens befindet und eine gute Auswahl an Budgethotels, Restaurants, Bars sowie touristischen Einrichtungen bietet. Zwar liegt es im Trend, dem krassen Kommerz und etwas billigen Flair von Kuta und seinem unmittelbaren Nachbarn im Norden, **Legian**, die kalte Schulter zu zeigen, doch die kosmopolitische Mischung aus Strandparty-Hedonismus (überall werden Zauberpilze verkauft) und schillernden neuen Zerstreuungen wie dem **Beachwalk** (Karte S. 118; www.beachwalkbali.com; Jl Pantai Kuta; ⏲ 10–24 Uhr) hat auch ihren Reiz. Im schlimmsten Falle gibt sich Legian als etwas ordinäre Australier-Enklave.

Obwohl sich **Seminyak** unmittelbar nördlich von Kuta und Legian erstreckt, wirkt es, als läge es auf einer anderen Insel. Der Ort gibt sich protzig und keck und ist voller Hipsters und Expats. Wie in Kuta gibt's einen tollen Sandstrand, der jedoch nicht so große Massen anzieht. Eine ganz ähnliche Atmosphäre herrscht weiter nördlich in **Kerobokan**.

Die geschäftige Jl Legian verläuft parallel zum Strand durch Legian und Kuta. Die Jl Raya Seminyak ist die Verlängerung der Jl Legian und von hippen Geschäften gesäumt. Die Jl Laksmana und die Jl Petitenget sind Balis Trendmeilen.

Zwischen der Jl Legian und dem Strand befindet sich ein Durcheinander aus Nebenstraßen, winzigen Hotels, Souvenirständen, *warung*, Bars, Baustellen und vereinzelten Kokospalmen. Ein kleiner Weg oder eine Gasse wird als *gang* bezeichnet.

Sehenswertes

Kuta Beach STRAND
(Karte S. 118) Es ist nicht wirklich verwunderlich, dass Balis Tourismus hier seinen Ursprung hat. Unaufdringliche Verkäufer bieten Erfrischungsgetränke, Bier, Snacks und andere Kleinigkeiten an, außerdem kann man Surfbretter, Liegestühle und Sonnenschirme mieten (je nach Verhandlungstalent 10 000 Rp bis 20 000 Rp)). Die Sonnenuntergänge sind legendär.

Legian Beach STRAND
(Karte S. 118) Südlich von Kuta Beach erstreckt sich der Legian Beach. Da es hier keine laute Straße in direkter Nachbarschaft und weniger Besucher gibt, geht es ruhiger zu.

Seminyak Beach STRAND
(Karte S. 120) Der langgezogene Strand erstreckt sich hinter Kuta und Legian. Ein Liegestuhl und ein eiskaltes Bintang bei Sonnenuntergang versprechen magische Momente. Nahe Pura Petitenget gibt's einen angenehmen Abschnitt, der deutlich weniger überfüllt ist als die Gegend weiter südlich in Kuta.

Weniger Besucher bedeutet jedoch auch, dass der Strand weniger überwacht und die Badebedingungen weniger kontrolliert werden. Jederzeit besteht die Gefahr, auf gefährliche Strömungen oder entsprechende Risiken zu treffen, vor allem Richtung Norden.

Aktivitäten

Kutas berühmter Strand bietet tolle Surfbedingungen und Kurse. An Buden in den Nebenstraßen werden Bretter (ab verhandelbaren 30 000 Rp pro Tag) und Boogie-Boards vermietet, Dellen repariert sowie neue und gebrauchte Boards verkauft.

Pro Surf School SURFEN
(Karte S. 118; ☎ 0361-751200; www.prosurfschool.com; Jl Pantai Kuta; Unterricht ab 45 €) Die re-

nommierte Surfschule inkl. nettem Café hilft Anfängern schon seit Jahren aufs Surfbrett. Direkt am Strand von Kuta. Es gibt Kurse für jedes Niveau und ein Hostel (Schlafsäle ab 15 €).

Rip Curl School of Surf SURFEN
(Karte S. 118; ☎0361-735858; www.ripcurlschoolofsurf.com; Jl Arjuna; Unterricht ab 700 000 Rp) Normalerweise verkaufen Universitäten T-Shirts mit ihrem Logo, hier ist es genau andersherum: Dieser Laden sponsert eine Schule. Unterricht für jedes Niveau erfolgt im Süden; für Kinder werden eigene Kurse angeboten. In Sanur findet sich eine Zweigstelle für Kitesurfing, Windsurfing und Stehpaddeln.

Sundari Day Spa SPA
(Karte S. 120; ☎0361-735073; www.sundari-dayspa.com; Jl Petitenget 7; Massagen ab 200 000 Rp; ⏲10–22 Uhr) Das charmante Spa hat den Anspruch, den Service eines Fünf-Sterne-Resorts zu günstigen Preisen zu bieten. Alle Massageöle und anderen Lotionen basieren auf natürlichen Inhaltstoffen, im Angebot sind alle möglichen Therapien und Behandlungen.

Schlafen

Da Südbali sehr beliebt ist, wird man Zimmerpreise unter 200 000 Rp pro Nacht nur schwer finden.

Kuta & Legian

Bei einem Spaziergang durch die *gangs* nach einem günstigen Zimmer Ausschau zu halten stellt für viele eine Art Ritual dar. Trotz der expandierenden Ketten und Fünf-Sterne-Resorts sind kleine und familiengeführte Betriebe noch immer zahlreich vertreten.

★ **Hotel Ayu Lili Garden** HOTEL $
(Karte S. 118; ☎0361-750557; ayuliligardenhotel@yahoo.com; abseits der Jl Lebak Bene; Zi. mit Ventilator/Klimaanlage ab 175 000/226 000 Rp; ❄ 🏊) In einer *verhältnismäßig* ruhigen Gegend nahe dem Strand verfügt dieses familienbetriebene Retrohotel über 22 Zimmer im Bungalowstil. Der Standard ist hoch und für ein bisschen mehr Geld gibt's nette Extras wie z. B. einen Kühlschrank.

Funky Monkey Hostel HOSTEL $
(Karte S. 118; ☎0812 4636 4386; www.funkymonkeybali.com; Poppies Lane 1; B 60 000–120 000 Rp, Zi. 300 000 Rp; ❄ 📶 🏊) Das gemütlich-intime Hostel unter niederländischer Leitung bietet eine hübsche Lage in einer Nebenstraße von Kuta in der Nähe des Poppies Restaurant und ist eine Topadresse, um andere Reisende zu treffen. Neben einem kleinen Pool locken kostenlose Pfannkuchen und günstiges Bier. Bei den billigeren Schlafsälen handelt es sich um Etagenbetten im Freien.

Kayun Hostel Downtown HOSTEL $
(Karte S. 118; ☎0361-758442; www.kayun-downtown.com; Jl Legian; B inkl. Frühstück ab 190 000 Rp; ❄ 📶 🏊) Im Herzen Kutas in direkter Nähe zum Nachtleben gelegen, ist dieses recht stilvolle Hostel die erste Adresse für alle Partyverrückten. Es ist in einem eleganten Kolonialgebäude untergebracht und verfügt über ein kleines Tauchbecken. In den Schlafsälen mit vier bis 20 Betten sorgen Vorhänge für Privatsphäre.

Kuta Bed & Breakfast PENSION $
(Karte S. 118; ☎0821 4538 9646, 0818 568 364; hanafi@consultant.com; Jl Pantai Kuta 1 E; Zi. ab 250 000 Rp; ❄ 📶) Die brandneue Pension gegenüber dem Bemo Corner vermietet neun gemütliche Zimmer im üblichen Standard. Erreichbar ist sie mit einem zehnminütigen Fußmarsch vom Strand bzw. einer zehnminütigen Fahrt vom Flughafen.

Island PENSION $$
(Karte S. 118; ☎0361-762722; www.theislandhotelbali.com; Gang Abdi; B/Zi. inkl. Frühstück ab 250 000/500 000 Rp; ❄ @ 📶 🏊) Das Island, ein echter Geheimtipp, gehört zu Balis wenigen Edelhostels, ausgestattet mit glitzerndem Pool und luxuriösem Achtbettschlafsaal, versteckt in einem zauberhaften Gewirr winziger Gassen westlich der Jl Legian an der Mündung der *gangs* 19, 21 und Abdi.

Seminyak & Kerobokan

Aufgrund der stilvollen Umgebung ist es hier schwierig, ein günstiges Zimmer zu finden, aber die Mühe zahlt sich aus.

★ **Ned's Hide-Away** PENSION $
(Karte S. 120; ☎0361-731270; nedshide@dps.centrin.net.id; Gang Bima 3; Zi. mit Ventilator/Klimaanlage ab 180 000/300 000 Rp; ❄ 📶) Auch wenn es in letzter Zeit etwas nachgelassen hat, bleibt das Ned's eine gute Budgetoption mit einfachen und schickeren Zimmern. WLAN ist nur im Rezeptionsbereich verfügbar.

M Boutique Hostel HOSTEL $
(Karte S. 120; ☎0361-473 4142; www.mboutiquehostel.com; Jl Petitenget 8; B 150 000 Rp; ❄ @ 📶 🏊) Die

Kuta & Legian

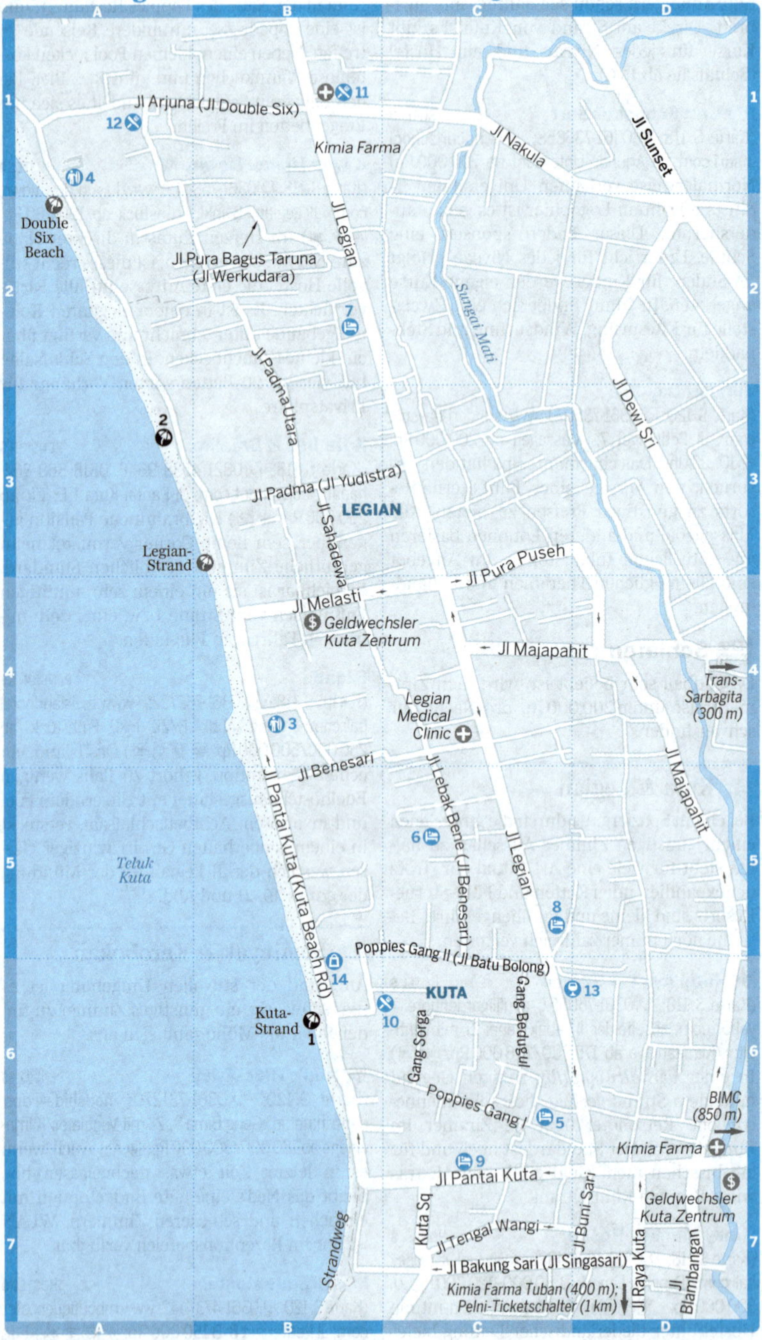
0
500 m
Jl Arjuna (Jl Double Six)
11
12
Kimia Farma
Jl Nakula
Jl Sunset
4
Double Six Beach
Jl Legian
Jl Pura Bagus Taruna (Jl Werkudara)
Sungai Mati
7
Jl Padma Utara
Jl Dewi Sri
2
Jl Padma (Jl Yudistra)
Jl Sahadewa
LEGIAN
Legian-Strand
Jl Pura Puseh
Jl Melasti
Geldwechsler Kuta Zentrum
Jl Majapahit
Trans-Sarbagita (300 m)
Legian Medical Clinic
3
Jl Benesari
Jl Lebak Bene (Jl Benesari)
Jl Majapahit
Jl Pantai Kuta (Kuta Beach Rd)
6
Jl Legian
Teluk Kuta
8
Poppies Gang II (Jl Batu Bolong)
14
KUTA
Gang Bedugul
13
Kuta-Strand
1
10
Gang Sorga
Poppies Gang I
5
BIMC (850 m)
Kimia Farma
9
Jl Pantai Kuta
Geldwechsler Kuta Zentrum
Kuta Sq
Jl Buni Sari
Jl Tengal Wangi
Strandweg
Jl Bakung Sari (Jl Singasari)
Jl Raya Kuta
Jl Blambangan
Kimia Farma Tuban (400 m); Pelni-Ticketschalter (1 km)

Kuta & Legian

Sehenswertes
1 Kuta Beach ... B6
2 Legian Beach ... A3

Aktivitäten, Kurse & Touren
3 Pro Surf School ... B4
4 Rip Curl School of Surf ... A1

Schlafen
5 Funky Monkey Hostel ... C6
6 Hotel Ayu Lili Garden ... C5
7 Island ... B2
8 Kayun Hostel Downtown ... C5
9 Kuta Bed & Breakfast ... C7

Essen
10 Fat Chow ... C6
11 Saleko ... B1
12 Warung Asia Thai Food ... A1

Ausgehen & Nachtleben
13 Sky Garden Lounge ... D6

Shoppen
14 Beachwalk ... B6

geschmackvolle, moderne Backpacker-Unterkunft verfügt über Schlafsäle mit Kabinen, die Privatsphäre gewähren. Jede weist Rollos, einen kleinen Tisch, eine Leselampe und eine Steckdose auf. Für zusätzlichen Charme sorgen der gepflegte Rasen und ein kleines Tauchbecken. Am Wochenende sind die Preise etwas höher.

Raja Gardens PENSION $
(Karte S. 120; ☎0361-730494; jdw@eksadata.com; abseits der Jl Camplung Tanduk; Zi. mit Ventilator/Klimaanlage ab 400 000/600 000 Rp;) Scon seit 1980 ist diese altmodische Pension im Geschäft. Sie punktet mit einer weitläufigen Rasenfläche, auf der Obstbäume stehen, und einer ruhigen Lage in direkter Strandnähe. Ihre acht Zimmer sind recht einfach, dafür gibt's Bäder unter freiem Himmel und jede Menge Topfpflanzen. Am Pool kann man sich gut entspannen. Aufgrund der ruhigen Atmosphäre ist sie bei jüngeren Pärchen beliebt.

Brown Feather B&B $$
(Karte S. 120; ☎0361-473 2165; www.brownfeather.com; Jl Batu Belig 100; Zi. inkl. Frühstück 700 000–900 000 Rp;) Das B&B an der Hauptstraße grenzt an Reisfelder und versprüht niederländisch-javanischen Kolonialcharme. Die Zimmer verbinden Schlichtheit mit altmodischem Flair, davon zeugen Schreibtische aus Holz und Waschbecken aus alten Singer-Nähmaschinen. Ausblicke auf die Reisfelder bieten die Unterkünfte 205 und 206. Dazu kommen ein kleiner hübscher Pool und kostenlose Leihräder.

Essen

Im Süden Balis gibt's zahlreiche Imbisse mit einfachen Nudelgerichten oder Ähnlichem, während in Seminyak auch sehr edle Lokale zu finden sind. Leckere lokale Spezialitäten bekommt man im Norden Richtung Kerobokan.

Kuta & Legian

Aufgrund der belebten Jl Pantai Kuta beschränken sich die Geschäfte am Strand auf den Handel mit Getränken. Eine Reihe Cafés gibt's am beliebten Double Six Beach am Ende der Jl Arjuna.

Saleko INDONESISCH $
(Karte S. 118; Jl Nakula 4; Gerichte ab 11 000 Rp; ⌚8–23 Uhr) Wer noch kein Masakan-Padang-Essen probiert hat, kennt die indonesische Küche nicht. Saleko ist eine gute Adresse, um das einfache, leckere und günstige Straßenessen aus Sumatra zu kosten. Die Speisen, darunter Grillhühnchen und Fisch, sind so scharf, dass man Feuer spucken kann. Die gesamte Auswahl ist halal und es wird kein Alkohol ausgeschenkt.

Warung Asia Thai Food ASIATISCH $
(Karte S. 118; ☎0361-742 0202; Jl Werkudara; Gerichte ab 32 000 Rp; ⌚11 Uhr–open end;) In dem beliebten *warung* im Obergeschoss servieren außerordentlich freundliche Kellner indonesische Klassiker und thailändische Küche. Abends wird's feucht-fröhlich und laut.

★ **Fat Chow** ASIATISCH $$
(Karte S. 118; ☎0361-753516; www.fatchowbali.com; Poppies Gang II; Hauptgerichte ab 60 000 Rp; ⌚10–23 Uhr;) Diese stilvolle, moderne Variante eines traditionellen Cafés mit offener Front verkauft asiatisch geprägte Kost. Gäste sitzen an langen Picknicktischen, kleinen Tischen oder auf Sofas. Das Essen ist kreativ, viele Gerichte kann man teilen. Besonders

Seminyak & Kerobokan

Seminyak & Kerobokan

Sehenswertes
1 Seminyak Beach A3

Aktivitäten, Kurse & Touren
2 Sundari Day Spa C1

Schlafen
3 Brown Feather B1
4 M Boutique Hostel B1
5 Ned's Hide-Away D5
6 Raja Gardens C5

Essen
7 Revolver B4
8 Sardine C1
9 Sisterfields B3
10 Warung Aneka Rasa C3
11 Warung Eny B2
12 Warung Sulawesi B1

Ausgehen & Nachtleben
13 Bali Jo D5
14 La Favela C3

Shoppen
15 Drifter B3
16 Duzty D5

empfehlenswert sind knuspriger asiatischer Salat, Teigtaschen mit Schweinefleisch, Tokio-Garnelen und authentisches Pad Thai.

Seminyak & Kerobokan

In Seminyak und Kerobokan findet man nicht nur ein paar der besten Restaurants Asiens, sondern auch eine große Auswahl günstiger Lokale.

★ Warung Sulawesi INDONESISCH $
(Karte S. 120; Jl Petitenget; Gerichte ab 30 000 Rp; 10–18 Uhr) Das frische balinesische und indonesische Essen wird hier im klassischen *warung*-Stil serviert. Zuerst wählt man eine Reissorte, dann eines der zahllosen Gerichte. Mittags ist am meisten los. Die langen Bohnen sind einfach köstlich!

★ Nook ASIATISCH $
(0813 3806 0060; Jl Umalas I; Hauptgerichte ab 35 000 Rp; 8–23 Uhr; WLAN) Legeres Freiluftcafé in großartiger Lage inmitten von Reisfeldern. Es ist wegen seiner kreativen Interpretationen asiatischer Küche beliebt und mischt Modernes mit tropischen Aromen. Zu empfehlen sind auch das Frühstück und die Mittagssandwiches.

Warung Aneka Rasa INDONESISCH $
(Karte S. 120; Jl Kayu Aya; Gerichte ab 20 000 Rp; 7–20 Uhr) Der einfache *warung* sorgt mitten im Herzen von Seminyaks schickem Einkaufsgetto für eine gewisse Bodenhaftung. Im einladenden Cafébereich mit offener Front kommen typische indonesische Klassiker auf den Tisch.

Revolver CAFÉ $
(Karte S. 120; abseits der Jl Kayu Aya; Frühstück ab 40 000 Rp; 7–18 Uhr; WLAN) Eine winzige *gang* führt zu den schmalen Holztüren dieser kleinen Café-Bar mit exzellenter Kaffeeauswahl. In dem kreativen Retro-Raum, der an einen Wild-West-Saloon erinnert, stehen nur wenige Tische. Zum Frühstück und Mittagessen gibt's leckere, frische Speisen und auch die Säfte können sich sehen lassen.

Warung Taman Bambu BALINESISCH $
(0361-888 1567; Jl Plawa 10; Hauptgerichte ab 25 000 Rp; 9–22 Uhr; WLAN) Von außen sieht der typische *warung* gewohnt rustikal aus, doch die bequemen Sitzgelegenheiten, genau wie die vielen frischen, gut gewürzten Speisen, sind einen Tick besser als der Durchschnitt. Nebenan verkauft ein kleiner Stand *babi guling* (Spanferkel).

Warung Eny BALINESISCH $
(Karte S. 120; 0361-473 6892; Jl Petitenget; Hauptgerichte ab 35 000 Rp; 8–23 Uhr) Eny, nach der der winzige, sich hinter Topfpflanzen versteckende *warung* benannt ist, bereitet alles selbst zu. Das Schild an der Straße („The Love Cooking") bestätigt, dass hier mit viel Liebe gekocht wird. Insbesondere die Meeresfrüchte, darunter große Knoblauchgarnelen, sind köstlich und die meisten Zutaten bio. Eny veranstaltet außerdem unterhaltsame Kochkurse.

Sisterfields CAFÉ $$
(Karte S. 120; 0811 386 0507; www.sisterfieldsbali.com; Jl Kayu Cendana 7; Hauptgerichte ab 60 000 Rp; 7–17 Uhr; WLAN) Das trendige Café hat typische Frühstücksgerichte wie Avocadomus und kreativere Speisen wie getrüffelte Austernpilze mit Enteneiern und knusprigen Schweineohren im Angebot, zudem gibt's Hipster-Klassiker wie Brötchen mit Pulled Pork oder Hummer. Gäste können es sich in einer Sitzecke, an der Theke oder im Garten hinterm Haus gemütlich machen.

Ausgehen & Nachtleben

Die große Attraktion ist der Sonnenuntergang am Strand gegen 18 Uhr, am besten bei einem Drink in einem Café mit Meerblick oder bei einem Bier von einem der Straßenhändler. Danach startet dann das legendäre Nachtleben.

Die wildesten Clubs von Bali konzentrieren sich in einem 300-m-Radius um die **Sky Garden Lounge** (Karte S. 118; www.skygardenbali.com; Jl Legian 61; 24 Std.). An der Jl Legian reihen sich zahlreiche ungezwungene und schicke Läden aneinander, während in Seminyak die Jl Pantai Kaya Aya jede Menge Szenebars säumen.

★ La Favela BAR
(Karte S. 120; 0361-730603; www.lafavela.com; Jl Kayu Aya 177X; 12 Uhr–open end; WLAN) Mit seinem Bohème-Flair gehört das La Favela zu den coolsten und originellsten Ausgehadressen Balis. Seine Themenzimmer reichen von spärlich beleuchteten Cocktail-Lounges über antike Speiseräume bis hin zu Bars voller Graffiti. Um 23 Uhr weichen die Tische DJs und einer Tanzfläche.

Ebenso beliebt ist das Gartenrestaurant mit mediterran inspirierter Speisekarte.

La Plancha BAR
(0361-730603; abseits der Jl Camplung Tanduk; 8–24 Uhr) Die wohl überzeugendste Bar

am Strandweg südlich der Jl Camplung Tanduk ist mit den typischen bunten Sonnenschirmen und Sitzsäcken im Sand möbliert, außerdem werden ein paar Tapas-ähnliche Snacks serviert. Nach Sonnenuntergang gibt's DJs und Strandpartys.

Potato Head STRANDCLUB
(☎0361-473 7979; www.ptthead.com; Jl Petitenget; ⏲11–2 Uhr; 📶) Entweder läuft man vom Strand aus hoch oder folgt einer langen Zufahrt abseits der Jl Petitenget, um zu Balis Pionier unter den Strandclubs zu gelangen. Er gehört noch immer zu den besten und bietet jede Menge Unterhaltung, von einem verlockenden Pool über ein schickes Restaurant bis hin zu Lounges und Rasenflächen, die zu entspannten Momenten unter dem Sternenhimmel einladen.

Bali Jo LGBT-BAR
(Karte S. 120; ☎0361-847 5771; www.balijoebar.com; Jl Camplung Tanduk; ⏲15–3 Uhr; 📶) Einer von mehreren lebendigen Hotspots der LGBT-Szene entlang der Jl Camplung Tanduk. Allabendlich sorgen Dragqueens und Go-Go-Tänzer für Stimmung.

Shoppen

In Kuta locken jede Menge günstige Läden. Protzige Geschäfte für Surfzubehör findet man am Kuta Square und in der Jl Legian.

Ganze Tage könnte man in Seminyaks Geschäften verbringen. Zur riesigen Auswahl gehören Designer-Boutiquen (Bali hat eine florierende Modeindustrie), Läden im Retro-Schick, Edelgalerien, große Warenhäuser und familienbetriebene Ateliers.

VERWÖHNPROGRAMM

Highlight im stilvoll-eleganten, aber zugleich auch legeren **Sardine** (Karte S. 120; ☎0811 397 8111; www.sardinebali.com; Jl Petitenget 21; Gerichte 20–50 US$; ⏲11.30–16 & 18–23 Uhr; 📶) sind die Meeresfrüchte frisch vom berühmten Jimbaran-Markt. Im bildhübschen Bambuspavillon herrscht eine intime Atmosphäre, und von den Tischen unter freiem Himmel blickt man direkt auf ein privates Reisfeld inklusive hauseigener Enten, die dort nach dem Rechten sehen. Die bis 1 Uhr geöffnete Bar ist ein Muss. Wer sich auf der Reise unsterblich verliebt hat, muss hier um ihre Hand anhalten. Ohne Reservierung geht nichts.

In Kerobokan mischen sich Boutiquen unter die trendigen Restaurants an der Jl Petitenget.

★**Drifter** KLEIDUNG, ACCESSOIRES
(Karte S. 120; ☎0361-733274; www.driftersurf.com; Jl Kayu Aya 50; ⏲7.30–23 Uhr) Exklusive Surfermode, Surfbretter, Ausrüstung, coole Bücher und Marken wie Obey und Wegener. Der Laden wurde von zwei cleveren Surfern eröffnet und ist für seine Individualität und hohe Qualität bekannt. Mit kleiner Café-Bar und Innenhof.

Duzty KLEIDUNG
(Karte S. 120; Jl Raya Seminyak 67; ⏲9–22 Uhr) In einer von ausländischen Marken dominierten Industrie freut man sich über ein hiesiges Label. Diese T-Shirts mit frechen Rock-'n'-Roll- und Gegenkulturmotiven entwarf der junge Balinese Rahsun. Zum Sortiment gehören auch ein paar Trägerhemden für Frauen.

Praktische Informationen

In den Haupttouristenstraßen Kutas stößt man alle paar Meter auf ein Reisebüro.

Zudem gibt's unzählige Geldautomaten, u. a. in den allgegenwärtigen (und besonders günstigen) „Circle K"-Supermärkten. Vorsicht bei „offiziellen" Geldwechslern. Sie sind ziemlich ausgebufft, verlangen z. T. Extragebühren oder geben zu wenig Geld zurück, ohne dass man es merkt.

Eine gute einheimische Apothekenkette ist **Kimia Farma**.

BIMC (☎0361-761263; www.bimcbali.com; Jl Ngurah Rai 100X; ⏲24 Std.) Moderne Klinik an der Umgehungsstraße gleich östlich von Kuta, nahe dem Einkaufszentrum Bali Galleria. Sie wird von Australiern betrieben, die Untersuchungen durchführen, ihre Ärzte in die Unterkünfte schicken und Krankentransporte organisieren. Allerdings kann eine Visite 100 US$ oder mehr kosten. Es gibt eine Außenstelle in Nusa Dua.

Central Kuta Money Exchange (Karte S. 118; ☎0361-762970; Jl Raya Kuta; ⏲8–18 Uhr) Ist vertrauenswürdig und wechselt verschiedene Währungen. Zu den vielen Vertretungen gehören eine Filiale in **Legian** (Karte S. 118; Jl Melasti; ⏲8–22 Uhr) und Schalter in einigen Circle-K-Minimärkten.

An- & Weiterreise

Bemo pendeln regelmäßig zwischen Kuta und dem Busbahnhof Tegal in Denpasar (etwa 8000 Rp). Sie starten an der Jl Raya Kuta unweit der Jl Pantai Kuta, fahren am Strand vorbei über die Jl Melasti und Bemo Corner bis nach Denpasar.

Touristenbusse bedienen die Strecken nach Sanur, Ubud, Padangbai und Lovina.

GÜNSTIGES BIER BEI SONNENUNTERGANG

Auf Bali scheint der Himmel bei Sonnenuntergang förmlich zu explodieren: Er leuchtet in allen Rot-, Orange- und Purpurtönen. Gegen 18 Uhr kann man das kostenlose Schauspiel, begleitet vom Rauschen der Wellen, bei einem kühlen Bier miterleben. Hier ein paar gute Anlaufstellen:

Legian Die schönste Ecke ist der Strandabschnitt nördlich der Jl Padma. Hier sind Autos verboten, und nette einheimische Jungs stellen Stühle und billiges, kalte Bier (20 000 Rp) zur Verfügung.

Seminyak Wer am Strandende der Jl Abimanyu links abbiegt, darf sich auf ein wirklich balinesisches Erlebnis freuen: Hier reihen sich alle möglichen einfachen Bars aneinander, darunter pseudoorientalische Kneipen mit riesigen Kissen zum Entspannen. Das (allzu) hochgelobte Ku De Ta etwas weiter nördlich kann man getrost auslassen. Stattdessen besorgt man sich bei einem der Verkäufer ein preiswertes Bier (25 000 Rp) und nimmt auf einer Liege Platz – der Blick ist derselbe wie im Ku De Ta.

Kerobokan Am Batubelig Beach, ein Stück nördlich des W Hotel, stehen ein paar Bambushütten am Wasser, in denen man günstige Getränke und eine fantastische Aussicht bekommt. Die Behörden lassen das **Pantai** (9–21 Uhr) immer wieder räumen, doch die hartnäckigen Besitzer kehren stets zurück.

Unterwegs vor Ort

Die mit Kilometerzählern ausgestatteten Fahrzeuge von Bluebird (S. 116) sind allgegenwärtig. Für die Strecke von Seminyak ins Zentrum von Kuta zahlt man etwa 40 000 Rp. Wer stattdessen am Strand entlangspaziert, umgeht den chaotischen Verkehr und schont die Umwelt.

Canggu & Umgebung

Nordwestlich an Kerobokan grenzt Canggu, das gemeinsam mit Umalas zu den Arealen im Süden gehört, die sich mit am schnellsten entwickeln. Die Strände sind wunderschön, die Surfbedingungen legendär und die hippen Surfläden werden größtenteils von trendbewussten, geschäftstüchtigen Ausländern geführt.

Oberhalb des Batubelig Beach, nur wenige Kilometer nordwestlich von Seminyak (mit dem Wagen muss man allerdings einen ziemlichen Umweg machen), liegt **Batu Bolong Beach**. 500 m nordwestlich davon erstreckt sich **Echo Beach** (Batu Mejan) mit Eigentumswohnungen, trendigen Geschäften und Strandcafés. Beide Sandstreifen erfreuen sich großer Beliebtheit bei Zuwanderern, die in den Villen der Umgebung leben.

Schlafen

Serenity Eco Guesthouse & Yoga PENSION $
(0361-846 9257; www.serenityecoguesthouse.com; Jl Nelayan; B/EZ/DZ mit Ventilator 165 000/203 000/440 000 Rp, DZ mit Klimaanlage 495 000 Rp;) Eine Oase inmitten der sterilen ummauerten Anlagen. Es gibt sowohl Einzelzimmer ohne Bad als auch ganz nette En-suite-Zimmer für zwei. Das Hotelgelände ist erfrischend ungewöhnlich und der Nelayan-Strand nur fünf Gehminuten entfernt. Man kann Yogakurse belegen (ab 100 000 Rp) oder Surfbretter, Räder, Autos und anderes mieten.

Widi Homestay HOMESTAY $
(0819 3303 2322; widihomestay@yahoo.co.id; Jl Pantai Berawa; Zi. ab 250 000 Rp;) Kein gekünsteltes Hippster-Flair, sondern ein sauberer, freundlicher, familienbetriebener Homestay. Die vier Zimmer verfügen über Warmwasser und Klimaanlage, der Strand liegt nur 100 m entfernt.

Ketapang Guest House PENSION $
(0815 5843 4626; barbequw@yahoo.com; Jl Pantai Batu Mejan; EZ/DZ inkl. Frühstück 250 000/350 000 Rp;) Angesichts der Nähe zum Echo Beach bietet das Ketapang ein außerordentlich gutes Preis-Leistungs-Verhältnis. Dafür sorgen riesige, moderne, geflieste Zimmer, kostenloses Frühstück, Klimaanlage, Warmwasserduschen und Gratis-Trinkwasser.

Essen & Ausgehen

Betelnut Cafe CAFÉ $
(0821 4680 7233; Jl Pantai Batu Bolong; Hauptgerichte ab 45 000 Rp; 7–22 Uhr;) Das strohgedeckte Café mit hübschem Freiluft-Essbereich im oberen Stock ist im Hippie-

BUKITS PARTYZIRKUS

Bukit begeistert Besucher vor allem mit seinen Stränden und Wellen, hat jedoch auch Partyfreudigen einiges zu bieten. Sonntagabends sorgen DJs und Sonnenuntergänge bei den Hübschen und Reichen im **Single Fin** (☎0361-769941; www.singlefinbali.com; Jl Mamo; ⊙8–23 Uhr; 📶) für Stimmung; auch der Mittwoch ist beliebt. Am Samstag übernimmt der Padang Padang mit seiner berühmten abendlichen Strandparty das Zepter. Donnerstagabends spielen im **Cashew Tree** in Bingin Livebands, während man sich freitags in Ulu Watu auf dem Dach des **Mamo Hotel** (☎0361-769882; www.mamohoteluluwatu.com; Jl Labuan Sait; 📶) amüsieren kann.

Schick gehalten. Seine Speiseauswahl ist gesund, jedoch nicht zu gesund – es gibt auch Pommes. Ansonsten kommen Säfte, viele Hauptgerichte mit Gemüse, leckere Backwaren und gute Shakes auf den Tisch.

Mandira Cafe CAFÉ $

(Jl Pura Batu Mejan; Gerichte 25 000–50 000 Rp; ⊙8–22 Uhr; 📶) Obwohl sich der Echo Beach im Eiltempo in ein teures Pflaster verwandelt, blieb dieser Surfertreff unverändert. Die sichtbar benutzten Picknicktische sind echte Logenplätze für den Blick auf die Wellen. Bei einem günstigen Bintang lassen sich wunderbar Surfmotive draußen auf dem Meer einfangen. Auf der zeitlosen Speisekarte stehen Toasts, Bananenpfannkuchen, Clubsandwiches und Smoothies.

★ **Old Man's** BIERGARTEN

(☎0361-846 9158; www.facebook.com/oldmansbali; Jl Pantai Batu Bolong; Hauptgerichte ab 50 000 Rp; ⊙8–24 Uhr) Die Wahl des gewünschten Sitzplatzes fällt schwer in diesem beliebten Biergarten am Meer mit Blick auf den Batu Bolong Beach. Klar auf Surfer und solche, die es werden wollen, ist die Speiseauswahl zugeschnitten – Burger, Pizza, Fish and Chips sowie Salate. Die Mittwochabende genießen absoluten Kultstatus, doch auch freitags (Live-Rock'n'Roll) und sonntags (DJs) herrscht viel Stimmung.

ℹ Anreise & Unterwegs vor Ort

Von Süden kommend, folgt man der Jl Batubelig Richtung Westen in Kerobokan fast bis zum Strand und hält sich dann nordwärts. Über die verstopfte Jl Raya Kerobokan braucht man sehr viel länger.

Eine Taxifahrt von Kuta oder Seminyak nach Canggu bzw. in die Umgebung kostet 80 000 Rp oder mehr. Es ist nicht üblich, dass Taxis auf der Suche nach Kundschaft umherfahren, man kann sich jedoch in den verschiedenen Läden eines rufen lassen.

Bukit-Halbinsel

☎0361

Die heiße, trockene südliche Halbinsel nennt sich Bukit, was auf Bahasa Indonesia „Hügel" bedeutet. Ihre boomende Westküste wird in ihrer Gesamtheit oft als Pecatu bezeichnet und ist mit ihren vielen Stränden ein Besuchermagnet. Unterkünfte auf unsicherem sandigem Untergrund gibt's am Balangan Beach, während die Klippen in Bingin und anderswo mit unkonventionellen Lodges gespickt sind. Hier entsteht täglich neue Konkurrenz, meist mit Blick auf das aufgewühlte Meer, das den ganzen Weg Richtung Süden bis zum bedeutenden Tempel von Ulu Watu weltbekannte Surfwellen bereithält.

ℹ An- & Weiterreise

Die Halbinsel hat keine öffentlichen Verkehrsmittel. Entweder mietet man ein Fahrzeug oder arrangiert den Transport in seiner Unterkunft. Bluebird-Taxis von Kuta nach Jimbaran kosten etwa 100 000 Rp. Zu den abgelegenen (Surf-)Stränden zahlt man 300 000 Rp. Mietautos oder -roller gibt's auch mit Surfbrett-„Gepäckträger".

Jimbaran

Unmittelbar südlich von Kuta und dem Flughafen erstreckt sich die Teluk Jimbaran (Bucht von Jimbaran), ein sichelförmiger weißer Sandstrand mit zahlreichen Meeresfrüchte-*warung*. In den offenen Lokalen am Meer kann man hervorragend die frische Brise und den Sonnenuntergang genießen. Normalerweise sucht man sich sein noch lebendiges Essen im Aquarium oder in der Glastheke aus und bezahlt nach Gewicht.

Balangan Beach

Dieser wunderschöne lange, flache Strand am Fuß der Klippen besteht aus feinem Sand mit Palmen und Sonnenschirmen. Jede Menge Surferbars (teilweise mit einfachen Schlafgelegenheiten), schlichte Holzhütten, die als Cafés dienen, und etwas langlebigere Pensionen haben einen unsicheren Platz entlang des Ufers. Trotz der zweifelhaften sanitären Anlagen sonnen sich hier vor allem gestählte westliche Touristen.

Balangan liegt 6,5 km abseits der Hauptstraße nach Ulu Watu via Cenggiling.

Schlafen

Santai Bali Homestay BUNGALOWS $
(☎0338-695942; balanganbrothers@yahoo.com; Zi. ab 200 000 Rp) Wer direkt am Wasser nächtigen will, ist hier richtig: Die einfachen Zimmer in dieser Bungalowhütte direkt am Balangan Beach sind eine perfekte Wahl für Surfer und Strandgänger. Tische und Stühle des Restaurants stehen ebenfalls am Strand.

Bingin

Im umtriebigen Bingin verteilen sich zahlreiche originell-stilvolle Unterkünfte auf Klippen und den weißen Sandstrand **Bingin Beach** darunter. Die Szenerie ist einfach großartig: Bewaldete Felsen fallen zu Surfercafés und der schaumigen Brandung des azurblauen Meeres hinab. Den Strand erreicht man in fünf Minuten über steile Treppenstufen.

Schlafen & Essen

Zwischen den Bäumen bei den Klippen verteilen sich Dutzende von Unterkünften.

Chocky's Place PENSION $
(☎0818 0530 7105; www.chockysplace.com; Bingin Beach; EZ/DZ ab 100 000/200 000 Rp; 📶) Diese klassische Surfer-Bleibe unterhalb der Treppen am Bingin Beach verfügt über gemütliche Zimmer, von charmanten Unterkünften mit Traumblick bis hin zu einfachen Quartieren mit Gemeinschaftsbädern. Das hauseigene Bambusrestaurant überblickt den Strand und eignet sich bestens, um bei einem kalten Drink andere Reisende kennenzulernen.

Bingin Garden PENSION $
(☎0816 472 2002; tommybarrell76@yahoo.com; abseits der Jl Pantai Bingin; Zi. mit Ventilator/Klimaanlage 300 000/400 000 Rp; ❄📶🏊) Mit sechs Zimmern im Bungalowstil inmitten eines trockenen Gartens mit großem Pool besitzt die Anlage ein entspanntes Hazienda-Flair. Sie liegt hinter den Klippen, rund 300 m entfernt von dem Weg, der zum Strand hinabführt, und wird von dem hiesigen Surfer Tommy Barrell und seiner zauberhaften Frau betrieben.

VERWÖHNPROGRAMM

Kunst und Ästhetik sind Teil des Konzepts der **Temple Lodge** (☎0857 3901 1572; www.thetemplelodge.com; abseits der Jl Pantai Bingin; Zi. inkl. Frühstück 80–230 US$; 📶🏊), einer Ansammlung von sieben Hütten und Häuschen aus Stroh, Treibholz und anderen natürlichen Materialien. Sie thronen auf vorspringenden Riffs über den Surfwellen. Vom Infinity Pool und von einigen Wohneinheiten bieten sich Traumausblicke. Bei Bedarf gibt's Verpflegung, zudem werden morgendliche Yogakurse angeboten.

★ **Cashew Tree** CAFÉ $
(☎0353-218157; www.facebook.com/the-cashewtree; Jl Pantai Bingan; Gerichte ab 40 000 Rp; ⏲8–22 Uhr; 📶) Die angesagteste Adresse in Bingin. Surfer und Strandgänger lassen sich hier köstliche vegane und vegetarische Küche schmecken. Zur Auswahl gehören Gerichte wie Tempe-Reispapierröllchen mit Tahini-Dip und Smoothies mit Banane, Kakao und Cashewkernen. Zudem kann man sich hier gut einen Drink genehmigen. Die beste Stimmung herrscht donnerstagabends, dann kommen Gäste von der ganzen Küste.

Padang Padang

Der kleine, aber malerische **Padang Padang Beach** erstreckt sich entlang einer niedlichen kleinen Bucht. Seine Strandpartys am Samstagabend sind legendär. Hin führt ein kurzer Spaziergang über einen Tempel und dann einen gepflasterten Weg hinab. Wegen der Tunnelwellen kommen jede Menge Surfer her.

Schlafen & Essen

Bali Rocks PENSION $
(☎0817 344788; www.facebook.com/balirocks padang; Zi. 200 000 Rp) Das kleine, strohgedeckte Paradies bei der Klippenwand bietet sehr einfache Zimmer mit Traumblick auf Surfwellen und Meer. Von den Quartieren führen Stufen zu den Duschen und Toiletten. Bei Flut kann man direkt ins Wasser hüpfen.

Om Burger BURGER $$
(☎0812 391 3617; Jl Labuan Sait; Burger ab 65 000 Rp; ⏲7–22 Uhr; 📶) „Superfood-Burger" sind das Verkaufsargument dieses Lokals mit hübschem Blick aus dem zweiten Stock. Die

Burger sind tatsächlich super – und supergroß. Die Spezialität des Hauses ist der *wagyu*-Burger, am originellsten wiederum ist die vegetarische Nasi-Goreng-Variante. Wer es gerne gesünder hat, findet u.a. gebackene Süßkartoffeln und vitaminreiche Säfte auf der Karte. Wegen der großen Beliebtheit muss man abends oft auf einen Tisch warten.

Ulu Watu & Umgebung

Highlight
1 Pura Luhur Ulu Watu A3

Aktivitäten, Kurse & Touren
2 Ulu Watu A2

Schlafen
3 Bali Rocks B2
4 Bingin Garden B2
5 Chocky's Place B2
6 Gong A3
7 Santai Bali Homestay C1
8 Temple Lodge B2

Essen
Cashew Tree .... (siehe 5)
9 Delpi A2
Om Burger .... (siehe 3)
Single Fin .... (siehe 9)

Ausgehen & Nachtleben
10 Mamo Hotel A2

Ulu Watu & Umgebung

Ulu Watu ist zum Synonym für die Südwestspitze der Halbinsel Bukit geworden. Hier befinden sich ein bedeutender Tempel und legendäre Surfstrände mit tollen Wellen.

Ca. 2km nördlich des Tempels fällt eine Klippe steil zum Meer hin ab. Über Stufen gelangt man zu den sagenhaften Surferwellen. Die unterschiedlichsten Cafés und Surfläden erstrecken sich an den nahezu senkrechten Felsen bis zum Wasser. Die Aussicht ist umwerfend und hier ist mächtig was los.

Sehenswertes & Aktivitäten

★ Pura Luhur Ulu Watu HINDU-TEMPEL
(Jl Ulu Watu; Eintritt inkl. Miet-Sarong & Schärpe Erw./Kind 10 000/10 000 Rp; 8–19 Uhr) Der bedeutende Tempel thront an der Südwestspitze Bukits auf steilen Klippen. Ganesha-Statuen flankieren sein ungewöhnlich gebogenes Eingangstor. Die Mauern aus Korallenstein im Inneren zieren aufwendig geschnitzte Wesen aus Balis Mythologie.

Ulu Watu SURFEN
Ulu Watu wartet mit Balis größter und mächtigster Welle auf. Sie ist Traum und Alptraum zugleich und definitiv nicht für Anfänger geeignet! Seit Ulu Watu zu Beginn der 1970er-Jahre in dem legendären Surf-

Ulu Watu & Umgebung

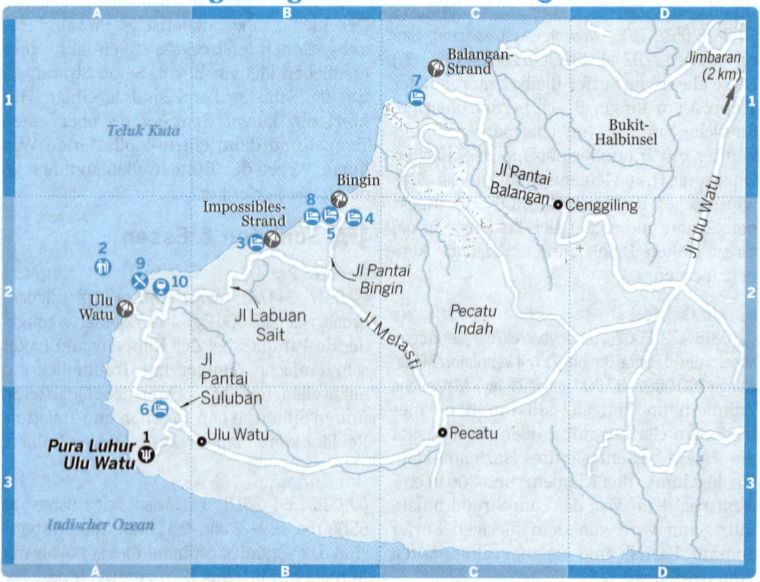

film *Morning of the Earth* als Kulisse diente, zieht es mit seinen schier endlosen linksläufigen Wellen Surfer aus der ganzen Welt an. In der Gegend verkaufen und verleihen viele kleine Pensionen und *warung* Surfbretter, zudem kann man dort Essen und Getränke erstehen, kleine Reparaturen am Brett durchführen oder sich massieren lassen.

Schlafen & Essen

Rund um die Klippen reihen sich Cafés und Pensionen aneinander. Entweder kommt man von Osten aus hierher (recht überfüllt) oder unternimmt von Süden aus einen schönen Spaziergang zur Küste.

Gong PENSION $
(☎0361-769976; www.thegonguluwatubali.com; Jl Pantai Suluban; Zi. ab 220 000 Rp; @) Die zwölf ordentlichen Zimmer haben eine gute Belüftung, verfügen über warmes Wasser und liegen auf einem kleinen Anwesen mit hübschem Pool. Von manchen Quartieren im zweiten Stock ist das Meer in der Ferne zu sehen. Das Gong befindet sich ca. 1 km südlich der Klippencafés von Ulu Watu. Sehr nette Gastgeberfamilie.

Delpi CAFÉ $
(Gerichte 40 000–60 000 Rp; 7–19 Uhr;) Eine Café-Bar mit entspanntem Flair an einer Klippe mit Traumblick, fernab der Konkurrenz. Wer möchte, kann einfache Zimmer mieten (mit Ventilator/Klimaanlage 35/40 US$).

Nusa Dua & Tanjung Benoa

Die Halbinsel Tanjung Benoa erstreckt sich 4 km nördlich des eingezäunten Nusa-Dua-Resorts bis zum Fischerort Benoa. Hier sind vor allem Reiche und Pauschalurlauber.

Denpasar

☎0361 / 820 000 EW.

Balis weitläufige, hektische und stetig expandierende Hauptstadt ist die einwohnerstärkste Stadt der Insel, und die wenigen Touristen, die sich hierhin verirren, werden allenthalben auf Zeugnisse des wachsenden Wohlstands ihrer Bewohner stoßen. Doch auch wenn Denpasar auf den ersten Blick ein wenig einschüchternd und chaotisch wirken mag, muss man nur etwas Zeit in den von Bäumen gesäumten Straßen im wohlhabenden Regierungs- und Geschäftsviertel Renon verbringt, um eine gehobenere Seite des Ortes kennenzulernen.

Sehenswertes

★**Museum Negeri Propinsi Bali** MUSEUM
(☎0361-222680; Erw./Kind 20 000/10 000 Rp; Sa–Do 8–16, Fr 8.30–12.30 Uhr) Unter den Museen für balinesische Kultur ist dies das Äquivalent des Louvre. Die Sammlung ist riesig, allerdings im Gegensatz zur weltberühmten Konkurrenz recht unsortiert – ein bisschen organisatorisches Engagement täte dem Museum gut! Die meisten Exponate haben englische Beschriftungen. Der gesamte Komplex besteht aus mehreren Gebäuden und Pavillons, viele davon im balinesischen Stil. Sie beherbergen prähistorische Stücke, traditionelle Artefakte, Barong (eine mythologische Gestalt, die an einen Hund oder Löwen erinnert), zeremonielle Objekte und aufwendige Textilien.

Schlafen & Essen

Bei einem Besuch in Denpasar geht's vor allem darum, das typisch balinesische Stadtleben kennenzulernen. Außerdem gibt's hier die beste Auswahl an indonesischen und balinesischen Gerichten der Insel. Viele Einheimische und Zuwanderer können einem sagen, wo man gute *warung* und Restaurants findet.

Nakula Familiar Inn PENSION $
(☎0361-226446; www.nakulafamiliarinn.com; Jl Nakula 4; EZ mit Ventilator/Klimaanlage 175 000/225 000 Rp, DZ mit Ventilator/Klimaanlage 200 000/250 000 Rp;) Die acht sauberen Zimmer dieses familiengeführten Hauses mit hübschem Innenhof und einem Café verfügen über kleine Balkons. Es ist schon lange ein beliebter Travellertreffpunkt. *Bemo* zwischen Tegal und Kereneng fahren die Jl Nakula entlang.

★**Café Teduh** INDONESISCH $
(☎0361-221631; abseits der Jl Diponegoro; Hauptgerichte 12 000–23 000 Rp; 10–22 Uhr;) Diese kleine Oase mit hängenden Orchideen, Bäumen, Blumen und Teichen mit Springbrunnen versteckt sich am Ende einer winzigen Gasse. Zu empfehlen sind *ayam dabu-dabu* (gegrilltes Hähnchen mit Chilipaste, Tomaten, Schalotten, Zitronengras und Gewürzen) und *nasi bakar cumi hitam* (im Bananenblatt gegrillter Reis mit mariniertem Tintenfisch).

Cak Asmo INDONESISCH $
(Jl Tukad Gangga; Gerichte ab 15 000 Rp; 9.30–22.30 Uhr) Im Cak Asmo essen viele Regierungsangestellte und Studenten, denn hier kommt man in den Genuss superleckerer,

Denpasar

Denpasar

Highlight
1 Museum Negeri Propinsi Bali.............B2

Schlafen
2 Nakula Familiar Inn.............................B1

Essen
3 Café Teduh...B3
4 Cak Asmo...C4

Shoppen
5 Pasar Badung..A2

frisch zubereiteter Gerichte. *Cumi cumi* (Tintenfisch) in einem Mantel aus *telor asin* (köstliche Eier-Knoblauch-Mischung) ist wunderbar buttrig und knusprig. Für Erfrischung sorgen fruchtige Eisgetränke. Die englischsprachige Speisekarte erleichtert das Bestellen. Alles ist *halal*, es gibt also auch keinen Alkohol.

Shoppen

Auf dem großen **Pasar Badung** (Jl Gajah Mada; 6–17 Uhr) kann man von morgens bis abends stöbern und um Obst, Gemüse sowie Lebensmittel aus allen Teilen der Insel feilschen. Leider verwüstete Anfang 2016 ein Brand den Markt. Bei Erscheinen dieses Buchs stand noch nicht fest, ob bzw. wann er wieder aufgebaut wird.

Die Geschäfte entlang der Jl Sulawesi beim Markt sind für ihre schönen Textilien bekannt.

Anreise & Unterwegs vor Ort

Denpasar ist *das* Zentrum des *bemo*-Netzwerks von Bali. In der Stadt gibt's mehrere wichtige Terminals, und wer die Insel auf eigene Faust erkundet, wird häufig zwischen ihnen pendeln müssen (7000 Rp). Zu den bedeutendsten zählen die Bus- und *bemo*-Bahnhöfe Batubalan und Ubung sowie das *bemo*-Terminal Tegal.

Sanur

☎ 0361

Dieser Ort ist eine vornehme Alternative zu Kuta. Ein Riff schützt den weißen Sandstrand und die ruhigen Wellen tragen mit zu Sanurs Spitznamen „Snore" („Schnarch") bei. Ein weiterer Grund dafür ist jedoch, dass die Gegend als Paradies für ausgewanderte Rentner gilt.

Sanurs **Strandweg** war der erste auf Bali, und er erfreut sich bei Einheimischen und Besuchern gleichermaßen nach wie vor großer Beliebtheit. Über eine Länge von gut 4 km führt er gen Süden und macht einen Knick Richtung Südwesten. Unterwegs kann man in einem der unzähligen Cafés eine Pause einlegen.

Schlafen

Die besten Unterkünfte liegen direkt am Strand, allerdings ist bei den älteren Hotels Vorsicht geboten.

Yulia 1 Homestay PENSION $

(☎ 0361-288089; yulia1homestay@gmail.com; Jl Danau Tamblingan 38; Zi. inkl. Frühstück mit Ventilator & kaltem Wasser 170 000–220 000 Rp, mit Klimaanlage 300 000–350 000 Rp;) Eine freundliche Familie leitet die ruhige Pension in einem hübschen Garten voller Vögel, Palmen und Blumen. Die Zimmer haben unterschiedliche Standards (manche verfügen nur über kaltes Wasser und Ventilatoren), alle sind jedoch mit Minibars ausgestattet. Rund um das Tauchbecken kann man sich gut entspannen.

Pollok & Le Mayeur Inn HOMESTAY $

(☎ 0361-289847; pollokinn@yahoo.com; Jl Hang Tuah, Museum Le Mayeur; Zi. mit Ventilator/Klimaanlage ab 250 000/350 000 Rp;) Die Enkel des verstorbenen Künstlers Le Mayeur de Merpes und seiner Frau Ni Polok betreiben diesen kleinen Homestay auf dem Areal des **Le-Mayeur-Museumskomplexes** (☎ 0361-286201; Jl Hang Tuah; Erw./Kind 20 000/10 000 Rp; Sa–Do 8–15.30, Fr 8.30–12.30 Uhr). Eine gute Budgetoption am Strand mit 17 unterschiedlich großen Zimmern; am besten lässt man sich zunächst ein paar davon zeigen, bevor man eincheckt.

Essen & Ausgehen

Am Strandweg reihen sich Restaurants, *warung* und Bars aneinander. Neben Mahlzeiten und Getränken gibt's dort eine angenehme Meeresbrise.

Warung Little Bird INDONESISCH $

(☎ 0361-745 4968; Jl Danau Tamblingan 34; Hauptgerichte ab 25 000 Rp; 10–22 Uhr) Das charmante Little Bird serviert feine indonesische Gerichte wie Rindfleisch-*rendang* und balinesische Spezialitäten wie *ayam betutu* (langsam geschmortes, mit balinesischen Gewürzen gefülltes Hähnchen), die man vorab bestellen muss. Dazu gehört eine einladende kleine Bar, sie eignet sich bestens für einen Drink.

★ **Manik Organik** BIOLOGISCH $$

(☎ 0821 4416 8228; www.manikorganikbali.com; Jl Danau Tamblingan 85; Gerichte ab 55 000 Rp; 9–23 Uhr;) Bäume beschatten die idyllische Terrasse dieses kreativen Bio-Cafés, das nach Zitronengras duftet. Vegetarier und Rohkostliebhaber dürfen sich freuen, in der Küche werden aber auch Gerichte mit Fleisch zubereitet, z. B. vom freilaufenden Biohühnchen. Einer der Smoothies heißt „immune tonic" und soll die Abwehrkräfte stärken.

Warung Pantai Indah CAFÉ $$

(Strandweg; Hauptgerichte 30 000–110 000 Rp; 9–21 Uhr) In diesem zeitlosen Strandcafé bohren die Gäste, an verbeulten Tischen sitzend, entspannt ihre Zehen in den Sand. Bekannt ist das Café für frische Meeresfrüchte vom Grill und günstige hiesige Gerichte.

Anreise & Unterwegs vor Ort

Touristenbusse fahren nach Kuta (35 000 Rp, 30 Min.), Ubud (50 000 Rp, 1 Std.) und Padangbai (75 000 Rp, 2 Std.). **Perama** (☎ 0361-285592; www.peramatour.com; Jl Hang Tuah 39; 7–22 Uhr) unterhält ein Büro vor Ort.

Bemo fahren die Jl Danau Tamblingan und die Jl Danau Poso rauf und runter (5000 Rp).

Nusa Lembongan

☎ 0366

Der lässige Nusa-Penida-Archipel besteht aus den drei Inseln Nusa Lembongan, Nusa Penida und Nusa Ceningan. Hier zeigt sich Bali so, wie es sich viele Besucher vor ihrer Reise ausmalen: schlichte Zimmer am Strand, günstiges Bier bei unglaublich schönen Sonnenuntergängen, Tage auf dem Surfbrett bzw. unter Wasser und Abende mit dem Lieblingsbuch oder neuen Freunden.

Sehenswertes

Am Hauptstrand, **Pantai Jungutbatu**, einem fast durchgehend hübschen weißen Sandbogen mit klarem blauem Wasser bieten sich Ausblicke bis zum Gunung Agung auf Bali. Der schöne Weg am Meer entlang lädt zu einem tollen Spaziergang ein, vor allem natürlich bei Sonnenuntergang. Vertäute Boote und Seetang, der geerntet und getrocknet wird, geben der Idylle einen authentischen Touch.

Pantai Tanjung Sanghyang STRAND

Diese wunderschöne Bucht mit dem Spitznamen „Pilzbucht" (Mushroom Bay) ist nach den Pilz-Lederkorallen vor der Küste benannt. Der halbmondförmige Strand ist mit strahlend weißem Sand bedeckt. Tagsüber können Bananenboote oder Parasailer den Frieden stören. Ansonsten findet man hier ein echtes Strandparadies vor.

Von Jungutbatu aus gelangt man mit dem Boot hierher oder man nimmt den Pfad, der am Südende des Hauptstrandes beginnt und der Küstenlinie etwa einen Kilometer lang folgt.

Aktivitäten

Fahrräder und Surfbretter werden pro Tag für etwa 30 000 bzw. 50 000 Rp vermietet, während man für Motorräder ca. 30 000 Rp pro Stunde zahlt. **Schnorcheln** lohnt sich vor der Mushroom Bay sowie in den Gebieten vor der Nordküste der Insel. Das legendäre **Tauchgebiet** von Nusa Penida ist eine echte Herausforderung.

Ein weiteres Highlight für **Surfer** sind die Wellen am Jungutbatu-Strand.

★ **World Diving** TAUCHEN

(☎ 0812 390 0686; www.world-diving.com; Jungutbatu Beach; 2 Tauchgänge ohne Ausrüstung ab 1 200 000 Rp, Open-Water-Kurs 5 500 000 Rp) Sehr renommierter Anbieter in Pondok Baruna, der über erstklassige Ausrüstung verfügt. Die Mitarbeiter organisieren alle möglichen Tauchkurse ebenso wie Tauchtrips rund um die drei Inseln.

Schlafen & Essen

Die Unterkünfte und touristischen Einrichtungen werden südlich und westlich am Meer entlang Richtung Mushroom Bay immer schicker. Schnäppchenjäger machen sich am besten am Strand in Jungutbatu auf die Suche.

★ **Pondok Baruna** PENSION $

(☎ 0812 394 0992; www.pondokbaruna.com; Jungutbatu Beach; Zi. 250 000–650 000 Rp; ❄ 📶 🏊) Die Pension kooperiert mit dem hiesigen Tauchunternehmen World Diving und bietet fantastische Zimmer mit Terrassen samt Meerblick. Gehobenere Quartiere säumen ein Tauchbecken hinter dem Strand. Weitere acht Zimmer inmitten von Palmen rund um einen großen Pool bietet das **Pondok Baruna Frangipani** (☎ 0812 394 0992; www.pondokbaruna.com; EZ/DZ inkl. Frühstück 600 000/650 000 Rp; ❄ 📶 🏊) derselben Besitzer. Die Mitarbeiter, angeführt von Putu, sind sehr charmant.

Alam Nusa Huts PENSION $

(☎ 0819 1662 6336; www.alamnusahuts.com; Tanjung Sanghyang; Zi. ab 40 US$; ❄ 📶) Nicht einmal 100 m vom Strand entfernt liegt diese kleine Anlage. Ihre vier Bungalows mit eigenem Freiluftbad und separater Terrasse verteilen sich auf einen kleinen grünen Garten. Holz und Bambus bestimmen die Inneneinrichtung und das Personal ist außerordentlich freundlich.

Praktische Informationen

Traveller müssen genug Bargeld mitbringen, denn der Geldautomat ist oft außer Betrieb und akzeptiert die meisten ausländischen Karten nicht. Auch sonst gibt's nur wenige Dienstleistungsunternehmen.

Anreise & Unterwegs vor Ort

Weil die Boote vor der Küste ankern, bekommt man wahrscheinlich nasse Füße. Unbedingt mit leichtem Gepäck reisen: Koffer mit Rollen sind im Wasser, am Strand und auf den Sandwegen nämlich ziemlich unangebracht. Es gibt zahlreiche Möglichkeiten, von Nusa Lembongan nach Sanur zu gelangen.

Vom Nordende des Strandes verkehren regelmäßig öffentliche Boote von Sanur nach Nusa Lembongan; neben der langsameren Verbindung um 10.30 Uhr (100 000 Rp, 1½ Std.) existiert auch noch eine Expressvariante (175 000 Rp, 30 Min., 4-mal tgl.). Ab 7 Uhr fahren Boote nach Nusa Penida (175 000 Rp, 35 Min., 6-mal tgl.).

Nach Sanur fahren mehrere Male am Tag Schnellboote von **Rocky Fast Cruises** (☎ 0361-283624; www.rockyfastcruise.com; Jungutbatu Beach; einfache Fahrt/hin & zurück 30/50 US$, 30 Min., 4-mal tgl.) und **Scoot** (☎ 0361-285522; www.scootcruise.com; einfache Fahrt/hin & zurück 400 000/600 000 Rp, 30 Min., 4-mal tgl.).

Darüber hinaus bestehen praktische Schnellbootverbindungen zwischen Nusa Lembongan und den Gilis.

Die autofreie Insel ist recht klein und kann problemlos zu Fuß erkundet werden. Eine einfache Fahrt mit dem Motorrad oder Truck kostet ab 20 000 Rp.

Ubud

☎ 0361

Balis zweites Tourismuszentrum schmiegt sich an sanfte Hügel. Hier steht nach wie vor die bemerkenswerte balinesische Kultur in ihren unzähligen Formen im Vordergrund.

Viele Besucher planen nur ein oder zwei Tage für Ubud ein, bleiben dann aber wegen der zahlreichen Attraktionen doch länger. Neben beliebten Tanz- und Musikvorführungen werden jede Menge Kurse angeboten.

Zudem wartet die Stadt mit entspannten Restaurants und Cafés, unzähligen Yogastudios sowie kunstvollen und schlichten Unterkünften auf. In der Umgebung stößt man auf Tempel, alte Stätten und Dörfer, in denen Kunsthandwerk hergestellt wird (vor allem für Besucher). Zwar hat sich Ubud viele seiner Nachbardörfer einverleibt, was zu einer Zersiedelung und chaotischem Verkehr geführt hat, trotzdem sind Teile der näheren Landschaft unberührt geblieben. Sie locken mit üppig grünen Reisfeldern und hohen Kokospalmen.

Sehenswertes

Am besten besucht man die tollen Museen und macht Spaziergänge durch die wunderschöne Landschaft. Wer nur im Rahmen eines Tagesausflugs in der Stadt ist, wird sich eventuell fragen, warum so viel Aufhebens um Ubud gemacht wird.

★ Agung Rai Museum of Art — MUSEUM

(ARMA; Karte S. 132; ☎ 0361-976659; www.armabali.com; Jl Raya Pengosekan; Erw./Kind inkl. Getränk 60 000 Rp/frei; ⏲ tgl. 9–18 Uhr, balinesischer Tanz Mo–Fr 15–17 Uhr, Kurse So 10 Uhr) Kunstmäzen Agung Rai gründete das eindrucksvolle ARMA als Kunstmuseum, Kulturzentrum, botanischen Garten und Hotel. Es beherbergt eine erstklassige, mit ausführlichen englischen Infos versehene Sammlung mit Werken von balinesischen, indonesischen und europäischen Künstlern: klassische Kamasan-Gemälde sowie Objekte aus den 1930er- und 1940er-Jahren im Batuan-Stil. Lempad, Affandi, Sadali, Hofker, Bonnet und Le Mayeur sind ebenfalls vertreten. Das Museum ist in mehreren traditionellen Gebäuden in einer Gartenanlage mit Wasserkanälen untergebracht.

Sacred Monkey Forest Sanctuary — PARK

(Mandala Wisata Wanara Wana; Karte S. 134; ☎ 0361-971304; www.monkeyforestubud.com; Monkey Forest Rd; Erw./Kind 30 000/20 000 Rp; ⏲ 8.30–18 Uhr) Der offizielle Name dieses kühlen, dichten Dschungelabschnitts mit drei heiligen Tempeln lautet Mandala Wisata Wanara Wana. In dem Naturschutzgebiet lebt eine Gruppe grauhaariger, gefräßiger Makaken, die nichts mit den unschuldig dreinblickenden Affen auf den Broschüren gemein hat. Der interessante **Pura Dalem Agung** (Karte S. 132) GRATIS mitten im Wald erinnert an eine Kulisse aus *Indiana Jones*. Am Eingang zum inneren Tempel sind Rangda-Figuren zu sehen, die Kinder verschlingen.

Museum Puri Lukisan — MUSEUM

(Museum der Schönen Künste; Karte S. 134; ☎ 0361-975136; www.museumpurilukisan.com; abseits der Jl Raya Ubud; Erw./Kind inkl. Getränk 85 000 Rp/frei; ⏲ 9–17 Uhr) Die Bewegung für moderne balinesische Kunst nahm in Ubud ihren Anfang. Damals nahmen Künstler von reiner religiöser und höfischer Kunst Abstand und widmeten sich Alltagsmotiven. Im Museum werden schöne Beispiele aller balinesischen Stilrichtungen gezeigt, mit informativen Beschreibungen auf Englisch. Gegründet wurde es von Rudolf Bonnet, Cokorda Gede Agung Sukawati (einem Prinzen aus Ubuds Königsfamilie) und Walter Spies.

Neka Art Museum — MUSEUM

(Karte S. 132; ☎ 0361-975074; www.museumneka.com; Jl Raya Sanggingan; Erw./Kind 50 000 Rp/frei; ⏲ Mo–Sa 9–17, So 12–17 Uhr) Suteja Neka, ein privater Sammler und Händler balinesischer Kunst, gründete diese Institution. Sie beherbergt eine exzellente, abwechslungsreiche Sammlung. Wer sich für die Entwicklung der hiesigen Malkunst interessiert, ist in diesem Museum richtig. Der **Raum für balinesische Malkunst** gibt einen Überblick über die zahllosen Stilrichtungen. Interessant sind auch die *wayang*-Arbeiten.

Aktivitäten

Es lohnt sich, die Umgebung von Ubud zu erkunden und den fantastischen Wanderrouten zu folgen. Die traumhaft schöne Landschaft hat schon viele Künstler inspiriert. Man kann z. B. Richtung Osten nach Pejeng spazieren, malerische Schluchten passieren, um nach Bedulu weiter südlich zu gelangen, oder dem Campuan-Grat im Norden folgen. Im Westen liegen Penestanan und Sayan; von dort blickt man auf die Sungai-Ayung-Schlucht.

Darüber hinaus wartet Ubud mit zahlreichen Spas sowie Yoga- und New-Age-Zentren auf. Eine Anschlagtafel vor dem Bali

Ubud & Umgebung

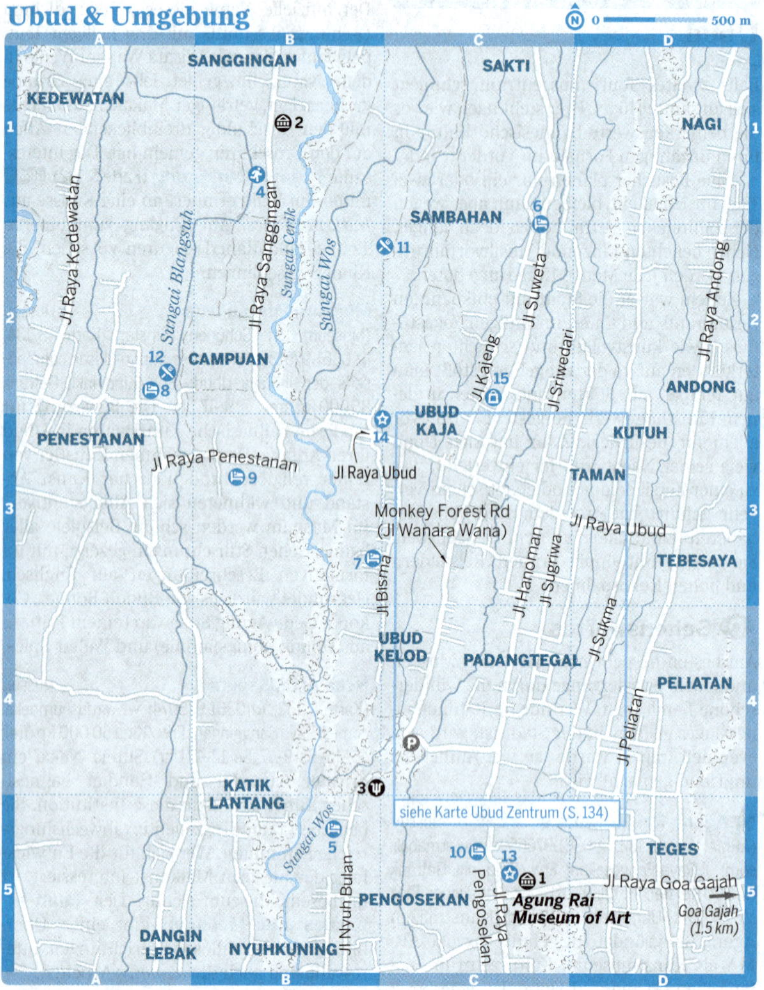

Buda (S. 136), einem Café und Laden mit Bioessen, informiert über alle Angebote, darunter auch unzählige Kunstkurse.

Yoga Barn YOGA
(Karte S. 134; ✆ 0361-971236; www.theyogabarn.com; abseits der Jl Raya Pengosekan; Unterricht ab 120 000 Rp; ⏲ 7–20 Uhr) Dieser „Yoga-Stall" zwischen Bäumen nahe einem Flusstal wartet die ganze Woche über mit Yoga-, Pilates-, Tanz- und vielen anderen Kursen auf.

Bali Botanica Day Spa SPA
(Karte S. 132; ✆ 0361-976739; www.balibotanica.com; Jl Raya Sanggingan; Massage ab 155 000 Rp; ⏲ 9–21 Uhr) In traumhafter Lage an einem dicht bewachsenen Hang jenseits kleiner Reisfelder gibt's Verwöhnprogramme, z. B. mit einer Ayurvedabehandlung. Die Kräutermassage ist ein Dauerbrenner. Hin- und Rückfahrt können organisiert werden.

Bali Nature Herbal Walks SPAZIERGANG
(✆ 0812 381 6024; www.baliherbalwalk.com; Spaziergang 200 000 Rp pro Pers.; ⏲ 8.30 Uhr) Im Rahmen der dreistündigen Spaziergänge durch die Natur werden medizinische sowie Gewürzkräuter und -pflanzen in ihrer natürlichen Umgebung gesucht und erklärt. Kräutergetränke sind im Preis inbegriffen.

Ubud & Umgebung

Schlafen

In Ubud reicht das Angebot von schlichten kleinen *losmen* bis zu Luxushotels von Weltklasse. Viele der günstigen Familienunterkünfte sind geradezu winzig und liegen dicht beieinander, sodass man sich vor einer Entscheidung erst umschauen kann. Man muss kein Geld für ein Zimmer mit Klimaanlage ausgeben – nachts ist es recht kühl.

Stadtzentrum

In den kleinen Straßen östlich der Monkey Forest Road gibt's zahlreiche Familienpensionen, beispielsweise an der Jl Karna, der Jl Maruti und der Jl Goutama. An der Hauptstraße ist es jedoch extrem laut.

Auch die Jl Sukma und die parallel verlaufende *gang* weiter östlich in Tebesaya beherbergen zahlreiche Budgetunterkünfte. Geht man auf der Jl Raya Ubud Richtung Norden, findet man sich bald in hügeligen Reisterrassen wieder.

★ Nirvana Pension PENSION $

(Karte S. 134; ☎0361-975415; www.nirvanaku.com; Jl Goutama 10; EZ/DZ/3BZ mit Ventilator 250 000/350 000/500 000 Rp, EZ/DZ mit Klimaanlage 350 000/450 000 Rp; ❄📶) Eine tolle, schattig und etwas abseits gelegene Pension mit *alang alang* (strohgedeckte Dächer), unzähligen Bildern, geschmückten Fluren sowie sechs Zimmern samt modernen Bädern. Vor Ort werden auch Batikkurse abgehalten. Eine tolle Lage bei der trendigen Goutama.

Happy Mango Tree HOSTEL $

(Karte S. 132; ☎0812 3844 5498; www.thehappymangotree.com; Jl Bisma 27; B/DZ ab 100 000/250 000 Rp; 📶) Helles, lebendiges Hostel in geradezu schwelgerischem Hippie-Flair. Alle Zimmer und die verschiedenen Terrassen, die teils Reisfelder überblicken, sind in fröhlichen Farben gehalten. In den gemischten Schlafsälen stehen vier bis fünf Betten, Doppelzimmer haben Namen (und passendes Dekor) wie „Love Shack" oder „Ceiling Museum". Eine gesellige Bar und ein Restaurant runden das Ganze ab.

Han Snel Siti Bungalows PENSION $

(Karte S. 134; ☎0361-975699; www.sitibungalow.com; Jl Kajeng 3; Zi. inkl. Frühstück mit Ventilator/Klimaanlage ab 250 000/350 000 Rp; ❄📶🏊) Die Anlage steht unter Leitung der Familie des bekannten verstorbenen Malers Han Snel aus den Niederlanden. Sie zählt zu den Pionieren unter Ubuds Pensionen. Obwohl ihre Qualität nachgelassen hat, überzeugt sie mit einem exzellenten Preis-Leistungs-Verhältnis, jeder Menge Charakter, einem hübschen Garten und geräumigen Bungalows, teils mit Blick über die Schlucht am Fluss.

d'Rompok House PENSION $

(Karte S. 134; ☎0353-344837; drompokhouse@yahoo.com; Jl Hanoman 39; Zi. inkl. Frühstück 250 000 Rp; ❄📶) Weltmännischer als die üblichen Homestays kommt die preisgünstige Bleibe am Ende einer schmalen *gang* daher, dafür sorgen große moderne Zimmer mit zeitgenössischer Kunst. Wer auf die Reisfelder schauen will, quartiert sich im Obergeschoss ein.

Biangs HOMESTAY $

(Karte S. 134; ☎0361-976520; wah_oeboed@yahoo.com; Jl Sukma 28; EZ/DZ mit Ventilator 100 000/200 000 Rp, Zi. mit Klimaanlage 300 000 Rp; ❄📶) In einem kleinen Garten vermietet das Biangs („Mama") sechs gepflegte Zimmer mit Warmwasser. Dank der freundlichen Betreiberfamilie fühlen sich Gäste hier wie zu Hause. Die Lage in einem Wohngebiet verstärkt das authentische Flair.

Ubud Zentrum

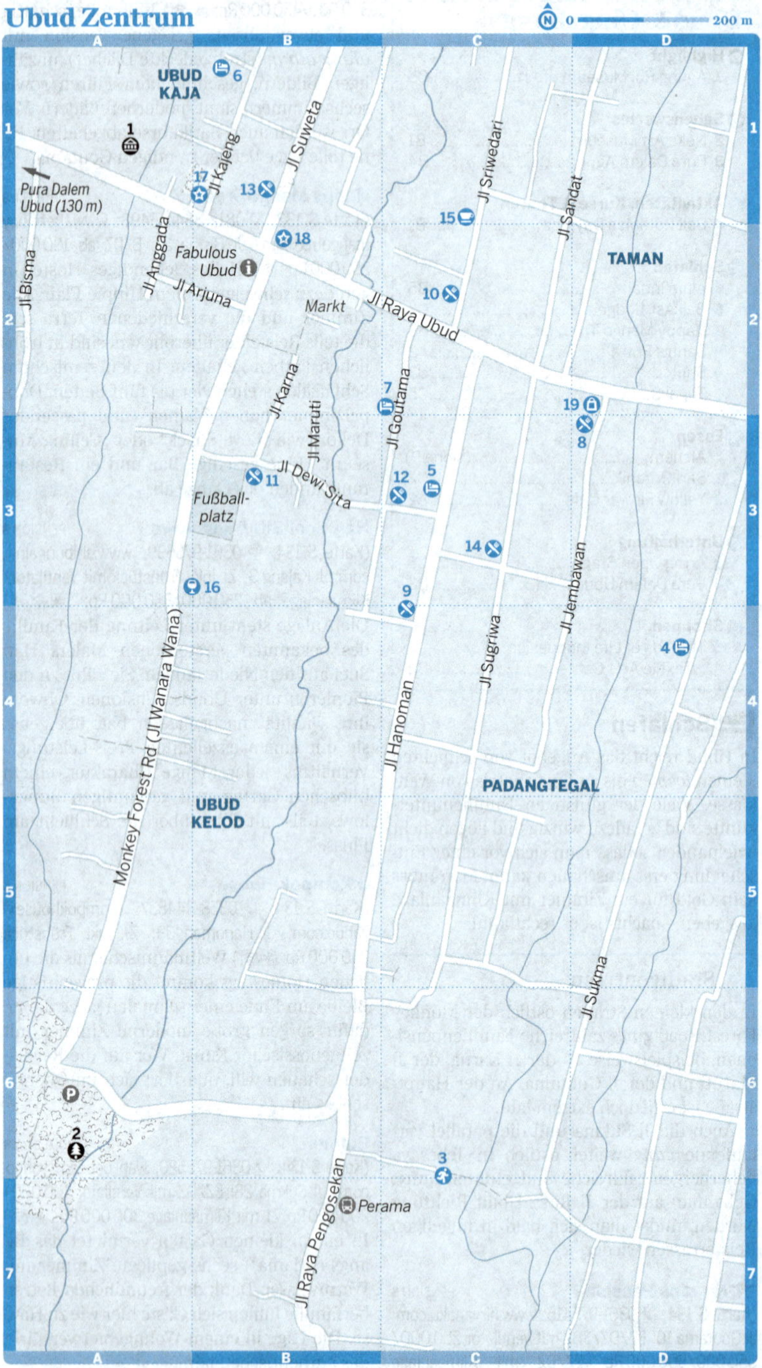

Ubud Zentrum

Sehenswertes
1 Museum Puri Lukisan A1
2 Sacred Monkey Forest Sanctuary A6

Akrivitäten, Kurse & Touren
3 Yoga Barn C6

Schlafen
4 Biangs D4
5 d'Rompok House C3
6 Han Snel Siti Bungalows B1
7 Nirvana Pension C2

Essen
8 Bali Buda D3
9 Earth Café & Markt C4
10 Hujon Locale C2
11 Tutmak Café B3
12 Waroeng Bernadette C3
13 Warung Ibu Oka B1
14 Warung Sopa C3

Ausgehen & Nachtleben
15 Coffee Studio Seniman C1
16 CP Lounge A3

Unterhaltung
17 Pura Taman Saraswati B1
18 Ubud Palace B2

Shoppen
19 Ganesha Bookshop D2

Bali Asli Lodge HOMESTAY $

(Karte S. 132; ☎0361-970537; www.baliaslilodge.com; Jl Suweta; Zi. inkl. Frühstück 300 000 Rp;) Fernab des Trubels im Zentrum empfängt die freundliche Besitzerin Made ihre Gäste in einem traditionellen balinesischen Haus aus Stein und Ziegeln mit grünem Garten und vier Zimmern. Auf den Terrassen verstreicht die Zeit wie im Flug und die Quartiere sind sauber und gemütlich. Zur Innenstadt kommt man in einem 15-minütigen Fußmarsch.

Shift DESIGNHOTEL $$

(Karte S. 132; www.theshifthotelbali.com; Jl Raya Penestanan Kelod; Zi. inkl. Frühstück 49–79 US$;) Veganes Hipster-Hotel in einem alten renovierten Apartment, das Elemente eines klassischen Motels mit jeder Menge Rock 'n' Roll mischt. Seine modernen, komfortablen Zimmer haben Minibars und Glasfaser-WLAN. Auf der Dachterrasse gibt's Sonnenliegen, ein Restaurant, ein Café mit hochwertigen Kaffeespezialitäten, eine Bar mit veganem Rohkost-Sushi und einen Yogabereich, der auch für Film- und Tanzabende genutzt wird.

Tegal Sari HOTEL $$

(Karte S. 132; ☎0361-973318; www.tegalsari-ubud.com; Jl Raya Pengosekan; Zi. 330 000–990 000 Rp; @) Obwohl das Hotel nur einen Steinwurf von der hektischen Hauptstraße entfernt liegt, nächtigt man hier erstaunlicherweise neben Reisfeldern (Enten inklusive). In der Superdeluxe-Hütte (770 000 Rp) blickt man aus der Badewanne auf die wunderbar ländliche Szenerie, die Quartiere in den neuen Ziegelsteingebäuden sind hingegen schlicht. Zwei Pools, einer davon auf dem Dach, und ein Yogabereich gehören dazu.

Penestanan

Penestanan erstreckt sich westlich von Ubud, ist aber zu Fuß erreichbar. Hier draußen hört man das Wasser durch die umliegenden Reisfelder fließen.

★ **Santra Putra** PENSION $

(Karte S. 132; ☎0361-977810; wayankarja@gmail.com; abseits der Jl Raya Campuan; Zi. inkl. Frühstück 300 000–400 000 Rp;) Der abstrakte Künstler I. Wayan Karja, dessen Werke bereits international ausgestellt wurden, führt diese Unterkunft. Sie verfügt über elf große, offene und luftigen Zimmer, die Warmwasser sowie einen Rundumblick auf die Reisfelder bieten. Karjas Studio und Galerie befinden sich auf dem gleichen Grundstück und er bietet dort für seine Gäste sogar Mal- und Zeichenunterricht an.

Essen

Ubuds Cafés und Restaurants zählen zu den besten von ganz Bali. Einheimische und ausländische Köche zaubern zahlreiche authentische hiesige Gerichte und einfallsreiche Kreationen aus Asien sowie anderen Küchen der Welt. Darüber hinaus ist die Stadt für ihre biologische und vegetarische Kost bekannt.

★ **Warung Sopa** VEGETARISCH $

(Karte S. 134; ☎0361-276 5897; Jl Sugriwa 36; Hauptgerichte 30 000–60 000 Rp; ⏲8–21.30 Uhr;) Das beliebte Freiluftlokal in einem Wohnviertel fängt den Charakter Ubuds mit kreativen, schmackhaften Gerichten mit balinesischem Touch ein. Tagesgerichte sind angeschrieben; empfehlenswert ist das ständig wechselnde *nasi campur*.

Sari Organik BIO $

(Warung Bodag Maliah; Karte S.132; ☎ 0361-972087; Subak Sok Wayah; Gerichte ab 38 000 Rp; ⏲ 8–20 Uhr) Eine große Biofarm bildet den Rahmen für dieses hübsche Café in wunderschöner Lage auf einem Plateau mit Blick auf Reisterrassen und Flusstäler. Wie es sich gehört, ist das Essen gesund und die Getränke sind erfrischend. Der Spaziergang durch Reisfelder hierher macht einen Teil des Reizes aus.

Bali Buda CAFÉ $

(Karte S.134; ☎ 0361-976324; www.balibuda.com; Jl Jembawan 1; Gerichte ab 30 000 Rp; ⏲ 7.30–22 Uhr;) Im luftigen Obergeschoss serviert das Café eine große Auswahl an vegetarischen *jamu* (gesunde Tonics), Salate, Sandwiches, herzhafte Crêpes, Pizza und Eis. Auf dem Anschlagbrett geben Notizen Einblicke in Ubuds Lokalkolorit.

Warung Ibu Oka BALINESISCH $

(Karte S.134; Jl Suweta; Hauptgerichte ab 50 000 Rp; ⏲ 11–19 Uhr) Gegenüber vom Palast warten zur Mittagszeit lange Schlangen auf *babi guling*, balinesischen Spanferkelbraten. Wer ein *spesial* bestellt, bekommt das beste Stück.

Tutmak Cafe CAFÉ $

(Karte S.134; ☎ 0361-975754; www.tutmak.com; Jl Dewi Sita; Hauptgerichte 30 000–90 000 Rp; ⏲ 8–23 Uhr;) Das schicke, luftige, mehrstöckige Terrassenrestaurant lädt zu einem erfrischenden Getränk oder einem klassischen indonesischen Gericht ein. Sein *nasi campur* mit frischem Thunfisch gehört zu den besten der Stadt.

VERWÖHNPROGRAMM

Unmittelbar südlich des Monkey Forest in Nyuhkuning gelegen, wirkt das **Alam Indah** (Karte S.132; ☎ 0361-974629; www.alamindahbali.com; Jl Nyuh Bulan; Zi. inkl. Frühstück 65–135 US$;) recht abgeschieden, dabei ist alles Wichtige nur einen kurzen Fußmarsch entfernt. Das weitläufige Resort hat 16 Zimmer aus Naturmaterialien in wunderschön traditionellem Stil. Die Gäste genießen einen eindrucksvollen Ausblick auf das Wos-Tal, insbesondere vom mehrstufigen Poolbereich aus. Hinzu kommt der kostenlose Shuttleservice ins Zentrum von Ubud.

Earth Cafe & Market VEGETARISCH $

(Karte S.134; www.dtebali.com/earth-cafe-market-ubud; Jl Gotama Selatan; Gerichte ab 30 000 Rp;) Jede Menge gesunde Getränke – eines davon eliminiert angeblich freie Radikale – kommen in diesem engagierten Außenposten für biologisch-vegetarische Gastronomie auf den Tisch. Eine schier endlose Speisekarte umfasst verschiedene Suppen, Salate und Gerichte mit mediterranen Aromen. Im Erdgeschoss gibt's einen Markt.

Yellow Flower Cafe INDONESISCH $

(Karte S.132; ☎ 0361-889 9865; abseits der Jl Raya Campuan; Hauptgerichte ab 30 000 Rp; ⏲ 8–21 Uhr;) Indonesische New-Age-Power mitten in Penestanan, an einem kleinen Pfad, der durch die Reisfelder führt. Feine Bio-Hauptgerichte wie *nasi campur* oder Reispfannkuchen werden ergänzt durch anständigen Kaffee, Kuchen und Smoothies für den kleinen Appetit. Sonntagabends ab 17.30 Uhr können sich die Gäste an einem exzellenten balinesischen Büfett (99 000 Rp) satt essen.

★ **Waroeng Bernadette** INDONESISCH $$

(Karte S.134; ☎ 0821-4742 4779; Jl Goutama; Hauptgerichte ab 60 000 Rp; ⏲ 11–23 Uhr;) Willkommen in der „Heimat von *rendang*": Der Klassiker aus dem Westen Sumatras mit intensiv mariniertem Fleisch (klassisch mit Rind, es gibt jedoch auch eine vegetarische Variante mit Jackfrucht) wird hier ansprechend in Szene gesetzt. Auch die anderen Gerichte unterscheiden sich mit ihrem vollen Geschmack von den faden Varianten, die man anderswo vorgesetzt bekommt. Der erhöhte Speiseraum ist durch und durch kitschig.

Hujon Locale INDONESISCH $$

(Karte S.134; ☎ 0361-849 3092; www.hujanlocale.com; Jl Sriwedari 5; Hauptgerichte 110 000–200 000 Rp; ⏲ 12–22 Uhr;) Das Hojon Locale vom Team des gefeierten Mama San in Seminyak zählt zu den besten Restaurants der Stadt. Auf den Tisch kommt traditionelle indonesische Küche mit modernem, kreativem Touch, darunter Baramundi in Salzkruste nach Sulawesi-Art, Garnelencurry nach Art der Aceh und geschmortes Lammcurry aus Sumatra. Die Kulisse – ein schicker zweistöckiger Bungalow in Kolonialschick – ist perfekt für einen lauen Abend.

Alchemy VEGAN $$

(Karte S.132; ☎ 0361-971981; www.alchemybali.com; Jl Raya Penestanan 75; Hauptgerichte ab

TANZ & MUSIK AUF BALI

Für viele ist der Besuch einer balinesischen Tanzvorführung Höhepunkt der Balireise. Die eindringliche Musik, die aufwendigen Kostüme, die sorgfältige Choreografie und selbst die unbeschwerten komischen Teile bilden zusammen ein großartiges Erlebnis.

Im Zentrum der balinesischen Musik steht ein Ensemble, das *gamelan* oder *gong* genannt wird. Ihre melodische, manchmal fröhliche und manchmal bewegende Perkussion, die den traditionellen Tanz oft begleitet, hinterlässt garantiert bleibenden Eindruck.

Auf Bali gibt's mehr als ein Dutzend verschiedene Grundtänze und unzählige Varianten. Dies sind die wichtigsten:

Kecak Dieser Tanz dürfte wegen seiner fesselnden, intensiven Atmosphäre der bekannteste sein. Beim *kecak* sitzt ein „Chor" aus Männern und Jungen in konzentrischen Kreisen und gerät beim Singen und Intonieren von „chak-a-chak-a-chak", was eine Gruppe Affen imitiert, in Trance.

Barong & Rangda Hier geht's um Gut und Böse: Ein zu Unfug aufgelegter zotteliger Löwen-Hund namens Barong kämpft gegen das Böse in Gestalt der Witwenhexe Rangda. Ein oder mehrere Affen helfen dem Barong, und oft stehlen sie allen anderen die Show.

Legong Leuchtende Augen und zarte Handbewegungen sind charakteristisch für den anmutigsten balinesischen Tanz, der von jungen Mädchen aufgeführt wird. Ihr Talent wird so geachtet, dass eine klassische Tänzerin noch im Alter als „großartige *legong*" erinnert wird.

Kekak-Feuertänze Diese Tänze entstanden, um die bösen Geister aus den Dörferh zu vertreiben. Zwei junge Mädchen tanzen wie im Traum einen Legong in perfekter Symmetrie und ein Junge bewegt sich in Trance um sie herum und durch ein Feuer aus Kokosnussschalen.

50 000 Rp; ⌚7–21 Uhr; 📶✍) Für Ubud typisches, 100 % veganes Restaurant. Man kann sich aus der großen Auswahl an Salaten selbst die gewünschte Mischung zusammenstellen. Außerdem gibt's Getränke aus Cashewmilch, Stinkfrucht-Smoothies, Eis, Fenchelsaft und vieles mehr. Die Desserts mit purem Kakao machen süchtig.

Ausgehen & Nachtleben

Nach Ubud kommt man nicht, um wilde Partys zu feiern. In ein paar Bars ist nach Sonnenuntergang und später am Abend etwas los, doch mit den Clubs in Kuta und Seminyak können die Läden nicht mithalten.

★Coffee Studio Seniman CAFÉ

(Karte S. 134; ☎0361-972085; www.senimancoffee.com; Jl Sriwedari; Kaffee 30 000 Rp; ⌚8–22 Uhr; 📶) Die Bezeichnung „Coffee Studio" ist hier Programm: In dem Kaffeetempel mit sortenreinen Variationen sind alle Apparaturen ausgestellt. Man nimmt in einem Schaukelstuhl Platz und trifft seine Wahl. Hochwertige indonesische Bohnen werden mithilfe verschiedener Siphon-, Aeropress- und Espresso-Geräten verarbeitet. Abends kommen die Gäste auch wegen des Essens (Hauptgerichte ab 40 000 Rp) und der Drinks.

CP Lounge BAR, CLUB

(Karte S. 134; www.cp-lounge.com; Monkey Forest Rd; ⌚11–4 Uhr) Das CP ist bis frühmorgens geöffnet und die richtige Adresse für Nachtschwärmer. Es gibt einen Sitzbereich im Garten, Livebands und einen Club mit DJ und Soundsystem.

☆ Unterhaltung

Kaum ein Erlebnis auf Reisen ist magischer als eine balinesische Tanzvorführung, vor allem in Ubud. Wegen des hervorragenden Kulturprogramms kehren Besucher immer wieder hierhin zurück. Am besten kommt man etwas früher und besorgt sich ein Bier bei der alten Frau, die ihre Getränke in mit Eis gefüllten Eimern aufbewahrt.

In der Touristeninformation Fabulous Ubud erfährt man mehr über die Veranstaltungen und kann bereits Eintrittskarten (meist ca. 80 000 Rp) kaufen. Wenn Aufführungen außerhalb von Ubud angeboten werden, ist die Hin- und Rückfahrt oftmals im Preis inbegriffen. Außerdem werden die Karten (zum gleichen Preis) natürlich auch an den Veranstaltungsorten selbst verkauft.

Wer eine Woche in der Stadt bleibt, hat die Möglichkeit *kecak*-, *legong*- und *barong*-Tanzveranstaltungen, *wayang-kulit*-Puppentheater, *gamelan*-Konzerte und vieles mehr zu besuchen.

Arma Open Stage TANZ
(Karte S.132; ☎ 0361-976659; Jl Raya Pengosekan) Hat eines der besten Ensembles für *kecak*- und *legong*-Tanz.

Pura Dalem Ubud TANZ
(Karte S.132; Jl Raya Ubud) Ein Veranstaltungsort unter freiem Himmel am westlichen Ende der Jl Raya Ubud. Einen magischeren Ort für eine Tanzdarbietung kann man sich kaum vorstellen: Die Kulisse besteht aus gemeißeltem, von Fackeln beleuchtem Stein.

Pura Taman Saraswati TANZ
(Ubud Water Palace; Karte S.134; Jl Raya Ubud) Eventuell lenkt das Ambiente von den Tänzern ab, wobei man die schönen Seerosen und Lotusblüten nachts natürlich nicht sieht.

Palast von Ubud TANZ
(Karte S.134; Jl Raya Ubud) Hier finden fast jeden Abend Vorführungen vor wunderschöner Kulisse statt.

Shoppen

Einen Einkaufsbummel sollte man in der Jl Hanoman und der Jl Dewi Sita beginnen. In den umliegenden Dörfern wird jede Menge Kunsthandwerk angeboten.

★ **Threads of Life Indonesian Textile Arts Center** TEXTILIEN
(Karte S.132; ☎ 0361-972187; www.threadsoflife.com; Jl Kajeng 24; ⌚ 10–19 Uhr) Die kleine, professionelle Laden-Galerie fördert die Herstellung von natürlich gefärbten, handgefertigten rituellen Textilien aus ganz Indonesien. Sie möchte dabei helfen, Methoden wiederzubeleben, die aufgrund moderner Färb- und Webtechniken verloren zu gehen drohen. In der Galerie, die interessante Erklärungen bereithält, sind Auftragsarbeiten ausgestellt, zudem werden regelmäßig Textilkurse angeboten.

Ganesha Bookshop BÜCHER
(Karte S.134; www.ganeshabooksbali.com; Jl Raya Ubud; ⌚ 9–20 Uhr) Der hochwertige Buchladen hat eine riesige Auswahl an Karten sowie neuen und gebrauchten Schmökern auf Lager, darunter exzellente Titel aus den Bereichen indonesische Studien, Reisen, Kunst, Musik und Belletristik. Prima Mitarbeiterempfehlungen.

ℹ Praktische Informationen

Die meisten Dienstleistungsunternehmen findet man an den Hauptstraßen, darunter auch jede Menge Geldautomaten.

Fabulous Ubud (Yaysan Bina Wisata; Karte S.134; ☎ 0361-973285; www.fabulousubud.com; Jl Raya Ubud; ⌚ 8–20 Uhr) Balis einzige wirklich hilfreiche Anlaufstelle für Besucher wurde von Ubuds königlicher Familie eingerichtet und verfügt über ein Schwarzes Brett mit aktuellen Veranstaltungen und Aktivitäten. Die Mitarbeiter können die meisten Fragen über die Region beantworten, haben Infos zu Zeremonien und traditionellen Tänzen in der Gegend und verkaufen Tickets für die Tanzdarbietungen.

ℹ Anreise & Unterwegs vor Ort

Die Fahrt zwischen Südbali und Ubud kostet rund 250 000 Rp, egal, ob man ein Taxi mit Kilometerzähler nimmt oder auf der Straße jemanden anheuert. In Ubud selbst verkehren keine Taxis mit Gebührenzähler, aber die Fahrer und Motorradbesitzer kutschieren einen für 20 000 bis 50 000 Rp durch die Stadt (je nach Entfernung, Preis verhandelbar).

Ubud liegt an zwei *bemo*-Routen; eine führt nach Gianyar (10 000 Rp), die andere zum Terminal Batubulan in Denpasar (13 000 Rp). In Ubud selber gibt's keinen Bahnhof für *bemo*, dafür jedoch eine Haltestelle an der Jl Suweta in Marktnähe im Stadtzentrum.

Perama (Karte S.134; ☎ 0361-973316; www.peramatours.com; Jl Raya Pengosekan; ⌚ 9–21 Uhr) gehört zu den Touristen-Shuttles. Zu den Fahrtzielen zählen Kuta (60 000 Rp, 2 Std.), Sanur (50 000 Rp, 1 Std.), Padangbai (75 000 Rp, 2 Std.), Lovina (125 000 Rp, 3 Std.) und Amed (175 000 Rp, 3½ Std.).

Mieträder stehen entlang der Hauptstraßen bereit, zudem kann jede Unterkunft eines organisieren.

Rund um Ubud

2 km östlich des Zentrums erstreckt sich die in den 1920er-Jahren entdeckte Höhle **Goa Gajah** (Elefantenhöhle; Jl Raya Goa Gajah; Erw./Kind 15 000/7500 Rp, Parkgebühr Motorrad/Auto 2000/5000 Rp; ⌚ 8–17.30 Uhr), bei der es sich wahrscheinlich um eine buddhistische Einsiedelei handelt. Erst 1954 wurden Brunnen und Wasserbecken freigelegt.

In Tampaksiring, 18 km nordöstlich von Ubud, stößt man auf Balis bemerkenswerteste antike Stätte, **Gunung Kawi** (Erw./Kind inkl. Sarong 15 000/7500 Rp, Parkgebühr 2000 Rp; ⌚ 7–18 Uhr), die aus ein paar erstaunlichen steinernen *candi* (Schreine) besteht. Diese wurden beidseitig im Tal des Sungai Pakrisan (Pakri-

ABSTECHER

AMED & DIE OSTKÜSTE

Die einst abgelegene semiaride Küste erstreckt sich von Amed bis zu Balis östlichster Spitze. Sie zieht Besucher vor allem wegen ihrer kleinen bogenförmigen schwarzen Sandstrände und der entspannten Atmosphäre an. Oft wird die Küste vor Ort einfach als „Amed" bezeichnet, allerdings ist der Name irreführend, da es hier eine ganze Reihe von *dunsun* (kleine Dörfer) gibt. Das nördlichste ist Amed, das südöstlichste Aas, dazwischen liegen Jemeluk und Lipah.

Tulamben (20 Autominuten von Amed entfernt) wartet mit der größten Attraktion auf: dem vor über 60 Jahren gesunkenen US-Frachter *Liberty* aus dem Zweiten Weltkrieg. Er gehört zu Balis besten und beliebtesten Tauchspots. In der Umgebung entstand ein ganzer Ort, wo sich alles um Unterwassersport dreht.

Dank der tollen Schnorchel- und Tauchmöglichkeiten haben sich in der Region jede Menge Tauchschulen niedergelassen. Mehrere davon, darunter das **Eco-Dive** (0363-23482; www.ecodivebali.com; Jemeluk Beach;), engagieren sich für die Gemeinde, u. a. durch regelmäßige Aufräumaktionen am Strand. Alle haben ein umfassendes Angebot und ähnliche Preise (z. B. Tauchausflüge in die Umgebung ab etwa 80 US$ und Open-Water-Kurse für ca. 400 US$).

Normalerweise hat jede Unterkunft ein hauseigenes Café oder Restaurant. An der langen Straße der Küste von Amed gibt's zahlreiche Optionen.

Im **Meditasi** (0828 372 2738; www.meditasibungalows.blogspot.com; Aas; Zi. 300 000–500 000 Rp) kann man sich von all der Action ausruhen. Meditation und Yoga helfen beim Entspannen und die vier Zimmer befinden sich in der Nähe von guten Schwimm- und Schnorchelstellen. Von den offenen Bädern blickt man auf Bougainvilleen und Wachsblumen, die hier in Hülle und Fülle gedeihen.

Das **Hoky Home Stay & Cafe** (0819 1646 3701; madejoro@yahoo.com; Jemeluk; Zi. inkl. Frühstück 200 000 Rp;) vermietet tolle, günstige Zimmer mit Ventilator und Warmwasser in Strandnähe. Besitzerin Made weiß, was Budgetreisende brauchen. Im Café (Hauptgerichte 25 000 Rp; 8–22 Uhr) werden frische, kreative lokale Gerichte serviert, vor allem Meeresfrüchte.

An der Bergseite der Straße bietet das **Galang Kangin Bungalows** (0363-23480; bali_amed_gk@yahoo.co.jp; Jemeluk; Zi. inkl. Frühstück mit Ventilator/Klimaanlage ab 300 000/500 000 Rp;) verschiedene Zimmer inmitten eines hübschen Gartens. Die modernen Varianten mit Klimaanlage grenzen an den Strand, während die Quartiere mit Ventilatoren auf der anderen Straßenseite im traditionell ausladenden Bali-Stil gehalten sind.

Viele Traveller gelangen über die Hauptstraße zwischen Tirta Gangga und Culik nach Amed (eine Autofahrt ab Südbali kostet 500 000 Rp). Es gibt nur wenige öffentliche Transportmittel, aber die meisten Hotels vermieten Fahrräder (35 000 Rp pro Tag). Schnellboote fahren zu den Gilis, die sich gleich östlich am Horizont erstrecken.

san-Fluss) in den Felsen gehauen. Möglicherweise werden sie bald zur UNESCO-Welterbestätte ernannt. Sie befinden sich in beeindruckenden, 8 m hohen geschützten Nischen in der nackten Klippenwand. Vom Ende der Zufahrtsstraße führt eine steile Steintreppe zum Fluss hinab; an einer Stelle passiert man einen Damm aus soliden Steinen.

Strände an der Ostküste

An der Hauptstraße, die von Sanur nach Osten verläuft, liegen viele Strände mit schwarzem Sand, darunter der **Pura Masceti Beach** 15 km östlich von Sanur. Pura Masceti, einer von Balis neun Tempeln, erhebt sich direkt am Ufer. Das architektonisch sehr interessante Bauwerk verfügt über auffällige Statuen.

Semarapura (Klungkung)

Einst war das auch unter dem Namen Klungkung bekannte Semarapura das Zentrum eines bedeutenden balinesischen Königreichs sowie der Kunst und Kultur. Der größtenteils verfallene **Palast von Klungkung** (Palast von Klungkung; Jl Puputan; Erw./Kind 12 000/6000 Rp; 6–18 Uhr) diente als Sitz der Dewa-Agung-Dynastie. Geschichts- und Architekturfans werden sich vor allem für die **Kertha Gosa**

(Gerichtshalle) und den **Bale Kambang** (Schwimmender Pavillon) interessieren.

Auch der nahe **Markt** ist einen Abstecher wert; er platzt förmlich aus allen Nähten.

Sidemen Road

Die Sidemen Road windet sich durch eines der schönsten Flusstäler der Insel. Sie bietet eine traumhafte Reisfeldszenerie, viel ländlichen Charme und einen außergewöhnlichen Blick auf den Gunung Agung (wenn der Himmel nicht zu bewölkt ist). Die Region gewinnt Jahr für Jahr mehr Fans, da sie so wunderbar grün ist. Egal, in welche Richtung man wandert, überall läuft man Mutter Natur in die Arme.

In den geradezu unfassbar smaragdfarbenen Reisfeldern haben sich mehrere Unterkünfte mit Urlaubsflair niedergelassen. Das **Pondok Wisata Lihat Sawah** (☎0852 0511 0916; www.lihatsawah.com; Zi. inkl. Frühstück 300 000–500 000 Rp;) verfügt z. B. über zwölf Zimmer mit Tal- und Bergblick (alle mit warmem Wasser). Die hübschesten haben Holzveranden.

Padangbai

☎0363

In dem kleinen Strandort, der gleichzeitig auch als Hafen für die wichtigsten Linienfähren zwischen Bali und Lombok sowie die Schnellboote zu den Gili-Inseln fungiert, herrscht typisches Backpacker-Flair.

Padangbai liegt an einer kleinen Bucht und wartet mit einem schönen Strand auf. Richtung Meer stößt man auf Unterkünfte für Budgetreisende und witzige Cafés. Hier geht's gemütlich zu, doch wer mehr Action braucht, kann sich über gute Schnorchel- und Tauchmöglichkeiten freuen, außerdem gibt's ein paar gemütliche Wanderwege und tolle Sandstreifen.

Schlafen & Essen

Die Unterkünfte sind ebenso wie die Stadt ziemlich entspannt und recht günstig. Nahezu überall entdeckt man einfache Cafés und *warung*.

Bamboo Paradise PENSION $
(☎0822 6630 4330; www.bambooparadisebali.com; Jl Penataran Agung; B inkl. Frühstück mit Klimaanlage 95 000 Rp, Zi. inkl. Frühstück mit Ventilator/Klimaanlage ab 200 000/300 000 Rp;) Abseits der Hauptstraße, vom Fährhafen 200 m einen sanften Hügel hinauf, bietet die beliebte Backpacker-Bleibe die günstigsten Betten der Stadt (in Schlafsälen für 4 Pers.). Die Standardzimmer sind gemütlich und es gibt einen hübschen großen Loungebereich mit Hängematten und Sitzsäcken. Kürzlich haben die Besitzer das ebenfalls beliebte **Fat Barracuda** (Jl Segara; B/Zi. 95 000/300 000 Rp;) mit Meerblick eröffnet.

Topi Inn PENSION $
(☎0363-41424; www.topiinn.nl; Jl Silayukti; B/Zi. ab 60 000/150 000 Rp; @) Idyllisch gelegen am östlichen Ende der Straße. Es gibt sechs charmante, wenn auch einfache Zimmer mit kaltem Wasser. Einige teilen sich Bäder, andere bestehen gerade einmal aus einer Matratze auf der Außenterrasse. Unten findet man ein beliebtes Restaurant, zudem werden verschiedene Workshops angeboten; weitere Infos stehen auf der Website.

An- & Weiterreise

Padangbai liegt 2 km südlich der Hauptstraße von Semarapura nach Amlapura.

Eines der Touristenbusunternehmen, **Perama** (☎0363-41419; Jl Pelabuhan; 7–20 Uhr), steuert von hier aus Ziele entlang der Ostküste an. Es geht zudem nach Kuta (75 000 Rp, 3 Std.) und Ubud (75 000 Rp, 2 Std.).

Fähren nehmen im Stundentakt (Tag und Nacht) Kurs auf Lembar auf Lombok (Erw./Motorrad/Auto 44 000/123 000/879 000 Rp, 5–7 Std.). Außerdem setzen Schnellboote zu den Gilis und nach Lombok über (siehe S. 155).

Candidasa

Bei Touristen ist Candidasa nicht mehr so beliebt wie früher und wird immer ruhiger, hauptsächlich deshalb, weil es bis auf einen Abschnitt weit im Osten keinen Strand gibt. Das Meer hat ihn in ähnlich rasantem Tempo abgetragen, wie die Hotels hochgezogen wurden. Der Ort wird in erster Linie von Travellern frequentiert, die ihre Ruhe haben wollen.

Tirta Gangga

☎0363

Tirta Gangga (Wasser des Ganges) ist die Stätte eines heiligen Tempels hoch oben auf einem Bergrücken. Hier locken tolle Wasserspiele sowie ein traumhafter Blick über die Reisfelder und das dahinter liegende Meer. An diesem Ort kann man ganz entspannt eine Stunde oder mehr verbringen und durch die terrassierte Landschaft wandern.

Sehenswertes & Aktivitäten

Am besten unternimmt man eine Wanderung durch die umliegenden Hügel, denn die Reisterrassen rund um den Tirta Gangga sind wunderschön anzusehen. Straßen ins Hinterland und Wanderwege führen zu malerischen traditionellen Dörfern. Wer den Gunung Agung besteigen möchte, sollte dafür einen Guide anheuern. Am besten fragt man in einer der hier aufgeführten Unterkünfte (insbesondere im Homestay Rijasa) nach.

★ **Taman Tirta Gangga** PALAST
(Eintritt 20 000 Rp, Parkgebühr 2000 Rp; Stätte 24 Std., Ticketschalter 7–18 Uhr) Der Radscha von Amlapura war ein Wasserliebhaber. Nachdem sein (zerstörtes) Meisterwerk in Ujung fertiggestellt war, machte er sich 1948 daran, den Wasserpalast seiner Träume zu bauen. Taman Tirta Gangga war ein voller Erfolg. Im Hintergrund erhebt sich ein eindrucksvoller Halbkreis aus Reisterrassen, die die Hügel hinaufklettern.

Schlafen & Essen

Viele Unterkünfte haben hauseigene Cafés, in denen man Hauptgerichte für weniger als 20 000 Rp bekommt.

Pondok Lembah Dukah PENSION $
(0813 3829 5142; dukuhstay@gmail.com; EZ/DZ/FZ 150 000/200 000/350 000 Rp) Auf einem Hügel mit traumhaftem Blick über die Reisfelder vermietet diese Pension charmante Bungalows. Zwar sind die Zimmer einfach, dafür erhalten Gäste jedoch Einsicht in das Leben der Einheimischen. Der Palast ist einen zehnminütigen Spaziergang entfernt; einfach den Weg rechts der Unterkunft Good Karma hinabgehen, den Schildern 300 m entlang dem Reisfeld folgen und dann den steilen Treppenaufgang hinaufsteigen.

Homestay Rijasa HOMESTAY $
(0363-21873; Jl Tirta Gangga; EZ/DZ inkl. Frühstück ab 100 000/150 000 Rp;) Der professionell geführte Homestay auf einem hübsch angelegten Grundstück liegt gegenüber dem Eingang zum Wasserpalast. Zimmer mit Warmwasser (wichtig für die großen Badewannen!) kosten etwa das Doppelte. Vorne gibt's einen fantastischen kleinen *warung*.

Anreise & Unterwegs vor Ort

Am einfachsten lässt sich die Region mit einem eigenen Fahrzeug erkunden.

ABSTECHER

PULAU MENJANGAN

Balis bestes Tauchgebiet Pulau Menjangan wartet mit einem Dutzend hervorragender Hotspots voller tropischer Fische, weicher Korallen und Höhlen auf. Die Unterwassersicht ist toll, zudem liegen die meisten guten Stellen nah am Ufer und eignen sich auch für Schnorchler sowie Tauchanfänger. Nicht weit vom Fähranlegesteg locken weitere tolle Spots – einfach den Bootsführer fragen.

Wer zum Tauchen nach Menjangan kommt, übernachtet am besten in Pemuteran (S. 145), wo jedes Hotel Schnorcheltrips anbietet und es gute Tauchläden gibt. Unternimmt man dagegen einen Tagesausflug von anderen Teilen Balis hierher, muss man mit einer langen morgendlichen Anfahrt rechnen.

Gunung Batur & Umgebung

0366

Der Gunung Batur (1717 m) ist eine bedeutende Touristenattraktion. Wanderwege führen zum Kraterrand hinauf, wo sich ein spektakulärer Ausblick in den Vulkanschlund sowie zum Danau Batur eröffnen. Leider gibt's hier auch viele lästige Händler und Touristenbusse. Beim Betreten des Geländes werden 30 000 Rp pro Person verlangt.

An einem klaren Tag genießt man vom Dorf **Penelokan** eine traumhafte Aussicht auf den Gunung Batur und den See am Boden des Kraters. Busladungen von Touristen werden an zahlreichen Stellen abgesetzt, die man möglichst meiden sollte.

Die beiden Orte **Batur** und **Kintamani** gehen praktisch ineinander über. Kintamani ist berühmt für seinen großen, bunten **Markt**, der alle drei Tage stattfindet. Wer keine Lust hat, an einer Wanderung teilzunehmen, kann den Sonnenuntergang auch gut von der Straße aus beobachten.

Anreise & Unterwegs vor Ort

Vom Terminal Batubulan in Denpasar fahren regelmäßig *bemo* nach Kintamani (18 000 Rp). Eine Alternative ist die stark frequentierte Buslinie zwischen Denpasar und Singaraja mit Stopps in Penelokan und Kintamani (ca. 18 000 Rp). Wer möchte, kann auch ein Auto mieten oder einen Fahrer anheuern. Für die Fahrt ab Südbali zahlt

ABSTECHER

GUNUNG BATUKAU & UMGEBUNG

Der oftmals links liegen gelassene Gunung Batukau ist Balis zweithöchster Berg (2276 m), eine der drei wichtigsten Erhebungen der Insel und heiliger Gipfel am Westende. Hier kann man das Grün der uralten Reisterrassen rund um Jatiluwih genießen und einen der am meisten unterschätzten Tempel besuchen: Der beeindruckende **Pura Luhur Batukau** (Spende 20 000 Rp; ⏲8–18 Uhr) am Hang des Gunung Batukau diente als staatliches Heiligtum, während Tabanan ein unabhängiges Königreich war. Er besitzt ein siebenstöckiges *meru* (mehrstöckiges Dach), das Maha Dewa, dem Schutzgeist des Berges, geweiht ist. Rund um den Tempel plätschern mehrere Bergbäche.

In **Jatiluwih**, was übersetzt so viel wie „wahrlich wunderbar" bedeutet, lockt ein umwerfender Blick auf jahrhundertealte Reisterrassen, deren Grün man nicht in Worte fassen kann. Auch für die Einheimischen lohnt sich der Besuch von Touristen, weil die Straße mautpflichtig ist (20 000 Rp pro Pers. plus 5000 Rp pro Auto). Die Terrassen zählen zum UNESCO-Welterbe. Warum, versteht man, wenn man von der schmalen, gewundenen 18 km langen Straße das herrliche Panorama erblickt. Am besten hält man einfach irgendwo an und unternimmt einen **Spaziergang im Reisfeld**.

So viel heitere Gelassenheit kann überwältigend sein. Wer sein eigenes Karma genauer unter die Lupe nehmen möchte, sollte sich in der wohl ungewöhnlichsten Unterkunft von ganz Bali einquartieren: Das **Bali Silent Retreat** (☎0813 5348 6517; www.balisilentretreat.com; Penatahan; B 15 US$, Zi. 40–120 US$) fügt sich wunderbar in die traumhafte Landschaft ein und ist genau das, was der Name verspricht: ein Ort der Meditation, für Yogaseminare und ausgedehnte Spaziergänge – und absolute Stille. Doch beim Essen hört der Minimalismus auf: Die Bioküche ist superlecker (30 US$ pro Tag inkl. Programme).

Die Gegend rund um den Gunung Batukau kann man nur mit einem eigenen fahrbaren Untersatz erkunden.

man etwa 500 000 Rp. *Bemo* verkehren zwischen Penelokan und Kintamani (ca. 10 000 Rp nach Toya Bungkah). Später am Tag ist man eventuell auf ein Leihauto oder einen Privatfahrer angewiesen (mind. 50 000 Rp).

Toya Bungkah

Das wichtigste Zentrum für Touristen ist Toya Bungkah, ein Ort nicht eben wie aus dem Ei gepellt, aber dennoch niedlich. Er liegt sehr beschaulich an einem See im alten Vulkankrater, umgeben von mehreren Bergen.

Die beliebteste Wanderung führt von Toya Bungkah auf den Batur. Wer pünktlich zum Sonnenaufgang auf dem Gipfel sein möchte, muss bereits um 4 Uhr morgens aufbrechen. Die **PPPGB** (Vereinigung der Batur-Bergführer; ☎0366-52362; Toya Bungkah; ⏲3–18 Uhr) bietet als einziges Unternehmen geführte Klettertouren zum Gunung Batur an und berechnet für die Besteigung des Vulkans ca. 450 000 Rp. Wenn man die Wanderung auf eigene Faust unternehmen möchte, wird man wahrscheinlich Ärger mit der Vereinigung bekommen.

In schöner ruhiger Lage gegenüber von Gemüsefeldern bietet das **Under the Volcano III** (☎0813 3860 0081; Toya Bungkah; EZ/DZ inkl. Frühstück 150 000/200 000 Rp; 📶) sechs saubere und hübsche Zimmer. Die Inhaber betreiben weitere Unterkünfte in der Nähe.

Danau Bratan & Umgebung

Wer aus dem Süden anreist, lässt die Reisterrassen hinter sich und fährt hinauf ins kühle, oft neblige Bergland rund um den Danau Bratan. Manchmal wird die gesamte Gegend rund um den See **Bedugul** genannt, doch genau genommen handelt es sich dabei um den ersten Ort auf dem Hügel. In Candikuning und Munduk befinden sich die Hauptattraktionen der Gegend.

Absolutes Highlight ist der im 17. Jh. errichtete **Pura Ulun Danau Bratan** (abseits der Jl Raya Denpasar-Singaraja; Erw./Kind 30 000/15 000 Rp, Parkgebühr 5000 Rp; ⏲6–18 Uhr), ein wunderschöner, bedeutender hindu-buddhistischer Tempel am See.

ℹ An- & Weiterreise

Der Danau Bratan liegt an der wichtigsten Nord-Süd-Achse und ist sowohl von Südbali als auch von Lovina aus (mit dem eigenen Fahrzeug) gut zu erreichen. Die meisten Minibusse vom Ubung-Terminal in Denpasar nach Singaraja (mit Endstation in Lovina) halten an der Straße unweit des Tempels.

Munduk

Westlich des Danau Bratan erstreckt sich Munduk, ein schöner, weitläufiger Ort hoch oben am Kraterrand, der dank sehr guter Trekkingmöglichkeiten immer beliebter wird. Toll sind auch Wanderungen zu den Kaffeeplantagen, Reisfeldern, zahlreichen Wasserfällen und Dörfern. In den Unterkünften kann man nach einem Guide fragen.

Schlafen & Essen

Meme Surung PENSION $

(☎ 0851 0001 2887; www.memesurung.com; Zi. inkl. Frühstück ab 200 000 Rp;) Elf Zimmer verteilen sich auf zwei atmosphärische alte niederländische Häuser in einem Garten im englischen Stil. Das Dekor ist traditionell und einfach, Highlight ist vielmehr der Ausblick von der langen Holzveranda. Die Pension liegt an der Hauptstraße der Gemeinde Munduk.

Don Biyu CAFÉ $

(☎ 0812 3709 3949; www.donbiyu.com; Hauptgerichte 26 000–80 000 Rp; 7.30–22 Uhr;) Hier können Gäste ihren Blog aktualisieren, guten Kaffee trinken, die tolle Aussicht genießen und sich verschiedene westliche und interessante asiatische Gerichte schmecken lassen. Serviert wird in hübschen Freiluft-Pavillons. Das Café, an der Hauptstraße nach Munduk gelegen, vermietet außerdem sechs Doppelzimmer (600 000 Rp) mit Balkon und Aussicht.

Lovina & der Norden

☎ 0362

Treffenderweise wird Lovina meist als sehr entspannt beschrieben. Der recht unauffällige, flach bebaute Strandort ist das genaue Gegenteil von Kuta, denn hier geht's zu jeder Tages- und Nachtzeit gemächlich zu.

Das Städtchen, das Richtung Westen beinahe in die Regionalhauptstadt Singaraja übergeht, besteht eigentlich aus einer Reihe von Stranddörfern – Pemaron, Tukad Mungga, Anturan, Kalibukbuk (das Kerngebiet), Kaliasem und Temukus –, die unter dem gemeinsamen Namen Lovina zusammengefasst werden.

Lovina dient als günstiger Ausgangspunkt für Touren zur Nordküste sowie in die Berge. Die Strände mit ihrem ausgewaschenen grauen und schwarzen Vulkansand sind rund um die Hotelbezirke zwar größtenteils sauber, aber unspektakulär. Riffe schützen die Küste, deshalb ist das Wasser ruhig und klar.

Sehenswertes & Aktivitäten

Abgesehen von Wanderungen auf dem bescheidenen Strandweg und einer entspannten Atmosphäre hat Lovina noch weitere Attraktionen zu bieten: spektakuläre Wasserfälle, die sich von den südlichen Hügeln in dichte Wälder ergießen.

★ Komang Dodik WANDERN

(☎ 0877 6291 5128; lovina.tracking@gmail.com; Wanderungen ab 400 000 Rp) Wer Wanderungen in die Hügel entlang der Nordküste unterhmen möchte, ist hier an der richtigen Adresse. Sie dauern zwischen drei und sieben Stunden. Eines der Highlights ist eine Reihe mehrerer über 20 m hoher Wasserfälle in einer Dschungelgrotte. Je nachdem sind auch Besuche von Kaffee-, Nelken- und Vanilleplantagen inbegriffen.

Schlafen

In den vielen Nebenstraßen, die von der Jl Raya Lovina abgehend zum Strand führen, stößt man auf zahlreiche Hotels. Hier gibt's geeignete Bleiben für jede Reisekasse.

Kalibukbuk, Lovinas „Zentrum", liegt etwa 10 km von Singaraja entfernt und beherbergt die meisten Unterkünfte. Anturan hat einen Strand und das charmante Flair eines Fischerdorfes.

★ Harris Homestay HOMESTAY $

(☎ 0362-41152; Gang Binaria, Kalibukbuk; EZ/DZ inkl. Frühstück 130 000/150 000 Rp;) Fröhlich, ordentlich und weiß: Das Harris wirkt nicht so abgenutzt wie manche seiner günstigen Nachbarn. Im hinteren Teil des Gebäudes wohnt die freundliche Besitzerfamilie, die Gäste schlafen vorn in fünf hellen, modernen Zimmern.

Sea Breeze Cabins PENSION $

(☎ 0362-41138; abseits der Jl Bina Ria, Kalibukbuk; Zi. inkl. Frühstück 350 000–400 000 Rp;) Eine der besten Unterkünfte im Herzen von Kalibukbuk mit fünf Bungalows und zwei Zimmern am Pool bzw. Strand, von den Veranden hat man mitunter einen sensationellen Ausblick. Einziger Nachteil: Wegen der Bars in der Nähe kann es abends recht laut werden.

Padang Lovina PENSION $
(☎0362-41302; padanglovina@yahoo.com; Gang Binaria, Kalibukbuk; Zi. mit Ventilator/Klimaanlage 250 000/300 000 Rp;) Am Ende einer schmalen Straße mitten im Herzen von Kalibukbuk locken zwölf komfortable, unprätentiöse Zimmer im Bungalowstil inmitten einer weitläufigen Anlage mit jeder Menge Blumen. Die beste Wahl sind die Quartiere mit Klimaanlage und Badewanne. Am Pool ist WLAN verfügbar.

Essen & Ausgehen

Lovinas bescheidenes Nachtleben konzentriert sich auf Kalibukbuk. Bei Sonnenuntergang erfreuen sich die Cafés am Strand großer Beliebtheit.

Global Village Kafe CAFÉ $
(☎0362-41928; Jl Raya Lovina, Kalibukbuk; Hauptgerichte ab 19 000 Rp; 8–22 Uhr;) Auf den Bildern an den Wänden dieses Künstlercafés wurden u. a. Che Guevara, Michail Gorbatschow und Nelson Mandela verewigt. Zur exzellenten Auswahl gehören Backwaren, Fruchtgetränke, Pizzas und Frühstücksgerichte. Zudem gibt's eine kostenlose Tauschbörse für Bücher und DVDs, verschiedenes hiesiges Kunsthandwerk und Arthaus-Filmabende.

Akar VEGETARISCH $
(☎0817 972 4717; Jl Bina Ria, Kalibukbuk; Hauptgerichte 40 000–65 000 Rp; 7–22 Uhr;) Das viele Grün ist hier Programm: Umweltschützer mit „grünen Grundsätzen" betreiben dieses vegetarische Café und servieren Smoothies, hausgemachtes Eis sowie frische, leckere internationale Gerichte wie mit Feta und Chili gefüllte Aubergine vom Holzkohlegrill.

VERWÖHNPROGRAMM

Wie das elegantere Bali vergangener Zeiten ausgesehen hat, zeigt **Taman Selini Beach Bungalows** (☎0362-94746; www.tamanselini.com; Jl Singaraja-Gilimanuk; Zi. inkl. Frühstück 90–160 US$;) mit seinen charmanten Strohdächern, Böden mit alten Schnitzereien und dem detailreichen Mauerwerk. Die elf Zimmer an einem großen Garten bis zum Strand haben Himmelbetten und große Freiluftbäder. Genussreich sind die Liegen im Freien dieser Anlage direkt östlich des Pondok Sari am Strand, abseits der Hauptstraße.

Anreise & Unterwegs vor Ort

Wer von Südbali mit öffentlichen Verkehrsmitteln anreisen möchte, nimmt in Denpasar (Busbahnhof Ubung, 40 000 Rp) einen Minibus, der via Bedugul nach Singaraja fährt. Dort steigt man in ein blaues *bemo* nach Kalibukbuk (ca. 10 000 Rp).

Busse von **Perama** (☎0362-41161; www.peramatour.com; Jl Raya Lovina) verbinden Lovina mit Kuta (125 000 Rp, 4 Std.), Ubud (125 000 Rp, 3 Std.) und anderen Zielen.

Lovina ist *sehr* weitläufig, doch mit einem *bemo* kommt man prima von einem Ende zum anderen (5000 Rp). Fahrräder kosten rund 30 000 Rp pro Tag.

Südwestbali

Von der belebten westlichen Straße, die an der Südküste entlangführt, biegt man nach Norden in Richtung **Mengwi** ab, wo sich der beeindruckende Wasserpalast und Tempel **Pura Taman Ayun** (Erw./Kind 15 000/7500 Rp; 8–18 Uhr) befindet.

Etwas weiter westlich und südlich der Hauptstraße erstreckt sich der rekonstruierte **Pura Tanah Lot** (Erw./Kind 30 000/15 000 Rp, Parkgebühr Auto/Motorrad 5000/2000 Rp; 7–19 Uhr), der besonders bei Sonnenuntergang viele Touristen anzieht.

Westbali

Balian Beach

Dank der wilden Wellen, die an ein fast leeres Ufer branden, ist der Balian Beach neuerdings sehr beliebt. Hier herrscht eine coole Surferatmosphäre, und es gibt ein paar gemütliche Pensionen. Der Strand liegt 800 m abseits der Hauptstraße nach Westen in Lalang-Linggah.

Schlafen

★ **Surya Homestay** PENSION $
(☎0813 3868 5643; wayan.suratni@gmail.com; Zi. inkl. Frühstück 150 000–200 000 Rp) Ein kleiner Familienbetrieb (Wayan und Putu sind einfach bezaubernd!) mit fünf Wohneinheiten im Bungalowlook, 200 m eine schmale Gasse hinunter. Die Zimmer mit kaltem Wasser und Ventilatoren sind picobello sauber, und bei längeren Aufenthalten bekommt man etwas Preisnachlass.

Ayu Balian HOMESTAY $
(☎0812 399 353; Jl Pantai Balian; Zi. inkl. Frühstück 100 000–150 000 Rp) 15 Zimmer ohne Warm-

wasser in einem etwas chaotischen zweistöckigen Gebäude überblicken die Straße bis hin zum Meer. Im kleinen Café bekommt man massentaugliche Kost, dafür erweist sich der freundliche Besitzer Ayu als echtes Original.

Gilimanuk

Das nicht gerade bezaubernde Gilimanuk ist die Endhaltestelle für Fähren von Banyuwangi, quer über den turbulenten Kanal von Java.

Alle 45 Minuten legen Fähren von Gilimanuk (1 Std.) ab. Die Fahrt kostet 7500 Rp für Passagiere, 25 000 Rp für ein Motorrad und 148 000 Rp für ein Auto (inkl. 4 Passagiere). Im Preis der Direktbusse zwischen Bali und Java ist das Fährticket bereits enthalten.

Taman Nasional Bali Barat

Besucher von Balis einzigem Nationalpark haben hier die Gelegenheit, durch vogelreiche Wälder zu wandern, bei der Pulau Menjangan (S. 141) die schönsten Tauchgründe der Insel zu erkunden und durch Mangrovenwälder an der Küste zu streifen.

Infos zur Pflanzen- und Tierwelt gibt's in der **Hauptverwaltung des Nationalparks** (☎ 0365-61060; Jl Raya Cekik; ⏲ 24 Std.) in Cekik, wo auch ein topografisches Modell des Parks zu sehen ist. Das **Labuhan-Lalang-Besucherzentrum** (Jl Singaraja-Gilimanuk; ⏲ 7–19 Uhr) befindet sich in einer Hütte an der Nordküste; hier starten Schnorcheltouren und Tauchboote. In beiden Zentren besteht die Möglichkeit, Guides zu buchen (ab 350 000 Rp).

Pemuteran

Diese hübsche Oase liegt an einer kleinen Bucht in der äußersten nordwestlichen Ecke von Bali. Wer gern baden und spazieren geht und den Strand direkt vor der Haustür haben möchte, ist in diesem wunderbaren Ort genau richtig.

Viele Taucher und Schnorchler genießen die herrliche Unterwasserwelt rund um die nahe gelegene Pulau Menjangan.

Aktivitäten

★ **Reef Seen Divers' Resort** TAUCHEN
(☎ 0362-93001; www.reefseenbali.com; Tauchgänge vor der Küste/vom Boot aus ab 315 000/555 000 Rp) Das PADI-Tauchzentrum liegt direkt am Strand in einem entspannten Resort und bietet eine umfassende Auswahl an Kursen sowie **Ponyritte** am Strand für Kinder (ab 200 000 Rp für 30 Min.). Hinzu kommen Pauschalangebote mit Verpflegung im Resort. Das Unternehmen engagiert sich auch in lokalen Umweltschutzprojekten.

Schlafen & Essen

An der Sandbucht von Pemuteran stehen viele Mittelklasseunterkünfte. Entlang der Hauptstraße gleich dahinter öffnen immer mehr Budgetpensionen und Cafés.

★ **Kubuku Ecolodge** PENSION $
(☎ 0362-343 7302; www.kubukuhotel.com; Jl Singaraja-Gilimanuk; Zi. inkl. Frühstück mit Ventilator/Klimaanlage ab 350 000/450 000 Rp; ❄ 📶) Mit seinem schicken Pool, der Bar und einer hübschen Rasenfläche bringt das Kubuku ein bisschen Seminyak-Stil nach Pemuteran. Gemütliche Zimmer, tolles Preis-Leistungs-Verhältnis, im Restaurant kommen köstliche Gerichte aus Biozutaten auf den Tisch. Zudem gibt's Yoga- und Kochkurse sowie einen Fahrradverleih.

Jubawa Homestay PENSION $
(☎ 0362-94745; www.jubawa-pemuteran.com; Zi. 300 000–600 000 Rp; ❄ 📶 🏊) Die Pension, eine recht schicke Budgetunterkunft, ist ein echter Klassiker und bietet 24 Zimmer in einem weitläufigen Garten mit Pool. Hungergefühlen begegnet die beliebte Café-Bar mit balinesischer und thailändischer Küche.

An- & Weiterreise

In Pemuteran halten alle Busse und *bemo* auf der Strecke zwischen Gilimanuk und Lovina. Labuhan Lalang und der Taman Nasional Bali Barat liegen 12 km weiter westlich. Von Südbali braucht man für die Fahrt durch die Hügel oder entlang der Westküste mindestens vier Stunden.

NUSA TENGGARA

Wem weißer Sand, azurblaue Buchten, schäumende Thermalquellen und versteckte traditionelle Dörfer vorschweben, der ist in Nusa Tenggara (NTT) genau richtig. Im Norden lockt eine Reihe von saftig grünen, mit Dschungel bedeckten Inseln, im Süden erstreckt sich eine trockenere Savanne. Dazwischen gibt's einige der besten Tauchspots der Welt, endlose Surfwellen und farbenprächtige Vulkanseen. Willkommen im Land der rosafarbenen Sandstrände, der Haie und Rochen sowie der stolzen Drachen!

Im Übrigen sucht der kulturelle Facettenreichtum hier in Indonesien seinesgleichen. Animistische Rituale und Stammestraditionen sind noch immer lebendig, ergänzt durch unzählige Minarette, Tempel, Klöster und Kapellen. Obwohl Bahasa Indonesia überall verstanden wird, existiert auf jeder Hauptinsel mindestens eine indigene Sprache, oft noch mit mehreren Dialektformen. Ob man nun auf einer der besucherfreundlichen, autofreien Gili-Inseln so richtig ausspannen möchte oder sich lieber in weniger komfortables Terrain vorwagen möchte – hier ist alles möglich.

ℹ An- & Weiterreise

Fast alle Besucher reisen über Bali nach Nusa Tenggara, man kann aber auch von Kuala Lumpur und Singapur aus nach Lombok bzw. aus den größeren Städten nach Jakarta fliegen.

ℹ Unterwegs vor Ort

Am besten fliegt man von Bali nach Labuanbajo (Flores) oder Kupang (Westtimor) und reist dann von Insel zu Insel.

AUTO & MOTORRAD

Auf den bergigen Straßen von Nusa Tenggara kommt man nur sehr langsam vorwärts, dafür gibt's in den geschäftigen Orten Lombok, Sumbawa, Flores und Timor recht ordentliche, befestigte Hauptstraßen. Abseits der großen Verkehrswege geht's allerdings wesentlich gemächlicher zu.

BUS

Durch Lombok und Sumbawa sowie von Kupang nach Dili in Timor verkehren klimatisierte Reisebusse. Ansonsten sind kleine, langsame Minibusse die Norm.

FLUGZEUG

Nusa Tenggara Timur (NTT) hat zahlreiche Flughäfen. Die größten befinden sich in Lombok, Labuanbajo und Kupang.

SCHIFF/FÄHRE

Zwischen Bali und Lombok, Lombok und Sumbawa, Sumbawa und Flores sowie Flores und Sumba verkehren Passagier- und Autofähren. Schnellboote verbinden Bali mit Lombok und den Gili-Inseln.

In der Regenzeit wird der Fährverkehr bei rauer See manchmal tagelang eingestellt.

Lombok

Von Bali bis nach Lombok ist es nur ein Katzensprung. Die Insel wartet mit einer nahezu menschenleeren Küste, Buchten voller Palmen, balinesisch-hinduistischen Tempeln, hohen Felsklippen und erstklassigen Surfbedingungen auf. Im Zentrum ragt der majestätische Gunung Rinjani auf, der sich für anspruchsvolle Kletterer eignet.

Absolutes Highlight sind jedoch die Gili-Inseln, auf denen eine ausgelassene Partystimmung herrscht. Kuta hat sich allerdings dank der tollen Strände und traumhaften Surfgelegenheiten zu einem ernst zu nehmenden Konkurrenten entwickelt.

ℹ An- & Weiterreise

BUS

Am Mandalika-Terminal in Mataram starten täglich öffentliche Fernbusse. Mit ihnen erreicht man die wichtigsten Städte auf Bali und Java im Westen sowie auf Sumbawa im Osten.

FLUGZEUG

Der **Lombok International Airport** (LOP; www.lombok-airport.co.id) nahe Praya erweitert

INDONESIEN LOMBOK

Nusa Tenggara

seinen Flugplan ständig. Es gibt gute Verbindungen nach Bali und Java. Weniger häufig wird Nusa Tenggara im Osten angeflogen. Zu den internationalen Zielen gehören Singapur und Kuala Lumpur. In Kuta, Mataram und Senggigi verkaufen Agenturen Flugtickets.

Dank der ausgebauten Straßen benötigt man für die Fahrt ab Mataram und Kuta nur 30 Minuten. Auch die restliche Insel ist gut angebunden. Zu den Hauptfahrtzielen verlangen die Taxifahrer Fixpreise. Damri betreibt Touristenbusse; Fahrtkarten erhält man in der Ankunftshalle.

Der harte Konkurrenzkampf beschert Reisenden günstige Tarife für die kurze Flugstrecke nach Bali.

SCHIFF/FÄHRE

Öffentliche Fähren verbinden Lembar an der Westküste von Lombok mit Bali sowie Labuhan Lombok an der Ostküste mit Sumbawa. Mehrere Schnellbootunternehmen verkehren zwischen Lombok und den Gili-Inseln sowie Bali. Die meisten sind in Senggigi ansässig.

Unterwegs vor Ort

AUTO & MOTORRAD

In den Touristengebieten kann man problemlos Autos mieten (mit/ohne Fahrer ab 600 000/ 300 000 Rp pro Tag). Auch Motorräder sind fast überall erhältlich (ca. 70 000 Rp pro Tag).

BUS & BEMO

Der wichtigste Bus-/*bemo*-Bahnhof auf Lombok ist Mandalika, von wo aus die meisten Ziele auf Lombok in unter zwei Stunden erreichbar sind.

Lembar

0370

Das hektische Lembar ist der wichtigste Hafen auf Lombok. Hier legen die Fähren von Bali und die Pelni-Boote an. Stündlich, rund um die Uhr, bestehen Verbindungen nach Padangbai auf Bali (Erw./Motorrad/Auto 44 000/123 000/879 000 Rp, 5–7 Std.).

Die Busanbindung ist gut, außerdem verkehren regelmäßig *bemo* zum Bus- und *bemo*-Bahnhof in Mandalika (25 000 Rp). Taxis kosten ca. 80 000 Rp nach Mataram und 150 000 Rp nach Senggigi.

Mataram

0370 / 420 000 EW.

Lomboks Hauptstadt besteht aus den vier Vierteln Ampenan (Hafen), Mataram (Verwaltungszentrum), Cakranegara (Geschäftsviertel) und Sweta (Busbahnhof) und hat durchaus Charme.

Es gibt große Einkaufszentren, eine Reihe recht guter Restaurants und auch ein paar Sehenswürdigkeiten, trotzdem kommen nur sehr wenige Traveller hierher.

Sehenswertes

Pura Meru HINDU-TEMPEL

(Jl Selaparang; Eintritt 10 000 Rp; 8–17 Uhr) Der größte und zweitwichtigste Hindu-Tempel auf Lombok wurde 1720 errichtet und ist der hinduistischen Dreifaltigkeit aus Brahma, Vishnu und Shiva geweiht. Der Innenhof beherbergt 33 kleine Schreine und drei strohgedeckte *meru* (mehrstufige Schreine) aus Teakholz. Shivas Haus ist der zentrale elfstufige *meru*, im Norden liegt das Haus Vishnus und Brahma ist das siebenstufige Haus im Süden gewidmet.

Pura Lingsar HINDU-TEMPEL

(Abseits der Jl Gora II; Tempelgelände Eintritt frei, Tempel gegen Spende; 7–18 Uhr) Die große Tempel-

anlage ist die heiligste auf Lombok. Sie entstand 1714 unter König Anak Agung Ngurah und erstreckt sich wunderschön inmitten grüner Reisfelder. Der Komplex dient mehreren Glaubensrichtungen: So gibt's einen Tempel für balinesische Hindus (Pura Gaduh) und einen für die Anhänger einer lokalen mystischen Art des Islams, der Wektu-Telu-Religion.

Die Anlage liegt nur 6 km nordöstlich von Mataram im Dorf Lingsar. Um hierher zu gelangen, fährt man mit dem *bemo* (Minibus) vom Terminal Mandalika nach Narmada, steigt dann in einen anderen nach Lingsar um und bittet den Fahrer, in der Nähe des Tempeleingangs anzuhalten.

Schlafen & Essen

Wer im Zentrum von Mataram übernachtet, erhält Einblicke in den untouristischen hiesigen Alltag. Die **Mataram Mall** (Jl Selaparang; 7–21 Uhr) und die umliegenden Straßen sind gesäumt von Fast-Food-Lokalen nach westlicher Art, indonesischen Nudelbars und *warung* (Imbissstände). Die Mall als weitläufiges Zentrum mit guten Cafés und einem tollen Supermarkt vermittelt eine Vorstellung des modernen, konsumgierigen Indonesien.

Hotel Melati Viktor PENSION $
(0370-633830; Jl Abimanyu 1; Zi. 150 000–250 000 Rp;) Dieses Hotel mit 37 sauberen Zimmern (die billigeren sind ventilatorgekühlt) inklusive hoher Decken bietet ein ausgezeichnetes Preis-Leistungs-Verhältnis. Der schöne Innenhof im balinesischen Stil ist voller hinduistischer Statuen.

★ **Ikan Bakar 99** FISCH & MEERESFRÜCHTE $
(0370-664 2819, 0370-643335; Jl Subak III 10; Hauptgerichte 20 000–55 000 Rp; 11–22 Uhr) In Gesellschaft einheimischer Familien sitzt man an langen Tischen im geschwungenen, gefliesten Speiseraum und genießt Tintenfisch, Garnelen, Fisch und Krabben, gegrillt oder gebraten, mit Chili-, pikanter Padang- oder klebriger süßsaurer Soße.

Praktische Informationen

Die Banken in der breiten Jl Selaparang und Jl Pejanggik haben Geldautomaten und wechseln ausländisches Bargeld.

Rumah Sakit Harapan Keluarga (0370-670000; www.harapankeluarga.co.id; Jl Ahmad Yani 9; 24 Std.) Das beste Privatkrankenhaus auf Lombok liegt gleich östlich des Zentrums von Mataram. Die Ärzte sprechen Englisch.

Anreise & Unterwegs vor Ort

Das chaotische Mandalika-Terminal, ein wichtiger Bus- und *bemo*-Verkehrsknotenpunkt, liegt 3 km vom Zentrum. Ringsum erstreckt sich der chaotische Markt. Am besten geht man zum offiziellen Fahrkartenbüro, um sich nicht mit Schleppern auseinandersetzen zu müssen. Gelbe *bemo*-Shuttles pendeln ins Zentrum (4000 Rp).

Busse und *bemo* fahren vom Terminal Mandalika jede Stunde u. a. folgende Ziele an:

ZIEL	ENTFERNUNG	PREIS (RP)	FAHRTZEIT
Flughafen	27 km	15 000	45 Min.
Kuta (via Praya & Sengkol)	54 km	15 000	90 Min.
Labuhan Lombok	69 km	15 000	2 Std.
Lembar	22 km	15 000	30 Min.

Senggigi

0370

Die Strände an der 10 km langen Küste von Senggigi sind kaum zu toppen. In der Gegend erstrecken sich traumhafte weitläufige Buchten mit weißem Sand und Palmen und im Hintergrund erheben sich die Berge. Blickt man bei Sonnenuntergang Richtung Bali, erstrahlt der Gunung Agung in blutrotem Licht. Lomboks ehemaliges Touristenmekka wirkt entlang der Hauptstraße allerdings mitunter etwas schäbig und die „Karaokebars" im Süden sind laut und nicht ganz legal.

Den traumhaften Gilis aber hat Senggigi nichts entgegenzusetzen, deshalb sollte man es besser als Ausgangspunkt für Reisen in andere Ecken der Insel ansehen.

Sehenswertes & Aktivitäten

Vor den Windy Cottages nördlich von Senggigi ragt eine felsige Landzunge ins Meer, das sich bestens zum **Schnorcheln** eignet. Die Ausrüstung kann in Hotels und Restaurants geliehen werden (etwa 50 000 Rp pro Tag). Tauchausflüge von Senggigi führen meistens zu den Gili-Inseln, der Ort eignet sich also ganz gut als Ausgangsbasis. Zudem gibt's reichlich Angebote für Besteigungen.

Die Strände laden zu Spaziergängen ein, und man kann den Gunung Rinjani besteigen.

Blue Marlin TAUCHEN
(0370-613 2424, 0370-693719; www.bluemarlindive.com; Holiday Resort Lombok, Jl Raya Senggigi;

Lombok

1 Tauchgang 490 000 Rp) Örtliche Filiale eines namhaften Tauchveranstalters von Gili Trawangan mit Tauchkursen und Touren.

Rinjani Trekking Club ABENTEUERSPORT
(☎0817 573 0415, 0370-693202; www.info2lombok.com; Jl Raya Senggigi; ⏲9–20 Uhr) Gute Informationen über Routen und Wegbedingungen auf dem Gunung Rinjani und eine große Auswahl an geführten Wanderungen. Der beste unter den vielen Veranstaltern, die vor Ort Rinjani-Touren anbieten.

Schlafen

Senggigi verfügt über reichlich Budgetunterkünfte, doch in denen südlich des Zentrums kann es laut werden: In den „Karaokebars“ wird die ganze Nacht gefeiert.

★ **Wira** PENSION $
(☎0370-692153; www.thewira.com; Jl Raya Senggigi; B ab 100 000 Rp, Zi. 250 000–450 000 Rp; ❄📶) Edel-*losmen* (eine Art günstige Unterkunft) an der Strandseite von Senggigis Hauptstraße. Die elf einfachen Zimmer mit privaten Veranden hinten sind geräumig und mit Bambusmöbeln geschmackvoll eingerichtet. Im Schlafsaal (mit Ventilator) stehen zehn Betten. Der ruhige Eingang liegt an einer Nebenstraße abseits der Jl Raya Senggigi.

Hotel Elen HOTEL $
(☎0370-693077; Jl Raya Senggigi; Zi. mit Ventilator/Klimaanlage ab 120 000/200 000 Rp; ❄📶) Altbewährter Backpacker-Favorit mit sehr einfachen Zimmern. In den Räumen mit Blick auf Koikarpfenteich und Wasserfallspringbrunnen gibt's große geflieste Terrassen.

Sendok Hotel PENSION $
(☎0370-693176; www.sendokhotellombok.com; Jl Raya Senggigi; Zi. mit Ventilator/Klimaanlage ab 250 000/400 000 Rp; ❄📶🏊) Die Pension ist hübscher als die (freundliche) Kneipe davor. Sie bietet über 28 helle, luftige Zimmer, ausgestattet mit hübschen javanischen Antiqui-

täten, auffälligen Fliesen, hohen Decken, anständigen Betten und eigenen Frontveranden; einige verfügen über Warmwasser.

Essen & Ausgehen

Die Gastroszene von Senggigi reicht von touristenfreundlichen Lokalen bis hin zu einfachen *warung*. Viele bieten fürs Abendessen einen kostenlosen Transportservice; Plätze kann man telefonisch reservieren. Wer den Sonnenuntergang bei einem Drink genießen möchte, geht in eine der vielen einfachen Bars am Strand.

Cafe Tenda Cak Poer INDONESISCH $

(Jl Raya Senggigi; Hauptgerichte 12 000–20 000 Rp; 18 Uhr–open end) In diesem offenen *warung* (Imbissstand) an der Straße verzehren die Gäste glücklich indonesische Klassiker frisch aus dem Wok – das *nasi goreng* (gebratenen Reis) am besten extrascharf *(ekstra pedas)* und mit viel Knoblauch*(bawang putih ekstra)* bestellen, dann wird man gleichzeitig weinen und schwitzen.

Office INTERNATIONAL $

(0370-693162; Jl Raya Senggigi, Pasar Seni; Hauptgerichte 25 000–70 000 Rp; 9–22 Uhr) Nahe dem „Kunstmarkt" gelegen, serviert diese Kneipe mit Billardtischen, Spielen und trinkfreudiger Kundschaft indonesische und westliche Klassiker. Auch wer Lust auf thailändische Küche hat, kommt auf seine Kosten. Die Tische auf dem Sand bei den Fischerbooten gehören zu den schönsten Plätzen für einen entspannten Drink bei Sonnenuntergang.

★ **Coco Beach** INDONESISCH $$

(0817 578 0055; Pantai Kerandangan; Hauptgerichte ab 60 000 Rp; 12–22 Uhr;) Das großartige Strandrestaurant besticht mit einer herrlich abgeschiedenen Lage abseits der Hauptstraße, etwa 2 km nördlich von Senggigis Zentrum. Es ist hübsch und stilvoll, auf den Tisch kommen viele vegetarische Gerichte. Das *nasi goreng* wird von Einheimischen sehr geschätzt und die Meeresfrüchte sind die leckersten der Gegend. Zudem gibt's eine eigene Bar und hauseigene authentische *jamu*-Tonics (Kräutermedizin).

Praktische Informationen

Entlang der Hauptstraße gibt's Geldautomaten.

Anreise & Unterwegs vor Ort

Schnellboote nach Bali fahren vom großen Pier mitten am Strand ab. Dort befindet sich auch das Ticketbüro.

Täglich verkehren Schnellboote vom **Marina Srikandi** (0361 729818; www.marinasrikandi.com; Senggigi Pier; einfache Fahrt ab 375 000 Rp) nach Padangbai.

Perama (0370-693008; www.peramatour.com; Jl Raya Senggigi; 8–20 Uhr) hat einen günstigen Shuttlebus, der auf die Abfahrtszeiten mit der öffentlichen Fähre von Lembar nach Padangba auf Bali (125 000 Rp) abgestimmt ist. Von dort verkehren wiederum Shuttlebusse nach Sanur, Kuta und Ubud (alle 175 000 Rp). Die Fahrt dauert acht Stunden oder länger. Perama verfügt zudem über eine Bus-Boot-Verbindung zu den Gili-Inseln für erschwingliche 150 000 Rp (2 Std.). Damit erspart man sich das Hin und Her am Bangsal Harbour.

Bemo verkehren zwischen Senggigi und dem Busbahnhof Kebon Roek in Ampenan (3000 Rp), wo Anschluss nach Mataram besteht; einfach an der Hauptstraße heranwinken. Es gibt keine öffentliche *bemo*-Verbindung nördlich zum Bangsal Harbour. Ein Taxi mit Taxameter kostet rund 90 000 Rp.

Busse von Damri fahren zum Flughafen (30 000 Rp, 90 Min.). Der Taxametertarif für die einstündige Fahrt zum Flughafen in Praya beträgt rund 150 000 Rp.

Eine Taxifahrt nach Lembar kommt auf 150 000 Rp.

Gunung Rinjani

Der Gunung Rinjani, Lomboks höchster Berg, spielt eine wichtige Rolle für das Klima und die Dörfer der Insel. Mit 3726 m ist er Indonesiens zweithöchster Vulkan. Ein paar kleine Dörfer schmiegen sich an seine Hänge. Die Balinesen bezeichnen ihn als „Sitz der Götter" und verehren ihn wie den Gunung Agung. Auch den Sasak gilt er als heilig; zweimal im Jahr unternehmen sie eine Pilgerfahrt zum Rinjani, um dem Geist des Bergs ihre Aufwartung zu machen.

Der Weg zum Gipfel ist legendär. Wanderer werden mit einem fantastischen Ausblick auf den 6 km breiten Krater belohnt. Darin befinden sich ein halbmondförmiger See, ein paar Thermalquellen sowie einige kleinere Vulkankegel. Bei Sonnenaufgang bietet sich ein unvergesslicher Anblick: Dann sind der Norden Lomboks, der Gunung Agung und der Ozean in rosafarbenes Licht getaucht.

Aufgrund von Ausbrüchen war der Gipfel 2015 mehrere Male für Wanderer gesperrt.

Senaru

0370

Dank der tollen Aussicht und des ewigen Frühlingswetters bietet das Bergdorf Senaru

Senggigi

die beste Ausgangsbasis für Touren auf den Rinjani. Sehr zu empfehlen ist die 20-minütige Wanderung zu dem spektakulären Wasserfall **Air Terjun Sindang Gila** (Eintritt 10 000 Rp).

Schlafen & Essen

Sämtliche Unterkünfte und Gastrobetriebe von Senaru verteilen sich auf die 6,5 km lange Straße von Bayan bergaufwärts über Batu Kong zum Hauptparkbüro des Gunung Rinjani.

★Rinjani Lighthouse PENSION $
(☎0818 0548 5480; www.rinjanilighthouse.mm.st; Zi. 350 000–800 000 Rp;) Die eindrucksvolle Pension mit Warmwasser auf einem weiten Plateau, nur 200 m vom Rinjani-Parkbüro entfernt, verfügt über strohgedeckte Bungalows in Doppel- bis Familienzimmergröße. Ihre Besitzer habe jede Menge Infos über den Rinjani auf Lager.

Pondok Senaru & Restaurant LODGE $
(☎0818 0362 4129; pondoksenaru@yahoo.com; Zi. 250 000–700 000 Rp;) Hier können Gäste zwischen 14 hübschen kleinen Hütten (meist mit Ventilator) mit terrakottagefliesten Dächern wählen. Teurere Zimmer sind gut ausgestattet und haben Extras wie Warmwasser. Das Restaurant bietet mit Tischen am Rand eines Tals mit Reisterrassen eine tolle Kulisse (Hauptgerichte 20 000–50 000 Rp; 7–21 Uhr). Am Eingang zum Wasserfall.

> **Senggigi**
>
> **Aktivitäten, Kurse & Touren**
> 1 Blue Marlin B3
> 2 Rinjani Trekking Club C2
>
> **Schlafen**
> 3 Hotel Elen C1
> 4 Sendok Hotel C3
> 5 Wira C2
>
> **Essen**
> 6 Cafe Tenda Cak Poer B1
> 7 Office A1

An- & Weiterreise

Vom Busbahnhof Mandalika in Mataram fahren Busse nach Anyar (25 000–30 000 Rp, 2½ Std.). *Bemo*-Verbindungen von Anyar nach Senaru gibt's nicht mehr, deswegen muss man ein *ojek* (je nach Gepäck ab 20 000 Rp pro Pers.) chartern.

Kuta

☎0370

Gibt's einen schöneren Ausgangsort für Ausflüge zu den wunderschönen Stränden im

Süden Lomboks? An einer sichelförmigen Bucht leuchtet türkisfarben das seichte Wasser, tiefblau draußen das Meer, während 300 m vor der Küste die Brandung auf ein Riff prallt. Das kühle Nass säumt einen weißen Sandstrand, so groß wie ein Fußballfeld und von Landzungen gesäumt. Stellt man sich nun eine Küste mit fast einem Dutzend solcher Buchten vor, die sich vor der Kulisse zerklüfteter Hügel und saftiger Landstreifen mit Bananenbäumen und Tabakfeldern erstrecken, hat man eine ungefähre Vorstellung von Kutas Reiz.

Unter den Stränden vor Ort lockt **Tanjung An** (auch Aan oder Ann geschrieben), eine verlassene, hufeisenförmige Bucht mit sanften Landspitzen. Ebenso großartig ist **Pantai Segar**. Übrigens wurde schon lange über ein riesiges internationales Resort gemunkelt, mittlerweile hat man mit dem Bau begonnen.

Aktivitäten

An den Riffen vor Kuta (Telek Kuta) und östlich von Tanjung An können Surfer auf fantastischen links- und rechtsläufigen Wellen reiten. Für ca. 150 000 Rp wird man per Boot zu den besten Plätzen gebracht. 7 km östlich von Kuta, vor dem Fischerdorf **Gerupuk**, locken sowohl in Küstennähe als auch etwas außerhalb Riffwellen, allerdings ist für die Fahrt dorthin ein Boot (etwa 300 000 Rp pro Tag) nötig. Clevere Surfer lassen Gerupuk hinter sich und nehmen die Straße nach **Ekas**, wo kaum Leute unterwegs sind und die Brandung Surferherzen höherschlagen lässt.

Westlich von Kuta liegen **Mawan**, ein wunderschöner Schwimmstrand, und **Mawi**, ein beliebtes Surfparadies mit hervorragenden Wellen und starker Strömung.

Kimen Surf SURFEN
(☎ 0370-655064; www.kuta-lombok.net; Jl ke Mawan; Brettmiete 100 000 Rp pro Tag, Unterricht ab 500 000 Rp pro Person; ⏲ 9–20 Uhr) Brandungs-„Vorhersagen", Tipps, Kitesurfen, Bretterverleih, Reparaturen, Unterricht sowie Ausflüge zu Topwellen wie vor Gerupuk mit Guide (400 000 Rp).

Scuba Froggy TAUCHEN
(☎ 0877 6510 6945; www.scubafroggy.com; Jl ke Mawan; Open-Water-Kurs 360 US$; ⏲ 9–20 Uhr) Bringt Taucher zu einem Dutzend Plätzen in der Umgebung (meist weniger als 18 m tief). Von Juni bis November werden auch Ausflüge zu den spektakulären, nicht ganz einfachen Riffen in der Blongas Bay angeboten. Dort tummeln sich Hammerhaie und Mobula-Rochen. Schnorcheln kostet 150 000 Rp.

Schlafen

Einfache Pensionen und Cafés dominieren, die meisten Unterkünfte liegen direkt am Strand oder zumindest in Laufweite. Fehlende Straßennamen machen die Adresssuche zu einer echten Herausforderung.

★ **Bombara Bungalows** PENSION $
(☎ 0370-615 8056; bomborabungalows@yahoo.com; Jl Raya Kuta; Zi. 350 000–450 000 Rp; ❄ 📶 🏊) Die acht einen hübschen Poolbereich säumenden Bungalows (teils mit Ventilatoren) gehören zu den besten Budgetunterkünften Kutas. Kokospalmen spenden den Liegestühlen Schatten und man fühlt sich wie in einer ruhigen Oase, abseits des Trubels. Das Personal kennt die Bedürfnisse seiner Gäste und von Surfern im Speziellen.

Bule Homestay PENSION $
(☎ 0819 1799 6256; www.bulehomestay.com; Jl Raya Bypass; Zi. 250 000–300 000 Rp; ❄ 📶) Obwohl die Anlage mit acht Bungalows rund 2 km hinter dem Strand nahe der Kreuzung Jl Raya Kuta/Jl Raya Bypass liegt, lohnt sie einen Aufenthalt. Schmutz ist auf dem kleinen Gelände ein Fremdwort, so leuchten die Zimmer in hygienischem Weiß. Der Komplex wird von einer Mauer gesäumt, die an *Familie Feuerstein* erinnert.

Sekar Kuning PENSION $
(☎ 0370-615 4856; Jl Raya Pantai Kuta; Zi. ab 200 000 Rp; ❄ 📶) In dieser charmanten Pension an der Strandstraße erwarten geflieste Zimmer, hohe Decken, Pastellfarben, Deckenventilatoren und Bambusmöbel im Innenhof die Gäste. Die Räume im oberen Stock sind teurer und überblicken das Meer.

Mimpi Manis B&B $
(☎ 0818 369950; www.mimpimanis.com; abseits der Jl Raya Kuta; Zi. 150 000–350 000 Rp; ❄ 📶) Einladendes B&B unter englisch-balinesischer Leitung in einem zweistöckigen Haus mit drei makellosen Zimmern (eins davon mit Klimaanlage) samt eigenem Bad, Fernseher und DVD-Player. Gäste können in guten Büchern schmökern und Filme ausleihen. Die Unterkunft liegt 1 km vom Strand entfernt; ihre Besitzer bieten einen kostenlosen Shuttleservice zum Strand und in die Stadt, zudem verleihen sie Fahrräder und Motorräder.

WANDERUNG AUF DEN GUNUNG RINJANI

Ausflüge zum Rand, See und Gipfel des Vulkans sollte man nicht unterschätzen. Guides sind vorgeschrieben. Für eine Wanderung eignen sich am besten die Monate Juni, Juli und August. Während der Regenzeit (Nov.–April) sind die Wege eventuell rutschig und sehr gefährlich.

Zu den empfehlenswerten Anbietern in Senaru gehören **John's Adventures** (☎0817 578 8018; www.rinjanimaster.com; Senaru) und **Rudy Trekker** (☎0818 0365 2874; www.rudytrekker.com; Senaru). Touren werden außerdem in Sengiggi angeboten. Auf der offiziellen Website des **Rinjani-Nationalparks** (Taman Nasional Gunung Rinjani; ☎0370-660 8874; www.rinjaninationalpark.com) findet man gute Karten, Infos und praktische Warnungen vor Tricks unzuverlässiger Tourenanbieter.

Wer sich für die am häufigsten genutzte Route entscheidet, steigt am ersten Tag von Serau bis Pos III (2300 m; 5 Std. steiler Anstieg), campiert vor Ort und klettert am nächsten Morgen bei Sonnenaufgang zum Pelawangan I am Kraterrand (2600 m; 2 Std.). Dann geht's hinab in den Schlund und über einen gut erkennbaren Weg zu den heißen Quellen (2 Std.). Diese werden von den Einheimischen wegen ihrer Heilkräfte verehrt. Sie sind prima zum Entspannen und als Nachtlager, bevor man am darauffolgenden Tag nach Senaru zurückkehrt.

Alternativ geht's von den heißen Quellen gen Osten weiter. Beim Pelawangan II (2900 m) legt man eine Pause ein. Dort zweigt ein Weg zum Gipfel (3726 m) ab, den man über unbefestigte Pfade innerhalb von drei bis vier anstrengenden Stunden erreicht. Damit man am Ziel den Sonnenaufgang beobachten kann, sollte man um 3 Uhr morgens losmarschieren.

Die am häufigsten gebuchte Tour dauert drei Tage und zwei Nächte und führt von Senaru über den Gipfel nach Sembalun Lawang. Sie umfasst Verpflegung, Ausrüstung, Guide, Träger, Parkgebühr und Rücktransport und kostet etwa 300 US$ pro Person.

Man sollte mehrere Lagen Kleidung, stabiles Schuhwerk, Regenkleidung, zusätzliches Wasser (nicht auf den Führer vertrauen) und eine Taschenlampe dabeihaben. Nahrungsmittel bekommt man in Mataram oder Senggigi – dort muss man weniger zahlen und die Auswahl ist größer. Außerdem sollte man nie vergessen, dass auf dem Berg jedes Jahr Menschen sterben; man darf einen Ausflug also nicht auf die leichte Schulter nehmen.

Essen & Ausgehen

Full Moon Cafe CAFÉ $

(Jl Raya Pantai Kuta; Hauptgerichte ab 30 000 Rp; ⏲8 Uhr–open end; 📶) Dieses hüsche Café im zweiten Stock liegt direkt gegenüber vom Strand und erinnert an ein Baumhaus mit Traumblick aufs Meer. Serviert werden die üblichen Klassiker, vom Bananenpfannkuchen bis hin zu verschiedenen indonesischen Reisgerichten. Nachdem man den Ausblick und den Sonnenuntergang genossen hat, kann man sich hier bestens entspannen.

Warung Bule FISCH & MEERESFRÜCHTE $$

(☎0819 1799 6256; Jl Raya Pantai Kuta; Hauptgerichte 40 000–250 000 Rp; ⏲8–22 Uhr; 📶) Das wohl beste Restaurant in Kuta wurde vom langjährigen Küchenleiter des Novotel gegründet und überzeugt mit tropischen Meeresfrüchten zu erschwinglichen Preisen. Wie wäre es mit einer Tempura-Vorspeise, gefolgt von dem grandiosen Trio aus Hummer, Garnelen und Goldmakrele? In der betriebsamen Hauptsaison muss man sich auf Wartezeiten einstellen.

Warung Rasta BAR

(☎0882 1907 1744; Jl Raya Pantai Kuta; ⏲8 Uhr–open end) Die einheimischen Besitzer dieser improvisierten Hüttenbar locken mit ihrem entspannten Partyflair allabendlich jede Menge Gäste an. Gitarren werden gezupft, und Surfer liefern sich Wettkämpfe darin, wer mit der strategischen Hilfe von Strohhalmen am meisten Bier verträgt. Gegen den Hunger helfen günstige indonesische Klassiker.

Praktische Informationen

WLAN und Geldautomaten sind vorhanden.

Viele Traveller haben uns berichtet, dass sie beim Mieten eines Autos oder Motorrads Schereien hatten, deshalb hält man sich am besten an die jeweilige Unterkunft.

Außerdem sollte man auf der Küstenstraße westlich und östlich von Kuta auf der Hut sein, insbesondere nach Einbruch der Dunkelheit. Hier sind schon mehrere Überfälle gemeldet worden.

An- & Weiterreise

Allein für die Anreise aus Mataram benötigt man mindestens drei *bemo*. Mit dem ersten geht's vom Terminal in Mataram nach Praya (15 000 Rp), mit dem zweiten nach Sengkol (5000 Rp) und mit dem dritten nach Kuta (5000 Rp).

Einfacher ist die Fahrt mit den Touristenbussen (tgl.), die Mataram (125 000 Rp) sowie Senggigi und Lembar (beide 150 000 Rp) bedienen.

Gemeinschaftstaxis werden überall in der Stadt angeboten. Zu den Fahrtzielen gehören Bangsal, wo öffentliche Boote auf die Gili-Inseln fahren (160 000 Rp), Seminyak (Bali), ebenfalls mit öffentlicher Fähre (200 000 Rp) erreichbar, und Senaru (400 000 Rp).

Ein Taxi zum Flughafen kostet 60 000 Rp.

Labuhan Lombok

Das einzig Interessante an diesem Ort sind die Fährverbindungen nach Sumbawa. Zwischen dem Mandalika-Terminal (Mataram) und Labuhan Lombok pendeln häufig Busse und *bemo* (35 000 Rp, 2½ Std.) Einige Busfahrer setzen einen an der Zugangsstraße zum Hafen ab. Hier muss man noch ein *bemo* zur Ablegestelle nehmen (zu weit zum Laufen).

Fähren verkehren rund um die Uhr stündlich nach Poto Tano (19 000 Rp, 1½ Std.).

Gili-Inseln

☎ 0370

Drei kleine verlassene Inseln, gesäumt von weißen Sandstränden und Kokospalmen mitten im türkisfarbenen Meer: Die Gilis sind ein echtes Paradies. Ihre Beliebtheit kennt keine Grenzen, die Inselchen verzeichnen einen Boom, der in Indonesien seinesgleichen sucht. Schnellboote bringen Besucher direkt aus Bali hierher und praktisch jeden Monat eröffnet ein neues hippes Hotel.

Den einzigartigen Reiz der Gili-Inseln machen auch die Ruhe (Motorräder und Hunde sind verboten!) und ein wachsendes Umweltbewusstsein aus. Die Bebauung geht recht geschmackvoll und dezent vonstatten und es gibt nur wenige hässliche Betonbunker.

Jede der drei Inseln hat ihren eigenen speziellen Charakter. Trawangan (allgemein als Gili T bekannt) ist mit seiner lebendigen Bar- und Partyszene sowie Unterkünften und Restaurants im tropischen Schick der Kosmopolit, während Gili Air für lokales Flair steht und die perfekte Balance aus Trubel und Erholung schafft. Meno ist in erster Linie ein verlassenes Inselparadies, allerdings mit steigender Pulsfrequenz.

Aktivitäten

Tagsüber wird man wohl die meiste Zeit im Wasser verbringen, vor allem **Taucher** kommen voll auf ihre Kosten. Die Vielfalt der Unterwasserwelt beeindruckt: Schildkröten, Schwarzspitzen- und Weißspitzen-Riffhaie sind häufig vertreten und auch Kleinlebewesen wie Seepferdchen, Seenadeln und zahlreiche Krustentiere gibt's zuhauf. Rund um den Vollmond kann man Schwärme von Papageifischen dabei beobachten, wie sie den Laich der Korallen verspeisen, während an anderen Tagen Mantarochen durchs Wasser gleiten.

Die Sicherheitsstandards aller Veranstalter sind hoch. Jeder Anbieter verlangt einen Fixpreis von 500 000 Rp pro Tauchgang, für Pakete mit fünf oder mehr Ausflügen wird ein Nachlass gewährt. Ein PADI-Kurs im offenen Meer kostet 5 500 000 Rp.

Schnorchler können sich ebenfalls freuen, denn die hiesigen Riffe beherbergen unzählige Fische. Das Mietzubehör gibt's für 50 000 Rp pro Tag.

Die schönsten Aktivitäten an Land sind **Wandern und Radfahren**. Ein Leihfahrrad bekommt man ab 50 000 Rp pro Tag. (Vorsicht: Auf den weichen Sandstraßen bleibt man gerne stecken.) Trawangan umrundet man am besten bei Sonnenuntergang (zu Fuß ca. 2½ Std.), den man sich vom Hügel im Südwesten anschauen kann – der Blick zum Gunung Agung auf Bali ist wirklich traumhaft.

Die **Strände** sind so eine Sache ... Alle Inseln sind von herrlich weißem Sand umzuckert, nur leider reichen die Korallen und Felsen oft bis an die Wasserkante. Daher ist schon der Weg ins Meer – geschweige denn das Schwimmen – eine echte Tortur! Zum Glück gibt's immer auch ein paar Abschnitte, an denen die Füße keinen Schaden nehmen.

Praktische Informationen

WLAN ist weitflächig verfügbar. Auf Gili T und Gili Air gibt's Geldautomaten.

GEFAHREN & ÄRGERNISSE

➡ Auf den Gilis sind bislang nur selten Polizisten im Einsatz (das ändert sich jedoch).

Diebstähle sollten umgehend dem *kepala desa* (Dorfvorsteher) gemeldet werden; die Angestellten der Tauchzentren wissen, wo er zu finden ist.

- Es passiert nicht oft, aber hin und wieder werden Frauen sexuell belästigt oder sogar angegriffen. In weniger belebten Gegenden läuft man deswegen am besten in einer Gruppe nach Hause.
- Das Meer erinnert zwar an eine Badewanne, doch zwischen den Inseln ist die Strömung sehr stark. Auf keinen Fall von Insel zu Insel schwimmen, das ist lebensgefährlich.
- Drogenhandel ist ein großes Problem auf Gili Trawangan.
- Auch vor dem gepanschten *arak* sollte man sich in Acht nehmen. Schon manche Touristen haben sich damit vergiftet und es gab sogar Todesfälle.

ℹ An- & Weiterreise

ÖFFENTLICHE BOOTE

Wer aus anderen Teilen Lomboks anreist, kommt meist mit den öffentlichen Booten, die am Bangsal Harbour ablegen. (Vorsicht vor Betrügermaschen!)

Für die Anreise mit öffentlichen Verkehrsmitteln über Mataram und Senggigi nimmt man einen Bus oder ein *bemo* nach Pemenang und läuft die letzten 1,2 km (5000 Rp per *ojek*) zum Bangsal Harbour. Taxis mit Taxametern bringen Passagiere zum Hafen und zum Pier.

Die öffentlichen Boote machen sich vor 11 Uhr auf den Weg zu den drei Inseln. Danach gibt's nur noch vereinzelte Verbindungen nach Gili T. Sämtliche öffentliche Boote legen ab, wenn sie voll besetzt sind (ca. 30 Pers.). Gibt's keine öffentliche Verbindung zur jeweiligen Insel, kann man ein Boot chartern (400 000–500 000 Rp, max. 25. Pers.).

Nach Gili Air zahlt man 10 000 Rp, nach Gili Meno 12 000 Rp und nach Gili Trawangan 15 000 Rp (jeweils einfache Strecke). Oft sammeln die Boote Passagiere an den Stränden auf, deswegen muss man sich darauf einstellen, dort zu warten. Öffentliche Schnellboote verbinden außerdem Gili T, Gili Air und Bangsal miteinander. Sie verkehren mehrere Male am Tag und kosten 100 000 Rp. Tickets werden im großen Büro verkauft.

Ist man in Bangsal am Hafen angekommen, werden Fahrten in Sammelfahrzeugen angeboten. Für die Strecke nach Senggigi sind 100 000 Rp ein fairer Preis. Alternativ läuft man die Zugangsstraße 500 m hinab, vorbei am riesigen neuen Tsunami-Schutzraum, zum Bluebird-Lombok-Taksi-Stand (der besten Adresse für Taxifahrten), wo Taxis mit Taxametern nach Senggigi (90 000 Rp), zum Flughafen (200 000 Rp) und nach Kuta (300 000 Rp) starten.

PRIVATBOOTE

Schnellboote legen die Strecke zwischen Bali und Gili Trawangan in etwa zwei Stunden zurück. Abfahrt auf Bali ist z. B. in Serangan, Sanur, Padangbai und Amed. Manchmal wird unterwegs auf Nusa Lembongan Halt gemacht. Vielfach geht's via Teluk Nare auf Lombok, nördlich von Senggigi, nach Air und Trawangan (Meno-Reisende müssen umsteigen). Achtung: Mit all den Stopps dauert die Fahrt oft länger als auf dem Plan angegeben.

Auf der Website **Gili Bookings** (www.gilibookings.com) sind mehrere Schnellbootanbieter aufgeführt. Im Juli und August muss man frühzeitig reservieren. Eine einfache Strecke (inkl. Transport zu/ab den touristischen Gegenden auf Bali) schlägt mit ca. 60 US$ zu Buche. In der Nebensaison ist der Preis verhandelbar.

Insbesondere in der Regenzeit kann die See zwischen Bali und Lombok ganz schön rau sein. Weitere Infos zum Thema Sicherheit gibt's auf S. 242.

Zu den alteingesessenen Anbietern zählen:

Amed Sea Express (☎ 0878 6306 4799; www.gili-sea-express.com; ab 600 000 Rp pro Pers.) 75-minütige Fahrt nach Amed in einem großen Schnellboot, dabei sind viele interessante Routen möglich. Fährt auch Sanur an.

Blue Water Express (☎ 0361-895 1111; www.bluewater-express.com; einfache Fahrt ab 750 000 Rp) Verbindungen von Serangan und Padangbai (Bali) nach Teluk Kade, Gili T und Gili Air.

Gili Getaway (☎ 0813 3707 4147; www.giligetaway.com; einfache Fahrt ab 675 000 Rp; ⏲ Büro auf Gili T 9–20 Uhr) Sehr professioneller Veranstalter mit Verbindungen von Serangan auf Bali nach Gili T und Gili Air.

Perama (☎ 0361-750808; www.peramatour.com; 225 000 Rp pro Pers.; ⏲ Büro auf Gili T 9–20 Uhr) Recht langsame Verbindung nach Padangbai, zu den Gilis und nach Senggigi.

ℹ Unterwegs vor Ort

Zweimal täglich steuert ein Boot alle drei Inseln nacheinander an (35 000–40 000 Rp), sodass man einen Tagesausflug auf eine andere Gili-Insel unternehmen kann. Es ist allerdings nicht möglich, mit einem öffentlichen Boot alle drei an einem Tag zu besuchen. Am besten sucht man an jeder Anlegestelle den aktuellen Fahrplan.

Cidomos (kleine Kutschen) dienen als Taxis. Die Preise sind in den letzten Jahren stark gestiegen. Selbst eine kurze Strecke kann 50 000 Rp kosten und für eine einstündige Inselfahrt muss man mindestens 100 000 Rp hinblättern. Wegen großer Zweifel an der artgerechten Haltung der Pferde raten wir von der Nutzung von *cidomos* ab.

Gili Air

Gili Air

Aktivitäten, Kurse & Touren
1 7 Seas C3
2 Blue Marine Dive Centre C1
3 H2O Yoga C2

Schlafen
4 7 Seas C3
5 Bintang Beach 2 .... B1
6 Damai C1
7 Gili Air Hostel C3
8 Villa Casa Mio B3

Essen
9 Eazy Gili Waroeng C3
10 Pasar Malam C3
11 Warung Sasak II C3

Ausgehen & Nachtleben
12 Legend Bar C1
13 Little Bar C1

Gili Air

Air liegt Lombok am nächsten und kommt vielen Reisenden „gerade recht". Die Restaurants, Bars und Clubs können gut mit dem Angebot auf Gili T mithalten, doch Air ist lange nicht so überlaufen. Die schönsten Badestrände befinden sich im Süden und Osten. Zu Fuß lässt sich die Insel in ca. 90 Minuten umrunden. Die Nord- und die Westküste sind noch ziemlich unberührt.

Aktivitäten

Blue Marine Dive Centre TAUCHEN
(☎ 0812 377 0288; www.bluemarinedive.com; nächtliche Tauchgänge 570 000 Rp) Hübsch gelegen in der wunderschönen nordöstlichen Ecke der Insel. Der Besitzer bietet Freitauchkurse an und engagiert sich für den Schutz der Riffe.

7 Seas TAUCHEN
(☎ 0370-663 2150; www.7seasdivegili.com; 4-tägige TEC-Tauchpakete 6 400 000 Rp) Riesiger Tauchanbieter mit verschiedenen Unterkünften und einem guten Becken, in dem man üben oder einfach nur Spaß haben kann. Ist in Sachen Recycling vor Ort führend.

H2O Yoga YOGA
(☎ 0877 6103 8836; www.h2oyogaandmeditation.com; Unterricht 100 000 Rp, 3-stündige Workshops 300 000 Rp) Das wunderbare Yoga- und Meditationszentrum liegt abseits des Strandes an einem gut beschilderten Weg im Dorf. Kurse unter professioneller Leitung finden in einem hübschen runden *beruga* (offener Pavillon) statt. Zum Angebot gehören außerdem Massagen und Yoga bei Kerzenlicht um 17 Uhr.

Schlafen

Ein Großteil der rund 50 Unterkünfte auf Gili Air liegt an der Ostküste. Im Westen nächtigt man ungestörter.

★ **Gili Air Hostel** HOSTEL $
(www.giliairhostel.com; B/Zi. ab 125 000/350 000 Rp; Rezeption 7.30–19 Uhr;) Der tolle Neuzugang bietet Schlafsäle mit zwei bis sieben Betten und Gemeinschaftsbädern. Das Dekor ist fröhlich und es gibt eine schicke Bar, einen riesigen Frangipani-Baum und sogar eine Kletterwand.

★ **Bintang Beach 2** BUNGALOWS $
(0877 6522 2554; Zi. ab 350 000 Rp;) Bungalows von günstig mit Ventilatoren bis hin zu recht schicken Varianten sowie einfache Zimmer findet man in dieser sandigen, aber gepflegten Anlage an der ruhigen Nordwestküste von Gili Air. Der Barbereich ist top. Die Besitzer betreiben noch weitere Pensionen in der Nähe.

★ **Villa Casa Mio** BUNGALOWS $$
(0370-646160; www.villacasamio.com; Hütten ab 900 000 Rp;) Das Casa Mio besteht aus hübschen Häuschen mit attraktiven Gartenbädern und jeder Menge Deko (von künstlerisch anspruchsvoll bis kitschig). Alle Zimmer haben Kühlschränke, Stereoanlagen und einladende Sonnenterrassen mit Liegestühlen, außerdem gibt's einen netten Strandbereich und einen praktischen Zugang über einen gepflasterten Abschnitt der Strandstraße vom Bootsanleger aus. In der Nähe haben sich mittlerweile mehrere Konkurrenten angesiedelt.

7 Seas HOTEL $$
(0819 0700 3240; www.7seas-cottages.com; B ab 80 000 Rp, Zi. 450 000–800 000 Rp;) Die attraktive, toll gelegene Bungalowanlage ist Teil des 7-Seas-Tauchunternehmens. Im Angebot sind gepflegte, gemütliche Zimmer, strohgedeckte Häuschen mit hohen Decken, aber auch loftähnliche Hostelzimmer mit Bambusdekor und Ventilatoren.

Damai PENSION $$
(0878 6142 0416; www.facebook.com/damaihomestay.giliair; Zi. 450 000–650 000 Rp;) Lohnenswert ist die Anfahrt zu dieser strohgedeckten Anlage. Ihre elf Unterkünfte reichen von einfachen Bungalows bis zu geschmackvollen Luxusquartieren mit angrenzendem Garten. Im gemütlichen Essbereich im Hof sitzt man auf Kissen, elegant wirkt die Beleuchtung mit Papierlaternen.

Essen & Ausgehen

Die meisten Restaurants auf Gili Air bieten ein traumhaftes Ambiente, denn häufig stehen die Tische direkt am Wasser, sodass man den Gunung Rinjani auf Lombok im Blick hat. Allerdings ist gewöhnlich schon um 22 Uhr Schluss.

★ **Eazy Gili Waroeng** INDONESISCH $
(Hauptgerichte 25 000–40 000 Rp; 8–22 Uhr) Das gepflegte Eckcafé im betriebsamen Hauptort serviert hiesige, an Besucher angepasste Küche. Es ist eine Art westliche Variante des beliebten Warung Muslim direkt im Osten. Zum Angebot gehören auch Frühstück, Sandwiches und ausgezeichnetes *pisang goreng* (frittierte Banane).

Warung Sasak II INDONESISCH $
(Hauptgerichte ab 15 000 Rp; 8–22 Uhr) Exzellente Varianten aller Klassiker wie Hühnchen-Satay und Fischcurry werden in diesem sehr empfehlenswerten, wenn auch einfachen *warung* im Dorf serviert. Wer mag, probiert eine der vielen verschiedenen Interpretationen von *parapek,* einer in würziger Soße gekochten Spezialität der Sasak.

Pasar Malam MARKT $
(Nachtmarkt; Hauptgerichte ab 15 000 Rp; 18–23 Uhr) Angesichts des riesigen Erfolgs des Nachtmarkts auf Gili T hat Gili Air nun auch seine Stände mit frischer indonesischer Küche, zu genießen an Tischen unter freiem Himmel. Ab 20 Uhr wird's hier lebendig. Ein Bummel über den Markt ist schon der halbe Spaß.

★ **Legend Bar** BAR
(7 Uhr–open end) Die unkonventionelle Reggaebar mit dem typischen rot-grün-goldenen Farbschema veranstaltet zu jedem Vollmond eine große Tanzparty.

Little Bar CAFÉ
(9 Uhr–open end) An einem großartigen Strandabschnitt mit bunt leuchtenden Sonnenuntergängen gelegen, ist die Little Bar der ideale Platz für einen abendlichen Drink. Ihre Speiseauswahl umfasst Snacks und vegetarische Gerichte.

Gili Meno

Gili Meno, die kleinste der drei Inseln, ist die Wirklichkeit gewordene Fantasie einer verlassenen Insel. Gerade entstehende neue Resorts versorgen moderne Robinson Crusoes mit komfortablen Bleiben.

Gili Meno

Ein Großteil der Unterkünfte befindet sich an der Ostküste in der Nähe des schönsten Strandes. Mehrere Bauernhöfe, Kokosplantagen und ein Salzsee liegen über das Landesinnere verstreut. An der früher einsamen Westküste sind große Bauprojekte im Gange. Dazu gehört eine riesige Wohnanlage am Strand, die 2017 fertiggestellt werden soll.

Aktivitäten

Gili Meno Divers TAUCHEN
(☎ 0878 6536 7551; www.giliairdivers.com; Kontiki Cottages; Tauchgänge für Anfänger ab 900 000 Rp; ⏲ 9–17 Uhr) Der Veranstalter unter französisch-indonesischer Leitung bietet verschiedene Kurse, darunter einige empfehlenswerte für Unterwasserfotografie.

Schlafen

★ **Gili Meno Eco Hostel** HOSTEL $
(☎ 0878 6249 2062; www.gilimenoecohostel.com; B/Zi. ab 90 000/200 000 Rp; 📶) Von diesem Paradies aus Treibholz träumt man, wenn man an einem kalten Wintertag auf einen Zug wartet. Die vielen Extras umfassen etwa ein Volleyballfeld, eine stimmungsvolle Lounge und eine Strandbar. Recycling und andere umweltfreundliche Praktiken wie die Verwendung nachhaltiger Baumaterialien sind ein weiterer Pluspunkt.

Gili Meno

Aktivitäten, Kurse & Touren
1 Gili Meno Divers B3

Schlafen
2 Gili Meno Eco Hostel B1
3 Kebun Kupu Kupu A2
4 Tao Kombo B3

Essen
5 Sasak Café A2
6 Webe Café A1

Ausgehen & Nachtleben
7 Diana Café A2

Tao Kombo BUNGALOWS $
(☎ 0878 6033 1373; www.tao-kombo.com; Zi. 200 000–400 000 Rp; 📶) Die innovativ gestaltete Anlage hat sieben *lumbung*-Häuschen mit Strohdächern, Steinböden und Außenbädern. Hauseigene Jungle Bar, die Hauptstraße liegt 200 m Richtung Meer. Auf Nachhaltigkeit wird Wert gelegt und die Besitzer engagieren sich auch in kommunalen Projekten.

★ **Kebun Kupu Kupu** PENSION $$
(☎ 0819 0742 8165; www.kupumenoresort.com; Zi. ab 800 000 Rp; ❄📶🏊) 300 m vom Strand entfernt erstreckt sich diese Bungalowanlage (besonders hübsch sind die aus Holz) mit tollem Pool und Palmen an einem ruhigen Ort in der Nähe des Salzsees. Ihre französischen Besitzer halten ihr Heimatland durch exzellente Küche in Ehren – besonders lecker ist die Crème brûlée.

Essen & Ausgehen

Fast alle Restaurants in Meno haben traumhaften Meerblick. Hier diniert man in legerer Freizeitkleidung.

★ **Sasak Cafe** INDONESISCH $
(Hauptgerichte 25 000–80 000 Rp; ⏲ Küche 7–21 Uhr, Bar open end) Bambus, Stroh, lässiger Inselcharme und abgeschiedene Lage. Serviert werden feine indonesische Klassiker, bei untergehender Sonne erscheint die Szenerie in rosafarbenes Licht getaucht. An der Bar ist bis spät in der Nacht etwas los.

Webe Café INDONESISCH $
(☎ 0821 4776 3187; Hauptgerichte ab 25 000 Rp; ⏲ 8–22 Uhr; 📶) Die niedrigen Tische im Sand in direkter Nähe zum türkisfarbenen Meer sind eine tolle Kulisse für eine Mahlzeit. Angeboten werden leckere Sasak-Gerichte und

indonesische Speisen wie *kelak kuning* (Snapper mit gelben Gewürzen), an den meisten Abenden kommen Meeresfrüchte auf den Grill. Wer möchte, kann einfache Bungalows mieten (ab 400 000 Rp).

Diana Café BAR
(⏲8–21 Uhr) Wer sich vom Trubel in Meno erholen möchte, für den ist diese wunderbare kleine Tiki-Bar genau das Richtige. Ihr Konzept ist simpel: eine wackelige Bar aus Bambus und Stroh, ein paar Tische im Sand, eine Hütte, die Tattoos anbietet, eine oder zwei Hängematten, Reggaemusik und ein Loungebereich.

Gili Trawangan

Gili Trawangan ist ein Paradies von Weltrang und steht mit Bali und Borobudur in einer Reihe, was Indonesiens Top-Ziele betrifft. Trawangans belebte Hauptstraße ist brechend voll mit Rädern, Pferdewagen und Massen leicht bekleideter Besucher, was diejenigen überrascht, die hier ein träges tropisches Resort erwartet haben. Stattdessen buhlen dicht an dicht Lounge Bars, hippe Pensionen, ambitionierte Restaurants, kleine Supermärkte und Tauchschulen um Aufmerksamkeit.

Doch jenseits der glitzernden Fassade hat sich die Insel ein alternatives Flair bewahrt. Zwischen all den Cocktailbars halten sich hartnäckig wackelig anmutende *warung* und Reggae-Buden und an der viel weniger lebhaften Nordküste liegen ruhige Rückzugsorte. Obwohl jetzt auch gigantische Hotels mit mehr als 200 Zimmern anfangen, die wilde Westküste zu kolonialisieren, kann man immer noch landeinwärts fahren, in ein Dorf mit sandigen Gassen voller frei laufender Hähne, schwatzenden *ibu* (Müttern) und Kindern mit ungekämmtem Haarschopf, die Himmel und Hölle spielen. Hier bestimmt der Ruf des Muezzins die Tageszeit, nicht die Happy Hour.

Aktivitäten

Gili T ist von einem Ring aus genau der Art puderweißem Strand umgeben, den die meisten auf Bali erwarten (und nicht finden). Am Hauptteil der Promenade mit den vielen Bars rechts und links kann es voll werden, aber wer etwas nach Norden, Süden oder Osten geht, kann dort mit seinem Handtuch und dem Strand ganz allein sein – Wasser- und Bintang-Verkäufer sind allerdings nie weit weg.

Aufpassen: Bei Ebbe sind an der Nord- und Westküste große Bereiche voller Felsen und Korallen nahe an der Oberfläche, was es ziemlich schwierig macht, vom Ufer wegzukommen. Das Riff an der Nordküste sieht gut aus, doch die Felsen und Korallen erschweren das Hinkommen.

★ Lutwala Dive TAUCHEN
(☎0877 65492615; www.lutwala.com; Divemaster-Kurse 14 000 000 Rp) Besitzerin des Nitrox- und Fünf-Sterne-PADI-Zentrums ist Fern Perry, die einige Zeit den Weltrekord der Frauen im Tiefsee-Tauchen (190 m) hielt. Der Anbieter ist GIDA-Mitglied und verleiht Schnorchelausrüstung in Spitzenqualität.

Big Bubble TAUCHEN
(☎0370-612 5020; www.bigbubblediving.com; Tauchgänge Tag/Nacht 490 000/600 000 Rp) Die treibende Kraft hinter dem „Gili Eco Trust“ und eine alteingesessene Tauchschule. GIDA-Mitglied.

Freedive Gili TAUCHEN
(☎0370-614 0503; www.freedivegili.com; Kurse für Anfänger/Fortgeschrittene 275/375 US$) Apnoetauchen verlangt eine hochentwickelte Atemtechnik, die es einem ermöglicht, viel tiefer zu tauchen als beim Schnorcheln (bis zu 30 m und tiefer). Die professionelle Schule in Trawangan gehört einem Tauchexperten, der auf einen Atemzug schon 90 m tief getaucht ist, und bietet Zwei-Tages-Kurse für Anfänger und Drei-Tages-Kurse für Fortgeschrittene. Nach einem Zwei-Tages-Kurs können die meisten Schüler mit einem Atemzug schon 20 m tief gehen.

Gili Yoga YOGA
(☎0370-614 0503; www.giliyoga.com; pro Pers. ab 100 000 Rp) Gehört zu Freedive Gili und bietet täglich Vinyasa-Kurse an.

KULTURELLE BESONDERHEITEN

Auch wenn man zum 100. Mal gefragt wurde, ob man wohl ein paar Magic Mushrooms kaufen möchte, sollte man nicht vergessen, dass die Bewohner von Gili T gläubige Muslime sind. Daher sind barbusige Sonnenbäder, Spaziergänge in knappen Bikinis und Shorts oder leidenschaftliche Zungenküsse völlig unangebracht. Im Fastenmonat Ramadan schaltet die gesamte Insel einen Gang zurück.

Gili Trawangan

Gili Trawangan

Aktivitäten, Kurse & Nachtleben

1 Big Bubble C2
2 Lutwala Dive B1

Schlafen

3 Eden Cottages B1
4 Gili Hostel C2
5 Pondok Gili Gecko C2
6 Sama Sama Bungalows C3
7 Soundwaves C2
8 Woodstock C1

Essen

9 Kayu Café D3
10 La Dolce Vita C3
11 Pasar Malam D3
12 Warung Kiki Novi C3

Ausgehen & Nachtleben

13 La Moomba C1
14 Tir na Nog C3
15 Vintage Sunset Beach A3

Schlafen

Günstige Anbieter findet man landeinwärts von der Hauptstraße. Es sind wohl die beschaulichsten Schlafgelegenheiten auf Gili T, denn die Gassen sind schön ruhig und voller Blumen. Im Juli und August im Voraus reservieren.

★ Gili Hostel HOSTEL $
(☎0877 6526 7037; www.gilihostel.com; B ab 175 000 Rp;) Dieser Hostel-Komplex mit gemischten Schlafsälen hat ein nicht ganz vertrauenserweckendes Dach im Toraja-Stil. Die sieben Schlafsäle mit je sieben Betten haben Zementböden, hohen Decken und ein Schlafloft. Auf dem Dach gibt es eine Bar mit Sitzsäcken, Sonnenliegen und Hängematten, inklusive Aussicht auf Baumwipfel, die Hügel und den großen Partypool.

Sama Sama Bungalows BUNGALOWS $
(☎0370-612 1106; Zi. 300 000–550 000 Rp;) Nur ein paar Meter von der Stelle entfernt,

an der man von den Schnellbooten am Strand abgeladen wird. Die acht Häuser im *lumbung*-Stil sind perfekt für alle, die gern mittendrin sind.

Pondok Gili Gecko PENSION $

(☎ 0818 0573 2814; Zi. ab 250 000 Rp; 📶) Einladende Pension mit nettem Gecko-Motto. Die vier supersauberen Zimmer verfügen über Deckenventilatoren und eigene geflieste Terrassen mit Blick auf den Garten.

★ **Eden Cottages** HÜTTE $$

(☎ 0819 1799 6151; www.edencottages.com; Hütten 550 000–850 000 Rp; ❄ 🏊) Sechs saubere Beton-Bungalows mit Strohdach gruppieren sich um den Pool, eingerahmt von einem Garten mit schattigem Kokospalmenwäldchen. Die Zimmer sind geschmackvoll eingerichtet, mit Steinbädern, TV-DVD und erfrischenden Kaltwasserduschen. Der Besitzer meidet WLAN, was alles nur noch friedlicher macht.

Soundwaves BUNGALOWS $$

(☎ 0819 3673 2404; www.soundwavesresort.com; Zi. 400 000–700 000 Rp; ❄ 📶) Seine 13 Zimmer sind einfach und proper mit gekachelten Fußböden. Manche liegen in Nurdach-Häuschen aus Holz, andere in einem einstöckigen Betongebäude mit versetzten Terrassen, plus Meerblick in jedem Raum. Einige Räume haben nur einen Ventilator.

Woodstock BUNGALOWS $$

(☎ 0821 4765 5877; www.woodstockgili.com; Zi. mit Ventilator/Klimaanlage ab 540 000–600 000 Rp; ❄ 📶 🏊) In Trawangans hippster Adresse ist der Geist von Baez und Hendrix noch lebendig. Die 12 makellosen Zimmer verfügen über private Veranden und Outdoorbäder rund um einen entspannenden Poolbereich.

Essen

Bei mehr als 100 Restaurants hat man wirklich die Qual der Wahl. Die Westküste ist allerdings nicht ganz so interessant – Picknick einpacken!

★ **Pasar Malam** MARKT $

(Hauptgerichte 15 000–30 000 Rp; ⏲ 18–0 Uhr) Jeden Abend erwacht der Nachtmarkt direkt vor Gili Ts Markt. Hier locken regionale Spezialitäten wie scharfe Nudelsuppen, würzig Frittiertes, leckeres *ayam goreng* (frittiertes Hühnchen) und frischer Fisch vom Grill. Es reicht schon, an den Ständen vorbeizugehen (z. B. am Green Café), um einen mächtigen Appetit zu entwickeln. Gegessen wird an langen Tischen.

La Dolce Vita ITALIENISCH $

(Hauptgerichte 20 000–40 000 Rp; ⏲ Di–So 7.30–17 Uhr) Irgendwann macht einen allein der Gedanke an noch ein Nasi Goreng aggressiv. Jetzt nicht zögern: Dieses kleine Café ist kaum größer als eine Tasse von seinem hervorragenden Espresso. Original italienische Pizza-Stücke, eine ganze Reihe Kuchen sowie Tagesgerichte sind geeignet, jeden Hunger zu stillen.

Warung Kiki Novi INDONESISCH $

(Hauptgerichte ab 15 000 Rp; ⏲ 8–22 Uhr) Wer schon länger hier ist, wird erzählen, dass es hier das beste *nasi campur* (Reis mit einer Auswahl an Beilagen) auf den Gilis gibt, und hat Recht: Dieses fröhliche Restaurant ist für alle, die günstig essen wollen, ein echtes Nirvana. Neben guten indonesischen Hauptgerichten findet sich eine Reihe westlicher Sandwiches und Salate im Angebot.

★ **Kayu Café** CAFÉ $$

(☎ 0878 6239 1308; Hauptgerichte 40 000–80 000 Rp; ⏲ 8–22 Uhr; 📶) Hier gibt's zwei Optionen: Im Hauptcafé auf der Straßenseite landeinwärts verführt eine wundervolle Auswahl an gesundem Backwerk, Salaten, Sandwiches und den besten Säften der Insel, hinzu kommt der Komfort einer Klimaanlage. Auf der anderen Straßenseite liegt das Strandcafé mit viel Holz unter freiem Himmel. Der Service im Außenbereich kann sich hinziehen – am besten drinnen bestellen.

Ausgehen & Nachtleben

Auf der Insel gibt es reichlich Bars am Strand, von schicken Lounge Bars bis zu einfachen Hütten. Partys steigen mehrmals pro Woche, abwechselnd in alteingesessenen Bars (wie Tir na Nog und Rudy's Pub) und diversen neuen.

★ **La Moomba** BAR

(⏲ 10–24 Uhr) Wer in Bambus-Strandliegen mit Reggae von der Tiki-Bar an einem schneeweißen Strand entspannen will, sollte ins La Moomba gehen, Trawangans beste Strandbar.

Vintage Sunset Beach BAR

(⏲ 11–22 Uhr) Genau die Art von Sunset Bar, in der man bleiben will, auch nachdem die Sonne untergegangen ist. Billie Holidays schmelzende Musik und die sanft rauschende Brandung im Ohr, schmeckt das hervorragende jamaikanische Essen (*spicy chicken*! Hauptgerichte ab 60 000 Rp). Oder einfach mal von der Hängematte aus mit den Zehen Spuren in den Sand ziehen.

Tir na Nog PUB
(☎ 0370-613 9463; ⏲ Do–Di 7–2, Mi bis 4 Uhr; 📶) Das auch schlicht als „The Irish" bekannte Pub, verantwortlich für diverse Kater, sieht aus wie eine Sportbar mit großen Bildschirmen. Seine Kebabs (Hauptgerichte zwischen 35 000 Rp und 80 000 Rp) sind köstlich. Die Bar am Wasser ist wahrscheinlich der meistfrequentierte Ort der ganzen Insel. Wenn der DJ mittwochnachts übernimmt, herrscht fröhliches Durcheinander.

Sumbawa

Diese wunderbare Region scheint nur aus Vulkankämmen, Reisterrassen, trockenen Ebenen und geschützten Buchten zu bestehen, die sich nach einigen Wirrungen und Wendungen ins Meer ergießen. Zwei Gebiete ziehen die Besucher hauptsächlich an: An der Südwestküste von Maluk wechseln sich Landzungen und breite, weiße Strände mit guten Surfbedingungen ab. Lakey Peak im Südosten in der Nähe von Hu'u ist das ganze Jahr über ein guter Surfspot.

Trotz der guten Anbindungen an Lombok geht's in Sumbawa ganz anders zu, denn die Gegend ist weit weniger entwickelt, viel ärmer und konservativ muslimisch. Verkehrsverbindungen abseits der Inselstraße sind unregelmäßig und unbequem, deshalb steigen die meisten Überlandreisenden auf dem Weg von Lombok nach Flores nicht einmal aus. Derzeit trifft man hier vor allem Surfer, Bergarbeiter und Mullahs.

ℹ Gefahren & Ärgernisse

Die meisten Sumbawer sind gastfreundlich, wenn auch wortkarg, doch es kann Spannungen geben. In der Vergangenheit sind Proteste gegen ausländische Bergwerksbetriebe gewalttätig geworden. Bitte ebenfalls beachten, dass diese Insel wesentlich konservativer ist als die benachbarten Lombok oder Flores, also ist ein stets zurückhaltendes und anständiges Benehmen angebracht.

ℹ Anreise & Unterwegs vor Ort

Zwischen Labuhan Lombok und Poto Tano verkehren Fähren. Von Sape im Osten setzen Fähren nach Labuanbajo, Flores, über.

Die wichtigste Überlandstraße ist in gutem Zustand. Sie führt von Taliwang (nahe der Westküste) durch Sumbawa Besar, Dompu und Bima nach Sape (dem Hafen an der Ostküste). Hier herrscht vergleichsweise wenig Verkehr – eine echte Erleichterung, wenn man es durch Java, Bali und Lombok geschafft hat. Langstreckenbusse (gewöhnlich klimatisiert) fahren von Porto Tano, dem Fährhafen an der Westküste, nach Sape und halten in allen größeren Städten an der Strecke.

Autos werden in den Hotels vermietet, allerdings liegen die Preise bei 600 000–800 000 Rp pro Tag inkl. Fahrer. Motorräder kosten 50 000 bis 80 000 Rp pro Tag.

Poto Tano

In Poto Tano starten die Fähren nach Lombok, doch sonst hat die Gegend nicht viel zu bieten. Viele Traveller begeben sich auf direktem Weg zu den Stränden um Maluk oder fahren weiter nach Osten Richtung Flores.

ℹ Anreise & Unterwegs vor Ort

Fähren verkehren stündlich rund um die Uhr zwischen Labuhan Lombok und Poto Tano (Passagiere 19 000 Rp, 1½ Std.). Autos kosten 466 000 Rp, Motorräder 54 000 Rp. Bei Bussen auf der Durchreise von Lombok, Bali und Java ist der Fährpreis eingeschlossen.

Alle Busse warten auf die Fähre, Ziele sind Taiwang (20 000 Rp, 1 Std.) und Sumbawa Besar (30 000 Rp, 2 Std.).

Maluk & Rantung

Südlich von Taliwang scheint jeder Strand und jede Bucht noch schöner zu sein als der bzw. die davor. Erster Halt ist Maluk, ein Arbeiterviertel 30 km südlich von Taliwang. Ja, die Stadt ist hässlich, aber der Strand ist fantastisch.

Direkt südlich von Malik liegt in fußläufiger Entfernung (allerdings ist es ein langer Spaziergang) **Supersuck**, von Surfern als beste linksläufige Welle weltweit gehandelt. In der Trockenzeit (Mai bis Oktober) ist das richtig anstrengend.

Nach einer 12 km langen Fahrt über Serpentinen weiter Richtung Süden folgt **Pantai Rantung** (allgemein als Rantung Beach bekannt). Es liegt in einer entlegenen majestätischen Bucht, eingerahmt von 100 m hohen Landzungen. Sein Wasser ist glasklar und das ganze Jahr über kommen rechtsläufige Wellen bei **Yo Yo's** am Nordende der Bucht an.

Unter den einfachen Unterkünften an Rantung Beach bietet **Santai Beach Bungalows** (☎ 0878 6393 5758; Zi. 100 000–200 000 Rp; @) zwölf ebenso geräumige wie gepflegte, gekachelte Zimmer an.

Von Taliwang nach Maluk fahren *bemo* (20 000 Rp, 2 Std.), zwischen 7 und 18 Uhr fast stündlich. Drei Busse starten täglich am Busbahnhof Maluk Richtung Sumbawa Besar (40 000 Rp, 4 Std.), im Norden der Stadt gegenüber dem Eingang zur Newmont Mine (nach dem großen Tor und dem riesigen Parkplatz suchen).

Sumbawa Besar

☎0371 / 54 000 EW.

Sumbawa Besar erstreckt sich zwischen Kornfeldern und ist die größte Stadt auf der westlichen Inselhälfte. Es gibt keinen Grund, länger hier zu bleiben. Wer seinen Bus verpasst hat, kann im passend benannten **Sumbawa Transit Hotel** (☎0371-21754; Jl Garuda 41; Zi. 250 000–600 000 Rp; ❄📶) übernachten, das praktischerweise auf der anderen Seite der Hauptstraße links zu finden ist, wenn man den Flughafen verlässt.

ℹ An- & Weiterreise

Der Flughafen (SWQ) liegt sehr nah am Zentrum. Transnusa fliegt nach Bali, Garuda Indonesia bietet Flüge nach Lombok an.

Das wichtigste Terminal für Langstreckenbusse ist der Busbahnhof Sumur Payung 5,5 km nordwestlich der Stadt an der Überlandstraße. Fahrkarten sind bei Tiara Mas (☎0371-21241; Jl Yos Sudarso; ⏰9–18 Uhr) erhältlich. Unter anderem geht es nach:

Bima 80 000 Rp, 7 Std., mehrmals tgl.

Mataram 80 000 Rp (Fährticket inklusive), 6 Std., mehrmals tgl.

Poto Tano 30 000 Rp, 3 Std., stündlich von 8 bis 24 Uhr.

Pantai Lakey & Hu'u

Pantai Lakey Beach, ein sanfter halbmondförmiger goldener Sandstrand 3 km südlich von Hu'u, zieht dank seiner sieben Wellenformen von Weltklasseniveau das ganze Jahr über Touristen an. Von August bis Oktober weht dann eine steife Brise, die Pantai Lakey zu Indonesiens bester Kitesurfer-Adresse macht.

Schlafen & Essen

Puma Bungalows & Restaurant BUNGALOWS $

(☎0373-623061; Jl Raya Hu'u; Zi. 90 000–350 000 Rp; ❄) 23 bunte Betonbungalows mit Ziegeldächern und schattigen Veranden, dazu Palmen und fantastische Aussichten. Die günstigeren Zimmer verfügen nur über Ventilatoren. Das Café (Hauptgerichte 30 000 Rp bis 50 000 Rp) hat einen schönen Rundumblick, der Bambus verleiht dem Ganzen einen schäbigen Glanz. Besonders beliebt sind hier Ingwer-Garnelen. Gelegentlich gibt's Yoga-Kurse.

Lakey Beach Inn PENSION $

(☎0373-623576; www.lakey-beach-inn.com; Jl Raya Hu'u; Zi. 90 000–250 000 Rp; ❄📶) In dem großen aus Treibholz errichteten Café am Meer (Hauptgerichte von 25 000 Rp bis 60 000 Rp) schmecken typische Fischgerichte, Pizza und indonesische Klassiker. Einfache Zimmer – die günstigsten mit Ventilatoren und kaltem Wasser. Die französische Besitzerin Rachel ist ein regionales Original.

★ **Vivian's Lakey Peak Homestay** HOMESTAY $$

(☎0878 6698 1277; www.lakeypeakhomestay.com; ab Jl Raya Hu'u; Zi. 250 000–300 000 Rp; ❄📶) Das herzlichste Willkommen der ganzen Gegend gibt's in diesem Fünf-Zimmer-Komplex an einer kleinen Gasse zwischen Strand und Hauptstraße. Die Zimmer sind so gut wie neu, groß und hübsch eingerichtet. Im Hof spenden Bananenbäume Schatten und das geniale Café ist auch der Aufenthaltsraum.

ℹ Praktische Informationen

Es gibt allgemeines WLAN, allerdings bieten einige Plätze eigenen (schnelleren) Dienst an.

Die nächsten Geldautomaten finden sich in Dompu, 37 km Richtung Norden.

ℹ An- & Weiterreise

In Dompu machen sich zweimal täglich (langsame) Busse auf den Weg nach Hu'u (25 000 Rp, 1½ Std.). Dort kann man ein *ojek* (15 000 Rp) nach Pantai Lakey nehmen. *Ojeks* von/nach Dompu auf der Trans-Sumba-Überlandstraße kosten 150 000 Rp.

Wer die Strecke einmal mit dem Surfbrett zurückgelegt hat, wird verstehen, warum so viele Leute am Flughafen Bima in ein Taxi steigen (ca. 800 000 Rp, 4 Pers.). Busse von/nach Bima schlagen mit 50 000 Rp (ein bis zwei tgl.) zu Buche.

Das *ojek*-Kartell ist in Lakey allgegenwärtig, bis zu den Wellen kostet es zwischen 30 000 Rp und 80 000 Rp.

Bima & Raba

☎0374 / 149 000 EW.

Diese Zwillingsstädte – das schmuddlige, aber belebte Bima und das saubere, aber langweilige Raba – sind der Haupthafen und das Geschäftszentrum Sumbawas, trotzdem gibt's kaum Gründe, sich hier lange aufzuhalten.

Sollte es wegen der Flug- oder Busverbindungen unvermeidlich sein, dann bietet das **Hotel Lila Graha** (☎0374-42740; Jl Lombok 20; Zi. 200 000–350 000 Rp; ❄📶) eine ganze Reihe von Räumen an. Am nettesten (und neuesten) sind die Suiten im Erdgeschoss.

KOMODOWARAN

Der Komodowaran (*ora*) ist eine gewaltige Echse, die bis zu 3 m lang und 100 kg schwer wird. Für diese beeindruckenden Tiere lohnt sich die etwas mühevolle Anfahrt zum Komodo-Nationalpark. Meist liegen sie lethargisch in der Sonne, doch sie sind wirklich so gefährlich, wie sie aussehen. Die Parkwächter halten sie von den Touristen fern, und eine direkte Begegnung herauszufordern ist keine gute Idee. Hier ein paar Details:

➡ Warane sind Allesfresser und verspeisen auch schon mal ihre Nachkommen. Deshalb „wohnen" die Jungtiere in Bäumen.

➡ *Ora* stellen sich vor dem Angriff oft auf ihre Hinterbeine. Mit ihrem Schwanz können sie zielgenaue Schläge ausführen, die ihre Beute förmlich umhaut.

➡ Die wichtigste Waffe der Warane sind jedoch ihre Giftzähne (und nicht wie lange geglaubt Bakterien im Speichel). Ihr Biss verursacht Infektionen, an denen die Opfer sterben – ausnahmslos. Die Echse wohnt dem Todeskampf, der bis zu zwei Wochen dauern kann, bei.

➡ Komodowarane verzehren bis zu 100 kg schwere Säugetiere, und zwar auf einmal. Anschließend sind sie bis zu einem Monat mit Verdauen beschäftigt.

➡ Auf Komodo wurde beobachtet, dass *ora* Hirsche ins Meer trieben und dann darauf warteten, dass der glücklose Hirsch versuchte, wieder an Land zu kommen. Das erschöpfte Tier stolperte schließlich an den Strand, wo der Waran seinen tödlichen Biss einsetzte.

➡ Eine Erklärung dafür, dass die Tiere nur in diesem Teil von Indonesien vorkommen, gibt es nicht. Es heißt, dass ihre Vorfahren vor 4 Mio. Jahren von Australien nach Flores gekommen sind. Heute leben noch etwa 4000 Tiere in Freiheit.

➡ Vor Kurzem hat eine Entdeckung für Aufsehen gesorgt: In Zoos wurde beobachtet, wie Waranweibchen, die nie Kontakt zu Männchen hatten, befruchtete Eier ablegten.

➡ Die Wahrscheinlichkeit, einen Waran auf Rinca oder Komodo zu sehen, ist ziemlich hoch.

ℹ An- & Weiterreise

Bimas Flughafen (BMU) liegt 17 km westlich der Stadt und ist der Hauptflughafen für alle, die nach Pantai Lakey wollen. Fluggesellschaften sind u. a.:

Bali Garuda Indonesia, Lion Air (1¼ Std., tgl.)

Makassar Garuda Indonesia (1½ Std., tgl.)

Busse Richtung Westen fahren von Bimas Busbahnhof ab, von der Stadtmitte aus zehn Minuten Richtung Süden entlang der Jl Sultan Kaharuddin. Tickets bekommt man vorab in den Büros der Busunternehmen an der Jl Sultan Kaharuddin. Busse nach Sape starten an der Haltestelle Kumbe in Raba (mit dem *bemo* 3000 Rp weit entfernt). Unter anderem geht es nach:

Dompu 25 000 Rp, 2 Std., fast stündlich ab 6 bis 17 Uhr

Mataram 250 000 Rp, 11 bis 14 Std., 2-mal tgl.

Sape 35 000 Rp, 2 Std., fast stündlich ab 6 bis 17 Uhr

Sumbawa Besar 80 000 Rp, 7 Std., mehrmals tgl.

Sape

☎ 0374

Diese marode Hafenstadt lädt nicht eben zum Verweilen ein. An den Docks 3 km entfernt riecht es unablässig nach dem Tintenfisch, der in der Sonne trocknet.

ℹ An- & Weiterreise

Die Fahrtzeiten der Expressbusse nach Lombok und Bali sind auf die Ankunft der Fähren abgestimmt.

Regelmäßige Pannen, Unfälle und starker Seegang unterbrechen den Fährdienst – unbedingt immer die aktuellsten Fahrpläne in Bima und Sape checken.

Labuanbajo 60 000 Rp, 6 bis 7 Std., 1- bis 2-mal tgl.

Waikelo (Sumba) 65 000 Rp, 8 Std., 2-mal in der Woche

Komodo & Rinca

Diese beiden atemberaubenden Inseln sind die Heimat der majestätischen **Komodowarane** und zeichnen sich durch trockene Vegetation sowie eine abgeschiedene Lage aus. Wilde Gewässer voller gefährlicher Unterströmungen und Strudel umgeben sie. Der Park beschert Flores jedes Jahr mehr Besucher.

Der **Komodo-Nationalpark** (www.komodo-park.com), eröffnet 1980, umfasst Komodo, Rinca, mehrere Nachbarinseln und das enorme Meeres-Ökosystem innerhalb seiner 1817 km².

Gebühren für Besucher summieren sich schnell:

- Landegebühr für Komodo und Rinca: 50 000 Rp pro Pers.
- Grundgebühr für eine geführte Tour: 80 000 Rp pro Pers.
- Tauchgebühr (pro Pers. pro Tag): Montag bis Samstag 175 000 Rp, Sonntag 250 000 Rp
- Schnorchelgebühr (pro Pers. pro Tag): Montag bis Samstag 165 000 Rp, Sonntag 240 000 Rp

Veranstalter (auch die Tauchläden) kassieren die Gebühren normalerweise im Voraus. Ansonsten bezahlt man in den Parkbüros in Komodo, Rinca oder Labuanbajo.

Auf Komodo und Rinca gibt es mehrere **Wandertouren** von kurz bis lang zur Auswahl, die man bei der Ankunft im jeweiligen Inselparkbüro mit einem Ranger vereinbart.

Von Labuanbajo können Tagestouren zu den Inseln unternommen werden; gewöhnlich beinhalten sie Stopps an idyllischen kleinen Stränden auf winzigen Inselchen zum **Schnorcheln** und **Schwimmen** in den traumhaften Gewässern westlich von Labuanbajo.

Aktivitäten

Auf **Rinca** starten verschiedene geführte Wanderungen an der Rangerstation nahe den Bootsdocks. Der 90-minütige „Medium-Trek" ist insofern „genau richtig", als er durch schattige Ebenen und einen Hang hinaufführt, wo die Teilnehmer den Blick auf die trockene Landschaft, die von vereinzelten Palmen bestandenen Bergkämme, das unfassbar türkisfarbene Wasser und den perlweißen Sandstreifen genießen können. Außerdem sind Begegnungen mit Komodowaranen, Rehen, Schlangen, Affen, wilden Schweinen und unzähligen Vögeln möglich. Rinca ist von Labuanbajo in weniger als einer Stunde zu erreichen und für viele Parkbesucher die favorisierte Anlaufstelle, da auf dem übersichtlichen Areal eine ganze Menge zu sehen ist.

Komodo ist spektakulär und die größte Insel im Nationalpark. In der kurzen Regenzeit sind die steilen Hänge jadegrün, den Rest des Jahres dank Sonne und Wind tief rostrot. Eine Reihe von Halbinseln erstreckt sich im Osten wie die Finger einer Hand. Wegen üppig vorhandener roter Korallen in Meer sind sie mit rosafarbenem Sand gesäumt. Das Hauptcamp Loh Liang und das PHKA-Büro, wo die Boote anlegen und die geführten Touren und Treks starten, liegt an der Ostküste.

Die beste Wanderung, nämlich die mittlere (2,5 km, 90 Min.), schließt einen Hügel mit einer umfassenden Aussicht ein, sowie einer Chance, bunte Kakadus zu sehen.

Auf Komodo finden sich unzählige Spots zum **Tauchen** und **Schnorcheln**. Die meisten Gäste kommen als Tagesbesucher auf die Insel oder mit Tauchsafarischiffen von Tauchzentren aus Labuanbajo.

An- & Weiterreise

Die Tour nach Komodo und Rinca organisiert man am besten in einem der Tauchzentren bzw. bei einem Reiseveranstalter in Labuanbajo (Flores).

Ein typischer Tagesausflug mit einem Schnellboot nach Rinca (weniger als 1 Std. pro Strecke, etwa 80 Minuten nach Flores) liegt bei ca. 300 000 Rp pro Pers. und umfasst Strand- und Schnorchelpausen, oft auch ein einfaches Mittagessen und Snacks sowie die Nutzung der Schnorchelausrüstung (aber besser vorher nachhaken!).

Ein Boot zu chartern kostet mindestens 950 000 Rp, allerdings hat man dabei natürlich auch mehr Gestaltungsfreiheit. Normale (langsame) Boote benötigen doppelt so lang zu den Inseln wie Schnellboote. Am besten vergleicht man mehrere Angebote.

Flores

Die Insel mit dem Namen „Blumen" wurde im 16. Jh. von portugiesischen Siedlern getauft und hat sich zu Indonesiens künftigem Topreiseziel gemausert. Labuanbajo ganz im Westen ist eine boomende Touristenstadt, die alles bietet: tropische Schönheit, die Nähe zum Komodo-Nationalpark, zig hochka-

VERWÖHNPROGRAMM

Das **Angel Island Resort** (☎ 0385-41443; www.angelisleflores.com; Pulau Bidadari; DZ pro Pers. ab 145 €; ❄ 📶) nimmt komplett eine 15 h große Insel ein, die von Labuanbajo aus mit Privatbooten erreicht werden kann. Zwischen Bäumen hinter einem von insgesamt drei weißen Stränden stehen zehn niedliche Ferienhäuser. Die Übernachtung ist inkl. Vollpension; Essen und Service sind großartig. Die Tage vergehen wie im Flug, wenn man an den einsamen Stränden faulenzt, schnorchelt oder taucht und den Park besucht.

rätige Tauchgründe und kleine Inselparadiese mit Traumstränden.

Das vegetationsreiche Inland zieht jedes Jahr mehr Reisende an, die innerhalb weniger Tage Reisfelder, Seen, rauchende Vulkane, exotische Kulturen und versteckte Strände entdecken können. An den Anblick von Kirchtürmen wird man sich auch rasch wieder gewöhnen, denn die meisten Menschen außerhalb der Hafenstädte sind katholisch. Wieder andere gehören zu jahrhundertealten Kulturen und Gruppen, sie leben in traditionellen Dörfern, die sich scheinbar seit Jahrtausenden nicht verändert haben.

Die 670 km lange serpentinenreiche Trans-Flores-Schnellstraße wird kontinuierlich ausgebessert. Sie führt über schmale Grate oberhalb spektakulärer Schluchten, passiert Dutzende traditioneller Dörfer, und irgendwie schiebt sich an jeder Kehre ein Vulkan ins Bild. Mehr oder weniger gut ausgebaute Straßen führen in Gebiete, die nur wenige Touristen bisher entdeckt haben.

Praktische Informationen

Mit Entwicklungshilfegeldern wurden u. a. ein paar sehr gute Touristeninformationen in den wichtigsten Städten auf Flores eingerichtet, inkl. ebenfalls hervorragender Website www.florestourism.com. Die Stadtkarten sind kostenlos, dazu gibt es diverse nützliche Bücher, und es lohnt sich, die große, detaillierte Karte zu kaufen (kostet nicht viel). Außerdem gibt's Bücher zu Aktivitäten bzw. mit kulturellem Schwerpunkt.

An- & Weiterreise

Fähre/Schiff Täglich verkehren Fähren zwischen Labuanbajo und Sape (Sumbawa). In Larantuka nehmen sie (selten) Kurs auf Kupang (Westtimor). In Ende und Aimere legen Boote nach Waingapu (Sumba) ab.

Flugzeug Es ist einfach, von Flores z. B. nach Bali, Lombok und Kupang (West Timor) zu fliegen. Labuanbajo ist das Tor nach Flores. Flugverbindungen nach/ab Maumere und Ende werden täglich angeboten. So kann man problemlos nach Labuanbajo fliegen, sich die Insel ansehen und dann nach Maumere weiterreisen. Allerdings ist zu beachten, dass wegen der steigenden Beliebtheit von Flores die Flüge zu Spitzenzeiten ausgebucht sind.

Unterwegs vor Ort

Auf der Trans-Flores-Schnellstraße sind günstige (und vollgestopfte) Busse unterwegs. Sehr viel komfortabler und kaum teurer reist man in klimatisierten Minibussen (häufig Toyota Kijangs), die die größeren Städte miteinander verbinden. Viele Touristen mieten einen Wagen mit Fahrer, was 600 000 bis 800 000 Rp pro Tag kostet – bei einer Gruppe von sechs Personen ein durchaus fairer Preis. Motorräder (ab 50 000 Rp pro Tag) sind ebenfalls beliebt, aber nichts für schwache Nerven.

In den Unterkünften erhält man genauere Infos.

Labuanbajo

☎ 0385

Immer mehr Touristen bevölkern diese schöne, leicht heruntergekommene Hafenstadt, in deren Bucht zahllose Inseln liegen; an idyllischen Aussichtspunkten sind schier unglaublich traumhafte Sonnenuntergänge zu sehen. Coole Cafés, Pensionen, Reisebüros und ein paar hippe Bars säumen die Hauptstraße Jl Soekarno-Hatta. Der Uferbereich ist um einiges schicker und die Verbindungen in andere Teile Indonesiens sind hervorragend. Beim Anblick all der zauberhaften Inseln in der Bucht können sich viele Reisende nur schwer wieder von Labuanbajo (oder Bajo, wie es allgemein genannt wird) losreißen – auch wenn der Rest von Flores nach Osten lockt.

Aktivitäten

Labuanbajo ist vor allem für seine ursprünglichen Riffe und die bunte Unterwasserwelt im Komodo-Nationalpark und den umliegenden Gewässern bekannt. Preise für Tauchausflüge sind meist ähnlich.

★ Wicked Diving TAUCHEN
(☎ 0812 3964 1143; www.wickeddiving.com/komodo; Jl Soekarno Hatta; schwimmender Schlafsaal pro Nacht ab 100 US$; ⊙ 8–20 Uhr) Der Anbieter von beliebten mehrtägigen Tauchsafaris auf einem klassischen Bugis-Schoner verfügt auch über eine „schwimmende Herberge" zwischen den Nordinseln des Komodo-Nationalparks. Die Tagestouren sind völlig zu Recht so populär und die Veranstalter haben jedes Lob verdient, weil sie regionale Taucher unterstützen, Umweltschutz propagieren und sich für die Gemeinschaft einsetzen. Im Preis für die Übernachtung sind Tauchen und Transport eingeschlossen.

CNDive TAUCHEN
(☎ 0823 3908 0808; www.cndivekomodo.com; Jl Soekarno Hatta; pro Pers. pro Tag ab 150 US$; ⊙ 8–20 Uhr) Condo Subagyo, der Besitzer, ist der erfahrenste Tauchanbieter des Landes und ein ehemaliger Ranger im Komodo-Nationalpark. Alle Mitarbeiter stammen aus der Region, hatten eine gründliche Ausbildung und kennen mehr als 100 Tauchspots ganz genau.

Uber Scuba TAUCHEN

(☎ 0812 3653 6749; www.uberscubakomodo.com; Jl Soekarno Hatta; 3-Tage-Spaßtauchen 1 400 000 Rp; ⏰ 8–20 Uhr) Dieses neue Tauchzentrum reitet auf der Welle der stetig steigenden Besucherzahlen auf Komodo. Neben zahlreichen Kursen wird hier eine ganze Reihe Ausflüge zum Freitauchen sowie Unterricht angeboten.

Schlafen

In der Hauptsaison (Juli und August) geht ohne Reservierung nichts. Aufgrund der zunehmenden Beliebtheit des Orts sind Sonderangebote eher die Ausnahme. Um die überteuerten Strandresorts südlich des Zentrums macht man besser einen Bogen. Die gute Nachricht: Ständig öffnen neue Pensionen, und viele Tauchzentren bieten ein paar einfache Unterkünfte.

★ **Bajo Sunset Hostel** HOSTEL $

(☎ 0812 3799 3814; Jl Reklamasi Pantai; B/Zi. ab 150 000/250 000 Rp; ❄ 📶) Ein toller Neuzugang für Bajo: Dieses gerade erst gebaute Gästehaus steht auf zurückgewonnenem Land an der Küste. Es gibt ein kleines Café und einen großen Aufenthaltsbereich unter freiem Himmel mit großartigem Meerblick. Der Schlafsaal verfügt über 14 Betten, dazu gibt es noch Vier-Bett-Zimmer. Kleinere Privatzimmer sind geplant.

Palulu Garden Homestay HOMESTAY $

(☎ 0822 3658 4279; www.palulugarden.wordpress.com; bei Jl Ande Bole; Zi. Economy/Budget/Klimaanlage ab 140 000/200 000/350 000 Rp; ❄) Der alteingesessene regionale Guide Kornelis Gega und seine Familie führen diesen Homestay mit vier Zimmern, der nur ein paar Schritte vom Zentrum entfernt ist. Die günstigsten Zimmer teilen sich ein Bad, das beste hingegen hat eine Klimaanlage. Alles ist hier ganz und gar Flores-typisch und absolut blitzblank. Kornelis kann bei der Reiseplanung helfen und die Beförderung arrangieren.

Bajo Beach Hotel PENSION $

(☎ 0385-41008; Jl Soekarno Hatta; Zi. 150 000–250 000 Rp; ❄ 📶) Prima und billig, im Zentrum. Die 16 älteren gefliesten Zimmer sind alle groß, recht sauber und verfügen jeweils über einen privaten Sitzbereich vorn. Empfehlenswert ist aber, etwas mehr für eines mit Klimaanlage ausgeben.

Green Hill Hotel PENSION $$

(☎ 0385-41289; www.greenhillboutiquehotel.com; Jl Soekarno Hatta; Zi. ab 500 000 Rp; ❄ 📶) Die Gemeinschaftsterrasse mit Bar und Blick auf Stadt, Bucht und – natürlich – phänomenale Sonnenuntergänge macht das Green Hill Hotel zu einer sehr guten Wahl. Vom Zentrum geht's ein kleines Stück bergab. Die 11 Zimmer reichen von alt und ranzig bis neuer und netter. Das Frühstück ist super.

Essen & Ausgehen

Was das Thema Essen betrifft, schaut man sich am besten nach Marktprodukten und den günstigen Ständen am nördlichen Ende der Uferpromenade um.

★ **Pasar Malam** INDONESISCH $

(Nachtmarkt; Jl Soekarno Hatta; Hauptgerichte ab 20 000 Rp; ⏰ 18–24 Uhr) Bei Sonnenuntergang sollte man sich einen Platz an einem Tisch unter dem Planendach sichern. Auf dem Nachtmarkt an Bajos Küste bieten Stände alle möglichen indonesischen Klassiker an wie frittierte Köstlichkeiten und Fisch und Meeresfrüchte vom Grill. Kaltes Bier gibt's im Supermarkt auf der anderen Straßenseite.

Café in Hit CAFÉ $

(☎ 0813 5367 3884; Jl Soekarno Hatta; Hauptgerichte ab 40 000 Rp; ⏰ 7–22 Uhr; 📶) In diesem Café kann man vergessen, dass man in Bajo oder überhaupt auf Flores ist. Die Klimaanlage kühlt, während man sich ein Getränk von der Tafel aussucht, die in jedem besse-

SIEBEN TAGE AUF FLORES

Natürlich darf jeder selbst entscheiden, wie lange er auf Flores bleiben mag. Doch ein typischer Aufenthalt mit Mietwagen plus Fahrer sieht in etwa so aus:

- Drei Tage in Labuanbajo und im Park ringsum
- Ein Tag in Bajawa (liegt auf einem Hügel)
- Fahrt in das niedliche Bergdorf Moni mit Zwischenstopps im Ngada-Dorf Bena und in der Hafenstadt Ende
- Ein Tag in der Umgebung von Moni, u. a. im Kelimutu-Nationalpark
- Fahrt nach Maumere mit Zwischenstopp am Strand von Paga

In Maumere gibt's einen Flughafen. Das beschriebene Programm lässt sich auch in umgekehrter Richtung absolvieren, aber in Labuanbajo findet man leichter einen netten Fahrer. Mit dem Bus braucht man ein paar Tage mehr.

ren Hipster-Café weltweit stehen könnte. Das Essen ist gut zubereitet, es gibt Sandwiches, Kuchen, Brownies und mehr. Frühstück ist sehr vollkorn- und obstlastig.

Warung Mama INDONESISCH $
(☎ 0822 3926 4747; Jl Soekarno Hatta; Hauptgerichte ab 30 000 Rp; ⏲ 8–22 Uhr) Etwas über der Hauptstraße liegt dieses Bambushaus mit guten und günstigen Gerichten für Gäste mit wenig Geld, aber viel Geschmack. Hier ist kein Glutamat drin, das Gemüse hat Biss, die Säfte sind frisch und Standardgerichte wie *rendang* (Rindercurry in Kokosmilch) sehr gut zubereitet.

★ **Made In Italy** ITALIENISCH $$
(☎ 0385-41366; www.miirestaurants.com; Jl Soekarno Hatta; Hauptgerichte 50 000–90 000 Rp; ⏲ 11–23 Uhr; 📶) Ein stilvolles und lässiges Restaurant mit Plätzen drinnen und draußen, auf der ganzen Insel berühmt für fantastische Pizzen und Pasta. Die Pizza gehört tatsächlich zu den Besten, die wir jemals irgendwo gegessen haben. Sie ist herrlich dünn und knusprig und beim Anblick der Zutaten läuft einem das Wasser im Munde zusammen. Auch das Ambiente mit Rattanlampen, Holzmöbeln und Deckenventilatoren ist top.

Paradise Bar BAR
(☎ 0823 3935 4854; abseits der Jl Binongko; ⏲ 11–2 Uhr) Das Paradise thront auf einem Hügel und erfüllt sämtliche Anforderungen an ein ultimatives Tropenpub: reichlich Platz auf der Terrasse, atemberaubender Meerblick, eine Holzbar, die eiskaltes Bier ausschenkt, und Livemusik. Essen gibt's auch – Hauptgerichte kosten zwischen 22 000 Rp und 60 000 Rp. Wilder als hier wird das Nachtleben von Bajo nicht – Taucher stehen früh auf. Die Bar liegt zehn Minuten hügelaufwärts von der Stadtmitte.

BOOTSTOUREN ZWISCHEN LOMBOK & FLORES

Viele Traveller reisen mit dem Boot von Lombok nach Labuanbajo auf Flores. So sieht man mehr von den spektakulären Küsten und erspart sich gleichzeitig die quälenden Busfahrten über Sumbawa. Zu den typischen drei- bis viertägigen Touren gehören Schnorcheln vor der Pulau Satonda oder Pulau Moyo (vor der Küste von Sumbawa) und „Waran-Schauen" bei einer Wanderung auf Komodo oder Rinca.

Achtung: Normalerweise ist das keine Luxuskreuzfahrt – eine Menge hängt vom Boot ab, von der Crew und natürlich den Mitreisenden. Viele Anbieter halten sich nicht an „All-inclusive"-Versprechen, andere schicken ihre Gäste mit alten Kähnen ohne Rettungswesten und Funk aufs Wasser. Während der Regenzeit (Okt.–Jan.) ist die See oft unruhig, dann ist die Überfahrt nicht ganz ungefährlich.

Dennoch sind die meisten Reisenden von der Tour begeistert, egal, ob sie auf einem Matratzenlager an Deck oder in einer Mini-Kajüte übernachten durften. Die drei- bis viertägigen Fahrten kosten zwischen 170 und 400 US$ pro Pers. Sämtliche Mahlzeiten, einfache Getränke und die Nutzung der Schnorchelausrüstung sind inklusive.

Außerdem zu bedenken:

➡ Sorgfältig die Sicherheit des Schiffs überprüfen (s. S. 242).

➡ Nachfragen, was im Preis inbegriffen ist und was nicht. Zum Beispiel: Wenn Trinkwasser dazugehört, wie viel wird zur Verfügung gestellt? Können diejenigen, die mehr brauchen, es auf dem Schiff kaufen oder müssen sie welches mitbringen?

➡ Wer flexibel ist, kann häufig Geld sparen, indem er von Flores aus westwärts weiterzieht, da das Reisen nach Flores aus Osten beliebter ist. In Labuanbajo findet man oft günstige Angebote bei Reisebüros.

➡ Wir empfehlen die folgenden alteingesessenen und zuverlässigen Veranstalter:

Kencana Adventure (☎ 0370-693432; www.kencanaadventure.com; Jl Raya Senggigi, Senggigi, Lombok; eine Strecke Deck/Kabine ab 1 750 000/4 500 000 Rp) bietet einfache Schiffstouren zwischen Lombok und Labuanbajo an, übernachtet wird auf Deck oder in Zweierkabinen. Es gibt auch eine Zweigstelle in **Labuanbajo** (Jl Soekarno Hatta, vor dem Gardena Hotel).

Perama Tour (☎ 0361-750808; www.peramatour.com; Jl Raya Legian 39; eine Strecke Deck/Kabine ab 1 300 000/2 000 000 Rp) führt einfache Schiffstouren zwischen Lombok und Labuanbajo durch, mit Übernachtungsmöglichkeiten auf Deck oder in kleinen Kabinen für zwei. Hat ebenfalls eine Zweigstelle in **Labuanbajo** (Jl Soekarno Hatta).

TRANSPORT AB LABUANBAJO

ZIEL	ART	PREIS (RP)	DAUER (STD.)	HÄUFIGKEIT
Denpasar (Bali)	Bus & Fähre	500 000	38	1-mal tgl.
Bajawa	Bus	120 000	10	Mehrmals tgl.
Mataram (Lombok)	Bus & Fähre	350 000	24	1-mal tgl.
Ruteng	Bus	60 000	4	Alle 2 Std., 6–18 Uhr

Praktische Informationen

Banken, Geldautomaten und Geschäfte säumen die Jl Soekarno-Hatta.

Touristeninformation (www.florestourism.com; Jl Soekarno Pelabuhan; hMo–Sa 8.30–16.30 Uhr) Tolles Büro, in dem man sich über lokale Aktivitäten und das Thema Transport informieren kann. Auch aktualisierte Karten, Bücher und Fahrkarten sind erhältlich. Auf der Veranda kann man bequem sitzen und seinen Besuch planen.

An- & Weiterreise

BUS

In Labuanbajo gibt's keinen Busbahnhof, deshalb buchen die meisten Reisenden ihre Fahrkarten im Hotel oder in einer Reiseagentur. Wer im Voraus eine Fahrkarte kauft, wird vom Bus im Hotel abgeholt. Alle Busse fahren über Ruteng, also einfach den ersten Bus Richtung Osten nehmen, ganz egal, wohin man will.

Fahrkartenverkäufer für Fernbusse nach Lombok und Bali arbeiten am Fährhafenbüro. Die Fahrtkosten schließen alle Fähren (drei bis Bali!) und klimatisierte Busse ein.

FLUGZEUG

Der Komodo-Flughafen (LBJ) von Labuanbajo verfügt über ein riesiges neues Terminal und die Landebahn wurde gerade verlängert, das lässt in etwa erkennen, von welchem Tourismuswachstum ausgegangen wird.

Garuda Indonesia (www.garuda-indonesia.com), **Transnusa** (www.transnusa.co.id) und **Wings Air** (www.lionair.co.id) fliegen den Airport an und haben Schalter im Terminal. Flüge nach/von Bali gibt's mehrmals täglich, sie sind aber zu Stoßzeiten oft ausgebucht. Man kann nicht einfach kommen und losfliegen. Garuda verkehrt auch fünf Mal pro Woche nach Kupang.

SCHIFF/FÄHRE

Die ASDP-Fähre von Labuanbajo nach Sape (60 000 Rp, 6 bis 7 Std.) fährt einmal morgens und oft auch noch mal am Nachmittag. Unbedingt alle Zeiten bestätigen lassen. Fahrkarten kauft man am Tag der Abfahrt im **Hafenfährenbüro** (Jl Soekarno Hatta; ⏲7–17 Uhr).

Reiseagenturen für Schiffe von Labuanbajo und Lombok (S. 168) säumen die Jl Soekarno Hatta.

Ruteng

☎0385

Zur Hauptsehenswürdigkeit von Ruteng gelangt man 20 km westlich der Stadt neben der Trans-Flores-Schnellstraße beim Dorf Cancar. Die legendären **Spiderweb Rice Fields** („Spinnennetzreisfelder"), gewaltige Terrassenfelder, sehen genauso aus, wie es der Name nahelegt. Die Region ringsum ist sehr fruchtbar und von weiteren Reisfeldern bedeckt.

In Ruteng bietet sich ein Mittagessen im **Agape** (☎0385-22561; Jl Bhayangkara; Gerichte 8000–30 000 Rp; ⏲8–22 Uhr; 📶) an, einem wirklich tollen Café, wo sowohl Einheimische als auch so ziemlich alle Reisenden einkehren.

Busse fahren nach Bajawa (60 000 Rp, 5 Std.).

Bajawa

☎0384

Das von bewaldeten Vulkanen umgebene Bajawa erfreut sich eines angenehmen Klimas. In der Nähe befinden sich traditionelle Dörfer des Ngada-Volksstammes, in denen man beispielsweise *ngadhu* (geschnitzte Pfähle, die kegelförmige Strohdächer stützen) bestaunen kann.

Sehenswertes & Aktivitäten

Bajawas größte Attraktionen sind die traditionellen Dörfer. Man kann sie auf eigene Faust besuchen, rund um die Hotels trifft man aber auch auf Guides, die Tagesausflüge für 250 000 Rp pro Pers. inklusive Motorradfahrt, Eintritt in die Dörfer und Mittagessen organisieren. Der schönste Ort der Gegend ist **Bena**, 19 km südlich von Bajawa an einer Flanke des Vulkans Gunung Inerie (2245 m). Er wartet mit Hünengräbern sowie strohgedeckten Dächern auf. Frauen mit vom Betelnusskauen verfärbten Zähnen verkaufen aufwendig gearbeitete *ikat*-Stoffe und Macadamianüsse. **Luba** in der Nähe ist ein ähnlich faszinierendes Ausflugsziel.

Schlafen & Essen

★ Hotel Happy Happy PENSION $$
(☎ 0384-421763, 0853 3370 4455; www.hotelhappyhappy.com; Jl Sudirman; Zi. 300 000–350 000 Rp; 📶) In diesem einfachen, aber klassisch guten Gästehaus mit sieben tadellosen, gefliesten Zimmern, lavendelfarbenen Wänden und qualitativ hochwertiger Bettwäsche – eine echte Rarität in Bajawa – stimmt einfach alles. Es gibt einen entzückenden Sitzbereich auf der Veranda, Wasserflaschen werden kostenlos wieder aufgefüllt, und das exzellente Frühstück ist im Preis enthalten. Zu den Touristenläden ist es nur ein kurzer Fußmarsch.

Hotel Bintang Wisata HOTEL $$
(☎ 0384-21744; Jl Palapa 4; Zi. 200 000–350 000 Rp; 📶) Die zentrale, eingeschossige Anlage verfügt über 24 einfache, gekachelte Zimmer. Sie sind in einem Bogen um einen Parkplatz angeordnet, auf dem Fahrer auf Kundschaft warten. Die VIP-Räume oben warten mit Terrassen, Warmwasser und großartiger Aussicht auf die Hügel der Umgebung auf. In den günstigsten Zimmern gibt's nur kaltes Wasser – da die Nächte kühl werden können, ist das nichts für Warmduscher.

Dito's INDONESISCH $
(☎ 0384-21162; Jl Ahmad Yani; Hauptgerichte 25 000–50 000 Rp; ⌚ 8–22 Uhr) Dito's serviert Schweinefleisch- und Hühnchen-*sate*, dazu frischen, auf den Punkt gegrillten Thunfisch aus dem nahen Aimere. Der Tamarillo-Saft schmeckt göttlich.

Praktische Informationen

Touristenbüro (www.florestourism.com; Jl Ahmad Yani; ⌚ Mo–Sa 8.30–16.30 Uhr) Klein, aber sehr praktisch. Gute Infos zu Ngada; diverse Wandertouren- und Reiseagenturen liegen ganz in der Nähe.

An- & Weiterreise

In den Hotels können Busfahrkarten und Abholdienste organisiert werden. Mehrmals täglich fahren Busse nach Ende (60 000 Rp, 5 Std.).

Ende

☎ 0381 / EW. 65 000

Der offensichtlichste Vorzug dieser schwülen Hafenstadt ist die spektakuläre Lage. Über Ende und der schwarzen Küste mit den blauen Steinen ragen die Kegel des Gunung Meja (661 m) sowie des Gunung Iya (637 m) auf. Es lohnt sich, hier nicht nur kurz Halt auf der Durchreise zu machen, sondern etwas zu verweilen. Das Zentrum ist kompakt und atmosphärisch, faszinierend ungeschönt und rau.

Sehenswertes

Pasar MARKT
(Jl Pasar; ⌚ 7–18 Uhr) Auf dem aromatisch duftenden Markt am Hafen schlendert man an den obligatorischen Obstpyramiden und erstaunlichen Fischen vorbei. Handgewebte Stoffe von Flores bis Sumba werden auf dem anschließenden **Ikat Markt** (Ecke Jls Pabean & Pasar; ⌚ 9–17 Uhr) verkauft.

Schlafen & Essen

Die Unterkünfte liegen in der ganzen Stadt verstreut, doch dank regelmäßig fahrender *bemo* kommt man völlig ohne Probleme überallhin.

Guesthouse Alhidayah PENSION $
(☎ 0381-23707; Jl Yos Sudarso; Zi. 150 000–250 000 Rp; ❄) Diese Pension beherbergt sieben sehr saubere, eher schlichte geflieste Zimmer mit hohen Decken sowie einer privaten Veranda. Die teuersten Zimmer verfügen über eine Klimaanlage und Warmwasser bei einem anständigen Preis-Leistungs-Verhältnis. Eine gute Wahl als Budgetunterkunft.

★ Dasi Guest House PENSION $$
(☎ 0381-262 7049; yosdam@yahoo.co.id; Jl Durian Atas 2; EZ/DZ ab 200 000/225 000 Rp; ❄📶) 15 Zimmer in einem neuen Gebäude bietet diese hervorragende familiengeführte Pension. Manche sind dunkel, andere hell, aber in allen gibt es Klimaanlage und Fernsehen. Vom schönen Aufenthaltsraum geht die Aussicht nach Süden. Die Pension liegt etwa 3 km östlich vom Zentrum in einer Wohngegend.

★ Sari Rasa INDONESISCH $
(Jl Ahmad Yani; Hauptgerichte 13 000–26 000 Rp; ⌚ 18–24 Uhr) Eines der besten Restaurants nicht nur in Ende, sondern ganz Nusa Tenggara. Der erste Eindruck, geprägt durch Plastikstühle und Metalltische unter Neonröhren, täuscht – sobald das Essen da ist, weiß man das. Die Karte ist kurz, zeigt aber die immense Sorgfalt der Familie in der Küche.

Praktische Informationen

Geldautomaten und Banken sind im Zentrum zu finden.

DIE NGADA

Auf dem Baja-Plateau und an den Hängen des Gunung Inerie leben mehr als 60 000 Ngada, bei denen eine Mischung aus Animismus und Christentum praktiziert wird. Der Volksstamm betet den Gott Gae Dewa an, der Dewa Zeta (den Himmel) und Nitu Sale (die Erde) vereint.

Typisch für die Ngada sind *ngadhu* und *bhaga*: Der *ngadhu* ist eine etwa ein Meter hohe sonnenschirmartige Konstruktion aus einem geschnitzten Holzpfahl und einem Strohdach, die *bhaga* ein Miniaturhaus mit Strohdach.

Jedes Paar ist einer bestimmten Familiengruppe innerhalb eines Dorfes zugeordnet. Einige Schreine wurden bereits vor über 100 Jahren gebaut, um an Vorfahren zu erinnern, die in längst vergangenen Schlachten zu Tode kamen.

An- & Weiterreise

Flug- und Fährenfahrpläne sind traditionell eher vage und unklar, also unbedingt alle Zeiten und Anbieter schon vor der detaillierten Reiseplanung bestätigen lassen. Wings Air und Transnusa fliegen den **Ende Airport** (ENE; Jl Ahmad Yani) an, der genau im Zentrum liegt.

Fähren starten nach Kupang (149 000 Rp, 19 Std., 2-mal pro Woche) und Waingapu (115 000 Rp, 13 Std., 1-mal pro Woche).

Busse Richtung Osten (Maumere, 80 000 Rp, 5 Std.) fahren vom Wolowana-Busbahnhof, 5 km außerhalb der Stadt, ab, diejenigen Richtung Westen (Bajawa, 60 000 Rp, 5 Std.) vom Ndao-Busbahnhof, 2 km Richtung Norden entlang der Straße am Strand gelegen.

Kelimutu

Der **Kelimutu-Nationalpark** (☎0381-23405; Jl El Tari 16; Eintritt pro Pers. Mo–Sa/So 150 000/225 000 Rp, pro *ojek*/Auto 5000/10 000 Rp; ⏲Kasse 5–17 Uhr) ist eine der größten Attraktionen von Nusa Tenggara. Am besten beginnt man den Tag, indem man den Sonnenaufgang am Westrand des Bergs Kelimutu beobachtet. Wenn der Nebel aufgestiegen ist, kommen drei auffällige Vulkanseen zum Vorschein. Keiner gleicht dem anderen: Es sieht tatsächlich so aus, als hätte man sie mit dickflüssigen Malerfarben aufgeschüttet.

Zahlreiche Besucher verlassen das nahe Dorf Moni bereits um 4 Uhr, um den Blick auf die Seen bei Sonnenaufgang zu genießen. An den Nachmittagen halten sich hier meist weniger Menschen auf. Wenn die Sonne hoch am Himmel steht, kommen die Farben der Seen besonders gut zur Geltung. Der Hauptaussichtspunkt ist gerade mal 20 Minuten vom Parkplatz entfernt.

In Moni kann man ein *ojek* (einfache Strecke 50 000 Rp) oder auch einen Pkw (300 000 Rp, höchstens 5 Pers.) dorthin nehmen. Die Wanderung (13,5 km) durch den Wald und zurück zum Ort dauert ca. drei Stunden. 1 km südlich des Ticketbüros zweigt eine *jalan potong* (Abkürzung) von der Straße nach Moni ab. Durch das Dorf Manukako gelangt man zurück zur Hauptstraße 750 m oberhalb von Moni.

Moni

Moni ist der Hauptzugangspunkt zum Kelimutu. Zwischen Reisfeldern und Vulkanen bietet dieses malerische Dorf in Hanglage eine entspannte Atmosphäre und ein angenehm kühles Klima. Von hier reicht der Blick bis zur Küste. Der Ort eignet sich gut als Ausgangspunkt für lange Wanderungen und lädt zum Verweilen ein. Die Einheimischen können einem Wege zu Wasserfällen und Thermalquellen erklären.

Schlafen & Essen

An der Haupt- (und gleichzeitig einzigen) Straße von Moni drängen sich ein paar Budgetunterkünfte. Im Juli und August steigen die Preise; in dieser Zeit besser vorab reservieren.

Watugana Bungalows BUNGALOWS $
(☎0813 3916 7408; Jl Trans Flores; Zi. 150 000–350 000 Rp) Die älteren Räume unten werden einigermaßen sauber gehalten, allerdings sind sie dunkel und die Bäder etwas feucht. Besser nimmt man eines von den neueren und zugleich helleren Zimmern treppauf inklusive heißem Wasser.

Daniel Lodge PENSION $$
(☎0812 4602 8875; wanggeyanto@yahoo.co.id; Zi. ab 250 000 Rp) Ganz neues Gästehaus mit drei Zimmern im Bungalowstil, wo ein rauschender Bach das Schlaflied singt. Der Garten duftet nach Tausenden von Blumen und auf den Veranden laden bequeme Bambussessel zum Entspannen ein.

Bintang Lodge PENSION $$

(☎0852 3790 6259, 0812 3761 6940; Jl Trans Flores km 54; Zi. 350 000–400 000 Rp; ❄@) Wahrscheinlich die beste der alten Standard-Pensionen: Die vier Zimmer dieser Unterkunft sind die saubersten und größten im Stadtzentrum. An kühlen Morgen und Abenden ist das Warmwasser ein Segen. Im Café (Hauptgerichte ab 25 000 Rp) sitzt man auf einer schönen, offenen Terrasse mit Blick auf die grüne Umgebung. Echte Traveller bestellen zum Frühstück das Knoblauch-Sandwich.

An- & Weiterreise

Maumere liegt vier Fahrtstunden Richtung Osten (Bus/Minibus 50 000/80 000 Rp).

Paga

Paga liegt auf halber Strecke zwischen Moni und Maumere und wartet mit einem langen, weißen Traumstrand auf.

Nicht verpassen: **Pantai Koka** (Eintritt pro Auto 20 000 Rp), ein fantastischer Strand etwa 5 km westlich von Pantai Naga, nach einer schmalen, teilweise asphaltierten Straße Ausschau halten.

Direkt neben der Straße auf dem Sand steht das **Restaurant Laryss** (☎0852 5334 2802; www.floresgids.com; Jl Raya Maumere-Ende; Hauptgerichte ab 50 000 Rp; ⏲Küche 8–20 Uhr), ein Fischimbissstand aus Bambus, der für herrlich frische Meeresfrüchte und superleckere Beilagen bekannt ist. Sein Besitzer, Agustus Naban, ist zudem ein toller Guide für die Umgebung.

Maumere

☎0382 / 54 000 EW.

In Maumere befindet sich der zweitbelebteste Flughafen der Insel, und es kann sein, dass man hier eine Nacht verbringen wird, falls man in einem Rutsch durch Flores durchfährt. Leider hat das Stadtzentrum nichts zu bieten.

Schlafen & Essen

Hotel Wini Rai II HOTEL $

(☎0382-21362; Jl Soetomo; EZ/DZ nur Ventilator 100 000/150 000 Rp, EZ/DZ mit Klimaanlage 150 000/200 000 Rp; ❄) Maumeres bestes Budgethotel (und der Titel ist nicht gerade hart umkämpft) ist ziemlich einfach, aber sehr freundlich. Die billigsten Räume haben nur Ventilatoren und können ziemlich heiß werden. In der Nähe liegen diverse Restaurants.

★ **Wailiti Hotel** HOTEL $$

(☎0382-23416; Jl Raya Don Silva; Zi. 400 000–500 000 Rp; ❄@📶🏊) Das netteste Hotel von Maumere mit entspanntem Flair, 6,5 km westlich des Zentrums. Die Zimmer sind in eingeschossigen Gebäudeblocks und Bungalows auf einem weitläufigen Gelände untergebracht. Auch der Pool ist groß und unweit des schmalen, schwarzen Strands erblickt man verschiedene Inseln. In einem einfachen Café werden köstliche Meeresfrüchtegerichte sowie leckere frittierte Auberginen zubereitet. Der Transport von hier zum Flughafen kostet 100 000 Rp und ist verlässlich.

Praktische Informationen

Im etwas unübersichtlichen Zentrum findet man Banken und Geldautomaten.

Anreise & Unterwegs vor Ort

Maumeres Frans Seda Airport (MOF) liegt 3 km östlich der Stadt. Kalstar und Wings Air fliegen u. a. Bali und Kupang an. Man kann ein *ojek* zum/am Flughafen nehmen, das zudem deutlich günstiger (10 000 Rp) ist als der fixe Taxipreis.

Vom Busbahnhof Lokaria (oder Timur) 3 km östlich der Stadt bestehen Verbindungen nach Larantuka (60 000 Rp, Minibus 80 000 Rp, 4 Std.). Busse westwärts Richtung Moni starten am Busbahnhof Ende 1 km südwestlich der Stadt.

Rund um Maumere

Im kleinen Dorf **Sikka** 26 km südlich von Maumere leben und arbeiten einige erstklassige Weber. Die schönsten Küstenabschnitte und am besten erhaltenen Riffe erstrecken sich vor der Nordküste und östlich von Maumere.

Ahuwair, **Wodong** und **Waiterang**, etwa 26 km östlich von Maumere gelegen, warten mit ruhigen, friedlichen Stränden auf. **Lena House** (☎0813 3940 7733; www.lenahouseflores.com; Wodong; Zi. ab 150 000 Rp) verfügt über acht saubere Bambusbungalows an einem spektakulären Strand.

Das 29 km östlich von Maumere gelegene **Ankermi** (☎0812 466 9667; www.ankermihappydive.com; Zi. 300 000–400 000 Rp; ❄) vermietet niedliche strohgedeckte Bungalows mit Fliesenböden und privaten Veranden. Der Blick aufs Meer ist sensationell und das Essen schmeckt köstlich (Bioreis und -gemüse aus eigenem Anbau!). Zudem gilt der Tauchladen vor Ort als bester der Gegend.

Larantuka

☎0383

Am östlichsten Ende von Flores liegt diese geschäftige kleine Hafenstadt am Fuße des Gunung Ili Mandiri (1510 m). Viele Häuser sind mit verrosteten Blechdächern gedeckt. Abends herrscht eine nette Straßenmarktatmosphäre und jenseits einer schmalen Meerenge liegen Pulau Solor und Pulau Adonara. Doch die meisten Besucher bleiben hier nur für eine Nacht auf ihrem Weg nach Kupang oder Alor.

Schlafen & Essen

★ Asa Hotel & Restaurant HOTEL $$

(☎0383-232 5018; www.asahotel-larantuka.com; Jl Soekarno Hatta; Zi. ab 360 000 Rp; ❄) Etwa 5 km östlich der Stadtmitte liegt das wahrscheinlich beste Hotel der Stadt in einem beeindruckenden Komplex mit Blick auf den Hafen. Seine 27 modernen und stilvollen Zimmer in ein- bis zweigeschossigen Gebäuden verfügen alle über Kühlschrank und Balkon. Das Restaurant (Hauptgerichte ab 25 000 Rp) ist gut und die Bar hat eine tolle Aussicht.

An- & Weiterreise

Alle Fähren starten vom Hauptpier im südlichen Teil der Stadt. Vor der Reise sollte man die Abfahrtszeiten überprüfen.

Es gibt Fähren nach Kupang (105 000–154 000 Rp, 15 Std., 2-mal wöchentl.) und Kalabahi (Economy/VIP 115 000/170 000 Rp, 24 Std., 1-mal wöchentl.).

Der Hauptbusbahnhof liegt 5 km westlich der Stadt. Busse (60 000 Rp, 4 Std.) und Autos (80 000 Rp, 3 Std.) nach Maumere fahren häufig zwischen 7 und 17 Uhr.

Westtimor

Westtimor mit seinen zahlreichen traditionellen Dörfern, der rauen Landschaft und den einsamen Stränden ist ein weitgehend unbekanntes Kleinod. Tief in seinem bergigen, palmenbewachsenen Inland werden ncoh immer animistische Traditionen gepflegt und Stammesdialekte gesprochen. Häuptlinge tragen Ikats, kauen Betelnüsse und regieren über Hütten, die wie Bienenstöcke aussehen. Gleichzeitig gilt die Küstenhauptstadt Kupang als Metropole des östlichen Nusa Tenggara und ist ein Verkehrsknotenpunkt mit hektischer indonesischer Gangart.

Anreise & Unterwegs vor Ort

Wer den Osten von Nusa Tenggara (Nusa Tenggara Timur oder kurz NTT) erkunden möchte, kann z. B. einen Direktflug von Bali nach Kupang buchen und von dort zu den einzelnen Inseln übersetzen.

Die wichtigste Schnellstraße der Gegend ist in gutem Zustand und auf der Strecke von Kupang nach Osttimor durchgehend befestigt. Einige Nebenstrecken sind während der Regenzeit unpassierbar.

Kupang

☎0380 / 350 000 EW.

Die etwas heruntergekommene, laute und energiegeladene Hauptstadt von Nusa Tenggara Timur ist ein wichtiges Wirtschaftszentrum, in dem man gut ein paar Tage verbringen kann (das hat schon Kapitän Bligh gemacht, nachdem seine Besatzung 1789 gemeutert und ihn von der *Bounty* vertrieben hatte).

Schlafen & Essen

In der Nähe des Flughafens und des neuen Geschäftsviertels befinden sich mehrere große, langweilige Kettenhotels. Die Hotels am Hafen sind alle wesentlich angenehmer, außerdem gibt's dort Meerblick und -brise dazu.

★ Lavalon Bar & Hostel HOSTEL $

(☎0812 377 0533, 0380-832256; www.lavalontouristinfo.com; Jl Sumatera 44; B 50 000 Rp, Zi. 150 000–250 000 Rp; ❄📶) Bestes Preis-Leistungs-Verhältnis in der Stadt, mit sauberen Zimmern und Toiletten im westlichen Stil. Draußen im Gemeinschaftsbereich werden ausgezeichnetes Essen und eiskaltes Bier serviert, dazu kommt eine fantastische Aussicht. Edwin Lerrick, der Besitzer, ist nicht nur ein beliebter ehemaliger indonesischer Filmstar, sondern weiß auch alles über NTT. Erweiterungspläne werden dieser erstklassigen Lage am Meer mehr private Zimmer bringen.

★ Hotel Maliana PENSION $

(☎0380-821879; Jl Sumatera 35; Zi. mit Ventilator/Klimaanlage 175 000/250 000 Rp; ❄📶) Die 14 einfachen, aber gemütlichen Motelzimmer sind sauber und bei Budgetreisenden sehr beliebt. Auf der von Kletterpflanzen umrankten Veranda kann man ein bisschen vom Meer sehen. Frühstück ist inklusive.

★ Pasar Malam MARKT $

(Nachtmarkt; Jl Garuda; Hauptgerichte ab 12 000 Rp; ⏲6–23 Uhr) Bis dieser wundervolle Markt mit seinen Lichtern eröffnet wurde, hätte niemand gesagt, dass man in Kupang gut essen kann. Jetzt bereiten Straßenköche in einer Gasse in der Nähe der Jl Garuda an Wok und Grill professionell günstige Gerichte zu. Die Auswahl an Fisch und Meeresfrüchten ist riesig, gegrillt wird spitzenmäßig.

ℹ Praktische Informationen

In der Provinzhauptstadt Kupang gibt's jede Menge Banken, Geldautomaten und Dienstleistungen.

Lavalon (☎ 0380-832256, 0812 377 0533; www.lavalontouristinfo.com; Jl Sumatera 44; ⌚ 8 Uhr–open end) Edwin Lerrick, der Besitzer, informiert über aktuelle Verkehrsverbindungen und kennt sämtliche interessanten Kulturattraktionen der Umgebung. Auch seine Website bietet massenweise nützliche Infos.

ℹ Anreise & Unterwegs vor Ort

FLUGZEUG

Kupangs Flughafen El Tari (KOE) liegt 15 km östlich der Stadt und ist der wichtigste Verkehrsknotenpunkt im Osten Nusa Tenggaras, hier starten regelmäßig Flieger nach Bali und in die gesamte Region. Ein Taxi in die Stadt kostet 60 000 Rp (Fixpreis!)

NAHVERKEHR

Am Busbahnhof Oebobo auf der Ostseite der Stadt starten die Fernverbindungen. Man gelangt mit dem *bemo* 10 hierher. Kupang ist weitläufig, also sollte man das *bemo*-System nutzen (2000 Rp).

Je nachdem, wohin man will, empfiehlt sich auch ein Auto mit Fahrer, die Miete schlägt mit 400 000 Rp bis zu 750 000 Rp pro Tag zu Buche. Motorräder kosten um 60 000 Rp pro Tag. Beides lässt sich über das Hotel buchen oder mit **Lavalon** (☎ 0380-832256, 0812 377 0533; www.lavalontouristinfo.com; Jl Sumatera 44; Hauptgerichte ab 30 000 Rp; ⌚ 7–open end; 📶).

SCHIFF/FÄHRE

Der Hafen von Bolok, an dem regelmäßig Fähren nach Kalabahi, Larantuka und Waingapu anlegen, liegt 11 km westlich der Stadtmitte.

Soe

Die im Grünen gelegene, kühle Marktstadt Soe (800 m) 110 km östlich von Kupang ist eine gute Basis, um das Innere von Westtimor zu erkunden. Hier oder in Kupang kann man Touren in traditionelle Dörfer arrangieren.

Hier ist eine Klimaanlage überflüssig. **Hotel Bahagia I** (☎ 0853 3830 3809; Jl Diponogoro; Zi. 120 000–275 000 Rp; ❄) und **Timor Megah Hotel** (☎ 0388-22280; Jl Gajah Mada; Zi. 250 000–400 000 Rp; ❄📶) sind beide eine gute Wahl.

Der Haumeni-Busbahnhof liegt 4 km westlich der Stadt (3000 Rp mit *bemo*). Linienbusse fahren nach Kupang (30 000 Rp, 3 Std.).

None

None ist das letzte Dorf der Kopfjäger auf Kefamananu und eine der Hauptattraktionen der Gegend. Dort, wo die *bemo* einen an der Hauptstraße absetzen, führt ein Wanderweg 900 m weiter. Vorbei an Mais- und Bohnenfeldern geht es über einen mäandernden Bach (oft ausgetrocknet) bis hin zu verstreut liegenden *ume bubu* (traditionellen Bienenkorb-Hütten), dem Zuhause von 56 Familien, die hier seit neun Generationen wohnen. Am Rand der Klippe steht ein **Totempfahl**, an dem sich einst die Schamanen mit den Kriegern trafen, bevor sie zu einer Kopfjagd loszogen (die letzte war 1945).

Kupang

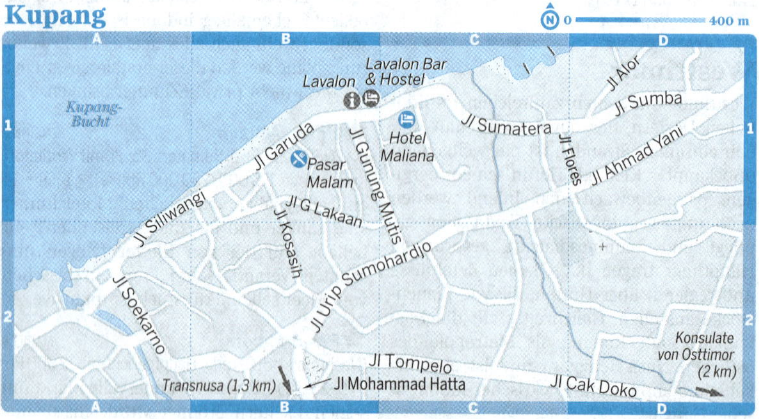

ABSTECHER

ALOR

Alor ist das letzte Glied der Inselkette, die sich von Java aus Richtung Osten erstreckt. Das traumhaft schöne entlegene Eiland fasziniert durch sein raues und unwegsames Terrain. Aufgrund der landschaftlichen Gegebenheiten gehören die 200 000 Bewohner des Archipels mehr als 100 Bevölkerungsgruppen an, die 52 verschiedene Sprachen sprechen. Noch in den 1950er-Jahren lebten hier Kopfjäger! Alor ist aber auch für die *moko*-Trommeln aus Bronze und die erstklassigen Tauchgebiete bekannt.

Tauchexkursionen können bei **La Petite Kepa** (☎ nur SMS 0813 3910 2403; www.la-petite-kepa.com; Bungalows inkl. Mahlzeiten pro Pers. 225 000–450 000 Rp, Tauchen ab 32 €) auf Pulau Kepa gebucht werden. **Alor Dive** (☎ 0386-222 2663, 0813 3964 8148; www.alor-dive.com; Jl Suharto; 2-Flaschen-Tauchen ab 80 €; ⊙ 8–16 Uhr) organisiert ähnliche Trips.

Kalabahi, die größte Stadt auf Alor, liegt an einer weitläufigen, schönen, von Palmen gesäumten Bucht. Vor Ort gibt's Banken und Geldautomaten. Der **Cantik Homestay** (☎ 0813 3229 9336, 0386-21030; Jl Dahlia 12; Zi. 150 000–200 000 Rp; ❄) bietet sieben schlichte Zimmer und verleiht Motorräder. Zudem zaubert der Besitzer ganz fantastisches Essen für seine Gäste.

Transnusa und Wings Air fliegen in einer Stunde nach Kupang. Der winzige Flughafen (ARD) ist originell chaotisch, bietet aber eine der eindrucksvollsten An- und Abreisen im ganzen Land. Er ist 9 km von Kalabahi entfernt. Früh einchecken, um dem irren Gedränge zu entkommen, das sich hier oft bildet.

Zwei Fähren fahren pro Woche nach Kupang (116 000–170 000 Rp, 18 Std.), eine nach Larantuka (115 000–170 000 Rp, 24 Std.).

Die Dorfbewohner sind warm und herzlich und stellen auf Nachfrage gern auf dem Dorf-*lopo* (Treffplatz) zu Demonstrationszwecken ihren Webstuhl auf. Eine Spende von mindestens 20 000 Rp pro Person ist dafür angemessen.

An- & Weiterreise

None liegt 18 km östlich von Soe, erreichbar mit einem *ojek* (30 000 Rp) oder einem *bemo* Soe–Niki Niki für 5000 Rp.

Sumba

Die Insel Sumba mit ihrer rauen, ausgedehnten Savannenlandschaft und den niedrigen Hügeln aus Sandstein, zwischen denen mehr Mais und Maniok als Reis angebaut werden, gleicht den Vulkaninseln im Norden Indonesiens so gar nicht. Auf vielen Hügeln hocken kleine Dörfer mit strohgedeckten Häuschen, die sich um Megalithgräber drängen. Die Bewohner bezeichnen sich selbst als Protestanten, lassen es sich aber nicht nehmen, ihren indigenen *marapu* (Göttern) mit blutigen Opferritualen zu huldigen.

Sumba ist eine der ärmsten Inseln Indonesiens, doch dank einer Finanzspritze der Regierung konnte die Infrastruktur verbessert werden. Das sieht man vor allem in Tambolaka, der neuesten Stadt auf Sumba. Doch auch in den traditionellen Dörfern ist der Wandel spürbar: Der Lebensstandard ist ein wenig gestiegen, aber die Einheimischen erwarten immer noch ziemlich hohe Spenden von den Besuchern. Trotzdem ist Sumba ohne Zweifel ein abenteuerliches Reiseziel fernab der üblichen Touristenroute.

Praktische Informationen

Auf der Website www.sumba-information.com steht alles Wissenswerte über Sumba. Für jeden Besucher unbedingt zu empfehlen.

An- & Weiterreise

Sumbas Verbindungen zum Rest von Indonesien werden besser. Die Flughäfen in Tambolaka und Waingapu bieten tägliche Flüge nach Bali und Kupang in Westtimor an. Fähren fahren nach Flores und Kupang.

Waingapu

☎ 0387 / 55 000 EW.

Waingapu ist eine entspannte Stadt mit viel Grün, in der man zu Fuß überall hinkommt, eine gute Basis, um die Dörfer der Umgebung zu erkunden. Nach der niederländischen „Befriedung“ 1906 wurde sie zu einem Verwaltungszentrum und war lange Sumbas Haupthandelsort für Stoffe, wertvolle Sumba-Pferde, Farbhölzer und Bauholz. Am Hafen gibt es mehrere ansprechende Restaurants sowie ein paar Ikat-Läden und Werkstätten. Händler mit Bündeln von Stoffen und Schnitzereien treiben sich in der Nähe von Hotels herum oder bieten ihre Waren auf den Straßen an.

Schlafen & Essen

Die meisten Hotels liegen im neuen Teil Waingapus nicht weit vom Busbahnhof. Zum Abendessen geht's auf den *pasar malam* (Nachtmarkt) an der alten Werft.

★**Tanto Hotel** PENSION $
(☎0387-61048, 0387-62500; Jl Prof Dr WZ Yohanes; Zi. 200 000–450 000 Rp; ❄📶) Neuestes Hotel der Stadt und – dank hellen, frischen Zimmern und gutem Service – auch das beste. Seine Einrichtung ist hauptsächlich weiß mit natürlichen Hölzern und leuchtend roten Akzenten. Viele Zimmer verfügen über einen Kühlschrank, das Frühstück ist gut.

Anreise & Unterwegs vor Ort

Der Flughafen (WGP) liegt 6 km südlich der Straße nach Melolo.

Pelni (☎0387-61665; www.pelni.co.id; Jl Hasanuddin; ⏲9–16 Uhr) Schiffe legen am neueren Darmaga-Dock im Westen der Stadt ab, der Fahrkartenschalter befindet sich aber am alten Hafen. Fahrpläne ändern sich häufig, am besten die **ASDP**-Hotline (☎0214-288 2233) anrufen oder die Fahrpläne am Hafen checken.

Das Terminal für Busse Richtung Osten liegt im südlichen Teil der Stadt in der Nähe des Markts, das West Sumba Terminal (auch: Terminal Kota) etwa 5 km westlich der Stadt.

Rund um Waingapu

Von Waingapu aus sind verschiedene traditionelle Dörfer im Südosten mit Bussen und *bemo* zu erreichen. Die Steingräber sind beeindruckend. Außerdem werden in der Gegend mit die besten *ikat* (Webearbeiten) von Sumba hergestellt. Spenden werden erwartet.

In **Praiyawang**, dem zeremoniellen Zentrum des Dorfes Rende, verteilen sich auf dem Gelände traditionelle Häuser und Grabmäler; das eindrucksvollste markiert die Ruhestätte eines Radschas.

Noch idyllischer ist der Strand von **Tarimbang**, eine von Palmen gesäumte Bucht südlich von Lewa. In der Nähe kann man gut schnorcheln. **Marthen's Homestay** (☎0852 8116 5137; Zi. ab 150 000 Rp) bietet sich für eine schön rustikale Übernachtung an. Jeden Morgen starten Transporter von Waingapu nach Tarimbang (40 000 Rp, 5 Std.)

Waikabubak

☎0387 / 22 000 EW.

Waikabubak ist merkwürdig und ansprechend zugleich. Die Stadt besteht aus einer Mischung aus Stammeshäusern, uralten Gräbern, Bürogebäuden und Satellitenschüsseln. Darüber hinaus haben sich im Ort einige traditionelle Gemeinden angesiedelt. Neben dem Tarung Wisata Hotel führt z. B. ein Pfad nach **Kampung Tarung.**

Direkt neben der Hauptstraße nach Waingapu, 22 km östlich von Waikabubak, liegt **Kampung Pasunga** mit einer der beeindruckendsten Grabstätten Sumbas.

GUIDES

Sumba ist so eigenartig, dass man am besten einen Guide anheuert, um die vielfältigen Kulturen, Sitten und Gebräuche wie z. B. das Pasola-Festival besser zu verstehen.

Sumba Adventure Tours & Travel (☎0813 3710 7845; sumbaadventure@yahoo.com; Desa Kalena Wanno, Tambolaka; Guides pro Tag 250 000 Rp, pro Tag mit Fahrer & Auto 850 000 Rp) Der erfahrene Guide Philip Renggi, einer der besten im Westen Sumbas, hat sein Büro in der Nähe des Flughafens. Er und sein Team führen Besucher zu entlegenen Dörfern, unter anderem in sein Heimatdorf Manuakalada und nach Wawarungu, wo es mehrere heilige *marapu*-Häuser gibt, die nur ein Schamane betreten darf. Renggi kann den Trip planen, die Pasola arrangieren, Autos mieten usw.

Yuliana Ledatara (☎0852 3918 1410; yuli.sumba@gmail.com; Kampung Tarung, Waikabubak; pro Tag ab 450 000 Rp) Eine großartige Führerin aus der Region, die Englisch und Französisch spricht und in Tarung wohnt, dem traditionellen Dorf auf Waikabubaks Hügeln. Yuliana bietet Touren durch die traditionellen Dörfer im gesamten Westen Sumbas, wo sie alle Termine für Beerdigungen und Opfergaben kennt, sie arrangiert Reitausflüge durch Reisfelder und Homestays in Dörfern. Sie ist einer der wenigen weiblichen Guides Indonesiens und wirklich gut.

WEITERREISE NACH OSTTIMOR: VON KUPANG NACH DILI

Neben dem reinen Tourismus fahren viele von Westtimor nach Timor-Leste, um ihr Indonesien-Visa zu erneuern. Wer sich dafür entscheidet, sollte bedenken, dass Timor-Leste wesentlich teurer ist als Indonesien und der Rückweg normalerweise länger als eine Woche dauert ab dem Zeitpunkt, an dem man in Dili angekommen ist, auf sein Indonesien-Visum wartet und nach Westtimor zurückkehrt.

Anreise zur Grenze Direkte Minibusse (10 bis 11 Std.) von Kupang nach Dili betreiben **Timor Tour & Travel** (☎0380-881543; einfache Fahrt 230 000 Rp) und **Paradise** (☎0380-830414, 0813 3944 7183; einfache Fahrt 230 000 Rp). Wer vorher anruft, wird vom Hotel abgeholt. Manche fahren schon um 5 Uhr morgens ab, also lautet die Devise: zusammenreißen.

An der Grenze Das Visum wird in Timor-Leste im **Timor-Leste-Konsulat** (☎0813-3936 7558; Jl Eltari II; ⏲ Mo–Do 8–16, Fr bis 14 Uhr), Kupang, beantragt. Erforderlich sind ein gültiger Reisepass, eine Fotokopie und Passbilder. Kostenpunkt 30 US$, die Bearbeitung dauert drei Werktage. Auf keiner Seite der Grenze stehen Busse bereit. Wenn man individuell anreist, kann es also lange dauern, bis einer kommt. Die bei Weitem beste Wahl sind Minibusse.

Weiterreise Die Minibusse fahren direkt nach Dili, wo die meisten Reisenden ihren Besuch in Timor-Leste beginnen. Sie halten auch bei Pensionen und Hotels. Mehr Informationen dazu, wie man die Grenze aus der anderen Richtung überquert, finden sich auf S. 591.

Die Strände sind legendär. Typisch für die Gegend ist der idyllisch weiße Sand von **Pantai Marosi**, 32 km südlich von Waikabubak.

Schlafen & Essen

Warung findet man gegenüber der Moschee an der Hauptstraße.

Karanu Hotel PENSION $
(☎0387-21645; Jl Sudirman 43; Zi. 150 000–250 000 Rp) Von dem Gartenhotel östlich der Innenstadt blickt man auf Reisfelder. Seine Zimmer sind sauber, wenn auch etwas abgenutzt. Klimaanlagen gibt es nicht, dafür aber einen verblassenden Wandteppich mit dem *Letzten Abendmahl* in der Lobby.

★ **D' Sumba Ate** INTERNATIONAL $$
(☎0857 3775 6606; Jl Ahmad Yani 148; Hauptgerichte 20 000–70 000 Rp; ⏲10–22 Uhr) Ein sehr willkommener Neuzugang in der Restaurantszene von West-Sumba: In diesem hervorragenden Restaurant gibt es Pizzen vom Holzfeuer, Pasta, Burger und die üblichen indonesischen Verdächtigen. Bambus schafft eine coole Atmosphäre, die Bar ist kompetent, außerdem: Sumbas sauberste Toiletten!

An- & Weiterreise

Tambolaka, 42 km nordwestlich von Waikabubak, ist der nächste Flughafen.

Bemo, Trucks und Minibusse fahren in die meisten anderen Städte und Dörfer im Westen Sumbas. Grundsätzlich ist es am besten, frühmorgens aufzubrechen, wenn sie sich am schnellsten füllen und abfahren. Es gibt mehrere Busse täglich nach Waingapu (50 000, Rp 5 Std.).

Rund um Waikabubak

Anakalang liegt in einem grünen Tal 22 km östlich von Waikabubak und wartet mit einigen der beeindruckendsten Megalithgräber Sumbas auf. Südlich der Stadt hinter dem Markt erstrecken sich weitere interessante Dörfer. **Kabonduk** beherbergt das schwerste Grab der Insel. 2000 Arbeiter brauchten über drei Jahre, um es aus dem Stein zu schlagen.

Südlich von Waikabubak befindet sich der Bezirk Wanokaka, das Zentrum des Pasola-Festivals. **Praigoli** ist ein isoliertes Dorf und sehr traditionell. Unser Favorit in Westsumba ist das Oro Beach Houses & Restaurant (S. 178), nicht weit von Tambolaka entfernt, an einer ziemlich unebenen, unbefestigten Straße. Auf einem großen, verwilderten Areal am Strand steht ein einfaches, aber schönes Haus, wo Gäste mit leckeren Meeresfrüchten versorgt werden, Touren durchs Dorf unternehmen oder schnorcheln können.

Tambolaka

Die einst so verschlafene kleine Marktstadt 42 km nordwestlich von Waikabubak ist jetzt der Verkehrsknotenpunkt im Westen Sumbas. Sie erlebt einen echten Aufschwung und hat auch einen neuen Namen bekommen, zumindest in den Tourismus-Broschüren und anderen offiziellen Dokumenten der Regierung. (Wir haben uns daran gehalten, auch wenn viele Einheimische in einem gewissen Alter sie immer noch Waitabula nennen.) Tambolaka befindet sich noch in einer frühen Wachstumsphase, ist aber gut von Bali aus zu erreichen und das Tor zum sensationellen Westen der Insel.

Von hier aus lässt sich der Westen Sumbas gut erkunden. Zwar sind die Strände nicht so schön wie im Süden, dafür stehen hier einige gute Hotels.

Schlafen & Essen

Penginapan Melati PENSION $

(☎ 0813 5396 6066, 0387-24055; Jl Waitabula; Zi. mit Ventilator/Klimaanlage 150 000/250 000 Rp; ❄ 📶) 15 einfache, aber makellose Zimmer im Schatten eines gewaltigen Baumes, alle gekachelt und frisch gestrichen. Im *mandi* gibt es sogar Regenduschen. Direkt nebenan ist ein einfaches Restaurant im Padang-Stil.

★ Oro Beach Houses & Restaurant BUNGALOWS $$

(☎ 0813 3911 0068, 0813 5378 9946; www.orobeachbungalows.com; Zi. 45–60 US$) Dieses wilde Strandgelände gehört einer ganz besonderen Familie – sie hat mal eine NRO geleitet, er war Architekt bei der Katastrophenhilfe. Hier kann man in einem runden Bungalow mit Strohdach in einem Bett aus Treibholz schlafen, das Bad ist draußen. Es wird hervorragendes Essen serviert, außerdem gibt's Mountainbikes und Schnorcheln ist direkt am wunderschönen 200 m langen Strand möglich.

★ Warung Gula Garam INTERNATIONAL $

(☎ 0387-252 4019; Bandara Udara; Hauptgerichte 12 000–100 000 Rp; ⏲ 10–23 Uhr; 📶) Viele Expats berichten begeistert von dem Pizza-Steinofen dieses stylischen neuen Cafés in einem Freiluft-Pavillon in der Nähe des Flughafens. Woanders würde man bei einer voll ausgestatteten Kaffee- und Saftbar sowie einer Karte mit Bio-Salaten, Pasta und Burgern kaum die Augenbrauen hochziehen, hier ist es revolutionär.

An- & Weiterreise

Tambolakas Flughafen (TMC) ist blitzblank und modern. Garuda Indonesia und Wings Air fliegen täglich Bali und Kupang (Westtimor) an. Achtung: Manche Websites führen Tambolaka als „Waikabubak".

Waikelo, eine kleine, vorwiegend muslimische Stadt nördlich von Tambolaka, hat einen kleinen, malerischen Hafen, der als Haupthafen für Sumba dient. Zwei Mal pro Woche (65 000 Rp, 8 Std.) legen Fähren nach Sape (Sumbawa) ab.

Den ganzen Tag fahren Busse nach Waikabubak (10 000–15 000 Rp, 1 Std.), Abfahrt ist in der Stadtmitte.

SUMATRA

Nur wenige Inseln klingen so sehr nach Abenteuer wie das wilde Land von Sumatra. Es ist außergewöhnlich schön, voller Leben und mit einer unglaublichen Natur gesegnet. Wegen Vulkanausbrüchen, Erdbeben und Tsunamis steht Sumatra oft in den Schlagzeilen. Rauchende Vulkane wachen über Seen, deren Wasser träge über Kraterränder schwappen. Im Dschungel leben Orang-Utans, aber auch Tiger, Nashörner und Elefanten. Und auf Meereshöhe rollen perfekte Surfwellen an idyllische, einsame Strände.

So unterschiedlich wie das Land sind auch die Leute: eine bunte Mischung vieler Kulturen, von den frommen Moslems in Aceh zu den hedonistischen Batak-Christen um Danau Toba und den matrilinearen Minangkabau von Padang. Alle eint die Angst und der Respekt vor dem wilden und wundervollen Land Sumatra, aber auch die Liebe zu ihm.

An- & Weiterreise

Heutzutage kommen die meisten mit einer Budgetfluglinie oder Fähre von Java aus nach Sumatra. Die alten Seerouten werden größtenteils nicht mehr genutzt.

Beim Planen der Reise daran denken, dass Sumatra zeitlich eine Stunde hinter Singapur und Malaysia liegt.

Wer an den internationalen Flughäfen von Medan, Padang, Banda Aceh und Pekanbaru ankommt, erhält nach der Ankunft ein Visum. Gleiches gilt für die Häfen von Sekupang (Pulau Batam), Dumai, Padang und Sibolga.

FLUGZEUG

Medan ist Sumatras wichtigster internationaler Flughafen. Von hier fliegen regelmäßig Maschinen in Städte wie Singapur, Kuala Lumpur und Penang. In Padang auf Westsumatra landen Flüge aus Singapur und Kuala Lumpur.

Zahlreiche Luftlinien verkehren von Jakarta in alle wichtigen Städte auf Sumatra. Flüge in andere Teile des Landes gehen oftmals über Jakarta.

SCHIFF/FÄHRE

Fähren fahren zwischen Dumai (an Sumatras Ostküste) und Melaka sowie von Klang (bei Kuala Lumpur) in Malaysia nach Singapur und Pulau Batam. Dumai lohnt sich allerdings nur, wenn

Sumatra

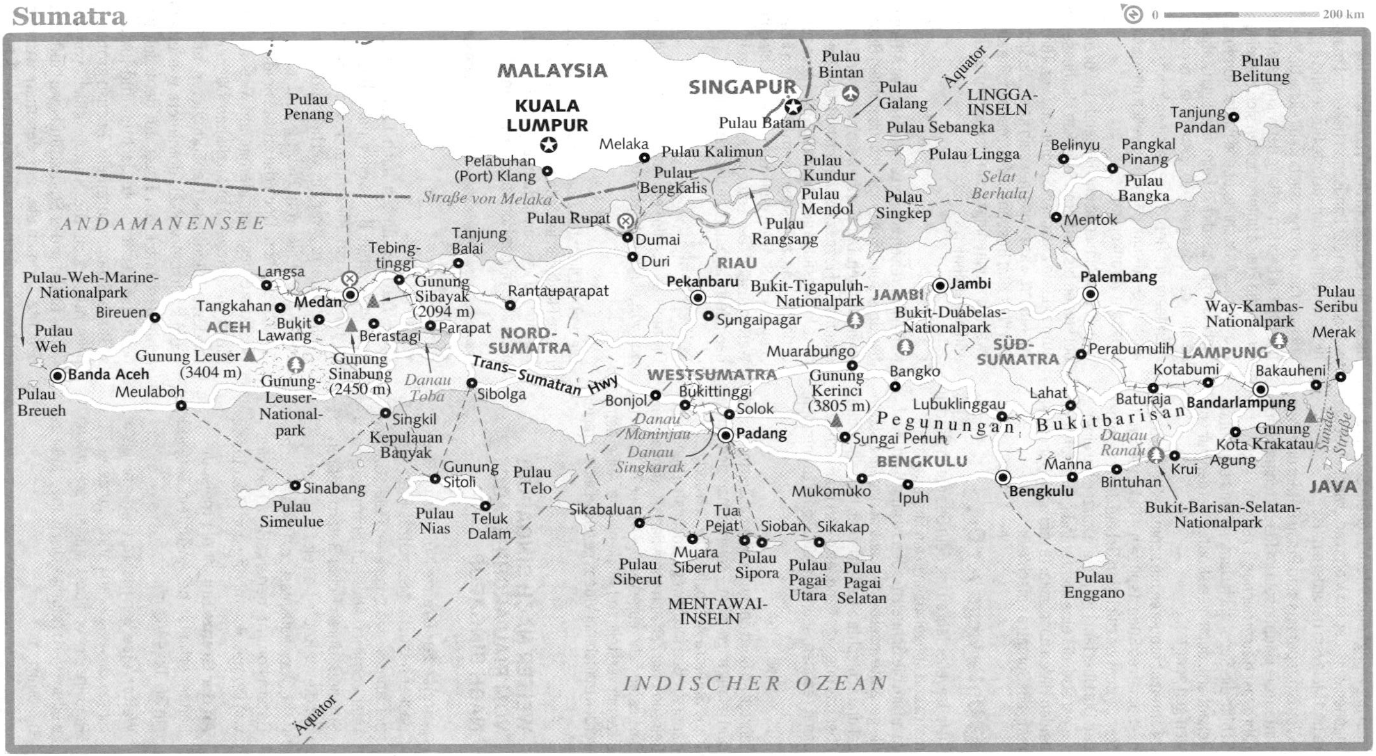
0 200 km
MALAYSIA
KUALA LUMPUR
SINGAPUR
Pulau Penang
Pelabuhan (Port) Klang
Melaka
Straße von Melaka
ANDAMANENSEE
Pulau Bintan
Pulau Galang
Äquator
LINGGA-INSELN
Pulau Sebangka
Pulau Lingga
Pulau Batam
Pulau Kalimun
Pulau Bengkalis
Pulau Kundur
Pulau Mendol
Pulau Singkep
Pulau Rangsang
Pulau Rupat
Dumai
Duri
RIAU
Pekanbaru
Sungaipagar
Selat Berhala
Pulau Belitung
Tanjung Pandan
Belinyu
Pangkal Pinang
Pulau Bangka
Mentok
Palembang
Jambi
JAMBI
Bukit-Tigapuluh-Nationalpark
Bukit-Duabelas-Nationalpark
Pulau-Weh-Marine-Nationalpark
Pulau Weh
Banda Aceh
Pulau Breueh
Bireuen
Langsa
Tangkahan
Medan
Bukit Lawang
ACEH
Gunung Leuser (3404 m)
Meulaboh
Gunung-Leuser-Nationalpark
Tebing-tinggi
Tanjung Balai
Gunung Sibayak (2094 m)
Berastagi
Parapat
Gunung Sinabung (2450 m)
Danau Toba
Rantauparapat
NORD-SUMATRA
Trans–Sumatran Hwy
Sibolga
Singkil
Kepulauan Banyak
Sinabang
Pulau Simeulue
Gunung Sitoli
Pulau Nias
Teluk Dalam
Pulau Telo
WESTSUMATRA
Bonjol
Bukittinggi
Solok
Danau Maninjau
Danau Singkarak
Padang
Sikabaluan
Pulau Siberut
Muara Siberut
Tua Pejat
Sioban
Pulau Sipora
Sikakap
Pulau Pagai Utara
Pulau Pagai Selatan
MENTAWAI-INSELN
Muarabungo
Gunung Kerinci (3805 m)
Bangko
Sungai Penuh
Mukomuko
Ipuh
BENGKULU
Bengkulu
Lubuklinggau
Pegunungan Bukitbarisan
SÜD-SUMATRA
Perabumulih
Lahat
Baturaja
Danau Ranau
Manna
Bintuhan
Krui
Bukit-Barisan-Selatan-Nationalpark
Pulau Enggano
LAMPUNG
Kotabumi
Bandarlampung
Way-Kambas-Nationalpark
Pulau Seribu
Merak
Bakauheni
Gunung Kota Agung
Krakatau
Sunda-Straße
JAVA
INDISCHER OZEAN
Äquator

man unbedingt eine internationale Schiffsreise machen will oder ein Motorrad zwischen Sumatra und Malaysia befördern muss.

Von Singapur aus sind Pulau Batam und Pulau Bintan, die Hauptinseln im Riau-Archipel, per Fähre rasch zu erreichen. In Batam setzen Schiffe die Segel nach Dumai, Palembang und Pekanbaru, doch diese Routen werden nur von wenigen genutzt.

Fähren überqueren die schmale Sundastraße, die Sumatras Südostspitze bei Bakauheni mit Merak, dem westlichsten Ort auf Java, verbindet. Die Überfahrt ist nur ein kurzer Teil einer Tagesreise, die eine mehrstündige Busfahrt von beiden Häfen nach Jakarta und nach Bandarlampung auf Sumatra einschließt.

ℹ Unterwegs vor Ort

Viele Traveller fahren mit dem Bus durch Nordsumatra und steigen dann in ein Flugzeug nach Java, um die Schnellstraßen zu umgehen. Fast die gesamte Insel besteht aus bergigem Dschungel und schlechte Straßen laufen kreuz und quer über das hügelige Land. Also darf man nicht damit rechnen, schnell irgendwohin zu kommen.

BUS & MINIBUS

Fahrten an Bord der großen klimatisierten Busse sind relativ angenehm – solange man sich auf der Trans-Sumatra-Autobahn oder den übrigen Hauptstraßen fortbewegt. Ansonsten benötigen Reisende viel Zeit, um von A nach B zu gelangen. Die besten Fahrzeuge verfügen über Toiletten und Sitze mit verstellbarer Rückenlehne. Außerdem werden manchmal Videos gezeigt. Leider starten die Busse abends, um dem Verkehrschaos zu entgehen; von der Landschaft bekommt man also nicht viel mit. Unklimatisierte Busse sind eng und stickig, aber unvergesslich. Zahlreiche Unternehmen bieten Fahrten entlang der wichtigsten Routen an, die Preise unterscheiden sich teilweise gravierend. Ausschlaggebend ist der Komfort. Tickets sollt man direkt beim jeweiligen Anbieter kaufen, da sonst meist 10 % Aufschlag drohen.

Entlegenere Gebiete zu bereisen kann sehr anstrengend sein, da man zuweilen nur quälend langsam vorankommt.

Viele Einheimische und Reisende bevorzugen bei kurzen bis mittleren Strecken Minibusse und Autos, da sie zwischen Städten und von Tür zur Tür fahren, was bequemer sein kann, als sich auf den Weg zum Busbahnhof zu machen. Sie sind zwar nicht unbedingt schneller, aber praktischer und angenehmer.

FLUGZEUG

Kurze Flugreisen können eine attraktive Alternative dazu sein, eine Ewigkeit in übervollen Bussen zu verbringen. Der Wettbewerb zwischen den nationalen Fluggesellschaften bedeutet hier, dass Inlandsflüge günstig und größtenteils zuverlässig sind, abgesehen von den kleinen Flugzeugen von Susi Air, denen besonders schlechtes Wetter zusetzt. Der Smog in der Trockenzeit behindert Flugzeuge an der Ostküste.

SCHIFF/FÄHRE

Die meisten Schiffe verbinden das Festland mit den vorgelagerten Satelliteninseln.

ZUG

Die drei nützlichsten Züge in Sumatra fahren vom neuen Flughafen in Medan zum Zentrum von Medan und von Bandarlumpung nach Palembang und Lahat (in das Hochland von Pasemah).

WEITER NACH SINGAPUR: VOM RIAU ARCHIPELAGO NACH SINGAPUR

Anreise zur Grenze Nur wenige Backpacker besuchen Sumatras Riau-Archipel, aber einige passieren Pulau Batam paar kommen aber auf ihrem Weg nach Singapur durch Pulau Batam. Fähren auf dieser Route betreibt u. a. **Batam-Fast** (www.batamfast.com). Nach Pulau Batam kommt man mit Boot und Bus von Dumai, Palembang und Pekanbaru.

An der Grenze Bürger der meisten Länder erhalten bei Ankunft in Singapur ein 30-Tage-Visum.

Weiterreise Von mehreren Terminals in Singapur verkehren Fähren zu den Riau-Inseln, von dort aus ist es einfach, weitere Verbindungen im Nahverkehr zu bekommen.

Padang

☎ 0751 / 877 000 EW.

Viele Traveller fliegen nach Padang, um mit dem erstbesten Bus weiter nach Bukittinggi zu reisen – ein Riesenfehler! Im September 2009 zerstörte zwar ein verheerendes Erdbeben weite Teile von Padang und tötete ca. 5000 Menschen. Doch die größte Stadt an der Westküste liegt wunderbar am Wasser und bietet prächtige Minangkabau-Dächer, die moderne, öffentliche Gebäude zieren, und ein grünes Altstadtviertel, dominiert von einem schmalen, brackigen Fluss, auf dem sich farbenfrohe Fischerboote, Jachten und luxuriöse Bugis-Schoner tummeln. Ebenso großartig präsentiert sich die Küste südlich von Padang. Entlang des Stadtstrands verläuft eine beliebte Promenade, auf der man wunderschöne Sonnenuntergänge genießen kann.

Padang

Sehenswertes & Aktivitäten

Zum Sonnenuntergang strömen die Einheimischen zur Promenade, um einen Imbiss und einen Drink zu sich zu nehmen oder eine Runde Fußball am Strand zu spielen.

Kolonialviertel STADTVIERTEL

Obwohl es 2009 beim Erdbeben beschädigt wurde, lädt Padangs Kolonialviertel zu einem gemütlichen Spaziergang ein. Alte niederländische und chinesische Lagerhäuser säumen den Fluss voller Fischerboote. Der Strand entlang der Jl Samudera bietet einen traumhaften Blick auf den Sonnenuntergang.

Adityawarman Museum MUSEUM

(Jl Diponegoro; Eintritt 2500 Rp; Di–So 8–16 Uhr) Das Adityawarman-Museum wurde im traditionellen Minangkabau-Stil errichtet und liegt auf einem hübschen Gelände. Seine Ausstellungen bieten eine gründliche Einführung in den Alltag der Minangkabau. Da alle Ausstellungsstücke ausschließlich auf Bahasa Indonesia beschriftet sind, hilft ein bisschen Fantasie. Der Eingang befindet sich an der Jl Gereja.

Padang

Sehenswertes
1 Adityawarman Museum B2
2 Kolonialviertel C4

Aktivitäten, Kurse & Touren
3 Sumatran Surfariis C3

Schlafen
4 Brigitte's House B4
5 Golden Homestay A4
6 Yani's Homestay A3

Essen
7 Pagi Sore C3
8 Pak Tri's B3
9 Pondok Indah Jaya C3
10 Sari Raso C2
11 Simpang Raya B2

★ Regina Adventures TOUREN, SURFEN
(☎0751-781 0835, 0812 6774 5464; www.reginaadventures.com; 10-Tage-Surfpakete pro Pers. ab 450 US$) Elvis ist ein zuverlässiger regionaler Veranstalter und bietet Treks auf den Mentawai-Inseln an, Trips zum Danau Maninjau und nach Bukittinggi, außerdem das Besteigen des Gunung Merapi und Gunung Kerinci. Auf der Website stehen Infos über Surf-Trips nach Mentawai und Krui weiter im Süden (gutes Preis-Leistungs-Verhältnis).

Nando Sumatra Tours KULTUR-TOUR
(☎0812 6672 8800, 0852 6335 7645; www.nandosumatratour.com; Jl Tanjung Indah I blok E; 10-Tage-Mentawai-Treks pro Pers. ab 700 US$). Eine junge, aufstrebende Agentur, geführt vom freundlichen Nando. Er arrangiert sowohl zehntägige kulturelle Touren durch Mentawai als auch Touren durch den Norden und Westen Sumatras sowie Wanderungen um Danau Maninjau herum.

Schlafen

Brigitte's House HOMESTAY $
(☎0813 7425 7162; www.brigittehouse.blogspot.com; Jl Kampung Sebalah 1/14; B/EZ/DZ ab 95 000/100 000/230 000 Rp; ❄📶) Das Brigitte's bietet entspannt-heimeliges Ambiente, Backpacker chillen im Gemeinschaftsraum oder tauschen sich auf der Veranda aus. Das umliegende Wohnviertel ist ruhig und grün, zudem bekommen Gäste jede Menge Infos über Busse, Fähren und Ausflüge zu den Mentawai-Inseln, außerdem kann Brigitte beim Buchen helfen. Ihr anderes Haus, dessen Zimmer mit Klimaanlage ausgestattet sind, ist nur ein paar Schritte weit von diesem entfernt.

Yani's Homestay HOMESTAY $
(☎0852 6380 1686; yuliuz.caesar@gmail.com; B 80 000 Rp, Zi. 120 000–175 000 Rp, alle mit Frühstück; ❄📶) Diese zentrale Privatunterkunft, geführt vom freundlichen, jungen Besitzer Yuliuz, ist eine echte Backpacker-Absteige: Der Schlafsaal verfügt über eine Klimaanlage und die Zimmer über bunte Decken. Wer sein Bad nicht teilen will, sollte mehr Geld für das Standard-Doppelzimmer ausgeben. Gäste können sich Motorräder ausleihen (60 000 Rp pro Tag).

Golden Homestay HOMESTAY $
(☎0751-32616; Jl Nipah Berok 1B; Zi. 200 000–375 000 Rp; ❄📶) Hier gibt's gepflegte Schlafsäle und Privatzimmer, die nach klassischen Surfstränden in Sydney benannt sind. Das Angebot reicht von einem Bett im günstigeren Brontezimmer bis zu den teureren Zimmern Bondi und Manly mit eigenen Bädern.

Essen

Padang ist die Mutter der Küche, die sich in ganz Indonesien ausgebreitet hat. Am besten probiert man die einheimische Kochkunst in einem dieser berühmten Restaurants: **Pagi Sore** (Jl Pondok 143; Gerichte 9000 Rp; ⏲mittags & abends), **Sari Raso** (Jl Karya 3; Gerichte 10 000 Rp; ⏲mittags & abends) und **Simpang Raya** (Jl Bundo Kandung; Gerichte 8000 Rp; ⏲mittags & abends).

Jl Batang ist voller günstiger *warung*, die nachts zum Leben erwachen, während es Gourmets in die Jl Pondok und Jl HOS Cokroaminoto zieht. Saftstände stehen am Ende der Jl Hayam Wuruk herum. Günstige *sate*, gegrillten Fisch und Meeresfrüchte und ein paar kalte Bintangs gibt's bei Sonnenuntergang an den Strandbuden an der Jl Sumadera.

Pondok Indah Jaya INDONESISCH $
(Jl Niaga 138; Hauptgerichte ca. 40 000 Rp; ⏲mittags & abends) Dieser *warung* ist eine hervorragende Adresse für eine Einführung in die Padang-Küche: Zum Festmahl gehören scharfer Tofu, Rinder *rendang*, *ayam*-Sambal und Tempeh. Das Feuer im Mund löscht ein Saft von *sirsak* (Stachelannonen), Gurken oder Mangos.

★ Pak Tri's FISCH & MEERESFRÜCHTE $$
(Jl HOS Cokroaminoto 91; Hauptgerichte ab 50 000 Rp; ⏲17 Uhr–open end) Fisch und Tintenfisch werden über der Flamme auf den Punkt gegrillt und mit einer süß-scharfen Sambal-Soße serviert. Nachschub kommt jeden Nachmittag und umfasst verschiedenste Sorten Fisch mit Beilagen wie *kangkung* (Wasserspinat) und Auberginenvariationen. Einfach an den langen Tischen Platz nehmen. Ein Muss für jeden Padang-Besucher, gelegentlich liefern Straßenmusiker den Soundtrack dazu.

Praktische Informationen

Imigrasi Office (☎0751-444511; Jl Khatib Sulaiman; ⏲Mo–Fr 8–16 Uhr) In Padangs Imigrasi-Büro kann man Visa um 30 Tage verlängern. Es liegt mit *ojek* oder Taxi rund 5 km vom Zentrum entfernt.

Rumah Sakit Yos Sudarso (☎0751-33230; Jl Situjuh 1) Private Klinik.

Tourism Padang (☎0751-34186; Dinas Kebudayaan Dan Pariwisata, Jl Samudera 1; ⏲Mo–

MENTAWAI-INSELN

Die großartigen Surfbedingungen haben die Mentawai-Inseln auf die touristische Landkarte gebracht, denn nirgendwo sonst auf der Welt gibt's eine so hohe Dichte erstklassiger Surfspots in einem so kleinen Gebiet. Heute bringen Dutzende von Safaribooten das ganze Jahr über passionierte Wellenreiter von Padang zu den Inseln, und immer mehr Surfcamps bevölkern die führenden Spots. Surfen ist hier ganzjährig ein großes Geschäft, doch die Hauptsaison liegt zwischen April und Oktober. Wie viele indonesische Surfgebiete sind die Mentawai-Inseln nichts für Anfänger. Die Wellen, die an flachen Riffen brechen, sind meistens schnell, hohl, kraftvoll und gnadenlos – viele Spots eignen sich nicht einmal für etwas Geübtere.

Die beständigsten Wellen gibt's im **Playground**-Gebiet, aber während der Hochsaison wird es hier schnell ziemlich voll. **Bintang Surf Camp** (☎ 0812 6617 4454; Pulau Masokut; pro Pers. 400 000 Rp) ist die beste Wahl unter den Budgetunterkünften der Region, mit einfachen Strohdachhütten und Gemeinschaftszimmern.

Doch nicht nur Surfer kommen her, auch immer mehr wagemutige Ökotouristen überqueren die raue See, um den schlammigen Dschungel in diesem abgeschiedenen Archipel zu erkunden und Einblicke in die traditionelle Stammeskultur der Mentawai sowie die endemische Tier- und Pflanzenwelt zu gewinnen.

Wenn man mit einem öffentlichen Boot nach Siberut übersetzt und vor Ort einen Mentawai-Guide engagiert, kommt man nicht nur günstiger davon, sondern unterstützt auch die indigene Bevölkerung.

Was das Surfen betrifft, so arrangiert die überwältigende Mehrheit ihre Charterboote oder die Unterkunft in einem Surfcamp über einen Reiseveranstalter im Heimatland. Das ist ideal, wenn man nur zum Surfen herkommt. Dabei bleibt man allerdings immer in seiner kleinen Welt und dürfte außer der Bootscrew kaum Indonesiern begegnen. Wer genug Zeit hat, kann problemlos mit dem öffentlichen Boot zu den Inseln fahren und Boot und Unterkunft in einem der einfachen und preiswerten *losmen*, die sich in der Nähe vieler Surfspots befinden, organisieren.

An- & Weiterreise

Seit der Einführung der Schnellboote mit 200 Plätzen sind die Mentawai-Inseln wesentlich einfacher zu erreichen: **Mentawai Fast** (☎ 0751-893 489; mentawaifast@gmail.com; eine Strecke 295 000 Rp, Surfboard 230 000 Rp). Fähren für die Strecke von Sumatras Hauptinsel über Nacht zu den Inseln legen am Teluk-Kabang-Hafen in Bungus ab, etwa 20 km südlich von Padang; je nach Seegang dauert die Fahrt zwischen 10 und 12 Stunden.

Fähren von Padang schließen **Ambu Ambu** und **Gambolo** ein. Die Fahrkarten kosten zwischen 50 000 Rp und 180 000 Rp, je nach Klasse und Strecke. Tickets können bei vielen surferfreundlichen Homestays gebucht werden oder bei Tour-Agenturen (s. S. 182) wie **Sumatran Surfariis** (☎ 0751-34878; www.sumatransurfariis.com; Komplek Pondok Indah B 12, Parak Gadang).

Fr 7.30–16, Sa & So 8–16 Uhr) Stadtpläne und einige wenige englischsprachige Broschüren über die Region.

ℹ An- & Weiterreise

FLUGZEUG

Padangs Flughafen, **Bandara Internasional Minangkabau** (BIM; www.minangkabau-airport.co.id; Jl Adinegoro), liegt 20 km nördlich der Stadt.

BUS

Tranex-Busse (☎ 0751-705 8577) starten am Nordrand der Stadt vor dem Wisma-Indah-Gebäude nach Bukittinggi (20 000 Rp, 3 Std.). Das kostet zwar nur halb so viel wie ein Minibus, der einen abholt und zum Ziel bringt, heißt aber auch, dass man irgendein weißes *angkot* (3000 Rp) Richtung Norden auf der Jl Permuda (nach „Tranex" oder „Wismah Indah" fragen) erwischen muss, um dann am Busbahnhof von Bukittinggi, der kilometerweit vom Zentrum entfernt ist, eine weitere Fahrtmöglichkeit zu finden. Letzten Endes hat man viel Stress und spart wenig Geld.

Die für Traveller wichtigsten Minibusse fahren an der Jl Jhoni Anwar ab. **Putra Mandau** (☎ 0751-782 2218; Jl Jhoni Anwar) verbindet Padang mit Dumai, wenn man, von Malaysia oder Singapur kommend, nach Sumatra hin/zurück will.

ABSTECHER

PASOLA – DIE SCHLACHTEN VON SUMBA

Wer im Februar oder März durch Nusa Tenggara reist, sollte sich das Pasola-Festival auf Sumba nicht entgehen lassen. Dann tragen mit Speeren bewaffnete Reiter aufregende und oftmals auch brutale „Spaßkämpfe" aus. Durch das Blutvergießen sollen die Geister besänftigt und die Harmonie wiederhergestellt werden. Zum Glück verwendet man seit ein paar Jahrzehnten stumpfe Speere, damit das „Spiel" nicht tödlich ausgeht. Das Fest beginnt, sobald der *nyale* (ein wurmähnlicher Fisch) an den Strand gespült wird. Zugleich läutet dieses Ereignis die Pflanzzeit ein.

Im Februar wird Pasola in der Kodi-Region (um Kampung Tosi herum) und in der Lemboya-Region (Kampung Sodan) gefeiert, im März in der Wanokaka-Region (Kampung Waigalli) und der entlegenen Gaura-Region, westlich von Lamboya (Kampung Ubu Olehka). Genaue Termine sind erst zwei Wochen vor Pasola bekannt. Bei Guides und Hotels in Waikabubak und Tambolaka nachfragen oder bei Edwin Lerrick, dem Experten für Ost-NTT im Lavalon (S. 173) in Kupang.

Unterwegs vor Ort

Flughafentaxis kosten etwa 150 000 Rp, wenn man vom Flughafen wegkommen, aber 300 000 Rp, wenn man zum Flughafen fahren will. Wer nur mit leichtem Gepäck reist, sollte das Flughafengelände verlassen und sich ein *ojek* zur Stadtmitte von Padang nehmen. Weiße **Damri** (☎ 0751-780 6335), Busse, die den Nahverkehr in Padang bedienen, sind eine günstigere Alternative, allerdings gibt es keine deutlich ausgewiesenen Haltestellen und der Fahrplan ist unregelmäßig.

Bukittinggi

☎ 0752 / 112 000 EW.

Frühmorgens und an klaren Tagen ist die Marktstadt Bukittinggi über dem nebligen Tal gut zu erkennen. Drei Wachposten umgeben sie: der Feuer speiende Merapi, der ungefährliche Singgalang und der weit entfernte Sago. Felder auf nährstoffreicher Vulkanerde reifen in der Sonne, Frösche quaken in Reisfeldern, *bendis* (Pferdewagen für zwei) bringen ihre Waren zum *pasa* (Markt) und der Ruf des Muezzins schallt durch die Stadt. Bis 9 Uhr spürt man nichts vom modernen Leben, doch dann kommt der Verkehr in Gang: Schnell gibt's rund um den Busbahnhof einen kilometerlangen Stau und die Luft wird von Dieselschwaden geschwängert. Viele Moscheen trotzen den Fahrzeugen, indem sie ihre Lautsprecher auf volle Lautstärke stellen.

Das moderne Bukittinggi ist eine Stadt der Missverhältnisse, einerseits von der Natur gesegnet– üppig grün, fruchtbar und lebendig – und auf 930 m Höhe mit einem herrlichen gemäßigten Klima; andererseits erstickt es an Menschen.

Die Stadt (nach den drei Gipfeln auch Tri Arga genannt) hat eine abwechslungsreiche Geschichte: Sie wurde abwechselnd von islamischen Reformisten, niederländischen Kolonialisten, japanischen Invasoren und Sumatra-Saperatisten beherrscht. Eine gute Basis, um sich das Harau-Tal und Danau Maninjau anzusehen.

Sehenswertes & Aktivitäten

In Bukittinggi lassen sich viele verschiedene Touren arrangieren, vor allem in den Kategorien Kultur oder Natur. Sie reichen von halbtägigen Ausflügen durch die umliegenden Dörfer über Abstecher in den Dschungel zu den weltweit größten (und geruchsintensivsten) Blumen Rafflesia arnoldii und Amorphophallus titanium bis zu anspruchsvolleren Unternehmungen wie dreitägigen Dschungeltreks zum Danau Maninjau und Trips mit Übernachtung auf den Gunung Merapi.

Guides trifft man in allen Cafés. Am besten informiert man sich vorher, was man für welchen Betrag erwarten kann. Wer alleine unterwegs ist, sollte jemanden darüber informieren, mit welchem Guide er loszieht. Ganztägige Touren gibt's ab etwa 250 000 Rp. **Roni's Tour & Travel** (☎ 0812 675 0688; www.ronistours.com; Orchid Hotel, Jl Teuku Umar) ist ein guter Anbieter.

Taman Panorama AUSSICHTSPUNKT

(Panorama Park; Jl Panorama; Eintritt 10 000 Rp) Vom Taman-Panorama am Südrand der Stadt blickt man auf die tiefe **Ngarai Sianok** (Sianok-Schlucht), wo bei Sonnenuntergang Fledermäuse durch die Luft schwirren. Freundliche Guides bieten geführte Touren durch die **Gua Jepang** (Japanischen Höhlen) an, von japanischen Zwangsarbeitern erbaute Verteidigungstunnel aus Kriegszeiten. Wer sich dafür interessiert, sollte den Preis unbedingt im Voraus aushandeln (ca. 30 000 Rp). Ein weiterer Weg (und zusätzlicher Eintritt) verschafft einem Zugang zur **Koto Gadang** (Großen Mauer), einer kitschigen Chinesischen Mauer im Miniatur-Format.

Schlafen

In vielen Hotels ist ein schlichtes Frühstück inbegriffen. Während der Ferienzeit sind die Unterkünfte schnell mit indonesischen Besuchern ausgebucht. Wegen der gemäßigten Temperaturen in Bukittinggi ist Warmwasser wichtiger als eine Klimaanlage.

★ Hello Guesthouse PENSION $
(☎ 0752-21542; helloguesthouse12@gmail.com; Jl Teuku Umar 6b; B/EZ/DZ ab 75 000/120 000/150 000 Rp; 📶) Dieses hervorragende neue Gästehaus mit hellen und modernen Zimmern wird von der fürsorglichen Ling geführt, die weiß, was Budgetreisende wollen. Sie gibt gern Stadtpläne aus, hat Infos über alles Sehenswerte in der Stadt und ihr Haus vorausschauend mit bequemen Matratzen und Ohrenstöpseln ausgestattet, um der Nähe zur Moschee etwas entgegenzusetzen. Die geräumigen Luxuszimmer haben einen Balkon.

★ Rajawali Homestay HOMESTAY $
(☎ 0752-31905; ulrich.rudolph@web.de; Jl Ahmad Yani 152; Zi. 80 000 Rp) Die freundliche Unterkunft mitten im Zentrum verfügt über acht einfache, aber gemütliche Zimmer mit indonesischem Bad. Der unverwüstliche Besitzer Ulrich weiß eine Menge über die Gegend, außerdem kann er detaillierte Wanderungen und Motorradtouren rund um Bukittinggi empfehlen, unterstützt durch hervorragende GPS-Karten. Die Dachterrasse lädt zu einem Bier bei Sonnenuntergang mit Blick auf vorbeiflatternde Fledermausschwärme ein.

Orchid Hotel HOTEL $
(☎ 0752-32634; roni_orchid@hotmail.com; Jl Teuku Umar 11; Zi. 120 000–150 000 Rp; 📶) Beliebtes Backpacker-Hotel und der Startpunkt, wenn man Touren und Aktivitäten mit Roni's Tour & Travel (S. 185) arrangieren will, die von vielen sehr empfohlen werden. Seine Zimmer könnten allerdings ein bisschen neue Farbe vertragen.

Essen & Ausgehen

Bukittinggi ist schon seit Langem der Ort in Westsumatra, wo sich müde Reisende bei herrlich schwach gewürztem westlichem Essen von der Überdosis Chili erholen können.

Abends öffnen *sate*-Stände an der Westseite des Platzes, in den Zelten an der Jl Ahmad Yani gibt's *mie* (Nudeln) und *nasi goreng* (gebratenen Reis), *abak mesir* (gefüllte Pfannkuchen) und *roti cane* (Fladenbrot).

★ Waroeng Jalal Spesifik Sambal INDONESISCH $
(Jl Kesehatan; Hauptgerichte 6000–20 000 Rp; ⏲ mittags & abends; 📶 🖉) Wer es scharf mag, ist in diesem schattigen Garten-*warung*, das sich hauptsächlich auf Sambal-Gerichte spezialisiert hat, genau richtig. Tintenfisch, Garnelen, Hühnchen, Tofu, Tempeh und Auberginen werden in einer reichhaltigen, feurigen Chilisoße gekocht, *kangkung* (Wasserspinat) gibt's als milde Beilage. Das Bier ist wahrscheinlich das kälteste in ganz Bukittinggi. Früh herkommen, sonst sind die beliebtesten Gerichte weg.

Simpang Raya INDONESISCH $
(Jl Minangkabau; Hauptgerichte ca. 50 000 Rp; ⏲ mittags & abends) Der beste Laden in der Stadt, um die berühmte Padang-Küche zu probieren – scharfe, aromatische Gerichte, darunter ein besonders köstlicher *rendang* (Rindfleisch-Kokoscurry).

Ramadan-Markt MARKT $
(Jl Cinduo Mato; Gerichte ab 10 000 Rp; ⏲ 8–18 Uhr) Während des Ramadan-Monats verwandelt sich dieser Parkplatz in einen Mahlstrom kulinarischer Aktivität: An Dutzenden Ständen wird aus Zuckerrohr Saft gepresst, *rendang* gekocht, raffinierte Desserts werden zubereitet und alles Mögliche wird zu arterienschädlichen Köstlichkeiten frittiert. Einheimische kaufen tagsüber hier ein, um auf das Fastenbrechen abends vorbereitet zu sein. Ein fantastischer Ort, um regionale Spezialitäten zu probieren.

Unterhaltung

Gedung Medan Nan Balinduang TANZ
(Jl Lenggogeni; Tickets 50 000 Rp; ⏲ 20.30 Uhr) Gedung Medan Nan Balinduang zeigt Tänze auf Minangkabau-Art. In der Touristeninformation erfährt man mehr über das aktuelle Programm.

Praktische Informationen

Banken mit Geldautomaten und Wechselstuben befinden sich an der Jl Ahmad Yani. Dort findet man ebenfalls Dutzende Reisebüros und andere Dienstleistungen.

Bukittinggi

An- & Weiterreise

Den chaotischen Busbahnhof Aur Kuning 3 km südlich der Stadt erreicht man mit einem *angkot* (3000 Rp). Als Ziel einfach „Terminal" angeben. Wer bei der Ankunft Richtung Bukittinggi-Stadtmitte will, sollte nach „Kampung China" fragen.

Am Hauptterminal des Busbahnhofs fahren einige Busse ab, aber nicht alle. Minibusse nach Sibolga starten von den Büros an der Jl Veteran, genau wie die Minibusse nach Parapat; im Voraus reservierte Minibusse, die Fahrgäste abholen und vor der Tür in Padang absetzen, sind bequemer, als am Bussteig auf einen Bus zu warten. Viele Unterkünfte geben Auskunft über den besten Weg und helfen dabei, eine Fahrt zu buchen.

Am besten kommt man nach Dumai zu den Fähren nach Melaka und Kuala Lumpur in Malaysia mit **BWE Travel** (☎ 0752-625140, 0752-625139; Jl Pemuda 81). Minibusse fahren jeden Abend um 20 Uhr in Bukittinggi ab, die Zeiten sind mit den Fähren von Dumai nach Melaka abgestimmt. Reservierung erforderlich.

Unterwegs vor Ort

Für *angkot* zahlt man 3000 Rp, *bendi*-Fahrten gibt's ab 20 000 Rp, hartes Feilschen lohnt sich. Ein *ojek* vom Busbahnhof zu den Hotels kostet 15 000 Rp, ein Taxi 30 000 Rp. Bustransfers direkt zum Flughafen von Padang kann man bei jedem Reisebüro für 55 000 Rp organisieren.

Bukittinggi

Sehenswertes
1 Gua Jepang ... A5
2 Taman Panorama ... A5

Aktivitäten, Kurse & Touren
Roni's Tour & Travel ... (siehe 4)

Schlafen
3 Hello Guesthouse ... B3
4 Orchid Hotel ... B3
5 Rajawali Homestay ... C1

Essen
6 Ramadan-Markt ... D3
7 Simpang Raya ... C3
8 Waroeng Jalal Spesifik Sambal ... C1

Unterhaltung
9 Gedung Medan Nan Balinduang ... C4

Motorräder mietet man bei **Glory Rentals** (Tilal Bookshop, Jl Ahmad Yani; pro Tag 60 000 Rp) oder erkundigt sich in der Unterkunft.

Danau Maninjau

0752

Schon der erste Blick auf diesen perfekt runden Vulkansee verschlägt Besuchern den Atem, wenn sie unterwegs nach unten zum Seeufer über den Rand der Caldera schlingern und es auf die erste der 44 (durchnummerierten!) Haarnadelkurven zugeht.

An der Kreuzung der Überlandstraße von Bukittinggi und der Straße zum See mitten im Dorf Maninjau geht's los. Ganz egal, ob man nach rechts oder links fährt, nach 60 km ist man wieder genau hier. Der See ist 17 km lang, 8 km breit und liegt 460 m über dem Meeresspiegel. Die meisten interessanten Orte finden sich Richtung Norden, entlang der Straße nach Bayur und darüber hinaus. Wer mit dem Bus anreist, sollte dem Fahrer die Unterkunft mitteilen, dann hält er genau da.

Aktivitäten

Hauptattraktionen sind hier das **Kanufahren** auf dem und das **Schwimmen** im See, der von unterirdischen heißen Quellen gewärmt wird, es gibt aber auch noch jede Menge anderes zu tun.

Die Caldera ist von Regenwäldern bedeckt, in denen sich Wasserfälle und traditionelle Dörfer verstecken, ein echter Traum für jeden Wanderer. Entweder von Bayur aus bis zum Rand **wandern** oder ein bisschen schummeln und den Bus bergaufwärts bis Matur nehmen, dann über den Aussichtspunkt bei **Puncak Lawang** zurücklaufen. Auf der Karte im Beach Guest House gibt es mehr gute Infos für Treks.

Mit dem Motorrad dauert die Rundfahrt um den See etwa drei Stunden.

Schlafen & Essen

Die meisten Unterkünfte und Restaurants liegen mit Blick auf eine Fischfarm. Es gibt ein paar Hotels, günstige *losmen* und Restaurants zwischen Maninjau und Bayur. Außerhalb von Maninjau sind viele *losmen* über Pfade zwischen Reisfeldern erreichbar, dafür auf Schilder an der Straße achten.

★ **Beach Guest House** PENSION $
(0752-861799, 0813 6379 7005; www.beachguesthousemaninjau.com; Jl Raya Maninjau; B 40 000 Rp, Zi. 75 000–150 000 Rp;) Das hier ist die wahre Backpackerzentrale am Danau Maninjau. Die freundlichen, energiegeladenen Besitzer organisieren Ausflüge, von Fahrrad- oder Motorradtouren rund um den See bis hin zu 7-stündigen Wanderungen durch die Caldera. Es gibt Betten im Schlafsaal, außerdem eine Reihe von Zimmern, die besten liegen am See und haben Duschen mit Warmwasser.

Muaro Beach Bungalows BUNGALOWS $
(0813 3924 0042, 0752-61189; neni967@yahoo.com; Jl Muaro Pisang 53; Zi. 80 000–120 000 Rp;) Hinter einem Labyrinth aus Fußwegen, rund 300 m nordwestlich der Hauptkreuzung, bieten die Strandbungalows das beste Preis-Leistungs-Verhältnis in Maninjau. Am Strand ist (fast) nichts von Aquakultur und Fischfarmen zu sehen, das gute Restaurant bedient auch Nichtgäste, und zum Angebot gehören Touren und Aktivitäten in der Gegend.

BUSSE AB BUKITTINGGI

ZIEL	PREIS (RP)	FAHRTZEIT (STD.)
Medan	160 000–200 000	20
Parapat	180 000–200 000	16
Sibolga	110 000–150 000	12

Arlen Nova's Paradise BUNGALOWS $
(☎ 0853 7475 9288; www.nova-maninjau.id.or.id; Sungai-Rangeh; Zi. 175 000 Rp) Der Weg zu diesen fünf einfachen, von Passionsfruchtpflanzen umrankten Bungalows an einem privaten Strand führt durch Reisfelder (5,5 km nördlich von Maninjau), ohne einen einzigen Fischteich in Sicht. Die Lage ist wundervoll und im Restaurant streichen eine Menge netter Katzen herum, aber die Unterkünfte könnten ein wenig Pflege vertragen.

Anreise & Unterwegs vor Ort

Zwischen Maninjau und Bukittinggi fahren stündlich Busse (20 000 Rp, 1¾ Std.). Taxis ab Bukittinggi fangen bei 160 000 Rp an.

Mountainbikes (45 000 Rp pro Tag), Motorräder (100 000 Rp pro Tag) und Kanus (40 000 Rp pro Tag) leiht man sich am besten bei **PT Kesuma Tour & Travel** (☎ 0752-61422, 0812 669 9661; www.sumatratravelling.com; Jl Panurunan Air Hangat) oder **Waterfront Zalino** (☎ 0815 3541 1074).

Minibusse (3000 Rp) fahren bei Tageslicht um den See. Ein *ojek* von der Kreuzung bis Bayur kostet etwa 10 000 Rp.

Danau Toba

☎ 0625

Über die atemberaubende Schönheit des Danau Toba, an dem die lebenslustigen, den christlichen Glauben praktizierenden Batak leben, gibt's keine Zweifel. Der 1707 km² große und 450 m tiefe See füllt den Krater eines erloschenen Vulkans. Reisfelder schmiegen sich an die Hänge der umgebenden Berge und Wasserfälle stürzen in die Tiefe. Wer mit dem Bus nach Parapat reist, wird kurz vor der Ankunft nicht nur die blassblaue Farbe des Wassers, sondern mitten im See auch die Pulau Samosir bestaunen können. Die Insel von der Größe Singapurs betört mit ihrer herrlichen Vegetation und der relaxten Atmosphäre. Wenn Nebel aufzieht und der Horizont verschwimmt, scheinen Wasser und Himmel ineinander überzugehen. Zum Klima, der Landschaft, den Sehenswürdigkeiten und den freundlichen Einwohnern kommen noch tolles Essen und ein beeindruckendes Angebot an günstigen Unterkünften – kein Wunder, dass der Toba-See der Backpackertreff Sumatras schlechthin ist.

Parapat

Parapat ist der Ausgangspunkt auf dem Festland für Fahrten zum Danau Toba. Es hat alles zu bieten, was sich Touristen auf der Durchreise wünschen: Verkehrsmittel, Unterkünfte und Läden. Allerdings gibt's keinen Grund, hier zu übernachten, es sei denn, man ist zu spät dran, um noch ein Boot nach Tuk Tuk zu erwischen.

Das Geschäftsviertel der Stadt liegt an der Schnellstraße, die über die Insel führt (Jl SM Raja). An der Jl Pulau Samosir, die Richtung Südwesten zum Pier abzweigt, befinden sich die meisten Hotels des Ortes, ebenso Banken, Geldautomaten und jede Menge Restaurants. Fast alle Busse sammeln ihre Fahrgäste bei den Reisevermittlern an der Schnellstraße oder am Pier ein bzw. lassen sie dort aussteigen.

An- & Weiterreise

PT Bagus Holiday (☎ 0812 8083 8222, 0625-41747) ist einer von mehreren Anbietern neben dem Fähranleger, die Touristen-Minibusse und Autotransfers zu den beliebtesten Zielen organisieren. Touristen-Minibusse fahren nach Berastagi (150 000 Rp, 4 Std.), Bukittinggi (180 000 Rp, 16 Std.), Bukit Lawang (230 000 Rp, 6 Std.), Medan (80 000–100 000 Rp, 4 Std.), Padang (285 000, 18 Std.) und Sibolga (100 000 Rp, 6 Std.).

Pulau Samosir

Auf Pulau Samosir kann man prima wandern, schwimmen sowie in heißen Quellen baden, traditionelle Batak-Dörfer erkunden, feiern oder einfach nur entspannen und dabei ein paar interessante Einheimische kennenlernen. Die „Insel" vulkanischen Ursprungs ist durch einen schmalen Isthmus mit dem Festland verbunden. Während die Fähre die 8 km nach Samosir zurücklegt, kann man seine auf der Busfahrt durchgerüttelten und eingequetschten Gliedmaßen strecken. Der Ferienort **Tuk Tuk** wartet mit einer idyllischen Atmosphäre und sehr günstigen Preisen auf.

Sehenswertes

Grab von König Sidabutar HISTORISCHE STÄTTE
(Eintritt nach Spende; ⏲ Sonnenaufgang–Sonnenuntergang) Der Batak-König, der zum Christentum konvertierte, liegt in Tomok begraben, einem Dorf 5 km südöstlich von Tuk Tuk. Auf dem Grabstein sind drei Bilder eingeritzt: der König, sein Leibwächter und Anteng Melila Senega, die Frau, in die Sidabutar viele Jahre unglücklich verliebt gewesen sein soll. Das Grab schmücken zudem Schnitzarbeiten von *singa*, mythischen Kreaturen mit grotes-

ken dreigehörnten Köpfen und hervortretenden Augen. Ein kleiner, brauner Wegweiser kurz nach Tomok führt Besucher hierher.

Steinstühle HISTORISCHE STÄTTE

(Eintritt nach Spende, Guide 20 000 Rp; ⏲ 8–18 Uhr) Im Dorf Ambarita, ca. 5 km nördlich der Tuk-Tuk-Halbinsel, befindet sich eine Gruppe 300 Jahre alter steinerner Stühle. Hier besprachen die Dorfältesten einst wichtige Angelegenheiten und machten Übeltätern den Prozess. Offenbar wurden diese anschließend zu einer weiteren Gruppe von steinernen Möbeln geführt, wo die Verurteilten gefesselt, mit Augenbinden versehen, ihre Haut eingeritzt, mit Knoblauch und Chili eingerieben und schließlich geköpft wurden.

Zahlreichen Gerüchten zufolge soll diese Geschichte jedoch lediglich das Ergebnis einer überreizten Fantasie sein, angeblich sind die Stühle auch nur 60 Jahre alt. Auf dem Gelände ist außerdem eine traditionelle Batak-Küche zu sehen.

Museum Huta Bolon Simanindo MUSEUM

(Eintritt 50 000 Rp; ⏲ 10–17 Uhr) Im Dorf Simanindo an der Nordspitze von Samosir, 15 km nördlich von Tuk Tuk, steht ein wunderschön restauriertes, traditionelles Haus. Heute wird es als Museum genutzt, früher war es das Zuhause des Batak-Königs Rajah Simalungun und seiner 14 Frauen. Das Dach war ursprünglich mit 10 Büffelhörnern verziert, Symbol für die zehn Generationen der Dynastie. Das Museum hat eine kleine, interessante Sammlung von Messing-Kochgeschirr, Waffen, Mula-Jadi-Skulpturen und Batak-Schnitzereien.

Montags bis samstags werden, allerdings etwas lustlos, um 10.30 Uhr traditionelle Batak-Tänze aufgeführt, wenn genug Zuschauer da sind, das Publikum wird nachdrücklich zur Teilnahme aufgefordert.

Schlafen

Die besten Unterkünfte finden sich an der Nord- und der Südküste, wo kleine Gästehäuser inmitten des Dorfgeschehens stehen: Hier trocknen die Einwohner ihre Wäsche auf den Felsen und plauschen mit den Nachbarn.

Liberta Homestay PENSION $

(☎ 0625-451035; liberta_homestay@yahoo.com.co.id; Zi. ohne Bad 50 000 Rp, mit Bad 70 000–90 000 Rp; 📶) Zwar ist die Sicht auf den See eingeschränkt, dafür sind der zum Faulenzen einladende Garten und die künstlerisch gestalteten traditionellen Batak-Häuser eine echte Oase der Entspannung. Die Balkone und niedrigen Türen erinnern an eine chinesische Dschunke (oder ein Hobbithaus). Der allseits beliebte Besitzer Herr Moon gibt viele Reisetipps.

Merlyn Guesthouse PENSION $

(☎ 0625-451057, 0813 6116 9130; Rio@merlynguesthouse.com; Zi. 80 000–90 000 Rp; 📶) Direkt am See haben die Gäste in dieser deutsch-indonesischen Pension die Wahl zwischen traditionellen Batak-Häusern aus Holz mit winzigen Türen und Gemeinschaftsbädern sowie modernen Zimmern in sonnigen Farben mit Warmwasser.

Harriara Guesthouse PENSION $

(☎ 0625-451183; http://hariara-guesthouse.webs.com; Tuk Tuk; Zi. 150 000 Rp; 📶) Dieses Gästehaus hat eine erstklassige Lage am See, üppige Gärten mit tropischen Blumen und blitzsaubere Zimmer mit Moskitonetzen und Veranden mit Blick auf den See, von denen aus man auch gut schwimmen gehen kann. Wenn die Rezeption nicht besetzt ist, einfach in den nahe gelegenen Restaurants fragen.

Romlan Guesthouse PENSION $

(☎ 0625-451386; www.romlantuktuk.com; Tuk Tuk; Zi. 80 000–150 000 Rp; ❄📶) Eine deutsch-indonesische Familie führt dieses Haus am See. Es war eine der ersten Herbergen in Tuk Tuk und läuft immer noch gut. Zur Auswahl stehen ein Zimmer im westlichen Stil mit Warmwasserdusche und Veranda, zwei traditionelle Batak-Häuser oder günstige Budgeträume.

Essen

Abends bekommt man in den meisten Gästehäusern Essen und ein Unterhaltungsprogramm geboten. Viele Restaurants servieren gegrillten Karpfen (größtenteils von Fischfarmen), eine typische Batak-Spezialität. Auf den Karten stehen häufig „magic" oder „special" Omeletts. Die darin enthaltenen Pilze sind nicht von der Sorte, die es im örtlichen Supermarkt gibt.

★ **Jenny's Restaurant** INTERNATIONAL $

(Tuk Tuk; Hauptgerichte 26 000–55 000 Rp; ⏲ 17–22 Uhr) Auf der Karte stehen zwar viele verschiedene Angebote, doch eigentlich ist hier nur ein Gericht angesagt: Fisch aus dem See, der direkt vor der Nase des Gasts gegrillt wird, mit Pommes und Salat. Der Obstpfannkuchen ergibt ein prima Dessert. Wir haben auf Sumatra nur wenig gegessen, was uns besser geschmeckt hat.

Danau Toba

Danau Toba

Schlafen

1 Bagus Bay Homestay C2
2 Harriara Guesthouse D1
3 Liberta Homestay C2
4 Merlyn Guesthouse D1
Romlan Guesthouse .... (siehe 4)
5 Samosir Cottages C1
6 Tabo Cottages C2

Essen

7 Jenny's Restaurant C1
8 Juwita Café D2
Today's Café .... (siehe 8)

Ausgehen & Nachtleben

9 Brando's Blues Bar C1

Juwita Café INDONESISCH $
(Hauptgerichte 25 000–46 000 Rp; mittags & abends) Dieses gemütliche Familienrestaurant bietet extrem gute Batak-Küche und andere indonesische Gerichte. Besonders lecker ist das Auberginen-Sambal. Die freundliche Matriarchin Heddy gibt auch Kochkurse: In drei Stunden lernt man die Zubereitung von Gerichten mit Huhn, Fisch und Gemüse, dazu ein Nachtisch. Einen Tag im Voraus buchen.

Today's Café INTERNATIONAL $
(Tuk Tuk; Hauptgerichte 30 000–50 000 Rp; Frühstück, mittags & abends;) In der kleinen Holzhütte herrscht die entspannte Atmosphäre, die für Tuk Tuk typisch ist. Sie wird von ein paar freundlichen Damen geführt, die fabelhafte, vielseitige Gerichte zaubern, so wie *sak sang* (Schweinehack mit brauner Kokossoße und jeder Menge Gewürzen), Auberginencurry und Chapatis mit Guacamole.

Ausgehen & Unterhaltung

An vielen Abenden liegen Musik und gute Stimmung mit einer Art Zusammengehörigkeitsgefühl in der Luft, wie man es eigentlich nur in kleinen Orten erlebt. Die Toba-Bataks sind extrem musikalisch und jederzeit kann aus irgendeiner Ecke plötzlich Chorgesang kommen. Partyanlässe sind z. B. Hochzeiten, ein neuer Anbau auf ein Haus oder die Rückkehr eines Toba-Auswanderers. Einladungen werden schnell ausgesprochen und sollten freundlich angenommen werden.

Bagus Bay Homestay (☎0625-451287; www.bagusbay.com; Tuk Tuk; EZ/DZ ohne Bad 30 000/40 000 Rp, DZ 100 000–175 000 Rp; @ 📶) und **Samosir Cottages** (☎0625-451170; www.samosircottages.com; Tuk Tuk; Zi. 100 000–425 000 Rp; @ 📶 🏊) bieten mittwochs und samstags um 20.15 Uhr traditionelle Batak-Musik- und Tanzvorführungen.

Brando's Blues Bar BAR
(☎0625-451084; Tuk Tuk; ⏲18 Uhr–open end) Zwischen den Cafés vor Ort gibt's ein paar Bars wie diese, deren Klientel vorwiegend aus Ausländern besteht und in denen am Wochenende immer etwas los ist. Die Happy Hour ist zu einer zivilisierten Zeit (18–22 Uhr) und zu den Reggae- und Housesets kann man sich auf der kleinen Tanzfläche vergnügen.

ℹ An- & Weiterreise

BUS

Wer Berastagi von Samosir aus erreichen will, muss einen Bus von Tomok nach Pangururan (16 000 Rp, 45 Min.) nehmen. Dort steigt man in einen anderen Bus Richtung Berastagi (48 000 Rp, 3 Std.). Dieser fährt über Sidikalang. Viele Gästehäuser und Reisebüros können die teureren Minibus-Fahrkarten nach Parapat im Voraus buchen.

SCHIFF/FÄHRE

Fähren von Parapat nach Tuk Tuk (15 000 Rp, 11-mal tgl.) verkehren etwa stündlich zwischen 8.30 und 19 Uhr. Sie halten am Bagus Bay (35 Min.), an anderen Stellen nur auf Nachfrage. Die erste Fähre verlässt Tuk Tuk etwa um 7, die letzte ungefähr um 17.30 Uhr, genaue Zeiten bei der Unterkunft erfragen. Wer Parapat zum Ziel hat, winkt an der Anlegestelle seines Hotels ein Boot herbei. Täglich befördern 14 Fähren von 7 bis 19 Uhr Passagiere und Motorräder zwischen Parapat und Tomok (10 000 Rp).

ℹ Unterwegs vor Ort

Das Linienbusnetz deckt ganz Samosir außer Tuk Tuk ab. Die ruhigen, allgemein sehr ordentlichen (wenn auch engen) Straßen der Insel können gut mit Motorrädern (80 000–100 000 Rp pro Tag) oder mit dem Fahrrad (30 000 Rp pro Tag) befahren werden, beides einfach zu leihen in Tuk Tuk. Minibusse verkehren bis 17 Uhr zwischen Tomok und Ambarita (5000 Rp) und weiter nach Simanindo (10 000 Rp) und Pangururan (15 000 Rp), einfach an der Hauptstraße durch Winken anhalten.

Berastagi

☎0628 / 43 000 EW.

Um der höllischen Hitze Medans zu entfliehen, kletterten niederländische Kolonialhändler hoch in die saftigen kühlen Vulkanhügel, blickten hinab auf die üppige hügelige Landschaft und entschieden sich, ihr Lager hier aufzuschlagen und einen ländlichen Zufluchtsort zu erbauen – genau da, wo das heutige Berastagi (auch Brastagi) liegt.

Hinter der Stadt erstrecken sich die grünen Felder des Karo-Hochlands, das von zwei Vulkanen beherrscht wird: dem Gunung Sinabung im Westen und dem rauchenden Gunung Sibayak (2094 m) im Norden. Beide sind einen Tagesmarsch entfernt und die beiden am besten erreichbaren Vulkane Sumatras sowie der Hauptgrund für Touristen, aus dem Bus auszusteigen.

Sehenswertes & Aktivitäten

★ **Gunung Sibayak** VULKAN
(Guide auf den Wegen 400 000 Rp, durch den Dschungel 650 000 Rp) Der Gunung Sibayak ist mit 2094 m einer der am besten zugänglichen Vulkane Indonesiens. Es gibt drei Wege, um den Aufstieg anzugehen, abhängig von der eigenen Fitness. Ein Guide ist nur notwendig, wenn man sich für die Route durch den Dschungel entscheidet, doch auch wenn man allein loszieht, ist es eine gute Idee, einen Guide mitzunehmen. Die Wanderung kann in fünf Stunden hin und zurück geschafft werden, der Start sollte so früh wie möglich sein.

VERWÖHNPROGRAMM

Tabo Cottages (☎0625-451318; www.tabocottages.com; Zi. 350 000–390 000 Rp, Hütte 500 000–950 000 Rp; ❄ @ 📶), die schickste Unterkunft auf der Insel, werden von Deutschen geführt und stehen direkt am See. Die schönen traditionellen Batak-Häuser haben große Bäder und Hängematten, die auf der Terrasse im Wind schaukeln. Auch die selbst gebackenen Kuchen sind erwähnenswert.

Berastagi

Lingga DORF

(Eintritt 4000 Rp) Das bekannteste und meistbesuchte Dorf in der Gegend von Berastagi ist Lingga, ein paar Kilometer nordwestlich von Kabanjahe. Hier steht ein halbes Dutzend traditioneller Häuser mit den typischen Strohdächern, gekrönt von Rinderhörnern. Hierher fährt ein gelber KT Minibus von Berastagi (7000 Rp, 45 Min.). Einige fahren nur bis Kabanjahe, also erst nachschauen, ob man vielleicht umsteigen muss.

Schlafen & Essen

Jalan Veteran ist ziemlich verkehrsreich und Zimmer an der Hauptstraße können recht laut sein. Aber die Unterkünfte in Berastagi lassen ohnehin einiges zu wünschen übrig – mit einer bemerkenswerten Ausnahme.

Die fruchtbare Vulkanerde der ländlichen Umgebung liefert einen Großteil von Nord-Sumatras Erträgen für Berastagis bunte **Obst- und Gemüsemärkten**. Eine regionale Spezialität ist die Passionsfrucht, ebenso *marquisa Bandung* (eine große, süße Frucht mit gelber Schale). Der Saft der *marquisa asam manis* (eine violette Frucht) ist köstlich.

Guesthouse Talitha HOMESTAY $

(☎0813 7066 4252; Jl Kolam Renang 60B; Zi. mit Frühstück 100 000–150 000 Rp;) Dieses ruhige, familiengeführte Gästehaus liegt 15 Minuten zu Fuß nördlich des Zentrums. Seine Zimmer könnten eine Renovierung vertragen, aber es gibt Duschen mit Warmwasser in den teureren Zimmern und die netten Besitzer schenken gern einen frischen Kaffee ein.

★ **Nachelle Homestay** HOMESTAY $$

(☎0821 6275 7658, 0813 6242 9977; nachellehomestay@gmail.com; Zi. ohne Bad 225 000 Rp, mit Bad 275 000–400 000 Rp;) Mery und Abdy führen die netteste Unterkunft in Berastagi, 1,5 km südlich vom Riesenkohl an der Jl Veteran (genaue Wegbeschreibung per E-Mail). Beide sprechen hervorragend Englisch und geben Karten der Region aus. Abdy führt auch Gäste den Gunung Sibayak hinauf. Alle Zimmer sind neu und exklusiv, die schönsten haben King-Size-Betten und Vulkanblick.

Praktische Informationen

Sibayak Trans Tour & Travel (☎0628-91122; dicksonpelawi@yahoo.com; Jl Veteran 119; ⌚8–17 Uhr) Die erste Anlaufstelle für mögliche Verkehrsverbindungen und örtlichen Touren.

Touristeninformation (☎0628-91084; Jl Gundaling 1; ⌚Mo–Sa 8–17 Uhr) Hat Karten, vermittelt Guides und kann private Transporte nach Medan, Danau Toba und Kutacane organisieren. Öffnungszeiten sind flexibel.

An- & Weiterreise

Der **Busbahnhof** (Jl Veteran) liegt angenehm dicht beim Stadtzentrum. Langstreckenbusse fahren auf dem Weg nach Kabanjahe (dem regionalen Drehkreuz) durch Berastagi. Außerdem kann man überall an der Hauptstraße, der Jl Veteran, zwischen 6 und 20 Uhr in Busse nach Padang Bulan in Medan (15 000 Rp, 3 bis 4 Std.) steigen.

Am günstigsten kommt man zum Toba-See, indem man ein *angkot* nach Kabanjahe (5000 Rp, 20 Min.) nimmt und dort in einen Bus nach Pematangsiantar (28 000 Rp, 3 Std.) steigt. Danach geht's per Bus Richtung Parapat (15 000 Rp, 1½ Std.) weiter. Wer nach Bukit Lawang will, nimmt den Bus nach Pinangbari (13 000 Rp, 2 Std.) und steigt dann in den nach Bukit Lawang (25 000 Rp, 3 Std.) um.

SÜD-SUMATRA

Abgesehen von Krakatau und der Fährverbindung nach Java ist Sumatras Süden ein weißer Flecken auf der Backpackerlandkarte, doch in der Region verstecken sich viele verlockende kleine Geheimnisse. Ganz vorn stehen dabei die wilden Wälder und Sümpfe des **Way-Kambas-Nationalparks** nordöstlich von Bandarlampung. Er ist das Zuhause extrem vom Aussterben bedrohter Elefanten, Nashörner und Tiger.

Wer mehr auf Sonne, Sand und Meer steht, ist im entspannten Dorf **Krui** richtig. Es liegt fünf Fahrstunden von Bandarlampung entfernt und hat sich neuerdings bei Surfern einen Namen gemacht, denn vor seiner Küste liegen zahlreiche Weltklasse-Surfspots (viele davon sind *nichts* für Anfänger).

Bandarlampung, den Hauptort der Region, passiert im Grunde jeder Besucher. Viel gibt es nicht zu sehen, wer jedoch eine Übernachtungsmöglichkeit sucht, kann das **Grand Citihub Hotel @Kartini** (☎0721-240420; www.citihubhotels.com; Jl Kartini 41; Zi. ab 275 000 Rp; ⊜❄📶) ausprobieren. Es gibt verschiedene Busverbindungen nach Java. Am bequemsten ist das kombinierte Bus-Schiff-Ticket nach Jakarta (184 000 Rp, 8 bis 10 Std.) von **Damri** (☎0751-780 6335). Vom Bahnhof Bandarlampung starten Busse um 9, 10, 20 und 21 Uhr. Das Büro von Damri findet man vor dem Bahnhofsgebäude. Richtung Norden durch Sumatra verkehren verschiedene Busse u. a. nach Padang und Medan – die Fahrt ist erwartungsgemäß sehr lang.

Mehrere private Firmen betreiben einen Minibus- oder Autodienst, der Berastagi mit Bukit Lawang (170 000 Rp, 3 bis 4 Std.), Danau Toba (bis Parapat; 150 000 Rp, 3½ bis 4 Std.), Medan's Padang Bulan (100 000 Rp, 2½ Std.) und dem Flughafen von Medan (150 000 Rp, 3 Std.) verbindet.

Medan

☎061 / 2,2 MILLIONEN EW.

Medan, Sumatras größte Stadt und die drittgrößte von Indonesien, wird von vielen Sumatra-Reisenden als notwendiges Übel angesehen. Es lässt sich kaum vermeiden, auf dem Weg zu interessanteren Zielen hier durchzukommen – für manche ist es auch eine willkommene Rückkehr zu den Verlockungen der Zivilisation (Restaurants und Einkaufszentren). Die Stadt wächst unaufhörlich und erstickt an Autos und *becak*, spiegelt aber auch gut den indonesischen Charakter wider. Es lohnt sich, den Kulturschock zu überwinden und Medan ein bisschen Zeit zu schenken, um die moderne Stadt mit dem verfallenden Charme der niederländischen Kolonialzeit und ein paar lohnende Museen zu entdecken.

Sehenswertes

★Museum von Nordsumatra MUSEUM
(Museum Negeri Privinci Sumatera Utara; Jl HM Joni 51; Eintritt 10 000 Rp; ⏲ Di–Do 8–16, Fr–So bis 15.30 Uhr) In einem markanten traditionellen Gebäude wird eine gut präsentierte Sammlung gezeigt, die von frühen Zivilisationen der Region über hinduistische, buddhistische und islamische Perioden bis hin zur niederländischen Kolonial- und Militärgeschichte reicht. Einige Abteilungen widmen sich traditionellen Arbeiten wie Fischen und Landwirtschaft. Zu den Highlights gehören Steinmetzarbeiten und extravagante geschnitzte Drachensärge aus Nias, *batak*-Schriftrollen, um Unheil abzuwehren, schöne Stoffe und eine Kris-(Schmuckdolch-) Sammlung. Nur wenige Minuten östlich des Zentrums gelegen.

Tjong A Fie Mansion HISTORISCHES GEBÄUDE
(Jl Ahmad Yani 105; Eintritt inkl. Guide 35 000 Rp; ⏲9–17 Uhr) Die ehemalige Residenz eines bekannten chinesischen Kaufmanns, der einst der reichste Bürger Medans war und 1921 starb, mischt viktorianische mit chinesischen Elementen. Original von Hand bemalte Decken, Tjongs riesiges Schlafzimmer, importierte Möbel aus dunklem Holz mit Intarsienarbeit aus Perlmutt und Marmor, interessante Kunst, ein Ballsaal im Obergeschoss sowie daoistische Tempel machen sie zu einem der eindrucksvollsten historischen Gebäude der Stadt.

Schlafen

Pondok Wisata Angel PENSION $
(☎061-732 0702; a_zelsy_travel@yahoo.com; Jl SM Raja 70; EZ mit Ventilator 70 000 Rp, DZ mit Ventilator/Klimaanlage 100 000/130 000 Rp; ❄📶) Das beste Backpacker-Hotel der Stadt. Seine

Medan

Zimmer sind sauber und das lebhafte Blau und Gelb der Wände „übertönt" fast den lauten Verkehr. Im dazugehörigen Café an der Straßenseite ist immer viel los.

Residence Hotel HOTEL $

(☎ 061-732 1249; www.residencehotelmedan.com; Jl Tengah 1; Zi. 70 000–150 000 Rp; ❄ 📶) Im hellgrünen Residence-Hotel findet sich eine ganze Reihe verschiedener Zimmer zu unterschiedlichen Preisen, was heißt, dass es normalerweise etwas gibt, das einem gefällt und bezahlbar ist. Achtung: Die günstigeren Zimmer sind fensterlose, gnadenlos heiße Zellen ganz oben mit der Atmosphäre einer viktorianischen Gefängniszelle. Die teureren Zimmer sind angenehm.

K77 Guest House PENSION $$

(☎ 061-736 7087, 0813 9653 8897; www.k77guesthousemedan.blogspot.com; Jl Seto 6B; Zi./FZ 250 000/300 000 Rp; ❄ 📶) Nicht in der Stadtmitte, sondern in einer normalen Wohngegend liegt diese Backpacker-Oase. Die Gastgeber Johan und Lola tun alles, damit man sich wohlfühlt. Alle Zimmer sind sauber, gemütlich und cool. Johan kann das Abholen und alle möglichen Touren organisieren.

Medan

Sehenswertes
1 Tjong A Fie Mansion C2

Schlafen
2 Pondok Wisata Angel D4
3 Residence Hotel D4

Essen
4 Merdeka Walk B1
5 Mie Tiong Sim Selat Panjang C2

Gandhi Inn HOTEL $$
(☎061-733 2330; www.gandhiinn.com; Jl Gandhi 125 A–B; Zi. 338 000–598 000 Rp; ❄ 📶) Die Zimmer in diesem Budgethotel (für Medan!) sind ganz in ruhigen Creme- und Brauntönen gehalten, kompakt, bequem und nur ein paar Schritte von der Thamrin Plaza Mall und dem Pasar-Ramai-Markt entfernt. Der Besitzer und sein Team tun ihr Bestes, um Gästen zu helfen, und geben kulinarische Tipps. Hier kann man zwischen Sumatra-Abenteuern chillen, die Wäsche auf Vordermann bringen und schlafen.

Essen

Nirgendwo auf Sumatra ist die kulinarische Vielfalt so groß wie in Medan. Hier finden Gourmets einfach alles – von schlichten Reis- und Nudellokalen bis zu Spitzenrestaurants in Hotels.

★ **Merdeka Walk** SÜDOSTASIATISCH $
(Lapangan Merdeka, Jl Balai Kota; Gerichte 10 000–35 000 Rp; ⏲17–23 Uhr; 📶) Die verschiedenen Straßencafés in Lapangan Merdeka sind von den Freiluftlokalen Singapurs inspiriert und servieren alles von Doughnuts bis zu gegrilltem Fisch und Nudeln nach malaysischer Art. Außerdem steht hier die wahrscheinlich kitschigste Pizza-Hut-Filiale der Welt.

Mie Tiong Sim Selat Panjang NUDELN $
(Jl Selat Panjang 7; Hauptgerichte ca. 70 000 Rp; ⏲10–22 Uhr) Dieser Stand in einer Reihe von Essbuden ist lokal völlig zu Recht für seine *mie tiong sim* (weiche handgemachte Nudeln mit süßem, aromatischen *char-siu*-Schwein) berühmt. Auch die Nudeln mit Hühnchen sind gut, genau wie die *wonton*. Der Stand befindet sich hinter dem Hotel Swiss-Belinn.

Pasar Ramai MARKT $
(Ramani Market; Jl Thamrin) Der größte Obst- und Gemüsemarkt ist übervoll mit Farben und Gerüchen, seine Auswahl an regionalen und importierten tropischen Früchten ist beeindruckend. Neben der Thamrin Plaza.

Praktische Informationen

Kantor Imigrasi Kelas 1 Polonia (☎061-453 3117; 1. Stock, Jl Mangkubumi 2; ⏲Mo–Fr 8–16 Uhr) Visa-Verlängerungen. Diese benötigen offiziell drei Tage, kosten 350 000 Rp und können erst wenige Tage vor Ablauf des aktuellen Visums beantragt werden; die zuständige

ABSTECHER

PULAU NIAS

Vor der Westküste Sumatras liegt die einsame Insel Nias, wo sich einer der besten Surfspots der Welt befindet – der legendäre „Righthander" in der Lagundri-Bucht. Auch für Nichtsurfer gibt's viel zu entdecken: Traditionelle Bergdörfer wie **Tundrumbaho** und **Bawomataluo**, begeistern Kulturtouristen und Fans der indigenen Architektur.

Die Wellen von **Teluk Lagundri** (oder korrekt: Pantai Sorake) in der Südwestecke der Insel sind zwischen April und Oktober am besten. An ruhigeren Tagen lassen sie sich relativ leicht reiten, doch sobald die Dünung zunimmt, haben hier nur noch Experten etwas zu suchen.

Am Strand findet man mehrere sehr einfache und fast identische *losmen*. Der übliche Preis liegt bei etwa 100 000 Rp pro Nacht. Allerdings wird erwartet, dass die Gäste auch in ihrem *losmen* essen, und das wird teuer: Eine Portion Hühnchen oder Fisch kann bis zu 50 000 Rp kosten. Der Besitzer des **Lagundri Beach House** (☎0813 9656 7202; ian@lagundri.net; Zi. 150 000–250 000 Rp; ❄ 📶) organisiert auch Touren.

Nias erreicht man mit dem Flugzeug ab Medan mehrmals täglich. Romantischer ist die Fahrt mit der Fähre vom schmuddeligen Festlandhafen Sibolga. Täglich verkehren Fähren von Sibolga nach Gunung Sitoli, der „Hauptstadt" auf Nias (80 000 Rp) sowie 3-mal wöchentlich nach Teluk Dalam (100 000 Rp), das im Süden von Nias und viel näher an den berühmten Wellen liegt.

BUSSE AB MEDAN

ZIEL	PREIS (RP)	FAHRTZEIT (STD.)	HÄUFIGKEIT
Banda Aceh	150 000–210 000	12–14	Mehrmals tgl.
Bukittinggi	200 000–320 000	22	Mehrmals tgl.
Bukit Lawang	30 000	4–5	2-mal tgl.
Parapat	30 000	5–6	Mehrmals tgl.

Stelle befindet sich im zweiten Stock. Fotokopien des Reisepasses, des indonesischen Visums und Weiterflugticket mitnehmen.

Rumah Sakit Columbia Asia (☎ 061-456 6730; www.columbiaasia.com; Jl Listrik 2A; ⌚ 24 Std.) Das beste Krankenhaus der Stadt mit rund um die Uhr geöffneter Ambulanz und Apotheke sowie englischsprachigen Ärzten und Spezialisten.

An- & Weiterreise

BUS

Es gibt zwei Busbahnhöfe in der Stadt. Wer nach Süden reisen möchte, muss sich zum **Amplas-Busbahnhof** (Jl SM Raja), 6,5 km südlich der Innenstadt, begeben. Fast alle *opelet*, die auf der Jl SM Raja gen Süden unterwegs sind, fahren nach Amplas. Ein *bemo* von Amplas ins Zentrum kostet 5000 Rp.

Die Busse nach Norden starten am **Busbahnhof Pinang Baris** (Jl Gatot Subroto) 10 km westlich des Zentrums. Man erreicht ihn entweder mit einem Taxi (40 000 Rp) oder einem *opelet* (an der Jl Gatot Subroto einsteigen).

FLUGZEUG

Von Medan aus gehen Flüge in andere Städte Sumatras, die größeren Städte Indonesiens sowie nach Malaysia und Singapur.

Kualanamu International Airport (KNO; ☎ 061-8888 0300; www.kualanamu-airport.co.id) Der 2014 eröffnete internationale Flughafen liegt 39 km vom Stadtzentrum entfernt und ist praktischerweise durch häufig fahrende Busse und Züge mit Medans Zentrum verbunden.

Unterwegs vor Ort

Am schnellsten und bequemsten ist der klimatisierte Zug nach Medan (100 000 Rp, 45 Min., 5–23.30 Uhr). Inklusive Taxi zur Stadtmitte kostet es mindestens 150 000 Rp.

Shuttles von **Paradep** (☎ 061-77123029; eine Strecke 60 000 Rp) und **Damri** (☎ 061-7865466; eine Strecke 50 000 Rp) kommen bei ihrer Fahrt vom Flughafen durch die Stadtmitte.

Becak verkehren in der Stadtmitte und kosten zwischen 15 000 Rp und 20 000 Rp. *Angkots* nehmen 5000 Rp.

Bukit Lawang

☎ 061 / 30 000 EW.

Diese reizende kleine Stadt liegt 96 km nordwestlich von Medan in der Nähe des dichten Dschungels, sie wurde wegen der Popularität des Orang-Utan-Beobachtungszentrums um dieses herum gebaut. Aber Bukit Lewang hat neben unseren rothaarigen Verwandten noch viel mehr zu bieten. Hier kann man problemlos ein paar Tage verbringen und in einer der zahlreichen Hängematten am Fluss chillen, darin schwimmen und durch den Dschungel wandern. Die umliegenden Wälder gehören zum weitläufigen **Gunung-Leuser-Nationalpark**, einem der vielfältigsten tropischen Ökosysteme der Welt. Im gesamten Park leben acht verschiedene Primatenarten sowie Tiger, Nashörner, Elefanten und Leoparden.

Abgesehen von Orang-Utans, Pavianen, diversen Makaken-Arten und dem selten zu beobachtenden Thomas-Langur stehen die Chancen hier (und im ganzen Park) jedoch sehr schlecht, weitere Säugetiere zu sehen, da die Palmölplantagen sich bis zum Rand des Städtchens erstrecken. Am Wochenende, wenn sich zu den ausländischen Touristen Massen von einheimischen Besuchern gesellen, ist Bukit Lawang schnell etwas voll, also sollte man unter der Woche herfahren.

Sehenswertes

★ **Orang-Uran-Fütterungszentrum** WILDRESERVAT

(Fütterungen 8.30–9.30 & 15–16 Uhr) Bukit Lawangs berühmtes Oang-Utan-Beobachtungszentrum wurde 1973 gegründet, um Primaten nach einem Leben in Gefangenschaft oder nach Umsiedlungen infolge von Abholzung wieder an die Wildnis zu gewöhnen. Die Fütterungen für halbwilde Orang-Utans finden zweimal täglich auf einer Fütterungsplattform statt, zu Fuß zehn Minuten und ein paar steile Treppen hinter dem Parkbüro hoch. Das Büro erreicht man, indem man den Fluss oberhalb der Dorfes mit dem Schlauchboot überquert.

Die Fütterungen gewähren eine wundervolle Nahsicht der großartigen Primaten, Guides sind nicht nötig.

Aktivitäten

Bei einer Dschungelwanderung im Gunung-Leuser-Nationalpark braucht man einen Guide, denn sie kann von drei Stunden bis zu mehreren Tagen dauern. Die meisten Besucher buchen eine Zweitagestour mit Übernachtung im Dschungel, da dann die Wahrscheinlichkeit höher ist, einen Orang-Utan oder anderen Tiere in freier Wildbahn zu entdecken. Am besten bricht man in einer kleinen Gruppe so früh wie möglich auf.

Bei der Wahl des Guides sollte man sich Zeit nehmen, mit Wanderern reden, die gerade zurückgekommen sind, und sich darüber klar werden, wie viel Zeit man wirklich im Dschungel verbringen will. Eine Wanderung hier ist kein Spaziergang: Es gibt steile, rutschige Aufstiege, schroffe Abhänge, die Luftfeuchtigkeit ist extrem – gute Fitness und Kondition sind unbedingt notwendig.

Schlafen & Essen

Je weiter man den Fluss hochkommt, desto wahrscheinlicher entdeckt man vorbeischwingende Affen. Keines der folgenden Gästehäuser verfügt über Warmwasser, dafür wird in allen Essen serviert.

Green Hill PENSION $

(☎ 0813 7034 9124; www.greenhillbukitlawang.com; Zi. mit Frühstück 100 000–300 000 Rp; 📶) Eine englische Wissenschaftlerin und ihr Ehemann aus Sumatra führen diese Pension mit zwei schönen Zimmern auf Stelzen, die vor allem bei Paaren sehr beliebt sind. Von den En-suite-Duschen aus Bambusrohren hat man einen großartigen Blick in den Dschungel. Außerdem gibt's Budgetzimmer mit wenig Extras. Das Restaurant serviert mit das beste Sambal des Dorfes sowie andere Gerichte, der Service ist freundlich und schnell.

Back to Nature PENSION $

(☎ 0821 7055 6999, 0813 7540 0921; www.backtonature.asia; Zi. 150 000–200 000 Rp; 📶) Der ökologisch orientierte Besitzer konnte dieses große Stück vom Dschungel an einer Flussbiegung davor bewahren, eine weitere Palmölplantage zu werden. Er hat eine halbe Stunde flussaufwärts von der Flusskreuzung zum Orang-Utan-Fütterungszentrum bequeme Holzhäuser auf Stelzen gebaut. Zum Angebot gehören auch Dschungelwanderungen und das Abholen aus Bukit Lawang.

Rainforest Guesthouse PENSION $

(Nora's; ☎ 0813 6207 0656; www.bukitlawang.com; DZ 50 000–150 000 Rp) Diese Ansammlung von Zimmern aus Holz nah beim rauschenden Fluss ist das Größte für Backpacker. In den günstigeren Unterkünften liegen Matratzen auf dem Boden und es gibt Gemeinschaftsbäder, die teureren Zimmer verfügen über eigene Bäder und Ventilatoren. Der Essbereich ist nett (mit westlichem Essen wie Pasta, Burgern usw.), und allgemein ist es hier toll, um andere Traveller kennenzulernen.

Garden Inn PENSION $

(☎ 0813 9600 0571; www.bukitlawang-garden-inn.com; Zi. 100 000–250 000 Rp; 📶) Ebenfalls beliebt bei Backpackern ist das stets wachsende Garden Inn. Es verteilt sich mittlerweile über mehrere Gebäude und bietet viele verschiedene Übernachtungsmöglichkeiten an, von gemütlichen Dschungelhütten aus Holz bis zu makellosen modernen weißen Zimmern. Im netten kleinen Café tauschen sich die Gäste über ihre Erlebnisse mit Menschenaffen aus.

Praktische Informationen

Die meisten Einrichtungen im nahe gelegenen Dorf Gotong Royong, 2 km südöstlich von Sungai Bohorok, sind ohne Tourismus-Bezug. Wer mit dem öffentlichen Bus ankommt, muss etwa 1 km nach Norden gehen, wo die Unterkünfte von Bukit Lawang anfangen. Es gibt keine Banken, aber einige Geldwechsler an der Hauptstraße.

Bukit-Lawang-Besucherzentrum (⏲7–15 Uhr) Eintrittskarten in den Park werden hier verkauft. Hinzu kommen eine Ausstellung zur Flora und Fauna des Gunung-Leuser-Nationalparks sowie ein Buch über Heilpflanzen und ihre Verwendung. Besucher hinterlassen oft ihre Kritiken zu örtlichen Guides in den Gästebüchern. Das Besucherzentrum liegt mitten im Dorf.

An- & Weiterreise

Öffentliche Busse fahren zwischen 5.30 und 17 Uhr direkt zu Medans Busbahnhof Pinang Baris (30 000 Rp, 4 Std., alle 30 Min.). Touristen-Minibusse gibt es ebenfalls (120 000 Rp, 3 Std., tgl. um 8 Uhr).

Ein öffentlicher Bus startet täglich nach Berastagi (38 000 Rp, 6–7 Std.), man kann aber auch einen Touristenbus (170 000 Rp, 4–5 Std., tgl. 8.30 Uhr) besteigen. Die Touristen-Minibusse fahren außerdem zum Medan Airport (190 000 Rp, ca. 4 Std., tgl. 8 Uhr) und nach Parapat (nach Danau Toba; 180 000 Rp, 6 Std., tgl. 8.30 Uhr).

Tangkahan

Dieser Geheimtipp ist keiner mehr: Die Elefanten haben das winzige Tangkahan berühmt gemacht und Besucher kommen aus dem unweit entfernten Bukit Lewang und Medan her, um den grauen Dickhäutern mal ganz nahe zu sein.

Tangkahan ist eigentlich noch nicht einmal ein Dorf, sondern besteht aus einer Bushaltestelle, einem Parkeingang und einer Handvoll Bungalows am wilden Ufer des Kualsa-Buluh-Flusses. Eine kleine Gemeinde freundlicher ehemaliger Holzfäller, die heute als Guides arbeiten, lebt am Rand des ungezähmten Dschungels.

Aktivitäten

Begegnung mit Elefanten BEGEGNUNG MIT ELEFANTEN
(Elefantenbad 250 000 Rp; Elefantenbad Di, Mi & Fr–So 8.30 & 15.30 Uhr) Die Elefanten sind für viele Besucher der Hauptanziehungspunkt in Tangkahan. Hier werden zwar Ritte auf Elefanten angeboten, allerdings sollte man auch über die nachhaltigere (und für den Dickhäuter schönere) Option nachdenken, nämlich sie bei ihrem täglichen Bad zu begleiten. Montags, donnerstags und an Feiertagen gibt es keine Begegnungen mit den grauen Riesen. Aktivitäten mit Elefanten können direkt beim CTO-Besucherzentrum gebucht werden (S. 198).

Schlafen & Essen

Mega Inn PENSION $
(0813 7021 1009; www.mega-inn-tangkahan.op-het-web.be; Zi. 200 000 Rp). Hübsche Bungalows aus Krummholz kennzeichnen die erste Herberge nach der Flussüberquerung. In einigen Badezimmern wuchern mehr Pflanzen als im Dschungel. Das beste Gericht im Restaurant sind die gebratenen Nudeln.

Dreamland Resort BUNGALOWS $
(0812 6963 1400; Bungalow 150 000–170 000 Rp; ❄) Das Dreamland wird von zwei gut Englisch sprechenden Brüdern geführt. Hier stehen drei ansprechende Nurdach-Hütten, teilweise versteckt im üppigen Grün. Vom Café aus bietet sich ein fantastischer Blick auf den Fluss hinab.

Praktische Informationen

CTO-Besucherzentrum (0852 7560 5865, 0813 6142 3245; www.tangkahanecotourism.com; 8–16 Uhr) Von den Hütten aus gesehen liegt es auf der anderen Seite des Flusses in der Nähe des Busbahnhofs. Dieses Besucherzentrum organisiert alles – von Elefantenbaden über Dschungeltreks bis zu Höhlenwanderungen. Hier bezahlt man auch die fälligen Gebühren.

An- & Weiterreise

Zwei Busse fahren täglich um 5.30 und 7.30 Uhr direkt zum Busbahnhof Pinang Baris in Medan (20 000 Rp, 4 Std.).

Es gibt zwei Möglichkeiten, von Bukit Lawang nach Tangkahan zu kommen. Langsam, günstig und umständlich: in einen der vielen Busse nach Binjai einsteigen (12 000–15 000 Rp, 2½ Std.), dann in einen der zwei tgl. Busse nach Tangkahan umsteigen (30 000 Rp, 2½ Std.), falls man das richtige Timing erwischt, andernfalls mit dem Bus nach Tittamangga (26 000 Rp, 2 Std.) und von da aus per Motorrad bis Tangkahan (70 000 Rp). Schneller und teurer: Mit einem Guide und seinem Motorrad direkt von Bukit Lawang fahren (hin/zurück 200 000/300 000 Rp, 2 Std.) – allerdings ist die Straße nicht gepflastert. Ansonsten kann man sich mit anderen zusammentun und einen Wagen mit Allradantrieb mieten (550 000–650 000 Rp, 2½ Std.).

Banda Aceh

0651 / 223 000 EW.

Zu indonesischen Städten fallen einem selten erfreuliche Beschreibungen ein, doch Banda Aceh ist eine Ausnahme. In der entspannten Provinzhauptstadt kann man prima ein paar Tage verbringen. (Fußgänger wird besonders begeistern, dass die Straßen der Stadt tatsächlich gepflastert sind). Banda Aceh hat 2004 die Hauptlast des Tsunami getragen mit 61 000 Toten (von 170 000 in der gesamten Provinz) und ein Großteil der Stadt musste wieder aufgebaut werden, deshalb sieht die Stadt so gut und wohlhabend aus.

Banda Acehs Bewohner sind tiefreligiös und streng muslimisch und so bilden die verzierten Moscheen das Zentrum des Alltagslebens. Wer vollständig und angemessen bekleidet ist, sollte keine Probleme bekommen, meistens sind die Acehnesen freundlich und extrem gastfreundlich.

Sehenswertes

★ **Tsunami Museum** MUSEUM
(Jl Iskandar Muda; Sa–Do 9–16.15, Fr 12–14 Uhr) GRATIS Ein Besuch im berührenden Museum fängt mit einem Gang durch einen dunklen, tropfenden Tunnel an, der die Tsunami-Wellen symbolisiert, mit klagenden Stim-

men und rauschendem Wasser von überallher. Darauf folgen bewegende Bilder der Zerstörung, projiziert auf Leinwände, die wie Grabsteine aussehen, sowie eine kreisrunde Kammer, in der die Namen der Opfer eingraviert sind. Oben wird ein sehr drastischer Kurzfilm gezeigt, zusammen mit Fotos von Wiederaufbau, Verlust, Hoffnung, Entwurzelung und wiedervereinten Familien.

Mesjid Raya Baiturrahman MOSCHEE
(Eintritt nach Spende; ⌚7–11 & 13.30–16 Uhr) Die Mesjid Raya Baiturrahman mit ihren strahlend weißen Wänden und den ebenholzschwarzen Kuppeln ist ein wahrhaft umwerfender Anblick. Die beste Zeit für einen Besuch ist während des Gebets am Freitagnachmittag, wenn das gesamte Gebäude samt Garten mit Menschen gefüllt ist. Frauen müssen Kopftuch tragen.

Schlafen & Essen

Hier gibt's nur wenige Budgetunterkünfte, die günstigen an der Jl Khairil Anwar nehmen anscheinend keine ausländischen Gäste auf. Sparsame werden eher durch Banda Aceh durch- und weiterfahren nach Pulau Weh, das freundlichere Preise hat.

★ **Hotel Sei** HOTEL $$
(☎0651-21866; www.seihotelaceh.com; Jl Tanoh Abe 71, Kampung Mulia; DZ 550 000 Rp; P ❄ 📶) Dieses neue zitronengelbe Hotel in einer ruhigen Seitenstraße ist eines der schicksten in Banda Aceh. Seine Zimmer sind kompakt, WLAN ist zuverlässig und die Klimaanlage sorgt für arktische Temperaturen. Das Ganze erweist sich als angenehme Atempause von draußen, genau wie der freundliche, doch etwas launische Service. Zwar sieht das Restaurant verlassen aus, ist aber tatsächlich ganz ordentlich.

Linda's Homestay HOMESTAY $$
(☎0823 6436 4130, 0811 680 305; www.lindas-homestay.blogspot.com; Jl Mata Lorong Rahmat 3, Lambneu Barat; Zi. 350 000–400 000 Rp; ❄ 📶) Bei der gastfreundlichen Linda zu Hause zu übernachten, 4 km außerhalb der Stadt, ist eine gute Möglichkeit, das Leben vor Ort kennenzulernen, und viele sind von ihr total begeistert. Linda kocht acehnesisches Essen, ihre Söhne zeigen einem gern die Stadt. Allerdings berichten manche Traveller von Missverständnissen, was die Preise angeht, und damit einhergehenden Verstimmungen.

GUNUNG-LEUSER-TREK-GEBÜHREN

Die Gebühren für Guides werden von der Sumatra Guide Association festgelegt. Ihre Preise basieren auf einem Minimum von drei Personen, Alleinreisende und Paare müssen allerdings dasselbe bezahlen.

TREK-DAUER	PRO PERS. (RP)
Halber Tag	395 000
1 Tag	550 000
2 Tage	945 000
3 Tage	1 340 000

Rumah Makan Spesifik Aceh INDONESISCH $
(Jl T Hasan Dek; Hauptgerichte ab 30 000 Rp; ⌚11–22 Uhr) Eine exzellente Einführung in die acehnesische Küche mit Köstlichkeiten wie *asam keeng* (scharfe, saure Suppe), *mie aceh* (scharfes Nudelgericht), *udang goreng kunyit* (Shrimps in Kurkuma) und Fisch in Curry.

Praktische Informationen

Es ist wichtig zu wissen, dass Frauen sich in Aceh vollständig verhüllen müssen. Außerdem hat die Religionspolizei in der Vergangenheit homosexuelle Paare, die ihre Zuneigung öffentlich gezeigt haben, festgenommen und zur „Umerziehung" geschickt.

Regionales Touristenbüro (Dinas Parawisata; ☎0651-852020; www.bandaacehtourism.com; Jl Chik Kuta Karang 3) Das Personal ist außerordentlich freundlich, manchmal hat es kosten-

EINREISE NACH MALAYSIA: VON DUMAI NACH MELAKA

Anreise zur Grenze Dumai ist ein geschäftiger und wenig charmanter Hafen an Sumatras Nordküste. Nach Dumai fahren Busse von Bukittinggi (160 000 Rp, 10 Std., tgl. 19 Uhr) und Padang (150 000 Rp, 12 Std., häufig). Schnellfähren verkehren täglich zwischen Dumai und Melaka (eine Strecke etwa 350 000 Rp, 1¾ Std.).

An der Grenze Die Bürger der meisten Länder bekommen ein 30- oder 60-Tage-Visum bei der Ankunft, abhängig von der zu erwartenden Länge des Aufenthalts.

Weiterreise Melaka ist eine große und beliebte Stadt mit Verbindungen überallhin in Malaysia.

lose Ausgaben von hervorragenden Reiseführern für die Provinz vorrätig. Das Touristenbüro liegt im Erdgeschoss eines Regierungsgebäudes.

An- & Weiterreise

Täglich bestehen mehrere Flugverbindungen von Banda Aceh nach Medan mit Garuda, Sriwiyaya und Lion Air. **Air Asia** (www.airasia.com) steuert Kuala Lumpur an, während **Firefly** (www.fireflyz.com.my) nach Penang in Malaysia fliegt.

Südlich vom Zentrum liegt das **Terminal Bus Bathoh** (Jl Mohammed Hasan), von dem zahlreiche Busse nach Medan fahren. Ekonomi-Busse (175 000 Rp, 14 Std.) starten um 16 Uhr, *eksekutif*-Busse (230 000 Rp, 12 Std.) verkehren den ganzen Tag über.

BUS

Der Busbahnhof Bathoh befindet sich 2 km südlich des Stadtzentrums. Abgesehen von den großen Bussen nach Medan: Die meisten Unterkünfte sorgen dafür, dass der passende Minibus die Gäste abholt.

NACH	PREIS (RP)	FAHRTZEIT (STD.)	HÄUFIGKEIT
Ketambe/Kutacane	220 000	15–18	tgl.
Medan	210 000	12	stündlich bis 22 Uhr
Singkil	230 000	15	tgl.

FLUGZEUG

Banda Acehs Flughafen **Sultan Iskandar Muda International** (BTJ) liegt 16 km südöstlich des Zentrums. Zu den Zielen gehören Jakarta, Kuala Lumpur, Medan und Penang.

SCHIFF/FÄHRE

Schiffe nach Pulau Weh legen am Hafen von Uleh-leh ab, 5 km nordwestlich von Banda Acehs Stadtzentrum.

Unterwegs vor Ort

Taxis vom Flughafen berechnen für die Fahrt ins Zentrum etwa 100 000 Rp. Die Fahrt vom Flughafen zum Hafen Uleh-leh liegt bei etwa 130 000 Rp.

Labi-labi (Minibusse) sind die wichtigsten Verkehrsmittel der Stadt und verlangen 2500 Rp. Am **labi-labi-Terminal** (Jl Diponegoro) lässt sich das ganz spezielle indonesische Chaos erleben.

Für ein *becak* vom Busbahnhof in die Stadt muss man mit 25 000 Rp rechnen, während die Fahrt innerhalb der City mit 10 000–20 000 Rp zu Buche schlägt, je nachdem, wohin man will.

Pulau Weh

☎0652 / 25 000 EW.

Der winzige tropische Felsen vor der Spitze Sumatras gilt als friedliche kleine Oase für Traveller, die über das turbulente Festland gen Norden gereist sind.

Ist man durch den Dschungel gewandert und hat Vulkane und Seen auf dem Festland besucht, wird es Zeit, in die trägen Fluten des Indischen Ozeans zu hüpfen. Schnorchler und Taucher blubbern vorbei an Wänden aus sich wiegenden Seefächern, tiefen Schluchten und Felsspitzen, während sie riesig wirkende prähistorische Fische bestaunen.

Für viele Sumatra-Reisende stellt Pulau Weh das Sahnehäubchen dar.

Aktivitäten

Viele kommen nach Weh, um hier zu **tauchen** und zu **schnorcheln**. An einem ganz normalen Tag sieht man wahrscheinlich Muränen, Rotfeuerfische und Stachelrochen. Wenn das Plankton blüht, kommen Walhaie. Anders als bei anderen Tauchspots treten die Korallenriffe hier etwas in den Hintergrund, Meerestiere und Unterwasser-Landschaften spielen die Hauptrolle. Es gibt ungefähr 20 Tauchspots rund um die Insel herum. Tauchanbieter finden sich in Gapang und Iboih.

Schnorchelausrüstungen können praktisch überall für etwa 30 000 Rp pro Tag geliehen werden.

Ein 2 km langer Fußweg führt von der Stadt Sabang zum **Pantai Kasih** (Strand der Liebenden), einer von Palmen gesäumten Bucht mit weißem Sand. Bei einheimischen und ausländischen Touristen gleichermaßen beliebt ist der **Gapang Beach**, an dem man wunderbar schwimmen kann, außerdem sind hier häufig Schildkröten zu sehen.

★ **Lumba Lumba Diving Centre** TAUCHEN
(☎0811 682 787; www.lumbalumba.com; Schnuppertauchen/Open-Water-Diver-Kurs 45/300 €) Das alteingesessene professionelle Lumba-Lumba-Tauchzentrum führt Taucher seit zwanzig Jahren in die Unterwasserwelt von Pulau Weh ein, es ist das einzige PADI-zertifizierte Zentrum der Insel. Die niederländischen Besitzer Ton und Marjan Egbers betreiben auch eine nützliche Website mit detaillierten Informationen über Tauchgänge und allem, was man dazu wissen muss. Sehr zu empfehlen.

Rubiah Tirta Divers TAUCHEN
(☎0652-332 4555; www.rubiahdivers.com; Schnuppertauchen/Open-Water-Diver-Kurs 40/270 €) Dies

ist die älteste Tauchschule der Insel und bekommt ständig gutes Feedback von Travellern.

Schlafen & Essen

Mit schlichten, palmgedeckten Bungalows, von denen viele auf Stelzen über kristallklarem Wasser stehen, ist Iboih der Backpackertreff von Pulau Weh. Es gibt Dutzende gleichartiger Unterkünfte, die sich fast nicht voneinander unterscheiden – oft ist kaum zu erkennen, wo die eine aufhört und die andere beginnt. Wofür auch immer die Entscheidung fällt: Man kann in der Regel den Preis runterhandeln, wenn man ein paar Tage bleibt.

Am Wochenende verdoppeln sich die Preise und die Besucherzahlen.

Yulia's HÜTTE $
(☎ 0821 6856 4383; Zi. mit/ohne Bad 280 000/120 000 Rp; WLAN) Ein 500 m langer Marsch an den anderen Unterkünften vorbei führt zu fröhlich grünen Hütten, tollen Schnorchelmöglichkeiten vor der Tür und einem pinkfarbenen Restaurant mit indonesischen und westlichen Gerichten.

Olala HÜTTE $
(☎ 0852 6060 7311; Zi. 70 000–150 000 Rp; WLAN) Das Olala bietet günstige, fröhliche Strandhütten und hat sowohl sehr günstige Zimmer (einfach mit Gemeinschaftsbad) wie auch Teureres für Leute, die ihr eigenes Bad und einen Ventilator bevorzugen. Ebenso viel Lob erhält das Restaurant, das bei allen Travellern sehr beliebt ist und wo auch Nichtgäste willkommen sind.

Praktische Informationen

In Sabang stehen Geldautomaten.

An- & Weiterreise

Langsame Autofähren (Economy/Klimaanlage 25 000/50 000 Rp, 2 Std.) verkehren auf der Route zwischen Uleh-leh, 5 km nordwestlich von Banda Aceh auf dem Festland, und dem Hafen Balohan, etwa 8 km südlich von Sabang auf Pulau Weh.

Die **Express Ferry** (☎ 0651-43791, 0652-332 4800; Business/Executive/VIP 125 000/150 000/165 000 Rp) legt jeden Tag um 9.30 und 16 Uhr von Banda Aceh nach Pulau Weh ab (45 Min.–1 Std.). Schiffe von Pulau Weh nach Banda Aceh fahren täglich um 8 und 14.30 Uhr.

Unterwegs vor Ort

Vom Hafen Balohan starten regelmäßig Minibusse nach Sabang (25 000 Rp, 15 Min.), Gapang und Iboih (25 000 Rp, 15 Min.).

KALIMANTAN

In den dampfenden Regenwäldern von Kalimantan, durch die der Äquator hindurchgeht, finden sich schier endlose Möglichkeiten für Dschungelerkundungen. Auf dieser Insel gibt's keine Vulkane und ihre Lage schützt sie vor Tsunamis, weshalb in den uralten Wäldern gewaltige Bäume wachsen konnten, in denen einige der beeindruckendsten Tierarten der Welt wohnen. Orang-Utans teilen sich das Blätterdach mit akrobatischen Gibbons, während über ihnen prähistorische Nashornvögel kreisen.

Die einheimischen Dayak leben schon lange mit dieser herausfordernden Natur zusammen. Ihre Langhäuser stehen verstreut an den Ufern der vielen Flüsse Kalimantans und schaffen ein Gefühl von Gemeinschaft, das es sonst so im ganzen Land nicht gibt – obwohl es durchaus bekannt ist für seine Gastfreundschaft.

Angesichts der Umweltprobleme in Kalimantan, besonders was die Palmölplantagen angeht, sollte man einen Besuch hier auf keinen Fall in die Zukunft aufschieben.

Geschichte & Kultur

Kalimantans Reichtümer lockten schon 400 v. Chr. chinesische und indische Händler an. Im frühen 17. Jh. begann ein Streit zwischen holländischen und englischen Imperialisten um Kalimantan. Holland gewann und England nahm sich Sarawak und Sabah. Die Globalisierung und der expandierende Wohlstand belebten die Nachfrage nach traditionellen und neuen Rohstoffen: Kohle und Öl. Petroleum lockte die Japaner während des Zweiten Weltkriegs an, der auch das Ende der europäischen Kolonialherrschaft bedeutete – mit Kriegsende wurde Indonesien unabhängig. In den letzten 60 Jahren hat Kalimantan versucht, seinen Platz im Land zu finden. Die wirtschaftlichen Möglichkeiten ziehen immer mehr Menschen an, und heute ringen Missionare und Imame, Holzfäller, Palmölpflanzer und Umweltschützer, Regierungsbeamte und traditionelle Führer um die Seele Kalimantans.

An- & Weiterreise

Die einzigen Orte Kalimantans, wo Besuchern bei Ankunft ein Visum ausgestellt wird, sind der Flughafen Sepinggan in Balikpapan, der Flughafen Supadio in Pontianak und der Grenzübergang Tebedu-Entikong zwischen Kuching (Sarawak) und Pontianak. An allen anderen Einreiseorten muss das Visum vorher besorgt werden.

Kalimantan

FLUGZEUG

Von Jakarta oder Surabaya aus erreicht man viele der größeren Städte. Von Pontianak gibt es Verbindungen nach Kuching (Malaysia), Balikpapan bietet Direktflüge nach Kuala Lumpur, Malaysia und Singapur.

SCHIFF/FÄHRE

Zu den großen Fährhäfen in Kalimantan zählen Balikpapan, Samarinda, Banjarmasin und Pontianak. **Pelni** (www.pelni.co.id) und andere Gesellschaften bieten Verbindungen nach Jakarta, Semarang und Surabaya auf Java sowie Makassar und Pare Pare auf Sulawesi.

ℹ Unterwegs vor Ort

Kalimantan ist ebenso riesig wie unterentwickelt. Das Reisen auf dem Fluss ist genauso üblich wie das auf Straßen, was die Transportmöglichkeiten ziemlich komplex macht.

Auf der Straße Die Schnellstraßen zwischen den größeren Städten werden ständig verbessert, manche sind hervorragend, andere voller Schlaglöcher, einige irgendwo dazwischen. Busse sind mit Ausnahme von Ost- und Nordkalimantan allgegenwärtig. Auf vielen Routen gibt's Klimaanlage gegen Aufpreis. Für das Reisen innerhalb der Städte braucht man normalerweise einen Minibus, *angkot* oder *opelet* genannt.

Auf dem Fluss Auf den Flüssen verkehren zahlreiche Fahrzeuge, unter anderem die *kapal biasa* (eine große, zweigeschossige Fähre), das *klotok* (kleineres Boot), Schnellboote, Motorkanus und auch das *ces* (die regionale Version des Longtailboots).

West- & Zentralkalimantan

Nach der Ankunft in Kalimantan aus Sarawak ist das erste Ziel Pontianak. In der Stadt gibt's zahlreiche Unterkünfte und Weiterflüge ins übrige Kalimantan (einschließlich Pangkalan Bun für den Tanjung-Puting-Nationalpark). Wir haben uns auf die wichtigsten Highlights *außerhalb* von Westkalimantan konzentriert.

In Zentralkalimantan (Kalteng) gehen die Küstenmangroven in Torfsümpfe und Dipterocarpe-Wälder (Wälder, in denen Flügelfruchtgewächse heimisch sind) über. In dieser Gegend, in der überwiegend Dayak leben, liegt auch der Tanjung-Puting-Nationalpark mit dem Camp Leakey, der beste Ort der Welt, um halbwilden Orang-Utans zu begegnen.

Pangkalan Bun

☎ 0532 / 43 000 EW.

Im nützlichen Pangkalan Bun gibt's die beste Übernachtungsmöglichkeit auf dem Weg zum Tanjung-Puting-Nationalpark und zu den Orang-Utans. Hier sind auch Guides zu finden.

Schlafen & Essen

Gute *warung* liegen an der Jl Kasumayuda und Jl P Antasari.

Hotel Tiara HOTEL **$**
(☎ 0532-22717; Jl P Antasari 16; Zi. mit Ventilator/Klimaanlage 120 000/170 000 Rp; ❄) Das Hotel Tiara ist toll für Backpacker, die Decken sind hoch, die Zimmer günstig, gepflegt und sauber. Ein Neuzugang nebenan verspricht noch mehr Möglichkeiten.

★ **Yayorin Homestay** HOMESTAY **$$**
(Yayasan Orangutan Indonesia; ☎ 0532-29057; info@yayorin.com; Jl Bhayangkara km 1; Zi. mit Frühstück 300 000 Rp) Wände aus Rattan, Licht aus Solaranlagen, und das alles mitten im grünen Wald. Mit diesen friedlichen Hütten will Yayorin, eine örtliche NGO, Geld verdienen, um sich weiterhin für den Schutz von Kalimantans Wäldern einzusetzen. Die Anlage befindet sich rund 7 km südlich der Stadt, am Fallschirmjäger-Kreisverkehrdenkmal in die Jl HM Rafi'i einbiegen.

An- & Weiterreise

Flieger gehen u. a. nach Jakarta, Pontianak und Surabaya.

DAMRI's (☎ 0812 5186 3651; Nantai Suka Terminal) Busse fahren nach Pontianak (350 000 Rp, 13 Std., tgl. um 7 Uhr) sowie alle Busse von **Logos** (☎ 0532-24954; Jl Pangeran Antasari) fahren am **Terminal Nantai Suka** (Jl Jend A Yani) ab, die von **Yessoe Travel** (☎ 0532-21276; Jl Kawi-tan 68) starten vor dem eigenen Büro. Ziele der beiden Letzteren sind u. a. Sampit (85 000 Rp, 6 Std.), Palangka Raya (125 000 Rp, 12 Std.) und Banjarmasin (175 000–290 000 Rp, 16 Std.).

Unterwegs vor Ort

Taxis vom/zum Flughafen (8 km) kosten 70 000 Rp. Für Fahrten mit dem *opelet* zahlt man in der Stadt 10 000 Rp. Minibusse nach Kumai (20 000 Rp, 20 Min.) starten gegenüber vom Hotel Abadi, die Taxis nach Kumai fangen bei 100 000 Rp an.

Kumai

☎ 0532 / 25 000 EW.

Wer in den Tanjung-Puting-Nationalpark will, muss am Hafen von Kumai ablegen. Die Stadt ist auch berühmt für ihre Vogelnestproduktion, die der Stadt viele kreischende Lagerhäuser beschert. An der Hauptstraße Jl HM Idris liegen eine Handvoll Pensionen und *warung*. Manchmal treffen sich hier Backpacker, um sich die Kosten für ein *klotok* zu teilen. Flussabwärts in der Nähe des Hafens ist ein Geldautomat, das Dock zum Nationalpark liegt flussaufwärts am Stadtrand.

An- & Weiterreise

Von Pangkalan Bun fahren Minibusse nach Kumai (20 000 Rp, 20 Min.). Taxis vom Flughafen Pangkalan Bun nach Kumai kosten 150 000 Rp, einschließlich aller Stopps für den Besuch des Tanjung-Puting-Nationalparks.

Tanjung-Puting-Nationalpark

Dieses unvergessliche Abenteuer, wohl *das* Highlight von Borneo, führt auf einem Boot den Sungai Sekonyer hinauf zum **Camp Leakey**. Die bedeutende Primatenforscherin Dr. Biruté Galdikas hat es 1971 gründet. Beim Besuch sind Begegnungen mit Orang-Utans aus der Nähe fast garantiert. Unterwegs sieht man Makaken, dickbäuchige Nasenaffen, Eisvögel, majestätische Nashornvögel und mit etwas Glück Sunda-Gaviale, eine Krokodilart. Rund um das Camp Leakey kann man Malaienbären, Stachelschweinen, Gibbons und Pferdehirschen begegnen.

Sehenswertes & Aktivitäten

Teil des Rehabilitierungsprozesses hier ist die tägliche Fütterung der Orang-Utans auf Dschungelplattformen, bei der Besucher zuschauen können. Die mit Bananenkörben bepackten Ranger stoßen Rufe aus, und nach und nach erscheinen unsere entfernten Verwandten.

Die Fütterung findet in drei Camps statt: in **Tanjung Harapan** um 15 Uhr, in **Pondok Tangui** um 9 Uhr und in **Camp Leakey** um

14 Uhr (vorher erkundigen, ob die Zeiten sich geändert haben). Ein kurzer, manchmal rutschiger Fußweg (ca. 15 Min.) führt von der Anlegestelle zu den Fütterungsstationen. Regenkleidung und viel Insektenschutz mitnehmen!

Die zweistöckigen *klotok* sind die romantischste Weise, den Tanjung-Puting-Nationalpark zu besuchen: zugleich Restaurant, Aussichtsturm und Unterkunft für bis zu vier Personen. In der Dämmerung wird das *klotok* in der Nähe des Dschungels festgemacht und leuchtet im Schein der Kerzen.

In der Regel geht's früh zu Bett, wozu das obere Deck mit Matratzen und Moskitonetzen ausgestattet wird. Dann erwacht man in der Morgendämmerung von den Rufen der Gibbons und den unzähligen Geräuschen der Tierwelt.

Die Kosten für ein *klotok* hängen von der Größe ab. Von klein (zwei bis vier Passagiere, 450 000 Rp bis 550 000 Rp pro Tag) bis groß (8 bis 10 Passagiere, 650 000 Rp bis 1 000 000 Rp pro Tag), inklusive Kapitän, Bootsmann und Treibstoff. Köche kosten zusätzlich 100 000 Rp pro Tag, plus Nahrungsmittel. Dazu kommen noch ein Guide (150 000 Rp bis 250 000 Rp pro Tag), Genehmigungen (150 000 Rp pro Pers. pro Tag) und Liegegebühren (100 000 Rp pro Boot pro Tag). Wenn man alles zusammenrechnet, kommen bei drei Tagen und zwei Übernachtungen für zwei Personen problemlos mehr als 4 000 000 Rp zusammen, selbst wenn man bei jedem Posten knallhart feilscht.

Mit diesen Preisen im Kopf und außerdem dem Stress, dem Transport vom und zum Flughafen und den ganzen anderen Einzelheiten klingen die höheren Kosten, die man bei einem Veranstalter mit vernünftigen Preisen zahlt, plötzlich gar nicht mehr so schlimm.

ORANG-UTANS

Vier große Affenarten gehören zur Familie der Hominiden: Orang-Utans, Schimpansen, Gorillas und Menschen. Obwohl unser rothaariger Verwandter bereits vor langer Zeit vom gemeinsamen Stammbaum abgezweigt ist, wenn man die *orang hutan* (Bahasa Indonesia für „Waldmensch“, den Namen haben sie wahrscheinlich von den Holländern bekommen) eine Zeitlang beobachtet, fallen Gemeinsamkeiten auf, die mindestens genauso frappierend sind wie die Unterschiede.

Die Bindung zwischen einer Mutter und ihrem Jungen ist eine der stärksten im Tierreich. Die ersten zwei Jahre sind die Jungtiere vollkommen abhängig und werden praktisch ständig getragen. Die Mütter bringen ihren Kleinen bis zu sieben Jahre lang bei, wie man im Regenwald überlebt.

Die territorialen Männchen haben mit der Aufzucht und Pflege der Jungtiere gar nichts zu tun, sie leben größtenteils allein, gelegentlich gibt es gewalttätige Auseinandersetzungen um den Alphastatus. Sobald ein junges Männchen sich ein Territorium gesichert hat, verändert es sich körperlich sehr schnell und bekommt beeindruckende Wangenwülste und Kehlsäcke. Mit lauten Rufen, die mehrere Kilometer durch den Wald schallen, macht es seine Dominanz deutlich.

Beide Orang-Utan-Arten, die in Sumatra und die in Borneo, sind vom Aussterben bedroht. Ein Großteil ihres Lebensraums wird in Palmölplantagen umgewandelt. Mütter werden häufig erschossen und ihre Jungtiere dann als Haustiere verkauft. Aktuell arbeiten alle Orang-Utan-Zentren in Indonesien am Rande ihrer Kapazitäten oder sind überfüllt.

Mehr Informationen über den Schutz der Orang-Utans und Freiwilligenarbeit in Kalimantan:

Friends of the National Parks Foundation (www.fnpf.org) Unterstützt die Aufforstung in Pasalat.

Orangutan Foundation International (www.orangutan.org) Wurde von Biruté Galdikas gegründet, betreibt die Fütterungsstationen im Park.

Orangutan Foundation UK (www.orangutan.org.uk) Die britische Organisation konzentriert sich darauf, den Lebensraum der Orang-Utans zu retten.

Orangutan Land Trust (www.forests4orangutans.org) Macht politische Lobbyarbeit und unterstützt eine ganze Reihe von Organisationen, die sich dem Überleben der Orang-Utans widmen.

★ **Jenie Subaru** ABENTEUERTOUR
(☎0857 6422 0991; jeniesubaru@gmail.com) Es ist ein Jammer, dass der leidenschaftliche und charismatische Jenie heute nur noch wenige Touren leitet und sich stattdessen (bewundernswerterweise) der Ausbildung der nächsten Generation regionaler Guides in nachhaltigem Tourismus widmet. Einnahmen von seinen Trips werden zum Kauf von Land entlang der Grenzen des Parks eingesetzt, um den Lebensraum der Orang-Utans zu schützen.

Orangutan House Boat Tours ABENTEUERTOUR
(☎0857 5134 9756; www.orangutanhouseboattour.com) Fardi ist zwar noch jung, aber er arbeitet hart und liebt die Orang-Utans genauso sehr wie seine Heimat.

Borneo Orangutan Adventure Tour ABENTEUERTOUR
(☎0852 4930 9250; www.orangutantravel.com) Leiter dieser Abenteuertour ist der großartige Ahmad Yani, der erste offizielle Guide in Pangkalan Bun.

Schlafen

Wer außerhalb des Parks übernachten will, normalerweise vor oder nach der Bootstour, sollte es in Kumai oder Pangkalan Bun versuchen.

★ **Flora Homestay** HOMESTAY **$$**
(☎0812 516 4727; Zi. 500 000 Rp, feste Menüs 75 000 Rp) Direkt am Fluss am Ende des Dorfs Sekonyer gibt's in rustikalen Holzhütten alles, was man braucht, um Borneo mit allen Sinnen zu erleben. Pak Bana gibt sich große Mühe und bietet sogar an, Wasser für eine Dusche heiß zu machen. Möglich sind auch Touren zu einer Fütterungsstation, Kanutrips und Dschungelwanderungen.

Praktische Informationen

Besucher ohne Reisegruppe sollten sich bei Ankunft in der Polizeiwache von Pangkalan Bun registrieren lassen. Dafür braucht man Kopien von Reisepass und Visum (die Fahrer von Flughafentaxis kennen das Prozedere). Ein Guide kann das ebenfalls organisieren.

Anreise & Unterwegs vor Ort

Um Tanjung Puting zu erreichen, fliegt man normalerweise ins nahe gelegene Pangkalan Bun und nimmt dort ein Taxi nach Kumai (150 000 Rp, 20 Min.).

Schnellboote ab Kumai kosten 700 000 Rp pro Tag und benötigen für die Strecke nach Camp Leakey etwa zwei Stunden. Allerdings sind es reine Transportmittel, die Tierwelt lässt sich während der Fahrt also nicht beobachten.

Am günstigsten kommt man nach Sekonyer mit einer Fähre von Kumai über die Bucht (5000 Rp), dann mit einem *ojek* (25 000 Rp, 30 Min.) bis ins Dorf.

Eine ruhigere Alternative bieten Kanus, mit denen man die seichten Nebenflüsse erkunden kann; vermietet werden sie im Laden in Sekonyer für 50 000 Rp pro Tag.

EINREISE NACH MALAYSIA: VON PONTIANAK NACH KUCHING

Anreise zur Grenze Zahlreiche Busse verkehren zwischen Pontianaks Ambawang-Busbahnhof, 9 km östlich vom Stadtzentrum, und dem Busbahnhof von Kuching Sentral (und auch in andere Städten an der Sarawak-Küste). Sie passieren die Tebedu-Entikong-Kreuzung, 80 km südlich von Kuching.

An der Grenze Die Bürger der meisten Länder bekommen ein 30- oder 60-Tage-Visum bei der Ankunft, abhängig von der zu erwartenden Länge des Aufenthalts.

Weiterreise Kuching ist mit dem Rest von Malaysia per Bus und Flugzeug gut verbunden.

Ostkalimantan

Ostkalimantan (Kaltim) ist zwar seit Langem der Abholzung und Ölgewinnung ausgesetzt, doch es verfügt noch immer über riesige, unerforschte Dschungel, den mächtigen Fluss Makaham und vor der Küste über einige der besten Tauchmöglichkeiten in ganz Borneo.

Balikpapan

☎0542/ 560 000 EW.

Balikpapan ist die einzige Metropole Kalimantans und im Prinzip fast selbst eine Reise wert. Geld aus Ölgeschäften und ausländische Arbeitnehmer hatten in ihrer langen Geschichte einen immensen Einfluss auf die Stadt und brachten westliche Architekturideale in den Ostteil der Hafenstadt. Die Stadt ist sauber und lebendig, sie besitzt mehrere gewaltige Einkaufszentren und einige anständige Strände, wie z. B. Kemala.

Am meisten los ist in der Nähe des Zentrums an der Jl Sudirman, wo es nachts richtig munter wird. **Wisma Kemala Bhayangkari** (☎0812 5490 2392, 0542-421260; Jl Sudirman 6; Zi. 250 000–385 000 Rp; ❄) ist ein echtes Budgetschnäppchen am Kemala Beach. **Soto Queen** (Warung Kuin Abduh, SQ; Jl Ahmad Yani; soto Banjar 15 000 Rp; ⏲14–23 Uhr) serviert süchtig machende *soto Banjar* (Hühnersuppe mit einer köstlichen Gewürzmischung).

Flugzeuge starten in die größeren indonesischen Städte sowie nach Kuala Lumpur und Singapur. Wer mit dem Taxi vom Flughafen (BPN) ins Stadtzentrum will, bezahlt 70 000 Rp; oder man läuft 150 m die Straße hinunter und winkt ein grünweißes *angkot* 7 Richtung Westen heran (5000 Rp).

Berau

☎0554 / 63 000 EW.

Berau mangelt es an Charme, doch es ist eine wichtige Zwischenstation auf dem Weg nach Pulau Derawan.

Schlafen

Hotel Mitra HOTEL **$**

(☎0812 5315 0715; Jl Gajah Mada 531A; Zi. mit Frühstück 220 000–240 000 Rp; ❄📶) Mitra ist makellos und mit seinem freundlichen Personal fühlt es sich weniger an wie ein Hotel, sondern eher wie eine riesige Privatunterkunft. Weil es seit Langem bei regionalen NGOs sehr beliebt ist, ist das Personal den Umgang mit Ausländern gewöhnt. Alle Zimmer verfügen über eine Klimaanlage, es gibt nur kaltes Wasser.

An- & Weiterreise

BUS & KIJANG

Kijang sammeln sich am Vormittag auf der anderen Straßenseite vom ehemaligen Busbahnhof, sie warten auf ein Minimum von drei Passagieren. Man kann allerdings mehrere Sitzplätze kaufen, um die Abfahrt zu beschleunigen. Zu den Zielen gehören Tanjung Batu (100 000 Rp, 2½ Std.) und Balikpapan (400 000 Rp, mehr als 20 Std.).

FLUGZEUG

Von diesem Flughafen (BEJ) 9 km außerhalb der Stadt geht es u. a. nach Balikpapan.

Pulau Derawan

☎0551

Die winzige, unkonventionelle Derawan ist mittlerweile ein echter Magnet für Backpacker. Sie ist die bekannteste Insel im Archipel und dem Festland am nächsten. Allerdings wird's hier zunehmend voll. Doch obwohl die Touristen jetzt fast ständig da sind, sind die Einheimischen immer noch freundlich und die Kinder freuen sich auf High-Fives. Am Wochenende und an Feiertagen wollen indonesische Touristen auf Bananenbooten reiten, dann sucht man vergeblich nach Ruhe und Einsamkeit. Wer es gern idyllischer hat, sollte die wirklich entlegene Insel Maratua in Erwägung ziehen.

Aktivitäten

Die Spots zum **Tauchen** und **Schnorcheln** zählen zu den besten in Indonesien, sie warten mit einer Reihe von Riffen und Meeresbewohnern wie Barrakudas, Haien, Mantarochen und Schildkröten bis in größere Tiefen auf.

Einen ganzen Tag zu schnorcheln schlägt mit 1 500 000 Rp bis 2 000 000 Rp zu Buche, je nachdem, wie weit man hinausfährt. Hin und zurück wird man auf dem Weg von Derawan zu den beliebten Schnorchelgebieten um Kakaban und Sangalaki etwa vier Stunden lang durchgeschüttelt. Tauchgänge organisiert die exklusive Derawan Diving Lodge.

Schlafen & Essen

Die *losmen* hier stehen auf Stelzen, sind gemütlich und haben das Meer direkt vor der Tür. In den Cafés entlang der Hauptstraße werden frische Meeresfrüchte serviert.

★ **Miranda Homestay** HOMESTAY **$**

(☎0813 4662 3550; Zi. 200 000 Rp) Obwohl Miranda im Hinterland liegt und keine besondere Aussicht bietet, sind diese zwei blitzblanken Zimmer immer noch ein tolles Schnäppchen. Mit Pak Marudis geräumigem und entspannendem *klotok* können Gäste zu gemütlichen Schnorchelexpeditionen (700 000 Rp pro Tag) mit viel Kaffee aufbrechen oder einen Ausflug nach Tantung Batu (100 000 Rp pro Pers.) machen.

Sari Cottages PENSION **$$**

(☎0813 4653 8448; Zi. 350 000 Rp; ❄) Diese Pension liegt ganz zentral und verfügt über 22 an zwei parallelen Piers aufgereihte Unterkünfte, die durch einen Steg verbunden sind. Die großen, privaten Veranden haben eine (noch) unverbaute Aussicht und das Restaurant gilt als die beste Location in der ganzen Stadt. Beim Schild „Pinades" an der Straße abbiegen und auf der Planke weiterlaufen.

Derawan Dive Lodge LODGE $$$

(☎0431-824445; www.derawandivelodge.com; EZ/DZ mit Frühstück 80/95 US$) Eine kleine Enklave aus zehn bequemen, individuell eingerichteten Zimmer mit einem gemütlichen Café draußen und einem Privatstrand am Westende der Insel. Wenn man einen Tauchurlaub mit etwas Inselleben kombinieren will, dann ist dies die beste Wahl auf Derawan.

An- & Weiterreise

Die meisten Trips auf die Inseln starten von der Küstenstadt Tanjung Batu, die man von Berau aus über Straßen erreicht (500 000 Rp Charter, 100 000 Rp normaler Sitzplatz, 2½ Std.), von dort bringt ein Linienschiff morgens Passagiere nach Pulau Derawan (100 000 Rp pro Pers., 30 Min.). Ansonsten muss man ein Schnellboot mieten (300 000 Rp, 4 Passagiere).

Ein Boot bis Maratua zu mieten kostet 1 300 000 Rp, ab Tanjung Batu dauert es 1½ Stunden. Ab Derawan liegt die einstündige Überfahrt bei 1 100 000 Rp. Manchmal kann man über die Preise verhandeln.

SULAWESI

Sulawesi ist tatsächlich so wild, wie es auf der Landkarte aussieht. Sandstrände sprenkeln die zerfurchte Küste, vor der Korallenriffe und eine unglaublich reiche Fischwelt locken. Das Inland wartet mit unbezwingbaren Bergen und einem Dschungel auf, der exotische Tiere wie die seltenen nachtaktiven Koboldmakis und grellbunte Hammerhühner beheimatet.

Allein die Erkundung der an einen Tintenklecks erinnernden Insel nimmt problemlos 30 Tage in Anspruch. Deshalb sollte man vor der Abreise unbedingt Zeit zum Schnorcheln rund um die Pulau Bunaken einplanen; man erreicht sie über die legendäre Reiseroute, die von Süden nach Norden durch Sulawesi führt: von Makassar nach Tana Toraja mit den berühmten Begräbniszeremonien, weiter auf die coolen Togian-Inseln und schließlich bis Manado und Bunaken.

Anreise & Unterwegs vor Ort

BUS

Hervorragende Busse mit Klimaanlage verbinden Rantepao mit Makassar. Überall sonst sind abgehalfterte Regionalbusse unterwegs, die alle paar Minuten halten. Auf längeren Strecken verkehren mehrere ordentliche Minibusse.

FLUGZEUG

Die drei Verkehrsknotenpunkte sind Makassar und Manado mit guten Anbindungen ins ganze Land sowie Palu, das Verbindungen nach Balikpapan (Kalimantan) bietet. Maschinen von Silk-Air (www.silkair.com) pendeln zwischen Singapur und Manado, während Air Asia (www.airasia.com) von Kuala Lumpur nach Makassar fliegt.

SCHIFF/FÄHRE

Sulawesi liegt an mehreren Bootsrouten. Mehr als die Hälfte aller Pelni-Verbindungen halten in Makassar und Bitung (von hier aus kommt man per Schiff nach Manado) sowie ein paar anderen Städten.

Makassar (Ujung Padang)

☎0411 / 1,71 MILLIONEN EW.

Makassar, Sulawesis wichtigste Stadt, ist seit Langem das Tor nach Ostindonesien. Leider geht's hier ziemlich chaotisch zu, deshalb begeben sich viele Reisende ohne Umschweife nach Tana Toraja. Doch eine Nacht verbringt man meistens hier. Dann lohnt ein Blick auf den geschäftigen Hafen und die kürzlich modernisierte Uferpromenade im Zentrum, wo man den Einheimischen beim Bummeln und Essen Gesellschaft leisten kann. Die Einkaufsmöglichkeiten sind genauso gut wie die Fischrestaurants.

In der Geschichte des Landes spielte die Stadt eine Schlüsselrolle. Hier entstand im 16. Jh. das Königreich von Gowa, es verlor jedoch nach Ankunft der Niederländer an Bedeutung. Drei Jahrhunderte später, in den 1950er-Jahren, lehnten sich die Bewohner von Makassar und Angehörige des Stamms der Bugis gegen die Zentralregierung auf – ihr Aufstand blieb jedoch ohne Erfolg.

Sehenswertes

Am interessantesten ist der Westen der Stadt: Hier befinden sich der Hafen (im Nordwesten) und das Fort Rotterdam (im alten Handelsviertel, das sich zu Fuß erkunden lässt). 7 km südöstlich des Zentrums sind Überreste des alten Königreichs von Gowa zu bestaunen.

★ **Fort Rotterdam** HISTORISCHE STÄTTE

(Jl Pasar Ikan; ⏲8–18 Uhr) GRATIS Das Fort Rotterdam ist eines der besterhaltenen Beispiele niederländischer Architektur und bewacht bis heute den Hafen von Makassar. Ab 1545 stand eine Festung der Gowa hier, konnte gegen die Niederländer jedoch nichts ausrichten. Die Festung wurde im holländischen Stil neu aufgebaut, mit vielen schönen, gut

Sulawesi

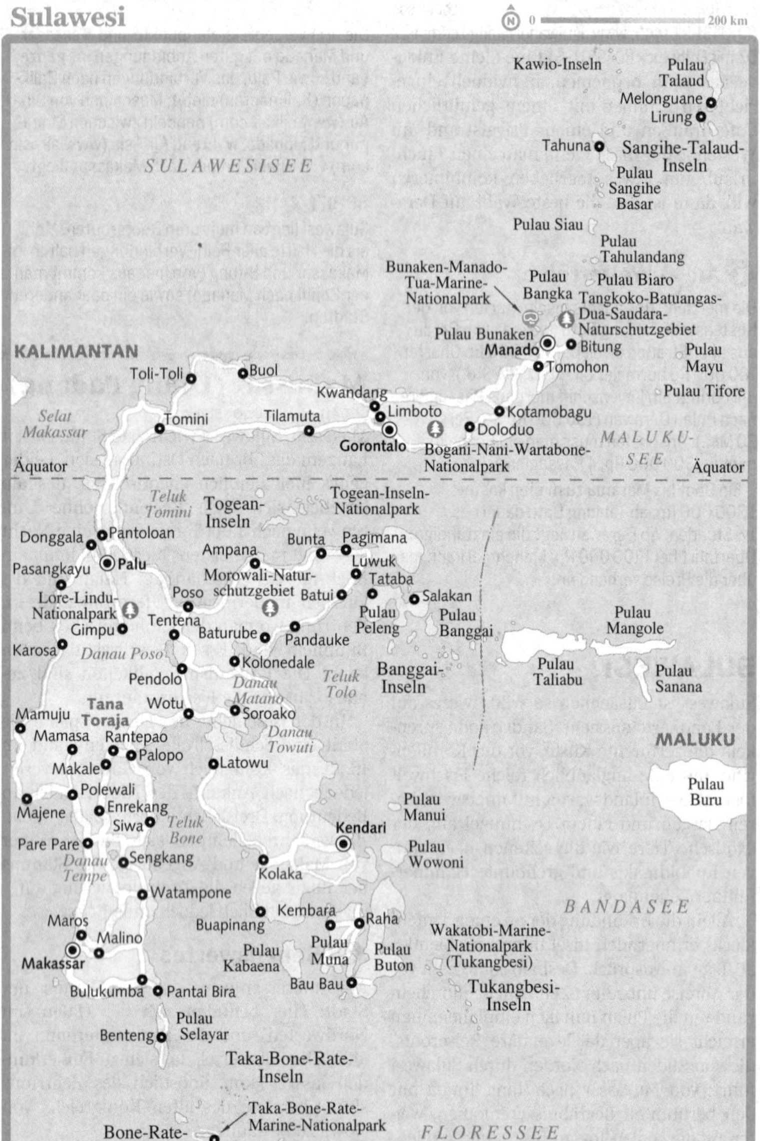

restaurierten kolonialen Elementen. Man kann auf den Wällen herumlaufen und Teile der Originalmauern besichtigen.

Innen befindet sich das **Museum Negeri La Galigo** (Eintritt 10 000 Rp; ⌚ Di–So 8–18 Uhr), die Sammlung ist auf zwei Gebäude verteilt.

Masjid Amirul Mukminin MOSCHEE
(Jl Pasar Ikan) GRATIS Die „schwebende Moschee" (errichtet auf im Meeresboden eingelassenen Betonpfeilern) erhebt sich mit ihren eleganten Zwillingskuppeln am südlichen Ende von Pantari Losari über dem

Meer. Sie wurde 2009 gebaut und bietet eine fantastische Aussicht über die Küste. Die Anlage um die Moschee ist *der* Ort zum Fastenbrechen während des Ramadans.

Schlafen

★ Dodo's Homestay HOMESTAY $
(☎0812 412 9913; www.dodopenman.blogspot.co.uk; Jl Abdul Kadir Komplex Hartaco Indah Blok 1Y/25; EZ/DZ mit Frühstück 75 000/100 000 Rp; ❄📶) Dodo's Homestay ist großartig, er ist supernett und hilft Travellern jetzt seit mehr als 20 Jahren. Sein Haus mit Klimaanlage ist geräumig und liegt in einem ruhigen Viertel 4 km südlich der Stadtmitte; eines der Zimmer hat ein eigenes Bad. Tee und Kaffee sind kostenlos, Dodo organisiert auch gern den Transport (auch mit Motorrädern und Mietwagen) sowie Touren durch Sulawesi.

New Legend Hotel HOTEL $
(☎0411-363-2123; www.newlegendhotel.com; Jl Jampea 1; B/Zi./Suite mit Frühstück ab 123 000/242 000/440 000 Rp; ❄📶) Dieses neue, moderne Hotel, günstig gelegen in Chinatown, wird von den hilfreichen Leuten geführt, die das einzige Hostel in Makassar betrieben haben. Alle Zimmer sind ordentlich und mit Fernsehen, DVD-Player, Klimaanlage und Badezimmer (mit warmen Wasser) ausgestattet, die preiswertesten haben allerdings keine Fenster. In den einzigen Schlafsälen der Stadt gibt's einen Ventilator und Gemeinschaftsbäder.

★ Ge Jac Mart HOMESTAY $$
(☎0411-859-421; www.ge-jacmart-homestay.blogspot.co.uk; Jl Rambutan 3; Zi. mit Frühstück 290 000 Rp; ❄📶) Etwas ab von der Küste liegt diese wunderbare Privatunterkunft. Sie wird von der Familie Pongrekun (ursprünglich aus Tana Toraja) geleitet. Ihre Mitglieder sind gastfreundlich, sprechen gut Englisch und kümmern sich gern um ihre Gäste. Modernes, makellos sauberes Haus mit frisch geweißten Wänden, ein bisschen Kunst sowie sieben sehr bequemen Zimmern mit eigenem Bad und Warmwasser.

Essen

Die Auswahl an Meeresfrüchten, chinesischen Gerichten und Spezialitäten wie *coto makassar* (würzige Rindersuppe) ist schlichtweg gigantisch.

Hunderte nächtliche *warung* säumen die Jl Penghibur und Umgebung. Unbedingt probieren: *piseng epe* (gegrillte Bananen mit Palmensirup).

★ Lae Lae FISCH & MEERESFRÜCHTE $
(☎0411-334-326; Jl Datu Musseng 8; Hauptgerichte ab 30 000 Rp; ⏲12–22 Uhr) Das Lae Lae ist berühmt für seine Meeresfrüchte. Es ist voll und es geht nur ums Essen, die Einrichtung ist nüchtern, am Boden liegen leere Krebspanzer, aber das Essen ist gigantisch. Hinein geht es durch einen qualmenden Grillbereich mit Fisch und Meeresfrüchten an der Straße. Man isst an langen Tischen, dicht an dicht mit Einheimischen. Als Beilage werden drei Sambal-Soßen und leckere Gemüsegerichte geboten.

Rumah Makan Pate'ne INDONESISCH $
(Jl Sulawesi 48; Hauptgerichte 11 000–34 000 Rp; ⏲8–21 Uhr) Hier locken köstliche, günstige Gerichte aus Java und indonesische Klassiker, Pate'ne bietet authentischen Geschmack zu guten Preisen. Unbedingt probieren: die *soto ayam* (Hühnersuppe) für nur 11 000 Rp – oder für 27 5000 Rp ein ganzes Festmahl *nasi campur* (Reis mit einer Auswahl an Beilagen). Dazu werden frische Säfte aus Melonen, Mangos, Äpfeln und Avocados gereicht.

Praktische Informationen

In den Hauptstraßen entlang der Uferpromenade befinden sich zahlreiche Banken mit Geldautomaten.

An- & Weiterreise

BUS

Busse in Richtung Norden starten am Busbahnhof Panaikang (auch Daya genannt) im Osten der Stadt. Es gibt zahlreiche Verbindungen nach Rantepao (ab 80 000 Rp, 8 Std.) in Tana Toraja. Zum Busbahnhof kommt man mit blauen *pete-pete* (Minibus) von der Makassar Mall (3000 Rp, 30 Min) .

FLUGZEUG

Makassars moderner Sultan-Hasanuddin-Flughafen (Code: UPG) ist gut ans übrige Indonesien angebunden. (Achtung: Viele Fluglinien-Websites verwenden immer noch „Ujang Padang" für Buchungen.)

Unterwegs vor Ort

Der Flughafen liegt 22 km östlich von Makassar. Wer von dort per Taxi ins Zentrum möchte, zahlt 125 000 Rp, für eine Fahrt im Damri-Bus werden 27 000 Rp verlangt. Der größte *pete-pete*-Bahnhof befindet sich an der Makassar Mall. Der Grundtarif beträgt 5000 Rp. *Becak*-Fahrer (Kurzstrecken: 10 000 Rp, verhandeln lohnt sich) können liebenswert und anstrengend zugleich sein. Reguläre Taxis verfügen über Kilometerzähler.

Makassar (Ujung Padang)

Makassar (Ujung Padang)

Highlight
1 Fort Rotterdam A3

Sehenswertes
2 Masjid Amirul Mukminin B5
Museum Negeri La Galigo .... (siehe 1)

Schlafen
3 Ge Jac Mart B5
4 New Legend Hotel B2

Essen
5 Lae Lae B4
6 Rumah Makan Pate'ne B2

Tana Toraja

Tana Toraja bildet einen schwindelerregenden Cocktail aus umwerfender Schönheit, exquisiter traditioneller Architektur, einem außergewöhnlichen, fast verstörenden Totenkult sowie gleichermaßen aufwendigen und brutalen Bestattungsriten. Die Region wird von einem Hauch Abenteuer durchweht und von einem sehr warmherzigen, zähen Volksstamm bewohnt: den Toraja. Ihr Hauptanliegen besteht darin, Geld zu verdienen, damit sie ihren Toten ein ordnungsgemäßes Begräbnis spendieren können.

Während der „Beerdigungssaison" im Juli und August steigt die Touristendichte und die Preise explodieren. Den Rest des Jahres ist es hingegen sehr ruhig. Umso mehr freuen sich die Pensionsbesitzer über ein paar Gäste. Die Unterkünfte sind günstig und man kann sich in der unberührten Umgebung ein wenig wie ein Pionier fühlen.

Die wichtigsten Städte in der Region sind Makale (die Hauptstadt) und Rantepao (die Touristenhochburg). Von dort fahren *bemo* in umliegende Dörfer, die als kleine Kulturschätze bezeichnet werden könnten.

Rantepao

☎ 0423 / 49 000 EW.

Rantepao wartet mit einer Reihe von Unterkünften auf und ist daher der beste Ausgangspunkt für Entdeckungstouren in die Region. Auf dem **Pasar Bolu** 2 km nordöstlich findet alle sechs Tage ein großer Viehmarkt statt. Er ist ein wichtiger sozialer Treffpunkt für die Bevölkerung und zieht viele Besucher aus der Umgebung an.

Aktivitäten

In dieser faszinierenden Region sollte man seine Tage etwas planen. Guides verlangen 350 000 bis 400 000 Rp pro Tag. Dazu kommen die Kosten für ein Motorrad (ca. 70 000 Rp pro Tag). Für einen Guide mit Fahrzeug für bis zu vier Personen zahlt man 600 000 Rp pro Tag. Die interessantesten Orte erreicht man zu Fuß oder per Motorrad, dank verbesserter Straßen sind viele inzwischen auch leichter mit dem Auto zugänglich.

Man sollte darauf achten, dass der Guide aus Toraja stammt, denn Zuwanderer haben nicht den gleichen sensiblen Zugang zu den Begräbnissen und kulturellen Events. Angesprochen wird man garantiert von einem der Guides.

Wer das Land der Toraja kennenlernen möchte, muss abseits der befestigten Straßen wandern gehen. Man braucht dazu unbedingt gutes Schuhwerk, ausreichend Proviant und Wasser, eine Taschenlampe (in manchen Dörfern gibt's keinen Strom) sowie Regenkleidung. Hochwertige Trekkingausrüstung erhält man z. B. bei **Indosella** (☎ 0813 4250 5301, 0423-25210; www.sellatours.com; Jl Andi Mappanyukki 111). Dort kann man auch spezielle Touren und Raftingausflüge (ab 800 000 Rp für 2 Pers.) buchen.

Eine tolle Tageswanderung führt von Deri über die Reisfelder nach Tikala. Zwar weisen Einheimische Ortsfremden gerne den Weg, aber es ist trotzdem empfehlenswert, für diesen Trek einen Guide zu engagieren. Deri erreicht man per *bemo*; am besten bricht man morgens auf.

Eine andere schöne Tageswanderung beginnt in den Hügeln bei Batutumonga und führt an Reisfeldern entlang zurück nach Rantepao. Zu den beliebten mehrtätigen Wanderungen gehören folgende Strecken:

Batumonga–Lokomata–Pangala–Baruppu–Pulu Pulu–Sapan: drei Tage.

Bittuang–Mamasa: drei Tage.

Pangala–Bolokan–Bittuang: zwei Tage auf einem gut markierten Weg.

Schlafen

★ **Pia's Poppies Hotel** PENSION $
(☎ 0423-21121, 0813 4202 6768; poppiestoraja@yahoo.co.id; EZ/DZ 135 000/175 000 Rp; WLAN) Dieses hervorragende Hotel nur zehn Minuten von der Stadtmitte entfernt, sieht aus wie eine Berghütte in den Alpen, das Personal ist sehr hilfsbereit und herzlich. Die ruhigen Zimmer bieten so ungewöhnliche Details wie Badezimmer aus Stein (Zimmer mit Bad haben Warmwasser) und Blick auf einen üppigen Garten. Unbedingt in dem zauberhaften Café essen, in dem fantastische, regionale Küche serviert wird. Frühstück ist nicht im Preis inbegriffen.

Rosalina Homestay HOMESTAY $
(☎ 0423-25530; www.rosalinahomestayrantepao.blogspot.co.uk; Jl Pongitiku Karassik; DZ mit Frühstück 200 000 Rp; WLAN) Enos, einem sehr erfahrenen Guide aus Toraja, und seiner Familie gehört die schöne, 2015 eröffnete Unterkunft. Alle kümmern sich wirklich gut um die Gäste, ein weiterer Pluspunkt ist das enorme Frühstück. Die geräumigen Zimmer im oberen Teil schauen vom großen Gemeinschaftsbalkon auf ein Meer aus Reisfeldern.

Wisma Monika PENSION $$
(☎ 0423-21216; 36 Jl Sam Ratulangi; Zi. mit Frühstück 250 000–400 000 Rp; Klimaanlage, WLAN) Eine grandiose, cremefarbene Villa in zentraler Lage mit einer Auswahl an schlichten, aber gepflegten und sauberen Zimmern, alle mit Nachttischlampe. Das Personal bereitet ein gutes Frühstück zu.

Essen

Das bekannteste Gericht ist *pa'piong* (Bambusröhren gefüllt mit Fleisch, Gemüse und Kokosnuss). Am besten bestellt man es im Voraus und isst schwarzen Reis dazu.

Tana Toraja

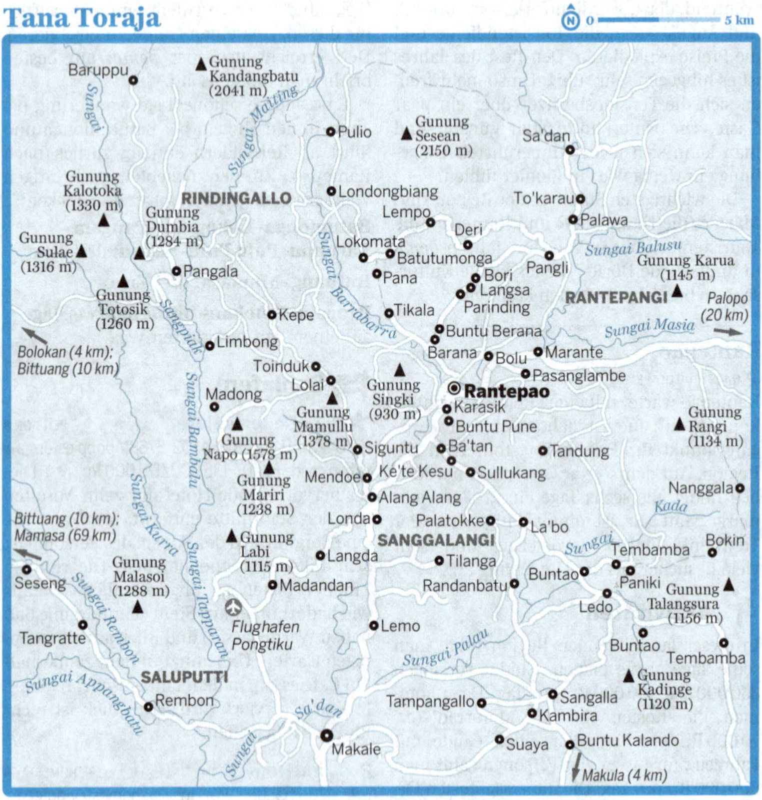

Pia's INDONESISCH, INTERNATIONAL **$**
(☎ 0423-21121; Hauptgerichte 30 000–60 000 Rp; ⏲ 7–10 & 18–22 Uhr; 📶) Das Restaurant in Pia's Poppies Hotel eignet sich gut, um die regionale Küche zu probieren, es gibt *pa'piong*, außerdem anständige Pizzen. Alles wird nach Bestellung frisch zubereitet, also sollte man unbedingt weit im Voraus bestellen (mindestens 2 Std.) – oder sich auf eine lange Wartezeit einstellen. Ein Bintang kostet nur 30 000 Rp. Zehn Minuten zu Fuß vom Zentrum. Achtung: mittags geschlossen.

Rumah Makan Saruran INDONESISCH, CHINESISCH **$**
(Jl Diponegoro 19; Hauptgerichte ab 15 000 Rp; ⏲ 8–22 Uhr; 📶) Chinesische Küche nach indonesischer Art wird in diesem betriebsamen Lokal serviert, in das gerne junge indonesische Urlauber kommen. Von der Straße sieht es etwas marode aus, aber wenn man die dampfenden Woks der Küche hinter sich gelassen hat, ist es drinnen überraschend komfortabel und schick. Die Bar ist umfassend ausgestattet, es gibt gute Säfte ab 12 000 Rp.

Rimiko Restoran INDONESISCH **$**
(☎ 0423-23366; Jl Andi Mappanyukki 115; Gerichte 20 000–50 000 Rp; ⏲ 8–22 Uhr; 📶) Ein alteingesessenes, sehr freundliches Restaurant, das authentische regionale Küche serviert. Hier locken gute Spezialitäten aus Toraja, u. a. Büffel, Schwein und Aal in schwarzer Soße (50 000 Rp) sowie indonesische Klassiker wie *gado gado*.

ℹ Praktische Informationen

In der Jl Diponegoro gibt's Banken und Geldautomaten. Sonnencreme mitbringen, denn hier wird keine verkauft.

Staatliche Touristeninformation (☎ 0423-21277; Jl Ahmad Yani 62A; ⏲ Mo–Sa 9–14 Uhr) Das nette Personal informiert präzise und unabhängig über Zeremonien und Feste und vermittelt Guides.

BUSSE AB RANTEPAO

ZIEL	KOSTEN (RP)	FAHRTZEIT (STD.)
Makassar (Terminal Daya)	110 000–220 000	8–9
Poso	150 000	12
Tentena	130 000	10

An- & Weiterreise

AUTO

Ein Fahrer mit Auto von Makassar nach Rantepao kostet ab 600 000 Rp und braucht sechs Stunden. In beiden Orten können Unterkünfte dies arrangieren. In ein Auto passen bis zu fünf Personen, daher kann es eine gute Alternative zum Bus sein.

BUS

Viele Langstreckenbusse fahren von den Büros der Busunternehmen entlang der Jl Andi Mappanyukki ab, übrigens oft nachts. Die Preise variieren je nach Tempo, Komfort und Platz.

Diverse Busunternehmen biete bequeme Busse nach/ab Makassar an, u. a. Charisma (mit WLAN).

Unterwegs vor Ort

Kijang (Minibusse) verkehren nach Makale (6000 Rp, 30 Min.) und setzen Passagiere an den Abzweigungen nach Londa, Tilanga oder Lemo ab. Von dort läuft man das letzte Stück zu den Dörfern. Am Bolu-Terminal, 2 km nordöstlich von Rantepao, starten häufig Busse gen Osten nach Palopo. Per *bemo* und *kijang* erreicht man alle größeren Dörfer, darunter Lempo (in der Nähe von Batutumonga).

In den Hotels und Reisebüros können Motorräder gemietet werden (60 000 Rp pro Tag)

Rund um Rantepao

Bei Tagesausflügen rund um Rantepao eröffnen sich atemberaubende Panoramablicke, zudem entdeckt man bezaubernde Bambuswälder und herrliche Reisfelder. Letztere erstrecken sich auf natürlichen Felsenterrassen und werden von 2000 m hohen Wasserfällen bewässert. *Tau tau* (hölzerne Bildnisse) verstorbener Verwandter bewachen die Gräber, die entweder aus senkrechten Kalksteinwänden gemeißelt werden oder von den Decken tief in den Fels reichender Höhlen hängen. Überwältigend und seltsam zugleich wirken die bunten viertägigen Beerdigungszeremonien: Während der Geist eines Verstorbenen ins Jenseits aufsteigt, werden Büffel geschlachtet und Bambuskaraffen mit Palmwein gereicht.

SÜDLICH VON RANTEPAO

Karasik liegt am Stadtrand von Rantepao, 1 km vom Zentrum und nahe der Straße nach Makale. Die traditionellen Häuser wurden vor einigen Jahren anlässlich einer Trauerfeier errichtet.

6 km südöstlich von Rantepao unweit der Hauptstraße ist **Londa** für seine Holzschnitzereien bekannt. In der Felswand hinter dem Dorf gibt's ein paar Höhlengräber zu entdecken und unter einem Felsvorsprung hängen einige sehr alte verrottete Särge.

6 km von Rantepao und 2 km von der Straße nach Makale stößt man auf **Ke'te Kesu**. Die Grabhöhle ist sehr groß und eine der faszinierendsten in der Umgebung. Über dem Eingang befindet sich eine Galerie voller *tau tau*; die Figuren tragen sogar frische Kleidung! In der Höhle ist es dunkel und feucht. Manche Särge befinden sich über den tropfnassen Stalagmiten, andere stehen auf dem Boden, und überall liegen Schädel und Knochen.

Eine der größten Grabstätten von ganz Tana Toraja ist in **Lemo** 11 km von Rantepao, zu sehen. Dutzende von *tau-tau*-Galerien zieren die Felswand. Hier würden sogar noch mehr von diesen Figuren Wache halten, wenn sie bei den skrupellosen Antiquitätenhändlern nicht so hoch im Kurs stünden! Von Rantepao kommt man per *bemo* bis zum Abzweig nach Lemo; von dort sind es noch 15 Gehminuten zur Grabstätte.

ÖSTLICH VON RANTEPAO

An der Straße nach Palopo liegt das traditionelle Dorf **Marante** (6 km von Rantepao) mit Reisfeldern sowie steinernen und hängenden, von *tau tau* bewachten Gräbern. Weiter abseits der Straße, in **Nanggala** (16 km von Rantepao), stößt man auf ein eindrucksvolles traditionelles Haus mit 14 Reisscheunen. Entweder chartert man in Rantepao ein *bemo* dorthin oder fährt mit einem öffentlichen *bemo* bis zum Abzweig nach Nanggala und legt das letzte Stück zu Fuß zurück.

NÖRDLICH UND WESTLICH VON RANTEPAO

Nördlich und westlich von Rantepao erstrecken sich wunderschöne Landstriche. Die Lage von **Batutumonga** (20 km von Rantepao entfernt) ist einfach fantastisch: Hier

TORAJA KULTUR

Die lokale Kultur in Tana Toraja zählt zu den einzigartigsten der Welt. Weil die Menschen Besucher zudem mit echter Freundlichkeit begrüßen, sollte man sie unbedingt kennenlernen.

Architektur

Tana Toraja ist für seine traditionellen *tongkonan*-Häuser berühmt. Wie Boote oder Büffelhörner geformt, ragt das Dach vorne oder hinten steil in die Höhe. Die Gebäude erinnern an die der Batak in der Danau-Toba-Region (Sumatra). Charakteristisch sind auch die dazugehörigen kleinen Reisspeicher und die Nord-Süd-Ausrichtung.

In einigen Dörfern findet man nach wie vor nur diese Variante, mittlerweile verfügen jedoch viele Bauten über ein Wellblechdach. Sie sind mit geschnitzten oder gemalten Tiermotiven und Büffelschädeln verziert. Letztere stehen für Wohlstand.

Beerdigungsriten

Verstorbene werden zweimal beerdigt, unmittelbar nach dem Tod und dann nochmals, sobald genug Geld gesammelt wurde. Die zweite Zeremonie ist sehr viel aufwendiger und dauert vier Tage. Zwischen beiden Beerdigungen bleiben die einbalsamierten Toten im besten Zimmer ihres Hauses. Besucher müssen sich regelmäßig mit ihnen unterhalten und z. B. in ihrer Gegenwart Kaffee trinken. Wenn schließlich die Büffel geschlachtet werden (einer für „einfache" Leute, bis zu 24 für bedeutende Persönlichkeiten), steigt der Geist des Verstorbenen ins Jenseits auf.

Die Kosten rund um Bestattungen sind für die Einwohner die größten Ausgaben. Die Menschen achten sorgfältig darauf, wer was zu den Zeremonien mitbringt (Geschenke werden während der Beerdigungen oft über Lautsprecher angesagt), und etwas „Billiges" zu schenken ist eine große Schande. Ein mittelgroßer Büffel kostet 25 Mio. Rp, die teuersten Tiere (mit weißen Köpfen und perfekten Fellen) 80 Mio. Rp, so viel wie ein neues Haus.

Um Grabplünderungen vorzubeugen, versteckten die Toraja ihre Toten in Höhlen oder Felsen. In den Felswänden sieht man häufig Galerien aus Stein. Dort stehen lebensgroße, hölzerne Ebenbilder der Verstorbenen und bewachen die Särge. Die Verwandten müssen die Kleidung dieser sogenannten *tau tau* regelmäßig wechseln.

Beerdigungszeremonien gelten als größte Touristenattraktion in der Region. Besucher sind bei den mehrtägigen Zeremonien willkommen und werden mit großer Gastfreundschaft, Tee und Leckereien begrüßt. Der Guide berät bei der Auswahl eines bescheidenen Geschenks im Gegenzug (etwa Zigaretten und Snacks anstelle eines Büffels). Die rituelle Schlachtung von Büffeln, Schweinen und anderen Tieren ist grausig, oft unmenschlich und verstört viele Besucher.

Zeremonien & Feste

Gegen Ende der Reisernte (etwa ab Mai) beginnt die Festsaison in Tana Toraja. Im Rahmen der Feierlichkeiten wird sehr gut gegessen bzw. getanzt und man kann Büffel- und *sisemba*-(Kickbox-)Kämpfen beiwohnen. Führer können Reisende auch zu diesen Zeremonien bringen.

kann man einen herrlichen Panoramablick und grandiose Sonnenaufgänge genießen. Außerdem gibt's ein paar Privatunterkünfte bei Einheimischen, darunter das empfehlenswerte **Mentirotiku** (☎ 0813 4257 9588; Zi. 125 000–350 000 Rp). Einen noch tolleren Ausblick bietet der 2150 m hohe Gipfel des **Gunung Sesean**, der sich nördlich des Dorfs erhebt. Viele *bemo* halten nicht weit von Batutumonga in **Lempo**.

Ein paar Kilometer westlich von Batutumonga liegt **Lokomata** (26 km von Rantepao). Dort locken Höhlengräber und eine bezaubernde Umgebung.

Wer mag, kann nach Tikala wandern. Auf dem Weg bergab und durch winzige Dörfer erreicht man **Pana** mit seinen alten hängenden Gräbern sowie Grabstätten in den Bäumen. Von **Tikala** fahren *bemo* nach Rantepao.

Großer Beliebtheit erfreut sich auch die dreitägige Trekkingtour von **Mamasa** nach **Bittuang** (59 km). Unterwegs durchquert man einige Dörfer, in denen man essen und auch übernachten kann (kleine Geschenke nicht vergessen!). Morgens fahren Busse von Rantepao nach Mamasa (150 000 Rp). Da die Straßen in katastrophalem Zustand sind, benötigen sie zwölf Stunden. SUVs verkehren von Mamasa nach Ponding, wo man eine Übernachtungspause einlegen muss, und weiter nach Bittuang. Jede Etappe kostet 150 000 Rp und dauert drei Stunden.

MAKALE & UMGEBUNG

Der **Markt in Makale** findet alle sechs Tage statt und gehört zu den besten der Region.

Eine der überwältigendsten Sehenswürdigkeiten in Tana Toraja sind die *tau tau* bei **Tampangallo**, zwischen Sangalla und Suaya, das 6 m östlich von Makale liegt. Die Gräber gehören den Häuptlingen von Sangalla, Nachfahren des mythischen göttlichen Wesens Tamborolangiq, das das Kastensystem, die Totenrituale und die landwirtschaftlichen Techniken in der Gesellschaft der Toraja eingeführt haben soll. Man nimmt ein *kijang* von Makale nach Sangalla, steigt etwa 1 km hinter dem Abzweig nach Suaya aus und läuft das kurze Stück (weniger als 1 km) durch die Reisfelder nach Tampangallo.

Tentena

☎ 0458

Diese am See gelegene Stadt ist mit ihren weißen Lattenzäunen und Kirchen ein schöner Zwischenstopp auf der Busfahrt von Rantepao Richtung Norden. Sie liegt inmitten von nelkenbewachsenen Hügeln und wirkt sehr übersichtlich.

Im beliebten **Hotel Victory** (☎ 0458-21392; victorytentena@yahoo.com; Jl Diponegoro 18; Zi. mit Frühstück 175 000–375 000 Rp; ❄ 📶) stimmt der Preis und die Zimmer sind sauber. Nur die teureren Räume haben Klimaanlage. Das Haus eignet sich auch, um einen Führer zu finden. Den ganzen Tag fahren Busse nach Poso (40 000 Rp, 2 Std.)

Poso

☎ 0452 / 48 000 EW.

Für Traveller auf der Straße entlang der Nordküste von Zentralsulawesi ist Poso ein wichtiger Haltepunkt, da es einen großen Hafen und einen Busbahnhof hat. Die Stadt ist sehr weitläufig und lohnt den Aufenthalt wegen ihrer Geldautomaten, Wechselstuben, Geschäfte und Umsteigemöglichkeiten, denn vor Manado kommt nicht mehr viel, wo man diese Dinge erledigen könnte.

New Armada (☎ 0452-23070; Jl Sumatera 117; Zi. mit Gemeinschaftsbad 90 000 Rp; Zi. mit eigenem Bad 165 000–200 000 Rp) ist eine ordentliche, einfache Unterkunft, die zentral liegt.

Der Busbahnhof befindet sich 800 m nördlich vom Postamt, von dort fahren Busse nach Tentena und Ampana (Minibus 75 000 Rp, 5 Std.).

Ampana

☎ 0464

Ampana dient als Tor zu den Togian-Inseln. Aufgrund der ungünstigen Bus- und Fährfahrpläne müssen Durchreisende hier höchstwahrscheinlich übernachten.

Das **Oasis Hotel** (☎ 0464-21058; Jl Kartini; Zi. mit Frühstück & Ventilator/Klimaanlage ab 120 000/200 000 Rp; ❄ 📶) hat 17 saubere Zimmer und Schlafsäle, doch bevor um 23 Uhr der Karaokegesang aufhört, bekommt man kein Auge zu. In den teuersten Zimmern gibt's Klimaanlagen und Warmwasser. Die Unterkunft befindet sich in der Nähe der Bootsanlegestelle für die Togian-Inseln.

Täglich fahren mehrere Minibusse nach Luwuk (120 000 Rp, 7 Std.) und nach Poso (Minibus 75 000 Rp, 5 Std.)

Togian-Inseln

Um zu den Togian-Inseln zu kommen, muss man eine Menge Willenskraft aufbringen, allerdings kostet es noch viel mehr Stärke, sie wieder zu verlassen. Dort locken goldene Sandstrände, einsame Lagunen, abgeschiedene Buchten, Hängematten, frische Fischgerichte und ein herzlicher Empfang. Darüber hinaus erstrecken sich vor Ort einige der besten Tauchgebiete weltweit. Die warmherzigen und gastfreundlichen Einheimischen gehören sieben verschiedenen Volksstämmen an. Man sollte sich ins Wasser stürzen, um die drei Riffarten – Atoll, Barriereriff und Saumriff – zu erkunden. Besonders beeindruckend sind die vielen Farben und Fischarten.

ℹ An- & Weiterreise

Es kann eine echte Herausforderung sein, vor der Reise etwas über Boote zu den Togian-Inseln in Erfahrung zu bringen. Am besten erkundigt man sich bei der Unterkunft, in der man bleiben will. Wer Sulawesi in seiner ganzen Länge bereist, sollte versuchen, von Ampana zu den Togian-Inseln und von dort weiter nach Gorontalo zu fahren (oder umgekehrt), das erspart die endlose Busfahrt über Palu.

AUS SÜDEN

Samstags bis donnerstags starten Boote von Ampana nach Wakai, dem Verkehrsknotenpunkt der Togian-Inseln (ca. 52 000 Rp, 3 Std.) und machen meistens weitere Stopps.

AUS NORDEN

Nachtfähren von Gorontalo nach Wakai fahren 13 Stunden, kosten 64 000 Rp (500 000 Rp für Kabinen) und verkehren mehrmals pro Woche.

Unterwegs vor Ort

Den Transport auf den Inseln kann man in Wakai, Bomba, Kadidiri und über die jeweilige Unterkunft (ca. 450 000 Rp) arrangieren.

Pulau Kadidiri

Wer andere Leute treffen möchte, befindet sich definitiv auf der richtigen Insel. In der Nebensaison kann es allerdings durchaus passieren, dass man ganz alleine ist. Die drei Unterkünfte sind eine kurze Bootsfahrt von Wakai entfernt und liegen nebeneinander an einem perfekten Strandabschnitt mit Schnorchel- und Bademöglichkeiten. Vor der Küste locken erstklassige **Tauchspots.**

Schlafen & Essen

Fast alle Hotels bieten einen Abholdienst aus Wakai an. Im Preis sind normalerweise alle Mahlzeiten inbegriffen.

Kadidiri Paradise Resort RESORT **$$**

(☎ 0464-21058; www.kadidiriparadise.com; Zi. pro Pers. Vollpension 200 000–325 000 Rp) Das Resort liegt an einem wunderschönen Strand mit großem Gelände entlang der Küste. Seine geräumigen Holzbungalows verfügen über weitläufige Veranden, allerdings könnte alles besser instandgehalten werden, mit mehr Aufmerksamkeit für die Details. Die Tauchschule ist besonders professionell

Togian-Inseln & Umgebung

Die größte Siedlung auf der Togian-Insel ist das entspannte Katupat mit einem kleinen Markt und ein paar Läden.

Nahezu überall stößt man auf zauberhafte **Strände** und gute **Wandermöglichkeiten**.

Schlafen

Fadhila Cottages BUNGALOWS **$$**

(☎ 0852 4100 3685; www.fadhilacottages.com; Pulau Katupat; Bungalows pro Pers. Vollpension 250 000–350 000 Rp) Die sauberen Holzbungalows mit Terrassen und Hängematten säumen einen Strand mit Schatten spendenden Palmen und Blick auf Katupat oder das Meer. Vor Ort gibt's eine gute PADI-Tauchschule und ein stilvolles Restaurant. Mit einem kostenlosen Kanu kommt man zu den Schnorchelspots rund um die Insel oder man macht einen Ausflug mit Fadhila. In der Nebensaison sinken die Preise um 50 000 Rp.

Pulau Batu Daka

BOMBA

Unweit dieses kleinen Ortes an der Südwestspitze der Pulau Batu Daka erstrecken sich Riffe und hervorragende Strände.

Das **Pitate Resort** (☎ 0813 4107 7371; www.pitate-resort.weebly.com; Zi. pro Pers. Vollpension 175 000 Rp) mit einfachen, attraktiven Bungalows aus Holz und Bambus wurde neu an einem schmalen Sandstrand eröffnet. Schnorcheltouren können organisiert werden.

WAKAI

Von Wakai, dem größten Ort auf den Togian-Inseln, geht's per Fähre nach Ampana und Gorontalo, außerdem kann man Boote chartern (z. B. zur Pulau Kadidiri). Es gibt hier ein paar Läden, ansonsten hat Wakai allerdings wenig zu bieten.

Gorontalo

☎ 0435 / 186 000 EW.

Die Hafenstadt Gorontalo wirkt wie ein übergroßes Landstädtchen, in dem sich alle Einwohner zu kennen scheinen. Sie wartet mit einigen toll erhaltenen holländischen Häusern auf und hat das größte Dienstleistungsangebot nördlich von Poso.

Das **New Melati Hotel** (☎ 0435-822934; yfvelberg@yahoo.com; Jl Wolter Monginsidi 1; Zi. mit Frühstück 130 000–300 000 Rp; ❄@📶) befindet sich in einem schönen Gebäude, das Anfang des 20. Jhs. errichtet wurde, und ist seit Langem bei Travellern beliebt. Die Zimmer im Originalhaus sind einfach, haben aber Atmosphäre, die neueren Räume liegen rund um einen hübschen Garten.

An- & Weiterreise

Wings Air fliegt täglich von/nach Manado (40 Min.). Mehrere Linien bieten Verbindungen ab Makassar (90 Min.).

Der Hauptbusbahnhof liegt 3 km nördlich der Stadt. Von dort fahren Direktbusse nach Manado (ab 100 000 Rp, 9 Std.); Minibusse und Minivans sind komfortabler und kosten ab 150 000 Rp

Manado

☎ 0431 / 458 000 EW.

Manado mit seinem Überangebot an Einkaufszentren und Schlaglöchern im Bürgersteig gilt normalerweise nicht als ein Höhepunkt von Nord-Sulawesi. Allerdings werden hier viele Dienstleistungen angeboten und die Leute sind freundlich, außerdem sind die Hotels bequem und gute Restaurants gibt's auch. Abenteuer findet man ganz in der Nähe in Pulau Bunaken und Tomohon.

Die Jl Sam Ratulangi verläuft von Norden nach Süden. Restaurants, Hotels und Supermärkte säumen diese wichtige Verkehrsader. Schicke Einkaufszentren findet man entlang der parallel näher am Wasser verlaufenden Jl Piere Tendean (auch „Boulevard" genannt).

Schlafen

Manado Grace Inn HOTEL $

(☎ 0431-888 0288; www.manadograceinn.com; Jl Samratulangi Manado 113-H; Zi. mit Frühstück 175 000 Rp; ❄ 📶) Neues Hotel mit gutem Preis-Leistungs-Verhältnis, die kleinen Zimmer in Weiß und Creme haben keine Extras, aber Klimaanlage, private Warmwasserduschen und WLAN. Sehr einfaches Frühstück: Kaffee oder Tee und ein Brötchen.

Celebes Hotel HOTEL $

(☎ 0431-870425; www.hotelcelebesmdo.com; Jl Rumambi 8A; Zi. mit Ventilator/Klimaanlage ab 145 000/250 000 Rp; ❄ 📶) Dieser große Block thront über Markt und Hafen, ist also sehr praktisch für Boote nach Pulau Bunaken. Seine Zimmer sind funktional und werden recht gut sauber gehalten. Von den Räumen in den oberen Stockwerken geht der Blick aufs Meer.

★ Libra Homestay HOMESTAY $$

(☎ 0821 9268 6320; www.librahomestaymanado.com; Jl Pramuka XI 16; Zi. mit Frühstück 300 000–325 000 Rp; ❄ 📶) In einer ruhigen Straße liegt diese schicke, geräumige Villa, in der sich der nette chinesische Besitzer (der in London studiert hat) gut um seine Gäste kümmert. Es gibt fünf Zimmer mit Klimaanlage, Kabelfernsehen, Schreibtischen und eigenen Bädern mit Warmwasser. Im Süden der Stadt gelegen, fünf Minuten von den Restaurants entfernt.

Essen

In Manado gibt's experimentelle Minahasa-Küche. Wie wär's mit *rica-rica*, einem würzigen Pfannengericht mit *ayam* (Hühnchen) oder *babi* (Schwein)? *Bubur tinotuan* (Maisbrei) und frische Meeresfrüchte sind empfehlenswerte lokale Spezialitäten.

An der Jl Sam Ratulangi finden sich gehobene Restaurants und Supermärkte. Die meisten Einkaufszentren beherbergen große Food-Courts, z. B. die Bahu Mall.

Rumah Makan Green Garden CHINESISCH, INDONESISCH $

(Jl Sam Ratulangi 170; Hauptgerichte 20 000–50 000 Rp; ⏲ 8–24 Uhr) Beliebtes indonesisch-chinesisches Restaurant mit hervorragenden Schweinefleischgerichten (unbedingt probieren: Gegrilltes oder Schweinebauch), dazu kommen gute Meeresfrüchte, frische Säfte und Bintang-Bier.

Anreise & Unterwegs vor Ort

BUS

Am Busbahnhof Malalayang südlich der Stadt gibt es Verbindungen nach Gorontalo.

FLUGZEUG

Manado verfügt über eine gute Anbindung an größere Städte Indonesiens.

Am Sam Ratulangi International Airport (MDC) pendeln *mikrolets* zum Terminal Paal 2 (6000 Rp), wo man in ein *mikrolet* zu einem anderen Ziel umsteigen kann. Außerdem fahren täglich vier Busse mit Klimaanlage (30 000 Rp) zur/ab der Jl Piere Tendean. Der fixe Taxipreis liegt bei 75 000 Rp vom Flughafen in die Stadtmitte (13 km).

ÖFFENTLICHER NAHVERKEHR

In Manado sind viele *mikrolet* unterwegs. Die jeweiligen Ziele stehen auf einem Schild an der Windschutzscheibe. Es gibt mehrere Fernbusbahnhöfe in der Stadt, man erreicht sie alle vom Pasar 45, dem zentralen Kreisverkehr in der Nähe des Hafens. Die Bluebird-Taxis fahren mit eingeschaltetem Kilometerzähler.

SCHIFFE/FÄHRE

Boote nach Pulau Bunaken legen an einem Hafen in der Nähe des Pasar-Jengki-Fischmarkts ab.

Pulau Bunaken

Diese Insel ist Sulawesis beliebtestes Reiseziel: Im **Bunaken Manado Tua Marine National Park** leben 300 Korallen- und stolze 3000 Fischarten, die zahlreiche Bewunderer aus der ganzen Welt anlocken. Touristenunterkünfte findet man an zwei Stränden, dort herrscht eine tolle Inselatmosphäre, vor allem dank der reizenden Einheimischen. Wer mal genug von Wasser hat, kann auf Pfaden durchs üppige Grün entlang der Mangroven wandern.

Aktivitäten

Bunaken besitzt eine einmalige Lage: umgeben von tiefem Wasser mit starken Strömungen voller Nährstoffe und inmitten eines Mangroven-Ökosystems, das die Strände und Korallen vor Erosion schützt – was es zu einem der besten Spots zum Tauchen und Schnorcheln weltweit macht.

Dicht unter der Wasseroberfläche liegende Riffe warten auf Schnorchler, und Taucher haben eine ganze Reihe von Möglichkeiten, um von der Bildfläche zu verschwinden. Für zwei Tauchgänge rund um Bunaken und die nahe gelegenen Inseln muss man mindestens 80 US$ einplanen. In den Resorts haben sich ganze Horden von Tauchanbietern angesiedelt; die meisten Taucher nutzen die Tauchzentren in ihren Unterkünften.

Schlafen & Essen

Der **Pantai Liang**, ein schöner Strand, liegt ziemlich isoliert vom Rest der Insel im Westen. In der Nähe des Dorfs Bunaken erstreckt sich der **Pantai Pangalisang**, gewissermaßen die Ökovariante des Pantai Liang. Zwar ist er kein Badestrand, aber dafür hat man eine Reihe stattlicher Mangroven im Blick, zudem lädt das nahe Riff zum Schnorcheln ein. Die meisten hier genannten Preise verstehen sich pro Pers. (Vollpension). Wer sich ein wenig umguckt, findet einfache Unterkünfte bis 200 000 Rp pro Nacht.

Pantai Liang

Froggies TAUCHRESORT $$
(☎ 0812 430 1356; www.divefroggies.com; Hütte pro Pers. Vollpension 27–42 €; ❄ WLAN) Eines der ersten Tauchzentren und immer noch gut in Form, die 16 Hütten (manche mit zwei Schlafzimmern, alle mit Veranden) liegen direkt am Strand.

Pantai Pangalisang

Lorenso's Beach Garden PENSION $$
(☎ 0852 5697 3345; www.lorensobunaken.com; Zi. pro Pers. Vollpension ab 32 €; WLAN) Lorenso's ist eine exzellente Wahl für Traveller, hier wartet eine ganze Reihe guter Unterkünfte an einer hübschen Mangroven-Bucht auf Gäste und das Schnorcheln vor der Küste ist Weltklasse. Das Personal ist hilfsbereit, es gibt ein gutes Gemeinschaftsgefühl – und wenn die Tin Can Band loslegt, auch tolle Livemusik. Wer nicht reserviert hat, kann Glück haben, denn die Preise für spontane Übernachtungsgäste (ab 250 000 Rp pro Pers.) liegen weit unter den oben erwähnten offiziellen Preisen.

Cakalang Bunaken PENSION $$
(☎ 0811 431 0208; www.cakalang-bunaken.com; EZ/DZ Vollpension 425 000/650 000 Rp; ❄ WLAN) Diese neue Pension in einer kleinen Bucht gehört Niederländern, sie bietet vier attraktive, geräumige Zimmer und das wahrscheinlich schnellste WLAN auf Bunaken. Die Tauchschule ist gut und das Essen ist super.

Novita Homestay PENSION $$
(Zi. pro Pers. Vollpension 150 000 Rp) Am Nordende der Insel gibt's eine Prise authentisches Dorfleben in Bunaken. Die Pension gehört Vita, einer fantastischen Köchin, die köstliche regionale, sättigende Küche zaubert.

An- & Weiterreise

Von Montag bis Samstag legt zwischen 14 und 15 Uhr ein Linienboot in Manados Hafen nahe dem Fischmarkt Pasar Jengki ab und steuert Bunaken sowie die Pulau Siladen (30 000 Rp, 1 Std.) an. Ein gechartertes Schnellboot kostet für die einfache Fahrt mindestens zwischen 250 000 und 400 000 Rp (hart verhandeln!). Auch viele Unterkünfte organisieren Boote für ihre Gäste.

Tomohon

Dieses beliebte Wochenendziel für die Einwohner von Manado liegt am Fuß des regelmäßig ausbrechenden Gunung Lokon im Minahasa-Hochland und fasziniert durch eine üppig grüne Landschaft. Bekannt ist es wegen seiner Schönheit und dem **Markt**, der samstags seinen gruseligen Höhepunkt erreicht, denn dann werden alle möglichen essbaren Arten verkauft.

Regelmäßig fahren *mikrolet* vom Busbahnhof Karombasan in Manado nach Tomohon (9000 Rp, 40 Min.).

MALUKU

Willkommen auf den eigentlichen „Gewürzinseln". Im 16. Jh., als Muskatnuss, Nelken und Muskatblüte ausschließlich hier wuchsen, lag das Geld sprichwörtlich auf der Straße. Heute haben die Gewürze nur noch eine geringe Wirtschaftskraft und so spielt Maluku (einst als „die Molukken" bekannt) international keine Rolle mehr. Aufgrund ihrer Abgelegenheit zieht die Inselgruppe zudem kaum Touristen an.

Maluku

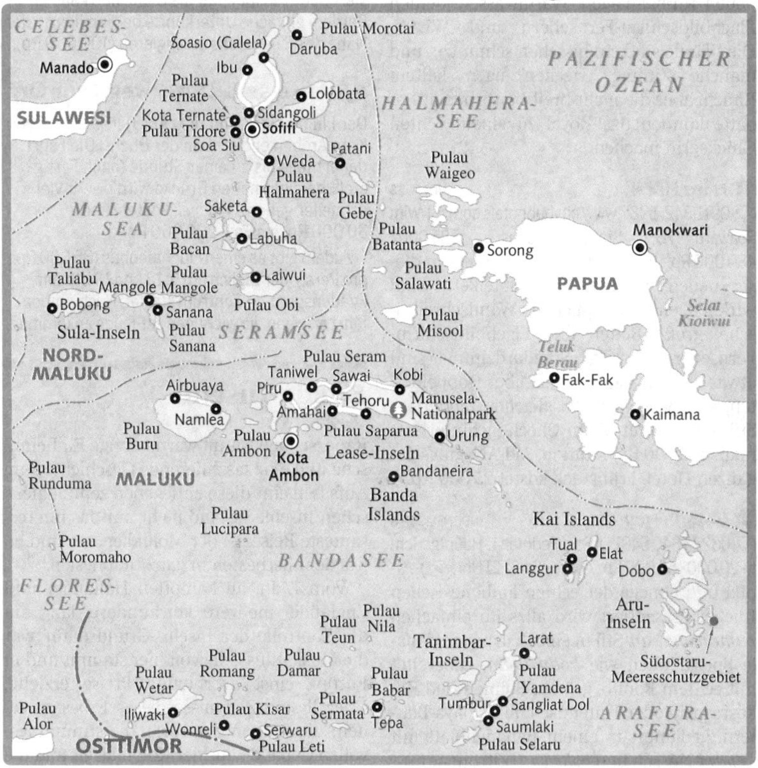

In letzter Zeit wurden die Transportmöglichkeiten allerdings so verbessert, dass man die erstaunlichen Banda-Inseln mit ihren Stränden, Muskatnusswäldern und verfallenen holländischen Festungen besuchen kann.

Anreise & Unterwegs vor Ort

Ambon ist der Verkehrsknotenpunkt der Region. Täglich gehen Flüge nach Jakarta und Makassar, von wo man gut zu anderen Orten auf Sulawesi und Bali weiterreisen kann. Außerdem gibt's Verbindungen nach Papua.

Pulau Ambon

Die Insel wartet mit zwei herrlichen Buchten und zahlreichen tropischen Pflanzen auf. Außerdem ist der charmante Rückzugsort ein guter Ausgangspunkt zu den Banda-Inseln sowie für Tauchgänge. Die räumliche Nähe von Kirchen, in denen Gläubige oft Choräle singen, und Moscheen ist ein interessantes Beispiel für die kulturelle Vielfalt Indonesiens, sorgt zugleich aber ab und an für Spannungen.

Kota Ambon

0911 / 331 000 EW.

Malukus lebendige Hauptstadt dient als regionales geschäftiges Handelszentrum und Verkehrsknotenpunkt. Es gibt nur wenige Sehenswürdigkeiten, wobei sich ein Blick auf die üblichen Kolonialbauruinen lohnt. Dafür wartet der Ort mit trägem Charme und einer unschlagbaren Lage am Wasser auf.

Schlafen & Essen

Entlang der Jl Diponegoro und der Jl Said Perintah gibt's leckeres Essen, die meisten Unterkünfte im überschaubaren Zentrum.

Penginapan the Royal PENSION $
(0911-348 077; Jl Anthony Rhebok 1D; Zi. 165 000–248 000 Rp; P) Anständig und günstig,

mit schicken Ikea-Schränken und -Tischen, neuen Klimaanlagen, Warmwasser, kleinen Flachbildschirm-Fernsehern und WLAN. Die Wände sind ein bisschen schmutzig und manche Zimmer riechen nach kaltem Rauch, aber die nicht breit beworbenen Rabatte können das Royal zu einem echten Glücksgriff machen.

★ Hero Hotel HOTEL $$
(☎ 0911-342 898; www.cityhubhotels.com; Jl Wim Reawaru 7B; Standard-/Luxus-Zi. 385 000/480 000 Rp; P ❄ 📶) Die Luxuszimmer in dieser neuen indonesischen Hotelkette sind wirklich ein Schnäppchen: Wandschreibtische, große Betten und Flachbildschirm-Fernseher mit 32 Zoll. Standardzimmer sind etwas kleiner und verfügen über Doppelbetten, alles ist jedoch im gleichen modernen Stil ausgestattet. Beim Check-in hinterlässt man 200 000 Rp Kaution, WLAN gibt's im ganzen Hotel. Frühstück kostet 25 000 Rp.

★ Beta Rumah INDONESISCH $
(☎ 0822 4840 5481; Jl Said Perintah 1; Hauptgerichte 20 000–50 000 Rp; ⏲ Mo–Sa 9–21 Uhr; 🖉) Alpha und Omega der echten ambonesischen Küche: Präsentiert wird alles im einfachen *rumah-makan*-Stil in einer Vitrine, regionale Spezialitäten wie *kohu kohu*, zubereitet mit echtem Bonito, grünen Bohnen und Kokosraspeln oder Tintenfisch mit Papaya-Blättern, gedämpft in einem Bananenblatt mit *kenari*-Nüssen und *colo colo* (Zitronendip).

Sibu-Sibu CAFÉ
(☎ 0911-312 525; Jl Said Perintah 47A; Snacks ab 3000 Rp, Frühstück ab 20 000 Rp; ⏲ 7–22 Uhr; 📶) Porträts von Pop- und Filmstars aus Ambon schmücken dieses charmante kleine Café, wo Musik aus Maluka und Hawaii gespielt wird und lokale Snacks wie köstliches *koyabu* (Maniok-Kuchen, 3000 Rp) und *lopis pulut* (Klebereis mit Palmzucker) serviert werden. Außerdem gibt's kostenloses WLAN und gutes Frühstück, etwa gebratene Brotfrucht, die in karamellisierten Palmzucker gedippt wird, und starken Ingwerkaffee.

ℹ Praktische Informationen

Man sollte in Kota Ambon ausreichend Geld tauschen oder aus dem Automaten ziehen, ehe man zu den abgelegenen Inseln aufbricht. Dort gibt's keinerlei Möglichkeiten, Geld zu wechseln. Michael Erenst (☎ 0813 4302 8872; erenst_michael@yahoo.co.id) kann bei vielen Problemen weiterhelfen und ist meistens am Infoschalter am Flughafen tätig. Er arbeitet mit den Herbergen auf den Banda-Inseln zusammen, organisiert den Transport für die Gäste und kann außerdem einfache Unterkünfte bei Familien in der Nähe des Flughafens arrangieren (100 000 Rp).

ℹ Anreise & Unterwegs vor Ort

Der Flughafen Pattimura (AMQ) liegt 37 km von Kota Ambon entfernt an der Bucht. Die Fahrt dauert teils bis zu einer Stunde (nach Fertigstellung einer neuen Brücke wird's sehr viel schneller gehen). Ein *ojek* kostet rund 80 000 Rp, ein Taxi 200 000 Rp.

Zudem gibt es einen Flughafenbus (35 000 Rp pro Pers.), der täglich um 5, 10 und 13 Uhr am Friedensgong im Zentrum startet. Nach Ambon fährt er, wenn die wichtigen Jet-Flüge ankommen.

Banda-Inseln

☎ 0910 / EW. 22 000

Raue, schöne Natur, warmherzige Einheimische und eine faszinierende Geschichte zum Anfassen eint diese entlegenen zehn malerischen Inseln. Sie sind nicht nur das interessanteste Reiseziel der Molukken, sie sind eines der allerbesten in ganz Indonesien.

Vom 17. Jh. an kämpften Holländer und Engländer mehrere Jahrhunderte lang um die Kontrolle der Inseln. Grund dafür war die Muskatnuss, die von hier stammt und in Europa einst exorbitante Preise erzielte. Überall sind Zeugnisse dieses Erbes zu sehen: die Ruinen der Forts, die stimmungsvollen Gebäude aus der Kolonialzeit und die noch immer gedeihenden Plantagen.

Glasklares, seichtes Wasser und Steilwände mit lebhaftem buntem Riffleben locken zu fantastischen Schnorchelausflügen vor Hatta, Banda Besar und Ai. Ein gutes Tauchzentrum ist **Dive Bluemotion** (☎ 0812 4714 3922; www.dive-bluemotion.com; Laguna Inn, Jl Pelabuhan; Tauchgänge ab 350 000 Rp, Ausrüstung pro Tag ab 100 000 Rp; ⏲ Feb.–Mai & Aug.–Dez.).

ℹ Anreise & Unterwegs vor Ort

Neue Transportmöglichkeiten machen die Bandas zugänglich für Besucher. Die Betreiber der Unterkünfte wissen, was wann möglich ist, und helfen beim Buchen.

FLUGZEUG

Susi Air (☎ 62 265-631 220; www.fly.susiair.com; Jl Merdeka 312, Pangandaran, Westjava) ist die neueste Fluglinie auf der Route Ambon–Bandaneira. Die kleinen Propellermaschinen fliegen Mittwoch, Donnerstag und manchmal Freitag jeweils am Vormittag (300 000 Rp, 40 Min.). Es ist eine gute Idee, das (Hin-&-Rückflug-)Ticket mindestens zehn Tage im

ABSEITS DER ÜBLICHEN PFADE

PULAU TERNATE & TIDORE

Einen unvergesslichen Anblick bietet der perfekte Vulkankegel von Ternate. Die Nachbarinsel Tidore punktet mit entspannter Atmosphäre, hübschen Dörfern und menschenleeren Stränden.

Der dramatische Vulkankegel des 1721 m hohen Gamalama ist Pulau Ternate. Siedlungen sprenkeln seine Küstenhänge und verschmelzen im Osten mit Kota Ternate, der größten Stadt im Norden der Molukken. Sie bietet nützliche Verkehrsverbindungen, und der benachbarte Vulkan sieht von den wenigen verbliebenen Stadtvierteln mit Stelzenhäusern, den farbenfrohen Booten im Hafen oder den Terrassen der Restaurants auf den Hügeln besonders fotogen aus. Drei holländische Forts aus dem 17. Jh. wurden übertrieben restauriert.

Ein erfrischender Tagesausflug vom Trubel in Ternate führt zum freundlichen, charmanten Tidore, dem Nachbarn und unversöhnlichen historischen Feind. Seit 1109 war Tidore ein unabhängiges islamisches Sultanat, bis es in der Sukarno-Ära abgeschafft wurde. Doch 1999 hat man den 36. Sultan wieder eingesetzt. Besonders prächtig wirkt das vulkanische Profil der Insel, wenn man es vom Bastiong in Ternate betrachtet.

An der Ringstraße von Ternate, die um den Vulkan herumführt, gibt's Unterkünfte für jeden Geldbeutel. Flugzeuge fliegen von Manado und Ambon hierher.

Voraus zu organisieren, Stornierungen wegen des Wetters oder eines Mangels an Passagieren kommen häufig vor. Wenn eine Maschine allerdings in Bandaneira gelandet ist, fliegt sie ganz sicher zurück nach Ambon.

SCHIFF/FÄHRE

Mit der neuen, schnellen Fähre, die die Verbindung nach Ambon wesentlich vereinfacht, erwartet Banda einen Besucheransturm. Die Express Bahari 2B legt montags und freitags um 9 Uhr in Tulehu ab Richtung Bandaneira und kommt am Dienstag und Samstag zur gleichen Zeit zurück. Die Fahrt dauert sechs Stunden, VIP-Tickets (400 000 Rp) sind nicht wirklich nötig, denn die Plätze für 300 000 Rp sind bequem genug.

Pelni (☎ 0910-21196; www.pelni.co.id; Jl Kujali; Fahrkarten ab 100 000 Rp; ⏲ Mo–Sa 8.30–13 & 16–18 Uhr) hat verschiedene Schiffe, die sporadisch vorbeikommen. Die Fahrt von/nach Ambon dauert sieben bis zwölf Stunden. Oft sind die Schiffe überfüllt (am besten versucht man, eine Kabine zu reservieren) und im Fall der Kelimutu auch sehr schmutzig.

Passagier-Langboote fahren zwischen Bandaneira und der Pulau Banda Besar (5000 Rp) sowie der Pulau Ai (25 000 Rp). Die Unterkünfte können Touren und Charterboote (Fahrt mit Zwischenstopps nach/ab Pulau Ai ab 600 000 Rp) arrangieren.

Bandaneira

Den größten Hafen der Banda-Inseln beherbergt das angenehm verschlafene Städtchen Bandaneira auf der Pulau Neira. Seine Straßen sind von einer erstaunlichen Reihe kolonialer Gebäude gesäumt.

Auf dem Hügel über Bandaneira steht das beeindruckende Fort **Benteng Belgica**, das 1611 erbaut wurde. Vom oberen Wall genießt man einen tollen Blick auf den **Gunung Api**. Außerdem wurden zahlreiche alte niederländische Häuser restauriert. Unten in der Ebene liegt die stimmungsvolle Ruine des **Benteng Nassau.**

Schlafen & Essen

Die meisten Unterkünfte gibt's hier in der größten Stadt der Bandas, zusammen mit ein paar Cafés. Drei Pensionen sind besonders empfehlenswert.

★ **Mutiara Guesthouse** PENSION $
(☎ 0910-21344, 0813 3034 3377; www.bandamutiara.com; Zi. mit Ventilator/Klimaanlage ab 150 000/200 000 Rp; ❄ 📶) Ein besonderes Boutique-Hotel, das sich als Homestay tarnt. Mutiara ist das erste Projekt von Abba, dem unermüdlichen, hilfsbereiten Besitzer des Cilu Bintang Estate (S. 222) mit den guten Beziehungen. Der Vorgarten eignet sich hervorragend für ein Nickerchen – oder um die Sumba-Plumploris dabei zu erwischen, wie sie nachts den Zimtbaum plündern.

Delfika PENSION $
(☎ 0910-21027; delfika1@yahoo.com; Jl Gereja Tua; Zi. mit Ventilator 100 000–150 000 Rp, mit Klimaanlage 175 000–250 000 Rp; ❄) Das zauberhafte Delfika an der Dorfhauptstraße ist um einen schattigen Hof herum gebaut und bietet eine Reihe größtenteils ordentlich renovierter Zimmer an. Hinzu kommen ein Aufenthalts-

raum voller Nippes und ein **Café** (Jl Gereja Tua; Hauptgerichte 15 000–50 000 Rp; ⏲10–21 Uhr), eines der besten der Bandas.

Vita Guesthouse PENSION **$**
(Fita; ☎ 0910-21332, 0812 4706 7099; allandarman@gmail.com; Jl Pasar; DZ mit Ventilator/Klimaanlage ab 140 000/175 000 Rp; ❄) Vita, an einer Bucht gelegen, ist bei europäischen Backpackern beliebt, seine sieben bequemen Zimmer sind L-förmig angeordnet, mit einem Säulengang hinter einem Palmengarten am Meer. Dort kann man abends gut ein Bier trinken und den Gunung Api bewundern. Die Betten sind okay, in den Zimmern stehen schöne Holzmöbel, hinzu kommen westliche Toiletten.

★ **Cilu Bintang Estate** BOUTIQUE-HOTEL **$$**
(☎ 0813 3034 3377, 0910-21604; www.cilubintang.com; Jl Benteng Belgica; DZ 300 000–400 000 Rp, VIP 750 000 Rp; ❄📶🍴) Nachdem Abba Rizal, der Besitzer, schon mit seinem ersten Gasthaus – dem immer noch herausragenden Mutiara (S. 221) – die Charts gestürmt hatte, hat er sich mit dem Estate selbst übertroffen. Cilu Bintang steht meilenweit über jeder anderen Unterkunft der Banda-Inseln – ein makelloses Hotel im holländischen Kolonialstil mit fantastischen Zimmern und Betten, einer tollen Küche und ebensolcher Gesellschaft.

Weitere Inseln

Die größte Banda-Insel ist die **Pulau Banda Besar**. Einst wurden hier Muskatnüsse geerntet. Wer mag, kann Muskatnussbaumhaine und die Ruinen der 1624 erbauten Festung **Benteng Hollandia** erkunden. Die Betreiber der Unterkünfte organisieren gern eine Gewürztour.

Die **Pulau Hatta** besticht durch kristallklares Wasser. In der Nähe des Dorfes Lama befindet sich zudem ein mit Korallen übersäter senkrechter Steilhang.

Die **Pulau Ai** wartet ebenfalls mit herrlichen Korallengärten und malerischen Stränden auf. Hier gibt's ein paar einfache Unterkünfte bei Familien – perfekt, um die leeren Strände mit ihrem weißen Sand zu genießen. In Docknähe befinden sich einfache Pensionen mit hübscher Aussicht. Alternativ erfüllen die zwei abgeschiedenen Zimmer über einem fast verlassenen Strand des **CDS Bungalow** (pro Pers. mit Vollpension Zi. 250 000–300 000 Rp) tropische Fantasien; die Buchung erfolgt über Cilu Bintang Estate in Bandaneira. Am westlichsten liegt die **Pulau Run**, die besonders interessant ist, denn die Holländer bekamen sie im Tausch gegen Manhattan von den Engländern – wer hat da wohl das bessere Geschäft gemacht?

LEIHITU

Leihitu, das Gebiet gegenüber von Ambon auf der anderen Seite der Bucht, hat viel mehr als nur den Flughafen zu bieten. Dort finden sich Strände und wirklich interessante historische Stätten, die einen Besuch lohnen, besonders wenn man Transportprobleme hat und Zeit totschlagen muss. Ein Auto mit Fahrer kostet ca. 400 000 Rp für eine Halbtagstour zu den malerischsten und typischsten Dörfern von Ambon. Vom 1649 erbauten Fort **Benteng Amsterdam** (Eintritt 20 000 Rp; ⏲8–18 Uhr) in **Hila** sind noch mächtige Wälle und ein dreistöckiger Wehrturm erhalten.

PAPUA (IRIAN JAYA)

Selbst ein Land so voller Abenteuertouren wie Indonesien hat irgendwo seine Grenze und die liegt hier – in Papua, der einen Hälfte der zweitgrößten Insel der Welt, Neuguinea. Hier strömen Flüsse von 5 km hohen Bergen hinab, um sich dann durch den schwülen Dschungel zu winden, in dem regenbogenfarbene Paradiesvögel und auf Bäume kletternde Kängurus leben. Gletscher und Schnee krönen die Berggipfel. Die Hänge und Täler bevölkern mehr als 250 verschiedene Ethnien wie die Dani, die Penisfutterale tragen, und die für ihre Holzschnitzereien bekannten Asmat-Krieger. Die Korowai bewohnen Baumhäuser. Dagegen ist die Küstenregion etwas moderner und „indonesischer". Eine Ausnahme bildet der entlegene Raja-Ampat-Archipel, der mit menschenleeren Stränden und artenreichen Riffen auftrumpft.

Papuas Geschichte beeindruckt: Zahlreiche Denkmäler und Schiffswracks aus dem Zweiten Weltkrieg erinnern z. B. daran, dass hier der Kampf um den Pazifik entschieden wurde. Dieser Teil der Insel kam erst 1963 zu Indonesien und erhielt den Namen Irian Jaya. Die Indonesier stürzten sich postwendend auf die natürlichen Ressourcen. Dieses Verhalten wurde von den Papuanern verurteilt, deren „Organisation Freies Papua" (OPM; Organisasi Papua Merdeka) nach wie

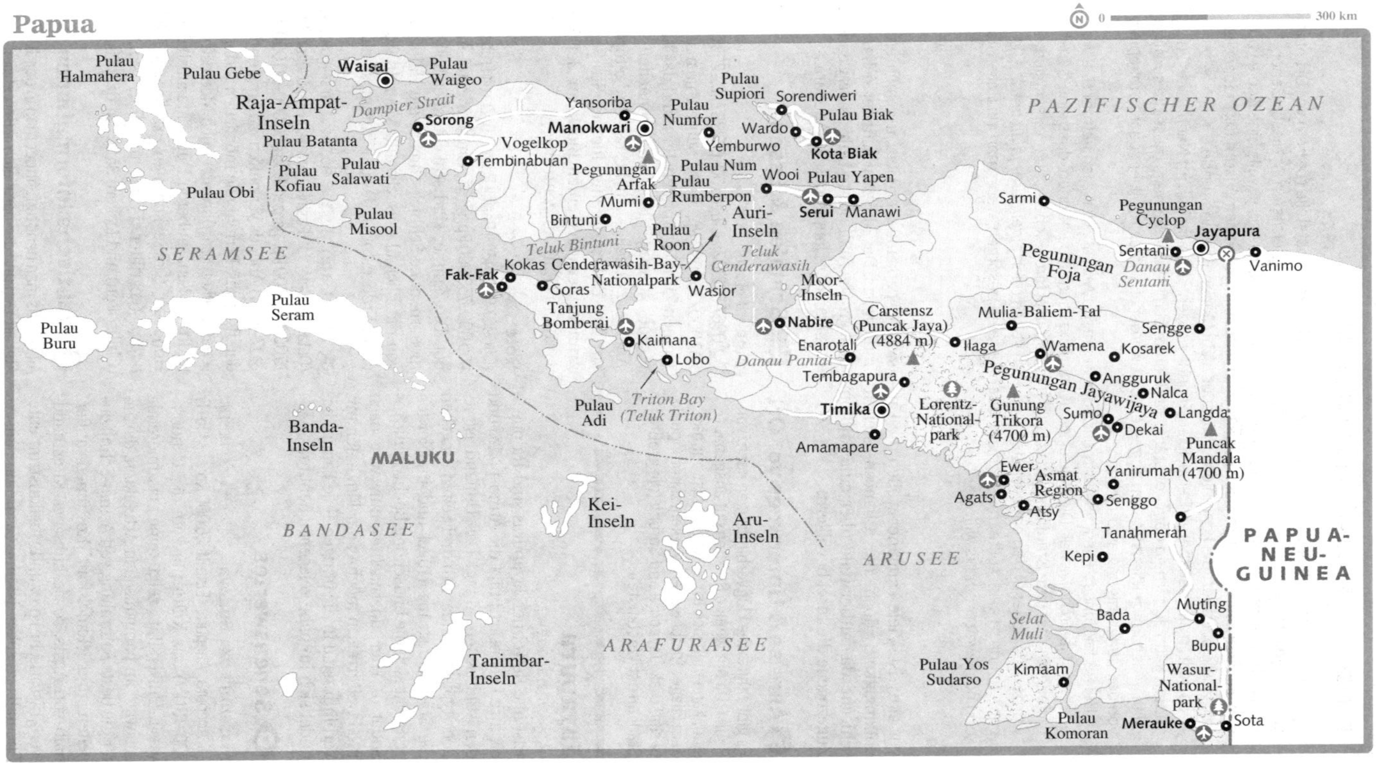
Papua
0 300 km
PAZIFISCHER OZEAN
Pulau Halmahera
Pulau Gebe
Waisai
Pulau Waigeo
Raja-Ampat-Inseln
Dampier Strait
Sorong
Pulau Batanta
Pulau Kofiau
Pulau Salawati
Pulau Obi
Pulau Misool
Yansoriba
Manokwari
Vogelkop
Tembinabuan
Pegunungan Arfak
Mumi
Bintuni
Teluk Bintuni
SERAMSEE
Fak-Fak
Kokas
Goras
Cenderawasih-Bay-Nationalpark
Tanjung Bomberai
Kaimana
Lobo
Pulau Seram
Pulau Buru
Pulau Numfor
Pulau Supiori
Sorendiweri
Pulau Biak
Wardo
Yemburwo
Kota Biak
Pulau Num
Pulau Rumberpon
Wooi
Pulau Yapen
Serui
Manawi
Pulau Roon
Auri-Inseln
Teluk Cenderawasih
Wasior
Moor-Inseln
Nabire
Pulau Adi
Triton Bay (Teluk Triton)
Banda-Inseln
MALUKU
BANDASEE
Kei-Inseln
Aru-Inseln
ARAFURASEE
Tanimbar-Inseln
Sarmi
Pegunungan Cyclop
Jayapura
Sentani
Danau Sentani
Vanimo
Pegunungan Foja
Carstensz (Puncak Jaya) (4884 m)
Enarotali
Danau Paniai
Tembagapura
Timika
Amamapare
Ilaga
Mulia-Baliem-Tal
Wamena
Kosarek
Sengge
Pegunungan Jayawijaya
Angguruk
Nalca
Langda
Lorentz-National-park
Gunung Trikora (4700 m)
Sumo
Dekai
Puncak Mandala (4700 m)
Ewer
Agats
Asmat Region
Atsy
Yanirumah
Senggo
Tanahmerah
Kepi
ARUSEE
PAPUA-NEU-GUINEA
Muting
Bada
Bupu
Selat Muli
Pulau Yos Sudarso
Kimaam
Wasur-National-park
Pulau Komoran
Merauke
Sota

REISEGENEHMIGUNGEN (SURAT JALAN)

Wer ins entlegene Papua reisen will, muss bei der Polizeidienststelle (*polres*) vor Ort eine *surat jalan* (Reisegenehmigung) beantragen. Am unkompliziertesten ist dieser Behördengang in Jayapura. Man bringt seinen Pass, zwei Passfotos und jeweils eine Kopie von den Seiten im Reisepass mit den persönlichen Angaben sowie dem Visum für Indonesien mit. Zumeist dauert die kostenlose Prozedur nicht länger als eine Stunde.

Es sollten alle denkbaren Reiseziele genannt werden; die Angaben im Nachhinein zu ändern kann außerhalb der Großstädte problematisch sein. Unterwegs muss die *surat jalan* in den Polizeidienststellen abgestempelt werden. Es ist sinnvoll, ein paar Fotokopien von der Genehmigung anzufertigen.

Bei Redaktionsschluss hing es mehr oder weniger davon ab, wen man gefragt hat, wo eine *surat jalan* nötig war. Die Polizei in Jayapura hat darauf bestanden, dass eine Genehmigung für fast jede Stadt und jedes Gebiet in Papua erforderlich sei, aber tatsächlich wurde man außer in den entlegensten Gebieten selten nach einer *surat jalan* gefragt. Um ganz sicher zu sein, sollte man sich auf jeden Fall eine besorgen, wenn man ins Balien-Tal und noch weiter hinaus will.

vor aktiv ist. Viele Papuaner wollen die Unabhängigkeit, doch die Chancen stehen schlecht, da mittlerweile über eine Million Zugezogene die Insel bevölkern.

Anreise & Unterwegs vor Ort

Es gibt zahlreiche Flugverbindungen nach/von Papua. Da nur wenige Straßen gut ausgebaut sind, kann man sich in der Region fast nur mit dem Flieger fortbewegen. Verkehrsknotenpunkte sind Biak, Jayapura und Sorong (die größte Stadt an der Westküste).

Jayapura

☎0967 / 316 000 EW.

Fast alle Bewohner Jayapuras sind Indonesier; ihre Lebensart prägt die Atmosphäre und den städtischen Alltag. Das Umland ist jedoch typisch Papua: Auf drei Seiten umgeben die Stadt jadegrüne Hügel und im Norden erstreckt sich die bildschöne Bucht Teluk Yos Sudarso. Hier übernachtet nur, wer nach PNG weiterreisen möchte; der Flughafen mit Verbindungen in die übrigen Teile Papuas befindet sich im nahe gelegenen Sentani.

Sehenswertes

Museum Loka Budaya MUSEUM
(Jl Abepura, Abepura; Eintritt 25 000 Rp; ⏲Mo–Fr 7.30–16 Uhr) Das Kulturmuseum der Cenderawasih-Universität zeigt eine faszinierende Auswahl an papuanischen Artefakten, darunter die beste Sammlung von Asmat-Schnitzarbeiten und „Teufelstanz"-Kostümen außerhalb von Agats, sowie hübsches Kunsthandwerk, historische Fotos und Musikinstrumente. Ebenfalls zu sehen ist eine Sammlung ausgestopfter papuanischer Tiere, u. a. mehrere Paradiesvögel. Das Museum befindet sich neben dem großen Auditorium Universitas Cenderawasih an der Hauptstraße in Abepura.

Schlafen & Essen

Amabel Hotel HOTEL $
(☎0967-522102; Jl Tugu 100; EZ/2BZ/DZ 253 000/297 000/363 000 Rp; ❄📶) Seine charmanten kleinen Zimmer mit Fenstern und das hauseigene günstige Restaurant machen das Amabel zweifellos zur besten Budgetoption vor Ort. Es liegt in einer kleinen Straße mit grünem Bewuchs, einen Block vor der Mal Jayapura (Einkaufszentrum).

Hotel Grand View HOTEL $$
(☎0967-550646; Jl Pasifik Permai 5; Zi. mit Frühstück 450 000–750 000 Rp; ❄📶) Ein sehr gutes Angebot. Die Zimmer sind schlicht, aber hell und modern, ohne Schnickschnack, die Hälfte davon mit Blick über Bucht und Meer. In fröhlichem Erdbeerrot ist das Café unten gehalten.

★**Duta Café** FISCH & MEERESFRÜCHTE $$
(Duta Dji Café; Jl Pasifik Permai; Gemüsegerichte 15 000–25 000 Rp, ganzer Fisch 50 000–80 000 Rp; ⏲17–2 Uhr) Abends verkaufen *warung* entlang der Jl Pasifik Permai alle möglichen indonesischen Leckereien, darunter auch Meeresfrüchte. Im großen, sauberen Duta Café auf halber Höhe der Straße kommen exzellentes *ikan bakar* (gegrillter Fisch) mit fünf Sambals (Chilisoßen) und leckere Säfte auf den Tisch.

Praktische Informationen

Alles, was man benötigt, findet man in der Jl Ahmad Yani und der parallelen Jl Percetakan.

Die Jl Sam Ratulangi und die Jl Koti verlaufen entlang der Bucht.

Einwanderungsbüro (☎0967-533647; Jl Percetakan 15; ⏲Mo–Fr 8–16 Uhr) Das Büro verlängert bei Ankunft Visa um 30 Tage (VOA); der Antrag muss mindestens eine Woche vor Ablauf des Visums gestellt werden. Besucher mit VOAs müssen sich hier einen (kostenlosen) Ausreisestempel geben lassen, bevor sie den Grenzübergang nach Vanimo in Papua-Neuguinea passieren.

Polresta (Polda; Jl Yani 11; ⏲ Mo–Fr 9–15 Uhr) Andere Polizeiposten in Papua stellen oft nur ein *surat jalan* für ihre eigenen Unterlagen aus, das hier erhältliche Dokument ist hingegen offiziell überall in Papua gültig. Allerdings neigen sie dazu, eine Spende als „Bearbeitungsgebühr" einzufordern. Normalerweise dauert alles eine Stunde.

An- & Weiterreise

Der Flughafen von Jayapura (DJJ; ☎591 809) befindet sich 36 km weiter westlich in Sentani.

Offizielle Flughafentaxis kosten 450 000 Rp. Mit einem öffentlichen *taksi* von Sentani nach Jayapura muss man drei Mal umsteigen, das dauert etwa 1½ Std. (wenn der Verkehr gut läuft).

Sentani

☎0967 / 48 000 EW.

Sentani, die wachsende Flughafenstadt 36 km westlich von Jayapura, erstreckt sich zwischen dem bewaldeten Pegunungan Cyclop und dem schönen Danau Sentani und ist ruhiger, kühler und bequemer als Jayapura. Vom **Tugu MacArthur** genießt man einen fantastischen Blick auf den See. Touristische Einrichtungen findet man vor allem entlang der Jl Kemiri Sentani Kota.

Schlafen & Essen

Rasen Hotel HOTEL **$$**
(☎0967-594455; rasenhotel_papua@yahoo.com; Jl Penerangan; EZ 250 000, DZ 350 000–400 000 Rp; ❄📶) Beste Option in Flughafennähe. Es gibt kleine, saubere Zimmer mit Warmwasserduschen und großen Fernsehern, ein anständiges Restaurant, kostenlosen Flughafentransport und sogar einen kleinen Fischteich. Da überrascht es kaum, dass es oft voll ist – also im Voraus reservieren. Einige Mitglieder des Personals sprechen Englisch. Frühstück ist im Preis inbegriffen.

★ **Yougwa Restaurant** INDONESISCH **$$**
(☎0967-571570; Jl Raya Kemiri; Hauptgerichte 25 000–60 000 Rp; ⏲Mo–Sa 10–20.30, So & Feiertage bis 16 Uhr) In Sentanis zauberhaftestem Restaurant sitzt man auf luftigen Holzterrassen über dem See, 13 km östlich der Stadt. Unbedingt den *ikan gabus* (Schlangenkopffisch) probieren, ein leckerer Seefisch, bei dem man nicht ständig kleine Gräten entfernen muss.

An- & Weiterreise

Vom Flughafen gehen Flüge zu allen größeren Städten im Westen.

Baliem-Tal

Wer die indigene Bevölkerung von Papua hautnah erleben möchte, sollte einen Abstecher ins Baliem-Tal machen. Dort sind nach wie vor *koteka* (Penisfutterale) in Mode, mit Schweinen kann man sich Liebe, Sex oder sogar beides erkaufen und die Hügel sprenkeln Blumen und Süßkartoffelfelder. Das Haupttal ist etwa 60 km lang und 16 km

EINREISE NACH PAPUA-NEUGUINEA: VON JAYAPURA NACH VANIMO

Anreise zur Grenze Zwischen Papua und Papua-Neuguinea (PNG) gibt's keine Flugverbindungen. Der einzige für Ausländer zugängliche Weg über die Grenze befindet sich zwischen Jayapura (nordöstliches Papua) und Vanimo (nordwestliches PNG, 65 km von Jayapura).

An der Grenze Fast alle Besucher brauchen für PNG ein Visum. Man erhält das reguläre 60-Tage-Touristenvisum (225 000 Rp) nach dreitägiger Wartezeit im **Konsulat von Papua-Neuguinea** (☎0967-531250; congenpng_id@yahoo.com; Jl Raya Argapura; ⏲Mo–Do 9–12 & 13–15 Uhr, Fr variable Öffnungszeiten), 3 km südlich von Jayapuras Innenstadt. Vom Markt in Abepura (genannt Pasar Abepura oder Pasar Yotefa, 13 km südlich von Jayapuras Zentrum) kann man ein *taksi* zum Grenzübergang Wutung anheuern (1,5 Std., 250 000–400 000 Rp).

Weiterreise Die Grenze selbst überquert man zu Fuß und mietet sich dann ein Auto mit Fahrer nach Vanimo.

breit und wird auf allen Seiten von hohen Bergen eingerahmt.

Für gewöhnlich sind vor Ort javanische *transmigrasi* (hierher umgesiedelte Migranten) und christliche Missionare, die schon seit der „Entdeckung“ des Tals 1938 hier leben, den Touristen zahlenmäßig überlegen – es sei denn, man bereist die Region im August. Dann nämlich wird in Wamena und den umliegenden Dörfern ein rauschendes Fest gefeiert. Neben ausgiebigen Gelagen finden „Spaßkämpfe“ und traditionelle Tänze statt, damit man sich den einen oder anderen „Touridollar“ hinzuverdienen kann.

Manche Reisende sind über die Kolonialisierungspolitik entsetzt, die die indonesische Regierung auf Papua betreibt. Meist wird man jedoch von den herrlichen Bergpanoramen und rauschenden Flüssen, den Stammesdörfern sowie den zähen und zugleich warmherzigen Dani bezaubert.

Wamena

☎ 0969 / 31 000 EW.

Wamena ist eine aufstrebende neue Stadt ohne Tradition, aber es ist die obligatorische Basis für alle Reisen im Tal. Seine Bevölkerung ist ein Mix aus Papuanern und Nicht-Papuanern, die Geschäftswelt ist fest in der Hand der Letzteren. Die Luft ist frisch und rundum ragen purpurfarbene Berge aus den weißen Wolken, hinzu kommen faszinierende regionale Märkte.

Schlafen & Essen

★ Hotel Rainbow Wamena HOTEL **$$**

(Hotel Pelangi; ☎ 0969-31999; Jl Irian 28; Zi. mit Frühstück 450 000–750 000 Rp; 📶) Ein tolles Hotel. Hier gibt's exzellente, saubere, geräumige Zimmer mit guten Warmwasserbädern (sehr entspannend nach dem Wandern) und netten Extras wie Shampoo, Taschentücher, Kaffee und Tee. Ein echtes Highlight ist allerdings das Personal, das sehr charmant Himmel und Hölle in Bewegung setzt, um zu helfen. Dafür funktioniert das WLAN in der mit Popart dekorierten Lobby nur manchmal.

Baliem Pilamo Hotel HOTEL **$$**

(☎ 0969-31043; baliempilamohotel@yahoo.co.id; Jl Trikora 114; Zi. mit Frühstück 456 000–726 000 Rp; 📶) Das Hotel der Wahl für die meisten Besucher hier. Die teureren Räume im neueren, rückwärtigen Teil des professionell geführten Hotels sind geschmackvoll, modern und in Braun und Weiß gehalten. In der unteren Preisklasse gibt es kleine, einfache, aber akzeptable „Standard“-Varianten sowie fast luxuriöse „Deluxe“-Unterkünfte mit skurrilen Bädern im Gartenstil.

ℹ Praktische Informationen

Banken tauschen keine Fremdwährung um, aber es gibt Geldautomaten.

Papua.com (☎ 0969-34488; fuj0627@yahoo.co.jp; Jl Ahmad Yani 49; 12 000 Rp pro Std.; ⌚ Mo–Sa 9–20.30, So 13–20.30 Uhr) Professionelles Internetcafé, wo man faxen und scannen kann, und das zugleich als inoffizielle Touristeninformation fungiert. Der Besitzer ist ein erfahrener Papua-Reisender, der gerne sein Wissen teilt.

Polizeiwache (☎ 0969-31972; Jl Safri Darwin; ⌚ 7–14 Uhr) Hier kann man eine *surat jalan* beantragen.

ℹ Anreise & Unterwegs vor Ort

Verschiedene Betreiber bieten täglich mehrere Flüge zwischen Jayapura (Sentani) und dem Flughafen von Wamena (WMX). In der Hauptsaison im Voraus buchen.

Sorong

☎ 0951 / 190 000 EW.

Sorong, Papuas zweitgrößte Stadt, liegt an der Nordwestspitze der Insel. Es beherbergt einen quirligen Hafen und ist das Zentrum des Öl- und Holzgeschäfts der Region. Viele Reisende bleiben hier nur, bis sie die Weiterfahrt zu den absolut umwerfenden Raja-Ampat-Inseln klargemacht haben.

Schlafen & Essen

Die Restaurants von Sorong haben in der Regel ein größeres Angebot an alkoholischen Getränken (zumindest Bier) als andere Orte auf Papua. Günstiger Essen kann man an Dutzenden von *warung*, die allabendlich an der Uferpromenade Tembok Berlin (Jl Yos Sudarso) Meeresfrüchte anbieten.

JE Meridien Hotel HOTEL **$$**

(☎ 0951 327 999; www.hoteljemeridiensorong.blogspot.com; Jl Basuki Rahmat km 7,5; Zi. 534 000–836 500 Rp, Suite ab 1 009 000 Rp, alle mit Frühstück; ❄📶) Das Meridien liegt praktischerweise gegenüber dem Flughafen. Die etwas in die Jahre gekommenen Zimmer sind leicht altmodisch, aber geräumig und mit Fernseher sowie Tee- und Kaffeemaschine ausgestattet, außerdem kann man sich von hier kostenlos zum Flughafen oder zum Raja-Ampat-Fährhafen bringen lassen. In der Lobby ist immer etwas los, das Café ist

NICHT VERSÄUMEN

WANDERN & TREKKING IM BALIEM-TAL

Wer Einblicke in das traditionelle Leben der Dani erhalten möchte, muss sich abseits der Straßen bewegen. An einem Tag kann man dabei schmale Regenwaldpfade erklimmen, gemütliche Wege durch Terrassen mit rosablättrigen Süßkartoffelpflanzen entlangspazieren, Dörfer mit grasgedeckten *honai* (runden Reethütten) besuchen, Flüsse auf schwankenden Hängebrücken überqueren und Berglandschaften erleben, in denen man nur zwitschernde Vögel, den Wind und das Wasser weit unten hört.

Klassische Trekkinggebiete mit Routen von bis zu einer Woche sind der Süden des Tals hinter Kali Yetni sowie Nebentäler im Osten und Westen. Hier leben die Dani noch immer ziemlich traditionell, zudem gibt's großartige Landschaft und vielfältige Wandermöglichkeiten.

Unterkünfte sind in fast allen Dörfern vorhanden. Teils handelt es sich um ausgewiesene Pensionen (manchmal Hütten im *honai*-Stil), ansonsten dürfen Besucher z. B. im Haus des örtlichen Lehrers oder im Schulgebäude übernachten. In der Regel zahlt man pro Person 80 000 bis 120 000 Rp. Geschlafen wird auf dem Boden, der oft mit getrocknetem Gras ausgelegt wird; manchmal gibt's auch eine Matte. Hütten oder Wohnlager sollten nur nach vorheriger Einladung betreten werden.

In größeren Dörfern verkaufen Kiosks einfache Lebensmittel wie Kekse, Nudeln und Reis (die letzten verlässlichen Stationen sind Manda und Kimbim im Norden sowie Kurima im Süden), zudem hier und dort Süßkartoffeln, Gemüse und Obst. Dennoch muss man sich in Wamena zumindest ein bisschen Proviant besorgen. In der Regel stellen die Dörfer Feuerholz zum Kochen für 20 000 Rp pro Ladung bereit.

Guides & Träger

Es kann eine ganz schöne Herausforderung sein, einen guten, zuverlässigen Guide zu finden. Dafür sollte man sich mindestens einen Tag Zeit damit lassen und dann mit den Vorbereitungen für den Trek anfangen. Es lohnt sich, einen von Baliems rund 20 offiziell lizensierten Guides anzusprechen. Sie sind nicht die einzigen guten Führer in der Gegend, sprechen allerdings normalerweise ordentliches Englisch und müssen auf ihren Ruf als Profi achten.

In Baliems Trekkingwelt existieren keine festen Preise, vielmehr sind harte Verhandlungen die Norm. Von mürrischen Gesichtern sollte man sich nicht irritieren lassen und sämtliche Konditionen klar im Voraus festlegen. Kein anständiger Guide lässt sich auf Bedingungen ein, mit denen er unzufrieden ist. Offizielle Guides verlangen 700 000 Rp pro Tag, für anspruchsvollere Strecken, z. B. in den Yali- oder Korowai-Gebieten, auch mehr. Es gibt jedoch auch ein paar ordentliche englischsprachige Führer, die günstiger sind. Zuverlässige Agenturen und Guides mit Sitz in Wamena sind:

Jonas Wenda (☎ 0852 4422 0825; jonas.wenda@yahoo.com; Wamena) Sehr erfahren und kennt sich gut mit Flora und Fauna aus.

Kosman Kogoya (☎ 0852 4472 7810; kogoyakosmam@gmail.com; Wamena) Beliebter, verlässlicher Guide, der seine (angemessenen) Preise von vornherein nennt, sodass keine Zeit mit Feilschen verloren geht.

Trek-Papua Tours & Travel (☎ 0812 4762 8708; www.papuatravels.com; Jl Airport, Sentani) Eine junge, aber dynamische Agentur mit eigener Webseite, die auch Touren in andere Gegenden von Papua anbietet.

Zusätzlich zum Führer lohnt es sich, Träger zu engagieren, sie kosten 200 000 Rp pro Mann, teilweise ist es davon abhängig, wie schwer die Strecke ist. Ein Koch verlangt 250 000 Rp pro Tag, wobei sich auch Guides oder Träger ums leibliche Wohl kümmern, wenn man Kosten sparen möchte. Man muss genügend Lebensmittel für das gesamte Team bereitstellen (bei zwei Wanderern, einem Guide, zwei Trägern und einem Trek von einer Woche kommt man insgesamt auf etwa 2 500 000 Rp bis zu 3 000 000 Rp) sowie manchmal Zigaretten, auch für die Gastgeber in den Dörfern. Außerdem wird am Ende des Trips ein Trinkgeld von 10 % für jeden erwartet.

gut, außerdem ist hier das Raja-Ampat-Tourismusbüro untergebracht (allerdings war zur Zeit der Recherche ein Umzug geplant).

Hotel Waigo HOTEL $$
(☎0951 333 500; Jl Yos Sudarso; Zi. 489 000–705 600 Rp, Suite ab 1 029 000 Rp, alle mit Frühstück; ❄📶) Dieses Hotel mit Blick auf das Tembok-Berlin-Viertel am Wasser verfügt über Zimmer zu fairen Preisen. Sie sind groß und hell (manchmal ein bisschen zu hell und pink!), die Wände geschmückt mit Kunst und Masken. Toll sind die „Suiten" mit Meerblick. Im Restaurant (Hauptgerichte 25 000 Rp bis 65 000 Rp) wird ein gutes Preis-Leistungs-Verhältnis geboten.

Praktische Informationen

Raja-Ampat-Tourismusmanagement-Büro
(☎0811 485 2033; JE Meridien Hotel, Jl Basuki Rahmat km 7,5; ⏲Mo–Fr 9–16, Sa bis 13 Uhr) Das unglaublich hilfsbereite Personal weiß fast alles über die Raja-Ampat-Inseln, zudem ist hier die beste Anlaufstelle, um die Besuchergebühr für die Inseln zu zahlen. Möglicherweise ist es allerdings nach dem Druck dieses Reiseführers in ein neues Büro in Flughafennähe umgezogen.

Anreise & Unterwegs vor Ort

Flieger starten nach Ambon, Jakarta, Makassar und zu anderen, regionalen Zielen.

Die offiziellen Flughafentaxis kosten 100 000 Rp zu den Hotels am westlichen Ende der Stadt; draußen auf der Straße kann man für den halben Preis oder weniger ein öffentliches *taksi* nehmen. Wer ein gelbes öffentliches *taksi* (Minibusse; 5000 Rp) vorzieht, nimmt zuerst eines Richtung Westen zum Terminal Remu (600 m) und steigt dort in ein anderes zur Jl Yos Sudarso um. Für kurze Fahrten mit dem *ojek* (Motorrad) von etwa 2 bis 3 km werden 5000 Rp verlangt, für Fahrten zwischen dem Westende der Stadt und dem Flughafen 20 000 Rp.

Raja-Ampat-Inseln

43 000 EW.

Die dünn besiedelten Raja-Ampat-Inseln bestehen aus etwa 1000 Inseln vor Sorong. Mit ihren großartigen Landschaften aus steilen, von Dschungeln bedeckten Eilanden, gleißend weißen Sandstränden, versteckten Lagunen, unheimlichen Höhlen und winzigen pilzförmigen Inselchen im leuchtend türkisblauen Meer gehören die Raja Ampat bestimmt zu den schönsten Inseln in ganz Südostasien.

Sowohl die Artenvielfalt im Meer als auch die riesigen, intakten Korallenriffe sind ein Traum für Taucher und auch für Schnorchler fantastisch. Hier unterwegs zu sein ist wie Schwimmen in einem Tropenaquarium.

Die vier größten Inseln sind Waigeo im Norden mit Waisai, dem schnell wachsenden neuen Hauptort der Region. Salawati liegt unmittelbar südwestlich von Sorong, Batanta vor dem Norden Salawatis und Misool im Südwesten. In der Dampier-Straße zwischen Waigeo und Batanta befinden sich viele der besten Tauchspots.

Besucher der Insel müssen im Tourismusmanagement-Büro Raja-Ampat in Sorong ein Eintrittsgeld zahlen (Indonesier/Ausländer 500 000/1 000 000 Rp) oder im Tourismus-Informationszentrum in Waisai (S. 230).

Schlafen & Essen

Auf den Inseln verstreut liegen einige Tauchresorts und Dutzende Dorfunterkünfte bei Familien.

★ **Lumba Lumba** PENSION $$
(☎081 281 009244, 082 198 294400; www.lulumba.com; Zi. inkl. Vollpension 500 000 Rp) An der herrlich ruhigen Südküste von Pulau Kri liegt Lumba Lumba, eines der professionellsten Gasthäuser von Kri und allen Raja-Ampat-Inseln. Die fünf gemütlichen Hütten über dem Wasser sind gepflegt und hübsch mit Muscheln dekoriert. Wenn man so über den blendend weißen Sand und die vom Dschungel überwucherten Klippen schaut, beschleicht einen recht schnell der Wunsch, an diesem perfekten Ort für eine Weile der übrigen Welt zu entsagen.

Kordiris Homestay PENSION $$
(☎085 399 040888, 081 248 569412; www.kordiris.com; Pulau Gam; pro Person inkl. Vollpension 300 000–350 000 Rp) Gut organisierte Privatunterkunft, eine der besten in der Gegend, gelegen in einer einsamen, verträumten Bucht, die gesprenkelt ist mit winzigen Koralleninseln. Ihre Zimmer sind aus Palmenzweigen errichtet. Einige liegen im kühlen Schatten der Bäume, andere sind der Brise auf dem salzigen, weißen Sand ausgesetzt.

Mangkur Kodon Homestay HOMESTAY $$
(☎0852 4335 9154; enzomo@libero.it; EZ/DZ inkl. Vollpension 400 000/600 000 Rp) Wo zwei perfekte Strände in einem schmalen Dreieck aufeinandertreffen, steht diese Pension, deren Anblick einem die Freudentränen in die Augen treibt. Zusammen mit dem freundlichen Personal, erstklassigen Schnorchelmög-

lichkeiten und einladenden Hütten unter Palmblattdächern über dem Wasser hat man alles, was man zur Glückseligkeit braucht.

Weit am südwestlichen Ende der Insel gelegen, zu Fuß nur ein paar Schritte (bei Flut etwas waten) von den anderen Unterkünften entfernt.

Praktische Informationen

Touristeninformationszentrum (☎ 0852 4202 0251, 0852 5455 0411; Acropora Cottage, Jl Badar Dimara, Waisai; ⏲ Mo–Fr 10–14 Uhr) Hier bekommt man die Touristenerkennungsmarken (*tourist tags*), die alle Besucher von Raja-Ampat haben müssen.

Anreise & Unterwegs vor Ort

Waisai besitzt einen neuen und beeindruckenden Flughafen. Sonntags und freitags verkehrt Susi Air zwischen Sorong und Waisai.

Die schnellen Marina-Express-Passagierboote (Economy/VIP 130 000/220 000 Rp, 2 Std.) und ein größeres langsameres Boot (100 000 Rp, 3 Std.) machen sich von Sorongs **Pelabuhan Feri** (Pelabuhan Rakyat; Jl Feri, abseits der Jl Sudirman) auf den Weg nach Waisai. Viel Platz an Deck unter freiem Himmel bietet Letzteres. Die besten Anlaufstellen, um den Transport auf den Inseln zu organisieren, sind die jeweilige Unterkunft und das Touristeninformationszentrum von Waisai. Die Preise richten sich nach Bootstyp, Entfernung und Spritpreis und sind meist verhandelbar.

INDONESIEN VERSTEHEN

Indonesien aktuell

In Indonesien ist alles immer irgendwie in Bewegung, sei es das Land, das Meer oder auch die Gesellschaft. Doch 2014 gab es Grund zum Feiern, als es bei den landesweiten Wahlen weitestgehend friedlich blieb, wie auch schon fünf Jahre zuvor bei den vorangegangenen Wahlen. Das ist schon ein Erfolg für ein Land mit einer derart gewalttätigen Vergangenheit, wenn man zum Beispiel an die politischen Massaker von 1965 denkt, an die u. a. zwei sehr gelobte Dokumentarfilme erinnern. Auch heute noch steht das Land vor enormen ökonomischen und ökologischen Herausforderungen.

Nach seinem Sieg bei der Präsidentschaftswahl 2014 wurde Joko Widodo als der indonesische Obama gefeiert. Doch schon bald stieß der erste demokratisch gewählte Präsident Indonesiens ohne offensichtliche Verbindungen zur alten Suharto-Diktatur oder zum Militär auf erhebliche Schwierigkeiten bei den etablierten Bürokraten und mit der schwächelnden Wirtschaftslage des Inselstaates. Ob er letztendlich zu dem visionären und durchsetzungsfähigen Staatsoberhaupt wird, auf das viele ihre Hoffnungen gesetzt hatten, wird sich erst noch zeigen müssen. Derweil konnten die religiösen Konservativen an Boden gewinnen durch die Verabschiedung von Gesetzen, die den Verkauf von Bier und anderen alkoholischen Getränken einschränken (auch wenn diese nur sporadisch umgesetzt werden). 2015 hat der Präsident nichts unternommen, um die Hinrichtung wegen Drogenbesitzes Verurteilter zu verhindern, darunter zwei australische Staatsbürger.

Die Umweltprobleme Indonesiens erweisen sich als ernster denn je. Zum Beweis muss man sich nur einmal die gewaltige Dunstglocke von den Waldbränden über Sumatra (und den Nachbarinseln) anschauen, die durch illegale Brandrodung entsteht.

Geschichte

Die Anfänge

Bis vor wenigen Jahren vermutete man, dass die ersten menschenähnlichen Wesen *(Homo erectus)* vor rund 500 000 Jahren in Zentraljava lebten. Sie sollen von Afrika aus über Landbrücken nach Indonesien gelangt sein, bevor sie entweder ausstarben oder vom *Homo sapiens* verdrängt wurden.
2003 entdeckte man jedoch die Überreste eines winzigen Inselbewohners. Der sogenannte „Hobbit" lieferte Hinweise darauf, dass der *Homo erectus* sehr viel länger existierte als bisher angenommen. Entsprechend muss die für Indonesiens Evolutionsgeschichte errechnete Zeitachse einer Prüfung unterzogen werden (allerdings stellen zahlreiche Wissenschaftler die Hobbit-Theorie nach wie vor infrage).

Viele Indonesier stammen von malaiischen Völkern ab, die sich ab ca. 4000 v. Chr. von Kambodscha, Vietnam und Südchina gen Süden aufmachten. Sie errichteten kleine Königreiche und hatten bereits um 700 v. Chr. ausgeklügelte Techniken für den Reisanbau entwickelt.

Hinduismus & Buddhismus

Bald wurden indische und chinesische Händler auf die wohlhabenden neuen Herrschaftsgebiete aufmerksam. Sie brachten nicht nur Seidenstoffe und Gewürze, sondern auch den Hinduismus und Buddhismus mit.

Innerhalb des Archipels fassten beide Religionen rasch Fuß und waren bereits im 1. Jh. n. Chr. tragende Säulen der großen Königreiche. Das buddhistische Srivijaya-Reich umfasste die Malaiische Halbinsel sowie den Süden Sumatras und profitierte von der Herrschaft über die strategisch bedeutende Straße von Melaka. Die Königreiche Mataram (hinduistisch) und Sailendra (buddhistisch) dominierten Zentraljava. Aufgrund der guten Böden in der Region konnten die jeweiligen Herrscher ihren Wohlstand mehren und daraufhin grandiose Monumente wie Borobudur und Prambanan errichten. Um das 10. Jh. n. Chr. brach das Mataram-Reich zusammen, und 1294 wurde es von dem noch einflussreicheren hinduistischen Majapahit-Reich abgelöst. Unter dem Herrscher Hayam Wuruk und Premierminister Gajah Mada konnten riesige Gebiete erobert werden. Es ist zwar unwahrscheinlich, dass sie sich Sulawesi, Sumatra und Borneo einverleibten, dafür steht aber fest, dass weite Teile Javas, Maduras und Balis zum Majapahit-Reich gehörten.

Doch dieser Zustand hielt nicht lange vor: Der enormen Macht der Majapahit-Herrscher zum Trotz kam es in der Region bald zu Spannungen und das Goldene Zeitalter des Hinduismus näherte sich dem Ende.

Der Aufstieg des Islam

Mit dem Aufstieg des Islam nahm unter den Bewohnern der kleineren Königreiche der Wunsch Gestalt an, gegen die Majapahit-Hegemonie aufzubegehren. Schon bald griffen sie zu den Waffen, woraufhin die hinduistischen Herrscher und ihr Gefolge im 15. Jh. nach Bali fliehen mussten. Dort ist ihre Kultur noch heute lebendig, während sich auf Java die mächtigen islamischen Sultanate ausbreiten konnten. Unterdessen hatten sich auch die bedeutenden Königreiche von Melaka (Malaiische Halbinsel) und Makassar (Südsulawesi) zum Islam bekannt. Damit war der Grundstein für die Entwicklung des modernen Indonesien zur bevölkerungsreichsten muslimischen Nation weltweit gelegt.

Der Vorstoß der Europäer

1511 eroberten die Portugiesen Melaka. Kurze Zeit später begannen sich auch Spanier, Niederländer und Briten für die Schätze des Archipels zu interessieren. Es folgten zwei unruhige Jahrhunderte, in denen die europäischen Nationen um die Vorherrschaft in der Region kämpften. Im 17. Jh. hatten die Niederländer die besten Karten: Mittels der niederländischen Ostindien-Kompanie (Vereenigde Oost-Indische Compagnie; VOC)), dem weltweit ersten multinationalen Konzern, kontrollierten sie den lukrativen Gewürzhandel. Nach dem Ende der Napoleonischen Kriege übernahmen sie erneut das Ruder und gaben es erst 129 Jahre später wieder aus der Hand, als Indonesien unabhängig wurde.

Die Herrschaft der Niederländer war von zahlreichen Rebellionen geprägt, darunter der fünfjährige Guerillakrieg unter Führung des javanischen Prinzen Diponegoro. Er endete 1830 und kostete 8000 niederländische Soldaten das Leben.

Der Weg zur Unabhängigkeit

Zu Beginn des 20. Jhs. hatten die Niederländer einen Großteil des Archipels unter ihre Kontrolle gebracht, dennoch konnten die revolutionären Strömungen in der Tradition Diponegoros nie vollständig ausgelöscht werden. Schließlich lieh der junge Sukarno den Aufständischen seine Stimme. Im Zweiten Weltkrieg besetzten die Japaner Indonesien, aber nachdem sie ihre Truppen wieder abgezogen hatten, war Sukarnos Stunde gekommen: Am 17. August 1945 rief er in Jakarta Indonesiens Unabhängigkeit aus.

Rasch formierten sich die Niederländer, um ihre Autorität wiederherzustellen. Dabei wurden sie von britischen Truppen unterstützt, die sich anlässlich der Kapitulation der Japaner in Indonesien aufhielten. Die Einheimischen leisteten erbitterten Widerstand und kämpften vier Jahre lang einen blutigen Guerillakrieg. Letztendlich mussten die Niederländer das Land verlassen, da sich die US-Amerikaner und die Vereinten Nationen gegen die Wiedereinführung des Kolonialismus aussprachen und die Gefechte zu viele Opfer gefordert hatten. Am 27. Dezember 1949 wurde die indonesische Flagge – die *sang merah putih* (Rot und Weiß) – über dem Istana Merdeka (Freiheitspalast) in Jakarta gehisst.

Wirtschaftskrise, Uneinigkeit & Diktatur

Schnell war die Einigkeit während des Krieges vergessen: Religiöse Fundamentalisten und nationalistische Separatisten stellten die Zentralregierung auf eine harte Probe. Nach fast einem Jahrzehnt des politischen Stillstands und der wirtschaftlichen Flaute verkündete Sukarno 1957 die „gelenkte Demokratie" (ein Euphemismus für Diktatur). Unterstützt vom Militär, errichtete er ein autoritäres Regime, an dessen Spitze er fast vierzig Jahre stand.

Die Bemühungen, ein Einparteiensystem durchzusetzen, waren vergeblich. Als sich die Kommunistische Partei Indonesiens (Partai Komunis Indonesia; PKI) 1965 mit 3 Mio. Mitgliedern zur weltweit größten Partei entwickelt hatte, wusste Sukarno längst, dass es enorm wichtig war, sie für sich zu gewinnen. Aber in dem Maße, in dem die PKI in der Regierung an Einfluss gewann, wuchsen auch die Spannungen zwischen Kommunisten und Militär. Am 30. September 1965 initiierten Angehörige der Palastwache einen Putschversuch. Der Aufstand wurde umgehend von General Suharto niedergeschlagen und – eventuell zu Unrecht – der PKI angelastet. Dies sollte der Auftakt zu einem von der Armee geführten Vergeltungsschlag werden, bei dem mehr als 500 000 Kommunisten getötet wurden. Später tauchten in freigegebenen Geheimdokumenten Hinweise dafür auf, dass sowohl die USA als auch Großbritannien Suhartos Rachefeldzug unterstützt hatten, indem sie Namenslisten der kommunistischen Unruhestifter zusammenstellten. Erstere empfanden den Kommunismus als Bedrohung, Letztere wollten ihre Belange in Malaysia gewahrt wissen. Sukarno wurde abgesetzt und ab 1968 war General Suharto Präsident von Indonesien.

Suharto schaffte Einigkeit mittels Unterdrückung, annektierte 1969 Irian Jaya (Papua) und regierte mit eiserner Faust. Er marschierte 1975 in Portugiesisch-Timor ein (Zehntausende starben) und schlug die separatistischen Bewegungen in Aceh und Papua mithilfe des Militärs grausam nieder. Der innenpolitischen Misere zum Trotz erlebte Indonesiens Wirtschaft in den 1980er- und 1990er-Jahren einen Boom und verzeichnete ein Rekordwachstum. Zahlreiche Bauprojekte veränderten das Gesicht der Hauptstadt.

Der Untergang Suhartos

Als sich die asiatische Wirtschaft Ende der 1990er-Jahre im freien Fall befand, begann Suhartos Kartenhaus einzustürzen. Indonesien war über Nacht pleite und die Bevölkerung erkannte, dass die Vetternwirtschaft und Korruption von Suhartos Regime die Ursachen für das Desaster waren. 1998 fegte eine Protestwelle über das Land hinweg, und bei den Aufständen im Mai in Jakarta starben Tausende von Menschen, viele von ihnen chinesischer Herkunft. Nach 30-jähriger Diktatur trat Suharto am 21. Mai 1998 zurück.

Die Gemüter beruhigten sich, als der Vizepräsident B. J. Habibie die Macht übernahm. Da er seine ehrgeizigen Pläne und Reformen jedoch nicht schnell genug umsetzte, kam es im November desselben Jahres erneut zu Unruhen. Nachdem der Bevölkerung Neuwahlen in Aussicht gestellt worden waren, entspannte sich die Situation. Einige separatistische Gruppen nutzten jedoch die Gunst der Stunde und sorgten in Maluku, Papua, Osttimor und Aceh für Chaos. Nach einem Referendum im August 1999 erlangte Osttimor seine Unabhängigkeit. Zuvor hatten indonesische Milizen allerdings die Infrastruktur des Landes zerstört und Tausende von Menschen getötet.

TOP-BÜCHER

A Brief History of Indonesia (2015) Eine äußerst lesenswerte und unterhaltsame Erzählung von Indonesien-Experte Tim Hannigan (nur auf Engl.).

Indonesien und so weiter (2014) Elizabeth Pisanis brillanter Reisebericht und Entdeckung des Landes.

Garten der Menschheit (1980) Ein Bild von Indonesien unter niederländischer Herrschaft von Pramoedya Ananta Toer (1925–2006), einem der bedeutendsten Autoren Indonesiens.

Stranger in the Forest (1988) Eric Hansen war wahrscheinlich der erste Ausländer, der Borneo zu Fuß durchquert hat (nur auf Engl.)

Krakatau (2003) Bei Simon Winchester verschmelzen Geschichte, Geologie und Politik vor dem Hintergrund des Vulkanausbruchs von 1883.

Demokratie & Reformen

Die Parlamentswahlen im Juni 1999 verliefen erstaunlich friedlich. Megawati Sukarnoputri (Sukarnos Tochter) erhielt mit ihrer demokratischen Reformpartei PDP die meisten Stimmen (33%). Ein paar Monate später fanden Präsidentschaftswahlen statt, die Abdurrahman Wahid (Gus Dur) für sich entscheiden konnte. Seine Bestrebungen, gegen die Korruption vorzugehen, stießen auf hartnäckigen Widerstand. 2001 wurde Megawati schließlich zur Präsidentin ernannt. Viele Indonesier waren von ihrem Führungsstil enttäuscht, weil die korrupte Infrastruktur erhalten blieb, der Einfluss des Militärs nicht eingedämmt wurde, die Armut hoch blieb und es aufsehenerregende terroristische Anschläge wie die Bombenattentate in Bali im Jahr 2002 gab.

Megawati verlor die Präsidentschaftswahlen von 2004. Ihr Nachfolger ist Susilo Bambang Yudhoyono, (auch „SBY“ genannt). Zu seinen Erfolgen zählt das harte Vorgehen gegen militante Islamisten und er steckte mehr Geld in die Bildung und Gesundheitspolitik.

Seine Amtszeit war auch von einer Reihe von Naturkatastrophen gekennzeichnet: zuerst der Tsunami am 26. Dezember 2004, der Aceh im Norden Sumatras verwüstete, dann ein Erdbeben 2006, das Yogyakarta erschütterte und bei dem 6800 Menschen ums Leben kamen, und schließlich 2009 ein Beben, das Padang in Sumatra verwüstete.

Die Wahlen 2009 verliefen größtenteils friedlich. SBY wurde aufgrund seiner konstant moderaten Politik klar wiedergewählt. Extremistische islamische Parteien schlossen im Vergleich mit gemäßigteren Parteien schlecht ab. Seither herrscht in Indonesien Frieden und allgemein steigt der Wohlstand.

Menschen & Kultur

Das javanische Sprichwort *bhinneka tunggal ika* (sie sind viele, sie sind eins) gilt als Indonesiens Wahlspruch, aber angesichts einer Bevölkerung von mehr als 255 Mio., über 300 Sprachen und mehr als 17 000 Inseln erscheint es nicht verwunderlich, dass viele Bewohner der entlegenen Inseln sich über Java ärgern, wo die politische und wirtschaftliche Macht konzentriert ist. Die verschiedenen Teile Indonesiens sind zwar durch eine Nationalflagge (die an Nationalfeiertagen immer öfter mit Stolz gezeigt wird) und eine gemeinsame Sprache (Bahasa Indonesia) lose miteinander verbunden, erinnern aber in vielerlei Hinsicht an die EU – einen kulturell vielfältigen Staatenbund.

Indonesien ist das bevölkerungsreichste muslimische Land der Welt, aber die Bewohner praktizieren eine weniger orthodoxe Form des islamischen Glaubens. Niemand verspürt den Drang, westlichen Nationen nachzueifern, doch gleichzeitig ist es durchaus normal, nach dem Gebet in der Moschee ein Einkaufszentrum aufzusuchen oder einen amerikanischen Film anzusehen. Das Land wird immer weltoffener und die Zahl der Facebook-Nutzer ist riesig. Millionen

TOP-FILME

The Act of Killing (2012, Regie: Joshua Oppenheimer) Oscar-nominierte Dokumentation über die Massaker von 1965, bei denen über 500 000 Mitglieder und angebliche Sympathisanten der Kommunistischen Partei ermordet wurden – bis heute ein Tabuthema im Land.

The Look of Silence (2014, Regie: Joshua Oppenheimer) Der Nachfolgefilm von *The Act of Killing* begleitet einen Mann, der Menschen mit ihrer Beteiligung an der Ermordung seines Bruders im Zuge der Massenmorde von 1965 konfrontiert.

Shackled (2012, Regie: Upi Avianto) Ein Mann fährt durch Jakarta und stößt auf einen Mann in einem Hasenkostüm und eine misshandelte Frau, was grauenvolle Konsequenzen hat. Avianto zählt zu den beliebtesten Regisseuren Indonesiens, ihre Filme sind in der Regel echte Kassenschlager.

Sang Penari (Die Tänzerin; 2011, Regie: Ifa Isfansyah) Der von der Kritik hochgelobte Film basiert auf einer dreiteiligen Romanreihe von Ahmad Tohari und handelt von einem jungen Mann und einer Tänzerin aus einem javanesischen Dorf.

Eat Pray Love (2010, Regie: Ryan Murphy) Der bei der Kritik und an den Kinokassen durchgefallene Film zeichnet ein überaus prachtvolles Bild von Bali. Zu sehen sind unter anderem Ubud und Padang Padang Beach.

von Indonesiern arbeiten im Ausland (vor allem in den Golfstaaten, in Hongkong und Malaysia) und machen ihr soziales Umfeld nach der Rückkehr mit ausländischen Sitten und Gebräuchen vertraut. Günstige Flugtickets bieten den Einheimischen zudem erstmalig die Möglichkeit, ihr eigenes Land und andere Nationen zu bereisen. Die Mobilität ist insgesamt gestiegen. Heute kann man ein Motorrad auf Raten bereits mit einer Anzahlung von nur 500 000 Rp kaufen.

Leider hat nicht jedermann das Geld und die Zeit, das Ausland zu entdecken, denn die Kluft zwischen Arm und Reich ist nach wie vor enorm. In Indonesien herrscht mehr Armut als in den Nachbarländern; knapp die Hälfte der Bevölkerung muss mit 2 US$ am Tag auskommen. Besonders schlimm sind die Zustände in ländlichen Regionen.

Bevölkerung

Gemessen an den Bevölkerungszahlen ist Indonesien mit gut 255 Mio. Einwohnern das viertgrößte Land der Erde. Mehr als die Hälfte der Menschen lebt auf Java. Damit ist die Insel eine der am dichtesten besiedelten Regionen der Welt: Auf 1 km² kommen im Schnitt über 1100 Personen! Während es auf Java, Bali und Lombok nur so von Menschen wimmelt, sind große Gebiete des Archipels nahezu unbewohnt, vor allem Papua (unter 10 Einwohner pro km²) und Kalimantan.

Religion

Die Stimme des Muezzins, der Gläubige zum Gebet ruft, ist für Indonesien absolut charakteristisch. Es handelt sich um die größte muslimische Nation der Welt: Mehr als 244 Mio. Menschen (88 % der Gesamtbevölkerung) gehören diesem Glauben an.

Der bedeutenden Rolle des Islam zum Trotz stammen die beeindruckendsten historischen Monumente (z. B. die Tempelanlagen Borobudur und Prambanan) aus der Zeit, in der Java von hinduistischen und buddhistischen Herrschern regiert wurde. Auf Bali leben nach wie vor viele Hindus (1,5 % der Bevölkerung), Anhänger des Buddhismus (1 %) sind über das gesamte Land verteilt. 10 % der Indonesier bekennen sich zum Christentum, und auf Papua, einigen Inseln von Nusa Tenggara und Maluku sowie in Teilen Sumatras bilden Christen die Mehrheit. In manchen ländlichen Regionen leben animistische Traditionen verborgen weiter.

Kunst

TANZ

Indonesien wartet mit einem großen Repertoire traditioneller Tänze auf. Typisch für Yogyakarta ist das spektakuläres Drama des Ramayana-Ballett. Auf Lombok gibt's Masken- *(kayak sando)* und Kriegstänze aufgeführt, Maluku ist für den *lenso* bekannt und auf Bali tanzt man zahlreiche komplexe Tänze – eine echte Touristenattraktion der Insel.

MUSIK

In Indonesien gibt es eine riesige zeitgenössische Musikszene, die alle Genres umfasst. Der populäre *dangdut* mischt Tradition und Moderne sowie indonesische und ausländische Musikstile. Zum Einsatz kommen Instrumente wie E-Gitarren und indische *tablas* (eine Art Trommel), wobei die rhythmische Bandbreite von nahöstlichem Pop. bis zu Reggae und Salsa reicht. Zu den aktuell besten Interpreten und Bands zählen Neonomora, Frau, Glovves und Banda Neira.

Gamelan ist die bekannteste traditionelle Musik Indonesiens. Sowohl auf Java als auch auf Bali gibt's *gamelan*-Orchester, die hauptsächlich aus Instrumenten wie Schlagzeug, Tonstäben und *angklung* (Bambusröhren, die beim Schütteln Töne erzeugen) sowie Flöten und Xylophonen bestehen.

Natur & Umwelt

Einzig in Brasilien sind in den letzten Jahrzehnten noch mehr tropische Regenwälder abgeholzt worden als in Indonesien. Glücklicherweise findet man dennoch gerade in den entlegenen, dünner besiedelten Regionen einige großartige, nahezu unberührte Nationalparks und Landschaften.

Geografie

Indonesien ist ein gigantisch großes Inselreich mit einer Fläche von 1,9 Mio. km². Hier befinden sich etwa 10 % aller Wälder weltweit. Zudem gehören 11 508 unbewohnte und 6000 bewohnte Inseln sowie 129 aktive Vulkane zum Staatsgebiet. Das ist Weltrekord! Der schneebedeckte Puncak Jaya (4884 m) auf Papua gilt als der höchste Gipfel des Landes. Noch erstaunlicher als die landschaftliche Vielfalt sind aber die enormen Wassermassen, deshalb bezeichnen Indonesier ihre Heimat auch gern als Tanah Air Kita („Unsere Erde und unser Wasser").

TIER- UND UMWELTSCHUTZ

Mit dem Tierschutz ist es in Indonesien nicht weit her, z. B. wird man häufig dressierte Äffchen an den Straßenecken in Großstädten oder vom Aussterben bedrohte Vogelarten auf den Märkten sehen. Wer davon Fotos macht oder diesen Händlern gar etwas abkauft, bestärkt dieses Verhalten nur noch.

In Läden werden Objekte aus Schildkrötenpanzern, seltenen Muscheln, Schlangenleder, ausgestopfte Vögel und eingerahmte Schmetterlinge verkauft. Finger weg! Sie sind nicht nur illegal, ihre Einfuhr ist auch in den meisten Ländern verboten, sodass sie am Zoll wahrscheinlich beschlagnahmt werden. Mehr über das **Washingtoner Artenschutzübereinkommen** (Convention on International Trade in Endangered Species) ist unter www.cites.org nachzulesen.

Manchmal ist die Ausbeutung von Tieren auch weniger offensichtlich, etwa wenn man an die niedlichen Zibetkatzen denkt, die, in Lagerhallen in Käfigen eingesperrt, mit Kaffeebohnen vollgestopft werden, damit diese auf „natürlichem" Wege verarbeitet werden. Das ist ein himmelweiter Unterschied zu den netten Geschichten, die einem auf Plantagen aufgetischt werden, um den haarsträubenden Preis für *kopi luwak* (Katzenkaffee) zu rechtfertigen.

Letzten Endes ist auch der Müll ein ganz offensichtliches Problem. Und wenn es einem auch sinnlos vorkommt, seine Kekspackung aus dem längst zugemüllten Wasserfall wieder aufzuheben, wer weiß, vielleicht nehmen es der Guide oder andere Trekker ja zur Kenntnis und fangen vielleicht auch damit an. Das wäre ein kleiner, aber wichtiger Schritt in die richtige Richtung.

Tiere & Pflanzen

In seiner klassischen Studie *Der Malayische Archipel* unterteilt der britische Naturforscher Alfred Russel Wallace (1823–1913) Indonesien in zwei Zonen: Als typisch für den asiatischen Raum gelten die Flora und Fauna westlich der Wallace-Linie (zwischen Kalimantan und Sulawesi und zwischen Bali und Lombok), während östlich der Wallace-Linie Pflanzen und Tierarten heimisch sind, die eher an die Flora und Fauna Australiens erinnern. Während der Westen Indonesiens für die immer seltener vorkommenden Orang-Utans, Rhinozerosse, Tiger und Rafflesia-Blumen bekannt ist, gehören zur Tierwelt des Ostens Komodowarane und Beuteltiere (z. B. Baumkängurus auf Papua).

Nationalparks

In Indonesien gibt's 50 offizielle *taman nasional* (Nationalparks). Die meisten befinden sich in entlegenen Regionen des Landes. Sie verfügen nur begrenzt über Einrichtungen für Besucher, trumpfen jedoch mit einer erstaunlichen Artenvielfalt auf. Besonders sehenswert sind der Nationalpark Tanjung Puting in Kalimantan mit seinen Orang-Utans und Wasservögeln sowie die Warane und geschützten Korallenriffe in Komodo und Rinca.

Umweltprobleme

Folgen der Abholzung und des Bergbaus machen sich im ganzen Land bemerkbar: Überschwemmungen und Erdrutsche tragen wertvollen Mutterboden ab, Flüsse verschlammen und fangen an zu stinken und in jeder Trockenzeit bedecken Rauchwolken der Brandrodungsfeuer Malaysia und Singapur, was zu internationalen Spannungen führt (2015 war ein besonders schlechtes Jahr). Das durch die Brandrodung freigesetzte Kohlendioxid trägt maßgeblich zum Klimawandel bei, der – und das ist der Teufelskreis – für eine längere Trockenzeit sorgt, was wiederum zu mehr Brandrodung führt.

An Indonesiens Küste und im Meer sind mehr als 80 % der Lebensräume an Korallenriffen gefährdet. Lange Jahre der Cyanid- und Dynamitfischerei haben viele indonesische Korallen zerstört. Die Jagd auf Haie – wegen ihrer Flossen – und Mantarochen haben deren Populationen verkleinert, gleichzeitig droht die Überfischung das Gleichgewicht im Ökosystem Meer zu stören.

Währenddessen belastet der zügellose Konsum der immer weiter wachsenden Mittelklasse die Infrastruktur des Landes: Private Fahrzeuge verstopfen die Straßen der Städte und verschmutzen die Luft, die Müllabfuhr hat Schwierigkeiten, mit den Bergen von Haushalts- und Industriemüll klarzukommen, und da es keinerlei Systeme zur Abwasserentsorgung gibt, kann man das Wasser aus den meisten Quellen ohne vorheriges Abkochen nicht trinken, was wiederum den Bedarf an Kerosin und Feuerholz steigert.

Essen & Trinken

Beim Essen schmeckt man das Wesen Indonesiens, denn wie kaum ein anderes Land wird es von seiner Küche repräsentiert. Die Fülle von Reis zeugt von fruchtbaren Landschaften, die Gewürze erinnern an die Zeiten des Handels und der Invasionen, und im feurigen Chili schwingt die Leidenschaft der Bewohner mit. Die indonesische Küche beruht auf einem großen Lebensmitteltausch: Chinesen, Portugiesen, Kolonialisten und Händler haben alle ihren Beitrag zu den Zutaten geleistet, und im Laufe der Zeit entwickelte sich die Küche unter dem Einfluss unterschiedlicher Landschaften, Menschen und Kulturen.

Koriander, Kreuzkümmel, Chili, Zitronengras, Kokosnuss, Sojasoße und Palmzucker sind unverzichtbare Gewürze, *sambal* eine entscheidende Zutat für die indonesische Küche. Fisch zählt zu den beliebtesten Speisen, und in diesem Inselstaat gibt's keinen Mangel an Fisch- und Meeresfrüchterestaurants. Die Indonesier essen traditionell mit den Fingern, darum ist der Reis hier klebrig. Satay (Fleischspieße), *nasi goreng* (gebratener Reis) und *gado gado* (Gemüse mit Erdnusssoße) zählen zu den bekanntesten indonesischen Gerichten. *Nasi campur* (gemischter Reis) ist das Nationalgericht und beinhaltet verschiedene Zutaten in unzähligen Variationen.

Regionale Variationen

Die Vielfalt der beliebten Gerichte ist groß – kein Wunder in diesem Land der mehr als 300 Sprachen.

JAVA

Die Küche der Betawi (Ureinwohner der Region Jakarta) ist für ihre Reichhaltigkeit bekannt. Typische Gerichte sind *gado gado* und *ketoprak* (Nudeln, Bohnensprossen und Tofu mit einer Soja- und Erdnusssoße). *Soto Betawi* (Rindfleischsuppe) wird mit Kokosmilch cremig gemacht. Eine andere Spezialität ist *nasi uduk* (in Kokosmilch gekochter Reis, der mit Fleisch, Tofu und/oder Gemüse serviert wird).

In Zentraljava ist das Essen süß, selbst Currys wie *gudeg* (Jackfruchtcurry). Zu den Spezialitäten Yogyakartas zählen *ayam goreng* (gebratenes Huhn) und *kelepon* (grüne Reismehlbällchen mit Palmzuckerfüllung).

BALI

Überall auf Bali findet man sehr gute *warung* (Imbissstände), die bei Besuchern beliebt sind. Häufig angeboten werden *babi guling* (am Spieß geröstetes Schwein, gefüllt mit Chili, Kurkuma, Knoblauch und Ingwer) und *bebek betutu* (mit Gewürzen gefüllte und in Bananenblätter und Kokosnussschalen gehüllte Ente, die in Glut gegart wird). Das balinesische Satay, *sate lilit,* wird aus gewürztem Hackfleisch gemacht und aufgespießt.

NUSA TENGGARA

Im trockenen Osten von Nusa Tenggara wird seltener Reis gegessen, stattdessen kommt mehr Sago, Mais, Maniok und Taro auf den Tisch. Fisch ist nach wie vor sehr beliebt, ein regionales Gericht in Sumbawa ist *sepat* (zerkleinerter Fisch in Kokos- und Mangosoße).

Die Sasak auf Lombok mögen würziges *ayam Taliwang* (gebratenes Huhn mit einem Dip aus Erdnüssen, Tomaten, Chili und Limonen) und *pelecing* (Soße mit Chili, Garnelenpaste und Tomaten). Huhn im Stil von Lombok ist sogar in ganz Indonesien beliebt.

SUMATRA

Im Westen Sumatras kommt Rindfleisch ins *rendang* (Rindfleisch-Kokoscurry). Die Padang-Küche ist für ihre chililastigen Soßen berühmt. Sie erfreut sich in ganz Indonesien großer Beliebtheit. Das Essen schmeckt köstlich, wird aber nicht frisch zubereitet. Manchmal stehen die Speisen stundenlang (oder sogar mehrere Tage!) in der Auslage von Restaurants. In einem Padang-Restaurant *(masakan Padang)* kommen zuerst eine Portion Reis und anschließend viele kleine Schüsseln mit Gemüse, Fleisch oder Fisch auf den Tisch. Alternativ kann man sich sein Essen auch selbst zusammenstellen und verschiedene Beilagen aus der Auslage wählen.

KALIMANTAN

Das Essen der Dayak ist vielfältig. Ein Gericht, dass relativ häufig serviert wird, ist *sayur asem rembang* (saure Gemüsesuppe), zubereitet aus der sauren Frucht *rembang*. Die regionale Suppe *soto banjar* besteht aus einer Hühnerbrühe, zu der pürierte gekochte Eier hinzugefügt werden, um sie cremig zu machen. Hühnchen kommt auch ins *ayam masak habang,* das mit großen roten Chilis gekocht wird

SULAWESI

Die Einwohner von Südsulawesi lieben Meeresfrüchte, besonders *ikan bakar* (gegrillten Fisch). Für Naschkatzen gibt's *es pallubutun* (Kokoscreme und Banane in Kokosmilch und Sirup). Die Toraja haben ihre eigene ganz charakteristische Küche: Das bekannteste Gericht ist *pa'piong* (mit Fleisch gefüllte Bambusröhren mit Gemüse und Kokosnuss).

MALUKU

Ein typisches Gericht auf Maluku ist Thunfisch mit *dabu-dabu* (rohes Gemüse mit einer Soße aus Chili und Fischpaste). Aus Fisch wird manchmal *kohu-kohu* (Fischsalat mit Zitrusfrucht und Chili) bereitet.

PAPUA (IRIAN JAYA)

Im Hochland von Papua herrscht die Süßkartoffel. Auch andere Pflanzen wie Sagopalmen werden hier angebaut. Die Einheimischen verspeisen das Mark der Sagopalmen und lassen die Pflanze zusätzlich verrotten, um Käferlarven sammeln und essen zu können. Zu besonderen Gelegenheiten werden Hühner und Schweine in Erdöfen gegart.

Trinken

Trinkwasser und alkoholfreie Getränke in Flaschen bekommt man so gut wie überall. In vielen Hotels und Restaurants wird zudem *air putih* (abgekochtes Wasser) bereitgestellt. Fruchtsäfte schmecken oft großartig, man sollte aber darauf achten, dass Eiswürfel aus gereinigtem Wasser bzw. Wasser aus der Flasche bestehen (in Jakarta und auf Bali ist das Eis normalerweise in Ordnung).

Der indonesische Tee und auch der Kaffee schmecken wirklich gut. Wer einen starken indonesischen Kaffee trinken möchte, sollte nach *kopi java* oder *kopi flores* fragen (je nachdem, wo man sich gerade aufhält). Auch das Bier überzeugt: Bintang gilt als eines der besten asiatischen Lagerbiere. Anstrengungen im Jahr 2015, den Verkauf von Bier und Alkohol zu begrenzen, wurden entweder nur halbherzig durchgesetzt, in manchen Gebieten (wie in Bali) ignoriert und in anderen, konservativeren Regionen voll umgesetzt.

Der balinesische Brem-Reiswein ist sehr stark. Je mehr man davon trinkt, desto besser gefällt er einem. Hinter *es buah* bzw. *es campur* verbirgt sich ein seltsames Gebräu aus Obstsalat, Geleewürfeln, Sirup, zerstoßenem Eis und Kondensmilch: *enak* (köstlich)!

PRAKTISCHE INFORMATIONEN

Verzeichnis von A–Z

BOTSCHAFTEN & KONSULATE

Bali

Deutsches Honorarkonsulat (☎ 0361-288 535; sanur@hk-diplo.de; Jl Pantai Karang 17, Batujimbar-Sanur)

Schweizer Konsulat (☎ 0361-751 735; bali@honrep.ch; Kuta Central Park, Blok Valet 2/12, Jl Patih Jelantik, Kuta)

Jakarta

Botschaft von Brunei (Karte S. 74; ☎ 021-3190 6080; Jl Teuku Umar 9, Menteng)

Botschaft von Deutschland (Karte S. 78; ☎ 021-3985 5000; www.jakarta.diplo.de; Jl MH Thamrin No 1)

Botschaft von Malaysia (Karte S. 74; ☎ 021-522 4974; www.kln.gov.my/web/idn_jakarta/home; Jl HR Rasuna Said Kav X/6, No 1–3, Kuningan)

Botschaft von Österreich (☎ 021-2355 4005; www.aussenministerium.at/jakarta; Jl Diponegoro 44, Menteng)

Botschaft von Singapur (Karte S. 74; ☎ 021-2995 0400; www.mfa.gov.sg/jkt; Jl HR Rasuna Said, Block X/4 Kav 2)

Medan

Deutsches Honorarkonsulat (☎ 061-415 2323; Jl Abdullah Lubis 47A)

Malaysisches Konsulat (☎ 061-453 1342; www.kln.gov.my/web/idn_medan; Jl Diponegoro 43)

ESSEN

Außerhalb der großen Touristenzentren Balis und der Gili-Inseln von Lombok ist das Essen günstiger. Deswegen sind unsere Preiskategorien, die sich auf ein Hauptgericht oder eine Mahlzeit beziehen, zweigeteilt.

Bali & Lombok

$	unter 60 000 Rp
$$	60 000 Rp–250 000 Rp
$$$	mehr als 250 000 Rp

Übriges Indonesien

$	unter 50 000 Rp
$$	50 000 Rp–200 000 Rp
$$$	mehr als 200 000 Rp

FESTE & EVENTS

Religiöse und gesetzliche Feiertage spielen im Leben der Indonesier eine sehr wichtige Rolle. Sie sind zahlreich, über das ganze Jahr verteilt und oftmals der Anlass für Feierlichkeiten. Wegen der großen Vielfalt der Bevölkerung Indonesiens gibt's zudem viele regionale Feiertage,

Feste und kulturelle Events. Dies ist besonders auf Bali der Fall, wo religiöse Ereignisse bei einem durchschnittlichen Bewohner ein Drittel aller Tage im Kalender belegen können.

Während des Fastenmonats Ramadan dürfen gläubige Muslime von Sonnenauf- bis Sonnenuntergang nicht essen, trinken, rauchen und Geschlechtsverkehr haben. Viele Bars und Restaurants sind in dieser Zeit geschlossen und in muslimischen Vierteln sollte man davon absehen, in der Öffentlichkeit Nahrung oder Flüssigkeit zu sich zu nehmen. Während der Woche vor und nach Lebaran (Idul Fitri) – dieses Fest beendet die Fastenzeit – sind Busse, Züge und Flieger häufig komplett ausgebucht. Am besten bleibt man zu dieser Zeit an einem Ort. Der Ramadan und die Feste Idul Fitri und Idul Adha (muslimisches Opferfest) beginnen jedes Jahr an einem anderen Tag (im muslimischen Kalender zu finden).

Manche Feiertage haben ein festes Datum. Andere sind vom muslimischen, buddhistischen oder hinduistischen Kalender abhängig, also variieren die Termine von Jahr zu Jahr.

Januar/Februar

Neujahr 1. Januar.

Imlek (Chinesisches Neujahr) Im Januar oder Februar. Es werden spezielle Gerichte zubereitet und *barongasai* (Löwentänze) aufgeführt. Außerdem schmückt man Geschäfte und Wohnhäuser.

März/April

Nyepi (Hinduistisches Neujahr) Dieses Neujahrsfest findet im März oder manchmal im April statt. Auf Bali und in den hinduistischen Gemeinden wird so viel Krach wie möglich gemacht, um Teufel zu verjagen. An dem Feiertag sind auf Bali so gut wie alle Einrichtungen geschlossen.

Karfreitag Im März oder April

April/Mai

Waisak (Buddhas Geburtstag) In den großen buddhistischen Tempeln (u. a. in Borobudur) versammeln sich Gläubige zum Gebet.

Himmelfahrt des Propheten Mohammed Zu diesem Anlass werden in den Moscheen spezielle Gebete gesprochen.

Mai/Juni

Christi Himmelfahrt Im Mai oder Juni.

August/September

Tag der Unabhängigkeit Am 17. August werden Regierungsgebäude mit großen rot-weißen Flaggen und vielen Bannern geschmückt und es finden unzählige Märsche statt.

Lebaran (Idul Fitri) Die Einheimischen reisen in ihre Heimatdörfer, um spezielle Gebete zu sprechen. Während dieser Zeit wird sehr viel gespendet.

Idul Adha Zum Ende des Hadsch (Pilgerfahrt nach Mekka) bringt man Tieropfer dar. Das Fleisch erhalten die Armen und Bedürftigen.

Erster Tag des Monats Muharram (Islamisches Neujahr) Das Datum ändert sich jedes Jahr. 2017 und 2018 fällt es in den September.

November/Dezember

Maulid Nabi Muhammad (Mohammeds Geburtstag) wird 2017 im Dezember gefeiert, 2018 und 2019 im November. In den Moscheen im ganzen Land werden Gebete gesprochen, in Solo und Yogyakarta finden Straßenparaden statt.

Weihnachten Am 25. Dezember werden in christlichen Gebieten spezielle Messen/Gottesdienste gefeiert und man beschenkt sich.

FREIWILLIGENARBEIT

In Indonesien gibt's hervorragende Möglichkeiten zur Freiwilligenarbeit, aber Lonely Planet empfiehlt keine Organisationen, mit denen wir nicht direkt zusammenarbeiten, also ist es ganz wichtig, dass man selber gründlich recherchiert, bevor man einwilligt, für eine Organisation zu arbeiten oder zu spenden. Wer mit Kindern arbeiten will, sollte sich für drei Monate festlegen.

Borneo Orangutan Survival Foundation (www.orangutan.or.id) Akzeptiert Freiwillige für Auswilderungs- und Wiederaufforstungsprojekte.

East Bali Poverty Project (☎ 0361-410 071; www.eastbalipovertyproject.org) Hilft Kindern in den verarmten Bergdörfern im Osten Balis. Braucht Englischlehrer.

IDEP (Indonesian Development of Education & Permaculture; ☎ 0361-294993; www.idepfoundation.org) Die Organisation führt Projekte in ganz Indonesien durch; arbeitet für Umweltschutz, Katastrophenplanung und kommunale Entwicklung.

ProFauna (www.profauna.net). Eine große, gemeinnützige Tierschutzorganisation, die im ganzen Land tätig ist und sich stark für den Schutz von Meeresschildkröten engagiert.

Sea Sanctuaries Trust (www.seasanctuaries.org) Freiwilligenarbeit beim Tauchen in Raja-Ampat.

Yayasan Bumi Sehat (☎ 0361-970002; www.bumisehatfoundation.org) Betreibt eine international anerkannte Klinik und unterstützt benachteiligte Frauen in Ubud vor, bei und nach der Geburt. Ausgebildete Mediziner können dort mitarbeiten.

GEFAHREN & ÄRGERNISSE

Wer zum ersten Mal nach Indonesien reist, könnte das Land angesichts der vielen Unfälle, Naturkatastrophen und terroristischen Gewalttaten für eines der gefährlichsten Reiseländer halten.

Doch obwohl die Sicherheitsstandards im Transportwesen schlecht sind, regelmäßig die Erde bebt und es zu einer Reihe von religiös motivierten Terror- und Gewaltanschlägen kam, ist Indonesien im Grunde genommen ein sehr sicheres Urlaubsland.

Selbst in Großstädten muss man nicht um seine Sicherheit bangen. Gewaltverbrechen sind eine Seltenheit. Wer mit gesundem Menschenverstand handelt, seine Wertsachen im Auge behält und die üblichen Sicherheitsvorkehrungen trifft, kann sich deshalb ohne Probleme fortbewegen.

Trotzdem sollte man ständig über die gegenwärtige politische Lage informiert sein. Bei Redaktionsschluss war es im Land friedlich.

Drogenvergehen können mit harten Strafen geahndet werden. Vorsicht vor Arrak, einem starken Reis- oder Palmschnaps, der oft in Getränken enthalten ist, die Touristen und Einheimischen gleichermaßen angeboten werden. Da skrupellose Verkäufer dabei gefährliche Substanzen verwenden, kommt es regelmäßig zu gefährlichen Vergiftungen, teils mit tödlichem Ausgang. Auf Bali sollte man sich vor Hunden hüten, da es dort ein Tollwutproblem gibt.

Leitungswasser sollte man niemals als Trinkwasser verwenden.

GELD

- Geldautomaten sind in Indonesien keine Seltenheit, außer in ländlichen Gegenden. Die meisten akzeptieren inzwischen Karten der großen internationalen Unternehmen. Die Bank BNI ist zuverlässig.
- Wer außerhalb von Städten und Touristengebieten unterwegs ist, sollte immer eine größere Menge Rupien dabeihaben, falls Geldautomaten außer Betrieb sind oder man auf einer Insel ohne Geldautomaten ist.
- In Städten und Touristengegenden (wie Bali) werden Kreditkarten in Hotels und Resorts der Mittelklasse oder besser angenommen. Die meisten teuren Geschäfte und Reisebüros akzeptieren sie ebenfalls, oft allerdings mit einem Preisaufschlag von rund 3 %.
- Unbedingt an Banken, Wechselstuben in Flughäfen oder große und seriöse Läden halten, denn Betrug ist keine Seltenheit. Außerhalb großer Städte kann es problematisch sein, andere Währungen als US-Dollars umzutauschen.

INTERNETZUGANG

Indonesien ist zum Teil vernetzt, allerdings reicht die Geschwindigkeit von schnell zu nervtötend langsam.

In Hotels und Cafés gibt es größtenteils WLAN („Wii-fii" in Indonesien), außer in ländlichen Gebieten. Oftmals ist die Nutzung kostenlos, doch mitunter verlangen Hotels stundenweise oder je nach Downloadmenge absurd hohe Gebühren.

Datentransfer mit dem Smartphone ist oft die schnellste Möglichkeit, sich mit dem Internet zu verbinden. 3G ist weit verbreitet.

ÖFFNUNGSZEITEN

Diese Öffnungszeiten sind normal für ganz Indonesien:

Banken Montag bis Donnerstag 8–14 Uhr, Freitag 8–12 Uhr, Samstag 8–11 Uhr.

Regierungsbehörden Montag bis Donnerstag 8–15 Uhr, Freitag 8–12 Uhr, keine einheitlichen Öffnungszeiten.

Restaurants 8 bis 22 Uhr.

Einkaufen 9 oder 10 bis 17 Uhr; größere Läden in Touristengebieten bis 20 Uhr. Viele sind sonntags geschlossen.

ÖFFENTLICHE FEIERTAGE

Öffentliche Feiertage und religiöse Feste sind in Indonesien miteinander verbunden, was dazu führt, dass große Teile des Landes an vielen Tagen komplett zum Erliegen kommen oder freihaben.

RECHTSFRAGEN

Drogen, Glücksspiel und Pornografie sind illegal, die Hinrichtung zweier australischer Staatsangehöriger der sogenannten „Bali-Neun" wegen Drogendelikten im Jahr 2015 sorgte dafür, dass das nicht vergessen wird.

Außer beim Fahren eines gemieteten Autos oder Motorrads ist es unwahrscheinlich, dass Reisende mit der Polizei zu tun haben: Es kann vorkommen, dass sie unter einem zweifelhaften Vorwand angehalten und aufgefordert werden, an Ort und Stelle eine „Geldbuße" von etwa 50 000 Rp zu zahlen.

SCHWULE & LESBEN

- In Indonesien sollten hetero- und homosexuelle Traveller die gleichen Vorsichtsmaßnahmen beachten: Unbedingt den Austausch von Zärtlichkeiten in der Öffentlichkeit vermeiden. Das ist besonders in konservativen Gegenden wie Aceh wichtig, wo 2015 zwei sich umarmende Frauen von der Religionspolizei zur „Umerziehung" geschickt wurden.
- Schwule Männer werden in Indonesien als *homo* oder *gay* bezeichnet, lesbische Frauen als *lesbi*.
- Die indonesischen Transvestiten/Transsexuellen oder *waria* – abgeleitet von *wanita* (Frau) und *pria* (Mann) – waren schon immer in der Öffentlichkeit präsent. Sie werden auch mit dem weniger freundlichen Ausdruck *banci* bedacht.
- Islamistische Gruppierungen verbieten Homosexualität, Gewalt gegen Schwule ist aber selten.
- Bali ist besonders LGBT-freundlich, es gibt dort eine große Gemeinde von Expats aus Amerika und Europa und Leuten aus anderen Teilen Indonesiens.

SURFSPOTS

Ständig tun sich neue Surfspots in Indonesien auf – und schon jetzt ist die Auswahl schier grenzenlos.

Java

Batu Karas Schöne Wellen und gut, um mal zu entspannen (S. 90).

Pangandaran Das führende Strandresort im Westen Javas (S. 87).

G-Land Auch bekannt als Plengkung, ein entlegenes Surfcamp-Paradies im Osten Javas (S. 112).

Bali

Bali ist ein echtes Surferparadies. An der Südseite der Insel locken tolle Wellen, außerdem gibt's zahlreiche Surfschulen, Brettverleiher und günstige Kneipen.

Diese fünf Orte sollte man sich keinesfalls entgehen lassen.

Kuta Beach Etablierte den Surfsport in Asien und eignet sich mit langen, sehr gleichmäßigen Wellen für Anfänger (S. 116).

Bingin Weißer Sandstrand mit entspannten Unterkünften im Hinterland (S. 125).

Ulu Watu Hat mit die größten Wellen auf Bali (S. 126).

Nusa Lembongan Eine relaxte Szene für Surfer und Nichtsurfer. Man kann von seiner Hütte aus die Wellen sehen (S. 129).

Pantai Keramas Einer der Strände in Ost-Bali, die sich wirklich schnell entwickeln (S. 139).

Nusa Tenggara

Lombok An den Stränden im Süden um Kuta herum gibt's hervorragende Wellen (S. 151).

Sumbawa In Maluk ist Supersuck eine der besten Lefts der Welt, Pantai Lakey punktet mit einer ganzen Reihe von Wellen (S. 162).

Sumatra

Pulau Nias Eine entlegene Insel mit der legendären Righthander in Lagundri Bay (S. 195).

Mentawai Inseln Hier locken Surf-Camps und Safariboote (S. 183).

STROM

In Indonesien sind 220/230 V bzw. 50 Hz üblich; Stecker haben zwei runde Stifte, wie in der EU.

TELEFON

Günstige SIM-Karten (diese sollten nie mehr als 5000 Rp über dem gewährten Freiguthaben kosten) und Internettelefonie machen den Kontakt in die Heimat erschwinglich.

TOILETTEN

Öffentliche Toiletten gibt's nur an Busterminals und Bahnhöfen. Man sollte also die in Restaurants oder Hotels benutzen.

Als typische indonesische Toilette dient ein Loch im Boden mit Fußtritten an den Seiten; in touristischen Gegenden gibt's aber häufig moderne, westliche Einrichtungen. Zum Spülen muss man Wasser aus einem Behälter schöpfen.

UNTERKUNFT

In Touristengegenden kann es in jeder Preisklasse ausgezeichnete Unterkünfte geben. Aber andernorts in Indonesien sinken die Standards schnell: Mangelnde Instandhaltung und laxer Service sind an der Tagesordnung, das Personal ist in der Regel freundlich.

An Top-Touristenzielen wie Bali, den Gilis und Flores tauchen neuerdings auch Hostels auf, aber oft bekommt man zu ähnlichen Preisen auch ein Privatzimmer in familiengeführten Häusern. Andere Optionen sind Tauchsafariboote, Bambushütten in Surfercamps und vieles mehr. Camping hingegen ist unüblich.

Die besten Konditionen bekommt man online oder wenn man Hotels direkt kontaktiert und feilscht. Es gibt kein Patentrezept, das überall in Indonesien funktioniert. Für die Unterbringung wird eine kombinierte Steuer und Servicepauschale („plus plus" genannt) in Höhe von 21% erhoben. Bei günstigen Unterkünften ist sie üblicherweise im Preis enthalten, aber am besten fragt man vorher.

In den unterschiedlichen Preiskategorien gibt's Folgendes:

Budget Die günstigste Unterbringung in kleinen Häusern, die einfach, aber sauber und gemütlich sind. Der Name enthält in der Regel Worte wie *losmen*, *homestay*, *inn* oder *pondok*. Die Standards sind ganz unterschiedlich:

- Eventuell Klimaanlage
- Eventuell Warmwasser
- Manchmal keine Fenster
- Privates Badezimmer mit Dusche und manchmal mit einer Toilette im westlichen Stil
- Oftmals mit Pool (auf Bali)
- Einfaches Frühstück

Mittelklasse Viele Hotels bieten unterschiedliche Zimmer von Budget bis Mittelklasse an. Die besten werden VIP oder ähnlich genannt. Zusätzlich zu dem, was Budgethotels bieten, gibt's dazu:

- Balkon/Veranda/Patio
- Satellitenfernseher
- Kleiner Kühlschrank
- Normalerweise WLAN

Luxus Indonesien hat einige der weltbesten Hotels zu bieten, inklusive Strandresorts und entlegene Luxusanlagen. Wer sich richtig verwöhnen will, findet vielleicht etwas Fantastisches für weit weniger als erwartet.

Preiskategorien

Bali und die Gili-Inseln vor Lombok sind durchschnittlich teurer, deswegen sind die Preiskategorien in diesem Kapitel in zwei Gruppen unterteilt.

Die indonesische Regierung plant im Laufe der nächsten ein bis zwei Jahre eine Reform der nationalen Währung, was bedeutet, dass die letzten drei Nullen von jedem Schein wegfallen werden (z. B. werden aus 20 000 Rp dann 20 Rp). Wenn diese lang versprochene Veränderung tatsächlich kommt, ist grenzenlose Verwirrung zu erwarten.

Bali & Lombok

$	unter 450 000 Rp
$$	450 000 Rp–1 400 000 Rp
$$$	über 1 400 000 Rp

Übriges Indonesien

$	unter 250 000 Rp
$$	250 000 R–800 000 Rp
$$$	über 800 000 Rp

VISA

Die Visumsituation ändert sich ständig. Der Reisepass muss vom Tag der Ankunft an noch mindestens sechs Monate lang gültig sein. Bei Drucklegung dieses Reiseführers hatten Besucher Indonesiens folgende Möglichkeiten:

Visum im Voraus Besucher können vor der Ankunft in Indonesien ein Visum beantragen. Dies ist in der Regel ein Besuchervisum, das es in zwei Varianten gibt: 30 oder 60 Tage. Die genauen Details sind von Land zu Land unterschiedlich. In der Indonesischen Botschaft oder im Konsulat nachfragen, um Bearbeitungsgebühr und -dauer in Erfahrung zu bringen.

Visum bei Ankunft Bürger aus über 65 Ländern können bei der Ankunft an einem der großen Flughäfen oder Häfen ein 30-Tage-Visum beantragen (nicht jedoch an den meisten Landesgrenzen). Es kostet 35 US$. Man sollte unbedingt den exakten Betrag in US$ dabeihaben. Zu den berechtigten Nationen zählen die meisten (aber nicht alle) Länder der EU, Australien und Neuseeland sowie Kanada und die USA. Eine Verlängerung dieser Visa um weitere 30 Tage ist möglich. Wer nicht für ein Ankunftsvisum berechtigt ist, muss ein Visum im Voraus beantragen.

Visumfrei Bürger aus Dutzenden Ländern können bei der Ankunft ein kostenloses 30-Tage-Visum erhalten. Aber aufgepasst: Dieses Visum kann nicht verlängert werden und man ist bei der Wahl des Flughafens oder Hafens zum Verlassen des Landes möglicherweise eingeschränkt (so ist zum Beispiel Timor-Leste eventuell nicht möglich).

Wenn das Ablaufdatum des Visums überschritten wird, muss man mit Geldstrafen von 300 000 Rp pro Tag und mit weiteren Schwierigkeiten rechnen.

ZEITZONE

Es gibt hier drei Zeitzonen. Im Westen Indonesiens (Sumatra, Java, West- und Zentralkalimantan) müssen sechs Stunden zur MEZ hinzugerechnet werden, in Bali, Süd- und Ostkalimantan, Sulawesi sowie Nusa Tenggara sind es sieben Stunden und im Osten des Landes (Maluku und Papua) acht. Während der europäischen Sommerzeit ist es jeweils eine Stunde weniger.

ZOLLBESTIMMUNGEN

In Indonesien ist die Einfuhr der üblichen Dinge verboten, darunter Drogen, Waffen, frisches Obst und alles, was auch nur annähernd pornografisch ist.

Folgende Gegenstände dürfen u. a. eingeführt werden:

- 200 Zigaretten (oder 50 Zigarren oder 100 g Tabak)
- eine „angemessene" Menge Parfüm
- 1 l Alkohol

An- & Weiterreise

Die wichtigste bürokratische Angelegenheit bei der Einreise ist das Visum.

FLUGZEUG

In Jakarta und auf Bali befinden sich die wichtigsten Flughäfen, es gibt jedoch auch internationale Verbindungen nach Balikpapan (Kalimantan), Mataram (Lombok), Manado (Sulawesi), Medan (Sumatra), Palembang (Sumatra), Padang (Sumatra), Solo (Java) und Surabaya (Java).

AUF DEM LANDWEG

Es gibt drei Landverbindungen zwischen Indonesien und den Nachbarländern. Busse fahren zwischen Pontianak und Kuching auf Borneo und Westtimor mit Timor-Leste. Außerdem kann man über Land von Jayapura nach Vanimo in Papua-Neuguinea reisen.

AUF DEM SEEWEG

Schiffe und Fähren verkehren von Malaysia und Singapur nach Sumatra, allerdings sind die Verbindungen ungünstig und die meisten Traveller fliegen. Von Melaka (Malaysia) gehen Schiffe nach Dumai (Indonesien). Von Singapur legen Fähren den kurzen Weg nach Pulau Batam und Bintan, den wichtigsten Inseln im Riau-Archipel, zurück.

Es gibt eine Verbindung von Nunukan in Ostkalimantan auf Borneo nach Tawau im malaysischen Sabah. Derzeit besteht keine Fährverbindung zwischen Indonesien und den Philippinen.

Unterwegs vor Ort

AUTO & MOTORRAD

Auf Bali können kleine SUVs für nur 80 000 bis 150 000 Rp am Tag gemietet werden. Abseits der touristischen Gebiete sind sie schwerer zu bekommen und um einiges teurer. Wer nicht selbst auf den chaotischen Straßen herumkurven möchte, kann einen Wagen mit Fahrer mieten (500 000 bis 800 000 Rp pro Tag); in den abgelegensten Gegenden ist es häufig am teuersten.

Motorräder und Mopeds kosten 35 000 bis 70 000 Rp pro Tag. Man sollte auf einem Schutzhelm bestehen, denn in Indonesien herrscht Helmpflicht.

BUS

Die meisten Einheimischen bewegen sich mit Bussen fort, deshalb gibt's eine große Vielfalt an Dienstleistern. Man kann an Bord eines Deluxe-Busses (inkl. Klima- und Karaokeanlage, quäkenden Fernsehern und Toiletten) quer über die Hauptinseln heizen oder auf den Holzsitzen eines *trek* (Transporter) über abgeschiedene unbefestigte Straßen rumpeln. Nahverkehrsbusse sind am günstigsten. Sie starten, sobald alle Plätze besetzt sind, und halten auf Wunsch an. Auf den kleineren Inseln sind sie oft das einzige Verkehrsmittel.

Bei „öffentlichen Autos" und ähnlichen Fahrzeugen handelt es sich um klimatisierte Minivans. Sie sind komfortabler und schneller als Standardbusse und kosten etwa doppelt so viel.

> **FLUGHAFENSTEUER**
>
> Seit 2015 ist die Flughafengebühr bereits im Preis der internationalen und nationalen Flugtickets eingeschlossen.

FAHRRAD

In allen größeren Städten können Räder für 20 000 Rp bis 50 000 Rp am Tag gemietet werden (z. B. in Hotels, Reisebüros und Geschäften). Wegen der tropischen Hitze, des chaotischen Verkehrs und der schlechten Straßen stellen Fahrradtouren eine echte Herausforderung dar, aber hin und wieder sieht man Reisende auf Drahteseln.

FLUGZEUG

Es ist eine Herausforderung, in Indonesien verlässliche Informationen über Inlandsflüge zu bekommen. Viele Fluglinien tauchen auf Reise-Websites gar nicht auf, www.traveloka ist jedoch relativ vollständig. Regionale Fluglinien und Reisebüros haben oft Informationen. In der Regel sind Hotels und Reiseveranstalter vor Ort die beste Informationsquelle.

- Das Flugnetz im Inland befindet sich immer noch im Ausbau. Flugpläne und Ticketpreise ändern sich daher ständig.
- Kleine Fluglinien, die entlegene Routen bedienen, verwenden oftmals veraltete Maschinen, die auch noch überfüllt sind.
- Bei den winzigen regionalen Fluglinien sollte man sich das Ticket bestätigen lassen und in der Nähe des Check-in-Schalters bleiben, falls der Flug voll ausgebucht ist. Es kann durchaus vorkommen, dass Reservierungen „verloren gehen", falls plötzlich einflussreichere Passagiere auftauchen.

Fast ein Dutzend größerer Airlines fliegt im Inland. Flugkatastrophen sind dabei ein immerwährendes Problem, besonders im schnell wachsenden Segment der Billigflieger.

Tickets

Die größeren indonesischen Fluglinien verfügen über Websites, die Flüge auflisten. Allerdings kann es schwer, wenn nicht sogar unmöglich sein, im Internet Tickets mit einer nicht indonesischen Kreditkarte zu kaufen. Normalerweise ist es auch schwierig, Tickets am Flughafen zu kaufen.

In Indonesien sind Reisebüros vor Ort eine gute Möglichkeit, um Inlandsflugtickets zu kaufen, häufig bekommt man hier auch die günstigsten Preise. Fluglinienbüros in der Stadt sind ebenfalls eine Option.

Große, internationale Buchungswebsites (wie z. B. Expedia) zeigen möglicherweise nur Flüge von **Garuda Indonesia** (www.garuda-indonesia.com) und bieten dann nur sehr teure Tickets an. Am besten versucht man es online hier:

Airline-Websites Manche Fluglinien wie Garuda Indonesia und Indonesia Air haben Websites, die internationale Kreditkarten akzeptieren. Lion Air ist die Ausnahme.

skyscanner.com Erlaubt die Bezahlung mit ausländischen Kreditkarten, führt jedoch nicht alle Fluglinien auf.

tiket.com. Zeigt die meisten Inlandsflüge, akzeptiert jedoch nicht alle ausländischen Kreditkarten.

traveloka.com Listet viele Inlandsfluglinien, allerdings funktionieren Kreditkarten nicht immer. Eine gute Quelle, um die Flugpläne zu checken.

NAHVERKEHR

Die öffentlichen Minibusse, meistens *bemo*, aber auch als *colt, opelet, mikrolet, angkot, angkudes* und *pete-pete* bezeichnet, sind allgegenwärtig. *Bemo* verkehren auf Standardrouten (durchschnittlicher Fahrpreis 3000–5000 Rp), können jedoch auch als Taxi genutzt werden.

Fahrradrikschas nennt man *becak*, während *bajaj* die indonesische Variante der *túk-túks* sind: Die dreirädrigen Gefährte bieten zwei (höchstens drei) Personen Platz und werden von rasselnden Zweitaktmotoren angetrieben. In kleineren Städten sind mitunter Pferdekutschen unterwegs, die als *dokar, cidomo, andong* oder *ben hur* bezeichnet werden.

Besonders praktische Verkehrsmittel sind *ojek* (Motorradtaxis). Für eine kurze Fahrt zahlt man 2500 bis 10 000 Rp. Taxis gibt's in den meisten Städten, sie verlangen aber sorgfältige Verhandlungen. In den wichtigen Städten (Jakarta, Süden Balis usw.) verkehren zuverlässige Bluebird-Taxis mit Kilometerzähler, und Uber gibt's auch.

SCHIFF/FÄHRE

Zwischen Sumatra, Java, Bali und Nusa Tenggara sind Fähren im Einsatz. Den Archipel erreicht man mit der nationalen Firma Pelni, die allerdings nur gelegentliche Verbindungen anbietet.

Pelni-Schiffe

Die großen Schiffe von **Pelni** (www.pelni.co.id) verkehren zwischen den wichtigsten Häfen und einem Großteil der entlegenen Gebiete des Archipels. Die Pelni-Website ist eine gute Informationsquelle, sie zeigt Abfahrten und Ankünfte etwa einen Monat im Voraus an; allerdings können sich die Zeiten noch kurz vor der Abfahrt ändern. (Man sollte sich der Tatsache bewusst sein, dass der Service bisweilen sehr sporadisch

SICHER REISEN MIT FÄHREN

Die Sicherheit auf Schifffahrten ist in Indonesien eine ganz wichtige Frage, denn Boote, die kaum seetüchtig wirken, können oft die einzige Möglichkeit sein, von einer Insel zur anderen zu kommen. In vielen Fällen sind auf diesen Schiffen Unfälle vorprogrammiert, denn Sicherheitsbestimmungen werden – wenn überhaupt vorhanden – sehr lax gehandhabt.

Dies trifft besonders auf die stark befahrenen Routen zu, die Bali, Nusa Lembongan, Lombok und die Gili-Inseln miteinander verbinden. Jedes Jahr gibt es Unfälle, sowohl mit den schnellen Touristenbooten wie auch mit den staatlichen Autofähren.

Dies sollte man im Kopf behalten und sich bewusst sein, dass man selbst für seine Sicherheit sorgen muss, da es niemand anders tun wird.

Die folgenden Punkte sind zu bedenken:

Je größer, desto besser Ein großes Schiff braucht vielleicht eine halbe Stunde länger, doch es ist besser für den Ozean gerüstet als ein Schnellboot mit zu starken Motoren.

Auf Sicherheitsausrüstung achten Man sollte sich vergewissern, wo auf dem Boot Schwimmwesten sind und wie man sie benutzen muss. Im Notfall kann man sich nicht darauf verlassen, dass sie von der panischen Besatzung verteilt werden. Auch auf Rettungsboote achten.

Überfüllte Schiffe meiden Traveller berichten von Schiffen, die mit mehr Fahrgästen als Sitzplätzen abfuhren, und von Gängen, die von Gepäckstapeln verstellt waren.

Nach Ausgängen schauen Die Kabinen haben möglicherweise nur einen engen Ausgang, der bei einem Unfall zur tödlichen Falle werden kann. Am besten wählt man einen Sitz nahe einem einfachen Zugang zum Wasser, allerdings können Außenbordmotoren explodieren und Passagiere in der Nähe verletzen.

Zweifelhafte Schiffe meiden Ein Fischerboot mit zu vielen Motoren auszustatten, um mit dem boomenden Tourismus Geld zu machen – da ist die Katastrophe schon vorprogrammiert.

sein kann, was Pelni für alle mit Visumsbeschränkungen und wenig Zeit zu einem Problem macht.)

An Bord der Boote gibt's vier Kabinenklassen und die *kelas ekonomi*. Eine Fahrkarte für die erste Klasse (zwei Betten pro Kabine) ist oftmals teurer als ein Ticket für einen Billigflug. In den Kajüten der vierten Klasse stehen acht Betten. Die *kelas ekonomi* ist sehr einfach, hier gibt's nur Matratzen, die man ausleihen muss. Angesichts des Drecks und der Überfüllung auf vielen Fähren sind diese Unterscheidungen aber oft bedeutungslos. Man sollte unbedingt ein Ticket für die beste Klasse kaufen, die man sich leisten kann, und darauf vorbereitet sein, dass das Bad möglicherweise unbenutzbar ist, die Decks so überfüllt, dass man sie nicht betreten kann, und das Essen ungenießbar.

Fahrkarten kann man z. T. schon zwei Wochen vorm Abreisetag kaufen und sollte sie mindestens ein paar Tage vorher buchen.

Andere Schiffe

Es gibt regelmäßige Verbindungen nach Sumatra, Java, Bali, Nusa Tenggara und Sulawesi, die auch praktisch für Inselhopping von Sumatra bis nach Timor sind. Die Fähren verkehren entweder täglich oder mehrmals pro Woche. Nach dem aktuellen Fahrplan und Preisen erkundigt man sich bei den Schifffahrtsgesellschaften, dem Büro im Hafen oder in einer Reiseagentur.

Die Fahrpläne sind allerdings oft unpräzise, und so muss man sich eventuell ein Weilchen gedulden, bis der nächste Kahn einläuft. Die Fähren können uralt und chronisch überfüllt sein.

Auch einige ungewöhnlichere Fahrten übers Meer sind möglich. Beliebt sind die Touristenboote zwischen Lombok und Flores (S. 168).

ZUG

In Java gibt's ein recht gutes Eisenbahnnetz, das der Länge nach über die ganze Insel führt. Ein sehr begrenztes Bahnangebot findet man auch in Sumatra.

Kambodscha

☎855 / 16 MIO. EW.

Inhalt ➡

Auf nach Kambodscha

Die Faszination von Angkor Wat, dem Reich der Götter, in dem Spiritualität, Symbolismus und Symmetrie perfekt miteinander harmonieren, und die menschlichen Abgründe von Tuol Sleng, Zeuge der Verbrechen der Roten Khmer – das ist Kambodscha, ein eindrucksvolles Land mit einer inspirierenden und schockierenden Geschichte, das jeden Besucher in seinen Bann zieht.

Gesäumt von Traumstränden und tropischen Inseln, genährt vom Wasser des Mekong und bedeckt von der wenigen verbliebenen smaragdgrünen Wildnis der Gegend, verspricht es Abenteuer und Erholung zugleich. Das warme Herz Südostasiens bietet auf kleiner Fläche den gesamten Facettenreichtum der Region.

Aber die Menschen sind das echte Highlight. Die Khmer erlebten die Hölle auf Erden, doch aufgrund ihres nicht zu brechenden Lebensmutes und ansteckenden Optimismus konnten sie sich ihre Herzlichkeit und Wärme bewahren.

Die schönsten Tempel

- Angkor Wat (S. 279)
- Bayon (S. 281)
- Ta Prohm (S. 282)
- Banteay Srei (S. 282)
- Prasat Preah Vihear (S. 293)

Kultur erleben

- Tempel von Angkor (S. 272)
- Provinz Kampot (S. 304)
- Provinz Mondulkiri (S. 316)
- Battambang (S. 284)
- Nationalmuseum Kambodscha (S. 248)

Reisezeit

Phnom Penh

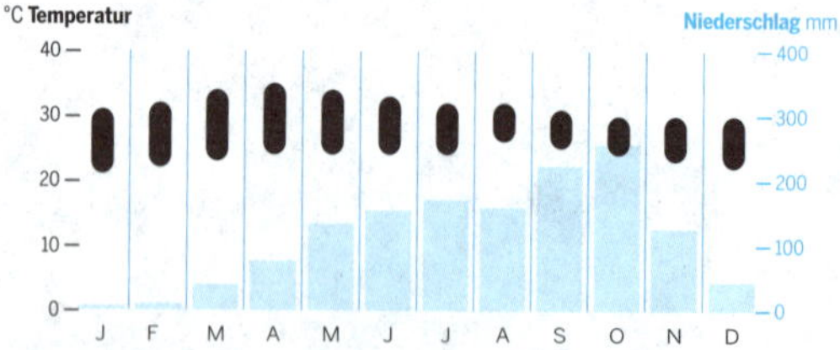

Nov–Feb. Die beste Zeit für einen Besuch bei relativ kühlem Wetter.

März–Juni Das Khmer-Neujahr fällt auf Mitte April und oft ist es bis zu 40 °C heiß.

Juli–Okt. Alles blüht, die Reisfelder schimmern, Wolken sorgen für Abkühlung und die Preise sinken.

Nicht versäumen

Kambodschas Nachtleben ist legendär. Während sich andere Städte der Region bettfertig machen, wird in Phnom Penh und Siem Reap dank der späten Sperrstunde die Nacht zum Tag. Die Hauptstadt wartet mit einer lebendigen Bar- und Clubkultur auf. Am Ufer kann man den Abend einläuten und dann das beliebte Pontoon in der Straße 278 oder das pulsierende Heart of Darkness in der Straße 51 ansteuern.

Weiter oben, im erhabenen Siem Reap, erstreckt sich die sogenannte „Pub Street" mit zahlreichen Kneipen. Fassbier ist für spottbillige 0,50 US$ pro Glas zu haben. Zur Auswahl stehen u. a. die alternativen Backpackerbars Angkor What? und Charlie's sowie die etwas schickeren Läden Laundry Bar oder Asana.

REISEROUTEN

Eine Woche

Zunächst besucht man Phnom Penh, Kambodschas dynamische Hauptstadt mit ihren schönen Sehenswürdigkeiten und einer einzigartigen Geräuschkulisse. Dann geht's vorbei an den noch älteren Tempeln von Sambor Prei Kuk oder – als längerer Umweg – über das charmante Battambang nach Siem Reap, Ausgangspunkt für die Besichtigung der majestätischen Tempel von Angkor. Für Angkor sollte man sich Zeit nehmen, denn kein Land hat so einzigartige Tempel wie Kambodscha.

Zwei Wochen

Nach einer Woche in Phnom Penh und Siem Reap geht's in die Provinzen. Wer weiter nach Thailand will, sollte gen Süden zur aufstrebenden Küste fahren. Hier locken erst die ruhigen Städte Kampot und Kep und anschließend Sihanoukville mit seinen traumhaften Inseln. Bevor man das Land verlässt, warten noch aufregende Abenteuer in Koh Kong. Traveller auf dem Weg nach Laos oder Vietnam können in einer Woche im wilden Osten in den Provinzen Ratanakiri oder Mondulkiri wandern und am Mekong bei Kratie oder Stung Treng Irawadidelfine beobachten.

Abenteuer

Chi Phat Wegweisendes Ökotourismusprojekt mit Mountainbiketouren, Wanderungen, Kajaktrips und Vogelbeobachtung.

Entdeckungspfad Mekong In den traumhaften überfluteten Wäldern am Mekong und dabei seltene Irawadidelfine sichten.

Schutzgebiet Veun Sai-Siem Pang Tief in den Dschungel vordringen und seltene Gibbonaffen in Ratanakiri beobachten.

Insel Koh Kong Die einsamen Strände und Küsten dieser tropischen Insel unweit der gleichnamigen Stadt genießen.

Provinz Mondulkiri Mit Elefanten spazieren gehen, ein Quad zu Aussichtspunkten im Dschungel fahren und an Seilrutschen über den Bou-Sraa-Wasserfall sausen.

AUF EINEN BLICK

Geld Bankautomaten findet man in größeren Städten.

Handy Prepaid-SIM-Karten sind billig, aber man braucht dafür seinen Reisepass.

Sprache Khmer

Visum Wird bei der Ankunft ausgestellt.

Währung Riel (R)

Kurzinfos

- **Fläche** 181 035 km²
- **Hauptstadt** Phnom Penh
- **Notfall** Polizei ☎ 117

Wechselkurse

Eurozone	1 €	4500 R
Schweiz	1 SFr	4200 R
Thailand	10 B	1100 R
USA	1 US$	4000 R
Vietnam	10 000 D	1800 R

Preise

- **Budget-Pensionszimmer** 4–10 US$
- **Gericht in lokalem Restaurant** 1,50–5 US$
- **Gezapftes Bier in einer Backpackerbar** 0,50–1,50 US$
- **Moto-Fahrt** 0,50–1 US$

Anreise

Mit dem Flugzeug nach Phnom Penh oder Siem Reap. Kambodscha hat Landesgrenzen zu Laos, Thailand und Vietnam.

Highlights

1. Die **Tempel von Angkor** (S. 272), das achte Weltwunder, entdecken.
2. Eintauchen in die beeindruckenden Museen, die tolle Flusskulisse und das lebendige Nachtleben von **Phnom Penh** (S. 248), der „Perle Asiens".
3. Beim Insel-Hopping die **südlichen Inseln** (S. 302) kennenlernen, Kambodschas Reiseziel der Zukunft.
4. In die herrliche Natur rund um **Battambang** (S. 284) eintauchen, zu Hügeltempeln hinaufklettern, Höhlen entdecken und mit dem „Bambuszug" fahren.
5. Durch das wilde **Mondulkiri** (S. 316) streifen, das Land der Hügel, der tosenden Wasserfälle, der indigenen Minderheiten und aufregenden Abenteueraktivitäten.
6. Das verschlafene **Kampot** (S. 304) am Fluss entdecken, seine französische Architektur, die Höhlentempel und die Pfefferplantagen.
7. Zum Ehrfurcht gebietenden Bergtempel **Prasat Preah Vihear** (S. 293) pilgern.
8. Mit dem Fahrrad oder Boot die bukolischen Mekong-Inseln und Delfinbecken rund um **Kratie** (S. 310) erforschen.

N
0
100 km
LAOS
Östliches Hochland
Virachey-
Nationalpark
Siem
Pang
Dong
Kalaw
Trapeang
Kriel
Preah Rumkel
Anlong Morakot
O'Svay
STUNG
TRENG
Veun Sai
RATANAKIRI
Le Thanh
Ban Lung
O Yadaw
Tonlé Kong
(Sekong)
Tonlé San
NH78
Lumphat
Thala Boravit
Stung Treng
O Pong
Moan
Tonlé
Srepok
Mekong
Mekong
Discovery
Trail
NH7
Koh Nhek
Mondulkiri 5
Phnom-Prech-
Wildschutzgebiet
Dei Ey
Sre Y
Phulung
Sen Monorom
Putang
Bou-Sraa-
Wasserfall
Seima-
Waldschutz-
gebiet
Andong
Kroloeng
Khao Si Ma
NH78
Kampi
KRATIE
Kratie 8
Chhlong
Snuol
Trapeang
Sre
Loc
Ninh
NH7
Memot
7 Prasat
Preah Vihear
Sra Em
oh Ker
Srayong
Preah Vihear City
(Tbaeng Meanchey)
PREAH
VIHEAR
Preah
Khan
NH62
Svay Pak
Ta Seng
Phnom Dek
NH62
Stoeng
Sambor
Prei Kuk
KOMPONG THOM
Kompong Thom
Phnom
Sontuk
Kakoah
H5
Tonlé Sap
NH6
Kompong
Chhnang
OMPONG
HHNANG
KOMPONG
CHAM
Skuon
NH7
Kompong Cham
NH6
Wat Maha
Leap
Suong
Udong
Trapeang Plong
NH11
Xa Mat
PHNOM
PENH 2
ompong
Speu
Prey Veng
NH1
Tonlé Bati
hnom-Tamao-
Wildschutz-
gebiet
Phnom
Chisor
Neak-Luong-
Fähre
Tay Ninh
VIETNAM
Svay
Rieng
Bavet
Moc
Bai
NH1
Kaam
Samnor
Vinh Xuong
Angk
Tasaom
Takeo
Angkor
Borei
Phnom
Da
NH3
NH2
Tonlé Bassac
Ho-Chi-Minh-Stadt
(Saigon)
Chau
Doc
Phnom
Den
Tinh Bien
ompong
Trach
Prek Chak
Xa Xia
a Tien
Long Xuyen
Mekong
My Tho
SÜDCHINESISCHE
MEER

PHNOM PENH

☎023 / 2 MIO. EW.

Phnom Penh (ភ្នំ ពេញ) ist ein einzigartiges Erlebnis. Die leuchtenden Spitzen des Königspalastes, die safrangelben Gewänder der Mönche und eine herrliche Lage am Ufer des mächtigen Mekong – hier findet man das Asien, von dem man immer geträumt hat.

Zwar wurde der Glanz der einstigen „Perle Asiens" durch Krieg und Revolution getrübt, doch Phnom Penh blickt nach vorne und entwickelt sich zu einer der hippsten Hauptstädte Asiens mit blühender Café-Kultur, belebten Bars und einer Gourmetszene von Weltrang. Phnom Penh hat für wirklich jeden Geschmack etwas zu bieten!

Sehenswertes

Die meisten Sehenswürdigkeiten liegen recht zentral und sind vom Sisowath Quay am Ufer zu Fuß oder mit dem *remork-moto (túk túk)* zu erreichen.

★ Nationalmuseum Kambodscha — MUSEUM

(សារមន្ទីរជាតិ; Karte S. 252 f.; www.cambodiamuseum.info; Ecke St 13 & St 178; Eintritt 5 US$; ⌚8–17 Uhr) Gleich nördlich vom Königspalast steht ein eleganter, traditioneller Terrakottabau (erb. 1917–1920). Er beherbergt das Nationalmuseum mit einer der schönsten Sammlungen von Khmer-Skulpturen auf der Welt, die von mehr als 1000 Jahren wahrhaft meisterlicher Gestaltungskunst zeugen. Das Museum besteht aus vier Pavillons mit Blick auf einen schönen Garten. Die meisten Besucher starten auf der linken Seite und bewegen sich dann im Uhrzeigersinn – in chronologischer Reihenfolge – durch die Ausstellung.

Tuol-Sleng-Genozid-Museum — MUSEUM

(សារមន្ទីរប្រល័យពូជសាសន៍ទួលស្លែង; Karte S. 254; Ecke St 113 & St 350; Eintritt 2 US$, Guide 6 US$; ⌚7–17.30 Uhr) 1975 wurde die einstige Tuol-Svay-Prey-Schule von Pol Pots Sicherheitsdienst eingenommen und in das Sicherheitsgefängnis 21 (S-21) umgewandelt. Es war das größte Zuchthaus des Landes, in dem unzählige Menschen gefoltert wurden. Zwischen 1975 und 1978 wurden zudem mehr als 17 000 Gefangene zu den Killing Fields von Choeung Ek verfrachtet. Im S-21 ist heute das Tuol-Sleng-Museum untergebracht, das als Zeugnis der Verbrechen der Roten Khmer dient.

Killing Fields von Choeung Ek — MUSEUM

(វាលពិឃាតជើងឯក; Eintritt inkl. Audiotour 6 US$; ⌚7.30–17.30 Uhr) Von 1975 bis 1978 wurden mehr als 17 000 Insassen des Sicherheitsgefängnisses 21 – Männer, Frauen und Kinder – nach Choeung Ek gebracht und hingerichtet. Um Munition zu sparen, wurden sie häufig zu Tode geprügelt.

Im Eintrittsgeld ist eine exzellente Audiotour inbegriffen, die in verschiedenen Sprachen erhältlich ist. Die Stätte ist gut ausgeschildert (auch auf Englisch); sie befindet sich 7,5 km südlich des Stadtrands von Phnom Penh. Für ein *remork* muss man ca. 10 US$ bezahlen (Fahrer versuchen oft, mehr herauszuschlagen).

Wat Phnom — BUDDHISTISCHER TEMPEL

(វត្តភ្នំ; Karte S. 252 f.; Norodom Blvd an der St 94; Tempel Eintritt 1 US$, Museum Eintritt 2 US$; ⌚7–18.30, Museum 7–18 Uhr) Der Wat Phnom steht auf einer 27 m hohen Anhöhe, dem einzigen „Hügel" in der Stadt. Der Überlieferung zufolge entstand die erste Pagode an dieser Stelle 1373 als Aufbewahrungsort für vier Buddha-Statuen, die der Mekong hier angespült hatte. Eine Frau namens Penh hatte sie gefunden. Den Haupteingang des Tempels erreicht man über die prachtvolle Treppe an der Ostseite. Sie wird von Löwen und Nagas (mythische Schlangen) bewacht.

Unabhängigkeitsdenkmal — DENKMAL

(វិមានឯករាជ្យ; Karte S. 254; Ecke Norodom & Sihanouk Blvd) Das Unabhängigkeitsdenkmal ist dem zentralen Turm des Angkor Wat nachempfunden und wurde 1958 zur Erinnerung an die Erlangung der Unabhängigkeit von Frankreich fünf Jahre zuvor errichtet. Gleichzeitig dient es als Gedenkstätte für Kambodschas Kriegsopfer. An Nationalfeiertagen werden hier Kränze niedergelegt. Der im Osten angrenzende Park beherbergt eine beeindruckende **Statue** (Karte S. 254; Sihanouk Blvd) des legendären früheren Königs, Premierministers, Staatsmannes und Nationalhelden Norodom Sihanouk, der 2012 starb.

Aktivitäten

Die lebhaften und farbenprächtigen **Aerobic-Sessions**, die bei Sonnenauf- und Sonnenuntergang in den Stadtparks stattfinden, sollte man nicht verpassen. Am Flussufer gegenüber dem **Blue Pumpkin Café** (Karte S. 252 f.; 245 Sisowath Quay; Hauptgerichte 3–7 US$; ⌚6–23 Uhr; 📶) und dem Olympiastadion befinden sich gute Orte, um sich den Sportlern anzuschließen.

In einem Großteil der Boutique-Hotels mit Pools kann man auch als Nichtgast ein paar

Phnom Penh

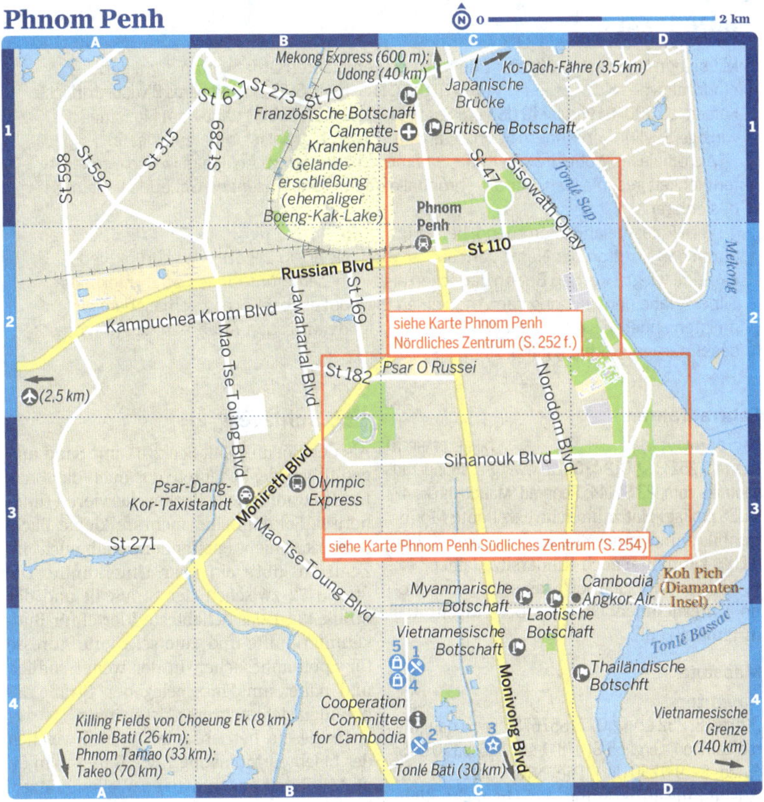

Runden **schwimmen**, wenn man 5 US$ zahlt oder ein bisschen Geld in Snacks investiert. Eine weitere Option ist der großartige Pool im **Himawari Hotel** (Karte S. 254; ☎ 023-214555; 313 Sisowath Quay; Eintritt Wochentag/Wochenende 7/8 US$).

Bootsfahrten

Eine **Bootstour bei Sonnenuntergang** auf dem Tonlé Sap und dem Mekong ist sehr zu empfehlen. Am Flussufer, etwa 500 m nördlich des Touristenbootsdocks, warten einige Mietboote. Man kann spontane Fahrten für um die 20 US$ pro Stunde organisieren, je nach Verhandlungsgeschick und Teilnehmerzahl. Getränke sind selbst mitzubringen.

Eine weitere Option sind öffentliche Kreuzfahrten. Die Schiffe legen von 17 bis 19.30 Uhr alle 30 Minuten vom **Touristenbootsdock** (Karte S. 252 f.; 93 Sisowath Quay) ab. Die Tour dauert etwa 45 Minuten (5 US$ pro Kopf).

Phnom Penh

Essen
1 Café Yejj C4
2 Super Duper C4

Unterhaltung
3 Sovanna Phum Arts Association C4

Shoppen
Rajana .... (siehe 1)
4 Rajana C4
5 Russischer Markt C4

Kochunterricht

Cambodia Cooking Class KOCHKURSE
(Karte S. 254; ☎ 012 524801; www.cambodia-cooking-class.com; Buchungsbüro 67 St 240; halber/ganzer Tag 15/23 US$) Im Frizz Restaurant nahe der russischen Botschaft lernt man die Kunst der Khmer-Küche kennen. Vorab reservieren.

NICHT VERSÄUMEN

KÖNIGSPALAST

Mit seinen klassischen Khmer-Dächern und vergoldeten Ornamenten dominiert der eindrucksvolle **Königspalast** (ព្រះបរមរាជវាំង; Karte S. 252 f.; Sothearos Blvd; Eintritt inkl. Kamera 25 000 R, Führung 10 US$ pro Std.; ⏲ 7.30–11 & 14–17 Uhr) nahe dem Flussufer die winzige Skyline von Phnom Penh. Er ähnelt dem Königspalast in Bangkok sehr.

Als offizieller Wohnsitz von König Sihamoni ist die riesige Anlage teilweise für die Öffentlichkeit geschlossen, nur die Thronhalle und die angrenzenden Gebäude kann man besichtigen.

Vom Palastgelände kommend, betritt man den **Silberpagoden-Komplex** nebenan durch das Nordtor. Der Name geht auf die mehr als 5000 Silberfliesen zurück. Jede einzelne wiegt 1 kg, den Boden bedecken also insgesamt fünf Tonnen schimmerndes Silber! Nahe dem Eingang kann man einen Blick auf ein paar Fliesen erhaschen; die meisten anderen sind abgedeckt. Die Silberpagode wird auch Wat Preah Keo (Pagode des Smaragdbuddhas) genannt.

Fahrradfahren

Vicious Cycle FAHRRADFAHREN
(Karte S. 252 f.; ☎ 012 430622; www.grasshopperadventures.com; 23 St 144; Rennrad/Mountainbike 4/8 US$ pro Tag) Hat zahlreiche exzellente Mountainbikes und andere Räder im Angebot. Für 3 US$ kann man auch Kindersitze leihen.

Vicious repräsentiert das sehr angesehene Unternehmen Grasshopper Adventures in Phnom Penh.

Massage

Daughters SPA
(Karte S. 252 f.; ☎ 077 657678; www.daughtersofcambodia.org; 65 St 178; 1-std. Fußspa 10 US$; ⏲ Mo–Sa 9–17.30 Uhr) Die NRO betreibt ein Ausbildungsprogramm für benachteiligte Frauen, die hier Hand- und Fußmassagen, auch als Kurzbehandlungen (15 bis 30 Min.), durchführen.

Nail Bar MASSAGE
(Karte S. 252 f.; www.mithsamlanh.org; Friends 'n' Stuff Store, 215 St 13; 30-/60-min. Massagen 4/7 US$; ⏲ 11–21 Uhr) Günstige Maniküren, Pediküren, Fußmassagen, Handmassagen und Nagellackierung. Mit seinen Erlösen finanziert Mith Samlan Straßenkindern eine Berufsausbildung.

Geführte Touren

Cyclo Centre TOUREN
(Karte S. 252 f.; ☎ 097 700 9762; www.cyclo.org.kh; 95 St 158; ab 3/12 US$ pro Std./Tag) Unterstützt die *cyclo*-(Fahrradtaxi-)Fahrer der Stadt. Die Touren sind eine tolle Möglichkeit, die Sehenswürdigkeiten der Stadt zu erkunden. Ebenfalls im Programm sind Mottofahrten (Kneipentouren, kulturelle Schwerpunkte und vieles mehr).

Schlafen

Als der Boeung-Kak-See 2011 mit Sand aufgefüllt wurde, bedeutete das auch das Ende für das traditionelle Backpackerviertel rundherum. Seitdem sind mehrere kleine Backpackerkolonien entstanden, und auch im Zentrum gibt's ein paar Unterkünfte. Die Straße 172 zwischen der Straße 19 und der Straße 13 ist das beliebteste Viertel für Budgetunterkünfte und eine sehr gute Adresse für Spontanbesucher. In der weiter südlich und näher am Fluss gelegenen Straße 258 befinden sich mehrere Gästehäuser.

In diesem betriebsamen Viertel westlich des belebten Monivong Blvd. findet man eine Mischung aus günstigen Wolkenkratzerhotels und Gästehäusern für Backpacker. Der trendige Bezirk Boeng Keng Kang (BKK) südlich des Unabhängigkeitsdenkmals ist die perfekte Adresse für Flashpacker (Backpacker mit viel Geld).

★ **Eighty8 Backpackers** HOSTEL $
(Karte S. 252 f.; ☎ 023-500 2440; www.88backpackers.com; 98 St 88; B 5,25–7,75 US$, Zi. 18–26 US$; ❄@📶🏊) Ein Hostel mit Swimmingpool verspricht gute Stimmung. Hier findet an jedem ersten Freitag im Monat eine große Party statt. Die geräumige Villa beherbergt mehrere Schlafsäle und Privatzimmer. Im Hof befindet sich eine zentrale Bar mit Billardtisch und vielen Plätzen zum gemütlichen Abhängen rund um den Pool.

Die Mehrbettzimmer gibt's mit Klimaanlage oder Ventilator. Eins ist nur für Frauen.

★ **Mad Monkey** HOSTEL $
(Karte S. 254; ☎ 023-987091; www.phnompenhhostels.com; 26 St 302; B 4–7 US$, Zi. ab 14–30 US$; ❄@📶) Das bunte, quirlige Hostel ist zu

Recht beliebt. In den großen, klimatisierten Schlafsälen können sechs bis 20 Gäste übernachten; die kleineren Räume haben doppelt so breite Etagenbetten für bis zu zwei Personen. Die Privatzimmer sind ziemlich schick für den Preis, lassen jedoch Fernseher und oft auch Fenster vermissen. In der Dachbar über der ruhigen Straße 302 bekommt man montags von 18 bis 20 Uhr Freibier.

Top Banana Guesthouse HOSTEL $
(Karte S. 254; ☎ 012 885572; www.topbanana.biz; 9 St 278; B 5 US$, Zi. 8–18 US$; ❄@📶) Nach 15 Jahren hat eine Generalüberholung zu einer erheblichen Verbesserung der Zimmer beigetragen. Es sind auch ein paar Schlafsäle verfügbar, darunter einer für Frauen mit vier Betten. Der Joker sind die strategische Lage mit Blick auf den Wat Langka und die Golden Street und den Chill-out-Bereich im Freien. Weit im Voraus reservieren! **One Up Banana Hotel** (Karte S. 254; ☎ 023-211344; www.1uphotelcambodia.com; Z9–132 St 51; EZ/DZ ab 33/39 US$; ❄@📶) ist das nahe gelegene Upgrade – ein Edelhostel.

Narin Guesthouse PENSION $
(Karte S. 254; ☎ 099 881133; www.naringuesthouse.com; 50 St 125; Zi. mit Ventilator/Klimaanlage 12/17 US$; ❄@📶) Diese alteingesessene Pension (das erste Mal haben wir hier 1995 übernachtet) bietet adrette Zimmer, gepflegte Bäder und einen guten Preis. Die superentspannte Restaurantterrasse lädt zum Faulenzen ein.

Blue Dog Guesthouse HOSTEL $
(Karte S. 254; ☎ 012 658075; bluedogguesthouse@gmail.com; 13 St 51; B 5–6 US$, Zi. 9–22 US$; @📶) Lage und Preis stimmen, außerdem gibt's einen gemütlichen Aufenthaltsbereich und eine beliebte Bar, daher muss man nicht zu viel Zeit in den sauberen, aber einfachen Zimmern verbringen. Zu den Hauptgerichten im Bar-Restaurant bekommt man ein Getränk gratis.

White Rabbit HOSTEL $
(Karte S. 254; ☎ 023-223170; www.whiterabbitguesthouse.com; 40A St 294; B mit Ventilator/Klimaanlage ab 3/5 US$, Zi. 6–15 US$; ❄📶) Dieses fröhliche Hostel ist ein verstecktes Juwel mit einer schönen Bar im Erdgeschoss und einem Aufenthaltsbereich mit zig Filmen und Playstation-Spielen (und einem großen Bildschirm). Die Privatzimmer sind preiswert, aber die meisten Gäste entscheiden sich für die komfortablen Schlafsäle mit sauberen Bädern und breiten Etagenbetten.

Velkommen Backpackers PENSION $
(Karte S. 252 f.; ☎ 077 757701; www.velkommenbackpackers.com; 17 St 144; B 5 US$, Zi. 8–30 US$; ❄📶) Seit fast zehn Jahren kümmert sich diese beliebte Unterkunft nun schon um das Wohlergehen Reisender. Die Mehrbettzimmer sind klimatisiert, die Privatzimmer sind unterschiedlich geschnitten und aufgemacht. In dem Bar-Restaurant unten bekommt man jede Menge nützliche Infos. Das **Velkommen Guesthouse** (Karte S. 252 f.; ☎ 077 757701; www.velkommenguesthouse.com; 18 St 144; Zi. 18–45 US$; ❄📶) auf der anderen Straßenseite hat smartere Zimmer.

Tat Guesthouse PENSION $
(Karte S. 254; ☎ 012 921211; tatcambodia@yahoo.com; 52 St 125; EZ ohne Bad 4 US$, Zi. 7–15 US$; ❄@📶) Superfreundliche Bleibe mit einem luftigen und relaxten Aufenthaltsbereich auf dem Dach. Die Zimmer sind nicht umwerfend, aber funktional. Für 12 US$ gibt's eins mit Klimaanlage. Den Besitzern gehört auch das nahegelegene **Tattoo Guesthouse** (Karte S. 254; ☎ 011 801000; 62A St 125; Zi. 5–10 US$; ❄📶) mit schickeren Unterkünften.

Sundance Inn & Saloon PENSION $$
(Karte S. 252 f.; ☎ 016 802090; www.sundancecambodia.com; 61 St 172; Zi. 23–38 US$; ❄@📶🏊) Das Sundance ist eine Spur besser als die übrigen Pensionen an der Straße 172. Die Betten sind größer und bei den Bädern, Küchenzeilen und Computern, die an Flachbildschirme angeschlossen sind (auf jedem Zimmer!), handelt es sich um Designermodelle. Montags ist „Open Mike"-Abend, außerdem treten häufig Bands auf, Cocktails kosten den ganzen Tag über 1 US$ und hinten befindet sich ein Pool – eine echte Party-Pension. Wenn man 24 Stunden vorab Be-

VERWÖHNPROGRAMM

Das **Blue Lime** (Karte S. 252 f.; ☎ 023-222260; www.bluelime.asia; 42 St 19z; Zi. inkl. Frühstück 50–85 US$; ❄@📶🏊) bietet schicke minimalistische Zimmer und einen wunderbaren schattigen Poolbereich. Die teureren Quartiere sind echte Schmuckstücke und warten mit eigenen Tauchbecken, Himmelbetten sowie modernen Zweiersofas aus Beton auf, aber auch die günstigeren Zimmer im Hauptgebäude oben sind ansprechend. Kinder sind hier nicht erwünscht.

Phnom Penh Nördliches Zentrum

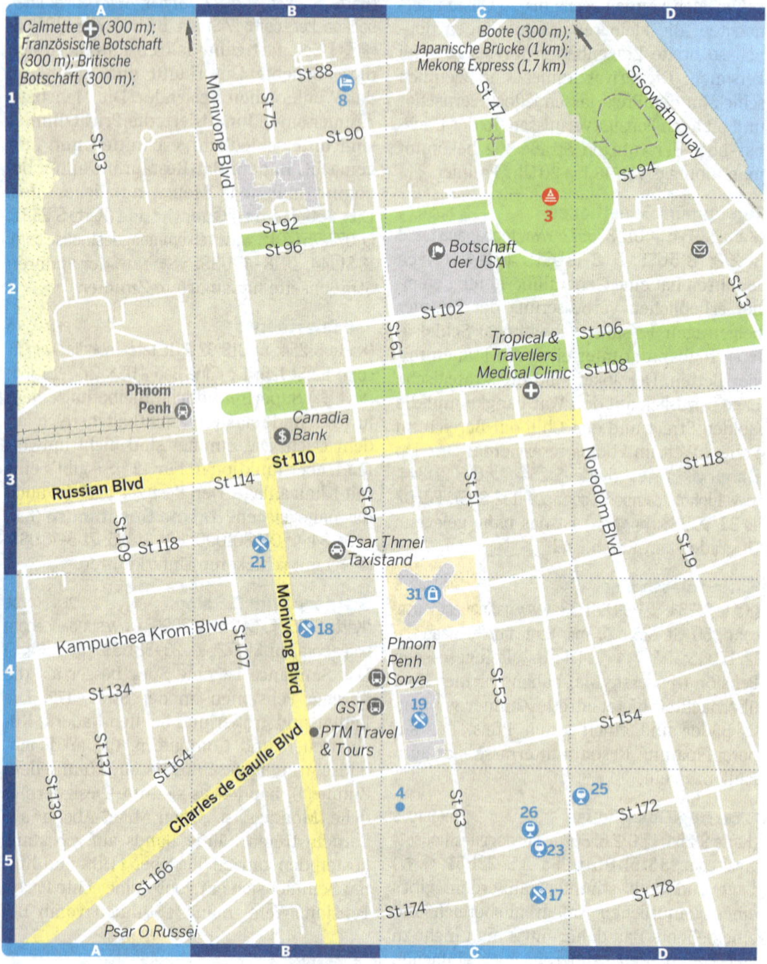

scheid gibt, wird man am Flughafen abgeholt.

Number 9 Guesthouse EDELHOSTEL $
(Karte S. 254; ☎ 023-984999; www.number9hotel.com; 7C St 258; Zi. ab 15 US$; ❄📶🏊) Eine der ersten Backpacker-Unterkünfte der alten Schule in Phnom Penh, die sich zum Flashpacker-Hostel gewandelt hat. Angesichts der fairen Preise, dem Dachpool und dem lebendigen Bar-Restaurant kommen aber unverändert viele Besucher. Eine nette Option für Touristen, die sich nach ein paar Tagen auf dem Land mal wieder etwas Luxus gönnen wollen.

Essen

Für Gourmets ist Phnom Penh ein wahres Vergnügen, denn es bietet eine hervorragende Auswahl an Restaurants mit der besten Khmer-Küche des Landes, aber auch großartiger Küche aus der ganzen Welt.

Zentrum Nord

Anjali/Karma Cafe CAFÉ $
(Karte S. 252 f.; 273 Sisowath Quay; Hauptgerichte 3–6 US$; ⏲ 7 Uhr–open end) Zwei Schwesterrestaurants, die sich praktisch unter einem Dach befinden. Die Preise sind mehr als vernünftig

Phnom Penh Nördl. Zentrum

Highlights
1 Nationalmuseum Kambodscha E5
2 Königspalast F5

Sehenswertes
3 Wat Phnom C2

Aktivitäten, Kurse & Touren
4 Cyclo Centre C5
Daughters .... (siehe 20)
5 Nail Bar E4
6 Vicious Cycle E3

Schlafen
7 Blue Lime E5
8 Eighty8 Backpackers B1
9 Sundance Inn & Saloon E4
10 Velkommen Backpackers E3
11 Velkommen Guesthouse E3

Essen
12 Anjali/Karma Café F4
13 Blue Pumpkin E3
14 Boston E5
15 Friends E5
16 Happy Herb Pizza F4
17 Romdeng C5
18 Sam Doo Restaurant B4
19 Sorya Food Court C4
20 Sugar 'n Spice Café E5
21 Thai Huot B3

Ausgehen & Nachtleben
22 Blue Chili E5
23 Dusk Till Dawn C5
24 FCC F5
25 Heart of Darkness D5
26 Pontoon C5

Unterhaltung
27 Plae Pakaa E5

Shoppen
Daughters .... (siehe 20)
28 D's Books F5
29 Mekong Blue E3
30 Nachtmarkt E2
31 Psar Thmei C4
32 Women for Women F4

für diesen Teil der Stadt. Das Anjali hat auch ein paar indische Gerichte, ansonsten ist die Speisekarte aber gleich: Es gibt Kneipengerichte und ein paar asiatische Highlights.

Sorya Food Court ASIATISCH $
(Karte S. 252 f.; 11 St 63; 5000–10 000 R; ⏲ 9–21 Uhr) Im oberen Stock hat man Gelegenheit, verschiedene lokaltypische Gerichte in einem vergleichsweise keimfreien Ambiente zu kosten. An den Ständen des Food Court wird ein bunter Mix aus Klassikern aus Kambodscha, China, Vietnam, Malaysia und Korea zubereitet. Das Ganze funktioniert nach einem Coupon-System.

★ **Boston** KAMBODSCHANISCH $$
(Karte S. 252 f.; 54 St 172; Hauptgerichte 3–10 US$; ⏲ 7.30–23 Uhr; 📶) Kultiviertes Backpackercafé – beliebt vor allem bei Zugezogenen – mit einer guten Auswahl kambodschanischer und internationaler Gerichte, netter Musik und guter Weinkarte. Insgesamt ist das Boston eine Spur besser als die meisten Restaurants entlang der geschäftigen Straße 172. Das Vorzeigegericht ist Filet Wellington.

Phnom Penh Südliches Zentrum

Phnom Penh Südliches Zentrum

Sehenswertes
1 Unabhängigkeitsdenkmal E2
2 Königspalast E1
3 Norodom-Sihanouk-Statue F2
4 Tuol-Sleng-Genozid-Museum C4

Aktivitäten, Kurse & Touren
5 Cambodia Cooking Class E1
6 Cambodian Living Arts F3
7 Himawari Hotel G1

Schlafen
8 Blue Dog Guesthouse E3
9 Mad Monkey E3
Narin Guesthouse .... (siehe 12)
10 Number 9 Guesthouse F2
11 One Up Banana Hotel E3
12 Tat Guesthouse C2
13 Tattoo Guesthouse B2
14 Top Banana Guesthouse E3
15 White Rabbit D3

Essen
16 Aeon Mall Food Court F4
17 ARTillery F1
18 Boat Noodle Restaurant F3
19 Dosa Corner E3
20 Red Cow E3
21 Sovanna F3
22 Thai Huot D4
23 The Vegetarian F2
24 Yi Sang G1

Ausgehen & Nachtleben
25 Red Bar E3
26 Score D3

Unterhaltung
27 Flicks C4
28 Meta House F3

Shoppen
29 D's Books E2
30 Monument Books E2
31 Tabitha E4

Happy Herb Pizza PIZZA $$
(Karte S. 252 f.; ☎ 012 921915; 345 Sisowath Quay; mittelgroße Pizzas 6–8,50 US$; ⌚ 8–23 Uhr; 📶) „Happy" bedeutet nicht, dass der Belag kostenlos ist, sondern dass Hanfpizza serviert wird. Die Marihuana-freien Varianten versprechen zwar keinen Rausch, schmecken aber trotzdem. Ein netter Ort, um ein günstiges Bier zu trinken und das Leben am Flussufer zu beobachten.

Sam Doo Restaurant CHINESISCH $$
(Karte S. 252 f.; 56–58 Kampuchea Krom Blvd; Hauptgerichte 2,50–15 US$; ⌚ 7–2 Uhr) Viele chinesische Khmer sind überzeugt davon, dass in keinem anderen Restaurant der Stadt besseres Essen aus dem Reich der Mitte gezaubert wird als in diesem Restaurant im Obergeschoss unweit des Zentralmarkts. Man kann das Vorzeigegericht, gebratenen Reis „Sam Doo", *trey chamhoy* (gedämpften Fisch mit Sojasoße und Ingwer), frische Meeresfrüchte, Eintöpfe und Dim Sum bestellen.

Thai Huot SUPERMARKT $
(Karte S. 252 f.; 103 Monivong Blvd; ⌚ 7.30–20.30 Uhr) Eine gute Adresse für Selbstversorger. Frankreichfans dürfen sich auf französische Produkte wie z. B. Bonne-Maman-Marmelade und die beste Auswahl an Käse von ganz Phnom Penh freuen. Eine weitere Filiale befindet sich in **BKK** (Karte S. 254; Ecke St 63 & St 352; ⌚ 7.30–20.30 Uhr).

Zentrum Süd

★ **Boat Noodle Restaurant** THAI $
(Karte S. 254; ☎ 012 774287; 57 Sothearos Blvd; Hauptgerichte 3–7 US$; ⌚ 7–21 Uhr; 📶) Das alteingesessene Thai-Khmer-Restaurant ist auf den Sothearos Boulevard umgezogen und bietet mit die preiswerteste regionale Küche der Stadt. Es gibt leckere Nudelsuppen und jede Menge lokaltypische Spezialitäten. Sitzen kann man in dem modernen, aber traditionell aufgemachten Bereich vorn oder im traditionellen Holzhaus hinten.

Aeon Mall Food Court ASIATISCH $
(Karte S. 254; 132 Sothearos Blvd; 1–6 US$; ⌚ 9–22 Uhr; 📶) Ja, ausgerechnet in der protzigsten Mall des Landes gibt's billiges Essen. Hier sind gleich zwei Food Courts untergebracht, in denen es das Beste aus Asien und anderswo gibt. Unten befindet sich die lokaltypischere Option (Nudelsuppen, gebratener Reis, frisches Sushi etc.), oben (Level 2) ist der **World Dining Food Court** mit schickerer Einrichtung und Livemusik.

Dosa Corner INDISCH $
(Karte S. 254; 5E St 51; Hauptgerichte 1,50–5 US$; ⌚ 8.30–14 & 17–22 Uhr) Fans indischer Dosas werden begeistert feststellen, dass dieses Lokal genau das serviert, was es im Namen trägt: eine üppige Vielfalt an herzhaften Eierkuchen aus dem Süden. Vegetarische Thalis (Menüs) kosten 4 US$.

LOKALE AROMEN

Khmer-Grillrestaurants

Nach Sonnenuntergang knipsen die Khmer-Lokale der Stadt ihre Bier-Schilder an und begrüßen ihre einheimischen Gäste mit Grillfleisch und -fisch sowie großen Gläsern Fassbier. Khmer-Grilllokale gibt's fast überall in der Stadt, daher wird es nicht schwer sein, eins zu finden. Einige empfehlenswerte Grilllokale:

Sovanna (Karte S. 254; 2C St 21; Hauptgerichte 2–8 US$; 6–11 & 15–23 Uhr) Immer voller Einheimischer und auch Zugezogener, die das Sovanna zu ihrem Lieblingsgrill auserkoren haben. Grund ist die umfangreiche Speisekarte. Hier kann man das Khmer-Frühstück schlechthin kosten, *bei sait chrouk* (Schweinefleisch mit Reis).

Red Cow (Karte S. 254; 126 Norodom Blvd; Hauptgerichte 2,50–7 US$; 16–23 Uhr) Grillt alles Erdenkliche – Aal, Auberginen, Schweinedarm, Wachteln –, serviert aber auch Currys und weitere traditionelle Khmer-Gerichte.

Märkte

Die vielen Märkte Phnom Penhs verfügen über große zentrale Speisebereiche, in denen Essensstände tagsüber beliebte lokale Mahlzeiten wie Nudelsuppe und Bratnudeln servieren. Die meisten Gerichte kosten nur 4000 bis 8000 R. Das beste Essen bietet der Russische Markt (S. 256). Sein Speisebereich ist leicht zu finden und bietet eine gute Auswahl kambodschanischer Spezialitäten. Eine weitere tolle Option mit großem Food Court ist der Psar Thmei (S. 258).

The Vegetarian KAMBODSCHANISCH, VEGETARISCH **$**
(Karte S. 254; 158 St 19; Hauptgerichte 1,75–2,50 US$; Mo–Sa 10.30–20.30 Uhr;) Mit das beste Preis-Leistungs-Verhältnis der Stadt darf sich „der Vegetarier" auf die Fahnen schreiben. Kein Gericht kostet mehr als 2,50 US$ und auch die Portionen sind üppig. Spezialitäten des Hauses sind Nudeln und Bratreis. Ein weiteres Plus ist die grüne Lage in einer ruhigen Ecke abseits des zentralen Sihanouk Boulevard.

★ **Yi Sang** CHINESISCH **$$**
(Karte S. 254; Sisowath Quay; 6–20 US$; 6–23 Uhr;) Eins der wenigen Lokale in der Stadt, in dem Gäste direkt am Fluss speisen können – genau richtig für einen entspannten Cocktail bei Sonnenuntergang. Die Speisekarte umfasst schön angerichtete kambodschanische Garküchenklassiker wie *nam ben choc* (Reisnudelcurry), jede Menge Dim Sum und ein paar internationale Gerichte.

ARTillery CAFÉ **$$**
(Karte S. 254; St 240½; Hauptgerichte 4–6 US$; Di–So 7.30–21, Mo bis 17 Uhr;) Gesunde Salate, Sandwiches, Shakes und Snacks wie Hummus und Falafel. Das kreative Café liegt in einer Gasse abseits der Straße 240. Die Speisekarte ist größtenteils vegetarisch, es gibt Pizza und eine kleine Rohkostauswahl. Probierenswerte Tagesangebote.

Rund um den Russischen Markt

Café Yejj CAFÉ **$**
(Karte S. 249; www.cafeyejj.com; 170 St 450; Hauptgerichte 3,50–6 US$; 8–21 Uhr;) Eine nette Abwechslung zum Russischen Markt (die Treppe hochgehen) ist dieses klimatisierte Café, in dem aus Biozutaten Pastagerichte, Salate und Wraps zubereitet werden. Ein paar ambitioniertere Gerichte wie marokkanischer Lammeintopf und Chili con Carne sind auch dabei. Die Betreiber unterstützen den fairen Handel und eine verantwortungsbewusste Personalpolitik.

Super Duper SUPERMARKT
(Karte S. 249; www.super-duper.biz; 21 St 488; 24 Std.) Der einzige rund um die Uhr geöffnete Supermarkt kann die Rettung sein, wenn man mitten in der Nacht Heißhunger bekommt. Er ist hervorragend sortiert und vielfältig, denn die Besitzer importieren containerweise Lebensmittel aus den USA und Australien.

Ausgehen & Nachtleben

Phnom Penh hat tolle Bars und Clubs, und es lohnt sich, mindestens eine Nacht auszugehen. Viele Locations befinden sich an der Kreuzung der Straßen 51 und 172, wo scheinbar jeder irgendwann endet. Die Golden Street (Straße 278) ist sehr beliebt, und auch am Flussufer gibt's einige Bars. Schwer im Kommen ist außerdem die Gegend um die Straße 308 und die angrenzende „Biermeile", Bassac Lane. Happy Hours (zwei Getränke zum Preis von einem) sind zurzeit der Hit in Phnom Penh, daher lohnt es sich, früh zu starten.

Es gibt mehrere tolle Hostelbars in der Stadt; an die sollte man sich erinnern, wenn man andere Reisende treffen und ordentlich feiern möchte. Die so ziemlich bestbesuchte Dachbar hat Top Banana (S. 251). Ebenfalls einen Abstecher wert sind die Bar an der Straße des Blue Dog (S. 251) und die Dachbar des Mad Monkey (S. 250). Eighty8 Backpackers (S. 250) veranstaltet am ersten Freitag im Monat eine große Party, auf der sich immer Zugezogene und Rucksacktouristen tummeln. Der Sundance Inn hat gleich zwei quirlige Bars an seinen beiden Standorten auf der Straße 172 (S. 251) und am Ufer (79 Sisowath Quay).

Für Infos zur Clubszene sollte man die Website **Phnom Penh Underground** (www.phnom-penh-underground.com) besuchen.

★ FCC — BAR

(Club der Auslandskorrespondenten; Karte S. 252 f.; 363 Sisowath Quay; ⏲ 6–24 Uhr; 📶) Das in einem kolonialen Prachtbau mit toller Aussicht und kühler Brise untergebrachte „F" ist eine echte Institution in Phnom Penh und ein Pflichtstopp für jeden Kambodscha-Besucher. Happy Hour ist von 17 bis 19 und 22 bis 24 Uhr. Wenn es in der Hauptbar zu voll ist, kann man sich aufs Dach begeben, wo an den Wochenenden oft Livemusik gespielt wird.

★ Dusk Till Dawn — BAR

(Karte S. 252 f.; 46 St 172) Wegen der Klientel und der Musik wird dieser Laden auch Reggae Bar genannt. Auf dem Dach lässt sich der Sonnenuntergang bei einem Drink genießen, danach ist noch bis tief in die Nacht Stimmung. Die Bar erstreckt sich über zwei Ebenen – wenn es unten ruhig ist, wird oft oben gefeiert. Mit dem Aufzug ins Obergeschoss des hohen Gebäudes gegenüber dem Pontoon Club hochfahren.

Score — BAR

(Karte S. 254; ☎ 023-221357; www.scorekh.com; 5 St 282; ⏲ 8 Uhr–open end; 📶) Die große Bar mit der „Kinoleinwand" und Fernsehern an jeder Wand ist genau der richtige Ort, um sich Sportübertragungen anzusehen, und zwar nicht nur Fußball und Rugby. Wer nicht nur zugucken möchte, kann auch eine Runde Billard spielen. Es gibt mehrere Tische.

Red Bar — BAR

(Karte S. 254; Ecke St 308 & St 29; ⏲ 17–1 Uhr; 📶) Eine nette, kleine, lokale Bar auf der belieb-

ESSEN FÜR EINEN GUTEN ZWECK

Die folgenden fantastischen Restaurants fungieren als Ausbildungszentren für junge Kambodschaner und unterstützen gemeinnützige Projekte in der Hauptstadt.

Romdeng (Karte S. 252 f.; ☎ 092 219565; 74 St 174; Hauptgerichte 5–8 US$; ⏲ 11–21 Uhr; 📶) Das Romdeng nimmt eine bildschöne Kolonialvilla mit einem kleinen Pool ein und ist auf kambodschanische Landküche spezialisiert. Es serviert z. B. ein berühmtes *amok* mit gebackenem Fisch, zweifarbigen Pomelo-Salat und ein Curry mit Riesengarnelen. Darüber hinaus kann man hier frittierte Taranteln oder gebratene Baumameisen mit Rindfleisch und Königsbasilikum kosten. Das Romdeng gehört zur erweiterten „Friends"-Familie. Hier arbeiten ehemalige Straßenkinder und ihre Lehrer.

Friends (Karte S. 252 f.; ☎ 012 802072; www.friends-restaurant.org; 215 St 13; Tapas 4–7 US$, Hauptgerichte ab 6–10 US$; ⏲ 11–22.30 Uhr; 📶) Das Lokal ist eines der beliebtesten in Phnom Penh und mit seinen leckeren Tapas, himmlischen Smoothies und kreativen Cocktails ein Pflichtstopp. Es eröffnet ehemaligen Straßenkindern eine berufliche Perspektive im Hotel- und Gastgewerbe.

Sugar 'n Spice Cafe (Karte S. 252 f.; www.daughtersofcambodia.org; 65 St 178; Sandwiches 3,50–7 US$; ⏲ Mo–Sa 9–18 Uhr; 📶) Ein fantastisches Café im Obergeschoss des Besucherzentrums von Daughters. Hier werden Suppen, Smoothies, Kaffeegetränke, Cupcakes und Fusionsküche von Opfern illegalen Menschenhandels serviert. Daughters hilft ihnen durch Ausbildung und Arbeit dabei, wieder in die Gesellschaft zurückzufinden.

ten Straße 308. Die Preise sind so günstig, dass die Gäste lange verweilen… Oder gilt das tatsächlich nur für uns?

Blue Chili SCHWUL-LESBISCH
(Karte S. 252 f.; 36 St 178; 18 Uhr–open end;) Der Besitzer der alteingesessenen schwulenfreundlichen Bar veranstaltet freitags und samstags um 22.30 Uhr eine eigene Drag-Show.

Heart of Darkness CLUB
(Karte S. 252 f.; www.heartofdarknessclub.com.kh; 26 St 51; 20 Uhr–open end) In den vergangenen Jahren hat sich diese Bar, eine echte Institution mit ansprechendem Angkor-Design, in einen Club verwandelt, in dem jeden Abend etwas los ist. Das Publikum ist bunt gemischt -richtig bunt. Eigentlich gehört das Heart of Darkness zum Pflichtprogramm für jeden Phnom-Penh-Besucher. Vorbeischauen und die Atmosphäre schnuppern.

Pontoon CLUB
(Karte S. 252 f.; www.pontoonclub.com; 80 St 172; Eintritt Wochenende 3–5 US$, wochentags frei; 21.30 Uhr–open end) Nachdem der Top-Club der Stadt eine Weile von Pier zu Pier geschwommen ist (daher der Name), hat er nun ein Zuhause auf festem Boden gefunden. Hier treten einheimische DJs, manchmal aber auch internationale Stars auf. Donnerstags ist Gay Party; um 1 Uhr morgens startet die Ladyboy-Show. Das **Pontoon Pulse** nebenan ist eher ein Lounge-Club, in dem Elektro und Ambient gespielt werden.

☆ Unterhaltung

Infos zum Thema Unterhaltung findet man in dem kostenlosen Monatsmagazin *AsiaLife*. Nützliche Onlinequellen sind www.phnompenhweek.com und www.lengpleng.com.

★ Plae Pakaa DARSTELLENDE KÜNSTE
(„Fruchtbar"; Karte S. 252 f.; 023-986032; www.cambodianlivingarts.org; Nationalmuseum, St 178; Erw./Kind 15/6 US$; Okt.–März Mo–Sa 19 Uhr, Mai–Sept. nur Fr & Sa, April geschl.) Plae Pakaa ist eine Reihe von drei wechselnden einstündigen Aufführungen, die von **Cambodian Living Arts** (CLA; Karte S. 254; 017 998570; www.cambodianlivingarts.org; 128 Sothearos Blvd) veranstaltet werden und sehr sehenswert sind. Bei *Children of Bassac* werden traditionelle Tanzstile gezeigt, *Passage of Life* stellt verschiedene Rituale und Feierlichkeiten der Khmer dar (Hochzeiten, Beerdigungen etc.) und bei *Mak Therng* handelt es sich um eine traditionelle *yike*-Oper.

★ Meta House KINO
(Karte S. 254; www.meta-house.com; 37 Sothearos Blvd; Di–So 16–24 Uhr;) Das von Deutschen geführte Kino zeigt Arthouse-Filme, Dokus sowie Kurzfilme aus Kambodscha und der ganzen Welt. Anschließend folgen oft Fragestunden mit den Filmemachern. Das Kinoerlebnis runden deutsche Würstchen, Flammkuchen und Bier ab. Vorführungen fast täglich um 16 Uhr (Eintritt frei) und um 19 Uhr (Eintritt variiert).

Flicks KINO
(Karte S. 254; www.theflicks-cambodia.com; 39B St 95; Tickets 3,50 US$;) Zeigt in seinem hyperkomfortablen, klimatisierten Kinosaal täglich mindestens zwei Filme. Das Ticket gilt für beide.

Sovanna Phum Arts Association DARSTELLENDE KÜNSTE
(Karte S. 249; 023-987564; www.shadow-puppets.org; 166 St 99, zw. St 484 & St 498; Erw./Kind 5/3 US$) Freitag- und samstagabends um 19.30 Uhr finden regelmäßig traditionelle Schattenspiele und gelegentlich auch klassische Tänze und traditionelle Trommelmusik statt. Das Publikum darf sich im Anschluss an die 50-minütigen Vorführungen selbst an den Puppen versuchen. Wer mag, kann verschiedene Kurse belegen (Schattentheater, Puppenherstellung, klassischer und Folklore-Tanz sowie traditionelle Khmer-Instrumente).

Shoppen

Von fast jedem Khmer wird der *krama* (karierter Schal) als Ausdruck seiner Identität um den Hals, die Schultern oder die Taille getragen. Die Schals sind ebenso wie Skulpturen und Kunsthandwerk wunderbare Souvenirs.

Auf Phnom Penhs lebendigen Märkten locken jede Menge Schnäppchen. Wer sich durch die Berge von Schuhen, Klamotten, Krimskrams und Essen gewühlt hat, sollte sich anschließend eine Fußmassage gönnen.

Psar Thmei MARKT
(ផ្សារធំថ្មី; Zentralmarkt; Karte S. 252 f.; St 130; 6.30–17.30 Uhr) Ein Wahrzeichen der Hauptstadt. Der Psar Thmei, ein Jugendstilbauwerk, wird mit Bezug auf seine Lage und die Größe auch oft als Central Market (Zentralmarkt) bezeichnet. Seine große Halle mit der Kuppel – angeblich eine der zehn größten der Welt – lässt an eine babylonische Zikkurat denken. Das Design sorgt für eine besonders gute Belüftung. Selbst an brütend

TOP FÜNF: SHOPPEN FÜR EINEN GUTEN ZWECK

Folgende Geschäfte haben hochwertige Seidenwaren und Kunsthandwerk im Angebot, helfen Bedürftigen bei der für eine Anstellung nötigen Ausbildung und verbessern durch ein regelmäßiges Einkommen deren Lebensqualität.

Daughters (Karte S. 252 f.; www.daughtersofcambodia.org; 65 St 178; ⌚Mo–Sa 9–18 Uhr) Daughters ist eine NRO, die verschiedene Ausbildungs- und Hilfsprogramme für ehemalige Prostituierte und Opfer von Sexhandel anbietet. Die Teilnehmerinnen fertigen die schicken Kleidungsstücke, Taschen und Accessoires, die hier verkauft werden. Bei der Herstellung werden Bio-Baumwolle und natürliche Farben verwendet.

Mekong Blue (Karte S. 252 f.; www.bluesilk.org; 9 St 130; ⌚8–18 Uhr) In der Boutique in Phnom Penh werden Waren aus der bekanntesten Seidenkooperative zur Förderung von Frauen in Stung Treng verkauft, bildschöne Schals und Halstücher, aber auch Schmuck.

Rajana (Karte S. 249; www.rajanacrafts.org; 170 St 450; ⌚Mo–Sa 7–18, So 10.30–17 Uhr) Eines der besten und vielseitigsten Kunsthandwerksgeschäfte, das für gerechte Löhne eintritt und Benachteiligten berufliche Ausbildungen ermöglicht. Es bietet eine wunderschöne Auswahl an Karten, ausgefallene Produkte aus Metall, Schmuck, Bambuswaren, tolle Shirts, herrliche Wandbehänge, Kerzen – was das Herz begehrt. Ein **Ableger** (Karte S. 249; ⌚10–18 Uhr) befindet sich auf dem Russischen Markt.

Tabitha (Karte S. 254; 239 St 360; ⌚Mo–Sa 7–18 Uhr) Ein führender NRO-Laden mit einer guten Kollektion aus Seidentaschen, Tischdecken, Schlafzimmer-Deko und Kinderspielzeug. Mit den Einnahmen werden Entwicklungsprojekte in ländlichen Gemeinden gefördert, z. B. Brunnenbohrungen.

Women for Women (WFW; Karte S. 252 f.; www.womanforwoman.net; 9 St 178; ⌚7–22 Uhr) Kissen, Überwürfe, Taschen, Schals, Schmuck, Silber und mehr, handgefertigt von Frauen mit Behinderung.

heißen Tagen ist es in der zentralen Halle kühl. Der Markt wurde vor Kurzem mit finanzieller Unterstützung Frankreichs renoviert und sieht richtig gut aus.

Russischer Markt MARKT

(Psar Tuol Tom Pong; Karte S. 249; St 155; ⌚6–17 Uhr) Wirklich jeder Phnom-Penh-Besucher sollte diesen Markt gesehen haben. Er ist *die* Adresse, um Souvenirs und günstige Markenkleidung zu kaufen. Es werden zwar auch Unmengen von Kopien verkauft, aber daneben gibt's tatsächlich authentische Waren, zusammengenäht in hiesigen Fabriken. Für knapp 20 % des Kaufpreises daheim kann man hier Stücke von Banana Republic, Billabong, Calvin Klein, Columbia, Gap und Next kaufen.

Nachtmarkt MARKT

(Psar Reatrey; Karte S. 252 f.; Ecke St 108 & Sisowath Quay; ⌚Fr–So 17–23 Uhr) Der Nachtmarkt ist die kühlere Freiluftversion des Russischen Marktes und findet freitags bis sonntags abends statt, sofern es nicht regnet. Man sollte handeln, was das Zeug hält, denn die Preise sind recht hoch. Interessanterweise kaufen hier mehr Khmer als Ausländer ein.

Monument Books BÜCHER

(Karte S. 254; 111 Norodom Blvd; ⌚7–20.30 Uhr) Phnom Penhs am besten sortierter Buchladen hat jedes Werk zum Thema Kambodscha auf Lager. Außerdem werden hier ausgezeichnete Landkarten und Stadtpläne sowie Reiseliteratur verkauft. Zum Geschäft gehört auch ein Ableger des Blue Pumpkin Café mit WLAN-Zugang.

D's Books BÜCHER

(Karte S. 252 f.; 7 St 178; ⌚9–21 Uhr) Phnom Penhs größte Second-Hand-Buchhandlungskette mit guter Auswahl. Eine zweite **Filiale** (Karte S. 254; 79 St 240; ⌚9–21 Uhr) befindet sich gleich östlich des Norodom Boulevard.

ℹ Orientierung

Phnom Penhs Straßen sind logisch durchnummeriert, aber bei den Hausnummern herrscht reinstes Chaos. So trifft man leicht auf eine Häuserreihe, die z. B. mit den Nummern 13A, 34, 7, 26 versehen ist. Zudem kommt es vor, dass mehrere Gebäude in derselben Straße, jedoch einige Blocks voneinander entfernt, dieselben Nummern haben! Wer nach einer Adresse fragt, sollte sich immer nach der jeweiligen Querstraße erkundigen (z. B. Straße 240 nahe Straße 51).

HANDTASCHENDIEBSTAHL

Handtaschen- und Handydiebstahl haben sich in Phnom Penh zu einem echten Problem entwickelt. Hotspots sind das Flussufer und die lebhaften Gegenden rund um die beliebten Märkte, aber es gibt kein Muster, und die schnellen Motorraddiebe, die meist zu zweit arbeiten, können jederzeit und überall zuschlagen. Zahllose Zugezogene und Touristen wurden schon verletzt, weil sie bestohlen wurden und dabei von ihren Motorrollern fielen. Man sollte seine Habseligkeiten nah am Körper oder versteckt bei sich tragen; im Zweifelsfall immer loslassen, bevor man auf die Straße gezogen wird! Bei einer Fahrt mit dem *moto* gehören Umhängetaschen auf den Schoß. Die Diebe sind echte Profis und warten nur auf eine Gelegenheit.

Praktische Informationen

GELD

Am Flughafen befinden sich ein paar Geldautomaten. In der Stadt gibt's viele Banken und Wechselstuben, darunter folgende:

ANZ Royal Bank (Karte S. 252 f.; 265 Sisowath Quay; ⏲ Mo–Fr 8.30–16, Sa bis 12 Uhr) In Phnom Penh gibt's ANZ-Automaten wie Sand am Meer, auch in Supermärkten und an Tankstellen, allerdings liegt die Gebühr pro Transaktion bei 5 US$.

Canadia Bank (Karte S. 252 f.; Ecke St 110 & Monivong Blvd; ⏲ Mo–Fr 8–15.30, Sa bis 11.30 Uhr) Unterhält zahlreiche Geldautomaten in der Stadt. Die Transaktionsgebühr beträgt 4 US$. In der Hauptfiliale können Reiseschecks (verschiedene Währungen) gegen 2 % Kommission getauscht werden. Barauszahlungen mit MasterCard und Visa sind kostenlos. MoneyGram-Vertretung vor Ort.

INTERNETZUGANG

Nahezu alle Hotels, aber auch die meisten Cafés, Restaurants und Bars haben ein WLAN-Netzwerk. Internetcafés sind seltener geworden; in denen, die es noch gibt, zahlt man gewöhnlich 0,50 bis 1 US$ pro Stunde.

MEDIZINISCHE VERSORGUNG

Calmette Hospital (Karte S. 249; ☎ 023-426948; 3 Monivong Blvd; ⏲ 24 Std.) Das beste lokale Krankenhaus mit dem umfassendsten Service und einer Intensivstation.

Tropical & Travellers Medical Clinic (Karte S. 252 f.; ☎ 023-306802; www.travellersmedicalclinic.com; 88 St 108; ⏲ Mo–Fr 9.30–11.30 & 14.30–17, Sa 9.30–11.30 Uhr) Angesehene Klinik, die seit über zehn Jahren von einem britischen Allgemeinpraktiker geführt wird.

U-Care Pharmacy (Karte S. 252 f.; 26 Sothearos Blvd; ⏲ 8–22 Uhr) Apotheke im internationalen Stil mit praktischer Lage unweit des Flusses.

NOTFALL

Feuerwehr (☎ auf Khmer 118)

Krankenwagen (☎ 119, auf Englisch 023-724891)

Polizei (☎ auf Khmer 117)

POST

Hauptpost (Karte S. 252 f.; St 13 bei St 100; ⏲ 8–18 Uhr) Die Zentralpost, ein echtes Wahrzeichen, befindet sich in einem französischen Kolonialgebäude gleich östlich des Wat Phnom.

REISEBÜROS

Zuverlässige Reisebüros:

Palm Tours (Karte S. 254; ☎ 023-726291; www.palmtours.biz; 1B St 278; ⏲ 8–21 Uhr) Die effiziente Volak und ihr Team sind eine großartige Option bei der Buchung von Bustickets (keine Gebühr) u. Ä.

PTM Travel & Tours (Karte S. 252 f.; ☎ 023-219268; www.ptmcambodia.com; 200 Monivong Blvd; ⏲ Mo–Sa 8–17.30 Uhr) Gute Wahl für die Buchung von Flugtickets.

TOURISTENINFORMATION

Offizielle Touristeninformationen sucht man in Kambodschas Hauptstadt vergebens, aber überall gibt's private Reisebüros, die gerne helfen.

Der *Phnom Penh Visitors' Guide* (www.canbypublications.com) hält gute Stadtpläne und jede Menge hilfreiche Infos zur Hauptstadt bereit.

Pocket Guides gibt *Drinking & Dining* und *Out & About* heraus (kostenlos; www.cambodiapocketguide.com).

An- & Weiterreise

AUTO & MOTORRAD

Pensionen und Reisebüros können Autos mit Fahrer organisieren. Je nach Ziel zahlt man dafür 25 bis 75 US$ pro Tag.

BUS

Alle Großstädte in Kambodscha sowie die Drehkreuze Bangkok, Ho-Chi-Minh-Stadt und Pakxe in der Region sind von Phnom Penh aus mit klimatisierten Bussen zu erreichen. Fast alle Busse fahren von den Büros der Busunternehmen ab, die meist rund um den Psar Thmei oder unweit der Ecke Straße 106 und Sisowath Quay liegen.

Die Dienste von Capitol Tour und Phnom Penh Sorya sind meist die billigsten; Giant Ibis betreibt luxuriöse „VIP"-Busse mit viel Beinfreiheit und unregelmäßig funktionierendem WLAN, die aber das Doppelte des Durchschnittspreises kosten. Virak Buntham ist der Nachtbusspezialist.

Express-Lastwagen sind eine weitere Option. Sie fahren in viele Städte und sind einige Stunden eher am Ziel als die Busse, aber oft überfüllt; außerdem rasen sie so schnell, dass man Angst bekommt.

Die wichtigsten Busunternehmen:

Capitol Tour (Karte S. 254; ✆ 023-724104; 14 St 182) Hat Fahrten mit Bus und Schiff bis nach Chau Doc im Angebot. Man fährt um 8 Uhr los und ist sechs bis sieben Stunden unterwegs.

Giant Ibis (Karte S. 252 f.; ✆ 023-999333; www.giantibis.com; 3 St 106) Der Spezialist für „VIP"-Busse und Express-Transporter. In dem großen Bus nach Siem Reap ist ausreichend Platz für die Beine, das WLAN ist allerdings nicht sehr zuverlässig. Ein Teil der Einnahmen wird zum Schutz des Riesenibis aufgewendet.

GST (Karte S. 252 f.; ✆ 023-218114; 13 St 142)

Mekong Express (✆ 023-427518; https://catmekongexpress.com; 2020 NH5) Hat ein Buchungsbüro am Flussufer (Karte S. 252 f.; Sisowath Quay).

Olympic Express (Karte S. 249; ✆ 092 868782; 70 Monireth Blvd)

Phnom Penh Sorya (Karte S. 252 f.; ✆ 023-210359; Ecke St 217 & St 67, Psar-Thmei-Viertel)

Virak Buntham (Kampuchea Angkor Express; Karte S. 252 f.; ✆ 016 786270; 1 St 106) Auf Nachtfahrten spezialisiert. Es geht nach Siem Reap, Sihanoukville und Koh Kong.

FLUGZEUG

Viele internationale Fluggesellschaften bedienen Phnom Penh. Im Inland bietet **Cambodia Angkor Air** (Karte S. 249; ✆ 023-666 6786; www.cambodiaangkorair.com; 206A Norodom Blvd) täglich vier bis sechs Verbindungen nach Siem Reap (ab 60 US$ one-way, 30 Min.), die neueren Fluggesellschaften **Bassaka Air** (✆ 023-217613; www.bassakaair.com) und **Cambodia Bayon Airlines** (✆ 023-231555; www.bayonairlines.com) legen die Strecke mindestens einmal am Tag zurück (ab 40 US$ one-way).

SAMMELTAXI & MINIBUS

Sammeltaxis fahren zu den meisten Zielen. Sie sind zeitsparend und bieten flexible Abfahrtszeiten. Lokale Minibusse und Pick-ups sind häufig recht langsam und überfüllt, aber sie sparen

BUSSE AB PHNOM PENH

REISEZIEL	UNTERNEHMEN	PREIS (US$)	FAHRTDAUER (STD.)	HÄUFIGKEIT
Bangkok	Mekong Express, PP Sorya, Virak Buntham	18–23	12	tgl. (alle Unternehmen)
Battambang (tagsüber)	GST, PP Sorya, Virak Buntham	5–10	6	mehrfach (alle Unternehmen)
Ho-Chi-Minh-Stadt	Capitol Tour, Giant Ibis, Mekong Express, PP Sorya	8–13	7	mehrmals tgl. (alle Unternehmen)
Kampot (direkt)	Capitol Tour	6	3	2-mal tgl.
Kampot (via Kep)	PP Sorya	6	4	7.30, 9.30, 14.45 Uhr
Koh Kong	Olympic Express, PP Sorya, Virak Buntham	7	6	mehrmals tgl. (alle Unternehmen)
Kratie	PP Sorya	8	6–8	6.45, 7.15, 7.30, 9.30, 10.30 Uhr
Pakse via Don Det (Laos)	PP Sorya	28	12–14	6.45 Uhr
Sen Monorom	PP Sorya	9	8	7.30 Uhr
Siem Reap (tagsüber)	fast alle Unternehmen	6–15	6	häufig
Sihanoukville	Capitol Tour, GST, Mekong Express, PP Sorya, Virak Buntham	5–6	5	häufig
Stung Treng	PP Sorya	12,50	9	6.45, 7.30 Uhr

EINREISE NACH VIETNAM: GRENZÜBERGÄNGE AM MEKONG-DELTA

Von Phnom Penh nach Ho-Chi-Minh-Stadt

Der älteste Grenzübergang Bavet/Moc Bai zwischen Vietnam und Kambodscha existiert seit 20 Jahren.

Anfahrt zur Grenze Die einfachste Möglichkeit, nach Ho-Chi-Minh-Stadt (HCMS; Saigon) zu gelangen, ist eine Anreise mit dem internationalen Bus (8–13 US$, 6 Std.) von Phnom Penh, die von zahlreichen Busunternehmen angeboten wird.

An der Grenze Lange Schlangen bei der Ein- bzw. Ausreise sind nicht unüblich, davon abgesehen ist die Grenzüberquerung unkompliziert.

Weiterreise Wer nicht mit dem internationalen Bus reist, wird keine Probleme haben, Verkehrsmittel nach HCMS oder zu anderen Zielen zu finden.

Für weitere Infos zur Überquerung dieser Grenze in entgegengesetzter Richtung siehe S. 946.

Von Phnom Penh nach Chau Doc

Die landschaftlich schönste Möglichkeit, die Reise durch Kambodscha zu beenden, ist eine Segelfahrt auf dem Mekong nach Kaam Samnor, das etwa 100 km südsüdöstlich von Phnom Penh liegt. Dort überquert man die Grenze nach Vinh Xuong in Vietnam und fährt auf dem Fluss Tonlé Bassac über einen kleinen Kanal oder auf dem Landweg weiter nach Chau Doc. Von dort gibt's Anschlüsse auf dem Land- oder Flussweg zu Zielen im Mekong-Delta und innerhalb Vietnams.

Mehrere Unternehmen bieten Direkttrips nach Chau Doc, entweder mit dem Boot (25–35 US$, ca. 4 Std.) oder als billigere Bus-Boot-Kombination (19 US$). Die Preise variieren je nach Fahrttempo und Service-Standard, die Abfahrt erfolgt vom Touristenbootsdock in Phnom Penh.

Für weitere Infos zur Überquerung dieser Grenze in entgegengesetzter Richtung siehe S. 953.

Von Takeo nach Chau Doc

Der abgelegene und selten genutzte Grenzübergang Phnom Den/Tinh Bien (7 bis 17 Uhr geöffnet) zwischen Kambodscha und Vietnam liegt etwa 50 km südöstlich von Takeo in Kambodscha und bietet Weiterverbindungen nach Chau Doc.

Anfahrt zur Grenze Von Takeo zur Grenze (48 km) kommt man mit dem Sammeltaxi (10 000 Riel), Miettaxi (25 US$) oder *moto* (10 US$).

An der Grenze Die Formalitäten sind minimal, denn dieser Grenzübergang wird kaum genutzt.

Weiterreise Auf der anderen Seite der Grenze sind Traveller auf die Gnade der vietnamesischen *xe om*-(*moto* Motorradtaxi-)Fahrer oder Taxis angewiesen, die die 30 km bis nach Chau Doc fahren. Man sollte sich auf harte Preisverhandlungen einstellen. Mit dem Motorrad werden um die 10 US$ fällig, für ein Taxi um die 20 US$.

Für weitere Infos zur Überquerung dieser Grenze in entgegengesetzter Richtung siehe S. 953.

Geld und sind ein authentisches Erlebnis (besonders dann, wenn sich jemand auf einem übergibt).

Taxis nach Kampot, Kep und Takeo warten am **Psar Dang Kor** (Karte S. 249; Mao Tse Toung Blvd), während lokale Minibusse und Sammeltaxis zu den meisten anderen Zielen an der Nordwestecke des **Psar Thmei** (Karte S. 252) starten.

SCHIFF/FÄHRE

Von August bis März starten um 7.30 Uhr vom Touristendock am Ostende der Straße 104 Schnellboote nach Siem Reap (35 US$, 5–6 Std.). Im Vergleich zu den Bussen kosten die Tickets jedoch zu viel.

Eine tolle Option ist eine Flussfahrt nach Chau Doc in Vietnam; s. Kasten „Einreise nach Vietnam: Grenzübergänge am Mekong-Delta".

Unterwegs vor Ort

FAHRRAD

Einige Pensionen und Hotels verleihen einfache Räder für 1 US$ pro Tag. Schickere Modelle gibt's bei Vicious Cycle (S. 250).

VOM/ZUM FLUGHAFEN & BUSBAHNHOF

Der internationale Flughafen von Phnom Penh liegt 7 km westlich des Stadtzentrums. Vor der Ankunftshalle steht ein offizieller Stand, der Festpreise für ein Taxi/*remork* in die Stadt von 12/7 US$ anbietet. Wer eine Minute raus auf die Straße läuft, findet dort ein *remork* bereits für 5 US$ und ein *moto* für 3 US$. Ein Taxi/*remork*/*moto* vom Zentrum Phnom Penhs zum Flughafen kostet um die 10/5/3 US$. Die Fahrt dauert normalerweise 30 Minuten bis eine Stunde (kommt auf den Verkehr an).

Wer mit dem Bus anreist, wird meist nahe dem Psar Thmei (Zentralmarkt) abgesetzt, eine kurze Strecke von den meisten Hotels und Pensionen entfernt. Für ein *moto* werden 0,50 bis 1 US$ fällig, für ein *remork* 2 bis 3 US$. Am Touristendock beim Sisowath-Kai, wo die anlegenden Schiffe aus Vietnam und Siem Reap jede Menge geschäftstüchtiger *moto*-Fahrer anziehen, sind die Preise ähnlich.

MOTO, REMORK & CYCLO

Das *moto* ist allgegenwärtig. In Touristengegenden können sich die Fahrer meist recht gut auf Englisch verständigen. Kurze Touren durch die Stadt kosten 2000 R, für etwas weitere Strecken von um die 2 km ist 1 US$ fällig. Nachts verdoppeln sich die Preise. Der Tarif für einen Tag beträgt um die 10 US$. Ein *remork* kostet doppelt so viel, je nach Passagierzahl eventuell noch mehr. *Cyclos* sind schwerer zu finden, kosten aber etwa so viel wie ein *moto*.

MOTORRAD

Eine Motorradtour durch Phnom Penh und das Umland ist ein tolles Erlebnis, wenn man mit dem chaotischen Verkehr zurechtkommt. Die Qualität hängt vom Preis ab.

Lucky! Lucky! (Karte S. 254; ☎ 023-212788; 413 Monivong Blvd) Motorräder gibt's für 4 bis 7 US$ pro Tag, billiger wird's, wenn man gleich eins für mehrere Tage mietet. Geländemotorräder sind ab 12 US$ zu haben.

Vannak Bikes Rental (Karte S. 252 f.; ☎ 012 220970; 46 St 130) Leistungsfähige Geländemotorräder bis 600 ccm für 15 bis 30 US$ pro Tag und kleinere Motorräder für 5 bis 7 US$ pro Tag.

TAXI

Taxis sind mit 3000 R pro km günstig. Es ist nicht üblich, die Wagen an der Straße heranzuwinken, stattdessen ruft man bei **Global Meter Taxi** (☎ 011 311888) oder **Choice Taxi** (☎ 023-888023, 010 888010) an.

RUND UM PHNOM PENH

In der Umgebung locken mehrere interessante Ziele.

Der Tonlé Bati, das Phnom-Tamao-Tierschutzgebiet und der Phnom Chisor liegen nahe beieinander am NH2 und bieten sich für einen schönen Tagesausflug mit dem *Auto* oder Motorrad an.

Koh Dach កោះដាច់

Koh Dach, im Ausland auch als Seideninsel bekannt, besteht aus zwei Inseln im Mekong, die etwa 5 km nordöstlich der Japanischen Freundschaftsbrücke liegen. Wer das echte Kambodscha erleben will, kann die Inseln bei einem leichten Halbtagesausflug besichtigen. Das Chaos von Phnom Penh scheint hier Lichtjahre entfernt. Der Name Koh Dach leitet sich von den Seidenwebern ab, die auf den Inseln leben, und man hat reichlich Möglichkeiten, ihnen dort Stoffe abzukaufen.

Remork-Fahrer bieten halbtägige Touren hierhin an; sie sollten 12 US$ kosten, aber man muss vielleicht verhandeln. Eine weitere Option sind die täglichen Bootsfahrten vom Touristendock, die um 8.30, 9.30 und 13 Uhr starten (mind. 4 Pers.).

Tonlé Bati ទន្លេបាទី

Einheimische kommen gerne zum Picknick an diesen **See** (Eintritt 3 US$). Auf dem Weg liegen zwei Tempel aus dem 12. Jh., der **Ta Prohm** und der **Yeay Peau**. Ersterer ist ansprechender, denn er wartet mit hübschen, gut erhaltenen Schnitzereien auf, die Geburt, Ehrlosigkeit und Verdammnis darstellen.

Die gut beschilderte Abzweigung zum Tonlé Bati befindet sich 33 km südlich von Phnom Penh auf der rechten Seite. Sorya-Busse von Phnom Penh nach Takeo (8000 R, 4-mal tgl. – man sollte den um 7 oder 10.30 Uhr nehmen) lassen Fahrgäste hier aussteigen. Zu den Tempeln, ca. 1,8 km von der Nationalstraße entfernt, gelangt man per *moto*. Für die Rückfahrt nach Phnom Penh am besten vorab ein Ticket für den Sorya-Bus von Takeo nach Phnom Penh buchen. Ansonsten kann man auch ein *moto* mieten.

Tierschutzgebiet Phnom Tamao ភ្នំតាម៉ៅ (សួនសត្វ)

Das **Reservat** (Erw./Kind 5/2 US$; ⏲ 8–17 Uhr) beherbergt Gibbons, Malaienbären, Elefan-

ABSTECHER

KOMPONG LUONG

Kompong Luong (កំពង់លួង) bietet alle Annehmlichkeiten, die man von einem größeren Fischerort erwartet: Cafés, Handyläden, Hühnerställe, Eisfabriken, eine Pagode und eine Kirche – nur dass hier eben nicht alles schwimmt. Das Ergebnis ist ein ethnisch-vietnamesisches Venedig ohne Festland. In der Trockenzeit, wenn der Wasserstand sinkt und der Tonlé Sap schrumpft, zieht die gesamte Wasserstadt ein paar Kilometer weiter nach Norden.

Am besten lässt sich Kompong Luong natürlich mit dem Boot erkunden. Der offizielle Touristenpreis für ein Motorboot aus Holz für vier Personen (inkl. Rettungswesten) beträgt 10 US$ pro Stunde für ein bis drei Passagiere. Es werden auch **Homestays** (4–6 US$ pro Pers. & Nacht, Bootsfahrt nicht inkl.; 📶) bei lokalen Familien angeboten; Mahlzeiten kosten 1 bis 2 US$ pro Person. Hier lässt sich erleben, wie das Alltagsleben auf dem Wasser wirklich aussieht. Die Unterkunft bei Einheimischen kann bei der Ankunft am Bootsanleger gebucht werden.

Der Ausgangspunkt nach Kompong Luong ist die Stadt Krakor 32 km östlich von Pursat. Von Krakor bis zur Bootsanlegestelle, wo die Touren beginnen, sind es 1,5 bis 6 km (je nach Jahreszeit). Ein *moto/remork* von Pursat kostet rund 10/20 US$ (Preis für Hin- & Rückfahrt). Von Phnom Penh kann man jeden Bus in Richtung Pursat oder Battambang nehmen.

ten, Tiger, Hirsche und ein Vogelgehege. Alle Tiere stammen aus den Händen von Wilderern und verantwortungslosen Besitzern und erhalten im Rahmen eines nachhaltigen Aufzuchtprogramms Pflege und Schutz.

6,5 km südlich der Abzweigung zum Tonlé Bati biegt die Zugangsstraße nach Phnom Tamao rechts vom NH2 ab; die Stelle ist deutlich ausgeschildert. Wer mit dem Bus anreist, bittet den Fahrer, an der Abzweigung zu halten; mit einem dort wartenden *moto* kann man die restlichen 5 km zum Tierschutzgebiet zurücklegen.

SIEM REAP & DIE TEMPEL VON ANGKOR

☎ 063 / 175 000 EW.

Siem Reap ist die Lebensader der Tempel von Angkor, des achten Weltwunders. Ende der 1960er-Jahre versank die Stadt in einen Dornröschenschlaf, aus dem sie vor ein paar Jahren ruckartig erwachte. Heute gehört sie zu den Hotspots der Region und wartet mit jeder Menge Bars, Restaurants, Geschäften sowie Spas auf.

Die Tempel von Angkor sind die ultimative Verbindung aus kreativem Ehrgeiz und spiritueller Hingabe. Für die Khmer sind sie zudem eine Quelle der Inspiration und des tiefen Stolzes. Kein Kambodscha-Urlauber wird sich ihre außergewöhnliche Schönheit und ehrfurchteinflößende Pracht entgehen lassen. Angkor gehört zu den weltweit eindrucksvollsten Stätten des Altertums und vereint die epischen Proportionen der Chinesischen Mauer, den kunstvollen Detailreichtum des Tadsch Mahal und die symbolische Symmetrie der ägyptischen Pyramiden.

Für den Besuch der Tempel sollte man sich ausreichend Zeit nehmen. Siem Reap eignet sich wunderbar, um einen Ausflug dorthin zu planen.

ℹ Unterwegs vor Ort

Es gibt unzählige Möglichkeiten zur Erkundung Angkors. Zwischen den Tempeln erstrecken sich flache gepflegte Wege, die sich hervorragend zum Radfahren eignen (unbedingt genügend Trinkwasser mitnehmen!).

Ebenso umweltfreundlich ist eine Entdeckungstour zu Fuß. Natürlich muss man mit einigen Einschränkungen rechnen, aber eine Wanderung entlang der Mauern von Angkor Thom sowie der Hin- und Rückweg zum Angkor Wat sind problemlos machbar. Nicht vergessen, eine Eintrittskarte zu kaufen!

Rund um die Anlage ist die Fortbewegung per *moto* am günstigsten (ca. 10 US$ pro Tag, eher für abgelegene Ziele). Die Fahrer stürzen sich auf die Touristen, sobald diese in Siem Reap eintreffen, entpuppen sich jedoch meist als freundlich und sachkundig. Darüber hinaus vermitteln viele Pensionen empfehlenswerte Guides.

Ein *remork* (ca. 15 US$ pro Tag, eher für abgelegene Ziele) kommt etwas langsamer voran als ein *moto*, schützt einen jedoch vor Regen und Sonne.

Noch mehr Schutz bieten Autos, auch wenn in diesen die Bilder, Geräusche und Gerüche weniger eindrucksvoll sind. Ein Mietwagen in Siem Reap kostet rund 30 US$ für eine Tagesfahrt durch Angkor, 50 US$ nach Kbal Spean und Banteay Srei, 70 US$ nach Beng Mealea und 90 US$ nach Koh Ker.

Siem Reap សៀមរាប

Siem Reap hat sich als Epizentrum des modernen Kambodscha neu entdeckt. Mittlerweile gibt's hier erstklassige Bars, Restaurants und Spas sowie mehr Pensionen und Hotels als Tempel.

In seinem Herzen bleibt Siem Reap aber eine charmante Stadt mit ländlichem Flair. Alte französische Geschäftshäuser, schattige, von Bäumen gesäumte Alleen und ein gewundener Fluss sind attraktive Überbleibsel der Vergangenheit, während Fünfsternehotels, klimatisierte Busse und internationale Restaurants die glamouröse Zukunft repräsentieren.

Sehenswertes

★ Nationalmuseum Angkor MUSEUM
(សារមន្ទីរអង្គរ; Karte S. 266; ☎ 063-966601; www.angkornationalmuseum.com; 968 Charles de Gaulle Blvd; Erw./Kind unter 1,2 m 12/6 US$; ⌚ 8.30–18, 1. Okt.–30. April bis 18.30 Uhr) An der Straße nach Angkor erhebt sich unübersehbar dieses Bauwerk, ein modernes Vorzeigemuseum zur Zivilisation der Khmer und der Pracht Angkors. Die Exponate in den beeindruckenden Galerien sind nach Epoche, Religion und Königtum sortiert. Nach einer kurzen Präsentation betreten die Besucher die „Galerie der tausend Buddhas" mit einer tollen Sammlung von Bildnissen und einem sehr entspannten Zen-Flair. Mit Ausstellungen zu Funan und Chenla wird auch die Zeit vor Angkor behandelt, außerdem die großen Khmer-Könige, Angkor Wat, Angkor Thom und die Inschriften.

Artisans Angkor – Les Chantiers Écoles KUNSTZENTRUM
(អាទីសង់អង្គរ; Karte S. 266; www.artisansdangkor.com; ⌚ 7.30–18.30 Uhr) GRATIS Siem Reap steht im Zentrum der Bemühungen, die traditionelle kambodschanische Kultur wieder neu zu beleben, die durch die Roten Khmer und die Jahre der Instabilität nach deren Herrschaft schwer getroffen wurde. Les Chantiers Écoles ist eine Schule, die benachteiligte Jugendliche in der Herstellung von Lack-, Holz- und Steinarbeiten sowie in traditioneller Seidenmalerei und anderen Handwerkskünsten unterrichtet. Im Rahmen kostenloser Führungen (tgl. 7.30–18.30 Uhr) werden die traditionellen Techniken erklärt. Die Schule befindet sich an einer Seitenstraße und ist auf der Sivatha Street gut sichtbar ausgeschildert.

Kambodschanisches Landminenmuseum MUSEUM
សារមន្ទីរគ្រាប់មីនកម្ពុជា និងមូលនិធិសង្គ្រោះ; ☎ 012 598951; www.cambodialandminemuseum.org; Spende 3 US$; ⌚ 7.30–17 Uhr) Der Selfmade-Minenräumer Aki Ra hat dieses Museum 25 km von Siem Reap (nahe Banteay Srei) auf die Beine gestellt, einen echten Augenöffner, der sich dem Fluch der Landminen widmet, die in Kambodscha verstreut liegen. Ausgestellt sind Minen, Mörser und Waffen und auf dem nachgemachten Minenfeld können die Besucher versuchen, (entschärfte) Minen zu lokalisieren. Die Erlöse kommen Anti-Minen-Kampagnen zugute.

Schmetterlingszentrum Banteay Srei TIERSCHUTZGEBIET
(សួនមេអំបៅបន្ទាយស្រី; ☎ 097 8527852; www.angkorbutterfly.com; Erw./Kind 4/2 US$; ⌚ 9–17 Uhr) In dem größten Indoor-Schmetterlingszentrum Südostasiens gibt's über 30 kambodschanische Arten. Ein netter Programmpunkt für Kinder mit Lerneffekt, da der gesamte Lebenszyklus der Insekten vom Ei über Raupe und Verpuppung bis zum fertigen Schmetterling nachverfolgt werden kann.

Cambolac KUNSTZENTRUM
(ខេមបូឡាក់; Karte S. 266; ☎ 097 843 1790; cambolac.com; ⌚ Mo–Sa 8–11.30 & 13–17 Uhr) GRATIS Kambodscha blickt auf eine lange Tradition in der Herstellung von bildschönen Lackarbeiten zurück. Leider sind manche Fertigkeiten durch die Jahre der politischen und gesellschaftlichen Unruhen in Vergessenheit geraten. Cambolac ist ein soziales Unternehmen, das die kambodschanische Lackkunst wiederbeleben und eine neue, moderne Handwerksszene schaffen möchte. Bei einem Rundgang durch die Werkstatt lernt man mehr darüber, wie viel Perfektionismus vonnöten ist, um die kleinen Kunstwerke zu fertigen. Die meisten Guides sind schwerhörig oder taub, sodass man sich mit Händen und Füßen verständigen muss. Vielleicht wird man sogar ein bisschen Zeichensprache lernen.

Siem Reap

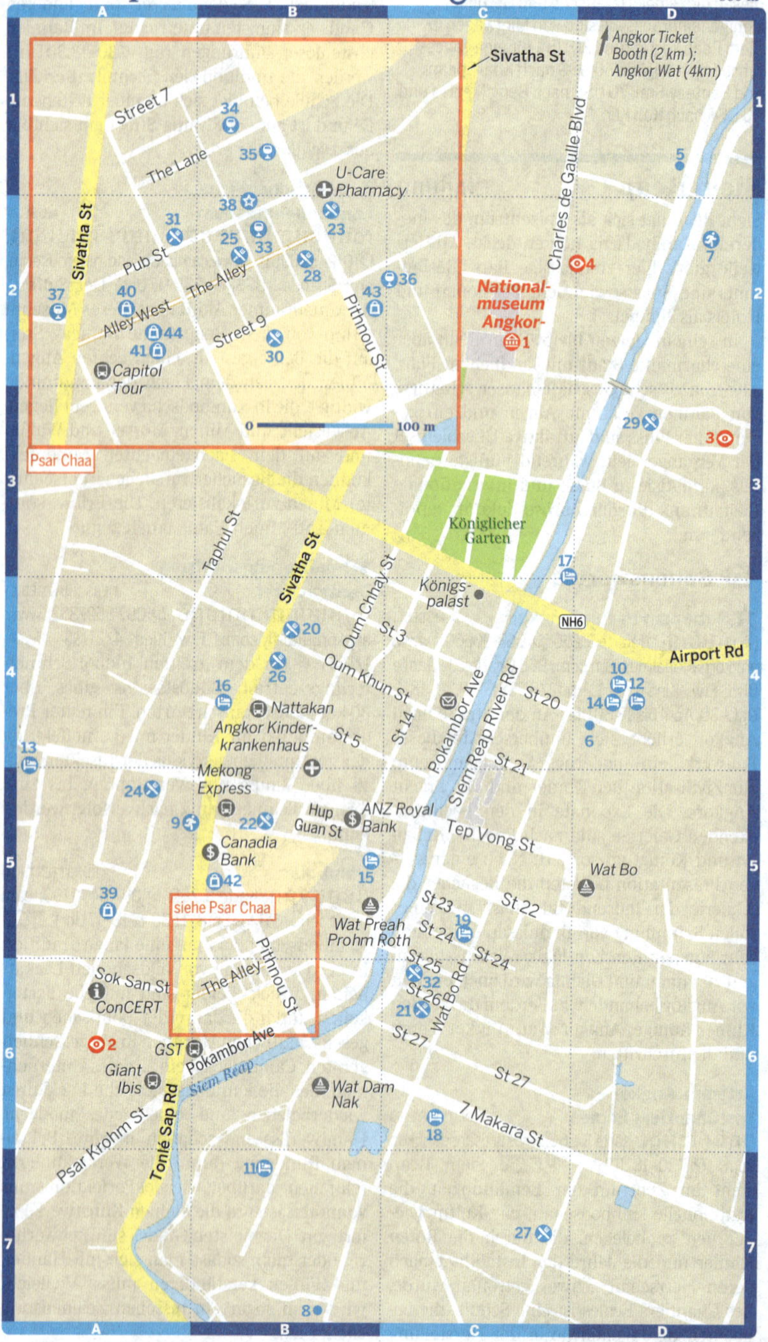
0
500 m
A
B
C
D
1
2
3
4
5
6
7
Sivatha St
Angkor Ticket Booth (2 km); Angkor Wat (4km)
Street 7
The Lane
U-Care Pharmacy
Pub St
The Alley
Alley West
Street 9
Pithnou St
Capitol Tour
0
100 m
Psar Chaa
Charles de Gaulle Blvd
National-museum Angkor-
Königlicher Garten
Königs-palast
NH6
Airport Rd
Taphul St
Sivatha St
Oum Chhay St
St 3
Oum Khun St
St 20
St 14
St 5
Pokambor Ave
Siem Reap River Rd
St 21
Nattakan
Angkor Kinder-krankenhaus
Mekong Express
Hup Guan St
ANZ Royal Bank
Tep Vong St
Canadia Bank
Wat Bo
St 22
St 23
St 24
St 24
siehe Psar Chaa
Wat Preah Prohm Roth
St 25
St 26
Wat Bo Rd
St 27
St 27
Sok San St
ConCERT
The Alley
Pithnou St
GST
Pokambor Ave
Giant Ibis
Siem Reap
Tonlé Sap Rd
Psar Krohm St
Wat Dam Nak
7 Makara St

Siem Reap

Highlight
1 Nationalmuseum Ankgor C2

Sehenswertes
2 Artisans Angkor – Les Chantiers Écoles A6
3 Cambolac D3
4 Khmer Ceramics Centre D2

Aktivitäten, Kurse & Touren
5 Cooks in Tuk Tuks D1
6 KKO (Khmer for Khmer Organisation) Bike Tours D4
Le Tigre de Papier .... (siehe 33)
7 Peace Café Yoga D2
8 Quad Adventure Cambodia B7
9 Seeing Hands Massage 4 .... A5

Schlafen
10 Babel Guesthouse D4
11 Downtown Siem Reap Hostel B7
12 European Guesthouse D4
13 Funky Flashpacker A4
14 Happy Guesthouse D4
15 Ivy Guesthouse 2 .... B5
16 Mad Monkey B4
17 Rosy Guesthouse C3
18 Siem Reap Hostel C6
19 Soria Moria Hotel C5

Essen
20 Angkor-Markt B4
21 Banllé Vegetarian Restaurant C6
22 Blossom Café B5
23 Blue Pumpkin B2
24 Bugs Café A5
25 Cambodian BBQ B2
26 Curry Walla B4
27 Haven C7
28 Khmer Kitchen Restaurant B2
Le Tigre de Papier .... (siehe 33)
29 Marum D3
30 Psar Chaa B2
31 Red Piano A2
32 Temple Coffee & Bakery C6

Ausgehen & Nachtleben
33 Angkor What? B2
34 Asana B1
35 Charlie's B1
36 Laundry Bar C2
37 X Bar A2

Unterhaltung
38 Temple Club B2

Shoppen
39 Angkor-Nachtmarkt A5
Artisans Angkor .... (siehe 2)
40 Bambou Indochine A2
41 Blue Apsara A2
42 Rajana B5
43 Senteurs d'Angkor B2
44 Smateria A2

Khmer Ceramics Centre KUNSTZENTRUM
(មជ្ឈមណ្ឌលស្អាតខ្មែរ; Karte S. 266; ☎017 843014; www.khmerceramics.com; Charles de Gaulle Blvd; ⏲8–19.30 Uhr) An der Straße zu den Tempeln liegt dieses Keramikzentrum, das sich der Wiederbelebung der traditionellen Khmer-Töpferei widmet, die zu den Zeiten Angkors eine anspruchsvolle Kunst war. Bei einem Besuch kann man selbst töpfern und an Kursen in traditionellen Töpfertechniken teilnehmen (Formen und Bemalen; 20 US$).

Wat Thmei BUDDHISTISCHER TEMPEL
(វត្តថ្មី; Karte S. 268 f.; ⏲6–18 Uhr) Der bemerkenswerte Stupa des Wat Thmei beherbergt die Schädel und Knochen von Opfern der Roten Khmer. Hier leben auch viele junge Mönche, die sich freuen, ihre Englischkenntnisse zu nutzen.

Aktivitäten

Fußmassagen sind in Siem Reap ein echter Verkaufsschlager, was angesichts der vielen steilen Tempelaufgänge nicht verwundert. An der Straße, die nordwestlich des Psar Chaa verläuft, gibt's etwa sechs oder mehr Anbieter, die Massagen für 6 bis 8 US$ die Stunde offerieren. Die Qualität variiert, deshalb sollte man sich ein wenig umschauen, bevor man sich für ein Angebot entscheidet.

Fußbehandlungen der anderen Art gibt's in den **Fisch-Spas**. In einem Wasserbassin säubern einen Putzerlippfische von toten Hautschuppen – für die einen der Himmel auf Erden, für Kitzlige eher die Hölle. Mittlerweile findet man Filialen in der ganzen Stadt, u. a. entlang der Pub Street.

Krousar Thmey MASSAGE
(គ្រួសារថ្មី; Karte S. 268; www.krousar-thmey.org; Charles de Gaulle Blvd; Massage 7 US$) Hier wird man von blinden Masseurinnen und Masseuren durchgeknetet. Das Massagestudio beherbergt die kostenlose Tonlé-Sap-Ausstellung mit einem interaktiven Bereich („Seeing in the Dark"), in dem man einen Eindruck davon bekommt, wie es ist, nicht sehen zu können. Man wird von einem blinden Guide begleitet.

Die Tempel von Angkor

0
5 km
E
F
G
H
Banteay Srei (19 km);
Kbal Spean (37 km)
PREAH KHAN
9
Dykes
Ta Som
Phnom Bok
1
Phnom Kulen (43 km);
Koh Ker (110 km)
Thommanon
Ta Nei
15
Östlicher Baray
Spean Thmor
Chau Say Tevoda
Östlicher Mebon
Roluos
Ta Keo
Banteay Samré
Pre Rup
3 Ta Prohm
2
TA PROHM
5
Prasat Kravan
Siem Reap
3
4
Roluos
ROLUOS TEMPLES
Baray
Phnom Penh Sorya
NH6
Lolei
5
Beng Mealea (46 km)
14
4
Dyke
ROLUOS TOWN
6
7

Die Tempel von Angkor

Highlights
1 Angkor Wat ... D3
2 Bayon ... D2
3 Ta Prohm ... E2

Sehenswertes
4 Bakong ... H6
5 Banteay Kdei & Sra Srang ... E2
6 Baphuon ... D2
7 Phnom Bakheng ... D2
8 Preah Khan ... D1
9 Preah Neak Poan ... E1
10 Senteurs d'Angkor Botanic Garden ... C4
11 Elefantenterrasse ... D2
12 Terrasse des Leprakönigs ... D1
13 Wat Thmei ... D4

Aktivitäten, Kurse & Touren
14 Angkor Wat Putt ... E5
15 Flight of the Gibbon Angkor ... E1
16 Happy Ranch ... C5
17 Krousar Thmey ... D4

Unterhaltung
18 Beatocello ... D4
19 Phare the Cambodian Circus ... C5

Peace Cafe Yoga YOGA
(Karte S. 266; ☎063-965210; www.peacecafeangkor.org; Siem Reap River Rd; 6 US$ pro Einheit) Beliebtes Gemeindezentrum mit Café, das täglich um 8.30 und 18.30 Uhr Yoga-Sessions veranstaltet, darunter auch Kurse in Ashtanga und Hatha.

Seeing Hands Massage 4 MASSAGE
(Karte S. 266; ☎012 836487; 324 Sivatha St; Ventilator/Klimaanlage 5/7 US$ pro Std.) Bildet Sehbehinderte in der Kunst der Massage aus. Vorsicht vor Trittbrettfahrern, die Sehbehinderte ausnutzen!

Angkor Wat Putt MINIGOLF
(Karte S. 268 f.; ☎012 302330; www.angkorwatputt.com; Erw./Kind 5/4 US$; 7.30–22 Uhr) Der kambodschanische Minigolfplatz (die Briten sagen „Crazy Golf") steht im Kontrast zu den großen Golfplätzen außerhalb der Stadt. Man spielt 14 Löcher und navigiert dabei um Minitempel und andere kreative Hindernisse herum. Wer den Ball mit einem Schlag einputtet, gewinnt ein Bier!

★ **Flight of the Gibbon Angkor** ZIPLINE
(Karte S. 268 f.; ☎096 9999101; www.treetopasia.com; nahe dem Tempel Ta Nei, Angkor; 109 US$ pro Pers.; 7–17 Uhr) Angkor ist die wohl spektakulärste Kulisse für einen Zipline-Parcours – wobei man die Tempel nicht sehen kann, während man durch die Luft saust. Flight of the Gibbon Angkor befindet sich aber innerhalb des Schutzgebiets von Angkor. Der Parcours besteht aus zehn Seilrutschen, 21 Plattformen in den Baumwipfeln und vier Brücken und zuletzt muss man sich abseilen, um wieder auf den Boden zu kommen. Nach der Hälfte der Tour gibt's eine Pause mit Getränken bei großartigem Panorama. Ein Highlight ist das Tandemseil für Pärchen.

Happy Ranch REITEN
(Karte S. 268 f.; ☎012 920002; www.thehappyranch.com; 1 Std./halber Tag 28/59 US$) Reiten nicht wie im Wilden Westen, sondern Osten. Auf der Happy Ranch besteht die Möglichkeit, Siem Reap vom Pferderücken aus zu entdecken, fernab von Hektik, Verkehr und Menschenmassen, und auch die umliegenden Dörfer sowie entlegene Tempel zu besichtigen.

Kurse

Cooks in Tuk Tuks KOCHKURSE
(Karte S. 266; ☎063-963400; www.therivergarden.info; River Rd West; 25 US$ pro Pers.) Die professionellen Kurse starten täglich um 10 Uhr mit einem Besuch des Psar-Leu-Markts. Anschließend geht's zum Kochen ins Hotel River Garden.

Le Tigre de Papier KOCHKURSE
(Karte S. 266; ☎012 265811; www.angkor-cooking-class-cambodia.com; Pub St; 14 US$ pro Pers.) Hier werden täglich um 10 und 13 Uhr Kochkurse inkl. Marktbesuch auf Englisch abgehalten, um 17 Uhr gibt's die Anleitungen auf Französisch.

Geführte Touren

KKO (Khmer for Khmer Organisation) Bike Tours RADTOUREN
(Karte S. 266; ☎093 903024; www.kko-cambodia.org; Ecke St 20 & Wat Bo Rd; geführte Radtouren 35–50 US$) Radeln auf den Wegen von Angkor oder auf dem Lande, jenseits des westlichen Baray, für einen guten Zweck: Die Einnahmen fließen in die Kasse der Organisation „Khmer for Khmer", die schulische und berufliche Ausbildungen fördert.

Quad Adventure Cambodia QUAD-TOUREN
(Karte S. 266; ☎092 787216; www.quad-adventure-cambodia.com; Quad-Tour bei Sonnenuntergang 30 US$, ganzer Tag 170 US$) Siem Reaps Anbieter Nummer eins für Quad-Bike-Touren. Es

geht z.B. bei Sonnenuntergang in die Reisfelder, zu hübschen Tempeln und auf Nebenstraßen durch traditionelle Dörfer.

Schlafen

Übernachtungsmöglichkeiten gibt's überall in Siem Reap, wobei sich die Budgetunterkünfte auf drei Orte konzentrieren: die Gegend um den Psar Chaa, das Gebiet westlich der Sivatha Street und nördlich des Wat Bo am östlichen Flussufer. Das Psar-Chaa-Viertel ist der lebhafteste Stadtteil und voller Restaurants, Bars und Boutiquen. Hier zu übernachten kann viel Spaß machen, aber es ist nicht gerade die ruhigste Ecke.

Westlich der Sivatha Street haben sich einige gute Budgetpensionen und Boutique-Hotels der mittleren Preisklasse angesiedelt und in der kleinen Nebenstraße, die parallel zum Nordende der Wat Bo Road verläuft, findet man noch mehr tolle Pensionen, in denen Gäste ohne Reservierung spontan auf Zimmerjagd gehen können.

Viele Unterkünfte bieten einen kostenlosen Abholservice ab dem Flughafen, Hafen oder Busbahnhof; einfach vorher per E-Mail oder Telefon Bescheid geben. Es gibt viele Provisionsbetrügereien in Siem Reap, also Augen offen halten!

★ Ivy Guesthouse 2 PENSION $

(Karte S. 266; ☎ 012 800860; www.ivy-guesthouse.com; Psar Kandal St; Zi. 6–15 US$; ❄ @ 📶) Im einladenden Ivy geht's sehr lebhaft zu. Es verfügt über einen Entspannungsbereich und eine Bar. Das Restaurant ist besser als die der anderen Gästehäuser und bietet neben einer großen Auswahl an vegetarischen Gerichten den „Tapas-Freitag" (1 US$).

Downtown Siem Reap Hostel HOSTEL $

(Karte S. 266; ☎ 012 675881; www.downtownsiemreaphostel.hostel.com; Wat-Dam-Nak-Viertel; B 6–8 US$, Zi. 12–18 US$; ❄ 📶 🏊) Angesichts des kleinen Pools im Garten bietet das Hostel besonders attraktive Preise. Nichtgäste dürfen ihn ebenfalls nutzen, wenn sie für mindestens 6 US$ essen oder trinken. Die teureren Schlafsäle und Zimmer sind klimatisiert.

Mad Monkey HOSTEL $

(Karte S. 266; www.madmonkeyhostels.com; Sivatha St; B 7–9 US$, Zi. 16–26 US$; ❄ @ 📶) Ein Ableger der expandierenden Monkey-Kette. Das klassische Backpackerhostel hat mehrere Schlafsäle, Zimmer mit gutem Preis-Leistungs-Verhältnis und Privatsphäre sowie die obligatorische Dachbar – nur dass diese auch noch eine Strandbar ist!

Funky Flashpacker HOSTEL $

(Karte S. 266; ☎ 070 221524; www.funkyflashpacker.com; Funky Lane; B 7 US$, Zi. 16–35 US$; ❄ @ 📶 🏊) Tolles Edelhostel mit speziellem Flair – allerdings nichts für Reisende, die sich vom Feiern erholen wollen, denn hier ist immer einiges los. In dem Swimmingpool im Hof liefern sich die Gäste z. B. regelmäßig Wasserballschlachten.

Babel Guesthouse PENSION $

(Karte S. 266; ☎ 063-965474; babel-siemreap.com; 738 Wat Bo Village; Zi. inkl. Frühstück 18–33 US$; ❄ @ 📶) 🍃 Gehobene Pension in einem idyllischen tropischen Garten. Service und Erscheinungsbild sind besser als bei den Budgetunterkünften in der Nähe, außerdem ist das Frühstück im Preis inbegriffen. Die norwegischen Besitzer sind Verfechter des nachhaltigen Tourismus.

Happy Guesthouse PENSION $

(Karte S. 266; ☎ 063-963815; www.happyangkorguesthouse.com; 134 Wat Bo Village; Zi. 7–14 US$; ❄ @ 📶) Diese Unterkunft macht glücklich, vor allem dank der herzlichen Besitzer, die sehr gut Englisch und *un peu de Français* sprechen. Günstige Preise für Privatzimmer – anderswo gibt's für das Geld gerade mal ein Bett im Schlafsaal – und kostenloses Internet.

European Guesthouse PENSION $

(Karte S. 266; ☎ 012 582237; www.european-guesthouse.com; 566 Wat Bo Village; B 7 US$, Zi. 22 US$; ❄ @ 📶 🏊) 🍃 Hübsch aufgemachte Zimmer, freundliches Personal und neuerdings sogar ein Swimmingpool. Die Pension gehört zu einem Netzwerk lokaler NROs (Childsafe und ConCERT) und unterstützt verschiedene Projekte (z. B. White Bicycles).

VERANTWORTUNGSVOLLES REISEN IN SIEM REAP

Viele Besucher möchten die Gemeinden unterstützen, die sie auf ihrer Erkundungstour durch die Tempel und das Umland kennenlernen. Die in Siem Reap ansässige Organisation **ConCERT** (Karte S. 266; ☎ 063-963511; www.concertcambodia.org; 560 Phum Stoueng Thmey; ⏰ Mo–Fr 9–17 Uhr) hat es sich zum Ziel gesetzt, Touristen gemeinnützige Projekte in und um Siem Reap und Angkor nahezubringen. Sie bietet umfangreiche Infos von Ökotourismusprojekten bis zur Freiwilligenarbeit.

Die Tempel von Angkor

DREI-TAGES-TOUR

Diese Stätte ist schlichtweg gigantisch, kein Superlativ wird ihr gerecht. Sie beherbergt das größte religiöse Bauwerk der Welt, eine Vielzahl von Tempeln und eine riesige verlassene Stadt, wahrscheinlich die erste Metropole Südostasiens.

Zuerst besichtigt man die Roluos-Gruppe, eine der ältesten Hauptstädte des Angkor-Reichs, ehe man zum großen Rundweg aufbricht, der am buddhistisch-hinduistischen Tempel **Preah Khan** (1) und am reich verzierten Wassertempel **Preah Neak Poan** (2) vorbeiführt.

Am zweiten Tag steht der kleine Rundweg auf dem Programm. Einen stimmungsvollen Auftakt bildet früh am Morgen der **Ta Prohm** (3), dann geht's zur Tempelpyramide Ta Keo, zum buddhistischen Kloster Banteay Kdei und zum königlichen Badesee **Sra Srang** (4).

Anschließend bietet sich die Besichtigung des Banteay Srei, Kronjuwel angkorianischer Kunst, und des einsamen Dschungeltempels Beng Mealea an.

Das Beste hebt man sich bis zum Schluss auf und genießt den traumhaften Sonnenaufgang bei einem Frühstück am **Angkor Wat** (5). Jetzt kann man die herrliche Architektur bewundern, ohne von Besuchermassen belästigt zu werden. Am Nachmittag macht man noch einen Streifzug durch den großen Komplex von **Angkor Thom** (6), der u. a. den rätselhaften **Bayon** (7) umfasst.

Drei Tage Angkor? Das ist natürlich nur der Anfang.

TOP-TIPPS

» **Menschenmassen meiden** Um Andrang zu vermeiden, besucht man am besten Ta Prohm am frühen Morgen, Angkor Wat nach dem Sonnenaufgang und zur Mittagszeit Banteay Srei.

» **In aller Ruhe entdecken** Drei-Tages-Pässe können auch an drei beliebigen Tagen innerhalb einer Woche genutzt werden – beim Kauf danach fragen.

MICK ELMORE / GETTY IMAGES ©

Bayon
Am surrealen Staatstempel des legendären Herrschers Jayavarman VII. beobachten 216 Gesichter die Pilger und strahlen religiöse sowie königliche Autorität aus.

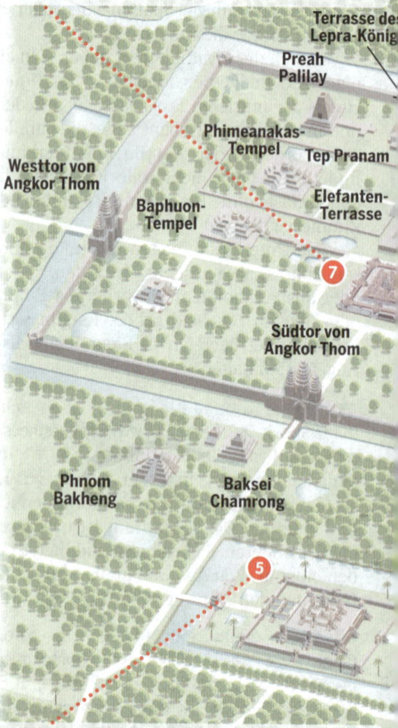

Angkor Wat
Das größte religiöse Bauwerk der Welt. Zuerst bewundert man den Sonnenaufgang an der heiligsten aller Stätten, danach die Flachreliefs.

JOHN BANAGAN / GETTY IMAGES ©

Angkor Thom
Einst war die letzte große Hauptstadt des Khmer-Königreichs mit zahllosen Tempeln und überwältigenden Dimensionen gleichermaßen inspirierend und furchteinflößend

ANDERS BLOMQVIST / GETTY IMAGES ©

Preah Khan
Die gewaltigen Korridore des Buddha, Brahma, Shiva und Vishnu geweihten Tempels erinnern an einen endlosen Spiegelpalast.

ANDERS BLOMQVIST / GETTY IMAGES ©

Preah Neak Poan
Würde man in Las Vegas ein Angkor-Kasino bauen, stünde sicher Neak Poan Pate für den Pool: ein Turm in einem Teich, umgeben von vier kleineren Becken.

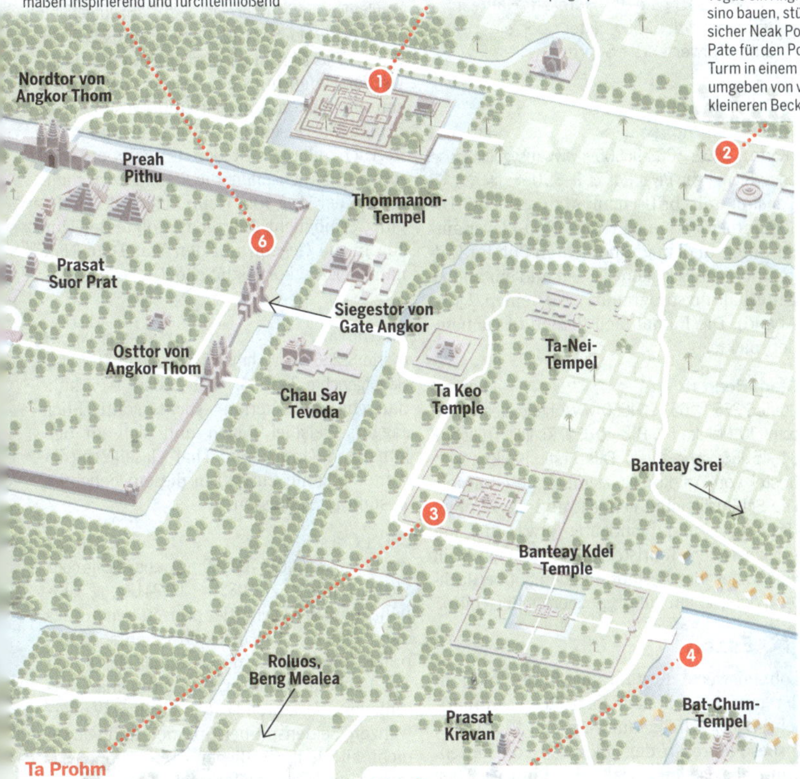

Ta Prohm
Genannt Tomb-Raider-Tempel, aber Indiana-Jones-Tempel würde auch gut passen. Überall wuchert Natur und Baumwurzeln umklammern die Steine.

ANDERS BLOMQVIST / GETTY IMAGES ©

Sra Srang
Bei Sonnenauf- oder Sonnenuntergang ist der frühere königliche Badesee – der Inbegriff aller Swimmingpools – besonders schön.

ARIADNE VAN ZANDBERGEN / GETTY IMAGES ©

VERWÖHNPROGRAMM

Ein Boutique-Hotel mit Herz. Das **Soria Moria Hotel** (Karte S. 266; 063-964768; www.thesoriamoria.com; Wat Bo Rd; Zi. 39–63 US$;) unterstützt Gemeindeprojekte. Es hat attraktive Zimmer mit schicken Badarmaturen. Unten ist ein Restaurant für Fusionsküche untergebracht, oben steht ein Freiluft-Hot-Tub und der Swimmingpool ist neu. 2011 ging das Hotel zur Hälfte in den Besitz der Mitarbeiter über, ein zukunftsweisender Schritt.

Rosy Guesthouse PENSION $
(Karte S. 266; 063-965059; www.rosyguesthouse.com; Siem Reap River Rd; Zi. 9–35 US$;) Pension mit britischem Management. Die 13 Zimmer sind mit TV und DVD-Player ausgestattet. In dem gut besuchten Pub im Erdgeschoss gibt's leckeres Essen und ein buntes Unterhaltungsprogramm (z. B. einen Quiz-Abend). Die Einnahmen fließen in Gemeindeprojekte.

Siem Reap Hostel HOSTEL $
(Karte S. 266; 063-964660; www.thesiemreaphostel.com; 10 Makara St; B 8–10 US$, Zi. inkl. Frühstück 34–45 US$;) Das erste Backpackerhostel von Angkor ist ziemlich geschniegelt. Die Schlafsäle sind gepflegt und die Zimmer (Frühstück inkl.) eindeutig etwas für anspruchsvollere Touristen. Außerdem gibt's ein lebendiges Bar-Restaurant, einen überdachten Pool und ein gut organisiertes Reisebüro.

Essen

Lohnenswerte Restaurants findet man in der ganzen Stadt, doch Siem Reaps kulinarisches Herz schlägt rund um den Psar Chaa, insbesondere an der Alley, die von netten, atmosphärischen Lokalen gesäumt ist. Hier gibt's zahlreiche gute kambodschanische Adressen, viele davon Familienbetriebe.

Günstige Gerichte bekommt man in den **kleinen Imbissen** (Karte S. 266; Hauptgerichte 1,50–4 US$; 7–21 Uhr) beim Psar Chaa. Selbstversorger können sich auf Märkten mit Obst und Gemüse eindecken. Der **Angkor Market** (Karte S. 266; Sivatha St), ein Supermarkt, verkauft auch importierte Produkte.

★ **Marum** INTERNATIONAL $
(Karte S. 266; www.marum-restaurant.org; Wat-Polanka-Viertel; Hauptgerichte 3,25–6,75 US$; Mo–Sa 11–22 Uhr;) In einem hübschen Holzhaus mit großem Garten werden viele vegetarische Gerichte und Meeresfrüchte zubereitet. Hinterher gibt's göttliche Desserts. Highlights sind die frittierten roten Baumameisen und Fleischbällchen mit Ingwer und Basilikum. Das Restaurant gehört zu den Ausbildungslokalen der Tree Alliance Gruppe und ist ein absolutes Muss.

★ **Haven** FUSIONSKÜCHE $
(Karte S. 266; 078 342404; www.haven-cambodia.com; Chocolate Rd; Hauptgerichte 3–7 US$; Mo–Sa 11.30–14.30 & 17.30–21.30 Uhr;) Das Haven ist tatsächlich ein kulinarischer Hafen mit dem Besten, was das Zusammentreffen von Ost und West hervorbringt. Das Fischfilet mit grüner Mango ist herrlich pikant. Mit den Einnahmen wird jungen Erwachsenen, die keine Eltern mehr haben, der Weg vom Heim in eine Beschäftigung ermöglicht. Kürzlich erfolgte der Umzug in die Gegend um den Wat Dam Nak, nahe der Angkor High School.

Khmer Kitchen Restaurant KAMBODSCHANISCH $
(Karte S. 266; www.khmerkitchens.com; The Alley; Hauptgerichte 2–5 US$; 11–22 Uhr) Wer kulinarische „satisfaction" sucht, sollte Mick Jaggers Beispiel folgen und sich an den günstigen Khmer- und Thai-Klassikern (darunter pikante Currys) in diesem beliebten Restaurant satt essen.

Bugs Cafe INSEKTEN $
(Karte S. 266; 017 764560; www.bugs-cafe.com; Steung Thmei St; 2–8 US$; 17–24 Uhr;) Ernährungswissenschaftler preisen neuerdings die Vorteile des Insektenverzehrs, dabei praktizieren die Kambodschaner das schon seit Langem. Im Bugs Café kann man verschiedene Varianten kosten: Grillen, Wasserwanzen, Seidenspinner, Spinnen und wie sie nicht alle heißen. Bienen-Cremesuppe, Samosas mit Feta und Tarantel, Skorpione aus der Pfanne… diese Speisekarte vergisst man nicht so schnell.

Banllé Vegetarian Restaurant VEGETARISCH $
(Karte S. 266; 085 330160; www.banlle-vegetarian.com; St 26; 2–4 US$; 9–21.30 Uhr, Di geschl.;) Eine Top-Adresse für einen gesunden Snack! Das traditionelle Holzhaus hat einen eigenen Gemüsegarten (natürlich bio) und die Ernte landet in internationalen und lokaltypischen Gerichten wie Gemüse-*amok*. Zu trinken gibt's pikante Obst- und Gemüseshakes.

Blossom Cafe CAFÉ $
(Karte S. 266; www.blossomcakes.org; St 6; Cupcakes 1,50 US$; ⏲ Mo–Sa 10–17 Uhr; 📶) 🍃 In dem eleganten Café hat man die Zubereitung von Cupcakes zur Kunstform erhoben. Die bildschönen Kreationen gibt's in insgesamt 48 Geschmacksrichtungen (angeboten wird eine regelmäßig wechselnde Auswahl). Dazu kann man verschiedene Kaffee-, Tee- und Saftspezialitäten bestellen. Etwas Gutes tut man auch noch damit: Die Gelder werden für die Ausbildung kambodschanischer Frauen aufgewendet.

Blue Pumpkin CAFÉ $
(Karte S. 266; tbpumpkin.com; Pithnou St; Hauptgerichte 3–7 US$; ⏲ 6–22 Uhr) Hier hat die expandierende lokale Kette ihren Ursprung. Treppauf erwartet einen Minimalismus ganz in Weiß, mit Loungebetten und kostenlosem WLAN. Die Karte umfasst leichte Häppchen, tolle Sandwiches, sättigende Hauptgerichte und schlichtweg göttliche Shakes. Zum Nachtisch lockt hausgemachtes Eis in exotischen Geschmacksrichtungen.

Curry Walla INDISCH $
(Karte S. 266; Sivatha St; Hauptgerichte 2–5 US$; ⏲ 10.30–23 Uhr) Eine der besten Adressen in Siem Reap für gute preiswerte indische Gerichte. Die *thalis* (Menüs) sind ein Schnäppchen und in der Küche kommen geheime Gewürze vom Subkontinent zum Einsatz.

Red Piano ASIATISCH, INTERNATIONAL $$
(Karte S. 266; www.redpianocambodia.com; Pub St; Hauptgerichte 3–10 US$; 📶) Das Ambiente dieses restaurierten Kolonialschmuckstücks ist umwerfend: Auf dem großen Balkon kann man ganz entspannt das Treiben unterhalb beobachten. In der Küche wird eine verlässliche Auswahl an asiatischen und internationalen Gerichten zubereitet, die nicht die Welt kosten. Ein Cocktail ist nach Angelina Jolie benannt, die hier auch schon mal zu Gast war.

Cambodian BBQ GRILL $$
(Karte S. 266; www.restaurant-siemreap.com/html/cambodianbbq.php; The Alley; Hauptgerichte 5–9 US$; ⏲ 11–23 Uhr; 📶) Hier werden traditionelle Grillgerichte à la *phnom pleung* („Feuerhügel") mit Krokodil-, Schlangen-, Straußen- und Kängurufleisch aufgepeppt. In den umliegenden Straßen kopieren mittlerweile Dutzende von anderen Läden das Konzept dieses Lokals, u. a. mit ermäßigten Menüs.

Le Tigre de Papier INTERNATIONAL $$
(Karte S. 266; www.letigredepapier.com; Pub St; Hauptgerichte 2–9 US$; ⏲ 24 Std.; 📶✍) Einer

ABSTECHER

SCHWIMMENDE DÖRFER

Das berühmte schwimmende Dorf **Chong Kneas** ist problemlos auf eigene Faust zu erreichen. Das Dorf hat je nach Jahreszeit einen anderen Standort, und man muss ein Boot mieten, um es richtig besichtigen zu können. Leider bestimmen inzwischen große Reisegruppen das Bild, und Sou Ching, das Unternehmen, das die Touren anbietet, hat feste Bootspreise (absurde 15 US$ pro Person). **Tara Boat** (☎ 092 957765; www.taraboat.com; Mittag-/Abendessen 29/36 US$ pro Pers.) bietet All-inklusive-Touren an. Das kleine schwimmende **Gecko-Zentrum** (www.tsbr-ed.org; ⏲ 8.30–17.30 Uhr) zeigt eine Ausstellung zum bemerkenswerten Jahreszyklus des Tonlé Sap.

Eine Fahrt mit dem *moto* von Siem Reap nach Chong Kneas kostet pro Strecke 3 US$ (mit Wartezeit mehr) und mit einem Taxi 15 US$. Sie dauert 20 Minuten. Alternativ bewältigt man die 11 km lange, durch Dörfer und Reisfelder führende Route mit dem Rad, das man in Siem Reap mieten kann.

Noch eindrucksvoller als Chong Kneas, jedoch schwieriger zu erreichen, ist **Kompong Pluk**. Das einladende, auf hohen Stelzen erbaute Dorf scheint einer anderen Welt entsprungen zu sein. Während der Regenzeit kann man den nahe gelegenen überfluteten Wald im Kanu erkunden.

Wie in Chong Kneas gibt's Festpreise von 20 US$ (pro Pers.) für ein Boot, außerdem wird ein Eintrittspreis von 1 US$ fällig, aber möglicherweise kann man aushandeln, dass sich mehrere Traveller den Bootspreis teilen.

Hierher gelangt man mit dem Boot ab Chong Kneas (hin & zurück 55 US$, 1¼ Std.). Alternativ macht man sich zu einer 60- bis 90-minütigen Tour auf dem Land- und Wasserweg via Roluos auf.

der besten Allrounder von Siem Reap ist das beliebte Tigre. Dort kann man authentische Khmer-Küche, tolles italienisches Essen und eine Auswahl von Leibspeisen aus der ganzen Welt bestellen. Es blickt sowohl auf die Pub Street als auch auf die Alley. Letztere ist normalerweise sehr viel ruhiger.

Temple Coffee & Bakery INTERNATIONAL **$$**
(Karte S. 266; Siem Reap River Rd; 3–12 US$; ⏲ 7–23 Uhr) Der riesige, neueste und beste Laden der Temple-Gruppe ist Bäckerei, Restaurant und Cocktailbar in einem. Unten stehen alte Motorräder, es gibt leckere Kuchen, und die Dachbar trumpft mit einem Pool und Sitzsäcken auf. Beliebte Anlaufstelle junger Kambodschaner für ein romantisches Rendezvous.

Ausgehen & Nachtleben

Mittlerweile ist Siem Reap fester Bestandteil des südostasiatischen Nachtlebens. Fündig wird man rund um den Psar Chaa, zudem lädt die Pub Street zu Kneipentouren ein.

★ **Charlie's** BAR
(Karte S. 266; www.charliessiemreap.com; 98 Pithnou St; ⏲ 10–1 Uhr; 📶) Eine großartige amerikanische Bar mit billigen Drinks und geselligem Publikum. Sie ist ein Mittelding zwischen den kultivierteren Lokalen entlang der Gassen und dem allabendlichen Kneipenwahnsinn an der Pub Street. Man muss nicht unbedingt etwas essen, aber ein paar Kurze kippen, das ist Pflicht.

Laundry Bar BAR
(Karte S. 266; St 9; ⏲ 16 Uhr–open end; 📶) Dank der schummrigen Beleuchtung und dem anspruchsvollen Dekor ist dies eine der gechilltesten Bars der Stadt. Hier gibt's Elektronica und Ambient-Musik auf die Ohren, und an den Wochenenden, wenn Gast-DJs die Lautstärke bis zum Anschlag aufdrehen, tobt die Menge. Happy Hour bis 21 Uhr.

Angkor What? BAR
(Karte S. 266; Pub St; ⏲ 17 Uhr–open end; 📶) Siem Reaps Klassiker unter den Bars verspricht seit 1998 feuchtfröhliche Abende. Die Happy Hour (bis 20 Uhr) sorgt für richtig gute Stimmung und später tanzen alle zu Indieklängen neben, auf und unter den Tischen.

Asana BAR
(Karte S. 266; www.asana-cambodia.com; The Lane; ⏲ 11 Uhr–open end; 📶) Das Haus im traditionellen, ländlichen Stil hat eine tolle Atmosphäre und steht in einer Seitenstraße. Man sitzt auf mit *capok* gefüllten Reissäcken und schlürft klassische Cocktails mit aromatisiertem Reiswein. Für 15 US$ pro Person kann man die Zubereitung von Khmer-Cocktails mit Sombai-Likören erlernen. Auch bekannt als das „Holzhaus“.

X Bar BAR
(Karte S. 266; Sivatha St; ⏲ 16 Uhr–Sonnenaufgang; 📶) Eine der angesagtesten Ausgehadressen von Siem Reap lockt zur Geisterstunde massenweise Partyvolk an, wenn die anderen Kneipen ringsum zumachen. Außerdem: Filmvorführungen am frühen Abend auf großer Leinwand, Billardtische und sogar eine Skater-Halfpipe – vor der Nutzung lieber erst ins Röhrchen pusten.

Unterhaltung

Überall in der Stadt werden Tanzshows angeboten, deren Besuch sich allerdings nur selten lohnt.

★ **Phare the Cambodian Circus** ZIRKUS
(Karte S. 268 f.; ☎ 015 499480; www.pharecambodiancircus.org; westliches Ende der Sok San Rd; Erw./Kind 18/10 US$, Premiumsitze 35/18 US$; ⏲ tgl. 20 Uhr) Kambodschas Antwort auf den Cirque du Soleil ist kein gewöhnlicher Zirkus. Die darstellende Kunst steht zwar im Vordergrund, aber jede Produktion hat überdies eine subtile und dabei gewichtige soziale Botschaft. Die führende kambodschanische Vereinigung für Zirkus, Theater und darstellende Kunst, Phare Ponleu Selpak, nahm das Zirkuszelt 2013 in Betrieb. Seitdem finden allabendlich Vorführungen statt. Das Resultat ist eine einzigartige Form der Unterhaltung, die man sich auf keinen Fall entgehen lassen sollte.

Beatocello KLASSISCHE MUSIK
(Karte S. 268 f.; www.beatocello.com; Charles de Gaulle Blvd; ⏲ Do & Sa 19.15 Uhr) Beatocello, besser bekannt als Dr. Beat Richner, führt im Jayavarman-VII.-Kinderkrankenhaus Cello-Kompositionen auf. Der Eintritt ist frei, aber Spenden sind erwünscht, denn sie ermöglichen es dem Krankenhaus, Kinder kostenlos zu behandeln.

Temple Club TANZ
(Karte S. 266; Pub St; 📶) Allabendlich um 19.30 Uhr steigt im Obergeschoss eine kostenlose traditionelle Tanzshow; die Besucher müssen nur etwas von der sehr preisgünstigen Speisekarte bestellen.

Shoppen

Siem Reap wartet mit einer exzellenten Auswahl an kambodschanischem Kunsthandwerk auf. Auf dem gut sortierten Psar Chaa kann man mit geduldigem, humorvollem Verhandeln Schnäppchenpreise erzielen. Auf dem **Angkor-Nachtmarkt** (Karte S. 266; www.angkornightmarket.com; ⌚16–24 Uhr) werden jede Menge Seidenstoffe, Kunsthandwerk und ausgewählte Souvenirs feilgeboten. Die aufstrebende **Alley West** lädt zu einer Bummeltour durch Modeboutiquen mit sozialem Anspruch ein.

Mehrere Geschäfte unterstützen Kambodschas Arme und Hilfsbedürftige, darunter das exquisite **Artisans Angkor** (Karte S. 266; www.artisansdangkor.com; ⌚7.30–18.30 Uhr).

Smateria ACCESSOIRES
(Karte S. 266; www.smateria.com; Alley West; ⌚10–22 Uhr) Es lebe das Recycling! Hier werden abgefahren-coole Taschen aus Schutznetzen, Plastiktüten, Motorradsitzbezügen und vielem mehr hergestellt. Das Fair-Trade-Unternehmen beschäftigt einige Kambodschaner mit Behinderungen.

Rajana KUNST & KUNSTHANDWERK
(Karte S. 266; ☎063-964744; www.rajanacrafts.org; Sivatha St; ⌚Mo–Sa 9–21 Uhr) Verkauft originelle Holz- und Metallobjekte, hübsch designten Silberschmuck und handgemachte Karten und setzt sich für fairen Handel sowie die Schaffung von Arbeitsplätzen ein.

Bambou Indochine BEKLEIDUNG
(Karte S. 266; Alley West; ⌚10–22 Uhr) Von Indochina inspirierte Designerkleidung. Anspruchsvoller als die durchschnittlichen T-Shirt-Souvenirs.

Senteurs d'Angkor KUNSTHANDWERK
(Karte S. 266; ☎063-964860; Pithnou St; ⌚8.30–21.30 Uhr) Dieses Geschäft gegenüber vom Psar Chaa führt eine vielseitige Auswahl an Seide und Schnitzarbeiten sowie eine erstklassige Linie von traditionellen Beautyprodukten und Gewürzen. Alle Waren werden in der Region und unter Verwendung lokaler Inhaltsstoffe/Materialien gefertigt. So verhilft das Unternehmen armen, benachteiligten Kambodschanern aus ländlichen Regionen zu Arbeit und Ausbildung. Unbedingt sehenswert ist der dazugehörende **botanische Garten** (Karte S. 268 f.; Airport Rd; ⌚7.30–17.30 Uhr) an der Airport Road, ein wahres Fest für die Sinne. Besucher können aromatisierte Tees und Kaffeespezialitäten probieren.

Blue Apsara BÜCHER
(Karte S. 266; St 9; ⌚9–21 Uhr) Der älteste Second-Hand-Buchladen der Stadt führt viele Titel in englischer, französischer und deutscher Sprache.

Praktische Informationen

Den kostenlosen *Siem Reap Angkor Visitors Guide* (www.canbypublications.com) erhält man in Hotels, Restaurants und Bars. Ebenfalls nützlich sind *Dining & Drinking* und *Out & About* von Pocket Guide (www.cambodiapocketguide.com).

Geldautomaten gibt's am Flughafen sowie in Banken und Minimärkten in der gesamten Innenstadt, insbesondere entlang der Sivatha Street. Die meisten Internetcafés befinden sich in der Sivatha Street und rund um den Psar Chaa. Viele Cafés, Restaurants und Bars sowie Pensionen und Hotels bieten kostenloses WLAN.

Angkor Hospital for Children (AHC; Karte S. 266; ☎063-963409; angkorhospital.org; Ecke Oum Chhay St & Tep Vong St; ⌚24 Std.) Kinderkrankenhaus mit internationalem Standard. Bei krankem Nachwuchs ist es eine gute Anlaufstelle. In Notfällen werden auch Erwachsene bis zu 24 Stunden betreut. Spenden willkommen.

ANZ Royal Bank (Karte S. 266; Achar Mean St) Gewährt Barvorschüsse (mit Kreditkarte) und wechselt fast alle Reiseschecks. Hat einige Filialen und zahlreiche Geldautomaten vor Ort (5 US$ pro Transaktion).

Canadia Bank (Karte S. 266; Sivatha St) Barvorschüsse mit Kreditkarte (Gebühr 4 US$). Außerdem werden fast alle Reiseschecks angenommen (2 % Kommission).

Hauptpost (Karte S. 266; Pokambor Ave; ⌚7–17.30 Uhr) Inzwischen ist der Service etwas zuverlässiger, aber es schadet nicht, wenn man beim Frankieren und Abstempeln der Post zusieht. EMS-Filiale für Eilsendungen vor Ort.

Royal Angkor International Hospital (Karte S. 268 f.; ☎063-761888; www.royalangkorhospital.com; Airport Rd) Das neue internationale Krankenhaus ist an das Bangkok Hospital angegliedert und sehr teuer.

Touristenpolizei (Karte S. 268 f.; ☎012 402424) Bei der zentralen Ticketverkaufsstelle für Angkor. Wenn man in Siem Reap in ernsthafte Schwierigkeiten gerät, ist dies die richtige Adresse, um eine Beschwerde loszuwerden.

U-Care Pharmacy (Karte S. 266; ☎063-965396; Pithnou St; ⌚8–22 Uhr) Gute Apotheke mit integriertem Laden im Stil von Boots in Thailand. Das Personal spricht Englisch.

An- & Weiterreise

BUS

Alle Busse fahren vom Busbahnhof 3 km östlich der Stadt und 200 m südlich des NH6 ab. Bei der Ankunft muss man sich auf eine Meute eifriger *moto*-Fahrer gefasst machen, die einen am Bus empfangen.

Fahrkarten gibt's in Pensionen, Hotels, Reisebüros sowie an Busschaltern und Ticketkiosks. Manche Busunternehmen holen ihre Fahrgäste mit Minibussen an der Unterkunft ab. Die meisten Verbindungen nach Phnom Penh bestehen zwischen 7 und 13 Uhr, aber es gibt auch ein paar Nachtbusse. Andere Ziele werden in der Regel am frühen Morgen angesteuert.

Tickets nach Phnom Penh entlang des NH6 kosten zwischen 5 US$ für einfache klimatisierte Busse und 15 US$ für die Business-Class-Busse von Giant Ibis.

Mehrere Veranstalter haben Direktverbindungen nach Kompong Cham (5 US$, 5–6 Std.), Battambang (5–8 US$, 3 Std.) und Poipet (5–8 S$, 3 Std.) im Programm. Es gibt keine Direktbusse nach Ho-Chi-Minh-Stadt, aber welche mit Umstieg in Phnom Penh.

Busunternehmen ab/bis Siem Reap:

Capitol Tour (Karte S. 266; ☎ 063-963883; www.capitoltourscambodia.com)

Giant Ibis (Karte S. 266; ☎ 023-999333; www.giantibis.com) Der smarteste Anbieter mit täglichen Verbindungen nach Phnom Penh (15 US$) und kostenlosem WLAN an Bord.

GST (Karte S. 266; ☎ 092 905016)

Mekong Express (Karte S. 266; ☎ 063-963662; https://catmekongexpress.com) Gehobenes Busunternehmen mit Personal und Getränkeservice.

Phnom Penh Sorya (Karte S. 268 f.; ☎ 012 235618; www.ppsoryatransport.com)

FLUGZEUG

Der schicke **Siem Reap International Airport** (Karte S. 268 f.; ☎ 063-761261; www.cambodia-airports.com) liegt 7 km westlich des Zentrums und bietet regelmäßige Flüge in die meisten benachbarten asiatischen Städte an, ebenso wie Inlandsverbindungen nach Phnom Penh und Sihanoukville.

SAMMELTAXI

Sammeltaxis halten am NH6 unmittelbar nördlich des Busbahnhofs. Zu ihren Zielen gehören Phnom Penh (10 US$, 5 Std.), Kompong Thom (5 US$, 2 Std.), Sisophon (5 US$, 2 Std.) und Poipet (7 US$, 2 Std.).

EINREISE NACH THAILAND: VON SIEM REAP NACH BANGKOK

Der älteste Grenzübergang (geöffnet von 7–20 Uhr) zwischen Kambodscha und Thailand ist bei Weitem der betriebsamste und der bei Reisen von Siem Reap nach Bangkok oder zurück am meisten genutzte. Er hat jedoch einen schlechten Ruf, denn hier kommt es häufig zu Abzocken, besonders gegenüber Touristen, die aus Thailand einreisen.

Anfahrt zur Grenze Von Siem Reap und Battambang fahren regelmäßig Busse und Sammeltaxis nach Poipet. Ein Direktticket nach Bangkok zu kaufen (meist mit Umstieg an der Grenze) kann die Dinge deutlich beschleunigen und den Ärger sparen, auf der thailändischen Seite nach Verkehrsmitteln für die Weiterreise suchen zu müssen. Der Direktbus zum Mo-Chit-Busbahnhof in Bangkok, der von **Nattakan** (Karte S. 266; ☎ 078 795333; Sivatha St) in Siem Reap betrieben wird, startet um 8 Uhr und kostet teure 28 US$, ist aber der einzige Busservice, mit dem man ohne Umstieg bis nach Bangkok durchfahren kann.

An der Grenze Wartezeiten von zwei oder mehr Stunden sind nicht selten, besonders in der Hochsaison. Also am besten früh herkommen, um die Massen zu umgehen. Wer die Schlange überspringen will, kann auf beiden Seiten eine spezielle „VIP"-Gebühr (also Schmiergeld) von 200 Baht zahlen. Bei der Ausreise nach Kambodscha wird keine Gebühr fällig – egal, was die Grenzbeamten einem erzählen. Bei der Einreise nach Thailand erhalten Angehörige der meisten Staaten eine kostenlose 30-tägige Befreiung von der Visumspflicht.

Weiterreise Auf der thailändischen Seite warten gleich hinter der Grenze Minibusse nach Bangkok (300 B, 4 Std., alle 30 Min.). Oder man fährt mit dem *túk-túk* (80 B) oder *sŏrng·tăa·ou* (Pick-up; 15 B) die 7 km bis Aranya Prathet, wo zwischen 4 und 18 Uhr regelmäßig Busse zum Mo-Chit-Busbahnhof in Bangkok (223 B, 5–6 Std.) starten. Man sollte sicherstellen, dass der túk-túk-Fahrer einen für 80 B zum Hauptbusbahnhof in Aranya Prathet und nicht zu der kleineren Station 1 km von der Grenze entfernt bringt (eine häufige Abzocke). Eine weitere Option ist der Zug nach Bangkok, der um 13.55 Uhr abfährt.

Für mehr Infos zur Überquerung dieser Grenze in entgegengesetzter Richtung siehe S. 806.

WEITERREISE AB SIEM REAP

REISEZIEL	AUTO/MOTORRAD	BUS	SCHIFF/FÄHRE	FLUGZEUG
Bangkok	8 Std.	12–28 US$, 10 Std., häufig		ab 90 US$, 1 Std., 8-mal tgl.
Battambang	3 Std.	4–8 US$, 4 Std., fast jeden Morgen	20 US$, 7 Std., 7 Uhr	
Kompong Thom	2 Std.	5 US$, 2½ Std., häufig		
Phnom Penh	5 Std.	6–15 US$, 6 Std., häufig	35 US$, 5 Std., 7 Uhr	ab 40 US$, 30 Min., 9-mal tgl.
Poipet	3 Std.	5–8 US$, 4 Std., regelmäßig		

SCHIFF/FÄHRE

Fähren für die landschaftlich wunderschöne Fahrt nach Battambang (20 US$; je nach Wasserpegel 5–9 Std.) und Schnellboote nach Phnom Penh (35 US$, 6 Std., nur Aug. bis März) legen um 7 Uhr am Touristenkai bei Chong Kneas 11 km südlich der Stadt ab. Tickets werden in Pensionen, Hotels und Reisebüros verkauft. Im Preis ist ein Abholservice gegen 6 Uhr ab der jeweiligen Unterkunft enthalten.

ℹ Unterwegs vor Ort

Ein offizielles Taxi vom Flughafen kostet 9 US$. *Remork-motos* (7 US$) stehen ebenfalls bereit.

Für ein *moto/remork* vom Busbahnhof ins Zentrum wird ungefähr ½ US$ fällig. Wer mit einem Bus anreist, der von einer Pension vermittelt wurde, wird direkt zu einer Partnerunterkunft gebracht.

Bei Ankunft mit dem Boot zahlt man für ein *moto* vom Dock in Chong Kneas in die Stadt um die 3 US$.

Kurze *moto*-Fahrten durchs Zentrum kosten 2000 bis 4000 R, abends mehr. Für ein *remork* zahlt man 2 US$ und mehr.

Die meisten Pensionen und kleinen Hotels vermitteln Leihräder ab 2 US$ pro Tag. Empfehlenswert sind Unterkünfte, die das Projekt **White Bicycles** (www.thewhitebicycles.org) unterstützen, dessen Einnahmen an lokale Entwicklungsprojekte fließen. Bei unserem Besuch war der Verleih von Motorrädern in Siem Reap untersagt.

Die Tempel von Angkor

ប្រាសាទនៅតំបន់អង្គរ

Nirgendwo auf der Welt ist ein solch architektonischer Reichtum an einem Fleck versammelt. Zur Auswahl stehen das weltweit größte religiöse Gebäude – Angkor Wat –, das weltweit eigentümlichste Gotteshaus – Bayon –, und der wilde Dschungel von Ta Prohm. Alle drei gelten weltweit als Kultstätten und verhalfen Kambodscha zum Status des Tempelmekkas Asiens.

Neben den drei Stars gibt's noch Dutzende weitere Bauten, die in jeder anderen Region wohl selbst die Hauptattraktion wären, darunter der Banteay Srei, das Kunstmuseum von Angkor, Preah Khan, die ultimative Fusion zwischen Buddhismus und Hinduismus, sowie Beng Mealea, eine an die Titanic erinnernde, im Dschungel versinkende Tempelanlage. Die große Herausforderung bei einem Besuch von Angkor ist es, sich zwischen den unzähligen spektakulären Stätten zu entscheiden. Dafür nur einen Tag einzuplanen käme beinahe einer Gotteslästerung gleich!

Hunderte noch erhaltene Tempel repräsentieren das heilige Gerüst des riesigen politischen, religiösen und gesellschaftlichen Zentrums des alten Khmer-Reiches. Zu seiner Blütezeit lebten in Angkor 1 Mio. Menschen – London hatte damals lediglich 50 000 Einwohner. Die Häuser, öffentlichen Gebäude und Paläste von Angkor wurden aus mittlerweile längst verrottetem Holz erbaut, da das Recht, Bauten aus Backstein oder Stein zu errichten, den Göttern vorbehalten war.

Angkor Wat អង្គរវត្ត

Der Anblick von **Angkor Wat** (អង្គរវត្ត; Karte S. 268 f.; Touristenpass für 1 Tag/3 Tage/1 Woche 20/40/60 US$; ⏲5–17.30 Uhr), dem ultimativen Ausdruck der Genialität der Khmer, ist überwältigend und nur mit so erlesenen Stätten wie Machu Picchu oder Petra vergleichbar.

Angkor gilt als Himmel auf Erden, symbolisiert den Berg Meru – den Olymp des hinduistischen Glaubens sowie Palast der alten Götter – und ist die perfekte Verbindung aus kreativem Ehrgeiz und spiritueller Hingabe. Einst strebten die kambodschanischen Gottkönige danach, ihre Vorfahren in Größe und Symmetrie zu übertreffen. Das Ergebnis ist Angkor Wat, das größte religiöse Gebäude der Welt.

Es ist das Nationalsymbol der Khmer, das Epizentrum ihrer Zivilisation und Quelle großen nationalen Stolzes. Im Gegensatz zu anderen Bauten Angkors wurde es nie der Natur überlassen und war praktisch seit seiner Errichtung in Gebrauch.

Der Tempel ist von einem 190 m breiten Graben umgeben, der ein riesiges, 1,5 km mal 1,3 km großes Rechteck bildet. Außerhalb des zentralen Tempelkomplexes befindet sich eine 800 m lange Serie von Flachreliefs, die gegen den Uhrzeigersinn betrachtet werden sollten. 31 m über der dritten Ebene thront der Hauptturm, der der Anlage ihre erhabene Ganzheit verleiht.

Angkor Wat wurde unter Suryavarman II. (reg. 1113–1152) errichtet, der Kambodscha vereinigte und den Einfluss der Khmer auf große Teile des südostasiatischen Festlands

ERKUNDUNG DER TEMPEL

Ein Tag

Für Angkor ist ein Tag eigentlich viel zu wenig. Wer jedoch nicht mehr Zeit hat, startet am besten bei Sonnenaufgang vor Eintreffen der Besucherströme mit der Besichtigung von Angkor Wat. Vor dem Mittagessen steht dann der Ta Prohm auf dem Programm. Am Nachmittag geht's zu den Tempeln in der von einer Mauer umgebenen Stadt Angkor Thom und am frühen Abend zu den faszinierenden Gesichtern des Bayon. Größter Fehler: sich zu viel vornehmen.

Drei Tage

Wer drei Tage hat, beginnt mit einigen der kleineren Tempel und arbeitet sich vor. Am ersten Tag besucht man den Regeln der Chronologie folgend zunächst die Roluos-Tempel, gefolgt von den Stars auf dem großen Rundweg wie Preah Khan und Preah Neak Poan. An Tag zwei bieten sich der Ta Prohm und die Tempel auf dem kleinen Rundweg an, außerdem der abgelegene, aber atemberaubende Banteay Srei. Am letzten Tag warten die Höhepunkte mit Angkor Wat bei Sonnenaufgang und der riesigen Stadt Angkor Thom am Nachmittag.

Eine Woche

In einer Woche kann man Angkor in vollen Zügen genießen und nach eigenen Vorstellungen erkunden. Nicht entgehen lassen sollte man sich dabei Beng Mealea und Kbal Spean. Wir empfehlen mindestens eine Tour mit Übernachtung in die Umgebung, z. B. nach Koh Ker, Banteay Chhmar oder sogar Prasat Preah Vihear. Für Abwechslung sorgt eine Bootstour zum Stelzendorf Kompong Pluk.

Tickets

Der Angkor-Ticketschalter befindet sich an der Straße von Siem Reap nach Angkor. Dreitagespässe kann man an drei beliebigen Tagen innerhalb einer Woche benutzen und Eintagespässe behalten einen Monat lang ihre Gültigkeit. Nach 17 Uhr ausgestellte Eintrittskarten (für eine Besichtigung bei Sonnenaufgang) gelten für den nächsten Tag. Die Tickets sind nicht für den Phnom Kulen, Beng Mealea oder Koh Ker gültig. Wer ohne Eintrittskarte in einem der Tempel erwischt wird, muss eine Strafe von 100 US$ zahlen.

Essen

In unmittelbarer Nähe der Terrasse des Leprakönigs verteilen sich Dutzende Nudelstände, außerdem findet man in einem Dorf gegenüber dem **Sra Srang** (ស្រះស្រង់; Karte S. 268 f.; ⏲ 7.30–17.30 Uhr), dem früheren königlichen Badesee, ein paar Restaurants. Rund um Angkor Wat gibt's jede Menge Cafés und Lokale.

Gegenüber den vielen Kindern, die Essen, Getränke und Souvenirs verkaufen, sollte man nicht die Geduld verlieren. Sie tun nur das, was ihnen ihre Familie im täglichen Überlebenskampf aufgetragen hat. Darüber hinaus helfen eisgekühltes Wasser und frische Ananas wunderbar gegen die Hitze.

ausbreitete. Auch im religiösen Sinne unterschied er sich von früheren Königen: Er war Anhänger der Hindu-Gottheit Vishnu, der er den Tempel weihte. Etwa zur selben Zeit entstanden in Europa gotische Schwergewichte wie Westminster Abbey und Chartres.

Mittlerweile ist die oberste Ebene des Gebäudekomplexes wieder für Pilger geöffnet, allerdings darf sich dort jeder Besucher nur 20 Minuten aufhalten.

Nachdem sich mehrfach Touristen nackt in den Tempelanlagen hatten fotografieren lassen, verhängte die zuständige Apsara-Behörde eine Kleiderordnung für den Besuch der Tempelanlagen. Im Jahr 2015 waren fünf Touristen festgenommen und ausgewiesen worden, weil sie nackt in den Anlagen posiert hatten. Seit August 2016 werden am Eingang Kleiderkontrollen durchgeführt und Trägerinnen von Spaghettiträger-Tops und extrem kurzen Shorts oder Miniröcken wird der Zutritt verwehrt.

Angkor Thom អង្គរធំ

Ein größeres und schöneres Bauwerk als Angkor Wat ist kaum vorstellbar, doch in **Angkor Thom** (Großes Angkor oder Große Stadt) summieren sich die einzelnen Teile zu einem größeren Ganzen. Zunächst fallen die Tore ins Auge, gesäumt von einer monumentalen Darstellung des Aufwühlens des Milchozeans, bei dem 54 Dämonen und 54 Götter in einem epischen Strudel kämpfen. Jedes Tor thront erhaben über dem Betrachter, wobei die mitfühlenden Gesichter des Bodhisattva Avalokiteshvara über das Königreich blicken. Für einen Bauern des 13. Jhs., der sich der verbotenen Hauptstadt zum ersten Mal näherte, muss es eine atemberaubende und beunruhigende Erfahrung gewesen sein, ein solches Tor zu betreten und von Angesicht zu Angesicht der göttlichen Macht der Gottkönige gegenüberzustehen.

Als letzte große Hauptstadt des Khmer-Reiches setzte Angkor Thom mit einer Größe von über 10 km² in Sachen Monumentalität neue Maßstäbe. Sie wurde teils als Reaktion auf den Überraschungsangriff der Cham auf Angkor errichtet. Jayavarman VII. (reg. 1181–1219) schwor, sein Königreich auf heimischem Boden unverwundbar zu machen. Hinter den Respekt einflößenden Mauern liegt ein massiver Graben, der wohl auch den stärksten Angreifer in seine Schranken gewiesen hätte.

Sehenswertes

Der **Bayon** (បាយ័ន; Karte S. 268 f.; 7.30–17.30 Uhr) liegt mitten im Herzen von Angkor Thom. Der faszinierende, fast hypnotische Haupttempel von Jayavarman VII. (erb. 12. Jh.) spiegelt gleichzeitig das kreative Genie und das völlig überzogene Ego des am meisten gefeierten Königs von Kambodscha wider. Die 54 gotischen Türme schmücken insgesamt 216 riesige lächelnde Gesichter von Avalokiteshvara, die eine erstaunliche Ähnlichkeit mit dem Herrscher selbst aufweisen.

Den legendären in Stein gemeißelten Konterfeien ist der Spitzname des Bayon, „Gesichtstempel", geschuldet. Die enormen Antlitze blicken von jedem Winkel auf den Betrachter hinab und strahlen Macht und Kontrolle aus, gepaart mit einer gewissen Menschlichkeit. Genau diese Mischung war nötig, um über solch ein riesiges Reich zu herrschen und sicherzustellen, dass sich die grundverschiedenen, weit verstreuten Untertanen dem Willen des edelmütigen Monarchen beugten.

Das Bauwerk schmücken 1,2 km lange außergewöhnliche Flachreliefs mit mehr als 11 000 Figuren, die den Alltag im Kambodscha des 12. Jhs. darstellen. Manche dieser Szenen lassen beispielsweise an thailändisches Kickboxen denken; Thailands Kultur ist von kambodschanischen Künstlern, Tänzern, Gelehrten und Kämpfern geprägt, die die Thais nach der Eroberung Angkors 1432 verschleppten. Die Geschichte Angkors bleibt ein sehr sensibles Thema zwischen den beiden Kulturen und ist Grund für eine bereits seit Jahrhunderten andauernde Rivalität.

Baphuon HINDUISTISCHER TEMPEL

(បាពួន; Karte S. 268 f.; 7.30–17.30 Uhr) Gelegentlich wird der Baphuon als das größte Puzzle der Welt bezeichnet. Vor dem Bürgerkrieg war er in mühseliger Arbeit von Archäologen Stück für Stück auseinandergenommen worden, doch die akribischen Aufzeichnungen fielen dem Regime der Roten Khmer zum Opfer. Daraufhin standen Experten vor einem Berg aus 300 000 Steinen, die wieder zusammengesetzt werden mussten. Nach Jahren aufreibender Forschungsarbeit konnten manche Teile des Tempels restauriert werden. Die Stützmauer der zweiten Ebene an der Westseite wurde im 16. Jh. zu einem liegenden 60 m langen Buddha umgearbeitet.

ANGKOR: HIGHLIGHTS

- Über dem heiligsten aller Heiligtümer und größten religiösen Gebäude der Welt, **Angkor Wat**, die Sonne aufgehen sehen.
- Die Ruhe und Pracht des **Bayon** mit seinen 216 faszinierenden in den Dschungel starrenden Gesichtern genießen.
- Zeuge davon werden, wie die Natur die mysteriöse Steinruine von **Ta Prohm**, dem Tempel aus Tomb Raider, zurückerobert.
- Die kunstvollen Schnitzarbeiten des **Banteay Srei**, die schönsten Angkors, bewundern.
- Bei einer Wanderung durch die Tiefen des kambodschanischen Dschungels den Fluss der Tausend Lingas bei **Kbal Spean** erkunden.

Elefantenterrasse ARCHÄOLOGISCHE STÄTTE
(លានជល់ដំរី; Karte S. 268 f.) Früher diente die 350 m lange Terrasse als riesige Tribüne für öffentliche Zeremonien und war außerdem das Fundament für die prächtige Audienzhalle des Königs. Während man auf ihr steht, kann man sich wunderbar den Pomp und die Pracht des Khmer-Reiches auf seinem Höhepunkt vorstellen – mit Infanterie, Kavallerie, Pferdewagen und natürlich den namensgebenden Elefanten, die bei farbenprächtigen Umzügen mit wehenden Bannern und Standarten über den zentralen Platz marschierten. Und ganz oben sitzt der Gott-König im Schatten von Sonnenschirmen, umsorgt von ranghohen Beamten und Dienerinnen, die Gegenstände aus Gold und Silber tragen.

Terrasse des Leprakönigs ARCHÄOLOGISCHE STÄTTE
(ទីលានព្រះគម្លង់; Karte S. 268 f.) Die Terrasse des Leprakönigs, die sich gleich nördlich von der Elefantenterrasse befindet, stammt aus dem späten 12. Jh. Auf der 7 m hohen Plattform steht eine nackte, geschlechtslose Statue. Mindestens fünf Reihen detailreich geschnitzter sitzender *apsaras* (himmlische Nymphen) zieren die vorderen Stützmauern der Terrasse. An ihrer Südseite befindet sich der Zugang zu einer versteckten weiteren Terrasse mit wunderbar erhaltenen Meißelarbeiten.

Rund um Angkor Thom

Sehenswertes

Phnom Bakheng HINDUISTISCHER TEMPEL
(ភ្នំបាខែង; Karte S. 268 f.; 5–19 Uhr) Von dem rund 400 m südlich von Angkor Thom gelegenen Phnom Bakheng hat man einen atemberaubenden Ausblick auf Angkor Wat bei Sonnenuntergang. Seit vielen Jahren spielt sich hier ein ziemlicher Touristenzirkus ab: Massenweise Besucher erklimmen die Hänge des Hügels, um ein Plätzchen mit guter Sicht zu ergattern. Es haben nie mehr als 300 Personen gleichzeitig Zutritt, deshalb sollte man gegen 16 Uhr da sein. Der fünfstufige Tempel, erbaut unter Yasovarman I. (reg. 889–910), hat insgesamt sieben Ebenen.

Preah Khan BUDDHISTISCHER TEMPEL
(ព្រះខ័ន, Heiliges Schwert; Karte S. 268 f.; 7.30–17.30 Uhr) Der Tempel „Heiliges Schwert" ist eine der größten Anlagen Angkors, ein Labyrinth aus gewölbten Gängen, erlesenen Schnitzereien und von Flechten überzogenem Steinwerk. Er ist ein interessanter Gegenpol zum Ta Prohm und verzeichnet meist etwas weniger Besucher. Wie der Ta Prohm hat er hohe Einfriedungen und aneinander angrenzende Korridore, ist aber in einem besseren Zustand dank der andauernden Restaurierungsbemühungen des World Monuments Fund (WMF; www.wmf.org).

Preah Neak Poan BUDDHISTISCHER TEMPEL
(ព្រះនាគព័ន្ធ, Tempel der ineinander verschlungenen Naga; Karte S. 268 f.; 7.30–17.30 Uhr) Klein, aber fein: Jayavarman VII. ließ diesen buddhistischen Tempel im späten 12. Jh. errichten. Er verfügt über einen großen, eckigen Pool, der von vier kleineren quadratischen Pools umgeben ist. Im Zentrum des zentralen Beckens liegt eine runde „Insel", die von zwei Nagas (mythische Schlangen) mit ineinander verschlungenen Schwänzen eingefasst ist.

Bakong HINDUISTISCHER TEMPEL
(បាគង; Karte S. 268 f.; 7.30–17.30 Uhr) Der größte und interessanteste Roluos-Tempel. Indravarman I. ließ ihn als Verkörperung des Bergs Meru zu Ehren Shivas errichten. Er war der Haupttempel der Stadt. Der nach Osten weisende Komplex besteht aus einer fünfstufigen zentralen Sandsteinpyramide mit einer Grundfläche von 60 m², die von acht Türmen aus Ziegeln und Sandstein flankiert wird, und anderen kleineren Heiligtümern. Ein paar der niedrigeren Türme sind noch teilweise mit dem ursprünglichen Putz bedeckt.

Weiter außerhalb

Sehenswertes

★ Banteay Srei HINDUISTISCHER TEMPEL
(បន្ទាយស្រី; 7.30–17.30 Uhr) Viele halten den Banteay Srei für das Kronjuwel der Angkor-Kunst. Die Reliefarbeiten des aus rosafarbenem Stein gehauenen Gebäudes zählen zu den kunstvollsten der Welt. Mit seinem Bau wurde 967 n. Chr. begonnen. Er ist zwar eine der kleinsten Stätten Angkors, macht die fehlende Größe aber durch sein Erscheinungsbild wieder wett. Der hinduistische Tempel ist Shiva geweiht und wunderbar erhalten. Viele der Meißelarbeiten sind dreidimensional.

Kbal Spean HINDUISTISCHER SCHREIN
(ក្បាលស្ពាន; 7.30–17.30 Uhr) Kbal Spean, ein mit spektakulären Gravuren versehenes, tief im Dschungel gelegenes Flussbett nordöstlich von Angkor wird auch „Fluss der Tausend Lingas" genannt. Kbal Spean bedeutet „Brückenkopf" – der Name kommt von der natürlichen Steinbrücke vor Ort. Phallische Lingas wurden in das Flussbett gehauen und Darstellungen hinduistischer Gottheiten sind über die nähere Umgebung verteilt. Der Ethnologe Jean Boulbet entdeckte Kbal Spean 1969, als ein Eremit ihm die Gegend zeigte.

Phnom Kulen BERG
(ភ្នំគូលែន; 20 US$) Für die Khmer ist der Phnom Kulen der heiligste Berg Kambodschas und eine beliebte Pilgerstätte an Wochenenden und zu speziellen Festen. Er ist ein geschichtsträchtiger Ort: Hier ernannte sich Jayavarman II. im Jahre 802 zum *devaraja* (Gottkönig) und gründete so das Khmer-Reich. Zu den Attraktionen gehören ein riesiger liegender Buddha, ein mit Hunderten von *lingas* verziertes Flussbett, ein beeindruckender Wasserfall und einige abgeschiedene Tempel.

Beng Mealea BUDDHISTISCHER TEMPEL
(បឹងមាលា; Eintritt 5 US$; 7.30–17.30 Uhr) Gut 68 km nordöstlich von Siem Reap bietet sich ein wirklich spektakulärer Anblick: Beng Mealea ist einer der mysteriösesten Tempel von Angkor, zugewuchert und mit Grün bewachsen. Bei der Erkundung der großen Ruinen fühlt man sich wie Indiana Jones. Der im 12. Jh. unter Suryavarman II. erbaute Tempel hat denselben Grundriss wie Angkor Wat und ist von einem riesigen, 1,2 km langen und 900 m breiten Graben eingefasst.

Koh Ker HINDUISTISCHER TEMPEL
(កោះកេរ; Eintritt 10 US$; 7.30–17.30 Uhr) Koh Ker war von 928 bis 944 n. Chr. die Hauptstadt des Khmer-Reiches, doch inzwischen wird es von den nördlichen Wäldern beherrscht. Die Stätte ist auf einem Tagesausflug von Siem Reap aus zu erreichen. Die meisten Besucher sehen sich erstmal den eindrucksvollen Prasat Krahom an, dessen Türstürze, Pfosten und Fenstersäulen von eindrucksvollen Steinreliefs geschmückt sind. Der Haupttempel ist der Prasat Thom, eine 55 m breite, 40 m hohe Sandsteinpyramide, deren sieben Stufen einen spektakulären Ausblick auf den Wald gewähren. Koh Ker liegt ungefähr 127 km nordöstlich von Siem Reap.

NICHT VERSÄUMEN

TA PROHM

Der schattengesprenkelte **Ta Prohm** (តាព្រហ្ម; Karte S. 268 f.; 7.30–17.30 Uhr) ist die ultimative Indiana-Jones-Kulisse. Weit verzweigte Wurzelsysteme halten die zerfallenden Türme und Wände in einem festen Würgegriff. Zeugt Angkor Wat vom Genie der alten Khmer, erinnert dieser Tempel an die ebenso eindrucksvolle Kraft und Fruchtbarkeit des Dschungels. Der Lebenszyklus dieser altehrwürdigen Ruine hat etwas geradezu Poetisches: Erst hat die Menschheit die Natur unterworfen, um in vergleichsweise kurzer Zeit den Tempel zu errichten, jetzt erobert die Natur das von Menschenhand Geschaffene zurück – langsam, aber stetig.

Ta Prohm wurde 1186 erbaut und diente zunächst als Buddhistischer Tempel mit Namen Rajavihara (Königskloster). Er war der Mutter von Jayavarman VII. geweiht und besteht aus Türmen, umfriedeten Höfen und schmalen Gängen. Uralte Bäume ragen über den Ruinen auf; das Sonnenlicht fällt durch ihre Blätter und taucht alles in ein grünliches Licht. Als Nicht-Wissenschaftler kann man einer Fundstätte früher Entdecker kaum kommen.

EINREISE NACH THAILAND: ENTLEGENE GRENZÜBERGÄNGE IM NORDEN

An der Nordgrenze Kambodschas zu Thailand gibt's zwei selten genutzte Grenzübergänge. An beiden werden die üblichen 30-tägigen Befreiungen von der Visumspflicht für Thailand sowie kambodschanische Visa ausgestellt. Für Infos zur Überquerung dieser Grenzen in entgegengesetzter Richtung siehe S. 806.

Von Anlong Veng nach Chong Sa-Ngam

Der entlegene Grenzübergang Choam/Chong Sa-Ngam (geöffnet von 7 bis 20 Uhr) verbindet Anlong Veng in der Provinz Oddar Meanchey und die thailändische Provinz Si Saket.

Anfahrt zur Grenze Ein *moto* von Anlong Veng zum Grenzübergang (16 km) kostet 3 oder 4 US$. Sammeltaxis verbinden Anlong Veng mit Siem Reap (20 000 R, 1½ Std.).

An der Grenze Die Formalitäten sind unkompliziert.

Weiterreise Auf der thailändischen Seite sollte es kein Problem sein, ein Taxi oder Motorradtaxi in die nächste Stadt (Phusing; 30 Min.) zu finden. Dort starten Busse und *sŏrng·tăa·ou* (Pick-ups) nach Si Saket und Kantharalak. Oder man fährt mit einem Casino-Shuttle von der Grenze nach Phusing, Ku Khan oder Si Saket.

Von Samraong nach Surin

Der abgelegene Grenzposten O Smach/Chong Chom stellt den Überweg von der kambodschanischen Provinz Oddar Meanchey zur thailändischen Provinz Surin dar.

Anfahrt zur Grenze Zwischen Siem Reap und Samraong (30 000 R, 2 Std.) verkehren Sammeltaxis entlang des NH68. Von Samraong nimmt man ein *moto* (5 US$) oder ein Taxi (15 US$) für die reibungslose Fahrt nach O Smach (40 km, 30 Min.) und seiner Casinozone. Ein Privattaxi von Siem Reap bis zur Grenze sollte 60 bis 70 US$ kosten.

An der Grenze Die Grenzüberquerung ist problemlos und leicht.

Weiterreise Auf der thailändischen Seite läuft man zur nahe gelegenen Bushaltestelle, wo tagsüber regelmäßig Busse nach Surin halten (60 B, 70 km, 1½ Std.).

NORDWESTKAMBODSCHA

Nordwestkambodscha verfügt über ein gutes Straßennetz, wartet mit einer abenteuerlichen Wildnis auf und erstreckt sich von den Kardamom-Bergen bis zur Dongrek-Kette. Herzstück der Region ist der Tonlé-Sap-See. Dank einer attraktiven Mischung aus idyllischem Charme, Kolonialarchitektur und großartigen Tagesausflügen zieht Battambang die meisten Urlauber an.

In den abgeschiedenen Ebenen und Wäldern des Nordwestens verstecken sich einige der faszinierendsten Bauwerke des Landes, darunter der spektakuläre Prasat Preah Vihear, der 2008 zum UNESCO-Weltkulturerbe erklärt wurde. Außerdem befinden sich hier die präangkorianischen Tempel von Sambor Prei Kuk (bei Kompong Thom).

Battambang បាត់ដំបង

☎053 / 147 000 EW.

Die elegante Uferstadt lockt mit der am besten erhaltenen französischen Kolonialarchitektur Kambodschas. Nach der eindrucksvollen Bootsfahrt ab Siem Reap erwartet Besucher eine bemerkenswert entspannte Atmosphäre, die zum Bleiben animiert. Battambang ist eine exzellente Ausgangsbasis für Ausflüge zu den nahe gelegenen Tempeln und Dörfern, die authentische Einblicke ins ländliche Kambodscha bieten.

Sehenswertes

Seinen Charme verdankt Battambang vor allem der französischen Architektur des frühen 20. Jhs. Am Ufer (Straße 1) befinden sich einige der schönsten Kolonialbauten, insbesondere südlich des Psar Nath, der selbst ein Baudenkmal ist, wenn auch ein modernes. Mit ihren imposanten Balkonen, Holzfensterläden und der prachtvollen Empfangshalle mit 5 m hohen Decken ist die zweistöckige **Gouverneursresidenz** ein weiteres hübsches Erbe des frühen 20. Jhs. Ein italienischer Architekt gestaltete sie für den letzten thailändischen Gouverneur, der 1907 das Land verließ.

Der in Phnom Penh ansässige Veranstalter **KA Architecture Tours** (www.ka-tours.org) hat in Zusammenarbeit mit der Stadt Battambang zwei Stadtspaziergänge durch das historische Zentrum erarbeitet. Die Routen können auf der Website kostenlos heruntergeladen werden. Damit kann man einen halben Tag zubringen – eine nette Art, die Stadt zu erkunden.

Battambang-Museum MUSEUM
(សារមន្ទីរខេត្តបាត់ដំបង; St 1; Eintritt 1US$; ⏲8–11 & 14–17.30 Uhr) In dem kleinen, eher angestaubte Museum sind viele edle Türstürze und Statuen des Angkor-Reiches aus der ganzen Provinz Battambang zu sehen, darunter Stücke vom Prasat Banan und Prasat Sneng. Erklärungen dazu gibt's auf Khmer, Englisch und Französisch.

Bei unserem letzten Besuch in der Stadt wurde die Vergrößerung und Modernisierung des Museums geplant.

Aktivitäten

Soksabike RADTOUREN
(☎012 542019; www.soksabike.com; halber Tag 23–27 US$, ganzer Tag 34–40 US$; ⏲Abfahrt 7.30 Uhr) Das sozial engagierte Unternehmen im Café Kinyei (S. 287) hat es sich zum Ziel gesetzt, Besuchern ländliche Gegenden und ihre Bewohner näherzubringen. Die halb-/ganztägigen Radtouren (25 km/40 km) umfassen Besichtigungen von Familienbetrieben (Reispapierhersteller, die *Prahok*-(vergorene Fischpaste-)Fabrik) und den Besuch eines Wohnhauses. Der Preis hängt von der Größe der Gruppe ab.

Green Orange Kayaks KAJAKTOUREN
(☎017 736166; www.fedacambodia.org; Ksach Poy; halber Tag 12 US$) Green Orange Kayaks gehört zur FEDA, einer lokalen NRO, die ein Gemeindezentrum in dem Dorf **Ksach Poy** 8 km südlich von Battambang betreibt, und verleiht Kajaks. Die halbtägigen Kajaktouren (auf eigene Faust) starten am Green Orange Cafe in Ksach Poy. Von dort aus geht's auf dem Sangker-Fluss zurück in die Stadt. Wer lieber einen Guide hätte, muss um die 3 US$ einplanen. Wir empfehlen, vorab zu buchen.

Coconut Lyly KOCHKURSE
(☎016 399339; www.coconutlyly.com; St 111; 10 US$ pro Pers.) Lyly, ein Absolvent der Paul Dubrule Cooking School in Siem Reap, leitet die halbtägigen Kochkurse (Beginn um 9 und 15.30 Uhr), die einen Besuch des Psar Nath, die Zubereitung vier typischer Khmer-Gerichte (Rezeptbuch inbegriffen) und das anschließende Verspeisen des Selbst-Gezauberten umfassen. Sein exzellentes Restaurant ist von 8 bis 22 Uhr geöffnet.

Seeing Hands Massage MASSAGE
(☎078 337499; St 121; 6 US$ pro Std.; ⏲7–22 Uhr) Hervorragende Massagen von blinden Fachkräften.

Schlafen

★ **Angkor Comfort Hotel** HOTEL $
(☎077 306410; www.angkorcomforthotel.com; St 1; Zi. mit Klimaanlage 15 US$;) Sehr gutes Preis-Leistungs-Verhältnis. Die riesigen, blitzsauberen Zimmer haben weiße Bettwäsche, Flachbildfernseher genug Steckdosen, um sämtliche Geräte gleichzeitig aufzuladen. Die modernen Bäder verfügen über offene Duschen. Mittelklasseluxus zum Backpackertarif.

Here Be Dragons HOSTEL $
(☎089 264895; www.herebedragonsbattambang.com; Ostufer; B 3 US$, Zi. 8–10 US$;) Die alternative Bar macht richtig Spaß. Der grüne Garten vorn lädt zum Entspannen ein und zur Ankunft gibt's ein Gratis-Bier – eine tolle Bleibe für Rucksacktouristen. In den Sechs-Bett-Zimmern findet man Schließfächer, die sonnigen Privatzimmer sind mit schönem

EIN ABEND IM ZIRKUS

Battambangs Vorzeigeattraktion ist der international gefeierte **Phare-Ponleu-Selpak-Zirkus** (☎053-952424; www.phareps.org; Erw./Stud. 14/7 US$), ein vielseitiges Kunstzentrum für benachteiligte Kinder. Auch wenn es mittlerweile Vorstellungen in Siem Reap gibt, lohnt es sich, das Spektakel da zu sehen, wo alles begann – in Battambang. Die Shows finden montags, donnerstags und samstags um 19 Uhr statt; in der Hochsaison auch freitags.

Tagsüber sind **Besichtigungen** (Eintritt 5 US$; ⏲Mo–Fr 8–11 & 14–17 Uhr) des Phare-Komplexes möglich, wo man beim Zirkus-, Tanz-, Musik-, Zeichen- und Kunstunterricht zusehen kann.

Vom Vishnu-Kreisverkehr am NH5 aus geht man 900 m nach Westen, biegt dann rechts nach Norden ab und läuft weitere 600 m bis zum Zirkus.

Battambang

0
200 m
A
B
C
D
1
2
3
4
5
6
7
St 501
Phare Ponleu Selpak (1,5 km)
St 101
Phnom Penh Sorya
16
Golden Bayon Express
NH5
19
Ponleu Angkor Khmer
Capitol Tour
St 102
Wat Phiphétaram
Riverside Rd
NH5
Handa Medical Centre (700 m)
3
Mekong Express
9
St 115
8
Canadia Bank
STADT-ZENTRUM
13
ANZ Royal Bank
10
12
17
Gecko Moto
Lucky Net
11
6
St 119
OSTUFER
St 201
St 4
St 102
Sangker River
St 121
4
14
St 203
Battambang
St 3
St 2 ½
St 2
St 1 ½
St 1
St 123
Wat Kandal
St 102
St 125
Wat Damrey Sar
1
St 209
St 127
5
15
7
Old NH5
Riverside Rd
Psar Thmei (1 km); Sammeltaxis nach Pursat (1 km)
Touristen-information
2
St 1
St 208
St 139
Taxistand (300 m); Psar Leu (400 m)
18
St 212

Battambang

Sehenswertes

1 Battambang-Museum B5
2 Gouverneursresidenz B7

Aktivitäten, Kurse & Touren

3 Coconut Lyly B2
4 Seeing Hands Massage B4
Soksabike .... (siehe 17)

Schlafen

5 Angkor Comfort Hotel B5
6 Ganesha Family Guesthouse B3
7 Here Be Dragons C5
8 Royal Hotel B2
9 Senghout Hotel B2

Essen

10 Choco l'art Café B3
11 Coconut Water B3
12 Fresh Eats Café B3
13 Jaan Bai B3
14 Lonely Tree Cafe B4
15 Riverside-Nachtmarkt B5
16 Vegetarian Foods Restaurant B1

Ausgehen & Nachtleben

17 Kinyei B3
18 Riverside Balcony Bar C7

Transport

Angkor Express .... (siehe 19)
19 Boat to Siem Reap C1
Chann Na .... (siehe 19)

buntem Bettzeug ausgestattet. Ein weiteres Plus ist auch die ruhige Lage am Ostufer neben dem Park.

Ganesha Family Guesthouse PENSION $
(092 135570; www.ganeshaguesthouse.com; St 1½; B 4,50 US$, Zi. 11–14 US$;) Battambangs wohl beste Billigunterkunft. Das Ganesha hat einen lichtdurchfluteten Schlafsaal mit extrabreiten Betten und kleine Privatzimmer mit Bambusmöbeln und gefliesten Bädern (nur kaltes Wasser). Unten ist ein einladendes Café untergebracht.

Royal Hotel HOTEL $
(016 912034; www.royalhotelbattambang.com; St 115; Zi. mit Klimaanlage 20–25 US$;) Alteingesessen und verdientermaßen beliebt. Einige Zimmer könnten eine Renovierung vertragen, doch davon abgesehen sind alle Unterkünfte vernünftig groß und mit einem Kühlschrank und TV versehen. Die Angestellten sind immer auf dem Laufenden.

Senghout Hotel HOTEL $
(012 530327; www.senghouthotel.com; St 2; Zi. mit Ventilator 10–15 US$, mit Klimaanlage 15–35 US$;) Das Senghout Hotel ist für sein aufmerksames Personal bekannt, das Fragen der Gäste schnell beantwortet. Es gibt eine Auswahl an hübsch aufgemachten Zimmern, die mitunter etwas beengt sind. Bevor man sich für eins entscheidet, schaut man am besten erst mal ein paar an. Der Pool auf dem Dach ist das i-Tüpfelchen.

Essen & Ausgehen

Rund um den Psar Nath gibt's jede Menge günstiges Essen und gegenüber dem Battambang-Museum am Fluss findet ein **Nachtmarkt** (St 1; Hauptgerichte 4000–8000 R; 15–24 Uhr) statt.

★ **Lonely Tree Café** CAFÉ $
(www.thelonelytreecafe.com; St 121; Hauptgerichte 4–5,50 US$; 10–22 Uhr;) Oberhalb des gleichnamigen Geschäfts liegt dieses wahnsinnig gemütliche Café, in dem eine Handvoll Khmer-Gerichte und spanische Speisen im Tapas-Stil unter einer hohen Decke mit Bambuselementen serviert werden. Das Maskottchen ist, wie der Name vermuten lässt, ein Baum an der Straße nach Siem Reap. Die Einnahmen gehen an Projekte zur Erhaltung der traditionellen Kultur sowie an Behinderte.

Kinyei CAFÉ
(www.kinyei.org; 1 St 1½; Kaffee 1,25–2,50 US$, Snacks 1–2,50 US$; 7–19 Uhr;) Hier zieht es alle hin, die ihre morgendliche Dosis Koffein brauchen, denn dieses winzige Café brüht den wahrscheinlich besten Kaffee der Stadt. Hier sind schon so einige nationale Barista-Champions gekrönt worden. Das Angebot umfasst die gesamte Bandbreite an Espressi, Milchkaffees und Cappuccinos und auf der kleinen Speisekarte stehen ein paar Frühstücksoptionen und leichte Häppchen.

Choco l'art Café CAFÉ $
(www.chocolartcafe.com; St 117; Frühstücke & Hauptgerichte 1,50–6 US$; Mi–Mo 9–24 Uhr;) Der kambodschanische Maler Ke und seine französische Lebensgefährtin Soline betreiben diese nette Kreuzung aus Galerie und Café voller Hingabe. Zu den Gästen zählen sowohl Einheimische als auch Reisende. Sie treffen sich hier, um zu trinken und Solines wunderbares Brot, Gebäck und die Frühstücks-Crêpes zu genießen. Manchmal wird Livemusik gespielt.

NICHT VERSÄUMEN

UNTERWEGS MIT DEM BAMBUSZUG

Battambangs **Bambuszug** (Hin- und Rückfahrt ab 2 Passagieren 5 US$ pro Pers., für 1 Passagier 10 US$; 7 Uhr–Sonnenuntergang) verspricht eine der besten klassischen Zugreisen in der ganzen Welt. Von O Dambong am Ostufer, 3,7 km südlich der alten Französischen Brücke (Wat-Kor-Brücke) in Battambang, tuckert der Zug auf krummen, verstellten Schienen und über schwindelerregend hohe Brücken (eine Hinterlassenschaft der Franzosen) 7 km nach Südosten bis O Sra Lav.

Jeder Bambuszug – in Khmer-Sprache als Norry (nori) oder Lorry bekannt – besteht aus einem 3 m langen Holzrahmen, der der Länge nach mit Latten aus ultraleichtem Bambus bedeckt ist, die auf zwei hantelartigen Fahrwerken liegen und im hinteren Teil des Gefährts mit Keilriemen an einem 6-PS-Benzinmotor befestigt sind. Auf das Gefährt passen zwischen 10 und 15 Leute und bis zu drei Tonnen Reis. Dann heißt es ankurbeln und bei 15 km/h durch die Landschaft bummeln!

Coconut Water INTERNATIONAL $
(St 119; Hauptgerichte 2–3,50 US$; 8–21 Uhr;) Die Besucher haben die Wahl zwischen dem lauschigen Café im 1. OG oder dem mit Kissen übersäten, schattigen Dach. Die Frühstücksauswahl ist super. Dazu gibt's eine kleine Selektion an Khmer-Klassikern. Alternativ bestellt man sich einen Burger mit karamellisiertem Hühnchen oder Tofu. Der Erlös fließt in verschiedene Gemeindeprojekte.

Fresh Eats Café INTERNATIONAL $
(www.mpkhomeland.org; St 2½; Hauptgerichte 2,50–4 US$; 9–21 Uhr;) Eine Nichtregierungsorganisation führt dieses Café und unterstützt mit dem Gewinn benachteiligte Kinder und Jugendliche. Neben Khmer-Spezialitäten werden hier auch Baguettes zum Selbstbelegen, leckere Salate und Pasta serviert. Vor Ort befindet sich eine kleine Boutique für Kunsthandwerk.

Vegetarian Foods Restaurant VEGETARISCH $
(St 102; Hauptgerichte 1500–3000 R; 6.30–17 Uhr;) Das winzige Lokal kredenzt mit die besten vegetarischen Gerichte in Kambodscha, darunter Reissuppe, hausgemachte Sojamilch und Klößchen für nur 1000 R. Tolles Preis-Leistungs-Verhältnis.

★ **Jaan Bai** FUSIONSKÜCHE $$
(078 263144; jaanbai@cambodianchildrenstrust.org; Ecke St 1½ & St 2; kleine Portionen 3 US$, Hauptgerichte 4–10 US$; Di–So 11–22.30 Uhr;) Battambangs Gourmettempel (Jaan Bai heißt Reisschüssel auf Khmer) hat ein schnittiges, minimalistisches Dekor, das durch wunderschöne französisch-kambodschanische Kachelkunst an der Wand aufgelockert. Die Speisekarte ist kühn und ein absoluter Renner. Am besten bestellt man ein paar kleine Gerichte, um die Vielfalt der Aromen kosten zu können, oder verwöhnt sich gleich mit dem Probiermenü: sieben Gerichte plus Wein für 15 US$ pro Nase (mind. 2 Pers.).

Riverside Balcony Bar BAR
(Ecke St 1 & St 149; Di–So 16–23 Uhr;) Der Klassiker in einem großartigen Holzhaus über dem Ufer gilt als schöner Ort für einen Drink bei Sonnenuntergang. Die von Australiern geführte Bar serviert Pubkost und Khmer-Klassiker (Hauptgerichte 3,50–7,50 US$).

Praktische Informationen

Infos zu aktuellen Veranstaltungen, Events und mehr bietet das kostenlose Magazin *Battambang Buzz*, das in Restaurants, Bars und Hotels ausliegt. Auf dem Stadtplan, der in der Touristeninformation erhältlich ist, sind detaillierte Routen zum Bambuszug und weiteren Attraktionen außerhalb der Stadt beschrieben.

Kostenloses WLAN ist Standard in Hotels, den meisten Cafés und Restaurants.

ANZ Royal Bank (St 1; Mo–Fr 8.30–16 Uhr, Geldautomat 24 Std.)

Canadia Bank (Psar Thom; Mo–Fr 7.30–15.30, Sa bis 11.30 Uhr, Geldautomat 24 Std.)

Handa Medical Centre (095 520654; NH5; Klinik 9–15.30 Uhr, Notfallambulanz 24 Std.) Hat zwei Ambulanzen und normalerweise zwei europäische Ärzte vor Ort.

Touristeninformation (012 534177; www.battambang-town.gov.kh; St 1; Mo–Fr 8–11 & 14–17 Uhr) Mäßig hilfreiches Büro, in dem man auch einen praktischen Stadtplan von Battambang erhält.

An- & Weiterreise

BUS

Die meisten Busunternehmen liegen im Stadtzentrum, gleich südlich der Kreuzung des NH5 und der Straße 4. Die meisten Busverbindungen nach Phnom Penh bieten Capitol Tour und Phnom Penh Sorya. Für schnellere Tagesreisen in die Hauptstadt empfehlen sich die Express-Minivans von Golden Bayon Express (10 US$, 4½ Std.) oder Mekong Express (12 US$, 4½ Std.). Die Nachtbusse haben unchristliche Ankunftszeiten und sind deshalb unpraktisch.

Capitol Tour (☎ 053-953040; St 102)
Golden Bayon Express (☎ 070 968966; St 101)
Mekong Express (☎ 088 576 7668; St 3)
Phnom Penh Sorya (☎ 053-953904; St 4)
Ponleu Angkor Khmer (☎ 053-952366; St 4)

SCHIFF/FÄHRE

Die Flussfähre nach Siem Reap (20 US$, Abfahrt 7 Uhr) zwängt sich durch schmale Fahrrinnen und führt an geschützten Sumpfgebieten vorbei. In der Regenzeit dauert die Fahrt fünf, in der Trockenzeit mindestens neun Stunden. Die schönste Bootsreise Kambodschas wird täglich abwechselnd von **Angkor Express** (☎ 012 601287) und **Chann Na** (☎ 012 354344) angeboten. In der Trockenzeit müssen die Passagiere zu einem befahrbaren Abschnitt des Flusses gebracht werden.

TAXI

An der Südostecke der **Taxistation** (NH5) starten Sammeltaxis nach Phnom Penh (40 000 R, 4½ Std.). Taxis nach Poipet (20 000 R, 1¾ Std.) und Siem Reap (26 000 R, 3 Std.) fahren an der Nordseite des Marktes ab und weiter zum NH5.

Sammeltaxis nach Pailin (20 000 R, 1¼ Std.) nahe des Grenzüberganges Psar Pruhm–Pong Nam Ron findet man am Ostrand des Psar Leu.

ℹ Unterwegs vor Ort

Englisch- und französischsprachige *remork*-Fahrer findet man überall in Battambang, und sie sind sehr bestrebt, Tagesausflüge mit Touristen zu machen. Je nach Verhandlungsgeschick und Fahrtziel dürfte ein halbtägiger Trip 12 US$, ein ganztägiger Trip 16 bis 20 US$ kosten. Mit einem *moto* zahlt man etwa die Hälfte.

Für eine *moto*-Fahrt in der Stadt werden 2000 R fällig, eine Fahrt mit dem *remork* kostet ab 1 US$ aufwärts.

Gecko Moto (☎ 089 924260; St 3; ⏲ 8–19 Uhr) und Royal Hotel (S. 287) vermieten Motorräder für 7 bis 8 US$ pro Tag. Mit Fahrrädern kann man wunderbar die Gegend erkunden; sie werden im Royal Hotel, bei Soksabike (S. 285) und in anderen Gästehäusern verliehen (2 US$ pro Tag).

Rund um Battambang

Die Landschaft um Battambang ist mit alten Tempeln, Bambuszügen und weiteren lohnenswerten Sehenswürdigkeiten gespickt. Die Eintrittsgebühr für die Stätten Phnom Sampeau, Phnom Banan und Wat Ek Phnom beträgt 3 US$. Das Ticket, das man hierfür an einer Stätte erhält, ist einen Tag lang an allen drei Sehenswürdigkeiten gültig.

Phnom Sampeau ភ្នំសំពៅ

Auf dem Gipfel des legendenumwobenen Kalksteinfelsens 12 km südwestlich von Battambang (Richtung Pailin) bieten mehrere **Tempel** einen großartigen Ausblick. Besucher sollten sich allerdings vor den hier lebenden Makaken in Acht nehmen. Die Tiere fressen die Bananen, die als Opfergaben von Gläubigen mitgebracht werden, und sind mitunter recht aggressiv.

Zwischen dem Gipfel und der Mobilfunkantenne führt eine tiefe Schlucht durch einen natürlichen Bogen zu einer bizarren Welt aus Stalaktiten, Kletterpflanzen und Fledermäusen.

Etwa auf halber Strecke den Berg hinauf zweigt ein 250 m langer Weg zu den **Killing Caves von Phnom Sampeau** ab. Über eine verwunschene, von Grün gesäumte Treppe gelangt man in eine Höhle mit einem friedlichen goldenen Buddha. Daneben befindet sich ein beeindruckender verglaster Gedenkschrein mit Knochen und Schädeln von Opfern der Roten Khmer, die von diesen zu Tode geprügelt und durch die Fensterluke entsorgt wurden.

BUSSE AB BATTAMBANG

REISEZIEL	UNTERNEHMEN	FAHRTPREIS (US$)	DAUER (STD.)	HÄUFIGKEIT
Bangkok	PP Sorya, Mekong Express	15–16	9	10.30, 11.30, 12 Uhr
Pailin	Ponleu Angkor	3–4	1½	13, 15 Uhr
Phnom Penh	alle Unternehmen	5–12	6	häufig
Poipet	PP Sorya	4–4,50	2¼	7.45, 13 Uhr
Siem Reap	fast alle Unternehmen	4–5	4	bis 14 Uhr häufig

Phnom Banan ភ្នំបាណន់

Genau 358 Steintreppen führen über einen schattigen Hang zu dem aus dem 11. Jh. stammenden **Wat Banan** 28 km südlich von Battambang, dessen fünf Türme an den Grundriss Angkor Wats erinnern. Der fantastische Ausblick lohnt den Aufstieg. Vom Tempel verläuft eine schmale Steintreppe südwärts den Hügel hinunter zu drei Höhlen, die in Begleitung eines ortsansässigen Guides besichtigt werden können.

Wat Ek Phnom វត្តឯកភ្នំ

Der atmosphärische, teils eingestürzte **Tempel** aus dem 11. Jh. liegt nördlich von Battambang. Ein Türsturz über dem Osteingang des zentralen Tempels zeigt das Aufwühlen des Milchozeans und seine Außenflanken zieren kunstvolle **Flachreliefs**. Die schattige Anlage eignet sich bestens für ein Picknick.

Kompong Thom កំពង់ធំ

062 / 68 000 EW.

Das betriebsame Kompong Thom dient hauptsächlich als Ausgangspunkt für einen Besuch des Sambor Prei Kuk.

Schlafen & Essen

Arunras Hotel HOTEL $
(062-961294; NH6; EZ/DZ mit Ventilator 5/8 US$, DZ mit Klimaanlage 15 US$;) Kompong Thoms beste Unterkunft ist dieses Eckhotel mit 58 Zimmern, gutem Preis-Leistungs-Verhältnis, chinesischem Dekor und aufgewecktem Personal. In dem beliebten Restaurant unten wird leckere Khmer-Küche aufgetischt. Zum Hotel gehört auch das etwas preiswertere **Arunras Guesthouse** (012 865935; NH6; EZ/DZ mit Ventilator 6/8 US$, mit Klimaanlage 10/13 US$;) nebenan mit 53 Zimmern. Ein schlagkräftiges Argument für Faulpelze ist vermutlich, dass die Busse quasi vor der Haustür halten.

EINREISE NACH THAILAND: GRENZÜBERGÄNGE IM WESTEN

Von Pailin nach Chanthaburi

Der entspannte Grenzübergang Psar Pruhm/Ban Pakard (geöffnet von 7 bis 20 Uhr) liegt 102 km südwestlich von Battambang und 18 km nordwestlich von Pailin und ist über gut befestigte Straßen zu erreichen.

Anfahrt zur Grenze Von Battambang fahren täglich Busse von Ponleu Angkor und Rith Mony in Richtung Pailin und weiter bis zur Grenze. Alternativ nimmt man ein Sammeltaxi nach Pailin (Abfahrt vom Psar Leu in Battambang) und fährt dann mit dem *moto* (5 US$) oder Privattaxi (10 US$) bis zur Grenze.

An der Grenze Die Formalitäten sind auf beiden Seiten der Grenze extrem unkompliziert und schnell.

Weiterreise Schon am späteren Vormittag versiegen auf thailändischer Seite die Gelegenheiten zur Weiterfahrt. Man sollte also früh dran sein, um ein Motorradtaxi (50 B) zur nahe gelegenen *sŏrng·tăa·ou*-(Pick-up-)Station zu erwischen, wo morgens zwei Minibusse nach Chanthaburi (150 B, 1½ Std.) starten. Dort machen sich zahlreiche Busse auf den Weg nach Bangkok.

Für Infos zur Überquerung dieser Grenze in entgegengesetzter Richtung siehe S 805.

Von Koh Kong nach Trat

Anfahrt zur Grenze Um die Grenze von Cham Yeam/Hat Lek zu überqueren, nimmt man ein Taxi (10 US$ plus Maut) oder *moto* (3 US$ plus Maut) von Koh Kong über die Mautbrücke zur Grenzstadt Cham Yeam.

An der Grenze Kambodscha über die Grenze von Hat Lek zu verlassen ist sehr unkompliziert, denn es gibt keine Visa-Betrügereien seitens der Einreisebehörden.

Weiterreise In Thailand angekommen, fährt man mit dem Minibus nach Trat (120 B), wo regelmäßig Busse nach Bangkok (ab 254 B, 5–6 Std.) verkehren. Die Weiterreise nach Ko Chang in Trat arrangieren.

Für Infos zur Überquerung dieser Grenze in entgegengesetzter Richtung siehe S. 806.

Prum Bayon Restaurant KAMBODSCHANISCH $
(Prachea Thepatay St; Hauptgerichte inkl. Reis 6000–10 000 R; ⌚5–21 Uhr) Das superbeliebte Restaurant ist nicht auf Englisch ausgeschildert, hat aber eine englische Speisekarte und zieht mit seiner leckeren Khmer-Küche viele Einheimische an.

★ **Kompong Thom Restaurant** KAMBODSCHANISCH $$
(NH6; Hauptgerichte 3–8 US$; ⌚6.30–21 Uhr; 📶🍴) Die Kellner tragen Fliegen (entzückend!) und von der winzigen Terrasse genießt man einen Blick auf den Fluss. Dies ist gewiss das beste Restaurant von Kompong Thom. Zu den einzigartigen Khmer-Kreationen auf der Karte gehören Wasserbüffel und Aal aus der Pfanne. Die Portionen sind großzügig.

Praktische Informationen

Canadia Bank (NH6; ⌚Mo–Fr 8–15.30, Sa 8–11.30 Uhr, Geldautomaten 24 Std.)

Anreise & Unterwegs vor Ort

Dutzende Busse passieren Kompong Thom auf der Route zwischen Phnom Penh (5 US$, 4 Std.) und Siem Reap (5 US$, 2 Std.), die man auch problemlos beim Arunras Hotel anhalten kann.

Die Sammeltaxis nach Preah-Vihear-Stadt (5 US$, 2 Std.) fahren nur morgens.

Im Sokhom Travel Agency (☎012 691527; St 3) Verleiht Fahrräder (1 US$ pro Tag) und Motorräder (5 US$ pro Tag).

Rund um Kompong Thom

Sambor Prei Kuk សំបូរព្រៃគុក

Zu **Sambor Prei Kuk** (សំបូរព្រៃគុក; www.samborpreikuk.com; Eintritt 3 US$), einer der eindrucksvollsten Ansammlungen von Bauten aus der Zeit vor dem Angkor-Reich in ganz Kambodscha, gehören insgesamt etwa 100 Steintempel, die über den gesamten Wald verteilt sind. Unter dem Namen Isanapura diente die Stätte zur Zeit der Herrschaft des Königs Isanavarman im frühen 7. Jh. als Hauptstadt von Chenla.

Der zentrale Tempelbereich der bewaldeten, schattigen Anlage besteht aus drei Komplexen. **Prasat Sambor** ist Gambhireshvara gewidmet, einer der vielen Inkarnationen Shivas. Der von Wald umgebene **Prasat Yeay Peau** wirkt recht verloren; ein altehrwürdiger Baum hat sich seines Osttors bemächtigt. Der **Prasat Tao** (Löwentempel), der größte der Sambor-Prei-Kuk-Komplexe, trumpft mit zwei großen, kunstvoll gearbeiteten Steinlöwen auf.

Isanborei (☎017 936112; www.samborpreikuk.com; B/DZ 4/6 US$) 🍃 betreibt ein gemeindebasiertes Gastfamilienprogramm, verleiht Fahrräder (2 US$ pro Tag) und organisiert Fahrten mit Ochsenkarren. Es hat auch einige *remork* im Angebot, die Traveller sicher nach/von Kompong Thom (15 US$ einfach) transportieren.

Rund um den Freiluftmarkt für Kunsthandwerk unweit des Tempeleingangs findet man viele Restaurants (Hauptgerichte 2–4 US$), die regionale Kost servieren.

Sambor Prei Kuk, 30 km nordöstlich von Kompong Thom, ist auf gut befestigten Straßen zu erreichen. Eine Hin- und Rückfahrt mit dem *moto* kostet 10 US$, mit dem *remork* 20 US$.

SÜDKÜSTE

Kambodschas Südküste ist eine faszinierende Mischung aus kristallklarem Wasser, einsamen Inseln, unberührten Mangrovenwäldern, baufälligen Kolonialstädten und von Dschungel bedeckten Bergen, in dem sich Tiger und Elefanten verstecken. Abenteurer und Strandliebhaber kommen hier voll auf ihre Kosten.

Koh-Kong-Stadt ក្រុងកោះកុង

☎035 / 36 000 EW.

Mit ihrer von Schmuggel, Prostitution und Glücksspiel geprägten Wirtschaft repräsentierte die Grenzstadt Koh Kong, Hauptstadt der gleichnamigen Provinz, einst den Wilden Westen Kambodschas. Heute schlägt sie einen respektableren, vom Ökotourismus geprägten Weg ein.

Sehenswertes & Aktivitäten

Koh Kong ist in erster Linie für Abenteuerlustige attraktiv, die das Kardamom-Gebirge und den Koh Kong Conservation Corridor erkunden wollen.

Peam-Krasaop-Mangrovenschutzgebiet NATURSCHUTZGEBIET
(ជម្រកសត្វព្រៃបឹងក្រយ៉ាក ពាមក្រសោប; Eintritt 5000 R; ⌚6.30–18 Uhr) Die eindrucksvollen Mangroven dieses 260 km² großen, von kleinen Inselchen gespickten Reservats schützen

Koh-Kong-Stadt

0 — 200 m

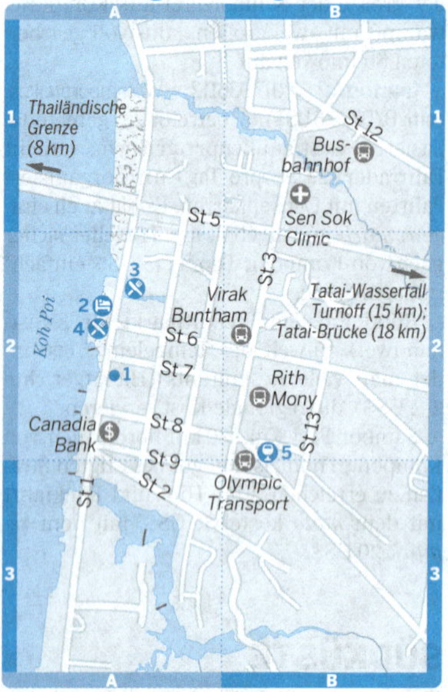

Koh-Kong-Stadt

Aktivitäten, Kurse & Touren
1 Ritthy's Koh Kong Eco Adventure Tours A2

Schlafen
2 Koh Kong City Hotel A2

Essen
3 Baan Peakmai A2
4 Café Laurent A2

Ausgehen & Nachtleben
5 Fat Sam's B2

Transport
Phnom Penh Sorya .... (siehe 5)

die Küste vor Erosion, dienen Fischen, Krabben und Schalentieren als lebensnotwendige Laichgründe sowie Futterquelle und bieten zahlreichen Vögeln eine Heimat.

Wer ein Gespür für das fragile Mangroven-Ökosystem bekommen möchte, sollte den 600 m langen, betonierten Mangrovenweg entlangspazieren, der sich über dem Salzwasser zu einem 15 m hohen Beobachtungsturm windet. Der Eingang befindet sich 5,5 km südöstlich von Koh Kong. Die Fahrt mit dem *moto/remork* schlägt mit 5/10 US$ (hin & zurück) zu Buche.

Geführte Touren

Auf Bootsausflügen lassen sich wunderbar die zahlreichen Attraktionen an Koh Kongs Küste entdecken. Der englischsprachige Guide **Teur** (☎ 016 278668) hängt meist am Bootsdock herum und hilft den Travellern, Schnellboote für sechs bzw. drei Passagiere (40 bzw. 15 PS) zu mieten. Die Touren führen zu den westlichen Stränden der Koh-Kong-Insel (großes/kleines Boot 80/50 US$), zur Koh-Kong-Insel selbst (120/90 US$) oder zum schönen Peam-Krasaop-Mangrovenschutzgebiet (40/30 US$).

Ritthy's Koh Kong Eco Adventure Tours ABENTEUERTOUREN
(☎ 012 707719; www.kohkongecoadventure.com; St 1; ⊙ 8–21 Uhr) Eine Anlaufstelle für sämtliche geführte Touren in der Umgebung. Ritthy's ist der älteste Anbieter für Ökotourismus in Koh Kong. Es geht mit dem Boot nach Koh Kong Island, zum Vögelbeobachten und zu Fuß in den Dschungel des Koh Kong Conservation Corridor. Die Dschungeltreks mit Übernachtung (Camping) erhalten immer wieder sehr gute Bewertungen von Reisenden (1 Nacht 35 US$ pro Pers., 2 Nächte 70 US$).

Schlafen

Manche Unterkünfte zahlen *moto*-Fahrern Kommissionen, was Betrügern Tür und Tor öffnet.

★ **Koh Kong City Hotel** HOTEL $
(☎ 035-936777; http://kkcthotel.netkhmer.com; St 1; Zi. 15–20 US$; ❄ @ ☎) Für einen fast lächerlich niedrigen Preis erhält man in diesem Hotel sehr saubere Zimmer mit riesigen Bädern, zwei Doppelbetten, Fernsehern mit 50 Programmen, einer vollen Ausstattung an Toilettenartikeln, kostenlosem Wasser und – für gerade mal 20 US$ mehr – einen tollen Blick auf den Fluss. Freundliches Personal.

Oasis Bungalow Resort BUNGALOWS $$
(☎ 092 228342; http://oasisresort.netkhmer.com; DZ/3BZ 30/35 US$; ❄ ☎ ≋) Das Oasis wird seinem Namen absolut gerecht und liegt 2 km nördlich vom Stadtzentrum, umgeben von einem dichten Wald. Seine fünf großen, luftigen Bungalows sind um einen bildschönen Infinity-Pool mit Blick auf die Kardamom-Berge angeordnet. Eine ruhige Basis zum Entspannen und Kraft schöpfen. Den blauen Schildern ab der Acleda Bank folgen.

Essen & Ausgehen

Baan Peakmai ASIATISCH $

(St 1; Hauptgerichte 7000–15 000 R; 11–14 & 17–22 Uhr;) Zwar hat eine Papiertüte wahrscheinlich mehr Charme, doch man sollte sich nicht von dem phantasielosen Dekor abschrecken lassen. Im Baan Peakmai gibt's eine feine Auswahl asiatischer Gerichte (große Portionen) und die Angestellten sind auf Zack. Die Karte umfasst Leibspeisen aus der thailändischen, chinesischen und Khmer-Küche. Auch Vegetarier werden sich nicht beklagen können.

★ **Café Laurent** INTERNATIONAL $$

(St 1; Hauptgerichte 4–15 US$; Mi–Mo 10.30–23 Uhr;) Schickes Café-Restaurant am Ufer mit stimmungsvoller Atmosphäre: Gespeist wird in Pavillons über dem Wasser, in denen man sich entspannt zurücklehnen, den Sonnenuntergang beobachten, und sich dabei feinste westliche und Khmer-Gerichte auf der Zunge zergehen lassen kann. Auf den Tellern landen neben französischen Steaks und leckeren Pastagerichten auch frische Meeresfrüchte und asiatische Klassiker. Allem haftet ein Hauch von Haute Cuisine an.

ABSEITS DER ÜBLICHEN PFADE

PRASAT PREAH VIHEAR ប្រាសាទព្រះវិហារ

Der 800 m lange **Tempel** (ប្រាសាទព្រះវិហារ; Eintritt 10 US$; 7.30–16.30 Uhr) hat die spektakulärste Lage aller Angkor-Monumente. Er thront auf einem Felsen der Dangkrek-Berge an der thailändischen Grenze und bietet einen atemberaubenden Ausblick auf die nördlichen Ebenen Kambodschas.

Prasat Preah Vihear besteht aus einer Serie von vier kreuzförmigen *gopura* (Heiligtümer), geschmückt mit kunstvollen Reliefs, darunter eindrucksvolle Türstürze. Ein Spaziergang ab dem **monumentalen Treppenaufgang** führt südwärts zum **Gopura der dritten Ebene** mit einer frühen Darstellung des Aufwirbelns des Milchozeans und schließlich zum **Hauptheiligtum** an der Felskante. Man sollte sich immer an deutlich gekennzeichnete Wege halten, da die Roten Khmer noch 1998 eine große Anzahl von Landminen rund um den Prasat Preah Vihear platziert haben.

Prasat Preah Vihear und das umliegende Gebiet wurden im 19. Jh. von Thailand regiert, aber unter französischem Protektorat an Kambodscha zurückgegeben. 1959 besetzten thailändische Truppen den Tempel, der Internationale Gerichtshof in Den Haag sprach ihn aber 1962 dem souveränen Staat Kambodscha zu.

Im Juli 2008 wurde der Prasat Preah Vihear zur zweiten UNESCO-Weltkulturerbestätte Kambodschas erklärt. Bald darauf marschierten thailändische Truppen in Kambodscha ein und entfachten eine bewaffnete Konfrontation. Im Juli 2011 bestimmte der Internationale Gerichtshof die Errichtung einer entmilitarisierten Zone und bestätigte im November 2013 seinen Beschluss von 1962, laut dem der Tempel zu Kambodscha gehört. Die Grenzregion gilt als sicher, die beidseitige Spannung ist aber noch spürbar.

Aus Sra Em hier angekommen, geht's zuerst ins **Informationszentrum** (Kor Muy; 7–16.30 Uhr) im Dorf Kor Muy. Hier spendet man, bucht einen englischsprachigen Führer, falls gewünscht (15 US$), und arrangiert die Weiterfahrt per *moto* (Hin- & Rückfahrt 5 US$) oder Allradwagen (Hin- & Rückfahrt 25 US$, max. 6 Passagiere) die 6,5 km lange Zugangsstraße zum Tempel hinauf; Achtung: Die letzten 1,5 km sind extrem steil!

Budgetunterkünfte findet man zuhauf im aufstrebenden Sra Em, das 23 km südlich des Informationszentrums liegt – wir empfehlen **Sok San Guesthouse** (097 715 3839; EZ/DZ mit Ventilator 8/10 US$, mit Klimaanlage ab 13/15 US$;) 1 km westlich vom zentralen Kreisverkehr. Essen kann man im **Limy Restaurant** (Hauptgerichte 3–4,50 US$; 6–22 Uhr), dem letzten einer Reihe von Restaurants gleich nördlich des Kreisverkehrs (in Richtung Prasat Preah Vihear).

Mit einem Pkw schafft man es von Siem Reap aus in ca. drei Stunden zum Prasat Preah Vihear (nicht zu verwechseln mit der Stadt Preah Vihear 110 km weiter südlich. Die Hin- und Rückfahrt kostet etwa 140 US$. Es ist jedoch viel sinnvoller, die lange Reise mit einer Übernachtung in Sra Em zu unterbrechen, das nur 30 km vom Tempel entfernt liegt. Zwischen Siem Reap und Sra Em verkehren Sammeltaxis (10 US$ pro Pers., 3 Std.). Am zentralen Kreisverkehr in Sra Em kann man ein *moto* zum Informationszentrum in Kor Muy (Hin- & Rückfahrt 10 US$) ergattern.

ABSEITS DER ÜBLICHEN PFADE

KOH-KONG-INSEL

An der Westküste von Kambodschas größter Insel locken sieben unberührte Strände mit Kokospalmen und üppiger Vegetation, genau wie man es von einem tropischen Paradies erwartet. Vom von Norden aus sechsten Strand führt ein schmaler Kanal zu einer Lagune à la Gilligans Insel.

Mit dem Boot des **Koh Kong Island Resort** (035-936371; www.kohkongisland.net; Koh Kong Island; Bungalows DZ 25–50 US$, Fam.-Zi. 70 US$) kann man täglich für 15 US$ pro Person zur Insel übersetzen. Abfahrt in Koh-Kong-Stadt um 8.30 Uhr, Rückfahrt um 15 Uhr. Vorab buchen.

Fat Sam's BAR

(abseits der Straße 3; Mo–Sa 9–22, So 16–22 Uhr;) Ein lässiges Bar-Restaurant unter walisischer Leitung mit einer guten Auswahl an Bieren, Spirituosen und Weinen sowie Fish & Chips, Chili con Carne und authentischen Khmer- und Thai-Gerichten. Praktische Reiseinfos gibt's gratis dazu. Außerdem können Motorräder gemietet werden.

Praktische Informationen

Einige der besten lokalen Informationsquellen sind Pensionen, Hotels und Kneipen. Der kostenlose **Koh Kong Visitors Guide** (www.koh-kong.com) besteht hauptsächlich aus Werbeanzeigen.

Canadia Bank (St 1; Mo–Fr 8–15.30, Sa bis 11.30 Uhr, Geldautomat 24 Std.)

Sen Sok Clinic (012 555060; kkpao@camintel.com; St 3; 24 Std.) Englisch- und französischsprachige Ärzte.

An- & Weiterreise

Die meisten Busse setzen ihre Passagiere an Koh Kongs unbefestigtem **Busbahnhof** (St 12) am Nordostrand ab, wo *moto*- und *remork*-Fahrer nur darauf warten, Touristen abzuzocken. Eine Strecke per *moto/remork* ins Zentrum dauert nur drei Minuten und sollte nicht mehr als 1/2 US$ kosten.

Rith Mony (012 640344; St 3), **Phnom Penh Sorya** (077 563447; St 3), **Olympic Transport** (011 363678; St 3) und **Virak Buntham** (089 998760; St 3) schicken jeweils zwei oder drei Busse nach Phnom Penh (7 US$, 6 Std., letzte Abfahrt 11.30 Uhr) und ein bis zwei Busse nach Sihanoukville (8–10 US$, 5 Std.).

Rith Mony und Virak Buntham bieten zudem Mittagsbusse nach Bangkok mit einem Fahrzeugwechsel an der Grenze (20 US$, 8 Std.). Es gibt auch Busse nach Koh Chang (14 US$, inkl. Fähre) mit Umstieg an der Grenze sowie inklusive einer lokalen Fähre zur Insel.

Ab dem Taxistand neben dem Busbahnhof starten Sammeltaxis nach Phnom Penh (11 US$, 5 Std.) und gelegentlich nach Sihanoukville (10 US$, 4 Std.).

Unterwegs vor Ort

Ritthy's Koh Kong Eco Adventure Tours (S. 292) vermietet Fahrräder für 1/2 US$ pro halber/ganzer Tag sowie Motorräder.

Koh Kong Conservation Corridor របៀងអភិរក្សខេត្តកោះកុង

Der Koh Kong Conservation Corridor erstreckt sich entlang des NH48 von Koh Kong bis zum Golf von Kompong Som. Seine Naturattraktionen gehören zu den eindrucksvollsten Sehenswürdigkeiten Kambodschas. Zu ihnen zählen die größten Mangrovenwälder des südostasiatischen Festlandes und die südlichen Ausläufer der legendären **Kardamom-Berge**, die mit atemberaubender Schönheit und beeindruckender Artenvielfalt aufwarten.

Die nächsten Jahre sind wohl entscheidend für die Zukunft der Kardamom-Berge. Nichtregierungsorganisationen wie Conservation International (www.conservation.org), Fauna & Flora International (www.fauna-flora.org) und Wildlife Alliance (www.wildlifealliance.org) versuchen die 16 Ökosysteme der Region vor Holzfällern und Wilderern zu schützen. Auch Tourismus spielt eine große Rolle in ihren Plänen. Wildlife Alliance unterstützt mehrere Projekte, die das **Waldschutzgebiet der südlichen Kardamom-Berge** (1443 km^2) in eine der aktuellen Topadressen des Ökotourismus verwandeln wollen.

Tatai-Wasserfall ទឹកធ្លាក់តាតៃ

18 km östlich von Koh Kong am NH48 führt die Phun-Daung-(Tatai-)Brücke über den Fluss Tatai. Stromaufwärts stürzt in einer stark bewaldeten Schlucht der **Tatai-Wasserfall** – in der Regenzeit eine donnernde Ansammlung von Stromschnellen – über eine Felsklippe 4 m in die Tiefe. Während der Trockenzeit sinkt die Wassermenge, doch in den erfrischenden Becken rund um die Kaskade kann man das ganze Jahr über baden.

Die Abzweigung nach Tatai befindet sich 15 km südöstlich von Koh Kong bzw. 2,8 km nordwestlich der Tatai-Brücke. Von der

Autobahn führt eine 2 km lange, holprige Zugangsstraße zu den Katarakten. Ein halbtägiger Ausflug per *moto/remork* von Koh Kong zum Naturschauspiel kostet 10/15 US$ (hin & zurück).

Sihanoukville ក្រុងព្រះសីហនុ

034 / 91000 EW.

Das von weißen Sandstränden und bisher noch relativ unerschlossenen tropischen Inseln umgebene Sihanoukville (alias Kompong Som) gilt als Kambodschas führender Badeort. Rucksacktouristen bevorzugen die Partyzone des Serendipity Beach, doch ist der wunderschöne Otres Beach südlich der Stadt inzwischen ebenso beliebt bei allen, die Entspannung suchen. Sihanoukville ist überdies das Sprungbrett zu den südlichen Inseln, einem Paradies für Aussteiger.

Sehenswertes & Aktivitäten

Der an der Küste gelegene **Ream National Park** befindet sich 15 km östlich von Sihanoukville und lockt mit aufregenden Bootstrips durch die Mangroven und entlang unberührter Strände. Die Touren beinhalten außerdem noch eine Wanderung durch den Primärwald.

Strände

Sihanoukvilles Strände sind sehr verschieden und haben daher für jeden etwas zu bieten. Der **Occheuteal Beach** verfügt über die zentralste Lage und wird von baufälligen Restaurants gesäumt. An seinem nordwestlichen Ende hat sich an einem winzigen, felsigen Abschnitt ein relaxter, bei Urlaubern sehr beliebter Treffpunkt namens **Serendipity Beach** entwickelt.

Südlich des Occheuteal Beach liegt hinter einer kleinen Landzunge der **Otres Beach**, der von Dutzenden Restaurants im Bungalowstil sowie von Urlaubsresorts gesäumt ist. Der Strand hat sauberes Wasser und ist entspannter als die zentraleren Strände von Sihanoukville. Außerdem ist er lang genug, um problemlos ein eigenes Stück Sand zu finden … einfach gen Süden halten. Der Otres Beach befindet sich etwa 5 km südlich des Serendipity. Eine Fahrt mit dem *moto/remork* hierher kostet 2/5 US$ (nachts mehr).

Einen Strand weiter nördlich vom Serendipity erstreckt sich der schönste Küstenstreifen von Sihanoukville, der 1,5 km lange **Sokha Beach**. Sein feiner, silikonartiger Sand quietscht beim Gehen unter den Füßen.

CHI PHAT

Heute ist das einst für Abholzungen und Wilderei berüchtigte Chi Phat (សហគមន៍ទេសចរណ៍ជីផាត់) Standort eines zukunftsweisenden **gemeindebasierten Ökotourismusprojektes**, gegründet von der Wildlife Alliance (www.wildlifealliance.org). Dieses bietet abenteuerlustigen Travellern die einzigartige Möglichkeit, das Ökosystem der Kardamom-Berge zu entdecken und gleichzeitig für seinen Schutz zu sorgen. Besucher können Tageswanderungen durch den Dschungel unternehmen, bei Sonnenaufgang vom Boot aus Vögel beobachten, per Mountainbike zu Stromschnellen fahren oder unter der Führung eines ehemaligen Wilderers Affen und Nashornvögel beobachten. Außerdem gibt's ein- bis viertägige Mountainbike- und Dschungeltrips in die Tiefen der Kardamom-Berge, und im Dorf kann man mit Einheimischen Volleyball, Badminton sowie Billard spielen.

Zu den einfachen Unterkünften in Chi Phat gehören 18 CBET-Pensionen (DZ 5–6 US$) und 13 Privatunterkünfte (4 US$), die man über das **CBET Community Visitor Centre** (092 720925, 035-6756444; www.chi-phat.org; Chi Phat; 7–19 Uhr) in Chi Phat bucht. Im Besucherzentrum werden Mahlzeiten serviert (2,50 US$ für Frühstück, 3,50 US$ für Mittag- und Abendessen). Wenn abends viele Leute da sind, verwandelt sich das Zentrum in eine Art Bar.

Chi Phat liegt am Fluss Preak Piphot 17 km stromaufwärts ab Andoung Tuek, das sich wiederum 98 km östlich von Koh Kong am NH48 befindet. Alle nach Koh Kong verkehrenden Busse lassen Passagiere in Andoung Tuek aussteigen. Von dort gelangt man nach einer zweistündigen Bootsfahrt (10 US$ pro Pers., 13 Uhr) oder einer 45-minütigen Motorradfahrt (7 US$) auf einer unbefestigten, aber glatten Straße nach Chi Phat. Boot oder *moto* können über das CBET-Büro telefonisch reserviert werden.

Sihanoukville

Das winzige Ostende des Strands ist öffentlich zugänglich und selten überfüllt. Der Rest des Strandes gehört zum exklusiven Sokha Beach Resort und darf nur von den Gästen des Resorts betreten werden.

Nördlich des Sokha Beach erstrecken sich der **Independence Beach** gleich beim Independence Hotel und der erste unter Backpackern angesagte Strand in Kambodscha, der **Victory Beach**, jetzt unter russischem Management. Letzterer ist sauber, ordentlich und ruhig.

Tauchen

Die Tauchmöglichkeiten in Sihanoukville sind nicht die besten Südostasiens. Obwohl sich die Bedingungen mit steigender Entfernung bessern, können sie mit dem westlichen Golf von Thailand oder der Andaman-See nicht mithalten. Viele größere Tauchausflüge führen nach **Koh Rong Sanloem**, Touren mit Übernachtung wiederum zu den entfernten Inseln **Koh Tang** und **Koh Prins**. Letztere kosten rund 100 US$ pro Tag, zwei tägliche Tauchgänge, Verpflegung, Unterkunft auf einer Insel und Ausrüstung inklusive. Tauchgänge mit zwei Tanks und Ausrüstung außerhalb von Sihanoukville schlagen durchschnittlich mit 80 US$ zu Buche. PADI-Open-Water-Kurse werden für 400–450 US$ angeboten, was zwar nicht gerade günstig, aber nach internationalen Standards ziemlich wettbewerbsfähig ist.

Scuba Nation TAUCHEN
(Karte S. 301; ☎ 012 604680; www.divecambodia.com; Serendipity Beach Rd; 2 Tauchgänge 85 US$, PADI-Kurs Open Water-Lizenz 445 US$; ⏲ 8–18.30 Uhr) Das Fünf-Sterne-PADI-Tauchzentrum ist der älteste Anbieter der Stadt und hat ein komfortables Boot für Tagestouren und Tauchfahrten mit Übernachtung.

Dive Shop TAUCHEN
(Karte S. 301; ☎ 034-933664; www.diveshopcambodia.com; Serendipity Beach Rd; PADI-Schnupper-

tauchen 95 US$, 1/2 Tauchgänge 65/80 US$; ⏲9–19 Uhr) Hier gibt's die komplette Palette an PADI-Kursen, Spaß-Tauchgänge und Tauchfahrten mit Übernachtung an Bord. Das Fünf-Sterne-PADI-Tauchzentrum betreibt noch einen weiteren Laden auf Koh Rong Sanloem.

Massage

Von NROs ausgebildete seh- und körperbehinderte Masseure sorgen im **Seeing Hands Massage 3** (Karte S. 299; 95 Ekareach St; 6 US$ pro Std. ; ⏲8–21 Uhr) und im **Starfish Bakery & Café** (Karte S. 299; abseits der 7 Makara St; 6–10 US$ pro Std.; ⏲7–18 Uhr) für Entspannung.

Kurse

Don Bosco Hotel Khmer Cooking Course KOCHKURSE

(☎034-934478; www.donboscohotelschool.com/cooking; Don Bosco Hotel School, Ou Phram St; 30 US$ pro Pers.) Wer hier Kochunterricht nimmt, unterstützt die ehrenwerte Don-Bosco-Hotelschule und lernt dabei auch noch ein paar Tricks und Kniffe der Khmer-Kochkunst. Der Kurs umfasst einen Abstecher zum Markt, ein aufwendiges Drei-Gänge-Mittagessen (bei dessen Zubereitung man mithilft) und eine Führung durch die Hotelschule. Der Unterricht findet meist dienstags, donnerstags und samstags von 10 bis 12.30 Uhr statt.

Geführte Touren

Tagesausflüge zu nahe gelegenen Inseln und zum Ream-Nationalpark erfreuen sich großer Beliebtheit. Auch feuchtfröhliche Kreuzfahrten sind angesagt.

Eco-Trek Tours ABENTEUERTOUREN

(Karte S. 301; ☎012 987073; www.ecotourscambodia.com; ⏲8–22 Uhr) Hier werden hoch gelobte Bootsfahrten/Trekkingtouren durch den Ream-Nationalpark und Bootsfahrten rund um die Inseln angeboten.

Party Boat BOOTSTOUREN

(Karte S. 301; www.thepartyboat.asia; Serendipity-Beach-Pier; 25 US$ pro Pers.) Das Party Boat fährt täglich um 9.30 Uhr (bis 17 Uhr) nach Koh Rong Sanloem. Snacks, Mittagessen, Schnorcheln und ein Getränk sind im Preis inbegriffen. Darüber hinaus kann man an Bord zu den Vollmondpartys auf Koh Rong und zurück fahren; Abfahrt in Sihanoukville ist um 17 Uhr, die Rückfahrt erfolgt gegen 8 Uhr.

Schlafen

Die meisten Rucksacktouristen zieht es an den Serendipity Beach zum Feiern und an den Otres Beach zum Relaxen. Weitere Optionen gibt's im Stadtzentrum (für Leute, die keine Touristen sehen möchten) und am Victory Hill, einem früheren Backpackergetto, das heute zu den schäbigsten Ecken Sihanoukvilles zählt. Auf den vor der Stadt liegenden Inseln eröffnen immer mehr Bungalowresorts.

Serendipity & Occheuteal

An der Straße zum Serendipity befinden sich die meisten Unterkünfte für Backpacker, während sich den Hügel herunter direkt an der felsigen Küste des winzigen Serendipity Beach einige gute Mittelklassehotels aneinanderreihen.

Monkey Republic HOSTEL $

(Karte S. 301; ☎012 490290; http://monkeyrepublic.info; Serendipity Beach Rd; B 6 US$, Zi. mit Ventilator 15–22 US$, Zi. mit Klimaanlage 18–30 US$; ❄@📶) Das selbsternannte Backpacker-Mekka mit der gelben Fassade im französischen Kolonialstil stieg 2013 nach einem verheerenden Brand wie Phoenix aus der Asche. Die Schlafsäle sind brauchbar, die Privatzimmer erschwinglich. In dem Bar-Restaurant wimmelt es stets von jungen Reisenden.

Big Easy HOSTEL $

(Karte S. 301; ☎081 943930; Serendipity Beach Rd; B 3 US$, Zi. 6–10 US$; 📶) Eine klassische Backpackerunterkunft mit Hausmannskost und einer lebhaften Rock-Bar. Die Zimmer sind

VERWÖHNPROGRAMM

Das Beste vom Besten in der Serendipity-Gegend in Sachen Atmosphäre zum kleinen Preis ist das **Ropanha Boutique Hotel** (Karte S. 301; ☎012 556654; www.ropanhaboutiquehotel.com; 23 Tola St; Zi. inkl. Frühstück 45–55 US$; ❄📶🏊). Die Zimmer sind um einen begrünten Hofgarten mit Pool angeordnet und mit Flachbild-TV und DVD-Player sowie Regenduschen im Bad ausgestattet. Die Deluxe-Kategorie wartet mit einem Blick auf den Pool auf, doch auch die anderen Unterkünfte sind sehr gepflegt und mit weißen Elementen in Szene gesetzt.

einfach, man verbringt allerdings höchstwahrscheinlich die meiste Zeit in der Bar. Sie hat eine tolle Atmosphäre, manchmal gibt's Livemusik und Spiele der englischen Premier League werden ebenfalls gezeigt.

One Stop Hostel HOSTEL $
(Karte S. 301; ☎ 096 3390005; onestophostelshv@gmail.com; Kreisverkehr Golden Lions; B 7 US$; ❄📶🏊) Weiß in Weiß gehaltene Acht-Bett-Zimmer mit gerade erneuerten Schlafsaalbetten. Jeder Gast hat seine eigene Leselampe und einen abschließbaren Schrank für den Rucksack. Die Unterkünfte sind um einen mit Glas eingefassten Hof angeordnet, in dem sich ein kleiner Pool befindet. Hier zeigt sich, dass smarter Stil nicht die Welt kosten muss.

Chochi Garden PENSION $
(Karte S. 301; ☎ 070 865640; www.chochigarden.com; Serendipity Beach Rd; Zi. mit Ventilator/Klimaanlage 15/25 US$; ❄📶) Endlich hat auch der Serendipity Beach seine erste Boutique-Backpacker-Bleibe. Francesca und Taka, ein italienisch-japanisches Pärchen, haben eine Oase der Ruhe geschaffen – soweit das mitten im Epizentrum der Aktivität überhaupt möglich ist. Vorn befindet sich ein cooles Bar-Restaurant, die schlichten Zimmer (teilweise mit Palmendächern und hübsch gestrichenen Fenstergittern) liegen in einem pflanzenreichen Garten, über den einige gemütliche Sitzgelegenheiten verstreut sind.

Otres Beach ឆ្នេរអូរត្រេះ

Die meisten Gästehäuser am Otres Beach drängen sich etwa 1 km südlich des Queen Hill Resort, in einer Gegend, die auch unter dem Namen Otres 1 bekannt ist. Ein ca. 2,5 km langer leerer Strand trennt die Unterkünfte von Otres 2, einer etwas abgelegeneren Kolonie von Urlaubsresorts am Südende des Strandes.

★ **Wish You Were Here** HOSTEL $
(☎ 097 241 5884; http://wishotres.com; Otres 1; B 6 US$, Zi. 14–16 US$, Bungalows 18 US$; 📶) In diesem wackeligen Holzgebäude befindet sich eins der hippsten Hostels von Otres. Die Zimmer sind einfach, doch der Balkon oben lädt zum faultierähnlichen Hinfläzen und Abhängen ein und das Bar-Restaurant unten hat dank entspannter Hintergrundmusik und freundlichen Angestellten ein tolles Flair.

SeaGarden BUNGALOWS $
(☎ 096 2538131; www.seagardenotres.com; Otres 1; B 5 US$, Zi. 15–20 US$; 📶) Auf der Suche nach einem billigen Bungalow direkt auf dem Sand? Hier wird man fündig. Das SeaGarden vermietet schlichte Strandhütten und Zimmer in einem Stelzenhaus (ebenfalls direkt am Strand). Der neue Besitzer hält die Anlage tadellos sauber und war gerade mit dem Bau eines großen Schlafsaals beschäftigt, als wir zuletzt zu Besuch waren.

Hacienda HOSTEL $
(☎ 070 814643; Otres-Dorf; B 4 US$, Zi. 8–15 US$; 📶) Eine entspannte Backpacker-Zone mit preiswerten Mehrbettzimmern und bescheidenen Bungalows am Meeresarm von Otres. In dem beliebten Bar-Restaurant steigert sich die Stimmung häufig zu ausgelassenen Partys.

Mushroom Point BUNGALOWS $$
(☎ 078 509079; www.mushroompoint.com; Otres 1; B 8 US$, Bungalow 25–30 US$; 📶) Der Open-Air-Schlafsaal in Form eines Pilzes gewinnt ohne Zweifel den Preis für die kreativste Unterkunft Kambodschas. Selbst WG-feindlich eingestellte Gäste werden sich in den mit Moskitonetzen eingefassten Nischen (2 Pers. finden hier Platz) wohlfühlen. Auch die ausgefallenen Bungalows (ebenfalls in Pilzform) sind schön aufgemacht: Draußen sind Hängematten angebracht. Der Strandanbau wartet mit weiteren Bungalows und einer Bar auf.

Essen

Sihanoukvilles kulinarisches Zentrum ist die Gegend um den Serendipity-Strand.

Serendipity & Umgebung

Am romantischsten speist man immer noch am Meer, sei es in einem der Resorts am Serendipity Beach oder in einer der günstigeren Hütten am angrenzenden Occheuteal Beach.

Nyam KAMBODSCHANISCH $
(Karte S. 301; www.nyamsihanoukville.com; 23 Tola St; Hauptgerichte 2–4,25 US$; ⏰ 17–22 Uhr; 📶) Nyam bedeutet in der Khmer-Sprache „essen". Dies ist ein toller Ort für ein modernes kambodschanisches Dinner. Hier gibt's alle beliebten Landesgerichte, z. B. *amok* (Curry mit gebackenem Fisch), und die gesunden Meeresfrüchtekreationen zeugen von der Lage direkt am Wasser.

Sihanoukville Stadtzentrum

Sinhanoukville Stadtzentrum

Aktivitäten, Kurse & Touren
1 Seeing Hands Massage 3 .... C3
Starfish Bakery & Café .... (siehe 7)

Essen
2 Holy Cow C3
3 Samudera Supermarkt C2
4 Starfish Bakery & Café C2

Cafe Mango ITALIENISCH **$**
(Karte S. 301; Serendipity St; Hauptgerichte 3–6 US$; 7–22 Uhr;) Ein wunderbares kleines italienisches Café, das Holzofenpizzas, hausgemachte Pasta und leckere Gnocchi anbietet. Von mittags bis 18.30 Uhr gibt's ein Hauptgericht mit Knoblauchbrot oder Bruschetta und einem Getränk für nur 5 US$.

★ **Sandan** KAMBODSCHANISCH **$$**
(Karte S. 301; 2 Thnou St; Hauptgerichte 4–10 US$; Mo–Sa 7–21 Uhr;) Erstklassiges Lokal, das dem beliebten Restaurant Romdeng (S. 257) in Phnom Penh nachempfunden ist und in Zusammenarbeit mit der lokalen NRO M'lop Tapang benachteiligte Kambodschaner ausbildet. Kredenzt wird kreative Landesküche für eine wohlsituiertere Klientel. Kinder freuen sich über die Spieleecke. Manchmal finden auch kulturelle Vorführungen statt.

So INTERNATIONAL **$$**
(Karte S. 301; Serendipity Beach Rd; Hauptgerichte 4–10 US$; 8–22 Uhr;) Bekannt für das so ziemlich beste Essen von Serendipity. Abends wechselt die Speisekarte und der erstklassige Koch übernimmt das Ruder. Er zaubert Köstlichkeiten wie Wasabi-Garnelen und gebackene Jakobsmuscheln in Weinsoße. Wer früh diniert (zw. 17 und 18.30 Uhr), zahlt nur 5 US$ für zwei Gänge.

Rund um das Stadtzentrum

Starfish Bakery & Café CAFÉ **$**
(Karte S. 299; www.starfishcambodia.org; abseits der 7 Makara St; Sandwiches 2,50–4,50 US$; 7–18 Uhr;) Entspanntes, von einer NRO betriebenes Gartencafé mit sättigendem Frühstück nach westlicher Art, Kuchen und Torten sowie innovativen Sandwiches mit mexikanischen und orientalischen Aromen. Ein Kaffee auf der schattigen Terrasse ist wie Urlaub von der städtischen Hektik. In einem Geschäft im Obergeschoss werden Seide und andere Geschenkartikel verkauft. Der Gewinn fließt an Projekte für nachhaltige Entwicklung.

Dao of Life VEGAN **$**
(Karte S. 301; Serendipity Beach Rd; Hauptgerichte 3,50–6 US$; Di–So 8–15 & 18–22 Uhr;)

In dem Dachcafé voller Hängematten und Recyclingmöbel wird kreative, leckere vegane Küche zubereitet. Die Gemüseburger mit Süßkartoffeln und schwarzen Bohnen sind besonders zu empfehlen. Auch gut: die Linguine mit Zucchini. Mittwochs ist Filmeabend. Darüber hinaus organisiert das Dao regelmäßig Sozialprojekte mit Beteiligung lokaler Gemeinden.

Samudera Supermarket SUPERMARKT $
(Karte S. 299; 64 7 Makara St; ⌚6–22 Uhr) Gute Obst-, Gemüse und Importmarkenwarenauswahl, darunter europäischer Käse und Wein.

Holy Cow INTERNATIONAL $$
(Karte S. 299; 83 Ekareach St; Hauptgerichte 2,50–7 US$; ⌚8.30–23 Uhr;) Neben „Seelentröstern“ wie Pasta, Burgern und Shepherd's Pie serviert dieses alternative Café-Restaurant seinen Gästen auch Bagels mit Frischkäse, Sandwiches, selbstgebackenes Brot und viele vegetarische Optionen. Auf der Karte stehen zwei vegane Desserts (beide mit Schokolade).

Ausgehen & Nachtleben

Das Nachtleben konzentriert sich auf die Straße nach Serendipity, kurz bevor sie nach unten abfällt (wörtlich und im übertragenen Sinne) sowie auf die bis zum Morgengrauen geöffneten Stranddiscos am Occheuteal Beach. Unter den Hostessenbars am Victory Hill haben auch ein paar normale Kneipen überlebt, aber hier bekommt man eher das Gefühl, im Sündenpfuhl gelandet zu sein, was ein echter Kontrast zur sonst entspannten Strandstimmung von Sihanoukville ist.

Einige Gästehäuser haben lebhafte Bars, etwa das Monkey Republic (Happy Hour 18 bis 21 Uhr), das Big Easy und das Wish You Were Here.

Sessions BAR
(Karte S. 301; Occheuteal Beach; ⌚17–1 Uhr) Aufgrund der Musik ist das Sessions die beste Bar am Occheuteal Beach für einen Drink bei Sonnenuntergang. Zugezogene und Rucksackreisende bleiben für gewöhnlich bis spät abends hier sitzen, bevor es dann zum Weiterfeiern in die länger geöffneten Schuppen geht.

Led Zephyr BAR
(Karte S. 301; Serendipity Beach Rd; ⌚7–24 Uhr) Die beste Livemusik-Location von Sihanoukville. An den meisten Nächten sorgt die Hausband (und manchmal auch befreundete Bands) für Stimmung, indem sie Cover-Versionen vieler altbekannter Hymnen der 60er bis 80er spielt. Zwischendurch kommt aber auch ein bekannter Song von den Red Hot Chili Peppers.

JJ's Playground BAR
(Karte S. 301; Occheuteal Beach; ⌚18–6 Uhr) Schon eine ganze Weile ist das JJ's die Anlaufstelle für alle, die es bis in die frühen Morgenstunden richtig krachen lassen wollen. Der Slogan „Let's get wasted.“ (Lass uns trinken, bis zum Umfallen) fasst die Atmosphäre sehr gut zusammen. Es gibt Kurze, lauten Techno, Feuer-Shows und reichlich (Trink-)Chaos. Und es soll nachher niemand sagen, wir hätten nicht vor den Toiletten gewarnt...

Shoppen

Tapang KUNSTHANDWERK
(Karte S. 301; www.mloptapang.org; Serendipity Beach Rd; ⌚10–20 Uhr) Das Geschäft wird von einer lokalen NRO betrieben, die hilfsbedürftige Kinder unterstützt. Hier kann man Taschen, Schals und T-Shirts kaufen, qualitativ hochwertig und von Straßenkindern (und ihren Familien) gefertigt. Das Einkommen ermöglicht ihnen den Schulbesuch.

Praktische Informationen

Internetcafés (4000 R pro Std.) gibt's an der Straße nach Serendipity sowie im Stadtzentrum an der Ekareach Street unweit der Sophamongkol Street.

Am Occheuteal Beach sind Diebstähle häufig, deswegen lässt man Wertsachen am besten im Hotel. Wie in Phnom Penh kommt es manchmal vor, dass Diebe ihrem Opfer die Tasche beim Vorbeifahren entreißen. Das ist besonders gefährlich, wenn man auf einem *moto* sitzt. Beim Fahren sollte man seine Tasche direkt vor sich auf dem Schoß tragen. Abends sollten weder Männer noch Frauen allein dunkle, abgelegene Straßen oder Strände entlanglaufen.

Ana Travel (Karte S. 301; ☎034-933929; Serendipity Beach Rd; ⌚8–22 Uhr) Stellt innerhalb eines Tages Visaverlängerungen für Kambodscha sowie Einreisegenehmigungen für Vietnam aus.

ANZ Royal Bank (Karte S. 299; 215 Ekareach St; ⌚Mo–Fr 8–15.30, Sa bis 11.30 Uhr, Geldautomat 24 Std.)

Canadia Bank (Karte S. 299; 197 Ekareach St; ⌚Mo–Fr 8–15.30, Sa bis 11.30 Uhr, Geldautomat 24 Std.)

CT Clinic (Karte S. 299; ☎081 886666, 034-936666; 47 Boray Kamakor St; ⌚Notambulanz 24 Std.) In der besten Klinik der Stadt werden Tollwutimpfungen vorgenommen, zudem verfügt das Krankenhaus über Antivenine für die Behandlung von Schlangenbissen.

Serendipity

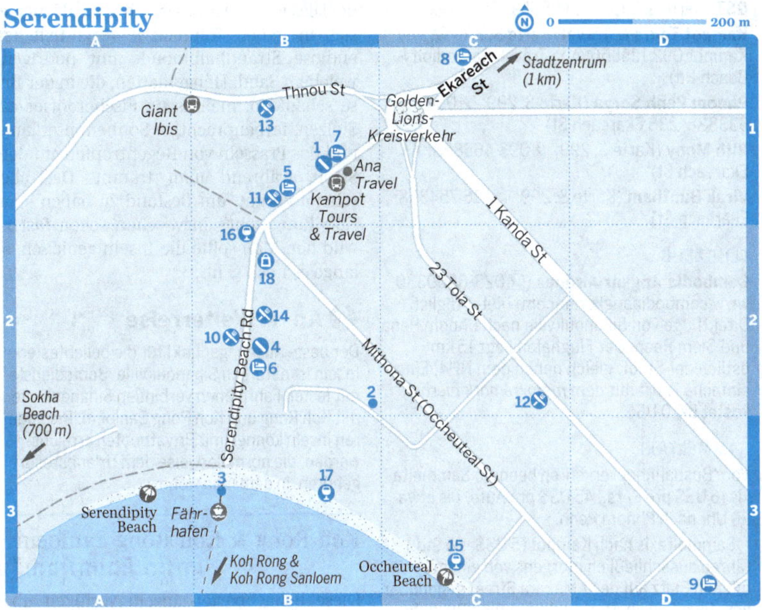

Serendipity

Aktivitäten, Kurse & Touren
- 1 Dive Shop ... B1
- 2 Eco-Trek Tours ... B2
- 3 Party Boat ... B3
- 4 Scuba Nation ... B2

Schlafen
- 5 Big Easy ... B1
- 6 Chochi Garden ... B2
- 7 Monkey Republic ... B1
- 8 One Stop Hostel ... C1
- 9 Ropanha Boutique Hotel ... D3

Essen
- 10 Café Mango ... B2
- 11 Dao of Life ... B1
- 12 Nyam ... C2
- 13 Sandan ... B1
- 14 So ... B2

Ausgehen & Nachtleben
- 15 JJ's Playground ... C3
- 16 Led Zephyr ... B2
- 17 Sessions ... B3

Shoppen
- 18 Tapang ... B2

An- & Weiterreise

BUS

Alle großen Busunternehmen bieten vom frühen Morgen bis etwa 14 Uhr regelmäßige Verbindungen nach Phnom Penh (5–11 US$, 4–5 Std.) an, verkehren danach aber nur noch sporadisch.

Kampot Tours & Travel schickt Minibusse nach Kampot (6 US$, 1½ Std.) sowie weiter nach Kep (8 US$, 2½ Std.). Reisebüros arrangieren auf Nachfrage einen Abholservice ab dem Hotel.

Virak Buntham und Rith Mony bieten morgens Busse nach Bangkok (28 US$, mit Umstieg auf der thailändischen Seite) via Koh Kong (8 US$, 4 Std.). GST und Virak Buntham schicken auch Nachtbusse nach Siem Reap (13–17 US$).

Die Haltestellen aller Anbieter befinden sich an der Ekareach Street. Fast alle Busse starten hier und legen auf dem Weg aus der Stadt einen Stopp am **Busbahnhof** (Karte S. 296; Mittapheap Kampuchea Soviet St) ein.

Die wichtigsten Busunternehmen:

Capitol Tour (Karte S. 299; ☎ 034-934042; 169 Ekareach St)

Giant Ibis (Karte S. 301; ☎ 089 999818; www.giantibis.com; Thnou St)

GST (Karte S. 299; ☎ 015 995950; Ekareach St)

Kampot Tours & Travel (Karte S. 301; ☎ in Kampot 092 125556; Ana Travel, Serendipity Beach Rd)

Phnom Penh Sorya (Karte S. 299; ☎ 034-933888; 236 Ekareach St)

Rith Mony (Karte S. 299; ☎ 093 465858; Ekareach St)

Virak Buntham (Karte S. 299; ☎ 016 754358; Ekareach St)

FLUGZEUG

Cambodia Angkor Airlines (☎ 023-6660330; www.cambodiaangkorair.com) bietet täglich Direktflüge von Sihanoukville nach Phnom Penh und Siem Reap. Der Flughafen liegt 15 km östlich der Stadt, gleich neben dem NH4. Eine einfache Fahrt mit dem *moto/remork* hierher kostet 5/10 US$.

SAMMELTAXI

Vom Busbahnhof verkehren beengte Sammeltaxis (6 US$ pro Pers., 45 US$ pro Auto) bis etwa 20 Uhr nach Phnom Penh.

Sammeltaxis nach Kampot (5 US$, 1½ Std.) fahren ausschließlich morgens von einem offenen Platz auf der 7 Makara Street gegenüber vom Psar Leu ab. Dort und am neuen Busbahnhof werden oft Fahrten nach Koh Kong oder zur thailändischen Grenze angeboten (45–60 US$).

Unterwegs vor Ort

Fast alle Busse nach Sihanoukville halten am Busbahnhof und fahren meist nicht zu ihren zentralen Depots weiter. Für die Strecke vom Busbahnhof in die Gegend um den Serendipity Beach ist ein saftiger Fixpreis von 2/6 US$ per *moto/remork* fällig. Am besten geht man raus zur Straße und fährt von dort weiter. Ein *moto/remork* vom Stadtzentrum nach Serendipity sollte etwa 1 bis 2 US$ kosten, die Fahrer versuchen aber oft, Reisenden mehr abzuknöpfen.

Viele Pensionen verleihen Motorräder für 5 bis 7 US$ am Tag. Bei Ausländern wittern Polizisten eine weitere Einkommensquelle und nehmen es manchmal besonders genau. Übliche Verstöße: kein Führerschein, kein Helm sowie Fahren mit Licht bei Tag.

Mieträder bekommt man in den meisten Pensionen für etwa 2 US$ am Tag, Mountainbikes kann man bei Eco-Trek Tours (S. 297) leihen.

Die südlichen Inseln

Sie sind zwar nicht so schön wie Südthailand, aber auf den etwa 24 Inseln vor der kambodschanischen Küste sieht man, wie Orte wie Koh Samui und Koh Pha-Ngan aussahen, bevor die Überlandreise quer durch Südostasien zur beliebten Pilgerroute wurde. Dies ist das Paradies, schöner, als man es sich in seinen Träumen je vorgestellt hat: endlose Strandhalbmonde mit pudrigem, weichem Sand, Hängematten, die in der Brise schaukeln, malerische Fischerdörfer auf Stelzen, farbenprächtige Sonnenuntergänge und das Prasseln von Regentropfen auf dem Stroh, während man träumt. Das alles scheint zu gut, um Bestand zu haben – auf Koh Rong geht's inzwischen schon fast zu wild her. Man sollte die Inseln genießen, so lange es noch geht.

An- & Weiterreise

Der beste Ausgangspunkt für die beliebtesten Inseln ist natürlich Sihanoukville. Bootsdienste mit festen Fahrplänen verbinden Sihanoukville mit Koh Rong und Koh Rong Sanloem. Die anderen Inseln können mit Privatbooten erreicht werden, die normalerweise dem Urlaubsresort gehören, in dem man wohnt.

Koh Rong & Koh Rong Sanloem កោះរ៉ុង និងកោះរ៉ុងសន្លឹម

Diese benachbarten Inseln verfügen über abgelegene Strände mit weißem Sand und ein dicht bewaldetes Binnenland mit einer unglaublichen Vielfalt an Wildtieren.

Pläne, Koh Rong in eine kambodschanische Version von Koh Samui in Thailand mit Ringstraße und Flughafen zu verwandeln, wurden fürs Erste verworfen, wodurch unabhängige Bauunternehmer hier nun rustikale Resorts für Rucksacktouristen errichten können. Der meiste Trubel konzentriert sich am **Koh Tuch Beach**, der am Südostende von Koh Rong liegt und rapide bebaut wird. Die hiesige Vollmondparty (einmal im Monat) ist legendär.

Wer andere Touristen kennenlernen, die Nacht durchfeiern und den Tag darauf am Strand den verpassten Schlaf aufholen möchte, ist auf Koh Rong genau an der richtigen Adresse. Wenn man es gern etwas entspannter hätte, sollte man sich für ein Bungalow-Resort ein ganzes Stück entfernt vom Dorf Koh Tuch entscheiden (am hübschen **Long Beach** oder dem noch phantasieloser benannten **4 km Beach**) oder sich nach Koh Rong Sanloem aufmachen.

Ein Wort zur Sicherheit: Auf Koh Rong ereignen sich zuweilen Diebstähle und hin und wieder sind Touristinnen in entlegenen Teilen der Insel angegriffen worden – lieber nicht allein im Inselinneren spazieren gehen.

Auch Koh Rong Sanloem wird zunehmend erschlossen. An der **Saracen Bay** an der Ostküste wurden mehrere Bungalowkolonien errichtet, aber auf der Insel gibt's auch noch einige isolierte Unterkünfte. Sollte einem ein alternatives Inselerlebnis vorschweben, sei einem das Dorf **M'Pai Bay** an der Nordspitze der Insel empfohlen. Das authentische Lokalkolorit wird den neugierigen Entdeckertypen sicher zusagen.

Aktivitäten

High Point Rope Adventure ABENTEUERSPORT
(☎016 839993; www.high-point.asia; im Dorf Koh Tuch; 35 US$ pro Pers.; ⏲9–18 Uhr) Mehrere Seilrutschen, Hängebrücken und Stahlseile entführen Kick-Suchende in der Nähe von Koh Tuch auf eine aufregende, 400 m lange Reise durchs Blätterdach. Der Eintritt gilt den ganzen Tag. Von April bis Oktober zahlt man 10 US$ weniger für das Ticket.

Koh Rong Dive Center TAUCHEN
(☎034-934744; kohrong-divecenter.com; Koh Rong Pier) Das wichtigste Tauchzentrum auf Koh Rong organisiert Tauchausflüge rund um Koh Rong und Koh Rong Sanloem.

Schlafen & Essen

In den meisten Resorts der Inseln laufen die Generatoren von etwa 18 bis 22.30 Uhr.

KOH RONG

Natural Lounge PENSION $
(☎069 541177; hengseksa@gmail.com; Koh Tuch; B 8 US$, Zi. mit/ohne Bad ab 30/20 US$; 📶) Eine familienbetriebene Oase inmitten des Gewusels von Koh Tuch. Die kleinen, sauberen Zimmer mit Holzböden liegen rund um einen schattigen Hof. Unten befinden sich ein paar hübsche En-suite-Zimmer mit zwei Doppelbetten. Hier könnten bis zu vier Personen Platz finden, wenn einem ein bisschen Platzmangel nichts ausmacht.

Green Ocean Guesthouse HOSTEL $
(☎096 9169267; mengly007@gmail.com; Koh Tuch; B 8–10 US$, DZ 25 US$; 📶) Die frisch renovierten, gefliesten Zimmer zählen zu den schönsten und geräumigsten im Dorf. Vorn befindet sich ein toller Gemeinschaftsbalkon, und der Schlafsaal mit zwölf Betten gewährt einen Blick aufs Meer.

Vagabonds HOSTEL $
(www.vagabondskohrong.com; Koh Tuch; B 5 US$, Zi. mit Gemeinschaftsbad 10 US$) Also, wegen der Annehmlichkeiten kommt man nicht hierhin. Treue Fans hat das Vagabonds stattdessen mit seinen netten Mitarbeitern und dem fröhlichen Café im Erdgeschoss gewonnen, in dem große Portionen Wohlfühlessen (3–5 US$) zubereitet werden. Bunte Wandbilder hübschen die spartanischen Zimmer und Vier-Bett-Schlafsäle (inkl. Schließfächern) auf. Keine Reservierungen.

Loops Bar INTERNATIONAL $
(Koh Tuch; Hauptgerichte 2,50–5,50 US$; ⏲8–23 Uhr; 📶) Unterm Dreamcatch Inn ist diese Café-Bar zu finden, die mit recycelten Wasserflaschen dekoriert ist: Sie baumeln von der Decke und dienen als Blumentöpfe. Die Frühstücke sind genial. Es gibt z. B. „arme Ritter" mit tropisch-obstiger Note und Kokosmüsli. Mittags und abends darf man sich auf gute Khmer-Speisen nebst Kartoffelbrei mit Würstchen freuen. Manager Te organisiert immer samstagabends eine Feuer-Poi-Show.

KOH RONG SANLOEM

The Beach Resort RESORT $$
(☎034-666 6106; www.thebeachresort.asia; Saracen Bay; B 7,50 US$, Bungalow mit/ohne Bad 35/25 US$, Luxusklasse 50–85 US$; 📶) Ein quirliges Resort für alle Reisebudgets. Es gibt einen Open-Air-Schlafsaal, schmucke Bungalows am Meer und Luxusversionen mit Steinwänden. Hier hält auch das Party-Boot aus Sihanoukville, dessen Passagiere den Barbereich fast jeden Nachmittag bevölkern. Das ist, je nach Einstellung, ein Plus- oder Minuspunkt.

Easy Tiger PENSION $
(☎096 9153370; www.easytigerbungalows.com; M'Pai Bay; B 7,50 US$, Zi./Bungalow 15/30 US$) Nette Pension im Dorf M'Pai Bay mit ausgesprochen anheimelndem Flair. Dafür sorgen die hilfsbereiten Besitzer. Das Hauptgebäude birgt einfache Mehrbett- sowie Privatzimmer und auf der Rückseite stehen robuste, einfache Bungalows mit großen Veranden, die bessere Wahl, wenn man sich mehr Privatsphäre wünscht.

The Drift PENSION $
(☎015 865388; www.thedriftcambodia.com; M'Pai Bay; B/Zi. 8/15 US$) Ein Neuzugang in der örtlichen Unterkunftsszene von M'Pai Bay. Die Mehrbettzimmer sind blitzsauber und es gibt aber auch ein paar Privatzimmer in dem niedlichen Holzhaus am Strand. Die Atmosphäre ist gesellig: Bei (oft) gemeinsamen Mahlzeiten (3 US$) lernt man die anderen Reisenden kennen.

Fishing Hook INTERNATIONAL $
(M'Pai Bay; Hauptgerichte 2,50–5,50 US$; ⏲18–22.30 Uhr) Die so ziemlich feinste Küche auf

Koh Rong Sanloem bekommt man am M'Pai-Bay-Pier. Die Karte hat sowohl Fisch und Meeresfrüchte nach Khmer-Art (z. B. gegrillter Fisch mit Tamarindensoße) als auch internationalere Gerichte, und die mit Kissen übersäte Terrasse überm Wasser ist der Inbegriff von lässigem Strandambiente.

An- & Weiterreise

In Koh Tuch auf Koh Rong macht sich **Speed Ferry Cambodia** (www.speedferrycambodia.com; einfache Fahrt/hin & zurück 13/26 US$) täglich um 10, 12 und 16 Uhr auf den Weg nach Sihanoukville, das **TBC Speed Boat** (☎ 088 7811711; einfache Fahrt/hin & zurück 12,50/20 US$) nach Sihanoukville fährt um 10.30, 13.30 und 16 Uhr ab. Beide Unternehmen benötigen zwischen 45 Minuten und einer Stunde.

Sie verkehren auch zwischen Saracen Bay auf Koh Rong Sanloem und Sihanoukville. Speed Ferry Cambodia verlässt das Saracen-Bay-Pier um 9.30 und 15.30 Uhr, dann geht's weiter nach M'Pai Bay (Ankunft ca. 15 Min. später) und Koh Rong Island (5 US$ fürs Insel-Hopping) und anschließend nach Sihanoukville. TBC Speed Boat setzt um 10.30, 13.30 und 16 Uhr vom Saracen-Bay-Pier nach Sihanoukville über.

Wer ein Hin- und Rückfahrtticket hat, sollte am Tag vor der Reise zum jeweiligen Fährbüro gehen, um den Sitzplatz zu bestätigen. In der Hauptsaison werden gewöhnlich mehr Fährverbindungen angeboten. Wenn die See rau ist (insbesondere Juni–Okt.), werden Fahrten auch schon mal gestrichen. Zwischen Juni und Oktober zahlt man weniger für das Ticket.

Weitere Inseln

Die näher an Sihanoukville gelegenen Inseln **Koh Ta Kiev** und **Koh Russei** werden bei den meisten Insel-Hopping-Touren von der Stadt aus besucht – die Tagestrips kosten 12 bis 15 US$, je nachdem, ob man am Otres Beach oder am Serendipity Beach startet. Beide Inseln bieten Unterkünfte und werden immer stärker erschlossen.

Kampot កំពត

☎ 033 / 39 500 EW.

Das charmante kleine Kampot lädt zum Verweilen ein und wartet mit einer hübschen Flusskulisse, alten französischen Gebäuden, tollen kleinen Pensionen sowie einer lebendigen Barszene auf. Dank dieser wunderbaren Mischung eignet es sich wunderbar als Ausgangsbasis für Ausflüge in nahe gelegene Höhlen und zur Bokor-Bergstation.

Sehenswertes & Aktivitäten

Die Stadt überzeugt nicht mit großen Attraktionen, sondern mit Atmosphäre. Ihr Flussufer ist traumhaft schön, besonders wenn die Sonne hinter den Bergen untergeht, zudem lohnt ein Spaziergang entlang der hübschen **französischen Geschäftshäuser** in dem Dreieck aus 7 Makara Street, zentralem Kreisverkehr und dem Postamt.

Kampot Traditional Music School KULTURZENTRUM
(www.kcdi-cambodia.com; St 724; ⏲ Mo & Di 14–17, Fr 17–19 Uhr) GRATIS Verwaiste und behinderte Kinder lernen hier traditionelle Musik und Tanz. Während der Besuchszeiten darf man sich Unterrichtsstunden und/oder Vorführungen ansehen. Spenden erbeten!

Seeing Hands Massage 5 MASSAGE
(River Rd; 5 US$ pro Std.; ⏲ 7–23 Uhr) Blinde Masseure kneten die Gäste durch; herrlich entspannend.

Geführte Touren

Die große Tour, die einfach jeder im Programm hat, führt zur **Bokor-Bergstation**. Bei den Exkursionen werden auch die Pfefferfarmen und weitere Sehenswürdigkeiten der Region um Kampot und Kep besichtigt.

Von einigen Unterkünften am Fluss schippern abends Boote zum Beobachten von Glühwürmchen. Von den Touren sind schon viele Skeptiker bekehrt zurückgekommen.

Bart the Boatman BOOTSTOUREN
(☎ 092 174280; 2 Pers. 40 US$) Ein als „Bart the Boatman" bekannter belgischer Einwanderer macht originelle, private Bootsausflüge entlang der kleinen Nebenflüsse des Kampong Bay River möglich. Reisende schwärmen von der *backwater tour*.

Captain Chim's BOOTSTOUREN
(☎ 012 321043; Captain Chim's Guesthouse, St 724; Bootsfahrt bei Sonnenuntergang 5 US$ pro Pers.) Supergünstige Fahrten bei Sonnenuntergang und zum Glühwürmchen-Beobachten an Bord eines traditionellen Boots. Ein kaltes Bier ist inklusive. Außerdem im Angebot: Angelausflüge für 11 US$ inklusive Mittagessen und Leihfahrräder (2 US$ pro Tag).

Climbodia KLETTERN
(☎ 095 581951; www.climbodia.com; Phnom Kbal Romeas, abseits des NH33; halber Tag 35–40 US$, ganzer Tag 70 US$) Kambodschas erster Anbieter für Kletterabenteuer (halbe oder ganze Tage) im Freien. Das Klettern, Abseiling und

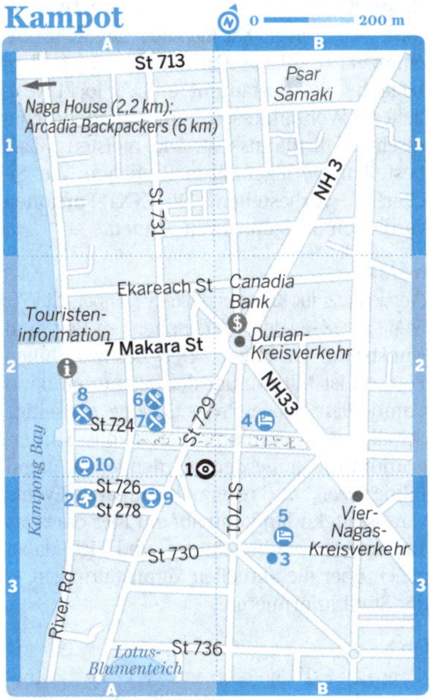

Kampot

Sehenswertes
1 Kampot Traditional Music School......A2

Aktivitäten, Kurse & Touren
Captain Chim's..........................(siehe 4)
2 Seeing Hands Massage 5....................A3
3 Sok Lim Tours B3

Schlafen
4 Captain Chim's Guesthouse................B2
5 Magic Sponge..B3

Essen
6 Cafe Espresso A2
7 Epic Arts Café..A2
8 Rusty Keyhole A2

Ausgehen & Nachtleben
9 KAMA..A3
10 Oh Neils A2

die Höhlenwanderungen finden in den Kalksteinformationen von Phnom Kbal Romeas statt, 5 km südlich von Kampot. An manchen Felsen wurden Klettersteige eingerichtet. Die verschiedenen Programme sind für Anfänger und für Fortgeschrittene geeignet.

SUP Asia WASSERSPORT
(☎093 980550; www.supasia.org; Ostufer des Kampong Bay River; tgl. 2½-std. Tour 25 US$; ⏲Mitte Okt.–Juli) Dank dieses Unternehmens kann man den Fluss jetzt auch auf andere Weise entdecken als an Bord eines Boots. Die täglich stattfindenden Stehpaddeltouren beginnen um 8.30 und 15.30 Uhr und führen zu lokalen Sehenswürdigkeiten entlang des Ufers; vorweg gibt's noch eine Einführung in die Technik. Ein zweitägiger Ausflug (18 km) führt über den Kampong Bay River zum Meer.

Sok Lim Tours GEFÜHRTE TOUREN
(☎012 796919; www.soklimtours.com; St 730; ⏲8–19 Uhr) Kampots ältester Veranstalter hat einen sehr guten Ruf und organisiert alle typischen Tagestouren und Flussfahrten. Fachkundige, Englisch sprechende *remork*-Fahrer begleiten Touristen auf privaten Touren durch die Umgebung und vermitteln ihr Wissen um den Anbau und die Geschichte des Kampot-Pfeffers. Wenn das Büro nicht besetzt sein sollte, wird man die Zuständigen im Restaurant Jack's Place nebenan finden können.

Schlafen

Man kann in der Altstadt oder etwas außerhalb der Stadt am Ufer übernachten.

Magic Sponge PENSION $
(☎017 946428; www.magicspongekampot.com; St 730; B 4 US$, Zi. mit Klimaanlage 10–15 US$, ohne Klimaanlage 15–20 US$;) Die beliebte Backpacker-Unterkunft verfügt über einen Schlafsaal auf dem Dach (wunderbar luftig). Dort hat jeder seinen eigenen Ventilator und eine Leselampe. Die Privatzimmer (guter Preis) sind besonders gepflegt und hell. Unten gibt's ein Filmzimmer und ein quirliges Bar-Restaurant mit Happy Hour (12–20 Uhr) und leckerem indischen Essen.

Arcadia Backpackers HOSTEL $
(☎077 219756; www.arcadiabackpackers.com; Tuk Chhou Rd; B 5–8 US$, Zi. mit Bad 17–20 US$, ohne Bad 10 US$, Bungalow 25 US$;) Kampots größtes Partyhostel. Hier verbringt man den Tag sonnenbadend auf dem Fluss-Ponton und stürzt sich später ins Getümmel des Bar-Restaurants, das regelmäßig bis in die Puppen geöffnet bleibt. Wer eine ruhige Nacht haben möchte, sollte sich gegen den billigen Schlafsaal (5 US$ pro Bett) entscheiden.

Naga House BUNGALOWS $
(☎012 289916; www.facebook.com/nagahousekampot; Tuk Chhou Rd; Bungalow 7–12 US$;) Eine

KAMPOTPFEFFER

In den Jahren vor dem kambodschanischen Bürgerkrieg stand auf dem Tisch eines jeden Pariser Restaurants, das etwas auf sich hielt, eine Mühle mit Kampotpfeffer. Mittlerweile wächst die Zahl der Plantagen in der Region Kampot wieder, auf denen weißer, schwarzer, grüner und roter Pfeffer geerntet wird.

klassische Backpacker-Bleibe mit schlichten Bungalows (ebenerdig oder auf Stelzen) und Gemeinschaftsbädern inmitten von üppiger Vegetation. Das Bar-Restaurant am Fluss hat eine besonders gesellige Atmosphäre; dort steppt oft bis früh morgens der Bär und häufig treten Bands und DJs auf.

Captain Chim's Guesthouse PENSION $

(☎012321043; www.facebook.com/captainchimsguesthousekampot; St 724; B 3US$, Zi. mit/ohne Klimaanlage 13/8US$; ❄📶) Die familienbetriebene Pension bietet einfache, aber sehr saubere und ordentliche Zimmer sowie einen geräumigen Schlafsaal mit eigenem Balkon. In den Bädern fließt nur kaltes Wasser. Die Gäste dürfen kostenlos Wäsche waschen und Fahrräder leihen.

Essen & Ausgehen

Cafe Espresso CAFÉ $

(St 731; Hauptgerichte 4–6US$; ⏰Di–Fr 8.30–16, Sa & So 9–16.30Uhr; 📶✍) Nur ein Wimpernschlag, und schon ist man vorbei an dem Café – also bitte nicht blinzeln. Die australischen Besitzer sind wahre Gourmets und haben eine internationale Karte zusammengestellt, die alles Mögliche von vegetarischen *Quesadillas* bis hin zu brasilianischen Schweinefleischsandwiches abdeckt. Besonders verführerisch ist das Frühstücksangebot. Vor allem Kaffeeliebhaber geraten ins Schwärmen, denn die Bohnen stammen aus der Gegend und werden täglich frisch geröstet.

Epic Arts Café CAFÉ $

(www.epicarts.org.uk; St 724; Hauptgerichte 2–4US$; ⏰7–16Uhr; 📶) 🌿 Dieses einladende Café beschäftigt gehörlose sowie behinderte junge Menschen und serviert Frühstück, hausgemachten Kuchen, aromatisierten Tee und leichte Mahlzeiten. Mit den Einnahmen werden Kunstworkshops für behinderte Kambodschaner unterstützt. Freitags um 15Uhr kann man hier ein wenig Zeichensprache lernen.

Rusty Keyhole INTERNATIONAL $$

(River Rd; kl./gr./XXL-Rippchen 5/7,50/10US$; ⏰Nov.–Mai 8–23, Juni–Okt. 11–23Uhr; 📶) In dem beliebten Bar-Restaurant am Ufer lockt westliches „Wohlfühlessen" und kambodschanische Hausmannskost. Die meisten Gäste bestellen die legendären Rippchen; zur Sicherheit vorbestellen! Die XXL-Portionen verdienen übrigens ihren Namen.

KAMA BAR

(Vereinigung für Kunst und Musik Kampot; St 726; ⏰Mi–So 18–24Uhr; 📶) Bohemien-Bar und Kunstraum in einem. Der Besitzer Julien Poulson ist Mitgründer der bekannten Band Cambodian Space Project. Seine vielseitige Schallplattensammlung liefert die Hintergrundmusik, außerdem werden jeden Abend Filme gezeigt und regelmäßig kreative Events veranstaltet. Man kann auf ein Bier oder das Tagesgericht vorbeischauen und sich dabei gleich über die aktuellen Veranstaltungen in der Stadt informieren.

Oh Neils BAR

(River Rd; ⏰17Uhr–open end; 📶) Die bestbesuchte kleine Bar am Ufer. Ihre Wände sind förmlich mit Rock-'n'-Roll-Memorabilien tapeziert und auf die Ohren gibt's jede Menge bekannte Songs aus den letzten Jahrzehnten.

ℹ Praktische Informationen

Die kostenlose und oft sehr lustige Broschüre *Kampot Survival Guide* schildert augenzwinkernd das lokale Leben der Zugezogenen. Ebenfalls kostenlos ist der Guide *Coastal* (www.coastal-cambodia.com).

Canadia Bank (Durian-Kreisverkehr; ⏰Mo–Fr 8–15.30, Sa bis 11.30Uhr, Geldautomat 24Std.)

Touristeninformationszentrum (☎033-655 5541; lonelyguide@gmail.com; River Rd; ⏰7–19Uhr) Der kundige Herr Pov führt Kampots Touristeninformation. Hier bekommt man Gratis-Infos, kann Touren buchen oder den Transport zu Attraktionen in der näheren Umgebung wie Höhlen, Wasserfällen und nach Kampong Trach organisieren.

ℹ An- & Weiterreise

Kampot liegt 105km von Sihanoukville und 148km von Phnom Penh entfernt.

Capitol Tours und Phnom Penh Sorya verkaufen ihre Bustickets in Büros gegenüber der Total-Tankstelle in der Nähe des Vier-Nagas-Kreisverkehrs. Beide Unternehmen bedienen die Strecke nach Phnom Penh täglich (5–6US$, 2½Std.; Abfahrt bis zur Mittagszeit). Giant Ibis und Kampot Express bieten komfortable Express-Vans nach Phnom Penh (8–9US$, 2Std.).

Wer nach Sihanoukville reisen möchte, bittet am besten die Mitarbeiter in der Unterkunft, einen Minibus zu buchen (5 US$).

Ein moto/*remork* nach Kep sollte rund 6/12 US$ kosten.

Unterwegs vor Ort

In den Pensionen vor Ort können Fahrräder (2 US$) und Motorräder (ab 5 US$) gemietet werden.

Rund um Kampot

Die Kalksteinhügel im Osten Richtung Kep sind mit fantastischen Höhlen durchzogen, von denen manche mithilfe einheimischer Kinder und einer verlässlichen Taschenlampe erkundet werden können.

Sehenswertes

Phnom Chhnork HÖHLE
(ភ្នំឈ្ងោក; Eintritt 1 US$; 7–18 Uhr) Am Wat Ang Sdok sammelt ein Mönch das Eintrittsgeld ein und nette Kids bieten ihre Dienste als Guides an. Von dem Tempel aus ist es dann nur noch ein kurzer Fußmarsch durch die Reisfelder bis zur Höhle Phnom Chhnork.

203 Stufen führen einen Hang hinauf und dann zur Höhle hinab, die elegant wie eine gotische Kathedrale anmutet.

Der Blick von oben und der Spaziergang vom Wat zur Höhle und zurück lohnen sich am späten Nachmittag ganz besonders.

Phnom Sorsia HÖHLE
(ភ្នំសសៀរ, Phnom Sia; 7–18 Uhr) GRATIS Phnom Sorsia trumpft mit mehreren natürlichen Höhlen auf. Vom Parkplatz führt eine Treppe zu einem auffälligen, modernen **Tempel** hinauf. Dort angekommen, folgt man den Stufen links zur **Rung Damrey Saa** (Weißer-Elefant-Höhle) hinauf. Rutschige, gewundene Stufen (ein falscher Schritt und man stürzt in den Abgrund!) führen erst abwärts, dann wieder hoch und durch eine Öffnung auf der anderen Seite hinaus ins Freie. Über den Pfad rechter Hand gelangt man zurück zum Tempel.

Bokor-Bergstation

កស្ថានីយភ្នំបូកគោ

Auf 1581 km² beherbergt der **Bokor-Nationalpark** (ឧទ្យានជាតិបូកគោ, Preah-Monivong-Nationalpark; Eintritt Motorrad/Auto 2000/4000 R) eine beeindruckende Tierwelt und in den üppigen Primärwäldern herrscht ein erfrischend kühles Klima. Er ist aber vor allem für die einst verlassene **Bokor-Bergstation** (កស្ថានីយភ្នំបូកគោ) GRATIS bekannt, die in den 1920er-Jahren auf dem Phnom Bokor (1080 m) errichtet wurde.

Leider läuft ihr langsam das hässliche Casino auf dem Gipfel den Rang ab; es ist Teil eines massiven Bebauungsprojektes, das die Atmosphäre des Bokor zerstört hat. Bis vor Kurzem war die Hauptattraktion des Parks die alte französische Bergstation und ihr großes vierstöckiges Hotel, das 1925 eröffnete Bokor Palace. Doch sie wurde in den 1970er-Jahren verlassen, als die Roten Khmer in die Region vorrückten. Daraufhin verwandelten sich die einst prächtigen Gebäude in unheimliche, fensterlose Ruinen.

Um den Park zu besuchen, kann man ein Motorrad mieten oder an einer organisierten Tour teilnehmen (10–15 US$ pro Pers.).

Kep កែប

036 / 35 000 EW.

Kep wurde 1908 als Badeort für die französische Elite gegründet und war in den 1960ern sehr beliebt bei kambodschanischen Großverdienern. Heute zieht es einmal mehr Touristen nach Kep (Krong Kep, auch Kaeb geschrieben), denn die Sonnenuntergänge sind spektakulär und die Meeresfrüchte ein Gedicht. Manche empfinden die Stadt als seelenlos, weil sie kein Zentrum hat, andere wiederum genießen ihr gemächliches Tempo.

Ein Großteil von Keps Stränden ist zu seicht und felsig zum Schwimmen. Am besten eignet sich noch der recht steinige zentrale Kep Beach, der sich am Wochenende meist mit Einheimischen füllt. Der Sonnenuntergang lässt sich am besten am langen Holzpier vor Knai Bang Chats Segelclub betrachten.

Sehenswertes & Aktivitäten

Kep-Nationalpark PARK
(ឧទ្យានជាតិកែប; Eintritt 4000 R) Im Inneren der Halbinsel Kep erstreckt sich dieser Nationalpark mit einem 8 km langen Rundweg, der sich durch dichten Wald an Wats und Aussichtspunkten vorüberwindet. Er kann mit dem Mountainbike oder zu Fuß bezwungen werden. Auffällige gelbe Schilder weisen einem den Weg und markieren auch die Ausgangspunkte von Nebenpfaden, die tiefer ins Herz des Parks hineinführen. Besonders sehenswert ist der „Stairway to Heaven": Er geht einen Hügel hoch zu einer

Pagode, einem Nonnenkloster und dem Aussichtspunkt Sunset Rock.

Der Haupteingang zum Park liegt hinter dem Veranda Natural Resort.

Koh Tonsay (Kanincheninsel) INSEL
(កោះទន្សាយ) Wenn einem das rustikalere Strandleben liegt, ist der 250 m lange Hauptstrand von Koh Tonsay genau das Richtige (man sollte sich allerdings sputen, denn die Erschließung der Insel wird bald beginnen). Er ist einer der schönsten Inselstrände in der Umgebung von Kep, wer mit schneeweißem, glitzerndem Sand rechnet, wird jedoch enttäuscht sein. Was geboten wird, sind allerlei Treibgut, Hühner und umherstreifende Rinder.

Der Strand wird von Restaurant-Hütten und rudimentären Bungalows (ab 7 US$ pro Nacht) gesäumt.

Um 9 Uhr setzen Boote vom **Rabbit-Island-Pier** zur Kanincheninsel über (30 Min.), die Rückfahrt nach Kep ist um 16 Uhr (hin & zurück 10 US$).

Wat Kiri Sela BUDDHISTISCHER TEMPEL
(វត្តគិរីសិលា; ⏲7–18 Uhr) Am Fuß des Phnom Kampong Trach, einem von über 100 Höhlen und Gängen durchzogenen Karsthügel, steht dieser buddhistische Tempel. Vom Wat aus führt ein unterirdischer Gang zu einer an ein Goldfischglas erinnernden Formation, umringt von Klippen voller Lianen, die den Blick auf den Himmel freigibt. Verschiedene Höhlen voller Stalaktiten beherbergen liegende Buddhas und buddhistische Schreine im Miniaturformat.

Die nächstgelegene Stadt ist Kampong Trach. Dort nimmt man die unbefestigte Straße gegenüber der Acleda Bank (am NH33) und folgt ihr 2 km.

Schlafen

★ Botanica Guesthouse BUNGALOWS $
(☎097 8998614; www.kep-botanica.com; NH33A; Zi. mit Ventilator 19 US$, mit Klimaanlage 29 US$; ❄📶🏊) Das etwas abseits vom Trubel (falls es so etwas in Kep gibt) gelegene Botanica bietet attraktive Bungalows mit modernen Bädern und einem außergewöhnlich guten Preis-Leistungs-Verhältnis. Es gibt einen kleinen Swimmingpool und die Gäste können kostenlos Fahrräder ausleihen, um zum Strand zu gelangen.

Tree Top Bungalows BUNGALOWS $
(☎012 515191; www.keptreetop.com; Bungalow mit/ohne Bad 25/5 US$, Baumhaus-Bungalow ab 10 US$; @📶) Gechillter geht es kaum. Die Bambus-Baumhaus-Bungalows sind herrlich kurios (jeweils zwei teilen sich ein Bad), während man eine Etage tiefer solidere, große Bungalows mit eigenen Bädern beziehen kann. Außerdem gibt's hier die billigsten Zimmer von Kep: Hütten mit dünnen Trennwänden.

Kep Guest House HOSTEL $
(☎097 3748080; www.kepguesthouse.com; NH33A; B 5–7 US$, Zi. 9–17 US$; ❄📶) Die netteste Backpackerbleibe im Ort hat helle, luftige und saubere Zimmer sowie einen Schlafsaal mit Doppelbetten. Vom Dachrestaurant des bescheidenen Hostels hat man einen schönen Blick aufs Meer. Für 17 US$ gibt's auch ein klimatisiertes Zimmer.

Essen

Zu einem Kep-Aufenthalt gehört eine Mahlzeit auf dem **Krabbenmarkt**, der aus einer Reihe von Holzhütten besteht und gleich neben dem Fischmarkt liegt. Gegrillte achtbeinige Schalentiere gibt's auch in den meisten Pensionen. Unter den zahlreichen Krabbenhütten hat **Kimly** (☎036-904077; Krabbenmarkt; Hauptgerichte 2,50–8 US$; ⏲10–22 Uhr) einen besonders guten Ruf: Es bietet Krabben in 27 Varianten. Die Hütten servieren auch Garnelen, Tintenfisch sowie Fisch- und Fleischgerichte.

Sailing Club FUSIONSKÜCHE $$
(Hauptgerichte 7–12,50 US$; ⏲10–22 Uhr; 📶) Mit seinem kleinen Strand, einer Holzbar und einem Holzsteg direkt überm Meer ist der Sailing Club vor allem bei Sonnenuntergang eines der beliebtesten Lokale des Landes. Die asiatische Fusionsküche, inklusive Krabben, ist hervorragend. Ein echtes lokales Geschmackshighlight ist der Kep Special Fish (Fisch in einer Kokos-Kampot-Pfeffer-Soße).

An- & Weiterreise

Kep liegt 25 km von Kampot und 41 km vom vietnamesischen Grenzübergang Prek Chak/Xa Xia.

Phnom Penh Sorya und Hua Lian bieten Busverbindungen nach Kampot (2 US$, 45 Min.) und Phnom Penh (5 US$, 4 Std.) an. Ein Privattaxi nach Phnom Penh (3 Std.) kostet 40 bis 45 US$.

Für ein *moto/remork* nach Kampot zahlt man rund 6/12 US$. Die Gästehäuser organisieren Minibusse/Busse nach Sihanoukville und Koh Kong.

Motorräder kann man für durchschnittlich 5 bis 7 US$ pro Tag leihen; einfach in der Unterkunft anfragen.

EINREISE NACH VIETNAM: VON KEP NACH HA TIEN

Der Grenzübergang Prek Chak/Xa Xia (geöffnet von 6 bis 17.30 Uhr) hat sich zu einer beliebten Option entwickelt, die Kampot und Kep mit Ha Tien und der vietnamesischen Insel Phu Quoc verbindet.

Anfahrt zur Grenze Die einfachste Art, nach Prek Chak und weiter nach Ha Tien in Vietnam zu gelangen, ist ein direkter Bus/Van ab Sihanoukville (16 US$, 5 Std.), Kampot (8 US$, 1½ Std.) oder Kep (5 US$, 1 Std.). Mehrere Unternehmen bedienen die Route Sihanoukville–Kampot–Kep–Ha Tien.

Die flexiblere Alternative ist eine Busfahrt ab Phnom Penh oder Kampot nach Kompong Trach, wo man per *moto* (ca. 3 US$) zur 15 km entfernten Grenze gelangt. In Kep organisieren Tourveranstalter und Pensionen Direktverbindungen per *remork* (13 US$, 1 Std.) oder Taxi (20 US$, 30 Min.). Ab Kampot verdoppeln sich Fahrzeit und Preise in etwa.

An der Grenze Auf der vietnamesischen Seite kommt man mit einem *moto* nach Ha Tien (7 km). Man spart Geld, wenn man ein Stück durchs Niemandsland läuft und auf der anderen Seite ein *moto* nimmt (3 US$).

Weiterreise Wer nach Phu Quoc weiterreisen möchte, sollte nicht nach 12.30 Uhr in Ha Tien eintreffen, um sich ein Ticket für die Fähre um 13 Uhr (230 000 D oder 11 US$; 1½ Std.) zu sichern. Steht man sehr früh auf, schafft man es eventuell, in Ha Tien die Fähre zu erwischen.

Infos zur Reise in die entgegengesetzte Richtung siehe S. 959.

OSTKAMBODSCHA

Wer auf Abenteuer in der Wildnis aus ist, trifft mit dem Nordosten eine gute Wahl. Hier gibt's Waldelefanten, Süßwasserdelfine und Gibbons, tosende Wasserfälle, Kraterseen und gewundene Flüsse. Aktivitäten wie Trekking, Fahrradfahren, Kajakfahren und Ziplining sind zunehmend im Kommen. In den Hügeln und üppigen Wäldern leben viele ethnische Minderheiten. Fazit: In dieser Region erwarten einen unvergessliche Erlebnisse.

Kompong Cham កំពង់ចាម

☎042 / 73 000 EW.

Diese ruhige Stadt am Mekong war in der französischen Kolonialzeit ein wichtiger Handelsposten und dient heute als Ausgangsbasis für Ausflüge ins nordöstliche Kambodscha. Am Flussufer ist der meiste Trubel.

Sehenswertes & Aktivitäten

Koh Paen INSEL

(កោះប៉ែន) Koh Paen, eine ländliche Insel im Mekong, lädt zu einer unschlagbar entspannten Fahrradtour ein. In der Trockenzeit kann man über die faszinierende **Bambusbrücke** (Maut 500–1000 R) im Süden von Kompong Cham auf die Insel gelangen, in der Regenzeit nimmt man die Fähre (mit/ohne Fahrrad 1500/1000 R). Die Bambusbrücke ist eine Attraktion für sich; Jahr für Jahr wird sie von Hand zusammengebaut und aus der Ferne hat es den Anschein, als bestünde sie aus Streichhölzern.

Wat Nokor Bachey BUDDHISTISCHER TEMPEL

(វត្តនគរបាជ័យ; Eintritt 2 US$) Die moderne Theravada-Pagode zwängt sich zwischen die Wände ihres aus Sandstein und Laterit bestehenden Mahayana-Vorgängers aus dem 12. Jh. und sieht insgesamt ziemlich kitschig aus. Viele alte Bogengänge wurden in das neue Gebäude integriert. An Wochenende sind immer nur wenige Mönche anwesend. Dann kann man friedliche Streifzüge durch die Alkoven und versteckten Schreine unternehmen.

Schlafen & Essen

★ **Moon River Guesthouse** PENSION $

(☎016 788973; moonrivermekong@gmail.com; Sihanouk St; Zi. mit Ventilator 7–11 US$, mit Klimaanlage 13–19 US$; ❄📶) Eins der neueren Gästehäuser am Fluss. Das Moon River ist ein toller Allrounder mit schicken, geräumigen Zimmern, darunter auch ein paar mit drei Betten. Unten befindet sich eine beliebte Restaurant-Bar, in der man gut frühstücken kann. Abends ist hier immer viel los.

Mekong Sunrise PENSION $

(☎011 449720; bong_thol@yahoo.com; Sihanouk St; B 3 US$, Zi. mit Ventilator 5–7 US$, mit Klimaanlage 12 US$; ❄📶) Über einem beliebten Bar-Restaurant am Fluss befindet sich die Backpackerbleibe mit Billardtisch, die über geräumige Zimmer im Obergeschoss mit Zugang auf ein breites Dach verfügt. Die Einrichtung ist spärlich, aber dem Preis angemessen.

★ **Smile Restaurant** KAMBODSCHANISCH $
(www.bdsa-cambodia.org; Sihanouk St; Hauptgerichte 3–5 US$; ⌚6.30–21 Uhr; 📶) Mit seinen großen Frühstücksportionen und der authentischen Khmer-Küche, darunter *char k'dau* (Pfannengericht mit Zitronengras, scharfem Basilikum und Erdnüssen) sowie Tintenfisch mit schwarzem Pfeffer, der nach mehr schmeckt, zieht das nette, gemeinnützige Restaurant vor allem Mitarbeiter der hier ansässigen NROs an. Westliche Gerichte sind ebenfalls im Angebot, außerdem verkauft die Buddhism and Society Development Association, die das Lokal betreibt, hier *kramas* und einfachen Schmuck.

Lazy Mekong Daze INTERNATIONAL $
(Sihanouk St; Hauptgerichte 3–5,50 US$; ⌚7.30 Uhr–letzter Gast; 📶) Die lässige Atmosphäre dieses Lokals eignet sich perfekt für einen gemütlichen Abend. Es gibt einen Billardtisch und einen großen Fernseher, auf dem Sportübertragungen und Filme gezeigt werden. Auf den Tisch kommen Khmer-, Thai- und westliche Gerichte, außerdem locken Chili con Carne, köstliches Eis und die beste Holzofenpizza der Stadt.

ℹ Praktische Informationen

Im Lazy Mekong Daze gibt's eine gute Karte, auf der die wichtigsten Sehenswürdigkeiten in und rund um Kompong Cham verzeichnet sind.

Canadia Bank (Preah Monivong Blvd; ⌚Mo–Fr 8–15.30, Sa 8–11.30 Uhr, Geldautomat 24 Std.) Mit manchen Karten kann man kostenlos am Automaten Geld abheben. Es gibt auch gebührenfreie Barvorschüsse auf Kreditkarten.

ℹ Anreise & Unterwegs vor Ort

Phnom Penh liegt 120 km weiter südwestlich. Wer Richtung Norden nach Kratie oder weiter reisen will, sollte über die Asphaltstraße nach Chhlong fahren, statt den riesigen Umweg auf dem NH7 Richtung Osten nach Snuol zu nehmen.

Phnom Penh Sorya (Preah Monivong Blvd) ist das zuverlässigste Busunternehmen in Kompong Cham. Es bedient alle Ziele, die in der Tabelle „Busse von Kompong Cham" (S. 310) aufgelistet sind.

Sammeltaxis (15 000 R, 2½ Std.) und überfüllte lokale Minibusse (10 000 R) fahren nach Phnom Penh. Abfahrt ist am **Taxidepot** nahe dem Neuen Markt (Psar Thmei).

Von der **Caltex-Tankstelle** am Hauptkreisverkehr fahren morgens Sammeltaxis und Minibusse, sobald sie voll besetzt sind, nach Kratie (US$5, 1½ Std.) ab, und morgens starten auch Minibusse vom Taxipark.

Kratie

ក្រចេះ

☎072 / 44 000 EW.

Der beliebteste Ort Kambodschas, um die seltenen südostasiatischen Irawadidelfine zu entdecken, ist Kratie („kra-tscheh" ausgesprochen). Die lebendige Flussstadt wartet mit eindrucksvoller französischer Kolonialarchitektur und einem der landesweit schönsten Sonnenuntergänge über dem Mekong auf.

Gleich bei Kratie liegt mitten im Fluss die Sandbank **Koh Trong**, auf der man ein Stück ländliches Inselleben genießen kann. Die kleine Fähre vom Hafen fährt sie an, oder man mietet ein lokales Boot (rund 2 US$). Auf der Insel werden am Anlegesteg Fahrräder vermietet (1 US$), aber man kann sie auch mit *motos* (2,50 US$) erkunden, die von weiblichen *motodup* (*moto*-Fahrerinnen) gesteuert werden – eine Seltenheit im Land.

BUSSE AB KOMPONG CHAM

REISEZIEL	PREIS	DAUER (STD.)	HÄUFIGKEIT
Ban Lung	32 000 R	7	10 Uhr
Kratie via Chhlong	20 000 R	2	9.30 Uhr
Kratie via Snuol	21 000 R	4	10.30 Uhr, 14 Uhr
Pakxe (Laos)	22 US$	12	10 Uhr
Phnom Penh	20 000 R	3	stdl. bis 15.45 Uhr
Sen Monorom	28 000 R	5	11.45 Uhr
Siem Reap	24 000 R	5	7.30, 9.30, 12 Uhr

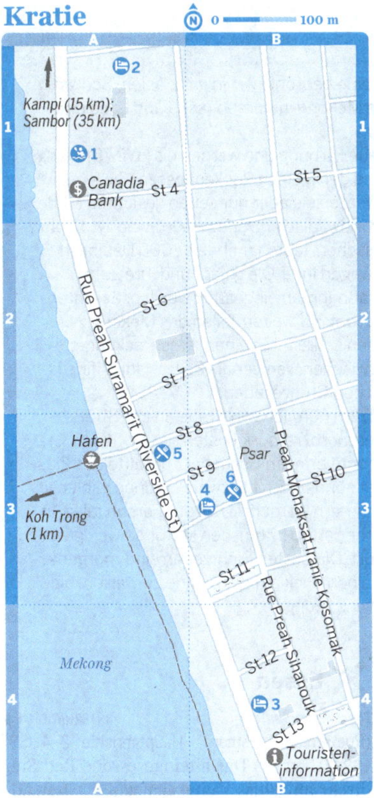

Kratie

Aktivitäten, Kurse & Touren

- CRDTours ....(siehe 2)
- 1 Sorya Kayaking Adventures A1

Schlafen

- 2 Le Tonlé Tourism Training Center A1
- 3 Silver Dolphin Guesthouse B4
- 4 U-Hong II Guesthouse B3

Essen

- 5 Red Sun Falling A3
- 6 Tokae Restaurant B3

Geführte Touren

CRDTours TOUREN

(☎099 834353; www.crdtours.org; St 3; ⌚8–12 & 14–17.30 Uhr; 📶) Das Unternehmen wird vom kambodschanischen Rural Development Team geführt und ist auf nachhaltige Touren entlang des Mekong Discovery Trail (Entdeckungspfad Mekong) spezialisiert. Auf der Mekong-Insel **Koh Pdao**, 20 km nördlich von Kampi, sind Homestays, Freiwilligenarbeit und mehrere Exkursionen möglich. Preislich liegen sie typischerweise zwischen 38 und 60 US$ pro Tag, Verpflegung und Ausflüge sind inklusive. Touren und Homestays werden auch auf **Koh Preah** (nahe Stung Treng) und **Koh Trong** angeboten. Mountainbikefahrten von Kratie nach Koh Pdao stehen ebenfalls auf dem Programm.

Sorya Kayaking Adventures KAJAKFAHREN

(☎090 241148; www.soryakayaking.com; Rue Preah Suramarit) Eine Amerikanerin mit sozialem Gewissen veranstaltet mit ihrer Flotte von acht Kajaks halbtägige und mehrtägige Trips (mit Übernachtung bei Gastfamilien) auf dem Mekong nördlich von Kratie oder auf dem Te River nach Süden. Sie liefern viele Gelegenheiten, den Delfinen nahezukommen. Weitere Highlights sind ein kleiner überfluteter Wald nördlich von Kampi, schwimmende vietnamesische Dörfer und ein Ausflug rund um Koh Trong bei Sonnenuntergang. Vor Ort gibt's ein kleines Café. Außerdem werden von verarmten Witwen gewebte Textilien verkauft.

Schlafen

Auf der Insel Koh Trong gegenüber der Stadt Kratie gibt's auch Homestays bei Familien.

Silver Dolphin Guesthouse HOSTEL $

(☎012 999810; silver.dolphinbooking@yahoo.com; 48 Rue Preah Suramarit; B 4 US$, Zi. 4–14 US$; ❄@📶) Ein erstklassiger Deal: Das Mehr-

MEKONG DISCOVERY TRAIL

Es ist sehr lohnenswert, einige Tage die Radstrecken und Attraktionen entlang des **Mekong Discovery Trail** (www.mekongdiscoverytrail.com) zu erkunden, einer Initiative, die bisher unerschlossene Abschnitte des Mekong rund um Stung Treng und Kratie für gemeindebasierten Tourismus zugänglich machen soll. Das einst von der Regierung in Zusammenarbeit mit ausländischen Entwicklungshilfeorganisationen geleitete Projekt wird jetzt von privaten Touranbietern wie **Xplore-Asia** (☎011 433836, 074-973456; www.xplore-cambodia.com) in Stung Treng und **CRDTours** (S. 311) in Kratie am Leben erhalten.

NICHT VERSÄUMEN

DELFINE BEOBACHTEN IN KRATIE

Der Süßwasser-Irawadidelfin *(trey pisaut)* ist eine bedrohte Art in ganz Asien. Schwindende Populationen bevölkern Abschnitte des Mekong in Kambodscha und Laos und isolierte Gebiete in Bangladesch und Myanmar.

Die Waltiere haben eine dunkelblaue bis graue Färbung und werden bis zu 2,75 m lang. Man erkennt sie an ihrer vorgewölbten Stirn und den kleinen Rückenflossen. Sie leben sowohl in Süß- als auch Salzwasser, im Meer werden sie aber nur selten gesichtet. Mehr Infos über das seltene Tier gibt's unter www.worldwildlife.org/species/irrawaddy-dolphin.

Vor dem Bürgerkrieg, so sagen die Einheimischen, lebten mehr als 1000 Delfine in Kambodscha. Unter Pol Pot wurden die Tiere wegen ihrer Öle gejagt und ihre Zahl schwindet weiter, obwohl drastische Schutzmaßnahmen eingeführt wurden, darunter ein Fischerei- und kommerzielles Motorbootverbot auf weiten Teilen des Mekong zwischen Kratie und Stung Treng. Das Delfinsterben schreitet in einem erschreckenden Tempo voran und Experten schätzen, dass inzwischen weniger als 85 Irawadidelfine in dem Abschnitt zwischen Kratie und der laotischen Grenze leben.

Die sanften Tiere sind vor allem in Kampi, 15 km nördlich von Kratie an der Straße nach Sambor, zu sehen. Hin- und Rückfahrt per *moto/remork* kosten rund 7/10 US$, je nachdem, wie lange der Fahrer wartet. Motorboote bringen Besucher zur Mitte des Flusses, wo sie die Delfine aus der Nähe betrachten können. Ein bis zwei Personen zahlen je 9 US$, für Gruppen mit mindestens drei Teilnehmern werden 7 US$ pro Person fällig. In der Nähe der Delfine sollte man den Bootsführer darum bitten, den Motor so wenig wie nötig zu gebrauchen, da der Lärm die Tiere stört. Die besten Sichtzeiten sind morgens und spätnachmittags. Weitere Möglichkeiten, einen Blick auf die Delfine zu werfen, bieten sich nahe der laotischen Grenze in der Provinz Stung Treng.

bettzimmer ist geräumig und hat hohe Decken und selbst die billigsten Doppelzimmer sind mit TVs, Bädern und ein paar Möbeln eingerichtet. Oben befindet sich ein beliebtes Bar-Restaurant mit einem Balkon zum Fluss. Der Besitzer, Pech, spricht ausgezeichnet Englisch und Französisch.

U-Hong II Guesthouse PENSION $
(☎ 085 885168; 119 St 10; Zi. 4–13 US$; ❄@📶) Die kleine Pension liegt zwischen dem Markt und dem Ufer. In diesem Gebäude sind acht Zimmer, im nahen Anbau befinden sich elf weitere. Einige haben eine Klimaanlage. Das lebendige Bar-Restaurant hat die umfangreichste Cocktailkarte der Stadt.

Le Tonlé Tourism Training Center PENSION $
(☎ 072-210505; www.letonle.org; St 3; Zi. 10–20 US$; ❄📶) 🍃 Um an den Erfolg des etablierten Le Tonlé-Projekts in Stung Treng (S. 313) anzuknüpfen, hat CRDT eine etwas smartere Unterkunft in Kratie eröffnet. Auf dem erweiterten Grundstück befinden sich neun rustikale, aber ansprechende Zimmer in einem bildschönen Holzhaus. Das köstliche Essen wird von benachteiligten Kambodschanern zubereitet, die hier eine Ausbildung erhalten. Manche Zimmer haben ein eigenes Bad, andere nutzen Gemeinschaftsbäder.

Essen

Red Sun Falling INTERNATIONAL $
(Rue Preah Suramarit; Hauptgerichte 2–4 US$; ⏲7–21 Uhr; 📶) Das alteingesessene Red Sun direkt am Fluss – eine der geselligsten Adressen der Stadt – wartet mit asiatischer und westlicher Küche sowie entspanntem Café-Ambiente auf. Außerdem werden gebrauchte Bücher verkauft.

Tokae Restaurant KAMBODSCHANISCH $
(St 10; Hauptgerichte 2–4 US$; ⏲6–23 Uhr; 📶) Nach dem größten *tokae* (Gecko) Kambodschas an der Wand Ausschau halten – er ziert dieses hervorragende kleine Restaurant. Auf der Speisekarte findet man eine gute Mischung aus günstigen kambodschanischen Gerichten wie Currys und Fisch-*amok* sowie ähnlich preiswerten westlichen Frühstücksvarianten und Leibgerichten.

Praktische Informationen

Alle hier beschriebenen Gästehäuser kümmern sich gut um die Bedürfnisse ihrer Gäste. Das Silver Dolphin Guesthouse bietet öffentlichen Internetzugang (3000 R pro Std.).

Canadia Bank (Rue Preah Suramarit; ⏲Mo–Fr 8.30–15.30 Uhr, Geldautomat 24 Std.) Ein Geldautomaten sowie eine Wechselstube.

An- & Weiterreise

Kratie liegt 348 km nordöstlich von Phnom Penh (250 km über Chhlong) und 141 km südlich von Stung Treng.

Phnom Penh Sorya bietet täglich drei Busse nach Phnom Penh (8 US$, 5–7 Std.). Wer mit einem der Sorya-Busse nach Siem Reap fährt, muss in Suong umsteigen.

In entgegengesetzter Richtung halten die Sorya-Busse von Phnom Penh nach Pakxe, Laos (20 US$, 8 Std.), gegen 11.30 Uhr in Kratie. Sorya schickt außerdem einen Bus nach Ban Lung (8 US$, 5 Std., 13 Uhr) und einen Bus nach Stung Treng (5 US$, 3 Std., 15 Uhr).

Express-Transporter, die Passagiere an der Unterkunft abholen, sind schneller in Phnom Penh (7 US$, 4 Std., ca. 6-mal tgl.) als die Busse. Ein Express-Van macht sich um 7.30 Uhr auf den Weg nach Siem Reap (13 US$, 6 Std.).

Nach Sen Monorom gelangt man mit einem lokalen Minibus; Abfahrt zwei- bis dreimal am frühen Morgen am Taxidepot (30 000 R, 4 Std.). Lokale Minibusse steuern zudem Ban Lung an (die meisten Fahrten zwischen 11 und 14 Uhr).

Die meisten Gästehäuser verleihen Fahrräder (ab 1 US$) und Motorräder (ab 5 US$). Ein englischsprachiger *motodup* kostet 10 bis 15 US$ pro Tag, für ein *remork* zahlt man rund 25 US$.

Stung Treng ស្ទឹងត្រែង

074 / 35 000 EW.

Stung Treng liegt am Tonlé San, nicht weit von der Stelle, wo der Fluss sich mit dem Mekong vereinigt. Die verschlafene Stadt ist nicht sehr ansprechend, dennoch herrscht hier reger Durchgangsverkehr auf der Route zwischen Laos und Kambodscha.

Schlafen & Essen

Le Tonlé Tourism Training Center PENSION $
(074-973 638; www.letonle.org; EZ 6–10 US$, DZ 8–12 US$;) Das kleine Gästehaus liegt an einem schattigen Plätzchen am Flussufer etwa 500 m westlich des Hafens und fungiert gleichzeitig als Ausbildungszentrum für benachteiligte Einheimische, die in der Tourismusbranche Fuß fassen sollen. Die vier Zimmer sind einfach, aber geschmackvoll eingerichtet. Das dazugehörige Gemeinschaftsbad ist tadellos sauber und auf dem gemütlichen Balkon wird nach vorheriger Bestellung köstliches Essen serviert.

Riverside Guesthouse PENSION $
(012 257257; kimtysou@gmail.com; Zi. 5–8 US$; @) In dem alteingesessenen Treffpunkt für Traveller mit tollem Flussblick gibt's einfache Zimmer – für den Preis kann man aber auch nicht mehr erwarten. Es ist eine gute Adresse, um Infos einzuholen, und unten befindet sich ein beliebtes Bar-Restaurant.

Praktische Informationen

Canadia Bank (Mo–Fr 8.30–15.30 Uhr, Geldautomat 24 Std.) Der Geldautomat akzeptiert internationale Karten.

An- & Weiterreise

Phnom Penh Sorya (092 181805) schickt um 6.30 Uhr einen Bus nach Phnom Penh (40 000 R, 9 Std.) via Kratie (20 000 R, 3 Std.). Der Sorya-Bus von Laos nach Phnom Penh hält gegen 11.30 Uhr in Stung Treng. Es gibt einen komfortablen Touristen-Van nach Ban Lung (6 US$, 2 Std., 8 Uhr).

EINREISE NACH LAOS: VON STUNG TRENG NACH SI PHAN DON

Der abgelegene Grenzübergang Trapeang Kriel/Nong Nok Khiene (geöffnet von 6 bis 18 Uhr) liegt 60 km nördlich von Stung Treng.

Anfahrt zur Grenze Sorya Phnom Penh bietet in Zusammenarbeit mit dem in Pakxe ansässigen laotischen Unternehmen Sengchalean Direktbusse von Phnom Penh zum 2-Kilometer-(VIP)-Busbahnhof von Pakxe (27 US$, 12–14 Std.). Diese Busse starten um 6.45 Uhr in Phnom Penh und halten in Kompong Cham (gegen 9.30 Uhr), Kratie (11.30 Uhr) und Stung Treng (15 Uhr). Die einzige Alternative für die Anfahrt zur Grenze von Stung Treng ist mit dem Privattaxi (35 bis 40 US$) oder einem *moto* (15 US$).

An der Grenze Bei der Ankunft werden laotische oder kambodschanische Visa ausgestellt. Bei der Einreise nach Laos werden je nach Nationalität 30 bis 42 US$ für ein Visum fällig, außerdem eine Gebühr von 2 US$.

Weiterreise Außer dem Sorya-Bus verkehren auf beiden Seiten der Grenze kaum öffentliche Transportmittel. Wer an der Grenze abgesetzt wird, muss 150 000 R/50 000 K (12/4 US$) für ein Taxi/*sähmlór* in Richtung Norden nach Ban Nakasang (mit Ziel Don Det) zahlen.

Infos für die Überquerung dieser Grenze in entgegengesetzter Richtung siehe S. 396.

Der neue Highway nach Westen von Thala Boravit über Chhep nach Preah Vihear ist sehr gut in Schuss. **Asia Van Transfer** (☎ in Siem Reap 063-963853; www.asiavantransfer.com) betreibt täglich um 14 Uhr einen Express-Minibus nach Siem Reap (23 US$, 5 Std.). Unterwegs gibt's einen Stopp in Preah-Vihear-Stadt (12 US$, 3 Std.).

Das Riverside Guesthouse vermietet Motorräder (ab 8 US$) und Fahrräder (1 bis 2 US$).

Provinz Ratanakiri

ខេត្តរតនគិរី

Diese beliebte Provinz wartet mit einem großen Facettenreichtum und einer schönen Natur auf. Sie dient verschiedenen ethnischen Minderheiten mit eigenen Sprachen, Traditionen und Gebräuchen, wie den Jarai, Tompuon, Brau und Kreung, als Heimat.

Das Angebot an adrenalingeladenen Aktivitäten ist groß, so können Besucher in klaren Vulkanseen schwimmen, unter Wasserfällen duschen oder durch den riesigen Virachey-Nationalpark wandern.

Ban Lung

បានលុង

☎ 075 / 40 000 EW.

Die wegen ihrer rostroten Farbe liebevoll *dey krahorm* (rote Erde) genannte Stadt ist eine beliebte Ausgangsbasis für Touren in die Provinz. Hier können Besucher ohne viel Aufwand Trekkingausflüge durch den Dschungel buchen, zudem gibt's in der Nähe mehrere schöne Seen und Wasserfälle.

Sehenswertes & Aktivitäten

Boeng Yeak Lom SEE

(បឹងយក្សឡោម; Eintritt 1 US$) Im Herzen des Schutzgebiets **Yeak Lom** befindet sich ein wunderschöner smaragdgrüner Kratersee, umgeben von hoch aufragender Dschungelvegetation in kräftigen Grüntönen. Dies ist einer der friedlichsten schönsten Orte des ganzen Landes. Das Wasser ist kristallklar und entlang des Ufers ragen mehrere Holzstege in den See, sodass man wunderbar schwimmen gehen kann. Ein kleines Cultural & Environmental Centre beherbergt eine bescheidene Ausstellung zu den ethnischen Minderheiten in der Provinz und verleiht Rettungswesten für Kinder.

Wasserfälle WASSERFALL

(pro Wasserfall 2000 R) Gleich westlich von Ban Lung in den weitläufigen Cashew- und Gummiplantagen befinden sich drei sehenswerte Wasserfälle: **Chaa Ong**, **Ka Tieng** und **Kinchaan**. Alle sind mit dem *moto* von der Stadt aus in 20 Minuten zu erreichen. In den halb- und ganztägigen Exkursionen der Touranbieter ist ein Besuch der drei Kaskaden meist inbegriffen. Die Abzweigungen zu allen drei Katarakten liegen 200 m westlich des neuen Busbahnhofs, gleich hinter der Lina-Tankstelle. Die Beschilderung ist schlecht sichtbar.

Virachey-Nationalpark PARK

(Eintritt 5 US$) Dieser Park ist eine der größten geschützten Flächen (3325 km²) Kambodschas und erstreckt sich im Osten bis Vietnam, im Norden bis Laos und im Westen bis zur Provinz Stung Treng. Der Nationalpark Virachey verfügt zudem über ein besonders gut organisiertes Ökotourismusprogramm, bei dem Kultur- und Naturerhalt und Abenteuertrekking im Fokus stehen. Ziel ist es, die lokalen Minderheiten miteinzubeziehen und profitieren zu lassen. Alle Wanderungen im Park müssen vorher im **Virachey National Park Eco-Tourism Information Centre** (☎ 075-974013, 097 896 4995; virachey@camintel.com; ⌚ 8–12 & 14–17 Uhr) in Ban Lung angemeldet werden.

Geführte Touren

Besonders beliebt sind Trekkingtouren mit Übernachtungen in Zelten oder in Minderheitendörfern nördlich von Veun Sai oder Ta Veng. Wer zu zweit reist, muss mit etwa 50 US$ pro Person/Tag rechnen (größere Gruppen zahlen weniger).

Backpacker Pad, Tree Top Ecolodge und Yaklom Hill Lodge organisieren gute Ausflüge, aber wir empfehlen einen der folgenden Spezialanbieter:

Highland Tours GEFÜHRTE TOUREN

(☎ 097 658 3841; highland.tour@yahoo.com) Das Ehepaar Kimi und Horng hat eine Ausbildung am Le Tonlé Tourism Training Center (S. 312) in Stung Treng abgeschlossen und ist ins Hochland gezogen, wo es verschiedene geführte Touren veranstaltet, darunter unterhaltsame Tagesausflüge und eine mehrtägige Tour mit dem Rad vom Dorf I Tub (nordwestlich von Veun Sai) nach Siem Pang und anschließend weiter mit dem Boot nach Stung Treng. Horng ist übrigens der einzige weibliche Guide in Ratanakiri.

DutchCo Trekking Cambodia GEFÜHRTE TOUREN

(☎ 097 679 2714; www.trekkingcambodia.com) Eine der erfahrensten Trekkingagenturen in der Provinz wird von einem freundlichen Niederländer betrieben. Er organisiert vier-

Ban Lung

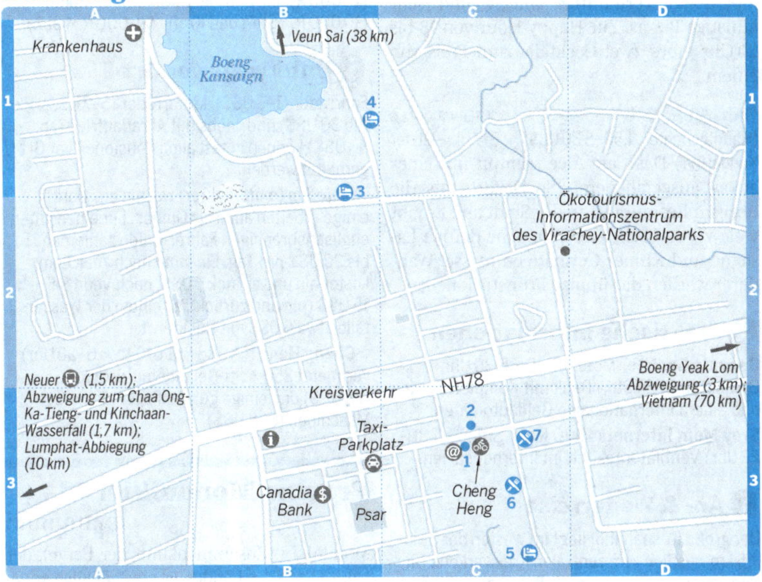

Ban Lung

Aktivitäten, Kurse & Touren
1 DutchCo Trekking Cambodia C3
2 Highland Tours C3

Schlafen
3 Backpacker Pad B1
4 Banlung Balcony B1
5 Tree Top Ecolodge C3

Essen
6 Café Alee C3
7 Green Carrot C3

bis fünftägige Treks nördlich von Veun Sai durch Kavet-Dörfer und Gemeindewälder, ein- bis zweitägige Trips rund um Kalai (südlich von Veun Sai) und vieles mehr.

Schlafen

★ Tree Top Ecolodge BUNGALOWS $
(☎012 490 333; www.treetop-ecolodge.com; DZ 7 US$, Hütte mit kaltem/heißem Wasser 12/15 US$; 📶) Eine der besten Unterkünfte im „Wilden Osten" Kambodschas. „Mr. Ts" Ökolodge hat sehr viel Charme. Grob behauene Stege führen zu großen Bungalows mit Moskitonetzen, Strohdächern und Veranden, auf denen man in der Hängematte den herrlichen Blick ins Tal genießen kann. Wie die Bungalows ist auch das Restaurant aus Hartholz gezimmert und schwebt über einer vegetationsreichen Schlucht.

Backpacker Pad HOSTEL $
(☎088 944 1616; banlungbackpackerpad@yahoo.com; B 2 US$, DZ ohne/mit Bad 4/5 US$; 📶) Das beliebte Hostel ist die günstigste Bleibe im Ort. Die kleinen Zimmer und Schlafsäle sind für unfassbar kleines Geld zu haben. In dem gemütlichen Gemeinschaftsbereich vorn kommt man rasch mit anderen Reisenden ins Gespräch. Besitzer Sophat hält jede Menge Infos parat und betreibt ein gleichnamiges Tourunternehmen.

Banlung Balcony PENSION $
(☎097 809 7036; www.balconyguesthouse.net; Boeng Kansaign; DZ 4–7 US$; @📶) Eine der besten Budgetunterkünfte von Ban Lung. Die Zimmer sind schlicht, haben hohe Decken und Holzböden und es gibt einen großen, öffentlichen Balkon. In der Restaurant-Bar bekommt man gutes Essen und kann eine Runde Billard spielen.

Essen & Ausgehen

★ Green Carrot INTERNATIONAL $
(2–6 US$; ⌚7–22 Uhr; 📶) Ein fantastisches kleines Restaurant mit überraschend edlem Essen (gesunde Salate, Sandwiches, Wraps

und verschiedene Khmer-Spezialitäten). Es gibt sogar vernünftige Burger und sehr günstige Pizzas. Zur Happy Hour von 18 bis 20 Uhr gibt's zwei Cocktails zum Preis von einem.

Cafe Alee INTERNATIONAL $
(Hauptgerichte 1,50–5,50 US$; 7 Uhr–letzter Kunde;) Das Cafe Alee trumpft mit einer etwas ausgefalleneren Speisekarte als die übrigen Restaurants in der Stadt auf. Es gibt viele vegetarische Gerichte, eine deftige Lasagne und Khmer-Gerichte en masse. Wanderer werden das üppige Frühstück lieben.

Praktische Informationen

Canadia Bank (Mo–Fr 8.30–15.30 Uhr, Geldautomat 24 Std.) Bank mit Komplettservice und einem internationalen Geldautomaten.

Srey Mom Internet (4000 R pro Std.; 6.30–22 Uhr) Ventilatorgekühlt im Internet surfen.

An- & Weiterreise

Der große Busbahnhof liegt im Westen der Stadt, 2,5 km westlich vom zentralen Kreisverkehr. Die Pensionen und Tourveranstalter können Transfers organisieren.

Phnom Penh Sorya, Rith Mony und Thong Ly schicken frühmorgens Busse nach Phnom Penh (9 bis 10 US$, 11 Std.) via Kratie und Kompong Cham.

Schnelle Express-Vans nach Phnom Penh (15 US$, 8 Std., 6 und 13 Uhr) und Stung Treng (7 US$, 2 Std., gegen 8 Uhr) holen einen am Gästehaus ab (in der Unterkunft anfragen). Bei Anreise aus Phnom Penh ruft man am besten bei Backpacker Pad oder in der Tree Top Ecolodge an, um die Abholung mit einem Express-Van zu organisieren.

Täglich bedient ein Minivan die Strecke nach Sen Monorom (8 US$, 2 Std., 8 Uhr) in Mondulkiri. Mehrere lokale langsame Minibusse machen sich morgens auf den Weg nach Phnom Penh (50 000 R), Stung Treng (20 000 R) und O'Yadaw (12 000 R) und den Tag über nach Lumphat (10 000 R, 1 Std.) und Kratie (25 000 R, 4 Std.).

Unterwegs vor Ort

Fahrräder (1–3 US$), Motorräder (5–7 US$), Pkw (ab 30 US$) und Jeeps mit Allradantrieb (ab 50 US$) können in fast allen Pensionen vor Ort gemietet werden.

Motodup (*moto*-Fahrer) warten am Markt; einige arbeiten auch als Guides. Für einen guten englischsprachigen Fahrer-Guide zahlt man 15 bis 20 US$ pro Tag. Ein *moto* nach Yeak Lom kostet hin und zurück 5 US$; nach Veun Sai 15 US$ (hin und zurück); zu einem der Wasserfälle etwa 6 US$ mit Rückfahrt.

Cheng Heng (088 851 6104; 6–20 Uhr) vermietet 250-ccm-Geländemotorräder (25 US$) und einige gut gepflegte kleinere Maschinen (6–8 US$).

> **VORSICHT**
>
> Einst führte der Ho-Chi-Minh-Pfad durch die Berge von Ratanakiri, wo er aufgrund des damaligen Staatsoberhauptes Kambodschas den Beinamen Sihanouk-Weg erhielt. Die Region wurde von den Amerikanern schwer bombardiert, sodass es hier noch immer einige Blindgänger (unexploded ordnance, kurz UXO; siehe S. 998) gibt. Niemals irgendetwas anfassen, was Minen oder Bomben auch nur entfernt ähnelt!

Provinz Mondulkiri

ខេត្តមណ្ឌលគិរី

Mondulkiri (Zusammenkunft der Berge), der wilde Osten des Landes, ist eine gänzlich andere Welt als das Flachland – hier gibt's weder Reisfelder noch Palmen. In der Bergregion, einer faszinierenden Mischung aus grasbewachsenen Hügeln, Pinienhainen und jadegrünen Regenwäldern, leben die widerstandsfähigen Bunong mit ihren Elefanten. Abenteueraktivitäten starten so richtig durch: Es gibt eine neue Zipline und man kann Touren mit dem Quad-Bike unternehmen.

Umweltschützer haben ambitionierte Pläne für die dünn besiedelte Provinz (Begegnungen mit Wildtieren wie Kleideraffen und Gibbons im geschützten Waldgebiet Seima, Wanderungen mit Elefanten im Elephant Valley Project etc.), die jedoch von Holzfällern, Wilderern und Spekulanten behindert werden.

Sen Monorom សែនមនោរម្យ

073 / 10 000 EW. / 800 M.

Die hübsche Provinzhauptstadt ist kaum mehr als ein größeres Dorf und liegt genau dort, wo die legendären Hügel aufeinandertreffen. In der Gegend ringsum liegen Dörfer ethnischer Minderheiten und malerische Wasserfälle, weshalb Sen Monorom sich wunderbar als Basis für Erkundungstouren eignet. Die Stadt liegt auf 800 m Höhe, und wenn es windig ist, sind die Temperaturen deutlich kühler als im restlichen Kambodscha. Besser warme Kleidung mitbringen.

EINREISE NACH VIETNAM: DIE ÖSTLICHEN GRENZÜBERGÄNGE

Von Kompong Cham nach Tay Ninh

Der Grenzübergang Trapeang Plong/Xa Mat (geöffnet von 7 bis 17 Uhr) ist sehr praktisch für Traveller, die mit privaten Fahrzeugen von Nordostkambodscha oder Siem Reap nach Ho-Chi-Minh-Stadt oder zurück reisen.

Anfahrt zur Grenze Von Kompong Cham kann man jedes Verkehrsmittel nehmen, das auf dem NH7 nach Osten in Richtung Snuol fährt. Dann am Kreisverkehr in Krek (Kraek) am NH7, 55 km ostsüdöstlich von Kompong Cham, aussteigen. Von dort sind es noch 13 km nach Süden mit dem *moto* (3 US$) entlang des NH72 ins verschlafene Trapeang Plong.

An der Grenze Dieser Grenzübergang ist eine Wohltat – man muss einfach nur sein Visum für Vietnam bereithalten.

Weiterreise Von der vietnamesischen Seite fahren Motorräder und Taxis ins 45 km südlich gelegene Tay Ninh.

Von Snuol nach Binh Long

Der Grenzposten Trapeang Sre/Loc Ninh (geöffnet von 7 bis 17 Uhr) eignet sich für Leute, die von Kratie direkt nach Vietnam oder zu Zielen im Norden reisen wollen.

Anfahrt zur Grenze Traveller fahren zuerst mit dem Bus, Sammeltaxi oder Minibus von Sen Monorom, Kratie oder Kompong Cham nach Snuol. Dort geht's mit dem *moto* (5 US$) auf dem gut befestigten NH74 weitere 18 km nach Südosten.

An der Grenze Ein paar Nationalitäten benötigen ein vorher arrangiertes Visum für Vietnam.

Weiterreise Die nächste Stadt auf der vietnamesischen Seite ist Binh Long, das 40 km weiter im Süden liegt. An der Grenze warten Motorräder.

Von Ban Lung nach Plei-Ku

Der Grenzübergang O Yadaw/Le Thanh (geöffnet von 7 bis 17 Uhr) liegt 70 km östlich von Ban Lung am gut befestigten NH19.

Anfahrt zur Grenze Die Gästehäuser in Ban Lung bieten täglich um 6.30 Uhr einen Van nach Plei-Ku (12 US$, 3½ Std.) mit Umstieg an der Grenze. Der Van holt die Passagiere von den Gästehäusern ab.

An der Grenze Die Formalitäten sind unkompliziert und schnell erledigt, und es gibt keine Warteschlangen; man sollte nur sicherstellen, dass man – falls erforderlich – ein Visum für Vietnam besitzt.

Weiterreise Auf der vietnamesischen Seite der Grenze ist die Straße gut asphaltiert. Mit einem wartenden *moto* geht's nach Duc Co (20 km), wo Busse (15 000 D) nach Plei-Ku, Quy Nhon und Hoi An abfahren.

Infos zur Überquerung dieser Grenze in entgegengesetzter Richtung siehe S. 939.

Sehenswertes & Aktivitäten

Wie in Ratanakiri sind mehrtägige Dschungelwanderungen zu Minderheitendörfern die große Attraktion. Wir empfehlen, einen indigenen Bunong-Guide zu engagieren. Sie kennen die Wälder in- und auswendig und können schnell das Eis mit den Einheimischen der Bunong-Dörfer brechen.

Monorom-Fälle WASSERFALL

(ទឹកធ្លាក់មនោរម្យ) GRATIS Aus 10 m Höhe ergießt sich dieser Wasserfall in ein beliebtes Schwimmbecken. Alle, die kein Problem mit großen Menschenmengen haben, werden die Monorom-Fälle lieben. Um zu ihnen zu gelangen, geht man von der Westseite der Landepiste 2,3 km nach Nordwesten, biegt dann links ab und läuft noch weitere 1,5 km. Am Abzweig fehlt leider ein leserlicher Wegweiser.

Bou-Sraa-Wasserfall WASSERFALL

(ទឹកជ្រោះប៊ូស្រា; Eintritt 5000 R) Einer der imposantesten Wasserfälle Kambodschas ist im ganzen Land bekannt und stürzt über

VERANTWORTUNGSVOLLES WANDERN IM NORDOSTEN KAMBODSCHAS

In den Provinzen Ratanakiri und Mondulkiri erfreuen sich Trekkingtouren zu abgelegenen Wäldern und Minderheitsdörfern großer Beliebtheit. Allerdings empfehlen wir, für organisierte Wanderungen und andere Exkursionen einheimische Guides zu engagieren. Sie sprechen die lokalen Dialekte, kennen die Gebräuche der Stämme (und ihre Tabus) und können den Zutritt zu Friedhöfen ermöglichen, die für Khmer-Guides nicht zugänglich sind. Außerdem kennen sie die Wälder in- und auswendig.

Die in diesem Abschnitt aufgelisteten Touranbieter können auf Anfrage einheimische Guides organisieren. Am Boeung Yeak Lom ist ein lockerer Verband von Tompuon-Führern ansässig, die exklusive Touren zu verschiedenen Tompuon-Dörfern rund um Boeung Yeak Lom anbieten. Man kann sie nur vor Ort engagieren, denn sie haben weder Telefonnummern noch E-Mail-Adressen. Auf den Touren kann man Webern und Korbflechtern bei der Arbeit zusehen, etwas über animistische Traditionen lernen und eine traditionelle Mahlzeit essen, die aus in Bambus gedämpftem Fisch, frischem Gemüse, „Minderheiten"-Reis und natürlich Reiswein besteht.

Weitere Tipps, um die indigenen Gemeinden verantwortungsvoll zu bereisen:

- Versuchen, etwas mehr Zeit in den Minderheitendörfern zu verbringen – mindestens einige Stunden, wenn nicht sogar eine Nacht. Wer diese Zeit nicht investieren will, sollte auf den Besuch verzichten.
- In kleinen, weniger störenden Gruppen reisen.
- Vorm Fotografieren um Erlaubnis bitten – auch Kinder. Einige Bergstämme glauben, dass Kameras ihre Seelen stehlen.
- Bescheidene Kleidung tragen.
- Den regionalen Wein kosten, wenn er angeboten wird, besonders bei Zeremonien. Eine Ablehnung kommt einer Beleidigung gleich.
- Individuelle Geschenke führen zu Neid und Erwartungen. Stattdessen der lokalen Schule, dem medizinischen Zentrum oder der Gemeindekasse etwas spenden.
- Schilder akzeptieren, die Außenseiter davon abhalten sollen, ein Dorf zu besuchen, zum Beispiel während einer spirituellen Zeremonie. Ein guter lokaler Guide wird diese Schilder entdecken.
- Kindern niemals Süßigkeiten oder Geld geben.
- Keine Dorfschätze wie Altäre oder Totems kaufen und auch nicht die Kleidung und den Schmuck erwerben, den Dorfbewohner tragen.

zwei Stufen in dichten Dschungel. Die obere Stufe ist 10 m hoch, die spektakulärere zweite Stufe rauscht sogar stolze 25 m in die Tiefe. Eine größtenteils asphaltierte Straße führt 33 km (1 Std. Fahrtzeit) von Sen Monorom nach Osten.

Elephant Valley Project TIERSCHUTZGEBIET
(EVP; ☎099 696041; www.elephantvalleyproject.org; ⏲Mo–Fr) Elefanten beobachten mal anders. Das Elephant Valley Project ermutigt hiesige Mahouts (Elefantentreiber) dazu, ihre überarbeiteten oder verletzten Elefanten in dieses 1600 ha große Schongebiet zu bringen. Das Reservat ist unheimlich populär, deshalb sollte man seinen Besuch weit im Voraus buchen. Man kann einen ganzen Tag (85 US$) oder einen halben (55 US$) hier verbringen. Freitags und samstags werden keine Übernachtungsgäste akzeptiert. Samstags und sonntags ist Ruhetag (keine Tagesbesucher).

Mayura Zipline ZIPLINE
(☎088 888 8629; Bou-Sraa-Wasserfall; 69 US$) Die neue Mayura-Zipline verspricht den ultimativen Adrenalinrausch, denn die längste Seilrutsche (300 m) führt direkt über den Bou-Sraa-Wasserfall. Auf der anderen Flussseite beginnt der Zipline-Parcours, der aus insgesamt sechs Seilrutschen und einer Hängebrücke besteht. Die ersten vier Etappen sind gewissermaßen das Aufwärmprogramm für den rasant schnellen „Flug" über

den Wasserfall. Zum Schluss kann man ein kurzes Stück mit dem Partner oder einem (neuen) Freund an der Tandem-Seilrutsche zurücklegen.

Geführte Touren

Green House GEFÜHRTE TOUREN
(☎017 905659; www.greenhouse-tour.blogspot.com; NH76) Green House ist Betreiber des **Elephant Community Program**, das erschwingliche Begegnungen mit Elefanten (35 US$ pro Pers.) sowie längere Touren mit Übernachtung ermöglicht. Abgesehen von Wanderungen stehen auch ganztägige Mountainbike-Ausflüge (ab 20 US$) auf dem Programm und man kann Trek- und Giant-Mountainbikes (8 US$ pro Tag) sowie Motorräder (7 US$) leihen. Der Besitzer, Sam Nang, kennt Mondulkiri in- und auswendig und gibt sein Wissen gern weiter.

Hefalump Cafe TOURISTENINFORMATION
(Mo–Fr 7–18, So 9–16 Uhr) Das von einer NRO betriebene Café fungiert gleichzeitig als Anlaufstelle für Bunong und ist die beste Infoquelle zu nachhaltigem Tourismus in der Provinz Mondulkiri. Dazu gehören das Elephant Valley Project, der Seima Protected Forest und Besuche der Bunong-Dörfer.

Kouprey ATV Tours ABENTEUERTOUREN
(☎088 888 8629; Mayura Hill Resort; 29 US$) Jetzt kann man also auch in den Bergen von Mondulkiri mit dem Quad herumbrausen – ein Riesenspaß! Das Mayura Hill Resort organisiert die Ausflüge, die den Besuch mehrerer Hauptattraktionen von Sen Monorom umfassen, z. B. die Monorom-Fälle, Samot Cheur („Ozean der Bäume“) und der Aussichtspunkt Wat Phnom Doh Kromom. Das Preis-Leistungs-Verhältnis ist top und es ist nicht verkehrt, ein bisschen ATV-Erfahrung in einer Umgebung mit wenig Verkehr zu sammeln.

Schlafen

★ **Nature Lodge** PENSION $
(☎012 230272; www.naturelodgecambodia.com; Zi. 10–30 US$;) Auf einem windgepeitschten Hügel nahe der Stadt erstreckt sich diese Anlage mit 30 soliden Holzbungalows, die alle mit privaten Veranden, Warmwasserduschen und Moskitonetzen ausgestattet sind. Darunter sind ein paar geniale Chalets im Stil der schweizerischen Robinsons mit abgesenkten Betten und Vorzimmern. Das tolle Restaurant verfügt über gemütliche Nischen, einen Billardtisch und eine schöne Bar, an der die Gäste entspannen und Reisegeschichten austauschen.

Indigenous Peoples Lodge BUNGALOWS $
(☎012 317368; indigenouspeopleslodge@gmail.com; Zi. 7–20 US$; @) Eine Bunong-Familie betreibt diese tolle Unterkunft mit einer ganzen Palette an Schlafmöglichkeiten in Häusern ethnischer Minderheiten, darunter ein traditionelles Bunong-Haus mit Strohdach (das allerdings ein wenig komfortabler als gewöhnlich ist). Zu den billigsten Zimmern gehört ein Gemeinschaftsbad (prima Preis-Leistungs-Verhältnis). Extras: kostenloses Internet und kostenlose Fahrten in die Stadt.

Tree Lodge BUNGALOWS $
(☎097 723 4177; www.treelodgecambodia.com; Zi. 5–15 US$;) Einfache Hütten in A-Form aus hiesigen Materialien reihen sich wie Perlen an einer Kette den Hügel an der Rückseite hinab. Es gibt auch ein paar schickere neue Bungalows. Im Restaurant locken Hängematten und leckere Khmer-Küche. Die junge Betreiberfamilie ist sehr freundlich und hilft beim Buchen von Touren.

Essen & Ausgehen

Khmer Kitchen KAMBODSCHANISCH $
(Hauptgerichte 2–4 US$; 6–22 Uhr;) In diesem einfachen Straßenlokal kommt man in den Genuss herrlich geschmacksintensiver Khmer-Küche. Das *kari saik trey* (Fisch-Kokos-Curry) und andere Currygerichte sind besonders lecker. Man bekommt hier aber auch international Gerichte.

Hefalump Cafe CAFÉ $
(Kuchen 1–3 US$; Mo–Fr 7–18, So 9–16 Uhr;) Das Café ist ein Gemeinschaftsprojekt verschiedener NROs und Umweltschutzgruppen der Stadt und dient als Ausbildungszentrum für Bunong im Gastgewerbe. Es gibt lokalen oder Lavazza-Kaffee, verschiedene Tees und selbstgebackene Kuchen. Eine tolle Anlaufstelle, um das nächste Abenteuer bei einem feinen Heißgetränk zu planen.

Chilli on the Rocks BAR
Endlich gibt's auch im verschlafenen Sen Monorom eine richtige Bar. Sie wird von einem freundlichen schwedischen Pärchen betrieben. Es gibt billiges Bier, starke Cocktails und verschiedene internationale Häppchen, darunter eine leckere Tapas-Platte. Geschlossen wird zu unterschiedlichen Zeiten (kommt drauf an, wie viele Gäste da sind).

Praktische Informationen

Die hier aufgelisteten Gästehäuser sind alle sehr gute Informationsquellen und bieten das gesamte Spektrum an geführten Touren an.

Acleda Bank (NH76; 8.30–15.30 Uhr, Geldautomat 24 Std.) Wechselt die wichtigsten Währungen und hat einen Geldautomaten, der nur Visa-Karten akzeptiert.

An- & Weiterreise

Phnom Penh Sorya schickt um 7.30 Uhr einen Bus nach Phnom Penh (35 000 R, 8 Std.). Kim Seng Express betreibt komfortable Minivans (11 US$), die fünf Stunden brauchen. Zwischen 7 und 14 Uhr gibt's täglich sechs Verbindungen. Virak-Buntham schickt ebenfalls Minibusse nach Phnom Penh (12 US$). Abfahrt ist um 7.15 und 13.30 Uhr.

Nach Kratie (30 000 R, 4 Std.) gelangt man am besten mit lokalen Minibussen. Normalerweise gibt's mindestens eine Verbindung am Morgen sowie zwei bis drei Fahrten gegen 12 Uhr.

Mittlerweile verkehren Minibusse auf der neuen Straße nach Ban Lung in Ratanakiri. Die Fahrt kostet 8 US$ und dauert ca. zwei Stunden.

Unterwegs vor Ort

Englischsprachige *moto*-Fahrer kosten 15 bis 20 US$ pro Tag. Die meisten Gästehäuser verleihen Motorräder für 6 bis 8 US$, einige auch Fahrräder (2 US$). **Adventure Rider Asia** (078 250350; www.adventureriderasia.com; NH76; geführte Touren ab 67 US$ pro Tag) vermietet gepflegte 250-ccm-Geländeräder (25 US$).

KAMBODSCHA VERSTEHEN

Kambodscha aktuell

Die Kambodschanische Volkspartei (CPP) dominiert die Politik des Landes, seit sie 1979 von den Vietnamesen an die Macht gebracht wurde. Partei und Staat sind miteinander verwoben und die CCP-Führung hat durch die Bildung von Allianzen zwischen ihren Nachfolgern Pläne für die Zukunft geschmiedet.

Dennoch hat die letzte Wahl die Macht der CCP erschüttert, denn die Opposition konnte erstaunliche Gewinne verzeichnen. Zuvor hatten der langjährige Oppositionsführer Sam Rainsy und der Anführer der Menschenrechtspartei Kem Sokha gemeinsam die Nationale Kambodschanische Rettungspartei (CNRP) gegründet. Die offiziellen Wahlergebnisse attestierten der CPP den Sieg, doch laut einer Auszählung der Opposition hat die CNRP die Volksabstimmung vielleicht sogar mit geringem Vorsprung gewonnen.

Nach monatelang anhaltenden Demonstrationen wurde die Opposition in die Nationalversammlung aufgenommen, doch es gibt unverändert strittige Themen, z.B. die gemeinsame Grenze mit Vietnam und die Landreform. In der Region kommen große geopolitische Kräfte zum Tragen und Kambodscha

DIE ECHTE GIBBON-ERFAHRUNG

In der Mekong-Region werden jede Mengen Touren angeboten, in denen das Wort „Gibbon" auftaucht, allerdings bekommt man nicht immer ein paar Exemplare zu Gesicht. Seltene Gelbwangen-Schopfgibbons sind in der Veun Sai-Siem Pang Conservation Area (VSSPCA), gleich vor der Grenze des Virachey-Nationalparks nördlich von Veun Sai, anzutreffen.

Conservation International (CI; www.conservationinternational.org) hat unlängst die Initiative **Gibbon Spotting Cambodia** (in Siem Reap 063-966355; www.gibbonspottingcambodia.com) ins Leben gerufen, die es Besuchern ermöglicht, eine Affenkolonie mit etwa 500 Gruppen (wohl eine der größten der Welt) zu beobachten. Sie wurde erst 2010 entdeckt. Zu hören, wie die Echos ihrer eindringlichen Rufe durch den Dschungel schallen, und zu sehen, wie sie sich durch die Baumkronen schwingen, ist ein unvergessliches Erlebnis.

Man sollte wenigstens eine Nacht im Dschungel verbringen, entweder auf Hängematten oder in einer gemeindebasierten Privatunterkunft, und steht weit vor Sonnenaufgang auf, um Zeit mit den Gibbons zu verbringen. CI hat eine exklusive Vereinbarung mit dem Dorf in der Nähe der Gibbons, diese Touren veranstalten zu dürfen. Die Saison zur Gibbonbeobachtung dauert von November bis Mitte Juni – zu anderen Zeiten ist es zu feucht – und die maximale Gruppengröße beträgt sechs Teilnehmer. Der Tourpreis ist abhängig von der exakten Gruppengröße. Die meisten Unternehmen in Ban Lung können diese Trips im Namen von CI buchen.

Die VSSPCA ist sehr gefährdet durch legale und illegale Abholzung, und die meisten Wälder rund um Ban Lung sind schon stark verwüstet.

AFFENTHEATER IN MONDULKIRI

Eine neuere Studie der Wildlife Conservation Society (WCS) hat die Population der im Seima Protected Forest lebenden Schwarzschenkligen Kleideraffen auf 20 600 sowie die der Südlichen Gelbwangen-Schopfgibbons auf mehr als 1000 geschätzt – das ist für beide Spezies die größte Konzentration der Welt. **Jahoo Gibbon Camp** ermöglicht Wanderungen in die Wildnis in der Nähe des Bunong-Dorfs Andong Kraloeng, wo man versuchen kann, die Primaten und andere scheue Tiere aufzuspüren.

Das Jahoo Gibbon Camp bietet den Dorfbewohnern Anreize, die bedrohten Affen und ihren Lebensraum zu schützen, indem sie ihnen ein vernünftiges Einkommen verschaffen. Die Treks führen durch immergrünen Mischwald und zu Wasserfällen. Die Chancen stehen gut, unterwegs ein paar Kleideraffen und Makaken zu sichten.

In Begleitung von Bunong-Guides werden die Wanderpfade ausfindig gemacht. Ein Teil des Tourpreises fließt in Schutzmaßnahmen zur Erhaltung des Gebiets. Das Projekt ist neu und die Kosten hängen vom Transport und der Gruppengröße ab. Typisch sind etwa 80 US$ pro Person für eine eintägige Tour oder 150 US$ für eine Tour mit Übernachtung im rustikalen Jahoo-Gibbon-Zeltcamp; beide Preise beinhalten die Guides und die Verpflegung.

Für Infos und Buchungen wendet man sich an das Team des Sam Veasna Center im Hefalump Cafe in Sen Monorom. Das Jahoo Gibbon Camp befindet sich auf dem Gelände des geschützten Waldes nahe dem Highway, nur 25 km südwestlich von Sen Monorom.

sitzt zwischen den Stühlen: Ausgerechnet zwischen seinen engsten Verbündeten, China und Vietnam, schwelt ein Konflikt, denn China erhebt Ansprüche im Südchinesischen Meer. Kambodscha kann es nicht beiden Seiten recht machen.

In Folge des jahrzehntelangen Bürgerkriegs war Kambodscha stark traumatisiert, und die Wirtschaft des Landes verglichen mit den boomenden Nationen ringsum ein Gecko unter Drachen. Jetzt versucht die Regierung, die lange Zeit vom internationalen Big Business ausgeschlossen war, ihre neuen Möglichkeiten zu nutzen. China sitzt mit am Tisch und pokert hoch; das Land investiert derzeit sehr, sehr viel Geld.

Über Jahre waren Fremdhilfen die wichtigste Säule der kambodschanischen Wirtschaft. NROs haben sich ins Zeug gelegt, um wichtige soziopolitische Themen auf die Agenda zu setzen. Dennoch ist Kambodscha unverändert eins der ärmsten Länder Asiens und der Mindestlohn liegt bei gerade mal 140 US$ pro Monat.

Geschichte

Die Geschichte Kambodschas lässt sich in wenigen Worten als schöner Schwan beschreiben, der sich in ein hässliches Entlein verwandelte. Ihren Höhepunkt fanden die vielversprechenden Anfangsjahre in dem riesigen Khmer-Reich, das über vier Jahrhunderte hinweg seine Dominanz in der Region mühelos behaupten konnte. Ab dem 13. Jh. begann der Putz jedoch zu bröckeln und aufstrebende Nachbarstaaten drangen kontinuierlich in kambodschanisches Gebiet vor. Richtig hässlich wurde es schließlich im 20. Jh., als ein brutaler Bürgerkrieg in der Schreckensherrschaft der Roten Khmer (1975–1979) gipfelte, von der sich das Land noch immer nicht ganz erholt hat.

Funan & Chenla

Im 1. Jh. begann die Indisierung Kambodschas. Damals brachten Händler auf ihrer Reise vom Golf von Bengalen ins südliche China indische Ideen und Technologien ins heutige Südvietnam. Das größte der damals aufstrebenden Königreiche wurde von den Chinesen Funan genannt. In der Funan-Epoche wurden die hinduistischen Gottheiten Shiva und Vishnu verehrt und zugleich der Buddhismus praktiziert.

Vom 6. bis 8. Jh. ist Kambodscha wohl von verschiedenen konkurrierenden Königreichen beherrscht worden. Die Chinesen unterscheiden zwischen „Wasser-Chenla", dem Gebiet um die heutige Stadt Takeo, und „Land-Chenla", weiter nördlich am Mekong sowie rund um Sambor Prei Kuk.

Aufstieg & Niedergang des Angkor-Reiches

Die Angkor-Epoche dauerte von 802 n. Chr. bis 1432. Sie umfasste Phasen der Eroberung, des Chaos, des Rückzugs, der Renaissance und des Niedergangs und war von einer bemerkenswerten Produktivität geprägt.

802 erklärte sich Jayavarman II. (reg. 802–850) zum *devaraja* (Gottkönig). Er zettelte einen Aufstand gegen die Javaner an, die über den Süden Kambodschas herrschten, und brachte das Land durch Bündnisse sowie Eroberungszüge unter seine Kontrolle. So wurde er der erste Herrscher, der große Teile des heutigen Kambodschas regierte.

Ende des 9. Jhs. verlegte Yasovarman I. (reg. 889–910) die Hauptstadt nach Angkor und schuf ein neues religiöses, wissenschaftliches und musisches Zentrum. Nach einer chaotischen, konfliktreichen Periode vereinte Suryavarman II. (reg. 1113–1152) das Königreich und läutete eine weitere Phase der Expansion ein, indem er erfolgreiche, aber kostspielige Kriege gegen Vietnam und Champa (indisch geprägtes Königreich im heutigen Süd- und Zentralvietnam) führte. Sein Glaube an die Hindu-Gottheit Vishnu veranlasste ihn zum Bau von Angkor Wat.

Bald wendete sich das Blatt. 1177 schlugen die Champa-Truppen zurück, starteten über den Mekong einen Überraschungsangriff auf Angkor und töteten den König. Im folgenden Jahr sammelte ein Cousin von Suryavarman II. die Khmer um sich, besiegte die Cham in einer weiteren epischen Seeschlacht und wurde zum König Jayavarman VII. (reg. 1181–1219) gekrönt. Der überzeugte Anhänger des Mahayana-Buddhismus ließ die Stadt Angkor Thom errichten.

Die Jahre des Niedergangs förderten religiöse Konflikte und interne Rivalitäten zutage. Mehrfach griffen die Thailänder Angkor an und plünderten die Stadt 1351 sowie 1431. Vom königlichen Hof verschleppten sie Tausende Intellektuelle, Künstler und Tänzer, deren Einfluss auf die thailändische Kultur bis heute sichtbar ist.

Von 1600 bis zur Ankunft der Franzosen wurde Kambodscha von einer Reihe schwacher, in Intrigen verstrickter Herrscher regiert, die oft die Hilfe von Thailand oder Vietnam suchten. Die hatte natürlich ihren Preis.

FILMTIPP

The Killing Fields – Schreiendes Land (1984) ist ein ergreifender Film über den US-Journalisten Sydney Schanberg und den kambodschanischen Fotografen Dith Pran während der Machtübernahme der Roten Khmer.

Französische Kolonialzeit

Das Machtspiel zwischen Thailand und Vietnam wurde 1864 beendet, als König Norodom I. (reg. 1860–1904) angesichts der drohenden Gefahr durch die französische Marine einen Vertrag unterzeichnete, der das Land zum Protektorat erklärte. Als große Ausnahme in der Geschichte des Kolonialismus schützte Frankreich Kambodscha tatsächlich, da es Gefahr lief, von den zwei mächtigeren Nachbarn geschluckt zu werden. 1907 drängten die Franzosen Thailand zur Rückgabe der nordwestlichen Provinzen Battambang, Siem Reap und Sisophon. Somit war Angkor nach über 100 Jahren das erste Mal wieder in kambodschanischer Hand.

Das Land erklärte am 9. November 1953 unter König Norodom Sihanouk (reg. 1941–1955 und 1993–2004) seine Unabhängigkeit.

Unabhängigkeit & Bürgerkrieg

Auf das Jahr 1953 folgten Kambodschas goldene Jahre, eine Zeit voller Frieden, Wohlstand, Kreativität und Optimismus. Doch mit dem Vietnamkrieg, der auch die Nachbarstaaten in Mitleidenschaft zog, zogen die ersten Gewitterwolken auf. Ende der 1960er-Jahre nutzten Truppen Nordvietnams und des Vietcong in ihrem Kampf gegen Vietnam und die USA kambodschanisches Territorium. Bald darauf kam es zu verheerenden US-Bombenangriffen und einer Invasion im Osten Kambodschas.

Im März 1970 wurde Sihanouk, mittlerweile Premierminister, von General Lon Nol gestürzt, und ließ sich in Peking nieder. Dort errichtete er eine Exilregierung und verbündete sich mit einer indigenen kambodschanischen Revolutionsbewegung, die er selbst die Roten Khmer nannte. In großen Teilen des Landes griff Gewalt um sich.

Herrschaft der Roten Khmer

Am 17. April 1975, zwei Wochen vor dem Fall Saigons, nahmen die Roten Khmer Phnom Penh ein. Es folgte eine gesellschaftliche Umstrukturierung, die in ihrer Radikalität und Brutalität ihresgleichen sucht. Kambodscha wurde in Demokratisches Kampuchea umbenannt und sollte in eine von Bauern bestimmte landwirtschaftliche Kooperative umgewandelt sowie von vorigen Einflüssen gereinigt werden. Innerhalb weniger Tage wurden alle Einwohner Phnom Penhs und

DAS ROTE-KHMER-TRIBUNAL

Die Vietnamesen vertrieben die Roten Khmer am 7. Januar 1979, aber erst im Jahr 1999 – zwei Jahrzehnte nach Ende des Bürgerkriegs – begannen ernsthafte Diskussionen über einen Gerichtsprozess, der die Verantwortlichen, die über zwei Millionen Tote auf dem Gewissen hatten, ihrer gerechten Strafe zuführen sollte. Nach langwierigen Verhandlungen vereinbarte man schließlich, ein Kriegsverbrechertribunal einzurichten, um die überlebenden Führer der Roten Khmer zur Rechenschaft zu ziehen.

Es dauerte weitere zehn Jahre, bis die Außerordentlichen Kammern an den Gerichten von Kambodscha das erste Gerichtsurteil sprachen. In dieser Zeit starb einer der Hauptverdächtigen, der einbeinige General Ta Mok („Der Schlächter"), in Untersuchungshaft. Fall 001, der Gerichtsprozess für Kaing Guek Eav alias Genosse Duch, wurde schließlich im Jahr 2009 eröffnet. Duch wurde als Schlüsselfigur angesehen, denn als Leiter des S-21-Gefängnisses ermöglichte er die furchtbaren Verbrechen des Regimes. Duch wurde 2010 zu 35 Jahren Haft verurteilt; das Urteil wurde später in Revision auf lebenslänglich ausgedehnt.

Fall 002 wurde im November 2011 eröffnet und befasste sich mit den ältesten überlebenden Führern des Demokratischen Kampuchea (DK): Bruder Nummer 2 Nuon Chea (84 Jahre alt), dem einstigem Außenminister von DK und Bruder Nummer 3, Ieng Sary (83 Jahre alt), und dem früheren Staatschef von DK, Khieu Samphan (79 Jahre alt). Aufgrund des langsamen Vorankommens des Gerichtsverfahrens und des fortgeschrittenen Alters der Angeklagten wird es schwer sein, Gerechtigkeit zu sprechen. Ieng Sary starb 2013, und seine Frau und frühere Sozialministerin von DK, Ieng Thirith (78 Jahre alt), wurde aufgrund von Demenz als verhandlungsunfähig eingestuft. Nuon Chea und Khieu Samphan wurden im August 2014 zu lebenslangen Haftstrafen wegen Verbrechen gegen die Menschlichkeit verurteilt. Derzeit wird zusätzlich geprüft, ob auch der Tatbestand des Genozids erfüllt ist.

Fall 003 gegen den Leiter der Kriegsmarine DKs, Meas Muth, sowie gegen den Leiter der Luftwaffe, Sou Met, sollte Fall 002 folgen. Die Untersuchungen zu diesem Fall wurden jedoch 2009 unter intensivem Druck der kambodschanischen Regierung abgewürgt. Obwohl Premierminister Hun Sen Fall 003 ablehnt, haben die internationalen Richter 2015 Anklage gegen Meas Muth wegen Genozid, Verbrechen gegen die Menschlichkeit und Kriegsverbrechen erhoben.

Die aktuellen Entwicklungen sind auf der offiziellen Website des ECCC www.eccc.gov.kh oder www.cambodiatribunal.org nachzulesen.

der Provinzstädte – darunter Kranke, Alte und Schwache – zu Gewaltmärschen aufs Land gezwungen, wo sie als Sklaven zwölf bis 15 Stunden täglich arbeiten mussten. Intellektuelle wurden systematisch umgebracht, wobei es oft ausreichte, eine Brille zu tragen oder eine Fremdsprache zu beherrschen. Der Beginn der Herrschaft der Roten Khmer wurde zum Jahr null erklärt.

Anführer der Roten Khmer war Saloth Sar, besser bekannt als Pol Pot. Unter seiner Herrschaft wurde Kambodscha zu einem riesigen Arbeitslager für Sklaven. Zu essen gab es lediglich zweimal täglich ein bisschen wässerigen Brei aus Reis, der Männern, Frauen und Kindern reichen musste, um die beschwerliche Feldarbeit zu überstehen. In den Lagern brachen Krankheiten aus und ganze Familien fielen Malaria und Ruhr zum Opfer.

Die Roten Khmer wurden von den Vietnamesen gestürzt, die das fast verlassene Phnom Penh am 7. Januar 1979 befreiten. Forscher gehen davon aus, dass etwa 2 Millionen Kambodschaner Pol Pot und seinen brutalen Anhängern zum Opfer gefallen waren. Das Documentation Center of Cambodia (www.d.dccam.org) dokumentiert die grausamen Geschehnisse.

Frieden auf Bewährung

Die Vietnamesen errichteten eine neue Regierung unter Führung ehemaliger Offiziere der Roten Khmer, darunter der aktuelle Premierminister Hun Sen, der 1977 nach Vietnam geflohen war. In dem Chaos, das auf die Befreiung folgte, war kaum Reis angebaut oder geerntet worden, sodass nun eine verheerende Hungersnot ausbrach.

Die Roten Khmer führten den Bürgerkrieg aus entlegenen Berglagern unweit der thailändischen Grenze bis Ende der 1980er-Jahre fort. Im Februar 1991 unterzeichneten alle Parteien, auch die Roten Khmer, den Pariser Friedensvertrag. Dieser bestimmte, dass das Land zwei Jahre lang bis zu den Wahlen 1993 von der Übergangsverwaltung der Vereinten Nationen in Kambodscha (Untac) regiert werden sollte. Doch die Roten Khmer boykottierten die Wahlen und und bauten ihr Guerillanetzwerk im ganzen Land wieder auf.

Die letzten Anführer der Roten Khmer, darunter Ta Mok, konnten erst mit der Ergreifung von Anlong Veng und Prasat Preah Vihear durch Regierungstruppen im Frühling 1998 bezwungen werden. Pol Pot entging der Justiz; er starb im selben Jahr einen jämmerlichen Tod nahe Anlong Veng und wurde auf alten Reifen verbrannt.

Menschen & Kultur

Bevölkerung

In Kambodscha leben fast 16 Mio. Menschen. Die Bevölkerung wächst pro Jahr um ganze 2% und soll 2025 rund 20 Mio. Menschen umfassen. Über 40% der Einwohner sind unter 16 Jahre alt. Nach offiziellen Angaben sind 96% der Einwohner Khmer, was das Land zu einem der homogensten Südostasiens macht. In der Praxis haben allerdings zwischen 10 und 20% der Einwohner chinesische, vietnamesische oder Cham-Wurzeln. Kambodschas facettenreiche Khmer Leu (Hochland-Khmer) oder Chunchiet (Minderheiten) leben im Hochland und zählen 75 000 bis 100 000 Angehörige.

Offizielle Amtssprache ist Khmer, das von 95% der Bevölkerung gesprochen wird. Englisch hat Französisch als beliebteste Fremdsprache abgelöst, wobei auch Chinesisch immer populärer wird. Die Lebenserwartung beträgt aktuell 64 Jahre.

Lebensart

Für viele ältere Kambodschaner sind Familie, Essen und Glauben die Grundpfeiler ihres Lebens; dieser Lebensstil hat sich seit Jahrhunderten nicht geändert. Auch der Glauben hat für viele eine hohe Bedeutung. Der Buddhismus half ihnen, die schrecklichen Jahre unter den Roten Khmer zu überstehen und danach ein neues Leben zu beginnen. Familie bedeutet für die Kambodschaner mehr als bei uns im Westen; sie umfasst auch Cousins und Cousinen dritten Grades sowie verschiedene obskure Tanten – solange es eine Blutlinie gibt, besteht auch ein Verwandtschaftsband. Die Familien halten zusammen, lösen Probleme gemeinsam, hören auf die Weisheit ihrer Ältesten und bündeln ihre Kräfte gemeinschaftlich. Der Familienverband kommt in guten und in schlechten Zeiten zusammen, feiert gemeinsam Feste und Erfolge oder betrauert Tote und Enttäuschungen. Egal, ob ein Haus groß oder klein ist, es leben immer viele Menschen darin.

Doch dieser kambodschanische Lebensstil ändert sich nun, denn die Bevölkerung wird jünger und urbanisierter. Kambodscha erlebt gerade seinen ganz eigenen 60er-Swing; die junge Generation steht für ein anderes Leben als das, welches ihre Eltern ertragen mussten. Dies führt zu Spannungen, vor allem in den Städten, wo sich die rebellischen Teenager anziehen, wie sie wollen, ausgehen, mit wem sie wollen, und die ganze Nacht unterwegs sind. Kürzlich hat sich dieser Generationskonflikt auch auf die Politik ausgeweitet, nachdem Facebook-Nutzer bei den Wahlen von 2013 zu einem schockierenden Wahlergebnis beitrugen, nach dem die Kambodschanische Volkspartei Einbußen von über 50% hinnehmen musste.

Korruption gehört noch immer zum Alltag. Sie spielt eine wichtige Rolle in der Wirtschaft und ist auf allen Regierungsebenen vertreten. Mal ist sie offenkundig, mal subtiler, so schließen Privatunternehmen beispielsweise aufgrund guter Kontakte gewinnbringende Geschäfte ab. Alles scheint käuflich, seien es alte Tempel, Nationalparks oder Gedenkstätten.

Religion

Fast alle Khmer sind Anhänger des Theravada-Buddhismus. In Kambodscha ist diese Glaubensrichtung stark von ihren Vorgängern geprägt. Sie umfasst viele kulturelle Traditionen des Hinduismus wie Geburts-, Heirats- und Begräbniszeremonien. Geister wie Neak Ta gehen hingegen auf animistische Zeiten vor der indischen Epoche zurück.

Unter den Roten Khmer wurden die meisten buddhistischen Mönche im Land ermordet und fast alle Tempel des Landes (über 3000) beschädigt oder zerstört. Ende der 1980er-Jahre erklärte man den Buddhismus wieder zur Staatsreligion.

Weitere in Kambodscha vertretene Glaubensrichtungen sind der Islam, der von der Cham-Gemeinde praktiziert wird, der animistische Glaube der Bergvölker und das Christentum, das über Missionare und christliche Nichtregierungsorganisationen seinen Weg ins Land findet.

Kunst

Die Roten Khmer töteten nicht nur die Vertreter der Khmer-Kultur, sondern zerstörten auch Artefakte, Statuen, Musikinstrumente, Bücher und alles andere, was an die Vergangenheit erinnerte. Als Symbol der Herrlichkeit des Khmer-Reiches wurden die Tempel von Angkor verschont, ansonsten ist nur wenig geblieben. Heute erlebt Kambodscha eine Renaissance traditioneller Künste, zudem wächst das Interesse an interkulturellen Kontakten.

Das königliche Ballett stellt eine greifbare Verbindung zu den Glanzzeiten Angkors her und zeigt u. a. den einzigartigen Tanz der *apsara* (himmlische Nymphen). Auch die Musik geht auf Angkor-Zeiten zurück. Einblicke in den Musikgeschmack von Jayavarman VII. gewähren die Flachreliefs von Angkor.

Mitte des 20. Jhs. entwickelte sich im Land eine lebendige Popmusikszene, die unter den Roten Khmer ein jähes Ende fand. Nach dem Krieg bauten Exil-Khmer in den USA eine Popindustrie auf und mittlerweile kehren einige dieser amerikanischen von Rap geprägten Kambodschaner in ihre Heimat zurück. Das in Los Angeles lebende Sextett Dengue Fever, die ultimative Fusionband, lässt sich vom kambodschanischen Pop und Psychedelic Rock der 1960er inspirieren.

In der Funan- und Chenla-Epoche entstanden in Kambodscha wunderbar sinnliche Skulpturen, die viel mehr als bloße Kopien indischer Formen waren. Der Banteay-Srei-Stil des späten 10. Jhs. gilt als Höhepunkt in der Entwicklung der südostasiatischen Kunst.

Essen & Trinken

Manche traditionellen kambodschanischen Gerichte haben Gemeinsamkeiten mit der laotischen und thailändischen Küche (allerdings weniger scharf), andere mit der chinesischen und vietnamesischen. Auch die Franzosen hinterließen ihre Spuren.

Dank des Tonlé Sap ist Süßwasserfisch, oftmals als *ahng* (gegrillt) serviert, ein wichtiger Bestandteil der kambodschanischen Küche. Das legendäre Nationalgericht, *amok*, besteht aus mit Kokosnuss und Zitronengras in Bananenblättern gebackenem Fisch. *Prahoc* (fermentierte Fischpaste) wird, meist gemeinsam mit Kokosnuss und Zitronengras, zum Würzen verwendet.

Zu einer anständigen kambodschanischen Mahlzeit gehört fast immer *samlor* (Suppe), die zusammen mit den anderen Gängen aufgetischt wird. *Kyteow*, eine Reisnudelsuppe, hält den ganzen Tag vor. *Bobor* (Brei aus Reis) wird als Frühstück, Mittag- oder Abendessen serviert. Er schmeckt am besten mit frischem Fisch und ein bisschen Ingwer.

Von Leitungswasser sollte man die Finger lassen, insbesondere in ländlichen Gebieten. Wasser in Flaschen bekommt man fast überall, allerdings ist Kokosmilch, die von Buschmesser schwingenden Straßenhändlern verkauft wird, eine umweltfreundlichere und vielleicht sogar hygienischere Alternative.

Bier ist sehr beliebt in den Städten, auf dem Land wird gern Palmwein getrunken, der aus den weitverbreiteten Zuckerpalmen gewonnen wird. Tukaloks (Fruchtshakes) enthalten Milch, Zucker *und* teilweise auch rohe Eier.

PROST!

Wenn Kambodschaner sich zuprosten, wird in der Regel vorher festgelegt, welcher Prozentsatz getrunken werden muss. Sind sie großzügig, reichen vielleicht *ha-sip pea-roi* (50 %), meist sind es jedoch *moi roi pea-roi* (100 %). Um den ganzen Abend durchzuhalten, wird Bier gern mit Eiswürfeln gereicht. Manch ein *barang* (Ausländer) endete bei dem Versuch, ohne die Hilfe von Eiswürfeln einen Khmer auf einer kambodschanischen Hochzeit unter den Tisch zu trinken, mit dem Gesicht auf der Tischplatte.

Natur & Umwelt

Geografie

In erster Linie wird das Land vom mächtigen Mekong und dem riesigen See Tonlé Sap geprägt. Die reichhaltigen Ablagerungen, die sich während der jährlichen Überschwemmungen in der Regenzeit ansammeln, machen Zentralkambodscha zu einer ungemein fruchtbaren Region. In dieser flachen angespülten Ebene lebt die große Mehrheit der Kambodschaner, die hier in Harmonie mit den Rhythmen des Monsuns Fischerei und Landwirtschaft betreibt.

Der Südwesten ist zu großen Teilen von den Kardamom-Bergen und dem Elefanten-Gebirge nahe Kampot bedeckt. An der nördlichen Grenze mit Thailand treffen die Ebenen auf das Dongrek-Gebirge, ein eindrucksvolles Sandsteinmassiv, das über 300 km lang und bis zu 550 m hoch ist. Einer der besten Orte, um einen Eindruck von dieser Region zu erhalten, ist Prasat Preah Vihear.

Im nordöstlichen Winkel in den Provinzen Ratanakiri und Mondulkiri weichen die Ebenen dem östlichen Hochland, einer abgeschiedenen Region voll dicht bewaldeter Berge und Hochplateaus.

Tierwelt

Bis in die 1990er-Jahre waren Kambodschas Waldbiotope in ausgezeichnetem Zustand, und verglichen mit seinen Nachbarn sind die Lebensräume des Landes immer noch relativ gesund. Die Kriegsjahre haben ihren Tribut von einigen Spezies gefordert, aber andere Tierarten streifen immer noch durch die entlegenen Dschungel des Südwestens und Nordostens. Ironischerweise hat der Frieden zunehmende Bedrohungen mit sich gebracht, z. B. die Rodung riesiger Flächen von Primärwald und den illegalen Handel mit gefährdeten Tierarten.

TONLÉ SAP: DER HERZSCHLAG KAMBODSCHAS

In der Regenzeit (Juni–Okt.) steigt der Pegel des Mekong so stark, dass der Tonlé-Sap-Fluss in Richtung Nordwesten in den Tonlé Sap (Großer See) ausweichen muss. Nun schwillt der See von rund 3000 km² auf fast 13 000 km² an und Kambodscha wirkt aus der Luft wie eine gigantische Pfütze. Während der Trockenzeit nimmt der Mekong ab, der Tonlé Sap fließt wieder in die andere Richtung und das überschüssige Wasser des Sees kehrt in den Mekong zurück. Dieser einzigartige Prozess macht den Tonlé Sap zu einer der weltweit reichsten Quellen für Süßwasserfische.

Mit über 200 Säugetierarten bietet Kambodscha aber weiterhin die besten Möglichkeiten der Wildtierbeobachtung in ganz Südostasien. In Ratanakiri und Mondulkiri kann man Gibbons und Schwarzschenklige Kleideraffen beobachten und in den Provinzen Kratie und Stung Treng die letzten überlebenden Süßwasser-Irawadidelfine sehen. Außerdem ist das Land ein Paradies für Vogelbeobachter – zu den gefiederten Freunden, die man fast nur in Kambodscha findet, zählen z. B. der Riesenibis, die Barttrappe, der Saruskranich und drei Arten von Geiern. In den Sümpfen rund um den Tonlé Sap leben besonders viele Vögel. Das Sam Veasna Center mit Sitz in Siem Reap veranstaltet Trips zur Vogelbeobachtung.

Global bedrohte Tierarten, die man hier, allerdings selten, sehen kann, sind der Asiatische Elefant, der Banteng (eine Wildrindart), der Gaur, der Nebelparder, die Fischkatze, die Marmorkatze, der Malaienbär, das Siam-Krokodil und das Schuppentier. Asiatische Tiger gab es einst reichlich in Kambodscha, aber heute kommen sie nur noch sehr selten vor – die letzte Sichtung war im Jahr 2007.

Umweltprobleme

Kambodschas unberührte Natur zieht viele abenteuerlustige Ökotouristen an, aber die Umwelt ist stark bedroht. Uralte Wälder werden gerodet, um Plantagen zu bauen, Flüsse verbreitert, um Wasserkraftwerke zu errichten, und die Südküste wird von führenden Ölkonzernen erschlossen. Gebiete wie das Kardamom-Gebirge sind besonders gefährdet, und es bleibt abzuwarten, ob sich die Umweltschützer oder die Ökonomen durchsetzen werden.

Als größte Bedrohung für Kambodschas Ökosysteme gilt die illegale Abholzung zur Gewinnung von Holzkohle und Nutzhölzern sowie für den Anbau lukrativer Nutzpflanzen. Der Umwelthüter **Global Witness** (www.globalwitness.org) veröffentlicht akribisch dokumentierte Berichte zu korrupten Militärs und Beamten sowie ihren gut vernetzten Geschäftspartnern.

Auf kurze Sicht trägt die Abholzung zu stärkeren Überschwemmungen am Mekong bei, doch die Langzeitfolgen sind ungleich dramatischer: Verschlammung, Überfischung und Verschmutzung könnten letztendlich das Ende des Tonlé-Sap-Sees und somit eine Katastrophe für zukünftige Generationen bedeuten.

Auch Umweltverschmutzung ist ein Problem in Kambodscha, und Abfälle aller Art, insbesondere Plastiktüten und -flaschen, sind in besorgniserregender Menge im ganzen Land zu sehen.

Die neueste Umweltbedrohung sind die Dämme am Mekong. Umweltschützer befürchten, dass eine Stauung des Flusses dessen Strömungsmuster sowie die Migrationsgewohnheiten der Fische und auch der stark gefährdeten Süßwasser-Irawadidelfine ändern wird. Die Arbeiten am Don-Sahong-(Siphandone-)Damm nördlich der Grenze zwischen Kambodscha und Laos haben begonnen, und man plant bereits den Sambor-Damm, ein massives 3300-MW-Projekt 35 km nördlich von Kratie.

PRAKTISCHE INFORMATIONEN

Allgemeine Informationen

AKTIVITÄTEN

Kambodscha macht sich zunehmend als Ökotourismusziel einen Namen. Folgende Aktivitäten werden angeboten:

- Trekking durch den Dschungel in Ratanakiri, Mondulkiri und im Kardamom-Gebirge an der Südküste;
- Wanderungen mit Elefanten in Mondulkiri;
- Tauchen und Schnorcheln bei Sihanoukville;
- Fahrradtouren in Battambang, Mondulkiri, auf dem Mekong Discovery Trail zwischen Kratie und Stung Treng sowie rund um die Tempel von Angkor;
- Dirt-Bike-Touren für Fortgeschrittene.

ARBEITEN IN KAMBODSCHA

Jobs gibt's in ganz Kambodscha, aber außer Englischunterricht oder Aushelfen in Gästehäusern, Bars oder Restaurants sind die meisten Arbeitsstellen für Profis gedacht und werden im Voraus besetzt. Wer Englisch kann, findet viele Arbeitsangebote im Lehrbereich, aber ausgebildete Englischlehrer verdienen weit mehr als Leute ohne Qualifikationen.

Jobangebote findet man im Anzeigenteil der Phnom Penh Post und der Cambodia Daily sowie an Schwarzen Brettern in Pensionen und Restaurants. Für Infos zu Arbeitsmöglichkeiten bei Nichtregierungsorganisationen besucht man CCC, das regelmäßig freie Stellen ausschreibt.

BOTSCHAFTEN & KONSULATE

Deutsche Botschaft (Karte S. 254; ☎ 023-216381; 76–78 St 214, Phnom Penh)

Laotische Botschaft (Karte S. 249; ☎ 023-982632; 15–17 Mao Tse Toung Blvd, Phnom Penh)

Botschaft von Myanmar (Karte S. 249; ☎ 023-223761; 181 Norodom Blvd, Phnom Penh)

Schweizer Konsularagentur (☎ 023-218305, No 50, St 334, Beung Kengkang 1/Khan Chamkarmon, Phnom Penh)

Thailändische Botschaft (Karte S. 249; ☎ 023-726306; 196 Norodom Blvd, Phnom Penh)

Vietnamesische Botschaft (Karte S. 249; ☎ 023-726274; 436 Monivong Blvd, Phnom Penh)

BÜCHER

Es gibt jede Menge Literatur, die sich mit Kambodschas jüngster Geschichte, also mit der französischen Kolonialzeit, der Ausweitung des Vietnamkriegs auf Kambodscha, den Roten Khmer und den wilden 1990er-Jahren, beschäftigt. Einige der besten Werke:

- *Cambodia's Curse* von Joel Brinkley (2011). Der mit dem Pulitzerpreis gekrönte Journalist scheut sich nicht davor, die Regierung und deren Geldgeber zu kritisieren.
- *Hun Sen's Cambodia* von Sebastian Strangio (2015). Ein tabuloser Blick auf das moderne Kambodscha und die Herrschaft von Premierminister Hun Sen.
- *River of Time* von John Swain (1995). Nimmt den Leser mit ins alte Indochina, das dem Wahnsinn des Kriegs zum Opfer fiel.
- *The Gate* von François Bizot (2003). Bizot wurde von den Roten Khmer entführt und in der französischen Botschaft gefangen gehalten.
- *First They Killed My Father* von Loung Ung (2001). Erzählt von der Zerstörung einer kambodschanischen Stadtfamilie durch Hinrichtungen und Krankheiten während der Zeit der Roten Khmer.

ESSEN

Die folgenden Preise sind Durchschnittspreise für ein Hauptgericht.

$	5 US$
$$	5–10 US$
$$$	10 US$

FEIERTAGE

Kambodscha gilt als eines der Länder mit den meisten Feiertagen weltweit.

Neben den folgenden Feiertagen ist das ganze Land an Chaul Chnam Khmer (Khmer-Neujahr, meist im April) und P'chum Ben (Totenfest, im September oder Oktober) praktisch für eine Woche stillgelegt.

Das Chinesische Neujahr (Januar oder Februar) und Bon Om Tuk (Wasserfestival, Oktober oder November) bringen ebenfalls mehrere freie Tage mit sich.

Neujahrstag 1. Januar
Tag des Sieges 7. Januar
Internationaler Frauentag 8. März
Internationaler Arbeitertag 1. Mai
Geburtstag des Königs 13.–15. Mai
Internationaler Kindertag 1. Juni
Geburtstag der Königsmutter 18. Juni
Tag der Verfassung 24. September
Tag der Pariser Friedensverträge 23. Oktober
Krönungstag 29. Oktober
Geburtstag des Königsvaters 31. Oktober
Unabhängigkeitstag 9. November
Internationaler Tag der Menschenrechte 10. Dezember

FREIWILLIGENARBEIT

In Kambodscha sind sehr viele Nichtregierungsorganisationen vertreten, von denen manche gelegentlich freiwillige Helfer suchen. Über die verschiedenen Organisationen vor Ort informiert beispielsweise das **Cooperation Committee for Cambodia** (CCC; Karte S. 249.; ☎ 023-214152; www.ccc-cambodia.org; 9–11 St 476) in Phnom Penh.

In Siem Reap helfen professionelle Organisationen bei der Vermittlung, darunter **ConCERT** (S. 271) und **Globalteer** (☎ 063-761802; www.globalteer.org), allerdings erhebt Letztere eine wöchentliche Gebühr.

GEFAHREN & ÄRGERNISSE

Abzocke

Die meisten Betrügereien sind recht harmlos – hier wird eine Gebühr verlangt, da wird man von Taxis oder *moto*-Fahrern abgezockt, vor allem in Siem Reap.

Uns liegen ein oder zwei Berichte von Polizeikontrollen vor, bei denen es um untergeschobene Drogen ging. Dies kommt sehr selten vor, aber wenn man Opfer einer solchen Masche wird, sollte man besser etwas Geld zahlen, bevor in der Polizeistation noch mehr Beamte hinzukommen, denn wenn mehr Polizisten im Spiel sind, wird es noch teurer.

Die Bettler in Phnom Penh und Siem Reap bitten um Milchpulver für die Kinder, die sie im Arm halten. Einige Ausländer erliegen dem Drang zu helfen, aber die Bettler wollen meist das teuerste Milchpulver und geben es anschließend im Geschäft zurück, um sich danach das Geld zu teilen.

Die *moto*- und *remork*-Fahrer versuchen immer, einen oder zwei Extradollar von Touristen zu erhaschen. Ein leicht erhöhter Preis für Ausländer ist normal, aber wenn sie dreimal so viel wie in diesem Kapitel beschrieben verlangen, wird man abgezockt. Die Preise sind billig und steigen auch nicht jährlich.

Kriminalität

Angesichts der Anzahl von Waffen in Kambodscha geschehen weniger bewaffnete Raubüberfälle, als man annehmen würde. Dennoch sind Überfälle und Motorraddiebstahl eine potenzielle Gefahr, vor allem in Phnom Penh und Sihanoukville. Man muss deshalb nicht gleich paranoid werden, sollte aber aufmerksam bleiben. Spätabends allein unterwegs zu sein ist niemals eine gute Idee, vor allem nicht in ländlichen Regionen.

Taschendiebstahl hat sich in den letzten Jahren in Phnom Penh zu einem zunehmenden Problem entwickelt, und die Motorraddiebe kennen keine Gnade: Sie ziehen Passagiere vom *moto* und gefährden damit Leben. Wer mit einem *moto* fährt, sollte seine Tasche immer direkt vor sich tragen, und auch auf dem *remork* sollte man aufpassen.

Wer Pech hat und ausgeraubt wird, sollte wissen, dass die kambodschanische Polizei sich jede ihrer Leistungen bezahlen lässt! Jede Art von Hilfe, wie z. B. ein Polizeibericht, wird Geld kosten. Die übliche Rate bei einem Diebstahl liegt bei 5 bis 50 US$.

Minen & Mörser

Kambodscha gehört zu den am stärksten verminten Ländern der Welt. Besonders prekär ist die Situation im Nordwesten nahe der thailändischen Grenze. Viele verminte Gebiete sind nicht gekennzeichnet, deswegen darf man auf keinen Fall von den offiziellen Wegen abkommen und sollte niemals Blindgänger (UXO, unexploded ordnance) wie Mörser und Granaten berühren. Wer sich in einem verminten Gebiet wiederfindet, geht nur dann zurück, wenn die eigenen Fußabdrücke klar sichtbar sind. Ist dies nicht der Fall, bleibt man an Ort und Stelle und ruft nach Hilfe. Wird jemand in einem Minenfeld verletzt, rennt man nicht einfach hin, auch wenn derjenige vor Schmerzen schreit, sondern sucht bei jemandem Hilfe, der weiß, wie man ein vermintes Gebiet betritt.

GELD

- Die Landeswährung ist der Kambodschanische Riel (R).
- US-Dollars werden überall und von jedem akzeptiert, obwohl man das Wechselgeld vielleicht in Riel bekommt (die praktisch sind, wenn man z. B. *moto*-Fahrten oder Getränke bezahlt).
- Bei der Berechnung des Wechselkurses wird der Dollar zumeist auf 4000 R aufgerundet.
- Nahe der Grenze zu Thailand wird oft in Baht bezahlt.
- Zerrissene Banknoten sollte man nicht annehmen, da diese nur selten akzeptiert werden.

Geldautomaten

Geldautomaten, die Debit- und Kreditkarten akzeptieren, gibt's in allen größeren Städten, an Grenzübergängen sowie zunehmend in Provinzstädten. Beträge werden in US-Dollar oder Riel ausgezahlt. Die meisten Banken erheben eine

Gebühr von 4 bis 5 US$ pro Transaktion. Das größte lokale Geldautomatennetzwerk ist das der Acleda Bank, dicht gefolgt von der ANZ Royal Bank und der Canadia Bank.

Feilschen

Auf lokalen Märkten, für Fahrten mit dem Taxi oder *moto* und manchmal auch bei der Buchung eines günstigen Zimmers ist es üblich, zu feilschen. Weil die Khmer keine skrupellosen Verhandlungspartner sind, reichen ein überzeugendes Lächeln und ein paar freundliche Worte meist aus, um einen guten Preis zu erzielen.

Trinkgeld

Trinkgeld ist unüblich, aber in einem so armen Land wie Kambodscha kann ein Dollar (oder 5 bis 10 % bei größeren Rechnungen) viel bewirken.

INTERNETZUGANG

Kostenloses WLAN ist in fast allen Hotels, Gästehäusern und Cafés in Touristenzentren wie Phnom Penh, Siem Reap und an der Südküste verfügbar. Nur in sehr entlegenen Gegenden muss man ganz darauf verzichten.

Internet ist weit verbreitet und in allen Provinzhauptstädten sind Internetcafés vorhanden. Pro Stunde zahlt man zwischen 1500 R und 2,50 US$.

KARTEN

Die beste Karte für das gesamte Staatsgebiet von Kambodscha ist die Cambodia Road Map (1:750 000) von Gecko.

ÖFFNUNGSZEITEN

Kambodschaner stehen oft sehr früh auf. So sieht man bereits gegen 5.30 Uhr, wenn man selbst gerade nach Hause kommt, ähm, aufgestanden ist, schon jede Menge beschäftigte Menschen.

Banken Die meisten Banken haben montags bis freitags von 8 bis 15.30 Uhr sowie samstagmorgens geöffnet.

Behörden Von Montag bis Freitag sowie samstagmorgens geöffnet, theoretisch von 7.30 bis 11.30 Uhr und von 14 bis 17 Uhr.

Geschäfte Meist von 8 bis 18 Uhr offen, manchmal länger.

Lokale Märkte Jeden Tag von Sonnenauf- bis Sonnenuntergang (6.30–17.30 Uhr). In der Ferienzeit haben sie oft für einige Tage nicht geöffnet.

POST

- Die Post ist eine Art Glücksspiel. Briefe und Pakete zu Zielen außerhalb Asiens können zwei bis drei Wochen unterwegs sein.
- Wertsachen sollte man mit Kurierdiensten, z. B. mit **EMS** (☎ 023-723511; www.ems.com.kh; Hauptpost, St 13, Phnom Penh), oder aus einem anderen Land schicken.
- Am Schalter sollte man sich vergewissern, dass Karten und Briefe gestempelt werden.

SCHLECHTE TRIPS VERMEIDEN

Traveller sollten sich vor *yama* (in Thailand als *yaba* bekannt) in Acht nehmen, das passenderweise nach dem hinduistischen Gott des Todes benannt ist. Dabei handelt es sich um Ice bzw. Crystal Meth, selbst gemachte Methamphetamine, die oft mit giftigen Substanzen wie Quecksilber und Lithium versetzt werden. Die Suchtgefahr ist höher, als sich viele Konsumenten eingestehen, und die Einnahme kann zu starken Halluzinationen, Schlafstörungen sowie Psychosen führen.

Außerdem sollte man sich vorsehen, in Kambodscha Kokain zu kaufen. Die meisten Drogen, die, vor allem in Phnom Penh, als Kokain verkauft werden, sind eigentlich pures Heroin und haben damit eine sehr viel stärkere Wirkung als die Drogen, die man von zu Hause kennt.

- Die Hauptpost in Phnom Penh bietet den verlässlichsten Service und empfängt postlagernde Sendungen.

RECHTSFRAGEN

Sämtliche Rauschgifte inklusive Marihuana sind in Kambodscha verboten, wobei Hanf traditionell beim Kochen eingesetzt wird und beispielsweise auf so mancher Pizza zu finden ist.

Nach den Gesetzen vieler westlicher Staaten sind im Ausland begangene Sexualdelikte im Heimatland strafbar.

REISEN MIT BEHINDERUNG

Kambodscha ist aufgrund der vielen Minen einer der Staaten mit dem höchsten Anteil an Menschen mit Amputationen, aber dennoch ist das Land nicht auf Behinderte eingestellt. Nur wenige Gebäude verfügen über Aufzüge, Wege und Straßen sind voller Schlaglöcher und die Treppen und steinigen Pfade in vielen Angkor-Tempeln stellen selbst für Menschen ohne Behinderung eine Herausforderung dar. Von A nach B gelangt man am besten mit privaten, recht preiswerten Transportmitteln. Wer Unterstützung vor Ort braucht, findet diese kostengünstig, außerdem sind die Khmer im Allgemeinen sehr hilfsbereit.

SCHWULE & LESBEN

Kambodscha ist hinsichtlich der sexuellen Orientierung allgemein sehr tolerant, sodass sich in den größeren Städten allmählich entsprechende Szenen entwickeln. Ebenso wie bei heterosexuellen Pärchen sind öffentliche Zuneigungsbekundungen aber ein Tabu. Nützliche Websites:

Cambodia Gay (cambodia-gay.com) Unterstützt die Homosexuellen in Kambodscha und die schwulenfreundliche Kampagne Adore Cambodia.

Sticky Rice (www.stickyrice.ws) Schwulenreiseführer für Kambodscha und Asien.

STROM

In Kambodscha beträgt die Stromspannung 220 Volt, 50 Hertz, wobei es oft zu Spannungsstößen und Stromausfällen kommt, besonders in den Provinzen. Steckdosen sind in der Regel zweipolig; es gibt flache (die Regel) und runde Ausführungen.

TELEFON

In zahlreichen Regionen ist die Anzahl der Festnetzanschlüsse beschränkt. Mobiltelefone, deren Nummern mit 01, 07, 08 oder 09 beginnen, erfreuen sich sowohl bei Privatpersonen als auch bei Unternehmen großer Beliebtheit. Wir empfehlen, eine lokale SIM-Karte zu kaufen, um die teuren Roaming-Gebühren zu umgehen. SIM-Karten sind weithin erhältlich und kosten fast nichts. Telefonate mit Handys und 3G-Internetzugang sind ebenfalls billig. Ausländer müssen einen gültigen Reisepass vorlegen, um in den Geschäften vor Ort eine SIM-Karte erwerben zu können.

Wer kein Telefon besitzt, kann Ortsgespräche in den Städten am besten an einem der vielen kleinen Privatstände am Bordstein machen, was um die 300 R kostet.

Unter www.yp.com.kh findet man die Gelben Seiten von Kambodscha. Dort gibt's auch eine Liste mit Geschäften und Regierungsämtern.

UNTERKUNFT

Die Unterkünfte in Kambodscha bieten ein tolles Preis-Leistungs-Verhältnis. In beliebten Touristengegenden verlangen günstige Pensionen für ein Zimmer mit Bad und Kaltwasser 5 bis 10 US$. Für Betten in Schlafsälen zahlt man 3 bis 10 US$. Für diesen Preis bekommt man in Pensionen unter kambodschanischer Leitung gleich ein komplettes Zimmer. Zimmer mit Klimaanlage sind ab 10 US$ zu haben. Für 15 bis 20 US$ kann man richtiggehend stilvoll leben. Ab 30 US$ gibt's Boutique-Hotel-Standard mit Swimmingpool.

Von Mitte November bis März herrscht am meisten Andrang. In der Nebensaison bieten die großen Hotels in Phnom Penh, Siem Reap und Sihanoukville besonders günstige Preise, wobei dies tendenziell eher auf Unterkünfte der mittleren und gehobenen Preisklasse zutrifft als auf Budgetbleiben.

Privatunterkünfte sind in den ländlichen Regionen und auf den Mekong-Inseln beliebt und eignen sich wunderbar, um Einheimische kennenzulernen und Einblicke in den kambodschanischen Alltag zu erhalten.

Preiskategorien

Die folgenden Preise beziehen sich auf das billigste Doppelzimmer, das, mit oder ohne Bad, in der Hochsaison angeboten wird.

$	unter 25 US$
$$	25–80 US$
$$$	über 80 US$

VERSICHERUNG

Jeder Traveller sollte überprüfen, ob seine Krankenversicherung Notfalltransporte abdeckt: Wegen der nur begrenzt vorhandenen medizinischen Einrichtungen müssen Opfer von Verkehrsunfällen, Denguefieber-Patienten etc. nach Bangkok geflogen werden.

VISA

Hinweise zum Überqueren bestimmter Grenzübergänge gibt's in den jeweiligen Themenkästen in diesem Kapitel.

Visa bei der Ankunft

- Deutsche, Österreicher und Schweizer erhalten bei der Ankunft an den Flughäfen von Phnom Penh und Siem Reap sowie an allen Grenzübergängen auf dem Landweg ein einmonatiges Touristenvisum (30 US$).
- Man braucht ein Passfoto, ansonsten muss man 2 US$ „Strafgeld“ zahlen.
- An den Flughäfen werden Visa extrem schnell ausgestellt und es gibt meist keine Warteschlangen, daher lohnt es sich kaum, die 5 US$ mehr für ein Online-Visum zu zahlen. Vielleicht zieht man das Online-Visum jedoch in Betracht, wenn man bei Poipet oder Koh Kong die Grenze überqueren will. An diesen Grenzübergängen werden meist zu hohe Preise für Visa verlangt, und mit einem Online-Visum kann man diese potenziellen Gebühren ganz einfach umgehen.

Online-Visa

- Einmonatige Online-Visa kosten 30 US$ plus 5 US$ Bearbeitungsgebühr.
- Online-Visa gibt's unter www.mfaic.gov.kh. Sie werden innerhalb von drei Werktagen ausgestellt.
- Online-Visa können an allen Flughäfen sowie an den Grenzübergängen Bavet, Koh Kong und Poipet genutzt werden. Sie gelten nicht an den entlegeneren Grenzübergängen, daher muss man sich an den abgeschiedenen thailändischen und laotischen Grenzübergängen in jedem Fall mit den korrupten Beamten herumschlagen (an den vietnamesischen Grenzen gibt's in den meisten Fällen keine Probleme mit Korruption).

Visa-Verlängerung

- Touristenvisa können nur einmal und lediglich um einen Monat verlängert werden. Wer einen längeren Aufenthalt plant, sollte bei Ankunft nach einem einmonatigen Geschäftsvisum (35 US$) fragen, das von jedem Reisebüro in

VERANTWORTUNGSVOLLES REISEN IN KAMBODSCHA

Kambodscha hat die Hölle auf Erden erlebt und es gibt für Besucher viele Möglichkeiten, dem Land zu helfen. So kann man beispielsweise länger im Land bleiben, es intensiv bereisen und auf Pauschaltouren verzichten. Wer weniger Zeit hat, sollte sein Geld auf den lokalen Märkten und in Restaurants und Geschäften ausgeben, die benachteiligte Einheimische unterstützen. Beim Besuch von Minderheitendörfern sollte man einige einfache Regeln beachten, die im Kasten „Verantwortungsvolles Wandern" (S. 318) beschrieben werden.

Durch das Plündern von Steinreliefs wurden viele alte Tempel zerstört. Traveller sollten diesen kulturellen Raub nicht durch den Kauf von Antiquitäten unterstützen und können stattdessen hochwertige Reproduktionen mit Exportzertifikaten in Phnom Penh und Siem Reap erstehen.

Kambodschaner kleiden sich sehr züchtig und fühlen sich mitunter durch offenherzig angezogene Ausländer vor den Kopf gestoßen. Ein Bad im Meer nehmen sie z. B. in voller Montur. An Stränden kann man Bikinis tragen, ansonsten nicht. Nackt- oder Oben-ohne-Baden ist ein definitives Tabu.

Die sexuelle Ausbeutung von Kindern wird mittlerweile sehr ernsthaft bekämpft. Wer etwas Auffälliges hinsichtlich des Sextourismus mit Kindern beobachtet, sollte sich an die unten aufgeführten ChildSafe-Hotlines wenden. In touristischen Einrichtungen mit dem Logo von ChildSafe gibt's ausgebildetes Personal, das betroffene Kinder schützt und, wenn nötig, eingreift.

Phnom Penh ☎ 012 311112

Siem Reap ☎ 017 358758

Sihanoukville ☎ 012 478100

Polizei-Hotline ☎ 023-997919

Friends International (www.friends-international.org) bietet viele praktische Hinweise zum Thema verantwortungsbewusstes Reisen.

Phnom Penh um bis zu ein Jahr verlängert werden kann. Passfoto mitbringen.

- Verlängerungen um einen/drei/sechs/12 Monat(e) kosten etwa 45/75/155/285 US$ und nehmen normalerweise drei Werktage in Anspruch.
- Wenn man sein Visum um einen Monat verlängern will, ist es eventuell günstiger, nach Thailand auszureisen und sich bei der erneuten Einreise nach Kambodscha ein neues Visum ausstellen zu lassen.
- Ist das Visum abgelaufen, muss man bei der Ausreise für jeden überzogenen Tag 5 US$ zahlen.

Visavorschriften für die Nachbarstaaten

Vietnam Ein einmonatiges Visum für eine Einreise kostet 60/70 US$ bei Ausstellung innerhalb eines Tages/einer Stunde und ist in Phnom Penh, Sihanoukville oder Battambang erhältlich. Seit der Änderung der Bestimmungen 2015 benötigen viele Besucher gar kein Visum mehr.

Laos Bei der Einreise erhalten die meisten Besucher ein Visum. Sie kosten, je nach Nationalität, zwischen 3 und 42 US$.

Thailand Für einen Großteil der Einreisenden besteht keine Visumspflicht.

ZEIT

Wie Laos, Vietnam und Thailand liegt Kambodscha sechs Stunden vor der Mitteleuropäischen Zeit (MEZ). Während der europäischen Sommerzeit sind es fünf Stunden.

ZOLLBESTIMMUNGEN

In das Land darf eine „angemessene Menge" zollfreier Waren eingeführt werden. Wer mit dem Flugzeug anreist, sollte bedenken, dass auf den Straßen von Phnom Penh Alkohol und Zigaretten sehr viel billiger sind als im Duty-free-Shop.

Antiquitäten dürfen nicht ausgeführt werden.

An- & Weiterreise

FLUGZEUG

Die beiden bedeutenden internationalen Flughäfen Kambodschas in Phnom Penh und Siem Reap bieten regelmäßige Verbindungen zu Zielen in ganz Ostasien.

Fluggesellschaften

Air Asia (www.airasia.com) Tägliche Billigflüge von Phnom Penh und Siem Reap nach Kuala Lumpur und Bangkok.

Asiana Airlines (www.asiana.co.kr) Regelmäßige Verbindungen zwischen Phnom Penh und Seoul.

FLUGHAFENSTEUER

In Kambodscha wird auf alle internationalen Flüge eine Steuer von 25 US$ erhoben. Bei Inlandsflügen muss man 6 US$ zahlen. Mittlerweile ist die Gebühr jeweils im Ticketpreis enthalten, deshalb fallen am Flughafen keine Extrakosten an.

Bangkok Airways (www.bangkokair.com) Tägliche Flüge von Phnom Penh und Siem Reap nach Bangkok.

Cambodia Angkor Air (www.cambodiaangkorair.com) Tägliche Verbindungen von Phnom Penh und Siem Reap nach Bangkok und Ho-Chi-Minh-Stadt (Saigon).

Cebu Pacific (www.cebupacificair.com) Drei Budgetflüge pro Woche zwischen Siem Reap und Manila.

China Eastern Airlines (www.ce-air.com) Regelmäßige Verbindungen von Siem Reap nach Kunming.

China Southern Airlines (www.cs-air.com) Fliegt täglich von Phnom Penh nach Guangzhou.

Dragon Air (www.dragonair.com) Tägliche Flüge von Phnom Penh nach Hongkong.

Eva Air (www.evaair.com) Tägliche Verbindungen zwischen Phnom Penh und Taipei.

Jetstar (www.jetstar.com) Tägliche Billigflüge von Phnom Penh und Siem Reap nach Singapur.

Korean Air (www.koreanair.com) Regelmäßige Verbindungen von Phnom Penh und Siem Reap nach Seoul und Incheon.

Lao Airlines (www.laoairlines.com) Regelmäßige Flüge von Phnom Penh und Siem Reap nach Pakse, Vientiane und Luang Prabang.

Malaysia Airlines (www.malaysiaairlines.com) Tägliche Verbindungen von Phnom Penh und Siem Reap nach Kuala Lumpur.

Qatar Airways (www.qatarairways.com) Regelmäßige Flüge von Phnom Penh nach Ho-Chi-Minh-Stadt (Saigon) und Doha.

Silk Air (www.silkair.com) Täglich verkehren Maschinen zwischen Phnom Penh und Bangkok.

Thai Airways (www.thaiair.com) Tägliche Flüge von Phnom Penh und Bangkok.

Vietnam Airlines (www.vietnamair.com.vn) Täglich geht's von sowohl Phnom Penh als auch Siem Reap nach Hanoi und Ho-Chi-Minh-Stadt (Saigon). Außerdem bestehen Verbindungen zwischen Phnom Penh und Vientiane sowie zwischen Siem Reap und Luang Prabang.

AUF DEM LANDWEG

Grenzübergänge

Alle Grenzübergänge nach Laos, Thailand und Vietnam werden in diesem Kapitel beschrieben.

Unterwegs vor Ort

AUTO & MOTORRAD

Ein Motorrad (zum Selbstfahren) zu mieten ist eine großartige Möglichkeit, die Provinzstädte und ihre umliegenden Sehenswürdigkeiten zu erkunden (obwohl Touristen in Siem Reap keine Motorräder ausleihen dürfen). Einfache 100-ccm- bis 125-ccm-Motorräder sind weithin erhältlich und billig (rund 5 US$ pro Tag). Ein Führerschein wird nicht verlangt, muss aber bei gelegentlichen Polizeikontrollen vorgezeigt werden. Wichtig ist ein gutes Schloss, zudem sollte man sein Motorrad möglichst in bewachten Parkbereichen abstellen.

Auf längeren Fahrten bieten Motorräder und Autos mehr Flexibilität, um abgelegene Orte zu besuchen und nach Belieben unterwegs zu halten. Kambodschas wichtigste Nationalstraßen (National Highways; NH) sind in einem guten Zustand, können aber trotzdem recht gefährlich sein, da man mit Überholmanövern mit hoher Geschwindigkeit rechnen muss.

Während die großen Nationalstraßen (NH) für eine entspannte Motorradtour zu stark befahren sind, eignen sich Kambodschas weniger frequentierte Routen wunderbar für eine Exkursion auf zwei Rädern. Auf die abgeschiedenen, geradezu teuflischen Straßen im Nordwesten und Nordosten sollten sich jedoch nur Erfahrene wagen. In jedem Fall muss man Vorsicht walten lassen, da außerhalb von Phnom Penh und Siem Reap medizinische Einrichtungen rudimentär und Krankenwagen selten sind.

BUS & MINIBUS

Rund ein Dutzend Busunternehmen bedient sämtliche Regionen des Landes. Komfort und Preise variieren, daher sollte man vor der Buchung Preise vergleichen. Bustickets über Pensionen und Hotels zu buchen ist praktisch, allerdings fällt oft eine Gebühr an. Die Reisebüros arbeiten meist nur mit einer Handvoll Unternehmen und haben daher nicht immer den gewünschten Anbieter und/oder die bevorzugte Abfahrtszeit im Angebot.

Expressvans – meist moderne Ford Transits oder Toyota Hiaces – sind eine gute Option für Fahrten zwischen den Großstädten. Sie arbeiten nach dem Motto „ein Sitzplatz pro Passagier". Expressvans kosten etwa so viel wie die großen Busse, sind aber viel schneller – für viele zu schnell. Außerdem bieten sie nicht viel Beinfreiheit; die großen Busse sind meist komfortabler.

Auf den ländlichen Routen verkehren meist ältere lokale Minibusse, die aber selten von westlichen Besuchern genutzt werden. Sie sind sehr billig, aber meist ungemütlich und überfüllt (und in der Regel übergibt sich jemand auf einen) und werden manchmal von Rasern gefahren. Man sollte sie nur nutzen, wenn es keine andere Alternative gibt.

CYCLO

Auf den Straßen von Phnom Penh und Battambang sieht man noch hin und wieder *cyclos* (Fahrradtaxis). Sie sind zwar langsam, aber charmant und umweltfreundlich, und kosten etwa dasselbe wie ein *moto*.

FAHRRAD

Manche Pensionen und Hotels verleihen Fahrräder für 1 bis 2 US$ am Tag. Wer viele Touren plant, sollte einen Helm mitbringen. Dieser bietet auch auf dem *moto* einen gewissen Schutz.

Kambodscha ist ein tolles Terrain für abenteuerlustige Radfahrer, weil man auf diese Weise ganz einfach in Kontakt mit Einheimischen kommt. Große Teile Kambodschas sind komplett flach oder nur wenig hügelig, allerdings ist auf befestigten Straßen fehlende Sicherheit ein Thema, da Lkw, Busse und Autos mit hoher Geschwindigkeit auf ihnen entlangbrettern. Parallel zu den Autobahnen verlaufen meist flache, unbefestigte Wege, die eine entspanntere Fahrt und mehr Einblick in das Leben der Bevölkerung bieten.

Eine Radtour durch Angkor vermittelt die Ausmaße der fantastischen Tempelanlage. In den Kardamom-Bergen sowie den Provinzen Mondulkiri und Ratanakiri werden unternehmungslustige Mountainbiker in den nächsten Jahren sicherlich ein wachsendes Angebot vorfinden.

FLUGZEUG

Drei nationale Fluggesellschaften bedienen die Routen Phnom Penh–Siem Reap (tgl. 7-mal) und Siem Reap–Sihanoukville (tgl. 3-mal).

Bassaka Air (☎ 023-217613; www.bassakaair.com)

Cambodia Angkor Air (☎ 023-212564; www.cambodiaangkorair.com)

Cambodia Bayon Airlines (☎ 023-231555; www.bayonairlines.com)

MOTO, REMORK & TAXI

Ein *moto*, auch als *motodup* (*moto*-Fahrer) bekannt, ist ein kleines Motorradtaxi. Es ist eine schnelle Möglichkeit, kurze Fahrten in den Städten zurückzulegen. Die Preise bewegen sich je nach Strecke und Stadt zwischen 2000 R bis 1,50 US$ oder mehr. Ein *moto* für einen Tag zu mieten kostet um die 10 US$, mehr, wenn größere Strecken zurückgelegt werden oder der Fahrer Englisch spricht.

Beim kambodschanischen *remork-moto* (*túk-túk*) handelt es sich um einen überdachten, zweirädrigen Anhänger, der von einem Motorrad gezogen wird. Ein remork ist etwa doppelt so teuer wie ein *moto*. Für zwei bis drei Personen ist ein *remork* allerdings oft billiger. Zudem ist es sicherer und sehr viel komfortabler als ein *moto*, vor allem mit Gepäck oder bei Regen.

Obwohl die Einheimischen vor der Fahrt mit einem *moto* oder *remork* selten einen Preis vereinbaren, sollten Touristen dies auf jeden Fall tun. Viele geschäftstüchtige *moto*-Fahrer haben die Angewohnheit, von Ausländern überteuerte Preise zu verlangen. Manchmal versuchen sie auch, Preise pro Passagier zu berechnen (man sollte dies nie zulassen, obwohl es durchaus fair ist, einen oder zwei Dollar mehr zu zahlen, wenn man vier bis sechs Leute in ein *remork* quetscht).

Lokale Taxis können über Pensionen und Hotels in Phnom Penh, Siem Reap und Sihanoukville bestellt werden. Der Preis liegt in der Regel etwas höher als für ein *remork*. Für einen Tag muss man, je nach Strecke und Aufwand, um die 30 US$ hinblättern.

SAMMELTAXIS

Sammeltaxis (meist aufgebockte Toyota Camrys) sind schneller, hinsichtlich der Abfahrtszeiten flexibler und etwas teurer als Busse. Sie fahren ab, sobald sie voll besetzt sind, was auf beliebten Strecken meist schnell geht. Auf weniger frequentierten Routen muss man wahrscheinlich eine Weile warten (manchmal bis zum nächsten Tag, wenn man nachmittags anreist), bis das Fahrzeug voll ist, oder die freien Sitzplätze selbst bezahlen.

Sammeltaxis können ziemlich beengt sein. Jedes Taxi transportiert neben dem Fahrer sechs bis sieben Passagiere; der Preis ändert sich je nach Anzahl der Fahrgäste. Häufig sitzen auch zwei auf dem Vordersitz, vier hinten und manchmal noch einer zwischen Fahrer und Tür! Wer das Doppelte zahlt, kann sich allein auf dem Vordersitz breitmachen, und wer das Sechsfache hinblättert, hat ein Privattaxi. Verhandelt man geduldig und freundlich, bekommt man meist faire Preise.

SCHIFF/FÄHRE

Öffentliche Langstreckenschiffe gibt's immer seltener, weil die Straßen zunehmend besser werden, aber auf dem Tonlé Sap verkehren immer noch jede Menge Schnellboote von Phnom Penh nach Siem Reap, während kleinere Boote die malerische Strecke zwischen Siem Reap und Battambang zurücklegen.

Laos

856 / 6,9 MIO. EW.

Inhalt ➡

Regionale Spezialitäten

- Makphet Restaurant (S. 344)
- Tamarind (S. 358)
- Lao Kitchen (S. 344)

Kultur erleben

- Kunsthandwerkliche Nachtmärkte (S. 362)
- Dörfer der Stammesvölker (S. 359)
- Tempel Luang Prabang (S. 354)

Auf nach Laos

Laos gehört zu den beliebtesten Zielen in Südostasien, denn der Staat ist mit einzigartigen Menschen gesegnet und bietet die Chance, seinem inneren Abenteurer freien Lauf zu lassen. Das „Land der Millionen Elefanten" strahlt Magie aus: Man spürt sie, wenn man Hmong-Stammesfrauen durch den Nebel wandern sieht, über schimmernde Reisfelder spaziert oder in der Morgendämmerung den Ruf eines Gibbons hört. Aber es ist auch ein idealer Ort, um sich im Spa verwöhnen zu lassen oder in einem der hervorragenden französischen Restaurants unter einem Holzventilator zu entspannen. Überall ist das Flair der „alten Welt" zu spüren, besonders im trägen Vientiane und im Top-UNESCO-Welterbe Luang Prabang.

Das Land hat sich dem Ökotourismus verschrieben. Sei es mit Wanderungen durch die Wälder, Homestays bei Stammesvölkern, Seilrutschen im Wald, Erkundungen unterirdischer Flusshöhlen oder Motocrossabenteuer im Dschungel – Laos brennt sich ins Gedächtnis!

Reisezeit

Vientiane

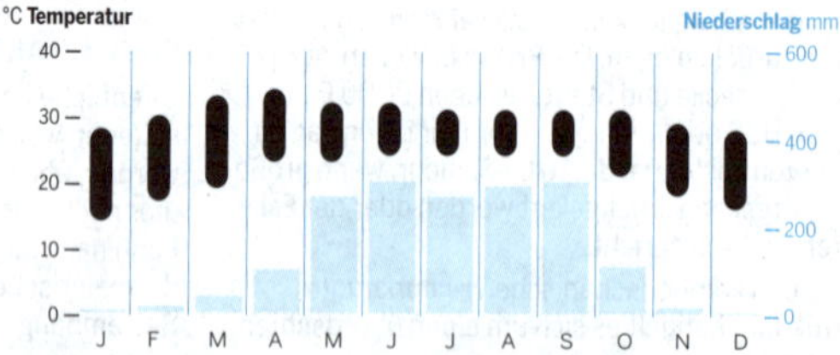

Jan. Es weht ein kühles Lüftchen und sogar im heißen Süden ist es auszuhalten.

Okt. Kühles Wetter; die Einheimischen feiern den Vollmond und Feste rund um Bootsrennen.

Nov. & Dez. Bun Pha That wird im November gefeiert. Kühles Wetter und hohe Preise im Dezember.

Nicht versäumen

Am besten lernt man Laos bei einem Aufenthalt in einer Privatunterkunft auf dem Land kennen, wo 80 % der Bevölkerung leben. Besucher können in den Dörfern einen Abend mit Einheimischen verbringen. Wegen der unterschiedlichen Ethnien und Regionen unterscheiden sich die Bleiben sehr voneinander, doch einiges ist überall gleich: Man wird von Kindern und dem Hahn des Ortes geweckt, badet und isst gemeinsam mit den anderen am Feuer und erlebt einen der denkwürdigsten Abende seiner Reise.

REISEROUTEN

Eine Woche

Nach ein paar Tagen inmitten Vientienes sowjetisch-französischer Architektur, eleganten Bars sowie asiatischen Fusionsgerichten, reist man drei Stunden gen Norden in die wunderschöne Karstlandschaft von Vang Vieng – ein früheres Partymekka, das heute praktisch alle Outdooraktivitäten anbietet, von Radfahren über Klettern und Wandern bis Ziplining. Danach geht's weiter ins unvergessliche Luang Prabang, wo man Tempel, verfallende Villen, Spas, Elefantentreks und die französische Küche genießt.

Zwei Wochen

Im Anschluss an die erste Woche folgt eine zwei Tage lange Tour mit einem Longboat den Mekong hoch bis nach Huay Xai, wo man bereits einen Platz bei der Gibbon Experience gebucht hat, inklusive Übernachtung in einem Dschungel-Baumhaus. Wenn es die Zeit erlaubt, reist man weiter nach Luang Namtha für eine Wanderung durch den wilden Naturschutzpark Nam Ha, wo verschiedene Touranbieter auch Kajakfahrten und Homestays organisieren.

Outdooraktivitäten

Nationalparks Durch die dichten Wälder der 20 geschützten Waldgebiete in ganz Laos wandern.

Vang Vieng Mit den neuesten und verrücktesten Ziplines zum Affen mutieren.

The Loop Das zweitägige Laos-Abenteuer mit dem Motorrad durch den Dschungel, die Karstberge, Grenzstädte und Staudammlandschaft geht unter die Haut.

Thakkek Einer der schönsten Orte des Landes, um Kalkstein-Kastberge zu erklimmen.

Gibbon Experience Sich mit der Gibbon Experience oder Treetop Explorer über den Baumkronen an einer Zipline durch den Dschungel schwingen.

AUF EINEN BLICK

- **Geld** Geldautomaten gibt's in allen größeren Städten. Kreditkarten werden in Luang Prabang und Vientiane akzeptiert.
- **Handy** Prepaidkarten kosten nur 10 000 ₭. Der Empfang ist in Ordnung.
- **Sprache** Laotisch
- **Visum** Erhältlich bei Ankunft (30-Tage-Visum; 30–42 US$).
- **Währung** Kip (₭)

Kurzinfos

Fläche 236 000 km²

Hauptstadt Vientiane

Notruf Polizei ☎191

Wechselkurse

Vietnam	1000 Đ	178 K
Eurozone	1 €	8600 K
Schweiz	1 SFr	4100 K
Kambodscha	1000 R	1192 K
Thailand	10 B	2240 K
USA	1 US$	8025 K

Budget

Budget-Hotelzimmer 10 US$

Abendessen 5 US$

Bier 1 US$

Museumseintritt 2 US$

Einreise nach Laos

Mehr als ein Dutzend Grenzübergänge verbindet Laos mit Kambodscha, Vietnam, China und Thailand. Es gibt auch regelmäßige Flüge in die Nachbarländer.

Highlights

1 **Luang Prabang** (S. 354) erkunden. Die alte Stadt der Tempel bietet einfach alles: eine von der Monarchie geprägte Geschichte, indochinesischen Chic, Mönche, Wasserfälle, einen tollen Blick auf den Fluss und eine erstklassige französische Küche.

2 Eine Bootsfahrt durch die aufregende, wenn auch gespenstische 7,5 km lange Höhle **Tham Kong Lo** (S. 379) mit großen Spinnen und Stalaktiten.

3 Am Tag mit der Gibbon Experience in **Houay Xay** (S. 376) unter Aufsicht ehemaliger Wilderer durch den Wald wandern und an der Zipline über die Bäume schwingen, und die Nacht in einem gemütlichen Baumhaus verbringen.

4 Eine Trekkingtour durch den Naturschutzpark Nam Ha (S. 373), den dichtesten Dschungel des Landes, in dem Tiger sowie ethnische Stämme leben.

5 In **Si Phan Don** (Viertausend Inseln; S. 391) entspannen, einem dunstigen Reiseidyll und der Hängematten-Hauptstadt von Laos, wo sich der Mekong türkis färbt und der Puls fühlbar langsamer schlägt.

0
200 km
VIETNAM
Dien Bien Phu
Son La
HANOI
Sop Hao
Sam Neua
Vieng Xai
Nam Soi
Na Meo
Hua Muang
Houphanh
1
Vieng Thong
6
uang Kham
Nong Haet
7
Nam Khan
Phonsavan (Xieng Khuang)
Nam Can
Plain of Jars
Muang Khun
hu Bia 2819 m)
Ban Na
Nam San
6
Golf von Tonkin
Vinh
Cau Treo
Paksan
Bueng Kan
Kham Keut
8
Nam Phao
Lak Sao
Ban Khoun Kham
13
Mekong
2 Tham Kong Lo
Cha Lo
Nakai
12
Na Phao
Dong Hoi
SÜD-CHINESISCHES MEER
Nakhon Phanom
Tha Khaek
Xe-Bang-Fai-Höhle
23
Sepon
Ban Dong
Lao Bao
Dong Ha
Dong-Phu-Vieng-Nationalpark
Khe Sanh
Dansavanh
Mukdahan
Savannakhet
Hue
Se Pon
23
Se Kong
Se Don
Salavan
VIETNAM
Tat Lo
Sekong (Muang Lamam)
Ubon Ratchathani
Vang Tao
Se Kaman
Paksong
Pakse
Bolaven Plateau
Chong Mek
Attapeu (Samakhi Xai)
Champasak
18
18
Bo Y
Phou Keua
Ngoc Hoi
Se Kong
Mekong
13
Kon Tum
Si Phan Don
5
Siempang
KAMBODSCHA
Nong Nok Khiene (Laos)
Trapeang Kriel (Kamodscha)

VIENTIANE

021 / 506 000 EW.

Mit seiner sowjetisch, chinesisch und französisch beeinflussten Architektur und seiner verwegenen Geschichte – siamesische Invasionen, CIA-Spione, tollkühne amerikanische Kampfpiloten (The Ravens) und russische Berater – ist Vientiane ganz anders als seine hübschere Schwesterstadt Luang Prabang. Und das ist gar nicht schlecht. Paul Theroux hat einmal bemerkt: „Die Bordelle sind sauberer als Hotels, Marihuana ist billiger als ein Glas kühles Bier." Heute ist die Stadt wesentlich gesundheitsbewusster und wartet mit herrlichen Massage-Spas, Yogakursen und Saftbars auf, doch nach Mitternacht trifft man auf der Th Setthathirath immer noch viele Transvestiten an. In der Altstadt gibt's an jeder Ecke französische Restaurants, die an die Zeit unter der ehemaligen Kolonialmacht erinnern.

Man kann eine Fahrradtour machen, eine Spa-Behandlung ausprobieren oder Seidenschals kaufen, bevor man an der vor Kurzem restaurierten Uferpromenade flaniert und den Sonnenuntergang über dem Mekong betrachtet.

Die für Touristen interessante Innenstadt lässt sich gut zu Fuß erschließen, den sie umfasst nur gut drei Hauptstraßen, die parallel zum Mekong verlaufen – Th Fa Ngoum, Th Setthathirath und Th Samsenthai – und von Boulevards mit Baumalleeen sowie buddhistischen Tempeln geprägt sind.

Geschichte

1000 Jahre lang wurde Vientiane von Vietnamesen, Birmanen, Siamesen und Khmer beherrscht, verwüstet und ausgeplündert. Als Laos gegen Ende des 19. Jhs. französisches Protektorat wurde, ernannte man Vientiane wieder zur Hauptstadt und baute es neu auf. So entwickelte es sich neben Phnom Penh und Saigon (Ho-Chi-Minh-Stadt) zu einer der bedeutendsten Metropolen Indochinas. In den frühen 1960er-Jahren und zu Beginn des Vietnamkriegs hat sich das Gesicht der Stadt sehr verändert.

2009 wurden hier die Southeast Asian Games ausgetragen und das Land vor der Welt in einem neuen Licht präsentiert. 2012 fand in Vientiane das erste Schwulenevent statt, und 2013 kam die US-amerikanische Außenministerin Hillary Clinton zu Besuch. Die Expressroute für Züge aus dem chinesischen Kunming nach Vientiane ging 2015 in Betrieb.

Sehenswertes

Pha That Luang BUDDHISTISCHER STUPA

(ພະທາດຫລວງ, Großes Heiliges Reliquiar oder Großer Stupa; Th That Luang; Eintritt 5000 K, Leihgebühr für lange Röcke, um Zutritt zum Tempel zu bekommen 5000 K; Di–So 8–12 & 13–16 Uhr) Der grazile goldene Stupa 4 km nordöstlich des Zentrums am Ende der Th That Luang ist Laos' wichtigstes nationales Monument und ein Symbol des Buddhismus sowie der Souveränität des Landes. Einer Legende nach errichteten Ashokan-Missionare aus Indien hier schon im 3. Jh. v. Chr. einen *tâht* (buddhistischer Stupa), der ein Brustbein Buddhas enthielt.

Ein Kreuzgang mit hohen Mauern und kleinen Fenstern umgibt den 45 m hohen Stupa. Jede Seite des Kreuzgangs ist 85 m lang und er birgt verschiedene Buddha-Bildnisse. Pha That Luang liegt ca. 4 km nordöstlich des Zentrums am Ende der Th That Luang.

Wat Si Saket BUDDHISTISCHER TEMPEL

(ວັດສີສະເກດ; Karte S. 340; Ecke Th Lan Xang & Th Setthathirath; Eintritt 5000 K; 8–12 & 13–16 Uhr, an offiziellen Feiertagen geschl.) Wat Si Saket wurde zwischen 1819 und 1824 von Chao Anou erbaut und soll der älteste verbleibende Tempel der Stadt sein. Und das sieht man auch – das wunderschöne Bauwerk, das in ein Nationalmuseum umgewandelt wurde, braucht dringend eine Renovierung.

Patuxai DENKMAL

(ປະຕູໄຊ, Victory Monument; Karte S. 339; Th Lan Xang; Eintritt 5000 K; 8–17 Uhr) Der Nachbau des Arc de Triomphe dominiert das Geschäftsviertel rund um die Th Lan Xang. Er wird offiziell „Siegesdenkmal" genannt und ist den Laoten gewidmet, die in den Kriegen vor der Revolution starben. 1969 wurde er aus Zement errichtet, den die USA eigentlich für den Bau eines neuen Flughafens zur Verfügung gestellt hatten, weshalb Exillaoten es auch als „vertikale Rollbahn" bezeichnen. Von oben genießt man einen fantastischen Blick über die Stadt.

Xieng Khuan MUSEUM

(ຊຽງຂວັນ, Suan Phut, Buddha Park; Eintritt 5000 K, Kamera 3000 K; 8–16.30 Uhr) 25 km südöstlich von Vientiane lockt der exzentrische Xieng Khuan mit buddhistischen und hinduistischen Skulpturen, die aus einer anderen Welt zu stammen scheinen. Entworfen und erbaut wurde die Anlage 1958 von Luang Pu, einem Yogi, Priester und Schamanen, der Mythologie und Ikonografie von

Vientiane

Hinduismus und Buddhismus zu einem kryptischen Ganzen vereinigte.

Die Buslinie 14 (8000 K, 1 Std., 24 km) fährt alle 15 bis 20 Minuten vom Busbahnhof Talat Sao die ganze Strecke nach Xieng Khuan. Alternativ kann man ein *túk-túk* mieten (hin & zurück 200 000 K).

Aktivitäten

Das **Stadtbad** (Karte S. 340; ☎ 020-5552 1002; Th Ki Huang; Eintritt 15 000 K; ⏲ 8–19 Uhr) hat ein wunderbares 25 m langes Becken im Freien. Besucher sollten eine Schwimmbrille kaufen (15 000 K), denn das Wasser enthält extrem viel Chlor. Der Pool auf dem Dach des **Lao Plaza Hotel** (Karte S. 340; ☎ 021-218800; Samsenthai Rd; Eintritt 120 000 K; ⏲ 7–19 Uhr) verfügt über viele Entspannungssessel, kostet aber ein paar Kip. Hollywoodglamour bietet das nierenförmige Schwimmbad des **Settha Palace Hotel** (Karte S. 340; ☎ 021-217581; 6 Th Pangkham; Eintritt 160 000 K; ⏲ 7–19 Uhr).

Ultimate Frisbee FRISBEE
(Karte S. 339; Amerikanischer Fußballplatz; 12 000 K; ⏲ Mo 18.30 Uhr) Jeden Montag um 18.30 Uhr wird am amerikanischen Fußballplatz Ultimate Frisbee gespielt (zwei Teams mit je sieben Spielern). Weitere Infos gibt's

Vientiane Zentrum

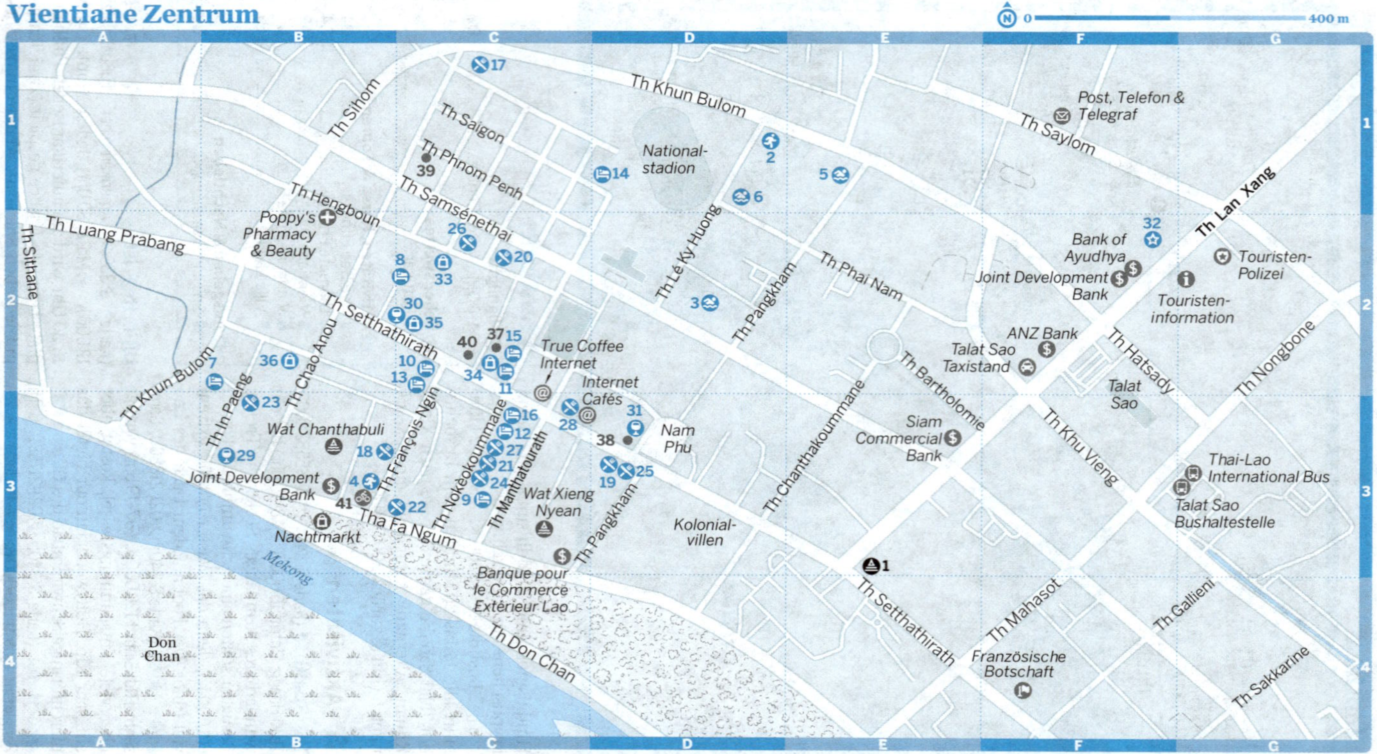

Vientiane Zentrum

auf der Facebook-Seite (Vientiane Ultimate Frisbee). Zutritt haben Männer und Frauen, Laoten und Expats.

Lao Bowling Centre BOWLING
(Karte S. 340; ☎021-218661; Th Khun Bulom; pro Spiel mit Leihschuhen 16 000 K; ⏲9–24 Uhr) Im Lao Bowling Centre gibt's eine helle Beleuchtung, Lao-Bier und fröhliche Spieler.

Bee Bee Fitness GESUNDHEIT & FITNESS
(Karte S. 339; ☎021-315877; gegenüber der Australischen Botschaft; Tagesmitgliedschaft 40 000 K; ⏲Mo–Fr 6–21, Sa & So 7–21 Uhr) Hier kann man vom Laufband aus den Booten auf dem Mekong zusehen. Das tolle Fitnessstudio bietet eine gute Ausstattung – Rudergeräte, Spinningräder und Kraftgeräte – in großzügigen Räumen. Bei unserem Besuch wurde gerade ein Pool gebaut, außerdem finden regelmäßig Zumba- und Pilateskurse statt.

Wat Sok Pa Luang MASSAGE, SPA
(Karte S. 339; www.facebook.com/laosauna; Th Sok Pa Luang; ⏲13–19 Uhr) Gesunde Kräutersauna im laotischen Stil auf dem grünen Gelände des Wat Sok Pa Luang. Ein Hexengebräu aus Eukalyptus, Zitronengras, Basilikum und Limetten wird in einem riesigen Kessel angerührt und die Dämpfe finden dann in der Sauna Anwendung (20 000 K). Samstags um 15 Uhr gibt es auch traditionelle Massage (40 000 K) und Meditationkurse (gratis).

★ **Oasis** MASSAGE
(Karte S. 340; Th François Ngin; ⏲9–21 Uhr) Kühl, sauber, professionell und das wahrscheinlich beste Preis-Leistungs-Verhältnis der Stadt: Ein exzellenter Ort für eine Fußmassage (50 000 K), eine Körpermassage im laotischem Stil (60 000 K), ein Pfefferminz-Körperpeeling (200 000 K) oder vieles mehr.

Kurse

Die laotische Sprache kann man im Centre Culturel et de Coopération Linguistique erlernen (S. 346).

Kochkurse

Villa Lao KOCHKURSE
(Karte S. 339; ☎021-242292, 021-242291; www.villalaos.com; nahe Th Nong Douang; halbtägiger Kurs 25 US$/Pers.) Auf Anfrage finden in dem schönen Thongbay Guesthouse Kurse (maximal 10 Teilnehmer) statt, die von 9 bis 16 Uhr

COPE-ZENTRUM

Seit dem Ende des Laotischen Bürgerkriegs (1964–1973; dem Geheimen Krieg in Laos, der parallel zum Vietnam-Krieg verlief) sind über 20 000 Menschen Opfer von Blindgängern geworden, darunter viele Kinder. Das hervorragende **COPE Visitor Centre** (ສູນຟື້ນຟູຄົນພິການແຫ່ງຊາດ; Karte S. 339; ☎021 218427, 021 88427; www.copelaos.org; Th Khu Vieng; Spenden erwünscht; ⏲9–18 Uhr) GRATIS liegt mit dem Rad zehn Minuten vom Stadtzentrum entfernt und ist eine inspirierende gemeinnützige Organisation, die klinische Beratung und Trainingsprogramme für Angestellte in der Herstellung von Prothesen sowie entsprechende Rehabilitationsprogramme anbietet und Opfer von Blindgängern unterstützt. Scope fertigt günstige Hightech-Prothesen, die das das Leben jener verändern, die bisher mit ihren eigenen improvisierten Gestellen klarkommen mussten. Neben Opfern von Blindgängern hilft Cope auch Kindern mit Lepra, Kinderlähmung oder Klumpfüßen.

Die Ausstellung zu Blindgängern ist faszinierend. Fotos zeigen gerettete Opfer und im „Höhlenkino", einem Vorführraum im Bunkerstil, laufen mehrere Dokumentationen. Am besten unternimmt man mit einem Englisch sprechenden Guide eine kostenlose Führung durch das Zentrum.

dauern. Im Preis inbegriffen ist auch ein Ausflug auf den Markt, um die Zutaten einzukaufen.

Meditation & Yoga

Ausländer sind ausdrücklich willkommen bei den regelmäßigen Meditiatonssitzungen samstags von 15 bis 16.30 Uhr im Wat Sok Pa Luang. Im Anschluss kann man auch Fragen stellen.

Vientiane Yoga Studio YOGA
(Karte S. 339; ☎020 58872027; www.vientianeyoga.weebly.com; Kurs (90 Min.) 80 000K; ⏲Mo–Fr 9 & 18, Sa 8.30, 13.30, 15.30 & 17.30 Uhr) Hatha, Vinyasa, Yin und Yoga für Fortgeschrittene sowie Pilates in einem ruhigen Garten an einer abgeschiedenen Straße. Kursleiterin Nanci hat 10 Jahre Yoga-Erfahrung. Um zum neuen Standort zu kommen, folgt man hinter der Th Khouvieng der ersten Seitenstraße von der Th Sokpaluang.

Geführte Touren

★ **Tuk Tuk Safari** KULTURTOUREN
(☎+856 20 5433 3089; www.tuktuksafari.com; Erw./Kind unter 12 Jahren 70/40 US$; ⏲8–17 Uhr) Bei diesem gemeindeorientierten Unternehmen kann man aus dem *túk-túk* einen Blick hinter die Kulissen von Vientiane werfen: Tourguide Ere zeigt einen laotischen Markt, eine Silberschmiedwerkstatt und ein Restaurant, das Straßenkinder zu Köchen ausbildet (nach der Führung kann man das köstliche Essen probieren!). Letzte Station ist das inspirierende, den Opfern von Blindgängern gewidmete COPE-Besucherzentrum.

Doch das Team – ein Ehepaar – hat noch viele weitere Angebote auf Lager. Bei rechtzeitiger Anfrage organisieren sie auch maßgeschneiderte Touren für Reisende mit Handicap.

Vientiane By Cycle FAHRRADTOUREN
(Karte S. 339; ☎020 5581 2337; www.vientianebycycle.com; ganzer/halber Tag 500 000/450 000 K) Mit dem Rad das Flussufer erkunden, durch wohlhabende und arme Vororte fahren und an Schulen und Tempeln vorbeiradeln – die Betreiberin Aline zeigt Vientiane von einer anderen Seite. Ihre Touren beginnen um 8 Uhr am Kong View am Mekong.

Feste & Events

Pi Mai LAOTISCHES NEUJAHR
(⏲April) Mitte April feiern die Laoten das neue Jahr mit einer Wasserschlacht. Leider sind in dieser Zeit viele betrunkene Fahrer und Diebe unterwegs, daher wachsam sein und auf den eigenen Fahrer und die Brieftasche achten!

Bun Nam SPORTLICH
(Bun Suang Héua; ⏲Okt.) Am Ende der *pansăh* (der buddhistischen Regenklausur) im Oktober werden bei einem großen jährlichen Event Bootsrennen auf dem Mekong abgehalten. Ruderteams aus dem ganzen Land sowie aus Thailand, China und Myanmar treten gegeneinander an. Das Flussufer ist mit Essensständen gesäumt, und temporäre Discos, Karnevalspiele sowie Biergärten sorgen drei Tage und Nächte für Unterhaltung.

Bun Pha That Luang KULTURELL
(That Luang Festival; Nov.) Das größte Tempelfest in Laos wird normalerweise Anfang November gefeiert. Es beginnt mit einer *wéean téean* (Umkreisung) des Wat Si Muang, gefolgt von einer Prozession zum Pha That Luang, der eine ganze Woche lang nachts beleuchtet ist. Der Höhepunkt des Festes ist die *đák-bàht*-Zeremonie am Morgen des Vollmonds, bei der Tausende Mönche aus ganz Laos Almosen erhalten.

Schlafen

Vientiane bietet saubere, einfache Gästehäuser, Mittelklassehotels und recht gute und kühle Schlafsäle.

★**Mixay Paradise Guesthouse** GÄSTEHAUS $
(Karte S. 340; 021-254223; laomixayparadise@yahoo.com; Th François Ngin; EZ/DZ mit Ventilator & Gemeinschaftsbad 100 000/130 000 K, Zi. mit Klimaanlage & Bad 150 000 K;) Alle 50 Zimmer haben pastellfarbene Wände, einige bieten Balkone, Badezimmer und Klimaanlage. Die Böden sind tadellos, die hübsche Lobby hat limettengrüne Wände und es gibt einen Aufzug. Schließfächer kosten 50 000 K. Eine der besten, saubersten Budgetunterkünfte der Stadt.

Mixok Inn Guesthouse GÄSTEHAUS $
(Karte S. 340; 021-254781; Ecke Th Setthathirath & Th Nokéokoummane; Zi. mit Frühstück 150 000 K;) Hier stimmt alles: frisch geflieste Böden, weiße Wände, einfache Möbel, Flachbildschirmfernseher, Bäder und ein tolles Café im Erdgeschoss. Das Personal ist ebenfalls freundlich. Nicht aus Versehen das Mixok Guest House ein Stück weiter westlich ansteuern! Es ist nicht annähernd so gut.

Syri 1 Guest House GÄSTEHAUS $
(Karte S. 340; 021-212682; Th Saigon; Zi. 30 000–150 000 K;) Das Syri 1 befindet sich in einer ruhigen Straße und ist aus gutem Grund seit vielen Jahren bei Travellern beliebt: Es bietet große Zimmer (mit Ventilator oder klimatisiert, Privatbad oder Gemeinschaftsbad), Bereiche zum Entspannen, eine DVD-Lounge, Leihfahrräder und maßgeschneiderte Radtouren durch die Stadt. 100 Punkte für Freundlichkeit.

Lucky Backpacker HOSTEL $
(Karte S. 340; 021-255636; Th Manthatourath; B/DZ 40 000/140 000 K;) Eine neue, saubere und gastfreundliche Herberge mit geräumigen Schlafsälen, ordentlichen Duschen und einem klimatisierten Doppelzimmer ohne Fenster. Die Staufächer unter den Betten lassen sich nicht abschließen. Nette Betreiber.

Niny Backpacker HOSTEL $
(Karte S. 340; 020 96663333; ninybackpack@hotmail.com; Th Nokèokoummane; B 50 000 K;) In den frischen Schlafsälen des neuen Hostels mit Wänden in fröhlichem Orange stehen entweder vier oder 20 Betten. Die Schließfächer sind sicher, Frühstück ist kostenlos (Toast und Eier) und die Ausstattung sauber. Keine Einrichtungen für Selbstversorger.

Vientiane Backpackers Hostel HOSTEL $
(Karte S. 340; 020 97484277; www.vientianebackpackershostel.com; Th Nokèokoummane; B 40 000K;) Das recht neue Hostel hat drei große, gemischte Schlafsäle für 12, 16 und 20 Leute. Es gibt ein Café, das Burger und Shakes verkauft, einen Wäschedienst, kostenloses WLAN und einen Verleih für Fahrräder (10 000 K) und Roller (70 000 K). Bäder und Duschen sind modern und sauber. Keine Einrichtungen für Selbstversorger. Weitere Highlights: kostenloses Frühstück sowie ein Ticket- und Visaservice. Freundliche Betreiber.

Sport Guesthouse GÄSTEHAUS $
(Karte S. 340; 021-241352; sportguesthouse.sg@hotmail.com; Th François Ngin; mit Ventilator/Klimanlage Zi. 80 000/100 000 K, 3BZ 120 000/150 000 K;) Die ein wenig kistenartigen Zimmer duften gut und haben tadellose Bäder und blank polierte Fliesen. Vornehm ist das Haus nicht, macht dies aber mit guten Einrichtungen wie einem tollen Café, einer Saftbar, einem Ticketservice sowie Fahrrad- (10 000 K) und Motorrollerverleih (60 000 K) wett. Freundliches Personal hat es auch.

★**Lani's House** GÄSTEHAUS $$
(Karte S. 340; 021-215639; www.lanishouse.com; Th Setthathirath; EZ/DZ 45/65 US$;) In einer schmalen Seitenstraße, die zu einem Tempel führt, liegt diese weiße Villa mit Art-deco-Elementen. Mit ihren authentischen Pariser Kronleuchtern, antiken Möbeln und den beeindruckenden Fotos des alten Laos in der Lobby erinnert sie an Indochina, und in einem Zierteich drehen Koi-Karpfen ihre Runden. Und all das mitten im Zentrum! Die großen Zimmer haben Schränke im Shabby-Chic-Stil, Kabel-TV und Kühlschrank. Sehr geschmackvoll.

★ Auberge Sala Inpeng GÄSTEHAUS $$
(Karte S. 340; ☎021-242021; www.salalao.com; Th In Paeng; Zi. mit Frühstück 30–50 US$;) Die frühlingshafte Oase aus Holzhütten und einem traditionellen laotischen Haus liegt einzigartig in Vientiane mitten in Gärten voller Tamarinden und Champa-Blumen. In den größeren Zimmern mit Bädern und Klimaanlage herrscht rustikaler Chic. Die billigeren Hütten sind zwar klein, haben aber eine tolle Atmosphäre. Dank dem freundlichen Personal fühlt man sich wie zu Hause.

Vayakorn House HOTEL $$
(Karte S. 340; ☎021-241911; www.vayakorn.biz; 91 Th Nokèokoummane; EZ/DZ/3BZ 17/22/23 US$;) Hier gibt's 21 saubere, einfache Zimmer (DZ mit einem bzw. zwei einzelnen Betten) und kleine Einzelzimmer. Alle haben TV, Klimaanlage und Stadtblick, die Rezeption ist freundlich und das Personal hilfsbereit. Kreditkarten werden akzeptiert, das WLAN reicht aber nur bis zum 2. Stock.

Essen

Vientiane ist bekannt für seine vielfältige Küche und sein Gebäck.

★ Lao Kitchen LAOTISCH $
(Karte S. 340; ☎021-254332; www.lao-kitchen.com; Th Hengboun; Hauptgerichte 40 000–50 000 K; ⏲11–22 Uhr;) Das wundervolle, moderne, laotische Restaurant serviert zuverlässig kreative Varianten traditioneller laotischer Gerichte. Farbenfrohe Wände, Indie-Musik und guter Service. Auf der Speisekarte stehen vielfältige Gerichte von Eintöpfen bis zu Wurst aus Luang Prabang und Lahp-Varianten sowie gebratener Wasserspinat, Frühlingsrollen, Mekong-Fischsuppe und dem Gaumen schmeichelnde Sorbets. Den Schärfegrad (1–3) der Soßen kann man selbst bestimmen.

ETIKETTE IN LAOS

- Wenn man Einheimische fotografieren möchte, sollte man vorher um Erlaubnis fragen.
- Beim Hinsetzen niemals die Füße auf Stühle oder Tische legen.
- Nie andere Menschen am Kopf berühren oder in irgendeiner Form einen Mönch anfassen.
- Die Schuhe ausziehen, bevor man Privathäuser oder Tempelgebäude betritt.
- In buddhistischen Tempeln nicht Händchen halten oder sich küssen.

Pho Dung LAOTISCH $
(Karte S. 340; ☎021-213775; 158 Th Hengboun; Nudelsuppe 12 000–15 000 K; ⏲6–14 Uhr) Sowohl Einheimische als auch Traveller verkehren in dem exzellenten Lokal für *fěr* (Reisnudelsuppe). Man hat die Wahl zwischen Nudelsuppe mit Schweine-, Rind- oder Hühnchenfleisch. Das Pho Dung wird von einer vietnamesischen Familie geführt, die die Speisen in riesigen Schalen und Tellern mit vielen Gewürzen, frischem Gemüse und Kräutern im laotischen Stil serviert.

Ban-Anou-Nachtmarkt LAOTISCH $
(Karte S. 340; Gerichte 10 000–15 000 K; ⏲17–22 Uhr) Jeden Abend wird in einer kleinen Straße am nördlichen Ende der Th Chao Anou ein atmosphärischer Open-Air-Markt veranstaltet. Dort locken laotische Gerichte von Grillfleisch bis zu Chilidips mit Gemüse und Klebreis.

Phimphone Market SELBSTVERSORGER $
(Karte S. 340; 94/6 Th Setthathirath; ⏲Mo–Sa 7–21 Uhr;) Diese Oase für Selbstversorger bietet alles Mögliche, angefangen von superfrischem Gemüse und westlichen Zeitschriften, über Eiscreme, importierte Salami, Brot, Kekse und Schokolade bis hin zu westlichen Toilettenartikeln. Auch Stadtpläne werden verkauft.

Little Hanoi VIETNAMESISCH $
(Karte S. 340; Th Fa Ngum; 40 000 K; ⏲9–23.30 Uhr;) Das wunderbar entspannte Restaurant am Ufer bietet Ruhe und Schatten. Dezente Beleuchtung und antike Trommeln an der Wand erinnern an das Künstlerviertel der Stadt, nach dem das Lokal benannt ist. Das kulinarische Angebot reicht von Hanoi-Suppe mit Rindfleisch, Frühlingsrollen, Papayasalat und gebratenem Wasserspinat bis zu Hanoi-Ente mit Reis und frittiertem Tintenfisch in Sellerie.

★ Makphet Restaurant LAOTISCH $$
(Karte S. 340; ☎021-260587; contact@makphet-restaurant.org; Th In Paeng; Hauptgerichte 60 000 K; ⏲11–22.30 Uhr;) Friends International (www.friends-international.org), die Betreiber dieses Lokals, bieten benachteiligten Kindern eine Ausbildung als Köche und Kellner. Die beeindruckende Villa liegt in

einem grünen Garten und wird nachts märchenhaft beleuchtet. Innen ist sie genauso einladend, der Service ist etwas besser als üblich und die Küche hervorragend. Serviert werden z.B. laotische Gerichte wie Lahp. Unbedingt probieren: das rote Hibiskussorbet und das großartige Kokosnusseis. Romantisch.

Istanbul TÜRKISCH $$

(Karte S. 340; 020 77978190; Th François Ngin; Hauptgerichte 70 000–100 000 K; 9.30–22.30 Uhr;) Ein authentisches Stück Istanbul! Auf der Speisekarte des einladenden Lokals stehen Döner und Shish Kebabs, Fleischbällchen, Hummus und Falafel. Man sollte den Iskender-Kebab probieren – gegrilltes Rindfleisch mit Pfeffersoße, Joghurt und grünem Chili. Das Fleisch ist komplett mariniert und der starke türkische Kaffee macht müde Traveller wieder fit.

Sputnik Burger AMERIKANISCH $$

(Karte S. 340; 030-9376504; www.facebook.com/SputnikBurger; Th Setthathirath; Hauptgerichte 45 000–75 000 K; 11–22 Uhr;) In dem coolen neuen Burgerladen gibt's großartige Rindfleischburger mit Schweizer Käse, Schinkenspeck, Auberginen und vielen weiteren Zutaten und Soßen sowie Salate und Milchshakes. Offene Ziegelsteinwände, dezente Beleuchtung und draußen ein halbierter VW-Käfer, der zwei Sitznischen bietet. Ein witziger Ort.

Osaka JAPANISCH $$

(Karte S. 340; 021-213352; Th Nokèokoummane; Hauptgerichte 30 000–80 000 K; 8–22 Uhr) Das gemütliche Osaka ist ein lebhaftes Lokal, dessen Stühle und Tische auf einer Terrasse voller Pflanzen stehen. Der Innenraum lockt mit lippenstiftroten Sitznischen. Serviert werden etliche Nudelgerichte, Sashimi, vegetarische Küche und Tempura.

★ **Pimentón** SPANISCH $$$

(Karte S. 340; 021-215506; www.pimentonrestaurant-vte.com; Th Nokeokoummane; Hauptgerichte 80 000–170 000 K; Mo–Sa 11–14.30 & 17–22 Uhr;) Mit seinen hohen Decken und einer schicken Bar gilt das Pimentón weithin als bestes Steakrestaurant der Hauptstadt. Auf den glühenden offenen Grill kommen nur die edelsten Stücke Hüft-, Chateaubriand- und Ribeyesteaks. Mittags gibt es Tapas, z.B. importierten *jamón ibérico, calamares* und geräucherte Wurstwaren. Es wird von einem liebenswerten Eheepaar betrieben.

GUTE BÄCKEREIEN

Le Banneton (Karte S. 340; Th Nokèokoummane; Frühstück 45 000 K; 7–21 Uhr;) Nicht zu spät kommen, die besten Croissants der Stadt sind schnell ausverlauft. Der schlichte Innenraum ist ein schöner Ort, um die Zeitung zu lesen und ein Stück Tarte, einen Salat, Panini oder ein Omelette zu genießen. Man kann auch auf der kleinen Terrasse sitzen. Leckeres Frühstück und hausgemachte Marmelade und Konfitüre.

JoMa Bakery Café (Karte S. 340; Th Setthathirath; Hauptgerichte 29 000 K; Mo–Sa 7–21 Uhr;) Vientianes modernste Bäckerei hat eine nette Atmosphäre, gemütliche Sofas, kostenloses WLAN, und ist klimatisiert. Sie bietet zahlreiche üppige Salate (30 000 K) und belegte Bagels – zur Auswahl stehen Salami, Schinken, Lachs, Huhn, Käse und Salat. Zudem gibt's Brownies, Kuchen und köstlichen Joghurt. Es ist stets sauber und das Personal ist super.

Ausgehen & Nachtleben

Khop Chai Deu BAR

(Karte S. 340; 021-223022; www.inthira.com; Th Setthathirath) Überzeugt mit sanfter Innenbeleuchtung und einer anspruchsvollen Getränkekarte. Zudem bietet es mehr Aktivitäten als jede andere Kneipe, z.B. Speeddating und Frauen-Armwrestling. Oben im 3. Stock gibt es eine superschicke Bar mit tollem Ausblick.

iBeam BAR

(Karte S. 340; 021-254528; Th Setthathirath; 11–23 Uhr;) Verbindet den guten Service der alten Welt mit zeitgenössischem Stil. Es bietet Bargerichte wie Kroketten, Nachos mit Fleisch und mariniertes Gemüse sowie eine hervorragende Weinkarte. Zur Ladies' Night am Mittwoch bekommen Frauen 50 % Rabatt. Donnerstagabends Live-Jazz.

Spirit House COCKTAILBAR

(Karte S. 339; 021-262530; Th Fa Ngoum; Cocktails 40 000 K; 7–23 Uhr;) In dem traditionellen laotischen Haus mit Blick auf den Mekong gehen so viele Arten von Cocktails über den Tresen, dass sich jeder Genießer wohlfühlt! Gedämpfte Musik sowie dunkles Holz und gemütliche Sofas schaffen eine stilvolle Atmosphäre.

Bor Pennyang BAR
(Karte S. 340; ☎020 7873965; Th Fa Ngoum; ⌚10–24 Uhr) In dieser holzverkleideten Kneipe mit Blechdach treffen sich Einheimische, Zugezogene, Bargirls und Traveller, um den Sonnenuntergang über dem nahen Thailand zu beobachten. Westliche Musik, Billardtische, eine riesige Bar sowie internationale Fußball- und Rugby-Übertragungen auf großen Flachbildschirmen.

✩ Unterhaltung

Die gesetzliche Sperrstunde gilt ab 23.30 Uhr.

Centre Culturel et de Coopération Linguistique KINO
(Französisches Kulturzentrum; Karte S. 340; ☎021-215764; www.ambafrance-laos.org; Th Lan Xang; Eintritt frei, Kino 10 000 K; ⌚Mo–Fr 9.30–18.30, Sa bis 12 Uhr) Der französische Hotspot für kulturelle Aktivitäten bietet Tanz, Kunstausstellungen, literarische Diskussionen und Livemusik. Neben französischen Kultfilmen (am Wochenende um 15 Uhr für Kinder und um 18.30 Uhr für Erw.) wird auch Unterricht in französischer und laotischer Sprache angeboten.

Shoppen

In den Straßen, die vom Nam Phou abgehen, vor allem in der Th Pangkham und der Th Setthathirath, liegen zahlreiche Kunsthandwerks- und Souvenirläden.

★ **T'Shop Lai Gallery** BEAUTY, HAUSHALTSWAREN
(Karte S. 340; www.laococo.com/tshoplai.htm; abgehend von Th In Paeng; ⌚Mo–Sa 8–20, So 10–18 Uhr) Vientianes wohl bester Shop. Hier mischen sich die Düfte – Kokosnuss, Aloe Vera, Honig, Frangipani und Magnolie, von Körperölen, Seifen, Sprays, Parfüms und Lippenpflegestiften, Armspangen, Drucken und Füllfederhaltern ... Diese wundervollen Produkte werden alle von sozial benachteiligen Frauen der Kooperative Les Artisans Lao aus nachhaltigen lokalen Erzeugnissen hergestellt.

Indochina Handicrafts KUNSTHANDWERK
(Karte S. 340; ☎021-223528; Th Setthathirath; ⌚10–19 Uhr) Die laotische Version eines alten Kuriositätenladens. Hier werden Buddha-Statuen, antike Büsten von Ho Chi Minh und Mao, russische Armbanduhren und kommunistische Erinnerungsstücke, aber auch Matchboxautos, Schnupftabakdosen, Medaillen und alte Serviertabletts verkauft. Ein Laden, den man nicht verpassen sollte! Neben Carterie Du Laos; man achte auf die vielen Pflanzen davor.

Dee Traditional Antique Textiles KUNSTHANDWERK
(Karte S. 340; ☎020 55519908; khamtanh44@hotmail.com; Th Setthathirath; ⌚8–21 Uhr) Von außen wirkt er vielleicht unscheinbar, aber in diesem coolen Laden, der vom Boden bis zur Decke mit edlen Seidenschalen und Akha-Gobelins vollgestopft ist, findet man großartige Schnäppchen. Hier gibt's die besten und preisgünstigsten Tücher der Gegend.

Book Café BÜCHER
(Karte S. 340; Th Hengboun; ⌚Mo–Fr 8–20 Uhr) Vientianes bestausgestatteter Secondhand-Buchladen hat viele Reiseführer, Thriller und Werke zur laotischen Kultur und Geschichte.

ℹ Praktische Informationen

GELD

Lizensierte Geldwechselstände findet man entlang der Th Setthathirath. Die Banken wechseln Bargeld/Reiseschecks und geben Barvorschüsse (meist in K, manchmal in US-Dollar und thailändischen Baht) auf Visa- und/oder MasterCards. Die meisten haben Geldautomaten, die ausländische Karten akzeptieren.

Bank of Ayudhya (Karte S. 340; ☎021-214575; 79/6 Th Lan Xang) Bargeldvorschüsse auf Visa-Karten mit 1,5 % Kommission.

Banque pour le Commerce Extérieur Lao (BCEL; Karte S. 340; Ecke Th Pangkham & Th Fa Ngum; ⌚Mo–Fr 8.30–19, Sa & So bis 15 Uhr) Beste Wechselkurse, längste Öffnungszeiten. Die Wechselstube liegt in der Th Fa Ngum, außerdem findet man am Hauptgebäude drei Geldautomaten.

Joint Development Bank (Karte S. 340; 75/1-5 Th Lan Xang) Berechnet in der Regel die günstigste Kommission auf Bargeldvorschüsse. Hier gibt's auch einen Geldautomaten.

INTERNETZUGANG

WLAN in vielen Cafés der Stadt kostenlos.

True Coffee Internet (Karte S. 340.)

True Coffee Internet (Karte S. 340; Th Setthathirath; 8000 K pro Std.; ⌚9–21 Uhr) Das große Café ist der coolste Ort, um Emails zu checken, und man bekommt hier auch Brownies, Yoghurt und frische Säfte. Skype ist auf den PCs verfügbar. WLAN kostenlos.

MEDIEN

Die einzige englischsprachige Zeitung in Laos ist die hoffnungslos staatlich zensierte *Vientiane Times*. *Sabaidee* ist ein kostenloses monatliches Magazin mit vielen Fotos und guten Artikeln über das laotische Alltagsleben und einem nützlichen Veranstaltungskalender.

EINREISE NACH THAILAND: VON VIENTIANE NACH NONG KHAI

Anfahrt zur Grenze Die Thai-Lao-Freundschaftsbrücke am Grenzübergang Tha Na Long–Nong Khai liegt 22 km südöstlich von Vientiane. Am einfachsten passiert man die Grenze in einem der komfortablen Thai-Lao-International-Busse (22 000 K, 1½ Std.), die zwischen 7.30 und 18 Uhr ca. stündlich am Busbahnhof Talat Sao in Vientiane in Richtung Grenze starten. Abfahrt für den VIP-Bus, der weiter nach Bangkok (248 000 K) fährt, ist täglich um 18 Uhr in Talat Sao. Alternativ steigt man zwischen 6 und 18.30 Uhr in ein Taxi (300 B), *jumbo* (vierrädriges *túk-túk*) mit 12 Sitzplätzen; 250 B) oder den Linienbus 14 ab dem Talat Sao (15 000 K).

Seit 2009 kann man die Brücke auch mit dem Zug überqueren, denn die Schienen wurden vom Bahnhof in Nong Khai 3,5 km bis nach Laos hinein verlängert und enden nun im Bahnhof Dongphasy, etwa 13 km vom Zentrum Vientianes entfernt. Von Nong Khai pendeln täglich zwei Züge (9.30 und 16 Uhr, mit Ventilator/Klimaanlage 20/50 B, 15 Min.), und die Grenzformalitäten werden an den jeweiligen Bahnhöfen erledigt.

An der Grenze Aus den meisten Ländern kann man visafrei nach Thailand einreisen.

Weiterreise An der thailändischen Grenze nimmt man ein *túk-túk* (20 B) zum Bahnhof Nong Khai, wo um 18.20 Uhr Schlafwagen nach Bangkok abfahren (2. Klasse/Schlafwagen 23/37 US$).

Informationen zur Überquerung dieser Grenze in umgekehrter Richtung siehe S. 800

MEDIZINISCHER NOTDIENST

Vientianes medizinische Einrichtungen sind in Ordnung, wenn man sich etwas gebrochen hat oder Verdacht auf Denguefieber oder Malaria besteht. Ernstere Erkrankungen sollte man im thailändischen **Aek Udon International Hospital** (☎ 042 342555; Th Phosri) behandeln lassen. Das Krankenhaus kann einen Rettungswagen schicken oder Patienten in kritischem Zustand per Hubschrauber abholen und nach Udon Thani bringen lassen. Die Freundschaftsbrücke ist zwischen 22 und 6 Uhr geschlossen, wird jedoch auf beiden Seiten der Grenze für Krankenwagen geöffnet.

Alliance International Medical Center (Karte S. 339; ☎ 021-513095; www.aimclao.com; Th Luang Prabang) Das Krankenhaus ist recht neu und sauber. Es behandelt allgemeine Gebrechen wie Knochenbrüche und gibt Medikamente aus.

Poppy's Pharmacy & Beauty (Karte S. 340; ☎ 030-9810108; Th Hengboun; ⏲ 8–22 Uhr) Die moderne, gut ausgestattete Apotheke ist hell und sauber. Hier bekommt man Toilettenartikel, Kosmetik, Sonnencreme, Malariatabletten (nicht Larium) und Schlaftabletten für lange Busfahrten.

NOTFALL

Ambulanz (☎ 1195)

Feuer (☎ 1190)

Polizei (☎ 1191)

Touristenpolizei (Karte S. 340; ☎ 021 251 128; Th Lan Xang)

POST

Post, Telephone & Telegraph (PTT; Karte S. 340; ☎ 020 22206362; Th Saylom; ⏲ Mo–Fr 8–17, Sa & So bis 12 Uhr) Briefmarken, Postlagerung, Geld abheben und Kurierdienst.

REISEBÜROS

Green Discovery (Karte S. 340; ☎ 021-264528; www.greendiscoverylaos.com; Th Setthathirath) Zu Recht der angesehenste laotische Spezialist für Abenteuertouren sowie Kajak-, Fahrrad-, Ziplining- und Trekkingtrips; hilft auch bei Reisebuchungen.

Lin Travel Service (Karte S. 340; ☎ 021-218707, 021-28190166; 239 Th Hanoi/Phnom Penh; ⏲ 8.30–21 Uhr) Frau Lin führt dieses hevorragende Reisebüro; internationale und nationale Flüge, Bustickets und Hotelbuchungen.

Chantha Guesthouse Ticketing (Karte S. 340; ☎ 021-243204; Th Setthathirath; ⏲ 8.30–21 Uhr) Frau Phanthnavong hat einen Schalter in der Lobby des Chantha Guest House und vermittelt Bus- und Flugtickets.

TELEFON

Internationale Telefongespräche sind in den meisten Internetcafés möglich (5000 K pro Minute), aber Skype zu haben ist besser.

TOURISTENINFORMATION

Tourist Information Centre (NTAL; Karte S. 340; ☎ 021-212248; www.ecotourismlaos.com; Th Lan Xang; ⏲ 8.30–12 & 13.30–16 Uhr) Ein Besuch dieser Touristeninformation lohnt sich. Man bekommt nützliche Beschreibungen jeder Provinz, Broschüren und regionale Karten und das hilfsbereite Personal spricht Englisch. Zur Zeit unserer Recherche für dieses Buch war ein Umzug in die Nähe des Nam-Phu-Brunnens mitten im touristischen Teil der Stadt geplant.

BUSSE AB VIENTIANE

Nordbusbahnhof

ZIEL	PREIS (K)	FAHRZEIT (STD.)	ENTFERNUNG (KM)
Houay Xay	230 000	30–35	869
Kunming	635 000	30	781
Luang Namtha	200 000	18	676
Luang Prabang	110 000	11	384
Phonsavan	110 000–150 000	9–11	394
Sam Neua	170 000–210 000	15–17	612
Oudom Xai	170 000–190 000	13–17	578
Vang Vieng	65 000	4	161

Südbusbahnhof

ZIEL	PREIS (K)	FAHRZEIT (STD.)	ENTFERNUNG (KM)
Attapeu	220 000	22–24	812
Lak Sao	85 000	7–9	334
Pakxe	110 000–170 000	14–16	677
Phonsavan	Schlafbus 110 000–150 000	6–7	394
Savannakhet	75 000–120 000	8–11	457
Thakhek	65 000–85 000	7	332

Busbahnhof Talat Sao

ZIEL	PREIS (K)	DAUER (STD.)	ENTFERNUNG (KM)
Nong Khai	17 000	1½	95
Udon Thani	22 000	2	76

ℹ An- & Weiterreise

BUS & SŎRNGTĂAOU

Es gibt drei Busbahnhöfe in Vientiane.

Infos zu Verbindungen nach China liefert die **Tong Li Bus Company** (☎ 021-242657) am Busbahnhof Nord. Vietnam wird täglich von **SDT** (☎ 720175) ab dem Busbahnhof Süd angesteuert: Ziele sind Hanoi (230 000 K, 24 Std.) über Vinh (180 000 K, 16 Std.) und Da Nang (230 000 K) über Hue (180 000 K, 19 Std.). Montags, donnerstags und sonntags fahren die Busse um 18 Uhr ab. Wer nach Ho-Chi-Minh-Stadt will, muss in Da Nang umsteigen. Einige Busse nach Vietnam starten auch am Busbahnhof Nord.

Busbahnhof Nord (Th Asiane) Der Busbahnhof Nord liegt genau 9 km nordwestlich des Stadtzentrums und bedient alle Ziele nördlich von Vang Vieng sowie einige Destinationen in China und Vietnam. Die Fahrtziele und aktuellen Ticketpreise sind in Englisch aufgelistet.

Busbahnhof Süd (Rte 13 South) Im Volksmund als Dong-Dok-Busbahnhof oder als *khíw lot lák káo* (Km-9-Busbahnhof) bekannt, liegt der Busbahnhof Süd 9 km außerhalb der Stadt und fährt die Ziele im Süden an. Hier starten in der Regel auch die Busse nach Vietnam.

Talat-Sao-Busbahnhof (Karte S. 340; ☎ 216507; Th Khu Vieng) Um 10.30 und 11.30 Uhr pendeln internationale VIP-Busse nach Udon Thani in Thailand (100 000 K). Ein VIP-Bus nach Bangkok startet ebenfalls von hier.

FLUGZEUG

Der Wattay International Airport ist das Hauptdrehkreuz von Laos. Gleich daneben liegt das klapprige Inlandsterminal. Die neu etablierte Fluggesellschaft **Lao Skyway** (S. 404) fliegt von Vientiane nationale Ziele an, während **Lao Airlines** (☎ 021-512028; Wattay Airport International Terminal; ⏲ 4–20 Uhr) auch internationale Ziele auf dem Flugplan hat.

ℹ Unterwegs vor Ort

Besucher können das Stadtzentrum wunderbar zu Fuß erkunden.

VOM/ZUM FLUGHAFEN

Der Wattay International Airport befindet sich 4 km nordwestlich des Stadtzentrums. Flughafentaxis mit Festpreisen in die Stadt kosten 8 US$. Alternativ legt man die 500 m zum Tor des Flughafens zu Fuß zurück und steigt dort in ein Gemeinschafts-*túk-túk* für rund 20 000 K. Die offiziellen *túk-túk*-Preise vom Stadtzentrum zum Flughafen liegen bei 60 000 K. Endlich gibt's auch einen neuen Taxiservice mit Taxometern, sodass man die Kosten im Blick hat. Man erreicht ihn telefonisch: **Tourist Taxi** (☎1420; ⏲24 Std.). Ein Taxi zum Flughafen kostet ca. 50 000 K.

FAHRRAD, MOTORRAD & AUTO

Fahrräder kann man für 10 000 K pro Tag mieten und Motorroller für 70 000 K.

Avis (Karte S. 340; ☎021-223867, 020 22864488; www.avis.la; Th Setthathirath; ⏲Mo–Fr 8.30–18.30, Sa & So 8.30–13 Uhr) Vermietet hochwertige Autos von kleinen Sportwagen (55 US$) bis zu robusten Jeeps (77 US$) pro Tag. Wenn man außerhalb von Vientiane fahren möchte, entstehen Extrakosten wegen des Fahrers. Gegen Gebühr kann man das Auto auch am Ziel lassen. Haftpflichtversicherung gehört zum Standard.

First-One Motorbike Rental (Karte S. 340; ☎020 55528299; Th François Ngin; Motorroller 70 000 K pro Tag; ⏲8.30–18 Uhr) Zahlreiche gute Roller, um in der Stadt umherzufahren. Man kann sich auch die schweren Motocrossbikes zeigen lassen, die vermietet werden.

TÚK-TÚK

Ausgehängte Listen mit hohen Raten für Touristen machen das Feilschen ziemlich aussichtslos, denn die meisten Fahrer weichen nicht von diesen Preisen ab. Wer ein Gemeinschafts-*túk-túk* (in dem bereits Passagiere sitzen) herbeiwinkt, spart mehr, denn diese Fahrzeuge haben feste Routen und eine Strecke kostet je nach Ziel etwa 20 000 K. Man sollte kein Hasch bei den Fahrern kaufen, denn sie arbeiten oft mit der örtlichen Polizei zusammen.

NORDLAOS

Ob man zum Fahrradfahren, Wandern, Kajakfahren, Ziplining, für einen Kochkurs oder für eine Übernachtung in einer Privatunterkunft hergekommen ist – ein Besuch des bergigen Nordens bleibt einem für immer in Erinnerung. Gelegen zwischen China, Vietnam und Myanmar, hat sich in dieser Region eine faszinierende ethnische Vielfalt entwickelt. Inmitten einer felsigen Schlichtheit versteckt liegt Südostasiens Paradies Luang Prabang.

Vang Vieng ວັງວຽງ

☎023 / 33 612 EW.

Auf den ersten Blick wirkt Vang Vieng (VV) wie eine orientalische Seidenmalerei, denn die Stadt schmiegt sich vor der Kulisse herrlicher Karstberge, die aussehen wie der gezackte Rücken eines schlafenden Riesen, ans Ufer des Nam Song (Song-Fluss). Hier findet man Entspannung in Reisfeldern, Höhlen, beim Tubing auf dem Fluss und in zahlreichen Kaffeehäusern. Es ist einer der schönsten Orte des Landes und die Outdoor-Aktivitäten von Klettern über Rad- und Kajakfahren bis zu Ziplining lassen keine Langeweile aufkommen.

Sehenswertes & Aktivitäten

Laos' Zentrum für Outdoor-Aktivitäten bietet Ziplining, Tubing, Radfahren, Wandern, Speleologie, Kajakfahren und Klettern.

Bei den beliebten ganztägigen Kajaktouren (120 000 K pro Pers.) paddelt man normalerweise ein paar Stromschnellen hinab und macht zwischendurch in Höhlen und Dörfern Station. Vor der Buchung bei einem Anbieter sollte man die Referenzen der Guides gründlich prüfen und klären, ob sie auf ihren Touren den Teilnehmern Schwimmwesten und einen Erste-Hilfe-Kasten zur Verfügung stellen.

Unter Travellern ist es Kult, sich im Schlauch eines Traktors (55 000 K Leihgebühr, 60 000 K Kaution) zwischen Karstbergen und Dschungel den Nam Song hinuntertreiben zu lassen. In dieser Gegend gibt es kaum Bars zur Ablenkung und so kann man die Eindrücke ungestört genießen. Um 18 Uhr muss man zurück sein, sonst droht eine Geldstrafe von 20 000 K. Ein *túk-túk* zum Startpunkt des Abenteuers auf dem Fluss kostet 10 000 K pro Person.

HEISSLUFTBALLON

Eine Fahrt in einem Heißluftballon über die beeindruckende Landschaft von Vang Vieng lohnt sich vor allem frühmorgens. Um 6.30, 16 und 16.30 Uhr finden jeweils ca. 40-minütige **Heißluftballonfahrten** (☎020 22202259; www.vangviengtour.com/ballooning; Flug 80 US$) statt, die man vorab telefonisch oder bei Mr. Vone von **VLT Tour** (☎023-511369, 020 55208283; www.vangviengtour.com) buchen muss.

Vang Vieng

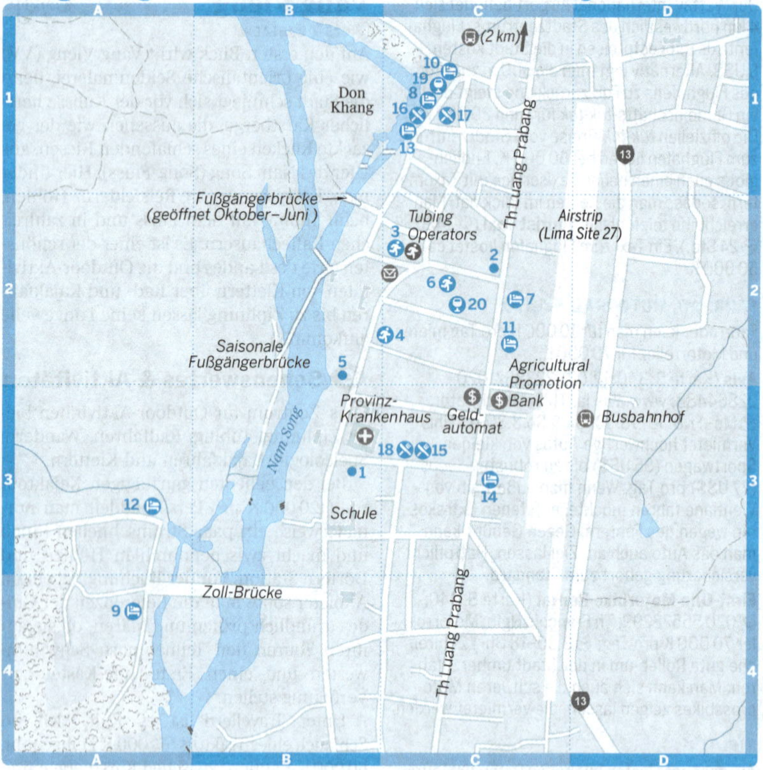

Höhlen

Die beeindruckenden Kalkstein-Karstberge rund um Vang Vieng sind wie Waben von Tunneln und Höhlen durchzogen. Höhlenwanderungen gehören gleich nach Tubing zu den Hauptattraktionen. Man kann sich eine Karte kaufen und auf eigene Faust losziehen oder an einer geführten Tour teilnehmen. Genauere Informationen erteilen die Pensionen.

Die berühmteste Höhle, **Tham Jang** (ຖ້ຳຈັງ; Eintritt 17 000 K), 1 km südlich der Stadt, diente im 19. Jh. als Versteck vor plündernden Yunnan-Chinesen. Treppen führen zu ihrem Haupteingang und an ihrem Fuß entspringt eine kühle Quelle.

Großer Beliebtheit erfreut sich auch die Höhle Tham Phu Kham (Blue Lagoon, ຖ້ຳພູຄຳ; Eintritt 10 000 K), deren saphirblaues Wasserbecken als Blaue Lagune bekannt ist. Hier wurde leider eine hässliche Rutsche errichtet, aber man kann immer noch von einem überhängenden Baum aus von ganz oben in die kühle Mitte des Beckens springen. Hierher gelangt man über eine Bambusfußgängerbrücke und läuft oder radelt 7 km über eine malerische, unbefestigte Straße nach Ban Na Thong. Ab hier ist es noch 1 km bis zum Hügel an der Nordseite des Dorfes. Die letzten 200 m aufwärts sind anstrengend, aber man kann sich anschließend mit einem Bad im Fluss belohnen.

Tham Sang (Elefantenhöhle; Eintritt 5000 K) liegt 13 km nördlich an der Route 13. Hier befinden sich einige Buddha-Bilder, ein „Fußabdruck", der von Buddha selbst stammen soll, und der elefantenförmige Stalaktit, nach dem die Höhle benannt ist.

☞ Geführte Touren

Green Discovery ABENTEUERTOUREN
(☎ 023-511230; www.greendiscoverylaos.com; Th Luang Prabang; 1-tägige Fahrradtour 25–34 US$ pro Pers. (je nach Größe der Gruppe), halber/ganzer Tag

Vang Vieng

Aktivitäten, Kurse & Touren

1	Adam's Rock Climbing School	B3
2	Green Discovery	C2
3	Nam Thip Tours	C2
4	TCK	C2
	Vang Vieng Jeep Tour	(siehe 9)
5	VLT	B2
6	Wonderful Tours	C2

Schlafen

7	Central Backpacker's Hostel	C2
8	Champa Lao	C1
9	Chez Mango	A4
10	Easy Go Hostel	C1
11	Inthira Hotel	C2
12	Maylyn Guest House	A3
13	Nam Song Garden	C1
14	Pan's Place	C3

Essen

15	Le Café De Paris	C3
16	Living Room	C1
17	Nam Song Garden	C1
18	Pizza Luka	C3

Ausgehen & Nachtleben

19	Earth	C1
20	Gary's Irish Bar	C2

Klettern 27/36 US$) Vang Viengs Green verlässlichster Touranbieter veranstaltet Trekking-, Kletter-, Höhlentouren und Ziplining. Man kann sich auch an der neuen Herausforderung von Vang Vieng versuchen: den Klettersteig im Wasserfall hinaufkraxeln, sich auf dem Weg hinunter abseilen, in einer Berghütte übernachten, mit acht Ziplines fahren und dann den Berg hinunterwandern. Dazu muss man aber fit sein. Es kostet ab 100 US$ pro Pers.

★ **Adam's Rock Climbing School** ABENTEUERTOUREN
(☎020 55010832, 020 56564499; www.laos-climbing.com; gegenüber dem Krankenhaus; halb-/ganztägige Klettertour 180 000/260 000 K, 2-tägiger Kurs 100 US$, privater Kletterführer (für erfahrene Kletterer) 320 000 K) Vang Viengs einziger spezialisierter Kletterveranstalter wartet mit erfahrenem, mehrsprachigem Personal und einer robusten Ausrüstung auf.

Schlafen

Es eröffnen immer mehr Mittelklasse- und Boutique-Hotels, denn Vang Vieng möchte stilvoller werden. Am besten meidet man die hässliche Stadt und orientiert sich flussabwärts oder an der anderen Seite des Song.

Oberhalb des Flusses & außerhalb der Stadt

★ **Vang Vieng Organic Farm** GÄSTEHAUS $
(☎023-511220; www.laofarm.org; dm B 30 000 K, Zi. 40 000–150 000 K, Luxusbungalow mit Klippenblick 180 000 K; P @ ☎ ♿) Der an einem idyllischen ruhigen Ort ein paar Kilometer außerhalb der Stadt gelegene organisch-biologisch bewirtschaftete Hof bietet funkelnd saubere Hütten mit Moskitonetzen, Leselampen am Bett und Veranden mit Blick auf die hohen Karstklippen. Auf dem Hügel befinden sich drei ventilatorgekühlte Schlafsäle mit je acht Betten in wellblechgedeckten blitzsauberen Gebäuden. Es gibt auch ein großartiges Restaurant – wir empfehlen die Maulbeer-Eierkuchen oder die Maulbeer-Mojitos!

Wer Zeit hat, kann als Freiwilliger am Permakultur-Programm mitarbeiten oder Kindern Englischunterricht geben. Kochkurse vor Ort kosten 30 US$.

★ **Maylyn Guest House** GÄSTEHAUS $
(☎020 55604095; jophus_foley@hotmail.com; Bungalow 60 000 K, Zi. 100 000–120 000 K; P ❄ ☎ ♿) Auf der anderen Seite der Brücke betreibt der gesellige Jo das Maylyn's, dessen geräumige Bungalows einen herrlichen Blick über die Karstberge bieten. Die geschmackvoll eingerichteten Doppelzimmer in einem nagelneuen Gebäudetrakt haben ein eigenes Bad und gewähren vom Balkon schöne Blicke über die Klippen und den Fluss. Auch die anderen Zimmer sind ausgezeichnet. Der grüne Garten ist ein Paradies für Kinder.

Chez Mango GÄSTEHAUS $
(☎020 54435747; www.chezmango.com; Zi. mit/ohne Bad 80 000/60 000 K; ❄) Das freundliche und überaus saubere Gästehaus steht auf der anderen Seite der Brücke. Es verfügt über einfache, bunte Hütten mit Balkonen (einige mit Bad) in einem Blumengarten. Es gibt auch einen Lesebereich im Schatten von Bäumen. Noé betreibt hier auch das hervorragende Unternehmen **Vang Vieng Jeep Tours** (☎020 54435747; noedouine@yahoo.fr; mind. 4 Pers., 180 000 K pro Pers.;). Ein schlaffördernder und entspannender Ort. Empfehlenswert.

In der Stadt

★ **Champa Lao** GÄSTEHAUS $
(☎020 58234612; www.facebook.com/champalaobungalows; Zi. ohne Bad 70 000 K, 3BZ mit Bad

150 000 K, Bungalows mit/ohne Bad 120 000/60 000 K; @ 📶) Das traditionelle laotische Stelzenhaus aus Holz verfügt über einfache Zimmer und Moskitonetze und hat neue thailändische Besitzer. Der Garten mit den vielen Pflanzen ist herrlich und man kann in Hängematten schaukeln und von den luftigen Balkonen den Sonnenuntergang und die Karstberge beobachten. Einige der Bungalows stehen am Flussufer. Einfach wunderbar.

Pan's Place GÄSTEHAUS **$**
(☎ 023-511484; Th Luang Prabang; B 30 000 K, EZ/DZ ohne Bad 50 000/64 000 K, EZ/DZ ohne Bad 70 000/88 000 K; @ 📶) Das Pan's mit seinem gastfreundlichen Ambiente ist eine Institution für Rucksackreisende. Einfache, aber gemütliche Zimmer mit Ventilator und Fliesenboden sowie Privatbädern erfreuen die Reisenden in dem vertrauenswürdigen alten Gästehaus. Auf der Rückseite befinden sich in einem Garten mehrere Hütten sowie ein Entspannungsbereich. Auch ein Café (Crêpes, Obstsalate) und ein Kinoraum im Obergeschoss mit Hunderten von DVDs sind vorhanden.

DIE BESTEN ZIPLINES VON VANG VIENG

Alles dreht sich hier um Luft und Kabel, denn die Regenwälder um Vang Vieng sind von abenteuerlichen Ziplines durchzogen. Die folgenden Veranstalter kombinieren eine Wanderung, Kajakfahrt, Abseiling oder Tubing mit dem Ziplining:

Wonderful Tours (☎ 023-511566; www.wonderfultourslaos.la; Th Khann Muang) hat 1200 m Ziplines zu bieten. Die längste Strecke verläuft mit 380 m über dem Nam Song.

Nam Thip Tours (☎ 023-511318, 020 23333616; ⌚ 9–19 Uhr) hat 1 km lange, lohnenswerte Ziplines über 12 Plattformen. Anschließend besucht man eine Buddha-Höhle und badet dann in dem strahlend blauen Wasser der Blue Lagoon ganz in der Nähe.

TCK (☎ 023-511691, 020 5533901; tckamazingtour@gmail.com; ⌚ 9–20 Uhr) punktet bei seiner Halbtagestour mit 14 Ziplines, einmal Abseiling und drei Brückenüberquerungen.

AK Home Ziplining (☎ 020 55033665, 020 52349078; geführte Tour 25 US$; ⌚ 9–12.30 Uhr) bietet halbtägige Tubing-Touren nach Tham Nam, in Kombination mit drei Ziplines und Baden in der Blue Lagoon.

Nam Song Garden GÄSTEHAUS **$**
(☎ 023-511544; Zi. 80 000 K; 📶) Am nördlichen Ende der Stadt thront das kunterbunte Nam Song Garden auf einem Hügel. Vom Garten aus genießt man eine der tollsten Aussichten der Stadt. Drei Zimmer mit Bad und Balkon, Moskitonetz, gefliestem Boden und einer einladenden rustikalen Einrichtung.

Central Backpacker's Hostel HOSTEL **$**
(☎ 020 56770677; www.vangviengbackpackers.com; B 40 000 K, Zi. mit Ventilator/Klimaanlage 100 000/150 000 K, 3BZ 200 000 K; ❄ 📶) Das Hostel im Zuckerbäcker-Stil verfügt über Doppelzimmer mit Ventilator oder Klimaanlage, Balkon und TV und komfortable geräumige Schlafsäle sowie Gemeinschaftsbalkone, von denen man den Blick zu den Klippen genießen kann. Es gibt eine große Lobby mit Café und DVD-Bar sowie Schließfächer (das Schloss muss man selbst mitbringen). Viel Atmosphäre hat es nicht, ist aber hübsch, cool und preisgünstig.

Easy Go Hostel HOSTEL **$**
(☎ 020 55366679; www.easygohostel.com; neben Champa Lao Guesthouse; B 28 000 K, Zi. mit/ohne Klimaanlage 100 000/60 000 K, 3BZ mit Klimanlage 120 000 K) Das aus Bambus und Rattan bestehende Easy Go wird von einem großartigen Team geführt. Es wurde kürzlich vergrößert und bietet nun einen Schlafsaal mit acht und einen mit vier Schlafplätzen sowie acht Doppelzimmer. Trumpf ist die hübsche Lounge zum Entspannen mit gemütlichen Kissen, Flachbildfernseher und weitem Panoramblick auf die Klippen. Freundlich.

Inthira Hotel BOUTIQUE-HOTEL **$$**
(☎ 023-511070; www.inthirahotel.com; Th Luang Prabang; Standard/Superior/Deluxe inkl. Frühstück 32/43/54 US$; ❄ @ 📶) Es liegt zwar an der Hauptstraße und nicht am Fluss, aber das Inthira ist trotzdem eine attraktive Unterkunft. Rot gestrichene Zimmer (oben) bieten Blick auf die Karstberge und das ehemalige Rollfeld der CIA (Lima Site 27). Hartholzböden, elegante Möbel und blitzsaubere Privatbäder. Auch das Restaurant ist schön. Die Zimmer im Erdgeschoss sollte man nicht nehmen, es sei denn man mag es dunkel.

EIN NEUBEGINN

1999 war Vang Vieng ein unbekannter Ort, den Traveller besuchten, um hier mit Tubes (Schläuchen) den Fluss hinunterzugleiten, Joints zu rauchen und die fantastischen Höhlen der Region zu erkunden. Dann kam das Gerücht auf, Vang Vieng sei das nächste Partymekka Südostasiens. Die laotischen Einheimischen errichteten schnell neue Gästehäuser, die Drogen wurden härter, die Partys wilder.

Bis 2009 wurden überall entlang der Tubing-Route provisorische Tanzplattformen errichtet und die natürliche Umgebung zugunsten von Joints, Methamphetamin und Opiumcocktails ignoriert. Bis 2011 starben jährlich über 20 Touristen durch Herzinfarkt, Ertrinken oder Genickbruch, außerdem gab es regelmäßig Verhaftungen wegen Drogenmissbrauch. Im August 2012 wies die Regierung die meisten Besitzer der Flussbars an, ihre Läden zu schließen, und beendete damit ein dunkles Kapitel in der Geschichte der Stadt. Heute ist Vang Vieng keine Partystadt mehr: Nachdem die Regierung 2012 durchgriff, sind nur noch 12 Bars übrig, von denen derzeit immer abwechselnd vier pro Tag in einem streng geregelten Rotationsverfahren geöffnet haben.

Essen

In Vang Vieng wird traditionelles laotisches Essen mit westlicher Küche vereint und es gibt ein paar erschwingliche französische Restaurants. Abends servieren die Stände gegenüber vom Krankenhaus köstliche Eierkuchen.

★ Living Room ASIATISCH, FUSIONSKÜCHE $

(☎ 020 54919169; neben Champa Lao Guesthouse; Hauptgerichte 30 000 K; ⌚15–23 Uhr) Aus dem eleganten senffarbenen Café auf einem Hügel hat man freien Blick auf die Klippen. Ein romantischer Ort, um in gedämpftem Licht in dem Bambusinterieur zwischen offenen Ziegelwänden zu speisen. Gazpacho, hausgemachtes Brot, neuseeländisches Lamm, würziger Rindergulasch – dieses laotisch-australische Café ist durch und durch multikulturell. Der beste Ort in der Stadt für eine Bloody Mary zum Sonnenuntergang.

Le Café De Paris FRANZÖSISCH $$

(Hauptgerichte 70 000 K; ⌚18–23 Uhr) Vang Viengs beste Adresse für französische Küche wie Entenpaté, Huhn und Pilzsoße, Steak tartare und Boeuf bourguignon. Eine gemütliche Einrichtung, alte Filmposter und die gedämpfte Beleuchtung sorgen für die richtige Stimmung.

Pizza Luka PIZZA $$

(☎ 020 98190831; Hauptgerichte 60 000 K; ⌚18–23 Uhr) Die hausgemachten Pizzas aus dem Holzfeuerofen kann man in dem hübschen laotischen Holzhaus mit minzgrünem Inneren oder draußen im Garten genießen. Zu den mit Wurst, Ziegenkäse, Schinken und vielen anderen Zutaten belegten Pizzen gibt's Soßen aus vor Ort gezogenem Gemüse.

Nam Song Garden ASIATISCH, FUSIONSKÜCHE $$

(☎ 023-511544; Hauptgerichte 50 000 K; ⌚7–23.30 Uhr; 📶) Auf einem Hügel gelegen, bietet dieses französisch-belgische Restaurant einen herrlichen Blick auf die Karstberge. Es hat eine Decke aus Segeltuch und eine märchenhafte Beleuchtung. Serviert werden z. B. Huhn in Pfeffersoße, Steak, gelbes Curry, Sandwiches, Frühstück, Lahp-Varianten sowie süße und saure Gerichte.

Ausgehen & Nachtleben

Vang Vieng hat den nächtlichen Partys abgeschworen und sich für Entspannung entschieden. Die letzte Bar schließt um 23.30 Uhr.

Gary's Irish Bar IRISH PUB

(☎ 020 58255774; www.irishbar.weebly.com; Hauptgerichte 40 000 K; ⌚9–23.30 Uhr) Dank der netten, einfachen Atmosphäre, guter Indie-Musik, einem kostenlosen Pool und fantastischer Küche, z. B. hausgemachte Pies, Burger und laotische Gerichte, ist es immer noch die beste Bar der Stadt. Internationale Fußball- und Rugbyspiele werden live auf dem Flachbildfernseher übertragen. Zudem gibt's Frühstück (natürlich irisch) und regelmäßig Live-Musik. Wenn nur alle Bars wären wie diese!

Earth BAR

(Hauptgerichte 20 000 K; ⌚17–23.30 Uhr) Die angesagte neue Bar am Hang besteht aus Treibholz und Lehm und trägt mit guter Musik zum Ambiente bei. Während man bei Kerzenlicht im Garten Toasts, Waffeln, Sandwiches oder Currys isst, genießt man den herrlichen Blick auf die Klippen. Um es zu finden, kann man sich an dem leuchtenden grünen Schild orientieren.

Fluid Bar BAR

(☎020 59295840; ⊙variabel;) Außerhalb der Stadt gegenüber von Tham Lom Cave liegt diese mit Kunstwerken und Mosaiken geschmückte Bar am Fluss. Sie hat eine Balkonbar, einen Billardtisch und coole Musik, Sonnenstühle und Hängematten.

Praktische Informationen

Agricultural Promotion Bank (Th Luang Prabang) Wechselt nur Bargeld.

Banque pour le Commerce Extérieur Lao (⊙8.30–15.30 Uhr) Westlich des Xayoh Cafés; wechselt Geld, gibt Barvorschüsse und hat einen rund um die Uhr geöffneten Geldautomaten.

Post (☎023-511009) Neben dem Alten Markt.

Provinzkrankenhaus (☎023-511604) Das bescheidene Krankenhaus verfügt über ein Röntgengerät und ist eine gute Anlaufstelle für Knochenbrüche, Schnittwunden und Malaria. Bei unserem Besuch sprach der Arzt ganz gutes Englisch.

GEFAHREN & ÄRGERNISSE

Wenn der Nam Song nach der Regenzeit einen hohen Pegel hat, kann er tödlich sein: Man sollte niemals einen Tube auf eigene Faust mieten und auf keinen Fall erst nach Sonnenuntergang zurückkehren.

Seit der Säuberungskampagne von 2012 sind harte Drogen nicht mehr so weit verbreitet, aber Dope ist immer noch zu haben und die lokale Polizei ist geübt darin, dieses auch ausfindig zu machen. Wer mit Marihuana (oder anderen Drogen) erwischt wird, muss seinen Reisepass abgeben und 600 US$ Strafe zahlen.

An- & Weiterreise

Vom **Busbahnhof** (Route 13) 2 km nördlich der Stadt verkehren Minibusse/VIP-Busse nach Luang Prabang (90 000/100 000 K, 6 bis 8 Std., 168 km, mehrmals tgl.), Vientiane (Bus mit Ventilator/Minibus/klimatisierter Bus 40 000/60 000/80 000 K, 3 bis 4½ Std., 156 km, mehrmals tgl.) und eine neue, schnellere Strecke nach Phonsavan (100 000 K, nur Minibusse, 5 Std., 219 km, tgl. ca. 9.30 Uhr).

Alternativ starten von 5.30 bis 16.30 Uhr alle 20 Minuten auch *sŏrngtăaou* (Pick-up-Laster; 4 000 K, 3½ bis 4½ Std.) nach Vientiane.

Tickets für Minibusse und VIP-Busse werden in Unterkünften, Reiseagenturen und Internetcafés der Stadt verkauft.

Unterwegs vor Ort

In Vang Vieng erreicht man alles gut zu Fuß. Fahrräder/Mountainbikes kann man für rund 10 000/30 000 K pro Tag leihen, für Roller werden 50 000 K pro Tag fällig (Automatikroller 70 000 K).

Wer die Höhlen außerhalb der Stadt besuchen will, mietet am besten ein *sŏrngtăaou* in der Nähe des Alten Markts – eine Fahrt bis zu 20 km nach Norden oder Süden kostet etwa 10 US$.

Luang Prabang
ຫລວງ ພະ ບາງ

☎071 / 70 000 EW.

Das einzigartige Juwel mit 33 glitzernden buddhistischen Tempeln zählt längst zum UNESCO-Weltkulturerbe (2015 waren es bereits 20 Jahre) und ist mit seinen bezahlbaren erstklassigen Restaurants und Gebäuden aus der französischen Kolonialzeit ein wahrer Traum für Traveller. Nur wenige Orte in Südostasien bieten eine so besondere Mischung aus raffiniertem Chic und altem Charme wie diese heilige Halbinsel.

Hier gibt's nach wie vor erfreulich viele Unterkünfte mit tollem Preis-Leistungs-Verhältnis, außerdem sind die schönsten Aktivitäten noch immer günstig oder sogar kostenlos: dazu zählt z. B. die Gegend mit einem Leihfahrrad zu erkunden, am Fluss zu entspannen, die Tempel anzuschauen, auf dem Nachtmarkt einzukaufen, einen Yoga-Kurs oder ein Spa zu besuchen und die grünblauen Kuang-Si-Wasserfälle zu besichtigen. Wer etwas mehr Geld ausgibt, kann auch eine Ökowanderung machen oder einen Kochkurs belegen – die Möglichkeiten sind vielfältig.

Den französischen Einfluss merkt man z. B. am Duft frisch gebackener Croissants und an den alten indochinesischen Villen, die als Boutique-Hotels eine Renaissance erfahren. Hier kann man sich voll und ganz entspannen und in Ruhe seine Reiseroute überdenken. Luang Prabang verführt mit seinen Glühwürmchen und seiner himmlischen Ruhe einfach jeden im Nu.

Sehenswertes

★**Royal Palace Museum** MUSEUM

(ພະຣາຊະວັງຊຽງແກ້ວ, Ho Kham; ☎071 212470; Th Sisavangvong; Eintritt 30 000 K; ⊙Mi–Mo 8–11.30 & 13.30–16, Einlass bis 15.30 Uhr) Der einstige Königspalast wurde im klassischen laotischen und französischen Stil 1904 erbaut und war die Residenz von König Sisavang Vong (reg. 1905–59), dessen Statue draußen steht. Er birgt geschmackvolle, bewusst nüchtern gehaltene Wohnflügel, in denen einige Zimmer so erhalten sind, wie sie bei der Gefangennahme des Königs 1975 waren.

In den Nebengebäuden befinden sich eine **Sammlung der Floating Buddha**, eine fotografische Studie buddhistischer Meditation, sowie die **Autoflotte des Königspalasts,** die aus fünf Wagen besteht.

Der bedeutendste historische Kunstschatz in Laos ist der **Pha Bang,** ein 83 cm hoher goldener Buddha. Um ihn zu finden, läuft man die südliche Außenterrasse des Palasts entlang nach Osten und betritt das Gebäude zwischen den Balken am Ostende. In der Südostecke der Palastgärten befindet sich der **Wat Ho Pha Bang,** der eigens für den Pha-Bang-Buddha erbaut wurde.

Schuhe sind im Innern des Museums ebenso verboten wie das Fotografieren, und Taschen müssen im Umkleideraum links vom Haupteingang abgegeben werden.

★ Wat Xieng Thong — BUDDHISTISCHER TEMPEL

(ວັດຊຽງທອງ; abgehend von Th Sakkarin; Eintritt 20 000 K; ⌚8–17 Uhr) Luang Prabangs bekanntestes Kloster umschließt eine 1560 erbaute *sĭm* (Kapelle). Die Dächer sind niedrig, und an der westlichen Außenmauer ist ein beeindruckendes Mosaik namens „Baum des Lebens" angebracht. In der Nähe liegen mehrere Stupas und drei kleine Kapellenhallen namens *hăw*. Das **Hŏr Đại** ist wie ein Grabmal geformt und beherbergt heute eine stehende Buddhastatue. Die Franzosen benannten das **Hŏr Đại Pha Sai-nyàat** in „La Chapelle Rouge" (Rote Kapelle) um. Hier befindet sich ein seltener lehnender Buddha.

In dem kunstvoll mit Gold verzierten **Hóhng Kép Mîen** steht ein mit rotzüngigen Naga-(Fluss-)Schlangen geschmückter Zeremonienwagen, der hergestellt wurde, um die goldenen Begräbnisurnen der laotischen Königsfamilie zu tragen.

★ UXO Laos Information Centre — MUSEUM

(☎071-252073; www.uxolao.gov.la; Eintritt auf Spendenbasis; ⌚Mo–Fr 8–11.45 & 14–16 Uhr) Hinter einem gepflegten neuen Park liegt das erschütternde Laotische Blindgänger-Informationszentrum. Bei einem Besuch lernt man zu verstehen, welches Ausmaß der Zerstörung Laos im Zweiten Indochinakrieg erlitt und wie sehr Tod und Zerstörung durch Blindgänger heute, fast 40 Jahre später, in vielen Provinzen noch immer alltägliche Realität sind. Ähnliche Zentren gibt es auch in Phonsavan und Vientiane.

Wat Wisunarat — BUDDHISTISCHER TEMPEL

(ວັດວິຊຸນ, Wat Visoun; Th Wisunarat; Eintritt 20 000 K; ⌚8–17 Uhr) Obwohl er als einer der ältesten genutzten Tempel Luang Prabangs angepriesen wird, ist der Wat Wisunarat ein 1898 errichteter Nachbau, der nach einem Überfall der Ho-Chinesen erbaut wurde. Für den hohen Eintritt sieht man eine übersichtliche Sammlung vergoldeter Buddhas in der „Bitte-um-Regen"-Pose mit langen gebogenen Armen an beiden Seiten. Sie wurden aus verlassenen Tempeln gerettet und stehen hier nun geschützt, ebenso wie einige mittelalterliche Ordinationssteine.

★ Phu Si — HÜGEL

(ພູສີ; Eintritt 20 000 K; ⌚8–18 Uhr) Der 100 m hohe und bei Sonnenuntergangsfans beliebte Hügel Phu Si dominiert das Altstadtzentrum und ist von einem 24 m hohen vergoldeten Stupa namens **That Chomsi** (im Eintritt zum Phu Si inbegriffen) gekrönt. Der Aufstieg über 329 Stufen ist steil und anstrengend. Aus der Ferne, besonders wenn es nachts von Flutlicht angestrahlt wird, scheint das Bauwerk in der leicht nebligen Luft zu schweben wie ein Kronleuchter. Auf dem Gipfel dagegen ist die Aussicht auf die Stadt die größte Attraktion.

Wat Xieng Mouane — BUDDHISTISCHER TEMPEL

(ວັດຊຽງມວນ; ⌚8–17 Uhr) Die Decke des Wat Xieng Mouane in der Altstadt ist mit goldenen *naga* bemalt und auch die kunstvollen *háang thíen* (Kerzenleisten) haben eine an jedem Ende. Mit Unterstützung der UNESCO und Neuseelands wurden die Mönchsquartiere als Klassenzimmer für junge Novizen wiederhergerichtet. Letztere bekommen hier eine Ausbildung in handwerklichen Fertigkeiten wie Schnitzerei, Malerei und dem Gießen von Buddhas, um damit Luang Prabangs Tempel zu pflegen und zu erhalten. All diese Fähigkeiten lagen nach 1975 praktisch brach.

★ TAEC — MUSEUM

(Zentrum für Traditionelle Kunst & Ethnologie; ☎071-253364; www.taeclaos.org; Eintritt 25 000 K; ⌚Di–So 9–18 Uhr) Das Museum mit einer professionell präsentierten Ausstellung in drei Räumen ist ein Muss für Traveller, die etwas über die Kultur der nördlichen laotischen Bergstämme lernen wollen oder eine Wanderung dorthin planen. Es bietet gerade genügend Informationen, ohne einen Einsteiger zu überfordern. Das TAEC ist in der früheren Villa eines französischen Richters untergebracht, die in den 1920er-Jahren zu den prachtvollsten Gebäuden der ganzen Stadt zählte.

Pak Ou Caves — HÖHLEN

(Tham Ting; Eintritt zu den Höhlen 80 000 K, Bootsfahrt hin und zurück 65 000/300 000 K pro Pers./Boot; ⌚die Boote starten 8.30–11 Uhr) In zwei

Luang Prabang Zentrum

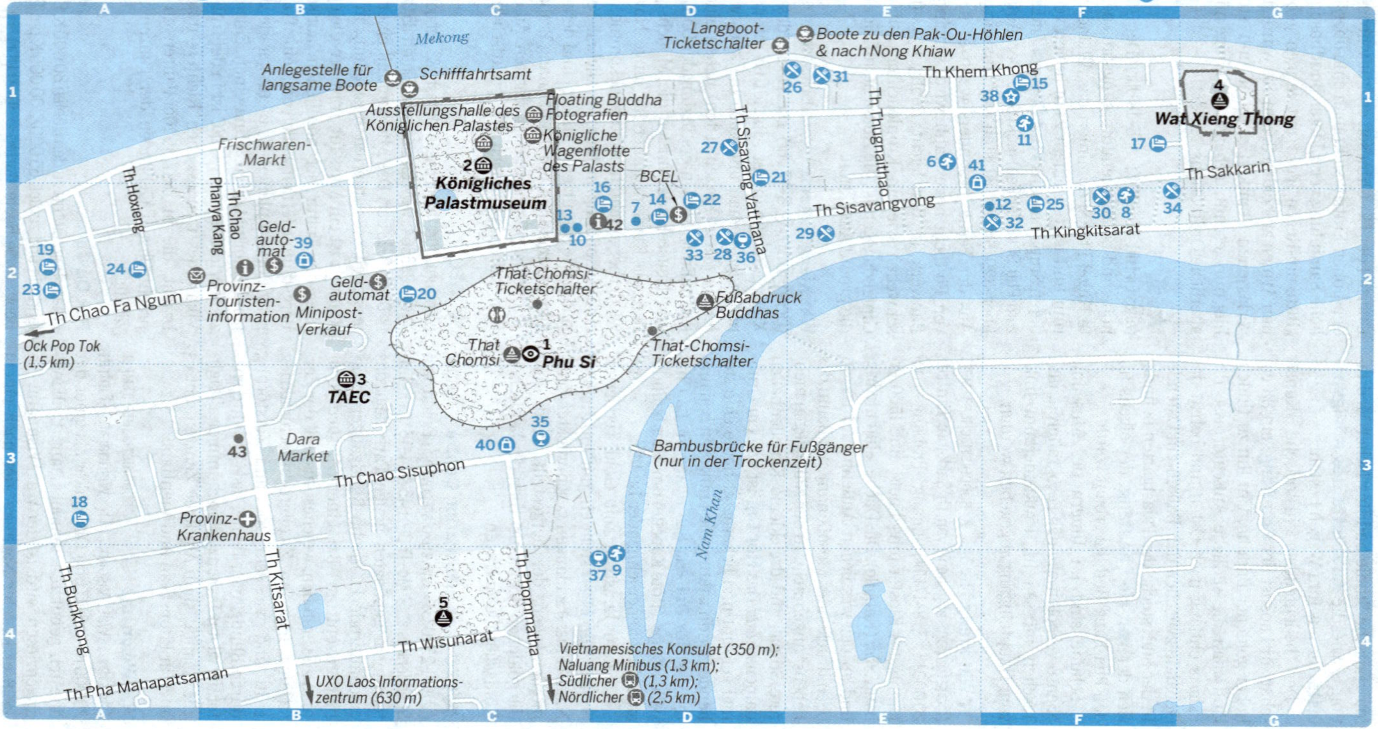

Luang Prabang Zentrum

Highlights
1 Phu Si ... C2
2 Royal Palace Museum ... C1
3 TAEC ... B3
4 Wat Xieng Thong ... G1

Sehenswertes
5 Wat Wisunarat ... C4

Aktivitäten, Kurse & Touren
6 Big Brother Mouse ... E1
7 Green Discovery ... D2
8 Hibiscus Massage ... F2
9 Luang Prabang Yoga ... D4
10 Motolao ... C2
11 Spa Garden ... F1
12 Tamarind ... F2
13 Tiger Trail ... C2

Schlafen
14 Bou Pha Guesthouse ... D2
15 En Provence Guesthouse ... F1
16 Khong Kham Villa ... D2
17 Khoum Xiengthong Guesthouse ... F1
18 Lemon Laos Backpackers ... A3
19 LPQ Backpackers Hostel ... A2
20 Nora Singh Guesthouse ... C2
21 Paphai Guest House ... D1
22 Sackarinh Guest House ... D2
23 Sayo Naga Guesthouse ... A2
24 Souksavath Guesthouse ... A2
25 Villa Senesouk ... F2

Essen
26 Big Tree Café ... E1
27 Café Toui ... D1
Chez Marius ... (siehe 15)
28 Dao Fa Bistro ... D2
29 JoMa Bakery Cafe ... E2
30 Le Banneton ... F2
31 Saffron ... E1
32 Tamarind ... F2
33 Tangor ... D2
34 Xieng Thong Noodle-Shop ... F2

Ausgehen & Nachtleben
35 Hive Bar ... C3
36 Icon Klub ... D2
37 Utopia ... D4

Unterhaltung
38 Garavek Storytelling ... F1

Shoppen
Big Tree Gallery ... (siehe 26)
39 Handicraft-Nachtmarkt ... B2
40 L'Etranger Books & Tea ... C3
41 Ock Pop Tok ... E1

Praktisches
42 All Lao Travel ... D2

Transport
43 KPTD ... B3

berühmten Höhlen in den Karstklippen am Zusammenfluss von Ou und Mekong in Ban Pak Ou stehen zahlreiche Buddhastatuen. Eine fotogene Buddha-Gruppe steht in der unteren Höhle vor der imposanten Flusslandschaft. Die obere Höhle erreicht man nach fünf Minuten Aufstieg über Treppen (man braucht eine Taschenlampe), 50 m in der Felswand. Die meisten Besucher auf dem Weg nach Pak Ou machen einen Zwischenstopp an dem „Lao Lao Village" Ban Xang Hay, das für seinen Whiskey bekannt ist. Bootstickets kauft man im Longboat-Büro in Luang Prabang.

Tat Kuang Si PARK

(Eintritt 20 000 K, Túk-túk ab Luang Prabang 250 000 K pro Pers., in Dreiergruppen 85 000 K pro Pers.; 7.30–17.30 Uhr) Tat Kuang Si, 30 km südwestlich von Luang Prabang, ist ein mehrstufiger Wasserfall, der über Kalksteinformationen in eine Reihe kühler, zum Baden geeigneter, türkisfarbener Becken stürzt. Ihn als paradiesisch zu bezeichnen wäre noch untertrieben. Man kann an schaukelnden Seilen ins Wasser springen und es gibt einen öffentlichen Park mit Schutzhütten und Picknicktischen, an denen man zu Mittag essen kann. Nicht verpassen sollte man das **Kuang Si Rescue Centre** (www.freethebears.org.au/web/Projects/Laos; 8.30–16.30 Uhr) GRATIS, wo Asiatische Schwarzbären, auch Mondbären genannt, auf ein neues Leben vorbereitet werden. Man hat sie von Wilderern, die sie wegen ihres angeblich wertvollen Gallensafts verkaufen, beschlagnahmt.

Aktivitäten

Am besten erkundet man die auf einer Halbinsel gelegene Stadt per Fahrrad. Schlichte Räder und Mountainbikes kosten 15 000 bzw. 30 000 K pro Tag und werden an der Th Sisavangvong vermietet. Ein Automatikroller mit einem Gang ist für ca. 20 US$ pro Tag zu haben. Der Preis für ein Leihmotorrad liegt bei ca. 15 US$ pro Tag oder 20 US$ für 24 Stunden. **KPTD** (071-253447, 020 97100771; Th Kitsarat; 250 ccm-Motocrossräder 70 US$ pro Tag; 8–17 Uhr) bietet eine große Auswahl an Rollern.

GUTE IDEE

Das Weben von Schals und Färben von Stoffen lernt man im Rahmen der hervorragenden eintägigen Kurse des **Ock Pop Tok** (☎071-212597; www.ockpoptok.com; ganztägiger/halbtägiger Kurs 72/42 US$; ⏲Mo–Sa 8.45–16 Uhr). Alle Lehrer sind Handwerksmeister und man darf seine Arbeit behalten. Das Mittagessen ist inklusive. Ein kostenloses *túk-túk* bringt Teilnehmer zur 2 km hinter dem Phousy-Markt gelegenen Adresse und holt sie auch wieder ab.

Massage & Yoga

Nirgendwo kann man seine vom Wandern strapazierten Muskeln besser entspannen als in Luang Prabang.

Hibiscus Massage MASSAGE
(☎030-9235079; Th Sakkarin; traditionelle Massage ab 60 000 K; ⏲10–22 Uhr) Das Hibiscus ist in einer ehemaligen Galerie in einem alten französischen Gebäude untergebracht. Hier wird man zu entspannender Musik vor mit Seide behängten Wänden durchgeknetet.

Spa Garden MASSAGE, SPA
(☎071-212325; 60 000–350 000 K, Sauna/Maniküre 30 000/60 000 K) Ein attraktives Anwesen inmitten eines blühenden Gartens mit Entspannungs- und Entgiftungskuren.

Luang Prabang Yoga YOGA
(www.luangprabangyoga.org) Entschleunigen, entspannen und den Geist auf das buddhistische Flair der Stadt einstimmen, mit Yogakursen an schönen Orten, von grünen Gartenterrassen bei Sonnenaufgang bis zu Dachterrassen bei Sonnenuntergang. Die Yoga-Kooperative der Stadt informiert auf ihrer Website über Kurstermine und Orte.

Kurse

Tamarind KOCHKURS
(☎020 77770484; www.tamarindlaos.com; Ban Wat Nong; ganztägiger Kurs 285 000 K; ⏲Mo–Sa 9–15 Uhr) In dem Pavillon direkt am See kann man einen Tag lang die Kunst der laotischen Küche erlernen. Treffpunkt ist das Restaurant, danach werden auf dem Markt Zutaten für klassische Gerichte wie *mok pa* (gedünsteter Fisch in Bananenblättern) gekauft. Abendkurse (215 000 K) finden ab 16.30 Uhr statt, allerdings ohne Marktausflug.

Geführte Touren

Wer ein paar Tage erübrigen kann, sollte den skurrilen Kuang-Si-Wasserfall und die Pak-Ou-Höhlen besuchen. Am unteren Ende der Th Sisavangvong findet man zahlreiche Tourveranstalter wie das empfehlenswerte **All Lao Travel** (☎071-253522, 020 55571572; www.allaoservice.com; Th Sisavangvong; ⏲8–22 Uhr), wo man Flug-, Schiffs- und VIP-Bus-Tickets sowie Visaverlängerungen bekommt.

★ **Living Land** KULTURTOUREN
(☎020 55199208; www.livinglandlao.com; Ban Phong Van; geführte Tour 344 000 K pro Pers.; ⏲8.30–12 Uhr) Ganz in der Nähe von Luang Prabang liegt diese wunderbare Reisfarm, wo man einen halben Tag verbringen kann, um zu lernen, wie der Klebreis gepflanzt wird, das in Laos allgegenwärtige Gericht. Dazu gehört es, das Reisfeld mit dem geselligen Wasserbüffel Susan vorzubereiten und knietief in herrlichem Matsch zu waten! Danach wird einem Reis ganz anders schmecken.

★ **Motolao** ABENTEUERTOUREN
(☎020 54548449; www.motolao.com; Ban Phone Peang Rd, 06030 Luang Prabang; ⏲9–18 Uhr) Das hervorragende Unternehmen ist der beste Motocross-Reiseveranstalter des Landes und bietet herrliche Odysseen auf zwei Rädern, bei denen man das authentische Leben in Laos kennenlernt. Bestes Material, hervorragend gewartete Motorräder.

Green Discovery OUTDOORABENTEUER
(☎071-212093; www.greendiscoverylaos.com; 44/3 Th Sisavangvong; ⏲8–21 Uhr) Der Vater des Ökotourismus in Laos bietet sicherheitsbewusste Kajak-, Wander- und Mountainbiketouren sowie mehrtägige Trips in den Norden.

Tiger Trail WANDERN
(☎071-252655; www.laos-adventures.com; Th Sisavangvong; ⏲8.30–21 Uhr) Tiger Trail hat sich auf sozial verträgliche Ausflugsangebote spezialisiert, von denen lokale Gemeinden profitieren, und bietet Wanderungen durch Hmong- sowie Khamu-Dörfer, kulturelle Radtouren und Geländemountainbiketouren an. Alle Exkursionen können so gestaltet werden, dass sie Kajaktrips, Rafting und Mountainbiketouren beinhalten.

Feste & Events

Die beiden bedeutendsten jährlichen Feste in Luang Prabang sind das **Pi Mai** (Laotisches Mondneujahr) im April – zu dieser Zeit wird die Stadt von Einheimischen überströmt, die sich mit Wasserpistolen bewaffnen (Unterkünfte unbedingt weit im Voraus buchen) –, und das **Bun Awk Phansa** im Oktober, das mit zahlreichen Bootsrennen Leute anlockt.

Schlafen

Die schönsten Unterkünfte liegen auf der Halbinsel. Weitere gute Pensionen verstecken sich in der Nähe des Mekong, südwestlich vom Hmong-Kunsthandwerker-Nachtmarkt.

Altstadt

Sackarinh Guest House GÄSTEHAUS $
(☎071-254412; Th Sisavangvong; Zi. 160 000 K; ❄📶) Die einfache, schöne Unterkunft in einer Seitengasse der Hauptstraße ist leicht zu verfehlen. Sie erinnert an ein Raumschiff und hat 14 blitzsaubere, geräumige Zimmer, die kaum mehr als saubere Bettwäsche und komfortable Betten enthalten.

Bou Pha Guesthouse GÄSTEHAUS $
(☎071-252405; Th Sisavangvong; Zi. 60 000–100 000 K; 📶) Das alte Haus im Herzen der Stadt versetzt einen zurück in das Luang Prabang der 1990er-Jahre. Es wird von einem zauberhaften älteren Paar geführt und bietet superbillige Zimmer. Die preisgünstigsten haben ein Gemeinschaftsbad, die im Obergeschoss für 100 000 K bieten einen schönen Ausblick auf die Straße.

Paphai Guest House GÄSTEHAUS $
(☎071-212752; Th Sisavang Vatthana; Zi. ohne Bad 50 000 K; 📶) Haben die Besitzer dieses wackeligen alten traditionellen Holzhauses in der Nähe des Zentrums der Halbinsel vergessen, die Preise zu erhöhen? Die Räume haben Ventilatoren, Rattanwände und Vorhängeschlösser an den Türen. Vor dem Haus gibt es einen schönen Garten.

★ **Khong Kham Villa** HOTEL $$
(☎071-212800; abgehend von Th Sisavangvong; Zi. 45 US$; ❄📶) Diese versteckte Überraschung liegt in der Nähe des Nachtmarkts zwischen der Hauptstraße und einem Tempel. Kleine, aber hübsche Zimmer mit weichen Betten, sehr geschmackvoller Einrichtung, Flachbildschirm-Kabel-TV, Badezimmern, Sicherheitsschließfächern und Balkonen sowie einem grünen Innenhof, in dem man lesen kann. Empfehlenswert.

En Provence Guesthouse GÄSTEHAUS $$
(☎071-212380, 071-212035; www.enprovencelaos.com; Ban Phong Hua; Zi. mit Frühstück 414 000 K; ❄📶) Ein netter Franzosen führt diese hübsche laotische Villa am ruhigen Ende der Halbinsel. Sie hat zitronengelbe Zimmer mit Flachbildfernsehern, Böden und Möbel aus dunklem Holz und makellose Bäder mit großer Badewanne. Der Mekong-Blick, Hmong-Bettläufer und ein gehobenes Restaurant im Erdgeschoss gehören zu den Pluspunkten.

Nora Singh Guesthouse GÄSTEHAUS $$
(☎071-212035; Th Sisavangvong; Zi. 200 000 K; ❄📶) Das Gästehaus in den grünen Ausläufern des Bergs Phu Si hat sieben saubere Zimmer mit tiefen Betten, weiß- und ockerfarbenen Wänden voller Gobelins und Privatbad. Außerdem stehen Klimaanlage, warmes Wasser und kostenloses WLAN zur Verfügung. Zentral gelegen, aber ruhig.

Khoum Xiengthong Guesthouse GÄSTEHAUS $$
(☎071-212906; www.khoumxiengthong.com; Th Sisalernsak; Zi. 65 US$, 3BZ 80 US$; ❄📶) Das abends mit Teelichtern geschmückte wunderbare Gästehaus offenbart tagsüber indonesischen Chic und einen hübschen Garten. Die weiß gestrichenen Zimmer haben Steinböden, goldene Wandteppiche und Ventilatoren aus Chrom: Die Räume 2 (untere Etage) und 5 (obere Etage) sind besonders groß und verfügen über Himmelbetten.

Villa Senesouk HOTEL $$
(☎071-212074; senesouk@laohotel.com; Th Sakkarin; Zi. 30–40 US$; ❄📶) Am Morgen geht die Mönchsprozession direkt an den billigeren Zimmern vorbei. Die Unterkünfte in der oberen Etage sind heller und teilen sich einen Balkon mit Blick auf den Wat. Die holzvertäfelten Zimmer sind komplett modern ausgestattet und die Zimmer für 40 US$ bieten mehr Platz.

BIG BROTHER MOUSE

Das Non-Profit-Unternehmen **Big Brother Mouse** (BBM; ☎071-254937; www.bigbrothermouse.com; Th Sothikuman) unterstützt Kinder in abgelegenen Dörfern, die wegen fehlender Materialien kaum je eine Chance zum Lesen bekommen. Wer zusammen mit ein paar Leuten eine Buchparty finanziert (350 US$), darf mit den Angestellten von BBM losziehen und Bücher verteilen, oder man besucht für ein paar Stunden eine lokale Zweigstelle von BBM und liest dort den teilnehmenden Kindern vor oder liest mit ihnen (9–11 und 17–19 Uhr).

Rund um Luang Prabang

Lemon Laos Backpackers HOSTEL $

(☎ 071-212500; www.spicylaosbackpacker.com; Th Noradet; B mit/ohne Klimaanlage 40 000/30 000 K; ❄ 📶) Wir mögen diesen Ort wegen seinem schäbigen Backpacker-Charme alter Schule, mit Gitarrensound, Hendrix-Graffiti und engen Schlafsälen. Grillabende und billige Drinks tragen zur Party-Atmosphäre bei.

LPQ Backpackers Hostel HOSTEL $

(☎ 020 91138686; lpqbackpackershostel@gmail.com; Th Wat That; B 40 000 K, Zi. mit/ohne Klimaanlage mit Frühstück 120 000/90 000 K; ❄) Billige Unterkunft mit vielen Vierbett-Zimmern und Doppelzimmern mit Bad. Wenn geputzt wird, hat das Haus null Atmosphäre und das Personal könnte an seinen zwischenmenschlichen Fähigkeiten arbeiten. Es gibt einen Billiardtisch, viele DVDs, laute Sicherheitsschlösser und es ist nicht weit zum Nachtmarkt.

★ **Sayo Naga Guesthouse** GÄSTEHAUS $$

(☎ 071-212484, 071-252614; www.sayoguesthouse.com; Th Wat That; Zi. 5–55 US$) *Naga* bewachen dieses fröhliche Haus mit weiß-grünen Läden, das mit atmosphärischen Zimmern aufwartet. Sie haben polierte Böden, Bäder, Moskitonetze, hübsche Möbel und Balkone. Hinzu kommen Nachttischlampen und Hmong-Bettüberwürfe – alles in allem zu fairen Preisen. Romantisch und in guter Lage in der Nähe des Nachtmarkts.

Souksavath Guesthouse GÄSTEHAUS $$

(☎ 071-212043; Th Hoxieng; Zi. 200 000 K; ❄ 📶) Die Zimmer mit Holzwänden sind gemütlich (ziemlich klein). Vorhanden sind TV, Schrank, Klimananlage und private Bäder. Es gibt auch einen Balkon, auf dem die Gäste sitzen und lesen können.

Essen

Die Bäckereien und französischen Restaurants der Stadt machen dem linken Seineufer in Paris Konkurrenz. Schnelle, günstige Imbisse bieten z. B. die Baguettestände gegenüber dem Tourismusbüro, die von frühmorgens bis Sonnenuntergang geöffnet haben. Zu späterer Stunde bekommt man auf dem angrenzenden Nachtmarkt exotische Grillgerichte.

Saffron CAFÉ $

(Th Khem Khong; Hauptgerichte 25 000–40 000 K; ⏲ 7–21 Uhr; 📶) Eine großartige Open-Air-Lage am Fluss im Schatten von Palmen und Mangobäumen und ein einladender Innenraum mit Schwarz-Weiß-Fotografien von laotischen Stammesvölkern zeichnen das Café aus. Gut zubereitete Pasta, hervorragender Kaffee und freundlicher Service.

★ **Le Banneton** BÄCKEREI $

(Th Sakkarin; Gerichte 20 000–40 000 K; ⏲ 6.30–18 Uhr; 📶) Die beste Bäckerei der Stadt liegt am ruhigen Ende der Halbinsel. Hier bekommt man Croissants, die einem im Mund zerschmelzen, Pain au chocolat, Fruchtshakes, Quiches und hausgemachte Sorbets, ebenso wie Pizza und Sandwiches und auch fair gehandelten Kaffee. Am frühen Morgen ist das Gebäck besonders frisch.

Xieng Thong Noodle-Shop LAOTISCH $

(Th Sakkarin; Nudelsuppe 15 000 K; ⏲ 7–14 Uhr) Ein völlig unexotisches Lokal serviert die besten *kòw Ђęeak sèn* (runde Reisnudeln in Brühe mit Stückchen von Hühnerfleisch und knusprigem Schweinebauch) der Stadt. Bis 14 Uhr ist meist alles weg.

JoMa Bakery Cafe BÄCKEREI $

(www.joma.biz; Th Kingkitsarat; Hauptgerichte 40 000 K; ⏲ 7–21 Uhr) Das neu in JoMa in Luang Prabang eröffnete Café hat das übliche verführerische Angebot an Sorbets, Obstsalaten, Cookies und bei Bedarf Ersatz- und fair gehandeltem Kaffee. Essen kann man in dem gemütlichen Innenraum mit Holzoptik oder auf der von Ventilatoren gekühlten Terrasse mit herrlichem Blick auf den Nam Khan. Perfekt.

★ **Tamarind** LAOTISCH $$

(☎ 071-213128; www.tamarindlaos.com; Th Kingkitsarat; Hauptgerichte 40 000 K, Abendmenü 100 000–150 000 K; ⏲ 11–22 Uhr; 📶) Das minzgrüne Tamarind am Ufer des Nam Khan hat eine ganz eigene moderne laotische Küche entwickelt. Auf der Speisekarte stehen köstliche gemischte Teller mit Bambusdip, gefülltem Zitronengras und *meuyang* (Nudeln, Kräuter, Fisch, Chilipasten und Gemüse, die man selbst zu kleinen Päckchen einrollen kann). Es gibt auch Büffel-Lahp und Luang Prabang-Soße.

Café Toui FUSIONSKÜCHE $$

(Th Sisavang Vatthana; Hauptgerichte 45 000–80 000 K; ⏲ 7–22 Uhr; 📶 🖉) Elegant, schmuck und mit Kerzen beleuchtet, serviert das Café Toui eine laotische Küche voller Genüsse. Goldgeprägte, dunkelrote Wände, großartiger Service und asiatische Fusionsküche. Herausragende Gerichte von der Speisekarte sind *mok pa* (in Bananenblätter gewickelter, gedünsteter Fisch) und schmackhafter Lahp. Es gibt auch ein einladendes Degustationsmenü.

Big Tree Café KOREANISCH, INTERNATIONAL **$$**
(www.bigtreecafe.com; Th Khem Khong; Hauptgerichte 35 000–50 000 K; ⏲9–21 Uhr; 📶) Es liegt in einem skurrilen Holzhaus und die koreanische Küche ist die beste der Stadt, sodass es – wenig überraschend – immer gut von Koreanern besucht wird. In der Galerie im Obergeschoss kann man hier auch Werke des bekannten koreanischen Fotografen Adri Berger kaufen. Das Essen wird drinnen oder draußen im grünen Garten serviert und es gibt auch westliche und japanische Gerichte. Entspannend.

Dao Fa Bistro INTERNATIONAL **$$**
(Th Sisavangvong; Hauptgerichte 50 000 K; ⏲11–23 Uhr; 📶) Das Dao Fa ist schon seit Langem eine feste Größe in der Gastroszene, während so viele andere auf der Main Street eröffnen und wieder schließen. Die gut zubereiteten Pastagerichte sind perfekt, und die Carbonara zählen für uns zu den besten der Stadt. Die Salate sind frisch und die Desserts lecker.

Tangor FUSIONSKÜCHE **$$**
(☎071-260761; www.letangor.com; Th Sisavangvong; Hauptgerichte 40 000–80 000 K; ⏲11–22 Uhr; 📶) Im Tangor gibt's wunderbar und kunstvoll zubereitete Fusionsküche und saisonale laotische Produkte werden mit französischem Flair kombiniert. Gerichte wie Rinderlendenbraten, Schweinemedaillons, köstliche Tomatensuppe sowie die einfache Dessertkarte sind bei den Travellern sehr beliebt. Zudem ist es gemütlich eingerichtet, also kein Wunder, dass es meist voll ist.

Chez Marius FRANZÖSISCH **$$**
(☎071-212380; www.enprovencelaos.com; Th Khem Khong; 3-Gänge-Menü 70 000 K; ⏲12–15 Uhr) Franzosen, die sich auskennen, kommen wegen der fantastischen südfranzösischen Speisekarte hierher, die täglich erneuert wird. Regelmäßig stehen Gurkensalat mit griechischer Soße, Schweinekrustenbraten mit Kartoffelgratin, Hühnerbrust mit Pfeffersoße sowie aromatische Crème caramel darauf. Freitags tischt der freundliche Chef Spezialitäten aus Marseille auf.

Ausgehen & Unterhaltung

★**Icon Klub** BAR
(Th Sisavang Vatthana; ⏲17 Uhr bis spät; 📶) Man stelle sich einen Ort im Jenseits vor, an dem sich Schriftsteller treffen und die Unterhaltungen fließen wie die Cocktails. Jack Kerouac sitzt nebenan, Anaïs Nin liest in einem gemütlichen Stuhl ganz in der Nähe – so ein Ort könnte das Icon sein. Eine Engelsskulptur schaut aus der Wand hervor und es finden Poetry Slams und Jamsessions statt.

Wer hier einen Abend verbringt, wird an einen magischen Ort entführt, der durchaus zum persönlichen Highlight des Besuchs in dieser Stadt avancieren kann. Die von einem ungarischen Dichter geführte Bar wartet mit dem besten Ambiente des Landes auf.

Utopia BAR
(⏲8–23 Uhr; 📶) Die attraktive Bar am Fluss bietet friedvolle Ausblicke auf den Nam Khan: Es gibt Kissen zum Hinfläzen, niedrige Tische und Wasserpfeifen. Man kann Fruchtshakes trinken, ein Brettspiel oder Volleyball spielen und sich ab Sonnenuntergang in einem Meer aus Kerzen verlieren, das die Bar beleuchtet.

Hive Bar BAR
(Th Kingkitsarat; ⏲10–23.30 Uhr; 📶) Eine spärlich beleuchtete, stilvolle Bar in versteckten Höhlen. Im Garten hinter dem Gebäude befinden sich eine Tanzfläche, eine Projektionswand und weitere Tische. Jeden Abend um 19 Uhr wird hier eine hervorragende ethnische Modenschau veranstaltet, an der auch eine Hip-Hop-Gruppe teilnimmt. Tapas, Happy Hour und Cocktails dürfen natürlich ebenfalls nicht fehlen.

Garavek Storytelling THEATER
(☎020 96777300; www.garavek.com; Th K, in einer Seitenstraße der Th Khem Khong; Tickets 50 000 K; ⏲18.30 Uhr) Garavek bedeutet „magischer Vogel", und diese bezaubernde, einstündige Show regt die Fantasie der Zuschauer zu außergewöhnlichen Höhenflügen an. Ein alter Mann in Stammeskleidung spielt in einem kleinen Theater mit 30 Plätzen eindringlich die *khene* (eine laotische Mundorgel aus Holz) und begleitet einen lebhaften Geschichtenerzähler, der (auf Englisch) lokale laotische Volksmärchen und Sagen wieder zum Leben erweckt. Ticket im Voraus kaufen!

Shoppen

★**Big Tree Gallery** KUNST
(☎071-212262; Th Khem Khong; ⏲9–22 Uhr) Die Kompositionen des Fotografen und Filmemachers Adri Berger sind etwas ganz Besonderes. Niemand fängt mit seinen Bildern das goldgelbe Nachmittagslicht so wunderbar ein wie er. Seine Galerie mit Restaurant hat

einen neuen Standort in einem hübschen Holzhaus. Drucke werden sicher an die Adresse des Käufers versandt, sodass bei der Rückkehr ein kleines Stück Laos auf einen wartet. Die Preise beginnen ab 150 US$.

Kunsthandwerker-Nachtmarkt MARKT
(Th Sisavangvong; ⌚17.30–22 Uhr) Dieser Markt findet jeden Abend entlang der Th Sisavangvong statt und ghört zu den größten touristischen Attraktionen von Luang Prabang. Er ist sanft beleuchtet, ruhig und frei von aggressiven Verkäufern. Zahlreiche Händler verkaufen hier Seidenschals, Wandbehänge, Hmong-Decken, Kleidung und Schuhe, aber auch Papier, Silber, Taschen, Keramik, Bambuslampen und vieles mehr.

Ock Pop Tok KLEIDUNG, KUNTHANDWERK
(☎071-254406; Th Sakkarin; ⌚8–21 Uhr) Ock Pop Tok arbeitet mit zahlreichen verschiedenen Stämmen zusammen, um deren Kunsthandwerkstraditionen zu bewahren. Die feine Seide und die Baumwollschals, Hemden, Kleider, Wandteppiche sowie Kissenbezüge eignen sich hervorragend als Geschenke.

L'Etranger Books & Tea BÜCHER
(Th Kingkitsarat; ⌚Mo–Sa 8–22, So 10–22 Uhr) Das großartige kleine Café verkauft um die 100 Romane und Reisebücher, aber auch erlesene Seidenschals, Gemälde und laotische Kunst. Im Obergeschoss gibt es eine Galerie mit Kino und draußen eine schattige Terrasse. Um 19 Uhr werden Filme gezeigt, und wenn der Andrang nicht zu groß ist, kann man sich auch aussuchen, welchen man sehen möchte.

Praktische Informationen

GELD

BCEL (Th Sisavangvong; ⌚Mo–Sa 8.30–15.30 Uhr) Wechselt wichtige Währungen, löst Reiseschecks ein, hat einen rund um die Uhr zugänglichen Geldautomaten und gewährt auf Visa- und MasterCard Bargeldvorschüsse.

Minipost Booth (Th Sisavangvong; Mo–So ⌚7.45–20.30 Uhr, Bargeldvorschüsse 9–15 Uhr) Wechselt die wichtigsten Währungen zu fairen Kursen.

INTERNETZUGANG & TELEFON

Kostenloses WLAN gibt's in den Cafés der Stadt.

MEDIZINISCHE VERSORGUNG

Luang Prabangs **Provinzkrankenhaus** (☎071-254025; Ban Naxang; ärztliche Beratung 100 000 K) ist eine akzeptable Anlaufstelle für kleinere Probleme. Wer eine schwerere Krankheit hat, sollte besser nach Bangkok fliegen oder sich an das nahe der thailändischen Grenze in Vientiane gelegene Aek Udon International Hospital (S. 347) wenden. An Wochenenden und nach 16 Uhr zahlt man im Provinzkrankenhaus den doppelten Preis für ärztliche Beratung.

POST

Post (Th Chao Fa Ngum; ⌚Mo–Fr 8.30–15.30, Sa bis 12 Uhr) Auch für Telefonate und Geldtransfer mit Western Union.

TOURISTENINFORMATION

Provincial Tourism Department (www.tourismlaos.com; Th Sisavangvong; ⌚Mo–Fr 8–16 Uhr) Hat Infos zu Festivals und ethnischen Gruppen, Stadtpläne, Landkarten und Broschüren und informiert zu Bussen und Booten. Leider sprechen die Mitarbeiter nur wenig Englisch.

An- & Weiterreise

BUS & SŎRNGTĂAOU

Die meisten Busse und *sŏrngtăaou*, die zwischen den Provinzen unterwegs sind, starten vom Busbahnhof Nord Richtung Norden und solche Richtung Süden vom Busbahnhof 3 km südlich der Stadt. Während der Regenzeit können die Fahrzeiten auf all diesen Strecken stark abweichen.

Eine bessere Anlaufstelle ist der **Minibusbahnhof Naluang** (☎071-212979; souknasing@hotmail.com; Route 13, 800 m hinter Km 382) gegenüber dem Busbahnhof Süd. Von hier verkehren Minibusse nach Nong Khiao, Vang Vieng, Phonsavan, Luang Namtha, Hanoi und Kunming. Man kann allein oder zu zweit reisen und dann einfach morgens am Busbahnhof auftauchen. Wer aber weniger als die Hälfte des Buspreises zahlen will, sollte eine eigene Gruppe zusammenstellen und einen komfortablen Minivan mit sechs Sitzplätzen mieten. Die Vans werden direkt im Minibusbahnhof gebucht und kosten rund 1 000 000 K nach Phonsavan oder Vang Vieng bzw. 600 000 K nach Nong Khiao (inkl. Abholung vom Gästehaus).

Nong Khiao & Sam Neua

Minibusse nach Nong Khiao (55 000 K, 4 Std.) verlassen um 9 Uhr den Minibusbahnhof Naluang. Alternativ fahren um 9, 11 und 13 Uhr auch *sŏrngtăaou* (55 000 K) vom Busbahnhof Nord ab; der Bus um 8.30 Uhr fährt via Vieng Thong (110 000 K, 10 Std.) weiter nach Sam Neua (120 000 K, 17 Std.). Um 17.30 Uhr sollte ein weiterer Bus nach Sam Neua (von Vientiane kommend) hier halten.

Vientiane & Vang Vieng

Vom Busbahnhof Süd verkehren zwischen 6.30 und 19.30 Uhr täglich zehn Busse nach Vientiane (Express/VIP/Schlafbus 110 000/130 000/150 000 K, 9–12 Std.) via Vang Vieng. Die Schlafbusse fahren um 8 und 8.30 Uhr ab, die VIP-

Busse um 9 Uhr. Vom Minibusbahnhof Naluang starten morgens zahlreiche Minibusse nach Vang Vieng (95 000 K, 7 Std.).

China, Udomxai, Luang Namtha & Phonsavan

Der Nachtbus nach Kunming, China (450 000 K, 24 Std.), fährt um 7 Uhr, manchmal früher, vom Busbahnhof Süd ab. Vom Busbahnhof Nord verkehren Busse nach Oudom Xay (60 000 K, 5 Std.) um 9, 12 und 16 Uhr, Busse nach Luang Namtha (100 000 K, 9 Std.) um 9 Uhr, nach Houay Xay (Borkeo; 150 000 K, 15 Std.) um 17.30 Uhr sowie ein VIP-Bus nach Houay Xay (170 000 K) um 19 Uhr.

Nach Phonsavan startet um 8.30 ein Minibus (95 000 K, 10 Std.) vom Minibusbahnhof Naluang sowie um 8 Uhr ein Bus (Normal/Express 85 000/ 105 000 K, 10 Std.) vom Busbahnhof Süd.

FLUGZEUG

Der **Luang Prabang International Airport** (☎ 071-212173) liegt 4 km vom Stadtzentrum entfernt und bietet Flugverbindungen nach Bangkok (ab 120 US$, 100 Min.); Bangkok Airways (www.bangkokair.com) und Lao Airlines (www.laoairlines.com) fliegen zweimal pro Tag.

Lao Airlines fliegt auch nach Vientiane (103 US$, mehrmals täglich), Pakxe (184 US$, tgl.), Chiang Mai (155 US$, täglich), Hanoi (175 US$, täglich) Siem Reap (190 US$, täglich) Jinghong (225 US$, 2-mal pro Woche) und Seoul (390 US$, 4-mal pro Woche).

Vietnam Airlines bedient jeden Tag Siem Reap und Hanoi.

SCHIFF/FÄHRE

Täglich bestehen langsame Verbindungen Richtung Nordwesten nach Houay Xay (220 000 K). Die Fähren legen um 8 Uhr beim **Schifffahrtsamt** (⌚ 8–11 & 14–16 Uhr) hinter dem Königspalast ab. Tickets bekommt man direkt vor Ort oder im Reisebüro. Die Fahrt dauert zwei Tage inklusive einer Übernachtung in Pak Beng (130 000 K, 9 Std.). Von dort kann man auch den Bus nach Oudom Xay im Nordosten nehmen.

Schnellboote starten, sobald sie vollbesetzt sind, täglich gegen 8.30 Uhr am Ban-Don-Pier etwa 7 km nördlich des Stadtzentrums (neben dem Km-390-Pfosten westlich von der Route 13 abbiegen und dann 300 m eine unbefestigte Straße hinunterfahren); sie legen ab, sobald sie voll besetzt sind. Verglichen mit den langsamen Fähren flitzen sie in einem Bruchteil der Zeit nach Pak Beng (190 000 K, 3 Std.) und Houay Xay (320 000 K, 6 Std.), sind dafür aber zehnmal gefährlicher. Die bessere Zeit, mit diesen Fähren zu fahren, wenn man es muss, ist die Regenzeit, wenn der Fluss Wasser führt. Man sollte ein Kissen für den Rücken mitbringen, Ohrenstöpsel und eine zusätzliche Isomatte. Wer groß ist, kommt am besten früher und fragt nach einem Sitz ganz vorne, dann kann man seine Beine über dem Gepäck ausstrecken.

ℹ Unterwegs vor Ort

Vom Flughafen ins 4 km entfernte Stadtzentrum verkehren *jumbo* (motorisierte Taxis mit drei Rädern) und Minitrucks für 50 000 K pro Fahrzeug, in das bis zu sechs Passagiere passen. In die Gegenrichtung zahlt man normalerweise weniger. Fast alle Teile der Stadt sind gut zu Fuß erreichbar. Für Ausländer kostet ein *jumbo* 25 000 K pro Fahrt. Roller schlagen pro Tag mit 15 US$ und Mountainbikes/normale Fahrräder mit 50 000/20 000 K zu Buche.

Nong Khiao ໜອງຂຽວ

☎ 071

Inmitten von Kirschblüten thront am Ufer des Nam Ou zwischen Karstbergen und verbunden durch eine Brücke aus der französischen Kolonialzeit das schöne Nong Khiao, ein Mekka aus Cafés und Pensionen, und ein immer angesagterer Ort, um sich mit Massagen oder Yoga wieder ins Gleichgewicht zu bringen. Dank der Präsenz von Green Discovery und Tiger Trail sowie einiger lokaler Abenteuertouranbieter haben Gäste hier eine große Auswahl an Aktivitäten. Während die Leute früher sofort weiter flussaufwärts das verschlafene Muang Ngoi Neua ansteuerten, finden es die meisten inzwischen hier attraktiver.

Der Vorort Ban Sop Houn mit einem Großteil der Unterkünfte liegt auf der anderen Seite des Flusses. Inzwischen gibt's hier auch auf der Seite von Nong Khiao einen BCEL-Geldautomaten.

Sehenswertes & Aktivitäten

Ein Spaziergang zur Brücke lohnt sich vor allem bei Sonnenuntergang, wenn eine ganze Sternenschar den indigoblauen Himmel ziert, vor dem sich sanft die Bergmassive des Flusses abzeichnen.

Die riesige mehrstufige Höhle **Tham Pha Tok** diente den Dorfbewohnern während des Zweiten Indochinakriegs als Zufluchtsstätte und ist zu Fuß zu erreichen. Von der Brücke geht's 2,5 km nach Osten, bis man den Höhleneingang an den Kalksteinklippen auf der rechten Seite sieht. Der Eintrittspreis beträgt 5000 K, und die Höhle ist von 7.30 bis 18.30 Uhr geöffnet.

Viewpoint AUSSICHTSPUNKT

(Ban Sop Houn, Nong Khiaw; Eintritt 20 000 K) Ein direkt oberhalb der Stadt in den Dschungel geschlagener kurviger Pfad führt in anderthalb Stunden zu einem Aussichtspunkt mit unvergesslichem Panorama. Hier kann man den Sonnenuntergang genießen (sollte aber für den Abstieg eine Taschenlampe mitbringen) oder man geht um 6 Uhr morgens hinauf und sieht das Tal unterhalb in Nebel eingehüllt, während die Berggipfel golden von der Sonne angestrahlt werden.

Den Eintritt bezahlt man bei dem Jungen in dem Kiosk am unteren Startpunkt des Pfads.

Tiger Trail WANDERN, FAHRRADFAHREN
(☎ 071-252655; www.laos-adventures.com; Delilah's Place; ⊙ 7.30–23 Uhr) Dieser umweltbewusste Veranstalter bietet Trekkingtouren und Privatunterkünfte bei Familien in der Umgebung an, darunter unvergessliche eintägige Ausflüge zu den „100 Wasserfällen" (62 US$ pro Pers. bei 4 Teilnehmern) sowie eintägige Wanderungen und Bootsfahrten (86 US$). Der Schwerpunkt dieses Tiger-Trail-Büros ist Wandern, aber es werden auch Kajaktouren angeboten.

Green Discovery WANDERN, FAHRRADFAHREN
(☎ 071-810018; www.greendiscoverylaos.com; ⊙ 7.30–22 Uhr) Der verlässliche Anbieter Reliable Green Discovery bietet eine ganze Reihe von Ausflügen, darunter eine dreitägige Kajak-Abenteuertour mit Unterkünften in Gastfamlien, von Muang Khua flussabwärts in das fantastische Karstland Nong Khiao (118 US$), eine neue zweitägige Wandertour zu einem Hmong-Dorf mit Privatunterkünften, bei der täglich fünf Stunden gewandert wird (87 US$), sowie anstrengende 56 km lange, eintägige Fahrradtouren auf Dschungelpisten (39 US$).

NK Adventure ABENTEUERTOUREN
(☎ 020 58686068, 020 28633010; ⊙ 7.30–21 Uhr) Das von einem Einheimischen betriebene Unternehmen bietet eine großartige eintägige Kombi-Tour zu einem Khmu-Dorf, anschließend zu einem Wasserfall, in dem man baden kann, gefolgt von einer Wanderung und einer Kajaktour flussabwärts. Sie beginnt um 9 Uhr und endet um 14 Uhr und ist mit 220 000 K pro Person bei sechs Teilnehmern (mit Mittagessen und Guide) preisgünstig.

Sabai Sabai MASSAGE
(☎ 020 58686068; Ban Sop Houn; Körpermassage 40 000K, Dampfbad 15 000 K; ⊙ 9–20 Uhr) Gelegen inmitten eines ruhigen Gartens im Zen-Stil ist das Holzhaus der perfekte Ort, um seinen Geist und die müden Glieder zu regenerieren, z. B. mit einer traditionellen laotischen Massage (1 Std., 50 000 K) und einem Kräuterdampfbad (1 Std., 40 000 K).

Schlafen & Essen

Nong Khiaos Pensionen liegen entweder in der Nähe der Brücke am Westufer des Flusses oder im beliebteren Vorort Ban Sop Houn am Ostufer.

Sunrise Guesthouse GÄSTEHAUS $
(☎ 020 22478799; Ban Sop Houn; Bungalows 60 000–150 000 K; ❄ 📶) Die gastfreundlichen, familiengeführten, älteren Bungalows stehen dicht an dicht und sind etwas ungeschliffen, aber haben Ausblick zum Fluss und zur Brücke. Es gibt vier neuere Bungalows mit schicken Bädern (einer ist klimatisiert). Das Café serviert westliches Frühstück und laotische Gerichte.

Sengdao Chittavong Guesthouse GÄSTEHAUS $
(☎ 030-9237089; Zi. 90 000 K; P 📶) Am Westufer bietet diese familiengeführte Unterkunft Bungalows aus Holz in einem Kirschbaumgarten am Fluss. Die Zimmer mit Privatbad verfügen über Rattanwände, eine einfache Einrichtung, Moskitonetze, saubere Bettwäsche und Balkone. Ein lässiges, romantisch beleuchtetes Restaurant gibt den Blick frei auf den Fluss und den Garten.

Delilah's Place HOSTEL $
(☎ 030-19758048, 020 54396686; www.delilahscafenongkhiaw.wordpress.com; Main St; B 35 000 K, DZ/3BZ 55 000/75 000 K; 📶) Delilahs Zimmer sind sauber und rote Steppdecken setzen kraftvolle farbliche Akzente. Die gemütlichen Schlafsäle haben Moskitonetze, sehr dicke Matratzen und Schließfächer. Im ganzen Haus gibt es Gemeinschaftsbäder. Tiger Trail hat hier einen Sitz, d. h. diese Unterkunft ist praktisch, wenn man früh am nächsten Tag zu einer Tour in der Provinz aufbrechen möchte. Es gibt auch ein großartiges Café zum vorher Auftanken.

★ **Mandala Ou Resort** BOUTIQUE-HOTEL $$
(☎ 030-5377332; www.mandala-ou.com; gegenüber vom Busbahnhof; Zi. 65 US$; ❄ 📶 🏊) Das Boutique-Hotel mit schönen vanillefarbenen Villen ist neu in Nong Khiao. Einige haben Flussblick. Sie sind gut eingerichtet und durch die in die Wände eingesetzten Flaschen gelangt viel Licht. Zudem haben sie moderne Bäder und in den Betten könnte man versinken. Die thailändische Speisekarte ist klasse und das Hotel hat den einzigen Swimmingpool der Stadt. Auf der Yogaterrasse bietet Luang Prabang Yoga einmal im Monat Seminare an. Die Besitzer sind sehr sympatisch.

★ Coco Home Bar & Restaurant LAOTISCH, INTERNATIONAL $
(☎ 020 58491741; Main St; Hauptgerichte 40 000–60 000 K; ⏰ 7.30–22 Uhr; 📶) Diese vor Pflanzen wimmelnde Oase am Fluss hat ein pralles oranges Segeldach und eine großartige Speisekarte. Sie verführt mit Gerichten wie Papayasalat, Kokosnuss-Suppe, gebratenem Wasserspinat, Rinder-Lahp, rotem Curry, süßsauerer Hühnerbrust und auch westlicher Küche, z. B. Spaghetti carbonara oder Rindersteak mit Pfeffersoße. Essen kann man im Garten oder im Obergeschoss.

Vongmany Restaurant LAOTISCH $
(Ban Sop Houn; Hauptgerichte 30 000 K) Schmackhafte laotische Gerichte aus lokalen Zutaten machen dieses große offene Restaurant aus Rattan und Holz aus – das Lahp hier ist der reinste Genuss für den Gaumen, das Büffelsteak ist köstlich und der gedünstete Fisch und die Flussshrimps sind sehr aromatisch.

Delilah's Place INTERNATIONAL, LAOTISCH $
(Hauptgerichte 15 000–35 000 K; ⏰ 7–22 Uhr; 📶) Das von dem wundervollen Harp geführte Delilah's entwickelt sich schnell zu einer örtlichen Institution. Es hat Holzböden und von der Wand donnert leise eine Herde Elefanten auf einen zu. Es gibt Eier, geräucherten Schinkenspeck, Obstsalat, Schokoladenkuchen und hausgemachtes Eis. Hier kann man sich verwöhnen lassen.

CT Restaurant & Bakery INTERNATIONAL, LAOTISCH $
(Ban Sop Houn; Hauptgerichte 30 000 K; ⏰ 7–22 Uhr) Herrlich gelegen am Ende einer Brücke, hat das CT den besten Blick auf die Stadt. Hier gibt's westliche Gerichte wie Pasta, Pfannkuchen, Frühstücksgedecke und Sandwiches sowie laotische Spezialitäten. Wanderer können Sandwiches zum Mitnehmen ordern.

ℹ An- & Weiterreise

BUS & SŎRNGTĂAOU

Die Fahrt nach Luang Prabang dauert drei bis vier Stunden. Minibusse (55 000 K) fahren bis 13 Uhr zum Busbahnhof Süd und *sŏrngtăaou* (40 000 K) zum Busbahnhof Nord in Luang Prabang. Die Tickets werden am Busstand verkauft, aber der 11-Uhr-Bus fährt vom Bootsbüro ab und hat vorwiegend Passagiere, die mit den Booten von Muang Ngoi hier ankommen.

Nach Oudom Xay geht um 11 Uhr ein direkter Minibus (45 000 K, 3 Std.). Alternativ kann man auch jedes Verkehrsmittel nach Westen nehmen und in Pak Mong (25 000 K, 50 Min.) umsteigen.

Die täglichen Minibusse nach Sam Neua (170 000 K, 12 Std.) legen um 11.30 Uhr einen kurzen Mittagsstopp in Nong Khiao ein, und abends um 19 Uhr macht noch ein weiterer Minibus hier halt.

SCHIFF/FÄHRE

In der Hauptsaison verkehren um 11 und um 14 Uhr Fähren nach Muang Ngoi Neua (25 000 K, 1¼ Std.). Tickets werden in den Büros am Busbahnhof verkauft. Das 11-Uhr-Boot fährt weiter nach Muang Khua (120 000 K, 7 Std.), wo Weiterverbindungen nach Phong Saly und Dien Bien Phu in Vietnam bestehen.

Öffentliche Fähren legen die Strecke durch eine eindrucksvolle Karstlandschaft in fünf bis acht Stunden zurück, aber Ende 2015 wurde ein Staudamm gebaut.

Muang Ngoi Neua
ເມືອງງອຍເໜືອ

Muang Ngoi Neua bietet ein authentisches Landleben: An Straßenständen werden morgens Pfannkuchen gebacken und Nebel hängt in den pyramidenförmigen Karstbergen, wenn das Leben am Fluss in Muang Ngoi Neua erwacht. Hier kann man sich in der Hängematte ausruhen und die atemberaubende Sicht auf das Karstgebirge genießen oder sich zum Trekking, Höhlenwandern oder Kajakfahren aufmachen.

Geführte Touren

Lao Youth Travel KAJAKFAHREN
(☎ 030 514 0046; www.laoyouthtravel.com; ⏰ 7.30–10.30 & 13.30–18 Uhr) Der örtliche Anbieter veranstaltet Wander- und Kajaktouren in der Umgebung.

Schlafen

Die mit Hängematten ausgestatteten Budgethütten sind sehr günstig, außerdem betreiben viele Pensionen eigene Restaurants.

Bungalows Ecolodge GÄSTEHAUS $
(DZ/3BZ 120 000/150 000 K) Die einladenden, großen Hütten mit Rattan-Wänden haben schneeweiße Bettdecken, Moskitonetze, Ventilatoren und Bäder, Balkone mit Hängematten, und das Wichtigste: Vom Bett aus hat man einen Panoramablick auf die Karstberge. Hier lässt es sich chillen!

Rainbow Guest House GÄSTEHAUS $
(☎ 020 22957880; Zi. 150 000 K) In der Nähe des Bootsanlegers bietet das große Gasthaus saubere, einfache Zimmer mit frischer Bettwäsche und Bädern. Das schöne Restaurant

draußen davor heißt Bamboo Bar und serviert köstliche laotische Küche.

★ **Ning Ning Guest House** GÄSTEHAUS $$
(☎020 33863306, 020 23880122; Zi. mit Frühstück 200 000 K;) Mit seinen tadellosen Holzbungalows mit Veranden und Privatbädern um einen ruhigen Garten ist das Ning Ning die schönste Unterkunft im Dorf. Dazu gehören Moskitonetze und Bettwäsche. Die Wände sind mit traditionellen handgewebten Teppichen geschmückt. Das schöne Restaurant hat Flussblick.

Essen

Das beste Essen gibt's hier wahrscheinlich an Straßenständen.

★ **Riverside Restaurant** LAOTISCH $
(Gerichte 40 000 K; 7.30–22 Uhr) Im Schatten eines mit Laternen geschmückten Mangobaums liegen Dekokissen. Dort lässt sich der schöne Blick auf den Nam Ou besonders gut genießen. Auf der Speisekarte stehen Nudeln, gebratene Gerichten, Lahp und indische Küche.

★ **Pakphon Sabai** LAOTISCH $
(Main St; Hauptgerichte 20 000 K; 8–21 Uhr) In dem Café mit Buchladen werden Waffeln, guter Kaffee, Arme Ritter, Muang Ngoi-Wurst und vieles mehr serviert. Ein überraschender Treff für Bohemiens mit Secondhand-Romanen, Dekokissen, Massage (1 Std. 60 000 K) und originellen Kunstwerken. Etwa in der Mitte der Main Street.

Meem Restaurant LAOTISCH $
(Main St; Hauptgerichte 20 000 K; 7–21.30 Uhr) Das gemütliche Lokal im mittleren Teil der Main Street tischt sehr aromatische laotische und indische Küche auf, z. B. Tomatencurry, Paneer-Massala, Garnelen-Massala, Frühlingsrollen sowie gegrilltes Huhn und Ente.

Phetdavanh Street Buffet LAOTISCH $
(20 000 K pro Pers.; Büfett 18.30–21 Uhr, Restaurant 6–22.30 Uhr) Ein allabendliches Büfett lockt mit gegrilltem Schweinefleisch, Hühnchen, Fisch, Klebreis und Gemüse.

Praktische Informationen

Es gibt mittlerweile Strom und WLAN im Dorf, aber keine Bank – also genug Bargeld mitnehmen.

An- & Weiterreise

Boote nach Nong Khiao starten um 9 Uhr (oder wenn sie voll sind) und kosten 30 000 K. Für Traveller, die zum Grenzübergang Sop Hun/Tay Trang möchten: Richtung Norden fährt an den meisten Tagen gegen 9.30 Uhr ein Boot mit dem Ziel Muang Khua (mindestens 10 Pers., 150 000 K, 7 Std.). Tickets bekommt man im Schifffahrtsamt auf halbem Weg die Treppen an der Anlegestelle hinauf neben dem Ning Ning Guesthouse. Um 13.30 Uhr hält in Muang Ngoi Neua ein Boot von Muang Khua nach Nong Khiao.

Phonsavan ໂພນສະຫວັນ

☎061 / 60 000 EW.

Phonsavan ist übersät mit Kriegsnarben. Die stoischen Einheimischen versuchen, den größtmöglichen Nutzen aus entschärften Blindgängern zu ziehen, und benutzen diese als Dekoration für Häuser und Hotelfoyers. Während andere Teile des Landes immer weiter nach oben streben, bleibt sich der sozialistisch anmutende Ort treu. Die staubige Altstadt (auch Xieng Khouang genannt) ist oft nebelverhangen und hat hinter ihrer nichtssagenden Sowjetfassade, die Phonsavan dem hastigen Wiederaufbau nach seiner Zerstörung verdankt, einen wilden Charme.

Ein interessantes Publikum aus Chinesen, Vietnamesen, Laoten und Hmong bevölkert die Stadt. Durch den Flughafen ist Phonsavan gut angebunden und bietet ein paar passable Pensionen und Restaurants.

Sehenswertes

★ **Xieng Khouang Informationszentrum der Überlebenden von Blindgängern** INFORMATIONSZENTRUM
(www.laos.worlded.org; 8–20 Uhr) Das Informationszentrum zeigt künstliche Gliedmaßen, Rollstühle sowie Überreste von Bomben und gibt einen erschütternden Einblick in das Problem der Blindgänger.

Mulberries FARM
(ປີສາ; ☎061-561271; www.mulberries.org; Mo–Sa 8–16 Uhr) Abseits der Route 7 gleich westlich vom Hauptbusbahnhof liegt diese Seidenfarm, die sich dem Fair Trade verschrieben hat und bei kostenlosen Rundgängen eine Einführung in den Prozess der Seidenweberei vom Kokon bis hin zum bunten Schal bietet.

Geführte Touren

Amazing Lao Travel WANDERN
(☎020 22340005; www.amazinglao.com; Rte 7) Ausflüge zur Ebene der Tonkrüge und zweitägige Wanderungen in die Berge inklusive Privatunterbringung in einem Hmong-Dorf. Je größer die Gruppe, desto günstiger.

BLINDGÄNGER IN LAOS

Zwischen 1964 und 1973 führten die USA die massivsten Luftangriffe der Geschichte durch. Dabei flogen sie insgesamt 580 344 Einsätze über Laos und warfen 2 Mio. Tonnen Bomben ab, was pro Tag 2,2 Mio. US$ kostete. Rund 30 % der Geschosse, die aufs Land niedergingen, explodierten nicht, wodurch das Gebiet mit Blindgängern verseucht wurde.

Die Bewohner im gesamten östlichen Laos (die am schlimmsten betroffenen Provinzen sind Xieng Khouang, Saravan und Savannakhet) leben täglich mit der beängstigenden Explosionsgefahr. Die britische **Mines Advisory Group** (MAG; www.mag.org.uk; Rte 7, Phonsavan; ⏲16–20 Uhr) begann 1994 mit Säuberungsarbeiten, doch bis heute konnte nur ein winziger Prozentsatz der 250 000 Bomben in Xieng Khouang und Saravan beseitigt werden. Nach dem derzeitigen Stand wird es noch mehr als 100 Jahre dauern, bis das Land wieder vollkommen sicher ist. Im **UXO Information Centre** (☎61-211010; www.maginternational.org/laos; Phonsavan; ⏲Mo–Fr 8–20, Sa & So 16–20 Uhr) GRATIS kann man spätnachmittags mehrere Dokumentationen zu dem Thema sehen, darunter *Bomb Harvest* (16.30 Uhr), *Surviving the Peace* (17.50 Uhr) und *Bombies* (18.30 Uhr).

Sousath Travel GEFÜHRTE TOUREN
(☎061 312 031) Der von zwei gut informierten Brüdern geführte Anbieter Sousath veranstaltet interessante Touren zur Ebene der Tonkrüge und zum Ho-Chi-Minh-Pfad sowie Privatunterkünfte in Hmong-Dörfern. Er hat seine Basis im Maly Hotel.

Schlafen

★ **Kong Keo Guesthouse** GÄSTEHAUS $
(☎061-211354; www.kongkeojar.com; Zi. 60 000–90 000 K;) Läden mit Atmosphäre sind in Phonsavan nicht leicht zu finden, doch das mit Blindgängern dekorierte Open-Air-Restaurant, das täglich Grillabende veranstaltet, ist auch in kühlen Nächten noch ein wenig stimmungsvoll. Die Hütten mit Bädern haben gnadenlos harte Matratzen, aber es gibt noch einen weiteren Block mit komfortableren Zimmern. Der charismatische Besitzer Herr Keo bietet hervorragende Touren in die Ebene der Tonkrüge an, ebenso wie individuell maßgeschneiderte Ausflüge, für viele ein Highlihgt der Laos-Reise.

Nice Guesthouse GÄSTEHAUS $
(☎061-312454; vuemany@hotmail.com; Zi. 90 000–130 000 K;) Mit seinen frischen, gefliesten Zimmern und Betten mit harten Matratzen zeigt das Nice keinerlei Alterserscheinungen. Chinesische Laternen sorgen für eine sanfte Beleuchtung, die Räume im oberen Stock haben Badewannen. Zentral, freundlich und sauber.

White Orchid Guesthouse GÄSTEHAUS $
(☎061-312403; Zi. mit Frühstück 10 US$;) Die Unterkünfte haben mintgrüne Wände und eigene Bäder. Im Preis enthalten ist die Abholung vom Flughafen oder Busbahnhof und es gibt im Haus auch ein kleines Tourbüro, das Ausflüge zur Ebene der Tonkrüge anbietet. Einfach und sauber.

Anoulack Khen Lao Hotel HOTEL $$
(☎061-213599; www.anoulackkhenlaohotel.com; Main St; Zi. mit Frühstück 200 000 K;) Im 5. Stock dieses modernen Hotels befindet sich ein großartiges Restaurant. Dort gibt es Frühstück, WLAN und Kabel-TV. Die sauberen und gemütlichen Zimmer sind mit weißer Bettwäsche, Wasserkesseln, Kühlschränken und einladenden warmen Duschen ausgestattet. Auch ein Aufzug ist vorhanden. Etwas besser als der Durchschnitt der Unterkünfte, sodass es sich lohnt, etwas mehr Geld auszugeben.

Essen & Ausgehen

Zu den lokalen Spezialitäten zählen wilde *matsutake*-Pilze (*hét wâi*) und gegorene Schwalben (*nok qen dąwng*). Empfehlenswert ist auch der **Markt für Frischwaren** (⏲6–17 Uhr) hinter der Route 7. Einige vietnamesische Restaurants servieren Hund (unter dem Namen *thit chó*).

★ **Bamboozle Restaurant & Bar** INTERNATIONAL $
(Rte 7; Gerichte 25 000–52 000 K; ⏲7–10.30 & 15.30–23 Uhr;) Bamboozle hat den verdienten Ruf, die beste westliche Küche der Stadt zu servieren. Neben großen Cheeseburgern und leckerer Pizza gibt es fantastische laotische Gerichte. Kühles Bier und Rock-n-Roll Musik sind weitere Pluspunkte.

EINREISE NACH VIETNAM: DIE NÖRDLICHEN GRENZEN

Von Muang Khua nach Dien Bien Phu

Anfahrt zur Grenze Mittlerweile ist die Grenze bei Sop Hun in der Provinz PHong Saly ein internationaler Einreisepunkt nach Tay Trang in Vietnam. Täglich fahren Busse aus dem laotischen Dorf Muang Khua nach Dien Bien Phu (50 000 K, 6.30 Uhr).

An der Grenze Diese abgelegene Grenze wird nur von wenigen Travellern überquert. Das Visum für Vietnam muss im Voraus organisiert werden.

Weiterreise Weder an der laotischen noch an der vietnamesischen Grenze (die durch 4 km Niemandsland voneinander getrennt sind) gibt's Toiletten oder wartende Fahrzeuge. Von Tay Trang sind es etwa 31 km bis Dien Bien Phu.

Informationen zur Überquerung dieser Grenze in umgekehrter Richtung siehe S. 898.

Von Phonsavan nach Vinh

Anfahrt zur Grenze Direktbusse nach Vinh (auf der vietnamesischen Seite) starten viermal pro Woche in Phonsavan und überqueren den einsamen Grenzübergang Nong Haet–Nam Can (8–12 & 13.30–17 Uhr).

An der Grenze Für die Einreise nach Vietnam muss man im Vorfeld ein Visum organisieren.

Weiterreise Die erste Stadt auf dem Weg ins 403 km entfernte Vinh ist Mu'òng Xén mit einem schlichten Hotel. Von dort fährt um 16 Uhr ein Bus nach Vinh.

Informationen zur Überquerung dieser Grenze in umgekehrter Richtung siehe S. 898.

Von Neua nach Thanh Hoa

Anfahrt zur Grenze Um zum Grenzübergang Na Meo–Nam Soi (7.30–11.30 & 13.30–16.30 Uhr) zu kommen, steigt man in einen der täglichen Busse vom Busbahnhof Pkoutanou in Sam Neua nach Thanh Hoa (180 000 K, 11 Std., 8 Uhr). Das Ticket sollte man am Schalter im Busbahnhof kaufen, da in den Bussen selbst überteuerte Preise verlangt werden.

An der Grenze Für die Einreise nach Vietnam braucht man ein im Vorfeld organisiertes Visum. Geldautomaten gibt's an dem abgelegenen Grenzübergang nicht. Auf der laotischen Seite findet man ein paar Restaurants.

Weiterreise Der Nachtzug von Thanh Hoa nach Hanoi startet um 23.30 Uhr und kommt um 4 Uhr morgens an. Von Thanh Hoa nach Laos verkehrt um 8 Uhr ein Bus, der 200 000 Đ kosten sollte (manchmal muss man mehr zahlen).

Ein Teil der Gewinne fließt an die Lone Buffalo Foundation (www.facebook.com/lonebuffalo), die Jugendliche der Stadt unterstützt.

Nisha Restaurant INDISCH **$**
(Rte 7; Gerichte 20 000–30 000 K; ⌚7–22 Uhr; 🖉) Von außen sieht es nach nichts Besonderem aus, aber drinnen entpuppt sich das Nisha als eines der besten indischen Restaurants von Nordlaos: Auf der Speisekarte stehen auch viele vegetarische Gerichte, außerdem gibt's köstliches *dosa* (flaches Brot), *tikka masala* und *rogan josh* sowie ein großartiges *lassi*.

Simmaly Restaurant LAOTISCH **$**
(Rte 7; Gerichte 20 000–30 000 K; ⌚6–21 Uhr) In diesem laotischen Restaurant gibt's Reis- und Nudel- sowie scharfe Fleischgerichte, z. B. *fěr*. Wir empfehlen das Schweinefleisch mit Ingwer.

★ **Cranky-T Café & Bar** FUSIONSKÜCHE **$$**
(☎030-5388003; www.facebook.com/CrankyTLaos; Main St; Hauptgerichte 35 000–50 000 K; ⌚7–23 Uhr; 🚭📶) Dank stilvollem Rotwein, hübsch dekorierten Speisen und offenen Ziegelsteinwänden ist dieser Neuzugang sofort gut angekommen. Serviert werden Bargerichte wie Entrecôte mit Püree, Huhn *teriyaki*, und frisch zubereitetes, butterweiches Mandelkrokant, japanischer Käskuchen, Schokoladenkuchen, Brownies… Hinzu kommen der Tokyo-Eistee, die Latte zum Mitnehmen und das schnelle WLAN. Rundum ein Genuss!

Praktische Informationen

Geldwechsel ist in der **Lao Development Bank** (061-312188), der **BCEL** (061-213291; Rte 7) und in verschiedenen Reisebüros möglich. An der Route 7 befinden sich zudem zwei Geldautomaten. Man sollte niemals die Gefahren durch Blindgänger unterschätzen und sich immer an ausgeschilderte Wege halten!

Lao-Mongolian Friendship Hospital (061-312166) Hilft bei kleineren Gesundheitsbeschwerden.

Post (Mo–Fr 8–16, Sa 8–12 Uhr) Hier kann man Inlandstelefonate führen.

Xieng Khuang Tourist Office (061-312217, 020 22340201; www.xiengkhouangtourism.com; Hwy 1E; 8–16 Uhr) Das hilfsbereite Personal spricht Englisch, und man bekommt Broschüren und Souvenirs aus recyceltem Kriegsschrott. Außerdem gibt's kostenlose Karten für die Distrikte Phonsavan und Xieng Khuang. Man sollte auch nach dem fotokopierten Infoblatt mit dem Titel „What Do I Do Around Phonesavanh Town" Ausschau halten, mit Vorschlägen für Aktivitäten jenseits der Ebene der Tonkrüge.

An- & Weiterreise

BUS

Die Reisebüros verkaufen Tickets für Fernstreckenbusse, die 40 000 K mehr als der Standardpreis kosten, aber einen Transfer zum **Busbahnhof Nord** (030-5170148), ca. 3 km westlich des Stadtzentrums beinhalten. Hier starten um 6 Uhr Busse in Richtung Vietnam mit dem Ziel Vinh (150 000 K, 10 Std.). Nach Vientiane (110 000 K, 11 Std.) fahren um 7.30, 8.30 und 18.30 klimatisierte Busse und ein VIP-Bus (130 000 K) um 20.30 Uhr. Alle halten in Vang Vieng, und um 7.30 Uhr fährt ein weiterer Bus nach Vang Vieng (95 000 K). Nach Luang Prabang (10 Std.) verkehren montags, mittwochs und freitags um 8.30 und 19.30 Uhr klimatisierte Busse (110 000 K, 8 Std.). Um 8 und 16 Uhr fahren Busse nach Sam Neua (100 000K, 8–10 Std.) und zwei weitere passieren den Ort auf der Strecke Vientiane–Sam Neua.

Minivans fahren nach dem Umzug der Haltestelle vom **Phoukham Minivan-Bahnhof** (Th Xaysana) an der Hauptstraße des Orts. Täglich starten Minivans um 6.30, 7.30, 8 und 17.30 Uhr von hier nach Vientiane (110 000 K). Um 8.30 Uhr fährt täglich ein Minibus nach Vang Vieng (100 000 K) und um 20.30 Uhr nach Luang Prabang (110 00K).

FLUGZEUG

Lao Airlines (061-212027; www.laoairlines.com) Fliegt täglich nach/von Vientiane (103 US$).

Ebene der Tonkrüge ທົ່ງໄຫຫີນ

Die Ebene der Tonkrüge nimmt einen riesigen Teil der Provinz Xieng Khouang ein und besteht aus Tausenden von Kalksteinkrügen unbekannten Alters. Dabei handelt es sich vermutlich um Urnen, denn in den Gefäßen wurden Knochen gefunden, Die Krüge sind in 160 Stätten unterteilt, von denen drei die größte Konzentration aufweisen. Diese wurden auch von Blindgängern geräumt.

15 km südwestlich von Phonsavan befindet sich die **Stätte 1** (Thong Hai Hin; Eintritt 15 000 K), die größte und am besten zugängliche. Hier liegen über 300 Behältnisse, von denen die meisten zwischen 600 kg und einer Tonne wiegen. Das größte Gefäß bringt 6 t auf die Waage und soll der Siegerpokal des mythischen König Jeuam gewesen sein. Aus diesem Grund heißt er Hai Jeuam. Zwei weitere Areale mit Krügen sind von Phonsavan aus über eine Straße erreichbar. Die **Stätte 2** (Hai Hin Phu Salato; Eintritt 10 000 K) 25 km südlich der Stadt wartet mit 90 Gefäßen auf, die sich über zwei benachbarte Hügel verteilen. Per Auto gelangt man bis zum Fuß der Berge, dann führt ein kurzer, steiler Spaziergang zu den Krügen.

Noch beeindruckender ist **Stätte 3** (Hai Hin Lat Khai; Eintritt 10 000 K) mit 150 Tonkrügen. Sie liegt 10 km südlich der Stätte 2 (bzw. 35 km von Phonsavan) auf einem malerischen Hügel. In der Nähe liegt das charmante Dorf **Ban Xieng Di**, wo in einem Tempel Überreste von Buddha-Statuen zu sehen sind, die während des Kriegs beschädigt wurden. Zum Areal führt ein 2 km langer, anstrengender Weg durch Reisfelder; zum Schluss geht's den Hügel hinauf.

Unterwegs vor Ort

Túk-túk kosten für eine kurze Fahrt ab 10 000 K, für einen Transport zum Flughafen 20 000 Kip. Das **Lao-Falang Restaurant** (020 22212456; Rte 7; 8–18 Uhr) verleiht Fahrräder (40 000 K pro Tag) und 100-ccm-Motorräder (100 000 K), die sich perfekt eignen, um die Ebene der Tonkrüge zu besuchen. Für Mutige sind auch ein paar chinesische Quadbikes (160 000 K) im Angebot.

Vans mit sechs Sitzplätzen oder Allradwagen (beide mit Fahrer) können in den meisten Gästehäusern und Hotels gebucht werden, schlagen aber mit 150 US$ bis Sam Neua oder 120 US$ bis Luang Prabang zu Buche.

Für 100 000 K kann man ein *jumbo* zur Ebene der Tonkrüge mieten.

Sam Neua ຊຳເໜືອ

064 / 16 000 EW.

Sam Neua lässt sich in etwa mit „umwickelter Kopf" übersetzen. Die Einheimischen haben ihre eigene Art, sich gegen Kälte zu schützen, indem sie ihre Köpfe mit Schals umwickeln. Anschauen sollte man sich die aufregenden Lebensmittelmärkte (mit zerlegten Ratten und leicht ekelhaften Insekten) und die bunte ethnologische Vielfalt an Einwohnern. Sam Neua ist ein praktischer Ausgangspunkt für einen Besuch des nahe gelegenen Vieng Xay oder um den täglichen Bus nach Vietnam zu nehmen. Viele Reisende halten sich nicht hier auf, doch gerade das hat seinen Reiz. Aufgrund der Höhenlage von 1200 m sollte man einen Pullover dabeihaben und sich auf dichten Morgennebel einstellen. Auch die sowjetischen Bauten verbreiten Kühle.

Schlafen & Essen

Die Unterkünfte liegen am Nam Xam (Sam-Fluss). Auf dem **Markt** gibt's günstige *fĕr*, Samosas, Frühlingsrollen und gebratene Süßkartoffeln.

Phonchalern Hotel HOTEL $
(064-312192; www.phonechalernhotel.com; Zi. 100 000–120 000 K;) Für eine so saubere und komfortable Unterkunft ist dieses Hotel – das erste in der Stadt mit einem Fahrstuhl – ein echtes Schnäppchen. Alle Zimmer haben Fernseher und Kühlschrank, einige bieten zudem Balkone und Flussblick.

Bounhome Guest House GÄSTEHAUS $
(064-312223; Zi. 80 000 K;) Helles Sonnenlicht erfüllt die hübschen Zimmer im Obergeschoss. Sie sind u. a. mit stabilen Betten, Kleiderschränken, sauberer Bettwäsche, Ventilatoren und Warmwasserduschen ausgestattet.

★ **Xayphasouk Hotel** HOTEL $$
(064-312033; xayphasoukhotel@gmail.com; Zi. 170 000–200 000 K;) Zurzeit das schickste Hotel in Sam Neua. Das große Restaurant in der Lobby wird leider kaum besucht, aber die Zimmer sind für so eine abgelegene Region in Laos sehr komfortabel. Sie haben alle Warmwasserduschen, Flachbildschirmfernseher, geschmackvolle Möbel und frische Bettwäsche. WLAN ist kostenlos.

Dan Nao Muang Xam Restaurant LAOTISCH $
(Hauptgerichte 15 000–50 000 K; 7–21.30 Uhr) Ein winziges Lokal mit toller Atmosphäre und englischsprachiger Speisekarte. Zum Frühstück gibt's Cornflakes und ein köstliches *fĕr*. Abends werden leckere Reis- und Suppenkombinationen serviert. Die Steakteller sind mit bissfestem Gemüse garniert und die Portionen Lahp, die Gerichte aus gebratenem Reis und die Omeletts großzügig bemessen.

Praktische Informationen

Agricultural Promotion Bank (Mo–Fr 8–12 & 13.30–16 Uhr) Wechselt thailändische Baht und US-Dollar zu fairen Kursen.

Lao Development Bank (064 312 171; Mo–Fr 8–16 Uhr) An der Hauptstraße, 400 m nördlich des Busbahnhofs auf der linken Seite, werden Bargeld und Reiseschecks getauscht.

Post (Mo–Fr 8–16 Uhr) In einem großen Gebäude gegenüber dem Busbahnhof. Hinten im Telefonamt (gleiche Öffnungszeiten) kann man internationale Anrufe tätigen.

Touristeninformation der Provinz Houa Phan (064 312 567; Mo–Fr 8–12 & 13.30–16 Uhr) Ausgezeichnete Infostelle mit hilfsbereiten Englisch sprechenden Angestellten.

An- & Weiterreise

Lao Air fliegt montags, mittwochs und freitags nach Vientiane (915 000 K, 1½ Std.). Der Flughafen liegt 3 km außerhalb der Stadt.

Sam Neuas Busbahnhof befindet sich 1,2 km außerhalb der Stadt auf einem Hügel (*Túk-Túk* 8500 K). Hier starten täglich um 10, 13, 15 und 17 Uhr Busse nach Vientiane (170 000 K, 22 Std.) via Phonsavan (80 000 K, 8–10 Std., 9 & 12 Uhr). Die Fahrt durch die Berge ist eine Kurverei, aber schön. Um 8 Uhr verkehrt ein weiterer Bus nach Vientiane via Nong Khiao (140 000 K, 12 Std.) und weiter nach Luang Prabang (150 000 K, 17 Std.) und Vang Vieng. Nach Oudom Xay nimmt man diesen Bus und steigt in Pak Mong um.

Vom Busbahnhof Nathong 1 km östlich der Stadt fahren um 8, 10, 11, 14.30 und 16 Uhr *sŏrngtăaou* nach Vieng Xay (20 000 K, 50 Min., 29 km). Sie durchqueren eine der eindrucksvollsten Landschaften in ganz Laos. Der Bus nach Nameo (zum Grenzübergang Nam Soi) startet um 8 Uhr (40 000 K, 3 Std.), der nach Sam Tai (Xamtay) um 9.30 Uhr (60 000 K, 5 Std.).

Vieng Xai ວຽງໄຊ

064 / 10 000 EW.

Umgeben von Tälern mit funkelnden nassen Reisfeldern und vor dramatischer Karstbergkulisse sieht Vieng Xay nicht aus wie ein Ort, der zehn Jahre unter US-Luftangriffen gelitten hat. Seine 450 Kalksteinhöhlen dienten währenddessen über 23 000 Menschen als Zufluchtstätte und beherbergten Bäckereien, ein Krankenhaus, eine Schule, eine Metallfabrik sowie die Zentrale der kommunistischen Partei Pathet Lao.

6 km vom Busbahnhof Vieng Xays in Richtung Sam Neua liegt **Tham Nok Ann** (ຖ້ຳນົກແອນ; Nok Ann Cave; Eintritt 10 000 K, Doppelkajak 30 000 K; ⌚8–17 Uhr), ein neu eröffneter Höhlenkomplex, den man mit dem Kajak besichtigen kann.

Sehenswertes & Aktivitäten

Vieng Xais sieben bedeutendste Höhlenanlagen, die im Krieg als Zuflucht dienten, bekommen Besucher ausschließlich im Rahmen einer wirklich faszinierenden Führung mit 18 Stationen zu sehen, die auch zu mehreren Nachkriegsgebäuden aus den 1970er-Jahren führt, die mit bedeutenden Helden der Befreiung in Zusammenhang stehen. Alle **Vieng Xai-Höhlen** (ຖ້ຳວຽງໄຊ; ☎064-314321; Eintritt mit Audioguide 60 000 K; ⌚8–12 & 13.30–16.30 Uhr) liegen in schönen Gärten vor der Kulisse einer herrlichen Karstlandschaft. Ein örtlicher Führer schließt jede Stätte auf, während ein Audioguide Hintergrundinformationen aus erster Hand und den historischen Kontext liefert. Dadurch erhält man einen bewegenden Eindruck, wie die Menschen in den Kriegsjahren um ihr Überleben gekämpft haben.

In den meisten Höhlen sind noch geringe Grundzüge des ursprünglichen Mobiliars erhalten. Einige haben „Notfallräume", luftdicht verschlossene Betonhöhlen, die führende Politbüro-Mitglieder vor eventuellen Angriffen mit chemischen Waffen oder Giftgas schützen sollten. Zu solchen Attacken ist es nicht gekommen, aber der Notfallraum der **Kaysone Phomvihane-Höhle** hat immer noch eine betriebsbereite Luftzirkulationspumpe. Vom Vorsprung der Enjoy **Nouhak Phoumsavan-Höhle** kann man einen bambusgerahmten Ausblick auf die Stadt genießen und an der Kastfelsnase oberhalb der **Souphanouvon-Höhle**, die einst das Versteck des berühmten „Roten Prinzen" von Laos war, sind noch zwei Einschlaglöcher von einer Rakete zu sehen. Die meisten wichtigen Höhlen sind gut ausgeleuchtet, aber wer die manchmal unter Wasser stehende schmucklose Krankenhaushöhle durchqueren möchte, sollte eine Taschenlampe mitbringen.

Treppenstufen führen von der handgegrabenen **Khamtay Siphandone-Höhle** zu den **Barracks Caves**, großen natürlichen Höhlen, die Hunderte eingezogener Befreiungssoldaten beherbergen sollten. Darüber liegt die Artilleriehöhle, aus deren offenen Vorsprüngen Aufklärer nach amerikanischen Flugzeugen im Anflug Ausschau hielten. Letzte Station ist die breite **Xanglot-Höhle** mit zwei Ausgängen, die als Hochzeitssaal, Kino und sogar als Theater genutzt wurde.

Die Führungen beginnen um 9 und um 13 Uhr am Höhlenbüro. Nach Voranmeldung sind zu anderen Zeiten auch Privatbesuche möglich (kostet pro Gruppe 50 000 K extra), wenn ein Guide verfügbar ist. In den drei Stunden alle 18 Stationen zu sehen, ist möglich, ohne dass man sich über die Maßen gehetzt fühlen muss, vorausgesetzt man mietet ein Fahrrad, das man für 15 000/30 000 K pro Tour/Tag bei der **Vieng Xai Cave Tourist Office** (☎064-314321; www.visit-viengxay.com; ⌚8–11.30 & 13–16.30 Uhr) bekommt. Zudem sollte man sich die längeren Audiobeiträge auf dem Weg von Station zu Station anhören und nicht erst bei der Ankunft auf Play drücken.

Schlafen & Essen

Ab 21 Uhr befindet sich die Stadt im Ruhezustand. Bis 17 Uhr servieren einige *fĕr*-Läden auf dem Markt Reis und billige Nudelgerichte.

Naxay Guesthouse GÄSTEHAUS $
(☎064-314330; Zi. 60 000–80 000 K) Gegenüber dem Ticketbüro für die Höhlen befindet sich die komfortabelste Unterkunft Vieng Xays mit bambusverkleideten Bungalows und Betonhütten, die sich um eine Grünfläche verteilen, hinter der sich ein imposanter gespaltener Fels erhebt. Pluspunkte sind die gemütlichen Betten, fließendes warmes Wasser sowie das gute Essen im angeschlossenen Cafépavillon im Strandlook.

Thongnaxay Guesthouse GÄSTEHAUS $
(☎030-99907206; Zi. 60 000 K) Das neue Gästehaus in der Nähe der Höhlen hat sechs ordentliche Zimmer mit Bad, Ventilator, sauberer Bettwäsche und Doppelbett.

An- & Weiterreise

Am Markt starten um 7, 10, 13, 14.30 und 16 Uhr *sŏrngtăaou* nach Sam Neua (20 000 K, 50 Min.). Die Busse zwischen Sam Neua und Sam Tai, Nam Soi oder Thanh Hoa passieren Vieng Xay 1 km weiter nördlich, halten auf Anfrage aber gern an.

Im Besucherzentrum können für 30 000 K pro Tag Fahrräder ausgeliehen werden.

DER ILLLEGALE HOLZHANDEL IN LAOS

Laos verfügt über einige der größten noch verbliebenen Primärregenwälder auf Südostasiens Festland, der ein leichtes Ziel für ausländische Unternehmen ist. Zudem ist der Environmental Investigation Agency (EIA) zufolge Vietnams Möbelindustrie seit 2000 um das Zehnfache gewachsen – Laos macht dieses Wachstum mit dem Verkauf seines Holzes möglich. Jedes Jahr werden rund 500 000 m^3 des Rohstoffes über die Grenze gebracht. Während die Regierung nach außen hin einen harten Kurs gegen das Massenabholzen fährt, lassen sich das korrupte Militär und Beamte in abgelegenen Regionen oft bestechen.

Offiziell bestätigt wurde es bislang zwar nicht, aber Einheimische haben berichtet, dass es Pläne für eine von Chinesen gebaute Straße mitten durch den Naturschutzpark Nam Ha gibt – vorgeblich zum Wohle der Dorfbewohner.

Die Bewaldung ist von 70 % in den 1940er-Jahren auf weniger als 40 % Anfang 2000 gefallen. Im Jahr 2020 wird Laos nur noch über 30 % an Waldflächen verfügen.

Oudom Xay ອຸດົມໄຊ

☎081 / 25 000 EW.

Mit vielen ruppigen chinesischen Lkw-Fahrern, Prostituierten und hässlichen Sowjetgebäuden ist Oudom Xay für Laos zunehmend untypischer und immer mehr zu einer staubigen Zwischenstation für den Handel auf dem Weg Richtung Süden abgestiegen. Aber es ist nicht schwer, hier das „echte" Laos zu entdecken: Die Provinz verfügt über die dichtesten Wälder des Landes und ist der perfekte Ort, um Hmong- und Khmu-Dörfer zu besuchen.

Die gut organisierte Touristeninformation vermittelt Kochkurse und Workshops zu Papierherstellung (beide ab 100 000 K pro Pers.) sowie einige großartige Wanderungen und Gastfamilienaufenthalte. Auch **Samlaan Cycling** (☎020 55609790, 030-5130184; www.samlaancycling.com; Ban NaLao Village) verantstaltet empfehlenswerte ein- und mehrtägige Fahrradtouren.

Schlafen & Essen

Die meisten Unterkünfte und Restaurants liegen direkt an oder um die Route 1.

Saylomen Guesthouse GÄSTEHAUS $

(☎081-211377; Zi. mit Ventilator/Klimaanlage 60 000/80 000 K; P ❄ 📶) Jenseits der Hauptstraße bietet dieses alte Gästehaus schlichte, geräumige Zimmer, aufgewertet durch Böden in frischem Minzeton, duftende Bettwäsche und Privatbäder. Die Frau an der Rezeption muss man wahrscheinlich aufwecken. In der heißen Jahreszeit ist ein Zimmer mit Klimaanlage eine gute Investition.

★ **Villa Keoseumsack** HOTEL $$

(☎081-312170; Rte 1; Zi. 160 000 K; P ❄ 📶) Udomxais beste Unterkunft in einem hübschen laotischen Haus wartet mit einladenden Zimmern auf. Zur Ausstattung gehören frische Bettwäsche, polierte Böden, Fernseher und von Hmong gewebte Bettläufer. Kostenloses WLAN und ein Gemeinschaftsbad runden das Angebot ab.

Meuang Neua Restaurant LAOTISCH $

(Hauptgerichte 20 000–40 000 K; ⏲7–21 Uhr) Das mit Laternen und Che Guevara-Graffitis geschmückte Lokal liegt 10 Minuten Fußweg von der Hauptstraße entfernt. Die Einkehr lohnt wegen der frischen Frühlingsrollen, Pfannkuchen, Säfte sowie der Pad Thai- und Nudelsuppen.

★ **Cafe Sinouk** LAOTISCH, INTERNATIONAL $$

(www.sinoukcafe.com; Charming Lao Hotel; Hauptgerichte 45 000–60 000 K; ⏲7–21 Uhr; 📶) Das Café Sinouk ist eine willkommene Erlösung von gastronomischer Mittelmäßigkeit. Der Kaffee ist großartig und die Speisen sind gut zubereitet. Es gibt z. B. Schweinefleisch vom Grill, gedünsteten Fisch, Papayasalat und gute Frühstücksgedecke. Alles wird auf den Tischen mit blaukarierten Decken in einem Innenraum serviert, den warmes Senfgelb prägt. Im Garten im Hof gibt's am Wochenende Live-Musik.

Praktische Informationen

BCEL (☎211260; Rte 1) Hat einen Geldautomaten, wechselt die wichtigsten Währungen und akzeptiert (allerdings nicht alle) Reiseschecks (2 % Kommission).

Touristeninformation (Tourismusamt der Provinz Oudom Xay; ☎081-211797; www.oudomxay.info; ⏲April–Sept. Mo–Fr 7.30–11.30 & 13.30–18 Uhr, Okt.–März Mo–Fr 8–12 & 13.30–16 Uhr) Die Touristeninformation bietet jede Menge Infos zur Weiterreise, Unterkünften und lokalen Sehenswürdigkeiten sowie kostenlose Stadtpläne. Verkauft werden auch Laoskarten von GT-Rider. Im Angebot sind elf verschiedene geführte Touren, darunter eine zweitägige Tour mit Übernachtung zu einer beeindruckenden Höhle in der Umgebung und Homestays in lokalen Stammesdörfern.

An- & Weiterreise

Lao Airlines fliegt dienstags, donnerstags und samstags nach Vientiane (einfach 695 000 K).

Der **Busbahnhof** (☎ 081-212218) liegt am Südwestende der Stadt. Von hier fahren Busse nach Luang Prabang (Standard 60 000 K, 5 Std., 3-mal tägl.; VIP 100 000 K, 3 Std., 2-mal tägl.), Nong Khiao (45 000 K, 3–5 Std. 4-mal tägl.), Pak Beng (40 000 K, 5 Std., 2-mal tägl.), Luang Nam Tha (40 000 K, 4 Std., 3-mal tägl.), Muang Khua (40 000 K, 4 Std., 3-mal tägl.), Boten (Standard/VIP 50 000/70 000 K, 4 Std., 2-mal tägl.), Phongsali (80 000 K, 8–12 Std., 1-mal tägl.) und Vientiane (Standard 150 000 K, 16 Std., 2-mal tägl. VIP 190 000 K, 16 Std., 1-mal tägl. um 12 Uhr).

Ein neuer Busbahnhof hat 4 km südlich der Stadt auf derselben Straße wie der alte Busbahnhof eröffnet. Um 11 Uhr fährt ein Standard-Bus nach Vientiane (150 000 K) und um 14 Uhr ein Expressbus (190 000 K). Um 9, 12 und 15.30 Uhr starten Busse nach Luang Prabang (60 000 K). Um 9 Uhr fährt der einzige Bus nach Nong Khiao(45 000 K) und um 13 Uhr ein Bus pro Tag nach Pakmong (30 000 K).

Luang Namtha ຫລວງນໍ້າທາ

☎ 086 / 21 000 EW.

Das liebenswerte Luang Namtha liegt zwischen Bergen und Reisfeldern und profitiert von der Nähe des Naturschutzparks Nam Ha. Nach dem Niedergang von Muang Sing, der Konkurrenzbasis für Wanderungen in dieser großartigen Wildnis, haben sich in Luang Namtha eine Reihe guter, auf Nachhaltigkeit bedachter Touranbieter niedergelassen – nicht unsonst ist dies der Ort, an dem Laos international anerkannte Richtlinien für ein grünes Trekking entstanden sind. Zudem gibt es hier auf *falang* (Ausländer) eingestellte Cafés und Restaurants.

Auf dem quirligen Nachtmarkt drängen sich die Einheimischen. Verkauft werden z. B. Brühen, die nach einem Hexengebräu aussehen, und es drehen sich Hühner am Spieß. Es gibt auch einige Banken und Läden, die Fahrräder und Roller vermieten. Viele Traveller mieten für einen Tag ein Rad und erkunden damit die Wasserfälle und Tempel der Gegend, bevor sie sich in die Wildnis des Naturschutzparks Nam Ha aufmachen.

Sehenswertes & Aktivitäten

Im dichten Dschungel des Naturschutzparks Nam Ha leben Nebelparder, Gaure und Elefanten (und vielleicht auch Tiger – wir haben vor ein paar Jahren mehrere gesehen!). Ein Besuch ist nur im Rahmen einer geführten Tour mit einem erfahrenen Guide möglich. Angeboten werden auch Rafting, Kanufahrten und Mountainbiken am Fluss Nam Tha entlang, ebenso wie Privatunterkünfte.

Interessante und gut erreichbare Ziele für Fahrrad- oder Motorradausflüge sind u. a. der Wat Ban Vieng Tai und der Wat Ban Luang Khon nahe dem Flugplatz, der auf einem Hügel gelegene Stupa That Phum Phuk 4 km westlich des Flugplatzes, ein kleiner Wasserfall 6 km nordöstlich der Stadt hinter Ban Nam Dee sowie mehrere Kha-

EINREISE NACH CHINA: VON LUANG NAMTHA NACH MENGLA

Anfahrt zur Grenze Die laotische Einwanderungsbehörde am Grenzübergang Boten–Mohan befindet sich nur wenige Gehminuten nördlich des Markts von Boten. *Túk-túk* fahren durch das Niemandsland zur chinesischen Einwanderungsbehörde in Mohan (Bohan); man kann die Strecke aber auch in zehn Minuten zu Fuß gehen. Die Grenze ist von 7.30 bis 16.30 Uhr laotischer Zeit bzw. 8.30 bis 17.30 Uhr chinesischer Zeit geöffnet.

Alternativ nimmt man einen der vielen praktischen Direktbusse von Laos nach China, z. B. die Busse zwischen Oudom Xay–Mengla, Luang Namtha–Jinghong oder Luang Prabang–Kunming.

An der Grenze Vor der Einreise muss man sich ein chinesisches Visum besorgen.

Weiterreise Von der chinesischen Einwanderungsbehörde läuft man 15 Minuten die Hauptstraße Mohan hinauf zu dem Stand, von dem bis nachmittags alle 20 Minuten Kleinbusse nach Mengla (16 RMB, 1 Std.) abfahren. Sie halten im Busbahnhof 2 in Mengla. Von dort aus eilt man durch die Stadt zum Busbahnhof Nord, wo Busse nach Jinghong (42 RMB, 2 Std., häufig bis 18 Uhr) oder Kunming (nur morgens) abfahren.

mu-, Lanten-, Thai-Dam- und Thai-Lü-Dörfer an den ungepflasterten Straßen durch Reisfelder. Bevor man losfährt, sollte man sich in der Touristeninformation der Provinz eine Karte und Broschüren besorgen.

Luang Nam Tha Museum MUSEUM
(ພິພິດທະພັນຫຼວງນ້ຳທາ; Eintritt 5000 K; ⌚Mo–Do 8.30–11.30 & 13.30–15.30, Fr 8.30–11.30 Uhr) Zu sehen gibt's hier eine Sammlung aus anthropologischen Artefakten, z. B. Töpferwaren, Khamu-Bronzetrommeln und Stammeskleidung sowie Buddha-Darstellungen und die übliche Ausstellung zur Geschichte der Revolution.

Geführte Touren

★ **Green Discovery** ÖKOTOUREN
(☎086-211484; www.greendiscoverylaos.com; Main St; ⌚8–21 Uhr) Der Großvater des Ökotourismus in Laos bietet ein Kombination von Bootsfahrten, Mountainbike- und Kajatouren, Privatunterkünfte und ein- bzw. mehrtägige Wanderungen im Naturschutzpark Nam Ha. Auf Sicherheit wird geachtet und das Personal ist hilfsbereit. Zur Zeit unserer Recherche war ein Umzug in neue Büroräume geplant.

Forest Retreat Laos ÖKOTOUREN
(☎020 55680031, 020 55560007; www.forestretreatlaos.com; ⌚7–23.30 Uhr) Neben Kajakfahrten, Wanderungen, Privatunterkünften und Mountainbiken bietet der Öko-tourismusanbieter mit Sitz im Minority Restaurant auch ein- bis sechstägige Abenteuer-Kombi-Touren an. Wenn möglich werden Mitarbeiter eingestellt, die aus Familien ethnischer Minderheiten kommen.

Discovering Laos KAJAKTOUREN, RAFTING
(☎086-212047, 086-212025, 020 22990344; www.discoveringlaos.com; ⌚8–21 Uhr) Kajak- und Raftingtrips durch Khamu- und Lanten-Dörfer sowie Fahrradtouren in der Umgebung von Muang Sing. Vermittelt auch Privatunterkünfte.

Schlafen

In der Hauptsaison (Nov.–Feb.) ist viel los in der Stadt, deshalb sollte man Unterkünfte telefonisch reservieren.

Zuela Guesthouse GÄSTEHAUS $
(☎020 55886694; www.zuela-laos.com; Zi. 80 000–120 000 K; P ❄ WLAN) Das in einem grünen Hof gelegene Zuela ist etwas besser als der Durchschnitt, denn es befindet sich abseits der Hauptstraße in einer ruhigen Gasse auf einem grünen Grundstück, verfügt über Schaukelstühle und vermietet Roller. Die großen Zimmer haben Holzböden, offene Steinwände und blitzsaubere Bäder. Hinzu kommt ein tolles Restaurant, das alles kredenzt, von Pfannkuchen bis zu Salaten. Außerdem gibt's einen klimatisierten Minivan nach Houay Xay.

Adounsiri Guest House GÄSTEHAUS $
(☎020 22991898, 055-445532; adounsiri@yahoo.com; Zi. 70 000–130 000 K; WLAN) In einer ruhigen Straße bietet dieses Haus einer freundlichen laotischen Familie Zimmer, deren weiße Wände mit Kunsthandwerk dekoriert sind. Sie haben frisch geflieste Böden, Privatbäder und neue Möbel. Der ansprechende Gemeinschaftsraum im vorderen Teil lädt zum Sitzen und Entspannen ein. Draußen gibt's einen kleinen Frühstücksbereich und alle Zimmer verfügen über Fernseher, kostenloses WLAN und eine Möglichkeit zum Tee- und Kaffeekochen.

★ **Phou Iu III Guesthouse** GÄSTEHAUS $$
(☎030-5710422; www.luangnamtha-oasis-resort.com; Zi. 25 US$) Es gehört derselben Familie wie das Phou Iu II in Muang Sing und ist ein echtes Schnäppchen. Die Bungalows sind groß und nett eingericht, mit Betten aus Holz, Kaminen und einladenden Terrassen. Vom Zentrum gut ausgeschildert.

Thoulasith Guesthouse GÄSTEHAUS $$
(☎086-212166; www.thoulasith-guesthouse.com; Zi. 80 000–120 000 K, neuere Zi. 200 000 K; P ❄ WLAN) Das Gästehaus liegt etwas zurückgesetzt an der Hauptstraße und bietet Zimmer mit Kunst an den Wänden und Balkone mit WLAN-Empfang. Es ist ein friedlicher Ort für die Zeit vor oder nach einer Wanderung. Neu ist ein Block voller schicker Zimmer mit Bad und etwas kitschiger Aufmachung.

Essen

★ **Bamboo Lounge** INTERNATIONAL $
(☎020 22392931; Hauptgerichte 50 000 K, Pizza 75 000 K; ⌚7–23.30 Uhr) Nachts funkelt die moosgrüne Fassade einladend und von dem Holzfeuerofen auf der Terrasse steigen köstliche Aromen auf. Große Auswahl an Pizzen. Und ungewöhnlich für Laos: Rauchen ist komplett verboten.

Minority Restaurant LAOTISCH $
(Hauptgerichte 35 000 K; ⌚7–22.30 Uhr; WLAN) Das einladende Restaurant mit Holzbalken in

EINREISE NACH THAILAND: DIE NÖRDLICHEN GRENZÜBERGÄNGE

Von Houay Xay to Chiang Rai

Seit Ende 2013 die thailändisch-laotische Freundschaftsbrücke 4 am Grenzübergang Houay Xay–Chiang Khong geöffnet wurde, überqueren nur noch Einheimische mit dem Boot den Mekong.

Anfahrt zur Grenze *Túk-túk* zur Einreisebehörde verlangen 80 B pro Person.

An der Grenze Ein Bus (20–30 B) überquert die Brücke. Bei der Einreise nach Thailand erhält man automatisch ein 15-tägiges Visum. Kommt man in Chiang Khong an, begleicht man die 30 B Hafengebühr und nimmt für weitere 30 B ein *túk-túk* zum Busbahnhof. Der nächste Geldautomat auf thailändischer Seite befindet sich 2 km südlich.

Weiterreise Viele Traveller fahren mit Bussen nach Chiang Rai (365 B, 2½ Std.), die von 6 bis 17 Uhr stündlich am Busbahnhof von Chiang Khong starten. **Greenbus** (✆ in Thailand 66 5365 5732; www.greenbusthailand.com) schickt um 6, 9 und 11.40 Uhr Busse nach Chiang Mai. Um 15 und 15.30 Uhr fahren mehrere Nachtbusse nach Bangkok (500–750 B, 10 Std.) ab.

Informationen zur Überquerung dieser Grenze in umgekehrter Richtung siehe S. 775.

Von Hongsa nach Phrae

Anfahrt zur Grenze Der Grenzübergang Muang Ngeun–Ban Huay Kon (geöffnet 8–17 Uhr) befindet sich 2,5 km westlich der Kreuzung von Muang Ngeun. Mehrere *sŏrngtăaou* fahren von Hong Sa (50 000 K, 1½ Std.) nach Muang Ngeun. Wenn die neue Brücke nördlich von Pak Beng eröffnet ist, wird es auch einen Busservice geben.

An der Grenze Bei der Ankunft werden gegen Bezahlung in US-Dollar oder thailändische Baht Visa für Laos ausgestellt. Die meisten Nationalitäten brauchen für Thailand kein Visum.

Weiterreise Wer keine Lust hat, sein Gepäck die 1 km lange Strecke durch das Niemandsland zu schleppen, kann auf der thailändischen Seite 100 B für ein Motorrad mit Beiwagen zahlen. Der thailändische Grenzposten Ban Huay Kon ist kein richtiges Dorf, hat aber einige einfache Nudellokale. Das einzige öffentliche Verkehrsmittel ist ein luxuriöser Minibus (✆ 083-024 3675) nach Phrae (160 B, 5 Std.) via Nan (100 B, 3 Std.), der um 11.45 Uhr vom Grenzposten abfährt. Er steuert Richtung Norden und hält um 6 Uhr am Busbahnhof in Phrae und um 8 Uhr in Nan.

Informationen zur Überquerung dieser Grenze in umgekehrter Richtung siehe S. 775.

Von Pak Lai nach Loei

Anfahrt zur Grenze Am ländlichen Grenzübergang Kenthao–Tha Li (geöffnet von 8–18 Uhr) gibt's eine weitere (kleine) Freundschaftsbrücke, dieses Mal über den Nam Heuang. Von Pak Lai verkehren um 10 und 12 Uhr *sŏrngtăaou* (50 000 K, 1¾ Std.) zum Grenzposten bei Kenthao.

An der Grenze Bei der Ankunft werden gegen Bezahlung in US-Dollars oder thailändischen Baht Visa für Thailand ausgestellt. Man braucht ein Passfoto. Die meisten Nationalitäten brauchen für Thailand kein Visum.

Weiterreise Nachdem man über die Brücke gelaufen ist, muss man eine kurze Fahrt mit dem *sŏrngtăaou* (30 B) 8 km nach Tha Li zurücklegen und dort in ein weiteres *sŏrngtăaou* (40 B) ins 46 km entfernte Loei umsteigt, von wo regelmäßige Verbindungen nach Bangkok und zu anderen Zielen bestehen.

Informationen zur Überquerung dieser Grenze in umgekehrter Richtung siehe S. 798.

einer Seitengasse serviert traditionelle Mahlzeiten der Khamu, Tai Dam und Akha sowie Lahp, Pfannengerichte, Hühnercurry und gebratenen Fisch.

Boat Landing Restaurant LAOTISCH **$$**
(Gerichte 350 000–160 000 K; ⏲7–20.30 Uhr) Sehr authentische nordlaotische Küche bekommt man in diesem relaxten Restaurant

am Fluss etwa 7km von der Neustadt entfernt. Göttliche Geschmackskombinationen in jeder Form, von einfachen Gerichten bis hin zu Fünf-Gänge-Menüs. Man hat die Qual der Wahl. Wir empfehlen eine Auswahl an *jąaou*-Dips zu den Klebreisbällchen.

Praktische Informationen

BCEL (Mo–Fr 8.30–15.30 Uhr) Wechselt die wichtigsten Währungen (kommissionsfrei), Reiseschecks (2 % Kommission, mind. 3 US$) und hat einen rund um die Uhr geöffneten Geldautomaten.

Touristeninformation der Provinz (086-211534; 8–12 & 14–17 Uhr) Hilfreiche Quelle für lokale Informationen, u. a. Wandertipps.

An- & Weiterreise

BUS

Es gibt zwei Busbahnhöfe. Der lokale Busbahnhof ist vom Touristenzentrum aus zu Fuß zu erreichen. Der große Fernstreckenbusbahnhof liegt 10 km südlich der Stadt. Wer nach Nong Khiao will, nimmt einen Bus in Richtung Vientiane oder Luang Prabang und steigt in Pak Mong um.

FLUGZEUG

Lao Airlines fliegt täglich nach Vientiane (129 US$) und **Lao Skyway** (S. 404; 70 US$) dreimal wöchentlich.

SCHIFF/FÄHRE

Man erreicht Houay Xay nach einer zweitägigen Odyssee mit dem Longboat den Namtha hinunter; unterwegs wird in einem straßenlosen Dorf übernachtet. Die Agenturen in Luang Namtha berechnen für die Bootsfahrt je nach Teilnehmerzahl 170 bis 400 US$ pro Person inklusive Unterkunft, Verpflegung und einem Tourguide. Einen besseren Deal macht man vielleicht an der Bootsstation neben dem Boat Landing Restaurant. Wenn der Flusspegel niedrig ist (Jan.–Juni), starten die Boote von Na Lae und die Agenturen bieten Transfers mit *túk-túk* und buchen die Boote im Voraus.

Unterwegs vor Ort

Ein gemietetes *Túk-túk* kostet vom Busbahnhof oder Flughafen ins Zentrum 15 000 K pro Person (mindestens 40 000 K). Die meisten Reiseagenturen und Gästehäuser verkaufen Ticket-Pakete für Fernbusse. Sie enthalten den Transfer vom Gästehaus und kosten ca. 20 000 K Aufpreis.

Mit dem Fahrrad kann man wunderbar die Wats, Wasserfälle, Dörfer und die Landschaft rund um Luang Namtha erkunden. Vor dem Zuela Guesthouse gibt's ein paar **Fahrradläden** (Fahrrad 10 000–25 000 K pro Tag, Motorrad 30 000–50 000 K pro Tag; 9–18.30 Uhr), die auch Roller verleihen.

Houay Xay ຫ້ວຍຊາຍ

084 / 20 000 EW.

Aus dieser verstaubten, flachen Grenzstadt schickt man wahrscheinlich keine Postkarte nach Hause. Thailand liegt nur ein paar hundert Meter weiter, an der anderen Seite des kaffeebraunen Mekong. Angeblich gab es hier während des Geheimen Kriegs (Laotischer Bürgerkrieg) eine geheime US-amerikanische Heroin-Verarbeitungsanlage, doch heute dient Houay Xay nur noch als Durchreisestation auf dem Weg nach Luang Prabang und einige Traveller kommen wegen der sagenhaften Gibbon Experience (S. 378), Laos bekanntester Dschungel-Abenteuertour, hierher.

Nachts beleuchten Lichterketten Houay Xays Hauptstraße und Lebensmittelverkäufer bauen ihre Stände an der Straße auf, außerdem gibt's im Ort ein paar einladende Pensionen.

BUSSE VON LUANG NAMTHA

ZIEL	PREIS (K)	FAHRZEIT (STD.)	ENTFERNUNG	HÄUFIGKEIT
Boten	35 000	2	Im Distrikt	6-mal tägl. 8–15.30 Uhr
Houay Xay (Borkeo)	60 000	4	Fernstrecke	9, 12.30 & 16 Uhr
Jinghong (China)	90 000	6	Fernstrecke	8 Uhr
Luang Prabang	100 000	8	Fernstrecke	9 Uhr Bus, 8 Uhr Minibus
Luang Sing	30 000	2	Im Distrikt	6-mal tägl. 8–15.30 Uhr
Mengla (China)	50 000	3½	Fernstrecke	8 Uhr
Muang Long	60 000	4	Im Distrikt	8.30 Uhr
Na Lae	40 000	3	Im Distrikt	9.30–12 Uhr
Udomxai	40 000	4	Fernstrecke	8.30, 12, 14.30 Uhr
Vieng Phukha	35 000	1½	Fernstrecke	9.30, 12 Uhr
Vientiane	200 000	21–24	Fernstrecke	8.30, 14.30 Uhr

Schlafen & Essen

Gute, günstige Unterkünfte und Lokale reihen sich vornehmlich an der Hauptstraße.

★ Daauw Homestay PRIVATUNTERKUNFT $

(☎ 030-9041296; www.projectkajsiablaos.org; Zi. 60 000–80 000 K) Die gemütlichen Bungalows in Zentrumsnähe werden von netten Hmong-Stammesangehörigen betrieben und mit ihrem Aufenthalt tragen die Gäste zur Unterstützung der Frauen und Minderheiten bei, denn dies ist eine Basisinitiative des Projekts Kajsiab. Schöne einladende Zimmer in kleinen Bungalows mit Hängematten, Balkonen, Privatbädern und Blick auf den Sonnenuntergang, die zu den gemütlichsten des Orts zählen.

Es gibt einen kleinen Kunsthandwerksladen und man kann hier auch Freiwilligenarbeit leisten. Zu finden ist die Unterkunft in der Nähe der Treppen zum Wat Jom Khao Manilat, auf halber Höhe auf der rechten Seite.

Phonetip Guesthouse GÄSTEHAUS $

(☎ 084-211084; Th Saykhong; Zi. 40 000–90 000 K; ❄ 📶) Zentral und gastfreundlich. Das Haus mag recht einfach sein, aber die Besitzer sorgen dafür, dass es angenehm duftet und die Böden sauber sind. Außerdem ist das Personal freundlich und das WLAN funktioniert auch. Die billigste Option ist ein Bett in einer Kiste, aber oben gibt's einen schönen Aufenthaltsbereich mit Blick zur Straße.

Oudomphone Guesthouse 2 GÄSTEHAUS $

(☎ 084-211308, 020 55683134; Main St; Zi. mit Ventilator/Klimaanlage 80 000/120 000 K; ❄ 📶) In der sauberen und zentralen Unterkunft erwarten Traveller ein schönes Frühstückscafé und große unspektakuläre Zimmer mit Bad. Nichts Besonderes, aber dennoch eine der etwas besseren Bleiben.

BAP Guesthouse GÄSTEHAUS $

(Th Saykhong; Zi. 60 000–130 000 K; Hauptgerichte 15 000–35 000 K; ✎) Das zuverlässige alte BAP, das von der Englisch sprechenden Frau Changpeng geführt wird, hat 16 unterschiedlich eingerichtete Zimmer; einige mit Ventilator oder Klimaanlage und Privatbad. Vier neuere Zimmer stechen mit ihren farbenfrohen Daunendecken, Holzakzenten, TVs und Blick auf den Sonnenuntergang über dem Mekong hervor, insbesondere Nr. 108 und 109. Das Restaurant ist für seine gebratenen Reisgerichte, Pasta und das herzhafte Frühstück beliebt.

Riverview Cafe LAOTISCH, INTERNATIONAL $

(Gecko Bar; Th Saykhong; Gerichte 40 000 K; ⏲ 6.30–23 Uhr) Mit seiner Rattandecke, die zusammenzufallen droht, und den trockenen, sich schälenden Wänden sieht das Café zwar nicht gut aus, aber es ist immer voll und wenn man den Duft aus der Küche riecht, bekommt man sofort Lust auf eine Pizza vom Holzfeuer, einen Burger, ein Pfannengericht, Nudelsuppen oder das sehr schmackhafte Lahp.

Es liegt neben Gibbon Experience und man bekommt Sandwiches, die man mit auf eine Dschungelwanderung nehmen kann.

Daauw LAOTISCH $

(Hauptgerichte 30 000–50 000 K; ✎) Das wohl gastfreundlichste Ambiente im ganzen Ort. Von der Terrasse zum Abhängen mit Sitzkissen und offener Feuerstelle kann man den Sonnenuntergang genießen und sich frisch zubereitete Biogerichte der Hmong bestellen oder Holzfeuerpizza, vegetarische Speisen, ganze gegrillte Mekongfische oder Hühnchen. Wenn es voll ist, ist ein *laojitos*, Mojito aus *lòw-lów (Reiswein)* ein guter Zeitvertreib.

Ausgehen & Nachtleben

Bar How BAR

(Th Saykhong; Hauptgerichte 25 000–40 000 K; ⏲ 6.30–3 Uhr; 📶) Dunkel und stimmungsvoll, dekoriert mit alten Musketen und Reisfeldhüten. Abends ist die Bar noch einladender: Die düster aussehenden hausgemachten *lòw-lów* (Reisweine), verfeinert mit allem Möglichen von Blaubeeren über Tamarinde und Honig bis zu Litschi, wirken in der Dämmerung wie Fläschchen aus einer viktorianischen Apotheke. Serviert auch Pasta, Steaks und Frühstück.

Praktische Informationen

BCEL (Th Saykhong; ⏲ Mo–Fr 8.30–15.30 Uhr) Der Geldautomat ist rund um die Uhr zugänglich, außerdem gehören zum Service Geldwechsel und Western Union.

Wechselstube der Lao Development Bank (⏲ 8–17 Uhr) Ein praktischer Stand direkt neben dem Schalterfenster der Einwanderungsbehörde in der Fußgängerzone. Wechselt die wichtigsten Währungen. US-Dollarscheine dürfen nicht vor 2006 gedruckt worden sein.

Touristeninformation (☎ 084-211162; Th Saykhong; ⏲ Mo–Fr 8–16.30 Uhr) Kostenlose Stadtpläne und Vorschläge für Exkursionen in der Provinz.

DIE GIBBON EXPERIENCE

Im Jahr 1996 war das Überleben der Westlichen Schwarzen Schopfgibbons in Laos stark gefährdet, doch dann kam die **Gibbon Experience** (☎084-212021; www.gibbonexperience.org; Expresstour (2 Tage) 190 US$, Classic-Tour oder Waterfall-Tour (beide 3 Tage) 310 US$) und rettete die Art mit einem genialen Konzept, das Öko-Bewusstsein mit Adrenalin mischt: eine Reihe von Ziplines in einem der unberührtesten Wälder des Landes, und – das Entscheidende – Wilderer, die zu Guides der Gibbon Experience ausgebildet wurden. Die Wildtiere, die hier leben, darunter Tiger, Nebelparder, Schwarzbären und der namengebende Westliche Schwarze Schopfgibbon, haben so die Chance, ihren Bestand wieder zu vervielfältigen, und das Geld der Gäste wird unmittelbar in die Bewahrung ihres Lebensraums investiert. Dies ist eins der erfolgreichsten Beispiele für heutigen Ökotourismus in Laos.

Und das Ziplining? Das üppig grüne Gebiet zählt zu den wildesten Gegenden des Landes und als die Wiege des Ziplining im Land ist es immer noch der beste Ort, um in Laos außer Atem zu geraten. Man übernachtet in einem der höchsten Baumhäuser der Welt mit Kochstellen und Regenwasserduschen! Wenn man nicht gerade nach Tieren Ausschau hält, gleitet man an der Zipline hoch über dem Boden zwischen den Bäumen hindurch. Erst bleibt einem zwar fast das Herz stehen, aber dann fühlt man sich wie ein Superheld.

Täglich unternimmt man auch ausgedehnte Trekkingausflüge. Wanderstiefel und lange Socken halten hartnäckige Blutegel fern, außerdem benötigt man eine Taschenlampe und Ohrenstöpsel. Die Guides sind hilfsbereit, trotzdem sollte man auch selbst noch einmal die Knoten im Sicherheitsgurt überprüfen.

Drei Optionen stehen zur Wahl: die dreitägige „Classic"-Tour (geringerer Wanderanteil), die „Waterfall"-Tour (anstrengender und mit Badestopp im Becken eines Wasserfalls), und die zweitägige „Express-Tour" mit dem höchsten Anteil an Zipling. Im Preis sind die An- und Abreise zum bzw. vom Park sowie Komplettverpflegung und Getränke enthalten. Die Bezahlung kann im Voraus über PayPal erfolgen. Man sollte einen Tag vor der Tour in Houay Xay eintreffen und sich im **Gibbon-Experience-Büro** (☎084-212021; www.gibbonexperience.org; Th Saykhong; ⏲8–19 Uhr) melden. Nebenan werden Handschuhe, Taschenlampen und Lebensmittel verkauft.

ℹ An- & Weiterreise

BUS

Der Busbahnhof liegt 5 km östlich der Stadt. Um 10 und 16 Uhr starten Busse nach Luang Prabang (120 000 K, 14–17 Std.), um 9.30 Uhr nach Oudom Xay (85 000 K, 9 Std.) und um 11.30 Uhr fährt ein Bus nach Vientiane (230 000 K, 25 Std.). Um 8.30 Uhr verkehrt auch ein Bus nach Muengla (120 000 K) und um 8 Uhr nach Xieng Khong (160 000 K). Um 9 Uhr gibt es einen weiteren Bus nach Luang Namtha (60 000 K, 4 Std.).

Die Minibusse der Reisebüros nach Luang Namtha (100 000 K) starten gegen 9 Uhr im Zentrum von Houay Xay.

FLUGZEUG

Der Flughafen von Houay Xay liegt auf einem Hügel 1,5 km nordwestlich des Busbahnhofs. Lao Airlines verbindet die Stadt täglich mit Vientiane (895 000 K).

SCHIFF/FÄHRE

Langsame Boote tuckern den Mekong nach Luang Prabang (220 000 K pro Pers. 2 Tage, ohne Übernachtung) hinunter. Sie sind für ewa 70 Leute gebaut. Los geht's um 11 Uhr von der Anlegestelle am nördlichen Ende der Stadt. Unterwegs wird in Pak Beng (110 000 K, 6–8 Std.) gehalten. Ticketverkauf ist am Nachmittag vor der Abreise am Bootsanlegesteg oder in den Pensionen.

Schnellboote nach Pak Beng (190 000 K, 3 Std.) und Luang Prabang (320 000 K, 6 Std.) starten täglich um 8 Uhr an einer Anlegestelle 2 km südlich der Stadt, allerdings erst, wenn sie voll sind. Fahrkarten erhält man in jeder Pension oder bei der Ankunft am Schalter oberhalb der Anlegestelle. Manchmal kommt es zu Todesfällen, da die Bootsführer oft einen waghalsigen, leichtsinnigen Fahrstil an den Tag legen.

Langsame Boote verkehren über Ban Na Lae nach Luang Namtha (pro Boot 1 530 000–1 700 000 K für alle Fahrgäste zusammen, plus 40 000 K pro Pers. für Verpflegung und Unterkunft). Weitere Infos gibt's im BAP Guesthouse.

Jeder Traveller sollte genügend Wasser, Verpflegung und ein Rückenpolster dabeihaben (im Schnellboot sind Ohrenstöpsel hilfreich).

ZENTRAL- & SÜDLAOS

Vernebelte Reisfelder und geschützte Wälder erwarten Traveller auf dem Weg nach Süden in das fremdartige Tham Kong Lo. Das riesige, 7,5 km große Höhlensystem in der Provinz Khammuane ist auch bekannt für ihre zerklüfteten kohleschwarzen Karstberge und den legendären „Loop", ein dreitägiges Motorradabenteuer. In der Nähe lohnen das kolonialzeitliche Thakkek und und weiter südlich die alte französische Architektur in Savannakhet einen Besuch, während das verschlafene Champasak mit seinen schönen Khmer-Ruinen und den nahe gelegenen, von türkisfarbenem Wasser umgebenen Si Phan Don (Viertausend Inseln) locken.

Auf der Route 8 nach Lak Sao

Die kurvenreiche Straße führt durch eine seltsame Landschaft mit vielen Dschungelabschnitten und unwirklichen Gesteinsformationen. Erster Zwischenstopp ist **Ban Khoun Kham** (auch bekannt als Ban Na Hin), 41 km östlich der Route 13 im grünen Hin-Boun-Tal. Das Dorf ist ein guter Ausgangspunkt für Erkundungen des Phou-Hin-Boun-Nationalparks. Von hier aus kann man auch mit dem Bus nach Bang Kong Lo fahren, um die außergewöhnliche Höhle Tham Kong Lo zu besuchen. Zudem beginnen an der **Touristeninformation** (☎ 020 55598412; Route 8; ⏲ 8–16 Uhr) unmittelbar südlich des Eingangs zum Tad Namsanam Wanderungen, die von Mitgliedern der Gemeinde organisiert werden.

Sehenswertes

Tham Kong Lo HÖHLE
(In der Nähe von Ban Kong Lo; mit dem Boot 130 000 K) Die 7,5 km lange Höhle im 1580 km² großen **Nationalpark Phu Hin Bun** verläuft unter einem riesigen Kalksteinberg in einem tunnelartigen Flussbett. Ihre Erkundung verursacht Angstgefühle wie bei einer Geisterbahnfahrt. In die 100 m hohe kathedralenartige Höhle kommt man nämlich nur mit dem Longtailboot, wobei einem ziemlich schnell beklommen zumute wird, sobald der Höhleneingang zu einem stecknadelkopfgroßen Lichtpunkt schwindet. Auf halber Strecke legen die Boote an, und man geht durch einen spektakulär beleuchteten Stalaktiten-Wald, der an einen verlassenen Star-Trek-Drehort erinnernt.

Man sollte eine gute Taschenlampe und Gummisandalen mitnehmen. Das Dorf Kong Lo (1 km flussabwärts vom Höhleneingang) ist der Ausgangspunkt für diese unvergessliche Tour. Sie dauert hin und zurück ca. zwei Stunden, mit einer 20-minütigen Trinkpause in einem Saal an der anderen Seite der Höhle. Rettungswesten bekommt man im Ticketbüro.

Schafen & Essen

Ban Khoun Kham

Die Zimmer in Ban Khoun Kham sind schlicht, aber in Ordnung. Sie haben eigene Bäder mit Warmwasserduschen.

Xok Xai Guesthouse GÄSTEHAUS $
(☎ 051-233629; Rte 8; Zi. 80 000 K; P ❄ 📶) Hübsche Zimmer in einem traditionellen Haus, das sich versetzt abseits der Route 8 (400 m nördlich des Markts) befindet. Es überzeugt mit makellosen Fußböden, dicken Bettdecken, Fernsehern, Klimaanlagen und Privatbädern mit Warmwasser.

Sainamhai Resort RESORT $$
(☎ 020 2331683; www.sainamhairesort.com; EZ/DZ 20/25 US$; P ❄ 📶) Mit Abstand die traumhafteste und gemütlichste Unterkunft des Orts, nur dass sie gar nicht im Ort ist: Das Sainamhai liegt am Nam Hai (Hai-Fluss), ein wenig außerhalb des Dorfs. Zur Anlage gehören ein schönes Langhaus-Restaurant (Hauptgerichte 25 000 K), ein fruchtbarer Garten und zwölf gepflegte Hütten mit Rattanwänden, eigenen Balkonen und Bädern sowie sauberer Bettwäsche. Das Personal ist freundlich und es gibt eine Klimaanlage.

Die Unterkunft liegt 3 km östlich der Route 8; man folgt nach einigen Kilometern einer Abzweigung Richtung Tham Kong Lo. Nach telefonischer Anmeldung holt das Personal einen kostenlos am *sŏrngtăaou*-Bahnhof ab.

Kong Lo (Dorf)

Vielleicht nicht so gemütlich wie das Chantha Guest House, aber definitiv unvergesslich sind die **Privatunterkünfte** im Dorf Kong Lo (50 000 K pro Pers. inkl. Frühstück & Abendessen). Einfach herumfragen, wer gerade ein Bett frei hat.

Chantha Guest House GÄSTEHAUS $
(☎ 020 2100002; www.chanthahouse.com; Ban Kong Lo; Zi. 15–20 US$; P ❄ @ 📶) Das Haus im

Schweizer Stil an der Hauptstraße nach Kong Lo und am Ortseingang hat 15 kühle und gepflegte Zimmer sowie einen Schlafsaal. Es gibt eine DVD-Lounge und ein kleines Café, und die sehr freundlichen Besitzer vermieten auch ein Fahrrad. Doch das Highlight ist der herrliche Blick zu den Klippen.

Mithuna Restaurant LAOTISCH $
(Ban Kong Lo; Hauptgerichte 30 000 K; ⏲7–20 Uhr) Unweit des Eingangs zum Tham Kong Lo serviert dieses ventilatorgekühlte Restaurant mit Außenbereich Nudeln, Bratreis und Schweinefleisch-Lahp sowie westliches Frühstück.

An- & Weiterreise

Von Thakhek fahren täglich um 8 und um 9 Uhr Busse nach Ban Khoun Kham (60 000 K). Alternativ gibt's täglich um 7 Uhr einen Direktbus vom Talat Phetmany in Thakhek nach Kong Lo (80 000 K). Alle Verkehrsmittel entlang der Route 8 halten in Ban Khoun Kham. Wer von Vientiane aus anreist, steigt in Vieng Kham aus und fährt mit dem *sŏrngtăaou* (30 000 K, 7–19 Uhr) bis Ban Khoun Kham.

Ein Bus nach Vientiane startet um 10 Uhr. Thakhek (80 000 K, 3 Std., 143 km) wird von ein paar Bussen angesteuert, die morgens starten. Ist Lak Sao das Ziel, hält man einen beliebigen der vorbeifahrenden Busse oder ein *sŏrngtăaou* (30 000 K) an.

Von Ban Khoun Kham sind es 20 Minuten mit dem *sŏrngtăaou* (30 000 K, 10, 12.30 und 15 Uhr) nach Ban Kong Lo. In die andere Richtung, von Ban Kong Lo nach Ban Khoun Kham, starten um 6.30, 8 und 11 Uhr *sŏrngtăaou*.

Thakhek ທ່າແຂກ

☎051 / 81 000 EW.

Dieser ehemalige indochinesische Handelsposten bietet eine angenehme Mischung aus zerfallenen französischen Villen und vor sich hin welkenden chinesischen Geschäftshäusern. Trotz der neuen Brücke, die ins nahe Thailand führt, zeigt die Stadt kaum Zeichen von Veränderung. Besucher können am Fluss einen Drink bei Sonnenuntergang genießen oder bei Einbruch der Dämmerung durch die atmosphärischen Straßen bummeln, deren alte Gebäude dann in ein warmes Licht getaucht sind. Mit seinem zentralen Brunnen und den von Bäumen überschatteten und mit Feuerschalen beleuchteten Boulevards erinnert Thakhek an das Vientiane von vor 15 Jahren.

Thakhek ist ein praktischer Ausgangspunkt für eine Fahrt auf dem „Loop", dem legendären dreitägigen Motorradabenteuer. Ein richtiges Geländebike, das etwas teurer ist als die billigen chinesischen Roller, aber wesentlich besser auf Schotterpisten haftet, kann man bei Mad Monkey Motorbike (S. 383) ausleihen.

Geführte Touren

Die Touristeninformation wird von dem zuverlässigen **Mr. Somkiad** geführt und veranstaltet verschiedene Abenteuertouren, z. B. zweitägige Wanderungen im Naturpark Phou Hinboun, in der Regel mit Homestays. Man sollte Mr. Somkiad auch nach der 3 km langen neu entdeckten Flusshöhle **Tham Pa Seuam** (Fischhöhle) fragen, die 15 km entfernt ist.

Green Climbers Home KLETTERN
(☎020 59667532, 020 59667539; www.greenclimbershome.com; Ban Kouanphavang, Xiangliab; ½–2-Tageskurse ab 100 000–200 000 K, je nach Teilnehmerzahl) Die effizient geführte Kletterschule liegt 12 km von Thakhek entfernt im Tal zwischen hohen Karstbergen, ein *túk-túk* kostet 100 000 K pro Tag. Sie ist sehr beliebt und wegen ihrer gemütlichen Hütten, des tollen Essens und der hervorragenden Kurse oft ausgebucht. Sie wartet zudem mit einem Überhang auf, der weltweit zu den fürs Training am besten geeigneten zählt. Es gibt Kletterrouten für Anfänger, Mittelstufe und Fortgeschrittene, insgesamt 170 Routen der Klassen 4 bis 8B.

Green Discovery ABENTEUERTOUREN
(☎051-251390; Inthira Hotel, Th Chao Annou; ⏲8–21 Uhr) Verschiedene Wander- und Kajaktouren in den Naturschutzpark Phou Hinboun inklusive der Tham-Kong-Lo-Höhle (141 US$). Radfahren, Klettern und Kajakfahren können ebenfalls hier gebucht werden.

Schlafen

★ **Thakhek Travel Lodge** GÄSTEHAUS $
(☎051-251390, 030-5300145; travell@laotel.com; Rte 13; B 30 000 K, Zi. mit Bad & Ventilator 60 000–90 000 K, Zi. mit Bad & Klimaanlage 90 000 K; P ❄ @ ☜) Zwar ist dieses Gästehaus eine 5-minütige *túk-túk*-Fahrt von der Stadt entfernt, aber es hat eine tolle Atmossphäre, denn hier kann man jeden Abend an einer Feuerstelle im Garten mit anderen Travellern in Kontakt kommen. Das Café serviert Lahp, Salate, Schweinekoteletts und Säfte. Die Zimmer sind überteuert, einige sind einfach, andere romantisch. Aktuelle Infos zum „Loop" stehen in einem Bordbuch.

EINREISE NACH THAILAND: DIE ZENTRALEN GRENZÜBERGÄNGE

Von Thakkek nach Nakhon Phanom

Anfahrt zur Grenze Rund 7 km von Thakhek gibt's jetzt eine Freundschaftsbrücke (die Fähre ist nicht mehr für Ausländer zugänglich). Ein *túk-túk* (Abfahrt alle 30 Minuten) mit zwei Fahrgästen vom Busbahnhof in Thakhek zum anderen Ufer verlangt 25 000 K pro Person. Das Einwanderungsbüro an der Brücke ist von 7 bis 16 Uhr geöffnet.

An der Grenze Bei der Einreise nach Thailand erhält man ein kostenloses 15-Tage-Visum. Es gibt einen Stand zum Geldwechseln und einen rund um die Uhr zugänglichen Geldautomaten.

Weiterreise Von der Brücke fahren *túk-túk* (30 B) zum Busbahnhof in Nakhon Phanom in Thailand. Dort starten regelmäßig Busse nach Udon Thani und Bangkok (um 7.30 und zwischen 19 und 20 Uhr).

Informationen zur Überquerung dieser Grenze in umgekehrter Richtung siehe S. 798.

Von Pakxan nach Bueng Kan

Anfahrt zur Grenze In Pakxan folgt man dem Schild zum Hafen und zum laotischen Grenzposten (geöffnet 8–12 & 13.30–16.30 Uhr). Die Fähre über den Mekong nach Bueng Kan braucht nur ein paar Minuten und kostet 60 B pro Person bzw. 480 B, wenn man sie komplett chartert.

An der Grenze Bei der Ankunft werden 15-tägige Visa für Thailand ausgestellt, allerdings sollte man das vorab in der thailändischen Botschaft in Vientiane noch mal überprüfen, da sich an diesen abgelegenen Grenzübergang nur selten Traveller verirren.

Weiterreise Von Bueng Kan in Thailand fahren Busse nach Udon Thani und Bangkok ab.

Informationen zur Überquerung dieser Grenze in umgekehrter Richtung siehe S. 798.

Mekong Hotel HOTEL $
(☎ 051-250777; Th Setthathirat; Zi. mit Ventilator/Klimaanlage 100 000/140 000 K; P ❄ 📶) Dank eines neuen Anstrichs hat sich das Erscheinungsbild des blauen Monolithen im Sowjetlook stark verbessert. Das Hotel bietet gute Zimmer mit Kabel-TV, Klimaanlage und Privatbädern. Vom Restaurant blickt man auf den Mekong.

Thipphachanh Guesthouse GÄSTEHAUS $
(☎ 051-212762; Rte 13; Zi. mit Ventilator/Klimaanlage 60 000/80 000 K; P ❄) Um einen Innenhof verteilen sich duftende Zimmer mit weißen Wänden, Fliesenböden, TV und Privatbädern.

Essen

Rund um den Fountain Square öffnen morgens *khào-jii*-(Baguette-)Stände und am nahe gelegenen Flussufer bekommt man jederzeit preiswerte Mahlzeiten.

Duc Restaurant LAOTISCH $
(Th Setthathirat; Hauptgerichte 20 000 K; ⏲ 6–22 Uhr; ✍) Am Flussufer, gleich abseits des Fountain Square tischt das familiengeführte Restaurant mit Ventilatoren drinnen und draußen u. a. sehr leckere *fěr hàang* (trockene Reisnudeln in einer Schale mit Kräutern und Saisongemüse, aber ohne Brühe) auf.

★ **Kitchen** FUSIONSKÜCHE $$
(Inthira Hotel, Th Chao Anou; Hauptgerichte 45 000 K; ⏲ 7–22 Uhr; 📶 ✍) Elegantes und sanft beleuchtetes gehobenes Restaurant in einem schönen Gebäude aus der französischen Kolonialzeit – wahrscheinlich das raffinierteste Lokal im verschlafenen Thakkek. Durch eine Glaswand blickt man in die offene Küche. Auf den Tisch kommen leckere laotische Salate, Burger, große weich geklopfte Steaks und gute Cocktails von der schicken Glasbar. Wenn es nicht zu heiß ist, kann man auf der Straßenterrasse essen.

Praktische Informationen

In der Stadt gibt's drei Geldautomaten, darunter einen am Fountain Square und einen direkt am Busbahnhof.

BCEL (Th Vientiane) Wechselt Euros und Dollars, nimmt Reiseschecks an und gewährt Barvorschüsse auf Visa-Karten.

Lao Development Bank (Th Vientiane) Nur Bargeld.

Thakkek Hospital (Ecke Th Chao Anou & Th Champasak) Hilfreich bei kleineren medizinischen Problemen. Dr. Bounthavi spricht Englisch.

Touristeninformationszentrum (☎030-5300503, 020-55711797; www.khammuanetourism.com; Th Vientiane; ⏲8.30–17 Uhr) Diese hervorragende Touristeninformation bietet abenteuerliche ein- und zweitägige Wanderungen im Naturpark Phou Hin Boun (wo man eine 50 %ige Chance hat, Rotschenklige Kleideraffen zu sehen), mit Gastunterkunft in einem Dorf. Angeboten werden auch Wanderungen zu dem Wasserfall nahe der Höhlen Ban Khoun Kham und Kong Lo (800 000 K).

Touristenpolizei (☎250610; Fountain Sq) Hier bekommt man einen Bericht für die Versicherung – wenn man einen Beamten finden kann.

ℹ An- & Weiterreise

Thakheks Busbahnhof an der Route 13 liegt 3,5 km vom Stadtzentrum entfernt. Busse nach Vientiane (70 000 K, 6 Std., 353 km) starten zwischen 5.30 und 9 Uhr etwa alle 60 Minuten. Es gibt auch einen VIP-Bus (85 000 K, 6 Std., 9.15 Uhr) und einen Nacht-VIP-Bus (85 000 K, 1 Uhr). Alle Busse nach Norden halten in Vieng Kham (Thang Beng; 35 000 K, 1½ Std., 102 km) und Pakxan (50 000 K, 3–4 Std., 193 km). Außerdem bestehen täglich Verbindungen nach Attapeu (90 000 K, 10 Std., 15.30 und 23 Uhr), Saravan (85 000 K, 23 Uhr) und Xekong (80 000 K, 10 und 15.30 Uhr).

Richtung Süden starten halbstündlich Busse nach Savannakhet (30 000 K). Ein VIP-Bus (70 000 K, 6 Std.) nach Pakxe fährt täglich um 9 Uhr ab; außerdem verkehren stündlich Lokalbusse (70 000 K) nach Pakxe. Montags, diens-

EINREISE NACH VIETNAM: DIE ZENTRALEN GRENZÜBERGÄNGE

Von Thakkek nach Dong Hoi

Anfahrt zur Grenze Die Grenze Na Phao–Cha Lo (7–16 Uhr) ist so fernab, dass man sich vielleicht besser für einen günstiger gelegenen Übergang entscheidet. Verkehrsmittel sind langsam und fahren selten. Zweimal täglich startet jedoch ein *sŏrngtăaou* um 8.15 und 12 Uhr in Thakhek (50 000 K, 3½ Std., 142 km) nach Lang Khang 18 km vor der Grenze. Am besten nimmt man das frühere, da man an der Grenze noch die Weiterreise organisieren muss.

An der Grenze Der Grenzposten ist klein und verschlafen. Dong Hoi ist die nächstgrößere Stadt auf der vietnamesischen Seite. Man muss ein vietnamesisches Visum im Voraus organisieren.

Weiterreise Ein Direktbus von Thakhek nach Dong Hoi (90 000 K, 10–14 Std.) – der einfachste Weg, die Grenze zu passieren – fährt viermal wöchentlich um 19 Uhr.

Informationen zur Überquerung dieser Grenze in umgekehrter Richtung siehe S. 904.

Von Lak Sao nach Vinh

Anfahrt zur Grenze Der Grenzübergang Nam Phao–Cau Treo (7–16.30 Uhr) befindet sich am Kaew-Neua-Pass, 36 km von Lak Sao. Vom Markt in Lak Sao fahren jede Stunde *sŏrngtăaou* (25 000 K, 45 Min.) direkt bis zur Grenze. Alternativ verkehren mehrmals täglich zwischen 12 und 14 Uhr Direktbusse von Lak Sao nach Vinh, Vietnam (120 000 K, 5 Std., eventuell muss man an der Grenze umsteigen).

An der Grenze Wer nach Vietnam reist, muss sich im Vorfeld um ein Visum kümmern. Eine Wechselstube mit mäßigen Kursen befindet sich auf der laotischen Seite der Grenze. Der vietnamesische Grenzposten liegt ungünstigerweise einen weiteren Kilometer die Straße hinauf.

Weiterreise Auf der vietnamesischen Seite wird einem angeboten, für 30 US$ einen Minibus nach Vinh zu nehmen, der jedoch nicht mehr als 5 US$ pro Person kosten sollte. Ein Taxi mit Kilometerzähler kostet rund 40 US$, eine Fahrt mit dem Motorrad 200 000 Đ. Am besten schließt man sich mit anderen zusammen und feilscht gemeinsam. Das Ganze kann man sich ersparen, indem man den direkten Bus von Lak Sao nach Vinh nimmt. In Vinh angekommen, verkehrt ein Schlafzug, der **Reunification Express** (www.vr.com.vn), direkt nach Hanoi.

Informationen zur Überquerung dieser Grenze in umgekehrter Richtung siehe S. 904.

tags, mittwochs und samstags um 8 Uhr geht's darüber hinaus nach Hue (120 000 K); montags und freitags um 20 Uhr nach Da Nang (120 000 K) und dienstags/samstags um 20 Uhr nach Hanoi (160 000 K, 17 Std.) sowie nach Dong Hoi (90 000 K, 10 Std.). Alle vier Ziele liegen in Vietnam.

Wer direkt nach Don Khong (150 000 K, 15 Std., 452 km) auf die Viertausend Inseln reist, kann den Bus aus Vientiane nehmen, der hier gegen 17.30 Uhr hält.

Etwa stündlich starten *sŏrngtăaou* vom Talat Phetmany nach Mahaxai Mai (35 000 K, 1½ Std., 50 km). Um 7.30 Uhr fährt außerdem ein Direktbus nach Ban Kong Lo (80 000 K, 4 Std.).

Vom Sook-Som-Boon-Busbahnhof verkehren *sŏrngtăaou* ins Inland der Provinz Khammouane: zwischen 7.30 und 9.30 fahren stündlich *sŏrngtăaou* nach Gnommalath (45 000 K, 2–3 Std., 63 km) und Nakai (45 000 K, 2½–3½ Std., 80 km) und um 20 Uhr eines nach Na Phao (zur vietnamesischen Grenze; 80 000 K, 3½ Std., 142 km).

Unterwegs vor Ort

Ein Miet-*jumbo* zum Busterminal sollte 20 000 K kosten. Fahrten innerhalb der Stadt kosten ebenfalls 20 000 K pro Person.

Die beste Anlaufstelle, um gute und zuverlässige Motorräder für den „Loop" zu mieten, ist **Mad Monkey Motorbike** (☎ 020 59939909, 020 23477799; www.madmonkey-thakek.com; Fountain Sq; 250-ccm-Geländebikes/Roller 350 000/160 000 K pro Tag ; ⊙ 9–20 Uhr). Bei einer Panne kann man den Besitzer anrufen, der einen gegen eine Gebühr abholt. Er bringt Traveller auch nach Tham Kong Lo und zurück – die Fahrt beginnt um 8 Uhr, die Rückkehr erfolgt um 20 Uhr.

Mr Ku's Motorbike Rental (☎ 020 2206070; 100 000 K pro Tag; ⊙ 7.30–16.30 Uhr) befindet sich in der Thakhek Travel Lodge und vermietet koreanische 110-ccm-Motorräder für Fahrten innerhalb der Stadt oder zu den nahe gelegenen Höhlen. Das **Phavilai Restaurant** (Fountain Sq; 60 000 K pro Tag; ⊙ 6–21 Uhr) verleiht ein paar Roller, ebenso wie der Internetladen **Wangwang** (☎ 020 5697 8535; Fountain Sq; 50 000–60 000 K pro Tag; ⊙ 8–21 Uhr).

Rund um Thakhek

Traveller schwärmen vom „Loop", einem großartigen dreitägigen Motorradtrip durch dichten Dschungel und Karstlandschaften, der über Nakai, Lak Sao, Khoun Kham (Na Hin) und die Tham-Kong-Lo-Höhle führt; im Bordbuch der Thakhek Travel Lodge (S. 380) gibt's Tipps dazu. Inzwischen schwelgen viele Leute schon in Vorfreude auf die Touren zur fantastischen 9,5 km langen unterirdischen **Xe-Bang-Fai-Höhle** am Rand des Hin-Namno-Nationalparks. Man sollte auch nicht die **Höhlen** gleich vor den Toren Thakheks verpassen, die durchschwommen werden können. Näheres darüber erfährt man von dem Englisch sprechenden Mr. Somkiad in Thakheks Touristeninformation.

Savannakhet ສະຫວັນນະເຂດ

☎ 041 / 139 000 EW.

Das moderne Savannakhet ist ein hektischer Pol der Aktivität. Zu geschäftig, um schön zu sein, betreibt es Handel mit den Nachbarländern Thailand und Vietnam. Eine erfreuliche Ruhe herrscht zum Glück in der Altstadt, dem schönsten Teil der Stadt, in dem die Zeit noch ein wenig den Atem angehalten hat. Wenn man durch die Straßen voller blühender Bougainvillea spaziert, vorbei an verfallender Architektur aus dem frühen 20. Jh. und der Blütezeit Indochinas kommt man sich vor wie in einem Film. Ein Großteil der Häuser ist stark renovierungsbedürftig, aber für ein paar verblichene Schönheiten wurde endlich ein Restaurierungsprojekt initiiert.

Viel mehr als am Flussufer entlangflanieren und eines der stilvollen Restaurants und Cafés besuchen, kann man hier nicht unternehmen. In der Umgebung gibt's dagegen jede Menge zu erkunden; Savannakhet hat eine engagierte Touristeninformation mit einer Eco Guide Unit, die etliche Tipps für Besuche der nahe gelegenen Nationalparks (NPAs) bereithält.

Sehenswertes

Am besten erkundet man mit einem Leihfahrrad die staubtrockenen Straßen sowie das Flussufer oder wandert mit Savannakhets Eco Guide Unit durch die Nationalparks (S. 385).

Savannakhet Provincial Museum MUSEUM
(ພິພິດທະພັນແຂວງສະຫວັນນະເຂດ; Th Khanthabuli; Eintritt 10 000 K; ⊙ Mo–Sa 8–11.30 & 13–16 Uhr) Im Provinzmuseum werden Kriegsrelikte, Artilleriegeschosse und entschärfte Landminen präsentiert, die seit dem Ende des Geheimen Kriegs den Tod von mehr als 20 000 Laoten verursacht haben.

Musée Des Dinosaures MUSEUM
(ຫໍພິພິດທະພັນໄດໂນເສົາ, Dinosauriermuseum; ☎ 041-212597; Th Khanthabuli; Eintritt 10 000 K;

Savannakhet

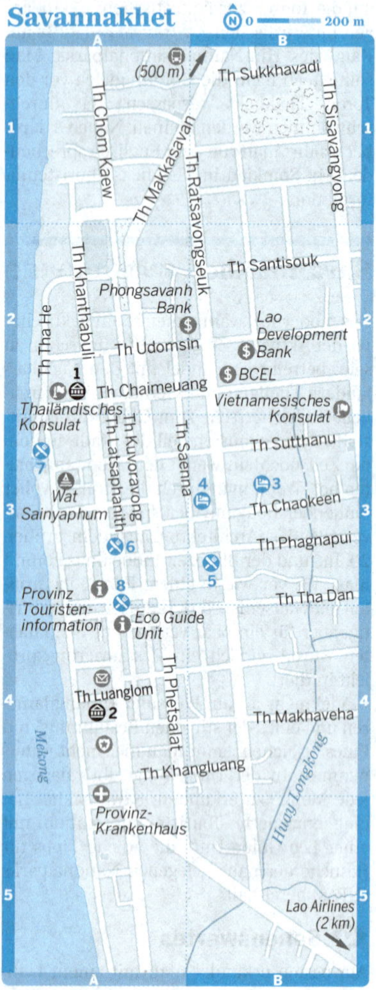

Savannakhet

Sehenswertes
1 Musée Des Dinosaures A2
2 Savannakhet Provincial Museum A4

Schlafen
3 Leena Guesthouse B3
4 Souannavong Guest House B3

Essen
5 Chai Dee B3
6 Lin's Café A3
7 Riverside Snack & Drink Vendors A3
8 Xokxay Restaurant A3

(⌚8–12 & 13–16 Uhr) 1930 wurden bei einer großen Ausgrabung in einem nahe gelegenen Dorf 200 Millionen Jahre alte Dinosaurierfossilien entdeckt. Das mit Enthusiasmus geführte Museum ist interessant und zeigt drei verschiedene Dinosaurier. In der Provinz Savannakhet wurden an fünf Stellen Fossilien gefunden.

Schlafen

Souannavong Guest House GÄSTEHAUS $
(☎041-212600; Th Saenna; Zi. mit/ohne Klimaanlage 100 000/80 000 K; P ❄ 📶 👪) An einer ruhigen Straße, in der zahlreiche Bougainvilleen blühen, liegt dieses nette kleine Gästehaus mit Fahrradverleih. Es wird stets in Schuss gehalten und bietet Zimmer mit sauberen Privatbädern und WLAN.

Leena Guesthouse GÄSTEHAUS $
(☎041-212404; leenaguesthouse@hotmail.com; Th Chaokeen; Zi. 60 000–100 000 K; P ❄ @ 📶) Das mit Lichterketten beleuchtete Leena zeichnet sich durch einen gewissen Motelkitsch aus. Es ist zwar schon älter, aber immer noch gut und verfügt über gemütliche, saubere Zimmer in Pfirsichtönen mit Fliesenböden, Warmwasserduschen und Fernsehern. Die Zimmer mit Klimaanlage sind größer und sehen neuer aus. Im schönen Frühstücksbereich ist WLAN verfügbar und es gibt auch ein Café.

Essen

Savannakhet bietet eine große Auswahl an Caféterrassen, französischen Restaurants sowie **Snack- und Getränkeständen** (⌚5–22 Uhr) für schnelle, günstige Mahlzeiten.

★ **Lin's Café** INTERNATIONAL $
(Th Latsaphanith; Hauptgerichte 40 000 K; ⌚8–20 Uhr; 📶 🌶) Früher gehörte das Haus aus den 1930er-Jahren einem chinesischen Händler, heute befindet sich darin eines der bei Travellern beliebtesten Cafés in Savannakhet. Die lockere Atmosphäre, die ruhige Lage am Fluss, die freundliche Bedienung, die bunt gemischte Retro-Einrichtung und die Galerie im Obergeschoss sind herrlich. Außerdem dient es als gute lokale Informationsbörse. Stammgäste lieben vor allem den milden Cappuccino mit Nussgeschmack, die grünen Thai-Currys, leckeren Rindfleischburger, den Obstsalat und das frische Gebäck … Wir könnten endlos weiter schwärmen!

Chai Dee JAPANISCH, INTERNATIONAL $
(☎ 030-5003336; www.cafechaidee.com; Th Ratsavongsouk; Hauptgerichte 30 000 K; ⏲ Mo–Sa 9–21.30 Uhr; 📶📝) In diesem blitzsauberen Café mit Rattanmatten kann man Bücher tauschen oder auch einfach ein wenig abhängen. Es bietet eine große Auswahl an Samosas, hausgemachten Joghurts, thailändischen Gerichten und Tofu sowie gesunde Shakes und ein großartiges Frühstück. Das Essen ist schön dekoriert und superfrisch, es gibt schnelles WLAN und das Personal ist freundlich.

Xokxay Restaurant LAOTISCH $
(Th Si Muang; Hauptgerichte 20 000 K; ⏲ 9–21 Uhr; 📝) Das winzige, total billige Xokxay in der Nähe der katholischen Kirche überzeugt mit köstlicher und authentischer laotischer Küche, darunter verschiedene Nudelgerichte, gebratener Reis, Salate und knusprige gebratene Garnelen.

ℹ Praktische Informationen

Eco Guide Unit (☎ 041-214203; Th Latsaphanith; ⏲ Mo–Fr 8–12 & 13–16.30 Uhr, So geschl.) Die emsige Eco Guide Unit bietet hilfreiche Informationen und sie tätigt Buchungen für Wanderungen zum Dong-Natad-PPA und zum Dong-Phou-Vieng-Nationalpark und weiß über Busfahrzeiten und Unterkünfte Bescheid. Die Mitarbeiter geben auch Tipps, wo man gute Massagen bekommt oder Motorräder mieten kann.

Provinzkrankenhaus (☎ 020 2601993, 041-212717; Th Khanthabuli; ⏲ 8–12 & 13–16 Uhr) Nach dem Englisch sprechenden Dr. Outhon fragen.

Touristeninformation der Provinz (☎ 041-212755; Th Muang Sing; 8–11.30 & 13.30–16.30 Uhr) Hilfreiche Stadtpläne und Englisch sprechendes Personal, das viele Infos über die Stadt auf Lager hat, von Restaurantempfehlungen bis zu lokalen Sehenswürdigkeiten.

ℹ An- & Weiterreise

Von Savannakhets Flughafen bestehen täglich Verbindungen nach/von Vientiane (128 US$), Pakxe (75 US$) und Bangkok (155 US$). Tickets gibt's im Büro von **Lao Airlines** (☎ 041 212 140; Flughafen Savannakhet; ⏲ 6.30–16.30 Uhr).

Der **Busbahnhof** (☎ 041 212 143) liegt 2 km nördlich der Stadt an der Th Makkasavan. Von dort fahren Busse zwischen 6 und 11.30 Uhr regelmäßig nach Vientiane (75 000 K, 9 Std., 470 km). Danach muss man in einen der Busse nach Pakxe steigen, die Thakhek (30 000 K, 2½–4 Std., 125 km) bis 22 Uhr passieren. Ein VIP-Nachtbus nach Vientiane (120 000 K, 6–7 Std.) verkehrt um 21.30 Uhr.

Richtung Süden starten hier zwischen 7 und 22 Uhr mindestens zehn Busse oder kommen auf dem Weg von Vientiane nach Pakxe durch Savannakhet (45 000 K, 5–6 Std., 230 km). Täglich um 19 Uhr fährt ein Bus nach Don Khong (80 000 K, 6–8 Std.).

Busse nach Daen Savan (60 000 K, 5–7 Std. an der laotisch-vietnamesischen Grenze starten um 7, 8.30 und 11 Uhr und halten in Xephon (50 000 K, 5–6 Std.). Täglich verkehrt ein Lokalbus nach Hue (90 000 K), und von montags bis freitags startet um 10.30 Uhr ein VIP-Bus (110 000 K) mit dem gleichen Ziel. Ein Bus nach Da Nang (110 000 K) fährt dienstags, donnerstags und samstags um 22 Uhr weiter bis nach Hanoi (200 000 K, 24 Std., 650 km).

EINREISE NACH VIETNAM: VON SAVANNAKHET NACH DONG HA

Anfahrt zur Grenze Die Grenze Dansavanh/Lao Bao zu überqueren ist relativ einfach. Um 7, 8.30 und 11 Uhr fahren Busse von Savannakhet nach Dansavanh (60 000 K, 4–6 Std., 236 km). Alternativ lohnt es sich, wenn man diesen Weg einschlägt, eine Nacht in Sepon (50 000 K, 4 Std.) zu verbringen – ein guter Ausgangspunkt, um sich den Ho-Chi-Minh-Pfad anzusehen. Der Busbahnhof in Dansavanh liegt etwa 1 km von der Grenze entfernt. Vietnamesische Teenager auf Motorrädern bringen einen für knapp 20 000 K bis zur Grenze.

An der Grenze Visa für Vietnam müssen im Vorfeld im vietnamesichen Konsulat in Savannakhet organisiert werden. Die Grenze ist von 7–18 Uhr geöffnet.

Weiterreise Nach der Grenze nimmt man ein Motorrad (15 000 Đ) zum 2 km enfernten Busbahnhof Lao Bao und fährt von dort weiter auf Vietnams Nord-Süd-Autobahn und Zugstrecke nach Dong Ha (50 000 Đ, 2 Std., 80 km). Einfache Unterkünfte findet man an beiden Seiten der Grenze. Wer es eilig hat, nimmt einfach von Savannakhet einen der Busse zu den vietnamesischen Städten Dong Ha, Hue und Da Nangan.

Informationen zur Überquerung dieser Grenze in umgekehrter Richtung siehe S. 905.

Unterwegs vor Ort

Ein *túk-túk* zum Busbahnhof von Savannakhet kostet rund 20 000 K und nach Einbruch der Dunkelheit das Doppelte. Da die Stadt recht weitläufig ist, bietet es sich an, für 70 000 K pro Tag einen Roller beim Souannavong Guest House (S. 384) zu mieten. Fahrräder (10 000 K) kann man auf der Th Ratsavongseuk ausleihen.

Pakxe ປາກເຊ

031 / 75 000 EW.

Die in der unbarmherzigen Kraft der Sonne des Südens verdörrende weitläufige Stadt am Fluss zeigt inzwischen Zeichen der Gentrifizierung – es eröffnen immer mehr neue Bäckereien und gehobene Restaurants. Mit der effizient geführten Touristeninformation, einigen Tourveranstaltern und vielen Gästehäusern ist Pakxe gut auf Traveller eingestellt.

Wer zu den Viertausend Inseln oder weiter nach Kambodscha möchte, wird hier Zwischenstation machen müssen. Aber Pakxe ist eine gute Augsangsbasis, denn hier gibt's den von Green Discovery eröffneten Zipline-Anbieter Tree Top Explorer, bezaubernde Khmer-Ruinen in der Nähe, den Wat Phou und die Kaffeeplantagen des Bolaven-Plateaus mit seinen paradiesischen Wasserfällen.

Sehenswertes & Aktivitäten

Champasak Historical Heritage Museum MUSEUM

(ພິພິດທະພັນມໍລະດົກປະຫວັດສາດຈຳປາສັກ; Rte 13; Eintritt 10 000 K; Mo–Fr 8–11.30 & 13–16 Uhr) Das Museum zeigt alte Dong-Son-Bronzetrommeln, einen Buddha-Kopf aus Sandstein aus dem 7. Jh. im siamesischen Stil sowie eine Textil- und Schmucksammlung der Volksgruppen Nya Heun, Suay und Laven. Interessant sind vor allem das große Eisenarmband und die Ohrenstöpsel aus Elfenbein. Ausgestellt sind auch Musikinstrumente, eine Stele mit Lanna-Schrift (Tai-Tham), datiert auf das 15.–18. Jh., ein kleiner Lingam (Shiva-Phallus), ein maßstabsgetreues Modell des Wat Phou Champasak sowie mehrere amerikanische Blindgänger.

Dok Champa Massage MASSAGE

(Th 5; Massagen ab 40 000 K, Körperpeeling 200 000 K; 9–22 Uhr) Bei Rankings wird das Dok Champa immer wieder zum beliebtesten Spa von Pakxe gekürt. Das liegt an dem freundlichen Personal, den Ölen und den individuellen Anwendungen. Hier bekommt man die richtige Dosis fester oder sanfter Verwöhnung, die gut für erschöpfte Muskeln ist.

Geführte Touren

Viele Unterkünfte organisieren Ausflüge zum Bolaven-Plateau, zum Wat Phou Champasak und zum Archipel Si Phan Don (Viertausend Inseln). Die Touristeninformation der Provinz Savannakhet (S. 388) veranstaltet auch zwei- oder dreitägige gemeindebasierte Trekkingtouren durch die Nationalparks Xe Pian und Phou Xieng Thong mit Kajak und Zelt und vermittelt Privatunterkünfte auf Don Kho und Don Daeng.

Green Discovery ABENTEUERTOUREN

(031-252908; www.greendiscoverylaos.com; Th 10; 2-tägige Tree-Top-Explorer-Tour Gruppe mit 2/4 Pers. 280/217 US$) Die Trumpfkarte von Green Discovery ist das Tree-Top-Explorer-Abenteuer im Dong-Hua-Sao-Nationalpark in der Nähe von Paksong auf dem Bolaven-Plateau. Sie beinhaltet Seilrutschen (Ziplining), Canopy-Touren und zwei- oder dreitägige Wanderungen durch den Dschungel. Die Unterbringung erfolgt in umweltfreundlichen Hütten, die hoch über den Waldboden gebaut sind. In der Region wird noch wesentlich mehr geboten (siehe Website).

Xplore-Asia ABENTEUERTOUREN

(031-251983; www.xplore-laos.com; Th 14; 9–19 Uhr) Mehrtägige Abenteuertouren, u. a. auf das Bolaven-Plateau (20 U$ pro Pers.) und zum Wat Phou (45 US$), sind die Spezialität diesese Anbieters. Englisch sprechende Guides kosten 35–50 US$ pro Tag. Hier werden auch einige interessante Bücher und Reiseführer über die Region verkauft.

Schlafen

★ **Alisa Guesthouse** HOTEL $

(031-251555; www.alisa-guesthouse.com; Rte 13; EZ/DZ/3BZ 110 000/120 000/150 000 K; ❄@📶) Das Alisa hat eine gute Lage mitten im touristischen Viertel. Es bietet strahlend saubere Zimmer mit Privatbädern, Fliesenböden, soliden Betten aus Holz mit frischem Bettzeug, Kleiderschränke und Flachbildschirmfernseher. Vorteile sind der funktionierende Satellitenempfang und ein Kühlschrank.

★ **Sabaidy 2 Guesthouse** GÄSTEHAUS $

(031-212992; www.sabaidy2tour.com; Th 24; B 35 000 K, EZ/DZ ohne Bad 45 000/70 000 K, DZ mit Bad & Klimaanlage 138 000K; @📶) Hinter den Türen eines Holzhauses warten eine lockere, entspannte Atmosphäre sowie saubere Schlafsäle und Doppelzimmer. Die wundervollen neuen Privatunterkünfte im hinteren Teil haben eine rustikal-schicke Einrichtung mit

Pakxe

Pakxe

Aktivitäten, Kurse & Touren
1 Dok Champa Massage B3
2 Green Discovery B2
3 Xplore-Asia C4

Schlafen
4 Alisa Guesthouse D4
5 Kaesme Guest House B1
6 Sabaidy 2 Guesthouse C1

Essen
7 Daolin Restaurant C2
8 Friendship Minimart D4
9 Jasmine Restaurant C4
10 Lankham Noodle Shop C4
11 Le Panorama B2
12 Mengky Noodle Shop D4
13 Parisien Café A3
14 Xuan Mai Restaurant B2

Praktisches
Lankham Hotel Currency Exchange Counter .... (siehe 10)

Bad, Schreibtisch und Klimaanlage sowie Holzbalkonen, unter denen Koi-Karpfen schwimmen. Im Garten gibt's einen Gemeinschaftsbereich, wo man Reisegeschichten austauschen kann. Das Frühstück ist im Preis inbegriffen und die hilfsbereiten Mitarbeiter helfen gern beim Organisieren der Weiterreise.

Kaesme Guest House GÄSTEHAUS $
(☎ 020 99481616; Se Don riverfront; Zi. mit Ventilator/Klimaanlage 70 000/100 000 K; ❄ 📶) Die Lage am Fluss und das wackelige Sonnendeck am Ufer sprechen für diese sympathische Unterkunft am Ende der Gasse. Handtücher und Seife werten die einfachen, sauberen Zimmer auf. Freundlicher Besitzer.

Essen

Im **Lankham Noodle Shop** (unter dem Lankham Hotel, Route 13; Nudeln 15 000–25 000 K; 7–22 Uhr;) und im **Mengky Noodle Shop** (Route 13; Gerichte 8000–15 000 K; 7–22 Uhr) kann man sich unter die Stadtbewohner mischen. Selbstversorger werden im **Friendship Minimart** (Rte 13; 8–20 Uhr) fündig.

Daolin Restaurant LAOTISCH, INTERNATIONAL $
(Rte 13; Hauptgerichte 20 000–30 000 K; 6.30–2 Uhr) Mit etwas Glück kommt man hier in den Genuss einer winzigen Brise. Die netten Betreiber des Open-Air-Restaurants Daolin servieren ihren Gästen das Essen immer im gewünschten Schärfegrad. Zum Frühstück, Mittag- und Abendessen gibt's eine Auwahl schön zubereiteter vietnamesischer, thailändischer, laotischer und westlicher Gerichte, darunter Sandwiches, Steaks, Salate, scharfes Huhn mit Zitronengras, Eisbecher und vieles mehr.

Jasmine Restaurant INDISCH $
(Rte 13; Hauptgerichte 20 000–30 000 K; 8–22 Uhr;) Wir besuchen das Jasmine schon seit Jahren und es war immer mit glücklichen Gästen gefüllt. Vegetarier freuen sich über Gerichte wie Masala aus grünen Erbsen und *aloo bhaiga* (Auberginen und Kartoffeln), während das zischend heiße Chicken Tikka Masala so lecker ist, dass man noch das letzte bisschen Soße aus dem Teller mit dem butterweichen Naan auftunken wird. Essen kann man drinnen oder draußen.

Parisien Café CAFÉ $
(Th 9; Säfte 40 000 K; 7–22 Uhr) Das neue Café mit Bäckerei ist von Sonnenlicht durchflutet und hat unverputzte Wände, offene Ziegel und komfortable moderne Tische und Stühle. Zur Stärkung bekommt man hier kalorienreiche Zuckerkrusten und frischen Kuchen, Donuts, Teilchen und Säfte.

Xuan Mai Restaurant LAOTISCH, VIETNAMESISCH $
(Th 5; Hauptgerichte 18 000–30 000 K; 6–23.30 Uhr) Frisch zubereitete *fĕr* (Reisnudeln), *năam nĕuang* (Schweinefleischbällchen), *kòw Ɓûn* (Nudeln aus Weißmehl mit süßer, scharfer Soße), Mekong-Fisch, Frühlingsrollen, Fruchtshakes und sogar das Knoblauchbrot sind hier absolut zu empfehlen. Das Lahp des Hauses (ein Salat aus mariniertem Fleisch) hat viel Pfiff. Man kann drinnen oder draußen essen und an Kochkursen teilnehmen.

Ausgehen & Nachtleben

Entweder genehmigt man sich in einer Terrassenbar am Mekong ein Bier oder gönnt sich auf dem Dach des Pakxe Hotels im Pariser Stil in der **Panorama Bar** (Th 5; Hauptgerichte 30 000–70 000 K; 16.30–22 Uhr;) eine Bloody Mary.

Praktische Informationen

Geldautomaten befinden sich auf der Route 13, darunter auch einen ANZ-Automaten vor dem Lankham Hotel. Das Lankham hat auch eine hilfreiche **Wechselstube** (7–21 Uhr) mit guten Kursen, die Barvorschüsse auf Kreditkarten gewährt.

International Hitech Polyclinic (VIP Clinic; 031-214712; ihpc_lao@yahoo.com; Th 46; 24 Std.) Die Poliklinik neben dem öffentlichen Krankenhaus verfügt über Englisch sprechende Angestellte sowie bessere Einrichtungen und höhere Pflege- und Versorgungsstandards. Es gibt auch eine Apotheke.

Lao Development Bank (Rte 13; Mo–Fr 8–16, Sa & So bis 15 Uhr) Wechselt Bargeld und Reiseschecks. Auch Western Union findet man hier (Geldtransfers nur werktags möglich).

Miss Noy's Internet & Bike Rental (Rte 13; Fahrräder/Motorroller 15 000/60 000 K pro Tag; 7–20 Uhr) Die pfiffige Miss Noy und ihr Ehemann vermieten zuverlässige, gut gewartete Fahrräder und Motorroller.

Touristeninformation der Provinz (031-212021; Th 11; Mo–Fr 8–12 & 13.30–16 Uhr) Hier werden gemeindebasierte zwei- oder dreitägige Wanderungen in die Naturparks Se Pian und Phou Xieng Thong angeboten, mit Kajakfahrten und Camping-Kombinationen oder Homestays auf den Inseln Don Kho und Don Daeng. Die gut organisierten, Englisch sprechenden Mitarbeiter verteilen Pläne von Pakxe und Südlaos und kennen sich auch mit den aktuellen Busfahrzeiten zu allen Zielen ab Pakxe aus.

Unitel (Rte 13; Mo–Fr 8–17, Sa 8–12 Uhr) Praktisch für lokale SIM-Karten, wenn man gerade in Laos angekommen ist. Die Angestellten können 3G-Internet in Smartphones einrichten.

An- & Weiterreise

BUS & SŎRNGTĂAOU

Pakxe hat mehrere Bus- und *sŏrngtăaou*-Terminals. VIP-Nachtbusse nach Vientiane (170 000 K, 8–10 Std., 677 km) starten jeden Abend am 2 km entfernten **VIP-Busbahnhof** (031 212 428; Rte 13, Km 2) abseits der Route 13. Diese Busse halten auch in Thakhek (140 000 K, 4½ Std.). Der praktische Thai-Lao International Bus nach Bangkok (800 B, 15 Uhr) und Ubon (200 B, derselbe Bus) fährt ebenfalls hier ab. In den Reisebüros von Pakxe kann man

EINREISE NACH THAILAND: DIE SÜDLICHEN GRENZÜBERGÄNGE

Von Savannakhet nach Mukdahan

Anfahrt zur Grenze Vom Busbahnhof in Savannakhet pendeln zwischen 8.15 und 19 Uhr regelmäßig Busse (15 000 K, 45 Min.) über die neue Freundschaftsbrücke nach Mukdahan in Thailand. In umgekehrter Richtung starten von 7.30 bis 19 Uhr etwa stündlich Busse (50 B, 45 Min.) vom Busbahnhof in Mukdahan.

An der Grenze Dies ist ein gut organisierter, viel genutzter Grenzübergang (6–22 Uhr). Bei der Einreise nach Thailand bekommt man ein kostenloses 15-tägiges Touristenvisum. Wer ein 30-Tage-Visum für Thailand braucht, muss mit dem Flugzeug ins Land einreisen.

Weiterreise Täglich von 17.30 bis 20.15 Uhr fahren fünf Busse von Mukdahan nach Bangkok.

Anfahrt zur Grenze Vom Busbahnhof in Savannakhet pendeln zwischen 8.15 und 19 Uhr regelmäßig Busse (15 000 K, 45 Min.) über die neue Freundschaftsbrücke nach Mukdahan in Thailand. In umgekehrter Richtung starten von 7.30 bis 19 Uhr etwa stündlich Busse (50 B, 45 Min.) vom Busbahnhof in Mukdahan.

Informationen zur Überquerung dieser Grenze in umgekehrter Richtung siehe S. 798.

Von Pakxe nach Ubon Ratchathani

Anfahrt zur Grenze Zur viel genutzten Grenze (6–20 Uhr) zwischen Vang Tao (Laos) und Chong Mek (Thailand) zu kommen ist kein Problem, wenn man in Pakxe ein *sŏrngtăaou* (10 000 K pro Pers., 75 Min., 37 km) nimmt. Alternativ fährt man um 8.30 oder 15.30 Uhr mit dem internationalen Thai-Lao-Bus (200 B, 3 Std., 126 km) nach Ubon Ratchathani (Thailand). Er startet vom 2-Km-Busbahnhof in Pakxe (auch bekannt als VIP-Busbahnhof oder Kriang-Kai-Busbahnhof).

An der Grenze Auf der thailändischen Seite gibt's Geldautomaten, einen Markt und Restaurants. Die Strecke zwischen den beiden Grenzposten ist problemlos zu Fuß zu bewältigen. Bei der Einreise nach Thailand erhält man ein kostenloses 15-Tage-Visum.

Weiterreise Der internationale Thai-Lao-Bus verkehrt weiter bis nach Bangkok (800 B, 14 Std.). Eine Busfahrt von Chong Mek nach Ubon (80 km, 1½ Std.) ist für 60 B zu haben, während Taxifahrer zwischen 1000 und 1200 B berechnen.

Informationen zur Überquerung dieser Grenze in umgekehrter Richtung siehe S. 798.

auch ein Kombiticket für Bus und Nachtzug von Pakxe nach Bangkok (280 000 K) kaufen.

Am **Busbahnhof Nord** (Route 13), manchmal auch als „Busbahnhof bei Km 7“ bezeichnet, starten grausam überhitzte Linienbusse zwischen 6.30 und 16 Uhr alle 40 Minuten nach Savannakhet (40 000 K, 4–5 Std., 277 km), Thakhek (60 000 K, 8–9 Std.) und – für alle masochistisch veranlagten Traveller – nach Vientiane (110 000 K, 16–18 Std.). Bessere klimatisierte Busse nach Vientiane (140 000 K, 10–12 Std.) fahren mehrmals täglich am **Busbahnhof Süd** (Route 13) ab. Täglich um 7 Uhr morgens starten Busse nach Da Nang (220 000 K, 18 Std.) in Vietnam und um 18.30 Uhr nach Hue (180 000 K, 15½ Std.).

Busse und *sŏrngtăaou* nach Süden und Osten findet man am 8 km südlich der Stadt gelegenen Busbahnhof Süd, der auch als „Busbahnhof bei Km 8“ bekannt ist. Eine Fahrt dorthin per *túk-túk* kostet 40 000 K. Wenn Si Phan Don das Reiseziel ist, fährt man zwischen 8.30 und 15 Uhr nach Muang Khong auf der Insel Don Khong (einschließlich Fähre 50 000 K, 3 Std., 120 km). Nach Ban Nakassang (für die Weiterreise zu den Inseln Don Det und Don Khon; 50 000 K, 3–4 Std.) geht's stündlich zwischen 7.30 und 16 Uhr los. Ein *sŏrngtăaou* verkehrt um 13 Uhr nach Kiet Ngong (Xe-Pian-Nationalpark) und Ban Phapho (40 000 K, 2–3 Std.).

Außerdem bestehen Verbindungen per Bus/*sŏrngtăaou* vom Busbahnhof Süd nach Pakxong auf dem Bolaven-Plateau (25 000 K, 1½ Std., stdl. zwischen 9 und 16 Uhr). Auf Anfrage halten die Busse am Tad Fan. Wer zum Tad Lo will, nimmt den Bus in Richtung Saravan (40 000 K, 3–4 Std., 5-mal tgl.). Busse und *sŏrngtăaou* steuern vom Talat Dao Heung (Neuer Markt) aus regelmäßig Champasak (25 000 K, 1–2 Std.) an.

FLUGZEUG

Lao Airlines bietet Flüge zwischen Pakxe und Vientiane (einfach 125 US$, 70 Min., 2-mal tägl.)

sowie nach Luang Prabang (172 US$, 1 Std. 40 Min., 3-mal wöchentlich) und nach Savannakhet (65 US$, 30 Min., 4-mal wöchentlich). Es gibt auch internationale Flüge nach Ho-Chi-Minh-Stadt (175 US$, 4-mal wöchentlich), und Bangkok (170 US$, 5-mal wöchentlich) sowie tägliche Verbindungen nach Siem Reap (160 US$). Ein *túk-túk* von Pakxe zum Flughafen kostet 30 000 K und ein Taxi 18 US$.

Die Tickets bekommt man online oder im Büro von **Lao Airlines** (☎ 031-212252; www.laoairlines.com; ⏲ Mo–Fr 7–12 & 13–17, Sa 7–12 Uhr) am Flughafen von Pakxe.

SCHIFF/FÄHRE

Wenn sich genügend Passagiere finden, startet morgens um 8.30 Uhr ein **Touristenboot nach Champasak** (☎ 020 22705955; 80 US$ pro Boot, bei 10 Passagieren pro Pers. 8 US$). Die Fahrt dauert zwei Stunden. Von Champasak aus geht es um 13.30 Uhr zurück. Der Skipper Mr. Khamlao fährt bei Interesse auch zu den Viertausend Inseln. Vorausbuchung erforderlich.

Unterwegs vor Ort

Ein *jumbo* zum Flughafen 3 km nordwestlich der Stadt sollte rund 30 000 K kosten. Pakxes wichtigste Sehenswürdigkeiten sind zu Fuß zu erreichen. Fahrräder/Roller (15 000/60 000 K pro Tag) kann man bei Miss Noy's Internet & Bike Rental (S. 388) mieten.

Champasak จำปาสัก

☎ 031 / 14 000 EW.

Champasak ist ein verschlafener Ort am langsam dahinfließenden Mekong und die Stimmen der Schulkinder auf Fahrrädern klingen wie das Summen von Bienen. Ein paar Restaurants in verfallenen alten französischen Villen säumen die Hauptstraße des skurrilen Wat Phou. Das von Bergen in koboldgrünen Reisfeldern umgebene Champasak wird derzeit als „ländlicher Zufluchtsort" wiederentdeckt, mit erholsamen Unterkünften, hochwertigen Massagen und Spas, Yoga, Meditation und Schatten-Puppenspielen – und das alles zu Preisen, die den Puls senken und das Portemonnaie nicht strapazieren.

Sehenswertes & Aktivitäten

Wat Phou Champasak BUDDHISTISCHER TEMPEL
(Eintritt 50 000 K; ⏲ Anlage 8–18 Uhr, Museum 8–16.30 Uhr) Zwar fehlt dem anmutigen und altersschwachen bukolischen Wat Phou die faszinierende Größe von Angkor in Kambodscha, aber dafür sind die kleinen Khmer-Ruinen wenig überlaufen und liegen mitten in einer spektakuläreren Landschaft. Einige Bauten sind über 1000 Jahre alt, aber die meisten stammen aus dem 11. bis 13. Jh. Die Anlage besteht aus sechs Terrassen auf drei Ebenen, die durch einen von Frangipani (Wachsblumen) gesäumten Treppenaufgang verbunden werden. Steinlöwen und *naga* säumen ihn vom Berg bis zu den *barays* (Wasserbecken).

Wer am frühen Morgen kommt, profitiert von den noch kühleren Temperaturen und erlebt die Ruinen im besten Licht.

★ **Shadow Puppet Theatre & Cinéma Tuktuk** THEATER
(www.cinema-tuktuk.org; Main St, neben der Touristeninformation; 50 000 K; ⏲ 20.30–22 Uhr) Der Franzose Yves Bernard leitet dieses magische Theater. Mit der traditionellen Kunst der Schattentheaterpuppen führt es die Geschichte des Epos *Ramayana* auf. Außerdem wird der faszinierende Stummfilm *Chang* (1924) gezeigt, den der Regisseur von *King Kong* (dem Hollywood-Original) in Laos gedreht hat. Live-Musiker sorgen für den Soundtrack, was das Erlebnis ganz besonders macht. Wo und wann der Film gezeigt wird, erfährt man auf der Website.

Champasak Spa SPA
(☎ 020 56499739; www.champasak-spa.com; Massagen 90 000–150 000 K; ⏲ 10–12 & 13–19 Uhr) In dieser duftenden Oase, geleitet von Natalie, bekommt man Tee (kostenlos) und sensibel durchgeführte Anwendungen, bei denen in der Gegend angebaute und verarbeitete biologisch-organische Produkte verwendet werden. Das Spa schafft Arbeitsplätze für einheimische Frauen und bietet Yoga und Meditation bei Dämmerung an (kostenlos, aber man muss sich vorher anmelden). Ein eintägiges Spa-Paket mit Gesichts- und Körperpeeling, Haarpflege und Massage kostet 550 000 K.

Schlafen & Essen

Anouxa Guesthouse GÄSTEHAUS $
(☎ 031-511006; Main St; Zi. mit Ventilator 60 000 K, mit Klimaanlage 100 000–200 000 K, 3BZ mit Klimananlage 150 000 K; P❄📶) Das Anouxa liegt in einem Garten voller Mangobäume und Vogelgezwitscher. Es hat kühle, mintgrüne Zimmer mit Privatbädern, Moskitonetzen, von Hmong gewebten Wandteppichen, Balkonen und schönem Flussblick. Am Fluss selbst befindet sich auch ein einladendes Restaurant. Fahrräder werden für 10 000–20 000 K verliehen.

Thavisab Guesthouse GÄSTEHAUS $
(☎020 55354972; Zi. mit/ohne Klimaanlage 100 000/50 000 K; ❄) Frisch gestrichene Zimmer umgeben den Innenhof des lachsfarbenen Thavisab. Sie bieten Privatbäder, saubere Bettwäsche und eine Veranda Richtung Fluss. Auch im alten Haus befinden sich etliche Zimmer.

★**Inthira Hotel Champanakone** BOUTIQUE-HOTEL $$
(☎031-511011; Zi. Standard/Duplex 334 000/383 000 K; ❄📶) Ein guter Grund, noch einen Tag länger in Champasak zu bleiben. Das schöne Hotel am Fluss lockt mit prächtigen Zimmern und einem sanft beleuchteten Restaurant, das chinesische Fusionsküche serviert. Untergebracht ist das Inthira in einem alten chinesischen Ladenhaus und in einer zweiten Anlage auf der anderen Straßenseite mit noch neueren zweistöckigen Zimmern. Hier darf man Luxus erwarten – Ziegelsteinböden, stimmungsvolle Beleuchtung, Flachbildschirmfernseher, Safes, Regenduschköpfe und Marmorböden.

★**Nakorn Restaurant** THAILÄNDISCH $
(Main St; Hauptgerichte: 30 000 K; ⏲7–21 Uhr) Das stilvolle neue Café und Restaurant am Fluss wird sicher fantastisch, wenn es fertig renoviert ist. Es hat ein schickes offenes Bibliothekszimmer und eine hübsche Bar. Seine Säle verteilen sich in einem Landschaftsgarten, in dem brennende Wachskerzen flackern. Die asiatische Fusionsküche ist schon jetzt sehr beliebt, vor allem das köstliche Lahp, Pad Thai sowie Steaks mit Fritten. Sympathische Besitzer, tolles Essen.

Champasak with Love FUSIONSKÜCHE $
(Main St; Hauptgerichte 20 000–40 000 K, Zi. mit Ventilator/Klimaanlage 60 000/100 000 K; ⏲8–22 Uhr; 🌿) Mit einem Lächeln serviert das Personal des bananengelben Lokals in einem herrlichen Patio aus solidem Holz am Fluss thailändische und westliche Küche. Es gibt Brownies, Obstsalat, Sandwiches, viele vegetarische Gerichte und Frühstück. Man kann Fahrräder ausleihen und inzwischen werden in dem knarrenden alten Haus einige Zimmer vermietet, in denen Holz Akzente setzt.

Frice and Lujane Restaurant ITALIENISCH $$
(Main St; Hauptgerichte 45 000–65 000 K; ⏲17–21 Uhr) Als Gast der aktuellen Variante dieses noblen Restaurants in einer hübschen Villa am Mekong kommt man in den Genuss einer Küche, die von der italienischen Alpenregion Friaul inspiriert ist. Gnocchi, eingelegte Schweinerippchen, Gulasch und hausgemachte Würstchen stehen auf der Speisekarte.

ℹ Anreise & Unterwegs vor Ort

Zwischen 7 und 9 Uhr verkehren regelmäßig Busse sowie *sŏrngtăaou* zwischen Champasak und Pakxe (20 000 K, 1 Std.). Ein Boot nach Pakxe fährt um 8.30 Uhr (auf Nachfrage). Buchen kann man es über das Gästehaus (50 000 K).

Wer von Champasak nach Ban Nakassang (zur Weiterreise nach Don Det) oder Muang Khong (auf Don Khong) reisen möchte, sollten den Minivan (70 000 K) um 8.30 Uhr nehmen. Man fährt zunächst nach Ban Lak 30 (an der Route 13), wo man leicht ein Verkehrsmittel gen Süden anhalten kann.

Fahrräder (10 000–15 000 K pro Tag) sowie Roller (50 000/80 000 K pro halber/ganzer Tag) werden in den meisten Pensionen der Stadt verliehen.

Si Phan Don (Viertausend Inseln) ສີພັນດອນ

☎031

Am Ende des 4350 km langen Mekong wartet ein ganz besonderes Juwel in Form dieses betörenden Archipels. Der Fluss fließt an Tausenden von Sandbänken vorbei, auf denen Betel- und Lontaropalmen wachsen. Wer in der Zeit von Dezember bis Juli hier ist (nach der Regenzeit, in der der Mekong schokoladenbraun wird), erlebt mit dem nun strahlend türkisblauem Wasser eine Überraschung. Mögliche Aktivitäten sind Kajaktouren und Tubing, oder Fahrradtouren über die drei Hauptinseln (Don Khong und die Nachbarinseln Don Det und Don Khon), seltene Irawadidelfine beobachten oder beeindruckende Wasserfälle besuchen. Ansonsten lautet das Motto: in der Hängematte relaxen und abhängen!

Don Khong ດອນໂຂງ

13 000 EW.

Auf dem 18 km langen und 8 km breiten verschlafenen Inselidyll trocknen Fischernetze in der Sonne, der türkisfarbene Mekong strömt vorbei und die Einheimischen blicken kaum von ihrem Beerlao auf, wenn ein Neuankömmling eintrifft. In der größten Siedlung, Muang Khong, gibt es nur eine Straße mit ein paar Herbergen und ein paar guten Restaurants.

Si Phan Don

Schlafen & Essen

Auf der Insel gibt's einige großartige Quartiere mit tollem Preis-Leistungs-Verhältnis, alle hier genannten liegen in Muang Khong.

★ Ratana Riverside Guesthouse GÄSTEHAUS $
(☎ 020 22201618, 031-213673; vongdonekhong@hotmail.com; Zi. 100 000 K ❄ 📶) Zur Ausstattung der vier komfortablen Zimmer mit Flussblick gehören Marmorböden, Schreibtische, eine eiskalte Klimaanlage, ein Balkon und geschmackvolle Möbel. Im Erdgeschoss haben sie allerdings auch riesige Fenster in Straßennähe. Das Restaurant am Fluss bietet westliche Küche (Hauptgerichte 25 000–40 000 K).

Khong View Guesthouse GÄSTEHAUS $
(☎ 020 22446449; mit Ventilator/Klimaanlage 80 000/100 000 K; ❄ 📶) Eine besser gelegene Bleibe wird man kaum finden. Zur Auswahl stehen dunkle, holzverkleidete Zimmer mit Flussblick oder helle geflieste Räume auf der Rückseite mit Blick zur Straße. Sie alle reihen sich um ein luftiges Holzdeck mit Blick auf die große Biegung des Mekong. In den kleinen Zimmern stehen überproportional große Doppelbetten. Kein Restaurant.

Villa Kang Khong GÄSTEHAUS $
(☎020 22403315, 020 29252811; Zi. 70 000 K) Das knarrende alte Teakholzhaus mit seinen Schaukelstühlen zum Entspannen in der schattigen Lounge hat den Charme eines Oldtimers. Auch die Zimmer sind wunderbar. Sie verfügen über polierte Böden, Mahagonie-Betten, farbenfrohe Bettwäsche, Privatbäder und Klimaanlage. Die romantischste Budgetunterkunft in der Stadt.

Praktische Informationen

Eine Straße hinter dem Fluss und 400 m südlich des Wat Phouang Keo liegt die **Agricultural Promotion Bank** (⌚Mo–Fr 8.30–15.30 Uhr), in der man Reiseschecks einlösen und Bargeld wechseln kann. Hier gibt's auch einen Geldautomaten, der Visa und MasterCard akzeptiert. Neben der Post befindet sich außerdem ein BCEL-Geldautomat. Bei medizinischen Problemen hilft das Krankenhaus etwas weiter südlich von der Bank; nach Dr. Bounthavi fragen, der Englisch und Französisch spricht.

Die **Touristeninformation von Don Khong** (☎020 97846464, 029-250303; panhjuki@yahoo.com; ⌚Mo–Fr 8.30–16 Uhr) organisiert Boote nach Don Khon und Don Det (250 000 K).

An- & Weiterreise

Busse (60 000 K inkl. Fähre, 2½ bis 3 Std., 128 km) und *sŏrngtăaou* von Don Khong nach Pakxe starten von Hat Xay Khun auf der anderen Seite des Flusses auf dem Festland. Man sollte um 11 Uhr da sein.

Wer nach Kambodscha will, kann den 9-Uhr-Bus nehmen, der Stung Treng, Kratie, Ban Lung, Siem Reap und Phnom Penh ansteuert.

Darüber hinaus verkehren auch Boote zwischen Hat Xay Khun und Muang Khong auf Don Khong. Der Fahrpreis beträgt 15 000 K pro Passagier.

Boote nach Don Det und Don Khon (250 000 K mit dem Boot, 1½ Std., bis zu 6 Passagiere) starten, sobald die Passagiere das Fahrgeld zusammenhaben. Die Bootsführer sitzen unter dem Baum nahe der Brücke.

Unterwegs vor Ort

Fahrräder/Motorroller (10 000/40 000 K pro Tag) können in den Pensionen und anderswo an der Hauptstraße gemietet werden.

Don Det & Don Khon
ດອນເດດ/ດອນຄອນ

Viele Traveller kommen hierher, um ausgiebig in der Hängematte auszuspannen. Die Gegend lockt jedoch auch mit zahlreichen günstigen Aktivitäten. Wie wäre es z. B. mit einer Radtour, Tubing, einem Kajaktrip oder einem Besuch der Flussbars bei Sonnenuntergang? Tagsüber sieht man Fischer in Piroggen, Büffel in den Untiefen und Dorfbewohner, die ihre Morgenwaschung vornehmen. Abends brennen Lagerfeuer am Strand und es herrscht eine wirklich tolle Stimmung.

Don Det ist ein tropisches Yin und Yang voller *falang*, vor allem an der Anlegestelle der Fähre, **Ban Hua Det** (auch bekannt als „Sunrise Boulevard"), während sich das sinnliche Don Khon deutlich ruhiger präsentiert – es gibt hier zahlreiche Wasserfälle, und an seiner Südspitze kann man seltene Irawadidelfine sehen.

Sehenswertes

Die meisten Sehenswürdigkeiten befinden sich auf Don Khon und sind mit Fahrrädern zu erreichen, die man in jedem Gästehaus für 10 000 K pro Tag ausleihen kann. Wer die Französische Brücke nach Don Khon überquert, muss 35 000 K zahlen. Diese Gebühr gilt als Eintrittspreis zu den Li-Phi-Fällen.

Tat Somphamit WASSERFALL
(ຕາດສົມພາມິດ, Li Phi Falls; Eintritt 35 000 K; ⌚Ticketstand 8–17 Uhr) Etwa 1,5 km flussabwärts von der Französischen Brücke auf Don Khon liegen einige wilde Wasserfälle namens Tat Somphamit bzw. Li-Phi-Fälle. Li Phi bedeutet „Geisterfalle" – und die Einheimischen glauben, die Kaskaden fangen böse Geister, die den Fluss heruntertreiben. Einheimische

KEINEN SCHLECHTEN EINDRUCK HINTERLASSEN

Lächeln die Einheimischen in letzter Zeit etwas weniger? Das mag daran liegen, dass die Insel sich als Oase für Kiffer verkaufte, bevor die Bevölkerung die Auswirkungen dieser Strategie erkannte. Zum Glück hat sich in den letzen fünf Jahren hier vieles verändert und die Insel bietet heute interessante Aktivitäten wie Radfahren und Kajaktouren an, dafür hat der Drogenverkauf stark abgenommen. Man sollte sich Gedanken machen, was für einen Eindruck man bei den Inselbewohnern hinterlässt und dabei immer bedenken, dass das eigene Verhalten auf andere Traveller zurückfällt.

Außerdem gilt zu bedenken, dass die Einheimischen entblößte Haut anstößig finden, deswegen sollte man auf der Insel mehr als nur einen Bikini tragen.

Fischer riskieren ihr Leben, indem sie die Kaskaden gegen die starke Strömung hochklettern, um die Bambusreusen zu leeren. In jeder Reuse können sie pro Tag eine halbe Tonne Fisch fangen.

Am Eingang zu den Wasserfällen gibt es viele Restaurants und Stände, die Lizenzen vergeben.

Aktivitäten

Vor der Südspitze Don Khons tummeln sich unterhalb der Wasserfälle in einem weiten Becken namens Boong Pa Gooang mehrere seltene Irawadidelfine. Am alten französischen Landesteg in Ban Hang Khon kann man Boote für einstündige Touren zum Pool chartern (60 000 K, max. 3 Pers.). Die Delfine sind das ganze Jahr über zu sehen, aber die beste Zeit ist von Januar bis Mai. Am frühen Abend oder Morgen sind die Sichtungen häufiger.

Es gibt ein großes Angebot an ganztägigen Kajaktouren (180 000 K pro Pers.), auf denen man den Delfinpool und die **Khon-Phapeng-Fälle** (ຕາດຄອນພະເພັງ; Eintritt 35 000 K) besucht. Sie beginnen um 9.30 Uhr mit einer Kajaktour. Dann wird man bei den Kaskaden vor Don Khon abgeholt und zusammen mit den Kajaks auf dem Landweg nach Ban Hang Khon gebracht. **Wonderful Tours** (☎ 020 55705173; Kombination Kajakfahrt, Wasserfall & Delfine Tagestour 180 000 K pro Pers.) ist ein guter Anbieter.

Wer auf eigene Faust ein Kajak oder Paddelboot mieten will, zahlt ca. 50 000 K pro Tag, aber man sollte nicht weiter als bis zur Französischen Brücke fahren, sonst gerät man in die schnelle Strömung, die zu den tödlichen Fällen führt. Das Gleiche gilt für Tubes, die mit 10 000 K zu Buche schlagen (nicht während des Monsuns tuben, da der Fluss dann gefährlich schnell strömt).

Die Gästehäuser bieten Bootsfahrten bei Sonnenuntergang und ganztägiges Inselhüpfen. Die Preise variieren, aber bei mehreren Teilnehmern muss man mit 50 000 bis 75 000 K pro Person rechnen.

Das **Little Eden Guesthouse** (Sonnenuntergangsseite, Ban Hua Det; Eintritt 50 000 K) hat übrigens einen 18 m langen Pool, in dem man Bahnen schwimmen, sich treiben lassen oder einen Drink an der Poolbar genießen kann.

Lao Garden Massage (☎ 020 9367136; in der Mitte von Don Khon; 30 Min./1 Std. 50 000/70 000 K; ⏲ 9–23 Uhr) auf Don Khon bietet Anwendungen in einem sehr kühlen Raum.

Schlafen

Don Dets „Sunrise Boulevard" an der Nordspitze ist eng und laut, doch wer feiern möchte (zumindest bis zum Zapfenstreich um 23 Uhr), trifft damit eine gute Wahl. Weiter südlich und auf der ruhigen Insel Don Khon werden die Unterkünfte immer schicker. In der Nebensaison sind die Preise etwa 25 % günstiger.

Don Det

River Garden GÄSTEHAUS $

(☎ 020 77701860; Sunrise, 300 m kurz vor der französischen Brücke; Zi. mit Gemeinschaftsbad/Privatbad 30 000/50 000 K, großer Bungalow 100 000 K; 📶) Das schwulenfreundliche River Garden ist eine Budgetunterkunft mit Stil – geschnitzte Holztüren und Fenster, saubere Bäder, laotische Textilien, Bambuslampen, attraktive rotbraun gebeizte Wände und Doppel-Hängematten vor jedem Bungalow. Gegenüber von den Unterkünften serviert ein Restaurant mit schattiger Terrasse am Fluss westliche und asiatische Fusionsküche.

Easy Go Hostel GÄSTEHAUS $

(☎ 020 578228309; Sonnenuntergangsseite, das letzte Haus links; B 35 000 K, Bungalow mit Ventilator/Klimaanlage 60 000/70 000 K) Ganz im Süden von Don Det auf der Sonnenuntergangsseite liegt dieses hübsche Gästehaus mit Innenhofgarten. Es besteht aus Schlafsälen für fünf bzw. drei Personen und Bungalows mit Gemeinschaftsbad und Hängematte. Über dem Fluss gibt es eine erholsame Terrasse mit Blick nach Kambodscha und einen Strand, wo man in flachem Wasser abkühlen kann. An einem Baum weisen mehrere Schilder in etwa die Richtung.

Sengthavan Guesthouse & Restaurant GÄSTEHAUS $

(☎ 020 56132696; Sunset Blvd; Zi. 100 000 K; 📶) Wahrscheinlich die beste Unterkunft in der Budgetklasse auf der Sonnenuntergangsseite. Die sauberen, taubenblauen Zimmer verfügen über Privatbäder und Balkone mit toller Sicht auf Kambodscha. Das einfache Café bietet Kissen zum Hinfläzen, Tische mit karierten Decken sowie eine Speisekarte mit laotischen und westlichen Gerichten.

Last Resort RESORT $

(mrwatkinsonlives@googlemail.com; DZ/3BZ 50 000/60 000 K) Das Tipi-Resort auf einem Feld etwa 15 Gehminuten südlich der Hauptstraße (Sunset Boulevard) setzt auf Naturbelassenheit, und sein Besitzer baut Gemüse an und backt Brot. Die aus natürlichen Materialien gebauten Tipis (mit Gemeinschaftsbad) stehen im Schatten alter Bäume und es gibt einen Grill. Abends werden draußen Filme gezeigt.

Green Guesthouse GÄSTEHAUS $
(☎ 020 91803519; in der Straße zwischen Sonnenaufgang & Sonnenuntergang, Ban Hua Det; Zi. mit Ventilator/Klimaanlage 100 000/130 000 K; ❄@📶) Hier zeigt sich Don Dets Hotelszene von ihrer modernen Seite. Die hellen schicken Zimmer in einem weißen Haus haben Privatbäder, einen Ventilator, WLAN und einen Gemeinschaftsbalkon mit Blick auf ein betelgespicktes Reisfeld.

★ **Ba Ba Guesthouse** GÄSTEHAUS $$
(☎ 020 98893943; www.dondet.net; in der Mitte der Sonnenuntergangsseite, Ban Hua Det; Zi. 200 000–300 000 K; ❄📶) Zu einer Seite hat das schöne neue Gästehaus Mekong-Blick und auf der anderen liegen smaragdgrüne Reisfelder. Die geschmackvoll eingerichteten Zimmer sind puristisch weiß und luxuriös, mit eigenen Balkonen und blitzsauberen Bädern. Im Café werden Frühlingsrollen, Pasta und leckeres Frühstück serviert. Ein neues Restaurant mit Terrasse wird über dem Fluss gebaut. Der Besitzer Basil und seine Frau sind perfekte Gastgeber. Wundervoll.

★ **Little Eden Guesthouse** GÄSTEHAUS $$
(☎ 030-5346020; www.littleedenguesthouse-dondet.com; Ban Hua Det; Zi. 320 000 K; ❄@📶🏊👪) Don Dets luxuriöseste Anlage liegt an der Nordspitze der Insel in einem üppig grünen Garten mit Zuckerpalmen. Die duftenden Zimmer überzeugen mit modernen Holzmöbeln, polierten Holzböden, TV, Kühlschrank, Schreibtisch und einem beeindruckenden Granitstein-Bad. Noch eine gute Nachricht: Es gibt hier einen schönen, 18 m langen Swimmingpool, eine Bar und ein neues Restaurant.

Don Khon

PaKa Guesthouse GÄSTEHAUS $
(☎ 055-847522; Don Khon Flussufer; Zi. mit Ventilator/Klimaanlage 80 000/100 000 K; ❄📶) Ein Schnäppchen mit einladenden, sauberen Zimmern mit Bad und Balkon. Nettes Café im Innenhof mit Garten. WLAN in den Zimmern.

★ **Auberge Sala Done Khone** BOUTIQUE-HOTEL $$
(☎ 031-260940; www.saladonekhone.salalao.com; Zi. mit Frühstück 15–35 US$; ❄@📶🏊) In einem schön renovierten Krankenhaus aus der französischen Kolonialzeit in einem großen Garten begeistert die hübsche Unterkunft mit Himmelbetten und Moskitonetzen in Zimmern mit Art-deco-Elementen. Außerhalb kann man in sauberen Spitzdach-Bungalows im klassischen laotischen Baustil übernachten. Sie verfügen über eine minimalistische Einrichtung und stimmungsvolle Beleuchtung. Ebenso stilvolle schwimmende Bungalows mit Bio-Safe-Toiletten laden im Sala-Phae-Flügel (Zi. 60 US$) zum Übernachten auf dem Fluss ein.

Pan's Guesthouse GÄSTEHAUS $$
(☎ 020 23655151; www.donkhone.com; DZ Garten/Flussufer 150 000/180 000 K, 3BZ 220 000 K; ❄@📶) Schmetterlinge flattern durch die hübschen Bungalows aus solidem, gebeizten Holz. Dort warten außerdem cremefarbene Rattanmöbel, makellose Bäder und Hängematten auf dem Balkon. In einigen genießt man außerdem den Blick auf den Fluss. WLAN funktioniert nur im Restaurant. Hier hat auch ein Reisebüro seinen Sitz, bei dem man Touren und Tickets für die Weiterreise buchen kann. Zuverlässige Adresse.

Essen & Ausgehen

★ **Four Thousand Sunsets** FUSIONSKÜCHE $
(Don Khon; Hauptgerichte 35 000 K; ⏲ 8–23 Uhr; 📶🍴) Zu Recht trägt das schwimmende Restaurant den Namen „Viertausend Sonnenuntergänge". Das gleichmäßige Fließen des Mekongs und der legere Schick im Stil der Alten Welt sorgen für reinste Enspannung. Serviert werden z. B. gedünsteter und gegrillter frischer Flussfisch, thailändische Fischkuchen, laotischer Räucherlachs und gebratenes Schweinefleisch. Beim Betrachten des bernsteinfarbenen Sonnenuntergangs gönnt man sich am besten einen Wodka-Martini.

Street View Restaurant PIZZA $
(Sunrise Blvd, etwa in der Mitte, Don Det; Hauptgerichte 30 000 K; ⏲ 8–23 Uhr) Das attraktive Holzlokal am Fluss hat erholsame Terrassen und eine lange, gut ausgestattete Bar. Zu essen gibt's frische australische Steaks, leckere Holzofenpizza, gegrilltes Huhn, Fisch aus dem Mekong, Rinderkoteletts, Burger, Salate und gesundes Frühstück. Sieben Minuten Fußweg von Ban Hua Det.

Crazy Gecko LAOTISCH $
(www.crazygecko.ch; Sunrise Blvd, etwa in der Mitte; Hauptgerichte 25 000 K; ⏲ 7–22 Uhr) Abends beleuchten märchenhafte Lichterketten das

EINREISE NACH KAMBODSCHA: VON SI PHAN DON NACH STUNG TRENG

Viele Traveller von den Viertausend Inseln fahren mit dem Minibus über den Grenzübergang Nong Nok Khiene–Trapeang Kriel nach Kambodscha. Wer von Pakxe anreist, nimmt den Sorya Penh Transport Bus, der um 7.30 Uhr vom VIP-Busbahnhof (Km-2-Busbahnhof, auch bekannt als Kriang-Kai-Busbahnhof) startet und via Stung Treng (15 US$, 4½ Std.) und Kratie (20 US$, 7 Std.) nach Phnom Penh (27 US$, 12–14 Std.) in Kambodscha fährt.

An der Grenze 30-Tage-Besuchervisa für Kambodscha werden an der Grenze ausgestellt und kosten ca. 25 US$. Außerdem zahlt man 2 US$ für eine flüchtige medizinische Untersuchung. 30-Tage-Touristenvisa für Laos werden bei der Einreise ausgestellt (je nach Nationalität 30–40 US$). Bei der Einreise nach Laos sollte man ein Passfoto dabeihaben.

Weiterreise Wer nicht in einem Direktbus sitzt, steuert Stung Treng an und nimmt dort einen Bus nach Phnom Penh, Siem Reap oder Ban Lung. Taxis von der Grenze kosten 40 US$.

Informationen zur Überquerung dieser Grenze in umgekehrter Richtung siehe S. 313.

entspannte Flussrestaurant mit Fläzkissen an den Tischen und einer Terrasse. Außerdem gibt's Brettspiele, einen Billiardtisch und Hängematten für Regentage, und die asiatische und westliche Küche (z. B. Pasta und Lahp) ist köstlich. Zu Recht einer der beliebtesten Orte auf der Insel.

Jasmine Restaurant INDISCH $

(Sunrise Blvd, Ban Hua Det; Hauptgerichte 20 000–35 000 K) Direkt am Flussufer serviert dieses indische Restaurant (ein Ableger des hervorragenden Jasmine in Pakxe) seine stets leckere malaysische und indische Küche sowie *naan*, das auf der Zunge zergeht. Freundliche Bedienung und herzliche Betreiber.

★ Little Eden Restaurant LAOTISCH, INTERNATIONAL $$

(Ban Hua Det, Don Det; Hauptgerichte 40 000–60 000 K; WLAN) Das tolle neue Restaurant Little Eden profitiert von der Brise an der Inselspitze und ist eine der besten Adressen für gehobene laotische und westliche Küche, z. B. zartes Beefsteak aus Neuseeland, Spaghetti Bolognese und Fisch-Lahp. Es ist auch der einzige Ort, an dem man Mekong-Wels bekommt (nicht den vom Aussterben bedrohten Mekong-Riesenwels!).

4000 Island Bar BAR

(Sunrise Blvd, Don Det) In der Nähe der Bootsanlegestelle schlägt das Herz von Ban Hua Det, mit einem Billiardtisch und Wüsteninsel-Deko, die wie ein Mix aus *Die Schweizer Familie Robinson* und *The Beach* wirkt. Obwohl die Bar offiziell vor Mitternacht schließt, hat sie meist bis 1 Uhr geöffnet.

ℹ Praktische Informationen

Es gibt keine Bank, also muss man die Fähre nach Ban Nakasang nehmen, wo sich eine BCEL-Bank mit Geldautomat befindet. Außerdem gibt das Little Eden Guesthouse auf Don Det für 5 % Kommission Barvorschüsse auf Kreditkarten.

In Ban Nakasang befinden sich auch medizinische Einrichtungen und eine Post.

ℹ Anreise & Unterwegs vor Ort

Boote verkehren regelmäßig von Don Det nach Ban Nakassang (pro Pers./Boot 15 000/30 000 K). Bei Paradise Bungalows kann man für 75 000 K pro Person (mind. 2 Passagiere) ein Privatboot nach Don Khong chartern.

VIP-Minibusse nach Pakxe (70 000 K, 2½–3 Std., 148 km) starten in Ban Nakassang gegen 11 Uhr, und *sŏrngtăaou* (40 000 K, 3½ Std.) verkehren von frühmorgens bis 21 Uhr. Wonderful Tours (S. 394) schickt täglich VIP-Busse nach Stung Treng (24 US$), Ban Lung (24 US$), Kratie (23 US$), Phnom Penh (30 US$) und Siem Reap (35 US$) in Kambodscha, die alle um 9.30 Uhr in Ban Nakassang abfahren.

LAOS VERSTEHEN

Laos aktuell

Trotz der globalen internationalen Finanzkrise lag das Wirtschaftswachstum von Laos im Jahr 2011 bei 8 % – eine der stärksten Zuwachsraten in ganz Asien. Rund 85 Dämme – einige sind schon fertig – werden im ganzen Land gebaut. Bis zum Jahr 2020 strebt Laos an, 12 500 Megawatt Strom pro Jahr zu erzeugen.

Derzeit ist China der beste Partner des Landes: Es hat die sich bietende Gelegenheit beim Schopf gepackt und schnell von der Verbesserung der Verkehrsinfrastruktur in Laos profitiert. Und viele laotische Kinder aus Mittelklasse-Familien werden von ihren Eltern eifrig ermuntert, Chinesisch zu lernen. Pekings südostasiatisches Schienennetz, das den roten Riesen mit so weit entfernten Ländern wie Pakistan, Indien und Singapur verbindet, ist nun beschlossene Sache und der Bau hat im November an der Strecke begonnen, die durch Laos führt und das Land in zwei Teile teilt. Trotz Druck von Seiten der UN reagiert die laotische Regierung indessen nicht auf Menschenrechtskritiker, die nach der Aufklärung des Verschwindens zahlreicher Aktivisten verlangen, die sich für sozialen Fortschritt eingesetzt hatten.

Da die Beziehungen zu den USA langsam besser werden und die ersten Schwulen sich öffentlich im Land zeigen, kommt Laos allmählich, im 21. Jh. an, obwohl es immer noch an seiner alten Hegemonie festhält.

Geschichte

Das Königreich von Lan Xang

Bevor Franzosen, Engländer, Chinesen und Siamesen Einfluss auf das Land nahmen, bestand Laos aus mehreren unterschiedlichen Fürstentümern, die sich in einem konstanten Kreislauf aus Krieg, Invasion, Wohlstand und Ruin befanden. Eine erste nationale Einheit erlebte das Land im 14. Jh., als der von den Khmer unterstützte Kriegsherr Fa Ngum die Stadt Wieng Chan (Vientiane) eroberte. Eben jener Fa Ngum verlieh seinem Königreich den Namen Lan Xang, „das Land von einer Million Elefanten“. Er machte den Theravada-Buddhismus zur Staatsreligion und erhob den Buddha Pha Bang zum Sinnbild der Souveränität von Laos – bis heute wird die Statue, nach der Luang Prabang benannt ist, als Herrschaftssymbol verehrt. Den Höhepunkt seiner Macht erlebte Lan Xang im 17. Jh., als es das dominierende Reich in Südostasien war.

Französische Herrschaft

Im 18. Jh. zerfiel die Nation und geriet unter die Kontrolle der Siamesen, die einen Großteil des heutigen Laos als Puffer gegen die französische Expansion einsetzten. Kurz nachdem Frankreich Annam und Tonkin (das heutige Vietnam) eingenommen hatte, musste Siam das Gebiet östlich des Mekong an die Franzosen abtreten. Damit war Laos geboren.

Die erste nationale Bewegung, Lao Issara (Freies Laos), entstand, um nach dem Rückzug der japanischen Besatzer gegen Ende des Zweiten Weltkriegs zu verhindern, dass die alte Kolonialmacht Frankreich wieder die Macht übernahm. 1953 garantierten die Franzosen Laos ohne Rücksicht auf die Lao Issara die volle Souveränität. Es kam zu internen Kämpfen mit der Armee der Pathet Lao („Land der Laoten“), die eine Allianz mit der vietnamesischen Vietminh bildete; Letztere kämpfte gegen die französische Oberherrschaft im eigenen Land. Laos wurde zum Schauplatz, auf dem kommunistische Ambitionen und die Angst der USA vor einem südostasiatischen Dominoeffekt aufeinanderprallten.

Der Geheime Krieg

1954 wurde Laos auf der Genfer Konferenz zum neutralen Staat erklärt, was bedeutete, dass fortan weder vietnamesische noch US-Truppen die Grenzen des Landes überschreiten durften. Damit begann ein Katz-und-Maus-Spiel, denn zahlreiche CIA-Agenten setzten sich über den neuen Status des Landes hinweg, um im Dschungel die antikommunistischen Hmong-Kämpfer zu trainieren. Von 1964 bis 1973 verwüsteten die USA – aus Rache an der Vietminh, die massive Vorräte an Kriegswaffen über den Ho-Chi-Minh-Weg ins Land schmuggelte – das östliche und nordöstliche Laos mit anhaltenden Flächenbombardements (Berichten von Zeitzeugen zufolge wurde alle acht Minuten eine Flugzeugladung Artillerie abgeworfen). Die Intensivkampagne verschärfte den Krieg zwischen der Pathet Lao und den Streitkräften der Königlichen Laotischen Armee und führte dazu, dass die Kommunisten eine noch breitere Unterstützung im Land fanden.

Nach dem Rückzug der USA 1973 war Laos zunächst in Gegner und Anhänger der Pathet Lao gespalten, doch innerhalb von nur zwei Jahren hatten die Kommunisten komplett die Macht übernommen. Unter der Führung des von Nordvietnam protegierten Kaysone Phomvihane wurde die Demokratische Volksrepublik Laos (PDR) gegründet. 10 % der laotischen Einwohner flüchteten, in erster Linie nach Thailand. Die im Land verbliebenen Gegner der Regierung – vor allem die Hmong-Stämme (Hochlandbewohner), die von der CIA finanziert wurden und mit ihr zusammengearbeitet hatten – wurden unterdrückt oder verschwanden für eine unbestimmte Zeit in Umerziehungslagern.

Ein Neubeginn

Laos wurde 1997 Mitglied der Vereinigung südostasiatischer Staaten (ASEAN) – zwei Jahre nach der Aufnahme Vietnams. Politisch hält die Partei die Zügel weiter fest in der Hand. Mit Mäzenen wie den Einparteienstaaten China und Vietnam scheint es auch kaum Anreize für Laos zu geben, eine sinnvolle Form der Demokratie aufzubauen. Noch ist das Land in erheblichem Maße von ausländischer Hilfe (um die 8,5 % des Bruttoinlandsprodukts) abhängig, doch in den letzten Jahren wurden gewinnbringende Projekte auf den Weg gebracht, um den inländischen Wohlstand zu fördern.

Im Jahr 2012 begann die internationale Presse Fragen über das Verschwinden von Sombath Somphone zu stellen, einen preisgekrönten Zivilaktivisten und Kämpfer um Landrechte. Man verdächtigte die laotische Regierung als den Übeltäter. 2015 traf sich US-Präsident Obama in New York mit dem Premierminister von Laos, um über Möglichkeiten zu sprechen, den wachsenden Einfluss Chinas auf die Region auszugleichen.

Menschen & Kultur

Mentalität

Das Land ist von unterschiedlichen Glaubensrichtungen geprägt. Vom Animismus bis zum vorherrschenden Theravada-Bhuddismus gibt's hier zahlreiche Religionen, die nicht selten miteinander kombiniert werden. Im Allgemeinen lässt sich sagen, dass in Laos eine entspannte Atmosphäre herrscht. Der Grund dafür ist teilweise im Buddhismus zu finden, der extreme Emotionen kontrollieren, *jai yen* (ruhig Blut) bewahren sowie Gutes tun möchte, um selbst Gutes zu erfahren. Es kommt nur selten zu hitzigen Diskussionen. Überall wird man mit einer Liebenswürdigkeit aufgenommen, der man in Nachbarländern nur selten begegnet.

KLEIDUNGSETIKETTE

Um die Einheimischen nicht zu beleidigen, sollten Frauen in buddhistischen Tempeln Arme und Beine mit einem Sarong oder Kleid verhüllen. Männer dürfen in Tempeln nicht mit freiem Oberkörper herumlaufen und müssen lange Hosen tragen oder ihre Beine ebenfalls mit einem Sarong bedecken.

Etikette

Es ist tabu, den Kopf anderer Menschen zu berühren oder mit dem Fuß auf eine Person oder Buddha-Statue zu zeigen. Starke Gefühlsäußerungen sind verpönt. Traditionelle Begrüßungsgesten sind *nop* oder *wâi*, gebetsartig aneinandergelegte Hände vor dem Gesicht oder der Brust. In städtischen Gebieten wird auch das Händeschütteln immer gebräuchlicher.

Bei allen Tempelbesuchen sollte man konservativ gekleidet sein.

Bevölkerung

Die laotische Bevölkerung besteht aus 132 verschiedenen Volksgruppen. Die Lao Loum (Tieflandlaoten) machen 60 % aus und weisen die meisten Gemeinsamkeiten mit ihren thailändischen Nachbarn auf: Ihre kulturellen Überzeugungen und ihre Lebensweise sind als „Lao-Kultur" bekannt. Alle übrigen Einwohner werden nach den Höhenlagen eingeteilt, in denen die Gruppen leben: So gibt's die Lao Theung (Mittelgebirgsgruppen wie die Khamu, Lamet und Alak), Lao Thai (Hochlandtäler), Lao Thoung (Hochlandlaoten) und Lao Soung (die sich 1000 m oder mehr über dem Meeresspiegel niederließen; dazu gehören die Hmong, Mien und Akha).

Laos' stärkste kulturelle und sprachliche Beziehung besteht zu Thailand. Heute zeigt sich das besonders an der Allgegenwart von Thai-Musik und Thai-TV.

Religion

Im Tiefland sind fast alle Laoten Theravada-Buddhisten. Viele Männer leben eine Zeit lang als Mönche; sie verbringen etwa einen Monat bis zu drei Jahren in einem Wat (buddhistisches Tempelkloster). Nach dem Sieg des Kommunismus 1975 wurde der Buddhis-

DIE GEISTER, DIE ICH RIEF

Im Laufe seines Lebens muss ein Laote mithilfe von Opfern und Ritualen eine ganze Menge Geister besänftigen, um Schutz, Gesundheit und Glück zu erhalten. *Pĕe héuan* (gute Geister) sind sowohl Schutzgeister des Hauses als auch die Geister der Vorfahren. Damit der Haussegen nicht schiefhängt, werden sie z. B. mit Pepsi versorgt. In Krisenzeiten ist es ihre Aufgabe, die Ordnung wiederherzustellen.

Oft erblickt man in Hinterhöfen und Gärten *pha phum* (Geister des Landes), die wie geschmückte Miniaturtempel aussehen. Sie sollen das Grundstück vor bösen Geistern schützen, die massenweise in der laotischen Luft herumschwirren. Bevor hier gebaut wird, müssen Opfer dargebracht und eine Erlaubnis eingeholt werden. Das Gleiche gilt für einen Baum, der für den Bau einer Brücke gefällt werden muss, ein Feld, das gemäht wird usw. Kurzum: Es herrscht eine endlose animistische Kommunikation zwischen dem Sichtbaren und dem Unsichtbaren, dem Prosaischen und dem Spirituellen.

mus unterdrückt, doch bis 1992 hatte die Regierung wieder eingelenkt und die Religion war in den Alltag zurückgekehrt. Nach wie vor dürfen die Mönche aber nicht die Verehrung von *phî* (Geistern) fördern, und auch *sâiyasaat* (Volksmagie) ist offiziell verboten.

Ungeachtet dessen bleibt die *phî*-Verehrung das dominante, nicht buddhistische Glaubenssystem. Selbst in Vientiane pflegen die laotischen Bewohner öffentlich einen Brauch namens *sukhwăn* oder *bạsî*, bei dem den 32 *khwăn* (Schutzgeister des Körpers) gehuldigt wird, indem man sie an weißen Schnüren um das Handgelenk bindet. Viele Laoten tragen solche Bänder.

Außerhalb des Mekong-Tals ist der *phî*-Kult besonders stark unter den Thai-Stämmen vertreten, vor allem unter den Thai Dam. Die Khamu- und Hmong-Mien-Stämme praktizieren ebenfalls Animismus.

Kunst

Die wahrhaftige Form laotischer Kunst sind die religiösen Skulpturen, Tempel, Handwerksarbeiten und die Architektur des Landes. Ganz typisch für diesen Stil ist der um Regen bittende Buddha, ein aufrecht stehendes Bildnis, das beide Hände steif an seine Seiten drückt.

Wats in Luang Prabang zeichnen sich durch *sĭm* (Kapellen) mit steilen, tief hinunterreichenden Dächern aus. Der typisch laotische *tâht* (Stupa) verfügt über vier Seiten, ist kurvenförmig und sieht aus wie eine Turmspitze.

Zum Kunsthandwerk des Hochlands gehören Gold- und Silberarbeiten der Hmong und Mien sowie Webarbeiten der Thai-Stämme (vor allem der Thai Dam und Thai Lü). Klassische Musik und Tanz sind in Laos kaum noch präsent, teils durch den immer stärker in den Vordergrund getretenen Thai-Pop und dadurch, dass Laos' junge Arbeitskräfte durch die Lande ziehen.

Essen & Trinken

Essen

Zum laotischen Standardfrühstück gehören *fĕr* (Reisnudeln), die in einer einfachen Brühe mit Gemüse und Fleisch nach Wahl gereicht werden. Lahp, das unverwechselbarste Gericht, ist ein köstlicher pikanter Salat aus gehacktem Rindfleisch, Schweinefleisch, Ente, Fisch oder Huhn, gemischt mit Fischsoße, Schalotten, Limettensaft und gebratenem Reis.

Im Tiefland wird zu fast jedem Gericht *khào nĭaw* (Klebreis) in einem kleinen Korbbehälter gereicht. Daraus entnimmt man einfach eine kleine Menge Reis, formt mit einer Hand ein walnussgroßes Bällchen und tunkt diesen in Soße.

Getränke

Beerlao ist das absolute Lieblingsgetränk der Laoten. Der offiziell verbotene *lào-láo* (laotischer Likör oder Reiswhisky) wird vor allem im Tiefland konsumiert – in der Regel unverdünnt – und in den Dörfern als Geste der Gastfreundschaft angeboten. Aufbereitetes Wasser – egal, ob gekocht oder gefiltert – heißt *nâm deum* (Trinkwasser). Wasser, das man in Restaurants oder Hotels bekommt, ist immer gereinigt, außerdem kann man überall Flaschen mit sauberem Wasser kaufen.

In den Großstädten gibt's zahlreiche Saftbars und Cafés. Die meisten westlich orientierten Läden haben auch Smoothies und Cappuccino im Angebot. Laotischer Kaffee ist stark und süß.

Natur & Umwelt

Geografie

Mit einer Größe von 236 800 km² bedeckt Laos etwa zwei Drittel der Landesfläche Deutschlands. Aufgrund der geringen Bevölkerungsdichte und der zahlreichen Gebirgsregionen rühmt es sich, das am wenigsten veränderte Ökosystem in Südostasien zu sein. Wild wachsende Vegetation bedeckt geschätzt 85 % des Landes und derzeit wächst noch auf 10 % Primärwald, der allerdings immer mehr schwindet. Vor 100 Jahren lag Letzterer noch bei fast 75 % – ein klares Zeichen dafür, welchen Schaden die schonungslose Abholzung und der Brandrodungsfeldbau anrichten.

1993 richtete die Regierung 18 nationale National Protected Areas (NPAs) ein, die eine Gesamtfläche von 24 600 km², also mehr als 10 % des Landes, umfassen. 1995 kamen zwei weitere Gebiete hinzu, sodass inzwischen bereits 14 % des laotischen Landesgebiets unter Schutz stehen. Trotz dieser Maßnahmen stellen illegale Abholzung und Schmuggel von exotischem Wild noch immer eine wesentliche Gefahr für die Naturressourcen des Landes dar.

Laut WWF importierte China 2014 Holz im Wert von 1 Mrd. US$ aus Laos. Zum Vergleich: 2008 waren es 45 Mio. US$.

Tiere & Pflanzen

In Laos leben u. a. Asiatische Elefanten, Schakale, Kragenbären, Schwarze Schopfgibbons, Languren, Nebelparder, Pythons, Königskobras, die seltenen Irawadidelfine und 437 Vogelarten. Aufgrund der hohen Nachfrage einiger Nachbarstaaten (allen voran China), die Körperteile vieler vom Aussterben bedrohter Arten begehren, um daraus traditionelle Arzneimittel und Aphrodisiaka herzustellen, boomt der illegale Handel.

Fast zwei Drittel aller Laoten leben in ländlichen Gegenden. Für sie sind Wildtiere einfach eine Proteinquelle.

PRAKTISCHE INFORMATIONEN

Allgemeine Informationen

AKTIVITÄTEN

Kajakfahren & Rafting

Laos wartet mit einigen tollen Stromschnellen und vielen wunderschönen, weniger herausfordernden Wasserstraßen auf. Leider sind jedoch sowohl das Kajakfahren als auch das Rafting gefährliche Sportarten, denen man besonders in der Regenzeit nur dann nachgehen sollte, wenn man dem Guide und der Ausrüstung vollkommen vertrauen kann. Vang Vieng und Nong Khiao sind ideal zum Kajakfahren. Einen besonders guten Ruf hat Green Discovery (www.greendiscoverylaos.com).

Klettern

In den Karstfelsen rund um Vang Vieng organisieren die Reiseveranstalter Adam's Rock Climbing School (S. 351) und Green Discovery, und seit Kurzem auch der hervorragende Anbieter Green Climbers Home in der Nähe von Thakhek, verschiedene Klettertouren. In Vang Vieng kann man aus Dutzenden Ausflügen für Anfänger und Profis auswählen.

Radfahren

Dank der guten Straßen gilt Laos als Paradies für Radfahrer. Mittlerweile sind viele Routen asphaltiert, doch wer direkt nach dem Monsun anreist, muss mit Schlaglöchern und komplett im Schlamm versunkenen Abschnitten (beispielsweise auf dem Bolaven-Plateau) rechnen. In Vientiane sollte man keine Taschen im Korb vorne am Lenker deponieren, denn uns wurde von Motorradfahrern berichtet, die diese im Vorbeifahren an sich reißen. In allen Großstädten findet man Fahrradverleihstellen. Einige Unternehmen in Luang Namtha, Nong Khiao und Luang Prabang bieten geführte Mountainbiketouren an.

Tubing

Beim Tubing legt man sich auf den Schlauch eines großen Reifens und lässt sich damit flussabwärts treiben. Vang Vieng, Muang Ngoi Neua und Si Phan Don sind dafür besonders gute Anlaufstellen. Bei allem Spaß sollte man jedoch auf Joints und Alkohol verzichten, denn das kann – vor allem bei einbrechender Dunkelheit – tödlich ausgehen. Darüber hinaus besteht die Gefahr schnell und unverhofft in eine gefährliche Strömung zu geraten. Wer nicht nüchtern ist, begibt sich also in Lebensgefahr.

Wandern

In Laos hat man die Möglichkeit, unter hohen Baumkronen durch den Dschungel zu wandern und Bergvölker in ihren Dörfern zu besuchen. Auf umweltfreundlichen und verantwortungsvollen Touren kann man zudem unberührte Regionen erkunden und Angehörige von Stammesvölkern kennenlernen, ohne sie auszubeuten. Die Ausflüge werden in mehreren Provinzen angeboten und auf der Website www.ecotourismlaos.com genau erläutert. Sie starten in Luang Namtha, Muang Sing, Oudom Xay, Luang Prabang, Nong Thiao, Thakhek, Savannakhet und Pakxe. Die jeweiligen Touristeninformationen haben besonders günstige Exkursionen im Programm, während Unternehmen wie Tiger Trail (S. 358) und Green Discovery teurere, aber dafür professionellere Treks veranstalten.

ARBEITEN IN LAOS

Der klassische Job des Sprachlehrers ist immer eine Möglichkeit und wird an Schulen in Vientiane oft angeboten. Es gibt eine beachtliche Anzahl von Hilfsorganisationen im Land (siehe unter www.directoryofngos.org), bei denen Ausländer mit technischen Fähigkeiten und Erfahrung in der Freiwilligenarbeit willkommen sind. Einfach herumfragen.

BOTSCHAFTEN & KONSULATE

Chinesische Botschaft (Karte S. 339; ☎ 021-315 105; http://la.china-embassy.org/eng; Th Wat Nak Nyai, Ban Wat Nak, Vientiane; ⌚ Mo–Fr 8–11.30 Uhr) Stellt innerhalb von vier Werktagen Visa aus.

Deutsche Botschaft (Karte S. 339; ☎ 021-312 110; www.vientiane.diplo.de; Th Sok Pa Luang, Vientiane; ⌚ Mo–Fr 9–12 Uhr)

Kambodschanische Botschaft (Karte S. 339; ☎ 021-314 952; Th Tha Deua, Km3, Ban That Khao, Vientiane) Stellt Visa für 20 US$ aus.

Botschaft von Myanmar (Karte S. 339; ☎ 021-314 910; Th Sok Pa Luang, Vientiane) Touristenvisa bekommt man in drei Tagen gegen eine Gebühr von 20 US$.

Thailändische Botschaft (Karte S. 339; ☎ 021-214 581; www.thaiembassy.org/vientiane; Th Kaysone Phomvihane, Vientiane; ⌚ Mo–Fr 8.30–12 & 13–15.30 Uhr) Für neue Visa und Visaverlängerungen ist das Konsulat in Vientiane zuständig. Thailand hat auch ein Konsulat in Savannakhet, das am selben Tag Touristenvisa und Visa für Nichteinwanderer (1000 B) ausstellt.

Thailändisches Konsulat (Karte S. 339; ☎ 021-214 581; 15 Th Bourichane, Vientiane; ⌚ 8–12 & 13–16.30 Uhr) Für Visaverlängerungen etc.

Thailändisches Konsulat (☎ 041-212 373; Ecke Th Tha He & Th Chaimeuang, Savannakhet) Stellt innerhalb eines Tages Touristenvisa sowie Visa für Nichteinwanderer aus.

Vietnamesische Botschaft (Karte S. 339 ☎ 021 413 400; www.mofa.gov.vn/vnemb.la; Th That Luang, Vientiane; ⌚ Mo–Fr 8.30–17.30 Uhr) Stellt Touristenvisa in drei Werktagen (45 US$) oder innerhalb eines Tages (60 US$) aus. Das Konsulat in Luang Prabang stellt für 60 US$ in wenigen Minuten Touristenvisa aus. Wer ein paar Tage warten kann, zahlt 45 US$. In den Konsulaten in Pakxe und Savannakhet kosten Visa 60 US$.

Vietnamesisches Konsulat (Th Naviengkham, Luang Prabang)

Vietnamesisches Konsulat (☎ 031-214 199; www.vietnamconsulate-Pakxe.org; Th 21, Pakxe; ⌚ Mo–Fr 8.30–11.30 & 14–16.30 Uhr) Das Konsulat stellt direkt vor Ort Visa für 60 US$ aus.

Vietnamesisches Konsulat (☎ 041-212 418; Th Sisavangvong, Savannakhet) Ein einmonatiges Touristenvisum kostet 60 US$. Es dauert drei Tage und man sollte ein Passfoto mitbringen.

US-Konsulat (Karte S. 339; ☎ 021-487000, Wochenendnottelefon 020-55502016; http://laos.usembassy.gov; Th Thadeua, Ban Somvang Thai, Km 9, Hatsayfong-Distrikt; ⌚ Mo–Fr 8.30–17 Uhr) In einem neuen Gebäude südlich der Stadt.

BÜCHER

Im Lonely Planet Laos findet man alle Infos, die man für eine ausgedehnte Reise braucht. Der Band liefert detailliertere Beschreibungen und deckt ausführlicher das Reisen abseits ausgetretener Pfade ab. Gute Einblicke bieten auch die folgenden Bücher:

- *A Dragon Apparent* (1951) Norman Lewis bereiste das französische Indochina.
- *The Lao* (2008) Robert Coopers Buch (nur in Vientiane erhältlich) bietet einen prägnanten und tiefgründigen Einblick in die hiesige Kultur und Mentalität.
- *The Ravens: Pilots of the Secret War of Laos* (1987) Spannender Bericht von Christopher Robbins über den Geheimen Krieg sowie die Rolle der amerikanischen Piloten und Hmong.

ESSEN

Die folgenden Preiskategorien beziehen sich auf ein Hauptgericht.

$	weniger als 40 000 K (5 US$)
$$	40 000 bis 80 000 K (5 bis 10 US$)
$$$	mehr als 80 000 K (10 US$)

FEIERTAGE

Abgesehen von Regierungsbüros, Banken und Postämtern halten sich viele laotische Geschäftsleute nicht zwingend an Wochenenden und Feiertage. Fast alle chinesischen und vietnamesischen Läden schließen zum vietnamesischen Tet und Chinesischen Neujahr im Januar/Februar für drei Tage. Am Internationalen Frauentag haben nur Frauen frei.

Internationales Neujahr 1. Januar

Tag der Armee (Neujahr) 20. Januar

Weltfrauentag 8. März

Laotisches Neujahr 14.–16. April

Internationaler Tag der Arbeit 1. Mai

Weltkindertag 1. Juni

Nationalfeiertag 2. Dezember

FRAUEN UNTERWEGS

Weibliche Traveller werden in Laos nur selten belästigt. Meist sind die Menschen einfach neugierig, da westliche Frauen einen ganz anderen Körperbau haben als laotische.

FREIWILLIGENARBEIT

Es ist nicht ganz einfach, eine kurzfristige Arbeitsmöglichkeit auf Freiwilligenbasis zu finden. Die Organic Mulberry Farm (S. 351) in Vang Vieng sucht gelegentlich Helfer, ebenso Big Brother Mouse (S. 359). Orthopäden, Physiotherapeuten, ITler und Grafikdesigner haben Chancen, im COPE Centre einen Job zu ergattern.

GEFAHREN & ÄRGERNISSE

Dank der freundlichen und friedliebenden Art der Laoten sind die Städte generell sehr sicher. Dennoch sollte man in Vientiane nachts wachsam sein, denn dort kommt man häufiger mit Drogen in Berührung und es wird viel gestohlen (auch vom Roller aus). In Vang Vieng kommt es manchmal zu Diebstählen in Budgetunterkünften.

In den östlichen Provinzen, besonders in Xieng Khouang, Saravan und Savannakhet, stellen Landminen eine ernste Gefahr dar. Hier darf man nur ausgewiesene Wege nutzen und diese niemals verlassen.

GELD

Die offizielle Währung in Laos ist der laotische Kip. Obwohl bei Alltagsgeschäften nur die Landeswährung als von Rechts wegen gültig ist, werden im Handelsleben neben dem Kip auch thailändische Baht (B) und US-Dollars (US$) akzeptiert.

Feilschen

Mit Ausnahme von *túk-túk*-Fahrern (die ihren eigenen Gesetzen folgen) ziehen einen die meisten Laoten nicht über den Tisch. Beim Feilschen sollte man nie vergessen, dass man in diesem armen Land ein vergleichsweise reicher Mensch ist.

Geld wechseln & Reiseschecks

Der Tausch von US-Dollars und thailändischen Baht ist überall im Land möglich. Banken in Vientiane und Luang Prabang wechseln darüber hinaus auch Euros. BCEL bietet die besten Kurse. In allen größeren Provinzstädten tauschen Banken Reiseschecks gegen US-Dollars. Wer Schecks in Kip wechselt, zahlt keine Gebühr, aber beim Tausch in Dollar beträgt der Aufschlag mindestens 2 %.

KARTEN

Die beste Allzweckkarte des Landes, Laos von **GT-Rider** (www.gt-rider.com), ist laminiert, sehr robust und beinhaltet mehrere Stadtpläne. Man sollte nach einer Ausgabe ab 2005 suchen.

Hobo Maps stellt eine Reihe anständiger Karten von Vientiane, Luang Prabang, Vang Vieng und anderen laotischen Städten her, die man jeweils vor Ort erhält.

KURSE

Kurze Kochkurse gibt's in Vientiane und Luang Prabang. Informeller Sprachunterricht ist nur in Vientiane möglich.

MEDIEN

Sabaidee (www.sabaidee-magazine.com) ist ein monatliches Hochglanzmagazin, das über Lifestyle und Reisen in Laos sowie aktuelle Veranstaltungen berichtet. Die *Bangkok Post*, der *Economist*, *Newsweek* und *Time* werden in Minimärkten und Buchläden verkauft. BBC und CNN kann man weithin über Satelliten-TV empfangen.

ÖFFNUNGSZEITEN

Behörden sind montags bis freitags von 8 bis 12 sowie von 13 bis 16 Uhr geöffnet, Banken montags bis freitags zwischen 8.30 und 16 Uhr. Geschäfte stehen länger offen und sind häufig auch an Wochenenden zugänglich. Restaurants schließen gegen 22 Uhr, in Bars ist bis 23.30 Uhr oder länger Betrieb.

POST

Die Post ist zwar schrecklich langsam, aber relativ zuverlässig (in den Provinzen mit Abstrichen). Wer Wertsachen oder Geschenke nach Hause schicken möchte, kann den FedEx-Schalter im neuen Hauptpostamt von Vientiane nutzen.

RECHTSFRAGEN

In Laos gibt's keine Rechtshilfe. Wer in Schwierigkeiten gerät, sollte sich an seine Botschaft in Vientiane wenden, allerdings kann diese meist nur bedingt Hilfe leisten.

Ausländer machen sich strafbar, wenn sie mit Einheimischen sexuelle Beziehungen eingehen, ohne mit ihnen verheiratet zu sein. Man sollte sich deshalb immer darüber im Klaren sein, dass eine Urlaubsromanze zur Ausweisung oder sogar Inhaftierung führen kann.

REISEN MIT BEHINDERUNG

Da Laos überraschend wenig für Einheimische mit Behinderung tut (sie werden eher versteckt), wundert es nicht, dass das Land kaum auf Besucher mit körperlichen Behinderungen eingestellt ist. Vientianes Hotels im internationalen Stil sind mit Rampen, Aufzügen und Toiletten für Menschen ausgestattet, die in ihrer Beweglichkeit eingeschränkt sind. Äußerst schwierig ist es allerdings, im Rollstuhl über das manchmal beschädigte Straßenpflaster zu fahren und den auf dem Bürgersteig geparkten Rollern auszuweichen. Besser kommt man in Luang Prabang zurecht, denn hier gibt's weniger Fahrzeuge und das Altstadtviertel ist besser mit dem Rollstuhl befahrbar. Eine Nutzung öffentlicher Verkehrsmittel ist leider nicht möglich, denn die Busse sind in schlechtem Zustand. Bei den Hotels sollte man sich im Voraus erkundigen, über welche Einrichtungen sie verfügen.

SCHWULE UND LESBEN

Die Laoten sind recht liberal, was das Thema Homosexualität angeht, lehnen allerdings die öffentliche Zurschaustellung von Zuneigung ab. Gleichgeschlechtliche Paare müssen kaum irgendwo mit abweisender Behandlung rechnen. Es gibt keine ausgewiesene Schwulenszene, aber Luang Prabang rühmt sich damit, die erste richtige Schwulenbar (Khob Chai; gegenüber der Hive Bar, S. 361) in Laos eröffnet zu haben. An einigen Stellen in der Stadt sieht man das Symbol der Homosexuellen: die Flagge in Regenbogenfarben.

Lesben werden nicht belästigt, jedoch eventuell von laotischen Männern schief angeschaut.

STROM

Die Netzspannung beträgt 230 Volt, 50 Hz, und die Stecker haben entweder zwei oder drei flache oder zwei runde Pole.

TELEFON

Die Landesvorwahl von Laos ist ☎856. Für Gespräche ins Ausland muss man zunächst die ☎00 wählen. Handynummern haben die Vorwahl ☎020; für die neueren WIN-Telefone wählt man vorab die ☎030.

TOILETTEN

Anders als in Thailand sind Hocktoiletten, abgesehen von entlegenen Orten (z. B. Bergdörfern), nicht verbreitet.

TOURISTENINFORMATION

Die Lao National Tourism Administration (NTAL) und die Tourismusbehörden der Provinzen haben landesweit Filialen. Hervorragend sind die Büros in Thakkek, Savannakhet, Pakxe, Luang Namtha, Xayaboury, Phongsaly und Sam Neua mit gut geschultem Personal und zahlreichen Broschüren.

Die NTAL betreibt auch drei recht gute Websites:

Central Laos Trekking (www.trekkingcentrallaos.com)

Ecotourism Laos (www.ecotourismlaos.com)

Lao National Tourism Administration (www.tourismlaos.org)

Infos zu aktuellen Veranstaltungen bieten www.thisisvientiane.com, www.sabaidee-magazine.com und www.visit-laos.com.

UNTERKUNFT

Budgetunterkünfte (Zimmer mit einem Ventilator und gelegentlich einem eigenen Bad) werden jedes Jahr besser. Zwar steigen die Preise vor allem in den Städten, doch verglichen mit dem Westen sind die Pensionen immer noch unschlagbar günstig. Wer kann sich bei weniger als 10 US$ (80 000 K) pro Nacht schon beklagen?

Homestays bei Einheimischen

Für mehr als 75 % der Laoten ist das „echte Laos" das Leben im Dorf. Mittlerweile laden ethnische Minderheiten im ganzen Land Besucher in ihre Häuser ein, damit diese ihren Alltag kennenlernen können. Im Klartext heißt das, man schläft, isst und wäscht sich wie die Einwohner. Luxus sollte man nicht erwarten: Die Matratzen liegen auf dem Fußboden und man „duscht", indem man sich aus einem Kanister Wasser über den Kopf gießt. Doch genau dieses Eintauchen in die hiesigen Bräuche macht eine Unterkunft in einem Privathaus zu etwas so Besonderem. Außerdem ist es gut zu wissen, dass die 50 000 K, die man für ein Bett, Abendessen und Frühstück zahlt, direkt denen zugute kommt, die es am meisten benötigen.

Preiskategorien

Die folgenden Preiskategorien beziehen sich auf ein Doppelzimmer in der Hochsaison.

$	weniger als 160 000 K (20 US$)
$$	160 000 bis 640 000 K (20 bis 80 US$)
$$$	mehr als 640 000 K (80 US$)

ZOLLBESTIMMUNGEN

An den Grenzen geht's meist recht schläfrig und entspannt zu, jedenfalls solange man nicht mehr als 500 Zigaretten und 1 l Alkohol sowie Drogen, Messer oder Pistolen mit sich führt.

An- & Weiterreise

FLUGZEUG

Dank einem Dutzend Grenzübergängen nach Laos ist die Einreise einfacher denn je. Lao Airlines hat seinen Service verbessert und verfügt nun über zehn Flugzeuge. Die Fluglinie bietet regelmäßige Flüge in die meisten Gebiete innerhalb des Landes sowie in die Nachbarstaaten.

Bangkok Airways (www.bangkokair.com) Verbindet Luang Prabang, Vientiane und Pakxe mit Bangkok sowie Luang Prabang mit Chiang Mai.

China Eastern Airlines (www.ce-air.com) Fliegt täglich von Vientiane nach Kunming und Nanning.

Lao Airlines (www.laoairlines.com) Das internationale Streckennetz der nationalen Fluglinie umfasst Verbindungen von Vientiane nach Bangkok, Chiang Mai, Danan, Guangzhou, Hanoi, Ho-Chi-Minh-Stadt, Kunming, Phnom Penh, Siem Reap und Singapur; Flüge von Luang Prabang nach Bangkok, Chiang Mai, Hanoi und Siem Reap; Flüge von Pakxe nach Bangkok, Da Nang, Ho-Chi-Minh-Stadt und Siem Reap; zudem von Savannakhet nach Bangkok und Da Nang.

Thai Airways International (www.thaiairways.com) Bedient zweimal täglich die Strecke von Vientiane nach Bangkok.

Vietnam Airlines (www.vietnamairlines.com) Verbindet Vientiane mit Ho-Chi-Minh-Stadt, Hanoi und Phnom Penh sowie Luang Prabang mit Hanoi und Siem Reap.

AUF DEM LANDWEG

Laos hat offene Grenzen nach Kambodscha, China, Thailand und Vietnam, aber nicht nach Myanmar. Derzeit erhält man an mehreren internationalen Grenzübergängen 30-Tage-Besuchervisa. Da sich die Lage ständig ändert, empfehlen wir einen Besuch des **Thorn-Tree-Forums** (www.lonelyplanet.com/thorntree), wo man sich nach den Erfahrungen anderer Traveller erkundigen kann.

Unterwegs vor Ort

AUTO & MOTORRAD

Roller werden für 50 000 bis 90 000 K pro Tag in Vientiane, Thakkek, Savannakhet, Pakxe und Luang Namtha vermietet. In Vientiane, Luang Prabang, Thakkek und Pakxe kann man auch Geländemotorräder für ca. 35 US$ pro Tag leihen. First-One Motorbike (S. 349) und Mad Monkey Motorbike (S. 383) bieten eine Reihe leistungsstarker Motorräder sowie die Möglichkeit, diese in Vientiane zu mieten und gegen einen Aufpreis in Luang Prabang oder Pakxe wieder abzugeben. Motolao (S. 358) ist ein zukunftsorientiertes neue Unternehmen, das auf begeisterte Biker abzielt, die auf modernen Geländebikes selten besuchte Gegenden von Laos erkunden möchten.

Mietwagen sind zwar relativ teuer, aber toll, um abgelegene Orte zu erreichen. Für ein Auto von Avis (S. 340) zahlt man mindestens 55 US$ pro Tag. Ein Fahrer schlägt mit weiteren 20 US$ zu Buche.

BUS & SŎRNGTĂAOU

Fernstrecken können auch mit öffentlichen Verkehrsmitteln wie Bussen oder *sŏrngtăaou* (wörtlich „zwei Reihen") zurückgelegt werden. Bei Letzteren handelt es sich um umgebaute Lieferwagen oder Pick-ups mit Bänken an beiden Seiten. Busse fahren regelmäßiger. Privat betriebene VIP-Busse verkehren auf stärker frequentierten Routen, kommen aber nur langsam voran. Einfache Standardbusse (gelegentlich klimatisiert) sind die Norm.

Sŏrngtăaou decken kürzere Strecken innerhalb einer bestimmten Provinz ab. Die meisten etwas größeren Orte haben mindestens ein *sŏrngtăaou*, das jeden Tag außer sonntags die Provinzhauptstadt ansteuert und unterwegs überall anhält.

FAHRRAD

Da in vielen laotischen Städten nur wenig und außerdem relativ langsamer Verkehr herrscht, kann man hier gut Fahrrad fahren. In den größeren Touristenorten sind Leihräder für rund 10 000 K pro Tag erhältlich, meist handelt es sich um einfache Modelle aus Thailand oder China.

FLUGZEUG

Lao Airlines bedient sämtliche Flugrouten innerhalb des Landes, z. B. die Strecken von Vientiane nach Luang Prabang (103 US$, 40 Min., 3-mal tgl.), Luang Namtha (128 US$, 6-mal wöchentlich), Pakxe (147 US$, 4-mal wöchentlich), Phonsavan (Xien Khouang; 103 US$, tgl.), Savannakhet (128 US$, 4-mal wöchentlich) und Oudom Xay (128 US$, 4-mal wöchentlich).

Lao Skyway (☎ 021-513022; www.laoskyway.com; Domestic Terminal, Wattay International Airport; ⌚ 8–20 Uhr) ist eine neue nationale Fluggesellschaft. Sie fliegt von Vientiane nach Oudom Xay (499 000 K), Luang Prabang (649 000 K), Houay Xay (599 000 K) und Luang Namtha (499 000 K). Die Flugziele können sich ändern (siehe Website).

SCHIFF/FÄHRE

Die beliebteste Flussreise (zwischen Houay Xay und Luang Prabang) wird nach wie vor täglich angeboten. Auch andere Ausflüge (zwischen Pakxe und Si Phan Don sowie Pakxe und Champasak sind empfehlenswert, wenn man es nicht eilig hat. Leider ist die Strecke über den Nam Ou ab Luang Prabang nicht mehr befahrbar, weil am Nam Ou ein Staudamm gebaut wurde.

Flussfähren sind sehr schlicht. Meist sitzen, essen und schlafen die Passagiere auf den Holzdecks, deshalb sollte man unbedingt eine Unterlage mitnehmen. Die Toilette ist ein abgedecktes Loch auf dem Deck im hinteren Bootsbereich. Für kürzere Flusstouren, etwa von Luang Prabang zu den Pak-Ou-Höhlen, bucht man am besten ein Flusstaxi.

Zwischen Luang Prabang und Houay Xay verkehren unglaublich laute, extrem unbequeme Schnellboote. Sie legen dieselbe Strecke in sechs Stunden zurück, für die Flussfähren zwei Tage brauchen. Warnung: Jedes Jahr sterben Menschen und werden verletzt, wenn die Boote bei Kontakt mit Treibgut zerbersten oder auf eine stehende Welle prallen und kentern.

TRAMPEN

Trampen ist in Laos möglich, aber nicht üblich und natürlich nie ganz sicher. Wir raten vor allem Frauen davon ab. Dass sie am Straßenrand stehen und winken, könnte falsch interpretiert werden.

Malaysia

☎ 60 / EW. 29,7 MILLIONEN

Inhalt ➡

Regionale Spezialitäten

- ➡ Laksa, Penang (S. 431)
- ➡ Satay Celup, Melaka (S. 425)
- ➡ Sarawak laksa, Kuching (S. 481)
- ➡ Tee, Cameron Highlands (S. 427)

Die besten Strände

- ➡ Pulau Perhentian (S. 452)
- ➡ Pulau Langkawi (S. 441)
- ➡ Pulau Tioman (S. 446)
- ➡ Pulau Kapas (S. 448)

Auf nach Malaysia

Der griffige Slogan „Malaysia, das wahre Asien" trifft auch weiterhin zu. Die multikulturelle Halbinsel beeindruckt mit malaiischen, chinesischen und indischen Einflüssen sowie schönen Stränden und Inseln. Durch das Südchinesische Meer getrennt, bietet Malaysisch-Borneo noch schönere Landschaften, Regenwälder mit Orang-Utans, Granitgipfel und abgeschieden lebende Stämme. Menschliche Lebensräume reichen von den himmelhohen Wolkenkratzern und gewaltigen Einkaufszentren in Kuala Lumpur (KL) bis zu den Langhausdörfern mitten im Regenwald in Sarawak. Die Vielfalt des Landes spiegelt sich auch in der fantastischen Auswahl an kulinarischen Köstlichkeiten wider: angefangen bei chinesisch-malaiischer „Nonya"-Küche über indische Currygerichte, chinesische Büfetts und malaiische Essensstände bis hin zu überraschend schmackhafter westlicher Küche. Ein weiterer Pluspunkt ist, dass Malaysia zu den sichersten, stabilsten und am leichtesten zu bereisenden Ländern Südostasiens gehört.

Reisezeit

Kuala Lumpur

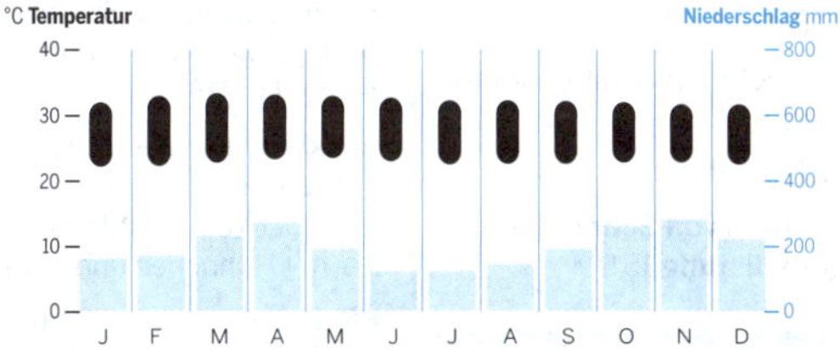

Dez.–Feb. Hochsaison: Schulferien und chinesisches Neujahr. Hohe Preise. Vorab buchen.

Nov.–März In der Monsunsaison sind viele Inseln an der Ostküste dicht; Cherating füllt sich mit Surfern.

Juni–Aug. Im Ramadan öffnen nachts Essensbasare. Zum Abschluss (Hari Raya) gibt's ein Festmahl.

AUF EINEN BLICK

- **Geld** Geldautomaten nur in Großstädten.
- **Handy** Lokale SIM-Karten gibt's ab 5 RM, Anrufe kosten 15 Sen pro Minute, 4G-Datenpakete 10 RM pro Woche.
- **Sprache** Bahasa Malaysia (offiziell), Chinesisch (Hakka & Hokkien), Tamil, Englisch.
- **Visum** Die meisten Nationalitäten erhalten bei Ankunft ein 30- bis 90-tägiges Visum.
- **Währung** Malaysischer Ringgit (RM).

Kurzinfos

- **Fläche** 329 874 km²
- **Hauptstadt** Kuala Lumpur
- **Notfall** ☎ 999

Wechselkurse

Euro	1 €	4,45 RM
Schweiz	1 SFR	4,1 RM
USA	1 US$	4,02 US$

Preise

Bett im Schlafsaal 15–50 RM

Gericht am Straßenstand 5–7 RM

Bier 8 RM

Verleih von Schnorchelausrüstung 15 RM

Anreise

Kuala Lumpur ist der größte Flughafen der Halbinsel; in Kota Kinabalu landen die meisten Flüge nach Sabah, in Kuching die nach Sarawak.

Nicht versäumen

Hervorragende Essensmärkte und Straßenstände findet man überall im Land, doch die Westküste – insbesondere Kuala Lumpur und Penang – bieten eine lebhafte Straßenstandszene, an denen man die mitunter besten Gerichte in Südostasien bekommt. Zu den Top-Adressen gehören die Jalan Alor und der Imbi-Markt in KL oder eines der Straßenhändlerzentren in Penang. Jeder Ort hat seine eigene Spezialität, doch bei der Wahl der Lieblingsnudeln, -reisgerichte, -salate, -grillgerichte und Eisdesserts sollte man sich von der eigenen Nase, dem Appetit und den Instinkten leiten lassen. Um Magenbeschwerden zu vermeiden, kauft man am besten an geschäftigen Ständen, wo der Wok immer heiß gehalten wird.

REISEROUTEN

Eine Woche

Nach einem Tag in Kuala Lumpur die endlosen Straßenstände in Penang besuchen, dann das kühle Klima der Cameron Highlands genießen, moosige Wälder und Teeplantagen erkunden. Anschließen auf die Perhentian-Inseln fahren, schnorcheln, tauchen und sich am Strand erholen.

Zwei Wochen

Die Route für eine Woche in entgegengesetzter Richtung bereisen, dann einen Flug nach Kota Kinabalu nehmen und in der folgenden Woche durch die wilden Dschungel Borneos wandern und vielleicht den Mount Kinabalu, einen der höchsten Berge Südostasiens, besteigen.

Nützliches zu Essen & Trinken

- **Frühstück** *Nasi lemak* (Kokosnussreis mit einer Auswahl an Beilagen), *roti canai* (flaches indisches Brot), *won ton mee* (Eiernudeln und Wan Tan), Dim Sum oder Reis-*congee* (herzhafter Reisbrei).
- **Grillgerichte** Fisch, Hummer, Garnelen, Tintenfisch, Herzmuscheln und Stachelrochen. Man zeigt darauf und sieht zu, wie es mit Sambal bestrichen und in einem Bananenblatt gegrillt wird.
- **Nudeln** Gebraten oder in Suppen. Lecker sind *kway teow* (gebratene Nudeln u. a. mit Ei, Sojasoße und Chilli), *laksa*, *curry mee* (Currynudeln), Hokkien mee (gebratene Nudeln u. a. mit Hühnchen und Schweinefleisch) und *won ton mee*.
- **Reis** *Nasi campur* ist ein beliebtes Mittagsgericht mit Reis und einer Auswahl an Beilagen.
- **Dessert** Die Malaysier trinken ihre Desserts. Dazu zählen gezuckerte Fruchtsäfte, gesüßte Kondensmilch in heißen Getränken sowie furchterregend wirkendes kaltes Gebräu wie *cendol* und *ais kacang* (auch „ABC" genannt – Geschabtes Wassereis mit Kokoscreme, Gelee, Bohnen und anderen verrückten Zutaten).

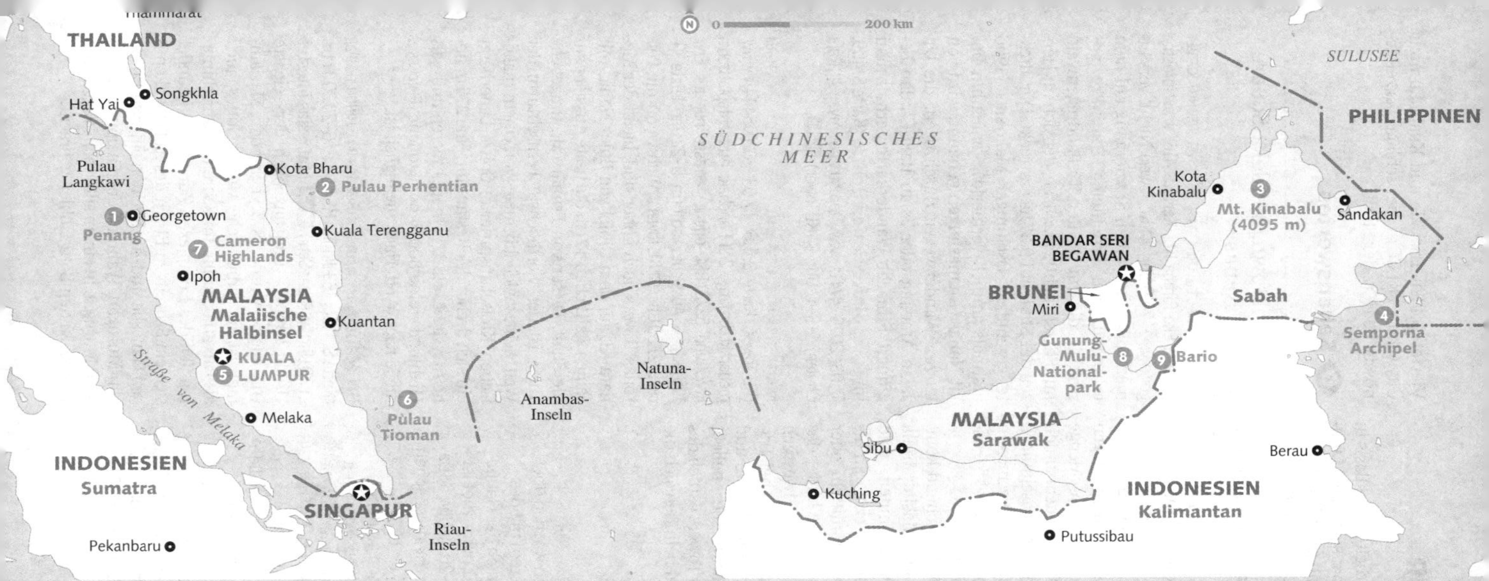

Highlights

1 In **Penang** (S. 431) Georgetowns denkmalgeschützten Bezirk erkunden.

2 Am Strand von **Pulau Perhentian** (S. 452) liegen, schnorcheln und schlemmen.

3 Zum Sonnenaufgang an Mondlandschaften vorbei auf den Gipfel des **Mt. Kinabalu** (S. 469) wandern.

4 Im **Semporna-Archipel** (S. 477) Schildkröten, Haie und Korallen durch die Taucher-maske anlächeln.

5 Vom KL Tower oder der Heli Lounge Bar auf dem Dach den Blick auf **Kuala Lumpur** (S. 408) schweifen lassen.

6 Auf **Pulau Tioman** (S. 446) malerische Stranddörfer besichtigen und Affen beobachten.

7 Bei einem Kaffee die grünen Teeplantagen in den **Cameron Highlands** (S. 427) betrachten.

8 Die Klippen der Pinnacles im **Gunung-Mulu-Nationalpark** (S. 497) erklettern.

9 In einem wackligen Langhaus in **Bario** (S. 499) ein Tässchen Tee genießen.

KUALA LUMPUR

☎03 / EW 1,5 MILLIONEN

150 Jahre nachdem Zinnarbeiter eine Basis in den Dschungel schlugen, hat sich Kuala Lumpur (KL) zu einer wohlhabenden Metropole des 21. Jhs. mit einer bemerkenswerten kulturellen Vielfalt entwickelt. Sie wurde von Malaien, chinesischen Erzsuchern, indischen Emigranten und Briten geprägt, und jede Gruppe hat ihre eigenen Spuren und faszinierende kulturelle Traditionen hinterlassen. Historische Tempel und Moscheen stehen zwischen supermodernen Türmen und Einkaufszentren; auf den Straßenständen liegen stapelweise Durianfrüchte und jede Menge gefälschte Handtaschen; Einschienenbahnen rasen durch den üppigen Stadtdschungel; und Einheimische schlürfen Cappuccinos in Cafés mit WLAN oder schmausen das köstliche Essen der Straßenhändler.

KLs Stadtzentrum ist überraschend kompakt – von Chinatown bis Masjid India braucht man nur gut 10 Gehminuten – und man kommt zu Fuß oft schneller voran als mit den öffentlichen Verkehrsmitteln oder einem Taxi. Der Merdeka Square bildet das Zentrum des kolonialen KLs. Südwestlich über den Fluss liegt Chinatown, das bei Travellern dank seiner Budgetunterkünfte und seines belebten Nachtmarkts sehr beliebt ist. Rund um die Petronas Towers östlich des Busbahnhofs Pudu Sentral befinden sich die Viertel Golden Triangle und Kuala Lumpur City Centre (KLCC) – hier schlägt das zeitgenössische Herz der Stadt.

ABSTECHER

BATU-HÖHLEN

Hinduistische Gottheiten wachen über die Batu-Höhlen, ein System mit drei Grotten, 13 km nordwestlich der Hauptstadt. Der größte Publikumsmagnet ist die **Tempelhöhle** (⏲8–20.30 Uhr; 🚉Batu Caves) GRATIS mit einem hinduistischen Schrein, der über 272 Stufen erreichbar ist, und einer 42,7 m hohen goldenen Muruganstatue, die die größte der Welt sein soll. In den Höhlen ist jeden Tag viel los, doch während des jährlichen Thaipusam (Januar/Februar) strömen Hunderttausende Pilger hierher, um die spektakulären und masochistischen Heldentaten der Gläubigen zu bewundern oder sich ihnen anzuschließen.

Der KTM-Komuter-Zug fährt alle 15 bis 30 Minuten zu den Batu-Höhlen (2,60 RM; 30 Min.). Ein Taxi kostet 20 bis 30 RM.

Sehenswertes

Chinatown, Merdeka Square & Bukit Nanas

★ KL Forest Eco Park NATURSCHUTZGEBIET

(Taman Eko Rimba KL; Karte S. 416; www.forestry.gov.my; ⏲7–19 Uhr; 🚉KL Tower) Nicht versäumen sollte man einen Spaziergang auf dem erhöhten, neu errichteten **Baumkronenpfad** in diesem dichten Tieflandregenwald mit Flügelfruchtgewächsen, der sich im Herzen der Stadt auf 9,37 ha erstreckt. Der älteste geschützte Dschungel Malaysias (1906 erstmals amtlich vermerkt), gemeinhin Bukit Nanas (Ananashügel) genannt, wird von kurzen Wanderwegen durchzogen, die bei Jalan Ampang oder Jalan Raja Chulan beginnen. Einfache Wanderkarten erhält man im **Forest Information Centre** (Karte S. 409; ☎03-2026 4741; www.forestry.gov.my; Jl Raja Chulan; ⏲9–17 Uhr; 🚉KL Tower) GRATIS.

Menara Kuala Lumpur TURM

(KL Tower; Karte S. 416; ☎03-2020 5444; www.menarakl.com.my; 2 Jl Punchak; Aussichtsplattform Erw./Kind 52/31 RM, offene Terrasse nur für Erw. 105 RM; ⏲Aussichtsplattform 9–22 Uhr, letzte Tickets 21.30 Uhr; 🚉KL Tower) Auch wenn die Petronas Towers noch höher sind, bietet der Menara KL auf dem Gipfel von Bukit Nanas mit seinen stattlichen 421 m die beste Aussicht auf die Stadt. Dieser von Primärwald umgebene Turm ist der vierthöchste Fernsehturm der Welt. Seine zwiebelförmige (von einem malaiischen Kreisel inspirierte) Spitze beherbergt ein sich drehendes Restaurant, eine 276 m hohe **Aussichtsplattform** im Inneren und – als Highlight – eine 300 m hohe, offene Terrasse, die je nach Wetterlage zugänglich ist.

Sri-Mahamariamman-Tempel HINDU-TEMPEL

(Karte S. 412 f.; 163 Jln Tun HS Lee; ⏲6–20.30, Fr bis 21.30 Uhr; Ⓜ Pasar Seni) GRATIS Malaysias ältester Hindu-Tempel – und angeblich der reichste von allen – wurde 1873 gegründet. Mariamman ist die südindische Mutter Gottes, auch als Parvati bekannt. Ihr Schrein liegt im hinteren Teil des Komplexes. Zur Linken befindet sich ein Schrein zu Ehren des elefantenköpfigen Ganesha und zur Rechten einer zu Ehren von Murugan. Während des Thaipusamfestes wird Murugan in einem silbernen Wagen vom Tempel zu den Batu-Höhlen gebracht.

Kuala Lumpur

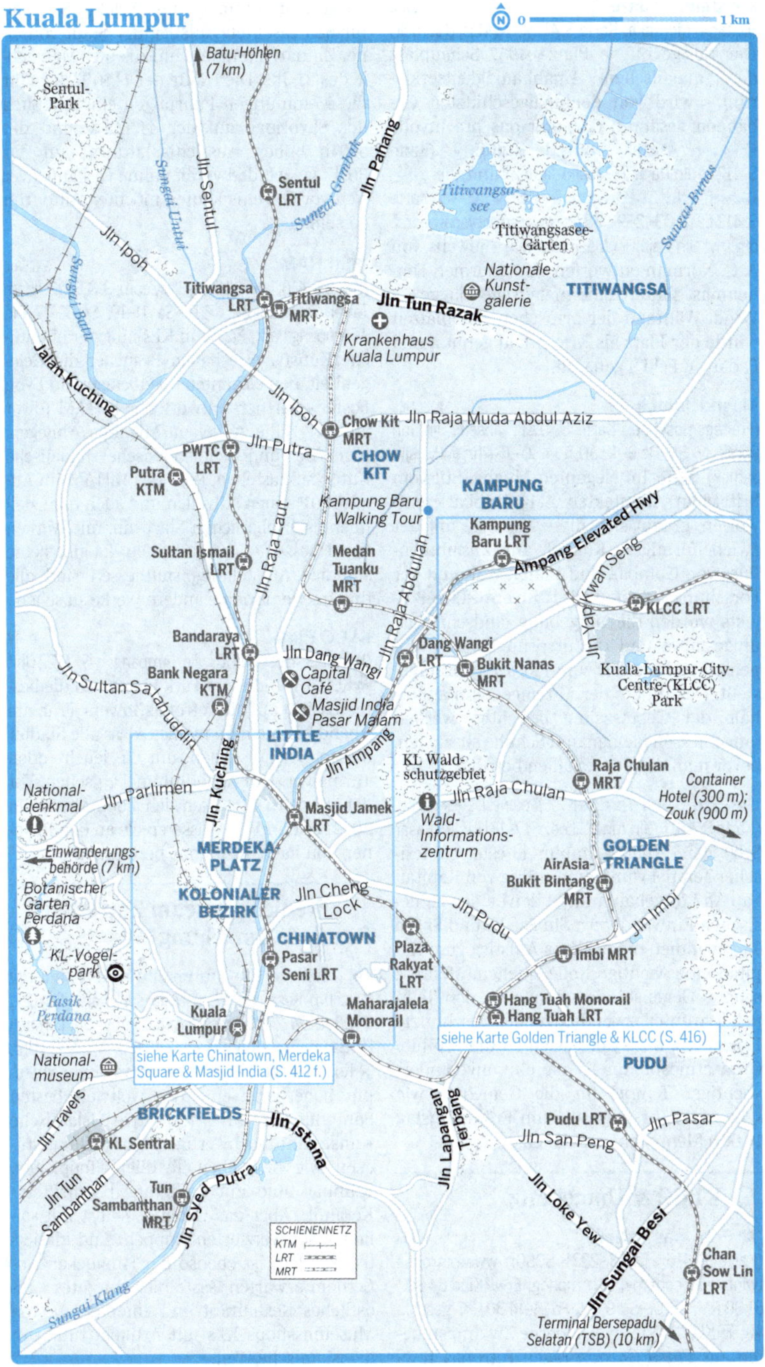

Merdeka Square PLATZ

(Dataran Merdeka; Karte S. 412 f.; Ⓜ Masjid Jamek) Der riesige offene Platz – 1957 Schauplatz der malaiischen Unabhängigkeitserklärung – wird von denkmalgeschützten Gebäuden gesäumt, darunter das prachtvolle **Sultan Abdul Samad Building** (Karte S. 412 f.; Jln Raja; Ⓜ Masjid Jamek) und die **anglikanische Kathedrale St Mary's** (Karte S. 412 f.; ☎ 03-2692 8672; www.stmaryscathedral.org.my; Jln Raja; Ⓜ Masjid Jamek) – jeweils von A. C. Norman entworfen. Am enormen Fahnenmast flattert eine malaiische Flagge im Wind. Während der britischen Kolonialzeit wurde der Platz als Kricketfeld genutzt und Padang („Feld") genannt.

Masjid Jamek MOSCHEE

(Freitagsmoschee; Karte S. 412 f.; abseits Jln Tun Perak; ⏲ Sa–Do 9–12.30 & 14.30–16 Uhr; Ⓜ Masjid Jamek) GRATIS Im eleganten Mughal-Stil vom britischen Architekten A. B. Hubback entworfen, erhebt sich diese Moschee mit der zwiebelförmigen Kuppel am Zusammenfluss von Gombak und Klang. Während der Forschungsarbeiten des River-of-Live-Projekts wurden die Umgebung landschaftlich umgestaltet und die ursprünglichen Treppenstufen hinunter zum Fluss wiederhergestellt. Das Innere der Moschee kann außerhalb der Gebetszeiten besichtigt werden (angemessen kleiden und Schuhe ausziehen, bevor man die Gebetshallen betritt).

Sin-Sze-Si-Ya-Tempel CHINESISCHER TEMPEL

(Karte S. 412 f.; Jln Tun HS Lee; ⏲ 7–17 Uhr; Ⓜ Pasar Seni) GRATIS Kuala Lumpurs ältester chinesischer Tempel wurde im Auftrag von Kapitan Yap Ah Loy gebaut und ist den beiden chinesischen Einwanderern Sin Sze Ya und Si Sze Ya gewidmet, die bei Yaps Aufstieg zum Kapitan eine wichtige Rolle spielten. Mehrere schöne Gegenstände schmücken den Tempel, darunter zwei hängende, geschnitzte Holztafeln, doch am besten ist die gefühlte Grenzatmosphäre. Es ist ein unverändert wichtiger Tempel für die Gemeinde – wie schon im Jahr 1864, als zum Eröffnungstag 10 000 Menschen erschienen.

KLCC & Umgebung

★ Petronas Towers TURM

(Karte S. 416; ☎ 03-2331 8080; www.petronastwintowers.com.my; Jln Ampang; Erw./Kind 84,80/31,80 RM; ⏲ Di–So 9–21, Fr 13–14.30 Uhr geschl.; 🚼; Ⓜ KLCC) Wie zwei silberne Zwillingsraketen aus *Flash Gordon* ragen Petronas Towers in den Himmel – das perfekte Sinnbild für den rasanten Aufstieg der Stadt von einer Zinnarbeiterstätte hin zu einer Metropole des 21. Jhs. Die Hälfte der 1440 Tickets für die 45-minütigen Führungen einschließlich der Skybridge auf der 41. Etage und der 370 m hohen Aussichtsplattform auf der 86. Etage werden vorab online verkauft. Wer sich vor Ort eins kaufen möchte, sollte früh da sein.

★ ILHAM GALERIE

(Karte S. 416; www.ilhamgallery.com; 3. & 5. OG, Ilham Tower, 8 Jln Binjai; ⏲ Di–Sa 11–19, So 11–17 Uhr; Ⓜ Ampang Park) GRATIS In KLs jüngster öffentliche Kunstgalerie haben Besucher die Gelegenheit, den eleganten 60-stöckigen und von Foster + Partners entworfenen ILHAM Tower aus der Nähe zu sehen. Mit dem Anliegen, moderne und zeitgenössische malaiische Kunst auszustellen, legte das ILHAM im August 2015 einen stilvollen und auch finanziell überaus erfolgreichen Start hin, mit Werken von Hoessein Enas (1924–95). Es gibt keine ständige Ausstellung, stattdessen sind alle drei bis vier Monate andere Werke zu sehen.

KLCC Park PARK

(Karte S. 416; KLCC, Jln Ampang; ⏲ 7–22 Uhr; Ⓜ KLCC) Von diesem Park bietet sich die beste Aussicht auf die Petronas Towers. Früh am Abend könnte man meinen, dass alle Städter diesen Ort aufsuchen, um die leuchtenden Türme vor dem Abendhimmel zu sehen. Vor dem Suria KLCC lassen sich jeden Abend um 20, 21 und 22 Uhr Wasserspiele an den Brunnen von Lake Symphony bestaunen.

Freilichtmuseum Tun Abdul Razak & Umgebung

★ Museum für Islamische Kunst MUSEUM

(Muzium Kesenian Islam Malaysia; Karte S. 412 f.; ☎ 03-2274 2020; www.iamm.org.my; Jln Lembah Perdana; Erw./Kind 14,85/7,40 RM; ⏲ 10–18 Uhr; 🚉 Kuala Lumpur) Dieses herausragende Museum beherbergt eine der weltweit besten Sammlungen für dekorative islamische Kunst, mit hochwertigen Ausstellungsstücken wie herrlichen Textilien, Teppichen, Schmuck und mit Kalligrafie beschrifteter Keramik. Aber das Gebäude selbst mit seinen schön verzierten Kuppeln und glasierten Kacheln ist ebenso ein Hingucker. Außerdem erwarten Gäste hier ein gutes nahöstliches Restaurant und einer der besten Museumsshops KLs mit Artikeln rund um die islamische Welt.

KL Bird Park VOGELPARK

(Karte S. 409; ☎ 03-2272 1010; www.klbirdpark.com; Jln Cenderawasih; Erw./Kind 50/41 RM; ⌚ 9–18 Uhr; 📶; 🚉 Kuala Lumpur) Ungefähr 3000 Vögel aus insgesamt 200 Arten (meist) asiatischer Herkunft leben auf 21 ha in diesem fabelhaften Vogelpark. Er ist in vier Abschnitte unterteilt: Abschnitt eins und zwei beherbergt frei fliegende Vögel unter einem riesigen Schutzdach. Im dritten Abschnitt sind die skurrilen einheimischen Nashornvögel zu finden (ihren Namen verdanken sie ihrem riesigen Schnabel). Der vierte Abschnitt allerdings bietet einen nicht besonders erbaulichen Anblick von eingesperrten Tieren.

Botanischer Garten Perdana PARK

(Karte S. 409; ☎ 03-2617 6404; www.klbotanicalgarden.gov.my; ⌚ 7–20 Uhr; 👪; 🚉 Kuala Lumpur) GRATIS Im ältesten öffentlichen Park KLs (aus den 1880er-Jahren) wächst eine große Vielfalt an einheimischen und ausländischen Pflanzen. Es gibt Abschnitte zu Farnen, seltenen Bäumen, nach denen Orte in Malaysia benannt sind, Heilkräutern, Wasserpflanzen, etc. Die Gärten mit Gehwegen und Pavillons sind hervorragend angelegt, jedoch kaum beschildert. Wer mehr erfahren möchte, kann einen der kostenfreien, geführten Spaziergänge am Sonntag um 8 und um 10 Uhr buchen.

Nationaldenkmal DENKMAL

(Karte S. 409; Plaza Tugu Negara, Jln Parlimen; ⌚ 7–18 Uhr; Ⓜ Masjid Jamek, anschließend Taxi) GRATIS Dieses beeindruckende Denkmal erinnert an die Niederlage der Kommunisten im Jahr 1950 und bietet einen schönen Park- und Stadtblick. Die gigantische, militärisch anmutende Bronzeskulptur wurde 1966 von Felix de Weldon entworfen, dem Künstler des Kriegerdenkmals Iwo Jima in Washington, D.C. Sie ragt neben einem himmelblau reflektierenden Brunnen und einem anmutig geschwungenen Pavillon in die Höhe.

Nationalmuseum MUSEUM

(Muzium Negara; Karte S. 409; ☎ 03-2282 6255; www.muziumnegara.gov.my; Jln Damansara; Erw./Kind 5/2 RM; ⌚ 9–18 Uhr; 🚌 Hop-on-Hop-off-Bustour, 🚉 KL Sentral, anschließend Taxi) Auch wenn die Qualität der Ausstellung etwas durchwachsen ist, erlaubt dieses Museum einen recht umfassenden Einblick in die malaiische Geschichte. Zu den besten Abschnitten zählen die Frühgeschichte mit Ausstellungsstücken von Kulturen aus der Jungsteinzeit und dem Bronzezeitalter sowie die Malaiischen Königreiche, die ihren Fokus auf den Aufstieg islamischer Königreiche im Malaiischen Archipel legen.

Draußen erwarten einen ein wunderschönes, traditionelles, erhöhtes Haus, antike Grabpfahle aus Sarawak, regelmäßig wechselnde Ausstellungen (gegen Aufpreis) sowie zwei hervorragende kleine und kostenlose Nebengalerien: das **Kunsthandwerksmuseum Orang Asli** und das **Ethnologische Museum Malay World**.

ANFAHRT ZUM TUN ABDUL RAZAK HERITAGE PARK

Der Tun Abdul Razaka Heritage Park, eine Gegend, die auch heute noch oft mit ihrem kolonialen Spitznamen „Lake Gardens" bezeichnet wird, erscheint ein wenig wie eine kleine Oase, die durch Bahngleise und Autobahnen von der Stadt getrennt wird. Dabei ist er fußläufig zu erreichen: Man überquert die Fußgängerbrücke gegenüber dem Zentralmarkt zum Kompleks Dayabumi und begibt sich nach Süden hinter die Post zur Unterführung zur Masjid Negara. Über ein paar andere oberirdische Fußgängerbrücken gelangt man zum Bahnhof KL, von wo man ebenfalls zum Park laufen kann. Dort angekommen, bringt einen die **elektrische Straßenbahn** (Erw./Kind 2/1 RM, 9–18 Uhr) zu den größeren Sehenswürdigkeiten.

Masjid Negara MOSCHEE

(Nationalmoschee; Karte S. 412 f.; www.masjidnegara.gov.my/v2; Jln Lembah Perdana; ⌚ 9–12, 15–16 & 17.30–18.30 Uhr, Freitagmorgens geschl.; 🚉 Kuala Lumpur) GRATIS Für die malaiisch-muslimischen Bewohner von KL ist diese gigantische Moschee aus den 1960er-Jahren, die nach dem Vorbild der Großen Moschee in Mekka errichtet wurde, die wichtigste Gebetsstätte. Sie bietet 15 000 Gläubigen Platz, und ihr schirmähnliches blaues Fliesendach verfügt über 18 Punkte, die für die 13 Staaten Malaysias und die fünf Säulen des Islams stehen. Über der Moschee erhebt sich ein 74 m hohes Minarett, von dem der Gebetsruf in ganz Chinatown zu hören ist. Nicht-muslimische Besucher sind außerhalb der Gebetszeiten ebenfalls willkommen. Wer nicht angemessen gekleidet ist, erhält einen Umhang.

Chinatown, Merdeka Square & Masjid India

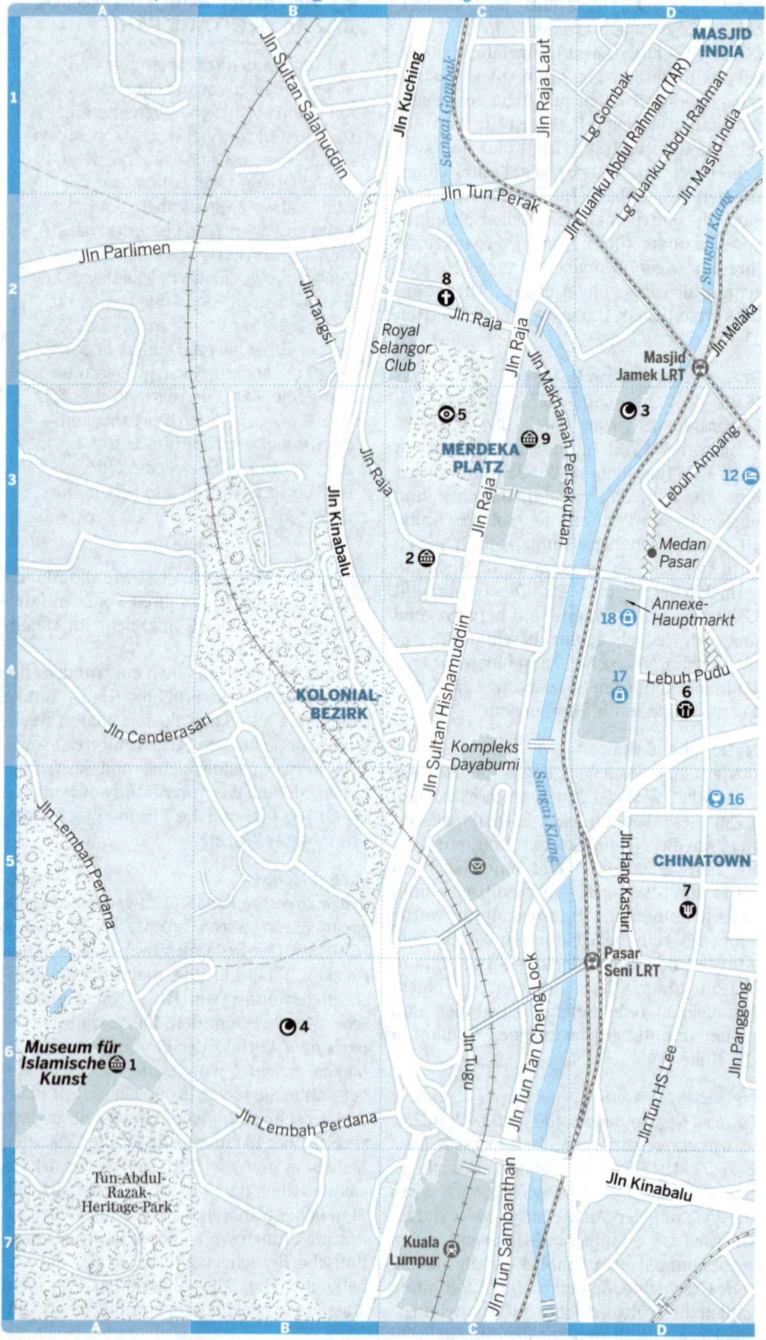

Chinatown, Merdeka Square & Masjid India

Highlight

1 Museum für Islamische Kunst............A6

Sehenswertes

2 KL City Gallery.................................C3
3 Masjid Jamek.....................................D3
4 Masjid Negara B6
5 Merdeka Square C3
6 Sin-Sze-Si-Ya-Tempel..........................D4
7 Sri Mahamariamman-Tempel............D5
8 Anglikanische Kathedrale St. Mary's..C2
9 Sultan Abdul Samad Building C3

Schlafen

10 BackHome E3
11 Lantern Hotel.....................................E5
12 Reggae Mansion D3

Essen

LOKL ....(siehe 10)
13 Madras Lane Hawkers E5
14 Merchant's Lane E6

Ausgehen & Nachtleben

15 Aku Café & Gallery..............................E6
16 Reggae Bar D5

Shoppen

17 Geschäfte im Central Market D4
18 Museum of Ethnic Arts D4
Petaling-Straßenmarkt............(siehe 11)

Praktisches

Visit KL ....(siehe 2)

Kampung Baru & Nördliches KL

★ Kampung Baru — STADTVIERTEL

In den 1890er-Jahren wurde dieses malaiische Viertel erstmals von den Briten amtlich vermerkt. Sein Charme erschließt sich bei einem Spaziergang durch die Straßen, am besten mit einem Führer im Rahmen des kostenfreien **Stadtspaziergangs Kampung Baru** (Karte S. 409; ☎ 03-2698 0332; www.visitkl.gov.my/visitklv2; ⌚ Di, Do & So 16.30–19 Uhr). Traditionelle malaiische Holzhäuser stehen inmitten üppiger Gärten, und die Leute gehen wie vor Jahrhunderten ihren Alltagsbeschäftigungen nach. Unterwegs kann man in den schlichten Cafés und an den Ständen am Straßenrand leckere hausgemachte malaiische Küche genießen.

Nationale Kunstgalerie — GALERIE

(Balai Seni Lukis Negara; Karte S. 409; ☎ 03-4026 7000; www.artgallery.gov.my; 2 Jln Temerloh;

⌚10–18 Uhr; Monorail Titiwangsa) GRATIS Die Nationale Kunstgalerie nimmt einen pyramidenförmigen Block ein und stellt zeitgenössische malaiische Kunst aus. Sie lockt mit einer Auswahl an interessanten zeitgenössischen Ausstellungen von lokalen und regionalen Künstlern sowie einer Dauerausstellung mit 4000 Artefakten, darunter Gemälde von Zulkifli Moh'd Dahalan, Wong Hoy Cheong, Ahmad Fuad Osman und dem bekannten Batikkünstler Chuah Thean Teng. Im Erdgeschoss veranstaltet die Nationale Porträtgalerie auch regelmäßig Wanderausstellungen.

Schlafen

Das pulsierende Chinatown und das Golden Triangle sind die besten Anlaufstellen für preiswerte Übernachtungsmöglichkeiten.

Chinatown & Masjid India

★ **BackHome** HOSTEL $

(Karte S. 412 f.; ☎ 03-2022 0788; www.backhome.com.my; 30 Jln Tun HS Lee; B/DZ/3BZ inkl. Frühstück ab 53/134/192 RM; ❄@🛜; Ⓜ Masjid Jamek) Polierte Betonoberflächen, eine schlichte Zen-Deko, fabelhafte Regenduschen und ein herrlicher zentraler Innenhof mit kleinen Bäumen machen dieses Hostel zu einer Top-Adresse für anspruchsvolle Backpacker. Draußen auf der Straße kann es laut werden, deswegen gibt's Ohrenstöpsel für alle Gäste mit leichtem Schlaf. Ziemlich cool ist auch das hauseigene Café **LOKL** (Karte S. 412 f.; http://loklcoffee.com; Hauptgerichte 15–22 RM; ⌚ Di–So 8–20 Uhr; 🛜).

★ **Reggae Mansion** HOSTEL $

(Karte S. 412 f.; ☎ 03-2072 6877; www.reggaehostelsmalaysia.com/mansion; 49–59 Jln Tun HS Lee; B/DZ ab 50/150 RM; ❄@🛜; Ⓜ Masjid Jamek) Einen Hauch edler als die meisten Backpacker-Unterkünfte ist diese coole Location mit eigener Pension im Herzen von Chinatown. Die Deko ist weiß getüncht und auf Kolonialstil getrimmt, wobei zu den zeitgenössischen Vorzügen eine schicke Café-Bar, eine Bar auf der Dachterrasse und ein kleines Kino zählen.

Lantern Hotel HOTEL $

(Karte S. 412 f.; ☎ 03-2020 1648; www.lanternhotel.com; 38 Jln Petaling; Zi. inkl. Frühstück ab 98 RM; ❄🛜; Ⓜ Pasar Seni) Zentraler als in diesem neuen Hotel mit elegantem Design kann man in Chinatown nicht übernachten. Die schlichten, weiß getünchten Zimmer mit lindgrünen oder orangeroten Wänden verfügen alle über ein eigenes Bad – die günstigsten haben kein Fenster (dafür dringt weniger Lärm vom Markt hinein). Ein großer Pluspunkt ist die coole Terrasse mit Vogelperspektive auf den Straßenmarkt Petaling.

Golden Triangle

Classic Inn HOSTEL $

(Karte S. 416; ☎ 03-2148 8648; www.classicinn.com.my; 36 & 52 Lg 1/77a; B/EZ/DZ inkl. Frühstück ab 40/98/128 RM; ❄@🛜; Monorail Imbi) Der Check-in erfolgt in der neuen, angesagten Zweigstelle des Classic Inn unter der Hausnummer 36, wo es makellose Zimmer mit eigenem Bad und ein angenehmes Café mit Veranda gibt. Das ursprüngliche, gelb angestrichene Ladenhaus unter der Hausnummer 52 ist weiterhin eine charmante Retro-Option mit Schlafsälen und Privatzimmern, einem kleinen, grasbewachsenen Garten und freundlichen Mitarbeitern.

Paloma Inn HOTEL $

(Karte S. 416; ☎ 03-2110 6677; www.hotelpalomainn.com.my; 12–14 Jln Sin Chew Kee; B/EZ/DZ inkl. Frühstück ab 42/95/128 RM; ❄@🛜; Monorail Hang Tuah) In einer Nebenstraße mit gestrichenen Ladenhäusern aus der Vorkriegszeit liegt das Paloma, eine tolle und gut geführte Unterkunft in ruhiger und zugleich sehr zentraler Lage. Das **Café VCR** (Karte S. 416; ☎ 03-2110 2330; www.vcr.my; 2 Jln Galloway; ⌚ 8.30–22 Uhr; 🛜; Monorail Hang Tuah) mit himmlischem Espresso ist gleich um die Ecke, und nach zehn Gehminuten ist man mitten im Nachtleben von Chankit Bukit Bintang. Von Freitag bis Sonntag gelten etwas höhere Preise.

Container Hotel DESIGNHOTEL $

(☎ 03-2116 4388; www.containerhotel.com; 1 Jln Delima; B/EZ mit Gemeinschaftsbad/DZ inkl. Frühstück 39/110/139 RM; ❄🛜; Monorail AirAsia–Bukit Bintang) Aufeinandergestapelte Schiffscontainer, die in (leider nicht allzu gut gepflegte) Zimmer mit Bad umgewandelt wurden, stellen die Basis dieser innovativen Unterkunft dar. Uns haben die Einzelzimmer in riesigen Betonzylindern am besten gefallen. Es gibt auch eine Dachterrasse und einen kostenfreien Fahrradverleih. In der Nähe liegen die exquisite Bäckerei Levain mit Café und der Megaclub Zouk (S. 417).

Rainforest Bed & Breakfast PENSION $

(Karte S. 416; ☎ 03-2145 3525; www.rainforestbnbhotel.com; 27 Jln Mesui; B/DZ/2BZ inkl. Frühstück 37/115/130 RM; ❄@📶; Monorail Raja Chulan) Die üppige Vegetation auf den terrassierten Balkonen dieses hochwertigen Gästehauses ist ein echter Hingucker und macht dem Namen („Regenwald") alle Ehre. Im Inneren springen die hellroten Wände und die holzverkleideten Zimmer (manche ohne Fenster) ins Auge – ebenso die Sammlung chinesischer Keramikfiguren. In Bezug auf das Nachtleben, Cafés und Restaurants könnte die Lage besser nicht sein.

Essen

Preiswerte und köstliche Straßenküche ist schnell zu finden, doch wenn es draußen zu heiß wird, begibt man sich am besten in die klimatisierten Einkaufszentren von KL mit internationalen und regionalen Gerichten.

Chinatown & Masjid India

★ Madras Lane Hawkers STRASSENSTÄNDE $
(Karte S. 412 f.; Madras Lane; Nudelgerichte 5–6 RM; ⏲ Di–So 8–16 Uhr; Ⓜ Pasar Seni) Neben dem Guandi-Tempel liegt diese Gasse mit Straßenständen. Hier kommt man am besten zum Frühstück oder Mittagessen her. Es gibt herausragende Anbieter, darunter einen mit 10 verschiedenen Arten von *yong tau fu* (Gemüse, gefüllt mit Tofu sowie Fisch- und Schweinepastete) auf der Speisekarte. Klasse sind auch die Stände mit *bah kuh teh* (Heilkräuter-Schweineeintopf) und Curry Laksa.

★ Masjid India Pasar Malam STRASSENSTÄNDE $
(Nachtmarkt; Karte S. 409; Lg Tuanku Abdul Rahman; Straßenküche 5–10 RM; ⏲ Sa 15–24 Uhr; Ⓜ Masjid Jamek) Jeden Samstag stehen von ca. 15 Uhr bis spätnachts die Stände entlang der Lg Tuanku Abdul Rahman, einer Gasse zwischen der Jalan TAR und der Masjid India. Zwischen den Kopftuch- und T-Shirt-Verkäufern werden an etlichen Ständen hervorragende malaiische, indische und chinesische Imbisse sowie farbenfrohe soja- und fruchthaltige Getränke angeboten.

Capital Café MALAIISCH $
(Karte S. 409; 213 Jln TAR; Gerichte 4–6 RM; ⏲ Mo–Sa 10–20 Uhr; Ⓜ Bandaraya) Seit der Eröffnung im Jahr 1956 arbeiten in diesem durch und durch malaiischen Café Chinesen, Malaysier und Inder Seite an Seite, um köstliche Interpretationen von malaiischen Klassikern zu kreieren, darunter *mee goreng*, *rojak* (Salat mit Erdnussbutterdressing) und *satay* (nur abends erhältlich).

VERWÖHNPROGRAMM

Im **Wolo Bukit Bintang** (Karte S. 416; ☎ 03-2719 1333; www.thewolo.com; Ecke Jln Bukit Bintang & Jln Sultan Ismail; Zi. inkl. Frühstück ab 270 RM; ❄📶; Monorail AirAsia–Bukit Bintang) nimmt man neon-beleuchtete und spiegelverkleidete Aufzügen und betritt daraus dunkle Flure mit stoffbehangenen Wänden. Sie führen zu Zimmern, in denen die Matratze wie ein Futon auf hellem Holzboden liegt und die Dusche und das WC sich hinter gepolsterten Kunstledertüren befinden. Mit seiner glamourösen Rockstaratmosphäre ist es eine nette Abwechslung zu den Unterkünften der mittleren Kategorie.

★ Merchant's Lane FUSIONSKÜCHE $$
(Karte S. 412 f.; ☎ 03-2022 1736; 1. Ebene, 150 Jln Petaling; Gerichte 20–30 RM; ⏲ Do & So–Di 10.30–18, Fr & Sa bis 22 Uhr; 📶; Monorail Maharajalela) Von der schmalen Eingangstür am Ende des Blocks führt eine Treppe zu diesem überaus charmanten Café mit hohen Decken. Das Flair ist entspannt, das Personal jung, hip und freundlich und das Essen eine sehr schmackhafte Mischung aus östlichen und westlichen Gerichten wie italienischem *chow mein* und einer hauseigenen Version des herzhaften japanischen Pfannkuchens *okonomiyaki*.

Golden Triangle & KLCC

★ Imbi-Markt STRASSENSTÄNDE $
(Pasar Baru Bukit Bintang; Karte S. 416; Jln Kampung; Gerichte 5–10 RM; ⏲ Di–So 6–13 Uhr) Im Innenhof dieses ummauerten traditionellen Markts zu frühstücken ist ein großes Vergnügen. Zu den bewährten Ständen gehören das Sisters Crispy Popiah mit Wraps, das Teluk Intan Chee Cheung Fun mit Austern- und Erdnusscongee und Eierpudding sowie das Ah Weng Koh Hainan Tea mit Tee oder Kaffee.

Der Markt soll im Laufe des Jahres 2017 umziehen, da hier das Finanzviertel Tun Razak Exchange entsteht.

Nasi Kandar Pelita MAMAK $
(Karte S. 416; www.pelita.com.my; 149 Jln Ampang; Gerichte 3–9 RM; ⏲ rund um die Uhr; Ⓜ KLCC) In der Zweigestelle dieser Restaurantkette auf der Jalan Ampang gibt's rund

Golden Triangle & KLCC

um die Uhr köstliche *mamak*(muslimisch-indisch-malaiische)-Küche. Zur Auswahl an Gerichten zählen etwa *roti canai* (flaches Blätterteigbrot) und *hariyali tikka* (pikantes Hühnchen mit Minze, im Tandur zubereitet).

Lot 10 Hutong STRASSENSTÄNDE $
(Karte S. 416; im Keller, Lot 10, 50 Jln Sultan Ismail; Gerichte 9–18 RM; ⏲10–22 Uhr; Monorail AirAsia–Bukit Bintang) Als erstes Einkaufszentrum ließ das Lot 10 Hutong auch erstklassige Straßenstände Zweigstellen in seinem Food Court im

Golden Triangle & KLCC

Keller eröffnen. Von der Einrichtung mit hervorragendem Design wurden echte Größen wie Soong Kee angezogen, der seit 1945 Rindfleischnudeln verkauft. Nicht versäumen sollte man auch die Austernomeletts von Kong Tai, den kantonesischen Haferbrei von Hon Kee und das *Hokkien mee* von Kim Lian Kee.

Ausgehen & Nachtleben

★ Aku Café & Galerie — CAFÉ

(Karte S. 412 f.; ☎ 03-2857 6887; www.oldchina.com.my/aku.html; 1. OG, 8 Jln Panggong; ⌚ Di–So 11–20 Uhr; 📶; Ⓜ Pasir Seni) Die Preise für die guten, erlesenen Getränke in diesem entspannten Kaffeeladen beginnen bei 10 RM. Es gibt auch aromatisierte Getränke wie Minz-Zitrone-Eiskaffee, Kuchen und leichte *kopitiam*-Mahlzeiten. Die Ausstellungen wechseln monatlich, und es steht schönes regionales Kunsthandwerk zum Verkauf.

★ Reggae Bar — BAR

(Karte S. 412 f.; www.facebook.com/reggaechinatown; 158 Jln Tun HS Lee; ⌚ 11.30–3 Uhr; Ⓜ Pasar Seni) In dieser lebhaften Bar mitten in Chinatown versammeln sich Traveller in Scharen. Wer gern Leute beobachtet, kann sich einen Stuhl draußen nehmen. Es gibt Bier, Billard und Essen bis spät in die Nacht.

★ Zouk — CLUB

(www.zoukclub.com.my; 436 Jln Tun Razak; Eintritt ab 50 RM; ⌚ Di–So 21–3 Uhr; Monorail Bukit Bintang, anschließend Taxi) Wer in KL clubben gehen möchte, sollte sich das Zouk nicht entgehen lassen. Es bietet nicht nur eine neue Lage im aufstrebenden Unterhaltungskomplex TREC mit gleich neun DJ-Bereichen, Bars und einem Café, sondern der Eintritt in den riesigen Komplex ist auch kostenfrei, wenn man als Tourist seinen Reisepass mitbringt. Für die einzelnen Lokale fallen verschiedene Eintrittsgebühren an.

Heli Lounge Bar — COCKTAILBAR

(Karte S. 416; ☎ 03-2110 5034; www.facebook.com/Heliloungebar; Ebene 34, Menara KH, Jln Sultan Ishmail; ⌚ Mo–Mi 17–24, Do–Sa 17–3 Uhr; 📶; Monorail Raja Chulan) Bei gutem Wetter der beste Ort für Sonnenuntergänge in KL. Nur der Lycheemartini und der Cocktailkellner trennen einen vom Hubschrauberlandeplatz und einem großartigen Rundumblick. Drinks kauft man unten an der etwas kitschigen Bar und trägt sie vorsichtig hinauf. Am Wochenende müssen Gruppen manchmal für eine Flasche zusammenlegen, um reinzukommen.

Taps Beer Bar — MIKROBRAUEREI

(Karte S. 416; www.tapsbeerbar.my; One Residency, 1 Jln Nagasari; ⌚ Mo–Sa 17–1, So 12–1 Uhr; 📶; Monorail Raja Chulan) Hier gibt's Biere von 80 wechselnden Mikrobrauereien aus aller Welt – 14 sogar vom Fass. Donnerstags bis samstags wird um 21.30 Uhr Livemusik gespielt, und den ganzen Sonntag über ist Happy Hour. Zum Fassbier isst man Snacks (u. a. malaiische Gerichte) und Sonntagsbraten.

Shoppen

Geschäfte im Central Market — KUNST, KUNSTHANDWERK

(Karte S. 412 f.; www.centralmarket.com.my; Jln Hang Kasturi; ⌚ 10–22 Uhr; Ⓜ Pasar Seni) Dieses Art-déco-Gebäude aus den 1930er-Jahren beherbergt Dutzende Geschäfte mit Kunst und Kunsthandwerk aus Malaysia, darunter Batikkleidung und -wandbehänge, *songket* (edler Stoff aus Silber- und Goldfäden), *wau bulan* (Monddrachen), Körbe, Royal Selangor-Zinn sowie Vintageartikel für den alltäglichen Bedarf. Nicht verpassen sollte man das faszinierende private **Museum** (Karte S. 412 f.; ☎ 03-2301 1468; 2. OG, The Annexe, 10 Jln Hang Kasturi; ⌚ 11–19 Uhr; Ⓜ Pasar Seni) GRATIS für Ethnokunst im Annexe – die meisten Werke sind verkäuflich.

NICHT VERSÄUMEN

JALAN ALOR

Die Auswahl an Restaurants und Ständen auf der **Jalan Alor** (Karte S. 416, B5) bringt die kulinarische Szene von KL auf einen gemeinsamen Nenner. Hier sitzen aufgetakelte Girlies mit Paillettenoberteilen aus der gehobenen Gesellschaft neben Backpackern, die auf jeden Ringgit achten müssen, und schlagen sich den Bauch voll. Ab etwa 17 Uhr verwandelt sich die Straße in einen einzigen großen Speisesaal unter freiem Himmel mit Hunderten von Plastiktischen und -stühlen, und die rivalisierenden Anbieter versuchen, Passanten zu ködern. Meist verkaufen sie auch alkoholische Getränke. Außerdem bekommt man hier so ziemlich jedes erdenkliche malaiisch-chinesische Gericht, von gegrilltem Fisch über *satay* bis *kai-lan* (chinesisches Gemüse) in Austernsoße und gebratene Nudeln mit Froschschenkeln.

Petaling-Straßenmarkt MARKT

(Karte S. 412 f.; Jln Petaling; ⌚12–23 Uhr; Ⓜ Pasar Seni) Malaysias entspannte Einstellung zu gefälschten Waren zeigt sich auf diesem schwer angesagten Nachtmarkt, den man über unechte chinesische Eingangstore betritt. Schon vormittags zieht es die Händler auf die Jalan Petaling, bis die Straße von Markständen geradezu überfüllt ist. Alle möglichen Waren sind hier zu finden – von gefälschten Gucci-Handtaschen bis zu Lycheebündeln. Nachmittags kann man gut Fotos schießen und es tummeln sich weniger Besucher auf dem Markt.

Praktische Informationen

EINWANDERUNGSBEHÖRDEN

Einwanderungsbehörde (☎03-6205 7400; 69 Jln Sri Hartamas 1, abseits Jln Duta; ⌚Mo–Fr 7.30–13 & 14–17.30 Uhr) Zuständig für Visaverlängerungen; die Büros liegen gegenüber dem Einkaufszentrum Publika.

GELD

In der Regel sind die nächste Bank oder der nächste Automat nicht weit. Für Bares (manchmal auch Reiseschecks) bieten Geldwechselstuben normalerweise bessere Kurse als Banken. Man findet sie in Shoppingcentern, meist haben sie auch abends und an Wochenenden geöffnet.

INTERNETZUGANG

Internetcafés gibt's überall, der übliche Tarif ist 3 RM pro Stunde. Hunderte Restaurants, Bars u. Ä. bieten zudem kostenloses WLAN.

MEDIZINISCHE VERSORGUNG

Krankenhaus Kuala Lumpur (Karte S. 409; ☎03-2615 5555; www.hkl.gov.my; Jln Pahang; Ⓜ Titiwangsa, Monorail Titiwangsa) Das Hauptkrankenhaus der Stadt, nördlich des Zentrums.

Twin Towers Medical Centre KLCC (Karte S. 416; ☎03-2382 3500; http://ttmcklcc.com.my; Ebene 4, Suria KLCC, Jln Ampang; ⌚Mo–Sa 8.30–18 Uhr; Ⓜ KLCC) Praktische Lage im Einkaufszentrum, das an die Petronas Towers grenzt.

POST

Hauptpost (Karte S. 412 f.; www.pos.com.my; Jln Raja Laut; ⌚6–23.30 Uhr; Ⓜ Pasar Seni) Vom Zentralmarkt aus auf der anderen Seite des Flusses. Verpackungen zu erschwinglichen Preisen im Postshop.

TOURISTENINFORMATION

Visit KL (Karte S. 412 f.; ☎03-2698 0332; www.visitkl.gov.my; KL City Gallery, 27 Jln Raja, Merdeka Sq; ⌚9–18.30 Uhr; Ⓜ Masjid Jamek) Offizielle Touristeninformation der Stadt. Neben vielen nützlichen Broschüren und Karten werden kostenfreie Spaziergänge zum Merdeka Square und nach Kampung Baru angeboten.

Malaysian Tourism Centre (Karte S. 416; ☎03-9235 4800; www.matic.gov.my/en; 109 Jln Ampang; ⌚8–22 Uhr; Monorail Bukit Nanas) Informationen zu KL und Tourismus in ganz Malaysia. Es gibt auch eine kostenfreie Tanz- und Musikaufführung am hiesigen Theater (Mo–Sa 15–15.45 Uhr) sowie eine Zweigstelle des Schokoladenwarenhauses Cocoa Boutique. Das Hauptbüro liegt in einem hübschen Bungalow, erbaut 1935 für den Gummi- und Zinnunternehmer Eu Tong Sen.

An- & Weiterreise

Kuala Lumpur ist Malaysias wichtigster internationaler Flughafen und ein Verkehrsknotenpunkt für Bus-, Zug- und Taxifahrten.

BUS

KLs größte Busbahnhöfe sind **Pudu Sentral** (Karte S. 412 f.; Jln Pudu; Ⓜ Plaza Rakyat), direkt östlich von Chinatown, und **Terminal Bersepadu Selatan** (TBS; ☎03-9051 2000; www.tbsbts.com.my; Bandar Tasik Selatan; Ⓜ Bandar Tasik Seletan, Ⓡ Bandar Tasik Seletan). Sie sind angebunden an den Bahnknotenpunkt Bandar Tasik Selatan, der 15 Minuten südlich vom KL Sentral liegt und Verbindungen in den Süden von KL sowie die nordwestlichen Staaten Kelantan und Terengganu bietet. Für die Fahrt nach Jerantut (und zum Taman Negara) begibt man sich zum

Busbahnhof Pekeliling neben der LRT- und Monorail-Station Titiwangsa.

Busse ab KL:

ZIEL	PREIS (RM)	DAUER (STD.)
Alor Setar	43	5
Butterworth	35	4½
Cameron Highlands	35	4
Ipoh	28	2½
Johor Bahru	34.30	4
Kuantan	24.30	4
Melaka	10–12,50	2
Penang	30–40	5
Singapur	45–50	6

FLUGZEUG

Kuala Lumpur International Airport (KLIA; ☎ 03-8777 7000; www.klia.com.my; KLIA) Der wichtigste Flughafen Kuala Lumpurs verfügt über zwei Terminals und liegt ca. 55 km südlich der Stadt.

SkyPark Subang Terminal (Sultan Abdul Aziz Shah Airport; ☎ 03-7842 2773; www.subangskypark.com; M17, Subang) Vom SkyPark Subang Terminal, etwa 23 km westlich des Stadtzentrums, fliegen u. a. Firefly, Berjaya Air, Air Asia und Malindo Air.

TAXI

Die Gemeinschaftaxis warten am Taxistand im 2. Obergeschoss des Busbahnhofs Pudu Sentral. Ein Taxi für vier Personen nach Melaka kostet 200 RM, nach Penang 550 RM und nach Johor Bahru 480 RM. Die Mautgebühren sind meist inbegriffen.

ZUG

KL Sentral ist der Verkehrsknotenpunkt des Bahnnetzes von **KTM** (Keretapi Tanah Melayu Berhad; ☎ 1300 88 5862; www.ktmb.com.my; ⌚ Infobüro 9–21, Ticketbüro 6.30–21.30 Uhr). Es gibt tägliche Anbindungen nach Butterworth, Johor Bahru und Thailan. Die Preise sind billig, besonders wenn man statt eines Schlafwagenplatzes (die extra kosten) nur einen Sitzplatz bucht, aber die Fahrten dauern lang.

Die KTM-Komuter-Züge verkehren auch ab KL Sentral und bieten Verbindungen von der Stadt ins Klang-Tal sowie nach Seremban und Ipoh.

ℹ Unterwegs vor Ort

BUS

Die meisten Busse in KL werden entweder von **Rapid KL** (☎ 03-7885 2585; www.rapidkl.com.my) oder **Metrobus** (☎ 03-5635 3070) betrieben. Die Fahrt kostet zwischen 2 und 3 RM. Beim Einsteigen passendes Wechselgeld bereithalten.

Einen Informationsschalter (7 bis 21 Uhr) gibt's nahe dem Bahnhof Pasir Seni in Chinatown, wo man auch den kostenfreien Go KL City Bus (www.gokl.com.my) zum Golden Triangle und KLCC nehmen kann.

TAXI

KLs Taxis sind günstig. Die Preise beginnen bei 3 RM für die ersten drei Minuten mit zusätzlich 25 Sen für alle weiteren 36 Sekunden. Von Mitternacht bis 6 Uhr gilt ein Aufpreis von 50 % auf den vom Taxameter angezeigten Preis.

Obwohl Taxameter gesetzlich vorgeschrieben sind, weigern sich einige Taxifahrer, sie zu benutzen, und versuchen, zu viel zu berechnen. Einmal durch die Innenstadt zu fahren sollte selbst bei gemäßigtem Verkehr nicht mehr als 10 RM kosten.

VOM/ZUM FLUGHAFEN

Kuala Lumpur International Airport (KLIA)

Am schnellsten gelangt man in die Stadt mit dem komfortablen **KLIA Ekspres** (www.kliaekspres.com; Erw./Kind einfache Fahrt 35/15 RM), der von 5 bis 1 Uhr alle 15 bis 20 Minuten verkehrt. Vom KL Sentral kann man sein Reiseziel mit der Monorail, der LRT, dem KTM-Komuter-Zug oder per Taxi erreichen.

Der **Airport Coach** (www.airportcoach.com.my; einfache Fahrt/hin und zurück 10/18 RM) braucht eine Stunde zum KL Sentral; für 18 RM fährt man vom KLIA zu seinem Hotel im Zentrum von KL, für 25 RM ist die Rückfahrt mit Abholung inbegriffen. Die Bushaltestelle ist im Inneren des Terminals gut ausgeschildert.

Für die Taxis vom KLIA gilt ein Couponsystem mit festgelegten Preisen. An einem Schalter in der Ankunftshalle erwirbt man einen Coupon, mit dem man den Fahrer bezahlt. Normale Taxis kosten 75 RM.

SkyPark Subang Airport

Taxis vom Stadtzentrum zum Subang brauchen je nach Verkehrslage zwischen 30 Minuten und einer Stunde und kosten zwischen 40 und 50 RM.

Trans MVS Express (☎ 019-276 8315; http://klia2airporttransfer.com) betreibt Busse, die zwischen 9 und 21 Uhr zur vollen Stunde vom KL Sentral zum Subang (10 RM, eine Stunde) fahren und von 5 bis 23 Uhr etwa alle zwei Stunden vom Subang zum KLIA 1 & 2 (10 RM, eine Stunde).

ZUG

Der fahrgastfreundliche **Light Rail Transit** (LRT; ☎ 03-7885 2585; www.myrapid.com.my; Ticket 1,10 RM; ⌚ alle 6–10 Min., 6–23.45, sonn- und feiertags bis 23.30 Uhr) besteht aus den Linien Ampang/Sentul Timur, Sri Petaling/Sentul Timur und Kelana Jaya/Terminal Putra.

KLs praktische **Monorail** (www.myrapid.com.my; Ticket 1,20–4,10; ⌚ 6–24 Uhr) verkehrt zwischen dem KL Sentral im Süden und Titiwangsa im Norden und bietet Anschluss an viele sehenswerte Stadtviertel.

Der **KTM Komuter** (www.ktmb.com.my; Ticket ab 1 RM; ⏲ 6.45–23.45 Uhr) verbindet Kuala Lumpur mit den außerhalb liegenden Vororten und dem historischen Bahnhof.

KL Sentral ist die zentrale Durchfahrtsstation für alle Zugreisenden in KL.

MALAIISCHE HALBINSEL – WESTKÜSTE

Das multikulturelle Erbe Malaysias kann man am besten an der Westküste erleben. Dank der günstig gelegenen Schiffsroute an der Straße von Malakka ist über die Jahrhunderte eine kosmopolitische Bevölkerung entstanden, die fließend Englisch spricht. Abgesehen von Pulau Langkawi können die Inseln an der Küste zwar nicht mit denen im Osten oder in Thailand mithalten, sind jedoch immer eine gute Anlaufstelle für Meeresfrüchte und verschiedene kulturelle Abenteuer.

Melaka

☎ 06 / EW. 860 000

Hell, laut und voller einheimischer Galerien, purpurfarbener Gebäude aus der Kolonialzeit und auffälliger Fahrradrikschas stellt Melaka den Paradiesvogel unter den malaysischen Städten dar.

Gegründet im 14. Jh. von Parameswara, einem Prinzen/Piraten (je nach Sichtweise) aus Sumatra, hat Melaka den Aufstieg der malaiischen Zivilisation sowie die Kolonisierung durch die Portugiesen, Niederländer und schließlich die Briten im Jahr 1795 miterlebt. Die Altstadt wurde 2008 von der UNESCO zum Weltkulturerbe erklärt. Alte Geschäfte und Herrenhäuser wurden in Galerien und Hotels umgewandelt, wodurch die bunte Vielfalt an architektonischen Stilen in der Stadt erhalten blieb – mit Einflüssen der Peranakan (Baba-Nyonya), Portugiesen, Niederländer und Briten. Am Wochenende zieht es etliche Besucher in die Restaurants mit abwechslungsreichen Gerichten, die auf die kulturell vielschichtige Bevölkerung Melakas zurückgehen.

Natürlich ging auch eine große Kommerzialisierung mit dieser Erfolgsgeschichte einher. Allerdings ist Chinatown so charmant wie eh und je. Der Town Sqaure, auch „Dutch Square" genannt, ist das Herz des gut erhaltenen Museumsviertels. Weiter nordöstlich liegt das winzige Little India von Melaka. Backpackerpensionen sind in Chinatown und rund um die nahe gelegene, weniger reizvolle Jalan Taman Melaka Raya zu finden.

Sehenswertes

Town Square & Bukit St. Paul

Stadthuys HISTORISCHES GEBÄUDE
(☎ 06-282 6526; Dutch Sq; ausländ./einheim. Besucher 10/5 RM; ⏲ Sa–Do 9–17.30, Fr 9–12.15 & 14.45–17.30 Uhr) Das Stadthuys ist Melakas markantestes Wahrzeichen und beliebtestes „Jagdrevier" der Rikschafahrer. Angeblich handelt es ich bei dem 1650 erbauten kirschroten Rathaus und Gouverneurssitz um das älteste niederländische Gebäude im Osten. Nach der Eroberung Melakas durch die Niederländer im Jahr 1641 errichteten die Besatzer diesen Nachbau des ehemaligen Stadhuis (Rathauses) der friesischen Stadt Hoorn in ihrer Heimat. Heute ist es ein Museumskomplex mit dem **Geschichts- & Ethnografiemuseum** als Highlight. Im Eintritt sind alle Museen enthalten. Für Führungen fällt kein Aufpreis an.

St. Paul's Church RUINE
(Jln Kota; ⏲ rund um die Uhr) GRATIS Die stimmungsvolle Ruine der St. Paul's Church thront oben auf dem Hügel Bukit St Paul mit Blick auf das Zentrum von Melaka. Eine steile Treppe, die ab der Jalan Kota ausgeschildert ist, führt zu dieser ehemaligen Gebetsstätte, die 1521 von einem portugiesischen Kapitän gebaut wurde. Der heilige Francisco de Xavier besuchte die Kirche regelmäßig. Nachdem er in China gestorben war, wurde sein Leichnam hier neun Monate lang aufbewahrt, bevor er nach Goa transportiert wurde.

Porta de Santiago RUINE
(A'Famosa; Jln Bandar Hilir; ⏲ rund um die Uhr) GRATIS Ein Schnappschuss vor der Porta de Santiago gehört zum Pflichtprogramm. Die Festung wurde 1511 von den Portugiesen errichtet und 1641 von den Briten übernommen, die sie um die Wende zum 19. Jh. zerstörten, damit sie nicht in die Hände von Napoleon fiel. Zum Glück kam Sir Stamford Raffles im Jahr 1810 hierher und rettete, was bis heute erhalten ist.

Meeresmuseum & Marinemuseum MUSEUM
(☎ 06-283 0926; Jln Quayside; Erw./Kind 6/2 RM; ⏲ Mo–Do 9–17, Fr–So 9–20.30 Uhr) Auf eine Rei-

Malaiische Halbinsel

se in die meereskundliche Geschichte Melakas begibt man sich bei einem Besuch dieser drei miteinander verbundenen Museen (die Eintrittskarte gilt für alle). Das schönste liegt in einem riesigen Nachbau des portugiesischen Schiffes *Flor de la Mar*, das vor der Küste Melakas versank. Es macht mehr Spaß, an Deck zu posieren und zwischen den Ebenen zu klettern, als die Ausstellungen und Schaukästen anzusehen, doch der Audioguide (3 RM) enthält spannende Informationen und eine Tonspur mit Seemöwengeschrei.

Melaka

0
200 m
A
B
C
D
1
2
3
4
5
6
7
Jln Graha Maju
Jln Hang Tuah
Jln Tan Chay Yan
Jln Peng kalan
Jln Kubu
Jln Kampung Hulu
Jln Munshi Abdullah
Jln Kee Ann
Jln Masjid
Jln Portugis
Jln Bunga Raya
Jln Bendahara
Jln Tokong Emas
Jln Hang Jebat
Jln Kampung Pantai
LITTLE INDIA
Jln Hang Lekiu
Jln Hang Lekir
CHINATOWN
Jln Bukit China
Bukit China (500 m)
Jln Tokong Besi
Lg Hang Jebat
Jln Tun Tan Cheng Lock
Jln Hang Kasturi
Jln Laksamana
Jln Temenggong
Jln Laksmana 5
Jln Banda Kaba
Jln Gereja
Lg Bukit China
Staatliche Touristen-information
Stadt-platz
Christ Church
Jln Kota Laksmana
BUKIT ST PAUL
Pak Putra Restaurant (250 m); Nancy's Kitchen (700 m)
Jln Chan Koon Cheng
Jln Kota
Sungai Melaka
Jln Quayside
Jln Bandar Hilir
Fähren nach Dumai
Jln PM2
Jln PM8
Jln Merdeka
Jln PM3
Jln PM4
Jln PM5
MAHKOTA MELAKA
Jln Syed Abdul Aziz
Mahkota Medical Centre
Jln Melaka Raya 1
Jln Melaka Raya 3
1
2
3
4
5
6
7
8
9
10
11
12
13
14
15
16
17
18
19
20
21
22
23

Melaka

Chinatown

Chinatown ist das Herz von Melaka. Zum Spazieren lädt die **Jalan Tun Tan Cheng Lock** ein, einst „Heeren Street" genannt und beliebteste Anlaufstelle von wohlhabenden Baba-Nyonya-Händlern, die besonders im frühen 20. Jh. aktiv waren. Die Hauptstraße Chinatowns ist die **Jalan Hang Jebat**, ehemals „Jonker Street" (oder „Junk Street") genannt. Früher war sie für ihre Antiquitätenläden berühmt, ist heute jedoch eher eine Ansammlung von Mode- und Kunsthandwerksläden sowie Restaurants. Freitag-, samstag- und sonntagabends verwandelt sich die Straße in den Jonker-Walk-Nachtmarkt (S. 426). Der nördliche Bereich der ruhigen **Jalan Tokong** (auch „Harmony Street") wartet mit ein paar authentischen chinesischen Geschäften auf.

Baba & Nyonya Heritage Museum MUSEUM
(☎06-283 1273; http://babanyonyamuseum.com; 48–50 Jln Tun Tan Cheng Lock; Erw./Kind 16/11 RM; ⏲Mi–Mo 10–13 & 14–17 Uhr) Eine Tour durch dieses traditionelle Baba-Nonya-(Peranakan-)Stadthaus versetzt einen in die Zeit, als Frauen durch aufwendige Trennwände hindurch einen Blick auf die Gäste erhaschten und für jede gesellschaftliche Situation ein spezieller Ort im Haus vorgesehen war. Das fesselnde Museum ist wie ein typisches Baba-Nyonya-Wohnhaus aus dem 19. Jh. eingerichtet. Die Reiseführer lassen die Umgebung durch ihren ausgeprägten Sinn für Humor lebendig erscheinen (vorab buchen oder zur vollen Stunde kommen; die letzte Führung des Tages beginnt eine Stunde vor der Schließung).

8 Heeren Street HISTORISCHES GEBÄUDE
(8 Jln Tun Tan Cheng Lock; ⏲Di–Sa 11–16 Uhr) GRATIS Dieses Wohnhaus aus der Zeit der niederländischen Besatzung im 18. Jh. wurde als Modellbau eines Erhaltungsprojektes saniert. Von dem Projekt wurde im schön gestalteten Bildband *Voices from the Street* berichtet, der im Haus neben anderen Werken zum Verkauf ausliegt. Erhältlich ist auch die Broschüre *Endangered Trades: A Walking Tour of Malacca's Living Heritage* (5 RM) inklusive einer Karte mit hervorragender Tour, die man auf eigene Faust durchs Stadtzentrum unternehmen kann. Der Eintritt ist kostenfrei, doch Spenden werden erbeten.

Cheng-Hoon-Teng-Tempel CHINESISCHER TEMPEL
(Qing-Yun-Ting- oder Grüne-Wolken-Tempel; 25 Jln Tokong Emas; ⏲7–19 Uhr) GRATIS Der älteste, traditionelle chinesische Tempel Malaysias wurde 1673 gebaut und stellt weiterhin eine wichtige Kultstätte der buddhistischen Gemeinde in Melaka dar. Der für seine geschnitzten Holzarbeiten bekannte Tempel ist Kuan Yin, der Göttin der Barmherzigkeit, gewidmet.

Masjid Kampung Kling MOSCHEE
(Jln Hang Lekiu) GRATIS Diese Moschee in Chinatown stammt aus dem Jahr 1748. Der heutige Nachbau aus dem 19. Jh. kombiniert verschiedene Stile. Ihr stufenförmiges *meru*-Dach (ähnlich der balinesisch-hinduistischen Architektur) wurde von hinduistischen Tempeln inspiriert. Das maurische Minarett ist typisch für antike Moscheen in Sumatra, wohingegen das Innere mit englischen und niederländischen Fliesen geschmückt ist. Die

Eintrittszeiten für die Innenräume sind unterschiedlich (angemessen kleiden und als Frau ein Tuch mitbringen).

Mehr Sehenswertes

Villa Sentosa HISTORISCHES GEBÄUDE

(„Friedvolle Villa"; ☎06-282 3988; Jln Kampung Morten; Spende als Eintritt; ⏲variieren, für gewöhnlich 9–13 & 14–17 Uhr) Mitten in der Innenstadt von Melaka liegt das malaiische Dorf Kampung Morten. Zum Highlight bei der Besichtigung dieser Gegend mit der reizenden Brücke und den Häusern im Schatten von Palmen gehört ein Besuch dieses lebendigen Museums, das in einem *kampong*-Gebäude aus den 1920er-Jahren liegt. In Empfang genommen werden die Besucher (oder besser gesagt die Gäste) von einem Mitglied des Haushalts, das über antike Gegenstände wie Fotografien, Keramik aus der Ming-Dynastie und einen jahrhundertealten Koran informiert. Ohne einen Schnappschuss auf den weichen Samtmöbeln oder ein paar Schläge am Glücksgong sollte man diesen Ort nicht verlassen.

Bukit China FRIEDHOF

(Jln Puteri Hang Li Poh) Mehr als 12 500 Gräber, darunter etwa 20 muslimische, erstrecken sich auf dem grasbewachsenen 25 ha großen „chinesischen Hügel". Seit der britischen Kolonialzeit hat es mehrere Versuche gegeben, Bukit China zur Straßenerweiterung, Landgewinnung oder für Entwicklungsanliegen zu nutzen. Zum Glück konnte der Cheng-Hoon-Teng-Tempel diese Bestrebungen dank der breiten Unterstützung durch seine Gemeinde verhindern.

Aktivitäten

Melaka River Cruise BOOTSTOUREN

(☎06-281 4322, 06-286 5468; www.melakarivercruise.com; Erw./Kind 15/7 RM; ⏲9–23.30 Uhr) Für die 40-minütigen Bootsfahrten auf dem Sungai Melaka (Melaka River) gibt's zwei Startpunkte: den „Spice Garden" an der Kreuzung von Jalan Tun Mutahii und Jalan Tun Sri Lanang im Norden der Stadt sowie den Kai nahe dem Meeresmuseum. Während der 9 km langen Fahrt flussaufwärts mit Erläuterungen über die Geschichte des Flussufers vom Band kommt man an Kampung Morten und ehemaligen *godown* (Flusswarenhäusern) vorbei.

Eco Bike Tour RADTOUREN

(☎019-652 5029; www.melakaonbike.com; 117 Jln Tiang Dua; pro Person 100 RM) Die faszinierende Landschaft rund um Melaka kann man im Rahmen dieser dreistündigen Radtour mit Alias erkunden (mindestens 2 Personen). Die 20 km lange Strecke führt durch Ölpalmen- und Gummibaumplantagen sowie herrliche *kampung*-Gemeinden im Umland der Stadt (bei der Buchung den eigenen Fitnessstand angeben).

Schlafen

Ringo's Foyer PENSION $

(☎06-281 6393, 016-668 8898; www.ringosfoyer.com; 46A Jln Portugis; B/EZ/DZ/3BZ inkl. Frühstück ab 15/18/30/60 RM; ❄📶) Dieses Hostel mit geselliger Atmosphäre verfügt über einen Fahrradverleih, Wäscheservice (8 RM), Gitarren und gelegentlich Grillgerichte auf dem Dach: Im Großen und Ganzen bietet es alles, was das erschöpfte Backpackerherz begehrt. Die etwas abseits vom Glamour des zentralen Chinatowns gelegenen Unterkünfte sind zwar dem Preis entsprechend schlicht, aber sauber. Zum Schreien sind die unverblümten Schilder mit Anstandsregeln. Am Wochenende steigen die Preise für ein Doppelzimmer um 5 RM.

Apa Kaba Home & Stay PENSION $

(☎012-798 1232, 06-283 8196; www.apa-kaba.com; 28 Kg Banda Kaba; DZ 45–90 RM, 3BZ 60–129 RM; ❄📶) Obwohl man hier nahe des hektischen Treibens im Zentrum von Melaka wohnt, sind die schlichten Zimmer (manche mit Klimaanlage) dieser ruhigen Privatunterkunft genauso unaufdringlich und entspannend wie das *kampong*-(Dorf-)Ambiente. Zum Erholen gibt's einen großen Garten mit Mangobäumen und – gelegentlich – herumrennenden Hühnern. Das Gebäude aus dem Jahr 1912 verbindet malaiischen und chinesischen Stil.

Jalan Jalan Guesthouse PENSION $

(☎06-283 3937; 8 Jln Tokong Emas; B/EZ/DZ 16/30/40 RM; @📶) Ein angenehmes Hotel in einer restaurierten und lavendelblau gestrichenen ehemaligen Schmiede. Die Zimmer mit Ventilator und einem Gemeinschaftsbad verteilen sich rund um einen Innenhof mit Garten. Wie auch in anderen Unterkünften können einen die Geräusche der Nachbarn abends wachhalten. Ein Fahrradverleih und ein Wäscheservice sind verfügbar.

Tidur Tidur PENSION $

(☎014-928 3817; tidurtidurgh@yahoo.com; 92 Lg Hang Jebat; wochentags/am Wochenende pro Person 15/20 RM; 📶) Auch wenn der Name süße Träume verspricht (*tidur* bedeutet „Schlaf"), besucht man man diese hinter einem T-Shirt-Laden gelegene Pension im Grunde wegen des lokalen Flairs und der hippen Flusslage. Die nicht sonderlich geräumigen Schlafsäle bieten dafür Top-Preise.

Essen

Die Peranakan-Küche ist die berühmteste hiesige Kochkunst und wird auch „Nyonya" genannt – eine liebevolle Bezeichnung für eine Peranakan-Frau (häufig das Familienoberhaupt). Neben vielen andern Gerichten gibt's auch portugiesisch-eurasische, indische und chinesische Küche.

★ Nancy's Kitchen PERANAKAN $
(☎ 06-283 6099; eat@nancyskit.com; 13 Jln KL 3/8, Taman Kota Laksamana; Hauptgerichte 10 RM; ⏲ Mi–Mo 11–17 Uhr) Für seine köstlichen Mahlzeiten wird dieses Peranakan-(Nyonya-)Restaurant in ganz Melaka gefeiert, und Nancy's Kitchen hat so viel Hype auch verdient. Besonders an Wochenenden wimmelt es im kleinen Restaurant von Einheimischen, die sich die Finger lecken nach den Spezialitäten des Hauses wie Kerzennusshühnchen (saftiges Hühnerfleisch in Nusssoße mit Zitronengras). An Feiertagen ist das Restaurant bis 21 Uhr geöffnet.

★ Pak Putra Restaurant PAKISTANISCH $
(☎ 012-601 5876; Jln Kota Laksmana 4; Hauptgerichte 8–10 RM; ⏲ 18–1 Uhr, jeden 2. Mo geschl.; 🖉) Knallrote *tikka*-Hähnchen drehen sich hypnotisierend am Spieß und ziehen sowohl Einheimische als auch Traveller in dieses exquisite pakistanische Restaurant. Die große Auswahl umfasst würzige vegetarische Mahlzeiten, Meeresfrüchte und pikante Currygerichte (unser Tipp: *masala*-Fisch). Zu den unübertroffenen Highlights gehören frisch gebackenes *naan*-Brot und Hähnchen aus dem Tandur-Lehmofen. Die Portionen sind großzügig und der Service ist schnell.

★ Selvam INDISCH $
(☎ 06-281 9223; 3 Jln Temenggong; Hauptgerichte 6–9 RM; ⏲ 7–22 Uhr; 📶 🖉) Klassisches Bananenblattrestaurant mit einer kompetenten und freundlichen Bedienung sowie hervorragenden Preisen. Die großzügigen Teller mit würzigem Hähnchen-Biryani werden von dem vegetarischen Angebot noch in den Schatten gestellt – insbesondere vom Gemüsespecial am Freitagnachmittag.

Capitol Satay MALAIISCH $
(☎ 06-283 5508; 41 Lg Bukit China; Hauptgerichte ab 8 RM; ⏲ 17–24 Uhr; 🖉) Dieses Lokal ist für sein *satay celup* (Melakas Version von Steamboat-Satay) berühmt und für gewöhnlich rappelvoll. Es gehört zu den günstigsten Optionen der Stadt. Auf den Edelstahltischen stehen Kessel mit kochend heißer Suppe, in die man Okraspieße, gefüllt mit Tofu, Würstchen, Hühnchen, Garnelen und *bok choy,* tunkt.

Low Yong Mow CHINESISCH $
(☎ 06-282 1235; Jln Tokong Emas; Dim Sum 1–8 RM; ⏲ Mi–Mo 5.30–12 Uhr) In ganz Melaka ist dieses Lokal für seine großen und köstlich gefüllten *pao* (gedünstete Schweinefleischteigtaschen) bekannt. Diese Topanlaufstelle zum Frühstücken mit hohen Decken, vielen Ventilatoren und Blick auf die Masjid Kampung Kling bietet eine für Chinatown typische Atmosphäre. Gegen 7 Uhr tummeln sich hier für gewöhnlich redselige und zeitungslesende Einheimische (früh kommen, da das Essensangebot ab 11 Uhr abnimmt).

Shui Xian Vegetarian CHINESISCH $
(43 Jln Hang Lekiu; Hauptgerichte 5 RM; ⏲ Mo–Sa 7.30–14.30 Uhr; 🖉) Häufig werden in dieser Stadt Gemüsegerichte mit Shrimps oder Schweinefleisch gereicht, aber hier können Vegetarier durchatmen. Das Lokal ohne Schnickschnack kredenzt fleischlose Versionen von *nasi lemak, laksa* und sogar „Hühnchenreisbällchen".

WAS MAN IN MELAKA UNBEDINGT PROBIEREN SOLLTE...

Cendol Rasureis mit Gelee, Kokosnussmilch und Melakas berühmtem Zuckerrohrsirup.

Laksa Die regionale Version hebt sich durch ihre Kokosnussmilch und ihre Brühe mit Zitronengras hervor.

Nonya-Ananastörtchen Butterbackwaren mit zarter Ananasmarmeladenfüllung.

Popiah Superrolle mit geriebenen Möhren, Garnelen, Chili, Knoblauch, Palmzucker und vielem mehr.

Satay celup Wie Fondue, nur besser. Man tunkt Zutaten wie Tofu und Garnelen in eine kochend heiße Suppe, um sie entsprechend der eigenen Vorlieben zu kochen.

Ausgehen & Nachtleben

Am Wochenende verwandelt sich der Nachtmarkt auf der Jonker Street, das angesagte Barviertel auf der Jalan Hang Lekir, in eine für den Verkehr gesperrte rauschende Straßenparty.

Geographér Café BAR
(☎06-281 6813; www.geographer.com.my; 83 Jln Hang Jebat; ⌚Mi–So 10–1 Uhr; 📶) Manche kommen zum Plaudern in den Travellermagneten Geographér, andere werden vom kostenfreien WLAN angezogen. So oder so sorgt die swingende Musikauswahl von Eurotrash über Jazz bis zu klassischem Pop für gefüllte Gläser. Trotz der Nähe zur geschäftigen Jonker Street hat man in dieser gut ventilierten Café-Bar voller Grünpflanzen das Gefühl, in einer kleinen Oase gelandet zu sein. Montagabends wird Livejazz gespielt. Freitags und samstags tritt ein Vater-Tochter-Duo mit Gesang und Keyboard auf (jeweils um 20.30 Uhr).

Calanthe Art Café CAFÉ
(13 States Coffee; ☎06-292 2960; 11 Jln Hang Kasturi; ⌚10–23 Uhr; 📶) Vollmundigen Johor oder klassischen Perak White? Hier gibt's eine Auswahl beliebter Kaffeesorten aus den malaiischen Staaten. Der lebhafte Laden, auch als „13 States" bekannt, serviert den Koffeeinkick mit erfrischenden Eis- und Geleewürfeln. Es sind auch Frühstücksvarianten erhältlich (10–11.45 Uhr).

Me & Mrs Jones PUB
(☎016-234 4292; 3 Jln Hang Kasturi; ⌚Di–So 19–24 Uhr) Dieser gemütliche Pub wehrt sich gegen alles, was hip ist, und ist daher umso angenehmer. Am Wochenende werden Blues- und Rockmusik live gespielt, und der pensionierte Mitbesitzer Mr Tan leitet häufig eine Jamsession. Man kann hier wunderbar bei einem Bier oder Saft entspannen (eine lange Speisekarte würde nicht zum Jones-Stil passen).

EINREISE NACH INDONESIEN: VON MELAKA NACH DUMAI

Bis zur Grenze Eine Schnellfähre (einfach/hin & zurück 110/170 RM, 1¾ Std.) verkehrt täglich um 10 Uhr von Melaka nach Dumai auf Sumatra (Indonesien). Der Kai liegt in Fußnähe oder eine kurze Taxifahrt von den meisten Hotels und Gästehäusern entfernt. Tickets bekommt man bei **Indomal Express** (☎06-281 6766, 019-665 7055) und in anderen Ticketbüros nahe dem Kai.

An der Grenze Die meisten Besucher (je nach Nationalität) erhalten ein 30-tägiges Visum (VOA) bei der Ankunft in Indonesien (US$35; siehe S. 241).

Weiterreise Dumai liegt an Sumatras Ostküste und ist eine zehnstündige Busfahrt von Bukittinggi entfernt. Information zu Grenzübergängen in die gegensätzliche Richtung sind auf S. 198 zu finden.

Shoppen

★ **Jonker-Walk-Nachtmarkt** MARKT
(Jln Hang Jebat; ⌚Fr–So 18–23 Uhr) Beim wöchentlichen Shoppingspektakel von Melaka bleiben die Geschäfte auf der Jalan Hang Jebat bis spätabends geöffnet. Auf den für den Verkehr gesperrten Straßen findet man Schmuckverkäufer, Essensstände und vereinzelte Wahrsager. Der mittlerweile überaus kommerzielle Markt zieht Scharen von Touristen an, doch es ist ein unbestreitbar farbenprächtiges abendliches Shoppingerlebnis.

Praktische Informationen

Geldwechsler gibt's überall in der Stadt, besonders in der Nähe der Gästehäuser in der Jalan TMR und in Chinatown.

Mahkota Medical Centre (☎06-281 3333, Notfall 06-285 2991; www.mahkotamedical.com; Jln Merdeka) Das private Krankenhaus bietet eine große Auswahl an Services, darunter Unfall- und Notfallversorgung.

Post (Jln Laksamana; ⌚Mo–Sa 8.30–17 Uhr) Das Postamt liegt direkt nördlich des Dutch Square.

State Tourism Office (☎06-281 4803; www.melaka.gov.my; Jln Kota; ⌚9–14 & 15–18 Uhr) Touristeninformation von der Christ Church aus schräg gegenüber dem Dutch Square.

An- & Weiterreise

Melaka liegt 144 km südöstlich von KL.

Melakas städtischer Busbahnhof, Expressbusbahnhof und Taxistand liegen alle im riesigen Melaka Sentral, etwa 5 km nördlich vom Town Square. Da Melaka ein beliebtes Wochenendausflugsziel ist, sollte man Bustickets für Singapur und Kuala Lumpur vorab buchen.

Die Busse fahren zum Kuala Lumpur International Airport (24–28 RM, 2 Std., stündl.) und zu den meisten Reisezielen auf der Halbinsel.

Busse ab Melaka:

ZIEL	PREIS (RM)	DAUER (STD.)
Cameron Highlands	37,50	5
Johor Bahru	20–24	3½
Kota Bharu	51	10
Kuala Lumpur	10–17	2
Mersing	28	4½
Singapur	24–27	4½

Unterwegs vor Ort

Ein Taxi in die Stadt vom Melaka Sentral kostet zwischen 20 und 25 RM. Alternativ nimmt man die Buslinie 17 (1,40 RM).

Melaka ist eine Stadt für Fußgänger. Fahrräder können in manchen Pensionen und Hotels für ca. 3 RM pro Stunde geliehen werden.

Melakas Straßen mit der Fahrradrikscha zu erkunden gehört zum Pflichtprogramm – pro Stunde kosten sie etwa 40 RM oder 15 RM für eine einfache Fahrt in der Stadt. Allerdings muss man feilschen.

Für eine Taxifahrt durch die Stadt zahlt man rund 15 RM.

Cameron Highlands

☎ 05

Im größten „Hill-Station"-Gebiet Malaysias weht eine erfrischende Brise mit Eukalyptusduft, malerische Teeplantagen erstrecken sich bis in die Ferne und unter riesigen Sonnenverdecken liegen Erdbeerfarmen. Auf einer Höhe von 1300 bis 1829 m steigen die Temperaturen selten über 30 °C.

Da der Tourismus gerade boomt, kann es durchaus passieren, dass man in ruhigen Momenten der Besinnung von Baulärm gestört wird. Auch wird der Blick auf die Hügel gelegentlich von großen Resorts verdeckt. Doch das Hochland bietet eine nach wie vor unwiderstehliche Mischung aus gediegener Teekultur, Wanderwegen und milden Temperaturen. Dank der umweltfreundlichen Wandermöglichkeiten, der unerforschten Wälder und einiger interessanter Tempel kann man trotz des Tumults zu innerer Einkehr finden.

Durch die Cameron Highlands zieht sich eine Straße, die von der Stadt Ringlet über die großen Hochlandstädte Tanah Rata und Brinchang bis zu den kleineren Dörfern im Nordosten verläuft. Im touristischen Zentrum von Tanah Rata gibt's ein paar Geldautomaten.

Sehenswertes & Aktivitäten

In der Region erwarten einen mehr als ein Dutzend gekennzeichnete Wanderwege. Karten stehen in den meisten Pensionen und bei Touranbietern zur Verfügung. Da nicht alle Routen instandgehalten werden, sollte man sich im Voraus nach den Wegbedingungen erkundigen. Es kommt vor, dass sich Wanderer verirren. Auf den höchsten Erhebungen in Gunung Brinchang (entweder der Hauptstraße oder dem steilen, anspruchsvollen Wanderweg 1 bergaufwärts folgen) findet man sich in einer einzigartigen, moosigen Waldlandschaft wieder, die mit ihren Orchideen und ihrem grünen Flaum an *Herr der Ringe* erinnert. Man kann auch Erdbeer-, Honig- und Schmetterlingsfarmen besuchen und über Gemüsemärkte bummeln.

Boh Sungei Palas Tea Estate TEEPLANTAGE
(☎ 05-496 2096; www.boh.com.my; ⌚ Di–So 9–16.30 Uhr) GRATIS Die berühmteste Teeplantage in den Cameron Highlands verfügt über ein modernes Besucherzentrum, in dem ein Film über die Geschichte des Anwesens gezeigt wird. Es gibt auch einen Souvenirladen, in dem alle denkbaren Arten von Boh-Tee verkauft werden, sowie ein hübsches Café, wo man bei einem Tee den Blick auf die üppigen Plantagen genießen kann. Während der Öffnungszeiten finden kostenfreie 15-minütige Führungen über das Teeherstellungsverfahren statt (am Besucherzentrum warten, wo man von einem Angestellten abgeholt wird).

Sam-Poh-Tempel BUDDHISTISCHER TEMPEL
(Brinchang) GRATIS In Bezug auf ungewöhnliche Orte in den Bergen schafft es dieser Tempel, der einem chinesischen Eunuchen und Marineoffizier gewidmet ist, wohl locker auf Platz eins. Der Sam-Poh-Tempel, direkt unterhalb von Brinchang und ca. 1 km abseits der Hauptstraße, stellt eine hervorragende Mischung aus kaiserlich chinesischen Insignien, Statuen, die dem mittelalterlichen Admiral und Eunuchen Zheng Ho gewidmet sind, und dem angeblich viertgrößten Buddha von Malaysia dar.

Geführte Touren

★ **Eco Cameron** TOUREN
(☎ 05-491 5388; www.ecocameron.com; 72-A Psn Camellia 4, Tanah Rata; Touren 50–120 RM; ⌚ 8–21.30 Uhr) Dieser Anbieter ist auf Naturtouren durch die Cameron Highlands spezialisiert: Wandern, Orchideenspaziergänge, Vogel- und Insektenbeobachtung. Am aufregendsten sind

Cameron Highlands

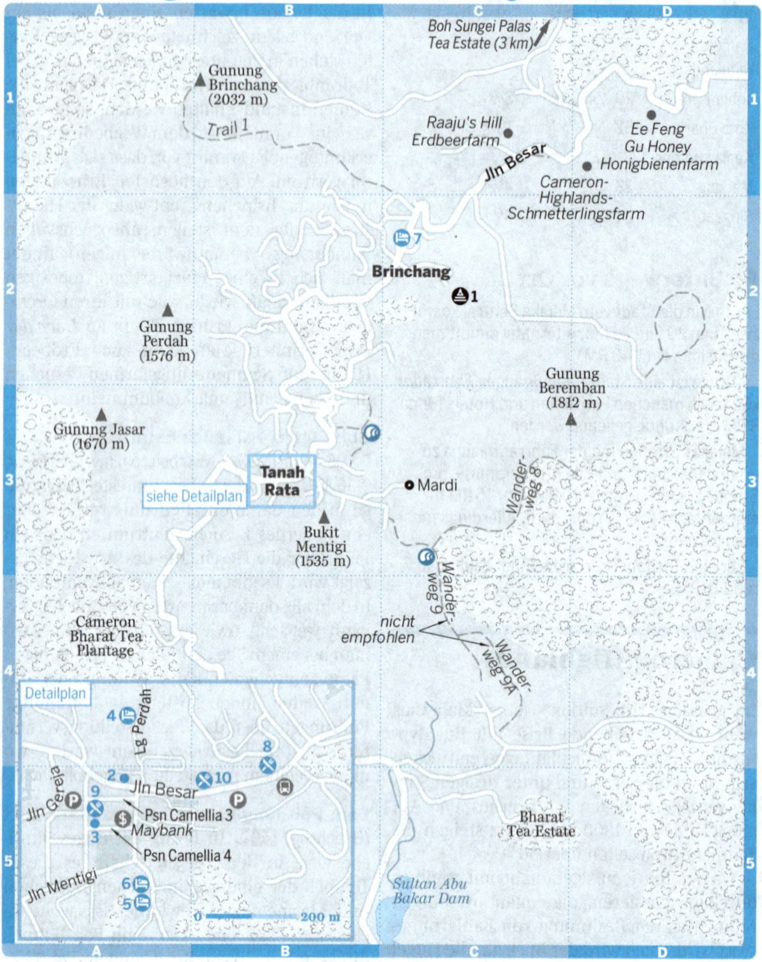

die geführten Touren durch den Mossy Forest; Eco Cameron bietet exklusiven Zugang zu einem geschützten Wanderweg.

Jason Marcus Chin TOUREN
(☎ 010-380 8558; jason.marcus.chin@gmail.com; Halb-/Ganztagestouren ab 50/90 RM) Der außergewöhnliche Naturführer Jason Marcus Chin bietet auf Anfrage geführte Wanderungen und teilt unterwegs sein enormes Wissen über die Flora und Fauna mit.

CS Travel & Tours TOUREN
(☎ 05-491 1200; www.cstravel.com.my; 47 Jln Besar, Tanah Rata; ⌚ 7.30–19.30 Uhr) Diese Agentur veranstaltet beliebte, halbtägige **Naturtouren** (Erw./Kind 25/20 RM) in den Highlands, die um 8.45 und 13.45 Uhr beginnen. Bei längeren Führungen wie der ganztägigen **Abenteuertour** (Erw./Kind 80/70 RM) besucht man Gunung Brinchang und ein Orang-Asli-Dorf.

Schlafen

In den Schulferien im April, August und Dezember ist in den Highlands am meisten los. In dieser Zeit sollte man lange im Voraus buchen. Am Wochenende und in den Schulferien steigen die Preise um 25 %.

Cameron Highlands

★ **Father's Guest House** PENSION $
(☎016-566 1111; fathers.cameronhighlands.com; 4 Jln Mentigi, Tanah Rata; B/DZ/3BZ/4BZ ab 25/70/90/120 RM; P @ 📶) Dank der einladenden Doppelzimmer und sauberen Schlafsäle für zehn Personen können Traveller, die im Father's einchecken, erleichtert aufatmen. Die freundlichen Mitarbeiter kennen sich in der Region gut aus. Zu den Vorzügen gehören Haartrockner, gutes WLAN, kostenfreier Tee und Kaffee sowie ein Café.

Snooze PENSION $
(☎014-669 0108, 016-666 2102; chsnooze@gmail.com; 4 Jln Besar, Brinchang; DZ/3BZ/4BZ ab 88/120/145 RM; 📶 👪) Im Snooze bekommt man helle und fröhlich gehaltene Zimmer zu Top-Preisen. Zwar dürften die Cupcake-Tapeten und Butterblumenbettwäsche dem einen oder anderen etwas kitschig erscheinen, doch die saubere Pension mit freundlichem Personal gehört zu den besten Unterkünften in Brinchang. Es gibt farbenfrohe Sitzbereiche zum Entspannen oder Spielen, einen Kühlschrank, Wäschemöglichkeiten und Familienzimmer. Noch mehr Unterkünfte befinden sich die Straße hinunter im Snooze Too.

Eight Mentigi PENSION $
(☎05-491 5988; www.eightmentigi.com; 8A Jln Mentigi, Tanah Rata; EZ/DZ/4BZ ab 50/70/150 RM; P @ 📶) Die Unterkünfte – von Schlafsälen mit sechs Betten bis zu geräumigen Familienzimmern – sind zwar ziemlich schlicht, doch der Besitzer Smith sorgt in seinem ungezwungenen Hostel für ein einladendes Ambiente. Größter Minuspunkt ist die unattraktive Lage nahe einer Baustelle, doch man wohnt nur einen Katzensprung von der Hauptgeschäftsstraße von Tanah Rata entfernt. Die besseren Doppelzimmer kosten etwa 90 RM.

Daniel's Lodge HOSTEL $
(☎05-491 5823; www.daniels.cameronhighlands.com; 9 Lg Perdah, Tanah Rata; B 15 RM, Zi. mit Bad 40–100 RM, ohne Bad 20–60 RM; @ 📶) In diesem altbewährten Hostel, auch „Kang's" genannt, sind nach wie vor viele Rucksackreisende anzutreffen. Einen Preis für Komfort wird die Unterkunft nicht gewinnen, doch sie ist trotz des schmuddeligen Flairs ein zweckmäßiges Hostel mit Annehmlichkeiten wie WLAN, einem Wäscheservice und einer Dschungelthemenbar.

Essen

Restaurant Bunga Suria INDISCH $
(66A Persiaran Camellia 3, Tanah Rata; Menüs 6–10 RM; ⏲7–22 Uhr; 🌿) Das beliebteste (und zugleich am wenigsten ausgefallene) indische Restaurant von Tanah Rata bietet hervorragende Bananenblattspezialitäten zu günstigen Preisen und eine tolle Auswahl an Currygerichten. Nicht zu toppen ist allerdings das Frühstück, zu dem frische *idli* (herzhafte, fermentierte Reis- und Linsenküchlein) aus dem Dampfkessel in Kokosnuss-Chutney getunkt werden.

Restoran Sri Brinchang INDISCH $
(25 Jln Besar, Tanah Rata; Hauptgerichte 4–20 RM; ⏲7–22 Uhr; 🌿) Zum Mittagessen serviert dieses geschäftige Lokal sättigende Gerichte mit gewürzten Auberginen, Papadams und Reis auf Bananenblättern. Das Vorzeigegericht ist das junge Hähnchen frisch aus dem Tandur.

Lord's Café CAFÉ $
(Jln Besar, Tanah Rata; Hauptgerichte 2,50–4,90 RM; ⏲Mi–Fr & Mo 10–21, Sa 10–18 Uhr) Trotz der neonleuchtenden Konkurrenz vom kürzlich eröffneten und heftig diskutierten Starbucks in Tanah Rata besteht das Lord's Café im Stil von Omas Wohnzimmer auch weiterhin. Zu den Spezialitäten gehören dicke Mango- und Bananen-Lassis und Apfelkuchen – das Highlight unter den Kuchen und Eisbechern. Man gelangt zum Café, indem man der christlich anmutenden Beschilderung zur Etage über dem Fastfoodladen Marrybrown folgt.

An- & Weiterreise

Die Tickets bucht man im Busbahnhof Tanah Rata (auch „Terminal Freesia" genannt).

Von Tanah Rata nach Brinchang verkehren Regionalbusse (2 RM, alle 2 Std. von 6.30 bis 18.30 Uhr).

Eine Taxifahrt von Tanah Rata nach Ringlet kostet 25 RM und nach Brinchang 9 RM.

Busse ab Tanah Rata:

ZIEL	PREIS (RM)	DAUER (STD.)
Ipoh	18	2
Kuala Lumpur	35	4
Melaka	65	6
Penang	32	5
Singapur	135–140	10

Ipoh

05 / EW. 757 892

Ipoh erlebt gerade eine Blütezeit. Seine verblichenen tropischen Herren- und Ladenhäuser werden derzeit saniert und in historischen Gebäuden eröffnen immer mehr neue Cafés und Kunsthandwerksläden. In der Altstadt mit ihrem heiteren Ambiente ist eine elegante Kolonialarchitektur zu sehen, darunter der prachtvolle Bahnhof (regional auch als „Taj Mahal" bekannt).

Um alle Kolonialgebäude in der Altstadt zu sehen, unternimmt man am besten einen **Spaziergang** auf eigene Faust. Die Karten Ipoh Heritage Trail 1 und 2 sind erhältlich im **Tourism Malaysia Perak** (05-255 9962, 05-255 2772; www.tourism.gov.my; 12 Medan Istana 2 Bandar; Mo–Fr 8–17 Uhr).

Schlafen

Die meisten Unterkünfte liegen in der Neustadt, östlich des Sungai Kinta.

Eloft HOSTEL $

(017-336 5592; 115 Jln Sultan Iskandar; B inkl. Frühstück 30 RM;) Im Juli 2015 öffnete die einladende Backpackerunterkunft ihre Pforten. Das teilweise von Ehrenamtlichen geleitete Eloft hat einen gemischten, klimatisierten Schlafsaal mit 14 Betten, einen schönen Aufenthaltsbereich und einen Balkon mit Blick auf die geschäftige Jalan Sultan Iskandar. Es werden Fahrräder verliehen (6/24 Stunden 8/20 RM). Man muss klingeln, um hineinzukommen (die Tür ist leicht zu übersehen).

Abby By The River HOSTEL $

(05-241 4500; www.abbyhotel.my; Ecke Jln Laxamana & Jln Sultan Iskandar; B/DZ/3BZ ab 35/100/125 RM; P) Direkt an der Sultan-Iskandar-Brücke befindet sich die Zweigstelle dieser Perak-Kette in idealer Lage für Erkundungstouren in der Alt- und Neustadt. Man hat die Wahl zwischen nach Geschlechtern getrennten Schlafsälen mit drei Betten, Doppelzimmern oder Familienzimmern für drei Personen. Die Unterkünfte sind zwar gemütlich, doch erinnert das kahle Interieur an ein Krankenhaus.

Essen

Zu den kulinarischen Spezialitäten in Ipoh gehört *ayam tauge* (Hähnchen mit Bohnensprossen und in Brühe gekochtem Reis), das man in einem Restaurant an der Kreuzung der Jalan Dato Onn Jaafar mit der Tengkar Pasar probieren sollte. An allen Ecken der Stadt bekommt man auch *Ipoh white coffe*, der mit Palmölmargarine zubereitet und mit Kondensmilch gereicht wird.

★ **Lim Ko Pi** CHINESISCH $

(05-253 2898; 10 Jln Sultan Iskandar; Hauptgerichte 12 RM; 8.30–18 Uhr) Von den farbenfrohen Fliesen bis zum hübschen Innenhof – dieses entspannte Café versprüht den Charme von Ipohs glorreicher Vergangenheit. Zu den Mahlzeiten gehören großzügige Portionen von gebratenem Reis mit Garnelen, Currynudeln sowie süßem, geräuchertem und gedünstetem Schweinefleisch. Dazu schmeckt am besten ein *white coffe*. Im Vergleich zu vielen anderen gastronomischen Einrichtungen in Ipoh sind die Kellner hier angenehmerweise nicht gehetzt.

★ **Restaurant Lou Wong** MALAIISCH $

(05-254 4190; 49 Jln Yau Tet Shin; Hauptgerichte 12 RM; 12–22 Uhr) In diesem Restaurant sollte man das hochgeschätzte, für Ipoh typische Gericht *ayam tauge* (Hühnchen mit Bohnensprossen) probieren. Zwar ist es nicht leicht, einen der Plastikstühle auf der Straße vor dem Lou Wong zu ergattern, doch wenn man erst mal das zarte, gedünstete Hühnchen mit großzügiger Reisportion und Bohnensprossen probiert, weiß man, dass sich die Anstrengung gelohnt hat.

Sri Ananda Bahwan Banana Leaf INDISCH $

(05-253 9798; 7 Persiaran Bandar Timah; Hauptgerichte 5 RM; Frühstück, Mittag- & Abendessen;) Einige der besten indischen Gerichte in ganz Ipoh werden in diesem einfachen Café in Little India gezaubert. Hier kann man einen köstlichen *dosa* mit Chutney und Dal kosten oder das reichhaltige Bananenblattspecial mit viel Reis und pikanter Okra bestellen. Man sollte sich etwas Platz lassen, um die hervorragenden *barfi* mitzunehmen – karamellartige

Süßwaren mit allen möglichen Geschmacksrichtungen von Cashew bis Schokolade.

An- & Weiterreise

Der Fernreisebusbahnhof **Terminal Amanjaya** (05-526 7818, 05-526 7718; www.peraktransit.com.my; Persiaran Meru Raya 5) liegt etwa 8 km nördlich von Ipoh. Die Buslinie 116 (2 RM) verbindet den Amanjaya mit dem etwas zentraler gelegenen Bahnhof Amanjaya, der Verbindungen in alle Ecken von Perak bietet. Taxis kosten etwa 20 bis 25 RM.

Der **Bahnhof** von Ipoh (Jln Panglima Bukit Gantang Wahab) bietet regelmäßige Verbindungen nach KL (12 RM, 4½ Std.) und Butterworth (17 RM, 5 Std.), wobei Letzterer ins thailändische Yai (30 RM, 10 Std.) weiterfährt.

Busse ab Ipoh:

ZIEL	PREIS (RM)	FAHRTDAUER (STD.)
Cameron Highlands	18,50–20	2
Butterworth/Georgetown (Penang)	20	2
Kuala Lumpur	ab 20	2½–3
Alor Setar	29	4
Melaka	36–40	5
Kota Bharu	40	6
Hat Yai (Thailand)	55	6–7
Johor Bahru	60	7
Singapur	56–75	8

Penang

Die Insel Pelang, einst die Schnittstelle von großen asiatischen Königreichen und mächtigen europäischen Kolonien, bildete lange Zeit die Verbindungsstelle zwischen den beiden Hälften Asiens. Aus dieser Geschichte ist eine Kultur entstanden, die zu den abwechslungsreichsten, kosmopolitischsten und aufregendsten in Malaysia zählt.

Die Krönung dessen ist zweifellos Georgetown, Penangs größte Stadt, in deren Stadtzentrum das alte Asien lebendig wird: Rikschas fahren an chinesischen Ladenhäusern vorbei, an denen der letzte Hochwasserstand abzulesen ist, und überall liegt der Duft von blauen Narzissen in der Luft. Im Jahr 2008 wurde die Altstadt von Georgetown von der UNESCO zum Weltkulturerbe erklärt. Zudem bietet Penang eine üppige tropische Vegetation, palmengesäumte Strände, Fischerdörfer und bergigen Dschungel. Falls es einen kompakteren, praktischeren und aufregenderen Mikrokosmos des exotischen Ostens als Penang gibt, haben wir ihn noch nicht gefunden.

Georgetown

04 / EW. 510 996

Mit seiner geballten kulturellen Vielfalt bringt Georgetown selbst eingefleischte Stadtgegner zum Schwärmen. Fernab vom Verkehr unternimmt man einen Spaziergang vorbei an chinesischen Ladenhäusern, wo Leute über einem Feuer Kaffee zubereiten oder anlässlich eines Festes riesige Räucherstäbchen anzünden. Im chaotischen Straßen- und Gassenlabyrinth reihen sich Gebäude aus der Zeit Britisch-Indiens, Tempel, Moscheen, Papierlaternenketten sowie trendige Cafés und Bars aneinander. Außerhalb der Altstadt ragen riesige Wolkenkratzer und gewaltige Einkaufszentren in die Höhe.

Dies ist auch die Hauptstadt der malaiischen, wenn nicht gar südostasiatischen Küche. In der Heimat von fünf verschiedenen Küchen erwarten einen günstige und köstliche Straßenhändlerzentren im Freien, begehrte Meeresfrüchte und legendäres Obst. Hinsichtlich seines kulinarischen Angebots darf sich dieser Ort nicht nur mit Qualität, sondern auch mit großen Mengen rühmen.

Sehenswertes

Khoo Kongsi HISTORISCHES GEBÄUDE

(Karte S. 434; www.khookongsi.com.my; 18 Cannon Sq; Erw./Kind 10/1 RM; 9–17 Uhr) Zu den eindrucksvollsten Klanhäusern in Georgetown gehört dieses Gebäude der Khoo, eines erfolgreichen Klans.

Führungen beginnen an den Steinmetzarbeiten in der Eingangshalle und den Pavillons, von denen viele Glück und Wohlstand symbolisieren oder bringen sollen. Das Interieur wird von unglaublichen Wandgemälden dominiert, auf denen Geburtstage, Hochzeiten und – auf überaus eindrucksvolle Art und Weise – die 36 himmlischen Wächter abgebildet sind. Wunderschöne Keramikskulpturen von Unsterblichen sowie Karpfen, Drachen und sich in Drachen verwandelnde Karpfen schmücken den Dachfirst.

Blue Mansion HISTORISCHES GEBÄUDE

(Karte S. 434; www.thebluemansion.com.my; 14 Lebuh Leith; Erw./Kind 16/8 RM; Touren 11, 14 & 15.30 Uhr) Das herrliche „Blue Mansion" mit 38 Zimmern und 220 Fenstern wurde in den 1880er-Jahren gebaut und in den 1990er-Jahren vor dem Verfall gerettet. Mit seinen

Insel Penang

Jalousiefenstern, dem Jugendstil-Buntglas und den schönen Fliesen verbindet es östliche und westliche Designs. Es ist eine selten erhaltene Veranschaulichung des eklektischen Architekturstils, der von wohlhabenden Peranakan bevorzugt wurde. Sein auffälliger (und einst in Georgetown üblicher) Blauton ist das Ergebnis eines indigoblauen Kalkanstrichs.

Bei der einstündigen (im Eintrittspreis enthaltenen) Führung kann man einen Blick auf das Interieur werfen und bekommt Einblick in die traditionelle chinesische Architektur.

Pinang Peranakan Mansion MUSEUM

(Karte S. 434; www.pinangperanakanmansion.com.my; 29 Lebuh Gereja; Erw./Kind 21,20/10,60 RM; ⌚ 9.30–17.30 Uhr) Eins der schönsten sanierten Häuser in Georgetown ist dieses prachtvolle, mintgrüne Gebäude. Bei einer Tour auf eigene Faust entdeckt man Türen, Mauern und Bögen, die alle verziert und mit Blattgold überzogen sind. Die eleganten Zimmer verfügen über majestätische Holzmöbel mit komplizierten Einlegearbeiten aus Perlmutt. Es werden wunderschöne Antiquitäten ausgestellt; an den Wänden hängen Gemälde in hellen Farben und faszinierende Schwarz-Weiß-Fotos der Familie in königlich-chinesischen Kleidern.

Chew Jetty HISTORISCHES STADTVIERTEL

(Karte S. 434; Pengkalan Weld) Im späten 18. und im 19. Jh. beherbergte das Pengkalan Weld in Georgetown einen der berühmtesten Häfen der Welt und bot jede Menge Arbeit für den endlosen Zustrom an Einwanderern. Schnell entwickelte sich rund um den Kai eine chinesische Gemeinde, die an den klapprigen Hafenanlagen schwimmende und auf Stelzen gebaute Häuser errichtete. Darauf geht auch die Bezeichnung „die Stege der Klans" für das Hafen- und Wohnviertel zurück. Die größte und bis heute erhaltene Anlegestelle ist Chew Jetty.

Penang-Museum MUSEUM
(Karte S. 434; www.penangmuseum.gov.my; Lebuh Farquhar; Eintritt 1 RM; ⌚Sa–Do 9–17 Uhr) Das staatlich geführte Museum von Penang umfasst Ausstellungen zur Geschichte, den Kostümen und Traditionen der verschiedenen ethnischen Inselgruppen – mit Fotos, Videos, Dokumenten, Kostümen, Möbeln und anderen gut erläuterten und interessanten Ausstellungsstücken. Im Obergeschoss befindet sich die historische Galerie mit einer Sammlung von Aquarellen aus dem frühen 19. Jh. von Captain Robert Smith, einem Ingenieur der East India Company, sowie Drucken mit Landschaften des historischen Penang.

Kuan Yin Teng BUDDHISTISCHER TEMPEL
(Tempel der Göttin der Barmherzigkeit; Karte S. 434; Jln Masjid Kapital Keling; ⌚rund um die Uhr) GRATIS Zwar beeindruckt dieser Tempel nicht gerade mit seiner Architektur, doch er befindet sich in zentraler Lage und ist bei der chinesischen Gemeinde sehr beliebt. Er ist Kuan Yin, der Göttin der Barmherzigkeit, des Wohlstandes, Friedens und der Fruchtbarkeit, gewidmet und wurde im frühen 19. Jh. von den ersten Hokkien- und kantonesischen Siedlern in Penang gebaut. Durch die Räucherstäbchen im Inneren und die Öfen im Freien, in denen Papiergeld verbrannt wird, scheint er stets in Rauch gehüllt zu sein.

Geführte Touren

Es gibt eine riesige Auswahl an Touren, die man selbstständig durch Georgetown unternehmen kann – von Themenspaziergängen zu Lebensmitteln bis zu solchen über traditionellen Handel oder Architektur. Eine Broschüre mit den Routen bekommt man bei der offiziellen Touristeninformation oder im **Penang Heritage Trust** (PHT; Karte S. 434; ☎04-264 2631; www.pht.org.my; Lebuh Gereja; ⌚Mo–Fr 9–17, Sa 9–13 Uhr). Auch das Penang Global Ethic Project (www.globalethicpenang.net) hat einen Spaziergang zu Weltreligionen zusammengestellt, der an den Kultstätten und -häusern von Christen, Muslimen, Hinduisten, Sikhs, Buddhisten und der traditionellen chinesischen Religion vorbeiführt.

Schlafen

Ryokan HOSTEL $
(Karte S. 434; ☎04-250 0287; www.myryokan.com; 62 Jln Muntri; inkl. Frühstück B 34–50 RM, Zi. 158 RM; ❄@🛜) Ein minimalistisches, manche würden auch sagen japanisches Ambiente zeichnet dieses Flashpackerhostel aus. Die Schlafsäle mit vier bis sechs Betten (darunter zwei für Frauen) sind fast ausschließlich in Weiß gehalten. Stilvoll sind auch die gemeinschaftlich genutzten „Chillax", TV- und Lesezimmer mit iPads. Dasselbe Flair herrscht in den Privatzimmern mit eigenem Bad, die jedoch keine Fenster und wenig Platz bieten und daher etwas überteuert erscheinen.

80s Guesthouse HOSTEL $
(Karte S. 434; ☎04-263 8806; www.the80sguesthouse.com; 46 Love Lane; inkl. Frühstück B 36–39 RM, Zi. 63–99 RM; ❄@🛜) Wir verstehen auch nicht, warum zu der 1980er-Jahre-Deko auch Filmposter aus den frühen 1950er-Jahren gehören. Aber die minimalistischen und dennoch gemütlichen Schlafsäle (mit vier bis sechs Betten) und Zimmern gefallen uns trotzdem. Aus allen hat man Zugang zu zentralen Gemeinschaftsbädern.

Siok Hostel HOSTEL $
(Karte S. 434; ☎04-263 2663; 48 Lebuh Chulia; inkl. Frühstück B 42–47 RM, Zi. 120 RM) Das geräumige und offen geschnittene Hostel in einem riesigen Kolonialgebäude weiß den vielen Platz hervorragend zu nutzen. Während unseres Aufenthalts wurde es gerade renoviert, inzwischen sollten die Schlafsäle mit sechs bis acht Betten und der Gemeinschaftsbereich auf der Dachterrasse wieder zu nutzen sein.

Time Capsule Hotel HOSTEL $
(Karte S. 434; ☎04-263 0888; www.timecapsule.my; 418 Lebuh Chulia; B inkl. Frühstück 55 RM; ❄@🛜) Wer sich wie ein japanischer Büroangestellter aus den 1980ern fühlen oder einfach ein paar Ringgit sparen möchte,

VERWÖHNPROGRAMM

Lang andauernde und sorgfältige Renovierungsarbeiten haben das **Ren i Tang** (Karte S. 434; ☎04-250 8383; www.renitang.com; 82A Lebuh Penang; Zi. inkl. Frühstück 218–455 RM; ❄🛜) von einem chinesischen Medikamentengroßhandel in ein warmes, einladendes kleines Hotel verwandelt. Die Zimmer mit charmanten Erinnerungsstücken aus der Vergangenheit des Gebäudes umfassen mehrere Kategorien, Größen und Designs. Uns gefällt besonders das Tub Zimmer mit einer Holzbadewanne und wohlriechenden Badesalzen.

Georgetown

0 200 m
A
B
C
D
E
F
G
1
2
3
4
Selat Utara (Nordkanal)
Selat Selatan (Südkanal)
UNESCO-Welt-kulturerbe-gebiet
UNESCO-Welt-kulturerbe-gebiet
UNESCO-Welt-kulturerbe-gebiet
Pulau Tikus Hawker Stalls (1,9 km); Gurney Drive Hawker Stalls (2,2 km)
Jln Argyll
Jln A.S. Mansor
Jln Hutton
Jln Transfer
Jln Sri Bahari
Jln Penang
Lebuh Leith
Lebuh Farquhar
Gat Lebuh Leith
Green Hall
Lebuh Duke
Jln Tun Syed Sheh Barakbah
Padang
Tourism Malaysia
Lebuh Light
Jln Datok Koya
Jln Kedah
Lg Hutton
Lebuh Dickens
Jln Muntri
CHINATOWN
Love La
Lg Stewart
LoveBike
Lebuh Chulia
Jln Kampung Malabar
Jln Masjid Kapitan Keling
Lebuh Bishop
COLONIAL DISTRICT
Standard Chartered Bank
Einwanderungs-behörde
Langkawi Fährservice
Penang Heritage Trust
Penang Global Tourism
HSBC Bank
Lebuh Gereja
Jln Burma
Jln Phee Choon
Kuala Kangsar
Lebuh Campbell
Lebuh Carnarvon
Lg Seckchuan
Lg Chulia
Lg Pasar
Lebuh Queen
Lebuh King
Lebuh Pasar
Lebuh Penang
Lebuh China
Gat Lebuh Gereja
Pesara King Edward
Jetty Swettenham
Lg Madras
Lg Kinta
Lg Macalister
Lebuh Kimberley
Lebuh Cintra
Jln Pintal Tali
Pesara Claimant
Lebuh Buckingham
LITTLE INDIA
Lebuh Pantai
Gat Lebuh China
Komtar Busbahnhof
Jln Sg Hujong
Rope Walk
Jln Dr Lim Chwee Leong
Lebuh Carnarvon
Lg Carnarvon
Lebuh Acheh
Lebuh Ah Quee
Lebuh Armenian
Cannon Square
Lebuh Victoria
Lebuh Victoria
Weld Quay Bus-haltestelle
Jln Macalister
Jln Gladstone
Lebuh Tek Soon
Jln Datok Keramat
Jln Gurdwara
Lebuh Noordin
Jln Magazine
Lebuh Melayu
Lebuh Pantai
Pengkalan Weld
Fähre nach Butterworth
1
2
3
4
5
6
7
8
9
10
11
12
13
14
15
16
17
18
19
20
21
22
23
24
25
26
27
28

Georgetown

Sehenswertes

1	Blue Mansion	D1
2	Chew Jetty	E4
3	Hin Bus Depot Art Centre	A4
4	Khoo Kongsi	D3
5	Kuan Yin Teng	E2
6	Penang-Museum	E1
7	Pinang Peranakan Mansion	F2

Schlafen

8	80's Guesthouse	D2
9	Reggae Penang	D2
10	Ren i Tang	E3
11	Ryokan	D1
12	Siok Hostel	C2
13	Time Capsule Hotel	C2

Essen

14	BTB	E3
	China House	(siehe 14)
15	Hameediyah	C2
16	Joo Hooi Café	B3
17	Kafe Kheng Pin	C1
18	Lg Baru (New Lane) Hawker Stalls	A3
19	Sky Café	D2
20	Sup Hameed	C1
21	Tho Yuen Restaurant	C2
22	Veloo Villas	F2
23	Yin's Sourdough Bakery	C3

Ausgehen & Nachtleben

24	Alabama Shake	E2
25	Behind 50 Love Lane	D2
26	Canteen	E4
	Kopi C	(siehe 14)
27	Micke's Place	D2
28	Mish Mash	D2

sollte einen Aufenthalt in diesem neuen, einzigartigen Hostel in Erwägung ziehen. Beim Check-in erhält man eine Tasche mit Pflegeprodukten, Hausschuhen und – bei Bedarf – einem Schlafanzug, bevor man zum Bett geführt wird – eine futuristische Kapsel mit TV, WLAN, Lampen und einem Safe.

Reggae Penang HOSTEL $

(Karte S. 434; ☎ 04-262 6772; www.reggaehostelsmalaysia.com; 57 Love Lane; Bett inkl. Frühstück 30–40 RM; ❄@📶) Das Hostel in einem großen, denkmalgeschützten Gebäude ist ideal für gesellige Reisende. In den Schlafsälen stehen vier bis zwölf Betten im Doppeldeckerkapselstil mit eigenen Lampen, Steckdosen und kostenfreiem WLAN. Die Lobby mit Billardtisch und Café erinnert eher an eine Bar als ein Hostel. In der Nähe auf der Lebuh Chulia befindet sich eine weitere Zweigstelle.

Essen

Penangs Küche ist legendär: Indische, chinesische und malaiische Händler buhlen miteinander um die Gunst der snackliebenden Bevölkerung. Ebenso wie Melaka ist Penang für die einheimische Fusionsküche der Peranakan (Baba-Nyonya) bekannt.

Veloo Villas INDISCH $

(Karte S. 434; 22 Lebuh Penang; Hauptgerichte ab 2 RM, Menüs 5–9,50 RM; ⏲7–22 Uhr; 🖉) Ausnahmsweise kann man den Service und das Ambiente einmal außer Acht lassen und stattdessen den Fokus auf die berauschende und erheiternde südindische Küche legen. Von ca. 11 bis 16 Uhr werden herzhafte Spesen und verschiedene Reisgerichte serviert. Außerhalb dieser Zeiten gibt's *dosa* (papierdünne Reis- und Linsencrêpes) und andere Snacks.

Sup Hameed MALAIISCH $

(Karte S. 434; 48 Jln Penang; Hauptgerichte ab 3 RM; ⏲rund um die Uhr) Oberflächlich betrachtet gleicht dieses Lokal jedem anderen *nasi-kandar*-(südasiatisch-muslimisch geprägten)Geschäft, wie man sie in ganz Malaysia findet. Tagsüber hier zu speisen ist auch nicht sonderlich erquickend. Doch nachts stellt das Hameed Tische auf der Straße auf und serviert unglaublich reichhaltige Fleischsuppen (besonders lecker ist die Ziegensuppe *sup kambing*) mit Weißbrotscheiben.

Sky Café CHINESISCH $

(Karte S. 434; Lebuh Chulia; Hauptgerichte 1–6 RM; ⏲11–14 Uhr) Obwohl dieses Juwel zwar mitten im Travellerzentrum von Georgetown liegt, wird es fast nur von Einheimischen aufgesucht – und das in Scharen. Wer früh kommt, kann das dreistündige Zeitfenster nutzen, um *char siew* (gegrilltes Schweinefleisch) und *siew yoke* (Schweinebauch) zu kosten – sie gehören zu den besten der Stadt.

Hameediyah MALAIISCH $

(Karte S. 434; 164 Lebuh Campbell; Hauptgerichte 5–35 RM; ⏲Sa–Do 10–23, Fr 10–12.30 & 14–23 Uhr) Den wohl ältesten *nasi kandar* in Malaysia bekommt man im Hameediyah aus dem Jahr 1907, was man dem Lokal bis zu seiner kürzlich durchgeführten und dringend benötigten Renovierung auch ansah. Neben reichhaltigen Currygerichten auf Reis sollte man das *murtabak* probieren, ein *roti prata* (blättriges Flachbrot), gefüllt mit Hammelhackfleisch, Hühnchen oder Gemüse, Eiern und Gewürzen.

Yin's Sourdough Bakery BÄCKEREI $
(Karte S. 434; 11 Pesara Claimant; Hauptgerichte 4,50–25 RM; ⌚ Mo–Fr 7–18, Sa bis 14 Uhr; 🖉) Keine Lust mehr auf Reis und Nudeln? Hier gibt's das beste Brot der Stadt in Form von kreativen Sandwiches, Backwaren und Frühstücksvarianten.

Tho Yuen Restaurant CHINESISCH $
(Karte S. 434; 92 Lebuh Campbell; Dim Sum 1–5 RM; ⌚ Mi–Mo 6–15 Uhr) Unser absolutes Lieblingslokal in Dim Sum. Es ist den ganzen Vormittag über mit Zeitungslesern und lautstarken einheimischen Gruppen gefüllt, doch in der Regel findet man irgendwo ein Plätzchen. Die Kellner sprechen nur gebrochen Englisch, geben aber ihr Bestes, um die Speisekarte zu erklären.

Ausgehen & Nachtleben

★ **Canteen** BAR
(Karte S. 434; www.chinahouse.com.my; China House, 183B Lebuh Victoria; Gerichte 10,60–61,50 RM; ⌚ 9–23 Uhr) Mehr „Hipsterbar" geht in Georgetown eigentlich nicht, allerdings kommt dieser Laden ohne übertriebenes Gehabe aus. Die „Kantine" hat eine angenehme Künstler-/Lagerhausatmosphäre, ab 21.30 Uhr wird Livemusik gespielt und es gibt großartige Barsnacks. Die Bar ist auch über den Zugang im China House auf der Lebuh Pantai zu erreichen.

VERWÖHNPROGRAMM

Wo soll man im **China House** (Karte S. 434; ☎ 04-263 7299; www.chinahouse.com.my; 153 & 155 Lebuh Pantai; ⌚ 9–24 Uhr) anfangen? Dieser Komplex aus drei miteinander verbundenen Ladenhäusern verfügt über ein Restaurant, die Café-Bäckerei **Kopi C** (Karte S. 434; Hauptgerichte ab 10 RM; ⌚ 9–24 Uhr) und die Bar Canteen (S. 436) – ganz zu schweigen von einem Geschäft und einer Galerie.

Das Vorzeigerestaurant **BTB** (Karte S. 434; Hauptgerichte 44,52–76,32 RM; ⌚ 18.30–22.30 Uhr; 🖉) bietet eine recht kurze, aber exotischer Speisekarte mit malaiisch, nahöstlich und mediterran inspirierten Gerichten, zum Beispiel Lammkotelett mit Kreuzkümmelkruste, geräuchertem Auberginenpüree und Auberginen-Ingwer-*sambal*.

★ **Alabama Shake** BAR
(Karte S. 434; www.facebook.com/cjalabamashake; 92 Lebuh Gereja; ⌚ 16 Uhr–spätnachts) Eine typisch amerikanische Bar mitten in Malaysia – geführt von einem gesprächigen Serben und einem Einheimischen. Bei genauerem Hinsehen ist an dieser Bar, die früher „B@92" hieß, nichts ganz normal, doch hier stimmt einfach alles – von leckeren amerikanisch inspirierten Cocktails bis zu langsam zubereiteten Pulled-Pork-Sandwiches.

Mish Mash BAR
(Karte S. 434; www.mishmashpg.com; 24 Jln Muntri; ⌚ Di–So 14–24 Uhr) Mit dem Mish Mash haben ein paar einzigartige Drinks in die Partyszene von Georgetown Einzug gehalten – ganz zu schweigen von einem dringend benötigten extravaganten Stil. Hier erwarten einen die am besten sortierte Bar der Stadt, innovative Cocktails, ein paar hervorragende nichtalkoholische Getränke (das traditionelle Ginger-Soda schmeckt klasse) und eine Tabaktheke. Mahlzeiten gibt's auch, doch wir würden das Mish Mash nicht unbedingt zum Essen empfehlen.

Micke's Place BAR
(Karte S. 434; 94 Love Lane; ⌚ 12 Uhr– spätnachts) Die abwechslungsreiche Bar mit Restaurant ist sowohl die älteste als auch die lustigste Backpackerbar der Gegend. Hier sitzt man auf vollgesprühten Stühlen, hört sich Oldies an, zieht an einer Schischa und lernt neue Leute kennen.

Behind 50 Love Lane BAR
(Karte S. 434; Lebuh Muntri; ⌚ Mi–Mo 18–1 Uhr) Winzige Retrobar mit Restaurant, die trotz ihrer Nähe zur Backpackermeile eine große einheimische Stammkundschaft aufweist. Es wird Classic Rock gespielt und auf der kurzen Speisekarte stehen westliche Wohlfühlgerichte (14,90 bis 18,90 RM).

Praktische Informationen

Zweigstellen größerer Banken liegen auf der Lebuh Pantai und der Lebuh Downing nahe dem Postamt. Die meisten verfügen über 24-Stunden-Geldautomaten. Am nordwestlichen Ende der Lebuh Chulia gibt's einige Wechselstuben.

Fast jede Pension bietet Internetzugang und WLAN ist überall in der Stadt bequem verfügbar.

Einwanderungsbehörde (Karte S. 434; ☎ 04-250 3410; 29A Lebuh Pantai; ⌚ Mo–Do 7.30–13 & 14–17.30, Fr 7.30–12.15 & 14.45–17.30 Uhr)

Hospital Pulau Pinang (Karte S. 432; ☎ 04-222 5333; http://hpp.moh.gov.my/v2; Jln Hospital) Das größte öffentliche Krankenhaus

PARADIES DER STRASSENSTÄNDE

In Penang nicht an einem Straßenstand zu essen ist wie in Paris nicht in den Louvre zu gehen. Die Preise sind niedrig und die meisten Stände servieren auch Bier.

Lorong Baru (New Lane) Hawker Stalls (Karte S. 434; Ecke Jln Macalister & Lg Baru; Hauptgerichte ab 3 RM; ⌚ Abendessen) Befragt man die Einheimischen nach ihrer Lieblingsstraßenküche, wird dieses nächtliche Spektakel immer genannt. Hier ist so ziemlich alles erhältlich, doch unsere Wahl fällt auf den Stand mit *char koay kak*, der neben würzig gebratenen Reisküchlein mit Meeresfrüchten auch hervorragenden *otak otak* (gedämpftes Fischcurrygericht) serviert. Der Lorong Baru kreuzt sich mit der Jalan Macalister, etwa 250 m nordwestlich der Kreuzung mit der Jalan Penang.

Pulau Tikus Hawker Stalls (Ecke Solok Moulmein & Jln Burma; ⌚ 6–14 Uhr) Bevor man sich die Laune von einem weiteren faden Pensionsfrühstück verderben lässt, könnte man einen Besuch auf diesem geschäftigen Morgenmarkt in Betracht ziehen. Eine Ansammlung verschiedener Cafés mit *hokkien mee*, *curry mee*, *mee goreng* und anderen Gerichten, die eine eingeschworene Fangemeinde haben.

Der Markt liegt gegenüber der Polizeiwache von Pulau Tikus, etwa 2,5 km nördlich der Jalan Penang. Bei einer Taxifahrt hierher wird man etwa 20 RM los.

Gurney Drive Hawker Stalls (Karte S. 432; Persiaran Gurney; Hauptgerichte ab 3 RM; ⌚ 17–24 Uhr) Penangs berühmtester Gourmetmarkt liegt inmitten moderner Wolkenkratzer am Meer. Er ist besonders berühmt für seine *laksa*-Stände (wir empfehlen Stand 11) und das köstliche *rojak* (ein „Salat" mit knusprigem Obst und Gemüse mit dickem, etwas süßem Dressing) bei Ah Chye. Der Persiaran Gurney liegt etwa 3 km westlich von Georgetown, nahe der Gurney Plaza. Ein Taxi kostet mindestens 20 RM.

Joo Hooi Café (Karte S. 434; Ecke Jln Penang & Lebuh Keng Kwee; Hauptgerichte ab 3 RM; ⌚ 11–17 Uhr) Die besten Gerichte Penangs gibt's in diesem kleinen Ladenhaus alle unter einem Dach: laksa, *rojak*, *char kway teow* und den berühmtesten Verkäufer der Stadt von *cendol* (ein süßer Snack mit spiralenförmigen Nudeln in Rasureis mit Palmzucker und Kokosnussmilch).

Kafe Kheng Pin (Karte S. 434; 80 Jln Penang; Hauptgerichte ab 4 RM; ⌚ Di–So 7–15 Uhr) An diesem Straßenstand der alten Schule sollte man unbedingt das legendäre *lor bak* und den exquisiten Hainan-Hühnchenreis (gedünstetes Hühnchen mit Brühe und Reis) probieren.

der Insel mit allgemeinmedizinischen Diensten und Notfallversorgung.

Penang Global Tourism (Karte S. 434; ☎ 04-264 3456; www.mypenang.gov.my; Whiteways Arcade, Lebuh Pantai; ⌚ Mo–Fr 9–17, Sa bis 15, So bis 13 Uhr) Das Besucherzentrum der staatlichen Tourismusagentur ist die beste Anlaufstelle für Karten, Broschüren und regionale Informationen.

ℹ An- & Weiterreise

BUS

Alle Fernbusse nach Georgetown kommen am **Busbahnhof Sungai Nibong** (Karte S. 432; ☎ 04-659 2099; www.rapidpg.com.my; Jln Sultan Azlan Shah, Kampung Dua Bukit) an, der direkt südlich der Penang-Brücke liegt. Busse nach Butterworth verkehren hingegen am Busbahnhof Butterworth. Ein Taxi vom Sungei Nibong nach Georgetown kostet etwa 25 RM, für ein Taxi nach Butterworth zahlt man bis zu 50 RM.

Busse mit Zielen in Malaysia verkehren am Sungai Nibong und praktischerweise auch am **Busbahnhof Komtar** (Karte S. 434; www.rapidpg.com.my; Jln Penang); Busse mit internationalen Zielen fahren nur von Letzterem ab. Die Fahrt nach Thailand (außer nach Hat Yai) erfolgt im Minivan. Wer nach Ko Samui und Ko Phi Phi reisen möchte, muss in Surat Thani bzw. Hat Yai umsteigen.

Busse ab Penang:

ZIEL	PREIS (RM)	DAUER (STD.)
Tanah Rata (in den Cameron Highlands)	40	5
Ipoh	25	2½
Johor Bahru	60	9
Kuala Lumpur	38	5
Melaka	50	7

FLUGZEUG

An Penangs **Bayan Lepas International Airport** (Karte S. 432; ☎04-643 4411; www.penangairport.com) verkehren mehr als ein Dutzend Fluggesellschaften mit internationalen Zielen, darunter Städte in China, Indonesien und Thailand sowie Hongkong, Singapur und Taiwan. Es werden auch zahlreiche inländische Ziele angeflogen.

SCHIFF/FÄHRE

Mehrere Anbieter, darunter **Langkawi Ferry Service** (LFS; Karte S. 434; ☎04-264 2088; www.langkawi-ferry.com; PPC Bldg, Lebuh King Edward; ⏲Mo–Sa 7–17.30, So 7–15 Uhr), betreiben einen gemeinschaftlichen Fährservice nach Langkawi (Erw./Kind einfache Fahrt 68,10/49,20 RM, hin und zurück 136,20/98,40 RM, 1¾ bis 2½ Std.). Die Boote legen um 8.15, 8.30 und 14 Uhr ab.

Von Langkawi kehren die Boote um 10.30, 14.30 und 17.15 Uhr zurück.

Um sich einen Sitzplatz zu sichern, sollte man ein paar Tage vorab buchen.

ℹ Unterwegs vor Ort

BUS

Busse rund um Penang werden vom staatlichen Unternehmen **Rapid Penang** (☎04-238 1313; www.rapidpg.com.my) betrieben. Die Preise reichen von 1,40 bis 4 RM. Die meisten Routen beginnen am **Busterminal Weld Quay** (Karte S. 434; 19–24 Pengkalan Weld) und ein Großteil der Busse hält auch am Komtar und auf der Jalan Chulia.

FAHRRAD

Nahe der Kreuzung von Gat Lebuh Armenian und Lebuh Victoria gibt's mehrere Geschäfte, in denen man sich für etwa 12 RM pro Tag Stadtfahrräder ausleihen kann. Speziellere Fahrräder bietet hingegen **LoveBike** (Karte S. 434; ☎012-476 9918; 31 Love Lane; für 6 Std. 10–25 RM; ⏲9.30–21.30 Uhr).

MOTORRAD

Motorräder kann man von vielen Einrichtungen ausleihen, zum Beispiel von den Pensionen und Geschäften auf der Lebuh Chulia. Die Preise beginnen für Motorräder mit manueller Schaltung bei 30 RM und mit automatischer Schaltung bei 40 RM für jeweils 24 Stunden.

Fahrradrikschas sind eine lustige, wenn auch touristische Art und Weise, um die Nebenstraßen von Georgetown zu erkunden, und kosten etwa 40 RM pro Stunde (den Preis vorab ausmachen). Die Fahrer warten am nördlichen Ende der Jalan Penang.

TAXI

Obwohl die Taxis in Penang alle über ein Taxameter verfügen, weigern sich die meisten Fahrer, es zu nutzen. Deshalb sollte man den Preis vorab verhandeln. Der normale Preis zu einem Ziel direkt außerhalb des Stadtzentrums liegt bei 15 RM.

VOM/ZUM FLUGHAFEN

Penangs Bayan Lepas International Airport liegt 18 km südlich von Georgetown. Der festgelegte Taxipreis zu den meisten Orten in der Innenstadt von Georgetown beträgt 44,70 RM, wobei die Fahrt ins Stadtzentrum ungefähr 30 Minuten dauert. Die Buslinie 401 fährt täglich zwischen 6 und 23 Uhr halbstündlich vom und zum Flughafen (RM 4) und hält am Komtar und Weld Quay. Die Fahrt dauert mindestens eine Stunde.

STRASSENKUNST

Es ist nicht zu übersehen, dass Georgetown ganz verrückt nach Straßenkunst ist. Der Trend entstand im Jahr 2010, als die Landesregierung von Penang das Studio Sculpture At Work (www.sculptureatwork.com) beauftragte, eine Reihe von Cartoon-Stahlkunstwerken in der ganzen Stadt aufzustellen. Diese 3D-Arbeiten, die an Straßenmauern in Georgetown angebracht sind, stellen humorvoll regionale Bräuche und Traditionen dar und bilden zugleich einen skurrilen Gegensatz zur schönen Altstadt.

Der Star der Straßenkunstszene in Georgetown ist zweifellos der litauische Künstler Ernest Zacharevic (www.facebook.com/Ernestzachas). Anlässlich des George Town Festivals 2012 wurde er beauftragt, eine Reihe von öffentlichen Werken in der Innenstadt von Georgetown anzufertigen. Einige davon kombiniert er mit Gegenständen wie Fahrrädern, Motorrädern und architektonischen Elementen. Die Kunst ist eingeschlagen wie eine Bombe und das Werk auf der Lebuh Armenian ist mittlerweile ein richtiges Touristenziel mit langen Warteschlangen und Souvenirständen.

In einem ehemaligen Busbahnhof hat sich das **Hin Bus Depot Art Centre** (Karte S. 434; www.facebook.com/hinbusdepot; 31A Jln Gurdwara; ⏲12–19 Uhr) GRATIS zu einer wichtigen Location für die städtische Kunstszene entwickelt. Die Open-Air-Bereiche sind voller Straßenkunst und in den überdachten Räumen gibt's ein Café und alle paar Monate wechselnde Ausstellungen.

WEITERREISE NACH/VON BUTTERWORTH

In Butterworth, der Stadt auf dem Festlandbereich von Penang, liegt der größte Bahnhof Penangs. Von der Stadt legen Fähren nach Penang Island ab. Wer nicht mit dem Zug weiterreist oder mit dem Bus am geschäftigen Busbahnhof von Butterworth ankommt, muss hier nicht viel Zeit verbringen.

Die Fahrt mit der **Fähre** (Karte S. 434; pro Erw./Auto 1,20/7,70 RM; ⏲5.30–1 Uhr) dauert 10 Minuten und die Preise gelten nur für die Fahrt von Butterworth nach Penang; die Rückfahrt zum Festland ist kostenfrei. Mit einem Taxi nach/von Butterworth (ca. 50 RM) überquert man die 13,5 km lange Penang-Brücke. An der Mautstelle auf dem Festland wird eine Gebühr von 7 RM fällig, doch bei der Rückfahrt fallen keine Kosten an.

Es gibt vier tägliche Züge nach Kuala Lumpur (6 Stunden, 19–138 RM) und zwei in die entgegengesetzte Richtung nach Hat Yai in Thailand (4 Std., 24–156 RM).

Penang & Umgebung

Penang hat mehr zu bieten als nur Georgetown. Auf dem Penang Hill weht eine erfrischende Brise und die Gegend rund um Batu Ferringhi und Teluk Bahang im Norden der Insel eignet sich gut zum Strandhopping (auch wenn die Strände nicht mit den besten von Malaysia mithalten können).

Sehenswertes

★**Penang Hill** HÜGEL
(Karte S. 432; www.penanghill.gov.my; Seilbahn Erw./Kind 30/15 RM; ⏲6.30–23 Uhr) Der Gipfel des Penang Hill liegt 821 m über Georgetown und bietet einen spektakulären Blick auf die Insel und hinüber zum Festland.

Nach oben geht's mit einer Seilbahn, wobei sich am Wochenende und an Feiertagen eine lange Warteschlange bilden kann – mit Wartezeiten von bis zu 30 Minuten. Vom Weld Quay, Komtar oder Lebuh Chulia nimmt man den häufig verkehrenden Bus 204 (2,70 RM) nach Air Itam. Ein Taxi vom Zentrum von Georgetown bis hierher kostet ca. 25 RM.

★**Penang-Nationalpark** NATIONALPARK
(Taman Negara Pulau Pinang; Karte S. 432; ☎04-881 2016; ⏲8–17 Uhr) GRATIS Mit nur 2300 ha ist der Penang-Nationalpark der kleinste Nationalpark in Malaysia. Im Jahr 2003 gegründet, gehört er auch zu den jüngsten Nationalparks des Landes. Hier befinden sich mehrere interessante und anspruchsvolle Wanderwege durch den Dschungel sowie zu einigen der besten und ruhigsten Strände der Insel.

Den Park erreicht man ab Georgetown mit dem Bus 101 (4 RM) nach Teluk Bahang.

Tropical Spice Garden GARTEN
(Karte S. 432; ☎04-881 1797; www.tropicalspicegarden.com; Jl Teluk Bahang; Erw./Kind 26/15 RM, inkl. Tour 35/20 RM; ⏲9–18 Uhr) Zwischen Teluk Bahang und Batu Ferringhi liegt der Tropical Spice Garden, eine tropische, duftende und fruchtbare Oase mit über 500 Pflanzenarten und einem Schwerpunkt auf essbaren Kräutern und Gewürzen.

Man kann die Anlage auf eigene Faust erkunden oder an einer von vier täglichen Führungen teilnehmen, die um 9, 11.30, 13.30 und 15.30 Uhr beginnen.

Im Garten werden auch **Kochkurse** (☎04-881 1797; www.tropicalspicegarden.com; Jl Teluk Bahang; Erw./Kind 233,20/116,60 RM; ⏲Unterricht Mo–Sa 9–13 Uhr) angeboten. Außerdem laden ein gutes Geschäft und ein Restaurant zu einem Besuch ein. Am Straßenrand direkt gegenüber vom Garten befindet sich ein schöner weißer Sandstrand.

Für die Anfahrt per Bus steigt man in Teluk Bahang in irgendeinen (4 RM) und sagt dem Fahrer, dass man hier aussteigen möchte.

Kek-Lok-Si-Tempel BUDDHISTISCHER TEMPEL
(Karte S. 432; www.kekloksitemple.com; ⏲7–21 Uhr) GRATIS Der „Tempel der höchsten Seligkeit" ist zugleich der größte buddhistische Tempel in Malaysia und eines der bekanntesten Bauwerke des Landes. Von einem eingewanderten chinesischen Buddhisten im Jahr 1890 erbaut, stellt der Kek Lok Si einen Grundpfeiler für die malaiisch-chinesische Gemeinde dar, die auch die Mittel für seinen zwei Jahrzehnte andauernden Bau aufbrachte (es finden immer noch Erweiterungsarbeiten statt).

Der Tempel liegt in Air Itam, 8 km vom Zentrum von Georgetown entfernt. Der Preis für ein Taxi beginnt bei 25 RM. Alternativ nimmt man den Bus 204 (2,70 RM).

Um den Eingang zu erreichen, läuft man durch ein Labyrinth aus Souvenirständen, an einem überfüllten Schildkrötenteich und trüben Fischweihern vorbei, bis man zum siebengliedrigen, 30 m hohen Turm **Ban Po Thar** (Pagode der zehntausend Buddhas; Eintritt 2 RM) gelangt. Das Design soll oben birmanisch, unten chinesisch und in der Mitte thailändisch sein. Mit einer **Seilbahn** (einfache Fahrt/hin & zurück 3/6 RM; ⌚ 8.30–17.30 Uhr) fährt man zur oberen Ebene, auf der eine fantastische 36,5 m hohe Bronzestatue von Kuan Yin, der Göttin der Barmherzigkeit, thront.

In diesem Komplex gibt's noch mehrere andere Tempel sowie Geschäfte und ein **vegetarisches Restaurant** (Hauptgerichte ab 5 RM; ⌚ Di–So 10–19 Uhr; 🅥).

Alor Setar

☎ 04

Die Hauptstadt von Kedah, auch „Alor Star" genannt, dient als Ausgangspunkt für Fahrten nach Langkawi oder ins südliche Malaysia und bietet genügend Sehenswürdigkeiten für einen Tag. Kulturell ist diese durch und durch malaiische Stadt in einer konservativen islamischen Weltanschauung verwurzelt. In der ganzen Stadt liegen thailändische Tempel verteilt und im atmosphärischen, kompakten Chinatown lebt eine kleine chinesische Bevölkerung.

Schlafen & Essen

Comfort Motel HOTEL $

(☎ 04-734 4866; 2C Jln Kampung Perak; Zi. 28–40 RM; ❄) Gute Preise zeichnen dieses chinesische Budgethotel aus, das in einem renovierten Holzhaus gegenüber einer Moschee liegt. Die ordentlichen, aber etwas kahlen Zimmer sind mit einem Fernseher und einer Klimaanlage ausgestattet und bieten Zugang zu Gemeinschaftsbädern.

Muda Coffee Shop CHINESISCH $

(Jln Pekan China; Hauptgerichte 3–20 RM; ⌚ 14.30–23 Uhr) Dieses Lokal ist nur etwas für Wagemutige: Die Kellner sprechen kaum Englisch und das Highlight ist ein Gericht mit gedünstetem Fischkopf. Aber was für ein leckerer Fischkopf! Gereicht mit *lor mee* (gebratenen Nudeln mit dunkler Sojasoße) und einem Bier zählt er zu den schmackhaftesten Gerichten, die wir in Malaysia probiert haben. Nahe der Ecke Jalan Sultan Muhammad Jiwa.

An- & Weiterreise

Der Hauptbusbahnhof Shahab Perdana liegt 4 km nördlich des Stadtzentrums. Der Bus von der Innenstadt zum Shahab Perdana kostet 1,30 RM und ein Taxi 10 RM.

EINREISE NACH THAILAND

Von Alor Setar nach Hat Yai

Bis zur Grenze Die Grenze bei Bukit Kayu Hitam/Sadao 48 km nördlich von Alor Setar ist der wichtigste Grenzübergang auf dem Landweg zwischen Malaysia und Thailand. Da hier weder Taxis noch Regionalbusse halten, überquert man die Grenze am besten mit einem Reisebus von anderen Städten in Malaysia aus.

An der Grenze Der malaysische Grenzposten ist täglich von 6 bis 24 Uhr geöffnet. Reisende müssen aussteigen und den Zoll sowie die Einwanderungsbehörde auf beiden Seiten der Grenze passieren, bevor es weitergehen kann.

Weiterreise Da hier keine regionalen Verkehrsmittel halten, überquert man diese Grenze wahrscheinlich mit einem Bus nach Hat Yai.

Von Kangar nach Hat Yai

Bis zur Grenze Es gibt täglich vier Busse von Kangar nach Padang Besar (4,20 RM), die an einer nicht gekennzeichneten Bushaltestelle an einem Kreisverkehr ca. 500 m von der Grenze entfernt halten.

An der Grenze Der malaysische Grenzposten ist jeden Tag von 6 bis 22 Uhr geöffnet. Kaum jemand legt die mehr als 2 km durchs Niemandsland zwischen thailändischem und malaysischem Grenzposten zu Fuß zurück; Motorradfahrer nehmen Fußgänger für ca. 2 RM pro Strecke mit. Zugreisende haben im Bahnhof Padang Besar mit dem Zoll und der Einwanderungsbehörde zu tun.

Weiterreise In Thailand stehen häufig verkehrende Buss ins 60 km entfernte Hat Yai zur Verfügung. Um 10.30 und 18.40 Uhr fahren Busse von Padang Besar nach Hat Yai (6–13 RM, 50 Min.).

Ein Regionalbus verbindet Shahab Perdana mit Kuala Kedah (3 RM, 1 Std., häufige Abfahrten zwischen 7 und 22 Uhr) und fährt durch das Zentrum von Alor Setar. Fähren (Erw./Kind 23/17 RM) nach Langkawi legen in Kuala Kedah ca. jede Stunde von 7 bis 19 Uhr ab.

Der Bahnhof (Jln Stesyen) liegt 850 m südöstlich des Stadtzentrums. Es gibt einen täglichen, in nördlicher Richtung verkehrenden Zug ins thailändische Hat Yai (9–48 RM, 3½ Std., 7:56 Uhr) und einen nach Bangkok (etwa 110 RM, 18½ Std., 14 Uhr). Zudem stehen täglich ein Zug in südliche Richtung nach Butterworth (8 bis 26 RM, 2 Std., 11:09 Uhr) und einer nach Kuala Lumpur (9½ Std., 39–51 RM, 19.55 Uhr) zur Verfügung.

Kangar

☎ 04

Kangar, 45 km nordwestlich von Alor Setar, ist die Hauptstadt des Bundesstaats Perlis und hat das Flair einer Kleinstadt. Hier gibt's nicht viel zu tun außer zu entspannen und zu plaudern – ein guter Zeitvertreib für alle, die auf einen Anschlussbus ins 10 km entfernte südwestliche Kuala Perlis warten. Von fort legen Fähren nach Pulau Langkawi ab.

Wer hier die Nacht verbringen sollte, für den ist das einfache, im chinesischen Stil gehaltene **Hotel Ban Cheong** (☎ 04-976 1184; 79 Jln Kangar; Zi. 40–65 RM; ❄ 📶) die beste preiswerte Option.

Fähren (17 RM) nach Kuah auf Pulau Langkawi legen zwischen 7 und 19 Uhr ungefähr jede Stunde vom Hafen in Kuala Perlis ab.

Von Kangar zum Pier gelangt man mit einem der regelmäßig verkehrenden Busse (3 RM), die am regionalen Busbahnhof auf der Jalan Tun Abdul Razak abfahren, oder mit einem Taxi für 16 RM. Busse pendeln auch nach/von Kuala Perlis zu Zielen wie Butterworth (15,10 RM, 3 Std.) und KL (ab 47,10 RM, 8 Std.).

Pulau Langkawi

☎ 04

Die Inselgruppe Langkawi liegt 30 km vor der Küste von Kuala Perlis und 45 km von der Grenzstadt Satun entfernt. Die Hauptinsel der Kette mit 99 Gliedern ist geprägt von scharfkantigen Gipfeln und dichter Vegetation, umgeben von der blauen Weite des Ozeans. Keine Frage, Langkawi ist ein Tropenparadies – Resortboom hin oder her. Bereits etwas abseits der Hauptstrände findet man sich in der malerischen malaysischen Landschaft mit traditionellen *kampung* (Dörfern) und einer entspannten Atmosphäre wieder. Zudem ist Langkawi seit 1987 steuerfrei, d. h. es gehört zu den wenigen Orten in Malaysia, wo man recht günstig trinken kann.

> **ℹ WARNUNG VOR FÄHREN**
>
> Während der Regenzeit von Juli bis September sollte man besser nicht mit der Fähre nach Langkawi reisen – insbesondere nicht von Penang aus. Zu dieser Jahreszeit ist das Meer für gewöhnlich sehr rau, die Fahrt mit der Fähre kann sehr beängstigend sein und es besteht die Möglichkeit, seekrank zu werden. Vor einer Überfahrt wird gewarnt.

Sehenswertes

Von **Kuah**, der größten Stadt mit Fähranleger, begibt man sich schnell nach **Pantai Cenang** („cha-nang"). Auf diesem wunderschönen 2 km langen Sandstreifen an Langkawis Westküste befindet sich die größte Ansammlung von Hotels und touristischen Einrichtungen. Das Wasser eignet sich gut zum Schwimmen, auch wenn es für gewöhnlich Quallen gibt. Wer auf der Suche nach etwas Ruhigerem ist, dem sei das angrenzende **Pantai Tengah** ans Herz gelegt.

In Pantai Kok, nordwestlich von Pantai Cenang, lohnt sich eine Fahrt mit der Seilbahn **Panorama Langkawi** (☎ 04-959 4225; www.panoramalangkawi.com; Oriental Village, Burau Bay; SkyCab-Ticket Erw./Kind 35/25 RM; ⏲ 9.30–19 Uhr) zum Gipfel des Gunung Machinchang mit spektakulärer Aussicht.

Schlafen

In der Hauptsaison (Nov.–Feb.) sind die Unterkünfte schnell voll, ansonsten ist das Angebot aber weit größer als die Nachfrage.

Pantai Cenang

Die vom Strand landeinwärts führenden Sträßchen werden von zahlreichen Backpackerunterkünften gesäumt.

Sweet Inn HOTEL $

(☎ 04-955 8864; www.sweetinns.net; Zi. 80–100 RM; P ❄ 📶) Eine recht saubere, helle Budgetunterkunft in Pantai Cenang mit schlichten Zimmern, in denen es trotz der Hitze kühl bleibt. Zwar reicht das WLAN nicht über den Rezeptionsbereich hinaus und die Atmosphäre ist nicht besonders stimmungsvoll, doch dafür bietet die Unterkunft einen bequemen Zugang zum Strand.

Izz Room PENSION $
(☎ 04-955 1397; www.izzroom.blogspot.com; Zi. 50–80 RM; ❄📶) Rund um einen einladenden Kiesinnenhof mit schattigen Palmen sind diese einfachen, spartanisch eingerichteten Unterkünfte angelegt. Die besten Zimmer liegen im farbenfrohen Block gegenüber der Rezeption, wohingegen die günstigeren Doppelzimmer über Ventilatoren und Gemeinschaftsbäder verfügen. Ein Wäscheservice ist vorhanden (4 RM pro kg).

Rainbow Lodge HOTEL $
(☎ 04-955 8103; www.rainbowlangkawi.com; B 22 RM, Zi. 50–90 RM; ❄@📶) Etwas weiter vom Strand entfernt verfügt diese hübsche Unterkunft über einen geselligen Cafébereich mit Blick auf die umliegenden Felder. Dank der Trennwände und Vorhänge genießt man in den Schlafsälen mehr Privatsphäre. Beliebt bei Rucksackreisenden, die zwischen ein paar Bierchen einen preiswerten Ort zum Schlafen suchen.

EINREISE NACH THAILAND: VON PULAU LANGKAWI NACH SATUN & KO LIPE

Bis zur Grenze Täglich legen drei Fähren die Route zwischen Kuah auf Pulau Langkawi nach Satun (einfach 30 RM, 1¼ Std.) auf dem thailändischen Festland zurück. **Tropical Charters** (☎ 012-588 3274; www.tropicalcharters.com.my; Pantai Tengah; Fahrten ab RM260) betreibt auch zwei tägliche Fähren zwischen Langkawi und Ko Lipe in Thailand (einfach 118 RM, 1½ Std.).

An der Grenze Den malaysischen Ausreisestempel erhält man bei der Einwanderungsbehörde am Fährterminal, den thailändischen Einreisestempel gibt's am Fähranleger in Satun. Die meisten Reisenden erhalten ein 30-Tages-Visum nach der Ankunft in Thailand.

Weiterreise In Satun gibt's zahlreiche Bus- und Fährverbindungen. Von Ko Lipe kann man bis nach Ko Lanta weiterreisen. Für weitere Informationen zu diesem Grenzübergang in die andere Richtung siehe S. 850.

Pantai Tengah

Pantai Tengah ist weniger zugebaut und bei malaiischen Familien beliebt. An der Hauptstraße gibt's zahlreiche schicke Restaurants und Bars.

Zackry Guest House PENSION $
(zackryghouse@gmail.com; Zi. 60–110 RM; ❄@📶) Diese klapprige familiengeführte Pension bietet eine gemütliche, gesellige Atmosphäre. Die Zimmer sind schlicht, aber sauber und gemütlich. Zu den kürzlich verschönerten Gemeinschaftsbereichen gehört eine kleine Küche mit Kühlschrank, jedoch ohne Kochmöglichkeiten. Minimum: zwei Übernachtungen. Telefonische Reservierungen werden nicht akzeptiert und nur die Hälfte der Räume verfügt über ein angrenzendes Bad.

Essen

Ein wuseliger *pasar malam* (18–22 Uhr) ist donnerstags nördlich von Pantai Cenang zu finden, in Kuah mittwochs und samstags, den Rest der Woche andernorts. Der Pasar ist perfekt, wenn man Lust auf authentische und zugleich billige malaiische Küche hat.

Padang Pasir INDISCH $
(☎ 04-966 6786; Jln Pantai Cenang; Hauptgerichte 11–16 RM; ⌚ 7–1 Uhr) In toller Lage auf dem Hauptstreifen in Cenang befindet sich dieser Essensstand mit Sitzmöglichkeiten im Freien. Hier werden köstliches Hähnchen, Lamm, *naan*-Brot frisch aus dem Tandur sowie *nasi kandar* (Reis mit Currysoßen) und *rotis* serviert. Er öffnet um 7 Uhr zum Frühstück und schließt um 1 Uhr nachts – zu jeder Tageszeit eine gute Anlaufstelle zum Schlemmen.

Melayu MALAIISCH $
(☎ 04-955 4075; Jln Teluk Baru; Hauptgerichte 5–10 RM; ⌚ 15–22.30 Uhr) Der komfortable Speisesaal, der angenehme Sitzbereich im Freien und die fixe Bedienung lassen einen über die gemäßigten Preise staunen. Eine gute Location, um abends günstige, authentische malaiische Küche zu genießen, da die meisten regionalen Restaurants auf der Insel nur Mittagsbüfetts servieren. Es wird kein Alkohol ausgeschenkt, doch es ist erlaubt, selbst mitgebrachte Spirituosen zu trinken.

Ausgehen & Nachtleben

Langkawi dürfte der beste (und günstigste) Ort für einen Drink in Malaysia sein. In den meisten Locations geht's ab 17 Uhr los und häufig haben sie bis spätnachts geöffnet.

Little Lylia's Chill Out Café BAR
(Pantai Cenang; ⌚12–1 Uhr) Vor den Türen dieser altbewährten, angenehmen Bar herrscht bis tief in die Nacht ein reges Treiben. Die Stühle und Tische fallen förmlich auseinander, aber die netten Angestellten halten den Laden zusammen.

Yellow Café BAR
(Pantai Cenang; ⌚Mi–Mo 12–1 Uhr; 📶) Ein lustiger, windiger Ort mit Sitzsäcken am Strand und mehreren importierten Bieren. Wer zwischen 16 und 18 Uhr da ist, bekommt zwei Bier zum Preis von einem.

Cliff BAR
(www.theclifflangkawi.com; Pantai Cenang; ⌚12–23 Uhr) Auf der Felsnase, die Pantai Cenang und Pantai Tengah voneinander trennt, bietet das Cliff eine Top-Lage für einen leckeren Cocktail bei Sonnenuntergang. Die Bar mit Schanklizenz hat eine gute Weinauswahl und eine abwechslungsreiche Speisekarte, die von europäischer bis malaiischer Küche so ziemlich alles umfasst (Hauptgerichte 23 bis 72 RM).

Praktische Informationen

In Kuah liegen die einzigen Banken, obwohl es auch am Flughafen und in der Underwater World in Pantai Cenng Geldautomaten gibt. Dort sind auch Wechselstuben zu finden.

Tourism Malaysia (☎04-966 7789; Jln Persiaran Putra, Kuah; ⌚9–17 Uhr) Das Tourism Malaysia bietet umfassende Informationen über die ganze Insel und verfügt über drei Büros in Langkawi: gegenüber dem Eingang des Fährterminals an der Anlegestelle Kuah, auf der Jalan Persiaran Putra (neben der Moschee) in Kuah-Stadt und in der (bis 22 Uhr geöffneten) Ankunftshalle im Flughafen.

An- & Weiterreise

FLUGZEUG

Der **Langkawi International Airport** (☎04-955 1311; www.langkawiairport.com) liegt im Westen der Insel, etwa eine zehnminütige Taxifahrt von Pantai Cenang entfernt.

SCHIFF/FÄHRE

Alle Passagierfähren nach/von Langkawi verkehren ab Kuah. Von ca. 8 bis 18.30 Uhr fahren die Fähren ungefähr stündlich zum/vom Festlandhafen von Kuala Perlis (18 RM, 1¼ Std.) und nach/von Kuala Kedah (23 RM, 1½ Std.).

Langkawi Ferry Services (LFS; ☎04-966 9439; www.langkawi-ferry.com) bietet tägliche Fähren zwischen Kuah und Georgetown auf Penang (60 RM, 2 Std. 45 Min.).

Unterwegs vor Ort

Es stehen keine öffentlichen Verkehrsmittel zur Verfügung. Man bekommt jedoch für unschlagbare 70 RM pro Tag einen Leihwagen oder für 35 RM ein Motorrad. Bei manchen Anbietern gibt's auch Mountainbikes für 15 RM pro Tag.

Ansonsten sind Taxis das am meisten genutzte Verkehrsmittel. Sie fahren zu festgelegten Preisen vom Flughafen etwa zur Anlegestelle Kuah (30 RM) und nach Pantai Cenang oder Pantai Kok (20 RM). Vor dem Verlassen des Flughafenterminals muss man am Schalter einen Coupon erwerben, um damit den Fahrer zu bezahlen. Der Preis von der Anlegestelle Kuah nach Pantai Cenang beträgt 30 RM.

MALAIISCHE HALBINSEL – SÜD- & OSTKÜSTE

Wer im Süden der Malaiischen Halbinsel unterwegs ist und die Ostküste hochreist, trifft auf verschlafene Gemeinden mit zunehmend malaiischem sowie islamischem Ambiente. Kopftücher, Kappen und der eindringliche melodische Ruf zum Gebet sind genau so allgegenwärtig wie die herrlichen weißen Sandstrände an den in Sonnenlicht getauchten Küsten und juwelenartigen Inseln.

Johor Bahru

☎07

Die hektische Grenzstadt Johor Bahru (oder kurz JB) ist durch die 1038 m lange Causeway Bridge mit Singapur verbunden. In den letzten Jahren ist in der Stadt „aufgeräumt" worden und sie lässt ihre Vergangenheit als zwielichtiger, öder Grenzposten zunehmend hinter sich. Die kompakte Altstadt hat exotisches Flair: Frauen verhökern Goldarmreifen auf den Gehwegen, und aus den chinesischen Läden strömt der Duft nach Räucherstäbchen.

Sehenswertes

Arulmigu Sri Raja Kalliamman HINDUISTISCHER TEMPEL
(Glass Temple; 22 Lorong 1; 10 RM; ⌚Mo–Fr 7–12, 18–22, Sa & So 7–22 Uhr) GRATIS Durch einen mit Spiegelglas geschmückten Eingang tritt man in diesen zauberhaften Tempel aus Spiegeln, Glas und Metall. Am Deckengewölbe oder an den Wänden gibt's keinen Zentimeter, der nicht verziert wäre. Der Tempel ist Kali, der Göttin der Zeit, Veränderung, Macht und Zerstörung, gewidmet.

Historischer Bezirk ARCHITEKTUR, STADTVIERTEL
Zu den wahren Highlights in Johor Bahru gehört ein Spaziergang durch den historischen Bezirk zwischen der Jalan Ibrahim und der Jalan Ungku Puan. Unterwegs kommt man an Sarigeschäften, Friseuren, Ayurveda-Salons, herrlichen Tempeln, ein paar Galerien für moderne Kunst und altmodischen Imbissen vorbei.

Royal Abu Bakar Museum MUSEUM
(☎07-223 0555; Jln Ibrahim; Erw./Kind 21/9 RM; ⏲Sa–Do 9–17 Uhr) Der umwerfende Istana Besar, einst Hauptsitz der königlichen Familie, wurde 1866 im viktorianischen Stil errichtet. Er geht auf das Konto des anglophilen Sultans Abu Bakar. Seit 1990 dient der Palast als Museum. Die Sammlung beschäftigt sich mit dem unvorstellbaren Reichtum der Sultane. Es ist das schönste Museum seiner Art in Malaysia. Auch die gepflegte 53 ha große Palastanlage (Eintritt frei) ist sehenswert.

Schlafen & Essen

Meldrum Hotel HOTEL $$
(☎07-227 8988; www.meldrumhotel.com; 1 Jln Siu Nam; DZ 131–189 RM, 4BZ 225–260 RM; ❄📶) Alle Zimmer hier sind klimatisiert, sauber, geräumig und frisch gestrichen, außerdem verfügen sie über Fernseher, kostenfreies Trinkwasser und Wasserkocher. Ein Upgrade auf ein Superior Zimmer mit kostenfreiem WLAN lohnt sich. Nichtraucher sollten nach einem entsprechenden Zimmer verlangen. Außerdem sollte man fragen, ob etwas im hinteren Bereich frei ist, denn es dringt weniger Straßenlärm dorthin.

Reaz Corner INDISCH $
(Jln Duke; Gerichte 8–12,50 RM) Das würzige Hähnchencurry mit gelbem Reis von diesem sauberen Currystand im Freien schmeckt immer. Und der Ingwertee ist ein Highlight, an das man sich noch lange erinnern wird.

Medan Selera Meldrum Walk STRASSENSTÄNDE $
(Medan Selera Meldrum; Gerichte ab 3 RM; ⏲Abendessen) Jeden Vorabend wird in dieser Gasse (parallel zur Jalan Meldrum) in etlichen kleinen Essensständen alles Mögliche gebrutzelt – von *ikan bakar* bis zum regionalen Curry-*laksa*. Das Ganze lässt sich gut mit frischem Zuckerrohrsaft oder einem chinesischen Kräutergeleetrunk hinunterspülen. Wirklich fabelhaft schmeckt hier zwar nichts, dafür aber alles gut.

Praktische Informationen

Tourism Malaysia & Johor Touristeninformatoin (☎07-223 4935; www.johortourism.com.my; 3. OG, Jotic Bldg, 2 Jln Air Molek; ⏲Mo–Sa 9–17 Uhr) Eine von zwei malaysischen Touristeninformationen in JB, die andere liegt im Komplex CIQ, direkt hinter der Einwandererbehörde von Singapur.

An- & Weiterreise

BUS

Der Busterminal Larkin liegt etwa 5 km nördlich der Stadt.

EINREISE NACH INDONESIEN: VON JOHOR BAHRU ZU DEN RIAU-INSELN

Bis zur Grenze Jeden Tag steuern mehrere Fähren Batam (einfach 69 RM, 1½ Std.) und Bintan (einfach 86 RM, 2½ Std.) an. Beide Ziele gehören zu den indonesischen Riau-Inseln. Die Fähren legen vom **Fährterminal Berjaya** (Zon Ferry; www.berjayawaterfront.com.my; 88 Jln Ibrahim Sultan) ab, das von mehreren Bussen aus der Innenstadt von Johor Bahru angefahren wird.

Zusätzliche Fähren von **Tuah Ferry Services** (www.ferrytuah.comoj.com; Terminal Antarabangsa Kukup) verkehren von Kukup, südwestlich von JB, nach Tanjung Balai auf Karimun (130 RM, 3-mal tgl.) sowie nach Sekupang/Batam (165 RM, 2-mal tgl.). Von JB (7 RM, 1½ Std.) und KL (26 RM, 3½ Std.) verkehren Busse nach Kukup. Ein Taxi von JB nach Kukup kostet 80 RM.

An der Grenze Wer aus JB kommt, muss bei der malaysischen Einwanderungsbehörde eine Hafengebühr (10 RM) zahlen; in Kukup beträgt die Gebühr 25 RM pro Person.

Weiterreise Von Batam fahren Boote nach Dumai, Palembang und Pekanbaru auf Sumatra; dort geht's mit dem Bus weiter. An sämtlichen Häfen sind bei der Ankunft 30-Tages-Visa erhältlich (siehe S. 240).

Busse ab Johor Bahru:

ZIEL	PREIS (RM)	DAUER (STD.)
Butterworth	62,60	9
Kuala Lumpur	31	4
Kuala Terengganu	33	8
Kuantan	20	5
Melaka	21	2½
Mersing	13	2

FLUGZEUG

Der **Senai International Airport** (☎ 07-599 4500; www.senaiairport.com) liegt 32 km nordwestlich von JB. Regelmäßige Shuttlebusse bieten Verbindungen in die Stadt (8 RM, 45 Min.) und fahren vom Busbahnhof am Kotaraya 2 Terminal ab.

SCHIFF/FÄHRE

Ab Johor Bahru verkehren Fähren zu den indonesischen Inseln Batam und Bintan.

TAXI

Der größte Ferntaxistand von JB liegt am Busbahnhof Larkin; praktischer ist aber der Stand auf der Jalan Wong Ah Fook. Zu den normalen Taxifahrten und -preisen (Sammeltaxi mit vier Fahrgästen) zählen Kukup (80 RM), Senai Airport (50 RM), Melaka (280 RM), KL (460 RM) und Mersing (160 RM).

ZUG

Schnellzüge halten am Bahnhof JB Sentral im Komplex CIQ und fahren nach KL (tgl. 6.30, 14.56 und 20.25 Uhr). Der Zug bietet Verbindungen nach Tampin (für Melaka), Seremban, KL Sentral, Ipoh, Tapah Road (für Cameron Highlands) und Butterworth und wird in Gemas geteilt. Dort kann man in den „Dschungelzug" nach Jerantut (für Taman Negara) und Kota Bharu steigen (während unseres Besuchs war diese Strecke aufgrund von Überschwemmungen teilweise gesperrt).

Mersing

☎ 07

An diesem kompakten Hafen muss man (je nach Wetterlage oder Gezeiten) unter Umständen ein oder zwei Nächte verbringen, um auf die nächste Fähre nach Pulau Tioman zu warten. Die Stadt bietet alles, was Reisende benötigen, jedoch keine Sehenswürdigkeiten.

Schlafen & Essen

Meeresfrüchtestände öffnen jeden Abend am Fluss auf der Jalan Endau.

Zeeadam Backpacker House HOSTEL $

(☎ 07-799 1280; ahmadzamani_77@yahoo.com; 10-1 Atas Jln Abu Bakar; B 20 RM; @ 📶) Als einziges echtes Backpackerhostel der Stadt verfügt das Zeeadam immerhin über zwei Schlafsäle mit harten Betten und Platz für sechs bis acht Personen. Die Unterkunft auf der zweiten Etage bietet wenig Charme, aber dafür gute Preise, einen kleinen TV und einen Chill-out-Bereich.

Hotel Embassy HOTEL $

(☎ 07-799 3545; 2 Jln Ismail; Zi. 55 RM; ❄ 📶) Verglichen mit den anderen Billigunterkünften der Stadt wirkt dieses Hotel herrlich komfortabel; hier kann man den Schmutz vom tagelangen Herumhängen an den Stränden abwaschen und langsam in die Realität zurückkehren. Die riesigen, hellen Zimmer verfügen alle über Kabel-TV, schnelle Klimaanlagen sowie angrenzende Bäder.

Loke Tien Yuen Restaurant CHINESISCH $

(55 Jln Abu Bakar; Hauptgerichte 3,50–15 RM; ⊙ Mittag- & Abendessen) Das älteste chinesische Restaurant in Mersing gehört zu den einladendsten und geschäftigsten Lokalen der Stadt. Vielleicht muss man auf einen der Marmortische warten, um die köstlich zubereiteten Garnelen- und Schweinefleischgerichte zu probieren. Die Spezialität ist ein ganzer gedämpfter Fisch, der von fast allen Einheimischen bestellt wird, aber nicht auf der englischen Speisekarte steht (Kellner fragen).

Praktische Informationen

Mersing Touristeninformation (Jln Abu Bakar; ⊙ Mo–Sa 8–17 Uhr) Auf der Straße zum Pier. Hier bekommt man hilfreiche Informationen, Busfahrpläne und Broschüren.

An- & Weiterreise

Viele Busse fahren vom nahe gelegenen Bahnhof bei der Flussbrücke ab, einige aber auch von den Busunternehmen beim Pier. Manche Busse setzen einen am Pier ab – nachzufragen lohnt sich.

Fähren nach/von Pulau Tioman stehen zur Verfügung.

Busse ab Mersing:

ZIEL	PREIS (RM)	DAUER (STD.)
Johor Bahru	13	2½
Kuala Lumpur	40	5½
Kuala Terengganu	34	9
Kuantan	17	5
Melaka	25	4
Singapur	16	3

EINREISE NACH SINGAPUR: VON JOHOR BAHRU NACH SINGAPUR

Bis zur Grenze Regelmäßig verkehren Busse zwischen JBs Busbahnhof Larkin 5 km nördlich der Stadt und Singapurs Busbahnhof Queen Street. Am bequemsten ist der Service von **Causeway Link** (www.causewaylink.com.my; 6.30–24 Uhr, alle 10 Min.; ab JB/Singapur 3,40 RM/3,30 S$). **Trans Star Cross Border Coaches** (www.regentstar.travel/crossborder; 5–23 Uhr, stündl.; ab JB/Singapur 10 RM/ 9 S$) verkehrt zwischen JBs Busterminal Larkin und Singapurs Changi International Airport (fährt im Reisebusbereich des Terminals 2 ab).

Registrierte Taxis nach Singapur fahren am Taxiterminal Plaza Seni im Zentrum von JB ab; ein Taxi zur Orchard Road oder dem Busbahnhof Queen Street kostet etwa 60 RM. Die lokalen Stadttaxis dürfen den Causeway nicht überqueren.

KTM Intercity (☎300-885862; www.ktmintercity.com.my) betreibt Züge (3 RM) vom JB Sentral nach Woodlands in Singapur, die in JB um 5.50, 6.55, 14.20 und 21 Uhr abfahren. In Woodlands muss man durch die Passkontrolle und kann in die U-Bahn Singapurs umsteigen.

An der Grenze Alle Busse halten an der Einwanderungskontrolle für Malaysia. Man steigt mit dem Gepäck aus dem Bus aus, geht durch die Kontrolle und steigt auf der anderen Seite wieder ein (Ticket aufbewahren). Dann bringt der Bus einen zur Einwanderungskontrolle von Singapur, wo man erneut mit seinem Gepäck aussteigt, die Grenzformalitäten erledigt und dann wieder in den Bus steigt (nochmals Ticket aufbewahren). Der fährt dann weiter zu Singapurs Busbahnhof Queen Street.

Weiterreise Am Busbahnhof Queen Street gibt's Busse, Taxis und eine MRT-(Stadt-)Bahn, die einen innerhalb der Stadt überallhin bringen können. In der Nähe der Einwanderungsbehörde Singapurs und am Busbahnhof Queen Street befinden sich Geldautomaten, an denen man Singapur-Dollar abheben kann. Für Informationen zu diesem Grenzübergang in die entgegengesetzte Richtung siehe S. 711.

Pulau Tioman

☎09

Ob man nun Trekkingtouren durch den Dschungel, Surfsport an den Stränden von Juara, Tauchgänge zu den Riffen und Wracks vor der Küste oder lange Nächte in den Bars von Salang im Sinn hat: Tioman macht dies alles möglich. Dank der Nähe zu Singapur und den gehobenen Unterkünften ist Tioman besonders bei Touristen aus Singapur beliebt, doch die 20 km lange und 11 km breite Insel ist so groß und ihre Bewohner sind so sanftmütig, dass die Besuchermassen der entspannten Atmosphäre keinerlei Abbruch tun.

Sehenswertes & Aktivitäten

Strände

Die meisten Budgetunterkünfte sind geballt in Air Batang (ABC) und Salang am nördlichen Ende der Westküste zu finden. Salang bietet breitere Sandstreifen und eine Backpackeratmosphäre – insbesondere in Tiomans *kampung* –, wohingegen in ABC eine etwas gehobene Stimmung herrscht. Juara, an der Ostküste der Insel, wartet mit einem beeindruckenden Strand, Surfmöglichkeiten während des Monsuns und bezahlbaren Unterkünften auf. An der Westküste erstrecken sich noch andere kleine Sandstrände nach Süden, die man nur per Boot erreicht.

Juara Turtle Project FREIWILLIGENARBEIT
(☎09-419 3244; www.juaraturtleproject.com; Juara; Tour 10 RM, Freiwilligenarbeit mit Frühstück, Mittagessen & Bett (mind. 4 Nächte) 120 RM; ⏲10–17 Uhr) Am südlichen Ende von Juara setzt sich diese Freiwilligenorganisation dafür ein, die abnehmenden Meeresschildkrötenbestände zu schützen. Ihre Mitarbeiter sammeln Eier, tragen sie zu einer Brutstätte und halten an den Stränden nach Wilderern und Raubtieren Ausschau. Freiwillige erhalten eine einfache Unterkunft im Schlafsaal, halten Wache und geben Infoseminare. Zu den täglichen Aktivitäten gehören Seekajaken und Wanderungen. Kochkurse werden ebenfalls angeboten.

Tauchen

Eine Schnorchelausrüstung (115 RM pro Tag) kann man fast überall ausleihen. Bei einem Tagesausflug nach Pulau Tulai (Coral

Island) taucht man mit tropischen Fischen und manchmal mit Haien.

Die Preise für Open-Water-Diver-Kurse beginnen bei 1100 RM und für unterhaltsame Tauchgänge bei 115 RM. Um den besten Deal zu bekommen, vergleicht man am besten die Angebote der vielen Tauchveranstalter.

Wandern

Eine fantastische 7 km lange Wanderung führt quer über die Mitte der Insel – von der nahen Anlegestelle in Tekek bis nach Juara (viel Trinkwasser mitnehmen!). Man geht etwa zweieinhalb Stunden auf teilweise steilen Strecken.

Mehrere andere Wanderwege auf der Insel verbinden Strände und Kletterpartien zu Wasserfällen.

Schlafen & Essen

Von Ende Juli bis August werden die Unterkünfte knapp. Außerhalb dieser Zeit bestimmt der Kunde den Preis. Die günstigen Quartiere ähneln sich sehr und weisen nur einen niedrigen Standard auf (alte Matratzen und schiefe Fußböden), haben aber immerhin eigene Bäder, Ventilatoren und Moskitonetze.

Die Restaurants bieten in etwa die gleichen Gerichte an. Sie gehören oft zu Gästehäusern. Minimärkte gibt's in ABC, Tekek und Salang.

Air Batang (ABC)

Mokhtar's Place BUNGALOWS $

(☎ 019-704 8299; www.mohktarplace.blogspot.com; ABC; EZ/DZ mit Ventilator 50/60 RM, 4BZ mit Klimaanlage 220 RM; ❄ 📶) Klasse Preise bietet diese Unterkunft mit 16 Bungalows mit kleinen Innenhöfen und Moskitonetzen am Strand südlich der Stadt. Wenn der Wind richtig steht, kommt man abends in den Genuss der kühlen Meeresbrise.

Johan's Resort BUNGALOWS $

(☎ 09-419 1359; B/Chalet/FZ 20/40/100 RM) Ein angenehmer, einladender Ort mit jeder Menge Informationen. Die Preise für die zwei Vier-Bett-Zimmer am Hang sind in Ordnung, doch die Hütten sehen eigentlich genauso aus wie die anderen Billigunterkünfte am Strand.

Salang

Ella's Place BUNGALOWS $

(☎ 09-419 5004; Salang; Bungalows 60–120 RM; ❄) Für gewöhnlich gibt's an dieser reizenden, familiengeführten Unterkunft am nördlichen Ende des Strandes einen Sandbereich zum Entspannen. Es stehen zehn saubere Bungalows (manche mit Klimaanlage) und ein kleines Café zur Verfügung.

Khalid's Place BUNGALOWS $

(☎ 09-419 5317; salangpusaka@yahoo.com; Salang; Bungalow für 2 mit Klimaanlage 80 RM; ❄) Südlich der Anlegestelle, hinter dem Salang Complex und gegenüber dem Sungai Salang. Die 47 mehr oder weniger sauberen Bungalows liegen in einem großen, grasbewachsenen Gebiet hinter dem Strand; die klimatisierten Chalets sind mit einem Kühlschrank und einer Warmwasserdusche ausgestattet.

Juara

★ **Rainbow Chalets** BUNGALOWS $

(☎ 012-989 8572; rainbow.chalets@gmail.com; Juara; Zi. mit Ventilator/Klimaanlage 60/100 RM; ❄ 📶) Hier erwarten einen acht farbenfrohe Bungalows – drei davon mit Klimaanlage und fünf mit Ventilator. Sie bieten alle Holzverandas und sind mit Muscheln und Korallen dekoriert. Der Strand und die Aussicht auf das Südchinesische Meer sind einfach traumhaft.

Bushman BUNGALOWS $

(☎ 09-419 3109; matbushman@hotmail.com; Zi. mit Ventilator/Klimaanlage 60/100 RM; ❄ 📶) Ei-

Pulau Tioman

ABSTECHER

PULAU KAPAS

Das „schöne Kapas" lädt zum Entspannen über mehrere Tage ein, aber man sollte versuchen, unter der Woche anzureisen, da die Insel an Feiertagen und verlängerten Wochenenden von Tagesbesuchern überrannt wird. Alle Unterkünfte auf Kapas gruppieren sich um drei kleine Strände an der Westküste, doch ruhigere Strände sind zu Fuß oder mit dem Kajak erreichbar. Während der Monsunzeit an der Ostküste (Nov.–März) ist das Meer rau und die Insel größtenteils gesperrt.

Kapas liegt sechs km vor der Küste von Marang und ist vom Hauptfähranleger in Marang mit dem Boot in 15 Minuten erreichbar. In einem der nahen Reisebüros kann man Tickets (40 RM hin und zurück) erwerben. Die Boote legen ab, sobald vier oder mehr Personen da sind. Beim Kauf des Tickets sollte man eine Abholzeit vereinbaren. Für gewöhnlich ist ein morgendlicher Abholservice ab 8 Uhr verfügbar.

In Marang gibt's regelmäßige Regionalbusse nach/von Kuala Terengganu (RM4). Wer an einem Sonntag vor Ort ist, kann den hervorragenden **Sonntagsmarkt** besuchen, der ab 15 Uhr nahe den Anlegestellen der Stadt stattfindet.

Captain's Longhouse (☎012-3770214; Bett/Zi. 40/80 RM) Früher wurde dieses superangesagte Langhaus am südlichsten Zipfel der Bucht „Leuchtturm" genannt. In seinem Innern warten kunstvoll verzierte Wände, Schlafsäle mit farbenfrohen Batikdecken und es verfügt über eine gesellige Vorderveranda mit Hängematten, Stühlen und sogar einem verstimmten Klavier. Die Unterkunft inmitten von Bäumen ist sehr rustikal, doch gemütlich.

Kapas Beach Chalet (Bett 20 RM, Zi. 50–80 RM; WLAN) Die entspannteste Location auf Kapas bietet alle möglichen Unterkünfte – von Backpackerzimmern mit privaten Außen-WCs bis zu komfortablen Nurdachhütten. Hier herrscht eine tolle Stimmung und es gibt hippe Gemeinschaftsbereiche wie „The Big Chill", ein luftiger Pavillon am Strand mit Hängematten sowie jeder Menge Kissen. Im Hintergrund erklingen chillige Beats und an den meisten Abenden bringt irgendjemand eine Gitarre mit. Man kann nicht reservieren.

nen der fünf lackierten Holzbungalows mit den hübschen Terrassen inkl. Rattanmöbeln zu erwischen ist wie ein Sechser im Lotto – also sollte man vorher reservieren! Das Bushman befindet sich direkt vor einem Felsen und einem kleinen Fluss, ganz am nördlichen Ende des Strands.

ℹ Praktische Informationen

Auf Tiomans einzigen Geldautomaten in Tekek gegenüber dem Flughafen sollte man sich nicht verlassen – irgendwann gibt er bekanntermaßen kein Geld mehr aus. Daher bringt man am besten Bargeld vom Festland mit. Im Flughafen gibt's eine Wechselstube. Eine Post findet man unweit nördlich des Babura Seaview Resorts in Tekek.

ℹ An- & Weiterreise

Mersing dient als Fährhafen für Tioman (hin und zurück 70 RM, 2–3 Std.). Täglich starten zwei bis sechs Boote zwischen 7 und 17 Uhr – wann genau bestimmen die Gezeiten. Die Fähren setzen Passagiere an Haltepunkten von Süden nach Norden ab.

In der Regenzeit (Nov.–Feb.) legen die Boote unregelmäßig ab. In den gemäßigten Regenmonaten ist der Fahrplan (Jan. & Feb.) zuverlässiger.

Fähren nach Tioman verkehren auch am Fährterminal Tanjung Gemok (hin und zurück 70 RM), 35 km nördlich von Mersing.

ℹ Unterwegs vor Ort

ABC ist nur knapp fünf Gehminuten von Tekek entfernt. Aber um von ABC Salang zu erreichen, muss man über ein Gästehaus oder Restaurant ein Boot mieten (30 RM).

Nach Juara gelangt man von Tekek mit einem Allradtaxi (25–40 RM für bis zu 4 Pers.) – am besten bucht man seine Unterkunft im Voraus, dann kann der Hotelbesitzer einen am Pier in Tekek abholen. Alternativ kann man von Tekek durch den Dschungel nach Juara laufen (7 km).

Kuantan

☎09

Die meisten Reisenden halten in Kuantan, der Hauptstadt von Pahang, nur für eine Pause zwischen den langen Busfahrten. Die Stadt ist nicht auf Touristen ausgerichtet, lohnt aber dennoch einen Aufenthalt von ein oder zwei Tagen. Hier sind die mitunter besten gastronomischen Einrichtungen an der Küste zu finden. Als Kuantans Hauptattraktion gilt die **Masjid Negeri** (Staatsmoschee; Jln Mahkota), eine prachtvolle Moschee mit Säulen und Türmchen – sie werden abends beleuchtet und sind dann besonders beeindruckend.

Essen

Die **Essensstände** nahe dem Fernreisebusterminal sind besonders gut.

Akob Patin House MALAIISCH $
(Jln Besar; Hauptgerichte 7–15 RM; Mittagessen) Lust, die regionale Spezialität *patin* zu kosten? Dieses Lokal am Fluss serviert sowohl wild gefangenen (20 RM) als auch gezüchteten (8 RM) *patin* in einer *tempoyak*-(fermentierten Durian-*sambal*-)Soße als Teil eines Buffets mit weiteren malaiisch zubereiteten Fleisch- und Gemüsegerichten – der Preis gilt pro Fisch. Die freundlichen Kellner erklären einem die Auswahl.

Praktische Informationen

Auf der treffend benannten Jalan Bank sind zahlreiche Banken zu finden (viele mit 24-Stunden-Geldautomaten).

Touristeninformation (09-516 1007; Jln Mahkota; Mo–Fr 8–17 Uhr) Bietet sehr hilfsbereite Angestellte und eine Auswahl an nützlichen Broschüren.

An- & Weiterreise

BUS & TAXI

Fernreisebusse verkehren vom Terminal Sentral Kuantan, der ca. 20 Minuten vom Stadtzentrum entfernt liegt (Taxi 20 RM). Busse nach Cherating fahren vom nahen Zentralmarkt ab.

Im Hotel kann man ein Langstreckentaxi bestellen. Alternativ nimmt man eines vor dem Terminal Sentral Kuantan. Zu den Zielen (mit ungefähren Fahrtkosten pro Wagen) gehören Mersing (200 RM), Johor Bahru (350 RM), Cherating (50–70 RM), Kuala Terengganu (200 RM), Jerantut (200 RM) und KL (280 RM).

Busse ab Kuantan:

ZIEL	PREIS (RM)	FAHRTDAUER (STD.)
Butterworth	51	8½
Cherating	5	1½
Jerantut	18	3½
Kota Bharu	31	6
Kuala Lumpur	24	4
Kuala Terengganu	17	4
Melaka	35	6
Singapur	30	6

Kuantan

FLUGZEUG

Der **Sultan Ahmad Shah Airport** (09-531 2123) liegt 15 km vom Stadtzentrum entfernt und bietet Flüge zum KLIA, SkyPark Subang Terminal und nach Penang; ein Taxi kostet ca. 15 RM.

Cherating

09

Cherating wartet mit einem fantastischen weißen und von Kokosnusspalmen gesäumten Strand und einem kleinen Dorf mit Pensionen und Geschäften auf. Hier laufen mehr Affen, Warane und Katzen als Menschen herum. In dem beliebten Surferort kann man auch wunderbar am Strand relaxen. Dort konzentriert sich auch das Nachtleben von Cherating – eines der besten an der Küste.

Aktivitäten

Die Bucht von Cherating wird durch einen langen, sandigen Schelf geprägt, weshalb man hier fast das ganze Jahr über gut schwimmen kann (im Juni und Juli nach Quallen Ausschau halten).

In der Regenzeit von Ende Oktober bis Ende März lockt dieser Ort mit den besten Surferwellen von Malaysia.

In der ganzen Stadt veranstalten verschiedene Anbieter Naturführungen und -spaziergänge, darunter Schildkrötenbeobachtung (April–Sept.).

Turtle Sanctuary TIERAUFZUCHTSTATION
(Eintritt 30 RM; ⏲Di–So 9–17 Uhr) Die Schildkrötenaufzuchtstation verfügt über ein paar Becken mit Baby-Suppenschildkröten und älteren verletzten Tieren, die wieder aufgepäppelt werden. Hier gibt's Informationen über Lege- und Brutzeiten.

Schlafen & Essen

Fast alle Restaurants und Gästehäuser liegen an der Einkaufsstraße. Während der Monsun-/Surfsaison von November bis Januar sollte man im Voraus reservieren.

Payung Guesthouse BUNGALOWS $
(☎09-581 9658; DZ/4BZ 60/120 RM, DZ mit Klimaanlage 80 RM;) Diese hervorragende Unterkunft an der Hauptgeschäftsstraße liegt nach hinten zum Fluss raus und bietet eine Reihe von Bungalows (alle mit Moskitonetzen) und gut gepflegte Gärten. Außerdem kann man sich hier gut über Veranstaltungen in der Gegend informieren.

Lilo's Travelers Home PENSION $
(☎019-996 1723; Zi. 50 RM) In einer kleinen, staubigen Nebenstraße erwarten Gäste dieser Gute-Laune-Unterkunft supersaubere, schlichte weiße Zimmer, eine Gemeinschaftsküche und ein cooler, zentraler Treffpunkt. Es bestehen Pläne, einen Gemeinschaftsgarten zu bauen.

Don't Tell Mama HAMBURGER $
(Cherating Beach; Hamburger 5–10 RM; ⏲bis spätnachts) Während unseres Besuchs wurde das Don't Tell Mama gerade an einem neuen Standort neben der Eco Bar wiedereröffnet. Mit seiner langen Speisekarte und seinen legendären, auch weiterhin angebotenen Hamburgern wird es bestimmt ein großer Erfolg. Auf Nachfrage kann man den coolen Garten mit Pflanzen in Hydrokultur besichtigen.

Ausgehen & Nachtleben

★ **Eco Bar** BAR
(Rhana Pippin; Cherating Beach; ⏲12–4 Uhr) An den niedrigen Tischen dieser überaus angenehmen Strandbar kann man den Sand zwischen den Zehen spüren, während man die skurrilen Figuren beobachtet, die das Nachtleben von Cherating bereichern.

Praktische Informationen

In Cherating gibt's weder Banken noch Geldautomaten.

An- & Weiterreise

Vom städtischen Busbahnhof Kuantan nimmt man den Bus mit der Aufschrift „Kemaman" und bittet den Fahrer, einen in Cherating Lama hinauszulassen. Die Busse verkehren alle 30 Minuten (5 RM, 1 Std.). Aus dem Norden kommend kann man mit jedem Bus nach Kuantan fahren und auf der Hauptstraße aussteigen. Ein Taxi nach Kuantan kostet ca. 80 RM.

Ein Ticket für einen Fernreisebus nach Kuala Terengganu (17 RM, 3 Std., häufig) kann man über das Payung Guesthouse buchen.

Kuala Terengganu

☎09

Kuala Terengganu ist eine filmreife südostasiatische Erfolgsgeschichte und eine Art Mikrokosmos des malaiischen Wirtschaftsbooms: Kleines Fischerdorf findet Öl, bekommt dadurch jede Menge Geld und wird nun modernisiert. Im überraschend attraktiven Kuala Terengganu (KT) gibt's eine Promenade, ein paar gute Strände, mehrere historische zwischen Hochhäusern versteckt gelegene Gebäude im *kampung*-Stil und eines der schönsten und interessantesten Chinatown-Viertel auf der östlichen Malaiischen Halbinsel. Auch dank der Küche mit vielen Meeresfrüchten und der guten Verkehrsanbindung lohnt es sich, ein oder zwei Besichtigungstage in KT zu verbringen.

Sehenswertes

Chinatown STADTVIERTEL
Rund um die Jalan Kampung Cina (auch als „Jalan Bandar" bekannt) liegt KTs Chinatown, ein malerisches und faszinierendes Stadtviertels voll farbloser Straßen und Gebäude, an denen der letzte Hochwasserstand abzulesen ist. In seinen Gassen taucht immer mehr zeitgenössische, schrullige Straßenkunst auf. Zu den weiteren Attraktionen gehören denkmalgeschützte Gebäude und Tempel. In der Touristeninformation sind Broschüren zum Chinatown Heritage Trail erhältlich.

Zentraler Markt MARKT
(Ecke Jln Kampung Cina & Jln Banggol; Erw./Kind 1/0,50 RM) Auf dem lebhaften Markt kann man exotische Snacks probieren und in dem Stockwerk über der Fischabteilung Batikstoffe und *kain songket* (traditionelle hand-

Kuala Terengganu

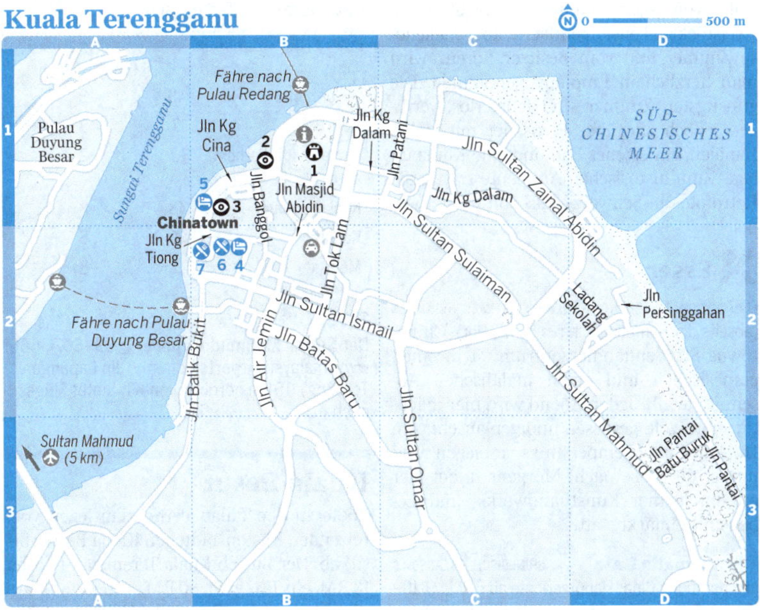

gewebte Stoffe) erwerben. Von Einheimischen „Pasar Payang“ genannt.

Kompleks Muzium Negeri Terengganu MUSEUM
(Staatliches Museum Terengganu; ☎ 09-622 1433; http://museum.terengganu.gov.my; Erw./Kind 15/10 RM; ⏲ Sa–Do 9–17, Fr 9–12 & 15–18 Uhr) Die Ausstellungen liegen in miteinander verbundenen Gebäuden auf einem 26 ha großen Anwesen, etwa 6 km westlich von Kuala Terengganu. Sie reichen von historisch interessant (eine malaiische Inschrift in traditionellem Jawi, die im Grunde die Ankunft des Islam im Land datiert) bis leicht absurd (ein ausgestopftes, recht abgewetztes Wildtier).

Der Komplex traditioneller Häuser an der Vorderseite des Anwesens ist den Eintrittspreis wert. Allerdings gibt's nur wenige englische Erklärungen. Die Anreise erfolgt vom zentralen Busbahnhof mit dem Heritage Bus C-02. Ein Taxi kostet etwa 10 RM.

Bukit Puteri FORT
(Princess Hill; Erw./Kind 1/0,50 RM; ⏲ Sa–Do 9–17, Fr bis 15 Uhr) Auf der gegenüberliegenden Straßenseite vom Zentralmarkt führt eine steile Treppe zum Bukit Puteri, einem 200 m hohen Hügel mit tollem Stadtblick. Oben befinden sich die Überbleibsel eines Forts aus der Mitte des 19. Jhs., einige Kanonen und eine Glocke.

Kuala Terengganu

Sehenswertes
- 1 Bukit Puteri B1
- 2 Zentraler Markt B1
- 3 Chinatown B1

Schlafen
- 4 Jen's Homestay B2
- 5 KT Chinatown Lodge B1

Essen
- 6 Chinatown Hawker Centre B2
- 7 T Homemade Café B2

Schlafen

Jen's Homestay APARTMENTS $
(☎ 019-957 8368; www.jenhomestay.weebly.com; Jln Kampung Tiong, 8-12 Pangsapuri Kampung Tiong; DZ/4BZ ab 80/100 RM; 🚭❄📶) In dieser Unterkunft mit herrlichem Fluss- und Meerblick kann man ein ganzes Apartment mit Wohnbereich mieten oder einzelne Schlafzimmer. Die haben klangvolle Namen – Pisa, Eiffel, Colosseum, Monroe und Rudolf – und sind für zwei bis vier Personen ausgelegt.

KT Chinatown Lodge PENSION $
(☎ 09-6221 938, 013-9316 194; lawlorenz@gmail.com; 113 Jln Kampung Cina; Zi. 90–110 RM; ❄📶) Direkt im Herzen von Chinatown und in der

Nähe von Salanganennestern bietet diese zweistöckige Pension einfache, aber makellose Zimmer und vom Besitzer Lorenz wird man herzlich in Empfang genommen. Die günstigsten Zimmer sind fensterlos, verfügen jedoch alle über Fernseher mit vielen Kanälen, ein eigenes Bad und eine Klimaanlage. Zum historischen Ambiente tragen die Retrofotos in Schwarz-Weiß von Chinatown bei.

Essen

Chinatown Hawker Centre STRASSENSTÄNDE $
(abseits Jln Kampung Cina; 7–23 Uhr) Chinatowns Straßenhändlerzentrum ist in einen chinesischen und einen malaiischen Abschnitt geteilt. Jeden Abend wird hier mächtig gebrutzelt, gegessen und geplauscht. Am Ho-Ann-Kiang-Tempel links abbiegen und immer der Nase nach! Morgens findet hier oft ein kleiner Kunsthandwerks- und Lebensmittelmarkt statt.

T Homemade Café CHINESISCH, MALAIISCH $
(Jln Kampung Cina; Hauptgerichte ab 5 RM; 10–17 Uhr) Direkt neben dem Dragon Arch in Chinatown liegt diese Kooperative von mehreren Essensständen. Hier kann man chinesische und malaiische Küche, Römertopfgerichte und hausgemachte Säfte probieren. Unter den ausgeblichenen Bambussonnenschirmen der Marke Milo kann man Kraft tanken, bevor es weiter durch Chinatown geht.

Praktische Informationen

Die Jalan Sultan Ismail gilt als kommerzieller Knotenpunkt mit den meisten Banken, die – außer freitags – von 9.15 bis 16.30 Uhr geöffnet sind.

Touristeninformation (09-622 1553; www.tourism.terengganu.gov.my; Jln Sultan Zainal Abidin; Sa–Do 9–17 Uhr) Hilfreiche Mitarbeiter sowie gute Broschüren und Karten.

An- & Weiterreise

BUS & TAXI

Bei unserem Besuch verkehrten am Busbahnhof auf der Jalan Masjid Abidin sowohl Regionalbusse als auch Schnellbusse mit weiter entfernten Zielen. Gegebenenfalls gibt's inzwischen einen neuen Bahnhof für Schnellbusse nahe Shahbandar Jetty (bei der Buchung den Abfahrtsort überprüfen).

Der zentrale Taxistand liegt auf der Jalan Masjid Abidin gegenüber dem zentralen Busbahnhof.

Busse ab Kuala Terengganu:

ZIEL	PREIS (RM)	DAUER (STD.)
Johor Bahru	48	8
Kota Bahru	17	3
Kuala Besut (Perhentian-Inseln)	13	2
Kuala Lumpur	43	8
Kuantan	20	6
Melaka	48	8

FLUGZEUG

Der **Sultan Mahmud Airport** (09-667 3666; www.malaysiaairports.com.my; Jln Lapangan Terbang), 15 km nördlich von KT, bietet Flüge nach KL.

Kuala Besut

Boote zu den Pulau Perhentian legen vom reizenden Küstenstädtchen Kuala Besut (bisu) ab. Der Bus ab Kuala Terengganu kostet 13 RM, ein Taxi etwa 80 RM. Von Kota Bharu nimmt man den Bus 639 (6 RM, ca. 2 Std.) oder ein Taxi (45 RM). Es stehen auch zwei tägliche Busse ab KL (50 RM, 9 Std.) zur Verfügung. Von anderen touristischen Punkten in Malaysia bieten viele Reiseagenturen Minibusse nach Kuala Besut an.

Pulau Perhentian

09

Die Perhentian-Inseln gehören nicht nur zu den beliebtesten Backpackerreisezielen in Malaysia, sondern sind auch einer der günstigsten Orte der Welt, um ein Open-Water-Diver-(OWD-)Zertifikat zu erhalten. Zudem sind die Tauchgänge spektakulär. Das verkehrsfreie Inselpaar besteht aus Kecil („Klein"), das bei jüngeren Rucksackreisenden beliebt ist, und Besar („Groß"), das mit höheren Unterkunftsstandards und entspanntem Ambiente aufwartet. Beide bieten fast perfekte Strandbögen mit weißem Sand, Dschungel im Hintergrund, eine ansteckende fröhliche Stimmung und türkisblaues Wasser. Alles in allem einfach traumhaft.

Auch wenn die nächste Strandparty nie weit entfernt ist, herrscht auf den Perhentian-Inseln alles andere als eine Partyatmosphäre à la Thailand. Alkohol ist in manchen Restaurants und Bars erhältlich.

Am besten besucht man die Inseln zwischen März und Mitte November. Während der Regenzeit schließen fast alle Unterkünfte – manche öffnen sogar erst wieder im April oder später –, einige Hotels bleiben aber für hartgesottene Touristen geöffnet. Manche Tauchschulen sind ganzjährig geöffnet, aber in der Nebensaison hat man schlechte Sicht und die See ist rau.

Aktivitäten

Dank des relativ seichten, ruhigen Wassers und der guten Sicht gelten die Perhentian-Inseln als der ideale Ort, um schnorcheln oder tauchen zu lernen. Aufgrund des Wettbewerbs zwischen den vielen Tauchschulen liegen die Preise für einen viertägigen OWD-Kurs zwischen 800 und 1100 RM. Für diejenigen, die lieber an der Wasseroberfläche bleiben, arrangieren Pensionen Schnorcheltrips für etwa 40 RM.

Auf beiden Inseln gibt's zahlreiche Wandermöglichkeiten. Der Dschungelpfad zwischen dem Long Beach und der Coral Bay auf Kecil ist ein einfacher, ausgeschilderter und 15-minütiger Spazierweg (etwa 1 km) durch buschigen Wald. Auf Besar verläuft ein hügeliger (ca. 1-stündiger 2,5 km langer) Weg von Nord nach Süd – vom nahe gelegenen Perhentian Island Resort zur Teluk Dalam.

Schlafen & Essen

Auf Kecil bietet der Long Beach die größte Auswahl an Budgetchalets und Ausgehoptionen. In der Hochsaison (für gewöhnlich von Ende Mai bis Anfang Sept.) kann sich die Unterkunftssuche schwierig gestalten, weshalb man vorab buchen oder früh anreisen sollte. Die Unterkünfte auf Besar umfassen in der Regel eine Klimaanlage und ein eigenes Bad.

Pulau Kecil: Long Beach

In Long Beach kann es vor Surfern wimmeln. Verschiedene Einrichtungen am Strand verleihen Boogiebrettter und alte, schwere Surfbretter. Vorsicht beim Schwimmen – hier sind schon mehrere Menschen ertrunken.

Lemon Grass BUNGALOWS $
(☎ 019-981 8393; Bungalow ab 50 RM) Das Lemon Grass liegt am südlichen Ende des Long Beach, hat freundliche Besitzer und besteht aus 16 schlichten Hütten mit Ventilatoren und Gemeinschaftsbädern. Auf der Veranda an der Rezeption hat man einen tollen Blick, und es gibt ein paar lauschige Plätzchen zum Sitzen und Meerbetrachten. Für alle Hütten gilt der gleiche Preis. Mit etwas Glück ergattert man eine mit Meerblick.

Pulau Kecil: Coral Bay

Die Coral Bay, die sich im Westen erstreckt, ist eher felsig als sandig. Sie bietet brillante Sonnenuntergänge sowie gute Möglichkeiten zum Schwimmen. Nachts kann man in Strandbars einkehren und in Grillfisch schwelgen – und viele essen lieber hier als am teureren Long Beach.

RainForest Camping CAMPINGPLATZ $
(www.facebook.com/rainforestcamping.perhentianisland.malaysia; Sandy Coral Bay; Campingplatz 20 RM) Einfache Zelte mit kompakten Bambusterrassen stehen auf einer Regenwaldlichtung. Die Gemeinschafts-WCs und -bäder sind bescheiden, doch die eigentliche Attraktion sind der perfekte private Strandbogen und die entspannte Atmosphäre im angrenzenden Café. Die stimmungsvollen Lichter der Coral Bay erreicht man nach einem angenehmen 15-minütigen Spaziergang gen Norden entlang der Küste.

Ewan's Place BUNGALOWS $
(☎ 014-817 8303; DZ 80 RM) Identische Fertighütten auf dem Weg von der Coral Bay zum Long Beach. Die sauberen und farbenfrohen Zimmer im Inneren verfügen über bequeme Doppelbetten, Moskitonetze und Kaltwasserduschen. Das angrenzende Café serviert die gewöhnliche Auswahl an asiatischer und internationaler Küche.

Pulau Kecil: Petani Beach & Teluk Kerama

★ **D'Lagoon Chalets** BUNGALOW $
(☎ 019-985 7089; www.dlagoon.my; Teluk Kerma; Zeltplatz 15 RM, B 25 RM, Zi. 70–210 RM) Teluk Kerma ist eine schöne, isolierte Bucht mit tollen Korallenriffen und einer wunderbar ruhigen Lage. Die Unterkunftsarten reichen von einem Langhaus mit Schlafsälen über einfache Bungalows auf Stelzen bis zu einem Flitterwochenbaumhaus. Als Aktivitäten bieten sich Schnorcheln, Hai- und Schildkrötenbeobachtung sowie Dschungelwanderungen zu abgelegenen Stränden an. Auf Anfrage arrangiert das Management auch Abende mit regionaler Musik.

Mari Mari Beach Bar & Resort BUNGALOWS $
(☎ 017-998 5462; Petani Beach; Zi. 50–150 RM) Wer sich für eine abgelegene Unterkunft auf den Perhentian-Inseln interessiert, braucht nicht länger zu suchen. Das Mari Mari wurde ausschließlich mit recycelten und gefun-

denen Materialien gebaut. Man fühlt sich wie Robinson Crusoe in diesen schlichten Strandhütten mit Gemeinschaftsbädern und den etwas privateren Baumhäusern mit rustikalen eigenen Bädern. In der angrenzenden Strandbar mit Restaurant kann man das entspannte Inselleben in vollen Zügen genießen.

Pulau Besar: Main Beach

Besar hat einen belebten Hauptstrand mit Blick auf Pulau Kecil, der aus schmalen, aber schattigen weißen Sandstreifen besteht.

Reef Chalets BUNGALOWS **$$**
(☎ 09-690 3669; www.facebook.com/The.Reef.Chalets; Bungalow 120–350 RM; ❄ 📶) Dieses Resort ist in Familienbesitz und bietet 12 schöne Bungalows an einem Strand. Es liegt inmitten eines gut gepflegten Dschungelgartens mit Bäumen, in denen gelegentlich Lemuren, Affen, Vögel und Fledermäuse anzutreffen sind. Die freundlichen Besitzer verleihen Kanus und Schnorchelausrüstung und helfen bei der Aufenthaltsplanung. Alle Bungalows bestechen mit Meerblick; manche verfügen über einen Ventilator und die teureren über eine Klimaanlage.

Pulau Besar: Teluk Dalam

Hinter dem Hügel liegt die Teluk Dalam (auch „Flora Bay" genannt), eine herrliche, abgelegene Bucht mit guten Schnorchelmöglichkeiten sowie viel Ruhe.

Samudra Beach Chalet BUNGALOWS **$**
(☎ 09-691 1677; www.samudrabeachchalet.com; Teluk Dalam; Zi. 60–160 RM; ❄ 📶) Traditionelle malaiische Nurdachbungalows erwarten einen im Samudra. Innen sind sie etwas dunkel; die günstigeren bieten Ventilatoren. Einen gutes Preis-Leistungs-Verhältnis hat das klimatisierte Familienzimmer mit zwei Doppelbetten.

Mandalica Beach Resort CAMPINGPLATZ **$**
(☎ 019-983 7690; Teluk Dalam; Camping pro Person 25 RM, Strandhütte 40 RM) Die reizende Halim-Familie lebt an der sandigen Teluk Dalam und bietet überdachte Zeltplätze und einfache Strandhütten. Die Gemeinschaftsbäder sind schlicht, aber sauber. Es gibt einen Abholservice von allen Orten auf den Perhentian-Inseln und Angeltrips können arrangiert werden. Ein Verleih für Wasserausrüstung steht auch zur Verfügung. Das Café serviert Säfte, abendliche Grillgerichte und köstliches *roti* – für Idas Bananen-Schoko-*roti* lohnt es sich, quer über die ganze Insel zu laufen.

ℹ Praktische Informationen

Wer den Meerespark rund um die Perhentian-Inseln betritt, muss eine obligatorische Naturschutzgebühr von 5 RM entrichten. Für gewöhnlich zahlt man an einem Schalter am Fähranleger in Kuala Besut.

Auf den Perhentian-Inseln gibt's weder Banken noch Geldautomaten, weshalb man viel Bargeld mitnehmen sollte. Es stehen keine öffentlichen Telefone zur Verfügung, aber der Handyempfang ist gut und die meisten Unterkünfte bieten WLAN.

ℹ Anreise & Unterwegs vor Ort

Schnellboote (hin und zurück 70 RM, 30–40 Min.) fahren mehrmals täglich zwischen 8.30 und 17.30 Uhr von Kuala Besut zu den Perhentian-Inseln. Die Boote steuern alle Strände an. In die andere Richtung starten täglich um ca. 8, 12 und 16 Uhr Expressfähren von den Inseln.

Wenn die Wellen am Long Beach zu hoch sind, wird man auf der anderen Seite der Insel an der Coral Bay abgesetzt.

Strandhopping gestaltet sich mit einem Boot (etwa 15 RM) am einfachsten. Eine Fahrt von Insel zu Insel kostet 20 RM pro Boot.

Kota Bharu

☎ 09

Das islamische, freundliche Kota Bharu verbindet die Energie einer mittelgroßen Stadt mit der Kompaktheit und entspannten Atmosphäre eines kleinen Ortes. Hier locken großartiges Essen und eine gute Auswahl an Unterkünften. Darüber hinaus eignet sich Kota Bharu als Zwischenstopp auf dem Weg von Thailand zu den Perhentian-Inseln. Am besten legt man mehr als nur eine kurze Pause ein.

Sehenswertes

Istana Jahar MUSEUM
(Royal Ceremonies Museum; Jln Istana; Erw./Kind 3/1,50 RM; ⏲ Sa–Mi 8.30–16.45, Do bis 15.30 Uhr) Kota Bharus bestes Museum, sowohl hinsichtlich der Ausstellungsstücke als auch der Architektur – das schöne schokoladenbraune Bauwerk aus dem Jahr 1887 ist eines der schönsten traditionellen Gebäude der Stadt. Im Inneren beschäftigen sich die interessanten Ausstellungen mit den Ritualen und dem Kunsthandwerk in Kelantan: Die Fertigung von Batikstoffen, aber auch Themen wie Beschneidung, die Hochzeitsnacht und Bestattungsrechte werden detailliert beschrieben.

Kota Bharu

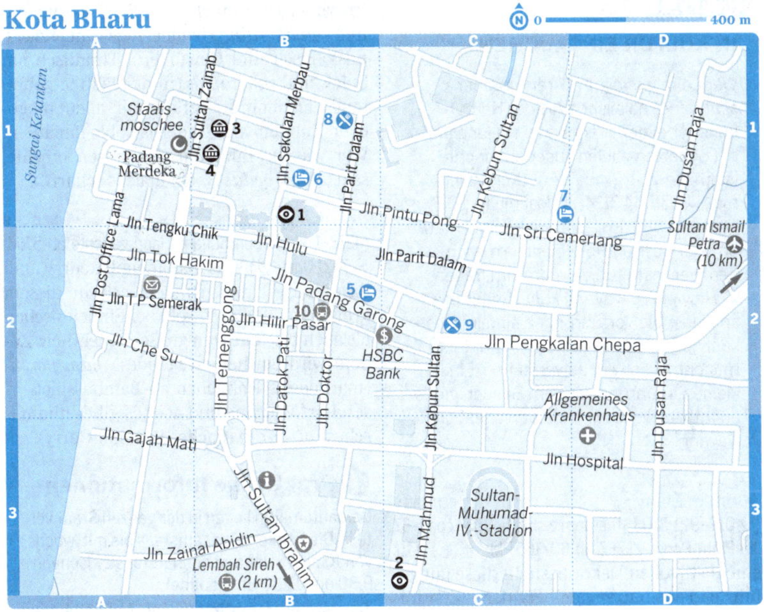

Istana Batu

MUSEUM

(Royal Museum, Muzium Diraja; Jln Istana; Erw./Kind 4/2 RM; ⏲ Sa–Mi 8.30–16.45, Do bis 15.30 Uhr) Bis es dem Staat überlassen wurde, war das 1939 gebaute hellgelbe Istana Batu der Palast des Kronprinzen. Dank der Familienfotos und der persönlichen Stücke, die zwischen edlem Porzellan, kitschigen Sofas und der Hutsammlung des verstorbenen Sultans zu finden sind, geben die prachtvoll eingerichteten Zimmer einen überraschend privaten Einblick in das königliche Leben.

Zentraler Markt

MARKT

(Pasar Besar Siti Khadijah; Jln Hulu; ⏲ 6–18 Uhr) KBs Hauptmarkt ist einer der farbenfrohesten und lebhaftesten in Malaysia. Frühmorgens geht's am geschäftigsten zu und am frühen Nachmittag wird zumeist schon zusammengepackt. Unten liegt die Lebensmittelabteilung und oben werden an den länger geöffneten Ständen u. a. Gewürze, Messingwaren und Batik verkauft. Im ersten Stock gibt's eine gute Auswahl an Essensständen – eine Top-Location für das Frühstück und Mittagessen.

Schlafen

★ Zeck's Traveller's Inn

PRIVATUNTERKUNFT $

(☎ 019-946 6655; zecktravelers@gmail.com; 7088-G Jln Sri Cemerlang; B/EZ/DZ ab 12/15/25 RM, Zi. mit Klimaanlage 45–70 RM; ❄ @ ☰) Das gemütliche Haus von Zeck und Miriam Zaki liegt in einer ruhigen Ecke des Stadtzentrums und wartet mit einem hübschen kleinen Garten auf, wo man entspannen, oder eine leichte Mahlzeit und Drinks genießen kann. In dieser familienbetriebenen Unterkunft im Herzen von Kota Bharu erlebt man eine richtig authentische malaiische *kampung*-(Dorf-)Atmosphäre.

Kota Bharu

Sehenswertes

1 Zentraler Markt ... B1
2 Gelanggang Seni ... C3
3 Istana Batu ... B1
4 Istana Jahar ... B1

Schlafen

5 KB Backpackers Lodge ... B2
6 Room @ Zishi ... B1
7 Zeck's Traveller's Inn ... C1

Essen

8 Nachtmarkt ... B1
9 Sri Devi Restaurant ... C2

Transport

10 Zentraler Busbahnhof ... B2
Taxistand ... (siehe 10)

NICHT VERSÄUMEN

IN KULTUR EINTAUCHEN

Wer beim *gasing uri* (Kreiseldrehen), *silat* (eine malaiische Art der Kampfkunst), bei der Drachenherstellung und bei Schattenspielen zusehen möchte, ist im **Gelanggang Seni** (Kulturzentrum; ☎ 03-744 3124; Jln Mahmud) GRATIS genau richtig. In der Touristeninformation oder bei den Hotelbesitzern nach dem Veranstaltungsprogramm fragen.

Hinweis zu *wayang kulit* (Schattenspielen): Die Vorführungen sind interessant, jedoch ohne vorherigen Kontext manchmal schwer zu verstehen. Eine kleine Einführung vor dem Besuch gibt's auf http://discover-indo.tierranet.com/wayang.

Room @ Zishi PENSION $
(☎ 012-921 8103; theroom.zishi@hotmail.com; 67 Jln Pintu Pong; Zi./FZ ab 90/165 RM; ❄ 📶) Mit einem stilvollen Dekor besticht diese gut geführte Pension gegenüber dem Zentralmarkt von Kota Bharu. Die Zimmer sind im schlichten asiatischen Zen-Stil eingerichtet und der Gemeinschaftssaal unten mit voll ausgestatteter Küche umfasst einen kühlen Raum zum Entspannen mit vielen kleinen Kissen und Flauschteppich. Für Sicherheit sorgt ein Schlüsselkartensystem. Die günstigeren Zimmer sind fensterlos.

KB Backpackers Lodge HOSTEL $
(☎ 019-944 5222, 09-748 8841; backpackerslodge2@yahoo.co.uk; 1872-D Jln Padang Garong; B/Zi. ab 15/35 RM; ❄ @) Der Besitzer Pawi ist eine nie versiegende Quelle von Informationen. Die Schlafsäle und Zimmer sind einfach, aber sauber. Es gibt eine Dachterrasse und Städtetouren können arrangiert werden. Pawi ist auch ein wahnsinniger Fahrradliebhaber, veranstaltet Radtouren (auf und abseits der Straße) und verleiht hochwertige Räder. Vorsicht: Nicht mit dem eher schmuddeligen Hostel namens KB Backpackers Inn auf der gegenüberliegenden Straßenseite verwechseln.

Essen

★ **Nachtmarkt** MARKT $
(Jln Parit Dalam; Hauptgerichte ab 4 RM; ⌚ 17–21 Uhr) Eine beliebteste Anlaufstelle für das wahrscheinlich beste und günstigste malaiische Essen der Stadt ist KBs Nachtmarkt. Zu den Spezialitäten gehören *ayam percik* (mariniertes Hühnchen an Bambusspießen) und *nasikerabu* (blauer Reis mit Kokosnuss, Fisch und Gewürzen), Thunfisch am Spieß und *murtabak* (in der Pfanne gebratenes Fladenbrot, gefüllt mit allen möglichen Zutaten von Rinderhack bis Bananen). Wer wie die Einheimischen essen möchte, sagt *„Suka pedas"* („Ich mag es scharf.").

Sri Devi Restaurant INDISCH $
(4213-F Jln Kebun Sultan; Hauptgerichte ab 5 RM; ⌚ 7–21 Uhr; 🖉) Das Bananenblattcurry und das Mango-Lassi erfreuen sich in diesem großartigen Lokal sowohl bei Einheimischen als auch bei Touristen großer Beliebtheit. Zudem wird ein hervorragendes *ayam percik* (mariniertes Hähnchen an Bambusspießen) serviert. Morgens und abends gibt's himmlisches *roti canai* (flaches Brot mit Curry).

ℹ Praktische Informationen

Geldautomaten liegen in der ganzen Stadt verteilt. Die Banken sind samstags bis mittwochs von 10 bis 15 Uhr und donnerstags zwischen 9.30 und 11.30 Uhr geöffnet.

Touristeninformation (☎ 09-748 5534; www.tic-kelantan.gov.my; Jln Sultan Ibrahim; ⌚ So–Mi 8–17, Do bis 15.30, Fr & Sa bis 13.30 Uhr) Informationen zu Privatunterkünften, Touren und Transport.

ℹ An- & Weiterreise

BUS

Die Schnellbusse von Transnasional verkehren am **zentralen Busbahnhof** (☎ 09-747 5971, 09-747 4330; Jln Padang Garong). Andere Schnell- und Fernbusse fahren vom Busbahnhof Lembah Sireh nahe dem Tesco Kota Bharu ab. Ein Taxi von diesem Busbahnhof ins Stadtzentrum kostet ca. 15 RM.

Die meisten Regionalbusse halten am zentralen Busbahnhof, darunter diejenigen nach Rantau Panjang (Bus 29, 5 RM) und Kuala Besut (Bus 639, 6 RM, ca. 2 Std.) für die Perhentian-Inseln.

Bussa ab Kota Bharu:

ZIEL	PREIS (RM)	DAUER (STD.)
Alor Setar	43	7
Butterworth	42	7
Ipoh	40	6
Kuala Lumpur	49	8
Kuala Terengganu	19	3
Kuantan	31	6
Melaka	64	10
Singapur	98	12

FLUGZEUG

Der **Sultan Ismail Petra Airport** (☎ 09-773 7400; www.malaysiaairports.com.my; Sultan Ismail Petra Airport Darul Naim) liegt 10 km nordöstlich vom Stadtzentrum.

TAXI

Der Taxistand liegt an der südlichen Seite des zentralen Busbahnhofs. Man sollte grundsätzlich die nicht lizensierten Taxifahrer meiden, die sich einem in der ganzen Stadt aufdrängen wollen. Offizielle Taxis sind günstiger und sicherer.

ZUG

Der nächste Bahnhof ist **Wakaf Baharu** (☎ 09-719 6986), der von den Regionalbussen 19 oder 17 angefahren wird. Bei Redaktionsschluss fielen die Züge in den Süden infolge schwerer Überflutungen aus. Bis zum Erscheinen dieses Buches soll die Strecke aber wieder befahren werden. Informationen erhält man in der Touristeninformation.

INNERE HALBINSEL

Ein breiter Streifen Regenwald trennt die beiden Küsten voneinander. Hier kann man sowohl Taman Negara, den berühmtesten Nationalpark der Halbinsel, als auch die Dschungelbahn, eine technische Meisterleistung, erkunden.

Jerantut

☎ 09

In dieser Kleinstadt, dem Tor nach Taman Negara, verbringen die meisten Reisenden lediglich eine Nacht, bevor sie in den Dschungel weiterfahren. Allerdings bietet sich Jerantut auch für eine nachmittägliche Erkundungstour an.

Mehrere Banken in der Stadt wechseln Bargeld und Reiseschecks (vor der Abreise nach Taman Negara Geld umtauschen). Da die Geldautomaten manchmal kein Geld ausgeben, sollte man vor der Reise nach Jerantut Geld abheben.

Schlafen & Essen

Auf der Jalan Pasar Besar gibt's hervorragende Essensstände und in der ganzen Stadt liegen günstige *kedai kopi* (Cafés) mit chinesischer Küche und malaiischen Klassikern verteilt.

Sakura Castle Inn HOTEL $

(☎ 09-266 5200; http://sakuracastleinn.blogspot.com; 51–52 Jln Bomba; Zi. 55–75 RM; ❄ 📶) Der eleganteste Ort der Stadt mit sauberen, komfortablen Zimmern, die alle mit einem TV, Warmwasser und Klimaanlage ausgestattet sind. Freundlichere und hilfsbereitere Mitarbeiter als in diesem Hotel wird man kaum finden.

An- & Weiterreise

BUS

Das **NKS Hostel** (21–22 Jln Besar) arrangiert Minibusse und Busse zu verschiedenen Zielen, darunter zur Anlegestelle Tembeling mit Booten nach Taman Negara (15 RM), KL (40 RM), Kuala Besut (90 RM) und in die Cameron Highlands (80 RM). Die Busse fahren vom hauseigenen NKS Café am Hostel ab. Die Mitarbeiter des NKS können von der Anlegestelle Kuala Tembeling auch eine Flussfahrt zum Nationalpark organisieren.

EINREISE NACH THAILAND: VON KOTA BHARU NACH SUNGAI KOLOK

Bis zur Grenze Die thailändische Grenze ist bei Rantau Panjang. Der Bus 29 fährt zur vollen Stunde vom Busbahnhof Kota Bharu (4 RM, 1½ Stunden) ab. Sammeltaxis von Kota Bharu nach Rantau Panjang kosten etwa 40 RM pro Auto und brauchen 45 Minuten.

Ein weiterer Grenzübergang liegt in Pengkalan Kubor an der Küste, doch die Verkehrsverbindungen sind nicht so gut und ein Grenzübergang hier kann zu Zeiten konfessioneller Gewalt im Süden Thailands riskant sein (vor dem Überschreiten der Grenze in der Touristeninformation nachfragen). Tagsüber überquert eine riesige Autofähre (1 RM für Fußgänger) den Fluss zum geschäftigen Tak Bai in Thailand. Von Kota Bharu nimmt man den Bus 27 oder 43 (2,40 RM) vom zentralen Busbahnhof.

An der Grenze Von Rantau Panjang kann man über die Grenze nach Sungai Kolok laufen, von wo man die Weiterfahrt nach Bangkok antreten kann.

Weiterreise Züge nach Bangkok fahren um 11.30 und 14 Uhr ab – Busse um 8, 11.30 und 15.30 Uhr. Es gibt stündliche Minibusse von Sungai Kolok nach Hat Yai. Für Informationen zur Überquerung dieses Grenzübergangs in die andere Richtung siehe S. 829.

Wer nicht mit dem Flussschiff fahren möchte, kann mit den Minibussen des Hostels um 8 und manchmal um 13 Uhr von Kuala Tahan direkt nach Taman Negara (15 RM) fahren. Allerdings beschreiben viele Reisende die Bootsfahrt flussaufwärts ab Kuala Tembeling als ein Highlight ihres Besuchs in Taman Negara.

Vom zentralen Busbahnhof fahren öffentliche Busse zur Anlegestelle in Kuala Tembeling (2 RM, 45 Min.). Dort legen die Boote nach Taman Negara von 7.45 bis 17 Uhr stündlich ab, allerdings halten sich die Boote nicht immer so genau an den Fahrplan.

Zudem gibt's täglich mehrere Busse zum/vom Busbahnhof Pekeliling in KL (55 RM, 4 Std.) sowie nach/von Kuantan (18 RM, 3½ Std.).

TAXI

Neben dem Busbahnhof befindet sich der Taxistand. Die Fahrpreise sind wie folgt: Kuala Tembeling (20 RM), Kampung Kuala Tahan (65 RM), Temerloh (50 RM), Cherating (240 RM), KL (200 RM) und Kuantan (180 RM). Nach 15 Uhr wird ein Aufpreis von 30 RM fällig.

ZUG

Der **Bahnhof Jerantut** (☎09-266 2219) liegt auf der Zugstrecke Tumpat–Gemas (auch als „Jungle Railway" bekannt), die zum Zeitpunkt des Verfassens wegen Wartungsarbeiten gesperrt war. Sobald die Sperrung aufgehoben wird, sollten die Züge täglich über Johor Bahru nach Singapur (2, 12.30 Uhr) fahren. Für die Fahrt zum KL Sentral nimmt man den Expresszug um 00.30 Uhr. Aktuelle Fahrpläne und Preise findet man bei KTM (www.ktmb.com.my).

Taman Negara

☎09

Taman Negara umfasst 4343 km² schattigen, feuchten, undurchdringlichen Dschungel. Im Dickicht, zwischen Bäumen mit gewaltigen Brettwurzelsystemen, entdeckt man Leuchtpilze und Orchideen. Auf der Suche nach der scheuen Tierwelt (Elefanten können sich viel besser verstecken, als die meisten Besucher denken) folgt man stickigen Pfaden, balanciert auf einer ächzenden Hängebrücke durch das Blätterdach oder verbringt die Nacht in einem der „Hochstände" und lauscht den Waldgeräuschen, die einen in die Zeit der Höhlenmenschen zurückversetzen.

Kuala Tahan ist ein sehr günstiger Ausgangspunkt für die Weiterfahrt nach Taman Negara. Gegenüber dem Sungai Tembeling liegen der Eingang zum Nationalpark, das exklusive Mutiara Taman Negara Resort und das Hauptbüro des Parks im Wildlife Department.

Die meisten Leute kaufen die Genehmigung in Jerantut zusammen mit ihrem Bus- und/oder Bootsticket nach Kuala Tahan. Ansonsten holt man sie sich am **Schalter der Touristeninformation** (nördlich des Flusses hinter dem Mutiara Resort; Parkeintritt/Kamera/Angeln/Canopy/Sonnenschutz 1/5/10/5/5 RM; ⏲So–Do 8–22, Fr 8–12 & 15–22 Uhr).

Aktivitäten

Wandern & Trekking

In Taman Negara reicht das Angebot an Wanderungen und Trekkingtouren von halbstündigen Ausflügen bis hin zu steilen neuntägigen Bergtrips den Gunung Tahan (2187 m) hinauf sowie hinunter.

Canopy Walkway & Umgebung WANDERN
(Erw./Kind 5/3 RM; ⏲Sa–Do 10–15.30, Fr 9–12 Uhr) Östlich vom Hauptbüro des Parks beginnt der wohl beliebteste Wanderweg der Region, der über den Sungai Tembeling zum 30 Minuten entfernten Canopy Walkway verläuft. Dieser führt zwischen riesigen Bäumen hindurch und dauert insgesamt etwa 40 Minuten. Frühaufsteher haben die besten Chancen, Vögel und Wildtiere zu sehen.

Kuala Trenggan WANDERN
Der gut ausgewiesene Hauptweg am Ufer des Sungai Tembeling verläuft über 9 km nach Kuala Trenggan. Es ist ein beliebter Wanderweg zum versteckten Aussichtspunkt Bumbun Kumbang, für den man fünf Stunden einplanen sollte. Von dort fahren Boote zurück zum **Nusa Holiday Village** (☎09-266 2369; www.tamannegara-nusaholiday.com.my; Bett 15 RM, Zi. mit Ventilator 55–90 RM, Zi. mit Klimaanlage 110 RM; ❄) und nach Kampung Kuala Tahan. Alternativ läuft man weitere 2 km nach Bumbun Kumbang.

Lata Berkoh WANDERN
Nördlich des Hauptbüros des Parks führt diese Tageswanderung nach Gunung Tahan, aber man kann auch einen leichten eintägigen Spaziergang zum Lata Berkoh, den stufenförmigen Stromschnellen am Sungai Tahan, unternehmen. Unterwegs kommt man vorbei an der Badestelle Lubok Simpon und dem Bumbun Tabing, 1¼ Stunden von Kuala Tahan entfernt.

Flussfähre & Bootsfahrten

Das Resort Mutiara Taman Negara bietet Boote, die täglich um 10 und 14.30 Uhr flussaufwärts nach Kuala Trenggan fahren. In die gegensätzliche Richtung legen die Boote von Kuala Trenggan um 11.15 und 15.15 Uhr ab.

PLANEN FÜR DEN TAMAN NEGARA

Am besten besucht man den Park während der Trockenzeit zwischen Februar und September. In der Regenzeit oder nach heftigen Unwettern ist der Boden sehr matschig und Blutegel können zu einer echten Plage werden.

In Jerantut sollte man sich mit allem Notwendigen eindecken. Blutegel lassen sich mit DEET, Tabak, Salz, Zahnpasta und Seife abwehren – allerdings ist der Erfolg der Mittel ganz unterschiedlich. Am besten besprüht man Schuhe und Socken großzügig mit Insektenschutzspray und steckt die Hosenbeine in die Socken. Lange Ärmel und lange Hosen schützen vor Insekten und Brombeerranken. Auch für kurze Wege sollte man sehr viel mehr Wasser mitnehmen, als einem nötig erscheint, für längere Wanderungen sind Wasserreinigungstabletten unerlässlich.

In dem Gebiet breitet sich das Denguefieber immer mehr aus. Wie bei anderen von Moskitos übertragenen Krankheiten (z. B. Malaria) ist die beste Schutzmaßnahme, nicht gebissen zu werden: Leichte, langärmelige Kleidung tragen und DEET darüber sprühen. Mücken, die Denguefieber übertragen, stechen normalerweise zwischen 6 und 9 Uhr und 18 und 21 Uhr. Die meisten Einheimischen berichten von wenigen Malariafällen.

Eine Leihausrüstung zum Zelten, Wandern und Angeln bekommt man auf dem Frachtschiff Mat Leon auf dem Fluss in Kuala Tahan. Pro Tag werden 10 RM für einen Schlafsack, 30 RM für einen Rucksack, 25 RM für ein Zelt, 30 RM für eine Angel, 8 RM für eine Isomatte, 8 RM für einen Kocher und 8 RM für Stiefel verlangt.

Diese Services sind eigentlich nur für Gäste vorgesehen, doch die folgenden Fahrten in den Park sind für jeden verfügbar:

ZIEL	PREIS (RM)	HÄUFIGKEIT (PRO TAG)
Bunbun Yong	5	3
Canopy Walkway	15	2
Gua Telinga	15	4
Kuala Tembeling	301	1

Geführte Touren

Wandern

Für Tagesausflüge – und sogar für Touren mit Übernachtung – benötigt man eigentlich keinen Führer, wenn man sich selbst um Ausrüstung, Essen und Trinkwasser kümmert. Bei längeren Trips sind Guides jedoch unerlässlich. Sie kosten etwa 180 RM pro Tag (für bis zu 12 Pers.) plus 100 RM für jede Nacht. Führer mit einer Lizenz des Wildlife Departments haben Kurse zur Flora und Fauna des Regenwalds sowie zu Sicherheitsmaßnahmen absolviert und sind dort registriert. Organisationen aus Kuala Tahan bieten oft günstigere Preise als das Department, allerdings hat nicht jeder Guide eine Lizenz.

Tierwelt & Stromschnellen

Jeder Besucher von Kuala Tahan möchte eine Wildtier- oder Bootstour (ab 40 RM) erleben, bei der man die Stromschnellen hinuntersaust. Die beliebten Nachtausflüge (ab 25 RM) werden entweder zu Fuß oder per Allradfahrzeug durchgeführt. Bei Fahrten durch die Ölpalmenplantagen außerhalb des Parks ist die Wahrscheinlichkeit größer, Tiere wie Loris, Schlangen, Zibetkatzen und Flugeichhörnchen zu sehen, eine Garantie dafür gibt's allerdings nicht.

Orang Asli

Viele Touristen buchen Exkursionen zu Orang-Asli-Siedlungen (45–80 RM), wo man lernt, wie man ein langes Blasrohr verwendet und Feuer entfacht. Die lokalen Guides behaupten, dass diese Besuche den Lebensunterhalt der Orang Asli finanzieren, aber das meiste Geld geht an den Tourveranstalter. Ein kleiner Einkauf von Kunsthandwerk in einem Dorf ist ein Beitrag zur Umverteilung.

Schlafen & Essen

Die meisten Unterkünfte, Restaurants und Geschäfte von Taman Negara sind in Kampung Kuala Tahan zu finden. Wenn man von dort aus nur 10 Minuten gen Süden oder Norden läuft, stößt man auf ein paar abgelegene Orte. Wer nach etwas mehr Ruhe sucht, ist hier genau richtig.

Man sollte früh am Tag anreisen oder im Voraus buchen, da die besseren Unterkünfte schnell voll sind und es jeden Abend ein paar Herumirrende gibt, die im Regen nach einem Zimmer suchen.

Kuala Tahan ist keine kulinarische Hochburg. Das felsige Ufer wird von Schiffrestau-

HOCHSTÄNDE & SALZLECKEN

An Salzlecken und Graslichtungen wurden Hochstände (*bumbun*) zu Beobachtungszwecken errichtet, denn hier kommen nachtaktive Tiere auf der Suche nach Futter vorbei. Um tatsächlich etwas zu sehen, muss man hier die ganze Nacht verbringen; wer im Herzen des Dschungels übernachtet, versteht, was Taman Negara so besonders macht. Mehrere Hochstände befinden sich in der Nähe von Kuala Tahan und Kuala Trenggan. Sie liegen etwas zu nah an den Wohnungen der Menschen, um scheue Tiere anzuziehen. Aber selbst wenn man keine Wildtiere sieht, lohnt sich ein Besuch, um die Dschungelgeräusche zu erleben – am schönsten ist die „Symphonie" in der Morgendämmerung und bei Einbruch der Dunkelheit.

Hochstände (5 RM pro Person/Nacht) müssen in der Touristeninformation reserviert werden. Sie sind sehr rustikal und haben Plumpsklos. Einige Traveller wandern tagsüber auf eigene Faust zu den Ständen, campen dann dort und kehren am nächsten Tag zurück. Andere wiederum begeben sich zu abgelegeneren Orten und brauchen dazu ein Verkehrsmittel sowie einen Führer. Für Touren mit Übernachtung benötigt man Lebensmittelvorräte, Wasser und einen Schlafsack. Ratten auf der Suche nach Futter stellen ein Problem dar, Proviant sollte man außer Reichweite aufhängen.

Beliebte Hochstände sind Bumbun Blau und Bumbun Yong auf Sungai Yong, 3,1 km von der Parkverwaltung entfernt. Bis Bumbun Kumbang läuft man von der Parkverwaltung aus gut fünf Stunden bzw. 45 Minuten ab Kuala Trenggan. Bis zum Tabing Hide sind es von der Parkverwaltung aus 1½ Stunden zu Fuß (3,1 km). Alternativ ist der Hochstand nahe dem Fluss auch mit dem Boot erreichbar.

rants gesäumt, in denen überall dieselben schlichten Nudel- und Reisegerichte sowie fade westliche Küche serviert werden. Im Dorf wird man ebenfalls nicht fündig.

Mahseer Chalet BUNGALOWS $
(☎ 019-383 2633; mahseerchalet@gmail.com; B mit Ventilator/Klimaanlage 15/20 RM, Zi. 70–100 RM; ❄📶) Das Beste an dieser Dschungelunterkunft ist ihre Lage direkt am Fluss. In den Zimmern und Bungalows wird superneue Bettwäsche gestellt, allerdings tummelt sich in den heißen Hostelzimmern auch Ungeziefer (ja, die zusätzlichen 5 RM für eine Klimaanlage lohnen sich). Auf dem Anwesen leben Katzen und es herrscht eine lockere Stimmung.

Tembeling Riverview Lodge LODGE $
(☎ 09-266 6766; www.trvtamannegara.blogspot.com; B/DZ/3BZ 10/50/60 RM) Zimmer mit Ventilatoren, Kaltwasserduschen und Moskitonetzen erstrecken sich zu beiden Seiten des Durchgangswegs. Die netten Gemeinschaftsbereiche mit Blick auf den Fluss sind erste Klasse. Es gibt freundliche Mitarbeiter und ein reizendes Restaurant mit *roti john* (malaiisches Sandwich aus regionalem Brot mit Fleisch, Käse und Gemüse, 6 RM).

Teresek View Motel MOTEL $
(☎ 09-266 9744; teresekviewmotel@gmail.com; Zi. mit Ventilator/Klimaanlage 70/90 RM; ❄📶) Nicht zu übersehen ist dieses Betongebäude im „Zentrum" von Kuala Tahan – ein echter Hingucker. Die blitzeblanken Zimmer verfügen über Betten mit Lederkopfteilen und verspielter Bettwäsche mit Zeichentrickschafsmotiven sowie rosa Fliesen (nach einem der wenigen Zimmer mit Aussicht fragen – die Nummer 19 ist unser Favorit).

ℹ Praktische Informationen

In Taman Negara gibt's keine Banken.

ℹ An- & Weiterreise

Um nach Taman Negara zu gelangen, nehmen die meisten Besucher einen Bus von Jerantut zur Anlegestelle in Kuala Tembeling und von dort ein Flussboot zum Park, allerdings stehen auch die beliebten privaten Minibusse zur Verfügung, die direkt nach/von Kampung Kuala Tahan fahren – sowohl nach/von Jerantut als auch zu/von verschiedenen touristischen Zielen in ganz Malaysia.

BUS & TAXI

Es gibt Busse und Taxis von Jerantut nach Kuala Tembeling. **Han Travel** (www.taman-negara.com), **NKS** (☎ 03-2072 0336; www.tamannegara.nks.com) und **Banana Travel & Tours** (☎ 04-261 2171; www.bananapenang.com; Informationszentrum, Kampung Kuala Tahan) bieten verschiedene nützliche private Services, darunter tägliche Busse nach KL (35 RM), eine Bus-Boot-Kombination (70 RM) sowie Minibusse nach Penang (120 RM), zu den Perhentian-Inseln (165 RM inkl. Boot) und in die Cameron Highlands (95 RM). Minibusse lassen Fahrgäste überall auf der Strecke aussteigen.

SCHIFF/FÄHRE

Die Anlegestelle für Verbindungen Richtung Taman Negara befindet sich in Kuala Tembeling 18 km nördlich von Jerantut.

Die Boote (einfache Fahrt 35 RM) starten in Kuala Tembeling täglich um 9 und 14 Uhr (Fr 9 & 14.30 Uhr). Zurück fahren sie von Kuala Tahan um 9 und 14 Uhr (Fr 9 & 14.30 Uhr). Flussaufwärts dauert die Tour drei Stunden, flussabwärts zwei. Während der Regenzeit von November bis Februar ist der Bootsverkehr allerdings unregelmäßig.

Unterwegs vor Ort

Eine häufig verkehrende Passagierfähre (1 RM) setzt von Kuala Tahan über den Fluss zum Parkeingang und zum Mutiara Taman Negara Resort über.

MALAYSISCH-BORNEO – SABAH

Die meisten Besucher kommen nach Sabaa, um die Natur in ihrer wildesten Pracht zu erleben: die spektakulären Riffe von Sipadan, das Kletterparadies des 4095 m hohen, bis in die Wolken ragenden Mt. Kinabalu und die von Dschungelvegetation umwucherten Ufer des Sungai Kinabatangan, wo sich Affen, Nashornvögel und andere exotische Tiere wohlfühlen. Sepilok gehört zu den wenigen Orten auf der Welt, an denen halbwilde Orang-Utans in ihrem natürlichen Lebensraum beobachtet werden können. Die Städte von Sabah sind zwar nicht so schön wie die in Sarawak, aber das kosmopolitische Kota Kinabalu (gemeinhin als „KK" bekannt) zieht einen schnell in seinen Bann.

Kota Kinabalu

☎ 088 / EW. 457 000

Kota Kinabalu bezaubert nicht gerade mit seiner Schönheit, doch das kompakte Zentrum lässt sich gut zu Fuß erkunden. Es gibt eine bunte Uferpromenade mit stimmungsvollen Märkten sowie unglaublich leckere Küche. Nur wenige Traveller kommen wegen der Städte nach Sabah, aber wer seine Genehmigungen buchen, sich nach der Besteigung des Mt. Kinabalu erholen oder Anschlussbusse nehmen will, für den stellt KK eine gute (und manchmal sogar die einzige) Option dar.

Sehenswertes

Sabah Museum MUSEUM
(Kompleks Muzium Sabah; ☎ 088-253 199; www.museum.sabah.gov.my; Jln Muzium; Eintritt 15 RM; ⏲ Sa–Do 9–17 Uhr; P) Dieses renovierte Museum mit neuer Beschilderung und guten Erklärungen liegt 2 km südlich vom Stadtzentrum und ist der beste Ort in KK, um eine Einführung in die Bevölkerungsgruppen und Lebensräume zu bekommen. Hier erwarten einen historische Stammesartefakte, darunter Keramikwaren, eine nachgebaute Kalksteinhöhle und als Hauptattraktion ein Walskelett. Das Heritage Village bietet traditionelle Stammesbehausungen, darunter Kadazan-Bambushäuser und ein chinesisches Bauernhaus – das alles in schöner Umgebung an einem Lilienteich.

Sonntagsmarkt MARKT
(Jln Gaya; ⏲ So 6–ca. 12 Uhr) Sonntags nimmt der lebhafte chinesische Straßenmarkt die gesamte Jalan Gaya ein. Es geht angenehm chaotisch zu, die Stände stehen dicht beieinander und verkaufen Batiksarongs, Schirme, Obst und Antiquitäten.

Kota Kinabalu Wetland Centre VOGELRESERVAT
(☎ 088-246 955; www.sabahwetlands.org; Jln Bukit Bendera Upper, Likas District; Eintritt 15 RM; ⏲ Di–So 8.30–18 Uhr; P) Auf 1,4 km langen Bohlenwegen durch ein 24 ha großes Mangrovensumpfgebiet bekommt man Winker- und Mangrovenkrabben, Schlammhummer und -springer, Glattechsen, Schildkröten, Bindenwarane und Mangrovenschnecken zu sehen (und leider auch Plastikflaschen). Für viele ist

VERWÖHNPROGRAMM

Wer sich nach der Besteigung des Mt. Kinabalu mit ein bisschen 4-Sterne-Luxus verwöhnen möchte, braucht nicht weiterzusuchen: Das **Grandis Hotel** (☎ 088-522 888; www.hotelgrandis.com; Suria Sabah Shopping Mall 1, Jln Tun Fuad Stephens; Zi. ab 370–500 RM;) bietet riesige, moderne Zimmer mit herrlichem Blick aufs Wasser. Die hoteleigene Dachterrasse mit Pool und Bar ist der ideale Ort zum Entspannen.

die überwältigende Vielfalt an Zugvögeln die eigentliche Attraktion. Anreise: Vom Busbahnhof gegenüber dem Rathaus oder der Wawasan Plaza in der Stadt den Bus in Richtung Likas nehmen und bis zum Likas Square fahren. Ein Taxi von KK kostet etwa 15 RM.

Tunku-Abdul-Rahman-Nationalpark PARK

(Erw./Kind 10/6 RM) Direkt westlich von Kota Kinabalu bilden die fünf Inseln Manukan, Gaya, Sapi, Mamutik und Sulug sowie die Riffe dazwischen auf einer Gesamtfläche von gut 49 km² den Tunku-Abdul-Rahman-Nationalpark. Sie liegen nur eine kurze Bootsfahrt vom Stadtzentrum von Kota Kinabalu entfernt und bieten ein paar schöne Strände. Das Wasser in den äußeren Gebieten ist für gewöhnlich klar. Wer der Stadt den Rücken kehren und entspannen will, dem bietet sich hier die ideale Gelegenheit für einen Tagesausflug.

Atkinson-Uhrenturm WAHRZEICHEN

Der einfache Uhrenturm am Fuße des Signal-Hügels gehört zu den wenigen Gebäuden, die nicht 1945 bei den Bombardements der Alliierten über Jesselton zerstört wurden. Der quadratische, 15,7 m hohe Holzbau wurde 1905 fertiggestellt und ist benannt nach dem ersten Bezirksoffizier der Stadt, F. G. Atkinson, der im Alter von 28 Jahren an Malaria starb.

Malaysisch-Borneo

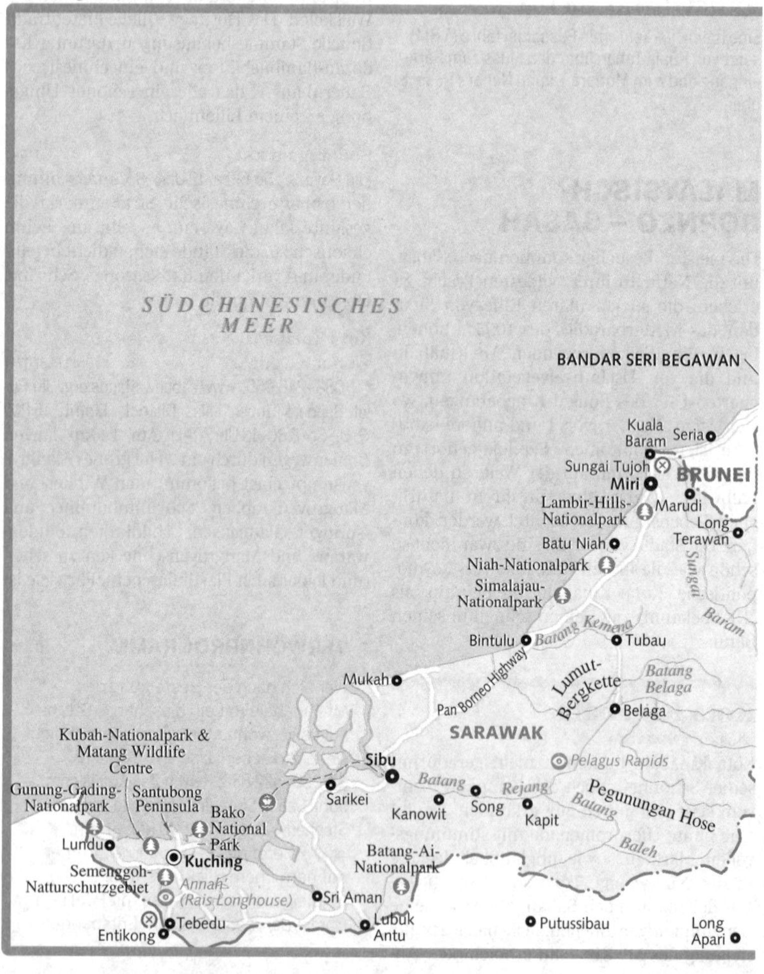

Geführte Touren

In KK gibt's etliche Tourenveranstalter, die etwas für jeden Geschmack und Geldbeutel bieten. Am besten begibt man sich zum Bürogebäude Wisma Sabah auf der Jalan Haji Saman, in dem viele Reiseberater und Anbieter sitzen.

Sticky Rice Travel ABENTEUERTOUREN
(☎088-251 654; www.stickyricetravel.com; 3. OG, 58 Jln Pantai; ⏲9–18 Uhr) Nicht ohne Grund wird diese Agentur von National Geographic bevorzugt: Sie ist gut organisiert, originell bei der Tourenauswahl, bietet hervorragende, sachkundige Führer und steht für verantwortungsvollen Tourismus im Einklang mit den Gemeinden. Hier darf man Abenteuer, Kultur und Reisen der anderen Art erwarten. Die Mitarbeiter des Sticky Rice stellen im Gespräch eine maßgeschneiderte Tour entsprechend der Interessen, der Fitness und des Budgets der Kunden zusammen; der Trip kann vier Tage oder ein paar Wochen dauern.

Adventure Alternative Borneo ABENTEUERTOUREN
(☎019-802 0549; www.aaborneo.com; 1. OG, 97 Jln Gaya; ⏲9–18 Uhr) Nachhaltiges und moralisch vertretbares Reisen werden in diesem britischen Unternehmen groß geschrieben,

Kota Kinabalu

das eng mit der Tourismusbehörde von Sabah zusammenarbeitet und Touren zum Regenwaldcampingplatz Lupa Masa nahe dem Mt. Kinabalu veranstaltet. Wer sich in abgeschiedene Natur begeben möchte, kann an den Trips nach Orou Sapulot teilnehmen.

Borneo Divers TAUCHEN

(☎ 088-222 226; www.borneodivers.net; 9. OG, Menara Jubili, 53 Jln Gaya) Die erste und immer noch eine der besten Tauchschulen – dank hoher Sicherheitsstandards, hochwertiger Ausrüstung, hervorragenden PADI-Lehrern

Kota Kinabalu

Sehenswertes
1 Atkinson-Uhrenturm ... A3
2 Sonntagsmarkt ... A2

Aktivitäten, Kurse & Touren
3 Adventure Alternative Borneo ... A2
4 Sticky Rice Travel ... A3

Schlafen
5 Borneo Backpackers ... B2
6 Borneo Gaya Lodge ... B2
7 Grandis Hotel ... D1
8 Hotel Eden 54 ... B1
9 Hotel Sixty3 ... B1
10 Lucy's Homestay ... B2
11 Pod's Backpackers ... B4
12 Seasons Street Lodge ... A3

Essen
13 Alu-Alu Café ... D1
Biru Biru ... (siehe 5)
14 Centre Point Food Court ... B4
15 Kohinoor ... B4
16 Nachtmarkt ... B3
17 Print Café ... B2
18 Wisma Merdeka Food Court ... A1
19 Ya Kee Bah Kut Teh ... B2

Ausgehen & Nachtleben
20 Bed ... B4
21 El Centro ... A2

Unterhaltung
22 Suria Sabah ... D1

Shoppen
23 Borneo Shop ... A1
24 Cracko Art Gallery ... B2
25 Kunsthandarbeitsmarkt ... B3

Praktisches
Australisches Konsulat ... (siehe 9)

und Tauchmeistern. Das Büro liegt in Kota Kinabalu sowie in einem reizenden Resort auf Mabul. Empfehlenswert.

Schlafen

Die Sabah Backpacker Operators Association (www.sabahbackpackers.com) wurde mit dem Anliegen gegründet, Reisenden mit kleinem Geldbeutel in der Region zu helfen.

★ **Pod's Backpackers** HOSTEL $
(☎088-287 113; admin-kk@podsbackpacker.com; 1. OG, Api-Api Centre, Jln Centre Point; B/EZ/DZ 35/60/80 RM; ❄📶) Zu Recht schwärmen alle vom Pod's. Dieses mega-angenehme Hostel ist sauber, hilft einem bei der Weiterreise und organisiert Trips. Es verfügt über sechs frische avocadogrüne Zimmer mit schlichter Zen-Einrichtung (drei Doppelzimmer, drei Schlafsäle), und in allen stehen kostenlos WLAN und ein Safe zur Verfügung. Vor allem gefällt uns die lockere Stimmung, in der man sich wie zu Hause fühlt.

★ **Borneo Backpackers** HOSTEL $
(☎088-234 009; www.borneobackpackers.com; 24 Lg Dewan; B/EZ/DZ inkl. Frühstück ab 37/60/80 RM; ❄📶) Dieses türkisfarbene stilvolle Hostel mit Hoi-An-Laternen, Kunstwerke, Holzböden und einem tollen Café mit asiatischer Fusionsküche gehört zu den besten Backpackerunterkünften in KK. Die einwandfreien Schlafsäle und Zimmer verfügen über Schablonenkunst an den Wänden. Außerdem sind ein Balkon, ein Lesezimmer zum Entspannen und unablässig surrende Ventilatoren vorhanden. Ein weiterer Vorzug: Sticky Rice Travel hat hier seinen Sitz.

Borneo Gaya Lodge HOSTEL $
(☎088-242 477; www.borneogayalodge.com; 1. OG, 78 Jln Gaya; B inkl. Frühstück ab 25 RM, DZ/4BZ mit Bad 85/119 RM; ❄@📶) Alle Bereiche dieses einladenden Hostels sind klimatisiert. Die ruhige und saubere Unterkunft bietet eine gemütliche Gemeinschaftslounge und die freundlichen Angestellten buchen gerne Touren oder geben allgemeine Tipps.

Lucy's Homestay HOSTEL $
(Backpacker's Lodge; ☎088-261 495; http://borneohostel.wix.com/lucyshomestay; Lot 25, Lg Dewan, Australia Pl; B/EZ/DZ inkl. Frühstück 28/58/68 RM; 📶) Sehr einladende Atmosphäre mit hellen Wandgemälden, einem Büchertausch (viel Reiselektüre) und einem Balkon voller Pflanzen. Es gibt eine Vorzeigeküche sowie schlichte Zimmer und Schlafsäle mit Holzböden, die lediglich über Ventilatoren und Zugang zu einem Gemeinschaftsbad verfügen. Dieser Ort ist ruhig und verzichtet auf draufgängerisches Getöse. Nach hinten raus steht ein großer, 100 Jahre alter Bananenbaum.

Seasons Street Lodge HOSTEL $
(☎088-253 867; seasonsstreet123@gmail.com; 123 Jln Gaya; B/EZ/DZ/FZ inkl. Frühstück 40/50/75/130 RM; ❄@📶) Beliebte neue Lodge mit einer geschäftigen Atmosphäre und mitreißender Musik an der Rezeption. Es gibt ein

Fernsehzimmer, viele Sitzmöglichkeiten in der windigen Lobby, frische, schlichte Schlafsäle und Zimmer mit Schablonenkunst, farbenfrohe Wände, kostenfreie Schließfächer und saubere Bäder.

Hotel Sixty3 HOTEL $$
(☎088-212 663; www.hotelsixty3.com; Jln Gaya 63; Zi./FZ ab 276/452 RM; ❄@📶) In diesem fabelhaften, stylischen Hotel mit internationalem Ambiente gibt's 100 Zimmer mit glänzenden Böden, stimmungsvollen Schwarz-Weiß-Fotos an den Wänden, dunklen Holzmöbeln, subtiler Beleuchtung, olivfarbenen Mustern, Flachbildfernseher und Safes.

Hotel Eden 54 BOUTIQUE-HOTEL $$
(☎088-266 054; www.eden54.com; 54 Jln Gaya; DZ/FZ 139/239 RM; ❄📶) Dieses schnuckelige Hotel im Schatten des Signal Hill mit ausgeprägtem Boutique-Flair bietet sehr stilvolle Zimmer mit schokoladenfarbenen Vorhängen, Schreibtischen mit Glasoberfläche, zeitgenössischen Bettgestellen und burgunderroten oder pfauengrünen Wänden. Im Eden duftet es so gut wie in einer Parfümfabrik und hinter der Lounge steht ein Gemeinschaftsküchenbereich zur Verfügung. Eine klasse Wahl für Flashpacker, Paare und sogar Familien (die fensterlosen Zimmer vermeiden).

Essen

Wer genug von Nudeln hat, darf sich auf KKs vielfältige Gastro-Szene freuen. Neben den allgegenwärtigen chinesischen *kedai kopi* (Cafés) und malaiischen Halal-Restaurants gibt's im ganzen Stadtzentrum etliche interessante Optionen. Zu den lokalen Spezialitäten zählen *sayur manis* (ein Dschungelfarn) und *hinava* (roher Fisch, mit frischem Limettensaft, Chilis, Schalotten und geriebenem Ingwer eingelegt).

★ Print Café CAFÉ $
(☎013-880 2486; 12 Lg Dewan; Hauptgerichte 12 RM; ⏲8.30–22.30 Uhr) In der Backpackerstraße Lorong Dewan ist dieses brillante Café ein cooler Ort (auch in Bezug auf die Temperatur), um sich zu erholen, ein Buch zu lesen oder auf einem der Tische Jenga zu spielen. Hervorragender Kaffee, Papaya- und Orangenshakes, eine Auswahl an Kuchen und Waffeln, Pizza und guter Service. Beachtenswert sind auch die Cappuccinos mit innovativen Schaumkreationen.

Nachtmarkt STRASSENSTÄNDE $
(Jln Tun Fuad Stephens; Fisch/Garnelen pro 100 g ab 4/15 RM, Satay 1 RM; ⏲17–23 Uhr) Der beste, günstigste und interessanteste Ort in KK, um gegrillten Tintenfisch, Rochen und eine riesige Auswahl an köstlichen Meeresfrüchten zu probieren, die direkt vor einem zubereitet werden. Auch vegetarische Gerichte sind erhältlich.

Centre Point Food Court FOOD COURT $
(Keller, Einkaufszentrum Centre Point, Jln Raya Pantai Baru; Hauptgerichte ab 3 RM; ⏲9–21.30 Uhr; 🌶) In diesem beliebten und abwechslungsreichen Food Court im Kellergeschoss des Einkaufszentrums Centre Point bekommt man eine ganze Menge für seine Ringgit: Es gibt malaiische, chinesische und indische Optionen sowie Getränke- und Dessertspezialitäten.

Biru Biru FUSIONSKÜCHE $
(24 Lg Dewan; Hauptgerichte 9–13 RM; ⏲9 Uhr–spätnachts) Auf Rucksackreisende ausgerichtet ist dieser blaue Laden mit asiatischer Fusionsküche und Gerichten wie in Limone und Ingwer zubereitetem Fisch, riesigen Tacos und einer stets wechselnden Speisekarte. Probieren sollte man den hochprozentigen Lihing-Reiswein (brennt im Hals). Mit seinen Sonnenschirmen, den Fahrrädern an den Wänden und dem netten Manager Jules fällt es leicht, diesen Ort ins Herz zu schließen.

Ya Kee Bah Kut Teh CHINESISCH $
(☎088-221 192; 74 Jln Gaya; Hauptgerichte ab 8 RM; ⏲16–23 Uhr) Flinke Kellner erwarten einen in diesem rappelvollen, lauten Altstadtlokal, das auch draußen auf dem Gehweg seine Plastikstühle aufgestellt hat. Die Büfettheke lockt mit kochend heißen Nudelgerichten und leckerem Schweinefleisch in Soße. Hier gibt's Schwein in jeder erdenklicher Form – nach kantonesischer Art, in Kräutersuppe, als fettige Rippchen... Der Laden ist heiß, voll und köstlich.

Wisma Merdeka Food Court FOOD COURT $
(Wisma Merdeka, Jln Haji Saman; Hauptgerichte ab 5 RM; ⏲9–17 Uhr) Für günstige, exzellente Gerichte begibt man sich zur oberen Etage des Einkaufszentrums Wisma Merdeka mit faszinierenden Ständen, an denen hauptsächlich asiatische Straßenküche verkauft wird. Besonders gut ist der Stand mit chinesischen Teigtaschen. Eine Anlaufstelle für das Frühstück und Mittagessen.

★ Alu-Alu Café MEERESFRÜCHTE $$
(Jessleton Point; Hauptgerichte 15–30 RM; ⏲10.30–14.30 & 18.30–22 Uhr; 🚭) 🍃 Auch wenn es von außen trostlos wirken mag, sammelt dieses Restaurant für seine lecke-

ren Gerichte Pluspunkte – ebenso für seine Meeresfrüchte aus nachhaltiger Quelle – Haifischflossensuppe wird hier nicht angeboten. Das herausragende Alu-Alu hebt das chinesische Meeresfrüchtekonzept auf ein neues Niveau: Hier genießt man Gerichte wie leicht panierte Fischstücke in köstlicher Buttermilchsoße – oder gesiedet zwischen Chiliwürfeln.

Kohinoor INDISCH **$$**
(☎088-235 160; Lot 4, Waterfront Esplanade; Hauptgerichte 17–30 RM; ⏲11.30–14.30 & 17.30–23 Uhr; ✎) Dieses mit Seide verzierte Restaurant am Wasser lockt mit nordindischer Küche und klassischen Gerichten, die von Hähnchen-*tikka masala* über Garnelen-*biryani* und Lamm-*rogan josh* reichen. Die Gerichte aus dem Tandur-Ofen sind himmlisch, das *naan*-Brot ist herrlich weich und der Service erinnert an den Charme vergangener Zeiten. Hierhin kommt man immer wieder gerne zurück.

Ausgehen & Nachtleben

Am frühen Abend geht's nach Tanjung Aru am südlichen Ende der Stadt nahe dem Flughafen, um bei ein paar Cocktails und leichten Snacks den Sonnenuntergang über dem Meer zu genießen. Die Anfahrt erfolgt von der Wawasan Plaza aus mit dem Bus 16, 16A oder dem Stadtbus 2 (2 RM).

★ **El Centro** BAR
(32 Jln Haji Saman; ⏲Di–So 17–24 Uhr) Verständlicherweise erfreut sich diese Bar sowohl bei ausländischen Zugezogenen als auch Travellern großer Beliebtheit: Es ist einladend, das Essen gut und man kann leicht andere Reisende kennenlernen. Coole Musik, rauchfrei und entspannte Atmosphäre. Das El Centro veranstaltet außerdem spontane Quizabende, Kostümpartys und Livemusik-Shows.

Bed CLUB
(☎088-251 901; Waterfront Esplanade; Eintritt Fr & Sa inkl. Drink 20 RM, Bier ab 21 RM; ⏲20–2, Fr & Sa bis 3 Uhr) KKs größter Club rockt mit Pop, wirbelnden Filipino-Musikern, schrillen Teenagern und abendlichen Gast-DJs. Es ist sehr voll und kitschig, aber wer feiern will, ist hier richtig. Die Bands spielen ab 21 Uhr.

Unterhaltung

Suria Sabah KINO
(Einkaufszentrum Suria Sabah, Jln Haji Saman) Die Suria Sabah Mall beherbergt einen riesigen Multiplex, in dem alle Hollywood-Kassenschlager – für gewöhnlich im Original mit Untertiteln – gezeigt werden.

VERWÖHNPROGRAMM

An einem versteckten Strand nahe Kota Belud (eine 2-stündige Busfahrt von KK entfernt) hat man aus den Cabanas des **Mañana** (☎014-679 3679, 014-679 2679; www.manana-borneo.com; Chalet/Villa/Familienvilla ab 120/180/350 RM) einen unvergesslichem Blick auf die aquamarinblaue Bucht. Man kann Aktivitäten wie Yoga, Stehpaddeln oder Surfen nachgehen oder einfach die Atmosphäre genießen. Die Anfahrt erfolgt mit einem Boot ab Kampung Pituru Laut. Vorab buchen!

Shoppen

Cracko Art Gallery KUNST
(www.facebook.com/crackoart; Ecke Jln Bakau & Jln Gaya; ⏲12–20 Uhr) Von einer Gruppe wahnsinnig talentierter Künstler aus KK gegründet, bietet dieses lebhafte Atelier in der 3. Etage (auf der Straße nach dem Cracko-Schild Ausschau halten) abstrakte und gegenständliche Kunst, herrlichen Schmuck und alle möglichen Skulpturen – von Statuetten im Manga-Stil bis Mannequinkunst. Dank der erschwinglichen und originellen Werke vergeht die Zeit hier wie im Flug.

Kunsthandwerksmarkt MARKT
(Filipino-Markt; Jln Tun Fuad Stephens; ⏲8–21 Uhr) Um preiswerte Souvenirs einzukaufen, gibt's keinen bessern Ort als den Kunsthandwerksmarkt. Zum Angebot zählen Perlen, Textilien, Muschelkunsthandwerk, Schmuck und Bambuswaren – manche von den Philippinen, andere aus Malaysia oder weiteren Teilen Asiens. Natürlich muss hier gefeilscht werden.

Borneo Shop BÜCHER
(☎088-241 050; Shop 26, Erdgeschoss, Wisma Merdeka Phase 2, Jln Haji Saman; ⏲Mo–So 10–20 Uhr) Bücher, Geschenke, Drucke und Postkarten sowie jede Menge Bücher über Borneos Wildtiere und Natur.

Praktische Informationen

GELD

In der Innenstadt von KK gibt's etliche 24-Stunden-Geldautomaten.

HSBC (☎088-212 622; 56 Jln Gaya; ⏲Mo–Do 9–16.30, Fr bis 16 Uhr)

INTERNETZUGANG

Die meisten Unterkünfte bieten Internetzugang per WLAN.

Net Access (Lot 44, Jln Pantai; pro Std. 5 RM; ⌚9–24 Uhr) Viele Rechner und eine niedrigere Geräuschkulisse als in anderen Internetlokalen in KK. Es gibt auch LAN-Kabel, an die man den eigenen Laptop anschließen kann.

MEDIZINISCHE VERSORGUNG

Permai Polyclinics (☎088-232 100; www.permaipolyclinics.com; 4 Jln Pantai; Sprechstunden wochentags 60 RM, Sa & So 80 RM; ⌚Ärzte im Dienst 8–18 Uhr, Notfalldienst rund um die Uhr) Hervorragende ambulante Privatklinik.

Sabah Medical Centre (☎088-211 333; www.sabahmedicalcentre.com; Lg Bersatu, abseits Jln Damai) Privatkrankenhaus mit guter Versorgung, ca. 6 km südöstlich des Stadtzentrums.

NOTFALL

Krankenwagen (☎088-218 166, 999)

Feuerwehr (☎994)

Polizei (☎088-253 555, 999; Jln Dewan, nahe Australia Pl)

POST

Hauptpost (Jln Tun Razak; ⌚Mo–Sa 8–17 Uhr) Hier können Schecks von Western Union und Zahlungsanweisungen ausgezahlt werden.

TOURISTENINFORMATION

Einwandererbehörde (☎088-488 700; Kompleks Persekutuan Pentadbiran Kerajaan, Jln UMS; ⌚Mo–Fr 7–13 & 14–17.30 Uhr) In einem Bürokomplex nahe der Universiti Malaysia Sabah (UMS), 9 km nördlich der Stadt. Geöffnet an Wochenenden, jedoch nur für die Bearbeitung malaiischer Reisepässe.

Sabah Tourism Board (☎088-212 121; www.sabahtourism.com; 51 Jln Gaya; ⌚Mo–Fr 8–17, Sa, So & feiertags 9–16 Uhr) In einem historischen Postamt liegt KKs hervorragend organisierte Touristeninformation mit etlichen Broschüren, Karten und sachkundigen, hilfsbereiten Angestellten. Letztere geben gute, auf die Bedürfnisse der Besucher zugeschnittene Tipps und schwatzen einem nicht einfach ein Tourenpaket auf. Lohnenswert ist auch ein Besuch der Website mit vielen nützlichen Informationen zu allen möglichen Bereichen – von Unterkünften bis Sehenswürdigkeiten.

ℹ An- & Weiterreise

BUS & MINIVAN

KK verfügt über mehrere Terminals für innerstädtische Fahrten. Im Allgemeinen sind Verkehrsmittel, die über den Landweg nach Osten fahren, ab dem **Inanam** (Utara Terminal; 9 km nördlich der Stadt) verfügbar, wohingegen diejenigen, die entlang der Westküste nach Norden und Süden fahren, am **Busbahnhof Padang Merdeka (Merdeka Field)** (auch „Wawasan" oder *old bus station* genannt) im südlichen Teil der Stadt verkehren. Telefonische Reservierungen für viele Ziele können bei den Busunternehmen (in der Pension nachfragen) oder online unter www.busonlineticket.com getätigt werden. In der Regel gibt's bei Buchungen für den gleichen Tag keine Probleme; allerdings kann an Wochenenden viel los sein – und an Feiertagen noch mehr.

FLUGZEUG

AirAsia (www.airasia.com; Erdgeschoss, Wisma Sabah, Jln Haji Saman; ⌚Mo–Fr 8.30–17.30, Sa bis 15 Uhr) bietet Direktflüge nach Singapur, Jakarta, Bali, Manila, Hongkong, Taipei und China. Innerhalb von Malaysia werden Sandakan und Tawau (Sabah); Miri und Kuching (Sarawak) sowie KL, Penang und Kota Bharu (Malaiische Halbinsel) angeflogen.

Zu den direkten Flugzielen von **Malaysia Airlines** (☎1300 883 000; www.malaysiaairlines.com) gehören Kuching, KL, Taipei, Shanghai und Tokio.

MASwings (www.maswings.com.my) fliegt zu bornesischen Zielen wie Bandar Seri Begawan (Brunei), Sandakan, Tawau und Labuan sowie Miri, Sibu, Kuching und dem Mulu-Nationalpark in Sarawak.

Andere Fluglinien bieten Direktflüge nach Hongkong und zu Städten in China, Korea, Indonesien und auf den Philippinen.

BUSSE AB KOTA KINABALU

ZIEL	TERMINAL	PREIS (RM)	DAUER (STD.)
Bandar Seri Begawan (Brunei)	Jln Tugu	100	8
Kinabalu-Nationalpark	Inanam	30	2
Kinabalu-Nationalpark	Padang Merdeka	25 (Minibus), 50 (Sammeltaxi)	2
Miri (Sarawak)	Jln Tugu	90	12
Sandakan/Sepilok	Inanam	45	6
Semporna	Inanam	75	8–9
Tawau	Inanam	80	9

SCHIFF/FÄHRE

Passagierfähren verbinden den **Fährterminal Jesselton Point** (Jln Haji Saman, 500 m nordöstlich von Wisma Sabah) mit Pulau Labuan (Economy/Business 36/41 RM, 3¼ Std., Ablegezeiten um 8 und 13.30 Uhr), wo es Möglichkeiten zur Weiterfahrt nach Brunei gibt.

Schnellboote (hin und zurück 30 RM) verbinden den Jesselton Point mit den fünf Inseln des **Tunku-Abdul-Rahman-Nationalparks** (S. 462). Die meisten Leute fahren morgens los (die ersten Abfahrtszeiten sind um 8.30 oder 9 Uhr); die letzten Boote legen um 17 Uhr vom Park ab.

Unterwegs vor Ort

BUS & MINIBUS

Minibusse mit Zielen im Großraum KK starten vom Padang Merdeka (auch als „Terminal Wawasan" bekannt). Die Fahrzeuge sind von 7 bis 21 Uhr im Einsatz und fahren ab, sobald alle Plätze besetzt sind. Man kann sie anhand der Farben unterscheiden. Die Fahrtziele stehen auf der Seite.

Wer keine 20 RM für ein Taxi ausgeben will, kann mit den Regionalbussen (1,80 RM) vom Wawasan nach Inanam fahren.

TAXI

Für eine Fahrt ins Stadtzentrum zahlt man mindestens 15 RM. Taxis sind überall in der Stadt sowie an allen Busbahnhöfen und Einkaufszentren zu finden.

VOM/ZUM FLUGHAFEN

Der Flughafen liegt 7 km südwestlich des Stadtzentrums. Für die Taxis in die Stadt gilt ein Gutscheinsystem (30 RM). Taxis vom Stadtzentrum zum Flughafen kosten nicht mehr als 40 RM.

Shuttlebusse zum Flughafen (Erw./Kind 5/3 RM) fahren jeden Tag zwischen 7.30 und 20.15 Uhr stündlich vom Bahnhof Padang Merdeka ab und halten erst am Terminal 2 und dann am Terminal 1.

Mt. Kinabalu & Kinabalu-Nationalpark

Die Besteigung des Mt. Kinabalu (4095 m) – des höchsten Gipfels zwischen dem Himalaja-Gebirge und Neuguinea und eine Welterbestätte der UNESCO – ist ein Abenteuer, das den Puls in die Höhe schnellen lässt. Der Weg führt durch wunderschöne Regenwälder mit atemberaubendem Panorama.

Nachdem man gegen 9 Uhr im Hauptbüro des Parks eingecheckt hat (1563 m), wird bis zum Timpohon Gate (4,5 km) auf 1866 m gewandert oder gefahren, bevor es in vier bis sieben Stunden zum Laban Rata (3270 m) hinaufgeht. Dort verbringt man die erste Nacht. Meist wird bereits gegen 2.30 Uhr nachts weitermarschiert (1–2 Std.), um den Sonnenaufgang auf dem Gipfel erleben zu können. Nur um diese Uhrzeit ist die Sicht verlässlich gut. Achtung: Manche Abschnitte des Wegs sind bei starken Regenfällen unpassierbar.

Der Aufstieg zum Kinabalu ist unerbittlich, denn fast jeder Schritt führt bergauf – oder bergab. Auf dem Weg muss man unterschiedliche Hindernisse überwinden: glitschige Felsen, dichten Nebel, frostigen Wind u. Ä.

Sehenswertes & Aktivitäten

Die Besteigung des Mt. Kinabalu

In Laban Rata (auf 3272 m Höhe) steht nur eine begrenzte Bettenanzahl zur Verfügung. Von hier bricht man vor der Dämmerung zum Gipfel auf. Wer bis nach oben möchte, muss daher ein Paket buchen (ein eintägiger Aufstieg zum Gipfel ist nicht mehr möglich). Wer an ein fixes Datum gebunden ist, sollte unbedingt mindestens zwei Monate im Voraus reservieren – besonders dann, wenn die Reisezeit in den Juli, August oder die Weihnachtszeit fällt.

Fast alle Tourenanbieter in Sabah – darunter auch diejenigen mit Büros im Gebäude „Wisma Sabah" in der Innenstadt von KK – können einen Trip zum Berg organisieren. Alleinreisende zahlen in der Regel etwa 1400 RM. Wer Geld sparen möchte, sollte direkt bei Sutera Sanctuary Lodges buchen, dem privaten Anbieter, der das Monopol auf die Unterkünfte im Nationalpark hat. Im Büro von Sutera in KK gibt's manchmal noch Last-Minute-Optionen für spontane Traveller. Je mehr Vorlaufzeit man den Angestellten gibt und je flexibler der Reiseplan, desto wahrscheinlicher findet sich eine Möglichkeit, noch irgendwo unterzukommen.

Wer über Sutera bucht, muss zusätzliche Gebühren (ausschließlich in bar) im Sabah-Park-Besucherzentrum entrichten:

- **Park-Eintrittsgebühr** (Erw./Kind 15/10 RM pro Tag)
- **Bergsteigergenehmigung** (230 RM)
- **Reiseführergebühr** (230 RM für 1–5 Personen)
- **Versicherung** (7 RM) In all dem sind noch nicht die Kosten für ein Bett mit Verpflegung (669 RM) oder ein Privatzimmer mit Verpflegung (1349 RM) auf dem Berg in Laban Rata enthalten. Mit der Unterkunft sowie Bussen oder Taxis zum Park ist für den normalen zweitägigen

Trip zum Berg inkl. Übernachtung eine Summe von 900 RM einzuplanen.

Man kann es drauf ankommen lassen und spontan im Park nach Last-Minute-Stornierungen fragen – in Laban Rata wird zwischendurch schon mal ein Bett frei. In keinem Fall sollte man die „inoffizielle" Variante wählen; an drei Kontrollposten werden die Genehmigungen genauestens geprüft.

Für die Besteigung des Mt. Kinabalu braucht man keine spezielle Ausrüstung. Allerdings empfiehlt sich für den Aufbruch vor der Dämmerung eine Stirnlampe – mit den Händen muss man sich an den Seilen auf dem Gipfelmassiv festhalten. Nahe dem Gipfel sollte man sich auf eisige Temperaturen gefasst machen – ganz zu schweigen von starkem Wind und gelegentlichen Niederschlägen. Mit einer schnell trocknenden Vliesjacke und einem wasserdichten Umhang ist man gut beraten (unerlässlich ist auch eine Wasserflasche, die unterwegs aufgefüllt werden kann).

Via Ferrata

Die *via ferrata* („Eisenstraße" auf Italienisch) ist ein permanentes Netz aus Bergsteigerkabeln, Sprossen und Geländern, die an den imposanten Granitwänden des Mt. Kinabalu angebracht sind. Nachdem man den Berg auf gewöhnliche Art und Weise erklommen hat, kann man die von **Mountain Torq** (☎ 088-268126; www.mountaintorq.com; Low's-Peak-Rundweg 870 RM, Walk the Torq 650 RM) betriebene *via ferrata* nutzen, um aus 3766 m Höhe zum Lager in Laban Rata zurückzukehren. Der Low's-Peak-Rundweg ist eine vier- bis fünfstündige Kletterpartie an den steilen Flanken des Mt. Kinabalu.

Angesichts der schmalen Drahtseilwege und schwingenden Bohlen drängt sich der Verdacht auf, die Designer des Parcours seien Sadisten gewesen. Genau darin liegt aber der Spaß: die eigenen Grenzen zu testen, ohne dabei auf Sicherheit verzichten zu müssen.

Weitere Wanderwege

Wer sich nicht fit genüg für die Gipfelwanderung fühlt, kein Geld für eine teure Tour oder nicht rechtzeitig reserviert hat, kann immer noch neun miteinander verbundene Naturpfade entdecken, die sich durch den urwüchsigen Dschungel am Fuße des Bergs winden. Für das Areal oberhalb vom Timpohon Gate benötigt man eine Wandergenehmigung und einen Guide.

Schlafen

Die Schlafmöglichkeiten im Parkzentrum umfassen zwei Hostels, Hütten (ab 650 RM pro Nacht) und zwei Hotels (Zimmer ab 700 RM pro Nacht), die alle von **Sutera Sanctuary Lodges** (☎ 088-287 887; http://suterasanctuarylodges.com.my; Lot G15, Erdgeschoss, Wisma Sabah; DZ/2BZ inkl. 3 Mahlzeiten & Bettwäsche 669/1349 RM, nicht beheizte DZ inkl. 3 Mahlzeiten 587 RM) betrieben werden. Im Vergleich zu Übernachtungsmöglichkeiten direkt außerhalb des Parks sind sie überteuert.

Grace Hostel HOSTEL $
(B inkl. Frühstück 250 RM) Saubere, komfortable Schlafsäle mit 20 Betten, Kamin und Getränkebereich.

Rock Hostel HOSTEL $$
(B/DZ inkl. Frühstück 250/700 RM) Kleine, saubere Zimmer mit hübscher, farbenfroher Bettwäsche und anständige Schlafsäle.

An- & Weiterreise

Die Parkverwaltung liegt 88 km nordöstlich von KK. Sämtliche Busse, die vom Inanam Bus Terminal aus an die Ostküste fahren, auch die nach Sandakan, passieren das Parkgelände (30 RM, 2 Std.). Doch wenn man im Zentrum von KK übernachtet, ist es sehr viel praktischer, einen Minibus am Padang Merdeka Bus Terminal (25 RM, 2 Std.) zu nehmen. Wer um 9 Uhr dort sein will, muss sich in KK um spätestens 7 Uhr auf den Weg machen; alternativ könnte man noch eine Nacht in der Nähe des Bergs verbringen. Ein Taxi von KK zum Park kostet 200 RM.

Um vom Park nach KK oder Sadakan zu gelangen, winkt man einen Bus an der Abzweigung heran, die 100 m bergaufwärts vom Parkeingang entfernt liegt. Gemeinschaftsjeeps mit Platz für fünf Personen halten direkt vor den Parktoren und fahren ab, sobald alle Plätze besetzt sind. Sie kosten 200 RM nach KK und 500 RM nach Sandakan.

DER TAG, ALS DER BERG BEBTE

Am 5. Juni 2015 wurde der Mt. Kinabalu von einem Erdbeben der Stärk 6,0 heimgesucht. Dabei kamen auf tragische Weise 18 Kletterer ums Leben. Weitere 137 Menschen saßen auf dem Berg fest, wurden jedoch später gerettet.

Alle Züge, darunter der Gipfelzug, sind mittlerweile wieder in Betrieb. Die Anzahl der Kletterer, die pro Tag auf dem Berg erlaubt sind, wurde von 190 auf 120 gesenkt.

Rund um den Mt. Kinabalu

Es lohnt sich, verschiedene Orte nahe dem Kinabalu-Nationalpark zu erkunden.

Sehenswertes & Aktivitäten

Kundasang-Kriegsdenkmal DENKMAL
(Kota Kinabalu–Ranau Hwy; Eintritt 10 RM; ⌚8.30–17 Uhr) An der Kreuzung zum Mesilau Nature Resort auf der Autobahn KK-Ranau erhebt sich das Kundasang-Kriegsdenkmal, das an die australischen und britischen Gefangenen erinnert, die auf den berüchtigten Sandakan-Todesmärschen gestorben sind. Andere Denkmäler in Sabah erscheinen oft vernachlässigt und vergessen, doch die Kundasang-Gärten sind sehr berührend. Mehrere Marmorpavillons trennen die vier Gärten, die auf jene typische englische Art und Weise idyllisch und zugleich bieder angelegt sind.

Mesilau Nature Resort TREKKING
(☎088-871 519; Kudasang, Ranau; Erw./Kind 15/10 RM, geführter Naturspaziergang 10 RM; ⌚9–16 Uhr) Nur 30 Minuten vom Kinabalu-Park entfernt liegt mitten im üppigen Dschungel auf einer Höhe von 6172 m – dem höchsten mit dem Auto erreichbaren Punkt – dieses ruhige Resort. Mit seinen grandiosen Wanderwegen gilt es als alternativer Ausgangspunkt für die Besteigung des Mt. Kinabalu. Es wird von Trekkern bevorzugt, da es anspruchsvoller als die Hauptroute ist und im Vergleich zu den Hauptbüros des Parks weniger Besucher anzieht.

Poring-Thermalquellen THERMALQUELLEN
(Poring, Ranau; Erw./Kind inkl. Kinabalu-Nationalpark 15/10 RM; ⌚Eingangstor 7–17 Uhr, Park bis 20 Uhr, Schmetterlingsgarten & Baumkronenweg Mo geschl.) Die Poring-Thermalquellen sind ein beliebtes Wochenendausflugsziel von Einheimischen und waren einer der wenigen positiven Beiträge, den die Japaner während des Zweiten Weltkriegs auf Borneo geleistet haben. Sie liegen in einem gut gepflegten Waldpark mit Naturpfaden für Jung und Alt. Das heiße, schwefelhaltige Wasser wird von dampfenden Quellen in Becken und Wannen kanalisiert, von denen manche etwas heruntergekommen wirken (Handtuch und Badesachen nicht vergessen).

Schlafen & Essen

Am Fuße des Kinabalu gibt's privat betriebene Übernachtungsmöglichkeiten. Die meisten liegen an der Straße zwischen dem Hauptbüro des Parks und Kundasang (östlich vom Parkeingang).

Mountain Guest House PENSION $
(☎016-837 4040, 088-888632; KM53, Jln Tinompok, abseits Kinabalu Park, Ranau; B/EZ/DZ/4BZ inkl. Frühstück ab 30/60/70/80 RM) Diese einladende und saubere Pension ist etwas baufällig – auf eine angenehme Art und Weise – und steht (oder hängt?) auf unterschiedlichen Ebenen an der Bergseite. Etwa fünf Minuten zu Fuß vom Parkeingang entfernt bieten die schlichten Vorzeigezimmer ein paar Möbel und makellose Bäder. Das Frühstück ist inbegriffen und vegetarische Gerichte (8 RM) sind erhältlich. Geführt wird sie von der reizenden Anna.

★**Lupa Masa** ÖKO-CAMP $$
(☎016-806 8194, 012-845 1987; http://lupamasa.com; Poring; pro Person inkl. Gerichte Zelt/Chalet 90/250 RM) An diesem unglaublichen Öko-Camp mitten im Wald kann man sich in zwei kristallklaren Flüssen mit Wasserfällen und natürlichen Whirlpools baden. Das Lupa Masa ist allerdings nichts für jedermann, denn hier gibt's weder Strom noch WLAN, aber dafür Ungeziefer und Blutegel ohne Aufpreis. Zum Schlafen dienen Matratzen auf erhöhten Plattformen in Zelten oder in den hübschen neuen Chalets mit tollem Flussblick.

Wind Paradise JURTEN $$
(☎088-714 563, 012-820 3360; http://windparadise2011.blogspot.com; Jln Mesilau, Cinta Mata, Kundasang; DZ/3BZ 170/200 RM, 4-Personen-Jurte 300 RM; P) Mit einem erstaunlich schönen Blick auf das Tal und die Stadt Kundasang weiter unten beeindrucken diese herrlichen, mongolischen Jurten und Zimmer in einer zentralen Lodge auf schönen Rasenflächen. Selbstverpflegung, große Lounge und Grillmöglichkeiten mit Bergblick. Die Jurten verfügen über gemütliche Betten und eignen sich für eine angenehme Nachtruhe mit natürlicher Belüftung.

Anreise & Unterwegs vor Ort

KKs Rundfahrtbusse halten von 7 bis 20 Uhr vor dem Hauptbüro des Parks und in Ranau (15–20 RM, 2 Std.). Die Minivans fahren für 5 RM von einem Unterstand mit blauem Dach in Ranau zu den nahe gelegenen Attraktionen (Parkzentrum, Poring, etc.). Der Nationalpark betreibt für 25 RM einen Kleintransporter-Shuttleservice zwischen dem Hauptbüro und Poring – die Abfahrt vom Parkzentrum ist um 12 Uhr.

Sandakan

089 / EW 396 000

Die zweitgrößte Stadt von Sabah war viele Jahre ein wichtiger Handelshafen, mittlerweile wirkt das schmutzige Zentrum aber geradezu provinziell im Vergleich zu KK. Interessanterweise wird gerade 2,5 km westlich der Stadt ein komplett neues Stadtzentrum aufgebaut.

Der eigentliche Trumpf ist nicht die Stadt, sondern das nahe Sepilok.

Sehenswertes

Geschichtsfans interessiert vielleicht die Broschüre *Sandakan Heritage Trail*, die in der Touristeninformation erhältlich ist.

Agnes Keith House MUSEUM

(089–221 140; www.museum.sabah.gov.my; Jln Istana; Eintritt 15 RM; 9–17 Uhr) Diese atmosphärische zweistöckige Holzvilla war früher mal ein britisches Hauptquartier und ist heute ein renoviertes Museum. Die Amerikanerin Agnes Keith, die in den 1930er-Jahren in Sandakan lebte, schrieb mehrere Bücher über ihre hiesigen Erfahrungen, darunter das berühmte *Land Below the Wind*. Die Villa stellt Sandakan in all seiner kolonialen Pracht dar.

Zum Museum gelangt man, indem man die Tangga Seribu (100 Stufen) zur Jalan Istana hochgeht und links abbiegt. Auf dem Anwesen befindet sich auch das English Tea House & Restaurant.

Sandakan Memorial Park HISTORISCHE STÄTTE

(9–17 Uhr) Ein schöner Waldobstgarten und mehrere Gärten prägen das Antlitz der ungewöhnlichen Stätte eines japanischen Kriegsgefangenenlagers und Ausgangspunkt der berüchtigten Todesmärsche nach Ranau im Zweiten Weltkrieg. Von den 1800 australischen und 600 britischen Soldaten, die hier inhaftiert waren, hatten im Juli 1945 gerade mal sechs entflohene Australier überlebt. Verrostete Maschinen bezeugen die im Lager verrichtete Zwangsarbeit und in einem Pavillon sind Berichte von Überlebenden und Fotografien von Wärtern, Insassen und Befreiern zu finden. Unter www.sandakandeathmarch.com gibt's mehr Informationen zur Strecke der Todesmärsche.

Schlafen

Wer nur wegen der Orang-Utans nach Sandakan kommt, sollte am besten direkt in Sepilok übernachten.

★ **Borneo Sandakan Backpackers** HOSTEL $

(089–215 754; www.borneosandakan.com; 1. OG, 54 Harbour Sq; B/EZ/DZ 30/55/70 RM;) Diese brillanten neuen Unterkünfte sind supersauber und bieten warme orangefarbene Wände, eine einladende Lobby sowie klimatisierte Zimmer, die sogar mit einem Flachbild-TV und einer Xbox ausgestattet sind. Zudem gibt's frische Bettwäsche, Safes, ein leckeres Frühstück, sechs Zimmer und zwei große Schlafsäle. Eine tolle Atmosphäre und hilfsbereite Mitarbeiter, die auch ausgebildete Reiseführer sind und Touren anbieten.

Sea View Sandakan HOSTEL $

(089–221 221; www.seaviewsandakan.com; 1. OG, Lot 126, Jln Dua, Harbour Sq 14; B 25 RM, DZ mit Ventilator & Gemeinschaftsbad 66 RM, DZ mit Bad & Klimaanlage 84 RM, Frühstück inkl.;) Es gibt keinen Meerblick und die Zimmer sind etwas stickig und könnten einen Anstrich vertragen. Allerdings herrscht eine gute Stimmung und das Lemongrass Café im 3. Stock bietet ein cooles Wandbild, beschlagene Scheiben und Kürbis-Curry.

Essen

Zentraler Markt STRASSENSTÄNDE $

(Jln Dua; Hauptgerichte 1–8 RM; 7–15 Uhr) Dies ist die beste Anlaufstelle der Stadt für günstige Küche und Essensstände, auch wenn sie in einem Gebäude liegt, das einem mehrstöckigen Parkhaus gleicht. Oben sind strikte Halal-Essensstände mit einer Mischung aus chinesischen, malaiischen, indonesischen und philippinischen Gerichten. Die Öffnungszeiten der Essensstände sind etwas unregelmäßig, doch um 15 Uhr ist bereits alles geplündert.

English Tea House & Restaurant RESTAURANT $$

(089–222 544; www.englishteahouse.org; Jln Istana; Hauptgerichte 15,50–55 RM, Cocktails 16,80–20 RM; 10–23 Uhr) Englischer als ein Graham-Greene-Roman ist diese schöne Villa, die sich mit Stucksäulen, gepflegtem Krocketrasen, Holzventilatoren und Korbstühlen unter einem riesigen Mangobaum ideal zum Mittagessen eignet. Beim malerischen Blick auf die Bucht weiter unten und einer Kanne Tee kann man das umfangreiche Angebot der Speisekarte – sie umfasst alles – von Fish 'n' Chips bis Oxford-Stew – ausgiebig genießen.

Ausgehen & Nachtleben

Die Bandar Indah, gemeinhin als „Mile 4" oder „Batu 4" bekannt, ist ein pulsierender

Ort mit zweistöckigen Ladenhäusern voller Restaurants, Bars, Karaoke-Lounges und Nachtclubs. Ein Taxi bis hier kostet 20 RM.

★ **Balin Roof Garden** BAR
(Balin; ☎ 089-272 988; www.nakhotel.com; 18. OG, Nak Hotel, Jln Pelabuhan Lama; Hauptgerichte 20 RM, Cocktails 20–25 RM; ⏰ 7.30–1 Uhr, Happy Hour 14–20 Uhr; 📶) Ein verstecktes Juwel oben im Nak Hotel: Dieses stilvolle Restaurant mit Bar verfügt über runde Retrolampen, einen Korbschaukelstuhl aus den 1970er-Jahren und Sofas, in denen man versinkt. Platz für Gäste ist drinnen, draußen auf der schattigen Veranda oder oben auf dem Dach. Es gibt Pizza, mariniertes Neuseelandlamm, Hamburger und eine große Auswahl an Säften und klassischen Cocktails, bei denen jeder Boutique-Barkeeper vor Neid erblassen würde. Cool!

Praktische Informationen

Cyber Café (3. OG, Wisma Sandakan, Lebuh Empat; pro Stunde 3 RM; ⏰ 9–21 Uhr)

Duchess-of-Kent-Krankenhaus(☎ 089-248 600; http://hdok.moh.gov.my; Batu 2 (Mile 2), Jln Utara; ⏰ 8–22 Uhr) Beste private Versorgung in der Region.

Maybank (Lebuh Tiga) Neben einer Bank mit allen Services und einem Geldautomaten ist täglich von 9 bis 15 Uhr ein Geldwechselschalter am Gehweg geöffnet, wo man Bargeld und Reiseschecks umtauschen kann.

An- & Weiterreise

BUS

Das Fernbusterminal von Sandakan befindet sich bei Batu 2,5 (Meile 2,5), 4 km nördlich des Stadtzentrums. Die Anfahrt erfolgt mit einem Regionalbus (1,50 RM) von der Haltestelle am Hafengebiet von Sandakan und dauert 20 Minuten. Derselbe Bus fährt, wenn alle Plätze besetzt sind, vom Busbahnhof im Stadtzentrum ab.

Alle Busse nach/von KK kommen am Kinabalu-Nationalpark vorbei. Wenn sie voll sind, halten sie aber nicht an, um Fahrgäste einzusammeln.

Minivans nach Sukau (15 RM) verkehren hinter der Centre Point Mall in der Stadt.

FLUGZEUG

AirAsia und Malaysia Airlines bieten Flüge nach KK und KL; MASwings nach KK, Kudat und Tawau.

Unterwegs vor Ort

BUS & MINIBUS

Das **Terminal Bas Sandakan** im Stadtzentrum ist ein chaotischer Parkplatz hinter der (billigen) Centre-Point-Plaza-Mall. Viele Busse verlassen das Zentrum auf der Jln Utara Richtung Norden. Jeder ist mit einer Zahl gekennzeichnet, die anzeigt, wie weit der Bus fährt – z. B. Batu 2.5 (steht für den Fernbusbahnhof, der 2,5 Meilen entfernt ist; 1,5 RM) oder Batu 14 (die Abzweigung nach Sepilok; 3 RM). Der am weitesten entfernte Stopp ist Batu 32 (5 RM) am KK–Semporna-Highway.

VOM/ZUM FLUGHAFEN

Der Flughafen ist 11 km vom Stadtzentrum entfernt. Etwa 500 m vom Terminal entfernt an der Hauptstraße hält der Flughafenbus Batu 7 (1,80 RM). Ein Coupontaxi ins Stadtzentrum kostet 35 RM und in die entgegengesetzte Richtung etwa 35 RM.

Sepilok

☎ 089

Das Orang-Utan-Rehabilitationszentrum ist einer der wenigen Orte der Welt, wo man diese rothaarigen Gesellen in ihrem natürlichen Lebensraum beobachten kann. Es lohnt sich auf jeden Fall, etwas länger zu bleiben, um ein paar Dschungelwanderungen zu unternehmen und in einem der schönen, preiswerten Gästehäuser von Sepilok auszuspannen.

Sehenswertes & Aktivitäten

Die neueste Attraktion von Sepilok ist die Bärenstation **Borneo Sun Bear Conservation Centre** (BSBCC; ☎ 089-534 491; www.bsbcc.org.my; Jln Sepilok; Kinder unter 12 kostenfrei, Erw. 30 RM; ⏰ 9–16 Uhr), in dem süße, kleine gerettete Balus leben.

BUSSE AB SANKADAN

ZIEL	PREIS (RM)	DAUER (STD.)	HÄUFIGKEIT
Kinabalu-Nationalpark	35	4–5	häufig 7–14, dann 20 Uhr
Kota Kinabalu (Inanam Busterminal)	43	6–7	häufig 7–14, dann 20 Uhr
Lahad Datu	22	2½	häufig 7–20 Uhr
Semporna	40	5½	7.30, 14 Uhr
Tawau	42	6	häufig 7–20 Uhr

WARNUNG VOR GRENZÜBERGANG

Standard Marine (☎089-216 996) verbindet Sandakan mit Zamboanga auf der philippinischen Insel Mindanao, doch aufgrund von gesetzlosen Zuständen (darunter Entführungen) und eines islamischen Aufstands warnen westliche Botschaften davor, nach oder durch Zamboanga zu reisen. Bevor man diesen riskanten Grenzübergang in Betracht zieht, sollte man sich über die Bedingungen vor Ort informieren.

Sepilok Orangutan-Rehabilitation Centre TIERRESERVAT
(SORC; ☎089-531 189, Notfall 089-531 180; sorc64@gmail.com; Jln Sepilok; Erw./Kind 30/15 RM, Kameragebühr 10 RM; ⌚Ticketschalter Sa–Do 9–12 & 14–16, Fri 9–11 & 14–16 Uhr) Im Kabili-Sepilok-Waldreservat, etwa 25 km nördlich von Sandakan, liegt auf einer Fläche von 40 km² dieses inspirierende, weltberühmte Zentrum, in dem verwaiste und verletzte Orang-Utans aufgepäppelt werden, bevor sie wieder in den Wald ausgesetzt werden. Derzeit leben hier 60 bis 80 Tiere. Der neueste Publikumshit ist die kürzlich eröffnete **Schule im Freien**, nur zwei Gehminuten von den Futterplattformen entfernt. Dort lernen verlassene Orang-Utan-Jungen, wie sie draußen in der Wildnis überleben.

Rainforest Discovery Centre NATURRESERVAT
(RDC; ☎089-533 780; www.forest.sabah.gov.my/rdc; Erw./Kind 15/7 RM; ⌚Ticketschalter 8–17 Uhr, Park bis 20 Uhr) Etwa 1,5 km vom SORC entfernt bietet das RDC spannende Informationen auf akademischem Niveau über die tropische Flora und Fauna. Im Botanischen Garten außerhalb der kinderfreundlichen Ausstellungshalle wachsen verschiedene tropische Pflanzen und es gibt einen leichten, 1 km langen Wanderweg am See und acht Canopy-Türme, die von Baumkronenpfaden verbunden werden und eine Vogelperspektive auf die Baumwipfel bieten – die bei Weitem schönste Belohnung für einen Ausflug hierher.

Schlafen

Die Gegend um Sepilok wartet mit weit attraktiveren und stimmungsvolleren Unterkünften auf als Sandakan.

Sepilok B&B HOSTEL $
(☎089-534 050, 019-833 0901; www.sepilokbednbreakfast.com.my; Jln Fabia; B mit Ventilator/Klimaanlage 35/45 RM, DZ nur mit Ventilator 68 RM, DZ mit Klimaanlage 108–188 RM) Gegenüber dem Rainforest Discovery Centre herrscht in dieser Unterkunft eine authentische Hostelatmosphäre mit kosmopolitischen Backpackern. Die Schlafsäle sind spartanisch, aber sauber, während die Zimmer mit weißen Wänden, bunten Vorhängen und frischer Bettwäsche aufwarten. Einrichtungen zur Selbstverpflegung für Familien und Zimmer mit Ventilatoren stehen in der Pitta Lodge zur Verfügung. Zelten kann man hier am besten im niederschlagsarmen März und April.

★ **Paganakan Dii Tropical Retreat** BOUTIQUE-HOTEL $$
(☎089-532 005; www.paganakandii.com; B/EZ/DZ 35/60/55 RM, 2-/4-Personen-Bungalow 175/236 RM; ❄📶) Beliebt bei Familien, die es in die Natur zieht. Überall gibt's Hängematten sowie Holz- und Ziegelsteinbungalows mit Balkon, schönem Kunsthandwerk, Holzböden und ebenerdigen Duschen (nach denjenigen mit See- und Bergblick fragen). Zudem stehen acht neue Standardzimmer mit Gemeinschaftsbad zur Verfügung. Der Transfer nach Sepilok ist inbegriffen. Absolut perfekt!

Uncle Tan Guesthouse PENSION $$
(☎016-824 4749; www.uncletan.com; Jln Batu 14; B inkl. Frühstück 51 RM, DZ ohne/mit Bad 106/116 RM; ❄@📶) Das Imperium von Uncle Tan gehört zu den ältesten Backpacker-/Abenteuerunterkünften in Sabah. Zwar sind die Schlafsäle etwas eng und die Zimmer haben Linoleumböden sowie kahle Wände, aber dafür ist alles sauber. Die Stimmung hier erinnert ein wenig an ein Sommerlager und die Besitzer können Ausflüge zu Orten wie Sungai Kinabatangan (265 RM) arrangieren.

Sepilok Forest Edge Resort RESORT $$
(☎089-533 190, 013-869 5069; www.sepilokforestedgeresort.com; Jln Rambutan; B/DZ 48/100 RM, Chalets 265 RM; ❄📶🏊) Auf gut gepflegten Rasenflächen bietet diese herrliche Unterkunft voller Pflanzen und Blumen Chalets mit kolonialer Geschichte, polierten Holzböden, erlesener Kunst und privaten Balkonen mit schmiedeeisernen Stühlen. Es gibt auch Schlafsäle und Doppelzimmer in einem schönen Langhaus sowie einen ent-

spannenden tropischen Pool/Whirlpool. Etwa 15 Minuten zu Fuß vom Orangutan Rehabilitation Centre entfernt.

An- & Weiterreise

Sepilok liegt ca. 25 km westlich von Sandakan. Aus dessen Stadtzentrum fährt der Bus Batu 14 (3 RM) stündlich ab und hält am SORC.

Von KK kommend, steigt man in einen Bus nach Sandakan und bittet den Fahrer, einen an der Kreuzung Batu 14 (Sepilok Junction) hinauszulassen. Sie liegt 2 oder 3 km nördlich der wichtigsten Sehenswürdigkeiten des Gebiets. Von dort nimmt man eines der „Piratentaxis" (3 RM pro Person), die für gewöhnlich dort warten.

Ein Taxi von Sandakan oder dem Flughafen kostet 45 RM.

Sungai Kinabatangan

Mit 560 km ist der Kinabatangan der längste Fluss Sabahs und einer der besten Orte Südostasiens, um Dschungeltiere in ihrem natürlichen Lebensraum zu beobachten. Das liegt traurigerweise daran, dass Orang-Utans, Nasenaffen, Makaken, Nashornvögel (Vertreter aller acht Arten) und Meninting-Eisvögel aufgrund der expandierenden Ölpalmenplantagen an die Ufer des Kinabatangan verdrängt worden sind.

Die an eine Kathedrale erinnernden **Gomantong-Höhlen** (☎089-230 189; www.sabah.gov.my/jhl; Gomantong Hill, Lower Kinabatangan; Erw./Kind 30/15 RM, Kamera/Video 30/50 RM; ⌚8–12 & 14–16.30 Uhr, zu bestimmten Perioden geschl.), Sabahs berühmtester Fundort von Salanganennestern, liegen auf halbem Weg zwischen Kampung Sukau und Sukau Junction.

Reiseagenturen in KK und Sandakan organisieren Kinabatangan-Touren, doch es ist auch durchaus möglich, auf eigene Faust loszuziehen und sich seine eigene Bootsfahrt maßzuschneidern. Was jedoch definitiv vorab geklärt werden muss, sind die Übernachtungen, und sei es bloß, um den Transport ab Sandakan oder Sukau Junction zu koordinieren.

Aktivitäten

Wer die Geschöpfe des Regenwalds sehen möchte, sollte bei einem lokalen Gästehaus (oder einem Reiseveranstalter) eine Bootsfahrt mit Guide buchen. Diese starten gewöhnlich am frühen Morgen oder bei Sonnenuntergang, denn dann sind die Tiere am aktivsten. Die Kosten liegen bei 100 RM für eine zweistündige Flussfahrt auf einem Boot für bis zu sechs Personen.

Nächtliche Fahrten können die Tiere eher stören (grelle Scheinwerfer, Blitzlicht ...). Am besten den Guide fragen, wie sich die Gruppe verhalten soll.

Schlafen

★ **Tungog Rainforest Eco Camp** HÜTTEN $
(☎089-551 070, 019-582 5214; www.mescot.org; pro Nacht inkl. 3 Mahlzeiten 95 RM, Flussfahrten 45 RM) Dieses Öko-Camp liegt gegenüber von einem schönen Altwassersee am Fluss Kinabatangan. Es ist nicht luxuriös – hier erwarten einen Holzverschläge mit Matratzen, Bettwäsche und Kissen sowie ein Moskitonetz und Gemeinschaftsbäder. Magisch sind allerdings der Kontakt mit der Natur und die Gelegenheit, Bäume zu pflanzen. Da es meilenweit keine anderen Camps gibt, hat man die Wildtiere für sich.

Sukau Greenview B&B B&B $
(☎089-565 266, 013-869 6922; www.sukaugreenview.net; B/Zi. 45/60 RM, 3-Tages-Paket mit 2 Übernachtungen inkl. Frühstück & 3 x 2 Std. Flusstouren pro Person 499 RM) Die Schlafsäle und einfachen Zimmer dieser lindgrünen, von Einheimischen geführten Holzunterkunft sind ok. Es gibt auch ein angenehmes Café mit Flussblick. Das Greenview veranstaltet frühmorgens und nachts spezielle Elefantenbeobachtungstouren und Krokodiltrips (für je 250 RM).

Myne Resort RESORT $$
(☎089-216 093; www.myne.com.my; Langhaus/Chalet 250/280 RM; ❄📶) An einer Flusskrümmung bietet das Myne eine offene, windige Rezeption, ein Spielezimmer und ein mit Rettungsringen verziertes Restaurant. Es erinnert vage an ein altes Holzschiff. Die schönen Chalets verfügen über pfirsichfarbene Vorhänge, Balkone zum Fluss, polierte Holzböden, gemütliche Betten, Kommoden und einen Flachbildfernseher mit Kabelanschluss. Nachtfahrten kosten 75 RM und die Transfers 100 RM.

An- & Weiterreise

Um nach Sukau zu gelangen, nimmt man von KK oder Sandakan einen Bus nach Lahad Datu oder Semporna (oder andersherum) und steigt an der Sukau Junction (Simpang Sukau) aus; Minibusse nach Sukau (25 RM pro Person) halten neben dem Regenschutz mit Blechdach (die Abholung im Voraus mit der Pension arrangieren).

Semporna

089

Semporna ist eine recht hässliche, chaotische Stadt, dient jedoch als Sprungbrett zu ein paar der schönsten Tauchgründe der Welt, genauer gesagt denen vor Sipadan und anderen Inseln des berühmten Semporna-Archipels. Auf dem Festland gibt's keine Strände.

Aktivitäten

Verschiedene Tauchzentren unterhalten Büros rund um den Semporna-Uferkomplex und/oder in KK.

★ **Scuba Junkie** TAUCHEN

(089-785 372; www.scuba-junkie.com; Lot 36, Block B, Semporna Seafront; 4 Tage & 3 Nächte auf Mabul inkl. 3 Tauchgängen pro Tag in Kapilai, Mabul & 4 Tauchgängen in Sipadan pro Person 2385 RM, eintägige Schnorcheltrips inkl. Mittagessen 120 RM; 9–18 Uhr) Zu den aktivsten Naturschützern auf Pulau Mabul gehört Scuba Junkie mit seinen beiden in Vollzeit angestellten Umweltschützern. Ein Großteil des Gewinns fließt in ihre Schildkrötenaufzuchtstation und die „Haiwochen"-Initiative. Bei Leuten aus dem Westen sind sie ebenfalls wegen ihrer hervorragenden Tauchmeister und ihrer gemütlichen Unterkünfte ohne Paketangebote im Mabul Beach Resort (S. 479) beliebt.

Sipadan Scuba TAUCHEN

(089-784 788, 089-781 788, 012-813 1688, 089-919 128; www.sipadanscuba.com; Lot 28, Block E, Semporna Seafront; 3-Tages-Paket mit 2 Übernachtungen inkl. Tauchen, Unterkunft, Transfer & Ausrüstung 919 RM) Dank der zwanzigjährigen Erfahrung und der internationalen Mitarbeiter ist das Sipadan Scuba eine zuverlässige, empfehlenswerte Einrichtung. Hier kostet der PADI-Open-Water-Kurs 760 RM.

Seaventures TAUCHEN

(017-811 6023, 088-251 669; www.seaventuresdive.com; Lot 28, Block E, Semporna Seafront; 4-Tages-Paket mit 3 Übernachtungen und 10 Tauchgängen, davon 3 auf Sipadan, inkl. Mahlzeiten & Transfers zu Insel & Flughafen 2730 RM) Diese hochangesehene Einrichtung nahe der Insel Mabu wartet mit einer abgefahrenen blau-orangefarbenen Meeresplattform auf. Sie unterhält Büros in Semporna und im Wisma-Sabah-Gebäude in KK.

Seahorse Sipadan TAUCHEN

(089-782 289, 012-279 7657; www.seahorse-sipadanscuba.org; 1. OG, Lot 1, Semporna Seafront; 3-Tages-Paket mit 2 Übernachtungen inkl. 3 Tauchgängen pro Tag, Unterkunft, Ausrüstung & Bootstransfer 690 RM) Auf Backpacker ausgerichteter Laden mit neuem Büro im 1. Stock am Meer in Semporna und Unterkünften auf Mabul. Das Seahorse gibt's nun schon seit 2011.

VERWÖHNPROGRAMM

Von *National Geographic* als eine der „30 Top-Lodges der Welt" ausgezeichnet, ist die **Sukau Rainforest Lodge** (088-438 300; www.sukau.com; 3-Tages-Paket mit 2 Übernachtungen 1688 RM;) die eleganteste Unterkunft am Fluss, die auf zwei Ebenen schöne Zimmer mit Holz- und Terrazoböden, Regenduschen, einen Loungebereich und Moskitonetze bietet. Außerdem gibt's ein gehobenes Restaurant, ein Tauchbecken zum Abkühlen und einen Naturforscher, der Vorträge hält und Nachtwanderungen zur Flora und Fauna leitet.

Schlafen

Scuba Junkie Dive Lodge HOSTEL $

(089-785 372; www.scuba-junkie.com/accommodations; Block B 36, 458 Semporna Seafront; B Taucher/Nichttaucher 25/50 RM, Zi. ohne Bad Taucher/Nichttaucher 75/150 RM, Zi. mit Bad Taucher/Nichttaucher 95/190 RM;) Dieses Hostel mit erfrischend gelben Wänden – geschmückt mit Unterwasseraufnahmen der Meereswelt –, sauberen Bädern und einer Auswahl an klimatisierten Zimmern ist uneingeschränkt zu empfehlen. Hier wohnt man direkt gegenüber dem Büro von Scuba Junkie und neben der Diver's Bar, die zum Frühstücken einlädt, bevor es zum Semporna-Archipel geht.

Borneo Global Sipadan BackPackers HOSTEL $

(089-785 088; Jln Causeway; B/3BZ/FZ inkl. Frühstück 27/99/130 RM;) Unter den neun Zimmern dieses Hostels sind Schlafsäle, Dreibett- und Familienzimmer mit Bad. Die Wände sind frisch gestrichen, die Luft kühl und es gibt einen einladenden Lobbybereich zum Entspannen. Geleitet wird es vom tatkräftigen Max, der auch dreitägige PADI-Open-Water-Kurse für 920 RM anbietet.

Sipadan Inn HOTEL $$

(089-781 766; www.sipadaninn-hotel.com; Lot 19–24, Block D, Semporna Seafront; DZ/FZ ab 110/170 RM;) Kühlen Komfort bietet dieser Gasthof mit einfachen, aber ordentli-

EINREISE NACH INDONESIEN: VON TAWAU NACH TARAKAN & NUNUKAN

Bis zur Grenze Am Hafen von Tawau, 100 km südwestlich von Semporna, liegt das **Indonesische Konsulat** (☎089-772 052, 089-752 969; Jln Sinn Onn, Wisma Fuji; ⊙Mo–Fr 8–12 & 13 oder 14–16 Uhr, an indonesischen & malaiischen Feiertagen geschl.), das den Ruf hat, schnell und effizient zu sein – viele Reisende sind nach einer Stunde wieder draußen. Ein Touristenvisum (60 Tage gültig) kostet 170 RM (2 Passfotos mitbringen) – siehe S. 240.

Visumsformalitäten werden montags bis freitags von 9.30 bis 14 Uhr geregelt. Theoretisch muss man einen Beleg für die Weiterreise oder eine Kreditkarte vorlegen. Aufgrund der Abfahrtszeiten der Fähre sollte man mindestens eine Nacht in der Stadt einplanen. Am besten nimmt man viel Bargeld zu den Konsulaten mit, da es keine Geldautomaten in der Nähe gibt.

An der Grenze Fähren verkehren zwischen Tawau und zwei Inseln von Nord-Kalimantan: Tarakan (140 RM, 3–4 Std., Abfahrt am späten Vormittag tgl. außer So) und Nunukan (65 RM, 1 Std., tgl. außer So 10 & 15 Uhr). MASwings fliegt von Tawau nach Tarakan.

Weiterreise Von Nunukan und Tarakan bietet Pelni Fähren nach Balikpapan (Ost-Kalimantan) und zu den Häfen von Toli-Toli, Pare-Pare und Makassar auf Sulawesi (1–3 Tage).

chen Zimmern, Holzwänden, frischer Bettwäsche, Überwürfen, Kaffeezubehör, makellosen Bädern und sehr netten Angestellten.

Holiday Dive Inn HOTEL $$
(☎089-919 128; www.holidaydiveinn.com; Lot A5–A7, Semporna Seafront; Zi 86–96 RM, FZ 168 RM; ❄📶) Diese kürzlich eröffnete Unterkunft verfügt über einwandfreie Zimmer mit fröhlichen Farben, frische Bäder, TVs und mehrere Zimmer mit Balkon. Sie ist preiswert und arbeitet mit dem nahen Sipadan Scuba zusammen. Auf der Dachlounge kann man einen Drink bei Sonnenuntergang genießen.

Essen

Fat Mother CHINESISCH $
(am Meer in Semporna; Hauptgerichte 15 RM; ⊙17–22 Uhr) Das Mothers bekommt fantastische Bewertungen für seinen freundlichen Service und seine große Auswahl an Meeresfrüchten, die man vorab im Aquarium betrachten kann. Aber auch von den Gästen gefangener Fisch wird hier frisch zubereitet. Zackenbarsch und Mangosoße, Fischbrei, gesalzenes Ei und Tintenfisch, malaiische Curry- und Nudelgerichte sowie kostenfreier chinesischer Tee und Melonendessert.

Praktische Informationen

Wer auf eigene Faust in Semporna anreist, lässt den Haltebereich der Busse und Minivans hinter sich und begibt sich in Richtung des Minaretts der Moschee zum Meer. Man folgt dem Netz von asphaltierten Straßen zu seiner Rechten bis zur „Semporna Seafront" – hier befinden sich einige miteinander konkurrierende Tauchausrüster, die alle nebeneinander liegen.

Semporna bietet mehrere Geldautomaten.

An- & Weiterreise

BUS

Der „Terminal" liegt rund um den Supermarkt Milimewa, 200 m nordwestlich der großen hellgrünen Mosche (vom Meer in Semporna kommend an der Moschee vorbeilaufen). Alle Buse verkehren von frühmorgens bis 16 Uhr (außer Kota Kinabalu) und fahren los, sobald alle Plätze besetzt sind.

Zu den Zielen gehören Kota Kinabalu (75 RM, 9 Std., fährt gegen 7 oder 19 Uhr ab), Sandakan (40–45 RM, 5½ Std.) und Tawau (25 RM, 1½ Std.).

FLUGZEUG

Vom Tawau Airport (70 km von Semporna, 30 km von Tawau und ca. 2,5 km abseits der Hauptautobahn) bietet Malaysia Airlines Flüge nach KL und AirAsia nach KK, KL und Johor Bahru. MASwings verbindet Tawau mit Sandakan, KK und der Insel Tarakan in Kalimantan Utara (Indonesien).

Vom Busbahnhof Semporna kostet ein Minibus zum Tawau Airport 20 RM und ein Taxi 100 RM.

Hinweis: Es kann gefährlich sein, innerhalb von 24 Stunden nach einem Tauchgang zu fliegen.

Semporna-Archipel

Zynische Zeitgenossen sollten sich einmal das wunderschöne Saphirblau und Smaragdgrün des Semporna-Archipels ansehen. Hier erwarten einen bunt angestrichene Boote, sich im Wind wiegende Palmen und weißer Sand auf menschenverlassenen, traumhaften Inseln. Aber niemand reist so weit, um nur Inselstrände zu besuchen – es ist der Ozean mit allem, was darin kreucht und fleucht, der die Inseln berühmt gemacht und ihnen den Ruf eingetragen hat, eines der schönsten Taucherparadiese der Welt zu sein.

Aktivitäten

Sipadan, 40 km von Semporna entfernt, ist der hellste Stern des glitzernden Archipels. Die Insel vulkanischen Ursprungs erhebt sich bis auf 600 m über dem Meeresgrund. Etwa ein Dutzend Tauchplätze liegen hier verteilt – der berühmteste ist Barracuda Point, wo Chevron- und Schwarzflossen-Barrakudas zusammentreffen und in den Wellen undurchdringliche Fischbarrieren bilden.

Das „Makro-Tauchen" in der Umgebung von Mabul (Pulau Mabul) ist weltberühmt. Rund um die große Sandbank Kapalai und die Inseln Mataking (super zum Schnorcheln und am Strand befindet sich ein unfassbar luxuriöses Resort) und Sibuan sind die Tauchgründe phänomenal. Die nördlichen Inseln des Archipels (hier erstrecken sich die nettesten Strände) sind Teil des Meeresschutzgebiets Tun Sakaran (101 km²).

Achtung: Wenn Tauchen vor Sipadan ein Lebenstraum ist, sollte man mindestens zwei Monate im Voraus reservieren (im Juli & August sowie von Mitte Dezember bis Mitte Januar ist die Vorlaufzeit sogar noch länger), denn pro Tag werden nur 120 Tauchgenehmigungen (für Dutzende von Tauchzentren) ausgegeben. Sie werden von Unternehmen in Semporna oder KK arrangiert.

Um an anderen Orten im Archipel zu tauchen (wie es 80 % der Besucher tun und dabei jede Menge Spaß haben) oder an einem Kurs teilzunehmen (ein 3-tägiges Open-Water-Diver-Zertifikat kostet etwa 975 RM), sind Reservierungen im Voraus ebenfalls eine gute Idee. Das Wetter wirkt sich hier selten – praktisch nie – aufs Tauchen aus.

Am preiswertesten ist das Ganze, wenn man in der Stadt Semporna übernachtet und an Tagesausflügen (Tauchen 280–350 RM, Schnorcheln 150–170 RM) teilnimmt. Allerdings kann man nach dem Tauchgang dann nicht entspannt am Strand sitzen und einen unglaublich romantischen Sonnenuntergang am Äquator erleben.

MÄNNER IN SCHWARZ: DIE AKTUELLE SICHERHEITSLAGE

Bei einem Aufenthalt auf Mabul werden einem die schwarz gekleideten, bewaffneten Polizisten, die am Strand patrouillieren, kaum entgehen. Zudem muss man sich zur Sperrstunde um 18 Uhr zurück im Resort einfinden. Angst braucht man jedoch nicht zu haben: Die Polizisten sind zum Schutz der Besucher da und dienen zur Abschreckung. Ihre Anwesenheit ist eine Reaktion auf verschiedene Vorfälle wie Entführungen mit Lösegeldforderungen von Gruppen aus den Südphilippinen, darunter die Verschleppung von zwei taiwanesischen Touristen 2013 und einem chinesischen Touristen 2014.

Aber ist es sicher, die Inselgruppe zu besuchen? Botschaften empfehlen, die Reise zu überdenken. Und nachdem über ein Jahr lang 120 Taucher pro Tag ihren Aufenthalt an einem der besten Tauchplätze der Welt ohne Zwischenfälle genießen konnten, wurden Anfang April 2016 erneut vier Malaysier von einem malaysischen Schleppschiff entführt. Dank der vielen Polizeieinheiten auf der Insel ist die Sicherheitslage aber dennoch insgesamt relativ gut.

Schlafen

Die einzigen recht günstigen Unterkünfte der Inselgruppe liegen auf Mabul, 26 km südöstlich von Semporna und 14 km nördlich von Sipadan (wo nicht übernachtet werden darf). Im Juli und August steigen die Preise und die Unterkünfte sind schnell ausgebucht. Die unten aufgeführten Einrichtungen arbeiten alle mit Tauchschulen zusammen.

Mabul ist mit einem netten weißen Sandstrand und tiefblauem Wasser gesegnet. Die Wasserschutzpolizei hat hier eine Niederlassung, und es gibt zwei kleine, verarmte Siedlungen: einen Weiler an der Nordostküste, der von Bajau bewohnt wird, die unter anderem für ihre bunten *jonkong*-Boote mit spitzem Bug bekannt sind, und ein Stelzendorf an der Südwestküste, in dem Suluk und Malaien leben. Hier befinden sich auch mehrere Pensionen.

Sipadan Dive Centre (SDC)
PRIVATUNTERKUNFT $
(☎088-240 584, 012-821 8288; www.sdclodges.com; Mabul; B/Zi. 150/190 RM, 3 Tauchgänge 280 RM; ❄) Einfache Hütten in Regenbogen-

farben mit angrenzendem Bad, Klimaanlage, karibikblauen Wänden, frischer Bettwäsche, Holzböden und einem Tauchzentrum. Im Vergleich zu den anderen Budgetunterkünften sind die Zimmer dank des großen Anwesens nicht so überfüllt. Alles in allem ein Glückstreffer! Hinzu kommt ein freundliches Management, das abends Grillfeste veranstaltet.

Uncle Chang's PENSION **$**
(☎ 089-781 002, 089-786 988, 017-895 002; www.ucsipadan.com; Mabul; B 75 RM, DZ mit/ohne Klimaanlage & Bad 150/110 RM; ❄) Wenn Chang ein Onkel wäre, könnte er zwischen den Häusern auf Stelzen auch als gestrandeter, alter Seebär durchgehen. Hier erwarten einen schlichte, bananengelb gehaltene Zimmer mit Rattanwänden in kleinen Chalets, eine lebhafte, abgenutzte Gemeinschaftsterrasse mit gelegentlichen Jamsessions und eine fröhliche, gesellige Atmosphäre. Zudem gibt's ein bekanntes Tauchzentrum mit sieben täglichen Tauchgenehmigungen für Sipadan.

Seahorse Sipadan Scuba Lodge PENSION **$**
(☎ Semporna 089-782 289; www.seahorse-sipadanscuba.com; Mabul; B/DZ ab 70/100 RM) Dank ihrer fleckigen Linoleumböden und gelben Wände sieht man den Zimmern ihr Alter durchaus an, aber auf der offenen Terrasse kann man entspannt den Wind genießen. Neben hübschen kleinen Akzenten wie Muschelschalen auf den Tischen wartet es auch mit einem zuverlässigen Tauchzentrum auf.

★ **Scuba Junkie Mabul Beach Resort** RESORT **$$**
(☎ 089-785 372; www.scuba-junkie.com; Mabul; B 175 RM, DZ mit Ventilator 245–310 RM, DZ mit Klimaanlage 320–380 RM; ❄ 📶) 🌿 Von einem sympathischen amerikanischen Paar geführt, zieht diese Unterkunft ein junges, internationales Publikum an, das auch mal etwas mehr für halbluxuriöse Unterkünfte hinblättert. Auf sie warten superfrische Zimmer mit Veranden und Bädern, polierten Holzböden und erlesenem Dekor sowie angenehm geräumigen Schlafsäle. Der einladende Zentralpavillon beherbergt ein lebhaftes Restaurant mit Bar. Die oben genannten Preise beinhalten großzügige Büfettgerichte.

ℹ Anreise & Unterwegs vor Ort

Die Tauchzentren und Pensionen organisieren den Transport von Semporna in den Archipel – genauere Infos bei der Buchung.

EINREISE NACH BRUNEI: VON DER PULAU LABUAN NACH BANDAR SERI BEGAWAN

Bis zur Grenze Fähren von Bandar Labuan zum Hafen Muara in Brunei (35 RM, 1¼ Std.) fahren normalerweise um 9, 13.30, 15.30 und 16 Uhr los.

An der Grenze Die meisten Brunei-Reisenden erhalten bei der Ankunft ein Visum, das 14, 30 oder 90 Tage gültig ist.

Weiterreise Die Fähren aus Bandar Labuan legen am Terminal Feri Serasa in Muara an, 20 km nordöstlich von Bandar Seri Begawan. Für die Fahrt ins Stadtzentrum nimmt man den Bus 38 (1 B$, 1 Std.) von Muara-Stadt. Ein Taxi kostet um die 40 B$. Für Informationen zu diesem Grenzübergang in die andere Richtung siehe S. 63.

Pulau Labuan

☎ 087 / EW. 87 000

Seit den späten 1840er-Jahren, als es britische Kronkolonie wurde, ist das föderale Territorium Labuan (www.labuantourism.my) Freihandelszone. Heutzutage strömen Malaysier, Bruneier und Erdölarbeiter auf die Insel, angelockt vom Duty-Free-Shopping und bemerkenswert günstigem Alkohol. Die größte Stadt, Bandar Labuan, ist viel sauberer und besser organisiert als die Städte in Sabah. Fähren legen nach Kota Kinabalu und Brunei ab. Wer sich für den Zweiten Weltkrieg interessiert, kann einige spannende historische Stätten erkunden, darunter den australisch-britischen Labuan-Kriegsfriedhof 2 km nordwestlich des Stadtzentrums.

Schlafen

Labuan Homestay Programme PRIVATUNTERKUNFT **$**
(☎ 013-854 0217, 016-824 6193, 087-422 622; 1/2 Tage inkl. Vollpension 70/150 RM) Dieser hervorragende Service bringt in einem von drei Dörfern auf der Insel Besucher und freundliche Einheimische zusammen: Patau Patau 2, Kampong Sungai Labu und Kampong Bukit Kuda. Wer sich in der Nähe von Bandar Labuan aufhalten möchte, sollte nach einer Unterkunft in Patau Patau 2 fragen – ein

charmantes Dorf auf Stelzen an der Bucht. Um am Programm teilzunehmen, sollte man mindestens ein paar Tage im Voraus buchen.

Tiara Labuan HOTEL $$
(☎ 087-414 300; www.tiaralabuan.com; Jln Tanjung Batu; Zi. inkl. Frühstück ab 250 RM; ❄ 📶) Mit seinem kobaltblauen Außenpool inmitten eines gut gepflegten Gartens in Tanjung Batu hebt sich das beliebteste Hotel von Pulau Labuan etwas vom Rest ab. Es gibt ein exquisites Restaurant mit asiatischer Fusions- und Showküche sowie große, überaus charmante Holzzimmer mit Bettüberwürfen, schneeweißer Bettwäsche, makellosen Bädern und Einbauleuchten.

An- & Weiterreise

Täglich verkehren Passagierfähren zwischen dem Jesselton-Point-Fährterminal in KK und Bandar Labuan (Economy/Business 35/48 RM, 3¼ Std., Abfahrt Mo–Sa 8 und 13.30, So 15 Uhr). In die andere Richtung legen die Boote von Bandar Labuan von Montag bis Samstag um 8 und 13 Uhr und sonntags um 10.30 und 15 Uhr ab.

Passagierfähren zum Hafen auf Muara (35 RM, 1¼ Std.) in Brunei, 20 km nordöstlich von Bandar Seri Begawan, verlassen Bandar Labuan gewöhnlich um 9, 13.30 und 15.30 Uhr. Eine Autofähre macht sich um 16 Uhr auf den Weg (35 RM, 1½ Std.). Man sollte sich mindestens eine halbe Stunde vor der Abfahrt am Terminal einfinden.

MALAYSISCH-BORNEO – SARAWAK

Sarawak ist das Tor zu Borneos Naturwundern und Kulturreichtümern. Von Kuching aus – der elegantesten Stadt der Insel – lassen sich Tagesausflüge in unberührte Regenwälder machen, wo man Orang-Utans, Nasenaffen und die weltgrößte Blume, die *Rafflesia,* zu Gesicht bekommt. Abends bleibt noch genug Zeit für ein leckeres Essen und einen Drink in einer schicken Bar. Traveller mit Abenteuerlust können eins der „fliegende Särge" genannten Flussboote nehmen und den Batang Rejang, den „Amazonas von Borneo", hinauffahren, um die spektakulären Höhlen und Felsformationen des Gunung-Mulu-Nationalparks, eine UNESCO-Welterbestätte, zu besuchen. Egal, wo man ist, überall trifft man auf warmherzige, freundliche Einheimische mit viel Sinn für Humor – die Bewohner von Sarawak sind einfach tolle Gastgeber.

Kuching

☎ 082 / EW. 600 000

Die Hauptstadt von Sarawak bildet ein Kaleidoskop von Kulturen, Küchen und Kunsthandwerk. In den belebten Straßen – manche sind sehr modern, andere verströmen ein koloniales Flair – kann man wunderbar ziellos umherschlendern. Mit Drachen geschmückte chinesische Tempel stehen neben Ladenhäusern aus der Zeit der weißen Radschas; südindische Moscheen sind nur fünf Gehminuten von Ständen mit asiatischen Gerichten entfernt; und in den angelegten Flusspark kommen viele Familien für einen Spaziergang und einen kleinen Snack.

Sehenswertes

Man sollte sich viel Zeit nehmen, um herumzulaufen und das relaxte Flair von Straßen wie Jalan Carpenter (Alt-Chinatown), Jalan India, Jalan Padungan (Neu-Chinatown) und der Hafenpromenade zu genießen.

★ Ethnologisches Museum MUSEUM
(www.museum.sarawak.gov.my; Jln Tun Abang Haji Openg; ⏲ Mo–Fr 9–16.45, Sa, So & feiertags 10–16 Uhr) GRATIS Oben auf dem Hügel auf der östlichen Seite der Jalan Tun Abang Haji Openg befindet sich das Ethnologische Museum (das „Old Building"), vor dem zwei Kanonen aus der Kolonialzeit stehen. Sein Schwerpunkt liegt auf den unglaublich reichen indigenen Kulturen Borneos. Zu den großartigen Ausstellungsstücken oben gehören ein Iban-Langhaus in voller Größe, Masken und Speere. Unten liegt ein altmodisches Naturgeschichtsmuseum.

Während unseres Besuchs bestanden Pläne, das über 100-jährige Gebäude bald zu sanieren. Während der Renovierung bleibt das Museum dann gegebenenfalls geschlossen.

Museum für chinesische Geschichte MUSEUM
(Ecke Main Bazaar & Jln Wayang; ⏲ Mo–Fr 9–16.45, Sa, So & feiertags 10–16 Uhr) GRATIS Im jahrhundertalten Gebäude des chinesischen Gerichtshofs bietet das Museum für chinesische Geschichte eine hervorragende Einführung in die neun chinesischen Gemeinden, die jeweils über einen eigenen Dialekt, eine eigene Küche und eigene Tempel verfügen und sich um 1830 in Sarawak ansiedelten. Zu den Highlights der anregenden Ausstellungsstücke gehören Keramikwaren, Musikinstrumente, historische Aufnahmen sowie ein paar angsteinflößende Drachen- und

Löwentanzkostüme. Der Eingang liegt an der Flussseite des Gebäudes.

Indische Moschee MOSCHEE
(Indian Mosque Lane; ⏲6–20.30 Uhr außer bei Gebeten) GRATIS Wer von der Jalan India (zwischen Nos 37 und 39A) oder am Wasser an der Jalan Gambier (zwischen Nos 24 und 25A – in den Geschäften werden Gewürze mit schweren Aromen verkauft) auf die winzige „Indian Mosque Lane" („Lorong Sempit") abbiegt, betritt eine andere Welt. Auf halber Strecke – inmitten von Häusern und Geschäften – steht die älteste Moschee Kuchings, ein bescheidener Bau aus *belian* (Hainbuche), der 1863 von muslimischen Händlern aus Tamil Nadu errichtet wurde.

Fort Margherita FORT
(Kampung Boyan; ⏲9–16.30 Uhr) Im Jahr 1879 von Charles Brooke erbaut und nach seiner Frau Ranee Margaret benannt, schützte diese oben auf einem Hügel gelegene Festung Kuching lange Zeit vor unerwarteten Piratenüberfällen. Dabei diente sie ausschließlich zur Abschreckung, denn die hier stationierten Truppen mussten nie einen Schuss abgeben. Anreise: Von Kampung Boyan folgt man über 500 m den Schildern den Hügel hinauf.

Geführte Touren

Viele Touranbieter in Kuching haben Ausflüge zu Orten im Programm, die auf eigene Faust nicht so leicht zu erreichen sind. Tipps und Infos zu Zielen und Veranstaltern kann man z. B. in den Pensionen einholen.

Adventure Alternative Borneo ABENTEUERTOUREN
(☎082-248000, 019-892 9627; www.aaborneo.com; Lot 37, Jln Tabuan) Bietet moralisch vertretbare, nachhaltige Trips, die „Kultur, Natur und Abenteuer" miteinander verbinden. Hilft einem beim Entwerfen und Koordinieren einer Route für unabhängiges Reisen in abgelegene Gebiete, darunter die Penan-Dörfer im Ulu Baram.

Schlafen

Die meisten Pensionszimmer verfügen über Gemeinschaftsbäder. In den Kosten ist fast immer ein Frühstück mit Toast und Marmelade enthalten. Während des Rainforest World Music Festival im Juli ziehen die Preise an.

★ **Threehouse B&B** PENSION $
(☎082-423499; www.threehousebnb.com; 51 Jln China; inkl. Frühstück B 20 RM, DZ ohne Bad 60–65 RM; 📶) Eine tadellose, familienfreundliche und großartig gelegene Unterkunft in Alt-Chinatown mit herzlicher, einladender Atmosphäre – alles, was eine Pension bieten sollte. Die neun Zimmer auf drei knarrenden Holzetagen sind alle in einem hellroten Farbschema gehalten. Zu den Annehmlichkeiten gehören ein Aufenthaltszimmer mit TV, DVDs und Büchern sowie ein Wäscheservice und eine Küche.

★ **Singgahsana Lodge** PENSION $
(☎082-429277; www.singgahsana.com; 1 Jln Temple; inkl. Frühstück B 31 RM, DZ 112–132 RM; ❄@📶) Den Maßstab für Backpackerunterkünfte in Kuching setzt diese überaus beliebte Pension mit stilvollem Kunsthandwerk aus Sarawak. Sie hat eine unschlagbare Lage, eine tolle Chill-out-Lobby und eine gesellige Bar auf der Dachterrasse. Die Schlafsäle sind mit 10 Betten und Schließfächern ausgestattet.

Radioman HOSTEL $
(☎082 248816; 1 Jln Wayang; inkl. Frühstück B 25 RM, DZ ohne Bad 70 RM; ❄📶) In einem jahrhundertealten Ladenhaus, das einst als Radiowerkstatt diente, befindet sich dieses zentral gelegene, selbst dekorierte und denkmalgeschützte Hostel. Die ursprünglichen Decken, Böden und höllisch steilen Treppen des Gebäudes sind immer noch original erhalten. Darüber hinaus hat das Hostel detailverliebte Akzente wie LPs an den Wänden, Dschungelpflanzen und einen Garten im Innenhof.

Marco Polo Guesthouse PENSION $
(☎082-246679, Samuel Tan 019-888 8505; www.marcopolo.net.tf; 1. OG, 236 Jln Padungan; inkl. Frühstück B 27 RM, DZ ohne Bad 56–60 RM; ❄📶) Eine gut geführte, komfortable Unterkunft mit gemütlichem Wohnzimmer und windiger Veranda. Beliebt ist das Frühstück mit frischem Obst, Bananenkrapfen und Muffins. Nur manche Zimmer verfügen über Fenster. Der Besit-

LAKSA-GENUSS

Glückliche Besucher auf Borneo beginnen den Tag mit einem *laksa* aus Sarawak zum Frühstück: eine Nudelsuppe aus Kokosnussmilch, Zitronengras, saurer Tamarinde und feurigem *sambal belacan* (Shrimppastetensoße) mit frischem Calamondinorange-Limettensaft obendrauf.

Kuching

0
200 m
A
B
C
D
E
F
G
1
2
3
4
Astana (200 m)
KAMPUNG BOYAN
3
Square Tower
Jln Gambier
4
Indische Moschee Ln
Jln Brooke
Sungai Sarawak
Jln Market
Jln India
National Park Booking Office
Main Bazaar
Kuching Moschee
16
Jln Khoo Hun Yeang
Jln Barrack
20
Busbahnhof Saujana
25
Jln China
Jln Carpenter
Jln Bishopsgate
26
10
2
Mohamed Yahia & Sons
Sarawak Plaza
Jln Mosque (Jln Masjid)
12
22
Jln Tunku Abdul Rahman
19
Cat Fountain
Jln P Ramlee
Gurdwara Sahib Kuching
Jln Pearl
Jln Wayang
Klinik Chan
Jln Chan Chin Ann
21
Tun-Jugah Shopping-Zentrum
St.-Thomas-Kathedrale
11
Tua-Pek-Kong-Tempel
Jln Borneo
BUKIT MATA
Jln Abell
Padang Merdeka
Jln Temple
Jln Padungan
18
6
Jln Tun Abang Haji Openg
Jln Green Hill
Jln McDougall
Bukit Mata
Jln Bukit MataKuching
Cat Column
Jln Padungan
7
14
9
An Hui Motor
Jln Song Thian Cheok
1 Ethnologisches Museum
17
Jln Mathies
PADUNGAN
Beds (200 m); Marco Polo Guesthouse (200 m); Great Cat of Kuching (250 m)
Jln Tun Haji Openg
Museums-garten
Jln Reservoir
Reservoir Park
Jln Tabuan
13
5
24
Persiaran Ban Hock
23
Jln Satok
8
Jln Ban Hock
15
Sarawak General Hospital (1,2 km)
Visaabteilung (2,5 km)
Jln Ban Hock

Kuching

Highlight
1 Ethnologisches Museum ... B3

Sehenswertes
2 Museum für chinesische Geschichte ... D2
3 Fort Margherita ... D1
4 Indische Moschee ... B1

Aktivitäten, Kurse & Touren
5 Adventure Alternative Borneo ... D4

Schlafen
6 Batik Boutique Hotel ... F3
7 Lime Tree Hotel ... G3
8 Lodge 121 ... D4
9 Nomad B&B ... D3
10 Radioman ... D2
11 Singgahsana Lodge ... D2
12 Threehouse B&B ... C2

Essen
13 Aroma Café ... D4
14 Bla Bla Bla ... D3
15 Choon Hui ... F4
16 Open-Air-Markt ... A2
17 Ting & Ting ... D3
18 Top Spot Food Court ... E3
19 Tribal Stove ... E2
20 Yang Choon Tai Hawker Centre ... C2
21 Zhun San Yen Vegetarian Food Centre ... G2

Ausgehen & Nachtleben
22 Black Bean Coffee & Tea Company ... D2
23 Monkee Bar ... F4
24 Ruai ... D4

Shoppen
25 Juliana Native Handwork ... B2
26 Main Bazaar ... D2

zer Sam gibt gerne Reisetipps und nimmt die Gäste manchmal mit zum Markt. Etwa 15 Gehminuten vom Wasser entfernt.

Nomad B&B PENSION $
(082-237831, 016 856 3855; www.borneobnb.com; 1. OG, 3 Jln Green Hill; inkl. Frühstück B 20 RM, EZ/DZ mit Ventilator & ohne Bad 50/60 RM, DZ mit Klimaanlage 70–75 RM;) Eine geschäftige Backpackeratmosphäre herrscht in dieser entspannten, Iban-geführten Pension. Häufig sitzen die Gäste im Loungebereich mit dem freundlichen Management zusammen. Die flexiblen Frühstückszeiten kommen Langschläfern entgegen und die Küche kann auch von Gästen genutzt werden. Von den 17 Zimmern verfügen 10 über Fenster (die anderen haben nur abgenutzte Ventilatoren). In den Schlafsäle stehen je acht Betten.

Lodge 121 PENSION $
(082-428121; www.lodge121.com; Lot 121, 1. OG, Jln Tabuan; B/EZ/DZ/3BZ ohne Bad inkl. Frühstück 30/59/79/99 RM;) Polierte Betonflächen erwarten einen in diesem ehemaligen Einkaufsbereich, der in eine elegante, günstige Pension verwandelt wurde. Die mit Teppich ausgelegten Schlafsäle mit 10 Betten verfügen über Matratzen auf dem Boden und liegen im Dachgeschoss. Alle Zimmer teilen sich kleine Gemeinschaftsbäder.

Beds PENSION $
(082-424229; www.bedsguesthouse.com; 229 Jln Padungan; B 20 RM, EZ/DZ ohne Bad 40/55 RM;) Dank ihrer gemütlichen Sofas in der Lobby, einer Küche auch für Gäste, und 12 makellosen Zimmern hat diese Pension in Neu-Chinatown eine treue Kundschaft. Man erreicht sie in etwa 15 Gehminuten vom Main Bazaar. Die Schlafsäle bieten sechs große Etagenbetten aus Metall.

★ **Batik Boutique Hotel** BOUTIQUE-HOTEL $$
(082-422845; www.batikboutiquehotel.com; 38 Jln Padungan; DZ inkl. Frühstück 280 RM;) Eine gute Wahl im mittleren Preisniveau mit toller Lage, klasse Design und freundlichen Mitarbeitern. Die fröhliche Batikoptik der Hotelfassade setzt sich in der Lobby fort und jedes der 15 geräumigen Zimmer ist in einem eigenen Farbschema gehalten. Einige von ihnen haben Balkone mit Blick auf den Innenhof.

Lime Tree Hotel HOTEL $$
(082-414600; www.limetreehotel.com.my; Lot 317, Jln Abell; DZ inkl. Frühstück 170–250 RM;) Lindgrüne Akzente – ein Kissen, ein Stück Seife, die Krawatte eines Angestellten, das Café Sublime in der Lobby – prägen das Antlitz dieser gut geführten Unterkunft, die ein halbes Boutique-Hotel ist. Die 55 eleganten und minimalistischen Zimmer bieten einen guten Preis; wobei manche Angebote günstiger sind als hier angegeben. Die Bar auf der Dachterrasse mit Flussblick lockt von 17 bis 20 Uhr mit Happy-Hour-Preisen.

Essen

Kuching ist der beste Ort in Malaysisch-Borneo, um die komplette Bandbreite an Sarawak-Gerichten kennenzulernen. In den Straßenhändlerzentren findet man unterschiedlichste chinesische und malaiische Stände; ein jeder ist auf eine andere kulinarische Tradition spezialisiert.

★ Choon Hui MALAIISCH $
(34 Jln Ban Hock; Laksa 5–7 RM; ⏲ Di–So 7–11 Uhr) Dieses altmodische *kopitiam* (Café) erhält unsere Stimme für die leckerste *laksa* der Stadt. Damit sind wir nicht allein: Besonders am Wochenende kann es hier sehr voll werden. Es gibt auch einen Stand mit hervorragender *popia*, einer Art Frühlingsrolle mit Erdnüssen, Rettich und Möhren (3 RM).

Open-Air-Markt STRASSENSTÄNDE $
(Tower Market; Jln Khoo Hun Yeang; Hauptgerichte 3–6,50 RM; ⏲ die meisten Stände 6–16 Uhr, chinesische Meeresfrüchte 15–4 Uhr) Zu den günstigen, leckeren Gerichten, auf die man sich hier freuen darf, gehören *laksa*, *mee sapi* (Rindfleisch-Nudelsuppe) nach chinesischer Art, rote *kolo mee* (Nudeln mit Schweinefleisch und süßer Barbecuesoße), Tomaten-*kueh tiaw* (ein gebratenes Reis-Nudelgericht) und Desserts mit geraspeltem Eis (an Stand 17 nach „ABC" fragen). Auf der Seite mit Flussblick liegen chinesische Meeresfrüchtestände, die am Nachmittag öffnen.

Aroma Café DAYAK $
(☎ 082-417163; Jln Tabuan; Hauptgerichte 10–16 RM, Büfett pro Teller 5–6 RM; ⏲ Mo–Sa 7–22.30 Uhr, Büfett 10–14 Uhr) Ein großartiger Ort, um regionale indigene Spezialitäten zu probieren, darunter *ayam pansuh* (in Bambus gekochtes Hühnchen; 10 RM), gebratene Tapiokablätter (6 RM) und *umai* (Sarawakas Version von Sushi; 10 RM). Das Mittagsbüfett lockt mit guten Preisen.

VERWÖHNPROGRAMM

Das innovative und stilvolle **Bla Bla Bla** (☎ 082-233944; 27 Jln Tabuan; Hauptgerichte 22–90 RM; ⏲ 6–23.30 Uhr Mi–Mo) serviert hervorragende chinesisch inspirierte Fusionsküche, die von traditionell bis außergewöhnlich reicht – genauso wie das Dekor, die Karpfenteiche und der balinesische Buddha. Zu den Spezialitäten gehören *midin*-(Dschungelfarn-)Salat, Mango-Ente (köstlich), Strauß und Wild sowie *midin*-Huhn. Die großzügigen Portionen sind zum Teilen gedacht.

Yang Choon Tai Hawker Centre CHINESISCH $
(23 Jln Carpenter; Hauptgerichte 3,50–8 RM; ⏲ 4–24 Uhr) Sechs von Teochew-Chinesen betriebene Essensstände servieren eine abwechslungsreiche Auswahl einheimischer Köstlichkeiten, darunter Reisbrei mit Schweinefleisch (3–9 Uhr), *kolo mee* (kurz gekochte Eiernudeln, von 6–14 Uhr erhältlich), leckere Fischsuppe (15–22 Uhr) sowie Schweinefleisch-*satay* (ab 14 Uhr), das bei Gästen beliebteste Gericht.

Zhun San Yen Vegetarian Food Centre VEGETARISCH $
(Lot 165, Jln Chan Chin Ann; Hauptgerichte 4,30–5,50 RM; ⏲ Mo–Fr 8–16.30, Sa 9–16 Uhr; 🖉) Ein fleischloses Mittagsbüfett mit chinesischen Currygerichten wird von 11 bis 14 Uhr angeboten – die Preise richten sich nach dem Gewicht (1,90 RM pro 100 g). Wer nicht zur Mittagszeit kommt, wählt von einer Speisekarte mit Gerichten wie Ingwer-„Hähnchen" (mit Soja-Fleischersatz).

★ Dyak DAYAK $$
(☎ 082-234068; Jln Mendu & Jln Simpang Tiga; Hauptgerichte 25–35 RM; ⏲ 12–23 Uhr, letzte Bestellung 20.30 Uhr; 🖉) Dieses elegante Restaurant 2 km südöstlich von Alt-Chinatown ist das erste, in dem Dayak-Küche als wahre Kochkunst betrieben wurde. Es greift dafür auf traditionelle Rezepte zurück – viele stammen von den Iban (manche von den Kelabit, Kayan oder Bidayuh). Mit frischen Bio-Dschungelzutaten zaubert der in klassischer westlicher Küche ausgebildete Chefkoch köstliche Gerichte, die man so noch nie probiert hat.

Tribal Stove DAYAK $$
(☎ 082-234873; 10 Jln Borneo; Hauptgerichte 15–20 RM; ⏲ Mo–Sa 11.30–22.30 Uhr; 📶🖉) Irgendwie ist es diesem entspannten Restaurant mit köstlichen Kelabit-Gerichten gelungen, die Atmosphäre von Bario, der „Hauptstadt des Hochlandes", einzufangen und bis nach Kuching zu bringen. Zu den Spezialitäten gehören *labo senutuq* (Rindfleisch mit wildem Ingwer und getrockneten Chilis), *ab'eng* (zerkleinerter Flussfisch) und Ananascurry. Am frühen Abend sind die beliebten Gerichte manchmal ausverkauft. Das Essen wird ohne Glutamat zubereitet.

Top Spot Food Court MEERESFRÜCHTE $$
(Jln Padungan; Fisch pro kg 30–70 RM, Gemüsegerichte 8–12 RM; ⏲ 12–23 Uhr) Der von Neonlampen beleuchtete Hof mit einem halben Dut-

zend belebter Meeresfrüchterestaurants auf dem Dach einer Parkgarage (da würde man nicht mit so etwas rechnen) steht bei Gourmets schon seit Langem hoch im Kurs. Ein riesiges Hummer-Schild weist Besuchern den Weg. Eine wahre Gaumenfreude ist der gegrillte Silberne Pampel sowie das Ling Loong Seafood und das Bukit Mata Seafood Centre.

Selbstverpflegung

Ting & Ting SUPERMARKT
(30A Jln Tabuan; ⏲9–21 Uhr, So & feiertags geschl.) Eine gute Auswahl an Weinen, Snacks, Schokoladen, Pflegeprodukten und Windeln.

Ausgehen & Nachtleben

Ruai BAR
(7F Jln Ban Hock; ⏲18–2.30 Uhr) Diese Iban-betriebene Bar bietet ein ganz eigenes, entspanntes und einladendes Flair. Mit alten Fotos, Orang-Ulu-Kunst und unerklärlicherweise mit mexikanischen Sombreros dekoriert, dient sie Höhlenkletterern, Wanderern und Joggern als städtisches *ruai* (überdachte Veranda eines Iban-Langhauses). Bietet eine gute Auswahl an *tuak* (regionalen Reisweinen). Ab 21 Uhr wird es langsam voll.

Monkee Bar BAR
(www.monkeebars.com; Jln Song Thian Cheok; Bier 6,50–12 RM, Mixgetränk 13 RM; ⏲15–2 Uhr) 50 % des Gewinns der Monkee Bar fließen an die Naturschutz-NRO *Orangutan Project*, die im Matang Wildlife Centre (S. 485) arbeitet – man trinkt hier also buchstäblich für den Naturschutz. Wem das nicht als Grund für einen Besuch ausreicht, den überzeugen möglicherweise die Preise: Die Monkee Bar bietet einige der günstigsten Drinks der Stadt. Es ist eine verrauchte Location mit jungem, einheimischem Publikum sowie vereinzelten Ehrenamtlichen aus dem Ort, die sich eine Pause vom Käfigausmisten gönnen.

Black Bean Coffee & Tea Company CAFÉ
(Jln Carpenter; Drinks 3–4,80 RM; ⏲Mo–Sa 9–18 Uhr; 📶) Das Aroma von frisch gemahlenen Bohnen berauscht die Sinne in diesem kleinen Laden, den viele für Kuchings beste Anlaufstelle für Kaffee halten. Zu den täglich gerösteten Spezialitäten gehören Arabica-, Liberica- und Robusta-Kaffee aus Java, Sumatra und natürlich Sarawak. Serviert an seinen gerade mal drei Tischen auch Oolong- und Grüntee aus Taiwan. Koffeinfrei gibt's hier nicht.

Shoppen

Wer nach traditionellem Kunsthandwerk sucht, ist hier genau richtig: Kuching ist die beste Shoppingadresse in Malaysisch-Borneo für traditionelle, handgewebte Textilien und Körbe, Masken, Trommeln, perlenbesetzte Kopfbedeckungen und dergleichen. Man sollte sich nicht scheuen, zu verhandeln – es gibt jede Menge Auswahl und die Qualität ist genauso unterschiedlich wie die Preise.

Main Bazaar KUNSTHANDWERK
(Main Bazaar; ⏲manche Geschäfte So geschl.) Die Reihe alter Ladenhäuser mit Blick auf die Promenade am Wasser ist gerammelt voll mit Kunsthandwerksläden: Manche muten wie Kunstgalerien an, andere wie eine Art Garagenflohmarkt und wieder andere (insbesondere im westlichen Teil des Main Bazaar) bieten ausschließlich kitschig-süße Katzensouvenirs feil.

Juliana Native Handwork KUNSTHANDWERK
(☎082-230144; Erdgeschoss, Sarawak Textilmuseum, Jln Tun Abang Haji Openg; ⏲9–16.30 Uhr) Neben ihren Bidayuh-Perlarbeiten – von denen viele in einer Ausstellung in Singapur gezeigt wurden, verkauft Juliana hochwertige von Penan-Künstlern angefertigte Rattanmatten (490 RM) und *pua kumba*, Iban-Webstoffe. Für die Fertigstellung der komplizierten 50 cm langen, perlenbesetzten Tischläufer (680 RM), die hier erhältlich sind, benötigt sie drei Monate.

Praktische Informationen

GELD

Viele der Banken und Geldautomaten von Kuching befinden sich in der Nähe des Katzenspringbrunnens an der Jalan Tunku Abdul Rahman.

Mohamed Yahia & Sons (Keller, Sarawak Plaza, Jln Tunku Abdul Rahman; ⏲10–21 Uhr) Keine Kommission, gute Wechselkurse, akzeptiert mehr als 30 Währungen (darunter 100-US$-Banknoten) und Reiseschecks in US-Dollars, Euros, australischen Dollars und britischen Pfund. In der Buchhandlung.

MEDIZINISCHE VERSORGUNG

Klinik Chan (☎082-240307; 98 Main Bazaar; ⏲Mo–Fr 8–12 & 14–17, Sa, So & feiertags 9–12 Uhr) Praktisch zentral. Eine Behandlung bei kleineren Beschwerden kostet 35 RM.

Normah Medical Specialist Centre (☎082-440055, emergency 082-311999; www.normah.com.my; 937 Jln Tun Abdul Rahman, Petra Jaya; ⏲24-Stunden-Notfalldienst, Kliniken Mo–Fr 8.30–16.30, Sa bis 13 Uhr) Gilt gemeinhin als Kuchings beste Privatklinik.

Bietet einen 24-Stunden-Krankenwagen. Liegt nördlich des Flusses, etwa 6 km vom Zentrum entfernt. Anfahrt mit dem Bus 1 vom **Busbahnhof Saujana** (S. 487). Abfahrten von 7 bis 17 Uhr immer zur vollen Stunde.

Sarawak General Hospital (Hospital Umum Sarawak; ☎ 082-276666; http://hus.moh.gov.my/v3; Jln Hospital; ⏲ rund um die Uhr) Kuchings großes öffentliches Krankenhaus bietet moderne Einrichtungen und besonders günstige Preise, ist jedoch oft überfüllt. 2 km südlich des Zentrums auf der Jalan Tun Abang Haji Openg. Anfahrt mit den Bussen K6, K8 oder K18.

NOTFALL

Polizei, Krankenwagen & Feuerwehr (☎ 999)

TOURISTENINFORMATION

Nationalpark-Buchungsbüro (☎ 082-248088; www.sarawakforestry.com; Jln Tun Abang Haji Openg, Sarawak Tourism Complex; ⏲ Mo–Fr 8–17 Uhr, feiertags geschl.) Verkauft Broschüren zu allen Nationalparks von Sarawak und bietet aktuelle Informationen zu Rafflesiensichtungen. Die Mitarbeiter beantworten telefonische Anfragen mit einer Engelsgeduld. Buchungen für Unterkünfte in den Nationalparks Bako, Gunung Gading und Kubah und im Matang Wildlife Centre können persönlich, telefonisch oder unter http://ebooking.com.my vorgenommen werden.

EINREISE NACH INDONESIEN: VON KUCHING NACH PONTIANAK

Bis zur Grenze Verschiedene Busunternehmen bedienen die Strecke vom Busterminal Kuching Sentral (und anderen Städten entlang der Küste von Sarawak) nach Pontianak in West-Kalimantan (Economy/1. Kl. 60/80 RM, 9 Std.) und überqueren die Grenze bei Tebedu–Entikong.

An der Grenze Reisende aus 64 Ländern erhalten an der Grenze zwischen Tebedu (Malaysia) und Entikong (Indonesien) 80 km südlich von Kuching ein Visum für Indonesien, das einen Monat gültig ist. Dies ist der einzige offizielle Festlandgrenzposten zwischen Sarawak und Kalimantan (S. 240).

Weiterreise In Pontianak gibt's einen Flughafen; von dort aus kann man andere Teile Indonesiens und Singapur erreichen. Für Informationen zum Grenzübergang in die andere Richtung siehe S. 150.

Touristeninformation (☎ 082-410942, 082-410944; www.sarawaktourism.com; UTC Sarawak, Jln Padungan; ⏲ Mo–Fr 8–17 Uhr, feiertags geschl.) Die Touristeninformation war früher im stimmungsvollen alten Gerichtskomplex untergebracht, befindet sich aber inzwischen im UTC-Gebäude auf der Jalan Padungan. Hat gut informierte, hilfsbereite Mitarbeiter, jede Menge Broschüren und zahlreiche praktische Reiseinfos (z. B. zu Busfahrplänen).

VISAVERLÄNGERUNG

Visaabteilung (Bahagian Visa; ☎ 082-245661; www.imi.gov.my; 2. OG, Bangunan Sultan Iskandar, Kompleks Pejabat Persekutuan, Ecke Jln Tun Razak & Jln Simpang Tiga; ⏲ Mo–Do 8–17, Fr 8–11.45 & 14.15–17 Uhr) In einem 17-stöckigen föderalen Bürogebäude etwa 3 km südlich des Zentrums (die Jln Tabuan hinunterfahren). Anfahrt mit den öffentlichen Stadtbussen K8 oder K11, die etwa halbstündlich fahren. Ein Taxi vom Zentrum kostet 15 RM.

ℹ An- & Weiterreise

BUS

Viele Busse können online unter www.busonlineticket.com gebucht werden. Kuching verfügt über zwei Busbahnhöfe:

Kuching Sentral (Ecke Jln Penrissen & Jln Airport)

Busbahnhof Saujana (Jln Masjid & Jln P Ramlee)

FLUGZEUG

Billigflieger AirAsia verbindet Kuching mit KL, Johor Bahru, Penang und Singapur und steuert Bintulu, Sibu, Miri und Kota Kinabalu auf Borneo an. Malaysia Airlines fliegt non-stop nach Singapur, Kota Kinabalu und KL, das Streckennetz von MASwings deckt Bandar Seri Begawan, Pontianak und 22 Städte in Sarawak und Sabah ab.

SCHIFF/FÄHRE

Ekspress Bahagia (☎ 016-800 5891, 016-889 3013, in Kuching 082-412 246, in Sibu 084-319228) betreibt eine tägliche Schnellfähre von der Express Wharf in Kuching, 6 km östlich des Stadtzentrums, nach Sibu (45 RM, 5 Std., tgl. 8.30 Uhr). Ein Taxi von der Stadt zum Kai kostet 35 RM.

ℹ Unterwegs vor Ort

MOTORRAD

An Hui Motor (☎ 016-886 3328, 082-240508; 29 Jln Tabuan; ⏲ Mo–Sa 8–18, So 8–10.30 Uhr) Die Motorradwerkstatt verlangt 40 RM pro Tag für ein Vespa-ähnliches Suzuki RG (110 ccm) oder ein RGV (120 ccm) und 40 RM für einen Roller (125 ccm) – inkl. Helm. Hinzu kommen 100 RM Kaution. Die Versicherung deckt das Fahrzeug, aber nicht den Fahrer ab und ist nur

BUSSE AB KUCHING

ZIEL	BAHNHOF	PREIS (RM)	DAUER (STD.)	HÄUFIGKEIT
Batu Niah Junction (für Niah-Nationalpark)	Kuching Sentral	80	12–14	stündl.
Bintulu	Kuching Sentral	70	11–13	stündl.
Kubah-Nationalpark	Saujana	4	1	4 pro Tag
Lambir-Hills-Nationalpark	Kuching Sentral	80	13–15	stündl.
Lundu (für Gunung-Gadin-Nationalpark)	Kuching Sentral	12	2–3	4 pro Tag
Miri	Kuching Sentral	80	13–15	stündl.
Semenggoh Wildlife Centre	Saujana	3	1	6 pro Tag
Sibu	Kuching Sentral	50	7–8	stündl.

in einem 80-km-Radius um Kuching gültig. Man sollte sich daher erkundigen, bevor man nach Sematan, Lundu oder Annah Rais fährt.

SCHIFF/FÄHRE

Hölzerne *Tambang* mit Außenbordmotor transportieren Passagiere von einem Ufer des Sungai Sarawak zum anderen und verbinden die Anleger entlang der Promenade mit dem Kampung Boyan und dem Astana. Eine Überfahrt über den Fluss kostet 1 RM.

TAXI

Taxifahrer in Kuching sind verpflichtet, das Taxameter zu benutzen. Es kommt selten zu überteuerten Preisen. Von 24 bis 6 Uhr wird ein Aufpreis von 50 % berechnet. Ein Taxi kann man bei **Kuching City Radio Taxi** (☎ 082-348898, 082-480000) bestellen.

VOM/ZUM FLUGHAFEN

Der Kuching International Airport liegt 12 km südlich vom Zentrum. Der Festpreis für ein rotgelbes Taxi nach Kuching liegt bei 30 RM. Coupons werden im Inneren des Terminals verkauft.

Rund um Kuching

Der Westen von Sarawak ist meist nur einen Tagesausflug von Kuching entfernt und wartet mit jeder Menge Natur und reichlich indigener Kultur auf.

Bako-Nationalpark

Auf einer zerklüfteten Halbinsel, die ins Südchinesische Meer hineinragt, erstreckt sich der **Bako-Nationalpark** (☎ Bako Terminal 082-370434; www.sarawakforestry.com; Eintritt 20 RM; ⌚ Parkbüro 8–17 Uhr). Er liegt nur 37 km nordöstlich von Kuchings Zentrum, aber gefühlt trennen ihn Welten von der Stadt. Einer der besten Orte in Sarawak, um Regenwaldtiere in ihrem natürlichen Lebensraum zu sehen.

Die Küste dieser 27 km² großen Halbinsel besteht aus zauberhaften Stränden, die sich in versteckte Buchten schmiegen, und ist übersät von windgepeitschten Klippen, Wäldern und tollen Mangrovensümpfen. Das Parkinnere birgt Flüsse, Wasserfälle und einzigartige Ökosysteme sowie klassischen Tieflanddschungel (gemischter Dipterocarp-Wald) und *kerangas* (Heidewald).

Bako beheimatet eine unglaublich vielseitige Flora und Fauna. Wissenschaftler schätzen, dass im Wald um die 200 Vogel-, 24 Reptil- und 37 Säugetierarten leben. Das Gebiet um die Parkverwaltung ist einer der besten Plätze, um Tiere zu beobachten, darunter Nasenaffen, deren Nasen beim Kauen an zarten jungen Blättern untätig herumhängen.

Sehenswertes & Aktivitäten

Die mit verschiedenen Farbstreifen markierten Wanderwege von Bakos eignen sich für alle Wanderer mit unterschiedlichster Kondition: von kurzen Naturspaziergängen bis hin zu anstrengenden Ganztagstreks. Die Ranger-geführte **Nachtwanderung** (pro Person 10 RM; ⌚ 20 Uhr) erhält erstklassige Kritiken.

Bei der Parkverwaltung kann man Boote zu den weiter entfernten Stränden mieten und dann zurückwandern oder zu einem der Strände laufen und sich dort von einem Boot abholen lassen.

Schlafen & Essen

Die Unterkünfte im Park (110 Betten) sind oft überfüllt, besonders von Juni bis August. Wer also hier übernachten will, sollte vorher buchen, entweder online via http://ebooking.com.my, im Buchungsbüro des Nationalparks in Kuching (S. 486) oder per Anruf im Park.

Zu den Unterkünften gehören die Waldlodges **Type 5** (☎ Buchungsbüro des Parks in Kuching 082 248088; ebooking.com.my; Zi. 100 RM; ❄) und **Type 6** (☎ Buchungsbüro des Parks in Kuching 082 248 088; ebooking.com.my; DZ 50 RM, 2-Zimmer-Hütte 75 RM) sowie das **Forest Hostel** (☎ Buchungsbüro des Parks in Kuching 082 248088; ebooking.com.my; B 15 RM, 4BZ 40 RM). Manchmal werden in letzter Minute Plätze frei. **Zelten** (pro Person 5 RM) ist erlaubt.

Kerangas Café CAFETERIA $

(Kantine; Gerichte 8–10 RM; ⏲ 7.30–22.30 Uhr) Makaken können nicht eindringen in diese Cafeteria, in der eine abwechslungsreiche und schmackhafte Auswahl an gebratenem Reis, Hähnchen, Fisch, Kuchen, frischem Obst und abgepackten Snacks serviert wird. Büfettgerichte sind von 11.30 bis 14 Uhr und von 18.30 bis 20 Uhr erhältlich.

An- & Weiterreise

Von Kuching zum Bako-Nationalpark zu gelangen ist ein Kinderspiel. Der Bus 1 Bako Bazaar (3,50 RM, 50 Min.) startet von Hausnummer 5 auf der Jalan Khoo Hun Yeang, gegenüber den Essensständen des Open-Air-Markts. Er fährt in Kuching zwischen 7 und 17 Uhr zu jeder vollen Stunde ab. In Bako Bazaar starten Busse von 6.30 bis (gewöhnlich) 17.30 Uhr jede halbe Stunde. Wer den letzten Bus verpasst, kann sich im Dorf nach einem Minibus oder einem privaten Auto (55 RM) Richtung Kuching erkundigen.

Der Bootstransfer zum Bako Park vom Terminal Bako (beim Basar Bako) wird von **Koperasi Warisan Pelancongan Bako Berhad** (Bootstransfer Bako; ☎ 011-2513 2711, 011-2509 5070; ⏲ 7.30–16 Uhr) betrieben, das am Terminal und am Park über einen Schalter verfügt. Die 20-minütige Fahrt zum Park kostet 20 RM pro Person. Von Mai bis September erfolgt der Transfer von 8 bis 16 Uhr i. d. R. stündlich (am Schalter nach den Tagesabfahrtszeiten fragen). Die letzte Fähre zurück legt um 16 Uhr in Bako ab. Von Ende November bis Februar oder März ist das Meer oft rau und die Boote fahren gegebenenfalls weniger häufig.

Santubong-Halbinsel

Die Halbinsel Santubong (auch als „Damai" bekannt) ragt als 10 km lange Landzunge in das Südchinesische Meer. Als Highlights warten hier das Sarawak-Kulturdorf, ein paar der schönsten Strände von Malaysisch-Borneo und der Gunung Santubong (880 m), der von einem Punkt etwa 1 km südlich von Damai Central erstiegen werden kann.

Sehenswertes & Aktivitäten

Der Eintritt zum **Zentralstrand Damai** gegenüber dem Parkplatz des Sarawak-Kulturdorfs ist kostenlos. Gegen eine kleine Gebühr dürfen sich auch Nichtgäste im **Permai Rainforest Resort** (☎ 082 846490; www.permairainforest.com; Damai Beach; Erw./Kind 5/3 RM; ⏲ 7–19 Uhr) auf dem Sand aalen und in die Wellen stürzen.

Sarawak-Kulturdorf MUSEUM

(SCV; ☎ 082-846411; www.scv.com.my; Damai Central; Erw./Kind 90/30 RM; ⏲ 9–16.45 Uhr) Das lebende Museum bietet sieben traditionelle Behausungen, darunter drei Langhäuser, eine Penan-Hütte, ein malaiisches Stadthaus und ein chinesisches Bauernhaus. Klingt vielleicht etwas merkwürdig, aber die Einheimischen schätzen das Museum für seine Rolle bei der Bewahrung ihrer Kultur und Traditionen.

Zweimal täglich (um 11.30 und um 16 Uhr) wird bei einer kulturellen Show traditionelle Musik mit Tanz geboten. Zu dem lebhaften Melanau-Auftritt gehören herumwirbelnde Frauen und klackernde Bambusstöcke. Beim Orang-Ulu-Tanz gibt's Ballons und einen Jäger mit Blasrohr.

Schlafen & Essen

Am Zentralstrand (Damai Central) gibt's einige günstige Restaurants.

BB Bunkers HOSTEL $

(☎ 082-846835; www.bbbunkers.com; Damai Central; B 53 RM; ❄ 📶) Wenige Meter vom Damai-Zentralstrand entfernt, bietet dieses elegante Hostel die einzigen Schlafsäle auf der Halbinsel. Der industrielle, hallenartige Platz wird durch Vorhänge getrennt, wodurch gemütliche Bereiche für ein bis drei Betten (entweder 2 Einzelbetten oder Queen-size-Betten) entstehen. Eine sichere Gepäckaufbewahrung ist vorhanden.

Village House PENSION $$

(☎ 016-860 9389, 082-846166; www.villagehouse.com.my; Lot 634, abseits Jalan Pantai Puteri, Kampung Santubong; inkl. Frühstück B 102 RM, DZ 278–552 RM) In versteckter Lage im ruhigen malaiischen Dorf Santubong bietet diese Pension eine gediegene, entspannte Atmosphäre. Die Zimmer mit Eisenholzböden und Himmelbetten sind um einen wunderschönen Pool mit Tempelbäumen an beiden Seiten angeordnet. Dank der gut sortierten Bar und der Speisekarte mit regionalen Gerichten (Hauptgerichte 14–60 RM) will man hier gar nicht mehr weg.

An- & Weiterreise

Damai Shuttle (082-846999; einfach Erw./Kind 12/6 RM) Bietet sechsmal täglich zwischen 9 und 18.15 Uhr Busse vom Grand Margherita Hotel in Kuching zum Damai Beach und dem Sarawak-Kulturdorf. Der letzte Bus zurück nach Kuching fährt um 17.15 Uhr am Sarawak-Kulturdorf ab.

Semenggoh-Naturereservat

Einer der besten Orte der Welt, um halbwilde Orang-Utans in ihrer natürlichen Umgebung zu sehen, ist das **Semenggoh Wildlife Centre** (082-618325; www.sarawakforestry.com; Jln Puncak Borneo; Eintritt Erw. 10 RM; 8–11 & 14–16 Uhr, Fütterung 9 & 15 Uhr). Man könnte einen halbtägigen Ausflug von Kuching aus unternehmen oder den Besuch mit einem Abstecher zu den Langhäusern in Annah Rais kombinieren. Die zotteligen Tiere kommen oft im Park vorbei, um bei täglichen Fütterungen Bananen, Kokosnüsse und Eier zu verspeisen. Es gibt keine Garantie, dass die Orang-Utans tatsächlich auftauchen, doch selbst wenn es jede Menge Obst im Wald gibt, stehen die Chancen nicht schlecht. Da sie manchmal etwas spät kommen, sollte man nicht sofort wieder gehen, selbst wenn alles ruhig erscheint.

An- & Weiterreise

Zwei Busunternehmen bieten verlässliche Verbindungen vom Busbahnhof Saujana in Kuching zum Parkeingang, der vom Hauptbüro des Parks 1,3 km bergabwärts liegt (3 RM, 1 Std.):

City Public Link (082-239178) Der Bus K6 fährt von Kuching um 7.15, 10.15 und 13 Uhr und von Semenggoh um ca. 8.45, 11.15, 14.15 und 16.15 Uhr ab. Da die Busse oft früher als zu den vorgesehenen Abfahrtszeiten losfahren, sollte man sich früh dorthin begeben.

Sarawak Transport Company (STC; 082-233579) Der Bus 6 startet in Kuching um 6.45 und 12.15 Uhr. Auf dem Rückweg passieren die Busse Semenggoh um etwa 10 und 15.45 Uhr.

Touren nach Semenggoh werden von den Pensionen und Reiseagenturen in Kuchung veranstaltet. Ein Taxi von Kuching kostet für eine einfache Fahrt 60 bis 70 RM oder hin und zurück 120 RM, einschließlich einer Wartezeit von einer Stunde.

Annah Rais

Obwohl das 97-türige **Bidayuh-Langhaus** (Erw./Student 8/4 RM) seit Jahrzehnten von Touristen besucht wird, ist es immer noch ein ausgezeichneter Ort, um herauszufinden, was ein Langhaus ist und wie man darin lebt.

Die 500 Bewohner von Annah Rais sehnen sich genauso nach modernem Komfort wie jeder andere auch. Sie lieben Mobiltelefone und schnelles Internet, haben aber die bewusste Entscheidung gefällt, die traditionelle Bauweise beizubehalten – und die gesellschaftlichen Strukturen, die damit einhergehen. Sie haben überdies festgestellt, dass der Tourismus eine gute Einnahmequelle ist, sodass sich gerade junge Leute nicht gezwungen sehen, in die Städte zu ziehen, um dort zu arbeiten.

Wer den Eintrittspreis gezahlt hat (in einem Pavillon neben dem Parkplatz), kann die drei Langhäuser von Annah Rais erkunden – mit oder ohne Guide. Das wichtigste Merkmal ist die *awah,* eine lange, überdachte Gemeinschaftsveranda mit Bambusboden, die für wirtschaftliche, gesellschaftliche und feierliche Zwecke genutzt wird.

Schlafen

Mehrere Familien betreiben Privatunterkünfte mit Gemeinschaftsbädern in einem der drei Langhäuser oder einem angrenzenden freistehenden Haus. Die von der Gemeinde vereinbarten Standardpreise für eine Unterkunft und köstliche Bidayuh-Verpflegung liegen bei 200 RM pro Person. Pakete mit Aktivitäten wie Wandern, Rafting, Angeln, (Pseudo-)Blasrohrjagd, Baden in einer natürlichen Thermalquelle und einer Tanzaufführung sind ebenfalls verfügbar.

Akam Ganja PRIVATUNTERKUNFT **$$**
(010-984 3821; winniejagig@gmail.com; pro Person inkl. Gerichte 200 RM) Akam, ein pensionierter Forstwirt, und seine Frau Winnie, eine Englischlehrerin, leiten in ihrem angenehmen freistehenden Haus am Flussufer eine einladende Privatunterkunft.

An- & Weiterreise

Annah Rais, 60 km südlich von Kuching, wird nicht von öffentlichen Verkehrsmitteln bedient. Ein Taxi von Kuching kostet 70 RM für eine einfache Fahrt.

In Kuching bieten verschiedene Pensionen und Reiseagenturen halbtägige Touren nach Annah Rais.

Kubah-Nationalpark & Matang Wildlife Centre

Mischwälder mit Flügelfruchtgewächsen, die zu den üppigsten und bedrohtesten Lebensräumen auf Borneo gehören, bilden die Grundlage des 22 km² großen **Kubah-Nati-**

onalparks (☎082-845033; www.sarawakforestry.com; Eintritt inkl. Matang Wildlife Centre 20 RM; ⊙8–17 Uhr), der sich für einen ein- oder zweitägigen Trip von Kuching aus anbietet.

Bei der Zahlung des Eintritts erhält man eine handkolorierte schematische Karte der miteinander verbundenen Parkwege. Da sie gut ausgeschildert sind, benötigt man keinen Reiseführer. Die schattigen Wege eignen sich ideal für Sonnenscheue. Wer beim Wandern ins Schwitzen kommen, kann sich unter einem kristallklaren Wasserfall abkühlen.

Ein 3,8 km langer Wanderweg (bzw. eine 3½-stündige Wanderung) führt vom Kubah-Nationalpark zum **Matang Wildlife Centre** (☎082-374869; www.sarawakforestry.com; Eintritt inkl. Kubah-Nationalpark 20 RM; ⊙8–17 Uhr, Wanderweg durch Tiergehege 8.30–15.30 Uhr). Das Zentrum verzeichnet große Erfolge bei der Rehabilitation von Dschungeltieren, die aus der Gefangenschaft gerettet wurden. Darunter sind vor allem Orang-Utans und Malaienbären. Obwohl das Budget begrenzt ist, tun die hochprofessionellen Mitarbeiter ihr Bestes, um misshandelte Tiere wieder in ihre natürlichen Lebensbedingungen zurückzuführen. Trotzdem wirkt das Zentrum wie ein Low-Budget-Zoo mitten im Dschungel. Aufgrund der einzigartigen Rolle des Tierschutzgebiets leben hier gefährdete Tiere, die man nirgendwo sonst in Sarawak zu sehen bekommt.

Schlafen & Essen

Unterkünfte gibt's sowohl in Kubah als auch in Matang, allerdings gilt in Kubah ein höherer Standard. Zu den attraktiven, preiswerten Optionen gehören dort das **Waldhostel** (☎082-248088; ebooking.com.my; B 15 RM) und die **Waldlodges** (☎082-248088; ebooking.com.my; Hütte mit 6 B 225 RM; ❄). Kochen ist in den Chalets mit voll ausgestatteten Küchen erlaubt, doch es gibt keinen Lebensmittelladen, weshalb man sämtliche Verpflegung selbst mitbringen muss.

An- & Weiterreise

Der Kubah-Nationalpark liegt 25 km nordwestlich von Kuching. Von dort kostet eine Taxifahrt 60 RM.

Bus K21 mit Fahrtziel „Politeknik" fährt vom Busbahnhof Saujana in Kuching los und hält an der Hauptstraße, 400 m von der Parkverwaltung entfernt (3,50 RM, 1 Std.) neben dem Kubah Family Park. Die Abfahrtszeiten von Kuching sind um 8, 11, 14 und 17 Uhr. Von der Hauptstraße (gegenüber der Abzweigung nach Kubah) geht's um 6.30, 9.30, 12.30 und 15.30 Uhr los (man sollte um 15 Uhr da sein, da der Bus gelegentlich früher abfährt).

Wind Cave & Fairy Cave

Die Stadt **Bau**, etwa 26 km südwestlich von Kuching, eignet sich als guter Ausgangspunkt für zwei interessante Höhlensysteme: 5 km südwestlich von Bau liegt der **Wind Cave** (Gua Angin; ☎082-765472; Erw./Kind 5/2 RM; ⊙8.30–16.30 Uhr), ein Netz von unterirdischen Bächen. Der nahe **Fairy Cave** (Gua Pari Pari; Erw./Kind 5/2 RM; ⊙8.30–16 Uhr) ist fast so groß wie ein Fußballplatz und hat die gleiche Höhe und Breite – eine außergewöhnliche Kammer, deren Eingang an einer Klippenwand 30 m über dem Boden liegt.

An- & Weiterreise

Mit öffentlichen Verkehrsmitteln sind die Höhlen schwer zu erreichen. Bau ist durch den Bus 2 mit dem Busbahnhof Saujana in Kuching (5 RM, 1½ Std.) verbunden. Der Bus 3A von Bau fährt in 1 km Entfernung an der Wind Cave vorbei und der Bus 3 in 1,5 km Entfernung.

Ein Taxi von Kuching kostet 70 RM für eine einfache Fahrt oder 150 bis 200 RM hin und zurück für einen Besuch in beiden Höhlen mit dreistündiger Wartezeit.

Gunung-Gading-Nationalpark

Der beste Ort in Sarawak, um die größten Blumen der Welt, die berühmten Rafflesien, zu sehen, ist der 41 km² große **Gunung-Gading-Nationalpark** (☎735144; www.sarawakforestry.com; Erw. 20 RM; ⊙8–17 Uhr). Er bietet sich für einen Tagesausflug von Kuching an. Sein uralter Regenwald bedeckt die Hänge von vier *gunung* (Bergen) – Gading, Lundu, Perigi und Sebuloh – und ist von gut ausgeschilderten Wanderwegen durchzogen, die sich wunderbar für ausgedehnte Tageswanderungen eignen.

Um herauszufinden, ob gerade Rafflesien blühen – was nur 25 mal im Jahr geschieht – und wie lange sie in Blüte bleiben (nie länger als fünf Tage), ruft man direkt im Park oder im Nationalpark-Buchungsbüro (S. 486) in Kuching an.

Schlafen & Essen

Im Park gibt's ein **Hostel** (☎Buchungsbüro Kuching 082-248088, Park 082-735144; ebooking.com.my; Gunung-Gading-Nationalpark HQ; B/Zi. ohne Bad 15/40 RM) mit vier Zimmern inkl. Ventilatoren und zwei **Waldlodges** mit drei Schlafzimmern, in denen bis zu sechs Personen übernachten können. Die Möglichkeit zu **campen** besteht bei der Parkverwaltung.

In den Unterkünften darf selbst gekocht werden. In der fußläufig erreichbaren Stadt Lundu, 2,5 km vom Park entfernt, findet man Restaurants, Essensstände und einen großen Markt.

An- & Weiterreise

Der Gunung-Gading-Nationalpark liegt 85 km nordwestlich von Kuching. Täglich verbinden vier öffentliche Busse den Fernreisebusbahnhof Kuching Sentral mit Lundu. Dort heißt es dann 2,5 km zum Park laufen oder ein inoffizielles Taxi (ca. 5 RM pro Person) nehmen.

Sibu

084 / EW. 255 000

Sibu, das Tor zum Batang Rejang, ist seit der Zeit von James Brooke durch den Handel mit Sarawaks Landesinnerem reich geworden. Heutzutage kann die „Schwanenstadt" nicht mehr mit dem Charme Kuchings konkurrieren, ist jedoch kein schlechter Ort für ein- oder zweitägige Aufenthalte vor oder nach einer Bootsfahrt ins unberührte Hinterland.

Sehenswertes

Sibu Heritage Centre MUSEUM

(Jln Central; 9–17 Uhr, Mo & feiertags geschl.) GRATIS In einem wunderschönen, großen Stadtkomplex aus dem Jahr 1960 informiert dieses hervorragende Museum über die fesselnde Geschichte von Sarawak und Sibu. Die Tafeln mit stimmungsvollen Bildern beleuchten die verschiedenen chinesischen Dialektgruppen und andere ethnische Gruppen, den kommunistischen Aufstand in Sarawak (1965–90), die christlichen (einschließlich methodistischen) Traditionen von Sibu und sogar die regionale Opposition von 1963 anlässlich der Eingliederung Sarawaks in Malaysia.

Tua-Pek-Kong-Tempel TAOISTISCHER TEMPEL

(Jln Temple; 6.30–20 Uhr) GRATIS Bereits 1871 stand am Ort dieses farbenfrohen taoistischen Tempels am Flussufer ein schlichter Holzbau. Er wurde 1897 wiederaufgebaut, jedoch 1942 bei den Bombardierungen der Alliierten schwer beschädigt.

Für einen Panoramablick auf die Stadt und den schlammigen Batang Rejang klettert man auf die siebenstöckige Kuan-Yin-Pagode aus dem Jahr 1987. Die schönste Zeit ist bei Sonnenuntergang, wenn ein Salanganenschwarm auf Augenhöhe um den Turm kreist (am Schalter im Erdgeschoss nach dem Schlüssel fragen).

Schlafen

★ **Li Hua Hotel** HOTEL $

(084-324000; www.lihua.com.my; Ecke Jln Maju & Jln Teo Chong Loh; EZ/DZ/Suite 50/65/150 RM;) Das preiswerteste Hotel von Sibu bietet über neun Stockwerke verteilt 68 tadellose Zimmer mit Fliesenböden. Die Mitarbeiter sind kompetent und freundlich. Es ist besonders praktisch, wenn man mit dem Boot an- oder abreist. Wer einen leichten Schlaf hat, meidet am besten die Zimmer über den Karaokebars auf der Jalan Teo Chong Loh, aus denen bis spätnachts Musik schallt.

River Park Hotel HOTEL $

(Fax 084-316688; 51–53 Jln Maju; DZ 55–75 RM;) Ein hervorragend geführtes Hotel mit 30 Zimmern in praktischer Lage am Fluss. Die günstigsten Zimmer haben keine Fenster.

Essen

Sibu eignet sich wunderbar, um Straßenküche zu probieren, besonders chinesische Speisen im Fuzhou-Stil. Wir empfehlen *kam pua mee,* das „Leibgericht" der Stadt – dünne runde Nudeln, in Schweinefett mariniert, mit gebratenem Schweinefleisch.

★ **Sibu-Zentralmarkt** STRASSENSTÄNDE $

(Pasar Sentral Sibu; Jln Channel; Hauptgerichte 3–5 RM; Essensstände 3–24 Uhr) Malaysias größter Obst-und Gemüsemarkt wartet mit mehr als 1000 Ständen auf. Oben werden an von Chinesen, Malaien und Iban betriebenen Essensständen regionale Spezialitäten verkauft, darunter Brei (frühmorgens und abends erhältlich), *kampua mee* und *kompia*. Die meisten Nudelstände schließen gegen Mittag.

Nachtmarkt MARKT, STRASSENSTÄNDE $

(Pasar Malam; Jln Market; 5–23 oder 24 Uhr) Am Westende des Markts stehen chinesische Stände (dort gibt's Schweinefleisch mit Reis, gedämpfte Brötchen und mehr), am Nordostende malaiische (mit tollem *satay* und knusprigem Grillhähnchen). Bietet auch ein paar Iban-geführte Anlaufstellen.

★ **Payung Café** MALAIISCH $$

(016-890 6061; 20F Jln Lanang; Hauptgerichte 8–19 RM; Mo–So 11–15 & 18–23 Uhr) Ein exquisit dekoriertes Café, dessen Gäste die gesunde regionale Küche (ohne wiederverwendetes Öl, frittierte Produkte und Glutamat) zu schätzen wissen. Serviert werden u. a. würziger Grillfisch *otak–otak* (13 RM), köstlich zubereiteter Salat mit frischen Kräutern (8 RM) und großzügige Portionen der vulkanartigen Mulu-Eiscreme.

Praktische Informationen

Rejang Medical Centre (084–323333; www.rejang.com.my; 29 Jln Pedada; 24-Stunden-Notfalldienst) Liegt etwa 4 km nordöstlich des Stadtzentrums und bietet einen 24-Stunden-Notfalldienst mit Krankenwagen.

Touristeninformation (084–340980; www.sarawaktourism.com; Sublot 3a & 3b, Sibu Heritage Centre, Jln Central; Mo–Fr 8–17 Uhr, feiertags geschl.) Ein Zwischenstopp lohnt sich. Bietet freundliche, informative Angestellte (nach Jessie fragen), viele Karten, Bus- und Fährpläne sowie Broschüren zum Reisen in Sarawak.

Anreise & Unterwegs vor Ort

BUS

Das **Langstreckenterminal** (Jln Pahlawan) liegt etwa 3,5 km nordöstlich des Zentrums (der Jln Pedada folgen). Hier fahren fast rund um die Uhr Busse.

SCHIFF/FÄHRE

Wer nicht fliegt, kommt mit der Fähre am schnellsten von Sibu nach Kuching. **Ekspress Bahagia** (016–800 5891, in Kuching 082–429242, in Sibu 084–319228; von Sibu 11.30, von Kuching 8.30 Uhr) schickt täglich ein Expressboot am **Expressfährterminal** (Terminal Penumpang Sibu; Jln Kho Peng Long) von Sibu auf den Weg zur Express Wharf in Kuching (55 RM, 5 Std., Abfahrt um 11.30 Uhr).

Die Expressbote (aufgrund ihrer Form auch „Fliegende Särge" genannt) werden von einem halben Dutzend Unternehmen betrieben und fahren von 5.45 bis 14.30 Uhr ein- oder zweimal pro Stunde auf dem Batang Rejang nach Kapit (25–35 RM, 2½–3 Std., 140 km).

Täglich um 5.45 Uhr fährt ein Boot bis Belaga (60 RM, 11 Std., 295 km), wenn der Wasserstand nicht zu niedrig ist, um Kapit zu passieren.

Für alle Fähren gilt: mindestens 15 Minuten vor der Abfahrt an Bord sein.

Unterwegs vor Ort

Um vom lokalen Busbahnhof (vor dem Express-Fährterminal) zum Fernbusbahnhof zu gelangen, nimmt man den Lanang Bus 21 (2 RM, 15 Min., 6.30–17.15 Uhr 1- oder 2-mal stündl.).

Batang Rejang

Die Fahrt den hellbraunen, aufgewühlten Batang Rejang (Rejang-Fluss) – den „Amazonas von Borneo" – hinauf ist eine der großartigsten Flussreisen Südostasiens. Obwohl die Region längst nicht mehr die Dschungelwildnis aus den Tagen vor der Unabhängigkeit Malaysias ist, hat sie immer noch eine freie *ulu-ulu* (Atmosphäre wie am Ende der Welt), besonders in den Orten und Langhäusern, die nur mit Booten zugänglich sind.

Kapit

084 / EW. 19 500

Die größte Siedlung flussaufwärts am Batang Rejang ist Kapit, ein lebhaftes Handels- und Verkehrszentrum aus der Zeit der weißen Radschas. Seine quirligen Märkte, darunter der **Pasar Teresang** (5.30–18 Uhr), sind überaus wichtige Geschäftsknotenpunkte für die nahe gelegenen Langhausgemeinden.

Sehenswertes & Aktivitäten

Fort Sylvia MUSEUM

(Jln Kubu; 10–12 & 14–17 Uhr, Mo & feiertags geschl.) Im Jahr 1880 erbaute Charles Brooke dieses Fort aus Eisenholz (*belian*), um den Upper Rejang zu kontrollieren. 1925 wurde es dann nach Ranee Sylvia benannt, der Frau von Charles Vyner Brooke.

Die Exponate im Inneren bieten eine ziemlich gute Einführung in die traditionellen Lebensstile der indigenen Batang-Rejang-Gruppen und umfassen stimmungsvolle Fotografien aus der Kolonialzeit. Ausgestellt wird auch der Friedenskrug von der historischen Friedenszeremonie von 1924 zwischen den zuvor verfeindeten Iban, Kayan und Kenyah.

BUSSE AB SIBU

ZIEL	PREIS (RM)	DAUER (STD.)	HÄUFIGKEIT
Bintulu	30	3¼	ca. stündl. 6–3.30 Uhr
Kuching	50	7–8	7–4 Uhr
Miri	50	6½	ca. stündl. 6–3.30 Uhr

Schlafen & Essen

New Rejang Inn HOTEL $
(☎084-796600, 084-796700; 104 Jln Teo Chow Beng; DZ 78 RM; ❄📶) Ein einladendes und hervorragend geführtes Hotel. Seine 15 makellosen, geräumigen Zimmer sind mit gemütlichen Matratzen, Warmwasser, TV, Telefon und einem Minikühlschrank ausgestattet. Preislich die beste Unterkunft der Stadt.

Hiap Chiong Hotel HOTEL $
(☎084-796314; 33 Jln Temenggong Jugah; DZ 50 RM; 📶) Die 15 Zimmer verfügen über altmodische Möbel, sind jedoch sauber und bieten kleine Flachbild-TVs.

Nachtmarkt MARKT $
(Taman Selera Empurau; Hauptgerichte 2,50–5 RM; ⏲5–23 oder 24 Uhr) Köstliches *satay* und Grillhähnchen sind die Highlights dieses Nachtmarkts mit Tischen, an denen man essen kann. Vom Kapit Town Square einen Block hügelaufwärts.

Praktische Informationen

Kapit verfügt über mehrere Banken mit Geldautomaten.

An- & Weiterreise

Expressboote nach Sibu (25–35 RM, 2½–3 Std., 1- oder 2-mal pro Std.) fahren zwischen 6.40 und 15.15 Uhr vom **Passagierterminal Kapit** (Jln Panglima Balang) ab.

Wenn der Wasserstand es erlaubt, fahren die Expressboote flussaufwärts nach Belaga (55 RM, 4½ Std.). Los geht's an der Anlegestelle Kapit Town Square, zwei Blocks flussabwärts vom Passagierterminal Kapit. Sie fahren einmal pro Tag um 9.30 Uhr (bis 9.15 Uhr an Bord sein).

Belaga

☎086 / EW. 2500

Belaga hat außer einer weltfernen Atmosphäre nicht viel zu bieten, aber an den nahe gelegenen Flüssen gibt's zahlreiche Langhäuser der Kayan, Kenyah und Pelan.

Geführte Touren

Viele Touristen wollen von hier in den Dschungel ausschwärmen und nach versteckten Langhäusern sowie abgelegenen Wasserfällen suchen. Allerdings muss man einen Reiseführer finden. Der Pensionsbesitzer **Daniel Levoh** (☎086-461198, 013-848 6351; daniellevoh@hotmail.com; Jln Teh Ah Kiong) kann helfen – er bietet Tagestrips (85 RM pro Person, einschließlich Mittagessen) sowie dreitägige Langhausbesuche mit zwei Übernachtungen (750 RM für eine Gruppe von 3 Personen).

> **GENEHMIGUNGEN FÜR BOOTSFAHRTEN FLUSSAUFWÄRTS**
>
> Für Traveller, die von Kapit nach Belaga oder den Batang Baleh hinaufreisen möchten, gibt's ein antiquiertes Bewilligungssystem. Obwohl das **Einwohnermeldeamt** (☎084-796230; www.kapitro.sarawak.gov.my; 9. OG, Kompleks Kerajaan Negeri Bahagian Kapit, Jln Bleteh; ⏲Mo–Do 8–13 & 14–17, Fr 8–11.45 & 14.15–17 Uhr), das vom Pasar Teresang mit dem Minibus zu erreichen ist (2 RM), kostenlose Genehmigungen ausstellt, haben wir nie gehört, dass diese von irgendeiner Behörde kontrolliert wurden. Für Reisen von Bintulu nach Belaga ist keine Erlaubnis nötig.

Schlafen

Daniel Levoh's Guesthouse PENSION $
(☎013-848 6351, 086-461198; daniellevoh@hotmail.com; Jln Teh Ah Kiong; B 20 RM, DZ ohne Bad 40 RM; 📶) Die vier schlichten Zimmer im 2. Stock bieten eine große, offene Veranda mit einem traditionellen Kayan-Wandgemälde. Der Besitzer Daniel Levoh erzählt gerne Geschichten über das Leben im Langhaus. Zwei Blocks hinter dem Main Bazaar.

Belaga B&B HOTEL $
(☎013-842 9760; freeland205@gmail.com; Main Bazaar; mit Ventilator B/DZ 25/15 RM, mit Klimaanlage DZ 35 RM; ❄) Verfügt über sieben schlichte Zimmer – manche mit Klimaanlage, aber alle mit Gemeinschaftsbädern. Auch wenn der Name es anders vermuten lässt, ist das Frühstück nicht inbegriffen. Der Besitzer Hasbee, ein ehemaliger Langhausführer, leitet jetzt das gleichnamige Café weiter unten. Gern arrangiert er Langhausbesuche für die Gäste.

Praktische Informationen

Die Zweigstelle der BSN in Belaga bietet einen unzuverlässigen Geldautomaten.

An- & Weiterreise

Wenn der Wasserpegel an den Pelagus-Stromschnellen (32 km flussaufwärts von Kapit) hoch genug ist, nimmt man ein Expressboot nach Kapit (55 RM, 4½ Std.), das um ca. 7.30 Uhr abfährt. Um herauszufinden, ob das Boot fährt, ruft man den Reiseführer Daniel Levoh (☎ 086-461198, 013-848 6351) an. Bei zu niedrigem Wasserstand kann man von Belaga aus nur mit einem Allradwagen nach Bintulu gelangen.

Jeeps fahren so ziemlich täglich gegen 7.30 Uhr vom Main Bazaar in Belaga nach Bintulu (50 RM pro Pers., 4 Std.). Wenn man nach Miri will, sollte man sich an der Bakun Junction (Simpang Bakun), 53 km nordöstlich von Bintulu und 159 km südwestlich von Miri, absetzen lassen. Dort kann man einen der vorbeifahrenden Busse anhalten.

Bintulu

☎ 086 / EW. 190 000

Etwa auf halbem Wege zwischen Sibu und Miri (200 km von jeder Stadt entfernt) liegt die schmuddelige Hafenstadt Bintulu. Die Stadt verdankt ihre Existenz den riesigen Erdgasfeldern vor der Küste. Über Nacht bleibt hier nur, wer über Land nach Belaga fahren will.

Schlafen

Kintown Inn HOTEL $

(☎ 086-333666; 93 Jln Keppel; EZ/DZ 80/87 RM; ❄📶) Die mit Teppich ausgelegten Zimmer sind zwar klein und etwas schmuddelig, doch eine gute Option für alle, die nicht viel Geld ausgeben wollen und sich nicht von stellenweise abblätternder Farbe abschrecken lassen.

Riverfront Inn HOTEL $$

(☎ 086-333111; riverfrontinn@hotmail.com; 256 Taman Sri Dagang; EZ/DZ ab 81/104 RM; ❄📶) Das Riverfront, ein altbewährter Favorit von Geschäftsreisenden und Urlaubern, ist bescheiden, bietet jedoch einen Hauch Eleganz. Wer ein Deluxe-Zimmer (120 RM) mit Flussblick ergattert, hat Aussicht auf ein perfektes Stück Borneo.

Essen

Famous Mama MAMAK, HALAL $

(10 Jln Somerville; Hauptgerichte 5–10 RM; ✎) Das nette Famous Mama serviert Mamak-(indisch-malaiische Halal-)Küche und ist beliebt für sein schnelles, günstiges *nasi kandar* (Reis mit verschiedenen Currybeilagen) und *roti canai*.

Nachtmarkt MALAIISCH $

(Pasar Malam; abseits Jln Abang Galau; Hauptgerichte 2–5 RM; ⏲ 16–22 Uhr) Eine gute Anlaufstelle für Snacks, frisches Obst und malaiische Klassiker wie *satay* und *nasi lemak*.

An- & Weiterreise

Der Fernreisebusbahnhof von Bintulu liegt 5 km nordöstlich des Zentrums in Medan Jaya; ein Taxi zum/vom Stadtzentrum kostet 20 RM. Ein Dutzend Unternehmen betreiben Busse, die ungefähr stündlich nach Kuching (70 RM, 11 Std., Abfahrten 6–24 Uhr) und Miri (25 RM, 4 Std., Abfahrten von 6–21.30 Uhr) fahren.

Busse in Richtung Kuching kommen in Sibu (25 RM, 4 Std.) vorbei, Busse nach Miri halten an der Niah Junction (15–20 RM, 2 Std.).

Um einen Allradwagen ins Landesinnere nach Belage (50 RM pro Person, 4 Std.) zu organisieren, kontaktiert man Daniel Levoh (☎ 086-461198, 013-848 6351). Für gewöhnlich sind die Abfahrtszeiten zwischen 12 und 14 Uhr.

Ein Taxi vom/zum Flughafen Bintulu kostet 35 RM. **AirAsia** (www.airasia.com) und **Malaysia Airlines** (☎ 086-331349; www.malaysiaairlines.com) bieten Direktflüge nach Kuching und Kuala Lumpur. **MASwings** (☎ 086-331349; www.maswings.com.my; Flughafen Bintulu; ⏲ 7–19 Uhr) fliegt nach Kota Kinabalu, Miri, Sibu und Kuching.

Niah-Nationalpark

Unweit der Küste, etwa 115 km südlich von Miri, erstreckt sich der 31 km² große **Niah-Nationalpark** (☎ 085-737450, 085-737454; www.sarawakforestry.com; Eintritt 20 RM; ⏲ Parkverwaltung 8–17 Uhr). Hier befinden sich die Niah-Höhlen, eines der Juwelen Borneos. Neben vielen Fledermäusen und Salanganen beherbergen sie die ältesten Spuren menschlicher Besiedlung in Südostasien. Auf der anderen Flussseite von der Parkverwaltung bietet das **Archäologische Museum Niah** (Automati-Motorbarkasse pro Person 1 RM, 17.30–19.30 Uhr 1,50 RM; ⏲ Di–Fr 9–16.45, Sa & So 10–16 Uhr) informative Ausstellungen zur Geologie, Ökologie und prähistorischen Archäologie von Niah, darunter ein originales, mindestens 1200 Jahre altes Eisenholzkanu und einen Nachbau vom Innenraum der Painted Cave.

Sehenswertes

★ **Great Cave** HÖHLE

Ein erhöhter Bohlenweg führt über 3,1 km (3½–4 Std. hin und zurück) durch sumpfigen Primärregenwald zum Schlund der Great Cave, einer riesigen Höhle die etwa 2 km lang, bis zu 250 m breit und 60 m hoch ist. Im Inneren gabelt sich der Weg und führt um eine gewaltige, zentrale Säule herum. Da jedoch beide Abzweigungen am gleichen Punkt hin auskommen, ist es unmöglich, sich zu verirren, wenn man auf dem Bohlenweg bleibt. Die Treppen und das Geländer sind meistens mit Guano überzogen und können glitschig sein.

Schlafen

Buchungen für das **Hostel** (Niah-Nationalparkverwaltung; Zi. 40 RM, Handtuchverleih 6 RM) und die **Waldlodges** (Niah-Nationalparkverwaltung; 4BZ mit Ventilator 100 RM, DZ/4BZ mit Klimaanlage 250/150 RM) nimmt man bei der Parkverwaltung oder in einem der **Nationalpark-Buchungsbüros** (☎ in Kuching 082-248088, in Miri 085-434184) vor. Zelten (5 RM pro Person) ist nahe dem Hauptbüro des Parks erlaubt.

Das Iban-Langhaus von Rumah Patrick Libau nahe der Great Cave (3 km zu Fuß vom Hauptbüro des Parks entfernt) bietet ein Programm für **Homestays** (☎ Asan 014-596 2757; Niah-Nationalpark; pro Person inkl. Essen 70 RM; WLAN).

An- & Weiterreise

Die Parkverwaltung liegt nicht an der Hauptstraße Miri–Bintulu, sondern 15 km nördlich der Batu-Niah-Kreuzung, 122 km nordöstlich von Bintulu und 115 km südwestlich von Miri. Das Gute ist, dass alle Langstreckenbusse, die Miri mit Bintulu, Sibu und Kuching verbinden, hier vorbeifahren. Leider benötigt man aber ein Privatfahrzeug, um von der Kreuzung zum Park selbst zu gelangen – vor dem Ngu's Garden Food Court herumfragen. Der Preis sollte 30 RM betragen (40 RM für 4 Pers.). Die Angestellten des Nationalparks (oder die Parksicherheitsleute) können dabei helfen, ein Auto zurück zur Kreuzung zu organisieren.

Die Gästehäuser in Miri bieten Tagesausflüge an.

Lambir-Hills-Nationalpark

Der 69 km² große **Lambir-Hills-Nationalpark** (☎ 085-471609; www.sarawakforestry.com; Jln Miri-Bintulu; Eintritt 20 RM; ⌚ 8–17 Uhr, letzter Eintritt 16 Uhr) bietet Dschungelwasserfälle, kühle Becken zum Baden sowie großartige, farblich markierte Wanderwege, die von vier Hauptrouten abzweigen und zu 14 Zielen führen. Die Ranger stellen gern Karten zur Verfügung und geben Ratschläge. Um 19 Uhr startet eine geführte Nachtwanderung.

Schlafen

Die Unterbringung im Park erfolgt in recht gemütlichen **Hütten** (☎ 085-471609; Jln Miri–Bintulu; 1/2 Zimmer mit Ventilator 50/75 RM, mit Klimaanlage 100/150 RM). **Zelten** (Niah-Nationalparkverwaltung; pro Person 5 RM) ist nahe dem Hauptbüro des Parks erlaubt. Für Buchungen meldet man sich per Telefon oder E-Mail beim Park oder kontaktiert Miris Nationalpark-Buchungsbüro (S. 497). Die **Parkkantine** (Jln Miri-Bintulu; Hauptgerichte 4–6 RM; ⌚ 8–17 Uhr oder später) serviert einfache Reis- und Nudelgerichte. Die Angestellten sind vorab zu informieren, wenn man im Park übernachtet und in der Kantine zu Abend essen möchte.

An- & Weiterreise

Die Parkverwaltung liegt 32 km südlich von Miri am alten Miri-Bintulu-Highway. Alle Busse zwischen dem Pujut-Busbahnhof in Miri und Bintulu fahren hier vorbei (10 RM ab Miri).

Miri

☎ 085 / EW. 300 500

Im dynamischen und ölreichen Miri, der zweitgrößten Stadt Sarawaks, geht's geschäftig und modern zu. Weil sich viel Geld im Umlauf befindet, gibt's gutes Essen und die breiten Straßen sind hell erleuchtet. In den netten Pensionen lernt man schnell andere Reisende kennen.

Die Stadt ist ein wichtiger Verkehrsknotenpunkt – wer nach Brunei, Sabah, in die Kelabit Highlands oder die Nationalparks Gunung Mulu, Niah oder Lambir Hills fährt (bzw. von dort anreist), wird wahrscheinlich hier vorbeikommen.

Sehenswertes

Miri City Fan PARK

(Jln Kipas; ⌚ rund um die Uhr) Ein attraktiver, offen angelegter Park mit Gärten und Teichen im chinesischen und malaiischen Stil, der bei Spaziergängern und Joggern beliebt ist. Der Komplex umfasst auch eine Bibliothek, eine Stadionhalle und ein öffentliches Olympiabecken (1 RM).

Schlafen

★ **Dillenia Guesthouse** PENSION $

(☎ 085-434204; www.sites.google.com/site/dilleniaguesthouse; 1. OG, 846 Jln Sida; B/EZ/DZ/FZ inkl. Frühstück, ohne Bad 30/50/80/110 RM; Klimaanlage, Internet, WLAN) Seinem Motto als „zweites Zuhause in der Ferne" wird dieses supereinladende Hostel mit 11 Zimmern und vielen schönen Akzenten wie Pflanzen im Bad mehr als gerecht. Die unglaublich hilfsbereite Mrs Lee, deren

EINREISE NACH BRUNEI: VON MIRI NACH BANDAR SERI BEGAWAN (BSB)

Bis zur Grenze Das einzige Busunternehmen, das Passagiere von Miri über die Grenze nach Brunei bringen darf, ist **PHLS Express** (☎ in Brunei +673 277 1668, in Miri 085-438301). Zwei Busse machen sich täglich um 8.15 & 15.15 Uhr am Busterminal Pujut auf den Weg nach Bandar Seri Begawan (50 RM).

Alternativ greift man auf den privaten Transferservice zurück, der von Mr. Fu und Ah Pau, einem Vater-Sohn-Team, angeboten wird (70 RM pro Person, 3 Std.). Mr. Fu ist erreichbar unter ☎ 013-833 2231; Reservierungen sind auch über das Dillenia Guesthouse möglich.

An der Grenze Die Grenzformalitäten (geöffnet 6-22 Uhr) werden gewöhnlich flott abgewickelt und das Visum für Brunei ist für die meisten Reisenden kostenlos. Wer nach Sabah weiterfahren will, muss dafür sorgen, dass noch ausreichend Seiten im Pass frei sind (für mindestens 10 Stempel!).

Weiterreise Der Bus aus Miri hält ganz in der Nähe von BSBs Zentrum.

Für Informationen zu Grenzübergängen in die andere Richtung siehe S. 63.

hübsch bestickte Quilts die Wände schmücken, ist ein nie versiegender Quell an Reiseinformationen und Tipps. Sie verkauft sogar Anti-Blutegel-Socken (20 RM).

Coco House PENSION $

(☎ 085-417051; www.cocodive.com.my; Lot 2117 Block 9, Jln Miri Pujut; B/EZ/DZ inkl. Frühstück 35/55/80 RM; ❄ @ 📶) Das Coco House bietet helle, moderne Schlafsäle mit kapselähnlichen Etagenbetten und kleine, aber zweckmäßige Privatzimmer mit Farbakzenten. Die tadellosen Bäder verfügen über Regenduschen und es gibt einen komfortablen Gemeinschaftsbereich mit Büchern, Brettspielen, DVDs und einer Mikrowelle. Bald gibt's vielleicht auch einen Grill auf der Dachterrasse.

Next Room Guesthouse PENSION $

(☎ 085-411422, 085-322090; 1. & 2. OG, Lot 637, Jln North Yu Seng; inkl. Frühstück B pro Person 28 RM, DZ ohne Bad 55-85 RM, mit Bad 85-95 RM; ❄ @ 📶) Im Herzen von Miris Restaurant- und Ausgehviertel bietet diese gemütliche Unterkunft: 13 Zimmer, eine kleine Küche, eine DVD-Lounge und eine tolle Sonnenterrasse auf dem Dach. Die Schlafsäle mit acht oder zwölf Betten sind aber ziemlich vollgestellt. Außerdem schallt aus dem Nachtclub auf der anderen Straßenseite bis 2 Uhr Musik – nichts für Menschen mit leichtem Schlaf.

My Homestay PENSION $

(☎ 085-429091; staymyhomestay.blogspot.com; Lot 1091, Jln Merpati; B inkl. Frühstück 35 RM, DZ 55-120 RM; ❄ @ 📶) Ein angenehmer Ort in guter Lage mit großem Balkon und Blick auf die geschäftige Straße weiter unten. Die meisten Zimmer sind zwar sauber und farbenfroh, jedoch ohne Fenster und etwas stickig. Am Wochenende gelten höhere Preise.

Essen

Alle möglichen Restaurants säumen die Jln North Yu Seng zwischen dem auffälligen Mega Hotel bis zur Imperial Mall weiter nördlich. Noch mehr günstige, beliebte Adressen stehen südlich des Mega Hotel in der Fußgängerzone **Persiaran Kabor**. Einige einfache, aber hervorragende Fischrestaurants servieren frisch aus dem Tank – Achtung: Die Preise sind pro 100 g angegeben.

★ **Summit Café** DAYAK $

(☎ 019-885 3920; Lot 1245, Centre Point Commercial Centre, Jln Melayu; Gerichte 8-15 RM; ⏲ Mo-Sa 7-16 Uhr; ✍) Wer noch nie Kelabit-Küche probiert hat, wird hier neue Geschmackswelten erleben. Man stellt sich an der Theke an und wählt dann aus einer Vielfalt an „Dschungelgerichten", darunter *dure* (gebratenes Dschungelblatt), zerhackte Tapiokablätter und *labo senutuk* (Wildschwein). Die beste Auswahl hat man vor 11.30 Uhr – der Laden schließt, wenn das Essen ausgeht.

Khan's Islamic Restaurant INDISCH $

(☎ 012-878 9640; 229 Jln Maju; Hauptgerichte 6-12 RM; ⏲ 6.30-21 Uhr; ✍) Dieses schlichte Lokal gehört zu den besten nordindischen Restaurants in Miri. Es serviert köstliches *tandoori*-Hähnchen (12 RM), *naan*-Brot und Mango-Lassi (4 RM) sowie eine Auswahl an Currys und vegetarischen Gerichten.

Miri-Zentralmarkt STRASSENSTÄNDE $
(Pasar Pusat Miri; Jln Brooke; Hauptgerichte 2–6 RM; ⌚24 Std., die meisten Stände 4–12 Uhr) Unter den chinesischen Straßenständen mit *kari ayam* (Hähnchencurry), Brei und den üblichen Reis- und Nudelgerichten ist der Stand 6 (geöffnet 3.30–10 Uhr) besonders beliebt. Am Stand 20 wird vegetarische Küche serviert.

Madli's Restaurant MALAIISCH $
(☎085-426615; www.madli.net; Lot 1088, Erdgeschoss, Block 9, Jln Merpati; Hauptgerichte 6–18,50 RM; ⌚So–Do 8–24, Fr & Sa 8–1 Uhr) Ein seit langer Zeit geöffneter Familienbetrieb, der in den 1970er-Jahren als *satay*-Stand begann. Das erste von drei Restaurants wurde 1995 in Miri eröffnet. Neben himmlischem Hähnchen und Lamm-*satay* (1 RM pro Spieß) umfasst die Speisekarte malaiische Gerichte wie *nasi lemak* und *kampong*-Bratreis. Bis mittags werden *roti canai* und westliche Frühstücksvarianten serviert.

Praktische Informationen

Geldautomaten stehen im Flughafen Miri und überall im Stadtzentrum zur Verfügung.

EcoLaundry (☎085-414266; 638 Jln North Yu Seng; pro kg 6 RM; ⌚Mo–Sa 7–18, So bis 17 Uhr) Wäscheservice mit kostenfreier Abholung und Anlieferung innerhalb des Stadtzentrums.

Miri City Medical Centre (☎085-426622; 916–920 Jln Hokkien; ⌚24-Stunden-Notfalldienst) Bietet einen Krankenwagen sowie eine 24-Stunden-Unfall- und Notfallstation und verschiedene Privatkliniken im Stadtzentrum.

Nationalpark-Buchungsbüro (☎085-434184; www.sarawakforestry.com; 452 Jln Melayu; ⌚Mo–Fr 8–17 Uhr) In der Touristeninformation. Hier gibt's Informationen zu Sarawaks Nationalparks und einen Buchungsservice für Betten und Zimmer im Niah, Lambir Hills und Similajau (allerdings nicht im Gunung Mulu).

Touristeninformation (☎085-434181; www.sarawaktourism.com; 452 Jln Melayu; ⌚Mo–Fr 8–17, Sa, So & feiertags 9–15 Uhr) Die hilfsbereiten Mitarbeiter versorgen einen mit Stadtplänen, Informationen zu Unterkünften und einer Liste mit zugelassenen Reiseführern. In einem kleinen Park.

An- & Weiterreise

Miri befindet sich 212 km nordöstlich von Bintulu und 36 km südwestlich der Grenze nach Brunei.

BUS

Die Langstreckenbusse nutzen das Busterminal Pujut, das etwa 4 km nordöstlich des Zentrums liegt und durch die Busse 20 und 33A (1,60 oder 2,60 RM) mit dem Nahverkehrsterminal in der Innenstadt (neben der Touristeninformation) verbunden ist. Die Busse fahren von 6.30 bis 18.20 Uhr etwa alle 90 Minuten. Ein Taxi kostet 20 RM.

Eine Reihe von Unternehmen schicken häufig Busse zu Zielen im Südwesten: nach Bintulu, Sibu und Kuching (6.30–22 Uhr). Sie alle passieren den Lambir-Hills-Nationalpark. Mit den geräumigen „VIP-Bussen" zu reisen ist wie ein Flug 1. Klasse!

PHLS Express (S. 496) bietet um 8.15 und 15.45 Uhr Busse nach Bandar Seri Begawan und Bangar in Brunei. Tickets gibt's am Schalter von **Bintang Jaya** (☎Kuching 082-531133, Miri 085-432178; www.bintangjayaexpress.com).

Borneo Bus fährt einmal täglich um 7.45 Uhr nach Kota Kinabalu (KK), der KK-Bus von Bintang Jaya macht sich täglich um 8.30 Uhr auf den Weg.

Für viele Strecken kann man die Plätze unter www.busonlineticket.com buchen.

Busse ab Miri:

ZIEL	PREIS (RM)	FAHRTDAUER (STD.)
Bandar Seri Begawan (Brunei)	50	3½
Batu Niah Junction (für Niah NP)	10–12	1½
Bintulu	20–27	3½
Kota Kinabalu	90	10
Kuching	60–90	13–15
Sibu	40–50	7–8

FLUGZEUG

Miri ist der Hauptknotenpunkt der Tochtergesellschaft von Malaysia Airlines, **MASwings** (☎085-423500; www.maswings.com.my; Erdgeschoss, Flughafenterminal; ⌚6–21 Uhr), zu deren Zielen in Malaysisch-Borneo Bario (Kelabit Highlands), der Gunung-Mulu-Nationalpark (Mulu), Kota Kinabalu, Kuching und Sibu gehören.

AirAsia (☎600 85 8888; www.airasia.com; Lot 946, Jln Parry; ⌚Mo–Fr 8.30–17.30, Sa bis 13 Uhr) fliegt nach Kuching, Kota Kinabalu, Kuala Lumpur, Johor Bahru, Singapur und Manila.

Malaysia Airlines (☎085-414155; www.malaysiaairlines.com; Lot 10635, Airport Commercial Centre, Jln Airport) hat Direktflüge nach KL im Programm.

Gunung-Mulu-Nationalpark

Nur wenige Nationalparks der Welt versammeln so viele Naturattraktionen auf so kleiner Fläche. Der 529 km² große **Gunung-Mulu-Nationalpark** (Gunung Mulu World Heritage Area; ☎085-792300; www.mulupark.com; 30 RM für 5 Kalendertage) wurde 2002 zur Welterbestätte der UNESCO erklärt und ist mit seinen unvorstellbar großen Höhlen, geologischen Phänomenen wie den „Pinnacles" und dem uralten Regenwald wahrhaftig eins der größten Naturwunder der Erde.

Sehenswertes & Aktivitäten

Bei der Anmeldung verteilen die hilfsbereiten Parkmitarbeiter schematische Karten des Parks, anhand derer man seine Tagesrouten planen kann.

Es gibt mehrere hervorragende Dschungelwege, die ohne Guide erkundet werden können, solange man im Parkbüro Bescheid sagt (falls es geschlossen ist, im Gebäude des Sicherheitspersonals vorbei gehen). Zu den Optionen gehört der 8 km lange Paku-Valley-Rundweg.

Mulus „Show-Höhlen" (Höhlen, die ohne spezielle Ausbildung oder Ausrüstung besucht werden können) stellen aus gutem Grund die beliebtesten Attraktionen des Parks dar: Sie sind einfach fantastisch. Als „Abenteuerhöhlen" werden diejenigen Höhlenrouten bezeichnet, die Spezialausbildung und Klettererfahrung erfordern. Auf beiden Routen sollte man eine Taschenlampe bei sich tragen.

Für sämtliche Höhlen und manche Regenwaldwege braucht man einen ausgebildeten Guide. Vorabreservierungen sind unabdingbar – vor allem, wenn man gerne abenteuerliches Höhlenklettern und Wanderungen zu den Pinnacles oder auf den Gipfel des Gunung Mulu erleben möchte. Im Juli, August und September ist im Park am meisten los, aber selbst dann werden in letzter Minute Plätze frei, wenn man ein paar Tage im Park bleiben kann. Reiseagenturen verlangen höhere Preise als der Park selbst, können jedoch auch kurzfristig einen Guide auftreiben.

★ Deer Cave & Lang Cave HÖHLE
(pro Pers. 30 RM; ⏲ 14 & 14.30 Uhr) Auf einer 3 km langen Wanderung durch den Regenwald kommt man zu diesen benachbarten Höhlen. Die Deer Cave – über 2 km lang und 174 m hoch – ist der größte, für die Öffentlichkeit zugängliche Höhlendurchgang der Welt. Die Lang Cave mit kleineren Proportionen beherbergt interessante Stalaktiten und Stalagmiten. Am besten bleibt man bis zur Dämmerung, wenn etliche Fledermäuse die Höhle verlassen.

Wind Cave & Clearwater Cave HÖHLE
(pro Pers. inkl. Bootsfahrt 65 RM; ⏲ 8.45 & 9.15 Uhr) Auf einem Langboot über einen Dschungelfluss zu schippern ist kein schlechter Start in den Tag. Die Wind Cave bietet eine kühle Brise – daher auch der Name – und mehrere Kammern, darunter die kathedralenartige Königskammer mit einem traumhaften Stalagmiten- und Säulenwald. Der Aufstieg über 200 Stufen zur Clearwater Cave und dem dortigen unterirdischen Fluss ist schweißtreibend. Die Höhle selbst ist riesig: Mehr als 200 km an Durchgängen wurden bisher vermessen.

Mulu Canopy Skywalk SPAZIERGANG
(Gunung-Mulu-Nationalpark; pro Person 42,40 RM; ⏲ 7, 8.30, 10, 10.30, 13 & 14 Uhr) Zwischen riesigen Bäumen bietet dieser Skywalk – einer der besten in Südostasien – auf 480 unvergesslichen Metern eine hervorragende Beschilderung. Da er schnell ausgebucht ist, reserviert man für einen bestimmten Termin am besten gleich zusammen mit dem Flugticket.

Die Pinnacles TREKKING
(pro Pers. 400 RM; ⏲ Di–Do & Fr–So) Diese unglaubliche Formation 45 m hoher Steinspitzen, die aus den bewaldeten Flanken des Gunung Api herausragen. Der Besuch umfasst eine Bootsfahrt bei der Anreise, zwei Nächte im **Camp 5** (pro Pers. inkl. Bootsfahrt 190 RM) und einen furchtbar steilen, 2,4 km langen Aufstieg. Der Abstieg ist genauso anstrengend. Nachdem man sich erschöpft wieder im Camp eingefunden hat, könnte der kühle, klare Fluss sehr verlockend aussehen.

Gunung Mulu Summit TREKKING
(pro Pers. 500 RM, mind. 3 Pers.) Ein zufriedener Bezwinger hat den Aufstieg zum Gipfel des Gunung Mulu (2376 m) – ein klassisches Borneo-Abenteuer – als „mörderisch" und nahe dem Gipfel als „heimtückisch" beschrieben. Wer sehr fit und auf der Suche nach einer Herausforderung ist, für den könnte dieser 24 km lange dreitägige Treck mit vier Übernachtungen genau das Richtige sein. Der Aufstieg muss mindestens einen Monat im Voraus gebucht werden.

Headhunters' Trail TREKKING
Für den 11 km langen Headhunters' Trail braucht man keine besonders gute Kondition. Er verläuft ab Camp 5 (bei den Pinnacles) in Richtung Limbang und ist eine gute Landwegalternative zum Flugzeug nach/von Mulu. Im Gegensatz zu mehreren privaten Tourenanbietern organisiert der Park selbst keine geführten Trips auf diesem Wanderweg. Allerdings kann man hier (theoretisch) auch ohne Guide wandern.

Schlafen

An der Parkverwaltung – sehr malerisch gelegen – befindet sich ein **Hostel** (B inkl. Frühstück 52 RM) mit 20 Betten in einem sauberen, großen Zimmer im Schlafsaal-Stil (Schließfächer vorhanden). Außerdem gibt's zwei Häuser mit **Langhauszimmern** (EZ/DZ/3BZ/4BZ inkl. Frühstück 213/250/282/319 RM; ❄), eine neue **Rainforest Lodge** (2BZ inkl. Frühstück 300 RM; ❄) und **Gartenbungalows** (EZ/DZ/3BZ inkl. Frühstück 258/300/347 RM; ❄). Bei unserer Recherche wurden gerade 12 neue Zimmer im Langhaus-Stil gebaut, die auf lange Sicht den Unterkunftsmangel ausgleichen sollen.

Alternativ befinden sich am von der Parkverwaltung aus gesehen anderen Ufer des Sungai Melinau, jenseits der Brücke, noch ein paar Budgetunterkünfte, die nicht zum Park gehören. Betten sind reichlich vorhanden; wer sich also nicht an einer einfachen Bleibe stört, kann einfach hier auflaufen, ohne sich rechtzeitig um eine Reservierung kümmern zu müssen.

D'Cave Homestay PRIVATUNTERKUNFT $
(☎ für Dina 012-872 9752; beckhamjunior40@yahoo.com; inkl. Frühstück B 30 RM, DZ 120 RM, DZ ohne Bad 80 RM) Eine angenehme, recht klapprige Unterkunft mit nicht zusammenpassenden Linoleummustern, Betten in vollgestellten, kleinen Zimmern und schlichten Bädern im Freien. Die Besitzerin Dina kocht Büfettgerichte – sowohl mittags (15 RM) als auch abends (18 RM) – und bietet Tee und Kaffee sowie abgekochtes Wasser zum Auffüllen von Wasserflaschen. Zwischen dem Flughafen und der Parkabzweigung, die ca. 10 Gehminuten voneinander entfernt liegen.

Mulu River Lodge HOSTEL $
(Edward Nyipa Homestay; ☎ 012-852 7471; B/DZ/4BZ inkl. Frühstück 35/70/140 RM) Verfügt über 30 Betten, von denen die meisten in einem riesigen Schlafsaal mit angrenzenden sauberen Duschen und WCs liegen. Strom gibt's von 5 bis 23.30 Uhr. Eine der wenigen Pensionen – wenn nicht die einzige –, die außerhalb des Parks über ein anständiges Abwassersystem verfügt. Fünf Minuten von der Parkverwaltung entfernt, vom Eingang aus die Brücke überqueren.

Mulu Backpackers PENSION $
(☎ Helen 012-871 2947, Peter 013-846 7250; mulubackpackers@gmail.com; B inkl. Frühstück 35 RM) Direkt hinter dem Flughafen besticht diese Pension durch ihre malerische Lage am Fluss, ist jedoch 15 Gehminuten vom Park entfernt. Es gibt einen angenehmen, überdachten Speisebereich im Freien mit Blick aufs Wasser. Strom steht von 18 bis 6 Uhr zur Verfügung. Die 17 Betten liegen in großen, scheunenartigen Räumen mit wahllos aufgestellten Trennwänden.

Essen

Schmackhafte Gerichte, die doppelt so teuer sind wie an der Küste, gibt's beim **Café Mulu** (Hauptgerichte 12,50–16 RM; ⏲ 7.30–20.30 Uhr) im Parkzentrum. Etwas günstigere Restaurants findet man vor den Toren des Parks, darunter das **Good Luck Cave'fe Mulu** (Hauptgerichte 8–10 RM; ⏲ 11.30–15 & 17–24 Uhr, Küche ab 21.15 Uhr geschl.). Kochen ist in den Parkunterkünften nicht erlaubt.

Praktische Informationen

Die Parkverwaltung akzeptmiert Kreditkarten und man kann gegen eine Gebühr von 2 % Bargeld in Höhe von 100 bis 300 RM abheben (eine Transaktion pro Tag), doch manchmal streikt der Geldautomat. Der Geschäfts- und Cafébereich im Parkzentrum bietet eine fürchterlich langsame und unzuverlässige WLAN-Verbindung (5 RM pro Tag).

An- & Weiterreise

Abgesehen von einer Wanderung auf dem Headhunters' Trail ist die Anreise nach Mulu nur mit dem Flugzeug möglich. MASwings fliegt nach Miri, Kuching und KK. Die Parkverwaltung liegt 1 km vom Flughafen entfernt. Er ist fußläufig erreichbar, die Fahrt mit einem Transporter kostet 5 RM. Tickets kann man im Flughafen Mulu erwerben, obwohl es bestimmte Ermäßigungen nur online gibt.

Kelabit Highlands

In Sarawaks Nordostecke schmiegen sich die Hochlanddschungel der Kelabit (keh-*lah*-bit) Highlands zwischen den Gunung-Mulu-Nationalpark und die indonesische Grenze. Neben dem Genuss der sauberen, kühlen Luft locken hier vor allem die tollen Wanderungen auf Bergpfaden von Langhaus zu Langhaus.

Bario

Verstreut in einem wunderschönen Tal, das heute größtenteils zum Reisanbau genutzt wird, liegen die rund 12 „Dörfer", die zusammen Bario bilden, die „Hauptstadt" der Highlands. Besonders anziehend an der Region ist ihr herrliches Bergklima (das Tal liegt 1500 m über dem Meeresspiegel) und ihre isolierte, friedliche Lage (der einzige Zugang ist der Luftweg und eine anstrengende Fahrt mit dem Allradwagen), vor allem aber die ungezwungene Gastfreundschaft des Kelabit-Volks, das einen schnell für sich einnimmt.

Das Hochland ist für seine köstliche regionale Küche bekannt. Im Juli strömen Besucher anlässlich des jährlichen dreitägigen Food Festivals nach Bario.

Sehenswertes & Aktivitäten

Im gemäßigten Klima der Kelabit Highlands darf man sich auf das so ziemlich beste Dschungeltrekking von ganz Borneo freuen! Es geht durch primären Regenwald, auf raue Gipfel und in entlegene Siedlungen der Kenyah, Penan und Kelabit. Von Bario aus können einfache Trips mit Übernachtungen in nahe gelegenen Langhäusern, aber auch einwöchige Märsche in die Wildnis von Kalimantan unternommen werden. Auf Blutegel sollte man vorbereitet sein. Viele Pfade sind förmlich mit ihnen gepflastert.

Bario Asal Longhouse HAUS

(Eintritt 5 RM) Das Langhaus aus Holz hat 22 Türen und ist im traditionellen Kelabit-Stil gehalten. Auf der *dapur* (umzäunten Vorderveranda) besitzt jede Familie eine Kochstelle, auf der anderen Seite der Familieneinheiten befindet sich der *tawa'*, eine breite, mit historischen Familienfotos dekorierte Veranda zur Hinterseite, die einem über 100 m langen Vorzimmer ähnelt und für Hochzeiten, Begräbnisse und andere Feiern genutzt wird.

Pa' Umor Megaliths HISTORISCHE STÄTTE

Von Bario läuft man 1½ Stunden zum Pa' Umor und weitere 15 Minuten zum Bauernhof Arur Bilit mit dem beeindruckenden Steinrelief Batu Narit, das u. a. einen Menschen mit ausgestreckten Gliedern darstellt.

Um nach Batu Ipak zu gelangen, überquert man eine Baumstammbrücke über einen kleinen Fluss. Der Legende nach entstand diese Steinformation, als ein wütender Krieger namens Upai Semering sein *parang* (Buschmesser) zog und damit den Felsen spaltete.

Prayer Mountain WANDERN

Vom Bario-Asal-Langhaus ist es ein steiler, rutschiger (2-stündiger) Aufstieg zum Gipfel des Prayer Mountain mit einem im Jahr 1973 aufgestellten Kreuz, einem Dickicht von Krugblattgewächsen und einer herrlichen Aussicht auf das Bario-Tal sowie das gemischte Penan- und Kelabit-Dorf Arur Dalan mit seinen drei stillgelegten Windanlagen. Nach zwei Drittel der Strecke kommt man an einer extrem rustikalen Kirche vorbei.

Schlafen & Essen

Die bunt gemischten Dörfer von Bario beherbergen über 20 Pensionen, in denen man köstliche Kelabit-Küche (die Verpflegung ist in den Unterkunftspreisen fast immer inbegriffen) genießen kann. Weitere Optionen findet man auf www.barioexperience.com.

Libal Paradise PENSION $

(☎ 019-807 1640; DZ 60 RM) Inmitten eines üppigen Obst- und Gemüsegartens, in dem man Ananas ernten kann, bietet dieser nachhaltig geführte Bauernhof Unterkünfte in zwei eleganten Holzhütten mit jeweils eigener malerischer Lage im Grünen. Von Rose und ihrem kanadischen Mann Stu geführt. Vom Flughafenterminal folgt man der Straße parallel zur Landebahn in östlicher Richtung. Mahlzeiten kosten 45 RM pro Tag.

Junglebluesdream PENSION $$

(☎ 019-884 9892; www.junglebluesdream.weebly.com; Ulung Palang Longhouse, Bario; pro Pers. inkl.

WANDERN IN DEN HIGHLANDS

Mit sehr wenigen Ausnahmen kann man die Kelabit Highlands nur mit einem lokalen Führer erkunden. Glücklicherweise lassen sich Guides völlig problemlos buchen. Jedes Gästehaus in Bario organisiert zahlreiche kurze und lange Wanderungen, darunter drei- oder viertägige Trips von Bario nach Ba Kelalan, die von renommierten und verlässlichen Führern geleitet werden.

Der gängige Preis für einen Führer beträgt 120 RM pro Tag (sowohl für Tagesausflüge ab Bario als auch längere Trips). Wenn die Wanderung Campen im Wald einschließt, muss man dafür noch mal ca. 120 RM pro Übernachtung einkalkulieren – und eventuell auch die Verpflegung stellen. Wer von Langhaus zu Langhaus wandert, zahlt 70 bis 80 RM für eine Übernachtung mit drei Mahlzeiten. Wer nur in eine Richtung geht, muss dem Guide die Zeit für den Rückweg nach Hause zahlen und für den ganzen Trip auch einen Träger (100 RM pro Tag) engagieren, damit der Guide nicht allein zurückmuss.

Mahlzeiten 90 RM) Der Besitzer ist der Künstler und frühere Fremdenführer Stephen Baya, der aus Bario stammt. Zusammen mit seiner netten Frau Tine, einer Dänin, betreibt er diese supereinladende Lodge (und Kunstgalerie). In den vier Zimmern warten Wandgemälde, hochwertige Betten und Steppdecken, außerdem gibt's eine Bibliothek zu regionaler Kultur, Flora und Faune sowie fantastisches Kelabit-Essen. Die Gäste können sich Stephens außergewöhnliche handgezeichneten Stadt- und Trekkingkarten ansehen.

Bario Asal Longhouse PRIVATUNTERKUNFT **$$**
(☎ Julian 011-2508 1114; visitbario@gmail.com; pro Person inkl. Mahlzeiten 80 RM; 📶) In diesem traditionellen Langhaus gibt's verschiedene Privatunterkünfte, darunter eine Pension mit sechs Zimmern im Sinah Rang Lemulun. Ein Aufenthalt im Bario Asal, wo 22 Familien wohnen, ist eine hervorragende Art und Weise, um das Leben im Langhaus kennenzulernen. Der Transfer vom Flughafen kostet 30 RM.

ℹ Praktische Informationen

Es gibt keine Banken, Geldautomaten oder Kreditkarteninstitute in den Kelabit Highlands, also unbedingt viel Kleingeld sowie extra Bargeld für Notfälle mitbringen.

Es gibt kostenloses WLAN am Flughafen und solarbetriebenen Internetzugang im **Bario Telecentre** (www.unimas.my/ebario; Gatuman Bario; pro Std. 4 RM; ⏲ 9.30–11.30 & 14–16 Uhr, Sa nachmittags & So geschl.). WLAN steht in einigen Pensionen (theoretisch) zur Verfügung.

Als bester malaysischer Handyanbieter für diese Gegend gilt Celcom.

ℹ An- & Weiterreise

Zwischen dem Bario Airport und Miri verkehren zwei- bis dreimal täglich die Twin Otters mit 19 Sitzplätzen von **MASwings** (☎ 1300 88 3000; www.maswings.com.my); man darf nur 10 kg Gepäck mitnehmen. Das Wetter führt manchmal zu Verspätungen oder sogar Ausfällen.

Die Überlandfahrt von Bario nach Miri führt über sehr holprige Straßen, die einzig Jeeps bewältigen können (150 RM pro Pers., 12–15 Std. oder länger).

MALAYSIA VERSTEHEN

Malaysia aktuell

Nationale Tragödien und politische Unruhen haben Malaysia in den letzten Jahren erschüttert. Malaysian Airlines verlor zwei seiner Passagierflugzeuge unter tragischen Umständen mit insgesamt 537 Todesopfern. Am 5. Juni 2015 wurde Sabah von einem Erdbeben heimgesucht, das auf dem Mt. Kinabalu 18 Menschenleben forderte, woraufhin der Berg für Touristen monatelang gesperrt blieb.

Unterdessen hatte der Premierminister Najib Razak, der Vorsteher der seit den 1970er-Jahren regierenden Parteienkoalition Barisan Nasional (BN), mit Korruptionsvorwürfen und einer schwächelnden Wirtschaft zu kämpfen. In den letzten Jahren hat Bersih (Koalition für saubere und faire Wahlen), eine Gruppe von Nichtregierungsorganisationen, mehrere Massenkundgebungen in KL organisiert, bei denen eine Reform der Wahlen und Nachforschungen zur mutmaßlichen Korruption der Regierung gefordert wurden. Im August 2015 protestierten Zehntausende friedlich auf den Straßen der Hauptstadt.

Die BN beansprucht für sich, eine stabile Regierung gegründet zu haben, die ihre Beliebtheitswerte zu Recht beibehalten hat. Allerdings wurde die Meinungsfreiheit eingeschränkt. Auf der Rangliste der Pressefreiheit der Organisation „Reporter ohne Grenzen" rangierte Malaysia 2016 auf Platz 146 von 180.

Unterstützung erhält die BN in erster Linie von Malaien. Sie strebt eine konservativere Gesellschaftspolitik gemäß islamischer Grundsätze an. Infolge der Drei-Säulen-Strategie von Premierminister Najib gab es eine stärkere Ausrichtung auf islamische Scharia-Gesetze und eine verstärkte Berücksichtigung der Bedürfnisse der *Bumiputra* (der Ur-Malaien), was als Form positiver Diskriminierung von Malaien zu verstehen ist. Zudem wird vehement versucht, bis zur nächsten Wahl – die vor August 2018 stattfinden muss – sechs Millionen neue Jungwähler auf ihre Seite zu ziehen.

Geschichte

Frühe Einflüsse

Das früheste Zeugnis menschlichen Lebens in der Region ist ein 40 000 Jahre alter Schädel, der in den Niah-Höhlen in Sarawak gefunden wurde. Aber erst vor ca. 10 000 Jahren begannen malaiische Ureinwohner, die Orang Asli, vermutlich vom Südwesten Chinas die Halbinsel zu besiedeln

REISETIPPS

- Malaysia ist ein muslimisches Land, deshalb sollte man sich angemessen kleiden (Schultern und Knie bedecken).
- Flugtickets sind auf Borneo manchmal günstiger als eine Busfahrt.

Etwa ab dem 2. Jh. n. Chr. kannten die Europäer Malaya; indische Händler kamen auf der Suche nach Gold, Zinn und Tropenholz regelmäßig hierher. Im darauffolgenden Jahrhundert wurde Malaya vom Funan-Reich regiert, das sich auf das heutige Kambodscha konzentrierte. Von größerer Bedeutung war jedoch die Herrschaft des in Sumatra beheimateten Srivijaya-Reichs zwischen dem 7. und 13. Jahrhundert.

1405 reiste der chinesische Admiral Cheng Ho nach Melaka und versprach den Einheimischen Schutz vor siamesischen Eindringlingen aus dem Norden. Mit chinesischer Unterstützung gewann Melaka die Macht über einen Großteil der Malaiischen Halbinsel. In dieser Zeit erreichte der Islam Melaka und verbreitete sich rasch im Land.

Europäische Einflüsse

Melakas Reichtum und die hiesigen Ressourcen zogen das Interesse der Europäer an: 1511 wurde es portugiesisch, 1641 holländisch und 1795 britisch.

1838 verschlug es den britischen Abenteurer James Brooke hierher, als das Sultanat Brunei gegen aufständische Stämme aus dem Hinterland kämpfte. Brooke schlug die Rebellion nieder und wurde mit der Herrschaft über einen Teil von Sarawak belohnt. Er ernannte sich selbst zum Radscha Brooke und gründete eine Dynastie, die 100 Jahre lang bestehen sollte. Ab 1881 unterstand Sabah der britischen Regierung, die nach dem Zweiten Weltkrieg schließlich auch Sarawak übernahm, nachdem der dritte Radscha Brooke entschieden hatte, dass er sein Land nicht länger würde halten können. Anfang des 20. Jhs. brachte Großbritannien Chinesen und Inder in die Region, was die ethnische Struktur des Landes stark veränderte.

Von der Unabhängigkeit bis heute

Malaya erlangte 1957 seine *merdeka* (Unabhängigkeit), aber wegen eines kommunistischen Aufstands folgte eine Zeit der Instabilität und äußerer Konflikte mit dem benachbarten Indonesien. 1963 schlossen sich die nördlichen Bundesstaaten Borneos, Sabah und Sarawak gemeinsam mit Singapur zur Föderation Malaya zusammen, aus der später Malaysia hervorging.

1969 brachen gewalttätige Rassenkonflikte aus, insbesondere in Kuala Lumpur, bei denen Hunderte von Menschen ihr Leben verloren. In diese Spannungen, die vorwiegend zwischen Malaien und Chinesen herrschten, griff die Regierung schließlich schlichtend ein. Es wurde die New Economic Policy (NEP) eingeführt, ein sozio-ökonomischer Plan mit gezielten Förderungsmaßnahmen, um 30 % des malaysischen Firmeneigentums innerhalb von 20 Jahren an Ur-Malaien und Orang Asli („*bumiputra*" oder „Landesprinzen" genannt) zu übergeben. Dieser teilweise erfolgreiche Plan wird in verschiedenen Bereichen auch heute noch umgesetzt.

Unter der Führung des forschen Premierministers Dr. Mahathir Mohamad wuchs Malaysias Wirtschaft ab 1981 um über 8 % pro Jahr, bis die Währungskrise im benachbarten Thailand Mitte 1997 ganz Südostasien in eine Rezession zurückwarf. Nach 22 bedeutsamen Jahren trat Dr. Mahathir Mohamad am 31. Oktober 2003 zurück. Er übergab die Macht an seinen Nachfolger Abdullah Badawi, der im März 2004 die allgemeinen Wahlen gewann.

Bei den nächsten Wahlen im Jahr 2008 wurde die parlamentarische Vormachtstellung der BN jedoch geschmälert und sie verlor ihre Zweidrittelmehrheit. Davon profitierte die Pakatan Rakyat (PR), die oppositionelle „Volksallianz" mit dem Vorsitzenden Anwar Ibrahim, dem ehemaligen Vize-Premierminister, der aufgrund von Korruptions- und Homosexualitätsvorwürfen verurteilt worden war, die gemeinhin als politisch motiviert galten. Abdullah Badawi trat sein Amt an Najib Razak ab, der die Wahlen 2013 für die BN gewann, wenn auch mit dem schlechtesten Wahlergebnis der Koalition seit 1969.

Menschen & Kultur

Mentalität

Aus der Asche der rassistischen Auseinandersetzungen von 1969 ist das Land als tolerantere, multikulturelle Gesellschaft auferstanden, was das Nebeneinander von Moscheen, christlichen Kirchen und chinesischen Tempeln in vielen Städten verdeutlicht. Obwohl die Loyalität der eigenen Ethnie gegenüber nach wie vor stark ausgeprägt ist und es nicht zu leugnende Spannungen gibt, ist das Konzept der einzigartigen „malaysischen" Identität Landespolitik und in der Regel leben alle harmonisch miteinander. Viele Besucher erleben vor allem die Freundlichkeit und Gastfreundschaft der Einheimischen.

Im Vergleich zu den Städten herrscht auf dem Land mehr Gelassenheit und die islamische Kultur kommt stärker zum Tragen, insbesondere an der Ostküste der Halbinsel. In Malaysisch-Borneo fasziniert das Gemeinschaftsleben der Stämme, die in Langhäusern (riesige Holzbauten auf Stelzen) im Dschungel wohnen. Bei ihnen gilt Gastfreundschaft als Schlüsselelement des sozialen Gefüges.

Lebensart

Das *kampung* (Dorf) ist der Kern der malaiischen Welt und orientiert sich am *adat* (einem etablierten Rechtssystem), das auf kollektiver statt individueller Verantwortung basiert. Inständiger islamischer Glaube und ältere spirituelle Überzeugungen gehen damit Hand in Hand. Doch trotz der auf gegenseitiger Unterstützung beruhenden *kampung* und der zunehmenden Verwestlichung Malaysias bleiben in manchen Gegenden sehr konservative Interpretationen des Islam verankert, besonders an der Ostküste der Halbinsel.

Die schnell voranschreitende Modernisierung Malaysias bringt widersprüchliche Bilder hervor. In Sarawak verfügen manche baufällige Langhäuser und Hütten über Satellitenschüsseln und anderen Komfort. Und fast überall sieht man Leute, die am Handy spielen und es scheinbar nicht eine Sekunde aus der Hand legen können.

Bevölkerung

Die Malaysier gehören vielen verschiedenen ethnischen Gruppen an, darunter Malaien, Chinesen, Inder, Orang Asli (wörtlich: „ursprüngliches Volk") – die Ureinwohner der Halbinsel – sowie verschiedene Stämme aus Sarawak und Sabah (Borneo). Durch die Vermischung dieser Gruppen entstanden die bunten Kulturen und die fantastische Küche, die Malaysia zu einem so wunderbaren Reiseziel machen.

Verallgemeinernd lässt sich sagen, dass Malaien das Land regieren und Chinesen die Wirtschaft dominieren. Ungefähr 85 % der Bevölkerung (insgesamt sind es ca. 29,72 Mio.) leben auf der Malaiischen Halbinsel, die übrigen 15 % auf Borneo.

Auf der Halbinsel gibt's noch kleine verstreute Gruppen Orang Asli. Obwohl ein Großteil des Volkes sein Nomadentum und den Wanderfeldbau aufgegeben und sich in die moderne malaiische Gesellschaft integriert hat, finden sich in den Regenwäldern nach wie vor ein paar Stämme.

Der Begriff Dayak bezeichnet Borneos nicht-muslimische Völker: Schätzungen zufolge leben hier mehr als 200 Dayak-Stämme, etwa die Iban und Bidayuh in Sarawak und die Kadazan in Sabah. Zu den kleineren Gruppen zählen die Kenyah, Kayan und Penan, deren Lebensformen und traditionelle Ländereien zunehmend verschwinden.

Religion

Fast alle Malaien sind Muslime. Der Islam ist zwar Staatsreligion, aber es herrscht Religionsfreiheit. Viele Chinesen hängen dem

DIE PERANAKAN

Eine der berühmtesten Kulturen der Malaiischen Halbinsel sind die Peranakan, Nachkommen chinesischer Einwanderer, die sich vom 16. Jh. an in Singapur, Melaka und Penang niederließen. Viele der Neuankömmlinge heirateten malaiische Frauen, während andere ihre Ehefrauen aus China nachholten; sie alle bezeichnen sich als Straits-Chinesen, um sich von späteren Einwanderern aus China abzugrenzen. Ein anderer Name ist Baba-Nyonyas, nach den Peranakan-Wörtern für Männer *(baba)* und Frauen *(nyonya)*.

Die Peranakan überanhmen ihren Glauben aus China, haben aber die Sprache, Gebräuche und Kleidung der Malaysier angenommen. Oft waren sie wohlhabende Händler, die es sich leisten konnten, ihrer Leidenschaft für kostbare Möbel, Schmuckstücke und Brokatstoffe nachzugehen. Heute sind sie vor allem für ihre fantastische Fusionsküche berühmt – am besten probiert man diese in Melaka und Penang.

Taoismus und Buddhismus an, einige sind auch Christen. Die Mehrheit der indischen Bevölkerung, einst aus Südindien stammend, bekennt sich zum Hinduismus oder Christentum, doch ein erheblicher Prozentsatz ist muslimisch.

Auf der Malaiischen Halbinsel konnte sich das Christentum nicht durchsetzen. In Malaysisch-Borneo hat es dagegen einen wesentlich größeren Einfluss: Hier sind viele Ureinwohner konvertiert und tragen sowohl einen christlichen als auch einen traditionellen Namen. Andere hängen immer noch dem traditionellen Animismus an.

Kunst

An der Ostküste der Halbinsel haben sich Kunsthandwerk, Kultur und Spiele am lebendigsten erhalten. Auf Malaysisch-Borneo findet man reiches Kunsthandwerk einheimischer Völker.

KUNST & KUNSTHANDWERK

Als berühmte kunsthandwerkliche Tradition auf Borneo gilt *pua kumbu,* eine farbenfrohe Webtechnik, mit der Kleidungsstücke für den Alltag und zu zeremoniellen Zwecken hergestellt werden.

Als talentierteste Holzschnitzer gelten die Kenyah und Kayan, die früher aus Baumstämmen riesige, sehr detailreiche *kelirieng* (Bestattungspfähle) geschnitzt haben.

Batiktechnik – ursprünglich ein indonesisches Kunsthandwerk – erfreut sich auch in Malaysia großer Beliebtheit und wird vor allem in Kelantan praktiziert. Eine Besonderheit aus Kelantan und Terengganu ist *kain songket,* ein von goldenen und silbernen Fäden durchzogener, handgewebter Stoff. Sehr viel schlichter kommt dagegen die Webart *mengkuang* daher, bei der Schraubenbaumblätter und Bambusstreifen zu Körben, Taschen und Matten verarbeitet werden.

TANZ

Menora ist ein Tanzschauspiel thailändischer Herkunft und wird von Männergruppen mit grotesken Masken aufgeführt; die weibliche Variante heißt *mak yong*. Der fröhliche *joget* (in der Gegend von Melaka besser als *chakuncha bekannt*) ist Malaysias beliebtester traditioneller Tanz. Er wird häufig von Profis auf malaiischen Hochzeiten aufgeführt.

Den *rebana kercing* stellen junge Männer zu Tamburin-Begleitung dar. Aus Terengganu stammt der *rodat,* der von der *tar*-Trommel begleitet wird.

MUSIK

Traditionelle malaiische Musik besteht im Wesentlichen aus dem Klang der *gendang* (Trommel), von denen es über ein Dutzend Arten gibt. Weitere Schlaginstrumente sind *gong, cerucap* (aus Muscheln), *raurau* (Kokosnussschale), *kertuk* und *pertuang* (beide aus Bambus) sowie *celampang* aus Holz.

Zu den Blasinstrumenten zählen verschiedene Flöten wie die *seruling* und *serunai* und die trompetenartige *nafiri;* Saiteninstrumente sind *biola, gambus* und *sundatang.*

Das *gamelan,* ein traditionelles indonesisches Gongorchester, gibt's auch in Kelantan, wo ein typisches Ensemble aus vier verschiedenen Gongs, zwei Xylophonen und einer großen Trommel besteht.

Essen & Trinken

Essen

Das köstliche Essen, das man in Malaysia genießen kann, spiegelt Einflüsse der Malaien, Chinas und Indiens wider.

Außerhalb der Städte hält sich die kulinarische Auswahl in Grenzen. Es dominieren gängige Gerichte wie *mih goreng* (gebratene Nudeln) und *nasi goreng* (gebratener Reis). Vegetarische Speisen werden meist in malaiischen und indischen Cafés, selten in *kedai kopi* (Coffeeshops) serviert. Auf Märkten gibt's ein reichhaltiges Angebot an Obst und Gemüse.

Roti canai (flaches Brot, das in etwas *dhal* und Kartoffelcurry getunkt wird) ist wohl das preiswerteste Gericht (um 1,50 RM). Hier schmeckt wirklich alles lecker und ist oft günstig, von Meeresfrüchte-*laksa* bis zu frisch gefangener und gekochter Wildkatze oder Hirschferkel, das oft in Langhäusern aufgetischt wird.

Ais kacang ist halb Getränk, halb Dessert: Das geschabte Wassereis wird mit Sirup und Kondensmilch übergossen und über Bohnen und Gelee (manchmal Maiskerne) gehäuft. Eeinfach großartig!

Getränke

In vielen Städten kann man Leitungswasser zwar trinken, aber wer sich unsicher ist, sollte es abkochen oder reinigen.

Mithilfe eines Mixers und zerstoßenem Eis entstehen innerhalb von Sekunden einfache, aber äußerst köstliche Fruchtsaftmischungen. An Straßenständen werden schreckliche Getränke aus Sojabohnen verkauft. Sojabohnenmilch bekommt man auch als alkoholfreies Flaschengetränk. Bei den gesundheitsbewussten Chinesen stehen medizinische Tees hoch im Kurs.

Alkohol wird sehr hoch besteuert. Ein Krug Bier in einem *kedai kopi* kostet 7 RM und in Bars oder Clubs etwa 15 RM. Weit verbreitet sind die Sorten Anchor und Tiger, ebenso wie das vor Ort gebraute Carlsberg und Guinness. Einheimische haben eine Schwäche für *tuak* (Reiswein), der zuerst abstoßend schmeckt, an den man sich aber angeblich gewöhnen kann. Auf dem Land wird gerne der dunkle, starke Schnaps *arak* getrunken.

Natur & Umwelt

Geografie

Malaysia hat eine Fläche von 329 874 km² und besteht aus zwei verschiedenen Regionen. Die Malaiische Halbinsel ragt als Landzunge im Süden Asiens hervor. Ihre gebirgige Nordhälfte ist teilweise von dichtem Regenwald bedeckt, dort werden ungeschützte Wälder in alarmierendem Umfang abgeholzt, meist um Ölpalmenplantagen anzulegen. An der Westseite erstreckt sich eine weite fruchtbare Ebene Richtung Meer, während Sandstrände die Ostseite säumen. Malaysisch-Borneo besteht aus Sarawak und Sabah; beide Bundesländer sind von dichtem Dschungel bedeckt und haben ausgedehnte Flusssysteme. Sabah krönt der mächtige Mount Kinabalu (4095 m), der höchste Berg zwischen dem Himalaja und Neuguinea.

Flora & Fauna

Malaysias Urwälder gleichen einem Füllhorn an Lebensformen. Allein auf der Malaiischen Halbinsel existieren 8000 Blütenpflanzenarten, darunter der höchste tropische Baum der Erde, der *tualang*. In Malaysisch-Borneo, wo seit den 1990er-Jahren Hunderte neuer Arten entdeckt wurden, wachsen die weltweit größten Blütenpflanzen, die Rafflesien, mit einem Durchmesser von bis zu 1 m. Hier gibt's auch die größten Kakerlaken der Welt.

Malaysias Säugetierpopulation umfasst Elefanten, Tapire, Tiger, Leoparden, Malaienbären, *tempadau* (Wildrinder), Gibbons sowie Affen (darunter die bizarren Nasenaffen auf Borneo und Orang-Utans) und Pangoline (Schuppentiere). Zu den farbenfrohen Vogelarten gehören imposante Eisvögel, Nektarvögel, Spechte, Bartvögel sowie spektakuläre Fasane und heilige Nashornvögel. Darüber hinaus tummeln sich viele verschiedene Schlangen wie Kobras, Vipern und Pythons. Von den weltweit sieben Schildkrötenarten stammen vier aus Malaysia: die Echte Karret-, die Suppen-, die Olivbastard- und die Lederschildkröte.

Nationalparks

Malaysias insgesamt 23 Nationalparks bedecken kaum 5 % der Landesfläche. Der größte ist der Taman Negara auf der Halbinsel; in Sarawak bzw. Sabah haben der Gunung Mulu und der Kinabalu die größte Bedeutung. Insbesondere auf Borneo zieht die seltene und einzigartige lokale Flora und Fauna regelmäßig Wissenschaftler – von Libellenexperten bis zu Palmenspezialisten – an, die neue Parks und Naturschutzgebiete auf dem Land und an den Gewässern der Umgebung befürworten. In Malaysia gibt's außerdem 13 Meeresparks, vor allem in Pulau Perhentian, Tioman und Sipadan. Allerdings werden die Schutzmaßnahmen hier nur sehr nachlässig gehandhabt.

Umweltprobleme

Zwar liefert Malaysias Regierung andere Zahlen als verschiedene Umweltgruppen, doch man kann davon ausgehen, dass bis zu 80 % des malaiischen Regenwaldes bereits abgeholzt wurden. Dies hat schwerwiegende Folgen für die Umwelt, da große Landstriche ausradiert und mit Bäumen bepflanzt wurden, die das lukrative Palmöl eintragen – in Malaysia werden mehr als 40 % des weltweit produzierten Palmöls hergestellt.

Doch als Krönung der ökologischen und sozialen Verantwortungslosigkeit gilt allgemein der Bau des umstrittenen Bakun-Damms in Sarawak. Durch das Projekt wurden ca. 690 km² (die Größe Singapurs) unberührter Urwald geflutet und 10 000 Ureinwohner vertrieben. Zwar wurde das Projekt als korrupt, unzureichend geplant und vor allem unnötig kritisiert, aber die Regierung plant schon den Bau von weiteren Dämmen in der Region.

Verantwortungsvoller Ökotourismus ist die beste Verteidigung gegen diese besorgniserregenden Entwicklungen.

PRAKTISCHE INFORMATIONEN

Allgemeine Informationen

BOTSCHAFTEN & KONSULATE

Alle aufgeführten ausländischen Botschaften befinden sich in Kuala Lumpur und sind in der Regel von montags bis freitags von 8 bis 12.30 und 13.30 bis 16.30 Uhr geöffnet.

Deutsche Botschaft (☎ 03-2170 9666; www.kuala-lumpur.diplo.de; 26. OG, Menara Tan & Tan, 207 Jln Tun Razak; Ⓜ Ampang Park)

Österreichische Botschaft (☎ 60 3 2057 8969; www.aussenministerium.at/kualalumpur, Wisma Goldhill Suite 10.01-02, 10. OG, 67 Jln Raja Chulan)

Schweizer Botschaft (☎ 60 3 21 48 06 22, http://www.eda.admin.ch/kualalumpur, 16 Pesiaran Madge)

ESSEN

Folgende Preise beziehen sich jeweils auf ein Hauptgericht.

$	unter 15 RM (3,50 US$)
$$	15–60 RM (3,50–14 US$)
$$$	über 60 RM (14 US$)

FEIERTAGE

Es gibt einige Feiertage, die jedes Jahr am selben Datum stattfinden. Da sich Hindus, Moslems und Chinesen aber nach dem Mondkalender richten, fallen viele Feiertage von Jahr zu Jahr auf einen anderen Termin.

Das bedeutendste Fest der Moslems heißt Hari Raya Puasa: Am Ende der einmonatigen Fastenzeit des Ramadan wird drei Tage lang fröhlich gefeiert. Während des Hari Raya Puasa und des Chinesischen Neujahrsfestes kann es schwierig werden, eine Unterkunft zu bekommen. Zu dieser Zeit haben auch viele Geschäfte geschlossen und Verkehrsmittel sind oft ausgebucht.

Zusätzlich zu den nationalen öffentlichen Feiertagen hat jeder Bundesstaat seine eigenen Feiertage, oft in Zusammenhang mit dem Geburtstag des Sultans oder einem muslimischen Fest.

Zu den festen nationalen Feiertagen gehören:

Neujahr 1. Januar

Federal Territory Day 1. Februar (nur in Kuala Lumpur und Putrajaya)

Good Friday März oder April (nur in Sarawak und Sabah)

Tag der Arbeit 1. Mai

Geburtstag des Königs (Yang di-Pertuan Agong) 1. Samstag im Juni

Geburtstag des Gouverneurs von Penang 2. Samstag im Juli (nur in Penang)

Nationalfeiertag (Hari Kebangsaan) 31. August

Malaysia-Tag 16. September

Weihnachten 25. Dezember

FESTE & EVENTS

In Malaysia leben viele Kulturen und Religionen zusammen. Anlässe zum Feiern finden sich das ganze Jahr über.

Der Fastenmonat Ramadan ist das wichtigste muslimische Ereignis des Jahres. 30 Tage dürfen Gläubige von Sonnenaufgang bis Sonnenuntergang nicht essen, nicht trinken, nicht rauchen und auch keinen Sex haben. Die Termine des Ramadan ändern sich jährlich, 2017 beginnt er am 27. Mai und 2018 am 16. Mai.

Chinesisches Neujahr (Jan./Feb.) Der wichtigste Feiertag der chinesischen Gemeinden wird mit Löwen- und Drachentänzen sowie Straßenparaden begangen.

Thaipusam (Jan./Feb.) Zählt zu den dramatischsten Hindu-Festivals: Anhänger dieser Glaubensrichtung ehren den Gott Subramaniam, indem sie erstaunliche physische Unverwüstlichkeit an den Tag legen. Betende geißeln sich und laufen von KLs Sri-Mahamariamman-Tempel in einer Prozession zu den Batu-Höhlen.

Großer Preis von Malaysia (März/April) Ende März oder Anfang April findet im Sepang International Circuit, Sengalor, diese wichtige Rennveranstaltung der Formel 1 statt.

Gawai Dayak (Ende Mai/Anf. Juni) Bei diesem Fest der Dayak in Sarawak wird das Ende der Reissaison mit Kriegstänzen, Hahnenkämpfen und Blasrohrwettbewerben gefeiert.

Festa de San Pedro (Juni) Christliches Fest am 29. Juni zu Ehren des Schutzpatrons der Fischer, wird ganz besonders von der eurasisch-portugiesischen Gemeinde in Melaka gefeiert.

Drachenbootfest (Juni–Aug.) Findet in Penang statt.

Rainforest World Music Festival (Juli/Aug.) Bei dem dreitägigen Kunst- und Musikfestival treten Musiker aus der ganzen Welt im Sarawak-Kulturdorf auf; Höhepunkt ist indigene Musik aus Borneo.

Nationalfeiertag (Hari Kebangsaa; Aug.) Am 31. August feiert Malaysia auf landesweiten Veranstaltungen seine Unabhängigkeit, besonders in KL mit Paraden und einem bunten Programm in den Lake Gardens.

Moon Cake Festival (Sept.) Das chinesische Fest erinnert an den Sturz der mongolischen Kriegsherren im Alten China. Man isst Mondkuchen und zündet farbenfrohe Papierlaternen an.

Festival of the Nine Emperor Gods (Okt.) Zu Ehren der neun Kaisergötter werden neun Tage lang chinesische Opern aufgeführt, außerdem gehören Prozessionen und weitere Events dazu.

Deepavali (Nov.) Bei diesem Lichterfest werden vor den Häusern der Hindus kleine Öllampen entzündet. Man feiert Ramas Sieg über den dämonischen König Ravana.

FRAUEN UNTERWEGS

Reisende Ausländerinnen erregen in Malaysia Aufmerksamkeit. Meist werden sie nur von Einheimischen angestarrt, da diese erst wenige Menschen aus dem Westen gesehen haben oder einfach neugierig sind. Es hilft und zeigt Achtung vor der Kultur, wenn man sich konservativ anzieht und lange Hosen oder Röcke sowie weite, die Schultern verhüllende Oberteile trägt. Von westlichen Frauen wird nicht erwartet, dass sie ihren Kopf mit Tüchern bedecken (außer in Moscheen). In Feriengebieten sind Shorts, ärmellose Tops und Badesachen okay, doch sich oben ohne zu sonnen ist nirgends im Land angemessen. An abgelegenen Stränden badet man am besten wie die einheimischen Frauen komplett bekleidet. In Langkawi, Cherating und auf den Perhentian-Inseln sollte man sich besonders in Acht nehmen.

Tampons und Binden bekommt man normalerweise überall, besonders in großen Städten, ebenso wie zahlreiche nicht rezeptpflichtige Medikamente.

GEFAHREN & ÄRGERNISSE

Malaysia gilt als sehr sicher, und gewalttätige Angriffe sind selten. Dennoch sollte man die übliche Vorsicht walten lassen und sich z. B. nicht nachts allein in zwielichtigen Gegenden aufhalten. In KL, Johor Bahru, Melaka und Georgetown in Penang kommt es häufiger zu Taschendiebstählen von Motorrädern aus. Hier trägt man seine Tasche also besser Richtung Bürgersteig.

Kreditkartenbetrug stellt ein zunehmendes Problem dar, deshalb empfiehlt es sich, seine Karte nur in etablierten Geschäften zu verwenden und gut auf seine Kreditkartennummer aufzupassen.

Auch Tollwut ist ein Problem: Man sollte jeden Tierbiss behandeln lassen und sehr ernst nehmen. Nach heftigen Regenfällen können Blutegel auf Dschungelwanderungen zur Plage werden.

GELD

Um Alltagsprodukte wird in Malaysia nicht gehandelt. Aber wenn man Souvenirs, Antiquitäten oder andere touristische Waren kauft, sollte man ruhig feilschen, auch wenn ein Betrag angegeben ist. Preise für Verkehrsmittel sind meist fix, doch bei Rikschas und Taxis empfiehlt es sich zu verhandeln.

Trinkgeld ist in Malaysia nicht üblich.

INTERNETZUGANG

In Malaysia gibt's WLAN-Hotspots wie Sand am Meer (gewöhnlich kostenfrei). Internetcafés sind mittlerweile weniger üblich, doch wer ohne WLAN-fähiges Gerät reist, wird sie weiterhin finden. Nur in den abgelegenen Winkeln der Halbinsel und in Malaysisch-Borneo kann es vorkommen, dass kein Internetzugang zur Verfügung steht.

ÖFFNUNGSZEITEN

Banken Mo bis Fr 10 bis 15, Sa 9.30 bis 11.30 Uhr

Restaurants 12 bis 14.30 und 18 bis 22.30 Uhr

Geschäfte 9.30 bis 19 Uhr, Einkaufszentren 10 bis 22 Uhr

In den islamisch orientierten Bundesstaaten Kedah, Perlis, Kelantan und Terengganu sind Regierungsbüros, Ämter, Banken und viele Geschäfte freitags und samstagnachmittags geschlossen.

POST

Postämter sind täglich außer sonn- und feiertags von 8 bis 17 Uhr geöffnet (in den Staaten Kedah, Kelantan und Terengganu auch freitags geschl.).

Luftpostbriefe und Postkarten zu allen Zielen kosten 50 Sen, Briefe ab 1,20 RM und Pakete bis 1 kg ab 20 RM.

RECHTSFRAGEN

Hat man es mit der örtlichen Polizei zu tun, zahlt sich respektvolles Verhalten aus. Geringfügige Vergehen können einem nachgesehen werden, aber man sollte sich nicht darauf verlassen und kein Bestechungsgeld anbieten.

Von Drogen lässt man besser die Finger: Auf Handel steht die Todesstrafe, und sogar der Besitz winziger Mengen für den persönlichen Gebrauch kann einem eine sehr lange Gefängnisstrafe oder Schläge mit dem *rotan* (Stock) einbringen.

REISEN MIT BEHINDERUNG

Für Traveller mit Behinderung ist Malaysia mitunter ein Albtraum. In den meisten Städten und Orten fehlen Fußwege; die Bordsteinkanten sind extrem hoch, und die wenigen vorhandenen Fußgängerüberwege liegen weit auseinander. Budgetunterkünfte verfügen so gut wie nie über einen Aufzug. Dafür sind die modernen städtischen Bahnlinien in KL ganz gut für Rollstuhlfahrer zugänglich.

Malaysia Airlines und KTM (die nationale Bahngesellschaft) gewähren Travellern mit Behinderungen 50 % Rabatt.

SCHWULE & LESBEN

Konservative politische Parteien und religiöse Gruppen prangern Lesben und Schwule regelmäßig öffentlich an. Malaysia ist ein Land, in dem es für Männer jeden Alters verboten ist, Sex mit anderen Männern zu haben. Allerdings werden Schwule und Lesben nur selten verfolgt. Dennoch sollten sich Lesben und (besonders) Schwule während ihres Aufenthalts in Malaysia so verhalten, dass sie keine ungewollte Aufmerksamkeit auf sich ziehen.

Unter www.utopia-asia.com findet man gute Informationen über Aktivitäten und Events von Schwulen und Lesben im Land.

STROM

Der Strom hat in Malaysia eine Spannung von 240 V bei 50 Hz; die dreipoligen Steckdosen sind vom Typ G.

TELEFON

Wer sein Handy mitbringt, benötigt nur eine malaysische SIM-Karte (5 RM) und kann damit auch problemlos ins Ausland telefonieren. Auf der Malaiischen Halbinsel sind alle großen Mobilfunkanbieter verfügbar, in den abgelegeneren Gebieten Borneos wählt man am besten Celcom (www.celcom.com.my), der das größte Gebiet abdeckt. Ein Ortsgespräch kostet um die 36 Sen pro Minute, eine SMS ebenfalls 36 Sen und 4G-Datendienste etwa 7 RM pro Woche. Guthaben für Prepaid-SIM-Karten gibt's in den meisten Minimärkten.

Für fast alle Länder lautet die Vorwahl ☎ 00. Die internationale Auskunft hat die Nummer ☎ 103.

Um Malaysia aus dem Ausland anzurufen, wählt man ☎ 60, lässt die „0" vor der malaiischen Vorwahl weg und wählt die gewünschte Nummer.

TOILETTEN

Es gibt zwar noch einige asiatische Hocktoiletten in Malaysia, doch meist findet man die westliche Variante vor. In öffentlichen Einrichtungen gibt's kein Papier, sondern einen Schlauch, den man wie ein Bidet nutzen soll; manchmal findet man auch nur einen Eimer und einen Abfluss vor.

In öffentlichen Toiletten von Einkaufszentren oder Bahnhöfen gibt's oft Personal, ihre Benutzung kostet daher 10–30 Sen; für weitere 10 Sen bekommt man ein Dutzend Blatt Toilettenpapier.

TOURISTENINFORMATION

Tourism Malaysia (www.tourismmalaysia.gov.my) unterhält ein Netz von Büros im Ausland, die bei der Reisevorbereitung nützlich sein können. Je nach Region reicht die Spanne von extrem hilfsbereit bis fast nie geöffnet. In allen Büros erhält man ein paar ordentliche Broschüren sowie kostenfreien Karten.

UNTERKUNFT

Folgende Preise beziehen sich auf ein Doppelzimmer.

$	unter 100 RM (23 US$)
$$	100–400 RM (23–93 US$)
$$$	über 400 RM (93 US$)

VISA

Jeder Malaysiabesucher braucht einen Pass, der nach der Einreise in Malaysia noch mindestens sechs Monate gültig ist. Staatsangehörige der meisten Länder bekommen bei ihrer Einreise ein Visum für 30 bis 60 Tage. Allgemein gilt, dass Flugreisende bei ihrer Ankunft ein 60-Tage-Visum erhalten. Wer auf dem Landweg anreist, darf oft nur 30 Tage bleiben, es sei denn man bittet um eine Genehmigung für 60 Tage. Detaillierte Informationen zu Visabestimmungen sind auf www.kln.gov.my zu finden.

Israelische Staatsbürger können nur unter besonderen Umständen nach Malaysia einreisen.

Sarawak und Sabah sind halbautonom. Bei der Einreise von der Malaiischen Halbinsel oder aus Sabah nach Sarawak wird der Pass kontrolliert und eine neue Aufenthaltserlaubnis ausgestellt, die gewöhnlich für die Zeit gültig ist, die einem vom Originalvisum noch bleibt. Wenn man von Sabah oder Sarawak auf die Malaiische Halbinsel zurückreist, gibt's keine Formalitäten und es beginnt keine neue Einreiseperiode, die Aufenthaltserlaubnis von Sabah oder Sarawak bleibt also gültig.

ZOLLBESTIMMUNGEN

Bei der Einreise nach Malaysia darf man nicht mehr als 1 l Alkohol und 200 Zigaretten einführen. Kameras, tragbare Radios, Parfüm, Kosmetikartikel und Uhren sind zollfrei. Der Transport von Drogen kann bis zur Todesstrafe führen – man sollte also unbedingt die Finger davon lassen.

ℹ An- & Weiterreise

AUF DEM LANDWEG

Visas bei der Ankunft sind bei Grenzübergängen nach Brunei, Indonesien, Singapur und Thailand verfügbar.

AUF DEM SEEWEG

Indonesien

Die Hauptfährenrouten zwischen Indonesien und Malaysia sind wie folgt:

- Bengkalis (Sumatra) nach Melaka
- Pulau Batam nach Johor Bahru
- Dumai (Sumatra) nach Melaka
- Medan (Sumatra) nach Penang
- Pekanbaru (Sumatra) nach Melaka
- Tanjung Pinang Bintan nach Johor Bahru
- Tanjung Balai (Sumatra) nach Pelabuhan Klang und Kukup
- Tarakan (Kalimantan) nach Tawau

Philippinen

Wöchentliche Fähren verbinden Sandakan mit Zamboanga auf der philippinischen Insel Mindanao.

Thailand
Mit der Fähre gelangt man von Kuah auf Pulau Langkawi nach Satun an der thailändischen Küste – und von November bis Mitte Mai nach Ko Lipe. Wer in eine der beiden Richtungen reist, sollte darauf achten, einen Stempel im Reisepass zu erhalten.

FLUGZEUG

Die meisten internationalen Flüge kommen am Kuala Lumpur International Airport (KLIA), 75 km südlich von Kuala Lumpur (KL) an. Er bietet zwei Terminals, wobei den KLIA2 hauptsächlich Billigflieger ansteuern. Es gibt auch Direktflüge von Asien und Australien nach Penang, Kuching, Kota Kinabalu und in ein paar andere Städte.

Unterwegs vor Ort

AUTO & MOTORRAD

Im Vergleich zu den meisten asiatischen Ländern ist das Fahren in Malaysia ein großer Spaß, denn die Straßen des Landes bieten für gewöhnlich gute Bedinungen. In der Regel stehen neuwertige Leihwagen zur Verfügung und Benzin ist preiswert (1,95 RM pro Liter). Es fallen Gebühren für den Nord-Süd-Expressway an, der an der Westküste der Malaiischen Halbinsel verläuft; mehr Informationen dazu findet man auf http://www.plus.com.my.

Es gelten im Grunde die gleichen Straßenverkehrsregeln wie in Großbritannien und Australien. Allerdings kann das Fahren in KL und anderen größeren Städten wegen der Einbahnstraßen und des Verkehrs ein Alptraum sein. Man sollte immer nach Motorradfahrern und – auf Landstraßen – nach Tieren Ausschau halten. In den Autos befindet sich das Lenkrad auf der rechten Seite und man fährt auf der linken Straßenseite. Das Tempolimit liegt offiziell bei 110 km/h.

Mietwagen kosten ohne Kilometerbegrenzung mindestens 190/1320 RM pro Tag/Woche, inklusive Versicherung und Schadenersatzverzichtklausel bei Kollisionen. Man muss einen gültigen internationalen Führerschein vorlegen können. Wenn man einen Unfall mit einem Motorrad hat und ohne Führerschein gefahren ist, muss man damit rechnen, dass die Versicherung sich aus der Verantwortung zieht.

BUS

Die Malaiische Halbinsel verfügt über ein hervorragendes Busnetz. Mit öffentlichen Verkehrsmitteln kommt man selbst in kleinere Orte und eine Vielzahl privater Unternehmen bietet weitere Fahrten an. In größeren Städten findet man manchmal gleich mehrere Busbahnhöfe. Lokale und regionale Verbindungen starten oft von einem anderen Haltepunkt als Langstreckenbusse. In anderen Fällen, z. B. in KL, gibt's zudem mehrere Busbahnhöfe für ganz unterschiedliche Reiseziele.

Auf Hauptrouten kann man normalerweise spontan auftauchen und in den nächsten Bus einsteigen. Viele Busse sind klimatisiert – man sollte aber besser seine Wintersachen rausholen, denn die Kühlung wird häufig bis zum Anschlag aufgedreht. *Ekspres* heißt in Malaysia übrigens keineswegs, dass man ohne zahlreiche Stopps vorankommt.

In Sabah verkehren häufig Expressbusse, Minivans und Sammeltaxis auf dem bogenförmigen asphaltierten Pan-Borneo-Highway von Kota Kinabalu nach Tawau. Sie kommen an zahlreichen für Touristen interessanten Orten vorbei (oder zumindest in deren Nähe), darunter der Mt. Kinabalu, Sandakan und Semporna. Ein paar Ziele wie der Gipfel des Mt. Kinabalu und Sipadan können nur im Rahmen eines Pakets gebucht werden.

Der Pan-Borneo-Highway in Sarawak, der von Kuching via Miri und Brunei nach Sabah führt, ist in sehr gutem Zustand. Expressbusse bedienen die Strecke Kuching-Miri mehrmals am Tag. Zwischen Kuching und Sibu reist man jedoch schneller mit der Fähre. Boote (oder Flugzeuge) stellen die einzige Möglichkeit dar, in manche Teile im Landesinneren vorzudringen. Die Zahl der täglichen Busverbindungen nach/ab Brunei und von Miri via Brunei nach Kota Kinabalu ist sehr überschaubar.

FAHRRAD

Die Hauptstraßen sind asphaltiert und deshalb für Fahrradtouren gut geeignet. Dagegen hält sich das Nebenstraßensystem in Grenzen. Für Streifzüge abseits der üblichen Routen empfiehlt sich ein Mountainbike.

KL Bike Hash (www.klmbh.org) hat jede Menge nützliche Infos zum Radfahren und Links zu anderen malaysischen Websites. Ebenfalls empfehlenswert ist Bicycle Touring Malaysia (www.bicycletouringmalaysia.com).

FLUGZEUG

Die größten inländischen Gesellschaften sind **Malaysia Airlines** (MAS; ☎ 1300 883 000, international 03-7843 3000; www.malaysiaairlines.com); **Firefly** (☎ 03-7845 4543; www.fireflyz.com.my); **AirAsia** (☎ 600 85 8888; www.airasia.com) und **Malindo Air** (☎ 03-7841 5388; www.malindoair.com).

In Malaysisch-Borneo bietet **MASwings** (☎ 03-7843 3000, außerhalb Malaysias 1300 883 000; www.maswings.com.my) Inlandsflüge in sowie zwischen Sarawak und Sabah. Während der Schulferien sind diese Flüge sehr oft ausgebucht.

NAHVERKEHR

Mit Bussen und Taxis kann man fast überall rechnen. In einigen Städten der Malaiischen Halbinsel verkehren noch einige wenige Fahrradrikschas, etwa in Georgetown und Melaka.

In den größeren Städten von Malaysisch-Borneo gibt's Taxis, Busse und Minibusse. In den Dörfern muss man entweder laufen oder trampen. Im Dschungel greift man auf Flussboote und Flugzeuge zurück oder geht alternativ lange Strecken zu Fuß.

SCHIFF/FÄHRE

Zwischen Malaysisch-Borneo und der Halbinsel gibt's keine Verbindung. Regionale Fähren und Boote verkehren zwischen der Halbinsel und den Inseln vor der Küste sowie auf den Flüssen von Sabah und Sarawak. In ein überladenes oder seeuntauglich wirkendes Boot sollte man auf keinen Fall einsteigen.

TAXI

Laut Gesetz muss jeder Fahrer ein vorhandenes Taxameter auch einschalten – entweder besteht man beharrlich darauf oder handelt schlicht und einfach den Preis aus, bevor man einsteigt.

Im Vergleich zu Bussen sind Langstrecken- bzw. Sammeltaxis teuer. Sie haben feste Preise und fahren erst ab, wenn alle Plätze besetzt sind (in der Regel vier). Zwischen größeren Städten hat man eine gute Chance, auf andere Reisende zu treffen, ohne allzu lange warten zu müssen. Ansonsten muss man wahrscheinlich ein ganzes Taxi nehmen.

TRAMPEN

Trampen ist nie vollkommen sicher und wir können es deswegen nicht empfehlen. Zwar gilt Malaysia seit Langem als hervorragender Ort zum Trampen, aber die meisten Traveller greifen dennoch auf das einfache Reisen mit Bussen zurück. An der Westküste kann man gut trampen, auf den *lebuhraya*, den größeren Schnellstraßen, ist es jedoch nicht möglich. Dagegen herrscht an der Ostküste weniger Verkehr und es kann zu langen Wartezeiten zwischen den Fahrten kommen.

ZUG

Es gibt Express- & Lokalzüge. Erstere sind klimatisiert und haben zwei oder drei Klassen: „premier" (1. Klasse), „superior" (2. Klasse) sowie manchmal auch „economy" (3. Klasse). Nachtzüge verfügen über „premier night deluxe"-, „premier night standard"- und „standard night"-Abteile. Lokalzüge haben meist nur die Holzklasse, aber einige verfügen über VIP-Sitze. Die Expresszüge halten nur an den Hauptstationen, während die Lokalzüge überall stoppen, oft auch mitten im Dschungel.

Malaiische Halbinsel

Malaysias privatisierte nationale Eisenbahngesellschaft **Keretapi Tanah Melayu** (KTM; ☎1300 885 862; www.ktmb.com.my) bietet einen modernen, komfortablen und günstigen Service, allerdings gibt's nur zwei Routen, auf denen es häufig recht langsam vorangeht.

Die eine Strecke führt von Singapur an der Westküste entlang über KL und Butterworth bis nach Thailand. Die andere zweigt in Gemas ab und windet sich von dort aus durch Kuala Lipis in die nordöstliche Ecke des Landes nahe Kota Bharu in Kelantan. Diese „East Coast Railway" wird oft auch einfach als „Dschungelzug" bezeichnet.

Malaysisch-Borneo

In Sabah fährt die North Borneo Railway (www.suteraharbour.com/north-borneo-railway), eine Schmalspurbahn von Tenom nach Beaufort, durch die Schlucht Sungai Padas. Mittwochs und samstags sind vierstündige touristische Ausflüge verfügbar.

Myanmar (Birma)

☎95 / 51,4 MIO. EW.

Inhalt ➡

Gut essen

- Aung Padamyar (S. 553)
- Cherry Mann (S. 518)
- Daw Yi (S. 532)
- Shan Ma Ma (S. 545)

Kultur erleben

- Hsipaw (S. 554)
- Kyaingtong (S. 541)
- Mrauk U (S. 567)
- Mawlamyine (S. 532)

Auf nach Myanmar

Jetzt ist genau die richtige Zeit, um dieses außergewöhnliche Land mit seinen unzähligen goldenen Pagoden zu besuchen, in dem noch das traditionelle asiatische Leben geführt wird und in dem bisher unzugängliche Gegenden ihre ersten Besucher seit Jahrzehnten begrüßen. Während das Land vorsichtige Schritte in Richtung Demokratisierung unternimmt, öffnet es sich für die Außenwelt. Doch das Tempo des Umbruchs bleibt recht gemächlich und dem einzigartigen und zauberhaften Land ist der Massentourismus bisher noch fremd.

In Myanmar hat man noch immer Gelegenheit, die Hektik des modernen Lebens hinter sich zu lassen. Bei der langsamen Fahrt durch die Provinzen erfreut man sich an der schönen Landschaft mit mäandrierenden Flüssen, sattgrünen Regenwäldern, Dörfern indigener Völker und unberührten Palmenstränden. Und am schönsten sind die Begegnungen mit den freundlichen, witzigen, rücksichtsvollen, wissbegierigen und leidenschaftlichen Einheimischen.

Reisezeit

Yangon

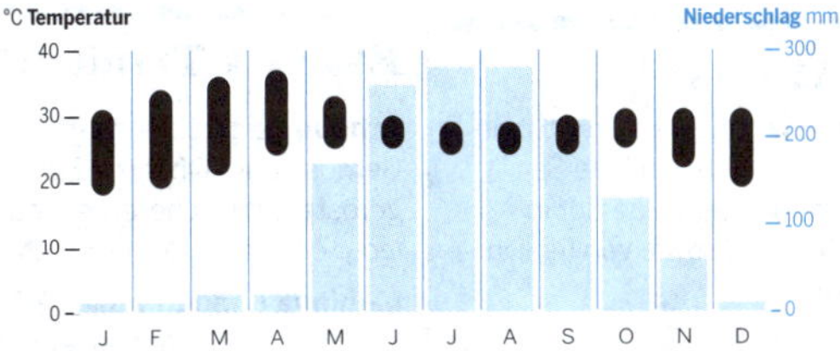

Jan. Am Unabhängigkeitstag (4. Jan.) wird das Ende der britischen Herrschaft gefeiert.

April Das Wasserfest (Thingyan) ist toll, findet aber in der heißesten Jahreszeit statt.

Dez. Hauptsaison. Während der Weihnachtsferien strömen viele Besucher her.

AUF EINEN BLICK

Geld Überwiegend Bargeld.

Handy Myanmarische SIM-Karten sind jetzt vierlerorts erhältlich.

Sprache Birmanisch

Visa 28 Tage.

Währung Myanmarischer Kyat (K)

Kurzinfos

Fläche 676 578 km²

Hauptstadt Nay Pyi Taw

Notfall Polizei (Yangon) ☎199

Wechselkurse

Eurozone	1 €	1415 K
Laos	10 000 K	1571 K
Thailand	10 B	360 K
USA	1 US$	1279 K

Preise

Pension 10–40 US$

Straßenküche 3000 K

Großes Bier 2000 K

Kurze Taxifahrt in Yangon 2000 K

Anreise

Die wichtigsten Grenzübergänge sind von Mae Sai, Ranong und Mae Sot in Thailand sowie von Ruili in China.

Nicht versäumen

Myanmar ist eins der frommsten buddhistischen Länder der Welt. Yangons Shwedagon Paya, Mandalays Mahamuni Paya und Bagans Tempelebene sind die wichtigsten Sehenswürdigkeiten, aber es gibt noch viele weitere beeindruckende religiöse Stätten. Ein zehn Stockwerke hoher sitzender Buddha wacht über den Shwesandaw Paya auf dem Gipfel des Hügels Pyay und bietet einen weiten Ausblick über die Stadt. Zahlreiche Tempel und Klöster prägen die alte Hauptstadt des Rakhaing-Reichs Mrauk U, während man sich am Mt. Kyaiktiyo den Pilgern anschließen kann.

REISEROUTEN

Eine Woche

Die Woche beginnt mit einem Besuch des Shwedagon Paya in Yangon und des Bogyoke-Aung-San-Markts. Per Nachtbus geht's nach Mandalay, wo man den Mandalay Hill besteigt und den berühmten Mahamuni Paya besichtigt; danach steht das wunderschöne Teakholzkloster Shwe In Bin Kyaung auf dem Programm. Morgens schippert man nach Mingun zu einem riesigen beschädigten Stupa, bei Sonnenuntergang zur U-Bein-Brücke in Amarapura und fährt dann per Bus oder Boot weiter nach Bagan, um ein paar Tage lang die Tempel zu erkunden.

Drei Wochen

Im Anschluss an die oben beschriebene erste Woche geht's zum Inle-See. Ab Kalaw bietet sich eine Trekkingtour (mind. 2 Tage) an. Von Bago aus erkundet man den Mt. Kyaiktiyo und kommt in Mawlamyine auf den Geschmack des tropischen Myanmar. Im Süden kann man anschließend selten besuchte Strände erkunden oder man nutzt Hpa-an als Basis zur Erkundung der üppig grünen Landschaft mit ihren heiligen Höhlen und Kalkbergen. Zurück in Yangon, fliegt man nach Sittwe und lässt sich mit dem Boot zu den beeindruckenden Tempelruinen von Mrauk U (mind. 4 Tage) bringen.

Essen & Trinken

Ăthouq Leichte, herzhafte und scharfe Salate aus rohem Gemüse oder Obst mit Zitronensaft, Zwiebeln, Erdnüssen, geröstetem Kirchererbsenpulver und Chilis. Weitverbreitet ist *leq-p'eq thouq*, der fermentierte Teeblätter enthält.

Mohinga („moun-hinga") Beliebtes Frühstücksgericht aus Fischsuppe mit Reisnudeln und vielen anderen Zutaten.

Shan khauk-swe Dünne Weizennudeln in leichter Brühe mit Fleisch oder Tofu. Wird im ganzen Land gegessen, ist aber für Mandalay und den Shan-Staat typisch.

Htamin chin Wörtlich „saurer Reis". Der gelbwurzfarbene Reissalat stammt aus dem Shan-Staat.

Schwarzer Tee Wird mit viel Milch und Zucker getrunken.

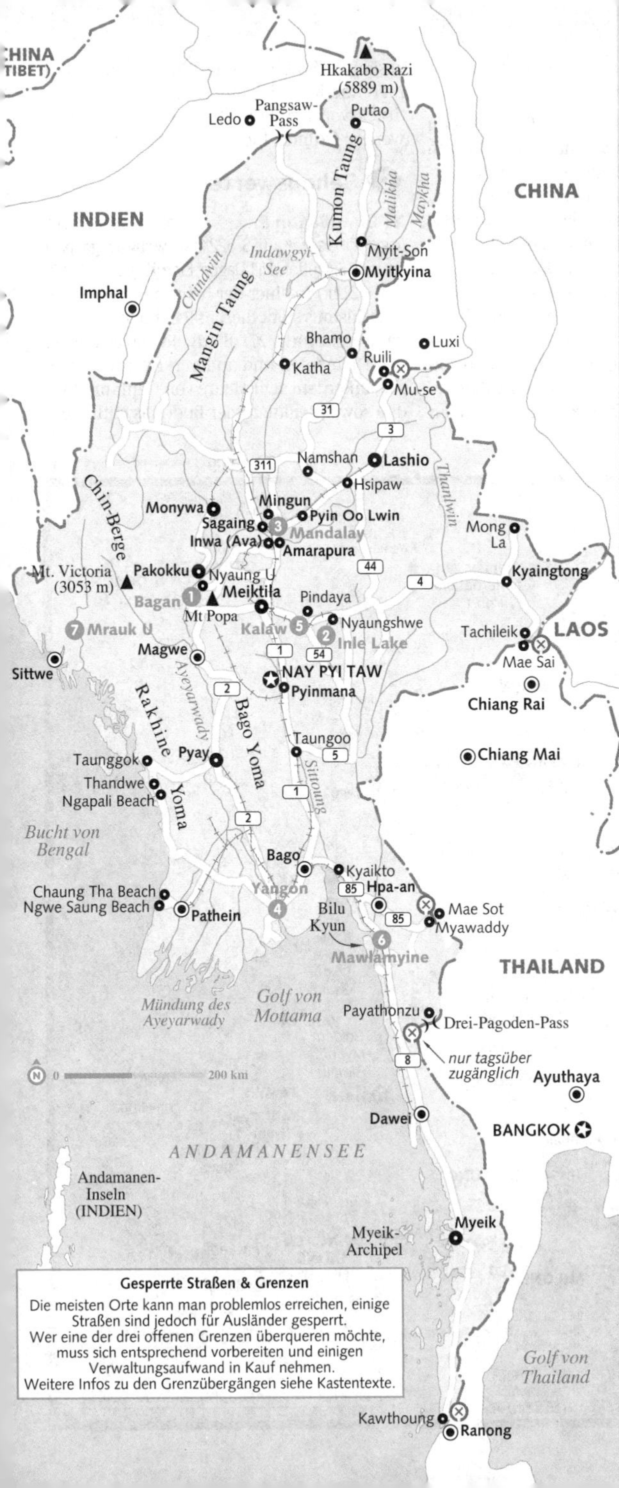

Highlights

1 In einigen der über 4000 buddhistischen Tempel von **Bagan** (S. 556) die Stille genießen und von den oberen Terrassen eines der *paya* (Tempel) einen Sonnenaufgang im Nebel erleben.

2 Länger als geplant an dem von schwimmenden Dörfern, Klöstern auf Stelzen und Wassergärten umgebenen, wunderschönen **Inle-See** (S. 535) verweilen.

3 **Mandalay** (S. 542) als Tor zum Besuch des alten Amarapura mit seiner berühmten Teakholzbrücke und Ausblicken auf die Stupas von Sagaing nutzen.

4 Den überwältigenden Shwedagon Paya, den wichtigsten buddhistischen Tempel des Landes, und den Trubel der Wiedergeburt von **Yangon** (S. 514) erleben.

5 Zwischen dem Inle-See und **Kalaw** (S. 539) durch bewaldete Hügel, Felder und zu den faszinierenden, freundlichen Dörfern der ethnischen Minderheiten wandern.

6 Das stille tropische **Mawlamyine** (S. 532) mit seiner Kolonialarchitektur, seinen alten Pagoden und den nahen Stränden erkunden.

7 Sich im zeitlosen **Mrauk U** (S. 567), der einstigen prächtigen Hauptstadt von Rakhaing, zwischen Hunderten Ruinen von Tempeln und Befestigungsanlagen verlaufen.

YANGON

☎ 01 / 7,36 MIO. EW.

Die frühere Hauptstadt, die bis 1989 Rangoon (dt. Rangun) hieß, schaut nach der blutigen Zeit der Militärherrschaft einer Ära der verheißungsvollen Möglichkeiten entgegen. Exilanten kehren zurück, ausländische Investoren und Abenteurer strömen in die Stadt und lösen die Entstehung neuer Restaurants, Bars, Geschäfte, Baustellen und Verkehrsstaus aus.

Yangons Ehrfurcht gebietender buddhistischer Tempel Shwedagon Paya ist von fast überall in der Stadt zu sehen und die Attraktion Myanmars, die man auf jeden Fall gesehen haben muss. Belebte, von Essensständen gesäumte Straßen, bunte Märkte und faszinierende Kolonialbauwerke, die zu den eindrucksvollsten Südostasiens gehören, sind weitere Gründe, hier länger zu verweilen.

Sehenswertes

★ Shwedagon Paya BUDDHISTISCHER TEMPEL

(ရွှေတိဂုံဘုရား; Karte S. 522 f.; www.shwedagonpagoda.com; Singuttara Hill, Dagon; Eintritt 8000 K/8 US$; ⌚ 4–22 Uhr) In einer der heiligsten Stätten des Buddhismus steht dieser 99 m hohe *zedi* (Stupa), verziert mit 27 t Blattgold sowie Tausenden Diamanten und anderen Edelsteinen. Er soll außerdem acht Haare von Gautama-Buddha sowie Relikte dreier Buddhas enthalten.

Yangon

N 0 2 km

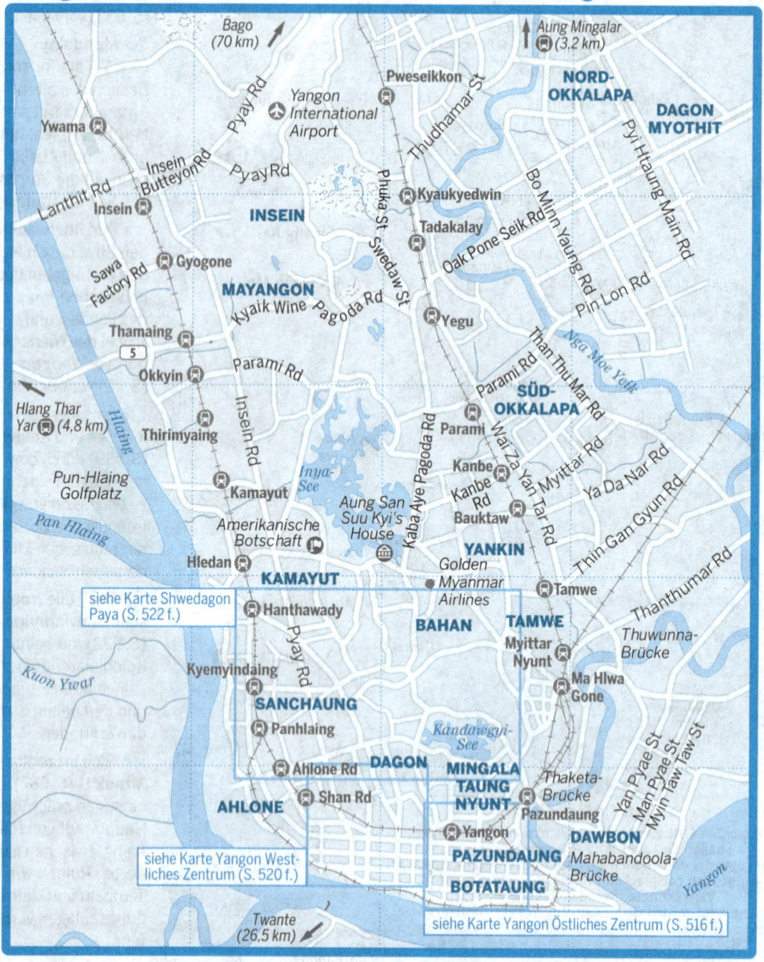

Vier Eingangstreppen führen zur Hauptterrasse. Wem der Sinn nach Ruhe steht, kommt am besten in der kühlen Morgendämmerung. Oder man schaut sich von hier den Sonnenuntergang an, wenn der goldene Stupa blutrot erstrahlt.

★ Botataung Paya — BUDDHISTISCHER TEMPEL

(ဗိုလ်တထောင်ဘုရား; Karte S. 516 f.; Strand Rd, Botataung; Eintritt 3 US$/4000 K; 6–21.30 Uhr) Durch das weitläufige Areal am Fluss und die relativ niedrigen Besucherzahlen hat Botataung eine bodenständigere, spirituellere Atmosphäre als der Shwedagon oder der Sule Paya. Am originellsten ist der vom Boden bis zur Decke vergoldete Zickzackkorridor, der sich um das hohle Innere des 40 m hohen goldenen *zedi* (Stupa) schlängelt. Bemerkenswert sind auch der Bronze-Buddha, der früher im königlichen Palast in Mandalay zu Hause war, und ein großer Teich mit Hunderten Sumpfschildkröten.

Sule Paya — BUDDHISTISCHER TEMPEL

(ဆူးလေဘုရား; Karte S. 516 f.; Ecke Sule Paya Rd & Mahabandoola Rd, Pabedan; Eintritt 3 US$/3000 K; 5–21 Uhr) Nicht jede Stadt kann sich damit rühmen, dass auf ihrem größten Verkehrskreisel ein 2000 Jahre alter goldener Tempel steht. Der 46 m hohe *zedi,* der älter als der Shwedagon Paya sein soll, ist ein schönes Beispiel für die Verschmelzung von modernem asiatischem Geschäftsleben mit alter birmanischer Tradition.

Am stimmungsvollsten präsentiert sich der Tempel kurz nach Sonnenuntergang.

Nationalmuseum — MUSEUM

(အမျိုးသားပြတိုက်; Karte S. 520 f.; 66/74 Pyay Rd, Dagon; Eintritt 5 US$/5000 K; Di–So 9.30–16.30 Uhr) Auch wenn die Sammlung des Museums erstaunlich schlecht ausgeschildert und beleuchtet ist, lohnen die Schätze in dem riesigen Gebäude einen Besuch.

Das Highlight ist der spektakuläre, vor Juwelen strotzende 8 m hohe Sihasana (Löwenthron), der Thibaw Min gehörte, dem letzten König Myanmars. Eigentlich handelt es sich mehr um ein Eingangstor als einen Thron – aber egal, imposanter als die eigene Haustür ist sie auf jeden Fall.

Mahabandoola-Gärten — PARK

(မဟာဗန္ဓုလပန်းခြံ; Karte S. 516 f.; Mahabandoola Garden St, Kyauktada; 6–18 Uhr) Im Herzen des Stadtzentrums lädt dieser Park mit gutem Kinderspielplatz zu einem netten Spaziergang ein und gewährt einen schönen Blick auf die historischen Gebäude ringsum, darunter das **Rathaus**, das **Oberste Gericht** und das alte Warenhaus **Rowe & Co.**

Die auffälligste Attraktion im Park ist das **Unabhängigkeitsdenkmal** (Karte S. 516 f.), ein 50 m hoher weißer Obelisk, umringt von zwei konzentrischen Kreisen mit *chinthe* (Gottheiten, die halb Löwe, halb Drache sind).

Musmeah-Yeshua-Synagoge — SYNAGOGE

(Karte S. 520 f.; 85 26th St, Pabedan; 9–14 Uhr, Sabbat-Gottesdienst Fr 16–17 Uhr) In der Mitte des liebevoll erhaltenen Bauwerks aus dem Jahr 1896 befindet sich die Bima (Plattform mit einem Lesetisch für die Thora) und im Stockwerk darüber der Frauenbalkon. Auf der hölzernen Decke ist der originale blau-weiße Davidstern zu sehen. Um sicherzustellen, dass man die Synagoge auch wirklich betreten kann, kontaktiert man am besten Sammy Samuels unter info@myanmarshalom.com.

★ Chaukhtatgyi Paya — BUDDHISTISCHER TEMPEL

(ခြောက်ထပ်ကြီးဘုရား; Karte S. 522 f.; Shwegondine Rd, Tamwe; 6–20 Uhr) Dieser schöne 65 m lange ruhende Buddha ist in einer großen Halle mit Metalldach untergebracht. Obwohl er größer ist als ein ähnliches, aber bekannteres Bildnis in Bago, haben viele noch nie von ihm gehört. Die Statue hat ein gelassenes Gesicht und trägt eine mit Diamanten und anderen Edelsteinen besetzte Krone.

★ Ngahtatgyi Paya — BUDDHISTISCHER TEMPEL

(ငါးထပ်ကြီးဘုရား; Karte S. 522 f.; Shwegondine Rd, Tamwe; Eintritt 2 US$/2000 K; 6–20 Uhr) Fast direkt gegenüber vom Chaukhtatgyi Paya befindet sich der Ngahtatgyi Paya mit einer prächtigen 14 m hohen Figur eines sitzenden Buddhas. In Gold und Weiß gekleidet und mit Edelsteinen verziert ruht er ganz in sich selbst: Dies ist einer der eindrucksvollsten sitzenden Buddhas im Süden Myanmars. Schon wegen des aus Holz geschnitzten Hintergrunds lohnt sich der Besuch.

Kandawgyi-See — SEE

(ကန်တော်ကြီး; Karte S. 522 f.; Kan Yeik Thar Rd, Dagon; Eintritt 2000 K) Diesen künstlichen See, auch Royal Lake genannt, bauten die Briten als Reservoir. Am schönsten ist er bei Sonnenuntergang, wenn sich in seinem ruhigen Wasser der glitzernde Shwedagon spiegelt. Der Fußweg, der vor allem an der Süd- und Westseite des Sees verläuft, ist ideal zum Joggen oder für einen Spaziergang am frühen Morgen.

Schlafen

Wenn nicht anders vermerkt, ist bei den folgenden Unterkünften das Frühstück inklusive.

Yangon Östliches Zentrum

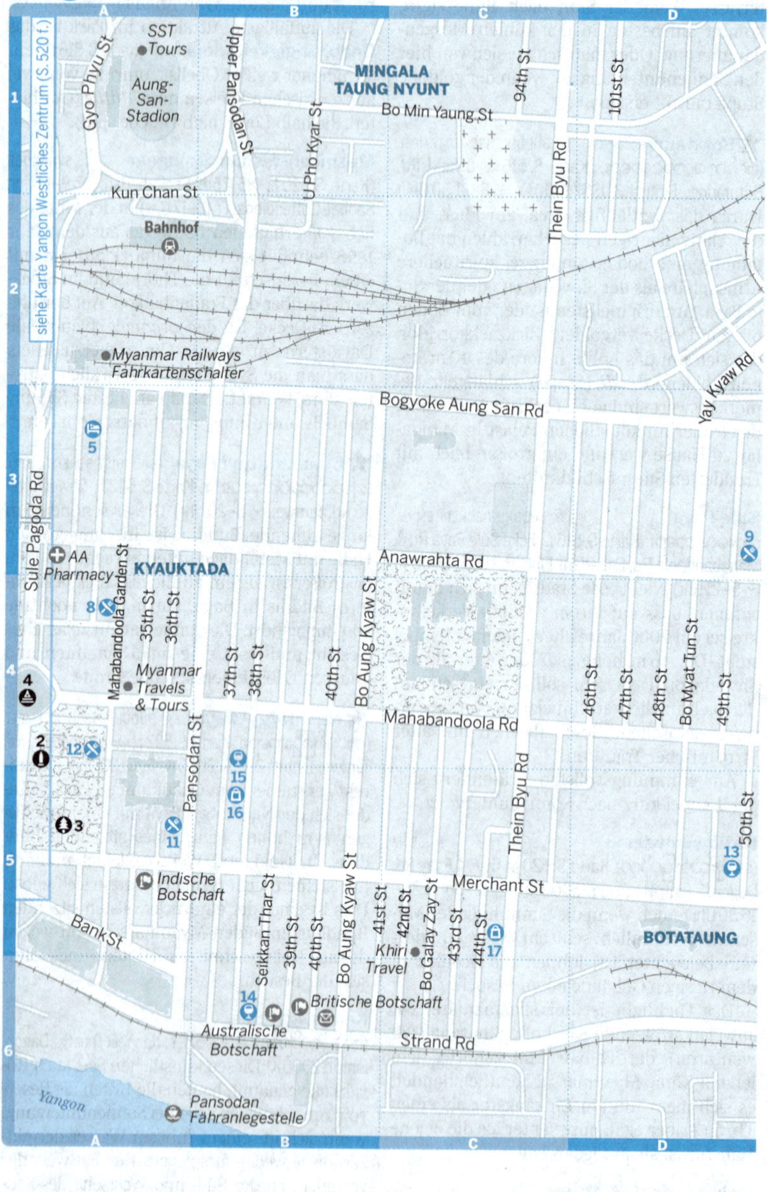

★ **Pickled Tea Hostel** HOSTEL **$**
(Karte S. 522 f.; ☎ 09 25090 3363; www.pickledteahostel.com; 11 Myaynigone Zay St; B im 4-/6-Bett-Schlafsaal 24/19 US$, DZ 38–52 US$; ❄ 📶) Das abgeschiedene Hostel liegt etwas versteckt nördlich des Zentrums und ist zu Fuß etwa 15 Minuten von der Shwedagon-Pagode entfernt. Die großen, opulenten Schlafsäle haben richtige Betten und Schließfächer, außerdem gibt's eine schöne Terrasse und drinnen einen netten kleinen Gemeinschaftsbereich.

Yangon Östliches Zentrum

Highlight
1 Botataung Paya E6

Sehenswertes
2 Unabhängigkeitsdenkmal A4
3 Mahabandoola Garden A5
4 Sule Paya A4

Schlafen
5 Beautyland Hotel II A3
6 Mother Land Inn 2 .... F3
7 Three Seasons Hotel E4

Essen
8 999 Shan Noodle Shop A4
9 Lucky Seven D3
10 Myaung Mya Daw Cho E3
11 Rangoon Tea House A5
12 Samusa Thoke Vendors A4

Ausgehen & Nachtleben
13 50th Street Bar & Grill D5
14 Strand Bar B6
15 Blind Tiger F3

Shoppen
16 Bagan Book House B5
17 Pomelo C5

4 Rivers Youth Hostel HOSTEL $
(Karte S. 520 f.; ☎ 09 79988 7215; info@fourrivershostels.com; 79 12th St; B im 3-/6-/8-/10-Bett-Schlafsaal 18/15/15/13 US$; ❄📶) In diesem neuen Hostel im Herzen des Zentrums gibt's nur Schlafsäle. Fenster sucht man vergebens, aber die Räume sind sauber, wenn auch etwas klein, und haben bequeme Betten. Dazu kommen noch ein kleiner Gemeinschaftsbereich und eine Küche. Das Personal gibt sich viel Mühe, die Gäste zufriedenzustellen.

MGM Hotel HOTEL $
(Karte S. 520 f.; ☎ 01-212 455; www.hotel-mgm.com; 160 Wadan St; EZ/DZ/3BZ 35/40/45 US$; ❄📶) Eine solide Unterkunft am Westrand der Innenstadt. Die Zimmer reichen von sehr groß bis nicht ganz so geräumig, sind aber alle gut in Schuss und verfügen über Fenster und annehmbare Bäder. Das Personal kann Bustickets buchen und das WLAN im Haus ist verlässlich.

Mother Land Inn 2 HOTEL $
(Karte S. 516 f.; ☎ 01-291 343; www.myanmarmotherlandinn.com; 433 Lower Pazundaung Rd, Pazundaung; EZ/DZ 30/35 US$, mit Gemeinschaftsbad 27/30 US$; ❄@📶) Inzwischen erscheinen die Zimmer hier ein bisschen altbacken, aber sie sind sauber und genügend groß. Ins Herz der Innenstadt ist es ein langer Spaziergang oder eine kurze Taxifahrt, aber das nette und hilfsbereite Personal hilft gern mit guten Reisetipps und -dienstleistungen weiter. Die billigeren Zimmer haben nur Ventilatoren.

Three Seasons Hotel PENSION $

(Karte S. 516 f.; ☎ 01-901 0066; threeseasonshotel7@gmail.com; 83–85 52nd St, Pazundaung; EZ/DZ/3BZ 25/35/45 US$; ❄@📶) Die acht Zimmer dieser gemütlichen Unterkunft sind nicht gerade modern, aber geräumig und makellos sauber und verfügen über große Bäder. Auf der Terrasse sitzt man angenehm im Schatten von Bäumen und kann Passanten beobachten.

Beautyland Hotel II HOTEL $

(Karte S. 516 f.; ☎ 01-240 054; www.goldenlandpages.com/beauty; 188–192 33rd St, Kyauktada; EZ 26 US$, DZ 32–40 US$; ❄📶) Altmodische, aber saubere und nicht zu kleine Zimmer sowie ein effizienter Service machen dieses Hotel zu einer verlässlichen Budgetoption. Die billigsten Räume sind fensterlos, in die teureren strömt jede Menge Tageslicht.

20th Street Hostel HOSTEL $

(Karte S. 520 f.; ☎ 01-251 931; hostel.20street@gmail.com; 23 20th St; B 9 US$, Zi. 22 US$; ❄📶) Enge Schlafsäle und zweckmäßige Zimmer, alle mit Gemeinschaftsbad. Aber die sauberen Räumlichkeiten und die Lage im Zentrum von Yangon rechtfertigen den Preis. Das Personal ist sehr um die Gäste bemüht.

VERWÖHNPROGRAMM

Im **Rangoon Tea House** (Karte S. 516 f.; ☎ 01-122 4534; info@rangoonteahouse.com; 1/F 77–79 Pansodan Rd; Hauptgerichte ab 4500 K; ⏲ 8–22 Uhr; 🚭📶📋) erblickt man vielleicht die Zukunft des Landes: eine Hipster-Teestube, die neue Interpretationen traditioneller birmanischer Küche sowie Cocktails mit birmanischem Einschlag serviert. Alle üblichen Teestubensnacks wie Samosas, Parathas und Bao sind erhältlich, doch in größeren Portionen als anderswo und mit besseren Zutaten. Außerdem gibt's Currys, Biryanis und ein paar Fusion-Gerichte wie Schweinskoteletts mit Teeblattmarinade. Genauso gut sind die Getränke – besonders der Mandalay Rum Sour hat's in sich. Und genau wie das Essen sind auch die Cocktails nicht billig (ab 6500 K), doch zur täglichen Happy Hour von 16 bis 19 Uhr kosten sie nur die Hälfte. Und wer nur eine Tasse Tee möchte, kann auch die bekommen; allerdings kostet sie 1500 K. Das Teehaus befindet sich über einem Handyladen von T-Land Mobile; der Eingang ist an der Seite des Geschäfts.

Essen

Yangon bietet die beste Restaurantauswahl in ganz Myanmar. Neben Straßenhändlern, die günstige Snacks verkaufen, gibt's in der Innenstadt viele preiswerte birmanische, Shan-, China- und indische Lokale. Gehobenere Restaurants im westlichen Stil findet man im wohlhabenden Norden der Stadt, wo auch die meisten Ausländer leben. Die meisten Restaurants haben von etwa 7 bis 21 Uhr geöffnet – nach 21 Uhr bekommt man nur schwer noch etwas zu essen.

Die zahlreichen Teestuben der Stadt eignen sich nicht nur für eine Tasse aromatischen Tee mit Milch oder einen Kaffee; hier kann man auch gut Einheimische kennenlernen, Snacks essen oder oft besser als in der eigenen Pension frühstücken.

In der Anawrahta Road, westlich der Sule Paya Road, gibt's viele unglaublich billige indische Biryani-Läden (auf Birmanisch *keyettha dan bauk*). *Thali*-Mahlzeiten, bei denen unbegrenzt nachserviert wird, oder Biryanis kosten etwa 1000 K.

★ **Cherry Mann** BIRMANISCH-MUSLIMISCH $

(Karte S. 520 f.; 80 Latha St; Hauptgerichte ab 3000 K; ⏲ 10.30–23 Uhr; 📋) Ein ausgezeichnetes und freundliches muslimisches Restaurant und eine gute Adresse für Kebabs, Currys und Biryanis, serviert mit *paratha* (indischem Brot). Besonders gut sind die Kebabs, aber das gesamte Essen ist hygienisch einwandfrei und lecker. Wenn's voll ist, muss man vielleicht auf einen Tisch warten. Kein Alkoholausschank.

Lucky Seven TEESTUBE $

(Karte S. 516 f.; 49th St, Pazundaung; Tee & Snacks ab 400 K; ⏲ Mo–Sa 6–17.30, So bis 12 Uhr; 📋) Dies ist die am zentralsten gelegene Filiale einer kleinen Kette erstklassiger traditioneller Teestuben und weit mehr als eine Anlaufstation für eine Tasse Tee. Die Tische draußen an der Straße sind von Grünzeug flankiert und es gibt sogar einen Zierteich. Die *mohinga* (600 K) ist herausragend – am besten bestellt man sie mit knusprigem Flaschenkürbis oder einem herzhaften Blätterteigbrötchen.

Nilar Biryani & Cold Drink INDISCH $

(Karte S. 520 f.; 216 Anawrahta Rd, Pabedan; Biryanis ab 1400 K; ⏲ 4–23 Uhr; 📋) Vor dem kunter-

YANGONS STRASSENKÜCHE

Das Straßenessen in Yangon kann sowohl überwältigend als auch eine gewaltige Herausforderung sein (Spieße mit Innereien vom Schwein gefällig?). Hier eine Liste unserer Lieblingsgerichte und Tipps, wo man sie bekommt:

Samusa thoke Bei Tag bieten einige **Verkaufsstände** (Karte S. 516 f.; Mahabandoola Garden St, Kyauktada; Samosas 500 K) am Mahabandoola Garden diesen „Salat" aus Samosa-Scheiben in dünner Linsensoße an.

Bein moun & moun pyar thalet Die köstlichen „birmanischen Pfannkuchen" (200 K) werden süß *(bein moun)* oder scharf *(moun pyar thalet)* zubereitet. Man bekommt sie Tag und Nacht an den meisten Straßenecken der Stadt.

Dosai Abends verkaufen zahlreiche Straßenstände entlang der Anawratha Street dünne indische Crêpes (ab 500 K), die auf Birmanisch *to-shay* heißen.

Mohinga Diese Frühstückssuppe aus Reisnudeln und Fischbrühe gibt's fast überall, aber wir empfehlen **Myaung Mya Daw Cho** (Karte S. 516 f.; 149 51st St, Pazundaung; Nudeln ab 600 K; ⏲4.30–9 Uhr). Man erkennt den Laden an einem grünen Schild in der Nähe einiger Bäume. Eine gehobenere **Filiale** (Karte S. 522 f.; ☎01-559 663; 118A Yay Tar Shay Old St, Bahan; Nudeln 600 K; ⏲5–11 Uhr) befindet sich in der Nähe des Shwedagon Paya.

Grillgerichte An der 19th Street zwischen der Mahabandoola Road und der Anawrahta Road servieren jeden Abend Dutzende von Ständen und Open-Air-Restaurants **Grillgerichte** (Karte S. 520 f.; 19th St, Latha; Grillspieße ab 400 K; ⏲17–23 Uhr) und Bier vom Fass.

bunten indischen Imbiss sieht man riesige Kessel voller Gewürze, Brühe und Reis. Der Laden ist immer voll, denn die Biryanis, die hier serviert werden, gehören zu den besten Reisgerichten, die man in ganz Yangon bekommen kann. Am späten Nachmittag ist nicht mehr viel übrig, also früh da sein!

Aung Thukha BIRMANISCH $
(Karte S. 522 f.; ☎01-525 194; 17A 1st St, Bahan; Currys ab 3000 K; ⏲10–21 Uhr) Das Aung Thukha ist eine alteingesessene Institution und ein toller Ort, um myanmarisches Essen zu probieren, von reichhaltigen Currys mit Fleisch bis zu leichten, frisch zubereiteten Salaten. Der freundliche Service und das spürbar traditionelle Ambiente tragen dazu bei, dass man sich wie bei jemandem zu Hause fühlt.

999 Shan Noodle Shop SHAN-KÜCHE $
(Karte S. 516 f.; 130/B 34th St, Kyauktada; Nudelgerichte ab 1200 K; ⏲6–19 Uhr; 📋) Winziges, buntes Lokal hinter dem Rathaus. Auf der Karte stehen Nudelgerichte wie *Shàn k'auq swèh* (dünne Reisnudeln in leicht scharfer Hühnerbrühe) und *myi shay* (Nudelsuppe nach Art von Mandalay) sowie leckere Gerichte ohne Nudeln, etwa Shan-Tofu (der in Wirklichkeit aus Kichererbsenmehl gemacht wird) und der köstliche gelbe Shan-Reis mit Tomaten.

Cyclo BIRMANISCH-VIETNAMESISCH $
(Karte S. 520 f.; www.cycloresto-yangon.com; 133 Lanmadaw St; pho ab 3200 K; ⏲7–22 Uhr; 📶) Die beste Adresse der Stadt für eine Schüssel *pho*. Es gibt viele Variationen der reichhaltigen Brühe und die Nudelsorte wählt man jeweils selbst. Auf der Karte stehen auch Frühlingsrollen, Salate und eine Reihe teurerer Grillgerichte und Fleischeintöpfe. Außerdem wird hier echter vietnamesischer Kaffee serviert (2000 K).

Feel Myanmar Food BIRMANISCH $
(Karte S. 520 f.; ☎01-511 6872; www.feelrestaurant.com; 124 Pyidaungsu Yeiktha St, Dagon; Gerichte ab 1500 K, Currys ab 3800 K; ⏲6–23 Uhr; 📶) Wer Myanmars Küche erkunden möchte, ist in diesem altbewährten Restaurant richtig. Die bebilderte Speisekarte enthält jede Menge Currys, außerdem Suppen, Salate, Reis- und Nudelgerichte – alles sehr frisch. Mittags tummeln sich hier viele einheimische Geschäftsleute und ausländische Botschaftsangestellte. Nebenan werden an Essensständen Eiscreme und Nachspeisen angeboten.

Danuphyu Daw Saw Yee Myanma Restaurant BIRMANISCH $
(Karte S. 520 f.; 175–177 29th St, Pabedan; Gerichte 3000–6000 K; ⏲9–21 Uhr; 📋) Viele Einheimische empfehlen dieses traditionelle birmanische Restaurant in einem Ladenhaus im Zentrum. Es ist ein bisschen teurer als ande-

Yangon Westliches Zentrum

re vergleichbare Lokale, aber die verschiedenen Currys sind köstlich und zu allen Gerichten gibt's eine Tagessuppe (die Gemüsesuppe ist besonders lecker) und *ngapi ye,* ein scharfer Dip, der mit halb gekochtem Gemüse und frischen Kräutern serviert wird.

Aung Mingalar Shan Noodle Restaurant SHAN-KÜCHE $
(Karte S. 520 f.; Bo Yar Nyunt St, Dagon; Gerichte 1500–3500 K; ⏲7–21 Uhr; 📋) Ausgezeichnet, um Leute zu beobachten und Nudelgerichte zu schlürfen. Fröhliches Lokal mit Café-Flair.

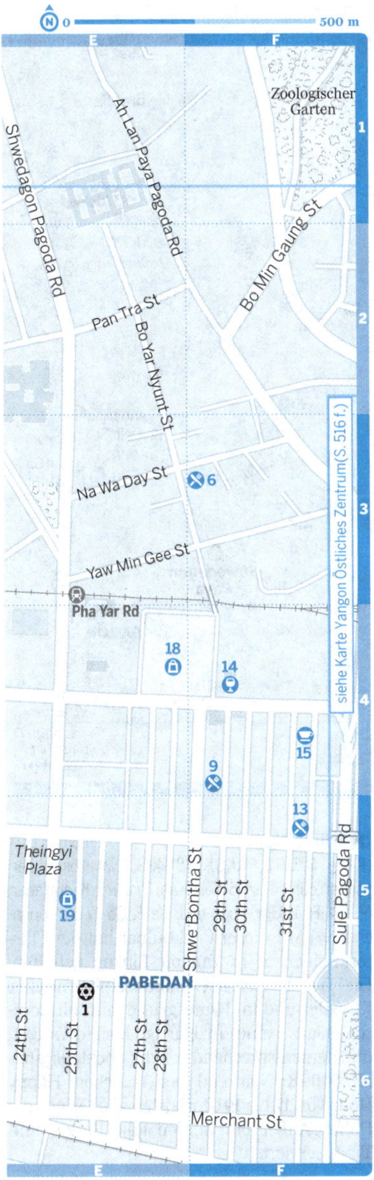

Yangon Westliches Zentrum

Sehenswertes
1 Musmeah-Yeshua-Synagoge E6
2 Nationalmuseum B1

Schlafen
3 20th Street Hostel D6
4 4 Rivers Youth Hostel B5
5 MGM Hotel A4

Essen
6 Aung Mingalar Shan Noodle Restaurant F3
7 Cherry Mann D6
8 Cyclo C5
9 Danuphyu Daw Saw Yee Myanma Restaurant F4
10 Feel Myanmar Food B1
11 Straßenstände mit gegrillten Snacks D5
12 Kaung Myat D5
13 Nilar Biryani & Cold Drink F5

Ausgehen & Nachtleben
14 Bar Boon F4
15 Café Genius F4
16 Kosan D5
17 Wadan Jetty Beer Station A6

Shoppen
18 Bogyoke-Aung-San-Markt E4
19 Theingyi Zei E5

★ **Kaung Myat** BIRMANISCH $$
(Karte S. 520 f.; 110 19th St; Hauptgerichte ab 4000 K, Grillgerichte ab 400 K; ⌚12–23.30 Uhr;) Dies ist das wahrscheinlich beste der zahlreichen Grillrestaurants an der quirligen 19th Street: Hier speiste auch Anthony Bourdain bei seinem Besuch in Yangon. Man kann sich welche von den ausgestellten Spießen mit Fleisch, Meeresfrüchten und Gemüse aussuchen oder von der Karte bestellen. Wahrscheinlich muss man auf einen Tisch warten – dabei hilft ein Mojito für 900 K.

Ausgehen & Nachtleben

Es gibt immer mehr Lokale, die der westlichen Vorstellung von einer Bar oder einem Club entsprechen. Die meisten Einheimischen ziehen meist einen Besuch in einer Teestube oder einem klimatisierten Café vor, sie gehen aber auch gern in die allgegenwärtigen Bierstationen und Biergärten – die beliebtesten Treffpunkte, um sich Fußballspiele anzuschauen.

Myanmore (www.myanmore.com) ist ein nützlicher Online-Führer zur Restaurant-, Bar- und Unterhaltungsszene Yangons.

★ **Kosan** BAR
(Karte S. 520 f.; 108 19th St, Latha; ⌚13–23 Uhr;) Ein anständiger Mojito für 900 K? Kein Wunder, dass diese relaxte Bar bei Einhei-

Shwedagon Paya

Shwedagon Paya

Highlights
1 Chaukhtatgyi Paya E2
2 Ngahtatgyi Paya E2
3 Shwedagon Paya C3

Sehenswertes
4 Kandawgyi-See E4

Schlafen
5 Pickled Tea Hostel B2

Essen
6 Aung Thukha C2
7 Myaung Mya Daw Cho D3

mischen und Expats auf Kneipentour beliebt ist. Der von Japanern geführte Laden hat einen Sitzbereich oben und Plätze auf dem Bürgersteig der belebten 19th Street. Bier kostet 1700 K und auch die Snacks sind okay.

★ Blind Tiger COCKTAILBAR

(Karte S. 516 f.; ☎ 01-388 488; www.blindtiger-yangon.com; 93/95 Seik Kan Thar Rd, Kyauttadar; ⌚ Mo–Fr 12 Uhr–open-end, Sa & So 17 Uhr–open-end; 📶) Mit dieser Cocktailbar hat der Flüsterkneipenstil in Yangon Einzug gehalten. Die Wände zieren Gemälde einheimischer Künstler und im Hintergrund läuft altmodischer Jazz – eine einzigartige Bar für Yangon und dementsprechend beliebt. Cocktails gibt's ab 6000 K; während der täglichen Happy Hour von 17 bis 19 Uhr kosten alle Drinks die Hälfte. Außerdem werden tolle Burger und Tapas serviert.

50th Street Bar & Grill BAR

(Karte S. 516 f.; ☎ 01-397 060; www.50thstreetyangon; 9–13 50th St, Botataung; ⌚ 11–24 Uhr; 📶) Das restaurierte Gebäude aus der Kolonialzeit beherbergt eine der ältesten Yangoner Bars im westlichen Stil. Mit den abwechslungsreichen abendlichen Events, den kostenlosen Billardtischen und Sport im Fern-

sehen zieht sie nach wie vor scharenweise Gäste an. Happy Hour ist montags bis freitags von 20 bis 22 Uhr und am Sonntag den ganzen Tag.

Café Genius CAFÉ

(Karte S. 520 f.; www.cafe-genius.com; 220 31st St; ⏲10–19 Uhr; 📶) Ein schöner Zufluchtsort aus dem Chaos der Stadt – das niedliche, klitzekleine Café bietet recht guten Kaffee und Tee sowie Smoothies und Sandwiches. Die Bohnen für den Kaffee stammen aus dem Hochland im Shan-Staat und können auch abgepackt gekauft werden.

Bar Boon BAR

(Karte S. 520 f.; FMI Centre, 380 Bogyoke Aung San Rd, Pabedan; ⏲7.30–21 Uhr; 📶) Das modern gestaltete Café serviert seinen Gästen Kaffee, Eistee oder holländisches Bier sowie leckere Snacks und Gebäck. Von der Terrasse lässt sich gut das Leben nahe dem Bogyoke-Aung-San-Markt beobachten.

Strand Bar BAR

(Karte S. 516 f.; Strand Hotel, 92 Strand Rd, Kyauktada; ⏲10–23 Uhr; 📶) In diese elegante Bar im Strand Hotel kommen vor allem Expats. Hinter der Theke aus poliertem Holz stehen sämtliche ausländische Spirituosen. Freitagabends (17–23 Uhr), wenn alle Getränke die Hälfte kosten, ist es ziemlich voll.

Wadan Jetty Beer Station BAR

(Karte S. 520 f.; Wadan Jetty, Lanmadaw; ⏲6–21 Uhr) Kleine Bierstation mit Sitzplätzen im Freien, wo man sehr schön den Sonnenuntergang beobachten und Einheimischen beim Fußball oder *chinlon* zuschauen kann. Hierher kommt man über die Hauptstraße zu den Docks, am Ufer geht's dann rechts ab.

Shoppen

★ Bogyoke-Aung-San-Markt MARKT

(Karte S. 520 f.; Bogyoke Aung San Rd, Dagon; ⏲Di–So 10–17 Uhr) Auf dem weitläufigen überdachten Markt mit über 2000 Ständen und Myanmars größter Auswahl an Kunsthandwerk und Souvenirs von Lackwaren über Schultertaschen bis zu Marionetten und Schmuck kann man leicht einen halben Tag verbringen. Manchmal wird noch der alte britische Name Scott Market verwendet.

★ Pomelo KUNSTHANDWERK

(Karte S. 516 f.; www.pomeloyangon.com; 89 Thein Pyu Rd, Botataung; ⏲10–22 Uhr) Beste Auswahl an modernem Kunsthandwerk in Yangon. Alle Waren werden von Projekten hergestellt, die benachteiligte Gruppen in Myanmar unterstützen. Die bunten Hunde aus Pappmaschee und die Taschen mit kräftigen Motiven sind einfach zum Verlieben, ebenso die sehr kunstvollen Chin-Webarbeiten und der Schmuck aus recyceltem Material.

Theingyi Zei MARKT

(Karte S. 520 f.; Shwedagon Pagoda Rd, Pabedan; ⏲9–19 Uhr) Auf Yangons größtem Markt im Zentrum gibt's vor allem gewöhnliche Haushaltswaren und Textilien, er ist aber auch für sein großes Angebot an traditionellen Kräutern, Kosmetikartikeln und Heilmitteln bekannt, die im Erdgeschoss des am weitesten östlich gelegenen Gebäudes verkauft werden.

Bagan Book House BÜCHER

(Karte S. 516 f.; ☎01-377 227; 100 37th St, Kyauktada; ⏲8.30–18.30 Uhr) Hat die umfangreichste Auswahl englischsprachiger Bücher über Myanmar und Südostasien, und sogar Wälzer aus dem 19. Jh. Der freundliche Besitzer U Htay Aung kennt seinen Bestand sehr gut.

NICHT VERSÄUMEN

RUNDFAHRT AUF DER CIRCLE LINE

Die fast 50 km lange Yangon Circle Line (1000/2000 K einfach/mit Klimaanlage) ermöglicht eine langsame dreistündige Zugfahrt rund um Yangon und die benachbarten ländlichen Gegenden. Die uralten Waggons rütteln gewaltig, doch die Circle Line ist eine tolle Möglichkeit, den Pendleralltag zu erleben, mit Passagieren und Händlern in Kontakt zu kommen und Gegenden abseits der ausgetretenen Pfade zu sehen.

Die Züge fahren um 6.10, 7.35, 8.20, 9.30, 10.10, 11.10, 11.30, 12.15, 13.05, 14.25, 15.25 und 17.10 Uhr von Bahnsteig 6/7 am Bahnhof Yangon ab, den man über die Pandsodan Street erreicht. Fahrkarten gibt es auf dem Bahnsteig. Die Züge fahren in beide Richtungen und absolvieren nicht immer die gesamte Ringstrecke. Am wenigsten überfüllt sind sie zwischen 10 und 16 Uhr sowie am Wochenende.

ℹ Praktische Informationen

GELD

Die besten Wechselkurse gibt's bei Banken und den offiziellen Geldwechslern. Reisepass und neue Geldscheine mitnehmen!

Immer mehr Geldautomaten in Yangon akzeptieren ausländische Visa und MasterCard. Die Gebühr dafür beträgt 5000 K.

INTERNETZUGANG

Alle Pensionen, Hostels und Hotels, viele Restaurants, Cafés und Bar und sogar die Shwedagon-Pagode bieten kostenloses WLAN. Außerdem findet man in der ganzen Stadt Internetcafés, wenn auch zunehmend weniger. Die Geschwindigkeit hat sich verbessert, doch verglichen mit anderen Ländern ist sie oft noch enttäuschend.

MEDIZINISCHE VERSORGUNG

AA Pharmacy (Karte S. 516 f.; 142–146 Sule Paya Rd, Kyauktada; ⏲ 9–22 Uhr) Direkt nördlich des Sule Paya.

International SOS Clinic (☎ 01-657 922; www.internationalsos.com; Inya Lake Hotel, 37 Kaba Aye Pagoda Rd, Mayangone) Diese Klinik ist bei Notfällen die beste Option in Yangon. Laut ihrer Werbung kooperiert sie mit praktisch jeder internationalen Gesundheitsversicherung und hat ein rund um die Uhr geöffnetes Notfallzentrum mit einem ausländischen Arzt.

NOTFALL

Bei Notfällen kann einem auch die eigene Botschaft helfen.

Feuerwehr (☎ 191)

Krankenwagen (☎ 192)

Polizei (Karte S. 516 f.; ☎ 199)

Rotes Kreuz (☎ 01-383 680)

POST

Hauptpost (Karte S. 516 f.; Ecke Strand Rd & Bo Aung Kyaw St, Kyauktada; ⏲ Mo–Fr 7.30–18 Uhr) Ein Stück östlich vom Strand Hotel. Briefmarken gibt's im Erdgeschoss, Post aufgeben kann man im ersten Stock.

DHL (Karte S. 520 f.; ☎ 01-215 516; www.dhl.com; 58 Wadan St, Lanmadaw; ⏲ Mo–Fr 8–18, Sa 8–14 Uhr) Kurier- und Paketdienst für weltweite Postdienstleistungen.

REISEBÜROS

Bei den privat geführten Agenturen hat man die Möglichkeit, ein Auto oder einen Guide zu buchen, Flugtickets zu kaufen und sich über Reisebeschränkungen zu informieren.

Good News Travels (☎ 09 5116 256; www.myanmargoodnewstravel.com; Room 18, 204 Yanshin Rd, Kyauktada) Der Besitzer William Myatwunna ist sympathisch und kompetent und organisiert Besuche in abgelegene Regionen – sehr zu empfehlen! Er betreibt auch eine Filiale in Bagan.

Khiri Travel (Karte S. 516 f.; ☎ 01-375 577; http://khiri.com; 1. OG, 5/9 Bo Galay Zay St, Botataung) Fahrrad- und Kajaktouren im Shan- und Kayin-Staat, Marktbesuche, Begegnungen mit Wahrsagern u.v.m. gibt's bei diesem freundlichen, professionellen Team.

Oway (Karte S. 522 f.; ☎ 01-230 4201; www.oway.com.mm; 2. OG, Bldg 6 Junction Sq, Pyay Rd, Kamayut) Die renommierte Agentur erledigt Onlinebuchungen für viele Hotels und für alle Inlandflüge. Außerdem arrangiert sie Onlinevisa für Myanmar, die an internationalen Flughäfen abgeholt werden können.

SST Tours (Karte S. 516 f.; ☎ 01-255 536; www.sstmyanmar.com; Zi. 5–6, 2. OG, Aung San Stadium, Mingalar Taung Nyunt) SST, das „Supreme Service Team", wird seinem Namen vollauf gerecht und ist ein Spezialist für Ökotouren. Dank hervorragender Kontakte zu den Nationalparks und Naturschutzgebieten des Landes bietet es Trips, die Naturfreunde begeistern.

TOURISTENINFORMATION

Myanmar Travels & Tours (MTT; Karte S. 516 f.; ☎ 01-374 281; 118 Mahabandoola Garden St; ⏲ 8.30–17 Uhr) Hier kann man Ausflüge buchen, Papierkram erledigen und die Führer besorgen, die man für Reisen in Gebiete benötigt, in denen noch immer eine Genehmigung erforderlich ist.

An- & Weiterreise

BUS

Pensionen können gegen eine kleine Gebühr beim Fahrkartenkauf behilflich sein. Gegenüber dem Hauptbahnhof befinden sich mehrere größere Unternehmen mit praktischen Ticketbüros.

Busbahnhof Aung Mingalar Der einzige offizielle Busbahnhof für alle 150 Buslinien, die den nördlichen Teil von Myanmar sowie den Kyaiktiyo (Goldener Felsen), Mawlamyine und Orte im Süden zum Ziel haben. Ein Taxi hierher kostet 7000 K; die Fahrt vom Zentrum kann über eine Stunde dauern.

Busbahnhof Hlaing Thar Yar Vom Busbahnhof westlich vom Stadtzentrum erreicht man die Delta-Region (offiziell Ayeyarwady-Region genannt) und Städte westlich von Yangon. Ein Taxi (8000 K) braucht eine Stunde.

FLUGZEUG

Der **Yangon International Airport** (Karte S. 514; ☎ 01-533 031; Mingalardon) ist das wichtigste internationale Tor nach Myanmar und Drehkreuz für Inlandsflüge.

SCHIFF/FÄHRE

IWT (Inland Water Transport; Karte S. 520 f.; ☎ 01-381 912, 01-380 764; Lan-Thit-Pier) Bei Redaktionsschluss verkehrten keine Fähren nach Pathein.

Pansodan-Street-Pier (Karte S. 516 f.) Ausgangspunkt für die tagsüber verkehrenden Boote nach Dalah (einfach 2 US$/2700 K, hin & zurück 4 US$/5400 K, 10 Min.), die zwischen 5 und 21 Uhr etwa alle 20 Minuten starten.

ZUG

Yangons Bahnhof (☎ 01-202 178; ⌚ 6–16 Uhr) liegt wenige Gehminuten nördlich des Sule Paya, aber die Tickets kauft man vorab im benachbarten **Myanmar Railways Booking Office** (Karte S. 516 f.; Bogyoke Aung San Rd; ⌚ 7–15 Uhr).

Wichtige Orte, die täglich von Yangon aus bedient werden, sind u. a. Bagan, Bago, Kyaikto, Mandalay, Mawlamyine, Nay Pyi Taw, Pyay, Taungoo und Thazi.

VERKEHRSMITTEL AB YANGON

ZIEL	BUS	ZUG	FLUGZEUG
Bago	2000 K, 1½ Std.	einfach/Luxus 600/1150 K, 2 Std.	
Chaung Tha Beach	10 000 K, 7 Std.		
Dawei	15 300 K, 15 Std.		96 US$, 70 Min.
Heho (zum Inle-See & nach Kalaw)			106 US$, 1 Std.
Hpa-an	6000 K, 7 Std.		
Hsipaw	16 000 K, 15 Std.		
Kalaw	17 000 K, 11 Std.		
Kyaikto	8000 K, 4 Std.	einfach/Luxus 1200/2400 K, 4 Std.	
Mandalay	10 800–18 300 K, 9 Std.	einfach/Luxus/Schlafwagen 4650/9300/12 750 K, 10–16 Std.	112 US$, 1 Std.
Mawlamyine	6000 K, 7 Std.	einfach/Luxus 2150/4250 K, 9 Std.	
Myitkyina			195 US$, 2 Std.
Ngwe Saung Beach	10 000 K, 7 Std.		
Nyaung U (nach Bagan)	15 000–18 000 K, 10 Std.	Luxus/Schlafwagen 6000/16 000 K, 16 Std.	126 US$, 70 Min.
Pathein	7000 K, 4½ Std.		
Pyay	5500 K, 6 Std.	einfach/Luxus 1950/3900 K, 9 Std.	
Sittwe	20 000 K, 24 Std.		117 US$, 1¼ Std.
Taunggyi (zum Inle-See)	17 000 K, 12 Std.		
Taungoo	4500 K, 6 Std.	einfach/Luxus 2800/4000 K, 7 Std.	
Thandwe (nach Ngapali)	15 000 K, 14 Std.		

ABSEITS DER ÜBLICHEN PFADE

DALAH & TWANTE

Einer der unkompliziertesten und nettesten Kurztrips in die Umgebung von Yangon ist die Fahrt mit der Doppeldeckerfähre (hin & zurück 4 US$/5400 K, alle 20 Min.), die zwischen dem Pansodan-Street-Pier und Dalah (ဒလမြို့) auf der anderen Seite des Yangon-Flusses pendelt. Auf der Fähre gegen 17.30 Uhr kann man eine günstige Bootstour in den Sonnenuntergang erleben.

Dalah, ein Stadtteil von Yangon, ist nicht besonders aufregend; das eigentliche Ziel ist Twante, eine nette Stadt 30 bis 45 Fahrminuten weiter westlich im Delta. Hier kann man den **Shwesandaw Paya** (ရွှေဆံတော်ဘုရား; Kameragebühr 200 K; ⌚6–21 Uhr), einen alten Tempel, und die **Oh-Bo-Töpferhütten** (အိုးဘို အိုးလုပ်ငန်း) besuchen. Wahrscheinlich wird man auf der Fähre von jemandem angesprochen, der seine Dienste mit dem Motorradtaxi anbietet; der gängige Preis für die Hin- und Rückfahrt inklusive Stopps an verschiedenen Sehenswürdigkeiten beträgt 10 000–15 000 K. Reguläre Taxis verlangen um die 30 000 K, ein beengter Sitz in einem Pick-up-Van nach Twante kostet 1500 K.

ℹ Unterwegs vor Ort

BUS

Da Taxis in Yangon wahnsinnig günstig sind, muss man schon ein echter Pfennigfuchser sein, um Busse zu nehmen. Sie sind unglaublich überfüllt, die Fahrer haben kaum Wechselgeld, die Straßenführung ist verwirrend, und es wird weder Englisch gesprochen noch gibt's englische Schilder.

Wer es dennoch wagen will, zahlt normalerweise für eine Fahrt innerhalb des Zentrums von Yangon 200 bis 300 K (kleine Scheine parat haben!). Abends verdoppeln sich die Preise, aber die Busse sind immer noch überfüllt.

VOM/ZUM FLUGHAFEN

Vor dem Flughafenterminal gibt's einen offiziellen Taxischalter und man wird auch von Taxifahrern angesprochen. Der Preis für eine Fahrt ins Stadtzentrum liegt bei 8000 K und die Fahrt dauert meist eine Stunde (bei viel Verkehr länger).

RIKSCHA

In Myanmar sitzt ein Passagier neben dem Fahrer, derjenige auf der Rückbank fährt rückwärts. Diese Fahrzeuge heißen *saiq-ka* (wie von „sidecar" – „Beiwagen") und kosten um die 500 K für eine kurze Strecke. Angesichts des starken Verkehrs tagsüber unternehmen Rikschafahrer dann nur ungern lange Fahrten zu.

TAXI

Yangons Taxis gehören zu den günstigsten in ganz Asien, obwohl sie keine Taxameter benutzen. Die meisten Fahrer sprechen zumindest ein wenig Englisch (es ist aber ratsam, sich das Fahrziel auf Birmanisch aufschreiben zu lassen) und sind fast durchweg ehrlich und höflich.

Alle lizensierten Taxis sind mit einem sichtbaren Taxi-Schild auf dem Dach ausgestattet, doch auch viele andere Fahrer nehmen für einen verhandelbaren Preis Fahrgäste mit. Wer ein Taxi buchen will, kann sich an das mehrfach empfohlene Unternehmen **Golden Harp** (☎09 4500 19186, 09 4281 17348) wenden, das von früheren politischen Gefangenen geführt wird.

Mit diesen Preisen sollte man ungefähr rechnen: 1000 K für eine kurze Fahrt (etwa vom Strand zum Bogyoke-Markt); für die doppelte Entfernung 2000 K; vom Zentrum zum Shwedagon Paya und in die südliche Hälfte des Stadtteils Bahan je nach Verkehrslage um die 3000 K.

Man kann auch für etwa 5000 K pro Stunde ein Taxi chartern. Für einen ganzen Tag sollte man je nach Qualität des Fahrzeugs und Verhandlungsgeschick 75 000 bis 100 000 K einkalkulieren.

DAS DELTA, STRÄNDE AN DER WESTKÜSTE & NÖRDLICH VON YANGON

Anders als im Nachbarland Thailand sind Myanmars Strände an Arbeitstagen fast leer. Der Ngapali Beach im Süden des Rakhaing-Staats ist am schönsten, doch weil die Reise dorthin lang und/oder teuer ist und es keine günstigen Unterkünfte gibt, wird er nur von wenigen Travellern besucht (weitere Infos bietet der englischsprachige Lonely Planet Führer *Myanmar*). Stattdessen kann man von Yangon durch das Ayeyarwady-Delta ins schläfrige Pathein und weiter an die Strände von Ngwe Saung oder Chuang Tha fahren.

Nördlich von Yangon verlaufen die Hauptstraßen durch einige interessante Städte, in denen man auf dem Weg nach Bagan, Mandalay und zum Inle-See Halt machen kann.

Pathein ပုသိမ်

☎042 / 169773 EW.

Myanmars viertgrößte Stadt, 180 km westlich von Yangon, eignet sich als interessanter Zwischenstopp auf dem Weg zu den Stränden von Chaung Tha oder Ngwe Saung. Obwohl Pathein das wirtschaftliche bzw. politische Zentrum des Ayeyarwady-Deltas ist, herrscht hier eine entspannte Atmosphäre. Die Stadt ist nach wie vor ein wichtiger Flusshafen, jedoch hauptsächlich für die Herstellung von Sonnenschirmen und Duftreis bekannt.

Sehenswertes

Shwe Sar Umbrella Workshop — KUNSTHANDWERK

(☎042-25127; 653 Tawya Kyaung Rd; ⌚8–17 Uhr) Sonnenschirme werden überall im Nordteil der Stadt hergestellt, vor allem rund um den Twenty-Eight Paya in einer Nebenstraße der Mahabandoola Road. In den Werkstätten kann man dabei zusehen. Die safranfarbenen (für die Mönche) weisen sogar Wasser ab. In diesem familiengeführten Laden wird man besonders herzlich empfangen.

Shwemokhtaw Paya — BUDDHISTISCHER STUPA

(ရွှေမုဋ္ဌောဘုရား; Shwezedi Rd; ⌚6–20 Uhr) GRATIS Anmutig erhebt sich die goldene Glocke des Shwemokhtaw Paya über Pathein. Die oberste Schicht des *hti* besteht aus 6,3 kg reinem Gold, die mittlere Schicht aus reinem Silber und die unterste Schicht aus Bronze; alle drei sind vergoldet und sollen mit 829 Diamantfragmenten, 843 Rubinen und 1588 Halbedelsteinen verziert sein.

Settayaw Paya — BUDDHISTISCHER TEMPEL

(စက်တော်ရာဘုရား) GRATIS Diese bezaubernde Tempelanlage erstreckt sich über mehrere grüne Hügel und ist einem mystischen Buddha-Fußabdruck, symbolisiert durch eine längliche Vertiefung, gewidmet, den der Erleuchtete auf seinen legendären Wanderungen durch Südostasien hinterließ.

Schlafen & Essen

Day to Day Motel — HOTEL $

(☎042-23368; Jail St; EZ/DZ/3BZ 15 000/20 000/25 000 K; ❄📶) Für den Preis akzeptable Zimmer in einer relativ ruhigen Gegend gegenüber vom historischen Sikh-Tempel, allerdings mit engen, düsteren Bädern. Auf der großen Dachterrasse hat man Blick auf die grüne Umgebung. Das WLAN ist ordentlich und man kann auch in Kyat bezahlen.

Taan Taan Ta Guest House — HOTEL $

(☎042-22290; taantaanta25@gmail.com; 7 Merchant St; EZ 10–15 US$, DZ 15–30 US$; ❄📶) Sehr einfache und ziemlich verwohnte Zimmer in einer schnörkellosen Budgetpension, die aber dennoch beliebt und oft ausgebucht ist. Wer nicht knausern muss, sollte sich auch die teureren und größeren Doppelzimmer im obersten Stock mit Klimaanlage und Fernseher ansehen.

Shwe Ayar — BIRMANISCH-MUSLIMISCH $

(32–35 Mingalar Rd; Hauptgerichte ab 1800 K; ⌚8–21 Uhr) Es sieht zwar nach nichts aus, doch dieses Restaurant gegenüber von Zaw Optical offeriert ausgezeichnete Biryanis, die mit Hühnchen oder Lamm ergänzt werden können. Die Linsen-Bohnen-Suppe schmeckt hervorragend.

An- & Weiterreise

BUS

Wer nach Yangon (4 Std.) will, geht zu den Büros der Busunternehmen in der Shwezedi Road. **Ayer Shwe Zin** (☎09 4974 5191) bietet 5-mal täglich die billigsten klimatisierten Fahrten (3600 K); allerdings mit langsamen Bussen. Andere Unternehmen verlangen 7000 K.

Unbequeme Minibusse fahren zwischen 8 und 16 Uhr alle zwei Stunden von Pathein zum Chaung Tha Beach (3000 K, 2½ Std.); Abfahrt ist am inoffiziellen **Busbahnhof** (Yadayagone St) nordöstlich vom Uhrenturm.

Zum Ngwe Saung Beach (3500K, 2 Std.) starten um 8.30, 12 und 15 Uhr Busse von wieder einem anderen Busbahnhof: Dieser liegt abseits der Mingalar Street.

SCHIFF/FÄHRE

Bei Redaktionsschluss war der Bootsverkehr von/nach Yangon weiter eingestellt. Falls sich das ändert, gibt's Tickets beim **Inland Water Transport Office** (Mahabandoola Rd; ⌚10–12 Uhr) in einem Holzgebäude aus der Kolonialzeit in der Nähe des Bootsanlegers, zu bezahlen in US-Dollars.

Bago ပဲခူး

☎052 / 254424 EW.

Die 573 v. Chr. von den Mon gegründete einstige Hauptstadt von Myanmar lockt mit einer höheren Dichte an glückseligen Buddhas und mit Schätzen gefüllten Tempeln als irgendein anderer Ort im Süden des Landes. Allein das ist Grund genug, einen tollen und einfachen Tagesausflug von Yangon zu unternehmen oder hier einen Zwischenstopp einzulegen.

ABSTECHER

DIE STRÄNDE CHAUNG THA & NGWE SAUNG

Wer in Myanmar Lust auf Seeluft und weichen Sand bekommt, kann sich entweder zum Chaung Tha Beach (ချောင်းသာကမ်းခြေ) oder zum Ngwe Saung Beach (ငွေဆောင်ကမ်းခြေ) aufmachen.

Besonders empfehlenswert ist ein Trip mit dem Motorradtaxi zwischen den beiden Resortgegenden (18 000 K einfach/hin & zurück). Auf der Fahrt überquert man drei Flüsse mit kleinen Holzbooten und kommt an einsamen Stränden und rustikalen Dörfern inmitten von Palmenhainen vorbei.

Das schönere der beiden Resorts ist Ngwe Saung, 45 km westlich von Pathein, allerdings lockt es eher wohlhabendere Leute aus Yangon an und es gibt hier nur wenige Budgetunterkünfte. Man kann es im **Shwe Hin Tha Hotel** (042-40340; Bungalows 25–50 US$;) oder im **Silver Coast Beach Hotel** (042-254708; Zi. 55 US$;) versuchen. Wenn es ums Essen und Trinken geht, dann hebt sich das **Royal Flower** (Myoma St; Hauptgerichte 4500 K; 18–22 Uhr;) mit sanften abendlichen Gitarrenkonzerten wohltuend ab.

Chaung Tha, 40 km westlich von Pathein, bietet das Maximum an Strandparty-Atmosphäre in Myanmar und ist bei Einheimischen sehr beliebt. Die besten Unterkünfte sind das **Hill Garden Hotel** (09 4957 6072; www.hillgardenhotel.com; Zi. 27–50 US$;), 20 Gehminuten nördlich vom Zentrum des Resorts, und das zentrale **Shwe Ya Min Guesthouse & Restaurant** (042-42127; Main Rd; EZ/DZ 40/60 US$;), das auch die beste Adresse ist, um etwas zu essen.

Zwischen Chaung Tha und Pathein verkehren Minibusse (3000 K, 2½ Std., 8, 10, 12, 14 und 16 Uhr) und Motorradtaxis (12 000 K, 2 Std.).

Von Ngwe Saung fahren auch Minibusse nach Pathein (3500 K, 2 Std., 5-mal tgl.) und Busse nach Yangon (10 000 K, 6 Std., 6.30 & 8 Uhr).

Sehenswertes & Aktivitäten

Viele Gebäude von Bago sind Jahrhunderte alt, wurden aber so umfangreich restauriert, dass sie nicht danach aussehen. Der Ort bietet sich für Erkundungen mit dem Fahrrad an, da die meisten Touristenattraktionen nicht weit voneinander entfernt sind. Im **Bago Star Hotel** (052-30066; bagostar@myanmar.com.mm; 11–21 Kyaikpon Pagoda Rd; EZ/DZ 35/40 US$;) kann man Fahrräder leihen; dort gibt's auch einen einfachen Stadtplan.

Für den Besuch der wichtigsten Stätten, einschließlich des Shwemawdaw Paya, müssen Ausländer das **Bago Archaeological Zone Ticket** (10 US$/10 000 K) erwerben. Fast alle Sehenswürdigkeiten verlangen zusätzlich 300 K für Foto- und 500 K für Videokameras.

Shwethalyaung Buddha BUDDHISTISCHER TEMPEL
(ရွှေသာလျောင်းဘုရား; 5–20 Uhr) GRATIS Der Legende nach wurde dieser liegende Buddha im 10. Jh. vom Mon-König Mgadeikpa gebaut. Die Figur ist 55 m lang und 16 m hoch, allein der kleine Finger ist 3 m lang.

Nach der Zerstörung Bagos 1757 wurde der riesige Buddha vom Dschungel überwuchert und erst 1881 beim Bau der Eisenbahnlinie Yangon–Bago wiederentdeckt.

Shwemawdaw Paya BUDDHISTISCHER STUPA
(ရွှေမော်ဓောဘုရား; Shwemawdaw Paya Rd; 5–20 Uhr) Stolz erhebt sich der 115 m hohe Shwemawdaw Paya über der Stadt. Sein Stupa ist 14 m höher als der Shwedagon in Yangon. Mittags ist er eine Pyramide aus verwaschenem Gold, abends glitzert er perfekt.

An der Nordostecke des Stupa liegt ein riesiger Teil des *hti*, der 1917 bei einem Erdbeben herunterfiel. Besonders lohnenswert ist der Shwemawdaw Paya im März/April während Bagos jährlichem Pagoden-Festival.

Hintha Gon Paya BUDDHISTISCHER STUPA
(ဟင်္သာကုန်း) Einst war dieser Schrein ein Stückchen hinter dem Shwemawdaw der einzige Punkt in dem riesigen Gebiet, der sich über den Meeresspiegel erhob, daher war er der natürliche Landeplatz für die *hamsa*. Bilder dieses mythischen Vogels schmücken den Stupa, der von U Khanti erbaut wurde, dem Einsiedlermönch und Architekten des Mandalay-Bergs.

Kyaik Pun Paya DENKMAL
(ကျိုက်ပွန်ဘုရား; Kyikpon Pagoda Rd) Der 1476 von König Dhammazedi erbaute Kyaik Pun Paya besteht aus vier 30 m hohen sitzenden Buddhas (Gautama Buddha und seine drei Vorgänger), die mit dem Rücken zueinander

um eine riesige quadratische Säule angeordnet sind. Er steht etwa 1,5 km südlich von Bago gleich abseits der Straße nach Yangon.

Schlafen & Essen

Nur wenige Traveller bleiben in Bago über Nacht und das Angebot an Unterkünften ist auch nicht gerade berauschend. Die Hauptstraße ist ohrenbetäubend laut, deshalb sollte man sich ein Zimmer auf der Rückseite geben lassen.

Mya Nanda Hotel HOTEL $
(☎09 501 9799; 10 Main Rd; EZ/DZ 10/18 US$; ❄📶) Saubere, aber einfache Zimmer in zentraler Lage. Die Doppelzimmer bieten mehr Platz und Licht.

San Francisco Guest House HOTEL $
(☎052-22265; 14 Main Rd; EZ/DZ 10/20 US$; ❄📶) Die sechs Zimmer sind sehr schlicht und von 22 bis 5 Uhr ist Sperrstunde. Die Betreiber können Motorradtouren (8000 K) zu Bagos Sehenswürdigkeiten arrangieren.

Three Five Restaurant CHINESISCH, BIRMANISCH $
(10 Main Rd; Hauptgerichte 1300–4000 K; ⏲7–22 Uhr; 📄) Das freundliche, aber schäbige Lokal bietet birmanische und chinesische Kost sowie ein paar europäische Gerichte. Abends ist es eine beliebte Bierkneipe.

Hanthawaddy CHINESISCH, BIRMANISCH $$
(192 Hintha St; Hauptgerichte ab 2000 K; ⏲10–23 Uhr; 📄) Die Küche haut einen nicht vom Hocker, doch dies ist das einzige Restaurant im Zentrum mit etwas Atmosphäre. Von der Dachterrasse genießt man einen fantastischen Blick zum Shwemawdaw Paya.

An- & Weiterreise

BUS

Zwischen 6.30 und 17.30 Uhr pendeln etwa alle 30 Minuten Busse nach Yangon.

Busse gen Süden nach Kinpun, dem Ausgangspunkt für den Mt. Kyaiktiyo (Goldener Felsen), starten von 7 bis 18 Uhr jede Stunde. In der Regenzeit (Mai–Okt.) fahren die meisten Busse nur bis Kyaikto, 16 km von Kinpun.

Wer Richtung Norden nach Mandalay, Taungoo und zum Inle-See will, kann auch versuchen, in Busse zuzusteigen, die von Yangon kommen; am besten bucht man bei einem örtlichen Reisebüro wie dem zuverlässigen **Sea Sar** (☎09 530 0987; seasar.tickets918@gmail.com) mit Niederlassung am Busbahnhof.

TAXI

Einige Traveller mieten in Yangon einen Wagen und unternehmen einen Tagesausflug nach Bago. Das kostet um die 100 000 K, hat aber den Vorteil, dass einem zwischen den Sehenswürdigkeiten ein Verkehrsmittel zur Verfügung steht, außerdem erspart es den weiten Weg zum Busbahnhof in Yangon.

Ein Taxi für die einfache Strecke von Bago direkt ins Hotel nach Yangon kostet ca. 45 000 K. Ein Taxi von Bago zum Mt. Kyaikto kostet 40 000 K. Infos bekommt man am **Taxistand** (Yangon–Mandalay Rd) der Stadt oder in den Hotels im Zentrum von Bago.

ZUG

Von Bago fahren Züge nach Yangon und Mawlamyine mit Halt im Norden Richtung Mandalay.

Unterwegs vor Ort

Motorradtaxis und Rikschas sind die örtlichen Hauptverkehrsmittel. Eine Fahrt im Zentrum sollte nicht mehr als 500 K kosten. Wer eine Rikscha oder ein Motorrad für einen Tag bucht, zahlt etwa 7000 K.

Taungoo တောင်ငူ

☎054 / 108 589 EW.

Taungoo, das auf halbem Weg zwischen Yangon und Mandalay liegt, war einst das Zentrum eines mächtigen Königreiches. Heute werfen die meisten Traveller bei ihrer Durchreise gerade mal einen Blick auf diesen verschlafenen Ort. Wer hier doch Station macht, schätzt das authentische Alltagsleben. Zudem wartet Taungoo mit einer tollen Pension auf.

Der Shwesandaw Paya von 1597 im Westen der Stadt ist die Hauptattraktion. Der hübsche Kandawgyi-See in der Nähe lädt zum Spazieren und Radfahren ein.

VERKEHRSMITTEL AB BAGO

ZIEL	BUS	ZUG (EINFACH/LUXUS)
Kyaikto	3000–4000 K, 2 Std.	650/1700 K, 3 Std.
Mandalay	13 000–15 000 K, 9 Std.	4150/8150 K, 14 Std.
Mawlamyine	6000–7500 K, 6 Std.	1600/4100 K, 7 Std.
Taungoo	4500 K, 6 Std.	1450/2900 K, 5 Std.
Yangon	2000 K, 1½ Std.	600/1150 K, 2 Std.

Das **Myanmar Beauty Guest House II, III & IV** (☎054-23270; Pauk Hla Gyi St; EZ 20–40 US$, DZ 25–50 US$, 3BZ 40–60 US$; ❄📶) am Südrand der Stadt besteht aus drei Teakhäusern mit einem weiten Blick auf die Reisfelder und die Hügel dahinter. Im Preis ist ein riesiges Frühstück enthalten.

Für Fahrten in klimatisierten Bussen nach Norden oder Süden zahlt man den vollen Preis der Strecke Mandalay–Yangon. Die meisten halten am zentralen Krankenhaus. Lokale Busse machen sich gegen 7 und 19 Uhr nach Yangon (4500 K, 6 Std.) auf. Busse nach Mandalay (7500–9000 K) passieren Taungoo gegen 18.30 Uhr.

Die Züge zwischen Yangon (einfach/Luxus 1950/3900 K, 9 Std.) und Mandalay (1550/3500 K, 8 Std.) halten hier ebenfalls.

Pyay ပြည်

☎053 / 134 861 EW.

Mit seiner luftigen Lage am Ayeyarwady ist Pyay der spannendste Ort für einen Zwischenstopp auf der Autobahnstrecke zwischen Yangon und Bagan. Die lebhafte Atmosphäre kann man am Flussufer und am Kreisel mit dem vergoldeten Reiterstandbild von Aung San in der Mitte genießen.

Sehenswertes

Der Ruhm der Stadt geht auf die Zeit von Pyu, der alten Hauptstadt von **Thayekhittaya** (သရေခေတ္တရာ; Eintritt 5 US$/5000 K, mit Museum 10 US$/10 000 K; ⏲8–17 Uhr) zurück. Die teilweise ausgegrabenen Überbleibsel befinden sich 8 km östlich der Hauptattraktion von Pyay: dem beeindruckenden, auf einem Hügel im Zentrum thronenden Shwesandaw Paya. Dieser überwältigende Tempel ist 1 m höher als der Shwedagon Paya in Yangon und datiert wahrscheinlich ins Jahr 589 v. Chr. Östlich davon sitzt der riesige Sehtatgyi Paya (Großer Zehnstöckiger Buddha).

Um den Trubel auf dem bunten und lebhaften Hauptmarkt mitzuerleben, der sich über mehrere Blocks erstreckt, schlendert man am besten morgens über die Strand Road.

Der Shwemyetman Paya 14 km südlich von Pyay beherbergt einen großen sitzenden Buddha mit weißem Gesicht, der eine riesige Brille aus Blattgold trägt. Man erreicht ihn mit einem örtlichen Bus nach Yangon oder einem Pick-up nach Süden und steigt in der Stadt Shwedaung aus.

Schlafen & Essen

Der **Nachtmarkt** an der Mya Zay Tann Street zwischen dem Standbild von Aung San und dem Fluss lohnt wegen seiner preiswerten Essensstände.

Myat Lodging House HOTEL $
(☎053-25695; 222 Bazaar St; EZ/DZ 15/25 US$; ❄📶) Nur einen Block vom Zentrum in Pyay bietet die kleine Pension in einer Nebenstraße einfache Zimmer. Die teureren im hinteren Teil des Gebäudelabyrinths haben ein eigenes Bad. Freundliche Englisch sprechende Mitarbeiter verteilen Karten von Pyay und Thayekhittaya.

An- & Weiterreise

Bei Redaktionsschluss verkehrten zwischen Pyay und Yangon keine Boote. Falls sie wieder fahren, gibt's Tickets beim **IWT-Büro** (☎053-24503; Strand Rd; ⏲Mo–Fr 9–17 Uhr).

Vom Busbahnhof an der Fernstraße, 2 km östlich des Zentrums, starten regelmäßig Busse nach Yangon (5500 K, 6 Std.). Nach Bagan gibt's keine Direktverbindungen; entweder nimmt man die Yangon-Bagan-Linie (für den vollen Fahrpreis) oder steigt um 8.30 Uhr in den Bus nach Magwe (5000 K, 6 Std.), wo am nächsten Morgen Verbindungen nach Bagan bestehen.

Von Pyays Hauptbahnhof verkehrt täglich ein Zug nach Yangon (einfach/Luxus 1950/3900 K, 9 Std.). Am Shwethekar-Bahnhof, 5 km östlich der Stadt, kann man um 22 Uhr in den Zug von Bagan nach Yangon zusteigen.

DER SÜDOSTEN

Der Goldene Felsen von Kyaiktiyo thront auf einer Felskante und lenkt ein paar Besucher von der Hauptroute ab. In Mawlamyine weiter südlich ist das alte Birma lebendig geblieben, während Hpa-an inmitten einer wunderbaren Landschaft im abseits der ausgetretenen Pfade gelegenen Staat Kayin (Karen) liegt.

Mt. Kyaiktiyo (Goldener Felsen) ကျိုက်ထီးရိုးတောင်

☎057

Der **Kyaiktiyo** (Goldener Felsen; 6000 K, Ticket 30 Tage gültig) trotzt der Schwerkraft und ist eine der faszinierendsten Sehenswürdigkeiten Myanmars. Der riesige blattgoldverzierte Felsbrocken balanciert auf der äußersten Kante einer Klippe des Kyaiktiyo und ist von einem Stupa gekrönt, der ein Buddha-Haar enthält, das ein Eremit im 11. Jh. spendete. Einer Legende zufolge wurde das Haar vom Grund des Sees geborgen und mit einem Schiff an diese Stelle gebracht. Das Boot wurde danach zu Stein und ist in einigen Hundert Metern Entfernung vom Felsbrocken sichtbar.

Die Stätte strahlt eine mystische Aura aus und hat bereits mehreren Erdbeben getrotzt. Sie zieht so viele Pilger an, dass sich Besucher an den Wochenenden fast wie in einem Vergnügungspark fühlen.

Da der Felsen abends besonders schön beleuchtet ist, sollte man eine Übernachtung im „Basislager" Kinpun 11 km vom Gipfel des Mt. Kyaiktiyo einplanen. Dort befinden sich mehrere Restaurants und Pensionen. Kyaikto, wo die Züge und Langstreckenbusse halten, hat zwar mehrere Unterkünfte, aber keine davon ist besonders einladend. Stattdessen sollte man lieber Kinpun ansteuern.

Es gibt zwei Wege auf den Felsen: Entweder wandert man von Kinpun aus 11 km bergauf (4–6 Std. pro Strecke) oder man fährt mit einem Lastwagen (2500–3000 K, 45 Min., 6–18 Uhr). Letztere fahren von einer Haltestelle unmittelbar abseits der Hauptstraße. Die Rückwanderung hinunter nach Kinpun dauert drei bis vier Stunden. Den Abstieg sollte man nicht im Dunklen wagen oder wenn der Weg feucht ist, denn man kommt leicht ins Stolpern oder Rutschen.

Am Kontrollpunkt in Gipfelnähe, direkt hinter dem Mountain Top Hotel, zahlt man 6000 K Eintritt. Am Schrein müssen Männer auf Shorts verzichten und Frauen lange Röcke und keine zu knappen Tops tragen.

Schlafen & Essen

Auf dem Gipfel befinden sich ein paar einfache Restaurants. Die wenigen Restaurants in Kinpun servieren birmanische und chinesische Gerichte.

★ Golden Sunrise Hotel HOTEL $
(01-500 351; www.goldensunrisehotel.com; Golden Rock Rd; EZ/DZ inkl. Frühstück 42/47 US$;) Das Golden Sunrise liegt ein paar Fußminuten von der Ortsmitte von Kinpun Richtung Fernstraße und ist eins der Hotels in Süd-Myanmar mit dem besten Preis-Leistungs-Verhältnis. Die ruhigen, flachen Doppelbungalows sind mit schönen Holzmöbeln ausgestattet und haben Veranden mit Blick auf einen abgeschiedenen Garten.

Sea Sar Hotel HOTEL $
(09 872 3288; Zi. inkl. Frühstück 8–35 US$;) Alle Zimmer sind überteuert – die billigsten sind Betonkisten mit Ventilator. Am besten sind die klimatisierten Bungalows hinten, die teilweise recht neu sind.

Bawga Theiddhi Hotel HOTEL $$
(keine englische Beschilderung; 09 4929 9899; www.bawgatheiddhihotel.com; Zi. inkl. Frühstück 25–85 US$;) Kinpuns schickstes Hotel hat saubere, geräumige Zimmer mit TV, Kühlschrank und kostenlosem WLAN – die Zimmer für 25 US$ sind ein guter Deal.

Mountain Top Hotel HOTEL $$
(09 871 8392, in Yangon 01-502 479; www.mountaintop-hotel.com; Zi. inkl. Frühstück 100–120 US$;) Ja, die Zimmer sind stark überteuert, aber sie sind sauber und sehr gepflegt, außerdem ist der Service gut. Und dank der Lage direkt auf dem Gipfel ist die Aussicht umwerfend. Gutes Restaurant.

An- & Weiterreise

Der Verkehrsknotenpunkt für den Mt. Kyaiktiyo ist Kyaikto. Hier befindet sich der Bahnhof, und in der Hauptstraße der Stadt kann man in die Busse ein- bzw. aussteigen.

BUS & PICK-UP

Tickets für die Win-Express-Busse gibt's in Kinpun gegenüber vom Sea Sar Hotel. Der Preis für den Truck nach Kyaikto ist im Ticket enthalten. Von 8 bis 16 Uhr verkehren regelmäßig Busse nach Yangon, Mawlamyine und Hpa-an.

Vom Bahnhof in Kyaikto nach Kinpun und zurück fahren zwischen 7 und 16 Uhr Pick-ups (500 K, 20 Min.).

ZUG

Zwischen Yangon und Mawlamyine verkehren täglich zwei Züge, die um 12 und 23.30 Uhr in Kyaikto halten.

VERKEHRSMITTEL AB KYAIKTO

ZIEL	BUS	ZUG
Bago	3000–4000 K, 2 Std.	einfach/Luxus 650/1700 K, 3 Std.
Hpa-an	7000 K, 3 Std.	
Mawlamyine	7000 K, 4 Std.	einfach/Luxus 1250/2500 K, 4 Std.
Yangon	7000 K, 5 Std.	einfach/Luxus 1200/2400 K, 4 Std.

Mawlamyine မော်လမြိုင်

057 / 253 734 EW.

Mit einer von Stupas gekrönten Hügelkette auf der einen Seite, dem Thanlwin River auf der anderen und Straßen voller zerfallender Bauten aus der Kolonialzeit, Kirchen und Moscheen bietet Mawlamyine eine einzigartige Kombination aus Landschaft, Schönheit und Melancholie. Die Lage der Stadt inspirierte sogar zwei der besten englischsprachigen Schriftsteller, George Orwell und Rudyard Kipling.

Die Stadt, die früher Moulmein genannt wurde, und ihre Umgebung warten mit genügend Attraktionen von Stränden bis zu Höhlen auf, um Besucher mehrere Tage glücklich zu machen.

Sehenswertes & Aktivitäten

14 km südlich von Mawlamyine erhebt sich eines der größten Meditationszentren in ganz Myanmar, das **Pa-Auk-Taw-Ya-Kloster** (ဖားအောက်တောရဘုန်းကြီးကျောင်း; 057-22853; www.paaukforestmonastery.org) GRATIS. Ausländer können dort gratis eine oder mehrere Nächte verbringen und sogar kostenlos essen – allerdings muss man um 3 Uhr morgens aufstehen!

★ **Kyaikthanlan Paya** BUDDHISTISCHER TEMPEL
(ကျိုက်သံလန်ဘုရား; Kyaik Than Lan Phayar St; Sonnenauf- bis Sonnenuntergang) GRATIS Nur drei Tage verbrachte Rudyard Kipling in Birma, doch er machte das Land in ein wenigen Zeilen zu einer orientalischen Märchenwelt: „Bei der alten Moulmein-Pagode, ostwärts zum Meer blickend …" Bei der Moulmein-Pagode aus dem Gedicht handelt es sich wahrscheinlich um den **Kyaikthanlan Paya**, den höchsten und am besten sichtbaren Stupa der Stadt.

Der Tempelkomplex ist besonders bei Sonnenuntergang beliebt. Um dorthin zu gelangen, nimmt man am besten den langen überdachten Fußweg, der die Verlängerung der Kyaik Than Lan Phayar Street bildet.

Mon-Kulturmuseum MUSEUM
(မွန်ယဉ်ကျေးမှုပြတိုက်; Ecke Baho & Dawei Jetty Rd; Eintritt 2000 K; Di–So 10–16.30 Uhr) Im Gegensatz zu den meisten Regionalmuseen Myanmars lohnt das in Mawlamyine tatsächlich einen Besuch. Es widmet sich der Geschichte der Mon in der Region. Die Sammlung umfasst Stelen mit Mon-Inschriften, hundert Jahre alte Holzskulpturen mit Darstellungen des Alters und der Krankheit – diese wurden in Klöstern im *dhamma*-Unterricht benutzt –, Keramiken, silberne Betelkästchen, königliche Begräbnisurnen und Musikinstrumente der Mon. Die meisten Exponate sind englisch beschriftet.

Gaungse Kyun (Shampoo Island) INSEL
(ခေါင်းဆေးကျွန်း; Sonnenauf- bis Sonnenuntergang) GRATIS Diese malerische kleine Insel direkt vor dem nördlichen Ende Mawlamyines erhielt ihren Namen, weil zur Zeit der Ava während der jährlichen königlichen Haarwaschzeremonie das Wasser von einer Quelle dieser Insel verwendet wurde.

Am Pier am nördlichen Ende der Stadt, nicht weit vom früheren Mawlamyine Hotel, kann man für 4000 K ein Boot für die Hin- und Rückfahrt mieten.

Schlafen & Essen

Die meisten Unterkünfte in Mawlamyine erreicht man vom Bahnhof, Busbahnhof oder Pier am besten mit einem Motorradtaxi (2000 K).

Breeze Guest House HOTEL $
(057-21450; breeze.guesthouse@gmail.com; 6 Strand Rd; Zi. inkl. Frühstück 7–35 US$;) Zwar sind die Zimmer in dieser alteingesessenen Backpacker-Herberge in einer Villa im Kolonialstil allerhöchstens als zweckmäßig zu bezeichnen, aber dafür sind die Mitarbeiter unerschöpfliche Infoquellen. Inzwischen sollte ein neues Nebengebäude mit besseren Zimmern geöffnet haben.

★ **Cinderella Hotel** HOTEL $$
(057-24411; www.cinderellahotel.com; 21 Baho Rd; EZ/DZ/3BZ inkl. Frühstück 30/55/70 US$;) Die in knalligem Purpur leuchtende Fassade ignoriert man am besten, denn drinnen befinden sich makellos saubere Zimmer mit effizientem Personal und das Frühstück zählt zu den besten in ganz Myanmar. Alle Zimmer verfügen über Kabel-TV, Kühlschrank und gutes WLAN.

★ **Daw Yi** BIRMANISCH $
(nahe Strand Rd; Currys ab 2000 K; 8–22 Uhr) Im bescheidenen Daw Yi gibt's mit das beste birmanische Essen im ganzen Land. Zu unseren Highlights gehören ein unglaublich fettes Garnelencurry sowie eine köstliche Suppe mit jungen Tamarindenblättern und winzigen Shrimps. Das Lokal ist schwer zu finden. Man folgt der Strand Road, bis man den Beer Garden 2 sieht, und fragt dann die Einheimischen.

VERKEHRSMITTEL AB MAWLAMYINE

ZIEL	BUS	ZUG	VAN	FLUGZEUG
Bago	5500 K, 5 Std.	einfach/Luxus 2800/5500 K, 7 Std.		
Dawei	12 000 K, 9 Std.	einfach/Luxus 2950/5950 K, 15 Std.		
Hpa-an	1000 K, 2 Std.			
Kyaikto	7000 K, 4 Std.	einfach/Luxus 950/1900 K, 5 Std.		
Mandalay	15 000 K, 13 Std.			
Myawaddy			11 000 K, 4 Std.	
Yangon	6000–10 000 K, 7 Std.	einfach/Luxus 2950/4250 K, 10 Std.		120 US$, 1 Std.

Mi Cho Restaurant BIRMANISCH-MUSLIMISCH $ (North Bogyoke Rd; Mahlzeiten ab 2300 K; ⏲10–21 Uhr) Winziges Restaurant mit großartigen muslimisch-birmanischen Speisen. Besonders gut sind das reichhaltige Biryani und die köstliche *dhal*-Suppe. Ein winziges grünes Schild in englischer Sprache weist den Weg. Am besten ist man früh da: Das Biryani geht schnell zur Neige.

An- & Weiterreise

BUS & ZUG

Busse fahren zwischen 8 und 20.30 Uhr regelmäßig nach Bago, Hpa-an, Kyaikto und Yangon. Zweimal am Tag gibt's Zugverbindungen von Mawlamyine nach Yangon, Bago und Kyaikto. Ausländer können jetzt mit dem Zug Richtung Süden bis Dawei fahren. Sammeltaxis steuern zwischen 5 und 10 Uhr Myawaddy an.

FLUGZEUG

Während der Hauptsaison (Nov.–März) bietet **Myanma Airways** (☎21500, 09 871 8220; ⏲9–15 Uhr) einmal in der Woche eine Verbindung von/nach Yangon.

Bilu Kyun ဘီလူးကျွန်း

Auf der faszinierenden Insel Bilu Kyun (Menschenfresserinsel) östlich von Mawlamyine widmen sich zahlreiche Dörfer der Herstellung von Matten aus Kokosfasern und stellen sogar Besteck sowie Teetassen aus bzw. in Form von Kokosnüssen her.

Es gibt keine öffentlichen Verkehrsmittel nach Bilu Kyun, doch von mehreren Piers fahren nach einem verwirrenden Fahrplan Boote. Die örtlichen Behörden verlangen außerdem, dass sich Besucher der Insel anmelden, darum ist es am besten, die Insel im Rahmen einer Tagestour mit Herrn Antony oder Herrn Khaing vom Breeze Guest House in Mawlamyine zu besuchen. Sie nehmen pro Person 15 US$ für die Tour, die in der Regel von 9 bis 17 Uhr dauert, die Insel umrundet und an verschiedenen Werkstätten für Kunsthandwerk anhält und sogar eine Badepause einlegt. Transport und Mittagessen sind im Preis enthalten.

Hpa-an ဘားအံ

☎058 / 75 141 EW.

Das schmuddelige Hpa-an wirkt eher wie ein überdimensioniertes Dorf als wie die Hauptstadt des Kayin-Staats. Doch es ist eine gute Ausgangsbasis, um die buddhistischen Höhlen, heiligen Berge und hoch aufragenden Inseln der ländlichen Umgebung zu erkunden.

Sehenswertes & Aktivitäten

Mit einem Boot (500 K, 7–17 Uhr alle 30 Min.) gelangt man über den Thanlwin-Fluss zum Hpan-Pu-Berg, einem zerklüfteten, mit Pagoden bedeckten Gipfel, den man an einem anstrengenden Vormittag erklimmen kann.

Ein weiterer zweistündiger Aufstieg führt zum Mt. Zwegabin (722 m) 11 km südlich der Ortschaft, der mit einem himmlischen Ausblick aufwartet. Um 11 Uhr werden die Affen gefüttert und um 12 Uhr gibt's ein kostenloses Mittagessen im Kloster.

Die weitläufige **Saddan-Höhle** (ဆဒ္ဒန် ⏲Sonnenauf- bis Sonnenuntergang) GRATIS 2… südöstlich von Hpa-an ist auch als … Hölle" bekannt und voller Buddh… lungen sowie Stalagmiten. Man … in der trockenen Jahreszeit (… suchen.

VERKEHRSMITTEL AB HPA-AN

ZIEL	BUS	VAN
Bago	5300 K, 6 Std., 4-mal tgl. 7–19 Uhr	
Kyaikto	5300 K, 4 Std., 4-mal tgl. 7–19 Uhr	
Mawlamyine	1000 K, 2 Std., 6–16 Uhr stündl.	
Myawaddy		10 000 K, 4 Std., 6 & 7 Uhr
Yangon	5300 K, 7 Std., 5-mal tgl. 6–19 Uhr	

Schlafen & Essen

★ **Galaxy Motel** PENSION $
(☎09 566 1863, 058-21347; Ecke Thisar & Thida Rd; EZ/DZ 15/20 US$; ❄📶) Das Galaxy sticht aus dem Angebot an Budgetunterkünften in Hpa-an klar heraus und ist eine Art Pension, von der das Land mehr vertragen könnte: ordentlich und sauber mit geräumigen Zimmern mit Klimaanlage, WLAN und modernem Bad. Die Eigentümer sprechen gut Englisch und können auch Fahrkarten und Ausflüge sowie Leihfahrräder (2000 K pro Tag) und -motorräder (8000 K pro Tag) organisieren.

Soe Brothers Guesthouse BACKPACKERHOTEL $
(☎09 497 71823, 058-21372; soebrothers058 21372@gmail.com; 2/146 Thitsar St; Zi. 6–25 US$; ❄📶) Klassische Backpackerabsteige mit entsprechend einfachen Zimmern, doch die Betreiberfamilie ist auf die Bedürfnisse der Gäste eingestellt und kann stressfreie Ausflüge organisieren. Die billigsten Zimmer haben nur Ventilatoren und Gemeinschaftsbäder, die teureren sind geräumiger. Inzwischen sollte auch ein zweites Gästehaus der Familie am Fluss geöffnet sein.

★ **San Ma Tau Myanmar Restaurant** BIRMANISCH $
(1/290 Bo Gyoke St; Currys ab 2000 K; ⏲11–21 Uhr; 📋) Diese lokale Institution zählt zu unseren birmanischen Lieblingsrestaurants in ganz Myanmar. Das freundliche, beliebte Restaurant serviert eine riesige Palette reichhaltiger Currys, herzhafter Suppen und würziger Salate, die mit frischem Gemüse und Kräutern und überwältigenden zehn Sorten von Dips gereicht werden.

Khit Thit Restaurant CHINESISCH, BIRMANISCH $
(2/247 Zaydan St; Gerichte ab 1500 K; ⏲8–22 Uhr; 📋) In dem freundlichen, sauberen Lokal werden chinesisch angehauchte Speisen serviert, dazu läuft oft Fußball. Die englischsprachige Karte ist ziemlich umfangreich, aber es ist auch in Ordnung, wenn man nur Bier trinkt.

An- & Weiterreise

Über die Gästehäuser kann man ein privates Boot mit Platz für etwa zehn Personen von Hpa-an nach Mawlamyine (8000 K pro Pers., 2–3 Std.) chartern.

Hpa-ans Busbahnhof liegt ungünstigerweise 6,5 km nördlich der Stadt, aber man kann die Fahrkarten an ein paar zentraler gelegenen Ticketständen (am Uhrenturm) kaufen und dort in den Bus steigen.

Sogenannte „Vans" (Sammeltaxis) nach Myawaddy fahren nur an ungeraden Tagen von einem Stand nahe der Kreuzung am Uhrenturm ab.

Dawei ထားဝယ်

Das Tor zum wenig besuchten tiefen Süden Myanmars, bekannt als Tanintharyi-Region (တနင်္သာရီတိုင်း), ist seine Verwaltungshauptstadt Dawei. Diese schläfrige, tropische Stadt am Meer, die mit vielen interessanten Bauwerken aufwartet, ist eine gute Basis für den Besuch des über 70 m langen und 21 m hohen Shwethalyaung Daw Mu, des größten liegenden Buddhas in Myanmar, der sich einige Kilometer außerhalb von Dawei befindet.

Komfortable Zimmer bietet das **Golden Guest Hotel** (☎059-21351; www.goldenguesthoteldawei.com; 59 Myotedwin St; inkl. Frühstück EZ 30 US$, DZ 40–55 US$; ❄📶). Gut essen kann man im **Hla Hla Hnan** (keine englische Beschilderung, Neik Ban St; Gerichte ab 400 K; ⏲12–21 Uhr).

Die Küste südlich von Dawei besteht aus schneeweißen Stränden, vor denen ein riesiger Archipel mit mehr als 800 unbewohnten Inseln liegt und die fast alle vor Kurzem für den allgemeinen Tourismus freigegeben wurden. Der am einfachsten zugängliche Strand ist der **Maungmagan** mit mehreren Unterkünften, darunter das wunderbare **Coconut Guesthouse & Restaurant** (☎09 737 00052; Phaw Taw Oo St; EZ/DZ inkl. Frühstück 15/30 US$; ❄@📶) unter birmanisch-französischer Leitung.

Zur Zeit der Recherche durften ausländische Touristen nicht mit dem Bus von Dawei

EINREISE NACH THAILAND

Die folgenden Informationen können sich jederzeit ändern, darum sollte man sich vor der Reise vor Ort erkundigen.

Von Hpa-an nach Mae Sot

Der Grenzübergang Myawaddy/Mae Sot befindet sich 150 km südöstlich von Hpa-an.

Anreise zur Grenze Sammeltaxis und Vans (11 000 K) halten einen kurzen Fußweg vor der Freundschaftsbrücke.

An der Grenze Das **myanmarische Einwanderungsbüro** (☎058-50100; AH1, Myawaddy; ⏲6–18 Uhr) befindet sich am Fuß der Freundschaftsbrücke. Wer die 420 m lange Brücke überquert hat und noch kein Visum hat, erhält im **thailändischen Einwanderungsbüro** (☎055 56 3004; AH1, Mae Sot; ⏲6.30–18.30 Uhr) eine Aufenthaltsgenehmigung für Thailand, die bis zu 15 Tage gültig ist.

Weiterreise Der Busbahnhof von Mae Sot befindet sich 3 km östlich der Grenze. Von dort bestehen gute Verbindungen zu Zielen in Nordthailand und nach Bangkok. Mae Sots Flughafen liegt 3 km östlich der Grenze und bietet Flüge nach Bangkok, Chiang Mai und Yangon. Sowohl zum Busbahnhof als auch zum Flughafen fahren häufig *sŏrng·tăa·ou* (Pick-ups), die zwischen 6 und 18 Uhr zwischen der Freundschaftsbrücke und Mae Sot pendeln (20 B).

Mehr Informationen zu dieser Reise in entgegengesetzter Richtung siehe S. 789.

Von Kawthoung nach Ranong

Kawthoung (auch Victoria Point genannt) liegt am äußersten südlichen Rand der Tanintharyi-Region.

Anreise zur Grenze Der leuchtend grüne **myanmarische Grenzposten** (Strand Rd; ⏲7–16 Uhr) liegt ein paar Schritte von der Anlegestelle in Kawthoung entfernt.

An der Grenze Wer aus anderen Gegenden Myanmars nach Kawthoung gekommen ist, kann das Land hier verlassen. Nach den myanmarischen Grenzformalitäten wird man in Gruppen zu einem Boot gebracht (pro Pers. 50 B), das nach 20 Minuten Ranong erreicht. Falls man noch kein Visum für Thailand hat, stellen die Behörden auf der thailändischen Seite eine Aufenthaltsgenehmigung für bis zu 15 Tage aus.

Weiterreise Nach Ranong gelangt man für 60 B mit einem Motorradtaxi oder für 20 B mit einem *sŏrng·tăa·ou* vom Saphan-Pla-Pier. Zwischen Ranong und Bangkok gibt's täglich zwei Flugverbindungen (ab 1955 B, 1½–1¾ Std.), Busse fahren u. a. nach Bangkok (445–692 B, 10 Std.), Hat Yai (420 B, 5 Std.) und Phuket (250 B, 5–6 Std.).

Mehr Informationen zu dieser Reise in entgegengesetzter Richtung siehe S. 789.

weiter nach Süden fahren. Wer weiter Richtung Süden nach Myeik und in die Grenzstadt Kawthoung reisen will, muss ein Boot nehmen oder fliegen.

INLE-SEE & SHAN-STAAT

In einem Boot das ruhige Wasser des Inle-Sees durchpflügen, zu Dörfern der Pa-O und Danu außerhalb von Kalaw wandern und sich auf einem abgelegenen Markt der Bergvölker in eine andere Zeit zurückversetzt fühlen – was haben diese Erfahrungen gemeinsam? Man kann sie alle im Shan-Staat im Osten des Landes erleben.

Trekken ist hier überaus beliebt, und Kalaw ist ein preiswerter Ausgangspunkt für Abenteuer. Auch Homestays sind möglich, und die Shan sind eines der freundlichsten Völker im ganzen Land.

Inle-See & Nyaungshwe
အင်းလေးကန် နှင့် ညောင်ရွှေ

☎081 / 10 000 EW.

Der Inle-See ist eine wundervolle Wasserwelt aus schwimmenden Gärten, Stelzendörfern sowie verfallenden Stupas. Hier kann man seine Tage mit Kanutrips, Radtouren und Wanderungen verbringen.

VERKEHRSMITTEL AB DAWEI

ZIEL	SCHIFF/FÄHRE	BUS	ZUG	FLUGZEUG
Kawthoung	80 US$, 12 Std., 4.30 Uhr			116 US$, 80 Min.
Mawlamyine		12 000 K, 9 Std., 5 Uhr	einfach/Luxus 2950/5900 K, 15 Std.	
Myeik	40 US$, 4 Std., 4.30 Uhr			72 US$, 40 Min.
Yangon		14 000 K, 16 Std., 16 Uhr		96 US$, 70 Min.

Im September und Oktober wird ganze drei Wochen lang das Phaung-Daw-U-Festival und anschließend das Thadingyut-Festival gefeiert. Vor Ort ist es etwas kühler als im Rest des Landes. Im Januar und Februar muss man sich sogar auf frostige Temperaturen einstellen und entsprechend warme Kleidung mitbringen.

Das Dorf Nyaungshwe erstreckt sich an der Nordseite des Inle-Sees. Es beherbergt alle Budgetunterkünfte und touristischen Einrichtungen. Man kann den Ort problemlos zu Fuß oder mit dem Fahrrad erkunden.

Um das Gebiet des Inle-Sees zu bereisen, muss man eine Gebühr von 10 US$/13 000 K an den Staat entrichten, die direkt bei der Ankunft am **Einreisegenehmigungsschalter** (⏲ 6–21 Uhr) an der Brücke beim Ortseingang von Nyaungshwe kassiert wird. Die Genehmigungen sind eine Woche lang gültig.

Sehenswertes & Aktivitäten

Bootsausflüge auf dem See kann jedes Hotel organisieren. Zusätzlich bieten selbstständige Bootsführer ihre Touren auf der Straße an. Ein Tagestrip kostet ab 15 000 K, einschließlich eines Zwischenstopps in Inthein ab 20 000 K; die dortigen verwitterten Hügelpagoden wirken trotz der zahlreichen Besucher unglaublich stimmungsvoll.

Ein weiteres beliebtes Ausflugsziel ist das Kloster Nga Phe Kyaung am Ostufer des Sees. Es erlangte Bekanntheit für seine Katzen, die von den Mönchen darauf dressiert wurden, durch Reifen zu springen, sowie für seine schwimmenden Gärten, wo die Intha-Bauern auf langen Holzgittern, die von schwimmenden Vegetationsmatten getragen werden, Blumen, Obst und Gemüse anbauen. Auf den Dorfmärkten und in Kunsthandwerkerläden werden Webwaren, Schmiedehandwerk und Schmuck gefertigt. Kaufzwang besteht nicht. Stoffe zählen rund um den Inle-See zu den besseren Sachen, die man kaufen kann.

Yadana Man Aung Paya BUDDHISTISCHER TEMPEL
(ရတနာမာန်အောင်ဘုရား; Phoung Taw Site St; ⏲ Sonnenauf- bis Sonnenuntergang) GRATIS In einem quadratischen Komplex südlich des Mingala-Markts versteckt sich dieser hübsche vergoldete Stupa, Nyaungshwe ältester und bedeutendster buddhistischer Schrein. Seine mehrstufige Bauweise ist in Myanmar einzigartig. In den rundum gelegenen Pavillons können Besucher zahlreiche Schätze bewundern, die von den Mönchen über Jahrhunderte gesammelt wurden, darunter Holzschnitzereien, Lackwaren und Tanzkostüme.

Kulturmuseum MUSEUM
(ပြတိုက်; Museum Rd (Haw St); Eintritt 2000 K; ⏲ Mi–So 10–16 Uhr) Das imposante und verfallene Bauwerk ist der ehemalige *haw* (Palast) des letzten *sao pha* (himmlischer Prinz) von Nyaungshwe, Sao Shwe Thaike, der für kurze Zeit als erster Präsident des unabhängigen Birma amtierte. Heute beherbergen die fast leeren Gebäude einige verstaubte Ausstellungsstücke, interessanter ist das stattliche Teakholz- und Ziegelbauwerk.

Mingala-Markt MARKT
(မင်္ဂလာဈေး; Yone Gyi Rd; ⏲ 5–14 Uhr) Morgens, wenn die Händler frischen Fisch vom See und Obst und Gemüse von den schwimmenden Gärten herbringen, strömen die Einheimischen auf diesen geschäftigen Markt am Eingang zur Stadt. Wenn beim Fünf-Tage-Markt noch Stände aus anderen Städten dazukommen, wächst er auf die doppelte Größe an.

Schlafen

In Nyaungshwe wimmelt es nur so von guten Budgetzimmern; wenn alle unten genannten Optionen voll sind, gibt's daher genügend Alternativen. An einigen Unterkünften nagt inzwischen der Zahn der Zeit, also schaut man sich am besten ein bisschen um. Frühstück ist überall inbegriffen und die meisten Unterkünfte verleihen Fahrräder (1500 K pro Tag).

Nyaungshwe

Nyaungshwe

Sehenswertes

1 Kultur-Museum D1
2 Mingala-Markt C1
3 Yadana Man Aung Paya B2

Schlafen

4 Aquarius Inn B3
5 Inle Inn D2
6 Nawng Kham – Little Inn B2
7 Zawgi Inn D2

Essen

8 Lin Htett Myanmar Traditional Food C2
9 Essensstände im Mingala-Markt C1
10 Nachtmarkt C2
11 Sin Yaw Bamboo Restaurant C2
12 Thukha Caffee B2

Ausgehen & Nachtleben

13 One Owl Grill C2

Nawng Kham – Little Inn PENSION $

(☎ 081-209 195; noanhom@gmail.com; Phaung Daw Pyan Rd; Zi. 15–40 US$; ❄ 📶) Die sieben Zimmer mit Ventilator sind immer schnell weg, aber die teureren mit Klimaanlage sind auch ein Schnäppchen. Alle gehen auf einen netten Garten raus, es gibt einen kleinen Gemeinschaftsbereich und das Personal ist hilfsbereit.

Aquarius Inn PENSION $

(☎ 081-209 352; aquarius352@gmail.com; 2 Phaung Daw Pyan Rd; Zi. inkl. Frühstück 12–35 US$; ❄ @ 📶) In dieser familiengeführten Pension verfügen die billigsten Zimmer nur über Ventilatoren und Gemeinschaftsbäder. Die teureren sind geräumig, nett eingerichtet und haben recht gute Bäder. Auf den schönen Garten blickt man aber aus allen.

Zawgi Inn PENSION $

(☎ 081-209 929; zawgiinn@gmail.com; 122 Nandawun St; EZ/DZ 25/30 US$; ❄ 📶) Versteckt in einem ruhigen Wohngebiet befindet sich diese Pension. Sie hat neun recht große Zimmer mit Veranda, die alle komfortabler sind als in den meisten anderen Unterkünften in diesem Preissegment.

Inle Inn HOTEL $$

(☎ 081-209 016; inleinns@gmail.com; Yone Gyi Rd; Zi. inkl. Frühstück 45–85 US$; ❄ 📶) Die kürzlich renovierten, schönen Zimmer liegen an einem Hof voller Topfpflanzen; ein weiterer Pluspunkt ist das gute Frühstück. Wer einen etwas höheren Preis zu zahlen bereit ist, bekommt noch eine Klimaanlage, aber das WLAN ist überall gut.,

Essen & Ausgehen

Günstige Kost gibt's an den **Essensständen** (Yone Gyi Rd; Gerichte 1000 K; 6–21 Uhr) im Mingala-Markt. Zu den hiesigen Spezialitäten gehören *shàn k'auq-swèh* (Nudelsuppe nach Art der Shan) und *to·p'ù thouq* (Shan-Tofusalat), der mit gelbem Kichererbsentofu, Koriander und Chiliöl zubereitet wird.

Jeden Abend findet abseits der Yone Gyi Road ein **Nachtmarkt** (nahe Yone Gyi Rd; Gerichte ab 800 K; 17–21 Uhr) statt.

★ Lin Htett Myanmar Traditional Food BIRMANISCH $
(Yone Gyi Rd; Mahlzeiten ab 2500 K; 10–21 Uhr;) Mit Abstand unser Lieblingsrestaurant in Nyaungshwe: Hier ist der Service genauso freundlich wie das Essen köstlich. Zu den verschiedenen Currys und Salaten werden Suppen, Dips und Reis gereicht. Außerdem kann Kochunterricht organisiert werden.

Sin Yaw Bamboo Restaurant CHINESISCH, SHAN-KÜCHE $
(Kyaung Daw A Shae St; Hauptgerichte ab 3500 K; 9–22 Uhr;) Einem authentischen Shan-Restaurant in Nyaungshwe kommt dieses Lokal noch am nächsten; geführt wird es von einem netten Shan-chinesischen Paar. Das Essen ist gut und würzig – die Schärfe kann für westliche Gaumen abgemildert werden – und ist durch die Küche der benachbarten chinesischen Provinz Yunnan beeinflusst.

Thukha Caffee TEESTUBE $
(Ecke Lan Ma Taw St & Yone Gyi Rd; Tee oder Snacks ab 300 K; 5–16 Uhr;) In der einzigen muslimischen Teestube Nyaungshwes wird guter Tee serviert, und morgens locken köstliche *pakoda* (Frittiertes), in Öl gebratene Gemüseknödel und Shan-Nudeln.

★ One Owl Grill BAR
(1 Yone Gyi St; Bier/Cocktails ab 1000/2000 K; 9–23 Uhr;) Der Neuling unter französischer Leitung hat gleich voll eingeschlagen: nicht nur wegen der Qualität der Getränke und Speisen, sondern auch, weil er länger aufhat als alles andere im verschlafenen Nyaungshwe. Neben einem guten Angebot an Weinen und Cocktails zu vernünftigen Preisen gibt's ausgezeichnete Grillspieße, Sandwiches und Salate.

An- & Weiterreise

BUS & PICK-UP

Jeder Bus von Mandalay oder Yangon nach Taunggyi hält auf Nachfrage in Shwenyaung, aber man bezahlt trotzdem den vollen Preis bis Taunggyi.

Reisebüros in Nyaungshwe wie das verlässliche und ehrliche **Thu Thu** (081-209 258; thuthua79@gmail.com; Yone Gyi Rd; 6.30–21 Uhr) können Tickets verkaufen und die Abholung vom Hotel arrangieren.

FLUGZEUG

Der wichtigste Flughafen der Region befindet sich in Heho, 40 km nordwestlich von Nyaungshwe auf dem Weg nach Kalaw.

Entweder fährt man per Taxi vom Flughafen nach Nyaungshwe (20 000 K, 1 Std.) oder man legt den 1 km zur Schnellstraße zu Fuß zurück. Dort wartet man auf einen Pick-up oder Bus Richtung Taunggyi (2000 K, 1½ Std.) und lässt sich in Shwenyaung absetzen, wo Busse ins 11 km entfernte Nyaungshwe (6000 K) starten. Manchmal muss man allerdings lange warten.

ZUG

Der Zug von Shwenyaung durch die Hügel nach Thazi (an der Hauptstrecke von Yangon nach Mandalay) ist langsam, doch die Landschaft ist atemberaubend. Vom winzigen Bahnhof in Shwenyaung fahren die Züge um 8 und 9.40 Uhr ab, sind drei Stunden später in Kalaw (einfach/Luxus 500/1200 K) und erreichen Thazi frühestens nach weiteren sechs Stunden (einfach/Luxus 1500/3000 K).

Unterwegs vor Ort

Mehrere Geschäfte in der Yone Gyi Road und der Phaung Daw Pyan Road verleihen schwerfällige chinesische Fahrräder für 1500 K pro Tag.

Motorradtaxis am Stand (Lan Ma Taw St) in der Nähe des Marktes fahren für etwa 6000 K nach Shwenyaung.

VERKEHRSMITTEL AB NYAUNGSHWE

ZIEL	BUS	FLUGZEUG
Kyaingtong		123 US$, 55 Min.–2 Std.
Mandalay	11 000–16 000 K, 10 Std., 3-mal tgl. um 19 Uhr	72 US$, 40 Min.
Nyaung U	12 000 K, 10 Std., 2-mal tgl. 7 & 19 Uhr	100 US$, 75 Min.
Tachileik		123 US$, 45 Min.–1¾ Std.
Yangon	17 000 K, 13 Std., 6–19 Uhr häufig	106 US$, 1 Std.

Pindaya ပင်းတယ

Bei einer Rundfahrt durch den Shan-Staat bietet sich die **Shwe-U-Min-Höhlenpagode** (ရွှေဥမင်သဘာဝလိုဏ်ဂူဘုရား; Shwe U Min Pagoda Rd; Eintritt 3000 K, Kameragebühr 300 K; ⌚ 6–18 Uhr) in Pindaya als Ausflugsziel an. Über 8094 Buddha-Figuren bilden ein Labyrinth, das sich über mehrere Höhlenkammern erstreckt.

Angenehme Zimmer, eine großartige Lage an den Stufen zur Höhle sowie hilfsbereites Personal sind nur einige Gründe dafür, warum das **Golden Cave Hotel** (☎ 081-66166; www.goldencavehotel.com; Shwe U Min Pagoda Rd; EZ/DZ inkl. Frühstück 35/45 US$; ❄@📶) sein Geld wert ist.

Von Kalaw kommt man per Bus oder Pick-up nach Aungban (1500 K, 20 Min.). Von dort fahren täglich zwei Pick-ups (1000–2000 K, 1½ Std., 8 & 11 Uhr), außerdem warten Motorradtaxis (einfach/hin & zurück 6000/10 000 K) und Taxis (einfach/hin & zurück 30 000/50 000 K).

Kalaw ကလော

☎ 081 / 57 797 EW.

Willkommen in Myanmars Trekkingparadies! Hier kann man wunderbar klettern und die entspannte Atmosphäre genießen, die Rucksacktouristen so gut gefällt. Die Stadt liegt in 1320 m Höhe inmitten der pinienbewachsenen Hügel des Shan-Plateaus und eignet sich als Ausgangspunkt für Trekkingtouren in Richtung Westen zum Inle-See (rund 45 km), in deren Rahmen man Bergdörfer der Palaung, Pa-O, Intha und Shan besucht.

Kalaw lässt sich ganz ohne Probleme zu Fuß erkunden. Mitten im Zentrum der Stadt befindet sich der **Aung Chan Tha Zedi** (အောင်ချမ်းသာစေတီ; Aung Chan Thar St; ⌚ Sonnenauf- bis Sonnenuntergang) GRATIS, ein glitzernder Stupa, bedeckt von Glasmosaiken in Gold- und Silbertönen.

Aktivitäten

Während der Hochsaison von November bis Februar kann es auf den bekannteren Wanderstrecken recht lebhaft zugehen, während die Wege in der Regenzeit fürchterlich matschig sind und nur wenige Touristen anlocken.

Die beliebteste Trekkingtour ist die zwei- bis viertägige Tour zum Inle-See. Weitaus weniger Wanderer nehmen sich die mehrtägige Strecke über Taung Ni nach Pindaya vor. Im Vorfeld sollte man sich genau nach den Routen erkundigen und in Erfahrung bringen, welche Dörfer und Volksstämme auf dem Weg liegen. Wichtig sind auch festes Schuhwerk und warme Kleidung für die kühlen Abende. Gegen eine kleine Gebühr lassen die Angestellten der Pensionen nicht benötigte Koffer und Taschen zur nächsten Unterkunft transportieren.

Exkursionen ohne Guides sind nicht zu empfehlen: Die Wegführung ist verwirrend, das Gelände eine Herausforderung und in den Bergen sprechen nur wenige Menschen Englisch. Der aktuelle Preis für Tageswanderungen liegt bei 11 000 K pro Person und für Touren mit Übernachtung bei etwa 15 000 K pro Person und Tag bei mindestens zwei Personen.

Empfehlenswerte Agenturen für Guides sind beispielsweise **Ever Smile** (☎ 09401 623 4795, 081-50683; thuthu.klw@gmail.com; Yuzana St; ⌚ 8–20 Uhr), die **Rural Development Society** (RDS; ☎ 081-50747, 09 528 0974; sdr1992@gmail.com; Min St), **Sam's Trekking Guide** (☎ 081-50237; samtrekking@gmail.com; 21 Aung Chan Thar St; ⌚ 7–19 Uhr) und **JP Barua** (☎ 081-50549).

NICHT VERSÄUMEN

RADTOUR ZU DEN HEISSEN QUELLEN

Per Leihrad geht's durch die schöne Landschaft nach Kaung Daing. Das ruhige Intha-Dorf an Inles Nordwestküste ist ca. 8 km von Nyaungshwe entfernt. Hier laden **heiße Quellen** (Kaung Daing; Pool 5 US$, Privatbad 13 US$; ⌚ 6–18 Uhr) zum Baden ein. Sie sind auch Start- und Endpunkt vieler Trekkingrouten zwischen Kalaw und dem Inle-See. Wer keine Lust hat, den ganzen Weg zurückzustrampeln, kann das Fahrrad mit auf ein Motorboot nehmen und nach Maing Thauk (8000 K, 30 Min.) übersetzen. Von dort radelt man dann zurück zum Ausgangsort der Tour.

Schlafen

Die Stromversorgung in Kalaw ist zwar regelmäßig unterbrochen, aber man braucht sowieso keine Klimaanlage (nicht einmal einen Ventilator). Alle Preise beinhalten das Frühstück.

Kalaw

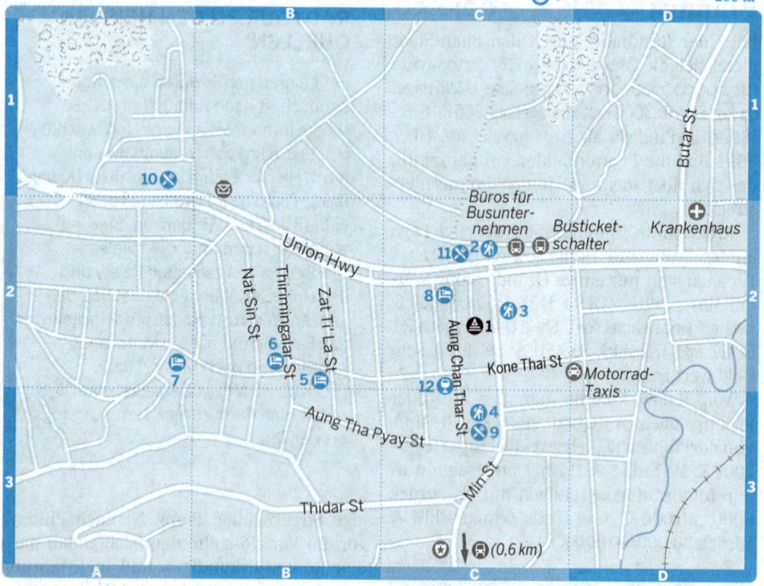

Kalaw

Sehenswertes
1 Aung Chan Tha Zedi C2

Aktivitäten, Kurse & Touren
2 Ever Smile C2
3 Rural Development Society C2
4 Sam's Trekking Guide C3

Schlafen
5 Dream Villa Hotel Kalaw B2
6 Eastern Paradise Motel B2
7 Pine Breeze Hotel A2
8 Winner Hotel Kalaw C2

Essen
9 Everest Nepali Food Centre C3
10 Pyae Pyae Shan Noodle A1
11 Thu Maung Restaurant C2

Ausgehen & Nachtleben
12 Hi Snack & Drink C2

★ **Dream Villa Hotel Kalaw** HOTEL $
(☎ 081-50144; dreamvilla@myanmar.com.mm; 5 Zat Ti' La St; EZ/DZ inkl. Frühstück 45/50 US$; 📶) Die dreistöckige Dream Villa, die für ein myanmarisches Hotel überdurchschnittlich gut ist, hat 24 geschmackvolle, blitzsaubere Zimmer mit Holzpaneelen, die mit einer lokalen Note dekoriert sind. Alle verfügen über Fernseher und Kühlschrank; die teureren bieten mehr Raum und Badewannen.

Eastern Paradise Motel HOTEL $
(☎ 081-50315; easternmotel@gmail.com; 5 Thiri Min Ga Lar St; EZ/DZ inkl. Frühstück 25/35 US$; 📶) Eine der besten Schnäppchenunterkünfte der Stadt, dank einer zentralen Lage, großer Zimmer und einem tollen Service.

Pine Breeze Hotel HOTEL $
(☎ 081-50459; pinebreezehotel@gmail.com; 174 Thittaw St; Zi. inkl. Frühstück 35–45 US$; ❄📶) In dem vierstöckigen hellblauen Haus auf einem Hügel gleich westlich vom „Zentrum" der Stadt warten ordentliche Zimmer mit TV, Kühlschrank, Balkon und tollem Blick über die Stadt.

Winner Hotel Kalaw HOTEL $
(☎ 081-50025; winnerhotel.kalaw@gmail.com; Union Hwy (NH4); inkl. Frühstück EZ 15 US$, DZ 20–30 US$; ❄📶) Das große, moderne Hotel im chinesischen Stil an der Hauptstraße bietet wenige Überraschungen, aber die Zimmer sind groß, ordentlich und sauber und verfügen über TV und Kühlschrank.

Essen & Ausgehen

★ **Thu Maung Restaurant** BIRMANISCH $
(Myanmar Restaurant; Union Hwy (NH4); Mahlzeiten ab 3000 K; ⏲ 11–21 Uhr) Eines unserer Lieblingsrestaurants für birmanisches Curry in diesem Teil des Landes serviert reichhaltige Varianten mit Hühnchen, Schwein, Lamm und Fisch, und dazu außergewöhnlich köstliche Dips, Beilagen, eingelegtes Gemüse und Garnituren. Der Tomatensalat aus knackigen grünen Tomaten ist ein regelrechtes Kunstwerk. Auf dem englischen Schild steht „Myanmar Restaurant".

Everest Nepali Food Centre NEPALESISCH $
(Aung Chan Thar St; komplette Mahlzeiten ab 3000 K; ⏲ 9.30–22 Uhr;) Bei den soliden Currys und Tellern mit *dhal baht* (Reis mit Linsen und anderen Beilagen) werden Erinnerungen an Trekkingtouren in Nepal wach. Das gastfreundliche Restaurant wird von einer nepalesischen Familie geführt.

Pyae Pyae Shan Noodle SHAN-KÜCHE $
(Union Hwy (NH4); Nudeln ab 500 K, Hauptgerichte ab 1200 K; ⏲ 6.30–21 Uhr;) Neben den köstlichen Nudeln, nach denen es benannt ist, hat das gemütliche, freundliche Lokal noch einige andere Tellergerichte auf seiner englischsprachigen Speisekarte.

Hi Snack & Drink BAR
(Kone Thai St; ⏲ 17–23 Uhr) Im winzigen Hi herrscht eine fröhliche, verschworene Stimmung; wer hier keinen Rum Sour (1000 K) getrunken hat, war nicht in Kalaw. Bier gibt's keins, sondern nur hochprozentige Getränke.

An- & Weiterreise

BUS

Busse nach Yangon, Mandalay und Bagan halten vor den Busticketschaltern gegenüber dem Markt.

Busse und Pick-ups Richtung Taunggyi halten regelmäßig vor dem Winner Hotel und lassen Passagiere in Shwenyaung (zum Inle-See) aussteigen.

FLUGZEUG

Von Kalaw bis zum Flughafen Heho sind es 45 km. Ein Taxi dorthin kostet 20 000 K. Am Flughafen findet man nur schwer ein Gemeinschaftstaxi, denn die meisten Leute fahren direkt zum Inle-See. Am besten lässt man sich ins Dorf Heho bringen und nimmt dort einen Pick-up (3000 K). Ein Taxi direkt zum Inle-See kostet 30 000 bis 40 000 K.

ZUG

Auf der kurvigen Strecke zwischen Thazi und Shwenyaung bestehen je Richtung zwei Verbindungen pro Tag.

Kyaingtong ကျိုင်းတုံ

Kyaingtong, auch Kengtung und manchmal Chiang Tung genannt, ist eine der attraktivsten Städte Myanmars. Die Mehrheit der Einwohner gehört einer der ethnischen Tai-Gruppen an. In der Stadt wimmelt es von buddhistischen Klöstern wie dem **Wat Jong Kham** (ဝတ်ကျုံခမ်း; nahe Mine Yen Rd; ⏲ Sonnenauf- bis Sonnenuntergang) GRATIS. Zu den weiteren Attraktionen zählen der **Zentralmarkt** (မြို့မဈေး; Zeigyi Rd; Hauptgerichte ab 500 K; ⏲ 5–13 Uhr), einer der besten des Landes, und der buddhistische Tempel **Yat Taw**

VERKEHRSMITTEL AB KALAW

ZIEL	BUS	PICK-UP	ZUG
Aungban (nach Pindaya)		1500 K, 20 Min., 7–18 Uhr häufig	einfach/Luxus 100/250 K, 1 Std., 1-mal tgl. 11.35 Uhr
Heho (Flughafen)		3000 K, 1 Std., 7–18 Uhr häufig	einfach/Luxus 200/400 K, 2 Std., 1-mal tgl. 11.35 Uhr
Mandalay	11 000–12 000 K, 7–8 Std., 3-mal tgl. 9, 10.30 & 21 Uhr		
Nyaung U (nach Bagan)	11 000 K, 8 Std., 2-mal tgl. 9 & 20 Uhr		
Shwenyaung (zum Inle-See)		4000 K, 2 Std., 7–18 Uhr häufig	einfach/Luxus 500/1200 K, 3 Std., 1-mal tgl. 11.35 Uhr
Thazi		6000 K, 4 Std., 7–18 Uhr häufig	einfach/Luxus 800/1850 K, 6 Std., 2-mal tgl. 11.30 & 13.10 Uhr
Yangon	12 000–18 000 K, 10–12 Std., 7–20 Uhr häufig		

EINREISE NACH THAILAND: VON KYAINTONG NACH MAE SAI

Die folgenden Informationen können sich jederzeit ändern, darum sollte man sich vor der Reise unbedingt vor Ort informieren.

Anreise zur Grenze Die Grenze liegt nur einen kurzen Fußweg vom „Zentrum" Tachileiks entfernt; vom Busbahnhof der Stadt ist es eine knapp 2 km lange Fahrt mit dem Truck für 20 B bzw. mit einem Motorradtaxi für 1500 K/50 B.

An der Grenze Wer aus anderen Gegenden Myanmars per Flugzeug über Kyaingtong oder Tachileik gekommen ist, kann das Land in Tachileik ungehindert verlassen. Der myanmarische Grenzposten ist von 6 bis 18 Uhr geöffnet. Auf der thailändischen Seite der Grenze stellen die dortigen Behörden eine bis zu 15 Tage gültige Aufenthaltsgenehmigung für Thailand aus, falls man sich nicht im Voraus ein Visum für das Land besorgt hat.

Weiterreise Zum Busbahnhof von Mae Sai sind es von der Grenze knapp 2 km; zwischen dem Busbahnhof und der Soi 2, Th Phahonyothin (20 B, 5 Min., 6–21 Uhr) pendeln Pick-ups. Alternativ bekommt man für 50 B Motorradtaxis vom/zum Stand an der Ecke Th Phahonyothin/Soi 4. Von Mae Sai bestehen Busverbindungen u. a. nach Bangkok, Chiang Mai und Chiang Rai.

Mehr Informationen zu dieser Reise in entgegengesetzter Richtung siehe S. 776.

Mu (ရှမ်းတော်မူ; nahe Tachileik–Taunggyi Rd (Main Rd); ⌚ Sonnenauf- bis Sonnenuntergang) GRATIS mit einem berühmten 60 m hohen stehenden Buddha.

Kyaingtongs Unterkünfte sind nicht gerade weltbewegend; die besten Budgetoptionen sind das **Sam Yweat Hotel** (☎ 084-21235; www.samywethotel.blogspot.com; Ecke Kyaing Lan 1 & Kyaing Lan 4 Rd; EZ/DZ inkl. Frühstück 30–35 US$; ❄ 📶) und das **Private Hotel** (☎ 084-21438; www.privatehotelmyanmar.com; 5 Airport Rd; Zi. 42 US$; ❄ @ 📶).

Shwe Myo Taw Express (☎ 084-23145; Tachileik Rd) und **Thet Nay Wun** (Kyain Nyan Rd) betreiben klimatisierte Busse nach Tachileik. „Vans" (Sammeltaxis) dorthin fahren von Kyaingtongs Busbahnhof westlich der Stadt ab.

Mehrere Fluggesellschaften verbinden Kyaingtong mit Zielen im Norden; das Streckennetz ist jedoch sehr verwirrend. Zudem machen die meisten Flüge, darunter nach Yangon, bis zu zwei Zwischenstopps. Die 3 km lange Fahrt zum Flughafen von Kyaingtong kostet 5000 K mit dem Taxi und 3000 K mit der *thoun bein* (Autorikscha).

MANDALAY & UMGEBUNG

Myanmars zweitgrößte Stadt boomt in wirtschaftlicher und kultureller Hinsicht. Allein schon um die einstigen Königsstädte in der Umgebung zu besuchen, lohnt sie einen Aufenthalt. Dem schwülen Flachland kann man in der surrealen Bergstation Pyin U Lwin entkommen. Diese wartet mit glanzvollen alten Kolonialbauten, Pferdekutschen als Taxis sowie guten Restaurants auf, die sich über den Zustrom der Neureichen des Landes freuen. Weiter nördlich ist das bezaubernde kleine Hsipaw eine großartige Basis für leichte Trekkingtouren zu den Dörfern faszinierender Bergvölker.

Mandalay မန္တလေး

☎ 02 / 1225546 EW.

Bei allen, die noch nicht da waren – und damit meinen wir auch den Autor von *Der Weg nach Mandalay* – ruft dieser Ort das Bild eines zeitlosen und höchst traditionellen Asien hervor. In Wirklichkeit ist Mandalay eine große Stadt mit staubigen, verkehrsreichen Straßen und an jeder Ecke wird gebaut. Trotzdem ist man unglaublich beeindruckt, wenn man den goldenen Buddha im Mahamuni Paya erblickt oder vom Mandalay Hill, der mit Stupas übersät ist, den Sonnenuntergang über der flachen Ebene beobachtet. Mandalay ist auch die kulturelle Hauptstadt des Landes, hier kann man viele myanmarische Künste erkunden.

1861 wurde Mandalay zur Hauptstadt des birmanischen Reiches ernannt, 1885 jedoch von den Briten eingenommen. Zuvor dienten mehrere andere nahe gelegene Orte als Hauptstädte. Heute sind diese antiken Stätten die Hauptattraktion der Region.

Sehenswertes

Das „Archaeological Zone Ticket" (10 000 K) deckt mehrere der bedeutendsten Sehenswürdigkeiten Mandalays ab und ist nach dem Erwerb eine Woche gültig. Zurzeit wird dieses Ticket nur am Mandalay-Palast und am Shwenandaw Kyaung, an zwei kleineren Stätten in Inwa (Ava) und an einer kleineren in Amarapura kontrolliert (und verkauft).

★ Mandalay Hill WAHRZEICHEN
(မန္တလေးတောင်; Karte S. 544; Kameragebühr 1000 K) Um eine Vorstellung von den Ausmaßen Mandalays zu bekommen, sollte man auf den 232 m hohen Mandalay Hill steigen. Der barfüßige Aufstieg über die überdachte Treppe am Südhang des Berges macht einen großen Teil des Erlebnisses aus. Er führt mitten zwischen einer bunten Abfolge an Möglichkeiten zum Beten und zum Shoppen hindurch. Der eigentliche Aufstieg dauert gut 30 Minuten, man sollte sich aber viel mehr Zeit lassen, um unterwegs anzuhalten. Bei Sonnenuntergang ist der Aussichtspunkt am Gipfel besonders beliebt, denn dann nähern sich junge Mönche vorsichtig ausländischen Gästen, um ihre Sprachkenntnisse zu erproben.

★ Mahamuni Paya BUDDHISTISCHER TEMPEL
(မဟာမုနိဘုရား; 83rd St; ⌚ Komplex 24 Std., Museumsbereiche 8–17 Uhr) GRATIS Täglich verehren Tausende farbenfroh gekleidete Gläubige den knapp 4 m hohen **sitzenden Buddha** des Mahamuni, eine im ganzen Land gefeierte Buddha-Figur, die über 2000 Jahre alt sein soll. Das Blattgold, das männliche Anhänger im Laufe der Jahrhunderte auftrugen, hat dem Buddha eine 15 cm dicke, knubblige Hülle aus purem Gold verliehen – nur das glänzende Gesicht, das jeden Morgen um 4 Uhr zeremoniell poliert wird, blieb verschont.

★ Shwe In Bin Kyaung BUDDHISTISCHES KLOSTER
(ရွှေအင်ပင်ကျောင်း; Karte S. 546 f.; 89th St, 37/38) Wer in Mandalay einen Ort zum Meditieren sucht, dürfte keinen besseren als dieses schön geschnitzte Teakholzkloster finden. Es wurde 1895 von zwei reichen chinesischen Jadehändlern in Auftrag gegeben. Das zentrale Gebäude steht auf Pfosten, die aus Baumstämmen geschnitzt wurden, das Innere ist majestätisch dunkel. Die Geländer und die Dachbrüstungen sind mit detailreichen, teils humorigen Schnitzereien bedeckt.

Shwenandaw Kyaung BUDDHISTISCHES KLOSTER
(ရွှေနန်းတော်ကျောင်း; Kloster des Goldenen Palastes; Karte S. 544; Kombiticket 10 000 K) Üppige geschnitzte Paneele bedecken dieses schöne Teakholzkloster, das für seine Schnitzarbeiten, besonders die vergoldeten Jataka-Szenen (Geschichten aus den früheren Leben Buddhas) im Inneren, berühmt ist. Das Bauwerk stand früher im Komplex des Mandalay-Palastes und war die königliche Wohnung von König Mindon, der dort 1878 starb.

Mandalay-Palast PALAST
(မန္တလေးနန်းတော်; Karte S. 544; Osttor; Kombiticket 10 000 K; ⌚ 7.30–16.30 Uhr) Die Rekonstruktion des Königspalastes aus den 1990er-Jahren umfasst über 40 Holzgebäude, die den in den 1850er-Jahren errichteten Originalgebäuden nachgebildet wurden. Einen guten Überblick erhält man, wenn man den merkwürdigen spiralförmigen hölzernen **Wachturm** besteigt. Das markanteste Element des Komplexes ist die hoch aufragende, mehrstufige Pyramide aus vergoldeten Filigranarbeiten über dem zentralen **Thronraum**. Im westlichsten Gebäude innerhalb des Palastovals befindet sich ein kleines **Kulturmuseum**; das faszinierendste Ausstellungsstück ist das elegante, mit gläsernen Säulen versehene Himmelbett von König Thibaw.

Ausländer können den Palast nur über das Osttor betreten.

Kuthodaw Paya BUDDHISTISCHER TEMPEL
(ကုသိုလ်တော်ဘုရား; Karte S. 544; ⌚ 24 Std.) GRATIS Scharenweise kommen Touristenbusse zum Kuthodaw Paya, um die 729 Platten zu sehen, auf denen der Tripitaka-Text eingemeißelt ist – das „größte Buch der Welt". Die Besichtigung ist im Kombiticket für 10 000 K inbegriffen, nach 16.40 Uhr sind jedoch meist keine Kontrolleure mehr vor Ort. Im nahen **Sandamuni Paya** (Eintritt frei) befinden sich weitere solcher Platten.

Schlafen

Die drei Blocks um das Nylon Hotel sind am ehesten das, was man sich unter einer Gegend für Backpacker vorstellt. Viele Budgetunterkünfte platzen in der Hochsaison von Oktober bis März aus allen Nähten. Bei den nachfolgenden Adressen ist das Frühstück im Preis inbegriffen.

★ Yoe Yoe Lay PENSION $
(☎ 09 331 05754, 09 444 041 944; nanbwel@gmail.com; 78 58th St, 35/36; B im 4- & 6-Bett-Schlafsaal 10 US$, EZ & DZ 20–30 US$; ❄ @ 📶) Ordentli-

Königliches Mandalay

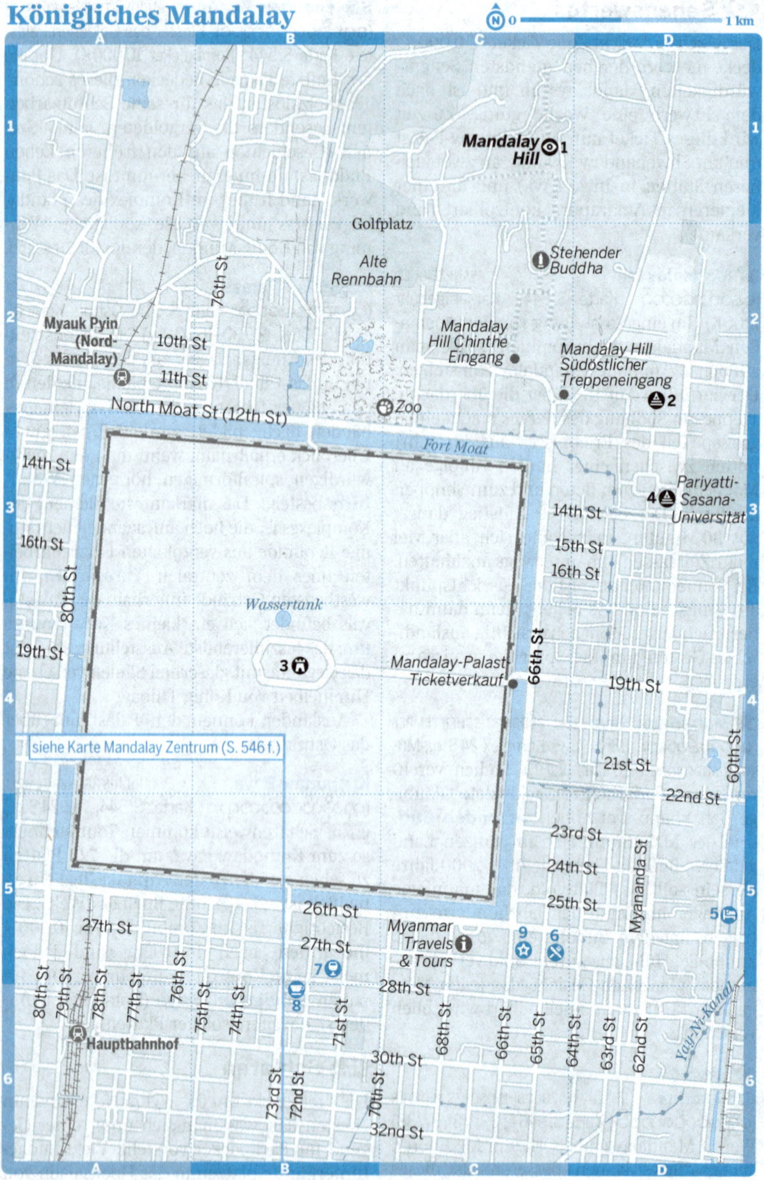

che Schlafsäle mit Klimaanlage und guten Betten sowie fachkundiges Personal zeichnen das hervorragende neue Gästehaus aus. Außerdem gibt's kompakte, aber gemütliche Privatzimmer; die billigeren haben kein eigenes Bad. Draußen befindet sich ein Gemeinschaftsbereich. Der einzige Nachteil ist die unpraktische Lage in Ost-Mandalay, eine 1500 K teure Fahrt mit dem Motorradtaxi von allem entfernt. Aber es können auch Fahrräder (2000 K pro Tag) und Motorräder (10 000 K pro Tag) geliehen werden.

Königliches Mandalay

Highlight
1 Mandalay Hill ... C1

Sehenswertes
2 Kuthodaw Paya ... D2
3 Mandalay-Palast ... B4
4 Shwenandaw Kyaung ... D3

Schlafen
5 Peacock Lodge ... D5

Essen
6 Green Elephant ... C5

Ausgehen & Nachtleben
7 Ginki Mandalay ... B5
8 Min Thiha ... B6

Unterhaltung
9 Mandalay Marionettes ... C5

ET Hotel HOTEL $
(Karte S. 546 f.; ☎ 02-65006, 02-66547; ethotelmdy@mandalay.net.mm; 83rd St, 23/24; EZ/DZ/3BZ 18/22/33 US$, EZ/DZ mit Klimaanlage 20/25 US$, mit Gemeinschaftsbad 15/18 US$; ❄📶) Eine beliebte Backpackerunterkunft mit gutem Preis-Leistungs-Verhältnis. Die nackten Glühlampen an den pastellblauen Flurwänden wirken recht nüchtern, doch die sauberen Zimmer sind meist geräumig und haben warme Duschen. Hilfsbereites Personal.

AD1 Hotel HOTEL $
(Karte S. 546 f.; ☎ 02-34505; ad.1hotel@gmail.com; Eindawya St, 87/88; EZ/DZ 15/25 US$; ❄📶) Als eine der günstigsten Unterkünfte für Alleinreisende offeriert das AD1 einfache, abgenutzte Zimmer, die funktional und sauber sind. Es liegt fast direkt an der „Zwiebelmarktstraße" in der östlichen Zugangsgasse zur Eindawya-Pagode. Wer mit dem Taxi kommt, sollte sichergehen, dass es kein Missverständnis gibt: Auf Englisch klingt „AD1" fast genau wie „81", also 81st Street.

Nylon Hotel HOTEL $
(Karte S. 546 f.; ☎ 02-69717; nylon33460@gmail.com; 25th St Ecke 83rd St; EZ/DZ/3BZ 18/22/35 US$; ❄📶) Zum Nylon gehören zwei Nebengebäude. Das bessere ist das neue mit einigermaßen großen und hellen Zimmern mit modernen Bädern, von denen einige leicht nach Abfluss riechen. Gutes WLAN.

Peacock Lodge PENSION $$
(Karte S. 544; ☎ 02-61429, 09 204 2059; www.peacocklodge.com; 60th St, 25/26; Zi. Standard/Deluxe 40/60 US$; ❄📶) Eines der tollen familiären Gästehäuser. Das Haupthaus aus den 1960er-Jahren steht in einem von Bäumen beschatteten Hof, der mit Lichterketten, Sitzgelegenheiten unter Sonnenschirmen sowie einem alten Pferdewagen geschmückt ist. Die überalterten, aber ziemlich großen Standardzimmer schauen auf einen Kanal voller Lotusblüten, doch die neuen „Deluxe"-Zimmer im Boutique-Stil sind viel besser, besonders die im Obergeschoss mit Balkon.

Essen & Ausgehen

Mandalay wartet mit zahlreichen preisgünstigen Restaurants auf. Abends sind außerdem viele Bierstationen geöffnet – leicht zu erkennen an ihren Markisen mit Myanmar- oder Dagon-Bier-Logo. In der Nähe des Palastgrabens tummeln sich ein paar Cafés im westlichen Stil.

★ **Shan Ma Ma** SHAN-KÜCHE $
(Karte S. 546 f.; 4–7 81st 29/30; Gerichte ab 1500 K; ⌚ 11–21.30 Uhr) Tolles Shan-Restaurant mit Tischen im Freien an einer relativ ruhigen Straße, das von freundlichen Schwestern betrieben wird. Gäste erhalten kleine Geschmacksproben der verschiedenen Gerichte, bevor sie ihre Wahl treffen. Es gibt ein himmlisches Zitronenhuhn und die Schwestern produzieren außerdem ihre eigenen würzigen Dips. Doch alle Gerichte sind gut – hier kann man sehr billig königlich tafeln.

Marie-Min VEGETARISCH $
(Karte S. 546 f.; nahe 27th St, 74/75; Hauptgerichte 2000–3000 K; ⌚ 9–22 Uhr, April–Juni geschl.; 🖋📋) Die vegetarische Speisekarte spiegelt das Prinzip des Besitzers wieder: „Be kind to animals by not eating them" („Sei nett zu Tieren, indem du sie nicht isst"). Highlights sind das Tofu-Curry, ein riesiger Auberginen-„Dip" und die Avocado-Milchshakes (2000 K).

Lashio Lay SHAN-KÜCHE $
(Karte S. 546 f.; 23rd St, 83/84; 500–1500 K pro Teller; ⌚ 10–21.30 Uhr) Einfaches, alteingesessenes Restaurant mit durchweg guten, wenn auch nicht sehr authentischen Shan-Gerichten. Man zeigt auf das Gewünschte und zahlt pro Portion. Zwei Teller plus Reis ergeben eine tolle ganze Mahlzeit.

Green Elephant BIRMANISCH $$
(Karte S. 544; ☎ 02-61237; www.greenelephant-restaurants.com; 27th St, 64/65; Hauptgerichte 8000–13000 K, Menüs 8500–15000 K; ⌚ 10–22 Uhr; 📶📋) Besser als diese wunderbar präsentierten

Mandalay Zentrum

Menüs mit mehreren Gerichten geht birmanische Küche kaum. Sie sind zwar für Reisegruppen gedacht, doch einzelne Besucher können auf Wunsch meist eine leicht veränderte Version mit etwa sechs Gerichten bekommen.

Rainbow BIERSTATION
(Karte S. 546 f.; 83rd St Ecke 23rd St; Bier 700 K, Grill-/Hauptgerichte ab 600/2000 K; ⏲9–23 Uhr) Die gesellige Bierstation lockt ihr Publikum zum Fußballschauen und serviert dazu annehmbares Essen.

Ginki Mandalay BAR

(Karte S. 544; Ecke 71st & 28th St; Bier 2000 K, Cocktails 3500–6000 K, Hauptgerichte ab 2500 K; ⏲10.30–23 Uhr; 📶) Ein Ableger des gleichnamigen Bar-Restaurants in Yangon. Hier kann man sich im Schatten von Palmen auf der großen Terrasse einen Drink genehmigen – mal was anderes als die typischen schmuddeligen Bierstationen. Auf der Karte stehen neben chinesischen, thailändischen und indischen Gerichten auch ein paar westliche.

Mandalay Zentrum

Highlight
1 Shwe In Bin Kyaung ... C6

Sehenswertes
2 Gold-Pounders'-Bezirk ... G5

Schlafen
3 AD1 Hotel ... D2
4 ET Hotel ... E1
5 Nylon Hotel ... E2

Essen
6 Karaweik ... E2
7 Lashio Lay ... E1
8 Marie-Min ... H2
9 Mtay Myint Thar ... H3
10 Nay ... F2
11 Shan Ma Ma ... F3
12 Yong Xing ... E3

Ausgehen & Nachtleben
13 Rainbow ... E1
14 Unison Teahouse ... C6

Shoppen
15 Shwe Pathein ... G5
16 Zegyo ... E2

Praktisches
17 Faith Geldwechsel ... F2

Transport
18 Mandalay Motorcycle ... F4
19 Mr Jerry ... E2
20 Thiri Mandalar Bus Station ... D1

☆ Unterhaltung

Mandalay Marionettes PUPPENTHEATER
(Karte S. 544; www.mandalaymarionettes.com; 66th St Ecke 27th St; Eintritt 10 000 K; ⏲ 20.30 Uhr) Auf einer kleinen Bühne spielen farbenfrohe Marionetten ausdrucksstark Teile traditioneller Geschichten nach. Manchmal wird unten ein Vorhang gelüftet, damit man die geschickten Handbewegungen der Puppenspieler bewundern kann, die schon international aufgetreten sind (einer von ihnen ist ein mehr als achtzigjähriger Mann).

Shoppen

Mandalay ist ein bedeutendes Kunsthandwerkerzentrum und vielleicht der beste Ort des Landes, um traditionelle Marionetten und handgewebte bestickte Teppiche zu kaufen. Man bekommt so gut wie nie echte antike Ware – stattdessen wurden die Objekte verkratzt oder der Witterung ausgesetzt, damit sie älter aussehen.

In der Hauptstraße Sagaing Road in Amarapura reihen sich zahlreiche **Seidenverarbeitungsateliers** und weitere Handwerkerläden aneinander. Außerdem gibt's in der 36th Street neben den **Blattgoldwerkstätten** (Karte S. 546 f.; 36th St, 77/79), wo man quadratische Blattgoldplatten erwerben kann, einige interessante Läden.

Shwe Pathein SOUVENIRS
(Karte S. 546 f.; 141 36th St, 77/78; Sonnenschirme ab 15 US$; ⏲ 8–17 Uhr) Sonnenschirme im Stil von Pathein. Nebenan befinden sich eine Lederwerkstatt und ein Laden für Blattgold.

Zegyo MARKT
(Zaycho; Karte S. 546 f.; 84/86th, 26/28th) In dem 25 Stockwerke hohen Turm, der die Skyline Mandalays verschandelt, befindet sich eines von drei „Einkaufszentren“, das mit Textilläden vollgestopft ist. Faszinierender sind die älteren Märkte ringsum, wo man zwischen Trockenfisch, Säcken voller Chilis und riesigen Bananenbüscheln umherspazieren kann.

Orientierung

Mandalays Straßen sind schachbrettartig angelegt und von Ost nach West (bis zur 49. Straße) sowie von Norden nach Süden (ab der 50. Straße) durchnummeriert. Lautet eine Adresse 66th, 26/27 bedeutet dies, dass sich der Ort an der 66. Straße zwischen der 26. und 27. Straße befindet. Adressen an Straßenecken werden wie folgt angegeben: „26th Street at 82nd Street“ (26. Straße Ecke 82. Straße).

Praktische Informationen

GELD

Tadellose Geldscheine kann man bei den meisten Banken der Stadt tauschen, außerdem am Flughafen und bei Geldwechslern im Stadtzentrum, u. a. bei **Faith** (Karte S. 546 f.; 26th St, 81/82; ⏲ 9–17 Uhr). An immer mehr Geldautomaten kann man mit ausländischen Kreditkarten Geld abheben.

INTERNETZUGANG

Alle Pensionen und Hotels sowie gehobene Cafés bieten WLAN. Internetcafés gibt's immer weniger.

POST

Hauptpost (Karte S. 546 f.; 22nd St, 80/81; ⏲ Mo–Fr 10.30–16 Uhr)

TELEFON

SIM-Karten für Handys bekommt man in den sich rasant vermehrenden Telefonläden (ab 1500 K).

TOURISTENINFORMATION & REISEBÜROS

Myanmar Travels & Tours (MTT; Karte S. 544; ☎ 02-60356; www.myanmartravelsandtours.com; 68th St Ecke 27th St; ⏲ 9.30–16.30 Uhr) Das staatliche Reisebüro fungiert zugleich als Touristeninformation, die kostenlose Stadtpläne für mehrere Städte verteilt und Tickets für Verkehrsmittel und für genehmigungspflichtige Touren verkauft – z. B. nach Mogok.

Seven Diamond (Karte S. 546 f.; ☎ 02-72868, 02-30128; www.sevendiamondtravels.com; 82nd St, 26/27; ⏲ Mo–Sa 8.30–18 Uhr) Großes, hilfsbereites Reisebüro, das Flüge und Hotels per E-Mail-Anforderung vorbucht und Sammeltaxis zum Flughafen arrangiert.

ℹ An- & Weiterreise

BUS & SAMMELTAXI

Der **Busbahnhof Thiri Mandalar** (Karte S. 546 f.; 89th St, 21/22) liegt relativ zentral. Von hier fahren Busse nach Monywa, Shwebo und Bhamo (Ausländer dürfen aber derzeit die Busse nach Bhamo nicht nutzen). Der Busbahnhof Pyi Gyi Myat Shin liegt 3 km östlich vom Zentrum; von hier verkehren Busse nach Hsipaw und Lashio. Der Busbahnhof Kwe Se Kan Highway befindet sich 10 km südlich vom Zentrum; von hier fahren Busse nach Bagan, Mrauk U und Yangon. Die Fahrt vom Stadtzentrum mit dem Motorradtaxi/Taxi (3000/6000 K) kann 45 Minuten dauern. Außerdem muss man viel Zeit auf dem Busbahnhof einplanen, um in dem Trubel den richtigen Bus zu finden.

Für längere Strecken ist es ratsam, die Tickets im Voraus zu buchen. Wer in der Unterkunft bucht, zahlt zwar in der Regel eine Kommission, die ist jedoch selten höher als der Preis fürs Motorradtaxi, wenn man die Tickets selber kauft. Man kann auch in eine Ticketagentur im Stadtzentrum gehen, von denen es besonders in der 32nd Street viele gibt.

STRASSENKÜCHE

Neben den Grillgerichten der Bierstationen bieten Straßenstände in der Regel das günstigste Essen. An einigen Ecken oder Straßenabschnitten werden kulinarische Spezialitäten angeboten, allerdings erfordert es schon etwas Insiderwissen, sie zu kennen.

Nur morgens

➡ *Baozi*-Klöße – **Yong Xing** (Karte S. 546 f.; 83rd St, 30/31; baozi 400 K; ⏲ 5–7.15 Uhr).

➡ Shan-Nudeln mit *dofubyo* (Bohnenpaste) – 29th Street, 80/81 vor 10 Uhr.

➡ *Mohinga* – Mandalays bester dreirädriger Trolley-Straßenstand fürs Frühstück an der Ecke 32nd Street/81st Street, nur von 6.30 bis 9.30 Uhr.

Tagsüber

➡ In mehreren günstigen Familien-Imbissen an der namenlosen Gasse zwischen der 74th Street und der 75th Street gibt's Currys – man zeigt einfach auf das, was man möchte. Am besten gefiel uns der am weitesten östlich liegende, superbillige **Mtay Myint Thar** (Karte S. 546 f.; Verbindungsgasse zw. 74th & 75th St 28/29; Gerichte 100–200 K; ⏲ 10–19.30 Uhr), ein traditionelles hölzernes Ladenhaus, das mit gewundenen Wurzeln und Pflanzen überzogen und nicht beschildert ist.

➡ Birmanische Süßigkeiten zum Mitnehmen in der Nähe der Ecke 85th Street/27th Street auf dem Zeigyo-Markt.

➡ Süßer Tee und frisches *nanbya* (Tandoori-Brot) bei **Min Thiha** (Karte S. 544; 28th St Ecke 72nd St; Tee/nanbya 350/300 K; ⏲ 5–17 Uhr) oder dem **Unison Teahouse** (Karte S. 546 f.; 38th St Ecke 88th St; Tee 300 K; ⏲ 5–1 Uhr).

Nur abends

➡ Indische Chapatis und Currys – 28th Street Ecke 82nd Street oder im **Nay** (Karte S. 546 f.; 27th St Ecke 82nd St; Curry/Chapati 1500/200 K; ⏲ 17–23 Uhr).

➡ Indische/pikante „Pfannkuchen" und Biryanis – **Karaweik** (Karte S. 546 f.; 26th St Ecke 83rd St; Pfannkuchen 500 K; ⏲ 17.30–24 Uhr).

➡ Chinesische Essensstände – 34th Street Ecke 76th Street, entlang der 34th Street erstreckt sich ein Nachtmarkt (Gemüse).

Langstrecken-Sammeltaxis, wo vorhanden, sind eine interessante Alternative, denn die meisten bieten einen Tür-zu-Tür-Service und ersparen die oft langen Fahrten zum und vom Busbahnhof am Anfang und Ende der Busreise.

FLUGZEUG

Vom gut 30 km südlich der Stadt gelegenen **Mandalay International Airport** (www.mandalayairport.com) starten sowohl Inlands- als auch internationale Flüge.

SCHIFF/FÄHRE

Eine Schifffahrt auf dem Ayeyarwady-Fluss ist einer der Höhepunkte eines Mandalay-Besuchs. Am beliebtesten sind Abstecher nach Mingun oder ganztägige Touren nach Bagan, doch auch der attraktive Nachmittagsausflug (mit Rückfahrt) nach Inwa ist eine tolle Alternative. In der Regel reicht es, für Bagan oder Bhamo einen Tag vorher zu buchen; unbedingt viel Trinkwasser mitnehmen! Wer nach Mingun oder Inwa möchte, kommt einfach 30 Minuten vor dem Ablegen. Für alle Trips ist ein Reisepass erforderlich. Privatboote nach Bagan fahren nur von Oktober bis März.

IWT Ferries (Karte S. 546 f.; ☎ 02-36035; www.mot.gov.mm/iwt; Gawein Jetty) Langsame Boote nach Katha, Bhamo und Bagan sowie das etwas malerischere Kreuzfahrtschiff *Hantharwaddy* nach Bagan starten am Gawein-Fähranleger.

Malikha (Karte S. 546 f.; ☎ 02-72279; www.malikha-rivercruises.com) Drei Malikha-Schiffe pendeln nach Bagan; das eleganteste ist die *Malikha 3*. Tickets bekommt man über das Hotel, im Reisebüro oder online.

MGRG (Karte S. 546 f.; ☎ 011-202734; www.mgrgexpress.com; Strand Rd) Expressfähren nach Bagan (Okt.–März). Tickets gibt's an einem Schalter am Fähranleger.

Nmai Hka (Karte S. 546 f.; ☎ 09 4027 00072; www.nmaihka.com; A-15, 2. OG, Bahnhof) Shwe-Keinnery-Fähren nach Bagan (Touristensaison) und Bhamo (Sommer) sowie zusätzlich saisonal auf der *Tharlarwaddy* nach Mingun und Inwa. Das Ticketbüro liegt 90 m östlich von IWT Ferries. Abfahrt vom Gawein-Fähranleger.

Pan Lon (Karte S. 546 f.; Strand Rd; ⏲ Ticketbüro 5–18 Uhr) Expressschiffe nach Katha. Dort umsteigen nach Bhamo oder Shwegu.

ZUG

Mandalays riesiger, potthässlicher **Bahnhof** (30th St, 78/79) befindet sich im Stadtzentrum. Die **MTT-Filiale** (Myanmar Travel & Tours; Karte S. 546 f.; Bahnhof, Nähe Südeingang; ⏲ 9.30–18 Uhr) im Bahnhof verkauft Fahrkarten (mit Kommission), falls die Schlangen oben zu abschreckend aussehen.

ℹ Unterwegs vor Ort

FAHRRAD & MOTORRAD

Mehrere Mietagenturen im zentralen Backpackerviertel stellen Fahrräder/Motorräder für 2000/10 000 K pro Tag zur Verfügung, darunter das bewährte **Mr Jerry** (Karte S. 546 f.; 83rd St, 25/26; ⏲ 8–20 Uhr). Auch einige Hotels verleihen Fahrräder. Radfahrer sollten abends eine Stirnlampe tragen.

Für längere Ausflüge vermietet das von Ausländern geführte **Mandalay Motorcycle**

VERKEHRSMITTEL AB MANDALAY

ZIEL	BUS	SCHIFF/FÄHRE	ZUG	FLUGZEUG
Bagan	8000–9500 K, 6–7 Std., 5-mal tgl. 8–21.30 Uhr	15–42 US$, 10–12 Std.	einfach/Luxus 1100/1800 K, 8 Std.	62 US$, 30 Min.
Bhamo		Deck/Kabine 12/54 US$, 48 Std., Mo, Do & Sa		80–125 US$, 1 Std.
Hsipaw	6000 K, 7 Std., 2-mal tgl. 6 & 12.30 Uhr		einfach/Luxus 1700/3950 K, 11 Std.	
Inle-See	12 000–14 000 K, 9 Std., 2-mal tgl. 19 & 20.30 Uhr			80 US$ über Heho, 40 Min.
Katha	13 000 K, 12 Std., 1-mal tgl. 17 Uhr	Deck/Kabine 9/45 US$, 36 Std., Mo, Do & Sa	einfach/Luxus 2550/3150 K bis Naba + 1 Std. Busfahrt, 13 Std.	
Yangon	10 800–18 300 K, 9 Std., 5-mal tgl. 9–21.30 Uhr		einfach/Luxus/Schlafwagen 4650/9300/12 750 K 10–16 Std.	112 US$, 1 Std.

(Karte S. 546 f.; ✆ 09 4440 22182; www.mandalaymotorbike.com; 32nd St, 79/80; Stadtmotorrad 10 000–12 000 K pro Tag, Enduro 40 000 K) Motorräder mit 125 und 150 ccm. Das Büro ist nur nach Vereinbarung besetzt und das Angebot an Motorrädern ist beschränkt, darum ist es ratsam, vorher per Telefon zu buchen.

VOM/ZUM FLUGHAFEN

Zum Flughafen Mandalay verkehren kostenlose Shuttlebusse für Air-Asia-Kunden (Abfahrt zum Flughafen um 9 Uhr von der 79th Street, 26/28) und Golden-Myanmar-Kunden (Abfahrt 5.30 Uhr vom Sedona Hotel, Stopp am Hotel Mandalay 5.45 Uhr). Andere Busse zum Flughafen gibt's nicht.

Mehrere Taxiunternehmen mit Schaltern im Ankunftsbereich offerieren Sammeltaxis für 12 000/4000 K pro Fahrzeug/Sitzplatz, z. B. **Shwe Myanmar** (✆ 02-72325; 34th St, 79/80) und **Great Taxi** (✆ 02-32534). Selbst wer für 4000 K mit dem Sammeltaxi fährt, wird direkt am Hotel abgeholt bzw. abgesetzt, solange es einigermaßen zentral liegt. Wer zum Flughafen möchte, sollte besser einen Tag vorher buchen.

RIKSCHA

Außer rund um die Märkte sind die traditionellen Fahrradrikschas inzwischen schon recht selten. Die Tour vom Stadtzentrum zum Fuß des Mandalay-Berges kostet hin und zurück 4000 K, die Tagesmiete etwa 10 000 K.

TAXI

Motorradtaxis warten in der Nähe von Hotels und an vielen Straßenecken in der Innenstadt. Für eine Kurzstrecke sollte man 1000 K einplanen, für die Fahrt quer durchs Zentrum 1500 K und für einen ganz Tag 10 000 K (oder 15 000 K inklusive der Fahrt nach Amarapura, Inwa und Sagaing). Die Unterkünfte sind dabei behilflich, einen zuverlässigen Taxi- oder Motorradtaxifahrer zu finden.

Rund um Mandalay

Von Mandalay aus lassen sich leicht Tagesausflüge in vier alte Städte in der Nähe unternehmen. Der Eintritt zu den beiden wichtigsten Stätten Inwas und ins Bagaya Kyaung in Amarapura ist im „Combo-Ticket" für Mandalay (10 000 K) enthalten. Ein separates Ticket für Mingun und Sagaing wird unregelmäßig verlangt. An den anderen Stätten kontrolliert niemand die Eintrittskarten.

Eine beliebte Option ist eine Ganztagestour mit dem Motorradtaxi (15 000 K) oder Taxi (35 000–40 000 K) nach Amarapura, Sagaing und Inwa.

Motorradtaxis verlangen für eine Fahrt zu den Ruinen von Inwa (nur wenn ausdrücklich gewünscht) zusätzlich 2000 K. Wer noch Mingun besuchen will, zahlt weitere 5000 K. Allerdings wird es eine sehr lange, gehetzte Tour, wenn man alles an einem Tag sehen will, besser unternimmt man zwei oder drei weniger vollgestopfte Tagestrips.

Amarapura အမရပူရ

Die „Stadt der Unsterblichkeit" 11 km südlich von Mandalay diente kurzzeitig als Hauptstadt und ist berühmt für ihre 200 Jahre alte U-Bein-Brücke – mit 1,2 km die längste Teakholzbrücke der Welt. Seit ihrer Errichtung überquerten bereits zahlreiche Menschen die insgesamt 1086 Pfähle, unter ihnen viele einheimische Mönche und Fischer. Das eindrucksvolle Bauwerk führt zum Kyauktawgyi Paya und dem kleinen Dorf Taungthaman mit seinen Tee- und Palmweinstuben. Bei Sonnenuntergang kann man ein **Boot** (ca. 5000 K) mieten, und sich auf dem Wasser treiben lassen, während sich der Himmel orange färbt. Oder aber man lässt an einem Bierstand am Ufer das Leben an sich vorbeiziehen.

Unmittelbar westlich davon liegt das Kloster Ganayon Kyaung, wo um 10.30 Uhr Hunderte Mönche frühstücken. Man sollte der Versuchung widerstehen, ihnen einfach eine Kamera vor das Gesicht zu halten.

Mit dem Fahrrad ist das Kloster von Mandalay aus in ca. 45 Minuten zu erreichen.

Inwa အင်းဝ

Das durch Flüsse und Kanäle abgeschnittene Inwa (von den Briten Ava genannt) diente fast vier Jahrhunderte lang als Hauptstadt von Myanmar. Mit **Pferdewagen** (1-/2-stündige Touren 6000/9000 K für bis zu 2 Pers.) kann man eine Rundfahrt zu allen Sehenswürdigkeiten unternehmen. Eventuell halten die Fahrer auf Nachfrage auch an anderen alten Gebäuden (ohne Händler) oder machen eine Pause, wenn man sich die Füße vertreten möchte.

Als schönste Sehenswürdigkeit gelten das stimmungsvolle Kloster aus Teakholz **Bagaya Kyaung** (ဘားကရာကျောင်း; Kombiticket erforderlich) von 1834, das von 267 Pfeilern gestützt wird, und das Maha Aungmye Bonzan, auch „Ok Kyaung" genannt, ein 1822 aus Backstein und Stuck errichtetes Kloster. Der 27 m hohe Nanmyin-Wachturm ist beunruhigend schief.

ABSTECHER

ANISAKAN-WASSERFÄLLE

3 km nördlich des Dorfes Anisakan und 9 km südlich von Pyin U Lwin mündet das Plateau in ein beeindruckend tiefes, waldiges Amphitheater, an dessen Seiten die Anisakan-Fälle (အနီးစခန်းရေတံခွန်) hinunterströmen.

Von Pyin Oo Lwin nimmt man die Hauptstraße nach Mandalay. In Anisakan geht's die zweite asphaltierte Straße nach rechts (ausgeschildert) und dann geradeaus an der ersten großen Pagode vorbei. Am Ende der Straße liegen am Anfang eines Waldwegs, über den man die Wasserfälle in 45 Minuten zu Fuß erreicht, einige einfache Restauranthütten. Kinder bieten ihre Dienste als Guides (1000 K) an. Oft erweisen sie sich als große Hilfe, besonders wenn man sich auf dem Rückweg für die alternative Route entscheidet, die sehr steil ist und einer Kletterpartie gleicht.

Sagaing စစ်ကိုင်း

18 km von Mandalay, von der Inwa-Kreuzung aus jenseits der Ava-Brücke, ragen die mit Stupas übersäten Hügel von Sagaing auf, zu denen birmanische Buddhisten kommen, um zu entspannen oder zu meditieren. Außerdem ist Sagaing für seine Silbergeschäfte und Gitarren bekannt.

Der Sagaing-Berg gilt als größte Attraktion. Hier werfen Bäume Schatten über Steinstufen, die an Klöstern vorbei zum Gipfel führen. Oberhalb des Bauwerks genießt man eine wundervolle Aussicht, zudem führen abenteuerliche Pfade bis zum Wasser. Der Berg befindet sich 1 km nördlich des Markts.

Sagaing ist recht weitläufig. Von Mandalay erreicht man es mit dem Motorradtaxi (7000 K) und bucht dann am besten für den ganzen Tag eine Rikscha (10 000 K).

Mingun မင်းကွန်း

Das kompakte Örtchen Mingun am Flussufer beherbergt drei einzigartige Pagoden und stellt von Mandalay aus ein hervorragendes Ziel für einen halbtägigen Ausflug dar. Die Reise ist Teil der Attraktion, ob man nun den breiten Ayeyarwady hochschippert oder von Sagaing aus über eine sehr kurvige ländliche Straße durch zeitlose Dörfer aus Bambushütten fährt.

Eigentlich sind die Überreste des Mingun Paya, eines Stupa, der einst mit einer Höhe von 150 m errichtet werden sollte, Anwärter auf den weltgrößten Backsteinhaufen. Besucher können aber noch hinaufsteigen. Nördlich davon sieht man die Mingun-Glocke, die größte noch intakte Glocke der Welt. Danach geht's weiter zum nahen Hsinbyume Paya mit seinen welligen Terrassen.

Nach Mingun führt eine nette 35-minütige Fahrt von Sagaing, doch am beliebtesten ist die Bootsfahrt hierher (1 Std., Rückfahrt 40 Min., Reisepass erforderlich). Von der „Touristen-Anlegestelle“ (Mayan Chan) in der 26th Street in Mandalay legen um 9 Uhr Boote ab (hin/zurück Ausländer/Fahrrad 5000/500 K), die um 13 Uhr zurückfahren. Alternativ betreibt Nmai Hka die *Tharlarwaddy* (hin/zurück 6 US$, Fahrräder frei); sie legt um 8.30 Uhr am Gawein-Bootsanleger ab und kehrt um 11.30 Uhr zurück. Für 8 US$ mehr kann man mit der *Tharlarwaddy* weiter nach Inwa fahren.

Pyin U Lwin ပြင်ဦးလွင်

☎ 085 / 158 783 EW.

Gegründet wurde die ehemals britische Bergstation in den Ausläufern des nördlichen Shan-Staats vom britischen Oberst May. Nach ihm wurde sie Maymyo benannt (*myo* bedeutet „Stadt“). Sie diente als Rückzugsort vor der glühenden Sommerhitze. Und auch heute noch kommen in den heißen Monaten (März–Mai) viele birmanische Touristen her.

Die Hauptaktivität sind Fahrradtouren; unterwegs passiert man alte Landhäuser englischen Stils. Zu den öffentlichen Verkehrsmitteln gehören niedliche, von Ponys gezogene Miniaturwagen, die direkt aus dem Wilden Westen zu stammen scheinen, eigentlich aber aus Indien kommen, wie uns ein Fahrer erzählte. Man wird hier auch viele Männer in grünen Uniformen sehen, denn in Pyin U Lwin befindet sich die Militärakademie.

Der Ort ist sehr weitläufig mit der Mandalay–Lashio Road als Hauptstraße. Am besten kommt man mit dem Fahrrad voran.

Sehenswertes

Die meisten Kolonialzeitgebäude, für die Pyin U Lwin berühmt ist, stehen in den bewaldeten Vororten im Südosten und abseits der Circular Road. Besonders sehenswert sind das prächtige **frühere Croxton Hotel** (Gandamar Myaing Hotel; Circular Rd) sowie die **Number 4 High School** (Circular Rd) und das **Survey Training Centre** (Multi-Office Rd).

★ National Kandawgyi Gardens PARK
(အမျိုးသားကန်တော်ကြီးဥယျာဉ်; Nandan Rd; Erw./Kind unter 12 Jahren 5/3 US$; ⌚8–18 Uhr, Vogelhaus 8–17 Uhr, Orchideengarten & Schmetterlingsmuseum 8.30–17 Uhr, der Fahrstuhl des Nan-Myint-Turms ist bis 17 Uhr in Betrieb) Der 1915 gegründete, liebevoll gepflegte botanische Garten ist 176 ha groß und beherbergt über 480 Arten von Blumen, Gehölzen und Bäumen. Am beeindruckendsten ist aber der Rahmen, den Blumen und überhängende Zweige um die hölzernen Brücken und die kleinen vergoldeten Pagoden des Kandawgyi-Sees bilden. Der Swimmingpool, das Vogelhaus, der Orchideengarten und das Schmetterlingsmuseum sowie der bizarre Nan-Myint-Turm sind alle im Eintritt enthalten.

Zentralmarkt MARKT
(Zeigyo Rd; ⌚6.30–17.30 Uhr) Hier kann man die berühmten (nur saisonalen) Erdbeeren von Pyin U Lwin und anderes Obst probieren – frisch, getrocknet, als Marmelade oder als Wein. In der ersten Etage findet man Schneider, die Kleidung ändern oder auch nähen.

Purcell Tower WAHRZEICHEN
Der Turm aus dem Jahr 1936, das Wahrzeichen des Stadtzentrums, scheint sich dem stündlichen Glockenspiel nach für den Big Ben zu halten.

Schlafen & Essen

Die meisten der billigeren Hotels in Pyin U Lwin haben keine Lizenz, um Ausländer zu beherbergen. Alle hier beschriebenen Bleiben liegen in Zentrumsnähe und die Preise sind immer inklusive Frühstück. Auf der Hauptstraße und in den Seitengassen gibt's recht gute birmanische, chinesische und indische Restaurants. Besucher sollten zeitig zu Abend essen, da die Lokale allesamt früh schließen.

Bravo Hotel HOTEL $
(☎085-21223; bravohotel.pol@gmail.com; Mandalay-Lashio Rd; EZ/DZ/3BZ 20/30/45 US$; ❄📶) Irdene Amphoren, reich verzierte Teakholztruhen sowie geschnitzte und vergoldete Vertäfelungen – hier hat sich jemand Gedanken über die Einrichtung gemacht. Leider sind die Zimmer etwas muffig. Eine solide Mittelklassewahl mit hilfsbereitem Personal.

Grace Hotel 1 PENSION $
(☎085-21230; 114A Nan Myaing Rd; EZ/DZ/3BZ inkl. Frühstück 15/25/35 US$; 📶) Die Zimmer mit ihren hohen Decken sind schon etwas in die Jahre gekommen und die Bäder primitiv, doch die Betten sind okay, das Personal ist zuvorkommend und es gibt einen netten Garten mit Liegestühlen. Fahrräder können für 2000 K pro Tag ausgeliehen werden.

Grace Hotel 2 PENSION $
(☎085-22081; 46/48 Mandalay–Lashio Rd; EZ/DZ inkl. Frühstück 8/16 US$; 📶) Bessere Zimmer findet man nicht zu diesem Preis. Die billigsten haben weder Fenster noch Bad, doch die Doppelzimmer mit Dusche sind akzeptabel.

★ Aung Padamyar INDISCH $
(44, Block 28 Thumingalar; Currys 4000 K; ⌚11–18.30 Uhr) Der beste Inder der Stadt: ein ruhig gelegenes familiengeführtes Restaurant mit großer Curry-Auswahl, alle mit Beilage. Von der Circular Road biegt man an der ersten Straße hinter dem Shan-Markt rechts ab und geht dann in die nächste Straße links, eine kleine Gasse; man erkennt das Lokal am roten Schild. Zahlung nur in Kyat.

Family Restaurant BIRMANISCH, THAILÄNDISCH $
(nahe Mandalay–Lashio Rd; Currys 3300–4500 K; ⌚9–21.30 Uhr) Alkohol wird nicht ausgeschenkt und die Dekoration ist nüchtern, doch zu den köstlichen Currys werden vegetarische Beilagen, Salat, Reis, Suppe, Papadams und Chutneys sowie Dips gereicht.

VERKEHRSMITTEL AB PYIN U LWIN

ZIEL	BUS	SAMMELTAXI	PICK-UP	ZUG
Mandalay		Sitz vorne/hinten 6000/7000 K, 2 Std., bis 18 Uhr häufig	1500 K, 2½ Std., bis 18 Uhr häufig	einfach/Luxus 550/1200 K, 6 Std., 1-mal tgl. 17.40 Uhr
Hsipaw	5000 K, 4 Std., 2-mal tgl. 15.30 & 16 Uhr	Sitz vorne/hinten 7000/8000 K, 3 Std., bis 16 Uhr häufig		einfach/Luxus 1200/2750 K, 7 Std., 1-mal tgl. 8.22 Uhr
Yangon	12 000–20 000 K, 11–12 Std., 8–18 Uhr häufig			

EINREISE NACH CHINA: VON MU-SE NACH RUILI

Offiziell ist der Grenzübergang Mu-se/Ruili (Shweli) für Traveller geöffnet. Die Fahrt nach Mu-se erfordert jedoch eine Genehmigung, deren Ausstellung mindestens zwei Wochen dauert, und selbst dann ist sie nur im Rahmen eines Pakets mit Auto, Fahrer und Führer möglich, das man bei Myanmar Travels & Tours (MTT) in Yangon oder Mandalay buchen muss. Das kostet etwa 200 US$ ab Lashio, wo der Führer einen am vorher zugewiesenen Hotel abholt.

Ein chinesisches Visum muss man bereits besitzen. In umgekehrter Richtung kann man alles bei einem Reisebüro in Kunming organisieren, wo es auch ein myanmarisches Konsulat gibt.

Genehmigungen sind auch für die schrecklich schlechte Straße Mu-se–Namhkam–Bhamo erforderlich. MTT Mandalay kann sie besorgen und ein Fahrzeug von Lashio nach Bhamo für 350/370/390 US$ (1/2/3 Personen) arrangieren, aber auch das dauert mindestens zwei Wochen, möglicherweise viel länger.

An- & Weiterreise

Busse nach Yangon verkehren vom ungünstig gelegenen Hauptbusbahnhof Thiri Mandala, der sich 3 km östlich vom Shan-Markt befindet.

Andere Busse, einige Sammeltaxis und Pick-ups nach Mandalay starten hinter dem San Pya Restaurant, etwa 400 m südlich vom Busbahnhof.

Pick-ups nach Mandalay findet man auch in der Nähe der Tankstelle am Kreisverkehr am Eingang zur Stadt sowie weniger häufig vor dem Bahnhof im Norden des Stadtzentrums.

In der 4th Street starten Sammeltaxis nach Mandalay.

Die Züge nach Mandalay sind sehr langsam und selten pünktlich.

Unterwegs vor Ort

DREIRÄDRIGE PICK-UPS

Diese Wagen versammeln sich vor dem Markt. Bis zu den Kandawgyi Gardens kostet es 2000/3000 K einfach/hin & zurück.

FAHRRAD

Crown Bicycle Rental (Mandalay–Lashio Rd; Fahrräder/Motorräder 2500/15 000 K pro Tag; ⌚7.30–18.30 Uhr) Fahrräder und Motorräder.

MOTORRADTAXIS

In der Nähe des Zentralmarkts und des Bravo Hotel leicht zu entdecken. Der Preis für eine Fahrt zu den National Kandawgyi Gardens liegt etwa bei 1000/2000 K für die einfache Fahrt/hin & zurück. Für längere Fahrten kann man sich an den Englisch sprechenden **Jeffrey** (☎09 4025 10483) wenden, der als Führer und Motorradtaxifahrer arbeitet; ein ganzer Tag kostet 20 US$.

PFERDEKUTSCHE

Die für Pyin Oo Lwin typischen Pferdekutschen warten in der Nähe des Zentralmarkts. Hin und zurück zu den Kandawgyi Gardens kostet 7000 K, eine Tagestour schlägt mit 20 000 K zu Buche.

Hsipaw သီပေါ

☎082 / 20 897 EW.

Traveller planen bei ihrer Ankunft meistens, nur für wenige Tage in dieser entspannten Bergstadt zu bleiben. Doch bevor sie sich versehen, ist schon eine Woche um. Der durchaus charmante Ort dient als beliebte Basisstation für Trekkingtouren, außerdem wird am Flussufer ein geschäftiger Markt abgehalten und es gibt gute Restaurants. Während der Hauptsaison sind die Pensionen voller Touristen.

Die meisten Unterkünfte vermitteln auch Guides (10 000 bis 20 000 K pro Tag) für faszinierende Wanderausflüge in die Berge oberhalb von Hsipaw, auf denen mach auch die Dörfer der Shan, Palaung und Lisu besucht. Besonders gut organisiert ist Mr. Charles Guest House.

Sehenswertes

Markt MARKT

(⌚4.30–13 Uhr) Am interessantesten ist der Markt vor Sonnenaufgang: Dann bieten die Dorfbewohner aus den Bergen auf der Straße ihre Waren an. Bereits um 7 Uhr ist alles ausverkauft, obwohl die Stände offiziell bis 13 Uhr geöffnet haben.

Mahamyatmuni Paya BUDDHISTISCHER TEMPEL

(Namtu Rd) GRATIS Die größte und prächtigste Pagode des Stadtkerns liegt südlich des Zentrums. Die mächtige Buddha-Figur mit ihrem Messinggesicht wurde vom berühmten Mahamuni-Buddha in Mandalay inspiriert. Inzwischen flackern dahinter gewöhnungsbedürftige pulsierende bunte Lichter, die an einen LSD-Trip erinnern und eher in ein Casino passen würden.

Myauk Myo STADTTEIL

Hsipaws ältestes Viertel am nördlichen Rand der Stadt verströmt eine dörfliche Atmosphäre und wartet mit zwei hinreißenden Teakholzklöstern und einer Gruppe alter Stupas aus Backsteinen auf, die in der Gegend Little Bagan genannt werden. Das facettenreiche hölzerne Madahya-Kloster sieht von der anderen Seite des von Palmen beschatteten Teichs des Bambus-Buddha-Klosters (Maha Nanda Kantha) ganz besonders eindrucksvoll aus.

Sunset Hill AUSSICHTSPUNKT

Einen schönen Blick über den Fluss und den Ort hat man oben von der **Thein-Daung-Pagode**, auch bekannt als Neun-Buddha-Hügel oder Sunset Hill. Er ist Teil eines steilen Bergs, der sich direkt hinter der Lashio Road 2,5 km südlich von Hsipaw erhebt.

Schlafen & Essen

An den Marktständen bekommt man gute günstige Mahlzeiten.

★**Mr Charles Guest House** HOTEL $

(☎082-80105; www.mrcharleshotel.com; 105 Auba St; B 7 US$, Zi. 14–65 US$; ❄📶) Das stetig expandierende Mr Charles ist und bleibt die beste, komfortabelste und travellerfreundlichste Unterkunft der Stadt. Es bietet eine breite Palette von einer einfachen Matratze auf dem Boden in den Schlafsälen bis zu schicken Suiten mit Heizung und Klimaanlage. Für ein Zimmer mit eigenem Bad sollte man mindestens 16 US$ einplanen. Zu Spitzenzeiten ist es ratsam, im Voraus zu buchen.

Lily Guesthouse PENSION $

(☎082-80318; namkhaemaoguesthouse@gmail.com; 108 Aung Tha Pyay Rd; B 10 US$, Zi. 14–35 US$; ❄@📶) Hinter dem teureren Lily Hotel versteckt liegt diese Pension mit neuen Schlafsälen, die alle hell, geräumig und sauber sind. Es gibt auch komfortable Privatzimmer, die billigsten ohne eigenes Bad und nur mit Ventilator. Die zuvorkommenden Mitarbeiter können Trekkingtouren organisieren und verleihen Fahrräder (2000 K pro Tag).

San SHAN-KÜCHE, CHINESISCH $

(Namtu Rd; Gerichte 1500–4500 K, Barbecue ab 300 K; ⏲10–24 Uhr; 📋) Bei Travellern ist das altmodisch eingerichtete San wegen der vielen Grillgerichte und der Hauptspeisen im chinesischen Stil beliebt. Es hat auch eine kleine Terrasse, und chinesisches Dali-Bier kostet 1000 K.

Law Chun CHINESISCH $

(Mr Food; Namtu Rd; Gerichte 1500–3000 K; ⏲9–20.30 Uhr; 📋) „Mr. Food" sticht mit seinem strahlend weißen, luftigen Inneren aus der Masse hervor und serviert chinesische Gerichte für den birmanischen und westlichen Geschmack (nur ganz dezent gewürzt). Außerdem gibt's Dagon-Bier vom Fass (700 K).

Praktische Informationen

Eine bemerkenswerte Quelle für Informationen vor Ort ist Ko Zaw Tun (auch als Mr. Book bekannt), der einen kleinen **Bücherstand** (Namtu Rd; ⏲9–19 Uhr) gegenüber vom Eingang der Hauptpagode betreibt.

An- & Weiterreise

Busse und Minibusse fahren von verschiedenen Haltestellen ab: von den Bushaltestellen an der Straße von Mandalay nach Lashio in der Nähe der katholischen und der baptistischen Kirche und vom Duhtawadi Café in der Lammataw Street gegenüber vom Bahnhof.

Der winzige Bahnhof befindet sich am Ende der Thirimingalar Street auf der anderen Seite der Gleise.

VERKEHRSMITTEL AB HSIPAW

ZIEL	BUS	SAMMELTAXI	ZUG
Mandalay	4500–6300 K, 7 Std., 3-mal tgl. 5.30, 9.30 & 19.50 Uhr	Sitz vorne/hinten 13 000/15 000 K, 5 Std., bis 16 Uhr häufig	einfach/Luxus 1700/3950 K, 13 Std., 1-mal tgl. 9.25 Uhr
Pyin Oo Lwin	4500–6300 K, 4 Std., 3-mal tgl. 5.30, 9.30 & 19.50 Uhr	Sitz vorne/hinten 7000/8000 K, 3 Std., bis 16 Uhr häufig	einfach/Luxus 1200/2750 K, 7 Std., 1-mal tgl. 9.25 Uhr
Taunggyi (zum Inle-See)	15 300 K, 12 Std., 3-mal tgl. 15.30, 16.30 & 17 Uhr		
Yangon	14 800–20 300 K, 15 Std., 3-mal tgl. 16.15, 17.15 & 18.15 Uhr		

BAGAN & UMGEBUNG

Bagan ပုဂံ

☎ 061

Bagans archäologisches Gebiet erstreckt sich in der Mitte des Landes über 41 km². Trotz Jahrhunderten der Vernachlässigung, Plünderungen, Erosion, regelmäßigen Erdbeben – besonders verheerend war das von 1975 – und nachlässiger Restaurierung gibt die von Tempeln überzogene Ebene bis heute ein unvergessliches und überaus beindruckendes Bild ab.

230 Jahre (bis 1287 und zur Invasion der Mongolen) währte die Bauwut der Könige von Bagan, die mehr als 4000 buddhistische Tempel errichten ließen. Diese religiösen Bauten aus Ziegelsteinen und Gipsputz sind die einzigen Überreste ihrer großen Stadt, denn die Holzgebäude aus dem 11. bis 13. Jh. gibt's schon seit Langem nicht mehr.

Nach vielen Restaurierungen ist eine gefährdete archäologische Stätte übrig geblieben, die sich am ehesten als Ruinenlandschaft beschreiben lässt. Dennoch ist Bagan bis heute ein Wunder. Tempel, die wie der Ananda Pahto noch genutzt werden, vermitteln eine Vorstellung davon, wie es hier zur Blütezeit gewesen sein mag. Andere Tempel beherbergen farbenfrohe Wandgemälde und versteckte Treppen führen zu Außenplattformen, von denen man einen atemberaubenden Ausblick über die Ebene hat.

Sehenswertes

Tempelbesuche unternimmt man am besten in der Morgen- oder Abenddämmerung und plant dazwischen von ca. 12.30 bis 16 Uhr eine Pause am Pool mit Siesta und Mittagessen ein. In der Dämmerung sind die Temperaturen angenehmer und das Licht zum Fotografieren ist besser.

Alle ausländischen Besucher der Bagan Archaeological Zone müssen 20 US$ Eintritt zahlen. Bei der Anreise per Boot oder Flugzeug wird die Eintrittsgebühr an der Anlegestelle bzw. am Flughafen kassiert, für Busreisende ist sie an einem Häuschen am Ortseingang fällig. Das Ticket gilt für fünf Tage, aber wer länger bleibt, muss wahrscheinlich nicht noch einmal zahlen.

Alt-Bagan ပုဂံမြို့ဟောင်း

Diesem knapp 2 km langen Rundweg innerhalb der Stadtmauern kann man gut zu Fuß oder mit dem Fahrrad folgen.

Einer der beeindruckendsten Tempel der Gegend ist der 60 m hohe **Gawdawpalin Pahto** (ဂေါ်တော်ပလ္လင်ပုထိုး; Karte S. 558) GRATIS nördlich vom **Archäologischen Museum** (ကျောက်စာသမိုင်းပြတိုက်; Karte S. 558; Bagan-Nyaung U Rd; Erw./Kind unter 10 Jahren 5000 K / frei; ⌚ Di–So 9–16.30 Uhr). 200 m südlich führt ein unbefestigter Weg vorbei am **Mimalaung Kyaung** (မီးမလောင်ကျောင်း; Karte S. 558) – man beachte die *chinthe*, eine Gottheit, die halb Löwe, halb Wächter ist – und dem einzigen erhaltenen Hindu-Tempel **Nathlaung Kyaung** (နတ်လှောင်ကျောင်း; Karte S. 558) zum 63 m hohen **Thatbyinnyu Pahto** (သဗ္ဗညုပုထိုး; Karte S. 558). Letzterer wurde 1144 erbaut, hat eine quadratische Grundfläche und ist von kleineren Terrassen umgeben.

200 m nördlich liegt der **Shwegugyi** (ရွှေဂူကြီး; Karte S. 558), ein Tempel von 1131 mit Lotus-*si khara* (Tempelturmspitze indischen Stils) auf der Spitze und Stuckschnitzereien im Inneren. Anschließend geht's weiter auf der Hauptstraße zwischen Nyaung U und Alt-Bagan zum **Tharabar-Tor** (သရပါတံခါး; Karte S. 558) aus dem 9. Jh., dem ehemaligen Osteingang in die befestigte Stadt.

Nordebene

Wahrscheinlich ist der etwa 500 m östlich von Thatbyinnyu gelegene 52 m hohe **Ananda Pahto** (အာနန္ဒာပုထိုး; Karte S. 558) mit seiner goldenen *sikhara*-Spitze und den vergoldeten Türmen Bagans größte Attraktion. Gegenüber jedem der vier Eingänge des 1105 fertiggestellten Tempels erhebt sich eine gigantische Buddha-Figur aus Teakholz. Bei Vollmond im Monat Pyatho (Mitte Dez.–Mitte Jan.) zieht ein dreitägiges *paya*-Festival Tausende von Pilgern an.

Ganz in der Nähe in Richtung Nordwesten stößt man auf das Kloster **Ananda Ok Kyaung** (အာနန္ဒာအုတ်ကျောင်း; Karte S. 558), wo farbenprächtige Wandgemälde Szenen des 18. Jhs. zeigen, darunter portugiesische Händler. Achtung: Fotografieren nicht erlaubt.

Auf halber Strecke zwischen Alt-Bagan und Nyaung U sind in der Ordinationshalle **Upali Thein** (ဥပါလိသိမ်; Karte S. 558) große, strahlende Wandgemälde aus dem frühen 18. Jh. zu bewundern. Auf der anderen Straßenseite ließ König Nantaungmya 1218 den 46 m hohen, terrassenförmigen **Htilominlo Pahto** (ထီးလိုမင်းလိုပုထိုး; Karte S. 558) erbauen.

Südlich der Anawrahta Road liegt der **Buledi** (ဗူးလယ်သီး; Karte S. 558), ein guter Aussichtspunkt bei Sonnenauf- und -untergang und ein guter Orientierungspunkt.

Zentralebene

Das weiße Gemäuer des im Pyramidenstil errichteten, fünfstufigen **Shwesandaw Paya** (ရွှေဆံတော်ဘုရား; Karte S. 558) aus dem 11. Jh. südlich der Anawrahta Road strahlt eine besondere Anmut aus und bietet eine Rundumsicht über Bagans Tempel. Bei Sonnenuntergang ist er überfüllt, den Rest des Tages jedoch fast menschenleer. Der erste *hti* (verzierter Schirm an der Spitze eines *stupa*) an der Südseite stürzte 1975 bei einem Erdbeben ein.

500 m östlich davon liegt der monumentale **Dhammayangyi Pahto** (ဓမ္မရံကြီးပုထိုး; Karte S. 558), den zwei Gänge umgeben. Der innere ist unpassierbar – angeblich war König Narathu, der den Bau des Tempels in Auftrag gab, ein solcher Tyrann, dass die Arbeiter den Gang nach seiner Hinrichtung 1170 versperrten.

Der 800 m östlich gelegene, weitläufige, zweistöckige und mit Stuck verzierte **Sulamani Pahto** (စူဠာမဏိပုထိုး; Karte S. 558) zählt zu den schönsten der Gegend. Nur 150 m weiter östlich wirkt der **Thabeik Hmauk** (သပိတ်မှောက်; Karte S. 558) wie eine Miniaturausgabe des Sulamani, allerdings ohne Straßenhändler. Besucher können zur Spitze hinaufklettern. Wer den Sonnenuntergang sehen will, sollte sich 1 km südöstlich auf die große Aussichtsplattform des **Pyathada Paya** (ပြဿဒါးဘုရား; Karte S. 558) begeben.

Rund um Myinkaba

Unmittelbar nördlich besitzt der 1274 erbaute **Mingalazedi Paya** (မင်္ဂလာစေတီဘုရား; Karte S. 558) drei fliehende, mit 561 Kacheln reich verzierte Terrassen und eine wundervolle Aussicht.

Mit seinen farbenprächtigen Gemälden zieht der **Gubyaukgyi** (ဂူပြောက်ကြီး; Karte S. 558) aus dem Jahr 1113 am Nordende des Dorfes viele Besucher an (Taschenlampe nicht vergessen). Der irgendwie modern wirkende **Manuha Paya** (မနူဟာဘုရား; Karte S. 558) aus dem Jahr 1059 direkt im Ort ist nach dem Mon-König benannt worden, der hier gefangen gehalten wurde. Viel zu groß für die Anlage wirken die vier riesigen Buddha-Bilder; sie stehen für Manuhas Unzufriedenheit über sein Gefängnisdasein. Die hintere Treppe endet oberhalb des liegenden Buddhas.

Aus der gleichen Zeit stammt der **Nan Paya** (နန်းဘုရား; Karte S. 558), ein höhlenartiger Schrein direkt im Süden, der jedoch hinduistischen Ursprungs sein könnte, worauf der dreigesichtige Brahma an den Säulen hindeutet.

Vermutlich im Auftrag von König Kyanzitthas bengalischer Frau wurde der **Abeyadana Pahto** (အပါယ်ရတနာပုထိုး; Karte S. 558) aus dem 11. Jh., ca. 500 m südlich von Myinkaba, errichtet. Die originalen Fresken sind noch immer erhalten. Gegenüber führen schmale Stufen zur Spitze des **Nagayon** (နဂါးရုံ; Karte S. 558), dessen Maiskolben-*sikhara* (Tempelspitze) möglicherweise als Vorbild für Ananda diente.

Südliche Ebene

In diese ländliche Gegend gelangt man entweder über die Straße, die Neu-Bagan mit dem Flughafen verbindet, oder über die unbefestigten Wege der Zentralebene. 3 km östlich von Neu-Bagan erhebt sich der ungewöhnliche fünfeckige **Dhammayazika Paya** (ဓမ္မရာဇိကဘုရား; Karte S. 558) aus dem Jahr 1196. Er zieht jede Menge Gläubige an. Das 2 km entfernte Dhammayangyi erreicht man über eine unbefestigte Straße.

Eine exzellente Ansammlung von Sehenswürdigkeiten befindet sich 3 km weiter östlich. Im Norden bietet der **Tayok Pye Paya** (တရုတ်ပြေးဘုရား; Karte S. 558) einen guten Blick über Westbagan und im Süden locken die Wandgemälde des im 13. Jh. errichteten

DIE SCHÖNSTEN TEMPEL IN BAGAN

Ananda Pahto Einer der am besten erhaltenen und am meisten verehrten Tempel in Bagan.

Dhammayangyi Pahto Dieser in ganz Bagan sichtbare Bau aus roten Ziegeln ist ein wahrer Koloss.

Sulamani Pahto Die relativ junge Schönheit wird aus gutem Grund „Kronjuwel" genannt.

Pyathada Paya Ein herrlicher und weniger überfüllter Ort, um den Sonnenauf- und -untergang zu beobachten.

Thatbyinnyu Pahto Bagans höchster Tempel; der Name steht für Allwissenheit.

Bagan

Payathonzu (ဘုရားသုံးဆူ; Karte S. 558), der aus drei kleinen miteinander verbundenen Schreinen besteht.

Etwa 200 m nördlich steht der **Nandamannya Pahto** (နန္ဒပညာပုထိုး; Karte S. 558) aus der gleichen Periode mit den Wandbildern der „Versuchung des Mura" – in Form von barbusigen Frauen, die dem meditierenden Buddha jedoch keinerlei Reaktion entlocken können. Der Tempel ist oft verschlossen; den Schlüssel hat der „Key Master" am Payathonzu. Direkt hinter dem Heiligtum erhebt sich das fast 1000 Jahre alte Höhlenkloster **Kyat Kan Kyaung** (Karte S. 558).

Nyaung U ညောင်ဦး

Die vergoldete Glocke des 1102 errichteten **Shwezigon Paya** (ရွှေစည်းခုံဘုရား; Karte S. 560) gilt als Vorbild für viele birmanische Pagoden. Eine gelbe Hütte auf der östlichen Seite zeigt Figuren aller 37 *nat*, wie die animistischen Geister genannt werden.

Schlafen

Die Unterkünfte in Bagan können wie folgt eingeteilt werden: Nyaung U eignet sich für Budgetreisende, während es in Neu-Bagan gute, preiswerte Mittelklassehotels und in

Bagan

Highlights

1 Ananda Pahto ... B2
2 Dhammayangyi Pahto ... B3

Sehenswertes

3 Abeyadana Pahto ... A4
Ananda Ok Kyaung ... (siehe 1)
4 Archäologisches Museum ... A3
5 Buledi ... C2
6 Dhammayazika Paya ... C4
7 Gawdawpalin Pahto ... A2
8 Gubyaukgyi ... A3
9 Htilominlo Pahto ... B2
Kyat Kan Kyaung ... (siehe 15)
10 Manuha Paya ... A4
11 Mimalaung Kyaung ... A3
12 Mingalazedi Paya ... A3
13 Nagayon ... A4
14 Nan Paya ... A4
15 Nandamannya Pahto ... D3
16 Nathlaung Kyaung ... A3
17 Payathonzu ... D3
18 Pyathada Paya ... C3
19 Shwegugyi ... A2
20 Shwesandaw Paya ... A3
21 Sulamani Pahto ... C3
22 Tayok Pye Paya ... D3
23 Thabeik Hmauk ... C3
24 Tharabar Gate ... A2
25 Thatbyinnyu Pahto ... A2

Schlafen

26 Bagan Central Hotel ... A5
27 Kumudara Hotel ... A5
28 New Wave Guesthouse ... C1
29 Thurizza Hotel ... A5
30 Winner Guest House ... C1
31 Yun Myo Thu Motel ... A5

Essen

32 Be Kind to Animals the Moon ... B2
33 Mother's House ... A5
34 Myo Myo Myanmar Rice Food ... C1
35 Naratheinkha Restaurant ... B5
36 Silver House ... A5
Starbeam Bistro ... (siehe 32)

Shoppen

37 Family Lacquerware Work Shop ... A3
38 Golden Cuckoo ... A4

Alt-Bagan Nobelhotels für dickere Brieftaschen gibt. Bei den folgenden Unterkünften ist das Frühstück immer inbegriffen und einige bieten in der Nebensaison (April–Sept.) Preisnachlässe.

Nyaung U ညောင်ဦး

New Park Hotel HOTEL $
(Karte S. 560; ☎061-60322; www.newparkmyanmar.com; 4 Thiripyitsaya; Zi. 35–55 US$; ❄📶) Eines der besten Budgethotels versteckt sich in den schattigen Seitenstraßen abseits der Restaurant Row. Die älteren Räume mit bungalowartigen Veranden sind komfortabel und haben Holzböden und annehmbare Bäder. Im neueren Flügel sind die Zimmer geräumig und mit Kühlschrank, Fernseher und einer Regendusche ausgestattet. Inzwischen sollte noch ein weiteres Nebengebäude geöffnet sein.

Viewpoint Inn PENSION $
(Karte S. 560; ☎061-61070; viewpointinn.vpi@gmail.com; Anawrahta Rd; Zi. 15–40 US$; ❄📶) In der soliden Mittelklasseherberge kann man aus einer breiten Palette an Unterkünften wählen. Alle Zimmer sind sauber und recht groß, die billigsten Zimmer haben aber nur Ventilatoren und kein eigenes Bad. Das Personal ist hilfsbereit und draußen gibt's einen großen Aufenthaltsbereich.

Winner Guest House PENSION $
(Karte S. 558; ☎061-61069; Bagan–Nyaung U Main Rd, Wetkyi-in; EZ/DZ 15/25 US$; ❄📶) Effizientes und beliebtes familiengeführtes Gästehaus an der Straße nach Alt-Bagan. Seine spottbilligen Zimmer teilen sich das Gemeinschaftsbad. Im neuen Flügel im hinteren Teil des Gebäudes sind die Räume mit Klimaanlage und eigenem Bad ausgestattet. Ein weiterer Vorzug ist die relative Nähe zu den Tempeln.

Eden Motel PENSION $
(Karte S. 560; ☎061-60812; Anawrahta Rd; Zi. 15–35 US$; ❄📶) Ein Paradies ist das Eden nicht gerade. Seine drei Gebäude liegen beiderseits der Straße zum Flughafen, die besten Zimmer befinden sich im neueren Eden Motel III. Sie warten mit Flachbildfernseher und einem gut ausgestatteten Bad mit Badewanne auf. Die jungen Mitarbeiter sind gut auf die Bedürfnisse von Backpackern eingestellt.

★ **New Wave Guesthouse** PENSION $$
(Karte S. 558; ☎061-60731; www.newwavebagan.com; Bagan–Nyaung U Rd, Wetkyi-in; Zi. 60 US$; ❄📶) In dem schicken Gästehaus warten schöne, geräumige Zimmer mit handgefertigten Holzbetten und guten Bädern. Erheblich besser als die meisten anderen Pensionen in Bagan.

Nyaung U

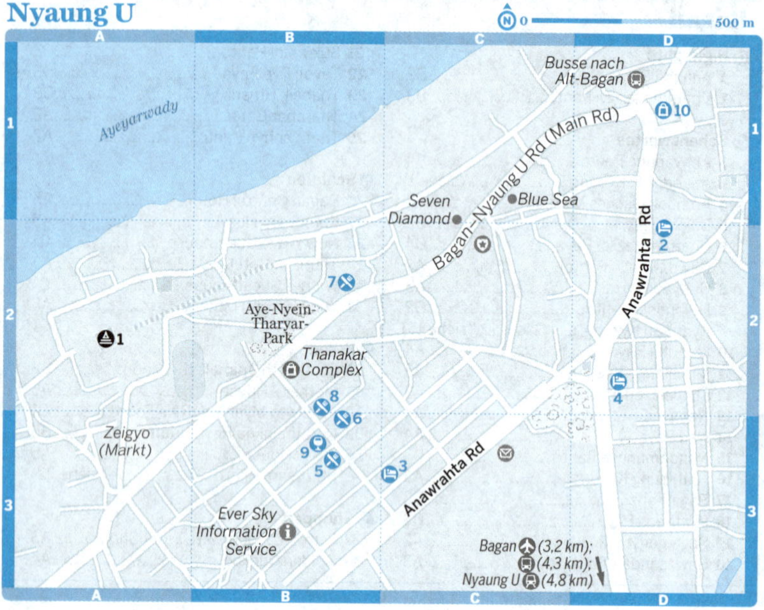

Nyaung U

Sehenswertes
1 Shwezigon Paya ... A2

Schlafen
2 Eden Motel ... D2
3 New Park Hotel ... C3
4 Viewpoint Inn ... D2

Essen
5 Aroma 2 ... B3
6 Black Bamboo ... B3
7 San Kabar Restaurant & Pub ... B2
8 Weather Spoon's Bagan ... B2

Ausgehen & Nachtleben
9 Shwe Ya Su ... B3

Shoppen
10 Mani-Sithu-Markt ... D1

Neu-Bagan ပုဂံမြို့သစ်

★ **Thurizza Hotel** HOTEL $
(Karte S. 558; ☎ 061-65229; thirimarlarhotelbagan@gmail.com; Ingin St; Zi. 37–53 US$; ❄@📶) Die schönen Teakholzwege des früheren Thiri Marlar Hotel, die zu den 15 hübschen Zimmern führen, umringen auch den im Stil einer kleinen Pagode gestalteten Speiseraum, doch die meisten Gäste frühstücken lieber auf der Dachterrasse mit Tempelblick. Zwar sind die blitzsauberen Zimmer klein, einladend wirken sie aber mit den glänzenden Holzböden und kleinen Teppichen trotzdem. Der Aufpreis für die wesentlich größeren Superior-Zimmer lohnt sich.

Yun Myo Thu Motel PENSION $
(Karte S. 558; ☎ 061-65276; 3 Khat Tar St; Zi. 45–50 US$; ❄📶) Übersetzt bedeutet der Name dieser typisch birmanischen Pension „die Dame der Lackstadt". In den gepflegten Zimmern gibt's Flachbildfernseher, Klimaanlage und Warmwasser. Allerdings wird kaum Englisch gesprochen, vielleicht kommen deswegen weniger ausländische Gäste her als in andere Gasthäuser.

Bagan Central Hotel HOTEL $
(Karte S. 558; ☎ 061-65057; Khaye St (Main Rd); B 15 US$, Zi. 45–50 US$; ❄📶) Hier gibt's einen Schlafsaal – eigentlich nur ein Raum mir vier Matratzen auf dem Fußboden –, aber die meisten Unterkünfte befinden sich in mit Stein verkleideten Chalets. Drinnen do-

miniert Bambus und die sauberen Zimmer verfügen über Holzfußböden und vernünftige Bäder. Alle Zimmer liegen um einen von Bäumen beschatteten Hof.

Kumudara Hotel HOTEL **$$**
(Karte S. 558; ☎ 061-65142; www.kumudara-bagan.com; Ecke 5th & Daw Na St; Zi. 56–95 US$; ❄@📶🏊) Kein Hotel bietet einen besseren Balkonblick zu den vielen Tempeln als das Kumudara. Wir empfehlen die schicken Juniorsuiten oder die Suiten im grünen geometrischen Gebäude, das gut in die trockene, wüstenartige Umgebung passt. Die Zimmer sind mit einer Mischung aus Holzpaneelen, moderner Kunst und Safes im Retrostil eingerichtet. Im Kumudara locken auch Pool und Restaurant.

Essen & Ausgehen

Nyaung U ညောင်ဦး

Die Yarkinnthar Hotel Road in Nyaung U (auch bekannt als Restaurant Row) ist touristisch, aber hier ist auch am meisten los. Der Großteil der Lokale bieten gleichartige Allerwelts-Speisekarten (chinesisch, birmanisch, thailändisch, indisch, Pizza und „westlich“).

★ **Myo Myo Myanmar Rice Food** BIRMANISCH **$**
(Karte S. 558; Bagan–Nyaung U Rd; Mahlzeiten 2000–4000 K; ⏲8–20 Uhr) Das zu Recht sehr beliebte Restaurant hat sich auf Tischbüfetts spezialisiert, die für die Landesküche typisch sind. Mit über 25 Gerichten, darunter auch saisonale Extras wie Spargel, legt sich die Belegschaft richtig ins Zeug und spricht außerdem Englisch. Am besten mit einer Gruppe kommen, um sich ein Mahl zu teilen.

★ **Weather Spoon's Bagan** INTERNATIONAL **$**
(Karte S. 560; Yarkinnthar Hotel Rd; Hauptgerichte 1900–4900 K; ⏲9–23 Uhr; 📶📖) Briten dürfte der Name bekannt vorkommen, der von einer britischen Billigpubkette geborgt ist. Der Besitzer Winton machte in Bristol eine Ausbildung zum Ballonpiloten und verbrachte wohl einige Zeit in den Pubs. Bagan profitiert von seiner Erfahrung, zudem offeriert er die besten Burger der Stadt sowie mehrere asiatische und internationale Klassiker. Abends ist dies ein lebhafter Treffpunkt.

Aroma 2 INDISCH **$**
(Karte S. 560; Yarkinnthar Hotel Rd; Gerichte 2500–6500 K; ⏲10.30–21 Uhr; 📶📖) Wem das Essen nicht schmeckt, der muss auch nichts zahlen: „No good – no pay“ lautet das Mantra in diesem zu Recht selbstbewussten Restaurant, das köstliche vegetarische und fleischlastige Currys auf Bananenblättern (oder Tellern) serviert. Dazu gibt's endlos warme Chapatis und fünf würzige Soßen (z. B. Tamarinden- und Minzsoße). Bei rechtzeitiger Vorbestellung kann der Koch auch verschiedene Biryanis auftischen.

ABSTECHER

MOUNT POPA

Der Berg Popa (ပုပ္ပါးတောင်) gilt als spiritueller Sitz der berüchtigten 37 *nat* von Myanmar und ist der bedeutendste Ort für die Anbetung dieser präbuddhistischen animistischen Geister. Von Bagan aus kann man leicht eine Tagestour hierher machen.

Auf der Spitze des 737 m hohen, turmartigen vulkanischen Kegels erhebt sich ein vergoldeter buddhistischer Tempel, zu dem 777 Stufen führen. Bei dem 20-minütigen Aufstieg kommt man an Pilgern und frechen Affen vorbei und begegnet manchmal auch bedächtig gehenden Einsiedlermönchen, die *yeti* genannt werden. Vom Tempel bietet sich eine grandiose Aussicht über die Myingyan-Ebene und darüber hinaus.

Im Mahagiri-Schrein am Fuß des Komplexes zeigt eine Ausstellung die „37 *nat*“. Wer mehr Zeit und einen Guide hat, kann die Pfade auf den nahe gelegenen 1518 m hohen erloschenen Vulkan namens Taung Ma-gyi (Mutterberg) hochsteigen, der im Schutzgebiet des Popa Mountain Park inmitten üppiger Vegetation liegt.

In der Hauptsaison (Nov.–März) startet ein Pick-up (3000 K, 2 Std.) um 8.30 Uhr am Busbahnhof in Nyaung U und fährt um 13 Uhr zurück. Viel einfacher ist es, ein Sammeltaxi zu nehmen (40 000 K für vier Fahrgäste). Man kann den Fahrer bitten, dass er unterwegs auf Überreste des versteinerten Waldes hinweist und eine Pause an der Palmenplantage einlegt, damit man hausgemachten Palmwein und Palmzucker probieren kann.

ABSEITS DER ÜBLICHEN PFADE

BOOTSFAHRT AUF DEM OBEREN AYEYARWADY

Auf der Fahrt den Ayeyarwady hinunter kommt man an freundlichen Dorfbewohnern vorbei, für die der Fluss noch immer eine lebenswichtige Verbindung zur Außenwelt darstellt. Für dieses eindrucksvolle Erlebnis muss man allerdings viel Zeit einplanen – flussabwärts geht die Reise schneller.

Seit 2012 ist es ausländischen Reisenden nicht mehr erlaubt, in Myitkyina, der Hauptstadt des Kachin-Staats, mit dem Boot anzukommen oder abzureisen. Sie können aber das Flugzeug oder den Zug nehmen.

Ein alternativer Ausgangspunkt ist Bhamo mit einem lebhaften täglichen Markt, der Lisu, Kachin und Shan aus umliegenden Dörfern anzieht. Es lohnt sich, die hübsche saisonale **Bambusbrücke** (hin & zurück mit dem Fahrrad 500 K) unweit der Shwe-Kyina-Pagode 5 km nördlich von Bhamo anzusehen. Sie ermöglicht die heikle Überquerung des breiten Tapin-Flusses. Das **Friendship Hotel** (☎ 074-50095, in China 0086-692 687 6670; Letwet Thondaya Rd; EZ/DZ/3BZ 25/30/40 US$, mit Gemeinschaftsbad 10/20/30 US$; ❄@📶) in Bhamo ist eine der besseren Provinzunterkünfte; die Zimmer bieten ein gutes Preis-Leistungs-Verhältnis und der Manager spricht Englisch.

IWT-Fähren halten an einer Anlegestelle etwa 4 km südlich von Bhamo. Die Schnellboote starten an einem Pier im Zentrum des Ortes – Ausländer dürfen sie jedoch nicht immer benutzen. Die Fahrt vom Stadtzentrum zum Flughafen dauert zehn Minuten.

Zwischen Bhamo und Shwegu taucht ein kleiner landschaftlicher Höhepunkt auf, wo der Ayeyarwady an der zweiten kurzen Engstelle durch ein bewaldetes Tal mit einer Felswand (oft irreführend als Schlucht beschrieben) führt.

Die nächste größere Station ist die verschlafene Stadt Katha. Hier war von 1926 bis 1927 ein gewisser Eric Blair stationiert, besser bekannt unter seinem Schriftsteller-Pseudonym George Orwell. Katha ist Schauplatz von Orwells Buch *Tage in Burma*. Mehrere Gebäude, die in dem Buch vorkommen, stehen noch heute, werden aber nicht als Touristenattraktionen vermarktet – deshalb sollte man höflich nachfragen, bevor man versucht, sie zu betreten.

Die beste Unterkunft in Katha ist das **Eden Guesthouse** (☎ 074-25429; Shwe Phone Shein St; Zi. 25 US$; ❄📶), obwohl die Zimmer furchtbar überteuert sind.

Tickets für die IWT-Fähren sind eine Stunde vor der Abfahrt erhältlich und werden gegenüber von der Hauptanlegestelle verkauft.

Fahrscheine für das Expressboot von Katha nach Mandalay sollte man einen Tag vorher im Büro am Flussufer kaufen.

In Naba, 26 km westlich von Katha, gibt's einen Bahnhof an der Strecke von Mandalay nach Myitkyina. Immer nachmittags verkehren zwei Busse nach Naba (1000 K, 14 & 17 Uhr). Von Katha nach Mandalay (13 000 K, 12 Std.) fährt täglich nur ein Bus.

San Kabar Restaurant & Pub ITALIENISCH $
(Karte S. 560; Bagan–Nyaung U Main Rd; Pizza 4500–6000 K, Hauptgerichte 2500–6000 K; ⏲7.30–22 Uhr; 📶📋) Das San Kabar ist als Geburtsort der Bagan-Pizza berühmt. Im Kerzenschein des Hofs dreht sich alles um die leckeren Sattmacher mit krossem dünnem Teig und gut zubereitete Salate. Auf den gleich drei Speisekarten, die das Personal anschleppt, befinden sich auch thailändische und chinesische Gerichte.

Black Bamboo EUROPÄISCH $$
(Karte S. 560; ☎ 061-60782; nahe Yarkinnthar Hotel Rd; Gerichte 3000–9000 K; ⏲8.30–22 Uhr; 📶) Eine Französin und ihr birmanischer Mann führen dieses Gartencafé und -restaurant. Es ist eine kleine Oase, in der man bei soliden birmanischen, thailändischen und westlichen Gerichten, einem guten Espresso oder leckerem hausgemachtem Eis entspannen kann. Der Service ist freundlich, aber langsam.

Shwe Ya Su BIERSTATION
(Karte S. 560; Yarkinnthar Hotel Rd; Gerichte 1500–5000 K, BBQ ab 400 K; ⏲10–22.30 Uhr) Dank dem nicht versiegenden Nachschub an Myanmar Beer (700 K) hat sich das Shwe Ya Su mit seiner großen Terrasse und seinen chinesisch angehauchten Gerichten zu einem beliebten Treff für Einheimische gemausert. Die schauen hier Fußball und genießen die leckeren Grillgerichte.

Alt-Bagan ပုဂံမြို့ဟောင်း

Am besten spart man sich den anstrengenden Fußweg nach Nyaung U und isst in Alt-Bagan zu Mittag.

★ **Starbeam Bistro** INTERNATIONAL $
(Karte S. 558; Hauptgerichte 4000–7500 K; ⌚10–22 Uhr; 📶) Der Koch Tin Myint, der mehrere Jahre bei der Hotelgruppe Orient Express arbeitete, gründete dieses Gartenbistro in der Nähe des Ananda Pahto. Es serviert Gerichte wie Fischcurry nach Art von Rakhaing, Tagesgerichte mit frischen Zutaten vom Markt, traditionelle Salate wie Avocado- oder Teeblattsalat und klassische Baguettes und Sandwiches. Am besten schmeckt dazu ein gesunder frischer Saft.

Be Kind to Animals the Moon BIRMANISCH, VEGETARISCH $
(Karte S. 558; nahe Bagan–Nyaung U Rd; Hauptgerichte 2000–4000 K; ⌚7–22 Uhr; ✎) Dies war das erste der vegetarischen Restaurants, die sich in der Nähe des Tharabar-Tors angesiedelt haben. Es bietet köstliches Essen, z. B. Kürbis- und Ingwersuppe oder Auberginencurry. Bei Magenverstimmungen hilft der Limonen-Ingwertee.

Neu-Bagan ပုဂံမြို့သစ်

Naratheinkha Restaurant FRANZÖSISCH $
(Karte S. 558; ☎09 5242420; Neu-Bagan; 2000–6000 K; ⌚11–23 Uhr) Ein Wimpernschlag, und schon hat man dieses winzige Ladenrestaurant verpasst. Dank der langen Erfahrung, die der Besitzer/Koch im Le Planteur Restaurant in Yangon gemacht hat, genießt es einen sehr guten Ruf. Auf der Karte stehen hauptsächlich französisch inspirierte Speisen sowie asiatische Fusionsküche, darunter ein köstlicher pfannengebratener Fisch mit Zitronenbuttersoße.

Mother's House BIRMANISCH $
(Karte S. 558; Chauk Rd; Gerichte 350–4000 K; ⌚Mo–Sa 5–22 Uhr) Das große, geschäftige Teehaus mit jeder Menge Tischen draußen ist gut für ein traditionelles birmanisches Frühstück vor der Erkundung der Tempel oder um zu relaxen, nachdem man irgendwo bei Neu-Bagan den Sonnenuntergang betrachtet hat. Gut sind die Shan-Nudeln und die frittierten Donuts.

Silver House BIRMANISCH, ASIATISCH $$
(Karte S. 558; Khaye St (Main Rd); Hauptgerichte 3500–7500 K; ⌚7–22 Uhr; 📖) Ein gastfreundliches familiengeführtes Restaurant, in dem große leckere Portionen des traditionellen Hühnercurrys aus Myanmar und Tomatensalat aufgetischt werden.

Shoppen

Bagan ist Myanmars Lackwarenhauptstadt. In Myinkaba stellen mehrere familiengeführte Werkstätten traditionelle Arbeiten von hoher Qualität her.

Golden Cuckoo KUNSTHANDWERK
(Karte S. 558; ⌚7.30–19 Uhr) Dieser Familienbetrieb gleich hinter dem Manuha Paya repräsentiert vier Generationen und hat sich auf hochwertiges traditionelles Design spezialisiert, das auf ein paar ungewöhnliche Objekte angewandt wird, u. a. einen Motorradhelm (1200 US$). Die wirklich guten Sachen gibt's im Raum hinten.

Family Lacquerware Work Shop KUNSTHANDWERK
(Karte S. 558; ⌚7.30–17.30 Uhr) Die kleinere Werkstatt nahe der Ostseite der Straße stellt auch Produkte in modernen Stilen und anderen Farben (Blau, Gelb) und mit weniger Lackschichten her.

Mani-Sithu-Markt MARKT
(Karte S. 560; ⌚Mo–Sa 6–17 Uhr) Der Markt in der Nähe des Kreisverkehrs am östlichen Ende der Hauptstraße offeriert eine farbenfrohe Palette an Gemüse, Blumen, Fisch und Textilien. Am schönsten ist der Besuch morgens, denn dann ist am meisten los. Am nördlichen Ende gibt's auch viele Stände, die auf Traveller abzielen (Holzschnitzereien, T-Shirts, Lackwaren).

Orientierung

Die meisten Individualreisenden übernachten in Nyaung U. Dessen Hauptstraße, die Main Road, verläuft von Nord nach Süd entlang der Bagan–Nyaung U Road sowie entlang der Anawrahta Road vom Markt zum Sapada-Zedi. Von ihr zweigt die Yarkinnthar Hotel Road mit einer ganzen Reihe von Restaurants ab, allgemein bekannt als Restaurant Row.

Praktische Informationen

Nyaung U bietet Reisenden mit Banken und einer Postfiliale die beste Infrastruktur.

Ever Sky Information Service (Karte S. 560; ☎061-60895; everskynanda@gmail.com; 5 Thiripyitsaya St; ⌚7.30–21.30 Uhr) Die freundliche Einrichtung gleich bei der Restaurantmeile kann Fahrkarten buchen und hat einen Secondhand-Buchladen. Das Personal arrangiert Sammeltaxis (zum Berg Popa, nach Kalaw, Salay und in die Umgebung von Bagan) zum bestmöglichen Preis.

An- & Weiterreise

In Nyaung U findet man die meisten Reiseveranstalter. Bei Ever Sky Information Service oder in seiner jeweiligen Unterkunft kann man sich nach Flugtickets und Sammeltaxis erkundigen.

BUS

Der neue zentrale Busbahnhof von Bagan befindet sich 5 km südlich von Nyaung U beim Bahnhof. Mit dem Pick-up kostet es 3000 K pro Person von/nach Nyaung U. In der Hochsaison ist es ratsam, Bustickets nach Mandalay, Taunggyi (zum Inle-See) und nach Yangon im Voraus zu kaufen.

FLUGZEUG

Etwa 3 km südöstlich vom Markt liegt der Flughafen von Nyaung U. Reisebüros verkaufen oft günstigere Tickets als die Büros der Fluggesellschaften; man kann es z. B. bei **Seven Diamond** (Karte S. 560; ☎ 061-61184; www.sevendiamondtravels.com; ⌚ 9–20 Uhr) an der Nyaung U–Bagan Road versuchen.

SCHIFF/FÄHRE

Boote von/nach Mandalay starten je nach Wasserstand entweder in Nyaung U oder Alt-Bagan. Der Anlegesteg in Nyaung U befindet sich 800 m nordöstlich des Markts.

In der Nebensaison (April–Sept.) ist die staatliche IWT-Fähre (auch „*slow boat*" genannt) die einzige Bootsverbindung nach Mandalay. Die Fahrt dauert zwei Tage und das Boot hält über Nacht in der Nähe von Pakokku. Private Boote bieten Malikha und Nmai Hka. Sie bewältigen die Strecke in 10 bis 12 Stunden.

Während unseres Besuchs verkehrten keine Passagierfähren Richtung Süden nach Magwe oder Pyay.

Wenn das IWT-Büro, vom Fähranleger aus 250 m im Landesinneren gelegen, gerade geöffnet hat (höchst unwahrscheinlich!), bekommt man hier seine Fahrkarte. Alternativ bucht man über das Hotel oder ein Reisebüro. Hier kann man auch Tickets für die Privatboote bekommen.

ZUG

Bagans Bahnhof liegt 3 km südöstlich von Nyaung U. **Blue Sea** (Karte S. 560; ☎ 061-60949; Bagan–Nyaung U Rd) verkauft Fahrkarten mit 2000 K Kommission.

Unterwegs vor Ort

FAHRRAD

Leihfahrräder kosten je nach Zustand des Rades zwischen 1500 und 5000 K pro Tag. Da es an manchen Tempeln keine Trinkwasserverkäufer gibt, sollte man unbedingt selbst etwas zu trinken mitnehmen.

PFERDEKUTSCHE

Unbequem und langsam, doch dafür spendet das Schutzdach während der Fahrt Schatten und die Fahrer kennen die Tempel gut. Für einen ganzen Tag kosten die Kutschen etwa 20 000 K, allerdings bieten sie nur zwei Personen genügend Platz.

PICK-UP

Auf der Hauptstraße pendeln Pick-ups (500–1000 K, 7–15 Uhr stündlich) zwischen Nyaung U, Alt- und Neu-Bagan; sie starten am Kreisverkehr vor dem Nyaung-U-Markt.

TAXI

Der Preis pro Tag beträgt um die 35 000 K. Taxis zwischen Nyaung U und Neu-Bagan kosten etwa 6000 K, inklusive Rückfahrt 15 000 K. Vom Flughafen nach Nyaung U/Neu-Bagan zahlt man 5000/7000 K.

VERKEHRSMITTEL AB BAGAN

NACH YANGON	DAUER	PREIS	HÄUFIGKEIT
AUTO	9 STD.	150 000 K	CHARTER
Bus	9 Std.	13 000–18 000 K	häufig
Flugzeug	70 Min.	126 US$	häufig
Zug	16 Std.	Luxus/Schlafwagen 6000/16 000 K	tgl.

NACH MANDALAY	DAUER	PREIS	HÄUFIGKEIT
Auto	4–5 Std.	130 000 K	Charter
Boot (langsam)	2 Tage	15 US$	2-mal wöchentl.
Boot (schnell)	10–12 Std.	42 US$	Okt.–März tgl.
Bus	6–7 Std.	8000–9500 K	häufig
Flugzeug	30 Min.	60–65 US$	häufig
Zug	8 Std.	einfach/Luxus 1100/1800 K	tgl.

Monywa မုံရွာ

071 / 207 489 EW.

Die nette, schön am Chindwin-Fluss gelegene Stadt eignet sich als Zwischenstopp auf der kurvigen Strecke zwischen Mandalay und Bagan. Die wichtigsten Sehenswürdigkeiten befinden sich außerhalb.

10 km südlich stößt man auf den **Thanboddhay Paya** (Eintritt 3000 K; 6–17 Uhr) in zahlreichen Pink-, Orange-, Gelb- und Blautönen. Im Inneren birgt die Pagode über eine halbe Million Buddha-Figuren.

8 km östlich vom *paya* verteilen sich die zahlreichen Buddhas des Bodhi Tataung in den Gebirgsausläufern, darunter auf 130 m Höhe der zweitgrößte stehende Buddha der Welt. Am leichtesten ist er mit dem Taxi zu erreichen.

24 km westlich wurden am anderen Ufer des Chindwin River zwischen dem 14. und 18. Jh. die 492 **Hpo-Win-Daung-Höhlen** (Eintritt 3000 K) in die Flanke eines Kalksteinbergs gehauen. Viele der „Höhlen" sind gerade groß genug, dass eine Buddha-Figur hineinpasst. In einigen der schönsten (insbesondere Nummer 478 und 480) sieht man farbenfrohe Wandmalereien von hoher Qualität. Für die Anfahrt mietet man in Monywa ein Motorradtaxi für einen Tag (ca. 15 000 K) und nimmt vom Anleger in Monywa ein Boot (pro Strecke 3000 K für bis zu 5 Pers.).

Schlafen & Essen

Monywa Hotel HOTEL $

(071-21581; monywahotel@goldenland.com.mm; Bogyoke Rd; EZ/DZ 35/45 US$;) Ein gutes Stück von der lauten Hauptstraße entfernt und umgeben von Bäumen voller Kletterpflanzen und singenden Vögeln liegen diese bei kleinen Reisegruppen beliebten Bungalows mit mehreren Zimmern. Innen sind sie ohne Frage veraltet und die Farben sind schrecklich, doch selbst die billigeren Zimmer sind relativ groß und mit effektiver Klimaanlage, Schreibtisch, Kühlschrank, Satellitenfernseher, heißen Duschen und recht bequemen Betten ausgestattet.

An- & Weiterreise

Der Busbahnhof befindet sich 2 km südöstlich des Uhrturms an der Bogyoke Street.

Mehrere Busunternehmen schicken zwischen 5 und 16 Uhr stündlich Busse nach Mandalay (2500–3000 K, 3 Std.). Regelmäßig pendeln auch Busse nach Pakokku (3000 K, 3 Std.), von wo es Anschlüsse ins eine weitere Stunde entfernte Bagan gibt. Aung Gabar Express bietet um 7.30 Uhr einen Direktbus nach Bagan (3500 K).

Der Zug nach Mandalay fährt um 6 Uhr (1100 K, 6 Std.), benötigt aber doppelt so lange wie der Bus und ist ein unbequemer Güterzug.

WESTMYANMAR

Obwohl sich die entlegenen Gebiete Myanmars nun „öffnen" und die Zahl der Touristen wächst, ist der Rakhaing-Staat nach wie vor standhaft untouristisch.

Abenteuerlustige Traveller sollten sich auf den Weg in die rumplige, stimmungsvolle Hauptstadt Sittwe und die alte Hauptstadt Mrauk U machen, eine erstaunliche archäologische Stätte mit Hunderten von Tempeln.

Sittwe စစ်တွေ

043 / 100 748 EW.

Die meisten Leute, die nach Mrauk U reisen, übernachten unterwegs in Sittwe. Die Hafenstadt hat eine eindrucksvolle Lage – genau dort, wo der breite Fluss Kaladan in den Golf von Bengalen mündet. In den 1820er-Jahren verlegten die Briten die regionale Hauptstadt von Mrauk U hierher und nannten sie Aykab. Sittwe ist ziemlich schmuddelig, aber es gibt ein paar interessante Sehenswürdigkeiten.

Sehenswertes

Zentralmarkt MARKT

(မြို့မဈေး; Strand Rd; 6–18 Uhr) Rund um das städtische Marktgebäude von 1956 geht's von Sonnenaufgang bis nach 12 Uhr sehr lebhaft zu; es lohnt sich, vor der Weiterreise hier vorbeizuschauen. Vorbei an *longyi*, Fischernetzen und Gemüseständen kommt man direkt zur Fisch- und Fleischabteilung, wo es spektakuläre Stachelrochen, ausgenommene Aale und trocknende Haie zu sehen und natürlich zu kaufen gibt. In der Bucht rangeln kleine Boote um Platz, damit sie ihren Fang entladen können.

Aussichtspunkt AUSSICHTSPUNKT

(စစ်တွေကမ်းဦး; Strand Rd) Nach 2,5 km Richtung Süden auf der Strand Road erreich man den sogenannten „View Point": Hier kann man die Sonne über dem **Sittwe Beach**, einem breiten, graubraunen Sandstreifen, und dem Golf von Bengalen untergehen sehen. Zuletzt wurde der Ort weiter erschlossen, sodass es hier inzwischen das eine oder andere Restaurant geben sollte.

Motorrikschas, die hier *thoun bein* heißen, fahren für 5000 K und Taxis für 10 000 K hin und zurück.

Lokananda Paya BUDDHISTISCHER TEMPEL

(လောကနန္ဒာဘုရား; May Yu St; Sonnenauf- bis Sonnenuntergang) Diesen großen goldenen Tempel zwischen dem Flughafen und dem Ortszentrum kann man nicht verfehlen. Seine vergoldete höhlenartige Gebetshalle, die von verzierten Säulen gestützt wird, ist ziemlich spektakulär.

Auf der Westseite des Komplexes befindet sich ein kleiner Ordinationssaal mit dem interessanten Sachamuni-Bildnis, einem Bronzebuddha, der gänzlich mit Mini-Buddhas überzogen ist. Das Bildnis soll aus dem Jahr 24 v. Chr. stammen und von Fischern aus Mrauk U gefunden worden sein.

Rakhine State Cultural Museum MUSEUM

(ရခိုင်ပြည်နယ်ယဉ်ကျေးမှုပြတိုက်; Main Rd; Eintritt 2000 K; Di–Sa 9.30–16.30 Uhr) Auf zwei Etagen zeigt das Museum Kulturgüter aus Rakhaing, die sehr knapp auf Englisch beschriftet sind. Im ersten Stock werden regionale Sitten vorgestellt, u. a. anhand von Modellen mit einigen der 64 traditionellen königlichen Haartrachten von Mrauk U sowie anhand von Zeichnungen, die wichtige Bewegungen beim Rakhaing-Ringen darstellen. In der zweiten Etage werden mit Diagrammen und Gegenständen die Ursprünge der Rakhine (ca. 3000 v. Chr.) sowie vier Schlüsselperioden (Dhanyawadi, Vesali, Lemro und Mrauk U) untersucht.

DIE SICHERHEITSLAGE IN SITTWE

Im Jahr 2012 war der Rakhaing-Staat Schauplatz extremer ethnischer Auseinandersetzungen, als die buddhistischen Rakhaing mit der muslimischen Minderheit der Rohingya aneinandergerieten. Mindestens 90 Menschen kamen bei den Unruhen ums Leben und über 100 000 Rohingya wurden vertrieben. Das muslimische Viertel von Sittwe ist jetzt größtenteils verlassen und wird von der Polizei bewacht. Auch Sittwes alte Moschee ist nicht zugänglich und steht rund um die Uhr unter Bewachung.

Zwar ist die Lage heute schon sehr viel entspannter und in den Straßen von Sittwe und Mrauk U (das von den Unruhen des Jahres 2012 unberührt blieb) sind wieder Reisende unterwegs, doch sollte man sich vor der Fahrt hierher über die aktuelle Sicherheitslage informieren.

Schlafen & Essen

Es gibt nicht viele Hotels in Sittwe und sie füllen sich schnell, also rechtzeitig buchen!

Mya Guest House HOTEL $

(043-22358, 043-23315; 51/6 Bowdhi Rd; EZ/DZ 30/45 US$;) Ganz nah an der verkehrsreichen Hauptstraße bietet dieses einfache Zementgebäude schlichte, geräumige Zimmer. Die teureren haben Klimaanlagen, aber keins hat Warmwasser.

Noble Hotel HOTEL $

(043-23558; anw.noble@gmail.com; 45 Main Rd; EZ/DZ inkl. Frühstück 40/60 US$;) Kleine und etwas muffige Zimmer, die aber sauber und relativ modern eingerichtet sind – mit Schreibtisch, Satelliten-TV, Safe und Kühlschrank.

★ **Aung** BIRMANISCH $

(nahe Thar Bar St; Currys ab 3000 K; 10–21 Uhr;) Das beliebte, freundliche Restaurant, das in einer kleinen Straße direkt hinter dem Museum liegt, bereitet Mahlzeiten im birmanischen Stil zu und legt den Schwerpunkt auf die für den Rakhaing-Stil typischen Gewürze und Geschmacksrichtungen. Man kann etwas aus der englischsprachigen Karte bestellen, am besten zeigt man aber einfach auf das, was am leckersten aussieht. Super sind die Fischcurrys.

Móun-di-Stand BIRMANISCH $

(May Yu St; Hauptgerichte 300 K; 6–18 Uhr) *Móun·di,* dünne Reisnudeln in einer pfeffrigen Brühe auf Fischbasis, sind das typische Nudelgericht im Rakhaing-Staat. Viele meinen, dass dieser Stand (zu erkennen am grünen Vordach gegenüber vom Rathaus die besten der Stadt zubereitet.

An- & Weiterreise

Die Überlandstrecken zwischen Sittwe, Yangon, Mandalay und Mrauk U sind jetzt für Ausländer geöffnet. Bei unserem Besuch weigerten sich zwar einige Busunternehmen immer noch, Fahrkarten für Busse nach Sittwe und Mrauk U an Ausländer zu verkaufen, aber das sollte sich inzwischen geändert haben.

BUS

Busse nach Yangon, Mandalay und Mrauk U fahren von der Fernstraße, die eine 2000 K teure Fahrt im *thoun bein* vom Stadtzentrum entfernt ist.

VERKEHRSMITTEL AB SITTWE

ZIEL	SCHIFF/FÄHRE	BUS	FLUGZEUG
Mandalay		25 000 K, 22 Std., 2-mal tgl. 6 & 7 Uhr	
Mrauk U	IWT (langsames Boot) 10 US$, 4–7 Std., Di & Fr 7.30 Uhr; Privatboot 15 US$, 4–7 Std., Mo, Do & Sa 7.30 Uhr; Schnellboot 25 000 K, 2–3 Std., Mi & So 7.30 Uhr	5000 K, 4 Std., 2-mal tgl. 6 & 7 Uhr	
Thandwe		28 000 K, 20 Std., 1-mal tgl.	80 US$, 40 Min., Okt.–April tgl.
Yangon		20 000 K, 24 Std., 1-mal tgl. 8 Uhr	116 US$, 75 Min., tgl.

FLUGZEUG

Es gibt tägliche Verbindungen zwischen Sittwe und Yangon. In der Hochsaison (Okt.–April) gehen auch Flüge von Sittwe nach Thandwe und zurück.

Der Flughafen liegt etwa 2,5 km südwestlich vom Zentrum. *Thoun bein* (5000 K) und Taxis (8000 K) warten auf ankommende Flüge.

SCHIFF/FÄHRE

Nach Mrauk U hat man die Wahl zwischen langsamen IWT-Fähren und Privatbooten oder den schnelleren „Speedboats" von **Shwe Pyi Tan** (☎09 4959 2709; keine englische Beschilderung; Ecke Main Rd & U Ottama St; ⏲7–21 Uhr). Die Schiffe fahren an unterschiedlichen Tagen, sodass es gewöhnlich jeden Tag irgendeine Bootsverbindungen gibt.

Malikha (☎043-24037, 043-24248; Main Rd; ⏲9–17 Uhr) und Shwe Pyi Tan setzen zudem täglich außer samstags nach Taunggok (30–35 US$, 10–11 Std., 6 Uhr) über; von dort fahren Busse nach Pyay.

Die Hauptanlegestelle befindet sich knapp 3 km nördlich des Stadtzentrums. *Thoun bein* verlangen 2000 K pro Person.

Mrauk U မြောက်ဦး

☎043 / 36 139 EW.

„Klein-Bagan"? Keineswegs: Mrauk U (ausgesprochen *mrao-u*) war von 1430 bis 1826 die Hauptstadt von Rakhaing. In dieser Zeit wurden Hunderte Tempel gebaut. Anders als in Bagan leben hier Ziegenhirten und Gemüsebauern zwischen den Ruinen. In der wunderschönen Landschaft aus abgerundeten Hügeln sind noch viele Tempel in Betrieb. Man sieht entspannte, lächelnde Menschen und wird nicht belästigt. Und es gibt nur wenige ausländische Touristen.

WLAN bietet manchmal das Mrauk U Princess Hotel (3 US$ pro Std. oder man kauft an der Bar einen Drink).

Sehenswertes

Das einstige Mrauk U erstreckte sich über 45 km², aber heute bedecken die Stadt und die etwa 700 Tempel, die man besichtigen kann, nur noch ein 7 km² großes Gebiet. Mit einem Fahrrad, einem Lunchpaket und Lust auf Entdeckungen kann man sich hier auf allen Wegen ungehindert bewegen.

Nicht immer sind die Sehenswürdigkeiten gekennzeichnet, daher kann ein Guide hilfreich sein. Viele Mitglieder der **Regional Guides Society – Mrauk U** (☎09 4217 20296, 09 4217 20168; www.facebook.com/rgs.mrauku; 20 US$ pro Tag) sprechen nicht nur gut Englisch und haben ein Verständnis der örtlichen Geschichte und Kultur, sie stammen auch aus der Gegend, arbeiten auf unabhängiger Basis und sind den Prinzipien des gemeindebasierten Tourismus verpflichtet.

Ausländische Besucher in Mrauk U bezahlen 5000 K Eintritt für die archäologische Stätte. Kassiert wird in der Shittaung-Pagode oder am Anleger; auf der Fähre muss man sein Ticket vor dem Aussteigen vorzeigen.

★ **Shittaung Paya** HISTORISCHE STÄTTE
(ရှစ်သောင်းဘုရား; Eintritt 5000 K; ⏲7–17 Uhr) Normalerweise beginnt man die Besichtigung in diesem Tempel, dem komplexesten von Mrauk U. Shittaung bedeutet „Schrein der 80 000 Abbilder", was sich auf die Zahl der Figuren im Inneren bezieht. König Minbin, der mächtigste der Könige von Rakhaing, baute den Shittaung im Jahr 1535. Hier bekommt man „Abbilder" in allen Größen zu sehen; allein der zentrale Stupa wird von 26 weiteren umringt. Dicke Wände mit Fenstern und Nischen umgeben das aus zwei Ebenen bestehende Bauwerk, das im Lauf der Jahrhunderte immer wieder verändert und rekonstruiert wurde – nicht immer sehr geschickt.

Mrauk U

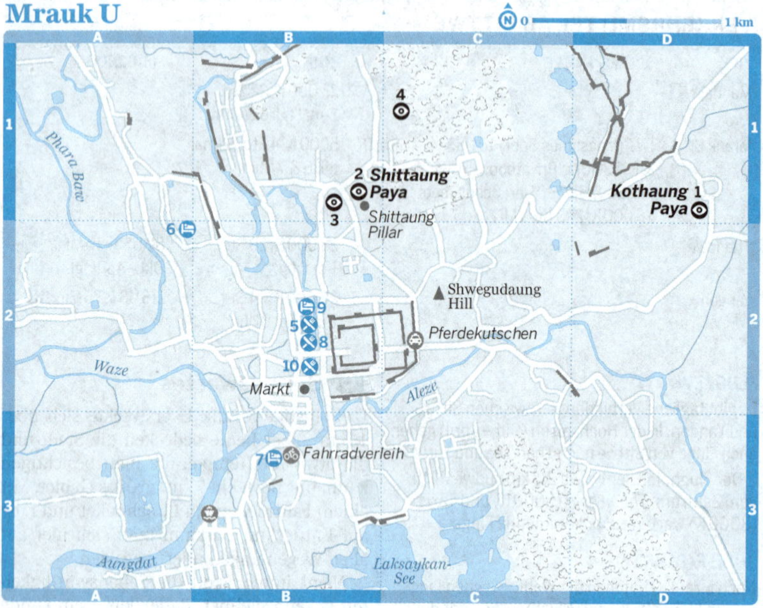

Mrauk U

★ **Kothaung Paya** HISTORISCHE STÄTTE
(ကိုးသောင်းဘုရား; Sonnenauf- bis Sonnenuntergang) GRATIS Der größte Tempel der Gegend ist eine der wichtigsten Sehenswürdigkeiten von Mrauk U. Er wurde 1553 von König Minbins Sohn, König Mintaikkha, gebaut, der seinen Vater um 10 000 Figuren übertraf („Kothaung" bedeutet „Schrein der 90 000 Abbilder").

Der Kothaung Paya befindet sich etwa 2 km östlich vom Palast; man folgt der Straße direkt nördlich vom Markt und biegt vor der Brücke links in die viel kleinere Straße ein.

Dukkanthein Paya HISTORISCHE STÄTTE
(ထုတ်ခံသိမ်ဘုရား; Sonnenauf- bis Sonnenuntergang) GRATIS König Minphalaung erbaute 1571 diesen Tempel, der ein bisschen wie ein Bunker mit Stupas wirkt. Breite Steinstufen führen die Süd- und Ostseite des Bauwerks hinauf, das eine Ordinationshalle beherbergt. Die Osttreppe führt zum Eingang.

Mahabodhi Shwegu HISTORISCHE STÄTTE
(မဟာဗောဓိရွှေဂူ; Sonnenauf- bis Sonnenuntergang) GRATIS Ein gedrungener, wenig besuchter Tempels. Sein Higlight ist der Durchgang mit Flachreliefs, die die *tribumi* darstellen – buddhistische Visionen von Himmel, Erde und Hölle, darunter Akrobaten, Betende und Tiere. Am Ende warten ein 1,80 m großer zentraler Buddha – auf dessen Krone einige erotische Gravuren zu sehen sind – und vier Buddhas in Nischen.

Schlafen & Essen

★ **Mrauk U Palace** HOTEL $
(09 4217 51498; www.mraukupalaceresort.com; EZ/DZ 45/50 US$;) Die 18 identischen und recht großen gelben Doppelbungalows sind für Mrauk-U-Verhältnisse ziemlich komforta-

bel, mit Kühlschrank, warmen Duschen, Klimaanlage und kleinen Balkonen. Das Personal ist hilfsbereit und effizient. Außerdem ist dies die einzige erschwingliche Unterkunft, die (manchmal) über WLAN verfügt.

Golden Star Guest House PENSION $
(☎09 4967 4472; EZ/DZ 10/20 US$) Mrauk Us bewährte Backpackerabsteige offeriert einfache, beengte Zimmer mit Ventilator, teilweise mit eigenem Bad, die alle dringend ein wenig liebevolle Pflege benötigen.

Royal City Guest House HOTEL $
(☎09 850 2400, 043-24200; EZ/DZ 10/25 US$, Bungalows 40 US$; ❄) Im Hauptgebäude gibt's saubere und einigermaßen komfortable Zimmer mit Ventilator für Traveller mit kleinem Budget. Auf der anderen Straßenseite stehen neue Bungalows mit Klimaanlage (wenn es Strom gibt) für alle, die sich etwas mehr leisten können. Das Personal hält eine Karte mit den wichtigsten Sehenswürdigkeiten bereit.

Happy Garden BIRMANISCH, CHINESISCH $
(Gerichte ab 2500 K; ⏲8–23 Uhr; 📋) Dieses Biergartenlokal ist abends der lebhafteste Treffpunkt der Stadt. Die chinesischen Gerichte sind ok und es gibt auch ein paar birmanische Speisen. Außerdem werden fünf einfache Bungalows (15 000 K) vermietet.

For You BIRMANISCH, CHINESISCH $
(Hauptgerichte ab 1500 K; ⏲8–22 Uhr) Das heimelige Lokal serviert Gerichte im chinesischen Stil. Außerdem gut für ein Nudelgericht am Morgen.

Kaung Thant BIRMANISCH $
(Currys ab 2500 K; ⏲9–22 Uhr) Das „Gut und Sauber", eine nüchterne Currybude im birmanischen Stil am Fuß der Brücke gleich nördlich vom Markt, bereitet Mahlzeiten nach Art von Rakhaing zu, die von einer einheimischen Familie serviert werden. Nach dem teils verborgenen englischen Schild Ausschau halten!

ABSEITS DER ÜBLICHEN PFADE

CHIN-DÖRFER

In Mrauk U kann man Tagesausflüge auf dem Fluss Lemro arrangieren, die zu traditionellen Chin-Dörfern führen. Der Ausflug nimmt recht viel Zeit in Anspruch, aber die Chin sind einfach herzerfrischend – sie tätowieren sich z. B. Muster aufs Gesicht, um plündernde Könige abzuwehren (ein allmählich verschwindender kultureller Brauch) – und haben einen tollen Sinn für Humor.

Typische Touren, die sich über die Regional Guides Society in Mrauk U oder das Hotel arrangieren lassen, beinhalten einen halbstündigen Transfer mit dem Auto zum Bootsanleger, eine ca. zweistündige Bootsfahrt flussaufwärts und etwa eine Stunde in einigen Dörfern. Die Fahrt und der Führer, den man für die Verständigung braucht, kosten zusammen 100 US$. In den Chin-Dörfern kann man kaum etwas zu essen und zu trinken kaufen, darum sollte man Proviant und Wasser mitnehmen.

ℹ Anreise & Unterwegs vor Ort

Die Überlandstrecken zwischen Mrauk U, Mandalay und Yangon sind nun für Ausländer geöffnet.

Ausländer dürfen nach einem Unfall mit einem ausländischen Touristen im Jahr 2011 angeblich nicht mit den *thoun bein* der Stadt fahren.

Eine Pferdekutsche zu den Tempeln kostet pro Tag etwa 20 000 K. Fahrräder verleiht der **Laden** (2000 K pro Tag; ⏲7–18 Uhr) südlich der Brücke, die zum zentralen Markt führt.

BUS & SCHIFF

Der Bootsanleger von Mrauk U befindet sich etwa 800 m südlich vom Markt. Fahrkarten kann man hier kaufen oder auch in der benachbarten Teestube Hay Mar, wo Aung Zan beim Kauf von Tickets helfen kann.

Busse halten in der Nähe des Palasts an der durch die Stadt führenden Hauptstraße.

VERKEHRSMITTEL AB MRAUK U

ZIEL	BUS	SCHIFF/FÄHRE
Mandalay	25 000 K, 22 Std., 2-mal tgl. 9 & 10 Uhr	
Sittwe	5000 K, 4 Std., 2-mal tgl. 14 & 16 Uhr	IWT (langsames Boot) 10 US$, 4–7 Std., Mi & Sa 7 Uhr; Privatboot 15 US$, 4–7 Std., So, Di & Fr 7 Uhr; Schnellboot 25 000 K, 2–3 Std., Mo & Do 7 Uhr
Yangon	20 000 K, 24 Std., 1-mal tgl. 9 Uhr	

MYANMAR VERSTEHEN

Myanmar aktuell

Die Öffnung Myanmars nach über 40 Jahren Isolation unter der Militärherrschaft ist ein zäher Prozess. Trotz aller positiven Entwicklungen schließt die Verfassung weiterhin Aung San Suu Kyi, die beliebteste Politikerin des Landes, von der Präsidentschaft aus und sichert der Armee ein Viertel aller Sitze im Parlament.

Doch nach dem überwältigenden Sieg der von Aung San Suu Kyi angeführten Nationalen Liga für Demokratie (NLD) bei den Parlamentswahlen im November 2015 herrschte vorsichtiger Optimismus, dass weitere positive Veränderungen bevorstehen könnten.

Noch immer sind jedoch Verletzungen der Menschenrechte genauso wie Korruption an der Tagesordnung; außerdem verschärft sich die Feindschaft zwischen Buddhisten und Muslimen. Und bei den schon lange andauernden Konflikten zwischen der Regierung und einigen der Minderheitentruppen in den Grenzregionen ist kein Ende in Sicht.

Bis jetzt waren die wichtigsten positiven Veränderungen im Zuge der Öffnung des Landes wirtschaftlicher Natur. Ausländische Investitionen und die Entwicklungshilfe sind stark angestiegen, insbesondere von Seiten Chinas, Japans und der EU. Doch auf dem Land müssen viele Menschen noch immer mit nur 2 US$ auskommen und es wird wahrscheinlich noch Jahrzehnte dauern, bis sie von den seit 2011 angestoßenen politischen und wirtschaftlichen Reformen profitieren werden.

ETIKETTE

- Der Kopf gilt als spirituellster Punkt des Körpers und sollte von Fremden nicht berührt werden.
- Möglichst nicht mit den Füßen auf Leute „zeigen" oder über sie hinwegsteigen.
- Alles – Essen, Geschenke, Geld – immer mit rechts aushändigen und die linke Hand unter den rechten Ellbogen stecken.
- Religiöse Stätten angemessen gekleidet aufsuchen – mindestens knielange Shorts und keine enge Kleidung oder ärmellose T-Shirts tragen.
- Die Schuhe beim Betreten von Tempelanlagen ausziehen, oft schon an den langen Treppen, die auf die Hügelkuppen zu den Pagoden führen.

Geschichte

Lange bevor die Briten Birma im 19. Jh. nach drei aufeinanderfolgenden Kriegen besetzten, wurde das Land von mehreren ethnischen Gruppen beherrscht. Erst im 11. Jh. gewannen die Bamar an Bedeutung. Großbritannien verwaltete die Gebirgsregionen an der Grenze getrennt von den fruchtbaren Ebenen sowie dem Delta im zentralen und unteren Birma und baute somit auf die kulturelle Kluft zwischen den Birmanen im Tiefland und den Bergvölkern, die bis heute besteht. Nach der Unabhängigkeit 1948 brach zwischen den Minderheiten ein Bürgerkrieg aus, der in Teilen des Landes noch andauert.

General Ne Win entriss der gewählten Regierung 1962 die Kontrolle und begann die international längste Militärdiktatur, deren ausländerfeindliche Politik Birma in die komplette Isolation drängte. Der staatliche Sozialismus ruinierte die Wirtschaft und führte zu mehreren großen Geldentwertungen – die letzte löste 1988 riesige, aber friedliche Demonstrationen aus.

Die prodemokratischen Märsche brachten Aung San Suu Kyi, Tochter des Helden der Unabhängigkeit General Aung San, als Vorsitzende der National League for Democracy (NLD) hervor. Das Militär ließ landesweite Wahlen zu, bei denen die NLD 1990 82 % der Sitze in der Nationalversammlung gewann, doch es weigerte sich, die Macht abzutreten, stellte Aung San Suu Kyi unter Hausarrest und sperrte viele der gewählten Politiker und der Studentenführer ins Gefängnis.

Trotz westlicher Sanktionen blieben die Generäle zwei weitere Jahrzehnte an der Macht. Die brutale militärische Reaktion auf die Proteste von 2007 (die gescheiterte „Safran-Revolution") und die schändliche Reaktion auf den Zyklon Nargis 2008 (die schlimmste Naturkatastrophe, die das Land je erlebt hatte), bewirkten, dass die Regierung immer mehr verachtet und gefürchtet wurde.

Nach den Wahlen im Oktober 2010 ersetzte die halbzivile Union Solidarity and Development Party (USDP) die Militärjunta. Die ersten allgemeinen Wahlen nach 20 Jah-

BIRMA, BURMA, MYANMAR

Seit 1989 ist der Name des Landes – das seit 2011 offiziell „Vereinigte Republik von Myanmar" heißt – ein politischer Streitpunkt. Den Namen Burma (dt. auch Birma), der seit Mitte des 19. Jhs. allgemein gebräuchlich war, schaffte die Militärjunta 1989 ab, ebenso wie weitere Bezeichnungen aus der britischen Kolonialzeit, etwa Rangoon (Rangun), Pagan, Bassein oder Arakan.

Für die UN ist Myanmar der offizielle Name des Landes. Trotzdem benutzen fast alle oppositionellen Gruppierungen (inklusive der NLD), viele ethnische Gruppen und mehrere Schlüsselstaaten wie die USA oder Großbritannien für das Land weiter den alten Namen.

Wir sprechen von Myanmar und für die Zeit vor 1989 von Birma. „Birmanisch" bezieht sich auf die Bamar, das Volk der Birmanen, sowie deren Küche und Sprache.

ren kritisierte die UN jedoch als „stark manipuliert". Zum Präsidenten wurde der frühere General und Premierminister Thein bestimmt.

Die USDP verpflichtete sich, als Gegenleistung für die Aufhebung der Sanktionen durch den Westen, politische und wirtschaftliche Reformen durchzuführen. Die meisten politischen Gefangenen sind freigelassen worden, doch wird sowohl im Land selbst als auch im Westen kritisiert, dass sich die Armee nur sehr widerwillig aus der Politik zurückzieht.

Bei den Parlamentswahlen im November 2015 errang die NLD einen erdrutschartigen Sieg. Zwar kann Aung San Suu Kyi einem Gesetz zufolge, dass Personen mit ausländischem Ehepartner – ihr verstorbener Mann war Brite – von der Präsidentschaft ausschließt, weiterhin nicht Präsidentin werden, doch mit dem Wirtschaftswissenschaftler, Schriftsteller und Politiker Htin Kyaw wurde am 15. März 2016 ein enger Vertrauter der Parteivorsitzenden zum Präsidenten gewählt. Er ist damit der erste Zivilist auf diesem Posten seit mehr als 50 Jahren.

Menschen & Kultur

Die Menschen in Myanmar sind stolz auf ihre Heimat und ihre Kultur. Die Einheimischen schwärmen von ehemaligen Königen, *pwe* (Theater), *mohinga* (Nudeln mit Hühnchen oder Fisch) zum Frühstück, wundervollen Tempeln und ihrem Buddhismus. Birmanische Buddhisten von heute schätzen die Meditation, geben reichlich Almosen und sehen ihr Los als Konsequenz einer Sünde oder eines Verdienstes in einem früheren Leben. Das gesellschaftliche Ideal für die meisten Bürger wird allgemein *bamahsan chin* (oder „Birmanisch-Sein") genannt. Zu seinen Charakteristika zählen Respekt vor Älteren, Kenntnis der buddhistischen Schrift und taktvolles Verhalten gegenüber dem anderen Geschlecht. Am wichtigsten ist: Dem *bamahsan chin* zufolge hat das Stille, Subtile und Indirekte immer Vorrang vor dem Lauten, Offensichtlichen und Direkten.

Lebensart

Drei Viertel der Einwohner Myanmars leben auf dem Land, wo sich das tägliche Leben vor allem um den Dorfalltag und die Landwirtschaft dreht. Die Landespolitik verblasst hier oft im Vergleich zu unmittelbareren Angelegenheiten wie der Jahreszeit, der Ernte oder dem Wasserstand der Flüsse (die zum Baden und Waschen und zur Trinkwassergewinnung genutzt werden). Die Menschen helfen einander und nennen sich gegenseitig liebevoll „Bruder" und „Schwester".

Die Familien sind in der Regel groß, und es kann sein, dass drei oder vier Generationen in einem Haus mit zwei oder drei Zimmern unter einem Dach leben. Die Geburt eines Kindes ist ein großes Ereignis. Mädchen sind ebenso gern gesehen wie Jungen, wenn nicht noch mehr, denn von ihnen wird erwartet, dass sie sich im Alter um ihre Eltern kümmern. In einigen strohgedeckten Hütten auf dem Land gibt's Generatoren für die Lampen und ein paar Stunden Fernsehen am Abend; viele haben gar keinen Strom. Fließendes Wasser ist außerhalb der Städte eine Seltenheit.

In Yangon und Mandalay ist das Leben schon viel stärker im 21. Jh. angekommen, doch auch hier kann es zu Stromausfällen kommen. Außerdem sind die extremen Unterschiede zwischen Reichtum und Armut in Myanmar in den städtischen Zentren sehr augenfällig.

Bevölkerung

2014 hatte Myanmar laut einer Volkszählung 51419420 Einwohner. Doch für einige Regionen wie Teile des Kachin-, des Rakhaing- und des Shan-Staats wurde die Einwohnerzahl geschätzt, da hier keine Zählung durchgeführt wurde. In Wirklichkeit dürfte die Einwohnerzahl Myanmars bei knapp 60 Mio. liegen.

Es gibt 135 offiziell anerkannte ethnische Gruppen in Myanmar. Die größte davon sind die Bamar: Sie machen rund 68 % der Bevölkerung aus. Andere große Bevölkerungsgruppen sind die Shan, Kayin, Rakhaing, Mon, Kayah und Kachin. Dazu kommen noch große Zahlen von Indern und Chinesen, deren Vorfahren zumeist in der Kolonialzeit ins Land kamen.

Die Verfassung von 2008 teilt Myanmar in sieben Regionen (früher *divisions*, Bezirke, genannt; in diesen Gebieten leben mehrheitlich Bamar) und sieben Staaten (Gebiete der Minderheiten: Chin-, Kachin-, Kayah-, Kayin-, Mon-, Rakhaing- und Shan-Staat). Darüber hinaus gibt's sechs ethnische Enklaven (Danu, Kokang, Naga, Palaung, Pa-O und Wa), die einen bestimmten Grad an Autonomie besitzen.

Religion

Die Verfassung des Landes garantiert die Religionsfreiheit. 89 % der Einwohner Myanmars sind jedoch Theravada-Buddhisten, deren Religion einen besonderen Status genießt. Die anderen größeren Religionen sind Islam und Christentum. Auf dem Land glauben viele Menschen an *nat* (Schutzgeister) – ein Überbleibsel der animistischen Religionen aus der Zeit vor dem Buddhismus.

Seit der Öffnung des Landes hat die religiöse Intoleranz dramatisch zugenommen, vor allem von Seiten extremistischer buddhistischer Nationalisten. Ihr Hauptangriffsziel waren die Muslime im Land. Im Juli 2015 wurde ein umstrittenes neues Gesetz verabschiedet: Danach benötigen buddhistische Frauen eine offizielle Genehmigung, wenn sie einen Mann mit einem anderen Glauben heiraten möchten.

BUDDHISMUS

Für birmanische Buddhisten steht der Verdienst *(kutho*, von Pali: *kusala*, was „heilsam" bedeutet), den man durch Rituale und gute Taten erwirbt, im Vordergrund. Eine der häufigsten feierlichen Handlungen bei einem Stupa-Besuch ist das Gießen von Wasser über die Buddha-Statue des eigenen Sternzeichens (mithilfe des Wochentags der Geburt zu errechnen). Für jedes Jahr des Lebensalters wird ein Glas Wasser vergossen und anschließend ein zusätzliches, um sich ein langes Dasein zu sichern.

Von jedem männlichen Birmanen wird erwartet, zweimal in seinem Leben eine gewisse Zeit in einem Kloster zu verbringen: einmal im Alter zwischen 5 und 15 Jahren als *samanera* (Novize) und ein weiteres Mal als *pongyi* (voll ordinierter Mönch), nachdem sie das 20. Lebensjahr vollendet haben. Fast alle Männer bzw. Jungen unter 20 nehmen an der *shinpyu* (Initiationszeremonie) teil, durch die ihre Familie großes Ansehen gewinnt.

Obwohl die Gesellschaft es nicht von ihnen erwartet, leben auch einige Frauen als *dasasila* („Zehn-Sitten"-Nonnen) in einem Kloster. Birmanische Ordensschwestern scheren sich die Haare, tragen rosafarbene Gewänder und legen ihr Gelübde in einer ähnlichen Ordinationszeremonie ab wie die Mönche.

NAT-VEREHRUNG

Der Buddhismus hat heutzutage in Myanmar die vorbuddhistische *nat*-Verehrung überholt, aber nie vollkommen ersetzt. Oft findet man die 37 *nat* Seite an Seite mit buddhistischen Darstellungen. Birmanische *nat* sind Geister, die in der Natur wohnen können, etwa in Bäumen oder sogar in Menschen, und boshaft oder wohltätig auftreten können.

Der Berg Popa ist ein wichtiges Zentrum für den stark ausgeprägten *nat*-Kult. Birmanen teilen ihre Hingabe – und ihre Spenden – nach Zuständigkeiten auf: zwischen Buddha für das zukünftige Dasein und den *nat* – sowohl hinduistischen als auch Bamar-*nat* – für Probleme in diesem Leben. Ein Vergehen kann mit Opfern für den *nat* Thagyamin gebüßt werden, der in einem Buch mit goldenen Seiten jährlich die Namen derer aufschreibt, die gute Taten vollbringen. Diejenigen, die Böses tun, werden stattdessen in einem Buch aus Hundehaut vermerkt.

Kunst & Kultur

Kunst wurde in Myanmar über Jahrhunderte hinweg von den Königshöfen gesponsert, vorwiegend durch den Bau großer religiöser

LITERATURTIPPS

Es ist sehr empfehlenswert, sich vor der Reise etwas Wissen anzulesen, um einen Eindruck von der politischen und sozialen Komplexität des Landes zu bekommen. Der englischsprachige Lonely Planet *Myanmar* enthält umfassende Informationen, ebenso nützlich ist unser *Burmese Phrasebook*. Weitere Literaturempfehlungen:

- *Burma/Myanmar: What Everyone Needs to Know* von David Steinberg beleuchtet mithilfe präziser Fragen und Antworten zu Geschichte und Kultur viele Aspekte der komplexen Situation des Landes. Unbedingt die aktualisierte zweite Auflage lesen!
- *Der Fluss der verlorenen Fußspuren* von Thant Myint U bietet einen Mix aus der Familiengeschichte des Autors und der Geschichte seines Landes.
- *Golden Parasol* von Wendy Law-Yone gibt durch die faszinierenden Memoiren einen Einblick in Schlüsselereignisse der modernen myanmarischen Geschichte aus der Insiderperspektive.

Monumente, der das Können und die Fertigkeiten von Architekten, Bildhauern, Malern sowie verschiedenen Handwerkern erforderte. Diese Unterstützung endete in der britischen Kolonialzeit und spielt seit der Unabhängigkeit nur noch eine untergeordnete Rolle. Dennoch ist in Myanmar sehr viel traditionelle Kunst zu sehen, besonders in den vielen Tempeln. Es gibt auch eine wachsende moderne Kunstszene, vor allem in Yangon.

MARIONETTENTHEATER

Yok-thei pwe, birmanisches Marionettentheater, war der Vorläufer des lokalen klassischen Tanzes. Seine Bedeutung nahm allerdings nach dem Zweiten Weltkrieg ab. Heute beschränkt es sich nahezu vollständig auf Touristenvorführungen in Yangon, Mandalay und Bagan.

MUSIK

Die traditionelle Musik beruht hauptsächlich auf Rhythmus und klingt für westliche Ohren wenig harmonisch. Jüngere Birmanen hören westlich beeinflusste Musik – oft werden Coverversionen beliebter Oldies (Pop- oder Lovesongs) mit birmanischen Texten gespielt. Einige einheimische Rockmusiker wie Lay Phyu von der Band Iron Cross produzieren ernstzunehmende eigene Songs. Bands wie die Me N Ma Girls imitieren südkoreanische Boy- und Girlgroups.

PWE

Ob religiöse Festlichkeiten, Hochzeiten, Beerdigungen, Volksfeste oder Sportveranstaltungen – fast jede Zusammenkunft kann Anlass für eine alltägliche birmanische Theatervorstellung *(pwe)* sein. Wenn sie erst einmal angefangen hat, dauert sie traditionell die ganze Nacht, sodass manche Zuschauer zwischendurch durchaus einschlafen. Wer eine *pwe* erleben will, fragt am besten einen Rikscha-Fahrer oder im Hotel, ob in der Nähe eine stattfindet.

Myanmars einheimische Tanzformen dienen alle der *nat*-Verehrung. In der speziellen *nat pwe* werden Geister eingeladen, den Körper und den Geist eines Mediums zu besetzen. Manchmal scheinen stattdessen allerdings Zuschauer besessen zu sein – ein Vorkommnis, das die meisten Birmanen sehr fürchten.

Natur & Umwelt

Myanmar hat eine Fläche von 676 000 km², was etwa der Größe Frankreichs entspricht. Vom schneebedeckten Himalaja im Norden bis zum korallengesäumten Myeik-(Mergui-) Archipel im Süden umfasst die Ausdehnung des Landes von 2000 km drei unterschiedliche ökologische Regionen, die wohl die vielfältigste Tier- und Pflanzenwelt in Südostasien beheimaten.

Hier leben ein Drittel aller asiatischen Elefanten, außerdem befindet sich im Land auch das größte Tigerreservat auf dem Planeten. Leider ist der Lebensraum dieser Artenvielfalt bedroht. Zu den Hauptursachen gehört die Entwaldung durch die Holzindustrie, die wegen der zunehmenden Nachfrage in China und Thailand immer mehr wächst. Optimistisch gerechnet sind etwa 7 % des Landes durch Nationalparks und andere Reservate geschützt, aber die meisten bilden lediglich Linien auf der Landkarte. Gesetze zum Schutz wilder Tiere werden selten durchgesetzt, weil kaum finanzielle Mittel zur Verfügung stehen.

Touristen, die wilde Tiere sehen wollen, müssen viel Glück haben. Außerdem ist der Besuch von Nationalparks teuer.

Essen & Trinken

Essen

Die birmanische Küche ist größtenteils eine Mischung aus Bamar-, Mon-, indischen und chinesischen Einflüssen. Als Herz einer typischen Mahlzeit gilt *htamin* (Reis), der mit einer Auswahl von *hin* (Currygerichten) gereicht wird, üblicherweise mit Fisch, Hühnchen, Schweinefleisch, Garnelen oder Hammel. Grundsätzlich wird Suppe serviert, mit einem Tisch voller Zutaten und Gewürzen (u. a. würzige Dips aus in Essig eingelegtem Gemüse).

Meistens wird recht milder Chili verwendet. Zahlreiche Köche wählen ein einfaches Masala aus Kurkuma, Ingwer, Knoblauch, Salz und Zwiebeln, dazu viel (wirklich viel!) Erdnussöl und Garnelenpaste. Für den zusätzlichen Schärfekick kann man immer auf *balachaung* (aus Chili, Tamarinde und getrockneten Garnelen) oder auch die beißende *ngapi kyaw* (scharfe Garnelenpaste mit Knoblauch) zurückgreifen. Fast alles Leckere in der birmanischen Küche wird mit *ngapi* gewürzt, einer salzigen Paste aus getrockneten und fermentierten Garnelen und Fisch.

Nudelgerichte reicht man oft zum Frühstück oder auch als leichte Snacks. Fisch und Meeresfrüchte von der Küste sind mit die besten und billigsten Gerichte dieser Art in der gesamten Region.

Getränke

ALKOHOLFREIE GETRÄNKE

Teestuben, eine nationale Institution, eignen sich gut, um sich mit Leuten zu treffen, leckere neue Sorten und preiswerte Snacks wie *nam-bya* sowie *palata* (Fladenbrote) oder chinesisches Gebäck zu probieren. Birmanischer Tee (ca. 300 K pro Tasse), auf indische Art mit viel Kondensmilch und Zucker zubereitet, ist das Nationalgetränk. Man sollte nach *lahpeq ye* (Tee mit einem Schuss Kondensmilch) fragen; während *cho bouk* weniger süß schmeckt, ist *kyauk padaung* nur etwas für echte Schleckermäuler. Fast alle Restaurants schenken so viel kostenlosen chinesischen Tee aus, wie man trinken kann. Echten Kaffee bieten nur moderne Cafés westlichen Stils in Yangon und anderen großen Städten an. Großer Beliebtheit erfreut sich auch Zuckerrohrsaft, den man am Straßenstand bekommt.

ALKOHOL

Das Myanmar Beer ist im Geschmack und Alkoholgehalt etwas leichter als andere südostasiatische Biere. Noch wässriger schmeckt das Mandalay Beer.

Außerdem gibt's mehrere stärkere Spirituosen, z. B. den rauen birmanischen Whisky. In Mandalay wird außerdem Rum produziert und es gibt noch den gegorenen Palmwein, der als Toddy bekannt ist.

Im Shan-Staat trinken die Einheimischen gern den Orangenbrandy *shwe leinmaw*, einen recht starken Likör mit angenehmem Geschmack. Es gibt einige Winzer und in Pyin U Lwin werden mehrere süße Obstweine produziert.

KULINARISCHE KÖSTLICHKEITEN

Lust auf ein abenteuerliches Essen? Dann sollte man auf den Nachtmärkten in Yangon und bei Straßenhändlern im ganzen Land *tha yei za* (wörtlich „da läuft einem das Wasser im Munde zusammen") ausprobieren. Dazu gehören jede Menge Desserts, z. B. bunte Süßigkeiten aus Klebreis, Mohnkuchen, Bananenpudding etc. Einige Snacks stellen die Behauptung der Einheimischen, dass alles, was kreucht und fleucht, auch gegessen werden kann, unter Beweis:

Wek thaa douk htoe (Grillstand) Straßenstand, der Schweinefleisch verkauft.

Pa-yit kyaw (gebratene Grille) Auf Spießen oder im Zehnerpack für 500 K erhältlich.

Bi-laar (Käfer) Zubereitet wie Grillen; Einheimische empfehlen folgende Vorgehensweise: „Magen heraussaugen und den Kopf genüsslich kauen."

Thin baun poe (Larven) Insektenlarven, die von Bambus gepflückt werden, brät man hier leicht an und serviert sie noch zappelnd.

PRAKTISCHE INFORMATIONEN

Allgemeine Informationen

BOTSCHAFTEN & KONSULATE

In Yangon befinden sich die meisten ausländischen Botschaften und Konsulate. Weitere Infos bekommt man beim Ministerium für auswärtige Angelegenheiten (www.mofa.gov.mm).

Chinesische Botschaft (Karte S. 522 f.; ☎ 01-221 281; http://mm.china-embassy.org/eng; 1 Pyidaungsu Yeiktha Rd, Dagon)

Deutsche Botschaft (Karte S. 522 f.; ☎ 01-548 952; www.rangun.diplo.de; 9 Bogyoke Aung San Museum Rd, Bahan)

Indische Botschaft (Karte S. 516 f.; ☎ 01-391 219; www.indiaembassyyangon.net; 545–547 Merchant St, Kyauktada)

Thailändische Botschaft (Karte S. 522 f.; ☎ 01-226 721; www.thaiembassy.org/yangon/en; 94 Pyay Rd, Dagon)

ESSEN

Die folgenden Preiskategorien beziehen sich auf Hauptgerichte.

$	unter 6400 K/5 US$
$$	6400 bis 19 200 K/5 bis 15 US$
$$$	über 19 200 K/15 US$

FEIERTAGE

Die wichtigsten Feiertage:

Unabhängigkeitstag 4. Januar
Unionstag 12. Februar
Tag der Bauern 2. März
Tag der Streitkräfte 27. März
Tag der Arbeit 1. Mai
Märtyrertag 19. Juli
Nationalfeiertag 27. November
Weihnachten 25. Dezember

FESTE & EVENTS

Myanmar folgt dem zwölfmonatigen Mondkalender. Die meisten Feste werden zum Vollmond des birmanischen Monats, in den sie fallen, gefeiert, die Vorbereitungen können Tage dauern.

Februar/März

Shwedagon-Festival Myanmars größtes *paya*-Festival findet in der ehemaligen Landeshauptstadt Yangon statt.

März/April

Vollmondfestival Als Schauplatz für das größte Event des Jahres dient der Shwemawdaw Paya in Bago.

April/Mai

Buddhas Geburtstag Der Vollmond ist der Tag der Erleuchtung Buddhas und der Tag, als dieser ins Nirwana einzog. Zu den besten Plätzen, um die Zeremonie zu beobachten, zählt der Shwedagon Paya in Yangon.

Thingyan (Wasserfest) Das birmanische Neujahr ist der wichtigste Feiertag in Myanmar und wird mit einer landesweiten wilden Wasserschlacht gefeiert. Währenddessen kann niemand vor die Tür gehen, ohne durchnässt zu werden – also beteiligt man sich am besten an dem Spaß. Geschäfte schließen und manche Verkehrsmittel (besonders Busse) fahren eine ganze Woche lang nicht.

Juni/Juli

Buddhistische Fastenzeit Beginn der buddhistischen Regenzeitklausur. Laien beschenken Klöster mit neuen Gewändern. Während der dreimonatigen Fastenzeit dürfen die Mönche ihr jeweiliges Kloster nicht verlassen.

Juli/August

Wagaung-Festival Nationales Fest der Almosen.

September/Oktober

Thadingyut An diesem Termin wird Buddhas Rückkehr aus einer Predigtperiode gefeiert.

Oktober/November

Tazaungdaing Beim „Lichterfest" leuchtet ganz Myanmar mithilfe von Öllampen, Feuerballons, Kerzen und sogar profanen elektrischen Lampen. In Taunggyi im Shan-Staat gibt's Feuerballon-Wettbewerbe.

Kathein Während dieser einmonatigen Periode am Ende der buddhistischen Fastenzeit spenden die Bürger der klösterlichen Gemeinschaft neue Gewänder und Devotionalien.

Dezember/Januar

Neujahrstag der Kayin Karen-Gemeinschaften tragen an dem nationalen Feiertag traditionelle Kleidung und veranstalten Tanz- bzw. Gesangsaufführungen. Große Festlichkeiten werden im Karen-Viertel von Isein, direkt im Norden von Yangon, und in Hpa-an abgehalten.

Ananda-Festival An Vollmond im Ananda-Tempel in Bagan.

TRINKWASSER

Traveller sollten nur aufbereitetes Wasser trinken. In abgelegenen Gegenden muss man mit Eis vorsichtig sein, aber in Städten wird es normalerweise industriell hergestellt. Wasser in Flaschen ist weithin erhältlich (ab 300 K pro Liter). Man kann es aber auch mit einem UV-Sterilisationsstab selbst entkeimen – damit spart man Dutzende PET-Flaschen.

FOTOS & VIDEOS

Viele Internetcafés brennen für 1000 K digitale Fotos auf CD. Bei manchen Sehenswürdigkeiten, inklusive Pagoden, werden kleine Kameragebühren verlangt. Man sollte keine militärische Anlagen, Uniformierte und strategisch wichtige Orte wie Brücken aufnehmen.

FRAUEN UNTERWEGS

Die Wahrscheinlichkeit, dass die Einheimischen alleinreisenden Frauen helfen, ist größer als die, belästigt zu werden. In manchen Gegenden werden Ausländerinnen mit freundlicher Neugier betrachtet – und mit mitleidigem Blick gefragt: „Are you only one?", denn birmanische Frauen reisen normalerweise in Gruppen.

An entlegenen religiösen Stätten kann es passieren, dass eine alleinreisende Frau von einer Birmanin „adoptiert" wird, die ihr die Highlights zeigt. In manchen Stätten wie der Mahamuni-Pagode in Mandalay oder dem Goldenen Felsen dürfen sich Frauen dem Hauptschrein nicht nähern; wenn doch, wird darauf hingewiesen.

FREIWILLIGENARBEIT

Die offiziellen Möglichkeiten der Freiwilligenarbeit sind sehr begrenzt. Eine Liste von Nichtregierungsorganisationen, die Jobs anbieten, findet man unter www.ngo.mycitizen.net, aber die meisten Stellen sind für ausgebildete Fachkräfte. Hilfreich sind auch die Links der Seite Burma Volunteer Program (http://burmavolunteers.org).

In Städten oder Dörfern kann man fragen, ob man Sprachunterricht geben darf. Wer fließend Englisch spricht, hat dabei sehr gute Karten.

GEFAHREN & ÄRGERNISSE

Diebstähle sind nach wie vor selten und in der Regel rennen Einheimische nur mit dem Geld oder dem Besitz von Touristen über die Straße, wenn sie ihnen etwas nachtragen, das diese fallen gelassen haben.

Doch man sollte das Schicksal in diesem armen Land nicht herausfordern, indem man Wertgegenstände offen zeigt oder unbeaufsichtigt lässt. Die einzigen echten Abzocker sind zwielichtige Geldwechsler, die zu niedrige Summen auszahlen, sowie Fahrer und Guides, die einen zu Shops führen, in denen sie eine Provision bekommen.

Grenzgebiete zwischen Myanmar und Thailand sowie zwischen Myanmar und China, wo Drogengeschäfte laufen, können gefährlich (und gesperrt) sein.

Die ständigen Stromausfälle sind ein echtes Ärgernis. Nur in der surrealen Hauptstadt Nay Pyi Taw gibt's rund um die Uhr Strom. Viele Geschäfte haben eigene Generatoren. In Pensionen sollte man fragen, ob der Strom die ganze Nacht eingeschaltet bleibt, vor allem in der heißen Jahreszeit.

Der schlechte Zustand der Straßen und Eisenbahngleise sowie die lax gehandhabten Sicherheitsstandards und Vorgehensweisen bei Flügen und Schiffsreisen machen das Reisen manchmal gefährlich.

NEUE GELDSCHEINE MITBRINGEN!

Wir können nicht oft genug betonen, wie wichtig es ist, neue US-Dollar-Scheine nach Myanmar mitzubringen. Sie sollten keine Falten, Knicke, Risse, Beschriftungen oder andere Markierungen haben und es sollten die seit 2006 in Umlauf gebrachten mit den größeren Köpfen sein, die den Rahmen voll ausfüllen. Alle anderen nehmen Geldwechsler und Banken vielleicht nicht an.

GELD

Die Preise sind entweder in Kyat (K) oder in US-Dollar (US$) angegeben, je nachdem, in welcher Währung die Preise erhoben werden.

Banken & Geldautomaten

Die nützlichsten Banken (geöffnet montags bis freitags von 9.30 bis 15.30 Uhr) sind die CB und die KBZ, die beide Visa und MasterCard akzeptieren. An ihren Geldautomaten kann man ausländische Karten für 5000 K Gebühr pro Transaktion nutzen. Zu finden sind sie in ganz Yangon und in anderen Städten und touristischen Zentren.

Geldwechselstuben

Private lizenzierte Wechselschalter gibt's z. B. an den Flughäfen von Yangon und Mandalay, am Bogyoke-Aung-San-Markt und am Shwedagon Paya in Yangon.

Man sollte sein Geld nie aushändigen, bevor man die Kyat bekommen und gezählt hat. Ehrliche Wechsler erwarten nichts anderes. Da 10 000 K die größte Stückelung einer Banknote ist, bekommt man viele Scheine. Geldwechsler zahlen vorbereitete, mit einem Gummi zusammengehaltene Stapel aus 1000-K-Scheinen aus. Man sollte jeden einzelnen Schein prüfen. Oft sind Scheine dabei, die nicht akzeptiert werden, z. B. mit abgeschnittener Ecke oder geklebten Rissen.

Kreditkarten & Reiseschecks

Mit Kreditkarten und Reiseschecks kann man in Myanmar nach wie vor wenig anfangen. In Yangon und anderen wichtigen Touristenorten ändert sich das langsam, hier akzeptieren immer mehr Spitzenhotels und Restaurants sowie einige Geschäfte Kreditkarten.

Trinkgeld

Trinkgeld ist nicht üblich, aber als Dank für eine Dienstleistung (z. B. das Aufschließen eines Tempels in Bagan, das Tragen einer Tasche am Flughafen oder das Herumführen in einem Ort) werden manchmal kleine Anerkennungen erwartet, wenn auch nicht eingefordert.

Bei einem Besuch im Tempel oder Kloster sollte man kleine Scheine (50, 100, 200 K) als Spende griffbereit haben.

INFOS IM INTERNET

7 Days in Myanmar (http://7daysinmyanmar.com) Multimedia-Präsentation über Myanmar, die im April 2013 von 30 international anerkannten Fotografen erstellt wurde.

Go Myanmar (http://go-myanmar.com) Aktuelle Reiseinfos und -tipps.

Myanmar Image Gallery (http://myanmar-image.com) Bilder und Texte zu zahlreichen Themen, die mit Myanmar zu tun haben.

Online Burma/Myanmar Library (http://burmalibrary.org) Datenbank für Bücher und Artikel über Myanmar.

INTERNETZUGANG

Der Internetzugang hat sich verbessert und WLAN wird allmählich Standard: Die meisten Hotels, Pensionen und Cafés verfügen über kostenloses WLAN. Auch in abgelegene Gegenden wie Mrauk U dringt das Internet inzwischen vor.

Leider können sich geringe Bandbreiten und Stromausfälle beim Versenden und Empfangen von E-Mails und beim Aufrufen von Websites hinderlich und frustrierend auswirken, besonders in ländlichen Gebieten. Streaming und große Downloads sind nach wie vor schwierig.

KARTEN

Periplus Editions (Maßstab 1:2 000 000), ITMB (Maßstab 1:1 350 000) und Nelles (Maßstab 1:1 500 000) geben gute Landkarten heraus.

Design Printing Services (www.dpsmap.com) druckt gute Karten von Myanmar, Yangon, Mandalay und Bagan, die manchmal für etwa 1000 K im Land verkauft oder in Reisebüros, Hotels und an internationalen Flughäfen kostenlos abgegeben werden.

MEDIEN

Interessante Medien für Traveller sind die englischsprachige Tageszeitung *Myanmar Times* (www.mmtimes.com) sowie die Nachrichten-Websites Democratic Voice of Burma (www.dvb.no), Irrawaddy (www.irrawaddy.org) und Mizzima (www.mizzima.com).

ÖFFNUNGSZEITEN

Geschäfte Montags bis samstags von 9.30 bis 18 Uhr oder später

Restaurants 8 bis 21 Uhr

MASSEINHEITEN

Benzin wird in Gallonen (1 Gallone = 3,8 l) verkauft und Entfernungen werden in Meilen (1 Meile = 6 km) angegeben.
1 birmanischer *viss* bzw. 100 *tical* = 1,6 kg; 1 *gaig* = 0,91 m

Staatliche Behörden (einschließlich Postämter und Telefoncenter) Montags bis freitags von 9.30 bis 16.30 Uhr

POST

Manchmal erreicht aus Myanmar verschickte Post ihr Ziel, manchmal aber auch nicht. Die internationalen Postgebühren sind jedoch spottbillig: Eine Postkarte kostet nur 500 K.

Theoretisch sind alle Postämter montags bis freitags von 9.30 bis 16.30 Uhr geöffnet, einige zuweilen aber kürzer.

In Yangon ist DHL (S. 524) ein verlässlicherer, aber teurer Service für größere Pakete.

RECHTSFRAGEN

Wer festgenommen wird, darf höchstwahrscheinlich die Botschaft in Myanmar kontaktieren, um mögliche Unterstützung zu erbitten.

Beim Kauf von Edelsteinen oder Schmuck in Geschäften, die keine staatliche Lizenz haben, besteht die Gefahr, dass die Zollbeamten diese Waren konfiszieren, wenn man das Land verlässt.

Öffentliche Versammlungen mit mehr als zwei Personen ohne vorherige Genehmigung durch die Behörden sind verboten. Drogenhandel wird mit der Todesstrafe geahndet.

REISEN MIT BEHINDERUNG

Dies ist ein kompliziertes Land für Reisende mit eingeschränkter Mobilität. Bürgersteige gibt's fast keine, von Rollstuhlrampen hat man hier scheinbar noch nie etwas gehört, außerdem sind öffentliche Verkehrsmittel überfüllt und selbst für Nichtbehinderte eine ziemlich komplizierte Sache.

SCHWULE & LESBEN

Homosexuelle, Transsexuelle und Transvestiten sind in Myanmar selten öffentlich zu sehen, außer als Geistmedien des „dritten Geschlechts", um die Energien der *nat*-Geister zu kanalisieren. Wie in anderen Ländern gilt Homosexualität als kulturelles Tabu, trotzdem sind die meisten ethnischen Gruppen des Landes für ihre Toleranz bekannt. Ist eine Einheimische mit einem ausländischen Mann unterwegs, ruft dies mehr Missbilligung hervor, als wenn sich zwei Traveller desselben Geschlechts ein Zimmer teilen. Zärtlichkeiten in der Öffentlichkeit sind grundsätzlich verpönt, das gilt sowohl für Homo- als auch für Heterosexuelle. Mehr über die Szene von Yangon erfährt man unter Utopia-Asia (www.utopia-asia.com).

STROM

Man kann seine Geräte an den Stromkreislauf (230 V, 50 Hz) anschließen, sofern er funktioniert. Anschlussdosen haben zwei oder drei Zinken oder sind flach. Viele Hotels verfügen über Generatoren (manche laufen nur nachts). In vielen kleinen Städten sind die Stromquellen nur nachts in Betrieb.

TELEFON

Inlandsgespräche

Auf den meisten Visitenkarten stehen extra mehrere Telefonnummern und oftmals noch eine Handynummer, weil die Leitungen manchmal tot sind und die Anrufe nicht durchkommen.

Überall in Myanmar gibt's Stände für Inlandsgespräche oder man telefoniert in einem Laden; manchmal steht auch nur ein Tisch mit einem oder zwei Telefonen auf der Straße. Ein Inlandsgespräch kostet ca. 100 K pro Minute.

Für Ferngespräche in Myanmar wählt man die Vorwahl (mit der „0") und die Nummer.

Auslandsgespräche

Im Ausland kann man mit einer birmanischen SIM-Karte oder per internationalem Roaming anrufen. Die Mobilfunkanbieter bieten teils je nach anzurufendem Land Tarife ab 200 K pro Minute.

Um vom Ausland aus in Myanmar anzurufen, wählt man den internationalen Zugangscode seines Landes, dann Myanmars Landesvorwahl, die ☎ 95, die Regionalvorwahl (ohne die „0") und die Nummer mit fünf oder sechs Ziffern.

Handys

Handynummern beginnen mit ☎ 09.

In Yangon und Mandalay kann man inzwischen problemlos und billig eine SIM-Karte kaufen, mit der man telefonieren und im Internet surfen kann. Die drei Mobilfunknetzbetreiber sind Ooredoo, Telenor und die staatliche MPT. Die SIM-Karten kosten ab 1500 K. Guthabenkarten für 1000, 3000 und 5000 K sind an vielen Straßenständen und in kleinen Supermärkten erhältlich.

Um eine birmanische SIM-Karte benutzen zu können, muss das Handy entsperrt sein.

In einigen ländlichen Gebieten hat man keinen Netzempfang.

TOILETTEN

In den meisten Provinzorten gibt's nur Hockklosetts, zumeist in einem Nebengebäude voller Spinnweben, das man über einen Trampelpfad hinter einem Restaurant erreicht. Pensionen und Hotels haben normalerweise Sitztoiletten mit Wasserspülung im westlichen Stil. Oft verfügen sie auch über Toilettenpapier, aber am besten hat man für den Notfall eigenes Papier dabei. Auf jeden Fall sollte man es wegen der Verstopfungsgefahr nicht mit hinunterspülen.

TOURISTENINFORMATION

Myanmar Travels & Tours, das zum Ministerium für Hotels & Tourismus gehört, ist die größte „Touristeninformation" und hat Büros in **Yangon** (S. 524), **Mandalay** (S. 549), **New Bagan** (MTT; Karte S. 558; ☎ 061-65040; ⏲ 8.30–16.30 Uhr) und am Inle-See. Außer in Yangon geht's in den Büros sehr ruhig zu und die Mitarbeiter haben oft nur beschränkte Kenntnisse über einige Gebiete.

Traveller, die einen Fahrer engagieren oder Hotels buchen wollen, können das über die privaten Reisebüros in Yangon und anderen großen Städten tun. Viele sogenannte Reisebüros außerhalb von Yangon verkaufen nur Flugtickets.

UNTERKUNFT

Die billigsten Bleiben sind sehr schlicht, was Folgendes bedeutet: Betonboden, zerquetschte Mücken an der Wand, ein Ventilator und ein Gemeinschaftsbad am Ende des Flurs; ein einfaches Frühstück ist inbegriffen. Für ein paar Dollar mehr gibt's warmes Wasser, ein eigenes Bad, eine Klimaanlage und manchmal einen Fernseher. Diese Extras sind jedoch nutzlos, wenn die Unterkunft keinen Generator hat, denn die Stromversorgung ist in ganz Myanmar sehr dürftig.

Viele Hotels und Pensionen geben ihre Preise in US-Dollars an, die meisten akzeptieren aber auch Kyat. Seit Ende 2015 gilt eine neue Bestimmung: Danach werden in der Zukunft viele Hotels und Pensionen wohl keine US-Dollars mehr annehmen. Die in diesem Führer genannten Preise entsprechen denen der Hochsaison (ca. Okt.–März). In der Nebensaison (April–Sept.) gibt es in der Regel Rabatte; wer plant, länger zu bleiben, sollte vorsichtig feilschen. Pass und Visum werden beim Einchecken verlangt, aber die Hotels müssen Ersteren nicht einbehalten.

Unterkünfte benötigen eine Genehmigung, um ausländische Gäste aufzunehmen, und meistens sind die billigsten Pensionen für Ausländer tabu. In abgelegenen Orten machen die Häuser ohne Lizenz aber schon mal eine Ausnahme und nehmen müde Reisende auf.

Preiskategorien

Die folgenden Preiskategorien beziehen sich auf ein Doppelzimmer. Die meisten Hotels haben unterschiedliche Preis für Ausländer und Einheimische.

**$** unter 64 000 K/50 US$

**$$** 64 000 bis 192 000 K/50 bis 150 US$ (in Yangon 64 000 bis 256 000 K/50 bis 200 US$)

**$$$** über 192 000 K/150 US$ (in Yangon über 256 000 K/200 US$)

VISA

Für die Einreise nach Myanmar braucht man ein Visum. Wer von zu Hause aus ein Touristenvisum (28 Tage gültig) beantragt, sollte den Antrag sicherheitshalber einen Monat bzw. allerspätestens drei Wochen vor der Abreise stellen.

VERANTWORTUNGSVOLLES REISEN

- Individuell oder in kleinen Gruppen reisen statt mit einem großen Veranstalter.
- Kleine, unabhängige Unternehmen sowie solche, die Programme für nachhaltigen und gemeinnützigen Tourismus anbieten, unterstützen.
- Die Ausgaben im Land verteilen, z. B. an jedem Ort andere Führer anheuern.
- Mit Einheimischen sprechen; dabei möglichst ihrer Gesprächsführung folgen.
- Vor Ort für wohltätige Zwecke spenden.
- Umweltfreundlich reisen, z. B. mit Bussen, Zügen und Booten fahren, anstatt zu fliegen; auf die Benutzung von Klimaanlagen verzichten.
- Sensibel und respektvoll auf örtliche Sitten und Gebräuche eingehen, sich z. B. beim Besuch religiöser Stätten und ländlicher Villen angemessen kleiden und benehmen.
- Sich informieren und über die Geschichte, Kultur und aktuelle Situation des Landes lesen.
- Die (englische) Seite Dos & Don'ts For Tourists (www.dosanddontsfortourists.com) besuchen.

Befindet man sich bereits auf Reisen, ist es normalerweise möglich, bei der Myanmarischen Botschaft in **Bangkok** (S. 860) kurzfristig ein Visum zu beantragen. Diese Dienstleistung kostet 1360 Baht für ein Visum am selben Tag und 1135 Bath für ein Visum am nächsten Tag.

E-Visa

Die Bürger von 100 Ländern können über die Website des myanmarischen Ministry of Immigration and Population (http://evisa.moip.gov.mm/index.aspx) ein Touristenvisum beantragen.

Der Preis dafür beträgt 50 US$. Nach der Bearbeitung des Antrags erhält man per E-Mail ein Bestätigungsschreiben. Dieses druckt man aus und legt es bei der Einreise am Flughafen vor – dann erhält man seinen Visumsstempel.

Mit einem E-Visum kann man nur an den internationalen Flughäfen Yangon, Mandalay und Nay Pyi Taw nach Myanmar einreisen. Jedoch kann man das Land an allen Landgrenzübergängen verlassen. Wer nach China weiterreisen möchte, benötigt allerdings eine Genehmigung.

Die Staatsangehörigen von 50 Ländern können übers Internet außerdem ein Geschäftsvisum beantragen, jedoch benötigt man dafür eine offizielle Einladung von einem Unternehmen und einen Nachweis der eigenen Firmen- oder Geschäftsregistrierung.

Anträge

Alle Visa sind ab dem Ausstellungsdatum drei Monate gültig. Die meisten Botschaften und Konsulate brauchen mindestens eine Woche, um den Antrag zu bearbeiten.

Anträge per Post sind normalerweise in Ordnung, aber am besten erkundigt man sich vorher in der nächstgelegenen Botschaft nach den Besonderheiten der Antragstellung.

Es gibt keinen Grund, auf dem Visaantrag einen anderen als den wahren Beruf anzugeben – außer vielleicht für Journalisten.

Visaverlängerung & Überziehungen

Bei Redaktionsschluss war es nicht möglich, ein Touristenvisum zu verlängern.

Einige Reisende verlängern ihren Aufenthalt einfach dadurch, dass sie über die Gültigkeit ihres Visums hinaus im Land bleiben. Das ist gewöhnlich kein Problem, solange man nicht mehrere Wochen zu lang bleibt. Bei der Ausreise aus Myanmar muss man dann am Flughafen oder am Grenzübergang eine Strafe von 3 US$ pro Tag sowie eine Registrierungsgebühr von 3 US$ zahlen. Dies ist auch in Kyat möglich.

Einige Hotels nehmen jedoch keine Gäste auf, deren Visum abgelaufen ist, und die Inlandsfluggesellschaften können sich ebenfalls weigern, einen mitzunehmen. Wenn das Visum abgelaufen ist, ist es klug, auf Landwegen zu reisen und in der Nähe von Yangon zu bleiben, da es vorgekommen ist, dass Touristen, die von den Behörden erwischt wurden, aufgefordert wurden, das Land sofort zu verlassen.

ZEIT

Myanmar liegt 5½ Stunden vor der Mitteleuropäischen Zeit (MEZ); während der Sommerzeit sind es 4½ Stunden. Wer von Thailand aus einreist, muss seine Uhr eine halbe Stunde zurückstellen, von Indien aus stellt man die Uhr eine Stunde vor.

ZOLLBESTIMMUNGEN

Ausländische Währung im Wert von mehr als 10 000 US$ muss bei der Einreise am Zoll deklariert werden. Echte Antiquitäten dürfen nicht exportiert werden.

An- & Weiterreise

FLUGZEUG

Internationale Flüge landen in Yangon (Rangun; RGN), Mandalay (MDL) und Nay Pyi Taw (NPT). Die gängigste Reiseroute führt über Bangkok, aber von anderen Metropolen der Region wie Singapur und Kuala Lumpur gibt's ebenfalls Direktflüge. Bei Budgetfluggesellschaften wie AirAsia und Nok Air gibt's oft günstige Tickets.

AUF DEM LANDWEG

Die Ausreise nach Thailand auf dem Landweg über die vier Grenzübergänge Tachileik, Myawaddy, Kauthaung und Hteke ist inzwischen problemlos möglich. Wer jedoch nach China weiterreisen möchte, benötigt eine Genehmigung und einen „Führer" und man muss das Ganze lange im Voraus planen.

Unterwegs vor Ort

Wenn man nicht gerade fliegt, erfordert das Reisen in Myanmar viel Zeit, oft sogar sehr viel. Weite Teile des Landes sind nicht erreichbar oder nur mit einer Genehmigung zugänglich. Dazu sollte man Folgendes wissen:

- Das Ausstellen von Genehmigungen dauert mindestens zwei Wochen. Am besten beantragt man sie einen Monat vorher.
- Man braucht die Hilfe eines erfahrenen Reisebüros.
- Die Regierung erhebt immer Gebühren, in der Regel über die staatliche Reiseagentur MTT, auch wenn man mit einem anderen Veranstalter zu tun hat.
- MTT bestimmt in der Regel auch, wie und mit wem man die entsprechende Gegend besucht.

Manchmal werden Gebiete, die man kurz zuvor noch bereisen durfte, als unzugänglich erklärt – so geht's in Myanmar eben zu.

AUTO & MOTORRAD

Es gibt keine internationalen Autovermietungen, doch die meisten Reisebüros in Yangon, Mandalay und Bagan – und an anderen Orten wie Pensionen und Hotels – können Autos und Fahrer arrangieren. Die Kosten betragen zwischen 80 und 100 US$ pro Tag.

Einige Einheimische vermieten Ausländern ungern Motorräder, Ausnahmen bilden einige Unternehmen in Orten wie Mandalay und Myitkyina. Sie verlangen pro Tag etwa 10 000 K.

BUS

Myanmars Busse sind fast immer schneller als Züge. Das Spektrum reicht von klimatisierten über weniger luxuriöse, aber annehmbare Fahrzeuge ohne Klimaanlage bis zu lokalen Bussen und kleinen 32-Sitzern.

Pannen sind an der Tagesordnung und die Straßen sind schlecht. Andererseits ist das Busfahren billig und es gibt recht häufige Verbindungen. Bei den regelmäßigen Essenspausen kommt man leicht mit Einheimischen in Kontakt.

Es ist empfehlenswert, Tickets im Voraus zu kaufen, damit man nicht auf einem Sack im Gang sitzen muss. In Minibussen sollte man die hintere Reihe meiden, denn auf den holprigen Straßen wird man hin- und hergeworfen. Auf Reisen durch die Berge oder bei klimatisierten Fahrten sollte man warme Kleidung griffbereit haben.

Tickets kann man in Kyat bezahlen. Ausländer müssen höhere Preise als Einheimische entrichten und manchmal wird der Betrag auch spontan festgesetzt.

FLUGZEUG

Reisebüros verkaufen Tickets etwas günstiger, daher lohnt es sich nicht, sie direkt bei den Fluggesellschaften zu kaufen, egal ob im Internet oder in deren Niederlassungen.

Manchmal ist es schwierig, ein Ticket für einen Abflug von einer anderen Stadt als der, in der man sich gerade aufhält, zu bekommen. Es gibt keine Abflugsteuer für Inlandsflüge.

Wichtige Inlandsfluglinien:

Air Bagan (www.airbagan.com)

Air KBZ (www.airkbz.com)

Air Mandalay (www.airmandalay.com)

Asian Wings Airways (www.asianwingsair.com)

Golden Myanmar Airlines (www.gmairlines.com)

Myanmar National Airlines (www.flymna.com)

Yangon Airways (www.yangonair.com)

NAHVERKEHR

In den meisten Orten sieht man Pferdekarren *(myint hlei)*, uralte Taxis und winzige Mazdas *(lei bein*, das bedeutet „vier Reifen" oder „blaues Taxi"). Auch Fahrradrikschas *(sai-kaa* – Pidginenglisch für „side-car" – „Beiwagen") dienen als öffentliche Verkehrsmittel. Im Text werden jeweils verhandelbare Beispielpreise genannt.

In größeren Städten wie Yangon, Mandalay, Pathein und Mawlamyine verkehren auf den Hauptstraßen zahlreiche billige Busse.

Fahrräder werden vielerorts für ab 1500 K pro Tag vermietet.

PICK-UP

Oft begegnet man Kleintransportern mit Sitzbänken (auch *kaa, lain-ka* – von „line-car" – oder *hi-lux* genannt). Sie starten, sobald sie voll sind, und halten häufig. Wer hinten Platz nimmt, zahlt weniger als im Bus. Für 50 % Aufpreis kann man vorne sitzen (nur wenig mehr Beinfreiheit). Die Fahrtzeiten sind sehr unregelmäßig.

SCHIFF/FÄHRE

Myanmar hat 8000 km schiffbare Flüsse. Langsame Boote gehören zu den Hauptverkehrsmitteln. Sie sind sogar in der Trockenzeit auf dem Ayeyarwady (Irrawaddy) vom Delta bis Bhamo sowie weiter nach Myitkyina unterwegs; in der Regenzeit fahren sie bis Myitkyina. Weitere wichtige Wasserstraßen sind der Twante-Kanal, der den Ayeyarwady mit Yangon verbindet, und der Chindwin, der etwas nördlich von Bagan in den Ayeyarwady fließt. Das staatliche Unternehmen Inland Water Transport (IWT; www.iwt.gov.mm) betreibt viele Fähren.

Bei Travellern erfreut sich die Strecke zwischen Mandalay und Bagan großer Beliebtheit. Mindestens zweimal wöchentlich verkehrt ein staatliches Boot, darüber hinaus gibt's während der Hauptsaison (Okt.–April) schnellere und komfortablere Privatboote. Fahrkarten verkaufen die Reisebüros.

ZUG

Myanmars Eisenbahnnetz wird vom Staat betrieben. Ausländer müssen Bahnfahrkarten jetzt nicht mehr in US-Dollar bezahlen, jedoch sind die Tickets für sie nach wie vor teurer als für Einheimische. Die Züge sind langsam und schmutzig und haben oft Verspätung, doch wie sagte es ein Einheimischer so schön: „Das Eisenbahnnetz ist nicht so schlecht, wie die Leute sagen, aber auch nicht so gut, wie man es sich erhofft."

Die Luxusklasse bietet Liegesitze und (zumindest theoretisch) Klimaanlage, während es in der ersten Klasse feste Rückenlehnen mit Polsterung und in der normalen Klasse Holzsitze gibt. Die Strecke zwischen Pyin U Lwin und Hsipaw führt durch die reizvollste Landschaft, vor allem rund um die Gokteik-Schlucht.

Tickets kaufen und Plätze reservieren kann man an den Bahnhöfen.

Expresszüge sind weitaus komfortabler als eine durchschnittliche birmanische Bahn. Plätze im Schlafwagen (so wird alles bezeichnet, was Liegesitze enthält, also auch manche Tageszüge) sollte man einige Tage im Voraus reservieren.

Osttimor (Timor-Leste)

☎670 / 1 167 242 EW.

Inhalt ➡

Überreste aus der Kolonialzeit

- ➡ Pousada de Baucau (S. 593)
- ➡ Balibo Fort Hotel (S. 594)
- ➡ Pousada de Maubisse (S. 596)
- ➡ Prisão do Apelo (S. 595)
- ➡ Escola do Reino de Venilale (S. 593)

Kultur erleben

- ➡ Widerstandsmuseum (S. 585)
- ➡ Balibo Flag House (S. 594)
- ➡ Friedhof von Santa Cruz (S. 585)
- ➡ Ausstellung Chega! (S. 585)
- ➡ Lospalos Cultural Centre (S. 595)

Auf nach Osttimor

In Asiens jüngstem Land haben alte Traditionen die Verwüstungen des Kriegs überdauert. Einblick in die düstere Geschichte Osttimors gewähren die Museen von Dili, doch jenseits der Hauptstadt locken kulturelle Begegnungen der besonderen Art: Wanderungen zu Höhlen im Dschungel, Streifzüge über nebelige Märkte in Bergdörfern oder eine Tasse lokaler Kaffee auf der Terrasse einer großartigen portugiesischen *pousada*. Die Suche nach dem perfekten Strand führt über teuflische Straßen, doch unterwegs wartet an den schroffen Klippen der Nordküste ein unbeschreiblicher Meerblick, und die intakten, unberührten Riffe an der Nordküste und der Insel Atauro sollte man durch die Schnorchelbrille gesehen haben. Wer noch tiefer abtauchen möchte, findet in Dili Tauchschulen, die in den letzten zehn Jahren Tauchspots von Weltklasse für sich entdeckt haben. In diesem faszinierenden Land fühlt man sich wie ein Pionier und entdeckt Orte und Dinge, die andere noch nicht kennen.

Reisezeit

Dili

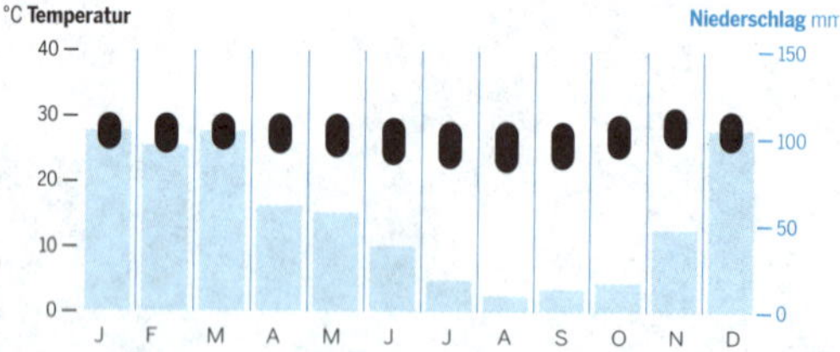

Mai–Nov. (Trockenzeit) Gutes Wetter, wenig Regen, es kann sehr staubig werden.

Sept.–Nov. Durch die Straße von Wetar schwimmen Tausende Wale. Beste Zeit für Walbeobachtung.

Dez.–April (Regenzeit) Bei schwerem Regen blüht die Natur auf. Einige Straßen sind unpassierbar.

Auf einen Blick

- **Geld** Internationale Geldautomaten sind außerhalb von Dili selten vorhanden. Bessere Hotels akzeptieren Kreditkarten.
- **Handy** Gute Netzabdeckung in Ballungsgebieten. SIM-Karten der Timor Telecom, Telkomsel und von Telemor funktionieren mit entsperrten Handys.
- **Sprachen** Portugiesisch und Tetum (offizielle Sprachen), Bahasa Indonesia und andere Lokalsprachen.
- **Visum** Wird bei der Ankunft am Flug- bzw. Seehafen von Dili ausgestellt (30 US$ für 30 Tage). Bei Einreise auf dem Landweg muss man sich vorab um ein Visum kümmern.
- **Währung** US-Dollar (US$). Beträge unter 1 US$ können mit osttimoresischen Centavos (cv) bezahlt werden.

REISEROUTEN

Eine Woche

Von Dili geht's mit Zwischenstopps an der Küste entlang nach Osten. Als Basis bietet sich Baucau an. Von Ossu aus wandert man nach Mundo Perdidu (Verlorene Welt) und übernachtet im Hotel Wailakurini am Flussufer. Nächstes Etappenziel ist Com, nach dem Mittagessen geht's nach Tutala. Von hier besteht am Folgetag Anbindung zur heiligen Jaco-Insel mit tollen Schnorchelstellen. Zurück in Dili durchkämmt man Museen und Märkte und gönnt sich dann einen Tag Erholung auf Atauro.

Ein Monat

Nach der ersten Woche geht's zum Tauchen zurück nach Dili. Im Anschluss steuert man Liquiçá mit seinem Luxus-Campingresort am Caimeo Beach an, und dann die indonesische Grenze, mit einem Stopp beim Maubara Fort. Nach einer Nacht im Balibo Fort Hotel (gegenüber vom Balibo Flag House) geht's gen Süden über Bobonaro nach Suai mit seinen hübschen Dörfern und dem tollen Strand, und dann gen Osten und via Ainaro oder Same nach Hatubuilico zur Besteigung des Mt. Ramelau. Auf dem Rückweg nach Dili nimmt man noch Maubisse mit.

Outdooraktivitäten

Tauchen & Schnorcheln Die Nordküste (besonders östlich von Dili) und die Insel Atauro bieten hervorragende Tauch- und Schnorchelbedingungen. In der Trockenzeit sind die Bedingungen zum Tauchen am besten, mit einer Sicht bis zu 30 m. Die heilige Insel Jaco ist ein Schnorchlerparadies.

Wandern Osttimor ist für Gelegenheitswanderer wie für Fortgeschrittene geeignet, mit zehntägigen Wanderungen von der Nord- zur Südküste. Beliebtes Ziel ist der Mt. Ramelau, der höchste Berg des Landes, und der Mt. Manucoco auf der Insel Atauro bietet eine Abwechslung vom Faulenzen am Strand. Der Mt. Matebian eignet sich für erfahrerene Wanderer. Informationen zu Wanderwegen gibt's unter www.trekkingeasttimor.org.

NICHT VERSÄUMEN

Die Delfin- und Walpopulationen an der Nordküste Osttimors gehören zu den größten der Welt; auf der Bootsfahrt zur Insel Arturo hat man gute Chancen, einen Walfisch zu erspähen.

Kurzinfos

Fläche 14 870 km²

Hauptstadt Dili

Notfall Polizei ☎ 333 1283 Feurwehr und Krankenwagen ☎ 115

Wechselkurse

Eurozone	1 €	1,12 US$
Singapur	1 S$	0,79 US$
Schweiz	1 SFr	1,04 US$

Preise

- **Bett im Schlafsaal** 12–15 US$
- **Mahlzeit in einem lokalen Restaurant** 3–12 US$
- **Tauchgang** 45–50 US$

Anreise

- **Nicolau Lobato International Airport** Taxifahrt ins Zentrum 10 US$ (10 Min.), *mikrolet* (lokaler Bus) an der Hauptstraße 0,25 US$.
- **Seehafen Dili** Im Stadtzentrum. Taxifahrten im Stadtgebiet 2 US$.

Highlights

1 Dem hektischen Dili auf der ruhigen bergigen **Insel Atauro** (S. 592) entfliehen.

2 Nach dem Aufstieg auf den mächtigen **Mt. Ramelau** (S. 596) ein *uma lulik* (geheiligtes Haus) in der Nähe des nebeligen Bergdorfs **Maubisse** (S. 596) besuchen.

3 Eine Pilgerreise nach **Balibó** (S. 594) machen, wo 1975 fünf australische Journalisten von indonesischen Soldaten getötet wurden.

4 Im puderfeinen weißen Sand der heiligen **Insel Jaco** (S. 595) entspannen, und sich beim Schnorcheln direkt vor der Küste verblüffen lassen.

5 An einem der besten **Tauchspots** (S. 588) Osttimors abtauchen, wie z. B. dem legendären K41.

6 In **Dilis** (S. 585) beeindruckendem Museum in die Geschichte eintauchen und dann mit einem Bier am Meer relaxen.

7 Im üppig bewaldeten **Ossu** (S. 593) in einem Bungalow am Fluss entspannen oder zum **Mt. Mundo Perdido** (Verlorenen Berg. S. 593) wandern.

DILI

252 884 EW.

Die Stadt erlebt gerade einen Aufschwung. Ausgebrannte Gebäude wurden durch prächtige neue Geschäfte, Restaurants und Wohnhäuser für Osttimors neue Elite und Zugewanderte (vorwiegend Mitarbeiter von NROs und Botschaften sowie Ingenieure) ersetzt. Aber die Kluft zwischen Arm und Reich ist unübersehbar. Hier fahren luxuriöse Autos mit Allradantrieb mit getönten Scheiben an arbeitslosen Männern vorbei, die nichts mit sich anzufangen wissen, als auf den Straßen zu sitzen.

Dili lässt einen Kraft für die Weiterreise tanken und ist ein guter Ausgangspunkt für Ausflüge. Die Stadt erstreckt sich vom Flughafen an der Küste bis zur Christo-Rei-Statue im Osten. Besonders lebhaft sind das Uferviertel und die Gegend ein oder zwei Blocks südlich davon. Traveller besuchen gern die Bars an der Avenida de Portugal (auch Beach Road genannt) und auch Areia Branca ist zunehmend angesagt.

Sehenswertes

★ Widerstandsmuseum MUSEUM

(☎ 333 1159; www.amrtimor.org; Rua de Cidade de Lisboa; 1 US$; ⏲ Di–Sa 9–16.30 Uhr) Das hervorragende Museum erinnert an Osttimors 24-jährigen Kampf gegen die Indonesische Besatzung. Eine Zeitleiste, Fotos und Videoaufnahmen veranschaulichen die Geschichte des Widerstands von Falintil. Darüber hinaus sind Waffen und Kommunikationsmittel zu sehen, die während des Unabhängigkeitskampfs verwendet wurden. Im letzten Raum ist eine Sammlung typischer historischer Textilien, gewebter Matten und Keramik aus verschiedenen Distrikten ausgestellt.

Ausstellung Chega! MUSEUM

(☎ 331 0315; www.cavr-timorleste.org; Estrada de Balide; ⏲ Mo–Fr 9–12 & 14–17 Uhr) GRATIS In den Gebäuden und Zellen eines ehemaligen Gefängnisses aus der portugiesischen Zeit, in dem einst Hunderte Widerstandskämpfer von der indonesischen Armee gefangen gehalten wurden, vermittelt diese Ausstellung (*chega* heißt auf Portugiesisch „Stopp" oder „nicht weiter") ein Bild von den furchtbaren Zuständen in dem berüchtigten Gefängnis. Der von außen unscheinbare Ausstellungsraum ist schwer zu finden. Taxifahrern sollte man die Adresse des CAVR (Osttimors Komission für Wahrnehmung, Wahrheit und Versöhnung) angeben und an dem Gebäude durch das Tor gehen.

Unbedingt anschauen sollte man sich die ergreifenden Fotos in der Bibliothek und die „Dunkelzellen", die zum Gedenken an die unzähligen Menschenrechtsverletzungen an diesem Ort erhalten wurden.

Cristo Rei STATUE

(Jesus-Statue) 7 km östlich der Stadt thront am Kap Fatucama die Cristo-Rei-Statue. Morgens und abends treiben hier viele Einwohner Sport. Der Blick vom Kap über türkisfarbene Buchten und grüne Berge ist atemberaubend. Beim Aufstieg zur Statue auf dem gut markierten Weg (590 Stufen) sollte man hinter der letzten der 14 Grotten nach einem kleinen Pfad Ausschau halten, der zu einem meist menschenleeren Strand hinabführt, dem **Jesus Backside Beach**. Eine Taxifahrt zur Statue kostet von der Stadt aus etwa 7 US$; die Rückfahrt gestaltet sich allerdings häufig schwierig; am besten bittet man den Taxifahrer zu warten.

Der Weg zur Cristo-Statue führt am beliebten Areia-Branca-Strand mit zahlreichen Restaurants vorbei, wo man perfekt den Sonnenuntergang beobachten kann.

Friedhof von Santa Cruz FRIEDHOF

(Rua de Santa Cruz) Am 12. November 1991 eröffneten indonesische Soldaten auf diesem Friedhof das Feuer auf Menschen, die an einer friedlichen Gedenkveranstaltung teilnahmen. Genaue Zahlen sind nicht bekannt, aber Experten schätzen, dass über 250 Zivilisten (vorwiegend Studenten) ums Leben kamen, viele davon, nachdem sie vom Militär verschleppt worden waren. Der britische Journalist Max Stahl filmte den blutigen Angriff; sein Bildmaterial bildete die Basis für die international ausgestrahlte Dokumentation *In Cold Blood*. Das Massaker wird als Wendepunkt im Unabhängigkeitskrieg des Landes betrachtet.

Kulturzentrum Xanana MUSEUM

(☎ 331 2890; Rua Belarmino Lobo; ⏲ Mo–Sa 9.15–17.30 Uhr) GRATIS Dieses Haus beherbergt Memorabilien von Xanana Gusmão und eine Fotoausstellung. Im Hauptgebäude aus der Kolonialzeit befindet sich außerdem eine Einrichtung, die am ehesten die Funktion einer Touristeninformation erfüllt. Eine Bibliothek und ein Café mit kostenlosem Internet warten im Hinterhof. Zu sehen sind auch Kunstwerke, darunter Gemälde von Xanana Gusmão aus der Zeit seiner Haft in Jakarta.

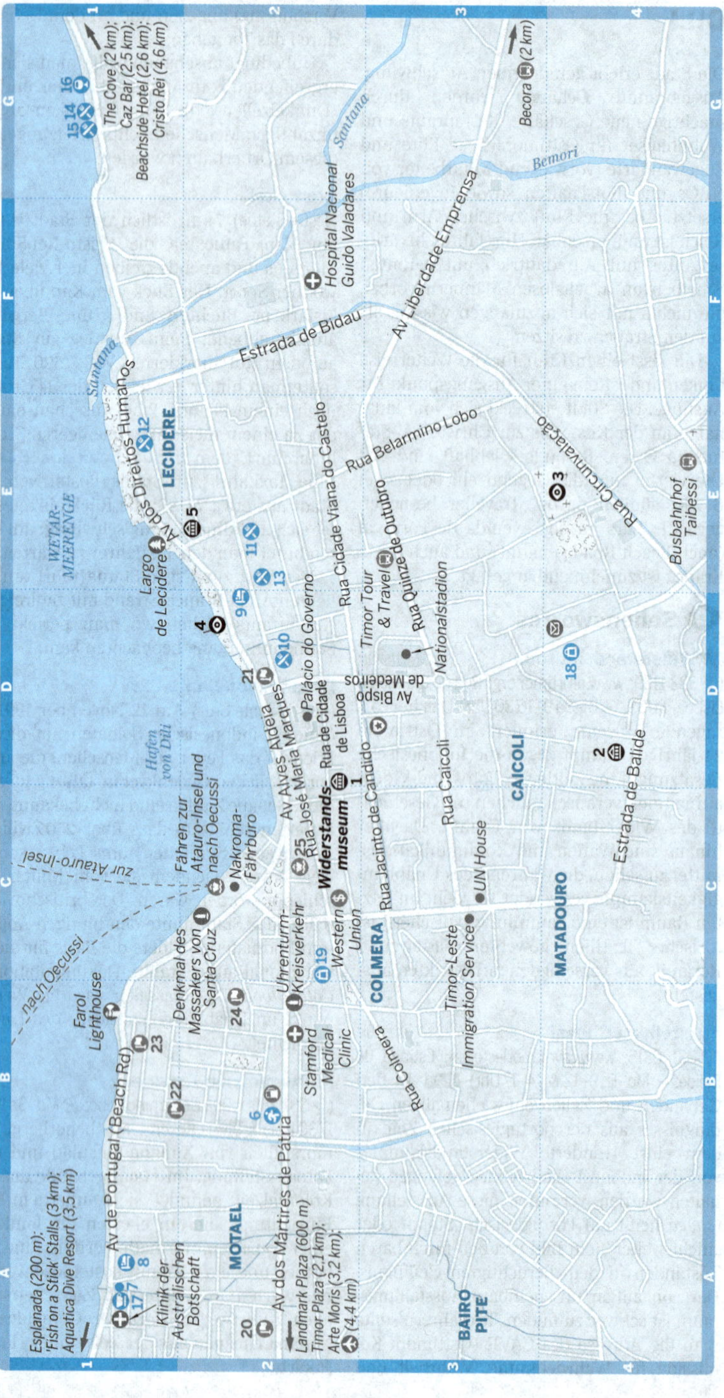
Dili
Esplanada (200 m); 'Fish on a Stick' Stalls (3 km); Aquatica Dive Resort (3,5 km)
The Cove (2 km); Caz Bar (2,5 km); Beachside Hotel (2,6 km); Cristo Rei (4,6 km)
Landmark Plaza (600 m)
Timor Plaza (2,1 km)
Arte Moris (3,2 km)
(4,4 km)
Becora (2 km)
WETAR-MEERENGE
Hafen von Dili
zur Atauro-Insel
nach Oecussi
Santana
Bemori
Av de Portugal (Beach Rd)
Av dos Mártires de Pátria
Av dos Direitos Humanos
Av Alves Aldeia
Rua José Maria Marques
Rua de Cidade de Lisboa
Rua Cidade Viana do Castelo
Rua Belarmino Lobo
Rua Quinze de Outubro
Av Liberdade Emprensa
Estrada de Bidau
Rua Jacinto de Candido
Av Bispo de Medeiros
Rua Caicoli
Rua Colmera
Estrada de Balide
Rua Circunvalação
MOTAEL
COLMERA
CAICOLI
MATADOURO
LECIDERE
BAIRO PITE
Klinik der Australischen Botschaft
Farol Lighthouse
Denkmal des Massakers von Santa Cruz
Fähren zur Atauro-Insel und nach Oecussi
Nakroma-Fährbüro
Uhrenturm-Kreisverkehr
Stamford Medical Clinic
Western Union
Widerstands-museum
Palácio do Governo
Largo de Lecidere
Timor Tour & Travel
Nationalstadion
UN House
Timor-Leste Immigration Service
Hospital Nacional Guido Valadares
Busbahnhof Taibessi
1 2 3 4 5 6 8 9 10 11 12 13 14 15 16 17 18 19 20 21 22 23 24 25
A B C D E F G
0 1 km

Dili

Highlight
1 Widerstandsmuseum D2

Sehenswertes
2 Ausstellung Chega! D4
3 Friedhof von Santa Cruz E4
4 Hafenviertel D2
5 Kulturzentrum Xanana E2

Aktivitäten, Kurse & Touren
6 Compass Charters B2
Dive Timor Lorosae .... (siehe 8)
7 Timor Adventures A1

Schlafen
Dili Beach Hotel .... (siehe 7)
8 Dive Timor Lorosae Guest House & Apartments A1
9 Rocella D2

Essen
Castaway Bar .... (siehe 8)
10 Coffee Nook D2
11 Diya E2
12 Lita-Supermarkt E1
13 Starco E2
14 Victoria Restaurante G1
15 Windmill G1

Ausgehen & Nachtleben
16 Di Za G1
17 Letefoho Specialty Coffee Roaster A1

Shoppen
18 Alola Foundation D4
19 Tais-Markt C2

Praktisches
20 Australische Botschaft A2
21 Französische Repräsentanz D2
22 Indonesische Botschaft B1
23 Irische Repräsentanz B1
24 Neuseeländische Botschaft B2

Transport
Compass Charters .... (siehe 6)
25 Dragon Star Shipping C2

Hafenviertel HAFENVIERTEL

An Dilis Hafen gegenüber dem großen **Palácio do Governo** (Regierungspalast) lässt sich gut das Alltagsleben beobachten – von Kindern, die mit halbplatten Bällen Fußball spielen, bis zu Bootsleuten, die den Wetterbericht lesen. Es erstreckt sich wie ein Bumerang über mehrere Kilometer, von einer Promenade und dem Lita-Supermarkt im Osten über den Hafen Dili bis zum **Farol-Leuchtturm** im Westen. Noch weiter westlich säumen repräsentative Botschaftsgebäude eine weitere Promendade, und Bars von Zuwanderern bieten einen herrlichen Blick auf den Sonnenuntergang.

Arte Moris GALERIE

(Av dos Mártires de Pátria, Comoro; Mo–Sa 9–18 Uhr) GRATIS Auf dem Gelände von Dilis überkuppeltem Museum der indonesischen Ära befindet sich dieser ziemlich skurille Kunstraum. Neben fremdartigen Skulpturen im Freien bietet er im Erdgeschoss eine Sammlung zeitgenössischer Kunst, die von Holzschnitzereien bis zu Malereien aus Spray-Farbe auf gewebten Tüchern (*tais*) reicht. Die Anlage liegt im Westen der Comoro-Brücke vor der Abzweigung zum Flughafen.

Aktivitäten

Das der Nordküste von Osttimor vorgelagerte Riff begeistert mit vielen außergewöhnlichen **Tauch- und Schnochelmöglichkeiten**. Viele Stellen, darunter auch das legendäre K41, 41 km östlich von Dili, können zu Fuß vom Strand aus erreicht werden. Einige spektakuläre Unterwasserklippen sind nur 10 m vom Ufer entfernt.

Alle hier genannten Tauchschulen bieten die gesamte Palette der PADI-Tauchkurse und organisieren auch Schnorcheltouren.

Aquatica Dive Resort TAUCHEN

(7803 8885; www.aquaticadiveresort.com; Aldeia Metin, Comoro) Bei dem professionellen australisch geführten Tauchanbieter erhält man eine moderne Ausrüstung, ein komfortables Auto für Tauchausflüge über die holprigen Straßen zur Nordküste und eins der besseren Tauchboote in Dili. Tauchgänge in der Umgebung kosten 50 US$, Küstentouren mit zwei Tauchgängen 120 US$ und Ausflüge zur Insel Atauro mit zwei Tauchgängen 170 US$. Hinter dem Ocean View Beach Hotel, direkt östlich des Flusses Comoro.

Dive Timor Lorosae TAUCHEN

(7723 7092; www.divetimor.com; Av de Portugal) Die alteingesessene Tauchschule unter der Castaway Bar bietet Tauchgänge an der Küste (45 US$), zweitägige Tauchausflüge zu Spots entlang der Nordküste (110 US$) und zweitägige Touren zu Tauchplätzen rund um die Insel Atauro (165 US$) an. Außerdem hat sie ein eigenes Übungsbecken.

DIE GABELSCHWANZSEEKÜHE OSTTIMORS

Osttimor liegt im Korallendreieck und gehört zu den besten unerschlossenen Tauchgebieten in Südostasien. Wenige Meter vor der Küste liegen unberührte Riffe voller kleiner bunter Meerestiere; manchmal schwimmen Schildkröten oder Riffhaie vorbei. Auf jeden Fall sollte man hier nach Gabelschwanzseekühen Ausschau halten. Es gibt zwar keine Garantie, tatsächlich welche zu sehen, aber Taucher und Schnorchler sind ihnen an verschiedenen Stellen an der Küste östlich von Dili begegnet, z. B. im Secret Garden, und am Muck-Tauch-Hotspot (mit matschigem Grund) Tasi Tolu, direkt im Westen des Flughafens von Dili. Natürlich muss man Glück haben, aber wenn man um die Mittagszeit in Tasi Tolu schnorchelt, hat man eine gute Chance eine Gabelschwanzseekuh (*dugong*) zu sehen, die den Kosenamen Douglas trägt und das Seegras vor der Küste am Mittag zu mögen scheint. Die örtlichen Tauchanbieter geben Tipps, wohin man seine GoPro richten soll.

Compass Charters TAUCHEN
(☎7723 0965; www.compassadventuretours.com; Av dos Mártires de Pátria) Ist auf mehrtägige Ausflüge zu den spektakulären Tauchplätzen an der Nordküste der Insel Atauro spezialisiert (250 US$ für zwei Übernachtungen im eigenen Adara Beach Camp, plus 35 US$ pro Tauchgang). Tagestouren mit zwei Tauchgängen vor der Insel Atauro kosten ab 180 US$. Ermöglicht auch das Tauchen vor Ort und entlang der Küste. Direkt neben Tiger Fuel.

Geführte Touren

Der Vorteil einer geführten Tour: Die meisten Ziele liegen außerhalb von Dili und die Teilnehmer werden an Orte gebracht, die mit öffentlichen Verkehrsmitteln schwer zu erreichen sind. Zudem überbrücken Fremdenführer die Sprachbarriere.

★ **Eco Discovery** TOUREN
(☎332 2454; www.ecodiscovery-easttimor.com; Landmark Plaza, Av dos Mártires de Pátria; ⌚9–17 Uhr) Auf den maßgeschneidreten Touren dieses lokalen Veranstalters bekommt man Ecken von Osttimor zu sehen, die selbst die meisten Einheimischen nicht kennen. Seine Guides/Fahrer zählen zu den besten des Landes, was bei den schlechten Straßen auch sehr wichtig ist.

Timor Adventures TOUREN
(☎7726 1059; www.timoradventures.com.au; Dili Beach Hotel, Av de Portugal) Der renommierte australisch geführte Anbieter hat sich auf Motorrad- und Jeeptouren in Osttimor spezialisiert und ist ein wenig teurer als Eco Discovery.

Feste & Events

Tour de Timor RADFAHREN
(www.tourdetimorlorosae.com; Registrierung 600 US$; ⌚Sept.) Mehrere hundert kühne Radfahrer nehmen an diesem fünftägigen Rennen auf Osttimors krassen Straßen teil. Man kann sie entweder anfeuern oder selbst teilnehmen.

Dili Marathon LAUFEN
(⌚Mai) Laufen ist in Osttimor sehr populär und die Einheimischen hoffen, dass dieser beliebte Voll- (42 km) und Halbmarathon (21 km) wieder stattfindet, nachdem er in den vergangenen Jahren ein paar Mal ausgefallen ist. Im Juli wird zu Wohltätigkeitszwecken der First Lady's Cup (10 km) veranstaltet.

Schlafen

Günstige Betten sind in Dili rar – umso mehr, seitdem Anfang 2016 das East Timor Backpackers geschlossen hat. Allerdings plante der Besitzer bei Redaktionsschluss, die Wiedereröffnung an einem neuen Standort. Obwohl die vielen UN-Mitarbeiter schon lange nicht mehr im Land sind, bleiben die Preise völlig unverhältnismäßig. In vielen Unterkünften kann man aber verhandeln.

The Cove HOSTEL $
(☎7725 1289; www.dtceasttimor.com; Meituit; B 15 US$;) Das neue Hostels südlich vom Areia Branca hat enttäuschend kleine und gesichtslose Schlafsäle für vier oder sechs Personen. Alternativ gibt's mit modernem Komfort ausgestattete Doppelzimmer (65–85 US$).

Rocella HOTEL $$
(☎7723 7993; Rua Presidente Nicolau Lobato 18; DZ mit Frühstück 45 US$;) In dieser Preisklasse wird man in Dili kaum etwas besseres finden als diese gemütlichen und sauberen Zimmer. Außerdem gibt's im Erdgeschoss einen schönen, schattigen Bar- und Abendessenbereich (Hauptgerichte im protugiesischen Stil ca. 7 US$). Kostenloser Wäscheservice.

Dive Timor Lorosae Guest House & Apartments GÄSTEHAUS $$
(☎ 7723 7092; www.divetimor.com; Av de Portugal; EZ 30 US$, DZ 60–100 US$;) Zimmer mit Gemeinschaftsbad sowie eine Gemeinschaftsküche und -lounge sorgen in diesem gut ausgestattete Gästehaus für Gemeinschaftsgefühl. Um den Pool liegen stilvolle Apartments, die eine günstige Übernachtungsmöglichkeit für kleinere Gruppen sind. Das Frühstück ist nicht im Preis inbegriffen, aber z.B. vor dem Tauchen kann man sich oben in der Castaway Bar stärken.

Dili Beach Hotel HOTEL $$
(☎ 331 0493; www.dilibeachhotel.com; Av de Portugal; mit Frühstück DZ 45–90 US$;) Die Zimmer sind etwas dunkel, doch der Pool ist ein Pluspunkt und das Restaurant im Obergeschoss bietet eine große Auswahl an einfachen Gerichten (7–14 US$). Es gibt kostenlose Waschmaschinen und einen guten Secondhand-Buchladen (auch Tausch) an der Rezeption.

Beachside Hotel HOTEL $$
(☎ 7754 9681; www.beachsidehoteldili.com; Areia Branca; DZ ab 85 US$;) Gegenüber vom Strand Areia Branca liegt eins von Dilis besten Hotels in der Preiskategorie unter 100 US$ pro Nacht. Die geschmackvoll eingerichteten Zimmer haben Küchenzeilen und die teureren bieten Strandblick. Zum Hotel gehört ein tolles Café (7.30–19 Uhr). Für Gruppen von 2–9 Personen gilt der „Backpacker-Tarif" von 30 US$ pro Person.

Essen

Die meisten Restaurants von Dili konzentrieren sich an der Avenida de Portugal (Beach Road) und der Rua Presidente Nicolau Lobato. In Metiaut, ca. 2 km östlich des Zentrums Richtung Cristo Rei, gibt's ebenfalls einige Restaurants.

Starco INDONESISCH, CHINESISCH $
(Rua Presidente Nicolau Lobato; Gerichte 3–5 US$; 11–14 & 17–21 Uhr) Entweder man sucht sich eins der vorgekochten Gerichte aus oder bestellt von der kurzen Speisekarte ein schnelles und leckeres Indochinesisches Gericht. Neben dem Plaza Hotel.

Fish on a Stick-Stände STRASSENSTÄNDE $
(Bebonuk Beach; Spieße 0,25–4 US$; Abendessen) Ab etwa 16 Uhr zieht Rauch aus den ca. 300 m westlich vom Pertamina aufgereihten Strandhütten mit blauen Dächern auf, denn hier werden auf offenem Feuer Spieße mit Hühnchen, Fisch und Meeresfrüchten gegrillt. Für europäische Mägen sind sie möglicherweise nicht geeignet, aber auch Zuschauen ist interessant. Vor dem Fotografieren um Erlaubnis bitten.

Coffee Nook BÄCKEREI, CAFÉ $
(Rua Presidente Nicolau Lobato; Gourmet-Fleischpastete 4,50 US$; Mo–Sa 8.30–18 Uhr) Dilis Version eines Bäckerei-Cafés in australischem Stil bietet gute getoastete Sandwiches, aufgewärmte importierte Pies, Gebäck, Smoothies und frischen Maubere-Mountain-Kaffee. In der Arkade des Central Hotel.

Lita-Supermarket SUPERMARKT $
(Av dos Direitos Humanos; 9–20 Uhr) Hier bekommt man eine große Vielfalt an Lebensmitteln und Haushaltswaren. Gegenüber findet ein Obst- und Gemüsemarkt statt. Ideal um sich vor Ausflügen mit Proviant zu versorgen.

★ **Castaway Bar** INTERNATIONAL $$
(Av de Portugal; Hauptgerichte 6–16 US$; 6–24 Uhr) In diesem zweistöckigen Lokal mit Meerblick genießen die vielen Gäste australische Hausmannskost (Calamares mit Salz und Pfeffer, hausgemachte Pasteten) sowie Steaks, Pizza und asiatische Gerichte. Auf der Tafel stehen die Tagesgerichte für mittags und abends. Wenn eine Liveband spielt, ist freitags und samstags bis 1 Uhr geöffnet.

Windmill CHINESISCH $$
(Av Marginal, Metiaut; Hauptgerichte 6–22 US$; 11–22.30 Uhr) Auswanderer sagen, das große neuere Restaurant an der Strandpromenade von Metiaut serviere die beste chinesische Küche von Dili. Nebenan im einfachen **Victoria Restaurante** (Av Marginal, Metiaut;

VERWÖHNPROGRAMM

Das Hotel Timor hat historisches Flair und das Novo Turismo ist funkelnagelneu, aber unser Favorit, um in Dili Geld zu verprassen, ist das **Esplanada** (☎ 331 3088; www.hotelesplanada.com; Av de Portugal; DZ mit Frühstück 115 US$;). Es hat eine großartige Lage mit Meerblick an der Av de Portugal und ein gutes Bar-Restaurant, in dem man den Blick hervorragend genießen kann. In der modernen Anlage umgeben zweistöckige Blocks den Pool im Schatten von Palmen. Ein perfekter Ort, um nach Ausflügen in die Distrikte zu entspannen.

Fisch mit Beilagen ca. 15 US$ pro Pers.) bekommt man gute lokale Fisch- und Meeresfrüchtegerichte vom Grill.

Diya INTERNATIONAL $$$
(☎ 331 1111; www.discoveryinntimorleste.com; Rua Presidente Nicolau Lobato; Hauptgerichte 12–22 US$; ⏲ Mo–Sa 11.30–22.30, So 5.30–22.30 Uhr; ❄✎) Die lange Speisekarte von Osttimors hippstem Restaurant reicht von hausgemachten Ravioli bis zu gegrillem Hühnchen mit Wasabipüree und bietet auch einige gute vegetarische Gerichte nach indischer Art. Es liegt hinter dem Discovery Inn, das eine nette Bar hat.

Ausgehen & Nachtleben

★ Letefoho Specialty Coffee Roaster KAFFEE
(Av de Portugal; ⏲ Mo–Fr 7–19, Sa & So 9–17 Uhr) Im Gebäude des Hotel Royal Beach verwandeln die superfreundlichen, australisch ausgebildeten Baristas von Osttimors erstem Kaffee-Spezialitäten-Shop hausgeröstete einheimische Kaffeebohnen in perfekte Milchkaffees, Lattes, Eislattes etc.

★ Di Za BAR
(☎ 7808 9877; Av Marginal, Metiaut; ⏲ Di–So 10–24 Uhr) Wer den einzigartigen Blick auf den Sonnenuntergang über dem Hafen bei einem Maracuja-Mojito (6 US$) genießen möchte, muss Dilis Expats die besten Plätze in dieser schönen balinesischen Bar abjagen. Das Essen im portugiesischen Stil ist gut, aber teuer. Am Wochenende reservieren.

Caz Bar BAR
(Areia Branca; ⏲ Mo–Fr 7–21, Sa & So bis 22 Uhr) Diese angesagte Bar ist der beliebteste Schuppen unter den Strandkneipen östlich der Stadt. Am besten lehnt man sich in den Stühlen im Sand entspannt zurück und genießt das Beach-Flair. Bei Sonnenuntergang hat man die Wahl zwischen einem kühlen Bier und einer frischen Kokosnuss. Die Küche ist bei Backpackern beliebt, vor allem der Pfannkuchen.

Shoppen

Alola Foundation KUNSTHANDWERK
(www.alolafoundation.org; Av Bispo de Medeiros; ⏲ Mo–Fr 8.45–17.30, Sa 10–15 Uhr) Verkauft *tais* (typische traditionelle Webstoffe aus Osttimor), Skulpturen und Seifen aus ganz Osttimor. Mit den Einnahmen finanziert die Stiftung ihre Projekte für einheimische Frauen und Kinder.

Tais Market KUNSTHANDWERK
(Rua Sebastião da Costa; ⏲ variieren) Die Webstoffe der je nach Region verschiedenen *tais*, die man auf diesem täglichen Markt kaufen kann, sind auch von unterschiedlicher Qualität. Gut handeln!

Praktische Informationen

In Dili gibt's keine offizielle Touristeninformation, aber praktische Informationsquellen sind die Tourismus-Websites www.turismo.gov.tl und www.visiteasttimor.com.

GEFAHREN & ÄRGERNISSE

Es kann jederzeit zu gewalttätigen Ausschreitungen kommen, deshalb sollte man einen Bogen um potenzielle Gefahrenherde machen! Auch Diebstahl ist ein Problem. Nach Einbruch der Dunkelheit wirkt die Stadt wie ausgestorben, dann muss man besondere Vorsicht walten lassen.

GELD

ANZ (☎ 330 6100; www.anz.com/timorleste; Timor Plaza, Comoro; ⏲ Mo–Fr 8–17 Uhr) An diesem Geldautomaten kann man US-Dollars ziehen. Weitere Automaten befinden sich am Flughafen, bei Tiger Fuel und vor dem Hotel Dili.

Western Union (☎ 332 1586; wunionet@yahoo.com.au; Rua José Maria Marques; ⏲ Mo–Fr 9–16.30, Sa 9–12 Uhr) Internationale Geldtransfers.

INTERNETZUGANG

Kostenloses Internet gibt's im Kulturzentrum Xanana. Wer länger in Osttimor bleibt oder herumreist, kann bei einem der drei Internetanbieter einen USB-Dongle mit 3 GB (25–65 US$) erwerben. Für eine 650-MB-Datenmenge zahlt man ca. 10 US$.

Timor Telecom (☎ 330 3357; www.timortelecom.tp; Hotel Timor; ⏲ Mo–Fr 8–18, Sa 9–15 Uhr) Osttimors größter Telefon- und Internetprovider bietet in den meisten Regionen die beste Netzabdeckung. Am praktischsten ist in der Regel das Büro im Hotel Timor; die Zweigstellen an der Timor Plaza und an Dilis Flughafen sind sonntags geöffnet.

Telemor (☎ 7551 1555; www.telmor.tl; Landmark Plaza; ⏲ 8–20 Uhr)

Telkomsel (☎ 7373 7373; www.telkomcel.tl; Timor Plaza; ⏲ 9–19 Uhr)

MEDIZINISCHE VERSORGUNG

Die medizinische Versorgung in Osttimor ist eingeschränkt. In Notfällen kann der Transport nach Australien oder Singapur erforderlich werden. In den Botschaften gibt's mehr Infos zu anderen Möglichkeiten.

Australian Embassy Clinic (☎ 331 1555; Av de Portugal; ⏲ Mo–Fr, unterschiedliche Öffnungszeiten) Um hier behandelt zu werden, muss man kein Australier sein. Die Klinik liegt in dem Wohngebiet Australian Residential Compound und abgerechnet wird je nach Behandlung.

Hospital Nacional Guido Valadares (☎ 331 1008; Bidau) In diesem Krankenhaus östlich der Estrada de Bidau, das früher Dili Hospital hieß, unterstützen Freiwillige aus der westlichen Welt die einheimischen Angestellten.

Stamford Medical Clinic (☎ Notfälle 7772 1111, 331 0141; Av dos Mártires de Pátria; ⌚ Mo–Fr 9–18 Uhr; Sa 9–1 Uhr) Notfälle nimmt diese makellose westliche Klinik auch außerhalb der Öffnungszeiten auf.

POST

Hauptpost (Av Bispo de Medeiros; ⌚ Mo–Sa 9–12, Mo–Fr auch 14–17 Uhr) Der einzige Ort in Dili, wo man Mails empfangen und versenden kann (neben DHL auf der Colmera Plaza) liegt gegenüber der Alola Foundation.

An- & Weiterreise

Das **Nakroma-Fährbüro** (☎ 331 7264; Av de Portugal; ⌚ 8.30–17.30 Uhr) befindet sich in dem großen Gebäude am Hafen. Wenn der Fährbetrieb läuft (manchmal wird er aufgrund von Wartungsarbeiten unterbrochen), legen montags und donnerstags um 17 Uhr Fähren nach Oecussi (12 Std., 8 US$) ab. Zurück geht's dienstags und freitags. Während unseres Besuchs hatte der neue Anbieter **Dragon Star Shipping** (☎ 7302 2288, 7302 2266) gerade seinen Schnellfährenservice (4½ Std.) nach Oecussi (Touristenklasse 45 US$, Mo–Sa um 8 Uhr) begonnen und das **Beloi Beach Hotel** (S. 592) einen eigenen Fährdienst nach Oecussi angekündigt. Das Nakroma und das Beloi Beach Hotel betreiben gemeinsam mit **Compass Charters** (☎ 7723 0965; www.compassadventuretours.com; Av dos Mártires de Pátria) Fähren zur Insel Atauro und wahrscheinlich wird Dragon Star Shipping mit einer eigenen Fähre nachziehen.

An Dilis Busbahnhöfen, die eher überdachte Unterstände sind, starten Taxis und *mikrolet* (Minibusse). Morgens sind mehr Busse unterwegs.

Der Busbahnhof Tasitolu dient als Ausgangspunkt für Reisen in den Westen des Landes (Ermera, Maliana und Liquiçá).

Richtung Osten (Baucau, Lospalos, Viqueque) fahren die Busse am Busbahnhof Becorca, ca. 1,5 km östlich des Bemori-Flusses ab. Am Busbahnhof Taibessi, neben dem Taibessi-Markt, halten Busse auf dem Weg nach Maubisse, Same und Suai.

Unterwegs vor Ort

Mikrolet (0,25 US$) verkehren ausschließlich bei Tageslicht und bedienen stets dieselben Strecken. Sie halten in kurzen Abständen und kommen dadurch nur sehr langsam voran. Schneller erreicht man sein Ziel mit dem Taxi.

Bei Nacht sind Mietwagen nützlich, ansonsten kommt man besser zu Fuß oder per Taxi voran.

In Dili gibt's unzählige alte gelbe Taxis (ohne Kilometerzähler). Wenn man vor der Abfahrt über den Preis verhandelt, zahlt man meist etwa 2 US$.

Wer einen guten Fahrer findet, sollte sich dessen Handynummer geben lassen: Vielleicht erklärt er sich bereit, einen auch nachts herumzukutschieren – auf den Straßen sind ab 21 Uhr normalerweise keine Taxis mehr unterwegs.

EINREISE NACH INDONESIEN: VON DILI NACH KUPANG

Anreise zur Grenze Täglich fahren direkte Minibusse von Dili nach Kupang (23 US$, 12 Std.), die man bei **Timor Tour & Travel** (☎ 7723 5093, Büro in Kupang +62 8123 794 199; Rua Quinze de Outubro 17) buchen kann. **Paradise Tour & Travel** (☎ 728 6673, Büro in Kupang +62 813 3916 1593; Av Presidente Nicolau Lobato) bietet denselben Dienst nach Westtimor. Die Busse starten jeden Morgen und müssen mehrere Tage im Voraus gebucht werden.

Etwas günstiger, aber umständlicher ist die Fahrt mit einem Regionalbus nach Batugade (5 US$). Man passiert die beiden Grenzkontrollen zu Fuß und fährt anschließend mit öffentlichen Verkehrsmitteln weiter (3 US$ bis Atambua, dann 7 US$ bis Kupang; 8 Std.) Man sollte früh aufbrechen und sich auf lange Wartezeiten beim Umsteigen einstellen.

An der Grenze Zur Einreise nach Westtimor braucht man ein Visum, das man sich bei der indonesischen Botschaft in Dili ausstellen lassen kann. Es gelten die regulären Öffnungszeiten.

Weiterreise Um nach Oecussi weiterzureisen braucht man ein Visum für mehrere Grenzübergänge in Osttimor.

Informationen zur Grenzüberquerung in umgekehrter Richtung siehe S. 177.

INSEL ATAURO

Im Vergleich zum hektischen Dili wirkt die Insel Atauro herrlich einsam. Sie liegt 30 km von Dili in einem Meeresabschnitt, der teilweise bis zu 3 km tief ist. Daher nutzten die portugiesischen und indonesischen Regierungen das Eiland früher als Gefängnis. Von Atauros Sandstränden gelangt man zu riesigen Korallenriffen, und rund um die Insel kann man prima schnorcheln. Wanderwege führen durch traditionelle Dörfer, Savannen und Reste tropischer Regenwälder.

Aktivitäten

Da es auf Atauro noch keine Tauchveranstalter gibt, bieten Dilis Tauchgeschäfte Unterwassertouren zu den farbenfrohen Korallenriffen der Insel an. Gästehäuser und einheimische Fischer können ab 10 US$ pro Boot Transfers zum Schnorcheln an den äußeren Riffen organisieren, oder man schnorchelt in den Riffs direkt an der Küste.

Wer durch das hügelige Inselinnere wandert, erreicht den unberührten weißen Sandstrand von **Adara** (3–4 Std.), der einige der besten Schnorchelmöglichkeiten der Insel bietet. Barry's Place und das Beloi Beach Hotel können ein Mittagessen und ein Fischerboot (ab 80 US$ pro Boot) für die Rückfahrt nach **Beloi** organisieren. Beide Gästehäuser vermitteln auch Bootstouren zu dem herrlichen Strand von **Akrema** (60 US$ pro Boot). Man kann auch zum höchsten Gipfel der Insel wandern, dem **Mt. Manucoco** (995 m, ca. 3 Std. ab **Vila**).

Schlafen

Manukoko-Rek Guesthouse GÄSTEHAUS $
(☎7748 7301; Zi. pro Pers. inkl. Frühstück 15 US$) Gegenüber vom Puppenatelier Bonecas de Atauro in Vila bietet dieses Gästehaus schlichte saubere Zimmer im Bungalow-Stil und das einzige italienische Restaurant der Insel (hausgemachte Gnocchi 12–15 US$). Für die 6 km lange Fahrt vom Fähranleger kann man ein Motorrad oder einen Lkw per Handzeichen heranwinken (2 US$).

★**Beloi Beach Hotel** GÄSTEHAUS $$
(☎7558 3421; www.beloibeachhoteltimorleste.com; Beloi; Zi. pro Person inkl. Mahlzeiten, mit/ohne Bootstransfers 160/80 US$; ❄📶👪) 🍃 Diese hübsch möblierte neue Unterkunft auf einem Hügel direkt hinter dem Strand von Belois ist ein perfekter Rückzugsort von Dili aus und wahrscheinlich das beste Gästehaus ganz Osttimors. Von der herrlichen Terrasse hat man tollen Meerblick, die Bio-Küche ist schmackhaft, außerdem bietet der in Dili geborene Besitzer Neyl jede Menge Aktivitäten an und mixt fantastische Cocktails.

Als einziges Gästehaus der Insel hat es ein eigenes Boot. Zudem wartet es mit einer Massage-Hütte und einem Kinderspielbereich auf. Als wir dort waren, wurde gerade ein Pool gebaut. Kinder unter 5 Jahren übernachten gratis, und unter 14-Jährige bekommen Rabatt.

Barry's Place BUNGALOWS $$
(☎7723 6084; www.barrys-place-atauro.com; Beloi Beach; Zelt inkl. Mahlzeiten 30 US$ pro Pers., Zi. 45 US$) 🍃 Ein origineller Hideaway sind diese sonnendurchfluteten strohgedeckten Bungalows mit eigenen Hängematten direkt im Norden des Fähranlegers von Beloi auf Atauro. Der Besitzer Barry setzt sich sehr dafür ein, dass der Tourismus das Inselleben nicht beeinträchtigt. Im Voraus reservieren.

An- & Weiterreise

Compass Charters (S. 591) und **Beloi Beach Hotel** (S. 592) betreiben tägliche Wassertaxis zur Insel Atauro (einfache Fahrt 45 US$, 90/60 Min.). Die Boote fahren etwa um 8 Uhr am Strand vor dem gelben Gebäude der Europäischen Kommission ab.

Die **Nakroma-Fähre** (S. 591) macht sich immer samstags um 9 Uhr vom Hafen in Dili auf den Weg nach Atauro und fährt um 15 Uhr zurück (2 Std. pro Strecke). Ausländer zahlen 5 US$ pro Fahrt.

ÖSTLICH VON DILI

Am besten erkundet man die limonengrünen Reisfelder, Mangrovenwälder und idyllischen Strände dieser Region per Mietwagen, ansonsten ist man auf die unglaublich langsamen öffentlichen Verkehrsmittel angewiesen. Direkt vor der Küste gibt's ein paar hervorragende Tauchmöglichkeiten. Etwa 19 km östlich von Manatuto steht die wohl schönste Kirche Osttimors – die 1933 erbaute rosafarbene Kirche von Laleia.

Baucau

124 061 EW.

Das märchenhafte Baucau thront 123 km östlich von Dili an einem steilen Hügel und besteht aus zwei großen Stadtbereichen: der Altstadt mit Meerblick und Relikten aus der portugiesischen Ära und der von den Indonesiern erbauten, farblosen Neustadt (Kata Baru), 2 km hügelaufwärts. Von der *pousa-*

da führt eine Straße durch eine grüne Schlucht bergab in das von Palmen gesäumte Küstendorf Osolata.

Sehenswertes

Altstadt STADTVIERTEL
Die Kolonialgebäude in Baucaus Altstadt sind besser erhalten als in anderen Orten. Kürzlich wurde der große, kanariengelbe städtische Markt (*mercado municipal*) renoviert, ist aber jetzt ein Regierungsgebäude mit Büros und kann nur noch von außen bewundert werden. Der Markt wurde an die Straße verlagert. Ein Besuch lohnt in der *pousada,* deren malerischer Swimmingpool (Eintritt 0,50 US$) von einer natürlichen Quelle gespeist wird.

Schlafen & Essen

Melita Guesthouse GÄSTEHAUS $
(☎7725 0267; menobruno@yahoo.com; Rua Vao Redi Bahu, Altstadt; EZ/DZ Ventilator 20/30 US$; ❄) Mit sauberen Zimmern, freundlichem Personal und einer riesigen Terrasse ist das Melita eins der besten Budgetquartiere in Baucau. Wer hier einchecken möchte, biegt am Kreisverkehr bei der Pousada de Baucau links ab. Ein Zimmer mit Klimaanlage kostet 5 US$ Aufpreis pro Nacht und ein gutes Frühstück 2,50 US$ mehr. Oft von Schulklassen und Entwicklungshelfern ausgebucht.

Baucau Beach Bungalow BUNGALOWS $
(☎7739 7467; Osolata; Zi. mit Frühstück 15 US$ pro Pers.) Entweder entscheidet man sich für einen einfachen, strohgedeckten Bungalow (Platz für bis zu 5 Pers.) oder für eines der drei Zimmer in dem Haus im indonesischen Stil (mit Gemeinschaftsküche und Aufenthaltsraum) unten am Strand. Für 8 US$ gibt's frischen Fisch. Wer nicht mit eigenem Fahrzeug unterwegs ist, muss in Baucau für ein paar Dollar ein *mikrolet* mieten, um den 6 km langen Weg hierher zurückzulegen.

Pousada de Baucau HOTEL $$
(☎7724 1111; www.pousadadebaucau.com; Rua de Catedral, Altstadt; EZ/DZ mit Frühstück US$70/75; ❄) Trotz seiner unheimlichen Vergangenheit als Folterkammer während der indonesischen Besatzungszeit gilt das große, lachsfarbene Gebäude als eines der schönsten Hotels in Osttimor. Die Zimmer sind mit *tais*-Bettdecken, Holzfußböden und antiken Möbeln ausgestattet. Als wir hier waren, wurde hinter dem Hauptgebäude gerade ein großer Trakt mit neuen Zimmern errichtet. Das Restaurant serviert gute portugiesische Gerichte (ab 6 US$).

★**Restaurante Amalia** PORTUGIESISCH $
(☎7723 8983; Altstadt; Hauptgerichte 4–7 US$; ⌚12–22 Uhr) Kurz vor dem *mercado* und etwas abseits der Hauptstraße versteckt sich dieses Lokal, dessen freundliche Angestellte herzhafte portugiesische Küche (z. B. Kaffee-Rindfleich) servieren. Von der schattigen Außenterrasse blickt man entspannt aufs Meer, oder man bewundert drinnen den herrlich geschmückten Altar.

Praktische Informationen

An der Verbindungsstraße zwischen beiden Teilen der Stadt bietet Timor Telecom Internetzugang (9–17 Uhr, 1 US$ pro Std.), und nebenan kann man Geld wechseln.

An- & Weiterreise

Täglich verkehren zahlreiche Busse zwischen Dili und Baucau (123 km; 5 US$, 4 Std.). Es gibt auch Verbindungen über Venilale nach Viqueque (3 US$, 3 Std.) und Lospalos (5 US$, 4 Std.).

Südlich von Baucau

Im hügeligen Hinterland von Baucau versteckten sich Mitglieder der Fretilin während der indonesischen Besatzung.

Nach 28 km auf einer Buckelpiste erreicht man die vor sich hin bröckelnden kolonialen Gebäude von Venilale. Das Städtchen schmiegt sich zwischen den Berg Matebian im Osten und den Berg Mundo Perdido (Verlorene Welt; 1775 m) im Westen. Etwa auf halber Strecke sieht man die Höhlen, die japanische Soldaten im Zweiten Weltkrieg in den Hügel gegraben haben. Das blaue Gebäude am Ortseingang von Venilale beherbergt ein Touristeninformationszentrum. Anschauen sollte man sich die 1933 erbaute Escola do Reino de Venilale, eins der schönsten Überbleibsel des Landes aus der Kolonialzeit.

Eine immer schlechter werdende Straße führt 16 km weiter ins nebelige Dorf **Ossu**. Nach weiteren 9 km gen Süden geht's scharf nach links zum ausgeschilderten **Hotel Wailakurini** (☎7832 6687; hotelcomunitaria wailakurini@gmail.com; Loi Hunu; DZ mit Frühstück 40 US$). Das nette Gästehaus thront auf einem malerischen Hügel in der Nähe eines Flusses (ideal zum Schwimmen, außer bei Hochwasser). Es serviert köstliche Gerichte (7 US$) und die Mitarbeiter können Guides zu im Regenwald versteckten Höhlen der Fretilin vermitteln. Die 10 US$ extra für eine Übernachtung in den fantastischen traditionellen Holzbungalows lohnen sich!

Vorbei an Wasserfällen und weißen Klippen am Straßenrand gelangt man nach weiteren 20 Minuten in das weitläufige **Viqueque**. In der Neustadt findet ein Markt statt, außerdem kann man dort zahlreiche indonesische Denkmäler bewundern. Für eine Übernachtung empfehlen wir das noch recht neue **Borala Guesthouse** (☎7701 0281; Zi. mit Frühstück 35 US$) hinter der Tankstelle oder das **Luminar Guesthouse** (☎7727 6422; Zi. mit Frühstück ab 15 US$). Essen kann man zudem auch gut im **Finlos Restaurant & Guesthouse** (☎7725 2827; Zi. mit Frühstück 15 US$).

Busse und *mikrolet* verkehren täglich von Viqueque nach Baucau (2 US$, 2 Std.) und Dili (8 US$, 3 Std.).

Südöstlich von Baucau

Im Süden der Stadt Baucau erhebt sich der **Mt. Matebian** (2315 m). Der Christusstatue auf seiner Spitze verdankt er seinen Namen „Berg der Toten". Er gilt als heilig und zieht an Allerseelen (2. Nov.) mehrere Tausend Pilger an. Nach 19 km erreicht man über die Straße östlich von Baucau das friedliche **Laga**. Hinter der hellblauen Dorfkirche führt eine Abzweigung in den entspannte Bergort **Baguia** (38 km), die beste Ausgangsbasis, um den Mt. Matebian zu erklimmen. Zum Übernachten empfehlen wir die **Vila Rabilai** (☎7737 6137; Zi. ab 10 US$). Dort werden Mahlzeiten angeboten und Guides für den anstrengenden Aufstieg auf den Berg (hin und zurück jeweils 6 Std.) vermittelt. Im Ort gibt es ein verlassenes Fort aus dem Jahr 1915, und 2 km vor Baguia sind die Ruinen der Schule aus der portugiesischen Zeit zu sehen.

Quelicai ist eine alternative Basis für Wanderer, allerdings war es während unseres Besuchs hier zu einem Erdrutsch gekommen, und deshalb musste das Matebian Guesthouse geschlossen werden. Der Besitzer hofft auf eine Wiedereröffnung, sobald die Besucherzahlen wieder steigen, also sollte man sich über die aktuelle Situation informieren.

Östlich von Baucau

Com

In Com endet die Straße. Der kleine Ort lebt von der Fischerei und vom Tourismus. Hier kann man gut schnorcheln und es gibt einen schönen langen Strand. Bei Ebbe sieht man Schweine auf der Suche nach Krustentieren am Strand umherschnüffeln.

Von Lospalos fahren täglich *angguna* nach Com (2 US$, 1½ Std.).

Schlafen & Essen

Einfache Gästehäuser säumen Coms einzige Straße, die parallel zum Strand verläuft. Alle bieten einfache, aber leckere Mahlzeiten (am besten vorbestellen).

Kati Guesthouse GÄSTEHAUS $$
(☎7732 4294; DZ 20–25 US$) Coms wohl beste Budgetunterkunft ist dieses hell gestrichene Gästehaus im *uma lulik*-Stil direkt am Strand. Die zehn kleinen Zimmer haben Gemeinschaftsbäder und ein einfaches Frühstück kostet 3 US$ extra.

NICHT VERSÄUMEN

BALIBÓ

Landeinwärts von Batugade liegt in den Bergen die Stadt Balibo. Hier wurden im Oktober 1975 fünf australische Journalisten von indonesischen Soldaten getötet. Die australische Flagge, die sie malten, um sich zu schützen, ist im **Balibo Flag House** (www.balibohouse.com; ⌚ Mo–Sa 8–12 & 14–17, So 10–12 & 14–17 Uhr) GRATIS, ausgestellt, das heute als Gemeindezentrum und Gedenkstätte fungiert. Ein DVD-Player spielt auf Knopfdruck Greg Shackletons letzte, ergreifende Sendung ab. Der australische Film *Balibo* (2009) basiert auf den tragischen Ereignissen.

Auf dem Hügel gegenüber thronen ein restauriertes portugiesisches Fort aus dem 18. Jh. und das 2015 eröffnete hervorragende **Balibo Fort Hotel** (☎7709 1555; www.baliboforthotel.com; gegnüber vom Balibo Flag House; DZ/2BZ mit Frühstück 85/95 US$; ❄📶) 🍃. Seine acht großen, geschmackvoll möblierten Zimmer liegen am Weg zu der restaurierten *pousada* aus dem 18. Jh. Die Küche ist fantastisch. Vor der Abreise sollte man in der herrlichen Gartenbar einen Cocktail trinken und den wunderschönen Meerblick genießen.

Com Beach Resort HOTEL $$
(☎7728 3311; Camping 8 US$; Zi. 25–130 US$; ❄📶) Seit das muschelgeschmückte Resort vor ein paar Jahren den Besitzer gewechselt hat, ist es nicht mehr so beliebt wie früher. Die Zimmer sind zwar in die Jahre gekommen, aber komfortabel, die billigsten sind allerdings nicht größer als Zellen. Hier gibt es auch ein ganz gutes **Restaurant** (Hauptgerichte 8–12 US$; ⏰7–10, 12–14, 18.30–21.30 Uhr), das auch für Nichtgäste geöffnet ist.

Tutuala & Jaco

Auf der 50 km langen Strecke von Lautem nach Tutuala fährt man am glitzernden Ira-Lalaro-See sowie an mehreren Fataluku-Pfahlhäusern vorbei und durchquert den Nino-Konis-Santana-Nationalpark. Die Straße endet an einem Steilufer im Dorf Tutuala, wo man von der renovierten portugiesischen **Pousada** (☎7724 9880; Zi. mit Frühstück 35–55 US$) eine umwerfende Aussicht aufs Meer genießt. Nur mit einem Allradfahrzeug kommt man den steilen 8 km langen Pfad hinunter nach **Walu**, einem malerischen felsigen Strand. Hinter dem Abhang biegt man links ab und gelangt direkt zu den strohgedeckten Hütten des gemeinschaftlich geführten **Walu Sere** (☎7724 0647; Camping eigenes/gemietetes Zelt 5/10 US$, Zi. 20 US$) 🍃. Beim Einschlafen kann man den Wellen lauschen, und beim Erwachen erblickt man die wunderschöne unbewohnte Insel Jaco, die vor der Küste im türkisfarbenen Meer funkelt. Das Bauen und Übernachten ist auf der als heilig verehrten Insel verboten, aber Fischer setzen für 10 US$ über. Das Wasser ist glasklar und im Korallenriff kann man wunderbar schnorcheln.

Die Angestellten im Walu Sere organisieren darüber hinaus geführte Touren zu den nahen, für ihre Malereien bekannten Höhlen.

Ein *mikrolet* verkehrt täglich von Lospalos nach Tutuala (3 US$, 3 Std.), man kann aber auch in Com einen Kleinbus für etwa 20 US$ chartern, muss dann allerdings die letzten 8 km zum Strand hinunterlaufen.

Lospalos

In Lospalos leben viele Angehörige des Fataluku-Volks. Am interessantesten sind der Markt, die Höhlen und die Fataluku-Häuser. Die beste Budgetunterkunft ist die **Residencia Madre ADM** (7728 2967; B/EZ/DZ mit Frühstück 10/25/40 US$), etwa 3 km vom Zentrum entfernt. Von Fuiloro aus liegt sie an der Abzweigung nach links, hinter dem hervorragenden indonesischen **Restaurant** (Nasi Goreng 1,75 US$), das von den katholischen Nonnen der Residencia geführt wird.

Das Kulturzentrum Lospalos Cultural (☎7799 7661; www.manyhands.org.au) im Stadtzentrum beim alten Markt eröffnete 2014. Es hat eine Galerie und auf Nachfrage können Kulturvorführungen organisiert werden. Zwischen Lospalos und Baucau verkehren Busse und *mikrolet* (5 US$, 4 Std.).

WESTLICH VON DILI

Fast vier Stunden in westlicher Richtung von Dili verläuft die Grenze zum indonesischen Westtimor. Der Weg dorthin führt an der Küste entlang durch kleine Dörfer, die für verschiedene Produkte bekannt sind.

Ein paar Kilometer vor **Liquiçá** an der Küste liegen die malerischen Ruinen des **Prisão do Apelo** aus der portugiesischen Kolonialzeit. Liquiçá (34 km von Dili) prägen einige große alte Gebäude. Die Kirche des Orts war Schauplatz des schlimmsten Massakers des Jahres 1999. Direkt im Westen der Stadt ist **Caimeo Beach Camping** (☎7798 8305; www.caimeobeach.com; Zelt 30–65 US$) das beste Quartier. Die luxuriösen Zelte am Strand warten mit Betten, Ventilatoren, Licht und Duschen auf. Im dazugehörigen Black Rock Restaurant (Mahlzeiten 4,50–18,50 US$, 8–20 Uhr) bekommt man leckeres Essen und kann auf den Liegen entspannen.

Im Strandort **Maubara**, 49 km von Dili, gibt's in dem renovierten holländischen **Fort** aus dem 17. Jh. ein portugiesisches Restaurant (Hauptgerichte 4–7 US$, Mo–Fr 9.30–16.30 Uhr, Sa & So bis 17.30 Uhr) und einen Kunsthandwerksmarkt. Von Dili aus nehmen *mikrolet* Kurs auf beide Dörfer (1–2 US$, 1 Std.). Busse aus Dili passieren auch die kleine Grenzstadt **Batugade** (113 km von der Hauptstadt entfernt).

26 km landeinwärts von Balibó erstrecken sich die Reisfelder von **Maliana**. Übernachten kann man in dem sauberen und modernen **Câmara Eclesiástica** (☎7803 9630, 7737 7489; EZ/DZ mit Frühstück 30/40 US$), das zu dem Seminar gehört, und zum Essen empfehlen wir das Restaurante Maliana, gegenüber vom Markt. Von Maliana geht's Richtung Osten nach **Marobo**, wo Schilder auf die *bee manas* (heiße Quellen) verweisen. Für den steilen Weg bergab (6 km) braucht man ein Fahrzeug mit Allradantrieb. Das Wasser der heißen Quellen des ehemaligen

portugiesischen Bergorts ergießt sich in ein altes Becken inmitten von Aquädukten. Der Blick ist einmalig.

Eine offizielle Unterkunft gibt's hier (noch) nicht, aber Eco Discovery (S. 588) in Dili kann Privatunterkünfte bei Familien vermitteln, deren Mitglieder Wanderungen durch die traditionellen Bergdörfer begleiten, die ihre Vorfahren einst bewohnten. Ohne Erlaubnis und ohne Guide haben Wanderer in dem als heilig verehrten Dorf keinen Zutritt.

Weiter geht's nach **Suai** (in der Regenzeit können die Straßen teuflisch sein), von wo aus man eine Rundtour nach **Suai** und **Maubisse** machen kann.

SÜDLICH VON DILI

Von kahlen, kurvenreichen Bergpässen bis zu Regenwäldern, in deren Schatten Kaffeebohnen wachsen, zeigt die Region südlich von Dili, wie vielfältig dieses Land ist. Bevor man den Bergort Maubisse besucht, kann man sich in **Aileu** ganz der wunderschönen Atmosphäre hingeben.

Maubisse

HÖHE 1400 M

Ein Highlight jeder Osttimor-Reise ist es, morgens im kühlen Maubisse zu erwachen und zu beobachten, wie der Nebel aufsteigt und langsam das Dorf freigibt.

Jeden Morgen fahren Busse von Dili nach Maubisse (5 US$, ca. 3 Std.).

Schlafen & Essen

★ **Hakmatek Cooperative** GÄSTEHAUS $

(☎7771 4410; turismo_etico@yahoo.com; 2BZ 20 US$ pro Pers.) An diesem überraschenden Ort in Tartehi, direkt südlich von Maubisse, kann man zwischen drei Strohhütten mit grandiosem Blick wählen. Eine geführte Tour zum *uma lulik* (geheiligtes Haus) auf dem Hügel dahinter, wo einige Dorfbewohner noch traditionell leben, darf man sich nicht entgehen lassen. Ein Frühstücksei kostet 2,50 US$ extra. Die Erlöse kommen der örtlichen Gemeinde zugute, die die Kooperative betreibt.

Café Maubisse GÄSTEHAUS $

(☎7727 4756; 20 US$ pro Pers.) Das einfache Gästehaus gegenüber der großen Kirche von Maubisse hat inzwischen praktischerweise ein Restaurant.

Pousada de Maubisse HOTEL $$

(☎7734 5321; Zi. So–Do 20 US$, Fr & Sa 56 US$) Einst war die historische *pousada* auf einem Hügel der Gouverneurssitz. Sie hat ein herrliches Gelände mit schönem Ausblick und bietet gute Küche (Hauptgerichte 7 US$), aber die Zimmer müssen dringend renoviert werden.

Luciano Bar & Restaurant TIMORESISCH, INTERNATIONAL $

(☎7839 8948; www.santanatimorleste.com; Sandwich 3,50 US$, Büfett für 4 Pers. ab 95 US$; ⏲mittags & abends) Das organisch-biologische Restaurant, Teil einer neuen „grünen Schule" für die örtliche Jugend, ist die beste neue gastronomische Adresse der Gegend (vorher telefonisch reservieren). Als wir hier waren, wurde zudem gerade ein Öko-Resort gebaut.

Hatubuilico & Mt. Ramelau

Wilde Rosen wachsen am Straßenrand und muntere Gebirgsbächlein plätschern durch das Dörfchen Hatubuilico am Fuße des Ramelau (2963 m). Traveller können sich in einem der acht Zimmer der **Pousada Alecrim Namrau** (☎7730 4366; Rua Gruta Ramelau Hun 1; Zi pro Pers. mit Frühstück 15 US$) einquartieren und auf Wunsch sorgt das Personal für Mahlzeiten. Der Dorfvorsteher höchstpersönlich führt diese hübsche und einzigartig dekorierte Pension, außerdem organisiert er Bergtouren (ab 10 US$ pro Pers.). Die meisten Traveller brechen früh am Morgen auf, um pünktlich zum Sonnenaufgang den Gipfel zu erreichen.

Der Aufstieg vom Dorf zur Statue der Jungfrau Maria auf dem Ramelau dauert bis zu drei Stunden. Wer das zu anstrengend findet, kann alternativ mit einem Allradwagen 2,5 km bis zu einer Bergwiese hinauffahren. Von dort sind es nur noch zwei Stunden zur Spitze. Der breite Pfad weist jede Menge Hufspuren auf; man kann sich nicht verlaufen, aber wer trotzdem einen Guide engagiert, unterstützt die Gemeinde. Auf einem in 2700 m Höhe gelegenen Plateau begrüßt den Wanderer eine Open-Air-Kirche. Vom Gipfel sieht man sowohl die Süd- als auch die Nordküste. Man sollte warme Kleidung mitnehmen, denn auf dem Gipfel ist es kühl (durchschnittlich 5 °C).

Von Maubisse aus befindet sich der Abzweig nach Hatubuilico bei der 81-Kilometer-Markierung; man erreicht den Ort nach etwa 18 km (im eigenen Fahrzeug ca. 2 Std.). Wenn die Straße befahrbar ist, pendeln mittwochs und samstags *anggunas* (Transporter) zwischen Maubisse und Hatubuilico (3 Std.). Der Preis hängt von der Anzahl der Passagiere ab und beträgt im Durchschnitt etwa 4 US$.

Same & Betano

Das hübsche Same (Sar-mai) liegt etwa 43 km südlich von Maubisse in einem malerischen Tal. Im Ortszentrum befinden sich ein toller **Kunstgewerbemarkt** und einige gute Unterkünfte.

Wer einmal hier ist, sollte auch die 45-minütige *mikrolet*-Fahrt zum ruhigen, schwarzen Sandstrand von Betano (27 km) unternehmen. Von dort kann man in der Trockenzeit über schmale Wege durch Mangrovenwälder mit Krokodilen bis nach Viqueque fahren (mind. 5 Std. mit Allradantrieb). *Mikrolet* verkehren regelmäßig zwischen Maubisse und Same (5 US$, 3 Std.) sowie zwischen Same und Betano (1,50 US$, 45 Min.)

Schlafen

Hotel Umaliurai GÄSTEHAUS **$$**
(☎ 7725 3849; bmonagh@yahoo.com; Zi. mit Frühstück, EZ 35–60 US$, DZ 50–75 US$; ❄ ≋) Das Hotel Umaliurai hat die wohl besten Betten in Same und Umgebung. In den Zimmern warten außerdem Teakmöbel, Klimaanlagen, Kabel-TV und Kühlschränke. Es gibt köstliche Gerichte (6–12 US$) und der Waschservice ist im Preis inbegriffen.

Suai

Suai, die wichtigste Stadt an der Südküste, erstreckt sich 5 km landeinwärts und ist ein unübersichtliches Gewirr aus mehreren Dörfern. Die Hauptgemeinde Debos wird von einer kürzlich renovierten Kathedrale dominiert, von deren Balkon im September 1999 indonesische Soldaten mehrere Einheimische in den Tod stießen. Schauplatz eines furchtbaren Massakers an 200 Einheimischen, darunter drei Pfarrern, war auch die inzwischen abgerissene Kirche der Fatima; heute erinnert hier ein Denkmal an den „Schwarzen September".

Am Meer fühlt man sich in dem traditionellen Fischerdorf Suai Loro noch Welten entfernt von der Ölversorgungsanlage, die einige Kilometer östlich gebaut wird.

Angguna pendeln zwischen Suai und Maubisse über Ainaro mit seiner farbenfrohen Kirche oder nach Same (4 US$, mind. 5 Std.). Es ist auch möglich, über Maliana anzureisen.

Schlafen & Essen

Fronteria Guesthouse GÄSTEHAUS **$$**
(EZ/DZ mit Frühstück 25/35 US$) Für sparsame Traveller ist das äußerst schlichte Gästehaus in Ordung. Es befindet sich hügelabwärts hinter der Kirche Unsere Jungfrau Fatima in Debos.

Eastern Dragon CHINESISCH **$**
(☎ 223 0047; easterndragondet@yahoo.com; Hauptgerichte 4–6 US$; ⊙ 10–14 & 18–22 Uhr) An der Hauptstraße nach Suai (in der Nähe der Tankstelle) liegt dieses chinesische Restaurant, das beste der Gegend. Es gehört zu dem gleichnamigen, charakterlosen und teuren, aber komfortablen Hotel (EZ/DZ mit Frühstück 52/65 US$), das auch über einen kleinen Supermarkt verfügt.

OECUSSI

64 025 EW. / FLÄCHE 814 KM2

Die abgelegene Enklave Oecussi ist von allen Seiten vom indonesischen Westtimor umgeben und nicht einfach zu erreichen, aber inzwischen gibt's eine neue Schnellfähre. Wer die Reise antritt, wird mit langen Stränden, Riffen und absoluter Ruhe und Isolation belohnt. Das könnte sich jedoch bald ändern, da die Zentralregierung eine wirtschaftliche Erschließung von Oecussi beschlossen hat. Diskutiert wird über ein von Macau aus betriebenes Kasino und ein Hotel.

Pantemakassar, auch Oecussi-Stadt genannt, ist ein flacher, weitläufiger Ort, in dem praktisch nichts passiert. Im Ozean tummeln sich Gabelschwanzseekühe und das steil abfallende Korallenriff 20 m vom Strand eignet sich wunderbar zum **Schnorcheln**, auch wenn man auf Krokodile Acht geben muss. Nur 1,5 km weiter südlich kann man bis zu den allmählich immer schneller verschwindenden Resten der alten portugiesischen Festung **Fatusuba** klettern. Ursprünglich hatten sich die Portugiesen im 5 km westlich der Stadt gelegenen **Lifau** angesiedelt, wo noch heute ein felsenübersätes Denkmal an ihre Ankunft erinnert. Der schönste Strand beginnt 2 km östlich der Stadt bei **Pantai Mahata**, das an einem tollen Kap aus roten Felsen endet.

Im **Rao Hotel & Restaurant** (☎7755 6255; Zi. 20–45 US$; ❄) sind die neueren Zimmer sauber und mit allem Notwendigen ausgestattet. Im Voraus buchen. Komfortabel ist das **Oecussi Amasat** (☎7732 9755; oe-cusseamasat@hotmail.com; Zi. mit Frühstück ab 55 US$), eine Privatunterkunft eines Australiers und seiner Frau in Oecussi.

Die Anreise von/nach Dili ist einfacher geworden, seit es die Dragon Star Shipping **Schnellfähre** (☎7302 2288, 7302 2266; eine Strecke Touristenklasse 45 US$) (ca. 4 Std.) gibt, die morgens in Dili ablegt und nachmittags zurückfährt.

Montag- und donnerstagsabends macht sich die oft überfüllte **Nakroma-Fähre** (☎Büro in Dili 331 7264) auf den Weg von Dili nach Oecussi (12 Std.), zurück geht's dienstags und freitags gegen 17.30 Uhr. Das Ticketbüro befindet sich gegenüber der Anlegestelle in Pantemakassar.

Wer auf dem Landweg von Oecussi nach Westtimor reisen will, benötigt ein indonesisches Visum (erhältlich in Dili); *ojek* (Jungs mit Motorradtaxis) nehmen wenige Dollars für die Strecke von der Grenze in die Stadt.

OSTTIMOR VERSTEHEN

Osttimor aktuell

Die Jahre nach der Unabhängigkeit waren turbulent. Nach gewalttätigen Zwischenfällen (kommunale Konflikte, gewaltsame Zusammenstöße von Armee und Polizei sowie ein Putschversuch) warten viele weiter auf die guten Zeiten.

Für andere haben sie jedoch bereits begonnen: Osttimor ist Schauplatz internationaler Veranstaltungen und die Ölfelder in der Timorsee werfen langsam Gewinne ab. Es gibt zahlreiche Unternehmen in timoresischer Hand, doch die internationalen Gesellschaften haben das Feld nicht geräumt – und jeden Tag gesellen sich mehr hinzu.

Die Partei Fretilin führte die Unabhängigkeitskämpfe während der indonesischen Besatzung an, spaltete sich aber 2005. Im März 2006 entließ Premierminister Mari Alkatiri ein Drittel der Armeesoldaten. Während der folgenden Ausschreitungen flohen mehr als 150 000 Menschen aus ihrer Heimat. Erst als öffentliche Demonstrationen Alkatiri zum Rücktritt zwangen und die UN-Truppen wieder verstärkt wurden, kehrte relativer Frieden ein. José Ramos-Horta regierte das Land ein Jahr lang als stellvertretender Premierminister und wurde 2007 mit 70 % aller Stimmen zum Präsidenten gewählt. Xanana Gusmãos CNRT (Congresso Nacional de Reconstrução Timorense – Nationalkongress des timoresischen Wiederaufbaus) erhielt weniger Stimmen (24 %) als Fretilin (29 %). Da CNRT jedoch schnell eine Koalition mit anderen Parteien bildete, wurde Gusmão zum Premierminister ernannt. Daraufhin kam es zu Aufständen wütender Fretilin-Anhänger. Viele Osttimorer begaben sich in die mit über 100 000 Menschen ohnehin schon überfüllten Flüchtlingslager. Im Februar 2008 unternahm Alfreido Reinado, ehemaliger Marinekapitän und Major der timoresischen Abwehrtruppen (F-FDTL, Forcas Defensa Timor Lorosae), einen Putschversuch, bei dem Ramos-Horta in der Nähe seines Hauses angeschossen und verletzt wurde. Reinado selbst, der seit seiner Flucht aus dem Gefängnis 2006 mit den australischen Truppen Katz und Maus gespielt hatte, wurde von Ramos-Hortas Sicherheitskräften getötet. Seit 2008 ist Osttimor sicherer und stabiler geworden. Die Wahlen 2012 verliefen friedlich und die UN sowie die Internationalen Stabilisierungskräfte aus Australien und Neuseeland verließen das Land ohne Probleme. Heute liegt der Fokus der Nation eher auf Entwicklung als auf Sicherheit. Nach dem Rückzug von Gusmão wurde im Februar 2015 der neue Premierminister Rui Maria de Araújo vereidigt. Er fördert Tourismus, Landwirtschaft und Fischerei, um die Wirtschaft des Landes, die sich bisher auf Öl und Gas stützte, zu diversifizieren.

Geschichte

Die Ankunft der Portugiesen

Über Timors Geschichte vor dem Jahr 1500 ist nur wenig bekannt, obwohl chinesische und javanische Händler spätestens seit dem 13., vielleicht sogar schon im 7. Jh., ihre Spuren hinterließen. Die Kaufleute suchten in den küstennahen Siedlungen nach aromatischem Sandelholz und Bienenwachs. Im Jahr 1556 gründeten ein paar dominikanische Mönche in Lifau, der heutigen Enklave Oecussi, die erste portugiesische Siedlung. Von dort aus verbreiteten sie den Katholizismus unter den Timorern.

Um den Portugiesen etwas entgegenzusetzen, bauten die Niederländer 1653 in Kupang, im westlichen Timor, eine Festung. 1656 bestimmten die Portugiesen einen Verwalter für Lifau, allerdings stellten die Topasse (Leute aus der Region, die sich auf ihre portugiesischen Vorfahren beriefen oder sich mit der Kultur identifizierten) eigene Gesetze auf und vertrieben 1705 den portugiesischen Gouverneur.

1749 brachten sie Zentraltimor unter ihre Herrschaft und fielen in Kupang ein. Doch die Niederländer gewannen die Kämpfe und konnten weitere Teile Westtimors unter ihre Kontrolle bringen. Nachdem die Topasse in Lifau auch die Portugiesen mehrfach attackiert hatten, verlagerten diese 1769 ihre Regierung nach Dili.

Durch den 1859 geschlossenen „Vertrag von Lissabon" wurde Timor geteilt. Seine formale Umsetzung fand 1904 statt. Portugal erhielt zusammen mit der nördlichen Bucht von Oecussi die Osthälfte. Dieser portugiesische Teil Timors war ein verschlafener Außenposten mit einem traditionellen Führungssystem durch *liurai* (örtliche Anführer). Außerhalb Dilis hatten die Portugiesen nur wenig Macht und ins Landesinnere drangen sie erst im 20. Jh. vor.

Zweiter Weltkrieg

1941 entsandte Australien eine kleine Kommandoeinheit ins portugiesische Timor, die sogenannte Sparrow Force, um den Japanern entgegenzuwirken. Obwohl die Militäroffensive das neutrale Portugal verärgerte und die Kolonie in den Pazifikkrieg hineinzog, verzögerte sie die japanische Expansion. Im Februar 1942 erzwangen die Japaner nach der blutigen Schlacht um Timor die Kapitulation der Alliierten, aber mehrere hundert Kommandos blieben noch ein Jahr im Land und führten, unterstützt von Einheimischen wie den *creados* (Jungen aus Timor, die den Australiern im Zweiten Weltkrieg Hilfe leisteten), noch viele erfolgreiche Angriffe auf die Japaner an. Diese machten als Reaktion darauf ganze Dörfer dem Erdboden gleich, plünderten Lebensmittelvorräte und brachten in den Gebieten, wo Australier operierten, viele Timorer um. Die erschütternde Bilanz des Kriegs: 40 000 bis 60 000 Tote.

Rückzug der Portugiesen, indonesische Invasion

Nach Ende des Zweiten Weltkriegs kam die Kolonie erneut unter portugiesische Herrschaft, doch als im Mutterland am 25. April 1974 die Regierung gestürzt wurde, gab Lissabon sein Kolonialreich auf. Innerhalb weniger Wochen bildeten sich in Osttimor politische Parteien. Die UDT (União Democrática Timorense – Demokratische Timoresische Union) versuchte im August 1975 an die Macht zu gelangen. Aus dem folgenden kurzen, aber brutalen Bürgerkrieg ging der politische Rivale von UDT, Fretilin (Frente Revolucionária do Timor-Leste Independente – Revolutionäre Front für die Unabhängigkeit von Osttimor), als Sieger hervor. Am 28. November desselben Jahres – mitten in einer indonesischen Invasion – verkündete die Partei die Unabhängigkeit der Demokratischen Republik Osttimor. Nach monatelangen Überfällen (u. a. in Balibó, wo am 16. Oktober fünf australische Journalisten getötet wurden) griffen die Indonesier am 7. Dezember schließlich offiziell Dili an.

Das antikommunistische Indonesien fürchtete ein unabhängiges Osttimor unter Führung der linksgerichteten Fretilin – das Schreckgespenst des Kommunismus drohte erneut. Einen Tag nach der Abreise Henry Kissingers und Gerald Fords aus Jakarta erfolgte der Übergriff. Dort hatten die beiden heimlich einer Invasion indonesischer Streitkräfte in die ehemalige portugiesische Kolonie zugestimmt. Und nicht nur das: Die USA drängten Indonesien zu einem Blitzangriff – niemand sollte erfahren, dass die Vereinigten Staaten dafür Waffen zur Verfügung gestellt hatten. Auch Australien und Großbritannien hatten sich mit Indonesien verbündet.

Die Falintil, der militärische Arm der Fretilin, kämpfte einen erbitterten Guerillakrieg gegen die indonesischen Truppen (1976 waren 35 000 indonesische Soldaten in Osttimor stationiert), der in den ersten Jahren aussichtsreich verlief. Trotz anhaltendem Widerstand ließ dieser Erfolg schnell nach. Mindestens 183 000 Menschen starben entweder in den Kämpfen oder durch Krankheiten und Hungersnöte.

1989 hatte Indonesiens Regierung die Lage weitgehend im Griff und gab Osttimor sogar für den Tourismus frei (wenn auch nur begrenzt und kontrolliert). Am 12. November 1991 eröffneten indonesische Truppen am Santa-Cruz-Friedhof in Dili das Feuer auf Demonstranten, die eines getöteten Unabhängigkeitskämpfers gedachten. Eine Filmaufnahme des Blutbad gelangte an die Öffentlichkeit und es blieb der indonesischen Regierung nichts anderes übrig, als 19 Morde (später 50) zuzugeben. Tatsächlich starben aber wohl mehr als 280 Menschen. Trotz einer zivilen Verwaltung blieb das Militär an der Macht. Unterstützt von der Geheimpolizei und einer pro-indonesischen Bürgermiliz, bekämpfte es jede Form von Widerstand. Berichte über Festnahmen, Folter und Morde waren bald alltäglich.

Unabhängigkeit

Nachdem Soeharto, Indonesiens Präsident, im Mai 1998 abgedankt hatte, kündigte sein Amtsnachfolger B. J. Habibie unerwartet eine Volksbefragung zur Autonomie Osttimors an. Im Januar 1999 begannen indonesische Milizen mit Unterstützung des Militärs die timoresische Bevölkerung zu terrorisieren, um sie davon abzuhalten, für die Unabhängigkeit zu stimmen.

Kurze Zeit vor der Ankunft der UNO-Wahlkommission im April 1999 wurden laut einem Bericht des UN-Hochkommissars für Menschenrechte in der Nähe der Liquiçá-Kirche 60 Menschen niedergemetzelt. Auch in Dili und Maliana kam es zu Überfällen, während die indonesischen Behörden tatenlos zusahen. Die Gewalt eskalierte Tage vor der Wahl. Daraufhin flohen Tausende Timorer vor der indonesischen Armee und den Milizen in die Berge.

Trotz der Bedrohungen und brutalen Einschüchterungsversuche stimmten am 30. August 1999 ganze 78,5 % der Osttimorer für die Unabhängigkeit von Indonesien anstelle einer Autonomie innerhalb des Landes. Obwohl die Regierung versprochen hatte, die Ergebnisse der von der UNO finanzierten Wahl zu akzeptieren, gingen die indonesischen Streitkräfte und Milizen auf die Barrikaden, mordeten, plünderten, verbrannten Häuser und zerstörten die Infrastruktur.

Während die Welt fassungslos zusah, wurde die UNO angegriffen und musste das Land verlassen, sodass die Osttimorer schutzlos zurückblieben. Am 20. September, Wochen nach den großen Massakern in Suai, Dili, Maliana und Oecussi, erreichte die International Force East Timor (Interfet, Internationale Streitkräfte Osttimor) unter australischer Führung Dili. Die indonesischen Truppen und ihre Milizen verließen das Land Richtung Westtimor und hinterließen ein Schlachtfeld der Verwüstung. Inzwischen war eine halbe Million Menschen obdachlos, Telekommunikation, Industrie, Brücken, Regierungsgebäude, Häuser und Geschäfte waren zerstört. Über 15 Jahre später sind viele dieser Narben immer noch überall im Land gegenwärtig.

Für die Übergangszeit bis zur Unabhängigkeit setzte die UNO eine Interimsverwaltung ein. Finanzielle Hilfe sowie Arbeitskräfte strömten ins Land. Osttimor musste neu aufgebaut, ein öffentlicher Dienst, Bil-

DIE POLITISCHE FÜHRUNG DES LANDES

Zwei Männer haben das moderne Osttimor entscheidend geprägt:
Xanana Gusmão, der charismatische ehemalige Premierminister des Landes, leitete die Guerillabewegung von 1978 bis zu seiner Gefangennahme und Inhaftierung in Jakarta 1992. Als er nach der Unabhängigkeit aus der Partei austrat, erntete der erste Präsident des Landes das Missfallen vieler seiner alten Fretilin-Genossen. Nach den schwierigen Wahlen 2007 ernannte man ihn zum Premierminister. Er führte den Nationalkongress des timoresischen Wiederaufbaus (CNRT) an, der eine friedliche Annäherung an die Nachbarländer (z. B. Australien und Indonesien) anstrebt. Kirsty Sword Gusmão, seine australische Ex-Ehefrau, ist Vorsitzende eines bekannten Wohlfahrtsverbandes, der Alola-Stiftung. Gusmão trat im Februar 2015 zurück und übergab sein Amt des Premierministers an den vorherigen Gesundheitsminister Rui Maria de Araújo, beteiligt sich aber weiterhin als Berater und Minister stark an der strategischen Planung und wirtschaftlichen Entwicklung Osttimors.

Nobelpreisträger José Ramos-Horta verbrachte während der indonesischen Besatzung 20 Jahre im Exil. Nachdem Alkatiri seines Amtes enthoben worden war, ernannte man Ramos-Horta 2006 zum neuen Premierminister. 2007 wählte man ihn mit großem Vorsprung zum Präsidenten, obwohl er sich von allen Parteien gelöst hatte. Bei einem Attentat wurde er 2008 angeschossen und 2012 verlor er die Wahlen gegen den beliebten und respektierten Taur Matan Ruak, einen ehemaligen Führer der Widerstandsarmee Falintil. Derzeit arbeitet Ramos-Horta als UN-Sonderbeauftragter in Guinea-Bissau, aber er heizt auch oft in Osttimor mit seinem marineblauen Cabrio herum.

dungs- und Gesundheitswesen, eine funktionierende Polizei und Justiz eingerichtet sowie entsprechende Kräfte aus dem Nichts rekrutiert werden.

Am 20. Mai 2002 übergab die UNO die Regentschaft in die Hände Osttimors. Zum Präsidenten des Landes wählte man den Chef der Falintil, Xanana Gusmão. Der langjährige Anführer der Fretilin, Mari Alkatiri, der die Partei aus dem Exil in Mosambik geleitet hatte, wurde zum Premierminister ernannt.

Startschwierigkeiten

Nach Jahren der Armut und Frustration, deren Bewältigung einfach zu viel für die neue Demokratie war, wurde Dili im Dezember 2002 erneut zum Schauplatz von Aufständen. Die Wirtschaft lag am Boden und ohne nennenswerte Industrie oder Arbeitsplätze blieb Osttimor abhängig von Hilfe aus dem Ausland.

Mitte 2005 war hier nur noch ein kleines Kontingent der UNO stationiert. Die Unterstützung von außen ließ nach und Osttimor stand vor der Herausforderung, aus dem Nichts eine neue Nation zu erschaffen. Es kam zu Regierungsstreitigkeiten, während die Bedürfnisse der Bevölkerung stetig stiegen.

Perspektiven

Osttimor ist noch immer teilweise von ausländischen Subventionen abhängig, doch die Petroleumindustrie entwickelt sich zu einer guten Einnahmequelle.

2006 unterzeichneten Australien und Osttimor eine Vereinbarung über die Nutzung eines Ölfelds, die beiden Ländern in den kommenden 40 Jahren Gewinne von je 10 Mrd. US$ verschaffen soll. Osttimor versucht jedoch von diesem Abkommen zurückzutreten, mit der Begründung, australische Geheimdienste hätten das Kabinettzimmer während der Verhandlungen abgehört, in denen die australische Regierung um Howard beschuldigt wurde, sie hätte dem ums Überleben kämpfenden Land mit Einschüchterungstaktiken seinen finanziellen Anteil verweigern wollen (ursprünglich wurden Osttimor nur 20 % angeboten). Später einigte man sich auf gleich hohe Anteile. Das Schiedsgerichtsverfahren ist ein stets andauernder Kampf zwischen David und Goliath, der für Osttimor massive Auswirkungen auf die Einnahmen aus dem Ölgeschäft haben könnte.

Auf den Anhöhen außerhalb von Dili stößt man auf eine weitere Einnahmequelle des Landes: Kaffee. Während der Hauptsaison arbeiten etwa 100 000 Menschen im Anbau der heiß begehrten Arabica-Bohnen, die ein besonderes Kakao- und Vanillearoma haben. Vor allem Unternehmen wie Starbucks schätzen den im Schatten wachsenden timoresischen Biokaffee und so steigt die Produktion stetig.

Großes Potenzial hat außerdem die Tourismusindustrie. Die Stabilität des Landes muss sich aber erst noch stärker festigen und es braucht mehr Infrastruktur, damit die Zahl der Touristen, die momentan bei rund 9600 Besuchern pro Jahr liegt, spürbar zunimmt.

Menschen & Kultur

Mentalität

Die Identität des Landes ist durch die Überwindung von Not und Fremdherrschaft entscheidend geprägt. Weil die Osttimorer so lang und schwer für ihre Unabhängigkeit kämpfen mussten, bis sie endlich Erfolge verzeichneten, haben sie ein stark ausgeprägtes politisches Bewusstsein, sind stolz und loyal. Ältere Leute sowie Kirchen- und Gemeindevorsteher genießen den vollen Respekt der Bürger. Gegenüber fremden Besatzungseinheiten, auch der UNO und ganz zu schweigen von Ölmagnaten verhalten sich die Menschen dagegen nach wie vor misstrauisch. Der religiöse Glaube hat ebenfalls Einfluss auf die nationale Mentalität, außerdem leben unter dem Deckmantel des Katholizismus animistische Vorstellungen und Bräuche weiter.

Lebensart

Viele Osttimorer führen ein bescheidenes, karges Dasein und leben von der Hand in den Mund. Es gibt immer noch viele Großfamilien (die sinkende Geburtenrate liegt bei 5,7 Kindern pro Mutter) und die Kindersterblichkeitsrate ist hoch. Unterernährung und Lebensmittelengpässe sind weit verbreitet. Auch die Infrastruktur lässt zu wünschen übrig. Nur in wenigen Städten hat man rund um die Uhr Strom und fließendes Wasser, und die meisten Straßen weisen einen schlechten Zustand auf.

Die Familien wohnen in recht einfachen, strohgedeckten Hütten, neben denen dank

WELCHE SPRACHE?

Die meisten Timorer beherrschen vier oder fünf Sprachen. Auf der Straße hört man Tetum, eine der beiden Landessprachen, und die meisten Menschen sprechen auch einen der 16 regionalen Dialekte, wobei es insgesamt 32 Dialekte gibt. Die meisten älteren Leute, die vor oder nach der indonesischen Besatzung die Schule besucht haben, beherrschen Portugiesisch, die zweite offizielle Landessprache. Diejenigen, die zwischen 1975 und 1999 zur Schule gegangen sind oder gearbeitet haben, sprechen eher fließend Bahasa Indonesia. Wer ein paar Worte Tetum lernt, wird mit einem breiten Lächeln begrüßt. Das *East Timor Phrasebook* von Lonely Planet bietet eine hilfreiche, kompakte Einführung in die Sprache.

der steigenden Gehälter inzwischen oftmals Satellitenschüsseln stehen, mit denen man auch indonesische Fernsehsender empfangen kann. Nicht staatliche Organisationen und Hilfsprojekte haben dazu beigetragen, das Land in die wirtschaftliche Unabhängigkeit zu führen, aber weil Unruhen, das unzureichende Straßennetz, Trockenperioden und Fluten immer wieder neues Chaos anrichten, ist es eine große Herausforderung, der Armut zu entkommen. Motorisierte Fahrzeuge sieht man, wenn überhaupt, vor allem am Wochenende. Dann transportieren vollgestopfte Busse die Menschen zu Familienfeiern, ein zentraler Bestandteil des Alltags.

Bevölkerung

In Osttimor gibt's mehr als zwölf indigene Gruppen. Die größte unter ihnen ist die der Tetum. Sie leben in der Nähe von Suai, Dili und Viqueque. Die zweitgrößte Gruppe der Mambai bewohnt die Berge von Maubisse, Ainaro und Same. In den Gebieten von Ermera und Bobonaro in der Nähe von Maliana trifft man auf die Kemak, in Bobonaro auch auf die Bunak. Ihr Gebiet erstreckt sich bis nach Westtimor und in die Gegend von Suai. Die Baikeno leben in der Gegend um Pantemakassar und die Fataluku sind berühmt für ihre spitz zulaufenden Häuser in der Gegend von Lospalos. Weitere Völker siedeln verstreut in den Bergen im Inland.

Religion

Religion spielt im Alltag eine große Rolle. Nach aktuellen Schätzungen sind 98 % der Landesbevölkerung katholisch (und glauben trotzdem weiter an den Animismus), 1 % protestantisch und unter 1 % Muslime.

Den Mittelpunkt aller indigenen Religionen stellt Mutter Erde dar, aus der alles menschliche Leben hervorgegangen ist und zu der es nach dem Tod zurückkehrt. Als männliches Gegenstück dient der Gott des Himmels oder der Sonne. Dazu kommt ein dichtes Geflecht aus Geistern der Vorfahren sowie der Natur. Der *matan d'ok* (Medizinmann) gilt als geistiger Mittler des Dorfes. Er kann sowohl die Zukunft vorhersehen als auch Krankheiten heilen. Viele Menschen glauben an Formen von schwarzer Magie.

Kunst

MUSIK & TANZ

Die Osttimorer lieben *tebe* (Tanzfeste) und Gesang. Das musikalische Erbe wird seit Generationen weitergegeben und hat sich auch während der indonesischen Besatzungszeit kaum verändert. Zeremonien werden von traditioneller Trommelmusik begleitet. Aber auch lokale Rock- und Hip-Hop-Gruppen erfreuen sich großer Beliebtheit, ebenso wie Volksmusik, die mit großzügigem Gitarreneinsatz und Texten voller Herzschmerz daherkommt.

KLEIDUNG

Jede Region hat ihren eigenen Stil. Von Frauen auf kleinen Webstühlen mit Hinterriemen gewebte *tais* werden als Röcke oder Schals für die Männer verwendet *(tais mane)* oder man näht aus ihnen Schlauchröcke und -kleider für die Frauen *(tais feto)*. Manche werden mit Naturfarben gefärbt.

Natur & Umwelt

Geografie

Osttimor umfasst eine Fläche von 15 007 km². Das Land besteht aus der Osthälfte der Insel Timor, den Inseln Atauro und Jaco sowie der Enklave Oecussi 70 km westlich an der Nordküste Westtimors, mitten im indonesischen Teil der Insel.

Einst war Timor Teil des australischen Koninentalsockels und ragt erst seit etwa

4 Mio. Jahren aus dem Ozean heraus. Daher besteht es hauptsächlich aus Meeresablagerungen, vor allem Kalkstein. Zerklüftete Berge – entstanden durch den Zusammenstoß mit dem Bandagraben im Norden – ziehen sich durch das gesamte Land. Der höchste Berg ist mit 2963 m der Mt. Ramelau.

Tiere & Pflanzen

Osttimor gehört zu einer Region, die Wallacea genannt wird, eine Übergangszone zwischen asiatischer sowie australischer Flora und Fauna. Sie ist ein biologisch einzigartiges Gebiet.

Die Nordküste Osttimors zieht zahlreiche Wale und Delfine an und lockt mit Korallenriffen mit einer Vielfalt an Meereslebewesen. Zu den hier gesichteten Tieren zählen Gabelschwanzseekühe, Blauwale und Delfine. In Osttimor sind mehr als 260 Vogelarten registriert. Der östliche Rand des Lands wurde wegen ihrer bunten Vogelwelt teilweise zum Nationalpark erklärt: Dort leben Honigfresser und gefährdete Arten wie Gelbwangenkakadus und *wetar*-Tauben. Säugetiere und Reptilien sind nur mit wenigen Arten vertreten, doch gelegentlich stößt man auf Krokodile und Schlangen.

Umweltprobleme

Osttimors erstes Naturschutzgebiet, der Nino-Konis-Santana-Nationalpark, wurde 2008 an der Ostspitze des Landes gegründet und umfasst eine 123 000 ha große Fläche (teils mit Regenwald, teils mit Wasser bedeckt). Die Inseln Jaco und Tutuala liegen in dieser Zone. Dennoch leidet Osttimor unter der jahrhundertelangen Abholzung seiner Wälder. Durch Erosion wurden bereits Straßen und ganze Dörfer weggespült. Die Dürreperioden der vergangenen Jahre haben die Probleme verschärft. Steinbrüche an Straßenrändern in der Nähe von Tauchplätzen an der Küste sind ebenfalls ein Problem.

PRAKTISCHE INFORMATIONEN

Allgemeine Informationen

BOTSCHAFTEN & KONSULATE

Über zwei Dutzend Länder sind mit Botschaften, Konsulaten oder Repräsentantenbüros in Dili vertreten. Deutschland, Österreich und die Schweiz haben keine Botschaften in Osttimor. Zuständig sind die Botschaften der Länder in Jakarta, Indonesien (s. S. 232). In dringenden Fällen kann man sich an die EU-Delegation in Dili wenden:

Delegation der Europäischen Union
(☎ 331 15 80; delegation-timor-leste@eeas.europa.eu; Palm Business and Trade Centre, Block D, 3 OG, Surik Mas, Fatumeta, Dili)

Indonesische Botschaft (☎ 331 7107; www.kemlu.go.id/dili; Rua Gov. Maria de Serpa Rosa, Farol)

ESSEN

Die folgenden Angaben sind ungefähre Richtwerte für ein Hauptgericht.

$	unter 5 US$
$$	5–10 US$
$$$	über 10 US$

GEFAHREN & ÄRGERNISSE

Malaria und Denguefieber treten häufig auf; also Vorsichtsmaßnahmen treffen! Nur in Flaschen abgefülltes Wasser trinken. Antibiotika und andere Arzneimittel bekommt man in Dili, andernorts kann man sie nur schwer auftreiben.

Am meisten gestohlen wird aus geparkten Fahrzeugen, hier sind vor allem Handys das Objekt der Begierde.

Vor allem in Dili sollte man auf die eigene Sicherheit achten und nach Einbruch der Dunkelheit nicht allein herumlaufen oder Taxi fahren, sondern nur als Teil einer Gruppe. An einsamen Stellen ist es zu Angriffen auf Touristen gekommen. Weil Osttimor ein politisch instabiles Land ist, muss man sich vor jedem Besuch über die aktuelle politische Lage informieren (in der Regel sind offizelle Reisewarnungen der Regierung allerdings übervorsichtig).

Die Straßen im Land sind extrem schlecht und mit höchster Vorsicht zu befahren; einen Fahrer zu engagieren ist empfehlenswert.

INTERNETZUGANG

Viele Hotels in Dili haben WLAN (wenn auch langsames), aber es gibt auch ein paar Internetcafés in Dili. E-Mails kann man auch in allen Niederlassungen von Timor Telecom (1 US$ pro Std.) in den Bezirkshauptstädten sowie in Touristenunterkünften außerhalb von Dili wie Baucau und Com checken.

FEIERTAGE

Osttimor hat eine ziemlich lange Liste von Feiertagen. Alljährlich werden zahlreiche neue Gedenktage ausgerufen.

Neujahr 1. Januar

Karfreitag März/April (Termin variiert)

Tag der Arbeit 1. Mai

Tag der Wiederherstellung der Unabhängigkeit 20. Mai (der Tag im Jahr 2002, als die UN Osttimor offiziell als unabhängig erklärte)

Fronleichnam Mai/Juni (Termin variiert)

Tag der Volksbefragung 30. August (offizieller Beginn des Unabhängigkeitsprozesses 1999)

Idul Fitri Ende des Fastenmonats Ramadan (Termin variiert)

Allerheiligen 1. November

Allerseelen 2. November

Idul Adha Islamisches Opferfest (Termin variiert)

Nationaler Tag der Jugend 12. November (zur Erinnerung an das Massaker auf dem Santa-Cruz-Friedhof)

Tag der Proklamation der Unabhängigkeit 28. November

Tag der Nationalhelden 7. Dezember

Tag der Unbefleckten Empfängnis und der Schutzheiligen von Osttimor 8. Dezember

1. Weihnachtstag 25. Dezember

FRAUEN UNTERWEGS

Hygieneartikel gibt's in Dili zu kaufen, aber außerhalb der Hauptstadt sind sie schwerer zu finden.

FREIWILLIGENARBEIT

Viele Entwicklungshilfeorganisationen und örtliche Einrichtungen sind auf der Suche nach Freiwilligen. Eine umfangreiche Liste findet man auf der Website www.unofficialeasttimor.com und unter dem Link auf www.etan.org. Es ist wichtig, dass man sich genau über die Organisation und die Arbeit dort informiert. Lonely Planet nennt nur Organisatione, mit denen wir direkt zusammenarbeiten.

ÖFFNUNGSZEITEN

In Dili öffnen die meisten Budget- und Mittelklasserestaurants von vormittags bis spätabends, die teuersten Lokale dagegen nur mittags (12–14 Uhr) und abends (18–22 Uhr). Kleinere Geschäfte stehen gewöhnlich von 9 bis 18 Uhr offen und sind sonntags geschlossen. In größeren Supermärkten kann man täglich von 8 bis 20 Uhr einkaufen. Außerhalb von Dili hält man sich nur an wenigen Orten an die regulären Geschäftszeiten (Mo–Fr 9–18 Uhr), manchmal unterbrochen von einer ausgedehnten Mittagspause im Gedenken an die guten alten portugiesischen Zeiten. Manche Geschäfte haben auch samstags ein paar Stunden auf.

RECHTSFRAGEN

Wird man Opfer eines schwerwiegenden Verbrechens, sollte man sich an die örtliche Polizei wenden und die Botschaft benachrichtigen. Wird man verhaftet, hat man das Recht zu telefonieren und rechtlichen Beistand in Anspruch zu nehmen. Bei der Suche hilft die Botschaft.

SCHWULE & LESBEN

In Osttimor gibt's kein offizielles Netzwerk für Schwule und Lesben. Offenkundige Diskriminierungen kommen nur selten vor. Homosexualität ist zwar nicht per Gesetz verboten, aber es kann nicht schaden, öffentliche Zuneigungsbekundungen in den konservativeren ländlichen Gegenden außerhalb von Dili einzuschränken.

STROM

Oft werden zweipolige Stecker (mit runden Stiften) verwendet. In Hotels passen häufig auch australische Stecker mit drei flachen Stiften (Typ 1).

TELEFON

Vorwahlen

Internationale Landesvorwahl ☎ 0011

Internationale Vorwahl ☎ 670

Festnetznummern Haben 7 Ziffern und beginnen mit einer ☎ 2, ☎ 3 oder ☎ 4

Handynummern Haben 8 Ziffern und beginnen mit einer ☎ 7

Handys

Ein entsperrtes Handy mitbringen, eine SIM-Karte von **Timor Telecom** (S. 590), **Telemor** (S. 590) oder **Telkomsel** (S. 590) in Dili oder einer regionalen Filiale kaufen.

TOILETTEN

In Hotels und Restaurants gibt's alles von der modernen westlichen Toilette mit Spülung bis zu einfachen Löchern im Boden im *mandi*-Stil mit einem Eimer Wasser zum Hinterherkippen.

TOURISTENINFORMATION

Es gibt in Osttimor zwar keine Touristeninformation, aber einen Stadtplan von Dili bekommt man im Kulturzentrum Xanana. Dilis Einwanderergemeinde ist sehr hilfsbereit. Sprachbarriere hin oder her – auch die Einheimischen helfen gern, wenn sie können.

UNTERKUNFT

Die Unterkünfte in Dili reißen einen nicht gerade vom Hocker. „Normale“ Sitztoiletten und Klimaanlagen sind meist vorhanden, doch das war's auch so ziemlich. Hotels mit eigener Restaurant-Bar gelten als gute Option, wenn man lieber nicht nachts durch die Gegend fahren möchte. Man sollte keine allzu großen Erwartungen haben. Ist das Zimmer sauber, mit Moskitonetzen ausgestattet und bietet ein paar Stunden Strom am Tag, gibt's keinen Grund, sich zu beschweren!

Schlafgelegenheiten findet man überall, wenn auch z. T. nur in Form einer Privatunterkunft bei Einheimischen (ca. ab 10 US$ pro Nacht). Die Waschgelegenheiten sind oft im Stil indonesischer *mandi* (ein Bottich, aus dem Wasser zum Waschen in einen kleineren Behälter geschöpft wird).

Die folgenden Preiskategorien beziehen sich auf ein Zimmer.

$	unter 25 US$
$$	25–100 US$
$$$	über 100 US$

VERSICHERUNG

Kein Traveller sollte ohne Versicherungsschutz nach Osttimor reisen. Medizinische Einrichtungen sind außerhalb Dilis spärlich gesät und bei schweren Verletzungen/Krankheiten wird man gewöhnlich nach Darwin oder Singapur evakuiert. Aus diesem Grund ist es wichtig, dass die Versicherung Krankentransporte vollständig übernimmt.

VISA

Seit 2015 dürfen EU-Bürger visumsfrei nach Osttimor einreisen, sofern sie nicht länger als 90 Tage in einem Zeitraum von 180 Tagen im Land bleiben werden und nicht arbeiten wollen. Bei der Einreise muss ihr Reisepass noch mindestens sechs Monate gültig sein sowie drei Monate über die geplante Aufenthaltsdauer hinaus. Wenn man das Land wieder verlässt, muss man eine Ausreisesteuer von 10 US$ zahlen.

Ankunft am Internationalen Flughafen & Seehafen von Dili

Derzeit kann man auf dem Luftweg nur über Singapur, Indonesien und Australien einreisen, deswegen sollte man sich auch zu den Einreisebestimmungen dort informieren. Bei der Ankunft erhalten Inhaber eines gültigen Reisepasses ein Visum (30 US$; für 30 Tage). Man sollte immer nach einem 30-Tage-Visum fragen, selbst wenn man gar nicht so lang bleiben will. Touristenvisa kann man mit einem timoresischen Bürgen um 30 (35 US$) bzw. 60 (75 US$) Tage verlängern. Möchte man mehrfach ein- und ausreisen oder zwischen 30 und 90 Tagen bleiben, kann man vor der Ankunft die sogenannte Visa Application Authorization beantragen.

Auf dem Landweg aus Indonesien

Bis auf Indonesier und Portugiesen müssen sämtliche Besucher vor der Ankunft an der Grenze die Visa Application Authorisation beantragen. Ein Blick auf die Website der Einwanderungsbehörde ist eine gute Idee (http://migracao.gov.tl), diese mailt einem auf Anfrage innerhalb von zehn Arbeitstagen eine Autorisierung zum Selbstausdrucken. Man muss es an der Grenze vorlegen und 30 US$ zahlen.

ZOLLBESTIMMUNGEN

Folgendes darf zollfrei nach Osttimor eingeführt werden:

Alkohol 1,5 l

Zigaretten 200 Stück

Geld Bis zu 10 000 US$ pro Person, Summen über 5000 US$ müssen deklariert werden. Bei der Ausreise gibt's keine Beschränkung.

> **FLUGHAFENSTEUER**
>
> Bei der Ausreise wird am Flughafen von Dili eine Abflugsteuer von 10 US$ fällig.

An- & Weiterreise

Osttimor wird nicht von internationalen Passagierfähren angesteuert.

FLUGZEUG

Flughäfen & Fluggesellschaften

Man kann von Denpasar (Bali), Jakarta (Indonesien), Darwin (Australien) und Singapur nach Dili fliegen. Der Flughafen Nicolau Lobato ist nur zehn Autominuten von Dili entfernt. Rund um die Uhr verkehrt ein **Flybus-Flughafenshuttle** (☎ 7750 8585; kijoli@bigpond.com), der Passagiere für 10 US$ am Hotel abholt, oder man nimmt sich ein Taxis(ebenfalls 10 US$). Für ein *mikrolet* (kleiner Minibus) zahlt man 0,25 US$ von der Hauptstraße in die Stadt.

Air Timor (☎ 331 2777; www.air-timor.com; Timor Paza, Rua Presidente Nicolau Lobato, Comoro; ⊙ Mo–Sa 8–17, So bis 12 Uhr) Tägliche Flüge zwischen Dili und Denpasar (Bali) sowie dienstags, donnerstags und samstags nach Singapur.

Sriwijaya Air (☎ 331 1355; www.sriwijayaair.co.id; Timor Paza, Rua Presidente Nicolau Lobato, Comoro; ⊙ 9–16 Uhr) Tägliche Flüge zwischen Dili und Denpasar (Bali) sowie Jakarta.

Air North (☎ +61 8 8920 4001; www.airnorth.com.au) Fliegt mindestens zweimal täglich zwischen Dili und Darwin (Australien). Bei Redaktionsschluss hatte Air North noch kein Büro in Dili, aber man kann online buchen.

Unterwegs vor Ort

AUTO & MOTORRAD

Auf Osttimors berüchtigt schlechten Straßen tummeln sich Tiere und Schulkinder, die sich nicht unbedingt vom Verkehr stören lassen. Schlaglöcher und Wassergräben sind nichts Ungewöhnliches und teilweise fehlen sogar ganze Straßenabschnitte. Häufig begegnet man *karetta estadu* (Autos der Regierung), die sehr schnell unterwegs sind, außerdem gibt's zahlreiche unübersichtliche Kurven. Zum Glück sind Verbesserungen in Sicht. Die Bauarbeiten an den Strecken Dili–Batugade und Dili–Maubisse waren Ende 2015 fast fertig.

Während sich Dili gut mit normalen Fahrzeugen erkunden lässt, braucht man für die Landstraßen einen Allradantrieb. Kleine Allradwagen kann man in Dili für rund 95 US$ pro Tag mieten, z. B. bei **eSilva** (☎ 332 5055; www.esilvacarrentals.com; Av dos Mártires de Pátria, Comoro; ⊙ Mo–Sa 8–17, So 8–12 Uhr), **RentLo** (☎ 7741 6982; www.rentlocarhire.com; Av dos Mártires de Pátria, Comoro; ⌚ Mo–Sa 8–17 Uhr) oder **EDS** (☎ 7723 0880; www.eds-timorleste.com). Alle organisieren auch Fahrer, was empfehlenswert ist. Motorräder verleiht **Taltabi Motor** (☎ 7795 7364; Av dos Mártires de Pátria, Comoro; 35 US$ pro Tag). Neben den genannten Strecken gibt's auf der Route von Dili über Baucau nach Com eine weitere „gute" Straße. Offiziell ist der Internationale Führerschein in Osttimor nicht gültig, aber die meisten ausländischen Führerscheine werden bei Polizeikontrollen von Touristen mit Visum akzeptiert.

Benzin

Das portugiesische Wort für Benzin ist *bensin*, Dieselkraftstoff heißt *solar*. Der gängige Preis liegt bei 1,20 bis 1,60 US$ pro Liter. In Dili tankt man am besten bei **Tiger Fuel** (☎ 7723 1200; Av dos Mártires de Pátria, Comoro).

BUS

Mikrolet verkehren rund um Dili und andere große Städte. Auf den Hauptstrecken von Dili nach Lospalos, Viqueque, Maliana und Suai sind große, überfüllte Busse unterwegs. Abseits gelegene Ziele werden von *angguna* (Lieferwagen, in deren hinteren Teil sich Passagiere, aber auch Büffel und Ziegen hineinzwängen) angesteuert. Wenn sie nicht die kürzesten Strecken nehmen, sind die Straßenverhältnisse mit Sicherheit furchtbar schlecht. Die angegebenen Fahrtzeiten sowie die Dauer der Fahrt und die Länge der Zwischenstopps sind nur Richtwerte und hängen wesentlich vom Straßenzustand und den Launen des Fahrers ab.

FAHRRAD

Ein neues Fahrrad ist in Dili ab etwa 150 US$ zu haben. Preiswertere Fahrräder bekommt man bei United gegenüber vom Präsidentenpalast. Ausrüstung für härtere Touren und Reparaturen bietet Benefika gegenüber vom Widerstandsmuseum. Die gnadenlosen Straßenverhältnisse abseits der Nordküste erfordern gute Mountainbikes.

SCHIFF/FÄHRE

Fährverbindungen bestehen zwischen Dili und der Oecussi mit der **Nakroma-Fähre** (S. 591) und **Dragon Star Shipping** (S. 591). Das **Beloi Beach Hotel** (S. 592) und **Compass Charters** (S. 591) betreiben täglich Wassertaxis zur/von der Insel Atauro und die Nakroma-Fähre verkehrt samstags zur Insel Atauro.

TRAMPEN

Für Einheimische auf dem langen Weg in die Stadt ist es nicht ungewöhnlich zu trampen. Wenn man von Oecussi nach Kefamenanu in Westtimor reisen will, bleibt einem manchmal auch gar nichts anderes übrig. Weil diese Art der Fortbewegung allerdings nie ganz sicher ist, können wir sie nicht empfehlen.

Die Philippinen

63 / 106 MILLIONEN EW.

Inhalt ➜

Die besten Strände

- Boracay (S. 637)
- Malapascua (S. 651)
- Sipalay (S. 643)
- Panglao Island (S. 564)
- Port Barton (S. 660)

Kultur erleben

- Vigan (S. 630)
- Manila (S. 609)
- Banaue (S. 629)
- Siquijor (S. 644)
- Sagada (S. 627)

Auf zu den Philippinen

Gerade dachte man noch, man hätte Asien endlich verstanden, da betritt man philippinischen Boden. Hier trifft man keine Mönche, sondern Priester, statt in *túk-túks* bewegt man sich mit Tricycles (Motorrädern mit Beiwagen) fort, und auf der Speisekarte steht nicht *pho*, sondern *adobo*. Unter der etwas rauen Schale des Landes verbirgt sich ein faszinierender Kern: Traveller können z. B. Inseln erkunden, Vulkane erklimmen, uralte Reisterrassen bestaunen, hervorragende Tauchgebiete entdecken und in Regenwäldern zu entlegenen Stammesdörfern vordringen.

Abgesehen davon haben die Philippinen auch eine ziemlich schräge Seite. Dazu gehören Geheimtränke und Heiltinkturen, Jungs namens Bong und Mädchen namens Bing, breit grinsende Gauner, keuchende *bangka* (Auslegerboote), korrupte Politiker, Carabaos (Wasserbüffel) und mit Graffitis beschmierte Jeepneys. Das alles lässt man am besten bei einem billigen Bier auf sich wirken.

Reisezeit

Manila

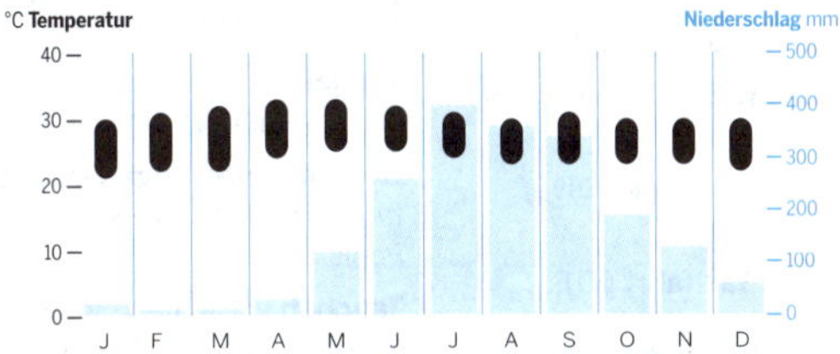

Jan.–Feb. Kühles, angenehmes Wetter und der Höhepunkt der Festivalsaison.

April & Mai Die beste Zeit für die Walhaie von Donsol, relativ ruhige See für Bootstrips.

Sept. Taifune locken Surfer an. Rund um die Strände gibt's Schnäppchen zur Nebensaison.

AUF EINEN BLICK

- **Geld** In den Städten gibt's jede Menge Geldautomaten, aber auf dem Land sind sie eher rar.
- **Handy** Lokale SIM-Karten sind sehr günstig und überall erhältlich.
- **Sprache** Tagalog (Filipino), Englisch
- **Visum** Wird bei der Ankunft ausgestellt und ist 30 Tage gültig.
- **Währung** Peso (P)

Kurzinfos

- **Fläche** 300 000 km²
- **Hauptstadt** Manila
- **Notfall** ☎ 117

Wechselkurse

Euro	1 €	60 P
Großbritannien	1 £	75 P
Malaysia	1 RM	15 P
Schweiz	1 SFr	47 P
Thailand	10 B	15 P
USA	1 US$	45 P

Preise

Bett im Schlafsaal 450 P

Flasche San Miguel (Bier) 40 P

Tauchen (2 Tank Dive) 2500 P

Kurze Taxifahrt 60 P

Anreise

Normalerweise ist die Anreise unkompliziert. Die meisten Traveller landen auf den Flughäfen Manila, Cebu oder Clark.

Nicht versäumen

Es lohnt sich, seine Reise auf eine der vielen bunten Fiestas abzustimmen, z. B. auf das Ati-Atihan-Festival in Kalibo, die Mutter aller Partys. Beim Sinulog-Festival in Cebu tanzen die Feiernden zwei Schritte voran, einen Schritt zurück, während es beim Panagbenga in Baguio eine große Blumenwagen-Prozession gibt. Die Kreuzigungszeremonie zu Ostern in San Fernando, nördlich von Manila, ist ein makaberes Spektakel, bei dem katholische Gläubige tatsächlich ans Kreuz genagelt werden. Jeder kleinere Ort richtet ein eigenes Fest aus – man hat also gute Chancen eines mitzuerleben.

Die Lebensfreude der Philippiner äußert sich auch durch Gesang, etwa bei einem Karaokeabend oder dem Livekonzert einer Coverband in Manila. Auch in Malate kann man tolle Auftritte erleben. Authentischere Veranstaltungen locken in Quezon City und Makati.

REISEROUTEN

Eine Woche

Strandliebhaber und Taucher suchen sich einfach eine Insel der Visayas aus und nehmen den Flieger dorthin. Beliebt und gut zu erreichen sind Bohol, das südliche Negros und Cebu mit seinen Drescherhaien und Sardinen. Kitesurfer und Hedonisten machen sich nach Boracay auf. Bergfans werden die spektakuläre Überlandroute in Nordluzon von Baguio über Sagada nach Banaue und zurück nach Manila lieben.

Zwei Wochen

Nach einem Tag in Manila nimmt man die Überlandroute in Nordluzon in Angriff und fliegt anschließend von der Hauptstadt nach Coron im Norden Palawans. Dort ist Inselhopping angesagt. Es folgt eine traumhafte achtstündige Bootsfahrt nach El Nido, dem Tor zur von Klippen gesäumten Bacuit Bay. Dann reist man auf dem Landweg nach Puerto Princesa mit herrlich einsamen Stränden entlang der Westküste Palawans.

Outdooraktivitäten

Walhaie Schnorcheln mit sanftmütigen *butanding* in Donsol – das ultimative Philippinen-Abenteuer!

Höhlenwanderungen in Sagada Unter Stalaktiten „durchtauchen", durch Felsspalten schlüpfen und in unterirdischen Pools baden.

Tauchen vor Malapascua Am Unterwasserplateau Monad Shoal tummeln sich morgens die Drescherhaie und tagsüber Mantarochen.

Kitesurfen auf Boracay Der Bulabog Beach eignet sich perfekt für Einsteiger, während die steife Brise, die von Dezember bis März weht, auch Profis bei Laune hält.

Surfen vor Siargao Hier kann man es mit der Cloud Nine, der besten Welle der Philippinen, aufnehmen.

LUZON

Die Hauptinsel der Philippinen, ein weitläufiges Areal aus nebelverhangenen Bergen, ausgedehnten Ebenen, brodelnden Vulkanen und einer schier endlosen Küste mit Manila im Zentrum von allem. Das Sahnestück der Insel in den Bergen im Norden sind die Kordilleren, wo die Ifugao vor mehr als 2000 Jahren ihre weltberühmten Reisterrassen in und um Banaue anlegten. Entlang Luzons nordwestlicher Küste wartet das historische Vigan mit dem am besten erhaltenen spanisch-kolonialen Zentrum auf. Entdeckertypen können sich die unberührte Nordspitze von Luzon oberhalb von Vigan ansehen, wo weiße Sandstrände und nur selten besuchte Inseln locken. Im Südosten ist Bicol das Zuhause von wirklich feurigem Essen und zwei der Hauptattraktionen des Landes: den Walhaien von Donsol und dem perfekten Kegel des Mayon-Berges.

Manila

☎ 02 / 12 MIO. EW.

Manilas Spitzname „Perle des Orients" trifft den Nagel auf den Kopf: Den kostbaren Schatz unter der harten Schale entdeckt nur, wer hartnäckig genug bohrt. Diese Stadt weiß, was schwierige Zeiten sind. Sie hat so ziemlich jede Katastrophe erlebt, die man sich vorstellen kann, und dennoch ist die chaotische 600 km² große Metropole heute eine echte asiatische „Megacity": Hochhäuser wuchern inmitten der erdrückenden Armut gigantischer Slums und kitzeln den diesigen Himmel, und auf Hochglanz polierte Einkaufszentren liefern einen Vorgeschmack auf eine schöne neue (klimatisierte) Welt.

Die fest Entschlossenen werden Manilas zarte Seele entdecken, z. B. wenn sie die Großzügigkeit von einem der zwölf Millionen Stadtbewohner erleben, vielleicht aber auch in einem der baumbestandenen Höfe oder in den Kopfsteinpflasterstraßen von Intramuros. Dort hat sich kaum etwas verändert, seitdem die Spanier das Feld geräumt haben.

Geschichte

1571 rissen die Spanier an dieser Stelle ein muslimisches Fort nieder und gründeten die Hauptstadt ihres Reiches. Bis 1898 ließen sich spanische Siedler vor allem rund um die ummauerte Stadt Intramuros nieder, doch dann gab sich der spanische Gouverneur den Philippinern in der San-Agustin-Kirche geschlagen. Nachdem Manila im Zweiten Weltkrieg dem Erdboden gleichgemacht worden war, wuchs es in den Folgejahren rasant schnell. Der Grund dafür waren die zahlreichen Migranten, die es auf der Suche nach Arbeit vom Land hierherzog.

Sehenswertes

Manilas Hauptsehenswürdigkeiten befinden sich in der ummauerten Altstadt Intramuros gleich südlich des Flusses Pasig sowie rund um den Rizal-Park (Luneta) südlich dieses Viertels. Von Malate und Ermita aus erreicht man beide Bezirke ganz problemlos zu Fuß.

Intramuros

Das von Mauern umgebene historische Intramuros ist ein weitläufiges Viertel voller breiter Straßen, grüner Plätze sowie schöner Kolonialbauten und war zu Zeiten der spanischen Herrschaft das Herz von Manila. 1590 ersetzten die Spanier die hölzerne Originalfestung durch ein Bauwerk aus Stein, dessen Mauern heute noch fast genauso aussehen wie damals. Sie sind noch immer mit Bastionen versehen und von *puertas* (Toren) durchbrochen.

An der Mündung des Pasig befindet sich Manilas Top-Touristenattraktion, das **Fort Santiago** (Karte S. 616; Santa Clara St; Erw./Stud. 75/50 P; ⌚8–18 Uhr). Es liegt hinter einem hübschen Seerosenteich und dem **Besucherzentrum von Intramuros** (Karte S. 616;; ☎02-527 2961; ⌚8–17 Uhr), das den Japanern während des Zweiten Weltkriegs als Gefangenenlager diente. Der **Rizal Shrine** (Karte S. 616; im Fort-Eintritt inkl.; ⌚Di–So 9–18, Mo 13–17 Uhr) ist in dem Gebäude untergebracht, in dem der Nationalheld José Rizal bis zu seiner Exekution gefangen gehalten wurde. Neben ein paar persönlichen Gegenständen Rizals lässt sich in dem Schrein außerdem noch ein Nachbau seiner Zelle und des Gerichtssaals bewundern.

Von den Gebäuden, die die Schlacht um Manila überdauert haben, ist die Klosteranlage **San Agustin** (Karte S. 616; ☎02-527 4060; General Luna St) am interessantesten. Das Innere der Kirche beeindruckt mit seiner opulenten Gestaltung, z. B. mit der 3D-Reliefverzierten Decke. Zutritt hat man während der Messe oder im Rahmen eines Besuchs im **San Agustin Museum** (Karte S. 616; General Luna St; Erw./Kind 100/80 P; ⌚8–12 & 13–18 Uhr).

Highlights

1 Rund um El Nido die Kalksteinkathedralen und azurblauen Lagunen des Bacuit-Archipel (S. 661) entdecken.

2 Durch die Reisterrassen von Banaue und Bontoc in den **Kordilleren** von Nordluzon wandern (S. 624).

3 Im herrlich trubeligen Manila (S. 609) um die Häuser ziehen.

4 In Coron (S. 664) Schiffswracks aus dem Zweiten Weltkrieg erkunden und vor den zig Inseln mit dem Kajak umherpaddeln.

5 An den Traumstränden von Boracay (S. 637) Sonne tanken, Wassersport betreiben und bis in die Puppen tanzen.

6 Die herrlich grüne Insel Camiguin (S. 656) mit ihren natürlichen Quellen,

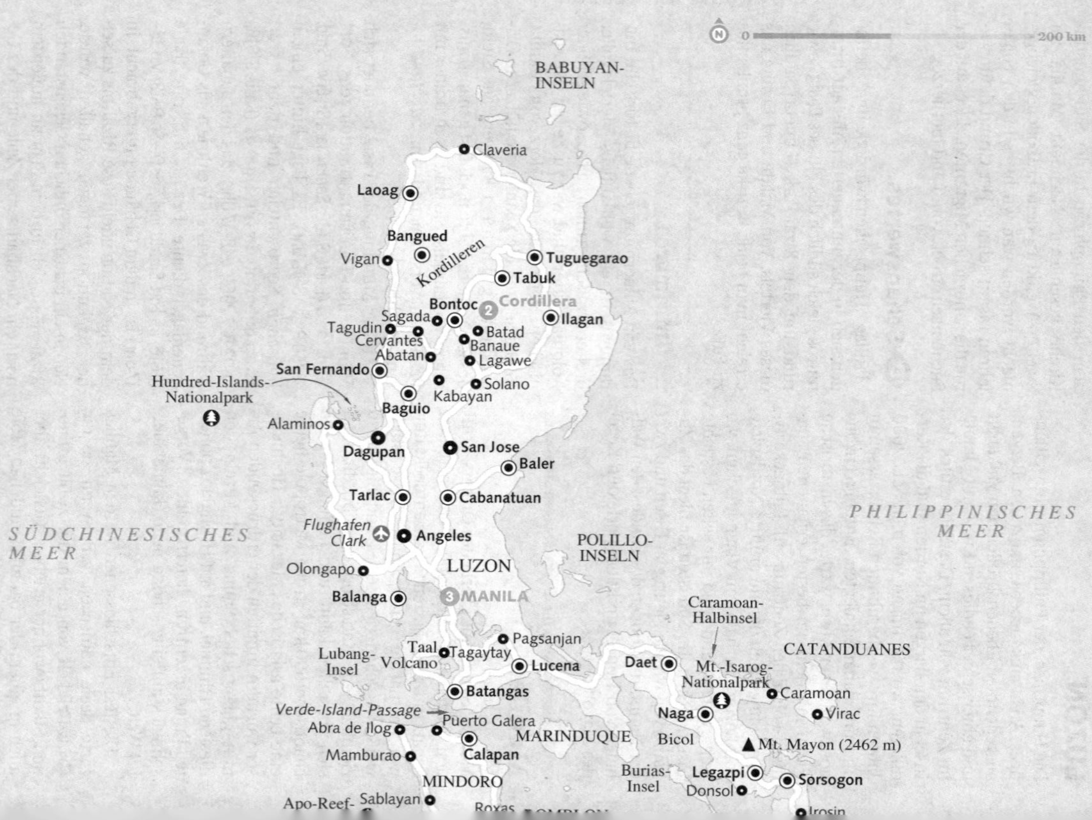

Korallenriffen, Vulkanen und Wasserfällen erkunden.

7 Das noch unbekannte Dumaguete (S. 642) besuchen, das mit jeder Menge Attraktionen und Aktivitäten in direkter Umgebung aufwartet.

8 In Cebu City (S. 645) Party machen und sich anschließend auf der idyllischen Insel Malapascua erholen.

Metro Manila

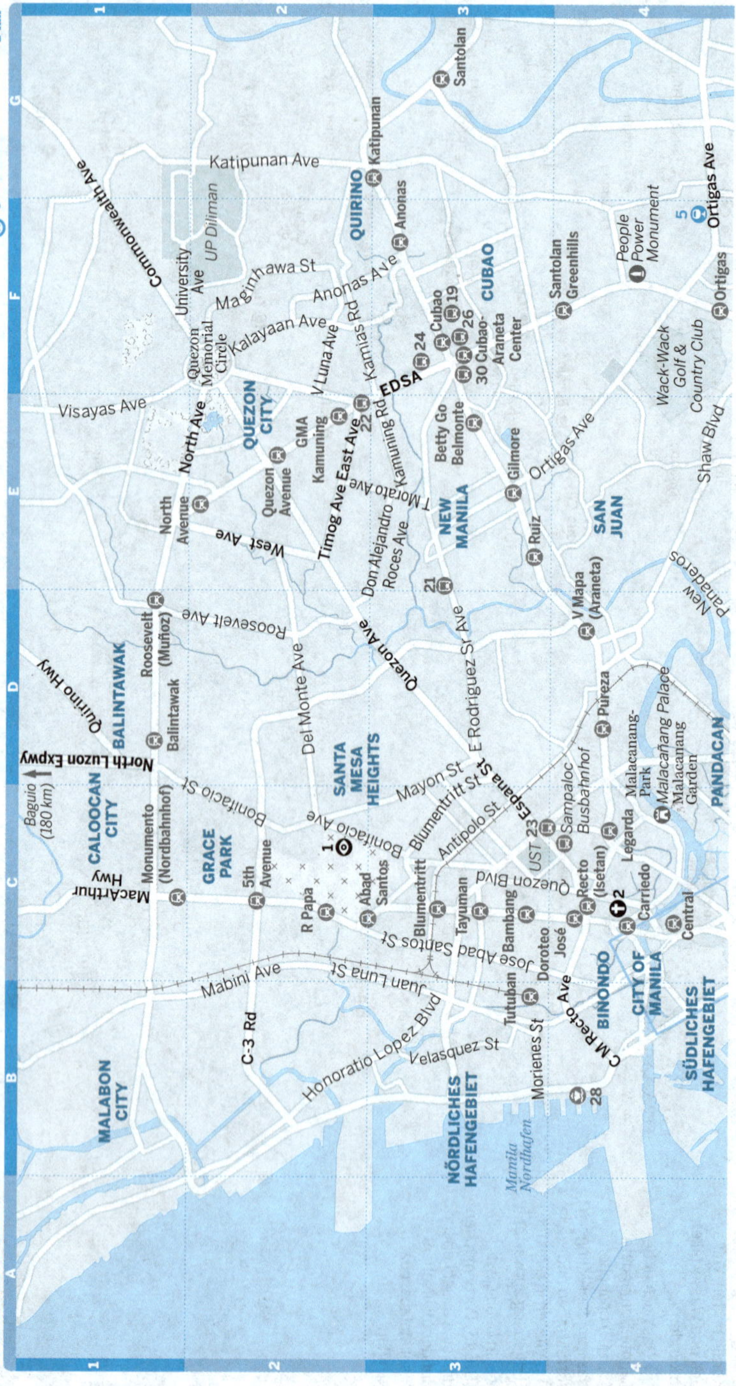

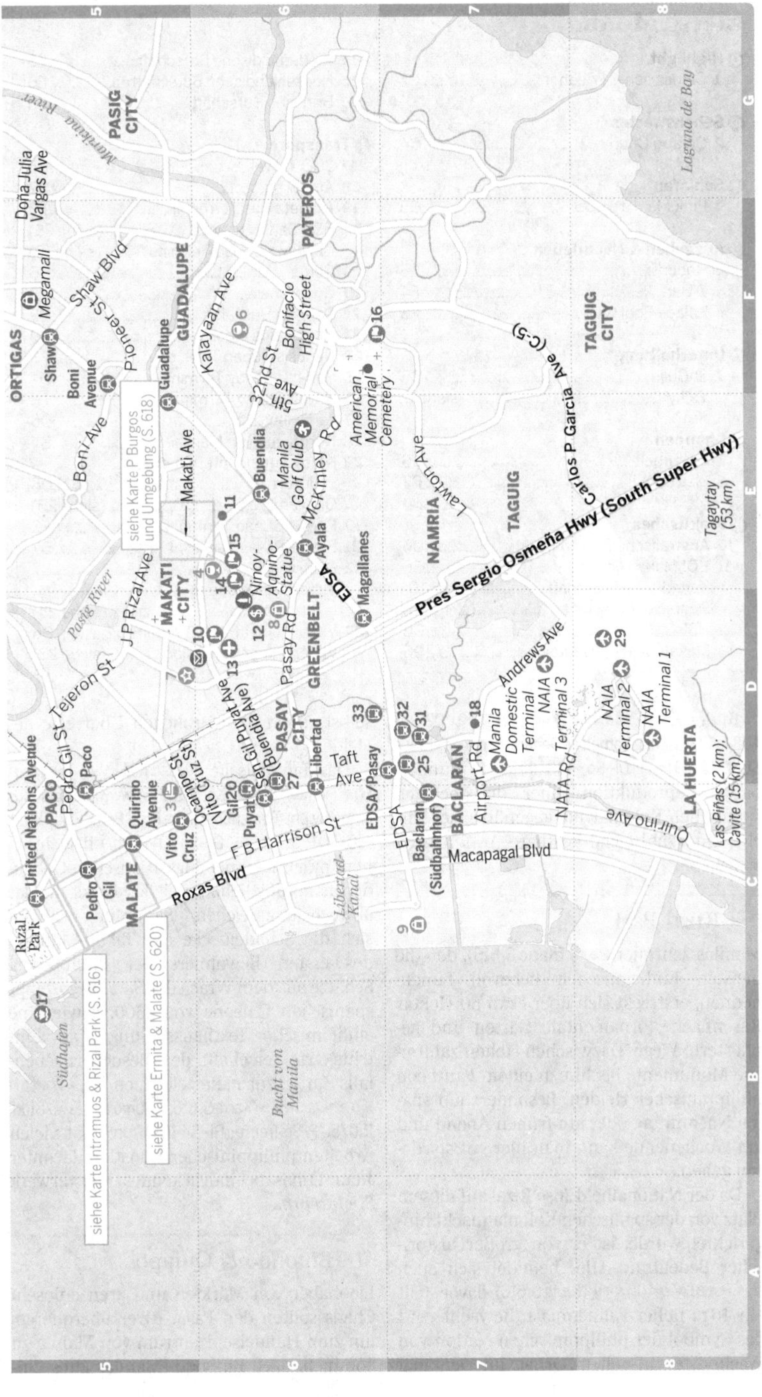

ORTIGAS
Megamall
Shaw
Shaw Blvd
Doña Julia Vargas Ave
PASIG CITY
Marikina River
Boni Avenue
Boni Ave
Pioneer St
GUADALUPE
Guadalupe
siehe Karte P Burgos und Umgebung (S. 618)
Makati Ave
Kalayaan Ave
PATEROS
32nd St
5th Ave
Bonifacio High Street
Buendia
Manila Golf Club
McKinley Rd
American Memorial Cemetery
Lawton Ave
NAMRIA
TAGUIG
Carlos P. Garcia Ave (C-5)
TAGUIG CITY
Laguna de Bay
Tagaytay (53 km)
Pres Sergio Osmeña Hwy (South Super Hwy)
Pasig River
J P Rizal Ave
MAKATI CITY
Ninoy-Aquino-Statue
Ayala
EDSA
Magallanes
GREENBELT
Pasay Rd
Tejeron St
Pedro Gil St
United Nations Avenue
PACO
Paco
Quirino Avenue
Vito Cruz
Ocampo St (Vito Cruz St)
Gil Puyat
Sen Gil Puyat Ave (Buendia Ave)
PASAY CITY
Libertad
Taft Ave
EDSA/Pasay
EDSA
Baclaran (Südbahnhof)
BACLARAN
Airport Rd
Manila Domestic Terminal
Andrews Ave
NAIA Terminal 3
NAIA Rd
NAIA Terminal 2
NAIA Terminal 1
Quirino Ave
LA HUERTA
Las Piñas (2 km); Cavite (15 km)
Macapagal Blvd
F B Harrison St
Roxas Blvd
MALATE
Pedro Gil
Rizal Park
Libertad-Kanal
Südhafen
Bucht von Manila
siehe Karte Intramuos & Rizal Park (S. 616)
siehe Karte Ermita & Malate (S. 620)

Metro Manila

Highlight
1 Chinesischer Friedhof C2

Sehenswertes
2 Quiapo Church C4

Schlafen
3 Pink Manila C5

Ausgehen & Nachtleben
4 Hooch E6
5 O Bar F4
6 Palace Pool Club F6

Unterhaltung
7 SaGuijo D5
Valkyrie .... (siehe 6)

Shoppen
8 Greenbelt D6
9 Mall of Asia C7

Praktisches
10 Australische Botschaft D6
11 BOI Makati Office E6
Kanadische Botschaft .... (siehe 10)
Deutsche Botschaft .... (siehe 10)
12 HSBC D6
13 Makati Medical Center D6
14 Niederländische Botschaft E6
15 Neuseeländische Botschaft E6
16 Britische Botschaft F6

Transport
17 2GO Travel B5
18 Air Swift D7
19 Araneta Bus Terminal F3
BSC San Agustin .... (siehe 25)
Cagsawa Cubao Terminal .... (siehe 19)
20 Ceres C6
21 Coda Lines E3
22 Dangwa Bus Lines E2
23 Florida Bus Lines C3
24 Genesis Cubao Terminal F3
25 Genesis Pasay Terminal D7
26 Isarog Cubao Terminal F3
27 Jam Liner D6
28 Nordhafen von Manila B4
29 Ninoy Aquino International Airport D8
Ohayami .... (siehe 23)
30 Partas Cubao Terminal F3
31 Partas Pasay Terminal D7
32 Philtranco D7
Victory Liner Cubao Terminal .... (siehe 24)
33 Victory Liner Pasay Terminal D6
Victory Liner Sampaloc .... (siehe 23)

In der **Casa Manila** (Karte S. 616; ☎ 02-527 4084; Plaza Luis Complex, General Luna St; Erw./Stud. 75/50 P; ⏲ Di–So 9–18 Uhr), der wunderbaren Reproduktion einer dreistöckigen spanischen Kolonialvilla gegenüber der Kirche, sind zahlreiche kostbare Antiquitäten zu sehen.

Rizal Park

Manilas zentraler **Park** (Karte S. 616), den die meisten Einheimischen liebevoll Luneta nennen, erstreckt sich über etwa 60 Hektar Rasenfläche, ornamentale Gärten und gepflasterte Wege. Dazwischen stehen zahlreiche Monumente bis hin zu einem Pantheon philippinischer Helden. Besonders am späten Nachmittag oder am frühen Abend und am Wochenende kann man hier gut spazieren gehen.

Da der Nationalheld José Rizal auf diesem Platz von der spanischen Kolonialmacht hingerichtet wurde, ist er von großer historischer Bedeutung. Hier befindet sich auch das **Rizal Monument** (Karte S. 616), davor steht ein 46 m hoher Fahnenmast. Bewacht wird das Symbol der philippinischen Nation von Wachposten in vollem Ornat, im Denkmal selbst ruhen die sterblichen Überreste des Helden.

Das fantastische **National Museum of the Philippines** (Karte S. 616; www.nationalmuseum.gov.ph; T Valencia Circle, Rizal Park; Erw./Stud. 150/50 P, So frei; ⏲ Di–So 10–17 Uhr) liegt in einem prächtigen neo-klassizistischen Gebäude im nordöstlichen Teil des Parks. In der abwechslungsreichen Sammlung finden sich die Schädeldecke des Tabon-Mannes, des ersten Bewohners der Philippinen, Schätze aus dem Wrack der *San Diego*, einer spanischen Galeone von 1600, sowie eine einheimische Textilausstellung. Die Eintrittskarte verschafft den Besuchern ebenfalls Zutritt zur nahe gelegenen **Nationalen Kunstgalerie** (Karte S. 616; P Burgos St; Erw./Stud. 150/50 P, So frei; ⏲ Di–So 10–17 Uhr) mit vielen Arbeiten philippinischer Künstler, darunter Juan Lunas beeindruckendes Meisterwerk *Spoliarium*.

Binondo & Quiapo

Liebhaber von Märkten und grenzenlosem Chaos sollten den Pasig River überqueren, um zum Handelsepizentrum von Manila zu kommen, nach Binondo (Manilas altes Chinatown) und Quiapo. Rund um die **Kirche von Quiapo** (Karte S. 612 f.; Quezon Blvd) werden Kräutertränke, Hausmittelchen und Amulette gegen böse Geister verkauft. Wer die Gegend besuchen möchte, fährt mit dem LRT-1 bis Carriedo und ist auch schon „mittendrin".

Weiter im Norden in der Nähe der Abad Santos LRT-1 Station, lohnt der **chinesische Friedhof** (Karte S. 612 f.; Rizal Ave Extension, Santa Cruz; ⌚7.30–19 Uhr) einen Besuch: in diesen prunkvollen Mausoleen gibt es Kristall-Kronleuchter und richtige Toiletten.

Geführte Touren

Stadtspaziergänge sind eine tolle Möglichkeit, um alle Sehenswürdigkeiten in Manila abzuklappern. Carlos Celdran ist eine wundervoll exzentrische Ein-Mann-Show über philippinische Geschichte und das Land selbst, und seine **Walk This Way** (☎0920 909 2021; www.carlosceldran.com; Erw./Stud. 1100/600 P) Touren sind sehr zu empfehlen. Bei **Old Manila Walks** (☎0918 962 6452, 02-711 3823; www.oldmanilawalks.com; Touren ab 1100 P) gibt's All-you-can-eat-Touren für Feinschmecker durch Binondo, sowie Führungen über den chinesischen Friedhof, die Insel Corregidor und noch mehr.

Bambike FAHRRADTOUR

(Karte S. 616; ☎02-525 8289; www.bambike.com; Plaza Luis Complex, General Luna St, Intramuros; 1-/2½ Std. Tour 600/1200 P; ⌚10 & 15 Uhr) Bambike fährt Touren auf handgemachten Bambus-Fahrrädern durch Intramuros. Mit dem Rad durch die ruhigen Hintergassen innerhalb der Stadtmauern zu fahren ist großartig, um das doch recht große Intramuros abzudecken. Man sieht alle wichtigen Punkte der Stadt und entdeckt auch den einen oder anderen Geheimtipp. In den Preisen sind Eintritt, Helme und Wasser inbegriffen.

Sun Cruises BOOTSFAHRTEN

(☎02-831 8140; www.corregidorphilippines.com; CCP Complex jetty, Pasay; nur Fähre wochentags/Wochenende 1400/1500 P, Ausflug inkl. Mittagessen wochentags/Wochenende 2350/2550 P, Stadtspaziergang ohne Mittagessen 1700 P) Sun Cruises hält das Monopol auf Bootsfahrten zur berüchtigten Insel Corregidor, der letzten Bastion des amerikanischen Widerstands gegen die japanische Invasion auf Luzon 1941. Jeden Morgen um 7.30 Uhr werden 100 bis 200 Passagiere eingeladen, um 15.45 Uhr geht's dann wieder zurück nach Manila, es sei denn, man bleibt über Nacht.

Schlafen

Die meisten bleiben im Innenstadtbereich in Malate oder im Geschäftsviertel Makati. Malate ist noch immer verschandelt, liegt aber näher an den Sehenswürdigkeiten, außerdem ereignet sich nach Jahren der Vernachlässigung eine allmähliche Wiederbelebung. Die Makati-Hostels sind natürlich teurer, aber näher an den besten Restaurants und dem Nachtleben. Wer in Flughafennähe wohnen möchte, sollte sich irgendwo in Pasay einquartieren.

Malate & Pasay

★ **Pink Manila** HOSTEL $

(Karte S. 612 f.; ☎02-484 3145; www.pinkmanilahostel.com; 5. OG, Ecke Bautista & San Pedro Sts, Pasay; B Ventilator/Klimaanlage 450/570 P, DZ 1600 P; ❄📶🏊) Crissy aus Florida hat mit diesem Hostel, in dem immer etwas los ist, alles richtig gemacht. Es ist wie im Big-Brother-Haus: Am Pool sind immer Mädchen im Bikini, Backpacker chillen auf den Liegestühlen, an der Bar spielt jemand Gitarre. Eine nette Mischung aus Schlafsälen mit pinkem Bettzeug, auf der Dachterrasse warten Hängematten, außerdem gibt's monatliche Partys. Von dort kommt man gut nach Malate und Makati.

Where 2 Next HOSTEL $

(Karte S. 620; ☎02-354 3533; www.where2nexthostel.com; 1776 Adriatico St; mit Frühstück B mit Klimaanlage 495 P, Zi. mit Ventilator/Klimaanlage 950/1550 P; ❄@📶) Ein schickes Hostel: Der blitzsaubere Aufenthaltsraum steht voll mit bequemen Sofas, von einem Balkon mit großen Fenstern hat man einen Blick auf Manilas Hauptstraße. Die gut gepflegten Zimmer

VERWÖHNPROGRAMM

Mit seinem steingrauen Minimalismus ist das **Amélie Hotel** (Karte S. 620; ☎02-875 7888; www.ameliehotelmanila.com; 1667 Bocobo St; Zi. mit Frühstück 3900–5100 P; 🚭❄📶🏊) ein willkommener Kontrast zum heißen und verschwitzten Malate. Die Möbel im Art-déco-Stil füllen kaum die rechteckigen Räume aus. Abkühlung verspricht der Pool auf der Dachterrasse zur Happy Hour oder die Drinks auf Bestellung aus der Lobby-Bar (zehn Stockwerke darunter).

Intramuros & Rizal-Park

Intramuros & Rizal-Park

Highlights
1 Casa Manila ...B3
2 Fort Santiago ...A1
3 Nationale Kunstgalerie ...C5
4 National Museum of the Philippines ...C5
5 Rizal Monument ...A5
6 Rizal Shrine ...A1
7 San Agustin-Kirche ...B3

Sehenswertes
8 Rizal Park ...B6
9 San Agustin Museum ...B3

Aktivitäten, Kurse & Touren
Bambike ...(siehe 1)

Shoppen
10 Manila Collectible Co ...A2
11 Silahis Arts & Artifacts ...B4

werden von Graffitis an den Wänden geschmückt und die Küche ist für Selbstversorger voll ausgestattet. Eine hauseigene Bar fehlt leider, dafür werden Kneipentouren organisiert.

Chill-Out Guesthouse HOSTEL $
(Karte S. 620; ☎02-714 6600; www.chilloutmanila63@gmail.com; 612 Remedios St; B 350 P, Zi. 700–1560 P; ❄@📶) 350 P für ein Bett im klimatisierten Schlafsaal? Klingt gut. Sauber sind sie auch. Aber die privaten Zimmer machen in diesem Hostel wirklich den Unterschied: Sie sind absolut geräumig mit Extras wie Sofas, Nachttische und Kunst an den Wänden. Hier kann man länger bleiben, kochen und in der Küche oder im Aufenthaltsraum essen.

Wanderers Guest House HOSTEL $
(Karte S. 620; ☎02-525 1534; www.wanderersguesthouse.com; 1750 Adriatico St; B mit Ventilator/Klimaanlage 300/350 P, DZ mit Ventilator/Klimaanlage ab 790/990 P, 3BZ 1350–1800 P; ❄@📶) Wanderers im Herzen von Malate weiß, was Backpacker wollen: saubere Schlafsäle und private Zimmer (einige davon mit Balkon), hervorragende Reiseinfos und dazu eine gut ausgestattete Küche. Das Highlight ist die lässige Bar-Restaurant-Chill-out-Lounge auf dem Dach – perfekt, um mit anderen Travellern billiges Bier zu trinken.

V Hotel HOTEL $$
(Karte S. 620; ☎02-328 5553; www.vhotelmanila.com; 1766 Adriatico St; DZ ohne Bad 1200 P, Zi. mit Bad & mit Frühstück 1800–2800 P; ❄📶🏊) Designhotel mit sehr guten Preisen mitten in Malate, mit stylischen (wenn auch kastenartigen) Zimmern, einem lebendigen Café und einem kleinen Pool auf dem Dach. In den preiswertesten Zimmern gibt's Etagenbetten mit Gemeinschaftsbädern. Eine gute und günstige Option anstelle eines Hostels.

Makati

Hilik Hostel HOSTEL $
(Karte S. 618; ☎02-519 5821; www.hilikboutiquehostel.ph; Mavenue Gebäude, 7844 Makati Ave; mit Frühstück B 500–650 P, DZ 1100–1500 P; ❄📶🏊) Die privaten Zimmer hier sind total stylisch – das unterscheidet das Hilik von den anderen Hostels in der Stadt, obwohl man am besten eines reserviert, das nicht an der lauten Makati Ave liegt. Die klimatisierten Schlafsäle des Hilik (bedeutet „Schnarchen" auf Tagalog) sind eng, aber makellos sauber, genau wie die Küche und der Aufenthaltsraum.

MNL Boutique Hostel HOSTEL $
(Karte S. 618; ☎02-511 7514; www.mnlboutiquehostel.com; 4688 B Valdez St; B 500–750 P, Zi. 1550 P; ❄@📶) Das künstlerische MNL mit seinen Böden aus poliertem Beton und Türen aus buntem Sperrholz versteht sich selbst als kreativ und komfortabel für Backpacker. Manchmal ist der Platz ein wenig knapp und das natürliche Licht fehlt, aber die Betten sind hochwertig, es hängen keine unangenehmen Düfte in der Luft, und das Lokal im Erdgeschoss bietet eine Happy Hour.

Lokal Hostel HOSTEL $
(Karte S. 618; ☎02-890 0927; www.lokalhostel.com; 3. Stock, 5023 P Burgos St; B mit Ventilator/Klimaanlage ab 400/500 P, EZ/DZ ab 800/1300 P; ❄@📶) Eine Zuflucht mitten in Makatis kitschigem Rotlicht-Bezirk mit geräumigen Schlafsälen, großen Betten und einer coolen Dachterrasse. Die privaten Zimmer haben das beste Preis-Leistungs-Verhältnis in Makati.

Z Hostel HOSTEL $$
(Karte S. 618; ☎02-856 0851; www.zhostel.com; 5660 Don Pedro St; B 650–850 P, DZ mit Frühstück 2430 P; ❄@📶) Dank der Bar auf dem Dach und dem Café unten ist das die beste Party-Adresse für Backpacker in ganz Manila. Mit 130 Betten in sieben Stockwerken ist es gewaltig. Die Schlafsäle sind luftig und verfügen alle über Gemeinschaftsbäder, in den stabilen Stahlgerüsten der Betten finden sich Aufladestationen. Die Privatzimmer sind zu teuer. Keine Küche.

P Burgos & Umgebung

P Burgos & Umgebung

Schlafen

1 Clipper Hotel C3
2 Hilik Hostel B2
3 Hotel Durban B2
4 Junction Hostel D2
5 La Casita de Mercedes D3
6 Lokal Hostel C3
7 MNL Boutique Hostel B1
8 Z Hostel C3

Essen

9 A Venue Food Market B1
10 Beni's Falafel B1
11 El Chupacabra C3
12 Friends & Neighbors C1
13 Som's Noodle House D3
14 Tambai C3

Ausgehen & Nachtleben

15 H&J C3
16 Handlebar C4
17 Time C1
Z Hostel Roofdeck .... (siehe 8)

Junction Hostel HOSTEL $$

(Karte S. 618; ☎ 02-501 6575; www.junctionhostels.com; Ecke Gen Luna & Don Pedro Sts; B 650–850 P, DZ ohne Bad 1800 P; ❄@☜) Das Junction mit 111 Betten ist Manilas neuestes „Hip-Hostel", es ist urban mit Wandmalereien, industriellen Elementen und Boutique-Schlafsälen in unterschiedlichen Stilen und Konfigurationen. Unten im Aufenthaltsraum schenken Baristas Kaffee sowie Import-Bier an Gäste aus, die über ihre Laptops gebückt sind. Könnte auch in Brooklyn sein.

Clipper Hotel HOTEL $$

(Karte S. 618; ☎ 02-890 8577; www.theclipperhotel.com; 5766 Ebro St; EZ 1400 P, DZ 2300–2500 P; ❄☜) Das Clipper hat Stil, obwohl es nur ein paar Schritte von der schmierigen P Burgos Straße entfernt ist. Die zwei schrägen Einzelzimmer ohne Fenster sehen aus wie Schiffskabinen, die Flachbildfernseher sind in die Betten eingebaut. Die geräumigeren

Doppelzimmer sind sehr weiß und hell mit Parkettböden. Wer noch mehr Stil will, sollte es im neu eröffneten Schwesterhotel B&B des Clipper versuchen, **La Casita de Mercedes** (Karte S. 618; ☎02-887 4385; http://lacasitamercedes.com; Ecke Alfonso & Fermina Sts; EZ 1500 P, DZ mit Frühstück 2650–2950 P), das sich in einem wunderschön restaurierten Haus aus den 1930ern befindet.

Hotel Durban HOTEL $$
(Karte S. 618; ☎02-897 1866; www.hoteldurban.net; 4875 Durban St; Zi. 1700–2600 P;) Makatis beste Mittelklasseunterkunft zeichnet sich durch ein effizientes Management aus. Die Zimmer mit der Holzimitatvertäfelung sind blitzblank und mehr als angemessen für den Preis. Wer ein Deluxe-Zimmer ganz oben nimmt, hat auch ein Fenster.

Essen

Food Courts in Einkaufszentren wie dem Robinsons Place (S. 622) in Ermita sind immer eine gute Anlaufstelle für erschwingliches Essen. Vegetarier finden in Malate Dutzende Halal-Restaurants. Und in Quiapo/Binondo in Chinatown gibt's authentisches chinesisches Essen.

Malate & Ermita

★ **Shawarma Snack Center** NAHÖSTLICH $
(Karte S. 620; 485 Zl. Salas St; Shawarma 60–75 P, Gerichte 85–300; 24 Std.) Es klingt vielleicht nach nichts Besonderem, aber hier gibt's am Straßenrand die leckersten Falafel, *muttabal* (Auberginendip), Hummus und Kebabs in Manilas Innenstadt.

Midtown Diner PHILIPPINISCH, AMERIKANISCH $
(Karte S. 620; 551 Padre Faura St; Gerichte 115–180 P; Mo–Sa 7–20 Uhr;) Ein klassisches amerikanisches Diner mit Fleisch und Kartoffeln im philippinischen Stil. Zu den günstigen Menüs gibt's Suppe und Eistee.

Cafe Adriatico INTERNATIONAL $$
(Karte S. 620; 1790 Adriatico St, Malate; Hauptgerichte 200–400 P; 7–5 Uhr;) Das romantische Eckbistro ist schon lange ein Favorit in Malate, und es lohnt sich, hier etwas für eine originale Multikulti-Küche mit spanischem, englischem, amerikanischem und italienischem Einschlag hinzulegen. Zur Unterhaltung beobachtet man Leute am Remedios Circle. Es hat bis in die frühen Morgenstunden geöffnet – perfekt, wenn man spät noch etwas essen möchte.

PHOTOBOMBER SUPERSTAR

An der Ostseite des Rizal Parks ragt ein halbfertiges, 49-stöckiges Apartmenthaus in die Höhe, der Torre de Manila. Von seinen zahlreichen Kritikern wird das Bauwerk auch der "Terror von Manila" oder der "Rizal-Monument-Fotobomber" genannt, da es die unangenehme Angewohnheit hat, sich bei Fotos von Manilas beliebtester Statue immer wieder ins Bild zu schmuggeln. Zur Zeit der Recherche für dieses Buch ruhten die Arbeiten an dem Bau, das Ergebnis einer Klage von Denkmalschützern, die ihn als "Schandfleck" für das historische und kulturelle Erbe des Landes bezeichnen.

Hap Chan Tea House CHINESISCH $$
(Karte S. 620; 561 General Malvar St; Hauptgerichte 200–400 P; 11–3 Uhr) Verdientermaßen beliebtes Restaurant. Hier werden leckere, dampfend heiße Spezialitäten aus Hongkong aufgetragen.

Makati

In der Felipe St. kann man sich in den lebendigen Bars und kleinen Restaurants auf dem Bürgersteig gut nach Essbarem umsehen. Das beste ist **El Chupacabra** (Karte S. 618; 5782 Felipe St; Tacos ab 95 P; Mo–Do 8–24, Fr–So bis 3 Uhr), hier gibt's köstliche „Straßentacos", häufig mit Filipino-Note, und dazu Margaritas und San Miguel (45 P). Gegenüber sind das **Tambai** (Karte S. 618; Felipe St; Gerichte 70–300 P;) mit schnellen und extrem originellen japanisch-philippinischen Snacks (unbedingt probieren: die Rinderrippchen *laki-tori* Sticks) und die Sportsbar **H&J** (Karte S. 618; 5781 Felipe St; 14–7 Uhr;) mit Kneipenessen.

Um die philippinische Küche kennenzulernen, isst man am besten *turu-turò*, verschiedene kleine Gerichte zum „drauf zeigen", bei **Friends & Neighbors** (Karte S. 618; 5070 P Burgos St; Gerichte 70–100 P; Mo–Sa 9–21 Uhr) oder draußen beim **A Venue Food Market** (Hot Asia; Karte S. 618; A Venue Mall, Makati Ave; Gerichte 75-85 P; 13–24 Uhr).

Som's Noodle House THAI $
(Karte S. 618; 5921 A Alger St; Hauptgerichte 120–220 P; 10.30–22.30 Uhr) Im Allgemeinen tun sich Restaurants auf den Philippinen schwer

Ermita & Malate

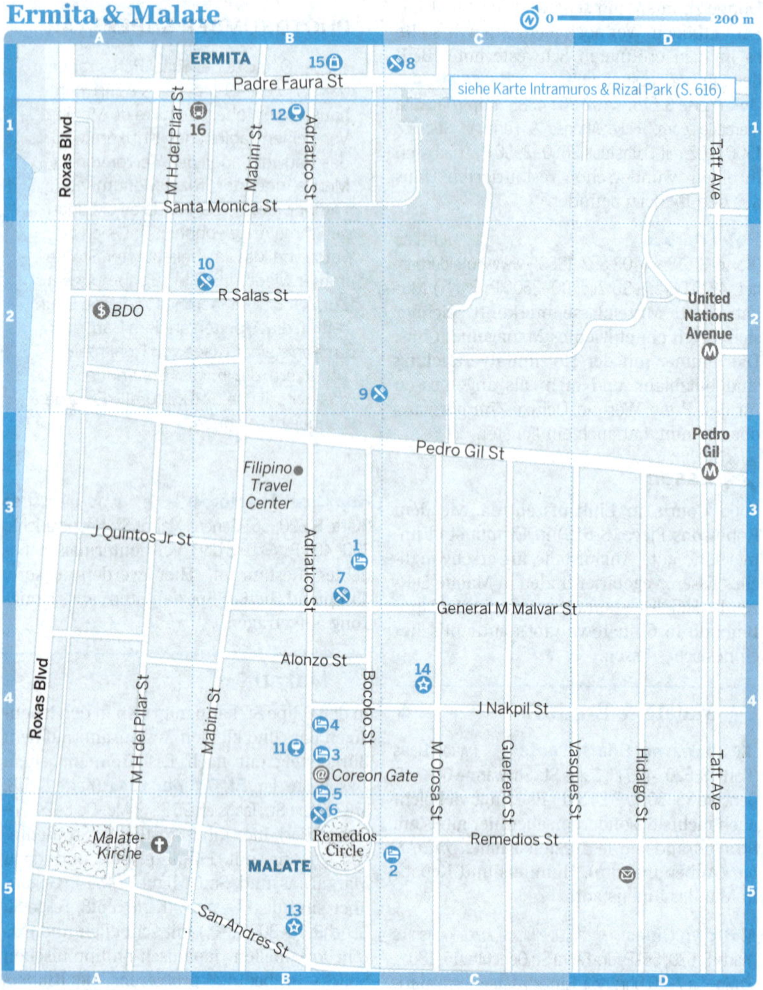

mit thailändischer Küche – doch das Som's, wo Klassiker wie rotes Curry und Tom Yam ganz nach Wunsch gewürzt werden, ist die Ausnahme von dieser Regel. Ein fantastisches Angebot – das direkt ins Hotel geliefert werden kann.

Beni's Falafel NAHÖSTLICH **$$**

(Karte S. 618; A Venue Mall, B Valdez St Eingang; Gerichte 150–280 P; ⌚24 Std.; 📶) Alles auf der Karte in diesem unauffälligen jemenitischen Minirestaurant wird original und formvollendet zubereitet. Unsere Favoriten sind *shakshuka* (pochierte Eier in würziger Tomatensoße) und Benis Falafel.

Ausgehen & Unterhaltung

Manilas Nachtleben stellt wohl jeden Geschmack zufrieden. Malate ist die Anlaufstelle für Coverbands und Karaoke, Nachtclubs findet man in Makati und Fort, und Quezon City gilt als beste Adresse für Livemusik.

Kinofilme (vor allem aktuelle Blockbuster in englischer Sprache; Karten 150–250 P) kann man in den Einkaufszentren ansehen. Theater- und andere Künstlerensembles treten überall in der Stadt auf. Infos rund um Kino und Unterhaltung stehen auf www.clickthecity.com.

Ermita & Malate

Schlafen
1 Amélie Hotel B3
2 Chill-Out Guesthouse C5
3 V Hotel B4
4 Wanderers Guest House B4
5 Where 2 Next B4

Essen
6 Cafe Adriatico B5
7 Hap Chan Tea House B3
8 Midtown Diner C1
9 Robinsons Place B2
10 Shawarma Snack Center B2

Ausgehen & Nachtleben
11 Erra's Vest Ramen in Town B4
12 Tap Station B1

Essen
13 1951 .... B5
14 Library C4

Shoppen
15 Solidaridad Bookshop B1

Transport
16 Cagsawa Ermita Terminal B1
Isarog Ermita Terminal .... (siehe 16)

Malate

Hier gibt's jede Menge Bars und Kneipen. Gleich westlich des Remedios Circle auf der Remedios Street bekommt man reichlich billigen „Sprit" auf dem Bürgersteig, und in den Uniclubs ist später am Abend richtig was los.

Erra's Vest Ramen in Town BAR
(Karte S. 620; 1755 Adriatico St; ⌚ 24 Std.) Erra ist die typische, südostasiatische Bretterbude am Straßenrand, an der sich Leute aus allen Teilen der Galaxis treffen, um billiges San Miguel (34 P) zu trinken und – wie es der witzige neue Name andeutet – Ramen zu essen (60–90 P).

Tap Station BAR
(Karte S. 620; Ecke Adriatico & Padre Faura Sts; 330 ml Bier 120–200 P; ⌚ 15–2 Uhr) Gutes Craft-Bier, gebraut vom Nachbarn G-Point, das hier einladend unter freiem Himmel mit Bildern des alten Manila serviert wird.

★ **1951** LIVEMUSIK
(Penguin Café; Karte S. 620; 1951 M Adriatico St; ⌚ Di–Sa ab 18 Uhr) In der legendären Kreuzung aus Bar und Galerie tummeln sich Bohemien-Typen und Fans von Livemusik; einige der besten Musiker der Philippinen standen hier schon auf der Bühne. Der offizielle Name ist heute 1951, aber eigentlich nennt es immer noch jeder „Penguin Café".

Makati & das Fort

Rund um die P Burgos Street findet man mehrere gute Bars, z. B. die geniale Biker-Kneipe **Handlebar** (Karte S. 618; www.handlebar.com.ph; 31 Polaris St; ⌚ 24 Std.). Die Clubszene verändert sich ständig. Nebenan ist das **Valkyrie** (Karte S. 612 f.; http://valkyrie.thepalacemanila.com; 9th Ave Ecke 36th St, Fort Bonifacio; Eintritt inkl. 2 Getränke 600–800 P; ⌚ Mi–Sa 22 Uhr–open end), zusammen mit dem **Palace Pool Club** (Karte S. 612 f.; http://poolclub.thepalacemanila.com; 9th Ave Ecke 36th St, Fort Bonifacio; 11-3 Uhr) im Fort zur Zeit der Recherche die angesagtesten Clubs. Aber ganz egal, was gefragt ist und was nicht – alle landen irgendwann im zeitlosen **Time** (Karte S. 618; 7840 Makati Ave; ⌚ Di–Sa ab 17 Uhr), wenn es spät wird.

Z Hostel Roofdeck BAR
(Karte S. 618; 5660 Don Pedro St; ⌚ 17 Uhr–open end, Happy Hour 19–21 Uhr) Die besten Backpa-

SCHWUL & LESBISCH IN MANILA

Manila ist sehr schwulenfreundlich, genau wie der Großteil der Philippinen. Das traditionelle Schwulen- und Lesbenviertel konzentriert sich um die Kreuzung zwischen der J Nakpil Street und der M Orosa Street in Malate, die besten Szeneclubs sind aber nach Ortigas, Quezon City, umgezogen.

O Bar (Karte S. 612 f.; ☎ 0919 996 4154; Ortigas Home Depot, Julia Vargas Ave, Ortigas; Eintritt inkl. 3 Bieren 300–400 P; ⌚ Mi–So 22–6 Uhr) Die O Bar hat sich von der Schwulenkneipe (damals noch auf der J Nakpil Street in Malate) zum Schwulenclub in Ortigas gemausert. Hier wird bis in den Morgen wild gefeiert, außerdem gibt's die berüchtigte Dragqueen-Show.

Library (Karte S. 620; ☎ 02-522 2484; www.thelibrary.com.ph; 1139 M Orosa St; Shows 100–500 P; ⌚ Shows ab 21 Uhr) Hier gibt's allabendliche Comedy-Shows (ab 21 Uhr) im Herzen des Schwulenviertels von Malate, die bei allen (homo und hetero) sehr beliebt sind.

ABSTECHER

VULKAN-HOPPING

Die zweitbeliebteste Tagestour (zur Insel Corregidor) führt von Manila ins 60 km weiter südlich gelegene **Tagaytay**. Auf der 15 km langen Höhenstraße von Tagaytay hat man spektakuläre Ausblicke auf den **Taal-Vulkan**, der aus dem **Taal-See** 600 m weiter unterhalb herausragt. Wer will, kann eine Bootsfahrt zum Fuß des Vulkans unternehmen, dessen Gipfel gerade mal 45 Gehminuten entfernt ist. Viele Hostels in Manila organisieren Tagestouren hierher.

Ebenfalls beliebt ist die Jeeptour (gefolgt von einer zweistündigen Wanderung) zum smaragdgrünen Kratersee des **Mt. Pinatubo** nördlich von Manila. Die Eruption 1991 hatte verheerende Auswirkungen. Der Berg liegt ein paar Stunden nördlich von Manila. Touren starten um 4.30 Uhr.

cker-Partys in Manila. Das Dach des Z zieht kompetente DJs an und ist bei Einheimischen und Ausländern beliebt.

Hooch BAR
(Karte S. 612 f.; 125 Leviste St; ⏲ Happy Hour 14–18, Sa & So bis 17 Uhr; 📶) Eine schicke Bar im vornehmen Salcedo Village. Im Hooch gibt's eine schöne Überraschung für preisbewusste Biertrinker: anständiges Craft-Bier kostet in der Happy Hour nur 90 P, definitiv der beste Preis für Bier in der ganzen Stadt.

★**SaGuijo** LIVEMUSIK
(Karte S. 612 f.; ☎ 02-897 8629; www.saguijo.com; 7612 Guijo St, Makati; Eintritt nach 22 Uhr mit Drink 150 P; ⏲ 18–2 Uhr) Wundervoll abgeranzte Bar mit einer ganzen Reihe von Indie, Punk und New Wave Bands, die ab 22.30 Uhr loslegen.

Shoppen

Gut als Souvenirs geeignet sind holzgeschnitzte Ifugao-*bulol* (Reiswächter), *barong* (traditionelle Filipino-Hemden), lackierte „Schmuckstücke" aus Kokosnussschalen und philippinische Textilien.

In den riesigen Einkaufszentren wie **Robinsons Place** (Karte S. 620; Pedro Gil St; ⏲ 10–21 Uhr), **Mall of Asia** (Karte S. 612 f.; www.smmallofasia.com; Manila Bay; ⏲ 10–22 Uhr) und **Greenbelt** (Karte S. 612 f.; Ayala Centre) gibt es jede Menge gut ausgestatteter Buchläden, der „linke" **Solidaridad** (Karte S. 620; 531 P Faura St, Ermita; ⏲ Mo–Sa 9–18 Uhr) ist eine gute Adresse, wenn man Titel zur Lokalgeschichte und Politik sucht.

★**Silahis Arts & Artifacts** SOUVENIRS
(Karte S. 616; www.silahis.com; 744 General Luna St, Intramuros; ⏲ 10–19 Uhr) Eigentlich hat das Silahis fast mehr von einem Kulturzentrum als von einem Geschäft. Aufwendig geflochtene Körbe, *bulol* (Reiswächter) sowie Textilien und anderes Kunsthandwerk aus dem ganzen Land werden hier neben schönen Antiquitäten verkauft.

Manila Collectible Co SOUVENIRS, ESSEN
(Karte S. 616; ☎ 0917 861 3011; Fort Santiago, Intramuros; ⏲ 10–18 Uhr; 📶) In diesem ungewöhnlichen Laden gibt's handgesponnene Stoffe von ethnischen Gruppen aus den ganzen Philippinen. Außerdem Fair-Trade-Bio-Kaffee, philippinische Zigarren, regionale „Weine", aromatisierte *pili*-Nüsse und reinen Kakao.

ℹ Orientierung

Die gewaltige Metropolregion Manila besteht aus 17 Städten. Touristisch gesehen ist die Stadt Manila (die „Innenstadt") am wichtigsten, weil hier die meisten Sehenswürdigkeiten sind, danach Pasay und Parañaque, wo der Flughafen und viele Busbahnhöfe liegen, sowie das Geschäftsviertel Makati. Die boomenden Viertel von Fort Bonifacio sind in Taguig, das im Prinzip nur eine Verlängerung von Makati ist. Die junge Quezon City mit fast drei Millionen Einwohnern ist die bevölkerungsreichste Stadt im ganzen Land.

ℹ Praktische Informationen

GEFAHREN & ÄRGERNISSE

Manila ist wahrscheinlich nicht gefährlicher als jede beliebige andere Großstadt, kann jedoch ein wenig zwielichtig sein, insbesondere nach Einbruch der Dunkelheit. Im Bezirk Tondo, vor allem in der Gegend um die nördlichen Hafendocks, sollte man nachts nicht allein spazieren gehen. In den Touristenvierteln von Malate und in Ermita wird man mit vielen Obdachlosen konfrontiert. Wer nachts zu Fuß unterwegs ist, sollte sein Umfeld genau im Auge behalten, insbesondere südlich des Remedios Circle.

Im MRT (Mass Rapid Transit) und auf den wichtigsten Ausgehmeilen wird geklaut, was das Zeug hält.

Größter Störfaktor in der Metropole ist der Verkehr. Die Hälfte der Zeit steckt man im Stau bzw. spricht über die Blechlawinen, deshalb sollte man immer großzügig kalkulieren, wenn es zum Flughafen, Busterminal oder zu einer Verabredung zum Abendessen geht.

INTERNETZUGANG

Internetcafés findet man in Einkaufszentren wie dem Robinsons Place, entlang der Adriatico Street in Malate und an der Makati Ave nahe der Ecke Jupiter Street.

MEDIZINISCHE VERSORGUNG

Makati Medical Center (Karte S. 612 f.; ☎ 02-888 8999; www.makatimed.net.ph; 2 Amorsolo St, Makati)

Manila Doctors Hospital (Karte S. 616; ☎ 02-558 0888; www.maniladoctors.com.ph; 667 United Nations Ave, Ermita)

GELD

In Malate, Ermita, Makati und allen Einkaufszentren gibt's haufenweise Geldautomaten. Beliebte Banken sind BDO, BPI und Metrobank, allerdings werden 200 P für Abhebungen am Automaten berechnet, außerdem gibt's maximal 10 000 P pro Abhebevorgang. Wer die Dienste der diversen Geldwechsler auf der Mabini und der Adriatico Street in Anspruch nimmt, sollte auf der Hut sein.

HSBC (Karte S. 550; 6766 Ayala Ave, Makati) Bis zu 40 000 P am Geldautomaten abheben.

TOURISTENINFORMATION

In den Ankunftsbereichen aller vier Flughafenterminals gibt's Touristeninformations-Stände. Die offizielle Website des Philippinen-Tourismus ist www.visitmyphilippines.com.

REISEBÜROS

Überall in Malate und Ermita haben sich Reisebüros niedergelassen, in denen man Inlandsflüge (zzgl. einer Gebühr) buchen kann.

Filipino Travel Center (Karte S. 620; ☎ 02-528 4507; www.filipinotravel.com.ph; Ecke Adriatico & Pedro Gil St, Malate; ⊙ Mo–Fr 8–18, Sa 9–17 Uhr) Diese hilfsbereite und sachkundige Reiseagentur ist auf ausländische Kunden spezialisiert und organisiert Stadttouren und Tagesausflüge um Manila und Umgebung und darüber hinaus.

ℹ An- & Weiterreise

BUS

In Manila gibt's keine spezielle Haltestelle für Fernbusse. Die Busbahnhöfe befinden sich hauptsächlich entlang der Epifanio de los Santos Ave (EDSA). Einige liegen unweit der Kreuzung mit der Taft Avenue in Pasay City (Richtung Süden) und in Cubao (gehört zu Quezon City) im Norden. Nördlich von Quiapo in Sampaloc gibt's eine weitere größere Ansammlung. Busse nach Manila sind gewöhnlich mit Stadtnamen wie „Cubao", „Pasay" oder „Sampaloc" gekennzeichnet.

Die meisten Busse haben 40 Plätze und Klimaanlage, mit je zwei Sitzen nebeneinander. Bequeme „Deluxe"-Expressbusse sind den Aufpreis durchaus wert, wenn's nach Baguio, Lagazpi und Vigan geht. Rappelvolle „normale" (nicht-klimatisierte) Busse kosten 30 % weniger als die mit Kiimaanlage, allerdings dauert die Fahrt auch um einiges länger.

Praktische Busunternehmen

Cagsawa Ermita (Karte S. 620; ☎ 02-525 9756; P Faura Centre, P Faura St); Cubao (Karte S. 612 f.; ☎ 02-998 9050; Araneta Busbahnhof)

Ceres (Karte S. 612 f.; Ecke Taft & Sen Gil Puyat Aves, Pasay)

Coda Lines (Karte S. 612 f.; ☎ 0927 559 2197; 277 E Rodriguez Sr Ave, Quezon City)

Dangwa Bus Lines (Karte S. 612 f.; ☎ 02-493 7596; Florida Cubao Terminal, EDSA Ecke Kamuning)

Florida Bus Lines (Karte S. 612 f.; ☎ 02-781 5894; Ecke Earnshaw St & Lacson Ave, Sampaloc)

BUSSE AB MANILA

ZIEL	PREIS (P)	DAUER (STD.)	EMPFOHLENE UNTERNEHMEN	HÄUFIGKEIT
Baguio	klimatisiert, Luxusklasse 450–750	4–6½	Genesis, Victory Liner	häufig
Banaue	450–530	7–8	Dangwa, Ohayami	2–4 Nachtbusse
Batangas	160–180	2	Jam Transit, RRCG, Ceres	alle 20 Min.
Clark Airport	450	3	Philtranco	3-mal tgl.
Legazpi	klimatisiert, Luxusklasse 850–1050	12	Cagsawa, Isarog, Philtranco	häufig
Sagada	720	11	Coda Lines	21 Uhr
Solano (Banaue)	375	8	Florida, Victory Liner	häufig
Tagaytay	78	2–3	BSC San Agustin	alle 20 Min.
Vigan	klimatisiert, Luxusklasse 680–825	7–9	Florida, Partas	stdl.

Genesis (www.genesistransport.com.ph) Terminals in Pasay (Karte S. 612 f.; ☎ 02-853 3115; Pasay Rotunda) und Cubao (Karte S. 612 f.; ☎ 02-709 0545; Ecke New York Ave & EDSA).

Isarog Bus Lines (http://bicolisarog.com) Terminals in Ermita (Karte S. 620; ☎ 02-525 7077; Padre Faura Centre, Padre Faura St) und Cubao (Karte S. 612 f.; ☎ 02-423-2957; 599 EDSA).

Jam Liner (Karte S. 612 f.; ☎ 02-425 5489; www.jam.com.ph; Ecke Taft & Sen Gil Puyat Aves, Pasay)

Ohayami (Karte S. 612 f.; ☎ 0927 649 3055; www.ohayamitrans.com; Ecke Fajardo St & Lacson Ave, Sampaloc)

Partas Terminals in Cubao (Karte S. 612 f.; ☎ 02-725 1756; Ecke Aurora Blvd & Bernadino St) und Pasay (Karte S. 612 f.; ☎ 02-851 4025; Aurora Blvd, Pasay).

Philtranco (Karte S. 612 f.; ☎ 02-851 8077-9; www.philtranco.com.ph; Ecke EDSA & Apelo Cruz, Pasay)

BSC San Agustin (Karte S. 612 f.; Pasay Rotunda, Ecke Taft Ave & EDSA)

Victory Liner (www.victoryliner.com) Terminals in Cubao (Karte S. 612 f.; ☎ 02-727 4534; Ecke EDSA & New York Ave), Pasay (Karte S. 612 f.; ☎ 02-833 5019-20; Ecke EDSA & Taft Ave) und Sampaloc (Karte S. 612 f.; ☎ 02-559 7735; www.victoryliner.com; 551 Earnshaw St).

FLUGZEUG

Ninoy Aquino International Airport (NAIA; Karte S. 612 f.; www.miaa.gov.ph) liegt 6 km südlich von Malate in Parañaque. Mehr Infos zur Orientierung in NAIAs vier Terminals auf S. 673.

SCHIFF/FÄHRE

Manilas schicker neuer **Nordhafen** (Karte S. 612 f.; www.mnhport.com.ph; Piers 4 & 6, Tondo), nordwestlich von Binondo, ist ein Stück 21. Jahrhundert im ärmlichen Tondo-Bezirk. Alle philippinischen Fähren nutzen diesen Hafen.

2GO Travel (Karte S. 612 f..; ☎ 02-528 7000; http://travel.2go.com.ph; Pier 4, Manila North Harbor Port) Wichtigster Langstreckenfährbetreiber von Manila zu den meisten Inseln. Tickets können online gekauft werden, bei Reiseagenturen oder in den größeren Einkaufszentren.

ℹ Unterwegs vor Ort

Wichtigste Verkehrsader zwischen der Mall of Asia in Pasay und Makati, Ortigas sowie Quezon City ist die Epifanio de los Santos Avenue, kurz EDSA. Der legendäre Roxas Blvd. verläuft nördlich entlang der Bucht von Manila nach Pasay und über Malate zum Rizal Park. Praktischerweise folgt die MRT-Linie der EDSA. An der Taft Ave kann man in den LRT umsteigen.

VOM/ZUM FLUGHAFEN, ZU DEN BUSTERMINALS & FÄHRHÄFEN

Da von keinem der vier NAIA-Terminals öffentliche Verkehrsmittel direkt in das Touristenviertel von Malate fahren, muss man in den sauren Apfel beißen und ein Taxi nehmen. Dabei sollte man sich statt für eines der weißen „Coupon"-Taxis, die vorab bezahlt werden müssen (die fixen Tarife liegen bei über 400 P), für ein gelbes Flughafentaxi entscheiden. Die Grundgebühr kostet 70 P (bei den einfachen Straßentaxis sind es 40 P) und die Strecke bis nach Malate etwa 250 P. Ein paar Pesos spart man, wenn man den Ankunftsbereich der Terminals 1, 2 oder 3 ansteuert und ein Straßentaxi sucht, das gerade Passagiere abgesetzt hat.

Wer mit der Fähre in Manila ankommt, ist ebenfalls besser damit beraten, ein Taxi in die Stadt zu nehmen, weil Touristen mit viel Gepäck nicht unbedingt im Nordhafen herumlaufen sollten und die Nutzung öffentlicher Verkehrsmittel ist recht kompliziert.

Wer mit dem Bus in die Hauptstadt fährt, weiß nie so genau, wo er landet: Es gibt zig unterschiedliche Busbahnhöfe, die meisten liegen aber an oder in der Nähe der Hauptverkehrsader Epifanio de los Santos Ave (EDSA). Von dort verkehren der MRT und der LRT nach Malate und Makati.

JEEPNEY

Die „Baclaran"-Jeepneys, die von Ermita/Malate aus auf der MH del Pilar Street nach Süden unterwegs sind, landen zuletzt auf der EDSA westlich der Pasay-Busterminals bzw. östlich der Mall of Asia. Jeepneys, die von Ermita/Malate aus auf der Mabini Street gen Norden verkehren, halten zuerst am Rizal-Park und steuern anschließend verschiedene Richtungen an: Die „Santa Cruz"- und „Monumento"-Jeepneys überqueren die MacArthur Bridge und passieren das Hauptpostamt, während die „Cubao"- und „España"-Jeepneys über die Quezon Bridge zur Quiapo-Kirche und anschließend zum Cubao- bzw. Sampaloc-Busterminal fahren.

ZUG

In Manila gibt's drei S-Bahn-Linien, die LRT-1, LRT-2 und MRT-3. Für jede Linie muss ein separates Ticket gekauft werden. Die Fahrkarten kosten mindestens 12 P. Die Züge verkehren von 4 Uhr morgens bis Mitternacht, in den Stoßzeiten sind sie hoffnungslos überfüllt und es bilden sich lange Schlangen an den Fahrkartenautomaten.

Die Kordilleren

Viele Besucher, die sich in den Norden Luzons vorwagen, konzentrieren sich auf die Kordilleren im Hinterland, ein von Flüssen durchzogenes und mit grünen Wäldern bedecktes zerklüftetes Terrain. Neben den zahlreichen Reisterrassen um Banaue und Bontoc locken atemberaubende Wanderungen, Wasserfälle und – im Hippie-Flair von Sagada – Höhlenwandern.

Die ethnischen Gruppen der Gegend werden unter dem Namen Igorot zusammengefasst und sind mindestens so interessant wie die Landschaft. Sich mit ihrer Kultur vertraut zu machen lohnt sich: In abgeschiedenen Gebieten wird man vielleicht Zeuge von *cañao* (Opferritualen) oder bekommt Stammesältere im Lendenschurz zu Gesicht.

Warme Kleidung ist ein Muss, denn nachts kann es in den Bergen ganz schön frisch werden. Nebel und Regen sind ebenfalls treue Begleiter. Hier beginnt die Regenzeit früher und dauert länger als anderswo. Funktionierende Geldautomaten gibt's nur in Baguio und Sagada, deshalb sollte man Bargeld mitnehmen.

Anreise & Unterwegs vor Ort

Üblicherweise reist man über Baguio oder Banaue an, es gibt aber auch ein paar obskurere Routen in die Kordilleren. Während der Regenzeit werden die Straßen häufig nach Erdrutschen geschlossen (wie sagt man so schön: Geduld ist eine Tugend). Die Halsema-„Schnellstraße" zwischen Banaue und Bontoc ist inzwischen durchgehend asphaltiert. Bei ihrer Eröffnung in den 1920er-Jahren galt sie als wahres Meisterwerk der Straßenbauerkunst: Sie führt in Höhen von bis zu 2255 m über einen schmalen Grat und gewährt fantastischen Ausblick auf tief eingeschnittene Täler, grüne Reisterrassen sowie den Mt. Pulag (2922 m), den höchsten Gipfel Luzons.

Baguio

074 / 319,000 EW. / 1450 M

Das lebendige, von Wäldern umgebene und für hiesige Verhältnisse kühle Baguio (*bagi-o*) ist das Herz der Kordilleren. Die philippinische „Sommerhauptstadt" wurde zu Beginn des 20. Jhs. von der US-Armee als Bergstation gegründet. Sie beherbergt eine Universität und ist für Livemusik, Gesundbeter und trendige Restaurants bekannt. Obwohl hier keine Tricycles unterwegs sind (sie schaffen es nicht die Hügel hinauf), hat Baguio mit einer erheblichen Luftverschmutzung und Lärmbelastung zu kämpfen. Was tatsächlich den Charme dieses Ortes ausmacht, sind hübsche Flecken außerhalb des Zentrums, z. B. von Kiefern bestandene Parks wie Camp John Hay.

ABSEITS DER ÜBLICHEN PFADE

DIE MUMIEN VON KABAYAN

Über eine gewundene Straße gelangt man nach Kabayan 50 km nördlich von Baguio. Dabei handelt es sich um einen malerischen Ort mit mehreren Höhlen, in denen die Ibaloi vor vielen Jahrhunderten ihre Toten, heute schauerliche Mumien, beisetzten. Manche Höhlen können besichtigt werden, von anderen haben einzig die Stammesältesten Kenntnis. Nach ein oder zwei Tagen in Kabayan kann man einen Guide engagieren und zur Halsema-Schnellstraße zurückwandern (ca. 5 Std. immer bergauf). Dabei passiert man die **Timbac-Höhlen** (Eintritt 100 P) mit den besterhaltenen Mumien. Die Schlüssel dafür bekommt man bei dem Wärter, der den Hügel hinauf wohnt. Von den Höhlen sind es ca. 45 Gehminuten bis zur Schnellstraße.

Sehenswertes & Aktivitäten

★ **Tam-awan Village** KULTURZENTRUM

(074-446 2949, 0921 588 3131; www.tam-awanvillage.com; Long-Long Rd, Pinsao; Erw./Stud. 50/30 P, Workshops pro Pers. 450 P) Nachdem man neun traditionelle Igorot-Wohnhäuser und zwei seltene Kalinga-Hütten in ihre Einzelteile zerlegt hatte, wurden sie hier, an einem Hang auf dem Gelände der Künstlerkolonie Tam-Awan Village, wieder aufgebaut. Eine Übernachtung in einem der Gebäude (EZ/DZ 500/1000 P) ist außergewöhnlich: Gäste können an Kunst-Workshops teilnehmen, lernen, wie Traumfänger oder Glasperlen hergestellt werden, und Vorführungen mit indigenen Tänzen und Musik mitverfolgen. Die Anfahrt erfolgt in einem der Quezon-Hill-Tam-awan- oder Tam-awan-Long-Long-Jeepneys von der Ecke Kayang Street und Shagem Street (8 P).

BenCab Museum MUSEUM

(www.bencabmuseum.org; Km 6, Asin Rd, Tadiangan; Erw./Stud. 100/80 P; Di–So 9–18 Uhr) Das fantastische Museum ist dem Leben, dem Werk und der Zeit von Benedicto Reyes Cabrera („BenCab" genannt) gewidmet und ist selbst genauso faszinierend wie sein Thema. Die Galerie besteht aus einer Mischung aus hohen Glasfenstern, durch die das Licht schräg auf Kolonaden moderner Kunst fällt, kontrastiert von Wänden mit traditionellen, animistischen Schnitzereien, *bulol* (Reiswächtern), psychedelischen Arbeiten von Leonard Aguinaldo sowie zeremoniellen *hagabi* (geschnitzte Holzbänke). Auf der Abanao Street nahe der City Hall (Rathaus) fahren Jeepneys zur Asin Road ab.

Schlafen

Ein unvergleichliches Übernachtungserlebnis bietet Tam-awan Village, allerdings sind es mindestens 15 Fahrminuten bis in die Stadt. Wer gern an der Theke versumpft, könnte sich in einem der sauberen und geräumigen Zimmer im **Dreams Transient House** (0933 522 5671; Palispis (Marcos) Hwy, Km 4; DZ/6-Pers. 1000/3500 P;) einquartieren, direkt unter der Baguio Craft-Brauerei.

Baguio Village Inn PENSION $
(074-442 3901; 355 Magsaysay Ave; EZ/DZ ab 400/750 P;) Diese einladende Backpackerbleibe hinter dem Slaughterhouse-Busterminal erinnert an die gemütlichen Pensionen aus Kiefernholz in Sagada. Die Zimmer im neuen Anbau hinten sind teurer, aber ruhiger.

Upstairs Bed & Bath HOSTEL $
(074-446 4687; upstairsbedandbath@gmail.com; GSP Gebäude, Leonard Wood Rd; B 320 P, DZ 800–1200 P;) In diesem Hostel etwas südöstlich der SM Mall ist Platz für 90 Personen. Die Zimmer mit vier Betten kosten das Gleiche wie die Zimmer mit 20. Eine Küche und etwas bessere Gemeinschaftsräume wären schön.

YMCA Hostel HOSTEL $
(074-442 4766; Post Office Loop; B/DZ 390/1300 P) Verfügt über große, helle Mehrbettzimmer und farbenfrohe Privaträume mit weichen Matratzen und Flachbild-TV. Es befindet sich in unmittelbarer Nähe der Session Road, gegenüber der SM Mall. Ziemlich gutes Preis-Leistungs-Verhältnis.

VERWÖHNPROGRAMM

Wer nicht unbedingt im Zentrum wohnen will – und in Baguio sollte einem das ohnehin nicht so wichtig sein – der kann in der geräumigen **Forest Lodge** (074-422 2075; www.campjohnhayhotels.ph; Loakan Rd; DZ/3BZ ab 2900/3800 P;) in Camp John Hay absteigen. Das Preis-Leistungs-Verhältnis ist unschlagbar. Im gemütlichen Stil eines amerikanischen Ski-Resorts finden sich Seminarräume, ein Fitnessraum und ein Spa.

Essen

Oh My Gulay! VEGETARISCH $
(4. OG, La Azotea Gebäude, Session Rd; Hauptgerichte 110–140 P; So–Do 11–20, Fr & Sa bis 21 Uhr;) Ein verzauberter Garten auf mehreren Ebenen mit Holzschnitzereien, Pflanzen, Brücken, Springbrunnen und kleinen, heimlichen Nischen. Die vegetarische Karte lockt mit tofu *lumpia* (kleine Frühlingsrollen), Salaten, Pasta, gefüllten Crêpes und mehr. Schmeckt interessant.

Volante Pizza INTERNATIONAL $
(82 Session Rd; kl/gr. Pizza ab 69/210 P; 24 Std.) Für Nachteulen und alle, die nach dem letzten Bier noch Hunger haben, genauso wie für eine treue Fangemeinde zur Mittagszeit, gibt's in diesem lockeren Lokal überraschend gute Pizzas, frittiertes Hühnchen und ordentlich belegte Po'Boy Baguettes.

★ **Cafe by the Ruins** FUSION $$
(25 Chuntug St; Hauptgerichte 200–340 P; 7–21 Uhr;) Schnitzereien und grüne Pflanzen wuchern unter dem Strohdach von Baguios beliebtestem Restaurant. Die Karte holt weit aus und ist sehr ansprechend, angefangen bei dem hausgemachten „Brot mit Pâtés" zu Bio-Salaten, fantasievollen Sandwiches und Superlativen wie Curry mit Shrimps und Mango oder Baguio *bagnet* (knuspriger Schweinebauch).

Ausgehen & Unterhaltung

★ **18 BC** BAR
(16 Legarda Rd; 18.30 Uhr–spät nachts) In einer Stadt, in der Livemusik quasi aus jedem Fenster kommt, treten hier turnusmäßig die besten Livebands aus Baguio auf. Gespielt wird alles von Jazz über Blues bis Reggae. Gegenüber vom Prince Plaza Hotel. Ärgerlicherweise sind weder Shorts noch Flipflops erlaubt.

Baguio Craft Brewery KLEINBRAUEREI
(Palispis (Marcos) Hwy; Bier ab 160 P, Hauptgerichte 300–350 P; 17–2 Uhr;) Der kleine Spaziergang aus dem Zentrum raus lohnt sich für die kleine Brauerei von Baguio. Der Lohn der Anstrengung sind etwa 20 verschiedene Sorten von meisterhaft gebrautem Bier, schöne Aussicht auf die Berge von der Dachterrasse und leckere Wings, Fisch-Tacos sowie andere Barsnacks.

Rumours BAR
(56 Session Rd; Cocktails 85–130 P; 11–23 Uhr) Eine jahrzehntealte Institution, die eine schöne Mischung aus Touristen, Expats, Stu-

denten und sonstigen Trinker anzieht. Einige der Spezialitäten knipsen problemlos jedem das Licht aus.

Shoppen

Baguio ist ein Einkaufsparadies, in dem alle Arten von Handwerk feilgeboten werden, darunter Korbwaren, Textilien, Ifugao-Holzschnitzarbeiten und Schmuck – die lokale „Spezialität" sind Stücke aus Silber. Schnäppchenjäger und Fotografen sollten den quirligen **Stadtmarkt** (Magsaysay Ave; ⏲ 6–19 Uhr) ansteuern, auf dem alles von billigen Handwerksimitaten und preisreduziertem Kordillerenkaffee bis hin zum frisch gegrillten Hühnerfötus verkauft wird. Und wer unterschätzt hat, wie kalt es in Buguio wird, kann auf dem **Nachtmarkt** (Harrison Rd) entlang der nordöstlichen Flanke des Burnham Park einen günstigen gebrauchten Hoodie oder Regenmantel kaufen.

Praktische Informationen

Entlang der Session Road findet man mehrere Internetcafés und Banken. Das **Cordillera Regional Tourist Office** (☎ 074-442 7014; Governor Pack Rd; ⏲ Mo–Fr 8–17 Uhr) vermittelt Guides (1000–1500 P pro Tag) und organisiert Touren durch die Kordilleren.

An- & Weiterreise

Victory Liner (☎ 074-619 0000; Upper Session Rd) und **Genesis** (☎ 074-422 7763; Governor Pack Rd) haben ein paar direkte Verbindungen mit Luxus-Bussen (29 Sitze) ab/nach Manila im Programm, größtenteils auf den neu geteilten Schnellstraßen (690–750 P, 4 Std). Die meisten Genesis-Joybusse halten am NAIA Terminal 3. Sonst kann man auch einen der normalen klimatisierten Busse nehmen, die alle halbe Stunde fahren (450 P, 6½ Std.), allerdings verkehren die auf einer weit langsameren Route nach Manila. **Partas** (☎ 074-444 8431) Busse Richtung Vigan fahren über San Fernando (80–105 P, 1½ Std.).

GL Lizardo (☎ 074-304 5994) fährt bis 13 Uhr stündlich vom **Dangwa-Terminal** (Magsaysay Ave), fünf Gehminuten nördlich der Session Road, nach Sagada (222 P, 5½ Std.) und bis 14.30 Uhr nach Bontoc (212 P, 5½ Std.). Die Busse von **D'Rising Sun** (☎ 0910 709 9102) nach Bontoc machen sich bis 16 Uhr ebenfalls stündlich am **Slaughterhouse-Terminal** (Magsaysay Ave), fünf Jeepney-Minuten hinterm Dangwa-Terminal, auf den Weg. Diese Routen führen über die spektakuläre Halsema-Schnellstraße. Am Slaughterhouse-Terminal gibt's mit **NA Liner** (135 P, 4½ Std.) um 10 Uhr einen Bus nach Kabayan (135 P, 4½ Std.). Alternativ kann man in einen der häufiger fahrenden Minivans nach Solano einsteigen, die bis etwa 17 Uhr losfahren, wenn alle Sitze belegt sind (150 P, 3 ½ Std.). Vom dortigen Dangwa Busbahnhof findet man einfache Verbindungen nach Banaue, die etwa stündlich abfahren (250 P, 4 ½ Std.).

KMS und Ohayami bieten täglich mindestens einen Nachtbus nach Banaue (450 P, 8½ Std.). Die Haltestellen befinden sich nahe beieinander an der Shanum Street westlich des Burnham-Parks.

Sagada

1550 EW. / 1477 M

Sagada (1477 m) ist der Inbegriff eines angenehm kühlen Refugiums in den Bergen und ideal, um der Zivilisation für eine Weile zu entkommen. Fans von Outdooraktivitäten dürfen sich auf Höhlen, Gipfel, Wasserfälle und hängende Gräber freuen, während sich gemütlichere Typen vielleicht lieber bei einem Heißgetränk und einem Buch entspannen und Sagadas bodenständigen Charme sowie das kühle Wetter genießen. Idealerweise stimmt man den Besuch auf ein *begnas* (traditionelles Gemeindefest) ab. Dann kommen die herzlichen Kankanay an *dapay* (Versammlungsorte im Freien) zusammen, schlagen Gongs, rauchen Pfeife, trinken Brandy und opfern Hühner. Wenn es irgendwie möglich ist, sollte man nicht am Wochenende hinfahren, wenn massenweise Tourbusse aus Manila kommen. Sagada verfügt jetzt über einen funktionierenden Geldautomaten im alten Rathaus.

Guides sind beim Wandern oder Erkunden der Höhlen zwingend notwendig, selbst bei einfachen Touren. Führer können in der Touristeninformation (⏲ 7–17 Uhr) im alten Rathaus oder bei der Fremdenführervereinigung **Sagada Genuine Guides Association** (☎ 0916 559 9050; www.saggas.org), ein Stück hinterm Yoghurt House den Hügel runter, angeheuert werden. Unsere Lieblingsexkursion ist die halbtägige **Cave Connection** (400 P pro Pers.).

Sagada Outdoors (☎ 0919 698 8361; www.luzonoutdoors.com) veranstaltet von September bis Dezember Raftingausflüge auf dem oberen Chico, das ganze Jahr über aufregende Canyoning-Trips in der Nähe von Sagada und ist die Nummer eins, wenn's ums Mountainbiken und andere Abenteuer in der Region geht.

Schlafen

Es gibt einfache, aber ansprechende Pensionen aus Kiefernholz, die mit gemütlichem Bettzeug ausgestattet sind. An Samstagen

VERWÖHNPROGRAMM

An kühlen Abenden in Sagada ist ein Essen vor dem Kamin in der **Log Cabin** (☎ 0915 671 7949; Hauptgerichte 190–290 P; ⊙18–21 Uhr) genau das Richtige. Hier sollte man sich etwas Gegrilltes in köstlicher Soße, Rösti oder scharfe Currys gönnen. Samstags wird hier ein tolles Büfett aufgebaut (390 P; nur nach vorheriger Reservierung und Bezahlung). Oben gibt's ein Zimmer (1500 P), das wahrscheinlich das beste in ganz Sagada ist.

sind die Betten schnell voll, am besten sucht man sich Unterkünfte (wie die folgenden), die nicht mit der Wochenend-Tourgruppen-Invasion zusammenarbeiten.

Misty Lodge & Cafe LODGE $
(☎ 0926 123 5186; mistylodgeandcafe@rocketmail.com; Zi. ohne Bad 300 P pro Pers.; 📶) Der 15-minütige Spaziergang zu diesem Schmuckstück lohnt sich definitiv – auch bloß, um etwas zu trinken. Die Lodge liegt östlich der Stadt, verfügt über großzügig geschnittene, mit hellem Holz verkleidete Zimmer und ein Café mit Kamin.

Green House PENSION $
(☎ 0999 903 7675; Zi. 200 P pro Pers.; 📶) Dieses Gasthaus oben auf dem Hügel hinter der Straße nach Süden ist nicht nur eines der günstigsten, das wir hier gefunden haben, sondern auch eines der ruhigsten und freundlichsten. Die einfachen Zimmer haben jede Menge rustikalen Charme.

Treasure Rock Inn PENSION $
(☎ 0920 272 5881; Zi. 300 P pro Pers.; 📶) „Tantchen Mary" leitet diese blitzblanke Pension mit einfachen Zimmern und unglaublichem Blick auf die berühmten Klippen von Sagada. 1 km südlich der Stadt sind Ruhe und Frieden garantiert – bis es mit dem allabendlichen Video-Karaoke losgeht (aber nur bis 21 Uhr). Neuerdings gibt's einen Anbau mit Zimmern mit eigenem Bad.

Davey's Inn & Restaurant PENSION $
(☎ 0939 506 1914; EZ/DZ 350/500 P; 📶) Die einfachen Doppelzimmer sind besser als viele andere in der Stadt und bieten ein gutes Preis-Leistungs-Verhältnis. Man blickt auf die Plaza im Herzen der Stadt, unten im Café gibt's einen großen Kamin.

Essen

★ **Yoghurt House** FUSION $
(Snacks 100 P, Hauptgerichte 160–240 P; ⊙8–20.30 Uhr; 🖉) Normalerweise schwärmen wir ja nicht so, aber die säuerliche Joghurtsoße in diesem Restaurant ist das Beste, was (regionalem, knackigem) Gemüse passieren kann. Zum Frühstück gibt's Bananenpfannkuchen auf dem Balkon, zum Mitnehmen großartige Hafer-Cookies, ansonsten noch Pasta, dicke Sandwiches oder Schnitzel.

Gaia Cafe VEGETARISCH $
(Hauptgerichte 120–145 P; ⊙Mi–Mo 7–19 Uhr; 🖉) Versteckt im Wald, 1,6 km südlich des Zentrums, vorbei am Eingang zu den Lumiang-Höhlen. In der Küche werden unter Kiefern und mit Blick auf Reisterrassen vegetarische Speisen aus lokalen Zutaten gezaubert. Es liegen Bücher aus und außerdem gibt's einen kleinen Laden.

Bana's Cafe CAFÉ $
(Hauptgerichte 100–170 P; ⊙6.30–20 Uhr; 📶🖉) Bana's ist voll und ganz auf Wanderer eingestellt: Es gibt Kaffee, Omeletts und superleckeren, hausgemachten Joghurt. Vom schmalen Balkon schaut man auf eine Schlucht und bekommt viel Morgensonne.

An- & Weiterreise

Bis 13 Uhr fahren mindestens einmal stündlich Jeepneys nach Bontoc (45 P, 45 Min.). Der letzte Bus nach Baguio startet um 13 Uhr.

Coda Lines (☎ 0929 521 3247; Sagada Public Mkt) betreibt einen Bus nach Manila (720 P, 11 Std., 15 Uhr).

Bontoc

☎ 074 / 3030 EW. / 900M

Diese Grenzstadt mit Wildwestflair ist der Hauptverkehrsknotenpunkt und die wichtigste Marktstadt in den Kordilleren. Ein Besuch des **Bontoc Museum** (Eintritt 60 P; ⊙8–12 & 13–17 Uhr) lohnt sich, denn die Ausstellungen zu den wichtigsten Völkern in der Region sind faszinierend. Man beachte die grausigen Fotos von Kopfjägern mit ihrer Beute.

Darüber hinaus eignet sich die Umgebung wunderbar zum Wandern. Besonders schön sind die von Steinmauern eingefassten Reisterrassen von Maligcong. Wer eine Karte und einen Guide (1200 P pro Tag) braucht, sollte in der Touristeninformation vorbeischauen. **Kinad** (☎ 0920 528 1441, 0929 384 1745; kinad139@yahoo.com) – er spricht Deutsch – ist ein erfahrener Guide für diese Gegend.

Wer sich noch mehr von der Zivilisation entfernen möchte, kann die Provinz Kalinga im Norden ansteuern. Dort lassen sich Trekkingtouren zu abgeschiedenen Dörfern unternehmen, in denen inzwischen betagte ehemalige Kopfjäger leben. **Francis Pa-In** (☎0915 769 0843) leitet Wanderungen in Kalinga.

Saubere, wenn auch nicht hundertprozentig funktionale Zimmer und einen netten Balkon mit Blick auf die Hauptstraße bietet das **Churya-a Hotel & Restaurant** (☎0999 994 6726; Halsema Hwy; EZ/DZ/3BZ 250/500/800 P; 📶). Wer eine Klimaanlage und einen Hauch von Komfort will, sollte den Chico überqueren und sich ein Zimmer im **Archog Hotel** (☎0917 695 9036, 0918 328 6908; Zi. 600–1200 P; 📶) nehmen.

Stündlich bis 17.30 Uhr nehmen Jeepneys Kurs auf Sagada (45 P, 45 Min.). D'Rising Sun Busse fahren nach Baguio. Nach Banaue fährt ein Jeepney (150 P) gegen 8, ein weiterer gegen 12 Uhr und drei Busse am Morgen (120 P). Minivans (150 P) sind auch bis Mittag unterwegs, sie starten, sobald sie voll sind.

Nach Vigan kommt man mit drei Minibussen: Bontoc–Abatan (Bauko; 50 P, 45 Min.); Abatan–Cervantes (70 P, 50 Min.); und Cervantes–Tagudin (150 P, 2 Std.). Von Tagudin aus muss man dann einen Bus Richtung Norden nach Vigan (130 P, 2 Std.) rauswinken.

Banaue & die Reisterrassen

☎074 / 2600 EW. / 1200 M

Banaue ist gleichbedeutend mit den Reisterrassen der Ifugao, die zum Weltkulturerbe der UNESCO gehören. Sie wurden vor ca. 2000 Jahren von den Ifugao mit primitiven Werkzeugen in die Hänge hineingebaut und mittels eines ausgeklügelten Systems bewässert. Der Legende nach stieg der Gott Kabunyan über diese Stufen zu den Menschen auf die Erde hinab.

Der eigentliche Ort besteht aus baufälligen Gebäuden mit Blechdächern entlang eines Grats und ist nicht hübsch, außerdem hat man von hier auch nicht den besten Blick auf die Terrassen. Dafür sollte man am besten 45 Min. weiter nach Batad oder in eine der tatsächlich noch weniger touristischen Städte wie Bangaan, Cambulo, Hapao, Kiangan und Pula ziehen. Ein paar davon erreicht man bei Wanderungen von Banaue aus.

Wer wenig Zeit hat: Banaues eigene Lehmwall-Terrassen kann man von Aussichtspunkten 2 km nördlich der Stadt ausführlich bestaunen. Eine Tricycle-Fahrt dorthin und wieder zurück kostet 220 P.

Schlafen & Essen

In einem Großteil der Zimmer in Banaue gibt's keine Steckdosen – deshalb muss man öffentlich zugängliche Steckdosen nutzen. Manche Unterkünfte nehmen 20 P für das Aufladen von Geräten.

★**Randy's Brookside Inn** PENSION $
(☎0917 577 2010; Zi. ab 200 P; 📶) Randy weiß nicht nur alles über Banaue, er führt auch noch eine supersaubere Pension mit den günstigsten Zimmern in der Stadt – und das Frühstück gibt's dazu. Ein echtes Plus für Backpacker.

Stairway Lodge & Restaurant PENSION $
(☎0916 456 7346; EZ 250 P, DZ 400–600 P; 📶) Einfache und entzückende Räume mit Tischen und warmen Decken, die sich zu gemütlichen Gemeinschaftsbereichen im zweiten und dritten Stock öffnen. Die günstigeren Zimmer haben kein Bad und liegen an der Straße, also sind sie auch lauter.

People's Lodge PENSION $
(☎0935 189 5455; EZ/DZ ab 300/500 P; @📶) Zentral gelegene Lodge mit vielen verschiedenen Unterkünften. Das beliebte Restaurant gewährt einen Blick auf die Reisterrassen und hat einen Balkon – genau der fehlt vielen Nachbarn!

7th Heaven's PENSION $
(☎0908 467 4854; Zi. pro Pers. 250 P; ⏲Café 7–20 Uhr) Das freundliche 7th Heaven war ursprünglich „nur" ein Café, doch seit Kurzem beherbergt es auch noch einige Zimmer. 500 m die Straße hoch von der Stadt entfernt gibt's hier die beste Aussicht der ganzen Stadt.

Praktische Informationen

Die Umweltgebühr (50 P) ist im **städtischen Tourismuszentrum** (☎0906 770 7969; ⏲6–19 Uhr) die Straße am Grat hoch bei der Bushaltestelle zu entrichten. Dort werden übrigens auch akkreditierte Führer vermittelt (ganzer Tag 1200 P), Karten ausgegeben und man kann sich nach Preisen für private Transportmittel erkundigen. Dollars kann man beim **Geldwechsler** (Old Banaue Market, 1. OG; ⏲ Mo–Sa 8–18, So 14–18 Uhr) umtauschen.

An- & Weiterreise

Ohayami und der bequemere **Dangwa** (☎0918 522 5049) schicken jeweils einen Nachtbus (in der Hauptsaison mehr) nach Manila (7–8 Std.) und umgekehrt, was jeweils 450 P oder 530 P kostet.

Wer lieber tagsüber reist, nimmt ein Jeepney nach Solano (110 P, 2½ Std. mit Umsteigen in Lagawe) und hält dann einen der häufig verkehrenden Manila-Busse an (375 P, 8 Std.).

Nachtbusse von KMS und Ohayami nach Baguio verkehren über Solano und Rosario (415 P, 8½ Std.). Ein oder zwei Vans fahren diese Tour am Morgen über Solano und nehmen die Abkürzung über die Ambuklao Road (400 P, 6 Std.).

Morgens um 8.30 Uhr startet ein Jeepney nach Bontoc (150 P, 1¾ Std.), zudem kommen am späten Vormittag ein paar Busse auf ihrem Weg nach Bontoc (120 P) durch den Ort.

Batad

1025 EW. / 1100 M

Batad (1100 m) liegt am Fuß eines wahrhaft atemberaubenden Amphitheaters aus stufenförmig angelegten Reisfeldern. Viele Einwohner dieses herrlich idyllischen Dorfes haben ihre traditionelle Lebensweise aufrechterhalten. Dank einer neuen befestigten Straße, die erst kurz vor dem Dorf endet, muss man nicht mehr 45 Minuten lang hinauflaufen. Sicherlich wird sie das Leben der Dorfbewohner erleichtern, allerdings heißt das auch, dass noch größere Massen aus Manila ankommen werden, vor allem am Wochenende und an Feiertagen.

Wem das zu viel wird, der sollte nach Cambulo oder Pula in der Nähe wandern, oder noch weiter raus nach Mayoyao oder nach Barlig und Kadaclan in der benachbarten Mountain Province. In allen gibt es einfache Pensionen.

Von Batad aus erreicht man nach einem rutschigen 40-minütigen Fußmarsch den 30 m hohen **Tappiya-Wasserfall** mit einer Badestelle. Führer können über die Vereinigung Batad Environmental Tour Guides Association (1000–1300 P pro Tag) angeheuert werden.

Die meisten Pensionen blicken über das Dorf Batad und das Amphitheater, in dessen Nähe man das Gelände betritt und die Gebühr bezahlt (50 P). Die Unterkünfte Hillside Inn, Batad Pension, Rita's, Simon's Inn und Ramon's sind einfach, sauber und rustikal, vermieten Zimmer für 200 P pro Person und verfügen über Restaurants. Uns hat das Hillside mit seinem Charme und leckerem Essen überzeugt.

Täglich macht sich ein Jeepney in Banaue auf den Weg nach Batad (150 P, 1¼ Std.), die letzte Viertelstunde muss man allerdings zu Fuß zurücklegen. In Banaue startet der Jeepney um 15 Uhr (150 P, 1 ¼ Std.), zurück geht's am nächsten Tag um 9 Uhr. Ein Tricycle oder ein Motorradtaxi kostet 1000 P.

Wer mag, könnte Batad auf dem Fußweg verlassen: Ein wunderschöner zweistündiger Trek führt ins malerische **Bangaan.** Dort fahren morgens Jeepneys nach Banaue.

Vigan

☎ 077 / 49.747 EW.

Herrenhäuser aus der spanischen Kolonialzeit, Straßen mit Kopfsteinpflaster und *kalesa* (zweirädrige Pferdekutschen) sind die Markenzeichen dieser UNESCO-Welterbestätte. Wie durch ein Wunder blieb Vigan von den Bombardements im Zweiten Weltkrieg verschont und gilt als die besterhaltene Kolonialstadt des Landes. Zwei besonders schöne Villen beherbergen das **Crisologo Museum** (Liberation Blvd; Eintritt nach Spende; ⌚ 8.30–11.30 & 13.30–16.30 Uhr) und das **Syquia Mansion Museum** (Quirino Blvd; Eintritt 30 P; ⌚ Mi–Mo 9–12 & 13.30–17 Uhr).

Schlafen & Essen

(Plaza Burgos; Snacks 50 P) An den **Straßenständen** werden abends lokale Köstlichkeiten wie *empanadas* (frittierte Tortillas mit Krabben, Kohl und Ei) und *okoy* (Krabbenomeletts) verkauft.

Henady Inn HOTEL $
(☎ 077-722 8001; National Hwy; B 250 P, DZ 825–1375 P; ❄) An der Schnellstraße, genau da, wo die Busse halten. Die Vier-Bett-Schlafsäle sind ideal für Leute, die auf jeden Peso achten müssen, oder die frühmorgens anreisen und möglichst noch ein paar Stündchen schlafen wollen.

Hem Apartelle PENSION $$
(☎ 077-722 2173; 32 Gov A Reyes St; DZ 600 P; ❄ 📶) Das zuverlässig klimatisierte Hem ist die sauberste Budgetpension in Vigan. Die Räume sind gekachelt und ohne Charme, aber es gibt Fernseher, saubere Laken, saubere Böden und saubere Toiletten, auf denen man sitzen kann – hurra!

Cafe Uno ILOCANO $
(1 Bonifacio St; Hauptgerichte 100–150 P; ⌚ 9–23.30 Uhr; 📶) Gleich neben dem benachbarten Grandpa's Inn liegt dieses Café mit einer Schar treuer regionaler Gäste, die vor allem die *longganisa* (regionale Wurstspezialität) und *bagnet* schätzen. Wegen der Shakes und Kuchen könnte man hier allerdings auch Halt machen.

An- & Weiterreise

Viele Busunternehmen bedienen die Strecke nach Manila (normal/klimatisiert/Luxus 450/680/850 P, 7–10 Std.). **Partas** (☎077-722 3369; Alcantara St) und **Dominion** (☎077-722 2084; Ecke Liberation Blvd & Quezon Ave) halten in der Nähe des öffentlichen Markts, 1 km südwestlich des historischen Zentrums. Andere Busse setzen Passagiere an der nationalen Schnellstraße ab, 500 m nördlich des Zentrums.

Etwa elfmal täglich machen sich klimatisierte Partas-Busse auf den Weg nach Baguio (330 P, 5 Std.). Sie fahren über San Fernando.

Legazpi

☎052 / 179.481 EW.

Charme ist nicht gerade Legazpis Stärke, doch der beeindruckende Mt. Mayon am Horizont macht dies wieder wett. Die Stadt liegt im Zentrum von Luzons Bicol-Region im Südosten, einem Wunderland für Abenteurer, in dem das Essen ebenso feurig ist wie die Vulkane. Bevor man sich hierher aufmacht, sollte man einen Blick auf die Wettervorhersage werfen, damit man nicht mitten in einem Taifun landet.

Legazpi besteht aus zwei Teilen: dem Albay-Bezirk mit den Provinzregierungsbüros und dem Flughafen sowie dem kommerziellen Viertel Legazpi City. Zwischen den beiden pendeln unablässig Jeepneys entlang der Rizal Street.

Die beste Aussicht auf den Berg bietet der **Ligñon Hill** (Eintritt 20 P) nördlich der Stadt nahe dem Airport. Für den anstrengenden Weg nach oben braucht man 30 Minuten.

Schlafen

Mayon Backpackers Hostel HOSTEL $
(☎052-742 2613; http://mayonbackpackers.wordpress.com; Diego Silang St, Albay Viertel; B mit Ventilator/Klimaanlage 250/350 P, DZ/4BZ 1000/1200 P; ❄@📶) Das einzige richtige Hostel in Legazpi ist mit komfortablen Sechs- und Vier-Bett-Zimmern, einer einfachen Gemeinschaftsküche und Hängematten auf dem Dach mit Blick bis zum Mt. Mayon der klare Gewinner in der Budgetkategorie. In der Hochsaison sollte man im Voraus reservieren. Nahe der St.-Gregory's-Kathedrale.

Catalina's Lodging House PENSION $
(☎052-742 0351; 96 Peñaranda Ext; EZ/DZ ab 200/270 P) Ein altes, knarzendes Holzhaus mitten in Legazpi-City, günstig, einfach und ziemlich laut. Am besten nimmt man ein Zimmer hinten.

> **VERWÖHNPROGRAMM**
>
> Die vier großen Schlafzimmer der **Villa Angela** (☎077-722 2914; www.villangela.com; 26 Quirino Blvd; DZ/4BZ inkl. Frühstück ab 1700/3000 P; ❄📶), ein prächtiges 135 Jahre altes Herrenhaus mit riesiger *sala* (Wohnzimmer) voller antiker Möbel, sehen noch genauso aus wie damals im 18. Jahrhundert. Ein echtes philippinisches Schmuckstück.

★**Balai Tinay Guesthouse** B&B $$
(☎052-742 3366; 70 Gapo St; EZ/DZ mit Frühstück 1050/1200 P; ❄📶) Die nettesten, aufmerksamsten Gastgeber, die einem gern bei der Planung aller Abenteuer in Legazpi helfen, finden sich in diesem familiengeführten Gasthaus in einer ruhigen, kleinen Straße in Albay. Von der Albay Central School aus den Flussweg entlang. Die kompakten Zimmer mit Bad sind supersauber, im Gemeinschaftsbereich gibt's Obst und Getränke für alle.

Essen & Ausgehen

Ein absolutes Muss sind feurigscharfe Bicol-Gerichte wie *pinangat* (in Taro-Blätter gewickelte Fisch- oder Schweinefleischstücke), „Bicol-*exprés*" (scharfes Schweinehack-Gericht), *laing* (ein grünes Gemüse) und *pili*-Nüsse mit winzigen, scharfen *sili*-Schoten. Mit günstigen Bicolano-Gerichten locken die abendlichen **Straßenstände** entlang der Quezon Avenue, ganz in der Nähe des Trylon-Monuments in Legazpi City.

Die richtige Adresse zum Feiern ist der **Boulevard**, ein langer Straßenabschnitt voller Restaurant-Bars, der entlang des Ufers jenseits der Embarcadero Mall (hinterm Sleeping Lion Hill) verläuft.

Seadog Diner FUSION $
(Boulevard; Hauptgerichte 95–150 P; ⏲7–24 Uhr; 📶) Gute Pizza und italienische Küche mit Bicol-Einschlag. Sonst auch super für einen Drink.

Sibid-Sibid FISCH & MEERESFRÜCHTE $$
(328 Peñaranda St; Hauptgerichte 100–235 P; ⏲10–21 P; 🚭📶) Wunderbares Open-Air-Restaurant 1 km nördlich von Legazpi-City, das auf authentische Meeresfrüchtekreationen mit Bicolano-Einschlag wie Fisch à la Bicol-*express* spezialisiert ist. Nirgendwo gibt's besseres *pinangat*.

An- & Weiterreise

Cebu Pacific und PAL Express fliegen jeden Tag mehrmals nach/von Manila, Cebu Pacific zusätzlich noch nach Cebu.

Der Hauptbusbahnhof liegt am Satellite Market westlich der Pacific Mall in Legazpi City. **Cagsawa** (☎ 052-235 0381) und **Isarog** (☎ 0908 851 2651) betreiben beide Deluxe-Nachtbusse mit 27 Plätzen zum **Araneta-Busterminal** (Karte S. 612 f.; zw. Times Sq & Gen Romulo Aves) in Cubao (1050 P, 12 Std.) sowie klimatisierte Busse mit 40 Sitzplätzen direkt nach Ermita in Manila (850 P). **Philtranco** (☎ 052-742 0331) verkehrt mit Luxusbussen nach Pasay, außerdem fahren diverse klimatisierte und normale Busse nach (500 P) Cubao.

Klimatisierte Minitransporter verkehren bis ca. 17 Uhr etwa stündlich nach Donsol (75 P, 1¼ Std.) und Sorsogon (90 P, 1¼ Std., häufig), wo man sich in ein Jeepney nach Matnog setzen kann, von wo aus die Fähren nach Samar übersetzen.

Rund um Legazpi

Mt. Mayon

Mit dem Begriff *magayon* (wunderschön) haben die Einheimischen diesem Monolithen ohne Zweifel den passenden Namen verliehen. Der nahezu perfekte Vulkankegel ragt bis in eine Höhe von 2462 m über NN, und aus dem Krater steigt unablässig Rauch auf.

Der Gipfel des Vulkans ist wegen Ausbruchsgefahr häufig gesperrt – 2013 schleuderte der Mayon Felsen durch die Luft, die vier europäische Bergsteiger und ihren Guide töteten. Während unserer Recherche galt Alarmstufe 1 auf dem Berg, was bedeutet, dass man nicht am Camp 2 (1660 m) vorbeiziehen sollte, obwohl viele Guides (Pflicht!) ihre Kunden auch höher hinaufbringen.

Die meisten Wanderer brauchen 1½ Tage hinauf und übernachten im Camp 2 auf 1600 m. Wer richtig fit ist, schafft es auch an einem Tag. Ein Guide ist unerlässlich. Der 1½-tägige Trek kostet etwa 5000 P pro Person in einer Zweiergruppe (inklusive Zeltausrüstung, Träger, Genehmigungen, Guides, Verpflegung etc.).

Am besten plant man eine Klettertour auf den Mayon zwischen Februar und April, denn von Mai bis August ist es unerträglich heiß bzw. von September bis Januar nass. Donsol Ecotour (S. 632) und **Mayon Naturalist Eco-Guides of Albay** (Manega; ☎ 0915 422 4508; pinangat2001@yahoo.com) organisieren von Legazpi aus Treks auf den Mayon. **ATV Tours** (700–3000 P) – dahinter steht **Bicol Adventure ATV** (☎ 0917 571 4357; www.bicoladventureatv.com) – und **Your Brother Travel & Tours** (☎ 052-742 9871; http://mayonatvtour.com) sind ebenfalls beliebt.

Donsol

4200 EW.

Zwischen November und Juni tummeln sich *butanding* (Walhaie) vor der Küste dieses verschlafenen Fischerdorfs 50 km von Legazpi. Seite an Seite mit diesen silbergetupften, bis zu 14 m langen Meeresgiganten zu schwimmen ist ein unbeschreibliches Erlebnis.

In den letzten Jahren sind die Sichtungen allerdings unvorhersehbar geworden. 2012 und 2013 kamen nur wenige, doch 2014 und 2015 sind die Walhaie zahlreich zurückgekehrt. Wir empfehlen, sich vor Anreise an **Donsol Ecotour** (☎ 0917 506 3554; www.donsolecotour.com) in Legazpi oder an das Besucherzentrum Donsol zu wenden, um herauszufinden, ob sich gerade Walhaie vor der Küste aufhalten. Wer keine Walhaie zu Gesicht bekommt, könnte sich alternativ zur Manta Bowl vor der nahen Ticao Island aufmachen. Dieses Tauchgebiet eignet sich allerdings nur für Fortgeschrittene.

Nach Ankunft muss man in **Donsols Besucherzentrum** (☎ 0919 707 0394, 0927 483 6735; ⌚ 7–17 Uhr), 1,5 km Richtung Norden an der Küstenstraße entlang, eine Anmeldegebühr entrichten (300 P) und kann ein Boot für die 3-stündige Tour chartern (3500 P, bis zu 6 Pers.). Immer mit an Bord sind ein Mitarbeiter, der nach den Walhaien Ausschau hält, und ein *butanding*-Experte, die ein paar Hundert Pesos Trinkgeld verdient haben. Schnorchelausrüstung wird für 300 P verliehen, Tauchen ist verboten.

Schlafen & Essen

Es gibt mehrere Privatunterkünfte in der Stadt, die beste davon ist die supernette **Aguluz Homestay** (☎ 0918 942 0897, 0920 952 8170; razormarilyn@yahoo.com; San José St; Zi. mit Ventilator/Klimaanlage ab 800/1000 P; ❄📶). Alle folgenden sind nördlich der Stadt unweit des Touristenzentrums.

★ **Dancalan Beach Resort** RESORT $
(☎ 0905 218 2973; lyn_amor0122@yahoo.com.ph; B 500 , Zi. 800–2000 P; ❄📶) Das beste Preis-Leistungs-Verhältnis in Donsol bieten die Zimmer mit Ventilator und die Schlafsäle mit zwei Betten in diesem kürzlich renovierten Haus. Die teureren Zimmer mit Klima-

anlage und glänzend weißen Kacheln, Betten aus hellem Holz und Veranden sind makellos. Das ebenso gut geführte Schwesterhaus **Amor Farm Beach Resort** (☎0909 518 1150; http://amordonsolwhaleshark.com; Zi. 1200–1800 P; ❄📶), nur kurz die Straße hinunter, ist ebenfalls eine gute Option.

Vitton & Woodland Resorts HOTEL $
(☎0917 544 4089; vittonandwoodlandresorts@gmail.com; B 500 P, Zi. ab 1800 P; ⊙Juli–Okt. geschl.; ❄📶🏊) Die beiden Resorts nördlich des Besucherzentrums ein paar hundert Meter voneinander entfernt sind sauber und haben nettes Personal. Die sieben Schlafsäle (jeweils mit drei Betten) sind im älteren Woodland untergebracht. Die schöneren Zimmer sind im Vitton. Beide Unterkünfte haben einen Pool und einen hübschen Garten.

ℹ An- & Weiterreise

Klimatisierte Minitransporter (75 P, 1¼ Std.) und Jeepneys (60 P, 2 Std.) machen sich bis 16 Uhr stündlich auf den Weg nach Legazpi.

MINDORO

Diese große Insel gleich südlich von Luzon besteht aus zwei Teilen: Puerto Galera und dem restlichen Mindoro.
Ersteres, ein lebendiges Tauchermekka, liegt mitten in der Verde Island Passage, einer der Unterwasserlandschaften mit der größten Biodiversität weltweit.

Letzteres ist eine ungebändigte Wildnis aus nahezu undurchdringlichen Bergen, die Heimat eines der urtümlichsten Stämme Asiens, den Mangyan. Wer davon träumt, die Zivilisation mal *so richtig* weit hinter sich zu lassen, muss nicht weitersuchen. Vor der Westküste lockt derweil das Taucherwunderland Apo Reef mit Haien und Rochen; man erreicht es von Calintaan und Sablayan aus.

In Roxas im Süden von Mindoro legen regelmäßig Autofähren nach Caticlan (zur Weiterfahrt nach Boracay) ab.

Puerto Galera

☎043 / 32.521 EW.

Die Traumstrände fehlen ebenso wie die schicken Resorts und das hippe Nachtleben von Boracay, doch dafür ist dieses Taucherparadies an der Nordspitze von Mindoro nur eine kurze Bus- und *bangka*-Fahrt von Manila entfernt. Der Name Puerto Galera (PG) bezieht sich gewöhnlich auf Puerto-Galera-Stadt sowie die Orte Sabang Beach 7 km weiter östlich und White Beach 7 km westlich. PG-Stadt hat einen schönen Hafen und einen Geldautomaten, ist ansonsten aber unspektakulär.

ℹ Anreise & Unterwegs vor Ort

Am Batangas-Pier legen bis 16.30 oder 17 Uhr regelmäßig flotte *bangka*-Fähren nach Puerto Galera sowie zum Sabang Beach und zum White Beach ab (310 P inkl. Hafen- und Umweltgebühren, 1½ Std.). Die letzte Gelegenheit, von Sabang nach Batangas zurückzukehren (230 P), ist um 13 oder 14 Uhr (sonntags und in der Hauptsaison gibt's noch eine spätere Verbindung), vom White Beach um 15 Uhr und von Puerto-Galera-Stadt um 15.30 Uhr. Achtung: Es kann mächtig schaukeln!

Wenn das Wetter besonders zuschlägt, sollte man sich lieber 45 km südlich von Puerto Galera für die stabileren ROROs (Roll-on-roll-off – rauf- und runterfahren – Autofähren) oder „Fastcraft"-Schnellboote entscheiden, die Batangas und Calapan miteinander verbinden.

Um nach Roxas zu gelangen (dort starten die Fähren nach Caticlan zur Weiterfahrt nach Boracay), nimmt man an der Petron-Tankstelle in PG-Stadt ein Jeepney (80 P) oder einen Transporter (100 P) nach Calapan (1½ Std., alle 45 Min.) und steigt dann in einen Transporter nach Roxas um (200 P, 3 Std.).

Tagsüber pendeln regelmäßig Jeepneys zwischen Sabang und PG-Stadt (20 P, 20 Min.), für ein Tricycle zahlt man 100 P (nachts mehr). Ein Tricycle von Sabang nach Talipanan kostet 300 P. Motorradtaxis sind preiswerter.

Sabang & Umgebung

Sabang verfügt über die größte Dichte an Hotels, Restaurants und Bars. Partymachen und Tauchen sind bevorzugter Zeitvertreib, und es gibt ein großes Angebot.

Sabangs „Strand" ist ein schmaler Streifen aus braunem, von Abwasserrinnsalen durchzogenem Sand mit ausgesprochen wenig appetitlichem Nachtleben. Um dem zu entkommen, spaziert man um die Landspitze herum zum saubereren, entspannteren **Small La Laguna Beach** mit ein paar Resorts an einem braunen Sandstreifen. Dahinter erstreckt sich der **Big La Laguna Beach.**

Aktivitäten

Preise fürs Tauchen sind sehr unterschiedlich (am besten mehrere vergleichen). **Tina's Reef Divers** (☎0921 205 8578; www.tinasreefdi

Puerto Galera & Umgebung

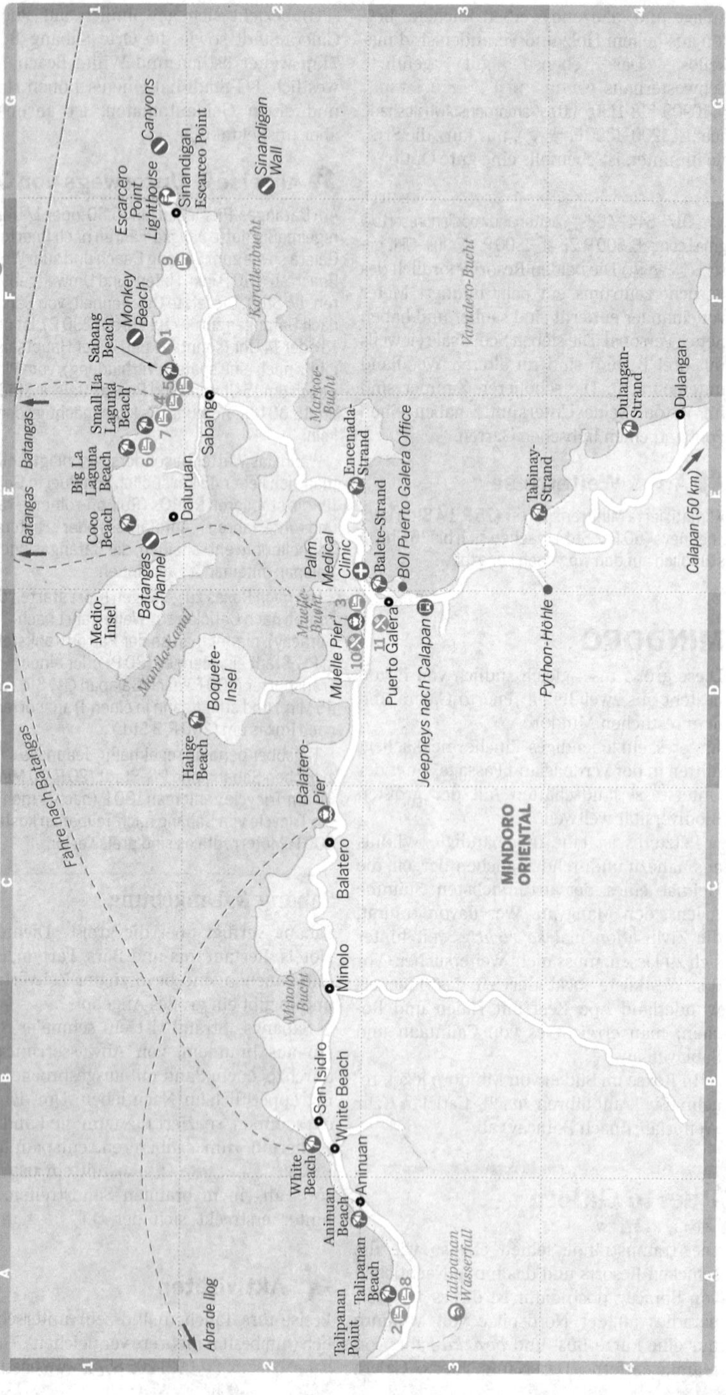

Puerto Galera & Umgebung

Aktivitäten, Kurse & Touren

	Big Apple Dive Shop	(siehe 4)
	Capt'n Gregg's Dive Shop	(siehe 5)
	Octopus Divers	(siehe 1)
1	Tina's Reef Divers	F1

Schlafen

2	Amami Beach Resort	A3
3	Badladz	D2
4	Big Apple Dive Resort	E1
5	Capt'n Gregg's Dive Resort	F1
6	Cataquis	E1
7	El Galleon Beach Resort	E1
8	Mountain Beach Resort	A3
9	Paddy's	F1
	Reynaldo's Upstairs	(siehe 1)

Essen

10	Hangout Bar	D2
11	Robby's Cafeteria	D3
	Sabang Restaurant	(siehe 5)
	Tina's	(siehe 7)

Ausgehen & Nachtleben

	Point Bar	(siehe 1)

vers.com; Sabang; 1000 P pro Tauchgang inkl. Ausrüstung) und **Big Apple** (☎0919 449 8298; pro Tauchgang 1100 P) bieten die besten Preise, **Octopus Divers** (☎0919 379 0811; www.mac-octopusdivers.com; Sabang; pro Tauchgang 1250 P) und **Capt'n Gregg's** (☎0917 540 4570; www.captngreggs.com; Sabang; pro Tauchgang 1400 P) sind zuverlässige Anbieter im mittleren Segment. Eine Open-Water-Lizenz kostet 14 500 P bis 20 000 P.

Schlafen

In der Nebensaison (Juni–Oktober) kann man sich über erhebliche Rabatte freuen. Ohne Reservierung findet man z. B. am östlichen Ende des Sabang Beach günstige Bleiben.

★Reynaldo's Upstairs PENSION $

(☎0917 489 5609; rey_purie@yahoo.com; Sabang; Zi. 900–1200 P; ❄📶) Das am Hang gelegene Reynaldo's wird von der allernettesten Familie betrieben und lockt mit einer Mischung aus überdurchschnittlich guten Budgetzimmern samt Ventilatoren sowie geräumigen Quartieren inklusive toller Aussicht, Küchenzeilen und Balkonen. Einige Zimmer verfügen über so schöne Extras wie DVDs und Rattansofas.

★Capt'n Gregg's Dive Resort LODGE $

(☎043-287 3070, 0917 540 4570; www.captngreggs.com; Zi. mit Ventilator 800–1200 P, mit Klimaanlage 1200–1900 P; ❄📶) Seit mehr als 25 Jahren bietet diese Institution die besten Preise in Sabang. Die kompakten, aber gemütlichen und holzgetäfelten „alten“ Zimmer liegen direkt über dem Wasser und haben immer noch den meisten Charme – am günstigsten sind sie obendrein.

Cataquis HÜTTEN $

(☎0916 297 8455; Big La Laguna Beach; Zi. mit Ventilator/Klimaanlage ab 800/1500 P; ❄📶) Die sauberen Betonhütten befinden sich direkt am Strand. Ein paar größere Räume verstecken sich unter den Bäumen hinten. Das philippinische Restaurant (Hauptgerichte 160–350 P) ist sehr preiswert und sitzt mitten auf dem schönsten Strand von Sabang.

Big Apple Dive Resort RESORT $

(☎043-287 3134; www.divebigapple.com; Zi. 500–2000 P; ❄📶🏊) Direkt am Sabang Beach befindet sich *die* Partyunterkunft. Neben lauten, schäbigen, mit Ventilatoren ausgestatteten Zimmern gibt's auch ein paar schickere Schlafgelegenheiten rund um den Swimmingpool hinten.

Paddy's PENSION $

(☎0926 723 1792; Sinandigan; DZ mit Ventilator/Klimaanlage 400/500 P; 📶) Das Paddy's liegt etwa 1,5 km östlich von Sabang (20 P mit dem Motorrad) und ist fast so etwas wie das einzige Hostel in Puerta Galera. Es verfügt über sechs schachtelförmige Doppelzimmer und eine gut ausgestattete Bar, aus der man einen schönen Ausblick auf eine Schlucht hat. Mit Doppel- oder Etagenbett.

Essen & Trinken

Sabangs Restaurants sind, kurz gesagt, ziemlich teuer. Bei den Resorts sind Cap'n Gregg's und das El Galleon Beach Resort eine gute Wahl.

VERWÖHNPROGRAMM

El Galleon Beach Resort (☎0917 814 5107, 043-287-3205; www.elgalleon.com; Small La Laguna; DZ mit Frühstück 59–110 US$, Villa 110–315 US$; ❄📶🏊) bietet elegante Zimmer, ein edles Restaurant und eine modern ausgestattete Tauchschule. Ganz zu schweigen von der Point Bar, einer der besten Bars auf den Philippinen. Es ist *die* Unterkunft in Sabang, wenn man die Ausgabe nicht scheut.

Sabang Restaurant INTERNATIONAL $
(Hauptgerichte 100–465 P; ⏰7–23 Uhr) In diesem alteingesessenen Restaurant an Sabangs Hauptstraße ist wirklich immer etwas los. Es ist berühmt für seine Shakes und das günstige Frühstück, außerdem gibt's hier auch überraschend gute herzhafte Speisen aus der europäischen Küche.

Tina's DEUTSCH, PHILIPPINISCH $$
(Sabang; Hauptgerichte 200–450 P; ⏰8–22 Uhr; 📶) Hier gibt's einige der besten Gerichte am gesamten Strand, und für Puerto Galera sind die Preise in Ordnung. Unbedingt das Schnitzel probieren.

★ **Point Bar** BAR
(El Galleon Beach Resort, Small La Laguna) Unsere Lieblingsbar. An der lässigen Point Bar trifft man sich zum Sonnenuntergang oder danach, die Aussicht ist fantastisch und die Musik recht eklektisch. Eine der wenigen Bars in der Stadt, in der alleinreisende Frauen sich sicher fühlen können.

Puerto Galera (Ort)

Im Ort reihen sich gegenüber vom bildschönen Hafen am Muelle-Pier mehrere Restaurants aneinander. **Badladz** (☎043-287 3693; www.badladz.com; Muelle Pier; DZ/3BZ 1490/1990 P; ❄📶) mit Blick auf den Hafen ist die beste Unterkunft und betreibt ein respektables Tauchzentrum. In der Nähe des Muelle Pier befindet sich die **Hangout Bar** (Muelle Pier; Hauptgerichte 180–280 P; ⏰7–22 Uhr ; 📶), hier gibt's Kneipengerichte und Computer mit Internetzugang. In **Robby's Cafeteria** (Main Rd, ggü. Muelle Pier; Hauptgerichte 150–300 P, Pizza 200–360 P; ⏰8 –21 Uhr) wird bei Hafenblick das beste italienische Essen überhaupt serviert.

Weststrände

7 km westlich von Puerto Galera erstrecken sich drei aneinandergrenzende Strände. Zuerst kommt der **White Beach**, der viel netter ist als der Strand von Sabang. Allerdings sind die Unterkünfte überteuert und an den Wochenenden fallen die Manileños in Horden ein. An Wochentagen kann es dort aber ganz nett und ruhig sein.

Als Nächstes gelangt man zum sauberen **Aninuan Beach** und zum noch schöneren **Talipanan Beach** am Ende der Straße im Schatten des Mt. Malasimbo (1215 m). Am besten lässt man sich hier im **Amami Beach Resort** (☎0908 206 8534; www.amamibeachresort.com; Talipanan; Zi. ab 1200 P; 📶) nieder, das mit viel Energie von einer gastfreundlichen italienisch-philippinischen Familie geführt wird. Die Zimmer sind alle einfach, aber geschmackvoll im einheimischen Stil eingerichtet, und das Restaurant (Hauptgerichte 180–250 P) ist absolut hervorragend. Regelmäßig werden hier Vollmondpartys (mehr bei www.fullmoonphilippines.com) veranstaltet. Ganz in der Nähe befindet sich das **Mountain Beach** (☎0906 362 5406; www.mountainbeachresort.com; Talipanan; DZ mit Ventilator/Klimaanlage ab 1000/2000 P; ❄@📶) unten am Strand, hier gibt's ein gutes Preis-Leistungs-Verhältnis und Zimmer mit viel Bambus.

Roxas

☎043 / 49.854 EW.

Roxas ist ein staubverkrusteter kleiner Ort, in dem Fähren vom Dangay Pier aus nach Caticlan starten, etwa 3 km vom Stadtzentrum entfernt. Wer hier strandet, findet ein Bett in einem der einfachen Hotels am Pier, das bequemste davon ist das **Tulip Residence Inn** (☎043-289 3150; Dangay Pier; Zi. 6 Std./24 Std. 1000/1500 P; ❄@📶).

Wer unterwegs nach Caticlan (400 P, 4 Std.) ist, sollte die **Ports Authority** (☎043-289 2813) am Dangay-Pier anrufen, um sich nach den Abfahrtszeiten zu erkundigen, da die Fähren nur selten verkehren. **Montenegro Lines** (☎0909 856 6559) betreibt eine ziemlich zuverlässige Fähre am Nachmittag um 14 oder 16 Uhr, sowie eine weniger zuverlässige morgens um 8 oder 10 Uhr. Andere Unternehmen betreiben ausschließlich Nachtfähren.

Am Dangay-Pier fahren Transporter nach Calapan ab (200 P, 3 Std.).

DIE VISAYAS

Wer auf der Suche nach weißen Sandstränden, Rum und Kokosnüssen ist, trifft mit den wie Puzzlestücke im Zentrum der Philippinen gelegenen Inseln dieses Archipels die richtige Wahl. Sie bieten so ziemlich alles, was man sich wünschen kann: ausgelassene Partys auf Boracay und Cebu, Berge auf Negros und ein verträumtes Flair auf Siquijor und Malapascua.

In diesem Teil der Philippinen ist Vorausplanen überflüssig – hier kann man einfach auf die erstbeste Fähre hüpfen.

Die Visayas

Boracay

☎ 036 / 9800 EW.

Kein Wunder, dass Boracay als *das* Top-Reiseziel des Landes gilt, wenn man sich den 3 km langen weißen Bilderbuchsandstrand so ansieht. Darüber hinaus ist das Nachtleben legendär, und am White Beach kann man den berühmtesten Sonnenuntergang auf den Philippinen beobachten.

Parasailingschirme, Seevögel, Frisbeescheiben und *paraw* (kleine *bangka*-Segelboote) zieren das Panorama vor einem vielfarbigen Horizont, Palmen wiegen sich in der Brise und Reggae erfüllt die Luft. Und dann sitzt man womöglich noch in einer Strandbar, wo gerade zwei Cocktails zum Preis von einem serviert werden. Selbst die mittlerweile „zugebauten" Gegenden der Insel vermitteln nach wie vor ein entspanntes Flair.

Das winzige Boracay ist ein Satellit von Panay, die westlichste der sechs größeren Inseln der Visayas. In Panay steigt das **Ati-Atihan** in Kalibo, sozusagen die Mutter aller philippinischen Feste mit Höhepunkt in der dritten Januarwoche. Die Hauptstadt von Panay und das Tor zu den übrigen Inseln ist Iloilo im Süden.

Aktivitäten

Strände

Am **White Beach** dienen drei „Bootsstationen" (außer Betrieb) als gute Orientierungspunkte. Der Abschnitt südlich von Station 3, Angol genannt, weist die meisten Ähnlichkeiten mit dem Boracay „von damals" auf. Der Bereich zwischen Station 3 und Station 1 ist geschäftig und kommerziell. Der schönste und breiteste Teil des White Beach befindet sich nördlich von Station1, um **Willie's Rock** herum.

Auf Boracay kann man einer ganzen Reihe von wunderbaren Freizeitaktivitäten nachgehen, darunter *paraw*-Fahrten (600 P pro Std.),

Boracay

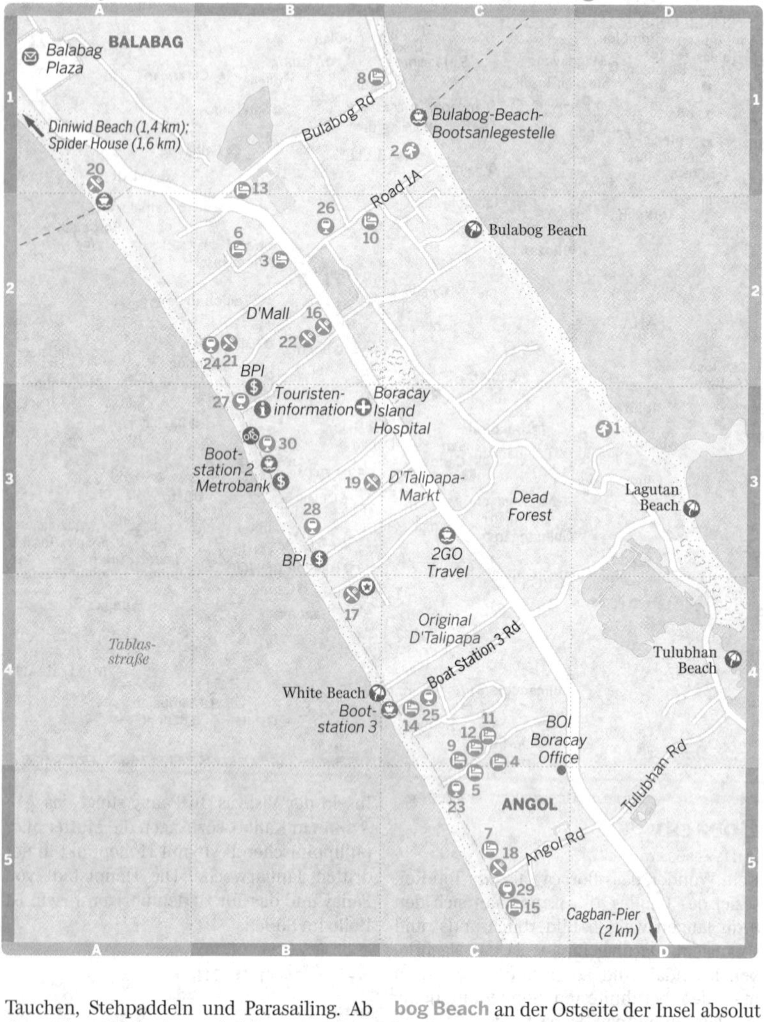

Tauchen, Stehpaddeln und Parasailing. Ab dem späten Nachmittag wird dann am White Beach Fußball, Volleyball und Frisbee gespielt.

Nördlich des White Beach bietet der verschlafene **Diniwid Beach** viel Ruhe, allerdings wurde die Hälfte des Strandes gerade an Bauunternehmen vergeben. Wer sich nach einem echten Einsiedler-Feeling sehnt, könnte den **Ilig-Iligan Beach** nahe der nordöstlichen Spitze von Boracay ausprobieren.

Kitesurfing

Auf dem Höhepunkt des *amihan* (Nordost-Monsun, Dezember bis März) ist der **Bulabog Beach** an der Ostseite der Insel absolut perfekt für einen Kitesurfing-Kurs. Zwischen Dezember bis März weht eine beständige Brise, das Wasser ist schön seicht und die Preise steigen zwar rasant schnell, sind aber immer noch erschwinglich (19 000 P für einen 9–12-stündigen Kurs). Während des *habagat* (Südwestmonsun) von Mai bis Oktober sind die Bedingungen weniger verlässlich; dann ziehen die Kitesurfer an den White Beach um.

Zu den Anbietern vor Ort gehören **Hangin'** (☎ 036-288 3766; www.kite-asia.com) und **Habagat** (☎ 036-288 5787; www.kiteboracay.com).

Boracay

Aktivitäten, Kurse & Touren
1 Habagat ... D3
2 Hangin' ... C1

Schlafen
3 Box & Ladder ... B2
4 Dave's Straw Hat Inn ... C4
5 Escurel ... C5
6 Frendz Resort ... B2
7 Hey! Jude South Beach ... C5
8 Jeepney Hostel & Boracay Kite Resort ... B1
9 Melinda's Garden ... C4
10 MNL Hostel ... B2
11 Ocean Breeze Inn ... C4
12 Orchids ... C4
13 Second Wind ... B1
14 Sulu-Plaza ... C4
15 Tree House Da Mario ... C5

Essen
16 Crafty's ... B2
17 Dos Mestizos ... B4
18 Nargisa Coffee Shop ... C5
19 Plato D'Boracay ... B3
20 Seagaia ... A1
21 Smoke ... B2
22 Smoke ... B2

Ausgehen & Nachtleben
23 Arwana ... C5
24 Bom Bom ... B2
25 Boracay Nutria Water ... C4
26 Cocomangas ... B2
27 Epic ... B3
28 Nigi Nigi Nu Noos ... B3
29 Red Pirates ... C5
30 Summer Place ... B3

Schlafen

Der Großteil der Budgetunterkünfte am White Beach liegt in Angol. In der Nähe des White Beach um Road 1A Richtung Bulabog herum scheint sich gerade eine Art Backpacker-Viertel zu bilden.

In der Nebensaison (Juni–Oktober) fallen die Preise generell um 20 bis 50 %, es ist aber grundsätzlich immer einen Versuch wert, zu handeln.

Angol

Wer keine Unterkunft vorab gebucht hat, sollte sich zu den etwa zehn Resorts an einem Pfad hinter dem Arwana Resort (südlich der Station 3) aufmachen. Mit dem besten Preis-Leistungs-Verhältnis wartet das **Ocean Breeze Inn** (036-288 1680; www.oceanbreezeinn.info; Zi. 1100–1900 P;) auf. Abgesehen von klimatisierten Zimmern verfügt es auch über elegante Hütten im Garten. Die *nipa*-Kolonie (traditionelle strohgedeckte Hütten) **Melinda's Garden** (036-288 3021; www.melindasgarden.com; Zi. mit Ventilator 1500 P, mit Klimaanlage 2500–3500 P;) hat sicherlich den meisten Charme. Weitere gute Optionen sind **Orchids** (0917 242 0833, 036-288 3313; www.orchidsboracay.com; Zi. 950–2350 P;) und **Escurel** (036-288 3611; escurelinn@yahoo.com; Zi. mit Ventilator/Klimaanlage 1000/1500 P;).

Tree House Da Mario RESORT $
(036-288 3601; littlecornerofitaly@yahoo.com; B 250–350 P, DZ 1400–3800 P;) Die Vier-Bett-Schlafsäle mit Ventilator sind nichts Besonderes, aber die billigsten Schlafgelegenheiten der Insel.

Sulu-Plaza HOTEL $$
(036-288 3400; www.sulu-plaza.com; Zi. ab 1900 P;) Hier bekommt man zu einem sehr vernünftigen Preis ein stilvolles Zimmer mit zwei Bambus-Sesseln, kuscheligen, dicken Betten und attraktiver Kunst, alles am Strand direkt an Station 3. Außerdem gibt's geräumige Eck-Apartments für zwei in der oberen Etage (3100 P).

Der zentrale White Beach & Bulabog

★ **MNL Hostel** HOSTEL $
(0917 702 2160; www.mnlhostels.com; Rd 1a; mit Frühstück B 500–580 P, DZ 1550 P;) Dieses Hochhaus-Hostel ist schnell zur besten Wahl für Backpacker in Bulabog geworden. Supersauber, mit vielen cleveren Designideen (z. B. private Steckdosen, herausziehbare Schränke am Schlafsaalbett, das doppelt so breit ist wie normalerweise) und jeder Men-

ZWEI FLIEGEN MIT EINER KLAPPE

Etwas Gutes für die Umwelt tun und viel Geld sparen kann man, wenn man seine Plastikflasche an den „Wasserstationen" entlang der Hauptstraße von Boracay auffüllt. Näher am Strand, bei Station 3, befindet sich **Boracay Nutria Water** (1 l für 7 P; 6.30–20 Uhr).

VERWÖHNPROGRAMM

In der mittleren Preisklasse zählt das **Hey! Jude** (☎036-288 2401, 0917 861 6618; www.heyjude-boracay.com; DZ mit Frühstück 2900–5350 P; ❄📶) zu Boracays besten Strandhotels. Der minimalistische Stil und die unterschiedlichen Räumlichkeiten – von denen die teuersten Meerblick bieten – machen alles richtig und das Frühstück am White Beach ist der ideale Start in den Tag.

ge Spaß in der Lounge auf dem Dach. Es gibt eine Open-Air Küche sowie ein Mal pro Woche Karaoke. Warmwasser kommt aus der Regendusche, das Frühstück ist kostenlos.

Frendz Resort HOSTEL $
(☎036-288 3801; www.frendzresortboracay.com; Station 1; B 600 P, Zi. mit Ventilator/Klimaanlage 2000/2800 P; ❄@📶) An der Bar (bis 23 Uhr geöffnet) gibt's günstige Cocktails und die vielen jungen Backpacker machen das alteingesessene Frendz zur Partyzentrale. Zum Hostel gehören auch Strandliegen (2 Min. zu Fuß). Die nach Geschlechtern getrennten Schlafsäle sind gemütlich, aber nicht klimatisiert.

Box & Ladder HOSTEL $
(☎0917 881 0598; www.boxandladder.com; Boracay Midway Gebäude; B mit Frühstück 500 P; ❄📶) In diesem neuen Hostel an der lauten Hauptstraße ins Bett zu krabbeln fühlt sich ein bisschen an, als würde man sich in einen Taubenschlag quetschen. Die Schlafkabinen sind aber gemütlich und alle verfügen über Steckdosen, Spinde und Vorhänge.

Second Wind PENSION $
(☎036-288 1025; www.secondwindbbb.com; Bulabog Rd; B mit Frühstück 600–850 P, DZ 1750 P; ❄📶) Die zwei Schlafsäle mit Badezimmer machen einen etwas lieblosen Eindruck. Andererseits zählen sie zu den geräumigsten und gepflegtesten auf der Insel und das angenehme Restaurant im Hof ersetzt den Gemeinschaftsbereich im Hostel-Stil.

Jeepney Hostel & Boracay Kite Resort HOSTEL $$
(☎947 777 3551; www.jeepneyhostelboracay.com; Bulabog Rd; mit Frühstück B 700 P, DZ 1600–2000 P; ❄📶) Das erste All-Inclusive-Party-Mekka für Backpacker in Boracay gehört Kanadiern und bietet Kitesurfern am Bulabog Beach regelmäßige Partys, ein Kitesurfing-Zentrum und die quirlige Fusion Sports Bar (24 Std. geöffnet). In den Schlafsälen im Hostel gibt's Betten aus poliertem Bambus und im Resort sind die Privatzimmer bunt und sauber.

Essen

Das preiswerteste philippinische Essen bekommt man an der Hauptstraße. Wer bereit ist, etwas mehr zu zahlen, kann das Ambiente am White Beach genießen: Entlang des Strands befinden sich zahlreiche Restaurants. Selbstversorger können in den zwei Supermärkten der D'Mall neben der Hauptstraße einkaufen.

Nargisa Coffee Shop JAPANISCH $
(Surfside Boracay Hotel, Angol; Hauptgerichte 100–320 P; ⏲11.30–15 & 16.30–23 Uhr) Nargisa am Südende des White Beach ist eines von mehreren günstigen japanischen Lokalen auf Boracay. Es bietet Sashimi, Okonomiyaki und eine große Snack-Karte für 100 P.

Seagaia JAPANISCH $
(Station 1; Gerichte 70–400 P; ⏲11.30–14 & 18–23 Uhr; 📶) Bei den ganzen günstigen Teppanyaki-Läden in Boracay könnte man fast denken, dass man in Japan gelandet ist. Seagaia ist einer der besten und liegt auch noch direkt am Strand. Die Snacks in „halber Größe" (ab 70 P) reichen locker als ganze Portion. Sushi ist ebenfalls preiswert.

Smoke PHILIPPINISCH $$
(D'Mall; Gerichte 120–180 P; ⏲24 Std.; 🖉) Boracays billigstes Restaurant wartet mit frisch zubereiteter philippinischer Küche, leckeren Kokosmilchcurrys und einem Frühstück für 80 P auf. Die **D'Mall-Filiale** (120–180 P; ⏲7–22 Uhr) ist näher an der Hauptstraße.

★ **Plato D'Boracay** FISCH & MEERESFRÜCHTE $$
(D'Talipapa Market; Kochen auf Bestellung 150–250 P; ⏲8–21 Uhr) Hummer, Garnelen und andere Krustentiere kauft man selbst beim Markt nebenan, dann wird alles in diesem Lokal mit familiärer Atmosphäre auf den Grill geworfen. Die Preise sind unschlagbar und günstiger als bei den Grills am Strand.

Crafty's INDISCH $$
(Main Rd; Gerichte 250–350 P; ⏲11–open end) Ganz egal, was auf dem White Beach los ist: Das wirklich beste indische Essen kommt aus der Küche dieser Bar auf dem Dach mit Blick auf D'Mall. Und ja: Es ist wirklich scharf. Außerdem gibt's hier noch Burger und Spareribs.

Ausgehen & Nachtleben

Außer entspannten Cocktailbars, in denen man bei Sonnenuntergang einen Mai Tai schlürfen kann, findet man so ziemlich alle Arten von Läden bis hin zur Stranddisco.

Fünf oder sechs Discos sind bis in die Puppen geöffnet, auch in der Nebensaison. Das **Cocomangas** (⏲11–3) ist die wildeste, dicht gefolgt von **Summer Place** (www.summerplaceboracay.com; Station 2; Eintritt 200 P; ⏲11–open end). Das **Epic** (www.epicboracay.com; Eintritt Fr & Sa 300 P; ⏲22–3 Uhr) ist am schicksten. Bei **Bom Bom** (Station 2; ⏲20–2 Uhr) gibt's am frühen Abend Reggae live am Strand, nachts schallebn die Beats bis in die hintere Bar.

★ **Red Pirates** PUB
(Angol; ⏲10–14 Uhr) Ganz am südlichen Ende des White Beach stehen coole Möbel aus Treibholz am Strand. Die extrem relaxte Bar verkörpert den Esprit des „alten Boracay".

Nigi Nigi Nu Noos BAR
(⏲10–24 Uhr) Dank des legendären Long Island Ice Tea (2 für 1 während der Happy Hour zwischen 17 und 19 Uhr) kommt hier schnell Stimmung auf. Und danach vielleicht noch ein saftiges Steak.

Spider House BAR
Ganz hinten am felsigen Ende des Diniwid Beach mit Blick auf den Sonnenuntergang liegt der beste Spot für Cocktails mit dem schönen Backpacker-Set von Baracay.

Arwana BAR
(Angol; ⏲Happy Hour 13–22 Uhr) Hier ist den ganzen Tag Happy Hour, außerdem bekommt man das San Miguel (30 P) nirgendwo in Boracay günstiger. Cocktails (69 P) auf Nachfrage.

Praktische Informationen

Geldautomaten gibt's haufenweise an der Hauptstraße in der Nähe der D'Mall, noch ein paar mehr findet man entlang des White Beach.

Department of Tourism (DOT; ☎036-288 3689; D'Mall; ⏲Mo–Fr 8–17 Uhr) Hier gibt's ein paar Broschüren und aktuelle Fährenfahrpläne nach Caticlan, Kalibo und Iloilo.

An- & Weiterreise

Um nach Boracay zu gelangen, muss man zunächst nach Caticlan fahren. Dort setzen kleine *bangka*-Fähren zum Cagban-Pier auf Boracay über (oder während des *habagat* von Juni bis Oktober nach Tambisaan). Der 15-minütige Trip kostet 215 P, inkl. Terminal- und Umweltgebühr.

Von Cagban bis zum White Beach zahlt man 150 P pro Tricycle bzw. 25 P pro Person.

BUS

Ceres Lines bietet stündlich Verbindungen via Kalibo (107 P, 2 Std.) nach Iloilo (350 P, 6 Std.; Abfahrt am Caticlan-Pier). Der letzte Bus startet um 16 Uhr.

FLUGZEUG

Cebu Pacific, PAL Express und Skyjet fliegen mehrmals täglich von Manila nach Caticlan, Cebu Pacific startet zusätzlich zweimal täglich nach Cebu. Vom Flughafen Caticlan bis zum Pier läuft man fünf Minuten, mit dem Tricycle ist es gerade mal eine Minute (50 P).

Der Flughafen Caticlan wird gerade ausgebaut, sodass größere Flugzeuge häufiger abfliegen können, auch zu Nachtflügen. Bis dahin bleibt das nahegelegene Kalibo eine populäre Option, da die Flüge dorthin günstiger sind als nach Caticlan. Cebu Pacific und PAL Express fliegen ab Manila zum Kalibo International Airport.

Klimatisierte Transporter sind auf die Ankunftszeiten der Maschinen in Kalibo abgestimmt und fahren bis zum Pier von Caticlan (180 P, 1½ Std.).

Internationale Flüge landen auf dem Kalibo International Airport (S. 673).

Von Iloilo im Süden von Panay bietet Cebu Pacific drei Flüge pro Woche nach Puerto Princesa auf Palawan.

SCHIFF/FÄHRE

Die Fährverbindungen zwischen Caticlan und Roxas, Mindoro, sind sehr regelmäßig. Zusätzlich bietet **2GO Travel** (☎036-288 1422; Main Rd) Fähren nach Batangas (nach Manila; ab 1000 P, 10 Std., mind. tgl.).

Unterwegs vor Ort

Eigentlich kosten Tricycles auf der Hauptstraße nur 10 P – wenn man die sich selbst irreführend als „Special Trips" bezeichnenden wartenden Tricycles ignoriert, die zwischen 50 und 100 P kosten, was jetzt nicht so „special" ist. Mit den neuen E-Trikes ist man leise und mit luxuriös viel Platz unterwegs.

VERWÖHNPROGRAMM

Ob aufwendige Tapas, authentische Paella oder Bohnensuppe und herzhafte Eintöpfe – die traditionelle spanische Küche mit regionalem Einschlag im **Dos Mestizos** (☎036-288 5786; Tapas ab 300 P; ⏲10–23 Uhr) ist ein echter Genuss. Samstags servieren die liebenswerten Besitzer ein sündhaft reichhaltiges Büfett (18 bis 21.30 Uhr), untermalt von angenehmer Life-Musik.

WEITER VON BORACAY: ÜBER LAND ODER MEER

Inlandsflüge ab Caticlan und Kalibo haben ausschließlich Manila und Cebu zum Ziel. Mit etwas Wagemut kann man ohne Flieger auch die folgenden Ziele erreichen.

Puerto Galera Dies ist noch relativ unkompliziert. Man nimmt einfach die Fähre nach Roxas auf Mindoro (4 Std.) und steigt dann in Transporter um, die nach Norden fahren (4½ Std.).

Palawan Von Iloilo im Süden von Panay aus nehmen **Montenegro Lines** (1220 P, 26 Std., Sa 8 Uhr) und die weniger vertrauenswürdige **Milagrosa Shipping** (950 P, 36 Std., Mo & Do 19 Uhr) Kurs auf Puerto Princesa, Palawan (unterwegs wird auf den Cuyo-Inseln Halt gemacht). Eine andere Möglichkeit ist, in die Fähre nach Roxas auf Mindoro einzusteigen und dort einen Bus oder Transporter nach San Jose auf Mindoro zu nehmen. Von dort fahren pro Woche vier oder fünf Touren nach Coron (6½ Std.).

Bohol Lang, aber lustig: Zuerst geht es runter nach Iloilo, wo es eine gute Verbindung per Schnellboot nach Bacolod auf Negros gibt (1 Std.). Von Bacolod fährt ein Bus nach Dumaguete (6 Std.), bei Bedarf auch via Sipalay. Abschließend geht es per Schnellboot nach Bohol (2 Std.).

Negros

Wenn sich eine der Visayas-Inseln damit brüsten kann, das Komplettpaket zu bieten, dann ist es Negros. Hier gibt es einen der Top-Tauchgründe des Landes (Apo Island), einen der schönsten abgeschiedenen Strände (Sipalay) und das entspannteste Provinzstädtchen (Dumaguete). Das dicht bewaldete Inselinnere ist nicht nur Lebensraum für viele Pflanzen und Tiere, sondern auch beeindruckende Kulisse für Erkundungen. Entlang der Westküste erstrecken sich weitläufige, saftig grüne Zuckerrohrfelder bis zum glitzernden Wasser der Sulusee.

Dumaguete

☎035 / 116.000 EW.

Dumaguete (du-ma-*get*-e) eignet sich prima als Ausgangsbasis für die südlichen Visayas. Ein Universitätscampus nimmt einen Großteil des Zentrums ein und verleiht dem Ort einen jungen, energiegeladenen Charme. Die Lage im Schatten der beiden Gipfel des Cuernos de Negros (1903 m) sowie der einfache Zugang zu tollen Wanderwegen, Stränden und Tauchgebieten sind weitere Pluspunkte.

Gefeiert, gegessen und flaniert wird vor allem auf der hübschen Uferpromenade entlang des Rizal Boulevard.

Aktivitäten

Dumaguete ist erstklassiges Terrain für Abenteueraktivitäten. Für Taucher ist Apo Island die Topadresse. Tauchanbieter sind z. B. Harold's Mansion und **Scuba Ventures** (☎035-225 7716; www.dumaguetedive.com; Hibbard Ave) – beide im selben Gebäude.

Viele Tourveranstalter bieten Schnorchelausflüge mit Walhaien im nahe gelegenen Tan-awan (einem *barangay*, das zu Oslob, Cebu, gehört) an, die wir nicht empfehlen können, denn die Tiere leben im Grunde genommen in Gefangenschaft. Da die Einheimischen sie füttern, gehen sie nicht mehr auf Wanderschaft.

Zu Lande kann man sich in Aktivitäten wie Caving, Klettern oder Trekking auf den Cuernos de Negros und rund um die Twin Lakes nördlich der Stadt bei Bais stürzen.

Schlafen

Harold's Mansion HOSTEL $
(☎035-225 8000; www.haroldsmansion.com; 205 Hibbard Ave; B/EZ/DZ ab 250/350/500 P; ❄@📶) Dieses alteingesessene Hostel-Hochhaus hat schon bessere Tage gesehen, aber zum Glück kann man den nicht mehr so ganz funktionalen Räumen und dem grummeligen Personal entkommen, wenn man oben in der Bar auf dem Dach sitzt. Hier kann man immer noch hervorragend Bier trinken, Billard spielen und andere Traveller kennenlernen.

OK Pensionne House PENSION $
(☎035-225 5702; Santa Rosa St; DZ 275–770 P; ❄📶) Dieses gewaltige, ausufernde und leicht heruntergekommene Haus ist genau das, was drauf steht: OK. Die Auswahl an unterschiedlichen (meist fensterlosen) Zimmern ist riesig und selbst die günstigsten verfügen noch über ein eigenes Bad und Schreibtische.

Island's Leisure BOUTIQUE-HOTEL $$
(☎0915 349 1132; www.islandsleisurehotel.com; Hibbard Ave; DZ mit Frühstück mit/ohne Bad ab 1600/990 P; ❄ 📶 🏊) Das zauberhafte Gebäude vereint modernes Zen-Flair mit indigenen philippinischen Elementen, z. B. Weblampen, moderne Kunst, Zweisitzer aus Stein und Plasmafernseher. Zudem gibt's ein Spa. Der Service hingegen ist mal gut und mal nicht so. Es liegt 1 km nördlich der Harold's Mansion.

Essen & Trinken

Qyosko FILIPINO $
(Ecke Santa Rosa & Perdices Sts; Hauptgerichte 60–120 P; ⏲7–3 Uhr; 📶) Regional und legendär: Hier gibt's marinierte Spareribs vom Grill, scharfe philippinische Gerichte, und im angrenzenden und klimatisierten Coffeeshop kann man sich einen köstlichen Shake oder Kaffee holen.

La Bella ITALIENISCH $$
(Rizal Blvd; Gerichte 200–300 P; ⏲9–22 Uhr ; 📶) Warum sollte man sich nicht mal etwas gönnen? Im La Bella, das von Cebu übersiedelte, werden köstliche Pizzas, italienische Fleischgerichte und ordentliches Frühstück wie z. B. Eier Benedict von einem italienischen Koch zubereitet.

★ **Hayahay** BAR
(201 Flores Ave; ⏲16 Uhr–open end) Inmitten einer Ansammlung von Bars und Restaurants am Ufer 2 km nördlich des Bethel Guesthouse serviert das Hayahay köstlichen frischen Fisch und Meeresfrüchte. Darüber hinaus werden mittwochs Reggae-Abende veranstaltet. Am Wochenende gibt's Livemusik bis 4 Uhr früh.

An- & Weiterreise

Cebu Pacific und PAL Express bieten täglich jeweils zwei Flüge nach Manila. Cebu Pacific fliegt dreimal pro Tag nach Cebu.

Fastcraft-Fähren von **Oceanjet** (☎0923 725 3734) fahren via Tagbilaran (700 P, 2 Std.) auf Bohol nach Cebu (1200 P, 4½ Std., 15 Uhr). Die Route nach Cebu wird auch von RORO-Fähren bedient.

Am nahe gelegenen Hafen von Sibulan starten abwechselnd Fastcraft- (62 P) und *bangka*-Fähren (45 P) nach Lilo-an auf Cebu (25 Min.); von dort aus geht's mit Bussen via Oslob nach Cebu City weiter. Reisende nach Moalboal nehmen eine der RORO-Fähren (alle 1½ Std.) von Tampi, Negros, nach Bato, Cebu, und setzen sich dort in einen Ceres-Bus nach Norden.

Ceres Bus Lines (Perdices St) bedient die Strecke zwischen Dumaguete und Bacolod (normal/klimatisiert 275/378 P, 6 Std., alle 45 Min.) über Kabanklan.

Apo Island

745 EW.

Lust auf einen Einblick in das Dorfleben auf einem entlegenen Eiland? Dann ist dieses von Korallenriffen eingerahmte Paradies genau das Richtige. Darüber hinaus gilt Apo Island als eines der schönsten Schnorchelgebiete des Landes.

Viele Besucher unternehmen einen Tagesausflug von Dauin oder Dumaguete aus (Tauchen/Schnorcheln ca. 2800/1000 P pro Pers. inkl. 2 Tauchgängen), aber Sparfüchse sind besser damit beraten, sich auf der Insel einzuquartieren, z. B. in einem der schön rustikalen Zimmer von **Liberty's Lodge & Dive** (☎0920 238 5704; www.apoisland.com; B/EZ/DZ mit Vollpension ab 900/1650/2100 P; ❄ 📶). Dort herrscht entspannte Atmosphäre und für 300 P pro Person werden Gäste zur Insel gebracht.

Bei **Mario Scuba** (☎0906 361 7254; http://mariosscubadivinghomestay.com; B 300 P, DZ 500–1000 P; 📶) hinterm Liberty's stehen ein Sechs-Bett-Schlafsaal und einige große Ensuite-Zimmer mit polierten Böden und privaten Balkons bereit.

Geht man vom Liberty's aus um die Landspitze herum, gelangt man zum **Apo Island Beach Resort** (☎0917 701 7150, in Dumaguete 035-226 3716; www.apoislandresort.com; B 800 P, DZ ab 2700 P), das über seine eigene „geheime" Bucht verfügt. Doch das Liberty's und Mario Scuba sind effizienter geführt und haben das bessere Preis-Leistungs-Verhältnis. Darüber hinaus gibt es auf der Insel einige **familiäre Pensionen** (500 P; Einheimische fragen).

Ein paar *bangkas* setzen gegen 6.30 Uhr nach Malatapay 18 km südlich von Dumaguete über (20 P, 40 Min. mit dem Bus oder Jeepney) und kehren gegen 15 Uhr zurück (300 P, 45 Min.). Eines der Boote für fünf Mann zu chartern kostet 1500 bis 2000 P pro Strecke (handeln!).

Sipalay

☎034 / EW. 11.275

In diesem abgeschiedenen Fischerort im Südwesten von Negros kann man locker einige Zeit verweilen. Am wunderbaren Sugar Beach mit ultimativem Robinson-Crusoe-Feeling hat sich eine wachsende Menge an

Resorts angesiedelt. In der Hauptsaison sind die Betten schnell belegt – im Voraus buchen!

Taucher sollten sich zu den teureren Resorts im *barangay* (Dorf) Punta Ballo 6 km südlich von Sipalay aufmachen. Von hier aus kann man auch zu erstklassigem Insel-Hopping in den Süden starten. Außerdem sollte man unbedingt mit dem **Kajak** durch die Mangroven des Nauhang-Flusses fahren.

Schlafen & Essen

Driftwood Village STRANDRESORT $
(☎ 0920 900 3663; www.driftwood-village.com; Sugar Beach; B 250–300 P, DZ ab 450 P;) Klassische, lockere Strandatmosphäre mit Hängematten und *nipa*-Hütten in verschiedenster Qualität, die auf dem grünen Gelände verteilt sind. Die Küche ist auf Thai spezialisiert, europäische Klassiker gibt es aber auch (Gerichte ab 200 P). Außerdem ist ein fabelhafter Piratenpub unter einem Blätterdach versteckt.

Sulu Sunset STRANDRESORT $
(☎ 0919 716 7182; www.sulusunset.com; Sugar Beach; Zi. 650–1350 P) Hier stimmt alles: schöne *nipa*-Hütten mit gekachelten Böden und Bädern sowie Veranden mit Hängematten und Meerblick, noch dazu zu sehr angenehmen Preisen. Im Restaurant werden leckere Pizzas aus dem Holzofen und deutsche Spezialitäten zubereitet. Ganz am Ende des Strands.

Sugar Rock PENSION $$
(☎ 0908 429 8413; Zi. 650–1750 P;) Zuerst gab's die beliebte Sunset-Bar auf einem Felsen am hinteren Ende des Sugar Beach, seit Kurzem gibt's auch ein paar stylische Zimmer. Unbedingt zum Sonnenuntergang herkommen. Die Aussicht ist großartig und manchmal geht die Party mit Livemusik weiter.

An- & Weiterreise

Um nach Dumaguete zu gelangen, benötigt man drei verschiedene Ceres-Busse: von Sipalay nach Hinoba-an (25 P, 45 Min.), Hinoba-an nach Bayawan (80 P, 1½ Std.) und Bayawan nach Dumaguete (100 P, 2 Std.). Das Umsteigen ist unkompliziert. Ceres verkehrt regelmäßig zwischen Sipalay und Bacolod (normal/klimatisiert 189/289 P, 5½ Std.).

Wer zum Sugar Beach 5 km nördlich von Sipalay will, muss zwei Flüsse überqueren. Entweder arrangiert man den Bootstransfer von Sipalay zum jeweiligen Resort (350 P, 15 Min.) oder verlässt den Bus, der zwischen Bacolod und Sipalay verkehrt, im *barangay* Montilla und fährt mit einem Tricycle bis zum *barangay* Nauhang (100 P, 15 Min.), von wo es in kleinen Paddelbooten weiter über den Fluss zum Sugar Beach (15 P) geht.

Siquijor

☎ 035 / 87 700 EW.

Siquijor ist bekannt für Hexen und Heiler, doch das sollte einen nicht einschüchtern, denn die atemberaubende Landschaft und Unterkünfte mit super Preisen machen die Insel zu einem Traumziel für Rucksacktouristen. Mit einem eigenen Motorrad (werden für 300 P am Pier vermietet) kann man die 72 km lange Ringstraße an einem Tag abfahren und sich Strände, Überbleibsel aus der Kolonialzeit, Wasserfälle, Höhlen und niedliche Dörfer ansehen.

Kurz hinter **Sandugan** 15 km nordöstlich von Siquijor scheint sich das Ende der Welt zu befinden. Hier sind die Strände netter als in **Solangon** 9 km südwestlich von Siquijor.

Schlafen

Kiwi Dive Resort RESORT $
(☎ 0908 889 2283; www.kiwidiveresort.com; Km 16.9, Sandugan; Zi. mit Ventilator 450–690 P, mit Klimaanlage 990–1190 P;) Von den einfachen und sauberen Zimmern am Hügel führt der Weg unter Blumenspalieren zum Strand, zum Sitzbereich und zu einer kleinen Bar. Es gibt ein Tauchzentrum und man kann Motorräder, Mountainbikes und Kajaks mieten.

JJ's Backpackers Village & Cafe HOSTEL $
(☎ 0918 670 0310; jiesa26@yahoo.com; Km 64.6, Solangon; Zelt/B 250/350 P, DZ 500–600 P;) Das entspannte JJ's ist die Rückkehr zu der Zeit, als man noch am Strand zelten, selber Essen machen und seine Tage hier völlig sorglos genießen konnte. Der Strand ist gut gepflegt, allerdings gibt's nur wenige Zimmer. Wenn diese alle voll sind, darf man aber zelten.

Tori's Backpacker's Paradise HOSTEL $
(☎ 0907 132 6666; torisbackpackersparadise@gmail.com; Km 60.8, Tubod; B/DZ ab 300/500 P;) Diese kleine Backpacker-Absteige wird von einem extrem netten Paar geführt. Die wenigen einfachen Zimmer liegen am Wasser, das dazugehörige Restaurant (lecker, aber langsam) ist oben an der Straße. Die Küste ist felsig, aber der weiße Sandstrand um das Coco Grove Resort ist zu Fuß schnell erreicht.

Casa Miranda PENSION $
(☎ 0917 910 6995; Km 64.4, Solangon; B 250 P, DZ 300–500 P) Billigere Unterkünfte am Strand und auch noch mit Bad findet man auf den ganzen Philippinen nicht. Die Zimmer (keine Extras) und der eine muffige Schlafsaal liegen in einem ausufernden Gebäude an einem ordentlichen Strand, gleich südöstlich von JJs.

Charisma Beach Resort RESORT $$
(☎ 0908 915 3449; www.charisma-resort.com; Km 64.8, Solangon; Zi. 1000–1750 P; ❄ ᯤ) Geräumige Zimmer mit Ventilator am Strand, Unterkünfte mit Klimaanlage am Pool und eine einzelne, gemütliche Hütte mit Ventilator weiter hinten. Alle haben einen privaten Balkon.

ℹ Anreise & Unterwegs vor Ort

Viele Traveller setzen mit einer Fastcraft-Fähre aus Dumaguete zum Pier in Siquijor-Stadt über. **GL Shipping** (☎ 0915 891 1426; 130 P, 1½ Std., 5-mal tgl., Sa keine) und **Oceanjet** (S. 643; 210 P, 45 Min., 12.50 Uhr) bedienen die Strecke (1¼ Std., insgesamt ca. 8 Überfahrten tgl., Sa seltener, da GL an diesem Tag nicht fährt). **Montenegro Lines** und **Aleson Lines** schicken ein paar langsamere ROROs (100 P) nach Siquijor-Stadt und Larena, 9 km nordöstlich von Siquijor.

Am Pier in Larena legen am Dienstag, Donnerstag und Sonntag RORO-Fähren nach Cebu ab (ab 350 P, 8½ Std.), sie machen unterwegs Halt in Tagbilaran (ab 270 P, 3½ Std.).

Vom Pier in Siquijor-Stadt zahlt man ca. 120 P für ein Tricycle nach Solangon oder Larena und 170 P bis Sandugan.

Cebu

Umringt von den anderen Inseln und gesprenkelt mit verschlafenen Fischerdörfern ist Cebu so etwas wie das Herz der Visayas. Die Cebuanos sind stolz auf ihre Geschichte: Hier begann Magellan mit der Christianisierung des Landes und hier bereitete der einflussreiche Häuptling Lapu-Lapu dem Leben des großen Entdeckers ein Ende. Die boomende Metropole Cebu City dient als wichtiger Verkehrsknotenpunkt; von hier aus erreicht man so ziemlich jedes Ziel. Pescador Island, nahe der Stadt Moalboal, machte die Philippinen außerdem zu einer international bekannten Taucherdestination. Um Malapascua herum hat man die Gelegenheit, Fuchshaie aus nächster Nähe zu sehen.

Cebu City

☎ 032 / EW. 866.000

Die Inselhauptstadt ist ein sehr viel angenehmerer Ankunfts- bzw. Abreiseort als Manila. Cebu war eine der ersten Stationen auf dem Eroberungsfeldzug der Spanier und hat den Superlativ von „alt" für sich gepachtet: Hier befinden sich z. B. die älteste Straße (Colon Street), die älteste Universität und die älteste Festung. Abends gibt man sich offen dem Hedonismus hin.

Der Downtown-Bezirk ist das Terrain der Händler und Geschäftsleute. Hier locken auch die meisten Sehenswürdigkeiten, allerdings muss man sich einen Weg durch Abgasschwaden, Bettler, Prostituierte und ein Chaos von Massenwaren bahnen. Im deutlich netteren Uptown-Bezirk liegen die schöneren Unterkünfte, besonders rund um den zentralen Fuente-Osmeña-Kreisverkehr.

Sehenswertes

Zusätzlich zu den historischen Sehenswürdigkeiten gibt's in Cebu noch lohnenswerte Museen, wie z. B. das **Museo Sugbo** (Cuenco Ave; Erw./Kind 75/50 P; ⏲ Mo–Sa 9–18 Uhr), mit faszinierenden geschichtlichen Ausstellungen in einem alten Provinzgefängnis; das **University of San Carlos Museum** (Del Rosario St; Eintritt 30 P; ⏲ Mo–Fr 8–12 & 13.30–17, Sa 8–12 Uhr) befasst sich mehr mit Archäologie und das schöne **Casa-Gorordo-Museum**

SPIESSIGES IN CEBU

Cebu ist *der* Ort, wenn man die philippinische Delikatesse *lechón* (Spanferkel am Spieß) probieren möchte. Die besten Restaurants braten täglich Dutzende Ferkel und liefern sie an *lechón*-Begeisterte in Manila und anderswo. Unsere Lieblingsvariante ist die pikante/scharfe aus **Rico's Lechon** (www.ricos-lechon.com; F Cabahug St, Mabolo; Portion ab 135 P; ᯤ). Das populäre **Zubuchon** (One Mango Pl, Gen Maxilom Ave; Gerichte ab 170 P; ⏲ 10–22.30 Uhr) hat mehrere Filialen, unter anderem auch am Flughafen. Empfehlenswert sind auch die kleinen Läden von **Cora's Lechon** (Robinson's Place Mall, Fuente Osmeña; Portion ab 115 P; ⏲ 9–20 Uhr). Das **CnT Lechon** (Ayala Center, 4. OG; Portion ab 152 P; ⏲ 10–21 Uhr) ist eine wahre Institution im Ort.

Cebu City

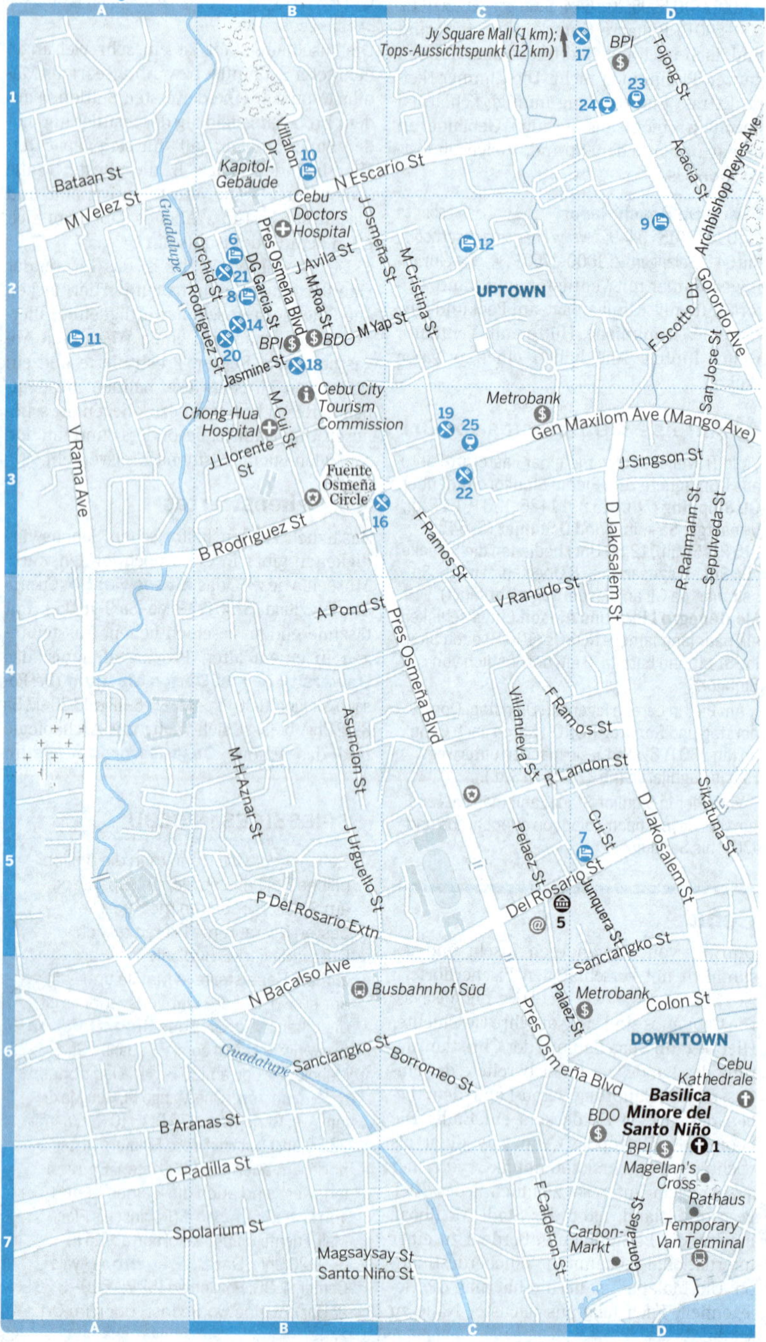
Jy Square Mall (1 km); Tops-Aussichtspunkt (12 km)
Kapitol-Gebäude
Cebu Doctors Hospital
UPTOWN
Cebu City Tourism Commission
Chong Hua Hospital
Fuente Osmeña Circle
Metrobank
BPI
BDO
Busbahnhof Süd
DOWNTOWN
Cebu Kathedrale
Basilica Minore del Santo Niño
Magellan's Cross
Rathaus
Temporary Van Terminal
Carbon-Markt
Guadalupe
Bataan St
M Velez St
N Escario St
Villalon Dr
J Osmeña St
M Cristina St
Pres Osmeña Blvd
J Avila St
M Roa St
M Yap St
DG Garcia St
Orchid St
P Rodriguez St
Jasmine St
M Cui St
J Llorente St
V Rama Ave
B Rodriguez St
F Ramos St
Gen Maxilom Ave (Mango Ave)
J Singson St
F Scotto Dr
Gorordo Ave
Archbishop Reyes Ave
Acacia St
Tojong St
San Jose St
R Rahmann St
Sepulveda St
D Jakosalem St
V Ranudo St
A Pond St
Asuncion St
M H Aznar St
J Urguello St
Villanueva St
R Landon St
Cui St
Sikatuna St
Pelaez St
Del Rosario St
Junquera St
P Del Rosario Extn
N Bacalso Ave
Sanciangko St
Palaez St
Colon St
Borromeo St
B Aranas St
C Padilla St
Spolarium St
Magsaysay St
Santo Niño St
F Calderon St
Gonzales St

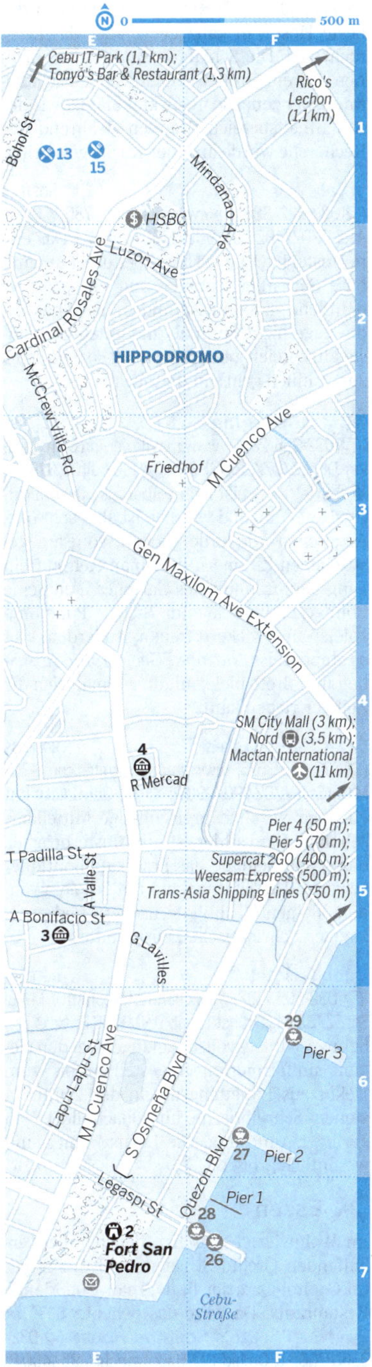

Cebu City

Highlights
1 Basilica Minore del Santo Niño D6
2 Fort San Pedro E7

Sehenswertes
3 Casa-Gorordo-Museum E5
4 Museo Sugbo E4
5 University of San Carlos Museum C5

Schlafen
6 Cebu R Hotel B2
7 Elicon House D5
8 Gran Tierra Suites B2
9 Le Village Hostel D2
10 Mayflower Inn B1
11 Tr3ats A2
12 Travelbee Guesthouse C2

Essen
13 Ayala Center E1
14 Bucket Shrimps B2
15 CnT Lechon E1
16 Cora's Lechon B3
17 Handuraw Pizza D1
18 Joven's Grill B2
19 Persian Palate C3
20 STK ta Bay! Sa Paolito's Seafood House B2
21 Yakski Barbecue B2
22 Zubuchon C3

Ausgehen & Nachtleben
23 Koa D1
24 Kukuk's Nest/Turtle's Nest D1
25 Mango Square C3

Transport
26 2GO Travel F7
Cokaliong Shipping .... (siehe 28)
Gabisan Shipping Lines .... (siehe 29)
27 George & Peter Lines F6
Lite Shipping .... (siehe 28)
M/V Star Crafts .... (siehe 28)
28 Oceanjet F7
29 Roble Shipping Lines F6

(35 L Jaena St; Eintritt 70 P; Di–So 9–17 Uhr) befindet sich in einem Haus aus den 1880-er Jahren.

Wer Downtown Cebu selbst bei einem Stadtspaziergang entdecken will, sollte bei der **City Tourism Commission** (032-412 4355; www.cebucitytourism.com; Pres Osmeña Blvd; Mo–Fr 8–17 Uhr) die „Cebu Heritage Walk"-Broschüre mitnehmen.

★ **Fort San Pedro** FORT
(S Osmeña Blvd; Stud./Erw. 20/30 P; 8–20 Uhr) Miguel Legazpi, Eroberer der Philippinen, ließ die Festung 1565 errichten. Fort San Pe-

dro war eine Armeegarrison, eine Rebellenhochburg, ein Gefängnislager und ein Zoo. Heutzutage ist es ein friedlicher, eingemauerter Garten mit malerisch zerfallender Ruine. Perfekt, um sich bei Sonnenuntergang eine Auszeit von Cebus Chaos und Irrsinn zu gönnen.

★ **Basilica Minore del Santo Niño** KIRCHE
(Pres Osmeña Blvd) Die 1740 erbaute Kirche beherbergt eine flämische Statuette des Jesuskindes (Santo Niño) aus der Zeit Magellans. Bei dem Erdbeben im Oktober 2013 stürzte der Glockenturm ein, wird nun aber wieder rekonstruiert. Schwere Zeiten sind der Kirche nicht neu: 1565 erbaut (die älteste Kirche der Philippinen), ist sie bereits drei Mal abgebrannt. 1737 wurde sie das letzte Mal wieder aufgebaut.

Tops Lookout AUSSICHTSPUNKT
(Eintritt 100 P) Von der JY Square Mall starten *habal-habal* (Motorradtaxis) die aufregende 30-minütige Fahrt über eine kurvige Straße zum Tops-Aussichtspunkt 600 m oberhalb von Cebu (hin & zurück 300 P).

Schlafen

Es lohnt sich, etwas mehr für eine Bleibe in Uptown auszugeben.

★ **Elicon House** HOTEL $
(032-255 0300; www.elicon-house.com; Ecke Del Rosario & Junquera Sts; EZ/DZ 550/800 P;) Die Downtown-Version der Schwesterhotels Mayflower Inn und West Gorodo verkörpert dasselbe Konzept: ohne Schnickschnack, aber sauber und mit netten Gemeinschaftsbereichen voller Spiele. Das Café ist vegetarierfreundlich, und an den bunten Wänden stehen Permakultur-Slogans.

Travelbee Guesthouse PENSION $
(www.travelbee.ph; 225 Elizabeth Pond St; DZ 900–1200 P, 3BZ/4BZ 1150/1400 P;) Die Hauptzimmer in diesem freundlichen Hotel sind im Prinzip Vier- und Sechs-Bett-Schlafsäle, allerdings können die Betten nicht einzeln gebucht werden. Sie bieten sich daher eher für Gruppen an. Hübsche Doppelzimmer gibt's auch, alle Unterkünfte sind sauber und mit eigenem Bad. Zentral, aber in einer ruhigen Seitenstraße versteckt, am besten ein Taxi rufen lassen.

Le Village Hostel HOSTEL $
(0932 413 3978, 032-416 0038; 84 Gorordo Ave; B mit Ventilator/Klimaanlage ab 400/500 P, DZ ohne Bad 900–1500 P;) Wahrscheinlich das beste Hostel in ganz Cebu, aber das heißt nicht viel. Die Schlafsäle sind sauber, drinnen ist ein großer, heller Gemeinschaftsraum, der genauso unspektakulär ist wie der Aufenthaltsbereich draußen. Während der Recherche wurde an einer Küche gearbeitet.

Tr3ats HOSTEL $
(032-422 8881; www.tr3ats.com; 785 V Rama Ave; B/DZ/4BZ 388/900/1700 P;) Das erste Hostel in Cebu verfügt über drei annehmbare Sechs-Bett-Zimmer und ein paar ordentliche En-suite-Zimmer. Allerdings ist die Lage nicht optimal, und einen Gemeinschaftsbereich gibt's auch nicht so wirklich – zum Chillen geht's in die Dachbar.

★ **Mayflower Inn** HOTEL $$
(032-255 2800; www.mayflower-inn.com; Villalon Dr; EZ/DZ/3BZ/4BZ 850/1150/ 1400/1750 P;) Es preist sich selbst als „Permakultur-Hotel" an, und wirklich ist alles sehr öko. Abgesehen von ordentlichen, sorgsam gestrichenen Zimmern darf man sich auf ein Feng-Shui-freundliches Gartencafé und eine Lounge/Bibliothek zum Sitzen, Pingpongspielen und Kickern freuen. Außerdem gibt es stapelweise *National Geographic*-Ausgaben und Brettspiele, mit denen man sich die Zeit vertrieben kann.

Gran Tierra Suites HOTEL $$
(032-253 3575; www.grantierrasuites.com; 207 M Cui St; EZ/DZ 790/990 P;) Cebu City hat ein paar wirklich preisgünstige Mittelklassehotels. Dieses hier ist ein Musterbeispiel, das schon beinahe das Prädikat „Boutique" verdient. Die Zimmer sind mit Fotoleinwänden, kleinen Flachbildfernsehern und großzügigen Schreibtischen ausgestattet.

Cebu R Hotel HOTEL $$
(032-505 7188; www.ceburhotel.com; 101 M Cui St; EZ/DZ inkl. Frühstück ab 950/1250 P;) Sehr geschmackvoll, angefangen bei den elegant uniformierten Angestellten bis zum Dekor aus Limettengrün. In den Zimmern stehen Schreibtische und Flachbild-TV in geringer Auflösung. Die Luxuszimmer sind wesentlich größer.

Essen

Im Wohnviertel zwischen den parallel verlaufenden Orchid Street und M Cui Street im Capitol-Quartier findet man jede Menge Restaurants. Da wäre das beliebte **STK ta Bay! Sa Paolito's Seafood House** (032-256 2700; 6 Orchid St; Hauptgerichte 95–400 P;

⏲10–15 & 17–22 Uhr; 📶), berühmt für seine scharfen *calamares*, Krabben und die gewaltigen, boomerangähnlichen Thunfisch-*panga* (Kiefer); **Bucket Shrimps** (Orchard St; Hauptgerichte 150–300 P; ⏲9–22 Uhr) bietet Essen mit Spaß und lustigen Plastikhandschuhen, mit denen man eimerweise Cajun-Butter-Shrimps essen kann; bei **Yakski Grill** (M Cui St; Spießchen 20–70 P; ⏲11.30–14.30 & 17.30–24 Uhr) versammeln sich gewaltige Menschenmengen, um fünf oder sechs verschiedene Fleischsorten an Spießchen zu essen.

Food Courts in Malls wie dem **Ayala Center** (Lahug Viertel; ⏲10–21 Uhr) sind immer gut, um etwas Günstiges zu essen zu finden.

Handuraw Pizza PHILIPPINISCH $$
(☎032-505 2121; Gorordo Ave; Pizzas 300–400 P; ⏲11–24 Uhr, Fr & Sa bis 2 Uhr; 📶) Diese Institution in Cebu fügt ihren berühmten knusperdünnen Pizzas eine philippinische Note hinzu. Unbedingt probieren: die mild gewürzte Pizza Cebuana mit der regionalen Chorizo-Version. Sitzen kann man innen mit Klimaanlage oder draußen.

Persian Palate NAHÖSTLICH $$
(Mango Sq Mall, J Osmeña St; Gerichte 75–300 P; ⏲10–21 Uhr; 📶🌶) Das Vorzeigerestaurant der beliebten Kette liegt versteckt hinter dem National Bookstore in der Mango Square Mall. Zu sehr milden südasiatischen und thailändischen Speisen werden nahöstliche Hauptgerichte wie Spinathummus kredenzt. Außerdem stellt die Karte eine Seltenheit für Cebu dar: Es gibt eine große Auswahl an vegetarischen Gerichten.

Joven's Grill PHILIPPINISCH $$
(Ecke Pres Osmeña Blvd & Jasmine St; all-you-can-eat-Büfett 199–260 P; ⏲11–21 Uhr) Ideal, um nach einer langen Bootstour zu guten Preisen viel zu viel zu essen.

Ausgehen & Nachtleben

Cebu IT Park (Salinas Dr, Lahug), etwa fünf Minuten mit dem Taxi nordöstlich des Ayala Center gelegen und ein echter Hotspot für Bars und Clubs. Die Namen ändern sich häufig, am besten sieht man sich um, wo am meisten los ist.

Tonyo's Bar & Restaurant BAR
(Salinas Dr, Lahug; ⏲24 Std.). Tonyo (ungefähr gegenüber vom Cebu IT Park) ist typisch Cebu: Riesig, die Restaurant-Bar im Freien stets randvoll und das Bier kommt in Drei-Liter-Röhren (225 P) an den Tisch. Dazu spielen Coverbands live.

Kukuk's Nest/Turtle's Nest BAR
(☎0933 391 3837; 124 Gorordo Ave; ⏲24 Std.) Diese Restaurant-Bar ist durchgehend geöffnet und drinnen voll mit alten Büchern und zeitgenössischer Kunst. Draußen sitzen echte Künstlertypen. Wer einen zu viel getrunken hat, kann in einem der günstigen Zimmer (600 P) übernachten.

Koa BAR
(157 Gorordo Ave; ⏲So–Do 9.30–2.30 Uhr, Fr & Sa 24 Std.; 📶) Das Koa ist nach einem hawaiianischen Baum benannt. Der Außenbereich ist großartig und ab Mittwochnacht gibt's Livemusik. Das Bier ist billig und das Essen okay, richtig gut sind allerding die Pizzas vom La Bella Pizza Bistro auf dem Gelände.

Mango Square BAR, CLUB
(Gen Maxilom Ave; Eintritt pro Club 50–150 P) Ein Paradies für Clubgänger, das eine lockere, quirlige Menschenmenge anzieht, allerdings werden manche Clubs im Laufe des Abends ein bisschen schäbig. Gegen 22 Uhr geht's los, die populärsten bleiben bis Sonnenaufgang geöffnet.

Praktische Informationen

Geldautomaten sind überall, Internet-Cafés sind in den Malls zu finden.

Cebu Doctors Hospital (☎032-255 5555; Pres Osmeña Blvd; ⏲24 Std.)

Hauptpostamt (Quezon Blvd; ⏲Mo–Sa 8–17 Uhr) Ein Wahrzeichen der Stadt, gegenüber vom Fort San Pedro.

HSBC (Cardinal Rosales Ave; ⏲Mo–Fr 9–16 Uhr) Abbuchungen von 40 000 P am Geldautomaten, gegenüber des Ayala Center.

Travellers Lounge (☎032-232 0293; ⏲6–20.30 Uhr) Gleich außerhalb der SM City Mall. Es können Gepäckstücke aufbewahrt werden (30 P, müssen am selben Tag wieder abgeholt werden) und man kann duschen (50 P). Weiterhin werden Fährtickets verkauft.

An- & Weiterreise

BUS

Cebu hat zwei Busbahnhöfe. **Ceres Bus Lines** bedient Reiseziele im Süden und im Inland wie Bato (170 P, 4 Std., häufige Verbindungen) via Moalboal (118 P, 3 Std.) oder via Oslob/Tan-awan (155 P, 3½ Std.). Abfahrt ist am **Busbahnhof Süd** (Bacalso Ave). Flottere klimatisierte Transporter, die „V-hires" starten nach Moalboal (100 P, 2¼ Std) und Toledo (100 P, 2 Std.) von einem **temporären Busbahnhof** (Quezon Blvd) hinter dem Rathaus.

Der **Busbahnhof Nord** (☎032-345 8650/59; M Logarta Ave) liegt hinter der SM City Mall. Von

FÄHREN AB CEBU CITY

ZIEL	DAUER (STD.)	PREIS (P)	UNTERNEHMEN	HÄUFIGKEIT
Batangas	24	1000–1200	Super Shuttle Ferry	So
Cagayan de Oro	8–12	550–980	2GO, Trans-Asia, Super Shuttle Ferry	mind. 1-mal tgl.
Calbayog, Samar	11	690	Cokaliong	Mo, Mi, Fr
Dumaguete (Schnellfähre)	4½	950	Oceanjet	8 Uhr
Dumaguete (RORO)	6	300–400	Cokaliong, George & Peter Lines	mind. 1-mal tgl.
Hilongos (Leyte)	3–5	240–280	Gabisan, Roble	mehrmals tgl.
Iloilo	12	600	Trans-Asia	Mo, Mi, Fr 18 Uhr
Larena, Siquijor	10½	350	Lite Shipping	3-mal wöchentl.
Manila	24	ab 1100	2GO	4-mal wöchentl.
Ormoc (Schnell-fähre)	2½	600–650	Oceanjet, Supercat 2GO, Weesam	mehrmals tgl.
Ormoc (RORO)	5	400	Lite Shipping	tgl
Surigao City	7	825	Cokaliong	6-mal wöchentl.
Tagbilaran (Schnellfähre)	2¼	400–500	Oceanjet, Supercat 2GO	häufig
Tagbilaran (RORO)	4	230	Lite Shipping	2-mal tgl.
Tubigon	1–3	110–220	Lite Shipping, M/V Star Crafts	häufig

dort nehmen Ceres-Busse Kurs auf Hagnaya (132 P, 3½ Std., stdl.) zur Weiterfahrt nach Bantayan Island und nach Maya mit Verbindungen nach Malapascua Island.

FLUGZEUG

Air Asia, Cebu Pacific und PAL nehmen regelmäßig Kurs auf Manila und viele andere regionale und internationale Ziele.

SCHIFF/FÄHRE

Tickets für die beliebten Fastcraft-Fähren nach Tagbilaran (Bohol), Ormoc (Leyte) und Dumaguete müssen nicht im Voraus gekauft werden. Die aktuellen Fahrpläne stehen in der Tageszeitung *So Star*. Fahrkarten erhält man an den Piers.

2GO Travel (☎ 032-233 7000; http://travel.2go.com.ph; Pier 1)

Cokaliong Shipping (☎ 0032-232 7211-18; www.cokaliongshipping.com; Pier 1)

Gabisan Shipping Lines (☎ 0917 791 6618; Pier 3)

George & Peter Lines (☎ 032-254 5154; Pier 2)

Lite Shipping (☎ 032-255 1721; Pier 1)

Oceanjet (☎ 032-255 7560; www.oceanjet.net; Pier 1)

M/V Star Crafts (Pier 1)

Roble Shipping Lines (☎ 032-418 6256; Pier 3)

Super Shuttle Ferry (☎ 032-345 5581; http://supershuttleroro.com; Pier 8)

Supercat 2GO (☎ 032-233 7000; www.2go.com.ph; Pier 4)

Trans-Asia Shipping Lines (☎ 032-254 6491; www.transasiashipping.com; Pier 5)

Weesam Express (☎ 032-231 7737; www.weesam.ph; Pier 1)

ℹ Unterwegs vor Ort

Für die Flughafentaxis gleich rechts am Ausgang des Mactan International Airport ist eine Grundgebühr von 40 P fällig. Die Nutzung öffentlicher Verkehrsmittel bis ins Zentrum ist kompliziert; an der Touristeninformation im Ankunftsbereich nach einer Wegbeschreibung fragen.

Vom Hafen nach Uptown gelangt man mit Jeepneys; erst von den Piers bis zum Pres Osmeña Blvd fahren und dann in einen Wagen nach Uptown umsteigen.

Moalboal

☎ 032 / 27 400 EW.

Nach wie vor erinnert das ursprüngliche Top-Reiseziel für Taucher auf den Philippinen an die Zeiten, als dieser Freizeitsport noch günstig war. Der **Panagsama Beach** – dort stehen die Resorts – träumt träge vor sich hin und liegt nur einen Steinwurf von einem atemberaubenden Tauchgebiet entfernt, das sich auch für Schnorchler eignet. In den letzten Jahren ist Moalboal für seine unglaublichen Sardinenschwärme berühmt geworden, die Taucher und Schnorchler nur wenige Meter vor der Küste begeistern.

Sehenswertes & Aktivitäten

Taucher können die mit Korallen übersäte Felswand vorm Panagsama Beach erkunden oder mit einer *bangka* in zehn Minuten nach **Pescador Island** übersetzen, um dort die artenreiche Unterwasserwelt kennenzulernen. Ein Tauchgang mit einer Sauerstoffflasche sollte nicht mehr als 25 bis 30 US$ kosten.

Da der Panagsama Beach seinem Namen kaum gerecht wird, sollten alle, die am Sandstrand liegen wollen, ein Tricycle (150 P) bis zum 5 km nördlich gelegenen **White Beach** nehmen. Außer Tauchen kann man in Moalboal Mountainbiken, Trekken und in den Wasserfällen Canyoning betreiben. **Cyan Adventures** (☎0927 426 6886; www.cyan-adventures.com) und **Planet Action** (☎0917 583 0062; www.action-philippines.com) helfen gern.

Schlafen

Cora's Palm Resort PENSION $
(☎0998 364 0880; cora _abarquez@yahoo.com; Zi. mit Ventilator P500, mit Klimaanlage 1000–1500 P;) Panagsamas erste Pension liegt direkt am Wasser mitten im Zentrum. Die ventilatorgekühlten Zimmer sind günstig und gemütlich. Die teureren Zimmer haben Küchenzeilen und kleine Kühlschränke.

Moalboal Backpacker Lodge HOSTEL $
(☎0905 227 8096; www.moalboal-backpackerlodge.com; B/EZ/DZ/Hütte 275/350/480/750 P;) Dieses Hostel verfügt über gemischte Schlafsäle und Frauenschlafsäle sowie ein paar Einzel- bzw. Doppelzimmer über einem Café, ebenso über zwei tolle zweigeschossige Cottages, die sensationell preiswert sind.

Blue Abyss RESORT $$
(☎032-474 3012; www.blueabyssdiving.com; DZ 850–1350 P, 3BZ 1500 P;) Alle Zimmer hier sind sauber und funktional, aber wir ziehen die gemütlichen Doppelzimmer den spartanischen Dreibettzimmern vor. Mit den attraktiven Tauchpaketen ein echtes Schnäppchen für Taucher, die etwas Günstiges suchen. Nur wenige Schritte südlich vom Blue Abyss Dive Shop entfernt.

Essen & Trinken

Trinken ist der Nationalsport in der „Moalboal-Republik". Ebenso gibt es auch jede Menge Restaurants.

Chilli Bar RESTOBAR $
(Hauptgerichte 150–210 P; 9.30 Uhr–letzter Gast) Eine wahre Institution, die für große Pizzas, Chili con Carne, schwedische Fleischklößchen und eine fatal gute Cocktailauswahl bekannt ist. Jeden Mittwoch gibt's Billard-Turniere.

Last Filling Station INTERNATIONAL $$
(Gerichte ab 180 P; 7–22 Uhr;) Berühmt für das Frühstück mit dem echten Energieschub, komplett mit Joghurt, Müsli, Baguettes und proteinreichen Shakes. Der Kaffee ist anständig und stark.

Anreise & Unterwegs vor Ort

Häufig passieren Ceres-Busse auf dem Weg nach Bato (zur Weiterreise nach Tampi und Dumaguete; 70 P, 1½ Std.) im Süden bzw. Cebu (Süd-Busbahnhof; 118 P, 3 Std.) im Norden die Stadt. Nach Cebu gelangt man auch mit klimatisierten Minivans (100 P, 2¼ Std.).

Von Moalboal zum Panagsama Beach zahlt man etwa 50 P für ein *habal-habal* und doppelt so viel für ein Tricycle.

Malapascua Island

3500 EW.

Das malerische kleine Eiland vor der Nordostspitze Cebus ist die Topadresse auf den Philippinen, um Fuchshaie zu sehen. Taucher machen sich morgens um 5 Uhr zur **Monad Shoal** auf, um in 35 m Tiefe auf dem Meeresgrund einen Hai vor die Brille zu bekommen. Die Wahrscheinlichkeit, dass ihre Geduld belohnt wird, liegt bei etwa 75 %. Tagsüber tummeln sich hier Mantarochen. Nach dem Tauchgang ist Entspannung auf dem weißen Vorzeigestrand **Bounty Beach** angesagt. Ein paar Resorts haben dort Sitzgelegenheiten.

VERWÖHNPROGRAMM

Die Namensgeberin und Köchin im Restaurant **Angelina** (Hauptgerichte 255–595 P; 8–22 Uhr) am Poblacion Beach (vom Bounty Beach aus um die Landspitze herum) zaubert himmlische Kreationen italienischer Küche. Wir empfehlen die hausgemachte *tagliatelle asparagi*.

Der Super-Taifun Yolanda (Haiyan) hat 2013 in Malapascua verheerende Schäden angerichtet. Doch die kleine Insel hat sich erstaunlich schnell erholt, und die meisten Resorts nahmen binnen weniger Monate ihren Betrieb wieder auf.

Schlafen & Essen

In der Nebensaison unbedingt nach Rabatten und Tauch-Kombiangeboten fragen.

★ Mike & Diose's Aabana Beach Resort RESORT $

(☎ 0905 263 2914; www.aabana.de; DZ mit Frühstück 500–2200 P; ❄ 📶) Opulente Luxussuiten, smart aufgemachte Budgetzimmer, große Doppelzimmer mit Klimaanlage – egal, wofür man sich entscheidet, der Aufenthalt bietet das reinste Verwöhnprogramm. Dieses Resort trumpft locker mit dem besten Preis-Leistungs-Verhältnis auf Malapascua und könnte kaum netter geführt werden. Bounty Beach fühlt sich hier am hintersten Ost-Ende schon fast wie ein Privatstrand an.

Villa Sandra HOSTEL $

(☎ 0977 130 0642; jonjonmalapascua@gmail.com; B 300 P; @ 📶) Ein Backpackertreff neben der Grundschule im Dorf Logan. Die Doppel- und Vier-Bett-Zimmer mit Gemeinschaftsbad sind schlicht, es gibt eine Gästeküche und eine Terrasse. Jonjon ist ein informativer Gastgeber.

Thresher Cove Resort & Dive Center RESORT $

(☎ 0908 139 7609; http://www.threshercove.com; B/EZ/DZ ohne Bad 350/400/950 P, Zi. mit Bad mit Frühstück 2500 P; ❄ 📶 🏊) An einem Privatstrand nur zehn Minuten nördlich vom Bounty Beach wird das Resort gut geführt und ist in jeder Beziehung ganz hervorragend. Schlafsäle mit Meerblick, angenehm rustikale Hütten im philippinischen Stil und die Preise gefallen auch Tauchern mit wenig Geld. Vom Bootslandeplatz aus kann man sich kostenlos mit dem Motorrad abholen lassen.

Ging-Ging's Restaurant PHILIPPINISCH $

(Hauptgerichte 60–100 P; ⏲ 7–22 Uhr; 🌿) Im landeinwärts gelegenen Lokal bekommt man vegetarische Gerichte und Currys. Schmackhaft, günstig und sättigend.

ℹ An- & Weiterreise

Die *bangkas* von Maya (80 P, 30 Min.) nach Malapascua legen ab, sobald sie voll besetzt sind, was grob gesagt bis ca. 17.30 Uhr einmal stündlich der Fall ist (ab Malapascua bis ca. 14 Uhr). Wer das letzte Boot verpasst hat, muss eines für 800 bis 2000 P chartern. Bei Ebbe kommen die Kosten für den Bootstransfer von/zu der *bangka* hinzu (20 P).

Bis in den Abend hinein fahren am Maya-Pier Ceres-Busse nach Cebu ab (normal/klimatisiert 163/180 P, 4½ Std.; alle 30 Min.).

Bohol

Man kann sich kaum vorstellen, dass dieses entspannte Fleckchen Erde eine derart blutige Vergangenheit hat. Auf dieser Insel fand unter Führung von Francisco Dagohoy die längste Revolte gegen die Spanier (1744–1829) in der Geschichte der Philippinen statt. Heute ist Bohol ein Touristenmagnet mit ein paar entzückenden kleinen Primaten, faszinierenden Korallenlandschaften vor Panglao Island und einem üppigen Dschungel. Im Oktober 2013 erschütterte ein gewaltiges Erdbeben die Insel und zerstörte jahrhundertealte spanische Kirchen. Die Kirchen sind immer noch Ruinen, aber Bohol hat sich im Großen und Ganzen gut erholt. Bauunternehmer haben große Pläne, die Insel Panglao zum nächsten Spielplatz für den internationalen Jetset zu machen.

ℹ An- & Weiterreise

Das wichtigste Tor nach Bohol ist Tagbilaran, aber die Fähren nach Camiguin legen in Jagna ab, ca. 1½ Std. östlich von Tagbilaran. Eine RORO-Fähre von **Super Shuttle Ferry** (☎ in Jagna 0916 568 2236) startet montags, mittwochs und freitags um 13 Uhr nach Balbagon, Camiguin (425 P, 3½ Std.).

Zusätzliche Fähren verbinden Cebu und Tubigon im Nordwesten von Bohol sowie Bato (Leyte) und Ubay im Nordosten von Bohol.

Tagbilaran

☎ 038 / 97 000 EW.

Es gibt eigentlich keinen Grund, viel Zeit in dieser von chaotischem Verkehr gebeutelten Stadt zu verschwenden. Erste Anlaufstelle sollte die **Touristeninformation** (⏲ 8–18 Uhr) am Fähranleger sein, wo man die Weiterreise organisieren kann.

Wer über Nacht bleiben möchte bzw. muss, sucht am besten das anheimelnde **Nisa Travellers Hotel** (☎ 038-411 3731; www.nisatravellershotel.com; CPG Ave; EZ/DZ inkl. Frühstück ab 500/600 P; ❄ @ 📶) an der Hauptstraße auf. Das verwinkelte Gebäude beherbergt einfache Zimmer und tolle Gemeinschaftsbereiche. **Tr3ats** (☎ 0917 888 2069; www.tr3ats.

com; 16 Bagong Lipunan St; B/DZ 390/950 P; ❄📶) ist ein neues Hostel mit kleinen, aber geschmackvollen und klimatisierten Fünf-Bett-Schlafsälen und ein paar schicken Doppelzimmern mit Flachbildfernsehern.

Essen kann man in der angenehm kühlen Restaurantabteilung in der BQ Mall gegenüber dem Nisa's.

Die wichtigsten nationalen Airlines fliegen von Manila aus nach Tagbilaran.

Fastcraft- und langsamere Fähren nehmen Kurs auf Cebu. Oceanjet betreibt täglich eine Fastcraft-Verbindung nach Dumaguete (680 P, 2 Std.), die anschließend nach Siquijor-Stadt weiterfährt. **Lite Shipping** (☎038-501 7422) steuert Larena und Siquijor montags, mittwochs und samstags um 20 Uhr an (270 P, 3½ Std.). **Trans-Asia** (☎038-411 3234) setzt dreimal pro Woche von/nach Cagayan de Oro (670–785 P, 10 Std.) über.

Der Hauptbusbahnhof befindet sich neben der Island City Mall in Dao 3 km nördlich des Zentrums. Dort fahren klimatisierte Minivans („V-Hires") nach Jagna (100 P, 1½ Std., stdl.) und viele Busse nach Carmen (Chocolate Hills) ab (60 P, 2½ Std.).

Wer keine Lust auf teure Transporterfahrten und langsame öffentliche Verkehrsmittel hat, kann in Tagbilaran ein Motorrad mieten (500 P pro Tag), um den Rest der Insel zu erkunden.

Tagbilaran & Umgebung

Nur eine kurze Fahrt nördlich von Tagbilaran locken zwei der Top-Touristenhighlights der Philippinen: die Chocolate Hills und der entzückende, nur handflächengroße Koboldmaki.

Begegnungen mit dem nachtaktiven Koboldmaki in freier Wildbahn sind eher unwahrscheinlich, deshalb bietet sich ein Besuch im **Philippine Tarsier Sanctuary** (☎0927 541 2290; www.tarsierfoundation.org; Eintritt 50 P; ⏲9–16 Uhr) im *barangay* Canapnapan zwischen den Orten Corella und Sikatuna an. In unmittelbarer Nähe des Schutzzentrums treiben sich ca. zehn der Äffchen herum; Guides helfen, sie zu finden.

Vom Nuts Huts sind es mit dem Motorrad 30 bis 45 Minuten zum Philippine Tarsier Sanctuary. Jeepneys ab Loboc (25 P) brauchen 45 Minuten. In Tagbilaran kann man am Dao-Terminal ein Jeepney nach Sikatuna (20 P, 1 Std.) nehmen und den Fahrer bitten, am Zentrum zu halten.

Die **Chocolate Hills** wirken wie eine eigenwillige Laune der Natur. Vermutlich entstanden die mehr als 1200 konisch geformten und bis zu 120 m hohen Hügel durch nach oben gedrückte Korallenablagerungen sowie die Einwirkung von Regen und Erosion. Weil diese Erklärung jedoch noch nicht ausreichend belegt ist, hält sich der Glaube, dass es sich um die Tränen eines liebeskranken Riesen handelt.

Vom Dao-Terminal in Tagbilaran in einen Bus nach Carmen (4 km nördlich des Hauptaussichtspunkts der Chocolate Hills) einsteigen und beim Aussichtspunkt aussteigen (60 P, 2 Std., häufig). Von Loboc aus einen Bus nach Carmen ranwinken.

Ebenfalls schön: das Gelände gleich mit einem *habal-habal* erkunden (halbe/ganze Std. 250/350 P).

Wer die Chocolate Hills und das Philippine Tarsier Sanctuary sehen möchte, unternimmt eine Tour von Tagbilaran aus oder – besser – quartiert sich in Loboc im **Nuts Huts** (☎0920 846 1559; www.nutshuts.org; B 400 P, *nipa*-Hütten 900–1200 P) ein. Dieses Backpacker-Paradies mitten im Dschungel mit Blick auf den smaragdgrünen Fluss Loboc liefert einen mindestens genauso guten Grund für einen Ausflug hierher wie die braunen Hügel und die Äffchen. Der belgische Besitzer gibt einem alle möglichen Tipps für Ausflüge und leitet auch Wander- und Höhlenwanderungstouren in der unmittelbaren Nähe. Um zum Nuts Huts zu gelangen, nimmt man in Tagbilaran einen Bus nach Carmen und steigt am Schild zum Nuts Huts aus. Von der Straße sind es noch 15 Gehminuten bis zur Unterkunft. Alterna-

ACHTUNG

Am besten macht man einen Bogen um den profitorientierten Zoo in Loboc mit dem scheinheiligen Namen „Tarsier Conservation Area". Die philippinische Koboldmaki-Stiftung The Philippine Tarsier Foundation, Inc (PTFI), die in Corella das wesentlich artgerechtere Philippine Tarsier Sanctuary betreibt, hat öffentlich die tierquälerische Haltung der Tiere in Loboc kritisiert. Die Tourvans machen hier jedoch aufgrund der günstigen Lage an der Haupttouristenroute durch die Chocolate Hills gerne halt. Wer bei einer dieser Touren landet, sollte auf einen Umweg zum Schutzgebiet in Corella bestehen, oder doch besser einen anderen Touranbieter wählen.

tiv setzt man sich in einen Loboc-Bus und anschließend auf ein *habal-habal* (Motorradtaxi; 50 P) oder schippert per Boot von der Sarimanok-Anlegestelle flussaufwärts (pro Pers. Tag/Abend 150/200 P).

Eine weitere hervorragende Unterkunft ist das extrem entspannte **Fox & The Firefly Cottages** (☎038-537 9011; www.suptoursphilippines.com; B/Hütte ab 450/1200 P; 📶) am Fluss. Die Zimmer sind einfach, aber wahrscheinlich kommt man sowieso hauptsächlich wegen der Stehpaddel-Touren auf dem Lobok her, die von **SUP Tours** (☎0947 893 3022; www.suptoursphilippines.com; Loboc; 1 Std./halber Tag pro Pers. 950/1450 P) veranstaltet werden. Nur zu empfehlen: Die Glühwürmchen-Tour bei Nacht.

Panglao Island

☎038

Von Bohol führen zwei Brücken auf die Insel Panglao, die bei Tauchern hoch im Kurs steht, da die nahe gelegenen Eilande Balicasag und Pamilacan für ihre traumhaften Korallenformationen und artenreiche Unterwasserwelt bekannt sind. *Die* Adresse für Taucher ist der **Alona Beach**, ein weißer Sandstrand mit netten Schnorchelmöglichkeiten in nächster Nähe.

Aktivitäten

Stehpaddelbretter können am Strand für 500 P geliehen werden, bei **Qi Retreats** (www.qiretreats.com; Alona Beach) kann man sogar Yoga auf dem Brett machen.

Ein Tauchgang (ohne Ausrüstung) kostet im Schnitt 1250 P. Mit dem preiswerter Veranstalter **Baywatch** (☎038-502-9028; pro Tauchgang mit Ausrüstung 1100 P) kann man einiges sparen. Viele Anbieter steuern die Insel **Balicasag** (Gebühr Schnorcheln/Tauchen 150/250 P) an.

Delfin-Touren starten frühmorgens und führen in die Nähe der **Pamilacan Island**. Sie können in den meisten Resorts und Tauchzentren gebucht werden. Ein Boot für vier Personen kostet um die 1500 P. Ökologisch nachhaltiger kann man Delfine – und mit etwas Glück zwischen Februar und Juli auch Wale – mit **Pamilacan Island Dolphin & Whale Watching Tours** (PIDWWT; ☎0919 730 6108, 038-540 9279; http://whales.bohol.ph; Gruppe von 1–4 Pers. 3300 P, Mittagessen pro Pers. 300 P) beobachten, ab Baclayon in der Nähe von Tagbilaran. Bei diesen längeren Touren sind ehemalige Walfänger mit dabei.

Schlafen & Essen

Es gibt jede Menge Restaurants am Strand von Alona, die meisten davon recht teuer. Die günstigsten liegen, ebenso wie die Bars, abseits vom Strand.

Casa-Nova Garden PENSION $
(☎038-502 9101; EZ mit Gem. Bad 300 P, DZ 500–1000 P; ❄📶) Preiswert übernachten kann man auch in Alona. Allerdings ist es nicht gerade zentral, an der Hauptstraße muss man 700 m hinter (westlich) der Alona Beach Kreuzung abbiegen.

Peter's House STRANDRESORT $
(☎032-502 9056; www.genesisdivers.com; Zi. Nicht-Taucher 1200–1400 P, Taucher 900–1100 P; 📶) Mehrere *nipa*-Hütten mit einer freundlichen Dorf-Atmosphäre stehen hier preisbewussten Tauchern zur Verfügung. Es gibt nur ein paar Zimmer, alle teilen sich die Bäder mit kaltem Wasser. Wenn nicht gerade Nebensaison ist, ist das Resort nur für Taucher.

★ **Chill-Out Guesthouse** PENSION $$
(☎0912 926 5557, 038-502 4480; www.chilloutpanglao.com; Zi. mit Ventilator/Klimaanlage 1000/1500 P; ❄📶) Geräumige Zimmer wie in einem Boutique-Hotel, mit Parkett und großen, privaten Balkonen. Grüne Spaliergänge verbinden die Unterkünfte mit einem Gemeinschaftsbereich und einem Restaurant unter freiem Himmel. Und all das zu diesem Preis? Zum Strand geht man zehn Minuten zu Fuß, alternativ kann man für 300 P ein Motorrad ausleihen.

Trudi's Place PHILIPPINISCH $$
(Hauptgerichte 150–265 P; ⏲6.30–23 Uhr; 📶) Budgetrestaurant am Alona Beach. Ein San Miguel kostet 40 P.

Anreise & Unterwegs vor Ort

Von der Ecke Hontanosas Street und F Rocha Street in Tagbilaran fahren die Busse mit den „Tawala Alona"-Schildern bis 15 Uhr etwa stündlich zum Alona Beach (25 P, 45 Min.). Wer es sich leichter machen möchte, nimmt ein *habal-habal* (150 P), Tricycle (200 P) oder Taxi (350 P). Vom Flughafen aus kostet es doppelt so viel.

MINDANAO

Mindanao steht auf Platz 19 der größten Inseln der Welt. Es ist für atemberaubende Landschaft und urtümliche Stammesvölker, aber auch für politische Instabilität und gelegentliche Zusammenstöße zwischen Regierung und muslimischen Separatisten bekannt. Letzteres führt leider dazu, dass hier so gut wie keine Touristen unterwegs sind. Die meisten Traveller wissen nämlich nicht, dass der bildschöne Küstenabschnitt im Norden zwischen Cagayan de Oro und Siargao Island katholisch geprägt und ziemlich sicher ist. Vor Ort wird u. a. Cebuano gesprochen. Die Gegend lockt mit erstklassigen Surfspots auf Siargao und einem riesigen Angebot an Aktivitäten auf Camiguin. Auch die Hauptinsel bietet für Unerschrockene jede Menge Leckerbissen, darunter den höchsten Berg der Philippinen, Mt. Apo (2954 m), der von Davao im Süden der Insel aus erreichbar ist. Südlich und westlich von Cagayan de Oro muss man besondere Vorsicht walten lassen.

Siargao

086 / 70.000 EW.

Diese Insel ist einer der besten Surfspots weltweit. Doch Siargao wartet auch mit malerischen Buchten und Fischerdörfern auf und ist von idyllischen Inseln umgeben. Hier fühlt man sich auch ohne Surfbrett wohl. Die neuen befestigten Straßen und die Pläne für den Ausbau des Flughafens haben Siargao einen Boom beschert – neue Resorts schießen wie Pilze aus dem Boden. Die beste Zeit für einen Besuch: jetzt sofort!

An- & Weiterreise

Cebu Pacific fliegt drei- bis viermal die Woche von Cebu nach Siargao.

Auch mit dem Boot kann man Siargao erreichen. Vom Boulevardbereich 500 m nordwestlich des Tavern Hotel in Surigao (250 P, 2½ Std., 5.30 und 6 Uhr) fahren schnelle *bangka* nach Dapa, Siargao, ab. Bei schlechtem Wetter nimmt man besser die tägliche **Montenegro** (086-231 6245) RORO (180 P, 3½ Std., 12 Uhr) von Surigaos **Hauptpier** (Borromeo St). *Bangka* von Dapa nach Surigao-Stadt legen um 5.30 und 10.30 Uhr ab; die RORO fährt um 6 Uhr.

Nach Surigao-Stadt gelangt man mit dem Flieger ab Cebu oder Manila, mit dem Boot ab Süd-Leyte, mit dem Bus ab Butuan oder Cagayan de Oro. Außerdem kann man von Süd-Leyte in den Visayas hersegeln. ROROs verkehren regelmäßig von den Städten Lilo-an und San Ricardo zum Hafen Lipata, 8 km westlich von Surigao.

Unterwegs vor Ort

Der kleine Flughafen von Siargao ist in Del Carmen an der Westseite der Insel. Ein Flughafentransporter bringt Reisende zu den Resorts rund um die Cloud Nine und holt sie dort ab (300 P, 45 Min.).

Am Pier in Dapa kostet ein *habal-habal* verhandelbare 150 P bis General Luna (GL; 25 Min.) oder 200 P bis Cloud Nine (30 Min.), von dort in die Gegenrichtung ist es teurer. Tricycles verlangen genauso viel, sind aber viel langsamer.

Wer die Insel entdecken möchte, mietet besser ein Motorrad (400–500 P pro Tag).

> **ACHTUNG**
>
> Fast alle Botschaften raten entschieden von Reisen in potenzielle Krisenregionen wie die Provinz Maguindanao (sowie ihre gefährliche Hauptstadt Cotabato), Zamboanga auf Mindanao und den gesamten Sulu-Archipel ab. Es ist wichtig, in diesen Gegenden tatsächlich immer besonders auf der Hut zu sein und aufmerksam die Lokalnachrichten verfolgen, um sicherzugehen, dass Reiseziel und -route wirklich ungefährlich sind.

Cloud Nine & General Luna

Die legendäre Brandungswelle Cloud Nine vor Tuazon Point hat Siargao bekannt gemacht. Für ein Leihsurfbrett zahlt man im verschlafenen gleichnamigen Ort, mit dem *habal-habal* zehn Minuten nördlich von GL, 500 P pro Tag oder 200 P pro Stunde. Es gibt eine ganze Reihe „einfacherer" Wellen für Anfänger; Unterricht mit dazugehörigem Leihboard kostet 500 P pro Stunde. Die besten Surfbedingungen herrschen von Ende August bis November. Im Oktober, zum **Siargao International Surfing Cup**, ist an der Cloud Nine die Hölle los.

Hippie's Surf Shop (www.surfshopsiargao.com; 6–18 Uhr) verleiht Bretter und veranstaltet dreimal pro Woche Yogaunterricht (200 P). Die Resorts können den Transport zu Surfwellen vor der Küste und Insel-Hoppingtouren (oft inkl. Schnorcheln oder Surfen) organisieren.

Schlafen

1,5 km nördlich von General Luna (GL) und Richtung Inland von der Hauptstraße aus (beim Isla Cabana Resort links abbiegen) hat sich eine Oase für Rucksacktouristen entwickelt. **Paglaom Hostel** (0999 990 0308; www.paglaomhostel.com; B 250 P;) ist die beste Unterkunft von allen, die Open-Air-Schlafsäle sind groß und wundervoll, außerdem gibt's eine Küche und einen Gemeinschaftsbereich, in dem immer etwas los ist. Direkt nebenan hängt alles voller Hängematten bei **Jing's Place** (☎0910 259 6493; www.jingsplace.com; DZ mit/ohne Bad ab 880/550 P), die Zimmer in einem wackligen Holzgebäude bieten ein gutes Preis-Leistungs-Verhältnis. Nur die Straße runter liegt **Hangout Siargao** (☎0927 611 6117; thehangoutsiargao@gmail.com; Purok 5; B 250 P; 📶), wo man in absolut einmaligen hängemattenähnlichen Netzen drei Meter über dem Boden schläft.

Ocean 101 Beach Resort HOTEL $
(☎0910 848 0893; www.ocean101cloud9.com; Zi. mit Ventilator 500–1300 P, mit Klimaanlage 1400–2500 P; ❄📶) *Die* Surferbleibe schlechthin verfügt über gepflegte Budgetunterkünfte und teurere Zimmer am Strand mit schönen Möbeln, hohen Decken und großen Bädern, die auf zwei hässliche blaue Betonbauten an einer Ufermauer etwas nördlich von Cloud Nine verteilt sind.

Villa Solaria HOSTEL $
(☎0920 407 7730; B 300 P, DZ 1600–2000 P; ❄📶) Südlich von Cloud Nine stimmt hier alles: eine voll ausgestattete Küche, Privatzimmer zu einem guten Preis und ein großer Freiluft-Schlafsaal, der sich schnell mit Surfern füllt, die aufs Geld achten.

Siargao Surfer's Lodge LODGE $
(☎0928 374 7947; 2-Bett B 500 P, DZ 1000–1500 P; 📶) Wer gern feiert, sollte diese vier makellosen Zimmer hinten in der Nine Bar im Hinterkopf behalten. Die weichen Matratzen und die ziemlich hohen Hochbetten im Schlafsaal machen wirklich Eindruck.

Malijon Siargao BUNGALOWS $$
(☎0920 507 5793; malijonsiargao@gmail.com; DZ 1400 P) Diese drei alleinstehenden Hütten unter schwedischer Leitung liegen kurz ab der Hauptstraße ungefähr mittig zwischen GL und Cloud Nine. Sie sind völlig zu Recht so beliebt: geräumig und ansprechend eingerichtet, mit dicken Matratzen, großen Badezimmern und legendären Balkonen.

✕ Essen & Trinken

GL beherbergt günstige Restaurants und ein paar Bars, in denen sich die einheimische Surfergemeinde trifft.

★**Mama's Barbecue** GRILL $
(Spießchen 50–70 P; ⏲18–21 Uhr) Jeden Abend fällt hier eine Surferhorde ein, um Schweine-, Hühnchen- und Rinderspießchen an diesem bescheidenen Grillstand etwa 1,5 km nördlich von GL zu essen. Und dann, einfach so, sind sie wieder weg … bis zum nächsten Abend.

Cafe Loka CAFÉ $$
(⏲6–18 Uhr; 📶) Das Café gehört zum Sagana Beach Resort nebenan. Auf dem Sand (selten für Cloud Nine) werden unter Palmen gesunde Snacks, Shakes und Kaffee im australischen Stil angeboten.

Nine Bar BAR
(📶) Ein hübsches Haus an der Straße zwischen der Ortschaft Cloud Nine und GL.

Camiguin

☎088 / 84 000 EW.

Camiguin ist eine Hochburg für Abenteuertourismus. Dafür sorgen sieben Vulkane, diverse Wasserfälle, heiße und kalte Quellen, einsame Inseln vor der Küste und eine geniale Unterwasserwelt. Die traumhafte Naturkulisse lädt zu Erkundungstouren ein, am besten per Motorrad (400–500 P pro Tag) oder Mountainbike (250 P pro Tag).

Wer etwas erleben will, sollte sich zu Camiguin Action Geckos oder **Johnny's Dive N' Fun** (☎088-387 9588; www.johnnysdive.com). aufmachen. Beide bieten verschiedene Touren an (Trekking, Abseilen, Mountainbikefahren und Tauchen) und versorgen auch gern die Leute mit Informationen, die auf eigene Faust losziehen wollen. Keinesfalls sollte man versäumen, vor **Mantigue Island** zu tauchen oder zu schnorcheln, die 70 m hohen **Kitabawasan Falls** oder die entlegenen **Binangawan Falls** zu sehen oder den einfachen Wanderweg **Stations of the Cross** („Stationen des Kreuzwegs") abzulaufen. **White Island,** ein verwaister Sandstreifen 1 km vor Agoho, besucht man am besten mittags, wenn die glühende Sonne die gewaltigen Mengen philippinischer Touristen abschreckt. Boote zur Insel legen in der Nähe des Paras Beach Resort in Yunbing an und kosten 450 P plus 20 P pro Person.

Schlafen & Essen

Die meisten Resorts von Camiguin stehen an den schwarzen Sandstränden der *barangay* Bug-Ong, Agoho, Yumbing und Naasagi die zwischen 5 und 10 km westlich von Mambajao liegen. In mehreren unspektakulären Strandresorts in Yumbing sind Zimmer ab 700 P zu haben, wobei die Preise in die Höhe schnellen, sobald die Nachfrage steigt. Die beste Anlaufstelle sind **Marianita's Cotta-**

ges (☎ 0917 276 4199; www.marianitas-cottages.com; National Hwy, Yumbing; Zi. mit Ventilator/Klimaanlage ab 900/1300 P; ❄📶).

Camiguin Action Geckos Resort RESORT $
(☎ 088-387 9146; www.camiguin.ph; Agoho; EZ/DZ ohne Bad 700/900 P, Cottages 2000–2600 P; 📶) Auf jeder Insel der Philippinen sollte so ein Resort stehen. Die rustikale Raffinesse sagt schon alles: Die Cottages sind perfekt entworfen, geräumig, mit Parkett und Veranda, mit Stil und Geschmack. Günstiger sind die kleinen, aber ansprechenden „Travellers Rooms“ über dem Open-Air-Restaurant.

Camiguin Souldivers HOSTEL $
(☎ 0947 411 1189; www.camiguinsouldivers.com; Tupsan; B/EZ/DZ/Cottage 200/300/350/600 P) Die einfachen, höhlenähnlichen Zimmer sind etwas für Preisbewusste. An der Schnellstraße etwa 6 km südlich von Mambajao, wo sich die Straße teilt.

★ **Casa Roca Inn** PENSION $$
(☎ 088-387 9500; www.casarocacamiguin.com; Naasag; Zi. mit Gem. Bad 1000–1500 P; 📶) Knorrige Baumstämme sind die Säulen, die dieses zweigeschossige Haus auf den Felsen oben halten, während sich unten die Wellen brechen. Hier gibt's nur drei Zimmer. Das fantastische Zimmer mit Meerblick und einem großen Mahagoni-Balkon ist das beste der Insel. Die zwei Zimmer hinten sind bescheidener, bieten aber ein gutes Preis-Leistungs-Verhältnis. Das internationale Restaurant (200 P) ist nur zu empfehlen.

Agohay Villa Forte HOTEL $$
(☎ 0927 805 1050; www.agohayvillaforte.com; Agoho; DZ 1350–2000 P, 6-Pers.-Zi. 3200 P; ❄📶🏊) Solider Allrounder direkt am Strand mit verschiedenen Zimmern zum Garten oder zum Meer sowie einem Schlafsaal. Nur dann gut geführt, wenn die Besitzer anwesend sind.

Luna Ristorante ITALIENISCH $$
(National Hwy, Yumbing; Hauptgerichte 200–390 P; ⏰ 7.30–23 Uhr; 📶) Luna macht exzellente, knusperdünne Pizzas im Holzofen sowie Pasta und Calzones. Es werden auch Fisch und Meeresfrüchte gegrillt. An der Hauptstraße in Yunbing, direkt nach dem Checkpoint-Komplex.

ℹ An- & Weiterreise

Cebu Pacific startet täglich von Cebu zum Flughafen von Camiguin, westlich von Mambajao. Alternativ kann man nach Cagayan de Oro (CDO) fliegen und mit Bus oder Boot über Balingoan auf dem Hauptland, 90 km nordöstlich von CDO, weiter nach Camiguin fahren.

ROROs von Balingoan nach Benoni, ca. 17 km südöstlich von Mambajao, legen bis 17.30 Uhr etwa alle 1½ Std. ab (185 P, 1½ Std.). Die letzte zuverlässige Fähre zurück nach Balingoan geht um 16.15 Uhr.

Zusätzlich bietet **Super Shuttle Ferry** (☎ 088-387 4034) ab dem Hafen Balbagon, 2 km östlich von Mambajao, gelegentlich ein RORO nach Jagna in der Provinz Bohol an (425 P, 3½ Std., Montag, Mittwoch und Freitag um 8 Uhr).

Von Balingoan kann man mit Bachelor-Bussen rund um die Uhr nach Surigao (normal/klimatisiert 300/400 P, 6–7 Std. mit Umsteigen in Butuan) und Cagayan de Oro (normal/klimatisiert 85/118 P, 2 Std.) gelangen.

ABSEITS DER ÜBLICHEN PFADE

RAFTEN IN CAGAYAN DE ORO

Auf der Route von Siargao und Camiguin bietet sich ein Abstecher nach Cagayan de Oro (CDO) an, um auf den Stromschnellen der Klasse III und IV den Fluss Cagayan hinunterzutanzen. Dies ist der einzige Ort im ganzen Land, an dem Wildwasserraften ganzjährig möglich ist. Ausflüge kosten je nach Länge 800 bis 1500 P pro Person. Ein etablierter Touranbieter in CDO ist z. B. **1st Rafting Adventure** (☎ 088-856 3514; 86 Jongko Bldg, Tiano Hayes St).

ℹ Unterwegs vor Ort

Öffentliche Multicabs (Mini-Jeepneys) und *motorilla* (Tricycles in Übergröße) fahren um die ganze Insel, eine kurze Fahrt kostet 9 P. Multicabs warten am Pier von Benoni auf die Boote und fahren dann nach Mambajao (23 P, 30 Min.). Ein privates Multicab von Benoni nach Mambajao/Agoho kostet 350/500 P.

Motorräder können für 400–500 P überall gemietet werden, u. a. um den Pier von Benoni herum.

PALAWAN

Palawan ist eines der letzten unberührten Territorien des Landes. Die Inselgruppe erstreckt sich ganz im Westen der Philippinen. Obwohl es in den letzten Jahren zum Liebling der Reisemedien geworden ist, sind noch keine Touristenhorden da und das dicht bewaldete Inland der Hauptinsel blieb bislang vergleichsweise unbelastet. Die Hauptattraktion ist die Westküste, entlang der sich auf dem Weg nach Norden zu den Kalksteinfelsen von El Nido und der Bacuit Bay eine atemberaubende Bucht an die nächste reiht. Acht Stunden nördlich der Hauptinsel Palawan warten die Calamian Islands mit Stränden, Topspots für Wracktaucher und ein paar eigenen Kalksteinformationen in bester El-Nido-Manier auf.

Palawans Westküste bekommt auch immer den Großteil des *habagat* ab, der zwischen Mitte Juni und Mitte September seinen Höhepunkt erreicht, also sollte man entsprechend planen.

Puerto Princesa

☎048 / 45 000 EW.

In erster Linie ist 'Puerto' ein Sprungbrett für die Weiterreise nach El Nido und die Strände an der Westküste. Wenn man auf der Durchreise ist, bietet die geschäftige Hauptstadt aber durchaus genügend Ablenkung für ein oder zwei Tage. Ordentliche Restaurants, etwas Nightlife entlang der Rizal Ave und eine zunehmende Anzahl an Boutique-Hotels helfen bei der Entscheidung.

Das Stadtgebiet erstreckt sich über eine riesige Fläche. Der unterirdische Fluss von Sabang (rund 60 km entfernt im Nordwesten) befindet sich genau genommen innerhalb des Stadtbezirks, deswegen lautet auch der offizielle Name Puerto Princesa Subterranean River („unterirdischer Fluss"). Viele zahlen einen Aufschlag für einen Tagesausflug zu diesem. Günstiger ist es, eine Bleibe in Sabang zu suchen und von dort zu starten.

Sehenswertes & Aktivitäten

Insel-Hopping (1300–1500 P für bis zu sechs Personen) in der malerischen Honda-Bucht startet in Santa Lourdes, 11 km nördlich von Puerto. Wer in Puerto bucht, zahlt mächtig drauf. Dort kostet es rund 1400 P pro Person, inklusive Mittagessen und diverser Eintrittsgebühren.

VERWÖHNPROGRAMM

Kalui (☎048-433 2580; 369 Rizal Ave; Hauptgerichte ab 245 P; ⏲Mo–Sa 11–14 & 18–22.30 Uhr; 👪) Das Kalui in einem coolen *nipa*-(traditionelle Hütten) Komplex hat seinen Ruf als eines der besten Restaurants des Landes wirklich verdient. Das Tagesangebot mit gegrilltem Fisch, *pako* (Farn) und mehreren Vorspeisen ist sehr zu empfehlen. Teuer ist es nur im Rahmen der Standards von Puerto, wo köstliches Essen zu niedrigen Preisen die Norm ist.

Palaweño Brauerei BRAUEREI
(☎048-434 0709; www.palawenobrewery.com; 82 Manolo St; 4-Bier-Probe 400 P; ⏲Mo–Sa 13–21 Uhr) Hier wird das Ayahay-Craft-Bier gebraut und es gibt kostenlose Touren. Die Brauerei hat einen ansprechenden Schankraum für gemütliche Bierproben.

Delfine & Walhaie WILDTIERBEOBACHTUNG
(☎0915 263 2105; www.dolphinandwhales.com; Walhai-Touren pro Pers. 1800 P, Delfin-Touren pro Pers. 1000 P; ⏲nur April–Okt., Walhaie 7–14 Uhr, Delfine 6.20–10.30 Uhr) Der exaltierte Toto Kayabo veranstaltet verschiedene Touren zur Beobachtung dieser Meeresbewohner in der Honda Bay. Dies ist die beste Gelegenheit, um während des Südwestmonsuns (Mai bis Oktober) wildlebende (also nicht von Hand gefütterte) Walhaie zu sehen. Sofern es das Wetter zulässt, finden die Walhai-Touren (mind. 6 Pers.) üblicherweise an fünf Tagen rund um Vollmond statt. Delfin-Touren gibt es täglich (mind. 14 Pers.).

Bei beiden Touren ist eine Buchung im Voraus erforderlich. Der Transport zum Ableger nördlich von Puerto Princesa ist inklusive. Toto bietet auch nächtliche Glühwürmchen-Touren an, die empfehlenswerter sind als die überlaufenen Touren auf dem Iwahig River.

★ **Pasyar Umwelttourismus** OUTDOORAKTIVITÄTEN
(☎048-433 5525; http://pasyarpalawantravel.weebly.com; Gabinete Rd) Pasyar hat sich voll und ganz dem Umweltschutz sowie dem gemeindebasierten Tourismus verschrieben und kann auch Insel-Hopping mit ehemals illegalen Fischern organisieren. Je nach Jahreszeit (Januar bis April) gibt's auch Waldtreks von Küste zu Küste, die in Sabang oder Simpocan enden. Pasyar betreibt zudem ein **Umweltmuseum** (Eintritt 20 P; ⏲8–17 Uhr), das konfiszierte Kettensägen, Boote, Dynamit und zuweilen sogar Tiere wie Zibetkatzen zeigt.

Schlafen

★ **Sheebang Hostel** HOSTEL $
(☎0915 370 0647, 048-433 0592; judy.sheebang@gmail.com; 118 Libis Rd; B 250–350 P, DZ 800–960 P) Nachdem 2014 das legendäre Banwa

Art House abgebrannt ist, hat sich das Sheebang schnell zu Puertos führendem Hostel gemausert. In dem wunderschönen Holzhaus gibt's drei klimatisierte Schlafsäle mit robusten Etagenbetten und großen Schränken, sowie noch ein paar einfache Privatzimmer. Eine Bar unter freiem Himmel, ein großer Garten und eine kompetente Gästeinformation entschädigen für die dezentrale Lage.

★Casa Linda Inn PENSION $
(☎048-433 2606, 0917 749 6956; casalindainn@gmail.com; Trinidad Rd; EZ/DZ mit Ventilator 550/650 P, mit Klimaanlage 850/1000 P; ❄📶) Mit dem akribisch gepflegten Hofgarten samt Pergola wirkt die Casa Linda wie ein idyllischer Landsitz. Die Zimmer am Hof mit Holzfußböden sind sauber und einfach eingerichtet, doch wegen der dünnen Wände hat man nicht immer die gewünschte Ruhe. Trotzdem ist es eindeutig das Hotel mit dem besten Preis-Leistungs-Verhältnis vor Ort.

Tree House Inn HOSTEL $
(☎048-434 0005; treehouseinn@yahoo.com; ARL Building, 1. OG Malvar St; B 450 P, DZ ohne Bad 1000 P; ❄📶) Der Name „Tree House" täuscht in Anbetracht der lärmintensiven Lage in einem zentral gelegenen Bürogebäude. Es ist unspektakulär, aber sauber und hat eine kleine Küche. Es gibt gemischte Schlafsäle sowie welche nur für Frauen.

Dallas Lodge HOSTEL $
(☎0946 392 8818; www.dallas-inn.com; 11 Carandang St; B/DZ 300/600 P; 📶) Winziges, nettes Backpackerhostel mit sechs Rattanzimmern voller Graffiti an den Wänden und einem Sechs-Bett-Schlafsaal.

Essen & Trinken

Ima's Vegetarian VEGETARISCH $
(Fernandez St; Gerichte 85–140 P; ⏲So–Do 11–21, Fr 11–15, Sa 18.30–21 Uhr; 🖉) Gesund und lecker. Als *merienda* (Zwischenmahlzeit) empfehlen wir den scharfen Burrito mit schwarzen Bohnen oder die vegane Käsepizza. Das Ima's wird von Sieben-Tage-Adventisten betrieben.

Bazzo CAFÉ $
(Ecke Carandang & Lacao Sts; Snacks 75–150 P; ⏲9–23 Uhr; 📶) Zu den Highlights in diesem kunstverliebten Miniladen zählen das ganztägige Frühstück, Pommes frites mit Käsesoße und ein wirklich genialer Cookies-&-Cream-Frappé.

Cafe Itoy's CAFÉ $
(Rizal Ave; Hauptgerichte 115–230 P; ⏲7–23 Uhr; 📶) Alteingesessener Coffeeshop an der Hauptstraße mit schattiger Terrasse hinten. Auf der umfangreichen Karte gibt's leichte Imbisse und Snacks.

Pham Chaolong VIETNAMESISCH $
(Rizal Ave, zwschn Valencia & Burgos Sts; Gerichte 50 P; ⏲7–21 Uhr) Gute, zentrale Lage mit leckerem *chaolong* (eine philippinische Variante von *pho*).

Tiki Restobar BAR
(Ecke Rizal Ave & National Hwy; Hauptgerichte 160 P; ⏲19–2 Uhr) Große Bar mitten in der Stadt. Zur Unterhaltung tragen Spiele, Bier-„Eimer" und oft auch Livebands bei.

Praktische Information

Die **Metrobank**, **BDO** und **BPI** entlang der Rizal Avenue betreiben die einzigen funktionierenden Geldautomaten auf Palawan.

Das **Subterranean River National Park Office** (☎048-434 2509; City Coliseum, National Hwy; ⏲8–15.30 Uhr) ca. 2 km nördlich der Rizal Ave stellt Genehmigungen für den Nationalpark aus.

An- & Weiterreise

BUS

Busse/Jeepneys und/oder Transporter verkehren nach Sabang, Port Barton und El Nido. Wer nicht ewig warten möchte, bis alle Sitzplätze voll sind, sollte einen Bogen um die Schlepper machen und die offiziellen Transporter von **Lexus Shuttle** (☎0917 585 9613; www.lexusshuttle.com) oder anderen nach El Nido nehmen. Auch möglich: Im Voraus reservieren (und viel dafür bezahlen) über **Daytripper** (☎0917 848 8755, 048-723 0533; www.daytripperpalawan.com).

FLUGZEUG

Air Asia, Cebu Pacific und PAL Express fliegen alle mindestens dreimal am Tag von Puerto Princesa nach Manila. Cebu Pacific fliegt zusätzlich ein- bis zweimal täglich nach Cebu, sowie dreimal die Woche nach Iloilo, Panay.

SCHIFF/FÄHRE

2GO (☎048-434 9344; Rizal Ave) legt Sonntag um 13 Uhr von Puerto Princesa nach Manila ab (ab 1300 P, 30 Std.), via Coron.

Milagrosa Shipping (☎048-433 4806; Rizal Ave; 900–1500 P, 36 Std., Do und So 15 Uhr) und die robusteren **Montenegro Lines** (☎048-434 9344; www.montenegrolines.com.ph; Puerto Princesa Pier; 1220–1590 P, 26 Std., Sa 20 Uhr und Mo 18 Uhr) verkehren nach Iloilo mit Zwischenstopp an den Cuyo Islands.

Unterwegs vor Ort

Der Flughafen befindet sich an der Rizal Avenue gleich östlich vom Zentrum. Flughafentricycles kosten 50 P. Wer ein Stück läuft, kann ein öffentliches Trike für 8 P ergattern.

Das Hauptbusterminal ist am San-Jose-Markt 6 km nördlich der Stadt. Von der Ecke Rizal Avenue und National Highway aus fahren Tricycles (50 P) oder Multicabs (Mini-Jeepneys; 15 P) dorthin.

An der Rizal Avenue östlich der Kreuzung mit dem National Highway kann man Motorräder leihen (ab 450 P).

Sabang

048

Das winzige Sabang hat einen unbeschreiblich schönen Strand und wartet mit unberührtem Dschungel und dem **Puerto Princesa Subterranean River National Park** (Parkeintritt inkl. Paddelboot 250 P, plus Umweltgebühr 40 P; 8.30–15.30 Uhr) auf. Ein schiffbarer Fluss windet sich hier durch eine fantastische Höhle, bevor er sich ins Meer ergießt. Unmotorisierte Paddelboote dürfen 1,5 km den Fluss hinauf in die Höhle vordringen (45 Min. hin & zurück). Wer nach oben schauen will, sollte den Mund schließen: Fledermäuse und Salanganen flattern oben herum und sind mit ihrem Guano für den ganz besonderen Geruch verantwortlich.

Ein *bangka* bis zur Flussmündung (700 P für bis zu 6 Pers., 15 Min.) kann bei der **Touristeninformation Sabang** (048-723 0904; 8–16 Uhr) am Pier gebucht werden. Alternativ läuft man 5 km auf dem „Dschungelpfad" (Eintritt 200 P, Guide inkl.). Achtung: Wer keine Übernachtungsbescheinigung von einem Resort in Sabang, Port Baton oder Richtung Norden vorzeigen kann, muss die Genehmigung im Voraus bei einem Veranstalter oder bei der Parkverwaltung in Puerto Princesa besorgen.

In Sabang lässt sich die Zeit auch mit Wanderungen zu Wasserfällen, Stehpaddeln und Bodysurfing (wenn die Wellen da sind) oder bei einer ganztägigen Regenwaldwanderung mit „Jungle George" zu diversen Batak-Dörfern (500 P pro Pers.) vertreiben.

Schlafen & Essen

In den meisten Unterkünften gibt's nur zu bestimmten Zeiten Strom (18–22/23 Uhr). Ausnahme sind zwei Edelstrandresorts mit Elektrizität rund um die Uhr plus WLAN.

★ Dab Dab Resort BUNGALOWS $
(0949 469 9421; Hütte mit/ohne Bad 700/400 P;) Eine Oase nur 200 m südlich vom Anleger von Sabang. Einen Sandstrand gibt es hier nicht, nur eine steinige Küste, aber die sieben Hütten mit Holzfußboden und *nipa*-/Strohdächern sind viel einladender als die am Strand. Jede verfügt über einen Deckenventilator, eine eigene Veranda und eine Hängematte.

Mary's Cottages BUNGALOWS $
(0936 264 5572; DZ 500–600 P, 4BZ 1200 P) Am friedlichen nördlichen Ende des Sabang Beach. Die vier Bungalows sind ausgesprochen einfach, trumpfen aber mit hübschen Balkons inkl. Meerblick auf.

Green Verde HÜTTEN $
(0910 978 4539; DZ ab 800 P;) Die engen Zimmer sind ein kleiner Fortschritt gegenüber den sonstigen Budgetangeboten am Sabang Beach. Dazu gibt es hier eines der wenigen anständigen Strandrestaurants von Sabang (Hauptgerichte 75–300 P).

Blue Bamboo Cottages BUNGALOWS $
(0910 797 0038; www.bluebamboo-sabang.com; Zi. 250–700 P;) Einfache, preisgünstige Zimmer und charmant-heruntergekommene Bambushütten mit eigener Veranda. Es liegt an einer felsigen Küste etwa 250 m südlich vom Pier Sabangs.

An- & Weiterreise

Lexus-Shuttle-Transporter machen sich fünf- bis sechsmal täglich auf den Weg nach Sabang oder Puerto Princesa (200 P, 1½ Std.). Jumbo-Jeepneys (mit/ohne Gepäck 150/120 P, 2½ Std.) bedienen die Strecke viermal täglich.

Lexus fährt ebenfalls fünfmal täglich nach El Nido, mit Umsteigen in Salvacion. Nach Port Barton kommt man am besten, indem man zurück nach Puerto Princesa fährt und dort in einen Transporter oder Bus einsteigt. Ansonsten kann man einen der zwei täglichen Busse zwischen Puerto und Port Baton am National Highway in Salvacion ranwinken.

Port Barton

048 / 5500 EW.

Vielen Travellern fällt es schwer, sich von Port Barton loszureißen, und das nicht nur wegen der schlechten Verkehrsanbindung. Das Städtchen liegt an einer kleinen hübschen Bucht mit ein paar malerischen Inseln. In der Umgebung kann man wunderbar schnorcheln und fantastische Inselhoppingtouren (pro Pers. inkl. Mittagessen 700 P) buchen oder auch tauchen. Bistro Coron und andere verleihen Seekajaks (pro Tag 500 P) für Entdecker.

Schlafen & Essen

Die Nachfrage in der Hochsaison ist weit größer als das Angebot, also sollte man im Voraus reservieren. Zu den günstigeren Resorts auf den Inseln in Küstennähe zählen **Coconut Garden** (☎0918 370 2395; www.coconutgarden.palawan.net; Cacnipa Island; EZ/DZ 860/995 P, Hütte 1350–1750 P) und **Blue Cove** (☎0908 562 0879; www.bluecoveresort.com; Albaguen Island; Hütte mit Ventilator/Klimaanlage 1500/3000 P; ❄📶). Die Überfahrt mit dem Boot sollte um die 1500 P kosten. **Thelma & Toby's Island Camping Adventure** (☎048-434 8687, 0999 486 3348; www.palawancamping.com; pro Pers. mit Vollpension 1600 P) bietet Luxus-Camping. Geschlafen wird im Zelt am traumhaften Strand unter einem Baldachin mit Ventilator. 20 Minuten mit dem Boot von Port Barton aus.

Fast überall gibt es Strom nur von 18 Uhr bis Mitternacht.

El Dorado Sunset Resort HÜTTEN $
(☎0920 329 9049; lucy_deniega@yahoo.com; DZ 800–1500 P; 📶) Eine Augenweide sind die bunten Betonhütten nicht gerade, aber dank eigener Veranda und sauberer Badezimmer durchaus ihr Geld wert. Die Hauptattraktionen sind jedoch die kreisrunde Bar und die Lage am Nordende des Strandes. In der Nebensaison 300 P billiger.

Ausan HÜTTEN $$
(☎0929 444 0582; www.ausanbeachfront.com; DZ/Fam. Hütte 1250/2850 P; ❄📶) Im mittleren Preissegment die beste Option in Port Barton. Zur Zeit der Recherche hatte das zentral gelegene Ausan als einzige Unterkunft in Port Barton ganztägig (7 Uhr bis Mitternacht) Strom. Zur Wahl stehen Hütten mit Ventilator und schönen Holzfußböden am Strand oder größere „Themenzimmer" mit psychedelischen Wandmalereien und kitschigem Mobiliar.

Barton Bistro HÜTTEN $$
(☎0917 884 3301; bartonbistroportbarton@gmail.com; EZ/DZ mit Frühstück 800/1700 P; 📶) Etwas teuer, aber dafür die schicksten Zimmer von Port Barton – und das auch noch in absolut zentraler Lage. Das Dinner bei Kerzenlicht ist ebenfalls gut investiertes Geld (Hauptgerichte 150–250 P). Unbedingt probieren: *kinilaw* (Krebse in Kokosmilch) oder zum Frühstück French Toast mit wildem Honig.

Jambalaya Cajun Cafe CAFÉ, INTERNATIONAL $$
(☎0915 315 3842; Hauptgerichte 240–450 P; ⏲Mo–Sa 8–21 Uhr; 📶) Direkt am Strand mit gemütlicher und quirliger Atmosphäre und das beste Café zum Abhängen in Port Barton. Ja, das namensgebende Meeresfrüchte-Jambalaya (350 P) und das Gumbo (300 P) sind teuer, machen aber zwei Personen satt. Die Cocktails sind auch köstlich.

Praktische Information

Im Café Jambalaya gibt's eine praktische Broschüre mit Infos zu Unterkünften und mehr. Wer mag, kann seine Tasche hier stehen lassen, während er sich am Strand auf die Suche nach einer Bleibe macht.

An- & Weiterreise

Busse/Jeepneys nach Puerto Princesa fahren um 9 und 13 Uhr (250 P, 4½ Std.) über Salvacion (250 P, 3½ Std.) Richtung Sabang. Die Rückfahrt ab Puerto startet um 7.30 und 9 Uhr. Transporter nach Puerto (350 P, 3 Std.) fahren um 6 und 13 Uhr, in die Gegenrichtung um 6.30 und 13 Uhr.

Um 8.30Uhr fährt ein Jumbo-Jeepney nach Roxas (150 P, 1½ Std.),in die andere Richtung geht's am Mittag. Zur Weiterfahrt nach El Nido in Roxas umsteigen. Außerdem fährt um 8.30 Uhr ein Minivan nach El Nido (800 P, 3½ Std.).

El Nido

☎048 / 8000 EW.

El Nido ist die beste Basis für Ausflüge zu Palawans Topattraktion, dem **Bacuit-Archipel**. Winzige Salanganen bauen ihre (essbaren) Nester in die Kalksteinfelsen rund um die etwas heruntergekommene Stadt. Deren spanischer Name bedeutet passenderweise so viel wie „Nest".

Die Regenzeit ist in El Nido besonders heftig, daher sollte man zwischen Juni und September die Wettervorhersage beachten und gegebenenfalls ausweichen.

Sehenswertes

Die Gegend von El Nido ist mit den wahrscheinlich schönsten Stränden des Landes gesegnet. Die weißen Strände der vorgelagerten Inseln bieten überall die perfekte Postkartenkulisse. Nicht minder spektakulär sind die Sonnenuntergänge am etwa 5 km südlich vom Ort gelegenen **Marimegmeg Beach** (auch Las Cabanas Beach) mit dem **Beach Shack**, dem supercoolen Happy-Hour-Treffpunkt.

Nacpan Beach STRAND

Keine Lust auf Menschenmassen? Dann fährt man am besten mit dem Tricycle oder Motorrad an diesen goldenen, 3 km langen Strand. Die Bebauung beschränkt sich auf ein paar Imbissbuden und einfache Unterkünfte. Aber der Frieden wird nicht ewig währen, also besser heute als morgen herfahren – von El Nido aus 18 km nordwärts auf einem asphaltierten Highway, und dann noch 4 km entlang einer weniger komfortablen Zubringerstraße.

Unterwegs kommt man an der Abzweigung zu den **Nagkalit-Kalit-Fällen** vorbei, die unmittelbar nördlich der 285-Kilometer-Markierung liegen. Zu den erfrischenden Wasserfällen sind es zu Fuß 40 Minuten, am besten heuert man am Ausgangspunkt einen Guide an, damit man sich nicht verirrt.

Aktivitäten

Ganztägige Insel-Hoppingtouren, auf Wunsch auch mit Übernachtung, sind das Beste, was man in El Nido machen kann. Sie werden überall angeboten und kosten zwischen 1200 und 1400 P pro Person (inkl. Mittagessen, ab 4 Pers.). Nicht verpassen: Die **Big Lagoon** und **Small Lagoon** auf Miniloc Island. Am besten kommt man bei Sonnenaufgang her, dann hat man die Gegend für sich allein (Transport per Privatboot erforderlich). Strandcamping-Trips kosten rund 3500 P pro Person und pro Nacht.

Mit einem Seekajak lassen sich die nähergelegenen Attraktionen der Bacuit Bay wie **Cadlao Island** und **Seven Commandos Beach** ausgezeichnet erkunden. Für 500 bis 1500 P pro Tag bekommt man sie problemlos in El Nido, Corong-Corong und an der Small Lagoon auf Miniloc Island. Kostenpunkt: 500 bis 1000 P pro Tag. Es lohnt sich, für ein ordentliches Exemplar etwas tiefer in die Tasche zu greifen. Die Kajaks mit transparentem Boden von Art Café sind die Besten. Dort werden auch Stehpaddelbretter (250/900 P pro Std./Tag) und Windsurfbretter vermietet.

Vor Ort gibt es mehrere Tauchzentren und für Touren an Land gibt es unzählige Touranbieter. Wer wagemutig genug ist, kann sogar die örtlichen *taraw* (Klippen) erklimmen.

DER (PERFEKTE) STRAND

Alex Garlands Backpackerbibel *Der Strand* ist in Thailand angesiedelt, doch der Autor – der eine Weile auf den Philippinen lebte – hat zugegeben, dass sich die in seinem Buch beschriebene Insel tatsächlich in seiner einstigen Wahlheimat befindet. Man munkelt, dass sie zur Calamian-Gruppe gehört. Garlands zweiter Roman *Manila* spielt in der philippinischen Hauptstadt.

Schlafen

Die meisten Budgetunterkünfte liegen in der Nähe von El Nidos schmalem Strand. Die Mittelklasse-Hotels am Strand östlich vom Pier sind allgemein alle überteuert, aber in der Nebensaison fallen die Preise um bis zu 60 % (feilschen).

Corong-Corong, ein paar Kilometer südlich von El Nido, ist ruhiger. Wer es gern noch ruhiger hat, sollte es mit Nacpan Beach versuchen.

Our Melting Pot Hostel HOSTEL $

(OMP; ☎0906 412 7861; ourmeltingpotbackpackers@gmail.com; Real St; B/EZ mit Frühstück ab 500/600 P; 📶) Hartgesottene Budget-Traveller mit geringen Ansprüchen, die sich nicht an überfüllten Schlafsälen stören, werden hier glücklich sein. Heißes Wasser und Laken sind inklusive, Privatsphäre verschaffen dünne Vorhänge an den Etagenbetten.

Where 2 Next HOSTEL $

(☎0917 804 0434; www.where2nexthostel.com; Nacpan Beach; B im Zelt/Zimmer 250/400 P, priv. Zelt/Zimmer 500/1100 P; 📶) Bei der beneidenswerten Lage unweit von Nacpan Beach profitiert das Where 2 Next von Nacpans steigender Popularität. Das Gemeinschaftszelt ist eine Besonderheit der Philippinen, es gibt aber auch herkömmliche Schlafsäle oder Einzelzimmer. Die Nutzung von Solarenergie, gutes Essen und freundliches Personal runden das Gesamtpaket ab.

El Nido Sands Inn PENSION $

(☎0999 452 5843; Serena St; B/DZ ohne Bad 300/600 P; 📶) Die schlichten Doppelzimmer und Schlafsäle sind die wohl besten Billigunterkünfte von El Nido. Das Gemeinschaftsgefühl und der Service der anderen Budgethostels in der Stadt fehlen, dafür sind die Schlafsäle mit vier bis sechs Betten wesentlich geräumiger und die Etagenbetten breiter und robuster.

Lugadia Beach Cottages HÜTTEN $

(☎0946 241 1864; Corong-Corong; Hütte 800–1000 P; 📶) Altmodische Strohdachhütten, versteckt am Fuße eines Hügels an einem extrem schmalen Streifen des Corong-Corong-Strandes. Die Hütten bieten wenig mehr als das Minimum – Matratze, Moskitonetz, kaltes Wasser und eigene Balkone – und damit eine Menge Backpacker-Charme.

Bulskamp Inn PENSION **$$**
(☎0906 552 4624; www.bulskamp-inn.webs.com; Osmeña St; Zi. mit Ventilator/Klimaanlage 1400/1800 P; ❄📶) Netter Service, gemütliches Ambiente und blitzsaubere Zimmer mit kleinen Betten. Warmes Wasser kostet 200 P extra.

Jack's Place BUNGALOWS **$$**
(☎0935 355 3837; Nacpan Beach; DZ/4BZ-Hütte 1000/1800 P; 📶) Auf dem Weg zum Nordende von Nacpan Beach stolpert man über dieses Juwel mit Robinson-Crusoe-Flair. Es besteht aus fünf einfachen Holzhütten auf Stelzen mit Bad, alle mit Balkon zum Strand. Kajakvermietung (150/500 P pro Std./Tag).

Spin Hostel HOSTEL **$$**
(www.spinhostel.com; Balinsasayaw Rd, Ecke Calle Real; B/DZ ab 1000/2500 P; ❄@📶) Ob das außergewöhnliche Design dieses neuen Luxus-Hostels die außergewöhnlichen Preise rechtfertigt, wird sich erst noch zeigen müssen. Die recht gemütlichen Schlafsäle haben vier Betten, aber man zahlt auch für die raffinierten Gemeinschaftsbereiche und die regelmäßigen Aktivitäten und Veranstaltungen. Aufgrund ohrenbetäubender nächtlicher Froschkonzerte auf der angrenzenden Wiese sollte man um ein Zimmer auf der abgewandten Seite bitten.

Chislyk Beach Cottages BUNGALOWS **$$**
(☎0918 243 3780; gladysmisajon@yahoo.com; Hama St; Hütte mit Ventilator/Klimaanlage ab 1400/1800 P; ❄📶) Mehrere kleine Bambus- und Betonhütten teilen sich einen briefmarkengroßen Strandabschnitt. Aber jede hat ihre eigene Veranda – ein echter Pluspunkt in dieser Preisklasse. Die Preise sollte man nachverhandeln.

Essen & Trinken

IBR FILIPINO **$**
(Hama St; Hauptgerichte 90–200 P; ⌚24 Std.) Philippinisches Fast Food: Backpacker (oft mit Kater) und Einheimische essen hier gern Suppen und Gerichte mit Reis und Fleisch. An der Straße weht der Ventilator, hinten gibt's eine Klimaanlage.

Lonesome Carabao MEXIKANISCH **$$**
(Hama St; Hauptgerichte 200–300 P; ⌚7–22 Uhr) Der beste Mexikaner in El Nido, vielleicht sogar von ganz Palawan.

Boodle Fight Restaurant PHILIPPINISCH **$$**
(☎0928 824 736; National Hwy, Corong-Corong; Hauptgerichte 120–220 P; ⌚20–22.30 Uhr) Was ein Boodle Fight sein soll? Das ist ein philippinisches Gericht, das auf einem großen Bananenblatt serviert wird. Üblicherweise isst man es mit der Hand. Ein Essen für vier Personen kostet 650 P, eine Reservierung ist eine gute Idee.

★ **Trattoria Altrove** ITALIENISCH **$$**
(☎0947 775 8653; Hama St; Hauptgerichte 240–450 P; ⌚17–22 Uhr) In diesem Restaurant unter slowenischer Leitung wird die wahrscheinlich beste Pizza in El Nido serviert, zubereitet mit importiertem Mozzarella im Steinbackofen. Ein Dutzend Pasta-Sorten aus Italien (230 P) sowie T-Bone-Steak und andere Fleischgerichte stehen ebenfalls auf der Karte.

Pukka Bar BAR
(☎0908 488 8832; ⌚16–4 Uhr; 📶) Quirligste Bar in El Nido: Live-Reggae, Bier in Eimern und jede Menge betrunkene Backpacker, die sich bis zum Strand verteilen. Ebenfalls im Angebot: fünf kleine, gut gepflegte Zimmer für Rucksacktouristen (Ventilator/Klimaanlage 700/1700 P).

Lucky Alofa BAR
(Hama St; Hauptgerichte 170–300 P; ⌚15–24 Uhr, Juli & Aug. geschl.; 📶) Burger, Snacks, Musik aus den 90ern und leckere Cocktails sind die Markenzeichen dieser beliebten schwedisch geführten Bar an der Hauptstraße.

ℹ Praktische Information

Alle Gäste müssen in El Nido 200 P (die „Öko-Tourismus"-Gebühr) zahlen. Sie ist zehn Tage gültig und kann im Hotel oder bei den Reiseveranstaltern beglichen werden. Da es keine Geldautomaten gibt, muss man ausreichend Bargeld mitbringen. An der Petron Station am Hafen gibt's vielleicht Bargeld.

Das **El Nido Boutique & Art Café** (☎0920 902 6317; www.elnidoboutiqueandartcafe.com; Serena St; ⌚6.30–23 Uhr; Reiseschalter 7–20 Uhr) nahe der Werft wird von einem Schweizer betrieben und läuft wie das sprichwörtliche Uhrwerk. Es ist eine super Quelle für Informationen rund um El Nido. Hier kann man Flugtickets kaufen, sich nach Fähr- und Busplänen erkundigen, Geld wechseln, Klamotten kaufen, Inselhoppingausflüge in der Bacuit-Bucht organisieren, Kajaks mieten, die Bücherei durchstöbern, lecker essen und echten Kaffee trinken. Außerdem treten fast jeden Abend Livebands auf.

Anreise & Unterwegs vor Ort

Die teure **Air Swift** (☎ in Manila 02-851 5674; http://air-swift.com) fliegt nach Manila (Vor-/Hauptsaison 4150/6750 P) und Cebu. Zum Flughafen gelangt man nur mit dem Tricycle (200 P).

Busse fahren allesamt am neuen Busbahnhof etwa 2 km südlich der Stadt in Corong-Corong ab (50 P per Tricycle). Nach Puerto Princesa nehmen die meisten die überfüllten Vans (600 P, 5 Std., regelmäßig bis 20 Uhr), die man vom eigenen Hotel buchen lässt. Aber die Busse (350–450 P, 7 Std., stdl. bis 22 Uhr) von Roro Bus und Charry Bus sind bequemer.

Ein Van von Recardo Transport fährt um 7 Uhr direkt nach Port Barton (800 P, 3½ Stunden). Eine Alternative ist der Bus nach Roxas um 7 Uhr oder früher (250 P, 4 Std.) und dann mittags weiter per Jumbo-Jeepney nach PB. Lexus Shuttle Vans fahren nach Sabang, mit Umsteigen in Salvacion.

Nach Coron fahren täglich gegen 8 Uhr ein oder zwei große Passagier-*bangkas* hin und zurück (7 bis 9 Std.). Die meisten Vermittler schlagen ein paar Hundert Pesos auf den Fahrpreis von 1200 P drauf, daher sollte man direkt bei einem der beiden Veranstalter kaufen – **Bunso** (☎ 0906 637 4258; El Nido Port) und **Overcomer** (☎ 0999 978 8564; El Nido Port). **M/Bca Von** (☎ 0910 992 6727; Sirena St) bedient diese Strecke dreimal pro Woche als Van/Boot-Kombination über San Fernando (Ostküste von Palawan) und Linapacan Island. Das ist teurer und landschaftlich weniger reizvoll, aber bei schlechtem Wetter vielleicht vorzuziehen.

ABSEITS DER ÜBLICHEN PFADE

CORON ENTDECKEN

Keine Lust auf andere Touristen? Dann kann man die unberührten Strände und Eilande vor der Westküste von Busuanga mit einem Leihboot oder -kajak erkunden oder die holprige Küstenstraße (mittlerweile etwa zur Hälfte befestigt) zur Nordwestspitze der Insel mit dem Motorrad abfahren (600–800 P) und unterwegs an verschiedenen Stränden Pause machen. Die Strecke sollte aber nur von Leuten mit Offroad-Erfahrung in Angriff genommen werden. In Concepcion kann man ein Boot mieten, das einen zur Insel Calumbuyan (Eintritt 100 P) bringt, eines der besten Schnorchelgebiete der Region. Mit dem Kajak kommt man in die interessante Gegend um **Butong**, ein Mangrovengebiet, das eine kleine Halbinsel nördlich von Concepcion durchschneidet.

Coron

☎ 048 / 43 000 EW.

Taucher kennen Coron aufgrund der sensationellen Wracktauchbedingungen. Außerdem wartet das Gebiet mit unberührten Stränden, hübschen Lagunen und hoch aufragenden Kalksteinsäulen auf. Der verschlafene Hauptort von Busuanga Island ist nicht zu verwechseln mit Coron Island weiter südlich. Sowohl Busuanga Island als auch Coron Island gehören zu den Calamian-Inseln.

Aktivitäten

Wracktauchen

In der Coron-Bucht vor Busuanga liefen 15 japanische Schiffe auf Grund, nachdem sie von US-Flugzeugen abgeschossen worden waren. Um zu den Wracks zu gelangen, muss man ein- bis vierstündige Bootsfahrten von Coron-Stadt aus unternehmen. Bei **Coron Divers** (☎ 0920 945 7637; www.corondivers.com.ph; Zuric Pension, National Hwy) kosten die Tauchgänge mit zwei/drei Flaschen 2300/2900 P. Allerdings gibt's nur wenige auch für Anfänger zugängliche Spots (bis 25 m Tiefe).

Inselhopping

In Coron-Stadt gibt's keinen Strand, aber man kann ein Boot mieten, um sich die scheinbar zahllosen Inseln in der Nähe anzusehen. Eine *bangka* für vier Personen kostet an den Docks zwischen 2000 und 5000 P, abhängig davon, wo man hinwill – oder man kann sich einer Inselhoppingtour (650–1500 P pro Pers.) anschließen, mit Übernachtung 4500 P. Die Attraktion schlechthin ist **Coron Island** mit den hoch aufragenden „Zinnen" aus aufgeschichtetem Kalkstein. Hier kann man auf einem Bambusfloß herumpaddeln, im unberührten **Lake Kayangan** (Eintritt 250 P) schwimmen oder im **Barracuda Lake** (Eintritt 100 P) tauchen – bei zunehmender Tiefe wird das klare Wasser richtig heiß!

Schlafen

Alle genannten Unterkünfte befinden sich in Coron-Stadt.

Krystal Lodge BUNGALOWS $
(☎ 0908 357 3309; www.krystallodge.blogspot.com; EZ/DZ 400/600 P, Hütte 1200 P; 📶) Wie die meisten übrigen Bauten steht auch dieser Bambuskomplex auf Stelzen über dem Wasser. Ein Netz aus schattigen Stegen führt zu den Zimmern: Es gibt passable kleine Unterkünfte, aber auch richtig tolle „Apartments" mit eigener Bar und Sitzbereich.

Patrick & Tezz Guesthouse PENSION $
(☎ 0927 953 1407; www.coron.ph; Coastal Rd; EZ/DZ ab 500/550 P; 📶) Diese Pension unter schwedischer Leitung liegt 200 m nördlich des Zentrums direkt am Wasser und ist der Inbegriff von herzlich und gemütlich. Der Service ist angenehm gastfreundlich, es gibt einen kleinen Gemeinschaftsbereich und einen winzigen Pool zum Herumplanschen. Zwei Übernachtungen sind das Minimum.

Coron Backpacker Guesthouse HOSTEL $
(☎ 0919 388 6028; http://palawan-coron-backpacker.com; DZ/4BZ 500/750 P; 📶) Im Hostel überm Wasser nahe dem Stadtzentrum sind neun einfache Zimmer untergebracht. Der Gemeinschaftsbereich ist angenehm rustikal. Es gibt eine Küche und jede Menge Lesestoff.

Marley's Guesthouse PENSION $
(☎ 0929 539 1133; Zi. ohne Bad 400–500 P; 📶) An der Hauptstraße, zentrumsnah, mit reichlich Straßenlärm, aber die Küche und der Gemeinschaftsbereich sind die besten in der ganzen Stadt.

Essen & Trinken

★ **Bistro Coron** INTERNATIONAL, FRANZÖSISCH $$
(Coron-Stadt; Hauptgerichte 200–500 P; ⏲ 8–23 Uhr) Ein französisches Bistro auf einer der einsamsten Inseln der Philippinen! Wir empfehlen die Garnelen oder eine der großen Pizzas – sensationell gut. Für Ausflüge kann man hier ein Baguette mitnehmen.

Blue Moon Restobar ASIAN $$
(National Hwy; Hauptgerichte 150–450 P; ⏲ 9–1 Uhr) Hier kocht Inhaberin Mama richtig gutes thailändisches Essen und auf Wunsch auch Indisch. Später am Abend gibt's derbe Cocktails und eimerweise San Miguel für 125 P.

Helldivers BAR
(Coron-Stadt) Grenzt an das beliebte, zentral gelegene Seadive Resort und den Tauch-Shop. Hier kann man den Sonnenuntergang beobachten und anschließend noch (sehr) lange sitzen bleiben.

An- & Weiterreise

Cebu Pacific, PAL Express und Skyjet fliegen mehrmals täglich von Manila nach Coron und zurück. Der Flughafen YKR auf Coron liegt entspannte 30 Fahrminuten nördlich von Coron-Stadt. Transporter stehen bei Ankunft der Flüge am Terminal (150 P).

Jede Woche machen sich Fähren von **2GO** (☎ 0948 126 6445) auf den Weg nach Manila (1600 P, 14 Std.) und Puerto Princesa (ab 1350 P, 14 Std.). **Bunso Transport** (☎ 0946 263 5838) startet mit *bangka*-Fähren nach San José, Mindoro (800 P, 6½ Std., 5-mal wöchentl., 8 Uhr).

Alle Schiffe legen vom Haupthafen ab, etwa 1,5 km östlich des Zentrums. Boote nach El Nido s. S. 663.

DIE PHILIPPINEN VERSTEHEN

Die Philippinen aktuell

Bis Juni 2016 wurde das Land von Benigno Aquino III., Sohn von Corazon Aquino, der Heldin der „People-Power"-Revolution von 1986, regiert.

An seinen überragenden Wahlerfolg 2010 schlossen sich drei Jahre beispielloser Popularität an, in denen er Lobbyisten in ihre Schranken verwies, die Korruption bekämpfte und die Katholische Kirche nach mehr als einem Jahrzehnt davon überzeugen konnte, den „Reproductive Health Act" abzusegnen, ein Programm zur Familienplanung, das seitdem dabei geholfen hat, der Bevölkerungsexplosion Einhalt zu gebieten.

Nach der Hälfte von Aquinos sechsjähriger Präsidentschaft verschlechterte sich allerdings zunehmend die Stimmung. Mehrere Korruptionsskandale kamen ans Tageslicht, und auch wenn Aquino mit keinem direkt in Verbindung gebracht wurde, wurde er dafür kritisiert, dass die folgenden Ermittlungen sich unfairerweise auf die Opposition konzentriert hätten. Derweil kamen die Untersuchungen des Maguindanao-Massakers, bei dem 58 Menschen (darunter 34 Journalisten) bei einer Wahlveranstaltung in Süd-Cotabato, Mindanao, ermordet wurden, zum Erliegen. Dadurch wurde Aquinos Fähigkeit zur Bekämpfung der Korruption und alter Seilschaften erheblich in Frage gestellt.

Bei den Wahlen im Mai 2016 wurde Rodrigo Duterte zum Präsident der Philippinen gewählt. Schon bei seinem vorherigen Amt als Bürgermeister von Davao City machte er sich durch seine harte Gangart gegenüber Kriminellen einen Namen. Er tritt unter anderem für die Wiedereinführung der öffentlich vollstreckten Todesstrafe ein.

Geschichte

Auf die Schnelle

Bis ins 16. Jh. blieben die Philippiner auf ihren jeweiligen Inseln und in ihren sozialen Gruppen. Dann beanspruchte Ferdinand Magellan das Land für die spanische Krone und stieß den blutigen Prozess der Christianisierung an. Die ohnehin schwindende Akzeptanz der Einheimischen gegenüber den Kolonialherren fand ein jähes Ende, als die Spanier 1896 den Nationalhelden José Rizal exekutierten. Die Revolution der Bevölkerung war erfolgreich, doch nun kamen die Amerikaner. Dieses Mal hatten die Filipinos kein Glück – ihr Aufstand wurde niedergeschlagen.

Der Zweite Weltkrieg brachte viel Blutvergießen mit sich, aber aus den Trümmern des Kriegs erhob sich eine unabhängige Republik, die schon bald den Hardliner Ferdinand Marcos an ihre Spitze wählte. Die Verhängung des Kriegsrechts durch Marcos im Jahr 1972 und sein Sturz im Rahmen der „People-Power"-Revolution von 1986 sind die beiden Schlaglichter der modernen philippinischen Geschichte.

Seit der Revolution haben sich die Verhältnisse auf den Philippinen kaum verbessert, da die letzten Präsidenten wenig gegen die lähmende Korruption und die Vetternwirtschaft aus Marcos' Tagen getan haben. Erst seit der Wahl von Benigno Aquino III. im Jahr 2010 verliert die Nation ihren Ruf als „kranker Mann Asiens".

Die spanischen Kolonialherren

Zu Beginn des 16. Jhs. deutete alles darauf hin, dass der gesamte Archipel den islamischen Glauben annehmen würde, doch dann erschien 1521 der portugiesische Entdecker Ferdinand Magellan auf der Bildfläche, genau genommen auf der Insel Samar, und änderte den Lauf der philippinischen Geschichte, indem er das Land für Spanien in Besitz nahm. Magellan machte sich daran, die Einheimischen zum katholischen Glauben zu bekehren, und gewann verschiedene Stammeshäuptlinge für sich, bevor er von einem von ihnen, Lapu-Lapu, auf der Insel Mactan nahe Cebu-Stadt ermordet wurde.

1565 kehrte Miguel de Legazpi auf die Philippinen zurück. Als er die einheimischen Stämme der Reihe nach unterworfen hatte, erklärte er Manila zur Hauptstadt der neuen spanischen Kolonie. Außerhalb von diesem Ort lag die Macht in den Händen der katholischen Mönche der berüchtigten unaufgeklärten *friarocracia*. Sie herrschten ungestört über Gebiete, die im Kern ländliche Lehnsgüter waren.

SPRACHGENIE

Die philippinische Antwort auf Mahatma Gandhi und Nelson Mandela war der Schriftsteller und „sanftmütige" Revolutionär Dr. José Rizal, der bereits im Alter von zwei Jahren lesen und schreiben konnte und später mehr als 20 Sprachen beherrschte. Außerdem war er Doktor der Medizin, Dichter, Bildhauer, Maler, Linguist, Naturforscher und leidenschaftlicher Fechter. Seine letzten Worte waren *Consummatum est* (Es ist vollbracht).

Die philippinische Revolution

Gegen Ende des 19. Jhs. schwand der Einfluss Spaniens und die immer repressiveren Methoden der Mönche resultierten zuletzt in einem Aufstand der philippinischen Bevölkerung. Was das Fass letztendlich zum Überlaufen brachte, war die Exekutierung des Schriftstellers José Rizal 1896. Dieser brillante Gelehrte und Dichter hatte sich für einen gewaltfreien Weg zur Unabhängigkeit seines Landes eingesetzt. Sein Tod war ein entscheidender Moment für die revolutionäre Bewegung.

Mit Unterstützung der USA, die bereits wegen Kuba Krieg mit Spanien führten, drängte General Emilio Aguinaldos Armee die Spanier nach Manila zurück. Im Mai 1898 besiegten amerikanische Kriegsschiffe die spanische Flotte in der Bucht von Manila. Die Unabhängigkeitserklärung erfolgte am 12. Juni 1898.

Unter amerikanischer Herrschaft

Doch die Amerikaner hatten andere Pläne. Nachdem sie den Spaniern die Inseln abgenommen hatten, erklärten sie sie zur amerikanischen Kolonie und ein Krieg war nicht zu vermeiden. Er brach im Februar 1899 aus, allerdings blieb der erwartete schnelle Sieg aus. Je länger sich die Gefechte hinzogen, desto größer wurde der öffentliche Unmut in den USA. Die Debatte an der Heimatfront und der Guerillakrieg, der auf

FILMTIPPS

- *Heneral Luna* (2015) Filmepos, das die Filipinos für die Hinrichtung Ihres größten Generals während des Philippinisch-Amerikanischen Krieges verurteilt.
- *Kid Kulafu* (2015) Eine unterhaltsame Filmbiografie über die frühen Jahre des Boxers und Nationalhelden Manny Pacquiao,
- *Give Up Tomorrow* (2011) Der Dokumentarfilm über einen Mann aus Cebu, der fälschlicherweise wegen Vergewaltigung und Mordes verurteilt wurde, war ein Kritikererfolg.
- *Serbis (2008)* Topactrice Gina Pareño spielt in Brillante Mendozas Geschichte über ein familienbetriebenes Pornokino in Angeles, der philippinischen Hauptstadt der Prostitution, mit.
- *Imelda* (2004) Die Regisseurin Ramona Diaz hat philippinisch-amerikanische Wurzeln und gewährt mit ihrem Film einen faszinierenden Einblick in das Leben von Imelda Marcos.

den Philippinisch-Amerikanischen Krieg folgte, weisen geradezu unheimliche Parallelen zu zwei späteren Konflikten auf: Vietnam und Irak.

Erst am 4. Juli 1902 erklärten die Amerikaner ihren Sieg.

Anschließend machten sie sich schnell daran, den entstandenen Schaden wiedergutzumachen. Sie führten Reformen zur Verbesserung der Lebensumstände der Einheimischen ein. Die erste philippinische Regierung wurde 1935 gebildet und die vollständige Unabhängigkeit sollte zehn Jahre später erlangt werden.

Weil die Japaner die Inseln im Zweiten Weltkrieg besetzten, war eine Einhaltung dieses Zeitplans aber unmöglich. Drei Jahre litt das Land unter der brutalen Militärherrschaft, bevor die amerikanischen Truppen die Japaner in der Schlacht um Manila im Februar 1945 besiegten.

Anschließend lag eine der ehemals prachtvollsten Städte Asiens in Schutt und Asche und mehr als 100 000 Zivilisten hatten ihr Leben verloren.

Die „People-Power“-Bewegung

Infolge der Ermordung von Ferdinand Marcos' Gegenkandidat Benigno „Ninoy“ Aquino 1983 nahm der Widerstand gegen den Diktator neue Ausmaße an. Marcos setzte Wahlen für Anfang 1986 an und die gesamte politische Opposition stellte sich geschlossen hinter Aquinos Witwe, Corazon „Cory“ Aquino. Anschließend erklärten sich sowohl Marcos als auch Aquino zu den Siegern der Wahl, doch Cory Aquino wurde von der „People Power“, der Macht des Volks, getragen. Wenige Tage darauf hatten die Amerikaner den ungeliebten Staatschef samt Frau nach Hawaii verfrachtet, wo Marcos bis zu seinem Tode blieb.

Cory Aquino hatte zwar nie die Unterstützung der Armee, überstand jedoch mehrere Putschversuche. Ihr Nachfolger war der Großcousin von Ferdinand Marcos, Fidel Ramos. 1998 wurde dieser von dem zweitklassigen Schauspieler Joseph „Erap“ Estrada abgelöst, der versprach, den Armen sowie den ländlichen Regionen mit Regierungsgeldern zu helfen. Bereits nach 2½ Jahren enthob man ihn im Rahmen einer zweiten „People-Power“-Revolte wegen Korruptionsvorwürfen seines Amts. Vizepräsidentin Gloria Macapagal Arroyo übernahm die Geschäfte in den folgenden neun Jahren, obwohl auch sie mit Korruptionsvorwürfen und der Bedrohung eines dritten Volksaufstands zu kämpfen hatte.

Die Moro-Problematik

In den etwa 450 Jahren seit dem Zusammenschluss der philippinischen Inseln gab es eine Konstante: der Widerstand von Seiten der muslimischen Bevölkerung auf Mindanao. Die größte muslimische Separatistengruppe im Land, die Moro Islamic Liberation Front (MILF), leistet von der Autonomen Region Muslimisches Mindanao (ARMM) aus seit den 1980er-Jahren Widerstand gegen die Regierung. Immer wieder ereignen sich Bombenanschläge und Entführungen.

Im Oktober 2012 unterschrieben die MILF und die Regierung einen vorläufigen Friedensvertrag, das Bangsamoro Framework Agreement (BFA). Es verschafft der MILF mehr Autonomie und soll Jahrzehnten der Armut und Gewalt in Mindanao ein Ende setzen. 2014 wurde die Vereinbarung von beiden Seiten schließlich unterzeichnet.

Doch die Gewalt setzte sich in der Zwischenzeit ungehindert fort, da der Hauptgegner der MILF, die Moro National Liberation Front (MNLF), sowie andere Muslimische Splittergruppen nicht berücksichtigt wurden. 2013 organisierte die MNLF eine Belagerung der Stadt Zamboanga im Süden, bei der mehr als 200 Menschen ums Leben kamen. Entführungen blieben in den überwiegend muslimischen Bereichen von Mindanao auch in den Jahren 2014 und 2015 keine Seltenheit. Zur Drucklegung dieser Ausgabe war der Frieden in Mindanao immer noch so fragil wie eh und je.

Menschen & Kultur

Lebensstil

Die Philippiner haben einen ausgeprägten Lebenshunger, den es so vielleicht nicht noch einmal auf der Welt gibt. Ihr Nationalsymbol, der Jeepney, ist eine würdige Metapher für das Land: Knallbunt bemalt, vollgepackt mit religiösen Ikonen und mit allerlei Kritzeleien verziert, lassen einen die Vehikel vergessen, dass sie im Kern nicht mehr als ein maroder Blechhaufen sind. Normalerweise nehmen die Einheimischen ihr Schicksal mit einem Lächeln auf den Lippen an. Was auch passieren mag… sei's drum! Dieser Fatalismus drückt sich in der Phrase *bahala na* aus: Es passiert, was eben passiert, und in der Zwischenzeit muss man sein Leben leben.

SABONG

Philippinische Männer wetten für ihr Leben gern auf alles von *sabong* (Hahnenkämpfen) bis hin zu Pferderennen. Dabei wird ordentlich gezecht. Größter Beliebtheit erfreuen sich zweifellos die Hahnenkämpfe. Überall im Land gehen sonntags und an Feiertagen teure Kampfhähne mit fast 8 cm langen Klingen an den Beinen aufeinander los. Diese Praxis ist nicht ohne Kritiker, aber der Zeitvertreib ist fest in der Kultur verankert. Bei einem großen Kampf kommen bis zu 100 000 P an Wetteinsätzen zusammen. Die Kämpfe sind kurz und brutal, der besiegte Hahn landet übrigens meist im Kochtopf.

Jahrhundertelang drehte sich das Leben in erster Linie um zwei Dinge: die Familie und die Religion. Zur Familie gehören auch entfernte Cousins, die Taufpaten sowie die *barkada* (Freundesclique). Generell sind philippinische Familien, vor allem in den ärmeren Schichten, groß. Nicht selten teilen sich ein Dutzend Menschen ein winziges Apartment, eine Baracke oder eine *nipa*-Hütte.

Die Einheimischen sind sehr abergläubisch. Im Hinterland trifft man vielleicht auf einen Dorfbewohner, der von einem Geist besessen ist und sich deshalb merkwürdig verhält, und in den Städten helfen Gesundbeter, Wahrsager, Schamanen, Selbsthilfe-Bücher sowie Missionare bevorstehendes Unheil abzuwenden.

Als weiterer integraler Teil der Gesellschaft gelten die Auswanderer in Übersee, der Overseas Filipino Worker (OFW) – die Krankenschwester in Kanada, der Bauarbeiter in Katar und der Gebäudepfleger in Singapur. Zusammengenommen senden sie Jahr für Jahr Milliarden Dollar nach Hause.

Bevölkerung

Auf dem Weg von der nördlichsten Spitze Luzons in den Süden der Sulu Islands begegnet man einer Vielzahl ethnischer Gruppen, die insgesamt um die 170 verschiedene Dialekte sprechen. Fast alle Philippiner gehören zur Gruppe der Malaien, außerdem gibt's eine große, wirtschaftlich bedeutende chinesische Minorität und eine ganze Reihe von *mestizos* (Mestizen).

Schätzungen zufolge beträgt die Bevölkerungszahl rund 101 Millionen und steigt jährlich um fast 2 % – eine der größten Wachstumsraten Asiens. Das Durchschnittsalter liegt bei gerade mal 23,2 Jahren und fast ein Viertel der Bevölkerung lebt in oder in der Nähe von Metro Manila.

Kunst

KINO

Die Philippinen sind die produktivste Filmemachernation in Südostasien. In den 1950er-Jahren war das „goldene Zeitalter“: Damals räumten Streifen des Inselstaates massenweise Preise ab. In den 1980er- und 1990er-Jahren durchlebte die Industrie eine erneute Hochphase dank eines Genres namens *bold* (verwegen, kühn) mit jeder Menge Sex und Gewalt und Typen samt aufwendigen Frisuren in romantischen Rollen. Heute geht's bergab mit den Mainstreamstudios, doch die Qualität der Produktionen steigt, insbesondere weil mehr Independentfilme wie Jeffrey Jeturians *Kubrador* (2006) und *Ekstra* (2013) gedreht werden, beispielsweise das vierstündige, epische Meisterwerk *Norte, the End of History* von Lav Diaz. Ein anderer wichtiger Indie-Regisseur ist Brillante Mendoza, der 2009 bei den Filmfestspielen in Cannes für sein kontroverses Werk *Kinatay* (Schlachten) als bester Regisseur gekürt wurde.

MUSIK

In erster Linie sind die Philippiner für die allgegenwärtigen Coverbands und ihre Liebe zu Karaoke bekannt, aber auch „OPM" („Original Pinoy Music" – die Philippiner sprechen von sich selbst als Pinoy) ist wahnsinnig beliebt. OPM umfasst ein breites Spektrum aus Rock-, Folk- und New Age-Strömungen sowie eine Untergruppe, die all diese Genres vereint.

Als die großen Drei des Pinoy-Rock gelten Bamboo (mit leichter Grunge-Note), das Trio Rivermaya und die manchmal süße, manchmal mürrische Diva Kitchie Nadal, die regelmäßig um die ganze Welt tourt. Wer Alternative-Rock mag, sollte in ein paar Lieder von Taken by Cars hineinhören.

Eine bekannte Band, die in den Bars von Manila von sich hören macht, ist Kalayo. Sie bringt eine mitunter rasend wilde Mischung aus Stammesrhythmen und modernem Jam-Rock auf die Bühne.

Fans von Alternative Rock kommen bei dem Quintet Taken by Cars auf ihre Kosten. Zwei weitere Namen, nach denen man die Augen offen halten sollte, sind die Folk-Rocker von Ransom Collective und die Jazz-Sängerin Jireh Calo.

Essen & Trinken

Kain na tayo – „Lasst uns essen", so laden die Philippiner zu einer gemeinsamen Mahlzeit ein. Diesen Satz sollte man sich auf jeden Fall merken, denn man wird ihn unterwegs immer wieder hören. Er zeigt zum einen die Gastfreundlichkeit der Einheimischen und zum anderen ihre Liebe zum Essen. Drei Mahlzeiten pro Tag reichen einfach nicht, deshalb gibt's zusätzlich noch zwei *meriendas*, was so viel wie „Zwischenmahlzeit" bedeutet. Tatsächlich kann die nachmittägliche *merienda* aber aus reichhaltigem *goto* (philippinischer Reisbrei) oder *bibingka* (Reisküchlein mit Käse) bestehen.

Hier eine Übersicht unserer Lieblings-Snacks und -gerichte:

Adobo Hühnchen, Schwein oder Fisch in dunkler, scharfer Soße.

Balut Zur Hälfte ausgebildeter Entenembryo, in der Schale gekocht.

Knusprige Pata Frittierte Schweinshaxe.

Halo-halo Großes Glas mit milchigem zerstoßenem Eis, frischem Obst und Eiscreme.

Kare-kare In Erdnusssoße gekochtes Fleisch (gewöhnlich Ochsenschwanz).

Kinilaw Roher Fisch/Meeresfrüchte in Essig.

Lumpia Mit Fleisch oder Gemüse gefüllte Frühlingsrollen.

Mami Nudelsuppe, die an eine malaysische bzw. indonesische *mee*-Suppe erinnert.

Pancit In der Pfanne gebratene *bihon* (weiße) oder *canton* (gelbe) Nudeln mit Fleisch und Gemüse.

Pinakbet Gemüse mit Krabbenpaste, Knoblauch, Zwiebeln und Ingwer.

San Miguel, *die* Biersorte auf den Philippinen, ist trotz der Monopolstellung des Unternehmens schmackhaft und günstig (22 P, in Bars 30–55 P). Als Nationalgetränk gilt der Tanduay-Rum. Er wird gewöhnlich mit Cola gemischt. Zu den beliebtesten alkoholfreien Getränken gehören *buko*-Saft (junge Kokosnuss) mit Fruchtfleischstücken und gesüßter *calamansi*-Saft (kleine philippinische Limetten).

ETIKETTE

- Nie die Beherrschung verlieren, sonst denken die Philippiner, man sei *loco loco* (komplett verrückt).
- Beim Karaokesingen (darum wird man nicht herumkommen) auf keinen Fall über den Typen lachen, der wie ein stranguliertes Hühnchen klingt. Das könnte als Beleidigung aufgefasst werden.
- Nicht den letzten Happen auf dem gemeinsamen Essensteller nehmen, sonst hält einen der Gastgeber für einen armen Schlucker.

Natur & Umwelt

Die Philippinen sind wie ein gigantisches Puzzle aus insgesamt 7107 tropischen Inseln, die sich nicht so leicht in eine geografische Kategorie packen lassen. Versucht man es doch, ist das typische philippinische Eiland von Urwald bedeckt, in dem es vor Tieren nur so wimmelt, und hat eine sandige Küste, die an aquamarinblaues Wasser mit dazu passendem Korallenriff grenzt.

Etwa 25% der Fläche des Landes sind bewaldet, aber nur bei einem kleinen Prozentsatz handelt es sich um primären Regenwald.

Zu den bedrohten Tierarten gehören das Hirschferkel, der *tamaraw* (Tamarau), ein kleiner Büffel, der auf Mindoro vorkommt, das Philippinen-Krokodil aus Nordostluzon, der Binturong (auf Palawan) und der Philippinen-Gleitflieger. Der Nationalvogel ist der *haribon* (Philippinenadler), von dem es in den Regenwäldern Mindanaos, Luzons, Samars und Leytes nur noch ca. 500 Paare geben soll.

Schier unglaublich ist der Reichtum an Fischen, Muscheln und Korallen. Dagegen schwinden die Zahlen von *duyong* (Dugong oder Gabelschwanzseekühe). Je nach Jahreszeit bekommt man eventuell *butanding* (Walhaie) in Donsol, Puerto Princesa und Süd-Leyte zu Gesicht.

Nationalparks

Etwa 10% der Gesamtfläche des Landes machen Nationalparks, Naturparks und andere Schutzgebiete aus, allerdings lassen diese häufig eine Infrastruktur in Form von Parkbüros mit Wanderkarten und Hütten vermissen. Manchmal gibt's nicht einmal Wege. Populärster Nationalpark ist zweifellos das Subterranean-River-Schutzgebiet auf Palawan.

Umweltprobleme

Auf den Philippinen gibt's recht strenge Umweltgesetze, an die sich aber leider kaum jemand hält. Nur 1% aller Riffe weist laut Weltbank noch seinen ursprünglichen Zustand auf, während mehr als 50% krank und beschädigt sind.

Den größten Schaden am Riff richten Sedimente an, die von den Hügeln und aus den Tälern ins Wasser gespült werden, nachdem die ursprünglich in ihnen verankerten Bäume (häufig illegal) abgeholzt wurden. Der Kahlschlag trägt auch zu vermehrten Überschwemmungen bei und ist die Ursache für verheerende Erdrutsche, die bei Taifunen oder Erdbeben auftreten.

Bislang folgen den Lippenbekenntnissen der Regierung allerdings leider nur wenige konkrete Taten. Zu den weiteren Umweltsünden zählen Dynamit- und Zyanidfischen.

PRAKTISCHE INFORMATIONEN

ℹ Allgemeine Informationen

BOTSCHAFTEN & KONSULATE

Deutschland (Karte S. 612 f.; f.; ☎ 02-702 3000; 25. Etage Tower 2, RCBC Plaza, 6819 Ayala Ave, Makati)

Indonesien (Karte S. 612 f.; ☎ 02-892 5061; 185 Salcedo St)

Laos (Karte S. 612 f.; ☎ 02-852 5759; 34 Lapu-Lapu Ave, Magallanes)

Malaysia (Karte S. 612 f.; ☎ 02-662 8200; 107 Tordesillas St, Salcedo Village, Makati)

Myanmar (Karte S. 612 f.; ☎ 02-893 1944; Gervasia-Gebäude, 152 Amorsolo St)

Österreich (☎ 02-817 9191; 4. OG, Prince-Gebäude, 117 Thailand (Rada) St, Makati)

Schweiz (☎ 02-845-4545, 24/F, Equitable Bank Tower, 8751 Paseo de Roxas 1226, Makati)

Singapur (Karte S. 612 f.; ☎ 02-856 9922; 505 Rizal Dr, Fort Bonifacio)

Thailand (Karte S. 612 f.; ☎ 02-815 4220; 107 Rada St)

Vietnam (Karte S. 612 f.; ☎ 02-521 6843; 670 Pablo Ocampo St)

ESSEN

Unsere Kategorisierung basiert auf dem Durchschnittspreis für ein Hauptgericht.

$	weniger als 120 P (2,60 US$)
$$	120–250 P (2,60–5,50 US$)
$$$	mehr als 250 P (5,50 US$)

FEIERTAGE

Unternehmen und Banken bleiben an gesetzlichen Feiertagen geschlossen, doch Läden und Warenhäuser sind geöffnet. Einzig an Gründonnerstag und Karfreitag ist wirklich alles zu und die Nation steht still, wenn selbst die meisten öffentlichen Verkehrsmittel und manche Airlines vorübergehend ihren Betrieb einstellen.

Neujahr 1. Januar

People-Power-Tag 25. Februar

Gründonnerstag, Karfreitag & Ostersonntag März/April

Araw ng Kagitingan (Bataan-Tag) 9. April
Tag der Arbeit 1. Mai
Tag der Unabhängigkeit 12. Juni
Ninoy-Aquino-Tag 21. August
Tag der Nationalhelden Letzter Sonntag im August
Allerheiligen 1. November
Ende des Fastenmonats Ramadan Variiert abhängig vom islamischen Kalender
Bonifacio-Tag 30. November
1. Weihnachtsfeiertag 25. Dezember
Rizal-Tag 30. Dezember
Silvester 31. Dezember

FREIWILLIGENARBEIT

Es gibt jede Menge Jobs für Freiwillige:

Gawad Kalinga (☎ in Manila 02-533 2217; www.gk1world.com/ph) GKs Mission ist die Entwicklung von ganzen Gemeinden für arme und obdachlose Menschen. Die Freiwilligen helfen beim Hausbau, unterrichten Kinder o. Ä.

Habitat for Humanity (☎ 02-846 2177; www.habitat.org.ph) Überall im Land werden Häuser für mittellose Menschen gebaut. Der Schwerpunkt liegt auf von Naturkatastrophen gebeutelten Gegenden.

Hands On Manila (☎ 02-843 7044; www.handsonmanila.org) Diese Organisation ist stets auf der Suche nach eifrigen Freiwilligen zum Einsatz nach Naturkatastrophen oder bei anderen Projekten.

Volunteer for the Visayas (☎ 0917 846 6967; www.visayans.org) Verschiedene Freiwilligenprogramme rund um Tacloban, Leyte.

GELD

Bargeld

Für den Fall, dass man in einer Gegend ohne funktionierende Geldautomaten strandet, sollte man ein paar „Notgroschen" in Form von US-Dollars dabeihaben. Außerhalb der größeren Städte ist es manchmal schwer, andere Währungen wie z. B. den Euro zu wechseln.

- Immer häufiger hört man den Satz „*Sorry, no change*" – kein Kleingeld. Deshalb legt man sich am besten einen Vorrat mit 20-, 50- und 100-Peso-Scheinen an.

Geldautomaten

- In jeder größeren Provinzstadt. Das Geld wird in Pesos ausgegeben.
- Die Automaten der Banco de Oro (BDO), Bank of the Philippine Islands (BPI) und Metrobank sind bedienerfreundlich und zahlreich vertreten.
- An den Standardautomaten werden pro Abhebung 200 P Gebühren berechnet. Ausnahme sind die gebührenfreien HSBC-Automaten in Manila und Cebu.
- Meist können nicht mehr als 10 000 P auf einmal abgehoben werden.

PROSTITUTION

Prostitution, auch in ihrer schlimmsten Form mit Kindern, ist auf den Philippinen weit verbreitet. **ECPAT Philippines** (☎ 02-920 8151; www.ecpatphilippines.org) in Quezon City, setzt sich gegen den Kindersextourismus und die Ausbeutung der Kleinen ein. Vorfälle bei ECPAT, der **Nationalen Polizei, Abteilung Frauen & Kinder** (☎ 0919 777 7377), oder der **Human Trafficking Action Line** (☎ 02-1343) melden.

Kreditkarten

In vielen Hotels, Restaurants und Geschäften kann mit den gängigen Kreditkarten gezahlt werden.

Außerhalb von Manila wird bei Kreditkartenzahlung oft eine Gebühr von ca. 4 % berechnet.

Fast alle philippinischen Banken gewähren Barvorschüsse (cash advance).

INTERNETZUGANG

- Mittlerweile verfügen die meisten Hotels und Coffeeshops in größeren Städten sowie touristischen Gegenden über WLAN, allerdings nicht immer besonders schnell oder zuverlässig.

KLIMA

- Bis auf kurze Phasen von Dezember bis Februar ist es das ganze Jahr über heiß.
- Die Taifunsaison erstreckt sich von Juni bis Anfang Dezember. Die Website von **PAGASA** (www.pagasa.dost.gov.ph) und www.typhoon2000.ph helfen beim Umgehen meteorologischer „Problemzonen".
- In einem Großteil des Landes fällt die Trockenzeit mit dem *amihan* (Nordostmonsun) zusammen und dauert etwa von November bis Mai. Sobald im Juni der *habagat* (Südwestmonsun) einsetzt, beginnen die Regenfälle. Die meisten Niederschläge fallen im August, während es im Oktober langsam wieder trockener wird.
- An der Ostküste sind die Regen- und Trockenzeiten genau umgekehrt: Siargao, Bicol, Ost-Samar etc. bekommen von Dezember bis Februar ordentlich Regen ab und bleiben relativ trocken, wenn der Rest des Landes vor Nässe trieft (es sei denn, es wütet gerade ein Taifun!).

ÖFFNUNGSZEITEN

Banks Montag–Freitag 9–16 Uhr
Bars 18 Uhr–open end
Einkaufszentren 10–21.30 Uhr
Restaurants 7 oder 8–22 oder 23 Uhr
Supermärkte 9–19 oder 20 Uhr

REISEN MIT BEHINDERUNG

Abgesehen von ein paar Vier-Sterne-Anlagen in Manila, Cebu und einer Handvoll größerer Provinzstädte muss man mit Treppenaufgängen, kleinen, beengten Toiletten und schmalen Türrahmen rechnen. Aufzüge sind meist „außer Betrieb", zudem ist es mit einer Behinderung häufig umständlich, die Transportmittel in ländlichen Regionen zu benutzen. Andererseits helfen die Einheimischen gern und es besteht auch immer die Möglichkeit, sich ein Taxi für einen Tag zu mieten – die Kosten halten sich in Grenzen.

SCHWULE & LESBEN

Bakla (Schwule) und *binalaki* bzw. *tomboy* (Lesben) werden nur selten diskriminiert und in größeren Städten gibt's richtige Schwulenviertel.

Der **Metro Manila Pride March** findet im Dezember statt, gewöhnlich in Makati. Eine gute Online-Quelle ist **Utopia Asian Gay & Lesbian Resources** (www.utopia-asia.com).

STROM

Das Stromsystem der Philippinen verwendet 225 V, 60 Hz. Die Steckdosen sind meist vom Typ A, es gibt aber auch B und C. Man sollte also Adapter mitnehmen.

TELEFON

Das Unternehmen **PLDT** ist der nationale Festnetzbetreiber. Auslandsgespräche können in den PLDT-Zentren getätigt werden, wo man 0,40 US$ pro Minute zahlt.

Handys

Mobiltelefone sind allgegenwärtig und es wird gesimst, was das Zeug hält.

Eine Prepaid-SIM-Karte gibt's schon für gerade mal 40 P; auf fast denselben Betrag beläuft sich das Startguthaben in Form von Frei-SMS.

Die beste Netzabdeckung haben Globe (www.globe.com.ph) und Smart (www.smart.com.ph).

Eine Textnachricht kostet 1 oder 2 P und ein Ortsgespräch 7,50 P pro Minute (weniger, wenn man innerhalb desselben Mobilnetzwerks telefoniert). SMS ins Ausland liegen bei 15 P und ein internationales Telefonat schlägt mit 0,40 US$ pro Minute zu Buche.

Philippinische Handynummern starten mit der 09.

Vorwahlnummern

Bei Anrufen vom Handy oder aus dem überregionalen Festnetz wählt man die ☎ 0 vor der Vorwahl.

Ländervorwahl	☎ 63
Notruf	☎ 117
Internationale Vorwahl	☎ 00
Internationale Vermittlung	☎ 108
PLDT-Telefonauskunft	☎ 187

TOILETTEN

Toiletten werden häufig als „CR" (Comfort Room) bezeichnet. Es gibt so gut wie keine öffentlichen Sanitäranlagen, deshalb sollte man die zahllosen Fast-Food-Restaurants aufsuchen, wenn man dringend etwas „Komfort" braucht.

UNTERKUNFT

Zimmer in der Preisklasse von 250 bis 500 P sind im Allgemeinen mit einem Ventilator ausgestattet und das Bad teilt man sich mit anderen Gästen. Für 500 bis 700 P kann man mit einem Ventilator und einem privaten Bad rechnen. Teurere Zimmer sollten über eine Klimaanlage verfügen. In Manila und bekannten Ferienorten (Boracay, Alona Beach etc.) zahlt man mehr, wobei es in der Hauptstadt und in Boracay mittlerweile einige Hostels mit erschwinglichen Schlafsälen gibt.

In diesem Kapitel haben wir die Tarife für die Hauptsaison angegeben (November–Mai). In der Nebensaison fallen die Preise in den Touristenzentren um bis zu 50 %, wohingegen in der Karwoche und um Silvester herum auch schon mal das Drei- oder Vierfache verlangt wird.

Preise

Nach unserer Einteilung zählt ein Hotel zur Budgetkategorie, wenn die Doppelzimmer weniger als 1000 P und ein Bett im Schlafsaal nicht mehr als 400 P kosten.

$	weniger als 1000 P (22 US$)
$$	1000–3000 P (22–65 US$)
$$$	mehr als 3000 P (65 US$)

VISA

Deutsche, Österreicher oder Schweizer müssen sich nur dann vorab um ein Visum für die Philippinen kümmern, wenn sie länger als drei Wochen bleiben wollen, ansonsten bekommen sie bei der Ankunft eine 30 Tage gültige kostenlose Einreiseerlaubnis. Wer die Frist nicht einhält, muss am Flughafen beim Verlassen des Landes eine geringe Ordnungsstrafe zahlen.

Da ist es doch besser, sein 30-Tage-Visum vor Ablauf auf 59 Tage zu verlängern. Das kostet 3030 P und ist in den Bureaux of Immigration (BOI) in allen größeren Städten schnell erledigt. Um ein Vielfaches umständlicher gestaltet sich der Vorgang im **BOI Hauptquartier** (BOI; Karte S. 616; ☎ 02-465 2400; www.immigration.gov.ph; Magallanes Dr, Intramuros; ⏲ Mo–Fr 8–17.30 Uhr) in Manila. Zur Antragstellung sollte man respektabel gekleidet sein.

Alternativ kann man sich vor der Einreise um ein Drei-Monats-Visum bemühen, das 30 bis 45 US$ kostet (je nachdem, wo man es beantragt).

Eine vollständige Übersicht der Einwanderungsbüros findet man unter dem Link http://immigration.gov.ph. Hier ein paar der wichtigeren Niederlassungen:

BOI Baguio Büro (☎074-447 0805; 38 Military Cut Off Rd; ⏲Mo–Fr 7–17.30 Uhr)

BOI Boracay Büro (☎036-288 5267; Abrams Compound, Main Rd; ⏲Mo–Fr 8–17 Uhr)

BOI Cebu Zweigstelle (☎032-340 1473; AS Fortuna St)

BOI Makati Büro (Karte S. 612 f.; ☎02-899 3831; 385 Gil Puyat Ave, Zugang von Jupiter St; ⏲8–17 Uhr)

BOI Palawan Büro (☎048-433 2248; Servando Bldg, Rizal Ave, Puerto Princesa; ⏲Mo–Fr 8–16 Uhr)

BOI Puerto Galera Büro (☎043-287 3570; 2. OG Public Market, Puerto Galera Town; ⏲Mo, Mi & Fr 9–15 Uhr)

ℹ An- & Weiterreise

Die meisten Touristen reisen per Flugzeug auf die Philippinen und landen auf den internationalen Flughäfen von Manila und Cebu bzw. auf dem Clark Airport. Darüber hinaus gibt's einige internationale Flüge nach Davao, Mindanao, nach Kalibo in der Nähe von Boracay und nach Iloilo auf Panay.

Flüge und Touren können unter www.lonelyplanet.com/bookings gebucht werden.

FLUGZEUG

Flughäfen & Airlines

Ninoy Aquino International Airport (NAIA; ☎02-877 1109) Alle Flüge nach/ab Manila werden über eines der vier Terminals am Ninoy Aquino International Airport abgewickelt. Wer aufs Geld achten muss, sollte versuchen, einen der billigen Flüge von Air Asia, Cebu Pacific und Jetstar Asia zu ergattern.

Clark International Airport (DMIA; ☎045 599 2888; www.clark-airport.com) Der Clark Airport befindet sich in der Nähe von Angeles nördlich von Manila (ab Downtown 2 Std. mit dem Bus) und hat sich zu einem bevorzugten Ziel asiatischer Billigfluggesellschaften gemausert: Air Asia, Cebu Pacific, Jin Air und Tigerair fliegen hier ab, ebenso wie Asiana, Dragonair und Qatar Airways.

Mactan International Airport (CEB; ☎032-340 2486; www.mactan-cebuairport.com.ph) Wer die Visayas sehen möchte, kann einen Flug nach Cebu City in Erwägung ziehen. Diverse internationale und günstige regionale Fluglinien starten und landen hier, vor allem Cebu Pacific mit vielen Verbindungen zu Städten in ganz Asien.

Kalibo International Airport Praktische Direktflüge nach Kalibo nahe Boracay, von Hongkong, Singapur und einigen koreanischen und chinesischen Städten.

Fluglinien

Neben den großen nationalen Airlines, die bei Flugauskünften im Internet genannt werden, gibt's auch noch einige günstige Regionalfluglinien, die Flugverbindungen von und nach den Philippinen anbieten.

Air Asia (☎02-722 2742; www.airasia.com)

Cebu Pacific (☎02-702 0888; www.cebupacificair.com)

Jetstar (www.jetstar.com)

Philippine Airlines (PAL; ☎02-855 8888; www.philippineairlines.com)

Tigerair (☎02-798 4499; www.tigerair.com)

Rückflug bzw. Weiterreise

Das Flughafenpersonal wird wahrscheinlich bei der Abreise prüfen, ob man einen Rückflug gebucht hat bzw. verlangen, dass man einen Beleg für die Wiederausreise aus den Philippinen vorlegt. Passagiere, die diesen Beleg nicht vorweisen können, sind häufig dazu gezwungen, noch am Check-in einen Rück- oder Weiterflug zu buchen.

TERMINALCHAOS

Sich auf dem unübersichtlichen Ninoy Aquino International Airport (NAIA) zurechtzufinden ist eine echte Herausforderung. Obwohl sie auf dieselben Rollfelder zurückgreifen, liegen die vier Terminals nicht besonders nah beieinander. Sie sind über stark befahrene öffentliche Straßen miteinander verbunden, auf denen ein Shuttlebus verkehrt. Der ist aber langsam und fährt nur sporadisch, deshalb sollte man sich lieber ein Taxi nehmen, wenn die Zeit drängt.

Man muss genauestens darauf achten, welches Terminal die jeweilige Airline nutzt, und reichlich Zeit einkalkulieren, falls der Anschlussflug von einem anderen Terminal geht. Die meisten internationalen Flüge landen am kürzlich renovierten, aber immer noch schäbigen Terminal 1 (T1), allerdings nutzen internationale Flüge von Cebu Pacific, ANA, Cathay Pacific, Delta, Emirates Air, KLM und Singapore Airlines das neuere Terminal 3 (T3). Die meisten Inlandsflüge von PAL Express und Cebu Pacific landen und starten ebenfalls am T3.

Die Philippine Airlines (PAL) nutzen das Centennial Terminal 2 (T2).

Zu guter Letzt nutzen alle Flüge von Air Asia und Skyjet sowie einige von Cebu Pacific mit der Marke „Cebgo" das veraltete Manila Domestic Terminal (T4) nahe dem T3.

AUF DEM SEEWEG

Die einzige internationale Verbindung, die auch von Ausländern genutzt wird, verkehrt zwischen Zamboanga und Sandakan in der malaysischen Provinz Sabah. Boote der **Aleson Shipping Lines** (☎ 062-991 2687; www.aleson-shipping.com; 172 Veterans Ave, Zamboanga) legen in Zamboanga montags und (manchmal) donnerstags ab, in Sandakan dienstags und (manchmal) freitags (Economy-Klasse/Kabine 2900/3300 P., 23 Std.). Die Region Zamboanga gilt als gefährliches Pflaster.

ℹ Unterwegs vor Ort

BUSSE & TRANSPORTER

Auf den Philippinen verkehren Busse in sämtlichen Formen und Größen von verrosteten „Schachteln" auf Rädern bis zu luxuriösen klimatisierten Fahrzeugen. Busdepots findet man sowohl in den Städten als auch auf dem Land. Meistens kann man entlang der Straße zusteigen (man muss den Fahrern bloß ein Handzeichen geben).

Meist gibt's konkrete Abfahrtszeiten, doch wenn die Fahrzeuge vollständig besetzt sind, geht's schon mal früher los. Zwischen Manila und den großen Provinzstädten in Luzon pendeln jede Menge Nachtbusse, abgeschiedene Dörfer werden jedoch vielleicht nur ein oder zweimal pro Tag angesteuert. Meist geht's am Morgen von den Dörfern in die regionalen Zentren und am frühen Nachmittag wieder zurück.

In zahlreichen Regionen auf den Philippinen nutzen auch schnellere, aber überfüllte klimatisierte Minitransporter die Busrouten und haben die Busse in einigen Gegenden sogar vollständig ersetzt. Teilweise muss man sich jedoch in Geduld üben, denn sie starten erst, sobald sie voll sind.

ANKUNFT AUF DEM CLARK AIRPORT

Philtranco-Busse fahren dreimal täglich vom Clark Airport nach Manila (450 P, 2½ Std.). Das Flughafenshuttle (50 P) und Taxis mit festem Fahrpreis (500 P) bringen einen alternativ zum Dau-Busbahnhof (Mabalacat) in Angeles. Dort bestehen zahlreiche Verbindungen nach Manila.

Wer in den Norden will, findet am Dau-Busbahnhof auch zahlreiche Busverbindungen nach Baguio, Vigan und in andere Städte.

Von Manila nimmt man eines der drei täglichen Philtranco-Shuttles oder einen Bus Richtung Norden bis zum Dau-Terminal und dann ein Taxi zum Flughafen.

FLUGZEUG

Die wichtigsten philippinischen Airlines sind Philippine Airlines (PAL) und die Billigunternehmen Air Asia und Cebu Pacific, die von Manila und/oder Cebu praktisch alle größeren Städte ansteuern.

PAL Express, eine PAL-Tochter, ist auf dem Billigflieger-Markt unterwegs, **Skyjet Airlines** (☎ in Manila 02-863 1333; www.skyjetair.com) bedient einige sonst seltene Routen, u. a. Manila–Caticlan and Manila–Coron. **Air Swift** (Karte S. 612 f.; ☎ 02-851 5674; http://air-swift.com; Andrews Ave, Pasay) hat das Monopol auf die Strecken Manila–El Nido und Manila–Cebu.

Einfache Flüge liegen auf fast allen Strecken bei 1000 bis 3000 P (inkl. Steuern), sofern man früh genug bucht. Kurze Strecken reichen vom 45-minütigen Flug von Manila nach Caticlan bis zur 1½-stündigen Verbindung von Manila in den Süden Mindanaos.

NAHVERKEHR

Habal-Habal

Diese ausgebauten Motorradtaxis sind ein gewohnter Anblick auf vielen Inseln der Visayas und im Norden von Mindanao (die wörtliche Übersetzung „kopulierende Schweine" vermittelt eine Vorstellung von den Platzverhältnissen, wenn man sich einen Sitz mit vier Leuten teilt). *Habal-habal* ähneln Tricycles, kosten aber ein bisschen weniger. Im Norden der Visayas und außerhalb der Visayas werden sie als *motorcycle taxis* oder *singles* bezeichnet.

Jeepney

Die ersten Jeepneys waren umgebaute amerikanische Armee-Jeeps, die nach dem Zweiten Weltkrieg zurückgeblieben waren. Sie wurden mit Chrompferden, bunten Scheinwerfern, Bildern der Jungfrau Maria in Neonfarben und Szenen aus Action-Comics in Neonfarben verziert, um mehr dem philippinischen Geschmack zu entsprechen.

In den Städten gelten sie als das wichtigste Nahverkehrsmittel. Außerdem ergänzen sie den Busverkehr zwischen regionalen Zentren. Die jeweilige Route steht auf der Seite des Wagens. Innerhalb des Stadtgebiets zahlt man gewöhnlich ab 8 P, Fahrten in Gegenden jenseits der Stadtgrenzen sind etwas teurer.

Taxi

In Manila und den meisten größeren Provinzstädten verkehren Taxis mit Kilometerzählern. Ihre Grundgebühr liegt bei gerade mal 40 P und eine 15-minütige Fahrt kostet selten mehr als 150 P. Fast alle Fahrer schalten das Taxameter bereitwillig ein, andernfalls macht man sie höflich darauf aufmerksam. Sollte das Gerät „defekt" sein oder der Fahrer erklären, dass „der Passagier den Preis bestimmt", empfehlen wir folgende Taktik: einfach aussteigen und ein anderes Taxi nehmen (bzw. einen superniedrigen Preis vorschlagen).

Tricycle

Das Tricycle ist die philippinische Version einer Rikscha – ein kleiner überdachter Beiwagen, der an einem Motorrad montiert wird – und häufig zu sehen. In zahlreichen Provinzstädten beträgt der Standardpreis für eine Kurzstrecke 8 P. Fahrer, die vor Einkaufszentren, Restaurants und Hotels auf Kundschaft warten, verlangen den fünf- bis zehnfachen Preis für einen „*special trip*". Um das zu umgehen, sollte man sich an den Straßenrand stellen und dort ein Tricycle für die regulären 8 P anhalten. Fahrten aus dem Stadtgebiet hinaus schlagen mit etwa 300 P pro Stunde bzw. 150 P für 10 km zu Buche.

In vielen Städten gibt's auch Fahrradrikschas für kürzere Strecken, die als *pedicabs*, *put-put* oder *podyak* bezeichnet werden.

SCHIFF/FÄHRE

Wer Boote mag, ist auf den Philippinen an der richtigen Adresse. Ein hervorragend ausgebautes Netzwerk aus Fährlinien verbindet die zahllosen Inseln miteinander und die Preise sind im Allgemeinen erschwinglich. Bei den Schiffen handelt es sich meist um motorisierte Auslegerboote, die *bangkas* oder *pumpboats* genannt werden, sowie um schnelle „Fastcraft"-Boote, Autofähren (RORO genannt, kurz für roll-on-roll-off-Fähren) und riesige Schiffe mit mehreren Decks für die langen Strecken. Die „Fastcraft"-Varianten sind reine Passagierboote und werden gern für kurze Routen eingesetzt. Sie sind doppelt so schnell, allerdings auch doppelt so teuer wie die RORO-Fähren. Manche Bootsunternehmen gewähren Studenten einen Rabatt von 20 bis 30 % auf den Ticketpreis.

Fahrten mit Langstreckenbooten muss man im Voraus an Fahrkartenschaltern oder in Reisebüros buchen. Tickets für die Fastcraft- und *bangka*-Fähren erhält man gewöhnlich vor der Abfahrt direkt am Pier.

Im Allgemeinen sind die Fähren ein unkompliziertes, angenehmes Transportmittel, es kommt jedoch auch immer wieder zu Havarien. Im Mai 2008 ging ein Boot von Sulpicio Lines vor Romblon unter; Grund war der Taifun Frank. Es gab weniger als 60 Überlebende, über 800 Menschen starben. Im August 2013 kollidierte dann eine große 2GO-Fähre vor Cebu mit einem Frachtschiff. Dieses Unglück forderte mehr als 115 Menschenleben. 2015 gab es 60 Tote, als eine überladene *bangka*-Fähre von Ormoc, Leyte, nach Pilar auf den Camotes-Inseln in vergleichsweise ruhiger See gekentert ist.

Singapur

☎65 / 5,57 MIO.

Inhalt ➡

Regionale Spezialitäten

➡ Maxwell Food Centre (S. 699)

➡ Ya Kun Kaya Toast (S. 698)

➡ Tekka Centre (S. 699)

Kultur

➡ Peranakan Museum (S. 680)

➡ National Gallery Singapore (S. 680)

➡ Asian Civilisations Museum (S. 680)

➡ Little India (S. 685)

Auf nach Singapur

Dieser kleine Inselstaat zählt zu den reichsten Ländern der Welt. Sein Wohlstand geht einher mit einer vielfältigen Kultur, die das Ergebnis einer bunt zusammengesetzten Bevölkerung ist. Hier kann man sich im wahnwitzigen Wolkenkratzerlabyrinth des zentralen Geschäftsviertels verlaufen, vom Bollywood-Beat in den Straßen von Little India beschallen lassen, in Bukit Timah durch dichten Regenwald wandern, in den klimatisierten Geschäften der Orchard Road shoppen oder in einer der Dachterrassenbars der Stadt die Reichen und Schönen beobachten.

Singapur ist wohlhabend, hochtechnologisiert und manchmal auch ein kleines bisschen versnobt, doch in den Hawker Centres, den allgegenwärtigen und lärmenden Märkten, frönen Einwohner und Touristen gemeinsam der lokalen Manie für günstiges Essen und Getränke. Kurzum: Es gibt kaum einen besseren Ort, um sich vom Trubel der anderen südostasiatischen Länder zu erholen.

Reisezeit

Singapur

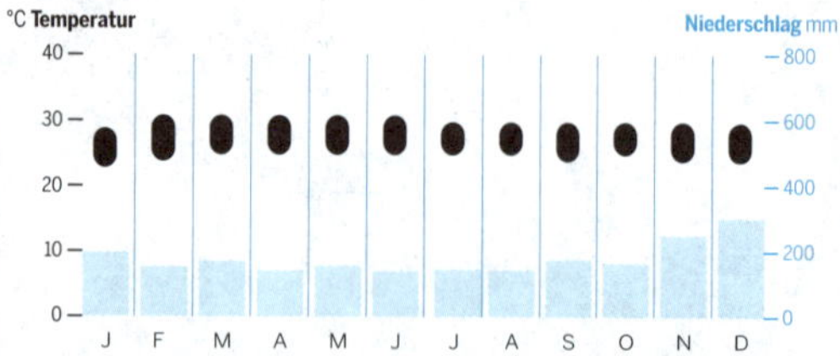

Jan. & Feb. Singapur feiert sein bedeutendstes Fest, das chinesische Neujahr.

April & Mai Kurz vor den örtlichen Schulferien finden zahlreiche Veranstaltungen statt.

Dez. Der Monsun aus nordöstlicher Richtung bringt Unmengen an Regen, kühlt aber auch Singapur ab.

Nicht versäumen

Der Colonial District und Marina Bay im Herzen von Singapur waren früher Sitz der britischen Machthaber. Heute zeugt das Stadtbild hier vom Ehrgeiz Singapurs: Funkelnde Wolkenkratzer stehen direkt neben denkmalgeschützten Bauten und den futuristischen Gewächshäusern des botanischen Gartens. Um die Metropole aus der Vogelsperspektive zu betrachten, geht man am besten bei Sonnenuntergang in eine Dachterrassenbar.

Darüber hinaus ist Singapur für seine Küche berühmt. In jedem Einkaufszentrum findet man ein Hawker Centre oder einen Food Court mit kulinarischen Köstlichkeiten.

REISEROUTEN

Zwei Tage

Der erste Tag beginnt im Colonial District, wo man die Architektur bewundert; dann geht's entlang am Singapore River und durch die Quays, bevor man sich in einem der viele Museen eine Dosis Kultur gönnt. Anschließend bietet sich vorm Abendessen im Satay by the Bay ein Besuch der beeindruckenden Gardens by the Bay an. Am zweiten Tag taucht man in Little India ins schmuddelige und authentische Singapur ein und gönnt sich Essen, Drinks und eine Shisha (Wasserpfeife) in Kampong Glam. Danach geht's Tanzen in Clarke Quay.

Fünf Tage

Erststmal geht's im Singapore Zoo zurück in die Natur, und auf einen Spaziergang durch die Botanic Gardens; der Ausgang am Tanglin Gate führt zur Shopping-Meile auf der Orchard Road. Am vierten Tag erkundet man das Unterhaltungs-Mekka Sentosa Island und genießt den Sonnenuntergang bei ein paar Drinks in einer der dortigen Bar. Zum Herunterkommen eignet sich dann gut Pulau Ubin, wo man zu Abend isst und dazu ein Tiger-Bier trinkt.

Essen & Ausgehen

Hainan-Hühnchenreis Zart pochiertes Huhn auf Duftreis (gekocht mit Hühnerfond) in einer Chili-Knoblauch-Soße.

char kway teow Flache Reisnudeln, die im Wok mit Bohnensprossen, Muscheln, Garnelen und chinesischer Wurst sowie dunkler Soja- und Chillisoße gebraten werden.

roti prata Gebratener Pfannkuchen auf Mehlbasis mit Huhn- oder Fischcurry. Es gibt Varianten mit Pilzen, Ei und Banane.

nasi padang Gedünsteter Reis mit Fleisch und Gemüse nach Wahl. Einfach mit dem Finger auf das Gewünschte zeigen. Dazu gibt's eine große Auswahl Currysoßen.

Gebratener Karottenkuchen Kein süßes Dessert, sondern gedünstetes Reismehl, Wasser und Rettichkuchen gebraten mit Eiern und eingelegtem Rettich. Die dunkle Variante wird in Sojasoße gekocht.

AUF EINEN BLICK

- **Geld** Geldautomaten sind verbreitet und fast überall werden Kreditkarten akzeptiert.
- **Handys** SIM-Karten kosten meist 18 S$; man muss den Pass vorlegen
- **Sprache** Englisch (erste Sprache), Mandarin, Bahasa Malay, Tamilisch
- **Visum** Bei Ankunft; für Aufenthalte bis 30 Tage ist normalerweise kein Visum notwendig.
- **Währung** Singapur-Dollar (S$)

Kurzinfos

Fläche 718 km²

Notfall ☎ 999

Wechselkurse

Euro	1 €	1,50 S$
Schweiz	1 SFr	1,38 S$

Budget

Bett im Mehrbettzimmer 16–40 US$

Mahlzeit in einem Hawker Centre 3 US$

Eine Flasche Tiger-Bier 4,50 US$

Museumseintritt 7 US$

Kurze Taxifahrt 4 US$

Einreise

Der größte Flughafen des Landes ist Singapurs Changi Airport. Busse fahren von Singapur nach Malaysia und Thailand, Fähren nach Malaysia und Indonesien.

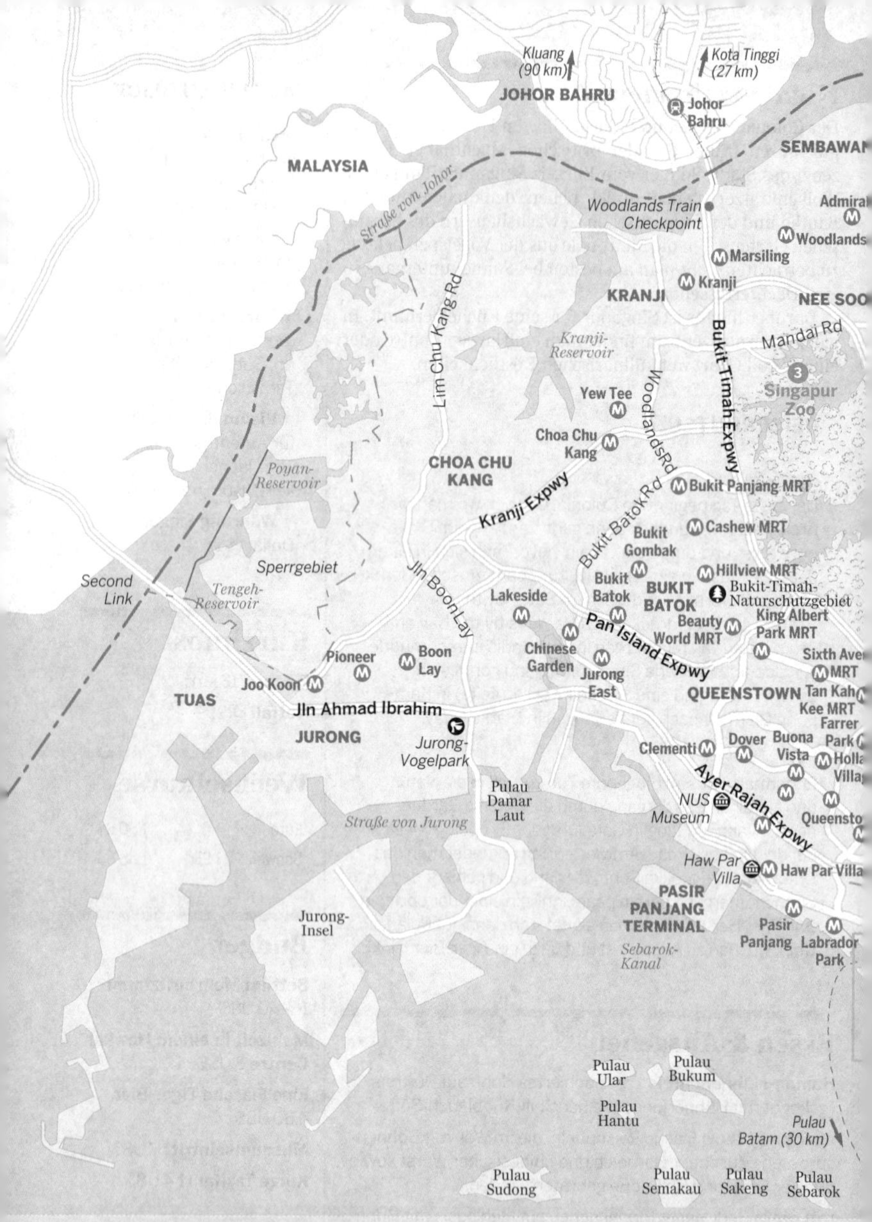

Highlights

1 Die futuristische grüne Oase **Gardens by the Bay** (S. 681) besuchen, wo Natur und Design aufeinanderprallen.

2 Durch das faszinierende **Little India** (S. 685) schlendern, ein Wirrwarr aus Gold, Stoffen, Tempeln und günstigen Speisen.

3 Den animalischen Magnetismus des **Singapore Zoo** (S. 691) erleben, eines der drei Zoos mit einem herausragenden offenen Konzept.

4 Sich in der kürzlich wiedereröffneten **National Gallery Singapore** (S. 680) in südostasiatischer Kunst verlieren.

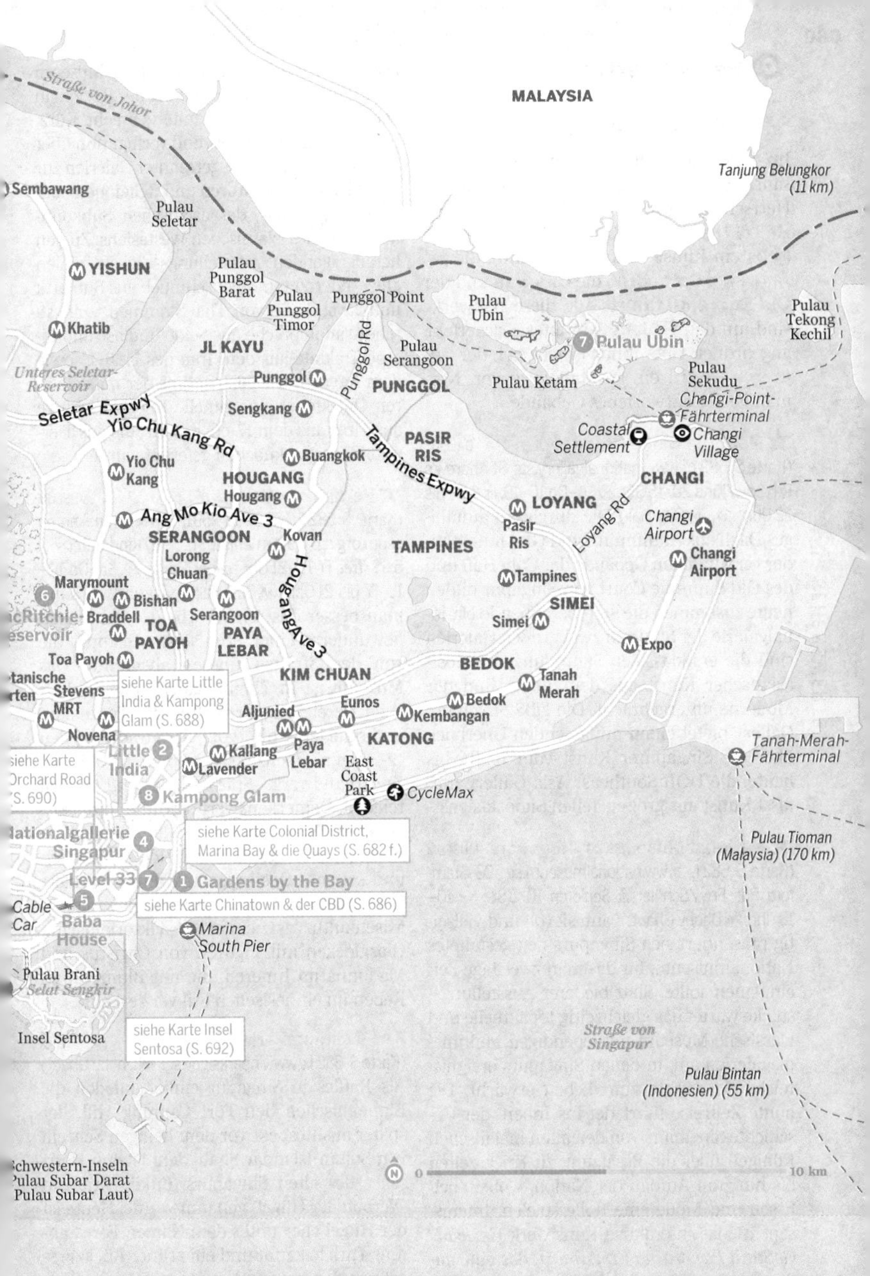

über den Baumwipfeln entlangspazieren.

7 Hoch oben im **Level 33** (S. 701) bei Sonnenuntergang den Blick auf Pulau Ubin und hinab auf die Stadt genießen.

5 Eine detailreiche Führung durch das **Baba House** (S. 684), ein prächtiges restauriertes Peranakan-Haus.

6 Inmitten der Natur im **MacRitchie Reservoir** (S. 691)

8 Die nächtliche Action im lebendigen **Kampong Glam** (S. 685) erleben: los geht's mit den vielseitigen Läden, gefolgt von einem Abendessen und einem Drink.

Sehenswertes

Colonial District

Im Kolonialviertel findet man viele imposante Überreste der einstigen britischen Herrschaft, darunter die **Victoria Concert Hall & Theatre,** das **Old Parliament House** (jetzt ein Kunst- & Kulturzentrum), die **St. Andrew's Cathedral,** die **City Hall** und der **Old Supreme Court.** Alle diese Bauwerke sind um den **Padang,** ein altes Kricketfeld, angeordnet. Über ihnen erhebt sich der **Supreme Court**, ein spektakuläres von Norman Foster entworfenes Gebäude.

★ National Gallery Singapore GALERIE

(Karte S. 682 f.; www.nationalgallery.sg; St Andrew's Rd; Erw./Kind 20/15 S$; So–Do 10–19, Fr & Sa bis 22 Uhr; ; M City Hall) Die durch ein auffälliges Dach aus Aluminium und Glas miteinander verbundenen Gebäude der Coty Hall und des Old Supreme Court von Singapur bilden heute zusammen die atemberaubende Nationalgalerie der Stadt. In zwei großen Galerien sind die erstklassigen Sammlungen südostasiatischer Kunst aus dem 19. Jh. und der Moderne untergebracht. Die DBS Singapore Gallery bietet einen umfassenden Überblick über die Singapurer Kunst vom 19. Jh. bis heute, die UOB Southeast Asia Gallery umfasst Kunst aus großen Teilen Südostasiens.

★ National Museum of Singapore MUSEUM

(Karte S. 682 f.; www.nationalmuseum.sg; 93 Stamford Rd; Erw./Schüler & Senioren 10/5 S$; 10–18 Uhr; M Dhoby Ghaut) Fantasievoll und vielseitig präsentiert sich Singapurs neu gestaltetes Nationalmuseum, für das man zwei Tage Zeit einplanen sollte. Statt biederer Ausstellungsstücke wartet das gleichzeitig topaktuelle und klassische Museum mit lebendigen Multimediagalerien auf, in denen Singapurs ereignisreiche Geschichte zum Leben erwacht. Die bunte Zeitreise führt tief ins Innere der Geschichte Singapurs von den alten malaiischen Königen über die Besatzung zu Kriegszeiten bis hin zum Aufbau der Nation, wobei auch Essen und Mode eine Rolle spielen. Interessant ist das interaktive Kunstwerk *GoHead/GoStan: Panorama Singapura*, das eine audiovisuelle Reise durch die vielen unterschiedlichen Epochen des Stadtstaats bietet.

★ Asian Civilisations Museum MUSEUM

(Karte S. 682 f.; 6332 7798; www.acm.org.sg; 1 Empress Pl; Erw./Kind unter 6 J. 8 S$/frei, Fr 19–21 Uhr halber Preis; Sa–Do 10–19, Fr bis 21 Uhr; M Raffles Place) In diesem bemerkenswerten Museum ist die umfassendste Sammlung der Region an Schätzen aus ganz Asien untergebracht. Kürzlich wurde es vergrößert und verfügt nun über eine Reihe thematisch getrennter Galerien zur Geschichte, den Kulturen und Religionen Südostasiens, Chinas, des asiatischen Subkontinents und des islamischen Westasiens. Zu den herausragenden Ausstellungsstücken zählen glitzernder Zeremonienschmuck aus Sumatra und Java, Stoffe von Thai-Stämmen, chinesische Wandteppiche aus Seide und astronomische Traktate aus dem Iran des 14. Jhs. sowie dem Ägypten des 16. Jhs. Eins der makabereren Objekte ist eine rituelle Knochenschürze aus Tibet aus dem 17. oder 18. Jh., die aus Tier- und Menschenknochen gefertigt wurde.

★ Peranakan Museum MUSEUM

(Karte S. 682 f.; 6332 7591; www.peranakanmuseum.org.sg; 39 Armenian St; Erw./Kind unter 7 J. 6 S$/frei, Fr 19–21 Uhr halber Preis; Sa–Do 10–19, Fr bis 21 Uhr; M City Hall) Nirgendwo kann man besser das reiche Erbe der Peranakan bewundern, einer ethnischen Gruppe, die von den Straits-Chinesen abstammt. Das Museum ist in Themengalerien zu zahlreichen Bereichen der Kultur der Peranakan untergliedert, die von der traditionellen 12-tägigen Hochzeitszeremonie bis hin zu Kunsthandwerk, Spiritualität und Feiern reichen. Bemerkenswert sind die fein gearbeiteten Zeremoniengewänder und Perlarbeiten, schön geschnitzte Hochzeitsbetten und seltenes Speisegeschirr. Ein besonders interessantes Beispiel für die Peranakan-Mischkultur ist ein Paar viktorianischer Glasglocken mit Figuren von Christus und Madonna im Inneren, die mit Blumen und Reben im chinesischen Stil verziert sind.

Fort Canning Park PARK

(Karte S. 682 f.; www.nparks.gov.sg; M Dhoby Ghaut) Als Raffles in Singapur einlief, mieden die Einheimischen den Fort Canning Hill, der später aus Respekt vor dem heiligen Schrein von Sultan Islandar Shah, dem letzten Herrscher des alten Singapurs, Bukit Larangan (Verbotener Hügel) genannt wurde. Heute ist der Hügel eher unter dem Namen Fort Canning Park bekannt und ein grüner Rückzugsort von den heißen darunter gelegenen Straßen. Im Park wandert man durch den Gewürzgarten, besucht eine Ausstellung in der **Singapore Pinacothéque de Paris** (Karte S. 682 f.; 6883 1588; www.pinacotheque.com.sg; 5 Cox Tce; Heritage Gallery, Graffiti Walk & Garden Walk kostenlos, alle Galerien Erw./Schüler unter 7 J. 28/19/

9 S$; ⏲ So–Do 10–19.30, Fr & Sa bis 20.30 Uhr; Ⓜ Dhoby Ghaut) oder erfährt mehr über Singapurs Niederlage im Krieg im **Battle Box Museum** (Karte S. 682 f.; www.battlebox.com.sg; 2 Cox Tce; Erw./Kind 8/5 S$; ⏲ 10–18 Uhr, Einlass bis 17 Uhr; Ⓜ Dhoby Ghaut).

Singapore Art Museum MUSEUM
(SAM; Karte S. 682 f.; ☎ 6589 9580; www.singaporeartmuseum.sg; 71 Bras Basah Rd; Erw./Schüler & Senioren 10/5 S$, Fr 18–21 Uhr kostenlos; ⏲ Sa–Do 10–19, Fr bis 21 Uhr; Ⓜ Bras Basah) Einst die St. Joseph's Institution, eine katholische Jungenschule, hat sich das SAM heute moderner südostasiatischer Kunst verschrieben. Zu den thematisch unterteilten Ausstellungen gehören Bilder, Skulpturen, Videokunst und Installationen der Dauerausstellung des Museums sowie aus Privatsammlungen. Zwei- bis dreimal täglich finden 45-minütige Führungen auf Englisch statt. Die Zeiten erfährt man auf der Website.

Raffles Hotel HISTORISCHES GEBÄUDE
(Karte S. 682 f.; www.raffleshotel.com; 1 Beach Rd; Ⓜ City Hall) Zwar ist die prächtige Eingangshalle nur Hotelgästen zugänglich und die Bars sind überwiegend Touristenfallen, dennoch lohnt Singapurs Kultunterkunft allein wegen der efeubewachsenen Gebäudefront, des berühmten Sikh-Portiers und ihres üppig grünen, tropischen Geländes einen kurzen Besuch. Das Hotel wurde 1887 als schlichter Bungalow mit 10 Zimmern am Strand (der aufgrund von Landansprüchen schon lange nicht mehr existiert) eröffnet und erinnert noch heute an die Zeit, als Singapur ein sumpfiger, von Tigern bewohnter Außenposten des britischen Reichs war.

Marina Bay & die Quays

Südlich des Kolonialviertels liegt Marina Bay, Singapurs funkelnder neuer Finanzdistrikt und Heimat der inzwischen zu Wahrzeichen gewordenen Gewächshäuser von Marina Bay Sands und Gardens by the Bay.

★ **Gardens by the Bay** GARTEN
(☎ 6420 6848; www.gardensbythebay.com.sg; 18 Marina Gardens Dr; Gärten kostenlos, Wintergärten Erw./Kind unter 13 J. 28/15 S$; ⏲ 5–2 Uhr, Wintergärten & OCBC Skyway 9–21 Uhr, Ticketverkauf bis 20 Uhr; Ⓜ Bayfront) Singapurs botanischer Garten aus dem 21. Jh. ist ein 1 Mrd. S$ teures, 101 ha großes Fantasieareal mit futuristischen begrünten Kuppeln, High-Tech Supertrees, pflanzenbewachsenen Stahlgerüsten und wunderlichen Skulpturen. Im Flower Dome wird ein trockenes mediterranes Klima geschaffen, der noch beeindruckendere tropische, bergige Cloud Forest (Nebelwald) hat sogar einen Wasserfall. Zwei der Supertrees sind durch den OCBC Skyway miteinander verbunden, der einen einmaligen Blick auf den Garten, die Stadt und das Südchinesische Meer bietet. Um 19.45 und um 20.45 Uhr leuchten und blinken die Supertrees im Rahmen der spektakulären Show Garden Rhapsody.

SINGAPUR FÜR WENIG GELD

- In Hawker Centres oder Food Courts essen.
- Bars während der Happy Hour besuchen (ermäßigte Drinks und/oder Sonderangebote).
- Freitags nach 18 Uhr ist der Museumseintritt frei (oder billiger) und an der Esplanade oder in den Botanischen Gärten gibt's kostenlose Konzerte.
- Zum Abkühlen in einem der beeindruckenden öffentlichen Schwimmbecken Singapurs erfrischen.
- Am Strand im East Coast Park oder auf Sentosa Island picknicken.
- Im Bukit Timah Nature Reserve, im MacRitchie Reservoir oder entlang der Southern Ridges wandern gehen.

Marina Bay Sands KOMPLEX
(Karte S. 682 f.; www.marinabaysands.com; Marina Bay; Ⓜ Bayfront) Der Entwurf des weitläufigen Komplexes Marina Bay Sands mit Hotel, Casino, Einkaufszentrum, Theater, Ausstellungsraum und Museum stammt vom israelisch-amerikanischen Architekten Moshe Safdie. Sein Herzstück ist das Marina Bay Sands Hotel, dessen Türme mit 55 Stockwerken über eine freischwebende Dachterrasse, den sogenannten Sands SkyPark, miteinander verbunden sind. Einen Drink mit umwerfender Aussicht verspricht das Ce La Vie (die einstige Sky Bar Ku De Ta). Jeden Abend findet die beeindruckende Licht- und Lasershow Wonder Full statt.

Clarke Quay GEBIET
(Karte S. 682 f.; www.clarkequay.com.sg; Ⓜ Clarke Quay) Singapurs lebendigster und beliebtester Kai ist der nach dem zweiten Kolonialgouverneur von Singapur, Sir Andrew Clarke, benannte Quay. Wie viel Zeit man in den

Colonial District, Marina Bay & die Quays

unzähligen Bars, Restaurants und Clubs verbringt, hängt von den persönlichen ästhetischen Vorlieben ab: touristischer und kitschiger als inmitten der zahlreichen Nullachtfünfzehn-Lokalen und Bars erlebt man Singapur wohl kaum.

Boat Quay GEBIET

(Karte S. 682 f.; Ⓜ Raffles Place, Clarke Quay) In unmittelbarer Nähe zur Flussmündung gelegen, war der Boat Quay einst Singapurs wirtschaftliches Zentrum und bis in die 1960er-Jahre hinein von wirtschaftlicher Bedeutung. Mitte

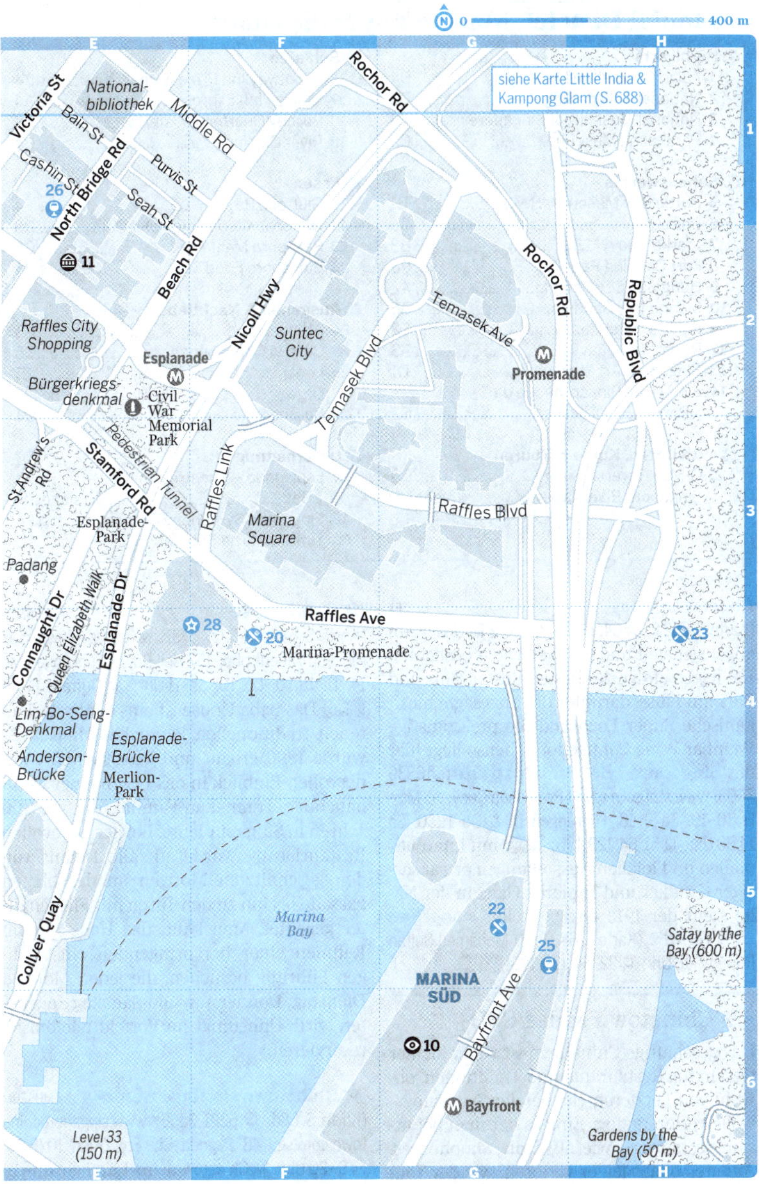

der 1980er-Jahre waren viele der Wohn- und Geschäftshäuser nur noch Ruinen, da die Unternehmen in High-Tech-Frachtzentren anderenorts auf der Insel umgezogen sind. Die von der Regierung zur Schutzzone erklärte Gegend ist heute dicht besiedelt mit Kneipen, touristischen Lokalen und Schleppern vor den Restaurants. Eine Bar mit schöner Dachterrasse ist das **Southbridge** (Karte S. 682 f.; ☎6877 6965; 5. OG, 80 Boat Quay; ⏱17–23.30 Uhr; Ⓜ Clarke Quay) mit einem atemberauenden Blick auf die Skyline und den Fluss.

Colonial District, Marina Bay & die Quays

Robertson Quay GEBIET

(Karte S. 682 f.; 64, 123, 143, M Clarke Quay) Am abgelegensten und am wenigsten besuchten Kai liegen einige der besten Restaurants und Bars am Fluss, darunter das angesagte mexikanische Super Loco und die preisgünstige Weinbar Wine Connection. Ebenso liegt hier das **Singapore Tyler Print Institute** (6336 3663; www.stpi.com.sg; 41 Robertson Quay; Mo–Fr 10–19, Sa 9–18, Führungen Di & Do 11.30, Sa 14.30 Uhr; 51, 64, 123, 186) GRATIS mit internationalen und lokalen Ausstellungen ortsansässiger Grafiker und Papierer. Ganz in der Nähe steht der 1913 fertiggestellte **Hong San See Temple** (Karte S. 682 f.; 31 Mohamed Sultan Rd; 7–18 Uhr; 32, 54, 139, 195) GRATIS.

Chinatown & das CBD

Das geschäftige Chinatown ist voller kleiner Geschäfte, Restaurants und Traditionen, obwohl von Letzteren viel bei der Sanierungswelle verloren ging. Einiges hat man behutsam restauriert, wie etwa die Shophouses. Anderes bleibt leider verloren, wie der Touristenmarkt in der Pagoda Street zeigt.

Der Central Business District ist Singapurs Finanzzentrum und liegt neben Chinatown. In der Woche ist hier viel los, am Wochenende gleicht es einer Geisterstadt. Architekturbegeisterte werden die restaurierten Shophouses dieser Gegend lieben (Ann Siang Road und Hill sind gute Ausgangspunkte).

★ Baba House MUSEUM

(Karte S. 686; 6227 5731; www.nus.edu.sg/cfa/museum/about.php; 157 Neil Rd; Führungen Mo 14, Di 18.30, Do 10, Sa 11 Uhr; M Outram Park) GRATIS Das Baba House ist eins der besterhaltenen traditionellen Peranakan-Häuser. Es wurde 1890 erbaut und liefert einen wundervollen Einblick in das Leben einer wohlhabenden Peranakan-Familie, die vor 100 Jahren in Singapur lebte. Bei der liebevollen Restaurierung wurde auf alle Details von den geschnitzten Motiven an der blauen Fassade bis hin zu den Türen mit Fliegengitter geachtet. Man kann das Haus nur im Rahmen einer hervorragenden einstündigen Führung besuchen, die jeden Montag, Dienstag, Donnerstag und Samstag angeboten wird. Unbedingt im Vorfeld telefonisch reservieren.

★ Chinatown Heritage Centre MUSEUM

(Karte S. 686; 6221 9556; www.singaporechinatown.com.sg; 48 Pagoda St; Erw./Kind 10/6 S$; 9–20 Uhr; M Chinatown) Im kürzlich umgestalteten Chinatown Heritage Centre kann man in die düstere Welt von Chinatown eintauchen. Auf mehreren Stockwerken eines einstigen Shophouse beleuchten interaktive Ausstellungsstücke zahlreiche Kapitel der Geschichte der Chinatown von der gefährlichen Reise der ersten chinesischen Einwanderer nach Singapur bis hin zur Verbindung lokaler Clans zu den berühmt-berüchtigten Opiumhöhlen des Viertels. Das eindringliche Museum stellt einen schönen Kontrast zur touristischen Fassade der heutigen Chinatown dar.

Buddha Tooth Relic Temple BUDDHISTISCHER TEMPEL
(Karte S. 686; www.btrts.org.sg; 288 South Bridge Rd; ⌚7–19 Uhr, Besichtigung der Reliquie 9–18 Uhr; Ⓜ Chinatown) GRATIS Der massige, fünfstöckige buddhistische Tempel, der 2008 geweiht wurde, beherbergt angeblich den linken Eckzahn Buddhas, der bei seinem Feuerbegräbnis im nordindischen Kushinagar geborgen wurde. Auch wenn seine Echtheit umstritten ist, genießt er VIP-Status in einem prächtig verzierten Zimmer im 4. Stock eines 420 kg schweren Stupa aus massivem Gold. Weitere religiöse Ausstellungsstücke erwarten Besucher im buddhistischen Museum im dritten Stock, auf dem friedlichen Dachgarten findet man eine riesige Gebetsmühle in einem Pavillon mit 10 000 Buddhas.

Sri Mariamman Temple HINDU-TEMPEL
(Karte S. 686; 244 South Bridge Rd; ⌚7–12 & 6–21 Uhr; Ⓜ Chinatown) GRATIS Paradoxerweise steht mitten in Chinatown der älteste Hindu-Tempel Singapurs aus dem Jahr 1823, der im Jahr 1843 wiederaufgebaut wurde. Den farbenprächtigen *gopuram* (Turm) aus den 1930er-Jahren über dem Eingang kann man nicht übersehen. Er ist ein typisches Beispiel für den südindischen Dravidian-Stil des Tempels. Die Grenzmauern sind mit Skulpturen der heiligen Kuh versehen, der *gopuram* ist von oben bis unten bedeckt mit kitschigen Darstellungen des Schöpfergottes Brahma, des Gottes der Erhaltung, Vishnu, und des Gottes der Zerstörung, Shiva.

Thian Hock Keng Tempel TAOISTISCHER TEMPEL
(Karte S. 686; www.thianhockkeng.com.sg; 158 Telok Ayer St; ⌚7.30–17.30 Uhr; Ⓜ Telok Ayer) GRATIS Überraschenderweise ist der älteste und wichtigste Hokkien-Tempel in Chinatown oftmals eine Oase der Ruhe. Einst war der schöne zwischen 1839 und 1842 erbaute Tempel die beliebteste Anlaufstelle chinesischer Seeleute, bevor die Küste aufgrund von Landgewinnung zu weit vom Tempel abrückte. Sein Äußeres ist, wie bei solchen Tempeln üblich, mit viel Symbolik verziert: Die steinernen Löwen am Eingang halten böse Geister fern, die Darstellungen von Phönixen und Pfingstrosen stehen jeweils für Frieden und gute Neuigkeiten.

Little India & Kampong Glam

Im Vergleich zum restlichen Singapur ist Little India eine ganz eigene Welt, besonders am Wochenende, wenn in den Straßen und überdachten Fußgängergassen zahlreiche Waren ausgebreitet werden. Viele Läden haben bis tief in die Nacht geöffnet (einige sogar rund um die Uhr) und die Verkehrsverhältnisse sind, gelinde gesagt, chaotisch. Südöstlich von Little India erstreckt sich Kampong Glam, Singapurs muslimisches Viertel. Hier findet man jede Menge Geschäfte mit Kleidung, Stoffen und Kurzwaren.

★ Indian Heritage Centre MUSEUM
(Karte S. 688; ☎6291 1601; www.indianheritage.org.sg; 5 Campbell Lane; Erw./Kind unter 7 J. 4 S$/frei; ⌚Di–Do 10–19, Fr & Sa bis 20, So bis 16 Uhr; Ⓜ Little India, Rochor) Singapurs Vorzeigemuseum lässt Besucher in die Geschichte der indischen Gemeinde des Landes eintauchen. Es ist in fünf Themenbereiche untergliedert, deren Hunderte von historischen und kulturellen Ausstellungsstücken schlichtweg alles von frühen Interaktionen zwischen Südasien und Südostasien bis hin zu indischen Kulturtraditionen und den Einflüssen der indischen Singapurer auf die Inselnation abdecken. Eins der spektakuläreren Objekte ist ein Türdurchgang der Chettinad aus dem 19. Jh., der mit 5000 winzigen Schnitzereien verziert ist.

Malay Heritage Centre MUSEUM
(Karte S. 688; ☎6391 0450; www.malayheritage.org.sg; 85 Sultan Gate; Erw./Kind unter 6 J. 4 S$/frei; ⌚Di–So 10–18 Uhr; Ⓜ Bugis) Das Viertel Kampong Glam ist der historische Sitz der malaiischen Könige, die vor der Ankunft Raffles hier residierten. Zwischen 1836 und 1843 wurde der *istana* (Palast) für den letzten Sultan von Singapur, Ali Iskander Shah, errichtet. Heute ist der Palast ein Museum, dessen kürzlich umgestaltete Galerien die malaiisch-singapurische Kultur und Geschichte von der frühen Besiedlung Kampong Glams durch Händler bis zur Entwicklung des malaiisch-singapurischen Films, Theaters, Verlagswesens und der Musik abdeckt.

Sultan Mosque MOSCHEE
(Karte S. 688; www.sultanmosque.org.sg; 3 Muscat St; ⌚Sa–Do 10–12 & 14–16, Fr 14.30–16 Uhr; Ⓜ Bugis) GRATIS Wie aus Tausendundeiner Nacht wirkt Singapurs größte Moschee, die im Sarazenenstil gehalten und von einer goldenen Kuppel gekrönt ist. Erbaut wurde sie 1825

Chinatown & der CBD

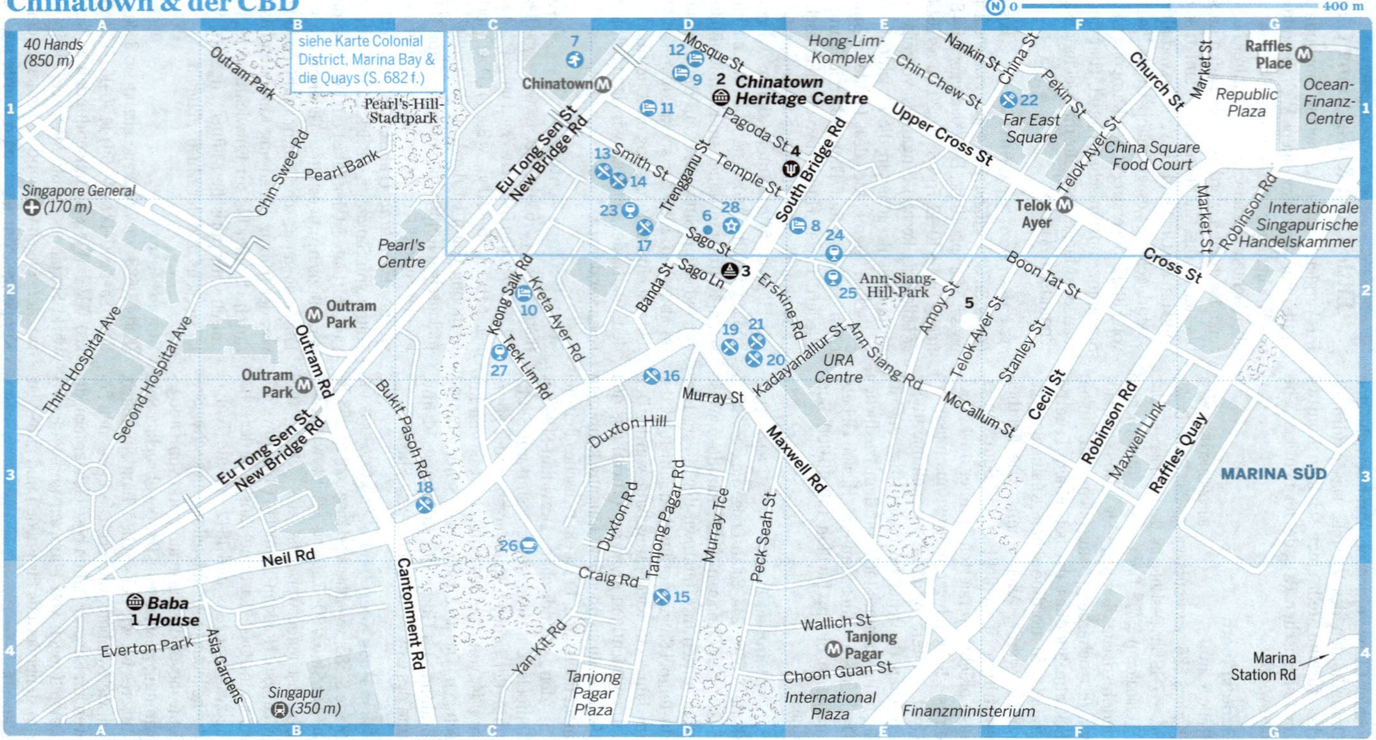

Chinatown & der Central Business District

mithilfe eines Darlehens von Raffles und der East India Company nach dem Abkommen zwischen Raffles und dem Sultan von Singapur, dank dessen der malaiische Herrscher die Souveränität über das Gebiet beibehalten konnte. 1928 wurde die Originalmoschee durch das prächtige Gebäude von heute ersetzt, das ein irischer Architekt entworfen hat.

Sri Veeramakaliamman Tempel HINDU-TEMPEL

(Karte S. 688; www.sriveeramakaliamman.com; 141 Serangoon Rd; Mo–Do & Sa 8–12 & 18.30–21, Fr & So 8–12 & 18–21 Uhr; M Little India) GRATIS Little Indias buntester, optisch beeindruckendster Tempel ist der grimmigen Göttin Kali gewidmet. Sie wird mit einem Kranz aus Totenköpfen dargestellt, wie sie ihren Opfern die Eingeweide herausreißt. Ein friedlicheres Bild zeigt sie mit ihren Söhnen Ganesh und Murugan. Die blutrünstige Gemahlin von Shiva war in Bengalen immer beliebt, dem Geburtsland der Männer, die das Bauwerk 1881 errichteten. Am eindrucksvollsten ist ein Besuch des Tempels während einer der vier täglichen *puja*-(Gebete) Sitzungen.

Sakya Muni Buddha Gaya Temple BUDDHISTISCHER TEMPEL

(Temple der 1000 Lichter; Karte S. 688; 366 Race Course Rd; 8–16.30 Uhr; M Farrer Park) GRATIS Das Herzstück dieses Tempels ist ein 15 m hoher, 300 Tonnen schwerer Buddha. Eine erlesene Auswahl an Göttern leistet ihm Gesellschaft, darunter Kuan Yin (Guanyin), die chinesische Göttin der Gnade, und interessanterweise die Hindu-Götter Brahma und Ganesh. Die gelben Tiger links und rechts des Eingangs stehen für Schutz und Vitalität, der riesige Fußabdruck Buddhas aus Perlmutt links hinter dem Eingang ist angeblich eine Kopie des Fußabdrucks auf dem Adam's Peak in Sri Lanka.

Orchard Road

Niemand besucht die Orchard Road ihrer Sehenswürdigkeiten wegen, auch wenn einem die Weihnachtsbeleuchtung den Atem verschlägt. Die einzige bedeutende historische Stätte ist der Präsidentenpalast **Istana** (Karte S. 690; www.istana.gov.sg; Orchard Rd; Gelände/Palast 2/4 S$ & Sa; 8.30–18 Uhr, nur an ausgewählten Tagen geöffnet; M Dhoby Ghaut), den man allerdings nur an wenigen Tagen besichtigen kann (Details siehe Website).

★ **Singapore Botanic Gardens** BOTANISCHER GARTEN

(Karte S. 690; 6471 7361; www.sbg.org.sg; 1 Cluny Rd; Eintritt zum Garten frei, National Orchid Garden Erw./Kind unter 12 J. 5 $/frei; 5–24 Uhr, National Orchid Garden 8.30–19, Einlass bis 18 Uhr, Healing Garden Mi–Mo 5–19.30 Uhr, Jacob Ballas Children's Garden Di–So 8–19, Einlass bis 18.30 Uhr; 7, 105, 123, 174, M Botanic Gardens) Singapurs paradiesischer 74 ha großer botanischer Garten ist

Little India & Kampong Glam

eine UNESCO-Welterbestätte und eine der faszinierendsten Sehenswürdigkeiten der Stadt. Das tropische Walhalla mit glasklaren Seen, Grünflächen und Themengärten wurde 1860 angelegt und beherbergt den National Orchid Garden (Orchideengarten) sowie ein Stückchen dichten Urwaldes mit über 300 Pflanzenarten, von denen leider mittlerweile mehr als die Hälfte in Singapur als seltene Spezies gelten.

Emerald Hill Road ARCHITEKTUR

(Karte S. 690; Ⓜ Somerset) Wer eine Auszeit vom Shoppen braucht, kann hervorragend die nach Wachsblumen duftende Emerald Hill Road hinaufgehen, an der einige der schönsten Terrassenhäuser Singapurs liegen. Besonders schön sind die Nummern 56 (eins der ältesten Gebäude aus dem Jahr 1902), 39 bis 45 (größtenteils mit breiten Vorderfronten und prächtigen Eingangstoren im chinesischen Stil), und 120 bis 130 (mit Jugendstilelementen von ca. 1925). An dem Ende des Hügels an der Orchard Road liegen mehrere beliebte Bars in bezaubernden renovierten Shophouses.

Cathay Gallery MUSEUM

(Karte S. 690; www.thecathaygallery.com.sg; 2. OG, The Cathay, 2 Handy Rd; ⌚ Mo–Sa 11–19 Uhr;

Little India & Kampong Glam

Highlight
1 Indian Heritage Centre B3

Sehenswertes
2 Malay Heritage Centre D4
3 Sakya Muni Buddha Gaya Temple C1
4 Sri Veeramakaliamman Temple B3
5 Sultan-Moschee D4

Aktivitäten, Kurse & Touren
6 Trishaw Uncle B4

Schlafen
7 Albert Court Village Hotel A4
8 Bunc@Radius B3
9 Central 65 .... C3
10 Five Stones Hostel D5
11 Footprints B3
12 Green Kiwi Backpackers Hostel D1
13 InnCrowd B3
14 Pod D4

Essen
15 Ah Heng Curry Chicken Bee Hoon Mee B5
Ah-Rahman Royal Prata .... (siehe 20)
16 Ananda Bhavan A3
17 Moghul Sweets B3
18 Nan Hwa Chong Fish-Head Steamboat Corner D4
New Rong Liang Ge Cantonese Roast Duck Boiled Soup .... (siehe 15)
19 QS269 Food House B5
20 Tekka Centre A3
21 Two Bakers D2
22 Warong Nasi Pariaman D4
23 Zam Zam C4

Ausgehen &Nachtleben
24 Artistry C4
25 Chye Seng Huat Hardware D2
26 Druggists D2
27 Maison Ikkoku D4

Unterhaltung
28 BluJaz Café D5

Shoppen
29 Bugis Straßenmarkt C5
30 Mustafa Centre C2
31 Sim Lim Square B4

(M Dhoby Ghaut) GRATIS Film- und Nostalgiefans werden das winzige Filmmuseum in Singapurs erstem Hochhaus lieben. Die Exponate illustrieren die Geschichte der Familie Loke, Pionieren in der Anfangszeit der Filmproduktion und -vermarktung in Singapur und Gründer der Cathay Organisation. Zu den Highlights zählen alte Filmplakate, Kameras und Programme der Sternstunden des hiesigen Films.

Ostsingapur

Nirgends kommt Singapurs Mischung aus Kulinarik, Kommerz, Religion, Kultur und Elend so leicht daher wie in Geylang. Nach dem Abendgebet in der Moschee sieht man jede Menge Leute auf den Straßen, darunter zahlreiche Prostituierte. Jetzt kann man sich gut unter die Menschenmasse mischen und gemeinsam mit vielen anderen über Tellern mit lokalen Spezialitäten schwitzen. Wer das Stadtviertel erkunden möchte, nimmt den MRT nach Kallang oder Aljunied, überquert dann die Straße und geht Richtung Süden.

In der früheren Peranakan-Enklave **Katong** befinden sich etliche Essensstände, Bars und schöne Lagerhäuser. Um Katong zu erreichen, fährt man mit der Buslinie 12 oder 32 von der North Bridge Road und steigt an der East Coast Road aus.

East Coast Park — PARK

In den 15 km langen Park gleich an der Küste kommen die Einwohner Singapurs zum Schwimmen, Windsurfen, Wakeboarden, Kajakfahren, Picknicken, Radfahren, Inlineskaten, Skateboarden, und natürlich zum Essen. Neben Kokospalmen, Buschland und einer Lagune findet man hier Wassersport-Clubs und einige hervorragende Restaurants.

Mit einem Leihfahrrad, die an einem Kiosk wie **CycleMax** (☎ 6445 1147; www.facebook.com/cyclemax.sg; 01-03, 1018 East Coast Parkway; Verleih 2 Std. 8 S$; ⏲ Mo–Fr 9–21, Sa bis 22, So 8–21 Uhr; M Bedok, dann Bus 197 oder 401) erhältlich sind, kann man die Meeresbrise genießen, die regelrechte Stadt aus Containerschiffen in der Meerenge anschauen und zum Abschluss am Strand essen – schöner könnte man einen Nachmittag in Singapur nicht verbringen.

Changi Village — VIERTEL

(M Tanah Merah, dann Bus 2) Trotz der modernen niedrigen Gebäude hat sich Changi Village eine Dorfatmosphäre bewahrt; das lebendige Hawker Centre neben der Endhaltestelle des Busses ist ein guter Treffpunkt. Changi Beach (an dem im Zweiten Weltkrieg Tausende Zivilisten aus Singapur hingerichtet wurden) liegt an der verschmutzten

Orchard Road

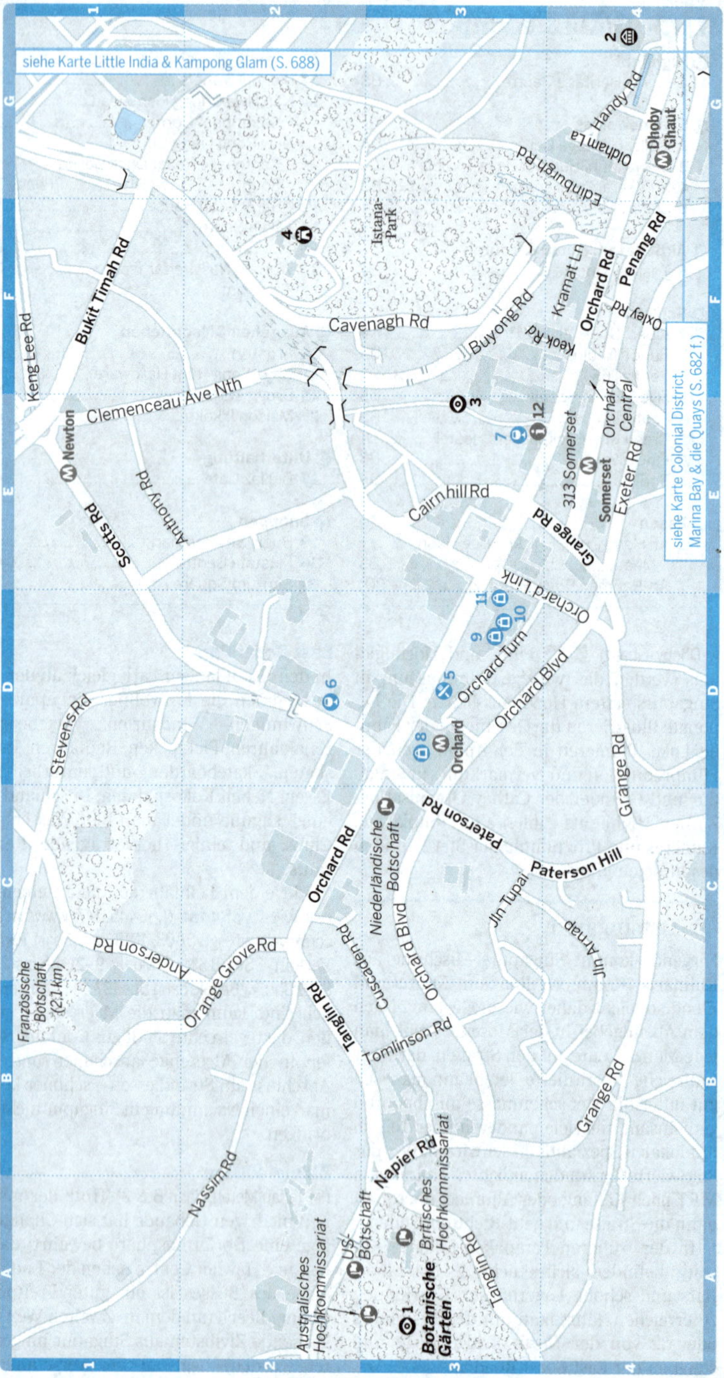

Orchard Road

Highlight
1 Botanische Gärten A3

Sehenswertes
2 Cathay Gallery G4
3 Emerald Hill Road E3
4 Istana F2

Essen
5 Food Republic D3
Takashimaya Food Village ....(siehe 10)

Ausgehen & Nachtleben
6 Mezze9 ....D2
7 No 5 ....E3

Unterhaltung
SISTIC ....(siehe 5)

Shoppen
8 ION Orchard Mall D3
9 Kinokuniya D3
10 Ngee Ann City D3
11 Takashimaya D3

Information
Singapore Visitors Centre @ ION Orchard ....(siehe 8)
12 Singapore Visitors Centre @ Orchard E3

Straits of Johor und lädt wirklich nicht zum Schwimmen ein, hat aber einen schönen Strand. Das Fährterminal für Bumboote nach Pulau Ubin liegt gegenüber dem Hawker Centre.

Nord- & Zentralsingapur

★ Singapore Zoo ZOO
(☎6269 3411; www.zoo.com.sg; 80 Mandai Lake Rd; Erw./Kind unter 13 J. 32/21 S$; ⏲8.30–18 Uhr; ; M Ang Mo Kio, dann Bus 138) In diesem ruhigen, großen natürlichen Territorium mit freilaufenden Tieren und interaktiven Attraktionen verschwimmt der Übergang von Zoo zu botanischer Oase. Hier kann man Orang-Utans und Flughunde aus der Nähe beobachten und sogar den Nachbau eines afrikanischen Dorfs besuchen. Und das vor der Kulisse schlechthin: 26 beruhigende Hektar auf einer grünen Halbinsel vor dem Upper Seletar Reservoir.

★ Night Safari ZOO
(www.nightsafari.com.sg; 80 Mandai Lake Rd; Erw./Kind unter 13 J. 42/28 S$; ⏲19.30–24 Uhr, Restaurants & Geschäfte ab 17.30 Uhr; ; M Ang Mo Kio, dann Bus 138) Elektrische Straßenbahnen gleiten in diesem Zoo über die Köpfe von ganzen 130 Tierarten hinweg. Neben Tigern und Elefanten gibt's auch zahlreiche gutmütigere Kreaturen, die sich oft in unmittelbare Nähe der Tram wagen. Wanderwege führen zu Gehegen, die man mit der Straßenbahn nicht erreicht, jedoch muss man immer auch etwas Glück haben, um Tiere zu sehen (viele sieht man tatsächlich eher im benachbarten Singapore Zoo.) Kinder sind fasziniert von der 20-minütigen Show „Creatures of the Night". Nach 21.30 Uhr herkommen, um die größten Schlangen an der Kasse zu vermeiden.

River Safari ZOO
(www.riversafari.com.sg; 80 Mandai Lake Rd; Erw./Kind unter 13 J. 28/18 S$, Bootsfahrt Erw./Kind 5/3 S$; ⏲9–18 Uhr; M Ang Mo Kio, dann Bus 138) In diesem Wildtierpark werden die natürlichen Lebensräume nachgebildet, wie sie an zahlreichen weltberühmten Flüssen vorzufinden sind, darunter der des Jangtse, des Nils und des Kongos. Die meisten dieser Simulationen sind zwar eher enttäuschend, dafür beeindrucken die des Mekong River und des überschwemmten Amazonas-Regenwaldes, in deren riesigen Aquarien gigantische Katzenfische und Stachelrochen, Zitteraale, Rotbäuchige Piranhas, Manatis und Seekühe leben. Ein weiteres Highlight ist das Waldgehege Giant Panda Forest, in dem seltene Rote Pandas und die berühmten schwarz-weißen Pandas KaiKai und JiaJia leben.

★ MacRitchie Reservoir NATURESCHUTZGEBIET
(☎1800 471 7300; www.nparks.gov.sg; Lornie Rd; ⏲7–19 Uhr, TreeTop Walk Di–Fr 9–17, Sa & So 8.30–17 Uhr; M Toa Payoh, dann Bus 157) Ein ruhiges, sehr atmosphärisches Dschungel-Schutzgebiet, dessen Wanderwege bis ans Wasser führen und sich durch den alten Sekundärwald mit Langschwanzmakaken und riesigen Waranen winden. Kajaks verleiht die **Paddle Lodge** (☎6258 0057; www.scf.org.sg; pro Std. 15 S$; ⏲Di–So 9–12 & 14–18 Uhr, Verleih bis 16.30 Uhr; M Toa Payoh, dann Bus 157), aber das Highlight ist der hervorragende 11 km lange Wanderweg mit seinen zahlreichen beschilderten Nebenpfaden. Lohnenswert ist der **TreeTop Walk** (⏲Di–Fr 9–17, Sa & So 8.30–17 Uhr), dessen Highlight die Überquerung einer 250 m langen Hängebrücke ist, die in einer Höhe von 25 m mitten zwischen den Baumwipfeln verläuft.

Insel Sentosa

Insel Sentosa

Sehenswertes

1 Fort Siloso A1
2 Universal Studios B2

Aktivitäten, Kurse & Touren

3 Wave House A2

Ausgehen & Nachtleben

4 Tanjong Beach Club C3
5 Woobar D3

★ Bukit Timah Nature Reserve NATURSCHUTZGEBIET

(☎ 1800 471 7300; www.nparks.gov.sg; 177 Hindhede Dr; ⏲ 6–19 Uhr, Ausstellung im Besucherzentrum 8.30–17 Uhr; 🚌 67, 75, 170, 171, 173, 184, 852, 961, Ⓜ Beauty World) Singapurs Herz der Finsternis ist das Bukit Timah Nature Reserve, ein 163 ha umfassendes Gebiet aus Primärwald mit Singapurs höchstem Gipfel, dem Bukit Timah (163 m). Innerhalb des Schutzgebiets wachsen mehr unterschiedliche Baumarten als in ganz Nordamerika zusammen und sein undurchbrochenes Blätterdach beherbergt sämtliche endemische Wildtierarten Singapurs, darunter Langschwanzmakaken (Affen), Pythons und Dutzende Vogelarten. Wegen umfassender Reparaturarbeiten war der Park zum Zeitpunkt unseres Besuchs für Besucher nur begrenzt zugänglich. Die Arbeiten sollen Ende September 2016 abgeschlossen sein. Auf der Website nach dem aktuellen Stand schauen.

Süd- und Westsingapur

Wer eine wunderschöne Aussicht genießen will, klettert den 116 m hohen **Mt. Faber** hinauf und nimmt dort die **Seilbahn** (www.singaporecablecar.com.sg; Erw./Kind hin und zurück 29/18 S$, nur Sentosa Line 13/8 S$; ⏲ 8.45–21.30 Uhr) zum HarbourFront Centre oder zur Insel Sentosa. Einer der besten Wanderwege Singapurs, die etwa 9 km langen **Southern Ridges**, verbinden den Mt. Faber über den Telok Blangah Park und den HortPark mit dem Kent Ridge Park über Singapurs wohl schönsten, 9 km langen Wanderweg verbunden. Die Strecke führt schattige Waldpfade entlang und über beeindruckende Brücken durch das Blätterdach des Waldes.

Jurong Bird Park VOGELSCHUTZGEBIET

(www.birdpark.com.sg; 2 Jurong Hill; Erw./Kind unter 13 J. 28/18 S$; ⏲ 8.30–18 Uhr; 👪; Ⓜ Boon Lay, dann Bus 194 oder 251) Rund 600 Vogelarten – darunter spektakuläre Aras –machen Jurong zu einer tollen Adresse für kleinere Kinder. Zu den Highlights zählen das wunderbare Waldgehege Lory Loft, wo man bunte Papageien und Loris füttern kann, und die interaktiven Vogelshows High Flyers (11 und 15 Uhr) und Kings of the Skies (10 und 16 Uhr). Es sei jedoch angemerkt, dass einige der Vögel dressiert sind, was Tierschutzgruppen missfällt.

NUS Museum MUSEUM

(www.nus.edu.sg/museum; University Cultural Centre, 50 Kent Ridge Cres; ⏲ Di–Sa 10–19.30, So bis 18 Uhr; Ⓜ Kent Ridge, dann Bus A2 (Shuttle-Bus zur Universität)) GRATIS Auf dem grünen Campus der National University of Singapore (NUS) liegt dieses Museum, eins der weniger bekannten kulturellen Highlights der Stadt. Die Lee Kong Chian Collection im Erdgeschoss besteht größtenteils aus uralten chinesischen Töpfer- und Bronzewaren sowie archäologischen Fundstücken aus Singapur; ein Stockwerk höher sind in der Südostasien-Galerie Bilder, Skulpturen und Stoffe aus der Region ausgestellt. Die Ng Eng Teng Collection ist Ng Eng Teng (1934–2001) gewidmet, Singapurs führendem modernen Künstler, der vor allem für seine bildlichen Skulpturen bekannt ist.

Haw Par Villa MUSEUM, PARK

(☎ 6872 2780; 262 Pasir Panjang Rd; ⏲ 9–19 Uhr, Ausstellung Ten Courts of Hell 9–17.45 Uhr; Ⓜ Haw Par Villa) GRATIS Die erfrischend verrückte und kitschige Haw Par Villa ist das Geistesprodukt von Aw Boon Haw, dem Erfinder der Salbe Tiger Balm. Nachdem er 1937 an dieser Stelle eine Villa für seinen geliebten Bruder und Geschäftspartner Aw Boon Par hatte errichten lassen, begannen die Geschwister mit dem Bau eines Themenparks rund um die chinesische Mythologie auf dem Gelände. Besonders toll ist das Ten Courts of Hell, eine Ausstellung zu den grausamen Qualen, die Sündiger in der Unterwelt erwarten.

Sentosa

Absolute Starattraktion des riesigen Themenparks dieser Insel sind die Universal Studios. Daneben gibt's auf Sentosa etliche Fahrgeschäfte, Aktivitäten und Shows, die fast alle extra kosten. Immerhin muss man für die Nutzung der hübschen Strände nichts bezahlen.

Universal Studios FREIZEITPARK

(Karte S. 692; www.rwsentosa.com; Resorts World; Erw./Kind unter 13 J. 74/54 S$; ⏲ 10–18 Uhr; Ⓜ Harbourfront, dann Einschienenbahn zur Waterfront) Die Shops, Shows, Restaurants und Fahrgeschäfte dieses Freizeitparks gliedern sich perfekt in die Themen der Fantasiewelten ein, die auf beliebten Hollywoodfilmen basieren. Zu den Highlights zählen *Transformers: The Ride*, ein nervenaufreibendes Fahrgeschäft mit 3D-Animation, und *Battlestar Galactica: Human vs. Cylon*, die weltgrößte Duelling Roller Coaster (Achterbahn mit zwei Spuren, die gleichzeitig befahren werden). Die Öffnungszeiten variieren je nach Saison, daher vor dem Besuch auf der Website nachschauen.

Fort Siloso MUSEUM

(Karte S. 692; www.sentosa.com.sg; Siloso Point; Eintritt frei, Surrender Chambers Erw./Kind unter 13 J. 6/4,50 S$; ⏲ 10–18 Uhr; Ⓜ HarbourFront, dann Einschienenbahn zur Haltestelle Beach) Dieses alte britische Fort an der Küste wurde in den 1880er-Jahren erbaut, als Sentosa noch Pulau Blakang Mati (Malaiisch: „Die Insel, hinter der der Tod liegt") hieß. Während des Angriffs der Japaner im Jahr 1942 erwies es sich als nutzlos. Dokumentarfilme, Ausstellungsstücke, Animatronik und nachgestellte Szenen aus der Geschichte führen Besucher durch die Geschichte des Forts, und es macht Spaß, die unterirdischen Tunnel zu erkunden.

Pulau Ubin

Schnelle Eidechsen, kuriose Schreine und bunte Vogelstimmen prägen das verwilderte Regenwaldgebiet Pulau Ubins. Häuser mit Blechdächern schmoren in der Sonne, Hähne krähen und hechelnde Hunde lassen sich in den Staub fallen, während ganze Wildschweinfamilien in den Wald fliehen, wenn Besucher auf den quietschenden Leihfahrrädern vorbeiradeln. Wer die Insel erkunden möchte, nimmt von der MRT-Haltestelle Tanah Merah die Buslinie 2 bis zum Fährterminal von Changi. Dort setzen Boote (eine Strecke 3 S$, 10 Min., Sonnenaufgang–Sonnenuntergang) nach Ubin über, sobald zwölf Leute an Bord sind.

Südliche Inseln

St John's, **Lazarus** und **Kusu**, drei weitere bei Einheimischen beliebte und recht ruhige Inseln, eignen sich hervorragend zum Angeln, Schwimmen, Picknicken und um mitgebrachte Sixpacks zu vernichten. Vor Ort gibt's Umkleidekabinen und Toiletten. Kusu ist zudem auch kulturell interessant – Gläu-

HIPPES ART-DÉCO-VIERTEL: TIONG BAHRU

Hipsters (Bärte willkommen!) zieht es in das historische Stadtviertel Tiong Bahru mit seinen einzigartigen niedrigen Art-Déco-Häusern und vielen Bars, Cafés und Boutiquen. Indie-Buchläden und -Geschäfte findet man in der beliebten coolen **Yong Siak Street**. Anschließend kann man im **Tiong Bahru Market & Food Centre** die preiswerte lokale Küche probieren. Naschkatzen sollten sich die **Tiong Bahru Bakery** mit ihrem berühmten *kouign amann* (bretonischem Kuchen) nicht entgehen lassen. Man nimmt die MRT bis zur Haltestelle Tiong Bahru und geht dann 350 m weit an der Tiong Bahru Road nach Osten und anschließend rechts in die Kim Pong Road.

bige kommen hierher, um in dem taoistischen Tempel oder dem malaiischen *kramat* (Schrein) für Gesundheit, Wohlstand und Fruchtbarkeit zu beten.

Auf keiner der Inseln werden Essen oder Getränke verkauft, sodass man selbst Verpflegung mitbringen muss. Am **Marina South Pier** (31 Marina Coastal Dr; Ⓜ Marina South Pier) legen Fähren ab.

Aktivitäten

Obwohl Shoppen und Essen zu den nationalen Lieblingsfreizeitbeschäftigungen zählen, können sich auch bewegungsfreudige Outdoorfans über einige Möglichkeiten freuen. Im East Coast Park erstrecken sich wunderbare Radwege, ebenso wie auf Pulau Ubin, das sich vor allem für Mountainbikes eignet. Wer schwimmen möchte, findet auf Sentosa, den südlichen Inseln und im East Coast Park schöne Strandabschnitte.

Massagen sind in Singapur fast überall günstig und einfach zu bekommen. Besonders häufig werden Fußreflexzonenbehandlungen angeboten. Eine gute Fußmassage bekommt man im People's Park Complex (Karte S. 686; 1 Park Cres; Ⓜ Chinatown). In den meisten Einkaufszentren gibt's mindestens einen Anbieter.

G-Max Reverse Bungy ABENTEUERSPORT

(Karte S. 682 f.; www.gmax.com.sg; 3E River Valley Rd; Erw./Schüler pro Fahrt 45/35 S$, inkl. GX-5 Extreme Swing 69/50 S$; ⏲ 14 Uhr–open end; Ⓜ Clarke Quay) Achtung: Hier wird man in einem Metallkäfig angeschnallt und mit bis zu 200 km/h in eine Höhe von 60 m hinaufgeschossen, bevor einen die Schwerkraft zurück zum Erdboden zieht. Eine Fahrt bietet einen sensationellen Blick, wenn man die Augen offen lassen kann, sollte aber von allen gemieden werden, denen bei hohen Geschwindigkeiten übel wird.

Wave House SURFEN

(Karte S. 692; ☎ 6238 1196; www.wavehousesentosa.com; Siloso Beach; 30 Min. FlowBarrel-Surfstunde 30 S$, Double-Flowrider-Surfstunde (1 h) ab 35 S$; ⏲ 10.30–22.30 Uhr, Double Flowrider 11–22, FlowBarrel Mo, Di, Do & Fr 13–22, Mi, Sa & So 11–22 Uhr; Ⓜ HarbourFront, dann Einschienenbahn zur Haltestelle Beach) Im überaus beliebten Wave House können Surfer in zwei speziell dafür entworfenen Wellenbädern ihre Gashes und Cutbacks üben. Der ruhige Double Flowrider eignet sich gut für Anfänger, das 3 m lange FlowBarrel ist schwieriger. Im Wave-House kann man am Strand etwas zu essen und zu trinken kaufen.

Kurse

Food Playground KOCHKURS

(Karte S. 686; ☎ 9452 3669; www.foodplayground.com.sg; 24A Sago St; 3-std. Kurs ab 99 S$; ⏲ Mo–Sa 9.30–12.30 Uhr; Ⓜ Chinatown) Wer Gefallen an Singapurs berühmtem Essen gefunden hat, lernt hier die Zubereitung. Die fantastische Kochschule zum Mitmachen vermittelt die vielen Facetten der multikulturellen Singapurer Küche. Gezaubert werden klassische Gerichte wie laksa, *nasi lemak* (Kokosreis) und Hainan-Hähnchenreis. In der Regel dauern die Kurse drei bis vier Stunden und können bei Bedarf für Kunden mit Lebensmittelunverträglichkeiten auch angepasst werden.

Geführte Touren

★ **Original Singapore Walks** STADTSPAZIERGANG

(☎ 6325 1631; www.singaporewalks.com; Erw. 33–55 S$, Kind 7–12 J. 15-30 S$) Respektlose, aber kluge Führung abseits der ausgetretenen Pfade durch Chinatown, Little India, Kampong Glam, das Colonial District, zum Boat Quay, zur Haw-Par-Villa und zu Schauplätzen, die mit dem Krieg zu tun haben. Die Rundgänge dauern 2½ bis 3½ Stunden, je nach Wetterlage. Reservierungen sind nicht notwendig; auf der Website nach Startzeiten und -punkten umschauen.

SIA Hop-On BUSTOUREN
(☎6338 6877; www.siahopon.com; Tageskarte für SIA-Passagiere Erw./Kind 8/4 S$, Nicht-Passagiere 25/15 S$) Die Touristenbusse von Singapore Airlines durchqueren die Touristenzentren täglich ab 9 Uhr alle 20 bis 30 Minuten. Los geht's am Singapore Flyer, der letzte Bus startet um 19.40 Uhr und kehrt um 21.10 Uhr auch wieder dorthin zurück. Fahrkarten gibt's beim Fahrer, Details zur Strecke auf der Website.

Singapore River Cruise SCHIFFSTOUREN
(Karte S. 682 f.; ☎6336 6111; www.rivercruise.com.sg; Flussfahrten mit dem Bumboot Erw./Kind 25/15 S$; Ⓜ Clarke Quay) Die Fahrt mit dem Bumboot entlang des Singapore River und rund um Marina Bay dauert rund 40 Minuten. Etwa viertelstündlich legen Boote an verschiedenen Stellen ab, darunter Clarke Quay, Boat Quay und Marina Bay. Günstiger ist eine Fahrt mit einem Flusstaxi desselben Anbieters – Pendlerboote folgen in der Regel einer ähnlichen Strecke; auf der Website die Stopps anschauen. Fahrten mit dem Flusstaxi kann man nur mit der Transport Card von EZ-Link bezahlen.

Feste & Events

Singapurs multikultureller Bevölkerung ist es zu verdanken, dass hier unglaublich viele Feste gefeiert werden. Einen Festivalkalender mit sämtlichen Daten findet man unter www.yoursingapore.com.

Das **Chinesische Neujahrsfest,** Singapurs bedeutendstes Fest, findet im Januar/Februar statt. Um die tolle Atmosphäre zu erleben, sollte man Ausschau nach den Paraden durch Chinatown und nach Festspezialitäten in den einzelnen Läden halten.

Schlafen

Einst mussten sich Budgetreisende auf der Suche nach einem günstigen Zimmer mit vergammelten Absteigen begnügen (die gibt's übrigens nach wie vor), doch glücklicherweise finden sich heute auch in den teureren Stadtteilen gute Hostels und Pensionen. Wenn nicht anders angegeben, beziehen sich die Preise der Hostels auf Unterkünfte mit Gemeinschaftsbädern.

Colonial District & die Quays

★ **Port by Quarters Hostel** HOSTEL $
(Karte S. 682 f.; ☎6816 6960; theport.stayquarters.com; 50A Boat Quay; Einzel-/Queen-Size-Kapsel ab 50/90 S$; @ 📶; Ⓜ Clarke Quay) Direkt am Singapore River liegt das Port by Quarters Hostel, das die Meßlatte für Kapselhotels in Singapur hoch gelegt hat. In den eleganten Einzel- und Queen-Size-Kapseln finden die Gäste Stauraum unter dem Bett, Klappschreibtische, Steckdosen und Sichtblenden zum Herunterlassen. Das Beste jedoch ist der Blick direkt zum Parlament und auf die dahinter liegende Skyline.

5Footway.Inn Project Boat Quay HOSTEL $
(Karte S. 682 f.; www.5footwayinn.com; 76 Boat Quay; B ab 20 S$, 2BZ inkl. Frühstück ab 60 S$; @ 📶; Ⓜ Clarke Quay) Neben weiß getünchten Schlafsälen direkt am Boat Quay mit zwei, drei oder vier Betten gibt's auch kleine, aber zeitgemäße und gemütliche Zimmer (die Superior-Zimmer haben Fenster) mit weißen Stockbetten und praktischen Steckdosen neben dem Bett. Die Bäder sind ebenfalls modern und die Rezeption hat rund um die Uhr geöffnet. Vom Balkon der günstigen, schicken Frühstückslounge aus hat man Blick auf den Fluss.

River City Inn HOSTEL $
(Karte S. 682 f.; ☎6532 6091; www.rivercityinn.com; 33 Hong Kong St; B 25–35 S$; @ 📶; Ⓜ Clarke Quay) Trotz der Lage im 4. OG eines Shophouses wohnen hier massenhaft Traveller. Die Gemeinschaftsbereiche sind gut gemacht, aber in den Schlafsälen mit 26 Betten könnte es ein wenig zu eng werden ...

CAMPING

Das National Parks Board (www.nparks.gov.sg) betreibt mehrere Campingplätze im Gebiet von Singapur: im **East Coast Park**, **West Coast Park** und **Pasir Ris Park**. Kostenlose Genehmigungen erhält man online (www.axs.com.sg) sowie an mehreren AXS-Automaten in den meisten Einkaufszentren. Für die Nutzung der Grillplätze und Duschen wird eine geringe Gebühr erhoben. Auf **Pulau Ubin** kann man am Jelutong Beach oder am Maman Beach zelten. Die Plätze sind kostenlos, aber sehr einfach, außerdem gibt's kein Trinkwasser. Ebenso kann man auf **Palau Hantu** campen, einer der südlichsten Inseln Singapurs; Genehmigungen erhält man kostenlos bei der Sentosa Leisure Group (www.sentosa.com.sg). Man muss ein Schiff vom West Coast Pier chartern und eigenes Trinkwasser mitbringen.

Holiday Inn Express Clarke Quay HOTEL $$
(Karte S. 682 f.; ☎ 6589 8000; www.hiexpress.com; 2 Magazine Rd; Zi. inkl. Frühstück ab 215 S$; @ 📶 🏊; Ⓜ Clarke Quay) In dem schicken neuen Hotel warten moderne Zimmer in Erdtönen mit riesigen deckenhohen Fenstern und auf den gemütlichen Betten liegen feste, weiche Kissen (mit bestickten Bezügen). Die kleinen Badezimmer haben recht große Duschen. Auf dem Dach befindet sich das eigentliche Highlight – ein Garten mit einem winzigen Sportraum und einem beeindruckenden verglasten Pool, aus dem man einen atemberaubenden Blick auf die Stadt genießt. Dass man im Hotel seine Wäsche waschen kann, ist ein praktisches Extra.

Online bekommt man vergünstigte Zimmer für unter 200 S$.

Chinatown

★ **Adler Hostel** HOSTEL $
(Karte S. 686; ☎ 6226 0173; www.adlerhostel.com; 265 South Bridge Rd; Schlafkabine EZ/DZ 55/110 S$; @ 📶; Ⓜ Chinatown) Schicker als in den üblichen Hostels geht's in diesem selbst ernannten "Poshtel" zu. Die ruhige Lobby/Lounge ist mit chinesischen Antiquitäten dekoriert, auf den Betten mit Decken aus einem Feder-Daunen-Gemisch liegen frische Handtücher. In den luftigen, klimatisierten Schlafsälen befinden sich maßgeschneiderte Schlafkabinen mit abschließbarem Stauraum und Gardinen zum Schutz der Privatsphäre. Einige haben sogar Doppelbetten für Paare. Die besten Preise gibt's bei Buchung etwa drei Wochen im Vorfeld.

Wink Hostel HOSTEL $
(Karte S. 686; ☎ 6222 2940; www.winkhostel.com; 8 Mosque St; EZ/DZ-Pod 50/90 S$; @ 📶; Ⓜ Chinatown) In einem restaurierten Shophouse mitten in Chinatown liegt das bei Flashpackern besonders beliebte Wink, eine Mischung aus Hostel und Kapselhotel. Anstelle von Stockbetten warten die Schlafsäle mit privaten, schalldichten „Pods" (abgeteilten Räumen) auf. In jedem gibt's komfortable Matratzen, aufheiternde, farbige Beleuchtung, ein Schließfach neben dem Bett und genug Platz, um aufrecht zu sitzen. Die Gemeinschaftsbäder haben Regenduschköpfe. Zum Haus gehören eine Kitchenette, ein Waschraum und Loungebereiche, was die Gemütlichkeit ein wenig fördert.

Rucksack Inn HOSTEL $
(Karte S. 686; ☎ 6438 5146; www.rucksackinn.com/temple-st; 52 Temple St; B inkl. Frühstück ab 34 S$; @ 📶; Ⓜ Chinatown) Reisende haben liebevoll Nachrichten auf den Säulen an der Straßenseite dieses freundlichen zweistöckigen Hostels hinterlassen. Es ist mit weißen Stockbetten aus Metall ausgestattet und mit skurrilen Wandmalereien verziert. In den Schlafsälen stehen vier, sechs, acht oder zehn Betten, dazu gibt's ein Zimmer nur für Frauen. Alle sind sauber, modern und gemütlich. Die Gemeinschaftsbäder sind mit Regenduschen ausgestattet und zu den technischen Annehmlichkeiten zählen iMacs, Xboxes und Wii-Konsolen.

Beary Good Hostel HOSTEL $
(Karte S. 686; ☎ 6222 4955; www.abearygoodhostel.com; 66 Pagoda St; B 27–30 S$; @ 📶; Ⓜ Chinatown) Dank der großen Beliebtheit dieser Bleibe haben die Inhaber inzwischen weitere Filialen eröffnet, das **Beary Nice Hostel** und das **Beary Best.** Beide sind ganz in der Nähe, in der 46 Smith Street und in der 16 Upper Cross Street. Alle sind einladend und hell und besitzen nach Geschlechtern getrennte Bäder.

Hotel 1929 BOUTIQUE-HOTEL $$
(Karte S. 686; ☎ 6347 1929; www.hotel1929.com; 50 Keong Saik Rd; EZ/DZ inkl. Frühstück ab 175/200 S$; @ 📶; Ⓜ Outram Park) In einem weiß getünchten denkmalgeschützten Gebäude an der aufstrebenden Keong Saik Road liegt das Hotel 1929 mit engen Zimmern, die aber den begrenzten Platz gut zu nutzen wissen. Die Räume sind mit fröhlichen Vintage-Designermöbeln ausgestattet (u. a. mit Nachbildungen von Eames und Jacobsen) und haben knallbunte Mosaikbäder.

Little India

★ **Bunc@Radius** HOSTEL $
(Karte S. 688; ☎ 6262 2862; www.bunchostel.com; 15 Upper Weld Rd; B inkl. Frühstück ab 20 S$; @ 📶; Ⓜ Bugis, Little India) Das frische, saubere und moderne Bunc@Radius ist das wahrscheinlich coolste Flashpacker-Hostel der Stadt. Betonböden, Kunstinstallationen sowie eine Reihe von iMacs und PCs verleihen der Lobby einen hippen Boutique-Hotel-Charme. Die Schlafsäle für sechs, acht, zehn oder 12 Personen haben Einzel- und Doppelbetten mit dicken Matratzen mit Hygienebezügen (keine Wanzen!).

InnCrowd HOSTEL $
(Karte S. 688; ☎ 6296 9169; www.the-inncrowd.com; 73 Dunlop St; B ab 20,50 S$; @ 📶; Ⓜ Rochor, Little India) Unglaublich beliebt und die Ad-

resse für Backpacker in Singapur. Das grell gestrichene Hostel mit seinem hilfreichen Personal und allen Annehmlichkeiten, die man von einem anständigen Hostel erwartet (Reisetipps, kostenloses Internet, WLAN, DVDs, Wäscheservice), und noch einigem mehr (Wii-Konsole und Stadttouren mit Tretrollern!) liegt mitten in Little India. Unbedingt reservieren.

Green Kiwi Backpackers Hostel HOSTEL $
(Karte S. 688; ☎ 9695 9331; www.greenkiwi.com.sg; 280A Lavender St; B 22–30 S$; @ 📶; Ⓜ Lavender) Einen kurzen Fußweg vom Hipster-Viertel Jalan Besar entfernt liegt dieses beliebte, gut klimatisierte Hostel. Die schlichten Schlafsäle (darunter einer nur für Frauen) haben rote Stockbetten und die Gemeinschaftsbäder sind sauber. Willkommene Extras sind der Wäscheservice (8 S$ pro Ladung inkl. Waschen und Trocknen) und ein begrünter Garten auf dem Dach. In Letzterem kann man prima ein Bier trinken, das man an der Rezeption bekommt.

Footprints HOSTEL $
(Karte S. 688; ☎ 6295 5134; www.footprintshostel.com.sg; 25A Perak Rd; B inkl. Frühstück ab 25 $; @ 📶; Ⓜ Little India) Günstiges und freundliches Hostel in Little India. Die Schlafsäle für sechs, zehn und 12 Personen sind eng, aber hell und sauber, in einigen dürfen nur Frauen übernachten. Der kleine Gemeinschaftsbereich ist hell, mit verrückten Kunstwerken dekoriert, und die Kerzenleuchter machen jedem Königshaus Konkurrenz! Außerdem können Gäste Computer, WLAN und die Münzwaschmaschine nutzen.

Central 65 HOSTEL $
(Karte S. 688; ☎ 6298 2566; www.central65hostel.com; 134 Jln Besar; B inkl. Frühstück ab 25 S$; @ 📶; Ⓜ Bugis, Little India) Einen kurzen Fußweg von Little India, Kampong Glam und dem Hipster-Viertel Jalan Besar entfernt liegt dieses fünfstöckige Hostel mit hinten offenen „Pod"-Betten. Nur eins der kleinen Zimmer hat Fenster, ist dafür aber auch das lauteste. Die Lounge und der Speisebereich drinnen und im Freien sind groß, das Café hat rund um die Uhr geöffnet. Das Sahnehäubchen ist die Dachterrasse mit Whirlpool, die vor allem abends toll ist.

Albert Court Village Hotel, HOTEL $$
(Karte S. 688; ☎ 6339 3939; www.stayfareast.com; 180 Albert St; Zi. ab 200 S$; @ 📶; Ⓜ Rochor, Little India) Einen kurzen Spaziergang südlich von Little India liegt das Albert Court Village Hotel aus der Kolonialzeit in einem sanierten Shophouse mit nunmehr acht Stockwerken. Die klassischen und geräumigen Zimmer sind eingerichtet mit geschnitzten Holzmöbeln und haben kleine, aber makellose Bäder sowie einen Ventilator bzw. eine Klimaanlage. Der Service ist erstklassig und WLAN ist im gesamten Gebäude verfügbar. Im Internet findet man die besten Angebote.

Kampong Glam

★ **Five Stones Hostel** HOSTEL $
(Karte S. 688; ☎ 6535 5607; www.fivestoneshostel.com; 285 Beach Rd; B 30–38 S$, 2BZ/DZ 100/115 S$; @ 📶; Ⓜ Bugis, Nicoll Hwy) In diesem fröhlichen Hostel muss man seine Schuhe ausziehen. Es hat glänzende Betonböden, eine Gemeinschaftslounge mit DVDs und einer Wii sowie Waschmaschinen und Trockner für seine Gäste. Zwar haben nicht alle Schlafsäle Fenster, dafür aber Stockbetten mit Stahlrahmen, eigene Steckdosen, Lampen und heitere Wandbilder mit lokalen Themen. Ein Stockwerk ist ausschließlich für Frauen reserviert, außerdem gibt's Privatzimmer mit Stockbetten oder einem schmalen Doppelbett.

Pod HOSTEL $
(Karte S. 688; ☎ 6298 8505; www.thepod.sg; 289 Beach Rd; EZ/DZ-Pod ab 40/75 S$; @ 📶; Ⓜ Bugis, Nicoll Hwy) Eins der in letzter Zeit in Mode gekommenen Kapselhotels und ein schickes Nachtquartier in unmittelbarer Nähe des lebendigen Kampong Glam. Die Schlafsäle für bis zu 12 Personen in Einzel- oder Doppelpods sind modern eingerichtet; Rollos bieten Privatsphäre. Auf jeder Etage gibt's drei Schlafsäle, einen Gemeinschaftswaschraum und drei Einzelbäder. Annehmlichkeiten wie kostenloser Nespresso, ein warmes Frühstück und ein Wäschedienst machen das Pod bei seinen hippen Gästen umso beliebter.

VERWÖHNPROGRAMM

Wer gerne zur Mittagszeit frühstückt, ist im **LoKal** (Karte S. 686; ☎ 6423 9918; www.thelokalsingapore.com; 136 Neil Rd; Gerichte 5–28 S$; ⏲ Mo 8–17, Di–Sa bis 23, So 9–16 Uhr; Ⓜ Outram Park) genau richtig: hier bekommt man bis 15.30 Uhr gesunde hausgemachte Gerichte. Zum Brunch kann man eine Reihe von Zusatzoptionen hinzubestellen.

Essen

Das Leben im Singapurer Mikrokosmos lernt man am besten in den allgegenwärtigen, einzigartigen Hawker Centres kennen. Einfach hinsetzen, einen supersüßen Kaffee für 6 S$ oder ein Tiger-Bier bestellen, in die Schlange für eine lokale Spezialität einreihen und den Leuten zuhören, die über Politik, die englische Premier League, Diäten aus Hollywood oder ihre Hausangestellten schwadronieren. Die Gerichte kosten selten mehr als 5 S$ (außer man isst Meeresfrüchte), und jedes Centre bietet vielfältige Kost, einschließlich vieler malaiischer, südindischer, kantonesischer, Hokkien-, Teochew- und indonesischer Speisen. Darüber hinaus gibt's zahlreiche hervorragende Restaurants, in denen man allerdings pro Gericht mindestens 12 S$ bezahlt.

Colonial District

★ Gluttons Bay HAWKER CENTRE **$**

(Karte S. 682 f.; www.makansutra.com; 01-15 Esplanade Mall; Gerichte ab 4 S$; ⏲ Mo–Do 17–2, Fr & Sa bis 3, So 16–24 Uhr; Ⓜ Esplanade) Die vom *Makansutra Food Guide* ausgezeichneten Freiluftstände des Hawker Centre sind ein toller Ort, um eine kulinarische Entdeckungsreise durch Singapur zu beginnen. Man hat die Qual der Wahl zwischen Klassikern wie Austernomelette, gegrilltem Stachelrochen und Karottenkuchen (die schwarze Variante bestellen). Dank seiner zentralen Lage an der Bucht ist es außerordentlich beliebt, daher sollte man entweder früh oder spät hingehen, um sich die lästige Jagd nach einem Tisch zu ersparen.

Singapore Food Trail HAWKER CENTRE **$**

(Karte S. 682 f.; www.singaporefoodtrail.com.sg; Singapore Flyer, 30 Raffles Ave; Gerichte 5–15 S$; ⏲ So–Do 10.30–22.30, Fr & Sa bis 23.30 Uhr; Ⓜ Promenade) Nachbildung von Hawker-Ständen im Retro-Look der 1960er-Jahre, allerdings mit Klimaanlage. Eine gute Alternative zu Gluttons Bay im Schatten des Singapore Flyer.

National Kitchen by Violet Oon PERANAKAN **$$**

(Karte S. 682 f.; National Gallery Singapore, 1 St Andrew's Rd; 17–35 S$; ⏲ 11–14.30 & 18–21.30 Uhr; Ⓜ City Hall) Küchenchefin Violet Oon ist ein Nationalheiligtum und heiß geliebt für ihre originalgetreuen Peranakan-Gerichte (chinesisch-malaiisch) – so sehr, dass sie ihre neueste Filiale in der Nationalgalerie von Singapur eröffnen durfte. Auf der Karte stehen hausgemachte Köstlichkeiten wie süße, würzige *kueh pai tee* (Becherpasteten mit Garnelen und Yambohnen), Laksa und gebratene Hähnchenflügel in Kurkuma mit Cincalok-Sambal.

Der CBD, Marina Bay & die Quays

★ Satay by the Bay HAWKER CENTRE **$**

(www.gardensbythebay.com.sg; Gardens by the Bay, 18 Marina Gardens Dr; Gerichte ab 4 S$; ⏲ Essensstände unterschiedlich, Getränkestände rund um die Uhr; Ⓜ Bayfront) Gardens by the Bay hat ein eigenes Hawker Centre in traumhafter Lage fernab vom Stadtlärm an der Marina Bay. Abends ist es dort besonders stimmungsvoll. Es ist berühmt für sein Satay, das man am besten unter offenem Himmel auf der großen Holzterrasse genießt. Erwartungsgemäß sind die Preise etwas höher als in den anderen Hawker Centres der Stadt: die meisten Gerichte kosten zwischen 8 und 10 S$.

★ Ya Kun Kaya Toast CAFÉ **$**

(Karte S. 686; www.yakun.com; 01-01 Far East Sq, 18 China St; Kaya-Toast-Set 4,80 S$; ⏲ Mo–Fr 7.30–19, Sa & So 8.30–17.30 Uhr; Ⓜ Telok Ayer) Obwohl er zu einer Kette gehört, ist der luftige Retro-Coffee-Shop eine Institution und die beste Art und Weise, den Tag nach Singapurer Art zu beginnen. Spezialität des Hauses ist Buttertoast mit *kaya* (Kokosmarmelade), den man in ein weiches Ei dippt (und mit

FRÜHSTÜCK AUF MALAIISCH

Morgens versammeln sich die Einheimischen scharenweise in traditionellen *kopitiams* (Coffee Shops), um Singapurs typisches „breakfast set" aus gebuttertem Weizentoast mit *kaya* (Kokosmarmelade), zwei weichgekochten Eiern und einem Becher *kopi* (Kaffee) zu genießen. Man schlägt die Eier in der Schale auf, verrührt Eigelb und Eiweiß und würzt mit einem Spritzer Sojasoße und ein wenig weißem Pfeffer. Dann gut verrühren und den Toast in die Mischung dippen. Seit ein paar Jahren wird die Mahlzeit auch häufiger tagsüber als Energielieferant serviert, also nicht traurig sein, wenn man das Frühstück verpasst hat. Unser Favorit: Ya Kun Kaya Toast.

schwarzem Pfeffer und ein paar Tropfen Sojasoße würzt). Das Getränk der Wahl ist ein starker *kopi* (Kaffee).

Rasapura Masters HAWKER CENTRE **$**
(Karte S. 682 f.; www.rasapura.com.sg; Etage B2, The Shoppes im Marina Bay Sands, 2 Bayfront Ave; Gerichte ab 5 S$; M Bayfront) Wer sein Essen aus dem Hawker Centre am liebsten in klimatisierter Umgebung zu sich nimmt, macht sich auf in diesen lebendigen, funkelnden Food Court im Untergeschoss des Einkaufszentrums Marina Bay Sands. An den Ständen bekommt man fast alle Favoriten, darunter japanischen Ramen und koreanischen Kimchi, gegrilltes Fleisch nach Hongkong-Art und regionalen *bak kut teh* („Schweinerippentee“, eine kräftige Bouillon mit Knochen und Gewürzen).

Super Loco MEXIKANISCH **$$**
(☎ 6235 8900; www.super-loco.com; 01-13, Robertson Quay; Tacos 9–11 S$, Quesadillas 16–18 S$; ⏲ Mo–Fr 17–22.30, Sa & So 10–15.30 & 17–22.30 Uhr; 🚌 51, 64, 123, 186) Diese luftige Hipster-Cantina wartet mit mexikanischer Partystimmung, neon-pinken Schriftzügen und verspielten Barkeepern in Shirts mit Cancún-Faktor auf. Das Einzige, was ihr fehlt, ist ein Strand. Bei einer Frozen Margarita, köstlichem *ceviche*, *tostada* mit Krabben und Avocado, hervorragender *carne asada* (Grillfleisch) oder Fisch-Tacos kommt jede Menge Stimmung auf.

Chinatown

★ **Maxwell Food Centre** HAWKER CENTRE **$**
(Karte S. 686; Ecke Maxwell Rd & South Bridge; Gerichte ab 2,50 S$; ⏲ unterschiedlich; 🖉; M Chinatown) Eins der am besten zu erreichenden Hawker Centres in Chinatown ist das Maxwell, in dem man die Klassiker des Singapurer Street Food bekommt. Je nach Lust und Laune der wankelmütigen Singapurer sind mal die einen, mal die anderen Stände besonders beliebt. Zu unseren immerwährenden Favoriten zählen u. a. **Tian Tian Hainanese Chicken Rice** (Karte S. 686; Stand 10; Hähnchenreis ab 3,50 S$; ⏲ Di–So 10–17 Uhr; M Chinatown) und **Rojak, Popiah & Cockle** (Karte S. 686; Stand 01-56; Popiah 2,50 S$, Rojak ab 3 S$; ⏲ 12–22.30 Uhr; M Chinatown).

★ **Chinatown Complex** HAWKER CENTRE **$**
(Karte S. 686; 11 New Bridge Rd; Gerichte ab 3 S$; ⏲ unterschiedlich; M Chinatown) Die umgestaltete „Chinatown Food Street“ in der Smith Street kann man getrost den Auswärtigen überlassen und sich dafür dem älteren Publikum und den Gourmets in diesem nahe gelegenen Labyrinth anschließen. Die Wartezeit von 25 Minuten für einen gemischten Reis aus dem Tontopf bei **Lian He Ben Ji Claypot Rice** (Karte S. 686; Stand 02-198/199; Gerichte 2,50–20 S$, Reis aus dem Tontopf ab 5 S$; ⏲ Fr–Mi 16.30–22 Uhr) lohnt, und das gehaltvolle, nussige Satay bei **Shi Xiang Satay** (Karte S. 686; Stand 02-79; Satay ab 6 S$; ⏲ Fr–Mi 15.30–21 Uhr) ist umwerfend. Richtiges Soul Food ist die Ten Tonic Ginseng Chicken Soup bei **Bonne Soup** (Karte S. 686; Stand 02-05; Suppen ab 3,70 S$; ⏲ 10–20 Uhr).

Ginza Tendon Itsuki JAPANISCH **$**
(Karte S. 686; ☎ 6221 6678; 101 Tanjong Pagar Rd; Hauptgerichte 12,90–13,90 S$; ⏲ 11.30–14.30 & 17.30–22 Uhr; 🖉; M Tanjong Pagar) Vor diesem passionierten *tendon*-(Tempura auf Reis)-Lokal steht immer eine unglaublich lange Schlage. Die Geduld wird belohnt mit dem Aufschrei *irrashaimase!* („Willkommen!“) und großzügigen Schalen des japanischen Wohlfühlessens. Tempura und Reis sind perfekt gekocht und mit süßer, klebriger Sojasoße gewürzt. Dazu werden *chawanmushi* (japanische Eiercreme), Misosuppe und eingelegte Gemüse serviert. In dem günstigen Lokal kann man nur bar zahlen.

Jing Hua CHINESISCH **$**
(Karte S. 686; ☎ 6221 3060; 21–23 Neil Rd; Gerichte 3–10 S$; ⏲ Do–Di 11.30–15 & 17.30–21.30 Uhr; M Chinatown) Unter den Halogenleuchten sitzen auf Laminexmöbeln mehr Einheimische als Traveller und auf der Karte steht eine begrenzte, aber befriedigende Auswahl an nordchinesischen Klassikern, darunter große Knödel aus Schweinefleisch, Nudeln mit Schweinehack und Sojabohnensoße sowie Pfannkuchen mit roter Bohnenpaste. Wenig empfehlenswert ist das farblose *xiao long bao*, lecker schmeckt hingegen die chinesische Pizza, eine herzhafte, frittierte Pastete mit gehackten Garnelen, Schweinefleisch, Krabben und Frühlingszwiebeln. Nur Barzahlung.

Little India

Tekka Centre HAWKER CENTRE **$**
(Karte S. 688; Ecke Serangoon Rd & Buffalo Rd; Gerichte 3–10 S$; ⏲ 19–23 Uhr; 🖉; M Little India, Rochor) In diesem lebendigen Hawker Centre am Frischmarkt fehlt es nicht an subkontinentaler Würze: Serviert werden authentische *biryani*, *dosa* (dünne Linsenpfannku-

chen), *roti prata* und *teh tarik* („gezogener Tee"). Einen Besuch wert ist das **Ah-Rahman Royal Prata** (Karte S. 688; Stand 01-248; murtabak 4–8 S$; ⏲7–22 Uhr, jeden 2. Mo geschl.; Ⓜ Little India, Rochor), wo man einen der besten *murtabak* (herzhafter Pfannkuchen) in ganz Singapur bekommt.

Ananda Bhavan INDISCH $
(Karte S. 688; www.anandabhavan.com; Block 663, 01-10 Buffalo Rd; dosa 2,60–4,60 S$, festgelegte Menüs 6–9 S$; ⏲7–22 Uhr; ✎; Ⓜ Little India) Die supergünstige Filiale einer Restaurantkette ist eine tolle Adresse für südindische Frühstücksklassiker wie *idly* (fermentierter Reiskuchen) und *dosa* (dünne Linsenpfannkuchen; auf der Speisekarte als *thosai* zu finden). Außerdem bekommt man günstige *thali*, manche davon auf Bananenblättern serviert. Weitere Filialen gibt's in der 58 Serangoon Road, 95 Syed Alwi Road und am Terminal 2 des Changi Airport.

Moghul Sweets SÜSSIGKEITEN $
(Karte S. 688; 48 Serangoon Rd; Süßigkeiten ab 1 S$; ⏲9.30–21.30 Uhr; Ⓜ Rochor, Little India) Wen es nach einem vorderindischen Zuckerrausch gelüstet, der ist im winzigen Moghul genau richtig. Neben köstlichen *gulab jamun* (in Sirup getränkte frittierte Teigbällchen) findet man hier auch die selteneren *rasmalai* (Panir in Streichrahm mit Kardamom) und *barfi* (Mandelmilchkonfekt) u. a. in den Geschmacksrichtungen Pistazie, Schokolade sowie Karotte.

Two Bakers BÄCKEREI $
(Karte S. 688; ☎6293 0329; www.facebook.com/twobakers; 88 Horne Rd; Gebäck & Kuchen 6,80–10,90 S$; ⏲Mo, Mi & Do 11–21, Fr & Sa bis 23, So 9–19 Uhr; Ⓜ Lavender) Die Bäcker in dieser modernen Bäckerei mit Café haben sich ihre Sporen im Cordon Bleu in Paris verdient. Das Ergebnis? Unwiderstehliche süße Köstlichkeiten und zahlreiche über Bord geworfene Diäten. Wofür soll man sich entscheiden? Die unheimlich beliebte Yuzu Lemon oder das dekadente Purple Gold (Lavendel-Schokoladenganache, Karamelganache, Karamelbiskuit und geröstete Mandeln)? Was soll's – einfach beide bestellen.

Kampong Glam

★ Warong Nasi Pariaman MALAIISCH, INDONESISCH $
(Karte S. 688; ☎6292 2374; 742 North Bridge Rd; Gerichte ab 4,50 S$; ⏲Mo–Sa 7.30–14.30 Uhr; Ⓜ Bugis) Der einfache Eckstand mit *nasi padang* (Reis mit Currys) ist legendär. Am beliebtesten bei den Gästen sind Gerichte wie *belado* (gebratene Makrele in einer gut eingekochten Chili-Zwiebel-Essig-Soße), köstliches Rindfleisch-*rendang* und *ayam bakar* (Grillhähnchen mit Kokossoße). Wer bereits um 11 Uhr herkommt, umgeht die Menschenmengen. Achtung: Um 13 Uhr ist der Stand ausverkauft (samstags um 10 Uhr).

★ Zam Zam MALAYSISCH $
(Karte S. 688; 699 North Bridge Rd; murtabak ab 5 S$, Gerichte 4–20 S$; ⏲19–23 Uhr; Ⓜ Bugis) In dem 1908 eröffneten Lokal ruht man sich nicht auf seinen Lorbeeren aus, sondern verlässt sich zusätzlich auf Schlepper, die versuchen, Passanten hereinzulocken, während hektische Köche in Windeseile Teig für köstliche *murtabaks* zubereiten. Die herzhaften Pfannkuchen mit einer Füllung aus saftigem Lamm, Hähnchen, Rindfleisch, Wild oder sogar Sardinen sind die Spezialität des Hauses.

QS269 Food House HAWKER CENTRE $
(Karte S. 688; Block 269B, Queen St; ⏲unterschiedlich; Ⓜ Bugis) Das Food House gleicht eher einer lauten, „heimlichen Fressgasse" aus Ständen mit Kultstatus. Bei einer Schale der preisgekrönten Nudelsuppe von **Ah Heng Curry Chicken Bee Hoon Mee** (Karte S. 688; Stand 01-236; Gerichte ab 4 S$; ⏲Sa–Do 8–16.30 Uhr; Ⓜ Bugis) ins Schwitzen kommen oder sich in die Schlange vor dem **New Rong Liang Ge Cantonese Roast Duck Boiled Soup** (Karte S. 688; Stand 01-235; Gerichte ab 2.50 S$; ⏲7–20 Uhr; Ⓜ Bugis) einreihen, dessen saftige gebratene Ente Gourmets aus der ganzen Stadt anzieht.

Nan Hwa Chong Fish-Head Steamboat Corner CHINESISCH $$
(Karte S. 688; 812-816 North Bridge Rd; Fisch-Steamboats ab 28 S$; ⏲16.30–0.15 Uhr; Ⓜ Lavender) Wer nur einmal Fish-Head-Steamboat probieren möchte, sollte es in diesem lauten, alteingesessenen Lokal mit offener Front tun. Die über offenem Feuer in einem großen Topf gekochten Fischköpfe werden in einer dampfenden Brühe aus *tee po* (getrocknete Seescholle) serviert. Ein Topf reicht für drei bis vier Personen, als Beilage gibt's u. a. Reis.

Orchard Road

Food Republic FAST FOOD $
(Karte S. 690; level 4, Wisma Atria, 435 Orchard Rd; Gerichte 4–15 S$; ⏲So–Do 10–22, Fr & Sa bis 23 Uhr; Ⓜ Orchard) An der Vielzahl klimati-

sierter Street-Food-Stände gilt es zuerst, inmitten des Menschenandrangs einen Sitzplatz zu ergattern. Dann muss man geduldig Schlange stehen für eine der japanischen, koreanischen, thailändischen, indischen, indonesischen und Singapurer Spezialitäten.

Takashimaya Food Village FAST FOOD $
(Karte S. 690; www.takashimaya.com.sg; B2, Takashimaya Department Store, Ngee Ann City, 391 Orchard Rd; Gerichte 4–17 S$; ⏲10–21.30 Uhr; Ⓜ Orchard) Im Untergeschoss des japanischen Kaufhauses Takashimaya werden im blitzenden, weitläufigen Food Court die beliebtesten Klassiker der japanischen Küche sowie weitere asiatische Gerichte zubereitet. Köstlich sind die Schalen mit Nudeln bei Tsuru-koshi. Auch eine große Filiale des Supermarkts Cold Storage ist hier zu finden.

Ausgehen & Nachtleben

Wer abends etwas trinken will, muss recht tief in die Tasche greifen. Am günstigsten ist es, wenn man in einem Hawker Centre Bier in großen Flaschen für 6 bis 8 S$ bestellt. Bars und Clubs sollte man möglichst früh besuchen, denn die Happy Hour endet in der Regel um 21 Uhr. Die meisten Kneipen findet man am Clarke Quay und am Boat Quay sowie in der Emerald Hill Road, einer Seitenstraße der Orchard Road. Üblicherweise sind die Läden von Sonntag bis Donnerstag täglich ab 17 Uhr bis mindestens Mitternacht sowie Freitag und Samstag bis 2 Uhr geöffnet.

Colonial District

★Loof BAR
(Karte S. 682 f.; ☎9773 9304; www.loof.com.sg; 03-07 Odeon Towers Bldg, 331 North Bridge Rd; ⏲Mo–Do 17–1, Fr & Sa bis 2; 📶; Ⓜ City Hall) „Schön, dass Sie hier heraufgekommen sind", lobt ein rotes Neonschild im fröhlichen Loof, dessen Name eine Verballhornung des englischen „Roof" ist. Hier kann man toll auf der Dachterrasse sitzen und mit einem Singapore Sour mit Calamondiorange in der Hand auf das Raffles Hotel und Marina Bay Sands hinunterblicken. Unter der Woche ist immer von 17 bis 20 Uhr Happy Hour, wobei die Getränke zu Anfang am günstigsten sind.

Orgo BAR
(Karte S. 682 f.; ☎6336 9366; www.orgo.sg; 4. OG, Esplanade Roof Tce, 8 Raffles Ave; ⏲18–1.30 Uhr; Ⓜ Esplanade, City Hall) Hier kann man sich leicht als Hauptfigur einer romantischen Hollywood-Komödie fühlen. Der Blick auf die Skyline ist so eindrucksvoll, dass einem fast die Tränen kommen. Nicht weinen – lieber in einem der Korbsessel bequem machen, einen Wein bestellen (Cocktails bekommt man anderswo besser), sich bei sinnlicher Musik leise unterhalten und die Aussicht bei Instagram festhalten.

VEWÖHNPROGRAMM

Es gehört einfach dazu, sich einen kultigen und teuren Singapore Sling (30 S$) in der Long Bar (11–0.30 Uhr) im Raffles Hotel (S. 682) zu gönnen. Wer gerne mehr für sein Geld hätte, begibt sich zu Sonnenuntergang auf einen sündhaft teuren Drink in eine der Dachterrassenbars der Stadt mit Blick auf die Skyline. Unsere Favoriten sind das Level 33 (S. 701) und die Cé la Vi Club Lounge (S. 701) mit ihrem jeweils anderen Blick auf die Löwenstadt.

Der CBD & die Quays

Clarke Quay ist ein zwar sehr protziges, aber beliebtes Ausgehviertel in Singapur. Nach 17 Uhr bieten die Bars in der CBD-Gegend (Raffles Place) gute Preise, allerdings sind hier nach Feierabend jede Menge Anzugträger anzutreffen. Der Boat Quay ist ein Favorit ausländischer Arbeiter.

Cé la Vi Club Lounge BAR
(Karte S. 682 f.; 10 Bayfront Ave; ⏲12 Uhr–open end) Auf dem freischwebenden SkyPark in Marina Bay Sands gelegen, bietet diese Bar einen wirkich atemberaubenden Blick auf die Skyline und darüber hinaus. Ab 18 Uhr müssen sich die Gäste an einen Dresscode halten (keine kurzen Hosen, Unterhemden oder Flip-Flops). Der Eingang liegt in der Eingangshalle des Marina Bay Sands.

Level 33 MIKROBRAUEREI
(www.level33.com.sg; 33. Stock, Marina Bay Financial Tower 1, 8 Marina Blvd; ⏲So–Do 12–24, Fr & Sa 12–2 Uhr; 📶; Ⓜ Downtown) In einem Land, das besessen ist von einzigartigen Verkaufsanreizen, spielt das Level 33 in einer eigenen Liga. Die welthöchste „urbane Mikrobrauerei" im 33. Stock braut ihr eigenes Lager, Pale Ale, Stout, Porter und Weizen. Unter freiem Himmel kann man sich mit einem um-

HIPPE CAFÉS

Was in Geschmacksdingen in Singapur angesagt ist, kann sich jeden Moment ändern, aber derzeit ist Kaffee besonders trendy. In einigen Cafés gibt's nun die besten Kaffees, inspiriert von Melbourne, Seattle und London. Wer einen Latte oder Espresso braucht und dazu gern hippe Caféküche probiert, ist in folgenden Cafés richtig:

Chye Seng Huat Hardware (Karte S. 688; www.cshhcoffee.com; 150 Tyrwhitt Rd; Di–Fr 9–19, Sa & So bis 22 Uhr; M Lavender)

Maison Ikkoku (Karte S. 688; www.maison-ikkoku.net; 20 Kandahar St; Café Mo–Do 9–22, Fr & Sa bis 24, So bis 20 Uhr, Bar Mo–Do 18–1, Fr–So bis 2 Uhr; ; M Bugis)

Plain (Karte S. 686; www.theplain.com.sg; 50 Craig Rd; Mo–Fr 7.30–17.30, Sa & So bis 19.30 Uhr; M Tanjong Pagar)

Coastal Settlement (6475 0200; www.thecoastalsettlement.com; 200 Netheravon Rd; Di–So 10.30–24 Uhr; 29)

40 Hands (www.40handscoffee.com; 78 Yong Siak St; Di–So 8–19 Uhr; M Tiong Bahru)

werfenden Blick auf die Marina Bay durch die Bierkarte probieren. Schnäppchenjäger aufgepasst: Vor 20 Uhr gibt's die Biere zu einem günstigeren Preis.

Attica CLUB

(Karte S. 682 f.; www.attica.com.sg; 01-03 Clarke Quay, 3A River Valley Rd; Level One Mi, Fr & Sa 22.30–4, Level Two Mi 23–5, Fr & Sa 23–5.30 Uhr, Freiluftbar Di–Sa 18 Uhr–open end; M Clarke Quay) Das Attica hat sich eine getreue Gefolgschaft unter Singapurs wankelmütigen Clubbesuchern gesichert. Es orientiert sich an den hippsten New Yorker Clubs, allerdings dann doch mit kleinen Einbußen auf dem Weg über den Pazifik. Den Einheimischen zufolge gehen die in Singapur lebenden Ausländer am Wochenende dorthin, meist in den Innenhof. Die Musik umfasst Titel aus den aktuellen Charts, House und R'n' B, besondere Themenabende werden auf der Website angekündigt.

Zouk CLUB

(www.zoukclub.com; 17 Jiak Kim St; Zouk & Phuture Mi, Fr & Sa 23 Uhr–open end, Velvet Underground Fr & Sa 23 Uhr–open end, Weinbar Di 18–2, Mi–Sa 18–3 Uhr; 5, 16, 75, 175, 195, 970) Singapurs führender Club zieht DJ-Größen aus aller Welt an. Demnächst soll er umziehen an den Clarke Quay (Block C, The Cannery, River Valley Road). Gäste können zwischen dem mehrstöckigen Hauptclub, dem Hip-Hop-lastigen Phuture und dem vornehmen Velvet Underground mit Originalkunstwerken von Andy Warhol, Frank Stella und Takashi Murakami wählen. Ein Taxi nehmen und sich auf Warteschlangen einstellen.

Chinatown

In der Tanjong Pagar Road gibt's lebhafte Schwulen- und Lesbenbars, die alle Besucher ungeachtet ihrer sexuellen Neigung willkommen heißen. Die schicken Anlaufstellen auf der **Club Street** und in **Ann Siang Hill** befinden sich in attraktiven, sanierten Shophouses. Viele haben sonntags geschlossen.

★ **Operation Dagger** COCKTAILBAR

(Karte S. 686; operationdagger.com; 7 Ann Siang Hill; Di–Sa 18 Uhr–open end; M Chinatown) Von der „wolkenähnlichen" Lichtskulptur bis hin zu den Grenzen überschreitenden Cocktails ist „außergewöhnlich" wohl die passendste Beschreibung für diese Cocktailbar. Um die Experimentierfreude der Gäste zu fördern, werden die Getränke durch ihren Geschmack beschrieben und nicht durch die Alkoholsorten, mit denen sie zubereitet werden. Letztere verbergen sich in gleich aussehenden braunen Flaschen. Ob man nun den vielschichtigen Gomashio mit Sesamgeschmack probiert, sich von der Textur des Hot & Cold überraschen lässt oder den seltenen Wein mit Schokoladengeschmack bestellt – alle Getränke sind zum Verlieben.

Oxwell & Co BAR

(Karte S. 686; www.oxwellandco.com; 5 Ann Siang Rd; 11–24 Uhr; ; M Chinatown) Hahnenkampf-Poster an den Wänden, einfache Holzbänke und nackte Kupferrohre – hier fühlt man sich wie in einer Mischung aus einem Saloon und einer alten Werkstatt. Während der Happy Hour (tgl. 16–20 Uhr) gibt's Cocktails für 10 S$. Wenn er im Angebot ist, sollte man den hervorragenden Gin & Chronic probieren – eine spritzige Mischung aus Gin mit Nelken- und Muskataroma, Sodawasser und frischen Calamondinorangen.

Potato Head Folk COCKTAILBAR
(Karte S. 686; ☎ 6327 1939; www.pttheadfolk.com; 36 Keong Saik Rd; ⏲ Studio 1939 & Dachterrassenbar Di–So 17–24 Uhr; 📶; Ⓜ Outram Park) Der Spitzenklasse-Ableger der legendären Bali Bar auf mehreren Etagen besteht aus drei Räumen, die man alle über die schachbrettartige Treppe mit unheimlichen Märchenbuch-Wandbildern und riesigen leuchtenden Puppen erreicht. Das Burgerlokal Three Buns kann man auslassen und sich gleich in die dunkle, glamouröse Cocktail-Lounge Studio 1939 begeben oder die entspannte Leichtigkeit der Tiki-Bar auf dem Dach genießen.

Good Beer Company BIERSTAND
(Karte S. 686; 02-58, Chinatown Complex, 11 New Bridge Rd; ⏲ Mo–Sa 18–22 Uhr; Ⓜ Chinatown) Dieser Hawker-Centre-Bierstand bringt neue Coolness in den Chinatown Complex. Die Auswahl an Gebräuen vom japanischen Hitachino Nest bis hin zum belgischen Trappisten-Bier Rochefort ist gewaltig. Ein paar Stände weiter findet man **Smith Street Taps** (Karte S. 686; ⏲ Di–Sa 18.30–22.30 Uhr; Ⓜ Chinatown) unter freundlicher Leitung mit einer wechselnden Auswahl an Craft- und Premiumbieren vom Fass.

Little India & Kampong Glam

Druggists BIERHALLE
(Karte S. 688; www.facebook.com/DruggistsSG; 119 Tyrwhitt Rd; ⏲ Di–So 16–24 Uhr; Ⓜ Lavender) Das Druggists macht Bierfans süchtig. Aus 23 Hähnen wird eine wechselnde Auswahl an Craft-Bieren gezapft, darunter Kenner-Biere wie das dänische Mikkeller und das britische Magic Rock. Die Biere der Woche sind auf einer Tafel angeschlagen und werden in 250-ml- bzw. 500-ml-Gläsern ausgeschenkt. Auch einige Speisen sind zu haben, die Getränke sind aber besser.

Artistry CAFÉ
(Karte S. 688; ☎ 6298 2420; www.artistryspace.com; 17 Jln Pinang; ⏲ Di–Fr 9–23, Sa 9.30–23, So 9.30–16 Uhr; 📶; Ⓜ Bugis) Umwerfender Kaffee, wechselnde Kunstausstellungen und einmal im Monat After-Hour-Veranstaltungen wie Singer-Songwriter-Abende machen das Artistry zu einer Hipster-Variante des Kultursalons. Außerdem kann man interessante hausgebraute Biere und Cider probieren und bis 17 Uhr gibt's frische, köstliche Gerichte wie Pfannkuchen mit Blaubeeren, Ricotta und Schinken (schlechtes Gewissen vorprogrammiert!) oder Multikulti-Chili-Krabbenburger.

Rund um die Orchard Road

No 5 BAR
(Karte S. 690; 5 Emerald Hill Rd; ⏲ Mo–Do 12–2, Fr & Sa bis 3, So 17–2 Uhr; Ⓜ Somerset) Die Namensfindung dieser alteingesessenen Kneipe in einem Peranakan-Shophouse von 1910 war nicht gerade originell. Fast den ganzen Tag über gibt's Happy-Hour-Angebote (z. B. von 21 bis 1 Uhr zwei Martinis für 19 S$). Hier ist es zwar sehr touristisch, aber die coole Abendstimmung ist ein toller Gegenpol zur quirligen Orchard Road.

Mezze9 BAR
(Karte S. 690; Grand Hyatt, 10 Scotts Rd; ⏲ So–Di 12–24, Mi–Sa bis 1 Uhr; Ⓜ Orchard) Lust auf einen anständigen Martini? Den bekommt man hier montags bis samstags zwischen 18 und 20 Uhr zum halben Preis. Die Drinks werden mit guten Alkoholika gemischt und sind samtig weich, ob geschüttelt oder gerührt, salzig oder süß. Auch andere Cocktails und Getränke des Hauses bekommt man zum halben Preis, sodass jeder auf seine Kosten kommt.

Sentosa Island

Tanjong Beach Club BAR
(Karte S. 692; ☎ 6270 1355; www.facebook.com/tanjongbeachclub; Tanjong Beach; ⏲ Di–Fr 11–23, Sa & Si 10–24 Uhr; Ⓜ HarbourFront, dann Einschienenbahn Beach) In der Regel ist es hier ruhiger als in den Bars am Siloso Beach (vor allem an Wochenenden). Der Tanjong Beach Club ist ein atmosphärischer Fleck: Abends brennen Fackeln im Sand; es gibt einen kleinen, schicken Pool für die Gäste und einen feurigen Lounge- und Funk-Soundtrack.

Woobar BAR
(Karte S. 692; www.wsingaporesentosacove.com; W Singapore, 21 Ocean Way, Sentosa Cove; ⏲ Mo–Fr 11.30–1, Sa & So 9–1 Uhr; 📶; Ⓜ HarbourFront, dann Monorail Beach) Die Hotelbar wirkt mit ihren eiförmigen Hängestühlen, den goldenen Fußstützen und deckenhohen Fenstern mit Blick auf Palmen und Pool ganz schön aufgetakelt. Der „High Tea" am Nachmittag (alltags/am Wochenende ab 65/75 S$ für 2 Pers.) wird in zierlichen Vogelkäfigen serviert. Mittwochs zur Ladies' Night (ab 36 S$) wird zwischen 19.30 und 21 Uhr kostenlos Sekt ausgeschenkt, gefolgt von Drinks zum halben Preis bis Mitternacht.

Unterhaltung

Singapurs Einwohner gehen gern ins Kino, denn so können sie günstig der tropischen Hitze entfliehen (ein Ticket kostet ca. 10 S$). Sowohl die *Straits Times* als auch das *I-S Magazine* und die *Time Out* informieren umfassend über Kino-, Theater- und Musikprogramme. Eintrittskarten für die meisten Veranstaltungen bekommt man bei **SISTIC** (Karte S. 690; ☎ 6348 5555; www.sistic.com.sg).

Chinese Theatre Circle OPER
(Karte S. 686; ☎ 6323 4862; www.ctcopera.com; 5 Smith St; Aufführung & Snacks 25 S$, Aufführung & Abendessen 40 S$; ⌚ Fr & Sa 19–21 Uhr; Ⓜ Chinatown) Die von der gemeinnützigen Opernorganisation veranstalteten Teehausabende sind eine wunderbare und wenig förmliche Art, die chinesische Oper kennenzulernen. Jeden Freitag und Samstag um 20 Uhr wird ein Vortrag zur chinesischen Oper gehalten, danach folgt ein 45-minütiger Ausschnitt aus einem Opernklassiker mit voll verkleideten Schauspielern. Wer möchte, kann im Voraus die chinesische Mahlzeit vor der Veranstaltung um 19 Uhr reservieren.

Timbrè @ The Substation LIVEMUSIK
(Karte S. 682 f.; www.timbre.com.sg; 45 Armenian St; ⌚ So–Do 18–1, Fr & Sa bis 2 Uhr; Ⓜ City Hall) Gerne steht das junge Publikum für einen Sitzplatz in diesem beliebten Live-Musik-Schuppen an. Jeden Tag treten Bands und Singer-Songwriter aus der Gegend auf, die von Pop und Rock bis hin zu Folk alles spielen. Auch kleine Snacks wie Suppen, Salate und Tapas sowie recht anständige gebratene Hühnerflügel und Trüffelpommes sind zu haben.

BluJaz Café JAZZ
(Karte S. 688; www.blujazcafe.net; 11 Bali Lane; Eintritt ab 5 S$; ⌚ Mo–Do 12–1, Fr & Sa bis 2 Uhr; 📶; Ⓜ Bugis) Die unkonventionelle Kneipe BluJaz ist eine der besten Adressen für Livemusik in der Stadt. Regelmäßig finden Jazz-Jams statt und verschiedene Künstler spielen eine bunte musikalische Mischung von Blues bis hin zu Rockabilly. Auf der Website nach den wechselnden Veranstaltungen schauen: DJs haben Funk, R'n'B und Retro-Abende im Programm, mittwoch und donnerstagabends beim "Talk Cock" stehen Comedians auf die Bühne – und solche, die es werden wollen.

KOSTENLOSE KONZERTE

Das **Esplanade – Theatres on the Bay** (Karte S. 682 f.; ☎ 6828 8377; www.esplanade.com; 1 Esplanade Dr; Ⓜ Esplanade, City Hall) veranstaltet kostenlose Konzerte und das **Singapore Symphony Orchestra** (Karte S. 682 f.; www.sso.org.sg; Ⓜ Esplanade) veranstaltet jeden Monat ein Gratiskonzert im Botanischen Garten. Genaueres erfährt man auf den jeweiligen Websites.

Shoppen

Einst als Schnäppchenparadies bekannt, wurde Singapur längst von anderen südostasiatischen Städten überholt. Trotzdem kann man bei Kleidung, Elektronik, IT-Ausrüstung und Büchern noch immer so manches günstige Angebot ergattern. Größere Ketten wie Uniqlo und H&M bieten oft Ausverkaufspreise. Außer auf Märkten und in kleineren Läden, die keiner Kette angehören, sind die Preise festgelegt. Wenn man nicht wirklich etwas kaufen möchte, sollte man nicht anfangen zu handeln.

Orchard Road

In Singapurs wichtigster Einkaufsstraße und ihrer Umgebung würde man fast eine ganze Woche brauchen, um sämtliche Etagen aller Shopping Malls zu durchstreifen.

Ngee Ann City EINKAUFSZENTRUM
(Karte S. 690; www.ngeeanncity.com.sg; 391 Orchard Rd; ⌚ 10–21.30 Uhr; Ⓜ Somerset) Von außen erinnert es ein wenig an ein Mausoleum, doch in dem siebenstöckigen Koloss aus Marmor und Granit kann man einem wahren Kaufrausch verfallen. Internationale Luxuslabels konkurrieren mit der riesigen Buchhandlung **Kinokuniya** (Karte S. 690; www.kinokuniya.com.sg; ⌚ So–Fr 10–21.30, Sa bis 22 Uhr; Ⓜ Somerset) und dem gehobenen japanischen Kaufhaus **Takashimaya** (Karte S. 690; www.takashimaya.com.sg; ⌚ 10–21.30 Uhr; Ⓜ Somerset). Dazu befindet sich im Gebäude noch einer der besten Food Courts der Orchard Street: das Takashimaya Food Village.

ION Orchard Mall EINKAUFSZENTRUM
(Karte S. 690; www.ionorchard.com; 430 Orchard Rd; ⌚ 10–22 Uhr; Ⓜ Orchard) Direkt über der Metrostation Orchard erhebt sich das futuristische ION, das Einkaufszentrum schlechthin auf der Orchard Road. Im Untergeschoss findet man hauptsächlich Streetwear-Labels wie Zara und Uniqlo, in den oberen Etagen die teureren Modelables, wie man sie in der

Vogue findet. Auch das Gastronomieangebot ist breit gefächert und reicht von Food-Court-Snacks bis hin zu nobleren Optionen. Im 56-stöckigen Wolkenkratzer nebenan, dem **ION Sky** (www.ionorchard.com/en/ion-sky.html; ⌚15–18 Uhr, Einlass bis 17.30 Uhr) GRATIS befindet sich ganz oben eine Galerie mit Rundumblick.

Little India & Kampong Glam

Little India platzt vor Kunsthandwerk, Gold, Saris, Räucherstäbchen, Bollywoodmusik und DVDs aus allen Nähten. Kunsthandwerk, Stoffe und Souvenirs bekommt man in Kampong Glam entlang der **Bussorah Street** und **Arab Street**. In der **Haji Lane** reihen sich zahlreiche Läden mit der neuesten Mode aneinander, wobei immer wieder welche wegen steigender Mieten schließen müssen.

Mustafa Centre KAUFHAUS
(Karte S. 688; www.mustafa.com.sg; 145 Syed Alwi Rd; ⌚rund um die Uhr; Ⓜ Farrer Park) Das geschäftige, rund um die Uhr geöffnete Mustafa Centre in Little India zieht Schnäppchenjäger, die meist vom Subkontinent kommen, magisch an. Auf einer riesigen Fläche gibt es so gut wie alles von Elektrowaren und protzigem Goldschmuck bis hin zu Schuhen, Taschen, Koffern und Körperpflegeprodukten. Ein großer Supermarkt bietet eine breite Palette an indischen Lebensmitteln. Sonntags ist es fast schon zu voll.

Bugis Street Market MARKT
(Karte S. 688; www.bugis-street.com; Victoria St; ⌚11–22 Uhr; Ⓜ Bugis) Dort, wo sich früher Singapurs berühmt-berüchtigtes Rotlichtviertel befand – hier tummelten sich einst Soldaten auf Sonderurlaub, Gaming-Freaks und Transvestiten – lockt nun der lebhafteste überdachte Straßenmarkt der Stadt. Hier findet man günstige Kleidung, Schuhe, Accessoires, außerdem Nagelstudios, die besonders bei Teens und jungen Erwachsenen beliebt sind. Und ein Sex-Shop hält die Erinnerung an die Vergangenheit wach.

Sim Lim Square ELEKTROWAREN, EINKAUFSZENTRUM
(Karte S. 688; www.simlimsquare.com.sg; 1 Rochor Canal Rd; ⌚10.30–21 Uhr; Ⓜ Rochor) Sim Lim ist bei Computerfreaks für die besten Preise im Ort bekannt: An zahlreichen Ständen werden Laptops, Kameras, Soundkarten und Spielkonsolen verkauft. Wer sich auskennt, kann manches Schnäppchen machen, alle anderen werden eher über den Tisch gezogen. Auf jeden Fall sollte man hart, aber freundlich verhandeln und immer überprüfen, ob die Garantie auch für das eigene Heimatland gilt.

Orientierung

Der Singapore River teilt die Stadt in zwei Hälften. Südlich davon erstrecken sich der CBD und Chinatown, nördlich davon der Colonial District. Der Clarke Quay, der Robertson Quay und die beliebten Restaurants am Boat Quay befinden sich direkt am Ufer.

Nördlich vom Colonial District liegen Little India und das muslimisch geprägte Kampong Glam, nordwestlich verläuft die Orchard Road, Singapurs wichtigste Einkaufsmeile.

Das überwiegend industrielle Gebiet von Jurong im Westen der Insel bietet einige Touristenattraktionen. Richtung Süden locken mit den Inseln Sentosa, Kusu und St John's wahre Freizeitparadiese.

Im Osten warten einige historische (und heruntergekommene) Vorstädte wie Geylang und Katong sowie der East Coast Park und der Flughafen Changi. Im zentralen Norden der Insel liegt ein Großteil des verbliebenen Waldes, außerdem gibt's dort einen Zoo.

Praktische Informationen

INTERNETZUGANG

Hostels bieten freien Internetzugang über Computer bzw. WLAN. Das kostenfreie kabellose Internetprojekt Wireless@SG unterhält zudem Hotspots in den meisten Einkaufszentren und vielen öffentlichen Gebäuden. Man muss sich zunächst registrieren, wofür nur ein funktionierendes Handy mit SIM-Karte (entweder lokal gekauft oder mit globalem Roaming) und WLAN-Empfang notwendig sind.

MEDIEN

Kostenlose Publikationen mit Veranstaltungsinformationen wie *Juice* und *I-S Magazine* bekommt man in den Touristeninformationen, den meisten größeren Hotels sowie verschiedenen Restaurants, Cafés und Bars. Auch die internationale Programmzeitschrift *Time Out* hat eine Singapur-Ausgabe. Zu den englischsprachigen Tageszeitungen gehört das regierungskonforme Blatt *Straits Times*, die *Business Times* und das Boulevardmagazin *New Paper*. *Today* und *Mypaper* sind kostenlose Boulevardzeitungen, die man morgens und nachmittags an MRT-Stationen mitnehmen kann.

MEDIZINISCHE VERSORGUNG

Raffles Hospital (Karte S. 688; ☎6311 1111; www.rafflesmedicalgroup.com.sg; 585 North Bridge Rd; Ⓜ Bugis) Nahe der MRT-Haltestelle Bugis.

Singapore General Hospital (☎ 6321 4311; www.sgh.com.sg; Block 1, Outram Rd; Ⓜ Outram Park) Hat eine Notaufnahme.

NOTFALL

Krankenwagen, Feuerwehr (☎ 995)
Polizei (☎ 999)

TOURISTENINFORMATION

Singapore Visitors Centre @ ION Orchard (Karte S. 690; 1. Stock, ION Orchard Mall, 2 Orchard Turn; ⌚10–22 Uhr; Ⓜ Orchard)
Singapore Visitors Centre @ Orchard (Karte S. 690; ☎ 1800 736 2000; www.yoursingapore.com; 216 Orchard Rd; ⌚9.30–22.30 Uhr; Ⓜ Somerset) Singapurs größtes Touristeninformationszentrum mit Broschüren, individuellen Stadtspaziergängen und clever gestalteten Souvenirs.

SINGAPUR VERSTEHEN

Singapur aktuell

Derzeit erlebt Singapur einen Boom. Es will seine Bevölkerung auf 6,5 Mio. vergrößern und sich als Zentrum für alle Sparten von biomedizinischer Forschung bis zum Tourismus positionieren. Auf Sentosa und in Marina South wurden 2011 riesige Casinokomplexe fertiggestellt. Darüber hinaus wurde das gesamte Marina-Bay-Gebiet rund um das Esplanade Theatre in ein gehobenes Einkaufs-, Wohn-, Freizeit- sowie Wassersportzentrum mit Botanischem Garten verwandelt – eine echte städteplanerische Herausforderung. Es werden neue U-Bahn-Linien gebaut, die der Londoner Tube das Wasser reichen können, wenn sie erst einmal fertig sind.

2015 feierte Singapur seine 50-jährige Unabhängigkeit und musste den Tod von Lee Kuan Yew verarbeiten, Singapurs erstem Premierminister, der oft als „Gründungsvater des Landes" bezeichnet wird. Singapurs Entwicklung von einem kleinen Fischereihafen zu einem Ort von internationaler finanzieller und kultureller Bedeutung wird als sein Verdienst angesehen. Der heutige Status hat dem Inselstaat wieder zu Nationalstolz verholfen.

In den letzten Jahren hat sich Singapur zu einer der teuersten Städte der Welt entwickelt und 2014 und 2015 das Ranking sogar angeführt. Sorgen bereiten dem Land aktuell die steigenden Lebenshaltungskosten, die Überbevölkerung und die starke Zuwanderung ausländischer Arbeitskräfte.

Geschichte

Löwenstadt

Ursprünglich war Singpur ein winziger Ort zwischen den mächtigen Nachbarn Sumatra und Melaka. Einer malaiischen Legende zufolge sah ein Prinz aus Sumatra bei seinem Besuch der Insel Temasek einen Löwen. Aufgrund dieses guten Omens gründete er an genau diesem Ort Singapura (Löwenstadt).

Raffles

1819 kam Sir Thomas Stamford Raffles nach Singapur, um in der Straße von Melaka einen strategischen Stützpunkt für das Britische Reich zu sichern. Er beschloss, die dünn besiedelte, sumpfige Insel in einen Freihandelshafen zu verwandeln. Noch heute entspricht der Grundriss von Zentralsingapur Raffles' Zeichnungen.

Zweiter Weltkrieg

Die glorreichen Jahre des British Empire waren am 15. Februar 1942 jäh vorbei, als die Japaner in Singapur einfielen und bis zum Ende des Zweiten Weltkriegs die Insel kontrollierten. Sie sperrten die alliierten Kriegsgefangenen im Changi-Gefängnis ein und töteten Tausende von Einheimischen. Auch wenn die Briten nach dem Krieg erneut willkommen geheißen wurden, waren zu diesem Zeitpunkt die Tage des Empire in der Region längst gezählt.

Fundament für die Zukunft

1954 wurde die sozialistische People's Action Party (PAP) gegründet. Lee Kuan Yew stand an der Spitze der Partei und führte sie in den Wahlen 1959 zum Sieg. Danach übte er über 30 Jahre lang das Amt des Premierministers aus. Obwohl Singapur 1965 aus der Malaiischen Föderation ausgeschlossen wurde, nutzte Lee die Ein-Parteien-Herrschaft so gut wie möglich und setzte ein ehrgeiziges, strenges und erfolgreiches Industrialisierungsprogramm durch.

Sein Nachfolger wurde 1990 Goh Chok Tong. Er lockerte die Zügel, hielt Singapur aber weiter auf dem von Lee eingeschlagenen Weg. 2004 trat Goh zurück, um Platz für Lees Sohn Lee Hsien Loong zu machen. Letzterer steht nun vor der gewaltigen Herausforderung, den Stadtstaat so zu positionieren, dass er in der modernen, globalisierten Wirtschaft erfolgreich bestehen kann. Da die Produktion zunehmend an billigere Konkurrenzstandorte verlagert wird, will die Regierung die Bevölkerung vergrößern und verstärken, indem mehr „ausländische Talente" angezogen werden und die Entwicklung von Industriezweigen wie Tourismus, Finanzdienstleistungen, digitale Medien bzw. biomedizinische Forschung gefördert wird.

Menschen & Kultur

Mentalität

Die wohlhabenden Singapurer leben in einem scheinbar dauerhaften Übergangszustand. Von ihrer omnipräsenten Regierung werden sie ständig dazu angehalten, sich weiter zu steigern und neu zu erfinden. Auf den ersten Blick repräsentieren sie ein durch und durch modernisiertes Volk, doch das Leben vieler Einheimischer wird noch immer von alten Vorstellungen und Bräuchen bestimmt. Eine große Kluft besteht zwischen der älteren Generation, welche die riesigen Umbrüche und die unablässige Schufterei erlebt und das moderne Singapur aufgebaut hat, und der verwöhnten jüngeren Generation, die nun die Früchte dieser Arbeit genießt.

Lebensart

Obwohl Familie und Tradition wichtig sind, verbringen viele junge Menschen einen Großteil ihrer Zeit außerhalb ihres Zuhauses, entweder weil sie sehr lange arbeiten oder weil sie danach bis spät in die Nacht feiern. Die Mehrheit der Bevölkerung lebt in Hochhaussiedlungen, die stark von der Regierung subventioniert werden – der Staat bestimmt sogar die prozentuale Verteilung der Ethnien in jedem Block. Während verheiratete Paare auf Unterstützung bauen können, müssen Singles sowie homosexuelle Pärchen selbst sehen, wo sie auf dem freien Immobilienmarkt bleiben.

Frauen haben denselben Zugang zu Bildung und Beschäftigung wie Männer. Schwule und Lesben sind trotz der oft verkündeten antihomosexuellen Haltung der Regierung ein sichtbarer Teil des Alltags.

Bevölkerung

Die Mehrheit der 5,57 Mio. Einwohner sind Chinesen (74,2 % der Bevölkerung). Darauf folgen Malaien (13,3 %), Inder (9,2 %) sowie Eurasier und andere Ethnien (3,3 %). Westliche Einwanderer bilden eine nicht zu übersehende Gruppe. Ebenso auffallend ist die große Zahl der Hausmädchen und Gastarbeiter. Englisch ist die Amtssprache des Stadtstaates. Viele Singapurer sprechen eine zweite Sprache oder einen Dialekt (meist Mandarin, Malaiisch oder Tamilisch).

Religion

Chinesen hängen zumeist dem Buddhismus oder Taoismus an. Ihre Bräuche, Feste und ihr Aberglaube dominieren das soziale Leben. Viele Haushalte haben einen Altar für tägliche Gebetsgaben, vor dem auch Räucherstäbchen angezündet werden.

Malaien verstehen den Islam als Religion und Lebensstil. Das *adat* (Gewohnheitsrecht) bestimmt wichtige Feiern und Ereignisse wie Geburten, Beschneidungen und Hochzeiten.

Über die Hälfte der Inder sind Hindus, die in Tempeln das Götterpantheon anbeten.

Das Christentum, darunter der Katholizismus, erfreut sich sowohl bei den Chinesen als auch bei den Indern großer Beliebtheit.

Natur & Umwelt

Singapurs größtes Umweltproblem ist die Müllentsorgung. Immerhin hat die Regierung inzwischen die Notwendigkeit erkannt, industrielles und häusliches Recycling zu fördern.

Leider spiegeln die enormen Bemühungen nicht unbedingt das Umweltbewusstsein an der Basis wider. Die Bewohner verzichten nach wie vor nicht auf Plastiktüten und viele haben Haushaltshilfen, die ihre Autos täglich waschen. Sie werden zwar zum Recycling angehalten, aber nicht mit den nötigen Mitteln ausgestattet. So landet der gesamte Müll der Hochhauswohnsiedlungen in einer zentralen Tonne.

Die Qualität der Luft ist um einiges besser als in zahlreichen anderen südostasiatischen Metropolen. Trotzdem breitet sich alljährlich im September und Oktober eine dichte Dunstwolke über der Insel aus, die von unzähligen lodernden Brandrodungsfeuern in Indonesien verursacht wird.

Ein großer Teil des Trinkwassers wird aus Malaysia importiert, aber mit großen Reservoirs, Meerwasserentsalzungsanlagen und einem riesigen Abwasserrecycling-Projekt namens Newater hofft der Stadtstaat, in den nächsten Jahrzehnten Unabhängigkeit zu erlangen. Die Qualität des Leitungswassers im Land ist gut.

Singapur kann zu Recht stolz auf seinen Ruf als Gartenstadt sein. Hier gibt's in Hülle und Fülle wunderschön gestaltete Parks und das gesamte Inselzentrum ist eine einzige grüne Oase. In Singapur gibt's außerdem einen Bau-Boom, und große Waldgebiete werden gerodet, um Wohngebieten und Infrastruktur zu weichen.

PRAKTISCHE INFORMATIONEN

Allgemeine Informationen

BOTSCHAFTEN & KONSULATE

Ein vollständiges Verzeichnis ausländischer Botschaften und Konsulate in Singapur findet man auf der Website des dortigen Außenministeriums (www.mfa.gov.sg).

Deutsche Botschaft (Karte S. 682 f.; ☎ 6533 6002; www.singapur.diplo.de; 12. OG Singapore Land Tower, 50 Raffles Pl)

Österreichische Botschaft (☎ 6396 6350; 24–04/05 Parkview Square, 600 North Bridge Rd)

Schweizerische Botschaft (☎ 6468 5788, www.eda.admin.ch/singapore; 1 Swiss Club Link)

ESSEN

Achtung: Auf die meisten Restaurantrechnungen werden am Schluss noch 17 % draufgeschlagen: 10 % Servicezuschlag und 7 % Steuer auf Waren und Dienstleistungen. Dies erkennt man an der Kennzeichnung ++ auf der Speisekarte.

Die folgenden Preise sind All-inclusive-Preise für ein einfaches Gericht oder einen Hauptgang.

$	bis 10 S$
$$	10–30 S$
$$$	über 30 S$

FEIERTAGE

Der einzige Feiertag, den man in Singapur wirklich spürt, ist das Chinesische Neujahr, wenn praktisch alle Geschäfte zwei Tage lang geschlossen sind.

Neujahr 1. Januar

Chinesisches Neujahrsfest Drei Tage im Januar/Februar

Karfreitag April

Tag der Arbeit 1. Mai

Vesak Juni

Hari Raya Puasa Juli

Nationalfeiertag 9. August

Hari Raya Haji September

Deepavali November

Weihnachten 25. Dezember

FRAUEN UNTERWEGS

Alleinreisende Frauen kommen in Singapur normalerweise problemlos zurecht. Eine zu knappe Bekleidung könnte in Kampong Glam und Little India allerdings ungewollte Aufmerksamkeit verursachen. Tampons, Binden und verschreibungspflichtige Medikamente bekommt man fast überall.

FREIWILLIGENARBEIT

Das National Volunteer & Philanthropy Centre (www.nvpc.org.sg) koordiniert eine Reihe von Freiwilligengruppen und Projekten in den Bereichen Bildung, Umwelt sowie Multikulturalität.

GEFAHREN & ÄRGERNISSE

Wer nur einen kurzen Abstecher nach Singapur unternimmt, kommt aller Wahrscheinlichkeit nach kaum mit den harten Gesetzen in Berührung, die diese Stadt zu einer der sichersten Metropolen in ganz Asien machen. Die Straßenkriminalität hält sich in Grenzen, auch wenn Taschendiebe in Chinatown, Little India und anderen touristischen Gegenden unterwegs sind.

GELD

Die Währungseinheit des Landes ist der Singapur-Dollar, auch „Singdollar" genannt, der aus 100 Cent besteht. In Singapur sind Münzen im Wert von 5 ¢, 10 ¢, 20 ¢, 50 ¢ und 1 S$ und Banknoten im Wert von 2, 5, 10, 50, 100, 500 und 1000 S$ im Umlauf. Der Singapur-Dollar ist eine extrem stabile und frei konvertible Währung.

Cirrus-Geldautomaten findet man flächendeckend in Einkaufszentren, Banken, MRT-Stationen und Geschäftsbezirken.

Wechselstuben findet man in den meisten Einkaufszentren und rund um belebte Plätze. Man muss keine Gebühren zahlen und kann ein wenig handeln, wenn man größere Summen tauscht.

KARTEN

In STB-Filialen, am Flughafen und in Hotels erhält man die hervorragende kostenlose *The Official Map of Singapore*.

ÖFFNUNGSZEITEN

Banken Mo–Fr 9.30–16.30 Uhr – einige Filialen öffnen um 10 Uhr, einige schließen um 18 Uhr oder später; Sa 9.30–12 Uhr oder länger.

Behörden (einschließlich Postämtern) öffnen Mo–Fr zwischen 8 und 9.30 Uhr (Sa zwischen 8 und 9 Uhr) und schließen zwischen 16 und 18 Uhr (Sa zwischen 11.30 und 13.30 Uhr).

Restaurants Gehobene Restaurants empfangen mittags von 12 bis 14 Uhr und abends von 18 bis 22 Uhr Gäste. Legerere Lokale und Food Courts haben den ganzen Tag geöffnet.

Geschäfte 10–18 Uhr, größere Geschäfte und Kaufhäuser bis 21.30 oder 22 Uhr. Einige kleinere Läden in Chinatown und der Arab Street schließen sonntags. Am lebhaftesten geht's sonntags in Little India zu.

POST

Die Post in Singapur ist außerordentlich effizient. Auf der Suche nach der nächsten Filiale ruft man die ☎1605 an oder informiert sich unter www.singpost.com.sg.

RECHTSFRAGEN

Singapurs Gesetze sind sehr hart, aber dafür hat Korruption kaum eine Chance. Auf Drogenbesitz und -handel steht die Todesstrafe. Außer in offiziell ausgewiesenen Zonen ist das Rauchen auf allen öffentlichen Plätzen einschließlich Bars und Restaurants sowie in Hawker Centres streng verboten.

REISEN MIT BEHINDERUNG

Im Rahmen einer großen Regierungskampagne wurden schrittweise überall auf der Insel Rampen, Fahrstühle und weitere Vorrichtungen installiert. Die Bürgersteige in der Stadt sind fast überall tadellos in Schuss, außerdem haben sämtliche MRT-Stationen Aufzüge und einige Busse und Taxis sind rollstuhlgerecht ausgestattet.

Die **Disabled People's Association Singapore** (☎6791 1134; www.dpa.org.sg; Jurong Point Shopping Centre) wartet mit Informationen zu Reisen mit Behinderung in Singapur auf.

SCHWULE & LESBEN

Sexuelle Beziehungen unter Männern sind zwar offiziell weiterhin illegal, aber die Gesetze konnten und können die Entwicklung einer blühenden Schwulenszene nicht verhindern. Über Veranstaltungen und Ereignisse informieren www.utopia-asia.com and www.fridae.asia.

STROM

Steckdosen liefern 230 V/50 Hz; Stecker haben in der Regel drei flache Pole.

TELEFON

Singapurs Ländercode ist ☎65. Es gibt keine Vorwahlen. Die Telefonnummern selbst sind achtstellig, außer bei gebührenfreien Nummern (☎1800). Handynummern beginnen in Singapur mit „8" oder „9".

SIM-Karten (15 S$) mit Datenvolumen sind in Telefonläden, den meisten Postämtern und Supermärkten erhältlich. Beim Kauf muss man seinen Pass vorzeigen.

TOILETTEN

Toiletten in Singapur sind sauber und gut in Schuss. Allerdings muss man damit rechnen, neben den westlichen Varianten auch mal auf eines der seltenen asiatischen Hockklosett zu stoßen. In manchen Hawker Centres ist eine Benutzungsgebühr von 0,10 S$ zu entrichten. Toiletten findet man in Einkaufszentren, Fast-Food-Ketten und großen Hotels.

UNTERKUNFT

Hostels warten mit Wettkampfpreisen (20–40 S$ für ein Schlafsaalbett) samt kostenlosem Internet, Frühstück und Nutzung der hauseigenen Waschmaschinen auf. Preiswerte Hotelzimmer mit Bad (50–100 S$) sind oftmals sehr klein und haben kein Fenster. Fast alle Häuser verfügen über Zimmer mit Klimaanlage und günstigere Räume mit Ventilator. Die Unterkünfte geben mehrheitlich Nettopreise inklusive sämtlicher Steuern an. Steht hinter einer Preisangabe „++", muss man 10 % Servicegebühr und 7 % Mehrwertsteuer dazurechnen. Die im Folgenden angegebenen Zimmerpreise beziehen sich auf ein Doppelzimmer ohne Bad in der Hochsaison inklusive aller Steuern.

$	unter 100 S$ (80 US$)
$$	100–250 S$ (80–200 US$)
$$$	über 250 S$ (200 US$)

VERANTWORTUNGSVOLLES REISEN

Obwohl das Land modern und kosmopolitisch erscheint, ist Singapur sensibel, wenn es um unbesonnenes Benehmen von Ausländern geht. Wer sich ruhig und höflich verhält, verschafft sich Respekt. Öffentliche Verkehrsmittel sind energiesparend und man kann sogar Hybridtaxis bestellen.

VISA

Bürger der meisten Länder, darunter Deutsche, Österreicher und Schweizer, bekommen bei der Ankunft ein 90-Tage-Visum. Verlängerungen kann man bei der **Immigration & Checkpoints Authority** (Karte S. 688; ☎6391 6100; www.ica.gov.sg; 10 Kallang Rd; Ⓜ Lavender) beantragen.

ZOLLBESTIMMUNGEN

Traveller dürfen jeweils 1 l Wein, Bier oder Spirituosen zollfrei ins Land einführen – oder alternativ 2 l Wein und 1 l Bier bzw. 2 l Bier und 1 l Wein. Auf Zigaretten werden Steuern erhoben, ausgenommen eine geöffnete Packung zum persönlichen Konsum. Zollfreie Vergünstigungen gelten nicht, wenn man aus Malaysia einreist oder Singapur für weniger als 48 Stunden verlässt.

ℹ An- & Weiterreise

BUS

Zahlreiche private Unternehmen betreiben komfortable Busse zu Zielen in Malaysia, darunter Melaka und Kuala Lumpur sowie Thailand. Viele der Busse starten am **Golden Mile Complex** (5001 Beach Rd; Ⓜ Nicoll Hwy); Tickets kann man vor Ort oder online unter www.busonlineticket.com kaufen.

FLUGZEUG

20 km nordöstlich des Singapurer CBD liegt der **Changi Airport** (☎ 6595 6868; www.changiairport.com), Singapurs größter internationaler Flughafen mit drei Terminals. Ein viertes soll im kommenden Jahr eröffnet werden.

Zahlreiche Fluglinien aus aller Welt fliegen Singapur an, und genauso häufig starten Maschinen in alle Ecken des Globus. Am Flughafen gibt's kostenloses Internet, so genannte Courtesy Phones, mit denen man bestimmten Personen einen Nachricht zukommen lassen kann, Wechselstuben, rund um die Uhr geöffnete Schalter für Hotelbuchungen, medizinische Versorgung, Gepäckaufbewahrung, Hotels, ein Kino und Kinderspielplatz, Themengärten, Day Spas, Duschen, ein Fitnessstudio, ein Schwimmbad und unzählige Geschäfte.

SCHIFF/FÄHRE

Mehrere Fährterminals bieten Verbindungen nach Malaysia und Indonesien:

Changi Point Ferry Terminal (☎ 6545 2305; 51 Lorong Bekukong; Ⓜ Tanah Merah, dann Bus 2)

HarbourFront Cruise & Ferry Terminal (Karte S. 692; ☎ 6513 2200; www.singaporecruise.com; Ⓜ HarbourFront)

Tanah Merah Ferry Terminal (☎ 6513 2200; www.singaporecruise.com; Ⓜ Tanah Merah, dann Bus 35)

Indonesien

Die bedeutendesten Fährunternehmen für die Reise nach Indonesien:

BatamFast (☎ Terminal HarbourFront 6270 2228, ☎ Terminal Tanah Merah 6542 6310; www.batamfast.com) Fähren nach Batam-Zentrum, Sekupang, Harbour Bay und Nongsapura.

Bintan Resort Ferries (☎ 6542 4369; www.brf.com.sg) Fähren nach Bandar Bintan Telani.

Indo Falcon (☎ 6278 3167; www.indofalcon.com.sg) Fähren nach Tanjung Balai.

Sindo Ferries (☎ Terminal HarbourFront 6271 4866, ☎ Terminal Tanah Merah 6542 7105; www.sindoferry.com.sg) Fähren nach Batam-Zentrum, Sekupang, Waterfront, Tanjung Balai und Tanjung Pinang.

Malaysia

Limbongan Maju Ferry Services (☎ Tangjung Belungkor 02 827 8001; www.tanjungbelungkor.com) Fähren nach Tanjung Belungkor.

ZUG

Seit Juli 2015 gibt's keine direkte Zugverbindung von Singapur nach Kuala Lumpur mehr. Stattdessen betreibt der malaysische Konzern Keretapi Tanah Melayu Berhad (S. 510) einen Shuttle-Zug vom **Woodlands Train Checkpoint** (11 Woodlands Crossing; 🚌 170, Causeway Link Express ab dem Busbahnhof Queen Street) zum JB Sentral, von wo aus Anschlussmöglichkeit nach Kuala Lumpur besteht. Tickets für den Shuttle (5 S$) bekommt man am Schalter. Klimatisierte Expresszüge verkehren dreimal täglich (Schlafwagen/1./2. Klasse 39/33/18 RM) auf der siebenstündigen Route von Johor Bahru nach Kuala Lumpur, von wo aus man nach Thailand weiterreisen kann. Tickets gibt's an den Bahnhöfen oder über die Website von KTM (www.ktmb.com.my).

ℹ Unterwegs vor Ort

BUS

Öffentliche Busse fahren bis in den hintersten Winkel der Insel. An jeder Haltestelle findet man Informationen zu Busnummern und -strecken. Der Ticketpreis liegt zwischen 1,40 und 2,50 S$ (mit einer EZ-Link-Karte ist er günstiger). Gezahlt wird in bar (und zwar passend, denn es wird kein Wechselgeld herausgegeben)

EINREISE NACH INDONESIEN: VON SINGAPUR ZUM RIAU-ARCHIPEL

Anreise zur Grenze Fähren und Schnellboote pendeln zwischen Singapur und dem Riau-Archipel (Pulau Batam, Pulau Bintan, Tanjung Balai und Tanjung Batu) in Indonesien. Die Fähren sind modern, schnell und klimatisiert. Für eine Strecke nach Batam bezahlt man ca. 24 S$, nach Bintan, Balai oder Batu 45 S$. Am HarbourFront-Terminal legen die Fähren nach Batam-Zentrum, Sekupang und WaterFront City (alle auf Batam) ab. Die Fähren nach Nongsapura (auch ab Batam) fahren vom Tanah-Merah-Terminal.

An der Grenze Der Grenzposten am Batam-Fährterminal ist während der Betriebszeiten der Fähren geöffnet und die Einreise wird auf beiden Seiten unkompliziert abgewickelt. Bei der Ankunft auf jeder der Inseln muss man ein indonesisches Visum (35 US$ für 30 Tage) kaufen.

Weiterreise Von Pulau Batam gibt's Fährverbindungen nach Tanjung Buton auf dem Festland von Sumatra. Die Busfahrt bis Palembang dauert von hier aus drei Stunden.

Informationen zur Grenzüberquerung in die Gegenrichtung siehe S. 180.

EINREISE NACH MALAYSIA: VON SINGAPUR NACH JOHOR BAHRU ODER TANJUNG BELUNGKOR

Man kann zwar ab Tanjung Belungkor mit dem Schiff nach Malaysia einreisen, aber die folgenden Alternativen bieten im Anschluss bessere Verkehrsverbindungen.

Anreise zur Grenze Am einfachsten kommt man mit dem **Causeway Link Express** (www.causewaylink.com.my) an die Grenze. Busse verkehren zwischen 6 und 23.45 Uhr alle 15 bis 30 Minuten; die einfache Fahrt kostet 3,30/3,40 RM. Es gibt mehrere Routen, u. a. halten Busse am **Queen Street Bus Terminal** (Karte S. 688; Ecke Queen & Arab Sts; Ⓜ Bugis), Newton Circus, Jurong East Bus & MRT Interchange sowie an der MRT-Haltestelle Kranji.

An den Grenzen Am Singapurer Checkpoint steigt man mit seinem Gepäck aus und geht durch den Einreiseschalter, dann steigt man in den nächsten Bus ein (Ticket aufbewahren). Nachdem man diesen Vorgang auf der malaysischen Seite wiederholt hat, ist man nur noch einen kurzen Fußmarsch vom Zentrum von JB entfernt.

Weiterreise Die meisten Busse halten unterwegs auch am Larkin Bus Terminal (Larkin Sentral), 5 km vom Zentrum von JB entfernt. Von hier aus starten zahlreiche Langstreckenbusse zu mehreren Zielen in Malaysia, darunter Melaka, Kuala Lumpur und Ipoh.

Informationen zur Grenzüberquerung in die Gegenrichtung siehe S. 446.

oder indem man seine EZ-Link-Karte bzw. den Singapore Tourist Pass beim Einsteigen und dann erneut beim Aussteigen auf das Lesegerät hält.

FAHRRAD

Es gibt ein ausgedehntes Fahrradwegnetz, das die vielen Parks miteinander verbindet. In Zukunft soll es sich über 300 km erstrecken. Unter „Park Connectors" kann man sich von der Website des **National Parks Board** (www.nparks.gov.sg) eine Übersicht zu den Routen herunterladen.

Als interessante Tour bietet sich die 12 km lange Strecke entlang dem East Coast Park an. Gute Mountainbikes (und Inlineskates) werden ab 6 S$ pro Tag an einem der zahlreichen Stände dieser Grünanlage angeboten.

RIKSCHA

Fahrradrikschas stehen vor allem an beliebten Touristenplätzen bereit, etwa vor dem Raffles Hotel und vor dem Chinatown Complex. Den Preis sollte man vor dem Einsteigen aushandeln. Für eine halbe Stunde zahlt man ca. 40 S$. Feste Preise für Rikschatouren bietet **Trishaw Uncle** (Karte S. 688; book.trishawuncle.com.sg; Queen St; 30-minütige Tour Erw./Kind ab 39/29 S$, 45-minütige Tour 49/39 S$; Ⓜ Bugis).

TAXI

Größte Taxiunternehmen sind Comfort Taxi und CityCab (☎ 6552 1111).

Fahrten kosten ab 3–3,90 S$ für den ersten Kilometer sowie 22 Cent je weiteren 400 m. Es gibt zahlreiche verschiedenen Zuschläge – z. B. für Nachtfahrten (50 %), Rush-Hour-Aufpreis (25 %), Gebühren für Zonen mit beschränktem Verkehr, Abholung vom Flughafen und Reservierungen. Jedes Auto ist mit einem Kilometerzähler ausgestattet. Darauf werden zusätzliche Gebühren angezeigt, ausgenommen die Extrakosten für verkehrsbeschränkte Zonen während der Rush Hour. Man kann jederzeit ein Taxi anhalten oder sich zu einem der Stände vor Hotels und Einkaufszentren begeben. Uber findet in Singapur immer mehr Anhänger.

ZUG

Das Metrosystem MRT (Mass Rapid Transit) ist die einfachste, schnellste und bequemste Methode, um sich in Singapur fortzubewegen. Die Bahnen verkehren zwischen 5.30 und ca. 24 Uhr. Zu Stoßzeiten starten sie im Zwei- bis Drei-Minuten- und sonst im Fünf- bis Sieben-Minuten-Takt. Ein Ticket für eine einfache Fahrt kostet zwischen 1,60 und 2,70 S$.

ℹ REISEN MIT EZ

Wer plant, viel mit MRT und Bussen unterwegs zu sein, sollte über die deutlich günstigere und praktischere **EZ-Link-Card** für 12 S$ nachdenken. Sie ist an allen MRT-Stationen gegen eine nicht erstattbare Kaution von 5 S$ erhältlich. Die Karte kann mit Bargeld oder Geldkarte an den Ticketautomaten in Bahnhöfen und in 7-Eleven-Filialen aufgeladen werden.

Alternativ kann man mit dem **Singapore Tourist Pass** (www.thesingaporetouristpass.com.sg) einen Tag (10 S$), zwei Tage (16 S$) oder drei Tage (20 S$) lang unbegrenzt Bus und Bahn nutzen.

Thailand

☎ 66 / 68 65 MIO. EW.

Inhalt ➡

Auf nach Thailand

Thailand, ein von der Natur gesegnetes Land mit herzlichen Einwohnern, hat in jeder Hinsicht viel zu bieten. Eine atemberaubende Küste am türkisblauen Meer lockt wintermüde Reisende an, während die nebelverhangenen Berge im Norden zu Reisen durch malerische Landschaften einladen. Smaragdgrüne Reisfelder und lebendige, um heilige Tempel erbaute Städte prägen das Bild. An den Marktständen stapeln sich Pyramiden bunter Tropenfrüchte, und an jeder Ecke gibt's köstliche Leckereien.

Thailand ist ein bequemes Reiseland und Besucher haben bis auf ein paar aufdringliche Touristenjäger wenig zu befürchten. Bangkok gilt als asiatischer Superstar, Chiang Mai punktet mit guter Lebensart und auf den tropischen Inseln wird rund um die Uhr gefeiert. Inlandsflüge und Kurztrips zu anderen Zielen in der Region sind relativ günstig, doch wer das Land verlässt, wird die feurigen Currys und die einfachen Wok-Gerichte schnell vermissen.

Regionale Spezialitäten

- nahm (S. 735)
- Tong Tem Toh (S. 765)
- Hua Hin Koti (S. 809)

Kultur erleben

- Kochkurse in Chiang Mai (S. 760)
- Loi Krathong in Ayutthaya (S. 741)
- Trekking in Mae Hong Son (S. 781)

Reisezeit

Bangkok

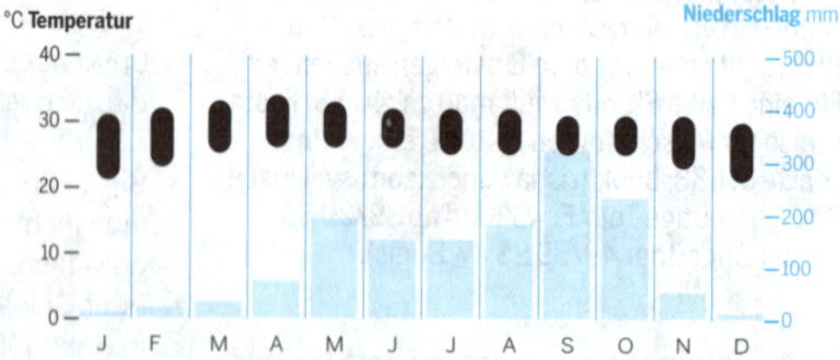

Nov.–Feb. Kühl und trocken, von Dezember bis Januar ist Hochsaison.

März–Juni Heiße Jahreszeit, aber eine gute Zwischensaison an den Stränden.

Juli–Okt. Die Regenzeit beginnt; Juli und August gelten als kleine Hochsaison.

AUF EINEN BLICK

Geld Geldautomaten sind weit verbreitet; 150 B Gebühr für ausländische Konten

Handy Bezahlbare lokale Prepaid-SIM-Karten für GSM-Geräte

Sprache Thai

Visum kostenloses 30-Tage-Visum bei Einreise mit dem Flugzeug; je nach Staatsangehörigkeit kostenloses 30- oder 15-Tage-Visum bei Einreise über Land, 60-tägige Touristenvisa können im Voraus arrangiert werden

Währung Baht (B)

Nicht versäumen

Eines der großen Highlights ist die frühmorgendliche Almosenrunde, wenn barfüßige Mönche in orangefarbenen Roben durch die Straßen ziehen, um bei den Gläubigen Essen zu sammeln. Die schweigende Prozession verwandelt die normalerweise ohrenbetäubend lauten Städte in stille, meditative Orte.

REISEROUTEN

Eine Woche

Erst kämpft man sich durch das Chaos von Bangkok, dann macht man sich auf nach Sukhothai, um die stillen alten Ruinen zu besichtigen. Weiter geht's Richtung Norden nach Chiang Mai, eine lockere Stadt mit viel Kultur, und hinauf nach Pai, um die Berglandschaft zu genießen.

Zwei Wochen

Von Bangkok reist man zu den Samui-Inseln (Ko Samui, Ko Pha-Ngan, Ko Tao), um zertifizierter Beachaholic und Taucher zu werden. Dann geht's über die Halbinsel zu den Andamanenstränden von Railay, Ko Phi-Phi und Ko Lanta.

Essen & Ausgehen

Pad Gaprao Gai Feurige, kurz gebratene Hühnchenstücke mit Chilis, Knoblauch und frischem Basilikum.

Khau Pad Sehr leckerer gebratener Reis; garniert mit gemahlenen Chilis, Zucker, Fischsoße und einem Spritzer Limone.

Gai/Moo Pad Kratiem Prikthai Kurz gebratenes Hühnchen oder Schweinefleisch mit schwarzem Pfeffer und Knoblauch.

Pad Thai Thailands berühmtes Gericht besteht aus Reisnudeln, die mit Eiern und Garnelen gebraten und mit Bohnensprossen, Erdnüssen und Chilis garniert werden; gegessen wird es mit Stäbchen.

Pad Pak Kanaa Kurz gebratenes chinesisches Gemüse, oft auf Wunsch mit Fleisch zubereitet, wird mit Reis serviert; einfach, aber absolut köstlich.

Kurzinfos

Fläche 513 000 km²

Hauptstadt Bangkok

Ländervorwahl ☎ 66

Notfall ☎ 191

Wechselkurse

Kambodscha	10 000 R	88 B
Euro	1 €	39 B
Laos	10 000 K	44 B
Malaysia	10 RM	83 B
Großbritannien	1 £	55 B
USA	1 US$	35 B

Preise

Einfaches Zimmer 11–28 US$

Imbiss auf dem Markt bis zu 2,50 US$

Bier 3 US$

Nahverkehr 1 US$

Anreise

Man landet auf dem Flughafen Suvarnabhumi in Bangkok. Beliebte Grenzübergänge sind u. a. Poipet–Aranya Prathet (Kambodscha), Huay Xai– Chiang Khong (Laos) und Ko Lipe–Langkawi (Malaysia).

Highlights

1 Sich im hyperaktiven **Bangkok** (S. 716) ins Chaos und Gedränge stürzen.

2 Sich auf **Ko Pha-Ngan** (S. 817) an Sonnenuntergängen sattsehen.

3 Auf **Ko Tao** (S. 823) einen Tauchschein machen.

4 In **Chiang Mai** (S. 756) lernen, wie eine einheimische Großmutter zu kochen.

5 Die Ruinen der alten Hauptstadt **Sukhothai** (S. 750) mit dem Drahtesel erkunden.

6 Im **Khao-Yai-Nationalpark** (S. 792) beobachten, was dort so alles kreucht und fleucht.

7 Eine Trekkingtour zu den entlegenen Dörfern rund um **Mae Hong Son** (S. 781) unternehmen.

8 Sich im charmanten **Nong Khai** (S. 797) am Mekong entspannen.

9 Wie ein König speisen in **Hua Hin** (S. 808).

10 Die Kalksteinklippen von **Railay** (S. 844) erklimmen.

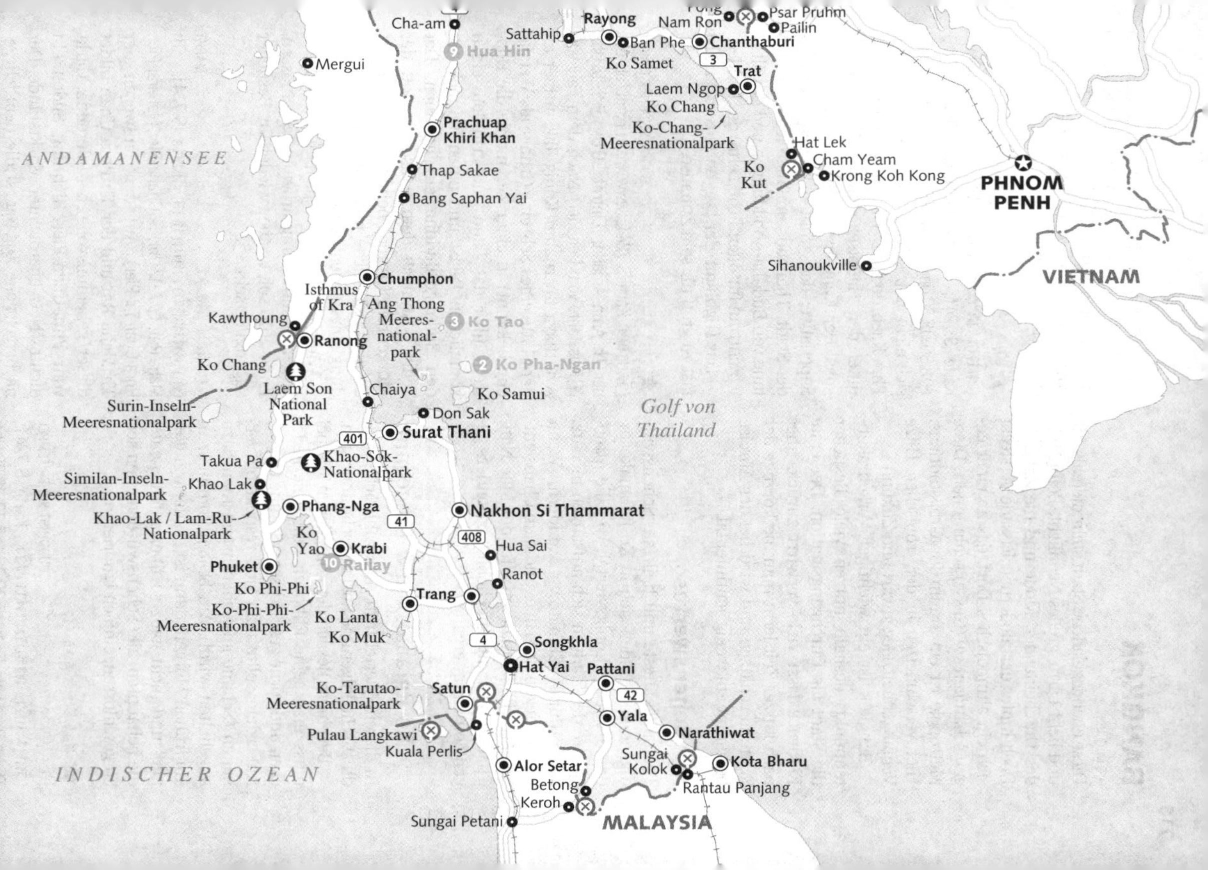

BANGKOK

9,6 MIO. EW.

Diese energiegeladene Stadt steht niemals still und liebt Lärm, grelles Neonlicht, Beton, wildes Durcheinander, Mode und die Zukunft. Doch hinter der modernen Fassade versteckt sich ein altmodisches Dorf, das an einer engen schattigen *soi* (Gasse) schlummert. Diese Metropole ist ein Traum für Großstadtfans: Hier verschmelzen in der tropischen Hitze Vergangenheit, Gegenwart und Zukunft.

Bangkok ist ein wichtiger Verkehrsknotenpunkt, deshalb nutzen viele Besucher die Stadt als Durchgangsstation. Der erste Eindruck lässt viele verwirrt zurück, aber nach kurzer Zeit lernt man die Vorzüge der Stadt zu schätzen und wird bei der Abreise bestimmt ein wenig sentimental.

Sehenswertes

Thailands älteste und heiligste Sehenswürdigkeiten befinden sich in Ko Ratanakosin, dem früheren Königsviertel. Wer die Atmosphäre der Stadt in sich aufsaugen möchte, sollte durch Chinatown wandern. Wenn man dagegen der Hitze und dem Chaos entfliehen will, ist man am Ufer des Mae Nam Chao Phraya gut aufgehoben, besonders gegen Sonnenuntergang.

Ko Ratanakosin & Umgebung

In diesem Viertel trifft man zahlreiche buddhistische Pilger und ausländische Touristen.

Bei einem Besuch der königlichen Tempel muss man seine Ellbogen und Knie bedecken und vorne geschlossene Schuhe tragen. Außerdem sollte man sich respektvoll verhalten (Schuhe ausziehen, wenn man dazu angehalten wird!). Am besten kommt man am frühen Morgen; dann ist es hier weniger heiß und nicht ganz so überlaufen. Leute, die behaupten, alle Sehenswürdigkeiten seien geschlossen, einfach ignorieren.

★ Wat Phra Kaeo & Königspalast BUDDHISTISCHER TEMPEL

(วัดพระแก้ว, พระบรมมหาราชวัง; Karte S. 724 f.; Th Na Phra Lan; Eintritt 500 B; 8.30–15.30 Uhr; Chang-Pier, Maharaj-Pier, Phra-Chan-Tai-Pier) Der riesige, märchenhafte Komplex des **Wat Phra Kaeo**, auf dem auch der Große Palast steht, die frühere Residenz des thailändischen Königs, wird gemeinhin Tempel des Smaragd-Buddhas genannt.

1782, im ersten Jahr der Herrschaft Bangkoks, wurde der Wat geweiht; heute ist er die größte Touristenattraktion der Stadt und eine Pilgerstätte für inbrünstige Buddhisten und Nationalisten. Die 94,5 ha große Anlage umfasst über 100 Gebäude, die für 200 Jahre royale Geschichte und architektonische Experimente stehen.

★ Wat Pho BUDDHISTISCHER TEMPEL

(วัดโพธิ์/วัดพระเชตุพน, Wat Phra Chetuphon; Karte S. 724 f.; Th Sanam Chai; Eintritt 100 B; 8.30–18.30 Uhr; Tien-Pier) Hier tummeln sich nicht ganz so viele Touristen wie im Wat Phra Kaeo, doch der Wat Pho ist unser Favorit unter den Hauptsehenswürdigkeiten Bangkoks. Der Komplex bietet eine ganze Reihe Superlative: den größten liegenden Buddha der Stadt, Thailands umfangreichste Sammlung von Buddha-Abbildungen und das älteste Zentrum für öffentliche Lehre des Landes.

Das Highlight, der **Liegende Buddha**, ist fast zu groß für sein Zuhause.

★ Wat Arun BUDDHISTISCHER TEMPEL

(วัดอรุณฯ; Karte S. 724 f.; www.watarun.net; abseits der Th Arun Amarin; Eintritt 50 B; 8–18 Uhr; Flussfähre vom Tien-Pier) Nach dem Fall von Ayutthaya übernahm König Taksin hier an der Stätte eines Schreins (früher als Wat Jaeng bekannt) in einer Zeremonie die Kontrolle über das Land und gründete einen königlichen Palast und einen Tempel, um den Smaragd-Buddha aufzunehmen. Der Tempel ist nach dem indischen Gott der Morgenröte (Aruna) benannt und erinnert an die tatsächliche und symbolische Gründung eines neuen Ayutthaya.

Während unseres Besuchs war der Turm wegen Renovierungsarbeiten geschlossen. Ende 2016 soll er aber wieder für Besucher zugänglich sein.

Amulett-Markt MARKT

(ตลาดพระเครื่องวัดมหาธาตุ; Karte S. 724 f.; Th Maha Rat; 7–17 Uhr; Chang-Pier, Maharaj-Pier, Phra-Chan-Tai-Pier) Auf den Fußwegen der Th Maha Rat und der Th Phra Chan bildet dieser geheimnisvolle, faszinierende Markt vom Phra-Chan-Pier Richtung Süden ein dichtes Netz überdachter Marktstände. Der nächstgelegene Zugang ist die deutlich gekennzeichnete Trok Maha That. Gehandelt wird vor allem mit kleinen Talismanen, die bei Sammlern, Mönchen, Taxifahrern und Menschen mit gefährlichen Berufen hoch im Kurs stehen.

Siam-Museum MUSEUM

(สถาบันพิพิธภัณฑ์การเรียนรู้แห่งชาติ; Karte S. 724 f.; www.museumsiam.org; Th Maha Rat; Eintritt 300 B; Di–So 10–18 Uhr; ; Tien-Pier) Mithilfe

ABZOCKER AUSTRICKSEN

Diese klassischen Betrügereien sollte man kennen, um Bangkoker Abzocker-Künstler auszutricksen.

Heute geschlossen „Freundliche" Einheimische, die erzählen, dass eine Sehenswürdigkeit wegen eines buddhistischen Feiertags oder zur Reinigung geschlossen ist, sollte man ignorieren. Das sind nur Fallen, um Touristen zu einem schlechten Edelsteinkauf oder zum Shoppen zu überreden.

Túk-túk-Fahrt für 10 B Wer auf diesen allgegenwärtigen Trick reinfällt und einsteigt, kann sein Tagesprogramm vergessen. Die Touren lassen die Sehenswürdigkeiten links liegen und führen stattdessen zu überteuerten Schneidern und Edelsteingeschäften, die dem Fahrer Kommission zahlen.

Taxifahrt zum Festpreis In Taxis, deren Fahrer einen Festpreis nennt, sollte man nicht einsteigen, denn der ist meist dreimal so teuer wie der Preis des Taxameters. Stattdessen einfach ein anderes Taxi an der Straße heranwinken. Wenn der Fahrer „vergisst", den Taxameter anzuschalten, sagt man einfach „Meter, *kâ/kráp*" (als Frau/als Mann).

Touristenfernbusse Bustickets für Fernfahrten kauft man besser bei den Busbahnhöfen der Regierung und nicht bei Agenturen in den Touristenzentren, die Tickets für private Touristenbusse verkaufen. Diese verlangen eine Kommission oder berechnen VIP-Service für ganz einfache Busse. Leser haben immer wieder von Diebstählen aus dem Handgepäck und dem verstauten Gepäck in privaten Bussen berichtet.

Freundliche Fremde Vorsicht vor gut gekleideten Einheimischen, die sich erkundigen, woher man kommt und wohin man will. Diesem Auftakt folgt meist die Eröffnung, dass der Sohn/die Tochter an der Universität der genannten Stadt studiert. So ein Verhalten ist für Thais ganz untypisch und in der Regel der Einstieg in eine der berüchtigten Edelstein-Abzocken.

Lose Edelsteine Bangkok ist keine Stadt für Amateure, um in den Edelsteinhandel einzusteigen. Einladungen in Edelsteingeschäfte niemals annehmen und keine Edelsteine kaufen, die angeblich zu Hause weiterverkauft werden können.

verschiedener Medien beleuchtet dieses unterhaltsame Museum die Ursprünge der Thais und ihrer Kultur. Im Gebäude aus dem 19. Jh. im europäischen Stil war einst das Handelsministerium untergebracht. Für thailändische Museen eher untypisch werden die Exponate auf eine moderne, spannende und interaktive Weise präsentiert. Außerdem sind sie erfrischend ausgewogen und unterhaltsam. Die Ausstellungsräume widmen sich verschiedenen Fragen im Zusammenhang mit den Wurzeln der Nation und ihrer Bewohner.

Nationalmuseum MUSEUM
(พิพิธภัณฑสถานแห่งชาติ; Karte S. 724 f.; 4 Th Na Phra That; Eintritt 200 B; ⌚ Mi–So 9–16 Uhr; ⛴ Chang-Pier, Maharaj-Pier, Phra-Chan-Tai-Pier) Das thailändische Nationalmuseum, oft als bedeutendstes Museum Südostasiens angepriesen, hat eine beeindruckende, wenn auch manchmal verstaubte Sammlung, die man am besten im Rahmen einer der zwei wöchentlichen **Führungen** (Karte S. 724 f.; Nationalmuseum, 4 Th Na Phra That; im Museumseintritt inbegriffen; ⌚ Mi & Do 9.30 Uhr; ⛴ Chang-Pier, Maharaj-Pier) kennenlernt.

Die meisten Gebäude des Museums wurden 1782 als Palast des Vizekönigs von Rama I., Prinz Wang Na, erbaut. Rama V. verwandelte den Komplex 1874 in ein Museum. Heute zeigt es drei Dauerausstellungen, die sich über mehrere Gebäude erstrecken.

Chinatown & Phahurat

In Chinatown geht's zu wie in einem Bienenstock. Sehr unterhaltsam ist ein abendlicher Bummel auf der Th Yaowarat, die dann wie ein Weihnachtsbaum leuchtet und voller Imbissstände ist. Die Gegend erlebt gerade eine Modernisierung: Viele neue Unternehmen mit künstlerischem Touch siedeln sich hier an, so die Kunstgalerie **Soy Sauce Factory** (Karte S. 718 f.; www.facebook.com/soysaucefactory; Soi 24, Th Charoen Krung; ⌚ Di–So 10–19 Uhr; Ⓜ Hua Lamphong Ausgang 1), die ein beliebter Treffpunkt ist.

Bangkok Zentrum

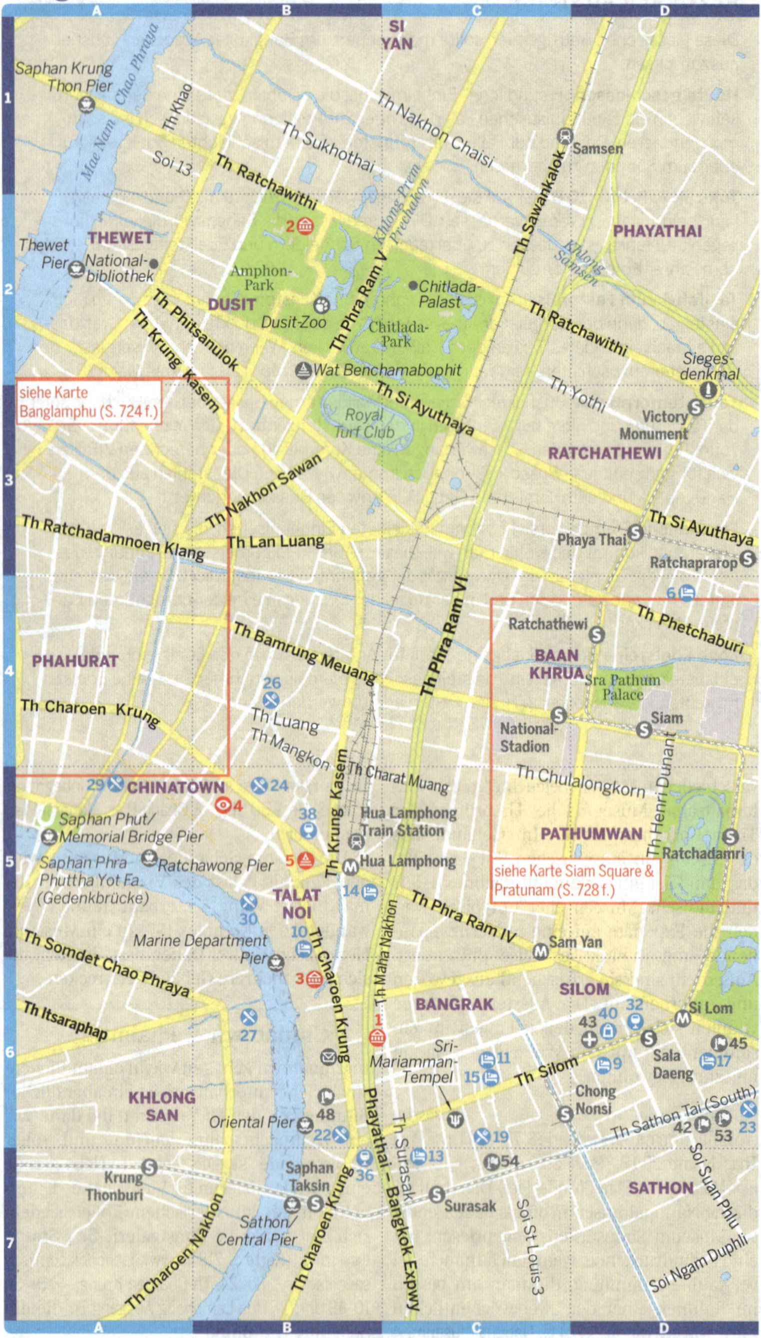

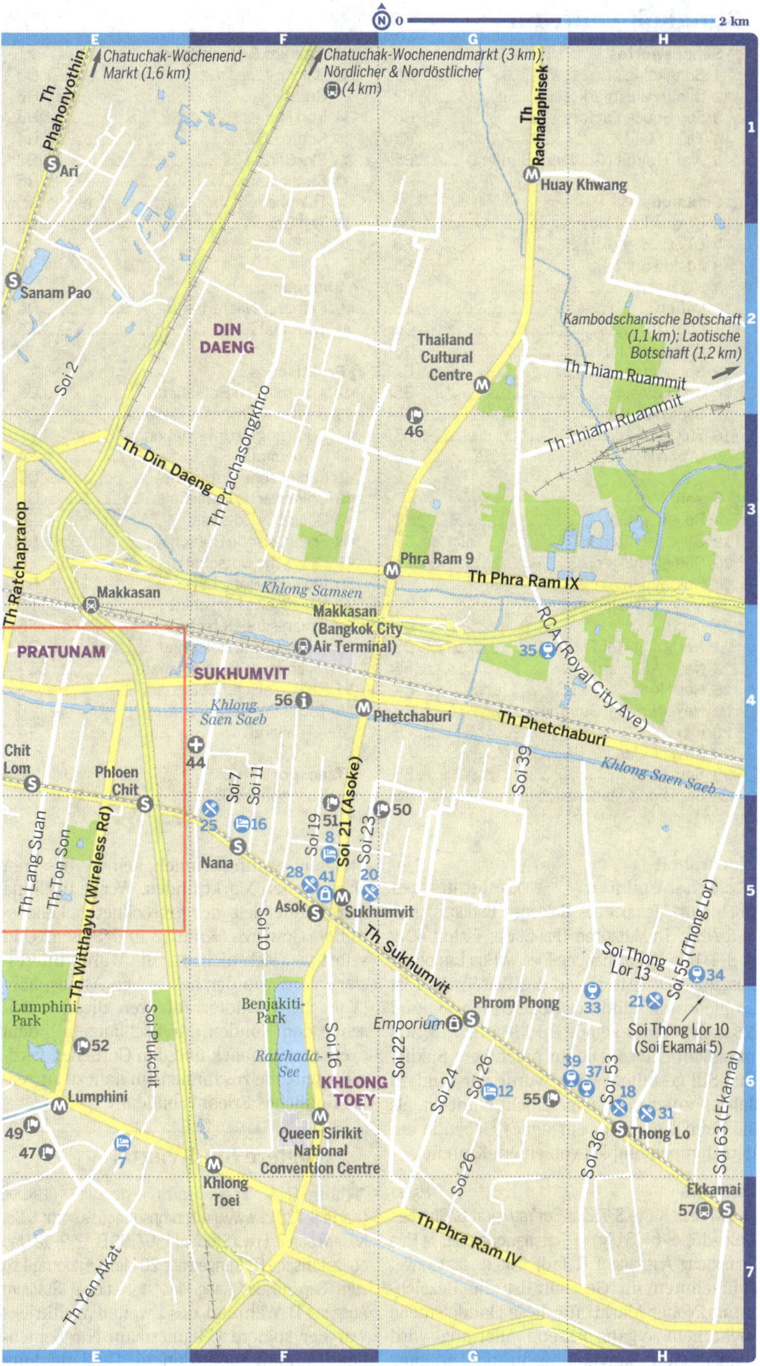

0
2 km
Chatuchak-Wochenend-Markt (1,6 km)
Chatuchak-Wochenendmarkt (3 km); Nördlicher & Nordöstlicher (4 km)
Th Phahonyothin
Ari
Th Rachadaphisek
Huay Khwang
Sanam Pao
DIN DAENG
Thailand Cultural Centre
Kambodschanische Botschaft (1,1 km); Laotische Botschaft (1,2 km)
Th Thiam Ruammit
Th Thiam Ruammit
Soi 2
46
Th Din Daeng
Th Prachasongkhro
Th Ratchaprarop
Phra Ram 9
Th Phra Ram IX
Khlong Samsen
Makkasan
Makkasan (Bangkok City Air Terminal)
RCA (Royal City Ave)
35
PRATUNAM
SUKHUMVIT
56
Khlong Saen Saeb
Phetchaburi
Th Phetchaburi
Khlong Saen Saeb
Chit Lom
44
Phloen Chit
Soi 7
Soi 11
Soi 39
25
16
51
Soi 21 (Asoke)
Soi 23
50
Soi 19
8
Nana
Th Lang Suan
Th Ton Son
Th Witthayu (Wireless Rd)
28
41
20
Asok
Sukhumvit
Soi 10
Th Sukhumvit
Soi Thong Lor 13
Soi 55 (Thong Lor)
34
Lumphini-Park
Soi Plukchit
Benjakiti-Park
Phrom Phong
33
21
Soi Thong Lor 10 (Soi Ekamai 5)
Emporium
52
Ratchada-See
Soi 16
Soi 22
Soi 24
Soi 26
39
37
Soi 53
18
31
KHLONG TOEY
12
55
Lumphini
Queen Sirikit National Convention Centre
Thong Lo
Soi 63 (Ekamai)
49
47
7
Khlong Toei
Soi 26
Soi 36
Ekkamai
57
Th Phra Ram IV
Th Yen Akat
E
F
G
H
1
2
3
4
5
6
7

Bangkok Zentrum

Sehenswertes

1	Bangkokia	B6
2	Dusit-Palastpark	B2
3	Soy Sauce Factory	B6
4	Talat Mai	B5
5	Wat Traimit (Goldener Buddha)	B5

Schlafen

6	Boxpackers Hostel	D4
7	ETZzz Hostel	E6
8	Fusion Suites	F5
9	HQ Hostel	D6
10	Loftel 22	B5
11	Lub*d	C6
12	Pause Hostel	G6
13	Saphaipae	C7
14	Siam Classic	B5
15	Silom Art Hostel	C6
16	Suk 11	F5
17	Urban House	D6

Essen

18	Bo.lan	H6
19	Chennai Kitchen	C6
20	Daniel Thaiger	F5
21	Gokfayuen	H6
22	Muslim Restaurant	B6
23	nahm	D6
24	Nai Mong Hoi Thod	B5
25	Nasir Al-Masri	F5
26	Nay Hong	B4
27	Never Ending Summer	B6
28	Pier 21	F5
29	Royal India	A5
30	Samsara	B5
31	Soul Food Mahanakorn	H6

Ausgehen & Nachtleben

32	Balcony	D6
33	Grease	H6
34	Iron Fairies	H5
35	Route 66	G4
36	Sky Bar	B7
37	Studio Lam	H6
	Telephone Pub	(siehe 32)
38	Tep Bar	B5
39	WTF	H6

Shoppen

40	Patpong-Nachtmarkt	D6
41	Terminal 21	F5

Praktisches

42	Australische Botschaft	D6
43	Bangkok Christian Hospital	D6
44	Bumrungrad International Hospital	F4
45	Kanadische Botschaft	D6
46	Chinesische Botschaft	G3
47	Dänische Botschaft	E6
48	Französische Botschaft	B6
49	Deutsche Botschaft	E6
50	Indische Botschaft	G5
51	Israelische Botschaft	F5
52	Japanische Botschaft	E6
53	Malaysische Botschfat	D6
54	Myanmarische Botschaft	C7
55	Philippinische Botschaft	G6
56	Tourism Authority of Thailand	F4

Transport

57	Busbahnhof Ost	H7

Wat Traimit (Goldener Buddha) BUDDHISTISCHER TEMPEL
(วัดไตรมิตร, Tempel des Goldenen Buddhas; Karte S. 718 f.; Th Mittaphap Thai-China; Eintritt 40 B; 8–17 Uhr; Ratchawong-Pier, M Hua Lamphong Ausgang 1) Die Attraktion des Wat Traimit ist zweifellos die eindrucksvolle 3 m große und 5,5 t schwere funkelnde **Buddha-Statue aus massivem Gold**. Die im prächtigen Sukhothai-Stil gestaltete Figur wurde vor rund 40 Jahren unter einer Gipsschicht entdeckt, als sie beim Umzug in ein neues Gebäude auf dem Tempelkomplex von einem Kran fiel.

Talat Mai MARKT
(ตลาดใหม่; Karte S. 718 f.; Soi Yaowarat 6/Charoen Krung 16; 6–18 Uhr; Ratchawong-Pier, M Hua Lamphong Ausgang 1 & Taxi) Nach fast zwei Jahrzehnten im Geschäft ist die Bezeichnung „Neuer Markt" für diese Handelsmeile nicht mehr so ganz passend. Allerdings wird man in ganz Bangkok, wenn nicht in ganz Thailand wahrscheinlich keinen besseren chinesischen Markt finden. Wer je in China war, kennt viele der getrockneten Lebensmittel, Gewürze, Kräuter und Soßen. Und selbst wer sich nicht für die Waren interessiert, wird von der hektischen Atmosphäre (Vorsicht vor Motorradfahren, die sich zwischen den Kunden durchschlängeln!), dem exotischen Anblick und den Gerüchen fasziniert sein, die zusammen ein nahezu surreales sinnliches Erlebnis bilden.

Weitere Stadtviertel

★ **Jim-Thompson-Haus** HISTORISCHES GEBÄUDE
(Karte S. 728 f.; www.jimthompsonhouse.com; 6 Soi Kasem San 2; Erw./Student 150/100 B; 9–18 Uhr, obligatorische Führungen alle 20 Min.; klorng-Taxi zum Sapan-Hua-Chang-Pier, S National Stadium Ausgang 1) Während des Zweiten Weltkriegs war der spätere US-amerikanische Seidenhändler Jim Thompson in Thailand kurz

für das Office of Strategic Services tätig, den Vorläufer der CIA. Weil die handgefertigte Seide seines Nachbarn sein Interesse und seinen Geschäftssinn geweckt hatte, ließ der 1906 in Delaware geborenene Thompson sich nach dem Krieg in Bangkok nieder und schickte Proben an Modehäuser in Mailand, London und Paris. Nach und nach baute er sich so einen weltweiten Kundenstamm auf. Die dschungelartige Anlage besteht aus Gebäuden, die Thompson in den 1950er und 1960er-Jahren in ganz Thailand sammelte und hier wieder aufbauen ließ.

Erawan-Schrein DENKMAL
(ศาลพระพรหม; Karte S. 728 f.; Ecke Th Ratchadamri & Th Phloen Chit; ⌚ 6–23 Uhr; Ⓢ Chit Lom Ausgang 8) GRATIS Nachdem beim Bau des damaligen Erawan-Hotels bereits eine Reihe von Unglücken geschehen war, wurde dieser Schrein 1959 errichtet als letzter verzweifelter Versuch, dem ein Ende zu bereiten.

Bangkok-Museum MUSEUM
(พิพิธภัณฑ์ชาวบางกอก; Karte S. 718 f.; 273 Soi 43, Th Charoen Krung; Eintritt gegen Spende; ⌚ Mi–So 10–16 Uhr; Si Phraya/River-City-Pier) Das Bangkok-Museum, ein Komplex aus drei alten Gebäuden aus dem frühen 20. Jh., erhellt eine oft übersehen Periode der Geschichte der Stadt.

Dusit-Palastpark MUSEUM, HISTORISCHE STÄTTE
(วังสวนดุสิต; Karte S. 718 f.; begrenzt von der Th Ratchawithi, Th U Thong Nai & Th Nakhon Ratchasima; Erw./Kind 100/20 B bzw. im Ticket für den Großen Palast inbegriffen; ⌚ Di–So 9.30–16 Uhr; Thewet-Pier, Ⓢ Phaya Thai Ausgang 2 & Taxi) 1897 kehrte Rama V. (König Chulalongkorn; reg. 1868–1910) von seiner ersten Europareise mit Visionen europäischer Schlösser zurück und setzte es sich in den Kopf, diese Stile im heutigen Dusit-Palastpark zu einem einzigartigen thailändischen Stil zu vereinigen. Inzwischen gibt's eine neue königliche Residenz in Hua Hin, und in diesem Komplex befinden sich nun ein Museum über das Haus sowie andere kulturelle Ausstellungen.

Da es sich um königliches Gelände handelt, sollten Besucher keine ärmellosen Oberteile und nur lange Hosen (keine Caprihosen) oder lange Röcke tragen.

Geführte Touren

Bangkok Food Tours KULINARISCHE STADTFÜHRUNGEN
(☎ 095 943 9222; www.bangkokfoodtours.com; Touren ab 1150 B) Halbtägige kulinarische Touren durch Bangkoks ältere Stadtviertel.

BANGKOK VOM WASSER AUS

Eine Fahrt mit dem **Chao-Phraya-Expressboot**, das an jedem Pier ablegt, bietet Einblicke in das verbliebene städtische Flussleben. Frauen sollten darauf achten, sich nicht neben einen Mönch zu setzen oder sich im selben Bereich aufzuhalten.

Den **Khlong Bangkok Noi** oder andere malerische Kanäle in Thonburi kann man auch mit einem Longtailboot erkunden, die an jedem Flusspier (inklusive Tha Chang) vermietet werden. Den Preis immer *vor* der Abfahrt aushandeln!

Grasshopper Adventures RADTOUREN
(Karte S. 724 f.; ☎ 02 280 0832; www.grasshopperadventures.com; 57 Th Ratchadamnoen Klang; halb-/ganztägige Touren ab 1100/1600 B; ⌚ 8.30–18.30 Uhr; klorng-Taxi zum Phanfa-Leelard-Pier) Der hochgelobte Veranstalter organisiert einzigartige Fahrradtouren in und um Bangkok, darunter eine Nachtfahrt und eine Tour durch die Grünanlagen der Stadt.

Feste & Events

Chinesisches Neujahr NEUJAHR
(⌚ Jan. oder Feb.) Thai-Chinesen putzen für das neue Mondjahr eine Woche lang ihre Häuser heraus und führen Löwentänze sowie Feuerwerke auf. In Chinatown finden die meisten Events statt. Das Datum variiert.

Songkran KULTUR
(⌚ Mitte April) Anlässlich des thailändischen Neujahrs Mitte April findet eine Wasserschlacht mit leistungsstarken Wasserpistolen und Wasserbomben statt. Am wildesten geht's auf der Th Khao San zu.

Königliche Zeremonie des Pflügens KULTUR
(⌚ Mai) Jeden Mai läutet seine Majestät, der König die Zeit der Reisaussaat mit einer Zeremonie in Sanam Luang ein. Das genaue Datum variiert.

Vegetarierfestival ESSEN
(⌚ Sept. oder Okt.) Bei dem zehntägigen chinesisch-buddhistischen Fest, dessen Datum variiert, werden an Straßenständen mit gelben Flaggen fleischlose Gerichte verkauft. Die meisten findet man in Chinatown.

Loi Krathong KULTUR
(⌚ Anfang Nov.) Wunderschönes Fest in der Vollmondnacht Anfang November: Kleine

Wat Phra Kaeo & der Königspalast

BANGKOKS BEDEUTENDSTE RELIGIÖSE UND HERRSCHAFTLICHE DENKMÄLER

Besucher betreten zunächst den buddhistischen Tempel Wat Phra Kaeo. Ein überdachter Weg führt um das Gelände, dessen innere Mauern mit den ***Ramakian*-Wandgemälden** (1) und (2) geschmückt sind. Sie entstanden unter Rama I. (reg. 1782–1809) und zeigen auf 178 Paneelen die Handlung des hinduistischen Epos *Ramayana*, in dem Rama seine entführte Frau Sita zu retten versucht.

Danach durchquert man die von ***Yaksha*** (3) bewachten Tore zum Innenteil des Komplexes. Das bedeutendste Gebäude dort ist der ***Bòht***

Kinaree

Diese anmutigen Kreaturen – halb Schwan, halb Frau – aus der hinduistisch-buddhistischen Mythologie stehen vor dem Prasat Phra Thepbidorn.

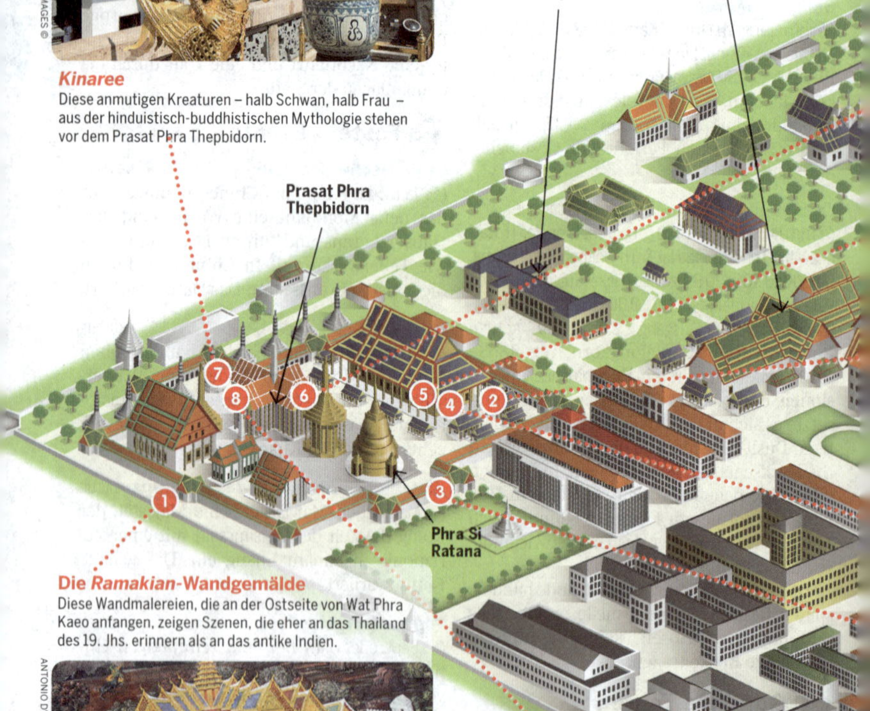

Die *Ramakian*-Wandgemälde

Diese Wandmalereien, die an der Ostseite von Wat Phra Kaeo anfangen, zeigen Szenen, die eher an das Thailand des 19. Jhs. erinnern als an das antike Indien.

Hanuman

Mehrere Reihen dieser spitzbübischen hinduistischen Affen-Gottheiten scheinen die unteren Stockwerke von zwei kleinen Chedi nahe dem Prasat Phra Thepbidorn zu tragen.

(Ordinationssaal) 4. Dort befindet sich auch der **Smaragd-Buddha** 5.

Richtung Osten auf der Oberen Terrasse gelangt man zu den **Turmspitzen der drei wichtigsten Chedi** 6. Das Gebäude in der Mitte, Phra Mondop, beherbergt heilige Palmschriften. In seiner Nähe stehen auch einige Statuen mythologischer Wesen wie lockende ***Kinaree*** 7 oder ein paar ***Hanuman*** 8 mit furchterregenden Grimassen.

Das Westtor führt ins königliche Pantheon. Besucher dürfen nur wenige Gebäude betreten. Das beeindruckendste ist der 1882 erbaute **Chakri-Maha-Prasat-Palast** 9. Seine Außenwand ist eine Mischung aus westlicher und traditioneller Thai-Architektur.

Die drei Turmspitzen
Das aufwendige siebenstufige Dach des Phra Mondop, die Spitze des Prasat Phra Thepbidorn im Khmer-Stil und die vergoldete Phra Si Ratana Chedi sind die höchsten Gebäude des Palastkomplexes.

THANT ZAW WAI / GETTY IMAGES ©

Smaragd-Buddha
Diese kleine Statue (nur 66 cm hoch) wurde, anders als der Name vermuten lässt, nicht aus Smaragd gemeißelt. Stattdessen besteht sie aus Nephrit, einer Jadeart.

ALEXEY STIOP / GETTY IMAGES ©

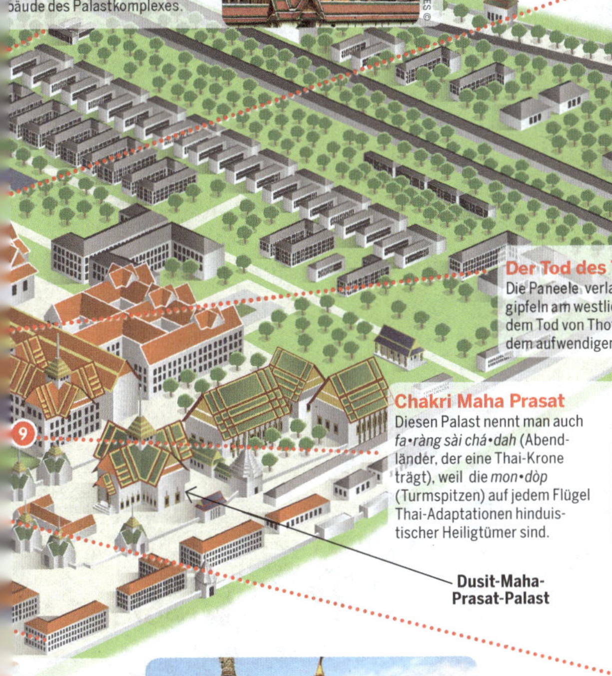

Der Tod des Thotsakan
Die Paneele verlaufen im Uhrzeigersinn und gipfeln am westlichen Rand des Geländes mit dem Tod von Thotsakan, Sitas Entführer, und dem aufwendigen Trauerzug zu seinen Ehren.

Chakri Maha Prasat
Diesen Palast nennt man auch *fa•ràng sài chá•dah* (Abendländer, der eine Thai-Krone trägt), weil die *mon•dòp* (Turmspitzen) auf jedem Flügel Thai-Adaptationen hinduistischer Heiligtümer sind.

DESIGN PICS / GETTY IMAGES ©

***Bòht* (Ordinationssaal)**
Dieses Bauwerk ist ein frühes Beispiel des architektonischen Rattanakosin-Stils, der traditionelle stilistische Überbleibsel aus Ayutthaya mit moderneren westlichen und chinesischen Elementen kombiniert.

Yaksha
Alle Eingänge des Wat-Phra-Kaeo-Komplexes werden von zwei riesigen *yaksha* bewacht, Naturgeistern der Hindu-Mythologie.

ZZVET / GETTY IMAGES ©

Banglamphu

A
B
C
D
1
2
3
4
5
6
7
Phra Athit/
Banglamphu Pier
Phra-Pin-Klao-
Brücke-Pier
Saphan Phra
Pin Klao
Th Phra Athit
17
Soi Ram Buttri
Khlong
Bangkok Noi
Bangkok Noi
(Thonburi)
Bahnhof
Touristen-
information
Bangkok
Th Somdet Phra Pin Klao
Th Chao Fa
Th
Rongmai
Thonburi-Bahnof
Pier
Mae Nam Chao Phraya
THONBURI
25
Siriraj-
Krankenhaus
7
Phra Chan
Pier
Thammasat-
Universität
Wang Lang/
Siriraj Pier
Th Na Phra That
Sanam
Luang
Th
Phrannok
Th Phra Chan
4
Th Ratchadamnoen
Nai
Soi Tambon
Wanglang 1
Maharaj
Pier
Th Maha Rat
Silpakorn-
Universität
Wat Rakhang Pier
Chang Pier
Th Na Phra Lan
5
Th Lak
Meuang
BANGKOK
NOI
Mae Nam Chao Phraya
Wat Phra Kaew
& Grand Palace
3
Th Sanam Chai
Th Maha Rat
Königlicher
Saranrom-
Garten
KO RATANAKOSIN
Th Thai Wang
Khlong Mon
Wat Pho
2
Th Arun Amarin
Tien Pier
Th Chetuphon
Wat Arun Pier
19
Wat Arun
1
Soi Pratu
Nokyung
6

0
500 m
E
F
G
H
1
2
3
4
5
6
7
13
14
Soi 3
Soi 1
Phra-Sumen-Fort-&
Santi-Chai-Prakan-Park
Th Samsen
Soi 6
Soi 4
Soi 2
11
23
Th Prachathipatai
Khlong Phadung Kasem
BANGLAMPHU
Th Wisut Kasat
26
Tourismus-
behörde von
Thailand
Th Chakraphatdi Phong
Th Kraisi
Th Tani
15
12
Th Rambuttri
20
22
Th Khao San
24
Soi Damnoen Klang Neua
Th Phra Sumen
Th Ratchadamnoen Nok
Th Nakhon Sawan
Th Ratchadamnoen Klang
8
Demokratie-
denkmal
Th Lan Luang
Soi Damnoen
Klang Tai
Phanfa-
Leelard-Pier
Th Damrong Rak
Khlong Saen Saeb
16
Th Tanao
Th Din So
Th Mahachai
Th Boriphat
Golden Mount
& Wat Saket
Th Mahanop
21
18
Th Phraeng Nara
Soi Nava
Sao
Ching-Cha
Th Bamrung Meuang
9
Th Bamrung Meuang
Wat Suthat
Th Wora Chak
Rommaninat-
Park
Khlong Lod
10
Th Charoen Krung
PHAHURAT
Th Burapha
Th Phahurat
Th Triphet

Banglamphu

Highlights
1 Wat Arun C7
2 Wat Pho D6
3 Wat Phra Kaeo & Königspalast C5

Sehenswertes
4 Amulett-Markt C4
5 Lak Meuang D5
6 Siam-Museum D7
7 Nationalmuseum D3

Aktivitäten, Kurse & Touren
8 Grasshopper Adventures F3
National Museum Tours .... (siehe 7)

Schlafen
9 Chern G5
10 Feung Nakorn Balcony E6
11 Fortville Guesthouse E1
12 NapPark Hostel E2
13 Penpark Place E1
14 Sam Sen Sam Place E1
15 Suneta Hostel Khaosan F2

Essen
16 Arawy Vegetarian Food F4
17 Hemlock D2
18 Jay Fai G5
19 Pa Aew C7
20 Shoshana E2
21 Thip Samai G4

Ausgehen & Nachtleben
22 Hippie de Bar E3

Unterhaltung
23 Ad Here the 13th E1
24 Brick Bar E3
25 Nationaltheater D3
26 Ratchadamnoen-Stadion H2

lotusförmige Boote aus Bananenblättern mit brennenden Kerzen werden auf dem Mae Nam Chao Phraya auf die Reise geschickt.

Schlafen

Wegen der legendären Verkehrsstaus sollte man sich zuerst für eine Gegend entscheiden und sich dann in der gewünschten Preiskategorie umschauen. Wer nur ein paar Übernachtungen plant, quartiert sich in der Nähe der Busbahnhöfe bzw. Flughäfen für die Weiterreise ein.

Thànŏn Khao San, Banglamphu & Thewet

Wer in die „Zivilisation" zurückkehrt und ein paar Annehmlichkeiten benötigt, für den ist das Backpacker-Getto in der Th Khao San und ringsum in Banglamphu bequem und günstig. Hier wimmelt es nur so von Pensionen und Hostels, wenngleich es auf der Hauptmeile während des nächtlichen Feierns recht wild zugehen kann. Ruhigere Ecken findet man in Thewet, dem Bezirk nördlich von Banglamphu in der Nähe der National Library.

★ Chern HOSTEL $
(Karte S. 724 f.; ☎ 02 621 1133; www.chernbangkok.com; 17 Soi Ratchasak; B 400 B, Zi. 1400–1900 B; ❄@📶; ⛴ klorng-Taxi zum Phanfa-Leelard-Pier) Mit seinen weiten, offenen Räumen und den grellen Weißtönen hat dieses Hostel eine fast übernatürliche Atmosphäre. Die Schlafsäle mit acht Betten sind mehr als ordentlich, doch wir mochten besonders die riesigen Privatzimmer im attraktiven minimalistischen Stil, die mit einem großen Schreibtisch, Safe und Kühlschrank ausgestattet sind – angesichts des Preises ein echtes Schnäppchen.

NapPark Hostel HOSTEL $
(Karte S. 724 f.; ☎ 02 282 2324; www.nappark.com; 5 Th Tani; B 440–650 B; ❄@📶; ⛴ Phra Athit/Banglamphu-Pier) Professionell geführtes Hostel mit verschieden großen Schlafsälen. Der kleinste und teuerste wartet mit sechs kabinenartigen Betten auf, die mit Steckdosen, Minifernsehern, Leselampen und WLAN ausgestattet sind. Doch die kulturellen Aktivitäten und die einladenden Gemeinschaftsbereiche sorgen dafür, dass man vielleicht gar nicht dazu kommt, ins Netz zu gehen.

Fortville Guesthouse HOTEL $
(Karte S. 724 f.; ☎ 02 282 3932; www.fortvilleguesthouse.com; 9 Th Phra Sumen; Zi. 870–1120 B; ❄@📶; ⛴ Phra Athit/Banglamphu-Pier) Es ist nicht ganz einfach, das Designkonzept dieses Hostels auf den Punkt zu bringen: Außen kombiniert es Elemente einer modernen Kirche und einer Burg, während im Inneren Spiegel und industrielle Themen den Ton angeben. Die Zimmer selbst sind stilvoll minimalistisch, und die teuersten bieten Extras wie Kühlschrank und Balkon.

Suneta Hostel Khaosan HOSTEL $
(Karte S. 724 f.; ☎ 02 629 0150; www.sunetahostel.com; 209-211 Th Kraisi; B inkl. Frühstück 490–590 B, Zi. inkl. Frühstück 1180 B; ❄@📶; ⛴ Phra Athit/Banglamphu-Pier) Die Pluspunkte des Suneta sind die nette, unaufdringliche Atmosphäre, das von Retro-Themen geprägte Design

(einige Schlafsäle ähneln Schlafwagen), die Lage gleich abseits der Hauptstraße und der freundliche Service.

Penpark Place HOTEL $
(Karte S. 724 f.; ☎ 02 628 8896; www.penparkplace.com; 22 Soi 3, Th Samsen; Zi. 330–1650 B, Suite 2200 B; ❄@📶; ⛴ Thewet-Pier) In einer ehemaligen Fabrik befindet sich heute dieses Hotel mit gutem Preis-Leistungs-Verhältnis. Ein Zimmer im Originalgebäude bietet kaum mehr als ein Bett und einen Ventilator, doch in einem Anbau befinden sich mehrere gut ausgestattete Zimmer im Apartmentstil sowie Suiten.

Sam Sen Sam Place PENSION $$
(Karte S. 724 f.; ☎ 02 628 7067; www.samsensam.com; 48 Soi 3, Th Samsen; Zi. inkl. Frühstück 590–2400 B; ❄@📶; ⛴ Thewet-Pier) Eine der gemütlichsten Unterkünfte in dieser Gegend, wenn nicht in ganz Bangkok, ist diese farbenfrohe umgebaute alte Villa, die wegen ihres freundlichen Services und der ruhigen Lage begeisterte Kritiken bekommt. Alle 18 Zimmer sehen aus wie aus dem Ei gepellt; die billigsten sind mit Ventilatoren ausgestattet und teilen sich ein Gemeinschaftsbad.

ÜBERNACHTUNG IN FLUGHAFENNÄHE

Wer nur auf den Weiterflug wartet und kein Interesse an Bangkok hat, findet in den östlichen Außenbezirken der Stadt in unmittelbarer Nähe des Survarnabhumi-Flughafens immer mehr Möglichkeiten.

The Cottage (☎ 02 727 5858; www.thecottagesuvarnabhumi.com; 888/8 Th Lad Krabang; Zi. inkl. Frühstück 900-2700 B; ❄@📶🏊; S Phra Khanong Ausgang 3 & Taxi, 🚆 Suvarnabhumi Airport & Hotel-Shuttlebus) In der Nähe des Flughafens und fußläufig zu Restaurants und Einkaufsmöglichkeiten liegt dieses solide Mittelklassehotel mit Flughafen-Shuttle.

Novotel Suvarnabhumi Airport Hotel (☎ 02 131 1111; www.novotelairportbkk.com; Suvarnabhumi International Airport; inkl. Frühstück Zi. 5613–6200 B, Suite 8043 B; ❄@📶; S Phra Khanong Ausgang 3 & Taxi, 🚆 Suvarnabhumi Airport & Hotel-Shuttlebus) Mehr als 600 luxuriöse Zimmer innerhalb des Flughafengeländes.

Chinatown

Die Hotels in der Nähe des Bahnhofs Hualamphong sind günstig, aber nicht gerade hübsch, zudem herrscht auf der Th Phra Ram IV ein unvorstellbares Verkehrschaos. Chinatown ist ein faszinierendes urbanes Abenteuer und hat zunehmend mehr hippe Treffs zu bieten.

Siam Classic PENSION $
(Karte S. 718 f.; ☎ 02 639 6363; 336/10 Trok Chalong Krung; Zi. inkl. Frühstück 450–1200 B; ❄@📶; ⛴ Ratchawong-Pier, M Hua Lamphong Ausgang 1) Zwar sind die Zimmer recht sparsam möbliert, und die billigsten haben weder eine Klimaanlage noch ein eigenes Bad, doch man bemerkt das Bemühen, sie komfortabel, ordentlich und sogar ein wenig stilvoll zu gestalten. Im netten Gemeinschaftsbereich im Erdgeschoss kann man gut andere Gäste kennenlernen und schwatzen. Die herzliche Atmosphäre des Hauses erinnert ein wenig an eine Unterkunft bei einer Gastfamilie.

Loftel 22 HOSTEL $
(Karte S. 718 f.; www.loftel22 Bangkok.com; 952 Soi 22, Th Charoen Krung; B 350 B, Zi. 900–1350 B; ❄@📶; ⛴ Marine-Department-Pier, M Hua Lamphong Ausgang 1) In zwei angrenzenden Ladenhäusern sind stilvolle, einladende Schlafsäle und Privatzimmer (alle mit Gemeinschaftsbad) entstanden. Der freundliche Service und die Lage in einer der stimmungsvollsten Ecken Chinatowns machen das Ganze komplett.

Feung Nakorn Balcony HOTEL $$
(Karte S. 724 f.; ☎ 02 622 1100; www.feungnakorn.com; 125 Th Fuang Nakhon; inkl. Frühstück B 700 B, Zi. 1650 B, Suite 2100–4700 B; ❄@📶; ⛴ Saphan Phut/Memorial-Bridge-Pier, Pak-Klong-Taladd-Pier) Die 42 Zimmer in einer ehemaligen Schule liegen rings um einen einladenden Garten und sind groß, hell und freundlich. Zur Standardausstattung gehören eine kostenlose Minibar, ein Safe und ein Flachbildfernseher. Das Hotel liegt ruhig und abgeschieden abseits der Hauptmeile und hat kompetente Mitarbeiter. Eine charmante und einladende (wenn auch nicht sehr preisgünstige) Unterkunft.

Siam Square

Wer eine zentrale Lage wünscht, ist am Siam Square richtig, denn er liegt an beiden BTS-

Siam Square & Pratunam

Linien (Skytrain). Hier sind die Unterkünfte teurer als in Banglamphu, dafür spart man Taxigeld. Wer während der Stoßzeiten zur Th Khao San will, umgeht die Staus, indem er am Pier Tha Ratchathewi ein *klorng*-(Kanal-)Boot nimmt.

★Lub*d HOSTEL $

(Karte S. 728 f.; ☎02 634 7999; www.siamsquare.lubd.com; Th Phra Ram I; B 590 B, Zi. 1550–2000 B; ❄@📶; S National Stadium Ausgang 1) Der Name ist ein Wortspiel mit dem Ausdruck *làp dee* – „Schlaf gut" – doch wegen der fröhlichen Atmosphäre in diesem modern wirkenden Backpacker-Hostel möchte man vielleicht die ganze Nacht aufbleiben. Dafür sorgt schon der einladende Gemeinschaftsbereich mit Spielen und einer Bar. Das Hostel hat noch einiges mehr zu bieten, von Waschmaschinen bis zu einem Theaterzimmer. Falls es voll ist, gibt's eine weitere Filiale dicht an der **Th Silom** (Karte S. 718 f.; ☎02 634 7999; www.silom.lubd.com; 4 Th Decho; B 550–600 B, Zi. 1250–1900 B; ❄@📶; S Chong Nonsi Ausgang 2).

Wendy House HOSTEL $

(Karte S. 728 f.; ☎02 214 1149; www.wendyguesthouse.com; 36/2 Soi Kasem San 1; Zi. inkl. Frühstück 750–2000 B; ❄@📶; S National Stadium Ausgang 1) Zwar sind die Zimmer in dieser bewährten Budgetunterkunft klein und einfach, für diese Preisklasse aber ausgesprochen sauber und relativ gut ausgestattet (Fernseher, Kühlschrank).

Boxpackers Hostel HOSTEL $

(Karte S. 718 f.; ☎02 656 2828; www.boxpackershostel.com; 39/3 Soi 15, Th Phetchaburi; inkl. Frühstück B 500–800 B, Zi. 1260–1530 B; ❄📶; S Ratchathewi Ausgang 1 & Taxi) Ein modernes, etwas kahles Hostel mit vier bis zwölf kabinenartigen Doppelstockbetten in den Mehrbettzimmern, darunter einige Doppelbetten. Zu den einladenden Gemeinschaftsbereichen

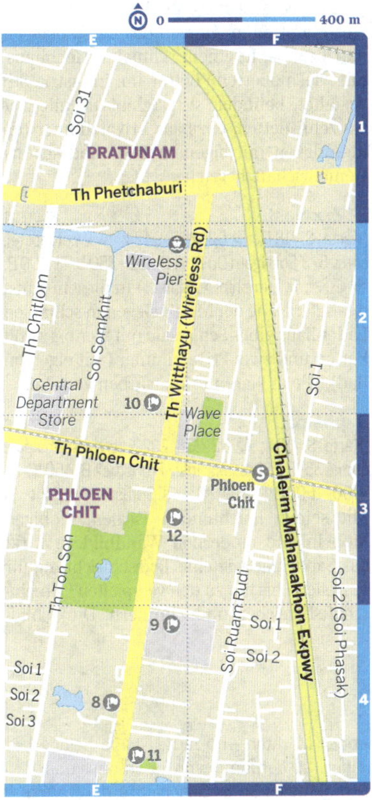

Siam Square & Pratunam

Highlights
1 Jim-Thompson-Haus A1

Sehenswertes
2 Erawan-Schrein D3

Schlafen
3 Lub*d A2
4 Wendy House B2

Essen
5 Gourmet Paradise C2
MBK Food Island .... (siehe 6)

Shoppen
6 MBK Center B2

Praktisches
7 Indonesische Botschaft C1
8 Irische Botschaft E4
9 Neuseeländische Botschaft E4
10 Britische Botschaft E2
11 Amerikanische Botschaft E4
12 Vietnamesische Botschaft E3

gehören auch ein Café im Erdgeschoss und eine Lounge mit Billardtisch. In einem mit dem Boxpackers verbundenen Hotel gibt's auch 14 kleine, aber ähnlich attraktive Privatzimmer.

Sukhumvit

Als wohlhabendes internationales Viertel ist Th Sukhumvit nicht unbedingt das beste Revier für Budgetreisende, dafür liegt es aber nahe dem östlichen Busbahnhof (Ekamai) und an den Linien des BTS und der MRT. Mit der Metro kommt man zum Bahnhof Hualamphong. Vorsicht: Die *soi* mit den niedrigen Nummern sind das Ziel von Sextouristen, die die Go-go-Bars in der Nähe besuchen.

Suk 11 HOSTEL $
(Karte S. 718 f.; ☎ 02 253 5927; www.suk11.com; 1/33 Soi 11, Th Sukhumvit; Zi. inkl. Frühstück 535–1712 B; ❄@📶; S Nana Ausgang 3) Im städtischen Dschungel der Th Sukhumvit ist dieses ausgesprochen gut geführte, beliebte und rustikale Gästehaus eine baumreiche Oase mit viel Holz und Grün. Die Zimmer sind einfach, sauber und komfortabel, wenn auch etwas dunkel, die billigsten Zimmer teilen sich Gemeinschaftsbäder. Obwohl das Hostel fast 70 Zimmer (keine Schlafsäle) hat, muss man mindestens zwei Wochen im Voraus buchen.

Pause Hostel HOSTEL $
(Karte S. 718 f.; ☎ 02 108 8855; www.onedaybkk.com; Oneday, 51 Soi 26, Th Sukhumvit; inkl. Frühstück B 450–550 B, Zi. 1300–2000 B; ❄@📶; S Phrom Phong Ausgang 4) Das moderne, offen gestaltete Hostel ist an ein Café und einen Coworking Space angeschlossen. Industrie-Design kennzeichnet sowohl die Schlafsäle mit vier bis acht Betten, als auch die Privatzimmer (nur einige davon mit eigenem Bad). Die einladenden Gemeinschaftsbereiche bekommen viel Sonne ab.

Fusion Suites HOTEL $$
(Karte S. 718 f.; ☎ 02 665 2644; www.fusionbangkok.com; 143/61-62 Soi 21/Asoke, Th Sukhumvit; Zi. inkl. Frühstück 1700–2400 B; ❄@📶; M Sukhumvit Ausgang 1, S Asok Ausgang 1) Ein für diese Preisklasse überraschend unkonventionelles Hotel mit ausgefallenen Möbeln, die für viel Stil sorgen, wenngleich die billigsten Zimmer ein wenig dunkel sind.

Silom, Lumphini & Riverside

Im Finanzbezirk rund um die Th Silom gibt's ein paar Budgethostels, doch die Gegend ist eigentlich etwas für Leute mit mehr Geld. Der Vorteil hier ist die MRT-Verbindung mit dem Bahnhof Hualamphong. Das alte Backpacker-Viertel in der Nähe des Lumphini-Parks hat auch ein paar günstige Optionen.

Silom Art Hostel HOSTEL $

(Karte S. 718 f.; ☎ 02 635 8070; www.silomarthostel.com; 198/19-22 Soi 14, Th Silom; B 380–450 B, Zi. 1200 B; ❄@📶; S Chong Nonsi Ausgang 3) Ausgefallen, kunstaffin, hell und fröhlich – das Silom Art schafft mit einer Kombination aus recycelten Materialien, unkonventionellen Möbeln und bunten Wandbildern ein in Bangkok einzigartiges Hostel. Nicht alles dreht sich aber nur um den Stil: Betten und Zimmer sind funktionell und gemütlich, zudem gibt's jede Menge Gemeinschaftsbereiche.

HQ Hostel HOSTEL $

(Karte S. 718 f.; ☎ 02 233 1598; www.hqhostel.com; 5/3-4 Soi 3, Th Silom; inkl. Frühstück B 330–520 B, Zi. 890–990 B; ❄@📶; M Si Lom Ausgang 2, S Sala Daeng Ausgang 2) Ein Flashpacker-Hostel mitten im Herzen des Bangkoker Finanzbezirks. In einem schmalen Hochhaus, mit viel poliertem Beton im Industrie-Stil gestaltet, befinden sich Schlafsäle mit vier bis zehn Betten, ein paar Privatzimmer (einige davon mit eigenem Bad) und schöne Gemeinschaftsbereiche.

ETZzz Hostel HOSTEL $

(Karte S. 718 f.; ☎ 02 286 9424; www.etzhostel.com; 5/3 Soi Ngam Du Phli; B 250–350 B, Zi. 900 B; ❄@📶; M Lumphini Ausgang 1) In diesem günstig in der Nähe der MRT gelegenen schmalen Ladenhaus gibt's Schlafsäle mit vier bis zwölf Betten und zwei Privatzimmer (mit eigenem Bad), alle in klaren Primärfarben gestaltet.

Saphaipae HOSTEL $

(Karte S. 718 f.; ☎ 02 238 2322; www.saphaipae.com; 35 Th Surasak; inkl. Frühstück B 450 B, Zi. 1000–1600 B; ❄@📶; S Surasak Ausgang 1) Mit seinen leuchtenden Farben, klobigen Möbeln und modernen Wandbildern wirkt das Saphaipae wie eine Tageseinrichtung für Traveller – bis hin zu den verspielten Gemeinschaftsbereichen und Zimmern. Die Schlaf-

ABSTECHER

SCHWIMMENDE MÄRKTE

Die Bilder von Thailands berühmten schwimmenden Märkten – hölzerne Kanus, beladen mit Obst und Gemüse in bunten Farben – sind eines der berühmtesten Fotomotive des Königreichs. Sie bilden leider gleichzeitig ein sentimentales Stück Geschichte, denn auch Thailand hat seine Verkehrswege modernisiert und die Kanäle durch Straßen und die Boote durch Motorräder und Autos ersetzt. Die schwimmenden Märkte sind an Land gekommen, von einigen Ausnahmen mal abgesehen.

Von Bangkok aus auf der anderen Uferseite liegt der **schwimmende Markt Taling Chan** (ตลาดน้ำตลิ่งชัน; Khlong Bangkok Noi, Thonburi; ⏲ Sa & So 7–16 Uhr), ein normaler Lebensmittelmarkt mit ein paar schwimmenden Ständen. Händler in Kanus verkaufen Essen an Kunden auf den schwimmenden Docks. Zum Markt gelangt man im Rahmen von Longtailbootstouren oder mit dem klimatisierten Bus 79 (16 B, 25 Min.) ab Ratchadamnoen Klang.

Der **schwimmende Markt Amphawa** (ตลาดน้ำอัมพวา; Amphawa; Gerichte 20–40 B; ⏲ Fr–So 16–21 Uhr) am Wochenende ist aufgrund seiner malerischen Kanalkulisse bei Touristen beliebt. Wer Lust auf Kultur hat, kann eine Nacht in einer Privatunterkunft des Dorfes (250–1000 B pro Pers.) verbringen und bei einer Kanalfahrt (60 B pro Sitz, Charter 500 B) nach Sonnenuntergang Glühwürmchenschwärme leuchten sehen. Um hierherzugelangen, fährt man mit dem Minivan vom Siegesdenkmal in Bangkok nach Phetchaburi (100 B, 2 Std., alle 45 Min., 5.15–20 Uhr) oder nimmt einen Bus vom Busbahnhof Süd in Bangkok (120 B, 2 Std., häufig).

Der bekannteste **schwimmende Markt Damnoen Saduak** (ตลาดน้ำดำเนินสะดวก; Damnoen Saduak, Ratchaburi; ⏲ 7–12 Uhr) ist allerdings eine Art schwimmender Souvenirstand für Touristen. Busse zum Damnoen Saduak (80 B, 2 Std., häufig) verkehren ab dem Busbahnhof Süd in Bangkok. Am Markt werden Boote für 100 B pro Person verliehen, damit kann man Touren in die Wohngegenden an den angrenzenden Kanälen unternehmen.

säle und Privatzimmer sind durchdacht eingerichtet und gut ausgestattet, zudem gibt's jede Menge nützlicher Reiseinfos und günstige Einrichtungen.

Urban House HOTEL $$
(Karte S. 718 f.; ☎ 081 492 7778; www.urbanh.com; 35/13 Soi Yommarat; inkl. Frühstück Zi. 1200 B, Suite 1480 B; ❄ 📶; M Si Lom Ausgang 2, S Sala Daeng Ausgang 4) An diesem Ladenhaus mit sechs Zimmern ist nichts protzig, doch gerade das gefiel uns. Die Zimmer sind dezent, bequem und recht geräumig, und die Atmosphäre ist friedlich und gemütlich, nicht zuletzt dank des freundlichen Besitzers und der ruhigen Wohnstraße, in der es liegt.

Essen

In Bangkok findet man immer etwas Leckeres. Die günstigsten (und köstlichsten!) Speisen gibt's an Straßenständen, doch auch die Restaurantbereiche in den Einkaufszentren gelten als gute Anlaufstelle. Dort wird dieselbe Auswahl wie auf Open-Air-Märkten geboten, aber es ist weniger laut und heiß.

Dank der vielen Einwanderergruppen wartet Bangkok überdies mit zahlreichen internationalen Lokalen auf. Chinatown ist natürlich die beste Adresse für chinesisches Essen, nahöstliche Küche bekommt man in Little Arabia unweit der Th Sukhumvit. Indisches wird in der Nähe des Hindu-Tempels an der Th Silom serviert, während die Th Sukhumvit ganz im Zeichen westlicher Gerichte steht.

Montags bauen Straßenhändler ihre Stände nicht auf, denn dann werden offenbar in der ganzen Stadt die Straßen gereinigt.

Thànŏn Khao San & Banglamphu

Die Th Khao San säumen zahllose Restaurants mit wenig authentischem Essen zu vergleichsweise hohen Preisen. Besser dringt man tiefer in Banglamphu ein, denn dort findet man altmodische Thai-Restaurants.

Pa Aew ZENTRALTHAILÄNDISCH $
(Karte S. 724 f.; Th Maha Rat, keine engl. Beschilderung; Hauptgerichte 20–60 B; ⌚ Di–Sa 10–17 Uhr; ⛴ Tien-Pier) Aromatisches Essen im Stil von Bangkok und mit vielen Meeresfrüchten kann man sich hier auf Plastikhockern schmecken lassen. Der Currystand unter freiem Himmel ist sehr einfach, der Geschmack dafür großartig. Das Pa Aew ist einer unserer Lieblingsorte in diesem Teil Bangkoks, um etwas zu essen.

Ein englisches Schild existiert nicht; am besten achtet man auf die ausgestellten Tabletts mit Essen direkt vor der Krung Thai Bank nahe der Kreuzung mit der Soi Pratu Nokyung.

Thip Samai ZENTRALTHAILÄNDISCH $
(Karte S. 724 f.; 313 Th Mahachai; Hauptgerichte 50–250 B; ⌚ 17–2 Uhr; ⛴ klorng-Taxi zum Phanfa-Leelard-Pier) Eine Warnung vorweg: Die gebratenen Nudeln, die in der Th Khao San von Wagen verkauft werden, haben mit dem *pàt tai* genannten Gericht herzlich wenig zu tun. Zum Glück sind es mit dem *túk-túk* nur fünf Minuten bis zum Thip Samai, in dem mit die berühmtesten gebratenen Nudeln der Stadt zubereitet werden.

Das Thip Samai ist jeden zweiten Mittwoch geschlossen.

Arawy Vegetarian Food VEGETARISCH, THAI $
(Karte S. 724 f.; 152 Th Din So; Hauptgerichte ab 30 B; ⌚ 7–20 Uhr; ⛴ klorng-Taxi zum Phanfa-Leelard-Pier) Das in einem schmalen Ladenhaus untergebrachte Arawy („Lecker") verkauft jede Menge vorgekochte vegetarische Currys, Dips und Wok-Gerichte.

Shoshana ISRAELISCH $$
(Karte S. 724 f.; 88 Th Chakraphatdi Phong; Hauptgerichte 70–240 B; ⌚ 10–24 Uhr; 🖉; ⛴ Phra Athit/Banglamphu-Pier) Eins der ältesten israelischen Restaurants in Khao San. Das Shoshana erinnert mit seinem kitschigen Wandschmuck und den Plastikplatzmatten an das Wohnzimmer der Großeltern. Nichts falsch machen kann man mit den frittierten Gerichten – das können sie hier hervorragend. Auch der köstliche Auberginen-Dip mit viel Knoblauch ist sehr empfehlenswert.

Hemlock THAI $$
(Karte S. 724 f.; 56 Th Phra Athit; Hauptgerichte 75–280 B; ⌚ Mo–Sa 16–24 Uhr; 🖉; ⛴ Phra Athit/Banglamphu-Pier) Das allseits beliebte Lokal, das seine Lage in einem gemütlichen Ladenhaus perfekt zu nutzen weiß, hat genug Stil für einen besonderen Abend, überzeugt aber auch geschmacklich auf ganzer Linie. Und im Gegensatz zu ähnlichen Restaurants fühlt man sich durch diese Speisekarte in der Zeit zurückversetzt, denn die alten Gerichte der Aristokraten im ganzen Land – und sogar einige fleischfreie Speisen – erleben hier eine Renaissance.

★ Jay Fai ZENTRALTHAILÄNDISCH $$$
(Karte S. 724 f.; 327 Th Mahachai; Hauptgerichte 180–1000 B; ⌚ Mo–Sa 15–2 Uhr; ⛴ klorng-Taxi zum

Kulinarische Entdeckungen

Die thailändische Küche ist unglaublich vielseitig. Sie ist geprägt von den kulinarisch sehr verschiedenen Regionen des Landes und man schmeckt Einflüsse aus China und dem Nahen Osten. Gekocht wird mit einer Vielzahl von Zutaten und der Einsatz von Gewürzen ist entscheidend. Die folgenden zehn Gerichte sollte man vor Ort unbedingt einmal probieren.

1. Tom Yam
„Saure Thaisuppe", wie das Gericht oft auf Speisekarten heißt, ist eine schwache Umschreibung für diese nicht nur sehr saure, sondern auch pikante Gewürzbrühe.

2. Pad Thai
Die dünnen Reisnudeln, gebraten mit Ei, Tofu und Shrimps und verfeinert mit Fischsoße, Tamarinde und Chili, gelten als Inbegriff der thailändischen Küche – und das vollkommen zu Recht.

3. Kaeng Khiao Wan
Außerhalb Thailands kennt man es als Grünes Curry. Die Verbindung einer pikanten Gewürzpaste mit reichhaltiger Kokosmilch ist ein Beispiel für den einzigartigen Einsatz verschiedener Geschmacksnoten und Zutaten in der thailändischen Küche.

4. Yam
Die beliebten thailändischen "Salate" kombinieren Fleisch oder Meeresfrüchte mit einem sauer-scharfen Dressing und frischen Kräutern.

5. Lahp
Bei der Zubereitung wird Fleisch gehackt und mit geröstetem Reispulver, Limetten, Fischsoße und frischen Kräutern abgeschmeckt. Es verbindet damit die starken, rustikalen Aromen von Thailands Nordosten in einem einzigen Gericht.

6. Bami
Obwohl sie aus China stammen, haben sich die Nudeln aus Weizen und Eiern zu einem Verkaufsschlager der thailändischen Straßenhändler entwickelt. Typischerweise werden sie mit geröstetem Schweinefleisch oder Krabben serviert.

7. Khao Mok
Die thailändische Version von *biryani* verbindet Reis und Huhn mit einem süß-sauren Dip und herzhafter Brühe.

8. Som Tam
Die Bezeichnung „Papayasalat" wird diesem extrem scharfen Gericht aus knusprigen Papayastreifen, die zusammen mit Tomaten, Langbohnen, Chili, Limetten und Fischsoße in einem Mörser zerstoßen werden, nicht wirklich gerecht.

9. Khao Soi
Die Suppe aus dem Norden Thailands kombiniert flache Weizennudeln mit einer reichhaltigen, intensiv gewürzten Brühe auf Kokosmilchbasis.

10. Pad Pak Bung Fai Daeng
Wasserspinat, ein knuspriges grünes Gemüse, wird mit Chilli und Knoblauch angebraten und ergibt, trotz der Gewürze, für thailändische Verhältnisse ein mildes Gericht.

1

6

8

3

5

10

Phanfa-Leelard-Pier) Man sieht es dem schlichten Speiseraum nicht an, doch das Jay Fai ist nah und fern dafür berühmt, dass er die teuersten *pàt kêe mow* („berauschte Nudeln"; breite Reisnudeln mit Meeresfrüchten und thailändischen Kräutern) Bangkoks serviert.

Es befindet sich in einem Ladenhaus ohne jede Beschilderung in der Th Mahachai, direkt gegenüber von einem 7-Eleven.

Chinatown

Nay Hong CHINESISCH-THAILÄNDISCH $
(Karte S. 718 f.; abseits der Th Yukol 2, keine engl. Beschilderung; Hauptgerichte 35–50 B; 16–22 Uhr; Ratchawong-Pier, M Hua Lamphong Ausgang 1 & Taxi) Wer sich auf die Suche nach diesem winzigen Restaurant macht, bekommt als Belohnung eines der besten Gerichte der Stadt mit gebratenen Nudeln. Es handelt sich um *gŏo·ay đĕe·o kôo·a gài*, flache Reisnudeln, die mit Knoblauchöl, Hähnchen und Eiern gebraten werden.

Um es zu finden, geht man von der Ecke Th Suapa/Th Luang nach Norden und biegt dann in die erste Querstraße rechts ab; es liegt am Ende der schmalen Gasse.

Nai Mong Hoi Thod CHINESISCH-THAILÄNDISCH $
(Karte S. 718 f.; 539 Th Phlap Phla Chai; Hauptgerichte 50–70 B; Di–So 17–22 Uhr; Ratchawong-Pier, M Hua Lamphong Ausgang 1 & Taxi) Ein Ladenhaus-Restaurant, das für seine köstlichen *or sòo·an* (mit Eiern und einem klebrigen Backteig gebratene Muscheln oder Austern) bekannt ist und auch guten gebratenen Krabbenreis zubereitet.

Samsara JAPANISCH, THAI $$
(Karte S. 718 f.; Soi Khang Wat Pathum Khongkha; Hauptgerichte 110–320 B; Di–Do 16–24, Fr bis 1 Uhr; Ratchawong-Pier, M Hua Lamphong Ausgang 1 & Taxi) Mit einer Mischung aus japanisch-thailändischer Küche, belgischen Bieren und schäbigem Künstlerflair das zweifellos facettenreichste Lokal Chinatowns. Weitere Pluspunkte: das leckere Essen, die angenehme Flussbrise und die Aussicht.

Das Restaurant liegt am Ende der winzigen Soi Khang Wat Pathum Khongkha unmittelbar westlich des Tempels.

Royal India INDISCH $$
(Karte S. 718 f.; 392/1 Th Chakkaraphet; Hauptgerichte 70–350 B; 10–22 Uhr; Saphan Phut/Memorial-Bridge-Pier, Pak-Klong-Talad-Pier) Ja, wir wissen, dass dieses winzige Restaurant in jeder einzelnen Auflage dieses Reiseführers war, aber nach all den Jahren ist es immer noch eines der verlässlichsten Restaurants im Stadtviertel Little India. Empfehlenswert sind die köstlichen Brote und Currys, gefolgt von einer hausgemachten Punjabi-Süßigkeit.

Siam Square

In diesem Viertel werden Hungrige vor allem in den Food Courts der Einkaufszentren fündig, die besser sind als erwartet.

MBK Food Island THAI $
(Karte S. 728 f.; 6. OG, MBK Center, Ecke Th Phra Ram I & Th Phayathai; Hauptgerichte 35–150 B; 10–22 Uhr; S National Stadium Ausgang 4) Ein Vorreiter in der Straßenküche. Hier verteilen Dutzende Verkäufer regionale Thai-Küche und internationale Speisen.

Gourmet Paradise THAI $
(Karte S. 728 f.; EG, Siam Paragon, 991/1 Th Phra Ram I; Hauptgerichte 35–500 B; 10–22 Uhr; S Siam Ausgänge 3 & 5) Vereint internationale Fast-Food-Ketten, heimische Restaurants und Essensstände im Food-Court-Stil unter einem Dach. Der Fokus liegt auf Süßem.

Sukhumvit

In Sukhumvit überwiegen die gehobenen Restaurants. Günstig essen kann man im **Pier 21** (Karte S. 718 f.; 5. OG, Terminal 21, Ecke Th Sukhumvit & Soi 21/Asoke; Hauptgerichte 39–200 B; 10–22 Uhr; M Sukhumvit Ausgang 3, S Asok Ausgang 3), dem lauten Food Court des Einkaufszentrums Terminal 21. Auch Bangkok, in dem es vor Straßenessen nur so wimmelt, öffnet sich dem internationalen Phänomen der Food Trucks. Die meisten von ihnen stehen in Sukhumvit und verkaufen beliebtes westliches Essen (Burger, Tacos, Hotdogs). Wann sie wo stehen, erfährt man auf den jeweiligen Facebook-Seiten: **Daniel Thaiger** (Karte S. 718 f.; 084 549 0995; www.facebook.com/danielthaiger; Soi 23, Th Sukhumvit; Hauptgerichte ab 139 B; 17–22.30 Uhr; M Sukhumvit Ausgang 2, S Asok Ausgang 3), **Full Moon Food Truck** (www.facebook.com/fullmoonfoodtruckbkk; Hauptgerichte ab 150 B; 17–23.30 Uhr) und **Orn the Road** (095 628 0416; www.facebook.com/orntheroadbkk; Hauptgerichte ab 160–300 B; 11–19 Uhr).

Gokfayuen CHINESISCH $
(Karte S. 718 f.; www.facebook.com/wuntunmeen; 161/7 Soi Thong Lor 9; Hauptgerichte 69–139 B; 11–23.30 Uhr; S Thong Lo Ausgang 3 & Taxi) Um die traditionelle Hongkong-Küche in Bang-

kok wieder aufleben zu lassen, hat dieses neue Restaurant große Anstrengungen unternommen. Die (hausgemachten) Weizen- und Eiernudeln schmecken gut zu gebratenem Schweinefleisch, gedämpftem Gemüse mit Austernsoße oder dem Milchtee nach Art von Hongkong.

Nasir Al-Masri NAHÖSTLICH $$$
(Karte S. 718 f.; 4/6 Soi 3/1, Th Sukhumvit; Hauptgerichte 160–370 B; 24 Std.; ; S Nana Ausgang 1) Eines von mehreren nahöstlichen Restaurants in der Soi 3/1. Man erkennt das Nasir Al-Masri problemlos an seinem Edelstahl-Design, das vom Fußboden bis zur Decke reicht. Nahöstliches Essen bedeutet oft Fleisch, Fleisch und noch mehr Fleisch, doch hier werden auch einige köstliche *mezze* (kleine Gerichte) auf Gemüsebasis serviert.

Soul Food Mahanakorn THAI $$$
(Karte S. 718 f.; 02 714 7708; www.soulfoodmahanakorn.com; 56/10 Soi 55/Thong Lor, Th Sukhumvit; Hauptgerichte 140–300 B; 17.30–24 Uhr; ; S Thong Lo Ausgang 3) Einerseits ist das Soul Food ein einladendes Restaurant mit aromatischen Interpretationen rustikaler thailändischer Gerichte, andererseits eine Bar, die leckere, süffige Cocktails mit thailändischem Einschlag serviert. Kein Wunder, dass es so beliebt ist! Reservierung empfohlen.

Bo.lan THAI $$$
(Karte S. 718 f.; 02 260 2962; www.bolan.co.th; 24 Soi 53, Th Sukhumvit; Menüs 980–2680 B; Do–So 12–14.30 & 19–22.30 Uhr, Di & Mi 11.30–22.30 Uhr; ; S Thong Lo Ausgang 1) Gehobene Thai-Küche ist oft eher etwas fürs Auge als für den Gaumen, doch das Bo.lan ist die Ausnahme von der Regel. Bo und Dylan (Bo.lan ist zugleich ein Wortspiel mit einem Wort für „uralt") widmen sich der Thai-Cuisine mit viel Fachwissen, und das Ergebnis sind Menüs mit aromatisch reichen Thai-Gerichten. Á-la-carte-Gerichte gibt's nicht, dafür aber viel Vegetarisches. Reservierung empfohlen.

Silom, Lumphini & Riverside

Muslim Restaurant THAI, MUSLIMISCH $
(Karte S. 718 f.; 1354-6 Th Charoen Krung; Hauptgerichte 40–140 B; 6.30–17.30 Uhr; Oriental-Pier, S Saphan Taksin Ausgang 1) In den hölzernen Nischen dieses uralten Lokals bekommt man einen Eindruck davon, wie Restaurants in Bangkok früher einmal aussahen. Wie die Inneneinrichtung scheint sich auch die Speisekarte in den letzten 70 Jahren kaum verändert zu haben und die Biryanis, Currys und Samosas sind noch immer eher indisch als thailändisch.

Chennai Kitchen INDISCH $
(Karte S. 718 f.; 107/4 Th Pan; Hauptgerichte 70–150 B; 10–15 & 18–21.30 Uhr; ; S Surasak Ausgang 3) Besseres vegetarisches Essen im südindischen Stil als in diesem winzigen Familienrestaurant wird man in der ganzen Stadt kaum finden. Immer eine gute Wahl sind das längliche *dosai* (knuspriges südindisches Brot), oder – besonders für ganz Ausgehungerte – das *thali* im Bananenblatt mit allem, was die Küche zu bieten.

Never Ending Summer THAI $$
(Karte S. 718 f.; 02 861 0953; www.facebook.com/TheNeverEndingSummer; 41/5 Th Charoen Nakhon; Hauptgerichte 140–350 B; Mo 11–14 & 17–23, Di–So 11–23 Uhr; Flussfähre ab River-City-Pier) Der kitschige Name wird diesem überraschend anspruchsvollen Thai-Restaurant in einem ehemaligen Lagerhaus am Fluss nicht gerecht. Man sollte sich den Schönen und Reichen anschließen, die hier traditionelle Thai-Gerichte wie Wassermelonenwürfel mit einem trockenen „Dressing" aus Fisch, Zucker und frittierten Schalotten oder aromatisches grünes Curry mit Schweinefleisch und frischem Spanischem Pfeffer genießen.

★ **nahm** THAI $$$
(Karte S. 718 f.; 02 625 3388; www.comohotels.com/metropolitanbangkok/dining/nahm; EG, Metropolitan Hotel, 27 Th Sathon Tai/South; Mittagsmenü/Abendmenü 550–1500/2300 B, Gerichte 280–750 B; Mo–Fr 12–14, Tgl. 19–22.30 Uhr; M Lumphini Ausgang 2) hinter dem wahrscheinlich besten Thai-Restaurant Bangkoks (und der ganzen Welt, wenn man den Kritikern glaubt) steht der australische Koch und Buchautor David Thompson. Er ließ sich von alten Kochbüchern inspirieren und hauchte fast vergessen Gerichten mit exotischen Rezepten neues Leben ein, z. B. einem „Räucherfischcurry mit Krabben, Hühnerleber, Herzmuscheln, Chilis und schwarzem Pfeffer".

Ausgehen & Nachtleben

Die meisten Backpacker stürzen sich nur allzu gerne ins Partygetümmel an der Th Khao San. Wer Lust auf einen kleinen Spaziergang hat, findet zudem in der ganzen Stadt hippe Kneipen.

Die Einhaltung der Sperrstunde (1 Uhr für Bars, 2 Uhr für Clubs) wird sehr ernst genommen, doch es gibt immer Schlupflöcher. In allen Bars und Clubs wurde das Rauchverbot durchgesetzt, z.T. sogar in Lokalitäten unter freiem Himmel.

Clubs verlangen zwischen 100 und 800 B Eintritt, wobei meist ein bis zwei Getränke inbegriffen sind. In der Regel ist erst ab 23 Uhr etwas los; Ausweis mitbringen.

Bangkoks Partyvolk ist launisch, und Tanzclubs sind genauso plötzlich wieder out, wie sie vorher in waren. Auf den Seiten von Dudesweet (www.dudesweet.org) oder Paradise Bangkok (www.facebook.com/paradisebangkok), das einmal im Monat beliebte Partys organisiert, kann man herausfinden, was zum Tanzen gerade angesagt ist.

★WTF BAR
(Karte S. 718 f.; www.wtfbangkok.com; 7 Soi 51, Th Sukhumvit; ⌚Di–Sa 18–1 Uhr; 📶; S Thong Lo Ausgang 3) Das Wonderful Thai Friendship (wofür sollte WTF denn sonst stehen?) ist eine coole, freundliche Nachbarschaftsbar mit Galerie. Cocktails alter Schule, Livemusik, DJ-Events, Lesungen, Kunstausstellungen und leckere Barsnacks locken Kunstinteressierte aus der Gegend und hier ansässige Ausländer an. Eine der besten Bars Bangkoks – da sind wir uns mit den Gästen einig.

★Tep Bar BAR
(Karte S. 718 f.; www.facebook.com/TEPBAR; 69-71 Soi Nana; ⌚Di–Sa 17–24 Uhr; M Hua Lamphong Ausgang 1) Wer hätte mit einer so eleganten – aber unterhaltsamen – Bar in Chinatown gerechnet? Das Geheimnis der Tep Bar: moderne Inneneinrichtung mit Thai-Note, köstliche Cocktails, thailändische Snacks zu den Getränken und von Freitag bis Sonntag laute Thai-Livemusik.

Hippie de Bar BAR
(Karte S. 724 f.; www.facebook.com/hippie.debar; 46 Th Khao San; ⌚15–2 Uhr; ⛴ Phra Athit/Banglamphu-Pier) Unsere Lieblingsbar in Banglamphu, lockt mit originellem Retroflair, Sitzgelegenheiten drinnen und draußen sowie einem für Bangkok wohl einzigartigen Soundtrack aus Indie und Pop. Es ist zwar in der Th Khao San, doch man sieht erstaunlich wenig Ausländer – eine tolle Bar, um Thailänder kennnenzulernen.

Iron Fairies BAR
(Karte S. 718 f.; www.theironfairies.com; 394 Soi 55/Thong Lor, Th Sukhumvit; ⌚18–2 Uhr; S Thong Lo Ausgang 3 & Taxi) Man stelle sich eine verlassene Feenfabrik in Paris anno 1912 vor und schon hat man ein Bild von dieser beliebten Kneipe mit Weinbar. Wer einen der wenigen Plätze ergattert, kann testen, ob es hier tatsächlich die besten Burger der Stadt gibt. Ab 21.30 Uhr wird Livemusik gespielt.

Sky Bar BAR
(Karte S. 718 f.; www.lebua.com/sky-bar; 63. OG, State Tower, 1055 Th Silom; ⌚18–1 Uhr; ⛴ Sathon/Central-Pier, S Saphan Taksin Ausgang 3) Über eine an Hollywood erinnernde Treppe gelangt man in diese über Bangkoks Skyline und dem Fluss Chao Phraya schwebende Bar. Hier wurden Szenen aus *Hangover 2* gedreht, und der Cocktail „Hangovertini" ist wirklich richtig lecker. Die Aussicht ist natürlich auch nicht übel.

Route 66 CLUB
(Karte S. 718 f.; www.route66club.com; 29/33-48 RCA/Royal City Ave; 300 B; ⌚20–2 Uhr; M Phra Ram 9 Ausgang 3 & Taxi) Wahrscheinlich existiert dieser riesige Club schon so lange wie die RCA, doch dank regelmäßiger Modernisierungen und Erweiterungen ist er immer noch relevant. Im Hauptbereich geben die Hip-Hop-Charts den Ton an, doch auf den verschiedenen „Levels" läuft alles von Thai-Pop bis zu Livemusik.

Grease CLUB
(Karte S. 718 f.; www.greasebangkok.com; 46/12 Soi 49, Th Sukhumvit; ⌚Mo–Sa 18–2 Uhr; S Phrom Phong Ausgang 3 & Taxi) Bangkoks jugendlichster, angesagtester Nachtclub ist auch einer der größten – auf den vier Etagen mit Re-

BANGKOK FÜR SCHWULE & LESBEN

Bangkoks Schwulenszene ist laut, stolz und partyfreudig. Newcomer könnten einen Blick auf die Websites von BK (www.bk.asia-city.com) und Bangkok Lesbian (www.bangkoklesbian.com) werfen, um aktuelle Infos zum Nachtleben einzuholen.

Die *pink alleys* der Stadt gehen von der Th Silom ab. Verlässliche Adressen sind das **Balcony** (Karte S. 718 f.; www.balconypub.com; 86-88 Soi 4, Th Silom; ⌚17.30–2 Uhr; 📶; M Si Lom Ausgang 2, S Sala Daeng Ausgang 1) und das **Telephone Pub** (Karte S. 718 f.; www.telephonepub.com; 114/11-13 Soi 4, Th Silom; ⌚18–1 Uhr; 📶; M Si Lom Ausgang 2, S Sala Daeng Ausgang 1), während sich Tanzclubs um die Soi 2 & Th Silom drängen.

VIEL KULTUR FÜR WENIG GELD

Klassischer Thai-Tanz wird Pauschaltouristen meist als Theatererlebnis mit Dinner angeboten, doch man kann auch umsonst oder fast umsonst Vorstellungen besuchen.

➡ Der **Lak-Meuang-Schrein** (ศาลหลักเมือง; Karte S. 724 f.; Ecke Th Sanam Chai & Th Lak Meuang; ⏲ 6.30–18.30 Uhr; ⛴ Chang-Pier, Mahara-Pier, Phra-Chan-Tai Pier) unweit vom Wat Phra Kaeo zeigt Schreintänze. Die Tänzer werden von „Merit-Makers", deren Bitten in Erfüllung gegangen sind, bestellt, um die Schutzgeister zu unterhalten

➡ Am **Erawan-Schrein** (S. 721) neben dem Hotel Grand Hyatt Erawan, treten ebenfalls Schreintänzer auf.

➡ Im **Artist's House** (บ้านศิลปิน; www.facebook.com/Baansilapin; Khlong Bang Luang; ⏲ 9–18 Uhr; S Wongwian Yai Ausgang 2) GRATIS finden am Wochenende um 14 Uhr kostenlose traditionelle thailändische Puppenspiele statt.

➡ Im **Nationaltheater** (Karte S. 724 f.; ☎ 02 224 1342; 2 Th Ratchini; Tickets 60–100 B; ⛴ Chang-Pier, Maharaj-Pier, Phra-Chan-Tai-Pier) finden am ersten und zweiten Sonntag des Monats traditionelle Tanzaufführungen statt; die Tickets werden eine Stunde vor der Vorstellung um 14 Uhr verkauft.

staurants, Lounges und Tanzflächen kann man sich glatt verlaufen.

Studio Lam BAR
(Karte S. 718 f.; www.facebook.com/studiolambangkok; Soi 51, Th Sukhumvit; ⏲ Di–Sa 18–1 Uhr; S Thong Lo Ausgang 3) Die neue Bar gehört zum megahippen Plattenlabel ZudRangMa, und hat ein spezialangefertigtes Soundsystem im jamaikanischen Stil für internationale und Retro-Thai-DJs sowie gelegentliche Livemusik. Serviert werden thailändisch geprägte Drinks.

☆ Unterhaltung

★ Brick Bar LIVEMUSIK
(Karte S. 724 f.; www.brickbarkhaosan.com; UG, Buddy Lodge, 265 Th Khao San; Eintritt Sa & So 150 B; ⏲ 20–1.30 Uhr; ⛴ Phra Athit/Banglamphu-Pier) Eine unserer Lieblingslocations für Livemusik: In dieser Kellerbar spielen allabendlich verschiedene Bands vor fast durchweg thailändischen Besuchern, von denen viele gegen Ende des Abends auf den Tischen tanzen. Die Brick Bar kann brechend voll werden, man sollte also besser zeitig kommen.

Ad Here the 13th LIVEMUSIK
(Karte S. 724 f.; www.facebook.com/adhere13thbluesbar; 13 Th Samsen; ⏲ 18–24 Uhr; ⛴ Phra Athit/Banglamphu-Pier) Das winzige Ad Here neben dem Khlong Banglamphu/Khlong Rob Krung erfüllt alle Voraussetzungen einer beliebten Bangkoker Kneipe: viele Stammkunden, kaltes Bier und eine talentierte Hausband ab 22 Uhr. Hier kennt jeder jeden, also einfach mitmischen!

Ratchadamnoen Stadium ZUSCHAUERSPORT
(Karte S. 724 f.; abseits der Th Ratchadamnoen Nok; Tickets 3. Kl./2. Kl./am Ring 1000/1500/2000 B; ⛴ Thewet-Pier, S Phaya Thai Ausgang 3 & Taxi) In Bangkoks ältestem und renommiertestem Austragungsort für *moo·ay tai* (Thaiboxen, auch *muay thai* geschrieben), finden montags, mittwochs und donnerstags von 18.30 bis etwa 23 Uhr und sonntags um 15 und 18.30 Uhr Kämpfe statt. Karten sollten nur am offiziellen Ticketschalter gekauft werden, nicht bei den Schwarzmarkthändlern, die vor dem Eingang auf Kundenjagd gehen.

Lumpinee Boxing Stadium ZUSCHAUERSPORT
(☎ 02 282 3141; www.muaythailumpinee.net/en; 6 Th Ramintra; Tickets 3. Kl./2. Kl./am Ring 1000/1500/2000 B; M Chatuchak Park Ausgang 2 & Taxi, S Mo Chit Ausgang 3 & Taxi) Der zweite der beiden führenden Boxringe Bangkoks hat nördlich der Stadt ein schickes neues Domizil gefunden. Kämpfe finden dienstags und freitags von 18.30 bis 23 Uhr und samstags von 16 bis 20.30 Uhr und von 21 bis 0.30 Uhr statt. Zur Zeit der Recherche gab es Pläne für ein Museum übers Thaiboxen und eine Schule für ausländische Boxer.

Shoppen

Bangkok ist ein tolles Ziel für Kauflustige, doch wer clever ist, geht erst direkt vor dem Rückflug shoppen, damit er kein Extragepäck herumschleppen muss.

★ Chatuchak Weekend Market MARKT
(ตลาดนัดจตุจักร, Talat Nat Jatujak; www.chatuchak.org; Th Phahonyothin; ⏲ Sa & So 9–18 Uhr; M Cha-

THÀNŎN & SOI

Thànŏn (übersetzt „Straße") ist bei den Adressangaben in diesem Buch mit „Th" abgekürzt. Eine soi ist eine kleine Straße oder Gasse, die von einer größeren Straße abgeht. Eine Adresse in einer soi wird z. B. „48/3-5 Soi 1, Th Sukhumvit" geschrieben, das heißt „in der Soi 1, die von der Th Sukhumvit abgeht".

tuchak Park Ausgang 1, Kamphaeng Phet Ausgang 1 & 2, S Mo Chit Ausgang 1) Einer der größten Märkte der Welt mit allen erdenklichen Waren, von gebrauchten Vintage-Turnschuhen bis hin zu Baby-Eichhörnchen. Es gibt viel zu sehen, deswegen sollte man einen ganzen Tag einplanen. Wer Menschenmassen und Hitze meiden möchte, kommt recht früh, idealerweise gegen 10 Uhr.

★ MBK Center EINKAUFSZENTRUM
(Karte S. 728 f.; www.mbk-center.com; Ecke Th Phra Ram I & Th Phayathai; ⌚10–22 Uhr; S National Stadium Ausgang 4) Dieses gigantische Einkaufszentrum wurde 2015 umfangreich renoviert und ist dabei, seine Rolle als eine der Top-Attraktionen der Stadt wieder einzunehmen. An den Wochenenden strömt die Hälfte der Einwohner Bangkoks (und die meisten Touristen) her und kämmt sich durch die schier endlose Zahl kleiner Stände und Geschäfte, die volle acht Etagen füllen.

Patpong-Nachtmarkt SOUVENIRS
(Karte S. 718 f.; Th Phat Phong & Soi Phat Phong 2; ⌚18–24 Uhr; M Si Lom Ausgang 2, S Sala Daeng Ausgang 1) In der berüchtigten Gegend buhlen Stripclubs und Geschäfte um Kunden. Hier gibt's auch viele gefälschte Waren (v. a. Uhren), auch wenn der Markt von einer soliden Klientel aus Familien und sittsamen Pärchen besucht wird. Hartes Feilschen lohnt sich.

Terminal 21 EINKAUFSZENTRUM
(Karte S. 718 f.; www.terminal21.co.th; Ecke Th Sukhumvit & Soi 21/Asoke; ⌚10–22 Uhr; M Sukhumvit Ausgang 3, S Asok Ausgang 3) Das neue Einkaufszentrum richtet sich hauptsächlich an Thailänder, die sich vor verrückten Objekten fotografieren lassen können, und lohnt wegen des Spektakels ebenso wie um einzukaufen. Am besten beginnt man im Untergeschoss, dem „Airport"-Level, und arbeitet sich über „Paris", „Tokio" und die anderen Etagen mit Städte-Thema nach oben. Und wer weiß, vielleicht kauft man ja sogar etwas.

ℹ Praktische Informationen

MEDIZINISCHE VERSORGUNG

In Bangkok gibt's ein paar ausgezeichnete Krankenhäuser mit englischsprachigem Personal.

Bangkok Christian Hospital (Karte S. 718 f.; ☎ 02 625 9000; www.bch.in.th/en; 124 Th Silom; M Si Lom Ausgang 2, S Sala Daeng Ausgang 1) Modernes Krankenhaus im Zentrum Bangkoks.

Bumrungrad International Hospital (Karte S. 718 f.; ☎ 02 667 1000; www.bumrungrad.com/thailandhospital; 33 Soi 3, Th Sukhumvit; S Phloen Chit Ausgang 3) International anerkanntes Krankenhaus.

NOTFALL

Polizei (☎ 191) Die Nummer der Polizei ist in Thailand praktisch der universelle Notruf, man kann sie auch anrufen, um einen Krankenwagen zu rufen oder einen Brand zu melden.

Touristenpolizei (☎ 24-Std.-Hotline 1155) Bei den meisten Problemen, bei denen man die Polizei benötigt (meistens ein Betrug oder Diebstahl), wendet man sich am besten an die Touristenpolizei, die Erfahrung im Umgang mit Ausländern hat und im Fall einer Verhaftung hilfreich sein kann.

POST

Hauptpost (Karte S. 718 f.; ☎ 02 233 1050; Th Charoen Krung; ⌚Mo–Fr 8–20, Sa & So bis 1 Uhr; ⛴ Oriental-Pier) Bangkoks Hauptpost.

TOURISTENINFORMATION

Bei den offiziellen Touristeninformationen mit kostenlosem Service gibt's Karten, Broschüren und Sightseeing-Tipps. Sie sind nicht mit lizenzierten Agenturen zu verwechseln, die für Buchungen Gebühren verlangen. Oft lehnen Reisebüros ihre Namen an die thailändische Tourismusbehörde (Tourism Authority of Thailand; TAT) an, um Touristen irrezuführen.

Bangkok Informationsbüro (Karte S. 724 f.; ☎ 02 225 7612-4; www.bangkoktourist.com; 17/1 Th Phra Athit; ⌚Mo–Fr 9–19, Sa & So 9–17 Uhr; ⛴ Phra Athit/Banglamphu-Pier) Die städtische Touristeninfo hilft mit Karten, Broschüren und Wegbeschreibungen. Kioske und Schalter befinden sich in der ganzen Stadt, zu erkennen sind sie am grün-weißen Symbol eines Mahouts auf einem Elefanten.

Tourism Authority of Thailand (TAT; Karte S. 718 f.; ☎ 02 250 5500, Callcenter ☎ 1672; www.tourismthailand.org; 1600 Th Phetchaburi Tat Mai; ⌚8.30–16.30 Uhr; M Phetchaburi Ausgang 2) Bei dieser großen TAT-Touristeninformation gibt's Broschüren und Karten für das gesamte Land.

VISUM & EINREISE

Einwanderungsbüro von Bangkok (☎ 02 141 9889; www.bangkok.immigration.go.th/intro1.html; Bldg. B, Government Centre, Soi 7, Th

Chaeng Watthana; ⌚Mo–Fr 8.30–12 & 13–16.30 Uhr; M Chatuchak Park Ausgang 2 & Taxi, S Mo Chit Ausgang 3 & Taxi) In Bangkok ist dieses Büro für Visaverlängerungen zuständig.

An- & Weiterreise

BUS

Busbahnhof Ost (Karte S. 718 f.; ☎02 391 2504; Soi 40, Th Sukhumvit; S Ekkamai Ausgang 2) Hier starten Busse nach Pattaya, Rayong, Chanthaburi und zu anderen Zielen im Osten mit Ausnahme von Aranya Prathet. Meistens wird er *sà·tăh·nee èk·gà·mai* (Bahnhof Ekkamai) genannt. Er liegt in der Nähe der BTS-Station Ekkamai.

Busbahnhof Nord & Nordost (Mo Chit; ☎Ziele im Nordosten 02 936 2852, Durchwahl 602/605, Ziele im Norden 02 936 2841, Durchwahl 325/614; Th Kamphaeng Phet; M Kamphaeng Phet Ausgang 1 & Taxi, S Mo Chit Ausgang 3 & Taxi) Der hektische Busbahnhof direkt nördlich des Chatuchak-Parks wird *kŏn sòng mŏr chít* (Bahnhof Mo Chit) genannt – man sollte ihn nicht mit der BTS-Station Mo Chit verwechseln. Von hier fahren Busse zu allen Zielen im Norden und Nordosten, darunter auch zu Städten im Ausland wie Pakxe (Laos), Phnom Penh (Kambodscha), Siem Reap (Kambodscha) und Vientiane (Laos).

Busbahnhof Süd (Sai Tai Mai; ☎02 422 4444, Callcenter 1490; Th Boromaratchachonanee) Ein großes Stück westlich vom Zentrum Bangkoks befindet sich der Busbahnhof Süd. Er wird meistens *săi đâi mài* genannt und zählt zu den angenehmsten und ordentlichsten des Landes. Von hier fahren nicht nur alle Busse zu Zielen südlich von Bangkok, sondern auch Busse nach Kanchanaburi und Westthailand.

Suvarnabhumi Public Transport Centre (☎02 132 1888; Suvarnabhumi Airport) Dieser Busbahnhof 3 km vom Flughafen Suvarnabhumi entfernt bedient relativ häufig Ziele im Osten und Nordosten, darunter Aranya Prathet (für die Fahrt zur kambodschanischen Grenze), Chanthaburi, Ko Chang, Nong Khai (für die Fahrt zur laotischen Grenze), Pattaya, Rayong, Trat und Udon Thani. Vom Flughafen fährt ein kostenloser Shuttlebus hierher.

FLUGZEUG

In Bangkok befindet sich der wichtigste Flughafen des gesamten südostasiatischen Festlands. Beim Ticketkauf sollte man fragen, von welchem Bangkoker Flughafen das Flugzeug fliegt.

Auf dem **Suvarnabhumi International Airport** (☎02 132 1888; www.suvarnabhumiairport.com), 30 km östlich der Stadt landen alle Maschinen aus dem Ausland, darüber hinaus werden von hier auch viele nationale Ziele angesteuert. Der Name des Flughafens wird *sù·wan·ná·pum* ausgesprochen, der Code lautet BKK.

Am **Don Mueang Airport** (☎02 535 1253; www.donmueangairportthai.com), 25 km nördlich vom Zentrum Bangkoks, starten und landen Inlandsflüge sowie einige internationale Billigflieger.

MINIVAN

Private Minivans *(rót đôo)* sind für Fahrten in die benachbarten Provinzen eine bequeme Alternative zu den Bussen. Rund um das **Siegesdenkmal** (อนุสาวรีย์ชัย; Karte S. 718 f.; Ecke Th Ratchawithi & Th Phayathai; ⌚24 Std.; S Victory Monument Ausgang 2) in Bangkok befinden sich mehrere Minivan-Depots.

ZUG

Bahnhof Hualamphong (☎02 220 4334, Callcenter 1690; www.railway.co.th; abseits der Th Phra Ram IV; M Hua Lamphong Ausgang 2) Hualamphong ist die Endhaltestelle für die wichtigsten Zugverbindungen nach Süden, Norden, Nordosten und Osten.

Am Hualamphong gibt's einen Duschraum, ein Postzentrum, Gepäckaufbewahrungsmöglichkeiten, Cafés und Food Courts. Um von Sukhumvit hierherzugelangen, nimmt man die MRT zur Haltestelle Hua Lamphong. Aus westlicher Richtung (Banglamphu, Thewet) bedient Bus 53 die Route.

Bahnhof Bangkok Noi (☎02 418 4310, Callcenter 1690; www.railway.co.th; abseits der Th Itsaraphap; ⛴Thonburi Railway Station, Wang Lang/Siriraj-Pier, S Wongwian Yai Ausgang 4 & Taxi) Von diesem Bahnhof, auch Thonburi Railway Station genannt, fahren unregelmäßig (für Ausländer überteuerte) Züge nach Nakhon Pathom, Kanchanaburi und Nam Tok.

Unterwegs vor Ort

Der Verkehr ist fast immer gnadenlos. Ohne einen guten Stadtplan und viel Geduld kommt man nicht weit.

BTS & MRT

Der auf Stelzen verkehrende **BTS** (☎02 617 6000, Touristeninformation 02 617 7341; www.bts.co.th) Skytrain ermöglicht eine schicke Fahrt durch die Neustadt. Es gibt zwei Linien: die Sukhumvit- und die Silom-Linie. Die Züge pendeln zwischen 6 und 23.45 Uhr in dichtem Takt,

TOURISTENBUSSE AB DER THÀNŎN KHAO SAN

Die Fernbusse, die von der Th Khao San in Bangkok abfahren, sollte man meiden, denn oft lauern versteckte Kosten, auf vielerlei Art wird versucht, eine Kommission herauszuholen und häufig wird verstautes Gepäck gestohlen.

die Preise liegen zwischen 15 und 52 B, ein Tagesticket gibt's für 140 B. An den Schaltern kann man Geld für die Fahrkartenautomaten wechseln, aber keine Einzelscheine kaufen. Magnetkarten gibt's an den Ticketständen.

An den Zügen sind die Linie sowie der Zielbahnhof vermerkt, der anzeigt, in welche Richtung der Zug verkehrt. An einigen Stationen kann man auch in die MRT (Metro) umsteigen. Die Bangkoker Metro **MRT** (☎ 02 354 2000; www.bangkokmetro.co.th) (Metro) ist für Besucher am nützlichsten, um von Silom oder Sukhumvit zum Bahnhof Hualamphong zu gelangen. Die Züge fahren von 6 bis 24 Uhr; Fahrkarten kosten zwischen 16 und 42 B, ein Tagesticket 120 B. An folgenden MRT-Stationen kann man in den BTS (Skytrain) umsteigen:

- **Chatuchak** (BTS Chatuchak)
- **Sukhumvit** (BTS Asoke)
- **Silom** (BTS Sala Daeng)

BUS

Busse fahren häufig und sehr rasant. Sie werden von der **Bangkok Mass Transit Authority** (☎ 02 246 0973, Callcenter ☎ 1348; www.bmta.co.th) betrieben. Für eine Fahrt in einem einfachen Bus zahlt man mindestens 6,50 B, in einer klimatisierten Variante mindestens 10 B. Die meisten verkehren zwischen 5 und 22 bzw. 23 Uhr, manche auch die ganze Nacht.

Der *Bangkok Bus Guide* von thinknet bietet das aktuellste Streckennetz.

VON/ZU DEN FLUGHÄFEN

Suvarnabhumi International Airport

Der **Airport Rail Link** verkehrt zwischen dem Flughafen und dem Bahnhof Makkasan/Bangkok City Air Terminal sowie dem Bahnhof Phaya Thai (45 B, 30 Min., 6–24 Uhr) im Zentrum Bangkoks. Der Bahnhof Makkasan/Bangkok City Air Terminal liegt an der MRT-Station Phetchaburi, von wo man gut nach Silom und Sukhumvit kommt. Danach fährt der Airport Rail Link weiter zum Bahnhof Phaya Thai, der einen Übergang zur BTS-Station Phaya Thai hat.

Intercitybus Vom Public Transportation Center fahren Busse in andere Städte im Osten Thailands.

Nahverkehrsbus Nahverkehrsbusse verkehren zwischen dem Zentrum Bangkoks und dem Public Transportation Center des Flughafens, das mit dem 3 km entfernten Flughafen durch einen kostenlosen Shuttlebus verbunden ist. Außerdem fahren Minivans nach Don Muang.

- Bus 551 (Siegesdenkmal; 40 B, 5-22 Uhr häufig)
- Bus 552 (BTS-Station On Nut; 20 B, 5-22 Uhr häufig)

Taxi Öffentliche Taxis mit Kilometerzählern (keine „offiziellen Flughafentaxis") warten vor der Gepäckausgabe. Die Schlangen sind meist lang, man kann sie aber umgehen, indem man vor der Abflughalle ein Taxi heranwinkt. Schlepper bieten oft (in der Regel überhöhte) Festpreise, man sollte versuchen, einen Preis auszuhandeln, der dem Taxameter-Preis näherkommt. Für Taxis mit Taxameter fallen noch ein Zuschlag von 50 B für den Fahrer sowie Mautgebühren (meist um die 75 B) an. Es empfiehlt sich, höflich auf der Benutzung des Taxameters zu bestehen *(„Meter, kâ/kráp'")*, wenn der Fahrer dies nicht tun will. Je nach Verkehrslage sollte der Preis bei eingeschaltetem Kilometerzähler in folgendem Bereich liegen:

- Banglamphu/Khao San: 350–400 B
- Th Sukhumvit: 200–250 B
- Th Silom: 300–350 B

Don Muang Airport

Flughafenbus Folgende Busse fahren vom Flughafen zu verschiedenen Zielen in Bangkoks Zentrum.

- A1 (BTS-Station Mo Chit; 30 B, 7.30–23 Uhr häufig)
- A2 (BTS-Station Mo Chit & BTS-Station Victory Monument; 30 B, 7.30–23 Uhr alle 30 Min.)

Nahverkehrsbus Die folgenden klimatisierten Busse halten an der Schnellstraße vor dem Flughafen. Nahverkehrsbusse fahren rund um die Uhr. Außerdem steuern Minivans den Suvarnabhumi Airport an.

- Bus 59 (Th Khao San; 23 B)
- Bus 29 (BTS-Station Victory Monument und Bahnhof Hualamphong; 23 B)

Taxi Zum Taxameterpreis kommen ein Zuschlag von 50 B und von den Passagieren zu zahlende Mautgebühren hinzu.

Zug Wenn man das Terminal 1 in Richtung des Amari Airport Hotel verlässt, kommt man zum Bahnhof Don Muang. Von dort fahren Züge zum Bahnhof Hualamphong (5–10 B, 1 Std., 4–11.30 & 14–21.30 Uhr etwa stündl.).

SCHIFF/FÄHRE

Das **Chao Phraya Express Boat** (☎ 02 623 6001; www.chaophrayaexpressboat.com) bietet die Möglichkeit, Sehenswürdigkeiten in Ko Ratanakosin, Banglamphu und Teilen von Silom mit einem anderen, sehr reizvollen und effizienten Transportmittel abzuklappern. Die Boote fahren auf dem Mae Nam Chao Phraya. In Stoßzeiten sollte man gut auf die farbigen Fahnen an den Booten achten, um nicht versehentlich in ein Expressboot einzusteigen. Folgende Linien gibt's:

- **Expressboot** Erkennbar an der orangen Fahne; ab 15 B, Stoßzeiten morgens und abends bis etwa 19 Uhr; fährt vom Wat Rajsingkorn nach Nonthaburi und hält nur an den großen Piers.
- **Lokalboot** Ohne Fahne, 10–14 B, Stoßzeiten Mo–Fr morgens und abends bis 17.30 Uhr.

→ **Touristenboot** Blaue Fahne; 40 B,Tageskarte 150 B, 9.30–17 Uhr alle 30 Min.; fährt von Sathon/Central-Pier zum Phra-Athit- und Banglamphu-Pier und hält unterwegs an beliebten Sehenswürdigkeiten.

Klorng-Boote (9–19 B, bei Tageslicht) befahren den Khlong Saen Saep, eine enge Wasserstraße, die den Osten und den Westen Bangkoks miteinander verbindet. Die Kanäle ähneln Abwassergräben, darum sollte man aufpassen, dass man kein Spritzwasser abbekommt, und beim Ein- und Aussteigen aufmerksam sein, denn die Boote halten nur ein paar Sekunden. Nützliche Anlegestellen sind u. a.:

→ **Tha Phan Fah** Busbahnhof Ost, Banglamphu

→ **Tha Hua Chang** Gebiet des Siam Square

→ **Tha Pratunam** Umsteigepier, BTS Chitlom

TAXI

Normalerweise sind alle Bangkoker Taxis mit Kilometerzähler ausgestattet, manche Fahrer „vergessen" jedoch, ihn einzuschalten oder veranschlagen einen (übertrieben hohen) Fixpreis für Ausländer, vor allem in touristischen Gegenden. Diese Taxis, die vor den Hotels warten, sollte man deshalb ignorieren und stattdessen ein Taxi auf einer der Hauptstraßen anhalten. Davon sind sehr viele unterwegs, es sei denn, es ist Rushhour und schüttet wie aus Eimern. Eine Fahrt kostet je nach Entfernung 60 bis 90 B.

Inzwischen gibt's auch alternative Taxis in Bangkok, die man per App bestellen kann, etwa Uber und All Thai Taxi.

Motorradtaxis warten am Anfang der Gassen und transportieren Passagiere von der Hauptstraße zum jeweiligen Ziel. Eine solche Kurzstrecke kostet 10 bis 20 B; den Fahrpreis muss man vorher aushandeln. Motorradtaxis werden oft genutzt, wenn es schnell gehen muss, weil sie sich durch den Verkehr hindurchfädeln, es gibt jedoch viele und oft katastrophale Unfälle. Eine sinnvollere Alternative sind sie auf Nebenstraßen, wenn der Verkehr ruhig, der Fußweg aber weit ist.

TÚK-TÚK

Diese thailändische Version des Gokarts ist das typischste Transportmittel Bangkoks und zugleich der größte Albtraum für den Stadtverkehr. *Túk-túk* knattern wie Kettensägen, ihre Fahrer schneiden Kurven und sind gerissene Abzocker. Man braucht viel Erfahrung, um herauszufinden, welche Preise fair sind, damit man sich beim Verhandeln behaupten kann und weiß, wann es günstiger ist, kein Taxi, sondern ein *túk-túk* zu nehmen. Man sollte die Preise immer im Voraus ausmachen.

Wer aus Spaß eine Runde drehen möchte, sollte sich vor Fahrern in Acht nehmen, die Sightseeingtouren für 10 oder 20 B anbieten; sie sind Teil einer Abzockvariante, bei der Passagiere unter Druck gesetzt werden, bis sie überteuerte Waren kaufen.

ZENTRALTHAILAND

In dieser fruchtbaren Flussebene entstanden die historischen Königreiche Ayutthaya und Sukhothai. Darüber hinaus entwickelten sich hier sowohl die Kultur als auch die Sprache, die der „thailändischen Identität" ihren Stempel aufdrückten. Kernstück der Region ist der landesweit verehrte Fluss Mae Nam Chao Phraya, der das Binnenland mit dem Golf von Thailand verbindet. Reisende nach Chiang Mai müssen ohnehin durch Zentralthailand, aber diese kulturell reiche Gegend ist einfach für jeden ein Muss.

Ayutthaya

พระนครศรีอยุธยา

83 217 EW.

Diese sagenumwobene Stadt war das Glanzlicht der frühen thailändischen Geschichte und hat der aufstrebenden Nation einen Platz unter den großen Reichen Südostasiens verschafft. Ayutthaya wurde am Zusammenfluss des Mae Nam Lopburi, Chao Phraya und Pa Sak auf einer Insel errichtet und nach der Heimat Ramas in dem indischen Epos *Ramayana* benannt.

Die Flüsse boten natürlichen Schutz gegen Invasoren und begünstigten den Handel. Zwischen 1350 und 1767 mauserte sich der Stadtstaat zu einem wohlhabenden Reich, dem auch die westlichen Mächte nichts anhaben konnten. In die Knie zwangen den Stadtstaat jedoch schließlich die Birmanen, die seine Herrschaft beendeten und die Thais zwangen, ihr Machtzentrum in die Nähe des heutigen Bangkok zu verlegen.

Die Ruinen der alten Stadt überlebten mit vielen Kriegsnarben und stehen heute inmitten einer modernen Provinzstadt. Dennoch sind die Spuren der Geschichte dieses Königtums in den hiesigen Museen gut erhalten und problemlos zugänglich. Der Feiertag **Loi Krathong**, an dem man zu Ehren der Flussgöttin winzige Boote auf dem Wasser treiben lässt, wird in Ayutthaya mit viel Aufwand begangen.

Sehenswertes

Die Ruinen Ayatthavas, eine UNESCO-Welterbestätte, verteilen sich grob auf zwei Bereiche. Die Ruinen „auf der Insel" befinden sich im zentralen Teil der Stadt zwischen der Th Chee Kun und dem westlichen Ende der Th U Thong und sind am besten per Fahrrad zu erreichen. Die anderen Ruinen verteilen sich am gegenüberliegenden Ufer. Dorthin

Ayuthaya

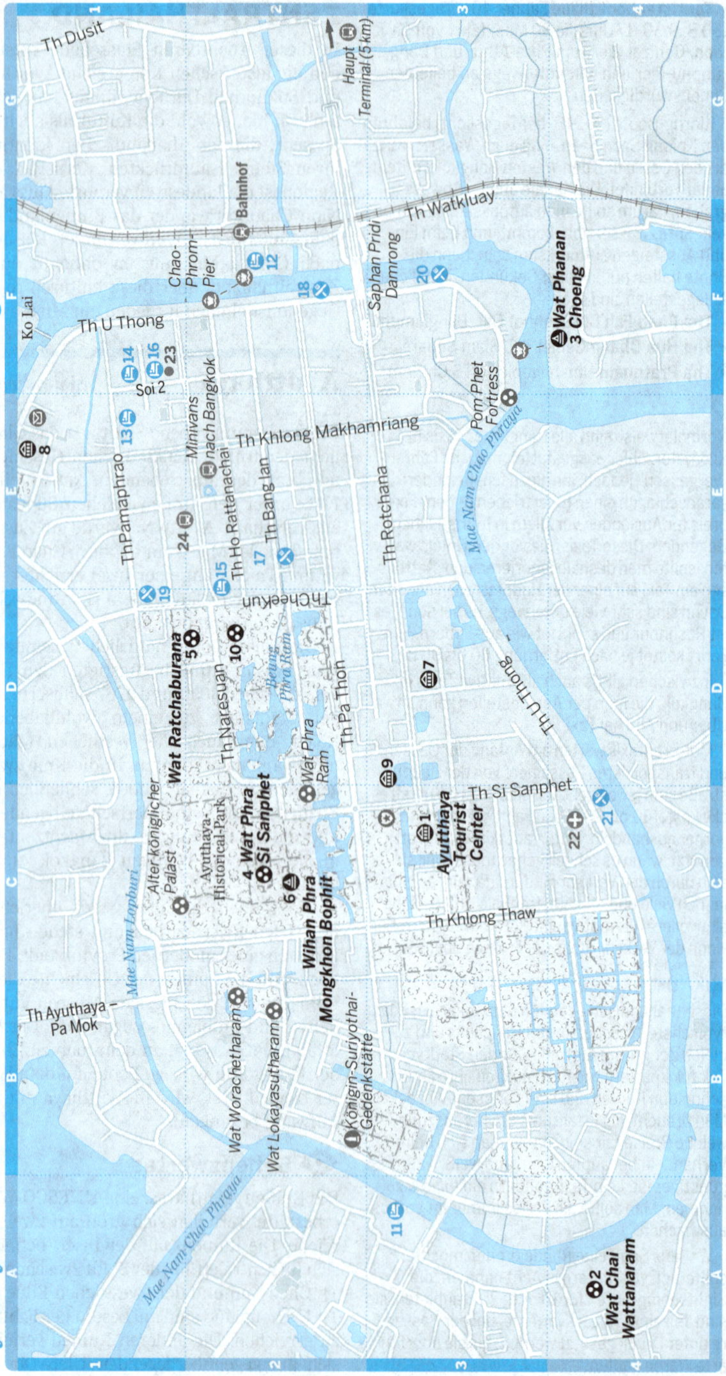
Th Dusit
Haupt Terminal (5 km)
Bahnhof
Th Watkluay
Chao-Phrom Pier
12
18
20
Saphan Pridi Damrong
Wat Phanan 3 Choeng
Ko Lai
Th U Thong
14
16
23
Soi 2
Minivans nach Bangkok
Pom Phet Fortress
13
8
Th Khlong Makhamriang
Th Rotchana
Mae Nam Chao Phraya
Th Pamaphrao
Th Ho Rattanachai
Th Bang Ian
24
17
15
19
Th Cheekun
Wat Ratchaburana 5
10
Beung Phra Ram
Th Naresuan
Th Pa Thon
7
Th U Thong
Alter königlicher Palast
Ayuthaya-Historical-Park
4 Wat Phra Si Sanphet
Wat Phra Ram
9
Th Si Sanphet
1 Ayutthaya Tourist Center
22
21
6
Wihan Phra Mongkhon Bophit
Th Khlong Thaw
Mae Nam Lopburi
Th Ayuthaya – Pa Mok
Wat Woracheetharam
Wat Lokayasutharam
Königin-Suriyothai-Gedenkstätte
11
Mae Nam Chao Phraya
2 Wat Chai Wattanaram
0
1 km
N

Ayuthaya

Highlights
1 Ayutthaya Tourist Center C3
2 Wat Chai Wattanaram A4
3 Wat Phanan Choeng F4
4 Wat Phra Si Sanphet C2
5 Wat Ratchaburana D2
6 Wihan Phra Mongkhon Bophit C2

Sehenswertes
7 Ayuthaya Historical Study Centre D3
8 Chantharakasem-Nationalmuseum ... E1
9 Chao-Sam-Phraya-National-museum D3
10 Wat Mahathat D2

Schlafen
11 Ayothaya Riverside House A3
12 Baan Are Gong F2
13 Baan Lotus Guest House E1
14 Chantana Guesthouse F1
15 Tamarind Guesthouse E2
16 Tony's Place F1

Essen
17 Bang-Ian-Nachtmarkt E2
18 Bann Kun Pra F2
19 Lung Lek D1
20 Pae Krung Gao F3
21 Roti-Sai-Mai-Stände C4

Praktisches
22 Phra Nakorn Si Ayuthaya Hospital C4
23 Tour With Thai F1
Tourism Authority of Thailand .... (siehe 1)

Transport
24 Busticketbüro E1

können Besucher entweder abendliche Boots- oder Motorradtouren unternehmen.

Die meisten Ruinen sind von 8 bis 16 Uhr zugänglich; für die berühmtesten muss Eintritt gezahlt werden. In den Museen und bei den Tempeln erhält man ein Tagesticket für 220 B, mit dem man fast alle Highlights auf der Insel besichtigen kann. Besucher sollten sich respektvoll verhalten und angemessen kleiden (Ellbogen und Knie bedecken).

Auf der Insel

★ Ayutthaya Tourist Center MUSEUM
(ศูนย์ท่องเที่ยวอยุธยา; ☎035 246076; ⌚8.30–16.30 Uhr) GRATIS Am besten steuert man in Ayutthaya zuerst dieses exzellente Museum an, dessen Ausstellungen über die Tempel und das Alltagsleben Besuchern den gesellschaftlichen Kontext nahebringen. Im Obergeschoss findet man zudem das winzige, aber interessante **Nationale Kunstmuseum Ayutthaya**. Unten befindet sich die Touristeninformation.

★ Wat Phra Si Sanphet RUINE
(วัดพระศรีสรรเพชญ์; 50 B; ⌚8–18 Uhr) Die drei prächtigen Stupas dieser Tempelruinen bilden eine Art Wahrzeichen Ayutthayas. Im späten 15. Jh. wurde dieser königliche Tempel innerhalb der Palastanlage erbaute und die Gebäude dienten als Vorbild für den Wat Phra Kaeo und den königlichen Palast in Bangkok. Der Wat Phra Si Sanphet war der größte Tempel Ayutthayas und beherbergte einst einen 16 m hohen stehenden Buddha (Phra Si Sanphet), bedeckt mit 143 kg Gold (einigen Quellen zufolge sogar mehr), das später von den birmanischen Eroberern eingeschmolzen wurde.

★ Wihan Phra Mongkhon Bophit BUDDHISTISCHER TEMPEL
(วิหารพระมงคลบพิตร; ⌚8–17 Uhr) GRATIS Im Tempel neben dem Wat Phra Si Sanphet steht einer der größten Bronze-Buddhas in ganz Thailand. Die 12,5 m hohe Statue (mit Fundament 17 m) wurde um 1700 bei einem durch Blitzschlag verursachten Brand schwer beschädigt und nahm erneut Schaden, als die Birmanen die Stadt einnahmen. 1956 spendete der Premierminister von Myanmar 200 000 B für die Restaurierung des Bauwerks, ein verspäteter Akt der Wiedergutmachung für die 200 Jahre zuvor erfolgte Plünderung der Stadt.

Wat Mahathat RUINE
(วัดมหาธาตุ; Th Chee Kun; 50 B; ⌚8–18 Uhr) Hier befindet sich das meistfotografierte Motiv Ayutthayas: ein Sandstein-Buddha, der mit dem Wurzelgeflecht eines Bodhibaums verwoben ist. Der zentrale *prang* war einst 43 m hoch, stürzte aber von selbst ein, lange bevor die Birmanen die Stadt eroberten. Er wurde in jüngerer Zeit neu aufgebaut, stürzte aber 1911 erneut ein. Der 1374 während der Herrschaft von König Borom Rachathirat I. gegründete Tempel war der bedeutendste des Königreichs und Sitz des obersten Patriarchen.

★ Wat Ratchaburana RUINE
(วัดราชบูรณะ; 50 B; ⌚8–18 Uhr) Mit seinen detailreichen Schnitzarbeiten, die Lotusblüten und mythische Kreaturen darstellen, zählt der *prang* in diesem Tempel zu den besten noch existierenden der Stadt. Wer keine Höhenangst, Platzangst oder Angst vor Fleder-

TOUREN RUND UM BANGKOK

In der Stadt und ihrer Umgebung werden viele Touren angeboten. Man kann sie in der Unterkunft buchen, eine größere Auswahl und mehr Flexibilität bieten aber Reisebüros wie **Tour With Thai** (☎ 035 231084; www.tourwiththai.com; Soi 2, Th Naresuan; ⌚ 8.30–18.30 Uhr). Einer der beliebtesten Trips ist eine zweistündige nachmittägliche Bootsfahrt (200 B pro Pers.) mit kurzen Stopps am Wat Phanan Choeng, Wat Phutthai Sawan und Wat Chai Wattanaram.

mäusen hat, kann im *prang* umherklettern, um die bunt bemalte Krypta zu besichtigen. Der Tempel wurde 1424 von König Borom Rachathirat II. an dem Ort gebaut, an dem seine beiden Brüder eingeäschert wurden; sie starben, als beide gegeneinander um den Thron kämpften.

Ayuthaya Historical Study Centre MUSEUM
(ศูนย์ศึกษาประวัติศาสตร์อยุธยา; Th Rotchana; Erw./Kind 100/50 B; ⌚ 9–16 Uhr; Ⓟ) Dieses von Japan finanzierte moderne Museum zeigt Ausstellungen zum Leben der traditionellen Dorfbewohner und der Ausländer-Gemeinschaften zur Zeit des Königreichs von Ayutthaya sowie einige Dioramen der früheren Pracht der Stadt. Man muss jemanden darum bitten, die Galerie unten zu öffnen.

Chantharakasem-Nationalmuseum MUSEUM
(พิพิธภัณฑสถานแห่งชาติจันทรเกษม; Th U Thong; 100 B; ⌚ Mi–So 9–16 Uhr) An der Stelle des Palastes, den König Naresuan und sieben nachfolgende Könige von Ayutthaya genutzt hatten, ließ König Rama IV. den Wang Chan Kasem (Chan-Kasem-Palast) bauen. Auf dessen Gelände steht dieses große Museum, dessen Sammlung (buddhistische Kunst, Keramik, alte Waffen, Lackschränke und alte Möbel) jedoch eher klein ist – die prächtig verzierten Gebäude selbst sind die Hauptattraktion. Den Turm draußen nutzte der König für sein Hobby, die Astronomie.

Chao-Sam-Phraya-Nationalmuseum MUSEUM
(พิพิธภัณฑสถานแห่งชาติเจ้าสามพระยา; Ecke Th Rotchana & Th Si Sanphet; Erw./Kind 150 B/frei; ⌚ 9–16 Uhr; Ⓟ) Das größte Museum der Stadt zeigt viele der Schätze, die während der Ausgrabung der Ruinen zutage kamen. darunter die Goldschätze, die in den Krypten des Wat Mahathat und des Wat Ratchaburana gefunden wurden.

Rund um die Insel

★ Wat Phanan Choeng BUDDHISTISCHER TEMPEL
(วัดพนัญเชิง; 20 B; ⌚ Sonnenaufgang–Sonnenuntergang) In diesem hektischen Tempel werden an den Wochenenden viele gut besuchte Zeremonien durchgeführte, mit denen man sich religiöse Verdienste erwirbt. Hauptattraktion ist der 19 m große Phra Phanan Choeng von 1324 im hoch aufragenden *wí·hăhn* (8–17 Uhr), umgeben von Wänden, die 84 000 Buddha-Bildnisse zieren. Er ist sogar noch beeindruckender als der große Buddha im Wihan Phra Mongkhon Bophit. Täglich strömen Menschen her, um ihre Köpfe mit den Enden der Robe des großen Buddhas zu bedecken, eine Zeremonie, die in anderen Tempeln normalerweise nur an großen Feiertagen durchgeführt wird.

★ Wat Chai Wattanaram RUINE
(วัดไชยวัฒนาราม; 50 B; ⌚ 8–18 Uhr) Wegen des 35 m hohen zentralen *prang* im Khmer-Stil und des guten Zustands der Bauten ist dies die imposanteste Stätte außerhalb der Insel. König Prasat Thong begann 1630 mit dem Bau des Tempels (der etwa 20 Jahre dauerte), um seine Mutter zu ehren, und orientierte sich bei der Gestaltung erkennbar an Angkor Wat in Kambodscha.

Wat Yai Chai Mongkhon RUINE
(วัดใหญ่ชัยมงคล; 20 B; ⌚ 6–18 Uhr) U Thong, der erste König von Ayutthaya ließ diesen Tempel 1357 als Unterkunft für Mönche bauen, die von der Mönchsweihe in Sri Lanka zurückkehrten. Nach dem Sieg über die Birmanen errichtete König Naresuan 1592 den fantastischen glockenförmigen *chedi*. Wegen der gepflegten Gärten ist dies eine der fotogensten Ruinen Ayutthayas. In der Nähe des Eingangs befindet sich ein 7 m langer liegender Buddha – wer es schafft, dass eine Münze an den Füßen des Buddhas haften bleibt, soll mit Glück gesegnet sein.

Schlafen

Budgetunterkünfte konzentrieren sich rund um die Soi 2, die Th Naresuan, in der Nähe der Bushaltestelle sowie bei den Fähranlegern auf beiden Seiten des Flusses.

★ Baan Lotus Guest House PENSION $
(☎ 035 251988; Th Pamaphrao; B 200 B, EZ 250 B, DZ & 2BZ 350-600 B; P ❄ 📶 👪) Ein echter Glücksgriff ist diese umgebaute Schule aus Teakholz mit einer großen Terrasse nach hinten. Sie liegt in der Nähe der Backpacker-Meile, aber dennoch davon isoliert. Der Besitzer ist genauso charmant wie das Gebäude. Es ist so ruhig, dass nach 18 Uhr fast gar nichts mehr passiert – auch kein Check-in.

★ Ayothaya Riverside House PENSION $
(081 644 5328; Zi. ohne Bad 400 B, Zi. auf dem Boot 1500 B; ❄ 📶) Dank der Lage dieser Pension in einem untouristischen Stadtviertel im Westteil der Stadt, auf der anderen Seite des Chao Phraya, erlebt man hier eine ganz andere Seite von Ayutthaya. Die einfachen Standardzimmer in einem Holzhaus verfügen nur über Ventilator und Gemeinschaftsbäder, dafür ist dies aber die einzige Unterkunft der Stadt, in der man auf einem Boot übernachten kann.

Chantana Guesthouse PENSION $
(☎ 035 323200; chantanahouse@yahoo.com; 12/22 Soi 2, Th Naresuan; Zi. inkl. Frühstück 300–450 B; P ❄ 📶) Die blitzblanke Pension ist recht schlicht, bietet aber das vielleicht beste Preis-Leistungs-Verhältnis in der Backpacker-Meile. Die Mitarbeiter sind freundlich, wenngleich die Englischkenntnisse bescheiden sind. Ein eigener Balkon kostet 50 B extra.

Baan Are Gong PENSION $
(☎ 035 235592; siriporntan@yahoo.com.sg; Soi Satani Rot Fai; Zi. 380–1300 B; ❄ 📶) Zwei Minuten vom Bahnhof steht dieses von einer freundlichen Familie geführte 100 Jahre alte Teakholzhaus direkt am Fluss. Es ist nicht die billigste Unterkunft in dieser Gegend, aber kaum eine andere hat mehr Persönlichkeit. Die günstigsten Zimmer teilen sich Gemeinschaftsbäder.

★ Tamarind Guesthouse PENSION $$
(☎ 089 010 0196; tamarindthai2012@gmail; abseits der Th Chee Kun; Zi. inkl. Frühstück 600–1200 B; ❄ 📶) Ein kreativer Mix aus Alt und Neu prägt dieses umgebaute Holzhaus, und der Service ist unglaublich freundlich. Das Tamarind versteckt sich in einer kleinen Seitenstraße direkt gegenüber vom Wat Mahathat und schafft es, zugleich eine ruhige Oase und mitten im Zentrum des Geschehens zu sein.

Tony's Place PENSION $$
(☎ 035 252578; www.tonyplace-ayutthaya.com; Soi 2, Th Naresuan; Zi. 200–1200 B; ❄ 📶 🏊) Dank wirklich hübscher Zimmer, winzigem Pool und der Möglichkeit, sich mit Mitreisenden auszutauschen, bleibt das Tony's die erste Wahl für Flashpacker. Die günstigeren Räume verfügen über Ventilatoren und Gemeinschaftsbäder.

Essen

Nachdem man sich durch Bangkok hindurchgeschlemmt hat, wird einen Ayutthayas Restaurantszene eventuell enttäuschen. Dennoch gibt's ein paar kulinarische Traditionen, darunter muslimische und europäische Küche, die über die Jahrhunderte erhalten geblieben sind.

Roti Sai Mai Stalls SÜSSIGKEITEN $
(Th U Thong; ⏱ 8–20 Uhr) Das Dessert *roh·đee săi măi* (Seidenfaden-*roti*) wurde in Ayutthaya erfunden. Man bekommt es in der ganzen Stadt, am berühmtesten sind aber die Läden vor dem Krankenhaus. Um es selbst herzustellen, kauft man sich eine Tüte voll, rollt die dünnen Fäden aus geschmolzenem Palmzucker zusammen und füllt sie in ein *roti*.

Bang-Ian-Nachtmarkt MARKT $
(Th Bang Ian; ⏱ 16–20.30 Uhr) Auf diesem großen, turbulenten Nachtmarkt am Ende der gleichnamigen Straße gibt's tolle Snacks. Zudem liegt er ideal, um ihn zu besuchen, bevor oder nachdem man sich abends die beleuchteten Ruinen anschaut.

Lung Lek NUDELN $
(Th Chee Kun; Hauptgerichte 30–50 B; ⏱ 8.30–16 Uhr) In dem allseits beliebten Nudelladen Onkel Lek gibt's die wahrscheinlich leckersten *gŏo·ay đĕe·o reu·a* der Stadt.

★ Bann Kun Pra THAI $$
(☎ 035 241978; www.bannkunpra.com; Th U Thong; Gerichte 70–420 B; ⏱ 11–21.30 Uhr) Viel intimer als die meisten Uferrestaurants der Stadt. Dieses hundertjährige Teakholzhaus lädt dazu ein, einfach zu sitzen und das Leben und Treiben auf dem Fluss zu beobachten. Auf der einfallsreichen Karte stehen viele Meeresfrüchte und mehrere Varianten der regionalen Flusskrebse, z. B. mit Kräutern gegrillt oder mit Tamarindensoße gebraten. Außerdem gibt's ein paar hübsche, aber teure Gästezimmer.

★ Pae Krung Gao THAI $$
(Th U Thong; Gerichte 60–1000 B; ⏱ 10–21.30 Uhr; 📶) Erstklassige Thai-Küche in einem wunderbar dekorierten Restaurant am Fluss – die Hälfte der vielen Gäste kommt scheinbar we-

VERKEHRSVERBINDUNGEN AB AYUTTHAYA

Zug

ZIEL	FAHRPREIS (B)	FAHRTDAUER (STD.)	HÄUIGKEIT
Bangkok (Bahnhof Hualamphong)	15–66	1½–2½	häufig
Chiang Mai	211–1398	11–14	5-mal tgl.
Nong Khai	202–1262	9–11	4-mal tgl.
Pak Chong	53–465	2–3	10-mal tgl.

Bus & Minivan

ZIEL	FAHRPREIS (B)	FAHRTDAUER (STD.)	ABFAHRT
Bangkok (Siegesdenkmal)	60	1½	häufig (Minivan)
Bangkok, Bahnhof Nord (Mo Chit)	50	1	häufig (Minivan)
Chiang Mai	419–837	8–10	häufig
Lopburi	80	1½	alle 30 Min. (Minivan)
Saraburi	45	1½	häufig
Sukhothai	266–342	7	häufig
Suphanburi	45	1½	häufig (Minivan)

gen der gegrillten Flusskrebse. Die englischsprachige Karte ist unvollständig; wer weiß, was er essen möchte, fragt einfach danach.

Praktische Informationen

Hauptpost (Th U Thong; Mo–Fr 8.30–16.30, Sa & So 9–12 Uhr)

Phra Nakorn Si Ayuthaya Hospital (035 211888; Th U Thong) Notaufnahme und englischsprachige Ärzte.

Tourism Authority of Thailand (TAT; 035 246076; tatyutya@tat.or.th; Th Si Sanphet; 8.30–16.30 Uhr) Hat einen Infoschalter im **Ayutthaya Tourist Center** (S. 743), an dem man Stadtpläne und guten Rat bekommt.

Touristenpolizei (035 241446; Th Si Sanphet)

An- & Weiterreise

BUS

Ayutthayas Minivan-Haltestelle (*dà·làht tâh rót jôw prom*) liegt direkt südlich von der Backpacker-Meile. Von hier fahren Minivans nach Suphanburi (zur Weiterreise nach Kanchanaburi), Saraburi (zur Weiterreise nach Pak Chong und Khorat) und Bangkok. Eine zweite Abfahrtsstelle nach Bangkok befindet sich einen Block weiter westlich.

Der Hauptbusbahnhof befindet sich 3 km östlich der Insel nahe der Th Rotchana. Fahrkarten nach Chiang Mai und Sukhothai kann man in einem **Busticketbüro** (6–17 Uhr) in der Th Naresuan kaufen. Ein túk-túk vom Busbahnhof in die Altstadt kostet 100 bis 150 B. Man kann auch mit dem lila *sŏrng·tăa·ou* (Passagier-Kleinlaster; 7 B) fahren.

ZUG

Der Bahnhof befindet sich am Ostufer des Mae Nam Pa Sak und ist problemlos zu Fuß sowie per Flussfähre (5 B) zu erreichen. *Sŏrng·tăa·ou* in die Gegend mit den Pensionen sollten 50 B kosten. Wer nach Khao Yai möchte, nimmt den Zug nach Pak Chong. Zur Th Khao San in Bangkok steigt man in Bang Sue aus.

Unterwegs vor Ort

Die meisten Pensionen können Fahrräder verleihen (40–50 B). Wer die Sehenswürdigkeiten abklappern will, könnte ein *túk-túk* für eine Tagestour mieten (200 B pro Std.); eine einfache Fahrt in der Stadt sollte um die 50 B kosten.

Lopburi ลพบุรี

161 040 EW.

In dieser kleinen entspannten Stadt kann man sich wunderbar von den Anstrengungen der typischen Touristenroute erholen. Hier gibt's weder aggressive *túk-túk*-Fahrer noch mies gelauntes Hotelpersonal. Außerdem wird man endlich weniger Reisenden begegnen. Lopburi wartet mit zahlreichen Ruinen auf, die von Besetzungen durch so ziemlich alle ehemaligen südostasiatischen Königreiche zeugen: Dvaravati, Khmer und Ayutthaya. Essensstände, Motorradläden und sogar eine Horde hier ansässiger Affen prägen die alte Stadt. Zu Ehren Letzterer steigt jedes Jahr in der letzten Novemberwoche ein Fest.

Sehenswertes

Vom Stadtzentrum erreicht man die historischen Ruinen problemlos zu Fuß.

★Phra Narai Ratchaniwet MUSEUM
(วังนารายณ์ราชนิเวศน์; Eingang Th Sorasak; 150 B; ⏲Mi–So 8.30–16 Uhr) Für den früheren Königspalast, in dem heute das Somdet-Phra-Narai-Nationalmuseum hervorragende Ausstellungen zur Geschichte der Region zeigt, sollte man sich ein paar Stunden Zeit nehmen. Mit dem Bau, bei dem französische und italienische Ingenieure halfen, wurde 1665 begonnen. Der Palast wurde genutzt, um ausländische Würdenträger zu empfangen. Nach König Narais Tod wurde er aufgegeben, von König Rama IV. aber wieder in Betrieb genommen. Die Hauptausstellung, die sich den 3500 Jahren der bekannten Geschichte der Provinz widmet, befindet sich in der früheren Residenz des Königs.

★Prang Sam Yot RUINE
(ปรางค์สามยอด; Th Wichayen; 50 B; ⏲6–18 Uhr) Lopburis wohl berühmteste Attraktion ist der imposante Prang Sam Yot samt seiner unzähligen Affenbewohner. Die drei miteinander verbundenen Türme wurden im 13. Jh. von den Khmer als buddhistischer Tempel erbaut, später aber in einen Shiva-Tempel verwandelt. Im Inneren befinden sich Überreste von Buddha-Figuren ohne Köpfe; ein dritter, besser erhaltener Buddha sitzt fotogen vor dem Haupt-*prang*. Eine schwere Metalltür sperrt die Affen aus, Besucher können aber hineingehen.

Wat Phra Si Ratana Mahathat RUINE
(วัดพระศรีรัตนมหาธาตุ; Th Na Phra Kan; 50 B; ⏲8.30–16.30 Uhr) Im Laufe der Zeit wurde dieser ursprünglich im 12. Jh. erbaute Khmer-Tempel stark verändert. Er gibt ein tolles Fotomotiv ab. Der zentrale *prang* ist der höchste Lopburis, und ein Großteil seines Originalstucks ist ebenso wie an den Stupas ringsum noch erhalten. Den nordwestlichen Stupa schmücken Engel im Stil von U Thong, ihre länglichen Gesichter und ungewöhnlichen „Heiligenscheine" sind eine Seltenheit.

Schlafen

Die Hotels in der Altstadt sind meist betagt und schlicht, aber dafür nicht weit von den Ruinen.

★Noom Guesthouse PENSION $
(☎036 427693; www.noomguesthouse.com; Th Phraya Kamjat; B 150 B, Zi. 200–500 B; ❄📶) Im Noom, der mit Abstand ausländerfreundlichsten Unterkunft der Stadt, gibt's klassische Zimmer mit Gemeinschaftsbad im Holzhaus und gemütliche kleine Gartenbungalows hinter dem Haus.

Nett Hotel HOTEL $
(☎036 411738; netthotel@hotmail.com; abseits der Th Ratchadamnoen; Zi. 250–550 B; ❄📶) Nach wie vor eines der besten altmodischen Hotels in der Nähe der Ruinen mit ordentlich sauberen Zimmern, die in den vergangenen Jahren renoviert wurden. Viel schöner ist aber die komplett vergitterte Dachterrasse, von der man prima die Affen beobachten kann. Die billigsten Zimmer haben nur Ventilatoren und Kaltwasserduschen.

Pee Privatunterkunft PRIVATUNTERKUNFT $
(☎086 164 2184; www.lopburimassage.com; Soi Phromachan; Zi. 200–450 B; ❄@📶) Auf der falschen Seite der Stadt… aber im positiven Sinn. Die megafreundliche Ganaree, Kosmetikerin und Massagetherapeutin, sorgt dafür, dass man einen Einblick ins Leben der Einheimischen bekommt. Ihre drei Zimmer im Obergeschoss würden es beim Wettbewerb um die saubersten Zimmer Thailands mühelos in die engere Auswahl schaffen.

Essen & Ausgehen

Das beste preiswerte Abendessen in der Altstadt bekommt man auf dem kleinen **Nachtmarkt** (Th Na Phra Kan; ⏲15–23 Uhr).

★Naan Stop Curry INDISCH $
(Soi Sorasak; Gerichte 70–180 B; ⏲11–22 Uhr; 📶🖉) Nein, das ist kein typisches biederes

AFFENTHEATER

Lopburis Einwohner haben ein gespaltenes Verhältnis zu den Maskottchen ihrer Stadt. Im hinduistisch-buddhistischen Glauben haben die Affen göttliche Verbindungen, deswegen darf ihnen kein Leid zugefügt werden. Doch ihre Eskapaden fordern eine strenge Strafe heraus. Bei einem Besuch des San Phra Kan und des Prang Sam Yot, den Lieblingsplätzen der Affen, ist Vorsicht angesagt. Man sollte den direkten Kontakt meiden, denn es handelt sich um wilde Tiere, die beißen. Außerdem keine Wasserflaschen, Kameras, Taschen oder andere Dinge offen mit sich führen, die einem aus der Hand gerissen werden können.

VERKEHRSVERBINDUNGEN AB LOPBURI

Bus & Minivan

ZIEL	FAHRPREIS (B)	FAHRTDAUER (STD.)	ABFAHRT
Ayutthaya	80	1½	alle 30 Min. (Minivan)
Bangkok (Siegesdenkmal)	110–120	2	häufig (Minivan)
Chiang Mai	502–582	9-12	12.30, 22.30, 23, 24 Uhr
Pak Chong	70	2	alle 30 Min. (Minivan)

Zug

ZIEL	FAHRPREIS (B)	FAHRTDAUER (STD.)	ABFAHRT
Ayutthaya	13–58	45 Min.–1½	18-mal tgl.
Bangkok (Bahnhof Hualamphong)	28–123	2–3½	17-mal tgl.
Chiang Mai	212–1353	9–12	5-mal tgl.
Phitsanulok	99–1046	3–5	11-mal tgl.

indisches Restaurant mit weißen Tischdecken. Hier gibt's eine kleine Karte mit Familienrezepten, die nach der Bestellung frisch zubereitet werden, einen geselligen Besitzer und Rock'n'Roll im Hintergrund. Mittags ist es nicht immer geöffnet.

Matini INTERNATIONAL, THAI $
(Th Phraya Kamjat; Gerichte 50–350 B; 9 Uhr–open end;) Kostenloses Billard, Blues-Brothers-Motive an der Wand und leckere Küche (sowohl Thai- als auch westliche Gerichte) machen das Matini zur hippsten Backpacker-Adresse Lopburis. Der Name mag zwar wie ein Tippfehler wirken, doch „Matini" bedeutet auf Thai „Kommt her".

Sahai Phanta BAR
(Soi Sorasak) Wer mit Einheimischen feiern möchte, ist in dieser Bar im Zentrum mit Hausband im Carabao-Stil richtig.

Praktische Informationen

Muang Narai Hospital (036 616300; Th Pahonyohtin)

Post (Th Prang Sam Yot)

Tourism Authority of Thailand (TAT; 036 770096; tatlobri@tat.or.th; Th Na Phra Kan; 8.30–16.30 Uhr) Im Bahnhof.

An- & Weiterreise

Der Busbahnhof befindet sich fast 2 km außerhalb der Altstadt. Minivans fahren von der Th Na Phra Kan nach Bangkok. Wer nur einen Kurzbesuch auf dem Weg zu Zielen weiter nördlich plant, kann in der Gepäckaufbewahrung am **Bahnhof** (Th Na Phra Kan) nahe der Altstadt Ballast loswerden.

Unterwegs vor Ort

Săhm·lór (Fahrradtaxis) kosten für alle Fahrten in der Altstadt 20 B. *Sŏrng·tăa·ou* fahren für 8 B auf einer festen Routen zwischen der Altstadt und der Neustadt, die auch den Busbahnhof und die Altstadt verbindet.

Phitsanulok พิษณุโลก

84 000 EW.

Aufgrund der praktischen Lage an einer wichtigen Bahnstrecke quartieren sich manche Reisende hier ein und besuchen die alte Stadt Sukhothai. Philok (so der Spitzname) selbst wartet mit einem berühmten Buddha und ein paar „kleinen" Attraktionen auf.

Sehenswertes

★ Wat Phra Si Ratana Mahathat BUDDHISTISCHER TEMPEL
(วัดพระศรีรัตนมหาธาตุ; Th Phutta Bucha; Tempel 6–21 Uhr, Museum Mi–So 9–17.30 Uhr) GRATIS Der Haupt-*wí·hăhn* (Heiligtum) wirkt von außen klein, beherbergt jedoch den Phra Phuttha Chinnarat, eine der meistverehrten und meistkopierten Buddha-Figuren Thailands. Bedeutender ist wohl nur der Smaragd-Buddha in Bangkoks Wat Phra Kaeo.

★ Sergeant Major Thawee Folk Museum MUSEUM
(พิพิธภัณฑ์พื้นบ้านจ่าทวี; 26/38 Th Wisutkasat; Erw./Kind 50/25 B; 8.30–16.30 Uhr) In diesem faszinierenden Museum wird eine bemerkenswerte Sammlung von Werkzeugen, Textilien und Fotografien aus der Provinz

Phitsanulok gezeigt. Die Exponate verteilen sich auf fünf Gebäude und sind mit informativen englischen Erklärungen versehen. Wer sich für Kochen interessiert, kann eine komplette Thai-Küche bewundern und die verschiedenen Fallen für Wild kennenlernen. Männliche Besucher dürften mitfühlen und mitleiden, wenn sie die Ausstellung über die traditionelle Methode der Bullenkastration sehen, die offenbar ohne scharfe Werkzeuge auskam.

Wat Ratburana BUDDHISTISCHER TEMPEL
(วัดราชบูรณะ; Th Phutta Bucha; ⏲ Sonnenaufgang–Sonnenuntergang) GRATIS Auf der anderen Straßenseite gegenüber vom Wat Phra Si Ratana Mahathat steht der Wat Ratburana, den weniger Menschen besuchen, obwohl er interessanter ist als sein berühmter Nachbar. Neben einem *wí·hăhn* mit einem 700 Jahre alten goldenen Buddha befinden sich hier ein *bòht* (Kapelle) aus der Mitte des 19. Jhs. mit schönen Wandbildern und zwei hölzerne *hŏr đrai* (Manuskriptbibliotheken).

Schlafen

Lithai Guest House HOTEL $
(☎055 219626; 73/1-5 Th Phayarithai; Zi. inkl. Frühstück 300–580 B; ❄📶) Die rund 60 hellen Zimmer haben wenig Ambiente, sind aber sauber. Die klimatisierten Varianten bieten Extras wie große Privatbäder mit Warmwasser, Kabel-TV, Kühlschrank und Frühstück.

River Homestay HOTEL $
(☎055 249226; abseits der Th Wang Chan; Zi. 550–650 B; ❄📶) Auf einem vertäuten Hausboot befinden sich sechs Zimmer, die eine früher in Phitsanulok häufig anzutreffende Unterkunftsform aufleben lassen. Sie sind eng, aber hübsch und haben halboffene Bäder. Außerdem gibt's einen offenen Fernsehbereich für alle Gäste.

Essen & Ausgehen

Nachtmarkt MARKT $
(Th Phra Ong Dam; Hauptgerichte 30–60 B; ⏲17–24 Uhr) Auf diesem Markt, der sich auf beiden Seiten der Th Phra Ong Dam nördlich der Th Authong erstreckt, gibt's das übliche thailändische Straßenessen.

Rim Nan THAI $
(5/4 Th Phutta Bucha, keine engl. Beschilderung; Hauptgerichte 20–35 B; ⏲9–16 Uhr) Gleich nördlich vom Wat Phra Si Ratana Mahathat liegt das Rim Nan, eines von mehreren ähnlichen Restaurants in der Th Phutta Bucha, die *gŏo·ay đĕe·o hôy kàh* („hängende-Beine-Nudeln") und „alternative" Sitzgelegenheiten bieten.

Fah-Ke-Rah THAI $
(786 Th Phra Ong Dam; Hauptgerichte 20–60 B; ⏲7–21 Uhr) Nahe der pakistanischen Moschee in der Th Phra Ong Dam gibt's mehrere thai-muslimische Cafés, und dieses ist unser Favorit. Dicke *roh·đee* (knusprige Teig-„Pfannkuchen") werden mit reichhaltigen Currys serviert, und täglich wird frischer Joghurt hergestellt.

★ **Ban Mai** THAI $$
(93/30 Th Authong, keine engl. Beschilderung; Hauptgerichte 100–290 B; ⏲11–22 Uhr) In diesem bei Einheimischen beliebten Restaurant fühlt man sich wie bei den Großeltern: Wohltönende Konversation erklingt, es wimmelt von altmodischen Möbeln und eine überfütterte Hauskatze scheint den Speisesaal zu regieren. Zu den bodenständigen Gerichten gehören *gaang pèt bèt yâhng* (Curry mit gegrillter Ente) und *yam đà krái* (eine Art Salat mit Kräutern und Zitronengras). Einfach nach dem gelben Komplex gegenüber dem Ayara Grand Palace Hotel schauen.

Camper BAR
(Th Baromtrilokanart; ⏲19–24 Uhr) Wilde und unterhaltsame Freiluftbar mit scheinbar auseinanderfallenden Retromöbeln, einheimischen Hipstern, Bier vom Fass und Livemusik.

Praktische Informationen

@net (abseits der Th Baromtrilokanart; 8 B pro Std.; ⏲24 Std.) Internetzugang rund um die Uhr.

Tourism Authority of Thailand (TAT; ☎055 252742, landesweit ☎1672; tatphlok@tat.or.th; 209/7-8 Th Baromtrilokanart; ⏲8.30–16.30 Uhr) Das hilfsbereite Personal des Büros abseits der Th Baromtrilokanart gibt kostenlose Stadtpläne und eine Stadtspaziergangsroute aus. Dieses Büro ist auch für die Provinzen Sukhothai, Phichit und Phetchabun zuständig.

Touristenpolizei (☎1155; Th Akatossaroth)

An- & Weiterreise

5 km südlich der Stadt liegt der **Flughafen** (☎055 301002) von Phitsanulok; ein Taxischalter arrangiert Fahrten in die/aus der Stadt für 150 B. **Air Asia** (☎Phitsanulok 09 4719 3645, landesweit 02 515 9999; www.airasia.com; Phitsanulok Airport; ⏲6–18.30 Uhr) und **Nok Air** (☎Phitsanulok 055 301051, landesweit ☎1318; www.nokair.co.th; Phitsanulok Airport;

BUSSE & MINIVANS AB PHITSANULOK

ZIEL	FAHRPREIS (B)	FAHRTDAUER (STD.)	ABFAHRT
Bangkok	304–472	5–6	6.20–23.30 Uhr stündl.
Chiang Mai	232–237	6	5.40–12.40 Uhr häufig
Chiang Rai	300	7-8	8–22.30 Uhr 4 Abfahrten
Kamphaeng Phet	59–83	3	5–18 Uhr stündl.
Mae Sot	157–242	4	1 & 2.30 Uhr (Bus), 4-mal tgl. (Minivan)
Sukhothai	50–94	1	7.20–16.45 Uhr häufig (Bus), 5–18 Uhr alle 30 Min. (Minivan)
Geschichtspark Sukhothai	58–70	1½	7.15–12.40 Uhr 4 Abfahrten (Bus), 5–18 Uhr alle 30 Min. (Minivan)

⏲6–21 Uhr) fliegen zwischen Phitsanulok und dem Don Muang International Airport in Bangkok (690–1100 B, 55 Min., 5-mal tgl.). **Kan Air** (☎Phitsanulok 08 6395 0718, landesweit 02 551 6111; www.kanairlines.com; Phitsanulok Airport; ⏲8–17 Uhr) hat Flüge von/nach Chiang Mai (1990 B, 1 Std., 4-mal wöchentl.).

Der **Busbahnhof** (☎055 212090; Rte 12) liegt 2 km östlich der Stadt am Highway 12; *túk-túk* und Motorradtaxis in die/ab der Stadt kosten 60 B. Von Phitsanulok gibt's gute Verbindungen, denn die Stadt ist ein Knotenpunkt für verschiedene Bus- und Minivanrouten.

Im Stadtzentrum und in Gehweite der Unterkünfte befindet sich der **Bahnhof** (☎Phitsanulok 055 258005, landesweit ☎1690; www.railway.co.th; Th Akatossaroth). Praktisch alle Züge nach Norden und Süden halten hier. Sie fahren u.a. in folgende Städte:

Bangkok 69–1664 B, 5–7 Std., 10-mal tgl.

Chiang Mai 65–1645 B, 7–9 Std., 6-mal tgl.

Sukhothai สุโขทัย

37 000 EW.

Die Ruinen von Sukhothai sind eine fantastische Sammlung von Tempelarchitektur im Stil Angkor Wats, kombiniert mit einzigartigen thailändischen Elementen. Sukhothai gilt als Thailands erstes unabhängiges Königreich. Es entstand im 13. Jh. und kontrollierte 150 Jahre lang Teile der westlichen Grenze des Khmer-Imperiums, das damals bereits im Niedergang begriffen war. Im neuen Thai-Reich ließ man sich von den ehemaligen Machthabern inspirieren. So entstand eine übersichtliche Tempelstadt mit schönen schiefen Säulen, heiter dreinblickenden Buddha-Figuren und Türmen, die inzwischen von Unkraut überzogen sind.

Ayutthaya hat historisch gesehen zwar mehr zu bieten, aber dafür sind die hiesigen Stätten besser erhalten und haben eine eindrucksvollere Architektur. Sukhothai bedeutet so viel wie „wachsende Freude" und gilt als Keimzelle eines speziellen thailändischen Kunststils.

Das moderne Sukhothai (ca. 12 km von den Ruinen entfernt, häufig als Neu-Sukhothai bezeichnet) ist eine praktische Ausgangsbasis, aber sonst eine nichtssagende Provinzstadt.

Sehenswertes & Aktivitäten

Geschichtspark Sukhothai HISTORISCHE STÄTTE
(อุทยานประวัติศาสตร์สุโขทัย; ☎055 697527) Eine der eindrucksvollsten Welterbestätten Thailands: Innerhalb der alten Mauern des Parks befinden sich die Überreste von 21 historischen Bauwerken sowie vier große Teiche, und weitere 70 Stätten liegen in einem Umkreis von 5 km. Die Ruinen sind in fünf Zonen unterteilt, von denen die zentrale, die nördliche und die östliche Zone jeweils 100 B Eintritt kosten.

Die typischsten architektonischen Merkmale der Tempel von Sukhothai sind die *chedi* in der klassischen Lotusknospenform, deren sich verjüngende Türme auf einem quadratischen Bauwerk stehen, das auf einem dreistufigen Fundament ruht. Einige Bauten weisen komplexere architektonische Formen auf, die während dieser Periode eingeführt und modifiziert wurden, etwa den glockenförmigen singhalesischen und den zweistufigen Srivijaya-*chedi*.

Der Park ist zwar sehr beliebt, doch da er so weitläufig ist, kann man ihn meistens ungestört erkunden. Einige der beeindruckendsten Ruinen liegen außerhalb der Stadtmauer, ein Fahrrad oder ein Motorrad sind daher sehr nützlich, um die Ruinen in ihrer ganzen Vielfalt zu erleben.

Geschichtspark Sukhothai

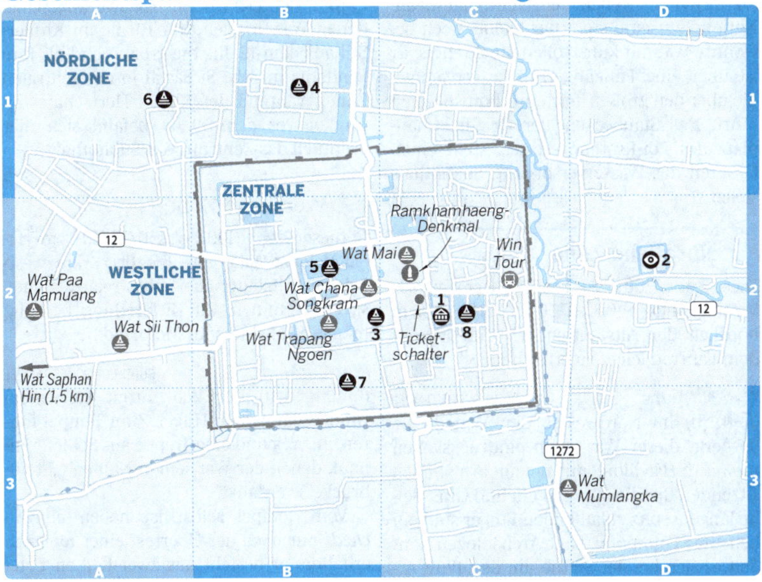

Geschichtspark Sukhothai

Sehenswertes

1 Ramkhamhaeng-Nationalmuseum....C2
2 Wat Chang Lom....D2
3 Wat Mahathat....B2
4 Wat Phra Phai Luang....B1
5 Wat Sa Si....B2
6 Wat Si Chum....A1
7 Wat Si Sawai....B2
8 Wat Trapang Thong....C2

Zentrale Zone

Dies ist die bedeutendste **Zone** (100 B, plus 10/20/50 B pro Fahrrad/Motorrad/Auto, Audioguide 150 B; ⏲ So–Fr 6.30–19, Sa bis 21 Uhr) von Sukhotai und hier befinden sich auch die beeindruckendsten Ruinen des Parks. Am **Ticketschalter** kann man einen Audioguide (Englisch, Japanisch oder Thai) ausleihen. Samstagabends wird ein großer Teil der zentralen Zone beleuchtet und bleibt bis 21 Uhr geöffnet.

Wat Mahathat BUDDHISTISCHER TEMPEL
(วัดมหาธาตุ) Der größte Wat in Sukhothai, spirituelles und administratives Zentrum der alten Hauptstadt, wurde im 13. Jh. fertiggestellt. Er ist umfasst von einer 206 m langen und 200 m breiten Ziegelmauer sowie einem Graben, der den Außenwall des Universums und des kosmischen Ozeans symbolisiert.

Ramkhamhaeng-Nationalmuseum MUSEUM
(พิพิธภัณฑสถานแห่งชาติรามคำแหง; 150 B; ⏲ 9–16 Uhr) Guter Ausgangspunkt für die Erkundung der Ruinen im Geschichtspark. Neben einer Replik der berühmten Ramkhamhaeng-Inschrift, dem wohl ältesten Zeugnis thailändischer Schrift, ist eine eindrucksvolle Sammlung von Sukhothai-Artefakten zu sehen. Der Eintritt fürs Museum ist nicht im Ticket für die zentrale Zone enthalten.

Wat Si Sawai BUDDHISTISCHER TEMPEL
(วัดศรีสวาย) Unmittelbar südlich des Wat Mahathat steht dieser buddhistische Schrein aus dem 12. und 13. Jh. mit drei Türmen im Khmer-Stil und einem Graben. Ursprünglich wurde er von den Khmer als Hindu-Tempel errichtet.

Wat Sa Si BUDDHISTISCHER TEMPEL
(วัดสระศรี, Kloster des Heiligen Teichs) Der Wat Sa Si steht auf einer Insel westlich der Bronzestatue von König Ramkhamhaeng, dem dritten Sukhothai-König. Es ist im einfachen klassischen Sukhothai-Stil gehalten und beherbergt einen großen Buddha, einen *chedi* und die Säulen der *wí·hăhn*-Ruine.

Wat Trapang Thong BUDDHISTISCHER TEMPEL
(วัดตระพังทอง) Neben dem Ramkhamhaen-Nationalmuseum steht der kleine, noch bewohnte Wat mit kunstvollen Stuckreliefs. Er ist über eine Fußgängerbrücke erreichbar, die über den großen Teich mit Lotusblumen führt. Das Staubecken, der Originalschauplatz des Loi-Krathong-Festes, stellt einen Großteil der Wasserversorgung Sukhothais sicher.

Nördliche Zone

Diese **Zone** (100 B, plus 10/20/50 B pro Fahrrad/Motorrad/Auto; ⌚6.30–17.30 Uhr) liegt 500 m nördlich der Altstadtmauern und ist mit dem Fahrrad leicht zu erreichen.

Wat Si Chum BUDDHISTISCHER TEMPEL
(วัดศรีชุม) Im Nordwesten der Altstadt beherbergt dieser Wat einen eindrucksvollen *mon·dòp* (Pavillon) mit einem 15 m hohen sitzenden Buddha aus Ziegeln und Gips. Seine langen, spitz zulaufenden Finger sind ein beliebtes Fotomotiv. Laut Archäologen handelt es sich bei der Statue um den Phra Atchana, der in der berühmten Ramkhamhaeng-Inschrift erwähnt wird. Ein Durchgang in der Wand des *mon·dòp*, der zur Spitze führt, wurde blockiert, sodass man die *Jataka*-Inschriften an der Tunneldecke nicht mehr bewundern kann.

ABSTECHER

SANGKHALOK-MUSEUM

Das kleine, aber trotzdem sehr informative **Sangkhalok Museum** (พิพิธภัณฑ์สังคโลก; Rte 1293; Erw./Kind 100/50 B; ⌚8–17 Uhr) bietet eine exzellente Einführung in das berühmteste Produkt und Exportgut des alten Sukhothai, seine Keramik.

Im ersten Stock ist eine beeindruckende Sammlung originaler thailändischer Töpferei zu sehen, die in der Gegend gefunden wurde, sowie Stücke aus Vietnam, Myanmar und China. Im zweiten Stock sind Beispiele nicht funktioneller Keramikkunst ausgestellt, darunter einige schöne und seltene Buddha-Statuen aus Keramik.

Das Museum befindet sich rund 2,5 km östlich des Zentrums von Neu-Sukhothai; eine Fahrt mit dem túk-túk hierher kostet ca. 100 B.

Wat Phra Phai Luang BUDDHISTISCHER TEMPEL
(วัดพระพายหลวง) Über dem etwas abgeschiedenen Wat thronen drei Türme im Khmer-Stil aus dem 12. Jh., die größer sind als ihre Pendants im Wat Si Sawai in der zentralen Zone. Während der Khmer-Herrschaft von Angkor vor dem 13. Jh. befand sich hier eventuell das Zentrum von Sukhothai.

Westliche Zone

In dieser **Zone** (100 B, plus 10/20/50 B pro Fahrrad/Motorrad/Auto; ⌚8–16.30 Uhr) 2 km westlich der Altstadtmauer gibt's relativ nichtssagende Ruinen. Zur Erkundung benötigt man ein Fahrrad oder Motorrad.

Wat Saphan Hin BUDDHISTISCHER TEMPEL
(วัดสะพานหิน) Der Wat thront auf einem rund 200 m hohen Hügel. Zum Tempel führen ein Weg und eine Treppe aus Schiefer hinauf, denen der Wat seinen Namen („Steinbrücke") verdankt.

Vom Tempel selbst ist neben einigen *chedi* nur noch der Überrest eines *wí·hăhn* erhalten, er besteht aus zwei Reihen Lateritsäulen, zwischen denen ein 12,5 m hoher Buddha auf einer Ziegelsteinterrasse steht. Die Anlage 3 km westlich der früheren Stadtmauer gewährt einen schönen Blick auf die Ruinen von Sukhothai im Südosten und die Berge im Norden und Süden.

Geführte Touren

Cycling Sukhothai RADTOUREN
(☎055 612519, 08 5083 1864; www.cycling-sukhothai.com; abseits der Th Jarodvithithong; halber Tag 750 B, ganzer Tag 950–990 B, Tour bei Sonnenuntergang 400 B) Seit fast 20 Jahren lebt der Belgier und begeisterte Radfahrer Ronny Hanquar in Sukhothai. Er veranstaltet Thementouren wie die Geschichtspark-Tour, die auch zu seltener besuchten Tempeln und Dörfern führt. Sein Büro liegt rund 1,2 km westlich von Mae Nam Yom in Neu-Sukhothai, es gibt einen kostenlosen Transportservice.

Schlafen

Folgende Unterkünfte befinden sich in Neu-Sukhothai.

TR Room & Bungalow PENSION $
(☎055 611663; www.sukhothaibudgetguesthouse.com; 27/5 Th Prawet Nakhon; Zi. 300–450 B, Bungalows 600 B; ❄@📶) Die Zimmer sind recht einfach, dafür sehr sauber. Etwas mehr Platz bieten die fünf Holzbungalows im hinteren Bereich.

ABSTECHER

DIE VORORTE DES KÖNIGREICHS

Das Sukhothai-Reich erweiterte sein Verwaltungszentrum und den Bau von Monumenten bis nach Si Satchanalai und Chaliang, zwei 70 km entfernte Satellitenstädte. Heute stehen die noch existierenden Tempelruinen vor der Kulisse sanft gewellter Hügel, in idyllischerer Umgebung als das alte Sukhothai.
Das Ticket für 220 B gilt für den Si Satchanalai, Wat Chao Chan (in Chaliang) und das Si Satchanalai Centre for Study & Preservation of Sangkhalok Kilns.

Si Satchanalai

Diese historische **Zone** (Eintritt 100 B, plus 50 B pro Auto; ⌚8–18 Uhr) bedeckt etwa 720 ha. Sie liegt am Ufer des Mae Nam Yom und ist von einem 12 m breiten Burggraben umgeben. Im Informationszentrum bekommt man Karten und nahe dem Eingang Leihräder (30 B). Rund um den *chedi* des **Wat Chang Lom** (วัดช้างล้อม; abseits der Rte 12) GRATIS sitzen Buddha-Statuen in Nischen, die von Überresten gut erhaltener Elefanten-Stützpfeiler gesäumt sind. Vom **Wat Khao Phanom Phloeng** (วัดเขาพนมเพลิง) auf einer Anhöhe genießt man einen tollen Blick auf die Stadt und den Fluss. Beim **Wat Chedi Jet Thaew** (วัดเจดีย์เจ็ดแถว) sieht man Überreste von Stupas im klassischen Sukothai-Stil.

Chaliang

1 km von Si Satchanalai entfernt, liegt diese ältere Stadtstätte, die bis ins 11. Jh. zurückgeht. Der **Wat Phra Si Ratana Mahathat** (วัดพระศรีรัตนมหาธาตุ; Eintritt 20 B; ⌚8–16.30 Uhr) beherbergt ein Basrelief eines klassischen gehenden Buddha, ein Kennzeichen der Sukhothai-Ära. Der **Wat Chao Chan** (วัดเจ้าจันทร์; Eintritt 100 B; ⌚8–17 Uhr) ist mit einem großen Turm im Khmer-Stil ausgestattet, der wohl unter dem Khmer-König Jayavarman VII. (1181–1297) gebaut wurde. Im dachlosen *wí·hăhn* (Heiligtum) befinden sich die Lateritkonturen eines mächtigen stehenden Buddhas, der sehr unter Wind und Wetter gelitten hat.

Sangkhalok-Brennöfen

Diese Gegend war für ihre schöne Kermaik berühmt, die großteils nach China und Indonesien exportiert wurde. Im **Si Satchanalai Centre for Study & Preservation of Sangkhalok Kilns** (ศูนย์ศึกษาและอนุรักษ์เตาสังคโลก; Eintritt 100 B; ⌚8–16.30 Uhr), 5 km nordwestlich von Si Satchanalai, sind große ausgegrabene Brennöfen und intakte Töpferwaren zu sehen.

An- & Weiterreise

Der Geschichtspark liegt abseits der Route 101 zwischen Sawankhalok und Ban Hat Siaw. In Sukhothai steigt man in einen Bus nach Si Satchanalai (49 B, 1½ Std., 6.40–18 Uhr stündl.) und bittet den Fahrer, einen in der *meuang gòw* (Altstadt) aussteigen zu lassen.

Sabaidee House HOTEL $
(☎055 616303; www.sabaideehouse.com; 81/7 Th Jarodvithithong; Zi. 200–600 B; ❄📶) Sieben attraktive Bungalows und Zimmer im Hauptbau. Die fröhliche Unterkunft vor fast ländlicher Kulisse liegt abseits der Th Jarodvithithong rund 200 m vor der Kreuzung mit der Route 101; einfach nach dem Schild schauen.

4T Guesthouse HOTEL $
(☎055 614679; fourthouse@yahoo.com; 122 Soi Mae Ramphan; Zi. 300–400 B, Bungalows 600–800 B; ❄📶🏊) Das riesige Budgetresort legt viel Wert auf Sauberkeit. Es gibt unterschiedliche Bungalows, geräumige Zimmer und einen Pool.

At Home Sukhothai PENSION $$
(☎055 610172; www.athomesukhothai.com; 184/1 Th Vichien Chamnong; Zi. 450–900 B, Bungalows 900 B, alle inkl. Frühstück; ❄@📶) Hier hat man die Wahl zwischen einfachen, aber gemütlichen Zimmern mit Ventialtoren in dem 50 Jahre alten Originalhaus, in dem der Besitzer aufgewachsen ist, und neueren Unterkünften mit Klimaanlage. Vor Kurzem sind vier Bungalows mit Blick auf einen Teich dazugekommen. Der einzige Nachteil ist die relative Entfernung vom „Zentrum" Sukhothais.

BUSSE & MINIVANS AB SUKHOTHAI

ZIEL	FAHRPREIS (B)	FAHRTDAUER (STD.)	ABFAHRT
Bangkok	266–342	6–7	7.50–22.40 Uhr alle 30 Min.
Chiang Mai	214–293	5–6	6.20–2 Uhr 5 Abfahrten
Chiang Rai	255	9	6.40–11.30 Uhr 4 Abfahrten
Kamphaeng Phet	57–72	1½	7.50–22.40 Uhr häufig
Mae Sot	130–191	3	4-mal tgl. (Minivan)
Phitsanulok	40–54	1	6–24 Uhr stündl. (Bus), 3-mal tgl- (Minivan)
Sawankhalok	28	1	6.40–18 Uhr stündl.
Si Satchanalai	49	1½	6.40–18 Uhr stündl.

J&J Guest House PENSION $$
(☎055 620095; 12 Th Kuhasuwan; Bungalows 600–700 B; ❄📶) Acht attraktive, kühle und ziemlich große Bungalows in einem gepflegten Garten am Fluss. Sie sind fast identisch, wobei der Preis von Ventilator bzw. Klimaanlage abhängt.

Essen & Ausgehen

Jayhae THAI $
(Th Jarodvithithong; Gerichte 30–50 B; ⏰8–16 Uhr) Wer Sukothai besucht, sollte einmal die Nudeln im Jayhae probiert haben! Das sehr beliebte Restaurant serviert auch *pàt tai* und aromatische Kaffeegetränke.

Ta Pui THAI $
(Th Jarodvithithong, keine engl. Beschilderung; Gerichte 30–50 B; ⏰7–15 Uhr) Das Ta Pui liegt 1,3 km westlich von Mae Nam Yom und ist nicht viel mehr als ein Ziegelboden mit einem Wellblechdach darüber. Seine Betreiber behaupten jedoch, als erster Laden Sukhothais das Gericht serviert zu haben, das nach der Stadt benannt ist, *gŏo·ay đĕe·o sù·kŏh·tai*.

Night Market MARKT $
(Th Ramkhamhaeng; Hauptgerichte 30–60 B; ⏰18–23 Uhr) Wer günstig essen will, ist auf dem winzigen Nachtmarkt in Neu-Sukhothai richtig. Die meisten Verkäufer sind auf ausländische Gäste eingestellt und haben sogar zweisprachige Speisekarten.

Dream Café THAI $$
(86/1 Th Singhawat; Hauptgerichte 80–350 B; ⏰17–23 Uhr; 🖉) Hier speist man wie in einem Antiquitätenladen. Es gibt jede Menge bunt zusammengewürfelte Möbel und Dekoelemente, das Personal ist freundlich und das Essen lecker. Empfehlenswert sind *yâhm* (thailändische Salate) oder die lokalen Spezialitäten mit Süßwasserfisch.

Chopper Bar BAR
(Th Prawet Nakhon; ⏰10–0.30 Uhr; 📶) In diesem Bar-Restaurant mit Dachterrasse treffen sich Besucher und Einheimische bei Essen (Hauptgerichte 30–150 B), Getränken und Livemusik.

Praktische Informationen

Sukhothai Hospital (☎055 610280; Th Jarodvithithong) Gleich westlich der Neustadt.

Tourism Authority of Thailand (TAT; ☎055 616228, landesweit ☎1672; Th Jarodvithithong; ⏰8.30–16.30 Uhr) Neues Büro nahe der Brücke in der Neustadt mit recht guter Auswahl an Karten und Broschüren.

An- & Weiterreise

Der Flughafen von Su befindet sich ungünstig 27 km von der Stadt entfernt; **Bangkok Airways** (☎Sukhothai Airport 055 64 7224, landesweit 1771; www.bangkokair.com; Sukhothai Airport; ⏰7.30–11.30 & 12.30–17.30 Uhr) fliegt Bangkoks Suvarnabhumi International Airport an.

Der **Busbahnhof** (☎055 614529; Rte 101) liegt 1 km nordwestlich des neuen Stadtzentrums. Eine Fahrt mit dem Motorradtaxi zwischen Busbahnhof und Neu-Sukhothai kostet rund 50 B. Außerdem verkehren *sŏrng·tăa·ou* zum Geschichtspark Sukhothai (20 B, 10 Min., 6–18 Uhr häufig).

Win Tour (Rte 12; ⏰6–21.40 Uhr) mit Sitz in der Nähe des Geschichtsparks schickt Busse nach Bangkok (342 B, 6 Std., 8.20, 12.30 & 21.50 Uhr) und Chiang Mai (222 B, 5 Std., 6.50–14 Uhr 6-mal).

Unterwegs vor Ort

Sŏrng·tăa·ou fahren ab der Th Jarodvithithong zwischen Neu-Sukhothai und dem Geschichtspark Sukhothai (30 B, 30 Min., 6–18 Uhr).

Kamphaeng Phet กำแพงเพชร

30 000 EW.

Nach Kamphaeng Phet (Diamantmauer) führt ein unkomplizierter Abstecher von der

Touristenroute. Dieses beschauliche Provinzstädtchen ist für seine weißen Mauern bekannt und diente einst als erste Verteidigungslinie des Königreich Sukhothai gegen Angriffe der birmanischen oder der Lan-Na-Armee. Heute kann man einen Tag damit verbringen, sich die Ruinen anzusehen und Einblick in den Alltag der Einheimischen zu gewinnen.

Sehenswertes

Geschichtspark Kamphaeng Phet GESCHICHTSPARK
(อุทยานประวัติศาสตร์กำแพงเพชร; 8–18 Uhr) Der Geschichtspark Kamphaeng Phet, eine UNESCO-Welterbestätte, umfasst Ruinen von Bauten aus dem 14. Jh. Etwa auf dieselbe Zeit geht das bekanntere Königreich von Sukhothai zurück. Die buddhistischen Monumente von Kamphaeng Phet wurden bis zur Ayutthaya-Periode, fast 200 Jahre später, errichtet und weisen deswegen Sukhothai- und Ayutthaya-Elemente auf. Dieser buddhistische Stil ist für Thailand einzigartig.

Der Geschichtspark besteht aus zwei unterschiedlichen Teilen: einer ehemaligen ummauerten Stadt direkt nördlich des modernen Kamphaeng Phet und einem größeren Komplex etwa 1,5 km weiter nördlich.

Kamphaeng-Phet-Nationalmuseum MUSEUM
(พิพิธภัณฑสถานแห่งชาติกำแพงเพชร; Th Pindamri; 100 B; Mi–So 9–16 Uhr) Kamphaeng Phets lohnenswertes Museum wurde umfangreig renoviert. Es beherbergt eine riesige Sammlung von Exponaten aus dem Gebiet Kamphaeng Phet, darunter eine gewaltige Shiva-Statue, die größte Hindu-Skulptur aus Bronze in ganz Thailand. Die Statue befand sich ursprünglich im nahegelegenen **Shiva-Schrein,** bis ein deutscher Missionar 1886 ihre Hände und ihren Kopf stahl (später wurden sie zurückgegeben). Heute steht dort eine Kopie.

Schlafen & Essen

Three J Guest House PENSION $
(055 713129, 08 1887 4189; www.threejguesthouse.com; 79 Soi 1, Soi Ratchavitee; Zi. 250–800 B;) Die günstigsten Bungalows dieser einladenden Pension haben Ventilatoren und teilen sich ein sauberes Bad, während die teureren über Klimaanlagen verfügen. Es gibt Infos über die Region, zudem Fahrräder und Motorräder zum Ausleihen.

Grand View Resort HOTEL $$
(055 721104; 34/4 Mu 2, Nakhon Chum; Zi. & Bungalows inkl. Frühstück 290–890 B;) Eines der recht ländlichen „Resorts" am Westufer des Mae Nam Ping. Das Hightlight unter den verschiedenen Übernachtungsmöglichkeiten, sind die sechs Floß-Bungalows.

★ **Bamee Chakangrao** THAI $
(Ecke Soi 9 & Th Rachadumnoen 1, keine engl. Beschilderung; Hauptgerichte 30–35 B; 8.30–15 Uhr) Dünne Eiernudeln aus Weizen *(bà·mèe)* sind eine Spezialität von Kamphaeng Phet, und dieses berühmte Restaurant ist eine der besten Optionen, um sie zu probieren. Die Nudeln werden täglich hinter dem Restaurant frisch hergestellt. Außerdem gibt's hier auch Schweinfleisch-Satay. Man erkennt es an den grünen Bannern an der Ecke.

Nachtmarkt THAI $
(Th Thesa 1; Hauptgerichte 30–60 B; 16–22 Uhr) Preiswerte Thai-Gerichte gibt's jeden Abend gleich nördlich vom Navarat Hotel in der Nähe des Flusses auf dem belebten Nachtmarkt.

Anreise & Unterwegs vor Ort

Der Busbahnhof liegt 1 km westlich vom Mae Nam Ping. Motorradtaxis (50 B) und *sŏrng·tăa·ou* (20 B, 7.30–17 Uhr häufig) verkehren zwischen dem Busbahnhof und der Stadt. Wer aus Sukhothai oder Phitsanulok kommt, steigt in der Altstadt oder am Kreisverkehr auf der Th Thesa 1 aus, um sich den Weg zurück in die Stadt zu ersparen.

BUSSE & MINIVANS AB KAMPHAENG PHET

ZIEL	FAHRPREIS (B)	FAHRTDAUER (STD.)	ABFAHRT
Bangkok	220–330	5	8–13.30 Uhr häufig
Chiang Mai	218–328	5	11.30–1 Uhr 8 Abfahrten
Chiang Rai	291–374	7	12–22.30 Uhr 5 Abfahrten
Lampang	161	4	11.30–1 Uhr 8 Abfahrten
Mae Sot	120	3	8–18 Uhr häufig (Minivan)
Phitsanulok	61-85	2½	5–18 Uhr stündl.
Sukhothai	57–74	1-2	12–4 Uhr stündl. (Bus), 3-mal tgl. (Minivan)

NORDTHAILAND

Nordthailand ist von einer bergigen Landschaft geprägt, die mit üppigen Wäldern und einzigartigen kulturellen Attraktionen lockt. Diese Szenerie aus Gipfeln und Tälern vereint die Region mit den Menschen und Kulturen der Nachbarländer Myanmar, Laos und dem Südwesten Chinas. Das alte Königreich des Nordens, Lanna Thai (Land der Millionen Reisfelder), errichtete seine Hauptstadt in Chiang Mai, das sein historisches Erbe pflegt. Wanderer, etwa die autonomen Bergvölker, überquerten die Gebirgskette ebenfalls, wobei sie eher von der Höhe als von politischen Grenzen aufgehalten wurden.

Chiang Mai เชียงใหม่

398 000 EW.

Chiang Mai ist genau richtig für Kulturliebhaber und gleichzeitig ein herrlicher Ort zum Entspannen: In den Straßen der Altstadt begegnen einem Mönche (und massenweise chinesische Touristen), es gibt mehr Buchläden als Einkaufszentren, und die Einheimischen sind sehr stolz auf das Erbe der Lanna. Wer etwas Neues lernen möchte, belegt z. B. einen Thailändisch-, Koch-, Massage- oder Meditationskurs.

Die Altstadt besteht aus einem hübschen Platz, der von einem Wassergraben und mittelalterlichen Mauerresten aus dem 14. Jh. umgeben ist. Einst boten diese Schutz vor birmanischen Eindringlingen. Rundherum tobt der Verkehr, doch schmale *soi* führen in eine ruhige Welt familienbetriebener Gästehäuser und grüner Gärten. Die Th Moon Muang entlang des östlichen Grabens ist das Zentrum der Backpacker-Szene, doch die Tourismusindustrie schießt an allen Ecken aus dem Boden. Die Th Tha Phae, die die Th Moon Muang kreuzt, verläuft vom äußeren Graben in Richtung Osten zum Mae Nam Ping, wird dann auf der anderen Flussseite zur Th Charoen Muang und endet am Bahnhof.

In Chiang Mai kann man sich recht gut orientieren. Nancy Chandlers empfehlenswerter *Map Guide to Chiang Mai* ist im Buchhandel erhältlich.

Sehenswertes

Chiang Mais Hauptattraktionen sind die Tempel in der Altstadt mit charakteristischen nordthailändischen Architekturelementen. Sie verfügen über geschnitzte Teakgiebel, farbenfrohe Mosaike, achteckige *chedi* mit hohen Sockeln und Singha-Löwenstatuen, die ihre Eingänge bewachen.

★ Wat Phra Singh BUDDHISTISCHER TEMPEL

(วัดพระสิงห์; Th Singharat; zentraler wí·hăhn 20 B; ⏲ 5–20.30 Uhr) Ein riesiger *wí·hăhn* (Heiligtum) mit Mosaikeinlagen dominiert Chiang Mais meistverehrten Tempel, den Wat Phra Singh. Sein Reichtum zeigt sich in den prachtvollen Klostergebäuden und den makellos getrimmten Anlagen, auf denen sich Kaffeestände und Massagepavillons verteilen. Pilger kommen hierher, um die berühmte Buddha-Statue namens **Phra Singh** (Löwen-Buddha) anzubeten, die sich im Wihan Lai Kham befindet, einer kleinen Kapelle direkt südlich vom *chedi* im hinteren Teil der Tempelanlage.

★ Wat Chedi Luang BUDDHISTISCHER TEMPEL

(วัดเจดีย์หลวง; Th Phra Pokklao; Spende erbeten; ⏲ 6–18 Uhr) GRATIS Der Wat Chedi Luang ist nicht ganz so prächtig wie der Wat Phra Singh, doch sein 1441 erbauter, teilweise zerstörter *chedi* im Lanna-Stil ist viel höher, und in der weitläufigen Anlage rund um den Stupa herrscht eine ganz besondere, eindringliche Atmosphäre. Der berühmte Phra Kaeo (Smaragd-Buddha), der sich heute im Wat Phra Kaeo in Bangkok befindet, stand bis 1475 in der östlichen Nische; die heutige Replik aus Jade stiftete der thailändische König 1995 anlässlich des 600. Jahrestages des *chedi.*

★ Lanna-Volkskundemusem MUSEUM

(พิพิธภัณฑ์พื้นถิ่นล้านนา; Th Phra Pokklao; Erw./Kind 90/40 B; ⏲ Di–So 8.30–17 Uhr) Im früheren Provinzgericht, einem 1935 errichteten Gebäude im thailändischen Kolonialstil, stellt dieses Museum das Dorfleben der Lanna mit mehreren lebensgroßen Dioramen nach, die von der *lai-krahm*-Schablonentechnik über den *fon lep* (ein mystischer Lanna-Tanz mit langen, künstlichen Metallfingernägeln) bis zum komplizierten Symbolismus der verschiedenen Elemente in Klöstern im Lanna-Stil reichen.

★ Wat Phra That Doi Suthep BUDDHISTISCHER TEMPEL

(วัดพระธาตุดอยสุเทพ; Th Huay Kaew, Doi Suthep; 30 B; ⏲ 6–18 Uhr) Der Wat Phra That Doi Suthep, der in den Bergen thront und auf die Stadt schaut, ist einer der heiligsten Tempel Nordthailands. Jedes Schulkind in Chiang Mai lernt die Legende seiner Gründung. Der

Wat selbst ist ein sehr schönes Beispiel nordthailändischer Architektur. Man erreicht ihn über eine anstrengende Treppe mit 360 Stufen, die mit Mosaik-*naga* verziert ist. Der Aufstieg erlaubt Gläubigen, sich buddhistische Verdienste zu erwerben, doch wer nicht so viel Energie hat, kann auch für 20 B mit einer Art Standseilbahn fahren.

Wat Phan Tao BUDDHISTISCHER TEMPEL
(วัดพันเถา; Th Phra Pokklao; Spende erbeten; ⌚6–18 Uhr) GRATIS Im Schatten des Wat Chedi Luang und in einer mit flatternden orangen Fahnen geschmückten Anlage steht der zweifellos stimmungsvollste Wat in der Altstadt. Das Kloster setzt dem Teakholzhandel ein Denkmal, denn seine riesige Gebetshalle wird von 28 massiven Teakholzsäulen getragen und ist von einer dunklen Teakholztäfelung umringt. Während des Abendgebets ist der Kontrast zwischen den orangen Roben der Mönche und dem dunklen Holz besonders eindrucksvoll.

Wat Chiang Man BUDDHISTISCHER TEMPEL
(วัดเชียงมั่น; Th Ratchaphakhinai; Spende erbeten; ⌚6–18 Uhr) GRATIS Chiang Mais ältester Tempel wurde gegen 1296 vom Gründer der Stadt, Phaya Mengrai, errichtet. Eine Steinplatte vor der *ubosot* (Ordinationshalle) mit einer Inschrift aus dem Jahr 1581 ist der älteste bekannte Hinweis auf die Gründung der Stadt. Im Haupt-*wí·hăhn* befindet sich zudem die älteste bekannte Buddha-Statue des Königreichs Lan Na, die 1465 gegossen wurde.

Kunst- & Kulturzentrum der Stadt Chiang Mai MUSEUM
(หอศิลปวัฒนธรรมเชียงใหม่; www.cmocity.com; Th Phra Pokklao; Erw./Kind 90/40 B; ⌚Di–So 8.30–17 Uhr) Einen ausgezeichneten Überblick zur Geschichte Chiang Mais erhalten Besucher dieses Museums. Es befindet sich in der früheren Provinzhalle, einem 1927 erbauten stattlichen Gebäude im thailändischen Kolonialstil. Dioramen, Artefakte und audiovisuelle Ausstellungen führen die Besucher durch die entscheidenden Kämpfe und Siege der Stadtgeschichte, von den ersten Siedlungen bis zum Bau der Eisenbahnlinie. Oben befindet sich ein gut gemachter Nachbau eines hölzernen Lanna-Dorfes.

Historisches Zentrum Chiang Mai MUSEUM
(หอประวัติศาสตร์เมืองเชียงใหม่; Th Ratwithi; Erw./Kind 90/40 B; ⌚Di–So 8.30–17 Uhr) In einem luftigen Gebäude im Lanna-Stil hinter dem Kunst & Kulturzentrum der Stadt widmet sich dieses Museum der Geschichte der Provinz Chiang Mai und zeigt Exponate zur Geschichte der Hauptstadt, zur birmanischen Okkupation und zur modernen Ära des Handels und der Vereinigung mit Bangkok. Unten ist die archäologische Ausgrabung einer antiken Tempelmauer zu sehen.

Wat Suan Dok BUDDHISTISCHER TEMPEL
(วัดสวนดอก; Th Suthep; Spende erbeten; ⌚6–22 Uhr) GRATIS Dieses bedeutende Kloster wurde 1373 auf dem Gelände eines früheren Blumengartens errichtet und beherbergt in einem Schrein die andere Hälfte einer heiligen Buddha-Reliquie, die auf einem weißen Elefanten zum Wat Phra That Doi Suthep gebracht wurde. Der zentrale *chedi*, ein vergoldetes glockenförmiges Bauwerk, erhebt sich dramatisch über einem Meer makellos weißer Gedenk-*chedi*, die zu Ehren von Mitgliedern der thailändischen königlichen Familie aufgestellt wurden. Im Hintergrund ragt der neblige Kamm des Doi Suthep auf.

Aktivitäten

Chiang Mai ist einer der beliebtesten Orte Thailands, um Wanderungen zu den Bergvölkern zu unternehmen. Daher herrscht starke Konkurrenz, doch die Standards schwanken, außerdem sind die meisten Anbieter lediglich Buchungsagenturen, aber keine Tourveranstalter.

Viele von ihnen bieten dasselbe Programm: eine Stunde wandern, dann eine Stunde Elefantenreiten, Wasserfälle anschauen und in einem Bergdorf übernachten. Bei einer Mehrtagestour wiederholt sich dieser Ab-

GESPRÄCHE MIT MÖNCHEN

Wer sich für den Buddhismus interessiert, kann Mönchen in vielen Tempeln in Chiang Mai Fragen stellen. Diese üben beim Beantworten ihre Englischkenntnisse.

Im **Wat Suan Dok** (S. 757) finden die Gespräche montags bis freitags von 17.30 bis 19 Uhr in einem speziellen Raum hinter der Haupttheiligtumshalle statt, im **Wat Sisuphan** (วัดศรีสุพรรณ; Soi 2, Th Wualai; Spende erbeten) von 17.30 bis 19 Uhr direkt vor dem Meditationskurs. Im **Wat Chedi Luang** (S. 756) treffen sich die Mönche täglich zwischen 9 und 18 Uhr an einem Tisch unter einem Baum.

Chiang Mai

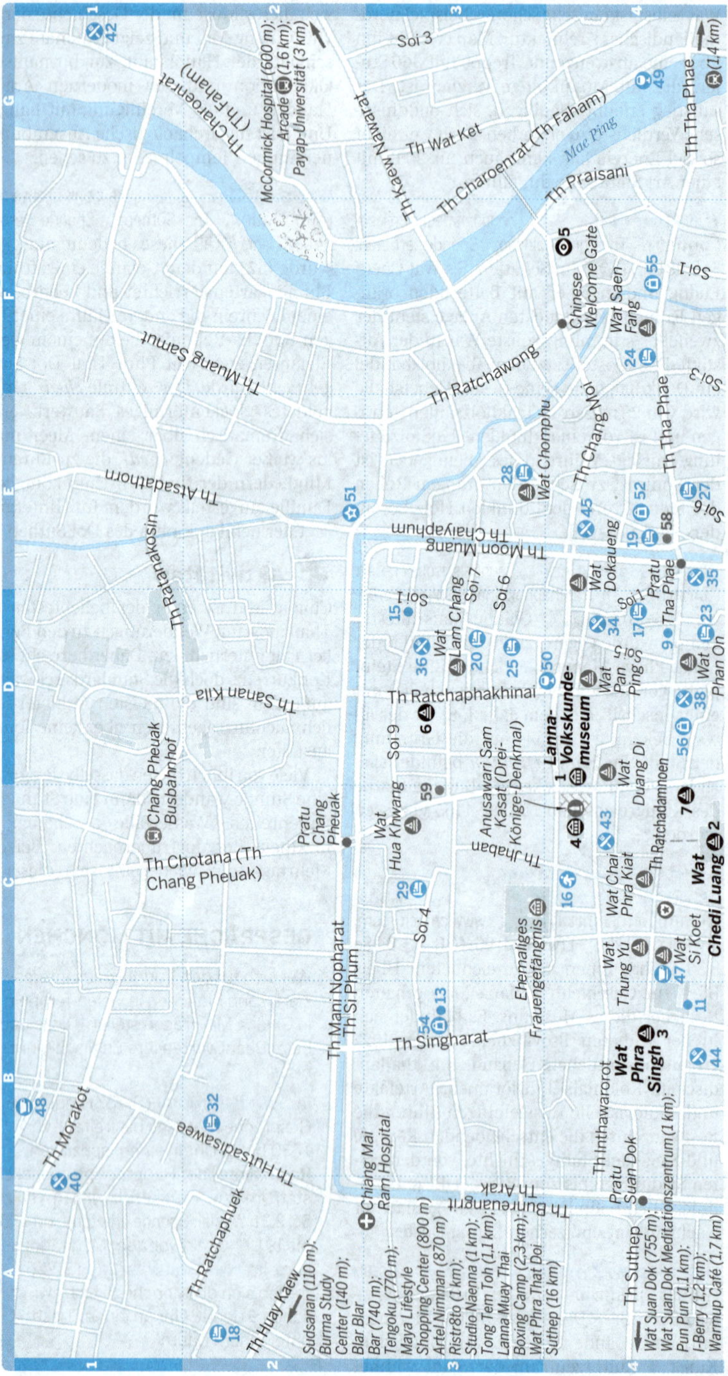

0
500 m
Mae Ping
Th Charoenrat (Th Faham)
Th Charoenrat (Th Faham)
Th Kaew Nawarat
Soi 3
Th Wat Ket
Th Praisani
Th Tha Phae
(1,4 km)
McCormick Hospital (600 m); Arcade (1,6 km); Payap-Universität (3 km)
Th Muang Samut
Th Ratchawong
Chinese Welcome Gate
Wat Saen Fang
Soi 1
Soi 3
Th Atsadathon
Th Ratanakosin
Th Chang Moi
Wat Chomphu
Th Chaiyaphum
Th Moon Muang
Soi 6
Wat Dokaueng
Pratu Tha Phae
Soi 1
Soi 7
Soi 6
Soi 1
Wat Lam Chang
Th Sanan Kila
Th Ratchaphakhinai
Lanna-Volkskunde-museum
Wat Pan Ping
Wat Phan On
Soi 9
Chang Pheuak Busbahnhof
Wat Hua Khwang
Anusawari Sam Kasat (Drei-Könige-Denkmal)
Wat Duang Di
Th Ratchadamnoen
Pratu Chang Pheuak
Th Chotana (Th Chang Pheuak)
Th Jhaban
Wat Chai Phra Kiat
Wat Chedi Luang
Soi 4
Ehemaliges Frauengefängnis
Wat Thung Yu
Wat Si Koet
Th Mani Nopharat
Th Si Phum
Th Singharat
Wat Phra Singh
Th Inthawarorot
Th Morakot
Th Hutsadisawee
Chiang Mai Ram Hospital
Th Arak
Th Bunreuangrit
Pratu Suan Dok
Th Ratchaphuek
Th Huay Kaew
Th Suthep
Sudsanan (110 m); Burma Study Center (140 m); Blar Blar Bar (740 m); Tengoku (770 m); Maya Lifestyle Shopping Center (800 m) Artel Nimman (870 m) Ristr8to (1 km); Studio Naenna (1 km); Tong Tem Toh (1,1 km); Lanna Muay Thai Boxing Camp (2,3 km); Wat Phra That Doi Suthep (16 km)
Wat Suan Dok (755 m); Wat Suan Dok Meditationszentrum (1 km); Pun Pun (1,1 km); I-Berry (1,2 km); Warmup Café (1,7 km)
1 2 3 4 5 6 7 9 11 13 15 16 17 18 19 20 23 24 25 27 28 29 32 34 35 36 38 40 42 43 44 45 47 48 49 50 51 52 54 55 56 58 59
A B C D E F G

lauf. Doch nicht immer werden die Touren den Erwartungen gerecht: Oft sind Traveller vom geringen Standard des Tierschutzes in den Elefantencamps enttäuscht, und durch die zunehmende Stadtflucht der Bewohner der Stammesdörfer geht diese traditionelle Lebensweise immer mehr verloren.

Es ist nicht empfehlenswert, schon in Bangkok zu buchen. Besser schaut man sich vor Ort nach dem Anbieter mit den niedrigsten Kommissionen um. Treks können auch in Mae Hong Son und Chiang Rai unternommen werden. Einige Veranstalter in Chiang Rai haben sich die Förderung von Wirtschaft und Bildung auf die Fahnen geschrieben.

Elephant Nature Park ELEFANTENBEGEGNUNG
(☎053 818754; www.elephantnaturepark.org; 1 Th Ratchamankha; 1-/2-tägige Tour 2500/5800 B) Als eines der ersten Reservate für befreite Elefanten in Chiang Mai ist der Elephant Nature Park unter der Führung seines Gründers Sangduen (Lek) Chailert ein echter Pionier der Bewegung. Hier wird völlig auf Reiten und Shows verzichtet und es steht das Wohlergehen der Elefanten an erste Stelle. Statt der üblichen Zirkusroutine geht es hier um die Begegnung zwischen Tieren und Besuchern: Man verbringt den Tag, indem man die Mahouts und ihre Herden begleitet und beim Waschen und Füttern der Elefanten hilft.

Thai Elephant Care Center ELEFANTENBEGEGNUNG
(☎053 206247; www.thaielephantcarecenter.com; Mae Sa; halber/ganzer Tag 2000/3000 B) In Mae Sae, ca. 25 km nordwestlich von Chiang Mai, sorgt dieses Zentrum für Elefanten, die zu alt für die Holzfällercamps und Elefantenshows sind. Reiten kann man hier nicht, stattdessen füttern die Besucher die Senioren mit Gras, Kräuterbällen und Bananen, helfen bei ihrem Bad und besuchen den Friedhof, auf dem die an Altersschwäche gestorbenen Elefanten ruhen.

Chiang Mai Mountain Biking & Kayaking MOUNTAINBIKETOUREN
(☎053 814207; www.mountainbikingchiangmai.com; 1 Th Samlan; Touren 1250–2300 B) Empfehlenswerte Kajaktouren auf dem Mae Ping und ganztägige geführte Mountainbike-Exkursionen (auf Importrädern) in den Doi Suthep-Pui National Park und zu entfernteren Zielen, darunter die beliebte Fahrt hinauf zum Wat Phra That Doi Suthep.

Chiang Mai

Highlights
1 Lanna-Volkskundemuseum D4
2 Wat Chedi Luang C4
3 Wat Phra Singh B4

Sehenswertes
4 Kunst- und Kulturzentrum der Stadt Chiang Mai C4
Historisches Zentrum Chiang Mai ..(siehe 4)
5 Talat Warorot F4
6 Wat Chiang Man D3
7 Wat Phan Tao C4
8 Wat Srisuphan C6

Aktivitäten, Kurse & Touren
9 American University Alumni D4
10 Art of Massage E5
11 Chiang Mai Mountain Biking & Kayaking B4
12 Elephant Nature Park E5
Gap's Thai Culinary Art School . (siehe 23)
13 Jack Chaiya B3
14 Pooh Eco-Trekking D5
15 Thai Farm Cooking School D3
16 Ausbildungszentrum von Chiang Mais Frauengefängnis C4

Schlafen
17 Awanahouse D4
18 Bunk Boutique A2
19 Daret's House E4
20 Diva 2 Guesthouse D3
21 Diva 3 Guesthouse D5
22 Diva Guesthouse D5
23 Gap's House D4
24 Hostel In Town F4
25 Jonadda Guest House D3
26 Julie Guesthouse D5
27 Mo Rooms E4
28 Nat Len Boutique Guesthouse E3
29 Shakara Garden C3
30 Smile House 1 .... D5
31 SoHostel F5
32 Spicythai Backpackers B2
33 Thong Ran's House C5

Essen
34 Angel's Secrets D4
35 AUM Vegetarian Food E4
36 Blue Diamond D3
37 Dada Kafe E5
38 Girasole D4
39 Huen Phen C5
40 Imm Aim Vegetarian Restaurant A1
41 Kao Soi Fueng Fah G5
42 Khao Soi Lam Duan Fah Ham G1
43 Kiat Ocha C4
44 SP Chicken B4
45 Swan E4
46 Talat Pratu Chiang Mai D6

Ausgehen & Nachtleben
47 Akha Ama Cafe C4
48 Akha Ama Cafe B1
Café de Museum .... (siehe 1)
49 Riverside Bar & Restaurant G4
50 Zoe In Yellow D4

Unterhaltung
51 Nabé E2

Shoppen
52 Backstreet Books E4
53 Chiang Mai Night Bazaar F5
54 Ethnic Lanna B3
55 Kesorn Arts F4
56 Sunday Walking Street D4

Praktisches
57 Französisches Konsulat G6

Transport
58 Air Asia E4
59 Thai Airways International C3

Peak Adventure Tour ABENTEUERSPORT
(☎053 800567; www.thepeakadventure.com; 302/4 Th Chiang Mai-Lamphun; Touren 900–2500 B) Verschiedene Abenteuertouren, darunter Quadfahren, Abseiling, Trekking, Wildwasserrafting und Klettern, sowie Fotoexkursionen in Chiang Mai im *săhm·lór*.

Pooh Eco-Trekking TREKKING
(☎053 208538; www.pooh-ecotrekking.com; 59 Th Ratchaphakhinai; 2-tägige Tour ab 3500 B pro Pers.) Die Besitzer dieser Agentur für Abenteuertouren nehmen das „Eco" in ihrem Namen ernst und veranstalten überdurchschnittlich gute Trekkingtouren zu Stammesdörfern in den Bergen und andere Abenteuertouren.

Ausbildungszentrum von Chiang Mais Frauengefängnis MASSAGE
(☎053 122340; 100 Th Ratwithi; Fußmassage/traditionelle Massage ab 150/180 B; ⏲Mo–Fr 8–16.30, Sa & So 9–16.30 Uhr) Fantastische Massagen durch Gefängnisinsassinnen, die am Ausbildungsprogramm des Gefängnisses teilnehmen. Das nette benachbarte Café bietet sich für einen Kaffee nach der Massage an.

Kurse

Kochen

Beim Kochunterricht gehören in der Regel ein Besuch auf dem lokalen Markt, die Zubereitung von Gerichten unter Anleitung und ein kleines Kochbuch zum Programm. Je nachdem, wie viel Zeit die Teilnehmer mitbringen, finden die Kurse in der Stadt oder außerhalb (in einem netten Gartenambiente) statt.

Gap's Thai Culinary Art School KOCHEN
(☎053 278140; www.gaps-house.com; 3 Soi 4, Th Ratchadamnoen; 1-/2-tägige Kurse 900/1800 B; ⏲Mo–Sa) Angeschlossen an die Pension Gap's House. Die Kurse finden im Haus des Besitzers außerhalb der Stadt statt.

Thai Farm Cooking School KOCHEN
(☎081 288 5989; www.thaifarmcooking.com; 38 Soi 9, Th Moon Muang; Kurse 1300 B) Kochkurse auf einem Biobauernhof, 17 km außerhalb von Chiang Mai; die Fahrt von und nach Chiang Mai ist im Preis enthalten.

Sprachkurse

Als Universitätsstadt fördert Chiang Mai verschiedene Möglichkeiten, Thailändisch zu lernen.

Payap University SPRACHE
(☎053 851478; http://ic.payap.ac.th; Th Kaew Nawarat, Kaew Nawarat Campus; Thai-Kurse ab 8000 B) Die Privatuniversität wurde von der Church of Christ of Thailand gegründet und bietet intensive Thai-Kurse in Modulen mit 60 Stunden.

American University Alumni SPRACHE
(AUA; ☎053 214120; www.learnthaiinchiangmai.com; 73 Th Ratchadamnoen; Gruppenkurs 4800 B) 60-stündige Thai-Kurse mit täglich zwei Unterrichtsstunden von Montag bis Freitag. Privatunterricht ist ebenfalls möglich.

Thai-Massage

Jack Chaiya MASSAGE
(☎083 154 6877; www.jackchaiya.com; 74/3 Th Wiang Kaew; 3- bis 5-tägige Kurse ab 7000 B) Von seiner Mutter lernte Jack Chaiya *jàp sên* (wörtlich „Nervenberührung"), eine nordthailändische Massagetechnik, die der Akupressur ähnelt. Er gibt sein Wissen nun in dieser kleinen Massageschule unweit vom Wat Phra Singh an seine Schüler weiter.

Old Medicine Hospital MASSAGE
(OMH; ☎053 201663; www.thaimassageschool.ac.th; 78/1 Soi Siwaka Komarat, Th Wualai; Kurse 5000–6000 B) Das staatlich anerkannte Kursprogramm ist sehr traditionell. Pro Monat finden zwei zehntägige Unterrichtseinheiten sowie kürzere Kurse zu Fuß- und Ölmassagen statt.

Art of Massage MASSAGE
(☎083 866 2901; www.artofmassage.webs.com; Soi 3, Th Loi Kroh; Kurse 990–2900 B) Teilnehmer von Khun Wannas Kursen loben sie in den höchsten Tönen. Es können imer maximal zwei Personen teilnehmen. Der Unterricht dauert zwei oder drei Tage und es stehen praktische Übungen im Mittelpunkt.

Moo·ay Tai (Thaiboxen)

Lanna Muay Thai Boxing Camp KAMPFSPORT
(☎053 892102; www.lannamuaythai.com; 161 Soi Chang Khian, Th Huay Kaew; pro Tag/Woche/Monat 400/2200/8000 B) Kurse für Ausländer und Thais. Hier trainierte früher die bekannte und erfolgreiche Transgender-Boxerin Parinya Kiatbusaba.

MEDITATIONSKURSE

Viele „suchende" oder schlichtweg neugierige Reisende probieren sich in der spirituellen Kunst des Meditierens.

In der heiligen Stadt Chiang Mai befindet sich der **Wat Suan Dok** (☎084 609 1357; www.monkchat.net; Th Suthep, Wat Suan Dok; 2-tägige Einkehr 500 B; ⏲Di & Mi), der monatlich Meditationsaufenthalte in einem angeschlossenen Waldtempel durchführt.

Der **Wat Pa Nanachat** (วัดป่านานาชาติ; www.watpahnanachat.org; ⏲Sonnenaufgang–Sonnenuntergang) GRATIS in Ubon Ratchathani wurde von dem berühmten Waldmönch Phra Ajahn Chah gegründet. Der Tempel richtet sich an seriöse, Englisch sprechende Klosterschüler.

Thailands berühmtestes Meditationszentrum gehört zum **Wat Suan Mok** (www.suanmokkh-idh.org; Wat Suanmokkh) nahe der Stadt Chaiya im Süden. Dieser Waldtempel wurde von Ajahn Buddhadasa Bhikkhu gegründet.

Im **Wat Khao Tham** (Karte S. 818; www.kowtahm.com; ⏲Sonnenaufgang–Sonnenuntergang) GRATIS in Ko Pha-Ngan kann man spirituelle Bedürfnisse mit Strandleben kombinieren. Ein amerikanisch-australisches Paar veranstaltet regelmäßig Meditationsaufenthalte.

MIGRANTEN AUS MYANMAR IN CHIANG MAI

In den letzten drei Jahrzehnten sind schätzungsweise 20 000 Menschen aus Myanmar in die Provinz Chiang Mai geflohen, um politischer Gewalt oder wirtschaftlicher Not zu entkommen. Viele dieser Arbeitskräfte haben keine Papiere und müssen fürchten, verhaftet und abgeschoben zu werden, außerdem sind sie der Ausbeutung durch ihre Arbeitgeber ausgeliefert.

Die folgende Gruppe setzt sich für die Belange Vertriebener ein, u. a. in den Bereichen Bildung und Gesundheit.

Burma Study Center (www.burmastudy.org; 302/2 Soi 13, Th Nimmanhaemin; ⌚ Mo–Fr 11.30–20, Sa 11.30–18 Uhr) Diese gemeinnützige Organisation veranstaltet Englischkurse für in Thailand lebende Migranten aus Myanmar. Viele der Schüler sind junge Niedriglohnarbeiter, deren Bildungsweg durch die politische Instabilität in Myanmar oder durch den Wegzug aus ihren Heimatorten unterbrochen wurde. Das Zentrum unterhält auch eine Stelle für Öffentlichkeitsarbeit, wo man sich in einer Leihbibliothek, bei Buchdiskussionen und Filmvorführungen über Myanmar informieren kann.

Chai Yai Muay Thai KAMPFSPORT
(☎ 082 938 1364; Th Sunpiliang, Nong Hoi; pro Tag/Woche/Monat 450/1700/5000 B) Seit 30 Jahren trainiert diese Schule thai- und ausländische Kampfsportler aller Leistungsstufen. Sie liegt südöstlich der Stadt abseits der Route 11 in der Nähe des Chiang Mai 700 Years Park.

Feste & Events

Blumenfest KULTUR
(⌚ Anfang Feb.) An drei Tagen Anfang Februar verwandelt sich die Stadt in ein Blumenmeer. Das Blumenfest wird mit Blumenschmuck, kulturellen Vorführungen, Schönheitswettbewerben und einer Blumenparade von der Nawarat-Brücke nach Suan Buak Hat gefeiert.

Songkran NEUJAHR
(⌚ Mitte April) In Chiang Mai wird das traditionelle thailändische Neujahr (13.–15. April) mit feucht-fröhlicher Begeisterung gefeiert. Tausende säumen den Stadtgraben und bespritzen Passanten und sich selbst mit Wasser. Traditionelle Songkran-Rituale werden im Wat Phra Singh veranstaltet.

Loi Krathong RELIGIÖS
(⌚ Okt./Nov.) Das auch Yi Peng genannte Lichterfest richtet sich nach dem Mondkalender (meist Okt. oder Nov.). Um den Geist des Flusses zu ehren, werden kleine lotusförmige Boote auf dem Mae Ping ausgesetzt und Tausende Laternen steigen in den Nachthimmel auf.

Schlafen

Dank der geradezu explodierenden chinesischen Besucherzahlen entstehen in der ganzen Stadt neue Unterkünfte. Während der europäischen und chinesischen Ferien gibt's kaum freie Zimmer.

Die meisten Pensionsbesitzer bestreiten ihren Lebensunterhalt mit der Buchung von Wandertouren, deshalb sind die Zimmer Teilnehmern vorbehalten.

★ **Gap's House** PENSION $
(☎ 053 278140; www.gaps-house.com; 3 Soi 4, Th Ratchadamnoen; EZ/DZ ab 370/470 B; ❄📶) Alteingesessene, beliebte Backpacker-Bleibe mit einem dschungelartigen überwucherten Garten, dessen entspannte Gemeinschaftsbereiche viel Privatsphäre bieten. In traditionellen Holzhäusern befinden sich bescheidene Budgetzimmer. Die Besitzer veranstalten auch Kochkurse und tischen jeden Abend ein köstliches Büfett auf. Reservierungen sind nicht möglich.

★ **Diva Guesthouse** PENSION $
(☎ 053 273851; www.divaguesthouse.com; 84/13 Th Ratchaphakhinai; B 120–180 B, Zi. 250–800 B; ❄@📶) Bei der lebendigen Pension in der geschäftigen Th Ratchaphakhinai gibt's das komplette Backpacker-Paket: Betten im Schlafsaal, winzige Budgetzimmer, Abenteuertouren, Internetzugang, Ambient-Musik sowie gebratenen Reis und *sà·dé* (gegrilltes Fleisch mit Erdnusssoße) im Café unten. Die Palette der Zimmer reicht von Schlafsälen bis zu Familienzimmern – alle sind entweder mit Ventilator oder mit Klimaanlage ausgestattet. Der Besitzer managt auch das **Diva 2** (☎ 053 224648; Soi 2, Th Ratwithi; EZ/DZ ab 180/220 B; ❄📶) und das **Diva 3** (☎ 093 171 6078; Soi 3, Th Ratchamankha; B ab 170 B; ❄📶).

Julie Guesthouse PENSION $

(☎ 053 274355; www.julieguesthouse.com; 7 Soi 5, Th Phra Pokklao; B ab 90 B, Zi. mit/ohne Bad ab 150/220 B; 📶) Für die anhaltende Beliebtheit des Julie ist eher der Preis als der Komfort verantwortlich. Ein schlichtes Bett im Schlafsaal kostet wenig mehr als ein Smoothie, und die schuhkartonartigen Privatzimmer sind kaum teurer. Abends versammeln sich die Traveller auf der überdachten Dachterrasse.

Shakara Garden PENSION $

(☎ 053 327535; shakaragarden@gmail.com; 51/1 Soi 4, Th Singharat; B 150 B, Zi. mit Ventilator/Klimaanlage 350/450 B; ❄@📶) Auch in neuem Gewand bietet das Aoi Garden Home immer noch das gleiche alte Backpacker-Erlebnis zu Schnäppchenpreisen. Die winzigen, einfachen Zimmer sind mit Moskitonetzen ausgestattet und verteilen sich auf eine Reihe von Holzhäusern. Es gibt jede Menge entspannte Sitzbereiche, wo die Gäste chillen und schwatzen. Die Mehrbettzimmer sind gemischt, Privatzimmer gibt's nur mit Gemeinschaftsbad.

Smile House 1 PENSION $

(☎ 053 208661; www.smilehousechiangmai.com; 5 Soi 2, Th Ratchamankha; Zi. mit Ventilator/Klimaanlage 350/700 B; ❄📶🏊👪) Mit ihrem Planschbecken für Kinder und einem größeren Pool für Erwachsene erinnert die beliebte, freundliche Pension ein wenig an ein 50er-Jahre-Motel. Es geht sehr entspannt zu, und die einfach eingerichteten Zimmer mit großen Fenstern bieten viel fürs Geld.

Jonadda Guest House PENSION $

(☎ 053 227281; 23/1 Soi 2, Th Ratwithi; EZ/DZ mit Ventilator 200/300 B, Zi. mit Klimanlage 800 B; ❄) Solide Budgetoption mit blitzsauberen, einfachen Räumen und einem kleinen Gemeinschaftsbereich am Ende jeder Etage, wo man abends sitzen und etwas trinken kann.

Daret's House PENSION $

(☎ 053 235440; 4/5 Th Chaiyaphum; EZ/DZ 180/240 B) Im Daret's ist der Service so langsam und behäbig wie der schläfrige Pekinese des Besitzers, doch am Preis gibt's nichts auszusetzen. Die einfachen Zimmer kosten nicht mehr als anderswo Betten im Schlafsaal, und die Pension liegt nicht weit vom Thae Pae. Unten befindet sich ein preiswertes Restaurant.

Hostel In Town HOSTEL $

(☎ 053 234292; www.hit-thapae.com; Soi 2, Th Tha Phae; B 220 B; ❄📶) Eines von mehreren schicken Backpacker-Hostels gleich östlich der Altstadtmauern. Es hat ordentliche Mehrbettzimmer mit Schließfächern und Handtüchern sowie ein Café auf der Dachterrasse. Im 2. Stock gibt's einen reinen Frauenschlafsaal.

SoHostel HOSTEL $

(☎ 053 206360; sohostel.chiangmai@gmail.com; 64/2 Th Loi Kroh; B ab 219 B, Zi. ab 1500 B; ❄📶) Die Loi Kroh ist eher für ihre Girlie-Bars als für Backpacker-Betten bekannt, doch dieses riesige, moderne Hostel ist eine gute Option, denn es liegt nur einen kleinen Spaziergang von der Altstadt und dem Night Bazaar entfernt. Die in zwei Rottönen und Weiß gestalteten Mehrbettzimmer (6–12 Betten) bieten mehr fürs Geld als die etwas überteuerten Privatzimmer.

Spicythai Backpackers HOSTEL $

(☎ 083 477 9467; www.spicyhostels.com; 14 Th Hutsadisawee; B 220 B; ❄@📶) Im von Studenten geprägten Viertel nördlich der Th Huay Kaew versteckt sich diese traditionelle Backpacker-Absteige. Sie folgt dem klassischen südostasiatischen Muster. In den einfachen, für Männer und Frauen getrennten Zimmern stehen jeweils sechs Betten, es gibt einen Garten mit Hängematten, und in der gemeinsamen Lounge laufen den ganzen Tag westliche Filme. Von Juni bis August ist in der Regel geschlossen, dann wohnen hier thailändische Studenten.

Bunk Boutique HOSTEL $

(☎ 091 859 9656; bunkboutique@hotmail.com; 8/7 Th Ratchaphuek; B 250 B, Zi. 900 B; ❄📶) In

VERWÖHNPROGRAMM

Mo Rooms (☎ 053 280789; www.moroo ms.com; 263/1-2 Th Tha Phae; Zi. ab 2800 B; ❄@📶🏊) ist ein Designhotel im urbanen Stil: Unverkleideter Beton und plastische Holzelemente kontrastieren mit Naturmaterialien. Alle Zimmer wurden von verschiedenen thailändischen Künstlern thematisch zu Tieren des chinesischen Tierkreises gestaltet und warten daher mit visionären Design-Ideen auf. Unsere Lieblingszimmer sind das „Monkey" („Affe") mit seinem geflochtenen Bett und das „Horse" („Pferd") mit dem surrealen Bett-Baum.

Hinten befindet sich ein von Kieseln gesäumter Pool, vorne ein Restaurant, das asiatische Fusionsküche serviert.

einem großen Apartmentblock hinter der Th Huay Kaew eröffnete unlängst dieses Hostel mit erstklassigen Vierbettzimmern. Vorhänge um die hellen Betten sorgen für Privatsphäre, und jeder bekommt ein eigenes Schließfach. Wenn genug Betten frei sind, kann man ein Vierbettzimmer als Privatzimmer mieten.

★ Awanahouse PENSION $$
(☎053 419005; www.awanahouse.com; 7 Soi 1, Th Ratchadamnoen; Zi. mit Ventilator/Klimaanlage 400/650–875 B; ❄@📶🏊👪) Die beste Pension in der Gegend um das Pratu Tha Phae hat Zimmer für jeden Geldbeutel – alle blitzsauber – und einen Mini-Pool mit kaltem Wasser, der sich unter der Terrasse im Erdgeschoss verbirgt. Je teurer die Zimmer, desto komfortabler und schöner sind sie gestaltet. Auf der Dachterrasse befindet sich ein Bereich zum Chillen mit Blick über das alte Chiang Mai.

★ Artel Nimman BOUTIQUE-HOTEL $$
(☎053 213143; Soi 13, Th Nimmanhaemin; Zi. 1350–1850 B; ❄📶) Wir lieben Hotels mit Glasschiebetüren! Darüber hinaus besticht das modernistische Artel mit runden Fenstern, poliertem Beton, geometrischen Formen und kontrastierenden Formen, und die Zimmer sind cool, ruhig und kreativ. Es gibt ein Café mit leckeren Speisen und, wie gesagt, Schiebetüren zum Balkon über der Straße.

Nat Len Boutique Guesthouse PENSION $$
(www.natlenboutiqueguesthouse.com; 2/4 Soi Wat Chompu, Th Chang Moi; Zi. 650–1200 B; ❄📶🏊) Gleich außerhalb der Stadtmauer verteilen sich in dieser unauffälligen Pension fantasievoll gestaltete Zimmer auf mehrere farbenfrohe Häuser. Am besten gefiel uns der hellblaue Pool mit den sprudelnden Whirlpools. In den Gassen ringsum stößt man auf viele interessante Wats.

Thong Ran's House PENSION $$
(☎053 277307; www.thongranhouse.com; 105 Th Ratchamankha; Zi. 900–1200 B; ❄📶) Lustige Figuren, die den Besitzer darstellen, schmücken die Anlage dieser motelartigen Pension in einer ruhigen Gasse, die von der Th Ratchamankha abgeht. Die Zimmer sind mit ein paar netten thailändischen Akzenten gestaltet, doch die Schiebetüren und die farbigen Badezimmerfliesen sorgen für eine nachhaltige 80er-Jahre-Atmosphäre.

Essen

In Chiang Mai wird gesunde Hausmannskost serviert, der Schwerpunkt liegt auf vegetarischer Küche. Die Stadt ist für ihre überdachten Märkte bekannt. Auf dem gut besuchten Morgenmarkt **Talat Pratu Chiang Mai** (Th Bamrungburi; Hauptgerichte ab 40 B; ⌚4–12 & 18–24 Uhr) bekommt man frisches Obst und gebratene Speisen mit großen Portionen Klebreis. Im Anschluss an die nachmittägliche Siesta folgt das Abendessen.

★ Pun Pun VEGETARISCH $
(www.punpunthailand.org; Th Suthep, Wat Suan Dok; Hauptgerichte 40–75 B; ⌚Do–Di 8–16 Uhr; 🖉) 🍃 Im hinteren Teil des Wat Suan Dok versteckt sich dieses bei Studenten beliebte Café, in dem man wunderbar vegetarische Thai-Gerichte probieren kann, die mit wenig bekannten Kräuter- und Gemüsesorten und viel Vollkorngetreide zubereitet werden. Die Zutaten stammen vom hauseige-

DIE BESTEN KHAO-SOI-RESTAURANTS

Den Einfluss der birmanischen, chinesischen und Shan-Küche in Nordthailand spiegeln verschiedene milde Currys wider. Sie erinnern eher an Eintopf als an die Kokosmilchcurrys Süd- und Mittelthailands. Eingelegter Kohl und Limette sorgen für eine saure Note. Als bestes Beispiel für die Küche des Nordens gilt Khao Soi, ein mildes Hühnchencurry mit Eiernudeln.

Außerhalb der Altstadt gibt's mehrere Khao-Soi-Restaurants, die zur Mittagszeit von Feinschmeckern gestürmt werden. Die folgenden mochten wir ganz besonders:

Kao Soi Fueng Fah (Soi 1, Th Charoen Phrathet; Hauptgerichte 40–60 B; ⌚7–21 Uhr) Der beste der von Muslimen geführten Khao-Soi-Läden in der Halal Street serviert die Nudeln in einer Currybrühe und wahlweise mit Rindfleisch oder Hühnchen.

Khao Soi Lam Duan Fah Ham (352/22 Th Charoenrat/Th Faham; Hauptgerichte ab 40 B; ⌚9–16 Uhr) Die nördlich der Th-Ratanakosin-Brücke am Ostufer verlaufende Th Faham gilt als Chiang Mais Khao-Soi-Ghetto. Das beste Lokal ist das Khao Soi Lam Duan Fah Ham, das seinen begeisterten Gästen Schalen mit köstlichem Khao Soi vorsetzt.

nen Konzept-Bauernhof, der zugleich ein Bildungszentrum für nachhaltiges Leben ist.

Eine Filiale namens **Imm Aim Vegetarian Restaurant** (10 Th Santhitham; Hauptgerichte 40–75 B; ⏲10–21 Uhr; ✎) 🍃 befindet sich unweit vom International Hotel Chiangmai.

★ **Kiat Ocha** CHINESISCH, THAI $

(Th Inthawarorot; Hauptgerichte 50–90 B; ⏲6–15 Uhr) Täglich rennen Einheimische die Türen dieser bescheidenen Kantine im chinesischen Stil ein, weil sie nicht genug von der Hausspezialität *kôw man gài* (gekochtes Hähnchen nach Hainan-Art) bekommen können. Jedes Essen wird mit Suppe, Chilisoße und Blutwurst serviert. Auf der Karte stehen auch im Wok gebratenes Hähnchen und Schweinefleisch sowie *sà·đé*.

★ **SP Chicken** NORDTHAILÄNDISCH $

(9/1 Soi 1, Th Samlan; Hauptgerichte 50–150 B; ⏲11–21 Uhr) In diesem winzigen Café in der Nähe des Wat Phra Singh gibt's jeden Tag Chiang Mais bestes Hähnchen vom Grill. Das Angebot reicht von Salaten bis zu Suppen, doch die meisten Gäste essen einfach ein halbes (80 B) oder ganzes (150 B) Hähnchen und dippen das Fleisch in die scharfen, herben nordthailändischen Soßen, die bereitstehen.

Khun Churn VEGETARISCH $

(Th Thiphanet, Old Chiang Mai Cultural Center; Büffet 164 B; ⏲8–22 Uhr; ✎) Bekannt ist das Khun Churn, vor allem für sein fleischloses All-you-can-eat-Büfett (11–14.30 Uhr), bei dem Dutzende Gerichte, Salate, Kräuterdrinks und Desserts nach Thai-Art aufgetischt werden. Inzwischen ist es an einen etwas ungünstigen Standort am Old Chiang Mai Cultural Center (ca. 1 km südlich der Altstadtmauer an der Route 108) gezogen.

Angel's Secrets INTERNATIONAL $

(Soi 1, Th Ratchadamnoen; Hauptgerichte 90–150 B; ⏲Di–So 7–16 Uhr; 📶✎) Süßes kleines Restaurant, das sich hinter viel Grün versteckt. Im Inneren locken kreative westliche Frühstücksteller, darunter knuspriges hausgemachtes Brot, Crêpes und Omeletts, sowie frische vegetarische Thai-Gerichte.

AUM Vegetarian Food VEGETARISCH $

(65 Th Moon Muang; Hauptgerichte 80–150 B; ⏲10.30–20.30 Uhr; ✎) Das AUM („Om" gesprochen), einer der Pioniere gesunder Küche, ist ein Magnet für vegetarische Traveller und ein paar experimentierfreudige Fleischesser. Die Auswahl reicht von vegetarischen Maki-Rollen über blauen Klebreis bis zu köstlichem Som Tam mit Cashewnüssen und Möhren. Es bereitet seinen eigenen Fond auf Pilzbasis zu

Dada Kafe VEGETARISCH $

(Th Ratchamankha; Hauptgerichte 60-140 B; ⏲9–21 Uhr, Mai & Juni bis 18 Uhr; ✎) Das winzige Restaurant serviert vitaminreiche und leckere vegetarische Gerichte und Smoothies. Gesunde Zutaten wie Pollen und Weizengras werden in Fruchtshakes verwandelt, und auf der Karte stehen auch vegetarische Burger, Omeletts, Salate, Sandwichs und Currys mit braunem Reis.

Blue Diamond VEGETARISCH $

(35/1 Soi 9, Th Moon Muang; Hauptgerichte 65–140 B; ⏲Mo–Sa 7–21 Uhr; ✎) Mit seinen vielen frischen Zutaten, den abgepackten Gewürzen und Kräutermischungen sowie den frischen Backwaren erinnert das Blue Diamond ein wenig an einen Naturkostladen. Das Café offeriert eine einfallsreiche Auswahl an Sandwiches, Salaten, Pfannengerichten und spannenden Fusionsgerichten wie Makkaroni-*đôm-yam*.

Swan BIRMANISCH $

(48 Th Chaiyaphum; Hauptgerichte 70–150 B; ⏲11–23 Uhr) Gleich östlich der Altstadt kann man in diesem abgewetzt wirkenden Restaurant einen kulinarischen Abstecher über die Grenze machen. Auf der Karte stehen schmackhafte birmanische Gerichte wie *gaang hang lay* (trockenes, saures Schweinecurry mit Tamarinde und Erdnüssen). Der Innenhof hinter dem Restaurant bietet Schutz vor dem Verkehr entlang der Stadtmauer.

I-Berry DESSERTS $

(abseits der Soi 17, Th Nimmanhaemin; Eiscreme & Smoothies ab 60 B; ⏲10–22 Uhr; 📶) Der Tag und Nacht überlaufene Laden, der Eis und Smoothies verkauft, ist ein echtes Highlight. Er gehört dem thailändischen Komiker Udom Taepanich, der den Spitznamen „Nase" trägt – sein markantestes Körperteil. Beim Bestellen achtet man auf die Zeichen in der Karte und nennt die recht komplizierten Namen der köstlichen Smoothies, Shakes und Eisbecher.

★ **Tong Tem Toh** NORDTHAILÄNDISCH $$

(Soi 13, Th Nimmamnhaemin; Hauptgerichte 50–170 B; ⏲11–21 Uhr) In einem alten Teakholzhaus serviert das trendige Café köstliche und authentische nordthailändische Küche. Auf der Karte stehen nicht nur die üblichen Thai-Gerichte, sondern auch lokale

Spezialitäten wie *nám prík ong* (Chilipaste mit Gemüse als Dip) und *gaang hang lay* (Schweinecurry nach birmanischer Art mit Erdnüssen und Tamarinde).

Huen Phen NORDTHAILÄNDISCH $$
(☎053 277103; 112 Th Ratchamankha; Mittagsgerichte 40–60 B, Hauptgerichte abends 80–200 B; ⌚8–15 & 17–22 Uhr) Das mit Antiquitäten vollgestopfte Restaurant zaubert magisches, authentisches nordthailändisches Essen auf den Tisch. Tagsüber werden die Gerichte in der Kantine davor serviert, doch abends verlagert sich das Geschehen in den stimmungsvollen Speiseraum, wo man eine breite Palette an köstlichen, stark gewürzten Dschungel-Currys, Pfannengerichten und regionalen Variationen von *nám prík* (Chilisoßen mit Gemüse zum Dippen) probieren kann.

Girasole ITALIENISCH $$
(☎053 276388; Kad Klang Wiang, Th Ratchadamnoen; Hauptgerichte 90–260 B; ⌚11–21 Uhr) In der winzigen Kad-Klang-Wiang-Arkade serviert das Girasole einige der besten Pizzas der Stadt, die mit Peperoni und anderen schwer aufzutreibenen Zutaten zubereitet werden. Innen und im Freien gibt's mehrere Sitzbereiche. Das Angebot reicht von fabelhaften Pasta-Gerichten über *secondi piatti* bis zu leckerem *gelato* zum Dessert.

★**Tengoku** JAPANISCH $$$
(☎053 215801; Soi 5, Th Nimmanhaemin; Hauptgerichte 130–1650 B; ⌚11–14 & 17.30–22 Uhr; 📶) Japanisches Essen ist in Chiang Mai beliebt, doch das Tengoku stellt die Konkurrenz locker in den Schatten. Das elegante, moderne Restaurant serviert fantastisches Sushi, leckeres Yakitori, spektakuläres Sukiyaki und großartige Steaks vom Wagyu-Rind sowie günstigere Mahlzeiten in Bento-Kästchen.

Ausgehen & Nachtleben

In der Altstadt gibt's zahlreiche Touristenbars, wo das Bier in Strömen fließt. Westlich davon liegt die Th Nimmanhaemin, wo thailändische Uni-Studenten auf Kneipentour gehen.

★**Riverside Bar & Restaurant** BAR
(www.theriversidechiangmai.com; 9-11 Th Charoenrat/Th Faham; Hauptgerichte 130–370 B; ⌚10–1 Uhr) Irgendwann landet praktisch jeder Besucher von Chiang Mai im Riverside. Das alte Teakholzhaus wirkt wie die Provinzversion eines Hard Rock Cafés. Jeden Abend spielen bis spät in die Nacht Bands. Auf der Terrasse am Fluss oder dem Balkon im Obergeschoss kann man die frische Abendbrise auf dem Mae Ping genießen.

Zoe In Yellow BAR
(40/12 Th Ratwithi; ⌚11–2 Uhr) Das Zoe befindet sich in einem Komplex von Open-Air-Bars an der Ecke Th Ratchaphakhinai und Th Ratwithi. Backpacker kommen hierher, um Krüge kalten Chang-Biers und Cocktails aus Eimern zu trinken, zu banalen Dancefloor-Hits zu rocken und bis in den frühen Morgen zu schmusen oder Reisegeschichten auszutauschen.

CAFÉS IN CHIANG MAI

Chiang Mai ist verrückt nach Kaffee, und an jeder Ecke verströmen Cafés den Geruch der regionalen Arabica-Bohne. Zu unseren Favoriten zählen:

Akha Ama Cafe (www.akhaama.com; 9/1 Soi 3, Th Hutsadisawee, Mata Apartment; Kaffee ab 50 B; ⌚9–21 Uhr; 📶) Aus Fair-Trade-Biokbohnen brüht das Akha Ama den wohl besten Kaffee der Stadt. Der unternehmerisch gesinnte Besitzer gehört zum Stamm der Akha und machte als Erster in seinem Dorfes einen Uniabschluss. In der Th Ratchadamnoen in der Altstadt befindet sich eine Filiale (www.akhaama.com; 175/1 Th Ratchadamnoen; ⌚8–18 Uhr; 📶).

Café de Museum (Th Ratwithi, Lanna-Volkskundemuseum; Getränke ab 40 B; ⌚Mo–Fr 9–18, Sa & So bis 19 Uhr; 📶) Dieses Café ist mit dem großen Angebot an aufmunternden heißen, kalten und geeisten Kaffees ideal, um nach einer Runde durch die Museen der Altstadt wieder Energie zu tanken. Sitzplätze gibt's im komfortablen klimatisierten Inneren oder draußen auf der Terrasse vor dem Lanna-Volkskundemuseum.

Ristr8to (153/3 Th Nimmanhaemin; Kaffee 65–120 B; ⌚Mi–Mo 8–19 Uhr) Mitten im kommerziellsten Teil der Th Nimmanhaemin bietet das Ristr8to eine besonders umfangreiche Karte mit Single-Origin Bohnen aus aller Welt und einer breiten Palette an Espresso- und Filterkaffee-Sorten, die so stilvoll wie bei einer Weinverkostung serviert werden.

Blar Blar Bar BIERGARTEN
(Soi 5, Th Nimmanhaemin; ⌚18–24 Uhr) Große Bar, in der Uni-Studenten und andere jugendliche Gäste reichlich trinken, die Kellnerinnen Markenbiere promoten und im Hof Livemusik gespielt wird. Ein guter Zwischenstopp auf dem Weg zu gemütlicheren Kneipen.

Warmup Cafe CLUB
(www.facebook.com/warmupcafe1999; 40 Th Nimmanhaemin; ⌚18–2 Uhr) Schon seit 1999 rockt dieser Veteran der Th Nimmanhaemin und zieht zu später Stunde ein junges, hippes und attraktives Publikum an. Im Hauptraum läuft Hip-Hop, in der Lounge dröhnen Electro-Bässe und im Garten spielen Rockbands lange Soli.

☆ Unterhaltung

★ Sudsanan LIVEMUSIK
(abseits der Th Huay Kaew; ⌚18–24 Uhr) Von der Th Huay Kaew geht eine kurze unbefestigte Straße ab und führt zu diesem Holzhaus voller Musik und Charakter. Es ist in erster Linie ein Treff der Einheimischen, in dem Musiker tränenrührige *pleng pêu·a chee·wít* (Lieder fürs Leben) spielen.

Auf das Schild gleich westlich der Th Ratchaphuek achten, man kann es leicht übersehen!

Nabé LIVEMUSIK
(Th Wichayanon; ⌚18–1 Uhr) Bei Einheimischen in den Zwanzigern angesagter Laden. Er lockt mit kaltem Bier, warmen Snacks und rockenden Livebands, die ihre Instrumente wirklich beherrschen und thailändische Songs für ein thailändisches Publikum spielen.

Shoppen

Chiang Mai ist seit Langem ein wichtiges Kunsthandwerkszentrum. Die Th Tha Phae und die kleine *soi* nahe dem Talat Warorot säumen viele Antiquitäten- und Textilienläden.

★ Studio Naenna BEKLEIDUNG, HAUSHALTWAREN
(www.studio-naenna.com; 22 Soi 1, Th Nimmanhaemin; ⌚10–18 Uhr) Im Studio Naenna, Teil eines Projekts zur Bewahrung der traditionellen Weberei und Stickerei, sind die Farben der Berge in die mit Naturmaterialien gefärbten Baumwoll- und Seidenstoffe gewebt. Den gesamten Herstellungsprozess kann man in der zentralen **Werkstatt** (www.studio-naenna.com; 138/8 Soi Chang Khian; ⌚Mo–Fr 9–17 Uhr, Okt–März auch Sa 9–17 Uhr) sehen, die nördlich von der Th Huay Kaew liegt.

Kesorn Arts KUNSTHANDWERK
(154-156 Th Tha Phae; ⌚9–18 Uhr) Dieser Traum eines jeden Sammlers handelt seit Jahren mit Erzeugnissen der Bergvölker, hauptsächlich mit Textilien, Lackwaren und Schmuck.

Ethnic Lanna KUNSTHANDWERK
(www.ethniclanna.com; Th Singharat; ⌚Mo–Sa 9–20 Uhr) In dem Fair-Trade-Laden gibt's jede Menge Taschen, Schmuck und Textilien im Stil der Bergstämme.

Backstreet Books BÜCHER
(2/8 Th Chang Moi Kao; ⌚8–20 Uhr) Großes Geschäft in der Büchergasse (der Th Chang) mit einer guten Auswahl an Reiseführern sowie stapelweise Krimis und Thriller.

Maya Lifestyle Shopping Center EINKAUFSZENTRUM
(www.mayashoppingcenter.com; Th Huay Kaew; ⌚Mo–Fr 11–22, Sa & So ab 10 Uhr) Chiang Mais schickstes Einkaufszentrum verbirgt sich hinter einer geometrischen Fassade. Neben großen internationalen Marken gibt's hier eine gesamte Etage nur für Elektronik, einen guten Supermarkt, ein Multiplex-Kino und tolle Optionen zum Essen in der 4. Etage.

ℹ Praktische Informationen

GEFAHREN & ÄRGERNISSE

Die meisten Pensionen bessern ihre günstigen Zimmerpreise durch Kommissionen für die Buchung von Trekkingtouren auf. Darum dürfen Nichttrekker manchmal nur drei Tage bleiben – am besten erkundigt man sich beim Einchecken.

Die privaten Busse und Minivans, die von der Th Khao San in Bangkok nach Chiang Mai fahren, sollte man meiden, denn auf vielerlei Art wird versucht, eine Kommission herauszuholen, um etwas auf die Billigstfahrpreise aufzuschlagen.

Denguefieber ist in der Provinz Chiang Mai zu einem größeren Problem geworden, insbesondere in der Regenzeit. Das regelmäßige Auftragen von DEET-Insektenschutzmittel (bei Tag & Nacht) schützt vor Stichen.

GELD

Alle großen thailändischen Banken haben Filialen mit Geldautomaten. Gute Anlaufstellen sind die Th Tha Phae und die Th Moon Muang.

MEDIZINISCHE VERSORGUNG

Chiang Mai Ram Hospital (☎053 920300; www.chiangmairam.com; 8 Th Bunreuangrit) Das modernste Krankenhaus der Stadt.

McCormick Hospital (☎053 921777; www.mccormick.in.th; 133 Th Kaew Nawarat) Für kleine Wehwehchen eignet sich dieses ehemalige Missionarskrankenhaus.

MÄRKTE FÜR FUSSGÄNGER

Früher war Chiang Mai das Ziel umherziehender Händler aus Yunnan, die entlang der uralten Route von China bis nach Birma mit Waren handelten. Heute haben sich die Fußgängermärkte dieser Tradition angenommen und kombinieren gekonnt Kommerz und Kultur.

Samstagsmarkt (ถนนเดินวันเสาร์; Th Wualai; ⏲ Sa 16–24 Uhr) Wenn am Samstagnachmittag die Sonne sinkt, verwandelt sich die Th Wualai, die vom Pratu Chiang Mai am Südeingang zur Altstadt Richtung Südwesten führt, in den **Samstagsmarkt.** Im Getümmel der Einheimischen und Touristen aus aller Welt bekommt man kaum einen Fuß an den Boden. Sie feilschen um handgemachte Seife, modische Hundehalsbänder, Holzschnitzereien, Buddha-Gemälde, Schnickschnack von den Bergstämmen, thailändische Musikinstrumente, T-Shirts, Papierlaternen, Regenschirme, Silberschmuck und Heilkräuter.

Sonntagsmarkt (ถนนเดินวันอาทิตย์; Th Ratchadamnoen; ⏲ So 16–24 Uhr) Am Sonntagnachmittag widerholt sich das ganze Spektakel in der Th Ratchadamnoen auf dem ausgelassenen Sonntagsmarkt. Hier scheint sogar noch mehr los zu sein als auf dem Samstagsmarkt, denn in den Höfen der Wats entlang der Strecke öffnen lebhafte Food Courts. Wer samstags schon in der Th Wualai war, wird sonntags viele Verkäufer und Händler vom Vorabend wiedererkennen. Der Markt ist für einheimische Familien eine wichtige Einnahmequelle, und viele Händler verbringen die ganze Woche damit, handgemachte Erzeugnisse herzustellen, die sie samstags und sonntags verkaufen.

Talat Warorot (ตลาดวโรรส; Ecke Th Chang Moi & Th Praisani; ⏲ 6–7 Uhr) Auf dem ältesten öffentlichen Markt Chiang Mais, dem Warorot (auch „Waroros" geschrieben) kann man die thailändische Seele der Stadt erleben. Seite an Seite mit Souvenirverkäufern bieten hier unzählige Stände unverzichtbare Gegenstände für gewöhnliche Thais an: Woks, Spielzeug, Fischernetze, eingelegte Teeblätter, Dampfgarer für Klebreis, thailändische Würste, *kâap mŏo* (Schweinschwarte), lebenden Wels und winzige Statuen für Geisterhäuser. Ein halber Tag vergeht schnell, während man durch die überdachten Gänge schlendert, den Einheimischen beim Einkaufen zuschaut und um Dinge feilscht, die man zu Hause gut brauchen kann.

Chiang-Mai-Nachtbasar (Th Chang Khlan; ⏲ 19–24 Uhr) Der Nachtbasar ist eine der vielen abendlichen Attraktionen der Stadt, besonders für Familien. Er ist das moderne Erbe der früheren Handelskarawanen der Händler aus Yunnan, die auf der alten Handelsroute zwischen Simao (in China) und Mawlamyaing (an der Golfküste Myanmars) in der Stadt hielten. Heute werden auf dem Nachtbasar die üblichen Touristensouvenirs verkauft, wie man sie auch auf den Straßenmärkten Bangkoks findet.

NOTFALL

Einwanderungsbüro (☎ 053 201755; http://chiangmaiimm.com; abseits der Rte 1141/Th Mahidol; ⏲ Mo–Fr 8.30–16.30 Uhr) Am Flughafen, verlängert Visa.

Touristenpolizei (☎ 053 247318, 24-Std.-Notruf ☎ 1155; 608 Rimping Plaza, Th Charoenraj; ⏲ 6–24 Uhr) Hier sind ehrenamtliche Mitarbeiter tätigt die verschiedene Sprachen beherrschen.

TOURISTENINFORMATION

Tourism Authority of Thailand (TAT; ☎ 053 248604; www.tourismthailand.org; Th Chiang Mai-Lamphun; ⏲ 8.30–16.30 Uhr) Die Mitarbeiter sprechen Englisch und helfen mit Stadtplänen und Karten sowie mit Infos für Reisen in ganz Thailand.

ℹ An- & Weiterreise

BUS

Chiang Mai besitzt zwei Busbahnhöfe. Vom **Arcade-Busterminal** (Th Kaew Nawarat), 3 km nordöstlich der Stadt, fahren Fernbusse. Eine Fahrt mit dem *túk-túk* ab dem Zentrum schlägt mit etwa 80 bis 100 B zu Buche, *rót daang* verlangen rund 60 B. Vom **Busterminal Chang Pheuak** (Th Chang Pheuak), nördlich der Altstadt fahren Busse in nahe gelegene Provinzstädte (Tha Ton); zum Busbahnhof gelangt man mit einem *rót daang* (20 B).

FLUGZEUG

Internationale und Inlandsflüge starten und landen auf dem **Chiang Mai International Airport** (☎ 053 270222; www.chiangmaiairportthai.com), 3 km südwestlich der Altstadt.

BUSSE AB CHIANG RAI

ZIEL	FAHRPREIS (B)	FAHRTDAUER (STD.)	ABFAHRT
Bangkok	420–840	9-10	häufig
Chiang Khong	280–430	6½	3-mal tgl.
Chiang Rai	140–280	3-4	stündl.
Khorat (Nakhon Ratchasima)	580–680	12	11-mal tgl.
Mae Hong Son	140–185	6	alle 1½ Std.
Mae Hong Son (Minivan)	250	5	stündl.
Mae Sai	175–350	5	7-mal tgl.
Mae Sot	320	6	2-mal tgl.
Pai	ab 75	4	stündl.
Pai (Minivan)	150	3	stündl.
Sukhothai	ab 230 B	5-6	10-mal tgl.

Die Flugpläne variieren je nach Saison und Nachfrage. **Thai Airways** (THAI; ☎ 053 211044, 023 561111; www.thaiair.com; 240 Th Phra Pokklao; Mo–Fr 8.30–16.30 Uhr) hat das größte Inlandsflugnetz, doch **Air Asia** (☎ 053 234645; www.airasia.com; 416 Th Tha Phae; ⏲10–20 Uhr) und andere Budgetairlines bauen ihr Inlands- und internationales Streckennetz rapide aus.

Flüge gehen u. a. nach Bangkok (1800–2200 B), Phuket (2350 B), Yangon (ab 4950 B), Luang Prabang (ab 5000 B) und Kuala Lumpur (3340 B).

ZUG

Der Bahnhof liegt 2,5 km östlich der Altstadt. Angesichts der zunehmenden Billigflüge und mehrerer Entgleisungen im Jahr 2013 haben die früher so beliebten Nachtzüge vom Bahnhof Hualamphong in Bangkok an Attraktivität verloren. Zur Zeit der Recherche galten von/nach Bangkok folgende Fahrpreise:

2. Klasse Schlafwagen mit Ventilator 531–581 B, mit Klimaanlage 791–881 B

1. Klasse Schlafwagen-Kabine mit Klimaanlage 1253–1953 B

Die Fahrt zum Bahnhof kostet etwa 40 bis 60 B.

ℹ Unterwegs vor Ort

In der Stadt sind zahlreiche rote *sŏrngtăaou* (*rót daang* genannt) unterwegs, die als Sammeltaxis fungieren. Einfach eines anhalten und dem Fahrer das jeweilige Ziel nennen; liegt es an seiner Route, wird er nicken. Unterwegs steigen noch weitere Passagiere zu. Der Mindestpreis liegt bei 20 B, für längere Strecken bei 40 B. *Túk-túk*-Fahrten innerhalb der Stadt kosten ca. 60 bis 80 B; den Preis muss man vorher aushandeln.

Chiang Mai lässt sich auch sehr gut mit einem Leihfahrrad (60–150 B pro Tag) oder einem 100-ccm-Motorrad (ab 200 B) erkunden.

Rund um Chiang Mai

Doi-Inthanon-Nationalpark

อุทยานแห่งชาติดอยอินทนนท์

Der höchste Berg Thailands, der Doi Inthanon (oft zu Doi In abgekürzt) erhebt sich 2565 m über dem Meeresspiegel – eine beeindruckende Höhe für das Königreich, aber ziemlich bescheiden verglichen mit den Gipfeln des Himalaja. Das Granitmassiv liegt in einem 1000 km² großen **Nationalpark** (☎ 053 286730; Erw./Kind 300/150 B, Auto/Motorrad 30/20 B; ⏲4–18 Uhr) voller Wanderwege und Wasserfälle, der mit undurchdringlichem Dschungel bedeck ist. Wenn die Hitze in Chiang Mai unerträglich wird, begeben sich die Einheimischen auf Tagesausflüge zum Doi Inthanon, besonders während der Neujahrsferien, wenn man am Gipfel das seltene Phänomen Frost erleben kann.

Die meisten Besucher kommen mit dem eigenen Fahrzeug oder im Rahmen einer Tour von Chiang Mai. Mit dem Motorrad dauert die Fahrt von und nach Chiang Mai jeweils etwa 2½ Stunden.

Mae-Sa-Tal แม่สา

Die Rundfahrt durch das Mae-Sa-Tal ist eine der einfachsten Möglichkeiten, der Betonwüste im Tiefland zu entfliehen und das bergige Hochland im Grenzgebiet zu erleben. Die 100 km lange Route ist eine schöne Tagestour mit dem eigenen Fahrzeug.

Von Chiang Mai geht's auf der Route 107 (Th Chang Pheuak) nach Norden in Richtung Mae Rim, dann nach links auf die Route 1096. Die Straße wird immer ländlicher, ist aber von vielen touristischen Attraktionen gesäumt: Orchideenfarmen, Schmetterlingsparks, Schlangenfarmen etc.

Schließlich beginnt der kurvenreiche Anstieg ins fruchtbare **Mae-Sa-Tal**, einst ein hoch gelegenes Becken für den Anbau von Opiummohn. Heute pflanzen die Bauern auf ihren Terrassenfeldern Paprika, Kohl, Blumen und Obst an, die dann unter dem Label Doi Kham an die königlichen Landwirtschaftsprojekte verkauft werden.

Am Rand des Tals führt die Straße um einen Bergkamm herum und dann auf und ab, bis die Nadelbaumzone erreicht ist. Dahinter entfaltet sich eine Kaskade von Bergen. Schließlich windet sich der Weg nach **Samoeng**, eine hübsche Thai-Stadt, und führt in einem Bogen zurück nach Chiang Mai.

Chiang Rai

เชียงราย

70 000 EW.

Das grüne, gepflegte Chiang Rai ist eher eine Stadt zum Wohnen als eine Touristenhochburg. Es bietet sich als Basis für die Erkundung des „Goldenen Dreiecks“ an. Darüber hinaus können hier wie in Chiang Mai Wanderungen zu Bergvölkern organisiert werden. Chiang Rai ist bei betuchteren Pauschaltouristen beliebt.

Chiang Rai

Sehenswertes
1 Bevölkerungsmuseum & Bildungszentrum C2
2 Wat Phra Kaew A1

Aktivitäten, Kurse & Touren
PDA Tours & Travel .... (siehe 1)

Schlafen
3 Baan Bua Guest House B4
4 Baan Warabordee C4
5 FUN-D Hostel D3
6 Moon & Sun Hotel C2
7 The North B3

Essen
8 Khao Soi Phor Jai B3
9 Phu Lae C2

Ausgehen & Nachtleben
10 BaanChivitMai Bakery B4
11 Cat Bar B4
12 Easy House B3

Shoppen
13 Night Bazaar B3
14 Walking Street B2

Transport
15 Busbahnhof C4

Sehenswertes

Wat Phra Kaeo BUDDHISTISCHER TEMPEL

(วัดพระแก้ว; Th Trairat; Tempel 7–19 Uhr, Museum 9–17 Uh) GRATIS Der im einheimischen Dialekt ursprünglich Wat Pa Yia (Bambuswald-Kloster) genannte buddhistische Tempel ist der am meisten verehrte der Stadt. Dahinter steht der achteckige *chedi* im typischen Lanna-Stil, der aus dem späten 14. Jh. stammt. Das Museum in dem angrenzenden zweistöckigen Holzhaus zeigt verschiedene Lanna-Exponate.

Oub Kham Museum MUSEUM

(พิพิธภัณฑ์อูบคำ; www.oubkhammuseum.com; Th Nakhai; Erw./Kind 300/100 B; 8–17 Uhr) In dem etwas verrückten Museum ist eine eindrucksvolle Sammlung von Krimskrams aus fast jeder Ecke des früheren Lanna-Königreichs zu sehen. Die teils einzigartigen Exponate reichen von einem Affen-Vorkoster des Lanna-Königshauses bis hin zu einem Thron mit eindrucksvollen Schnitzarbeiten aus Chiang Tung in Myanmar. Es liegt 2 km westlich der Innenstadt und ist nicht ganz leicht zu finden. Ein *túk-túk* kostet rund 60 B

Bergvölkermuseum & Bildungszentrum MUSEUM

(พิพิธภัณฑ์และศูนย์การศึกษาชาวเขา; www.pdacr.org; 3. OG, 620/25 Th Thanalai; 50 B; Mo–Fr 8.30–18, Sa & So 10–18 Uhr) Ein Besuch des von der gemeinnützigen Organisation Population & Community Development Association (PDA) betriebenen Museums und Kulturzentrums bietet sich vor einer Trekkingtour zu den Bergvölkern an. Die Exponate sind etwas enttäuschend, bieten aber jede Menge Infos zu den verschiedenen Stämmen Thailands und verwandten Themen.

Mae-Fah-Luang-Kunst- & Kulturpark MUSEUM

(ไร่แม่ฟ้าหลวง; www.maefahluang.org/rmfl; 313 Mu 7, Ban Pa Ngiw; Erw./Kind 200 B/frei; Di–So 8–17 Uhr) Neben einem Museum mit einer der größten Sammlungen an Lanna-Artefakten Thailands umfasst die riesige, sorgfältig gepflegte Grünanlage alte und moderne buddhistische Tempel sowie andere Bauwerke. Es liegt etwa 4 km westlich des Stadtzentrums von Chiang Rai; eine Fahrt mit dem *túk-túk* oder mit dem Taxi hierher kostet rund 100 B.

Chiang Rai

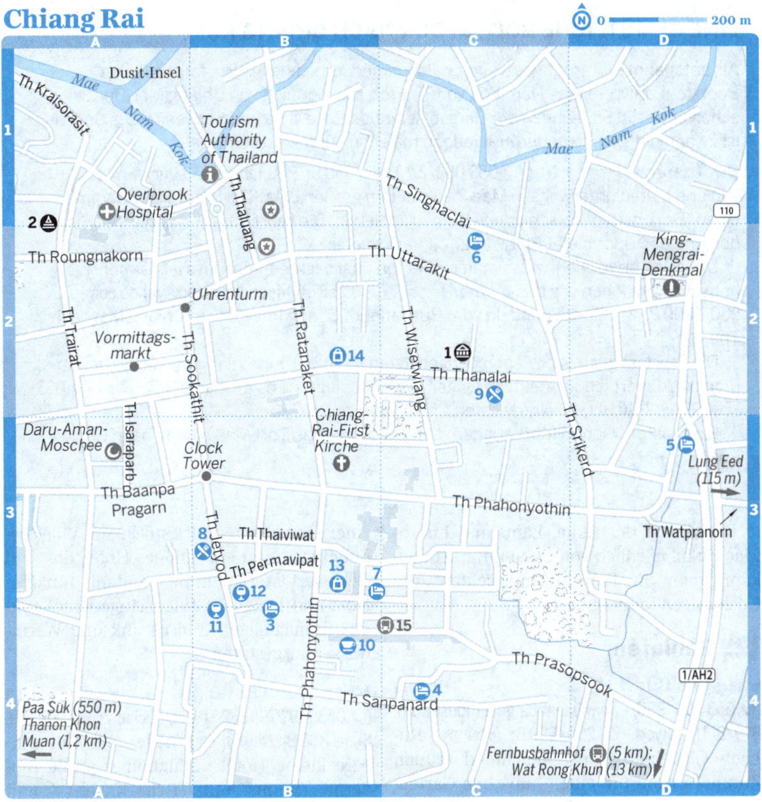

Tham Tu Pu & Buddha-Höhle BUDDHISTISCHER TEMPEL
(ถ้ำตูปู่/ถ้ำพระ; ⊙Sonnenaufgang–Sonnenuntergang) GRATIS Wer über die Mae-Fah-Luang-Brücke (gleich nordwestlich vom Stadtzentrum) zum Nordufer des Mae Nam Kok geht, stößt auf die Abzweigung zur Tham Tu Pu und Buddha-Höhle. Beide sind keine echte Attraktion, doch die wunderschöne Landschaft verlockt zu einer gemütlichen Rad- oder Motorradtour.

Aktivitäten

Die meisten Zweitagestouren (ab 2900 B) führen nach Doi Tung, Doi Mae Salong und Chiang Khong. Folgende Organisationen setzen sich für Bergvölker ein und bieten Wandertouren an, um Geld für soziale Projekte zu sammeln.

Mirror Foundation TREKKING
(☎053 737 616; www.thailandecotour.org) Etwas teurer, doch man unterstützt mit einer Trekkingtour bei dieser gemeinnützigen NRO ein Ausbildungsprogramm für lokale Guides. Die ein bis drei Tage langen Wanderungen führen zu Dörfern der Akha, Karen und Lahu im Mae-Yao-Distrikt nördlich von Chiang Rai.

PDA Tours & Travel TREKKING
(☎053 740 088; www.pda.or.th/chiangrai/package_tour.htm; Bergvölkermuseum & Bildungszentrum, 3. OG, 620/25 Th Thanalai; ⊙Mo–Fr 8.30–18, Sa & So 10–18 Uhr) Bietet ein- bis dreitägige Trekkingtouren an, deren Gewinne in Gemeindeprojekte fließen, wie z. B. Aids-Aufklärung, mobile Kliniken, Stipendien und Aufbau von Banken unter Leitung der Dorfbewohner.

Rai Pian Karuna TREKKING
(☎082 195 5645; www.facebook.com/raipiankaruna) Das neue, engagierte Gemeindeunternehmen veranstaltet ein- und mehrtägige Trekkingtouren und vermittelt Privatunterkünf-

EINE GEMÜTLICHE BOOTSTOUR NACH CHIANG RAI

Als entspannte Alternative zu einer halsbrecherisch schnellen Busfahrt gilt eine Bootstour auf dem Mae Nam Kok von Tha Ton aus, nördlich von Chiang Mai. Bei Zwischenstopps in Siedlungen der Bergvölker gibt's Coca Cola und Souvenirs. Die Gegend ist zwar nicht gerade unberührt, jedoch malerisch und erholsam.

Boote nach Chiang Rai (053 053727; Ticket 350 B; Abfahrt 12.30 Uhr) fahren ab Tha Ton und halten unterwegs in Mae Salak, einem großen Lahu-Dorf, und Ban Ruammit, einem Dorf, in dem verschiedene Bergvölker leben. Die Fahrt dauert drei bis fünf Stunden und das Boot bietet Platz für zwölf Passagiere.

Um es zu erwischen, muss man in Tha Ton übernachten. Am Fluss gibt's mehrere hübsche Pensionen wie das **Apple Resort** (053 373144; applethaton@yahoo.com; Zi. 500–1200 B;). Busse pendeln vom Busbahnhof Chang Pheuak von Chiang Mai nach Tha Ton.

Die Fahrt ist auch in der entgegengesetzten Richtung von Chiang Rai nach Tha Ton möglich, dauert jedoch deutlich länger. Die Boote legen um 7 Uhr am **C.-R.-Pier** (053 750009; 7–16 Uhr) im Nordwesten Chang Mais ab.

Eine weitere Option führt auf dem Landweg über das Dorf Mae Salong nach Chiang Rai.

te in Dörfern der Akha, Lahu und Lua in Mae Chan, nördlich von Chiang Rai. Zudem kann man an Freiwilligenprojekten und Kochkursen teilnehmen.

Schlafen

Baan Bua Guest House PENSION $

(053 718 880; www.baanbua-guesthouse.com; 879/2 Th Jetyod; Zi. 250–550 B;) Ruhiges Gästehaus mit 17 leuchtend grünen Zimmern rund um einen hübschen Garten. Sie sind einfach, aber durchweg sauber und gemütlich.

FUN-D Hostel HOSTEL $

(053 712 123; www.facebook.com/FunDHostelChiangRai; 753 Th Phahonyothin; B 260–290 B, Zi. 800 B, alle inkl. Frühstück;) Ein lebendiges Hostel, das passend zur Atmosphäre über einem Restaurant-Café mit Bar liegt. Die Schlafsäle mit sechs bis acht Betten sind geräumig und hell, und die teureren haben halbprivate eigene Bäder.

The North HOTEL $

(053 719 873; www.thenorth.co.th; 612/100-101 Sirikon Market; B 200 B, Zi. 390–490 B;) Das Hotel verleiht der tristen Gegend rund um Markt und Busbahnhof etwas Farbe. Die 15 Zimmer verbinden thailändisches mit modernem Design, wobei einige an die einladenden Loungebereiche angeschlossen sind.

Baan Warabordee HOTEL $

(053 754 488; baanwarabordee@hotmail.com; 59/1 Th Sanpanard; Zi. 500–600 B;) In einer umgebauten dreistöckigen Villa befindet sich nun ein schönes Hotel, das sein Geld wert ist. Die Zimmer sind mit dunklem Holz und hellen Textilien eingerichtet und mit Klimaanlage, Kühlschrank und Warmwasser ausgestattet.

Moon & Sun Hotel HOTEL $

(053 719 279; 632 Th Singhaclai; Zi. 500–600 B, Suite 800 B;) Das helle, makellos saubere kleine Hotel verfügt über große moderne Zimmer mit Tisch, Kabel-TV und Kühlschrank sowie teils Himmelbett. In den Suiten gibt's zudem einen geräumigen Sitzbereich. Fantastisches Preis-Leistungs-Verhältnis.

★ **Bamboo Nest de Chiang Rai** PENSION $$

(09 5686 4755, 08 9953 2330; www.bamboo-nest-chiangrai.com; Bungalows inkl. Frühstück 800–1800 B) Einzigartige Unterkunft in einem Lahu-Dorf, das nur 23 km von Chiang Rai entfernt liegt und doch wie aus einer anderen Welt wirkt. Die einfachen, aber geräumigen Bambushütten stehen auf einem Hügel mit Blick auf Reisterrassen, und Solarkollektoren sorgen für Strom. Den Laptop lässt man also besser in der Stadt, stattdessen kann man an vielen Aktivitäten teilnehmen, von Vogelbeobachtung bis zu Wanderungen.

Das Bamboo Nest ist 2 km vom Hauptquartier des Lamnamkok-Nationalparks entfernt, ab mindestens zwei Nächten Aufenthalt gibt's einen kostenlosen Transportservice nach/ab Chiang Rai.

Essen

★ Lung Eed NORDTHAILÄNDISCH $

(Th Watpranorn; Hauptgerichte 40–100 B; ⏲ Mo–Sa 11.30–21 Uhr) In diesem einfachen Ladenhaus-Restaurant bekommt man eines der köstlichsten Gerichte Chiang Rais. An der Wand hängt eine englischsprachige Karte, doch auf keinen Fall sollte man sich das fantastische *lap kai* (Hühnerhackfleisch mit regionalen Gewürzen und knuspriger frittierter Hühnerhaut, Schalotten und Knoblauch) entgehen lassen. Das Lokal befindet sich in der Th Watpranorn, etwa 150 m östlich der Route 1/AH2.

Paa Suk NORDTHAILÄNDISCH $

(Th Sankhongnoi, keine engl. Beschilderung; Hauptgerichte 10–25 B; ⏲ 8.30–15 Uhr) Hier kommen große, reichhaltige Schüsseln *kà·nŏm jeen nám ngée·o* (Schweine- oder Rinderbrühe und Tomaten auf frischen Reisnudeln) auf den Tisch. Das Paa Suk befindet sich zwischen der Soi 4 und der Soi 5 der Th Sankhongnoi (wo die Straße auf das südliche Ende der Th Phahonyothin stößt, heißt sie Th Sathanpayabarn); am besten achtet man auf das gelbe Schild.

Khao Soi Phor Jai THAI $

(Th Jetyod, keine engl. Beschilderung; Hauptgerichte 35–60 B; ⏲ 7.30–17 Uhr) Neben milden, aber leckeren Versionen des namensgebenden Nudel-Curry-Gerichts werden noch weitere nordthailändische Klassiker serviert. Auf das zur Straße offene Ladenhaus mit blauem Inneren achten!

Phu Lae THAI $

(673/1 Th Thanalai; Hauptgerichte 80–320 B; ⏲ 11.30–15 & 17.30–23 Uhr) Das klimatisierte Restaurant erfreut sich vor allem bei thailändischen Touristen großer Beliebtheit. Grund dafür ist die leckere, leicht aufgemotzte Küche wie *gaang hang·lair* (Schweinebauch in reichhaltigem Curry nach birmanischer Art), das mit reichlich eingelegtem Knoblauch serviert wird, und *sâi òo·a*, würzige Schweinewürste.

Ausgehen

Chiang Rais Barszene konzentriert sich auf die Th Jetyod mit der beliebten **Cat Bar** (1013/1 Th Jetyod; ⏲ 17–1 Uhr) und dem **Easy House** (Ecke Th Jetyod & Th Pemavipat; ⏲ 17–24 Uhr).

BaanChivitMai Bakery CAFÉ

(www.baanchivitmai.com; Th Prasopsook; ⏲ Mo–Fr 8–19, Sa & So bis 18 Uhr; 📶) Neben gutem Kaffee aus regionalen Bohnen gibt's in der Bäckerei authentische Süßwaren nach schwedischer Art sowie westliche Gerichte und Sandwiches. Die Gewinne fließen an die Organisation BaanChivitMai, die sich mit Heimen und Bildungsprojekten für benachteiligte, verwaiste oder AIDS-kranke Kinder einsetzt.

Shoppen

★ Straßenmarkt MARKT

(Th Thanalai; ⏲ Sa 16–22 Uhr) Wer an einem Samstagabend in der Stadt ist, sollte diesen Straßenmarkt unter freiem Himmel mit Fokus auf Produkten aus Chiang Rai, u. a. Kunst-

ABSTECHER

WAT RONG KHUN & BAAN DUM

In zwei bizarren, aber beliebten Attraktionen Chiang Rais trifft moderne Kunst auf religiösen Symbolismus.

Während die meisten buddhistischen Tempel Thailands eine jahrhundertealte Tradition haben, begann der bekannte thailändische Maler und Architekt Chalermchai Kositpipat erst 1997 mit dem Bau des **Wat Rong Khun** (White Temple, วัดร่องขุ่น; abseits der Rte 1/AH2; ⏲ Mo–Fr 8–17, Sa & So bis 17.30 Uhr). Aus der Ferne scheint der Tempel aus schimmerndem Porzellan zu bestehen, aus der Nähe erkennt man, dass dieser Effekt durch eine Kombination aus weißer Farbe und Spiegelsteinchen erzielt wird. Zum Tempel kommt man mit einem der regulären Busse von Chiang Rai nach Chiang Mai oder Phayao (20 B).

Baan Dum (บ้านดำ, Black House; abseits der Rte 1/AH2; ⏲ 9–12 & 13–17 Uhr) Das bizarre Werk des thailändischen Nationalkünstlers Thawan Duchanee bildet ein eher düsteres Kontrastprogramm zum Wat Rong Khun. Es besteht aus mehreren schwärzlichen Gebäuden, die mit unheilverkündenden Fellen und Tierknochen dekoriert sind. Es liegt 13 km nördlich von Chiang Rai in Nang Lae. Alle nach Mae Sai verkehrende Busse halten hier auf Wunsch (ca. 20 B).

handwerk und lokale Küche, nicht verpassen. Er erstreckt sich entlang der Th Thanalai vom Bergvölkermuseum bis zum Morgenmarkt.

Night Bazaar MARKT

(abseits der Th Phahonyothin; ⌚18–23 Uhr) Abseits der Th Phahonyothin neben dem Busbahnhof erstreckt sich Chiang Rais Nachtmarkt. Er ist zwar viel kleiner als der in Chiang Mai, dennoch findet man hier ein ganz gutes Angebot an Kunsthandwerk und touristischen Souvenirs.

Thanon Khon Muan MARKT

(Th Sankhongnoi; ⌚So 18–21 Uhr) Jeden Sonntag Abend wird die Th Sankhongnoi von der Soi 2 Richtung Westen für den Verkehr gesperrt. Dann verkaufen Straßenhändler hier Kleider, Kunsthandwerk und ortstypisches Essen. Die Th Sankhongnoi wird dort, wo sie auf das südliche Ende der Th Phahonyothin trifft, zur Th Sathanpayabarn.

ℹ Praktische Informationen

Banken säumen die Th Thanalai und die Th Phahonyothin. Internetcafés sind zahlreich vertreten und verlangen rund 30 B.

Overbrook Hospital (☎053 711 366; www.overbrook-hospital.com; Th Singhaclai) Modernes Krankenhaus; es wird auch Englisch gesprochen.

Tourism Authority of Thailand (TAT; ☎053 744 674, landesweit ☎1672; tatchrai@tat.or.th; Th Singhaclai; ⌚8.30–16.30 Uhr) Zwar sprechen die Mitarbeiter nur wenig Englisch, geben jedoch ihr Bestes und haben eine kleine Auswahl an Karten und Broschüren auf Lager.

Touristenpolizei (☎053 740 249, landesweit ☎1155; Th Uttarakit; ⌚24 Std.) Die Englisch sprechenden Polizisten sind nonstop im Einsatz.

ℹ An- & Weiterreise

Der **Internationale Flughafen Chiang Rai** (Mae Fah Luang International Airport; ☎053 798000; www.chiangraiairportonline.com) liegt 8 km außerhalb der Stadt. **Air Asia** (☎053 793 543, landesweit 02 515 9999; www.airasia.com; Internationaler Flughafen Chiang Rai; ⌚8–21 Uhr), **Nok Air** (☎053 793000, landesweit 1318; www.nokair.co.th; Internationaler Flughafen Chiang Rai; ⌚8–19 Uhr) und **Thai Lion Air** (☎landesweit 02 529 9999; www.lionairthai.com; Internationaler Flughafen Chiang Rai; ⌚8–20 Uhr) fliegen zum Flughafen Don Muang in Bangkok. **Thai Airways International** (THAI; ☎053 798202, landesweit 02 356 1111; www.thaiair.com; ⌚8–20 Uhr) und **Thai Smile** (☎053 798200, landesweit 02 118 8888; www.thaismileair.com; Internationaler Flughafen Chiang Rai; ⌚8–20 Uhr) fliegen nach Suvarnabhumi. **China Eastern** (☎landesweit 02 636 6980; www.flychinaeastern.com; ⌚8.30–17 Uhr) bietet Flüge nach Kunming. Ein Taxi mit Taxameter von der Stadt zum Flughafen kostet 120 B.

VERKEHRSVERBINDUNGEN AB CHIANG RAI

ZIEL	FLUGZEUG	BUS	MINIVAN
Bangkok	2135–3590 B, 1¼ Std., 5-mal tgl.	493–935 B, 13 Std., 7–19 Uhr häufig	
Chiang Khong		65 B, 2 Std., 6–17 Uhr häufig	
Chiang Mai		144–288 B, 3-7 Std., 6.30–19.30 Uhr stündl.	
Chiang Saen		39 B, 1½ Std.; 6.20–19 Uhr häufig	45 B, 1½ Std., stündl.
Kunming (China)	7500 B, 1 Std., 3-mal wöchentl.		
Nakhon Ratchasima (Khorat)		514–771 B, 12–13 Std., 6-mal tgl.	
Luang Prabang (Laos)		950 B, 16 Std., 13 Uhr	
Mae Sai		39 B, 1½ Std., 6–20 Uhr häufig	46 B, 1½ Std., 6.30–18 Uhr häufig
Mae Sot		384–493 B, 12 Std., 8.15 & 8.45 Uhr	
Phitsanulok		273–410 B, 6–7 Std., 6.30–22.30 Uhr stündl.	
Sukhothai		300 B, 8 Std., 7.30–14.30 Uhr stündl.	

EINREISE NACH LAOS: GRENZÜBERGÄNGE IM NORDEN

Von Chiang Rai nach Huay Xai

Der Grenzübergang Chiang Khong–Houay Xay ist bei Reisenden, die auf der Route Chiang Mai–Luang Prabang (Laos) unterwegs sind, am beliebtesten. Seit Fertigstellung der thailändisch-laotischen Freundschaftsbrücke 4 ist der Grenzübergang per Boot ausschließlich Einheimischen vorbehalten

Anreise zur Grenze Die Brücke liegt 10 km südlich von Chiang Khong, die Fahrt mit dem *săhm·lór* von der Stadt kostet 150 B.

An der Grenze Nach den Formalitäten bei der **thailändischen Einreisebehörde** (☎ 053 792824; ⏲7–20.30 Uhr) fährt man mit dem Shuttlebus (ab 20 B) zur laotischen Einwanderungsbehörde, die Visa bei der Ankunft ausstellt.

Weiterreise Auf laotischer Seite fahren *săhm·lór* für 100 B (25 000 K) pro Person nach Huay Xai. Vom Busbahnhof in Houay Xay gibt's u. a. Verbindungen zu wichtigen Zielen in Laos sowie nach Südchina (Visa für China muss man sich im Voraus besorgen).

Nach Luang Prabang gelangt man auch mit einem langsamen Boot (1000 B/ 250 000 K, 2 Tage, Abfahrt ca. 10.30 Uhr) und einem lauten Schnellboot (350 000 K, 6–7 Std., 9–11 Uhr häufig). Es gab Berichte von Unfällen. Ticketagenturen in Chiang Khong können die Buchungen vornehmen und Verkehrsmittel arrangieren.

Infos zur Überquerung dieses Grenzübergangs in entgegengesetzter Richtung gibt's auf S. 375.

Von Phrae/Nan nach Hongsa

Der Grenzübergang Ban Huay Kon–Muang Ngeun befindet sich 140 km nördlich von Nan und damit ein ganzes Stück außerhalb der üblichen Reiserouten. Die Fahrt zur Grenze beginnt in Phrae, was nicht ganz so ungünstig liegt.

Anreise zur Grenze Minivans zum Grenzübergang Ban Huay Kon starten in Phrae und halten in Nan (100 B, 3 Std., 5–21.30 Uhr 5-mal tgl.).

An der Grenze Nach Passieren der thailändischen Einwanderungsbehörde können sich Ausländer ein 30-Tage-Visum für Laos ausstellen lassen; der Preis richtet sich nach der Nationalität, möglicherweise kommen auch Aufschläge dazu.

Weiterreise Im 2,5 km entfernten laotischen Dorf Muang Ngeun fahren *sŏrng·tăa·ou* von der Passagierfahrzeugstation neben dem Markt nach Hongsa (40 000K, 1½ Std., zwischen 14 & 16 Uhr).

Infos zur Überquerung dieses Grenzübergangs in entgegengesetzter Richtung gibt's auf S. 375.

Chiang Rais **Busbahnhof** (☎ 053 715952; Th Prasopsook) liegt mitten im Zentrum; hier starten auch normale Busse (mit Ventilatoren) und Minivans. Der **Fernbusbahnhof** (☎ 053 773989) befindet sich 5 km südlich der Stadt am Highway 1. Zwischen den beiden Busbahnhöfen fahren *Sŏrng·tăa·ou* (15 B).

Von Tha Ton, der nördlichen Spitze der Provinz Chiang Mai, schippern auf dem Mae Nam Kok Boote nach Chiang Rai.

Goldenes Dreieck

Das Dreiländergebiet zwischen Thailand, Myanmar und Laos bildet das legendäre „Goldene Dreieck". In dieser bergigen Grenzregion war Opium lange eine wichtige Einnahmequelle für die ethnischen Minderheiten. Doch die Regierung hat dem Mohnanbau einen Riegel vorgeschoben und fördert nun Infrastrukturprojekte und die Kultivierung anderer Nutzpflanzen. Entlang der Grenze gibt's allerdings nach wie vor unkontrollierte Bereiche: Dort hat man inzwischen auf die Produktion der „neuen" Modedrogen Methamphetamin und Heroin umgesattelt. Normalerweise bekommen Touristen nichts von diesen illegalen Aktivitäten mit. Die einstigee Blütezeit der Region als führender Opiumlieferant wird heute sogar als Attraktion vermarktet.

Mae Sai แม่สาย

22 000 EW.

In Thailands nördlichster Stadt wird mit Edelsteinen, Schmuck, Cashewnüssen und Lackwaren gehandelt. Darüber hinaus befindet sich hier ein offizieller Grenzübergang nach Myanmar. Viele Reisende kommen nach Mae Sai, um ihr Visum zu verlängern.

Entlang der Straße am Mae Nam Sai links vom Grenzposten findet man die meisten Unterkünfte. Das **Maesai Guest House** (☎ 053 732021; 688 Th Wiengpangkam; Bungalows 200–600 B; 📶) bietet eine Reihe Nurdach-Bungalows mit verschiedenen Extras. Das **Afterglow** (☎ 053 734188; www.afterglowhostel.com; 139/5 Th Phahonyothin; Zi. 500–800 B, Bungalows 500 B, alle inkl. Frühstück; ❄📶) macht Mae Sai mit der Hipster-Szene bekannt. Eine schicke neue Unterkunft ist das **Mom Home** (☎ 053 731537; haritchayahana@gmail.com; abseits der Th Sailomjoy; Zi. 300–500 B; ❄📶).

Auf dem **Nachtmarkt** (Th Phahonyothin; Hauptgerichte 30–60 B; ⏲ 17–23 Uhr) locken tolle thailändische und chinesische Gerichte. Das **Bismillah Halal Food** (Soi 4, Th Phahonyothin; Hauptgerichte 30–100 B; ⏲ 5–17 Uhr) verkauft hervorragendes Biryani

Der 4 km vom Büro der Einwanderungsbehörde entfernte **Busbahnhof** (☎ 053 646403; Rte 110) bietet Verbindungen nach Bangkok (519– 980 B, 12 Std., häufig), Chiang Mai (144–288 B, 5 Std., 9-mal tgl.), Chiang Rai (39 B, 1½ Std., häufig) und Tha Ton (92 B, 2 Std., 8 & 14 Uhr).

An der Th Phahonyothin, auf Höhe der Soi 8, befindet sich eine „Bushaltestelle"; dort starten *sŏrngtăaou* nach Sop Ruak (50 B, häufig). Endstation ist Chiang Saen (50 B). *Sŏrng-tăa-ou*-Fahrten in der Stadt kosten 15 B.

Mae Salong แม่ สลอง

20 000 EW.

Das auf einem Bergrücken gelegene Mae Salong erinnert mehr an ein einsames Dorf in der chinesischen Provinz Yunnan als an eine thailändische Stadt. Es wurde vom

EINREISE NACH MYANMAR: VON MAE SAI NACH TACHILEIK

Anreise zur Grenze Die **thailändische Einwanderungsbehörde** (☎ 053 733261; Th Phahonyothin; ⏲ 6.30–21 Uhr) am Grenzübergang Mae Sai/Tachileik befindet sich im Stadtzentrum gleich vor der Brücke über den Mae Nam Sai. Traveller haben berichtet, dass die Dauer der erteilten thailändischen Visabefreiung vom Ermessen der Einwanderungsbeamten abhing.

An der Grenze Wer ohne ein Visum für Myanmar aus Thailand einreist, erhält recht schnell eine eintägige Aufenthaltserlaubnis für Tachileik. Etwas komplizierter ist die Beantragung eines zwei Wochen gültigen Visums und einer Besuchserlaubnis für Kyaingtong und/oder Mong La.

Zunächst durchläuft man die thailändische Einwanderungsbehörde, dann geht's weiter zur Einwanderungsbehörde von Myanmar, wo man einen Tagespass (500 B) erhält. Der Reisepass muss in der Behörde hinterlegt werden. Die Grenzstadt Tachileik ähnelt Mae Sai, hat aber mehr Teeläden und (Überraschung!) mehr birmanische Restaurants.

Weiterreise Wer nach Kyaingtong und/oder Mong La an der chinesischen Grenze möchte, begibt sich direkt ins Büro von Myanmar Travels & Tours (MTT). Dort muss man genaue Angaben über die Reiseroute machen, drei Fotos einreichen sowie 10 US$ bzw. 500 B bezahlen, um einen 14 Tage gültigen Grenzpass zu erhalten. Der Reisepass verbleibt im Grenzbüro und die Ausreise soll aus Myanmar über Tachileik erfolgen. Zudem ist die Begleitung eines Guides (1000 B pro Tag plus 400 B Führungsgebühr) vorgeschrieben, für dessen Unterkunft und Essen man ebenfalls aufkommen muss. Wer nicht im Voraus einen Guide gebucht hat, bekommt einen vom MTT-Büro zugewiesen. Zu den empfehlenswerten Führern zählen **Leng** (☎ +95 9490 31470; sairoctor.htunleng@gmail.com) und **Freddie** (Sai Yot; ☎ +95 9490 31934; yotkham@gmail.com).

Busse nach Kyaingtong (10 000 K, 5 Std., 8–8.30 & 11.30–12.30 Uhr) fahren vom Busbahnhof in Tachileik ab. Alternativ nimmt man ein Taxi (65 000 K) oder ein Sammeltaxi (15 000 oder 20 000 K).

Infos zur Überquerung dieses Grenzübergangs in entgegengesetzter Richtung gibt's auf S. 542.

93. Regiment der Kuomintang (KMT) gegründet, das nach der Revolution 1949 aus China floh. Zunächst ließen sich die ehemaligen Soldaten und politischen Flüchtlinge in Myanmar nieder, später zwang man sie jedoch zur Übersiedlung nach Thailand, wo sie ihren Lebensunterhalt als Mittelsmänner zwischen Opiumproduzenten und Warlords bestritten. Die Nachfahren der Stadtgründer pflegen alte Bräuche, gehen aber seriöseren Tätigkeiten nach. In dieser Gegend wird mehr Chinesisch als Thailändisch gesprochen, außerdem erstrecken sich an den steilen Hängen Terrassen mit Tee- und Kaffeepflanzungen.

Ein **ganztägiger Markt** am südlichen Stadtrand sorgt für geschäftiges Leben und Treiben. Die Pensionen der Stadt organisieren Trekkingtouren zu den Stammesdörfern in den Bergen.

Sowohl Ausstattung als auch Preise im **Shin Sane Guest House** (053 765026; www.maesalong-shinsane.blogspot.com; Zi./Bungalow 100/300 B; @ 📶) lassen an längst vergangene Zeiten denken. Das **Little Home Guesthouse** (053 765389; www.maesalonglittlehome.com; Bungalows 800 B; @ 📶) hat eine nette Gruppe Bungalows in der Nähe der Marktkreuzung. Ein Magnet für thailändische Touristen sind die Yunnan-Restaurants wie das **Salema Restaurant** (Hauptgerichte 30–250 B; 7–20 Uhr).

Am einfachsten ist Mae Salong zu erreichen, indem man mit dem Bus nach Mae Chan fährt und dort in ein grünes *sŏrngtăaou* mit dem Ziel Mae Salong (60 B, 7.30–16.30 Uhr alle 30 Min.) umsteigt. Für ca. 700 B kann man ein *sŏrngtăaou* chartern. Alternativ kann man mit einem Bus in Richtung Mae Sai bis Ban Pasang fahren, von wo blaue sŏrng·tăa·ou die Berge hinauf nach Mae Salong fahren, sobald sie voll sind (60 B, 1 Std., 6–17 Uhr).

Auch von Tha Ton verkehren Busse nach Mae Salong (60 B, 1 Std., 8–14 Uhr alle 2 Std.).

Chiang Saen เชียงแสน

11 000 EW.

Chiang Saen, eine ruhige Stadt am Mekong, hat sich als Geburtsstätte des Lanna-Königreichs im 7. Jh. einen Platz in den Geschichtsbüchern gesichert (später zog dieses nach Chiang Mai um). Heute legen riesige Flussfrachtkähne aus China hier an.

Zu den Attraktionen zählen die Ruinen des Wat Pa Sak (วัดป่าสัก; abseits der Route 1290; Geschichtspark 50 B; Mi–So 8.30–16.30 Uhr) GRATIS 200 m vom Pratu Chiang Saen sowie andere Ruinen, die sich über die Stadt verteilen. Das Chiang-Saen-Nationalmuseum (พิพิธภัณฑสถานแห่งชาติเชียงแสน; 702 Th Phahoyothin; Eintritt 100 B; Mi–So 8.30–16.30 Uhr) stellt zudem Artefakte aus.

Von Chiang Saen kann man einen Tagesausflug zum „offiziellen" Zentrum des Goldenen Dreiecks unternehmen: Im Dorf **Sop Ruak** decken sich Pauschaltouristen mit Souvenirs ein und besuchen die Museen. Das **House of Opium** (บ้านฝิ่น; Rte 1290; 50 B; 7–19 Uhr) gegenüber der riesigen Buddha-Statue Phra Chiang Saen Si Phaendin beschäftigt sich mit der Geschichte der Opiumkultur, ebenso die **Hall of Opium** (หอฝิ่น; Route 1290; Erw./Kind 200 B/frei; Di–So 8.30–16 Uhr) 1 km südlich der Stadt, gegenüber dem Anantara Resort & Spa. Sop Ruak ist über **Flussfahrten auf dem Mekong** (08 5392 4701; Th Rimkhong; 8–15 Uhr) ab Chiang Saen zu erreichen. Pro Boot, das Platz für fünf Passagiere bietet, werden 600/700 B (einfach/ hin & zurück) fällig. Alternativ nimmt man ein *sŏrngtăaou* (20 B, 8–13 Uhr häufig) am östlichen Ende der Th Phahonyothin.

Zu den Unterkünften zählen das **Jay Nay** (08 1960 7551; Th Nhongmoon, keine engl. Beschilderung; Zi. 350–400 B; ❄ 📶) und das **Sa Nae Charn Guest House** (053 651138; 641 Th Nhongmoon; Zi. 250–450 B; ❄ 📶). In den trockenen Monaten werden am Ufer des Mekong **Essensstände** (Th Rimkhong; Hauptgerichte 30-60 B; 16–23 Uhr) aufgebaut. Zudem gibt's **abendliche Essensverkäufer** (Th Phahonyothin; Hauptgerichte 30–60 B; 16–22 Uhr) und einen **Straßenmarkt** (Th Rimkhong; Hauptgerichte 20–60 B; Sa 16–21 Uhr).

Vom überdachten Busbahnhof am östlichen Ende der Th Phahonyothin erreicht man Chiang Rai (37 B, 1½ Std., häufig) und Chiang Mai (222 B, 5 Std., 9 Uhr). *Sŏrng·tăa·ou* gfahren nach Mae Sai (50 B) und Hat Bai (50 B, Umstieg nach Chiang Khong).

Chiang Khong เชียงของ

12 000 EW.

Das abgelegene, aber lebhafte Chiang Khong war als Marktstadt für die regionalen Bergvölker und den Handel mit Nordlaos bedeutsam. Traveller kommen auf dem Weg nach Laos und Südchina durch die Stadt.

Schlafen

Funky Box HOSTEL $
(☎08 2765 1839; Soi 2, Th Sai Klang; B 100 B; ❄📶) Der kastenartige Bau mit 16 Doppelstockbetten hat einen wirklich passenden Namen, wobei „Funky" positiv gemeint ist.

Namkhong Resort HOTEL $
(☎053 791055; 94/2 Th Sai Klang; Zi. 200–1000 B; ❄📶🏊) Gleich abseits der Hauptstraße liegt diese halb abgeschlossene Anlage mit tropischen Pflanzen und schönen Holzhäusern. Selbst die billigen Zimmer mit Ventilator und Gemeinschaftsbad haben Charme, und der Pool ist ein zusätzliches Plus.

Baan-Fai Guest House PENSION $
(☎053 791394; 108 Th Sai Klang; Zi. 200–800 B; ❄📶) Nach einer Renovierung sieht dieses einladende Holzhaus besser denn je aus. Die acht Zimmer im Haupthaus verfügen über Klimaanlage und eigenes Bad; die neueren Zimmer sind mit Ventilator ausgestattet und haben Gemeinschaftsbäder. Zur Pension gehört auch ein Café.

Essen

Essstände gibt's auf dem **Straßenmarkt** (Th Sai Klang; Hauptgerichte 30–60 B; ⌚Nov.–Mai Mi & Sa 18–22 Uhr), der zweimal wöchentlich stattfindet.

Khao Soi Pa Orn THAI $
(Soi 6, Th Sai Klang, keine engl. Beschilderung; Hauptgerichte 30–40 B; ⌚8–16 Uhr) Die Chiang-Khong-Version der berühmten nordthailändischen Curry-Nudelsuppe Khao Soi verzichtet auf Kokosmilch und verwendet stattdessen eine klare Suppe und eine aromatische, würzige Einlage mit Schweinhackfleisch. Verschiedene Nudelgerichte sind ebenfalls im Angebot.

Bamboo Mexican House INTERNATIONAL $$
(Th Sai Klang; Hauptgerichte 70–250 B; ⌚7.30–20.30 Uhr; 🖉) Wie man mexikanische Speisen zubereitet, hat die Betreiberin und ehemalige Managerin einer inzwischen geschlossenen Pension von ihren amerikanischen und mexikanischen Gästen gelernt. Wir sind allerdings immer beim Kaffee sowie den leckeren hausgemachten Broten und Kuchen hängen gebliebem. Öffnet früh und bereitet auch Lunchpakete für die Bootsfahrt nach Luang Prabang zu.

An- & Weiterreise

In Chiang Khong gibt's keinen zentralen Busbahnhof; die Busse halten südlich vom Stadtzentrum an verschiedenen Stellen in der Nähe des Marktes. Tickets für Fahrten nach Bangkok bekommt man bei **Sombat Tour** (☎053 791644; Rte 1020). Wer nach Chiang Saen möchte, fährt zunächst von einem Stand in der Th Sai Klang mit dem *sŏrng·tăa·ou* nach Ban Hat Bai (50 B, 1 Std., ca. 8 Uhr).

Nok Air (S. 790) bietet Minivan-Transfers von/nach Chiang Khong, die über den 2 Stunden entfernten Flughafen Chiang Rai fahren.

Pai ปาย

2000 EW.

In diesem kleinen Nest in den Bergen lebt eine bunt gemischte Bevölkerung aus Shan, Thailändern und muslimischen Chinesen. Zunächst war es so etwas wie eine Hippieenklave: Bohemiens aus Chiang Mai kamen zum Relaxen, genossen das Leben am Fluss und holten abends ihre Instrumente hervor. Schnell verbreitete sich die Kunde von diesem friedlichen Ort, und mittlerweile kann die Stadt von ihrer Berglandschaft und dem entspannten Flair sehr gut leben. Die stressfreie Atmosphäre und die Besonderheit eines „Winters" (Dez.–Jan.) machen Pai auch zu einem attraktiven Ziel für einheimische Städter. Die eigentliche Stadt kann in wenigen Minuten erkundet werden – doch das tatsächliche Highlight sind die nahen Hügel.

Sehenswertes & Aktivitäten

Pai ist eher eine „Weltanschauung" als eine Touristenattraktion, es gibt deswegen keine richtigen Sehenswürdigkeiten. Wer an die frische Luft will, besichtigt den **Wat Phra That Mae Yen** (วัดพระธาตุแม่เย็น; ⌚Sonnenaufgang–Sonnenuntergang) GRATIS 1 km östlich der Stadt und genießt den

BUSSE AB CHIANG KHONG

ZIEL	FAHRPREIS (B)	FAHRTDAUER (STD.)	ABFAHRT
Bangkok	650–1019	13	7 & 7.25 Uhr sowie 15–16 Uhr häufig
Chiang Mai	279–434	6–7	7.15, 9.45 & 10.30 Uhr
Chiang Rai	65–126	2½	5–15 Uhr häufig

schönen Blick vom Hügel. Die **Tha Pai Hot Springs** (บ่อน้ำร้อนท่าปาย; Erw./Kind 300/150 B; ⌚7–18 Uhr) sind ein gepflegter Park mit einem hübschen Fluss und netten Badebecken, die von heißen Quellen gespeist werden. Der Park befindet sich 7 km südöstlich der Stadt auf der anderen Seite des Mae Nam Pai.

Mit Spaziergängen und diversen Verwöhnprogrammen lässt sich auch die restliche Zeit gut füllen. Alle Gästehäuser in der Stadt informieren über **Trekkingtouren**.

Thai Adventure Rafting RAFTING
(☎053 699111; www.thairafting.com; Th Chaisongkhram; ⌚8–17 Uhr) Bei ein- bis zweitägigen Raftingtouren besucht man einen Wasserfall, ein Fossilienriff und heiße Quellen. Eine Nacht verbringt man im hauseigenen Flusscamp.

Pai Traditional Thai Massage MASSAGE
(PTTM; ☎08 3577 0498; www.pttm_2001@hotmail.com; 68/3 Soi 1, Th Wiang Tai; Massage pro 1/1½/2 Std. 180/270/350 B, Sauna 100 B, 3-tägiger Massagekurs 2500 B; ⌚9–21 Uhr) Sehr gute nordthailändische Massagen sowie (in den kühlen Monaten) eine Sauna mit medizinischen Kräutern. Jeden Montag und Freitag beginnen dreitägige Massagekurse (3 Std. pro Tag). Das freundliche einheimische Pärchen ist zertifiziert und wurde am Old Medicine Hospital in Chiang Mai ausgebildet.

Thom's Pai Elephant Camp ELEFANTENBEGEGNUNG
(☎053 699286; www.thomelephant.com; Th Rangsiyanon; Elefantenritte 800–1200 B pro Pers.; ⌚8–21 Uhr) Pais renommiertester Anbieter von Aktivitäten mit Elefanten hat ein Büro vor Ort. Man kann mit oder ohne Sattel reiten, zudem ist bei manchen Touren ein Bad mit den Elefanten inklusive. Nach den Ausritten versprechen die von heißen Quellen gespeisten Wannen Entspannung.

Man sollte aber wissen, dass Tierschutzexperten das Reiten auf Elefanten für potentiell schädlich für die freundlichen Dickhäuter halten und dafür plädieren, sie lieber zu bewundern anstatt auf ihnen herumzuklettern.

Schlafen

Pai hat eine große Auswahl an Unterkünften, sowohl in der Stadt als auch außerhalb in ländlicherer Umgebung. Während der kühlen Jahreszeit (Nov.–April) kann es schwierig werden, ein Zimmer zu finden, und die Preise steigen mit der Nachfrage.

Pai Country Hut HOTEL $
(☎08 7779 6541; www.paicountryhut.com; Ban Mae Hi; Bungalows inkl. Frühstück 300–800 B; WLAN) Die Bambusbungalows sind extrem einfach, aber ordentlich und größtenteils mit eigenen Bädern und Hängematten. Sie liegen zwar nicht direkt am Fluss, sind jedoch die ansprechendsten in dieser Gegend.

★ **Pairadise** HOTEL $$
(☎053 698065; www.pairadise.com; Ban Mae Hi; Bungalows 900–1500 B; Klimaanlage, WLAN, Pool) Auf einem Kamm gleich außerhalb der Stadt mit Blick auf das Pai-Tal liegt dieses schicke Resort. Die Bungalows sind stilvoll, geräumig und mit Blattgold-Wandbildern, schönen rustikalen Bädern und Terrassen mit Hängematten ausgestattet. Sie liegen alle um einen von einer Quelle gespeisten Teich, in dem man baden kann. Das Pairadise befindet sich 750 m östlich vom Mae Nam Pai; gleich hinter der Brücke weist ein Hinweisschild den Weg.

Tayai's Guest House PENSION $$
(☎053 699 579; abseits der Th Raddamrong; Zi. & Bungalows 800–1200 B; Klimaanlage, WLAN) Einfache, aber saubere Zimmer mit Ventilator oder Klimaanlage und Bungalows mit Klimaanlage in einer ruhigen, grünen Anlage gleich abseits der Hauptstraße.

Baankanoon PENSION $$
(☎053 699 453; www.baankanoonpai.com; 33 Soi Wanchalerm; Bungalows 500–1200 B; WLAN) Die 14 Doppel- und Einzelbungalows stehen um einen hundertjährigen *kà·nŭn-* (Jackfrucht-) Baum; die Anlage gehört Einheimischen und ist ruhig, sauber und gemütlich.

Essen

Morgens und am frühen Nachmittag findet man auf dem **Saengthongaram-Markt** (Th Khetkelang; Hauptgerichte 30–60 B; ⌚6–11 Uhr) ganz leicht etwas zu essen. Leckeres aus der Region gibt's auf dem **Abendmarkt** (Th Raddamrong; Hauptgerichte 30–60 B; ⌚15–19 Uhr) und zu späterer Stunde halten in der Urlaubssaison Straßenhändler auf der Th Chaisongkhram und der Th Rangsiyanon ein Büfett bereit.

★ **Larp Khom Huay Poo** NORDTHAILÄNDISCH $
(Ban Huay Pu; Hauptgerichte 50–80 B; ⌚9–20 Uhr) Spezialität (und ein absolutes Muss) des fleischlastigen lokal geprägten Restaurants ist *larp moo kua*, Lahp nach Art Nordthailands – Schweinehackfleisch gebraten mit regionalen Kräutern und Gewürzen gebra-

ten. Zusammen mit einem Körbchen Klebreis, einem Teller bitterer Kräuter und einem eisgekühlten Singha die beste Mahlzeit in Pai. Es liegt etwa 1 km nördlich der Stadt an der Straße nach Mae Hong Son.

★ **Yunnan-Restaurants** CHINESISCH $
(keine engl. Beschilderung; Hauptgerichte 30–250 B; ⌚7–20 Uhr) Mehrere Open-Air-Restaurants in Ban Santichon, 4 km westlich von Pai, servieren die traditionellen Gerichte der aus Yunnan stammenden Einwohner der Stadt. Im Angebot sind z. B. *màntŏ* (Dampfbrötchen), hier serviert mit Eisbein, das mit Kräutern geschmort wurde, sowie handgezogene Nudeln und verschiedene Gerichte mit regionalen Getreidesorten und exotischen Zutaten wie schwarzem Hühnchen.

Good Life INTERNATIONAL $
(Th Wiang Tai; Hauptgerichte 35–190 B; ⌚8–23 Uhr; 📶✎) Kefir, Kombucha, Rote-Beete-Saft und Weizengras – das lässt schon vermuten, was für eine Atmosphäre in diesem vielseitigen und beliebten Café herrscht. Aber keine Angst, es gibt auch Softdrinks und eine dicke Karte mit thailändischen und internationalen Gerichten, viele davon ohne Fleisch.

Mama Falafel ISRAELISCH $
(Soi Wanchalerm; Menüs 100–110 B; ⌚Mo–Sa 14.30–22 Uhr; 📶✎) Diese freundliche Einheimische kocht seit 2002 Falafel, Hummus, Schnitzel und andere israelische Klassiker, die qualitativ und quantitativ überzeugen.

Ausgehen & Unterhaltung

Während der Touristensaison kann man auf dem **Straßenmarkt** (Th Chaisongkhram & Th Rangsiyanon; ⌚18–22 Uhr) schauen, ob Unterhaltung geboten wird. Drinks bekommt man an den Cocktailbars in VW-Bussen, die in der Th Chaisongkhram stehen, während Reggae-Freunde in den Bars in der Th Wiang Tai richtig sind.

Edible Jazz LIVEMUSIK
(www.ediblejazz.com; Soi Wat Pa Kham; ⌚8.30–23 Uhr) Die wohl gemütlichste Livemusik-Location der Stadt, wo man bei einem Bier den Klängen von Akustikgitarren lauscht. Die Open-Mic-Abende am Donnerstag und Sonntag sind überraschend gut.

Bebop LIVEMUSIK
(Th Rangsiyanon; ⌚20–1 Uhr) Im legendären winzigen Bebop wird jeden Abend ab etwa 22 Uhr Livemusik gespielt; der Fokus liegt auf Blues, R&B und Rock.

Anreise & Unterwegs vor Ort

Der Flughafen von Pai liegt 1,5 km nördlich der Stadt und bietet eine tägliche Verbindung nach Chiang Mai mit **Kan Air** (☎053 699955, landesweit 025 516111; www.kanairlines.com; Flughafen Pai; ⌚8.30–17.30 Uhr).

Am winzigen **Busbahnhof** (Th Chaisongkhram) starten langsame Busse mit Ventilatoren und effizientere Minivans. Die Straße von Chiang Mai nach Pai und weiter nach Mae Hong Son ist extrem steil.

Chiang Mai 80 B, 3–4 Std., 12 Uhr (Bus); 150 B, 3 Std., 7–17 Uhr stündl. (Minivan)

Mae Hong Son 80 B, 3–4 Std., 11 Uhr (Bus); 150 B, 2½ Std., 8.30 Uhr (Minivan)

Aya Service (☎053 699888; www.ayaservice.com; 22/1 Th Chaisongkhram; Motorräder je 24 Std. 100–1800 B; ⌚7–22 Uhr) und **Duan-Den** (☎053 699966; 20/1 Th Chaisongkhram; je 24 Std. 100–250 B; ⌚7–21 Uhr) bieten auch Fahrten nach Chiang Mai in Minivan-Bussen mit Klimaanlage (150–200 B, 3 Std., 7–17.30 Uhr stündl.).

Mae Hong Son แม่ฮ่องสอน

7000 EW.

Eingefleischte Nordthailand-Fans bevorzugen Mae Hong Son gegenüber Pai; sie schätzen das „Am Ende der Welt"-Feeling dieses ruhigen Provinzstädtchens inmitten von bewaldeten Bergen, das gewissermaßen schon mit einem Fuß auf birmanischem Boden steht. Die lokale Trekkingszene ist Mae Hong Sons wichtigster Trumpf, aber auch der tägliche Markt und die regionale Küche begeistern. Die kühlen Monate (Nov.–Feb.) sind angenehm für einen Besuch.

Sehenswertes & Aktivitäten

In den Tempeln von Mae Hong Son leben ihre jeweiligen birmanischen bzw. Shan-Architekten und Stifter weiter. Sie lassen darüber hinaus auf die Vergangenheit der Stadt als bedeutendes Ausbildungszentrum für Elefanten und Hochburg der Holzproduktion schließen. Der **Wat Jong Klang** (วัดจองกลาง; Th Chamnansatit; ⌚Sonnenaufgang–Sonnenuntergang) GRATIS und der **Wat Jong Kham** (วัดจองคำ; Th Chamnansatit; ⌚Sonnenaufgang–Sonnenuntergang) GRATIS warten mit weiß getünchten Stupas und funkelnden Zinkelementen auf. Nachts sind die Tempel oft beleuchtet und spiegeln sich im stillen Wasser des Nong Jong Kham (Jong-Kham-See).

Vom **Wat Phra That Doi Kong Mu** (วัดพระธาตุดอยกองมู; ⌚Sonnenaufgang–Sonnenuntergang) GRATIS auf einem Hügel westlich der

THAILAND MAE HONG SON

Stadt kann man den dichten Morgennebel bestaunen.

Auf dem Gelände der Tempel Wat Jong Klang und Wat Jong Kham findet im März das **Poi-Sang-Long-Festival** statt: Nach Shan-Brauch wandeln alle Jungen, die als Novizen beitreten, in reich verzierten Gewändern unter festlichen Schirmen um die Bauten.

Beliebt sind **Wanderungen** zu nahen Dörfern der Bergvölker und **Longtailbootfahrten** auf dem Mae Nam Pai. Ausflüge kosten ab etwa 1000 B und können bei den Gästehäusern gebucht werden.

Friend Tour TREKKING
(☎053 611647, 08 6180 7031; PA Motor, 21 Th Pradit Jong Kham; ⏲8–18.30 Uhr) Seit fast 20 Jahren im Geschäft und hochangesehen. Es gibt Trekking- und Rafting-Exkursionen sowie Tagesausflüge.

Nature Walks TREKKING
(☎08 9552 6899; www.naturewalksthai-myanmar.com) Zwar sind die Trekkingtouren vielleicht teurer als bei der Konkurrenz, doch dafür ist John der beste Guide der Stadt. Die Auswahl reicht von eintägigen Naturwanderungen bis zu mehrtägigen Expeditionen durch die Provinz. Außerdem werden individuelle Ausflüge wie Orchideen-Touren (März–Mai) organisiert. Nähere Infos kann man von John per E-Mail oder telefonisch erfragen.

Schlafen

Friend House PENSION $
(☎053 620119; 20 Th Pradit Jong Kham; Zi. 200–500 B; 📶) Makellos saubere, wenn auch charakterlose Zimmer, von sehr einfachen Varianten mit Gemeinschaftsbad und Warmwasser bis zu großen Räumen mit Privatbad.

Palm House PENSION $
(☎053 614022; 22/1 Th Chamnansatit; Zi. 400–1000 B; ❄📶) Das zweistöckige Betongebäude verfügt über mehrere triste, aber saubere Zimmer mit TV, Kühlschrank, Warmwasser und Ventilator/Klimaanlage. Während unseres Besuchs in der Stadt wurde gerade ein neuer Anbau errichtet. Der hilfsbereite Besitzer spricht Englisch und organisiert auf Wunsch den Transport, wenn er nicht gerade ein Nickerchen macht.

Piya Guesthouse HOTEL $$
(☎053 611260; piyaguesthouse@hotmail.com; 1/1 Th Khunlumprapas; Bungalows 700 B; ❄📶🏊) Direkt am zentralen See in Mae Hong Son bietet diese Anlage Bungalows, die um einen Garten liegen, und einen kleinen Pool. Die Zimmer sind mit Klimaanlage, Kühlschrank, Fernseher und warmen Duschen ausgestattet. Alles ist sehr sauber und einladend und die Lage des Hotels ist einfach perfekt.

★ **Fern Resort** RESORT $$$
(☎053 686110; www.fernresort.info; abseits der Rte 108; Bungalows inkl. Frühstück 2500–3500 B; ❄@📶🏊) Dieses umweltfreundliche Resort ist schon lange im Geschäft und ist eine der schönsten Unterkünfte Nordthailands. Die 35 Holzbungalows stehen zwischen terrassierten Reisfeldern und Bächen und sind stilvoll eingerichtet. Es gibt keine Fernseher, stattdessen sorgen Hunde, ein Boule-Platz und ganz in der Nähe gelegene Wanderwege in den angrenzenden Mae-Surin-Nationalpark dafür, dass keine Langeweile aufkommt.

Essen & Ausgehen

Der **Morgenmarkt** (abseits der Th Phanich Wattana; Hauptgerichte 10–30 B; ⏲6–9 Uhr) ist ein kulturelles und kulinarisches Abenteuer. Händler am nördlichen Ende des Markts offerieren *tòo·a poo ùn,* ein birmanisches Nudelgericht mit dickem Kichererbsenporridge. Andere verkaufen die lokale Version von *kà·nŏm jeen nám ngée·o* (dünne weiße Nudeln), die mit frittiertem Gemüse im Shan-Stil gereicht werden.

Es gibt zwei **Nachtmärkte**: Der in der Nähe des Flughafens bietet vor allem nordthailändisches Essen zum Mitnehmen, während auf dem Markt an der Th Khunlumprapas mit Sitzmöglichkeiten typische Thai-Gerichte serviert werden. Die Stände auf dem abendlichen **Straßenmarkt** (Th Pradit Jong Kham; ⏲Okt.–Feb. 17–22 Uhr) verkaufen Essen und mehr.

Maesribua NORDTHAILÄNDISCH $
(Ecke Th Pradit Jong Kham & Th Singha-nat Barm Rung; Hauptgerichte 20–40 B; ⏲8–13 Uhr) Fräulein Bua ist wie die Shan-Großmutter, die man immer haben wollte, und bereitet täglich eine große Auswahl an Currys, Suppen und Dips nach regionaler Art zu.

Chom Mai Restaurant THAI $
(abseits der Rte 108, keine engl. Beschilderung; Hauptgerichte 40–290 B; ⏲8.30–15.30 Uhr; 📶🌿) Die Auswahl auf der englischsprachigen Karte ist begrenzt, doch sehr zu empfehlen ist Khao Soi (Curry-Nudelsuppe nach Art Nordthailands) oder Khao Mok Gai (die thailändische Version von Biryani). Das Chom Mai liegt rund 4 km südlich von Mae Hong Son entlang der Straße nach Tha Pong Da-

BUSSE & MINIVANS AB MAE HONG SON

ZIEL	FAHRPREIS (B)	FAHRTDAUER (STD.)	ABFAHRT
Bangkok	742–865	15	15 & 16 Uhr
Chiang Mai (Bus)	118–333	8-9	8.30 Uhr (nördliche Route), 4-mal tgl. (südliche Route)
Chiang Mai (Minivan)	250	6	7–17 Uhr stündl.
Pai (Bus)	66	4½	8.30 Uhr
Pai (Minivan)	150	2½	7–17 Uhr stündl.

eng; einfach nach dem Doi-Chaang-Kaffee-Schild schauen.

Salween River Restaurant & Bar INTERNATIONAL, THAI $
(www.salweenriver.com; 23 Th Pradit Jong Kham; Hauptgerichte 60–330 B; ⌚8–22 Uhr; 📶✎) Im typischen Traveller-Café mit ein paar alten Reiseführern und kostenlosem WLAN reicht die Speiseauswahl von Burgern bis zu birmanischer Küche. Sehr lecker ist der Grüner-Tee-Salat.

Ban Din Coffee CHINESISCH $
(Th Pradit Jong Kham, keine engl. Beschilderung; Hauptgerichte 30 B; ⌚7–21 Uhr) Wer nicht bis Mae Aw (Ban Rak Thai) kommt, sollte unbedingt in diesem Open-Air-Restaurant einkehren, das die köstlichen und einzigartigen Nudelgerichte, Trockenfrüchte, Tees und anderen Spezialitäten der aus Yunnan (China) stammenden Einwohner von Mae Hong Son verkauft.

Sunflower INTERNATIONAL, THAI
(Th Pradit Jong Kham; ⌚7.30–22 Uhr) Eigentlich ist das Sunflower ja ein Restaurant (Hauptgerichte 50–320 B), doch mit Bier vom Fass, Livemusik, Blick auf den See und dem kitschigen künstlichen Wasserfall eignet es sich auch gut als Bar.

ℹ Praktische Informationen

Die meisten Banken in der Th Khunlum Praphat sind mit Geldautomaten ausgerüstet.

Mae Hong Son Living Museum (27 Th Singhanat Barm Rung; ⌚7–17 Uhr) Das frühere Busdepot der Stadt, ein schönes Holzgebäude, wurde in ein Museum für regionalen Kultur, Architektur und Essen verwandelt. Zwar sind die meisten Informationen nur auf Thai, einige englischsprachige Karten und Broschüren gibt's aber auch, und es steht kostenloses WLAN zur Verfügung. Für 15 B pro Tag kann man zudem Fahrräder ausleihen.

Tourism Authority of Thailand (TAT; ☎053 612982, landesweit ☎1672; www.tourismthailand.org/Mae-Hong-Son; Th Ni-wet Pi-sarn; ⌚8.30–16.30 Uhr) Einfache Touristenbroschüren und Karten.

Touristenpolizei (☎053 611812, landesweit ☎1155; Th Singha-nat Barm Rung; ⌚8.30–16.30 Uhr)

ℹ Anreise & Unterwegs vor Ort

Mae Hong Son liegt 368 km von Chiang Mai entfernt, doch die Gegend ist so zerklüftet, dass die Fahrt mindestens acht lange, aber landschaftlich schöne Stunden dauert. Daher entscheiden sich viele für den 35 Min. kurzen Flug von/nach Chiang Mai (1490–1590 B, 35 Min., 7-mal tgl.) mit **Kan Air** (☎0 5361 3188, landesweit 02 551 6111; www.kanairlines.com; Mae Hong Son Airport; ⌚7.30–17 Uhr). Der Flughafen liegt in der Nähe des Stadtzentrums.

Den Busbahnhof von Mae Hong Son findet man 1 km südlich vom Stadtzentrum. Eine Fahrt mit dem *túk-túk* oder Motorrad in die Stadt kostet 60 B. Das Zentrum von Mae Hong Son lässt sich zu Fuß erkunden. **PA Motor** (☎053 611647, 08 6180 7031; 21 Th Pradit Jong Kham; je Tag Motorrad 150–250 B, Auto 1500–3000 B; ⌚8–18.30 Uhr), gegenüber vom Friend House, verleiht Motorräder.

Mae Sariang แม่สะเรียง

Das wenig besuchte Mae Sariang ist bei abenteuerlustigen Urlaubern gut bekannt. Hier locken schöne Natur, ethnische und kulturelle Vielfalt sowie eine neue Generation lokaler Trekkingveranstalter.

Empfehlenswert sind die umweltbewussten und kulturell sensiblen Touren von **Dragon Sabaii Tours** (☎08 5548 0884; www.thailandhilltribeholidays.com; Th Mongkolchai), **Mae Sariang Tours** (☎08 8404 8402; www.facebook.com/maesariang.man) und **Piak Private Tours** (☎09 3179 9786; piak1003@hotmail.com).

Schlafen

Northwest Guest House PENSION $
(☎08 9700 9928; patiat_1@hotmail.com; 81 Th Laeng Phanit; Zi. 250–350 B; ❄@📶) Die acht Zimmer in diesem gemütlichen Holzhaus mit Matratzen auf dem Boden sind einfach,

BUSSE & MINIVANS AB MAE SARIANG

ZIEL	FAHRPREIS (B)	FAHRTDAUER (STD.)	ABFAHRT
Bangkok	590–689	12	19 & 19.30 Uhr
Chiang Mai (Bus)	100–180	4-5	4-mal tgl.
Chiang Mai (Minivan)	200	3½	6-mal tgl.
Mae Hong Son	100–200	3-4	12.30–16 Uhr 7-mal
Mae Sot (*sŏrng·tăa·ou*)	250	6	häufig

bieten aber Tageslicht und viel Platz. Hier lassen sich Trekkingtouren und andere Exkursionen arrangieren.

Pang Sariang PENSION $
(☎053 682333; 2 Th Laeng Phanit, keine engl. Beschilderung; Zi. 250-300 B; ❄@🛜) Eine Villa mit vier heimeligen, wenn auch einfachen Zimmern. Dem Schild „Guest House & Restaurant" folgen.

Essen & Ausgehen

Einheimische Spezialitäten gibt's auf dem **Sonntagsmarkt** (Th Wiang Mai; Hauptgerichte 20–60 B; ⏲15–20 Uhr).

★ Muu Thup NORDTHAILÄNDISCH $
(Th Wiang Mai, keine engl. Beschilderung; Hauptgerichte 50–80 B; ⏲8–19 Uhr) Eine Grillhütte, in der es authentisches und köstliches nordthailändisches Grillfleisch gibt, darunter das namensgebende *mŏo đúp* (Schweinefleisch, das gegrillt und dann mit einem Fleischklopfer weich geklopft wird). Das Lokal liegt ungefähr gegenüber vom Mae-Sariang-Museum; man erkennt es am Grill.

Intira Restaurant THAI $
(Th Wiang Mai; Hauptgerichte 50–200 B; ⏲8–22 Uhr) Auf der guten Karte des wohl besten Allroundrestaurants der Stadt stehen Speisen mit originellen Zutaten, z. B. hier angebaute Shiitakepilze und Fische aus dem Mae Nam Moei.

WESTTHAILAND

Hohe, wild zerklüftete Berge erheben sich über der zentralen Ebene und bilden im Westen von Thailand die Grenze zu Myanmar. Obwohl sich die Bevölkerungszentren in relativer Nähe befinden, sind große Teile der Region nach wie vor abgelegen und wenig entwickelt, sodass Besucher eine deutliche Grenzatmosphäre verspüren. Kanchanaburi, nur ein paar Busstunden von Bangkok entfernt, ist ein bequemes Tor zu dieser Region.

Kanchanaburi กาญจนบุรี

94 602 EW.

Wenig Zeit, aber viel vor? Kanchanaburi ist die Kurzzeit-Antwort für alle, die nichts auslassen wollen. Es bietet angenehm „normale" Abenteuer, die sich mit denen in Chiang Mai nichts nehmen, befindet sich aber viel näher an Bangkok und den Stränden als an den Bergen Nordthailands. Mit ihrer ruhigen Lage am Mae Nam Khwae (auf Englisch Kwai) ist die Stadt ein friedliches Refugium von der Hyperaktivität Bangkoks. Vielen ist Kanchanaburi aus dem Buch bzw. Film *Die Brücke am Kwai* bekannt, denn im Zweiten Weltkrieg befand sich hier ein von Japanern betriebenes Kriegsgefangenenlager. Heute zieht der Ort vor allem Besucher an, die gefallenen Soldaten der Alliierten ihren Respekt erweisen bzw. mehr über die historischen Ereignisse erfahren wollen.

Sehenswertes

★ Brücke über den Kwai HISTORISCHE STÄTTE
(สะพานข้ามแม่น้ำแคว) Bis heute hat die berühmte 300 m lange Eisenbahnbrücke nichts von ihrer symbolischen Bedeutung eingebüßt, besonders spürbar frühmorgens oder spät am Tag, wenn die Touristenmassen noch nicht oder nicht mehr da sind. Bei Bombenangriffen der Alliierten wurde der mittlere Abschnitt 1945 zerstört, deswegen sind nur die äußeren Brückenbögen original erhalten. 100 m flussabwärts bauten die Japaner eine zweite Brücke aus Holz, von der gar keine Überreste mehr erhalten sind. Besucher können sich auf der berühmten Brücke frei bewegen. Wenn ein Zug kommt, begibt man sich in einen der Sicherheitsbereiche.

★ Thailand–Burma-Railway-Centre MUSEUM
(ศูนย์รถไฟไทย-พม่า; www.tbrconline.com; 73 Th Jaokannun; Erw./Kind 140/60 B; ⏲9–17 Uhr) Das informative Museum erläutert die Rolle von Kanchanaburi im Zweiten Weltkrieg und macht deutlich, dass die Toten eine Tragödie sind und nicht nur eine Statistik.

Kanchanaburi

Unterschiedliche Galerien beleuchten die Geschichte der Bahnlinie, die Behandlung der Gefangenen und die Geschehnisse nach Fertigstellung der Route. Oben sind Artefakte aus der Kriegszeit ausgestellt, darunter aus alten Rasierklingen gefertigte Dartpfeile

Kanchanaburi

Highlights
- **1** Brücke über den Kwai A1
- **2** Kanchanaburi Kriegsfriedhof B4
- **3** Thailand–Burma Railway Centre B4

Sehenswertes
- **4** Jeath War Museum A5

Schlafen
- 5 Apple's Retreat A3
- 6 Blue Star Guest House B3
- 7 Good Times Resort A2
- 8 Jolly Frog B3

Essen
- Blue Rice .... (siehe 5)
- 9 JJ Markt B3
- 10 On's Thai-Issan B3

eines Kriegsgefangenen. Außerdem zeigt ein Diorama, wie der Hellfire Pass zu seinem Namen kam. Man sollte sich unbedingt die Zeit nehmen, das berührende Video der überlebenden Kriegsgefangenen anzusehen.

★ Kanchanaburi-Kriegsfriedhof FRIEDHOF
(สุสานทหารพันธมิตรดอนรัก; Th Saengchuto; ⏲24 Std.) Mitten in der Stadt befindet sich der größere der beiden Militärfriedhöfe Kanchanaburis und wird von der Commonwealth War Graves Commission makellos gepflegt. Die Hälfte der 6981 hier beigesetzen Soldaten waren Briten, die übrigen kamen hauptsächlich aus Australien und den Niederlanden. Vom Friedhofseingang aus betrachtet liegen im gesamten rechten Bereich britische Soldaten begraben, im vorderen linken Teil befinden sich Gräber australischer Soldaten und im hinteren linken Teil die Gräber niederländischer und unbekannter Soldaten. Jene, die eingeäschert wurden, liegen am äußersten linken Rand.

Jeath War Museum MUSEUM
(พิพิธภัณฑ์สงคราม; Th Wisuttharangsi; 50 B; ⏲8–17 Uhr) Das kleine Museum mit drei Galerien zeigt Briefe und Kunstwerke früherer Kriegsgefangener, die einen Einblick in ihre harten Lebensbedingungen vermitteln, sowie verschiedene persönliche Gegenstände und Kriegsobjekte, darunter eine Bombe, die von den Alliierten abgeworfen wurde, um die Brücke zu zerstören, aber nicht explodierte. Der Hauptgrund für einen Besuch ist aber die aus Bambus gebaute Galerie, die den Hütten (genannt *attap*) nachempfunden wurden, in denen die Kriegsgefangenen lebten.

DIE TODESBRÜCKE ÜBER DEN KWAI

Die von den Japanern konstruierte „Death Railway" war ein Meisterwerk der Ingenieurskunst. Alliierte Kriegsgefangene und Zwangsarbeiter wurden gezwungen, das schwierige Terrain mit roher Kraft anstatt mit modernen Maschinen zu bezwingen. Mehr als 12 000 Kriegsgefangene und mindestens 90 000 Arbeiter starben infolge der unmenschlichen Arbeitsbedingungen, des Mangels an Nahrung und Medikamenten und von Krankheiten.

Die 415 km Bahnlinie wurde während der japanischen Besetzung Thailands im Zweiten Weltkrieg (1942–1943) erbaut. Sie sollte eine Versorgungsroute auf dem Landweg nach Birma (Myanmar) für die Eroberung weiterer westasiatischer Länder durch Japan schaffen. Die Brücke über den „River Kwai" in der Nähe der Stadt Kanchanaburi (genannt **Todesbrücke**) war damals die einzige Stahlbrücke Thailands. Sie wurde mehrmals von den Allierten bombardiert, aber immer wieder durch Kriegsgefangene neu aufgebaut.

Als der Krieg eine neue Wendung nahm, wurde die Bahn eine Fluchtroute für die japanischen Truppen. Nach dem Krieg übernahmen die Briten die Kontrolle der Eisenbahn auf der birmanischen Seite und rissen 4 km Schienen heraus, die zum Drei-Pagoden-Pass führten, um zu verhindern, dass Separatisten der Karen die Brücke benutzten.

Auf der thailändische Seite übernahm die staatliche thailändische Eisenbahn (State Railway of Thailand, SRT) die Kontrolle, und bis heute fahren auf dem 130 km langen Abschnitt der Originalstrecke zwischen Nong Pladuk, südlich von Kanchanaburi, und Nam Tok reguläre Züge.

Chung-Kai-Kriegsfriedhof FRIEDHOF
(สุสานทหารพันธมิตรช่องไก่; 7–18 Uhr) GRATIS In Chung Kai befand sich während des Zweiten Weltkriegs eines der größten Kriegsgefangenenlager der Alliierten; die Insassen bauten ganz in der Nähe des Friedhofs sogar ihr eigenes Krankenhaus und eine Kirche. Der Friedhof ist kleiner und wird nicht so oft besucht wie der Kanchanaburi War Cemetery in der Stadt, ist aber ebenso gepflegt. 300 niederländische und 1400 Commonwealth-Soldaten liegen hier begraben. Der Friedhof befindet sich 2,5 km westlich der Wat-Neua-Brücke in der Nähe des Flusses, und ist leicht mit dem Fahrrad zu erreichen.

Schlafen

Kanchanaburis schönste Unterkünfte befinden sich am Flussufer. Je weiter nach Norden man geht, desto ruhiger wird es.

Blue Star Guest House PENSION $
(034 624733; www.bluestar-guesthouse.com; 241 Th Mae Nam Khwae; Zi. 200–750 B; P) Direkt am Fluss und mitten in der Natur gelegenene Hütten mit echtem Dschungelfeeling, die extrem einfach, aber auch entsprechend billig sind. In den besseren, modernen Zimmern wohnt man auf festem Boden. Alles in allem eine der besten Budgetunterkünfte der Stadt.

Jolly Frog PENSION $
(034 514579; 28 Soi China; EZ 100 B, DZ 180–320 B, FZ 400 B; P) Zwar ist die Glanzzeit des Jolly Frog lange vorüber, doch da die schäbigen Zimmern zu den billigsten der Stadt gehören, ist es bei Backpackern immer noch beliebt. Weitere Pluspunkte sind die gesellige Atmosphäre und die Hängematten im Garten.

★ **Good Times Resort** HOTEL $$
(087 162 4949; www.good-times-resort.com; Zi. inkl. Frühstück 1150–2700 B; P) Auch wenn die Straße zum Hotel zwar nicht sehr vertrauenserweckend aussieht, erwartet einen hinter dem Parkplatz eine kleine Oase am Fluss mit großen, attraktiven Zimmern, gutem Service und gutem Essen.

Apple's Retreat PENSION $$
(034 512017; www.applesguesthouse.com; 153/4 Mu 4, Ban Tamakham; Zi. inkl. Frühstück 990 B; P) Die freundlichen Betreiber Apple und Noi betreiben eine gepflegte Pension mit einfachen, aber stilvollen Zimmern. Sie empfangen ihre Gäste mit einer herzlichen Begrüßung und haben außerdem jede Menge Infos über die Gegend parat. Das Restaurant liegt am Fluss, die Zimmer befinden sich auf der anderen Straßenseite. Im Gegensatz zu den meisten Unterkünften in dieser Preisklasse gibt's hier weder Fernseher noch Kühlschränke.

ABSTECHER

RUND UM KANCHANABURI

Jenseits der Stadt locken Wälder und Flusslandschaften. In vielen Pensionen kann man Touren mit Kleintransportern buchen, die jedoch etwas hektisch ablaufen.

Im **Erawan-Nationalpark** (อุทยานแหงชาติเอราวัณ; ☎ 034 574222; Erw./Kind 300/200 B) befindet sich der siebenstufige **Erawan-Wasserfall.** Besucher können in natürlichen Becken schwimmen und wandern gehen. Am besten kommt man möglichst früh vor den ganzen anderen Touristen. Busse aus Kanchanaburi halten am Eingang zur Kaskade (50 B, 1½ Std., 8–17.40 Uhr 8-mal tgl.). Die letzte Verbindung zurück besteht um 16 Uhr.

Das **Hellfire Pass Memorial** (ชองเขาขาด; ☎ 034 919605; Rte 323; ⌚ Museum 9–16 Uhr, Gelände 7.30–18 Uhr) GRATIS umfasst einen Abschnitt der Death Railway, der in halsbrecherischer Geschwindigkeit aus schwierigem Berggelände gehauen wurde. Seinen Namen verdankt der Pass den Feuern, in deren Schein die Kriegsgefangenen nachts arbeiteten. Ein Teil des Fußwegs folgt dem alten Gleisbett. Der Hellfire Pass liegt an der Straße von Sai Yok nach Thong Pha Phum nahe der Kilometermarke 66. Man erreicht das Hellfire Pass Memorial mit einem Bus in Richtung Sangkhlaburi (55–65 B, 1½ Std., alle 30 Min.); der letzte Bus zurück fährt um 17 Uhr. Im Bus Bescheid sagen, wohin man möchte, damit dieser dort auch anhält.

Essen

Jede Menge Uferrestaurants findet man in der Th Mae Nam Khwae. Der **JJ Market** (Th Saengchuto; ⌚ 17.30–22 Uhr) in der Nähe des Bahnhofs bietet leckere Imbissgerichte.

★ Blue Rice THAI $
(www.applesguesthouse.com; 153/4 Mu 4 Ban Tamakahm; Gerichte 135 B; ⌚ 11–14 & 18–22 Uhr;) Das Blue Rice punktet mit wunderschöner Lage am Fluss, grandioser Speiseauswahl und fantastischen Aromen. Küchenchef Apple interpretiert thailändische Klassiker neu und für Gourmets, u. a. den namengebenden blauen Reis, *yam sôm oh* (Grapefruitsalat) und Hühner-Kokossuppe mit Banane.

On's Thai-Issan VEGETARISCH $
(☎ 087 364 2264; www.onsthaiissan.com; Th Mae Nam Khwae; Gerichte 50 B; ⌚ 10–22 Uhr;) Die vegetarische und vegane Thai-Küche (mit kleinen Isan-Einflüssen) hier ist so gut, dass selbst viele Nichtvegetarier hier essen. Die freundliche On bringt ihren Gästen sogar bei, wie man sie zubereitet. Ein zweistündiger Kochkurs mit drei Gerichten kostet 600 B.

Praktische Informationen

Hauptpost (Th Saengchuto; ⌚ Mo–Fr 8.30–16.30, Sa & So 9–12 Uhr)

Thanakarn Hospital (☎ 034 622370; Th Saengchuto) Dies ist das am besten ausgestattete Krankenhaus für Ausländer.

Tourism Authority of Thailand (TAT; ☎ 034 511200; tatkan@tat.or.th; Th Saengchuto; ⌚ 8.30–16.30 Uhr) Kostenlose Stadtpläne und Karten der Provinz sowie Tipps zu Aktivitäten.

Touristenpolizei (☎ 034 512795; Th Saengchuto)

An- & Weiterreise

BUS

Kanchanaburis **Bus- und Minivan-Bahnhof** (☎ 034 515907) liegt gleich abseits der Th Saengchuto. Wer nach Hua Hin möchte, muss in Ratchaburi umsteigen. Ist man nach Ayutthaya unterwegs, steigt man in Suphanburi um.

ZUG

Kanchanaburis Bahnhof befindet sich 500 m vom Fluss in der Nähe der Gästehäuser. Die Stadt liegt an der Bahnlinie Bangkok Noi–Nam Tok, die ein Teilstück der historischen Death Railway benutzt. Das staatliche Bahnunternehmen (State Railway of Thailand, SRT) vermarktet die Linie als historische Route und berechnet pauschal 100 B pro Strecke, egal, wie lang oder kurz diese ist.

Zielbahnhöfe sind u. a.:

Bangkok, Bahnhof Noi (7.19, 14.48 & 17.41 Uhr, 3 Std.) Der Bahnhof liegt in Thonburi, auf der anderen Flussseite gegenüber von Bangkok.

Nam Tok (6.07, 10.35 & 16.26 Uhr, 2 Std.) Endstation.

Unterwegs vor Ort

Motorradtaxis bringen Traveller und ihr Gepäck für ca. 50 B vom Bahnhof zu den Unterkünften. Regelmäßige *sŏrng·tăa·ou* fahren die Th Saengchuto für 10 B entlang, aber aufpassen, dass man sie nicht versehentlich „chartert“! Viele Läden in der Th Mae Nam Khwae verleihen Motorräder (200 B) und Fahrräder (50 B).

BUSSE & MINIVANS AB KANCHANABURI

ZIEL	FAHRPREIS (B)	FAHRTDAUER (STD.)	ABFAHRT
Bangkok Khao San Road (Minivan)	120	2½	häufig
Bangkok Busbahnhof Nord (Mo Chit)	120	2½	häufig
Bangkok Busbahnhof Süd (Sai Tai Mai) (Bus/Minivan)	110/100	2½/2	alle 30 Min./häufig
Bangkok Siegesdenkmal (Minivan)	120	2½	häufig
Chiang Mai	594	10–11	9 & 19 Uhr
Ratchaburi	50	2	häufig
Sangkhlaburi (Bus/Minivan)	130/175	5/3½	6–13.30 Uhr 6-mal tgl./häufig
Suphanburi	50–65	2	alle 40 Min.

Sangkhlaburi สังขละบุรี

Nur wenige Touristen kennen die kleine, malerische Stadt Sangkhlaburi, Mitarbeitern internationaler Hilfsorganisationen ist dieses Areal hingegen sehr wohl ein Begriff: Dies ist einer von zahlreichen entlegenen Stützpunkten, wo Flüchtlinge unterstützt werden. Viele Vertriebene, ob Mon, Karen oder Birmanen, kommen hier an und besitzen quasi nur noch die Kleidung, die sie tragen.

Der Ort selbst besteht aus wenigen asphaltierten Straßen. Von hier blickt man direkt auf den gigantischen Kheuan Khao Laem (Khao-Laem-Stausee). Die Wildnis ringsum ist eine riesige Attraktion, sie birgt eins der größten Schutzgebiete Südostasiens.

Gästehäuser der Stadt können Ausflüge organisieren.

Sehenswertes & Aktivitäten

Wer die ethnische Vielfalt der Stadt erleben will, besucht die berühmte **Saphan Mon** (สะพานมอญ) (Mon-Brücke), eine 440 m lange Holzbrücke, die den Hauptort mit der Mon-Siedlung verbindet. 2013 stürzte ein 70 m langer Abschnitt nach Regenfällen ein; der schwimmende Ersatzabschnitt soll nicht neu aufgebaut werden. Einen Einblick in das Leben der Einheimischen gibt das **Kulturzentrum Sangkhlaburi** (ศูนย์วัฒนธรรม อำเภอสังขละบุรี; ☎086 178 4096; Th Sangkhlaburi; ⏲Mo–Fr 8–16, Sa & So bis 12 Uhr) GRATIS im Ostteil der Stadt nahe der Soi 7. **Scenns** (☎080 602 3184; www.scenns.com) bietet Koch-, Tanz- und Sprachkurse an.

Auf den Touren von **Sangkhlaburi Jungle Trekking** (☎085 425 4434; jarunsaksril@gmail.com) erkundet man den Wald an der Grenze zu Myanmar und übernachtet unterwegs in Karen-Dörfern.

Baan Dada (☎084 412 5443; www.baandada.org; Sangkhlaburi) betreibt ein Kinderheim und ist eine von nur wenigen Organisationen in der Region, die Freiwillige auch für Kurzzeiteinsätze akzeptieren.

Schlafen & Essen

Auf dem Tagesmarkt gegenüber der Bushaltestelle bekommt man leckere Currys (nach den großen Metalltöpfen Ausschau halten). Der **Nachtmarkt** (⏲16.30–21.30 Uhr) findet gleich daneben statt und der **Straßenmarkt** (⏲Sa 17–22 Uhr) ist vor dem Krankenhaus aufgebaut.

★ **P Guesthouse** PENSION $
(☎034 595061; www.p-guesthouse.com; Th Sri Sukwankiri; Zi. 300–950 B; P ❄ ᯤ) So eine Aussicht bekommt man normalerweise nicht für 300 B. Die aus Stein und Holz gebauten Zimmer in dieser familiengeführten Pension schauen auf malerische Gewässer. Es gibt Zimmer mit Ventilator und Gemeinschaftsbädern mit Hocktoilette, doch die Zimmer mit Klimaanlage haben den schönsten Blick (besonders Nr. 7). Im Vergleich zu anderen Bleiben in Sangkhlaburi sind alle günstig. Das Restaurant ist teuer, aber ein toller Ort zum Abhängen.

J Family Homestay PRIVATUNTERKUNFT $
(☎034 595511; 150 B pro Pers.; ᯤ) Eine tolle kleine Unterkunft, wenn man gern unter Einheimischen sein will. Die Zimmer bestehen eigentlich nur aus Matratzen auf dem Boden und teilen sich ein Gemeinschaftsbad, aber die Familie weiß viel über die Region. Es ist auf der östlichen Parallelstraße der Th Sri Sukwankiri ausgeschildert.

EINREISE NACH MYANMAR: VON PHU NAM RON NACH HTEKE

Dieser Grenzübergang ist neu und immer noch etwas abenteuerlich. An der Grenze werden keine Visa für Myanmar erteilt. Wer zeitig genug aufbricht, kann es an einem Tag nach Dawei schaffen, sonst gibt's aber auch Pensionen in Phu Nam Ron.

Anreise zur Grenze Vom Busbahnhof in Kanchanaburi fahren Busse (70 B, 2 Std., 9 Uhr) und Minivans (100 B, 1½ Std., 9 Uhr) zur Grenze.

An der Grenze Nachdem man den thailändischen Ausreisestempel erhalten hat, wartet man auf den Shuttlebus (50 B) oder nimmt ein Motorradtaxi zur Einreisebehörde von Myanmar. Auf beiden Seiten sind die Grenzformalitäten stressfrei, wenn auch etwas langsam.

Weiterreise Nicht weit von der Einreisebehörde warten Minivans, die nach Dawei (800 B pro Pers., 5 Std., Preis ist manchmal verhandelbar) fahren. Günstiger wird es möglicherweise, wenn man einen Lkw-Fahrer findet, der einen mitnimmt. Die Fahrt führt durch schöne Berge, die Straße ist aber noch immer ziemlich schlecht.

Baan Unrak Bakery BÄCKEREI $
(Th Sri Sukwankiri; Snacks 25–90 B; ⏲ Mo–Sa 8–19.30 Uhr; ✎) Vegetarier werden dieses fleischlose (hauptsächlich vegane) Café lieben, das der Organisation Baan Unrak gehört.

★ **Suanmagmai Resort** THAI $$
(Gerichte 40–450 B; ⏲ 10–21.30 Uhr; 📶) Der englischsprachige Teil der Karte sorgt zwar für verwundertes Kopfschütteln (das frittierte *platypus* ist in Wirklichkeit Schnabeltier), doch die Bilder helfen etwas, und man kann sicher sein, dass das bestellte Essen perfekt zubereitet ist. Hier kann man wunderbar mal etwas Neues ausprobieren, denn es gibt verschiedene regionale Spezialitäten wie Farnsalat und „scharfe Suppe mit (Kat-)Fisch".

Es befindet sich 300 m direkt nördlich der Mon-Brücke.

An- & Weiterreise

Von einem Parkplatz am westlichen Stadtrand fahren alte Busse nach Kanchanaburi (130 B, 4 Std., 6.30, 8, 9.30 & 13 Uhr). Klimatisierte Busse zum Mo-Chit-Terminal in Bangkok (238–306 B, 7 Std., 7.45 & 9.30 Uhr) starten ganz in der Nähe. Minivans nach Kanchanaburi (175 B, 3½ Std., häufig) fahren auf der anderen Seite der Stadt zwei Blocks südlich vom Busbahnhof ab.

Mae Sot

แม่สอด

52 000 EW.

Im heruntergekommenen Mae Sot dreht sich nahezu alles um den Handel mit Jade und Edelsteinen und um den Grenzverkehr. Die ethnische Vielfalt aus Birmanen, Chinesen, Karen, Hmong und Thai macht den Reiz dieser Grenzstadt aus. Ebenso beachtlich erscheint der Anteil an internationalen Ärzten und Mitarbeitern von NROs, die mit den Folgen der Konflikte zwischen Myanmars Regierung und ethnischen Minderheiten kämpfen.

Echte Touristenattraktionen sind rar, doch Mae Sot ist einer der praktischsten Grenzübergänge für Reisen auf dem Landweg nach Myanmar. Darüber hinaus punktet die Gegend mit kaum erschlossenen Naturreservaten, Bergvölkern und der Lage abseits üblicher Touristenpfade.

Sehenswertes & Aktivitäten

Grenzmarkt MARKT
(ตลาดริมน้ำเมย; Rte 105; ⏲ 7–19 Uhr) Entlang des Mae Nam Moei auf thailändischer Seite erstreckt sich dieser riesige Markt. Zur Auswahl stehen u. a. birmanische Alltagsgüter, Imitate von Markenkleidern sowie günstige chinesische Elektronikwaren und Essstände. Er liegt 5 km westlich von Mae Sot; *sŏrng·tăa·ou* fahren zwischen 6 und 18 Uhr in der Th Chid Lom ab (20 B).

Kräutersauna SAUNA
(Wat Mani, Th Intharakhiri; 20 B; ⏲ 15–19 Uhr) Kräutersaunaanlage für Männer und Frauen am rückwärtigen Teil des Klostergeländes hinter den *gù·đì* (Wohnräumen) der Mönche.

Schlafen

Phan Nu House PENSION $
(☎ 08 1972 4467; 563/3 Th Intharakhiri; Zi. 250–500 B; ❄📶) In einem Wohngebiet abseits der Straße überzeugen die 29 großen Zimmer, größtenteils mit Klimaanlage, TV, Kühlschrank und Warmwasser, mit gutem Preis-Leistungs-Verhältnis.

Picturebook Guesthouse HOTEL $$
(☎09 0459 6990; www.picturebookthailand.org; 125/4-6 Soi 19, Th Intharakihiri; Zi. inkl. Frühstück 600–800 B; ❄📶) Glatter Beton, künstlerische Details und maßangefertigte Holzmöbel – die zehn Zimmer in einem hübschen Garten erinnern an trendbewusste Schlafsäle. Die freundlichen und sehr hilfsbereiten Angestellten arbeiten hier im Rahmen des Ausbildungsprogramms einer gemeinnützigen Organisation. Das Hotel liegt etwa 1 km östlich von Mae Sot in der nicht beschilderten Soi 19, direkt hinter dem Hotel J2.

Essen & Ausgehen

In Mae Sot begegnen sich verschiedene Kulturen. Morgens bietet sich die Gegend südlich der Moschee an. In den **muslimischen Restaurants** bekommt man süßen Tee, *roti* und *nanbya* (Brot nach Tandoori-Art). Thailändisch-chinesische Speisen locken vor allem auf dem **Nachtmarkt** (Th Prasatwithi; Hauptgerichte 30–60 B; ⏲18–23 Uhr) am östlichen Ende der Th Prasat Withi. Wer abends ausgehen will, sollte sich zu den Bars am westlichen Ende der Th Intharakhiri aufmachen.

Lucky Tea Garden BIRMANISCH $
(Th Suksri Rat-Uthit; Hauptgerichte 10–50 B; ⏲6–18 Uhr) In diesem freundlichen Café kann man eine echte birmanische Teestube erleben: Es gibt süßen Tee, leckere Snacks und natürlich schlechte birmanische Popmusik.

Khrua Canadian INTERNATIONAL, THAI $$
(3 Th Sri Phanit; Gerichte 40–280 B; ⏲7–22 Uhr; 📶✍) Der nominelle Kanadier Dave bereitet seinen eigenen Kaffee zu und serviert hausgemachte Bagels, Wurstwaren und Käse. Die Portionen sind groß, die Speisekarte ist abwechslungsreich und es gibt Infos zur Gegend.

Shoppen

Borderline Shop KUNSTHANDWERK
(www.borderlinecollective.org; 674/14 Th Intharakhiri; ⏲Di–So 9–17 Uhr) Kunst und Kunsthandwerk von Flüchtlingsfrauen. Die Gewinne fließen in einen Frauenverband und eine Kinderschutzorganisation. Die Galerie oben verkauft Bilder, ein Teegarten und Kochkursangebote sind angeschlossen.

Municipal Market MARKT
(abseits der Th Prasatwithi; ⏲6–18 Uhr) Mae Sots städtischer Markt ist einer der größten und lebendigsten, die wir in ganz Thailand gesehen haben. Hier gibt's bergeweise exotische Waren aus Myanmar, darunter birmanische Buchläden, *thanaka*-Sticks (daher stammt das gelbe Pulver, das man auf vielen Gesichtern sieht), Beutel mit eingelegtem Tee und rote Riemchen-Latschen aus Mandalay.

Straßenmarkt MARKT
(Soi Rong Chak; ⏲❄🍴 17–21 Uhr) Jeden Samstagabend wird die kleine Straße an der Polizeiwache für den Verkehr gesperrt, dann verkaufen dort Straßenhändler Kunsthandwerk, Kleidung und Essen.

Praktische Informationen

Touristenpolizei (☎1155; 738/1 Th Intharakhiri) Östlich des Zentrums.

EINREISE NACH MYANMAR: VON MAE SOT NACH HPA-AN

Die 420 m lange Freundschaftsbrücke verbindet Mae Sot und Myawaddy im Kayin-Staat in Myanmar.

Anreise zur Grenze *Sŏrng·tăa·ou* legen die 5 km von Mae Sot bis zur Grenze (20 B, 6–18 Uhr häufig) zurück.

An der Grenze Der **thailändische Einreiseschalter** (☎055 563004; ⏲5.30–20.30 Uhr) befindet sich am Fuß der Freundschaftsbrücke. Wer sich im Vorfeld ein Visum besorgt hat, kann den **Einreiseschalter von Myanmar** (☎95 0585 0100; ⏲5–20 Uhr, in Myanmar gültige Zeit) passieren. Hat man kein Visum, erhält man gegen eine Gebühr von 500 B einen vorläufigen Ausweis, der zum Aufenthalt in Myawaddy bis 18 Uhr desselben Tages berechtigt. Der Reisepass wird an der Grenze verwahrt und bei Ausreise wieder ausgehändigt.

Weiterreise Rund 200 m vom Grenzübergang entfernt fahren an Tagen mit geradem Datum weiße Sammeltaxis, sobald sie voll besetzt sind, nach Mawlamyine (10 000–15 000 K, 6 Std.), Hpa-an (7 500–10 000 K, 6 Std.) und Yangon (12 000 K, 16 Std.). Zudem verkehrt ein Bus nach Yangon (12 000 K, 16 Std., 5 Uhr).

Infos zur Überquerung der Grenze in entgegengesetzter Richtung gibt's auf S. 535.

BUSSE & MINIVANS AB MAE SOT

ZIEL	FAHRPREIS (B)	FAHRTDAUER (STD.)	ABFAHRT
Bangkok	333–666	7–8	8–21.50 Uhr häufig
Chiang Mai	259–333	5-6	6 & 10 Uhr
Chiang Rai	488	9	6 & 10 Uhr
Kamphaeng Phet (Bus/Minivan)	120/140	3	10–20.30 Uhr 4-mal/stündl.
Mae Sai	583	12	6–10 Uhr 3-mal
Phitsanulok	158	4	7–13 Uhr 4-mal
Sukhothai	120	3	7–13 Uhr 4-mal

An- & Weiterreise

Von Mae Sot gibt's Flüge zum Flughafen Don Muang in Bangkok mit **Kan Air** (☎ Mae Sot 09 0907 1817, landesweit 02 551 6111; www.kanairlines.com; Mae Sot Airport, Th Asia) und **Nok Air** (☎ Mae Sot 055 563883, landesweit ☎ 1318; www.nokair.co.th; Mae Sot Airport, Th Asia; ⏱ 8–17 Uhr). Nok Air fliegt auch nach Yangon. Der **Busbahnhof** (☎ 055 563435; Th Asia) liegt 1,5 km westlich der Stadt, die Fahrt dorthin kostet 50 B.

NORDOSTTHAILAND

Vielleicht mögen Thailands übrige Regionen wegen ihrer Naturschönheiten und Partys bekannter sein, doch dafür besitzt der Nordosten mehr Seele. Das Highlight der von den Touristen vernachlässigten Region sind die Menschen: freundliche, fleißige Leute, die ihre traditionelle, vom nahe gelegenen Laos und Kambodscha beeinflusste Kultur pflegen.

Man kennt den Nordosten auch unter dem Namen Isan: Es handelt sich um eine der ländlichsten und am stärksten landwirtschaftlich geprägten Regionen des Landes. Zwischen Thailand und seinen Nachbarländern Laos und Kambodscha, in denen ebenfalls die Isan-Kultur heimisch ist, bahnt sich der mächtige Mekong seinen Weg. Dessen Ufer säumen Kleinstädte und Dörfer, und in den Festen spiegelt sich die einzigartige kulturelle Vielfalt der Gegend wider. Die mächtigen Khmer-Könige hinterließen prächtige Miniversionen von Angkor Wat. Und wenn in der Regenzeit die grünen Reissprossen schießen, erwacht die flache, von der Sonne verbrannte Landschaft mit ihren vielen Reisfeldern, unterbrochen von schattigen Bäumen und einsamen Wasserbüffeln, zum Leben.

Reis ist hier weit mehr als ein Grundgericht: Die heilige Dreifaltigkeit der Isan-Küche – *gài yâhng* (gegrilltes Hühnchen), Som Tam (Papaya-Salat) und *kôw nĕe·o* (Klebreis) – ist ein essenzieller Teil der Identität der schwer arbeitenden Bauern und praktisch das offizielle Gericht der Region. Alles wird mit der Hand gegessen, wobei man den Klebreis als „Löffel" benutzt, und ein Teller frisches Gemüse hilft dabei, den feurigen Chili des Som Tam zu neutralisieren (Warnung: Die Isan-Küche ist scharf!).

Pensionen und Hotels sind in dieser Region nur spärlich gesät und nur wenige Menschen sprechen Englisch. Hier endet die klassische Touristenroute und das „echte" Thailand beginnt.

Nakhon Ratchasima (Khorat) นครราชสีมา (โคราช)

151 450 EW.

Für die meisten Budgetreisenden ist Nakhon Ratchasima (häufiger „Khorat" genannt) nichts weiter als ein Verkehrsknotenpunkt. Viele historische Stätten mussten nichtssagenden Betonbauten weichen, und der Status als zweitgrößte Stadt des Landes zwingt es in einen unfairen Vergleich mit Bangkok. Ist man allerdings wirklich neugierig, dann gehört diese Metropole definitiv zur urbanen Isan-Erfahrung dazu, denn hier erarbeiten sich Bauernkinder vom Land komfortable Mittelschicht-Existenzen – eine echte Erfolgsgeschichte.

Im Stadtzentrum steht das **Thao-Suranari-Denkmal** (อนุสาวรีย์ท้าวสุรนารี; Th Rajadamnern), das der Ehefrau eines Stadtoberhaupts unter Rama III. gewidmet ist. Sie wird liebevoll Ya Mo (Großmutter Mo) genannt und half dabei, die Stadt vor der laotischen Invasion zu schützen.

Nakhon Ratchasima (Khorat)

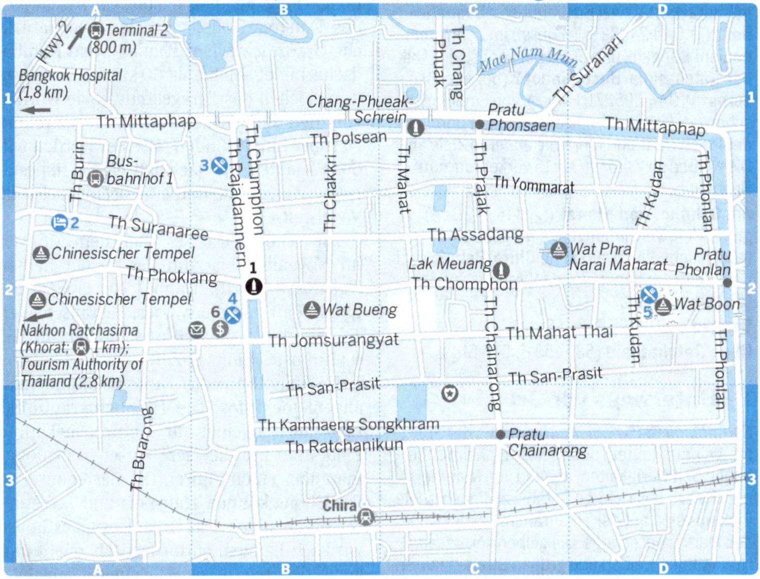

Schlafen

★ Sansabai House HOTEL $
(☎ 044 255144; www.sansabai-korat.com; Th Suranaree; Zi. 300–450 B; P ❄ 📶) Das Sansabei versteckt sich hinter dem Hotel Tokyo, das viel besser für sich wirbt. Doch diese Zurückhaltung passt zum dezenten Ambiente des Hotels. Die Lobby ist einladend, und die Zimmer – einige mit Ventilator, andere mit Klimaanlage – werden ständig modernisiert.

Essen

Khorat ist berühmt für sein *pàt mèe khorâht*, die regionale Variante des allgegenwärtigen *pàt tai*. Auf dem **Wat Boon Night Bazaar** (Th Chompon; ⏲ 17–21.30 Uhr) gibt's tolle nordostthailändische Speisen.

Ming Ter VEGAN $
(Th Rajadamnern; Gerichte 40–80 B; ⏲ 7.30–18 Uhr; 🖉) In dem gemütlichen veganen Restaurant wird nur wenig Englisch gesprochen. Auf den Tisch kommen fleischlose Variationen thailändischer und chinesischer Klassiker.

Gai Yang Saang Thai THAI $
(Th Rajadamnern; ganzes Hähnchen aus Freilandhaltung 140 B; ⏲ 7.30–20 Uhr) Kredenzt seit einem halben Jahrhundert das beste *gài yâhng* (Grillhähnchen) in Khorat.

Nakhon Ratchasima (Khorat)

Sehenswertes
1 Thao-Suranari-Denkmal B2

Schlafen
2 Sansabai House A2

Essen
3 Gai Yang Saang Thai B1
4 Ming Ter B2
5 Wat-Boon-Nachtbasar D2

Praktisches
6 Bangkok Bank B2

Praktische Informationen

Bangkok Hospital (☎ 044 429999; Th Mittaphap)

Bangkok Bank (Th Jomsurangyat; ⏲ 10.30–19 Uhr) Die Bank befindet sich in der Klang Plaza. Draußen am Eingang zur Gasse steht auch ein AEON-Geldautomat.

Post (Th Jomsurangyat; ⏲ Mo–Fr 8.30–22.30, Sa 9–12 & 16–22.30, So & Feiertage 16–22.30 Uhr)

Tourism Authority of Thailand (TAT; ☎ 044 213666; tatsima@tat.or.th; 2102-2104 Th Mittaphap; ⏲ 8.30–16.30 Uhr) Neben dem Sima Thani Hotel.

An- & Weiterreise

In Khorat gibt's zwei Busbahnhöfe: **Busbahnhof 1** (☎ 044 242899; Th Burin) im Zentrum bedient Bangkok und Städte in der Provinz Nakhon Ratchasima. **Busbahnhof 2** (bor kŏr sŏr sŏrng; ☎ 044 295271; Hwy 2), von Einheimischen *bor kŏr sŏr sŏrng* genannt, liegt nördlich der Innenstadt und fährt alle anderen Ziele an. Die weißen *sŏrngtăaou* Nr. 15 verkehren zum Busbahnhof 2.

Am **Bahnhof von Khorat** (☎ 044 242044) gibt's viele Verbindungen, die Busse sind jedoch schneller. Der kleine **Chira-Bahnhof** ist dem Zentrum näher. Züge fahren u.a. zu folgenden Zielen:

Bangkok (50–425 B, 5–7 Std.)
Ubon Ratchathani (58–453 B, 5–6 Std.)

Unterwegs vor Ort

Sŏrngtăaou (8 B) bedienen innerhalb der Stadt festgelegte Routen, doch selbst Einheimische haben Schwierigkeiten, anhand von Nummern und Farben das richtige Gefährt zu finden. Viele Pick-ups sind auf der Th Suranaree in der Nähe des Markts unterwegs. Die gelben *sŏrngtăaou* Nr. 1 mit den weißen und grünen Streifen fahren auf der Th Suranaree Richtung Westen zum Bahnhof und zur Mall.

Túk-túk- und Motorradtaxifahrten in der Stadt kosten 40–70 B.

Khao-Yai-Nationalpark

อุทยานแห่งชาติเขาใหญ่

Thailands ältester und bemerkenswertester Nationalpark **Khao Yai** (อุทยานแห่งชาติเขาใหญ่; ☎ 086 092 6529; Erw./Kind 400/200 B, plus Auto 50 B; ⌚ 6–18 Uhr) ist eine weitläufige Wildnis unweit dicht besiedelter Gebiete. Hier erstreckt sich einer der größten noch intakten Monsunwälder auf dem asiatischen Festland. Heute ist er zusammen mit angrenzenden Waldsystemen eine UNESCO-Welterbestätte.

In seinem Zentrum erhebt sich ein 1351 m hoher Berg an den westlichen Ausläufern des Dangrek-Höhenzugs, der eine natürliche Grenze zwischen Thailand und Kambodscha bildet. Mehr als 50 km Wanderwege durchziehen das Parkgelände (viele wurden von den heimischen Tieren ausgetreten). Darüber hinaus finden sich hier Herden wilder Elefanten, (je nach Jahreszeit) majestätische Wasserfälle und eine beeindruckende Vogelwelt.

Am schönsten ist es nach dem Monsun im November bis zum Beginn der heißen Jahreszeit (April). Dann lockt eine grüne Landschaft und die Wasserfälle rauschen zu Tal. Allerdings handelt es sich auch um die schlimmste „Blutegel-Zeit".

Im Hauptbüro des Parks bekommt man allgemeine Infos. Die Highlights entdeckt man auch alleine; für weniger bekannte Pfade und um die Tiere zu sehen, benötigt man aber einen Führer. Die Gästehäuser in Pak Chong können Transport und Tagestouren organisieren. Das Greenleag Guesthouse wird seit Langem enthusiastisch gelobt und auch der relativ neue Anbieter **Bobby's Apartments & Jungle Tours** (☎ 086 262 7006; www.bobbysjungletourkhaoyai.com) erhält gute Kritiken.

Schlafen & Essen

Wer im Park übernachtet, spart sich die Fahrt dorthin, die Essens- und Transportmöglichkeiten sind allerdings beschränkt, deswegen übernachten die meisten Budgetreisenden in der nahe gelegenen Stadt Pak Chong. **Zeltplätze** (mit eigenem Zelt 30 B pro Pers., 3-Pers.-Zelt 225 B) und **Unterkünfte** (☎ 02 562 0760; www.dnp.go.th/parkreserve; Zi. & Bungalows 800–9000 B, Mo–Do 30 % Rabatt) im Park können online gebucht werden. Die Parkrestaurants beim Besucherzentrum schließen um 19 Uhr.

BUSSE & MINIVANS AB NAKHON RATCHASIMA (KHORAT)

ZIEL	FAHRPREIS (B)	FAHRTDAUER (STD.)	ABFAHRT
Aranya Prathet (Bus/Minivan)	165/132	4	5-mal tgl./häufig
Chiang Mai	473	12–13	11-mal tgl.
Lopburi	120	3½	6–19 Uhr alle 30 Min.
Nang Rong (Bus/Minivan)	75–95/75	2/1½	häufig
Nong Khai	220–435	6	stündl.
Surin	136–175	4	alle 30 Min.
Trat	324	8	1 Uhr
Ubon Ratchathani	288–445	5–6	14-mal tgl.

ABSTECHER

PHIMAI พิมาย

Von den vielen Khmer-Tempeln im ländlichen Isan ist der **Geschichtspark Phimai** (อุทยานประวัติศาสตร์พิมาย; ☎044 471568; Th Ananthajinda; 100 B; ⏲7.30–18 Uhr) der malerischste und am leichtesten erreichbare.

Der Tempel entstand ein Jahrhundert vor Angkor Wat und die Ähnlichkeit der beiden Anlagen ist fast unheimlich. Es handelt sich um einen der westlichsten Laterittempel des Khmer-Reichs. Gegen Ende des 10. Jhs. begann der Bau unter König Jayavarman V., abgeschlossen wurde er unter König Suryavarman I. (reg. 1002–1049). Der Tempel besticht durch einen 18 m hohen, kreuzförmigen Hauptschrein aus weißem Sandstein, die übrigen Gebäude bestehen aus rosafarbenem Sandstein und Laterit. Skulpturen über den Eingängen zum Hauptheiligtum zeigen Hindu-Gottheiten und Szenen aus dem *Ramayana*.

Das **Phimai-Nationalmuseum** (พิพิธภัณฑสถานแห่งชาติพิมาย; Th Tha Songkhran; 100 B; ⏲Mi–So 9–16 Uhr) außerhalb des Tempelkomplexes zeigt eine schöne Sammlung von Khmer-Skulpturen, darunter Tempeltürstürze und andere Ruinen.

Der **Sai Ngam** (ไทรงาม; ⏲Sonnenaufgang–Sonnenuntergang), ein mehr als 350 Jahre alter Baum, steht auf einer Insel östlich der Stadt. Dort verkaufen Händler *pàt phimai*, was nichts anderes ist als *pàt mèe khorâht* – also im Prinzip eine *pàt-tai-Variante*.

Alle Busse nach Phimai starten am Busbahnhof 2 in Khorat (50 B, 1½ Std., häufig).

Greenleaf Guesthouse PENSION $

(☎044 365073; www.greenleaftour.com; Th Thanarat, Km 7,5; Zi. 200–300 B; P) Alteingesessenes familiengeführtes Gästehaus mit chaotischen Gemeinschaftsbereichen (mit WLAN) und einfachen Privaträumen. Familien können sich die Zimmer ohne Zusatzkosten teilen und der Familienbungalow überzeugt mit seinem tollen Preis-Leistungs-Verhältnis (500 B). Da die Pension nur wenige Zimmer hat, nimmt sie vorzugsweise Gäste auf, die hier Naturtouren buchen.

Khaoyai Garden Lodge HOTEL $

(☎044 365178; www.khaoyaigardenlodgekm7.com; Th Thanarat, km 7; Zi. mit Ventilator 350 B, mit Klimaanlage 2000–3200 B, FZ 2800 B; P ❄ @ 📶 ≋) Das freundliche familiengeführte Hotel verfügt über verschiedene Zimmer, die sich um einen schönen Garten verteilen (die billigsten sind groß und haben Gemeinschaftsbäder mit Warmwasser sowie Ventilatoren). Das Preis-Leistungs-Verhältnis ist besser als bei anderen Budgethotels in der Gegend. In der Restaurant-Lounge kommt man schnell mit anderen in Kontakt.

ℹ Anreise & Unterwegs vor Ort

Nach Pak Chong, der Ausgangsbasis für Touren in den Park, fahren Busse und Minivans ab folgenden Punkten:

Bangkok (Mo Chit) Busbahnhof Nord & Nordost (128–150 B, 2½–3 Std.)

Bangkok Victory Monument (180 B, 2½ Std., stündl., Minivans)

Nakhon Ratchasima (Khorat) (80 B, 1 Std.)

Pak Chong liegt auch an der Bahnstrecke. Den Zug sollte man aber nur nehmen, wenn man aus Ayutthaya anreist (23–363 B, 2–3 Std., 9-mal tgl.).

Mit sŏrng·tăa·ou kommt man von Pak Chong zum nördlichen Eingang des Parks (30 km; 40 B, 45 Min., 6–17 Uhr alle 30 Min.); sie halten auf der Th Thanarat vor dem 7-Eleven-Laden. Das Besucherzentrum befindet sich 14 km vom Ticketschalter. Die Strecke kann per Anhalter bewältigt werden. Alternativ mietet man am Eingangstor (500 B) oder in Pak Chong ein Motorrad (300 B).

Geschichtspark Phanom Rung อุทยานประวัติศาสตร์เขาพนมรุ้ง

Thailands größtes und am besten restauriertes Khmer-Heiligtum, der **Geschichtspark Phanom Rung** (อุทยานประวัติศาสตร์เขาพนมรุ้ง; ☎044 666251; 100 B, Kombiticket mit Prasat Muang Tam 150 B; ⏲6–18 Uhr), erstreckt sich in spektakulärer Lage auf einem erloschenen Vulkan. Es entstand zwischen dem 10. und 13. Jh. Die Anlage ist gen Osten zur heiligen Hauptstadt Angkor in Kambodscha ausgerichtet. Die ursprünglich hinduistische Stätte wartet mit Vishnu- und Shiva-Skulpturen auf und wurde später in einen buddhistischen Tempel verwandelt.

Eines der auffälligsten baulichen Details stellt die mit Laterit- und Sandsteinblöcken gepflasterte Promenade dar. Sie wird von Sandsteinsäulen mit Kapitellen in Lotusblütenform gesäumt und führt zur ersten und zugleich größten der insgesamt drei *naga*-Brücken – den letzten ihrer Art in Thailand.

Viermal im Jahr fallen die Sonnenstrahlen durch alle 15 Eingänge des Heiligtums: während des Sonnenaufgangs vom 3. bis 5. April und vom 8. bis 10. September sowie während des Sonnenuntergangs vom 5. bis 7. März und vom 5. bis 7. Oktober (in Schaltjahren einen Tag früher).

Der Phanom Rung kann von Khorat und Surin im Rahmen eines Tagesausflugs besichtigt werden, aber manche Reisende übernachten in Nang Rong, der dem Tempel am nächsten gelegenen Stadt. Das **P California Inter Hostel** (081 808 3347; www.pcalifornianangrong.webs.com; Th Sangkakrit; Zi. mit Ventilator 250 B, mit Klimaanlage 350–600 B; P ❄ ᯤ) und das **Honey Inn** (044 622825; www.honeyinn.com; Soi Si Kun; Zi. mit Ventilator/Klimaanlage 250/350 B; ❄ @ ᯤ) sind zwei einheimische, hilfsbereite Unterkünfte.

Wer von Nakhon Ratchasima (Khorat; 75–95 B, 2 Std., stündl.) oder Surin (80 B, 2 Std., alle 30 Min.) kommt, fährt mit dem Bus bis Ban Tako, einem gut gekennzeichneten Abzweig 14 km östlich von Nang Rong. Dort chartert man am besten ein Motorradtaxi (hin & zurück 300 B).

Nach Nang Rong verkehren Busse ab Khorat und Pak Chong. Gästehäuser in Nang Rong können die Fahrt zum Phanom Rung arrangieren.

Der wegen seiner abgelegenen Atmosphäre sehr lohnenswerte **Prasat Muang Tam** (ปราสาทเมืองต่ำ; 100 B; 6–18 Uhr) war einst ein Shiva-Tempel und stammt aus dem 10. oder 11. Jh. Die Fahrt hierher vom Phanom Rung mit einem Motorradtaxi kostet noch einmal 150 B.

Surin

41 200 EW.

Im verschlafenen Surin gibt's nicht viel zu sehen – mit Ausnahme des alljährlichen Elefantenauftriebs im November. Sonst kommen hier ein paar Traveller auf dem Weg zu den Khmer-Tempeln entlang der kambodschanischen Grenze durch. Kulturell ist Surin stark von den Khmer beeinflusst. Die Provinz ist für ihre Seidenwebertradition bekannt.

Surin ist für Reisende auf dem Weg nach Siem Reap der Ausgangspunkt für einen wenig benutzten Grenzübergang.

FREIWILLIGENARBEIT IN SURIN

Beim **Surin Project** (084 482 1210; www.surinproject.org) in Ban Tha Klang kann man in einem traditionellen Elefantenhüterdorf mit den sanften Riesen auf Tuchfühlung gehen.

Sehenswertes & Aktivitäten

Die kulturellen Highlights Surins liegen außerhalb der Stadt und lassen sich am besten mit einem eigenen Fahrzeug erkunden. Die besonderen Fähigkeiten bei der Seidenweberei kann man im **Queen Sirikit Sericulture Center** (ศูนย์หม่อนไหมเฉลิมพระเกียรติสมเด็จพระนางเจ้าสิริกิติ์ พระบรมราชินีนาถ (สุรินทร์); 044 511393; Rte 226; 8–16.30 Uhr) GRATIS, 4 km außerhalb der Stadt, erleben; die Seidenweber arbeiten nur an den Wochentagen an ihren Webstühlen. Bei einer Tour aufs Land kann man unterwegs die stimmungsvolle Khmer-Ruine **Prasat Ta Meuan** (ปราสาทตาเมือน; Sonnenaufgang–15 Uhr) GRATIS an der Grenze zu Kambodscha besuchen. Das **Elephant Study Centre** (044 145050; 100 B; 8.30–16 Uhr) befindet sich in Ban Tha Klang, einem Dorf, in dem traditionell Elefantenherden gehütet werden. Elefantenexperten aus Ban Tha Klang kommen im November zum jährlichen **Elefantenauftrieb** (Nov.) nach Surin, wenn die Tiere sich in Schaukämpfen präsentieren und bei Kunststücken ihre Stärke und Geschicklichkeit unter Beweis stellen – Aktivitäten, die inzwischen als gefährlich und schädlich für die Tiere gelten.

Schlafen & Essen

Anlässlich des Elefantenauftriebs sind die Hotels in der Stadt komplett ausgebucht und die Preise z. T. dreimal höher als üblich. Früh reservieren!

Baan Chang Ton PRIVATUNTERKUNFT $
(087 459 8962; www.baanchangton.com; Th Suriyarart; Zi. 400–500 B; P ❄ @ ᯤ) In diesem alten Haus aus wunderschönem dunklen Holz bekommt man einen guten Eindruck vom häuslichen Leben in Thailand. Und die freundlichen Besitzer sorgen dafür, dass es eine tolle Übernachtungsoption ist. Die Ausstattung ist zwar einfach (Gemeinschaftsbäder, Matratzen auf dem Boden und nur ein Zimmer mit Klimaanlage), doch die Atmosphäre macht es zu etwas Besonderem.

BUSSE AB SURIN

ZIEL	FAHRPREIS (B)	FAHRTDAUER (STD.)	ABFAHRT
Bangkok	272–389	6–7	9-mal tgl.
Khorat	125–175	4	alle 30 Min.
Ubon Ratchathani	105–200	3	alle 2 Std.

Maneerote Hotel HOTEL $
(☎044 539477; www.maneerotehotel.com; Soi Poi Tunggor, Th Krungsri Nai; EZ 450 B, DZ 450–500 B; P ❄ @) Südwestlich vom Lebensmittelmarkt befindet sich dieses Hotel mit dem besten Preis-Leistungs-Verhältnis der Stadt. Die Zimmer sind sauber und modern, zudem hat das Hotel ein Restaurant und ein Café. Auf Wunsch gibt's Frühstück für 100 B zusätzlich.

Nachtmarkt THAI $
(Th Krungsri Nai; 17–22 Uhr) Einen Block südlich des Springbrunnens hält der gute Nachtmarkt eine große Auswahl an thailändischer Küche und Isan-Gerichten bereit.

Petmanee 2 THAI $
(Th Murasart; Gerichte 20–80 B; 9–15 Uhr) Das einfache Lokal südlich des Ruampaet Hospital beim Wat Salaloi (nach dem großen Hähnchengrill Ausschau halten) serviert Surins berühmtestes Som Tam und *gài yâhng* sowie *súp nòr mái* (Bambussprossen-Curry). Mit Englisch kommt man nicht weit, doch wegen des guten Essens lohnt der umständliche Bestellprozess.

An- & Weiterreise

Der **Busbahnhof** (☎044 511756; Th Jitrbumrung) und der **Bahnhof** (☎045 511295) liegen einen Block voneinander entfernt. Die besten Verbindungen bietet **Nakhonchai Air** (☎044 515151), das 1 km nördlich vom Bahnhof einen eigenen Busbahnhof hat.

Züge fahren u.a. zu folgenden Zielen:

Bangkok (73–489 B, 7–9 Std., 9-mal tgl.)

Ubon Ratchathani (31–382 B, 2–4 Std., 10-mal tgl.)

Saren Travel und das Restaurant Surin Chai Kit verleihen Autos, und einige der Ausländerbars in der Soi hinter dem Busbahnhof vermieten Motorräder.

Ubon Ratchathani อุบลราชธานี

86 800 EW.

Ubon ist eine der größeren Städte der Region, hat sich jedoch ein gewisses Kleinstadtflair bewahrt. Das liegt vor allem an der Lage am Mae Nam Mun, dem zweitlängsten Fluss Thailands, und dem spürbaren laotischen Einfluss in der Stadt.

Nur wenige ausländische Besucher verirren sich hierher, denn Ubon liegt schlichtweg zu weit ab vom Schuss. Doch die jährliche Kerzenparade ist ein echtes Spektakel religiöser Kunst und Kultur. Wer auf einer etwas untypischeren Route in den Süden von Laos reisen möchte, wird dabei vielleicht den nahe gelegenen Grenzübergang nutzen wollen.

Sehenswertes

Ein Ausflug aufs Land ist hier auch immer ein Ausflug zu den Tempeln. Der **Wat Thung Si Meuang** (วัดทุ่งศรีเมือง; Th Luang; Sonnenaufgang–Sonnenuntergang) GRATIS und der **Wat Si Ubon Rattanaram** (วัดศรีอุบลรัตนาราม; Th Uparat; Sonnenaufgang–Sonnenuntergang) GRATIS sind die besten Tempel der Stadt: Letzterer beherbergt einen 7 cm kleinen Topas-Buddha, der als heiligster Besitz der Stadt gilt. Wertvollstes Stück des **Ubon-Ratchathani-Nationalmuseums** (พิพิธภัณฑสถานแห่งชาติอุบลราชธานี; Th Kheuan Thani; 100 B; Mi–So 9–16 Uhr) ist eine Statue aus dem 9. Jh., die Shiva und seine Gemahlin Uma als ein einziges Geschöpf zeigen.

Feste

Kerzenparade KULTUR
(Kabuan Hae Tian) Früher war es üblich, in Vorbereitung auf Khao Phansaa, den Beginn der hinduistischen Fastenzeit (meist im Juli), den Tempeln Kerzen als Lichtquellen zu spenden. Ubon modifizierte diese Tradition: Hier werden heute riesige Wachsskulpturen, die buddhistische Gestalten darstellen, während der Feierlichkeiten durch die Straßen getragen.

Schlafen & Essen

Anlässlich der Kerzenparade schießen die Übernachtungspreise in die Höhe und Betten sind Mangelware. Der **Nachtmarkt** (Th Kheuan Thani; 16–23 Uhr) ist klein, wird aber am Wochenende vom **Straßenmarkt** (Th Ratchabut; Fr–So 18–23 Uhr) ergänzt.

BUSSE AB UBON

ZIEL	FAHRPREIS (B)	FAHRTDAUER (STD.)	ABFAHRT
Bangkok	420–767	10	häufig
Chiang Mai	872	12	18 Uhr
Mukdahan	75–135	3½	alle 30 Min.
Nakhon Ratchasima (Khorat)	286–445	5-6	14-mal tgl.
Pakse (Laos)	200	3	9.30 & 15.30 Uhr
Surin	105–200	3	alle 2 Std.

Phadaeng Hotel HOTEL $
(☎ 045 254600; www.thephadaeng.com; Th Phadaeng; Zi. 500–800 B; P ❄ @ 📶) Für dieses Hotel sprechen sein hervorragendes Preis-Leistungs-Verhältnis und die recht neuen, gepflegten Zimmer. Sie sind ausgestattet mit schönen Möbeln (darunter große Fernseher und Schreibtische) sowie Kopien farbenfroher klassischer Gemälde. Zudem liegt das Hotel nur Minuten vom Park Thung Si Meuang entfernt, und die Unterkünfte haben aufgrund des großen Parkplatzes genug Abstand vom Straßenlärm. Leihfahrräder kosten 50 B pro Tag.

★ **Outside Inn** PENSION $$
(☎ 088 581 2069; www.theoutsideinnubon.com; 11 Th Suriyat; Zi. inkl. Frühstück 650–790 B; P ❄ 📶) Eine nette Gartenlounge sorgt für entspannt-geselliges Ambiente. Die Zimmer sind groß, komfortabel und mit geschmackvollen Möbeln aus altem Holz eingerichtet. Die wunderbaren Gastgeber bereiten im angeschlossenen Café thailändische und mexikanische Gerichte zu.

★ **Rung Roj** THAI $
(☎ 045 263155; Th Nakhonban; Gerichte 45–150 B; ⏲ Mo–Sa 9.30–20.30 Uhr; 📶) Diese Institution serviert exzellente Gerichte, die aus frischen Zutaten nach Familienrezepten zubereitet werden. Von außen sieht das Restaurant eher aus wie ein Wohnhaus reicher Leute, und auch innen wirkt es gehoben, ist aber erstaunlich günstig. Nach einem Schild mit Teller, Gabel und Löffel Ausschau halten.

★ **Jumpa-Hom** THAI $$
(☎ 045 260398; Th Phichitrangsan; Gerichte ab 100 B; ⏲ 17–24 Uhr; 📶) Auf der Karte des Jumpa-Hom, einem der hübschesten und besten Restaurants in Isan, stehen einige ungewöhnlichere Gerichte. Serviert werden sie auf der mit Pflanzen geschmückten Holzterrasse oder im klimatisierten Speiseraum, der verschiedene Tische und Stühle sowie Bodenkissen hat. Auf dem Grundstück befindet sich auch eine Bäckerei, **U-Bake** (Kuchen ab 50 B; ⏲ 9–23 Uhr; 📶).

ℹ Praktische Informationen

Tourism Authority of Thailand (TAT; ☎ 045 243770; tatubon@tat.or.th; 264/1 Th Kheuan Thani; ⏲ 8.30–16.30 Uhr) Hilfsbereites Personal.

Ubonrak Thonburi Hospital (☎ 045 260285; Th Phalorangrit) Die Ambulanz ist rund um die Uhr besetzt.

ℹ Anreise & Unterwegs vor Ort

Ubon hat einen Flughafen, von dem **Air Asia** (☎ 02 515 9999; www.airasia.com) und **Nok Air** (☎ 02 900 9955; www.nokair.com) zum Flughafen Don Muang in Bangkok (1400 B, 2–7-mal tgl.) starten, während **Thai Airways** (THAI; ☎ 045 313340; www.thaiairways.com) Bangkoks Suvarnabhumi Airport bedient. Kan Air fliegt nach Chiang Mai (1200 B).

Der **Busbahnhof** (☎ 045 316085) liegt nördlich der Stadt, hierher fahren die *sŏrng·tăa·ou* Nr. 2, 3 und 10. Die besten Busse nach Bangkok sind die von **999 VIP** (☎ 045 314299) und von **Nakhonchai Air** (☎ 045 269777).

Der Bahnhof befindet sich in Warin Chamrap südlich des Zentrums von Ubon und ist mit den *sŏrngtăaou* Nr. 2 leicht zu erreichen. Nummerierte fahren auf verschiedenen Routen durch die Stadt. Ein *túk-túk* kostet 30 bis 50 B.

Mukdahan มุกดาหาร

34 300 EW.

Mukdahan ist über die thailändisch-laotische Freundschaftsbrücke 2 mit Savannakhet in Laos verbunden. Diese ist Teil des ambitionierten Trans-Asia-Highways, einer Schnellstraße, die bis zur vietnamesischen Hafenstadt Da Nang führt.

Für Traveller, die hier übernachten müssen, ist das **Ban Rim Suan** (☎ 042 632980; www.banrimsuan.weebly.com; Th Samut Sakdarak; EZ/DZ 350/450 B; P ❄ 📶) die beste Budgetunterkunft. **Wine Wild Why?** (Th Samran Chaikhongtai; Gerichte 40–150 B; ⊙9–22 Uhr; ☎) ist ein atmosphärisches Restaurant mit thailändischer und regionaltypischer Isan-Küche. **Goodmook*** (☎042 612091; Th Song Nang Sathit; Gerichte 70–450 B; ⊙Di–So 9–22 Uhr; ☎) hat alles, was ein echtes Travellercafé braucht: eine Speisekarte mit internationalen Gerichten und nettes Dekor. Auf dem **Nachtmarkt** (Th Song Nang Sathit; ⊙16–21 Uhr) locken viele vietnamesische Gerichte und natürlich die typischen Thai-Klassiker.

An- & Weiterreise

Mit einem der gelben *sŏrngtăaou* (10 B, 6–17 Uhr) auf der Th Phitak Phanomkhet (in der Nähe des Springbrunnens) erreicht man den Busbahnhof an der Route 212 westlich der Stadt. Verbindungen gibt's u. a. nach:

Bangkok, Busbahnhof Nord & Nordost (Mo Chit) (420–829 B, 10 Std., abends)

Nakhon Phanom (80 B, 2 Std., häufig)

That Phanom (40 B, 45 Min.)

Ubon Ratchathani (105 B, 2½ Std., häufig)

Nakhon Phanom นครพนม

31 700 EW.

Die nette Provinzhauptstadt besticht durch ihre malerische Lage am Mekong mit Blick auf die gezackten Gipfel der laotischen Seite. Französische Kolonialarchitektur und die unverkennbar vietnamesischen Einflüsse bieten einen unerwarteten Hauch Indochina an den nordöstlichen Ausläufern des alten Siam. Ganz in der Nähe befindet sich ein offizieller Grenzübergang nach Laos.

Das benachbarte Dorf Ban Na Chok 3 km weiter westlich diente dem vietnamesischen Befreier Ho Chi Minh als Zufluchtsort. **Ho Chi Minhs Haus** (บ้านโฮจิมินห์; ☎042 522430; Eintritt gegen Spende; ⊙Sonnenaufgang–Sonnenuntergang) erinnert an sein Leben.

Die Stadtverwaltung veranstaltet einstündige **Sonnenuntergangsfahrten** (☎086 230 5560; 50 B pro Pers.) auf dem Mekong an Bord der *Thesaban,* die gegenüber vom Indochina-Markt ablegt.

Nakhon Phanom ist berühmt für sein **Lai Reua Fai** (⊙Ende Okt./Anfang Nov.) (Prozession beleuchteter Boote), eine moderne Variante der alten Tradition, der Mekong-*naga*, einer mythischen Schlange, schwimmende Opfergaben darzubringen.

Im **SP Hotel** (☎042 513505; Th Nittayo; EZ/DZ 450/500 B; P❄@☎) gibt's einfache, aber moderne Zimmer, das **777 Hometel** (☎042 514777; Th Tamrongprasit; Zi. inkl. Frühstück 590–790 B; P❄@☎), auf Thai *đorng jet* genannt, punktet mit stilvollen Zimmern und hilfsbereitem Personal. Auf der Terrasse des **Indochina-Markts** (Th Sunthon Wijit; ⊙7–19 Uhr) kann man den Blick auf die Berge genießen.

Vom **Busbahnhof** (☎042 513444; Th Fuang Nakhon) westlich des Stadtzentrums fahren Busse u. a. nach Nong Khai (200 B, 6½ Std., 4-mal tgl.), Mukdahan (80 B, 2½ Std.), That Phanom (40 B, 1 Std.) und Bangkok (477–614 B, 12 Std., 3-mal tgl.).

That Phanom ธาตุพนม

Dieses verschlafene Dörfchen ist ein kleines Stück Laos auf der „falschen" Seite des Mekong. Wenn man von Mukdahan nach Nong Khai reist, lohnt sich der Abstecher. Das Highlight ist der **Wat Phra That Phanom** (วัดพระธาตุพนม; Th Chayangkun; ⊙5–20 Uhr), den ein *chedi* im Lao-Stil krönt und der während des **That-Phanom-Fests** Ende Januar oder Anfang Februar enthusiastisch gefeiert wird.

Das **Kritsada Rimkhong Hotel** (☎042 540088; www.ksdrimkhong-resort.com; Th Rimkhong; Zi. 500–600 B; P❄@☎) hat eine Auswahl an Zimmern von ganz schlicht bis sehr hübsch, während das **Baan-Ing-Oon Guesthouse** (☎042 540111; Th Phanom Phanarak; Zi. 490–590 B; ❄☎) die Fahne für die (dringend nötige) Pensionskultur hochhält. Abends kann man auf dem kleinen **Nachtmarkt** (⊙16–22 Uhr) essen.

Vom Busbahnhof westlich der Stadt gibt's Verbindungen nach Mukdahan (47–50 B, 1 Std.), Nakhon Phanom (40–50 B, 1 Std., 7-mal tgl.) und Ubon Ratchathani (168–185 B, 4½ Std., häufig). Außerdem verkehren *sŏrngtăaou* nach Nakhon Phanom (40 B, 90 Min.).

Nong Khai หนองคาย

61 500 EW.

Die nette verschlafene Stadt am Mekong bietet ausreichend Zerstreuung für die meisten Touristen. Hier kann man problemlos einen Tag mit Sightseeing und Essen verbringen. Ganz in der Nähe befindet sich außerdem ein Grenzübergang, der nur wenige Kilometer von Vientiane in Laos entfernt ist. Einfach in Bangkok einen der Nachtzüge nehmen.

EINREISE NACH LAOS: GRENZÜBERGÄNGE IM OSTEN

Von Ubon Ratchathani nach Pakxe

Der betriebsame Grenzübergang Chong Mek–Vang Tao führt über Pakxe in die Region Si Phan Don (Viertausend Inseln) in Laos; es ist auch der einzige thailändisch-laotische Grenzübergang, bei dem man nicht den Mekong überquert.

Anreise zur Grenze Wegen Visaformalitäten halten die Direktbusse zwischen Ubon Ratchathani und Pakxe an der Grenze.

An der Grenze Passieren kann man die Grenze zwischen 6 und 20 Uhr, und zwar ziemlich stressfrei, von der gelegentlichen Erhebung einer „Stempelgebühr" durch die laotischen Beamten mal abgesehen. Visa für Laos werden an der Grenze ausgegeben.

Weiterreise Die laotische Stadt Pakxe im Süden ist rund eine Stunde entfernt.

Infos zur Überquerung der Grenze in entgegengesetzter Richtung stehen auf S. 389.

Von Mukdahan nach Savannakhet

Die thailändisch-laotische Freundschaftsbrücke verbindet Mukdahan mit Savannakhet, von wo es Verbindungen zur vietnamesischen Küste gibt.

Anreise zur Grenze Vom Busbahnhof in Mukdahan fahren Busse nach Savannakhet (50–55 B, 1–2 Std., 7.30–19 Uhr stündl.).

An der Grenze Die Grenzformalitäten werden auf der Brücke erledigt.

Weiterreise Von der laotischen Seite fahren Fernbusse in etwa 7 Stunden nach Vietnam.

Infos für die Überquerung der Grenze in entgegengesetzter Richtung gibt's auf S. 389.

EINREISE NACH LAOS: ENTLEGENE GRENZÜBERGÄNGE

Von Nakhon Phanom nach Thakkek

Über diesen eher ungünstig gelegenen Grenzübergang geht's von Nakhon Phanom in die laotische Stadt Thakkek.

Anreise zur Grenze Busse fahren über die thailändisch-laotische Freundschaftsbrücke 3 nach Thakkek (70–75 B, 8–17 Uhr 8-mal tgl). Visa für Laos gibt's an der Grenze, dafür wird ein Passbild benötigt.

Weiterreise Von Thakkek fährt man mit dem Bus zwei Stunden bis nach Savannakhet.
Infos für die Überquerung der Grenze in entgegengesetzter Richtung gibt's auf S. 381.

Von Bueng Kan nach Pakxan

Diesen Grenzübergang nutzen zwar nur wenige Reisende, doch wer schon ein Visum für Laos hat, kann hier über die Grenze nach Pakxan reisen.

Anreise zur Grenze Busse nach Bueng Kan verkehren von Nong Khai (100–150 B, 3½ Std., 8-mal tgl.) und Nakhon Phanom (140 B, 3½Std., 4-mal tgl.). Der Grenzübergang liegt 2,5 km nordwestlich der Stadt; eine Fahrt mit dem túk-túk kostet 60 B.

An der Grenze Die Einreise ist nur möglich, wenn man sich im Vorfeld um ein laotisches Visum gekümmert hat.

Weiterreise Boote fahren über den Fluss nach Pakxan (60 B, 8.30–12 & 13–16.30 Uhr).
Infos für die Überquerung der Grenze in entgegengesetzter Richtung gibt's auf S. 381.

Von Tha Li nach Kaen Thao

An der kaum genutzten thailändisch-laotischen Freundschaftsbrücke Tha–Nam Heuang am Grenzübergang Tha Li–Kaen Thao in Amphoe Tha Li, 60 km nordwestlich von Loei, erhalten Ausländer laotische Visa. VIP-Busse fahren von Loei bis nach Luang Prabang (700 B, 10 Std.). Loei erreicht man von allen größeren thailändischen Städten mit dem Bus.

Infos für die Überquerung der Grenze in entgegengesetzter Richtung gibt's auf S. 375.

VERRÜCKTES & WUNDERVOLLES ISAN

Isan hat die Nase vorn, wenn es um Bizarres geht – von Geistern bis zu Schießpulver.

Geisterfestival in Dan Sai

Das grelle **Phi-Ta-Khon-Festival** ist eine Mischung aus Karneval und Halloween und fällt mit dem dezenteren buddhistischen heiligen Tag Bun Phra Wet (Phra-Wet-Festival) zusammen. An Letzterem feiert man das vorletzte Leben von Buddha. Absolutes Highlight in Dan Sai ist eine Parade, bei der Reiswhisky in Strömen fließt. Einheimische setzen sich Masken auf, um die Geister zu verkörpern, die Phra Wet nach seiner Rückkehr willkommen hießen. Dan Sais **Homestay** (☎ 086 862 4812, 042 892339; B/2BZ & DZ 170/550 B, mit Klimaanlage 650 B) arrangiert die Unterkunft bei einheimischen Familien. Ein guter Anlaufpunkt ist der Laden **Kawinthip Hattakham** (กวินทิพย์หัตถกรรม; ☎ 042 892339; Th Kaew Asa; ⏲ 8–19 Uhr). Dan Sai liegt zwischen Loei (65–70 B, 1½ Std.) und Phitsanulok (73–102 B, 3 Std.). Das Festival findet meist im Juni statt.

Kabooom-Festival in Yasothon

Raketenfestivals finden im Mai und Juni in ganz Isan statt, um Phaya Thaen, einem prä-buddhistischen Regengott, mitzuteilen, dass es nun Zeit für ihn ist, den Regen strömen zu lassen. Doch nirgends wird so leidenschaftlich gefeiert wie in Yasothon, wo die größten Raketen, *bâng fai síp láhn* genannt, 3 m lang und mit 500 kg Schießpulver bepackt sind. Das Fest findet am zweiten Maiwochenende statt. Günstige Zimmer bietet das **BM Grand** (☎ 045 714262; Th Rattanakhet; EZ/DZ 400/450 B; P ❄ ☜) im Stadtzentrum. Nach Yasothon fahren Busse von Ubon Ratchathani (90–105 B, 1½ Std.) und Mukdahan (80–103 B).

Glastempel in Si Saket

Noch ehe Recyceln in Mode kam, erwuchs aus einer eher religiösen als umweltfreundlichen Vision die Idee des **Wat Lan Khuat** (วัดล้านขวด; ⏲ Sonnenaufgang–Sonnenuntergang) GRATIS, besser bekannt als Tempel aus Millionen Flaschen. 1982 träumte der Abt von einem Heiligtum im Himmel, das aus Diamanten und Edelsteinen bestand. Er wollte die göttliche Pracht seiner Vision auferstehen lassen und begann damit, die Tempelgebäude mit dem glitzerndsten Material zu bedecken, das er finden konnte: grüne Flaschen. Der Bau befindet sich außerhalb von Si Saket in Khun Han, 11 km südlich vom Highway 24, und ist über die Route 2111 zu erreichen. Öffentliche Verkehrsmittel gibt's kaum, darum muss man in Surin ein Motorrad mieten.

Sehenswertes

★ **Sala Kaeo Ku** SKULPTURENPARK

(ศาลาแก้วกู่; Eintritt 20 B; ⏲ 8–18 Uhr) Zugegeben, dieser Skulpturenpark ist kitschig, doch schon die pure Größe der Skulpturen ist einfach beeindruckend. Der 1996 verstorbenen Luang Pu Boun Leua Sourirat arbeitete ganze 20 Jahre an dem Park, der eine skurrile und zugleich wunderbare Auswahl riesiger Figuren aus der hinduistisch-buddhistischen Götterwelt zeigt.

Tha-Sadet-Markt MARKT

(ตลาดท่าเสด็จ; Th Rimkhong; ⏲ 8.30–18 Uhr) Der Markt ist die meistbesuchte Attraktion der Stadt und Streifzüge durch die Markthalle sind eine allseits beliebte Beschäftigung. Es gibt die übliche Mischung aus Kleidern, Elektrogeräten, Essen und Krimskrams, hauptsächlich aus Laos und China. Ein paar Stände verkaufen auch hochwertige Skurrilitäten.

Feste

Wie viele Städte im Nordosten feiert Nong Khai ein Raketenfestival, das Ende Mai/Anfang Juni am Tag der Visakha Puja (Visakha Bucha) beginnt.

Am Ende der buddhistischen Fastenzeit *(Ork Phansaa)* Ende Oktober/Anfang November finden rund um den Fluss zahlreiche Events statt, darunter **Longtailbootsrennen** und die mysteriösen **Naga-Feuerbälle** (beleuchtete Gas-Bälle steigen in der Vollmondnacht aus dem Fluss nach oben).

Schlafen

Nong Khai ist die einzige Stadt in Isan mit richtiger Backpacker-Szene, also nichts wie hin!

★ **Mut Mee Garden Guest House** PENSION $

(☎ 042 460717; www.mutmee.com; 1111/4 Th Kaew Worawut; EZ & DZ ohne Bad 200–300 B,

DZ 300–420 B, DZ mit Klimaanlage 600–1400 B; ❄📶) Abends lockt der idyllische Garten der alteingesessenen Budgetunterkunft an einem verschlafenen Abschnitt des Mekong viele Traveller an. Das Mut Mee hat ganz unterschiedliche Zimmer verschiedener Preisklassen (die billigsten mit Gemeinschaftsbad, die teuersten mit einem fantastischen Balkon), die sich um ein strohgedecktes Restaurant mit tollem Blick auf den Mekong verteilen.

Ruan Thai Guesthouse PENSION **$**
(☎ 042 412519; Th Rimkhong; Zi. mit Ventilator/Klimaanlage 300/400 B; P❄@📶) Gute Preise, eine günstige Lage, der gepflegte Garten und die freundliche Atmosphäre machen dies zu einer beliebten Pension. Die Zimmer haben Ventilatoren oder Klimaanlagen, außerdem gibt's einen Holzbungalow.

Sawasdee Guesthouse PENSION **$**
(☎ 042 420259; www.sawasdeeguesthouse.com; 402 Th Meechai; Zi. mit Ventilator & Gemeinschaftsbad 200–220 B, mit Klimaanlage 450–650 B; P❄@📶) Der Besitzer des alten französisch-chinesischen Ladenhauses ist ein echtes Unikat. In den ordentlichen Zimmern vermisst man den altmodischen Charme der Fassade und der Lobby, dafür sind sie sauber und günstig. Alle liegen um einen offenen Hof, in dem man wunderbar relaxen kann. Fahrräder kosten pro Tag 40 B, Motorräder 250 B.

Essen

★ Dee Dee Pohchanah THAI **$**
(Th Prajak; Gerichte 45–250 B; ⏲10.30–2 Uhr) Obwohl das einfache Lokal abends bis auf den letzten Platz besetzt ist, muss man dank professionellem Service nie lange auf das hervorragende Essen warten.

★ Saap Lah THAI **$**
(Th Meechai; Gerichte 25–150 B; ⏲7–20 Uhr) Man folgt einfach dem Duft der leckeren *gài yâhng*, Som Tam und anderen Isan-Gerichte, um dieses schlichte Lokal zu finden.

Daeng Namnuang VIETNAMESISCH **$**
(Th Rimkhong; Gerichte 60–130 B; ⏲8–20 Uhr; 📶) Eine echte Institution in Isan: Dieses riesige Restaurant am Fluss lockt massenweise Gäste von nah und fern, die sich hier mit *năam neu·ang* (Schweinefleisch-Frühlingsrollen) eindecken. Am Flughafen von Udon Thani gibt's eine Filiale.

Nagarina THAI **$$**
(☎ 042 412211; Th Rimkhong; Gerichte ca. 100 B, Mahlzeiten 200 B; ⏲10–21 Uhr; 📶🖊) Dieses schwimmende Restaurant gehört zur Pension Mut Mee Garden und ist auf Fisch spezialisiert. An den meisten Abenden findet gegen 17 Uhr eine Bootsfahrt zum Sonnenuntergang statt (100 B; Mindestteilnehmerzahl 10 Pers.), Bestellungen muss man spätestens 30 Minuten vor Abfahrt aufgeben.

Shoppen

Nong-Khai-Straßenmarkt MARKT
(⏲Sa 16–22 Uhr) Jeden Samstagabend findet auf der Promenade dieser launige Straßenmarkt mit Musik, handgemachten Waren und Essständen statt.

Hornbill Books BÜCHER
(Soi Mut Mee; ⏲Mo–Sa 10–19 Uhr) Verkauft, kauft und tauscht englische, französische sowie andere fremdsprachige Bücher und verfügt über Internetzugang.

Village Weaver Handicrafts KUNSTHANDWERK
(1020 Th Prajak) Hier stehen hochwertige handgewebte Stoffe und Kleider (auch nach

EINREISE NACH LAOS: VON NONG KHAI NACH VIENTIANE

Der Grenzübergang Nong Khai–Tha Na Long ist einer der beliebtesten an der thailändisch-laotischen Grenze.

Anreise zur Grenze Wer bereits ein laotisches Visum hat, steigt am Busbahnhof von Nong Khai in einen Bus nach Vientiane (270–275 B, 4 Std., 10 Uhr). Wer an der Grenze ein Visum beantragen möchte, nimmt ein *túk-túk* (50 B) zur Brücke. Angebote des Fahrers, eine „Visa-Serviceagentur" anzusteuern, lehnt man ab.

An der Grenze Wer den thailändischen Ausreisestempel erhalten hat, fährt mit einem Minibus (20–30 B) über die Brücke. Laotische Visa werden bei Ankunft ausgestellt (Passfoto mitbringen).

Weiterreise Vientiane liegt 22 km entfernt und ist per Bus, *túk-túk* oder Taxi zu erreichen.

Infos zur Überquerung der Grenze in entgegengesetzter Richtung gibt's auf S. 347.

BUSSE AB NONG KHAI

ZIEL	FAHRPREIS (B)	FAHRTDAUER (STD.)	ABFAHRT
Bangkok Busbahnhof Nord & Nordost (Mo Chit)	380–760	11	nachmittags & abends
Bangkok Busbahnhof Suvarnabhumi (Flughafen)	495	9	20 Uhr
Nakhon Phanom	200	6½	2-mal tgl.
Udon Thani	50	1	häufig

Maßanfertigung) zum Verkauf. Mit den Erlösen werden Entwicklungsprojekte rund um Nong Khai unterstützt. Die *mát·mèe*-Baumwolle ist von besonders guter Qualität.

Praktische Informationen

Nongkhai Hospital (☎ 042 413461; Th Meechai) 24-Stunden-Notaufnahme.

Tourism Authority of Thailand (TAT; ☎ 042 421326; tat_nongkhai@yahoo.com; Hwy 2; ⌚8.30–16.30 Uhr) Liegt ungünstig außerhalb der Stadt.

An- & Weiterreise

Der zentrale **Busbahnhof** (☎ 042 412679) am Pho-Chai-Markt ist über die Th Prajak zu erreichen und ca. 1,5 km von den Pensionen am Fluss entfernt. Das nahe gelegene Udon Thani ist ein großer Verkehrsknotenpunkt mit mehr Transportmöglichkeiten.

Vom **Bahnhof** (☎ 042 411637) 2 km westlich der Stadt fahren zwei Expresszüge nach Bangkok (Sitzplatz 103–498 B, Schlafwagen 117–1317 B, 11–12 Std., Abfahrt einmal morgens & einmal nachmittags).

ÖSTLICHE GOLFKÜSTE

Thailands Ostküste ist nicht ganz so umwerfend wie die berühmte Südküste, doch wer wenig Zeit hat oder auf dem Landweg weiter nach Kambodscha reist bzw. von dort kommt, kann vom hektischen Bangkok aus einen Strandabstecher hierher machen.

Ko Samet เกาะเสม็ด

Bangkoks „Stadtstrände" erstrecken sich auf Ko Samet. Die Insel ist nicht allzu weit von der Hauptstadt entfernt, sodass man problemlos für ein entspanntes Wochenende dorthin fahren kann. Hier tummeln sich erholungssuchende Pauschaltouristen aus Thailand, Russland und China. Seit 1981 hat Ko Samet Nationalparkstatus (Erw./Kind 200/100 B), aber es wirkt nach wie vor recht rustikal angesichts der Tatsache, dass die Thailänder ihren Küsten- und Inselparks gerne einen modernen Anstrich mit städtischer Infrastruktur verpassen. Zwischen Stränden und felsigen Landzungen verlaufen Wanderwege.

Schlafen & Essen

Die meisten Bungalows betreiben auch Restaurants, in denen eine Mischung aus thailändischer und westlicher Küche auf den Tisch kommt. An den Wochenenden und zu Feiertagen schießen die Preise in die Höhe. Beliebte Partystrände sind Hat Sai Kaeo, Ao Hin Khok, Ao Phai und Ao Wong Deuan.

Mossman House PENSION **$**
(☎ 038 644017; Hat Sai Kaew; Zi. 800–1300 B; ❄📶) An der Hauptstraße direkt vor dem Ticketbüro des Nationalparks bietet diese solide Pension große gemütliche Zimmer. Die auf der Rückseite sind ruhiger.

Apache PENSION **$**
(☎ 081 452 9472; Ao Thian; Zi. 800–1500 B; ❄) Supercoole Pension mit eigenwilliger, abwechslungsreicher Dekoration. Die Bungalows sind einfach, aber annehmbar, und das auf Stelzen stehende Restaurant lohnt einen Besuch.

Nice & Easy HOTEL **$$**
(☎ 038 644370; www.niceandeasysamed.com; Ao Wong Deuan; Zi. 1200–2500 B; ❄📶) Wie der Name verspricht, ist dies eine sehr freundliche Unterkunft mit komfortablen, modernen Bungalows rund um einen Garten hinter dem Strand. Angesichts der Lage ein echtes Schnäppchen.

Praktische Informationen

Bankautomaten und Internetcafés gibt's in Na Dan und Ao Wong Deuan.

Ko Samet Health Centre (☎ 038 644123; ⌚24 Std.) An der Hauptstraße zwischen Na Dan und Hat Sai Kaew.

Ko Samet

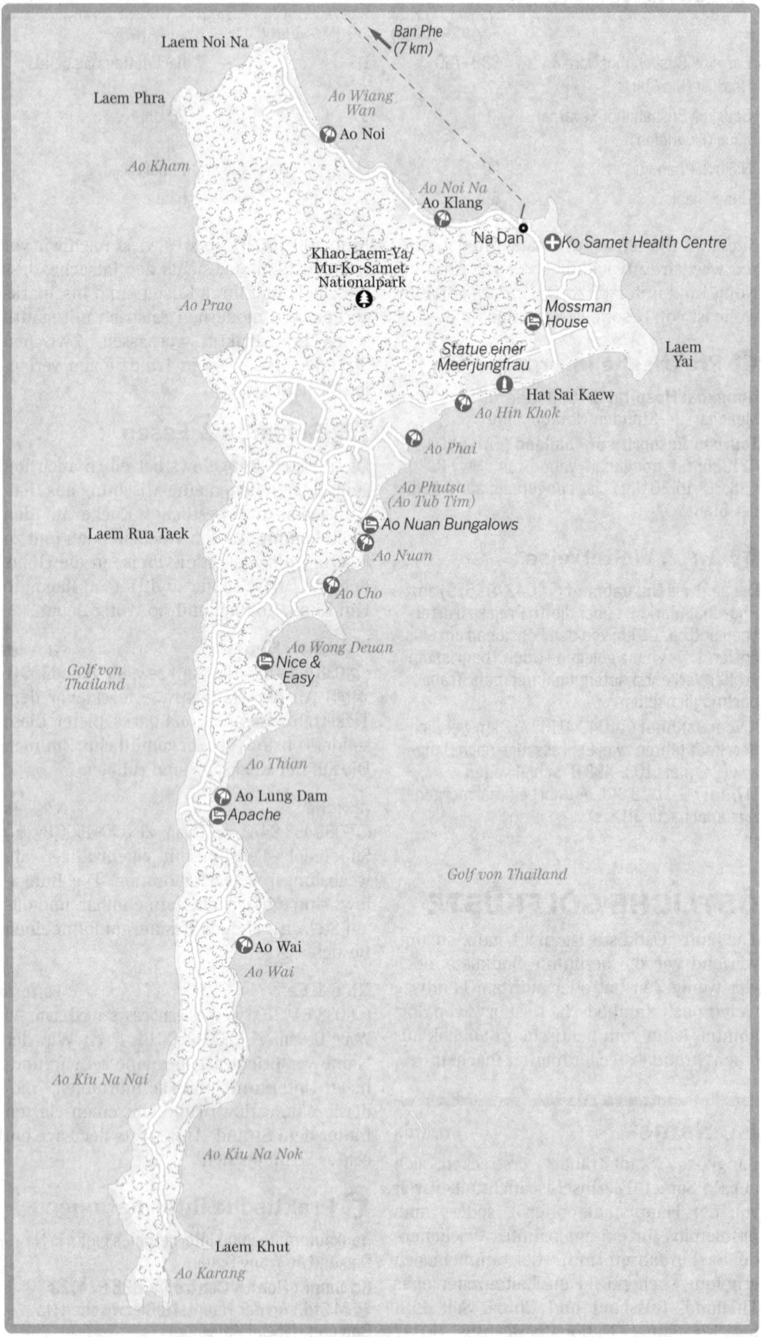
0
1 km
Ban Phe
(7 km)
Laem Noi Na
Laem Phra
Ao Wiang
Wan
Ao Noi
Ao Kham
Ao Noi Na
Ao Klang
Na Dan
Ko Samet Health Centre
Khao-Laem-Ya/
Mu-Ko-Samet-
Nationalpark
Ao Prao
Mossman
House
Laem
Yai
Statue einer
Meerjungfrau
Hat Sai Kaew
Ao Hin Khok
Ao Phai
Ao Phutsa
(Ao Tub Tim)
Laem Rua Taek
Ao Nuan Bungalows
Ao Nuan
Ao Cho
Ao Wong Deuan
Nice &
Easy
Golf von
Thailand
Ao Thian
Ao Lung Dam
Apache
Golf von Thailand
Ao Wai
Ao Wai
Ao Kiu Na Nai
Ao Kiu Na Nok
Laem Khut
Ao Karang

BUSSE & MINIVANS AB BAN PHE

ZIEL	FAHRPREIS (B)	FAHRTDAUER (STD.)	ABFAHRT
Bangkok Busbahnhof Ost (Ekkamai)	166	4	7–18 Uhr alle 2 Std.
Bangkok Siegesdenkmal	200	4	alle 40 Min.
Laem Ngop (Festland-Pier für Boote nach Ko Chang)	250	3	3-mal tgl.

Anreise & Unterwegs vor Ort

In Ban Phe auf dem Festland fahren Boote nach Ko Samet ab (einfach/hin & zurück 70/100 B, 40 Min., 8–17 Uhr stündl.). Na Dan ist der größte Hafen der Insel.

Sŏrngtăaou auf der Insel kosten je nach Fahrziel und Zahl der Fahrgäste zwischen 200 und 500 B.

Von Ban Phe fahren Busse und Minivans in alle Richtungen. In der nahe gelegenen Stadt Rayong werden mehr Ziele bedient; zwischen Ban Phe und Rayong verkehren *sŏrng·tăa·ou* (25 B, häufig).

Chanthaburi & Trat

จันทบุรี / ตราด

Chanthaburi und Trat sind von Palmen und Obstplantagen umgeben und werden in erster Linie von Reisenden auf dem Weg nach Ko Chang oder zur kambodschanischen Grenze angesteuert. Wer ein bisschen mehr Zeit hat, kann z. B. Chanthaburis Edelsteinmarkt am Wochenende besuchen oder sich die alten Teakholzhäuser im verschlafenen Trat ansehen und die authentische Kleinstadtatmosphäre genießen.

Schlafen & Essen

Chanthaburi

Für den (unwahrscheinlichen) Fall, dass man in Chanthaburi schlafen will, hier ein paar Adressen:

River Guest House HOTEL $

(☎ 039 328211; 3/5-8 Th Si Chan; Zi. 190–490 B; ❄@📶) Winzige Zimmer mit schlichten Betten, doch der Sitzbereich am Fluss macht viel wett. Die billigsten Zimmer haben ein Gemeinschaftsbad.

Muslim Restaurant INDISCH, THAI $

(☎ 081 353 5174; Ecke Soi 4, Th Si Chan; Gerichte 50–80 B; ⏰9.30–18 Uhr) In dem von muslimischen Thais geführten Restaurants gibt's ausgezeichnete *paratha*, *Biryanis*, Currys und Tee.

Trat

Zum Übernachten ist Trat mit seiner kleinen Auswahl an netten Pensionen vorzuziehen.

Ban Jai Dee Guest House PENSION $

(☎ 083 589 0839; banjaideehouse@yahoo.com; 6 Th Chaimongkol; Zi. 200 B; 📶) Ein traditionelles Holzhaus mit einfachen Zimmern, Gemeinschaftsbädern samt Warmwasserduschen und entspanntem Flair. Gemälde und Kunstwerke der künstlerisch ambitionierten Besitzer schmücken die Gemeinschaftsbereiche. Man sollte unbedingt im Voraus buchen. Serge, der Besitzer, hilft gern mit Reisetipps weiter.

No Name Steak & Pasta INTERNATIONAL, THAI $

(61-65 Th Chaimongkol; Gerichte 50–120 B; ⏰So–Fr 8–21 Uhr) In leuchtendem Rot, Weiß und Blau gehaltenes Restaurant, das beliebte westliche und Thai-Gerichte sowie Sandwiches serviert. Hier kann man auch nett einen Kaffee oder Smoothie trinken.

Praktische Informationen

Bangkok Hospital Trat (☎ 039 532735; www.bangkokhospital.com; 376 Mu 2, Th Sukhumvit; ⏰24 Std.) Liegt 400 m nördlich der Innenstadt und ist das beste Krankenhaus der Region.

An- & Weiterreise

Die meisten Busse aus Bangkok halten in Chanthaburi und Trat.

CHANTHABURI

Ziele im Nordosten werden vom Busbahnhof in Chanthaburi aus angefahren. Der Busbahnhof liegt westlich vom Fluss. Wer nach Aranya Prathet reist, muss in Sa Kaew umsteigen.

TRAT

Von Trats Flughafen bietet Bangkok Airways Flüge zum Suvarnabhumi International Airport (ab 2090 B, 3-mal tgl.).

Der Busbahnhof befindet sich außerhalb der Stadt. An verschiedenen Standorten in der Th Sukhumvit starten, sobald sie voll sind, Minivans. Die von **Family Tour** (☎ 081 940 7380; Ecke Th Sukhumvit & Th Lak Meuang) fahren zum Siegesdenkmal in Bangkok.

BUSSE & MINIVANS AB CHANTHABURI & TRAT

Chanthaburi

ZIEL	BUS	MINIVAN
Bangkok Busbahnhof Ost (Ekkamai)	198 B, 4 Std., 25-mal tgl.	
Bangkok Busbahnhof Nord (Mo Chit)	205 B, 4 Std., 2-mal tgl.	
Trat		70 B, 1 Std., häufig

Trat

ZIEL	BUS	MINIVAN
Bangkok Busbahnhof Ost (Ekkamai)	248 B, 4½ Std., 6–23.30 Uhr stündl.	
Bangkok Busbahnhof Nord (Mo Chit)	248 B, 5½ Std., morgens 2-mal	
Bangkok Busbahnhof Suvarnabhumi (Flughafen)	248 B, 4–4½ Std., 5-mal tgl.	
Chanthaburi	70 B, 1½ Std., 6–23.30 Uhr alle 1½ Std.	
Hat Lek (zur Weiterreise nach Kambodscha)		120–150 B, 1½ Std., 5–18 Uhr stündl.

Außerhalb von Trat gibt's drei Piers mit Fährverbindungen nach/ab Ko Chang; das Gebiet wird unter der Bezeichnung Laem Ngop zusammengefasst. Beim Ticketkauf in Trat kann man sich über den Transport zum jeweiligen Pier erkunden. *Sŏrng tăa ou* starten von einer Haltestelle an der Th Sukhumvit zu den Anlegestellen von Laem Ngop (60 B pro Pers. für 6 Passagiere, 40 Min.).

Ko Chang เกาะช้าง

Das mitten im Dschungel gelegene Ko Chang ist ein beliebtes Ziel thailändischer Pauschaltouristen, dafür sorgen schicke Resorts, Bars und tägliche Flüge von der Hauptstadt ins nahe Trat. Dennoch machen viele Backpacker die Tour von Ko Chang nach Kambodscha, da Outdoor-Begeisterte hier voll auf ihre Kosten kommen. Ganz in der Nähe kann man tauchen und schnorcheln, das bewaldete Inselinnere lässt sich zu Fuß erkunden und die Meeres- und Mangrovenbuchten laden zu Kajaktouren ein. Ko Chang gehört zu einem größeren **Nationalpark**, der benachbarte Inseln einschließt.

Sehenswertes & Aktivitäten

Touristische Einrichtungen bietet vor allem die Westküste. **Hat Sai Khao** ist der mit Abstand größte und belebteste Strand. Besonders beliebt bei Backpackern ist der **Lonely Beach**, der allerdings nicht wirklich einsam ist – vor allem nicht nachts. Eine traditionelle Fischergemeinde in **Bang Bao** hat sich zu einem betriebsamen Touristenmarkt entwickelt. Die Ostküste ist touristisch hingegen weniger erschlossen.

Im bewaldeten Norden verspricht **Ban Kwan Chang** (บ้านควาญช้าง; ☎ 087 811 3599; chaitientong@yahoo.com; geführte Touren 800–1300 B; ⌚ 8–17 Uhr) seinen Gästen beschauliche Momente mit seinen neun Elefanten.

Bei einer Kajakfahrt bietet Ko Chang vom Wasser aus ein eindrucksvolles Bild. **Kayak-Chang** (☎ 087 673 1753; www.kayakchang.com; Emerald Cove Resort, Khlong Prao; Kajakverleih ab 2000 B pro Tag) verleiht geschlossene Kajaks und veranstaltete, geführte Tages- und Mehrtagestouren. Im Osten der Insel können Besucher die Mangrovensümpfe von Ao Salak Kok erkunden und dabei ein preisgekröntes Ökotour-Programm unterstützen. Die **Salak Kok Kayak Station** (☎ 087 748 9497; Kajakverleih 200 B pro Std.) verleiht Kajaks und leitet ein Dorfprojekt zum Schutz des traditionellen Lebensstils. Die Kajakstation organisiert zudem Wanderungen.

An den **Tauchspots** nahe Ko Chang findet man verschiedene Korallen und Fische sowie anfängerfreundliche seichte Gewässer, die es mit anderen Tauchgründen am Golf von Thailand aufnehmen können.

Schlafen

Aufgrund der vielen Pauschaltouristen bietet Ko Chang kein wirklich gutes Preis-Leistungs-Verhältnis. In den Weihnachtsferien steigen sowohl die Preise als auch die Besucherzahlen.

★ **BB World of Tapas** HOSTEL $
(☎ 089 504 0543; www.bbworldoftapas.com; Zi. 200 B, Zi. mit Ventilator 500–600 B;) Hier gibt's ein wenig von allem. Mit der Tauchschule auf dem Gelände, dem Fitnessraum, den vielfältigen Tapas und dem Bereich zum Entspannen ist dies ein tolles Hostel, um andere Traveller kennenzulernen. Es hat einen der wenigen Schlafsäle in Strandnähe.

Independent Bo's PENSION $
(Zi. 300–800 B;) Etwas Unkonventionelleres als diese Zimmer auf einem Hügel hat der Strand nicht zu bieten. Zum Hippieflair tragen auch die skurrilen Schilder und das WLAN-Verbot in der Bar bei. Alle Bungalows sind nur mit Ventilator ausgestattet, ansonsten aber sehr unterschiedlich, daher variieren auch die Preise. Keine Reservierung (und keine Kinder).

Porn's Bungalows BUNGALOWS $
(☎ 080 613 9266; www.pornsbungalows-kohchang.com; Zi. 600–1500 B) Coole Bungalows mit Ventilator am westlichsten Ende des Strands und ein beliebtes Strandrestaurant. Die Holzbungalows sind alle nur mit Ventilator ausgestattet. Die direkt am Strand für 1000 B bieten ein gutes Preis-Leistungs-Verhältnis.

Little Eden PENSION $
(☎ 084 867 7459; www.littleedenkohchang.com; Zi. 700–1100 B;) Verschlungene Holzwege verbinden die 15 recht geräumigen Bungalows mit erstaunlich guten Bädern. Pluspunkte gibt's für den Aufenthaltsbereich und das Personal.

Paradise Cottage HOTEL $
(☎ 081 773 9337; y_yinggg@hotmail.com; Zi. mit Ventilator/Klimaanlage 500/800–1200 B;) Eine maßgeschneiderte Flashpacker-Absteige mit House-Musik, komfortablen Zimmern sowie einem Pavillon mit Meerblick und Hängematten. Bei Ebbe kann man eine Sandbank direkt hinter den Felsen erreichen.

Siam Hut PENSION $
(☎ 039 619012; www.siamhutkohchang.com; Zi. 480–680 B;) Halb Ibiza, halb Voll-

EINREISE NACH KAMBODSCHA: GRENZÜBERGÄNGE AN DER KÜSTE

Von Trat nach Koh Kong

Der Grenzübergang Hat Lek–Cham Yeam ist der angenehmste zwischen Ko Chang und Sihanoukville an der kambodschanischen Küste.

Anreise zur Grenze Vom Busbahnhof in Trat fährt man mit dem Minivan zur Grenze bei Hat Lek (120 B, 5–18 Uhr stündl.).

An der Grenze Kambodschanische Touristenvisa werden an der Grenze gegen eine Gebühr von 1200 B (andernorts zahlt man 20 US$) ausgestellt. Die Zahlung muss in Baht erfolgen, zudem ist ein Passfoto vonnöten. Dubiose Angebote von Gesundheitszertifikaten oder Ähnlichem sollte man einfach ignorieren. Die Grenze schließt um 20 Uhr.

Weiterreise An der kambodschanischen Grenze fährt man mit dem Taxi (10 US$) oder *moto* (3 US$) nach Koh Kong, wo es Transportmöglichkeiten nach Sihanoukville (4 Std., 1 bis 2-mal tgl.) und Phnom Penh (5 Std., bis 11.30 Uhr 2- bis 3-mal tgl.) gibt.
Infos zur Überquerung der Grenze in entgegengesetzter Richtung gibt's auf S. 290.

Von Chanthaburi nach Pailin

Wer von Ko Chang nach Siem Reap (oder Battambang) möchte, kann sich die lange Fahrt zum Grenzübergang Aranya Prathet–Poipet sparen. Der Grenzübergang Ban Pakard–Psar Pruhm wird wenig frequentiert und verkürzt die Reisezeit.

Anreise zur Grenze In Chanthaburi fährt man mit dem Minivan – die Haltestelle befindet sich auf der anderen Uferseite des River Guesthouse – nach Ban Pakard–Pong Nam Ron (150 B, 1½ Std., 10, 11 & 18.30 Uhr).

An der Grenze Zum Passieren der Grenze nach Psar Pruhm sind die üblichen Formalitäten (Passfoto und Visumgebühr von 20 US$) zu erledigen.

Weiterreise An der Grenze sucht man sich ein Motorradtaxi nach Pailin, wo Anschluss nach Battambang (5 US$, 1½ Std.) und dort wiederum nach Siem Reap besteht.
Infos zur Überquerung der Grenze in entgegengesetzter Richtung gibt's auf S. 290.

mondparty – das Siam Hut ist das Partyzentrum am Lonely Beach. Backpacker lieben die billigen Holzhütten, die nebeneinander auf einem der wenigen Sandstrände hier liegen. WLAN-Empfang ist nur an der Rezeption verfügbar.

Jungle Way PENSION $
(☎ 089 247 3161; Khlong Son Valley; Zi. 200–500 B) Mitten im Wald liegt dieses wundervolle Dschungelrefugium, das man über eine Seilbrücke erreicht. Der Besitzer Khun Ann kennt die Gegend wie seine Westentasche

EINREISE NACH KAMBOSCHA

Viele Besucher, die nach Angkor pilgern, fahren mit dem Direktbus von Bangkok zum Grenzübergang Aranya Prathet–Poipet. Es gibt noch weitere, jedoch wenig frequentierte Grenzübergänge nach Siem Reap. Von den Touristenbussen ab der Th Khao San raten wir ab.

Von Bangkok nach Siem Reap

Anreise zur Grenze Busse zum Grenzübergang Aranya Prathet–Poipet und nach Siem Reap fahren an Bangkoks Busbahnhof Nord und Nordost (Mo Chit) ab. Nach Aranya Prathet verkehren zudem Busse vom Busbahnhof Suvarnabhumi (Airport) sowie Minivans ab dem Siegesdenkmal in Bangkok.

Aranya Prathet ist auch ab Chanthaburi und Nakhon Ratchasima (Khorat) mit dem Bus erreichbar. Die meisten Busse und Minivans steuern direkt den Rong-Kluea-Markt an der Grenze an, so erspart man sich den Umstieg in lokale Verkehrsmittel in Aranya Prathet.

Täglich pendeln zudem Züge von Bangkoks Hualamphong-Bahnhof nach Aranya Prathet.

An der Grenze Die thailändische Einwanderungsbehörde ist von 7 bis 20 Uhr geöffnet. Man sollte so früh wie möglich da sein, besonders am Wochenende, wenn Gastarbeiter und Thailänder auf dem Weg in die Kasinos lange Schlangen verursachen. Kambodschanische Visa werden bei Ankunft von der kambodschanischen Einwanderungsbehörde ausgestellt (Passfoto & 20 US$ Visagebühr mitbringen). Schlepper und Geldwechsler an beiden Seiten der Grenze sollte man links liegen lassen, vor Taschendieben auf der Hut sein und sich direkt an die Grenzbeamten wenden.

Weiterreise Wer sich nicht für den Direktbus zwischen Bangkok und Siem Reap entscheidet, fährt von Poipet am besten per Sammeltaxi weiter nach Siem Reap. Diese verkehren ab dem Hauptbusbahnhof, 1 km von der Grenze entfernt nahe dem großen Markt. Die Fahrt mit dem Motorrad von der Grenze zum Hauptbusbahnhof kostet in der Regel 2000 R. Auf keinen Fall sollte man sich zum 9 km östlich der Stadt gelegenen internationalen Busbahnhof begeben, denn dort sind die Preise doppelt so hoch.

Infos zur Überquerung der Grenze in entgegengesetzter Richtung gibt's auf S. 278.

Von Surin nach Anlong Veng

Von Surin fahren öffentliche Verkehrsmittel über den **Grenzübergang Chong Chom–O Smach** nach Anlong Veng, von wo es Verbindungen nach Siem Reap gibt. Es gibt noch einen Grenzübergang in der Nähe (Chang Sa-Ngam–Choam), der ist aber nicht nicht mit öffentlichen Verkehrsmitteln zu erreichen.

Anreise zur Grenze Minivans der kambodschanischen Kasinos fahren vom Busbahnhof in Surin zum Grenzübergang (60 B, 1½ Std., häufig).

An der Grenze Die Grenze ist von 7 bis 20 Uhr geöffnet. Bei der Einreise in Kambodscha werden Visa ausgestellt, allerdings zu einem höheren Preis als üblich (25 anstelle von 20 US$). Man sollte versuchen, die Beamten auf den normalen Preis herunterzuhandeln.

Weiterreise Auf der kambodschanischen Seite fahren Sammeltaxis nach Anlong Veng (350–500 B); der Preis richtet sich nach dem Verhandlungsgeschick. Wer nach 21 Uhr ankommt, muss möglicherweise das ganze Fahrzeug mieten (1500–1800 B). In Anlong Veng kann man die Weiterfahrt nach Siem Reap arrangieren.

Infos zur Überquerung der Grenze in entgegengesetzter Richtung gibt's auf S. 284.

und kann Trekkingtouren von hier arrangieren. Die Bungalows mit Ventilator sind einfach, aber ausreichend und das Restaurant auf dem Grundstück ist gut.

Arunee Resort PENSION $$
(☎086 111 9600; aruneeresorttour@hotmail.com; Zi. inkl. Frühstück mit Ventilator/Klimaanlage 500/1500 B; ❄📶) Bei der jüngsten Renovierung wurden die düsteren, aber superbilligen Zimmer in helle, luftige Räume verwandelt. Das Arunee liegt etwas abseits der Hauptstraße und ist zu Fuß nur 50 m vom Meer entfernt.

Apple Beachfront Resort HOTEL $$
(☎039 551228; applebeachfrontresort@gmail.com; Zi. inkl. Frühstück 2800 B; ❄📶🏊) Das mit vielen Naturmaterialien gebaut Apple hat schicke Zimmer mit Blick aufs Meer oder auf einen großen, terrassierten Poolbereich.

Blue Lagoon Bungalows PENSION $$
(☎039 557243; www.kohchang-bungalows-bluelagoon.com; Zi. 500–1800 B; ❄👪) Neben einem malerischen Meeresarm bietet das Blue Lagoon verschiedene Bungalows und Zimmer, außerdem kann man Zelte ausleihen (250 B). Ein Holzplankenweg führt zum Strand. Ruhig mal nach dem größeren Familienzimmer fragen, bei dem Elefantendung als Baumaterial diente. Die fantastischen Mitarbeiter organisieren verschiedene Aktivitäten.

Essen

Nid's Kitchen THAI $
(nidkitchen@hotmail.com; Khlong Prao; Gerichte 50–150 B; ⏲18–22 Uhr) In der Hütte mit Rastadekor kommen meisterhaft zubereitete thailändische Klassiker auf den Tisch – und dazu gute Drinks.

★ **Phu-Talay** FISCH & MEERESFRÜCHTE $$
(☎039 551300; Khlong Prao; Gerichte 100–320 B; ⏲10–22 Uhr) Das Lokal über der Lagune versprüht mit seinem Holzboden und der blau-weißen Dekoration ein charmant-heimeliges Flair. Ko-Chang-Klassiker (viel Fisch) sind zu deutlich vernünftigeren Preisen als in anderen Fischrestaurants erhältlich.

★ **Barrio Bonito** MEXIKANISCH $$
(Hat Kaibae; Gerichte 160–250 B; ⏲17–22.30 Uhr) Ein charmantes französisch-mexikanisches Paar serviert in diesem Restaurant am Straßenrand mitten in Kaibae fabelhafte Fajitas und umwerfende Cocktails. Authentisches Essen und stilvolles Ambiente.

KaTi Culinary THAI $$
(☎081 903 0408; Khlong Prao; Gerichte 130–290 B; ⏲11–15 & 18–22 Uhr) Köstliche Meeresfrüchte, ein paar Isan-Gerichte und die berühmte hausgemachte Currysoße sind die Highlights der Karte. Daneben gibt's hier auch noch kreative Smoothies, u. a. mit Litschi, Zitrone und Pfefferminz, sowie eine Kinderkarte.

Magic Garden THAI $$
(☎039 558027; Lonely Beach; Gerichte 100–220 B; ⏲9–24 Uhr; 📶) Der hippste Treff am Lonely Beach, um bei Smoothies oder Wodka-Eimern Reisegeschichten auszutauschen oder zu lesen. Auf der Karte stehen typische westliche und Thai-Gerichte.

ℹ Praktische Informationen

Ko Chang Hospital (☎039 586096; Ban Dan Mai) Renommiertes öffentliches Krankenhaus mit erschwinglichen Preisen südlich des Fährhafens.

Touristenpolizei (☎1155) Nördlich von Ban Khlong Prao. In Hat Sai Khao und Hat Kaibae gibt's außerdem zwei kleinere Posten.

ℹ An- & Weiterreise

Vorsicht vor billigen Tickets für Minibusse von Siem Reap nach Ko Chang; meist steckt irgendein Kommissionsschwindel dahinter, der Zeit und Geld kostet.

Boote nach Ko Chang starten am Festland südwestlich von Trat an den Piers, die unter dem Namen Laem Ngop zusammengefasst werden. In Ko Chang legen sie je nach Ausgangspier und Bootsanbieter am Tha Sapparot oder am Tha

ℹ BANGKOK UMGEHEN: DER FLUGHAFEN U-TAPAO

Pattayas Flughafen war früher ein einfacher Flugplatz, den nur Charterflüge nutzten. Inzwischen ist er expandiert und erhielt den Namen U-Tapao-Rayong-Pattaya International Airport. Von hier kann man nach Chiang Mai, Ko Samui, Kuala Lumpur, Phuket und in einige chinesische Städte fliegen. Damit ist Pattaya nun eine praktikable Alternative zu Bangkok, um weiter nach Ko Chang und an die östliche Golfküste zu reisen. Gegenwärtig fliegen Bangkok Airways, Air Asia und Kan Air vom/zum U-Tapao. Pattaya erreicht man mit Minivans von fast überall.

Centrepoint an. Für beide Piers gelten dieselben Preise (80 B, 30–45 Min., 6–19 Uhr häufig).

Den Tha Sapparot, der den Stränden an der Westküste am nächsten liegt, steuern Autofähren vom Festlandpier Tha Thammachat an, die **Ko Chang Ferry** (☎ 039 555188) betreibt.

Der Tha Centrepoint ist weiter von den Stränden an der Westküste entfernt und wird ab dem gleichnamigen Pier auf dem Festland von **Centrepoint Ferry** (☎ 039 538196) bedient.

Vom Tha Bang Bao am südlichen Ende der Insel steuert **Bang Bao Boats** (☎ 039 558046; www.kohchangbangbaoboat.com) nahe gelegene Inseln an.

Von Bangkoks Bahnhof Ost (Ekkamai) verkehrt ein Direktbus (263 B, 6 Std., 2-mal tgl.) bis zum Pier auf dem Festland in Laem Ngop; unterwegs hält er am Busbahnhof Suvarnabhumi (Flughafen) und am Busbahnhof von Trat.

Unterwegs vor Ort

Auf der Insel verkehren *sŏrngtăaou* vom Pier zu den Stränden (100–200 B).

Von Motorradfahrten zwischen Ban Khlong Son und dem weiter südlichen Hat Sai Khao ist abzuraten; die mit mehreren Haarnadelkurven gespickte Straße ist steil und tückisch, zudem lösen Stürme gelegentlich Schlammlawinen aus. Wer sich dennoch ein Motorrad ausleiht, sollte sich an die Strände im Westen halten und Schutzkleidung tragen.

SÜDLICHE GOLFKÜSTE

Von Palmen gesäumte Sandstrände, warmes Wetter und das glitzernde Meer: Die südliche Golfküste trumpft mit einem Stück Paradies auf und Sonnenanbeter strömen in Scharen herbei. Viele zieht es auf die Inseln des Samui-Archipels, z. B. nach Ko Samui (Schickeria), Ko Pha-Ngan (Hippies) und Ko Tao (Tauchbegeisterte).

Nach dem Sonnenbad kann man ein paar der ruhigen Provinzhauptstädte besuchen, um den Alltag an der thailändischen Küste zu erleben. Weiter südlich vermischt sich die hiesige Kultur langsam, aber sicher mit der malaysischen: Über Blätterdächern erspäht man die Zwiebeltürme von Moscheen, auch die Sprache verändert sich (Südthailänder sind für ihr enorm hohes Sprechtempo bekannt) und an jeder Straßenecke werden *roti* verkauft.

Am besten besucht man diese Region irgendwann in der Zeit zwischen Februar und Juni, wenn der Rest des Landes unter der gnadenlosen Hitze leidet.

Hua Hin หัวหิน

42 000 EW.

Von Bangkok aus ist die Küstenstadt problemlos zu erreichen. Sie gilt als die elegantere Alternative zum heruntergekommenen Pattaya und ist bei betagten Europäern und gut betuchten Thais aus Bangkok beliebt. Backpacker bevorzugen eigentlich rustikalere Badeorte. Doch es lohnt sich, Hua Hin mit seinem charmanten alten Fischerhafen, dem belebten abendlichen Meeresfrüchtemarkt und langen weichen Sandstränden nicht einfach links liegen zu lassen.

Die besten **Strände** liegen südlich der Stadt Richtung Khao Takiab (Essstäbchenberg; für die Anfahrt empfehlen wir eines der grünen *sŏrngtăaou* am Markt) und Khao Tao (Schildkrötenberg; zu erreichen mit einem Bus nach Pranburi und dann per Motorradtaxi).

Schlafen

Die meisten Budgetunterkünfte befinden sich in der atmosphärischen Stadt, ein ordentliches Stück vom Strand entfernt.

Victor Guest House PENSION **$**
(☎ 032 511564; victorguesthouse@gmail.com; 60 Th Naresdamri; Zi. 390–1290 B; ❄ @ 📶) Solide Zimmer, ein kleiner Garten, die zentrale Lage, hilfsbereites Personal und viele Reisetipps machen die effizient geführte Pension bei Thailändern wie Ausländern beliebt.

★ **Pattana Guest House** PENSION **$$**
(☎ 032 513393; 52 Th Naresdamri; Zi. 990 B; ❄ 📶) Am Ende einer *soi* befindet sich ein vor Kurzem renoviertes Teakholzhaus und ein schöner Garten mit vielen Lesenischen. Alle Unterkünfte haben zwei Etagen und ein kleines Wohnzimmer im Erdgeschoss.

Mod PENSION **$$**
(☎ 032 512296; www.modguesthouse.com; Th Naresdamri; Zi. 600–800 B; ❄ 📶) Seit seiner Modernisierung bietet das Mod mehr Komfort (und bessere Betten) als die meisten Pensionen am Pier. Teurere Zimmer warten mit Klimaanlage und Meerblick auf, die günstigen haben teilweise keine Fenster und nur Ventilatoren.

Tong-Mee House PENSION **$$**
(☎ 032 530725; tongmeehuahin@hotmail.com; 1 Soi Raumpown, Th Naebkehardt; Zi. 600–1000 B; ❄ @ 📶) In der *soi* einer ruhigen Wohngegend versteckt sich diese bewährte schicke Pension mit gemütlichen, sauberen Zimmern inkl. Balkon. Vorab buchen.

Rahmahyah Hotel PENSION $$

(☎032 532106; rahmahyah@yahoo.co.uk; 113/10 Soi Hua Hin 67, Th Phetkasem, South Hua Hin; Zi. 800–1300 B; ❄📶🏊) Gegenüber dem Market Village, rund 1 km südlich der Stadt, gibt's zwischen den Luxusresorts einige Pensionen mit Strandzugang. Das Rahmahyah mit sauberen, funktionellen Zimmern ist die beste. Gäste können den Gemeinschaftspool gegenüber nutzen. Am besten bucht man im Voraus.

★**Baan Bayan** HOTEL $$$

(☎032 533540; www.baanbayanresort.com; 119 Th Phetkasem, South Hua Hin; Zi. 3500–21 000 B; ❄📶🏊👪) Das schöne Teakholzhaus aus dem frühen 20. Jh. ist ideal für Reisende, die sich Luxus ohne den übertriebenen Rummel eines großen Resorts wünschen. Luftige, hohe Zimmer, aufmerksames Personal und direkte Strandlage.

Essen

Nachtmarkt MARKT $

(Th Dechanuchit btwn Th Phetkasem & Th Sasong; Gerichte ab 50 B; ⏲17–24 Uhr) Hua Hins bei Einheimischen wie Touristen beliebter Nachtmarkt ist neben dem Strand eine der Hauptattraktionen der Stadt. Hier gibt's neben leckerem Essen auch Textilienzu kaufen. In Eis gepackte Hummer und Riesengarnelen locken gut betuchte Besucher an. Günstiger und ebenso lecker geht's an den einfachen Wok-Ständen zu. Empfehlenswert sind *pàt pǒng gà·rèe Ɓoo* (Krabbencurry), *gûng tôrt* (frittierte Garnelen) und *hǒy tôrt* (Muschel-Omelett).

Essensstände in der Thànǒn Chomsin ESSENSSTÄNDE $

(Ecke Th Chomsin & Th Naebkehardt; Gerichte 35–45 B; ⏲9–21 Uhr) Versammelt an einer Ecke servieren die beliebten Essensstände authentische Gerichte in schlichtem Ambiente. Die Thais sind sorgfältige Esser und nutzen eine Gabel (manchmal auch die Finger), um das Fleisch der *gài tôrt* (Brathähnchen) von den Knochen zu lösen, anstatt es abzunagen.

Chatchai-Markt MARKT $

(Th Phetkasem; Gerichte ab 35 B; ⏲Sonnenaufgang–Sonnenuntergang) Der städtische Markt ist in einem historischen Gebäude mit markantem Dach untergebracht, das 1926 zu Ehren von Rama VII. erbaut wurde. Morgens gibt's *Ɓah·tôrng·gǒh* (chinesische Krapfen) und *gah·faa bohrahn* (traditionell zubereiteter Kaffee mit moderner süßer Kondensmilch), zudem werden den ganzen Tag über Nudeln mit frischen *wan tan* und alle erdenklichen Früchte verkauft.

★**Hua Hin Koti** CHINESISCH, THAI $$

(☎032 511252; 16/1 Th Dechanuchit; Gerichte ab 120 B; ⏲12–22 Uhr) Gegenüber dem Nachtmarkt befindet sich dieses thailändisch-chinesische Restaurant – ein kulinarisches Nationalheiligtum. Thais lieben die frittierten Krabbenbällchen, Ausländer machen sich über *dôm yam gûng* (Garnelensuppe mit Zitronengras) her. Allseits beliebt sind der würzige Meeresfrüchtesalat *(yam tá-lair)* und frittierter Fisch mit Ingwer. Meist muss man auf einen Tisch warten.

Praktische Informationen

Hospital San Paolo (☎032 532576; 222 Th Phetkasem) Unmittelbar südlich der Stadt; mit Notaufnahme.

Städtische Touristeninformation (☎032 511047; Ecke Th Phetkasem & Th Damnoen Kasem; ⏲Mo–Fr 8.30–16.30 Uhr) Karten und Infos zu Hua Hin. Es gibt eine zweite Filiale (☎032 522797; Th Naebkehardt; ⏲Mo–Fr 9–19.30, Sa & So 9.30–17 Uhr) nahe dem Glockenturm.

Tourism Authority of Thailand (TAT; ☎032 513885; 39/4 Th Phetkasem; ⏲8.30–16.30 Uhr) Hilfsbereites, Englisch sprechendes Personal; nördlich der Stadt nahe der Soi Hua Hin 70.

Touristenpolizei (☎032 515995; Th Damnoen Kasem) Am östlichen Ende der Straße.

Anreise & Unterwegs vor Ort

Hua Hins **Fernbusbahnhof** (Th Phetkasem zw. Soi Hua Hin 94 & 98) liegt südlich der Stadt. Busse zu Bangkoks Busbahnhof Süd (Sai Tai Mai) starten vor einem **Büro** (Th Sasong) des Anbieters in der Stadt nahe dem Nachtmarkt. Minivans verkehren von einem Büro an der Ecke Th Phetkasem und Th Chomsin zum Siegesdenkmal in Bangkok. Standardbusse fahren nördlich des Markts an der Th Phetkasem ab.

Der historische Bahnhof von Hua Hin liegt an der Th Phrapokklao. **Lomprayah** (☎0 3253 3739; Th Narasdamri) bietet eine Kombination aus Bus und Boot von Hua Hin nach Ko Tao.

Unterwegs vor Ort

Grüne *sǒrng·tǎa·ou* starten von der Ecke Th Sasong/Th Dechanuchit nahe dem Nachtmarkt in Richtung Süden entlang der Th Phetkasem nach Khao Takiab (20 B). Die *Túk-túk*-Tarife sind in Hua Hin sehr hoch (ab 100 B). Motorradtaxis sind sehr viel günstiger (40–50 B) und eignen sich für kurze Strecken.

VERKEHRSVERBINDUNGEN AB HUA HIN

ZIEL	BUS	MINIVAN	ZUG
Bangkok Hualamphong			44–622 B, 4–6 Std., 0.45–16.01 Uhr 13-mal tgl.
Bangkok Busbahnhof Süd (Sai Tai Mai)	180 B, 4½ Std., 3–21 Uhr 8-mal tgl.		
Bangkok Suvarnabhumi Airport	294 B, 5 Std., 6–18 Uhr 7-mal tgl.		
Bangkok Siegesdenkmal		180 B, 4 Std., 6–19 Uhr, alle 30 Min.	
Chiang Mai	813 B, 12 Std., 8, 17.30 & 18 Uhr		
Phuket	1011 B, 9–10 Std., 10 & 21 Uhr		
Surat Thani	787 B, 7–8 Std., 10 & 22 Uhr		

Prachuap Khiri Khan

ประจวบคีรีขันธ์

86 870 EW.

Prachuap Khiri Khan ist eine Spur hübscher als die durchschnittliche Küstenstadt, bietet aber nur wenige Attraktionen und zieht daher weniger Touristen an. Als wichtigste „Highlights" gelten die entspannte Atmosphäre und die Möglichkeit, eine Alternative zur Khao-San-Kultur kennenzulernen.

Prachuap Khiri Khan liegt an einer Bucht mit glitzerndem blauem Wasser, auf dem bunte Fischerboote schaukeln. Im Norden erhebt sich der **Khao Chong Krajok** (Spiegeltunnelberg), auf dem ein *Wat* mit spektakulärer Aussicht thront; das Gelände wird von einer Gruppe Affen in Beschlag genommen, die angeblich ursprünglich in einem Bus aus Bangkok angereist sind. Im Ort selbst kann man nicht viel mehr tun, als die Uferpromenade entlangzuspazieren oder sich ein Motorrad zu mieten und die nördlichen Buchten, Fischerdörfer und den Höhlentempel **Wat Ao Noi** erkunden. Einen Badestrand gibt's in **Ao Manao**, 6 km südlich der Stadt auf dem Gelände der thailändischen Luftwaffe. Er ist besonders bei Thais beliebt, die hier komplett angezogen schwimmen gehen.

Schlafen & Essen

Viele Unterkünfte liegen direkt am Meer, doch weil Prachuap immer beliebter wird, lohnt es sich, im Voraus zu buchen. Gegen den abendlichen Hunger hilft der **Nachtmarkt** (Th Kong Kiat; ⏲17–21 Uhr).

Thur Hostel HOSTEL $

(☎096 047 5622; thurhostel@gmail.com; 58 Th Chai Thaleh; B 350 B, Zi. 600–1000 B; ❄📶) Direkt am Meer hat dieses Hostel kleine, aber gepflegte Schlafsäle mit guten, dicken Matratzen. Die teuersten Zimmer haben Terrassen mit schönem Meerblick.

Maggie's Homestay PENSION $

(☎087 597 9720; 5 Soi Tampramuk; Zi. 180–550 B; ❄@📶) In alter Backpacker-Tradition vermittelt die Gastgeberin Maggie ihren Gästen das Gefühl, zu Hause zu sein. Die meisten Zimmer in dem traditionellen, umgebauten Haus haben Gemeinschaftsbäder und sind einfach bis komfortabel eingerichtet, außerdem gibt's einen schattigen Garten und eine Gemeinschaftsküche.

★ **House 73** PENSION $$

(☎086 046 3923; www.facebook.com/house73prachuab/info; 73 Th Suseuk; Zi. 800–1300 B; ❄📶) Das modernistische Boutique-Hotel, bis ins kleinste Detail liebevoll gestaltet, ist das markanteste Gebäude der Stadt. Es hat nur vier (große) Zimmer in Pastelltönen mit riesigen Betten sowie eine Gemeinschafslounge. Das Highlight ist die fantastische Dachterrasse mit herrlichem Blick über die Bucht.

★ **In Town** THAI $$

(118 Th Chai Thaleh; Gerichte ab 80 B; ⏲15–22 Uhr) Anspruchsvolle Einheimische gehen sehr gerne in dieses angesagte Restaurant, um im Freien mit Blick über die Bucht zu essen. Die Auslagen präsentieren ein tolles Angebot an frischem Fisch und Meeresfrüchten – Barra-

NICHT VERSÄUMEN

ANG-THONG-MEERESNATIONALPARK

Die rund 40 zerklüfteten Dschungelinseln des Ang-Thong-Nationalparks erstrecken sich über das strahlend blaue Meer wie eine zersprungene Smaragdkette. Jedes Eiland bietet eine jungfräuliche Welt voller Kalksteinklippen, versteckter Lagunen und pfirsichfarbener Traumstrände. Die paradiesischen Inseln inspirierten Alex Garland zu seinem Kultklassiker *Der Strand* über abenteuerlustige Backpacker.

Am besten gelangt man von Ko Samui aus im Rahmen einer organisierten Tagestour, z. B. von **Blue Stars** (☎077 300615; www.bluestars.info; Hat Chaweng; Kajak- & Schnorcheltouren Erw./Kind 2500/1600 B) in den Park. Offiziell verlangt der Park eine Eintrittsgebühr, diese ist jedoch meist im Preis für die Tour inbegriffen (beim Ticketkauf nachfragen).

Februar, März und April eignen sich am besten für einen Besuch. Im November und Dezember ist der Park aufgrund hoher Monsunwellen fast immer geschlossen.

kuda, Thunfisch, Krabben, Muscheln – und man zeigt einfach auf das, was man haben möchte. Auf Wunsch wird das Essen dezenter gewürzt.

Rim Lom FISCH & MEERESFRÜCHTE $$
(5 Th Suanson; Gerichte 90–190 B; ⏲10–22 Uhr) *Pàt pŏng gà·rèe Ъoo* (Krabbencurry) mit großen Stücken süßem Krabbenfleisch und würzig-pikantem *yam ta-lair* (Meeresfrüchtesalat) ist das Highlight dieses bei Einheimischen beliebten Restaurants, das sich 200 m hinter der Brücke auf der linken Seite befindet, direkt gegenüber vom Strand Ao Prachuap.

ℹ Anreise & Unterwegs vor Ort

Der Busbahnhof von Prachuap liegt 2 km nordwestlich der Stadt an der Hauptschnellstraße; Motorradtaxis bedienen die Strecke für 40 bis 50 B. Busse nach Bangkok fahren an einem Büro in der Stadt an der Th Phitak Chat ab. Minivans nach Bangkok starten an der Ecke Th Thetsaban Bamrung/Th Phitak Chat. Zudem gibt's einen Bahnhof an der Th Maharat.

Das überschaubare Prachuap lässt sich gut zu Fuß erkunden, für Ausflüge zu den Stränden in der Nähe bietet sich allerdings ein Motorrad an (250 B), zumal das Fahren hier aufgrund des minimalen Verkehrs sicherer als anderswo ist.

Chumphon ชุมพร

55 835 EW.

Von Chumphon setzen Boote nach Ko Tao über. Das Umsteigen vom Bus aufs Boot gestaltet sich recht unkompliziert und Reisebüros organisieren die Weiterfahrt zur Andamanensee und verfügen über alle möglichen Dienstleistungen (z. B. Gepäckaufbewahrung, Duschen und Toiletten).

Übernachten kann man im **Suda Guest House** (☎080 144 2079; 8 Soi Sala Daeng 3; Zi. 200–650 B; ❄@📶), im **Fame Guest House** (☎077 571077; www.chumphon-kohtao.com; 188/20-21 Th Sala Daeng; Zi. 150–300 B; @📶) oder im **Salsa Hostel** (☎077 505005; www.salsachumphon.com; 25/42 Th Krom Luang Chumphon; B 280–300 B, DZ 650–750 B; ❄@📶). Der **Nachtmarkt** (Th Krom Luang Chumphon; ⏲16–23 Uhr) hilft gegen Hunger und Langeweile.

ℹ An- & Weiterreise

BUS

Der Hauptbusbahnhof liegt an der Schnellstraße, ganze 16 km von Chumphon entfernt. Hierher fahren *sŏrngtăaou* (50 B) ab der Th Nawamin Ruamjai. Abends ist für Fahrten vom/zum Bus-

VERKEHRSVERBINDUNGEN AB PRACHUAP KHIRI KHAN

ZIEL	BUS	MINIVAN	ZUG
Bangkok Hualamphong			168–455 B, 7–8 Std., 0.14–23.35 Uhr
Bangkok Busbahnhof Süd (Sai Tai Mai)	200 B, 6–7 Std., 9, 12.30 & 13 Uhr	220 B, 5-6 Std., 7–17 Uhr stündl.	
Bangkok Siegesdenkmal		220 B, 6 Std., 6–17 Uhr stündl.	
Hua Hin		80 B, 1½ Std., 6–17 Uhr stündl.	19 B, 1 Std., 8-mal tgl.

bahnhof Verhandlungsgeschick gefragt; mehr als 200 B sollte man nicht zahlen.

In der Stadt gibt's mehrere Bushaltestellen. **Choke Anan Tour** (☎ 077 511757; Soi abseits der Th Pracha Uthit) im Zentrum bedient Bangkok, Phuket und Ranong. **Suwannatee Tour** (☎ 077 504901) verkehrt nach Bangkok und Prachuap Khiri Khan. Busse nach Hat Yai fahren nahe der Tankstelle an der Th Nawamin Ruamjai ab. Minivans nach Surat Thani und Prachuap Khiri Khan starten an der namenlosen *soi* gegenüber dem Salsa Guesthouse.

FLUGZEUG

Von Chumphons Flughafen fliegt Nok Air vom/zum Flughafen Don Muang in Bangkok (1720 B, 1 Std., 2-mal tgl.).

SCHIFF/FÄHRE

Es verkehren verschiedene Boote nach Ko Tao, die meisten legen morgens und abends ab. In der Regel ist im Ticketpreis der Transfer ab dem Pier inbegriffen. Wer ein Kombiticket kauft, sollte sich vergewissern, dass er Fahrkarten für Bus und Boot ausgehändigt bekommt.

Autofähre Eine bequeme Überfahrt mit Kojen oder Matratzen an Bord.

Songserm (☎ 077 506205; www.songserm-expressboat.com; ⏲ 9–20 Uhr) Schnellere Boote starten morgens am 10 km außerhalb von Chumphon gelegenen Tha Talaysub. In jüngster Zeit kam es zu Beschwerden über das Unternehmen, z. B. dass der versprochene kostenlose Transport von den Inseln in die Stadt nicht zustande kam. Tickets kann man in den Pensionen kaufen.

Lomprayah (☎ 077 558214; www.lomprayah.com; ⏲ 5–21 Uhr) Die beste und beliebteste Kombination aus Bus und Boot. Mit dem Boot geht's 25 km von der Stadt entfernt in Tha Tummakam los. Das Ticketbüro befindet sich neben dem Bahnhof von Chumphon.

ZUG

Der **Bahnhof** (Th Krom Luang Chumphon) ist vom Zentrum aus zu Fuß zu erreichen.

VERKEHRSVERBINDUNGEN AB CHUMPHON

ZIEL	SCHIFF/FÄHRE	BUS	MINIVAN	ZUG
Bangkok Hualamphong				192–690 B, 8 Std., 11-mal tgl.
Bangkok Busbahnhof Süd (Sai Tai Mai)		300–591 B, 8 Std., 11-mal tgl.		
Hat Yai		400 B, 7 Std., 4-mal tgl.		269–652 B, 6 Std., 7-mal tgl.
Ko Pha-Ngan (Lomprayah)	1000 B, 3¼ Std., 7 & 13 Uhr			
Ko Pha-Ngan (Songserm)	900 B, 5½ Std., 7 Uhr			
Ko Samui (Lomprayah)	1100 B, 4½ Std., 7 & 13 Uhr			
Ko Samui (Songserm)	1000 B, 6 Std., 7 Uhr			
Ko Tao (Autofähre)	400 B, 6 Std., Mo–Sa 23 Uhr			
Ko Tao (Lomprayah)	600 B; 1½ Std., 7 & 13 Uhr			
Ko Tao (Songserm)	500 B, 3 Std., 7 Uhr			
Phuket		350 B, 3½ Std., 2-mal tgl.		
Prachuap Khiri Khan			180 B, 4 Std., 15 Uhr	84 B, 3–4 Std., 10-mal tgl.
Ranong		120 B, 2½ Std., 4-mal tgl.	120 B, 2 Std., häufig	
Surat Thani			170 B, 3 Std., 6–17 Uhr stündl.	100 B, 2–3 Std., 12-mal tgl.

Ko Samui

เกาะสมุย

50 000 EW.

Ko Samui, eine der ersten Backpacker-Inseln, hat sich mittlerweile zu einem multifunktionellen Strandmekka gemausert: Alle Hotels sind entsprechend internationaler Standards eingerichtet, es kommen jede Menge Pauschaltouristen, und wenn man sich schließlich auf einem der Liegestühle am Meer ausstreckt, wartet man vergeblich auf den Kulturschock. Für zahlreiche Familien und Flitterwöchner ist Ko Samui die absolute Nummer eins in Sachen Infrastruktur und Annehmlichkeiten.

Trotz seines internationalen Charakters hat sich Samui sein Inselflair bewahrt, und in den geschäftigen Ortschaften kann man an Curryständen am Straßenrand und auf Morgenmärkten essen. Auf der Insel lockt also beides: das Strandleben und das „echte“ Thailand.

Sehenswertes

Ko Samui ist ziemlich groß, die Ringstraße der Insel misst fast 100 km. **Chaweng** ist der längste und schönste Strand des Eilands, und das ist längst kein Geheimnis mehr. Am südlichen Ende von **Lamai**, dem zweitgrößten Strand, stößt man auf die berüchtigten Steinformationen **Hin-Ta** und **Hin-Yai**, die bei Touristen für Heiterkeit sorgen. Direkt dahinter liegt **Hua Thanon** mit einer lebendigen muslimischen Fischergemeinde.

Die **nördlichen Strände** haben gröberen Sand, bieten jedoch entspannte Atmosphäre und einen tollen Blick auf Ko Pha-Ngan. Am schönsten ist **Bo Phut** mit seinem charmanten Fischerdorf.

Schlafen

Chaweng

Lucky Mother PENSION $
(☎077 230931; 60 Moo 2; Zi. & Bungalows 800–1500 B; ❄📶) Diese Pension punktet mit der Lage am belebten Strand, sauberen hellen Zimmern und einer beliebten Bar, in der man sich perfekt unter die Leute mischen kann. Für Chaweng ein tolles Preis-Leistungs-Verhältnis (einige Mitarbeiter könnten aber etwas freundlicher sein).

P Chaweng HOTEL $
(☎077 230684; Zi. ab 600 B, FZ 1000 B; ❄@📶) An einer von der Hauptstraße abgehenden Straße bietet diese mit Wein bewachsene Budgetunterkunft in zwei Gebäuden saubere geräumige Zimmer mit rosa Fliesenboden und Familienzimmer mit Holzfußboden sowie Klimaanlage, Warmwasser, TV und Kühlschrank. Sie ist nicht besonders hip und zehn Gehminuten von den Bars entfernt, aber in dieser Gegend ein Preisschlager.

Pott Guesthouse PENSION $
(Zi. mit Ventilator 300–400 B, mit Klimaanlage 500–600 B; ❄📶) Ein echtes Schnäppchen in diesem nichtssagenden Wohnblock sind die großen hellen Betonzimmer mit angeschlossenen Warmwasserbädern und Balkon. Die Rezeption befindet sich in einem namenlosen Restaurant an der Hauptstraße direkt gegenüber der Gasse.

Samui Hostel HOSTEL $
(☎089 874 3737; B 200–300 B, DZ 850 B; ❄@) Von außen eher unauffälliges, aber sehr ordentliches, sauberes und freundliches Hostel, das saubere Schlafsäle mit Ventilator und Klimaanlage sowie schicke Doppelzimmer mit Klimaanlage zu bieten hat. Der Service ist einen Tick besser als der Durchschnitt, und vorn befindet sich ein beliebter Raum mit Holztischen, in dem man relaxen und schwatzen kann.

★ **Jungle Club** BUNGALOWS $$
(☎081 894 2327; www.jungleclubsamui.com; Hütten 800–1800 B, Häuser 2700–4500 B; ❄@📶🏊) Wer die nervige Fahrt eine rutschige Straße hinauf geschafft hat, wird mit einer grandiosen Aussicht belohnt. Die abgeschiedene Anlage in den Bergen erfreut sich mit ihrem legeren Zurück-zur-Natur-Flair bei Einheimischen wie Touristen riesiger Beliebtheit. Die Gäste chillen am großartigen randlosen Pool oder machen unter dem Dach einer offenen *săh·lah* (oft *sala* geschrieben) ein Nickerchen.

Wer vorher anruft, wird abgeholt (nur aus der Gegend von Chaweng) – was bei der ziemlich schwierigen Anfahrt auch sehr empfehlenswert ist.

> NICHT VERSÄUMEN
>
> **STRASSENMÄRKTE**
>
> Die wöchentlichen Straßenmärkte (16–23/24 Uhr), die im Zentrum der Hauptdörfer jedes Strandes stattfinden, laden zum Essen und Shoppen ein. Meist kennt die jeweilige Unterkunft die genauen Termine.

Ko Samui

Lamai

New Hut BUNGALOWS $
(☎ 077 230437; newhutlamai@yahoo.co.th; Lamai North; Hütten 300–800 B; 📶) Die Nurdachhütten direkt am Strand teilen sich einen großen Block mit sauberen Bädern. Ein betriebsames Restaurant, freundliches, zahlreiches Personal und fröhliches Backpacker-Flair gehören dazu.

Amarina Residence HOTEL $
(☎ 077 418073; www.amarinaresidence.com; Zi. 1200–1800 B; ❄📶) Kleines zweistöckiges Hotel zwei Gehminuten vom Strand. Die großen, geschmackvoll eingerichteten gefliesten Räume mit exzellentem Preis-Leistungs-Verhältnis verteilen sich um die Lobby und den kleinen Pool.

Spa Resort BUNGALOWS $$
(☎ 077 230855; www.spasamui.com; Lamai North; Bungalows 720–1200 B; ❄📶🏊) Das freundliche, praktische und schlichte Spa bietet u. a. Darmspülungen, Massagen, Entgiftungen, Yoga und Hypnotherapie. Die mit Rattan-Möbeln, traditioneller Kunst an den Wänden und Balkons ausgestatteten Zimmer sind komfortabel und bieten ein hervorragendes Preis-Leistungs-Verhältnis, sind aber immer schnell ausgebucht. Auch Nichtgäste können das Angebot des Spas nutzen und im exzellenten (und gesunden) Open-Air-Restaurant am Strand essen.

★ **Rocky Resort** RESORT $$$
(☎ 077 418367; www.rockyresort.com; Hua Thanon; Zi. 8000–20 000 B; ❄📶🏊) Dem Rocky gelingt mit seinem sehr ruhigen Rezeptionsbereich und den beiden Pools mühelos die richtige Balance zwischen gehobenem Ambiente und unprätentiöser, geselliger Atmosphäre. In der Nebensaison ist es ein echtes Schnäppchen, denn der Meerblick ist umwerfend, und jedes Zimmer (einige mit eigenem Pool) hat eine Einrichtung aus

Ko Samui

Aktivitäten, Kurse & Touren
1 Blue Stars ... D3

Schlafen
2 Amarina Residence ... C3
3 Castaway Guesthouse ... C1
4 Jungle Club ... C2
5 Lucky Mother ... D3
6 New Hut ... C3
7 P Chaweng ... D4
8 Pott Guesthouse ... D4
9 Rocky Resort ... C3
10 Samui Hostel ... D4
11 Spa Resort ... D3

Essen
12 Chez François ... C1
13 Hua Thanon-Markt ... C3
14 Karma Sutra ... C1
15 La Fabrique ... C3
16 Laem-Din-Markt ... D4
17 Lamai-Tagesmarkt ... C3
18 Ninja Crepes ... D4
19 Stacked ... D4
20 The Hut ... C1

Ausgehen & Nachtleben
21 Ark Bar ... D3
22 Bar Solo ... D3
23 Coco Tam's ... C1
24 Green Mango ... D3
25 Reggae Pub ... D3

wunderschönen Möbeln im thailändischen Stil, in die nahtlos moderne Elemente integriert sind.

Nördliche Strände

Castaway Guesthouse PENSION $$
(☎098 464 6562; Zi. mit Ventilator/ Klimaanlage 650–1500 B; ❄📶) Einen Block vom Strand, mitten im Fischerdorf, bietet das frisch renovierte Castaway 15 saubere, helle und freundliche Zimmer.

Shangri-la BUNGALOWS $
(☎077 425189; Mae Nam; Bungalows mit Ventilator/ Klimaanlage ab 500/1300 B; ❄📶) Zweifellos ein Paradies für Backpacker: Die Hütten gehören zu den günstigsten der Gegend und liegen an einem wunderschönen Teil des Strands. Das Grundstück ist kaum gärtnerisch gestaltet, doch die einfachen Betonbungalows mit angeschlossenen Bädern (nur die mit Klimaanlage haben warmes Wasser) sind gut in Schuss und das Personal ist freundlich.

Essen & Ausgehen

Chaweng

An der Hauptstraße servieren Dutzende Restaurants lokale Snacks, internationale Küche und fettiges Fast Food. Wer gerne über Märkte schlendert, ist auf dem **Laem Din Market** (Gerichte ab 35 B; ⏲4–18 Uhr, Nachtmarkt 18–2 Uhr) richtig.

Ninja Crepes THAI $
(Gerichte ab 75 B; ⏲11–24 Uhr) Jeden Abend überfülltes Restaurant in Lagerhaus-Größe, in dem die Woks gar nicht schnell genug braten können für die vielen Gäste. Serviert werden thailändische Meeresfrüchte, Currys, Crêpes, Suppen und klebrige Desserts.

★ **Stacked** STEAK $$
(www.stacked-samui.com; Hauptgerichte ab 295 B; ⏲12–24 Uhr; 📶) Gerade Linien, eine offene Küche mit Grill, ein Team geschäftiger, unglaublich effizienter Mitarbeiter und eine Wahnsinnskarte – dieses Burger-Restaurant ist ein Fest fürs Auge und für den Gaumen. Die unglaublich aromatischen Burger und Steaks werden in großzügigen Portionen auf Schieferplatten serviert. Am besten mit Riesenhunger herkommen, denn es wäre eine Schande, wenn man nur ein Gericht probiert.

Bar Solo BAR
(Hat Chaweng) In dieser Kneipe mit quirliger Partystimmung, guten DJS und abendlichen Getränkespecials läutet man eine lange Nacht in den Tanzclubs in der Soi Solo und der Soi Green Mango ein.

Ark Bar BAR
(☎7–2 Uhr; www.ark-bar.com; Hat Chaweng) Während einige Gäste rund um die Uhr überschwänglich feiern und sich an der farbenfrohen Bar mit Drinks versorgen, relaxen die anderen in Liegestühlen am Strand.

Green Mango BAR
(ww.thegreenmangoclub.com; Hat Chaweng) Samuis angesagteste Bar ist sehr groß, sehr laut und sehr *fa ràng* – und so beliebt, dass die gesamte *soi* nach ihr benannt ist. Sie bietet jede Menge funkelnde Lichter, teure Drinks und tanzbegeisterte Gäste.

Reggae Pub BAR
(Hat Chaweng; ⏲18–3 Uhr) Der hohe, zweistöckige Vergnügungstempel – und Bob-Marley-Schrein – hat eine Tanzfläche im Freien, wo ausländische DJs für die Musik sorgen. Außerdem gibt's lange Bars, Billardtische und eine Livemusikbühne. Am frühen Abend ist sie oft leer, doch gegen Mitternacht geht's hier so richtig los. Die lange Straße hinauf zum Reggae Pub ist das Revier der Ladyboys.

Lamai

Sowohl auf dem **Lamai-Tagesmarkt** (Gerichte ab 30 B; ⏲6–20 Uhr) als auch auf dem muslimischen **Hua-Thanon-Markt** (Gerichte ab 30 B; ⏲6–18 Uhr) gibt's lokale Spezialitäten.

★ **La Fabrique** BÄCKEREI $$
(Frühstücksmenü ab 120 B; ⏲6.30–22.30 Uhr; 📶) Deckenventilatoren durchschneiden die Luft, und der Service in dieser geräumigen Boulangerie/Patisserie im französischen Stil ist flott und entgegenkommend. Sie befindet sich abseits der Hauptstraße in der Nähe des Wat Lamai an der Route 4169. Im Angebot sind frisches Brot, Croissants, Gratins, Baguettes, Baisers, Joghurts, Kuchen und überdurchschnittlich gute Frühstücksmenüs mit frischem Saft und gut zubereiteten Eiern sowie verschiedene Kaffees und Tees.

Nördliche Strände

The Hut THAI $
(Hauptgerichte 60–550 B; ⏲13–23 Uhr) Hier gibt's einfache, relativ günstige Thai-Spezialitäten ebenso wie teurere frische Meeresfrüchtegerichte und westliche Küche. Das Dutzend Tische ist aber immer schnell besetzt, man sollte also früh oder sehr spät kommen, wenn man nicht warten will. Angler können sich hier ihren Fang zubereiten lassen. Die Mitarbeiter sind manchmal etwas mürrisch.

Karma Sutra INTERNATIONAL $$
(Hauptgerichte 180–700 B; ⏲8–2 Uhr; 📶) Das charmante Lokal im Herzen des Fischerdorfes Bo Phut serviert inmitten von Lilatönen, Sitzsäcken, Kissen und niedrigen Tischen leckere internationale und thailändische Speisen. Man kann auch draußen an der Straße sitzen.

★ **Chez François** FRANZÖSISCH $$$
(www.facebook.com/chezporte; 33/2 Moo 1 Fisherman's Village; Menü 1700 B; ⏲Di–Sa 18–23 Uhr) Hinter einer Holztür neben einer Apotheke versteckt sich das Chez François, das mit seiner außergewöhnlichen Kochkunst die kulinarische Szene Ko Samuis hat aufhorchen lassen. Hier kann man zwar nicht à la carte essen, dafür wird ein dreigängiges Überraschungsmenü serviert. Tische reserviert man über die Facebook-Seite. Wer nur ein paar Tage auf Ko Samui ist, sollte frühzeitig buchen, denn das Lokal ist winzig. Nur Barzahlung.

Coco Tam's BAR
(Bo Phut; Shisha-Pfeife 500 B; ⏲17–1 Uhr) In einem gemütlichen Sitzsack im Sand kann man riesige Cocktails genießen und einen Zug von der Shisha nehmen. Etwas überteuert, dafür mit entspanntem Künstler- und Strandflair. Abends treten meistens Feuertänzer auf.

Westküste

An der ruhigen Westküste werden mit die besten Meeresfrüchte Samuis serviert. Auf dem riesigen **Tagesmarkt** in Na Thon an der Th Thawi Ratchaphakdi kann man vor einer Fährfahrt ein paar Snacks naschen.

★ **Ging Pagarang** FISCH & MEERESFRÜCHTE $
(Thong Tanote; Gerichte ab 50 B; ⏲11.30–20 Uhr) Bei Einheimischen gilt die familiengeführte Meeresfrüchtehütte im Samui-Stil als eine der besten der Insel. Essen und Ausblick sind grandios. Besonders lecker sind der Algensalat mit Krabben, der gebratene getrocknete Tintenfisch mit Kokosnuss und die Garnelen mit Zitronengras.

ℹ Praktische Informationen

Auf Samui ist die Zahl der Unfälle und Verkehrstoten hoch, teils wegen der unerfahrenen Motorradfahrer, die mit den überfüllten schlechten Straßen überfordert sind. Wer vorher noch nie Motorrad gefahren ist, sollte es auf keinen Fall auf Samui lernen. Wenn man sich ein Motorrad leiht, unbedingt die übliche Überprüfung mit dem Anbieter durchführen und bereits existierende Schäden mit Fotos dokumentieren, um jegliche Haftung auszuschließen.

2015 explodierte im neuen Einkaufszentrum Central Festival eine Autobombe, die sechs Personen verletzte; die Hauptverdächtigen haben Verbindungen zum unruhigen tiefen Süden des Landes.

Bangkok Samui Hospital (☎077 429500, Notrufnummer 077 429555) Beste Adresse bei gesundheitlichen Problemen.

Einwanderungsbehörde (☎077 421069; ⏲8.30–12 & 13–16.30 Uhr Mo–Fr) Das Büro rund 2 km südlich von Na Thon verlängert Touristenvisa um sieben Tage.

Hauptpost Nahe beim TAT-Büro und nicht immer verlässlich.

Tourism Authority of Thailand (TAT; ☎ 077 420504; Na Thon; ⏲ 8.30–16.30 Uhr)

Touristenpolizei(☎ 077 421281, Notruf ☎ 1155) Im Süden von Na Thon.

An- & Weiterreise

FLUGZEUG

Samuis Flughafen liegt im Nordosten der Insel nahe dem Big Buddha Beach. Bangkok Airways bietet Direktflüge zu Bangkoks Suvarnabhumi Airport (ab 3400 B, 50 Min., häufig), nach Phuket und nach Chiang Mai; zudem gibt's Direktverbindungen nach Singapur und Hongkong. **Firefly** (http://www.fireflyz.com.my) fliegt zum Subang Airport in Kuala Lumpur.

Sind die Flüge nach Samui ausgebucht, kann man sich nach Flügen nach Surat Thani auf dem Festland erkundigen.

SCHIFF/FÄHRE

Zwischen Samui und dem Festland verkehren regelmäßig Boote, darunter die Schnellboote von **Lomprayah** (☎ 077 4277 656; www.lomprayah.com) (450 B) und die langsameren, stinkenden Autofähren (120 B) von **Raja** (☎ 022 768 2112; www.rajaferryport.com). Sie benötigen je nach Schiff eine bis fünf Stunden. Von Surat Thani fährt außerdem ein langsames Nachtboot nach Samui (300 B, 6 Std., 23 Uhr). Zurück fährt es um 21 Uhr und kommt gegen 3 Uhr in Surat Thani an. Auf diesem Boot sollte man das Gepäck im Auge behalten.

Es gibt Kombitickets nach Bangkok für Boot und Bus oder Boot und Bahn. Die beste Kombination aus Bus und Boot bietet Lomprayah. Phum Phin ist der dem Bootspier in Surat Thani auf dem Festland am nächsten gelegene Bahnhof.

Boote nach Ko Pha-Ngan (200–300 B, 20–60 Min., häufig) und Ko Tao legen an verschiedenen Piers auf Samui ab. Bei der Ticketbuchung gibt man an, wo auf Samui man wohnt und wo auf Ko Pha-Ngan man hinmöchte, um möglichst wenig Fahrzeit zwischen den Piers zu haben.

Die *Haad Rin Queen* ist praktisch, um die Vollmondpartys anzusteuern; sie fährt abhängig von der Nachfrage vom Big Buddha Beach (Ko Samui) nach Hat Rin (Ko Pha-Ngan, 200 B, 50 Min.). Um 18.30 Uhr startet das letzte Boot.

Unterwegs vor Ort

Fast jedes Resort auf der Insel verleiht Motorräder (150–200 B). *Sŏrng tăa ou* (50–100 B) drehen tagsüber eine Runde zwischen den beliebten Stränden. Taxis verlangen zum Flughafen rund 500 B.

Ko Pha-Ngan เกาะพงัน

12 500 EW.

Kokospalmen, die sich im Wind wiegen, Berge, die sich jenseits des türkisfarbenen Wassers erheben: Ko Pha-Ngan hat sich den Ruf als eine der beliebtesten Backpacker-Inseln redlich verdient, trotz der Modernisierung und der nahenden Eröffnung des Flughafens. Die legendären Vollmondpartys mit 30 000 Besuchern, die sich am Strand drängen, verwandeln die Insel in eine Art Unicampus voller betrunkener Feiwütiger. Den Rest der Zeit ist Ko Pha-Ngan einfach hinreißend. Für Freizeittaucher ist die Insel eine Alternative zu Ko Tao, dessen Tauchindustrie ganz auf Kurse und Zertifikate ausgerichtet ist.

Aktivitäten

Der beliebteste Schnorchelspot ist **Ko Ma**, eine kleine Insel im Nordwesten, die mit Ko Pha-Ngan über eine hübsche Sandbank verbunden ist. Von Ko Pha-Ngan hat man es zudem nicht weit zum **Sail Rock** (Hin Bai); der beste Tauchspot im Golf von Thailand ist ein beliebtes Revier von Walhaien.

Touren mit zwei Tauchgängen kosten zwischen 2500 und 2800 B.

Chaloklum Diving TAUCHEN
(☎ 077 374025; chaloklum-diving.com; ⏲ 6–20 Uhr) Zählt zu den renommierteren Tauchschulen der Insel (in der Hauptstraße in Ban Chalok Lam) und bietet gute Ausrüstung und hohe Standards.

Haad Yao Divers TAUCHEN
(☎ 086 279 3085; www.haadyaodivers.com; Hat Yao) Der 1997 gegründete Tauchveranstalter hat sich mit der Einhaltung europäischer Sicherheitsstandards und dem guten Kundenservice einen ausgezeichneten Ruf erworben.

Schlafen

Hat Rin

Während der Vollmondevents gilt für die Bungalows ein Mindestaufenthalt von fünf Übernachtungen und man muss im Voraus buchen. Wegen der großen Nachfrage sind neue günstige Hostels entstanden.

Lighthouse Bungalows BUNGALOWS $
(Karte S. 818; ☎ 077 375075; www.lighthousebungalows.com; Hat Seekantang; Bungalows 400–1000 B; ❄ 📶) Diese Anlage auf felsigem Terrain hat

Ko Pha-Ngan

Ko Pha-Ngan

Sehenswertes
1 Wat Khao Tham B3

Schlafen
2 Bamboo Hut D4
3 Boom's Cafe Bungalows C4
4 Coco Garden B3
5 Cookies Salad A1
6 Fantasea B1
7 High Life A2
8 Island View Cabana B1
9 Lighthouse Bungalows D4
10 Longtail Beach Resort C2
11 Mai Pen Rai D2
12 Sanctuary D3
13 Shiralea A1
14 Smile Bungalows C1
15 Tantawan Bungalows A2

Essen
16 Cucina Italiana B1
17 Fisherman's Restaurant B3
18 Nachtmarkt B3
19 Nira's B3

einfache Bungalows mit Ventilator und neuere geräumige mit Klimaanlage. Das Preis-Leistungs-Verhältnis ist bei allen spitze. Es gibt auch ein mit Kissen gespicktes Restaurant/Aufenthaltsbereich. In der Hauptsaison finden Yoga-Kurse statt. Hierher führt der Holzplankenweg südöstlich von Hat Leela; wer mit dem Motorrad kommt, nimmt die Hauptstraße. Jeden Monat finden Techno-Partys statt; wer darauf nicht scharf ist, fragt lieber vorher.

Seaview Sunrise BUNGALOWS $
(Karte S. 821; www.seaviewsunrise.com; Hat Rin Nok; Zi. 500–1400 B; ❄📶) Hierher kommen Besucher der Vollmondpartys mit kleinem

Budget, die nur ein paar Schritte vom Meer übernachten wollen. Einige Unterkünfte hinten im Dschungel sind dunkel und muffig, doch die soliden Bungalows am Strand sind hell, mit poliertem Holz eingerichtet und schauen auf eine Reihe Kokospalmen und das Meer.

Blue Marine BUNGALOWS **$$**
(Karte S. 821; ☎ 077 375079; www.bluemarinephangan.com; Hat Rin Nai; Bungalows 1000–1200 B; ❄📶) Fast identische Betonbungalows mit blauem Fliesenboden, angeordnet um einen gepflegten Rasen. Die besten bieten tolle Sicht auf den weißesten und saubersten Teil des Sunset Beach. Sie sind geräumig, sauber, klimatisiert und mit Kühlschrank, Warmwasser sowie TV ausgestattet.

Delight PENSION **$$**
(Karte S. 821; ☎ 077 375527; www.delightresort.com; Ban Hat Rin; Zi. 800–6400 B; ❄📶🏊) Im Zentrum von Hat Rin bietet das freundliche Delight mit die besten Übernachtungsmöglichkeiten der Gegend. Die blitzsauberen Zimmer im Thai-Stil sind mit dezenten Design-Elementen (z. B. Pfauen-Wandbilder) geschmückt und liegen zwischen einem einladenden Pool und einer ruhigen Lagune voller Seerosen.

Südliche Strände

Zwar sind die Strände im Süden nichts Besonders, doch hier finden Nachahmer-Vollmondpartys statt und sie sind eine billige Alternative zum nahen Hat Rin.

★ **Coco Garden** BUNGALOWS **$**
(Karte S. 818; ☎ 086 073 1147, 077 377721; www.cocogardens.com; Thong Sala; Bungalows 550–1100 B; ❄📶) Die beste Budgetunterkunft an der Südküste mit gepflegter Anlage, 25 makellosen Bungalows und einer hervorragenden Strandbar lässt die Konkurrenz hinter sich. Fröhlich, angenehm und bei der Backpacker-Szene sehr beliebt.

Boom's Cafe Bungalows BUNGALOWS **$**
(Karte S. 818; ☎ 077 238318; www.boomscafe.com; Ban Khai; Bungalows 600–1000 B; ❄) Hier übernachtet man wie bei Einheimischen zu Hause. Die überaus freundliche und hilfsbereite Besitzerin Nok kümmert sich rührend um alle Gäste und hält die Anlage gut in Schuss. Es gibt zwar keinen Pool, doch das Meer rauscht quasi vor der Tür. Die Bungalows befinden sich ganz im Osten von Ban Khai in der Nähe von Hat Rin.

Strände an der Westküste

An der Westküste geht's schick zu, es gibt jedoch auch ein paar Budgetoptionen. Die Atmosphäre ist eine Mischung aus der Abgeschiedenheit der Ostküste und der geselligen Hektik von Hat Rin.

Tantawan Bungalows BUNGALOWS **$**
(Karte S. 818; ☎ 077 349108; www.tantawanbungalow.com; Hat Son; Bungalows 900–3300 B; ❄🏊) Entspannte, lässige und unlängst renovierte Anlage mit elf Teakholzbungalows (Ventilator und Klimaanlage), die sich zwischen Dschungelfarnen versteckt. Pluspunkte sind die tolle Aussicht und der schöne Pool, mit Gepäck ist es allerdings ein ziemlich steiler Weg nach oben.

High Life BUNGALOWS **$**
(Karte S. 818; ☎ 077 349114; www.haadyaohighlife.com; Hat Yao; Bungalows mit Klimaanlage 1200–3500 B; ❄📶🏊) Wir wissen nicht, was besser ist: die grandiose Sicht aufs Meer vom Infinity Pool oder die Doppeldeutigkeit des Namens. Diesem entsprechend thronen die 25 ganz unterschiedlichen Bungalows auf einer palmenbestandenen Granitfelszunge über dem Wasser. Die Mitarbeiter sind höflich und aufmerksam.

Shiralea BUNGALOWS **$**
(Karte S. 818; ☎ 080 719 9256; www.shiralea.com; Hat Yao; B 250 B, Bungalows 600–1300 B; ❄📶🏊) Die jugendlich-frischen Bungalows am Pool sind einfach, doch die neuen Schlafsäle mit Klimaanlage sind toll, und die hauseigene Bar sorgt mit Fassbier für geselliges Ambiente. Rund 100 m vom Strand.

ℹ GEFAHREN & ÄRGERNISSE

Der Partytrubel Ko Pha-Ngans geht mit verschiedenen Gefahren einher. Niemals Drogen auf der Straße kaufen, meist handelt es sich dabei um Erpressungsfallen (oder sogar Undercovereinsätze) der örtlichen Polizei. Vorsicht vor Glasscherben am Strand und vor starken Strömungen. Auf keinen Fall betrunken schwimmen!

Frauen sollten extrem vorsichtig sein, wenn sie bei Vollmondpartys allein reisen oder wenn sie ausgehen und etwas trinken. Es gibt häufig Berichte über Vergewaltigungen und Angriffe durch Motorradfahrer.

Unerfahrene Motorradfahrer fahren hier besser nicht.

Nördliche Strände

Hat Salad ist ein schmaler Sandstrand mit sehr rustikalem Charme. Ao Mae Hat an der nordwestlichen Spitze bietet Meerblick und jede Menge Sand, zudem gelangt man von hier aus zur kleinen Insel Ko Ma. Das Fischerdorf Ban Chalok Lam verwandelt sich seit der Fertigstellung der neuen Straße allmählich in eine Touristenenklave. Der Hat Khuat (Bottle Beach) ist noch immer ein entlegener Sandstrand, der sich in der Hochsaison schnell füllt. Die schönen Strände in Thong Nai Pan im Nordosten der Insel sind über die neue Straße nun leichter erreichbar.

Island View Cabana BUNGALOWS $
(Karte S. 818; ☎077 374173; islandviewcabana@gmail.com; Ao Mae Hat; Bungalows 400–1500 B; 📶) Zwar nicht sehr neue, aber wirklich große Bungalows, die an einem hübschen Fleckchen direkt am Isthmus nach Ko Ma liegen – ideal, um den Sonnenuntergang zu bewundern. Die billigeren Bungalows mit Ventilator befinden sich im hinteren Teil.

Fantasea BUNGALOWS $
(Karte S. 818; ☎089 443 0785; www.fantasea.asia; Chalok Lam; Bungalows mit Ventilator/Klimaanlage 500/800 B; 📶) Gehört zu den besten von mehreren familiengeführten Bungalowanlagen am ruhigen östlichen Ende von Chalok Lam. Davor liegen ein schmaler Strand, an dem man ganz gut schwimmen kann, und ein erhöhtes Restaurant-Areal im Thai-Stil, das zum Chillen einlädt.

Smile Bungalows BUNGALOWS $
(Karte S. 818; ☎085 429 4995; www.smilebungalows.com; Bottle Beach/Hat Khuat; Bungalows 520–920 B; ⏲Nov. geschl.) Mehrere ganz unterschiedliche Holzhütten, die sich einen bewaldeten Hang hinaufziehen, hat das familiengeführte Smile zu bieten. Die zweistöckigen Bungalows (920 B) gefielen uns am besten.

Longtail Beach Resort BUNGALOWS $
(Karte S. 818; ☎077 445018; www.longtailbeachresort.com; Thong Nai Pan; Bungalows mit Ventilator/Klimaanlage ab 550/2590 B; ❄📶) Am hübschen südlichen Ende des Strandes am Wald bietet das Longtail Backpackern charmante Stroh- und Bambusunterkünfte, die sich einen grünen Gartenweg hinaufschlängeln. Der Sand ist traumhaft und die üppig grüne Umgebung hinreißend.

Cookies Salad RESORT $$
(Karte S. 818; ☎083 181 7125, 077 349125; www.cookies-phangan.com; Bungalows 1800–3300 B; 📶🏊) Hier kann man in einer Hängematte entspannen! Auf einem steilen Hügel liegen private Bungalows im balinesischen Stil um einen großen zweistufigen Pool. Für rustikales Flair sorgen die derben Strohdächer und das dichte tropische Grün, aber natürlich fehlt es nicht an Komfort. Das Resort ist superfreundlich und immer schnell ausgebucht.

Strände an der Ostküste

Die neue Straße führt bis Than Sadet und in seine hübsche Bucht. Bis jetzt noch abgeschieden sind Hat Thian und Hat Yuan – man erreicht die beiden Strände mit dem Longtailboot (300–400 B) von Hat Rin.

Mai Pen Rai BUNGALOWS $
(Karte S. 818; ☎081 894 5076, 077 445090; www.thansadet.com; Than Sadet; Bungalows 550–1200 B; 📶) Wunderbare Bungalows an einer ruhigen Strandbucht. Man kann zu den Nam-Tok-Than-Sadet-Wasserfällen laufen, nach Thong Nai Pan wandern (1 Std.) oder mit einem Miet-Kajak auf dem Meer fahren. Die Bungalows auf der hügeligen Landspitze mischen sich mit denen des benachbarten Plaa und sind mit Strohflechtarbeiten und Giebeldächern verziert. Familienbungalows für 900 B und ein freundliches Restaurant gibt's ebenfalls.

Bamboo Hut BUNGALOWS $
(Karte S. 818; ☎087 888 8592; Hat Yuan; Bungalows 400–1000 B; 📶) Yogakurse und meditative Entspannung verspricht dieses tolle Hippiedorf. Es befindet sich in wunderschöner Lage auf einer felsigen Landzunge mit Blick auf Hat Yuan und nach hinten auf den Dschungel. Die kleinen Holzbungalows haben Terrassen.

★ **Sanctuary** BUNGALOWS $$
(Karte S. 818; ☎081 271 3614; www.thesanctuarythailand.com; Hat Thian; B 220 B, Bungalows 770–6000 B) Die bewaldete, abgeschiedene Anlage bietet großartige Unterkünfte, Yogakurse und Entgiftungskuren. Durch den hügeligen Dschungel führen Wege zu den Bungalows. Der Hat Thian ist wunderbar ruhig und perfekt zum Schwimmen. Nur Barzahlung.

Essen

Hat Rin

Die berüchtigte und beliebte Kreuzung **Chicken Corner** sorgt zu jeder Tages- und Nachtzeit für Abhilfe bei Hungerattacken.

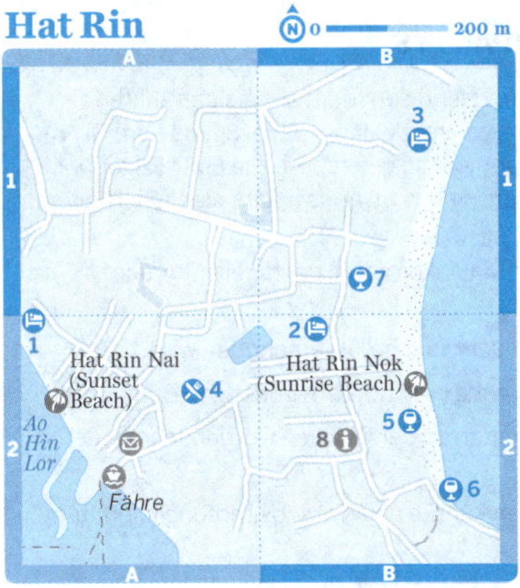

Hat Rin

Schlafen

1 Blue Marine A2
2 Delight B2
3 Seaview Sunrise B1

Essen

4 Lazy House A2

Ausgehen & Nachtleben

5 Drop-In Bar B2
6 Rock B2
7 Sunrise B1

Praktisches

8 Backpackers Information Centre B2

Lazy House INTERNATIONAL $$
(Karte S. 821; Hat Rin Nai; Gerichte 90-270 B; ⏲ Mittag- & Abendessen) Einst war dies die Wohnung des Besitzers, doch weil jeder so begeistert von seinen Kochkünsten war, eröffnete er hier ein Restaurant. Heute dürfte das Lazy House eines der besten Lokale in Hat Rin sein. Gleichzeitig ist es ein gemütlicher Treffpunkt, in dem man bei einem Film und einem leckeren Shepherd's Pie abhängen kann.

Südliche Strände

In einer Nebenstraße im östlichen Teil von Thong Sala gibt's einen **Straßenmarkt** (⏲ Sa 16–22 Uhr). Auf dem **Nachtmarkt** (Karte S. 818; Thong Sala; Gerichte 25-180 B; ⏲ 14–23 Uhr) mit einer großen Auswahl an Snacks kann man wunderbar das Leben und Treiben beobachten.

Nira's BÄCKEREI $
(Karte S. 818; Snacks ab 80 B; ⏲ 7–19 Uhr) Mit dem großartigen Service, den beiden großen, hellen, miteinander verbunden Räumen, den leckeren Backwaren, dem erstklassigen Kaffee sowie exotischen Raritäten wie Marmite und dem trendigen Mobiliar ist das Nira's in Thong Sala und wahrscheinlich auf der gesamten Insel konkurrenzlos. Der beste Ort zum Frühstücken. Als Soundtrack läuft Musik im Stil von Grover Washington.

★ **Fisherman's Restaurant** FISCH & MEERESFRÜCHTE $$
(Karte S. 818; ☎ 084 454 7240; Ban Tai; Gerichte 50–600 B; ⏲ 13–22 Uhr) Man sitzt in einem Longtailboot und schaut auf den Sonnenuntergang und einen felsigen Pier. Seine Abendbeleuchtung macht das Lokal zu einer der schönsten Kulissen der Insel. Ebenso toll ist das Essen, vom süchtig machenden gelben Krabbencurry bis zur riesigen gemischten Meeresfrüchteplatte für mehrere Personen. Vorher reservieren, besonders wenn Partys stattfinden.

Andere Strände

★ **Cucina Italiana** ITALIENISCH $$
(Jenny's; Karte S. 818; Chalok Lam; Pizza 180–200 B; ⏲ 17–22 Uhr) Wären da nicht der Sand zwischen den Zehen und die vorbeiziehenden Longtailboote, könnte man sich in der italienischen Provinz wähnen. Der italienische Küchenchef bereitet alle Speisen täglich selbst zu – von der Pasta bis zum Tiramisu. Die rustikalen knusprig-dünnen Pizzas sind einfach göttlich.

Ausgehen & Nachtleben

Hat Rin ist das pulsierende Herz der legendären Vollmondpartys, wobei auch in normalen Nächten oft jede Menge los ist. Das **Rock** (Karte S. 821), das **Drop-In** (Karte S. 821) und das **Sunrise** (Karte S. 821) sind einige der Party-Adressen, die Hat Rins berüchtigten Sunrise Beach säumen.

Praktische Informationen

Backpackers Information Centre (Karte S. 821; ☎ 077 375535; www.backpackersthailand.com; Hat Rin; ⏲ 11–20 Uhr) Ein Muss für alle Besucher (nicht nur für Backpacker), die gute geführte Touren (Tauchen, Tauchsafaris, Dschungelsafaris etc.) und Verkehrsmittel buchen wollen. Auf der Insel lebende Ausländer führen diese Agentur, die bei allen Buchungen

DIE ZEHN GEBOTE DER VOLLMONDPARTYS

In jeder Vollmondnacht versammeln sich Zehntausende auf dem alkoholgetränkten Sand des Sunrise Beach, um sich dem Rausch von Tranceklängen hinzugeben. Im Grunde will sich jeder nur amüsieren, was jedoch gar nicht so einfach ist. Die Eintrittsgebühr von 100 B wird in die dringend benötigte Säuberung des Strands und in die Sicherheit investiert.

- Du sollst mindestens drei Tage vorher in Hat Rin ankommen, um dir ein Zimmer zu sichern.
- Du sollst den Partytermin überprüfen, da dieser manchmal verschoben wird.
- Du sollst alle Wertsachen sicher verwahren, ganz besonders in günstigen Bungalows.
- Du sollst dir ein paar der frittierten Köstlichkeiten an der Chicken Corner schmecken lassen, bevor der Spaß losgeht.
- Du sollst festes Schuhwerk tragen, ansonsten könnte eine Tetanusimpfung vonnöten sein.
- Du sollst deinen Körper mit Mustern aus Neon-Körperfarbe bemalen.
- Du sollst den Traumblick vom The Rock aus genießen.
- Du sollst auf Drogen verzichten und nur nüchtern im Meer schwimmen.
- Du sollst in einer Gruppe von zwei oder mehr Leuten bleiben, besonders wenn du eine Frau bist.
- Du sollst bis zum Sonnenaufgang feiern und so richtig Spaß haben.

für Seelenfrieden sorgt, denn Kunden bekommen die Handynummer des Besitzers – für den Fall, dass Probleme auftreten. Der Service ist erstklassig und die Mitarbeiter sind unendlich hilfsbereit. Zum Zentrum gehört auch der benachbarte Tauchladen Crystal Dive.

Hauptpost (Karte S. 818; ⌚ Mo–Fr 8.30–16.30, Sa 9–12 Uhr) In Thong Sala; eine kleinere Filiale (Karte S. 821) befindet sich in Hat Rin direkt neben dem Pier.

Hauptpolizeistation (Karte S. 818; ☎ 077 377114, 191) Liegt ca. 2 km nördlich von Thong Sala. Hier kann man Anzeige erstatten, wenn man Opfer eines Verbrechens geworden ist. Die Aufnahme einer Anzeige kann zwischen 110 und 200 B kosten, die für die Versicherung anfallen; wenn man sich weigert, zu bezahlen, kann es Komplikationen geben. Wer festgenommen wird, darf einen Botschaftsanruf tätigen; man ist nicht verpflichtet, den gestellten „Dolmetscher" zu akzeptieren.

Ko Pha-Ngan Hospital (Karte S. 818; ☎ 077 377034; Thong Sala; ⌚ 24 Std.) Rund 2,5 km nördlich von Thong Sala; die Notaufnahme ist rund um die Uhr geöffnet.

ℹ An- & Weiterreise

Ko Pha-Ngans Flughafen wurde nicht wie geplant 2014 eröffnet, bei Redaktionsschluss stand nach wie vor kein neuer Termin fest. Wenn er öffnet, wird Kan Air von dort Verbindungen mit Bangkok ermöglichen.

Thong Sala ist der Hauptpier auf Ko Pha-Ngan, manche Bootsunternehmen fahren jedoch auch von den Piers im Norden Samuis nach Hat Rin und an die Ostküste (200–400 B, 20–60 Min., 7–18 Uhr häufig). Kombitickets für Bus und Boot bis nach Bangkok sind ebenfalls erhältlich (1300 B, 17 Std.).

Die **Haad Rin Queen** (☎ 077 484668) verkehrt steuert von Hat Rin den Big Buddha Beach auf Ko Samui an (200 B, 50 Min. 4-mal tgl.). Während der Vollmondpartys verkehrt sie häufiger. Der klapprige *Thong Nai Pan Express* bietet eine Verbindung zwischen Hat Rin und den Stränden an der Ostküste und fährt auch von Thong Nai Pan nach Mae Hat auf Ko Samui (200–400 B, 1-mal tgl.), bei schlechtem Wetter fällt die Fahrt aber aus.

ℹ Unterwegs vor Ort

Motorräder kann man fast überall für 150 bis 250 B leihen. Ungeübte sollten auf der Insel nicht Motorrad fahren.

Sŏrng·tăa·ou verkehren entlang der Hauptstraßen der Insel. Die Strecke zwischen Thong Sala und Hat Rin kostet 100 B, zu anderen Stränden zwischen 150 und 200 B. Nach Sonnenuntergang verdoppeln sich die Preise. Es lohnt sich, in der Unterkunft bei der Abreise nach kostenlosem oder ermäßigtem Transfer zu fragen.

Longtailboote fahren den ganzen Tag über von Thong Sala zu verschiedenen Stränden (50–300 B).

Ko Tao

เกาะเต่า

1500 EW.

Ko Tao, die kleinste Samui-Insel, zieht schon lange mit ihren küstennahen Riffen, günstigen Tauchzertifikaten und dschungelbewachsenen Buchten Besucher an. Mittlerweile wird hier vermehrt der gehobene Tourismussektor bedient, die Tauchkurse sind allerdings noch immer sehr günstig.

Sehenswertes & Aktivitäten

Tauchen & Schnorcheln

Ko Tao ist ideal für Tauchanfänger, die sich an den seichten Buchten versuchen können. Über 40 Tauchschulen verleihen Ausrüstung und bieten 3½-tägige Open-Water-Zertifikat-Kurse an. Die starke Konkurrenz sorgt für niedrige Preise und gute Qualität.

Im Dezember, Januar, Juni, Juli und August sind die Besucherzahlen hoch und die meisten Unterkünfte belegt; zudem kommen nach einer Vollmondparty auf der benachbarten Insel Ko Pha-Ngan immer jede Menge Tauchanfänger.

An die Schulen sind meist Unterkünfte angeschlossen, wo Taucher Rabatt bekommen.

Die meisten Schnorchler ziehen auf eigene Faust los und erkunden mit einem gecharterten Longtailboot die Buchten.

Ban's Diving School TAUCHEN

(Karte S. 826; ☎077 456466; www.bansdivingresort.com; Sairee Beach) Was Tauchzertifikate angeht ist Ban's eine der produktivsten Tauchschulen. Außerdem expandiert das gut geölte Unternehmen unentwegt, hat sich aber seine Fünfsterne-Atmosphäre bewahrt. Die Unterrichtseinheiten in Klassenräumen finden in recht großen Gruppen statt, doch im Wasser erhält jeder Teilnehmer genügend individuelle Beachtung. Dank der vielen internationalen Ausbilder besteht die Chance, in der eigenen Muttersprache tauchen zu lernen.

Big Blue Diving TAUCHEN

(Karte S. 826; ☎077 456050; www.bigbluediving.com; Sairee Beach) Viel Lob erhält dieser mittelgroße Veranstalter – nicht zu groß, nicht zu klein – für seine gesellige Atmosphäre fördert, die aber nicht auf Kosten des hohen Standards geht. Taucher können im Resort des Big Blue spottbillig übernachten.

Buddha View TAUCHEN

(☎077 456074; www.buddhaview-diving.com; Chalok Ban Kao) Eine von mehreren großen Tauchschulen auf Ko Tao und bietet die üblichen Zertifizierungen und Spezialprogramme für technisches Tauchen (die über die typischen Anforderungen für Freizeittauchen hinausgehen). In einem freundlichen Resort sind vergünstigte Unterkünfte vorhanden.

Schlafen

Sairee Beach

An Taos längstem Sandstrand finden Tauchkurse statt, zudem liegen hier Bars und Restaurants.

Blue Wind BUNGALOWS $

(Karte S. 826; ☎077 456116; bluewind_wa@yahoo.com; Bungalows 350–1400 B; ❄📶) Eine tolle rustikale, aber erholsame Alternative zu den energiegeladenen Tauch-Resorts entlang des Sairee Beach. Die robusten Bambushütten liegen an einem Fußweg hinter der Bäckerei am Strand, außerdem gibt's große, geflieste Hütten sowie schöne Zimmer mit Balkon, Warmwasser und TV. Die Rezeption schließt abends, WLAN gibt's nur im Strandbereich.

Spicytao Backpackers HOSTEL $

(Karte S. 826; ☎082 278 7115; www.spicyhostels.com/Home.html; B 200–250 B; ❄📶) Abseits der Hauptstraße in einer rustikalen Gartenanlage versprüht das Spicytao ländlich-intimes Flair. Kunden schwärmen von der Atmosphäre und den Mitarbeitern, die ständig Aktivitäten organisieren. Unbedingt im Voraus buchen.

Ban's Diving Resort RESORT $$

(Karte S. 826; ☎077 456466; www.bansdivingresort.com; Zi. 600–10 000 B; ❄@📶🏊) Der Partypalast für Taucher bietet attraktive Unterkünfte, von einfachen Backpacker-Betten bis zu schicken Villen in Hanglage, und es kommen ständig neue hinzu. Gäste chillen am resorteigenen Traumstrand oder an einem der zwei Pools, die zwischen einem Streifen Dschungel und den zweistöckigen Hotelgebäuden mit Säulen und Terrassen liegen.

Chalok Ban Kao

Der ruhige Strand wartet mit entspanntem Nachtleben und Sonnenbaden auf.

Tropicana PENSION $

(Karte S. 824; ☎077 456167; www.koh-tao-tropicana-resort.com; Zi. 450–2500 B) In einer sandigen schattigen Gartenanlage, von der man hier und da durch Farnwedel und Palmen das Meer sehen kann, verteilen sich 56 einfache, niedrige Hütten.

Ko Tao

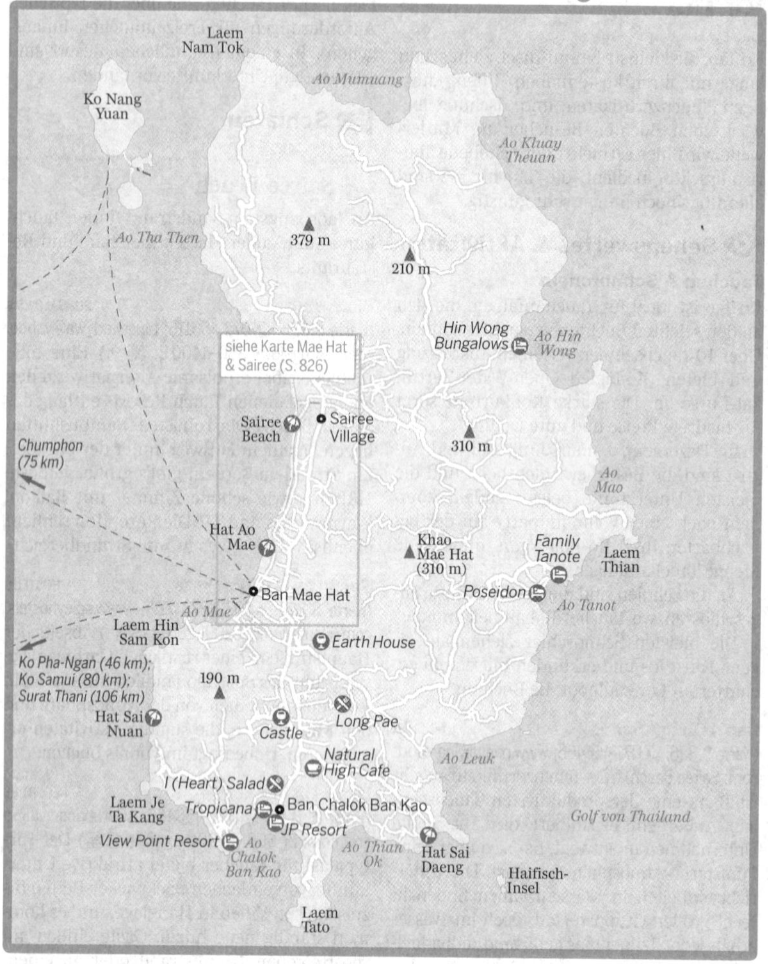

JP Resort PENSION $
(Karte S. 824; ☎077 456099; Zi. ab 700–1300 B; ❄@📶) Farbenfrohe Auswahl an älteren Zimmern im Motelstil auf einem kleinen Dschungelgelände an der Straße gegenüber dem Meer. Check-out ist um 10 Uhr.

★ **View Point Resort** RESORT $$
(Karte S. 824; ☎077 456444; www.kohtaoviewpoint.com; Bungalows 2500–14 000 B; ❄📶🏊) Von der üppig grünen Anlage mit Farnen und Palmen auf einem mit Felsen übersäten Hügel hat man einen grandiosen Blick auf das Meer und die Bucht. Alle Unterkünfte, von den exquisiten privaten Suiten, die an ein luxuriöses Liebesnest von Tarzan und Jane erinnern, bis zu den Bungalows mit toller Aussicht, sind aus Felsen, Holz und Beton gebaute natürliche Domizile. Das Resort ist unter neuer Leitung und bietet ein fantastisches Preis-Leistungs-Verhältnis.

Strände an der Ostküste

An den malerischen mit Felsen gespickten Buchten der unberührteren Ostküste kann man wunderbar abschalten. Ao Tanot ist das kommerzielle Zentrum der Ostküste.

Hin Wong Bungalows
BUNGALOWS $

(Karte S. 824; 077 456006; Hin Wong; Bungalows 500–700 B;) Wie Felsen im Meer liegen diese elf netten Hütten mit Wellblechdächern auf einem wilden tropischen Gelände – die Anlage erinnert an *Gilligans Insel*. Direkt hinter dem luftigen Restaurant ragt ein wackeliger Pier ins Meer, also Beine baumeln lassen und die Schwärme schwarzer Sardinen beobachten, die durchs blaue Wasser gleiten.

Poseidon
BUNGALOWS $

(Karte S. 824; 077 456735; poseidonkohtao@hotmail.com; Ao Tanot; Bungalows 800–1500 B;) Nahe dem Strand bewahren diese etwa 15 einfachen, aber akzeptablen Hütten mit Ventilator die Tradition der billigen Bambusbungalows. WLAN ist nur im Restaurant verfügbar.

Family Tanote
BUNGALOWS $$

(Karte S. 824; 077 456757; Ao Tanot; Bungalows 800–3500 B;) Die von einer Familie betriebenen gemütlichen Bungalows in Hanglage sind eine gute Wahl, wenn man auf Ruhe und Einsamkeit aus ist. Direkt vor der Tür kann man zwischen Fischen schnorcheln und oben im Restaurant bei schönem Blick auf die Bucht leckeres Essen genießen.

Essen

Sairee Beach

★ 995 Roasted Duck
CHINESISCH $

(Karte S. 826; Hauptgerichte ab 70 B; 9–21 Uhr) Wer sich über die Schlangen vor dieser Hütte wundert, sollte sich anstellen und einmal die fabelhafte gebratene Ente probieren. Die Preise reichen von 70 B für eine dampfende Schüssel Nudeln mit Ente bis zu 700 B für einen ganzen Vogel.

Su Chili
THAI $

(Karte S. 826; Gerichte 85–225 B; 10–22.30 Uhr) Einladender, lebhafter Laden, der frische und leckere Thai-Küche serviert – das freundliche Personal fragt nach der gewünschten Schärfe. Empfehlenswert sind die nordthailändischen Spezialitäten und Penang-Currys. Für Gäste mit Heimweh gibt's auch ein paar beliebte westliche Gerichte.

Los Pollos Hermanos
BARBECUE $

(Karte S. 826; www.lospolloshermanos-kohtao.com; Hauptgerichte ab 140 B; 8–24 Uhrt) Wer Lust auf richtig gute gegrillte Piri-Piri-Hähnchen mit Soßen in drei Schärfegraden hat, ist hier richtig. Nur auf die Holzteller würden wir gern verzichten. Das Restaurant versteckt sich in einer langen Gasse, die von der Hauptstraße abgeht.

★ Barracuda Restaurant & Bar
ASIATISCHE FUSIONSKÜCHE $$

(Karte S. 826; 080 146 3267; Hauptgerichte 240-590 B; 18–22.30 Uhr) Wenn die thailändische Prinzessin in der Stadt ist, zaubert Chefkoch Ed Jones Gerichte für sie, doch auch Normalsterbliche können sich seine exquisite Küche leisten. Regionale Zutaten werden in kreative, frische, meisterliche Fusionsküche verwandelt. Empfehlenswert sind die Meeresfrüchteplatte, das in Sesam gegarte Thunfischfilet und der geschmorte Lammschenkel, am besten mit einem Zitronengras- und Ingwer-Mojito.

Chopper's Bar & Grill
INTERNATIONAL $$

(Karte S. 826; www.choppers-kohtao.com; Hauptgerichte 160–300 B; 9–24 Uhr) Im unglaublich beliebten Chopper's, einem festen Bestandteil der organisierten Kneipentouren auf Ko Tao, gibt's auf zwei Etagen Livemusik, Sportübertragungen, Billardtische, einen Kinosaal und anständiges Baressen. Von 17 bis 20 Uhr ist Happy Hour.

Mae Hat

Pranee's Kitchen
THAI $

(Karte S. 826; Gerichte 50–150 B; 7–22 Uhr;) Der alteingesessene Klassiker serviert leckere Curry- und andere Thaigerichte in einem Freiluftpavillon mit gemütlichen Kissen, Holztischen und Fernseher. Um 18 Uhr laufen Filme in englischer Sprache.

Food Centre
THAI $

(Karte S. 826; Hauptgerichte ab 30 B; morgens, mittags & abends) Bei Einheimischen erfreuen sich die Blech-Essensstände des Food Centre – der Name hat sich eingebürgert – wachsender Beliebtheit. Sie liegen an einem Parkplatz bei der Tankstelle von Mae Hat. Hier gibt's den wohl besten Papaya-Salat der ganzen Insel.

★ Whitening
INTERNATIONAL $$

(Karte S. 826; Gerichte 150–400 B; 13–1 Uhr;) Das strahlend weiße Lokal am Meer – eine Mischung aus Restaurant und schicker Strandbar – serviert leckere Varianten indigener und internationaler Gerichte. Man isst bei weihnachtlicher weißer Beleuchtung, aber mit den Füßen im Sand. Und das Beste: Es kostet nicht die Welt.

Mae Hat & Sairee Beach

Mae Hat & Sairee Beach

Aktivitäten, Kurse & Touren

1 Ban's Diving School B2
2 Big Blue Diving B2

Schlafen

3 Ban's Diving Resort B2
4 Blue Wind B1
5 Spicytao Backpackers B2

Essen

6 995 Roasted Duck B2
7 Barracuda Restaurant & Bar B2
8 Chopper's Bar & Grill B2
9 Food Centre B4
10 Los Pollos Hermanos B1
11 Pranee's Kitchen A4
12 Safety Stop Pub A4
13 Su Chili B2
14 Whitening A4

Ausgehen & Nachtleben

15 Fizz B2

Chalok Ban Kao

I (Heart) Salad CAFÉ $$
(Karte S. 824; Hauptgerichte ab 120 B; ⏲8–21 Uhr; 📶) Hier gibt's eine Auswahl an gesunden Salaten mit frischen Zutaten, gute vegetarische und vegane Gerichte und klebrige Dessert zum Abschluss. Zudem frische Obstsäfte und eigelbfreie Frühstücksvariationen.

Long Pae STEAK $$$
(Karte S. 824; Hauptgerichte ab 160 B; ⏲10–24 Uhr) Abseits der meisten Touristenrouten liegt das „Onkel Pae" in hügelig-wildem Dschungel mit Blick aufs Meer in der Ferne. Es ist auf Steaks spezialisiert, die bestens zu den asiatischen Vorspeisen passen. Bei schönem Wetter kommt man am besten zum Sonnenuntergang, doch wenn es windig ist, muss man seine Serviette gut festhalten.

Ausgehen & Unterhaltung

Neben Tauchen ist Feiern der bevorzugte Zeitvertreib auf Ko Tao, und niemand kann sich über mangelnde Ausgehmöglichkeiten beklagen. An die drei größten Tauchzentren sind gesellige Bars angeschlossen, die **Fishbowl Beach Bar**, die **Crystal Bar** und **Buddha on the Beach**. Auch wenn man sich nicht fürs Tauchen interessiert, lohnt ein Abstecher. Tolles Kneipenessen gibt's im Chopper's (S. 825) und im **Safety Stop Pub** (Karte S. 826; Hauptgerichte 60–250 B; ⏲7–23 Uhr; 📶).

★ **Earth House** BIERGARTEN
(Karte S. 824; www.theearthhousekohtao.com; ⏲Mo–Sa 12–24 Uhr) Kelly aus Worcester führt dieses legere, abgeschiedene und rustikale Lokal, das in einem verträumten Garten 40 Biere aus aller Welt, Kleinbiere und Cidres serviert. Außerdem gibt's ein schönes Baumhaus, ein Restaurant (Mo–Sa 9–12 & 13–18 Uhr) und Bungalows, falls man zu viel vom Green Goblin (Cidre) getrunken hat.

Das Earth House findet man an der Straße zum Ao Tanot, direkt vor dem Abzweig zum Ao Leuk.

★ **Fizz** BAR
(Karte S. 826; Sairee Beach) Einfach auf einem Sitzsack Platz nehmen, einen Designer-Cocktail bestellen und sich dem hypnotischen Geräusch der Wellen und der Ambient-Musik hingeben. Fantastisch.

Castle CLUB
(Karte S. 824; www.thecastlekohtao.com; Mae Hat) Das dreigeschossige Castle liegt an der Haupt-

straße zwischen Mae Hat und Chalok Ban Kao. Es ist die führende Adresse der Insel für Hip-Hop-, Garage- und Funk-Partys, und die monatlichen Partys locken viele einheimische und internationale DJs an.

Natural High Café CAFÉ
(Karte S. 824; ⏲10.30–24 Uhr) Eine erhöhte offene Terrasse, der tolle Blick in alle Himmelsrichtungen über das dichte Grün der Insel, Hängematten zum Abhängen, Ambient-Musik zum Chillen und Kaffee in Emaille-Tassen – der ideale Ort, um wegzudösen. Und für alle Energiegeladenen gibt's einen Pool. Das Café liegt auf einem Hügel an der Straße zum Hat Sai Daeng und ist ausgeschildert.

Gefahren & Ärgernisse

Für unerfahrene Motorradfahrer sind die Straßen der Insel zu gefährlich. Denguefieber ist ein Problem, deswegen ist es ratsam, bei Tag und Nacht Insektenschutzmittel zu benutzen. Wer zu viel getrunken hat, sollte sich in Bars nicht auf Streit mit Thais einlassen; ein brutaler Mord an zwei Ausländern im Jahr 2014 ging möglicherweise auf den Streit mit einem Thai zurück, der über gute Beziehungen verfügte.

Praktische Informationen

Polizei (Karte S. 826; ☎077 456631) Zwischen Mae Hat und Sairee Beach an einem zerfurchten Abschnitt der Strandstraße.

Post (Karte S. 826; ☎077 456170; ⏲Mo–Fr 9–17, Sa 9–12 Uhr) 10 bis 15 Gehminuten vom Pier an der Ecke von Ko Taos Hauptstraße im Inselinneren und der Straße durch Mae Hat.

An- & Weiterreise

Chumphon auf dem Festland ist Ausgangspunkt für einen Besuch von Ko Tao. Fähren verbinden Tai mit den Nachbarinseln und Surat Thani. In Mae Hat befindet sich der größte Pier der Insel. Während der Vollmondpartys auf Ko Pha-Ngan bucht man Tickets im Voraus. Die Kosten des Transfers zum Pier sollten im Ticketpreis enthalten sein.

Nach Ko Pha-Ngan fahren u.a. Boote von Lomprayah (500–600 B, 1 Std., 3-mal tgl.), Seatran Discovery Ferry (430 B, 1 Std., 3-mal tgl.) und Songserm (350 B, 2 Std.). Nach Samui verkehren u.a. Boote von Lomprayah (600 B, 2 Std., 2-mal tgl.), Seatran Discovery Ferry (600 B, 3-mal tgl.) und Songserm (450 B, 3½ Std., 1-mal tgl.).

Unterwegs vor Ort

Sŏrngtăaou, Pick-ups und Motorradtaxis bringen Passagiere vom Pier in Mae Hat zu den Hotels. Die Fahrt zum Sairee Beach und nach Chalok Ban Kao kostet 100 bis 200 B pro Person, je nach Zahl der Fahrgäste; um Geld zu sparen, tut man sich also am besten mit anderen zusammen. Wassertaxis fahren für etwa 1000 B von Mae Hat nach Chalok Ban Kao zum nördlichen Teil vom Sairee Beach. Charterboote gibt's ab 1500 B pro Tag.

Surat Thani อำเภอเมืองสุราษฎร์ธานี

128 990 EW.

Surat Thani war einst Sitz des alten Srivijaya-Reichs, das über große Teile Südthailands, Malaysias und Sumatras herrschte. Heute ist es ein wichtiger Verkehrsknotenpunkt. Besucher verweilen hier dagegen kaum, sondern machen sich zu den Samui-Inseln und an die Andamanenküste auf.

Für eine Übernachtung eignen sich das zentrale, saubere **My Place@ Surat Hotel** (☎077 272288; 247/5 Th Na Meuang; DZ 490–590 B, FZ 620 B; ❄📶) und das schicke **Wangtai Hotel** (☎077 283020; 1 Th Talad Mai; Zi. 790–2000 B; ❄@📶🏊).

Auf dem **Nachtmarkt** (Sarn Chao Ma; Th Ton Pho; Gerichte ab 35B; ⏲18–23 Uhr) werden allerlei Köstlichkeiten angeboten. Weitere Essstände finden sich nahe den Docks der zu den Inseln verkehrenden Nachtboote, zudem ein **Sonntagsmarkt** (⏲16–21 Uhr) nahe dem TAT-Büro. Tagsüber verkaufen viele Stände in der Nähe des Busbahnhofs in der Innenstadt *kôw gài òp* (mariniertes, gebackenes Hühnchen an Reis).

Praktische Informationen

Taksin Hospital (☎077 273239; Th Talat Mai) Das professionellste der drei Krankenhäuser in Surat; direkt hinter dem Talat-Mai-Markt im Nordosten der Innenstadt.

Tourism Authority of Thailand (TAT; ☎077 288818; 5 Th Talat Mai; ⏲8.30–16.30 Uhr) Südwestlich der Stadt bietet dieses freundliche Büro nützliche Broschüren und Karten; das Personal spricht gut Englisch.

An- & Weiterreise

Wenn man von einer Stadt im Norden wie Bangkok oder Hua Hin zu den Samui-Inseln reist, ist Chumphon ein günstigerer Ausgangspunkt zu den Inseln als Surat.

BUS & MINIVAN

Busse und Minivans fahren regelmäßig an zwei Sammelstellen in der Stadt ab: am Talat Kaset 1 am nördlichen Abschnitt der Th Talat Mai (der Hauptverkehrsader der Stadt) und am Talat Kaset 2 an der Südseite der Th Talat Mai.

Der Fernbusbahnhof liegt 7 km südlich der Stadt, von hier fahren Busse nach Bangkok (380–800 B, 11–14 Std.).

Busse ab Surat Thani (Zentrum):

ZIEL	PREIS (B)	FAHRTDAUER (STD.)
Bangkok	421–856	10
Hat Yai	160--290	5
Krabi	150	2½
Phuket	250	6

FLUGZEUG

Wenn man keinen Flug nach Samui bekommt, ist der Flughafen von Surat Thani eine Alternative zu Bangkok für die An- und Abreise. Die Fahrt vom Flughafen zu den Piers ist allerdings mit erheblichem Zeitaufwand und Stress verbunden. Von/nach Surat Thani fliegen Air Asia, das einen Shuttle zum Bootspier betreibt, Nok Air und Thai Airways International.

SCHIFF/FÄHRE

Boote von **Lomprayah** (p742), **Seatran Discovery** (☎077 275063; www.seatrandiscovery.com) und **Songserm** (☎077 377704; www.songserm-expressboat.com) fahren häufig und zuverlässig zu den Inseln. Nachtfähren nach Ko Samui (300 B, 6 Std., Abfahrt 23 Uhr) starten im Stadtzentrum; die einfachen Frachtschiffe versorgen die Insel mit Waren.

ZUG

Der Bahnhof von Surat liegt in Phun Phin, 14 km westlich der Stadt. Ab Phun Phin verkehren Busse nach Phuket, Phang-Nga und Krabi, einige davon über Takua Pa, der Haltestelle für den Khao-Sok-Nationalpark. Es gibt auch Kombinationen aus Zug- und Bootsfahrt; wer mit dem Zug ankommt, hat Anschlussverbindungen auf die Samui-Inseln.

Unterwegs vor Ort

Minivans bringen Besucher für 100 B pro Person vom Flughafen zum jeweiligen Hotel. *Sŏrngtăaou*-Fahrten in der Stadt kosten 10 bis 30 B. Orangefarbene Standardbusse pendeln vom Bahnhof in Phun Phin nach Surat Thani (15 B, 25 Min., häufig). Ein Taxi ab dem Bahnhof kostet für maximal vier Passagiere 200 B.

Hat Yai หาดใหญ่

191 696 EW.

Südthailands Version einer Metropole bietet Einkaufszentren und moderne Annehmlichkeiten und gilt als beliebtes Wochenendausflugsziel malaysischer Männer, die sich mit Prostituierten vergnügen wollen, was für ein etwas herbes Grenzstadtflair sorgt. Gelegentlich ist die Rebellenbewegung in den Provinzen im Süden Thailands auch hier aktiv, so kam es schon zu Bombenanschlägen auf prominente Ziele wie Einkaufszentren, Hotels und den Flughafen. Der jüngste Bombenanschlag, bei dem acht Menschen verletzt wurden, ereignete sich 2014. Trotzdem ist Hat Yai für ausländische Besucher nicht tabu und ein wichtiger Verkehrsknotenpunkt.

Man findet Dutzende Hotels, die vom Bahnhof aus zu Fuß zu erreichen sind. Hat Yai gilt als inoffizielle Hauptstadt der südthailändischen Küche, so gibt's hier muslimisches *roti* und Currys, chinesische Nudel- und Dim-Sum-Gerichte sowie frische Meeresfrüchte nach Thai-Art vom Golf und von der Andamanenküste.

Praktische Informationen

Einwanderungsbehörde (Th Phetkasem) Nahe der Zugbrücke; kümmert sich um Visaverlängerungen.

Tourism Authority of Thailand (TAT; call centre ☎1672; www.tourismthailand.org/hatyai; 1/1 Soi 2, Th Niphat Uthit 3; ⏲8.30–16.30 Uhr) Das Personal ist sehr hilfsbereit, spricht exzellentes Englisch und hält jede Menge Infos zur gesamten Region bereit.

Touristenpolizei (Th Niphat Uthit 3; ⏲24 Std.) Nahe dem TAT-Büro.

An- & Weiterreise

BUS

Die meisten Überlandbusse und Minivans in den Süden fahren vom Busbahnhof, 2 km südöstlich des Zentrums, ab. Ein Großteil der Minivans, die Richtung Norden unterwegs sind, startet von einem Minivan-Bahnhof 5 km westlich der Stadt beim Talat Kaset; eine *túk-túk*-Fahrt vom Zentrum hierher kostet 60 B. **Prasert Tour** (Th Niphat Uthit 1) und **Cathay Tour** (93/1 Th Niphat Uthit 2) bieten Minivanverbindungen zu vielen Zielen im Süden.

Busse ab Hat Yai:

ZIEL	PREIS (B)	FAHRTDAUER (STD.)
Bangkok	688–1126	15
Krabi	182–535	5
Phuket	360	7
Sungai Kolok	200	4
Surat Thani	235	5

FLUGZEUG

Thai Airways International (THAI; www.thaiairways.com; 182 Th Niphat Uthit 1), Air Asia und Nok Air fliegen nach Bangkok. Air Asia hat auch Flüge nach Kuala Lumpur.

EINREISE NACH MALAYSIA: VON SUNGAI KOLOK NACH KOTA BHARU

Dieser Grenzübergang liegt im tiefen Süden Thailands, einem Gebiet, in dem seit mehr als zehn Jahren ein kleiner gewaltsamer Konflikt zwischen Aufständischen und Regierung herrscht. Wer auf dem Landweg durch diese Gegend reist, sollte besondere Vorsicht walten lassen. Ausländer können die Grenze auch in Tak Bai, ebenfalls in der Provinz Narathiwat, sowie weiter südlich in Yala legal überqueren; der mit Abstand günstigste Grenzübergang ist aber Sungai Kolok.

Anreise zur Grenze Der thailändische Einwanderungsschalter (5–21 Uhr geöffnet) am Grenzübergang Sungai Kolok–Rantau Panjang liegt rund 1,5 km vom Zentrum von Sungai Kolok bzw. vom Bahnhof entfernt. Motorradtaxis verlangen 30 B.

An der Grenze Das Passieren der Grenze ist unkompliziert und schnell. Nach den üblichen Formalitäten läuft man über die Harmoniebrücke zum malaysischen Grenzposten.

Weiterreise 200 m hinter dem malaysischen Grenzposten fahren Sammeltaxis (10 RM/ 90 B) und Busse (5,10 RM/45 B) nach Kota Bharu ab. Man kann auch für 50 RM (450 B) ein Auto chartern.

Infos zum Überqueren der Grenze in entgegengesetzter Richtung gibt's auf S. 457

ZUG

In Hat Yai kann man mit dem Zug Richtung Süden nach Butterworth (Malaysia) fahren und dort nach Penang umsteigen. Der Bahnhof liegt zentral.

Unterwegs vor Ort

Airport Taxi Service (182 Th Niphat Uthit 1; 100 B pro Pers.; 6.30–18.45 Uhr) verkehrt sechsmal täglich zum Flughafen. Ein Privattaxi kostet 320 B.

Sŏrng·tăa·ou fahren entlang der Th Phetkasem (10 B pro Pers.). Für Fahrten mit dem *túk-túk* oder Motorradtaxi durch die Stadt zahlt man 20 bis 40 B pro Person.

ANDAMANENKÜSTE

Die Andamanenküste mit ihrem türkisfarbenen Meer ist das Urlaubsparadies schlechthin und verführt wohl jeden zu einem Aussteigerleben in Flipflops. Weiße Strände, kathedralenähnliche Kalksteinklippen, leuchtende Korallen und Hunderte von Dschungel bedeckte Inseln erstrecken sich von der Grenze zwischen Myanmar und Malaysia bis hin zur Andamanensee. Die Postkartenidylle ist vor allem vom Pauschaltourismus geprägt und Budgetunterkünfte sind nicht ganz leicht zu finden.

Ranong ระนอง

29 096 EW.

Am Ostufer der trüben Flussmündung des Sompaen liegt Ranong, nur eine kurze Bootsfahrt – oder auch ein paar Schwimmzüge in dreckigem Wasser – von Myanmar entfernt. In der Grenzstadt *par excellence* (hektisch, zwielichtig) gibt's einen Multikulti-Mix mit Menschen aus Myanmar, wunderbarem Straßenessen und immer mehr westlichen Ausländern, die sich hier niederlassen.

Die Stadt dient u. a. als Zwischenstation auf dem Weg nach Ko Phayam im Süden, einer Grenzstadt nach Myanmar, wo sich viele Besucher ihr Visum verlängern lassen. Außerdem haben sich in Ranong einige Tauchanbieter niedergelassen, die auf Tauchsafaris zu den Surin- oder Similan-Inseln sowie zu den Burma Banks spezialisiert sind, darunter **A-One-Diving** (077 832984; www.a-one-diving.com; 256 Th Ruangrat; 3-tägige Tauchsafari 17 900–18 900 B; Okt.–April) und das **Andaman International Dive Center** (089 814 1092; www.aidcdive.com; Bus Terminal, Th Phetkasem; 4-tägige Tauchsafari 19 000 B; Okt.–April).

Schlafen & Essen

Wer eine Visa-Tour gebucht hat, wird ohne eine Übernachtung in die Stadt und wieder hinausgebracht. Um eine Nacht hier zu verbringen, bietet sich das modernisierte **Luang Poj** (077 833377, 087 266 6333; www.facebook.com/luangpojhostel; 225 Th Ruangrat; Zi. 500 B;) an.

Gegen den Hunger helfen ein **Nachtmarkt** (Th Kamlangsap, abseits des Hwy 4; Gerichte 30–50 B; 14–19 Uhr) und ein **Tagesmarkt** (Th Ruangrat; Gerichte 40–50 B; 5–24 Uhr) mit

EINREISE NACH MYANMAR: VON RANONG NACH KAWTHOUNG (VICTORIA POINT)

Seit 2014 kontrollieren die thailändischen Behörden verstärkt Personen, die zum Zweck der Visumsverlängerung die Grenze überqueren; gesucht werden dabei ausländische Touristen, die illegal in Thailand arbeiten. Die meisten Besucher entscheiden sich für die von Reisebüros in Ranong organisierten „Visa-Touren" (ab 1000 B pro Pers. inkl. Visagebühren), allerdings kann man auch problemlos auf eigene Faust losziehen. Wer aus Thailand einreist, muss in Myanmar die Uhr 30 Minuten zurückstellen.

An der Grenze ist mittlerweile mit vorab organisiertem Visum die Einreise nach Myanmar möglich, ansonsten kann man die recht baufällige Hafenstadt Kawthoung im Rahmen eines Tagesausflugs besuchen.

Anreise zur Grenze Boote nach Kawthoung legen am Saphan-Plaa-Pier, 5 km von Ranong entfernt, ab. *Sŏrngtăaou* fahren von Ranong zum Pier (20 B).

An der Grenze Fahrer von Longtailbooten warten am Pier und handeln dort die Preise aus; Fahrten nach Myanmar kosten in der Regel 125/250 B (einfach/hin & zurück). Am Pier sollte man Fotokopien des Passes machen lassen (5 B). Nachdem man in der **thailändischen Einwanderungsbehörde** (S. 830) seinen Ausreisestempel erhalten hat, geht's mit dem Boot auf die andere Seite und vorbei am Kontrollpunkt in Myanmar.

An der Einwanderungsbehörde in Myanmar wird man sehr wahrscheinlich von einem Englisch sprechenden Herrn begrüßt, der gegen eine Gebühr „helfen" möchte; das Angebot kann man natürlich ablehnen.

Tagesbesucher erhalten gegen eine feste Gebühr von 10 US$ (nur gute Scheine ohne Risse) einen Grenzausweis; der Reisepass bleibt an der Grenze. Will man nur das Visum verlängern, sollte man mit etwa zwei Stunden rechnen.

Weiterreise Besucher können einen Tagesausflug nach Kawthoung unternehmen. Wer ein Visum im Voraus beantragt hat, kann nach Myanmar reisen.

Infos zum Überqueren der Grenze in entgegengesetzter Richtung gibt's auf S. 535.

günstigen thailändischen und birmanischen Speisen. **Pon's Place** (☎081 597 4549; www.ponplace-ranong.com; Th Ruangrat; ⊙7.30–19 Uhr) ist Ranongs Anlaufstelle für Lebensmittel, Touristeninformationen u. Ä. Die Ausländergemeinde trifft sich im **Ranong Hideaway** (☎077 832730; www.ranonghideaway.com; 323/7 Th Ruangrat; Hauptgerichte 90–300 B; ⊙10–23 Uhr;), das u. a. einen Billardtisch, einen Pizzaofen und eine gut bestückte Bar hat.

Praktische Informationen

Einwanderungesbüro Ranong (Th Chalermprakiat; ⊙8.30–17 Uhr) Das zentrale Einwanderungsbüro liegt 4 km südwestlich der Stadt und erledigt Visaverlängerungen.

Grenzposten Ranong (Tha Saphan Plaa; ⊙8–17 Uhr) Wer nur mal schnell nach Kawthoung in Myanmar und wieder zurück will, kann diesen Grenzposten 5 km südwestlich der Stadt nutzen.

Post (Th Chonrau; ⊙Mo–Fr 8.30–16.30, Sa & So 9–12 Uhr)

BUSSE & MINIVANS AB RANONG

ZIEL	FAHRPREIS (B)	FAHRTDAUER (STD.)	ABFAHRT
Bangkok	445–692	9–10	7–13 Uhr stündl., 15, 17, 19 & 20 Uhr (VIP)
Chumphon	120	2	7–17 Uhr stündl.
Hat Yai	420	7	6, 10 & 20 Uhr
Khao Lak	180	3½	6.30–17.45 Uhr stündl.
Krabi	197	6	7.30, 10.15 & 14 Uhr
Phang-Nga	190	5	7.30, 10.15 & 14 Uhr
Phuket	250	5–6	6.30–17.45 Uhr stündl.
Surat Thani	190	4–5	6 & 14 Uhr

An- & Weiterreise

BUS

In der Th Petchkasem, 1 km von der Stadt entfernt, befindet sich der Busbahnhof; *sŏrng·tăa·ou* 2 hält dort. Minivans fahren in die Städte Chumphon und Surat Thani an der Golfküste.

FLUGZEUG

Der Flughafen liegt 22 km südlich der Stadt. **Nok Air** (☎ 02 900 9955; www.nokair.com) fliegt zweimal am Tag zum Flughafen Don Muang in Bangkok.

Unterwegs vor Ort

Motorradtaxis verlangen für die meisten Ziele in der Stadt 50 B. *Sŏrng·tăa·ou* 4 fährt zu den Piers.

Ko Chang เกาะช้าง

Wer nach einem einsamen Strand sucht, ist hier genau richtig.

Im Gegensatz zu den meisten anderen Andamaneninseln wird auf Ko Chang noch ein einfacher Lebensstil gepflegt – Geldautomaten gibt's ebenso wenig wie 24-stündige Stromversorgung und Autos.

Schlafen & Essen

★ Crocodile Rock PENSION $
(☎ 080 533 4138; tonn1970@yahoo.com; Ao Yai; Bungalow 400–700 B) Auf Ao Yais idyllischer südlicher Landspitze mit traumhaftem Blick auf die Bucht thronen diese großartigen Bambusbungalows. Gäste werden mit hausgemachtem Joghurt, Brot, Cookies, gutem Espresso und verschiedenen vegetarischen bzw. Meeresfrüchtegerichten verwöhnt. Es ist sehr beliebt, also rechtzeitig buchen.

Sawadee BUNGALOWS $
(☎ 086 906 0900; www.sawadeekohchang.com; Ao Yai; Bungalow 350–950 B; ⌚ Nov.–Mitte April) In den Nurdachhütten aus Holz sorgen Lüftungswände für Kühle. Zudem sind sie mit tief liegenden, farbenfrohen Bädern sowie Terrassen mit Hängematten ausgestattet. Das Sawadee findet man am südlichen Ende des Ao Yai.

An- & Weiterreise

Von der Th Ruangrat in Ranong fahren *sŏrng·tăa·ou* (20 B) und Motorradtaxis (50 B) nach **Tha Ko Phayam** in der Nähe vom Saphan Plaa.

Longtail-Taxiboote (150 B, 2 Std., 9.30 & 13 Uhr) fahren nach Ko Chang. In der Hochsaison legen sie an den Stränden der Westküste an und kehren gegen 8.30 und 13.30 Uhr aufs Festland zurück. Während des Monsuns fährt nur das Longtailboot am Morgen vom Hauptpier an der Nordostküste, wenn es das Wetter zulässt.

In der Hochsaison von November bis April verkehren Schnellboote (350 B, 30 Min., 8–16.30 Uhr) von Tha Ko Phayam in Ranong und dem Pier an der Nordostküste von Ko Chang.

Motorradtaxis warten auf die Boote und verlangen für die Fahrt zum Ao Yai 100 B.

Ko Phayam เกาะพยาม

Das kleine Ko Phayam, Teil des Laem-Son-Nationalparks, ist eine mit Stränden gesegnete Insel, die massentauglich geworden ist, ohne dabei ihre Seele zu verkaufen. Verglichen mit den berühmten thailändischen Urlaubsinseln ist Ko Phayam mit den einfachen Strandunterkünften, Strandbars im Sand und kaum erschlossenem, von unbefestigten und Betonwegen durchzogenem Dschungel im Inneren noch richtig rustikal.

Ein großer Nachteil der Insel sind die wenig attraktiven Tauchbedingungen, dafür liegen die Surin-Inseln jedoch recht nahe. Tauchgänge und PADI-Kurse veranstaltet **Phayam Divers** (☎ 086 995 2598; www.phayamlodge.com; Ao Yai; 2 Tauchgänge 6400 B, 3-tägige Tauchsafari 16 000–17 000 B; ⌚ Nov.–April). Auf der Insel gibt's keine Geldautomaten.

Schlafen & Essen

★ PP Land BUNGALOWS $
(☎ 081 678 4310; www.ppland-heavenbeach.com; Ao Hin Khow; Bungalow 700–1400 B; 📶 🏊) 🍃 An der wenig besuchten Ostküste gleich nördlich vom Pier stößt man auf diese großartige Ökolodge mit thailändisch-belgischen Besitzern. Wind- und Sonnenenergie versorgen sie rund um die Uhr mit Strom, und von den Hängematten auf den Terrassen schaut man aufs Wasser. Die Besitzer kennen sich in der Gegend gut aus, backen Kuchen, haben einen Biogarten, bereiten Abwasser auf und stellen ihr eigenes Bio-Waschmittel her. Tolles Preis-Leistungs-Verhältnis.

Aow Yai Bungalows BUNGALOWS $
(☎ 083 389 8688; www.aowyai.com; südöstliches Ende des Ao Yai; Bungalow 400–800 B; 📶) Gäste können in dieser Anlage mit französisch-thailändischen Besitzern zwischen kleinen Hütten aus Holz und Bambus in einem Palmenhain sowie größeren Holz- oder Betonbungalows am Strand wählen. Strom gibt's von 10 bis 3 Uhr.

Anreise & Unterwegs vor Ort

Fähren setzen von Ranong zum Hauptpier von Ko Phayam (200 B, 2 Std., 10 Uhr) über; die Rückfahrt ist um 15 Uhr. In der Hochsaison pendeln Schnellboote achtmal täglich zwischen Ranong und Ko Phayam (350 B, 35 Min., 7.45–16.30 Uhr stündl.).

Eine einfache Fahrt mit dem Motorradtaxi vom Pier zu den wichtigsten Stränden kostet 50 bis 80 B pro Person. Motorräder und Fahrräder werden im Dorf und in den meisten größeren Resorts verliehen.

Khao-Sok-Nationalpark

อุทยานแห่งชาติเขาสก

Wer nach all den faulen Strandtagen ein bisschen Bewegung braucht, macht sich zum fantastischen **Khao-Sok-Nationalpark** (อุทยานแห่งชาติเขาสก; 077 395154; www.khaosok.com; Erw./Kind 300/150 B; 8–17 Uhr) im Landesinneren auf. Manche schätzen das Alter des Tiefland-Dschungels, des feuchtesten Gebiets in Thailand, auf über 160 Mio. Jahre, was ihn zu einem der ältesten Regenwälder der Welt macht. Hier findet man dramatische Kalksteinformationen und Wasserfälle, die durch das üppige, von Regen durchtränkte Dickicht stürzen. Ein Netz von unbefestigten Wegen führt durch den ruhigen Park und ermöglicht einen Blick auf die vielen einheimischen Tierarten.

Schlafen

Zu empfehlen sind die zweitägigen Touren (2500 B pro Pers.) nach Chiaw Lan; die Teilnehmer schlafen eine Nacht in schwimmenden Hütten auf dem See und unternehmen Kanuausflüge.

Jungle Huts BUNGALOWS $
(077 395160; www.khaosokjunglehuts.com; 242 Mu 6; Zi. mit Ventilator 300–700 B, mit Klimaanlage 1000 B;) 1 km nordöstlich der Route 401 verfügt diese beliebte Budgetunterkunft über eine stetig wachsende Sammlung akzeptabler, individuell gestalteter Bungalows mit eigenem Bad und Veranda. Die Auswahl reicht von einfachen Bambushütten auf Stelzen über größere Holzhütten und Bungalows aus rosa Waschbeton bis zu Zimmern mit Klimaanlage, die an teilweise schwindelerregenden Wegen liegen.

Art's Riverview Jungle Lodge PENSION $$
(0988266967, 0901676818; www.facebook.com/Arts-Riverview-Lodge-Travel-1562090180732965; 54/3 Mu 6; Bungalow mit Ventilator 650–1000 B, mit Klimaanlage 1200–1500 B;) Diese Lodge befindet sich am wohl malerischsten Fleckchen des Nationalparks – mitten im von Affen bewohnten Dschungel und direkt an einem rauschenden Fluss mit einer von Kalksteinklippen gesäumten Badestelle. Die auf Stelzen stehenden Ziegel-, Schiefer- und Holzbungalows sind geräumig und komfortabel, wenn auch nicht die jüngsten, und viele haben Flussblick. Es gibt unterschiedliche Unterkünfte, darunter auch einige für Familien, außerdem werden familienfreundliche Aktivitäten angeboten. Die Pension liegt 1,5 km nordöstlich der Route 401 und ist ausgeschildert.

Praktische Informationen

Hauptquartier des Khao-Sok-Nationalparks
(077 395154; www.khaosok.com; 8–17 Uhr) Ca. 1,8 km nordöstlich von der Route 401, von der man bei Km 109 abfährt. Hier gibt's nützliche Karten und Informationen.

Anreise & Unterwegs vor Ort

Von Surat Thani nimmt man einen Bus in Richtung Takua Pa; von der Andamanenküste kann man mit den Bussen nach Surat Thani fahren. Sie halten an der Route 410, 1,8 km südwestlich vom Besucherzentrum. Wenn man nicht von Unterkunftsvermittlern mitgenommen wird, muss man zu seiner Unterkunft laufen (50 m bis 2 km).

Minivans fahren täglich u. a. zu folgenden Zielen: Bangkok (850 B, 11 1 Std.), Krabi (1100 B, 8 Std.), Surat Thani (250 B, 1 Std.) und Khao Lak (150 B, 1¼ Std.).

Hat Khao Lak & Umgebung

Der Badeort Khao Lak ist genau das Richtige für Urlauber, die den Pomp von Phuket scheuen, aber trotzdem Wert auf zivilisiertes Strandleben (Komfort, Einkaufsmöglichkeiten und ein Serviceangebot) legen. Warme Badewellen, lange Strände vor bewaldeten Hügeln und unkomplizierte Tagesausflüge zu den nahe gelegenen Nationalparks machen die Region zu einer wunderbaren Ausgangsbasis für Erkundungen der nördlichen Andamanenküste – sowohl auf als auch im Wasser.

Aktivitäten

Eintägige Tauch- und Schnorchelausflüge zu den Similan- und Surin-Inseln erfreuen sich großer Beliebtheit. Die bessere Wahl sind jedoch Tauchsafaris, da die Inseln rund 60 km vor dem Festland liegen (ca. 3 Std. per Boot). Alle Tauchanbieter haben Tauchsafaris ab rund 19 000/35 000 B für Drei-/Sechstagestrips sowie Tagesausflüge zwischen 5000 und 6000 B im Programm.

Die folgenden Veranstalter bieten Tauchsafaris an: **Wicked Diving** (☎076 485868; www.wickeddiving.com; Th Phetkasem, Khao Lak; 2 Tauchgänge 5700 B, Schnorcheltour 1 Tag/mit Übernachtung 2900/8100 B; ⊙Okt.–Mai), **Fantastic** (☎076 485998; www.fantasticsimilan.com; Erw./Kind 2300/1700 B; ⊙Mitte Okt.–Mitte Mai) und **Sea Dragon Dive Centre** (☎076 485420; www.seadragondivecenter.com; Th Phetkasem, Khao Lak; 2 Tauchgänge 5100 B, Schnorcheltagestour 2700 B; ⊙Okt.–Mai).

Schlafen

Tiffy's HOSTEL $

(☎076 485440; www.tiffyscafekhaolak.com; 5/15 Mu 6, Khao Lak; B 180–250 B, DZ 400 B; 📶) Am Nordende der Ortschaft Khao Lak befindet sich dieses an ein thailändisch-deutsches Café angeschlossene einfache Hostel. Es hat kleine, saubere Sechs- und Dreibettzimmer sowie Doppelzimmer mit Gemeinschaftsbad, alle mit Ventilator.

Walker's Inn PENSION $

(☎084 840 2689; www.walkersinn.com; 26/61 Mu 7, Th Phetkasem, Khao Lak; B/Zi. 200/600 B; ❄📶) In der bei Backpackern beliebten Pension der alten Schule gibt's helle, große Zimmer mit Klimaanlage, anständige Sechsbettzimmer und ein gut besuchtes Pub im Erdgeschoss, das echtes englisches Frühstück serviert. Außerdem kann man hier seine Wäsche waschen lassen und Motorräder ausleihen (200 B pro Tag).

Fasai House PENSION $

(☎076 485867; www.fasaihouse.com; 5/54 Mu 7, Khao Lak; Zi. 650–900 B; ❄@🏊) Khao Laks wohl beste Budgetunterkunft liegt westlich vom Highway 4 im nördlichen Teil des Ortes Khao Lak und ist ausgeschildert. Sie punktet mit ihren wunderbaren Mitarbeitern und den tadellosen Zimmern im Motelstil, die mit Klimaanlage ausgestattet sind und sich in einem gelben Gebäude an einem kleinen Pool befinden.

Essen & Ausgehen

Nach einem frühmorgendlichen Tauchgang wird man Mühe haben, vor 8.30 Uhr Frühstück zu bekommen.

Go Pong THAI $

(Th Phetkasem, Khao Lak; Gerichte 40–120 B; ⊙10–23 Uhr) Wer Appetit auf authentische regionale Küche hat, bekommt in diesem großartigen Straßenimbiss gebratene Nudeln und sensationell gewürzte Reisgerichte sowie zur Mittagszeit beliebte aromatische Nudelsuppen. Alles schmeckt einfach fabelhaft.

Jumbo Steak & Pasta ITALIENISCH $$

(☎098 059 8293; Th Phetkasem, Ban Khukkhuk; Hauptgerichte 70–280 B; ⊙Do–Di 12–22.30 Uhr) 6 km nördlich der Ortschaft Khao Lak auf der westlichen Seite des Highway 4 liegt dieses winzige Restaurant, das vom früheren Souschef eines Le Meridien gegründet wurde. Serviert werden wunderbare Pastas in allen Geschmackrichtungen: Penne Arrabiata, scharfe, aromatische Meeresfrüchtespaghetti, cremige Spinattagliatelle, verschiedene Pizzas und großartige Steaks. Angesichts der Qualität sind die Preise günstig, die Portionen allerdings eher klein.

Praktische Informationen

Bei Notfällen (auch bei Tauchunfällen) ruft man **SSS Ambulance** (☎076 209 347, Notruf 081 081 9000), die Verletzte nach Phuket bringen.

Es gibt zahlreiche Reisebüros, darunter **Khao Lak Land Discoveries** (☎076 485411; www.khaolaklanddiscovery.com; 21/5 Mu 7, Th Phetkasem, Khao Lak; ⊙9–20 Uhr).

An- & Weiterreise

Alle Busse, die auf dem Highway 4 nach Takua Pa (55 B, 45 Min.) oder Phuket (100 B, 2 Std.) fahren, halten bei Hat Khao Lak; man sollte dem Fahrer trotzdem sagen, dass man dorthin will.

Minivans von Khao Lak Discoveries fahren zum/ab dem Phuket International Airport (600 B, 1¼ Std.). Alternativ steigt man in einen Bus nach Phuket und fragt nach dem Flughafen; die Fahrer halten dann bei einer Kreuzung, an der Motorradtaxis die restliche Strecke (10 Min., 100 B) übernehmen. Das funktioniert, versprochen!

Surin-Inseln-Meeresnationalpark

อุทยานแห่งชาติหมู่เกาะสุรินทร์

Der **Meeresnationalpark** (อุทยานแห่งชาติหมู่เกาะสุรินทร์; ☎076 472145; www.dnp.go.th; Erw./Kind 500/300 B; ⊙Mitte Okt.–Mitte Mai) umfasst fünf traumhafte Eilande, die etwa 60 km vor der Küste und 5 km von der Seegrenze zwischen Thailand und Myanmar entfernt liegen. Üppiger Regenwald, weiße Sandstrände in geschützten Buchten und felsige, ins Meer ragende Landzungen charakterisieren die Granitinseln. In der kristallklaren See, in der die Sichtweite bis zu 20 m beträgt, lässt sich wunderbar die Unterwasserwelt erkunden. Die Hauptverwaltung und sämtliche Einrichtungen für Besucher findet man auf Ko Surin Neua in der Nähe der Anlegestelle.

Khuraburi auf dem Festland dient als Ausgangspunkt für Ausflüge in den Park. Der Pier und das **Nationalparkbüro** (☎ 076 472145; www.dnp.go.th; Tha Khuraburi; ⏲ Mitte Okt.–Mitte Mai 8.30–16.30 Uhr) liegen 9 km nördlich der Stadt.

Sehenswertes & Aktivitäten

Zu den Tauchgründen im Park gehören **Ko Surin Tai** und der **HQ Channel**. Der **Richelieu Rock** 14 km südöstlich gehört offiziell ebenfalls zum Park und zählt zu den besten Tauchspots der Andamanenküste. Im Park selbst gibt's keine Taucheinrichtungen, daher müssen Touren auf dem Festland gebucht werden. Einige Steinkorallen sind leider durch Bleiche beschädigt, dafür sieht man viele Fische und Weichkorallen.

Treffpunkt für Schnorchelausflüge (150 B pro Pers., 2 Std., 9 & 14 Uhr) ist bei der Hauptverwaltung des Parks. Man kann sich auch an **Greenview** (☎ 076 472070; greenviewtour99@gmail.com; Tha Khuraburi; Erw./Kind Tagestour 3500/2100 B; ⏲ 7.30–21 Uhr) wenden.

Nach dem Tsunami im Jahr 2004 hat sich eine Gemeinschaft von *chow lair* (Meereszigeuner; auch *chao leh* geschrieben) in einer geschützten Bucht auf Ko Surin Tai niedergelassen. Ihr Dorf wird **Ban Moken**, genannt – „moken" ist der regionale Begriff für diese nomadischen Seefahrer. Der Nationalpark veranstaltet Touren von Ko Surin Neua nach Ban Moken (150 B, mind. 5 Pers., 2 Std.). Im April findet eine wichtige Zeremonie der Ahnenverehrung (Loi Reua) statt.

Schlafen & Essen

Es gibt gute **Parkunterkünfte** (☎ 076 472145; www.dnp.go.th; Ko Surin Neua; DZ/4BZ 2000/3000 B, Zeltplatz 80 B pro Pers., mit Leihzelt 300 B; ⏲ Mitte Okt.–Mitte Mai; ❄), darunter Bungalows und einen Zeltplatz, doch die kurzen, schmalen Strände der Insel wirken schnell überfüllt, wenn alle Plätze belegt sind (ca. 300 Personen).

An- & Weiterreise

Touranbieter betreiben Schnellboote (hin & zurück 1700 B, 1¼ Std., 9 Uhr). Mehrere Veranstalter bieten Tagesausflüge von Khao Lak. Die Surin-Inseln können im Rahmen von Tauchsafaris vom Festland aus besucht werden.

Similan-Inseln-Meeresnationalpark

อุทยานแห่งชาติหมู่เกาะสิมิลัน

Der weltweit bei Tauchern bekannte, wunderschöne **Similan-Inseln-Meeresnationalpark** (อุทยานแห่งชาติหมู่เกาะสิมิลัน; ☎ 076 453272; www.dnp.go.th; Erw./Kind 500/300 B; ⏲ Mitte Okt.–Mitte Mai) liegt 70 km vor der Küste. Seine glatten Granitinseln beeindrucken über und unter Wasser. Regenwald bedeckt die Höhen und weiße Sandstrände säumen die Küstengebiete, zudem erstrecken sich vor den Inseln jede Menge Korallenriffe.

Auf zwei der neun Inseln – Insel 4 (Ko Miang) und Insel 8 (Ko Similan) – gibt's Rangerstationen und Übernachtungsmöglichkeiten. Die Parkverwaltung und die meisten Zentren für Besucheraktivitäten befinden sich auf Insel 4.

Khao Lak ist das Tor zum Park. Die Anlegestelle befindet sich in Thap Lamu rund 10 km südlich der Stadt.

Sehenswertes & Aktivitäten

Die Similan-Inseln bieten Tauchen für jedes Niveau mit Tiefen zwischen 2 und 30 m. Auf dem Nationalparkgelände gibt's keine touristischen Einrichtungen, man muss sich also einer der Tauchexkursionen ab dem Festland oder Hat Khao Lak anschließen. Tagesausflügler aus Khao Lak besuchen in der Regel drei oder vier Schnorchelspots (Touren ab 1900 B).

Auf den Inseln gibt's zudem ein paar hübsche Wanderwege, auf denen man verschiedene Vogelarten beobachten kann.

Korallenbleiche hat viele Riffe beeinträchtig, und auch der ungezügelte Tourismus fordert seinen Tribut von den Naturschönheiten der Insel. An den Aufstiegen zu Aussichtspunkten bilden sich oft Schlangen, und einige Veranstalter von Schnorcheltouren füttern die Fische – ein ökologisches Tabu.

Schlafen & Essen

Parkunterkünfte (☎ 076 453272, in Bangkok 02 562 0760; www.dnp.go.th; Zi. mit Ventilator/Klimaanlage 1100/2000 B, Camping mit Leihzelt 570 B;

Mitte Okt.–Mitte Mai;) können online oder über das Nationalparkbüro am Thap-Laum-Pier in Hat Khao Lak gebucht werden. Auf Ko Miang gibt's Bungalows, Langhäuser und Zeltplätze sowie ein Restaurant, Strom ist von 6 bis 18 Uhr vorhanden.

An- & Weiterreise

Es verkehren keine öffentlichen Transportmittel zum Park, deswegen muss man sich einer Tour anschließen. Bei den meisten Touren verbringt man die Nacht im Park.

Phuket

ภูเก็ต

94 325 EW.

Die Insel Phuket wird schon lange missverstanden. Erstens: Das „h" wird nicht ausgesprochen. Zweitens: Phuket fühlt sich gar nicht wie ein Eiland an. Sie ist die größte des Landes und so riesig, dass man es kaum merkt, vom Meer umgeben zu sein. Clevere Marketingexperten verpassten ihr den Spitznamen „Perle der Andamanensee", und tatsächlich ist sie der thailändische Prototyp für maßgeschneiderten Strandurlaub.

Phukets pulsierendes Herz ist Patong. Die „Sin City" gilt hier als der ultimative Vergnügungstempel mit Sonnenbrand und Gogo-Girls.

Heute kommt der Jetset in Scharen, um sich in schicken Spas und eleganten Bars verwöhnen zu lassen.

Günstig ist Phuket nicht, deswegen sollten Budgetreisende einfach mal nicht auf den Geldbeutel achten und lieber die Meereskulisse und gehobene Restaurantszene genießen.

Sehenswertes

Phukets eindrucksvolle, von sandigen Buchten gesäumte Westküste liegt an der Andamanensee. **Patong** ist das touristische Zentrum, **Kata** und **Karon** im Süden sind wiederum seine kleinen Schwestern. Die Provinzhauptstadt **Phuket-Stadt** wartet mit wunderbarer sino-portugiesischer Architektur auf, die auf die Schifffahrtsvergangenheit der Insel zurückgeht; viele der stattlichen Gebäude wurden von kunstaffinen Unternehmern zu neuem Leben erweckt, was die Stadt in ein hippes kulturelles Zentrum verwandelt hat.

★ Big Buddha BUDDHISTISCH

(พระใหญ่; www.mingmongkolphuket.com; abseits der Rte 4021; 6–19 Uhr; P) GRATIS Hoch oben in den Nakkerd Hills, nordwestlich des Chalong Circle und von der halben Insel aus sichtbar, sitzt der 45 m hohe Big Buddha erhaben auf dem schönsten Aussichtspunkt Phukets. Die klingenden Glocken und flatternden Fahnen schaffen eine energiegeladene, wenngleich etwas touristische Atmosphäre. Am besten besucht man erst den überdachten goldenen Schrein und steigt dann hinauf auf das herrliche Plateau des Big Buddha, von wo sich ein Blick über die perfekte Bucht von Kata, den schimmernden Strand Karon und im Südosten auf die winzigen Kanalinseln der Chalong-Bucht bietet.

Gibbon-Rehabilitationszentrum Phuket TIERSCHUTZGEBIET

(โครงการคืนชะนีสู่ป่า; 076 260492; www.gibbonproject.org; abseits der Rte 4027; Eintritt gegen Spende; 9–16.30, Do bis 15 Uhr; P) Das durch Spenden (mit 1800 B kann ein Gibbon ein Jahr lang versorgt werden) finanzierte Tierschutzgebiet bereitet Gibbons, die in Gefangenschaft gehalten wurden, auf das Leben in freier Wildbahn vor. Das Zentrum hat Plätze für Freiwillige, z. B. bei der Information der Besucher, bei der Reinigung der Käfige sowie bei der Fütterung und beim Tracking von in die Freiheit entlassenen Gibbons. Wer gegen 9 Uhr kommt, kann den Morgengesang der Gibbons hören. Leider kommt man den Gibbons nicht nahe, was für Kinder eine Enttäuschung sein kann, doch die Freiwilligenarbeit, die hier geleistet wird, ist herausragend.

Aktivitäten

Tauchen & Schnorcheln

Phuket ist nicht gerade das günstigste Tauchrevier, dafür liegt es nah bei vielen bekannten Spots der Andamanensee. Gute Schnorchelmöglichkeiten bieten sich in Hat Nai Yang und Hat Kamala, zudem kann man Tagesausflüge zu nahen Inseln unternehmen.

Sea Fun Divers TAUCHEN

(076 340480; www.seafundivers.com; 29 Soi Karon Nui; 2/3 Tauchgänge 4100/4500 B, Open-Water-Zertifikat 18 400 B; 9–18 Uhr) Eine herausragende, sehr professionelle Tauchschule mit hohen Standards, exzellentem Service und engagierten, fachkundigen Lehrern. Sie hat ihren Sitz im Resort Le Meridien am südlichen Ende von Patong; eine **zweite Filiale** (076 330124; www.seafundivers.com; Katathani, 14 Th Kata Noi; 9–18 Uhr) befindet sich in Kata Noi.

Phuket

N 0 5 km

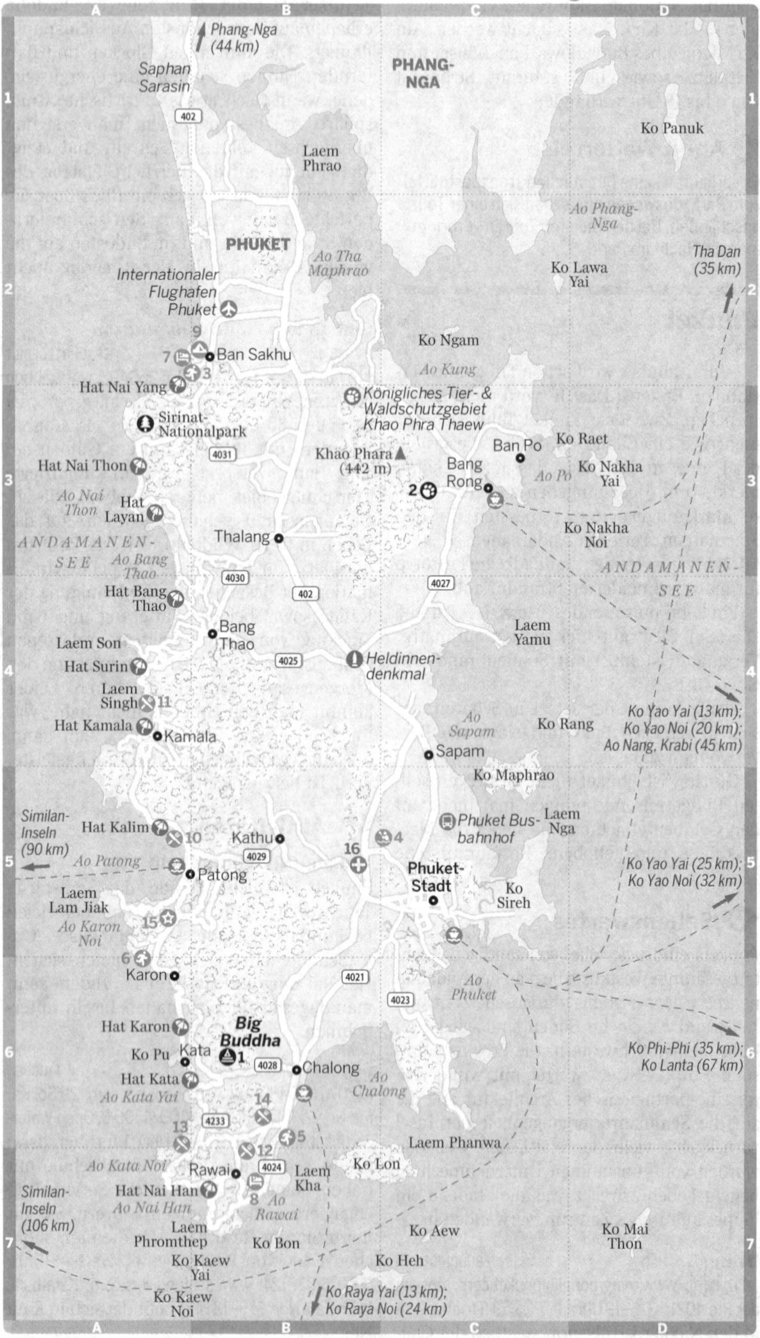

THAILAND PHUKET

Phuket

Highlight
1 Big Buddha B6

Sehenswertes
2 Gibbon-Rehabilitationszentrum Phuket C3

Aktivitäten, Kurse & Touren
3 Bob's Kite School B2
4 John Gray's Seacanoe C5
5 Kite Zone B6
Kiteboarding Asia ......(siehe 3)
6 Sea Fun Divers A6

Schlafen
7 Discovery Beach Resort A2
8 Good 9 at Home B7
9 Unterkünfte im Sırınat-Nationalpark B2

Essen
10 Home Kitchen A5
11 Meena Restaurant A4
12 Rum Jungle B7
13 Sabai Corner A6
14 Som Tum Lanna B6

Unterhaltung
15 Phuket Simon Cabaret A5

Praktisches
16 Phuket International Hospital B5

Kajakfahren

★ **John Gray's Seacanoe** KAJAKFAHREN
(☎076 254505; www.johngray-seacanoe.com; 86 Soi 2/3, Th Yaowarat; Erw./Kind ab 3950/1975 B) Der älteste, renommierteste und mit Abstand ökologischste Kajakanbieter der Insel. Die Tour „Hong by Starlight" geht dem Touristengetümmel aus dem Weg und führt nach Einbruck der Dunkelheit zur berühmten Biolumineszenz von Ao Phang-Nga. Wie in Thailand bei Erfolgsmodellen üblich, wurde der Name „Seacanoe" mitsamt Programm vielfach kopiert. Das Original befindet sich 3,5 km nördlich von Phuket-Stadt.

Surfen

Anständige Surfbedingungen herrschen von Juni bis September. **Phuket Surf** (☎087 889 7308; www.phuketsurfing.com; Hat Kata Yai; Kurse 1500 B, Surfbrettverleih pro Std./Tag 150/500 B; ⏲April–Ende Okt. 8–19 Uhr) ist eine gute Adresse, für Infos und um eine Ausrüstung zu leihen.

Kiteboarden

Hat Nai Yang, Karon und Rawai, das sich für Anfänger eignet, bieten die besten Bedingungen. Phukets Kiteboard-Anbieter **Kiteboarding Asia** (☎081 591 4594; www.kiteboardingasia.com; Hat Nai Yang; 1-stündige Kurse 1300 B, 3-tägige Kurse 11 000 B; ⏲April–Okt.), **Kite Zone** (☎083 395 2005; www.kitesurfthailand.com; Hat Friendship; 1-stündige Kurse 1100 B, 3-tägige Kurse 10 000–15 000 B) und **Bob's Kite School Phuket** (☎092 459 4191; www.kiteschoolphuket.com; Hat Nai Yang; 1-stündige Kurse 1500 B, 3-tägige Kurse 3500 B; ⏲Mai–Mitte Okt.) gehören zur International Kiteboarding Organization.

Geführte Touren

Amazing Bike Tours RADFAHREN
(☎087 263 2031; www.amazingbiketoursthailand.asia; 191 Th Patak East, Hat Kata; Tagestour Erw./Kind 2900/2500 B) Der sehr beliebte, in Kata ansässige Veranstalter organisiert halbtägige Fahrradtouren in kleinen Gruppen durch das Königliche Tier- & Waldschutzreservat Khao Phra. Außerdem bietet er fantastische Tagestouren um Ko Yao Noi sowie anspruchsvollere dreitägige Expeditionen rund um den Khao-Sak-Nationalpark (14 900 B) und die Provinz Krabi (15 900 B). Räder, Helme, Essen, Wasser und der Eintritt in die Nationalparks sind im Preis enthalten.

Feste

Beim jährlichen **Vegetarierfestival** (www.phuketvegetarian.com; ⏲Ende Sept.–Okt.) kasteien sich Gläubige wie in Trance bei einem lauten bunten Straßenumzug selbst.

Schlafen

Phuket-Stadt

In Phuket-Stadt gibt's einige ordentliche Budgetunterkünfte, die allerdings weit vom Strand entfernt sind.

Ai Phuket Hostel HOSTEL $
(☎076 212881; www.aiphukethostel.com; 88 Th Yaowarat; B 259 B, DZ 650–850 B; ❄@📶) Mit ihren Holzböden, den Schwarz-Weiß-Fotos und den bemalten Decken haben die kleinen Zimmer viel Flair; einige verfügen auch über ein eigenes Bad. Die Schlafsäle mit sechs (nur für Frauen) bis acht Betten sind hell, farbenfroh und sauber. Alle teilen sich glänzende Betonbäder mit warmem Wasser und einen kleinen Aufenthaltsbereich im unteren Stock.

Best Stay Hostel HOSTEL $
(☎099 301 9499; www.beststayhostel.com; 88 Th Phang-Nga; B/Zi. 250/600 B; ❄📶) Ein weiteres

NICHT VERSÄUMEN

DIE SINO-PORTUGIESISCHE ARCHITEKTUR IN PHUKET-STADT

Bei einem Spaziergang entlang der Th Thalang, Th Dibuk, Th Yaowarat, Th Ranong, Th Phang-Nga, Th Rassada und Th Krabi kann man einen Blick auf die Juwelen der sino-portugiesischen Architektur der Stadt werfen. Am prächtigsten sind die **Standard Chartered Bank** (Th Phang-Nga), Thailands älteste ausländische Bank, und das alte Postamt, in dem sich heute das **Philateliemuseum Phuket** (Th Montri; ⌚Mo–Sa 10–17 Uhr) GRATIS befindet. Einige der farbenprächtigsten sanierten Gebäude säumen die von der Th Thalang abgehende Soi Romanee, in der einst Bordelle, Spielhöllen und Opiumhöhlen ansässig waren.

Das **Phuket Thaihua Museum** (พิพิธภัณฑ์ภูเก็ตไทยหัว; ☎076 211224; 28 Th Krabi; 200 B; ⌚9–17 Uhr) gibt Einblick in die multikulturelle Geschichte Phukets.

In der Th Thalang, Th Dibuk und Th Krabi stehen die am schönsten restaurierten Wohnhäuser. Die fantastische 1903 erbaute Villa Phra Phitak Chyn Pracha wurde in das gehobene **Restautant Blue Elephant** (☎076 354355; www.blueelephant.com; 96 Th Krabi; Hauptgerichte 670–1000 B, Menüs 1350–2400 B; ⌚11.30–14.30 & 18.30–22.30 Uhr; 📶✍) und in eine **Kochschule** (☎076 354355; www.blueelephant.com; 96 Th Krabi; halbtägiger Kurs 3270 B) verwandelt.

frisches Hostel in der Stadt. Die leuchtend weißen Schlafsälen für acht bis zehn Personen haben glänzende grüne Böden und robuste Doppelstockbetten mit individuellen Lampen und weißen Bettdecken. Außerdem gibt's kleine Doppelzimmer. Unten hat das freundliche Hostel ein hübsch gekacheltes Café.

★The RomManee BOUTIQUE-HOTEL $$
(☎089 728 9871; www.therommanee.com; Th Romanee; Zi. 1200 B; ❄📶) Ausgesprochen stilvoll kommt diese „Boutique-Pension" in der hübschesten Straße der Stadt daher: eine türkisfarbene Fassade, Böden aus poliertem Beton und elegante Holztheken an Rezeption und Bar. Die vier großen Zimmer verströmen ein künstlerisch modernes Flair und sind mit Holzböden, Flachbildschirmen, farbigen Wänden und geschmackvoller Beleuchtung eingerichtet. Die Treppen sind sehr steil und es gibt keinen Fahrstuhl. Eine zweite, weniger freundliche **Filiale** (☎076 355488; www.therommanee.com; 4-6 Th Krabi; Zi. 1000–1200 B; ❄📶) befindet sich gleich eine Querstraße weiter.

Patong

Das von Touristen und den üblichen Begleiterscheinungen geprägte Patong liebt oder hasst man. Budgetunterkünfte gibt's kaum noch, in der Nebensaison sinken die Preise jedoch beträchtlich.

★Lupta Hostel HOSTEL $
(☎076 602462, 092 934 6453; www.luptahostel.com; 138 Th Tawiwong; B 490–590 B, DZ 1200 B; @📶) Die wundervolle, warme, moderne neue Unterkunft nur 100 m von der Th Bangla ähnelt mehr einem schicken europäischen Hostel als einer Absteige in Patong. Die kleinen, komfortablen Schlafsäle mit vier bis acht Betten sind mit hellem Holz und viel Weiß gestaltet und teilen sich elegante Bäder. Zu jedem Bett gehören ein Schließfach, eine Steckdose und ein winziges Regal. Das leichte Frühstück gibt's in der geselligen, mit Kissen übersäten und mit hohen Hockern und Rattanlampen eingerichteten Lobby. Ein Schlafsaal ist Frauen vorbehalten.

Patong Backpacker Hostel HOSTEL $
(☎076 341196; 140 Th Thawiwong; B 250–450 B; ❄📶) Gleich auf der anderen Straßenseite gegenüber vom Strand liegt diese Budgetunterkunft mit einer einladenden Gästelounge. In den farbig gestrichenen Schlafsälen stehen drei bis zehn Betten. Am hellsten ist die oberste Etage, dafür haben die Schlafsäle in den unteren Stockwerken eigene Bäder.

Red Planet HOTEL $$
(☎076 341936; www.redplanethotels.com; 56 Th Rat Uthit; Zi. 1200–2500 B; P❄📶) Das Hotel in einem rot-weißen Hochhaus gehört zu einer expandierenden südostasiatischen Kette und bietet schnörkellosen, ordentlichen Drei-Sterne-Standard – und das mit Erfolg. Die Zimmer sind ziemlich eng, aber schick, bequem und mit Holzböden, Fön und edler Bettwäsche ausgestattet.

Südliche Strände

Südlich von Patong wird es allmählich etwas ruhiger. Der Hat Karon ist der turbulenteste

Strand. Der Hat Kata ist teurer, aber immer noch lebhaft, und der schöne Hat Nai Han bietet sich eher an, um einen Tag am Meer zu verbringen, als um dort günstig zu übernachten. Ganz im Süden liegt der Rawai inmitten grüner Hügel.

Rumblefish Adventure HOSTEL $
(☎076 330315; www.rumblefishadventure.com; 98/79 Th Kata, Hat Kata; B 250–300 B, DZ 800 B; ❄📶) In der einfachen Wassersport-Unterkunft warten einigermaßen saubere Zimmer mit eigenem Warmwasserbad und Klimaanlage. Die Schlafsäle mit drei bis sechs Betten sind luftig und mit türkisfarbenen Akzenten geschmückt. Am teuersten sind die Schlafsäle für Frauen mit Klimaanlage und eigenen Bädern. Das Haus ist eine von mehreren Pensionen im Komplex Beach Centre.

Fantasy Hill Bungalow BUNGALOWS $
(☎076 330106; fantasyhill@hotmail.com; 8/1 Th Kata, Hat Kata; Zi. mit Ventilator 500–650 B, mit Klimaanlage 900–1200 B; P❄📶) Zentral und trotzdem friedlich liegt das altbewährte Fantasy Hill auf einem flachen Hügel in einem grünen Garten. Die nicht mehr ganz neuen, aber gepflegten Bungalows haben ein tolles Preis-Leistungs-Verhältnis, und die Mitarbeiter sind unglaublich nett. Am schönsten sind die Eckzimmer mit Klimaanlage und Blick über den Strand Kata und in die Ferne.

Pineapple Guesthouse PENSION $
(☎076 396223; www.pineapplephuket.com; 291/4 Karon Plaza, Hat Karon; B 280 B, Zi. mit Ventilator/Klimaanlage 500/1100 B; ❄📶) Eine großartige Budgetoption unter freundlicher thailändisch-englischer Leitung, 400 m landeinwärts vom Hat Karon. Die ausgezeichnet gepflegten, hellen Zimmer mit warmem Wasser sind mit bunten Wänden, Kühlschrank und teilweise kleinen Balkons ausgestattet, außerdem gibt's einen einfachen, aber sauberen Schlafsaal mit zehn Betten.

Good 9 at Home PENSION $
(☎088 457 6969; www.facebook.com/good9athome; 62 Mu 6, Soi Wassana, Hat Rawai; Zi. inkl. Frühstück 900 B; ❄📶) Nur 300 m die Straße hoch vom Hat Rawai warten herrlich frische, moderne Zimmer, aufgepeppt mit farbigen Wänden, gekachelten Bädern und etwas Kunst – eine tolle Budgetoption. Das grün-graue Haus ist sauber, gemütlich und freundlich, zudem wartet es mit einer kleinen Kaffee-Ecke und einem hübschen Hof auf.

★ **Bazoom Haus** PENSION $$
(☎076 396414; www.bazoomhostel.com; 269/5 Mu 3, Karon Plaza, Hat Karon; B 400 B, Zi. 2300–3500 B; ❄📶) Schon die außergewöhnliche modern Fassade weckt große Erwartungen. Die fabelhaften Doppelzimmer sind mit Holzböden und -möbeln, Betonwänden, eingebauter Beleuchtung, Mosaikduschen und teilweise privaten Terrassen ausgestattet. Im Haus gibt's auch ein koreanisches Restaurant (die hilfsbereiten jungen Besitzer sind Koreaner) aus poliertem Beton mit DJ-Anlage und farbenfroher Kunst sowie ein Tauchzentrum. Sechs Personen finden in den Schlafsälen Platz. In der Nebensaison fallen die Preise um bis zu 60 %.

Nördliche Strände

So traumhaft wie die nördlichen Strände sind, so hoch sind auch die Preise. Günstiger kommt man in den Genuss dieser herrlichen Gegend, wenn man an den Resorts vorbei zum Sirinat-Nationalpark läuft.

Unterkünfte im Sirinat Nationalpark CAMPING, BUNGALOWS $
(☎076 327152, in Bangkok 02 562 0760; www.dnp.go.th; Hat Nai Yang; Stellplatz 30 B pro Pers., Bungalow 700–1000 B) Beim Hauptquartier der Parkverwaltung am Nordende des Hat Nai Yang gibt's dicht hinterm Strand Stellplätze (man muss sein eigenes Zelt mitbringen) und große Betonbungalows mit Klimaanlage an einem hübschen, schattigen Steilhang mit weißem Sand. Buchung ist online oder telefonisch möglich.

Discovery Beach Resort PENSION $
(☎082 497 7500; discovery-phuket@hotmail.com; 90/34 Mu 5, Hat Nai Yang; Zi. mit Ventilator/Klimaanlage 800/1500 B; ❄📶) Die tadellose Budgetpension mit thailändischem Holzdekor an der Fassade, gelackten Holzgeländern und -möbeln sowie Kühlschrank im Zimmer ist eine sehr gute Wahl. Sie ist nichts Ausgefallenes, aber wegen der Lage direkt am Strand ist der Preis einfach spitze.

Essen

Phuket-Stadt

In Phuket-Stadt gibt's gute regionale Küche, die sehr viel günstiger ist als am Strand.

Kopitiam by Wilai THAI $
(☎083 606 9776; www.facebook.com/kopitiambywilai; 18 Th Thalang; Hauptgerichte 80–120 B;

Mo–Sa 11–22 Uhr;) Hier gibt's Soul Food nach Phuket-Art, etwa die regionale Variante von *pàt tai* (dünne Reisnudeln mit Eiern, Tofu und/oder Shrimps) mit einer besonderen Note und fantastisches *mee sua* (Nudeln, gedünstet mit Eiern, Gemüse, Garnelen, Zackenbarsch und Tintenfisch). Gegen den Durst helfen frischer Chrysanthemen- oder Maracujasaft.

The Cook THAI, FUSIONSKÜCHE $
(076 258375; 101 Th Phang-Nga; Hauptgerichte 65–240 B; Di–So 8–21.30 Uhr) Früher arbeitete der thailändische Koch und Besitzer in einem großen italienischen Resort, und als er dieses erstaunlich billige Restaurant in der Altstadt eröffnete, fusionierte er erfolgreich die Küchen beider Länder. Wer die sensationellen grünen Hühnercurrys und die Pizzas mit *đôm yam* (pikante Thai-Suppe) oder eine klassische Pasta bestellt, wird unsere Begeisterung verstehen.

★ **Suay** INTERNATIONAL, THAI $$
(081 797 4135; www.suayrestaurant.com; 50/2 Th Takua Pa; Hauptgerichte 15–400 B; 17–24 Uhr) In diesem umgebauten Haus gleich südlich der eigentlichen Altstadt kommen fabelhafte Fusionsgerichte auf den Tisch – etwa im Munde zergehender Glasnudelsalat, bunter Pampelmusensalat mit Lachs-Carpaccio und einem Dressing mit gerösteten Chilis, Lammkotelett-Masaman-Curry, mit Kurkuma gewürzter Seebarsch im Bananenblatt, geräucherte Auberginen mit Chili-Kokos-Dressing und Krabbenfleisch sowie ein innovatives Som Tam (pikanter grüner Papayasalat) mit sehr aromatischen Mangostanen.

Patong

Abends verkaufen Straßenstände günstige Meeresfrüchte und Nudelgerichte. Nach Sonnenuntergang wird man z. B. an den Straßen um die Th Bangla oder im **Patong Food Park** (Th Rat Uthit; Gerichte 50–200 B; 16.30–24 Uhr) fündig.

Chicken Rice Briley THAI $
(081 597 8380; Patong Food Park, Th Rat Uthit; Gerichte 50–60 B; 6–21 Uhr) Eines von wenigen Lokalen im Patong Food Park, die tagsüber anständiges Essen verkaufen. Zu der gedämpften Hühnerbrust auf Reis wird eine Schüssel Hühnerbrühe mit Fleischeinlage und einer fantastischen Chilisoße serviert. Sehr gefragt ist das geschmorte Schweinefleisch auf Reis, dazu gibt's Mango mit Klebreis. Zu Recht ist es hier immer voll.

Kaab Gluay THAI $
(076 346832; 58/3 Th Phra Barami; Gerichte 60–165 B; 11–2 Uhr;) Es ist gewiss nicht das friedlichste Fleckchen Patongs, doch das authentische, preiswerte thailändische Essen in diesem entspannten Restaurant am Straßenrand ist ein Hit. Das Personal ist aufgeweckt und es gibt sogar eine fehlerfreie (!) englischsprachige Speisekarte. In schlichtem Ambiente unter einem riesigen Blechdach kann man Gerichte wie Garnelen mit rotem Curry, Hühnchen-Satay, süß-sauren Fisch, frittiertes, in Honig glasiertes Huhn, klassische Nudel- und Pfannengerichte und pikante thailändische Salate essen.

★ **Home Kitchen** INTERNATIONAL $$$
(093 764 6753; www.facebook.com/HOME.kitchen.bar.bed; 314 Th Phra Barami, Hat Kalim; Hauptgerichte 300–800 B; 5–1 Uhr;) Weißes Leder, verblasste Tische, fließende Stoffe, leuchtende Laternen und Neonlicht verbinden sich mit mediterranem Flair. Die verrückte, aber schöne, skurril-schicke Bar mit Restaurant hat die Form eines Schiffsrumpfes und ist ein einfach umwerfendes Bauwerk. Auch das kreative thailändisch-mediterrane Essen ist großartig. Empfehlenswert sind der Avocado-Krabbenfleisch-Salat, die Tintenfischpasta mit Lachs, das Wagyu-Rindfleisch mit Masaman, der frittierte Seebarsch mit *pá-naang*-Curry und die herrlich knusprigen Parmesan-Pommes.

Südliche Strände

★ **Pad Thai Shop** THAI $
(Th Patak East, Hat Karon; Gerichte 50 B; 9–18 Uhr) Bei der großartigen Imbissbude am Straßenrand gibt's einen reichhaltigen, köstlichen Hühnereintopf und unfassbar gute *ôw pàt Ƃoo* (gebratener Krabbenreis), *pàt see·éw* (gebratene Nudeln) und Nudelsuppe sowie fantastische *pàt tai* – würzig und süß, mit reichlich Tofu, Eiern und Erdnüssen sowie einer Beilage aus Frühlingszwiebeln, Bohnensprossen und Limetten. Unbedingt die hausgemachten Chili-Soßen probieren!

Kata Mama THAI $
(Hat Kata Yai; Hauptgerichte 50–400 B; 8–21 Uhr) Unter den günstigen Hütten am Südende des Hat Kata Yai ist dies die beste. Dank der charmanten Leitung, der soliden und geschmackvollen typischen Thai-Gerichte und der ruhigen Strandlage herrscht hier immer Betrieb.

Mama Noi's THAI, ITALIENISCH $
(Karon Plaza, Hat Karon; Hauptgerichte 90–185 B; 9–22 Uhr;) Schon seit einer Generation versorgt das einfache Café mit Fliesenboden und verblichenen Italienfotos, einem schönen lokalen Flair und hängenden Topfpflanzen hungrige Expats. Hier gibt's fantastische Versionen der üblichen Thai-Klassiker und eine lange Liste beliebter Pastas – wie wär's mit Spaghetti mit rotem Curry? Günstig, lecker und freundlich.

Som Tum Lanna THAI $
(081 597 0569; 3/7 Th Sai Yuan, Hat Rawai; Hauptgerichte 80–150 B; Di–So 9–17 Uhr) Wenn es um Som Tam geht, sollte man sich lieber für eine milde Variante entscheiden, denn die ist immer noch scharf genug. Zwar ist auch der Fisch in diesem schlichten Isan-Restaurant gut, doch das ist er anderswo auch. Das Hühnchen dagegen ist herausragend.

★ **Sabai Corner** INTERNATIONAL, THAI $$
(089 875 5525; www.facebook.com/Sabai-Corner-150517525037992; Hat Kata, abseits der Rte 4233; Hauptgerichte 100–400 B; 10–22 Uhr;) Von der großen Restaurantterrasse bietet sich der schönste Ausblick der Insel – bis zum Strand Karon in eine Richtung und auf den weiten Horizont des blauen Meeres in die andere. Die Qualität des Essens hält bei Restaurants in solch toller Lage oft nicht mit, doch das unter thailändisch-schweizer-amerikanischer Leitung stehende, beliebte Sabai Corner mit Sitzplätzen drinnen und im Freien ist ein echter Glücksgriff inmitten göttlicher Natur und wird von vielen zugezogenen Ausländern besucht.

★ **Rum Jungle** INTERNATIONAL $$$
(076 388153; www.facebook.com/Rum-Jungle-Cafe-Rawai-Phuket-173738946050909; 69/8 Mu 1, Th Sai Yuan; Hauptgerichte 240–620 B; 11.30–14 & 18–22.30 Uhr;) Das halboffene, strohgedeckte Restaurant mit ungewöhnlicher Worldbeat-Musik ist eines der besten am Rawai. In dem Familienbetrieb kredenzt ein großartiger australischer Koch köstliche neuseeländische Lammhüfte, gedämpfte Venusmuscheln und hausgemachte Pastasoßen. Außerdem sind verführerische vegetarische Gerichte wie Auberginen alla Parmigiana und Pasta Gorgonzola im Angebot.

★ **Boathouse Wine & Grill** INTERNATIONAL $$$
(076 330015; www.boathousephuket.com; 182 Th Koktanod, Hat Kata; Hauptgerichte 470–1750 B, Probiermenü 1800–2200 B; 11–22.30 Uhr) Bestens geeignet für ein anspruchsvolles Date ist diese Lieblingsadresse vieler einheimischer Gourmets. Die Atmosphäre ist teils etwas spießig, dafür ist es sehr glamourös, die mediterrane und thailändische Küche (z. B. Tigergarnelen-Risotto und Hummer-Soufflé) schmeckt fabelhaft, die Weinkarte unglaublich umfangreich und der Meerblick großartig. Spezielle Platten für mehrere Personen werden direkt am Tisch zubereitet.

Nördliche Strände

Meena Restaurant THAI $
(Hat Kamala; Hauptgerichte 80–150 B; 9–17 Uhr) In der familiengeführten Strandhütte dienen Sarongs mit Regenbogenstreifen und Leopardenmuster als Tischtücher – ein echtes Fundstück. Die Besitzer sind unglaublich herzlich und das geschmackvolle, authentische thailändische Essen und die frischen Fruchtshakes schmecken einfach großartig. Und was das rustikale Ambiente angeht: Deswegen ist man ja (wahrscheinlich) zum Kamala gekommen. Es befindet sich am nördlichen Ende des Strands.

Ausgehen & Unterhaltung

Phuket-Stadt

Ka Jok See CLUB
(076 217903; kajoksee@hotmail.com; 26 Th Takua Pa; Büfett 2500 B pro Pers.; Nov.–April 20–1 Uhr, Mai–Okt. kürzere Öffnungszeiten) Das intime, hundertjährige Haus trieft regelrecht mit dem Charme des alten Phuket, wozu auch die fantastische Kinkerlitzchen-Sammlung des Besitzers beiträgt. Halb ist es ein glamouröses Restaurant, halb eine verrückte Party-Location. Es serviert gute Thai-Küche, doch sind die Tische erst abgeräumt, verwandelt es sich in eine verrückte, unkonventionelle Party mit erstklassiger Musik und – wenn man Glück hat – teilweise sensationell extravagantem Cabaret. Am besten bucht man ein oder zwei Monate im Voraus. Es gibt keine Beschilderung.

Timber Hut CLUB
(076 211839; 118/1 Th Yaowarat; 18–2 Uhr) Seit 25 Jahren ist dieser zweistöckige Pub und Club jeden Abend voll mit Thais und zugezogenen Ausländern, die Whisky trinken und zu Livebands aller Genres tanzen, von Hardrock über reinen Pop bis zu Hip-Hop. Kein Eintritt.

Patong

Auf der Th Bangla, Patongs Bierkneipen- und Bargirl-Mekka, bieten verschiedene Go-Go-Schuppen den üblichen Mix aus aufreizend tanzenden Thai-Frauen und sonnenverbrannten Ausländern.

★ Seduction CLUB
(www.facebook.com/seductiondisco; 70/3 Th Bangla; ⌚22–5 Uhr) Internationale DJs, ein professionelles Soundsystem und die immer mit Abstand beste Tanzparty auf Phuket machen das Seduction zum besten Club vor Ort.

Sole Mio BAR
(☎081 5378116; Th Thawiwong; ⌚10–24 Uhr; 📶) Direkt am Strand serviert diese Bar mit karibischem Flair und skurriler Dekoration zu Popsongs mittelmäßige Cocktails und Chang vom Fass. Sie besteht aus recyceltem Wellblech, ausgewaschenem altem Holz und Muschelketten.

Phuket Simon Cabaret KABARETT
(☎076 342114; www.phuket-simoncabaret.com; 8 Th Sirirach; Erw. 700–800 B, Kind 500–600 B; ⌚Shows 18, 19.45 & 21.30 Uhr) Etwa 500 m südlich der Stadt veranstaltet das Simon unterhaltsame, farbenfrohe Transvestitenshows. Das 600 Sitze fassende Theater ist prächtig, die Kostüme sind extravagant und die Ladyboys spielen talentiert. Es ist hauptsächlich auf asiatische Gäste ausgerichtet und meistens ausverkauft, also vorher reservieren.

Bangla-Boxstadion ZUSCHAUERSPORT
(☎076 273416; www.banglaboxingstadiumpatong.com; Th Pangmuang Sai Kor; Eintritt 1700–2500 B; ⌚Mi, Fr & So 21 Uhr) Alter Name und auch sonst alles beim Alten: verschiedene anspruchsvolle *moo-ay-tai*-(Thaibox-)Kämpfe mit in- und ausländischen Boxern.

TAXIS AUF PHUKET

Phukets Taxigewerbe, einst in der Hand einer berüchtigten Mafia, die unverschämte Preise verlangte, wurden die Zügel angelegt: Heute gibt's Höchstpreise und Fahrer, die tatsächlich die Taxameter einschalten. Hat man einen verlässlichen Taxifahrer gefunden, lässt man sich am besten die Telefonnummer geben, um dann bei anderen Gelegenheiten das Taxi telefonisch zu arrangieren. Auch Uber und GrabTaxi sorgen für dringend benötigten Wettbewerb.

Südliche Strände

★ Ska Bar BAR
(www.skabar-phuket.com; 186/12 Th Koktanod; ⌚12 Uhr–open end) Unsere erste Wahl für einen Sundowner am Meer. Das Ska versteckt sich in der südlichsten Kurve des Hat Kata Yai an den Felsen und scheint schon fast mit dem Stamm eines prächtigen alten Feigenbaumes verwachsen zu sein. Die thailändischen Barkeeper verstärken das flippige Rastaflair, und Bojen, Papierlaternen und Flaggen schmücken das Vordach. Manchmal treten Feuerkünstler auf.

Gefahren & Ärgernisse

Von Mai bis Oktober ist das Baden wegen hoher Wellen und starker Strömung zu gefährlich, vor allem an bestimmten Stränden. Bei entsprechenden Bedingungen werden zur Warnung rote Flaggen aufgestellt.

Auf Phukets Straßen sorgen unklare Verkehrsregeln für Verwirrung. Wegen der vielen Unfälle und Verkehrstoten ist es nicht ratsam, ein Motorrad auszuleihen, das gilt vor allem für Fahrer mit wenig Erfahrung. Wer es dennoch tut, sollte Helm und Schutzkleidung tragen, seine Habseligkeiten nicht im Gepäckträger transportieren, sondern am Körper verstauen und und natürlich nicht alkoholisiert fahren.

Praktische Informationen

Die englischsprachige *Phuket Gazette* (www.phuketgazette.net) ist ein wöchentliches Nachrichten- und Lifestyle-Magazin.

Phuket International Hospital (☎076 361818, 076 249400; www.phuketinternationalhospital.com; 44 Th Chalermprakiat) Internationale Ärzte bewerten das Krankenhaus als das beste der Insel.

Hauptpost (Th Montri; ⌚Mo–Fr 8.30–16, Sa 9–12 Uhr)

Tourism Authority of Thailand (TAT; ☎076 211036; www.tourismthailand.org/Phuket; 191 Th Thalang; ⌚8.30–16.30 Uhr) Karten, Broschüren sowie Informationen über Verkehrsmittel und Bootstouren zu den nahe gelegenen Inseln.

Touristenpolizei (☎1669, 076 342719; Ecke Th Thawiwong & Th Bangla)

An- & Weiterreise

BUS & MINIVAN

Phukets **Busbahnhof 2** (Th Thepkrasattri) befindet sich 4 km nördlich von Phuket-Stadt. In seiner Nähe starten auch Minivans, die zur Golfküste und zur südlichen Andamanenküste fahren.

BUSSE AB PHUKET

ZIEL	BUSTYP	FAHRPREIS (B)	FAHRTDAUER (STD.)	ABFAHRT
Bangkok	VIP/Klimanlage	1011/650	13	abends 5-mal/15.30–19 Uhr stündl.
Chiang Mai	VIP	1826	22	15 Uhr
Hat Yai	VIP/Klimanlage	560/360	7/7	21.45 Uhr/7.30–12.30 Uhr stündl., 19.30 & 21.30 Uhr
Ko Samui	Klimanlage	450	8 (Bus/Boot)	9 Uhr
Ko Pha-Ngan	Klimanlage	550	9½ (Bus/Boot)	9 Uhr
Krabi	Klimanlage/ Minivan	155/140	3½/3	6.20–19 Uhr stündl.
Ranong	Klimanlage	250	6	5.30–18.10 Uhr stündl.
Surat Thani	Klimanlage/ Minivan	195/200	5/4	8, 10, 12 & 14 Uhr

FLUGZEUG

Der **Phuket International Airport** (☎076 327230; www.phuketairportthai.com) liegt 30 km nordwestlich von Phuket-Stadt. Die südlichen Strände sind rund 45 Minuten bis eine Stunde entfernt. Ein oranger staatlicher Flughafenbus verkehrt zwischen dem Flughafen und Phuket-Stadt (100 B, 1 Std., 6.30–20.30 Uhr); Taxis zum Flughafen kosten ab 550 B.

Flüge nach Bangkok bieten Air Asia, Bangkok Airways, Nok Air und Thai Airways International, zudem gibt's Direktflüge zu internationalen Zielen in Asien. In der Hochsaison ist das Angebot meist größer.

SCHIFF/FÄHRE

Tha Rasada, 3 km südöstlich von Phuket-Stadt, ist der Hauptpier für Boote nach Ko Phi-Phi und zu anderen Andamaneninseln im Süden. Boote nach Krabi und Ao Nang über die Ko-Yao-Inseln legen am Tha Bang Bong, 26 km nördlich vom Tha Rasada, ab.

Unterwegs vor Ort

Große *sŏrng·tăa·ou* pendeln von der Th Ranong nahe dem Tagesmarkt von Phuket-Stadt zu den Stränden (25–40 B, 7–18 Uhr regelmäßig).

Túk-túk und Taxis verlangen von Phuket-Stadt zu den Stränden in der Regel rund 400 bis 600 B. Leihmotorräder (300 B) gibt's fast überall, wer keine Erfahrung hat, sollte sich allerdings keines mieten.

Krabi-Stadt กระบี่

30 882 EW.

Krabi-Stadt dient als Ausgangspunkt für Ausflüge zu der von Karst durchzogenen Krabi-Halbinsel. Vor Ort gibt's ein gutes Angebot an Unterkünften, Annehmlichkeiten und Transportmitteln.

Schlafen

Krabi verfügt über gute und immer besser werdende Pensionen. Anspruchsvolle Backpacker werden in Ao Nang fündig.

★ Pak-Up Hostel — HOSTEL $

(☎075 611955; www.pakuphostel.com; 87 Th Utarakit; B 280–390 B, DZ 400–500 B; ❄@☎) Supermoderne Schlafsäle mit vier bis zehn Betten aus poliertem Beton, deren große Holzbetten in die Wand gebaut sind und alle ein eigenes Schließfach haben. Einige Schlafsäle sind nur für Frauen. In den geräumigen, modernen Gemeinschaftsbädern gibt's Kaltwasserduschen und Warmwasser-Regenduschen. Die beiden Doppelzimmer teilen sich ein Bad. Das Hostel wartet zudem mit zwei Bars und einer jugendlichen, fröhlichen, clubähnlichen Stimmung auf, sodass man gar nicht wieder weg möchte.

Chan Cha Lay — PENSION $

(☎075 620952; www.lovechanchalay.com; 55 Th Utarakit; Zi. mit Ventilator 350–600 B, mit Klimaanlage 450–800 B; ❄@☎) In dem immer gut besuchten Chan Cha Lay warten in mediterranen Blau- und Weißtönen gestaltete Zimmer mit Klimaanlage, eigenen Bädern mit Außenbereich, weißem Kieselstein und poliertem Beton. Sie zählen zu den komfortabelsten und charaktervollsten Krabis. Es gibt auch schlichtere, aber blitzsaubere Zimmer mit Ventilator, Gemeinschaftsbad und festen Betten. Der Service schwankt zwischen unhöflich und bezaubernd.

Hometel — PENSION $

(☎075 622301; hometel_2012@hotmail.com; 7 Soi 10, Th Maharat; Zi. 750 B; ❄☎) Eine moderne, freundliche Unterkunft mit Boutique-Charakter. Die zehn Zimmer auf drei Etagen sind komplett aus poliertem Beton, abstrakte Kunstwerke sorgen für etwas Farbe. Alle Zimmer haben Regenduschen und hohe Decken, zwei Zimmer verfügen über Terrassen. Zur Pension gehören ein Tourenschalter, an dem man auch Verkehrsmittel buchen kann, und ein sonniges Café, das internationale Speisen serviert.

Essen & Ausgehen

Auf den Märkten von Krabi-Stadt findet man leckeres Essen, z. B. auf dem **Nachtmarkt** (Th Khong Kha; Gerichte 30–60 B; 16–22 Uhr) nahe dem Khong-Kha-Pier. Das **Playground** (www.facebook.com/krabiplaygroundbar; 87 Th Utarakit; 17.30–2 Uhr;) ist die coole Gartenbar des Pak-up.

Praktische Informationen

Einwanderungsbehörde (075 611097; 382 Mu 7, Saithai; Mo–Fr 8.30–16 Uhr) Kümmert sich um Visaverlängerungen; 4 km südwestlich von Krabi.

Post (Th Utarakit; Mo–Fr 8.30–16 Uhr, Sa & So 9–12 Uhr)

An- & Weiterreise

BUS & MINIVAN

Der **Busbahnhof Krabi** (075 663503; Ecke Th Utarakit & Hwy 4) liegt im nahe gelegenen Talat Kao, rund 5 km nördlich vom Ort selbst. *Sŏrng·tăa·ou* fahren vom Busbahnhof ins Zentrum von Krabi (50 B, 6–18.30 Uhr häufig).

Reisebüros betreiben Minivans, die beliebte Touristenziele in Südthailand anfahren, oft aber unangenehm voll sind. Mit den billigeren Minivans, die vom Busbahnhof starten, ist man besser beraten.

FLUGZEUG

Der Flughafen liegt 14 km nordöstlich von Krabi. Die meisten nationalen Fluglinien bieten Verbindungen von und nach Bangkok. Bangkok Air fliegt täglich nach Ko Samui, Air Asia nach Chiang Mai. Eine Taxifahrt zum/vom Flughafen kostet 350 B, der Flughafenbus für Touristen 130 B.

SCHIFF/FÄHRE

Boote nach Ko Phi-Phi (250–300 B, 1½–2 Std., 4-mal tgl.) und Ko Lanta (400 B, 2 Std., 1-mal tgl.) legen vom Passagier-Pier bei Khlong Chilat, ca. 4 km südwestlich von Krabi, ab. Die Reisebüros organisieren kostenlose Transfers. In der Nebensaison gelten abweichende Fahrpläne.

Longtailboote verkehren vom Khong-Kha-Pier in Krabi zum Hat Railay (150 B, 45 Min., 7.45–18 Uhr).

Railay ไร่เล

Krabis fantastische Kalksteinformationen erreichen in Railay, dem ultimativen Dschungelterrain für Kletterfanatiker, ihren dramatischen Höhepunkt. Von idyllischen sandigen Abschnitten hat man einen großartigen Ausblick auf die Karstfelsen, die aus dem azurblauen Wasser und aus dem bewaldeten Landesinneren ragen.

Sehenswertes

Die malerischen Kalksteinfelsen in Railay sehen vom Land ebenso schön aus wie vom Wasser. Zur **Tham Phra Nang** (Prinzessinnenhöhle), einem wichtigen Schrein für einheimische Fischer, kann man problemlos wandern. Auf halbem Weg zwischen Hat Railay Ost und Hat Phra Nang führt ein einfacher Pfad die dschungelbedeckte Klippe hinauf zur versteckten Lagune **Sa Phra Nang** (Becken der heiligen Prinzessin) mit einem großartigen Aussichtspunkt. Eine weitere große Höhle über Hat Railay East ist die **Tham Phra Nang Nai** (Innere Prinzessinnenhöhle, Diamantenhöhle; Erw./Kind 200 B/frei; 9–16.30 Uhr).

BUSSE & MINIVANS AB KRABI-STADT

ZIEL	FAHRPREIS (B)	FAHRTDAUER (STD.)	ABFAHRT
Bangkok	955-650	12	morgens & abends
Hat Yai	230	4½	6-15.20 Uhr stündl.
Ko Lanta	250–300	2½	
Phuket	150	3	7.30–17.30 Uhr alle 30 Min.
Ranong	210	5	8.30 & 12 Uhr
Satun	234	5	11, 13 & 15 Uhr
Surat Thani	150	2½	4.30–16.30 Uhr stündl.
Trang	120	2	9–15.20 Uhr stündl.

Aktivitäten

Railay ist eines der malerischsten **Kletterreviere** und bietet fast 700 ausgewiesene Kletterrouten, von einfachen für Anfänger bis zu anspruchsvollen für Fortgeschrittene, die mit spektakulärer Aussicht von den Klippen auf einen Karstgarten im Meer aufwarten. Halbtägige Kletterkurse kosten 800 bis 1000 B, ganztägige 1500 bis 2000 B.

Zum Angebot gehören zudem Schnorchelausflüge und Kajaktouren mit Übernachtung zu verlassenen Inseln.

★ Basecamp Tonsai KLETTERN
(081 149 9745; www.tonsaibasecamp.com; Hat Ton Sai; halber/ganzer Tag 800/1500 B, 3-tägige Kurse 6000 B; 8–17 & 19–21 Uhr) Besonders gut ist der wohl professionellste Anbieter in Railay bei der Organisation von Free-Solo-Klettern über dem Meer (700 B).

Highland Rock Climbing KLETTERN
(084 443 9539; http://highlandrockclimbingthailand.weebly.com; Railay Highlands; halber/ganzer Tag 1000/1800 B, 3-tägige Kurse 6000 B; 8–22 Uhr) Wer oben auf dem Berg übernachtet, klettert am besten mit Herrn Chao.

Hot Rock KLETTERN
(085 641 9842; www.railayadventure.com; Hat Railay East; halber/ganzer Tag 1000/2000 B, 3-tägige Kurse 6000 B; 9–21 Uhr) Einer der Pioniere des Klettersports in Railay betreibt diese Schule mit gutem Ruf.

King Climbers KLETTERN
(081 797 8923; www.railay.com; Walking St; halber/ganzer Tag 1000/1800 B, 3-tägige Kurse 6000 B; Mo–Fr 8.30–21, Sa & So bis 18 Uhr) Zählt zu den größten, ältesten und renommiertesten kommerziellen Kletterschulen.

Schlafen & Essen

Hotels und Resorts der mittleren und oberen Preisklasse haben sich an Railays drei Hauptstränden (Hat Railay West, Hat Railay East und Hat Tham Phra Nang) angesiedelt. Budgetunterkünfte gibt's in Railay Highlands (ab Hat Railay East 500 m bergaufwärts) und im nahe gelegenen Hat Ton Sai (an der Höhle nach Hat Railay West vorbei).

Rapala Rockwood Resort BUNGALOWS $
(075 622586; Hat Railay East; Bungalow 800–900 B;) Klapprige Bungalows wurden mit glänzender Farbe und Hängematten auf den Verandas aufpoliert und sind mit bunter Bettwäsche, Moskitonetz und Ventilator ausgestattet. Außerdem gibt's einen winzigen Pool und ein paar Liegen. Die Hügellage bringt eine frische Brise und Meerblick mit sich, aber auch ein paar steile Stufen. Reservierungen sind nicht möglich.

Railay Cabana BUNGALOWS $
(075 621733, 084 534 1928; Railay Highlands; Bungalow 500 B) Bergunterkunft mit Hippieflair in großartiger Lage mitten in einem Tal voller Karstfelsen. In den rustikalen, aber sauberen strohgedeckten Bambusbungalows gibt's rund um die Uhr Strom. Sie sind von Mango-, Mangosteen-, Bananen- und Guavenhainen umringt. Die Anlage liegt direkt nördlich von Tham Phra Nang Nai, landeinwärts vom Hat Railay East.

Paasook BUNGALOWS $
(081 893 9220; juaaup@gmail.com; Hat Ton Sai; Bungalow 600–900 B) Die billigeren Zellen mit Betonboden sind sauber und gerade so akzeptabel, doch die Holzbungalows sind riesig und haben raumhohe Fenster und geflieste Bäder. Der Garten ist üppig und das Management freundlich.

Railay Garden View BUNGALOWS $$
(085 888 5143; www.railaygardenview.com; Hat Railay East; Bungalow inkl. Frühstück 1450–1950 B;) Über den Mangroven am östlichen Strand und zwischen tropischen Gärten thronen Bungalows aus geflochtenem Bambus mit Wellblechdächern und schöne Holzbungalows auf Stelzen. Von außen wirken manche verwittert, drinnen sind sie aber alle geräumig und sauber und mit thailändischen Textilien, kreativen Betonbädern und Bodenkissen eingerichtet. Mückenschutz und eine Taschenlampe für Spaziergänge nach Einbruch der Dunkelheit mitbringen.

Mama's Chicken THAI $
(Hat Ton Sai; 70–100 B; 7–22 Uhr;) Trotz des neuen Standorts an dem Dschungelpfad, der vom Inneren zum Hat Railay East und West führt, bleibt das Mama's eines unserer Lieblingsrestaurants. Hier gibt's internationales Frühstück, Obst, Fruchtsmoothies und eine große Palette billiger Thai-Gerichte, darunter Masaman-Tofu – eine Rarität – und andere vegetarierfreundliche Varianten.

Anreise & Unterwegs vor Ort

Longtailboote nach Railay starten am Khong-Kha-Pier in Krabi (150 B, 45 Min., 7.45–18 Uhr) (8 Pers.), sobald sie voll sind. Die *Ao Nang Princess* legt auf dem Weg nach Ko Phi-Phi am Hat Railay West an (450 B, 2 Std., Nov.–April tgl., Mai–Oktober seltener).

Von Ao Nang, der nächsten Bucht in Richtung Krabi, gibt's eine Straßenverbindung nach Krabi-Stadt. Ao Nang erreicht man per Boot vom Hat Railay West und vom Hat Ton Sai (bei Tag/Nacht 100/150 B, 15 Min., bei 8 Pers.). Von Ao Nang fahren *sŏrng·tăa·ou* und Busse nach Krabi-Stadt (50 B, 20 Min.) und zum Flughafen Krabi (150 B, 9–17 Uhr stündl.). Außerdem steuern Minivans von Ao Nang aus andere Ziele in Südthailand an.

Nördlich von Ao Nang liegt der Hat Noppharat, ein Nationalpark, von dem aus Schnellboote nach Phuket fahren (1200 B, 1¼ Std., Nov.–April 11 Uhr).

Ko Phi-Phi เกาะพีพีดอน

Ko Phi-Phi ist so schön wie ein Filmstar und liebt das Leben auf der Überholspur, voller hedonistischer Partys und Alkoholexzesse. Landschaftlich weiß die Insel noch immer mit zerklüfteten Klippen, Sandstränden und üppigem Dschungel zu beeindrucken, ein friedliches Idyll findet man hier aber nicht: Boote bringen massenweise Pauschaltouristen und laute Bars stören die Nachtruhe. Für Ko Phi-Phi spricht jedoch, dass es noch immer günstige Unterkünfte gibt und die autofreie Insel nicht halb so chaotisch ist wie Thailands sonst verkehrsgeplagte Strände.

Aktivitäten

Tauchen & Schnorcheln

Die kristallklare Andamanensee und eine facettenreiche Unterwasserwelt sind die perfekten Zutaten für Tauchabenteuer. Ein Open-Water-Zertifikationskurs kostet rund 13 800 B, eine Standardtour mit zwei Tauchgängen gibt's für 2500 bis 3500 B. Eintägige Schnorchelausflüge kosten ab 700 B, wobei Ko Mai Phai gute Bedingungen bietet.

Adventure Club TAUCHEN
(☎ 081 895 1334; www.diving-in-thailand.net; Tonsai-Dorf; 2 Tauchgänge 2500 B, Open-Water-Zertifikat 13 800 B; ⏲ 8–22 Uhr) Unser Lieblingstauchveranstalter auf Phi-Phi hat ein exzellentes Angebot an informativen, verantwortungsvollen

Ko Phi-Phi Don

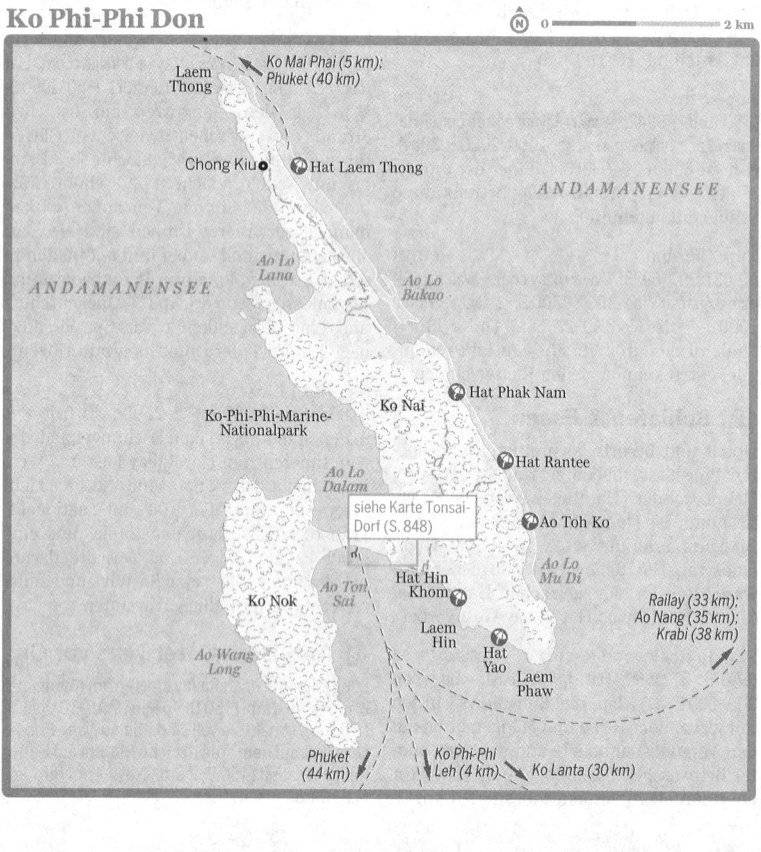

Touren. Man steht garantiert gern um 6 Uhr auf, um an der beliebten Schnorcheltour mit Haibeobachtung (800 B) teilzunehmen, bei der man garantiert mit mindestens einem Riffhai herumtollt.

Klettern

Auf der Insel gibt's ein paar gute Kletterausstatter. Empfehlenswert ist **Ibex Climbing & Tours** (☎075 601370, 084 309 0445; www.ibexclimbingandtours.com; Tonsai-Dorf; halber/ganzer Tag 1100/1950 B).

Geführte Touren

Seit sich Leo in der Verfilmung von Alex Garlands Roman *Der Strand* einen Joint genehmigte, ist die unbewohnte Insel **Ko Phi-Phi Leh** mit ihren malerischen Lagunen eine Art Pilgerstätte. Die meisten Besucher kommen im Rahmen einer Tagestour mit Schnorchelpausen. Mit **Maya Bay Sleepaboard** (www.mayabaytours.com; 3000 B pro Pers.) kommt man einer Nacht auf Phi-Phi Leh so nah, wie die Vorschriften es erlauben: Man übernachtet vor der Küste an Bord. Wer sportliche Betätigung für überbewertet hält, kann sich stattdessen bei einer gemütlichen Fahrt mit **Captain Bob's Booze Cruise** (☎084 848 6970; www.phiphiboozecruise.com; Frauen/Männer 2500/3000 B; ⏱Abfahrt 13 Uhr) einen Drink genehmigen.

Schlafen

In den Ferien ist es ratsam, im Voraus zu buchen, zudem sollte man Fenster und Türen immer gut verschließen, um Einbrüchen vorzubeugen. Rund um den Ao Lo Dalam schießen immer mehr Unterkünfte mit Schlafsälen aus der Erde.

Blanco HOSTEL $

(☎093 638 3781; Ao Lo Dalam; B 470–625 B; ❄📶) Bettwäsche bringt man in die Bambus-Chalets mit Betonböden am besten selbst mit. Das einfache, aber moderne Party-Hostel bietet Zimmer mit vier bis acht Betten mit harten Matratzen. Doch wegen der guten Laune und der geselligen Strandbar mit Lounges voller Kissen und einem Billardtisch übernachten gerade hartgesottene Nachtschwärmer gern hier.

Ibiza House HOSTEL, HOTEL $

(☎075 601274, 080 537 1868; ibizahouseppth@gmail.com; Ao Lo Dalam; B 450–700 B, Zi. inkl. Frühstück 2000–5500 B; ❄📶🏊) Empfehlenswert machen das Ibiza House die beliebten und gepflegten (ein wenig sandigen) 10-Bett-Schlafsäle mit Klimaanlage, warmen Duschen, Safes und WLAN – und natürlich die lebhafte Partystimmung. Außerdem gibt's mehrere strahlend weiße Doppelzimmer und „Villen". Alle Gäste können den Pool nutzen, an dem sonntags regelmäßig Partys stattfinden.

Rock Backpacker HOSTEL $

(☎081 607 3897; Tonsai-Dorf; B 300 B, Zi. mit Ventilator/Klimaanlage 800/1600 B; ❄📶) Das anständige Hostel auf einem Hügel im Dorf beherbergt saubere Schlafsäle mit Stockbetten, winzige Privatzimmer und eine einladende Restaurant-Bar. Von außen wirken die mit Graffiti bekritzelten Wände etwas mitgenommen. Es ist nach wie vor eine der günstigeren Bleiben am Ton Sai, darum steigen hier viele Backpacker ab. Nur eine freundliche Begrüßung darf man nicht erwarten. Reservierungen sind nicht möglich.

Oasis Guesthouse PENSION $

(☎075 601207; 115 Mu 7, Tonsai-Dorf; Zi. 700–800 B; ❄📶) Es lohnt sich, einen Spaziergang die Nebenstraße östlich der Mitte des Ton Sai hinauf zu machen, denn hier wartet eine einfache, niedliche Pension mit hölzernen Fensterläden inmitten von Bäumen. Das Personal ist hin und wieder etwas mürrisch, doch die frisch gestrichenen Zimmer haben strahlende Bäder. Reservierungen sind nicht möglich.

JJ Residence HOTEL $$

(☎075 601098; www.jjresidence.com; 95 Mu 7, Tonsai-Dorf; Zi. 2500 B; ❄📶🏊) Eine der besseren Optionen am Ton Sai: Die geräumigen gekachelten Unterkünfte punkten mit schicken Holzwänden, Balkendecken, Minikühlschränken, eingebauten Schreibtischen und Kleiderschränken sowie privaten Terrassen. In der ersten Etage gehen die Zimmer auf den mit einem Wasserfall verzierten Pool. Ein neues Haus direkt gegenüber mit ähnlichen Zimmern dürfte mittlerweile fertiggestellt sein.

Up Hill Cottage BUNGALOWS $$

(☎075 601124; www.phiphiuphillcottage.com; 140 Mu 7, Tonsai-Dorf; Zi. mit Ventilator 1200 B, Klimaanlage 2000–2500 B; ❄📶) Die frisch renovierten, cremefarbenen Bungalows mit Holzwänden sind innen in Pastellfarben gehalten, die mit den bunten Bettüberwürfen und den schick gefliesten Bädern kontrastieren. Auch die billigeren, einfacheren Zimmer mit Ventilator sind sehr sauber. Die Anlage liegt ein kleines Stück hinter dem größten Trubel

Tonsai-Dorf

Tonsai-Dorf

Aktivitäten Kurse & Touren

1 Adventure Club A2
2 Captain Bob's Booze Cruise A2
Ibex Climbing & Tours .... (siehe 1)

Schlafen

3 Blanco B1
4 Ibiza House B1
5 JJ Residence A2
6 Oasis Guesthouse B2
7 Rock Backpacker B1
8 Up Hill Cottage B1

Essen

9 Lokale Straßenstände A2
10 Papaya 2 .... A2
11 Papaya Restaurant B2

Ausgehen & Nachtleben

12 Ibiza A1
13 Slinky A1
14 Sunflower Bar B1

am Ostende der Hauptstraße, die von Ton Sai Village nach Norden führt, und ist über Hunderte Stufen zu erreichen.

Essen & Ausgehen

Das Partygeschehen konzentriert sich auf das **Slinky** (Ao Lo Dalam; ⏲21–2 Uhr), das **Ibiza** (Ao Lo Dalam; ⏲21–2 Uhr) und die ruhigere **Sunflower Bar** (Ao Lo Dalam; ⏲11–2 Uhr;).

Lokaler Lebensmittelmarkt MARKT, THAI $
(Tonsai-Dorf; Gerichte 60–80 B; ⏲7–22 Uhr) Auf dem Markt (der während unserer Recherche gerade renoviert wurde) an der schmalsten Stelle der Landenge gibt's das günstigste und authentischste Essen. Einige einsatzfreudige Stände kredenzen leckeres Pad Thai, gebratenen Reis, Som Tam und geräucherten Seewolf.

Papaya Restaurant THAI $
(☎087 280 1719; Tonsai-Dorf; Gerichte 100–350 B; ⏲10–22.30 Uhr) Serviert riesige Portionen leckerer, würziger Thai-Gerichte zu echten Schnäppchenpreisen. Zur Auswahl stehen Basilikumhähnchen mit Chili, alle Arten Curry, Som Tam und auch *đôm yam*. Eine zweite Filiale, das **Papaya 2** (☎087 280 1719; Tonsai-Dorf; Gerichte 100–350 B; ⏲10–22 Uhr), befindet sich eine Querstraße weiter.

An- & Weiterreise

Boote legen am Ao-Ton-Saian-Pier ab, manche nach Phuket auch vom Pier in Laem Thong im Norden. Nach Railay nimmt man die Boote Richtung Ao Nang.

Unterwegs vor Ort

Auf Ko Phi-Phi gibt's keine Straßen, deswegen bewegt man sich auf der Insel größtenteils zu Fuß. Longtailboote können am Ao-Ton-Sai-Pier gechartert werden und fahren für 100 bis 600 B (je nach Entfernung) zu den verschiedenen Stränden.

Ko Lanta เกาะลันตา

20 000 EW.

Das einstige Revier von Backpackern und *chow lair* (Seenomaden) ist mittlerweile vom Pauschaltourismus der mittleren Preisklasse geprägt. Dennoch geht's hier sehr viel entspannter zu als im partyverrückten Ko Phi-Phi, zudem findet man noch ein paar Budgetunterkünfte.

Im Vergleich mit seinen von Karstformationen geprägten Nachbarn ist Ko Lanta recht flach und kann deswegen problemlos mit dem Motorrad erkundet werden. Schon ein kurzer Trip gibt Einblick in den bunten Schmelztiegel von Kulturen: Straßenstände verkaufen unter schmalen Minaretten Brathähnchen, alte *chow-lair*-Dörfer säumen die Insel und kleine thailändische Wats verstecken sich hinter den grün-braunen Ästen von Mangroven. Besonders bemerkenswert ist **Ban Si Raya** (Altstadt), ehemals Hafen und Handelszentrum der Insel, wo viele der 100 Jahre alten Stelzenhäuser aus Holz erhalten sind.

Ingesamt 15 Inseln der Ko-Lanta-Gruppe umfasst der **Ko-Lanta-Meeresnationalpark** (อุทยานแห่งชาติหมู่เกาะลันตา; ☎075 660711, in Bangkok 02 561 4292; www.dnp.go.th; Erw./Kind/

SCHIFFE/FÄHREN VON/NACH KO PHI-PHI

ZIEL	FAHRPREIS (B)	FAHRTDAUER (STD.)	NACH KO PHI-PHI	AB KO PHI-PHI
Ao Nang	350	1¾	9.30 Uhr	15.30 Uhr
Ko Lanta	250–700	1½	8, 12.30, 13 & 16 Uhr	11.30 & 15 Uhr
Krabi	250–300	1½–2	9, 10.30, 13.30 & 15 Uhr	9, 10.30, 13.30 & 15.30 Uhr
Phuket	250–300	1¼–2	9, 11 & 15 Uhr	9, 14, 14.30 & 15.30 Uhr
Railay	350–400	1¼	9.45 Uhr	15.30 Uhr

Motorrad 200/100/20 B; ⌚8–18 Uhr), der sich bei Kajaktouren erkunden lässt.

Direkt vor der Küste locken einige der besten Tauch- und Schnorchelspots Thailands, darunter die unterseeischen Steilwände von Hin Muang und Hin Daeng. Tauchausflüge kosten 3400 bis 4500 B. **Scubafish** (☎075 665095; www.scubafish.com; Ao Kantiang; 2 Tauchgänge 3500 B; ⌚8–20 Uhr) ist eine empfehlenswerte Tauchschule.

Die Gewinne der Kochschule **Time for Lime** (☎075 684590; www.timeforlime.net; Hat Khlong Dao; Kurs 1800 B; ⌚Kurs 16 Uhr) auf Hat Khlong Dao fließen an Lanta Animal Welfare.

Schlafen

Ein paar Resorts schließen in der Nebensaison (Mai–Okt.), andere senken ihre Preise um 50 %. Hat Phra Ae ist ein großes Travellerdorf, Hat Khlong Khong eine thailändische Rasta-Enklave. Beide Strände werden – wie die meisten auf Ko Lanta – zunehmend schmaler. Am weißen Strand des Hat Khlong Nin stehen viele Flashpacker-Pensionen. Ao Mai Pai ist eine üppig grüne, fast vergessene Bucht mit einem der schönsten Strände Ko Lantas. Die Südspitze bei Laem Tanod bildet eine wilde, steile Klippe. Ban Si Raya ist ein oft übersehenes, schön gealtertes Dorf.

★ Bee Bee Bungalows BUNGALOWS $
(☎081 537 9932; Hat Khlong Khong; Bungalow 600–900 B; ⌚Okt.–April; 📶) Eine der besten Budgetunterkünfte der Insel bietet ein Dutzend kreativer Bambushütten und wird von superfreundlichen Mitarbeitern geführt. Jeder Bungalow ist einzigartig, einige stehen auf Stelzen in den Bäumen. Im Restaurant hilft eine Bibliothek verwitterter Taschenbücher gegen Langeweile, während man auf die köstlichen Thai-Gerichte wartet.

Hutyee Boat BUNGALOWS $
(☎083 633 9723; Hat Phra Ae; Bungalow 500–700 B) Hippieparadies in einem Palmen- und Bambuswald mit großen soliden Bungalows auf Stelzen samt gefliesten Bädern, Minikühlschränken und schaukelnden Hängematten. Eine herzliche muslimische Familie führt die Anlage beim Strand (hinter dem Nautilus-Resort).

Andaman Sunflower BUNGALOWS $
(☎089 969 2610, 075 684668; Hat Phra Ae; Bungalow 750–1350 B; ⌚Okt.–März; 📶) In herrlicher Lage ein Stück hinter dem Strand inmitten eines Gartens, in dem Bougainvillae und Palmen wachsen, locken diese fantastischen Holz- und Bambusbungalows mit eingebauten Betten auf Plattformen, Böden aus poliertem Holz, Glasschalen-Waschbecken und Hängematten auf den Verandas. Sie gehören zu den schönsten Bungalows dieser Preisklasse in der Gegend.

Unterkünfte im Mu-Ko-Lanta-Nationalpark BUNGALOWS, CAMPING $
(☎075 660711, in Bangkok 02 561 4292; www.dnp.go.th; Laem Tanod; Bungalow 1500–3000 B, Stellplatz 40 B pro Pers., mit Leihzelt 300 B) Auf dem idyllischen abgeschiedene Gelände der Nationalparkverwaltung, das von zerklüfteten Felsen umringt ist, kann man beim Geräusch der Brandung übernachten - in einfachen Bungalows für vier bis acht Personen oder in Zelten. Es gibt Toiletten, fließendes Wasser und einen Laden, Essen muss man aber selbst mitbringen. Hier bekommt man auch Campinggenehmigungen für Ko Rok.

Sriraya PENSION $
(☎075 697045; punpun_3377@hotmail.com; Ban Si Raya; Zi. mit Gemeinschaftsbad 500 B) Einfaches, aber schön restauriertes und stilvolles chinesisches Ladenhaus mit massiven Balken, Gemeinschaftsbädern und freundlichem Personal. Die Wände sind in Erdfarben gestrichen und die Bettwäsche ist bunt. Am besten ist das Balkonzimmer auf der Straßenseite mit Blick auf das atmosphärische Stadtzentrum.

Round House PENSION $$

(☎ 086 950 9424; www.lantaroundhouse.com; Hat Khlong Nin; Zi. 1600 B, Bungalow ohne/mit Bad 600/1500 B, Haus 3000 B; ❄ 📶) Eine hübsche, vielseitige Option am nördlichen Ende des Strandes. Die Holz- und Bambusbungalows auf Stelzen mit Ventilator direkt hinter dem luftigen Strandrestaurant sind einfach eingerichtet und haben fast alle Gemeinschaftsbäder mit warmem Wasser. Außerdem gibt's noch ein cooles Lehmziegelrundhaus für zwei Personen, Betonzimmer mit Veranda und ein für Familien ideales Strandhaus mit Klimaanlage. Gute Rabatte in der Nebensaison und für Alleinreisende.

Baan Phu Lae BUNGALOWS $$

(☎ 075 665100, 085 474 0265; www.baanphulaeresort.com; Ao Mai Pai; Bungalow mit Ventilator 1800 B, mit Klimaanlage 2000–2400 B; ❄ 📶) Auf den abgelegenen Felsen am nördlichen Ende des letzten Strands vor der Südspitze der Insel stehen hübsche kanariengelbe Bungalows mit Ventilator oder Klimaanlage, Strohdächern, farbenfrohen Kunstwerken, Bambusbetten und Privatverandas. Direkt dahinter befinden sich Holzbungalows auf Stelzen mit Klimaanlage. Auch Tauch- und Schnorcheltrips, Kochkurse, Massagen und Verkehrsmittel werden arrangiert.

EINREISE NACH MALAYSIA: VON KO LIPE NACH PULAU LANGKAWI

Von Ko Lipe gelangt man problemlos zur malaysischen Insel Pulau Langkawi. Malaysia ist Thailand eine Stunde voraus.

Anreise zur Grenze Von Ko Lipe verkehren Fähren nach Pulau Langkawi (1000–1400 B, 1½ Std., Mitte Okt.–Mitte April 4-mal tgl.).

An der Grenze Bevor man ins Boot steigt, holt man sich bei der thailändischen **Einreisebehörde** (🕗 8–18 Uhr) im Bundhaya Resort auf Ko Lipe den Ausreisestempel. Die Grenzformalitäten auf Pulau Langkawi sind unkompliziert und die meisten europäischen Staatsbürger erhalten bei der Einreise ein Visum.

Weiterreise Von Pulau Langkawi gibt's Verbindungen aufs Festland und nach Penang.

Infos zur Überquerung der Grenze in entgegengesetzter Richtung gibt's auf S. 442.

Essen

Zu empfehlen sind die Meeresfrüchtelokale am nördlichen Ende von Ban Sala Dan wie das **Lanta Seafood** (Ban Sala Dan; Hauptgerichte 80–250 B; 🕗 11–21 Uhr). In Ban Ko Lanta lohnt ein Besuch des **Beautiful Restaurant** (☎ 086 282 1777; Ban Si Raya; Hauptgerichte 100–350 B; 🕗 10–21 Uhr; 📶), dessen Tische sich auf vier übers Meer ragende Piers verteilen.

Ausgehen & Nachtleben

Wer nach feuchtfröhlichen Discos sucht, ist auf der falschen Insel. Eine entspannte Barszene bietet Hat Phra Ae.

Praktische Informationen

In Ban Sala Dan gibt's die üblichen touristischen Einrichtungen.

Ko Lanta Hospital (☎ 075 697017; Ban Si Raya) Ca. 1 km südlich der Altstadt von Ban Si Raya.

Polizei (☎ 075 668192; Ban Sala Dan)

An- & Weiterreise

In Ban Sala Dan befinden sich zwei verschiedene Anlegestellen. Die für Passagierfähren liegt ca. 300 m von der Haupteinkaufsstraße, die für Autofähren ein paar Kilometer weiter östlich. Die Fährverbindungen sind jedoch immer abhängig von Wetter und Saison; die hier angegebenen Verbindungen gelten ausschließlich für die Hochsaison. Minivans verkehren dagegen das ganze Jahr über.

ZIEL	MINIVAN	SCHIFF/FÄHRE
Ko Phi-Phi		250 B, 1½ Std., 2-mal tgl.
Ko Lipe		1700 B, 5 Std.
Krabi (Khlong-Chilat-Pier)		400 B, 2 Std., 2- mal tgl.
Krabi-Stadt/ Airport	300 B, 2½/3 Std., 7–16 Uhr stündl.	

Unterwegs vor Ort

Die meisten Resorts bieten für ihre Gäste einen Transfer vom Pier an. Für die Fahrt zurück gilt das jedoch nicht, dann werden zwischen 100 und 400 B fällig. Alternativ nimmt man eins der Motorradtaxis gegenüber des 7-Eleven in Ban Sala Dan; sie kosten je nach Entfernung 50 bis 400 B.

Motorräder (250 B pro Tag) werden auf der ganzen Insel vermietet.

Ko-Tarutao-Meeresnationalpark

อุทยานแห่งชาติหมู่เกาะตะรุเตา

Eine der schönsten und ursprünglichsten Gegenden des Landes: Der **Ko-Tarutao-Meeresnationalpark** (☎074 783485; www.dnp.go.th; Erw./Kind 200/100 B; ⌚Mitte Okt.–Mitte Mai) umfasst 51 fast unberührte, von intakten Korallenriffen und wunderschönen Stränden umgebene Inseln. Die Kehrseite der völligen Abgeschiedenheit von der Zivilisation ist ein Mangel an Infrastruktur – besonders die Müllentsorgung ist hier ein Problem.

Ko Tarutao ist die größte Insel, hat sich jedoch ihre rustikale Ursprünglichkeit bewahrt. Vor Ort gibt's die Parkverwaltung und staatliche Unterkünfte. Buchungen sind über das **Parkbüro** (☎074 783485; Pak-Bara-Pier; ⌚8–17 Uhr) oder online möglich. Von Ende Mai bis 15. September ist die Insel für Besucher gesperrt. Auf den Inseln kann man kein Geld wechseln, die letzte Möglichkeit dafür besteht am Pak-Bara-Pier auf dem Festland.

Ko Lipe ist die beliebteste Insel des Meeresnationalparks und hat sich in den vergangenen Jahren von einem entlegenen Hippierefugium in eine asphaltierte Urlaubsinsel verwandelt. Mit Budgetunterkünften sieht es mau aus. Zu den günstigsten Unterkünften gehören das **Koh Lipe Backpackers Hostel** (☎085 361 7923; www.kohlipebackpackers.com; Hat Pattaya; B 400–500 B, Zi. 2500–3000 B; ❄📶), **The Box** (☎086 957 2480; www.theboxliperesort.com; Walking St; Zi. inkl. Frühstück mit Ventilator 1200–1900 B, mit Klimaanlage 1600–2900 B; ❄📶) und **Forra Dive** (☎084 407 5691; www.forradiving.com; Hat Sunrise; Bungalow 1000–1400 B; 📶).

ℹ An- & Weiterreise

Boote aus Pak Bara steuern Ko Tarutao (450 B) und Ko Lipe (650 B, 1½ Std.) an. Sie verkehren vom 21. Oktober bis Ende Mai viermal täglich.

Fähren von **Tigerline** (☎081 358 0808, 089 737 0552; www.tigerlinetravel.com) fahren in der Hochsaison (Nov.–Ende April) zwischen Phuket und Ko Lipe (2400 B, 8 Std.) mit Halt auf Ko Lanta (1700 B) und Ko Phi-Phi (1950 B). Boote von **Satun Pak Bara Speedboat Club** (☎099 404 0409, 099 414 4994; www.tarutaolipeisland.com) und **Bundhaya Speedboat** (☎081 678 2826, 074 7503889; www.bundhayaspeedboat.com) fahren von Ko Lanta nach Ko Lipe (1900 B, 3 Std., 1-mal tgl.).

THAILAND VERSTEHEN

Thailand aktuell

Nach fast einem Jahrzehnt der inneren Unruhen um den inzwischen abgesetzten und ins Exil gegangenen Premierminister Thaksin Shinawatra, seine von ihm selbst ernannten Nachfolger und die in seiner Amtszeit eingeleitete Machtverschiebung ist die politische Lage in Thailand noch immer angespannt.

Am 22. Mai 2014 übernahm das Militär die Kontrolle des Landes, nachdem eine nur zu bekannte Protestbewegung die Straßen Bangkoks besetzt hatte. Die vom Militär geführte Regierung (genannt Nationalrat für Frieden und Ordnung, NCPO) unter Leitung von General Prayut Chan-o-cha setzte die Verfassung von 2007 außer Kraft, verschob die Wahlen bis auf Weiteres und unterdrückte die Presse und kritische Äußerungen in den sozialen Medien. Doch der von der Militärdiktatur versprochenen „Rückkehr zum Glück" standen eine abflauende Wirtschaftsleistung, die schwächelnde Währung und mehrere bekannt gewordene Fälle des Missbrauchs von Migranten im Wege. Der Tourismussektor bleibt jedoch stabil und es kommen immer mehr Besucher, besonders aus China.

Die Militärjunta hat einen dringend benötigten Waffenstillstand zwischen den beiden politischen Lagern erzwungen – auf der einen Seite vor allem die städtische Elite und die Mittelklasse, die das Land komplett von Thaksins Einfluss befreien wollen und mit der Aussetzung der Demokratie einverstanden sind, auf der anderen Seite überwiegend Bauern und Arbeiter, die in der thailändischen Gesellschaft unterrepräsentiert sind und von Thaksin politische Unterstützung erhalten. Eine von der Militärdiktatur ausgearbeitete Verfassung wurde am 7. August 2016 von der Mehrheit der thailändischen Bevölkerung angenommen. Diese gibt dem Militär das Recht, sämtliche Senatoren zu ernennen und einen ungewählten Regierungschef zu berufen. Im Vorfeld hatte es keinen Wahlkampf gegeben, Kritikern des Entwurfs drohte jedoch eine Haftstrafe von bis zu zehn Jahren.

Nur wenige Beobachter glauben, dass es vor 2017 neue Wahlen geben wird, und noch weniger haben Vertrauen, dass die neue Verfassung die politische Spaltung Thailands beenden wird. Der NCPO scheint dem Beispiel früherer Militärdiktaturen des Landes zu folgen, die in der Zeit nach dem Kalten Krieg dominierten.

Geschichte

Entstehung der Thai-Königreiche

Vermutlich wanderten die ersten Thais aus dem heutigen Yunnan und Guangxi in China Richtung Südwesten in das gegenwärtige Thailand ein. Sie ließen sich entlang der Flusstäler nieder und bildeten kleine Bauerngemeinden, die schließlich unter die Herrschaft des sich ausbreitenden Khmer-Reichs (Kambodscha) fielen. Südthailand gehörte einst zum Srivijaya-Reich Sumatras und grenzt heute an die Malaiische Halbinsel.

Im 13. und 14. Jh. entstand die Wiege des modernen Thailand, das erste Thai-Königreich Sukhothai (Morgenröte der Glückseligkeit), das sich gegen das zerfallende Khmer-Reich durchsetzen konnte. Das Sukhothai-Königreich gilt als entscheidend bei der kulturellen und künstlerischen Ausrichtung des modernen Thai-Staats.

Bald wurde Sukhothai von einer anderen Thai-Macht abgelöst, dem von Prinz U Thong 1350 gegründeten Ayutthaya-Reich. Dieses neue Zentrum mit einem florierenden Seehafen auf der asiatischen Handelsstrecke zog wegen seiner Rohstoffe und potenzieller Kolonien zahlreiche europäische Händler an. Doch die kleine Nation wehrte sich standhaft gegen feindliche Übernahmen. Eine davon wurde von einem Hofbeamten angeführt, einem Griechen namens Konstantin Phaulkon, der französische Interessen vertrat. Die Erbfolge des Königs blieb über 400 Jahre und 34 aufeinanderfolgende Regierungsperioden ungebrochen, bis die Birmanen 1765 erfolgreich ins Land eindrangen, den Monarchen stürzten und die Hauptstadt zerstörten.

Unter der Chakri-Dynastie, die bis heute regiert, wurde die Hauptstadt Thailands schließlich im heutigen Bangkok wieder aufgebaut. Als sich der westliche Imperialismus in der ganzen Welt verbreitete, steuerten König Mongkut (Rama IV., 1851–1868) sowie sein Sohn und Nachfolger, König Chulalongkorn (Rama V., 1868–1910), das Land erfolgreich in die Moderne, ohne dass es zu einem kolonialen Vasallenstaat wurde. Im Gegenzug für die Unabhängigkeit gab König Chulalongkorn große Teile von Laos und Kambodscha an das von Frankreich kontrollierte Indochina ab, ein beispielloser Gebietsverlust in der Geschichte des Landes.

Eine Demokratie kämpft ums Überleben

Ein friedlicher Staatsstreich führte 1932 zur Errichtung einer konstitutionellen Monarchie nach britischem Vorbild. Seither haben drei Parteien fast ununterbrochen um die Vormachtstellung gekämpft: die vom Volk gewählte Regierung, das Militär und die von den Aristokraten unterstützte Monarchie. Von Zeit zu Zeit bildeten diese Lager Allianzen, die auf einer gemeinsamen Ablehnung der Opposition basieren. Die daraus resultierenden Machtübernahmen sind häufig friedliche Militäraktionen und werden zuweilen als „seidenweiche" Staatsstreiche bezeichnet.

MODERNE MIGRANTEN

1984 kamen die ersten Flüchtlinge von Myanmar nach Thailand; damals initiierte die Militärdiktatur Myanmars eine Kampagne der Vertreibung. Heute befinden sich Flüchtlingslager in der Nähe von Mae Sot und andernorts entlang der Grenze beider Länder. Schätzungen des Flüchtlingshilfswerks der UNO (UNHCR) zufolge leben 57 000 Vertriebene aus Myanmar, überwiegend Karen, in diesen Camps, und insgesamt 130 238 Flüchtlinge in Thailand. Dort sind sie zwar in Sicherheit vor dem Militär, haben jedoch kaum Möglichkeiten, Geld zu verdienen, Bildung zu erlangen oder ein unabhängiges Leben zu führen, weil die thailändische Regierung sie nicht als Staatsbürger oder Einwohner anerkennt. Einige leben seit Jahrzehnten in dieser Abhängigkeit.

Seit 2012 haben die Konflikte zwischen dem Militär Myanmars und den ethnischen Gruppen abgenommen. Doch im Rakhaing-Staat in Myanmar ist die Situation noch immer instabil, darum überqueren Mitglieder des Volkes der Rohingya das Meer und suchen in Thailand Asyl. Nach ihrer Ankunft werden sie in Internierungslagern festgehalten.

Neben den Flüchtlingen leben auch etwa 3 Mio. Wirtschaftsflüchtlinge, überwiegend aus Myanmar, in Thailand und arbeiten dort; die wenigsten von ihnen haben eine Arbeitserlaubnis und sind gesetzlich vor Ausbeutung geschützt.

BOMBENANSCHLAG AUF DEN ERAWAN-SCHREIN

Bangkok hat mehr als genug Straßenproteste und Gewalt erlebt, doch die Bombe, die am 17. August 2015 vor dem viel besuchten und verehrten Erawan-Schrein explodierte, war ein außergewöhnlicher, nie dagewesener terroristischer Anschlag. Die Detonation tötete 20 Menschen, darunter fünf chinesische Touristen, und es gab über 100 Verletzte. Keine Gruppe übernahm die Verantwortung für den Bombenanschlag, doch die thailändische Polizei lieferte der Öffentlichkeit eine gut vorbereitete Erklärung, dass der Angriff eine Vergeltungstat für die Deportation von 109 muslimischen Uighuren zurück nach China im Juli 2015 gewesen sei. Innerhalb von zwei Wochen verhaftete die Polizei mehrere Verdächtige, die türkische Staatsbürger waren oder Verbindungen zur Türkei hatten, und fand in ihren Wohnungen Materialien zur Herstellung von Bomben sowie gefälschte türkische Pässe – Indizien für einen internationalen Menschenschmugglerring. (Die Türkei hat kulturelle und politische Bindungen zu den Uighuren, die seit Zusammenstößen mit der chinesischen Regierung dort Zuflucht suchen). Der Polizei zufolge ist der Kopf des Bombenanschlags auf den Erawan-Schrein ein Chinese, der noch immer auf der Flucht ist.

Mitte des 20. Jhs. dominierte das Militär die politische Landschaft mit seinen antikommunistischen Positionen. Es machte vor allem mit Menschenrechtsverletzungen und der Nichtbeachtung demokratischer Prinzipien von sich reden. Bei studentischen Demonstrationen 1973 wurden Forderungen nach einer „richtigen" Verfassung und der Freilassung politischer Dissidenten laut. Daraufhin wurde das Wahlrecht für kurze Zeit wieder eingeführt und die Zensur gelockert. Doch im Oktober 1976 schlug das Militär eine Studentendemonstration auf dem Campus der Thammasat-Universität in Bangkok brutal nieder, was Hunderte Opfer kostete. Nun wurde erneut ein autoritäres Regime eingeführt. Viele Aktivisten gingen in den Untergrund, um einer der aufständischen Kommunistengruppen beizutreten, die sich im Nordosten des Landes versteckten.

Als die regionale Bedrohung durch den Kommunismus in den 1980er-Jahren verebbte, stabilisierte der vom Militär unterstützte Premierminister Purem Tinsulanonda das Land und führte es in Richtung einer repräsentativen Demokratie. 1991 stürzte das Militär die demokratisch gewählte Regierung im bereits zehnten erfolgreichen Staatsstreich seit 1932. Im Mai 1992 fanden von Bangkoks charismatischem Gouverneur Chamlong Srimuang angeführte Massendemonstrationen statt, die sich durch die ganze Metropole und durch weitere Provinzhauptstädte zogen. Zur blutigsten Konfrontation kam es am Demokratiedenkmal in Bangkok, wo fast 50 Menschen starben. Letztendlich führten die Kundgebungen jedoch zur Wiedereinsetzung einer Zivilregierung.

Alles beim Alten?

Um die Jahrtausendwende schien in Thailand ein Zeitalter der Demokratie angebrochen zu sein. Eine gewählte Regierung überwachte die Implementierung der 16. Verfassung 1997. Sie wird üblicherweise als „Volksverfassung" bezeichnet, da es die erste Charta in der Geschichte Thailands war, die nicht von einer Militärregierung diktiert wurde. Das Land überstand die Asienkrise 1997 und fand sich Anfang des neuen Jahrtausends in einer etwas stabileren Phase des Wohlstands wieder. Thaksin Shinawatra, ein Telekommunikations-Magnat, kam 2001 mit seiner populistischen Partei Thai Rak Thai an die Macht und etablierte in den nächsten fünf Jahren ein Einparteiensystem. Angesichts einer schwachen politischen Opposition konnte Thaksin die Regierungsmacht in allen Bereichen konsolidieren, wobei er Kritik vonseiten der Presse und andere Kontrollmechanismen unterband.

2006 wurde Thaksin wegen Amtsmissbrauchs und Interessenkonflikten angeklagt. Besonders gravierend war dabei der Verkauf seines Familienunternehmens Shin Corporation an die Regierung von Singapur für 73 Mrd. Baht (1,88 Mrd. US$), für den er aufgrund von ihm initiierter Telekommunikationsgesetze keine Steuern entrichten musste. Gleichzeitig sammelten sich Anhänger der Arbeiterschicht sowie die Landbevölkerung hinter Thaksin, was die Spaltung der thailändischen Gesellschaft in zwei Lager deutlich zeigte.

Im Hintergrund bildeten Militär und Aristokraten eine Allianz, die 2006 putschte und die Thaksin-Regierung absetzte. Zunächst wurde der Staatsstreich als Notwendigkeit proklamiert, denn anders hätte man das Land nicht von dem legitim gewählten Kleptokraten befreien können. Das Militär verbot Thaksins Partei Thai Rak Thai, doch bei den Wahlen 2007 gewann eben jene Partei, mittlerweile umstrukturiert und mit einem neuen Namen versehen, die Mehrheit. Die Aristokraten initiierten massive Proteste in Bangkok, bei denen das Parlamentsgebäude besetzt wurde und beide Flughäfen der Hauptstadt für eine Woche lahmgelegt wurden. Ihre Aktionen versetzten sowohl der Wirtschaft als auch der Tourismusbranche einen empfindlichen Schlag, und das just zu dem Zeitpunkt, als sich die Immobilienkrise in den USA zur globalen Rezession ausweitete.

Das Verfassungsgericht gab schließlich den Forderungen der Eliten recht und löste die (vom Volk gewählte) Partei wegen einer Formsache auf. Diese Entscheidung des Gerichts wurde von den Gruppierungen, die Thaksin unterstützten, als stiller Putsch gewertet. Im Dezember 2008 wurde eine neue Koalition gebildet, angeführt von dem in Oxford ausgebildeten Abhisit Vejjajiva. Dieser war der Kopf der Demokratischen Partei und in jenem Jahr bereits der vierte Premierminister Thailands.

Die Thaksin-Sympathisanten, die auch als „Red Shirts" bezeichnet werden, reagierten mit verheerenden, zwei Monate anhaltenden Demonstrationen im zentralen Einkaufsviertel Bangkoks, die im Mai 2010 durch einen Militäreinsatz beendet wurden. Dabei kamen 91 Menschen ums Leben, der durch Brandstiftungen entstandene Schaden betrug 1,5 Mrd. US$.

Um ein weiteres Kräftemessen des Militärs und der Demonstranten zu vermeiden, wurden 2011 Wahlen abgehalten, bei denen eine Thaksin-nahe Partei eine klare Mehrheit erzielte und aus denen seine Schwester Yingluck Shinawatra als erste Premierministerin Thailands hervorging. Sie erfüllte ihr Wahlversprechen, den Mindestlohn auf 300 B pro Tag anzuheben, und initiierte ein populistisches Reis-Subventionsprogramm, das die Einkommen der Bauern erhöhen sollte. Dieses Programm war allerdings ein teurer Flop und bescherte der thailändischen Ökonomie herbe Einbußen. Der Versuch ihrer Regierung, ein Amnestiegesetz zu erlassen, das Thaksin die Rückkehr ermöglicht hätte, führte zu großen Protesten und wurde zurückgestellt. Anfang 2014 überstand Yingluck noch ein Misstrauensvotum und bat den König um eine Auflösung des Parlaments, damit Neuwahlen durchgeführt werden konnten, doch am 7. Mai wurde sie vom Verfassungsgericht wegen Amtsmissbrauchs abgesetzt. Nach dem Militärputsch vom 20. Mai wurde Yingluck festgenommen und kurze Zeit später wegen Korruption angeklagt. Ihr wird vorgeworfen, dem Land durch ihre Subvention des Reisanbaus enormen wirtschaftlichen Schaden zugefügt zu haben.

Die Monarchie

Am 13. Oktober 2016 starb der verehrte König Bhumibol Adulyadej (Rama IX., Staatsoberhaupt seit 1946). Während seiner Regentschaft hatte er als eine Art Vaterfigur gewirkt, die in Zeiten politischer Instabilität weise agierte. Bhumibol war der am längsten regierende Monarch der Welt, aufgrund gesundheitlicher Probleme sank sein gesellschaftlicher Einfluss jedoch zuletzt. Thronfolger ist sein Sohn, Kronprinz Vajiralongkorn. Er ließ sich jedoch nicht umgehend zum König krönen, sondern bat erst um eine einjährige „Zeit der Trauer". Beim Volk ist der designierte König

WAS IST EIN WAT?

Möchte man Thailands Tempel und Ruinen erforschen, sollte man Folgendes über Wats (thailändische Tempelkomplexe) wissen:

Chedi Großer, glockenförmiger Turm, der in der Regel fünf Elemente enthält, die (von oben nach unten) Erde, Wasser, Feuer, Wind und kosmische Kraft symbolisieren. Im *chedi*, auch Stupa genannt, ruhen die Überreste Buddhas oder eines Thai-Königs.

Prang Turm im Khmer-Stil, der demselben religiösen Zweck dient wie ein *chedi*.

Wí·hǎhn Hauptheiligtum, in dem die Buddha-Abbildung steht und Laien Opfergaben niederlegen; wird manchmal mit „Versammlungshalle" übersetzt; typischerweise ist die Architektur des Daches dreistufig, was die „drei Juwelen" symbolisiert (Buddha, den Lehrer, Dharma, die buddhistische Lehre, und die Sangha, die Gemeinschaft der Anhänger).

THAILÄNDISCHE ETIKETTE

Wer sich an folgende Regeln hält, wird sich als würdiger Gast erweisen.

➡ Im Kino wird vor jedem Film die Hymne des Königs gespielt; die Nationalhymne ist zweimal täglich (morgens und abends) auf öffentlichen Plätzen zu hören. Es wird erwartet, dass man aufsteht und andächtig lauscht.

➡ Konfrontationen sollten unbedingt vermieden werden: Niemals nach außen hin sichtbar wütend werden, sondern immer schön die Ruhe bewahren.

➡ Für Thailänder sind die Füße der schmutzigste Teil des Körpers – sie gehören auf den Boden, nicht auf Stühle o. Ä. Einheimische niemals mit den Füßen berühren oder mit den Zehen auf etwas deuten und nie über jemanden (oder etwas) auf dem Boden hinwegsteigen. Stets die Schuhe ausziehen, wenn man ein Wohnhaus oder einen Tempel betritt.

➡ Dezente Kleidung tragen, d. h. Schultern und Knie bedecken, und nicht oben ohne sonnenbaden.

➡ Frauen dürfen Mönche nicht anfassen und auch nicht neben ihnen oder ihren Besitztümern sitzen. Die jeweils letzte Sitzreihe in Bussen und auf Booten ist Mönchen vorbehalten.

➡ Ein ordentliches, gepflegtes Aussehen kommt dem hohen ästhetischen Empfinden der Thais entgegen. Tägliches Duschen erfrischt und der angenehme Geruch erfreut das Gegenüber.

➡ Thais begrüßen sich per *wâi*. Dabei werden die Handflächen wie beim Gebet gegeneinandergehalten. Wenn man per *wâi* begrüßt wird, sollte man den Gruß erwidern (wenn man nicht gerade von einem Kind oder Bediensteten „ge-*wâi*-t" wird). Die Position der Fingerspitzen vor dem Gesicht gibt Aufschluss über den sozialen Rang und das Alter des Gegrüßten. Am unverfänglichsten ist es, die Hände auf Höhe der Nase zusammenzulegen und den Kopf leicht nach vorn zu neigen.

➡ Jegliche Bilder des Monarchen (auf Geldscheinen und Münzen) werden als heilig angesehen.

allerdings nicht so beliebt wie Rama IX. Dessen älteste Tochter, Prinzession Srindhorn, erfreut sich hingegen großer öffentlicher Unterstützung und setzt viele der philanthropischen Projekte ihres Vaters fort.

Menschen & Kultur

Die Thailänder sind ruhige, gutmütige Menschen, deren legendäre Gastfreundschaft das Land zu einem beliebten Urlaubsziel macht.

Mentalität

Besonders wichtig in der Thai-Philosophie ist *sà nùk* (Spaß). Daher feiern Thailänder jeden Tag mit Essen und Unterhaltung. Auch ausländische Feiertage werden gerne als Vorwand für ein Fest genommen und alles wird auf einer *sà nùk*-Skala bewertet.

Die Sozialdynamik innerhalb der thailändischen Kultur kann verwirrend sein. Die Idealvorstellungen der Kultur basieren auf buddhistischen Grundsätzen wie Bescheidenheit, Dankbarkeit und Respekt gegenüber den Eltern. Diese goldenen Regeln werden auf soziale Konventionen wie etwa die Wahrung des Gesichts *(nâa)* übertragen; dabei vermeidet man die Konfrontation und ist darum bemüht, andere Personen bzw. sich selbst nicht zu blamieren.

Wer sein Gesicht wahren will, muss wissen, welche Position er in der Gesellschaft innehat: In Thailand sind sämtliche sozialen Beziehungen abhängig vom sozialen Rang, der sich wiederum am Alter, Reichtum und Status sowie dem persönlichen und politischen Einfluss festmacht. Thais versuchen mit verschiedenen Fragen, den gesellschaftlichen Status von Ausländern in Erfahrung zu bringen: Woher kommst du, wie alt bist du, bist du verheiratet? Diese Fragen gehören in der thailändischen Kultur zum Standardprogramm und werden nicht als unhöflich empfunden.

Religion und die Monarchie, die vielen immer noch als heilig gilt, haben in der Thai-Kultur höchsten Stellenwert. Man sollte niemals den König beleidigen oder seinen Abbildungen respektlos begegnen, besonders in der aktuellen Phase großer Sensibilität gegenüber der Institution der Monarchie.

Lebensart

Thailand ist heutzutage vom Spagat zwischen dem urbanen westlichen Leben in den Großstädten und einem traditionellen durch die Landwirtschaft bestimmten Leben auf dem Land geprägt. Dennoch verbinden sie verschiedene Gebräuche, die Einblicke in den Alltag gewähren. Thailänder wachen früh auf, was sie u. a. den vielen Gockeln zu verdanken haben, die manchmal schon nach Sonnenaufgang anfangen zu krähen. Im Morgengrauen laufen barfüßige Mönche durch die Stadt und bitten mit großen runden Schüsseln um Almosen. Hausfrauen sind dann bereits wach, kochen Reis und fegen den Eingang ihrer Häuser. Bald ist das Geschäftsleben in vollem Gang: Straßenverkäufer positionieren sich an ihrer Lieblingsecke, um die Massen mit Frühstück zu versorgen.

Der restliche Tag scheint der Nahrungsaufnahme gewidmet. Oft sieht man Thais in engen Kreisen zusammenstehen, Klatsch und Tratsch austauschen und gemeinsam Snacks zu sich nehmen (auch *gin lên,* was wörtlich „zum Spaß essen" bedeutet). Später gibt's Abendessen und ein Betthupferl, wonach die scheinbar chaotische, jedoch nach einem festen Prinzip ablaufende Prozedur wieder von vorne losgeht.

Bevölkerung

Etwa 75 % der Einwohner sind thailändischer Herkunft, die aufgrund geografischer Unterschiede (Norden, Inland, Süden und Nordosten) noch einmal unterteilt werden. Jede dieser Gruppen spricht einen eigenen Dialekt und befolgt einige Sitten und Bräuche, die es nur in ihrer Region gibt oder die von Nachbarländern übernommen worden sind. Politisch und wirtschaftlich gesehen stellen Zentral-Thais die wichtigste Volksgruppe. Menschen chinesischen Ursprungs machen etwa 14 % der Bevölkerung aus. Viele von ihnen leben schon seit mehreren Generationen in Thailand. Zu den großen Minderheiten zählen auch die Malaien im tiefen Süden, die Khmer im Nordosten und die Lao im Norden und Osten. Die Bergvölker im Norden gehören zu kleineren Gruppen, die kein Thai sprechen. Die wachsende Zahl der Wirtschaftsmigranten, vor allem aus Myanmar, sorgt dafür, dass sich die ethnische und kulturelle Zusammensetzung der thailändischen Bevölkerung gegenwärtig verändert.

Religion

Neben der thailändischen Nationalflagge flattert die gelbe Fahne des Buddhismus, der hier vor allem von der Therawada-Schule beeinflusst ist. Die andere Hauptrichtung Mahayana wird vor allem in Ostasien und im Himalaja praktiziert. Land, Familie und Alltag sind stark von der Religion geprägt. So erwartet man von jedem männlichen Thai, dass er wenigstens eine kurze Zeit seines Lebens als Mönch verbringt, da dies für die Familie viel Prestige bedeutet.

Im Alltag stehen nicht die philosophischen Aspekte des Buddhismus im Vordergrund, sondern vielmehr die Verbindungen zu animistischen Ritualen. Mönche werden um Rat gefragt, wenn es um die Festlegung eines geeigneten Datums für eine Hochzeit geht oder man wissen will, ob ein Geschäft Erfolg verspricht. Darüber hinaus richtet man vor Gebäuden und Wohnungen Geisterhäuser *(phrá phuum)* ein, um darin lebende Wesen zu ermuntern, sich von der Familie zu lösen, sich dabei trotzdem wohlzufühlen und dem Ort Glück zu bringen.

Etwa 95 % der Bevölkerung praktizieren den Buddhismus, in Südthailand gibt's jedoch eine beträchtliche muslimische Minderheitengruppe.

Kunst

Bildhauerei & Architektur

Thailands bekannteste Ausprägung der Bildhauerkunst sind seine bronzenen Buddha-Statuen. Traditionelle Architektur ist weitverbreitet und in einfachen Wohnhäusern ebenso zu bewundern wie in berühmten Tempeln. Alte Thai-Häuser bestehen aus einem einzelnen Teakholzzimmer auf Pfählen, da einst fast alle Einheimische an Flüssen oder Kanälen lebten. Der freie Raum unter der Behausung diente auch als Arbeitszimmer, Küche, Garage und Schuppen. Hausdächer in Thailand sind spitzwinklig, *naga*-Darstellungen zieren oftmals Ecken und Giebel: Diese mystische Wasserschlange galt lange als spirituelle Schutzmacht. Tempelbauten zeichnen sich durch edlere Ausprägungen von Kunststilen und traditioneller Architektur aus.

Musik

Klassische thailändische Volksmusik wurde für den Königshof entwickelt und bei klas-

THAILANDS BERGVÖLKER

Thailands Bergvölker (auf Thai *chao khao*, „Bergmenschen") sind ethnische Minderheiten, die im Grenzgebiet des Landes leben. Die meisten kamen vor etwa 200 Jahren aus Tibet und China und ließen sich auf dem südostasiatischen Gebirgsrücken zwischen Myanmar und Vietnam nieder. Das Tribal Research Institute in Chiang Mai unterscheidet zehn verschiedene Bergvölker, in ganz Thailand gibt's aber wahrscheinlich bis zu 20. Die zunehmende Migration in die Städte hat die kulturelle Unabhängigkeit der Bergvölker leicht verändert.

Bergvölker

Die **Karen** machen ca. 47 % der Gesamtheit der ethnischen Minderheiten aus und sind das größte thailändische Bergvolk. Sie leben im Tiefland und betreiben Fruchtwechsel statt Brandrodung. Von allen Bergvölkern haben sie sich am meisten in die thailändische Gesellschaft integriert und sind wirtschaftlich am unabhängigsten. Traditionelle Kleidung sind grob gewebte bunte Tuniken.

Den zweitgrößten Stamm bilden die **Hmong**. Sie sind besonders stark in der Provinz Chiang Mai vertreten. Normalerweise leben die Hmong auf Gipfeln oder Plateaus in einer Höhe ab 1000 m. Traditionell tragen sie schlichte schwarze Jacken und weite indigoblaue oder schwarze Hosen (weiße Hmong) mit gestreiften Säumen bzw. blaue Röcke (blaue Hmong) und Silberschmuck. Manchmal tragen sie auch Schärpen oder bestickte Schürzen.

Zu den ärmsten ethnischen Minderheiten Thailands zählen die **Akha**. Sie leben in den Provinzen Chiang Mai und Chiang Rai auf Bergrücken oder an steilen Hängen in 1000 bis 1400 m Höhe und betreiben dort Landwirtschaft; die Regierung macht ihnen jedoch häufig kulturfähiges Land streitig. Zu ihrer traditionellen Tracht gehört ein Kopfschmuck aus Perlen, Federn und baumelnden Silberornamenten.

Weitere Minderheiten sind die Lisu, Lahu und Mien.

Verhaltensregeln in den Dörfern

Wer Dörfer besucht, sollte den Guide nach sozialen Tabus und Gepflogenheiten fragen. Hier sind ein paar generelle Verhaltenstipps.

- Niemanden ohne Erlaubnis fotografieren – die Privatsphäre der Menschen achten. Fotografie wird in vielen traditionellen Glaubenssystemen mit Argwohn betrachtet. Manche Bergvölker verlangen für Fotos Geld; dieser Bitte sollte man nachkommen.
- Religiöse Symbole und Rituale respektieren. Keine Totems am Eingang eines Dorfes oder heilige Gegenstände berühren, die an Bäumen aufgehängt sind. Nicht an Zeremonien teilnehmen, wenn man nicht eingeladen wird.
- Der Bettelkultur vorbeugen, insbesondere im Umgang mit Kindern. Stattdessen den Guide fragen, ob man etwas für eine lokale Schule spenden kann.
- Nacktsein in der Öffentlichkeit ist tabu. Man sollte sich auch nicht in der Nähe eines Fensters aus- bzw. umziehen.
- Nicht flirten, es sei denn, man hat vor, sein Gegenüber zu heiraten. Keine Rauschmittel in Gegenwart der Dorfbewohner nehmen (dazu zählt auch Alkohol!).
- Freundlich lächeln, auch wenn man angestarrt wird, und den Guide nach der Übersetzung für „Hallo" in der jeweiligen Stammessprache fragen.
- Zuneigung nicht öffentlich bekunden. Dies wird zuweilen als Affront gegenüber der Geisterwelt empfunden.
- Nicht mit Nutztieren „spielen", sie sind wertvolle Besitztümer und dienen nicht der Unterhaltung. Von den wilden Tieren im Dschungel sollte man sich ebenfalls fernhalten. Mitunter werden sie als Besucher aus der Geisterwelt betrachtet.
- Bei den Bergvölkern gelten die Füße als schmutzigster Teil des Körpers.

sischen Tanzdramen und anderen Theaterformen gespielt. Traditionelle Instrumente kommen zudem häufig auf Tempelmärkten und bei regionalen Festivals zum Einsatz. Die Musik zeichnet sich durch eine unglaubliche Vielfalt an Klangstrukturen und Finessen, haarsträubenden Tempi und pastoralen Melodien aus.

Im Norden und Nordosten des Landes gibt's eine Vielzahl beliebter Blasinstrumente mit mehreren Rohrflöten, die wie eine Mundharmonika funktionieren. Besonders wichtig ist das *kaan* aus Laos. Wird es von einem erfahrenen Musiker gespielt, klingt es wie eine rhythmische, raue Dampforgel. Man verwendet es vor allem für *mŏr lam*, eine Volksmusikrichtung auf dem Land, vergleichbar mit dem amerikanischen Blues. *Lôok tûng* (wörtlich: „Kinder der Felder") ist eng verwandt mit *mŏr lam* und hat viele Anhänger in der traditionellen Arbeiterklasse – ähnlich wie Countrymusik in den USA.

Typische Rockinstrumente prägen dagegen die moderne Musik; diese deckt die gesamte Bandbreite von kessen Teeniehits über Hippieprotestballaden bis zu Indiehymnen ab. Klassischer Thai-Rock, z. B. von der schon seit Jahrzehnten bestehenden Band Carabao, und der Folkstil *pleng pêu·a chee·wít* (Musik fürs Leben) dürfen in der Aufzählung natürlich nicht fehlen. Alternative Rockgruppen wie Modern Dog und Aparment Khunpa haben Thailands „neuen Sound" geprägt und einige New-Indie-Bands setzten diese Tradition fort.

Theater & Tanz

Es gibt sechs Formen des klassischen thailändischen Theaters. Dazu zählen formelle *kŏhn* (Tanzdramen), bei denen maskierte Tänzer Szenen aus dem *Ramakian* (der thailändischen Version des indischen *Ramayana*) nachstellen. Sie wurden ursprünglich nur am königlichen Hof aufgeführt. *Lí·gair* sind teilweise improvisierte, oft derbe Volksstücke, die sich in Dörfern auf dem Lande besonderer Beliebtheit erfreuen. Das südthailändische Pendant hierzu heißt *má·noh·rah*. Es basiert auf einer 2000 Jahre alten Geschichte aus Indien. Das Schattenpuppentheater (*năng*) im südlichen Thailand zeugt vom gemeinsamen kulturellen Erbe Thailands, Malaysias und Indonesiens.

ESSEN WIE DIE THAIS

In Thailand werden Stäbchen für Nudelgerichte verwendet, Löffel und Gabel hingegen für Reisspeisen. Viele Currys und Suppen werden in Schüsseln serviert, sollten jedoch auf ein Bett aus Reis geschöpft und nicht direkt aus der Schüssel gegessen werden.

Essen & Trinken

Essen

Die Thai-Küche besteht aus einer ausgewogenen Mischung von scharf, salzig, süß und sauer. Ihre Zutaten sind frisch und würzig; reichlich verwendet werden Zitronengras, Basilikum, Koriander sowie Minze, aber auch Chilischoten, die ordentlich brennen. Kräftige *nám Ƀlah* (Fischsoße aus Anchovis) liefert den Geschmack des Meeres. Dazu ein bisschen Limette und ein wenig Zucker – und schon hat man den authentischen Geschmack Thailands.

Tages- und Nachtmärkte, Verkäufer mit kleinen Wägelchen, Imbissbuden, Freiluftrestaurants – Thais essen meist außer Haus, da die Preise relativ niedrig sind und örtliche Köche bestimmte Gerichte meisterhaft zubereiten. Angst, sich mit Essen von einem Straßenstand den Magen zu verderben, muss man nicht haben.

Ob zum Frühstück oder als Mitternachtsimbiss – Thailänder lieben *gŏo·ay đĕe·o,* eine Nudelsuppe mit Hähnchen oder Schweinefleisch und Gemüse. Es gibt zwei Hauptsorten an Nudeln: *sên lék* (dünn) und *sên yài* (breit und flach). Bevor man loslegt, sollte man sie erst mit den Stäbchen und einem Löffel in kleinere Stücke zerlegen, sodass man die Portionen leichter aufnehmen kann. Dann verteilt man ein paar Teelöffel Gewürze wie Chili, Zucker, Fischsoße und Essig darauf. Diese Kombination ist durch und durch thailändisch. Am besten isst man Nudeln mit Stäbchen und einem runden Suppenlöffel.

Für Thais sind Mahlzeiten soziale Zusammenkünfte: Man isst so gut wie nie alleine und teilt alle Gerichte. Normalerweise werden viele Teller in die Mitte des Tischs und auf jeden Platz eine Portion Reis gestellt. Die Etikette sieht vor, dass man immer nur einen einzigen Löffel Zutaten in seine Schale lädt. Speisen werden in Thailand nicht weitergereicht, sondern man angelt sich die Nahrungsmittel von den Tellern. Wer satt ist, lässt ein wenig Reis auf seinem Teller übrig (ein leerer Teller ist eine stumme Bitte um mehr) und legt die Gabel unter den Löffel in die Tellermitte.

Sogar eine Gruppe *fa ràng* bestellt am besten im „Familienstil", weil die Speisen selten gleichzeitig auf den Tisch kommen. Bestellt jeder einzeln, sitzt der Erste höflich wartend vor seinem dampfenden Teller, während die anderen sehnsüchtig zur Küche blicken.

Getränke

Aufbereitetes Wasser heißt einfach *náam dèum* (Trinkwasser), ob nun abgekocht oder gefiltert. Es ist in Restaurants, Büros oder Privathäusern grundsätzlich gereinigt, und auch Eis stellt keine Gefahr für die Gesundheit dar. *Châa* (Tee) und *gah·faa* (Kaffee) sind wahre Wachmacher, die man stark, gesüßt und mit Milch trinkt.

Obstsäfte bekommt man an jeder Straßenecke. Thais mischen gerne ein wenig Salz in ihren Saft, um ihm etwas von seiner Süße zu nehmen. Außerdem macht er einen heißen Tag erträglicher.

Günstiges Bier erhält man in allen Backpacker-Hochburgen Thailands. Chang, Singha („sing" ausgesprochen) und Leo sind lokale Biersorten. Eine innovative Methode der Einheimischen gegen Hitze stellen Eiswürfel im Bier dar, sodass es kühl und erfrischend bleibt.

Thailändischen Whiskey zu trinken hat etwas sehr Rituelles. Man nimmt ein flaches Glas und gibt Eiswürfel, zwei Drittel Whiskey, ein Drittel Soda und einen Schuss Cola dazu. Nach Thai-Tradition füllt der jüngste der Gruppe die Gläser der anderen. Viele Reisende greifen lieber gleich zum Kübel mit Strohhalm, den man mit vielen teilt, und mischen Red Bull in die Cocktails, damit die Party möglichst lange dauert.

Natur & Umwelt

Auf der Landkarte gleicht Thailand dem Kopf eines Elefanten mit der Malaiischen Halbinsel als Rüssel. Es hat eine Fläche von 517 000 km^2 und ist damit ungefähr so groß wie Frankreich. Die Hauptstadt Bangkok liegt etwa auf dem 14. Grad nördlicher Breite und auf einer Höhe mit Madras, Manila, Guatemala sowie Khartum. Da sich Thailand über 16 Breitengrade erstreckt, besitzt es die wohl größte klimatische Vielfalt ganz Südostasiens.

Geografie

Das Land umfasst verschiedenste Vegetationszonen, von dichtem Bergregenwald im Norden über flache Ebenen in der Landesmitte bis zu tropischem Dschungel im Süden. Ein Großteil ist von Regenwald bedeckt. Als Baldachin erheben sich darüber einige wenige sommergrüne Bäume, die während der Trockenzeit ihre Blätter abwerfen, um Wasser zu sparen. Die Landschaft ist braun und staubig, bis sie sich in der Regenzeit (Juli–Nov.) in eine grüne Oase verwandelt. Gewöhnlich fallen Monsunregen in Form kurzer nachmittäglicher Gewitter, die die Erde durchnässen und die Tage mit hoher Luftfeuchtigkeit noch dunstiger machen. Wenn der Niederschlag aufhört, kommt der „Winter" mit etwas niedrigeren Temperaturen. Am deutlichsten spürt man ihn im Norden: Dort zeigt das Thermometer mitunter nur noch 13 °C an. Im März beginnt die heiße Jahreszeit; dann steigt die Temperatur sogar bis über 40 °C, hinzu kommt eine beträchtliche Luftfeuchtigkeit.

Im Süden dauert die Regenzeit bis Januar, bei der es in manchen Monaten unablässig wie aus Kübeln schüttet und zu Überflutungen kommt. Aus diesem Grund wuchert hier üppiger Regenwald, der Südthailand zu einer „tropischen" Region macht. Mangroven wachsen in allen Feuchtgebieten entlang der Küste.

Thailands Nationalblume, die Orchidee, zählt zu den schönsten Luftpflanzen der Welt.

Tiere

In Thailand leben mehr als 1000 einheimische Vogelarten – das sind fast 10 % aller Gattungen weltweit. Das meistverehrte heimische Säugetier ist der Elefant, der einst frei durch die dichten, unberührten Regenwälder zog. Seit ewigen Zeiten fangen Truppen des Königs einmal im Jahr junge Dickhäuter, um sie als Arbeits- und Kampftiere auszubilden. Als fester Bestandteil der Thai-Kultur symbolisieren Elefanten Weisheit, Stärke und Glück. Weiße Tiere verheißen sogar noch mehr Glück und werden traditionell dem König geschenkt. Leider sind die Tiere sowohl in freier Wildbahn als auch in Gefangenschaft inzwischen vom Aussterben bedroht, weil sie in der modernen Gesellschaft nicht mehr gebraucht werden und große Teile ihres natürlichen Lebensraums verloren haben.

Umweltprobleme

Wie es für Länder mit hoher Bevölkerungsdichte typisch ist, sind auch in Thailand die Ökosysteme stark belastet: Mitte des 20. Jhs. bestanden etwa 70 % des Staatsgebiets aus Wäldern, im Jahr 2000 waren es nur noch etwa 20 %.

Um dem entgegenzuwirken, richtete die Regierung Naturschutzgebiete ein und verbot Abholzungen. Thailands erster Nationalpark, Khao Yai, wurde bereits in den 1960er-Jahren eröffnet. Seither sind mehr als 100 Reservate dazugekommen. Sie machen insgesamt 15 % des Staatsgebiets aus – in kaum einem anderen Land gibt's so viel geschützte Fläche. Seit der Jahrtausendwende ist der Rückgang des Waldes laut Weltbank auf etwa 0,2 % pro Jahr gesunken.

Doch trotz dieser löblichen Maßnahmen sind die Nationalparks chronisch unterfinanziert, außerdem stellen kommerzielle Bauprojekte, Wilderer, illegale Abholzung und Brandrodung eine konstante Bedrohung dar. Mit dem Umweltschutzgesetz von 1992 ging man einen Schritt in die richtige Richtung, aber die Standards hinken noch Jahrzehnte denen westlicher Nationen hinterher. Thailand gehört zu den Unterzeichnern das Washingtoner Artenschutzabkommens (CITES). 40 von 300 Säugetierarten des Landes stehen auf der Roten Liste gefährdeter Spezies der IUCN.

PRAKTISCHE INFORMATIONEN

Allgemeine Informationen

ARBEITEN IN THAILAND

Wenn man sich in eine thailändische Gemeinde integrieren möchte, wird man am besten als Englischlehrer tätig. Wer einen akademischen Abschluss als Lehrer/in besitzt oder einen Abschluss in Englisch als Zweit- oder Fremdsprache vorweisen kann, hat recht gute Chancen auf einen der besser bezahlten Jobs an einer Universität oder internationalen Schule. Darüber hinaus gibt's Hunderte Sprachschulen. Stellenausschreibungen und Lehrtipps liefert die Seite ajarn.com. TEFL-Zertifikatprogramme sind immer beliebter, besonders in Touristenstädten wie Chiang Mai.

BOTSCHAFTEN & KONSULATE

Die Botschaften befinden sich in Bangkok, zudem gibt's einige Konsulate in Chiang Mai, Pattaya sowie auf Phuket.

Deutsche Botschaft (Karte S. 718 f.; ☎ 02 287 9000; www.bangkok.diplo.de; 9 Th Sathon Tai/South, Bangkok; ⌚ Mo–Fr 8.30–11.30 Uhr; Ⓜ Lumphini Ausgang 2)

Indonesische Botschaft (Karte S. 728 f.; ☎ 02 252 3135; www.kemlu.go.id/bangkok; 600-602 Th Phetchaburi, Bangkok; ⌚ Mo–Fr 9–12 & 14–16 Uhr)

Kambodschanische Botschaft (☎ 02 957 5851; 518/4 Th Pracha Uthit/Soi Ramkhamhaeng 39, Bangkok; ; ⌚ Mo–Fr 9–12; Ⓜ Phra Ram 9 Ausgang 3 & Taxi)

Laotische Botschaft (☎ 02 539 6667; www.laoembassybkk.gov.la/index.php/en; 502/1-3 Soi Sahakarnpramoon, Th Pracha Uthit/Soi Ramkhamhaeng 39, Bangkok; ⌚ Mo–Fr 8–12 & 13–16 Uhr; Ⓜ Phra Ram 9 Ausgang 3 & Taxi)

Malaysische Botschaft (Karte S. 718 f.; ☎ 02 629 6800; www.kln.gov.my/web/tha_bangkok/home; 33-35 Th Sathon Tai/South, Bangkok; ⌚ Mo–Fr 8–16 Uhr; Ⓜ Lumphini Ausgang 2) Mit Konsulat in Songkhla.

Botschaft von Myanmar (Karte S. 718 f.; ☎ 02 233 7250; www.myanmarembassybkk.com; 132 Th Sathon Neua/North, Bangkok; ⌚ Mo–Fr 9–12 & 13–15 Uhr; Ⓢ Surasak Ausgang 3)

Philippinische Botschaft (Karte S. 718 f.; ☎ 02 259 0139; www.bangkokpe.dfa.gov.ph; 760 Th Sukhumvit, Bangkok; ⌚ Mo–Fr 9–12 & 13–18 Uhr)

Schweizer Botschaft (☎ 0 2674 6900; www.eda.admin.ch/bangkok; 35 Th Witthayu/Wireless Rd; ⌚ Mo–Fr 9–11.30 Uhr)

Vietnamesische Botschaft (Karte S. 728 f.; ☎ 02 251 3552; www.vietnamembassy-thailand.org; 83/1 Th Witthayu/Wireless Rd, Bangkok; ⌚ Mo–Fr 9–11.30 & 14–16.30 Uhr)

ESSEN

Die folgenden Preise beziehen sich auf ein Hauptgericht:

$	unter 150 B (4,25 US$)
$$	150–350 B (4,25–10 US$)
$$$	über 350 B (10 US$)

FEIERTAGE

An folgenden öffentlichen Feiertagen sind staatliche Behörden und Banken geschlossen.

1. Januar Neujahr

Februar (Datum variiert) Makha Bucha Day, buddhistischer Feiertag

6. April Chakri-Tag, zur Erinnerung an den Begründer der Chakri-Dynastie, Rama I.

13.–14. April Songkran-Fest, traditionelles thailändisches Neujahrs- und Wasserfest

1. Mai Tag der Arbeit

5. Mai Krönungstag, zur Erinnerung an die Krönung des Königs und der Königin im Jahre 1946

Mai/Juni (Datum variiert) Visakha Bucha, buddhistischer Feiertag

Juli (Datum variiert) Asahna Bucha, buddhistischer Feiertag

12. August Geburtstag der Königin

23. Oktober Chulalongkorn-Tag

Oktober/November (Datum variiert) Ork Phansa, Ende der buddhistischen Fastenzeit

5. Dezember Geburtstag des Königs/Vatertag

10. Dezember Tag der Verfassung

31. Dezember Silvester

FESTE & EVENTS

Thailändische Feste sind meist mit buddhistischen Feiertagen verbunden und folgen den Jahreszeiten. Je nach Mondphase fallen sie immer auf einen anderen Tag. Viele Provinzen feiern einmal jährlich große Feste, um ihre regionalen Spezialitäten zu vermarkten.

An landesweiten Feiertagen und zu den großen Festivals bleiben Geschäfte üblicherweise geschlossen, an den Tagen davor sind Busse etc. häufig ausgebucht. Beliebte nationale Feste sind:

Songkran Vom 12. bis 14. April werden Buddha-Darstellungen „gebadet". Junge Thailänder zollen Mönchen und älteren Mitbürgern Respekt, indem sie Wasser auf deren Hände spritzen. Bei der wilden Wasserparty bleibt so gut wie niemand trocken. Die heftigsten Wasserschlachten liefert man sich in Bangkok und Chiang Mai.

Loi Krathong In der Vollmondnacht im November werden kleine, mit Blumen und Kerzen geschmückte Boote aus Bananenblättern in Form von Lotusblüten zu Ehren der Flussgöttin auf Wasserwegen ausgesetzt.

FREIWILLIGENARBEIT

Volunteer Work Thailand (www.volunteerworkthailand.org) unterhält eine Datenbank für Freiwilligenstellen bei lokalen Organisationen. Man sollte sich auf jeden Fall über die Organisation und ihre Arbeit informieren. Lonely Planet unterstützt keine Organisationen, mit denen wir nicht direkt zusammenarbeiten.

GEFAHREN & ÄRGERNISSE

Thailand ist grundsätzlich ein sicheres Land, dennoch sollte man Vorsicht walten lassen, insbesondere, wenn man alleine reist. In vielen größeren Städten findet man eine Zweigstelle der **Touristenpolizei** (☎1155). Die Beamten sprechen Englisch und arbeiten mit der thailändischen Polizei zusammen. Darüber hinaus stellen sie offizielle Dokumente aus, die man z. B. für Versicherungen benötigt, wenn Wertgegenstände entwendet wurden.

Reisen in Thailands südlichste Provinzen Yala, Narathiwat und Pattani sowie in abgelegene Winkel von Songkhla sind wegen gewaltsamer Konflikte zwischen der Regierung und ethnischen Separatisten nicht zu empfehlen.

Einige Tipps, um Probleme zu vermeiden:

- Streitigkeiten mit Thais vermeiden, insbesondere wenn es um Geld oder emotionale Themen geht und Alkohol im Spiel ist. Wenn sie einen Gesichtsverlust befürchten, werden sie manchmal gewalttätig. Immer wieder gibt's Geschichten von Backpackern, die ermordet wurden, nachdem sie betrunken in Streit mit einem Thai gerieten, der gute Beziehungen hatte.
- Nachts nicht in alkoholisiertem Zustand allein herumlaufen; das gilt vor allem für Frauen, insbesondere in Ko Samui und Ko Pha-Ngan.
- Keine Drogen (Opium, Heroin, Amphetamine, halluzinogen wirkende Pilze und Marihuana) kaufen, verkaufen oder besitzen; Drogenhandel und -besitz werden streng geahndet, für Ausländer gibt's da keine Ausnahme.
- Einladungen von Fremden auf der Straße zum Shoppen oder Kartenspielen ablehnen. Dabei handelt es sich meist um die erste Stufe gut geplanter Touristenfallen.
- Wertsachen wie Geld, Kreditkarten und den Reisepass bei sich tragen, um Diebstahl oder Verlust zu vermeiden. Das gilt vor allem bei langen Reisen, bei denen verstautes Gepäck für Diebe leicht zugänglich ist.

GELD

Der thailändische Baht (B) ist in verschiedenfarbige Geldscheine und in Münzen unterschiedlicher Größe unterteilt.

Münzen gibt's im Wert von 1 B, 2 B (goldfarben), 5 B und 10 B. Ein Baht wird in 100 Satang unterteilt. In Supermärkten oder Warenhäusern gibt's auch Münzen im Wert von 25 oder 50 Satang.

Geldscheine sind 20 B, 50 B, 100 B, 500 B oder 1000 B wert. Im Dunkeln kann ein 50-Baht-Schein leicht mit einem 500-Baht-Schein verwechselt werden, darum sollte man seine Geldscheine nach ihrem Wert sortieren. Geldautomaten geben Bargeld in 1000-Baht-Scheinen aus; möglicherweise können aber Taxifahrer oder Markthändler diese nicht wechseln. Eine gute Anlaufstelle, um 1000-Baht-Scheine zu wechseln, sind die Filialen von 7-Eleven.

INTERNETZUGANG

Die Zahl der Internetcafés sinkt wegen der steigenden Zahl der Smartphonebesitzer. Kostenloses WLAN gibt's in Pensionen, Restaurants und einigen Hotspots. 3G-Mobilfunknetze sind verfügbar, besonders in großen Städten.

POST

Das thailändische Postsystem funktioniert so gut, dass sich nur wenige Reisende über nicht ausgelieferte Post oder verloren gegangene Päckchen beschweren. Bargeld oder kleine Wertgegenstände sollte man niemals mit der Post verschicken, auch nicht mit Versicherung. Den Service für postlagernde Sendungen gibt's in jeder Stadt mit einem Postamt.

ÖFFNUNGSZEITEN

Im Folgenden werden die üblichen Öffnungszeiten in Thailand aufgelistet. Staatliche Behörden und Banken sind an Feiertagen geschlossen.

GESCHÄFTSTYP	ÖFFNUNGSZEITEN	AUSNAHMEN
Banken	Mo–Fr 9.30–15.30 Uhr	Geldautomaten sind rund um die Uhr in Betrieb.
Bars	18–1 Uhr (offiziell)	Öffnungszeiten richten sich nach der jeweiligen Durchsetzung der örtlichen Sperrstunde; Bars sind während Wahlen und an bestimmten religiösen Feiertagen geschlossen.
Geschäfte	Lokale Geschäfte 10–18 Uhr; Kaufhäuser 10–20 Uhr	In manchen Kleinstädten sind Geschäfte sonntags geschlossen.
Nachtclubs	18–2 Uhr	Öffnungszeiten richten sich nach der Durchsetzung der örtlichen Sperrstunde; Clubs sind während Wahlen und an bestimmten religiösen Feiertagen geschlossen.
Restaurants	8–22 Uhr	Manche Lokale sind aufs Frühstück spezialisiert und schließen um 15 Uhr.
Staatliche Behörden	Mo–Fr 8.30–16.30 Uhr	Manche schließen zur Mittagszeit (12–13 Uhr), andere sind samstags geöffnet (9–15 Uhr).

RECHTSFRAGEN

Generell lässt die Polizei Ausländer, insbesondere Touristen, in Ruhe. Dieses Prinzip gilt allerdings keineswegs für Drogen – für den Besitz von und den Handel mit Drogen gelten strenge Gesetze.

Wer wegen eines Delikts verhaftet wird, darf bei der eigenen Botschaft oder einem Konsulat in Thailand bzw. bei einem Verwandten oder Freund anrufen, wenn es kein Konsulat gibt. Vor dem thailändischen Gesetz gilt der angeklagte Häftling weder als schuldig noch als unschuldig, sondern als Verdächtiger, über dessen Schuld oder Unschuld ein Gericht entscheidet. Verhandlungen werden meist schnell in Angriff genommen.

REISEN MIT BEHINDERUNG

Für körperlich behinderte Menschen ist Thailand ein einziges großes Hindernis. Die folgenden Organisationen können hilfreich sein:

Asia Pacific Development Centre on Disability (www.apcdfoundation.org)

Society for Accessible Travel & Hospitality (www.sath.org)

Wheelchair Holidays @ Thailand (www.wheelchairtours.com)

SCHWULE & LESBEN

Lesben, Schwule, Bisexuelle und Transgender werden auf ihrer Reise durch Thailand auf keinerlei Probleme stoßen, wenn sie die Kultur respektieren und sich einigermaßen diskret verhalten. In Bangkok, Chiang Mai, Pattaya und Phuket werden sogar Gay-Pride-Veranstaltungen gefeiert. Öffentliche Zuneigungsbekundungen sind zwischen Personen desselben Geschlechts weit verbreitet (und in der Regel platonisch). Alles, was über harmloses Händchenhalten hinausgeht, sollte man sich jedoch verkneifen. Dies gilt auch für heterosexuelle Paare.

Schwule, Lesben und transsexuelle Thais werden normalerweise geduldet. Allerdings sind sie institutioneller Diskriminierung ausgesetzt und werden oft als „sexuelle Abweichler" bezeichnet. So dürfen Homosexelle zur Zeit weder auf Lehramt studieren noch Militärdienst leisten.

STROM

In Thailand beträgt die Netzspannung 220 Volt. Steckdosen sind in der Regel zweipolig, wobei es flache und runde Ausführungen gibt.

TELEFON

Die in diesem Kapitel aufgeführten Telefonnummern gelten für Gespräche im Inland. Bei Anrufen aus dem Ausland fällt die „0" am Anfang weg.

Wer in Thailand ein Ferngespräch tätigen möchte, wählt zunächst die internationale Vorwahl, gefolgt von der Ländervorwahl und der Nummer des Empfängers. Es gibt in Thailand mehrere internationale Vorwahlen, die unterschiedlich teuer sind. Im Internet findet man die günstigsten Vorwahlen der verschiedenen Mobilfunkanbieter.

TOILETTEN

Die in Asien übliche Hocktoilette ist in Thailand immer weniger verbreitet, allerdings trifft man an Busbahnhöfen in der Provinz, älteren Häusern und einfachen Restaurants noch gelegentlich auf welche. Manche modernen Toiletten sind mit einem kleinen Sprühschlauch ausgestattet, der thailändischen Version eines Bidets.

TOURISTENINFORMATION

DieTourism Authority of Thailand (TAT) hat Zweigstellen im ganzen Land, in denen man Stadtpläne und Karten sowie Tipps zu Sehenswürdigkeiten erhält. In den TAT-Büros können allerdings keine Unterkünfte, Transportmittel oder Touren gebucht werden.

UNTERKUNFT

Thailand verfügt über eine gute Auswahl an Budgetunterkünften; ein Bett in einem Schlafsaal oder ein kleines Einzelzimmer mit Ventilator und Gemeinschaftsbad mit kaltem Wasser bekommt man schon für 300 bis 400 B. In Bangkok und an den Stränden sind die Preise höher und beginnen bei ca. 700 B.

Bei den meisten Budgetunterkünften handelt es sich um Pensionen. Aufgrund der niedrigen Zimmerpreise sorgen bei diesen umgebauten Wohnhäusern oder mehrgeschossigen Gebäuden im Apartmentstil ein angeschlossenes Restaurant und ein Reisebüro für zusätzliche Einnahmen. Kleine Boutique-Hotels bieten Stil und Komfort, aber weniger Geselligkeit.

In der Hochsaison (Dez.–Feb. & Juni–Aug.) steigen die Preise und der Zimmerbedarf, insbesondere in Insel- und Strandresorts.

Wenn nicht anders angegeben, sind Reservierungen bei Pensionen nicht zu empfehlen, da Standards von Zimmer zu Zimmer und von Jahr zu Jahr variieren. Jeder Reisende sollte sich sein Zimmer zeigen lassen, *bevor* er dafür zahlt (gewöhnlich wird kein Geld zurückerstattet). Es ist ebenso wenig ratsam, Anzahlungen für eine Zimmerreservierung zu leisten.

In unseren Empfehlungen nennen wir die Preise, die während der Hauptsaison erhoben werden. Zu anderen Zeiten kann man versuchen, Rabatte auszuhandeln.

Preiskategorien

In Großstädten und Strandorten beziehen sich folgende Preiskategorien auf ein Doppelzimmer.

$	unter 1000 B (28 US$)
$$	1000–3000 B (28–85 US$)
$$$	über 3000 B (85 US$)

Für kleine Städte gelten folgende Preiskategorien:

$	unter 600 B (17 US$)
$$	600–1500 B (17–42 US$)
$$$	über 1500 B (46 US$)

VISA

Zuständig für die Themen Immigration und Visa ist das hiesige Außenministerium. Infos zur Antragstellung und zu Gebühren geben die Botschaft oder Konsulate von Thailand. Über Änderungen der Bestimmungen informiert Thaivisa (www.thaivisa.com).

Visumfreiheit & Touristenvisa

Bürger aus insgesamt 41 Ländern, darunter Deutsche, Österreicher und Schweizer, müssen sich nicht vorab um ein Visum kümmern; sie erhalten es bei der Einreise. Wer per Flugzeug ankommt, erhält ein Visum für 30 Tage. Bei der Einreise über den Landweg erhalten Deutsche, Österreicher und Schweizer an allen Grenzübergängen ein 30 Tage gültiges Visum.

Besuchern kann theoretisch die Einreise verwehrt werden, wenn sie kein Ticket zur Weiterreise oder die nötigen finanziellen Mittel

VERKEHRSSICHERHEIT

Thailands Straßen zählen verkehrstechnisch zu den gefährlichsten der Welt. Viele westliche Länder geben sogar Warnungen aufgrund der mangelnden Sicherheit auf den Autobahnen heraus.

Tödliche Busunfälle dominieren die Schlagzeilen. An über 80 % aller Unfälle sind jedoch Motorradfahrer beteiligt. Viele Touristen werden beim Motorradfahren verletzt, weil sie nicht mit den Maschinen umgehen können und nicht mit den örtlichen Gepflogenheiten vertraut sind.

Unerfahrene sollten sich an die kleineren automatischen 125-ccm-Maschinen halten und sich zunächst an einem ruhigen Ort mit ihrem Gefährt vertraut machen. Zudem ist es wichtig, langsam zu fahren, besonders auf rutschigen Straßen oder losem Schotter, und sein Gewicht möglichst gleichmäßig zu verteilen, um die Handhabung zu verbessern. Man sollte nicht erwarten, dass andere Verkehrsteilnehmer auf einen achtgeben, sowie Helm und Schutzkleidung tragen.

Wer keine Erfahrung hat, sollte auf Ko Samui, Ko Pha-Ngan und an anderen Orten wegen der schlechten Straßenbedingungen auf das Motorradfahren verzichten.

vorweisen können; diese Praktik kommt jedoch kaum zur Anwendung.

Für alle, die länger in Thailand bleiben möchte, als es das bei der Ankunft ausgestellte Visum zulässt, ist das 60 Tage gültige Touristenvisum eine Option. Es muss vor der Reise bei der thailändischen Botschaft oder einem Konsulat im Heimatland beantragt werden.

Verlängerungen

Wer sich bereits in Thailand aufhält und länger im Land bleiben möchte, als es das Visum erlaubt, kann dieses auf zwei Arten verlängern. Eine Möglichkeit ist die Ausreise über den Landweg, woraufhin bei der erneuten Einreise ein neues, gebührenfreies Visum ausgestellt wird – je nach Nationalität für 30 oder 15 Tage. Alternativ lässt sich bei einer thailändischen Einwanderungsbehörde eine Verlängerung für 30 Tage beantragen; die Gebühren dafür betragen 1900 B. Man benötigt zwei Passbilder sowie jeweils eine Kopie der Bildseite des Reisepasses und des aktuellen Visums. Antragsteller sollten persönlich vorsprechen und ordentlich gekleidet sein.

Wer die zulässige Aufenthaltsdauer überschreitet, zahlt ein Bußgeld von 500 B pro Tag (die Obergrenze liegt bei 20 000 B), entweder am Flughafen oder vorab bei einer der Einwanderungsbehörden. Eintagesüberziehungen werden nicht geahndet.

Einwanderungsbehörden gibt's in Bangkok, Chiang Mai, Ko Samui, Krabi-Stadt und vielen weiteren thailändischen Städten und Grenzorten.

ZOLLBESTIMMUNGEN

➡ Nach Thailand dürfen Gegenstände des persönlichen Bedarfs in angemessenem Umfang, Instrumente von Berufsmusikern, 200 Zigaretten und 1 l Wein oder Spirituosen eingeführt werden; weitere Zollbestimmungen stehen unter www.customs.go.th. Die Einfuhr der folgenden Waren nach Thailand ist verboten: Schusswaffen und Munition, wenn nicht vorher bei der Polizei registriert, illegale Drogen und pornografische Medien.

Für die Ausfuhr religiöser Figuren und anderer Antiquitäten sind Lizenzen erforderlich.

ℹ An- & Weiterreise

FLUGZEUG

Thailands größter internationale Flughafen ist der Suvarnabhumi International Airport in der Hauptstadt. Ein paar internationale Ziele werden zudem vom Bangkoker Billiglinien-Flughafen Don Muang angeflogen. Zudem bieten Chiang Mai und Phuket Verbindungen in Nachbarstaaten, insbesondere nach China.

Die meisten Fluggesellschaften bedienen Bangkok.

AUF DEM LANDWEG

Die Grenzübergänge nach Kambodscha, Laos und Malaysia sind offen und lassen sich sicher überqueren. Dank weiter ausgebauter Fernstraßen und Brücken ist es auch einfacher geworden, auf dem Landweg von/nach China zu reisen. An den Landgrenzübergängen nach Kambodscha, Laos und Malaysia werden Visa bei der Einreise („Visa on Arrival") erteilt. Wer auf dem Landweg nach Myanmar reist, muss sich das Visum vorher besorgen. Für die Einreise benötigt man in der Regel ein Passfoto und muss eine Gebühr bezahlen, die Bestimmungen ändern sich aber von Land zu Land und teilweise sogar von Grenzübergang zu Grenzübergang.

ℹ Unterwegs vor Ort

AUTO & MOTORRAD

In den meisten Touristenstädten werden Autos und Motorräder vermietet. Da die Wartung oft zu wünschen übrig lässt, sollte man das jeweilige Fahrzeug vorab überprüfen und Schäden dokumentieren, um sich vor Schadenersatzforderungen zu schützen. Vor der Unterschrift des Vertrags sollte man immer prüfen, ob das Fahrzeug haftpflichtversichert ist und sich die mit Datum versehenen Dokumente zeigen lassen.

Motorräder sind besonders beliebt, um die Attraktionen vor Ort zu besichtigen. Wer eines leihen möchte, muss in der Regel seinen Pass als Kaution hinterlassen.

In Thailand herrscht Linksverkehr – jedenfalls meistens. Zudem hat jede zweispurige Straße eine unsichtbare dritte Spur in der Mitte, die zum Überholen genutzt wird. Die wichtigste Regel lautet „der Stärkste hat immer Recht"; kleinere Autos sollten größeren Wagen also lieber die Vorfahrt lassen. Ein Überholvorgang wird normalerweise per Hupe angekündigt.

Reisende brauchen einen internationalen Führerschein, um ein Auto zu mieten. Bei Motorrädern wird dagegen kaum danach gefragt.

BUS & MINIVAN

Das Busnetz ist flächendeckend, bequem und (z. T. furchterregend) schnell. Verlässliche Unternehmen findet man an den staatlichen Busbahnhöfen, nicht in Touristenzentren. In den VIP-Bussen fühlt man sich fast wie ein berühmter Rockstar: Man kann die Sitze zurückklappen, die Klimaanlage weht kalte Luft herein und eine „Stewardess" versorgt einen mit Erfrischungen. In vielen dieser Fahrzeuge wird jedoch ein Extra nach dem anderen wegrationalisiert.

Für Fahrten in nahe gelegene Städte bieten sich Minivans an. Sie fahren vom Markt, nicht von außerhalb der Stadtzentren gelegenen Busbahnhöfen ab, und bringen Passagiere manchmal bis zu ihrem Hotel.

Bei längeren Fahrten sollte man sich einen Tag im Voraus um Fahrpläne und Tickets kümmern.

FAHRRAD

Räder dienen als perfektes Transportmittel für Kurzstrecken. Sie sind billig, umweltfreundlich und eröffnen einem die Möglichkeit, sich alles in Ruhe anzusehen. Unbedingt vorm Losfahren den Zustand des Rads prüfen; meist sind die Bremsen wenig verlässlich.

FLUGZEUG

Jedes Jahr bieten die Budgetairlines mehr und billigere Inlandsflüge an, sodass Fernbusse zunehmend an Attraktivität verlieren.

NAHVERKEHR

Săhm·lór & Túk-Túk

Săhm·lór (auch „săamláw", „drei Räder"), eine Art Rikscha mit Pedalen, findet man fast nur noch in Kleinstädten. Sie eignen sich v. a. für Kurzstrecken. Nach und nach werden diese Räder durch moderne *túk-túk* ersetzt; sie sind nach dem Geräusch benannt, das ihr Zweitaktmotor produziert – es erinnert an ein kehliges Husten. Den *túk-túk*-Fahrern in Bangkok eilt ihr schlechter Ruf voraus. In anderen Städten sind sie in der Regel verlässlicher.

Man sollte auf jeden Fall handeln und sich vor Abfahrt auf einen Preis einigen.

Sŏrngtăaou

Sŏrngtăaou (wörtlich „zwei Reihen") sind kleine Pick-ups mit einer Sitzreihe auf jeder Seite. In manchen Städten dienen sie als öffentliche Busse, die für einen fixen Tarif feste Routen bedienen. In Touristenstädten fungieren *sŏrng tăa ou* als Sammeltaxis oder Mietfahrzeuge, wobei dann der Preis vorher verhandelt werden sollte.

SCHIFF/FÄHRE

Die Thailänder sind ein Flussvolk, deswegen haben sie auch traditionell gebaute farbenfrohe Boote. Die langen, anmutigen Longtailboote mit verlängerten Propellern berühren kaum das Wasser und dienen zum Inselhopping, Durchqueren von Kanälen und als Flussfähren. Kleine Fischerkähne aus Holz schippern Touristen zu nahe gelegenen Inseln. Auch Frachtschiffe und Expressfähren bedienen die Inseln. Während der Regenzeit wird der Schiffsverkehr oft eingestellt. Die Fahrpläne richten sich zudem nach dem Wetter.

TRAMPEN

Wegen der günstigen, verlässlichen Busse ist Trampen unüblich. Es lohnt sich dann, wenn keine öffentlichen Verkehrsmittel verfügbar sind. Um ein Auto anzuhalten, streckt man in Asien den Arm Richtung Straße aus und bewegt die Hand auf und ab.

Trampen ist nie ganz sicher, deshalb sollten sich Traveller bewusst sein, dass sie damit immer ein Risiko eingehen.

ZUG

Die Züge der **thailändischen staatlichen Bahn** (☎ 053 242094, 1690; www.railway.co.th; Th Charoen Muang; ⏲ Ticketbüro 5–22 Uhr) sind bequem und günstig, jedoch ziemlich langsam. Alle Linien verkehren von Bangkok aus in Richtung Norden, Süden und Nordosten. Lohnenswert sind Nachtfahrten zwischen Bangkok und Chiang Mai sowie südlich nach Chumphon oder Surat Thani. Außerdem bieten sich auch Zugfahrten von Bangkok nach Ayutthaya an.

Die SRT bietet Zugfahrten der 1., 2. und 3. Klasse, wobei diese außerdem je nach Zugtyp (normal, Schnellzug, Express) variieren. Schnell- und Expresszüge halten weniger häufig als die normalen Bahnen.

Die Tarife basieren auf einem Grundpreis, der je nach Entfernung, Klasse und Zugtyp nach oben angepasst wird. Extrakosten werden auch für Klimaanlage und Schlafkojen (unten oder oben) fällig.

Fahrscheine kann man einen bis 60 Tage vor dem Reisedatum buchen. Verkauft werden sie direkt an den Bahnhöfen oder von Reisebüros, die allerdings in der Regel eine Servicegebühr auf den Ticketpreis aufschlagen. Wer eine längere Fahrt vom Ausland aus plant, sollte der Staatlichen Bahngesellschaft mindestens zwei Wochen vor Reiseantritt eine E-Mail schreiben; daraufhin erhält man eine Buchungsbestätigung. Fahrkarten müssen eine Stunde vor Abfahrt am jeweiligen Bahnhof abgeholt und bezahlt werden.

Vietnam

✆84 / 94,3 MIO. EW.

Inhalt ➡

Gut essen

- Minh Thuy's (S. 881)
- Hill Station Signature Restaurant (S. 896)
- Nu Eatery (S. 925)
- The Racha Room (S. 949)
- Lac Canh Restaurant (S. 932)

Die schönsten Strände

- Phu Quoc (S. 957)
- An Bang (S. 926)
- Mui Ne (S. 933)
- Phu Thuan (S. 916)
- Bai Dai (S. 931)

Auf nach Vietnam

Ein Kaleidoskop aus bunten Farben und feinen Tönen, Kalksteinbergen und endlosen Reisfeldern, urbanen Städten und entspannten Strandorten, tief bewegenden Kriegsschauplätzen und prachtvoller Kolonialarchitektur: Vietnam hat eine wahrhaft einzigartige Ausstrahlung.

Mit den günstigen Verkehrsmitteln und Unterkünften, tollem Straßenessen und *bia hoi* – dem wohl billigsten Bier der Welt – ist Vietnam ein Traumziel für Budgetreisende.

Von der Natur wurde es gesegnet mit hoch aufragenden Bergen im Norden, tropischen Inseln im Süden und einer atemberaubenden, kurvigen Küste mit hinreißenden Sandstränden. Wer hierher reist, sieht Kinder auf Büffeln reiten, entdeckt kunstvolle Textilien der Bergvölker, probiert die frische und unglaublich subtil gewürzte vietnamesische Küche und hört das Brummen von einer Million Motorrädern.

Vietnam ist eine dynamische Nation im Aufbruch mit einer ruhigen Gangart. Bereit für eine einmalige Reise?

Reisezeit

Hanoi

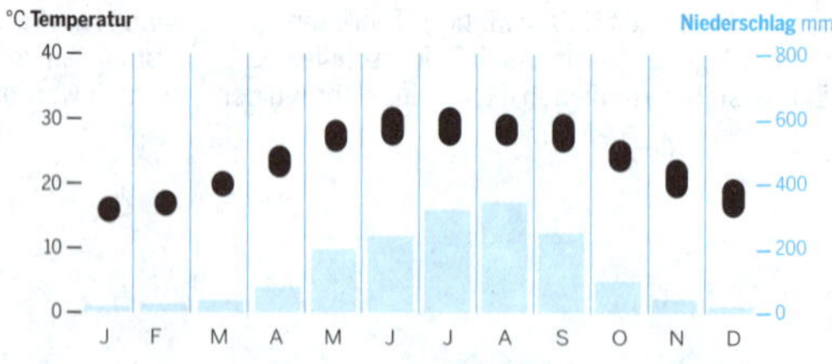

Dez.–März Nördlich von Hue bringt der Wintermonsun Wolken, Nebel, Nieselregen und kühles Klima.

April Das Flussufer in Da Nang verwandelt sich während des Feuerwerk-Festivals in ein lautes Farbenmeer.

Juli–Aug. Die ideale Zeit, um bei milder Meeres- und Lufttemperatur an der zentralen Küste zu liegen.

Nicht versäumen

Nordvietnam ist berühmt für imposante Kalksteinformationen, die durch jahrhundertelange Erosion enstanden sind. Die Inseln der Ha-Long-Bucht, die wie Felsnadeln aus dem Wasser ragen, sind Beispiele dieser Karstlandschaft; oder man besucht die Lan-Ha-Bucht, wo weniger Trubel herrscht.

Die zerklüfteten Kalksteinberge von Tam Coc in der Nähe von Ninh Binh bieten einen fast surrealen Anblick. Weiter südlich im Phong-Nha-Ke-Bang-Nationalpark warten drei gewaltige Höhlensysteme (mit der weltgrößten Höhle) inmitten von Tropenwald voller hoch aufragender Berge.

REISEROUTEN

Eine Woche

Zunächst lässt man sich durch Hanois Altstadt treiben und besucht die Sehenswürdigkeiten der Hauptstadt. Dann folgt ein Tagesausflug in die surreale Karstlandschaft der Ha-Long-Bucht. Im südlicheren Hue erkundet man die kaiserliche Zitadelle und genießt dann in Hoi An für zwei Tage kulinarische Köstlichkeiten, das geschichtsträchtige Ambiente und die Strände. Den Abschluss bildet eine Übernachtung in Ho-Chi-Minh-Stadt (Saigon).

Ein Monat

In Hanoi erkundet man die Sehenswürdigkeiten und genießt die unvergleichliche Atmosphäre. Weiter geht's zur einzigartigen Ha-Long-Bucht, zur epischen Landschaft im Hochland rund um Sa Pa und Bac Ha und zu den faszinierenden Höhlen von Phong Nha. Dann locken Hue, die Stadt der Pagoden und Gräber, das boomende Da Nang und das charmante Hoi An. In Richtung Süden über den Strandort Nha Trang warten das vornehme Da Lat und das Kitesurfmekka Mui Ne, ehe man das vitale Ho-Chi-Minh-Stadt besucht. Nach einer Tour durch das Mekong-Delta kann man sich in Phu Quoc dem Strandvergnügen hingeben, bevor es zurück nach HCMC geht.

Regionale Spezialitäten

Weiße Rose Unglaublich köstliche, delikat gewürzte Garnelenteigtaschen mit knusprigen Zwiebeln.

Pho Reisnudelsuppe. Das Geheimnis einer guten *pho bo* (Rindernudelsuppe) ist die Rinderknochen-Brühe, die stundenlang mit Schalotten, Ingwer, Fischsoße, Sternanis, Gewürzrinde und schwarzem Kardamom in Wasser gekocht wird.

Banh xeo Riesiger, knuspriger Reispfannkuchen, zubereitet in 30 oder 35 cm großen Pfannen oder Woks und gefüllt mit Schwein, Shrimps, Mungobohnen und Bohnensprossen.

Bia hoi „Frisches" oder Fassbier, täglich ohne Zusätze oder Konservierungsstoffe gebraut. Es muss innerhalb weniger Stunden getrunken werden.

Vietnamesischer Kaffee Wird kalt mit Kondensmilch serviert.

AUF EINEN BLICK

Geld Geldautomaten findet man fast überall

Handys Prepaidkarten erhält man für wenige Dollars

Sprache Vietnamesisch

Visa Komplizierte Bestimmungen, siehe S. 971

Währung Dong (D)

Kurzinfos

Fläche 329 566 km²

Hauptstadt Hanoi

Notfall Polizei ☎ 113

Wechselkurse

Eurozone	1 €	24 495 D
Laos	10 000 K	27 528 D
Schweiz	1 SFr	22 782 D[1]
USA	1 US$	22 316 D

Preise

Günstiges Hotelzimmer 8–20 US$

Sättigende Mahlzeit 2–4 US$

Bier ab 0,30 US$

Kurze Taxifahrt 2 US$

Einreise nach Vietnam

Man fliegt nach Ho-Chi-Minh-Stadt bzw. nach Hanoi oder nutzt einen der vielen Grenzübergänge an den Landgrenzen mit Kambodscha, China und Laos.

Highlights

1 Durch die alten Gassen der perfekt erhaltenen historischen Hafenstadt **Hoi An** (S. 920) schlendern.

2 In **Ho-Chi-Minh-Stadt** (S. 941) echte kulinarische Highlights erleben.

3 Die gigantischen Höhlen und die außergewöhnliche Berglandschaft des **Phong-Nha-Ke-Bang-Nationalparks** (S. 902) erkunden.

4 In Hanois **Altstadt** (S. 870) das wohlschmeckende und erfrischende vietnamesische Lagerbier *bia hoi* genießen.

5 Den einmaligen Charakter und die Sehenswürdigkeiten der Hauptstadt **Hanoi** (S. 870) erleben.

6 In der **Ha-Long-Bucht** (S. 886) atemberaubende Kalksteininseln bewundern.

7 Auf der tropischen **Phu-Quoc-Insel** (S. 957) nach dem perfekten weißen Sandstrand Ausschau halten.

8 Die frühere kaiserliche Hauptstadt **Hue** (S. 907) mit ihren reizvollen Tempeln, Grabmälern und Palästen entdecken.

9 Im kosmopolitischen Strand- und Wassersportresort **Mui Ne** (S. 933) die Seele baumeln lassen.

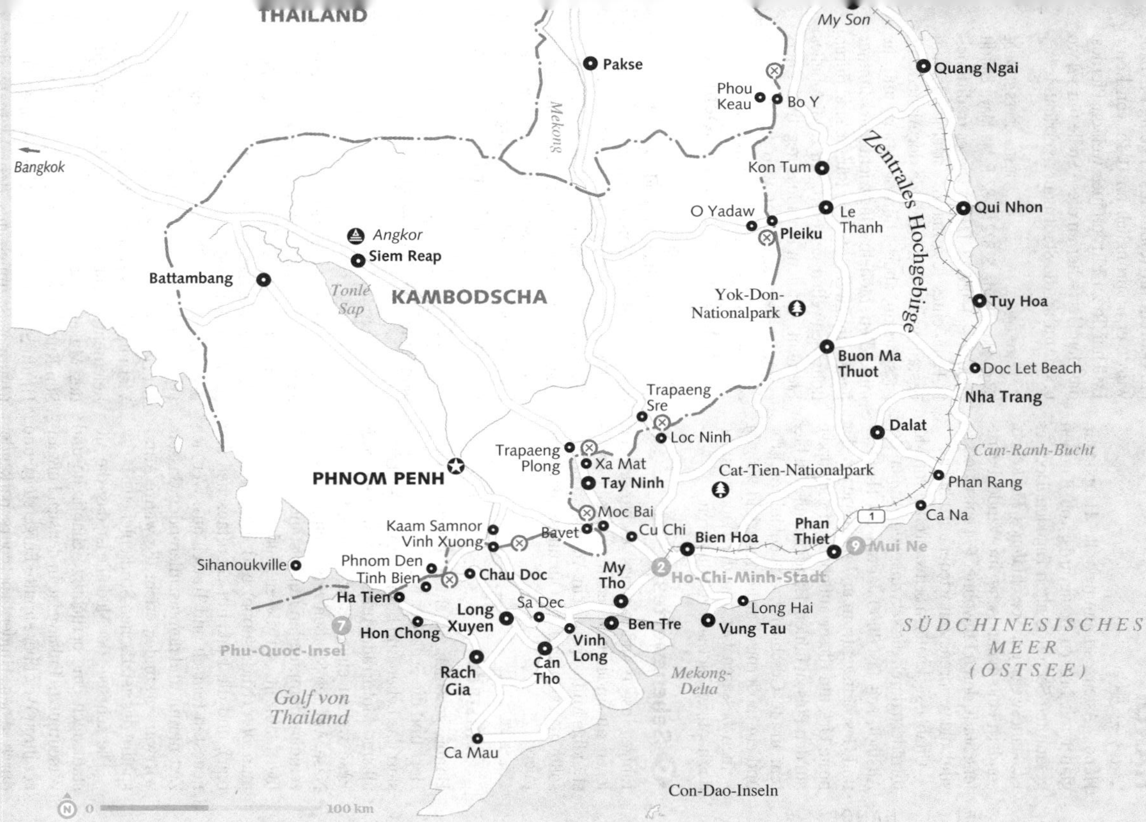

HANOI

☎04 / 7,1 MIO. EW.

Hanoi, Asiens stimmungsvolle Hauptstadt, glänzt mit breiten Boulevards, von Bäumen gesäumten Seen und alten Pagoden. Doch es ist keineswegs ein verschlafenes Fleckchen, sondern eine dynamische, im Wandel begriffene Stadt, deren Einwohner fest entschlossen sind, die verlorene Zeit wieder aufzuholen.

Unablässig knattern Schwadronen von Motorrädern durch die verwinkelten Straßen der Altstadt, seit fast 1000 Jahren ein Handels- und Geschäftszentrum und nach wie vor der beste Ort, um dieser auflebenden Metropole auf den Puls zu fühlen. Hanoi hat alles zu bieten: uralte Geschichte, ein koloniales Erbe und ein modernes Erscheinungsbild. Es gibt keinen besseren Ort, um die Widersprüche des heutigen Vietnam zu entwirren.

Sehenswertes

Einige Museen sind montags geschlossen und legen an anderen Wochentagen eine zweistündige Mittagspause ein. Vor einem Besuch sollte man sich über die Öffnungszeiten informieren.

Altstadt

Hanois geschichtsträchtige Altstadt ist das Herz und die Seele der Metropole. Hier pulsiert das Leben und blüht der Handel. Überall sind Motorräder unterwegs und an jeder Ecke wehen einem exotische Düfte in die Nase. Auf den Straßen versprechen die brutzelnden, dampfenden Imbissstände eine billige Mahlzeit. An diesen Buden bekommt man *pho* (Nudelsuppe) und *bia hoi* (Fassbier), und die Einheimischen tauschen den neuesten Klatsch und Tratsch aus. Wer sich Zeit nimmt und den faszinierenden Gassenwirrwarr erkundet, erlebt die wahre Atmosphäre des asiatischen Straßenlebens.

Die Kehrseite der Medaille ist, dass die Altstadt auch eine berüchtigte chaotische und verschmutzte Enklave ist, in der sich Fußgänger ihren Weg über kaputte Bürgersteige und durch einen Hindernisparcours parkender und rasender Motorräder bahnen müssen.

★ Bach-Ma-Tempel BUDDHISTISCHER TEMPEL
(Den Bach Ma; Karte S. 872 f.; Ecke P Hang Buom & P Hang Giay; ⏲ Di–So 8–11 & 14–17 Uhr) GRATIS Der kleine Bach-Ma-Tempel im Herzen der Altstadt soll zwar der älteste Tempel der Stadt sein, doch große Teile des heutigen Baus stammen aus dem 18. Jh., und 1839 wurde ein Schrein für Konfuzius angefügt. Erbaut wurde er ursprünglich im 11. Jh. von König Ly Thai To zu Ehren eines weißen Pferdes, das den Herrscher an diese Stelle führte, wo er daraufhin die Stadtmauern errichtete.

Gedenkhaus HISTORISCHES GEBÄUDE
(Ngoi Nha; Karte S. 872 f.; 87 P Ma May; Eintritt 5000 D; ⏲ 9–12 & 13–17 Uhr) Dieses traditionelle Haus eines Kaufmanns ist eines der am besten erhaltenen Gebäude der Altstadt. Es ist sparsam, aber schön dekoriert, und die mit edlen Möbeln eingerichteten Zimmer liegen um zwei Höfe. Die Räume sind durch hohe Schwellen getrennt, ein traditionelles Element, mit dem der Fluss negativer Energie im Haus eingedämmt werden soll.

Rund um den Hoan-Kiem-See

★ Hoan-Kiem-See SEE
(Karte S. 874 f.) Einer Legende zufolge sandte der Himmel dem Kaiser Le Thai To Mitte des 15. Jhs. ein magisches Schwert, mit dem er die Chinesen aus Vietnam vertrieb. Nach dem Krieg ergriff eine riesige goldene Schildkröte das Schwert und verschwand in der Tiefe des Sees, um es ihren göttlichen Besitzern zurückzubringen. So entstand der Name Ho Hoan Kiem („See des heimgekehrten Schwerts"). Jeden Morgen gegen 6 Uhr praktizieren Einwohner am Ufer traditionelles Tai-Chi.

★ Nationalmuseum der vietnamesischen Geschichte MUSEUM
(Bao Tang Lich Su Quoc Gia; Karte S. 874 f.; ☎04-3824 2433; baotanglichsu.vn; 1 P Trang Tien; Erw./Student 40 000/15 000 D; ⏲ 8–12 & 13.30–17 Uhr, 1. Mo des Monats geschl.) Einst beherbergte dieses zwischen 1925 und 1932 erbaute, architektonisch eindrucksvolle Museum die École Française d'Extrême Orient. Ihr Architekt, Ernest Hebrard, war einer der Ersten, die in Vietnam chinesische und französische Designelemente kombinierten. Zu den Highlights des Museums gehören Bronzen der Dong-Son-Kultur (3. Jh. v. Chr. bis 3. Jh. n. Chr.), Hindu-Statuen der Reiche der Khmer- und Champa, Schmuck aus dem Vietnam der Kaiserzeit und Exponate zur französischen Besatzungszeit und zur Kommunistischen Partei.

Hoa-Lo-Gefängnismuseum HISTORISCHES GEBÄUDE
(Karte S. 874 f.; ☎04-3824 6358; Ecke P Hoa Lo & P Hai Ba Trung; Eintritt 30 000 D; ⏲ 8–17 Uhr) Während des Vietnamkriegs wurde das Hoa-Lo-

Hanoi

Hanoi

Sehenswertes

1 Ho Tay B2

Aktivitäten, Kurse & Touren

2 Hidden Hanoi C1
3 NGO Resource Centre B4

Essen

4 Pho Thin D3

Ausgehen & Nachtleben

5 Café Duy Tri C1
6 Cong Caphe C4
7 Quan Ly D3

Praktisches

8 Australische Botschaft A2
9 Kambodschanische Botschaft C3
10 Französische Botschaft C3
11 Hanoi Family Medical Practice A2
12 Japanische Botschaft A2
13 Laotische Botschaft C3
14 Amerikanische Botschaft B3

Transport

15 Luong-Yen-Bushaltestelle D4

Gefängnis von den US-amerikanischen Gefangenen ironisch als „Hanoi Hilton" bezeichnet. Heute ist von ihm nicht mehr geblieben als diese zum Nachdenken anregende Stätte. Die meisten Exponate stammen aus der Mitte der 1950er-Jahre, im Mittelpunkt steht der vietnamesische Kampf um Unabhängigkeit von Frankreich. Ein gruseliges Relikt ist die unheilvolle französische Guillotine, mit der vietnamesische Revolutionäre geköpft wurden. Weitere Ausstellungen widmen sich den amerikanischen Piloten, die während des Vietnamkriegs hier inhaftiert wurden.

Altstadt

Vietnamesisches Frauenmuseum MUSEUM
(Karte S. 874 f.; ☎ 04-3825 9936; www.baotangphunu.org.vn; 36 P Ly Thuong Kiet; Eintritt 30 000 D; ⌚ 8–17 Uhr) Dieses großartige moderne Museum illustriert die Rolle der Frau in der vietnamesischen Gesellschaft und Kultur. Die Ausstellungsstücke sind auf Englisch und Französisch beschriftet. Besonders bemerkenswert sind die Erinnerungen an den heldenhaften Einsatz einzelner Frauen während des Kriegs. Das Museum zeigt eine überwältigende Sammlung an Propagandapostern sowie Trachten, Korbwaren und Stoffe der ethnischen Minderheiten Vietnams. Auf der Website kann man sich über Sonderausstellungen informieren.

Ngoc-Son-Tempel BUDDHISTISCHER TEMPEL
(Den Ngoc Son; Karte S. 874 f.; Hoan-Kiem-See; Erw./Student 20 000/10 000 D; ⌚ 7.30–17.30 Uhr) Auf einer kleinen Insel im nördlichen Teil des Hoan-Kiem-Sees befindet sich der meistbesuchte Tempel Hanois, der „Tempel des Jadeberges“. Er ist General Tran Hung Dao (der im 13. Jh. die Mongolen schlug), La To (Schutzheiliger der Ärzte) und dem Gelehrten Van Xuong gewidmet. Eine elegante scharlachrote Brücke, die im klassischen vi-

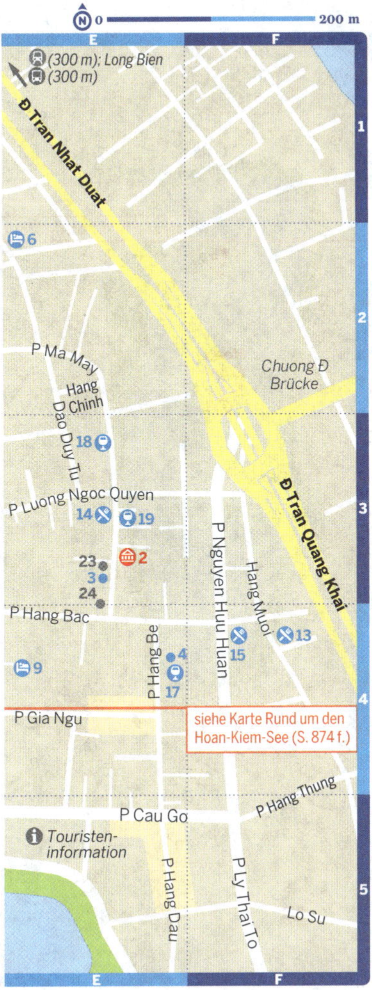

Altstadt

Highlight
1 Bach-Ma-Tempel D2

Sehenswertes
2 Gedenkhaus E3

Aktivitäten, Kurse & Touren
3 Buffalo Tours E3
4 Vietnam Awesome Travel E4

Schlafen
5 Art Trendy Hotel B3
6 Camel City Hotel E2
7 Hanoi Hostel A2
8 Hanoi Rendezvous Hotel A4
9 La Beaute de Hanoi E4
10 May De Ville Backpackers D3

Essen
11 Bun Cha Nem Cua Be Dac Kim A5
12 Cha Ca Thang Long A4
13 Highway 4 .... F4
14 New Day E3
15 Xoi Yen F4

Ausgehen & Nachtleben
16 Café Pho Co D5
17 Le Pub E4
18 Moose & Roo E3
19 Nola E3

Shoppen
20 Dong-Xuan-Markt C1
21 Hanoi Moment C5

Praktisches
22 Ethnic Travel D3
23 Handspan Adventure Travel E3
24 Vega Travel E3

etnamesischen Stil errichtet wurde, verbindet die Insel mit dem Ufer.

St.-Joseph-Kathedrale KIRCHE
(Nha To Lon Ha Noi; Karte S. 874 f.; P Nha Tho; ⏲ 8–12 & 14–18 Uhr) Hanois neogotische St.-Joseph-Kathedrale wurde 1886 eingeweiht. Ihre hoch aufragende Fassade erhebt sich an einem kleinen Platz. Am interessantesten sind die beiden identischen Glockentürme, der kunstvolle Altar und die schönen Buntglasfenster. Der Zutritt (durch das Haupttor) ist nur während der Messe gestattet; die Gottesdienstzeiten stehen auf einem Schild am Tor links von der Kathedrale.

Westlich der Altstadt

★ **Literaturtempel** KONFUZIANISCHER TEMPEL
(Van Mieu Quoc Tu Giam; Karte S. 876; ☎ 04-3845 2917; P Quoc Tu Giam; Erw./Student 30 000/15 000 D; ⏲ 8–17 Uhr) Der Literaturtempel wurde 1070 unter dem Kaiser Ly Thanh Tong errichtet und ist Konfuzius (Khong Tu) gewidmet. Drinnen gibt's einen Teich, den sogenannten „Quell der himmlischen Klarheit", eine flache Pagode sowie Statuen von Konfuzius und seinen Anhängern. Der Komplex ist ein seltenes Beispiel für gut erhaltene traditionelle vietnamesische Architektur und würdigt die anerkanntesten Gelehrten und Literaten des Landes. Hier entstand 1076 Vietnams erste Universität. Damals waren ausschließlich Adlige zugelassen.

Rund um den Hoan-Kiem-See

★ **Ho-Chi-Minh-Mausoleum** GRABMAL

(Lang Chu Tich Ho Chi Minh; Karte S. 876; ☎ 04-3845 5128; www.bqllang.gov.vn; ⏲ Dez.–Sept. Di–Do, Sa & So 8–11 Uhr, letzter Einlass 10.15 Uhr, 4. Sept.–4. Nov. geschl.) GRATIS Ganz in der Tradition Lenins, Stalins und Maos ist Ho Chi Minhs Mausoleum ein monumentales Bauwerk aus Marmor. Sein zarter, blasser Leichnam ruht tief im Inneren des Gebäudes in einem Glassarkophag. Im Widerspruch zu seinem Wunsch nach einer schlichten Einäscherung wurden die Materialien für den Bau des Mausoleums zwischen 1973 und 1975 in ganz Vietnam beschafft. In der Regel ist es vom 4. September bis 4. November geschlossen, dann wird der einbalsamierte Körper zur Pflege nach Russland gebracht.

Museum der vietnamesischen Militärgeschichte MUSEUM

(Bao Tang Lich Su Quan Su Viet Nam; Karte S. 876; ☎ 04-733 6453; www.btlsqsvn.org.vn; 28a P Dien Bien Phu; Eintritt 30 000 D, Kameragebühr 20 000 D; ⏲ tgl. 8–11.30 & Di–Do, Sa & So 14–16 Uhr) Das Militärmuseum, das dank der großen Waffensammlung vor dem Gebäude leicht zu erkennen ist, zeigt sowjetische und chinesische Militärausrüstung sowie während der

Rund um den Hoan-Kiem-See

Highlights
1 Hoan-Kiem-See C2
2 Nationalmuseum der Vietnamesischen Geschichte F4

Sehenswertes
3 Hoa-Lo-Gefängnismuseum A4
4 Ngoc-Son-Tempel C2
5 St.-Joseph-Kathedrale B3
6 Frauenmuseum C5

Schlafen
7 B&B Hanoi Hostel E1
8 Central Backpackers Hanoi B2
9 Especen Hotel B2
10 Hong Ha Hotel F3

Essen
11 Banh Ghoi B2
12 Bun Rieu Cua E1
13 Hanoi Social Club A2
14 Minh Thuy's B2
15 Mon Hue B2
16 Moto-san Uber Noodle F4

Ausgehen & Nachtleben
17 Tadioto F4

Unterhaltung
18 Cinematheque D5

Shoppen
19 Things of Substance B2

Praktisches
20 Niederländische Botschaft E2
21 Neuseeländische Botschaft E4
22 Britische Botschaft C5

Transport
23 Jetstar Airport Bus F3
24 Vietnam Airlines B4
25 Vietnam Airlines Minibus B4

Kriegsjahre erbeutete Waffen, die in Frankreich und den USA hergestellt wurden. Die Hauptattraktion ist ein in der Sowjetunion gebautes MiG-21-Kampfflugzeug, das triumphierend zwischen dem Wrack eines französischen Flugzeugs steht, das bei Dien Bien Phu abgeschossen wurde, und einem amerikanischen F-111-Kampfflugzeug.

Museum der Schönen Künste MUSEUM

(Bao Tang My Thuat Viet Nam; Karte S. 876; ☎04-3733 2131; www.vnfam.vn; 66 P Nguyen Thai Hoc; Erw./erm. 30 000/15 000 D; ⌚8.30–17 Uhr) Einst waren die zwei Gebäude des exzellenten Museums der Schönen Künste der Sitz des französischen Informationsmuseums. Heute sind dort zahlreiche Kunstschätze zu sehen, darunter antike Steinmetzarbeiten der Cham und faszinierende Bildnisse von Quan Am, der Göttin des Mitgefühls mit den tausend Augen und Armen. Bemerkenswert sind die Lackstatuen buddhistischer Mönche der Tay-Son-Dynastie und die umfangreiche Sammlung zeitgenössischer Kunst und Gemälde im folkloristisch-naiven Stil. Führungen kosten 150 000 D.

Ho-Chi-Minh-Stelzenhaus HISTORISCHE STÄTTE

(Nha San Bac Ho & Phu Chu Tich Tai; Karte S. 876; Eintritt 25 000 D; ⌚tgl. 8–11.30 & Di–Do, Sa & So

Westlich der Altstadt

14–16 Uhr) In dem einfachen traditionellen Stelzenhaus lebte Ho zwischen 1958 und 1969 zeitweise. Es steht in einem gepflegten Garten mit Karpfenteich und wurde so erhalten, wie Ho es hinterließ. Von hier aus blickt man auf das opulenteste Gebäude Hanois, den wunderschönen historistischen **Präsidentenpalast** (Karte S. 876), der 1906 für den Generalgouverneur von Indochina erbaut wurde. Heute wird er für offizielle Empfänge genutzt und ist nicht öffentlich zugänglich. Besucher können auf dem Ge-

Westlich der Altstadt

lände spazieren gehen, allerdings nur auf den Wegen.

Ho-Chi-Minh-Museum MUSEUM

(Bao Tang Ho Chi Minh; Karte S. 876; ☎ 04-3845 5435; www.baotanghochiminh.vn; Eintritt 25 000 D; ⏲ tgl. 8–11.30 & Di–Do, Sa & So 14–16 Uhr) Das gewaltige Ho-Chi-Minh-Museum im Stil der früheren Sowjetunion ist ein triumphalistisches Monument zu Ehren des Gründers des modernen Vietnam und des Fortschritts des revolutionären Sozialismus. Es zeigt Exponate aus dem Leben Hos sowie einige Fotos und verstaubte offizielle Dokumente aus der Zeit des Rückzugs der Franzosen und dem Aufstieg des Kommunismus. Das Fotografieren ist verboten und manchmal werden am Eingang Taschen kontrolliert.

Einsäulenpagode BUDDHISTISCHER TEMPEL

(Chua Mot Cot; Karte S. 876; P Ong Ich Kiem; Eintritt 25 000 D; ⏲ tgl. 8–11.30 & Di–Do, Sa & So 14–16 Uhr) Ursprünglich wurde diese Einsäulenpagode von Kaiser Ly Thai Tong erbaut, der von 1028 bis 1054 herrschte. Den Annalen zufolge träumte der Kaiser, der keine Erben hatte, dass er Quan The Am Bo Tat, der Göttin des Mitgefühls, begegnete, die ihm einen kleinen Jungen übergab. Daraufhin heiratete Ly Thai Tong ein junges Bauernmädchen, das ihm einen Sohn und Erben gebar. Als Ausdruck seiner Dankbarkeit für dieses Ereignis ließ er 1049 hier die Pagode errichten.

Kaiserliche Zitadelle von Thang Long HISTORISCHE STÄTTE

(Hoang Thanh Thang Long; Karte S. 876; www.hoangthanhthanglong.vn; 19c P Hoang Dieu; Eintritt 30 000 D; ⏲ tgl. 8–11.30 & Di–Do, Sa & So 14–16 Uhr) Über 1000 Jahre lang war die kaiserliche Zitadelle in Hanoi, die 2010 zur UNESCO-Welterbestätte erklärt und 2012 wiedereröffnet wurde, das militärische Machtzentrum Vietnams. Neben den andauernden Ausgrabungen des alten Palasts, der prächtigen Pavillons und der kaiserlichen Tore sind auch faszinierende militärische Kommandobunker aus dem Vietnamkrieg mit Karten und Kommunikationsgeräten aus den 1960ern zu sehen, die von dem legendären vietnamesischen General Vo Nguyen Giap genutzt wurden.

Großraum Hanoi

★ Ethnologisches Museum Vietnam MUSEUM

(☎ 04-3756 2193; www.vme.org.vn; Đ Nguyen Van Huyen; Erw./erm. 40 000/15 000 D, Führer 100 000 D; ⏲ Di–So 8.30–17.30 Uhr) Die großartige Sammlung ist den ethnischen Minderheiten Vietnams gewidmet und zeigt hübsch präsentierte Stammeskunst, diverse Artefakte und Dinge des täglichen Lebens aus dem ganzen Land sowie Beispiele traditioneller Dorfhäuser mit Beschriftung auf Vietnamesisch, Französisch und Englisch. Wer sich für Anthropologie interessiert, für den lohnt sich die Taxifahrt (ca. 200 000 D pro Strecke) in den Distrikt Cau Giay, der rund 7 km vom Stadtzentrum entfernt liegt.

Ho Tay SEE

(Westsee; Karte S. 871) Hanois größter See – Hay To oder Westsee genannt – hat einen Umfang von 15 km und ist von gehobenen Wohnvororten umgeben, darunter der größtenteils von Ausländern bewohnte Distrikt Tay Ho. An der Đ Thuy Khue auf der Südseite des Sees befinden sich mehrere Meeresfrüchterestaurants. Richtung Osten, an der Đ Xuan Dieu, gibt's haufenweise Lokale, Cafés, Boutiquen und Luxushotels. Um den See verläuft ein Weg, der sich prima für eine Radtour eignet.

Kurse & Geführte Touren

★Hanoi Free Tour Guides STADTSPAZIERGANG
(☎0974 596 895; hanoifreetourguides.com) Die besten Einblicke ins wahre Hanoi bietet diese gemeinnützige Organisation, die von einem Team aus über 400 freiwilligen Mitarbeitern und Guides geleitet wird. Die meisten sind (ehemalige) Studenten und sprechen verschiedene Sprachen. Zur Auswahl stehen mehrere Touren, zudem kann man sich zusammen mit einem Führer eine eigene Exkursion zusammenstellen. Online buchen.

Vietnam Awesome Travel STADTSPAZIERGANG
(Karte S. 872 f.; ☎04-3990 1733; www.vietnamawesometravel.com; 19b P Hang Be; Touren ab 15 US$) Hier gibt's eine große Auswahl an preisgünstigen Stadtspaziergängen, darunter die beliebte Tour „Food on Foot" (25 US$) in der Altstadt mit dem Schwerpunkt Straßenessen. Darüber hinaus werden viele verschiedene Tagesausflüge und längere Exkursionen angeboten. Details liefert die Website.

Hidden Hanoi KOCH- & SPRACHKURSE
(Karte S. 871; ☎0912-254 045; www.hiddenhanoi.com.vn; 147 P Nghi Tam, Tay Ho; mit/ohne Marktbesuch 55/45 US$ pro Kurs; ⏲Mo–Sa 11–14 Uhr) Kochkurse in der Nähe des Ostufers des Ho Tay (Westsee), u. a. mit Meeresfrüchtemenüs und dörflicher Küche. Zum Angebot gehören außerdem Stadtspaziergänge (20–25 US$ pro Pers.) durch die Altstadt und zu den Essensständen auf Hanois Straßen.

Hidden Hanoi bietet außerdem ein Sprachprogramm (ab 200 US$ pro Pers.) mit zwei Ausflügen.

Schlafen

Die meisten guten Budgetunterkünfte befinden sich in der Altstadt oder in der benachbarten Gegend um den Hoan-Kiem-See.

Altstadt

May De Ville Backpackers HOSTEL $
(Karte S. 872 f.; ☎04-3935 2468; www.maydevillebackpackershostel.com; 1 Hai Tuong, P Ta Hien; B/DZ ab 6/25 US$; ❄@📶) Ein kurzes Stück von den Bars von Ta Hien liegt das May De Ville, eines der besten Hostels in Hanoi. Die Schlafsäle sind blitzsauber, und es gibt einen Filmraum. Auch die Doppelzimmer sind ihr Geld wert.

Hanoi Hostel HOSTEL $
(Karte S. 872 f.; ☎0972 844 804; www.vietnam-hostel.com; 91c P Hang Ma; B/DZ/3BZ 6/16/21 US$;

ACHTUNG: ABZOCKE!

Hanoi ist im Allgemeinen eine sehr sichere Stadt und Kriminalität gegenüber Touristen äußerst selten. Trotzdem gibt's hier einige Abzockermaschen. Probleme mit Betrügern sollte man unbedingt der **Vietnamesischen Nationalen Tourismusverwaltung** (Karte S. 876; ☎04-3942 3760; www.vietnamtourism.gov.vn; 80 Quan Su) melden, die auf die Gauner Druck ausüben kann.

Falsche Hotels Die Taxi- und Minibus-Mafia am Flughafen bringt ahnungslose Touristen ins falsche Hotel. Ausnahmslos hat dieses derweil den Namen eines anderen beliebten Hotels angenommen und wird versuchen, seinen Gästen so viel Geld wie möglich aus der Tasche zu ziehen. Vor dem Einchecken unbedingt einen Blick in eines der Zimmer werfen. Wenn einem etwas verdächtig vorkommt, lieber woanders hingehen.

Hoteltouren Es ist schon vorgekommen, dass Personal in Budgetunterkünften ausfallend geworden ist und körperliche Gewalt angedroht hat, wenn Gäste keine Touren mit der hoteleigenen Reiseagentur buchen wollten. Nicht unter Druck setzen lassen und zur Not die Unterkunft wechseln!

Bei Dunkelheit In der Regel kann man in der Altstadt bei Dunkelheit unbehelligt nach Hause gehen, man sollte aber trotzdem vorsichtig sein. Für lange Heimwege ist ein Taxi zu empfehlen.

Hilfsbereite Fremde Am Hoan-Kiem-See sollte man sich vor einer bestimmten Masche in Acht nehmen: Man wird von einem netten Einheimischen angesprochen, der vorschlägt, zusammen um die Häuser zu ziehen. Am Ende findet man sich in einer Karaokebar oder einem Restaurant wieder, wo einem eine Rechnung von 100 US$ und aufwärts präsentiert wird. Vor allem schwule Männer werden diesbezüglich zur Zielscheibe. Man sollte Vorsicht walten lassen und seinem Bauchgefühl vertrauen.

) Abseits von Hanois Hostel-Viertel in hübscher Lage befindet sich dieses kleine, ruhige Hostel. Es ist professionell geführt und sauber, zudem hat es Touren im Angebot und jede Menge Infos zur Weiterreise nach China und Laos.

Hanoi Rendezvous Hotel HOTEL $
(Karte S. 872 f.; 04-3828 5777; www.hanoirendezvoushotel.com; 31 P Hang Dieu; B/EZ/DZ/3BZ 8/25/30/40 US$;) Das Hotel liegt sehr nah bei einigen köstlichen Essensständen und bietet geräumige Zimmer, freundliches Personal sowie gute Touren zur Ha-Long-Bucht, zur Cat-Ba-Insel und nach Sa Pa auf.

Camel City Hotel PENSION $
(Karte S. 872 f.; 04-3935 2024; www.camelcityhotel.com; 8/50 Dao Duy Tu; DZ/2BZ 17/30 US$;) Eine familiengeführte Unterkunft in einer ruhigen Gasse, nur einen kleinen Spaziergang von den abendlichen Attraktionen der P Ta Hien entfernt. Die Zimmer sind mit asiatischen Elementen gestaltet und der Service ist freundlich.

★ **La Beaute de Hanoi** HOTEL $$
(Karte S. 872 f.; 04-3935 1626; la-beautehanoihotel.com; 15 Ngo Trung Yen; DZ ab 40 US$;) Frische Weiß- und Cremetöne mit roten Akzenten, Kabelfernseher und schnelles WLAN erwartet die Gäste dieses 2014 eröffneten Hotels mit 18 Zimmern in exzellenter Lage an einer ruhigen Straße in direkter Nähe zum Trubel der P Ma May. Die größeren Suiten und Familienzimmer verfügen über kleine Privatbalkone.

★ **Art Trendy Hotel** HOTEL $$
(Karte S. 872 f.; 04-3923 4294; www.arttrendyhotel.com; 6 Hang But; DZ/2BZ 30/70 US$;) Ruhige Lage am Westrand der Altstadt. Die stilvollen, recht geräumigen Zimmer sind mit Laptops ausgestattet, und das außergewöhnlich freundliche Personal liest Gästen jeden Wunsch von den Augen ab. Das Frühstück umfasst warmes Baguette, Omeletts und frisches Obst.

Rund um den Hoan-Kiem-See

Especen Hotel HOTEL $
(Karte S. 874 f.; 04-3824 4401; www.especen.vn; 28 P Tho Xuong; DZ 12–22 US$;) In der Nähe der St.-Joseph-Kathedrale wartet dieses Budgethotel mit geräumigen hellen Zimmern, exzellenten Preisen und einer (für die Altstadt) recht ruhigen Lage auf. Die zwei Anbauten sind zu Fuß erreichbar.

VERWÖHNPROGRAMM

Das stilvolle Bistro **La Badiane** (Karte S. 876; 04-3942 4509; www.labadiane-hanoi.com; 10 Nam Ngu; Gerichte ab 265 000 D; 12–23 Uhr) ist in einer restaurierten weiß getünchten französischen Villa untergebracht. Auf der französisch geprägten Speisekarte finden sich asiatische und mediterrane Einflüsse. Zu den Highlights gehören Wolfsbarsch-Tagliatelle mit geräucherter Paprika und Garnelencremesuppe mit Wasabi-Tomaten-Bruschetta. Das Drei-Gänge-Mittagsmenü ab 325 000 D ist sein Geld mehr als wert.

B&B Hanoi Hostel HOSTEL $
(Karte S. 874 f.; 04-3935 2266; www.bbhanoihostel.com; 16 Hang Trung; DZ ab 20 US$;) Nach einem kurzen Fußmarsch in Richtung Nordostufer des Hoan-Kiem-Sees erreicht man dieses saubere Hostel mit freundlichen, engagierten Mitarbeitern. Frische Blumen, Obst und vietnamesischer Kaffee sorgen für eine gemütliche Atmosphäre.

Central Backpackers Hanoi HOSTEL $
(Karte S. 874 f.; 04-3938 1849; www.centralbackpackershostel.com; 16 P Ly Quoc Su; B 5 US$;) Das gut geführte Hostel in direkter Nähe zu guten Cafés und Straßenimbissen ist nichts für zurückgezogene Gäste, denn hier herrscht eine jederzeit unterhaltsam-gesellige Atmosphäre und ab 19 Uhr ist Bier-Happy-Hour. An drei weiteren Standorten unterhalten die Betreiber Unterkünfte mit ähnlichen Namen.

Essen

Hanoi offeriert Speisen aus der ganzen Welt, doch weil die Küche der Hauptstadt so lecker, aromatisch gewürzt und preiswert ist, braucht man so viel Auswahl eigentlich gar nicht. Unbedingt auch die Straßenküche probieren!

Altstadt

New Day VIETNAMESISCH $
(Karte S. 872 f.; 04-3828 0315; newdayrestaurant.com; 72 P Ma May; Gerichte 50 000–100 000 D; 8 Uhr–open end) Einheimische, ortsansässige Ausländer und Besucher werden gleichermaßen von der großen Speiseauswahl des sauberen, ordentlichen New Day angezogen.

Das eifrige Personal findet immer noch einen Platz für neue Gäste, sodass man seinen Tisch wahrscheinlich mit gleich gesinnten Freunden der vietnamesischen Küche teilt.

Mon Hue VIETNAMESISCH **$**
(Karte S. 874 f.; ☎ 0986 981 369; 37 P Ly Quoc Su; Gerichte 40 000–80 000 D; ⏲ 10–22 Uhr; 📶) Natürlich gehört dieses einfache, etwas schmuddelige kleine Restaurant nicht zu der berühmten Kette mit Sitz in Ho-Chi-Minh-Stadt, deren Namen es einfach übernommen hat. Aber das Personal ist freundlich und es gibt leckeres Essen nach Hue-Art (eine Familie aus Hanoi hat sie dem hiesigen Geschmack angepasst), das man sich auf einer bebilderten Speisekarte aussuchen kann. Das ganze Erlebnis erinnert etwas an einen Straßenimbiss.

Namaste INDISCH **$$**
(Karte S. 876; ☎ 04-3935 2400; www.namastehanoi.com; 46 P Tho Nuom; Gerichte 85 000–225 000 D; ⏲ Mo–So 11–14.30 & 18–22 Uhr; 📶 ✍) Eine riesige Auswahl an leckeren indischen Speisen sowie einige vegetarische Optionen werden in diesem weitläufigen Restaurant serviert. Die Thalis (Menüs; 105 000–225 000 D) sind sättigend und preisgünstig, und während des Essens kann man das kostenlose WLAN nutzen.

Highway 4 VIETNAMESISCH **$$**
(Karte S. 872 f.; ☎ 04-3926 0639; www.highway4.com; 3 P Hang Tre; Gerichte 120 000–275 000 D; ⏲ 12 Uhr–open end) Dies ist die Originalfiliale eines Familienbetriebs, der mit seiner an den westlichen Gaumen angepassten vietnamesischen Küche bekannt geworden ist. Mit steigender Beliebtheit wird es allerdings zunehmend schwieriger, jedem gerecht zu werden. Mittlerweile gibt's vier weitere Zweigstellen in Hanoi; die Adressen sind auf der Website nachzulesen. Gäste erwarten kleine Gerichte zum Teilen, kaltes Bier und witziges Dekor.

Cha Ca Thang Long VIETNAMESISCH **$$**
(Karte S. 872 f.; ☎ 04-3824 5115; www.chacathanglong.com; 19–31 P Duong Thanh; Chaca-Fisch 180 000 D; ⏲ 10–15 & 17–22 Uhr) Hier können sich Hobbyköche beweisen und ihren saftigen Fisch mit ein wenig Garnelenpaste und vielen Kräutern selbst grillen. *Cha ca* ist eine Spezialität aus Hanoi. In der Nähe gibt's ein bekannteres *cha-ca*-Lokal, in dem die ganzen Reisegruppen einkehren, das Essen ist hier jedoch besser.

STRASSENESSEN IN HANOI

Wer in Hanoi gut essen will, sollte es den Einheimischen gleichtun. Die meisten Straßenstände haben sich auf ein bestimmtes Gericht spezialisiert und sind nach Gusto der Betreiber geöffnet.

Bun Rieu Cua (Karte S. 874 f.; 40 P Hang Tre; ⏲ 7–10.30 Uhr) Den ungemein beliebten Stand, der ausschließlich *bun rieu cua* (Nudelsuppe mit Rindfleisch in würziger Krabbenbrühe) serviert, sollte man früh aufsuchen, denn das Gericht gibt's immer nur wenige Stunden. Ein echter Klassiker.

Bun Cha Nem Cua Be Dac Kim (Karte S. 872 f.; 67 P Duong Thanh; ⏲ 11–19 Uhr) Wer Hanoi besucht und kein *bun cha* (gegrilltes Schweinefleisch mit dünnen Reisnudeln) mit *nem cua be* (Frühlingsrollen mit Meereskrabben) probiert, ist selber schuld. Dieser Stand ist eine exzellente Adresse, um den Klassiker der Straßenküche zu kosten.

Pho Thin (Karte S. 871; 13 P Lo Duc; ⏲ 6–15 Uhr) Im hinteren Teil dieses schmalen rustikalen Imbisses kann man sich einen Platz schnappen und exzellentes *pho bo* (Nudelsuppe mit Rind) genießen. Ein typisches Hanoi-Erlebnis, das sich seit Jahrzehnten nicht verändert hat.

Banh Ghoi (Karte S. 874 f.; 52 P Ly Quoc Su; ⏲ 10–19 Uhr) An diesem einfachen Stand unter einem Banyanbaum nahe der St.-Joseph-Kathedrale bekommt man *banh ghoi* – leckeres frittiertes Gebäck mit Schweinefleisch, Fadennudeln und Pilzen.

Xoi Yen (Karte S. 872 f.; Ecke P Nguyen Huu Huan & P Hang Mam; ⏲ 7–23 Uhr) Ob als reguläres oder als Katerfrühstück: Der Klebreis beim Xoi Yen, wahlweise mit süßer asiatischer Wurst, gebratenem Ei oder langsam gegartem Schweinefleisch zubereitet, bewirkt Wunder.

Rund um den Hoan-Kiem-See

★ Minh Thuy's VIETNAMESISCH $
(Karte S. 874 f.; ☎ 04-3200 7893; 2a Duong Thanh; Gerichte 45 000–155 000 D; ⊙11–22 Uhr;) Minh Thuy, Teilnehmer der Fernsehshow Masterchef Vietnam, führt sein Restaurant versteckt im Backpackerviertel. Auf den Tisch kommen günstige, einfache und leckere vietnamesische Gerichte mit ein paar sehr originellen europäischen Einflüssen sowie zahlreiche vegetarische Kreationen. Unbedingt einen Besuch wert.

Hanoi Social Club CAFÉ $$
(Karte S. 874 f.; ☎ 04-3938 2117; www.facebook.com/TheHanoiSocialClub; 6 Hoi Vu; Gerichte 95 000–175 000 D; ⊙8–23 Uhr) Das kosmopolitischste Café der Stadt erstreckt sich über drei mit Retromöbeln eingerichtete Etagen. Zum Angebot gehören Kartoffelpuffer mit Chorizo zum Frühstück sowie Pasta, Burger und Wraps zum Mittag- oder Abendessen, außerdem gibt's vegetarische Optionen wie leckeres Mangocurry. An der ruhigen Straße kann man auch wunderbar einen Kaffee, ein Bier oder einen Wein genießen.

Westlich der Altstadt

Ray Quan VIETNAMESISCH $
(Karte S. 876; ☎ 0913 578 588; 8a Nguyen Khuyen; Gerichte ab 30 000–120 000 D) Bei der Ausländergemeinde ist das unkonventionelle Lokal direkt an den Bahngleisen beliebt, es wird aber nicht jedem gefallen. Seine Fans lieben die umfangreiche Auswahl an leckeren vietnamesischen Gerichten, frisch zubereitet von der exzentrischen Besitzerin und Küchenchefin, die auch ihren eigenen Reiswein (stark und lecker!) braut.

Net Hue VIETNAMESISCH $
(Karte S. 876; ☎ 04-3938 1795; nethue.com.vn; Ecke P Hang Bong & P Cam Chi; Snacks & Gerichte ab 35 000 D; ⊙11–21 Uhr) Wenn man seine schöne Lage berücksichtigt, sind die Preise im Net Hue, das Teil einer kleinen Kette ist, sehr gut. In der obersten Etage mit dem nettesten Ambiente kann man sich Gerichte nach Art von Hue schmecken lassen, beispielsweise *banh nam* (gedämpfte Reispfannkuchen mit gehackten Garnelen).

Quan An Ngon VIETNAMESISCH $
(Karte S. 876; ☎ 04-3942 8162; www.ngonhanoi.com.vn; 18 Phan Boi Chau; Gerichte 70 000–150 000 D; ⊙7–23 Uhr) Eine Reihe von kleinen Imbissen mit demselben Namen bereitet Straßenküche-Spezialitäten aus ganz Vietnam zu. Am besten kommt man außerhalb der Stoßzeiten von Mittag- und Abendessen in diese Filiale oder besucht den neuesten Ableger in einer schönen Villa gleich nördlich der Altstadt (Karte S. 876; ☎ 04-3734 9777; www.ngonhanoi.com.vn; 34 P Phan Đinh Phung; Gerichte 70 000–150 000 D; ⊙11–23 Uhr).

★ Nha Hang Koto Van Mieu CAFÉ $$
(Karte S. 876; ☎ 04-3747 0338; www.koto.com.au; 59 P Van Mieu; Gerichte 120 000–160 000 D; ⊙7.30–22 Uhr, Mo Abend geschl.;) Das umwerfende vierstöckige modernistische Café-Bar-Restaurant mit Blick auf den Literaturtempel legt großen Wert auf die Innenausstattung – davon zeugen stilvolle Sitzbereiche und frische Blumen an der Kasse. An einer Tafel sind die Tagesgerichte angeschrieben und auf der kleinen Speisekarte finden sich exzellente vietnamesische Gerichte, leckere Pita-Wraps und Fish & Chips im Bierteig.

Andere Viertel

★ Moto-san Uber Noodle NUDELN $
(Karte S. 874 f.; ☎ 04-6680 9124; 4 Ly Dao Thanh; Gerichte 45 000–70 000 D) Der wunderbare Nudelstand mit acht Stühlen ist das Werk des aus Hanoi stammenden Künstlers, Journalisten und Designers Nguyen Qui Duc (bekannt vom Tadioto). Die Speiseauswahl ist einfach: Miso-, Shōyu- (Soja-) oder (salziges) *shio*-Ramen sowie Sandwiches mit würzigem *banh my thit ko* (gekochtem Schweine-

HANOI IM NETZ

Einige gute Websites über Hanoi:

TNH Vietnam (tnhvietnam.xemzi.com) Erstklassige Seite mit praktischen Restaurantbewertungen.

Hanoi Grapevine (www.hanoigrapevine.com) Aktuelle Veranstaltungen in Hanoi.

Sticky Rice (www.stickyrice.typepad.com) Brillante Seite über das kulinarische Hanoi.

The Word (www.wordhanoi.com) Gute Artikel.

And Of Other Things (www.andofotherthings.com) Alles zum Thema Kunst.

fleisch) mit brennend scharfer Soß (optional) nach zentralvietnamesischer Art. Natürlich gibt's auch Sake und Bier.

Ausgehen & Nachtleben

In Hanoi findet man zahlreiche Kneipen, schicke Lounges und *bia-hoi*-Buden. Ha Tien in der Altstadt eignet sich mit seinen vielen Bars gut als Start- oder Endpunkt für eine Kneipentour. Auch an Cafés jeder Art herrscht kein Mangel. Guten Kaffee gibt's u. a. auf der Pho Trieu Viet Vuong, etwa 1 km südlich des Hoan-Kiem-Sees.

Tadioto BAR

(Karte S. 874 f.; ☎ 04-6680 9124; www.tadioto.com; 24b P Tong Dan; ⏲ 7–24 Uhr) Nguyen Qui Ducs inoffizielles Clubhaus der alternativen Kunstszene findet in dieser dunklen, schrägen Bar im Kolonialstil im französischen Viertel seine neueste Ausprägung. Den Stil prägen die obligatorischen roten Akzente (Sitzüberzüge, schmiedeeiserne Verzierungen an den Türen), nachgemachte Art-déco-Möbel und recycelte Eisenarbeiten. Highlight der coolen Cocktailkarte ist der süße Mojito.

Moose & Roo KNEIPE

(Karte S. 872 f.; ☎ 04-3200 1289; www.mooseandroo.com; 42b P Ma May; ⏲ 11–24 Uhr) In fröhlich-freundlicher Atmosphäre serviert diese gemütliche Kneipe mit Grilllokal im kanadisch-australischen Stil exzellente Wohlfühlküche nach Hausmannsart (Burger, Pulled Pork, Hähnchenflügel, Fish & Chips). Ideal für alle, die Lust auf westliche Küche haben oder andere Reisende treffen möchten.

Nola BAR

(Karte S. 872 f.; 89 P Ma May; ⏲ 9–24 Uhr) Eine gute Adresse für einen Kaffee und ein Bananenbrot ist dieses an ein Labyrinth erinnernde Café, das sich abseits des touristischen Trubels der Ma May versteckt und mit zusammengewürfelten Retromöbeln eingerichtet ist. Nach Einbruch der Dunkelheit verwandelt es sich in eine der besten kleinen Bars der Stadt.

Bar Betta BAR

(Karte S. 876; ☎ 0165 897 9073; www.facebook.com/barbetta34; 34 Cao Ba Quat; ⏲ 9–24 Uhr) Retrodekoration und 1920er-Jahre-Atmosphäre treffen in dieser luftigen französischen Kolonialvilla auf gute Cocktails, Kaffee und coole Musik. Von 15 bis 19 Uhr gibt's zwei Bier zum Preis von einem und die ab 20 Uhr geöffnete Dachterrasse ist die perfekte Kulisse für einen schwülen Abend in Hanoi.

Manzi Art Space BAR

(Karte S. 876; ☎ 04-3716 3397; www.facebook.com/manzihanoi; 14 Phan Huy Ich; ⏲ Café 9–24 Uhr, Laden 10–18 Uhr) Für diese coole Kunstgalerie und schicke Café-Bar in einem lohnt sich ein Abstecher in die Gegend nördlich der Altstadt. In einer restaurierten französischen Villa werden verschiedene Gemälde-, Skulpturen- und Fotoausstellungen gezeigt, während der kleine Garten zu einem Kaffee oder einem Glas Wein einlädt. Ein kleiner Laden verkauft Werke zeitgenössischer vietnamesischer Künstler.

Quan Ly BAR

(Karte S. 871; 82 P Le Van Hu; ⏲ 10–21 Uhr) Der Besitzer Pham Xuan Ly lebt seit 1950 in diesem Block und betreibt heute eine der traditionellsten *ruou*-Bars von Hanoi (*ruou* ist ein vietnamesischer Reiswein). Am besten beginnt man mit dem Ginseng-*ruou* und arbeitet sich dann durch alle Sorten. Eine englischsprachige Speisekarte hilft bei der Auswahl. Es gibt auch billiges Bier und gutes vietnamesisches Essen.

Le Pub KNEIPE

(Karte S. 872 f.; ☎ 04-3926 2104; 25 P Hang Be; ⏲ 7 Uhr–open end) Im Le Pub trifft sich ein guter Mix aus Besuchern und ortsansässigen Ausländern, mit denen man schnell ins Gespräch kommt. Das höhlenartige Innere (mit großen Bildschirmen für Sportfans) ist gemütlich, außerdem gibt's eine Terrasse zur Straßenseite und einen Hof nach hinten. Snacks sind ebenfalls im Angebot und der Service ist sehr routiniert. Bei vielen Liedern kann man mitsingen.

Café Duy Tri CAFÉ

(Karte S. 871; ☎ 04-3829 1386; 43a P Yen Phu) Bereits seit 1936 existiert dieses koffeingetränkte Labyrinth und ist inzwischen eine Hanoier Institution. Beim Erklimmen der winzigen Leitern und Stufen, die zum Balkon im 3. Stock führen, fühlt man sich wie Gulliver, aber der köstliche *caphe sua chua* (Eiskaffee mit Joghurt) hat das Potenzial zum neuen Lieblingsgetränk des Sommers. Die Pho Yen Phu liegt ein paar Blocks östlich des Truc-Bach-Sees, nördlich der Altstadt.

Café Pho Co CAFÉ

(Karte S. 872 f.; 4. OG, 11 P Hang Gai) Mit seinem traumhaften Blick auf den Hoan-Kiem-See zählt dieses Café zu Hanois am besten gehüteten Geheimnissen. Hinein gelangt man durch den Seidenladen und über den von Antiquitäten geschmückten Hof, der zu dem

Obergeschoss mit Traumblick führt. Gäste müssen Kaffee und Snacks bestellen, bevor sie die letzte gewundene Treppe erklimmen. Wer Lust auf etwas Neues hat, sollte den *caphe trung da* (Kaffee mit einer Krone aus schaumig geschlagenem Eiweiß) probieren.

Cong Caphe CAFÉ
(Karte S. 871; congcaphe.com; 152 P Trieu Viet Vuong) Im Cong Caphe kann man sich bei bunt gemischter Musik zwischen kitschigen Andenken an den Kommunismus einen *caphe sua da* (Eiskaffee mit Kondensmilch) genehmigen. In der Stadt gibt's mehrere Filialen; alle Adressen sind auf der Website aufgelistet.

Unterhaltung

Cinematheque KINO
(Karte S. 874 f.; ☎ 04-3936 2648; 22a P Hai Ba Trung) Eigentlich ist diese Arthouse-Institution „Mitgliedern" vorbehalten, doch mit einer Tagesmitgliedschaft für 50 000 D kann man sich zwei aufeinanderfolgende Filme ansehen. Eine tolle kleine Café-Bar gehört dazu.

Hanoi Rock City LIVEMUSIK
(www.hanoirockcity.com; 27/52 To Ngoc Van, Tay Ho) Das Hanoi Rock City versteckt sich in einer kleinen Wohnstraße etwa 7 km nördlich vom Zentrum in der Nähe des Tay Ho, doch die Fahrt lohnt sich wegen der vielseitigen Mischung aus Reggae, Hanoi-Punk und Elektronika-Nächten. Es treten auch ein paar internationale Künstler auf. Unter www.newhanoian.xemzi.com ist das Programm nachzulesen.

Shoppen

In der Altstadt locken allerlei Versuchungen: gefälschte Markensonnenbrillen, Shirts, Musikinstrumente, Pflanzenheilmittel, Schmuck, Gewürze, nachgemachte Artikel der englischen Fußball-Premier-League, Propagandakunst und vieles mehr.

Auf der P Hang Bac und der Pho To Tich kann man sich mit traditionellen Kleidungsstücken und Kunsthandwerk ethnischer Minderheiten eindecken. Nördlich und nordwestlich des Hoan-Kiem-Sees um die Straßen Pho Hang Gai, Pho To Tich, Pho Hang Khai und Pho Cau Go drängen sich Geschäfte, die Kunsthandwerksstücke, Kunstgegenstände und Antiquitäten feilbieten.

Dong-Xuan-Markt MARKT
(Karte S. 872 f.; Dong Xuan; ⌚ 6–19 Uhr) Der große untouristische Markt befindet sich in der Altstadt, 900 m nördlich vom Hoan-Kiem-See. Hunderte Ställe bieten einen faszinierenden Einblick in das unverfälschte Straßenleben Hanois, zudem locken in den umliegenden Straßen viele lebendige Läden.

Hanoi Moment KUNSTHANDWERK
(Karte S. 872 f.; ☎ 04-3926 3630; www.hanoimoment.vn; 101 P Hang Gai; ⌚ 8–21 Uhr) Eine tolle Adresse für hochwertigere vietnamesische Souvenirs wie Lackwaren und Schmuck inmitten der Flut von T-Shirt-Läden in der Nähe. Zum Sortiment gehören außerdem hübsche Bambus-, Stein- und Porzellanarbeiten.

Things of Substance KLEIDUNG
(Karte S. 874 f.; ☎ 04-3828 6965; 5 P Nha Tho; ⌚ 9–18 Uhr) Maßgeschneiderte Mode und einige Stücke von der Stange zu moderaten Preisen. Das Personal ist professionell und spricht recht gut Englisch.

Praktische Informationen

GELD

Geldautomaten gibt's in Hanoi genug, und die internationalen Banken rund um den Hoan-Kiem-See bieten Geldwechsel und Bargeldvorschüsse auf Kreditkarten.

INTERNETZUGANG

In praktisch allen Budget- und Mittelklassehotels kann man an PCs in der Lobby und/oder über WLAN kostenlos ins Internet. Auf der P Hang Bac in der Altstadt befinden sich einige Internetcafés mit Gebühren ab 5000 D pro Stunde.

MEDIZINISCHE VERSORGUNG

Hanoi Family Medical Practice (Karte S. 871; ☎ 04-3843 0748; www.vietnammedicalpractice.com; Van Phuc Diplomatic Compound, 298 P Kim Ma; ⌚ 24 Std.) Ein paar hundert Meter westlich des Ho-Chi-Minh-Mausoleum-Komplexes arbeitet ein Team angesehener internationaler Ärzte und Zahnärzte und bietet einen Notfalldienst rund um die Uhr. Die Preise sind hoch, also darauf achten, dass die Reisekrankenversicherung die Behandlung abdeckt.

REISEBÜROS

In Hanoi gibt's Hunderte günstige Reiseagenturen. Tourbuchungen oder Ticketkäufe sollte man möglichst nicht über die Pension oder das Hotel tätigen.

Ethnic Travel (Karte S. 872 f.; ☎ 04-3926 1951; www.ethnictravel.com.vn; 35 P Hang Giay; ⌚ Mo–Sa 9–18, So 10–17 Uhr) Ausflüge durch Nordvietnam in kleinen Gruppen und abseits ausgetretener Touristenpfade. Es werden „sanfte" Trips mit öffentlichen Transportmitteln und Privatunterkünften sowie Erlebnisausflüge (wie Wandern, Radfahren und Kochkurse) und Touren in die Bai-Tu-Long-Bucht angeboten. Es gibt ein weiteres Büro in Sa Pa.

Handspan Adventure Travel (Karte S. 872 f.; ☎04-3926 2828; www.handspan.com; 78 P Ma May; ⏲9–20 Uhr) Seekajakfahren in der Ha-Long-Bucht und rund um die Cat-Ba-Insel sowie Jeeptouren, Mountainbiken und Trekking. Das Angebot umfasst auch abgelegene Gegenden wie Moc Chau und den Ba-Be-Nationalpark, gemeindebasierte Tourismusprojekte in Nordvietnam und die *Treasure Junk*, das einzige echte Segelschiff, das in der Ha-Long-Bucht unterwegs ist. Handspan hat weitere Büros in Sa Pa und Ho-Chi-Minh-Stadt.

Vega Travel (Karte S. 872 f.; ☎04-3926 2092; www.vegatravel.vn; Ecke P Ma May & 24a P Hang Bac; ⏲8–20 Uhr) Mit diesem Familienbetrieb kann man gut geführte Touren durch den Norden und ganz Vietnam mit exzellenten Guides und Fahrern unternehmen. Außerdem leistet der Veranstalter finanzielle Unterstützung an Kindergärten für Minderheiten und Schulen in Sa Pa und Bac Ha. Die Ausflüge in die Ha-Long-Bucht in einem Privatboot sind ihr Geld mehr als wert, außerdem kann man sich auch individuelle Touren zusammenstellen lassen.

TOURISTENINFORMATION

In den Cafés und Bars der Altstadt liegt das exzellente Lokalmagazin *The Word* aus.

Touristeninformationszentrum (Karte S. 872 f.; ☎04-3926 3366; P Dinh Tien Hoang; ⏲9–19 Uhr) Hier sind Stadtpläne und Broschüren erhältlich, es sollen aber hauptsächlich Sightseeingtouren verkauft werden.

ℹ An- & Weiterreise

AUTO & MOTORRAD

Mietwagen organisiert man am besten über ein Reisebüro oder einen Reiseveranstalter. Die Straßen im Norden sind zwar in Ordnung, schneller als 35 bis 40 km/h ist man aber meist nicht unterwegs und ohne Vierradantrieb geht gar nichts! Preise pro Tag starten bei 110 US$ (inkl. Fahrer und Benzin).

BUS

Von vier großen Busbahnhöfen in Hanoi starten Langstreckenbusse in unterschiedliche Teile des Landes. Ihre Terminals verfügen über Ticketschalter, ausgehängte Pläne und feste Preise.

Gia-Lam-Busbahnhof (☎04-3827 1569; Đ Ngoc Lam) 3 km nordöstlich vom Zentrum; hier fahren Busse von Hanoi nach Osten und Nordosten.

Luong-Yen-Busbahnhof (Karte S. 871; ☎04-3942 0477; Ecke Tran Quang Khai & Nguyen Khoai) Liegt 3 km südöstlich der Altstadt und bedient Orte im Süden und Osten. Es gibt u. a. Nachtbusse nach Hue, Da Lat und Nha Trang sowie eine Verbindung nach Cat Ba.

My-Dinh-Busbahnhof (☎04-3768 5549; Đ Pham Hung) Liegt 7 km westlich der Stadt und steuert Ziele im Westen und Norden an; außerdem starten von hier Nachtbusse nach Dien Bien Phu.

Giap-Bat-Busbahnhof (☎04-3864 1467; Đ Giai Phong) Befindet sich 7 km südlich vom Hauptbahnhof, von hier bestehen Verbindungen nach Ninh Binh und in den Süden.

Viele Traveller ziehen die Bequemlichkeit der Open-Tour-Busse (Busse zwischen Hanoi und HCMC, mit denen man nach Belieben Zwischenstopps einlegen kann) vor. Diese fahren von Hanoi Richtung Süden und halten in allen wichtigen Orten, darunter Hue.

Minibusse für Touristen fahren auch zur Ha-Long-Bucht und nach Sa Pa. Im Preis inbegriffen ist ein Abholservice vom Hotel.

Es fahren auch Busse von Hanoi ins chinesische Nanning. Am privaten Busbahnhof von **Hong Ha Tourism** (Karte S. 874 f.; ☎04-3824 7339; 204 Đ Tran Quang Khai) startet zweimal täglich (7.30 & 9.30 Uhr) ein Bus nach Nanning (480 000 D, 9 Std.). Fahrkarten besser im Voraus kaufen. Es kann sein, dass ein chinesisches Visum verlangt wird.

FLUGZEUG

Hanoi bietet immer mehr internationale Verbindungen. **Vietnam Airlines** (Karte S. 874 f.; ☎1900 545 486; www.vietnamair.com.vn; 25 P Trang Thi; ⏲Mo–Fr 8–17 Uhr), **Jetstar Airways** (☎1900 1550; www.jetstar.com) und **VietJet Air** (☎1900 1886; www.vietjetair.com) fliegen die meisten Inlandsflughäfen Vietnams an.

ZUG

Der **Hauptbahnhof** (Ga Hang Co; Bahnhof A; ☎04-3825 3949; 120 Đ Le Duan; ⏲Ticketschalter 7.30–12.30 & 13.30–19.30 Uhr) liegt am westlichen Ende der P Tran Hung. Von hier aus werden Orte im Süden angesteuert.

Der Ticketschalter für Verbindungen nach Norden nach Lao Cai (und weiter nach Sa Pa) sowie China befindet sich rechts neben dem Haupteingang, allerdings fahren die Züge selbst von einem anderen Bahnhof ab (hinter dem Hauptbahnhof), dem **Tran-Quy-Cap-Bahnhof** (Bahnhof B; ☎04-3825 2628; P Tran Quy Cap; ⏲Ticketschalter 4–6 & 16–22 Uhr).

Einige Züge nach Norden (z. B. nach Lao Cai und Lang Son) und Osten (Hai Phong) fahren von Gia Lam östlich des Song Hong (Roter Fluss) oder von Long Bien westlich des Flusses ab. Daher Augen auf beim Ticketkauf!

Fahrpläne, Preise, Infos und Reservierungen gibt's bei Bau Lau (www.baolau.vn). Reiseagenturen buchen zudem Zugtickets gegen eine Kommission.

Am besten kauft man sein Ticket mindestens einen Tag vor der Abfahrt, um sich einen Sitz- bzw. Schlafwagenplatz zu sichern.

BUSSE AB HANOI

Gia-Lam Busbahnhof

ZIEL	FAHRPREIS (D)	FAHRTDAUER (STD.)	HÄUFIGKEIT
Ba Be	150 000	5	12 Uhr
Bai Chay (Ha-Long-Stadt)	120 000	3½	alle 30 Min.
Hai Phong	70 000	2	häufig
Lang Son	90 000	5	alle 45 Min.
Lao Cai	300 000	4–8	häufig
Mong Cai	230 000	9	ca. stündlich
Sa Pa	250 000	10	18.30, 19 Uhr (Schlafbus)

Luong-Yen-Busbahnhof

ZIEL	FAHRPREIS (D)	FAHRTDAUER (STD.)	HÄUFIGKEIT
Cat-Ba-Insel	240 000	5	5.20, 7.20, 11.20, 13.20 Uhr
Hai Phong	70 000	2	häufig
Lang Son	80 000	4	häufig

My-Dinh-Busbahnhof

ZIEL	FAHRPREIS (D)	FAHRTDAUER (STD.)	HÄUFIGKEIT
Cao Bang	120 000	10	alle 45 Min.
Dien Bien Phu	350 000	8	11, 18 Uhr
Hoa Binh	40 000	2	häufig
Son La	190 000	7	häufig

Giap-Bat-Busbahnhof

ZIEL	FAHRPREIS (D)	FAHRTDAUER (STD.)	HÄUFIGKEIT
Da Nang	365 000	12	Schlafbusse 12–18.30 Uhr häufig
Dong Ha	380 000	8	Schlafbusse 12–18.30 Uhr häufig
Dong Hoi	380 000	8	Schlafbusse 12–18.30 Uhr häufig
Hue	380 000	10	Schlafbusse 12–18.30 Uhr häufig
Nha Trang	700 000	32	10, 15, 18 Uhr
Ninh Binh	70 000	2	7–18 Uhr häufig

Unterwegs vor Ort

BUS

Viele Busse (Fahrkarten ab 3000 D) kurven durch Hanoi, aber viele Touristen sieht man darin nicht.

CYCLO

In der Altstadt sind noch einige *cyclos* (Rikschas) unterwegs, allerdings verlangen sie in der Regel mehr als Taxis. Eine Kurzstrecke kostet rund 50 000 D.

FAHRRAD

Zahlreichen Pensionen und Cafés der Altstadt vermieten Fahrräder für rund 2 US$ pro Tag.

VOM/ZUM FLUGHAFEN

Der Internationale Flughafen Noi Bai von Hanoi liegt 35 km nördlich der Stadt. Von freiberuflichen Taxifahrern, die um Kundschaft werben, sollte man Abstand nehmen – die Gefahr, betrogen zu werden, ist zu groß. Es gibt folgende Verkehrsmittel:

Flughafentaxi (✆ 04-3873 3333) Die Taxifahrt vom Flughafen zum jeweiligen Hotel kostet 20 US$.

Jetstar-Flughafenbus (Karte S. 874 f.; 206 Đ Tran Quang Khai) (40 000 D, stündlich)

Öffentliche Buslinie 17 (5000 D, 1½ Std.) Zum/ab dem Long-Bien-Busbahnhof.

ZÜGE AB HANOI

Züge Richtung Osten & Norden

ZIEL	BAHNHOF	PREIS HARD SEAT OD. SLEEPER	PREIS SOFT SEAT OD. SLEEPER	FAHRT-DAUER (STD.)	HÄUFIGKEIT
Peking (China)	Tran Quy Cap	240 US$	352 US$	18	Di & Fr 18.30 Uhr
Hai Phong	Gia Lam	60 000 D	70 000 D	2	6 Uhr
Hai Phong	Long Bien	60 000 D	70 000 D	2½–3	9.20, 15.30, 18.10 Uhr
Nanning (China)	Gia Lam	28 US$	42 US$	12	21.40 Uhr

Züge Richtung Süden

Die folgenden Züge fahren am Bahnhof von Hanoi ab.

ZIEL	PREIS HARD SEAT	PREIS SOFT SEAT	PREIS HARD SLEEPER	PREIS SOFT SLEEPER
Da Nang	ab 430 000 D	ab 630 000 D	ab 782 000 D	ab 954 000 D
HCMC	ab 790 000 D	ab 1 160 000 D	ab 1 340 000 D	ab 1,692 000 D
Hue	ab 374 000 D	ab 545 000 D	ab 675 000 D	ab 894 000 D
Nha Trang	ab 692 000 D	ab 998 000 D	ab 1 240 000 D	ab 1 647 000 D

Vietjet-Minibus (40 000 D, stündlich) Zur/ab der 67–69 Tran Nhan Tong.

Vietnam-Airlines-Minibus (Karte S. 874 f.; alle 45 Min., 40 000 D) Zum/ab dem Büro von Vietnam Airlines.

MOTORRAD

An Fahrtmöglichkeiten mit dem *xe om* (Motorradtaxi) herrscht kein Mangel. Der Preis für eine kurze Fahrt beträgt etwa 20 000 D, für eine 5-km-Fahrt ungefähr 70 000 D.

TAXI

Taxis findet man überall. Für eine 1 bis 2 km lange Strecke werden etwa 20 000 D fällig, für jeden weiteren Kilometer werden ca. 15 000 D verlangt. Da manche gerissenen Anbieter ihre Taxis mit frisierten Kilometerzählern ausstatten, wendet man sich am besten an renommierte Firmen:

Mai Linh (☎ 04-3822 2666)

Thanh Nga Taxi (☎ 04-3821 5215)

NORDVIETNAM

Was für ein Panorama! Nordvietnam ist das Land der weiten Himmel, der sich kräuselnden Berge, der stufenförmigen Reisterrassen und der Karstformationen. Die Küstenlandschaft der Ha-Long-Bucht mit Kalksteintürmen ist ein echter Besuchermagnet, doch die Karstfelsen erstrecken sich weiter ins Landesinnere zu den großen Seen von Ba Be, bis sie in die immergrünen Hügel des nordwestlichen Hochlands übergehen. Ebenso facettenreich wie die Natur ist die Kultur Nordvietnams. Im Kernland traditioneller Bergvölker schmiegen sich Dörfer zwischen Reisfelder vor Sa Pa und die scharlachroten Kopfbedeckungen der Dzao sowie die indigoblauen Stoffe der Schwarzen Hmong verleihen den chaotischen Märkten des Hochlands Farbe. Wer einen Roadtrip plant, findet hier ideales Terrain vor.

Ha-Long-Bucht

Majestätisch und mysteriös, inspirierend und gebieterisch ist die Ha-Long-Bucht. Sie besteht aus über 3000 Inseln, die sich im Golf von Tonkin aus dem smaragdgrünen Wasser erheben. Die atemberaubende Meereslandschaft aus Kalksteininselchen wurde zur UNESCO-Welterbestätte erklärt.

Die Inseln sind übersät von Grotten, die durch den Wind und die Brandung geschaffenen wurden. Viele von ihnen werden außerdem bunt angestrahlt. Leider gehören auch Abfall und Ramschverkäufer zum Bild.

Zwischen Februar und April herrscht häufig kaltes, regnerisches und nebliges Wetter, dementsprechend sind die Sichtverhältnisse nicht immer optimal. Die Temperaturen sinken aber nur selten unter 10 °C. Während der Sommermonate (Juli–Sept.) ziehen regelmäßig Tropenstürme auf.

Die meisten Besucher entscheiden sich klugerweise für eine Bootstour inklusive Übernachtung an Bord. Manche ersparen sich den langweiligen Ausgangspunkt Ha-Long-Stadt gänzlich und reisen auf eigene Faust nach Cat-Ba-Stadt. Von dort kann man mühelos eine Fahrt in die weniger besuchte und genauso reizvolle La-Han-Bucht organisieren.

Die Bootsfahrten starten am Kai von Bai Chai, 2 km westlich von Ha-Long-Stadt. Vor Ort kann man sich mit anderen zusammentun, um sich ein Boot zu teilen. Eine vier-/sechsstündige Tour kostet 100 000/150 000 D.

Da es sich bei der Ha-Long-Bucht um einen Nationalpark handelt, müssen Besucher eine Eintrittsgebühr (120 000 D) bezahlen. Ausflüge zu Höhlen und Fischerdörfern kosten extra (30 000–50 000 D). Bei organisierten Bootstouren sind die Eintrittsgebühren meist inbegriffen.

Ha-Long-Stadt

033 / 203 000 EW.

Die Stadt dient als Ausgangspunkt für Besuche der Ha-Long-Bucht. Das Meeresufer ist mit hohen Hotels übersät, man findet hier jedoch auch gute Budgetunterkünfte.

Eine elegant geschwungene Hängebrücke verbindet den touristischen westlichen Teil der Stadt (auch als Bai Chay bekannt) mit dem deutlich vietnamesischeren Teil (Hon Gai) im Osten.

Schlafen & Essen

In der „Hotelgasse" Đ Vuon Dao stehen mehr als 50 Minihotels – sie sind praktisch alle identisch und ein Doppelzimmer kostet überall 15 US$. Günstige, sättigende Mahlzeiten bekommt man in den schlichten Lokalen mit Speisekarten in englischer Sprache am Ende der Đ Vuon Dao.

The Light Hotel HOTEL $
(033-384 8518; www.thelighthalong.vn; 108a Đ Vuon Dao; 350 000 D;) Geräumige, moderne und sehr saubere Zimmer mit exzellentem Preis-Leistungs-Verhältnis, zudem spricht ein Teil der hilfsbereiten Mitarbeiter Englisch. Alles in allem die beste Budgetunterkunft von Ha-Long-Stadt.

Halong Backpacker Hostel HOSTEL $
(033-361 9333; www.halongbackpackerhostel.com; 41 Đ Anh Dao; B 5 US$;) In diesem neuen Hostel (nicht mit dem Halong Backpacker's Hostel an der Đ Vuon Dao verwechseln) gibt's kleine helle Schlafsäle mit sechs Betten und eine lebendige Bar im unteren Stock.

An- & Weiterreise

Der Busbahnhof liegt 6 km südlich von Bai Chay an der Nationalstraße 18.

Vom Fährhafen Tuan Chau, 13 km südwestlich von Bai Chay, verkehren das ganze Jahr über täglich um 8 und 15 Uhr zwei Autofähren zum Hafen von Gia Luan Harbour auf der Cat-Ba-Insel (pro Pers./Motorrad 70 000/10 000 D, 1 Std.). In der Hauptsaison von Juni bis Anfang August gibt es stündliche Verbindungen.

Cat-Ba-Insel

031 / 14 500 EW.

Cat Ba – ein echtes Mekka des nordvietnamesischen Ökotourismus und des Abenteuersports – lockt mit einer wirklich grandiosen Auswahl an Aktivitäten: Segeltörns, Vogelbeobachtung, Fahrrad-, Wander- und Klettertouren, die alle von guten Veranstaltern organisiert werden.

Die Lan-Ha-Bucht an der Südostseite der Insel ist landschaftlich besonders schön und bietet viele Strände zum Erkunden. Hier könnte man ein ganzes Jahr nur damit verbringen, beim Schwimmen und Schnorcheln durch das türkisfarbene Wasser der Bucht immer neue Inselchen zu entdecken. Auf Cat Ba liegen ein paar Fischerorte sowie eine schnell wachsende Stadt.

Große Teile von Cat Ba wurden schon 1986 zum Nationalpark erklärt, um das vielfältige Ökosystem und das Wildleben der Insel zu schützen, u. a. den Goldkopflanguren, den seltensten Primaten der Welt. Es gibt zahlrei-

BUSSE AB HA-LONG-STADT

ZIEL	FAHRPREIS (D)	FAHRTDAUER (STD.)	HÄUFIGKEIT
Hanoi	90 000	3½	alle 15 Min.
Hai Phong	60 000	2	alle 20 Min.
Mong Cai	80 000	4	bis 15 Uhr alle 40 Min.
Ninh Binh	100 000	4	5.30, 11.30 Uhr
Lao Cai	400 000	12	7.18 Uhr

che attraktive Strände, Seen, Wasserfälle und Grotten inmitten spektakulärer Sandsteinhügel.

In den letzten Jahren erlebte Cat-Ba-Stadt einen Hotelboom, deshalb säumt inzwischen leider eine Reihe unansehnlicher Betonklötze die einst so schöne Bucht. Ihre Hässlichkeit bildet einen scharfen Kontrast zum Rest der Insel und zur überaus reizvollen Lan-Ha-Bucht.

Sehenswertes

★ Lan-Ha-Bucht BUCHT

(Eintritt 30 000 D) Die rund 300 Karstinseln und Kalksteinfelsen von La Ha erstrecken sich südlich und östlich von Cat-Ba-Stadt. Sie sind genauso schön wie die in der Ha-Long-Bucht und locken zusätzlich noch mit zahlreichen weißen Sandstränden.

Da die Bucht ein gutes Stück von Ha-Long-Stadt entfernt liegt, verirren sich nicht viele Touristenboote hierher, deswegen versprüht sie ein ursprünglicheres Flair. Segel- und Kajaktouren organisiert man am besten von Cat-Ba-Stadt aus.

Cat-Ba-Nationalpark NATIONALPARK

(☎ 031-216 350; Eintritt 30 000 D; ⌚ Sonnenaufbis Sonnenuntergang) In Cat Bas wunderschönem Nationalpark leben 32 Säugetierarten. Dazu gehört ein Großteil der 65 weltweit verbliebenen Goldkopflanguren, der bedrohtesten Spezies überhaupt. Es gibt einige gute Wanderwege, u.a. eine sehr anstrengende 18 km lange Route zum Berggipfel.

Zur Parkverwaltung in Trung Trang nimmt man von den Docks in Cat-Ba-Stadt einen grünen QH-Linienbus, chartert ein *xe om* (einfache Fahrt ca. 80 000 D) oder leiht sich für den Tag ein Motorrad.

Krankenkaushöhle HISTORISCHE STÄTTE

(☎ 031-368 8215; Eintritt 15 000 D; ⌚ 7–16.30 Uhr) Während des Vietnamkriegs diente die bombensichere Krankenhaushöhle gleichzeitig als Unterschlupf für die Führer des Vietcong. Das zwischen 1963 und 1965 mit der Hilfe Chinas gebaute dreistöckige technische Meisterwerk ist eine unglaublich stabile Konstruktion und war bis 1975 ununterbrochen in Betrieb. Die Höhle liegt etwa 10 km von Cat-Ba-Stadt entfernt.

Cat-Co-Buchten STRAND

Zehn Gehminuten südöstlich von Cat-Ba-Stadt liegen die drei Cat-Co-Buchten mit den der Stadt am nächsten gelegenen Sandstränden. Teils stört Müll im Wasser das Badevergnügen. Der kleine, leicht zu übersehende **Cat Co 3** kommt zuerst. Von dort führt ein Spazierweg im Felsen mit traumhaftem Meerblick bis zum **Cat Co 1**, der von einem recht hässlichen Resort dominiert wird, und weiter zum hübschen weißen Sandstrand **Cat Co 2**.

DURCH DEN KARST: AUSFLÜGE ZUR HA-LONG-BUCHT

In Hanoi werden verschiedene Touren zur Ha-Long-Bucht angeboten. Tagesausflüge wenig verlässlicher Anbieter gibt's ab 60 US$ pro Person, während ein Ausflug mit zwei Übernachtungen und Kajakfahrt mit rund 220 US$ zu Buche schlägt. Lohnenswerte Touren mit einer Übernachtung sind für etwa 110 bis 130 US$ zu haben. Hier kommen ein paar Tipps:

- Wir erhalten viele Klagen über schlechten Service, schlechtes Essen und Ratten an Bord der Boote, aber in der Regel nur bei den ganz günstigen Touranbietern.
- In den meisten Touren sind An- und Abreise, Mahlzeiten und manchmal Wanderungen auf den Inseln oder Kajakfahren inbegriffen.
- Die Boote folgen meist einer strengen Reiseroute mit Stopps bei den touristischen Höhlen. Während eines Ausflugs mit einer Übernachtung bleibt einfach nicht viel Zeit, sich weit von Ha-Long-Stadt zu entfernen.
- Bei schlechtem Wetter werden Bootstouren gelegentlich abgesagt – am besten im Voraus klären, ob es eine Erstattung gibt.
- Bei Tagesausflügen sollte man sehr auf seine Wertsachen aufpassen; bei Fahrten mit Übernachtung sind die Kabinen meistens mit Schließfächern ausgerüstet.

Wer die Ha-Long-Bucht frei von Menschen erleben möchte, reist auf die Cat-Ba-Insel. Von dort starten Touranbieter in die Lan-Ha-Bucht, die relativ menschenleer ist und mit traumhaften Sandstränden besticht.

Aktivitäten

Cat Ba ist ein hervorragender Ausgangsort für Abenteuersport.

Klettern

Die spektakulären Sandsteinfelsen der Cat-Ba-Insel und der Lan-Ha-Bucht sind ein erstklassiges Klettergebiet inmitten einer umwerfenden Landschaft. Asia Outdoors (S. 889) setzt voll lizenzierte und zertifizierte Trainer ein und hat das Sagen.

Halbtägige Kletterausflüge einschließlich Unterricht, An- und Abreise, Mittagessen und Ausrüstung gibt's ab 66 US$ pro Person. Kletter- und Bootstouren umfassen Kajakfahren, Pausen am Strand und die Erkundung der grandiosen Karstlandschaft.

Mountainbiken

Hotels organisieren chinesische Mountainbikes (ca. 6 US$ pro Tag), Blue Swimmer (S. 889) vermietet Trekkingräder für 15 US$ pro Tag.

Eine Route führt quer über die Insel, vorbei an der Krankenhaushöhle, zu den Mangroven und Krabbenfarmen der Westküste.

Segeln, Kajakfahren & Stehpaddeln

In Cat-Ba-Stadt verleihen verschiedene Anbieter Kajaks (halber Tag ca. 8 US$), mit denen man wunderbar die Küste auf eigene Faust erkunden kann. Stehpaddel-Touren werden von Asia Outdoors veranstaltet.

Blue Swimmer offeriert Segeltörns zu den unzähligen Inseln rund um Cat Ba, die oft Kajakfahren und die Übernachtung an einem privaten Strand beinhalten.

Wandern

Die Cat-Ba-Inseln bestehen zum Großteil aus geschütztem Tropenwald. In dem Nationalpark gibt's einige gute Wanderwege. Asia Outdoors organisiert eine tolle Wandertour ins Tal der Schmetterlinge.

Geführte Touren

Touren über die Insel und Bootsausflüge in der Ha-Long-Bucht werden von beinahe allen Hotels in Cat Ba angeboten. Diese kosten als Tagesausflug rund 20 US$ bzw. 80 US$ für zweitägige Touren mit einer Übernachtung.

Zu manchen von diesen Touren gab es negatives Feedback von unseren Lesern – zu wenig Platz und schlechtes Essen. Folgende Abenteuertour-Anbieter gehen auf die Bedürfnisse von Reisenden ein und zeigen ihnen besondere Ecken von Cat Ba, der Lan-Ha-Bucht und im weiteren Umkreis.

ABSTECHER

BAI-TU-LONG-BUCHT

Die Gegend unmittelbar nordöstlich der Ha-Long-Bucht gehört zum **Bai-Tu-Long-Nationalpark** (Eintritt 100 000 D) mit spektakulären Sandsteininseln und ist nicht weniger schön als ihr berühmte Nachbar Ha Long.

Reisebüros in Hanoi, darunter auch Ethnic Travel (S. 884), veranstalten Touren rund um die Bai-Tu-Long-Bucht. Eine Alternative, die mehr Flexibilität bietet, ist eine Überlandfahrt nach Cai Rong, von dort gelangt man per Boot ebenfalls zu den vorgelagerten Inseln.

Asia Outdoors KLETTERN
(☎ 031-368 8450; www.asiaoutdoors.com.vn; Noble House, Đ 1–4, Cat-Ba-Stadt; halb-/ganztägige Klettertour 66/84 US$; ⊙ 8–19.30 Uhr) Fachkundige Klettereinweisungen, Kletter- und Kajak-Pakete (mit Übernachtung 130 US$) und Stehpaddel-Ausflüge (36 US$).

Cat Ba Ventures BOOTSTOUREN
(☎ 031-388 8755, 0912 467 016; www.catbaventures.com; 223 Đ 1–4, Cat-Ba-Stadt; Bootstour mit Übernachtung 128 US$ pro Pers.; ⊙ 8–19 Uhr) Bootsfahrten rund um die Buchten Lan Ha und Ha Long, eintägige Kajakexkursionen (29 US$) und geführte Wanderungen im Cat-Ba-Nationalpark.

Blue Swimmer ABENTEUERTOUREN
(☎ 031-368 8237, 0915 063 737; www.blueswimmersailing.com; Ben Beo Harbour; Segeltour mit Übernachtung ab 161 US$ pro Pers.; ⊙ 8–18 Uhr) Großartige Segel- und Kajaktouren sowie Wanderungen und Mountainbike-Ausflüge.

Schlafen

Die meisten Hotels liegen in Cat-Ba-Stadt. Zwischen den Sommer- und den Wintermonaten, in denen weniger los ist, schwanken die Zimmerpreise stark. Die hier angegebenen Preise gelten für die Nebensaison.

Cat-Ba-Stadt

Cat Ba Sea View HOTEL $
(☎ 031-388 8201; www.catbaseaviewhotel.com; 220 Đ 1–4; Zi. 15 US$, mit Meerblick 25 US$; ❄ 📶) Flottes Dekor mit künstlichen Blumen schmückt die wie aus dem Ei gepellten Zimmer in hellen Farben. Alle sind geräumig, wobei die zum Meer hin mit Abstand am

größten sind. Auf jedem Stock gibt's einen kleinen Gemeinschaftsbalkon, auf dem man den Blick auf den Hafen ohne Aufpreis genießen kann.

Cat Ba Central Hostel HOSTEL $

(☎ 0913 311 006; www.catbacentralhostel.com; 240 Đ 1–4; B 5 US$;) Besitzer Kong empfängt Gäste in seinem freundlichen Hostel, das sich zum wichtigsten Treffpunkt der hiesigen Backpackerszene entwickelt. Die Betten in den Schlafsälen (einer mit 28 Betten, einer mit 14 Betten, zwei mit sechs Betten und einer für Frauen) haben eigene Schließfächer und Steckdosen.

Cat Ba Dream HOTEL $

(☎ 031-388 8274; www.catbadream.com.vn; 226 Đ 1–4; Zi. 12 US$, mit Meerblick 15 US$;) Zwar ist der Service etwas lustlos, dafür gibt's hier schicke kleine Zimmer auf der Rückseite sowie zum Meer hin größere mit Traumblick auf die Bucht. Am schönsten ist Nr. 606.

Thu Ha HOTEL $

(☎ 031-388 8343; Đ 1–4, Cat-Ba-Stadt; Zi. 12–15 US$;) Das kleine Familienunternehmen vermietet einfach eingerichtete, saubere Zimmer. Wer ein Zimmer auf der Vorderseite aushandelt, wird mit Meerblick belohnt.

Sea Pearl Hotel HOTEL $$

(☎ 031-368 8567; www.seapearlcatbahotel.com.vn; 219 Đ 1–4; Zi. 730 000–1 030 000 D;) Auch wenn die Bäder angesichts des Preises eine Renovierung vertragen könnten, ist das Sea Pearl eine solide Wahl. Die klassisch eingerichteten Zimmer sind angemessen groß und komfortabel, zudem sind die Mitarbeiter professionell und hilfsbereit.

Rund um die Cat-Ba-Insel

Cat Ba Mountain View Guesthouse BUNGALOWS $

(☎ 031-368 8641; 452 Đ Ha Sen, Ortschaft Ang Soi; DZ 15 US$, B 5 US$) 3 km vom Trubel der Stadt entfernt, bietet das neue Hostel an der Hauptstraße mehrere niedliche Bungalows (mit Privatzimmern und Schlafsälen) vor einer Felskulisse. Der große strohgedeckte Restaurantbereich lädt zu geselligen Stunden ein und ist ein toller Ort, um Mitreisende zu treffen.

Ancient House Homestay PRIVATUNTERKUNFT $

(☎ 0915 063 737, 0916 645 858; www.catba-homestay.com; Ortschaft Ang Soi; Gemeinschaftshaus 15 US$ pro Pers., Privathaus für 2 Pers. 50 US$;) Am Ende einer unbeschilderten Gasse im Dorf Ang Soi, ca. 3 km von Cat-Ba-Stadt entfernt, steht dieses historische Haus, das vom Stadtrand Hanois hierher verlegt wurde. Antiquitäten zieren die hohen Innenräume und draußen locken gepflegte Gärten. Die Unterkunft ist nicht für Individualreisende gedacht; am besten bucht man sie über Blue Swimmer.

Essen & Ausgehen

Günstiges Essen gibt's an den Ständen vor dem Markt. **Bia-Hoi-Stände** (Đ 1–4) findet man nahe des Eingangs zum Fischerhafen.

Green Bamboo Forest VIETNAMESISCH $

(Đ 1–4; Gerichte 50 000–150 000 D; 7–23 Uhr;) Angenehmes, gut geführtes Restaurant am Meer, das auch als Buchungsbüro für Blue Swimmer fungiert. Neben einigen leckeren Meeresfrüchtespeisen kommen jede Menge Reis- und Nudelgerichte auf den Tisch. Einen weiteren Pluspunkt gibt's für die ruhige Lage.

Buddha Belly VEGETARISCH $

(Đ 1–4; Gerichte 30 000–80 000 D; 10–21 Uhr;) Das bambusverkleidete Lokal direkt neben dem Cat-Ba-Markt serviert viele Köstlichkeiten mit Gemüse und Tofu. Auf Milch- und Eiprodukte wird verzichtet, deswegen sind auch Veganer hier gut aufgehoben. Das täglich wechselnde Menü ist seine 30 000 D wirklich wert.

Family Bakery BÄCKEREI $

(196 Đ 1–4, Cat-Ba-Stadt; Gebäck 10 000–15 000 D, Sandwiches 30 000–40 000 D; 7–16 Uhr) Freundlicher Laden, in dem man schon frühmorgens Leckereien wie Schokocroissants und Mandelgebäck bekommt. Toll für einen Kaffee, eine Crème Caramel und ein Croissant, ehe es mit Bus, Fähre und wieder Bus zurück nach Hanoi geht.

Phuong Nhung VIETNAMESISCH $

(184 Đ 1–4, Cat-Ba-Stadt; Gerichte 45 000 D; 7–10 Uhr) Genau das Richtige vor einer Kletter- oder Kajaktour: Das geschäftige Frühstücksrestaurant ist ein beliebter Ort, um eine herzhafte Schüssel *pho bo* (Nudelsuppe mit Rindfleisch) zu essen.

Rose Bar BAR

(15 Đ Nui Ngoc; 12–3 Uhr;) Günstige Cocktails (2 US$), viele Happy-Hour-Angebote und Shishas: Die Rose Bar weiß, wonach sich Backpacker fern der Heimat sehnen. In der Hauptreisezeit ist sie oft bis nach Mitternacht geöffnet.

Oasis Bar BAR

(Đ 1–4; ⌚12–23 Uhr; 📶) Ein Billardtisch, freundliche Mitarbeiter und die Lage mitten auf der Küstenpromenade machen das Oasis zu einer beliebten Adresse für das eine oder andere Bier. Das Essen ist nichts Besonderes, hilft aber gegen einen knurrenden Magen.

Praktische Informationen

Am Hafen gibt's Internetcafés und einen Geldautomaten der **Agribank** (☎031-388 8227; ⌚24 Std.) Die besten unabhängigen Reiseinfos bekommt man bei Asia Outdoors.

An- & Weiterreise

Die Insel Cat Ba liegt 45 km östlich von Hai Phong und 50 km südlich von Ha-Long-Stadt. Verschiedene Bus-Boot-Kombis, die entweder in Hanoi oder in Hai Phong starten, führen dorthin.

Der einfachste Weg nach Hanoi führt über den Loung-Yen-Busbahnhof in Hanoi. **Hoang Long** (☎031-268 8008; Đ 1–4) bietet eine Kombifahrt mit Bus, Boot und Bus (250 000 D, 5 Std.). Busse fahren um 7.15, 9.15, 13.15 und 15.15 Uhr nach Cat-Ba-Stadt. Von Oktober bis April sind die Abfahrtzeiten auf 9.15 und 13.15 Uhr begrenzt.

Tragflächenboote nach Hai Phong fahren um 8, 19, 14 und 16 Uhr am Pier von Cat-Ba-Stadt ab.

Fähren verkehren vom **Fähranleger Tuan Chau** (Tuan-Chau-Insel) in Ha-Long-Stadt nur bis zum Gia-Luan-Hafen an der Nordseite der Cat-Ba-Insel, man ist also noch 40 km von Cat-Ba-Stadt entfernt. Der QH-Green-Nahverkehrsbus verbindet Gia Luan mit Cat-Ba-Stadt. Über Jahre wusste es eine Art Minitaximafia zu verhindern, dass Fährpassagiere diesen Bus bekommen. Mittlerweile wird jedoch gegen sie vorgegangen, und Besucher haben es zunehmend einfacher.

Um 9 und 16 Uhr verkehren Autofähren vom Gia-Luan-Hafen nach Ha-Long-Stadt (70 000/10 000 D pro Pers./Motorrad, 1 Std.). Um diese zu erreichen, nimmt man in Cat-Ba-Stadt den QH-Green-Bus um 7.30 bzw. 15 Uhr. Von Ende Mai bis Anfang August gibt's in der Regel stündliche Fährverbindungen.

Unterwegs vor Ort

Mit einem Leihfahrrad kann man die Insel prima erkunden. Motorräder (mit und ohne Fahrer) werden von den meisten Hotels vermietet (ab 5 US$ pro Tag).

Hai Phong

☎031 / 1,90 MIO. EW.

Mit ihren von Bäumen gesäumten Alleen, an denen klassische Bauwerke aus der Kolonialzeit stehen, wirkt Vietnams drittgrößte Stadt sehr einladend. Darüber hinaus ist Hai Phong ein bedeutender Seehafen, ein Industriezentrum und ein Transportknotenpunkt, Dennoch verweilen nur wenige Besucher länger hier.

Sehenswertes & Aktivitäten

★**Hai-Phong-Museum** MUSEUM

(66 P Dien Bien Phu; Eintritt 5000 D; ⌚Di–So 8–11 & Mi & So 19.30–21.30 Uhr) In einem prachtvollen Kolonialgebäude zeigt dieses kleine Museum Exponate zur Stadtgeschichte mit Beschriftungen auf Englisch. Die Sammlung mit ausgestopften Tieren in der Vorhalle ist recht unheimlich, es gibt jedoch auch interessante archäologische Fundstücke aus Trang Kenh und von den Viet-Khe-Gräbern sowie wunderschöne Keramik zu sehen. Im Museumsgarten findet man eine Sammlung von Kriegsüberresten.

Schlafen & Essen

Bao Anh Hotel HOTEL $

(☎031-382 3406; www.hotelbaoanh.com; 20 P Minh Khai; Zi. inkl. Frühstück 400 000–600 000 D; ❄📶) Bei der Renovierung des Bao Anh kam viel weiße Farbe zum Einsatz und es gibt nun neue weiße Bettwäsche. Weiterhin überzeugt das Hotel mit seiner tollen Lage an einer grünen Straße inmitten von Platanen und lebendigen Cafés. Gute Bierkneipen liegen nur einen kurzen Fußmarsch entfernt und an der Rezeption lohnt es sich, mit dem freundlichen englischsprachigen Personal zu verhandeln.

Com Vietnam VIETNAMESISCH $

(☎031-384 1698; 4a P Hoang Van Thu; Gerichte 40 000–60 000 D; ⌚11–21 Uhr) Gäste kommen hier in den Genuss köstlicher, preiswerter lokaler Fischgerichte und vietnamesischer Spezialitäten. Ein geradezu winziges, schlichtes Restaurant.

Praktische Informationen

Internetcafés gibt's an der P Dien Bien Phu und viele Gaststätten bieten kostenloses WLAN. Geldautomaten findet man überall in der Stadt.

An- & Weiterreise

Vietnam Airlines (☎031-3810 890; www.vietnamair.com.vn; 30 P Hoang Van Thu), **Jetstar Pacific** (☎1900 1550; www.jetstar.com) und **VietJet** (☎1900 1886; www.vietjetair.com) fliegen alle von Hai Phong aus Städte in ganz Vietnam an.

Busse nach Hanoi (70 000 D, 2 Std., alle 10 Min.) starten am **Tam-Bac-Busbahnhof** (P Tam Bac), 4 km von der Uferpromenade entfernt. Busse Richtung Süden, u. a. nach Ninh Binh (120 000 D, 3½ Std., alle 30 Min.), fahren am **Niem-Nghia-Busbahnhof** (Đ Tran Nguyen Han) ab. Der **Lac-Long-Busbahnhof** (P Cu Chinh Lan) bedient außerdem Hanoi und Ziele weiter nördlich; er liegt in der Nähe des Hafens, an dem Boote nach Cat Ba ablegen.

Vom Hai-Phong-Bahnhof verkehren täglich vier Züge nach Hanoi (ab 70 000 D, 2½ Std.).

Ba-Be-Nationalpark

☎0281 / 145 M

Der **Ba-Be-Nationalpark** (☎0281-389 4014; Eintritt 25 000 D pro Pers.) mit seinen hohen Bergen, tiefen Flüssen und Wasserfällen, Seen und Höhlen ist landschaftlich atemberaubend. Steile Gipfel (bis zu 1554 m Höhe) umrahmen die Region, während im Park selber üppiger tropischer Regenwald mit mehr als 550 Pflanzenarten wächst, in dem Bären, Affen, Fledermäuse und zahllose Schmetterlingsarten leben. Rund um den Park liegen Dörfer der ethnischen Minderheit der Tay.

Ba Be (Drei Buchten) besteht eigentlich aus drei zusammenhängenden Seen von insgesamt 8 km Länge und einer Breite von 400 m. Der Nang-Fluss ist auf einer Strecke von 23 km schiffbar, von einem Punkt 4 km oberhalb von Cho Ra bis zum **Dau-Dang-Wasserfall** (Thac Dau Dang), der zwischen steilen Felswänden in mehreren rauschenden Kaskaden in die Tiefe stürzt. Im Fluss liegt die 30 m hohe und 300 m lange **Puong-Höhle** (Hang Puong).

Touren für Alleinreisende organisiert das Parkpersonal ab ca. 35 US$ pro Tag, in der Gruppe sind die Preise günstiger. Auf den gut siebenstündigen Bootsausflügen (650 000 D pro Boot) besucht man die meisten Sehenswürdigkeiten. Das von Tay betriebene **Ba Be Tourism Centre** (☎0989 587 400; www.babenationalpark.com.vn; Ortschaft Bo Lu) arrangiert Homestays, Bootstouren, Wanderungen, Radausflüge und Kajakfahrten (oder eine Kombination aus allem) für 30 US$ pro Tag.

Homestays im Dorf Pac Ngoi sind bei Besuchern sehr beliebt. Darüber hinaus gibt's Übernachtungsmöglichkeiten in der Nähe des Parkeingangs. **Mr Linh's Homestay** (☎0989 587 400; www.mrlinhhomestay.com; B/EZ/DZ inkl. Frühstück 5/20/25 US$; ❄📶) im Dorf Coc Toc gehört zu den besten und verleiht Kajaks.

Der Ba-Be-Nationalpark liegt 240 km von Hanoi und 18 km von Cho Ra entfernt. Die meisten Besucher kommen im Rahmen von organisierten Touren von Hanoi aus hierher. Ein Bus vom Gia-Lam-Busbahnhof in Hanoi (180 000 D, 6 Std.) fährt um 12 Uhr nach Cho Ra, wo man übernachten muss, ehe es am nächsten Tag mit dem *xe om* (ca. 100 000 D) nach Ba Be weitergeht.

Mai Chau

☎0218 / 47 500 EW.

Mai Chau liegt in einem idyllischen Tal und ist umgeben von üppigen Reisfeldern, rauschenden Bewässerungskanälen und Vogelgesang.

Dutzende Familien beteiligen sich an einer extrem erfolgreichen Gastfamilien-Initiative, die Besuchern die reizvolle Möglichkeit bietet, in traditionellen Stelzenhäusern zu nächtigen. Die Dörfer werden häufig von Ausflugsgruppen besucht.

Sehenswertes & Aktivitäten

Man kann durch Reisfelder spazieren oder radeln und in Dörfer ethnischer Minderheiten wandern. Für rund 10 US$ lässt sich ein Führer aus der Gegend engagieren. Viele Reisebüros in Hanoi bieten günstige Ausflüge nach Mai Chau an.

Schlafen & Essen

Die meisten Besucher übernachten in **Thai-Stelzenhäusern** (80 000–200 000 D pro Pers.) in den Dörfern Lac oder Pom Coong. Alle Privatunterkünfte verfügen über Elektrizität, fließendes Wasser, heiße Duschen, Moskitonetze und Rollmatratzen. Die **Mai Chau Nature Lodge** (☎0946 888 804; www.maichaunatureplace.com; B 5 US$, DZ mit Ventilator 30 US$; 📶) im Dorf Lac hat Schlafsäle, private Bungalows mit Bambusmöbeln und kostenlose Fahrräder.

Die meisten Besucher essen dort, wo sie übernachten. Manche Familien berechnen bis zu 200 000 D fürs Abendessen.

Anreise & Unterwegs vor Ort

Direktbusse nach Mai Chau fahren um 6, 8.30 und 11 Uhr am My-Dinh-Busbahnhof in Hanoi ab (100 000 D, 3¾ Std.). Zurück nach Hanoi geht's um 9, 11 und 13 Uhr. Die Betreiber der Privatunterkünfte übernehmen gerne die Buchung und kümmern sich bei Bedarf um einen Abholservice im Dorf.

Lao Cai

020 / 47 000 EW.

Lao Cai, einer der wichtigsten Ausgangspunkte für Touren in den Norden, liegt am Ende der Bahntrasse und 3 km von der Grenze zu China. Die Stadt hat keine Sehenswürdigkeiten, ist aber ein Knotenpunkt für Reisende zwischen Hanoi, Sa Pa und der chinesischen Stadt Kunming. Hotels und Geldautomaten gibt's neben dem Bahnhof.

Anreise & Unterwegs vor Ort

Regelmäßig bedienen Busse die Strecke zwischen Hanoi und Lao Cai. Jeden Tag verkehren vier Züge zwischen Lao Cai und Hanoi. Am günstigsten ist der LC4 (harter/weicher Sitz 130 000/215 000 D, 10 Std.), alle anderen haben Schlafabteile (425 000 D, 8 Std.).

Minibusse nach Sa Pa (30 000 D, 30 Min.) warten am Bahnhof, Busse nach Bac Ha (70 000 D, 2½ Std., 7-mal tgl.) starten an einem Terminal neben der Brücke über den Roten Fluss.

Bac Ha

020 / 7400 EW.

Der entspannte, freundliche Ort Bac Ha bildet einen netten Ausgangspunkt, um das nördliche Hochland und Berggemeinden zu besuchen. Das Klima ist deutlich wärmer als in der Bergstadt.

Bac Ha hat einen gewissen Charme, wenngleich immer mehr Betonbauten die traditionellen alten Lehmsteinhäuser ersetzen. Morgens schwängert würziger Holzrauch die Luft und es laufen Hühner und Schweine durch die Gassen. Sechs Tage die Woche liegt der Ort im Dornröschenschlaf, doch am Sonntag füllen sich die Straßen bis zum Bersten, wenn die Touristen und Blumen-Hmong den Wochenmarkt stürmen.

Sehenswertes

Bac Has Sonntagsmarkt ist eine Explosion von Farben und Kommerz, mit einem Extrabereich für *ruoc* (Getreideschnaps).

Während des Besuchs sollte man das seltsame **Vua Meo** (Haus des „Katzenkönigs"; 7.30–11.30 & 13.30–17 Uhr) GRATIS besichtigen. Der Palast wurde in einem bizarren orientalischen „Barockstil" errichtet.

Außerhalb der Stadt gibt's mehrere interessante Märkte; Touranbieter in Bac Ha können Tagesausflüge zu Märkten in umliegenden Dörfern wie Can Cau (Sa), Co Ly (Di) und Lung Phin (So) organisieren.

EINREISE NACH CHINA: VON LAO CAI NACH KUNMING

Anreise zur Grenze Der Grenzübergange Lao Cai/Hekou verbindet das nördliche Vietnam mit Yunnan in China. Die Grenze liegt 3 km vom Bahnhof in Lao Cai entfernt; *xe om* kosten 25 000 D.

An der Grenze Die Grenze ist von 7 bis 22 Uhr geöffnet. Visa muss man im Vorfeld organisieren.

Weiterreise Täglich verkehren vier Züge zwischen Hekou und Kunming sowie mehrere Schlafbusse.

Aktivitäten

Rund um Bac Ha lassen sich gut Wanderungen zu Dörfern der Bergvölker unternehmen. Das Nung-Dorf Sin Chai und das Hmong-Dorf Phec Bung liegen nur einen kurzen Spaziergang von der Stadt entfernt. Im Rahmen von ganztägigen Motorradtouren oder Wanderungen können Besuche von Schulen auf dem Land organisiert werden.

Der Tourveranstalter **Green Sapa Tour** (0912 005 952; www.bachatourist.com; Đ Tran Bac; 8–18 Uhr) wird vom Englisch sprechenden Herrn Nghe betrieben.

Schlafen & Essen

Am Wochenende steigen die Zimmerpreise.

Ngan Nga Bac Ha HOTEL $

(0203-880 286; www.nganngabachahotel.com; 117 P Ngoc Uyen; Zi. inkl. Frühstück 15–20 US$;) Diese freundliche Adresse oberhalb eines beliebten Restaurants, das seinen Umsatz mit leckerem *lau* macht, bietet die wahrscheinlich besten Budgetzimmer der Stadt: Sie sind geräumig und haben ein paar gemütliche Details, die ihnen Charakter verleihen. Am besten sind die auf der Vorderseite mit Balkon.

Toan Thang Hotel HOTEL $

(0962 255 410; Đ 20–9; Zi. 150 000–300 000 D;) Im Angebot sind hier sehr einfache Zimmer mit Ventilatoren sowie teurere, ebenfalls recht schlichte Quartiere, die an eine Terrasse voller Topfpflanzen angrenzen. Englisch wird in dem wackeligen Holzhaus nicht gesprochen, dennoch kümmert sich die reizende Besitzerin liebevoll um ihre Gäste.

Restaurant 36 VIETNAMESISCH $
(P Ngoc Uyen; Gerichte 30 000–100 000 D; ⌚9–21.30 Uhr) Das charmante Lokal serviert *pho* und Grillgerichte sowie Eintöpfe für zwei Personen (ab 300 000 D). Vor allem das Menü mit fünf Gerichten für preisgünstige 100 000 D lockt viele Gäste an.

Praktische Informationen

Die Agribank hat einen Geldautomaten. Fast alle Hotels verfügen über WLAN.

An- & Weiterreise

Ausflüge von Sa Pa nach Bac Ha kosten ab 20 US$ pro Person; auf dem Rückweg kann man sich in Lao Cai absetzen lassen und dort in den Zug zurück nach Hanoi steigen.

Ein Motorrad/Taxi nach Lao Cai kostet 25/70 US$, nach Sa Pa 30/80 US$.

Sa Pa

☎020 / 38 600 EW. / 1650 M

Sa Pa blickt auf Reisterrassen, die sich kaskadenförmig bis ins Tal erstrecken. 1922 als französische Bergstation gegründet, gilt die Stadt als eine der beliebtesten Touristenattraktionen Nordvietnams. Oft versteckt die Landschaft ihre Schönheit unter dichtem Nebel, der von den Gipfeln der Berge herunterwallt, doch selbst das nimmt dem Ort nichts von seiner Faszination. Angehörige hiesiger Bergvölker verleihen der Stadt Farbe und sind pfiffige (und beharrliche) Händler, die einem ihr Kunsthandwerk aufdrängen.

Während der aufeinanderfolgenden Kriege verfielen Sa Pas Kolonialvillen, doch kürzlich erlebte die Stadt eine Renaissance – deren Nachteil allerdings eine Flut neu gebauter Hotels ist.

Sa Pa ist bekannt für kalte, neblige Winter mit Temperaturen bis zu 0 °C. Die Trockenzeit dauert etwa von Januar bis Ende Juni.

Sehenswertes & Aktivitäten

Sa Pa liegt im Hoang-Lien-Gebirge; hier ragt auch der höchste Berg Vietnams auf, der **Fan Si Pan** (3143 m). Die Wanderung von der Stadt zum Gipfel und zurück dauert gewöhnlich mehrere Tage; aktuell ist allerdings eine Seilbahn im Bau. Zu den bekannteren Sehenswürdigkeiten in der Umgebung der Stadt zählen der **Tram-Ton-Pass**, der hübsche **Thac Bac** (Silberwasserfall) sowie die **Cau May** (Wolkenbrücke), die über den Muong-Hoa-Fluss führt.

Wanderungen können in vielen Pensionen und Reisebüros organisiert werden. **Sapa O'Chau** (☎020-377 1166; www.sapaochau.com; 8 Đ Thac Bac; ⌚6.30–18.30 Uhr) ist ein exzellenter Veranstalter, der Hmong-Kinder unterstützt. Ebenfalls empfehlenswert ist **Sapa Sisters** (☎0203-773 388; www.sapasisters.com; Sapa Graceful Hotel, 9 Đ Phan Si; ⌚8–17 Uhr) unter Hmong-Leitung.

★ **Markt von Sa Pa** MARKT
(Đ Ngu Chi Son; ⌚6–14 Uhr) Leider musste der Markt von der Innenstadt in ein zweckmäßiges, modernes Gebäude in der Nähe des Busbahnhofs umziehen. Er lockt jedoch noch immer mit jeder Menge Betriebsamkeit, frischem Obst und Gemüse sowie einer Metzgerabteilung, die nichts für zarte Gemüter ist. An den meisten Tagen verkaufen außerdem Bergvölker aus den umliegenden Dörfern Kunsthandwerk. Samstags ist am meisten los.

Museum von Sa Pa MUSEUM
(103 Đ Xuan Vien; ⌚7.30–11.30 & 13.30–17 Uhr) GRATIS Hervorragende Ausstellung zur Geschichte und Ethnologie von Sa Pa einschließlich der französischen Kolonialzeit. Die Exponate erläutern die Unterschiede zwischen den ethnischen Minderheiten der Gegend, deswegen bietet sich ein Besuch als erster Programmpunkt nach der Ankunft an.

Schlafen

Sapa Graceful Hotel HOSTEL $
(☎0203-773 388; www.gracefulhotel.com; 9 Đ Phan Si; B 5 US$, DZ 18 US$; 📶) Mit seinem heimeligen Flair und der allabendlichen Happy Hour (zwei Bier zum Preis von einem) ist dieses Hostel perfekt auf die Bedürfnisse von Backpackern eingestellt. Der Schlafsaal ist klein, dafür findet man im Foyer gemütliche Sofas und jede Menge Bücher. Aus dem Hostel operiert auch der Veranstalter Sapa Sisters, deswegen gibt's zahlreiche Infos zum Wandern.

BUSSE AB BAC HA

ZIEL	PREIS (D)	DAUER (STD.)	HÄUFIGKEIT
Hanoi	300 000	11	3-mal tgl.
Lao Cai	70 000	2½	stündlich

EINREISE NACH CHINA: GRENZÜBERGÄNGE IM NORDOSTEN

Von Huu Nghi Quan nach Youyi Guan

Anreise zur Grenze Der Grenzübergang liegt 3 km nördlich von Dong Dang am Huu Nghi Quan (Freundschaftspass). Von Hanoi fährt man mit dem Bus nach Dong Dang (160 000 D, 3¼ Std und von dort mit einem *xe om* (30 000 D) zur Grenze. Auch internationale Züge, die direkt von Hanoi nach Nanning und Peking verkehren, nutzen diesen Übergang. Man kann jedoch weder in Lang Son noch in Dong Dang zusteigen.

An der Grenze Der Grenzübergang ist rund um die Uhr geöffnet. Visa für China muss man im Vorfeld besorgen.

Weiterreise Auf der chinesischen Seite der Grenze fährt man mit dem Bus oder Gemeinschaftstaxi 20 Minuten nach Pingxiang. Von dort starten Züge und Busse nach Nanning.

Von Mong Cai nach Dongxing

Anreise zur Grenze Der Übergang Mong Cai/Dongxing an der Grenze zu China wird von Besuchern nur selten genutzt und ist etwa 3 km vom Mong-Cai-Busbahnhof entfernt. Eine Fahrt mit dem *xe om* kostet rund 20 000 D, für ein Taxi zahlt man 40 000 D.

An der Grenze Die Grenze ist täglich von 7 bis 22 Uhr (vietnamesischer Zeit) geöffnet. In China ist es eine Stunde früher als in Vietnam. Für die Einreise nach China muss man sich im Voraus um ein Visum kümmern.

Weiterreise Auf der anderen Seite der Grenze in Dongxing fahren regelmäßig Busse nach Nanning in der chinesischen Provinz Guangxi.

Go Sapa Hostel HOSTEL $
(☎ 0203-871 198; www.gosapahostel.com; 25 Đ Thac Bac; B 110 000–150 000 D, DZ 400 000 D; @ 📶) Vom Zentrum Sa Pas geht's bergauf zu diesem Hostel in einem Gemeinschaftsgarten. Es beherbergt verschiedene Acht-Betten-Schlafsäle (mit Schließfächern) sowie teurere Unterkünfte mit Privatbädern und teils winzigen Balkonen. Darüber hinaus gibt's Waschmaschinen, Computer zur kostenfreien Nutzung und Leihräder.

Luong Thuy Family Guesthouse PENSION $
(☎ 0203-872 310; www.familysapa.com; 28 Đ Muong Hoa; B 5 US$, DZ 15–20 US$, 2BZ 25 US$; @ 📶) Die freundliche Pension hat einen anständigen, wenn auch dunklen Schlafsaal und gemütliche Privatzimmer. Hier kann man Motorräder und Fahrräder ausleihen, Wanderungen und Fahrzeuge arrangieren und von den vorderen Zimmern den Blick aufs Tal genießen.

★ **Nam Cang Riverside House** PRIVATUNTERKUNFT $$
(www.namcangriversidelodge.com; Dorf Nam Cang; DZ 60 US$) In einem Tal am Rand des winzigen Dorfes Nam Cang, 36 km von Sa Pa entfernt, vermietet dieses stilvolle Holzhaus neun Zimmer. Betrieben wird es von einer Familie der Roten Dzao und Topas Travel. Gäste erwarten eine wunderschöne Kulisse und Einblicke in den Alltag der hiesigen Bergvölker. Das Haus steht direkt neben einem sprudelnden Fluss vor einem dichten grünen Wald.

Essen & Ausgehen

Günstiges Essen gibt's auf dem Markt von Sa Pa. Die **Stände auf dem Nachtmarkt** südlich der Kirche verkaufen *bun cha* (gegrilltes Schweinefleisch).

Little Sapa VIETNAMESISCH $
(18 P Cau May; Gerichte 50 000–80 000 D; ⌚ 8–22 Uhr) In der touristischen Pho Cau May ist das Little Sapa eines der günstigeren Restaurants und lockt auch Einheimische an. Von den eher mittelmäßigen europäischen Gerichten lässt man besser die Finger und konzentriert sich auf die vietnamesischen Speisen.

Sapa O'Chau CAFÉ $
(www.sapaochau.org; 8 Đ Thac Bac; Snacks ab 20 000 D; ⌚ 6.30–18.30 Uhr; 📶) 🍃 Wenn man in diesem schnörkellosen, an den Touranbieter Sapa O'Chau angeschlossenen Café ist, sollte man unbedingt den mit Berghonig aus Sa Pa gesüßten Ingwertee probieren, der ideal zum Aufwärmen ist. Daneben werden

Sa Pa

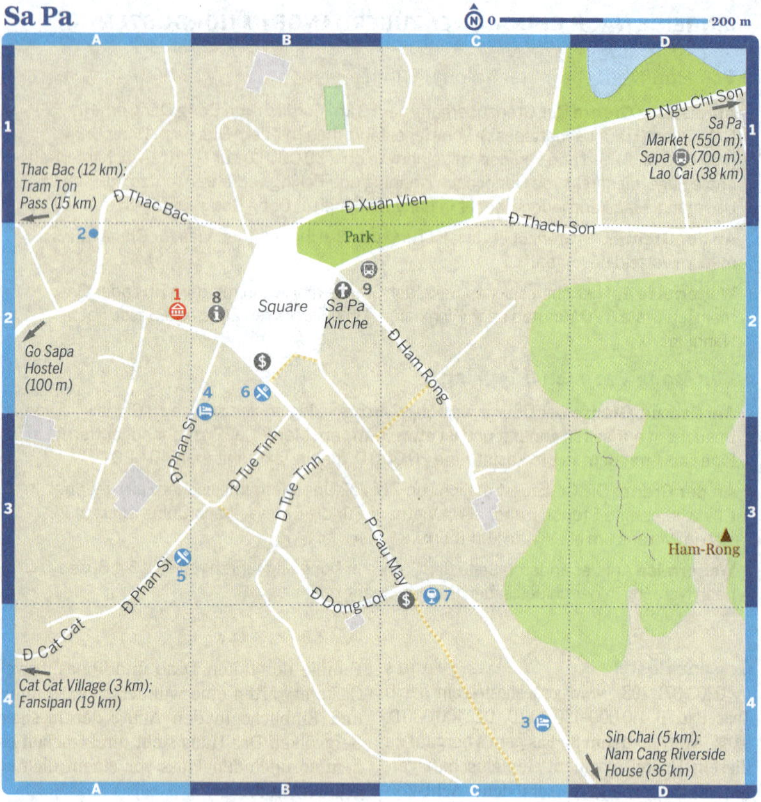

Sa Pa

Sehenswertes
1 Museum von Sa Pa A2

Aktivitäten, Kurse & Touren
2 Sapa O'Chau A2
Sapa Sisters .... (siehe 4)

Schlafen
3 Luong Thuy Family Guesthouse C4
4 Sapa Graceful Hotel B2

Essen
5 Hill Station Signature Restaurant A3
6 Little Sapa B2
Sapa O'Chau .... (siehe 2)

Ausgehen & Nachtleben
7 Mountain Bar & Pub C3

Praktisches
8 Sapa Tourism B2

Transport
9 Minibusse nach Lao Cai B2

gutes Frühstück und ein paar einfache Snacks serviert.

★ **Hill Station Signature Restaurant** VIETNAMESISCH $$
(www.thehillstation.com; 37 Đ Phan Si; Gerichte 90 000–180 000 D; ⏲7–23 Uhr; 📶) Hier gibt's Hmong-Küche par excellence, hübsches Zen-Dekor und einen großartigen Ausblick. Zur Auswahl stehen z. B. kurz gebratenes Schweinefleisch mit Limette, in Asche gebackene Forelle im Bananenblatt oder Blutwurst nach traditioneller Hmong-Art auf der Speisekarte. Auch die Sets der köstlichen hiesigen

Reis- und Getreideweine dürften neugierige reisende Feinschmecker interessieren. Unbedingt probieren sollte man außerdem die äußerst delikaten Regenbogenforellen-Rollen, die gewissermaßen das „Sushi von Sa Pa" sind.

Mountain Bar & Pub BAR
(2 Đ Muong Hoa; ⌚12–23 Uhr; 📶) Gefährlich starke Cocktails, kaltes Bier und hart umkämpfte Tischfußballturniere versprechen einen wunderbar unterhaltsamen Abend. Wenn es draußen kalt ist, wird es selbst den Verfrorensten bei einer Shisha neben dem offenen Kamin wieder warm. Perfekt in die Bergkulisse passt außerdem ein warmer Apfelwein.

ℹ Praktische Informationen

WLAN ist in Hotels sowie vielen Restaurants und Cafés Standard. Es gibt mehrere Geldautomaten in der Stadt, u. a. von **Agribank** (P Cau May; ⌚Mo–Fr 8–15 Uhr, Geldautomat 24 Std.). Die hilfsbereiten englischsprachigen Mitarbeiter von **Sapa Tourism** (☎020-387 3239; www.sapa-tourism.com; 103 Đ Xuan Vien; ⌚7.30–11.30 & 13.30–17 Uhr) haben genaue Informationen zu An- und Abreise, Wanderungen und zum Wetter vor Ort.

ℹ An- & Weiterreise

Das Tor zu Sa Pa ist das 38 km westlich gelegene Lao Cai. Minibusse (30 000 D, 30 Min., alle 30 Min.) verkehren zwischen 6 und 18 Uhr.

Hotels und Reiseagenturen organisieren Minibustouren auf den Sonntagsmarkt von Bac Ha (hin & zurück ab 20 US$); alternativ fährt man mit dem öffentlichen Minibus über Lao Cai.

Vom Busbahnhof in Sa Pa fahren Busse nach Hanoi (250 000–300 000 D, 6–10 Std., 6-mal tgl.). An einer Haltestelle in der Nähe der Kirche von Sa Pa starten Minibusse nach Lai Chau (75 000 D, 3 Std., 10-mal tgl.). Wer nach Dien Bien Phu möchte, muss in Lai Chau umsteigen.

Die meisten Hotels und Reisebüros in Sa Pa können Fahrkarten von Lao Cai nach Hanoi buchen.

Dien Bien Phu

☎0230 / 72 700 EW.

Am 7. Mai 1954 wurden die Truppen der Kolonialmacht Frankreich in einer entscheidenden Schlacht bei Dien Bien Phu von der Vietminh geschlagen und die Tage von Französisch-Indochina waren gezählt.

Dien Bien Phu, das vorher nur eine kleine Siedlung gewesen war, erlebte in den letzten Jahren einen Boom. Alleen und Gebäude entstanden und am Flughafen landen nun täglich Maschinen aus Hanoi.

Sehenswertes

★ Dien-Bien-Phu-Museum MUSEUM
(☎0230-382 4971; Đ 7–5; Eintritt 15 000 D; ⌚7–11 & 13.30–16.30 Uhr) Dieses gut gestaltete Museum in einem futuristisch-modernen Gebäude erinnert mit einer facettenreichen Sammlung an die Schlacht von 1954. Sie umfasst Waffen und Gewehre, eine Badewanne, die dem französischen Kommandeur und Oberstleutnant Christian de Castries gehörte, ein Fahrrad, mit dem 330 kg Kriegsmaterial transportiert werden konnten, sowie zahlreiche Fotografien und Dokumente, teilweise mit Erläuterungen auf Englisch.

Bunker von Oberst de Castries DENKMAL
(Eintritt 5000 D; ⌚7–11 & 13.30–17 Uhr) Auf der anderen Seite des Ron-Flusses wurde der Kommandobunker von Oberst Christian de Castries nachgebaut. In der Nähe stehen ein paar ausrangierte Panzer und oft sieht man vietnamesische Touristen, die den Bunker besteigen und die vietnamesische Fahne schwenken. Sie stellen damit ein bekanntes Foto nach, das zum Ende der Schlacht aufgenommen wurde.

Hügel A1 DENKMAL
(Đ 7–5; Eintritt 3000 D; ⌚7–11 & 13.30–17 Uhr) An dieser früheren französischen Stellung – von den Franzosen als Eliane und von den Vietnamesen als Hügel A1 bezeichnet – befinden sich Panzer und ein Denkmal für die Opfer

BUSSE AB DIEN BIEN PHU

ZIEL	FAHRPREIS (D)	FAHRTDAUER (STD.)	HÄUFIGKEIT
Hanoi	270 000–300 000	11½	4.30–21 Uhr häufig
Lai Chau	130 000	6–7	6.15, 7, 8, 9, 10, 12.30, 13.15 Uhr
Muang Khua (Laos)	110 000	7–8	5.30 Uhr
Muong Lay	62 000	3–4	14.30, 15, 16 Uhr
Son La	105 000	4	4.30, 8, 12, 14 Uhr

EINREISE NACH LAOS: VON DIEN BIEN PHU NACH MUANG KHUA

Anreise zur Grenze Busse von Dien Bien Phu nach Muang Khua (110 000 D, 7–8 Std.) überqueren täglich um 5.30 Uhr den Grenzübergang Tay Trang–Sop Hun. Es ist ratsam, das Ticket schon einen Tag vor der Reise zu kaufen. Die Fahrt kann sich je nach Straßenzustand und Dauer der Grenzformalitäten auch länger hinziehen. Weitere Ziele in Laos, zu denen Busse ab DBP fahren, sind u. a. Luang Prabang (495 000 D, 6 Uhr), Nam Tha (350 000 D, 6.30 Uhr) und Oudom Xai (230 000 D, 7.30 Uhr).

An der Grenze Täglich von 7 bis 19 Uhr geöffnet. Die meisten Reisenden erhalten bei der Einreise nach Laos ein Visum für 30 Tage (20 bis 42 US$, je nach Nationalität). Voraussetzung sind ein Pass und etwas zusätzliches Bargeld für gelegentlich erhobene „Verwaltungsgebühren" (ca. 5 US$).

Weiterreise Von Muang Khua fahren Busse nach Oudom Xai.

Weitere Infos für das Überqueren der Grenze in entgegengesetzter Richtung gibt's auf S. 368.

der Vietminh. Die aufwendigen Schützengräben, die das Kernstück der französischen Verteidigung bildeten, wurden ebenfalls nachgebaut.

Schlafen & Essen

In Dien Bien Phu sind die Möglichkeiten zum Essengehen beschränkt. Gegenüber vom Busbahnhof findet man *pho*-Stände und einfache Restaurants.

★ **Ruby Hotel** HOTEL $
(☎ 091 365 5793; www.rubyhoteldienbien.com; abseits der Đ Nguyen Chi Thanh; EZ/DZ/3BZ 400 000/500 000/600 000 D) Am Ende einer beschilderten Gasse wartet dieses freundliche Hotel mit den besten Preisen der Stadt auf. Die gemütlich eingerichteten Zimmer haben neue Betten, Flachbildfernseher und Bäder mit Regenduschen. Für Alleinreisende lohnt sich der Aufpreis für ein Doppelzimmer, da die Einzelzimmer ziemlich klein sind.

Binh Long Hotel PENSION $
(☎ 0230-382 4345; 429 Đ Muong Thanh; DZ 200 000 D; ❄ 📶) Geschäfte flankieren diesen kleinen Familienbetrieb mitten im Trubel an der Hauptstraße. Die kleinen Zimmer sind sehr verwohnt, aber in einem besseren Zustand als die der anderen Budgetunterkünfte der Stadt.

Yen Ninh VIETNAMESISCH $
(P Be Van Dan; Gerichte 50 000–80 000 D; ⏲ 11–21 Uhr; 🌿) Der einfache vegetarische Imbissladen serviert leckere Nudel- und Reisgerichte mit jeder Menge Tofu.

Praktische Informationen

In der Đ Hoang Van Thai gibt's Internetcafés. Geldautomaten findet man in DBP zuhauf.

An- & Weiterreise

Vietnam Airlines (☎ 0230-382 4948; www.vietnamairlines.com; Đ Nguyen Huu Tho; ⏲ 7.30–11.30 & 13.30–16.30 Uhr) fliegt zweimal täglich zwischen Dien Bien Phu und Hanoi. Das Büro befindet sich ca. 1,5 km vom Stadtzentrum entfernt, die Straße nach Muong Lay entlang.

NORDZENTRALVIETNAM

Mit einer uralten Geschichte, einer faszinierenden Kultur, unglaublichem Essen und traumhaften Stränden ist Nordzentralvietnam ausgesprochen reizvoll. In dieser Region liegen sowohl die ruhige Stadt Hue (die einstige Hauptstadt des Kaiserreichs), die Kriegsschauplätze der Entmilitarisierten Zone, das boomende Da Nang sowie Hoi An, ein wahres architektonisches Schmuckstück, in dem die Zeit stehen geblieben ist. Und auch die sehenswerten Ruinen von My Son, die außergewöhnlichen Höhlensysteme von Phong Nha, die Karstlandschaft rund um Ninh Binh sowie zahlreiche Naturschutzgebiete tragen zu dem überwältigenden Reiz der Region bei.

Ninh Binh

☎ 030 / 158 000 EW.

Ninh Binh ist an sich kein Reiseziel, aber eine gute Basis für die Erkundung typisch vietnamesischer Karstlandschaften und ländlicher Gegenden (darunter die Nationalparks Tam Coc und Cuc Phuong). Allerdings sind viele seiner Attraktionen sehr kommerziell.

Schlafen & Essen

Die Unterkünfte in der Gegend haben ein hervorragendes Preis-Leistungs-Verhältnis, die Auswahl an Restaurants ist aber begrenzt. Nicht entgehen lassen sollte man sich die hiesige Spezialität *de* (Ziegenfleisch).

Xuan Hoa Hotel 1 HOTEL $
(☎030-388 0970; www.xuanhoahotel.com; 31D P Minh Kai; Zi. 15–30 US$; ❄@📶) Die Zimmer des freundlichen Hotels verteilen sich auf zwei Gebäude. Im Originalhaus, dem Xuan Hoa Hotel 1, haben Gäste nach dem Checkout die Möglichkeit, ihr Gepäck in einem Raum zu deponieren oder eine Dusche zu nehmen. Im nahe gelegenen **Xuan Hoa Hotel 2** (☎030-388 0970; www.xuanhoahotel.com; 3D Minh Khai; Zi. 6–12 US$; ❄@📶) überblicken Balkone ein ruhiges Viertel. Vorm Abendessen im Xuan Hoa Hotel 1 bietet sich ein Bier am Ufer des kleinen Sees an.

Thanh Thuy's Guest House & New Hotel PENSION $
(☎030-387 1811; www.hotelthanhthuy.com; 53 Đ Le Hong Phong; B 6 US$, Zi. 12–30 US$; ❄@📶) Im Hof dieser Pension lernt man leicht andere Traveller kennen, die sauberen Zimmer – teils mit Balkon – sind günstig, und Gäste können Touren buchen. Die billigeren Quartiere haben nur Ventilatoren.

Trung Tuyet VIETNAMESISCH $
(14 Đ Hoang Hoa Tham; Gerichte 40 000–75 000 D; ⏲7–21.45 Uhr) Sättigende Portionen und ein herzlicher Empfang durch die Gastfamilie machen das geschäftige kleine Lokal bei Urlaubern beliebt. Gäste, die nach dem Essen mit dem Zug weiterreisen möchte, werden sogar zum nahe gelegenen Bahnhof gebracht.

Praktische Informationen

Internetcafés gibt's an der Đ Luong Van Tuy, Geldautomaten an der Đ Tran Hung Dao.

An- & Weiterreise

Regelmäßig fahren Busse von den Busbahnhöfen Giap Bat und Luong Yen in Hanoi hierher (ab 65 000 D, 2½ Std.).

In Ninh Binh halten Open-Tour-Busse und einige der Züge, die zwischen Hanoi und HCMC verkehren.

Rund um Ninh Binh

Die Pensionen in Ninh Binh können Verkehrsmittel und Touren zu allen Sehenswürdigkeiten rund um die Stadt arrangieren.

Tam Coc

Die berühmte, wenn auch touristische Stätte ist für ihre riesigen, über den Reisfeldern thronenden Kalksteinformationen bekannt und liegt 9 km südwestlich von Ninh Binh. Die wunderbaren zweistündigen **Bootsfahrten in Tam Coc** (Erw./Kind 120 000/60 000 D, Boot 150 000 D, max. 2 Pers. pro Boot; ⏲7–15.30 Uhr) führen durch großartige Landschaften und Karsthöhlen. In den Booten haben zwei Passagiere Platz; Schatten gibt's nicht. Man sollte sich auf aufdringliche Verkäufer einstellen.

Chua Bai Dinh

Der riesige (moderne) buddhistische Tempelkomplex **Chua Bai Dinh** (⏲7–17.45 Uhr) GRATIS zieht Tausende vietnamesische Besucher an.

Die etwas an Kreuzgänge erinnernden Arkaden führen vorbei an 500 Stein-*arhats* (Statuen erleuchteter Buddhisten). Sie säumen den Weg zur Phap-Chu-Pagode mit ihrem dreistöckigen Dach, die einen 10 m hohen, 100 Tonnen schweren Buddha aus Bronze beherbergt.

Chua Bai Dinh befindet sich 11 km nordwestlich von Ninh Binh. Ein elektrischer Zug (30 000 D pro Pers.) pendelt zwischen Parkplatz und Haupteingang.

Hoa Lu

Zu Zeiten der Dinh- (968–980) und der Le-Dynastie (980–1009) war Hoa Lu, das 12 km nordwestlich von Ninh Binh liegt, die Hauptstadt Vietnams. Die **alte Zitadelle**, die leider größtenteils zerstört ist, erstreckte sich einst auf einer Fläche von ca. 3 km².

Cuc-Phuong-Nationalpark

☎030 / 150–648 M

1963 wurde dieses eindrucksvolle Schutzgebiet als erster **Nationalpark** (☎030-384 8006; www.cucphuongtourism.com; Erw./Kind 40 000/20 000 D) des Landes ausgewiesen. Hier leben heute 307 Vogel-, 133 Säugetier- und 122 Reptilienarten, zudem gibt's über 2000 verschie-

MATT MUNRO/LONELY PLANET ©

1. Pho Bo
Diese Nudelsuppe mit Rindfleisch enthält als Gewürze Schalotten, Ingwer, Fischfond, schwarzen Kardamom, Sternanis und Kassie.

2. Japanese Covered Bridge (S. 921)
Hoi Ans berühmte Brücke wurde in den 1590er-Jahren von der japanischen Stadtbevölkerung erbaut.

3. Essen auf dem Markt, Hoi An (S. 920)
Bei einer kleinen Mahlzeit in einem der Marktrestaurants kann man gut lokale Spezialitäten probieren.

4. Tet (S. 27), Ho-Chi-Minh-Stadt
Das Mond-Neuahr wird mit Straßenparaden, Geschenken und Familienzusammenkünften begangen.

3

dene Pflanzen. Viele Wildtiere sind jedoch der Wilderei zum Opfer gefallen.

Es gibt gute Wandermöglichkeiten, außerdem kann man zu einem gigantischen tausendjährigen Baum *(tetrameles nudiflora)* spazieren (hin & zurück 8 km) oder ein Muong-Dorf besuchen, wo Raftingtouren angeboten werden. Wer eine längere Trekkingtour unternehmen möchte, benötigt einen Führer.

Im **Rettungszentrum für gefährdete Primaten** (☎ 030-384 8002; Eintritt 30 000 D; ⏲ 9–11 & 13.30–16 Uhr) leben etwa 150 seltene Affen, die entweder in Gefangenschaft gezüchtet wurden oder aus den Fängen illegaler Händler befreit werden konnten. Die Gibbons, Languren und Loris werden resozialisiert, beobachtet und nach Möglichkeit wieder in ein halb wildes Leben entlassen.

Außerdem gibt's ein **Schildkrötenschutzzentrum** (☎ 030-384 8090; www.asianturtleprogram.org; ⏲ 9–11 & 14–16.45 Uhr) mit exzellenten informativen Ausstellungen. Besucher erhalten Einblicke in die Entwicklung und Aufzucht der Tiere. Das Zentrum züchtet erfolgreich elf verschiedene Schildkrötenarten und entlässt sie in die Freiheit.

In der Regenzeit (Juli–Sept.) sind Blutegel in Cuc Phuong weit verbreitet.

Im Park gibt es verschiedene Unterkunftsbereiche. Bei der **Hauptverwaltung des Parks** (EZ 16–35 US$, DZ 27–50 US$, Stelzenhaus 14 US$, Bungalow 23 US$) stehen Standardzimmer, kürzlich neu gestaltete „Deluxe"-Quartiere, ein Stelzenhaus und ein privater Bungalow zu Verfügung. Zudem befindet sich hier ein einfaches Restaurant.

Der Cuc-Phuong-Nationalpark liegt 45 km westlich von Ninh Binh und wird in unregelmäßigen Abständen von Bussen angesteuert (28 000 D, 1½ Std.). Am besten besucht man ihn mit einem Mietwagen.

Phong-Nha-Ke-Bang-Nationalpark

Im ungewöhnlichen **Phong-Nha-Ke-Bang-Nationalpark** GRATIS, einer UNESCO-Welterbestätte, befinden sich die ältesten Karstberge Asiens und Hunderte Höhlensysteme. Er wartet mit erstaunlichen Trockenhöhlen, terrassierten Höhlen, hohen Stalagmiten und glitzernden, von Kristallen gesäumten Stalaktiten auf: Überwältigender kann sich die Natur kaum präsentieren.

Erst in den 1990er-Jahren begannen ernsthafte Erkundungen. Zunächst drangen die Höhlenforscher tief in die Phong-Nha-Höhle vor, eines der größten Höhlensysteme der Welt. 2005 wurde die Paradieshöhle entdeckt, und 2009 entdeckte ein Team die größte Höhle der Welt, die Son Doong. Jedes Jahr stoßen Teams auf neue riesige Höhlen und unbekannte Gänge.

Der größte Teil dieses bergigen, 885 km² großen Nationalparks ist mit fast unberührtem tropischem immergrünem Dschungel bedeckt, der zu über 90 % aus Primärwald besteht. Über 100 Säugetierarten (darunter zehn Primatenarten, Tiger, Elefanten und die seltenen asiatischen Saola-Antilopen), 81 Reptilien- und Amphibienarten und über 300 Vogelarten wurden im Park registriert.

Bis vor Kurzem wurde der Zugang streng vom vietnamesischen Militär kontrolliert. Inzwischen wurden die Bestimmungen zwar gelockert, aber offiziell darf man nicht ohne lizensierten Tourveranstalter herwandern.

Die Region Phong Nha wandelt sich schnell und immer mehr Unterkünfte werden eröffnet. Das Zentrum ist das Dorf **Son Trach** (3000 EW.), allerdings ist es winzig. Bisher gibt's nur wenige Verkehrsverbindungen, das Angebot verbessert sich jedoch allmählich.

Sehenswertes & Aktivitäten

★ Tu-Lan-Höhle HÖHLE

(www.oxalis.com.vn; 2-tägige Tour 5 500 000 D) Eine Tour durch die Tu-Lan-Höhle beginnt mit einer ländlichen Wanderung, anschließend schwimmt man (mit Stirnlampen und Rettungswesten) durch zwei spektakuläre Flusshöhlen, die zu einem idyllischen Flusstal führen. Nun geht's durch dichten Wald zu einer Art Strand, an dem die Flüsse zusammenfließen und der sich wunderbar zum Campen eignet. Riesige Höhlen bieten tolle Bademöglichkeiten. Für die Exkursion sollte man einigermaßen fit sein. Die Tu-Lan-Höhle liegt 65 km nördlich von Son Trach und ist nur im Rahmen einer geführten Tour zu besuchen.

★ Hang Toi HÖHLE

(Dunkle Höhle; 350 000 D pro Pers.) Teilnehmer dieser Höhlentour sausen an einer Zipline über das Wasser, schwimmen danach in die Höhle und erkunden schließlich einen stockdunklen Gang aus matschigem Schlamm – kein Wunder, dass man bereits im Voraus oft Geschichten darüber hört. Vor dem Verlassen der Höhle führt eine gemütliche Kajakfahrt zu einem Steg mit weiteren Ziplines, über die man ins Wasser gleitet.

HANG SON DOONG

Ho Khanh, ein Jäger, stolperte in den frühen 1990er-Jahren über die enorme **Hang Son Doong** (Höhle von Berg und Fluss), doch das gigantische Ausmaß dieser Höhle – mit über 5 km Länge, 200 m Höhe und bis zu 150 m Breite die größte der Welt – bestätigte sich erst 2009, als britische Forscher mit ihm zurückkehrten.

Punktuell scheint Sonnenlicht in die Höhle und enthüllt Formationen ätherischer -Stalagmiten (einige bis zu 80 m hoch), die Höhlenforscher als Kaktusgarten bezeichnet haben. Zudem wurden riesige Höhlenperlen von 10 cm Durchmesser entdeckt und es gibt auch prächtige Sinterbecken.

Die Hang Son Doong ist eine der spektakulärsten Sehenswürdigkeiten Südostasiens, und der einzige Spezialanbieter, der eine Genehmigung (und zwar von keinem Geringerem als dem vietnamesischen Präsidenten) für geführte Touren zur Höhle hat, ist das in Son Trach ansässige Oxalis Adventure Tours. Siebentägige Expeditionen kosten pro Tag und pro Person irrwitzige 3000 US$.

Paradieshöhle HÖHLE
(Thien Dong; Erw./Kind unter 1,30 m 250 000/125 000 D; ⌚7.30–16.30 Uhr) Über 31 km erstreckt sich dieses bemerkenswerte Höhlensystem inmitten bewaldeter Karstgipfel, die meisten Besucher besichtigen aber nur den ersten Kilometer. Doch der hat es in sich: Hölzerne Treppen führen hinunter in kathedralenartige Räume mit riesigen Stalagmiten und schimmernden Stalaktiten. Wer seine Ruhe haben möchte, sollte früh kommen, denn zur Hauptbesuchszeit (früher Nachmittag) schleusen Tourguides Gruppen mit Megaphon durch die Anlage. Die Paradieshöhle liegt etwa 14 km südwestlich von Son Trach. Elektrobuggys (einfache Fahrt/hin & zurück 15 000/25 000 D pro Pers.) bringen Besucher vom Parkplatz zum Eingang.

Phong-Nha-Höhlen HÖHLE
(Erw./Kind unter 1,30 m 150 000/25 000 D, Boot für bis 14 Pers. 320 000 D; ⌚7–16 Uhr) Die spektakuläre Bootsfahrt durch die Phong-Nha-Höhle ist ein tolles, wenn auch touristisches Erlebnis, das im Dorf Son Trach beginnt. Man fährt vorbei an Büffeln, Kalksteingipfeln und spitzen Türmen zur klaffenden Öffnung der Höhle. Dort wird der Motor abgestellt und Boote gleiten still von einer bunt beleuchteten Kaverne zur nächsten. Auf dem Rückweg kann man über 330 Stufen die auf einem Berg gelegene Tien-Son-Höhle erklimmen (80 000 D). Dort lassen sich die Überreste von Cham-Altären aus dem 9. Jh. bewundern.

Hang Va HÖHLE
(9 000 000 D pro Pers.) Seit 2015 ist die Höhle, die erst 2012 entdeckt wurde, auch für Besucher zugänglich. Die zweitägige Exkursion mit Übernachtung beginnt mit einer Fahrt auf einem unterirdischen Fluss in Hang Nuoc Nut. Als Unterkunft dient ein Dschungelcamp am Eingang der Hang-Va-Höhle. Besonders eindrucksvoll ist ein spektakuläres Stalagmitenfeld im kristallenen Wasser. Seile und Gurtzeug sind wichtige Bestandteile der Tour, die über Oxalis gebucht werden kann.

Hang En HÖHLE
(6 000 000 D pro Pers.) Die gigantische Höhle liegt in direkter Nähe zu Hang Son Doong und ist ebenfalls in der Fotoserie des *National Geographic* von 2011 enthalten. Hierher führt eine Wanderung durch dichten Dschungel, Täler und ein Minderheitendorf der Ban Doong, einer sehr abgelegenen Stammessiedlung ohne Strom und Straßen. Teilnehmer übernachten in der Höhle oder in einem der Dörfer. Die Touren können über Oxalis oder Phong Nha Farmstay Tours gebucht werden.

☞ Geführte Touren

★ **Oxalis Adventure Tours** GEFÜHRTE TOUREN
(☎ 091 990 0423; www.oxalis.com.vn; Son Trach) Oxalis ist der unangefochtene Experte für Höhlen- und Wandertouren und der einzige Anbieter mit einer Lizenz für Exkursionen nach Hang Son Doong. Die Mitarbeiter sprechen fließend Englisch und wurden von den international renommierten britischen Höhlenkletterern Howard und Deb Limbert ausgebildet. Sämtliche Touren, von Tagesausflügen nach Tu Lan bis zu einwöchigen Expeditionen in die größte Höhle der Welt, sind minutiös geplant. Zudem kommen hiesige Guides und Träger zum Einsatz, sodass die lokale Wirtschaft profitiert. In dem am Fluss gelegenen Expedition Cafe lassen sich die Ausflüge bestens planen.

EINREISE NACH LAOS: ZENTRALE GRENZEN

Von Vinh nach Lak Sao

Anreise zur Grenze Der Übergang Cau Treo/Nam Phao (96 km westlich von Vinh und 30 km von Lak Sao in Laos entfernt) hat bei Alleinreisenden keinen guten Ruf. Überteuerte Tickets für Nahverkehrsbusse sind gängige Praxis, deswegen sollte man sich an Direktverbindungen halten. Busse fahren montags, mittwochs, freitags und samstags um 6 Uhr von Vinh nach Vieng Khan in Laos (280 000 D).

An der Grenze Die Grenze ist von 7 bis 18 Uhr geöffnet. Laos stellt an der Grenze Visa für 30 Tage aus, die zwischen 30 und 40 US$ kosten.

Weiterreise Auf der laotischen Seite verkehren Jumbos und *sŏrngtăaou* (kleine Pick-ups) zwischen der Grenze und Lak Sao für etwa 50 000 Kip (hart feilschen).

Weitere Infos für das Überqueren der Grenze in entgegengesetzter Richtung gibt's auf S. 382.

Von Vinh nach Phonsavan

Anreise zur Grenze Der Grenzübergang Nam Can–Nong Haet liegt 250 km nordwestlich von Vinh. Busse fahren montags, mittwochs, freitags und samstags um 6 Uhr über Phonsavan (410 000 D, 12 Std.) nach Luang Prabang (700 000 D, 22 Std.).

An der Grenze Visa für Laos kosten in der Regel 30 bis 40 US$.

Weiterreise Auf der laotischen Seite verkehren nur unregelmäßig Transportmittel nach Nong Haet, doch wenn man dort angekommen ist, kann man einen Bus nach Phonsavan nehmen.

Weitere Infos für das Überqueren der Grenze in entgegengesetzter Richtung gibt's auf S. 368.

Von Dong Hoi nach Thakkek

Von Dong Hoi verkehren täglich Busse nach Vientiane (400 000 D), zudem gibt's dienstags bis sonntags Verbindungen nach Thakkek (300 000 D). Beide benötigen neun Stunden und passieren den Grenzübergang Cha Lo–Na Phao, wo Visa für Laos ausgestellt werden. Umfassende und aktuelle Infos hat Sy im **Nam Long Hotel** (☎ 091 892 3595; www.namlonghotels.com) in Dong Hoi.

Weitere Infos für das Überqueren der Grenze in entgegengesetzter Richtung gibt's auf S. 382.

Phong Nha Farmstay Tours ABENTEUERTOUREN
(☎ 052-367 5135; www.phong-nha-cave.com; Cu Nam) In Zusammenarbeit mit Oxalis bucht das Farmstay Höhlentouren, aber die Erkundung der Landschaft und der Kriegsgeschichte der Gegend auf einer holperigen Fahrt mit einem US-Jeep oder einem russischen Ural-Motorrad mit Beiwagen ist mindestens genauso interessant. Die beliebte Nationalpark-Tour (1 450 000 D pro Pers.) des Farmstay bringt Teilnehmer mit dem Minibus zum Ho-Chi-Minh-Pfad, zur Paradieshöhle und nach Hang Toi.

Jungle Boss Trekking WANDERN
(☎ 094 374 8041; www.junglebosshomestay.com; 75 US$ pro Pers.) Dzung wird „Jungle Boss" genannt, stammt aus der EMZ, lebt seit acht Jahren in Phong Nha und ist ein erfahrener Guide für Touren in die Gegend. Er spricht ausgezeichnet Englisch und bietet einen aufregenden Tagesausflug auf dem Ho-Chi-Minh-Pfad und in das abgeschiedene Gebiet des Verlassenen Tals im Nationalpark. Teilnehmer benötigen einen mäßigen bis hohen Fitnessgrad.

Schlafen

Im Dorf Son Trach gibt's rund ein Dutzend Gästehäuser (alle 350 000 D).

Easy Tiger HOSTEL $
(☎ 052-367 7844; www.easytigerphongnha.com; Son Trach; B 160 000 D; ❄@🛜≋) Schlafsäle mit vier Betten, ein toller Bar-Restaurant-Bereich, ein Billardtisch und exzellente Besu-

cherinformationen zeichnen das Hostel in dem Ort Son Trach aus. Außerdem laden der Pool und der Biergarten nach einer Wanderung und Höhlentour zum Entspannen ein. Warum die Bettwäsche aus nachgemachten Leopardenfellen besteht, wissen nur die Besitzer selbst. Weniger geheimnisvoll sind die kostenlosen Leihfahrräder und die Karte zur Erkundung des interessanten Bong-Lai-Tales.

★ Phong Nha Farmstay PENSION **$$**
(☎ 052-367 5135; www.phong-nha-cave.com; Cu Nam; Zi. 900 000–1 200 000 D, FZ 1 300 000–2 000 000 D;) Mit diesem Farmstay wurde Phong Nha erst für Besucher interessant. Seine Zimmer sind recht klein, aber charmant, haben hohe Decken und von ihren Gemeinschaftsbalkonen genießt man einen idyllischen Blick auf ein Meer von Reisfeldern. Das Bar-Restaurant serviert asiatische und westliche Gerichte, das Ambiente ist gesellig und gelegentlich gibt's Filmvorführungen und Livemusik. Außerdem veranstaltet die Unterkunft ausgezeichnete Touren ins Umland und verleiht kostenlos Fahrräder.

Phong Nha Lake House Resort HOTEL **$$**
(☎ 052-367 5999; www.phongnhalakehouse.com; Khuong Ha; B 10 US$, DZ 42–60 US$, DZ 70 US$;) Beeindruckendes Resort am See, das einem australisch-vietnamesischen Paar gehört und über einen tollen Schlafsaal (mit guten Betten, Moskitonetzen, eigenem Bad und hoher Decke) sowie geräumige, stilvolle Villen verfügt. Darüber hinaus machen ein Pool und neuere Bungalows mit Seeblick das Resort zur komfortabelsten Unterkunft der Gegend. Das Restaurant ist in einem traditionellen Holzhaus aus der Provinz Ha Giang in Nordvietnam untergebracht.

Pepper House PENSION **$$**
(☎ 016 7873 1560; www.facebook.com/PepperHouseHomestay; Khuong Ha; B 200 000 D, Villen 1 400 000 D;) Geleitet wird diese einladende Pension von dem schon lange hier ansässigen Australier Dave, genannt „Multi", und seiner aus der Gegend stammenden Frau Diem. Ihre Gäste erwarten eine ländliche Kulisse und neue Doppelzimmer in Villen, die um einen kleinen Pool angeordnet sind, sowie einfachere Schlafsäle im Haupthaus. Auch das gute Essen und das kalte Bier wissen zu überzeugen.

Essen & Ausgehen

Bamboo Cafe CAFÉ **$**
(www.phong-nha-bamboo-cafe.com; Son Trach; Gerichte 35 000–70 000 D; ⌚7–22.30 Uhr;) Entspannte Oase an der Hauptstraße von Son Trach mit farbenfrohem Dekor, einer schicken Außenterrasse sowie preisgünstigen Gerichten und Getränken, darunter exzellente frische Frucht-Smoothies. Hier trifft man oft den freundlichen Hai, der **Touren mit dem Thema Umweltschutz** (☎ 096 260 6844; www.phong-nha-bamboo-cafe.com; 1 000 000 D pro Pers.) anbietet.

The Best Spit Roast Pork & Noodle Shop in the World (probably...) VIETNAMESISCH **$**
(Son Trach; Gerichte 30 000–50 000 D; ⌚7–16 Uhr) Neben dem wohl längsten Namen in ganz Vietnam hat das Restaurant auch exzellentes gegrilltes Schweinefleisch mit Nudeln, Baguette oder Reis zu bieten. Bei einem Spaziergang entlang der verschlafenen Hauptstraße

EINREISE NACH LAOS: VON DONG HA NACH SAVANNAKHET

Anreise zur Grenze Der Grenzübergang Lao Bao–Dansavanh gehört zu den beliebtesten und unkompliziertesten zwischen Laos und Vietnam. Busse nach Savannakhet in Laos verkehren von Hue über Dong Ha und Lao Bao. Außerdem verkehrt an ungeraden Tagen um 7 Uhr ein klimatisierter Bus von Hue (350 000 D, 9½ Std.), der gegen 8.30 Uhr in Dong Ha am Büro von Sepon Travel hält, um weitere Fahrgäste aufzunehmen. Es ist auch leicht, die Grenze auf eigene Faust zu überqueren; der Ausgangspunkt ist Dong Ha. Etwa alle 15 Minuten fahren Busse von Dong Ha nach Lao Bao (55 000 D, 2 Std.). Von dort verlangen *xe om* 12 000 D bis zur Grenze.

An der Grenze Die Grenze ist von 7 bis 18 Uhr geöffnet. Bei der Einreise erhält man ein laotisches Visum.

Weiterreise *Sŏrngtăaou* fahren regelmäßig nach Sepon. Dort steigt man in einen Bus oder ein weiteres *sŏrngtăaou* nach Savannakhet um.

Weitere Infos für das Überqueren der Grenze in entgegengesetzter Richtung gibt's auf S. 385.

Hue

von Son Trach einfach immer der Nase nach – man riecht das Lokal schon lange, bevor man es sieht.

★ Jungle Bar BAR

(Son Trach; ⌚7–24 Uhr; 📶) Auf dem Gelände des Easy Tiger (S. 904) befindet sich einer der geselligsten Treffpunkte der Stadt, dafür sorgen günstiges Bier, Billardtische und Livemusik an vier Abenden in der Woche. Wer sich patriotisch fühlt, kann die wachsende Flaggensammlung erweitern. Außerdem gibt's hier jede Menge Infos über die Gegend – und zwar nicht nur für Gäste des Easy Tiger.

ℹ Praktische Informationen

Hai, den man im Bamboo Cafe trifft, ist eine wunderbare Infoquelle für Individualreisende. Die hilfsbereiten Mitarbeiter des Phong Nha Farmstay und des Easy Tiger vermitteln Touren, Informationen und Transportmittel.

In Son Trach gibt's zwei Geldautomaten.

ℹ Anreise & Unterwegs vor Ort

Die Küstenstadt Dong Hoi, 166 km nördlich von Hue an der Nationalstraße 1 und der Bahnlinie von Norden nach Süden gelegen, ist das Tor zum Phong Nha. Der Nationalpark grenzt an den Ort Son Trach 50 km nordwestlich von Dong Hoi.

Hotels können Mitfahrgelegenheiten in Privatautos nach Dong Hoi (500 000 D) organisieren; sie ermöglichen es auch, dass sich Traveller das Auto und die Kosten teilen können.

Regelmäßig verkehren Nahverkehrsbusse (35 000 D, 1½ Std., 6–17 Uhr) zwischen dem Busbahnhof von Dong Hoi und Son Trach. Darüber hinaus gibt es eine Busverbindung ab Hue.

Von Da Nang oder Hoi An kommend, fährt ein Regionalbus (250 000 D, 7 Std.) gegen 13 Uhr vom Busbahnhof von Da Nang nach Phong Nha. Die Verbindung ist allerdings nicht verlässlich, deswegen sollte man sich auf der Website von Easy Tiger oder Oxalis nach dem aktuellen Status erkundigen.

Es ist möglich, ein Rad auszuleihen und die Region auf eigene Faust zu erkunden, allerdings gibt's keine Straßenschilder. Mit etwas Abenteuerlust, einem fahrbaren Untersatz und einer Landkarte (in der Jungle Bar oder bei Easy Rider fragen) ist das aber durchaus machbar. **Thang's Phong Nha Riders** (www.easytigerhostel.com/thangs-phong-nha-riders; neben Easy Tiger) verleiht für rund 400 000 D pro Tag ein Fahrrad mit Fahrer.

Hue

054 / 361 000 EW.

Paläste und Pagoden, Gräber und Tempel, Kultur und Küche, Geschichte und Romantik – an poetischen Wortpaaren, die die anmutige Stadt Hue beschreiben, herrscht kein Mangel. In die einstige Hauptstadt der Nguyen-Herrscher und heutige Welterbestätte strömen Scharen von Touristen, um die prächtigen kaiserlichen Grabstätten und die stattliche Zitadelle zu sehen. Die meisten architektonischen Highlights liegen am Nordufer des Song Huong (Parfümfluss). Wer sich erholen will, steuert am besten das Südufer an.

Alle zwei Jahre (immer in geraden Jahren) feiert die Stadt das **Hue-Festival** (www.huefestival.com; Ende April–Anfang Mai 2018) – ein Kunstfestival, auf dem einheimische und internationale Künstler und Darsteller ihre Werke präsentieren.

Sehenswertes & Aktivitäten

Die meisten wichtigen Sehenswürdigkeiten Hues, darunter die Kaiserstadt, befinden sich innerhalb der Mauern der Zitadelle, und es sind noch weitere Museen und Pagoden in der Stadt verstreut. Alle bedeutenden Königsgräber befinden sich etwas südlich von Hue.

Innerhalb der Zitadelle

Noch heute ist die zwischen 1804 und 1833 erbaute **Zitadelle** (Kinh Thanh) das Herz

Hue

Highlights
1 Kaiserstadt B2
2 To-Mieu-Tempelkomplex B3

Sehenswertes
3 Co-Ha-Gärten B2
4 Dien-Tho-Residenz A3
5 Lesesaal des Kaisers B2
6 Verbotene Purpurstadt B2
7 Hallen der Mandarine B2
8 Ngan-Tor C3
9 Ngo-Mon-Tor C3
10 Neun heilige Kanonen C3
11 Neun heilige Kanonen B4
12 Quang-Duc-Tor B4
13 Kaiserliches Theater B2
14 Thai-Hoa-Palast B3
15 Thai-To-Mieu-Tempelkomplex C2
16 Universität der Künste C2

Aktivitäten, Kurse & Touren
Cafe on Thu Wheels ..... (siehe 30)
17 Stop & Go Café F3

Schlafen
18 Home Hotel G2
19 Hue Backpackers G2
20 Huenino G2
21 Jade Hotel H3
22 Stay Hotel H1

Essen
23 Com Hen H1
24 Hang Me Me H2
25 Hong Mai C1
26 Lien Hoa H4
27 Mandarin Café F4
28 Ta.ke F4

Ausgehen & Nachtleben
29 Brown Eyes H3
30 Café on Thu Wheels G4
31 DMZ Bar G2

Shoppen
32 Dong-Ba-Markt E1
33 Spiral Foundation Healing the Wounded Heart Center H2

Praktisches
34 Mandarin Café F4
35 Sinh Tourist H3

Transport
36 Jetstar G3

Hues. Die mächtige Befestigungsanlage besteht aus 2 m dicken, 10 km langen Mauern, einem 30 m breiten und 4 m tiefen Burggraben und zehn Toren.

Die Kaiserstadt und die Verbotene Purpurstadt bildeten das Zentrum des königlichen Lebens Vietnams. An der Südwestseite standen Tempelkomplexe. Im Nordwesten befanden sich Wohnanlagen, im Nordosten Gärten und im Norden die Mang-Ca-Festung (bis heute eine Militärbasis).

Weitere Informationen zur Zitadelle sind auf S. 910 f. nachzulesen.

★ Kaiserstadt — HISTORISCHE STÄTTE

(Erw./Kind 150 000/30 000 D; ⏲ 7–17.30 Uhr) Die Kaiserstadt ist eine Zitadelle in der Zitadelle und beherbergte innerhalb ihrer 6 m hohen und 2,5 km langen Mauern die Residenz des Kaisers, Tempel und Paläste sowie die wichtigsten Staatsgebäude. Von der Originalanlage ist nur ein Bruchteil erhalten – die Kaiserstadt wurde während des Indochina- und des Vietnamkriegs heftig bombardiert, und nur 20 der ursprünglich 148 Gebäude überdauerten. Für die Erkundung der faszinierenden Stätte sollte man einen halben Tag einplanen, wegen der schlechten Beschilderung fällt die Orientierung allerdings nicht ganz leicht. Ihre Restaurierung und Rekonstruktion hält an.

Ngo-Mon-Tor — TOR

Gegenüber dem Flaggenturm befindet sich der Haupteingang zur Kaiserstadt, das Ngo-Mon-Tor. Der zentrale Durchgang mit den gelben Türen war dem Kaiser vorbehalten, ebenso wie die Brücke über den Lotusteich. Alle anderen mussten die Tore beiderseits des Durchgangs und die Pfade um den Teich herum nutzen. Auf dem Tor thront ein Ngu Phung (Aussichtsturm der fünf Phönixe), dessen oberste Stufe eine Trommel und ein Gong zieren.

Thai-Hoa-Palast — PALAST

Der Palast der höchsten Harmonie (1803) ist ein weitläufiger Saal mit einem kunstvoll verzierten Holzdach, das von 80 geschnitzten und lackierten Säulen getragen wird. Hier fanden offizielle Empfänge und wichtige Zeremonien statt. Bei staatlichen Anlässen saß der Kaiser auf seinem erhöhten Thron und sah den Besuchern entgegen, die durch das Ngo-Mon-Tor kamen. Bemerkenswert ist die eindrucksvolle audiovisuelle Ausstellung, die einen exzellenten Überblick über die gesamte Zitadelle, ihre Architektur und den historischen Kontext gibt. Das Fotografieren ist nicht erlaubt.

Halle der Mandarine HISTORISCHES GEBÄUDE
Direkt hinter dem Thai-Hoa-Palast dienten die Säle an beiden Seiten eines Hofes den Mandarinen als Büros und zur Vorbereitung auf höfische Zeremonien. Die Halle auf der rechten Seite zeigt faszinierende alte Fotografien (u. a. von der Krönung von Vua Duya Tan, der als kleiner Junge König wurde), vergoldete Buddha-Statuen und verschiedene kaiserliche Kuriositäten. Hinter dem Hof befinden sich die Ruinen des Can-Chanh-Palastes, wo zwei wunderbare lange Galerien, die in leuchtend scharlachrotem Lack gestrichen wurden, restauriert worden sind.

Lesesaal des Kaisers HISTORISCHES GEBÄUDE
(Thai Binh Lau) Der exquisite, wenn auch renovierungsbedürftige kleine zweistöckige Lesesaal des Kaisers war der einzige Teil der Verbotenen Purpurstadt, der während der französischen Wiederbesetzung Hues im Jahr 1947 unbeschädigt blieb. Zurzeit wird er renoviert und ist nicht für Besucher zugänglich. Dafür kann man aber auf dem Dach die Mosaike im Gaudi-Stil bewundern.

Kaiserliches Theater HISTORISCHES GEBÄUDE
(Duyen Thi Duong; ☎054-351 4989; www.nhanhac.com.vn; Vorstellungen 50 000–100 000 D; ⏲Vorstellungen 9, 10, 14.30 & 15.30 Uhr) 1826 wurde mit dem Bau des Kaiserlichen Theaters begonnen. Später beherbergte es das Nationale Musikkonservatorium und wurde auf seinem früheren Fundament wieder aufgebaut. Die kulturellen Aufführungen dauern 45 Minuten.

Südöstlich des Theaters befinden sich die wenigen Überreste des **Thai-To-Mieu-Tempelkomplexes** (heute ist hier eine Baumschule) und der früheren **Kunsthochschule**.

Co-Ha-Gärten GARTEN
Die ersten vier Kaiser der Nguyen-Dynastie gestalteten diese hinreißenden Gärten in der Nordostecke der Kaiserstadt, die aber später verfielen. In den vergangenen Jahren wurden sie aufwendig wiederhergestellt und sind mit kleinen Pavillons und Teichen geschmückt. Die Anlage gehört zu den idyllischsten Orten der gesamten Zitadelle und wurde während unseres Besuchs erneut sorgfältig restauriert.

Verbotene Purpurstadt RUINE
(Tu Cam Thanh) Von der ehemals prächtigen Verbotenen Purpurstadt, dem einstigen Herzstück der Kaiserstadt, ist kaum noch etwas übrig. Die Zitadelle in der Zitadelle war allein dem Kaiser vorbehalten. Eunuchen hatten als einzige Bedienstete Zutritt, weil sie keine Gefahr für die kaiserlichen Konkubinen darstellten. Die Verbotene Purpurstadt wurde in den Kriegen fast vollständig zerstört und die zerfallenen Ruinen sind von Unkraut bedeckt.

Dien-Tho-Residenz HISTORISCHES GEBÄUDE
Früher umfasste die imposante Dien-Tho-Residenz (1804), die teilweise nur noch eine Ruine ist, die Gemächer und die Audienzhalle der Königinmütter der Nguyen-Dynastie. In der Audienzhalle erläutert eine Fotoausstellung ihren früheren Gebrauch, zudem sind bestickte königliche Gewänder zu sehen. Direkt davor über einem Seerosenteich steht ein Vergnügungspavillon mit einem Café, das zu einer Verschnaufpause einlädt.

★ **To-Mieu-Tempelkomplex** BUDDHISTISCHER TEMPEL
Dieser sehr eindrucksvolle ummauerte Bereich in der südwestlichen Ecke der Kaiserstadt wurde hervorragend restauriert. Der imposante **Hien-Lam-Pavillon** mit drei Ebenen an der Südseite des Komplexes stammt aus dem Jahr 1824. Auf der anderen Seite eines Hofes steht der ehrwürdige **To-Mieu-Tempel**, der Schreine für alle Kaiser enthält, die von ihren Fotos gekrönt werden. Zwischen diesen Tempeln befinden sich die **Neun Dynastischen Urnen** *(dinh)*, die zwischen 1835 und 1836 gegossen wurden und je einem Nguyen-Herrscher gewidmet sind.

Die Neun Heiligen Kanonen HISTORISCHE STÄTTE
Gleich innerhalb der Festungsmauern stehen in der Nähe der Tore zu beiden Seiten des Flaggenturms die Neun Heiligen Kanonen (1804), symbolische Beschützer des Palasts und des Königreichs. Sie wurden von Kaiser Gia Long in Auftrag gegeben, sollten aber nicht tatsächlich abgefeuert werden. Die **vier Kanonen** in der Nähe des **Ngan-Tors** symbolisieren die vier Jahreszeiten, während die **fünf Kanonen** neben dem **Quang-Duc-Tor** für die fünf Elemente (Metall, Holz, Wasser, Feuer und Erde) stehen.

Außerhalb der Zitadelle

★ **Thien-Mu-Pagode** BUDDHISTISCHER TEMPEL
GRATIS Die 4 km südwestlich der Zitadelle auf einem Hügel über dem Parfümfluss erbaute

Die Kaiserstadt

RUNDGANG

In die Kaiserstadt, eine wilde Mischung aus sorgfältig restaurierten Palästen und Pagoden, Ruinen und Trümmern, gelangt man aus südlicher Richtung durch die Außenmauer der Zitadelle. Das Areal mit seinen verschiedenen Bauten lässt sich am besten bei einem Spaziergang gegen den Uhrzeigersinn erkunden.

In die Zitadelle führt das monumentale **Ngo-Mon-Tor** ❶. Dort befindet sich auch der Ticketschalter. Der dramatische Eingang hinterlässt einen bleibenden Eindruck und ist eine wahrhaft passende Einstimmung. Direkt vor einem erhebt sich der **Thai-Hoa-Palast** ❷, wo der Kaiser von seinem erhöhten Thron offizielle Besucher begrüßte. Weiter nördlich liegt ein kleiner Hof mit den zwei **Hallen der Mandarine** ❸. Diese dienten den chinesischen Beamten als Residenz und wurden von ihnen für die Vorbereitung von Zeremonien genutzt.

Im Kaiserlichen Theater in nordöstlicher Richtung standen mehrmals täglich traditionelle Tänze auf dem Programm. Anschließend kann man einen Blick auf die Kaiserliche Bibliothek werfen, die von Thieu Tri erbaut wurde. Unmittelbar östlich erstrecken sich die wunderschönen Co-Ha-Gärten, deren Spazierwege Hunderte Bonsaibäume und Topfpflanzen säumen.

Über den Nordteil des Komplexes wacht der Tu-Vo-Phuong-Pavillon. Ein Graben führt zur Truong-San-Residenz. Zurück in südlicher Richtung geht's über das Grundstück der **Dien-Tho-Residenz** ❹ zur hervorragend restaurierten Tempelanlage von To Mieu, dem wohl eindrucksvollsten Bau des gesamten Areals mit den großartigen **Neun Dynastichen Urnen** ❺.

TOP-TIPPS

Für die Erkundung der Zitadelle benötigt man einen halben Tag. Auf dem Gelände werden überall Getränke verkauft, die hübschesten Stellen für eine Pause sind jedoch die Co-Ha-Gärten, der Tu-Vo-Phuong-Pavillon und die Dien-Tho-Residenz, wo man etwas essen kann.

ANDERS BLOMQVIST / GETTY IMAGES ©

Dien-Tho-Residenz
Vielen Kaisermüttern diente dieser hübsche Teil des Komplexes mit seinen niedrigen Bauten und einem Teich als Residenz. Die jüngsten Gebäude stammen aus dem Jahr 1804.

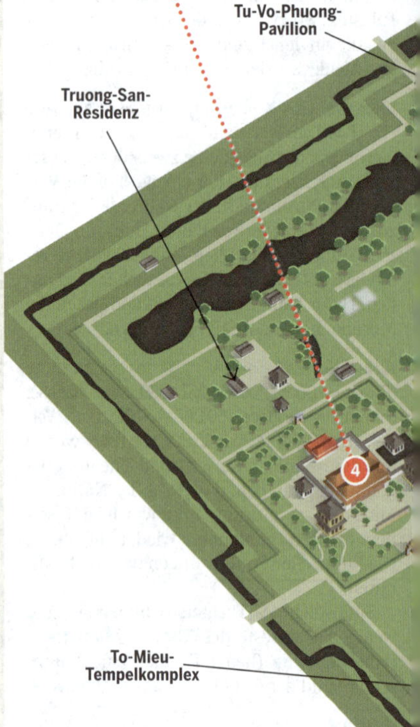

Neun Dynastiche Urnen
Die riesigen Bronzeurnen wurden von Kaiser Minh Mang in Auftrag gegeben und zwischen 1835 und 1836 gegossen. Sie verfügen über dekorative Elemente wie Landschaften, Flüsse, Blumen und Tiere.

ANDERS BLOMQVIST / GETTY IMAGES ©

Tu-Vo-Phuong-Pavilion

Einst schützte der zweistöckige von einem Graben gesäumte Pavillon den nördlichen Teil der Kaiserstadt. Er kombiniert europäische mit vietnamesischen Architekturstilen. Man beachte die kunstvollen Drachen auf dem Dach.

Hallen der Mandarine

Dank der Unterstützung der UNESCO gehen die Restaurierungsarbeiten der kunstvollen Decke und der Wandgemälde in der östlichen Halle weiter voran.

MICHAEL RUNKEL / GETTY IMAGES ©

Ngo-Mon-Tor

Als Haupteingang der Kaiserstadt dient dieses riesige wunderschöne Tor von 1833. Der untere Teil ist befestigt, der obere besticht durch sein aufwendiges Design.

Thai-Hoa-Palast

Die Säulen des Palasts sind aus Eisenholz gefertigt und mit zwölf Farbschichten aus leuchtendem Rot und Goldlack überzogen. Restaurationsarbeiten in den 1990er-Jahren retteten das Gebäude vor dem Zusammensturz.

SAMI SARKIS / GETTY IMAGES ©

Pagode ist eines der berühmtesten Bauwerke Vietnams und ein ebenso mächtiges Symbol von Hue wie die Zitadelle. Ihr 21 m hoher achteckiger Turm, **Thap Phuoc Duyen**, wurde 1844 unter Kaiser Thieu Tri errichtet. Die sieben Stockwerke sind alle jeweils einem *manushi-buddha* (einem Buddha, der in menschlicher Form erschien) gewidmet. Wer den Reisegruppen aus dem Weg gehen möchte, kommt am besten morgens.

Dieu-De-Nationalpagode BUDDHISTISCHER TEMPEL
(Quoc Tu Dieu De; 102 Đ Bach Dang) GRATIS Unter der Herrschaft des Kaisers Thieu Tri (1841–1847) über dem Dong-Ba-Kanal erbaut, ist diese Pagode für ihre vier niedrigen Türme berühmt – zwei stehen seitlich des Tors und zwei flankieren das Heiligtum. Die Pavillons an beiden Seiten des Haupttheiligtums beherbergen die 18 La Ha, die nur einen Rang unter Bodhisattva stehen, und die acht Kim Cang, die Beschützer Buddhas. In der hinteren Reihe des Haupt-Dais steht ein von zwei Anhängern flankierter Thich-Ca-Buddha.

Kaiserliches Museum der schönen Künste MUSEUM
(150 Đ Nguyen Hue; ⏲ Sommer 6.30–17.30 Uhr, Winter 7–17 Uhr) GRATIS Das kürzlich renovierte Museum befindet sich in dem vom Barock beeinflussten An-Dinh-Palast, der 1918 von Kaiser Khai Dinh in Auftrag gegeben wurde und mit kunstvollen Wandbildern, Blumenmotiven und illusionistischen Details verziert ist. Nach seiner Abdankung 1945 lebte Kaiser Bao Dai hier mit seiner Familie. Im Inneren werden hervorragende Keramiken, Möbel, Silber, Porzellan und kaiserliche Gewänder gezeigt, leider nicht immer mit den nötigen Informationen.

VERWÖHNPROGRAMM

Das **Tam Tinh Vien** (☎ 054-3519 990; www.huehomestay.wevina.vn; Zi. 40 US$; ❄@🛜🏊), rund 6 km von Hue entfernt im Dorf Long Ha, ist offiziell ein Homestay, erinnert jedoch eher an eine charmante Boutique-Pension. Geräumige Villen mit Himmelbetten und asiatischer Eleganz säumen einen kleinen Pool mit grünem Garten. Mit einem Mietfahrrad kommt man in 30 Minuten von Hue hierher; Taxis verlangen ganze 100 000 D.

Geführte Touren

Die meisten Hotels und Touristencafés arrangieren Tagesausflüge mit mehreren Teilnehmern (ab nur 5 US$ bis ca. 20 US$ pro Person). Es gibt viele verschiedene Routen; die besseren beginnen oft mit einer morgendlichen Bootsfahrt, halten an Pagoden und Tempeln und bringen die Teilnehmer nach dem Mittagessen per Minibus zu den wichtigsten Gräbern, ehe es mit dem Auto wieder zurück nach Hue geht. Bei den billigeren muss man oft ein Motorrad mieten oder laufen (in der größten Hitze), um von den Bootsanlegestellen zu den Gräbern zu gelangen.

Es ist auch problemlos möglich, ein *xe om* oder ein Zweirad zu mieten und alles auf eigene Faust zu erkunden.

Stop & Go Café GEFÜHRTE TOUREN
(☎ 054-382 7051; www.stopandgo-hue.com; 3 Đ Hung Vuong) Individuell zugeschnittene Motorrad- und Autotouren. Eine ganztägige Fahrt mit dem Auto in die EMZ unter Führung eines vietnamesischen Veteranen kostet bei einer vierköpfigen Gruppe faire 27 US$ pro Person. Empfehlenswert sind außerdem die geführten Touren nach Hoi An mit Zwischenstopps an Stränden.

Cafe on Thu Wheels GEFÜHRTE TOUREN
(☎ 054-383 2241; minhthuhue@yahoo.com; 10/2 Đ Nguyen Tri Phuong) Günstige Leihfahrräder sowie Motorrad-, Minibus- und Autotouren rund um Hue und die EMZ. Organisiert außerdem Fahrten nach Hoi An mit dem Motorrad (45 US$) oder Auto (55 US$).

Hue Flavor GEFÜHRTE TOUREN
(☎ 0905 937 006; www.hueflavor.com; 45 US$ pro Pers.) Bei den exzellenten Touren zu den Straßenimbissen der Stadt entdeckt man die Leckereien von Hues Küche. Die Teilnehmer fahren mit dem *cyclo* und probieren in vier Stunden rund fünfzehn verschiedene Gerichte.

Schlafen

★ **Home Hotel** HOTEL $
(☎ 054-383 0014; www.huehomehotel.com; 8 Đ Nguyen Cong Tru; Zi. 16–25 US$; ❄@🛜) Ein äußerst freundliches Team leitet dieses einladende Hotel mit jungem, hippem Ambiente. Die geräumigen Zimmer verteilen sich auf mehrere Etagen (ohne Aufzug), am schönsten sind die mit Blick auf die Đ Nguyen Cong Tru mit kleinem Balkon, Glastüren und Aussicht auf den Fluss.

NICHT VERSÄUMEN

KAISERGRÄBER

Die Gräber der Herrscher der Nguyen-Dynastie (1802–1945) sind extravagante Mausoleen, die sich 2 bis 16 km südlich von Hue am Ufer des Parfümflusses erstrecken. Geplant wurden die meisten bereits zu Lebzeiten der Herrscher, manche wurde sogar von ihnen bewohnt.

Ein paar Gräber kann man im Rahmen von Bootstouren besuchen. Wer sie in Ruhe besichtigen möchte, mietet sich besser für einen Tag ein Fahrrad, Motorrad oder *xe om*. Von den zahlreichen Stätten sind die folgenden drei besonders eindrucksvoll:

Grabstätte Tu Ducs (Erw./Kind 100 000/20 000 D) Zwischen 1864 und 1867 entstand diese Stätte, die das beliebteste und eindrucksvollste der kaiserlichen Mausoleen ist. Es wurde von Tu Duc höchstpersönlich entworfen und bereits vor seinem Tod von ihm genutzt. Die enormen Kosten und der Einsatz von Zwangsarbeitern beim Bau hätten beinahe zu einem Staatsstreich geführt, doch das Komplott wurde entdeckt und verhindert. Tu Ducs Grabstätte liegt 5 km südlich von Hue auf dem Van-Nien-Hügel in dem Dorf Duong Xuan Thuong.

Grabstätte Minh Mangs (Erw./Kind 100 000/20 000 D) Die majestätische Grabstätte ist für ihre Architektur und die idyllische Waldkulisse bekannt. Geplant wurde sie während der Herrschaft von Minh Mang (1820–1840), gebaut jedoch erst von seinem Nachfolger Thieu Tri. Minh Mangs Grab liegt in dem Dorf An Bang am Westufer des Parfümflusses, 12 km von Hue entfernt.

Grabstätte Khai Dinhs (Erw./Kind 100 000/20 000 D) Auf einem Hügel thront diese Stätte, die eine Synthese vietnamesischer und europäischer Elemente darstellt. Der größte Teil ihrer grandiosen Fassade besteht aus geschwärztem Beton, was für ein unerwartet gotisches Flair sorgt, während das Innere eine Explosion farbenfroher Mosaiken ist.

Huenino PENSION $

(☎054-625 2171; www.hueninohotel.com; 14 Đ Nguyen Cong Tru; Zi. 18–25 US$; ⊖❄@☜) Die freundliche und einladende familiengeführte Pension hat einen künstlerischen Touch, der sich in der stilvollen Einrichtung und den Kunstwerken zeigt. Die kleinen Zimmer sind mit Minibar, Kabelfernsehen und qualitativ hochwertigen Betten ausgestattet. Ein wirklich großzügiges Frühstück ist im Preis enthalten.

Beach Bar Hue HOTEL $

(☎090 899 3584; www.beachbarhue.com; Phu Thuan beach; B 12 US$; ⊖☜) Am großartigen Strand von Phu Thuan, rund 7 km südöstlich von Thuan An, vermietet das Beach Bar Hue exzellente Gemeinschaftsbungalows mit vier Betten auf einem traumhaften Sandstreifen (bis jetzt noch ohne nervige Verkäufer!). Getränke und Snacks gibt's an der originellen Bar aus Bambus und Stroh.

Stay Hotel HOTEL $

(☎054-3823 999; www.stayhotelhue.com; 7 Đ Nguyen Cong Tru; B 7 US$, DZ 14–24 US$; ❄@☜) Der Neuling der aufstrebenden Unterkunftsszene an der Đ Nguyen Cong Tru vermietet Zimmer mit farbenfroher Kunst, die teils den Fluss überblicken. Frühstück wird in einem stilvollen Essbereich serviert.

Hue Backpackers HOSTEL $

(☎054-382 6567; www.vietnambackpackerhostels.com; 10 Đ Pham Ngu Lao; B 8–12 US$, Zi. 18 US$; ❄@☜) Dank der zentralen Lage, sehr entgegenkommenden Mitarbeitern guten Infos und der geselligen Bar mit Restaurant ist dies ein echtes Backpackermekka. Die klimatisierten Schlafsäle sind hübsch gestaltet und haben Schließfächer.

Jade Hotel PENSION $

(☎054-393 8849; http://jadehotelhue.com; 17 Đ Nguyen Thai Hoc; Zi. 17–30 US$; ⊖❄@☜) In dieser guten Pension ist der Servicestandard einfach hervorragend, und die Mitarbeiter sind wirklich herzlich und gastfreundlich. Die Zimmer punkten mit bequemen weichen Matratzen, und in der netten Lobby-Lounge kann man relaxen.

Essen

Hues kulinarische Vielfalt ist erstaunlich. Es gibt viele einzigartige regionale Gerichte, darunter zahlreiche vegetarische Kreationen. Besonders lecker schmecken Kaiserliche Reiskuchen – die am weitesten verbreiteten sind *banh khoai*.

Hang Me Me VIETNAMESISCH $

(16 Đ Vo Thi Sau; Snacks ab 20 000 D) Eine tolle Adresse, um die vielen verschiedenen kaiserlichen Reiskuchen zu probieren, für die Hue bekannt ist. Die Portionen sind ziemlich groß, wer also mehrere Variationen probieren möchte, kommt am besten mit Freunden. Unser Favorit ist *banh beo*, kleine Reiskuchen mit Schalloten und getrockneten Garnelen.

Com Hen VIETNAMESISCH $

(17 Đ Han Mac Tu; Gerichte ab 10 000 D; ⌚7–23 Uhr) Hier kommen Schüsseln mit Reis *(com hen)* oder Nudeln *(bun hen)* samt frischen Kräutern und leckeren Muscheln von einer nahe gelegenen Insel mitten im Parfümfluss auf den Tisch. Die Portionen sind recht klein, Hungrige bestellen also am besten beide Varianten.

Lien Hoa VEGETARISCH $

(3 Đ Le Quy Don; Gerichte 50 000–75 000 D; ⌚6.30–21.30 Uhr;) Nüchternes vegetarisches Restaurant, das für sein sättigendes Essen zu Tiefstpreisen bekannt ist. Hier gibt's etwa frische *banh beo*, Nudelgerichte, knusprig gebratene Brotfrucht und Aubergine mit Ingwer. Auf der Karte stehen grobe englische Übersetzungen (die Mitarbeiter sprechen wenig oder kein Englisch).

Hong Mai VIETNAMESISCH $

(110 Đ Dinh Tien Toang; Snacks ab 20 000 D; ⌚11–20 Uhr) Nachdem man die Zitadelle bestaunt hat, kann man sich in diesem exzellenten vietnamesischen Lokal erstklassige Varianten von zwei klassischen Straßensnacks schmecken lassen. Die *banh khoai* (mit Schweinefleisch und Garnelen gefüllte Reispfannkuchen) sind leicht und mit Bohnensprossen verfeinert, und zum *nem lui* (gegrilltem Schweinehack auf Zitronengrasstengeln) passt bestens ein kühles Huda-Bier.

Mandarin Café VIETNAMESISCH $

(☎054-382 1281; www.mrcumandarin.com; 24 Đ Tran Cao Van; Gerichte ab 25 000 D; ⌚6–22 Uhr;) Der Besitzer dieses Cafés, Herr Cu, ist Fotograf, und seine inspirierenden Bilder zieren die Wände. Seit Jahren sind in dem entspannten Restaurant, das viele vegetarische Gerichte und Frühstücksoptionen anbietet, Backpacker zu Gast. Es ist zugleich ein Reisebüro.

Ta.ke JAPANISCH $$

(34 Đ Tran Cao Van; Gerichte 60 000–140 000 D; ⌚10–22 Uhr) Das authentische japanische Restaurant verbindet geschmackvolle Einrichtung (Laternen und Kalligrafie) mit einer ansprechenden Speiseauswahl (Sushi, Tempura und Yakitori-Gerichte). Im friedlichen Innenraum kann man sich wunderbar von Hues zunehmend hektischen Straßen erholen.

Ausgehen & Nachtleben

DMZ Bar BAR

(www.dmz.com.vn; 60 Đ Le Loi; ⌚7–1 Uhr;) Die Bar am Fluss mit kostenlosem Billardtisch, kaltem Huda-Bier, Cocktails (Tipp: der Wassermelonen-Mojito) und toller Stimmung an den meisten Abenden erfreut sich ungebrochener Beliebtheit. Sie serviert bis Mitternacht westliche und lokale Gerichte sowie Smoothies und Säfte. Von 15 bis 20 Uhr ist Happy Hour. Die Decke der Bar ziert eine umgedrehte Karte der EMZ samt US-Chopper.

Brown Eyes BAR

(Đ Chu Van An; ⌚17 Uhr–open end;) Eine gute Mischung aus Einheimischen und Travellern bevölkert die warscheinlich beliebteste nachts geöffnete Bar der Stadt. Hier herrscht

ABSTECHER

BACH-MA-NATIONALPARK

Der **Bach-Ma-Nationalpark** (Vuon Quoc Gia Bach Ma; ☎054-387 1330; www.bachmapark.com.vn; Erw./Kind 40 000/20 000 D), eine Bergstation aus der Zeit der französischen Kolonialherrschaft, liegt 45 km südöstlich von Hue und ist für sein kühles Klima bekannt.

In den tiefer gelegenen Teilen kann man gut durch subtropischen Wald zu Dörfern am Rand des Parks spazieren. Führungen zu Ortschaften und zur Vogelbeobachtung sowie Englisch und Französisch sprechende Guides lassen sich am Besucherzentrum buchen (300 000–500 000 D pro Tag). Die neue **Zipline** (2–5 Pers. 800 000 D) erfreut sich großer Beliebtheit. Die Gegend ist nicht frei von Blindgängern, deshalb unbedingt auf den Wegen bleiben.

Am Parkeingang gibt's eine **Pension** (☎054-387 1330; www.bachmapark.com.vn; Stellplatz 20 000 D pro Pers., Zi. 300 000 D).

Partystimmung, DJs sorgen mit R&B, Hip-Hop und House für eine volle Tanzfläche, und das Personal schenkt kostenlose Schnäpse aus.

Café on Thu Wheels BAR
(10/2 Đ Nguyen Tri Phuong; ⌚6.30–23 Uhr; 📶) Graffiti an den Wänden, nette Stimmung, exzellentes Essen und Smoothies sind das Erfolgsrezept dieses einladenden, freundlichen Familienunternehmens. Zum Programm gehören außerdem gute Touren, günstige Gerichte sowie Bücher und Magazine für Gäste.

Shoppen

In Hue werden die schönsten konischen Hüte Vietnams produziert, außerdem ist es bekannt für sein Reispapier und Seidenmalerei. Wie überall, muss man auch hier gnadenlos feilschen.

Spiral Foundation Healing the Wounded Heart Center KUNSTHANDWERK
(☎054-383 3694; www.spiralfoundation.org; 23 Đ Vo Thi Sau; ⌚8–18 Uhr) Dieser Laden führt wunderbares Kunsthandwerk, das von behinderten Künstlern aus Abfällen hergestellt wurde, z. B. schräge Taschen aus Plastik oder Bilderrahmen aus recycelten Bierdosen. Mit dem Gewinn werden Herzoperationen bedürftiger Kinder finanziert.

Dong-Ba-Markt MARKT
(Đ Tran Hung Dao; ⌚6.30–20 Uhr) Gleich nördlich von der Trang-Tien-Brücke befindet sich der größte Markt der Stadt, auf dem einfach alles verkauft wird.

Praktische Informationen

WLAN ist weitverbreitet, und in der Đ Hung Vuong und der Đ Le Loi finden sich zahlreiche Internetcafés.

Hue Central Hospital (Benh Vien Trung Uong Hue; ☎054-382 2325; 16 Đ Le Loi; ⌚6–22 Uhr) Renommiertes hiesiges Krankenhaus.

Mandarin Café (☎054-382 1281; www.mrcumandarin.com; 24 Đ Tran Cao Van) Herr Cu bietet tolle Informationen, Transport und Touren ins Umland von Hue und darüber hinaus.

Post (8 Đ Hoang Hoa Tham; ⌚Mo–Sa 7–17.30 Uhr) Hauptpost.

Sinh Tourist (☎054-384 5022; www.thesinhtourist.vn; 37 Đ Nguyen Thai Hoc; ⌚6.30–22 Uhr) Bucht Open-Tour-Busse und Busse nach Laos.

Vietin Bank Geldautomat (12 Đ Hung Vuong) Geldautomat in zentraler Lage.

An- & Weiterreise

BUS

Vom **Hauptbusbahnhof** 4 km südöstlich des Zentrums bestehen Verbindungen nach Da Nang und Richtung Süden nach HCMC. Vom **Busbahnhof An Hoa** (Nationalstraße 1A) nordwestlich der Zitadelle starten Busse in den Norden, u. a. nach Dong Ha (44 000 D, 2 Std., alle 30 Min.).

Der Hung-Thanh-Open-Tour-Bus fährt um 16.30 Uhr von der 49 Đ Chu Van An nach Phong Nha (ca. 120 000 D, 5 Std.). Vor der Bar Why Not? an der Đ Vo Thi Sau startet gegen 6.30 Uhr der Tan-Nha-Bus. Einmal täglich um 11.15 Uhr verkehrt ein Bus (auf „Phuc Vu" in der Windschutzscheibe achten) vom An-Hoa-Busbahnhof in Hue nach Phong Nha und Son Trach (150 000 D, 4 Std.).

Das Mandarin Café, Sinh Tourist und das Stop & Go Café können Buchungen für Busse nach Savannakhet in Laos arrangieren.

FLUGZEUG

Vietnam Airlines (☎054-382 4709; 23 Đ Nguyen Van Cu; ⌚So geschl.) bietet Flüge nach/ab Hanoi und HCMC. **Jetstar** (☎1900 1550; Đ Hung Vuong; ⌚So geschl.) und **VietJet** (☎1900 1886; www.vietjetair.com) bedienen HCMC.

VERKEHRSMITTEL AB HUE

ZIEL	FLUGZEUG	BUS	AUTO/MOTORRAD	ZUG
Da Nang		60 000 D, 3 Std., häufig	2½–4 Std.	3,50–6 US$, 2½–4 Std., 7-mal tgl.
Dong Hoi		85 000 D, 4 Std., häufig	3½ Std.	5–11 US$, 3–5½ Std., 7-mal tgl.
Hanoi	ab 1 000 000 D, 1 Std., 3-mal tgl.	260 000 D, 13–16 Std., 9-mal tgl.	16 Std.	24–42 US$, 12–15½ Std., 6-mal tgl.
HCMC	ab 480 000 D, 1¼ Std., 4-mal tgl.	490 000 D, 19–24 Std., 9-mal tgl.	22 Std.	32–55 US$, 19½–23 Std., 5-mal tgl.
Ninh Binh		250 000 D, 10½–12 Std., 8-mal tgl.	11 Std.	19–35 US$, 10–13 Std., 5-mal tgl.

Der Flughafen Phu Bai liegt 14 km südlich der Stadt. Eine Taxifahrt ins Zentrum kostet etwa 220 000 D, Minibusse verlangen 50 000 D. Vietnam Airlines betreibt auch einen Airport-Shuttle.

ZUG

Der **Bahnhof** (☎ 054-382 2175; 2 Đ Phan Chu Trinh) liegt am südwestlichen Ende der Đ Le Loi.

Unterwegs vor Ort

Fahrräder (1–3 US$), Motorräder (45–10 US$) und Autos (ab 50 US$ pro Tag) werden in Hotels in der ganzen Stadt vermietet. **Mai Linh** (☎ 054-389 8989) hat Taxis mit Taxameter. *Cyclos* und *xe om* findet man quasi immer und überall.

Rund um Hue

Entmilitarisierte Zone (EMZ)

Von 1954 bis 1975 diente der Fluss Ben Hai als Trennungslinie zwischen Nord- und Südvietnam. Die Entmilitarisierte Zone liegt 90 km nordwestlich von Hue und erstreckt sich auf jeder Seite des Flusses über eine Fläche von 5 km.

Viele der „Sehenswürdigkeiten" rund um die EMZ sind nur lohnenswert für Traveller, die sich für Kriegsgeschichte interessieren. Man sollte diese Region nur in Begleitung eines Guides erkunden – schon allein, um Gebieten mit gefährlichen Blindgängern auszuweichen. Tagestouren in der Gruppe ab Hue kosten ab 15 US$ für eine günstige Tour bis hin zu 120 US$ für eine spezialisierte Autotour mit einem Kriegsveteranen.

Sehenswertes

Vinh-Moc-Tunnel HISTORISCHE STÄTTE

(Eintritt 20 000 D; 7–16.30 Uhr) Der zutiefst beeindruckende Tunnelkomplex Vinh-Moc beginnt bei den Überresten eines Küstenorts, der wortwörtlich in den Untergrund ging, als er unablässig von den Amerikanern bombardiert wurde. Über 90 Familien verschwanden in den drei Ebenen des fast 2 km langen Tunnels, wo sie lebten und arbeiteten, während es um sie herum Bomben hagelte. Ein Großteil der Anlage ist für Besucher zugänglich und in der ursprünglichen Form erhalten; eine Ausnahme ist das elektrische Licht, das nachträglich hinzugefügt wurde.

Khe-Sanh-Stützpunkt HISTORISCHE STÄTTE

(Museum 20 000 D; Museum 7–17 Uhr) Ein früherer US-Stützpunkt, der Schauplatz der legendärsten Belagerung des Vietnamkriegs

ABSEITS DER ÜBLICHEN PFADE

GRÄBER & DÜNEN

Vom Zentrum Hues sind es nur 15 km Richtung Norden bis zum **Thuan-An-Strand**, wo es ein großes Resorthotel gibt. Von dort verläuft eine schöne, wenig befahrene Küstenstraße (also ideal für Zweiradfahrer) Richtung Südosten. Die Route führt sogar über eine schmale Küsteninsel, von der man die Tam-Giang-Cau-Hai-Lagune auf der Landseite und einfach atemberaubende Sandstrände und Dünen auf der Meerseite sehen kann. Dieser Küstenstreifen ist praktisch unerschlossen, doch von September bis März ist das Meer zum Schwimmen oft zu rau.

Von Thuan An windet sich die Straße abwechselnd an Dörfern oder Shrimps-Lagunen und Gemüsegärten vorbei. Abertausende knallbunt geschmückter opulenter Gräber und Familientempel säumen den Strand; meistens sind es die letzten Ruhestätten von Viet Kieu (im Ausland lebende Vietnamesen). Durch die Gräber und Dünen ziehen sich kleine Wege zum Meer. Man sucht sich einfach ein schönes Fleckchen aus und hat es wahrscheinlich ganz für sich.

Entlang dem herrlichen **Phu-Thuan-Strand** (ca. 7 km südöstlich von Thuan An) kommt man am netten Hotel **Beach Bar Hue** (S. 913) vorbei, nach weiteren 8 km gelangt man zu den Ruinen des **Phu Dien**, eines kleinen Cham-Tempels, der halb in den Sanddünen begraben ist.

Eine schmale asphaltierte Straße schlängelt sich weiter Richtung Südosten – vorbei an Fischerdörfern, Shrimps-Farmen, weiteren gigantischen Sanddünen und der Siedlung Vinh Hung – bis zu einer anderen Flussmündung bei Thuon Phu An, wo mehrere Fisch- und Meeresfrüchterestaurants angesiedelt sind. Von hier sind es 40 km bis Thuan An. Man überquert die Tu-Hien-Brücke und kann am östlichen Rand der riesigen Cau-Hai-Lagune bis zur Nationalstraße 1 fahren.

war. Zwar konnte er dabei nicht eingenommen werden, doch die Schlacht um ihn war die wahrscheinlich blutigste des gesamten Konflikts. Dabei starben etwa 500 amerikanische und 10 000 nordvietnamesische Soldaten sowie zahlreiche Zivilisten. Das heute gespenstisch friedliche Plateau erzitterte 1968 unter dem Aufprall von 1000 kg schweren Bomben. Beim Kampf des US-Militärs gegen die NVA kamen weiße Phosphorbomben, Napalm, Granatwerfer und jede Menge Munition zum Einsatz.

Truong-Son-Nationalfriedhof FRIEDHOF
Auf diesem Friedhof, einem bewegenden Denkmal für auf dem Ho-Chi-Minh-Pfad gefallene nordvietnamesische Soldaten, bietet sich ein ernüchternder Anblick. Mehr als 10 000 Soldatengräber, die alle mit einem einfachen weißen Grabstein mit der Inschrift *liet si* (Märtyrer) versehen sind, erstrecken sich über die Hügel. Viele von ihnen tragen zwar Namen, sind jedoch leer. Sie stehen für die 300 000 bis heute vermissten vietnamesischen Soldaten. Der Friedhof befindet sich 27 km nordwestlich von Dong Ha; die Abzweigung an der Nationalstraße 1 befindet sich in der Nähe von Doc Mieu.

Da Nang

☎ 0511 / 1 070 000 EW.

Nirgends verändert sich Vietnam so rasant wie in Da Nang, das über Jahrzehnte den Ruf eines leicht mondänen Provinznests hatte. Und die großen Veränderungen halten an. Heute stehen am Flussufer des Han funkelnde, moderne Hotels und Restaurants sowie spektakuläre neue Brücken. Am Strand entstehen Fünf-Sterne-Hotels und 2012 nahm ein schick modernisierter internationaler Flughafen den Betrieb auf.

In der Stadt selber gibt's außer einem anständigen Museum kaum typische Sehenswürdigkeiten. Den meisten Besuchern reicht ein Aufenthalt von ein bis zwei Tagen.

Sehenswertes

★ **Cham-Museum** MUSEUM
(Bao Tang; 1 Đ Trung Nu Vuong; Eintritt 40 000 D; ⌚7–17 Uhr) Das hübsche Museum beherbergt die weltweit größte Sammlung von Cham-Artefakten und ist in Gebäuden untergebracht, die den Architekturstil der französischen Kolonialzeit mit Cham-Elementen verbinden. Es wurde 1915 von der École Française d'Extrême Orient gegründet und zeigt über 300 Stücke, darunter Altäre, *lingas*, *garudas*, *apsaras*, Ganeshas und Darstellungen von Shiva, Brahma und Vishnu, die alle ins 5. bis 15. Jh. datieren. Wer einen MP3-Audioguide ausleihen möchte (20 000 D), muss sich (mit dem Reisepass oder Führerschein) ausweisen oder eine Kaution von 50 US$ hinterlegen.

Drachenbrücke BRÜCKE
(Cau Rong) Willkommen zur besten Show der Stadt! Jeden Samstag und Sonntag um 21 Uhr spuckt in der Nähe des Ostufers des Han-Flusses der Drachenkopf dieser prachtvollen goldenen Brücke Feuer und Wasser. Einen tollen Blick auf das Spektakel hat man von den verschiedenen Cafés am Ostufer nördlich der Brücke. Einen noch schöneren Eindruck von Da Nangs nächtlichem Glanz bekommt man bei den Bootsfahrten, die von der Đ Bach Dang am Westufer starten.

Geführte Touren

In Da Nag werden viele hervorragende Touren angeboten.

Danang Food Tour KULINARISCHE TOUREN
(www.danangfoodtour.com; 45 US$ pro Pers.) Exzellente Entdeckungstouren durch die hiesige kulinarische Szene unter Führung eines engagierten ortsansässigen Ausländers.

Funtastic Tours GEFÜHRTE TOUREN
(☎ 090 356 1777; www.funtasticdanang.com; 45 US$ pro Pers.) Zum Tourprogramm gehören Straßenessen und Sightseeing. Der Transport erfolgt mit dem Auto.

Meet My Danang GEFÜHRTE TOUREN
(www.meetmydanang.com; 8–40 US$ pro Pers.) Das Angebot reicht von Flussfahrten bei Nacht über Kneipentouren bis hin zur Erkundung der unheimlichen Stadtgeschichte.

Schlafen

Gute Budgetunterkünfte sind leider nur schwer zu finden, doch dafür locken in der Nähe des Flusses einige hervorragende Minihotels.

Funtastic Beach Hostel HOSTEL $
(☎ 0511-392 8789; www.funtasticdanag.com; K02/5 Ha Bong; B 8 US$, DZ 24 US$, Apt. 36 US$; ❄@☜) Gegenüber dem Fluss nahe China Beach befindet sich eine schnell expandierende Unterkunftsszene. Gäste dieses Hostels erwarten fröhliches Dekor, eine gute Dachterrasse und verschiedene Quartiere, von Schlafsälen bis hin zu einem kleinen se-

Da Nang

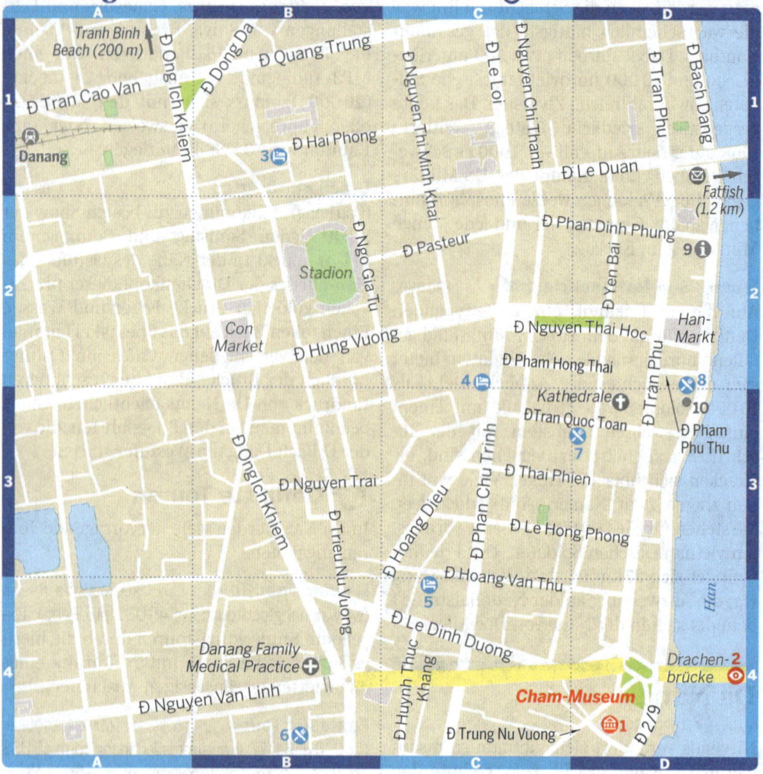

paraten Apartment, das sich gut für Familien und Gruppen eignet. Frühstück ist im Preis inbegriffen und es gibt einen angenehmen Erholungsbereich mit DVDs und Videospielen.

Funtastic Danang Hostel HOSTEL $
(☎ 0511-389 2024; www.funtasticdanang.com; 115 Đ Hai Phong; B 9 US$, DZ & 2BZ 19 US$; ❄ @ ☜) Da Nangs erstes Profi-Hostel ist eine richtig gute Wahl. Die jungen, energetischen Besitzer bieten farbenfrohe Zimmer und Schlafsäle sowie einen gemütlichen Loungebereich, der zum Entspannen und DVD-Gucken einlädt. Es lohnt sich, nach den Straßenessen-Touren zu fragen.

Zion Hotel HOTEL $
(☎ 0511-382 8333; http://sion.com.vn; 121/7 Đ Hoang Van Thu; EZ 15 US$, DZ 20–25 US$; ❄ @ ☜) Von der Lobby bis zu den einladenden modernen Zimmern ist dieses neue Hotel in scharlachrot gehalten. Es hat ein tolles Preis-Leistungs-Verhältnis, eine günstige Lage und sehr entgegenkommende Mitarbeiter.

Sanouva BOUTIQUE-HOTEL $$
(☎ 0511-382 3468; www.sanouvadanag.com; 68 Đ Phan Chau Trinh; DZ ab 40 US$; ❄ @ ☜) Im stilvollen Sanouva trifft Boutique auf Business. Es liegt an einer betriebsamen Geschäftsstraße, nur wenige Blocks vom Ufer Da Nangs entfernt. Eine Lobby im asiatischen Schick führt zu recht kleinen, aber modernen Zimmern. Das hauseigene S'Spa und das Restaurant S'Ngon sind zwei gute Gründe für einen Aufenthalt in dem eleganten Haus.

✕ Essen & Ausgehen

Quan Com Hue Ngon VIETNAMESISCH $
(65 Đ Tran Quoc Toan; Gerichte 45 000–80 000 D; ⏲ 15–21 Uhr) Rauchende Holzkohle und brutzelndes Fleisch bestimmen das Ambiente

Danang

Highlight
1 Cham-Museum D4

Sehenswertes
2 Drachenbrücke D4

Schlafen
3 Funtastic Danang Hostel B1
4 Sanouva C2
5 Zion Hotel C4

Essen
6 Com Tay Cam Cung Dinh B4
7 Quan Com Hue Ngon D3
8 Waterfront D2

Praktisches
9 Besucherzentrum Da Nang D2
10 Sinh Tourist D3

dieses fantastischen Barbecue-Restaurants; hier grillen die Gäste selbst. Es gibt eine Terrasse an der Straße, und die freundlichen Besitzer helfen auf Englisch mit der Speisekarte.

Com Tay Cam Cung Dinh VIETNAMESISCH $
(K254/2 Đ Hoang Dieu; Gerichte 20 000–50 000 D; ⏲11–20 Uhr) In dem einfachen Restaurant in einer kleinen Gasse kommen gute lokale Gerichte auf den Tisch – darunter *hoanh thanh*, eine Kombination aus Schweinehack und Shrimps, die an Wan Tan erinnert.

★ **Fatfish** FUSIONSKÜCHE, PIZZA $$
(www.fatfishdanang.com; 439 Đ Tran Hung Dao; Gerichte 70 000–285 000 D; ⏲9–23 Uhr; 📶) Das stilvolle Restaurant mit Loungebar ist das gastronomische Highlight am Ostufer. Innovative asiatische Fusionsküche, Pizza und Gerichte vom Holzkohlegrill passen bestens zu den aromatischen Craft-Bieren von der Saigoner Brauerei Pasteur St. Brewing. Eignet sich sowohl für einen kleinen Snack zwischendurch als auch für eine gemächliche vollwertige Mahlzeit.

Praktische Informationen

Überall in Da Nang findet man Internetcafés und Geldautomaten. Informationen und Tipps gibt's unter www.indanang.com.

Besucherzentrum Da Nang (☎0511-3863 595; www.tourism.danang.vn; 32A Đ Phan Dinh Phung; ⏲7.30–21 Uhr) Sehr hilfsbereites englischsprachiges Personal sowie gute Karten und Broschüren. Die Website der offiziellen Touristeninformation von Da Nang gehört zu den besten Vietnams.

Danang Family Medical Practice (☎0511-358 2700; www.vietnammedicalpractice.com; 50–52 Đ Nguyen Van Linh; ⏲7–18 Uhr) Hier können sich Patienten stationär behandeln lassen; Chef ist ein australischer Arzt.

Hauptpost (64 Đ Bach Dang; ⏲7–17.30 Uhr) In der Nähe der Song-Han-Brücke.

Sinh Tourist (☎0511-384 3258; www.thesinhtourist.vn; 154 Đ Bach Dang; ⏲7–22 Uhr) Tickets für Open-Tour-Busse und Ausflüge sind hier erhältlich, außerdem kann man Geld wechseln.

An- & Weiterreise

BUS

Da Nangs **Fernbusbahnhof** (☎0511-382 1265; Đ Dien Bien Phu) liegt 3 km westlich vom Zentrum. Ein Taxi mit dem Taxameter zum Fluss kostet rund 70 000 D.

Busse fahren alle größeren Touristenzentren an, u. a. Quy Nhon (130 000 D, 6 Std., 6-mal tgl.).

Täglich verkehren Busse nach Laos; die Abfahrt nach Savannakhet erfolgt um 20 Uhr (ab 300 000 D, 14 Std.), während Pakxe um 6.30 Uhr (ab 340 000 D, 13 Std.) angesteuert wird. Busse nur bis an den Grenzübergang Lao Bao kosten 150 000 D (6 Std.); eventuell muss man in Dong Ha umsteigen.

Gelbe Linienbusse nach Hoi An (18 000 D, 1 Std., bis 18 Uhr alle 30 Min.) fahren entlang der Đ Bach Dang. Der Fahrpreis hängt meist innen an der Tür aus – falls ein Fahrer versuchen sollte, zu viel zu verlangen.

Sinh-Tourist-Open-Tour-Busse fahren zweimal täglich vom Büro des Unternehmens nach Hue (89 000 D, 2½ Std.) und Hoi An (79 000 D, 1 Std.).

VERWÖHNPROGRAMM

Das **Waterfront** (☎0511-384 3373; www.waterfrontdanang.com; 150–152 Đ Bach Dang; Gerichte 95 000–360 000 D; ⏲10–23 Uhr; 📶) ist eine Lounge und ein Restaurant am Fluss, in dem einfach alles stimmt – und zwar in jeder Hinsicht. Es bietet sich an als stilvolle Bar für ein kühles Glas Sauvignon Blanc aus Neuseeland, aber auch für ein besonders schönes Essen (Plätze auf der Terrasse reservieren, um den tollen Blick auf den Fluss zu genießen). Auf der Speisekarte stehen importiertes Fleisch, asiatische Fisch- und Meeresfrüchtegerichte und fantastische „Gourmet"-Sandwiches.

FLUGZEUG

Da Nangs betriebsamer Flughafen, 2 km westlich des Zentrums, hat Flüge zu Zielen im Ausland wie Kuala Lumpur, Hongkong und Singapur.

Inlandsflüge nach HCMC, Hanoi, Da Lat, Nha Trang, Can Tho und Hai Phong bieten Vietnam Airlines, VietJet Air und Jetstar.

TAXI & MOTORRAD

Ein Taxi nach Hoi An kostet offiziell ca. 500 000 D, die meisten verlangen jedoch nur 400 000 D. *Xe om* schlagen mit 150 000 D zu Buche. Taxis kann man bei **Mai Linh** (☎ 0511-356 5656) rufen.

ZUG

Vom **Bahnhof** (202 Đ Hai Phong) verkehren Züge in alle Orte an der Nord-Süd-Strecke.

Die Bahnfahrt nach Hue ist eine der schönsten des Landes und lohnt sich als eigener Ausflug.

Rund um Da Nang

Etwa 10 km südlich von Da Nang ragen die **Marmorberge** empor, fünf gewaltige zerklüftete und von Dschungel bewachsene Marmorfelsen, auf denen Pagoden stehen. Natürliche Höhlen bieten kleinen hinduistischen und buddhistischen Heiligtümern Schutz. Der Aufstieg lohnt sich auch, um die überwältigende Aussicht aufs Meer und das Umland zu genießen. **Thuy Son** (Eintritt 15 000 D; ⏲7–17 Uhr) ist der größte und berühmteste der fünf Berge.

Während des Vietnamkriegs verbrachten die US-Soldaten ihren Erholungsurlaub am **China Beach** (Bai Non Nuoc). Er besteht eigentlich aus mehreren Stränden, die sich auf einer Länge von 30 km zwischen Hoi An und Da Nang erstrecken.

Von Mitte September bis Ende Dezember herrschen am China Beach gute Surfbedingungen. Doch Vorsicht vor dem Brandungssog!

Hoi An

☎ 0510 / 134 000 EW.

Das reizende historische Hoi An ist Vietnams atmosphärischste Stadt. Einst ein wichtiger Hafen, prangt sie heute mit prächtiger Architektur in berauschender Lage am Flussufer. Von den Schattenseiten des 21. Jhs. wie Verkehr und Luftverschmutzung bekommt man hier so gut wie nichts mit.

In der Altstadt wurde ein einmaliges Erbe aus wackligen japanischen Kaufmannshäusern, chinesischen Tempeln und alten Teemagazinen erhalten und in stilvolle Restaurants, Weinbars und unzählige Schneidereien verwandelt. Dennoch hat sich das Leben unten am Markt und auf der angrenzenden Halbinsel An Hoi kaum verändert.

Reist man ein paar Kilometer weiter – dazu bieten sich wunderbare Fahrrad-, Motorrad- und Bootstouren an –, kommt man in eine der reizvollsten ländlichen Gegenden Zentralvietnams mit mehreren gut erreichbaren Stränden.

Sehenswertes

Altstadt

Seit die Altstadt von der UNESCO zur Welterbestätte ernannt wurde, muss man für die meisten historischen Gebäude Eintritt zahlen, um einen Beitrag zur Erhaltung der Bauwerke zu leisten. Wer ein Ticket (120 000 D) erwirbt, kann verschiedene At-

VERKEHRSMITTEL AB DA NANG

ZIEL	FLUGZEUG	BUS	AUTO/MOTORRAD	ZUG
Dong Hoi		120 000 D, 6½ Std., 7-mal tgl.	6–7 Std.	12–20 US$, 5½–8½ Std., 6-mal tgl.
Hanoi	ab 42 US$, 1 Std. 10 Min., 9-mal tgl.	365 000 D, 16–19 Std., 7-mal tgl.	19 Std.	35–50 US$, 14½–18 Std., 6-mal tgl.
HCMC	ab 47 US$, 1 Std. 15 Min., 18-mal tgl.	380 000 D, 19–25 Std., 9-mal tgl.	18 Std.	35–55 US$, 17–22 Std., 5-mal tgl.
Hue		55 000 D, 3 Std., alle 20 Min.	2½–4 Std.	4–7 US$, 2½–4 Std., 6-mal tgl.
Nha Trang	ab 45 US$, 30 Min., 2-mal tgl.	230 000 D, 10–13 Std., 8-mal tgl.	13 Std.	20–35 US$, 9–12 Std., 5-mal tgl.

traktionen besichtigen: chinesische Versammlungshallen, Pagoden und Tempel, historische Häuser und Museen. An den Buden rund um die Altstadt werden Eintrittskarten verkauft.

★ Überdachte japanische Brücke BRÜCKE

(Cau Nhat Ban) GRATIS Die wunderschöne kleine Brücke ist eines der Wahrzeichen der Stadt. In den 1590er-Jahren baute die japanische Gemeinde hier die erste Brücke als Verbindung zu den chinesischen Vierteln auf der anderen Seite des Flusses. Ihre Verzierungen blieben dem ursprünglichen japanischen Design im Lauf der Jahrhunderte relativ treu. Die Franzosen ebneten die Fahrbahn für Autos ein, die ursprünglich geschwungene Form wurde 1986 jedoch wiederhergestellt.

★ Versammlungshalle der Chinesen aus Fujian TEMPEL

(Phuc Kien Hoi Quan; gegenüber von 35 Đ Tran Phu; Eintritt mit Altstadtticket; ⏲ 7–17.30 Uhr) Ursprünglich war dieses Bauwerk eine traditionelle Versammlungshalle, die später in einen Tempel verwandelt wurde, in dem Thien Hau, eine Gottheit aus der Provinz Fujian, angebetet wird. Der mit grünen Ziegeln geschmückte dreitorige Eingang stammt aus dem Jahr 1975. Auf dem Wandbild rechts ist Thien Hau zu sehen, wie sie im Schein von Laternen die stürmische See überquert, um ein sinkendes Schiff zu retten. Ein Wandbild gegenüber zeigt Porträts von sechs Familien aus Fujian, die im 17. Jh. von China nach Hoi An flohen.

★ Tan-Ky-Haus HISTORISCHES GEBÄUDE

(101 Đ Nguyen Thai Hoc; Eintritt mit Altstadtticket; ⏲ 8–12 & 14–16.30 Uhr) Vor zwei Jahrhunderten errichtete eine vietnamesische Familie dieses architektonische Juwel, das über sieben Generationen wunderschön erhalten blieb. Der architektonische Stil ist von japanischen und chinesischen Einflüssen geprägt. Japanische Elemente sind u.a. die Decke (im Wohnbereich), die von drei zunehmend kürzeren, übereinander errichteten Balken gestützt wird. Unter der Krebsschale befinden sich Schnitzarbeiten in Form von gekreuzten Säbeln, die in Seidenbänder gehüllt sind. Die Säbel repräsentieren Kraft, die Seide Flexibilität.

Kapelle der Familie Tran HISTORISCHES GEBÄUDE

(21 Đ Le Loi; Eintritt mit Altstadtticket; ⏲ 7.30–12 & 14–17.30 Uhr) In dieser Kapelle aus dem Jahr 1802 werden verstorbene Familienangehörige geehrt. Sie wurde von Tran Tu in Auftrag gegeben, einem Clanmitglied, das in den Rang eines Mandarins aufstieg und als Botschafter in China diente. Sein Bild hängt rechts von der Kapelle. Die Architektur des Hauses weist chinesische (das Dach im „Schildkröten“-Stil), japanische (dreistöckige Balken) sowie einheimische (Darstellungen von Pfeil und Bogen) Elemente auf.

Quan-Cong-Tempel KONFUZIANISCHER TEMPEL

(Chua Ong; 24 Đ Tran Phu; Eintritt mit Altstadtticket) Der 1653 gegründete kleine Tempel ist Quan Cong geweiht, einem chinesischen General, der als Inbegriff von Loyalität, Aufrichtigkeit, Integrität und Gerechtigkeit verehrt wird. Seine teilweise vergoldete Statue, die aus Pappmaschee auf einem Holzrahmen besteht, befindet sich auf dem zentralen Altar im hinteren Teil des Heiligtums. Bringt man dem würdevollen Quan Cong ein Opfer dar, schlägt der Verwalter feierlich auf einen bronzenen Gong, woraufhin ein glockenähnlicher Ton erklingt.

Museum für Keramikhandel MUSEUM

(80 Đ Tran Phu; Eintritt mit Altstadtticket; ⏲ 7–17.30 Uhr) In einem restaurierten Holzhaus sind Artefakte aus ganz Asien und sogar Kuriositäten aus entfernten Gefilden wie Ägypten versammelt. Diese zeugen von den recht eindrucksvollen Handelsverbindungen der Stadt, allerdings wissen wohl nur Experten die Exponate wirklich zu schätzen. Die Ausstellung zur Restaurierung von Hoi Ans alten Häusern bietet eine tolle Kurzeinführung in die Architektur der Altstadt.

Kunsthandwerkerdörfer

Die hübschen, auf antik getrimmten Waren, die in vielen Läden zum Verkauf stehen, werden in Dörfern der Umgebung gefertigt. Über eine Fußgängerbrücke gelangt man auf die **An-Hoi-Halbinsel**, die für Bootsbau und gewebte Matten bekannt ist. Auf der **Cam-Kim-Insel** genießen die Holzschnitzer

> **ℹ TICKETS FÜR DIE ALTSTADT**
>
> Offiziell benötigen alle Besucher für die Altstadt von Hoi An ein Ticket, das zehn Tage gültig ist. Wer dort nur etwas essen oder einkaufen möchte, wird in der Regel nicht kontrolliert, dennoch sollte man das Ticket mit sich führen.

Hoi An

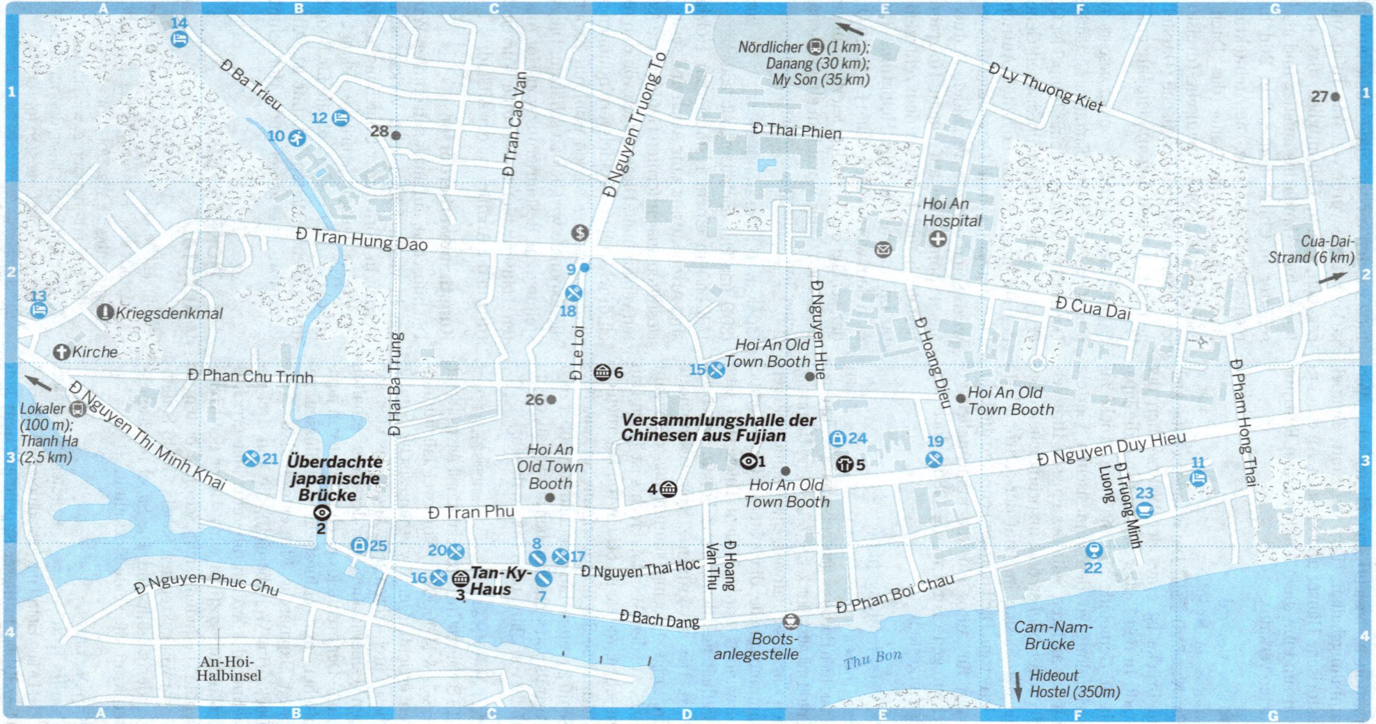
0 200 m
Ð Ba Trieu
Ð Tran Cao Van
Ð Nguyen Truong To
Nördlicher (1 km); Danang (30 km); My Son (35 km)
Ð Ly Thuong Kiet
Ð Thai Phien
Hoi An Hospital
Cua-Dai-Strand (6 km)
Ð Tran Hung Dao
Kriegsdenkmal
Kirche
Ð Cua Dai
Ð Nguyen Hue
Ð Hoang Dieu
Ð Pham Hong Thai
Ð Le Loi
Hoi An Old Town Booth
Ð Phan Chu Trinh
Ð Hai Ba Trung
Lokaler (100 m); Thanh Ha (2,5 km)
Ð Nguyen Thi Minh Khai
Überdachte japanische Brücke
Versammlungshalle der Chinesen aus Fujian
Ð Nguyen Duy Hieu
Ð Truong Minh Luong
Ð Tran Phu
Tan-Ky-Haus
Ð Nguyen Thai Hoc
Ð Hoang Van Thu
Ð Nguyen Phuc Chu
Ð Bach Dang
Ð Phan Boi Chau
Boots-anlegestelle
Thu Bon
Cam-Nam-Brücke
Hideout Hostel (350m)
An-Hoi-Halbinsel
1 2 3 4 5 6 7 8 9 10 11 12 13 14 15 16 17 18 19 20 21 22 23 24 25 26 27 28
A B C D E F G

Hoi An

Highlights
- 1 Versammlungshalle der Chinesen aus Fujian D3
- 2 Überdachte japanische Brücke B3
- 3 Tan-Ky-Haus C4

Sehenswertes
- 4 Museum für Keramikhandel D3
- 5 Quan-Cong-Tempel E3
- 6 Kapelle der Familie Tran D3

Aktivitäten, Kurse & Touren
- 7 Blue Coral Diving C4
- 8 Cham Island Diving Center C4
- 9 Herbs and Spices C2
- Morning Glory Cooking School .... (siehe 20)
- 10 Palmarosa B1

Schlafen
- 11 Ha An Hotel G3
- 12 Hoa Binh Hotel B1
- 13 Hoang Trinh Hotel A2
- 14 Phuong Dong Hotel A1

Essen
- 15 Bale Well D3
- 16 Cargo Club C4
- 17 Cocobox C4
- 18 Little Menu C2
- 19 Mermaid Restaurant E3
- 20 Morning Glory Restaurant C4
- 21 Nu Eatery B3

Ausgehen & Nachtleben
- 22 3 Dragons F4
- Dive Bar .... (siehe 8)
- 23 Mia Coffee House F3

Shoppen
- 24 Couleurs D'Asie Gallery E3
- 25 Metiseko B4
- Reaching Out .... (siehe 3)

Praktisches
- 26 Go Travel Vietnam C3
- 27 Rose Travel Service G1
- 28 Sinh Tourist B1

einen guten Ruf. Im Dorf **Cam Nam** auf der anderen Seite der Brücke wird ebenfalls schönes Kunsthandwerk hergestellt.

Aktivitäten

Zwei renommierte Tauchschulen, **Cham Island Diving Center** (☎0510-391 0782; www.vietnamscubadiving.com; 88 Đ Nguyen Thai Hoc) und **Blue Coral Diving** (☎0510-627 9297; www.divehoian.com; 77 Đ Nguyen Thai Hoc), bieten Tauchausflüge zu den Cham-Inseln an. Beide haben dieselben Preise: Zwei Tauchgänge kosten 80 US$. Auch wenn dies kein Weltklasse-Tauchspot ist, ermöglicht er Einblick in ein faszinierendes Makroleben – und der Tagesausflug zu den Cham-Inseln ist traumhaft.

Schnorcheln kostet etwa 40 US$. Ausflüge werden zwischen Februar und September angeboten, wobei die Bedingungen im Juni, Juli und August am besten sind.

★ Palmarosa SPA
(☎0510-393 3999; www.palmarosaspa.vn; 90 Đ Ba Trieu; Massagen & Behandlungen ab 220 000 D; ⏱10–21 Uhr) Hochprofessionelles Spa, das Massagen (darunter Thai- und schwedische Massagen) sowie Hand- und Fußpflege anbietet.

Kurse

Überall in Hoi An werden vietnamesische Kochkurse angeboten.

Green Bamboo Cooking School KOCHEN
(☎090 581 5600; www.greenbamboo-hoian.com; 21 Đ Truong Minh Hung, Cam An; 40 US$ pro Pers.) Auf zehn Teilnehmer beschränkte Gruppenkurse, die in der großen Küche des Schulleiters Van stattfinden.

Herbs and Spices KOCHEN
(☎0510-393 6868; www.herbsandspicesvn.com; 2/6 Đ Le Loi; 35–59 US$ pro Pers.; ⏱10.30, 16.30 & 20 Uhr) Drei verschiedene Menüoptionen und kleine Klassen.

Morning Glory Cooking School KOCHEN
(☎0510-2241 555; www.msvy-tastevietnam.com; 106 Đ Nguyen Thai Hoc; halbtägiger Kurs 25–32 US$) Das Original. Geleitet werden die Kurse von Vy, die mehrere Restaurants in der Stadt besitzt, oder einem ihrer Schützlinge.

Schlafen

Hoi An bietet eine exzellente Auswahl an Unterkünften.

Hideout Hostel HOSTEL $
(☎0510-3927 359; www.vietnamhideouthostels.com; To 5, Thon Xuyen Trung, Cam Nam; B 9–11 US$, DZ 25 US$; ❄@📶🏊) Eine echte Bereicherung von Hoi Ans Unterkunftsszene ist das Hideout auf der Ca-Nam-Insel über den Tho-Bon-Fluss. Die Schlafsäle und Zimmer sind farbenfroh und geräumig, ein allabendliches Bier oder Erfrischungsgetränk sind im Preis inbegriffen, und die Innenstadt ist nur zehn Gehminuten entfernt. Weitere Highlights sind der kleine Pool und die beliebte Hideout Bar.

Hoi An Backpackers Hostel HOSTEL $

(☎ 0510-391 4400; www.vietnambackpackerhostels.com; 252 Đ Cua Dai; B/EZ/2BZ/DZ 7/18/36/36 US$; ❄@📶) Ganz auf die Bedürfnisse von Backpackern eingestellt ist diese neu in Hoi An eröffnete Filiale einer Hostel-Kette, die in ganz Vietnam vertreten ist. Leihräder, Frühstück und das abendliche Bier sind im Preis inbegriffen und Gäste können zwischen Schlafsälen und Privatzimmern mit eigenen Bädern wählen. Auf einer Tour kann man die Straßenküche der Stadt kennenlernen, oder man kehrt ein in die wunderbar gesellige Bar mit Happy-Hour-Angeboten.

Phuong Dong Hotel HOTEL $

(☎ 0510-391 6477; www.phuongdonghoian.com; 42 Đ Ba Trieu; EZ/DZ/3BZ 13/16/20 US$; ❄@📶) Nicht besonders schick, aber ein guter Tip in der Budgetliga: einfache Zimmer, die ihr Geld wert sind, mit komfortablen Matratzen, Leselampen, Kühlschrank und Klimaanlage. Die Besitzer verleihen auch Motorräder zu fairen Preisen.

Hoang Trinh Hotel HOTEL $

(☎ 0510-391 6579; www.hoianhoangtrinhhotel.com; 45 Đ Le Quy Don; Zi. 22–35 US$; ❄@📶) Es gibt hilfsbereite, nette Angestellte und recht traditionelle, geräumige und saubere Zimmer. Ein großzügiges Frühstück und die Abholung vom jeweiligen Busbahnhof sind inklusive.

Hoa Binh Hotel HOTEL $

(☎ 0510-391 6838; www.hoabinhhotelhoian.com; 696 Đ Hai Ba Trung; B 8 US$, Zi. 16–20 US$; ❄@📶🏊) Eine gute Auswahl an modernen Zimmern, die alle mit Minibar, Kabel-TV und Klimaanlage ausgestattet sind, sowie ein annehmbarer Schlafsaal. Das inbegriffene Frühstück ist gut, doch der Pool ist leider überdacht.

Ha An Hotel HISTORISCHES HOTEL $$

(☎ 0510-386 3126; www.haanhotel.com; 6–8 Đ Phan Boi Chau; Zi. 60–109 US$; ❄@📶) Das elegant-raffinierte Ha An erinnert eher an eine Kolonialvilla als an ein Hotel. Alle Zimmer haben hübsche, individuelle Details (Wandteppiche oder Gemälde) und überblicken einen wunderschönen zentralen Garten. Das hilfsbereite, gut ausgebildete Personal macht den Aufenthalt zu etwas Besonderem. Das Hotel liegt rund zehn Gehminuten vom Zentrum entfernt im französischen Viertel.

Essen

In Hoi An wird kulinarisch viel geboten, u.a. leckere lokale Spezialitäten wie *banh bao* („Weiße Rose"; mit gehackten Garnelen gefüllte Teigtaschen), ein köstliches Gericht. Ebenso fein schmecken *cao lau*, dicke Nudeln, die mit Croutons, Bambussprossen, Gemüse und Schweinefleischstreifen in deftiger Brühe serviert werden. Weitere Highlights sind gebratene *hoanh thanh* (Wan Tan) und *banh xeo* (knusprige, pikante Pfannkuchen, mit Kräutern in frisches Reispapier gewickelt).

★ **Mermaid Restaurant** VIETNAMESISCH $

(☎ 0510-386 1527; www.restaurant-hoian.com; 2 Đ Tran Phu; Gerichte 45 000–115 000 D; ⏱ 10.30–22 Uhr) Bei lokalen Spezialitäten unschlagbar. Das bescheidene kleine Restaurant gehört der örtlichen Berühmtheit Vy. Wegen der Nähe zum Markt sind die Zutaten immer super frisch. Alle drei Gerichte des kulinarischen Dreigestirns Hoi Ans (*cao lau*, *banh bao* und *banh xeo*) sind großartig, ebenso die speziell gebratenen Wan Tans.

Cocobox CAFÉ $

(www.cocoboxvietnam.com; 94 Đ Le Loi; Säfte & Smoothies 60 000–75 000 D; ⏱ Mo–Sa 9–21 Uhr) Erfrischende kaltgepresste Säfte sind das Highlight in diesem kleinen Café mit Feinkostgeschäft. Unser Favorit ist die Sorte „Watermelon Man" mit Wassermelone, Passionsfrucht, Limette und Minze. Auch der Kaffee, die Salate und die Snacks sind gut – wie wär's etwa mit einem Hühnchen-Pesto-Sandwich? Der angeschlossene Bauernladen verkauft vietnamesische Spezialitäten wie Honig und Apfelwein aus Saigon.

Bale Well VIETNAMESISCH $

(45–51 Đ Tran Cao Van; Gerichte 100 000 D; ⏱ 11.30–22 Uhr) In einer kleinen Gasse nahe dem berühmten Brunnen ist dieses vietnamesische Restaurant für ein Gericht bekannt: gegrilltes Schweinefleisch nach Satay-Art, aus dem man mit frischen Beilagen und Kräutern seine eigene Frühlingsrolle bastelt. Sehr beliebt und deswegen oft voll.

Little Menu VIETNAMESISCH $

(www.thelittlemenu.com; 12 Đ Le Loi; Gerichte 45 000–115 000 D; ⏱ 9.30–23 Uhr; 📶) In diesem tollen kleinen Restaurant mit offener Küche und kleiner Speiseauswahl empfängt einen der Besitzer Son – ein fantastischer Gastgeber, der auch gut Englisch spricht. Empfehlenswert sind der Fisch im Bananenblatt und die Frühlingsrollen mit Ente.

★**Nu Eatery** FUSIONSKÜCHE $$
(www.facebook.com/NuEateryHoiAn; 10A Đ Nguyen Thi Minh Khai; Hauptgerichte 80 000 D; ⌚Mo–Sa 12–21 Uhr) Etwas versteckt in der Nähe der japanischen Brücke liegt dieses kompakte Lokal mit schliechtem Dekor. Man sollte sich davon aber nicht in die Irre führen lassen, denn die kleinen saisonalen Gerichte unseres neuen Favoriten überzeugen auf ganzer Linie. Zu den gedämpften Teigtaschen mit Schweinebauch passt bestens ein Salat mit gegrillter Ananas, Kokosnuss und Pampelmuse. Danach sollte man unbedingt das hausgemachte Eis mit Zitronengras, Ingwer oder Chili probieren.

★**Cargo Club** INTERNATIONAL, VIETNAMESISCH $$
(☎0510-3911 227; www.msvy-tastevietnam.com/cargo-club; 107 Đ Nguyen Thai Hoc; Gerichte 60 000–150 000 D; ⌚8–23 Uhr; 📶) Vor einer großartigen Flussszenerie (auf der oberen Terrasse hat man einen beeindruckenden Ausblick) serviert das bemerkenswerte Café-Restaurant vietnamesische und westliche Küche. Hier könnte man wunderbar einen entspannten Tag verbringen und sich durch die gesamte Speisekarte probieren. Das Frühstück ist legendär (wir empfehlen die Eier Benedict), daneben überzeugen die süßen Backwaren und Kuchen sowie die leckeren Hauptgerichte und guten Cocktails.

Morning Glory Restaurant VIETNAMESISCH $$
(☎0510-2241 555; www.msvy-tastevietnam.com/morning-glory; 106 Đ Nguyen Thai Hoc; Gerichte 60 000–160 000 D; ⌚8–23 Uhr; 📶🖉) Dieses wirklich herausragende Restaurant in historischen Räumlichkeiten konzentriert sich auf Straßenessen und traditionell zubereitete Küche, vorwiegend aus Zentralvietnam. Zu den aufregenden Gerichten gehören mit Schweinefleisch gefüllter Tintenfisch und Garnelenmousse auf Zuckerrohrspießen. Darüber hinaus gibt's exzellente vegetarische Optionen (gut ist die geräucherte Aubergine) wie z. B. viele tolle Salate. Angesichts der Kulisse, des Ambientes und der Aromen sind die Preise angemessen.

Ausgehen & Nachtleben

★**Dive Bar** BAR
(88 Đ Nguyen Thai Hoc; ⌚8–24 Uhr; 📶) Freundlicher Service, moderne Elektroklänge und Sofas zum Relaxen sorgen für eine tolle Atmosphäre. Es gibt auch Essen, einen Billardtisch und im hinteren Teil einen Cocktailgarten mit Bar.

Mia Coffee House CAFÉ
(www.facebook.com/miacoffeehouse; 20 Đ Phan Boi Chau; ⌚8–17 Uhr) Unsere Lieblingsadresse für einen Espresso, einen Milchkaffee oder einen Cappuccino punktet mit schattiger Lage an einer Straßenecke und gutem Essen, darunter gegrillte Panini-Sandwiches und herzhafte Baguettes. Kaffeeliebhaber wird die hauseigene Mischung aus Arabica-Bohnen aus Da Lat begeistern, zudem sollte man unbedingt den Kaffee-*affogato* probieren, ein köstlicher Mix aus Dessert und Heißgetränk.

3 Dragons PUB
(51 Đ Phan Boi Chau; ⌚7.30–24 Uhr; 📶) Halb Sportsbar (von australischem Football bis zu indischem Kricket läuft hier alles), halb Restaurant (Burger, Steaks und vietnamesische Küche).

Shoppen

Maßgeschneiderte Kleidung ist eines der Aushängeschilder von Hoi An, das mehr als 200 Schneidereien beherbergt. Bei ihnen kann man Anzüge, Oberteile, Kleider und vieles weitere in Auftrag geben.

Couleurs D'Asie Gallery FOTOGRAFIE, BÜCHER
(www.facebook.com/couleurs.asie; 7 Đ Nguyen Hue; ⌚9–21 Uhr) Zum Verkauf stehen tolle Bilder von Vietnam und Asien des in Hoi An wohnenden Fotografen Réhahn. Seine Porträts sind besonders bemerkenswert. Die schönsten Bilder wurden in Bildbänden zusammengetragen, die man ebenfalls erwerben kann.

★**Metiseko** KLEIDUNG
(www.metiseko.com; 86 Đ Nguyen Thai Hoc; ⌚9–21.30 Uhr) 🍃 Das umweltbewusste Geschäft gewann einen Preis für nachhaltige Entwicklung und vertreibt wunderbare Beklei-

SICHERHEITSMASSNAHMEN

Hoi An gehört zu den sichereren Städten in Vietnam, ab und an hört man jedoch von Handtaschenraub und Taschendiebstählen am späten Abend. Vereinzelt kam es auch zu Übergriffen auf Frauen, deswegen sollten diese nicht allein nach Hause laufen. Darüber hinaus gab es Berichte von gepanschten Getränken in manchen Bars, das Glas also besser nicht aus den Augen lassen.

dung (auch Kindermode), Accessoires und Haushaltswaren wie Kissen mit Naturseide und Biobaumwolle. Offizieller Träger des Siegels „Organic Contents Standards".

★ **Reaching Out** SOUVENIRS, KLEIDUNG
(www.reachingoutvietnam.com; 103 Đ Nguyen Thai Hoc; ⏲ Mo–Fr 8.30–21, Sa & So 9.30–20 Uhr) Hervorragender Fair-Trade-Souvenirladen, der hochwertige Seidentücher, Kleidung, Schmuck, handbemalte vietnamesische Hüte, handgemachtes Spielzeug und Teddybären verkauft. Der Ladenbetreiber beschäftigt und unterstützt behinderte Kunsthandwerker.

ℹ Praktische Informationen

Unter www.livehoianmagazine.com stehen tolle Beiträge zur Kultur, Features und Kritiken. In praktisch allen Hotels gibt's in der Lobby Computer und kostenloses WLAN.

Krankenhaus (☎ 0510-386 1364; 4 Đ Tran Hung Dao; ⏲ 6–22 Uhr) Bei ernsteren Problemen geht man lieber nach Da Nang.

Rose Travel Service (☎ 0510-391 7567; www.rosetravelservice.com; 37–39 Đ Ly Thai To; ⏲ 7.30–17.30 Uhr) Touren in die Gegend und im ganzen Land sowie Vermittlung von Mietwagen und Bustickets.

Sinh Tourist (☎ 0510-386 3948; www.thesinhtourist.vn; 587 Đ Hai Ba Trung; ⏲ 6–22 Uhr) Verkauft Tickets für seriöse Open-Tour-Busse.

ℹ An- & Weiterreise

Die meisten Busse auf der Nord-Süd-Route halten nicht in Hoi An. In Vinh Dien, 10 km weiter westlich, lässt sich aber einer erwischen.

Die praktischeren Open-Tour-Busse fahren regelmäßig nach Hue (12 US$, 4 Std.) und Nha Trang (Standard/Schlafwagen 14/19 US$, 11–12 Std.).

Busse nach Da Nang (18 000 D, 1 Std.) starten am **Busbahnhof Nord** (Đ Le Hong Phong). Zurück kommt man mit dem Bus aus Da Nang nur bis ca. 18 Uhr.

Den nächsten Flughafen und Bahnhof gibt's in Da Nang. **Go Travel Vietnam** (☎ 0510-392 9115; www.gotravel-vietnam.com; 61A Đ Phan Chau Trinh; ⏲ 9–21 Uhr) offeriert fünfmal täglich einen Shuttlebustransfer zwischen Hoi An, dem Flughafen und dem Bahnhof von Da Nang (80 000 D, 1Std.).

ℹ Unterwegs vor Ort

Taxis mit Kilometerzähler und Motorradfahrer warten auf der anderen Seite der Fußgängerbrücke in An Hoi. Wer abgeholt werden möchte, ruft **Hoi An Taxi** (☎ 0510-391 9919) oder **Mai Linh** (☎ 0510-392 5925).

Viele Hotels vermieten Fahrräder und Motorräder ab 20 000 bzw. 100 000 D pro Tag.

Rund um Hoi An

Strände

Der Hoi An am nächsten gelegene Strand **Cua Dai** hat so stark unter der Küstenerosion zu leiden, dass nur noch wenig Sand geblieben ist.

Nur 3 km nördlich von Cua Dai liegt **An Bang**, einer von Vietnams angesagtesten Stränden: ein wunderbarer Sandstrand mit schier endlosem Horizont, den allein die Cham-Inseln in der Ferne unterbrechen. **Under the Coconut Tree** (☎ 0168-245 5666; www.underthecoconuttreehoian.com; B 9 US$, DZ 30–40 US$; 📶) ist die coolste Unterkunft vor Ort. Schicke Bar-Restaurants servieren entlang der Küste und an der Straße dahinter europäische und vietnamesische Küche. Zu ihnen gehören **K'Tu Market & Coffee** (Gerichte ab 60 000 D; ⏲ 8–18 Uhr), **Soul Kitchen** (☎ 0906 440 320; www.soulkitchen.sitew.com; Gerichte 90 000–180 000 D; ⏲ Di–So 10–22, Mo 10–18 Uhr; 📶) und **La Plage** (☎ 0510-392 8244; www.laplagebeachbar.wordpress.com; Gerichte 80 000–140 000 D; ⏲ 8–22 Uhr; 📶). Alle sind ein bisschen teurer, aber lohnend.

Unmittelbar nördlich von An Bang ist die Küste noch unberührt und gesäumt von Kasuarinen und Schraubenbäumen. Den breiten Strand sprenkeln die kleinen Boote der heimischen Fischer.

Cham-Inseln

☎ 0510 / 2750 EW.

Die atemberaubenden Granitformationen der **Cham-Inseln** vor der Küste Hoi Ans laden zu einer wundervollen Exkursion ein. Auf jeden Fall sollte man die Inseln zwischen März und September besuchen, in den anderen Monaten ist das Meer zu rau. Es ist außerdem ratsam, Wochenenden und Feiertage zu meiden, denn dann kommen jede Menge Tagesausflügler.

Die besten Touren beinhalten Tauchen oder Schnorcheln an den (bescheidenen) Korallenriffen der Cham-Inseln und einen Besuch der Hauptinsel **Hon Lao**. Ein Meerespark schützt die Eilande und ihre Unterwasserwelt mit 135 Arten weicher und harter Korallen sowie einem vielfältigen Makroleben.

Bai Lang, der schöne kleine Hafen von Hon Lao, ist die einzige echte Siedlung auf der Insel. Hier kann man den seltsamen Tempel **Ong Ngu**, besuchen, der den Walen gewidmet ist (die Einheimischen verehren sie als Meeresgottheiten). Das **Thu Trang** (☎0510-393 0007; Zi. mit Gemeinschaftsbad 300 000 D; ⏲Dorf Bai Lang) ist eine gute, einfache Pension.

Eine unbefestigte Straße führt von Hon Lao 2 km Richtung Südwesten und vorbei an Höhlen zu einem schönen geschützten Strand. Dort liegt das **Cham Restaurant** (☎0510-224 1108; Gerichte 50 000–120 000 D; ⏲10–17 Uhr).

Im winzigen **Bai Huong** – einem idyllischen, isolierten Fischerdorf 5 km südöstlich von Bai Lang – ist ein tolles **Homestay-Projekt** (www.homestaybaihuong.com; 120 000 D pro Pers., Gerichte 30 000–70 000 D) entstanden. Die Unterkünfte sind schlicht und die Einheimischen sprechen wenig oder gar kein Englisch, doch dies ist perfekt, um einfach mal alles hinter sich zu lassen.

An- & Weiterreise

Die meisten Besucher kommen im Rahmen einer in Hoi An organisierten Tour (25–40 US$); die der Tauchschulen sind besonders empfehlenswert. Außerdem gibt's jeden Tag eine Bootsverbindung von der Anlegestelle an der Đ Bach Dang in Hoi An (150 000 D für Ausländer, 2 Std., tgl. 7 Uhr). Bei starkem Wellengang legen die Boote nicht ab. Eine Kopie des Passes und des Visums mitbringen.

My Son

Im Schatten des Katzenzahnbergs liegen die faszinierenden Ruinen von **My Son** (Eintritt 100 000 D; ⏲6.30–16 Uhr). Sie wurden von der UNESCO zum Welterbe ernannt und gelten als bedeutendste Überreste des historischen Cham-Königreichs. Es gibt in Vietnam durchaus einige besser erhaltene Stätten, allerdings sind diese weniger weitläufig und können meist auch nicht mit einem so reizvollen landschaftlichen Hintergrund aufwarten: in My Son schlängeln sich kristallklare Bäche zwischen den Tempeln und Bergen hindurch.

Die Ruinen liegen 55 km südwestlich von Hoi An. Dort werden Tagestouren nach My Son angeboten (5–10 US$ zzgl. Eintritt), manchmal geht's per Boot in die Stadt zurück. Wer sich die Gegend auf eigene Faust ansehen will, leiht sich ein Motorrad, *xe om* oder Auto. Man sollte My Son frühmorgens oder spätnachmittags besuchen, um den Reisegruppen auszuweichen.

SÜDOSTKÜSTE

Vietnam hat eine kurvenreiche Küste, die von Sandstränden, hohen Felsen und versteckten Buchten geprägt wird.

Die Hauptziele hier sind Nha Trang und Mui Ne, doch schöne Strände gibt's in Hülle und Fülle. Während man sich mit Blick auf das türkisfarbene Meer im Sand räkelt, glaubt man fast, im Paradies zu sein.

Um das Vergnügen komplett zu machen, locken Aktivitäten, die den Puls wieder in die Höhe treiben, etwa Tauchen, Schnorcheln, Surfen, Wind- und Kitesurfen. Diese Küste birgt zahllose Möglichkeiten, für Aktive ebenso wie für Faulenzer.

Nha Trang

☎058 / 397 000 EW.

Willkommen in Vietnams Strandhauptstadt! Die stolze, energiegeladene, in die Höhe schießende Resortstadt Nha Trang erfreut sich einer grandiosen Lage – umringt von Hügeln, mit einem weiten sichelförmigen Strand und einer türkisblauen, mit tropischen Inseln gespickten Bucht.

Nha Trang ist im Grunde eine Partystadt, so wie es jeder selbstbewusste Urlaubsort sein sollte. Eine Ausgangssperre wie in der Hauptstadt ist hier kein Thema, die Menschen sind spätabends noch auf den Beinen. Und wer nicht auf Cocktaileimer und Schnäpse steht, kann natürliche Schlammbäder ausprobieren oder die imposanten Cham-Türme besuchen.

Sehenswertes

★**Strand von Nha Trang** STRAND

Nha Trangs 6 km langer Sandstrand ist der Trumpf der Stadt. Mehrere Bereiche sind abgesperrt und für Schwimmer ausgewiesen, sodass sie dort nicht von Jetskifahrern oder Booten gestört werden. Das türkisfarbene Wasser ist herrlich und ein Spaziergang auf der Promenade ein wahres Vergnügen.

Zwei sehr beliebte Orte zum Relaxen sind der Sailing Club und das Louisiane Brewhouse. Von hier aus in Richtung Süden wird der Strand allmählich ruhiger, und es lässt sich ein Streifen Sand ganz für sich allein finden.

★**Cham-Türme von Po Nagar** BUDDHISTISCHER TEMPEL

(Thap Ba, Dame der Stadt; Eintritt 22 000 D, Guide 50 000 D; ⏲6–18 Uhr) Noch heute werden die zwischen dem 7. und 12. Jh. erbauten vier

Nha Trang Zentrum

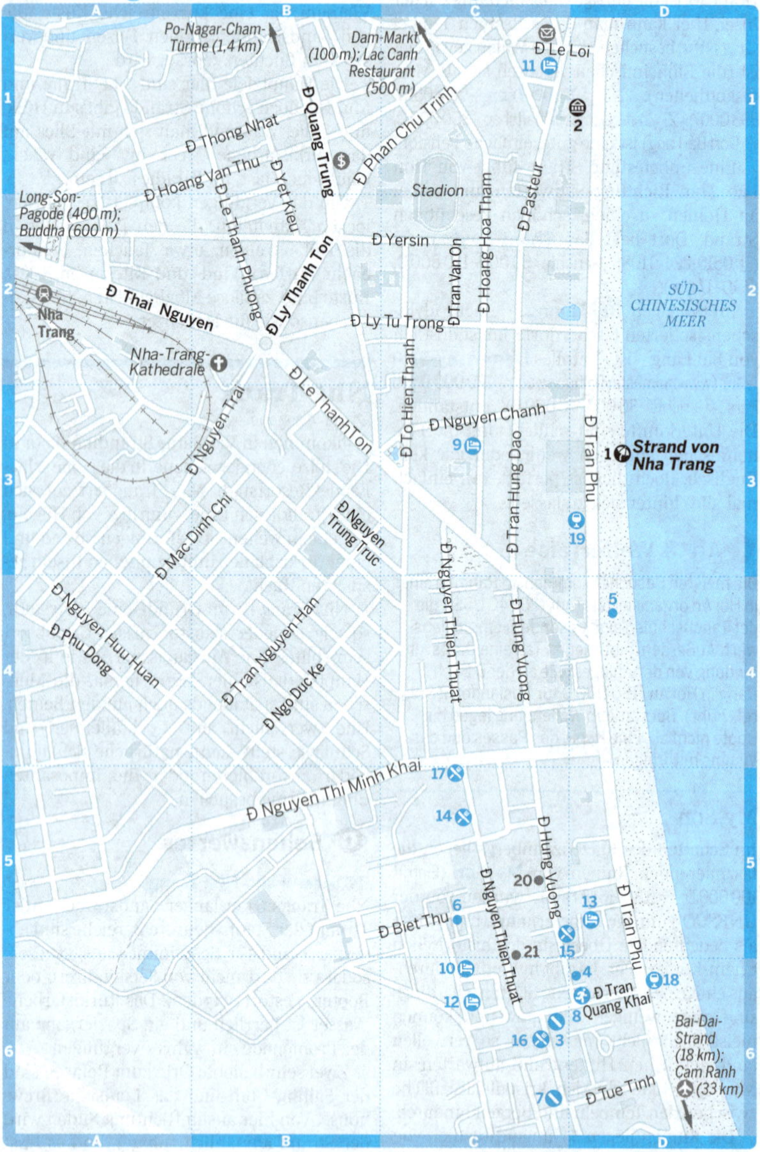

Cham-Türme von den Cham und von buddhistischen Chinesen und Vietnamesen aktiv verehrt. Ursprünglich hatte der Komplex sieben oder acht Türme, doch nur vier blieben erhalten. Der 28 m hohe Nordturm (Thap Chinh) aus dem Jahr 817 ist mit pyramidenförmigem Terrassendach, Mauergewölbe im Inneren und Vorraum der prächtigste.

Die Türme stehen ungefähr 2 km nördlich vom Zentrum Nha Trangs auf einem Granithügel am Ufer des Flusses Cai.

Nha Trang Zentrum

Long-Son-Pagode BUDDHISTISCHER TEMPEL
(⏲7.30–11.30 & 13.30–17.30 Uhr) GRATIS Der Eingang und die Dächer dieser markanten Pagode aus dem späten 19. Jh. sind mit Drachenmosaiken aus Glas- und Keramikkacheln geschmückt, das Hauptheiligtum zieren moderne Interpretationen von traditionellen Motiven.

Hinter der Pagode sitzt ein riesiger weißer **Buddha** (Kim Than Phat To) auf einer Lotusblüte. Rund um den Sockel der Statue stehen die von Feuerringen umgebenen Büsten von Thich Quang Duc und sechs anderen buddhistischen Mönchen, die sich 1963 selbst verbrannten.

Alexandre-Yersin-Museum MUSEUM
(☎058-382 2355; 10 Đ Tran Phu; Eintritt 26 000 D; ⏲Mo–Fr 7.30–11 & 14–16.30, Sa 8–11 Uhr) Der in Vietnam sehr angesehene Dr. Alexandre Yersin (1863–1943) gründete 1895 das Pasteur-Institut in Nha Trang. Er lernte fließend Vietnamesisch, führte den Anbau von Kautschuk- und Chinarindenbäumen zur Gewinnung von Gummi und Chinin in Vietnam ein und entdeckte außerdem das von Ratten übertragene Bakterium, das Beulenpest verursacht.

Im kleinen, interessanten Museum kann man auch Yersins Bibbliothek und Büro besichtigen, Laborausrüstung (wie astronomische Instrumente) und einen faszinierenden 3-D-Fotobetrachter.

Führungen gibt's auf Französisch, Englisch und Vietnamesisch, zudem erläutert ein Kurzfilm Yersins Leben.

Aktivitäten

Tauchen

Nha Trang ist Vietnams beliebtestes Tauchgebiet. Als beste Zeit zum Tauchen gelten die Monate Februar bis September, am schlechtesten sind Oktober bis Dezember.

In der Gegend liegen etwa 25 Tauchspots. Einige haben gute Abhänge, ein paar kleine Unterwasserhöhlen. Es sind keine Tauchgebiete von Weltrang, doch im Wasser leben viele kleine Rifffische.

Ein Tagesausflug mit zwei Tauchgängen kostet zwischen 60 und 85 US$, Schnorchler zahlen in der Regel 15 bis 20 US$.

Die meisten Tauchzentren veranstalten verschiedene Tauchkurse. Man sollte sich vor zwielichtigen Anbietern, die verantwortungslos und sogar mit gefälschten PADI- oder SSI-

AUF IN DEN SCHLAMM

Von den drei Thermalbädern in der Stadt ist das **I Resort** (☎383 8838; 19 Xuan Ngoc, Vinh Ngoc; Pakete ab 250 000 D; ⏲7–20 Uhr) das schönste. Es bietet heiße mineralhaltige Schlammbäder und hübsche Badebecken. Für einen Besuch sollte man mindestens einen halben Tag einplanen – es lohnt sich! Zur Auswahl stehen jede Menge Komplettpakete für Schlammbäder und Spa-Behandlungen. Gäste können sich per Shuttle (einfache Fahrt 20 000 D) vom Hotel abholen lassen.

Akkreditierungen arbeiten, in Acht nehmen und renommierte Unternehmen aufsuchen.

Oceans 5 TAUCHEN
(☎ 058-381 1969, 058-352 2012; www.oceans5.co; 78 Tue Tinh) Professioneller Unterricht und gut organisierte Tauchausflüge erwarten die Kunden dieser SSI-Schule unter Leitung von zwei australischen Tauchlehrern. Die Ausrüstung ist in gutem Zustand und es gibt auch Kurse im Meeresschutzgebiet. Zwei Tauchgänge kosten 75 US$.

Angel Dive TAUCHEN
(☎ 058-352 2461; www.angeldivevietnam.info; 1/27 Đ Tran Quang Khai) Verlässlicher, erfahrener SSI-Veranstalter mit Anleitung auf Englisch, Deutsch und Französisch sowie guten Kursen für Kinder. Schnorchelausflüge kosten 20 US$ pro Person.

Andere Aktivitäten

Vietnam Active ABENTEUERSPORT
(☎ 058-351 5821; www.vietnamactive.com; 115 Đ Hung Vuong) Zur großen Auswahl an exzellenten Aktivitäten gehören Rafting, Kajakfahren, Mountainbike-Touren und Tauchausflüge (SSI- und PADI-zertifiziert). Der exakte Preis richtet sich nach der Teilnehmerzahl. Danach kann man die schmerzenden Beine bei einem der Hatha- und Ashtanga-Yogakurse austrecken. Verleiht auch gute Fahrräder (ab 5 US$ pro Tag).

Shamrock Adventures RAFTING
(☎ 058-352 7548; www.shamrockadventures.vn; Đ Tran Quang Khai; Touren inkl. Mittagessen ab 40 US$ pro Pers.) Der Veranstalter organisiert Wildwasserrafting-Ausflüge, die mit Mountainbike-Touren kombiniert werden können. Zum Angebot gehören außerdem Kajakfahrten sowie Schnorchel- und Angeltrips.

Schlafen

★ **Sunny Sea** HOTEL $
(☎ 058-352 2286; sunnyseahotel@gmail.com; 64B/9 Đ Tran Phu; Zi. 10–15 US$; ❄@☎♿) Ein herzliches einheimisches Paar (ein Doktor und eine Krankenschwester) und ihre sehr

BOOTSTOUREN IN DER BUCHT

Die 71 Inseln vor der Küste von Nha Trang sind für ihr bemerkenswert klares Wasser berühmt. Bootsfahrten dorthin (schon ab 180 000 D), sowohl Trinktouren als auch Schnorchelausflüge, erfreuen sich bei jungen Backpackern großer Beliebtheit.

Ehrlich gesagt sind die meisten dieser Trips total touristisch. Sie beinhalten Kurzbesuche im **Tri-Nguyen-Aquarium** (Ho Ca Tri Nguyen; Eintritt 90 000 D), ein wenig Schnorcheln an einem nicht mehr sehr guten Riff und etwas Zeit am Strand (Strand Eintritt 30 000 D). Bei den Trinktouren gibt's durchorganisierte Unterhaltung mit einem DJ an Bord (oder einer drittklassigen Boyband) und jede Menge Trinkspiele.

An Folgendes sollte man denken:

- Das richtige Angebot wählen: Einige sind auf asiatische Familien ausgelegt, andere sind Trinktouren.
- Sonnencreme mitnehmen und viel Wasser trinken.
- Die Eintrittsgelder sind in der Regel nicht im Preis enthalten.
- Wer sich mehr fürs Schnorcheln interessiert als fürs Trinken, ist mit den Veranstaltungen der Tauchschulen besser beraten.

Zu den Anbietern ordentlicher Touren gehören u. a. die folgenden Unternehmen:

Funky Monkey (☎ 091 3458 950, 058-352 2426; http://funkymonkeytour.com; 75A Đ Hung Vuong; Bootsfahrt inkl. Abholung 200 000 D) Die Partytour für Backpacker startet um 8.30 Uhr. Zum Programm gehören Live-Unterhaltung durch die Boyband Funky Monkey und die üblichen Stopps.

Nha Trang Tours (☎ 058-352 4471; www.nhatrangtour.com.vn; 29 Đ Biet Thu) Budgettrinktouren mit Partycharakter für 200 000 D oder Schnorcheltrips für 320 000 D.

Khanh Hoa Tourist Information (☎ 058-352 8000; khtourism@dng.vnn.vn; Đ Tran Phu; Bootsfahrt inkl. Mittagessen 380 000 D) Die langen Bootsfahrten zur wunderschönen Van-Phong-Bucht bieten Abwechslung von dem üblichen Tourangebot. Viele schreckt die zweistündige Fahrtzeit ab, das machen die abgeschiedenen Buchten jedoch wieder wett. Details und Buchungsinfos gibt's bei der Touristeninformation.

ABSTECHER

BAI-DAI-STRAND

Südlich von Nha Trang führt eine spektakuläre Küstenstraße zur Cam-Ranh-Bucht, einem wunderschönen Naturhafen. Hier befindet sich auch der Flughafen. Über fast die gesamte Küstenlinie südlich des Mia Resort, 18 km vom Zentrum Nha Trangs entfernt, erstreckt sich Bai Dai (Long Beach), eine großartige Sandküste.

Bis vor Kurzem kontrollierte das vietnamesische Militär das gesamte Gebiet und gewährte lediglich Fischerbooten den Zugang. Doch diese Zeiten sind vorbei und heute soll der komplette Abschnitt erschlossen werden. Dutzende riesiger Resorthotels sind in Planung und gigantische Reklametafeln säumen mittlerweile die Küstenstraße.

Dennnoch sollte es noch immer möglich sein, ein einsames Fleckchen im Sand zu finden. Darüber hinaus locken hier auch einige der besten Surfwellen Vietnams.

An der Nordspitze von Bai Dai bietet das **Shack Vietnam** (www.shackvietnam.com) Surfunterricht für 600 000 D pro Stunde (Leihbretter 180 000 D pro Std.). Zudem gibt es einen Kajakverleih und leckere Fisch-Tacos (40 000 D pro Stück).

Die einfache Fahrt per *xe om*/Taxi zum Nordende von Bai Dai kostet ungefähr 130 000/260 000 D. Öffentliche Verkehrsmittel gibt's auf der Straße nach Bai Dai nicht. Aufgrund des geringen Verkehrs lässt sich die Region wunderbar mit dem Motorrad erkunden.

hilfsbereiten Mitarbeiter führen dieses außergewöhnliche Hotel, das die anderen Unterkünfte auf der Budgetstraße in den Schatten stellt. Die sauberen Zimmer sind bestens in Schuss und haben hochwertige Matratzen, eine Minibar und moderne Bäder; manche verfügen außerdem über einen Balkon.

Mojzo Inn HOSTEL **$**
(☎0988 879 069; www.facebook.com/MojzoInn; 120/36 Đ Nguyen Thien Thuat; B 8 US$, Zi. 16–20 US$; ❄@📶) Auch wenn der Name eher an eine Cocktailkarte als an eine Unterkunft erinnert, macht das originelle Hostel vieles richtig. Der nette Loungebereich mit vielen Kissen und die Schlafsäle sind schön gestaltet, und das Personal ist außerordentlich hilfsbereit.

Carpe DM Hotel HOTEL **$**
(☎058-352 7868; www.carpedmhotel.com; 120/62 Đ Nguyen Thien Thuat; Zi. 16–22 US$; ❄📶) Das liebenswerte, gut geführte Nichtraucher-Hotel verfügt über exzellente, saubere, helle Zimmer mit modernem Touch, sehr guter Ausstattung, hübschem Mobiliar und Flachbildfernsehern. Die teureren haben einen Balkon.

Binh An Hotel PENSION **$**
(www.binhanhotel.com; 28H Đ Hoang Hoa Tham; Zi. 350 000–380 000 D; ❄@📶) Einladende Pension unter Leitung eines zuvorkommenden Pärchens, das sich engagiert um seine Gäste kümmert. Die makellos sauberen geräumigen Zimmer haben gute Klimaanlage und schnelles WLAN. Wer möchte, kann auch Zon, den Chihuahua der Besitzer, begrüßen.

Michelia Hotel HOTEL **$$**
(☎058-382 0820; www.michelia.vn; 4 Đ Pasteur; Zi./Suite inkl. Frühstück ab 1 150 000/2 550 000 D; ❄@📶🏊) Richtung Nordende des Zentrums, einen Block vom Strand entfernt, bietet das Michelia schicke, moderne Unterkünfte, hilfsbereites Personal und ein exzellentes Frühstücksbüfett. Der Pool ist groß genug, um Runden zu schwimmen.

Essen

Günstiges, authentisches vietnamesisches Essen bekommt man an den Essensständen auf dem **Dam-Markt** (Đ Trang Nu Vuong; ⏲6–16 Uhr), die auch viele vegetarische Speisen anbieten.

Tasty CAFÉ **$**
(30 Đ Nguyen Thien Thuat; Snacks/Gerichte ab 22 000/40 000 D; ⏲6.30–22.30 Uhr; 📶👪) Plakative Retro-Wandgemälde (Wohnwagen und Vespas), ein bisschen Kitsch und bunt zusammengewürfelte Stühle machen den ansprechenden Stil dieses hippen, betriebsamen Cafés aus. Auch auf der Speisekarte findet man viel Interessantes, darunter gutes *banh mi,* vietnamesische Salate, günstiges Frühstück, Säfte und Kaffee. Es gibt eine offene Küche.

Nha Hang Yen's VIETNAMESISCH **$**
(☎093 3766 205; http://yensrestaurantnhatrang.com; 3/2a Đ Tran Quang Khai; Gerichte 55 000–

120 000 D; ⌚7–21.30 Uhr; 📶) Stilvolles Restaurant mit einladender Atmosphäre und tollem Angebot an köstlichen Tontopf-, Curry-, Nudel-, Reis- und Pfannengerichten. Zum Ambiente tragen auch die traditionelle Musik und Kellnerinnen in *ao dai* bei.

Au Lac VEGETARISCH **$**

(28C Đ Hoang Hoa Tham; Gerichte 15 000–30 000 D; ⌚10–19 Uhr; 🌿) Bewährtes einfaches veganes/vegetarisches Restaurant nahe der Kreuzung mit der Đ Nguyen Chanh. Ein gemischter Teller (15 000 D) ist die wohl günstigste Mahlzeit in ganz Nha Trang.

★ Lac Canh Restaurant VIETNAMESISCH **$$**

(44 Đ Nguyen Binh Khiem; Gerichte 30 000–150 000 D; ⌚11–20.45 Uhr) Dieses geschäftige, verrauchte, abgewetzte und doch nette Restaurant schließt zeitig. Abends befeuern meist Gruppen den Tischgrill – Spezialität des Hauses ist in reichhaltiger Kräutermarinade eingelegtes Rindfleisch, auf der Karte stehen aber auch andere Fleischsorten, Fisch und Meeresfrüchte.

★ Mix GRIECHISCH **$$**

(77 Đ Hung Vuong; Gerichte 80 000–150 000 D; ⌚11–22 Uhr) Christos, der sympathische, herzensgute griechische Besitzer, schafft es in seinem immer betriebsamen Restaurant irgendwie, die Qualität hoch und die Preise moderat zu halten – eine wahre Herkules-Arbeit! Alle Speisen sind frisch zubereitet und wunderschön angerichtet. Zu den Highlights gehören Meeresfrüchte- und Fleischplatten, Salate und Souvlaki. Im Voraus buchen.

Lanterns VIETNAMESISCH **$$**

(www.lanternsvietnam.com; 34/6 Đ Nguyen Thien Thuat; Gerichte 48 000–117 000 D; ⌚7.30–21.30 Uhr; 🚭📶🌿👪) 🍃 Das Restaurant unterstützt Waisenhäuser in der Region und stellt Stipendien zur Verfügung. Auf der vietnamesisch geprägten Speisekarte finden sich u. a. Spezialitäten wie Currys, Tontopfgerichte und dampfende Eintöpfe (210 000 D für 2 Pers.). Auch die „Straßensnacks“ können sich sehen lassen, zudem gibt's internationale Küche wie Pasta. Die Kochkurse und Touren sind beliebt. Zwischen 14 und 16 Uhr ist alles 20 % günstiger.

GEPANSCHTE DRINKS

Es gab zahlreiche Berichte über gepanschte Cocktaileimer in beliebten Bars und Kneipen. Das können sowohl Drinks aus hausgemachtem, schwarz gebranntem Alkohol sein als auch von anderen Kunden mit irgendwelchen Drogen versetzte Getränke. Eimer sind natürlich ein witziges Gemeinschaftserlebnis, doch in Nha Trang sollte man vorsichtig sein und einen Blick darauf haben, was in die Eimer kommt, damit der Abend nicht mit einer Paranoia oder einem Raub endet.

Ausgehen & Nachtleben

Sailing Club BAR, CLUB

(www.sailingclubnhatrang.com; 72–74 Đ Tran Phu; ⌚7–2 Uhr; 📶) Eine kleine Institution in Nha Trang ist dieser Strandclub, der mit seinen DJs und Bands eine attraktive, partyfreudige Meute anzieht. Donnerstags, freitags und samstags wird ein Lagerfeuer entzündet und das Geschehen verlagert sich (wenn es das Wetter zulässt) auf den Sand. Gute Mischung aus Einheimischen und Ausländern.

Skylight Bar BAR

(http://skylightnhatrang.com; Best Western Premier Havana Nha Trang, 38 Đ Tran Phu; Eintritt inkl. Getränk 100 000 D; ⌚16.30–23 Uhr; 📶) Hoch oben über der Stadt thront diese bombastische neue Bar, von dessen Dach im 43. Stock man einen Traumblick über die Stadt genießt. Ihre Betreiber stammen aus LA und verwöhnen ihre Gäste mit einer umwerfenden Cocktailkarte (120 000–150 000 D), Shishas, Zigarren, DJs und Poolpartys. Hier stellt sich nur eine Frage: Ist Nha Trang bereit für solch ein zukunftsweisendes Konzept?

Praktische Informationen

Nha Trang ist zwar insgesamt sicher, aber am Strand sollte man sowohl tagsüber als auch nachts vorsichtig sein. Taschendiebstahl und Raub sind ein anhaltendes Problem. Aus Taschen mit Wertsachen, die „zur sicheren Verwahrung“ hinter der Bar verstaut werden, verschwinden regelmäßig Bargeld und Handys. Vorsicht auch vor gepanschten Cocktaileimern (S. 932).

In den meisten Hotels und Bars gibt es kostenloses WLAN. Auch an Geldautomaten herrscht kein Mangel.

Hauptpost (4 Đ Le Loi; ⌚Mo–Fr 6.30–20, Sa 6.30–13 Uhr)

Pasteur-Institut (☎058-382 2355; www.pasteur-nhatrang.org.vn; 8–10 Đ Tran Phu; ⌚7–11 & 13–16.30 Uhr) Medizinische Beratung und Impfungen. Befindet sich im Alexandre-Yersin-Museum.

VERKEHRSMITTEL AB NHA TRANG

ZIEL	FLUGZEUG	BUS	AUTO/MOTORRAD	ZUG
Da Lat		7 US$, 5 Std., 15-mal tgl.	4 Std.	
Da Nang	ab 31 US$, 1 Std., 1-mal tgl.	11–15 US$, 12 Std., 13–15-mal tgl.	11 Std.	15–21 US$, 9–11 Std., 6-mal tgl.
HCMC	ab 21 US$, 1 Std., 8-mal tgl.	10–15 US$, 11 Std., 13-mal tgl.	10 Std.	11–16 US$, 7–9 Std., 7-mal tgl.
Mui Ne		7 US$, 5 Std. 30 Min., nur Open-Tour-Busse	5 Std.	

Sinh Tourist (☎058-352 2982; www.thesinhtourist.vn; 90C Đ Hung Vuong; ⏲6–22 Uhr) Die verlässliche, professionelle Agentur veranstaltet günstige Touren in und um Nha Trang. Zum Angebot gehören Stadtführungen für 259 000 D (ohne Eintrittsgebühren), Inselausflüge mit dem Boot und Open-Tour-Busse.

Vietcombank (17 Đ Quang Trung; ⏲Mo–Fr 7.30–16 Uhr) Mit Geldautomat.

An- & Weiterreise

BUS

Vom **Busbahnhof Phia Nam Nha Trang** (Đ 23 Thang 10) starten Busse nach Da Nang. Richtung Süden verkehren ab 19 Uhr Schlafbusse nach HCMC. Open-Tour-Busse bieten die beste Möglichkeit, nach Mui Ne (4–5 Std.) zu kommen. Außerdem fahren offene Busse nach Da Lat (5 Std.) und Hoi An (11 Std.).

FLUGZEUG

Vietnam Airlines (☎058-352 6768; www.vietnamairlines.com; 91 Đ Nguyen Thien Thuat) fliegt dreimal täglich von Nha Trang nach Hanoi und täglich nach HCMC und Da Nang. VietJet Air (S. 975) hat täglich Verbindungen nach Hanoi und HCMC. Jetstar (www.jetstar.com) fliegt regelmäßig Hanoi und HCMC an.

ZUG

Der **Bahnhof Nha Trang** (☎058-382 2113; Đ Thai Nguyen; ⏲Fahrkartenbüro 7–11.30, 13.30–18 & 19–21 Uhr) liegt mitten in der Stadt.

Unterwegs vor Ort

Der internationale Flughafen Cam Ranh liegt 35 km südlich der Stadt. Auf der Strecke verkehrt ein Shuttlebus (65 000 D), der zwei Stunden vor den geplanten Abflügen am alten Flughafen (86 Đ Tran Phu) abfährt und 40 Minuten benötigt. Taxis zum/vom Flughafen kosten 380 000/300 000 D.

Für eine kurze Strecke mit dem *cyclo* oder *xe om* zahlt man 20 000 D. Hotels und Cafés verleihen Fahrräder ab 30 000 D pro Tag. Die Taxis von **Mai Linh** (☎058-382 2266) sind sicher und zuverlässig.

Mui Ne

☎062 / 15 000 EW.

Einst war Mui Ne ein abgeschiedener Strandstreifen, aber ein so schönes Fleckchen konnte natürlich nicht ewig ignoriert werden – heute befindet sich hier eine Kette von Resorts an einer 10 km langen Schnellstraße. Die meisten sind glücklicherweise niedrig und liegen inmitten von hübschen Gärten am Meer.

Wind- und Kitesurfen wird hier großgeschrieben; die Saison dauert von August bis Dezember. Außerdem finden sich hier die dramatischsten Sanddünen der Region, die „Sahara" Vietnams.

Sehenswertes

Sanddünen STRAND

Mui Ne ist für seine riesigen roten und weißen Sanddünen berühmt. Die weißen Dünen sind beeindruckender, denn der fast unaufhörlich wehende Seewind verwandelt den Sand in Formen, die an die Sahara erinnern.

Hartnäckige Kinder verkaufen gewieft Plastikschlitten für eine Fahrt auf den Dünen. Wer nicht gerade ein absolutes Fliegengewicht ist, kommt auf diese Art aber maximal ein paar Meter vom Fleck.

Aktivitäten

Surfpoint Kiteboarding School KITESURFEN, SURFEN

(☎0167 3422 136; www.surfpoint-vietnam.com; 52A Đ Nguyen Dinh Chieu; 3-stündiger Kurs inkl. kompletter Ausrüstung 150 US$; ⏲7–18 Uhr) Gut ausgebildete Lehrer und freundliches Ambiente machen das Surfpoint zu einer der renommiertesten Kitesurfschulen der Stadt. Ein fünfstündiger Kurs kostet 250 US$. Bei guten Wellen wird auch Surfunterricht auf Softboards angeboten (ab 50 US$), zudem werden Shortboards verliehen.

Mui-Ne-Strand

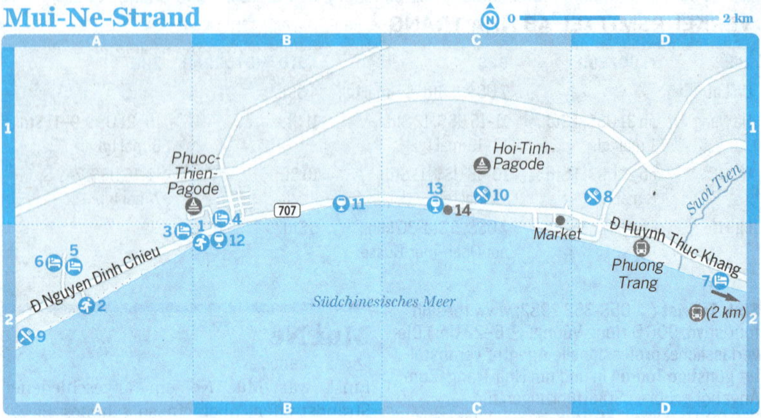

Mui-Ne-Strand

Aktivitäten, Kurse & Touren
1 Jibes B2
2 Surfpoint Kiteboarding School A2

Schlafen
3 Coco Sand Hotel A2
4 Mui Ne Backpacker Village B1
5 Mui Ne Hills Budget Hotel A2
6 Mui Ne Hills Villa Hotel A2
7 Seaflower Guesthouse D2

Essen
8 Com Chay Vi Dieu D1
Nhu Bao .... (siehe 13)
9 Sandals A2
10 Sindbad C1

Ausgehen & Nachtleben
11 Dragon Beach B1
12 Joe's Café B2
13 PoGo C1

Praktisches
14 Sinh Tourist C1

Jibes KITESURFEN
(062-384 7405; www.windsurf-vietnam.com; 84–90 Đ Nguyen Dinh Chieu; 7.30–18 Uhr) Bei den Kursen in Mui Nes erster Kitesurfschule wird Wert auf Sicherheit und geduldige Lehrer gelegt (60 US$ pro Std.). Sie verleiht außerdem Ausrüstung zum Windsurfen (halber Tag 35 US$), SUPs, Surfbretter, Kitesurfausrüstung und Kajaks.

Manta Sail Training Centre SEGELN
(0908 400 108; http://mantasailing.org; 108 Đ Huynh Thuc Khang; Segelkurs 60 US$ pro Std.) Zum Angebot der exzellenten neuen Segelschule gehören von der International Sailing Federation zertifizierte Kurse (vom Anfänger- bis hin zum Fortgeschrittenenlevel), Wakeboarden (100 US$ pro Std. inkl. Brett) und Leih-SUPs. Die Angestellten sind sehr professionell und es gibt Budgetzimmer.

Schlafen

★ **Mui Ne Backpacker Village** HOSTEL
(062-374 1047; www.muinebackpackervillage.com; 137 Đ Nguyen Dinh Chieu; B/Zi. ab 7/25 US$;) Der ehrgeizige, hübsch designte Neuzugang bedient den Backpackermarkt und ist dank des einladenden Pools, des Bar-Restaurants und des geselligen Ambientes überaus beliebt. Alle Schlafsäle haben Klimaanlage, Einzelbetten und Schließfächer, während die 18 Privatzimmer über einen Balkon oder eine Terrasse verfügen.

Coco Sand Hotel PENSION $
(0127 364 3446; http://cocosandhotel.com; 119 Đ Nguyen Dinh Chieu; Zi. 13–18 US$;) Äußerst gastfreundliche Pension mit exzellentem Preis-Leistungs-Verhältnis und Zimmern, die einen schattigen Garten mit Hängematten säumen. Sie liegt abseits der Hauptstraße am Ende einer kleinen Gasse und ist deswegen angenehm ruhig. Die Besitzer verleihen Motorräder zu fairen Preisen.

Seaflower Guesthouse PENSION $
(Hoa Bien; 86 Đ Huynh Thuc Khang; Zi. 250 000–350 000 Đ;) Am Ostende der Mui-Ne-Bucht steht diese zweistöckige Pension unter Leitung eines freundlichen vietnamesischen Pärchens. Die Zimmer befinden sich im hinteren Teil eines Komplexes, der sich bis zur Küste erstreckt.

Mui Ne Hills Budget Hotel HOTEL $
(☎062-374 1707; www.muinehills.com; 69 Đ Nguyen Dinh Chieu; B/Zi. ab 5/15 US$; ❄📶🏊) In den klimatisierten Schlafsälen mit eigenen Bädern übernachtet man sehr preisgünstig, während die Privatzimmer mit hochwertigen Möbeln und zeitgenössischem Design aufwarten. Rund 300 m nördlich der Hauptstraße führt eine steile Zufahrtsstraße hierher.

Mui Ne Hills Villa Hotel BOUTIQUE-HOTEL $$
(☎062-374 1707; www.muinehills.com; 69 Đ Nguyen Dinh Chieu; Zi. 35–55 US$; ❄@📶🏊) Früher hieß dieses hübsche Villa-ähnliche Hotel Mui Ne Hills 1. Vom hauseigenen Pool hat man einen traumhaften Blick und die Zimmer mit modernen Designelementen und voller Ausstattung sind ihr Geld mehr als wert. Eigentliches Highlight ist jedoch die persönli-

ABSTECHER

CAT-TIEN-NATIONALPARK

Der **Cat-Tien-Nationalpark** (☎061-366 9228; www.cattiennationalpark.vn; Erw./Kind 50 000/20 000 D; ⏲7–22 Uhr) 🍃, eines der herausragenden Naturschutzgebiete Vietnams und UNESCO-Welterbestätte, besteht aus tropischem Tieflandregenwald mit erstaunlicher Biodiversität. Hier gibt's hervorragende Möglichkeiten zum Wandern, Mountainbiken und zur Vogelbeobachtung.

Zur Tierwelt im Park zählen 326 Vogel-, 100 Säugetier- (u. a. Elefanten) und 79 Reptilienarten. Auch Leoparden soll es noch geben, das letzte Nashorn wurde dagegen 2010 von Wilderern getötet.

Da nur eine begrenzte Anzahl von Gästen im Park übernachten kann, sollte man im Voraus reservieren.

Sehenswertes & Aktivitäten

Man kann den Cat-Tien-Nationalpark zu Fuß, mit dem Mountainbike, dem Jeep und auch per Boot auf dem Fluss Dong Nai erkunden. Er ist durchzogen von 14 gut erkennbaren Wegen. Ein Guide (ab 1 200 000 D pro Gruppe) ist nur für drei schwierige Wege vorgeschrieben.

Beliebt sind Touren zum **Krokodilsee** (Bau Sau; Eintritt 200 000 D, Führer 500 000 D, Bootsfahrt 450 000 D), die eine dreistündige Wanderung durch den Dschungel einschließen.

Auf einer Insel im Fluss Dong Nai befindet sich das **Dao-Tien-Zentrum für gefährdete Primaten** (www.go-east.org; Erw./Kind inkl. Bootsfahrt 300 000/150 000 D; ⏲Touren 8.30 & 14 Uhr). In diesem Rehabilitationszentrum leben Gibbons, Languren und Loris. Auch die **Rettungsstation für Bären und Wildkatzen** (Eintritt 150 000 D; ⏲7.30–16 Uhr) lohnt einen Besuch.

Wild Gibbon Trek (ecotourism@cattiennationalpark.vn; 60 US$ pro Pers., max. 4 Pers.) veranstaltet Exkursionen. Los geht's um 4 Uhr, um rechtzeitig die Gibbons zu hören, die zur Morgendämmerung ihren Chor anstimmen. Auch eine komplette geführte Tour durch das Primatenzentrum gehört dazu. Im Voraus buchen!

Schlafen & Essen

Der **Cat-Tien-Nationalpark** (☎061-366 9228; cattienvietnam@gmail.com; B/DZ/3BZ ab 80 000/200 000/680 000 D, Zelte für 2 Pers. 200 000 D; ❄📶) offeriert schlichte Bungalowzimmer und Zelte in der Nähe des Park-Hauptquartiers. Die **River Lodge** (☎0973 346 345; Zi. 12 US$; ❄📶) bietet ein besseres Preis-Leistungs-Verhältnis. Auch das **Ta Lai Long House** (☎0935 160 730; www.talai-adventure.vn; B 315 000 D; ❄📶👪) ist eine gute Wahl; allerdings liegt es 12 km entfernt. In der Nähe der Parkhauptverwaltung gibt's zwei kleine Restaurants.

Anreise & Unterwegs vor Ort

Cat Tien liegt 175 km südlich von Da Lat. Die Nationalstraße 20 bei Tan Phu verlassen und der 24 km langen asphaltierten Straße bis zum Parkeingang folgen.

Busse zwischen Da Lat und HCMC kommen an der Zugangsstraße vorbei. Dort warten Motorräder (ca. 170 000 D), die einen zum Parkeingang bringen.

Pensionen verleihen oder vermitteln Fahrräder; der Service ist kostenlos.

VERWÖHNPROGRAMM

Die Tische des herausragenden Hotelrestaurants **Sandals** (www.miamuine.com/dine; 24 Đ Nguyen Dinh Chieu, Mia Resort; Gerichte 120 000–370 000 D; ⏲7–22 Uhr; 📶) stehen um einen Pool an der Küste. Die Mitarbeiter sind sachkundig, aufmerksam und freundlich. Auf der Karte stehen fantastische Gerichte von Pasta bis zu vietnamesischen Tontopfgerichten. Alles ist wunderschön angerichtet. Ebenfalls lohnenswert ist das tolle Frühstücksbüfett.

che Note, für die Mitarbeiter und Besitzer sorgen. Hierher führt eine staubige, sehr steile Straße; ganz in der Nähe befindet sich der schönste Strandabschnitt.

Essen

★Com Chay Vi Dieu VEGETARISCH $
(15B Đ Huynh Thuc Khang; Gerichte 25 000–40 000 D; ⏲7–21 Uhr; ✎) Neben günstigen vegetarischen Gerichten aus der vietnamesischen Küche punktet das einfache Lokal an der Straße mit leckeren Smoothies (20 000 D). Es liegt direkt gegenüber dem Eiffelturm des Resorts Little Paris.

Sindbad NAHÖSTLICH $
(www.sindbad.vn; 233 Đ Nguyen Dinh Chieu; Hauptgerichte 50 000–85 000 D; ⏲11–1 Uhr; 📶) Schawarmas und Schisch-Kebabs zu guten Preisen sowie andere mediterrane Klassiker wie griechische Salate sprechen für diesen Kebabimbiss. Die Portionen sind großzügig und sehr günstig. Lange Öffnungszeiten.

Nhu Bao FISCH & MEERESFRÜCHTE $
(146 Đ Nguyen Dinh Chieu; Hauptgerichte 50 000–180 000 D; ⏲9–21.30 Uhr) Klassisches, einfaches vietnamesisches Fischlokal. Hinter den blubbernden Tanks erstreckt sich eine riesige überdachte Terrasse hinab bis zum Meer. Besonders beliebt sind die Krabben.

Ausgehen & Nachtleben

★PoGo BAR
(www.thepogobar.com; 138 Đ Nguyen Dinh Chieu; ⏲Mo–So 8.30–1 Uhr) Tolle Bar mit erstklassiger Lage am Strand, erholsamen Liegen, DJs am Wochenende und regelmäßigen Filmabenden. Das Personal ist sehr freundlich und es gibt auch eine Speisekarte.

Joe's Café BAR
(www.joescafegardenresort.com; 86 Đ Nguyen Dinh Chieu; ⏲7–1 Uhr; 📶) Wer kein Fan von lauten Technoklängen ist, wird sich im Joe's bei Livemusik (jeden Abend ab 19.30 Uhr) und Kneipenatmosphäre wohl fühlen. Hier kann man tagsüber toll entspannen – dafür sorgen ein geselliger Barbereich, viele Getränkeangebote und eine umfangreiche Speisekarte.

Dragon Beach BAR, CLUB
(120–121 Đ Nguyen Dinh Chieu; ⏲16–2 Uhr) Internationale und einheimische DJs spielen in diesem Bar-Club am Meer EDM, Bass, House und Techno. Eine Terrasse mit Kissen und Shishas lädt zum Entspannen ein. Die Happy Hour dauert von 20 bis 22 Uhr.

ℹ Praktische Informationen

Internet und WLAN sind weitverbreitet, ebenso viele Geldautomaten.

Hauptpost (348 Đ Huynh Thuc Khang; ⏲7–17 Uhr) In dem Dorf Mui Ne.

Sinh Tourist (www.thesinhtourist.vn; 144 Đ Nguyen Dinh Chieu; ⏲7–22 Uhr) Die äußerst verlässliche und vertrauenswürdige Agentur bucht Open-Tour-Busse, organisiert Touren rund um Mui Ne und gewährt einen Bargeldvorschuss auf Kreditkarten.

ℹ Anreise & Unterwegs vor Ort

Nur wenige normale Busse fahren Mui Ne an.

Open-Tour-Busse sind das praktischste Transportmittel. Mehrere Anbieter haben tägliche Verbindungen nach/ab HCMC (99 000–150 000 D, 6 Std.), Nha Trang (ab 122 000 D, 5½ Std.) und Da Lat (100 000 D, 4 Std.).

Phuong Trang (https://futabus.vn; 97 Đ Nguyen Dinh Chieu) schickt täglich vier komfortable Busse auf die Strecke zwischen Mui Ne und HCMC (135 000 D).

SÜDWESTLICHES HOCHLAND

Diese spürbar ländliche Region, in der mit Kiefern bewachsene Hügel über intensiv bewirtschafteten Feldern aufragen und sich entlegene, holprige Straßen durch Kaffeeplantagen winden, hat einen eigenen rauen Charme.

Große Naturerlebnisse findet man im Cat-Tien-Nationalpark, in dem Gibbons, Krokodile und scheue Tiger leben.

Da Lat, eine frühere französische Bergstadt mit viel kolonialem Charme, ist eine gute Ausgangsbasis.

Da Lat

☎063 / 208 000 EW. / 1475 M

Da Lat ist das Gegenstück des vietnamesischen Tieflands. Statt tropischer Hitze herrschen hier frühlingshaft kühle Temperaturen. In der Stadt findet man elegante, französische Kolonialvillen, und auf den Feldern wachsen keine Reispflanzen, sondern Erdbeeren und Blumen.

Dieser Ort ist klein genug, um Charme zu verströmen, und die Landschaft ringsum lockt mit Seen, Wasserfällen, immergrünen Wäldern und Gärten.

Da Lat erfreut sich großer Beliebtheit bei einheimischen Touristen. Für Traveller ist das moderate Klima ideal, um sich adrenalingeschwängerten Aktivitäten wie Mountainbiken, Waldwanderungen, Kanufahren und Klettern zu widmen.

Sehenswertes

Irgendetwas muss die kühle Bergluft an sich haben, das den spürbar künstlerischen Touch in Da Lat anregt, der manchmal ins Niedliche und Kitschige abgleitet.

Verrücktes Haus von Hang Nga ARCHITEKTUR
(☎063-382 2070; 3 Đ Huynh Thuc Khang; Eintritt 40 000 D; ⏲Mo–Fr 8.30–19 Uhr) Ein Besuch im Verrückten Haus von Hang Nga ist eine architektonische Reise durch den Surrealismus. Originell geformte Zimmer, verbunden durch sehr schmale Brücken inmitten eines grünen Labyrinths, eine Fülle an fließenden lavaähnlichen Formen, wilde Farben, Spinnennetzfenster und eine der Natur nachempfundene Optik, von denen die eindrucksvollen an Lianen erinnernden Geländer zeugen, machen dieses fröhlich designte, fast hanebüchen künstlerische Privathaus aus. Es scheint nach einem gemeinsamen Drogentrip von Gaudí und Tolkien entstanden zu sein.

Königspalast PALAST
(Dinh 1; www.dinh1dalat.com; Hung Vuong; Erw./Kind 20 000/10 000 D; ⏲7.30–17 Uhr) Der geschmackvoll umgestaltete Hauptpalast von Bao Dai, Vietnams letztem Kaiser, beeindruckt Besucher mit seiner wunderschönen Allee und erstaunlich bescheidenen kaiserlichen Gemächern. In den pfirsichfarbenen Räumen lebten einst Bao Dai, seine Frau und seine fünf Kinder. 1954 ging der Kaiser ins Exil nach Frankreich und Premierminister Ngo Dinh Diem zog hier ein.

Die Highlights sind die Familienfotos: Sie zeigen Bao Dai dabei, wie er mit einem Hund spielt oder auf einem Pferd reitet, sowie seine herausgeputzten Kinder mit ernsten Gesichtern.

Crémaillère-Bahnhof HISTORISCHES GEBÄUDE
(Ga Da Lat; 1 Đ Quang Trung; ⏲6.30–17 Uhr) GRATIS Vom wunderschönen Art-déco-Bahnhof von Da Lat kann man einen der fünf fahrplanmäßigen Züge nach Trai Mat nehmen (hin & zurück 124 000 D, 30 Min.), die täglich zwischen 7.45 und 16 Uhr starten – sofern sich mindestens 20 Passagiere finden.

Von 1928 bis 1964 verband eine Zahnradbahn (crémaillère) Da Lat mit Thap Cham, dann wurde der Betrieb wegen Angriffen des VC eingestellt. Vor Ort ist eine japanische Dampfeisenbahn ausgestellt und die Wartehalle versprüht noch immer Kolonialflair.

Aktivitäten

★ **Phat Tire Ventures** ABENTEUERTOUREN
(☎063-382 9422; www.ptv-vietnam.com; 109 Đ Nguyen Van Troi; ⏲8–19 Uhr) Der hochprofessionelle und routinierte Veranstalter organisiert Mountainbiketouren (ab 49 US$), Wanderungen (ab 39 US$), Kajakfahrten (ab 39 US$), Canyoning (75 US$), Abseiltouren (57 US$) und in der Regenzeit auch Wildwasserrafting (67 US$). Zudem gibt's mehrtägige Radtouren und Ausflüge in den Cat-Tien-Nationalpark.

Groovy Gecko Adventure Tours ABENTEUERTOUREN
(☎063-383 6521; www.groovygeckotours.net; 65 Đ Truong Cong Dinh; ⏲8–19 Uhr) Erfahrene Agentur, die von einem lebhaften jungen Team geführt wird. Klettertouren, Canyoning und Mountainbike-Trips gibt's ab 38 US$, Tageswanderungen ab 25 US$ und zweitägige Wanderungen ab 65 US$.

Schlafen

★ **Ken's House** HOSTEL $
(☎063-383 7119; www.kenhousedalat.com; D59 Hoang Van Thu; Zi. 12–22 US$;) Mit seinen von Weinreben bedeckten Wänden, den Pariser Motiven, den Dschungelszenen und den gemusterten Steppdecken auf den Betten ist das Ken's das mit Abstand farbenfroheste Hostel von Da Lat. Wer möchte, kann an den spontanen Eintopfpartys/gemeinsamen Abendessen der freundlichen Mitarbeiter teilnehmen.

Sleep In Dalat Hostel HOSTEL $
(☎0913 923 379; www.sleepindalathostel.com; 83/5B Đ Nguyen Van Troi; B 7 US$, DZ 20–35 US$;) In dem gastfreundlichen Hostel spukt der

Da Lat Zentrum

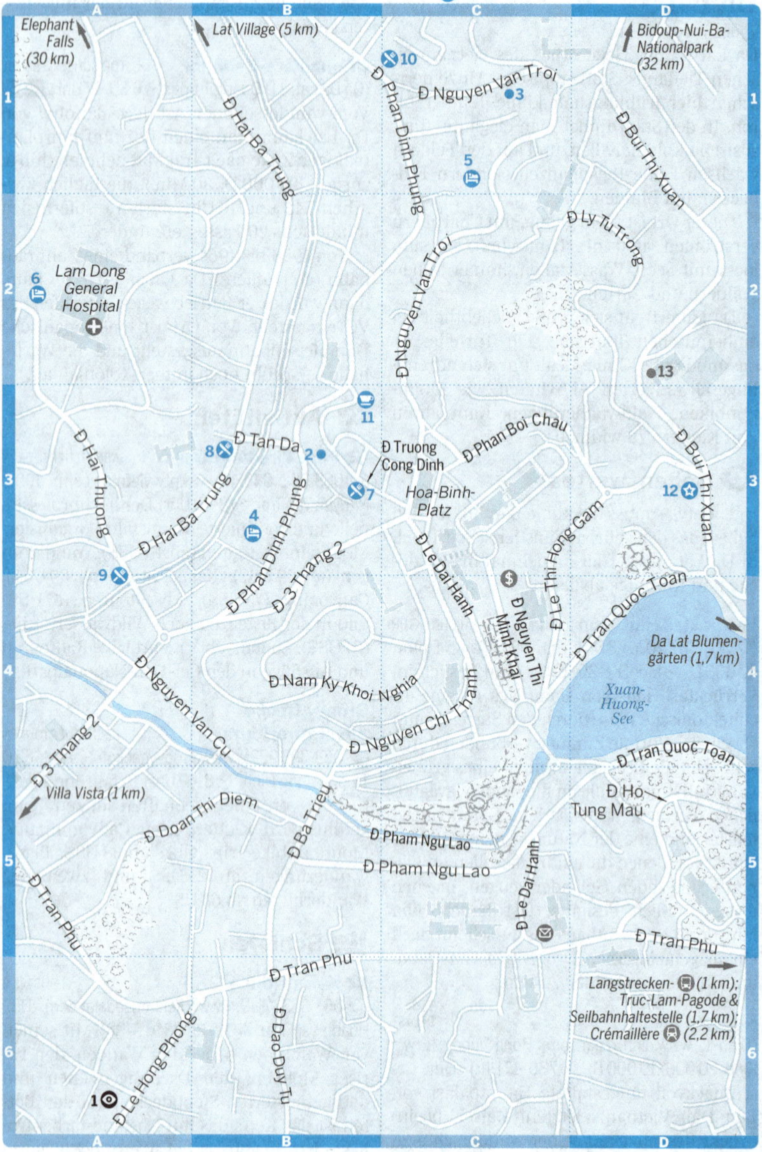

Dackel Ben. Es liegt am Ende einer schmalen Gasse und ist somit vom Lärm der Hauptstraße geschützt. Bei den gemeinschaftlichen Abendessen, die Besitzer Linh zubereitet, kommt man wunderbar mit den anderen Gästen ins Gespräch, und die Canyoning-Touren erfreuen sich großer Beliebtheit. Die Privatzimmer haben eigene Bäder, in den sauberen Schlafsälen muss man sich diese teilen.

Dalat Cozy Nook Hostel HOSTEL $
(☎ 0949 691 553; 45/5a Đ Phan Dinh Phung; B 5 US$; ❄ 📶) Die zwei sauberen gemischten Schlafsäle mit den gemütlichsten Etagenbetten der

Da Lat Zentrum

Sehenswertes
1 Verrücktes Haus von Hang Nga........... A6

Aktivitäten, Kurse & Touren
2 Groovy Gecko Adventure Tours.......... B3
3 Phat Tire Ventures C1

Schlafen
4 Dalat Cozy Nook Hostel B3
5 Sleep In Dalat Hostel C1
6 Villa Pink House A2

Essen
7 Da Quy B3
8 One More Cafe B3
9 Restaurant Ichi A4
10 Trong Dong C1

Ausgehen & Nachtleben
11 La Viet B3

Unterhaltung
12 Escape Bar D3

Praktisches
13 Sinh Tourist D2

Stadt sorgen für andauernde Popularität bei internationalen Backpackern. Während der lebendigen gemeinsamen Abendessen, das die hilfsbereiten Besitzer organisieren, kann man mit den anderen Gästen wunderbar Reiseerlebnisse austauschen.

Villa Pink House HOTEL $
(063-381 5667; ahomeawayfromhome_dalat@yahoo.com; 7 Đ Hai Thuong; EZ/DZ/3BZ 16/20/30 US$; @) Viele Zimmer des gut geführten Familienunternehmens haben einen tollen Ausblick. Betrieben wird es vom liebenswürdigen Herrn Rot, der Motorradtouren ins Umland organisiert.

★ **Villa Vista** BOUTIQUE-HOTEL $$
(063-351 2468; huongdo_82@yahoo.com; 93 Ngo Thi Sy, Phuong 4; Zi. ab 60 US$;) Von ihrem Platz auf einem Hügel überblickt diese Villa das Tal und ganz Da Lat. Zur Auswahl stehen lediglich vier exquisite Zimmer, die den französischen Stil des 19. Jhs. mit modernen Extras (Flachbildfernseher, Regenduschen) verbinden. Die reizenden Besitzer Tim und Huong bereiten ein köstliches Frühstück zu, vermitteln Easy Rider und teilen ihr Wissen über Da Lat gerne mit Gästen.

Essen

Rund um den Markt findet man vegetarische Straßenküche und anderes günstiges Essen.

★ **Trong Dong** VIETNAMESISCH $
(063-382 1889; 220 Đ Phan Dinh Phung; Gerichte 80 000–120 000 D; 11.30–15 & 17.30–21.30 Uhr;) Intimes Restaurant mit sehr gastfreundlichem Team und kreativer Speiseauswahl. Hier gibt's Köstlichkeiten wie Garnelenpaste an Zuckerrohrstange, Rindfleisch in *la-lut*-Blatt sowie feurigen Tintenfisch mit Zitronengras und Chili.

One More Cafe CAFÉ $
(77 Đ Hai Ba Trung; Kuchen 25 000 D; Do–Di 8–21 Uhr;) Gemütliche Stühle, bunt verzierte, pfirsichfarbene Wände und eine Glastheke mit Kuchen begrüßen Gäste in diesem heimeligen Café unter australischer Leitung. Hier kann man es sich bei einem der vielen Tees, einem Espresso, einem Früh-

EINREISE NACH KAMBODSCHA: VON PLEI KU NACH BAN LUNG

Anreise zur Grenze Der abgelegene, nur selten von Ausländern genutzte Grenzübergang Le Thanh–O Yadaw verbindet Plei Ku mit Ban Lung in Kambodscha. Von Plei Kus Hauptmarktplatz in der Đ Tran Phu fährt täglich um 7.30 Uhr ein Noi-Thinh-Bus (65 000 D, 2 Std.) direkt zur kambodschanischen Grenze bei Le Thanh.

An der Grenze Die Grenze ist von 7 bis 17 Uhr geöffnet. Visa für Kambodscha erhält man bei der Ankunft. Vietnamesische Visa müssen im Voraus besorgt werden.

Weiterreise Von O Yadaw auf der kambodschanischen Seite der Grenze steuern lokale Busse (10 US$) oder Motorräder (ca. 25 US$) Ban Lung an. Nachmittags fahren viel weniger Verkehrsmittel.

Informationen zur Überquerung der Grenze in der entgegengesetzten Richtung siehe S. 317.

ABSEITS DER ÜBLICHEN PFADE

MOTORRADTOUREN IM ZENTRALEN HOCHLAND

Im landschaftlich reizvollen Hochland ist es leicht, die ausgetretenen Pfade zu verlassen. Dieser Teil des Landes eignet sich auch wunderbar für eine Motorradtour. Höhepunkt eines Besuchs ist für viele Traveller eine Motorradtour im Hinterland mit einem Easy Rider (Fahrer-Guide). Der Nachteil ihrer Beliebtheit ist, dass nun beinahe jeder von sich behauptet, ein Easy Rider zu sein. Es ist unmöglich, durchs Zentrum von Da Lat zu laufen, ohne zu einer Motorradtour eingeladen (oder manchmal gedrängt) zu werden.

Guides für Easy-Rider-Touren findet man in Da Lats Hotels und Cafés. Vor der Entscheidung für eine längere Tour sollte man Berichte ehemaliger Kunden lesen und das Motorrad überprüfen. Danach muss ausführlich die Route besprochen werden. Der neue Küsten-Highway, der von Da Lat nach Mui Ne und Nha Trang führt, und die alte Straße, die über Phan Rang zum Meer verläuft, sind landschaftlich großartig. Die Preise für eine Tagestour liegen bei 25 US$, längere Touren kosten 60 bis 75 US$ pro Tag.

Ein paar Tipps für Entdeckungstouren:

- Durch den gewachsenen Stellenwert des historischen **Ho-Chi-Minh-Pfades** ist der Besuch von entlegenen Orten wie **Kon Tum**, einer der freundlichsten Städte Vietnams, leichter geworden.
- Die größte Stadt der Region ist Buon Ma Thuot, doch das Aufregendste hier stellt der Kaffee dar. Im nahe gelegenen **Yok-Don-Nationalpark** (☎ 0500-378 3049; www.yokdonnationalpark.vn; Eintritt 40 000 D) leben 38 gefährdete Säugetierarten, darunter Elefanten und einige Tiger. Zu den eindrucksvollen Wasserfällen in dieser Gegend gehören die Fälle **Dray Sap**, **Gia Long** & **Dray Nur** (☎ 0500-321 3194; Eintritt 30 000 D; ⏲ 8–18 Uhr) am Fluss Krong Ana.
- Spektakuläre Aussichten bieten sich im Nordosten Da Lats von der **Hochstraße nach Nha Trang**, die am Hon-Giao-Berg nach einer atemberaubenden, 33 km langen Passfahrt 1700 m Höhe erreicht.
- 43 km südöstlich von Da Lat kann man vom spektakulären **Ngoan-Muc-Pass** sogar das Meer sehen.

stück (wird den ganzen Tag über serviert) oder einem Smoothie gemütlich machen.

Da Quy VIETNAMESISCH $

(Wild Sunflower; 49 Đ Truong Cong Dinh; Gerichte ab 50 000 D; ⏲ 8–22 Uhr) Gehobenes Ambiente zu niedrigen Preisen. Der freundliche englischsprachige Loc betreibt dieses Lokal, das leckere traditionellen Ton- und Eintopfgerichte und weniger interessante westliche Küche serviert.

★ **Restaurant Ichi** JAPANISCH $$

(☎ 063-355 5098; 1 Đ Hoang Dieu; Gerichte 100 000–300 000 D; ⏲ Di–So 17.30–22 Uhr) In Da Lats einzigem echten japanischen Restaurant isst man bei gedämpfter Beleuchtung und mit Jazzmusik im Hintergrund. Die würzigen Thunfischröllchen, das Hühnchen-Yakitori und die Tempura-Gerichte sind allesamt fantastisch, die Bento-Boxen günstig und für echte Liebhaber gibt es sogar *natto*. Von der Bar aus (mit einer großen Auswahl an Whiskeys aus der ganzen Welt) kann man Sushi-Meister Tommo bei der Arbeit zusehen.

Ausgehen & Unterhaltung

La Viet KAFFEE

(82 Đ Truong Cong Dinh; ⏲ 7–22 Uhr) Ist das ein Antiquitätengeschäft oder doch ein Café? Den gemütlichen Eckladen schmücken jede Menge Pflanzen, alte Fahrradteile, Vogelkäfige, altmodische Telefone und antike Pianos. Wer dazwischen einen Platz findet, kann sich hervorragenden Kaffee schmecken lassen.

★ **Escape Bar** LIVEMUSIK

(www.escapebardalat.com; basement, Muong Thanh Hotel, 4 Đ Phan Boi Chau; ⏲ 16–24 Uhr; 📶) Herausragende Livemusikbar, wo der Bluesgitarrist Curtis King (der Besitzer) jeden Abend ab 21 Uhr spielt. Er interpretiert Stücke von Jimi Hendrix, den Eagles, den Doors und andere Klassiker, improvisiert dabei jedoch so gut und originell, dass jedes Lied ganz eigen klingt. Reisende Musiker können gerne mitjammen. Die schicke Einrichtung im Stil der 1970er-Jahre passt perfekt zur Musik.

Shoppen

Der Hoa-Binh-Platz und das angrenzende Marktgebäude eignen sich am besten, um Kunsthandwerk der ethnischen Minderheiten zu kaufen, darunter Binsenkörbe der Lat, die man zusammenrollen kann, wenn sie leer sind.

Praktische Informationen

Da Lat verfügt über zahlreiche Geldautomaten und Internetcafés, WLAN ist weitverbreitet.

Hauptpost (14 Đ Tran Phu; 7–18 Uhr)

Lam Dong General Hospital (063-382 1369; 4 Đ Pham Ngoc Thach; 24 Std.) Mit Notaufnahme.

Sinh Tourist (063-382 2663; www.thesinhtourist.vn; 22 Đ Bui Thi Xuan; 8–19 Uhr) Touren, darunter Stadtbesichtigungen, und Buchungen für Open-Tour-Busse.

Vietcombank (6 Đ Nguyen Thi Minh Khai; Mo–Fr 7.30–15, Sa bis 13 Uhr) Tauscht Reiseschecks und ausländische Währungen.

Anreise & Unterwegs vor Ort

Es gibt regelmäßige Flüge mit Vietnam Airlines, VietJet Air und Jetstar; u. a. starten täglich ein Flugzeug nach Da Nang sowie vier nach Hanoi und HCMC. Der Flughafen Lien Khuong liegt 30 km südlich der Stadt.

Der moderne **Fernbusbahnhof** (Ben Xe Lien Tinh Da Lat; Đ 3 Thang 4) von Da Lat liegt 1,5 km südlich vom Xuan-Huong-See. Von hier aus verkehren Expressbusse nach HCMC, in andere Städte im Hochland, nach Da Nang und nach Nha Trang. Schicke Doppeldeckerbusser von Phuong Trang, darunter mehrere Schlafbusse, fahren nach HCMC (230 000 D, 7–8 Std., ca. stündlich).

Da Lat ist eine Hauptstation der Open-Tour-Busse. Busse von Sinh Tourist verkehren täglich nach Mui Ne (ab 99 000 D, 4 Std.), Nha Trang (ab 99 000 D, 5 Std.) und HCMC (ab 159 000 D, 8 Std.).

Eine tolle Möglichkeit, die Gegend zu erkunden, sind Motorradtagestouren mit Führer (ab 20 US$). Viele Hotels verleihen Fahrräder und Motorräder. Ein Taxi kann man telefonisch bei **Mai Linh** (063-352 1111) bestellen.

Rund um Da Lat

Truc-Lam-Pagode & Seilbahn BUDDHISTISCHER TEMPEL
(Ho Tuyen Lam; Seilbahn einfach/hin & zurück Erw. 50 000/70 000 D, Kind 30 000/40 000 D; Seilbahn 7.30–11.30 & 13.30–17 Uhr) In hübscher Lage auf einem Hügel und umgeben von wunderschönen Gärten präsentiert sich die Truc-Lam-Pagode. Sie ist auch ein aktives Kloster, allerdings tummeln sich auf dem Gelände oft jede Menge Reisegruppen. Nicht verpassen: die Anfahrt mit der Seilbahn, die über majestätische Kiefernwälder schwebt (die Bodenstation liegt 3 km südlich vom Zentrum).

Zur Pagode führt eine Abzweigung von der Nationalstraße 20.

HO-CHI-MINH-STADT (SAIGON)

08 / 7,4 MIO. EW.

Ho-Chi-Minh-Stadt (HCMC) ist Vietnam im Turbogang und ein hoch dynamischer Ort des Handels und der Kultur. Der chaotischen, turbulenten Stadt können sich auch Besucher nicht entziehen.

Schmale Gassen führen zu uralten Pagoden, lebhaften Märkten sowie an wackeligen Holzbuden vorbei, und ehe man sich versieht, wird man in die Gegenwart katapultiert und findet sich im Schatten moderner Wolkenkratzer und riesiger Einkaufszentren wieder. Die Geister der Vergangenheit sind in Kirchen, Tempeln, ehemaligen GI-Hotels und Regierungsgebäuden zu spüren, die noch vor einer Generation Zeugen der bewegten Geschichte Saigons waren. Ho-Chi-Minh-Stadt ist einfach einzigartig und überwältigend.

Sehenswertes

Dong Khoi & Umgebung

Diese wohlhabende Gegend gleich westlich vom Saigon-Fluss ist eine elegante Enklave mit Designerläden, angesagten Restaurants, Betontürmen und von Bäumen gesäumten Boulevards.

★ **Kathedrale Notre Dame** KIRCHE
(Karte S. 944; Đ Han Thuyen; Messe So 9.30 Uhr) Im Herzen des Regierungsviertels an der Đ Dong Khoi steht die zwischen 1877 und 1883 erbaute neoromanische Ziegelkirche und katholische Kathedrale. Sie ist nach der Jungfrau Maria benannt und hat 40 m hohe quadratische, von Eisenspitzen geschmückte Türme. Ihre Innenwände zieren Tafeln mit religiösen Motiven und ein Teil des Buntglases ist erhalten geblieben. Montag bis Samstag geben englischsprachige Mitarbeiter Besucherinfos aus. Ist der Vordereingang geschlossen, kann man es mit der Tür an der Seite am Wiedervereinigungspalast versuchen.

Ho-Chi-Minh-Stadt

Stadtmuseum MUSEUM
(Bao Tang Thanh Pho Ho Chi Minh; Karte S. 944; www.hcmc-museum.edu.vn; 65 Đ Ly Tu Trong; Eintritt 15 000 D; ⏲8–17 Uhr) Im prächtigen neoklassizistischen Bau von 1885, der einst Gia-Long-Palast hieß und später das Revolutionsmuseum beherbergte, wird die Geschichte der Stadt mithilfe von archäologischen Exponaten, Keramiken, alten Karten und Ausstellungen zu den Heiratstraditionen der ethnischen Gruppen erzählt. Ein Schwerpunkt liegt auf dem Unabhängigkeitskampf, dem ein Großteil des oberen Stocks gewidmet ist.

Zentralpostamt HISTORISCHES GEBÄUDE
(Karte S. 944; 2 Cong Xa Paris) Das eindrucksvolle französische Postamt von Ho-Chi-Minh-Stadt unweit der Kathedrale Notre Dame ist in einem historischen Klassiker untergebracht, der von Gustave Eiffel entworfen und zwischen 1886 und 1891 gebaut wurde. Auf die Wände der prächtigen Halle sind faszinierende historische Karten von Vietnam, Saigon und Cholon gemalt, während ein Mosaik von Ho Chi Minh das Ende der tonnengewölbten Halle schmückt. Bemerkenswert sind der wunderschön geflieste Boden im Inneren und die vielen grün gestrichenen schmiedeeisernen Verzierungen.

Da Kao & Umgebung

★ **Pagode des Jadekaisers** TAOISTISCHER TEMPEL
(Phuoc Hai Tu, Chua Ngoc Hoang; Karte S. 946; 73 Đ Mai Thi Luu; ⏲7–18 Uhr, am 1. & 15. des Mondmonats 5–19 Uhr) GRATIS Erbaut wurde dieser spektakuläre Tempel, einer der atmosphärischsten der Stadt, 1909 zu Ehren des obersten taoistischen Gottes (dem Jadekaiser bzw. Himmelskönig Ngoc Hoang). Er ist mit Statuen fantastischer Gottheiten und grotesker Helden vollgestopft und die Luft ist vom Rauch der Räucherstäbchen *(huong)* erfüllt, der die kunstvollen Schnitzarbeiten vernebelt. Das Dach schmücken kunstvolle

Fliesen, und die Statuen des Tempels, die Charaktere der buddhistischen und taoistischen Lehre darstellen, sind aus verstärktem Pappmaché gefertigt.

★Historisches Museum MUSEUM
(Bao Tang Lich Su; Karte S. 946; Đ Nguyen Binh Khiem; Eintritt 15 000 D; Di–So 8–11.30 & 13.30–17 Uhr) Errichtet wurde das beachtenswerte chinesisch-französische Museum 1929 durch die Société des Études Indochinoises. Es zeigt Artefakte zur Entwicklung der Kulturen Vietnams, angefangen mit der Dong-Son-Zivilisation der Bronzezeit, die 200 v. Chr. entstand, über die Funan-Zivilisation (1.–6. Jh.) bis hin zu den Cham, Khmer und Vietnamesen. Das Museum befindet sich innerhalb des Haupttors zum botanischen Garten und Zoo der Stadt.

Botanischer Garten GARTEN
(Thao Cam Vien; Karte S. 946; 2 Đ Nguyen Binh Khiem; 50 000 D inkl. Zooeintritt; 7–19 Uhr) Zu den ersten Projekten, die Frankreich nach Gründung der Kolonie Cochinchina umsetzte, gehörte diese fantastische üppig grüne Gartenanlage. Einst zählte sie zu den schönsten ihrer Art in Asien und lädt heute zu einem hübschen Spaziergang unter riesigen tropischen Bäumen, darunter hoch aufragende Tung- und So-Khi-Bäume, ein. Der Garten befindet sich neben dem historischen Museum. Der Zoo auf demselben Gelände ist kein schöner Anblick.

Wiedervereinigungspalast & Umgebung

★Kriegsrestemuseum MUSEUM
(Bao Tang Chung Tich Chien Tranh; Karte S. 948; 08-3930 5587; www.baotangchungtichchientranh.vn; 28 Đ Vo Van Tan, Ecke Đ Le Quy Don; Eintritt 15 000 D; 7.30–12 & 13.30–17 Uhr) Für westliche Touristen ist dieses Museum, das früher „Museum der chinesischen und amerikanischen Kriegsverbrechen“ hieß, ein beliebtes Ziel. Nur wenige Museen vermitteln die Grausamkeit des Krieges mit seinen zivilen Opfern so eindrucksvoll wie dieses. Viele Gräueltaten sind allgemein bekannt, doch selten haben Menschen aus dem Westen die Chance, die Geschichten der Opfer von Aktionen des US-Militärs aus deren Sicht zu erfahren. Zwar sind manche Exponate etwas einseitig, doch viele der verstörendsten Fotos, die die Gräueltaten der Amerikaner zeigen, stammen aus US-amerikanischen Quellen, darunter Bilder des berüchtigten Massakers von My Lai.

★Wiedervereinigungspalast HISTORISCHES GEBÄUDE
(Dinh Thong Nhat; Karte S. 948; 08-3829 4117; www.dinhdoclap.gov.vn; Đ Nam Ky Khoi Nghia; Erw./Kind 30 000/5000 D; 7.30–11 & 13–16 Uhr) Ein Besuch dieses Regierungsgebäudes inmitten von Königspalmen ist ein faszinierendes Erlebnis. Das liegt zum einen an dem wenig harmonischen Architekturstil aus den 1960er-Jahren, aber auch an der unheimlichen Stimmung, die man bei einem Gang durch die verlassenen Hallen verspürt. Am 30. April 1975 kamen die ersten kommunistischen Panzer, die in Saigon einrollten, genau hier an. Seitdem scheint die Zeit still zu stehen. Der „Fall Saigons“ 1975 ist untrennbar mit diesem Gebädue verknüpft, besonders ins Auge stechen jedoch die kitschigen Details und die historischen Motive.

Mariamman-Hindu-Tempel HINDU-TEMPEL
(Chua Ba Mariamman; Karte S. 948; 45 Đ Truong Dinh; 7.30–19.30 Uhr) In HCMC lebt nur eine kleine Hindu-Gemeinde, doch dieses farbenfrohe Stück Indien gilt auch bei vielen Vietnamesen und Chinesen als heilig. Ja, der Tempel soll sogar Zauberkräfte besitzen! Er wurde gegen Ende des 19. Jhs. erbaut und ist der Hindu-Göttin Mariamman gewidmet. Bevor man die leicht erhöhte Plattform betritt, muss man die Schuhe ausziehen. Verkäufer von Räucherstäbchen und Jasmin am besten ignorieren. Der Tempel befindet sich drei Blocks westlich des Ben-Thanh-Marktes.

Cholon

Cholon 5 km südwestlich vom Zentrum ist das Chinatown der Stadt. Hier befinden sich zahlreiche chinesische Tempel, darunter die **Thien-Hau-Pagode** (Ba Mieu, Pho Mieu, Chua Ba Thien Hau; Karte S. 942; 710 Đ Nguyen Trai) GRATIS, die der chinesischen Meeresgöttin Thien Hau gewidmet ist, und die märchenhaft verzierte **Phuoc-An-Hoi-Quan-Pagode** (Karte S. 942; 184 Đ Hong Bang) GRATIS, die 1902 von der chinesischen Fujian-Gemeinde erbaut wurde. Das Dach der **Quan-Am-Pagode** (Chua Quan Am; Karte S. 942; 12 Đ Lao Tu) GRATIS zieren fantastische Keramikfiguren aus traditionellen chinesischen Theaterstücken und Geschichten.

Kurse

Saigon Cooking Class KOCHKURS
(Karte S. 944; 08-3825 8485; www.saigoncookingclass.com; 74/7 ĐL Hai Ba Trung; Erw./Kind unter 12 Jahren 39/25 US$; Di–So 10 & 14 Uhr) Hier

Dong Khoi

0
200 m
Kathedrale Notre Dame
Sitz des Volkskomitees
Lam-Son-Platz
Zentral-Moschee
Me-Linh-Platz
BEZIRK 1
BEZIRK 4
Tran-Nguyen-Hai-Statue
Ben Thanh Bus Station
Bach-Dang-Anlegestelle
Ben-Nghe-Kanal
Saigon
ĐL Le Duan
Đ Nguyen Du
ĐL Hai Ba Trung
Đ Ly Tu Trong
Đ Chu Minh Trinh
Đ Han Thuyen
Đ Dong Khoi
Đ Le Thanh Ton
Đ Cao Ba Quat
Đ Nguyen Sieu
Đ Thai Van Lung
Đ Thi Sach
Cong Xa Paris
Đ Ton Duc Thang
Đ Dong Du
Đ Mac Thi Buoi
Đ Phan Van Dat
Đ Nguyen Thiep
Đ HH Nghiep
Đ Ngo Duc Ke
ĐL Nguyen Hue
ĐL Le Loi
Đ Nguyen Trung Truc
Đ Luu Van Lang
Đ Nam Ky Khoi Nghia
Đ Ton That Thiep
Đ Huynh Thuc Khang
Đ Ho Tung Mau
Đ Pasteur
Đ Ton That Dam
Đ Hai Trieu
Đ Ham Nghi
Đ Le Cong Kieu
Đ Nguyen Cong Tru
Đ Ban Chuong
Đ Pho Duc Chinh
Đ Calmette
Đ Le Thi Hong Gam
Đ Ky Con
Đ Nguyen Tat Thanh
siehe Karte Wiedervereinigungspalast & Umgebung (S. 948)

Dong Khoi

Highlight
1 Kathedrale Notre Dame A2

Sehenswertes
2 Zentralpostamt B2
3 Stadtmuseum A3

Aktivitäten, Kurse & Touren
4 Saigon Cooking Class C2

Essen
5 5Ku Station C2
6 Huong Lai B3
7 Propaganda A2
8 Secret Garden A3
9 The Racha Room D3

Ausgehen & Nachtleben
10 Apocalypse Now D3
11 Broma: Not a Bar C4
12 Pasteur Street Brewing Company B4
13 The Workshop D4
14 Vesper D2

Unterhaltung
15 Cargo D7
16 Saigon Ranger C3

Shoppen
17 Ben-Thanh-Markt A5
18 Giant Step Urban Art Gallery D2
19 Mekong Quilts A4
20 Saigon Kitsch B4

Praktisches
21 Australisches Konsulat B2
22 Kanadisches Konsulat A2
23 Laotisches Konsulat A3
Neuseeländisches Konsulat .... (siehe 22)

lernt man, die drei Hauptgerichte (u. a. *pho bo* – Nudelsuppe mit Rindfleisch – und einige ihrer Spezialitäten) und ein Dessert zubereiten, indem man den Köchen des Hoa Tuc auf die Finger schaut. Wer möchte, kann außerdem noch einen Markt besuchen (Erw./Kind unter 12 Jahren 45/28 US$, inkl. 3-stündiger Kurs).

Cyclo Resto KOCHKURS
(Karte S. 948; ☎0975 513 011; www.cycloresto.com; 6/28 Đ Cach Mang Thang Tam; 29 US$ pro Pers.) Teil der fröhlichen, informativen dreistündigen Kochkurse ist auch eine *cyclo*-Fahrt zum Thai-Binh-Markt nahe der Pham Ngu Lao.

Geführte Touren

In HCMC gibt's exzellente und originelle Touren. Die große Themenpalette umfasst z. B. Straßenküche und die Kunstszene der Stadt.

XO Tours KULTURELLE TOUREN
(☎0933 083 727; www.xotours.vn; ab 45 US$) Die weiblichen Guides tragen *ao-dai* (traditionelle Gewänder) und bieten Motorroller- und Motorradtouren mit den Schwerpunkten Essen, Sehenswürdigkeiten und Saigon bei Nacht. Sehr sympathisch und unterhaltsam!

Saigon Unseen GEFÜHRTE TOUREN
(www.saigonunseen.com; ab 25 US$) Motorradtouren zu hiesigen Märkten und in untouristische Teile von HCMC und der Umgebung.

Schlafen

Praktisch alle Budgetreisenden begeben sich geradewegs zum Gebiet der Pham Ngu Lao. Im Backpackerviertel der Stadt gibt's mehr als hundert Unterkünfte. Die meisten kosten zwischen 10 und 35 US$, sogar den einen oder anderen Schlafsaal kann man finden. Manche Hotels mit Adressen in der Đ Pham Ngu Lao oder der Đ Bui Vien liegen in Gassen, die von diesen Hauptstraßen abgehen.

★ **Lily's Hostel** HOSTEL $
(Karte S. 950; ☎0948 213 181; lilyhostel.hcm@gmail.com; 35/5 Đ Bui Vien; B/DZ 8/26 US$;) Eines der neuen modernen Hostels auf der Pham Ngu Lao. Elegant-dezentes Dekor sorgt für herzliches, einladendes Ambiente. Das Lily's liegt an einer ruhigen Straße abseits der betriebsamen Đ Bui Vien und schafft mühelos die Balance zwischen Hostel und Boutique-Pension. Einige der Privatzimmer haben Flachbildfernseher und eine Minibar.

★ **Madame Cuc 127** PENSION $
(Karte S. 950; ☎08-3836 8761; www.madamcuchotels.com; 127 Đ Cong Quynh; 20–30 US$;) Das Original und bei Weitem das beste der drei Hotels, die von der herzliche Madame Cuc und ihren freundlichen Mitarbeitern geführt werden. Alle Zimmer sind groß und sauber.

The Hideout Hostel HOSTEL $
(Karte S. 950; ☎08-3838 9147; www.vietnamhideouthostels.com; 281 Đ Pham Ngu Lao; B 8 US$;

Da Kao & Umgebung

Da Kao & Umgebung

Highlights
1 Historisches Museum D1
2 Pagode des Jadekaisers B1

Sehenswertes
3 Botanischer Garten D1

Essen
4 Banh Xeo 46A A1
5 Pho Hoa A2

Praktisches
6 Kambodschanisches Konsulat B2
7 Chinesisches Konsulat B2
8 Französisches Konsulat C2
9 Deutsches Konsulat B2
10 International SOS A2
11 Niederländisches Konsulat C2
12 Britisches Konsulat C2
13 Amerikanisches Konsulat C2

❄@📶) Gute Stimmung und Geselligkeit sind die wichtigsten Merkmale dieses neuen Hostels auf der Pham Ngu Lao. Die in hellen Farben gehaltenen Schlafsäle sind makellos sauber und in der Hideout Bar nebenan bekommt man zwei Gratis-Bier am Tag. Dreimal wöchentlich veranstalten die Betreiber Kneipentouren, die für Gäste kostenlos sind; alle anderen zahlen 2 US$.

Diep Anh PENSION $
(Karte S. 950; ☎08-3836 7920; dieptheanh@hcm.vnn.vn; 241/31 Đ Pham Ngu Lao; Zi. 20–25 US$; ❄@📶) Nicht nur im übertragenen Sinn thront das Diep Anh weit über den meisten Pensionen in PLN – die Treppen dorthin scheinen 1000 Stufen zu haben. Das Gebäude ist hoch und schmal, sodass die Zimmer in den oberen Etagen viel Licht und Luft abbekommen. Freundliche Mitarbeiter halten sie gut in Schuss.

Giang Son PENSION $
(Karte S. 950; ☎08-3837 7547; www.guesthouse.com.vn; 283/14 Đ Pham Ngu Lao; Zi. 20–30 US$; ❄@📶) Auf jeder Etage des schmalen, hohen Giang Son befinden sich drei Zimmer, außerdem gibt's eine Dachterrasse und der Service ist freundlich. Einziger Nachteil: kein Lift. Es lohnt sich, etwas mehr für ein Zimmer mit Fenster auszugeben.

Town House 50 PENSION, HOSTEL $
(Karte S. 948; ☎08-3925 0210; www.townhousesaigon.com; 50e Đ Bui Thi Xuan; B 11 US$, EZ/DZ/3BZ 20/35/45 US$; 🚭❄@📶) Am Ende einer ruhigen Gasse, die von einer Straße mit guten Restaurants und Cafés abgeht, liegt das Town House 50. Es ist Pension und Boutique-Hotel zugleich und bietet stilvolle Unterkünfte. In allen Schlafsälen und Zimmern ist das Rauchen verboten und das Dekor ist sauber und modern. Im Preis inbegriffen ist ein warmes Frühstück und an der Rezeption erhält man jede Menge Besucherinfos.

Hong Han Hotel PENSION $
(Karte S. 950; ☎08-3836 1927; www.honghanhotel.com.vn; 238 Đ Bui Vien; Zi. 18–30 US$; ❄@📶) Auch das Hong Han ist eines von der ganz hohen, schmalen Sorte (7 Etagen, kein Fahrstuhl). Es gibt Zimmer nach vorne mit fantastischer Aussicht und ruhigere, billigere nach hinten. Das kostenlose Frühstück wird auf der Terrasse in der 1. Etage serviert.

PP Backpackers HOSTEL $

(Karte S. 950; ☎ 0939 815 799; www.ppbackpackers.com.vn; Đ 283/41 Đ Pham Ngu Lao; B 7 US$, DZ 16–18 US$; ❄ @ 📶) Für wenig Geld gibt's ein Bett im Schlafsaal, und für etwas mehr bekommt man ein günstiges Doppelzimmer. Die Angestellten dieses billigen, einladenden Hostels sind sehr hilfsbereit und effizient.

Liberty Hotel Saigon Greenview HOTEL $$

(Karte S. 948; ☎ 08-3836 9522; www.odysseahotels.com/saigongreenview; 187 Đ Pham Ngu Lao; Zi. ab 47 US$; ❄ @ 📶) Vor Kurzem wurde dem Hotel ein schicker, klassischer Stil mit ruhigen, gedämpften Farben und Naturholz verpasst. Es gehört zu den eleganteren Häusern an der Pham Ngu Lao, und die Zimmer auf der Vorderseite überblicken den 23/9-Park am Nordrand von HCMCs Backpackerviertel.

Essen

HCMC ist die kulinarische Hauptstadt Vietnams. Das Angebot an Restaurants reicht von spottbilligen Ständen am Straßenrand bis zu atmosphärischen Villen. Neben großartigen einheimischen Gerichten bietet Saigon auch internationale Genüsse – sowohl die indische als auch die japanische, thailändische, französische, spanische und koreanische Küche sind hier vertreten.

In der Gegend um Dong Khoi finden sich viele gute Lokale. Die Restaurants im Gebiet der Pham Ngu Lao sind in der Regel wenig bemerkenswert, es gibt jedoch ein paar Ausnahmen.

Touren sind eine exzellente Möglichkeit, das wunderbare Straßenessen der Stadt besser kennenzulernen.

Dong Khoi & Umgebung

Secret Garden VIETNAMESISCH $

(Karte S. 944; 8. OG, 158 Đ Pasteur; Gerichte 55 000–80 000 D; ⏲ 8–22 Uhr; 🖉) In dem veralteten Apartmenthaus führen Stufen hoch zu einem wunderbaren Dachrestaurant. Ein Kräutergarten mit pickenden Hühnern und buddhistische Statuen sorgen für Ambiente, und das leckere hausgemachte Essen genießt man beim Blick auf die Stadt. Manchmal ist der Service etwas unprofessionell, doch das machen die tollen Aromen wieder wett.

5Ku Station GRILLRESTAURANT $

(Karte S. 944; 29 Đ Le Thanh Thon; Gerichte ca. 100 000 D; ⏲ 16 Uhr–open end) Das improvisiert wirkende Grillrestaurant unter freiem Himmel ist Teil einer Kette und verspricht einen witzigen, ausgelassenen, geselligen und natürlich leckeren Abend. Nachdem man es sich auf einer der Holzkisten gemütlich gemacht hat, kann man sich mit einem Mix aus Einheimischen, Reisenden und ortsansässigen Ausländern ein kaltes Bier und Köstlichkeiten vom Grill schmecken lassen.

Huong Lai VIETNAMESISCH $

(Karte S. 944; ☎ 08-3822 6814; www.huonglai2001saigon.com; 38 Đ Ly Tu Trong; Gerichte 55 000–160 000 D; ⏲ 12–15 & 18–22 Uhr) Ideal für jeden, der schön präsentiertes vietnamesisches Essen mag. Das luftige, hohe Loft eines alten Ladenhauses aus der französischen Kolonialzeit bietet Essen der besonderen Art. Alle Angestellten stammen aus benachteiligten Familien oder sind ehemalige Straßenkinder, die hier eine Ausbildung und ein Zuhause erhalten.

Propaganda VIETNAMESISCH $$

(Karte S. 944; ☎ 08-3822 9048; www.propagandasaigon.com; Đ 21 Han Thuyen; Gerichte 95 000–185 000 D; ⏲ 7.30–22.30 Uhr) Sehr farbenfrohe Wandgemälde und altmodische sozialistische Plakate beleben dieses beliebte Bistro mit Parkblick. Es ist auf Klassiker der vietnamesischen Straßenküche spezialisiert und serviert diese in einem lebendig-dynamischen Ambiente. Besonders lecker sind die Salate, z. B. mit wildem Pfeffer, grüner Mango und Grillhähnchen. Wenn es unten zu voll ist, gibt es oben einen weiteren Essbereich.

Da Kao & Umgebung

Pho Hoa VIETNAMESISCH $

(Karte S. 946; 260c Đ Pasteur; Gerichte 60 000–75 000 D; ⏲ 6–24 Uhr) Das alteingesessene Restaurant ist nobler als die meisten Konkurrenten, doch das Essen überzeugt, das beweist schon seine Beliebtheit bei den einheimischen Stammgästen. Auf den Tischen stehen Kräuter, Chili und Limette bereit, zudem gibt's *gio chao quay* (frittiertes chinesisches Brot), *banh xu xe* (klebrige Kokoskekse mit Mungobohnenpaste) und *cha lua* (Schweinewürstchen in Bananenblättern).

Banh Xeo 46A VIETNAMESISCH $

(Karte S. 946; ☎ 08-3824 1110; 46a Đ Dinh Cong Trang; normal/extragroß 70 000/110 000 D; ⏲ 10–21 Uhr; 🖉) Einheimische gehen am liebsten

Wiedervereinigungspalast & Umgebung

Wiedervereinigungsplast & Umgebung

Highlights
1 Wiedervereinigungspalast C2
2 Kriegsrestemuseum C1

Sehenswertes
3 Mariamman-Hindu-Tempel C3

Aktivitäten, Kurse & Touren
4 Cyclo Resto C3

Schlafen
5 Town House 50 .... B3

Unterhaltung
6 Acoustic B1
7 Golden-Dragon-Wasserpuppen-theater C2

Praktisches
8 Japanisches Konsulat B1
9 Thailändisches Konsulat B1

in ein Restaurant, das sich auf ein einziges Gericht spezialisiert hat, und hier werden mit die besten *banh xeo* der Stadt serviert. Die vietnamesischen Reismehlpfannkuchen, gefüllt mit Bohnensprossen, Garnelen und Schweinefleisch, sind absolut legendär. Es gibt auch vegetarische Varianten und andere Gerichte wie exzellentes *goi cuon* (frische Sommerröllchen mit Schweinefleisch und Garnelen).

Pham Ngu Lao & Umgebung

Five Oysters VIETNAMESISCH $
(Karte S. 950; www.fiveoysters.com; 234 Đ Bui Vien; Gerichte ab 35 000 D; ⌚9–23 Uhr) In dem hellen, fröhlichen Lokal im Backpackerzent-

rum legt man den Schwerpunkt auf Meeresfrüchte und freundlichen Service. Hier lassen sich Urlauber Austern (30 000 D), gegrillten Tintenfisch, Meeresfrüchtesuppe, Schneckenpastete, *pho,* gebratene Nudeln, gegrillte Makrele mit Chiliöl und mehr schmecken. Auch wegen des preisgünstigen Bieres ist das Five Oysters eine sehr beliebte Adresse an der PNL.

An Lac Chay VEGETARISCH **$**
(Karte S. 948; Upstairs, 175/1 Đ Pham Ngu Lao; Gerichte 35 000–100 000 D; ⌚8–22 Uhr; ✎) Hinter dem Restaurant Margherita führen Treppen hinauf zum An Lac Chay, einem rein vegetarischen Restaurant mit einer sehr abwechslungsreichen Auswahl an unglaublich leckeren Gerichten wie saurer vietnamesischer Suppe, Vierkäse-Pizza und mexikanischer Küche.

Coriander THAI **$**
(Karte S. 950; 16 Đ Bui Vien; Gerichte 50 000–180 000 D; ⌚11–14 & 17–23 Uhr) Zwar wirken das helle Holzmobiliar und die billige Bambustapete wenig überzeugend, dafür ist die Karte mit authentischen siamesischen Köstlichkeiten gefüllt: Der wunderbare gebratene *doufu* (Tofu) ist beinahe eine eigene Mahlzeit, das grüne Curry pikant, und der im Tontopf zubereitete Meeresfrüchtereis hervorragend.

Dinh Y VEGETARISCH **$**
(Karte S. 950; 171b Đ Cong Quynh; Gerichte ab 30 000 D; ⌚6–21 Uhr; ✎) In einem untouristischen Teil von PNL ganz in der Nähe des Thai-Binh-Markts liegt dieses bescheidene Lokal, das von einer sehr freundlichen Cao-Dai-Familie geführt wird. Das Essen schmeckt lecker und ist günstig.

Ausgehen & Nachtleben

Die Ausgehszene konzentriert sich vor allem auf Dong Khoi. Dort findet man so gut wie alles von der düsteren Spelunke bis hin zur edlen Designerbar. Die Lokale in dieser Gegend schließen aber in der Regel schon gegen 1 Uhr, während in Pham Ngu Lao noch bis in die frühen Morgenstunden weitergefeiert wird.

Zu den angesagtesten Clubnächten in HCMC zählen die recht regelmäßig stattfindende Loftparty im **Everyone's a DJ** (www.facebook.com/everyonesadj) und **Beats Saigon** (www.facebook.com/pages/The-Beats-Saigon/207148399324751).

Dong Khoi & Umgebung

★ **Pasteur Street Brewing Company** CRAFT-BIER
(Karte S. 944; www.pasteurstreet.com; 144 Đ Pasteur; kleines/großes Bier ab 45 000/95 000 D; ⌚11–22 Uhr; 📶) Hier zeigt sich, dass es Bierkultur jenseits des 333-Lagers gibt. Zur Auswahl stehen verschiedene exzellente Craft-Biere mit lokalen Zutaten wie Zitronengras, Rambutan und Jasmin. Bis zu sechs verschiedene Sorten werden jeweils ausgeschenkt. Im hippen Verköstigungsraum im oberen Stock gibt's außerdem leckere Barsnacks – das würzige Nashville-Brathähnchen ist empfehlenswert.

The Workshop KAFFEE
(Karte S. 944; www.facebook.com/the.workshop.coffee; 10 Đ Ngo Duc Ke; Kaffee ab 45 000 D; ⌚8–20 Uhr; 📶) In einem großen Lagerhausraum im oberen Stock können Gäste hier ein Stück Kaffeekultur genießen und sich in ruhiger Atmosphäre E-Mails oder anderer Schreibarbeit widmen. Zu trinken gibt's sortenreine Fair-Trade-Bohnen aus Da Lat, Chemex-Leckereien und Kaltgetränke. Die Wartezeit versüßen einem Schwarz-Weiß-Fotos des alten Saigon.

Vesper BAR
(Karte S. 944; www.facebook.com/vespersaigon; EG, Landmark Bldg, 5b Đ Ton Duc Thang; ⌚Mo–Sa 11 Uhr–open end) Coole Location am Fluss – von der kurvigen Tropenholzbar über die nett arrangierten Flaschen in den Regalen und die sanfte Enspannungsmusik bis zu den Ledermöbeln in Karamelltönen und der Appetit machenden Tapas-Karte. Es gibt ei-

VERWÖHNPROGRAMM

Das **Racha Room** (Karte S. 944; ☎0908 791 412; www.facebook.com/theracharoom; 12–14 Đ Mac Thi Buoi; Gerichte zum Teilen 195 000–320 000 D; ⌚11.30–24 Uhr) gehört zu den hippsten Lokalen der Stadt. Thailändisches Straßenessen ergänzt die abwechslungsreiche Auswahl an Barsnacks (40 000–150 000 D) und Gerichten zum Teilen, wobei auch kulinarische Einflüsse der Nachbarländer eine Rolle spielen. Asiatisch inspirierte Cocktails machen das Racha Room zudem zu einer der besten Bars der Stadt. Die Happy Hour dauert von 17 bis 19.30 Uhr.

Pham Ngu Lao & Umgebung

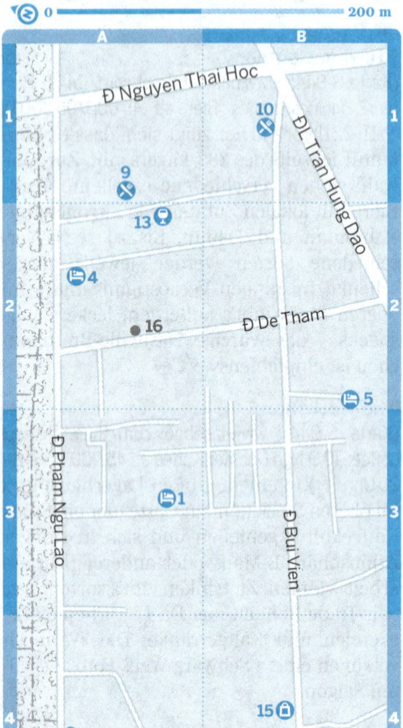

Pham Ngu Lao & Umgebung

Schlafen

1 Diep Anh A3
2 Giang Son A4
3 Hong Han Hotel B5
4 Liberty Hotel Saigon Greenview A2
5 Lily's Hostel B2
6 Madame Cuc 127 .... B6
7 PP Backpackers A4
8 The Hideout Hostel A4

Essen

9 An Lac Chay A1
10 Coriander B1
11 Dinh Y A6
12 Five Oysters B5

Ausgehen & Nachtleben

13 Le Pub A2
14 The View B5

Shoppen

15 Orange B4

Praktisches

16 Sinh Tourist A2

Transport

17 Sapaco A5

ne Terrasse an der Straße, allerdings ist der Verkehrslärm fast unerträglich.

Apocalypse Now CLUB

(Karte S. 944; ☎08-3824 1463; www.facebook.com/apocalypsenowsaigon; 2c Đ Thi Sach; ⏱19–2 Uhr) Schon seit 1991 ist das „Apo" im Geschäft, aber es bleibt einer der besten Clubs der Stadt. Auf das weitläufige Areal verteilen sich eine große Tanzfläche und ein Hof im Freien, und an der Bar vergnügt sich eine bunt gemischte Klientel aus Travellern, Auswanderern und einflussreichen Vietnamesen sowie die eine oder andere Prostituierte. Die Musik durchdringt den ganzen Körper und die ausufernde Stimmung ist wahrhaft apokalyptisch. Am Wochenende wird ein Eintrittspreis von 150 000 D fällig, der ein kostenloses Getränk beinhaltet.

Broma: Not a Bar BAR

(Karte S. 944; www.facebook.com/bromabar; 41 Đ Nguyen Hue; ⏱17–2 Uhr) Kompakte Dachbar mit Künstlerflair, Blick auf die betriebsame verkehrsberuhigte Promenade Đ Nguyen Hue und einer guten Auswahl an internationalen Biersorten. Für Musik sorgen Liveauftritte oder DJs, meistens laufen Funk, Hip-Hop und Elektromusik.

Pham Ngu Lao & Umgebung

The View BAR
(Karte S. 950; www.theviewrooftopbar.com; 8. OG, Duc Vuong Hotel, 195 Đ Bui Vien; ⌚ Mo–Fr 10–24, Sa & So bis 2 Uhr) Zwar liegt das View nicht so hoch wie andere Dachbars der Stadt, dafür ist es aber auch weniger prätentiös und um einiges günstiger. Gäste überblicken den geschäftigen Backpackertrubel der Pham Ngu Lao und auch das Essen ist seinen Preis wert.

Le Pub PUB
(Karte S. 948; ☎ 08-3837 7679; www.lepub.org; 175/22 Đ Pham Ngu Lao; ⌚ 9–2 Uhr;) Wie der Name bereits vermuten lässt, trifft hier ein englisches Pub auf eine französische Café-Bar. Das granatapfelfarbene Ergebnis verteilt sich auf drei Stockwerke und ist überaus erfolgreich. Eine umfangreiche Bierauswahl, nächtliche Specials, Cocktailkrüge und leckeres Pubessen ziehen Gäste scharenweise an. Auf der umliegenden Straße vergnügen sich am Abend partyfreudige Einheimische.

☆ Unterhaltung

In *The Word HCMC*, *Asialife HCMC* oder *The Guide* erfährt man, was in der Stadt wo los ist; oder man besucht die Seiten www.anyarena.com und www.thewordhcmc.com.

★ **Acoustic** LIVEMUSIK
(Karte S. 948; ☎ 08-3930 2239; www.facebook.com/acousticbarpage; 6e1 Đ Ngo Thoi Nhiem; ⌚ 19–24 Uhr;) Nicht von dem Namen in die Irre führen lassen: Die meisten Musiker, die die intime Bühne der führenden Livemusik-Location der Stadt rocken, verzichten keineswegs auf elektronische Unterstützung. Angesichts der vielen Besucher geht das Konzept voll auf. Das Acoustic liegt am Ende der Straße beim ausrangierten VW Käfer und serviert gefährlich starke Cocktails.

★ **Cargo** LIVEMUSIK
(Karte S. 944; www.facebook.com/cargosaigon; Đ 7 Nguyen Tat Thanh; ⌚ Mi–So 15–24 Uhr) Unglaublich beliebte, große Location in einem Lagerhaus. Hier sind aufsteigende Talente aus der Stadt, Bands aus der Region und DJs zu Gast. Auf der anderen Flussseite im Distrikt 4.

Saigon Ranger LIVEMUSIK
(Karte S. 944; www.facebook.com/saigonranger; 5/7 Đ Nguyen Sieu; ⌚ Di–So 15 Uhr–open end) Die unkonventionelle Livemusik- und Event-Location in zentraler Lage, nur einen kurzen Spaziergang vom Lam-Son-Park entfernt, sorgt dienstags bis sonntags mit verschiedenen Shows für Stimmung. Gäste können sich auf ein abwechslungsreiches Programm, u. a. mit Rock, Blues und Latino-Musik, freuen. Meist geht's gegen 21 Uhr los.

Golden Dragon Wasserpuppentheater WASSERPUPPEN
(Karte S. 948; ☎ 08-3930 2196; 55b Đ Nguyen Thi Minh Khai; Tickets 7,50 US$) Im wichtigsten Aufführungsort für Wasserpuppentheater beginnen die Shows um 17, 18.30 und 19.45 Uhr und dauern etwa 50 Minuten.

Shoppen

In Saigon sind viele verlockende Dinge zu finden, darunter bestickte Seidenschuhe, Miniatur-*cyclos* und gefälschte Zippo-Feuerzeuge mit GI-Gravuren. In den Boutiquen entlang der Đ Le Thanh Ton und Đ Pasteur bekommt man handgefertigte Konfektionsmode. Geschäfte in Pham Ngu Lao verkaufen von ethnischen Minderheiten hergestellte Stoffe, Kunsthandwerk und verschiedene ansprechende Accessoires.

Auf dem **Ben-Thanh-Markt** (Cho Ben Thanh; Karte S. 944; ĐL Le Loi, ĐL Ham Nghi, ĐL Tran Hung Dao & Đ Le Lai) gibt's sowohl alltägliche Produkte als auch einen lukrativen Handel mit touristischen Erzeugnissen.

Mekong Quilts KUNSTHANDWERK
(Karte S. 944; ☎ 08-2210 3110; www.mekong-quilts.org; 1. OG, 68 ĐL Le Loi; ⌚ 9–19 Uhr) *Das* Geschäft, um schöne handgearbeitete Seiden-Quilts zu kaufen, handgefertigt von armen Vietnamesen aus ländlichen Regionen. Mit dem Erlös wird ihnen ein vernünftiges Einkommen ermöglicht.

Giant Step Urban Art Gallery KUNST
(Karte S. 944; ☎ 0126 415 4338; 3a Đ Ton Duc Thang; ⌚ Mo–Sa 11–18 Uhr) Exzellenter Galerieladen mit dem Schwerpunkt auf Straßenkunst. Über die geplanten Ausstellungen kann man sich auf Facebook informieren. Auch in den umliegenden Gassen ist Straßenkunst zu bewundern.

Saigon Kitsch SOUVENIRS
(Karte S. 944; 33 Đ Ton That Thiep; ⌚ 9–22 Uhr) Der farbenfrohe Laden hat sich auf Reproduktionen von Propagandakunst spezialisiert und schmückt Kaffeebecher, Bierdeckel, Puzzles und T-Shirts mit den revolutionären Motiven.

Orange KLEIDUNG, ACCESSOIRES
(Karte S. 950; 180 Đ Bui Vien; ⌚9–22 Uhr) T-Shirts und Taschen.

Mai Handicrafts KUNSTHANDWERK
(Karte S. 942; ☎08-3844 0988; www.facebook.com/maivietnamesehandicrafts; 298 Đ Nguyen Trong Tuyen, Tan-Binh-Bezirk; ⌚Mo–Sa 9–17 Uhr) Durch den Verkauf von Keramik, Stoffe ethnischer Minderheiten und anderer Geschenkartikel unterstützt der Fair-Trade-Laden benachteiligte Familien und Straßenkinder. Um hierher zu gelangen, geht man auf der ĐL Hai Ba Trung nach Nordwesten (die dann zur Đ Phan Dinh Phung wird) und biegt dann links in die Đ Nguyen Trong Tuyen ein.

Praktische Informationen

GEFAHREN & ÄRGERNISSE

In der Gegend der Dong Khoi und am Ufer des Saigon-Flusses ist Vorsicht angebracht, dort sind Motorrad-„Cowboys" unterwegs, die Touristen überrumpeln und sich auf das Entreißen von Taschen, Handys, Tablets und Kameras spezialisiert haben.

GELD

Citibank (Karte S. 944; 115 ĐL Nguyen Hue) Der Geldautomat im Foyer des Sun Wah Tower gibt bis zu 8 000 000 D aus, allerdings nur an Citibank-Kunden (mit anderen Karten bekommt man höchstens 2 000 000 D).

INTERNETZUGANG

In den meisten Hotels, Restaurants, Bars und Cafés steht kostenloses WLAN zur Verfügung. Internetcafés gibt's überall.

MEDIZINISCHE VERSORGUNG

International SOS (Karte S. 946; ☎08-3829 8520; www.internationalsos.com; 167a Đ Nam Ky Khoi Nghia; ⌚24 Std.) Das internationale Ärzteteam spricht Englisch, Französisch, Japanisch und Vietnamesisch.

POST

Hauptpost (Karte S. 944; 2 Cong Xa Paris; ⌚7–21.30 Uhr) Gegenüber der Kathedrale Notre Dame befindet sich die prachtvolle Hauptpost der Stadt.

REISEBÜROS

Dutzende Reisebüros bieten Touren ins Mekong-Delta und zu anderen Zielen außerhalb von HCMC an. Zu den empfehlenswerteren gehören z. B.:

Handspan Adventure Travel (Karte S. 942; ☎08-3925 7605; www.handspan.com; 10. OG, Central Park Bldg, 208 Nguyen Trai) Diese Filiale einer in Hanoi ansässigen Agentur bietet hervorragende Touren von hoher Qualität.

Sinh Tourist (Karte S. 948; ☎08-3838 9593; www.thesinhtourist.vn; 246 Đ De Tham; ⌚6.30–22.30 Uhr) Reiseagentur mit günstigen Preisen.

An- & Weiterreise

AUTO

Hotels und Traveller-Cafés vermitteln Mietautos (ab 50 US$ pro Tag).

BUS

Intercity-Busse verkehren von zwei großen Busbahnhöfen am Stadtrand von HCMC. Sie werden von Nahverkehrsbussen (ab 4000 D) angefahren, die am Nahverkehrsbusbahnhof gegenüber vom Ben-Thanh-Markt starten.

Open-Tour-Busse fahren praktischerweise in der Gegend der Pham Ngu Lao ab und kommen dort auch an. Sie sind das bevorzugte Verkehrsmittel der meisten Backpacker. Viele Traveller kaufen Tickets nach Hanoi (45–70 US$), doch auch kürzere Fahrten, z. B. nach Mui Ne, Nha Trang und Da Lat, sind möglich. Sinh Tourist (S. 974) ist empfehlenswert.

Zahlreiche internationale Busse verbinden HCMC mit Kambodscha, die meisten fahren in Phma Ngu Lao ab. **Sapaco** (Karte S. 950; ☎08-3920 3623; www.sapacotourist.vn; 325 Đ Pham Ngu Lao) bietet täglich neun Direktbusse nach Phnom Penh (230 000 D, 6 Std., Abfahrt zwischen 6 und 15 Uhr) sowie einen nach Siem Reap (450 000 D, 12 Std., 6 Uhr).

Busbahnhof Mien Dong (Ben Xe Mien Dong; ☎08-3829 4056) Vom riesigen und betriebsamen Busbahnhof Mien Dong im Distrikt Binh Thanh, rund 5 km von der Innenstadt entfernt an der Nationalstraße 13 (Quoc Lo 13; die Weiterführung der Đ Xo Viet Nghe Tinh), verkehren Busse zu Zielen nördlich von HCMC. Er liegt nicht einmal 2 km nördlich der Kreu-

VERKEHRSMITTEL AB HCMC

ZIEL	FLUGZEUG	BUS	ZUG
Da Lat	50 Min., ab 41 US$	7 Std., 11–15 US$	
Nha Trang	55 Min., ab 22 US$	12 Std., 10–20 US$	6½ Std., 14–32 US$
Hue	80 Min., ab 48 US$	29 Std., 26–37 US$	18 Std., 17–44 US$
Hanoi	2 Std., ab 62 US$	41 Std., 39–49 US$	30 Std., 47–69 US$

zung Đ Xo Viet Nghe Tinh/Đ Dien Bien Phu. Die Expressbusse fahren an der Ostseite ab, während die Nahverkehrsbusse an der Westseite des Komplexes aufbrechen.

Busbahnhof Mien Tay (Ben Xe Mien Tay; ☎08-3825 5955; Đ Kinh Duong Vuong) Der riesige Busbahnhof liegt rund 10 km westlich von HCMC in An Lac im Distrikt Binh Chanh (Huyen Binh Chanh) und bedient Ziele südlich von HCMC, darunter die meisten Städte im Mekong-Delta. Von hier starten klimatisierte Expressbusse und Premium-Minibusse.

FLUGZEUG

Jetstar Pacific Airlines (☎1900 1550; www.jetstar.com/vn/en/home) Fliegt von/nach Hanoi, Hai Phong, Vinh, Hue, Phu Quoc, Nha Trang, Buon Ma Thuot, Dong Hoi und Da Nang.

VietJet Air (☎1900 1886; www.vietjetair.com) Flüge von/nach Hanoi, Hai Phong, Vinh, Dong Hoi, Hue, Da Nang, Quy Nhon, Nha Trang, Da Lat, Buon Ma Thuot und von/zur Phu-Quoc-Insel.

Vietnam Air Service Company (VASCO; ☎08-3845 8017; www.vasco.com.vn) Fliegt Rach Gia, die Con-Dao-Inseln und Ca Mau an.

Vietnam Airlines (☎08-3832 0320; www.vietnamairlines.com) Verbindungen von/nach Hanoi, Hai Phong, Vinh, Dong Hoi, Hue, Da Nang, Quy Nhon, Nha Trang, Da Lat, Buon Ma Thuot, Plei Ku, Rach Gia und von/zur Phu-Quoc-Insel.

ZUG

Züge vom **Bahnhof Saigon** (Ga Sai Gon; ☎08-3823 0105; 1 Đ Nguyen Thong, Bezirk 3; ⏲Fahrkartenbüro 7.15–11 & 13–15 Uhr) fahren zu verschiedenen Zielen im Norden. Am Bahnhof verkaufen Reisebüros gegen eine kleine Buchungsgebühr Fahrkarten.

Unterwegs vor Ort

VOM/ZUM FLUGHAFEN

Der Flughafen Tan Son Nhat liegt 7 km nordwestlich vom Stadtzentrum. Taxis mit Taxameter kosten von und zum Stadtzentrum ca. 180 000 D. Man sollte sich an die von Mai Linh oder Vinasun halten.

Klimatisierte Busse (Route 152; 6000 D, 6–18 Uhr alle 15 Min.) fahren ebenfalls vom/zum internationalen Terminal am Flughafen. Sie halten unterwegs in der Đ De Tham (in Pham Ngu Lao) und an internationalen Hotels in der Đ Dong Khoi.

CYCLO

Cyclos sind ein interessantes Verkehrsmittel für die Stadt, von Touristen wird aber in der Regel zu viel Geld verlangt. Kurze Strecken kosten 30 000 D bis 40 000 D.

EINREISE NACH KAMBODSCHA: VON HCMC NACH PHNOM PENH

Anreise zur Grenze Der viel genutzte Grenzübergang Moc Bai–Bavet liegt an der schnellsten Überlandroute zwischen HCMC und Phnom Penh. Zu den verlässlichen Busunternehmen mit Verbindungen in die kambodschanische Hauptstadt gehören Mekong Express (www.catmekongexpress.com) und Sapaco (www.sapacotourist.vn). Die Fahrtzeit beträgt sechs Stunden.

An der Grenze Kambodschanische Visa (30 US$) werden an der Grenze ausgestellt; dafür benötigt man ein Passfoto.

Weiterreise Die meisten Reisenden haben ein Direktticket.

Informationen für die Überquerung der Grenze in die entgegengesetzte Richtung gibt's auf S. 262.

MOTORRADTAXI

Kurzstrecken kosten 30 000 D.

TAXI

Taxis mit Taxameter sind sehr günstig; eine 2 km lange Fahrt kostet etwa 25 000 D. **Mai Linh Taxi** (☎08-3838 3838) und **Vinasun Taxi** (☎08-3827 2727) sind verlässliche Anbieter.

RUND UM HO-CHI-MINH-STADT

Cu Chi

Wenn es einen einzelnen Ort gibt, der den beharrlichen Willen der Vietnamesen symbolisiert, dann könnte das Cu Chi sein. Es ist so berühmt, dass viele Vietnamesen hierherpilgern, und für Reisende ist es ein Muss.

Sehenswertes

Cu-Chi-Tunnel HISTORISCHE STÄTTE
(Erw./Kind 110 000/30 000 D) Zwei Abschnitte (erweiterte und verbesserte Versionen der ursprünglichen Tunnel) dieses bemerkenswerten Tunnelsystems sind für Interessierte zugänglich. Einer liegt in der Nähe des Dorfes Ben Dinh, der andere 15 km dahinter bei Ben Duoc. Die meisten Besucher entschei-

den sich für Ben Dinh, das für Busse einfacher zu erreichen ist. Auch wenn man sich nicht unter die Erde wagen möchte, wartet eine höchst interessante Erfahrung mit guten Einblicken in den mutigen und äußerst einfallsreichen Widerstandskampf in der Region.

Tierschutzzentrum von Cu Chi TIERE
(www.wildlifeatrisk.org; Erw./Kind 5 US$/frei; ⏲ 7.30–11.30 & 13–16.30 Uhr) Nur ein paar Kilometer von den Ben-Dinh-Tunnels entfernt widmet sich das Zentrum dem Schutz von Tieren, die aus nicht artgerechter Haltung oder aus den Händen illegaler Händler gerettet wurden. Hier leben u. a. Bären, Otter und Gibbons. Eine informative Ausstellung zeigt die deprimierende Lebensumstände von wilden Tieren in Vietnam, darunter einen „Raum des Todes" mit verschiedenen Fallen und Ködern.

Das Zentrum ist schwer zu finden, darum sollte man das Reisebüro bitten, die Besichtigung in die Tour zu den Cu-Chi-Tunneln aufzunehmen.

Tay Ninh

☎ 066 / 127 000 EW.

Tay Ninh ist der wichtigste Sitz der Cao Dai, einer der wohl interessantesten Religionsgemeinschaften in Vietnam. Zwischen 1933 und 1955 wurde hier der **Große Cao-Dai-Tempel** errichtet. Victor Hugo gehört zu den Europäern, die von den Cao Dai besonders verehrt werden, wie sein Bildnis im Großen Tempel beweist.

Tay Ninh liegt 96 km nordwestlich von HCMC. 4 km östlich von der Stadt erstreckt sich der Komplex des Heiligen Stuhls der Cao Dai. Tagestouren von HCMC aus, die Tay Ninh und die Tunnel von Cu Chi mit einschließen, schlagen mit ungefähr 7 US$ zu Buche.

MEKONG-DELTA

Vietnams „Reisschale", wie das Mekong-Delta auch genannt wird, präsentiert sich mit einer umwerfenden Vielfalt von saftigen Grüntönen. Fast das gesamte Leben spielt sich auf den vielen Flüssen, Kanälen und Strömen ab, die wie Arterien die Ebene durchziehen.

Besucher erleben in den Privatunterkünften am Fluss den Charme des Südens, während die tropische Insel Phu Quoc mit weißen Sandstränden lockt.

Touren ins Delta sind die bequemste Variante, die Gegend zu erkunden – man kann sie über Reisebüros in Ho-Chi-Minh-Stadt buchen. Die Region lässt sich jedoch auch in Eigenregie entdecken, wobei dafür mehr Zeit eingeplant werden muss.

Vinh Long

☎ 070 / 151 000 EW.

Vinh Long ist ein lauter, chaotischer Verkehrsknotenpunkt. Die Uferpromenade säumen zahlreiche Cafés und Restaurants. In der Nähe befinden sich mehrere lohnenswerte Sehenswürdigkeiten, beispielsweise der schwimmende Markt von Cai Be, Inseln, fruchtbare Obstplantagen und stimmungsvolle Privatunterkünfte.

Cuu Long Tourist (☎ 070-382 3616; www.cuulongtourist.com; 2 Đ Phan B Chau; ⏲ 7–17 Uhr) bietet Bootstouren, die von drei Stunden (ab 15 US$ pro Person) bis zu drei Tagen dauern.

Auf einem Bootsausflug von Vinh Long aus sollte man den belebten **schwimmenden Markt von Cai Be** (⏲ 5–12 Uhr) erleben. Am besten kommt man frühmorgens her, um zu sehen, wie riesige, mit tropischem Obst und Gemüse bepackte Boote ankommen.

Wir empfehlen, nicht in der Stadt zu übernachten, sondern bei einer Gastfamilie.

Vom Busbahnhof, 2,5 km südlich der Stadt, fahren regelmäßig Busse nach HCMC (105 000 D, 3 Std.) und Can Tho (50 000 D).

Can Tho

☎ 071 / 1,25 MIO. EW.

Can Tho ist das politische, ökonomische, kulturelle und verkehrstechnische Zentrum des Mekong-Deltas. Die quirlige Stadt bietet ein von Landschaftsgärten gesäumtes Flussufer und eine ansprechende Mischung aus engen Seitengassen und breiten Boulevards.

Hieu (☎ 093 966 6156; www.hieutour.com; 27a Đ Le Thanh Ton) spricht Englisch und veranstaltet exzellente Touren zu schwimmenden Märkten (ab 23 US$), Radausflüge und kulinarische Exkursionen.

Cai Rang, den größten schwimmenden Markt des Mekong-Deltas, der 6 km von Can Tho Richtung Soc Trang liegt, besucht man am besten morgens. Nahe dem Can-Tho-Markt kann man ein Boot chartern (ca. 120 000 D pro Std.), das einen innerhalb ei-

Mekong-Delta

ner Stunde nach Cai Rang bringt. Alternativ fährt man bis zur Anlegestelle von Cau Dau Sau und steigt dort in ein Ruderboot (ca. 100 000 D pro Std., 10 Min.) zum Markt.

Auf dem weniger überfüllten und lauten **Phong-Dien-Markt**, auf dem Landweg 20 km von Can Tho, sind viele Ruderboote unterwegs. Am besten plant man seinen Besuch zwischen 6 und 8 Uhr. Bei der Ankunft kann man ein Boot mieten.

Schlafen & Essen

★ Xoai Hotel HOTEL $
(☎ 0907 652 927; http://hotelxoai.com; 93 Đ Mau Than; EZ/DZ 235 000/293 000 D; ❄ @ 📶) Helle, mangofarbene, luftige Zimmer warten in dem freundlichen, effizient geführten Hotel (der Name bedeutet „Mango-Hotel“) mit einem fantastischen Preis-Leistungs-Verhältnis. Das sehr hilfsbereite Personal spricht fließend Englisch und es gibt eine Dachterrasse mit Hängematten.

Thanh Ha PENSION $
(☎ 0918 183 522; mshaguesthouse@gmail.com; 118/14 Đ Phan Dinh Phung; Zi. 12 US$; ❄ 📶) Am Ende einer schmalen Gasse, in der man dem geschäftigen Alltag der Einheimischen zusehen kann, beherbergt diese Penson große, strahlend weiße Zimmer. Frau Ha, die Besitzerin, ist eine echte Persönlichkeit, hilft bei der Organisation von Touren und vermittelt Leihfahrräder sowie Mietmotorräder.

★ Nem Nuong Thanh Van VIETNAMESISCH $
(Ecke Nam Ky Khoi Nghia & 30 Thang 4; Gerichte 45 000 D; ⏲ 8–21 Uhr) In dem bei Einheimischen beliebten Lokal kommt lediglich ein Gericht auf den Tisch – das beste *nem nuong* der Stadt. Gäste bereiten ihre Reisröllchen selbst zu und bekommen dafür Zutaten wie Schweinewürstchen, Reispapier, grüne Bananen, Sternenfrucht, Gurke und jede Menge frische Kräuter. Dazu gibt's eine Soße mit Erdnüssen und streng geheimen Zutaten. Einfach und überaus lecker!

ABSEITS DER ÜBLICHEN PFADE

MEHR VOM MEKONG-DELTA

Die meisten Touristen kommen im Rahmen von durchgetakteten Tagestouren ab HCMC oder auf der Durchreise nach oder aus Kambodscha hierher, dabei kann man problemlos auch die entlegeneren Attraktionen des Mekong-Deltas erkunden. Hier sind einige weniger bekannte regionale Highlights:

- In **Tra Vinh**, wo viele Kambodschaner leben und schöne Tempel stehen, kann man die Khmer-Kultur erkunden.
- Einst herrschte das Khmer-Königreich Funan über große Teile des unteren Mekong, sein bedeutendster Hafen befand sich in **Oc-Eo** unweit von Long Xuyen. Archäologen fanden hier persische und römische Artefakte.
- Wer gern Vögel beobachtet, sollte den **Tram-Chin-Nationalpark** (⌚7–16 Uhr) nahe Cao Lanh besuchen. Dieses Naturschutzgebiet ist eine Heimat für den seltenen Saruskranich; dieser auf den Basreliefs in Angkor dargestellte riesige Vogel ist ansonsten nur im Nordwesten Kambodschas zu finden.
- Das kleine und abgelegene **Hon Chong** besetzt die schönste Küstenlinie auf dem Festland des Mekong-Deltas. Zu den größten Attraktionen dieser Region gehören die Chua-Hang-Grotte, der Duong-Strand und die Nghe-Insel.

ℹ Anreise & Unterwegs vor Ort

BUS

Alle Busse fahren vom neuen Busbahnhof im Südwesten der Stadt ab. Zu den Zielen gehören der Mien-Tay-Busbahnhof in HCMC (110 000 D, 3½ Std., alle 30 Min.) und Chau Doc (ab 105 000 D, 3¼ Std., stündlich).

FLUGZEUG

Der Flughafen von Can Tho liegt 10 km nordwestlich des Zentrums. Vietnam Airlines, Vietjet Air und Vasco fliegen täglich nach Phu Quoc, Da Nang, HCMC und Hanoi sowie nach Da Lat (2-mal wöchentlich) und Con Dao (4-mal wöchentlich).

SCHIFF/FÄHRE

Den Wasserweg nutzen u. a. die Tragflächenboote nach Ca Mau (300 000 D, 3–4 Std.), die durch Phung Hiep kommen.

Chau Doc

☎076 / 112 000 EW.

Diese charmante Stadt erstreckt sich am Ufer des Flusses Bassac in der Nähe der Grenze zu Kambodscha. Hier leben größere chinesische, Khmer- und Cham-Gemeinden. Die kulturelle Vielfalt, die sich in den Moscheen, Tempeln, Kirchen und umliegenden Pilgerstätten zeigt, macht die Faszination der Stadt aus.

Dank des beliebten Flussgrenzüberganges zwischen Vietnam und Kambodscha kommen viele Traveller durch Chau Doc. Der landschaftlich reizvolle Sam-Berg in der Nähe bietet eine schöne Aussicht auf Kambodscha.

Nach dem Krieg wurde bei Chau Doc im Dorf Ba Chuc eine Knochenpagode errichtet, die an die Gräueltaten der Roten Khmer erinnert. Der Tuc-Dup-Hügel wiederum bekam nach den kostspieligen Bombardements der US-Luftwaffe im Jahr 1963 den Spitznamen „Zwei-Millionen-Dollar-Hügel“.

Ebenfalls sehenswert sind die Fischfarmen unter den schwimmenden Häusern.

Mekong Tours (☎076-386 7817; www.mekongvietnam.com; 14 Đ Nguyen Huu Canh; ⌚8–20 Uhr) ist ein zuverlässiges Reisebüro, das die Fahrt nach Phnom Penh per Boot oder Bus, Mietwagen und Bootsfahrten auf dem Mekong organisiert.

Zu den guten Budgetunterkünften gehören das **Trung Nguyen Hotel** (☎076-356 1561; www.trungnguyenhotel.com.vn; 86 Đ Bach Dang; EZ/DZ 15/17 US$; ❄📶) und das **Hai Chau** (☎076-626 0066; www.haichauhotel.com; 63 Đ Suong Nguyet Anh; EZ 15 US$, DZ 18–28 US$; ❄📶), während das **Bay Bong** (22 Đ Thuong Dang Le; Gerichte 50 000–100 000 D; ⌚9–20 Uhr) exzellente Eintöpfe und Suppen serviert.

Vom Hauptbusbahnhof bestehen häufige Verbindungen nach Can Tho (245 000 D, 3½ Std.) und HCMC (150 000–350 000 D, 3½ Std.).

Ha Tien

Aufgrund von Ha Tiens Lage am Golf von Thailand ist die Landschaft ringsum nicht von Reisfeldern und Flüssen geprägt, sondern von Kalksteinformationen und die Hügel sind gesprenkelt von Pfefferbaumplantagen. Die Stadt verströmt einen verschlafenen tropischen Charme. Sie ist ein Verkehrsknotenpunkt mit Straßenverbindungen nach Kambodscha über den Grenzübergang Xa Xia/Prek Chak und mit Schiffen nach Phu Quoc.

Übernachtungsgästen bietet der Familienbetrieb **Hai Yen** (☎077-385 1580; www.kshaiyen.com; 15 Đ To Chau; DZ/3BZ/4BZ 300 000/370 000/450 000 D; ❄📶) ein hervorragendes Preis-Leistungs-Verhältnis, während das sehr günstige **Hai Van** (☎077-385 2872; www.khachsanhaivan.com; 55 Đ Lam Son; EZ/DZ ab 200 000/250 000 D; ❄📶) das Reisebudget angenehm schont. Unschlagbar billiges Essen gibt's auf dem **Nachtmarkt** (Đ Lam Son; Gerichte ab 20 000 D; ⏲17–21 Uhr). Zudem hilft das beliebte Restaurant **Oasis** (☎077-370 1553; www.oasisbarhatien.com; Đ Tran Hau; Gerichte 60 000–150 000; ⏲9–21 Uhr; 📶) gegen knurrende Mägen. Der Besitzer ist übrigens Einwanderer und hat für jeden ein paar gute Reisetipps parat.

An- & Weiterreise

Busse fahren nach HCMC (200 000 D, 10 Std.) und Ha Tien sowie zu anderen Zielen wie Chau Doc (130 000–200 000 D), Rach Gia (60 000 D) und Can Tho (ab 180 000 D). Für 2016 ist der Umzug des Busbahnhofs in ein großes zweckmäßiges Gebäude 1,5 km südlich der Brücke geplant.

Insel Phu Quoc

☎077 / 108 000 EW.

Die von idyllischen Stränden gesäumte Insel Phu Quoc, auf der große Teile noch immer mit dichtem tropischem Dschungel bedeckt sind, hat sich von einem schläfrigen Provinznest zu einem beliebten Urlaubsziel entwickelt. Jenseits der Resorts am Long Beach bleibt noch immer genug Platz für Entdeckungstouren und Entspannung. Hier locken Tauchausflüge in Riffen, Kajakfahrten in Buchten, Motorradausflüge, frische Meeresfrüchte und gemütliches Strandvergnügen.

Es stehen zwar immer mehr Bauprojekte an (darunter auch ein neuer internationaler Flughafen), doch der Phu-Quoc-Nationalpark schützt fast 70 % der Insel.

Die Regenzeit dauert auf Phu Quoc von Ende Mai bis Oktober, touristische Hochsaison ist von Dezember bis März.

Sehenswertes

Phu Quoc wird gesäumt von einsamen weißen Stränden.

Duong Dong STADT

Die größte Stadt der Insel ist zugleich der wichtigste Fischerhafen und liegt an der zentralen Westküste. Besucher erwartet ein Labyrinth aus Budgethotels für einheimi-

EINE NACHT AUF DEM MEKONG

Für viele Traveller ist die Möglichkeit, das Leben auf dem Fluss zu erleben und mit einer einheimischen Familie eine hausgemachte Mahlzeit zu teilen, der Höhepunkt ihrer Tour zum Mekong. Vinh Long bietet zahlreiche Unterkünfte bei Gastfamilien.

Ngoc Sang (☎070-385 8694; 95/8 Binh Luong, An Binh; 250 000 D pro Pers.; ❄📶) Freundliche, rustikale Privatunterkunft am Kanal, von der Traveller fast ausschließlich in den höchsten Tönen erzählen. Die Großmutter zaubert großartige lokale Gerichte, es gibt kostenlose Leihfahrräder, der Besitzer organisiert anständige Bootstouren am frühen Morgen und die Atmosphäre ist wunderbar entspannt. Gegenüber Gästen ist die Familie allerdings recht schüchtern.

Phuong Thao Homestay (☎070-3836 854; en.phuongthaohomestay.com; An Binh; B/DZ 10/32 US$; ❄📶) Die rustikale Pension am Fluss, rund 1,5 km vom Bootsanleger von An Binh entfernt, wird vom freundlichen Herrn Phu geleitet. Er spricht sehr gut Englisch und verleiht Fahrräder und Motorräder zum Erkunden der Insel. An Übernachtungsmöglichkeiten stehen große Schlafsäle mit strohgedeckten Wänden und Moskitonetzen und zwei Doppelzimmer aus Beton zur Auswahl. Die Bäder teilt man sich mit angenehm wenigen Gästen.

Ba Linh Homestay (☎070-385 8683, 0939 138 142; balinhhomestay@gmail.com; 95 An Thanh, An Binh; Zi. 500 000 D) Sechs einfache, hohe, unterteilte Zimmer mit Ventilatoren vermietet der freundliche Herr Truong in seiner beliebten Unterkunft im traditionellen Stil. Frühstück und Abendessen sind im Preis inbegriffen. Experimentierfreudige können hiesige Spezialitäten wie Reisfeldratte probieren.

sche Touristen, Straßenständen, Bars und Geschäften. Von der alten Brücke in der Stadt kann man die verbeulten Fischerboote der Insel fotografieren, die sich im engen Kanal drängen, zudem lädt der schmutzige, geschäftige Obst- und Gemüsemarkt zu einem Spaziergang ein.

Long Beach STRAND
(Bai Truong) An der Westküste von Duong Dong zieht sich der einladende Long Beach fast bis zum Hafen von An Thoi. Die touristische Infrastruktur konzentriert sich auf den nördlichen Abschnitt bei Duong Dong, wo die Liegestühle und Rattansonnenschirme der verschiedenen Resorts stehen. Dieser ist als einziger frei von Müll. Die Lage im Westen bietet oft prächtige Sonnenuntergänge.

Für Abstecher zu entlegeneren Gegenden Richtung Südspitze der Insel ist ein Motorrad oder Fahrrad vonnöten.

An-Thoi-Inseln INSEL
(Quan Dao An Thoi) Direkt vor der südlichen Spitze Phu Quocs befinden sich diese 15 Inseln und Inselchen, die sich mit einem Charterboot besichtigen lassen, und zum Angeln, Schwimmen und Schnorcheln einladen. Am größten ist die 3 km lange **Hon Thom** (Ananasinsel).

Die meisten Boote legen in An Thoi auf Phu Quoc ab. Wer einen anderen Startpunkt wünscht, wendet sich an die Hostels beim Long Beach und an Tauchanbieter. In der Regenzeit fahren die Boote meist nicht.

Sao Beach STRAND
(Bai Sao) Die hinreißende Bucht des herrlichen Bai Sao erstreckt sich mit ihrem feinen weißen Sand nur wenige Kilometer von An Thoi, dem Hauptfrachthafen an der Südspitze der Insel, am glasklaren Meer. Hier befinden sich einige Stehrestaurants, man kann im Liegestuhl faulenzen oder Wassersport betreiben. Wer mit dem Motorrad zum Sao Beach fahren möchte, sollte vorher volltanken.

Phu-Quoc-Nationalpark NATURSCHUTZGEBIET
Etwa 90 % der Insel sind bewaldet, und sowohl der Wald als auch die Küste davor stehen mittlerweile offiziell unter Naturschutz. Als größtes Waldareal im Süden wurde der Park 2010 zum UNESCO-Biosphärenreservat erklärt. Auf dem Areal des Waldreservats Khu Rung Nguyen Sinh im nördlichen Phu Quoc ist der Wald am dichtesten; dort benötigt man für die holperigen, unbefestigten Straßen ein Motorrad oder Mountainbike. Echte Wanderwege existieren nicht.

Aktivitäten

Jerry's Jungle Tours (☎ 0938 226 021; www.jerrystours.wix.com; 112 Đ Tran Hung Dao; Tagesausflüge ab 30 US$) und **John's Tours** (☎ 0918 939 111; www.johnsislandtours.com; 4 Đ Tran Hung Dao; Touren 15–35 US$ pro Pers.) haben Bootsfahrten, Schnorcheln, Angeln, Motorradtouren, Klettern, Vogelbeobachtungsausflüge, Wanderungen und kulturelle Exkursionen auf der ganzen Insel im Angebot.

Phu Quoc bietet gute Tauchbedingungen, allerdings nur in der Trockenzeit (Nov.–Mai). Zwei Tauchausflüge kosten 70 bis 80 US$. Viertägige PADI-Open-Water-Kurse gibt's ab 340 US$, während Schnorcheltouren mit rund 30 US$ zu Buche schlagen. Der **Flipper Diving Club** (☎ 077-3994 924; www.flipperdiving.com; 60 Đ Tran Hung Dao; ⏲ 9–21 Uhr) und **Rainbow Divers** (☎ 0913 400 964; www.divevietnam.com; 11 Đ Tran Hung Dao; ⏲ 9–18 Uhr) sind zwei gute Tauchschulen in der Gegend Duong Dong.

Am Sao Beach vermieten mehrere Anbieter Kajaks (ca. 80 000 D pro Std.).

Schlafen

Die meisten Strandunterkünfte findet man am Long Beach. Die Preise sind hier höher als anderswo in Vietnam und fluktuieren je nach Saison sehr stark.

Long Beach

★ **Langchia Hostel** HOSTEL $
(☎ 0939 132 613; www.langchia-village.com; 84 Đ Tran Hung Dao; B/DZ 6/15 US$; ❄ 📶 🏊) Viel Lob erhält das bei Alleinreisenden beliebte Hostel für sein freundliches, hilfsbereites Personal, die lebendige Bar mit Billardtisch und den erfrischenden Pool. Die Schlafsaalbetten haben Moskitonetze und eigene Ventilatoren, und das anständige Frühstück lohnt den Aufpreis.

Mush'rooms Backpacker Hostel HOSTEL $
(☎ 0937 942 017; www.mushroomsphuquoc.com; 170 Đ Tran Hung Dao; B 7 US$, DZ 12–15 US$; ❄ 📶) Ein echter Pluspunkt des farbenfrohen Hostels ist seine wunderbar gesellige Atmosphäre. Doch der rustikale Charme verfliegt recht schnell, wenn das wenig freundliche, mürrische Personal vergisst, die Zimmer und Bäder zu säubern, und man mit den Ventilatoren kämpfen muss, um ein wenig Abküh-

EINREISE NACH KAMBODSCHA: GRENZÜBERGÄNGE IM SÜDEN

Von Chau Doc nach Phnom Penh

Anreise zur Grenze Der Grenzübergang Vinh Xuong/Kaam Samnor liegt nordwestlich von Chau Doc am Mekong. Verschiedene Unternehmen in Chau Doc bieten Bootsfahrten von Chau Doc nach Phnom Penh über den Grenzübergang Vinh Xuong. Die Boote von Hang Chau (☎ Chau Doc 076-356 2771, Phnom Penh 855-12-883 542; www.hangchautourist.com.vn; 25 US$ pro Pers.) legen um 7.30 Uhr am Pier an der 18 Đ Tran Hung Dao in Chau oc ab und kommen um 12.30 Uhr an.

An der Grenze Visa für Kambodscha erhält man bei der Einreise, häufig werden aber geringfügig überteuerte Gebühren verlangt.

Informationen zur Überquerung der Grenze in die entgegengesetzte Richtung gibt's auf S. 262.

Von Ha Tien nach Kep

Anreise zur Grenze Der Grenzübergang Xa Xia–Prek Chak verbindet Ha Tien mit Kep und Kampot an der kambodschanischen Südküste. Mehrere Minibusunternehmen fahren gegen 13 Uhr von Ha Tien nach Kep (9 US$, 1 Std.), Kampot (12 US$, 1½ Std.), Sihanoukville (15 US$, 4 Std.) und Phnom Penh (15 US$, 4 Std.) in Kambodscha. Buchungen nimmt Ha Tien Tourism entgegen.

An der Grenze Am Grenzposten werden kambodschanische Visa ausgestellt.

Weiterreise Die meisten Traveller entscheiden sich für eine durchgehende Minibus-Verbindung.

Informationen zur Überquerung der Grenze in die entgegengesetzte Richtung gibt's auf S. 309.

Von Chau Doc nach Takeo

Anreise zur Grenze Der Grenzübergang Tinh Bien/Phnom Den wird von Besuchern nur selten genutzt. Busse nach Phnom Penh (25, 5–6 Std.) passieren Chau Doc gegen 7.30 Uhr; Buchungen nimmt Mekong Tours (S. 956) in Chau Doc entgegen.

An der Grenze Kambodschanische Visa sind an der Grenze erhältlich, es ist aber nicht ungewöhnlich, dass 35 US$ verlangt werden, einige Dollar mehr als die offizielle Gebühr.

Weiterreise Die meisten Reisenden nehmen eine Direktverbindung ab Chau Doc.

Informationen zur Überquerung der Grenze in die entgegengesetzte Richtung gibt's auf S. 262.

lung zu bekommen. Zudem sind die Schlafsäle sehr beengt.

Beach Club RESORT **$$**
(☎ 077-398 0998; Ap Cua Lap, Xa Duong To; Zi. 25–45 US$; ❄ 📶) Angenehme Erholung vom Trubel auf der Hauptstraße bietet dieses Resort unter Leitung eines englisch-vietnamesischen Pärchens. Zu der kleinen Anlage gehören ein paar ordentlich angeordnete, gepflegte Zimmer und Bungalows sowie ein luftiges Restaurant am Strand.

Lan Anh Garden Resort RESORT **$$**
(☎ 077-398 5985; www.lananhphuquoc.com.vn; KP7 Tran Hung Dao; DZ 58–75 US$, FZ 115 US$; ❄ 📶 🏊) Reizendes kleines Resort-Hotel mit freundlichem, professionellem Personal, um einen kleinen Pool angeordneten Zimmern und Leihmotorrädern. Wer ein Quartier im oberen Stock ergattert, kommt in den Genuss einer luftigen Veranda.

Rund um die Insel

Mango Garden B&B **$$**
(☎ 077-629 1339; mangogarden.inn@gmail.com; Zi. 38–55 US$; ⊙ Okt.–März; ❄ @ 📶) Zu dem abgelegenen B&B gelangt man vom Strand aus über eine holperige, unbefestigte Straße (vor dem Sao Beach links abbiegen und nach den Schildern Ausschau halten) – ideal für Traveller mit den eigenen zwei Rädern. Die ge-

neratorbetriebene Unterkunft westlichen Stils unter Leitung eines vietnamesisch-kanadischen Pärchens liegt inmitten schöner Blumen- und Mangogärten und hat solarbetriebene Duschen. Gäste können Angel- und Schnorchelausflüge buchen. Im Voraus reservieren.

Freedomland PRIVATUNTERKUNFT $$
(☎077-399 4891; www.freedomlandphuquoc.com; 2 Ap Ong Lang, Xa Cua Duong; Bungalow 30–60 US$; ⌚Okt.–Juni; 📶) Hier kann man abschalten (es gibt keine Fernseher) und bei unterhaltsamen, gemeinsamen Abendessen die Geselligkeit genießen. Darüber hinaus verteilen sich auf der schattigen Anlage elf einfache Bungalows mit Moskitonetzen, Ventilatoren und solarbeheizten Duschen. Der Strand ist einen fünfminütigen Spaziergang entfernt, zudem laden die Hängematten zwischen den Bäumen zur Entspannung ein. Beliebt bei Alleinreisenden, die eine günstige Bleibe suchen; telefonisch reservieren. Die Unterkunft bleibt in der Regenzeit geschlossen.

Essen & Ausgehen

Die meisten Hotels haben eigene Cafés oder Restaurants. Authentische kulinarische Erlebnisse bieten außerdem die Meeresfrüchtelokale im Fischdorf Ham Ninh.

Duong Dong

Der **Dinh-Cau-Nachtmarkt** (Đ Vo Thi Sau; Gerichte ab 70 000 D; ⌚17–24 Uhr) ist einer der stimmungsvollsten (und preiswertesten) Orte zum Abendessen und bietet eine köstliche Auswahl an vietnamesischen Meeresfrüchten, Grillgerichten und vegetarischem Essen.

Buddy Ice Cream INTERNATIONAL $$
(www.visitphuquoc.info; 6 Đ Bach Dang; Gerichte 80 000–180 000 D; ⌚8–22 Uhr; 📶) Neben Eiscreme-Kombis à la Neuseeland, getoasteten Sandwiches, Fish 'n' Chips, durststillenden Säften, Shakes, Smoothies und ganztägigem Frühstück gibt's in diesem Café auch die coolste Musik der Stadt, Touristeninfos, bequeme Sofas und einen Büchertausch.

Long Beach

Die **Rory's Beach Bar** (118/10 Đ Tran Hung Dao; ⌚9 Uhr–open end) mit Lagerfeuer am Strand und tollen Happy-Hour-Angeboten ist die lebendigste Bar auf der Insel.

Winston's Burgers & Beer BURGER $
(121 Đ Tran Hung Dao; Burger ab 70 000 D; ⌚13–21 Uhr) Wie der Name bereits vermuten lässt, dreht sich hier alles um (wirklich gute) Burger und Bier, zudem beherrscht der namensgebende Winston eine große Auswahl an Cocktails. Man kann sich einfach nett unterhalten oder die Saufkumpanen zu einer Runde Connect 4 herausfordern.

Alanis Deli CAFÉ $
(98 Đ Tran Hung Dao; Pfannkuchen ab 80 000 D; ⌚8–22 Uhr; 📶) Großartige Karamellpfannkuchen, amerikanische Frühstückskombos, guter, wenn auch teurer Kaffee und wunderbar freundlicher Service.

★ **Spice House at Cassia Cottage** VIETNAMESISCH $$
(www.cassiacottage.com; 100C Đ Tran Hung Dao; Gerichte 180 000–300 000 D; ⌚7–10 & 11–22 Uhr) Man schnappe sich einen der hohen Tische am Strand und bestelle sich in diesem hervorragenden Restaurant einen leckeren Papayasalat, gebratene Knoblauchgarnelen, eine Okraschote mit viel Zimt, ein köstliches Fischcurry oder gegrillte Rindfleischspieße in Betelblättern – am besten bei Sonnenuntergang.

Praktische Informationen

In Duong Dong und in vielen Resorts am Long Beach gibt's Geldautomaten. Buddy Ice Cream (S. 960) bietet kostenloses Internet und WLAN.

An- & Weiterreise

FLUGZEUG

Es gibt internationale Flüge nach Singapur und Siem Reap. Vietnam Airlines, VietJet Air und Jetstar bieten gemeinsam tägliche Flüge nach Can Tho, Hanoi, HCMC und Rach Gia.

In der Hochsaison kann die Nachfrage groß sein, darum sollte man rechtzeitig buchen.

SCHIFF/FÄHRE

Schnellboote verbinden die Insel mit Ha Tien (1½ Std.) und Rach Gia (2½ Std.). Fünf fast identische Veranstalter, darunter **Duong Dong Express** (☎Phu Quoc 077-399 0747, Rach Gia 077-387 9765) und **Superdong** (☎077-387 7742), schicken mehrmals täglich Schnellboote von Rach Gia nach Bai Vong (250 000 D pro Passagier).

Dreimal täglich verkehren Expressfähren (230 000 D) von Ha Tien zum Hafen von Ham Ninh, direkt nördlich von Bai Vong. Darüber hinaus gibt's Autofähren ab/nach Ha Tien und zum Da-Chong-Hafen von Phu Quoc.

ℹ Unterwegs vor Ort

Der Inselflughafen liegt 10 km von Duong Dong; für ein Taxi zum Long Beach zahlt man ca. 100 000 D.

Fahrräder/Motorräder werden in den meisten Hotels auf der Insel ab 70 000/120 000 D pro Tag verliehen.

Es gibt eine seltene Busverbindung (alle ein oder zwei Stunden) zwischen An Thoi und Duong Dong. In Bai Vong wartet ein Bus (20 000 D) auf die Fähre und bringt die Passagiere nach Duong Dong.

Motorradtaxis sind allgegenwärtig. Kurze Fahrten kosten 20 000 D, für 5 km zahlt man etwa 50 000 D.

Mai Linh (☎ 077-397 9797) ist ein verlässliches Taxiunternehmen.

VIETNAM VERSTEHEN

Vietnam aktuell

20 Jahre stabiles Wachstum hat Vietnam verändert. Am offensichtlichsten ist der Wandel in den Großstädten, wo Wolkenkratzer aus Stahl und Glas die Skyline dominieren und eine wachsende Mittelschicht sich nun klimatisierte Apartments und Reisen ins Ausland leisten kann. In ländlichen Gebieten ist der neue Wohlstand hingegen weniger spürbar und im Hochland ist der Alltag von Millionen Angehörigen ethnischer Minderheiten noch immer geprägt vom Kampf ums Überleben.

Das große Ganze

In den 40 Jahren nach Ende des Bürgerkriegs hat Vietnam eine enorme Entwicklung vollzogen. Die siegreiche, wenn auch bankrotte Nation ackerte rund um die Uhr, arbeitete sich immer weiter nach oben und überwand dabei eine Reihe kolossaler Hindernisse (u. a. ein 19 Jahre währendes US-Handelsembargo). Das Prokopfeinkommen ist von 98 US$ im Jahr 1993 auf über 2000 US$ im Jahr 2015 gestiegen und heute zählt Vietnam zu den zehn am schnellsten wachsenden Wirtschaften der Welt, vor allem dank seiner verarbeitenden Industrie, und Startups schießen geradezu aus dem Boden. Doch das rasante Wachstum verläuft unharmonisch. Der staatliche Sektor bleibt riesig und kontrolliert weiterhin rund zwei Fünftel der Wirtschaft: 100 der 200 größten Unternehmen Vietnams sind in Staatsbesitz (darunter die Ölförderung, der Schiffsbau sowie die Zement- und Kohleindustrie), und viele davon sind sehr unrentabel.

Korruption überschattet die Entwicklung des Landes. Transparency International stellte Vietnam 2014 das schlechteste Zeugnis aller Länder der Asien-Pazifik-Region aus. Korruptionsskandale sind an der Tagesordnung – so wurden neun Führungskräfte von Vinashin zu Haftstrafen verurteilt, nachdem das Schiffsbauunternehmen fast unter einer Schuldenlast von 4,5 Mrd. US$ zusammengebrochen wäre. In Vietnam gehört Korruption zum Alltag, ob man nun Schmiergeld für einen Job im Staatsdienst oder für eine Internetverbindung zahlen muss.

Nordvietnam & Südvietnam

Seit knapp 20 Jahren im Aufschwung befindet die vietnamesische Wirtschaft sich, doch einige Gebiete haben sich in der Zeit besser entwickelt als andere. Ho-Chi-Minh-Stadt hatte 2015 eine Wachstumsrate von 8,6 % und lag damit weit über der im Norden. Der Süden hat am meisten von den Auslandsinvestitionen profitiert, weil viele Viet Kieu (im Ausland lebende Vietnamesen, die überwiegend aus Südvietnam stammen) zurückgekehrt sind und in der Region investiert haben.

Die Regierung ist sich dieser Unterschiede bewusst und versucht, über die Besetzung von Regierungsämtern einen Ausgleich zu schaffen – wenn der Premierminister aus dem Süden kommt, dann kommt der Vorsitzende der Kommunistischen Partei aus dem Norden.

Südvietnamesen der älteren Generation haben dem Norden nie verziehen, dass er Kriegsfriedhöfe niedergewalzt, ihnen den Kommunismus aufgezwungen und sich gegen ganze Familien gestellt hat. Im Norden trägt man dem Süden noch immer nach, dass er an der Seite der Amerikaner das eigene Volk bekämpft hat. Zum Glück scheint die jüngere Generation weniger an der grauenvollen Geschichte des Landes interessiert zu sein.

Probleme mit dem Nachbarn

Auf den ersten Blick haben Vietnam und China viel gemein: das kulturelle Erbe, die Grenze und die allmächtigen kommunistischen Parteien. Doch für Vietnam ist der nördliche Nachbar eine Art übergriffiger großer Bruder, dem man sich 1000 Jahre lang unterzuordnen hatte. Die immer wieder aufflammenden Grenzstreitigkeiten zwischen beiden Ländern zogen sich über Jahre und endeten erst 1990. Bei einer Umfrage 2014 zeigten sich 80 % der Vietnamesen besorgt, dass es wegen der vorgelagerten Inseln im Südchinesischen Meer (in Vietnam als „Ostsee" bezeichnet) zu einem Konflikt kommen könnte. China beansprucht fast das gesamte Gebiet für sich und errichtet emsig Hafenanlagen und Flughafenlandeplätze. Im Mai 2014 kamen bei antichinesischen Protesten in mehreren Provinzen mindestens 21 Menschen ums Leben. Sie hatten gegen die Errichtung einer Bohrinsel durch den Nachbarn auf den Paracel-Inseln demonstriert. Tausende Chinesen flohen aus dem Land. Im November 2015 war die Lage noch immer angespannt, allerdings zeigte sich das Bemühen beider Länder, die Lage zu beruhigen, im Besuch des Präsidenten Xi Jinping Hanoi.

Trotz der Spannungen bleiben beide Länder eng verbunden. Der Handel boomt weiterhin (auch wenn er einseitiger ist, als sich das viele Vietnamesen wünschen) und belief sich 2014 auf einen Wert von 58 Mrd. US$. Chinesisch ist die zweitbeliebteste Fremdsprache in Vietnam und die Präsidenten Trong und Xi unterzeichneten verschiedene Verträge für gemeinsame Investitions- und Infrastrukturprojekte. Was die Gebietsstreitigkeiten anbelangt, wurden bisher jedoch nur wenige Fortschritte erzielt.

DIE BESTEN FILME

Apocalypse Now (1979) Der Vietnamkrieg als episches Abenteuer à la „Herz der Finsternis".

Die durch die Hölle gehen (1978) Setzt sich mit dem psychischen Zusammenbruch von Kleinstadtsoldaten auseinander.

Platoon (1986) Beruht auf den eigenen Erlebnissen des Regisseurs; folgt einem idealistischen jungen Soldaten in den Vietnamkrieg.

Cyclo (1995) Visuell überwältigendes Meisterwerk, das das Herz der Unterwelt von HCMC bloßlegt.

Der stille Amerikaner (2002) Atmosphärisch dichter Film, der im Saigon der Kolonialzeit spielt; Rebellion liegt in der Luft.

Geschichte

Frühes Vietnam

Die Wurzeln der Vietnamesen reichen zurück ins Delta des Roten Flusses, wo Bauern erstmalig Reis anbauten. Danach folgten Jahrtausende des Kampfes gegen die Chinesen. Erst im 19. Jh. wurde Vietnam ein vereinigter Staat, war jedoch schon bald darauf mit der Schmach der französischen Kolonialherrschaft und danach mit der verheerenden Intervention der Amerikaner konfrontiert. Das vietnamesische Volk hat viele stürmische, schwierige Zeiten überlebt, doch die Stärke seines Charakters hat ihm dabei immer gute Dienste geleistet. Heute sieht es ganz danach aus, dass das Land weiter wachsen wird und vielversprechende Möglichkeiten hat.

Das hoch entwickelte Königreich Funan im Mekong-Delta erlebte vom 1. bis 6. Jh. seine Blütezeit. Archäologische Funde in der Hafenstadt Oc-Eo belegen, dass schon damals Handelsbeziehungen mit China, Indien, Persien und dem Mittelmeerraum bestanden. Zwischen der Mitte des 6. Jhs. und dem 9. Jh. wurde Funan in das Chenla-Königreich integriert, das dem Reich von Angkor vorausging.

Währenddessen entstand im späten 2. Jh. rund ums heutige Da Nang das hinduistische Königreich der Champa. Es nahm ebenso wie das Funan-Reich Sanskrit als heilige Sprache an und machte viele Anleihen bei der indischen Kunst und Kultur. Bis zum 8. Jh. war Champa so weit expandiert, dass es auch die heutigen Städte Nha Trang und Phan Rang umfasste. Die Cham befanden sich ständig im Krieg mit den Vietnamesen im Norden und den Khmer im Süden und wurden schließlich zwischen diesen beiden großen Mächten zerrieben.

Chinesische Besatzung

Im 2. Jh. v. Chr. eroberten die Chinesen das Delta des Roten Flusses. In den folgenden Jahrhunderten versuchten sie, Vietnam ein zentralisiertes Staatssystem aufzuzwingen. Gegen die chinesische Herrschaft, die durch Tyrannei, Zwangsarbeit und unersättliche Tributforderungen gekennzeichnet war, gab es zwischen dem 3. und 6. Jh. zahlreiche kleine Aufstände, doch alle wurden niedergeschlagen.

Die Vietnamesen lernten jedoch viel von den Chinesen, z. B. fortschrittliche Bewässerungstechniken für den Reisanbau und medizinisches Wissen. Aber auch spirituell orientierten sich die Vietnamesen stark an ihrem großen Nachbarn. Der Konfuzianismus, der Taoismus und der Mahayana-Buddhismus hielten in Vietnam Einzug, und viele kulturelle Wesenszüge Chinas wurden übernommen.

Im Jahr 938 besiegte Ngo Quyen die chinesischen Truppen am Fluss Bach Dang und errang damit die Unabhängigkeit Vietnams. Dies war der Beginn einer ganzen Reihe von Dynastien. In den folgenden Jahrhunderten schlugen die Vietnamesen alle ausländischen Eindringlinge erfolgreich zurück, darunter die Mongolen, und annektierten bei der Expansion nach Süden 1471 das Champa-Königreich.

Kontakt mit dem Westen

Truppen der Franzosen und der spanischen Kolonie auf den Philippinen stürmten 1858 gemeinsam Da Nang, nachdem mehrere Missionare getötet worden waren. Anfang 1859 eroberte das Militärkommando Saigon. 1883 erklärten die Franzosen Vietnam zum Protektorat. Ihre Herrschaft war von Brutalität und Willkür gezeichnet. Am erfolgreichsten lehnten sich die 1925 von Ho Chi Minh gegründeten Kommunisten gegen die Europäer auf.

Die einzigen Kämpfer gegen die japanischen Besatzer während des Zweiten Weltkriegs waren die von Kommunisten dominierten Mitglieder der Vietminh. Als der Krieg endlich endete, erklärte Ho Chi Minh die Unabhängigkeit Vietnams; „seine" Vietminh kontrollierte bereits einen Großteil des Landes. Als die Franzosen versuchten, die Herrschaft erneut an sich zu reißen, brach schließlich der erste Indochinakrieg aus. Im Mai 1954 überrannte die Vietminh die französische Garnison in der Belagerung von Dien Bien Phu.

Mitte 1954 wurde auf der Genfer Konferenz eine vorübergehende Teilung des Landes beschlossen. Die Demarkationslinie verlief entlang des Ben-Hai-Flusses. In der südlichen Zone regierte Ngo Dinh Diem, ein Katholik und erbitterter Gegner des Kommunismus. Er weigerte sich, die für 1956 anberaumten Wahlen durchzuführen. Daraufhin erklärte man die Ben-Hai-Linie zur ständigen Grenze zwischen Nord- und Südvietnam.

DIE ALLMÄCHTIGE PARTEI

Vietnams politisches System könnte nicht einfacher sein: Alle Macht liegt bei der Kommunistischen Partei. Die oberste Autorität des Landes ist der vietnamesischen Verfassung zufolge zwar die Nationalversammlung (das Parlament), in der Realität ist aber auch sie ein Werkzeug der Partei, und die sorgfältig kontrollierten Wahlen stellen sicher, dass die Delegierten zu 90 % Mitglieder der Kommunistischen Partei sind.

Der Vietnamkrieg

1960 beschloss Hanois Regierung einen Kurswechsel: Aus der politischen Opposition gegen Diems Regime wurde bewaffneter Widerstand. Die kommunistische Guerillaorganisation FNL („Nationale Befreiungsfront Südvietnams"), besser bekannt als Vietcong (VC), formierte sich, um gegen Diem zu kämpfen.

Diem war ein unbeliebter Machthaber und wurde 1963 von seinen eigenen Untergebenen ermordet. Als die Regierung in Hanoi Truppen der Nordvietnamesischen Volksarmee (NVA) in den Süden entsandte, wurde die Lage für das Saigon-Regime verzweifelt. Doch dann schickten die USA 1965 erste Truppen nach Vietnam. Bald darauf folgten Soldaten aus Südkorea, Australien, Thailand und Neuseeland – ein Versuch, dem Konflikt eine globale Legimitation zu geben.

Am Tag des Neujahrsfests 1968 startete der VC einen Überraschungsangriff, die Tet-Offensive, die einen entscheidenden Wendepunkt des Kriegs darstellte. Viele Amerikaner, die jahrelang den Beteuerungen ihrer Regierung geglaubt hatten, dass die USA siegen würden, begannen, Verhandlungen über eine Beendigung des Kriegs zu fordern. Schließlich wurde 1973 in Paris ein Waffenstillstandsabkommen unterzeichnet. Nun zog die Regierung in Washington alle Truppen ab und die amerikanischen Kriegsgefangenen wurden freigelassen.

Wiedervereinigung

Am 30. April 1975 kapitulierte die Regierung in Saigon vor der NVA. Die Wiedervereinigung Vietnams durch die Kommunisten bedeutete das Ende der über ein Jahrhundert

ONKEL HO

Der Vater der Nation, Ho Chi Minh (Bringer des Lichts), war der Sohn eines extrem nationalistischen Gelehrten und Beamten. 1890 als Nguyen Tat Thanh in der Nähe von Vinh geboren, ging er in Hue zur Schule und nahm im Lauf seines bewegten Lebens zahlreiche Pseudonyme an. Viele Vietnamesen nennen ihn heute liebevoll Bac Ho (Onkel Ho).

1911 heuerte er auf einem französischen Schiff als Kochlehrling an und fuhr auf den Weltmeeren nach Nordamerika, Afrika und Europa. Während er sich in England und Frankreich mit Gelegenheitsjobs als Gärtner, Schneefeger, Kellner, Fotoretuscheur und Heizer über Wasser hielt, entwickelte sich sein politisches Bewusstsein.

Ho Chi Minh zog nach Paris, wo er verschiedene Sprachen lernte, darunter Englisch, Französisch, Deutsch und Mandarin, und begann, sich für die Unabhängigkeit in Indochina zu engagieren. Er war ein Gründungsmitglied der französischen Kommunistischen Partei in den 1920er-Jahren.

1941 kehrte er erstmals nach 30 Jahren in seine Heimat zurück und gründete die Vietminh, deren Ziel die Unabhängigkeit von Frankreich war. Als sich Japan im August 1945 auf die Kapitulation vorbereitete, leitete Ho Chi Minh die Augustrevolution ein und seine Truppen errangen die Kontrolle über große Teile Vietnams.

Die Rückkehr der Franzosen zwang die Vietminh in einen Guerillakrieg, der schließlich 1954 bei Dien Bien Phu zum Sieg über die Kolonialherren führte. Danach lenkte Ho bis zu seinem Tod im September 1969 die Geschicke Nordvietnams – den Sieg über Südvietnam erlebte er nicht mehr.

Seitdem hat die Partei hart daran gearbeitet, das Image und den Ruf von Bac Ho zu erhalten. Sein Bild prägt Vietnam bis heute. Dieser Personenkult steht in starkem Kontrast zu seinem schlichten Lebensstil. Wer mehr über Ho erfahren will, sollte die hervorragende Biografie *Ho Chi Minh* von William J. Duiker lesen.

währenden kolonialen Unterdrückung. Ihr folgte jedoch bald darauf die massive innenpolitische Repression. Hunderttausende Südvietnamesen flohen aus Vietnam und die Flüchtlingswelle hielt in den folgenden 15 Jahren an.

Als die Regierung eine Unterdrückungskampagne gegen die in Vietnam lebenden Chinesen initiierte und darüber hinaus 1978 Truppen in Kambodscha einmarschieren ließ, griff China 1979 sein Nachbarland an. Die kriegerischen Auseinandersetzungen dauerten zwar nur 17 Tage, das beidseitige Misstrauen währte jedoch weit über ein Jahrzehnt hinaus.

Nach dem Kalten Krieg

Nach dem Zusammenbruch der Sowjetunion 1991 kam es zu einer Annäherung zwischen Vietnam und den westlichen Staaten. Im Verlauf der 1990er-Jahre floss viel Geld von ausländischen Investoren nach Vietnam und das Land wurde Mitglied im Verband Südostasiatischer Nationen (ASEAN). Die USA nahmen 1995 diplomatische Beziehungen zu Vietnam auf und Bill Clinton sowie George W. Bush besuchten Hanoi. 2007 wurde Vietnam Mitglied der Welthandelsorganisation (WTO).

In den letzten Jahren stiegen die Spannungen zwischen Vietnam und China aufgrund von Gebietsansprüchen im Südchinesischen Meer. 2014 kam es deswegen zu antichinesischen Protesten. Die Beziehungen zwischen den USA und Vietnam haben sich hingegen verbessert, davon zeugt der boomende Handel zwischen beiden Ländern.

Menschen & Kultur

Die Vietnamesen sind vom Kampf gehärtet, stolz und nationalistisch, nachdem sie sich in vielen Auseinandersetzungen mit den stärksten Mächten der Welt ihre Ehrenabzeichen verdient haben. Das betrifft jedoch die ältere Generation, die sich an jeden Quadratzentimeter erinnert, um den sie gekämpft hat. Für die Jungen ist Vietnam ein Ort, um voranzukommen, um die konservativen, in Stein gemeißelten Strukturen der Kommunisten zu ignorieren und um auszugehen und Spaß zu haben.

Wie in anderen Teilen Asiens dreht sich in Vietnam das ganze Leben um die Familie, und oft wohnen mehrere Generationen unter einem Dach. Die Armut und der Übergang von einer überwiegend landwirtschaftlich geprägten Gesellschaft zu einer stärker industrialisierten Nation haben viele Menschen auf der Suche nach ihrem Glück in die größeren Städte gelockt und verändern die Strukturen der modernen Familie. Frauen machen 52 % der Arbeitskräfte des Landes aus, sind aber in Machtpositionen kaum repräsentiert.

Die größten ethnischen Gruppen in Vietnam sind die Vietnamesen (Kinh) mit 84 % und die Chinesen mit 2 % der Bevölkerung. Darüber hinaus gibt es noch die Khmer, die Cham und über 50 Minderheitenvölker, die vor allem in Gebieten des Hochlands leben.

Religion

Im Laufe der Jahrhunderte sind der Konfuzianismus, der Taoismus und der Buddhismus mit verbreiteten chinesischen und sehr alten animistischen Elementen verschmolzen. So entstand die als Tam Giao bekannte „Dreierreligion". Fast alle Vietnamesen bekennen sich zu diesem Glauben. Werden sie jedoch konkret nach ihrer Konfession gefragt, bezeichnen sie sich für gewöhnlich als Buddhisten. In Vietnam leben zudem auch Katholiken (8–10 % der Gesamtbevölkerung).

Der Caodaismus ist eine einzigartige und farbenfrohe vietnamesische Sekte, die in den 1920er-Jahren gegründet wurde. Er vereint weltliche und religiöse Philosophien aus Ost und West und basiert auf den spirituellen Botschaften, die ihr Begründer Ngo Minh Chieu während mehrerer Trancesitzungen empfing.

Es gibt auch eine geringe Anzahl an Muslimen (ca. 65 000) und Hindus (50 000).

Etikette

Vor der Anreise sollte man sich ein wenig mit den kulturellen Gepflogenheiten in Vietnam beschäftigen.

- Es gilt die hiesigen Kleiderregeln zu akzeptieren: Shorts reichen bis zu den Knien und Oberteile für Frauen bedecken die Schultern; das gilt vor allem für religiöse Stätten. Vor dem Betreten eines Tempels sind die Schuhe auszuziehen. Oben-ohne- oder Nacktbaden ist absolut unangemessen.
- Sogar bei der kleinsten Transaktion oder dem unbedeutendsten geschäftlichen Kontakt ist es üblich, Visitenkarten auszutauschen; in der Hinsicht kann man also ruhig großzügig sein.
- In ganz Asien sollte man Essstäbchen nicht senkrecht in einer Reisschüssel platzieren, da sie dann Räucherstäbchen ähneln, die für die Toten verbrannt werden.
- Beim Betreten eines Wohnhauses werden die Schuhe ausgezogen. Man sollte niemals anderen Menschen seine Fußsohlen entgegenstrecken, und vor allem niemals mit den Füßen auf heilige Gegenstände, wie eine Buddha-Figur, zeigen.
- Älteren oder angesehenen Personen wie Mönchen zollt man Respekt, indem man seine Kopfbedeckung abnimmt und den Kopf leicht neigt, wenn man ihnen begegnet. Der Kopf symbolisiert den höchsten Punkt, deswegen sollte man niemals jemanden am Kopf berühren oder diesen tätscheln.

Kunst

ZEITGENÖSSISCHE KUNST & MUSIK

In Hanoi und Ho-Chi-Minh-Stadt werden zuweilen moderne Tänze und klassisches Ballett sowie Theaterstücke gezeigt.

Die Arbeiten zeitgenössischer Maler und Fotografen decken unterschiedlichste Genres ab und gewähren einen Einblick in die moderne vietnamesische Seele; in Hanoi,

DIE BESTEN BÜCHER

Der stille Amerikaner (Graham Greene) Romanklassiker, der den Zusammenbruchs des französischen Kolonialreich in den 1950er-Jahren schildert.

Die Leiden des Krieges (Bao Ninh) Schildert den Krieg in Form von Erinnerungsfetzen aus der Perspektive eines Nordvietnamesen.

Vietnam: Rising Dragon (Bill Hayton) Die ehrliche, unvoreingenommene Einschätzung des Landes ist eine der aktuellsten erhältlichen Quellen.

Mond über den Reisfeldern (Andrew X Pham) Schön geschriebene, zum Nachdenken anregende autobiografische Geschichte eines Vietnam-Amerikaners.

HCMC und Hoi An befinden sich einige gute Galerien.

Die lebhafteste Jugendkultur findet man in HCMC und Hanoi, wo Musiker und Künstler die größte Freiheit genießen. Es gibt eine kleine, aber wachsende Hip-Hop-Szene, in der die in HCMC geborene Suboi als Vietnams führende Repräsentantin gilt; zu ihrem abwechslungsreichen Repertoire gehören Dubstep-Rhythmen. Zu den angesagten Bands zählen derzeit Microwave, Black Infinity (Metal), Giao Chi (Punk) und 6789 (Roots).

ARCHITEKTUR

Die Vietnamesen waren nicht so gewaltige Baumeister wie ihre Nachbarn, die Khmer. Vietnamesische Bauwerke der Frühzeit bestanden aus Holz und anderen Materialien, die das tropische Klima nicht gut vertrugen. Große Ausnahmen bildeten die erstaunlichen Türme, die die alte vietnamesische Kultur der Cham errichtete. Besonders viele Beispiele findet man in Zentralvietnam. Zu den bedeutendsten Attraktionen der Gegend zählen die Cham-Ruinen der Tempelstadt My Son.

BILDHAUEREI

Traditionell konzentriert sich die Bildhauerei auf religiöse Motive. Skulpturen zieren sowohl zahlreiche Pagoden als auch Tempel und Grabstätten.

Die Cham schufen herrliche Sandsteinfiguren, um ihre hinduistischen und buddhistischen Heiligtümer zu schmücken. Die größte einzelne Sammlung von Skulpturen der Cham befindet sich im Cham-Museum in Da Nang.

WASSERPUPPENTHEATER

Die vietnamesische Kunst des *roi nuoc* (Wasserpuppentheater) wurde vor mindestens 1000 Jahren von nordvietnamesischen Reisbauern entwickelt. Sie hauchten den Holzpuppen Leben ein und nutzten überflutete Reisfelder als Bühne. Als Topadresse für Wasserpuppentheater, das von auf traditionellen Instrumenten gespielter Musik begleitet wird, gilt Hanoi.

IRGENDWIE RIECHT'S HIER NACH FISCH ...

Nuoc mam (Fischsoße) ist eine durch und durch vietnamesische Zutat, die der hiesigen Küche eine ganz charakteristische Note verleiht. Hergestellt wird sie aus stark gesalzenem Fisch, der vier bis zwölf Monate in großen Tonfässern fermentiert. Kenner sind der Meinung, dass hochwertige Soßen ein viel milderes Aroma haben als die billigen Varianten. Andersdenkende bestehen darauf, dass die Soße eine Chemiebombe ist. Sie wird oft als Dip benutzt und nimmt auf dem Tisch den Platz ein, den im Westen Salz bekommt.

Essen & Trinken

Essen

Die vietnamesische Küche ist eine der besten der Welt; über 500 traditionelle vietnamesische Gerichte soll es geben. Zwischen dem Norden, Zentralvietnam und dem Süden bestehen große Unterschiede. Typisch für die nordvietnamesische Küche sind Sojasoße, chinesische Einflüsse und herzhafte Suppen wie *pho*. Das Essen in Zentralvietnam ist für den erstaunlichen Einsatz frischer Kräuter und seine feinen, komplexen Aromen bekannt. In Südvietnam ist das Essen süß, scharf und tropisch, Freunden der Thai- und kambodschanischen Küche werden die Currys vertraut vorkommen. Überall sind die vietnamesischen Gerichte großartig zubereitet und auch noch ausgesprochen preisgünstig.

Die meisten Restaurants haben täglich ab ungefähr 7 oder 8 Uhr geöffnet und schließen gegen 21 Uhr, in den Großstädten oft auch später.

FRÜCHTE

Neben den üblichen leckeren südostasiatischen Obstsorten wartet Vietnam mit einer Besonderheit auf: der *trai thanh long* (Drachenfrucht), einer leuchtend fuchsienfarbenen Frucht mit grünen Auswüchsen. Sie gedeiht hauptsächlich in der Küstenregion nahe Nha Trang. Ihr weißes Fruchtfleisch ist gesprenkelt mit essbaren schwarzen Samen und ihr Geschmack erinnert in etwa an den einer milden Kiwifrucht.

GERICHTE

Pho ist die Nudelsuppe, die eine ganze Nation zusammenhält – sie wird zu jeder Tages- und Nachtzeit gegessen, vor allem aber zum Frühstück. Unter *com* versteht man Reisge-

VIETNAMESISCHE KAFFEEKULTUR

In Vietnam nimmt man sich für den Genuss eines Kaffees traditionell Zeit. Nachdem man es sich auf einem winzigen Plastikstuhl gemütlich gemacht hat, wird ein Glasbecher mit seltsamer Aluminiumkappe auf den Tisch gestellt. Im Glas befindet sich etwas Kondensmilch, die sich nun langsam mit dem von dem Aluminiumfilter tropfenden Kaffee mischt. Nach einigen Minuten schwimmt der dunkle Kaffee auf der Kondensmilch. Nun wird beides sorgfältig vermischt; manche schütten beides dafür in ein separates Glas mit Eiswürfeln. Zweifellos ein lohnenswertes Ritual, bei dem man die Energiespeicher wieder auffüllen kann. Während der Wartezeit kann man sich mit den verschiedenen *cà-phê*-Variationen beschäftigen, die vietnamesische Cafés meist anbieten.

Caphe sua da Eiskaffee mit Kondensmilch.

Caphe da Eiskaffee mit Milch.

Caphe den Schwarzer Kaffee.

Caphe sua chua Eiskaffee mit Joghurt.

Caphe trung da Kaffee mit einer Krone aus geschlagenem Eiweiß.

richte. Beides wird praktisch überall serviert. Probieren sollte man auch die Nudelsuppen *bun bo Hue* und *hu tieu.*

Frühlingsrollen (*nem* im Norden, *cha gio* im Süden) gelten als Spezialität. Normalerweise werden sie in *nuoc mam* (Fischsoße) getunkt, viele Ausländer bevorzugen allerdings Sojasoße (*xi dau* im Norden, *nuoc tuong* im Süden).

Gemäß der Mahayana-Tradition sind buddhistische Mönche strikte Vegetarier, daher machen *an chay* (vegetarische Speisen) einen wesentlichen Bestandteil der vietnamesischen Küche aus.

SNACKS

Auf Straßenstände oder fliegende Händler stößt man quasi an jeder Ecke. Dort bekommt man auch außerhalb der üblichen Zeiten gedämpfte Süßkartoffeln, Reisbrei und Eis.

Es gibt noch viele andere vietnamesische Spezialitäten. Die folgenden sollte man einmal probieren:

Bap xao Wird aus frischem gebratenem Mais, Chili und winzigen Garnelen zubereitet.

Bo bia Nahezu mikroskopisch kleine Garnelen werden mit frischem Salat und dünnen Scheiben vietnamesischer Wurst in Reispapier eingerollt. Das Ganze taucht man dann in eine pikant-süße Erdnusssoße ein.

Sinh to Shakes aus Milch und Zucker oder Joghurt, dazu frische tropische Früchte.

SÜSSSPEISEN

Viele süße Speisen bestehen aus Klebreis, so wie *banh it nhan dau*, das auch Zucker und Bohnenpaste enthält und in Bananenschalen gewickelt wird.

Die meisten ausländischen Besucher bevorzugen *kem* (Eiscreme) oder *yaourt* (Joghurt), die normalerweise von guter Qualität sind.

Che, eine kalte und erfrischend süße Paste aus gesüßten schwarzen Bohnen, grünen Bohnen oder Mais, schmeckt ebenfalls sehr lecker. Es wird in einem Glas mit Eis angerichtet sowie mit süßer Kokosnusscreme garniert.

Getränke

ALKOHOLISCHE GETRÄNKE

Eine besonders wichtige Vokabel in puncto Getränke ist *bia hoi* (gezapftes Bier). Ein Glas von dem wahrscheinlich billigsten Bier der Welt gibt's schon ab 5000 D, darum kann es sich jeder leisten, eine Runde zu schmeißen. Dort, wo *bia hoi* ausgeschenkt wird, bekommt man in der Regel auch günstiges Essen.

Zu den ausländischen Marken, die in Vietnam eine Braulizenz haben, zählen Tiger, Carlsberg und Heineken.

Nationale und regionale Sorten sind z. B. Halida und Hanoi in Nordvietnam, Huda und Larue in Zentralvietnam und BGI sowie 333 *(ba ba ba)* im Süden.

Auch Wein und Spirituosen sind erhältlich, allerdings kostspielig. Lokale Sorten sind billiger, aber nicht immer genießbar.

UMWELTVERSCHMUTZUNG

Umweltverschmutzung ist ein großes Problem in Vietnam. Während Ho-Chi-Minh-Stadt mit unsauberer Luft zu kämpfen hat, zählt Hanoi zu den am stärksten verschmutzten Städten Südostasiens überhaupt. Fahrzeuge stoßen solch giftige Substanzen wie Schwefeldioxid und Stickstoffoxid aus. Das größere Problem sind allerdings die Motorräder. Sie laufen mit minderwertigem Benzin, das jede Menge Benzol, Schwefel und Feinstaub (PM10) freisetzt. Die Feinstaubmenge liegt in Hanoi bei rund 150 Mikrogramm pro Kubikmeter; laut Weltgesundheitsorganisation liegt der kritische Grenzwert bei 20.

Viele Regionen leider unter Wasserverschmutzung, insbesondere Städte und Küstengebiete; dort enthält das Grundwasser wegen der zu starken Ausnutzung sogar Salz. In Vietnam haben sich zahlreiche Unternehmen der verarbeitenden Kleider-, Schuh-, und Lebensmittelindustrie niedergelassen, doch die meisten Industrieparks haben keine Abwasserkläranlagen. Die unsachgemäße Entsorgung des giftigen Wassers ließ Flüsse wie den Thi Van kippen. Landesweit werden nur 14 % des Abwassers in Städten aufbereitet.

Gift- und Industriemüll wird illegal importiert, ebenso wie Schrott und Rohmaterialien, die für die Produktion genutzt oder erneut exportiert werden. Der Staat geht nur halbherzig gegen die Übeltäter vor, ein paar wurden jedoch zur Verantwortung gezogen.

NICHTALKOHOLISCHE GETRÄNKE

Alle Getränke müssen abgekocht oder in Flaschen abgefüllt sein. In touristischen Gebieten kann man Eis normalerweise ohne Bedenken genießen, anderswo jedoch nicht.

Vietnamesischer *cà phê* (Kaffee) schmeckt gut, und es mangelt nicht an Gelegenheiten, um ihn zu probieren.

Ausländische Softdrinks sind in Vietnam sehr verbreitet. Lecker schmecken auch *soda chanh* (kohlensäurehaltiges Mineralwasser mit Zitrone und Zucker) und *nuoc chanh nong* (heißer, gesüßter Zitronensaft).

Natur & Umwelt

Das Umweltbewusstsein ist in Vietnam gering ausgeprägt. Große Probleme, mit denen das Land konfrontiert wird, sind die schnelle Industrialisierung, Entwaldung und Umweltverschmutzung.

Nicht nachhaltige Methoden der Forst- und Landwirtschaft und der massive Einsatz von Entlaubungsmitteln durch die USA während des Vietnamkriegs haben zur Waldzerstörung beigetragen. Dies führte nicht nur zu einem bedeutenden Verlust an biologischer Vielfalt, sondern auch zu deutlich schwierigeren Lebensbedinungen für viele Minderheitenvölker.

Das schnelle Wachstum der Wirtschaft und der Bevölkerung im letzten Jahrzehnt, das sich in dem dramatischen Anstieg der Industrieproduktion, der Zahl der Motorräder und dem hemmungslosen Bauboom widerspiegelt, bedeutet eine zusätzliche Belastung für die ohnehin angeschlagene Umwelt.

Geografie

Vietnam erstreckt sich entlang der Ostküste der Indochinesischen Halbinsel. Die Nord-Süd-Ausdehnung beträgt etwa 1600 km, die Gesamtfläche 329 566 km². Damit ist Vietnam etwas größer als Italien und etwas kleiner als Japan.

Das Land gleicht einem *don ganh,* dem allgegenwärtigen Bambusstab mit einem Reiskorb an jedem Ende. Dabei symbolisieren die Körbe für die größten Reisanbauregionen: Im Norden befindet sich das Delta des Roten Flusses und im Süden das Mekong-Delta.

Vietnam birgt verschiedene interessante geologische Besonderheiten. Am spektakulärsten sind die Karstformationen (Kalksteingipfel mit Höhlen und unterirdischen Flüssen). In der Nordhälfte des Landes gibt's ein atemberaubendes Aufgebot an Karstgebieten, vor allem rund um die Ha-Long-Bucht und um Phong Nha.

Tiere & Pflanzen

Zuerst die guten Neuigkeiten: Trotz einiger desaströser Perioden der Entwaldung ist die Tier- und Pflanzenwelt Vietnams noch immer unglaublich exotisch und vielfältig. Im Land sind etwa 12 000 Pflanzenarten, von denen an die 7000 identifiziert sind, sowie mehr als 275 Säugetierarten, 180 Reptilienarten und 80 Amphibienarten beheimatet. Die Kehrseite der Medaille ist, dass die noch existierenden Wildtiere aufgrund von Wilderei, Jagd und des Verlusts von Lebensräumen trotz der außergewöhnlichen Diversität stärker als je zuvor bedroht sind. Drei der berühmtesten Tiere des Landes, der Elefant, das Saolo (Vietnamesisches Wildrind) und der Tiger, stehen am Rand des Aussterbens. Es ist praktisch sicher, dass das letzte wilde Nashorn Vietnams 2010 im Cat-Tien-Nationalpark getötet wurde. Und auf jedes Trophäentier kommen Hunderte andere, weniger aufsehenerregenden Arten, die um des Profits willen (oder des Hungers wegen) aus den Wäldern und Schutzgebieten verschwinden.

Viele Beamte drücken beim Handel mit Tieren für den Export und den Inlandskonsum immer noch ein Auge zu, obwohl mittlerweile Gesetze zum Tierschutz existieren. Wilderer profitieren von der Nachfrage nach exotischen Tieren als Haustiere und für die traditionelle Medizin.

Nationalparks

Es gibt 31 Nationalparks und über 150 Naturschutzgebiete. Offiziell werden 9 % der Landesfläche geschützt. Zu den interessantesten und am leichtesten zugänglichen in Nordvietnam zählen Cat Ba, Bai Tu Long, Ba Be und Cuc Phuong. Im Süden lohnen der Phong Nha-Ke Bang, der Bach-Ma-Nationalpark, der Yok-Don-Nationalpark und der Cat-Tien-Nationalpark unbedingt einen Besuch.

PRAKTISCHE INFORMATIONEN

Allgemeine Informationen

ARBEITEN IN VIETNAM

Mindestens 90 % der ausländischen Traveller, die in Vietnam Arbeit suchen, enden als Englischlehrer. Darüber hinaus suchen Tauchzentren und Hostels manchmal Helfer.

BOTSCHAFTEN & KONSULATE

Chinesische Botschaft (Karte S. 876; ☎ 04-8845 3736; http://vn.china-embassy.org/chn; 46 P Hoang Dieu, Hanoi)

Chinesisches Konsulat (Karte S. 946; ☎ 08-3829 2457; http://hcmc.chineseconsulate.org; 175 Đ Hai Ba Trung, HCMC)

Deutsche Botschaft (Karte S. 876; ☎ 04-3845 3836; www.hanoi.diplo.de; 29 Đ Tran Phu, Hanoi)

Deutsches Konsulat (Karte S. 946; ☎ 08-3829 1967; www.ho-chi-minh-stadt.diplo.de; 126 Đ Nguyen Dinh Chieu, HCMC)

Kambodschanische Botschaft (Karte S. 871; camemb.vnm@mfa.gov.kh; 71A P Tran Hung Dao, Hanoi)

Kambodschanisches Konsulat (Karte S. 946; ☎ 08-3829 2751; camcg.hcm@mfa.gov.kh; 41 Đ Phung Khac Khoan, HCMC)

Laotische Botschaft (Karte S. 871; ☎ 04-3942 4576; www.embalaohanoi.gov.la; 22 P Tran Binh Trong, Hanoi)

Laotisches Konsulat (Karte S. 944; ☎ 08-3829 7667; 93 Đ Pasteur, HCMC)

Thailändische Botschaft (Karte S. 876; ☎ 04-3823 5092; www.thaiembassy.org; 3–65 P Hoang Dieu, Hanoi)

Thailändisches Konsulat (Karte S. 948; ☎ 08-3932 7637; www.thaiembassy.org/hochiminh; 77 Đ Tran Quoc Thao)

ESSEN

Folgende Preiskategorien beruhen auf einem typischen Gericht ohne Getränke.

$	unter 112 000 D (5 US$)
$$	112 000–337 000 D (5–15 US$)
$$$	über 337 000 D (15 US$)

FEIERTAGE

Wenn ein öffentlicher Feiertag auf ein Wochenende fällt, wird er am darauf folgenden Montag begangen.

Neujahrstag (Tet Duong Lich) 1. Januar

Vietnamesisches Neujahr (Tet) Ein dreitägiges nationales Fest; Ende Januar oder Februar

Gründungstag der Vietnamesischen Kommunistischen Partei (Thanh Lap Dang CSVN) 3. Februar

Gedenktag für die Hung-Könige (Hung Vuong) Zehnter Tag des dritten Mondmonats; Ende März oder April

Tag der Befreiung (Saigon Giai Phong) 30. April

Internationaler Tag der Arbeit (Quoc Te Lao Dong) 1. Mai

Geburtstag von Ho Chi Minh (Sinh Nhat Bac Ho) 19. Mai

Geburtstag von Buddha (Phat Dan) Achter Tag des vierten Mondmonats; meistens im Juni

Nationalfeiertag (Quoc Khanh) 2. September

FREIWILLIGENARBEIT

Die Möglichkeiten für Freiwilligenarbeit sind in Vietnam relativ beschränkt.

Das **NGO Resource Centre** (Karte S. 871; ☎ 04-3832 8570; www.ngocentre.org.vn; Room 201, Building E3, 6 Dang Van Ngu, Trung Tu

Diplomatic Compound, Dong Da, Hanoi) hat eine Datenbank mit sämtlichen nicht staatlichen Organisationen in Vietnam.

KOTO (www.koto.com.au) hilft Straßenkindern, indem sie sie in ihren Restaurants in Hanoi und HCMC auf eine bessere Zukunft im Arbeitsleben vorbereitet. Freiwillige Helfer müssen sich für mindestens drei Monate verpflichten.

GEFAHREN & ÄRGERNISSE

Vietnam ist alles in allem ein außerordentlich sicheres Reiseland. Natürlich gibt's in manchen Städten Gaunereien und Stress, besonders in Hanoi (S. 878) und Nha Trang. Doch die Polizei hat die öffentliche Ordnung insgesamt ziemlich fest im Griff und Berichte über Überfälle, bewaffneten Raub oder sexuelle Übergriffe erreichen uns nur ganz selten.

Auf der Hut sein sollte man vor Taschendieben. Auch Motorradfahrer, die im Vorüberfahren Taschen stehlen, sind nicht ungewöhnlich. Diebe versuchen ihr Glück besonders in Bussen und Zügen und auf Schiffen. Schmuck und Kameras sollte man nicht allzu offensichtlich zeigen.

Seit 1975 wurden Tausende Vietnamesen von Raketen, Granaten, Mörsern, Minen und anderen Geschossen aus Kriegszeiten verstümmelt oder getötet. Daher sollte man immer auf den markierten Wegen bleiben und *niemals* verdächtige Überbleibsel des Kriegs berühren, die man vielleicht findet.

GELD

Die vietnamesische Währung ist der Dong (Abkürzung „D"). US-Dollars werden ebenfalls viel genutzt.

In den letzten Jahren lag der Wechselkurs des Dong sehr stabil bei ca. 22 000 D für 1 US$.

Geldautomaten sind weitverbreitet und in fast jeder Stadt zu finden.

Trinkgeld wird nicht erwartet, aber geschätzt.

Kredit- & Debitkarten

Visa und MasterCard werden in vielen touristischen Zentren akzeptiert, Nudelläden werden allerdings nicht gerade begeistert sein. Manchmal wird auch eine zusätzliche Gebühr (ca. 3 %) fällig.

Wer einen Barvorschuss benötigt, kann es in Städten bei Filialen der Vietcombank oder des Reisebüros Sinh Tourist versuchen. Dafür wird eine Kommission von mindestens 3 % verlangt.

INFOS IM INERNET

Vietnam Coracle (http://vietnamcoracle.com) Exzellente unabhängige Reiseinfos.

The Word (www.wordhcmc.com) Umfassende Infos zu Vietnam und ausgezeichnete Funktionen.

Thanh Nien News (www.thanhniennews.com) Ausschließlich von der Regierung abgesegnete Nachrichten, darunter aber vielfältige, interessante Inhalte.

Lonely Planet (www.lonelyplanet.com/vietnam) Infos zu Reisezielen, Travellerforum und mehr.

Vietnam Online (www.vietnamonline.com) Umfassende Infos.

INTERNETZUGANG

Internet und WLAN sind in Vietnam weitverbreitet. In Städten ist das Verbindungstempo normalerweise ziemlich gut.

Etwa 98 % aller Hotels und Pensionen verfügen über WLAN, das für die Gäste fast immer kostenlos ist. Internetcafés verlangen ab 3000 D pro Stunde für die Internetnutzung.

KINDER

Kinder amüsieren sich in Vietnam in der Regel prächtig. Es gibt ein paar tolle Strände, dort ist allerdings immer ein wachsames Auge nötig.

Die meisten Kinder mögen das vietnamesische Essen, das selten zu scharf ist, außerdem ist das Angebot an Früchten überwältigend. Vertraute Speisen von zu Hause wie Pizza, Pasta, Burger und Eis finden sich ebenfalls fast überall.

Bei Babys und Kleinkindern ist die Hauptsorge, was sich die Kleinen in den Mund stecken, denn Ruhr, Typhus und Hepatitis sind weit verbreitet.

Immer dafür sorgen, dass die Kinder viel trinken, und nicht mit Sonnencreme sparen.

ÖFFNUNGSZEITEN

Die Vietnamesen stehen früh auf und betrachten es als sicheres Zeichen einer Krankheit, lange zu schlafen. Das Mittagessen ist eine wichtige Angelegenheit, und viele staatliche Behörden schließen zwischen 11.30 und 14 Uhr.

Büros und Museen 7 oder 8 bis 17 oder 18 Uhr; Museen sind montags generell geschlossen.

Geschäfte 8 bis 18 Uhr

Restaurants 11.30 bis 21 Uhr

Tempel und Pagoden 5 bis 21 Uhr

RECHTSFRAGEN

Die wenigsten Ausländer haben Probleme mit der Polizei. Wer etwas wirklich Wertvolles wie den Pass oder das Visum verliert, muss sie kontaktieren. Bei Drogendelikten muss man mit Haft und/oder hohen Geldbußen rechnen, und bei Drogenhandel droht sogar die Todesstrafe.

REISEN MIT BEHINDERUNG

Vietnam ist für behinderte Reisende eher schwierig. Probleme sind der chaotische Verkehr, fehlende Fahrstühle in kleineren Hotels sowie Bürgersteige, die regelmäßig von geparkten Motorrädern und Imbissständen verstellt sind.

Mit etwas sorgfältiger Vorbereitung ist aber dennoch ein erfreulicher Urlaub möglich. Ein gutes Reisebüro kann bei der Planung helfen. Viele Hotels der Mittelklasse und darüber haben

Fahrstühle, und die Möglichkeiten für behindertengerechten Zugang verbessern sich. Die Reise mit Bussen und Zügen ist strapaziös, doch mit einem Mietfahrzeug samt Fahrer gelangt man fast überall problemlos hin.

Die Gefahren für blinde Reisende sind in Vietnam akut, denn der Verkehr kommt von allen Seiten auf einen zu, darum benötigt man unbedingt einen sehenden Mitreisenden.

Das Forum Travellers with Disabilities im Lonely Planet Thorn Tree (www.lonelyplanet.com) ist ein guter Ort für Tipps und Infos.

Man kann sich auch an die folgenden Organisationen wenden:

Mobility International USA www.miusa.org

Royal Association for Disability Rights http://disabilityrightsuk.org

Society for AccessibleTravel & Hospitality www.sath.org

SCHWULE & LESBEN

Vietnam ist für Schwule und Lesben ein problemloses Reiseziel. Es gibt kaum Belästigungen und auch keine offiziellen Gesetze gegen Homosexualität. Seit 2012 finden in Hanoi und HCMC VietPride-Umzüge (www.vietpride.com) statt. Die gleichgeschlechtliche Ehe wurde 2015 offiziell für legal erklärt. Der rechtliche Status der Partner ist jedoch noch nicht anerkannt. Es ist überhaupt kein Problem, als gleichgeschlechtliches Paar in ein Hotelzimmer einzuchecken. Völlig unabhängig von der sexuellen Orientierung wird es hier nicht akzeptiert, öffentlich allzu deutlich seine Zuneigung zur Schau zu stellen.

Utopia (www.utopia-asia.com) bietet Kontakte und wertvolle Reisetipps.

STROM

Die Netzspannung beträgt 220 V bei einer Frequenz von 50 Hz. In die Steckdosen passen Stecker mit zwei runden Stiften.

TOILETTEN

Sitztoiletten im westlichen Stil sind die Regel, ab und zu findet man in billigen Unterkünften oder an Busbahnhöfen aber noch die alten Hockklos.

HOMESTAYS

Gastfamilienaufenthalte sind in einigen Gegenden Vietnams sehr beliebt. Sie befinden sich in der Regel in bestimmten Dörfern, darunter in einigen Minderheitengebieten, und sind gut organisiert. Oft liegt die Unterkunft in einem Langhaus oder gemeinschaftlich genutzten Gebäude, und die Gäste schlafen auf ausrollbaren Matratzen.

Gegenden mit vielen Privatunterkünften bei Einheimischen sind Vinh Long im Mekong-Delta, die Cham-Inseln, Mai Chau und der Ba-Be-Nationalpark.

TOURISTENINFORMATION

Fremdenverkehrsämter in Vietnam vertreten eine andere Philosophie als anderswo auf der Welt. Bei den meisten handelt es sich um regelrechte Reiseagenturen, die in erster Linie Touren verkaufen und Profit machen wollen.

Travellercafés, Reisebüros und andere Reisende sind eine viel bessere Informationsquelle als die meisten sogenannten „Tourist Offices".

UNTERKUNFT

Die Unterkünfte in Vietnam bieten im Allgemeinen ein großartiges Preis-Leistungs-Verhältnis und eine hervorragende Ausstattung. In den großen Städten und wichtigsten touristischen Zentren reichen die Übernachtungsmöglichkeiten von Schlafsälen bis zu Luxushotels. Ein Großteil von ihnen ist ordentlich und sauber, wirkliche Absteigen gibt's kaum.

Die meisten Hotels in Vietnam geben die Preise in vietnamesischen Dong und/oder US-Dollar an.

Schlafsäle in Hostels (ca. 5–10 US$) stellen die billigsten Unterkünfte dar, diese gibt's aber nur in großen Backpackerzentren. Eine Stufe darüber liegen Pensionen, in denen die Zimmer oft ein eigenes Bad haben und ca. 9–20 US$

EINREISE OHNE VISUM

Staatsbürger folgender Länder benötigen kein vietnamesisches Visum, wenn sie den erlaubten Zeitraum nicht überschreiten. Dabei darf man mit dem Flugzeug oder auf dem Landweg einreisen. Da sich die Auflagen regelmäßig ändern, sollte man sich vor der Abreise stets über die aktuellen Visabestimmungen informieren.

LAND	TAGE
Brunei, Myanmar (Birma)	14
Indonesien, Kambodscha, Laos, Malaysia, Singapur, Thailand	30
Philippinen	21
Dänemark, Deutschland, Finnland , Frankreich, Großbritannien, Italien, Japan, Norwegen, Russland, Schweden, Spanien, Südkorea, Weißrussland,	15

kosten. Minihotels sind noch eine Klasse besser und ausgestattet mit Annehmlichkeiten wie Satellitenfernsehen.

Bei Mittelklasseunterkünften muss man ein bisschen mehr springen lassen, bekommt dann aber schon die Extras von Dreisternehotels wie schicke Einrichtung oder Swimmingpool. Achtung: Einige Hotels schlagen eine Verkaufssteuer von 10 % auf den Preis.

Am teuersten werden Unterkünfte während des Tet-Fests (Ende Januar oder Anfang Februar), wenn das ganze Land in Bewegung ist und viele im Ausland lebende Vietnamesen in ihr Heimatland zurückkehren. Die Preise können dann um 25 % und mehr steigen. Auch die Zeit um Weihnachten und Neujahr ist Hochsaison.

Preiskategorien

Die folgenden Preiskategorien beziehen sich auf ein Doppelzimmer mit Bad in der Hochsaison.

$	unter 560 000 D (25 US$)
$$	560 000–1 680 000 D (25–75 US$)
$$$	über 1 680 000 D (75 US$)

VERSICHERUNG

Reiseversicherungen sind für Vietnam unverzichtbar, denn größere medizinische Behandlungen können extrem teuer werden. Die beste Wahl ist eine Versicherung, in der neben Gepäckdiebstahl und -verlust auch eine Krankenversicherung eingeschlossen ist.

Autofahrer benötigen eine vietnamesische Versicherungspolice.

Eine weltweite Reiseversicherung gibt's auf www.lonelyplanet.com/travel-insurance. Hier kann man jederzeit eine Versicherung abschließen, erweitern oder in Anspruch nehmen – selbst dann, wenn man schon unterwegs ist.

VISA

Die (ziemlich komplizierten) Visaregelungen ändern sich ständig, deswegen sollte man sich stets nach dem aktuellen Stand erkundigen.

Wer aus einem westlichen Land stammt, benötigt für einen Aufenthalt von mehr als 15 Tagen grundsätzlich ein Visum oder ein Genehmigungsschreiben von einer Agentur. Bei einem Aufenthalt von höchstens 15 Tagen ist die Einreise für deutsche Staatsbürger mittlerweile visumsfrei möglich.

Wenn man ohne Visum einreist, kann man seinen Aufenthalt nach Ablauf der 15 Tage nicht verlängern und muss Vietnam verlassen. Innerhalb der nächsten 30 Tage ist zudem keine visumsfreie Einreise möglich.

Wer länger in Vietnam bleiben möchte, als es visumsfrei möglich ist, oder mehrmals aus- und wieder einreisen möchte, muss vorab ein Visum beantragen.

Touristenvisa sind 30 oder 90 Tage gültig. Ein 30-Tage-Visum, das keine Ausreise erlaubt, kostet 25 US$. Wer bis zu drei Monate bleiben und mehrmals ein- und ausreisen möchte, zahlt 50 US$.

Beantragen kann man Visa online über Visaagenturen oder über eine vietnamesische Botschaft bzw. ein Konsulat.

Vietnamesische Visa-Agenturen

Die meisten Besucher, die mit dem Flugzeug kommen, nehmen mittlerweile die Dienste einer Agentur in Anspruch, da dies günstiger und schneller ist und man seinen Reisepass nicht an eine Botschaft schicken muss. Möglich ist dies nur, wenn man über einen der fünf internationalen Flughäfen Vietnams einreist (nicht auf dem Landweg). Das Prozedere ist unproblematisch: Man füllt online ein Anmeldeformular aus und zahlt eine Gebühr (ca. 20 US$). Danach erhält man per E-Mail ein Bestätigungsschreiben für ein Einreisevisum. Dieses druckt man aus, zeigt es bei der Einreise vor und bezahlt dann die Visumsgebühr. Es gibt viele Visa-Agenturen, es ist jedoch ratsam, sich an die etablierten Anbieter zu halten. Die folgenden zwei arbeiten professionell und effizient:

Vietnam Visa Choice (www.vietnamvisachoice.com) Online-Tipps von englischen Muttersprachlern. Die Agentur garantiert, dass das Visum im gewünschten Zeitraum ausgestellt wird.

Vietnam Visa Center (www.vietnamvisacenter.org) Kompetenter Ansprechpartner für alle Fragen. Bietet einen Zwei-Stunden-Expressservice für Spontanreisen.

Visa über Botschaften oder Konsulate

Vietnamesische Botschaften und Konsulate weltweit stellen Visa aus, allerdings sind die Gebühren in der Regel höher als bei Visa-Agenturen und je nach Herkunftsland dauert das Prozedere lange. In Kambodscha muss man zwei bis drei Werktage warten, in europäischen Ländern rund eine Woche.

Visa für mehrfache Einreisen

Wenn man ein 90-Tage-Visum besitzt, das die mehrfache Einreise erlaubt, darf man Vietnam in Richtung Kambodscha oder Laos verlassen und wieder einreisen, ohne ein neues Visum zu beantragen.

Wer mit einem Visum für die einfache Einreise ins Land gekommen ist, kann in Hanoi oder HCMC ein Visum für die mehrfache Einreise arrangieren, benötigt aber eine Visa-Agentur oder ein Reisebüro für die Abwicklung der Formalitäten. Agenturen berechnen rund 50 US$; der Vorgang dauert bis zu sieben Tage.

Visaverlängerungen

Offiziell kosten Verlängerungen von Touristenvisa nur 10 US$, sie müssen über Visa-Agenturen arrangiert werden. Der Vorgang dauert bis zu sieben Tage, und je nach Art des abgelaufenen Visums kann die Erlaubnis um 30 oder 90 Tage verlängert werden.

Visaverlängerungen sind in allen Provinzhauptstädten möglich, doch wenn man sie in einer anderen Stadt beantragt als der, in der man angekommen ist, kosten sie etwa 30 US$. In der Praxis ist eine Visaverlängerung in HCMC, Hanoi, Da Nang und Hue meistens am unkompliziertesten.

ZEIT

Vietnam liegt sechs Stunden vor der Mitteleuropäischen Zeit (MEZ); während der Sommerzeit sind es fünf Stunden.

An- & Weiterreise

Die meisten Traveller kommen mit dem Flugzeug oder dem Bus nach Vietnam, es gibt aber durchaus auch Bahnverbindungen von China und Schiffsverbindungen über den Mekong von Kambodscha aus.

EINREISE NACH VIETNAM

Die Einreiseformalitäten verlaufen an den internationalen Flughäfen des Landes in der Regel reibungsloser als an den Landgrenzübergängen. An der Grenze zwischen Vietnam und Laos kann es besonders langsam zugehen.

Pass

Der Pass muss bei der Einreise noch mindestens sechs Monate gültig sein. Die Bürger vieler Staaten müssen sich vor der Reise ein Visum besorgen.

FLUGZEUG

Flughäfen

In Vietnam gibt's drei große internationale Flughäfen. Von Phu Quoc aus werden Kambodscha und Singapur angeflogen.

Internationaler Flughafen Tan Son Nhat (☎ 08-3848 5383; www.tsnairport.hochiminhcity.gov.vn/vn; Distrikt Tan Binh) Verbindungen nach Ho-Chi-Minh-Stadt.

Flughafen Noi Bai (☎ 04-3827 1513; www.hanoiairportonline.com)

Flughafen Da Nang (☎ 0511-383 0339) Internationale Flüge nach Nanning (China) mit China Southern Airlines, nach Hongkong mit Dragonair, nach Siem Riep (Kambodscha) und Singapur mit Silk Air und nach Pakxe, Savannakhet und Vientiane (in Laos) mit Lao Airlines.

GRENZÜBERGÄNGE

Vietnam hat gemeinsame Landgrenzen mit Kambodscha, China und Laos. Für Angehörige bestimmter Länder, u. a. für deutsche Staatsangehörige, ist es mittlerweile möglich, visumsfrei auf dem Landweg einzureisen. Beamte an den Grenzübergängen verlangen manchmal eine „Einreisegebühr" von einem oder zwei Dollar.

China

Ausländer können an drei Übergängen die Grenze zwischen Vietnam und China passieren: Huu Nghi Quan (Freundschaftspass), Lao Cai und Mong Cai.

In China ist es eine Stunde später als in Vietnam.

Kambodscha

Die Grenze zwischen Kambodscha und Vietnam ist sehr lang und hat sieben Grenzübergänge. An allen werden für 30 US$ einen Monat gültige Visa für Kambodscha ausgestellt; außer am Grenzübergang Bavet wird aber überall häufig zu viel verlangt.

Die kambodschanischen Grenzübergänge sind zwischen 8 und 20 Uhr geöffnet.

Laos

Zwischen Vietnam und Laos gibt's sieben Landgrenzübergänge. An allen Grenzübergängen werden 30-Tage-Visa für Laos ausgestellt.

Die goldene Regel ist, zwischen beiden Ländern einen Direktbus zu nehmen, denn der mögliche Stress wird dadurch wesentlich geringer. Wer in kleinen Abschnitten mit lokalen Bussen fährt, muss auf der vietnamesischen Seite mit Stress und Abzocke bei den Verkehrsmitteln (etwa stark überhöhten Fahrpreisen) rechnen.

Die Verkehrsverbindungen auf beiden Seiten der Grenze können ziemliche Glückssache sein, darum sollte man die entlegeneren Grenzübergänge nur benutzen, wenn man ein dickes Zeitpolster und viel Geduld hat.

Unterwegs vor Ort

AUTO & MOTORRAD

Der eigene fahrbare Untersatz ermöglicht ein Maximum an Flexibilität beim Besuch entlegener Regionen, außerdem kann man nach Belieben anhalten und weiterfahren. Bei Mietautos ist immer ein Fahrer inbegriffen. Motorräder kann man sehr günstig mit oder ohne Fahrer leihen.

Auto & Minibus

Mietwagen mit Fahrer sind selbst für Budgetreisende eine Option, wenn sich genügend Personen die Kosten teilen.

Preise pro Tag:

Standardmodell 50–100 US$

Geländewagen/Minibus 100–130 US$

Führerschein

Ausländer mit einer internationalen Fahrerlaubnis dürfen mittlerweile in Vietnam Auto fahren. Diese ist jedoch nur in Kombination mit einer vietnamesischen Versicherung gültig. Tatsächlich fragt die Polizei Ausländer jedoch grundsätzlich nicht nach ihrer Fahrerlaubnis und auch die Motorradverleiher interessieren sich nie dafür. Mit einem neuen Gesetz könnte sich das allerdings ändern.

Motorrad

Motorräder kann man praktisch überall ausleihen, auch in Cafés, Hotels und Reisebüros. Manche Verleiher verlangen den Pass als Sicherheit. Man sollte um eine unterschriebene Vereinbarung bitten, in der das exakte Fahrzeug, der Preis, der mögliche Schadenersatzanspruch usw. festgehalten werden.

In Vietnam besteht Helmpflicht für Motorradfahrer, auch für die Beifahrer.

Preise pro Tag:

Moped 5–10 US$

Gelände- und Straßenmotorräder 15–30 US$

An Einheimischen, die für rund 20 US$ pro Tag gern als Chauffeur und Führer tätig sind, gibt's keinen Mangel.

Straßenbedingungen & Gefahren

Verkehrssicherheit ist ganz gewiss keine der Stärken Vietnams. Gefahren wird auf der rechten Seite (jedenfalls theoretisch). Entscheidend ist dabei immer die Größe – kleine Fahrzeuge machen großen Platz. Unfälle sind keine Seltenheit.

Die wichtigsten Fernstraßen sind in der Regel asphaltiert und in relativ gutem Zustand, jahreszeitlich bedingte Überschwemmungen können aber ein Problem sein. Unbefestigte Straßen befährt man am besten mit einem Allradfahrzeug oder einem Motorrad. Besonders gefährlich sind Bergstraßen, wo Erdrutsche, Steinschlag und außer Kontrolle geratene Fahrzeuge für unerwünschte Aufregung sorgen können.

Versicherung

Fahrradverleihe sind in der Regel entsprechend versichert. Wer mit dem Gedanken spielt, ein Fahrzeug zu kaufen, dem bietet Baoviet (www.baoviet.com.vn) eine Haftpflichtversicherung für Feuer- und Diebstahlschäden mit einer Haftungssumme von 87 000 D.

Viele Leihfirmen bestehen auf der Unterzeichnung eines Vertrags, in dem man der Wertermittlung zustimmt, falls das Motorrad gestohlen werden sollte. Wenn möglich, sollte man Motorräder nur auf gesicherten Parkplätzen parken.

BUS

Vietnam hat ein umfangreiches Busnetz, das bis in die entlegensten Ecken des Landes reicht. Auf allen Hauptstraßen fahren moderne Busse unzähliger Unternehmen.

Viele Traveller (vielleicht sogar die meisten) sehen aber tatsächlich nie einen vietnamesischen Busbahnhof, sondern halten sich ans Netz der bequemen, touristenfreundlichen Open-Tour-Busse.

Egal, welche Busklasse man nimmt, Busfahrten in Vietnam sind niemals schnell; auf Hauptrouten wie der Nationalstraße 1 kann man mit 50 km pro Stunde rechnen.

Busbahnhöfe

In zahlreichen Städten gibt's mehrere Busbahnhöfe, man sollte also darauf achten, dass man den richtigen erwischt. Die Terminals wirken chaotisch, haben aber oft Ticketschalter, an denen die offiziellen Fahrpreise und Abfahrtszeiten aushängen.

Bustypen

Auf den beliebtesten Routen bieten moderne Busse mit Klimaanlage bequeme Liegesitze, während Schlafbusse mit Liegeplätzen für sehr lange Fahrten ausgestattet sind.

In den Deluxe-Bussen gilt Rauchverbot. Ein Nachteil ist, dass die meisten mit plärrenden Fernsehern und sogar Karaoke ausgestattet sind.

Open-Tour-Busse verbinden die Travellerzentren miteinander und sind in Vietnam über alle Maßen beliebt. Die klimatisierten Wagen fahren von gut zu erreichenden, zentral gelegenen Orten los und ermöglichen es, in jeder größeren Stadt an der wichtigsten Nord-Süd-Route aus- oder zuzusteigen. Die Preise sind recht günstig: Ein Open-Tour-Ticket von Ho-Chi-Minh-Stadt nach Hanoi kostet zwischen 30 und 75 US$; der Preis steigt mit der Anzahl der Stopps. **Sinh Tourist** (☎ 08-3838 9597; www.thesinhtourist.com) ist ein renommierter Anbieter mit computergestützter Sitzplatzreservierung und komfortablen Bussen.

Die Nahverkehrsbusse in ländlichen Gebieten sind langsam und halten oft. Die Fahrer neigen dazu, Ausländern in diesen Bussen regelmäßig zu viel abzuknöpfen.

Reservierung & Preise

Bustickets sollte man immer im Fahrkartenbüro kaufen, denn die Fahrer sind berüchtigt dafür, dass sie zu hohe Preise verlangen. Für die viel genutzten Routen zwischen Städten, die häufig bedient werden, ist eine Reservierung in der Regel nicht erforderlich.

Ausländer zahlen in ländlichen Regionen meist das Doppelte bis Zehnfache des normalen Betrags. Als Faustregel gilt: Eine typische Fahrt sollte pro 100 km ca. 2–3 US$ kosten.

FAHRRAD

Mit dem Fahrrad lässt sich Vietnam wunderbar entdecken, vor allem auf Touren abseits der Hauptstraßen.

Die größte Gefahr ist der Straßenverkehr und gewisse Routen sollte man meiden, vor allem die Nationalstraße 1. Einige der schönsten Fahrradstrecken führen entlang der ruhigen Küstenstraßen Zentralvietnams, durch das südwestliche

Hochland und die Berge im Norden (wo allerdings ein paar beachtliche Anstiege bewältigt werden müssen). Das Mekong-Delta eignet sich wunderbar für Radfahrer, die lieber im Flachland bleiben.

Fahrräder können auch für 1 US$ pro Tag in Gästehäusern ausgeliehen werden, hochwertige Mountainbikes kosten dagegen 10 US$.

FLUGZEUG

Vietnam hat gute Inlandsflugverbindungen und die Preise sind sehr günstig, wenn man rechtzeitig bucht. Die Fluggesellschaften akzeptieren die Zahlung mit internationalen Kreditkarten oder Debitkarten. Es kommt allerdings vor, dass Flüge gestrichen werden.

Jetstar Airways (☎1900 1550; www.jetstar.com) Bedient 16 Flughäfen in Vietnam.

Vasco (☎ 038 422 790; www.vasco.com.vn) Verbindet HCMC mit den Con-Dao-Inseln und dem Mekong-Delta.

Vietjet Air (☎1900 1886; www.vietjetair.com) Fliegt 15 Inlandflughäfen an.

Vietnam Airlines (www.vietnamairlines.com.vn) Betreibt ein umfassendes Flugnetz in ganz Vietnam.

GEFÜHRTE TOUREN

Die folgenden in Vietnam ansässigen Reisebüros bieten gute Touren an:

Handspan Travel Indochina (☎ 04-3926 2828; www.handspan.com) Eine große Auswahl an innovativen, interessanten Trips in selten besuchte Regionen.

Ocean Tours (☎ 04-3926 0463; www.oceantours.com.vn) Ausflüge in den Ba-Be-Nationalpark und eine tolle Inseltour zur Ha-Long-Bucht.

Buffalo Tours (Karte S. 872 f.; www.buffalotours.com) Abwechslungsreiche und maßgeschneiderte Touren.

NAHVERKEHR

Cyclos

Dies sind Fahrradrikschas. Die Fahrer hängen in Touristengegenden herum, einige sprechen gebrochen Englisch. Man muss auf jeden Fall handeln und vor der Fahrt einen Preis ausmachen. Eine kurze Fahrt sollte 10 000 bis 20 000 D kosten.

Taxis

In allen Städten gibt's Taxis mit Taxametern. Sie sind im internationalen Vergleich sehr, sehr billig und nachts ein sicheres Transportmittel. Der Preis beträgt durchschnittlich 12 000–15 000 D pro Kilometer. Mai Linh (www.mailinh.vn) und Vinasun (www.vinasuntaxi.com) sind zwei ausgezeichnete landesweite Anbieter.

Xe Om

Motorradtaxis sind in Vietnam allgegenwärtig. Meist bezahlt man etwa die Hälfte des Taxipreises. Die Fahrer sind in der Regel an Straßenecken, Märkten, Hotels und Busbahnhöfen zu finden.

SCHIFF/FÄHRE

Im Norden sind Bootsfahrten in der Ha-Long-Bucht und im Gebiet der Lan-Ha-Bucht sehr beliebt und ein absolutes Highlight. Tragflächenboote verkehren auch zwischen Hai Phong und der Insel Cat Ba (in der Nähe der Ha-Long-Bucht). Lohnenswert sind auch Tagestouren per Boot zu den traumhaften Inseln vor der Küste von Nha Trang und zu den Cham-Inseln vor Hoi An.

Das Mekong-Delta wartet mit einem weit verzweigten Kanalnetz auf, sodass man sich entsprechend gut auf dem Wasser fortbewegen kann. Von Ha Tien und Rach Gia setzen Fähren nach Phu Quoc über.

ZUG

Das Eisenbahnsystem wird von **Vietnam Railways** (Duong Sat Viet Nam; ☎ 04-3747 0308; www.vr.com.vn) betrieben und bietet langsame, aber recht zuverlässige Verbindungen in überalterten Zügen – eine entspannte Art, durchs Land zu reisen. Die Fahrt in einem klimatisierten Schlafwagen schlägt die haarsträubende Nachtbusfahrt auf der Nationalstraße 1.

Bahnlinien

Die Hauptstrecke führt von HCMC nach Hanoi. Drei Linien verbinden Hanoi mit anderen Teilen Nordvietnams: Hai Phong, Lang Son und Lao Cai.

„Schnellzüge" brauchen für die Strecke zwischen Hanoi und HCMC zwischen 32 und 36 Stunden.

Klassen & Preise

Die Züge der Kategorie SE sind am schicksten und schnellsten. Es gibt vier Hauptklassen: *hard seat*, *soft seat*, *hard sleeper* und *soft sleeper*. Diese werden noch einmal unterteilt in klimatisiert/nicht klimatisiert. Klimaanlagen gibt's gegenwärtig nur in den schnelleren Expresszügen. Die Abteile mit harten Sitzplätzen sind in der Regel rammelvoll und ziemlich verraucht, für Fahrten tagsüber gehen sie aber.

Die Fahrpreise variieren je nach Art des Zuges. Am teuersten sind die schnellsten Züge.

Reservierung

Auf der Buchungsseite von Vietnam Railways (http://dsvn.vn) kann man vorab Tickets kaufen, bei unserer Recherche wurden allerdings nur vietnamesische Kreditkarten akzeptiert. Onlinereservierungen sind jedoch über die Reiseagentur Bao Lau (www.baolau.vn) möglich. Diese hat eine effiziente Website sowie einen Plan mit verfügbaren Sitzplätzen und Schlafwagen, zudem akzeptiert sie internationale Karten. E-Tickets erhält man per E-Mail gegen eine Kommission von 40 000 D pro Fahrkarte.

Sitzplätze und Schlafwagen können für längere Fahrten 60 bis 90 Tage im Voraus (bei Kurzstrecken verkürzt sich die Zeit) reserviert werden. Mit Ausnahme der Hauptferienzeiten kann man Zugtickets in der Regel problemlos einen bis zwei Tage im Voraus buchen. Bei Schlafkabinen ist es jedoch ratsam, sich mindestens eine Woche vor Reisedatum darum zu kümmern.

In vielen Reisebüros, Hotels und Cafés kann man gegen eine kleine Gebühr ebenfalls Bahnfahrkarten kaufen.

Südostasien verstehen

Südostasien aktuell

Die politische Landschaft Südostasiens ist alles andere als simpel. Von Demokratien bis Diktaturen ist alles dabei. Myanmar ist das neue Vorzeigekind der Demokratie, während andere Länder zu schlechten Gewohnheiten zurückkehren – zu nennen sind die Militärputsche in Thailand und politische Repressalien in Kambodscha. China erhebt Ansprüche auf das Südchinesische Meer und wirft damit einen großen Schatten auf die Region. Auf der anderen Seite sorgt die boomende Wirtschaft für eine Verbesserung des Lebensstandards der stetig wachsenden Bevölkerung.

Top-Bücher

Tage in Burma (1934) George Orwells Klassiker über engstirnige Kolonisten.

Phaic Tăn: Land des krampfhaften Lächelns (2004) Der (fiktive) Spaß-Reiseführer nimmt Einheimische, Reisende und Reiseführerautoren auf die Schippe.

Der Strand (1998) Alex Garlands Buch über eine Backpacker-Utopie im Süden Thailands hat inzwischen Kultstatus.

Der stille Amerikaner (1955) Klassiker von Graham Greene um Intrigen im Vorfeld des Vietnamkriegs.

Top-Filme

Apocalypse Now (1979) Klassischer Vietnamfilm, der aber auf den Philippinen gedreht wurde.

The Killing Fields – Schreiendes Land (1984) Der auf einer wahren Geschichte zur Zeit der Machtübernahme der Roten Khmer beruhende Film erhielt drei Oscars.

The Lady – Ein geteiltes Herz (2011) Luc Besson erzählt die Geschichte von Aung San Suu Kyi, Myanmars pro-demokratischer Führerin.

The Look of Silence (2014) In der hoch gelobten Fortsetzung von *The Act of Killing* stellt ein Optiker die Mörder seines Bruders zur Rede.

Metro Manila (2013) Der philippinische Film thematisiert den schwierigen Wechsel vom einfachen Landleben zum rauen städtischen Alltag.

Ein neues Myanmar

2015 kündeten die Schlagzeilen von der neuen Demokratie in Myanmar. Die Nationale Liga für Demokratie unter der Führung von Aung San Suu Kyi konnte die historischen Wahlen im selben Jahr mit einem Erdrutschsieg für sich entscheiden, doch das einflussreiche Militär hält nach wie vor 25 % der Parlamentssitze.

In Thailand nichts Neues

Das Militär ist wieder an der Macht und vor 2017 wird es wohl keine Wahlen geben. Das Land bleibt also gespalten. Auf der einen Seite steht der ländliche arme Teil der Bevölkerung, auf der anderen die traditionelle Elite und die städtische Mittelschicht. Menschenrechtsverletzungen kratzen an Thailands Image als Oase der Stabilität in Südostasien, der Tourismus leidet allerdings kaum darunter.

Der politische Dschungel

Malaysia strauchelt. Der Oppositionsführer Anwar Ibrahim wurde erneut inhaftiert und Premierminister Najib Razak wird Korruption vorgeworfen. Gemessen daran wirken die Demokratien Indonesiens, der Philippinen und Osttimors um einiges intakter. Joko Widodo, Jokowi genannt, will Indonesien neu gestalten, zum Ärger der internationalen Verbündeten lässt er aber weiter Ausländer exektuieren, die wegen Drogendelikten im Todestrakt sitzen. Und der Rauch der brennenden Wälder in Indonesien verpestet die Luft seiner direkten Nachbarn Singapur, Malaysia und Thailand. Brunei hat derweil Schlagzeilen mit der schrittweisen Einführung der Scharia ab April 2014 gemacht. Die Gesetze gelten in erster Linie für Muslime, aber auch Nichtmuslime können für Vergehen wie öffentlichen Alkoholkonsum, Ehebruch und homosexuelle Aktivitäten belangt werden. Die Bestimmungen bezüglich der Freitagsgebete und des Ramadan sind ebenfalls verschärft worden und werden sich auch auf das Reisen auswirken.

Nach einem vielversprechenden Jahr der Entspannung schlittert Kambodscha erneut in autoritäre Strukturen hinein, doch die Wahlen 2018 könnten größere Meinungsfreiheit bringen. In Laos und Vietnam geht alles seinen gewohnten Gang. Die kommunistischen Parteien halten die Zügel fest in der Hand und lehnen freie Wahlen ab, doch ihre Bevölkerung profitiert von der neuen wirtschaftlichen Freiheit.

Ein neues Wirtschaftsbündnis

Die zehn südostasiatischen Länder haben sich zu dem neuen Wirtschaftsbund Asean Economic Community (AEC) zusammengeschlossen. Durch Liberalisierungen wie die Aufhebung von Beschränkungen für Warenverkehr, Dienstleistungen und ausgebildete Arbeitskräfte sowie vereinfachte Zollverfahren soll die Wettbewerbsfähigkeit gesteigert werden.

Unklar ist, welchen Einfluss dies auf die Abwanderung der Arbeitskräfte haben wird. Die wirtschaftliche Disparität zwischen den reicheren und ärmeren Mitgliedsländern ist unverändert groß, weshalb Bewohner der ärmeren Staaten noch immer in der Hoffnung auf ein besseres Leben in Bangkok, Kuala Lumpur oder Singapur gehen.

Wirtschaftlich geht es den Nationen in der Region weiterhin gut. Das Wachstum liegt im Schnitt bei überdurchschnittlichen 5 %. Indonesien ist mit einem BIP von fast 1 Billion US$ die größte Volkswirtschaft Südostasiens, doch auch Thailand, Malaysia, Singapur und die Philippinen spielen eine bedeutende Rolle. Kambodscha, Laos und Myanmar verzeichnen in ihrem bescheideneren Rahmen geradezu sensationelle Wachstumsraten.

Der große Bruder China

Das bestimmende Thema für die Beziehungen zwischen den AEC-Mitgliedern und China ist die Kontrolle über das Südchinesische Meer (für die Vietnamesen ist es die „Ostsee") und die abgeschiedenen Inseln Spratly und Paracel, die möglicherweise mit erheblichen Ölvorkommen gesegnet sind. Für die Vietnamesen kam dies einem neuerlichen Pulverfass in dem historisch bedingt ohnehin schwierigen Verhältnis zu dem mächtigen Nachbarn im Norden gleich.

Nimmt man dann noch die konkurrierenden Ansprüche der Philippinen und Malaysia in die Gleichung auf, ergibt sich eine komplexe geopolitische Konfliktsituation. Die USA führen unterdessen Kontrollflüge über dem Gebiet durch und lassen Schiffe in den Gewässern kreuzen.

Peking macht durch Investitionen in der Region politischen und wirtschaftlichen Einfluss geltend. Derzeit werden einige Infrastrukturprojekte unter chinesischer Führung umgesetzt, darunter der Bau hydroelektrischer Staudämme in Kambodscha (Staudamm Lower Sesan II) und Laos (Don-Sahong-Damm). NROs fürchten um die Folgen, die diese Projekte für Umwelt und Kultur haben.

BEVÖLKERUNG: **618 MIO. EW.**

SÜDOSTASIENS BIP:
2,46 BIO US$

PRO-KOPF-BIP:
SINGAPUR 53 224 US$; KAMBODSCHA 1139 US$

ARBEITSLOSIGKEIT:
KAMBODSCHA 0,3 %; PHILIPPINEN 7,3 %

INFLATIONSRATE:
SINGAPUR 1,0 %; MYANMAR 5,9 %

Gäbe es nur 100 Südostasiaten, wären …

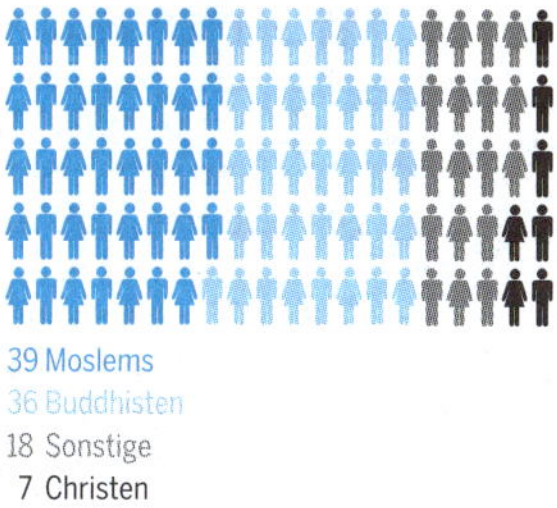

Wirtschaft

(% des BIP)

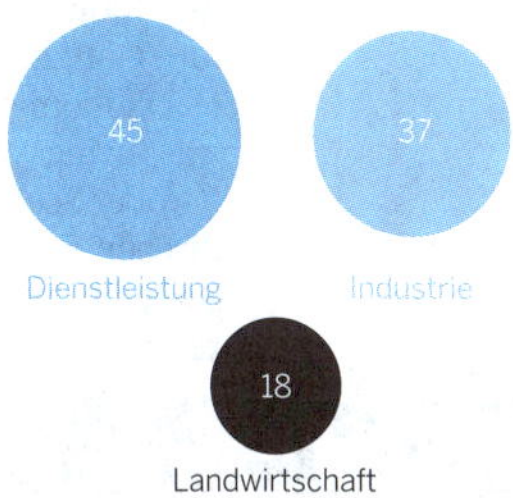

Bevölkerung pro km²

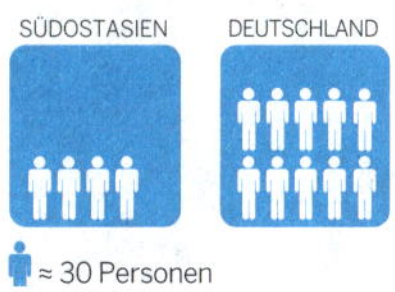

Geschichte

Die Länder Südostasiens, Knotenpunkte vieler Land- und Seerouten, verbindet eine ähnliche Geschichte: Sie haben Handel getrieben, andere Religionen angenommen, Opfer gebracht, Eindringlinge abgewehrt, die Kolonialmächte ertragen und ihre Unabhängigkeit erklärt. Das Festland vereinen Religion und historische Reiche, während die Inselstaaten mit ihrer Vielfalt zu kämpfen haben. Heute prägt Südostasien eine dynamische Wirtschaft, die einfache Agrarstaaten unterschiedlich schnell in moderne, wohlhabende Länder mit wachsendem Tourismus verwandelt.

Frühe Königreiche

Die frühe Geschichte des südostasiatischen Festlandes wurde stark von den Zivilisationen Chinas und Indiens bestimmt. Bereits um 150 v. Chr. verknüpften Handelsbeziehungen und Tributzahlungen beide Länder mit den verstreuten Völkern Südostasiens. Vietnam war über 1000 Jahre Untertan, Schüler und widerwilliger Sprössling seines mächtigen chinesischen Nachbarn, dagegen war der Eroberungsfeldzug der Inder spiritueller Natur, sie verbreiteten in der Region den Hinduismus, den Buddhismus und später den Islam und beeinflussten Kunst sowie Architektur.

Dank der Kontakte mit Indien entstanden mehrere hochorganisierte Staaten. Vom 7. bis zum 9. Jh. kontrollierte das Reich Srivijaya von seiner Hauptstadt bei Palembang im Südosten Sumatras die gesamte Schifffahrt über die Javasee. Die Hauptstadt von Srivijaya war außerdem ein religiöses Zentrum des Mahayana-Buddhismus (Buddhismus des Großen Weges), das Gelehrte ebenso anzog wie Händler.

Noch mächtiger war das Reich der Khmer, das mehrere Jahrhunderte überdauerte und einen Großteil der heutigen Gebiete von Thailand, Laos und Kambodscha umfasste. Während dieser Zeit schufen die Khmer für ihre Gottkönige zahlreiche beispiellose hindu-buddhistische Monumente. Ökonomische Grundlage des Reiches war die Landwirtschaft; ein Bewässerungssystem versorgte weite Landstriche rund um den Tonlé Sap (Großer See). Angriffe der neu entstandenen Stadtstaaten an der thailändischen Grenze führten allerdings zum Untergang des Reiches und zur Aufgabe der Hauptstadt Angkor.

Antike Hauptstädte

- *Angkor (Kambodscha)*
- *Sukhothai (Thailand)*
- *Bagan (Myanmar)*
- *My Son (Vietnam)*
- *Borobodur (Indonesien)*

ZEITACHSE

2800–100 v. Chr.

Vorfahren der heutigen Südostasiaten wandern von China und Tibet gen Süden. Sie siedeln sich in Flusstälern und an der Küste an und gründen kleine Stadtstaaten.

7. Jh.

Im heutigen Malaysia and Sumatra (Indonesien) erreicht das buddhistische Reich Srivijaya Bedeutung als Seemacht auf der Handelsroute zwischen Indien und China.

802

König Jayavarman gründet in Teilen der heutigen Länder Kambodscha, Thailand, Myanmar und Vietnam das Khmer-Reich, das den Funan-Staat ablöst.

Klassisches & koloniales Zeitalter

Als der Einfluss der größeren Mächte schwand, begann in Südostasien eine Zeit der kulturellen Festigung und des Einflusses anderer Nationen. In den Königreichen, die durch ihre Seehäfen auch international eine Rolle spielten, entstanden Kunst und Literatur mit jeweils eigenen Prägungen. Thailand breitete sich bis in das Gebiet des untergehenden Khmer-Reiches aus und besetzte Teile von Kambodscha, Laos sowie Myanmar. Ab etwa 1331 vereinte das hinduistische Königreich Majapahit den indonesischen Archipel von Sumatra bis Neuguinea und kontrollierte die Handelsroute zwischen Indien und China. Seine Dominanz dauerte bis zum Erstarken der islamischen Reiche und bis zur Entstehung der Hafenstadt Melaka auf der Halbinsel Malay 1402, deren Reichtum bald das Interesse der Europäer auf sich zog. 1511 wurde der Ort von den Portugiesen erobert, später folgten die Holländer und die Engländer.

Anfangs waren die Europäer nur daran interessiert, die Seefahrt in der Region zu kontrollieren. Dazu schlossen sie Abkommen und Allianzen mit den lokalen Machthabern. Die Niederländer ließen sich vor allem auf Java und Sumatra nieder und besaßen 200 Jahre lang das Monopol auf den Handel zwischen Europa und Asien. Spanier, Franzosen und später Engländer wollten die Asiaten „zivilisieren" und missionieren. Spanien besetzte die Philippinen, und Großbritannien drang stetig weiter nach Indien, Myanmar sowie auf die Malaiische Halbinsel vor. Die Niederländer etablierten sich in Indonesien, während Frankreich, das bereits in Vietnam Fuß gefasst hatte, auch Kambodscha und Laos an sich riss und alle drei Länder zu Französisch-Indochina vereinte.

Thailand büßte zwar Gebiete ein, blieb aber als einziger Staat Südostasiens unabhängig, u.a. deshalb, weil Großbritannien und Frankreich es als eine Art Puffer zwischen ihren Kolonien belassen wollten. Oft wird diese Entwicklung auch den thailändischen Königen angerechnet, die ihr Land dem Westen angenähert und die europäischen Konkurrenten gegeneinander ausgespielt hatten.

Europäische Bergstationen

- *Sa Pa (Vietnam)*
- *Cameron Highlands (Malaysia)*
- *Pyin U Lwin (Myanmar)*
- *Bokor-Nationalpark (Kambodscha)*

Unabhängigkeitsbewegungen

Das 20. Jh. und der Zweite Weltkrieg markieren das Ende der europäischen Herrschaft in Südostasien. Als die Europäer allmählich ihren Einfluss in Übersee verloren, besetzte Japan Thailand, Malaysia und Indonesien. Nach dem Krieg gab es in den früheren Kolonialstaaten ein Machtvakuum, das Unabhängigkeitsbestrebungen in der ganzen Region begünstigte. Den beschwerlichsten Weg in die Freiheit hatte Vietnam, das sich jahrzehntelang beinahe pausenlos im Kampf gegen ausländische Mächte befand. Nachdem die Franzosen von den kommunistischen Nationalisten besiegt worden waren, erlebte das Land einen Bürgerkrieg und die USA schritten ein, um die Verbreitung des Kommunismus „ein-

938
Nach einer 1000 Jahre währenden Besatzung müssen sich die Chinesen aus Vietnam zurückziehen.

13. Jh.
Beginn des Zerfalls des Khmer-Reiches und des Aufstiegs mächtiger Staaten im heutigen Thailand und Vietnam.

1511
Der Fall Melakas an Portugal läutet die koloniale Expansion in der Region durch europäische Mächte, darunter die Niederlande, Spanien, Frankreich und Großbritannien ein.

1939–45
Zweiter Weltkrieg. Japan besetzt große Teile Südostasiens, nutzt Thailand als Militärbasis und setzt sowohl malaysische als auch indonesische Soldaten ein.

Der 1967 gegründete Verband Südostasiatischer Staaten (ASEAN) ist eine Organisation für regionale Zusammenarbeit mit zehn Mitgliedsstaaten (Osttimor ist nicht dabei)

zudämmen". In Kambodscha mündete der Bürgerkrieg in einen entsetzlichen neuzeitlichen Albtraum: den Aufstieg der Roten Khmer. Die Revolutionsarmee ließ alle Städte räumen, riss Familien auseinander, errichtete Arbeitslager und isolierte das Land. Während ihrer kurzen Herrschaft (1975–79) wurden etwa 1,7 Mio Menschen ermordet.

Vielen neuerdings freien Ländern fiel es schwer, Gebiete zu vereinen, die nur ihre koloniale Vergangenheit verband. In Myanmar, Indonesien und auf den Philippinen machten Diktaturen die Hoffnungen auf freie Wahlen und Bürgerrechte zunichte. Durch Rebellen, aufständische Minderheiten und kommunistische Guerillakämpfer wurden die instabilen Regimes weiter geschwächt, zudem heizten die Supermächte China, Sowjetunion und USA die inneren Unruhen noch an.

Ära des Aufstiegs und Niedergangs

Vor der Jahrtausendwende begann in der Region eine Phase beispiellosen Wirtschaftswachstums. In den vom Export geprägten „Tigerstaaten" Singapur, Hongkong und Südkorea wuchs das BIP jährlich um bis zu 7%. Zu den weiteren aufstrebenden Ländern gehörten Thailand, Malaysia, Indonesien und die Philippinen. Sie alle erlebten eine rasche Industrialisierung und etablierten sich in hochmodernen fertigenden Sektoren wie der Automobil-, Maschinen- und Elektrobranche.

1997 wurde der Aufwärtstrend durch eine Währungskrise gestoppt. Zuerst traf es den thailändischen Baht, und die Nachbarstaaten folgten bald. Eine Stagnationsphase und Sparmaßnahmen sorgten in den sich entwickelnden Wirtschaften für eine solidere Basis. Über ein Jahrzehnt nach dieser Krise verfügen viele wieder ein respektables BIP-Wachstum von rund 5%, ausländische Investitionen sowie eine zunehmend wohlhabende, gebildete Bevölkerung.

Die einst isolierten Länder Vietnam, Laos und Kambodscha öffneten sich Mitte bis Ende der 1990er-Jahre und erlebten dadurch in unterschiedlichem Maße wirtschaftliches Wachstum sowie Industrialisierung. Vietnam bleibt mit seiner dauerhaft expandierenden Wirtschaft und seinem jugendlichen Optimismus, der staatlicher Ineffizienz entgegenwirkt, ein wichtiger kapitalistischer Motor.

Laos erwachte aus seinem Dornröschenschlaf und stellte fest, dass es von China wegen seiner Bodenschätze gebraucht wurde. Zudem entwickelt sich das Binnenland zu einem wichtigen Handelsstandort benachbarter Märkte. Verbesserte Infrastruktur hilft Laos und Kambodscha dabei, einen aufstrebenden Tourismussektor aufzubauen, der sich nicht mehr nur an abenteuerlustige Budgetreisende, sondern auch an gut betuchte Jetsetter richtet. Daneben hängen beide Staaten weiterhin von kleinen Landwirtschaftsbetrieben ab, wobei auch die Textilbranche eine wichtige Rolle spielt. Beide Länder haben immer noch eine deutlich ge-

1946–65

Der Rückzug Europas führt zu Unabhängigkeitsbewegungen. Nach den Philippinen werden Myanmar, Indonesien, die Länder Indochinas sowie Malaysia und Singapur unabhängig.

1965

Singapur erklärt seine Unabhängigkeit von Malaysia und wird ein eigenständiges Land, das zur größten Wirtschaftsmacht in der Region aufsteigt.

1955–1975

Die USA greifen in den vietnamesischen Bürgerkrieg ein. Betroffen sind auch Laos und Kambodscha. Nach dem Fall Saigons an Nordvietnam ziehen sich die Amerikaner zurück.

1999

Osttimor entscheidet sich für die Unabhängigkeit von der indonesischen Besatzungsmacht. Eine internationale Friedenstruppe soll Gewaltausbrüche im Land verhindern.

ringere Wirtschaftskraft als ihre kleineren Nachbarn, aber haben in den letzten Jahren enorme Wachstümer zu verzeichnen. Dennoch bleibt der Lebensstandard für einen großen Teil der Bevölkerung gering und die Uno zählt sie immer zu den ärmsten Ländern der Welt.

Indonesien und die Philippinen, Vorreiter der postkolonialen Entwicklung, konnten nach der Wirtschaftskrise 1997 nicht mehr mit den regionalen Mitstreitern mithalten. Sie sind reich an Bodenschätzen, ethnische Konflikte, Korruption, politische Instabilität, geografische Gegebenheiten und fehlende gemeinsame Identität bremsen sie jedoch. Die Phlippinen sind in den letzten Jahren zum weltweiten Call-Center geworden, während Indonesien die schwindende Rohstoffnachfrage aus China und Australien mit Sorge beobachtet.

Brennpunkte

Generell ist Südostasien heute sicherer als zu Zeiten des Kommunismus Mitte des 20. Jhs. oder der Phase islamistischen Terrors Anfang des 21. Jhs.

Zwischen 2002 und 2005 verübten Terroristen in Indonesien Anschläge auf Zivilisten. Als verantwortlich gilt die militante islamistische Organisation Jemaah Islamiyah (JI). Sie wurde in den 1990er-Jahren mit dem Ziel, einen pan-islamischen Staat zu schaffen, gegründet und soll Verbindungen zu al-Quaida haben. Anfang des 21. Jhs. richtete die Gruppe ihren Terror gegen Zivilpersonen und soll für mehrere Bombenanschläge in Indonesien und auf den Philippinen verantwortlich sein.

Am tragischsten sind dabei die Selbstmordanschläge auf Nachtclubs auf der Insel Bali im Oktober 2002, bei denen 202 Menschen getötet und Hunderte verletzt wurden, größtenteils australische Touristen. 2010 wurde Abu Bakar Bashir, der als spiritueller Kopf der JI gilt, wegen Unterstützung eines Ausbildungslagers für Terroristen in Aceh zu 15 Jahren Haft verurteilt. Heute geht die größte Gefahr nach Ansicht der indonesischen Behörden von Isis aus, die sich zu einem Selbstmordanschlag in Jakarta bekannte, der im Januar 2016 das Leben von vier Zivilisten forderte.

Im Süden der Philippinen, vor allem auf der Insel Mindanao und dem Sulu-Archipel, sind mehrere islamistische Untergrundorganisationen aktiv. 2012 erreichte die philippinische Regierung eine vorübergehende Friedensvereinbarung mit einer nationalistischen Gruppe, doch Splittergruppen verüben weiter Bombenanschläge und entführen gezielt Touristen.

Seit 2004 sind in den muslimisch dominierten Gebieten Südthailands (Narathiwat, Pattani, Yala und Teile von Songkhla) ethno-nationalistische Rebellen aktiv. Dabei sind bereits Tausende ums Leben gekommen, der Tourismus blieb aber meist unberührt. 2015 gab es jedoch einen Bombenanschlag in der Nähe des Erawan-Schreins in Bangkok, der nach Ansicht der Behörden auf den Uighur-Aufstand in West-China zurückgeht und durch die Ausweisung von 100 Uighurs im Sommer motiviert war.

Historische Literatur

Southeast Asia: An Introductory History (Milton Osborne)

In Search of Southeast Asia: A Modern History (David P. Chandler u. a.)

Southeast Asia: Past and Present (D.R. SarDesai)

2004

Ein Erdbeben im Indischen Ozean mit dem Epizentrum nahe Sumatra (Indonesien) verursacht einen riesigen Tsunami, der vier südostasiatische Länder trifft.

2008

Der Zyklon Nargis, Myanmars verheerendste Naturkatastrophe, tötet 138 000 Menschen und verursacht Schäden in Höhe von 10 Mrd. US$.

2009

30 Jahre nach dem Sturz der Roten Khmer in Kambodscha beginnen die ersten Tribunale, die über die noch lebenden Mitglieder der Terrorregierung urteilen sollen.

2015

Die ASEAN-Wirtschaftsgemeinschaft (AEC) schafft in der Region einen gemeinsamen Markt. In Myanmar gewinnt bei historischen Wahlen die von Suu Kyi angeführte NLD.

Menschen & Kultur

Das kulturell reiche Südostasien vereint die meisten Weltreligionen und verleiht ihnen einen einzigartigen tropischen Anstrich. Farbenfrohe Kunsttraditionen gehen auf die Zeit regionaler Königreiche zurück, als Monarchen und Sultane sich als kulturelle Mäzene hervortaten. Wie für Südostasien typisch, teilt jedes Land seine Kultur großzügig mit neugierigen Fremden. Die faszinierende Dynamik von alten Traditionen und modernen Lebenswelten in ländlichen Dörfern und städtischen Großsiedlungen veranschaulicht die großen Veränderungen, die sich gerade in der Region ereignen.

Bevölkerung

Innerhalb der dominanten Kulturen Südostasiens gibt es ethnische Minderheiten, die in isolierten Parallelwelten leben. Chinesen, die sogenannten Juden Asiens, kommen schon lange als Händler und Arbeiter in die Region. In ihren neuen Heimatländern schufen sie eigene Viertel, in denen sie ihre Sprache und Bräuche bewahren.

In jeder Kleinstadt gibt es eine Chinatown (meist das Hauptgeschäftsviertel). In Ländern wie Malaysia und Singapur entwickelte sich die chinesische Diaspora zur neuen Ethnie der Straits-Chinesen, die durch chinesisch-malaiische Mischehen entstand. Besonders deutlich wird dieser Kulturenmix in der Küche, die von traditionellen chinesischen Gerichten mit malaiischen Einflüssen geprägt ist. Feste nach dem chinesischen Mondkalender werden in der ganzen Region gefeiert und neben den typischen religiösen Bauten stehen chinesische Tempel. Die meisten Länder profitieren kulturell und ökonomisch von den chinesischen Einwanderern, in wirtschaftlich schweren Zeiten werden sie jedoch wegen ihres Reichtums und ihrer ethnischen Besonderheiten diskriminiert, insbesondere in Malaysia und Indonesien. Auf der Malaiischen Halbinsel und in Bangkok haben sich außerdem indische Einwanderer aus den südlichen Provinzen Tamil Nadus angesiedelt.

Top-Filme

Balibo (2009, Osttimor)

Heneral Luna (2015, Philippinen)

The Act of Killing (2012, Indonesien)

The Last Reel (2014, Kambodscha)

The Island Funeral (2015, Thailand)

Hoch in den Bergen von Myanmar, Laos, Thailand und Vietnam leben viele verschiedene Minderheiten, die kollektiv als Bergvölker bezeichnet werden. Sie bewahren alte Gebräuche, sprechen ihre eigenen Stammessprachen und tragen traditionelle Kleidung. Gemeinschaften wie die Akha, Karen und Hmong stammen wohl ursprünglich aus dem Himalaya oder aus Südchina und lebten bis in die zweite Hälfte des 20. Jhs. isoliert vom Rest der Gesellschaft. Mit ihren kulturellen Eigenheiten, dem illegalen Anbau von Mohn (der Basis für Opium und Heroin) und ihrem politischen Widerstand, den sich feindliche Mächte während des Vietnamkrieges zunutze machten, zogen sie oft den Unmut der Zentralregierungen auf sich. Am stärksten sind die Bergvölker in Myanmar vertreten, wo bis vor Kurzem viele von ihnen einen langjährigen Rebellenkrieg gegen die Regierung führten.

Eine Reihe ethnischer Minderheiten lebt in den facettenreichen Inselstaaten Indonesien und Philippinen. Bereits eine kurze Busfahrt führt auf manchen Inseln Besucher in ein vollkommen anderes kulturelles Umfeld. Die Pflege einer gemeinsamen Identität trotz aller Vielfalt ist für beide Länder charakteristisch.

Lebensart

Die Nationen Südostasiens weisen die typischen Merkmale von Entwicklungsländern auf. Ausländer reagieren unterschiedlich auf den teils niedrigen Lebensstandard und die große Kluft zwischen Arm und Reich.

Auf dem Land ist das Leben noch immer von Landwirtschaft und starker Verbundenheit zum Heimatdorf geprägt. In der Regel leben viele Generationen unter einem Dach und in den Alltag sind animistische Traditionen integriert. Der Reisanbau mit einfachsten Hilfsmitteln wie von Wasserbüffeln gezogenen Pflügen ist eine mühselige Arbeit, die gerade so zum Überleben reicht.

Die Region wendet sich jedoch zunehmend einem urbanen, industrialisierten Lebensstil zu. Südostasiatische Städte, Singapur ausgenommen, sind lebende Beispiele für planloses Chaos, gerade das macht ihre Faszination aus. Im urbanen Raum genießen Wohlhabende ihr modernes, klimatisiertes Leben, während sich die Armen in provisorischen Slums auf herrenlosem Land ohne anständiges Abwassersystem durchschlagen. Dazwischen steht die Mittelklasse, meist gebildete Regierungsbeamte, die sich eine Wohnung in einem Apartmentblock leisten können.

Thailand und Vietnam gelten als Länder mit geringem mittlerem Einkommen, Malaysia als Land mit höherem mittlerem Einkommen und Singapur als Land mit hohem Einkommen. Insgesamt blicken diese Staaten auf ein halbes Jahrhundert mit stabilen Regierungen und relativ florierender Wirtschaft zurück. In Laos und Kambodscha ist die Armut hingegen höher.

Länder mit geringem mittlerem Einkommen sind Indonesien und die Philippinen, doch die facettenreiche Geografie und Bevölkerungsstruktur machen sie zu Sonderfällen: Bestimmte Inseln sind wohlhabend und modern, andere abgelegen und unterentwickelt. Myanmar sammelt nach jahrzehntelanger Isolation nun erste Erfahrung mit der globalen Wirtschaft..

Der philippinische Begriff bayanihan bedeutet „Nachbarschaftshilfe" und war ein Schlüsselwort bei den Hilfsaktionen nach dem Super-Taifun Yolanda (Haiyan).

Identität

Wie bei einem Sinfonieorchester steht in Südostasien die Gruppenidentität im Vordergrund und nicht wie in westlichen Kulturen die Selbstbestimmung des Einzelnen. Gesellschaftliche Harmonie wird durch die Wahrung des Gesichts gesichert: Man vermeidet Konfrontationen, so werden andere und man selbst nicht bloßgestellt. Für den Alltag bedeutet das, dass man Wut oder Frustration nicht zeigt und ernsthaften Debatten, die das Gegenüber beleidigen könnten, aus dem Weg geht. In stressigen Situationen die Ruhe zu bewahren gilt als kulturelles Ideal. Angesichts des ansonsten chaotischen Umfelds werden Besucher die friedliche Grundstimmung, die dieser Ansatz mit sich bringt, schnell zu schätzen wissen.

WENIG FREIRAUM

Südostasien ist für seine entspannte Art bekannt, Freiraum im wörtlichen Sinne gibt's hier jedoch wenig. Überall – in öffentlichen Verkehrsmitteln, auf den Straßen der Städte, auf Märkten – geht's eng zu und ständig muss man sich irgendwo hineinquetschen, obwohl eigentlich kein Platz mehr frei ist. Der Minivan mag voll wirken, dennoch zwängt der Fahrer noch drei verschwitzte Passagiere hinein, bevor es losgeht.

Warteschlangen gibt es nicht. Kunden drängen sich um den Verkäufer, zahlen oder geben lautstark ihre Bestellung auf. Westliche Besucher, die mit großen Augen warten, bis ihnen jemand Aufmerksamkeit schenkt, scheinen ihnen nicht besonders clever. Ist irgendwo noch Platz, wird dieser in Südostasien im Nu bis auf die letzte Nische gefüllt, wobei Einheimische in viel zu vollen Bussen eine geradezu zenartige Ruhe ausstrahlen.

Religion

In den Buddhismus flossen animistische Glaubensvorstellungen ein, die bei vielen religiösen Ritualen von der Pflege des Hausaltars und der Geisterhäuser bis zur Konsultation von Mönchen als Astrologen eine Rolle spielen.

Die Religion ist ein fundamentaler Bestandteil der nationalen und ethnischen Identität der Menschen in Südostasien. In die beiden vorherrschenden Glaubensrichtungen Buddhismus und Islam sind viele Elemente aus den traditionellen animistischen Religionen eingeflossen, z.B. der Glaube an Geister und die Verehrung der Ahnen. Das Christentum wird in den ehemaligen Kolonien der katholischen europäischen Länder und von missionierten ethnischen Minderheiten praktiziert.

Buddhismus

Auf dem Festland dominiert der Buddhismus. Weil viele der südostasiatischen Länder kulturell eng miteinander verwandt sind, besitzt er eine spezifische regionale Identität. Auch auf den Philippinen sowie in Indonesien, Malaysia und Brunei, die diesem Glauben nicht mehrheitlich anhängen, leben buddhistische Minderheiten, darunter vor allem ethnische Chinesen.

Geschichte & Grundlagen des Buddhismus

Am Anfang des Buddhismus steht die Geschichte des indischen Prinzen Siddhartha Gautama, der im 6. Jh. v. Chr. sein privilegiertes Leben im Alter von 29 Jahren hinter sich ließ, um sich auf die Suche nach der Wahrheit zu machen. Nach jahrelangem Experimentieren und einem Leben als Asket meditierte er 49 Tage lang unter einem Bodhi-Baum, bis er Erleuchtung erlangte und den Kreislauf von Geburt, Tod und Reinkarnation durchbrach. Er kehrte zurück als Buddha, der „Erwachte", um den „Mittelweg" zwischen den Extremen zu zeigen. Leidenschaft, Gier, Liebe und Hass werden in Asien als Extreme angesehen, und so lehrt der Buddhismus, dass stete Geduld, Gleichmut sowie Verzicht auf weltliche Freuden und Erwartungen dem Menschen Frieden und Erlösung vom Leiden bringen.

Ultimatives Ziel des Buddhismus ist das Nirwana, wörtlich das „Ausblasen" oder das „Erlöschen" allen Wollens und damit auch allen Leidens *(dukkha)*. Es bedeutet zudem das Ende des Kreislaufs der Wiedergeburten.

Konvertierung zum Buddhismus

Die Einführung des Buddhismus verlief in Südostasien über denselben Weg wie die des Hinduismus; beide Glaubensrichtungen kamen durch Händler und Missionare aus Indien und Sri Lanka in die Region. Mit der Übernahme des Buddhismus durch das Khmer-Reich während der Regierungszeit von König Jayavarman im 12. Jh. begann die Dominanz dieser Religion. Alle nachfolgenden Thai- und laotischen Könige förderten sie und wurden oft nicht nur als Führer der Nation, sondern auch als

BUDDHA-DARSTELLUNGEN

Buddha-Statuen sind visuelle Predigten. Verlängerte Ohrläppchen, keine Anzeichen von Knochen oder Muskeln, Arme, die bis zu den Knien reichen, ein drittes Auge – all diese nicht menschenähnlichen Merkmale bringen Buddhas göttliches Wesen zum Ausdruck. Mit der Pose oder Haltung der jeweiligen Figur werden außerdem verschiedene Perioden seines Lebens dargestellt:

Ruhend Der exakte Moment der Erleuchtung und des Todes Buddhas.

Sitzend Buddha beim Lehren oder Meditieren; ist die rechte Hand zur Erde gerichtet, wird Buddha bei der Unterwerfung der Dämonen der Begierde gezeigt; sind die Hände im Schoß gefaltet, dreht er das Rad der Gerechtigkeit.

Stehend Buddha erteilt Segnungen oder bändigt böse Kräfte.

Gehend Buddha nach seiner Rückkehr vom Himmel zur Erde.

DAS EPOS VOM PRINZEN

In ganz Südostasien ist das literarische Epos *Ramayana* eine kulturelle Quelle für traditionelle Kunst, Tanz und Schattenspiel. Es erzählt von Prinz Rama, einer Inkarnation des Gottes Vishnu, der sich in die schöne Sita verliebt. Der junge Mann gewinnt ihre Gunst, indem er einen verzauberten Bogen spannt. Allerdings kann das Paar nicht zusammenleben, weil Rama aus seinem Königreich verbannt und seine Frau von Ravana entführt wird. Mithilfe des Affenkönigs Hanuman kann Rama Sita retten. Gemeinsam mit seinen Verbündeten besiegt er Ravana und bringt wieder Frieden ins Land.

Heilige angesehen. Nur wenige Monarchien überlebten bis heute, doch dem Buddhismus gelang das Kunststück und mindestens 90 % der Bewohner des südostasiatischen Festlands bezeichnen sich heute als Anhänger dieses Glaubens.

In Thailand, Kambodscha, Laos sowie Myanmar wird der Theravada-Buddhismus (Schule der Ältesten) praktiziert, der über Sri Lanka kam, und in Vietnam der Mahayana-Buddhismus (Großer Weg), der sich nördlich über Tibet, China und Japan ausbreitete. Faktisch praktizieren die meisten Vietnamesen jedoch eine Mischform aus Konfuzianismus, Taoismus und Buddhismus, als „Tam Giao" oder „Triple Religion" bezeichnet.

Einer der größten Unterschiede zwischen den beiden buddhistischen Hauptrichtungen besteht in dem, was am Ende eines frommen Lebens steht. Im Theravada-Buddhismus streben die Gläubigen das Nirwana an, das Verlassen des Kreislaufs des Seins. Es kann nach dem Durchleben vieler Reinkarnationen erreicht werden, die letzte als Mitglied einer Mönchsgemeinde. Die Betonung liegt dabei auf der eigenen Erleuchtung. In der Mahayana-Tradition hingegen kann das Nirwana in einem einzigen Leben erreicht werden und der Schwerpunkt liegt darauf, anderen auf dem Weg der Erkenntnis zu helfen und sie zu lehren. Die Aufmerksamkeit richtet sich also stärker auf den Bodhisattwa (jemand, der das Nirwana fast erreicht hat, aber verzichtet, um anderen dabei zu helfen, es zu erlangen).

In Theravada-Tempeln gibt's meist einen zentralen Gebetssaal mit zentraler Buddha-Figur. Sowohl Kunst als auch Architektur des Theravada-Buddhismus sind von hinduistischen Elementen aus Südasien beeinflusst, während in den Mahayana-Tempeln eine aus China stammende Ästhetik vorherrscht. Letztere beherbergen zwei Säle – einer ist den drei Buddhas gewidmet (darunter die modernen Inkarnationen Amitabha und Medizin-Buddha), der andere den drei wichtigen Bodhisattwas.

Buddhistische Denkmäler

- *Tempel von Angkor (Kambodscha)*
- *Borobudur (Indonesien)*
- *Bagan (Myanmar)*
- *Geschichtspark Sukhothai (Thailand)*

Islam

In Südostasien zeichnet sich der Islam durch eine einzigartige kulturelle, historische und philosophische Prägung aus. Viele westliche Besucher bemerken immense Unterschiede in der Art, wie der Glaube hier praktiziert wird, im Gegensatz zu anderen Teilen der muslimischen Welt, z.B. dem Nahen Osten.

Geschichte & Grundlagen des Islam

Der Islam, im 7. Jh. in Arabien gegründet, ist eine monotheistische Religion. Sein wichtigster Prophet ist Mohammed, der das Wort Gottes (den Koran, das heilige Buch des Glaubens) vernahm und verbreitete. Auf Arabisch bedeutet Islam „Unterwerfung", und die Pflicht jedes Muslims ist, sich Allah (Gott) unterzuordnen. Als erste Säule dieser Religion gilt das Glaubensbekenntnis, die anderen vier sind fünf tägliche Gebete, die Unterstützung Bedürftiger, das Fasten während des Ramadan und eine Pilgerfahrt nach Mekka.

DAS GESICHT DES MODERNEN ISLAM

Zahlenmäßig ist der moderne Islam viel mehr asiatisch als arabisch. Denn nur 15 % aller Muslime weltweit sind Araber, die meisten anderen sind Süd- und Südostasiaten. Wollte man ein Musterbeispiel suchen, so böte sich Indonesien an, das Land, in dem mit 12 % der globalen Glaubensgemeinschaft weltweit die meisten Muslime leben. Der fromme Staat sendet jedes Jahr die größte Abordnung von Pilgern nach Mekka, zugleich ist er eine von vielen Nationen, Kulturen und Religionen geprägte Demokratie, hat also zweifellos mehr Gemeinsamkeiten mit der Türkei als mit Saudi-Arabien.

Konvertierung zum Islam

Bei der Verbreitung des Islam spielte der Handel eine wichtige Rolle. Viele Gemeinden Südostasiens bekannten sich dazu, um einer Bruderschaft der Händler (muslimische Araber, Inder und Chinesen) beitreten zu können und dem unflexiblen Kastensystem des hinduistisch-buddhistischen Srivijaya-Königreichs zu entfliehen, das die Malaiische Halbinsel und Teile Indonesiens kontrollierte. Vermutlich gab es die ersten muslimischen Siedlungen in der Provinz Aceh im Norden Sumatras. Von dort breiteten sie sich zu Hafenstädten wie dem wichtigen Handels- und Kulturzentrum Melaka (Malaysia) aus. Um das 12. Jh. herum gewann der Islam zunehmend an Popularität und setzte seinen Siegeszug in Richtung Südthailand, Indonesien und der Philippinen fort.

Die starke Ausbreitung des Islam wird auf die mystischen Traditionen des Sufismus zurückgeführt. Sufis waren umherziehende heilige Männer (*suf* ist ein arabisches Wort für die „grobe Wolle", die religiöse Asketen trugen), denen man magische Fähigkeiten zuschrieb und die anstelle der strikten Orthodoxie und Gesetzmäßigkeit zu einem persönlicheren Ausdruck des Glaubens ermutigten. Geistliche Gelehrte sind überzeugt, dass die Sufis dazu verhalfen, traditionelle Glaubensvorstellungen und volkstümliche Gebräuche aus der hinduistisch-buddhistischen Vergangenheit der Region um einen islamischen Kern herumzuformen. So musste man die regionalen Gemeinden nicht zwingen, ihre vorislamischen Praktiken einzustellen. Bis heute gehören Singen und Trommeln in Südostasien zur Gebetstradition und das Schattenpuppentheater nahm sich neben den ursprünglichen hinduistischen Mythen auch arabischer und islamischer Geschichten an. Die Ideen von der Auslöschung des Egos und vom Nirwana passten wunderbar in die Theologie des Islam. Niemals wurden Frauen in die Abgeschiedenheit verbannt, sie behielten ihre traditionelle Rolle außerhalb der Häuser bei. In der Vergangenheit trugen sie auch keine Kopftücher, doch zur Beunruhigung vieler nichtmuslimischer Beobachter, die einen wachsenden Fundamentalismus in der Region befürchten, übernahm die jüngere Generation diese Sitte.

Bei den gewalttätigen Konflikten in den vornehmlich muslimisch geprägten Regionen Südthailands und der südlichen Philippinen handelt es sich eher um ethnische Unabhängigkeitskämpfe als um den Dschihad.

Politischer Islam

Die Ausübung des Islam ist in Südostasien von ähnlichen Spannungen gekennzeichnet, wie in muslimischen Gemeinden überall sonst auf der Welt. Es gibt hitzige Debatten über die Interpretation verschiedener Passagen des Korans und ihre Auswirkungen auf rechtliche, gesellschaftliche und finanzielle Institutionen. Mit dem Ende der Kolonialherrschaft in der Region wurde auch die Reformbewegung der Wahhabiten ein weit verbreitetes politisches Instrument. Diese fordern eine wörtliche Interpretation des Korans und wollen die Religion von ihren vorislamischen Bestandteilen reinigen. Zudem kämpfen sie für einen islamischen Staat.

Integraler Bestandteil eines solchen ist die Scharia (religiöses Gesetz des Islam oder Gesetz Gottes), die das gesamte rechtliche, gesellschaftliche und persönliche Verhalten regelt. In der muslimischen Welt wird über ihren Geltungsbereich und den Umgang mit den Widersprüchen zu den Regeln eines modernen, pluralistischen Staates. Unanfechtbar sind jedoch das Verbot von Schweinefleisch, Alkohol und Glücksspiel sowie die Pflicht, sittsame Kleidung zu tragen, wobei Letzteres auch von unterschiedlichen Auslegungen je nach Region oder Generation geprägt ist.

In Südostasien sind Scharia-Rechtssysteme auf dem Vormarsch. In Malaysia gilt seit Langem für muslimische Malaien eine separate Scharia, allerdings gibt's Zensurvorschriften, die oft auch Filme und Printmedien betreffen. Indonesien besitzt kein nationales Scharia-System, nach Unterzeichnung des Friedensvertrages 2005 darf die Provinz Aceh jedoch in gewissen Bereichen entsprechende Gesetze anwenden. Die philippinische Regierung traf mit den Moro auf der südlichen Insel Mindanao im Friedensvertrag von 2013 eine ähnliche Vereinbarung.

Das Rechtssystem Bruneis basiert größtenteils auf dem britischen Modell, in den letzten fünf Jahren wurden jedoch vermehrt islamische Gesetze und Strafen eingeführt, u. a. Handamputationen bei Diebstählen und öffentliche Steinigungen.

Religiöse Literatur

Living Faith: Inside the Muslim World of Southeast Asia von Steve Raymer

Buddhism for Beginners von Thubten Chodron

Christentum

Der Katholizismus gelangte mit den Franzosen nach Vietnam, mit den Spaniern auf die Philippinen und mit den Portugiesen nach Osttimor. Westliche Missionare brachten das Christentum (vor allem den Protestantismus) auch in Teile Indonesiens. In allen konvertierten Glaubensgemeinschaften findet man Überreste der ursprünglichen animistischen Vorstellungen und individuell bevorzugte Aspekte der Liturgie oder Ideologie. Die jeweiligen lokalen Eigenheiten können so ausgeprägt sein, dass westliche Anhänger derselben Glaubensrichtung sie eventuell gar nicht wiedererkennen und als fremdartig empfinden.

Hinduismus

Vor über 1500 Jahren bestimmte der Hinduismus das spirituelle Leben in Südostasien, und die großen Hindu-Reiche Angkor und Srivijaya errichteten ihren zahlreichen Göttern gewaltige Monumente. Wichtigste Repräsentanten der vielfältigen Gesichter des einen allgegenwärtigen Gottes sind Brahma, der Schöpfer, Vishnu, der Bewahrer, und Shiva, der Zerstörer bzw. Erneuerer. Meist werden die drei Götter mit vier Armen dargestellt, Brahma besitzt zudem vier Gesichter, mit denen er alles sehen kann.

Obwohl sich auf dem Kontinent der Buddhismus und der Islam ausbreiteten und zu den wichtigsten Religionen avancierten, spielte auch der Hinduismus weiterhin eine bedeutende Rolle, und der Buddhismus betrachtet die hinduistischen Gottheiten mit Respekt. Eine religiöse Ausnahme in der Region ist die hinduistisch gebliebene Insel Bali. Die hinduistische Glaubensgemeinschaft in Südostasien wurde in den vergangenen 100 Jahren außerdem durch die vielen indischen Arbeiter gestärkt.

Top-Museen

Museum der Asiatischen Zivilisationen (Singapur)

Museum für Islamische Kunst (Malaysia)

Jim Thompson House (Thailand)

Nationalmuseum (Kambodscha)

Ethnologisches Museum Vietnams (Vietnam)

Kunst & Architektur

Südostasiens bedeutsamste Kunstwerke sind religiös inspiriert. Für buddhistische Länder sind Darstellungen hinduistischer Gottheiten und Symbole typisch. Die Tempel von Angkor in Kambodscha, ein künstlerisches wie architektonisches Meisterwerk, sind prägend für einen Großteil der religiösen Ikonografie auf dem südostasiatischen Festland. Die aufwendig gemeißelten Wandbilder der Tempel sind den hinduistischen Gottheiten Vishnu (eine vierarmige Figur) und Shiva (dargestellt in Begleitung seiner Gefährten oder als asketischer Gott) gewidmet, zudem zeigen sie historische Ereignisse und Schöpfungsmythen. In den Nachbarstaaten errichteten die Khmer von Angkor inspirierte Bauwerke, die später von regionalen Königreichen wie Sukhothai und Ayutthaya in Thailand übernommen wurden.

Die besten Nudelgerichte

laksa (Malaysia)

pho (Vietnam)

pàt tai (Thailand)

mie goreng (Indonesien)

nam ben choc (Kambodscha)

lard na (Laos)

pancit bihon (Philippinen)

char kway teow (Singapur)

Buddha-Statuen reflektieren landestypische Interpretationen einer Kunstform, die von strengen symbolischen Vorgaben geprägt ist. Buddha wird sitzend, stehend oder liegend dargestellt, wobei jede Pose historische Momente seines Lebens repräsentiert. In Vietnam sind Buddha-Bildnisse eher an chinesische Religionskunst als an Indien oder Angkor angelehnt. Viele Tempelgeländer ziert zudem die mythische Wasserschlange *naga*, Symbol der lebensspendenden Kraft des Wassers.

In Indonesien, Malaysia, Brunei und auf den Philippinen mischen sich islamische Kunst und Architektur mit animistischen Traditionen. In Malaysia steht in jeder Stadt eine prächtige befestigte Moschee mit arabischem Minarett und maurischen Fliesen. Indonesien wartet mit der größten Moschee der Region auf (die von einem christlichen Architekten entworfene Istiqlal-Moschee in Zentral-Jakarta) sowie mit weiteren Moscheen, palastähnlich und mit international inspirierten Elementen.

Essen

Südostasien ist ein Paradies für Feinschmecker. Auch wenn die kulinarischen Schwergewichte Thailand und Vietnam die meiste Aufmerksamkeit bekommen, bietet die ganze Region eine abwechslungreiche Küche. Aufgrund des tropischen Klimas gibt es in Südostasien das ganze Jahr über eine reiche Ernte. Bei jeder kulturellen Feierlichkeit spielt Essen eine zentrale Rolle. Viele traditionelle Feiertage drehen sich um das Grundnahrungsmittel der Region: Reis. Der Beginn der Reissaat wird auf Dorffesten mit Ritualen und Gebräuchen eingeläutet, die für eine gute Ernte sorgen sollen. In buddhistischen Ländern müssen auch die unsichtbaren glückbringenden Geister täglich mit essbaren Opfergaben besänftigt werden.

In den unterschiedlichen Küchen finden sich Spuren Indiens und Chinas, der kulturellen Eltern Südostasiens. In Myanmar, Malaysia und Südthailand wird zu Currys anstelle von Reis indisches Fladenbrot gereicht. In der gesamten Region ist das indische Curry mit lokalen Zutaten wie Kokosmilch und Chili vielfältig abgewandelt. Als Zentrum des früheren Gewürzhandels bietet Indonesien eine globale Küche mit Rezepten aus Indien, Arabien, Europa und China und überrascht mit Gerichten wie Büffel-Curry oder Erdnusssoßen für Satay-Spieße (Erdnüsse brachten die spanischen und portugiesischen Händler).

Zu den vielen kulinarischen Mitbringseln aus China zählen Nudeln, die gebraten, in Brühe oder als Salat serviert werden. Nudelsuppen sind ideal für Leib und Seele, vor allem als Katerfrühstück oder schnelles Mittagessen. Die Elemente chinesischer Küche, die sich in Südostasien durchgesetzt haben, stammen aus dem Süden des Landes, wurden allerdings neu interpretiert, in Nachbarstaaten importiert und viele Male reproduziert, sodass deren Entstehungsgeschichte kaum mehr nachzuvollziehen ist.

Thailand und Laos teilen sich viele Gerichte und wetteifern oft um die schärfste Küche (unserer Meinung nach gewinnt Laos). In beiden Ländern ist grüner Papaya-Salat ein Klassiker; die Thais mögen ihn mit gemahlenen Erdnüssen, frischen Tomaten und getrockneten Garnelen, während in Laos fermentierte Fischsoße, Krabben und viel Chili (schmeckt besser, als es klingt) zum Einsatz kommen. In Laos und den benachbarten Provinzen Thailands ist Klebreis beliebt, dessen Körner kleiner sind als beim klassischen fluffigen Jasminreis. Einheimische essen ihn mit den Händen, wobei er meist zu Bällchen gerollt und in würzige Soßen getunkt wird.

Scharfes Essen ist sehr beliebt. Für die pikante Note sorgen verschiedene Gewürze aus gemahlenem Chili, Limettensaft und manchmal auch Fischsoße oder -paste. Chilis sollen die Spanier eingeführt haben.

Aufgrund ihres Glaubens essen muslimische Gemeinden in der gesamten Region kein Schweinefleisch. Kulinarisch gesehen unterscheiden sie sich somit stark von ihren chinesischen Nachbarn, die Schweinefleischgerichte lieben.

Praktische Informationen

Verantwortungsvolles Reisen

Für Südostasien ist der Tourismus Fluch und Segen zugleich. Sanfter Tourismus kann Familienbetriebe fördern und zur Erweiterung des Horizonts der Reisenden beitragen sowie mithelfen, kulturelle und ökologische Denkmäler zu bewahren. Doch Traveller bringen einem Reiseland auch Probleme, von Umweltzerstörung bis zu kulturellen Konflikten. Um sicherzustellen, dass der eigene Aufenthalt für die Einheimischen bereichernd ist, sollte man stets höflich sein, sich umweltbewusst verhalten, so viel wie möglich über das Gastgeberland lernen und darauf achten, wo bzw. wofür man sein Geld ausgibt.

UMWELT-PROBLEME

Kaum eine Region der Erde bietet eine derart große biologische Vielfalt wie Südostasien. Hier leben Tierarten, die man nirgendwo sonst findet – vor allem in Ländern wie Indonesien, Malaysia und den Philippinen. Besonders hervorzuheben sind die Riffe mit dem vielfältigsten Meeresleben weltweit (75 % aller Korallenarten leben hier), darunter das 6 Mio. m^2 große Korallendreieck, das sich zwischen Malaysia und den Salomonen über eine Fläche von 6 Mio. km^2 erstreckt, der Mekong, der es in puncto Artenvielfalt mit dem Amazonas aufnehmen kann, die größte Eidechse der Welt (der Komodowaran) und zahlreiche heimische Vogelarten (die Region ist auch ein wichtiger Zwischenstopp für Zugvögel).

Gleichzeitig ist die Region sehr dicht besiedelt und Zeichen von Umweltzerstörung sieht man sofort: Rauch steigt auf, wo Wald neuen Strandbungalows, landwirtschaftlichen Betrieben, Palmölplantagen oder der Holzgewinnung weichen muss, und in Großstädten erstickt man am Smog der Autoabgase. In Flüssen und Bächen staut sich der Müll, und wegen fehlender Kläranlagen wird Abwasser ungeklärt in türkisblaue Gewässer geleitet.

Abholzung

Aufgrund von Abholzung und damit verbundenen Waldbränden ist Indonesien der drittstärkste Verursacher von Treibhausgasen weltweit. Der dabei entstehende Rauch hüllt Singapur und Teile von Malaysien regelmäßig in eine Giftwolke ein. Die Zerstörung von Mangrovenwäldern, die an der Küste als Pufferzone dienen, hat verheerende Folgen für die lokale Bevölkerung: Küstenstürme richten schwere Verwüstungen an. Der große Tsunami am 26. Dezember 2004 sowie der Wirbelsturm Yolanda (Haiyan) im Jahr 2013 forderten unzählige Todesopfer.

Wassersysteme

Betroffen sind auch Wassersysteme. Überfischung, Sedimentabschwemmung durch Küstenerschließung sowie der Klimawandel führen zur Zerstörung der herrlichen Korallenriffe. Wasserkraftwerke am Mekong belasten empfindlich das Ökosystem des Flusses, vom Sedimenttransport über Fischwanderung bis zur Veränderung des Wasserpegels stromabwärts.

Verlust von Lebensraum

Viele einheimische Tierarten sind durch den Verlust ihres Lebensraums ernsthaft bedroht. Die wenigen verbleibenden Naturräume leiden unter Wilderei. Thailand ist mittlerweile einer der wichtigsten Kanäle für den Transport und Verkauf von lebenden Tieren bzw. Teilen von ihnen nach Übersee.

Lösungen

Das Umweltproblem ist zwar bekannt, doch Antworten sucht man vergeblich. Für den Schutz von Wildnisgebieten ist politische Überzeugung nötig, die finanziellen Interessen trotzt – in einer Region mit knappen Staatshaushalten und Korruptionskultur nicht leicht zu finden. Von allen Ländern Südostasiens achtet das reiche Brunei Naturschutz am meisten, 70 % der ursprünglichen Waldfläche sind dort noch intakt. Doch dank seines Öl-Reichtums kann Brunei es sich auch erlauben, auf möglichen Profit durch noch unerschlossenes Land zu verzichten.

Verhaltenstipps

Auf viele Umweltprobleme hat der durchschnittliche Tourist keinen Einfluss. Man kann aber versuchen, auf lokaler Ebene den „Fußabdruck" möglichst klein zu halten, indem man die Umwelt schützt und die unzureichende Infrastruktur möglichst wenig belastet. Ein paar einfache Vorschläge:

- Statt eines klimatisierten Zimmers lieber ein Zimmer mit Ventilator nehmen und kalt statt warm duschen.
- Biologisch abbaubare Seife vermindert die Wasserverschmutzung.
- Mahlzeiten aus lokalen Zutaten importierten Produkten vorziehen.
- Plastikverpackungen in der Unterkunft entsorgen, um das öffentliche Abfallsystem nicht zusätzlich zu belasten.
- Zigarettenstummel in Mülleimer werfen.
- Muskelkraft statt Kraftstoff nutzen (Wandern statt Minivan-Tour, Fahrrad statt Motorrad, Kajak statt Jetski).
- Freiwilligendienst bei einer lokalen Natur- oder Tierschutzgruppe leisten.
- Verantwortungsbewusst tauchen.
- Abfall immer in den vorgesehenen Behältern entsorgen.
- Auf Lebensmittel verzichten, die aus gefährdeten Tier- oder Pflanzenarten hergestellt sind.
- Plastikflaschen wieder auffüllen.
- Unternehmen mit Ökotourismus-Ansatz unterstützen (in diesem Buch mit einem Nachhaltigkeits-Symbol gekennzeichnet).

BEGEGNUNGEN MIT TIEREN

In Südostasien besteht die Möglichkeit, absolut unvergleichliche Erfahrungen mit Wildtieren zu machen: Ein Spaziergang mit Elefanten, Ziplining durch die von Gibbons bevölkerten Wipfel des Dschungels, Tauchen mit Walhaien, oder eine Begegnung mit dem Komodowaran, der weltweit größten Echse. Dabei sollte man aber nie vergessen, dass es sich um wilde Tiere in ihrer natürlichem Umgebung handelt und es sehr wichtig ist, sich angemessen zu verhalten. Ein paar Tipps:

- Keinen Müll in der Umwelt hinterlassen, vor allem nicht im Wasser, damit es nicht in die Nahrungskette gelangt.
- Nicht in der Nähe von Wildtieren rauchen.
- In der Nähe der Tiere nicht mit Blitzlicht fotografieren, um sie nicht zu verängstigen.
- Immer auf die Anweisungen der Führer und Ranger hören und jederzeit einen vernünftigen Abstand von den Tieren halten.
- Unbedingt darauf achten, dass man nur umweltbewusste Angebote nutzt, etwa einen Spaziergang mit einer Elefantenherde statt dem typischen Elefantenritt.

Einige Organisationen, die sich für verantwortungsbewusste Tiererfahrungen einsetzen:

Conservation International (CI: www.conservation.org)

Elephant Asia Rescue and Survival Foundation (http://earsasia.org)

Wildlife Alliance (www.wildlifealliance.org)

Wildlife Conservation Society (WCS; www.wcs.org)

WWF International (www.panda.org)

KULTURELLES & SOZIALES

Die meisten Südostasiaten rechnen bei Touristen mit einer gewissen Unkenntnis

INFOS IM INTERNET

Responsible Travel (www.responsible-travel.org) Tipps für einen verantwortungsbewussten Urlaub und wie man ein „besserer" Tourist wird, was Umwelt, Betteln und Feilschen angeht.

Mekong Responsible Tourism (www.mekongresponsibletourism.org) Internetseite über gemeindebasierten und sozialverträglichen Tourismus in der Mekong-Region. Oft findet man hier Informationen über Privatunterkünfte, kulturelle Sehenswürdigkeiten, Homestays und Ökolodges.

WWF International (www.panda.org) Alles Wichtige über die Umweltkampagnen des WWF zum Schutz bedrohter Tierarten und Landstriche in Südostasien.

Mongabay (www.mongabay.com) Aktuelles über Umweltwissenschaft und Naturschutz mit Schwerpunkt auf tropischen Regenwäldern, u. a. in Indonesien.

Ecology Asia (www.ecologyasia.com) Zahlen und Fakten über Südostasiens Flora und Fauna.

Sealang Projects (www.sealang.net) Internetquelle zum Erlernen südostasiatischer Sprachen.

Travelers Against Plastic (www.travelersagainstplastic.org) Setzt sich für die Nutzung von wiederverwendbaren Wasserflaschen ein, um die Umwelt zu schützen.

und sehen über kleine Verstöße gegen die gesellschaftliche Etikette hinweg. Allerdings gibt's in jeder Kultur einige Tabus und feste Glaubensgrundsätze, die man respektieren sollte. Vor der Ankunft im Land sollte man sich einen Überblick über heikle Themen verschaffen und sich vor Ort behutsam verhalten.
Für Touristen kann es dann problematisch werden, wenn sie wegen Geld- oder Kommunikationsfragen wütend werden oder einen über den Durst trinken und sich unangemessen benehmen. Freundlich und geduldig zu bleiben ist besser als sich rechthaberisch und aggressiv zu verhalten.

Verhaltenstipps

Hier noch einige Hinweise, um kulturelle Fettnäpfchen zu vermeiden:

- Man sollte die lokalen Bekleidungsstandards respektieren, besonders in der Nähe von religiösen Stätten. Bevor man ein Haus des Glaubens betritt, ist es unbedingt notwendig, dass man seine Schuhe auszieht.
- Vor dem Fotografieren von Privatpersonen immer erst um Erlaubnis fragen, am besten in ihrer jeweiligen Landessprache!
- Einen Sprachkurs machen, oder zumindest die Begrüßung in der jeweiligen Landessprache lernen.
- Religiöse Gegenstände jederzeit mit dem größten Respekt behandeln. Nicht etwa auf Tempelruinen klettern oder hinter kopflosen Buddha-Statuen für Fotos posieren!
- Seinem Sitznachbarn bei langen Busfahrten einen Snack oder eine Zigarette anbieten.
- Ein faires Trinkgeld ist immer willkommen, da die Löhne äußerst niedrig sind.
- Immer lächeln, während man handelt; Freundlichkeit hält die Verkäufer davon ab, allzu deftige Preise zu verlangen.
- Nicht laut werden oder aggressiv erscheinen, denn das führt möglicherweise dazu, dass die Einheimischen „ihr Gesicht verlieren", was sehr ernste Folgen für einen haben kann.

PROSTITUTION

Eigentlich ist Prostitution illegal, aber in weiten Teilen Südostasiens verbreitet und geduldet. Neben Erwachsenen gibt's auch zahlreiche Minderjährige, die in Bordellen und informellen Prostitutionsnetzwerken arbeiten. Manchmal werden Kinder von Familienangehörigen verkauft oder angeworben und von den Verantwortlichen ausgebeutet. Unicef schätzt, dass es in ganz Asien beinahe eine Million Kinderprostituierte gibt – eine der höchsten Raten der Welt.

Sex mit Minderjährigen ist ein schweres Vergehen, auf das eine hohe Strafe steht. Viele westliche Länder leiten auch bei pädophilen Straftaten im Ausland Strafverfahren ein. Nähere Infos erhält man über die Initiative **End Child Prostitution & Trafficking** (Ecpat; www.ecpat.net), ein weltweites Netzwerk gegen Kinderprostitution, -pornografie und -handel zum Zweck der sexuellen Ausbeutung. **Childsafe International** (www.childsafe-international.org) leistet Aufklärungsarbeit für Unternehmen und Privatpersonen, um sie für gefährdete Kinder zu sensibilisieren.

ARMUT & WIRTSCHAFTLICHE UNGLEICHHEIT

Die Kluft zwischen Arm und Reich ist eines der größten Probleme Südostasiens und nur wenige Länder verfügen über soziale Sicherungsnetze für Obdach- oder Arbeitslose.
Bewohner abgelegener Dörfer fristen ihr Dasein häufig unter prekären Lebensbedingungen ohne Grundbildung, wirtschaftliche Chancen oder Zugang zum Gesundheitswesen. Teilweise ist ihre traditionelle Lebensweise mit dem modernen Markt gänzlich unvereinbar. Zudem wandern aus vielen Orten junge Leute in die Städte ab, wo sie sich als Hilfsarbeiter zu entsprechend geringen Löhnen verdingen. Einige versuchen es mit lukrativeren Geschäftsfeldern wie Prostitution oder anderen illegalen Beschäftigungen. In Familien, die knapp bei Kasse sind, müssen die Kinder häufig arbeiten, entweder offiziell in einer Fabrik oder inoffiziell als Straßenverkäufer. Zeit und Geld für eine Ausbildung sind in solchen Familien unerreichbare Luxusgüter.
Ein Problem ist auch Menschenhandel: Mit Aussicht auf Arbeit werden Migranten in ein Nachbarland gelockt, wo sie dann nur ausgenutzt werden.

Bettler sind in den meisten großen Städten allgegenwärtig und es kann schnell anstrengend werden, dass man ständig um Geld gebeten wird. Dennoch sollte man bedenken, dass viele Länder in der Region keine soziale Absicherung haben, wie sie in Europa verbreitet ist. Trotzdem beschränkt man sich am besten auf kleine Beträge, um Ausländer nicht noch mehr zum Ziel der Bettler zu machen. In Kambodscha fehlen den Bedürtigen oft Gliedmaßen – das Ergebnis des Bürgerkriegs und der in dieser Zeit gelegten Landminen.

Kindern sollte man kein Geld geben, es geht in den meisten Fällen direkt an Schlepper und Bettel-„Zuhälter". Essen ist für Kinder die bessere Wahl, da sie tatsächlich davon profitieren. Kinderrechtsorganisationen raten allerdings völlig davon ab, Kindern etwas zukommen zu lassen, um nicht schon im jungen Alter ein Abhängigkeitsverhältnis zu schaffen. Stattdessen sollte man eine Spende an eine der vielen lokalen Organisationen, die sich für die Armutsbekämpfung einsetzen, in Erwägung ziehen.

Verhaltenstipps

- Betriebe unterstützen, die sich aktiv für soziale Gerechtigkeit einsetzen, z. B. Weberei-Genossenschaften oder Betriebe, die benachteiligten Jugendlichen eine berufliche Weiterbildung anbieten.
- Bei Privatleuten auf dem Land unterkommen, um den Erhalt traditioneller Lebensweisen zu fördern.
- Minderjährigen Verkäufern und Straßenhändlern nie etwas abkaufen, um Kinderarbeit nicht zu unterstützen.
- Statt Bettlern – besonders Kindern – Geld zu geben, lieber etwas für eine der örtlichen Schulen oder Wohlfahrtseinrichtungen spenden.
- Lokale Reiseführer anheuern, um die Beschäftigungsmöglichkeiten vor Ort zu fördern.
- Pauschalbuchungen vermeiden und das Geld stattdessen an verschiedenen Stellen ausgeben, damit mehr Menschen vor Ort etwas davon haben.

FREIWILLIGENARBEIT & HILFSTOURISMUMS

Hilfstourismus erlebt gerade einen Boom in Südostasien, und viele Unternehmen versuchen, davon zu profitieren. Um sicherzugehen, dass nicht ein Großteil des bezahlten Geldes bei den Unternehmen bleibt, ist es wichtig, sich sorgfältig mit den mehreren Hundert Organisationen zu beschäftigen, die derzeit Freiwillgenarbeit vermitteln. Nur so kann man sicher sein, dass man seine Fähigkeiten sinnvoll einbringt. Für Organisationen, die mit Kindern arbeiten, ist ihr Schutz das wichtigste Anliegen; man sollte deswegen misstrauisch werden, wenn eine solche Organisation bei ihren Freiwilligen keine Hintergrundchecks durchführt.

Lonely Planet empfiehlt keine Organsiationen, mit denen wir nicht selbst zusammengearbeitet haben, deswegen ist es entscheidend, sich ausgiebig zu informieren, bevor man für eine Organisation arbeitet oder ihr Spenden zukommen lässt.

Waisenhaustourismus

In den letzten Jahren ist der Besuch in Waisenhäusern für viele zu einer beliebten Freizeitaktivität geworden, allerdings ist es fraglich, ob die Kinder oder die Länder insgesamt davon tatsächlich profitieren. Waisenhaustourismus und alles, was er mit sich bringt, ist eine verstörende Entwicklung, die es skrupellosen Menschen ermöglicht, aus der Kinderfürsorge Profit zu schlagen. Einige Waisenhäuser verfolgen rein wirtschaftliche Interessen und in anderen Fällen sind die Kinder keine Waisen, sondern haben noch einen Elternteil oder wurden von einer nahegelegenen Schule „gemietet".

Viele Waisenhäuser in der Region tun ihr Bestes unter schwierigen Umständen. Andere Einrichtungen werden von reichen Geldgebern unterstützt und haben keine Besucher nötig. Wieder andere sind verzweifelt und können jede Hilfe gebrauchen. Falls ein Waisenhaus jedoch um Besucher wirbt, sollte man immer vorsichtig sein. Die Erwachsenen haben nicht unbedingt das Wohl der Kinder im Auge.

Friends International und Unicef haben gemeinsam die Kampagne „Think Before Visiting" ins Leben gerufen. Ihre Website www.thinkchildsafe.org/thinkbeforevisiting hilft Travellern dabei, nicht unbewusst das Problem zu vergrößern. Einige Verhaltenstipps:

- Möglichst einen Monat oder mehr für die Freiwilligenarbeit einplanen statt nur ein paar Tage.
- Gezielt überlegen, wie man seine Fähigkeiten zum Wohle der Kinder einsetzen kann.
- Mit den Hilfsarbeitern vor Ort arbeiten, statt direkt mit den Kindern. Den Helfern Englisch beizubringen nutzt langfristig auch den Kindern.
- Niemals Waisenhäuser als Teil eines kurzen Ausflugs besuchen, und alle Einrichtungen meiden, die aktiv Touristen anlocken wollen.
- Immer prüfen, wofür eine Organisation ihr Geld verwendet, bevor man bucht.
- Nicht als Freiwililger in ein Waisenhaus gehen, ohne es gründlich zu überprüfen.

Allgemeine Informationen

Arbeiten in Südostasien

Mit Sprachunterricht lässt sich in Südostasien leicht etwas Geld verdienen. Kurzzeitjobs bekommt man am besten in Bangkok, Ho-Chi-Minh-Stadt (Saigon), Jakarta und Phnom Penh, denn dort gibt's viele gute Sprachschulen. Auf den Philippinen werden Traveller, die sehr gut Englisch sprechen, gern in Callcentern als Trainer angestellt. In Indonesien und Thailand kann man in Tauchschulen arbeiten. Besonders in Thailand sind TEFL-Programme beliebt, um sich auf Arbeit und Leben im Ausland vorzubereiten.

Infos zu Sprachschulen und Freiwilligengruppen, die für unterschiedliche Unterstützungsprogramme in Südostasien Leute suchen, gibt die Website von **Payaway** (www.payaway.co.uk).

Das Portal **Transitions Abroad** (www.transitionsabroad.com) hat zahlreiche Tipps zum Leben in Übersee, z.B. wie man in verschiedenen Bereichen einen Job findet.

Mehr Informationen gibt's auf S. 995.

Baden & Duschen

In abgelegenen Gegenden oder ganz einfachen Unterkünften gibt's noch die südostasiatische Variante der Dusche: ein großes Becken mit Wasser zum Waschen. Dieses wird mit einer kleineren Schüssel aus dem Becken geschöpft und über den Körper gegossen. Auf keinen Fall sollte man in das Becken steigen wie in eine Badewanne oder sich direkt darüber waschen, denn es enthält den Vorrat an sauberem Wasser.

Modernere Einrichtungen verfügen normalerweise über Kaltwasserduschen. In teureren Unterkünften sowie in größeren Städten und kälteren Regionen bekommt man gegen einen Aufpreis auch Zimmer mit Warmwasserduschen.

Die ländliche Bevölkerung wäscht sich weiterhin großteils in Flüssen oder Bächen. Tut man es den Einheimischen nach, gilt zu bedenken, dass man sich in der Öffentlichkeit nur bekleidet zeigen sollte. Am besten badet man im Sarong.

UNTERKUNFT ONLINE BUCHEN

Weitere Hotelbeschreibungen von Lonely Planet Autoren gibt's unter hotels.lonelyplanet.com. Dort findet man unabhängige Kritiken und Empfehlungen zu den besten Unterkünften. Und das Beste: Man kann sie gleich online buchen.

Botschaften & Konsulate

Vor Reisebeginn sollte man sich informieren, was die eigene Botschaft im Ernstfall für einen tun kann und was nicht.

Den Vertretungen sind häufig die Hände gebunden, wenn man sich selbst in Schwierigkeiten gebracht hat, denn Reisende unterliegen den Gesetzen des Landes, in dem sie sich befinden. Hat man eine als Verbrechen geltende Handlung begangen, zeigen die Botschaftsangestellten kein Mitgefühl, auch nicht, wenn die Tat im eigenen Land nicht sanktioniert werden würde.

In wirklichen Notfällen bekommt man eventuell Unterstützung – sofern alle anderen Mittel und Wege ausgeschöpft wurden. Muss man dringend nach Hause, erhält man nicht einfach ein Ticket in die Heimat, denn die Botschaft erwartet, dass man versichert ist. Wurden einem sämtliches Geld und die Papiere gestohlen, hilft sie vielleicht bei der Beschaffung eines neuen Passes, leiht dem Bestohlenen jedoch unter keinen Umständen Geld für die Weiterreise.

Eigentlich müssen Traveller ihre Landesvertretung nicht über einen Aufenthalt in Südostasien informieren. Hat man allerdings politisch unsichere Regionen oder die Wildnis zum Ziel, sollte man die Botschaft sicherheitshalber vorher und auch nach der Rückkehr davon in Kenntnis setzen. Ansonsten riskiert man wertvolle Zeit, Mühe und Geld, falls Suchtrupps losgeschickt werden, während man selbst irgendwo gemütlich am Strand in der Sonne sitzt und sich entspannt.

Diskriminierung

Hautfarbe kann in Südostasien eine Rolle spielen. Hellhäutige Ausländer stechen aus der Masse hervor, Kinder zeigen mit dem Finger auf sie, Preise verdoppeln sich und schon bei der Einreise hat man einen gewissen Ruf. Dies kann ein kleines Ärgernis oder auch einfach ein exotisches Element der Reise sein. Asiatischstämmige, die in westlichen Ländern aufgewachsen sind, werden meist als Einheimische angesehen, bis die Sprachbarriere den Irrtum aufklärt. Sind die Vorurteile einmal überwunden, werden viele westliche Besucher asiatischer Herkunft wie Familienmitglieder behandelt. Teilweise berechnet man ihnen sogar Einheimischenpreise.

Dunkelhäutigere Menschen sieht man als genauso fremd an wie Weiße, können manchmal aber auch Opfer regionaler Vorurteile werden.

Drogen

Die Risiken in puncto Drogenkonsum und -verkauf sind sehr hoch, vor allem an Orten mit schlechtem Ruf. In dem Gefängnis in der Straße unterhalb des Kuta Beach in Bali genießen manche Touristen das tropische Klima um einiges länger als ursprünglich geplant. In Indonesien droht eine Inhaftierung selbst dann, wenn Reisegefährten Rauschgift im Gepäck haben und man sie deswegen nicht angezeigt hat. Der Aufenthalt in thailändischen Haftanstalten ist eine echte Tortur und in Malaysia und Singapur kann man für den Besitz gewisser Rauschgiftmengen sogar gehängt werden. Selbst das recht entspannte Laos verfolgt Drogenhandel unnachgiebig. Auf den Flughäfen werden sowohl Passagiere als auch Gepäck akribisch durchleuchtet.

Gefängnis- oder Todesstrafen und hohe Geldbußen werden gegen Fremde genauso großzügig verhängt wie gegen Einheimische. Niemand ist je einer Strafe entgangen, nur weil er die hiesigen Gesetze nicht kannte. 2005 wurden in Indonesien neun Australier wegen Heroinbesitzes eingesperrt, sieben bekamen eine lebenslange Haftstrafe, während die anderen beiden 2015 durch Erschießen hingerichtet wurden.

Der Gebrauch von Partydrogen wird genauso geahndet wie Rauschgifthandel. In Thailand stecken manche Dealer mit der Polizei unter einer Decke und der Handel geht mit enormen Bestechungsgeldern einher.

Ermäßigungen

Die International Student Identity Card (ISIC) ist in Südostasien nicht sehr nützlich, da man nur an wenigen Orten Ermäßigungen bekommt. Einige nationale und internationale Fluglinien bieten Karteninhabern vergünstigte Tarife, ansonsten bringt der Ausweis kaum Vorteile, weil er in Bangkok als Fälschung erhältlich ist.

Fotografieren

Vor der Abreise sollte man sich erkundigen, ob und welchen Adapter man für das Batterieladegerät der Kamera benötigt. Infos dazu gibt die Website von **World Electric Guide** (www.kropla.com/electric.htm).

Wer Zubehör für die Kamera oder eine Reparatur braucht, ist in Singapur, Bangkok und Kuala Lumpur am besten bedient. Nicht vergessen: Je mehr Ausrüstung man im Gepäck hat, desto interessanter ist man für Diebe.

Bevor man Menschen fotografiert, muss man deren Zustimmung einholen. Viele Angehörige von Bergvölkern wollen keinesfalls abgelichtet werden, andere bitten um einen kleinen Obolus. Wer auf das Motiv nicht verzichten möchte, akzeptiert den Preis. Die Privatsphäre anderer sollte man immer respektieren, selbst in der Öffentlichkeit: Pensionen und kleine Restaurants sind oft zugleich das Wohnzimmer der Besitzer, und auch sie wollen Zeit mit ihrer Familie verbringen, ohne gleich zum Fotomotiv zu werden.

Frauen unterwegs

Frauen können sich in Südostasien generell sicher fühlen, sollten nachts aber vorsichtig sein, etwa wenn sie von einer Bar oder einer Party alleine nach Hause gehen. Körperliche Angriffe kommen zwar selten vor, allerdings betrachten einheimische Männer Ausländerinnen oft als Freiwild. Vor allem in Partyorten wie den Thai-Inseln und auf Bali kann Trunkenheit ausgenutzt werden.

Muslimische Regionen stellen eine gewisse Herausforderung dar. In konservativen Gebieten gehen einheimische Frauen selten ohne Begleitung aus dem Haus. Ausländerinnen, die sich nicht entsprechend diesem Kodex verhalten, hält man für merkwürdig und unterstellt ihnen, auf der Suche nach Männerbekanntschaft zu sein. Entsprechend fallen die Reaktionen aus. Obwohl die Region als sehr friedlich gilt, sollten sich Frauen nicht unbedingt jungen Männern anschließen, weil diese möglicherweise bestimmte Grenzen übertreten.

Zurückhaltender Kleidungsstil (bedeckte Schultern und Hosen/Röcke, die bis über die Knie reichen) ist in ganz Südostasien die Norm.

Gefährliche Situationen lassen sich auch gut vermeiden, indem man sich mit anderen Travellern zusammentut.

Gefahren & Ärgernisse

Südostasien ist viel sicherer, als die meisten denken. Man sollte aber immer seinen Verstand benutzen, um nicht auf Abzocke hereinzufallen und um Verletzungen sowie Überfälle zu vermeiden.

Abzocke

Jedes Jahr erreichen uns E-Mails von Leuten, die in Südostasien übers Ohr gehauen wurden. Meistens handelt es sich um kleine Betrügereien, bei denen naive Traveller zu viel für die Fahrt zum Busbahnhof, beim Geldwechseln oder Souvenirkauf etc. zahlen. Übervorteilt wird man besonders häufig an Grenzübergängen, klassischen Touristenattraktionen, Bushaltestellen sowie Bahnhöfen und überall sonst, wo Ausländer unsicher mit den Preisen sind.

Einige Tipps, um Abzocke zu vermeiden:

➡ Bei extrem freundlichen Einheimischen misstrauisch, aber diplomatisch sein.

➡ Vorsicht bei extrem billigen All-inclusive-Transportpaketen, denn oft wenden Anbieter Tricks an, um zusätzliche Kommissionen zu erhalten.

➡ Einladungen zum Kartenspielen oder Shoppen mit freundlichen Fremden sollte man ablehnen: Oft sind sie der Auftakt zu genau durchgeplanten und teuren Abzocken.

➡ Immer daran denken, dass Kommissionen eine weit verbreitete Geschäftspraktik in der Region sind; wo immer eine dritte Partei beteiligt ist, wird auch eine Kommission fällig.

Blindgänger & Landminen

Kambodscha, Laos und Vietnam leiden noch immer unter den Folgen des Krieges. Bezogen auf die Einwohnerzahl ist Laos das am stärksten bombardierte Land der Welt, zudem gingen auf alle drei Staaten mehr Sprengsätze nieder, als im gesamten Zweiten Weltkrieg abgeworfen wurden. Dementsprechend gibt's nach wie vor jede Menge Blindgänger. Besondere Vorsicht ist in der Nähe der laotisch-vietnamesischen Grenze oder rund um die Entmilitarisierte Zone (EMZ) angebracht. Problematisch sind auch die Landminen in Kambodscha – Schätzungen zufolge beträgt die Anzahl zwischen vier und sechs Millionen! Grundsätzlich sollte man dort ausschließlich auf den gekennzeichneten Wegen bleiben.

Diebstahl

Südostasiatische Diebe agieren eher versteckt und heimlich als brutal. Gewaltsamer Raub kommt nur gelegentlich vor, meistens spät in der Nacht, wenn die Opfer einen über den Durst getrunken haben. Wer bis zum Umfallen trinken will, etwa einen der berühmten Eimer in Thailand, oder dem schier endlosen Bierangebot in Vietnam nicht widerstehen kann, sollte seine Zechkumpanen gut kennen. Spätabends ist es sicherer, zu mehreren unterwegs zu sein. Frauen sollten besondere Vorsicht walten lassen, wenn sie sich nachts von einer Bar auf den Heimweg machen.

Heimlicher Diebstahl kann besonders in Nachtbussen, Schlafsälen und in Unterkünften ohne vernünftige Fensterverriegelungen und Schlösser vorkommen. Aus Malaysia wurde berichtet, dass Diebe in Pensionen eincheckten, um dann nachts die anderen Gäste auszurauben.

Ein zunehmendes Problem sind Handtaschenräuber, besonders in Vietnam und Kambodscha. Meistens fahren die Diebe auf einem Motorrad kurz an Touristen heran, entreißen ihnen Tasche oder Kamera und rasen dann davon. Und das kann einem nicht nur als Fußgänger am Straßenrand passieren, sondern auch, wenn man mit einem *moto* oder *túk-túk* unterwegs ist.

Mit einigen Vorsichtsmaßnahmen lässt sich die Südostasienreise aber normalerweise ohne Zwischenfälle genießen:

➡ Geld bewahrt man am besten in einem Geldgürtel unter der Kleidung auf.

➡ Wertsachen nicht in Taschen aufbewahren, die entrissen werden könnten, und Kameras nicht nur an ihrem Gurt tragen.

➡ Bei Fahrten mit dem Motorrad die Tasche zwischen sich und dem Fahrer aufbewahren, im *túk-túk* möglichst zwischen den Beinen.

➡ Wertgegenstände nicht in leicht zugänglichen Orten wie Rucksackfächern oder im Gepäckabteil von Bussen aufbewahren.

➡ Keine Wertsachen in die Körbe von Motorrädern oder Fahrrädern legen, sie bieten Taschenräubern leichtes Spiel.

➡ In Mehrbettzimmern muss man sich besonders in Acht nehmen.

Drogen

Bei Drogen kann man sich nie sicher sein, was man eigentlich bekommt. Was in Kambodscha als Methamphetamin verkauft wird, ist in Wirklichkeit oft ein Mix aus billigen und giftigen Chemikalien. Bei Kokain kann es sich dagegen um starkes Heroin handeln, das sich nur sehr schwer richtig dosieren lässt.

Gewalt

Tätliche Übergriffe kommen in Südostasien kaum vor, doch sorgen einzelne Überfälle auf Ausländer für hohes Medieninteresse, was wiederum Angst schürt. Traveller sollten ihren gesunden Menschenverstand walten lassen, nachts ruhige Gegenden meiden, nicht exzessiv trinken und Einheimische nicht verärgern. Die Durchsetzung örtlicher Gesetze durch die Polizei und polizeiliche Ermittlungen sind meist unzulänglich; daher sollte man sich nicht darauf verlassen, dass die generelle Freundlichkeit eines Landes auch bedeutet, dass es keine Kriminalität gibt.

Auseinandersetzungen mit Einheimischen vermeidet man besser grundsätzlich, ganz besonders aber, wenn Alkohol im Spiel ist. Was einem selbst als harmlose Auseinandersetzung erscheinen mag, könnte als Beleidigung aufgefasst werden und extreme Reaktionen provozieren, denn in Südostasien gilt es, nach für Ausländern komplizierten Regeln „das Gesicht zu wahren".

Besondere Vorsicht ist bei großen Partys wie den Vollmondraves in Thailand angebracht, wo kriminelle Banden mit politischen Verbindungen den Rauschzustand der Feiernden ausnutzen. Und auch in anderen Partygegenden wie Sihanoukville und Bali gibt es Unterwelten, die alle Traveller tunlichst meiden sollten.

Politische Unruhen

Politische Demonstrationen sollte man generell meiden, egal, wie harmlos oder feierlich sie wirken. Massenkundgebungen können ganz schnell in gewalttätige Auseinandersetzungen zwischen rivalisierenden Strömungen oder mit dem Militär umschlagen. Dass in einem Teil einer Großstadt wie etwa Bangkok Demonstrationen stattfinden, bedeutet aber längst nicht, dass das ganze Land oder selbst die gesamte Stadt tabu sind. Die eigene Botschaft veröffentlicht die zuverlässigsten und aktuellsten Reisewarnungen, die man mit aktuellen Berichten der Lokalzeitungen abgleichen sollte, um die politische Lage am besten einschätzen zu können. Die Gebiete im Osten Myanmars, im Süden Thailands und auf den Philippinen, wo kleinere Unabhängigkeitskriege stattfinden, sollten Traveller ganz meiden.

Geld

Die aktuellen Wechselkurse findet man auf www.xe.com. Infos zur Verteilung von Geldautomaten und anderen vor der Ankunft wichtigen Fragen rund ums Geld stehen unter den jeweiligen Reisezielen.

Feilschen

In den meisten Ländern Südostasiens wird die Kunst des Feilschens praktiziert. Sie ist tatsächlich eine Kunst und kein Willenskampf. Ziel des Ganzen ist es, einen Preis auszuhandeln, mit dem beide Seiten zufrieden sind.

Gefeilscht wird auf Märkten und in Geschäften, in denen keine Preise ausgeschrieben sind. Hier ein paar Grundregeln für das Feilschen beim Kauf von Waren: Zunächst fragt man nach dem Preis und erkundigt sich dann nach einem Rabatt. Wenn der Rabatt nicht akzeptabel ist, bietet man einen etwas niedrigeren Preis, sollte sich aber darauf einstellen, dass man sich in der Mitte trifft. Wer ein Gegenangebot gemacht hat, kann das Gebot nicht nochmals senken. Handeln sollte nur, wer auch ernsthafte Kaufabsichten hegt. Wer wütend oder sichtbar frustriert reagiert, hat das Spiel verloren.

Es ist auch üblich (und zwingend notwendig), um den Preis für gecharterte Verkehrsmittel zu feilschen, denn örtliche Taxifahrer knöpfen Touristen oft zu viel ab. Zunächst sollte man sich in der Unterkunft erkundigen, wie viel die geplante Fahrt kosten sollte. Dann geht es hinaus auf die Straße, um mit einem Fahrer zu verhandeln. Auf den genannten Preis macht man ein Gegenangebot und einigt sich dann irgendwo in der Mitte. Wenn der Fahrer nicht einlenkt, lehnt man seine Dienste freundlich ab und geht weiter. Bloß nicht mit den Fahrern streiten, denn sie sind für ihr hitziges Temperament bekannt!

Internetzugang

In Ballungsgebieten kann man sich über Internetcafés, schnelle Anschlüsse, weitverbreiteten WLAN-Zugang und günstige Preise freuen. Außerhalb der Städte sieht es leider nicht so rosig aus. Mit schnellen Verbindungen verhält es sich in etwa wie mit dem Straßensystem des Ziellandes: Gibt's geteerte Straßen, ist meist auch die Reise auf der Datenautobahn schnell, komfortabel und zuverlässig. In großen Städten sind zunehmend auch 3G-und sogar 4G-Verbindungen verfügbar.

Die Sperrung bestimmter Websites ist in der gesamten Region üblich, vor allem in Vietnam.

Post

Südostasiatische Postdienste sind recht zuverlässig. Bei Paketen in die Heimat besteht immer ein gewisses Risiko, generell kommt aber jede Sendung irgendwann an. Statt Wertgegenständen sollte man allerdings lieber seine Dreckwäsche per Post aufgeben und alles andere persönlich mitnehmen.

Bargeld und teures Equipment gehören keinesfalls in die staatliche Post.

Am besten empfängt man Sendungen postlagernd; obwohl vielerorts möglich, wird es selten genutzt.

Rechtsfragen

Bei der Reiseplanung sollte man sich gründlich über die Rechtslage in den unterschiedlichen Staaten informieren, um nicht unbeabsichtigt eine Straftat zu begehen.

Opfer eines Verbrechens wenden sich am besten zuerst an die Touristenpolizei, deren Beamte für den Umgang mit Ausländern geschult sind.

Reisen mit Behinderung

Für körperlich eingeschränkte Reisende ist Südostasien ein herausforderndes Ziel, da selbst in moderneren Städten die Infrastrutur für Behinderte schlicht unzureichend ist.

Folgende internationale Organisationen bieten Informationen:

Disability Alliance (www.disabilityrightsuk.org)

Mobility International Schweiz (www.mis-ch.ch.org)

Society for Accessible Travel & Hospitality (SATH; www.sath.org)
Lonely Planets kostenlosen englischsprachigen Accessible-Travel-Guide kann man unter http://lptravel.to/AccessibleTravel herunterladen.

Reisepass

Fast alle Länder fordern einen Pass, der noch mindestens sechs Monate nach dem Einreisedatum gültig ist, selbst wenn man nur ein paar Tage bleiben möchte. Ideal ist eine Gültigkeit von noch mindestens einem Jahr.

Einige Grenzkontrolleure lassen einen eventuell nicht einreisen, wenn der Pass nicht mehr genug freie Seiten hat. Also muss man vor der Abreise sicherstellen, dass genügend Seiten frei sind, oder weitere einfügen lassen (sofern dieser Service im Heimatland angeboten wird, andernfalls hilft nur ein neuer Pass). Ist man bereits unterwegs, kann man in den meisten großen Städten bei der eigenen Botschaft oder dem Konsulat ein neues Dokument beantragen.

Schwule & Lesben

Teile von Südostasien gehören zu den fortschrittlichsten Regionen im Umgang mit Homosexualität und tatsächlich gibt's in den meisten Städten eine Schwulenszene. Die Haltung gegenüber gleichgeschlechtlichen Paaren ist tolerant, seine Zuneigung öffentlich zur Schau zu stellen kommt allerdings nicht gut an. In muslimisch-konservativen Ländern wie Brunei und Malaysia ist es für Homosexuelle noch deutlich schwieriger.

Utopia Asian Gay & Lesbian Resources (www.utopia-asia.com) listet detailliert auf, was in welchem Land akzeptiert wird. Außerdem findet man auf der Website einen kurzen Überblick über Nachtlokale und praktische Reisebeschreibungen.

Strom

Fast alle Länder haben Stromnetze von 220 bis 240 V und 50 Hz.

Adapter erhält man vor Ort in zahlreichen Elektrogeschäften.

Toiletten

Mit wachsendem Tourismus in der Region verbreiten sich auch Sitztoiletten im westlichen Stil. In ländlichen Gegenden sind aber nach wie vor Hocktoiletten üblich.

Wer eine solche benutzen muss, stellt sich auf die beiden Fußtritte und wendet sich dabei der Tür zu. Zum Spülen füllt man die Plastikschüssel mit Wasser aus dem Becken daneben. Manchmal kann man am Eingang etwas Toilettenpapier kaufen, ansonsten muss man selbst etwas mitbringen oder Wasser benutzen.

Auch Sitztoiletten sind nicht immer für den Gebrauch von Toilettenpapier geeignet. In solchen Fällen steht für die Entsorgung ein Mülleimer bereit.

Touristeninformation

Viele Touristeninformationen werden von der jeweiligen Landesregierung finanziert. Manche sind hilfreich, andere eher nicht. In Pensionen oder von anderen Travellern bekommt man oft bessere Tipps. Unterkünfte und Verkehrsmittel kann man in den offiziellen Touristeninformationen nicht buchen. Bietet eine sogenannte Touristeninformation diese Dienste an, handelt es sich um ein Reisebüro, das Kommissionen erhebt.

Unterkunft

Die beschriebenen Unterkünfte liegen am unteren Ende der Preis- und Komfortskala. Einfache Zimmer bestehen aus vier Wänden, einem Bett und einem Ventilator (praktisch, um Moskitos zu vertreiben). Bei den günstigsten muss man das Bad mit anderen Gästen teilen. Fast alle Touristenbleiben haben westliche Toiletten. Hotels, die in erster Linie Einheimische anziehen, bieten die in Asien üblichen Hockklosetts. Zimmer mit Klimaanlage und eigenem Bad sind teurer. Camping ist aufgrund der tropischen Hitze kaum verbreitet, doch Schlafsäle werden zunehmend zu einer günstigen Alternative, besonders auf den Philippinen, in Singapur und in Thailand, wo Unterkünfte generell eher teuer sind.

Augen auf bei der Zimmersuche: Erst nach dem Preis fragen und dann prüfen, ob der Raum sauber, bequem und ruhig ist. Nur weil wir eine Unterkunft vorgestellt haben, muss man dort nicht bleiben.

Jedes Hotel hat eigene Zahlungsmodalitäten. Einige verlangen Zahlung im Voraus, andere erst beim Auschecken. Ehe man für mehrere Nächte vorauszahlt, sollte man sicher sein, dass die Unterkunft akzeptabel ist, denn eine Rückerstattung erhält man nur selten.

Versicherung

Auf eine Reiseversicherung, die u. a. Diebstahl und medizinische Probleme abdeckt, sollte kein Traveller verzichten, allerdings muss man das Kleingedruckte genau lesen. Weitere Infos bekommt man über das Reisebüro oder den Versicherer.

Manche Policen schließen „gefährliche Aktivitäten" kategorisch aus; dazu gehören mitunter auch Tauchen, Motorradfahren und sogar Trekking. Manchmal wird zudem ein vor Ort erworbener Motorradführerschein nicht anerkannt. Die Versicherung sollte auf jeden Fall Krankentransporte, einen Notfallrücktransport nach Hause per Flugzeug und im Todesfall die Rückführung des Leichnams abdecken.

Unter www.lonelyplanet.com/travel-insurance kann man jederzeit eine Reiseversicherung abschließen, verlängern oder in Anspruch nehmen – selbst wenn man bereits unterwegs ist.

Visa

Vor der Einreise in ein Land (per Flugzeug, Schiff oder über Land) sollte man sich informieren, ob man sein Visum vorher besorgen muss oder es bei der Ankunft erhält. Hier einige weitere Tipps:

➡ Bei der Planung die Gültigkeitsdauer der einzelnen Visa berücksichtigen.

➡ Wer länger bleiben will, sollte bei der Botschaft in seiner Heimat oder einem Nachbarland eine Verlängerung des Visums beantragen oder sich über die Möglichkeit einer Verlängerung vor Ort informieren.

➡ Am besten nimmt man genügend Passfotos mit, denn bei der Beantragung eines Visums benötigt man vermutlich jedes Mal mindestens zwei Stück.

➡ Bei der Einreise für die Visagebühr die passende Summe in der örtlichen Währung (oder in US-Dollars) dabeihaben.

➡ In Botschaften, Konsulaten und an Grenzübergängen empfiehlt sich schicke Kleidung. Eine gepflegte Erscheinung wird in Südostasien geschätzt.

Zollbestimmungen

Zollbestimmungen sind praktisch in der ganzen Region gleich. Besitz von Drogen und Waffen ist strengstens verboten und wird mit langen Gefängnisstrafen und teilweise sogar mit dem Tod geahndet. Auch Pornografie in jeder Form ist in Südostasien ein absolutes Tabu.

Verkehrsmittel & -wege

AN- & WEITERREISE

Ein Flug ist der einfachste Weg nach Südostasien. Über Land gelangt man nur von China nach Vietnam oder Laos; von Papua Neuguinea nach Indonesien oder von Indien nach Myanmar, wofür allerdings eine Sondergenehmigung erforderlich ist. Flüge, Mietwagen und organisierte Touren kann man online über www.lonelyplanet.com/bookings buchen.

Flugzeug

Billigflieger steuern die wichtigsten asiatischen Verkehrsdrehkreuze an, wie Bangkok, Kuala Lumpur, Singapur und Denpasar (Bali). Dank vieler lokaler Airlines kosten Reisen zwischen China und Südostasien inzwischen um einiges weniger als noch vor ein paar Jahren, deshalb sollte man, statt sofort einen Direktflug zu buchen, prüfen, ob Flug-Kombinationen nicht günstiger ausfallen, zumal einige Fluggesellschaften mittlerweile auch Langstreckenflüge in europäische Städte anbieten. Diese findet man eher auf den Websites der Airlines als über Internetseiten mit Preisvergleich.

Beim Ticketkauf sollte man flexibel sein. Reisen, die länger als zwei Wochen dauern, sind meist teurer. Wer das Ticket zu früh oder auch zu knapp vor Abflug besorgt, muss ebenfalls mit höheren Preisen rechnen. Am besten bucht man zwei bis vier Wochen im Voraus. Achtung: Wer im Internet wiederholt nach günstigen Angeboten fahndet, sollte die Cookies löschen – sie speichern die Aktivitäten im Netz, was bei einer späteren Suche zu höheren Flugpreisen führen kann.

Round-The-World- & Rundreisetickets für Asien

Falls Asien nur eines von mehreren Zielen auf einer Weltreise ist, sollte man den Kauf eines Round-the-World-Tickets in Erwägung ziehen. Damit kann man innerhalb eines festgelegten Zeitraumes einige Zwischenstopps einlegen, darf allerdings nur in eine Richtung um den Erdball fliegen.

Mehrere Airline-Gemeinschaften bieten zudem Rundreisetickets an, mit denen man in Europa starten und verschiedene Ziele im asiatischen Raum ansteuern kann. Vor dem Kauf eines solchen Tickets sollte man sich aber erkundigen, ob regionale Billigflieger nicht doch günstiger sind. Weitere Auskünfte erteilen die Fluglinien, Reisebüros oder die Website **Air Treks** (www.airtreks.com).

Auf dem Landweg

Südostasien und den übrigen asiatischen Kontinent trennen die Grenzen zwischen Myanmar, Indien und Bangladesch sowie die chinesischen Grenzverläufe mit Myanmar, Laos und Vietnam. Von China kann man nach Laos und nach Vi-

KLIMAWANDEL & REISEN

Fast jede Art der motorisierten Fortbewegung erzeugt CO_2 (die Hauptursache für die globale Erwärmung), doch Flugzeuge sind mit Abstand die schlimmsten Klimakiller – nicht nur wegen der großen Entfernungen und der entsprechend großen CO_2-Mengen, sondern auch weil sie diese Treibhausgase direkt in hohen Schichten der Atmosphäre freisetzen. Auf vielen Websites kann man mit speziellen „CO_2-Rechnern" ermitteln, wie das persönliche Emissionskonto nach einer Reise aussieht, und mit einer Spende für Umweltprojekte eine Art Wiedergutmachung leisten. Auch Lonely Planet spendet Gelder, wenn Mitarbeiter und Autoren auf Reisen gehen.

SICHER AUF DER STRASSE

Verkehrsunfälle sind in Südostasien und vor allem in Thailand eine der häufigsten Todesursachen. Motorradfahrer gehören zu den meistgefährdeten Verkehrsteilnehmern, weil rücksichtslos gefahren wird, die Straßenverhältnisse schlecht sind und es keine (oder keine erzwungene) Helmpflicht und kein hinreichendes Notfallsystem gibt. Die WHO hat in der Region eine Kampagne zur Reduzierung der Unfallzahlen gestartet.

Ausländer, die vor Ort Motorräder leihen, sind einem noch größeren Risiko ausgesetzt. Viele sind noch nie Motorrad gefahren und kennen die örtlichen Verkehrsregeln (bzw. deren Mangel) nicht. Konsulate in Indonesien und Thailand werden mit Anfragen überhäuft, sie mögen ihren in Unfällen verletzten Landsleuten helfen.

Wer diese Risiken in Kauf nimmt, sollte Folgendes beachten:

- Helm und Schutzkleidung (lange Hosen und lange Shirts) tragen.
- Vorsichtig und defensiv fahren.
- Je größer das Fahrzeug ist, desto mehr Macht hat es auf der Straße.
- Bei Regen, in Kurven und auf losem Splitt langsamer fahren.
- Vom Motorrad nach links absteigen, um nicht das heiße Auspuffrohr zu berühren. Versengtes Fleisch riecht nicht sonderlich gut und braucht bei tropischer Luftfeuchtigkeit lange zum Verheilen.

Viele Asiaten schaffen es, ihre ganze Familie auf der Frontstoßstange eines Motorrads unterzubringen und als Beifahrer sogar ein kleines Nickerchen zu halten. Ausländer, die an solche Praktiken nicht gewöhnt sind, schreckt das verständlicherweise ab, sie sollten trotzdem Ruhe bewahren, damit der Fahrer besser die Balance halten kann. Große Menschen ziehen am besten die Beine ein, da die Fahrer eher an kleinere Passagiere gewöhnt sind, und Frauen in Röcken müssen aufpassen, dass sich die Kleidung nicht im Reifen oder in der Kette verfängt. Auf älteren Motorrädern ist es ratsam, beim Fahren und Absteigen auf die äußeren Auspuffrohre zu achten, da diese so heiß werden, dass man leicht die Haut daran verbrennt.

etnam reisen. Die Grenzübergänge Mu-Se–Ruili zwischen Myanmar und China und Tamu–Moreh zwischen Myanmar und Indien sind geöffnet, erfordern aber eine Sondergenehmigung, deren Ausstellung einen Monat dauert.

Abenteurer mit viel Zeit können mit der Transmandschurischen oder der Transmongolischen Eisenbahn anreisen, die Europa und China verbinden.

Auf dem Seeweg

Über das Meer kann man mit einem der Frachtschiffe nach Südostasien fahren, die gemütlich um die ganze Welt schippern und meistens ein paar separate Kabinen für Gäste haben. Mahlzeiten werden mit der Crew eingenommen. So ein Trip ist zwar extrem teuer, aber auch sehr romantisch. Vielleicht hat man an Bord sogar Zeit und Muße, endlich den Roman zu verfassen, den man schon immer schreiben wollte.

Die Preise variieren je nach Abfahrtshafen und beginnen bei ca. 150 US$ pro Tag plus Zusatzgebühren.

UNTERWEGS VOR ORT

Auto & Motorrad

Wie klingt Freiheit in Südostasien? Natürlich wie das Knattern von Motorrädern! Diese eignen sich wunderbar, um zu Stränden zu gelangen und das Land zu erkunden.

Für die Besichtigung von Sehenswürdigkeiten oder für längere Strecken kann man auch ein Auto mieten. Dank gut befestigter und beschilderter Straßen lassen sich Thailand und Malaysia hervorragend befahren. Die Bedingungen in Kambodscha, Laos und Myanmar variieren stark, befestigte Wege werden mittlerweile aber mehr und mehr zum Standard. In Indonesien und auf den Philippinen ist der Straßenzustand von Insel zu Insel verschieden, meistens wären jedoch dringend Reparaturen nötig. Relativ problemlos zu bereisen sind Vietnams breite Straßen.

Führerschein

Einige Regionen wie Malaysia, Indonesien und Thailand lassen sich hervorragend mit Auto und Motorrad erkunden. Wer Auto fahren möchte, sollte sich am besten vor der Abreise beim Automobilclub einen internationalen Führerschein ausstellen lassen. Der ist günstig und gilt ein Jahr. Unbedingt den Abschnitt **Sicher auf der Straße** lesen, da in Südostasien leider sehr viele Unfälle passieren.

Mieten

Westliche Autovermietungen gibt's in Flughäfen, Hauptstädten und Touristenzentren. Auch kleine Vermieter bieten Motorräder und Autos an, jedoch oft in schlechtem Zustand. Vor dem Mieten sollte man das Fahrzeug gemeinsam mit dem Besitzer genau anschauen und Schäden festhalten, um nicht im Nachhinein belangt zu werden. Vor dem Start sollte man zur Sicherheit Fotos vom Fahrzeug schießen und Reifenprofile und Bremsen überprüfen.

Verkehrsregeln & Sicherheit

Vorsichtig und defensiv fahren. Es gilt das Gesetz des Stärkeren, größere Fahrzeuge haben immer Vorfahrt vor kleineren. Selbst bei Gegenverkehr wird die Straßenmitte zur Überholspur, und die Hupe scheint nur dafür da zu sein, um anderen zu signalisieren, dass sie Platz machen sollen.

Versicherung

Leiht man ein Motorrad, sollte man sich möglichst auch eine Versicherung zulegen. Seriöse Unternehmen versichern ihre Fahrzeuge, manchmal gegen Aufpreis. Ohne Police haftet man für jeden Schaden. Am besten lässt man sich für die Wiederbeschaffungskosten eines ähnlichen Motorrades einen schriftlichen Kostenvoranschlag aushändigen und macht vorsichtshalber Fotos. Einige Anbieter akzeptieren nur den Betrag für ein Neufahrzeug.

Auch für einen Mietwagen benötigt man eine Versicherung. Dazu sollte man den Autovermieter vorher nach der Höhe der eigenen Haftung und der Schadensabdeckung fragen.

Bus

Meistens passiert man die Landesgrenzen mit Bussen. Manchmal verkehren zwischen zwei großen Städten Direktbusse, die nur wegen der Formalitäten an der Grenze halten. Andere Verbindungen enden in der Grenzstadt und man muss die Weiterfahrt auf der anderen Seite der Grenze organisieren. In Thailand, Malaysia und auf den Philippinen können sich Passagiere über luxuriöse Reiseverhältnisse freuen: mit asphaltierten Straßen und zuverlässigen Fahrplänen. In Fernbussen sollte man sich allerdings vor Langfingern in Acht nehmen. Wertgegenstände trägt man besser immer am Körper.

Fahrrad

Südostasien mit dem Fahrrad zu erkunden erfreut sich großer Beliebtheit. Langstreckenradler starten gerne von Thailand aus gen Süden durch Malaysia nach Singapur. Meistens sind die Straßenverhältnisse für normale Räder gut genug, in abgelegenen Gegenden ist man mit einem Mountainbike jedoch besser bedient. Vietnam gilt als tolles Reiseland für Radtouren. Die gesamte Strecke entlang der Küste ist gut befahrbar, außerdem kann man das Rad im Bus mitnehmen. Mag man keine flachen Ebenen, ist Indonesien eine herausfordernde Alternative. Dort gibt's miserable Straßen und große Steigungen, doch die Landschaft ist wunderschön. In Laos und Kambodscha sind die Straßenverhältnisse teilweise so schlecht, dass sie Fahrten erheblich erschweren. Das niedrige Verkehrsaufkommen (vor allem in Laos) sorgt jedoch für mehr Spaß als anderswo. Hochwertige Fahrräder und Zubehör erhält man in großen Städten wie Bangkok, Geschäfte sind jedoch schwer zu finden. Man kann seinen Drahtesel auch per Flugzeug mitbringen. Am besten vorher bei der Airline anfragen, ob dafür Gebühren anfallen und worauf zu achten ist.

Flugzeug

Verbindungen zwischen den südostasiatischen Ländern sind teilweise sehr günstig, vor allem wenn man in Metropolen wie Bangkok, Singapur und Kuala Lumpur startet. Mit Billigairlines ist Fliegen zwischen großen Städten meist einfacher als eine Überlandtour. Auf manchen Flughäfen wird eine Ausreisesteuer fällig, man braucht also bis zum Schluss Geld in der lokalen Währung.

Folgende Unternehmen bieten bezahlbare Tickets zwischen Hauptstädten und kleineren Orten an:

Air Asia (www.airasia.com) Führende regionale Billig-Airline, die Bangkok, Kuala Lumpur und Manila anfliegt.

Cebu Pacific Air (www.cebupacificair.com) Beliebte philippinische Billigflieger von und nach Manila.

Jetstar (www.jetstar.com) Große Airline mit Knotenpunkten in Singapur und Vietnam.

Lion Air (www.lionair.co.id) Indonesiens führende Billig-Airline.

Tigerair (www.tigerair.com) Günstige Fluggesellschaft aus der Nähe Singapurs.

Flugpässe

Nationale Fluggesellschaften werben regelmäßig mit Angeboten für regionale wie überregionale Verbindungen von westlichen Städten nach Südostasien. Zusammenschlüsse von Airlines bieten ebenfalls regionale Flugpässe an. Ein wenig Internetrecherche (Stichwort „Flugpässe" bzw. „Air Pässe") bringt auf den neuesten Stand.

Grenzübergänge

Zwischen benachbarten südostasiatischen Ländern reist

man am einfachsten auf dem Land- (oder Wasser-)weg. Vor allem auf dem Festland sind auf altbewährten Routen mit direkter Verkehrsanbindung viele gleichgesinnte Traveller unterwegs. Manchmal sind Überlandreisen die günstigste, aber nicht unbedingt die schnellste Route zwischen wichtigen Reisezielen. Oft kostet auch eine Flugreise kaum mehr als ein Ticket für den Langstreckenbus.

Mit Gründung der Asean Economic Community (AEC) haben sich die Beziehungen der meisten Länder an den Grenzen normalisiert, doch auf Visavorschriften und kleine Abzocken muss man sich noch immer einstellen.

Achtung: Aufgrund politischer Gewalt und Instabilität einiger Gebiete sind nicht alle Grenzübergänge empfehlenswert. Meiden sollte man u.a. den Übergang Sungai Kolok–Rantau Panjang zwischen Thailands Westküste und Malaysia sowie die Bootsüberfahrt von Malaysisch-Borneo in die Hafenstadt Zamboanga im Süden der Philippinen.

Für Berichte und weitere Informationen zur Grenzüberquerung sowie empfohlene Verkehrsmittel und -wege siehe Lonely Planet Thorn Tree (www.lonelyplanet.com/thorntree).

Wer Grenzüberquerungen plant, sollte außerdem folgende Punkte beachten:

- Klären, an welchen Grenzübergängen man bei Ankunft ein Visum bekommt und für welche man das Visum im Vorfeld organisieren muss.
- Für Grenzübergänge, an denen Visa bei Ankunft ausgestellt werden, benötigt man zwei Passbilder und ausreichend Bargeld in der lokalen Währung, um die Gebühren für Grenzformalitäten und Visum zu zahlen.
- Die Reise so planen, dass man während der Öffnungszeiten an der Grenze ankommt und nicht im letzten Moment in einer kleinen Grenzstadt Vorkehrungen treffen und irgendwo die Nacht verbringen muss.
- Einige Grenzen (selbst zentrale Grenzübergänge wie Poipet in Kambodscha an der Grenze zu Thailand) bieten kaum legale Geldwechselstellen, deshalb sollte man US-Dollars in kleiner Stückelung parat haben.
- Geldwechsel auf dem Schwarzmarkt ist eine Option für lokale Währungen, doch oft wechseln Schwarzmarkthändler zu schlechten Kursen oder sie geben zu wenig Wechselgeld heraus.
- Vorsicht bei Abzocke an der Grenze durch unseriöse Verkehrsmittel und lästige Grenzläufer (S. 998).
- An manchen Grenzen wird man neben den üblichen Visagebühren für zusätzliche Bearbeitungsgebühren wie Überstundenzuschlag oder andere unübliche Kosten zur Kasse gebeten. Wer sich weigert, spart vielleicht Geld, beschleunigt und vereinfacht die Grenzüberquerung jedoch nicht gerade. Egal, wie man sich entscheidet: Immer ruhig bleiben und sich nicht aufregen.
- Siehe S. 1006–1008 für eine Liste der Grenzübergange, Details stehen in den jeweiligen Kapiteln.

Nahverkehr

Nahverkehr ist in Städten ein eindringliches Geschäft. Wer genug zahlt, wird zu jedem Ziel gebracht. Üblich sind auch Rikschas, in Thailand unter dem Namen *săhmlór*, in Vietnam als *cyclo*. Alles, was einen Motor hat, wird für Personentransport umgerüstet: In Thailand kurven jede Menge unerträgliche dreirädrige Wagen *(túk-túk)* umher, während auf den Philippinen vor allem umgebaute Armeejeeps zu sehen sind. Große Städte besitzen weitläufige Liniennetze für den Busverkehr. Busse fahren entweder auf festgelegten Strecken oder zwanglos in Schleifen durch die Stadt, wobei sie unterwegs anhalten, um winkende Passagiere aufzunehmen. Bangkok, Kuala Lumpur und Singapur haben außerdem hochmoderne S-Bahnen.

Schiff/Fähre

Schiffsverbindungen bestehen zwischen Singapur und Indonesien, Malaysia und Indonesien, Thailand und Malaysia sowie den Philippinen und Malaysia. Wer von Thailand nach Laos oder von Kambodscha nach Vietnam will, muss den Mekong überqueren. Fährtickets gibt's in Pensionen und Reisebüros. Dort erfährt man auch aktuelle Abfahrtszeiten. Achtung: Manche Hafenstädte stellen keine Visa bei Ankunft aus.

Trampen

Trampen ist nie wirklich sicher und deshalb nicht empfehlenswert. Anhalter gehen ein zwar kleines, dafür aber möglicherweise ernstes Risiko ein. Wer sich dennoch zum Trampen entschließt, sollte sich mit mindestens einer weiteren Person zusammentun und vorher jemanden über die genauen Reiseziele informieren.

Zug

Der *International Express* fährt von Bangkok bis auf die Malaiische Halbinsel und endet in Singapur. Züge verkehren auch nach Nong Khai an der Grenze zwischen Thailand und Kambodscha und nach Aranya Prathet an der Grenze zwischen Thailand und Laos.

Thailand und Malaysia haben zwar ein recht gutes Schienennetz, doch leider sind die Züge alles andere als pünktlich.

GRENZÜBERGÄNGE IN SÜDOSTASIEN

Von Brunei Darussalam

NACH	GRENZÜBERGANG	GRENZSTÄDTE	SIEHE
Malaysia	Kuala Berait (B)/Miri (M)	Bandar Seri Begawan (B)/Miri (M)	S. 63
Malaysia	Muara (B)/Bandar Labuan (M)	Bandar Seri Begawan (B)/Kota Kinabalu (M)	S. 63

Von Indonesien

NACH	GRENZÜBERGANG	GRENZSTÄDTE	SIEHE
Malaysia	Dumai (I)/Melaka (M)	Bukittinggi (I)/Melaka (M)	S. 199
Malaysia	Entikong (I)/Tebedu (M)	Pontianak (I)/Kuching (M)	S. 205
Malaysia	Riau Islands (I)/Johor Bahru (M)	Riau Islands (I)/Johor Bahru (M)	S. 444
Malaysia	Tarakan & Nunukan (I)/ Tawau (M)	Tarakan & Nunukan (I)/Tawau (M)	S. 477
Papua-Neuguinea	Skouw (I)/Wutung (P)	Jayapura (I)/Vanimo (P)	S. 225
Singapur	Riau Islands (I)/Singapur	Riau Islands (I)/Singapur	S. 180
Osttimor	Kupang (I)/Dili (T)	Kupang (I)/Dili (T)	S. 177

Von Kambodscha

NACH	GRENZÜBERGANG	GRENZSTÄDTE	SIEHE
Laos	Trapeang Kriel (K)/Nong Nok Khiene (L)	Stung Treng (K)/Si Phan Don (L)	S. 313
Thailand	Cham Yeam (K)/Hat Lek (T)	Koh Kong (K)/Trat (T)	S. 290
Thailand	Choam (K)/Chong Sa-Ngam (T)	Anlong Veng (K)/Chong Sa-Ngam (T)	S. 284
Thailand	O Smach (K)/Chong Chom (T)	Samraong (K)/Surin (T)	S. 284
Thailand	Poipet (K)/Aranya Prathet (T)	Siem Reap (K)/Bangkok (T)	S. 278
Thailand	Psar Pruhm (K)/Ban Pakard (T)	Pailin (K)/Chanthaburi (T)	S. 290
Vietnam	Bavet (K)/Moc Bai (V)	Phnom Penh (K)/Ho Chi Minh City (V)	S. 263
Vietnam	Kaam Samnor (K)/Vinh Xuong (V)	Phnom Penh (K)/Chau Doc (V)	S. 263
Vietnam	Phnom Den (K)/Tinh Bien (V)	Takeo (K)/Chau Doc (V)	S. 263
Vietnam	Prek Chak (K)/Xa Xia (V)	Kep (K)/Ha Tien (V)	S. 309
Vietnam	O Yadaw (K)/Le Thanh (V)	Ban Lung (K)/Pleiku (V)	S. 317
Vietnam	Trapeang Plong (K)/Xa Mat (V)	Kompong Cham (K)/Tay Ninh (V)	S. 317
Vietnam	Trapeang Sre (K)/Loc Ninh (V)	Snuol (K)/Binh Long (V)	S. 317

Von Laos

NACH	GRENZÜBERGANG	GRENZSTÄDTE	SIEHE
Kambodscha	Nong Nok Khiene (L)/Trapeang Kriel (K)	Si Phan Don (L)/Stung Treng (K)	S. 396
China	Boten (L)/Mohan (Ch)	Luang Namtha (L)/Mengla (Ch)	S. 373
Thailand	Huay Xai (L)/Chiang Khong (T)	Huay Xai (L)/Chiang Rai (T)	S. 375

Thailand	Kaen Thao (L)/Tha Li (T)	Pak Lai (L)/Loei (T)	S. 375
Thailand	Muang Ngeun (L)/Ban Huay Kon (T)	Hongsa (L)/Phrae (T)	S. 375
Thailand	Paksan (L)/Bueng Kan (T)	Paksan (L)/Bueng Kan (T)	S. 381
Thailand	Savannakhet (L)/Mukdahan (T)	Savannakhet (L)/Mukdahan (T)	S. 389
Thailand	Thakkek (L)/Nakhon Phanom (T)	Thakkek (L)/Nakhon Phanom (T)	S. 381
Thailand	Tha Na Long (L)/Nong Khai (T)	Vientiane (L)/Nong Khai (T)	S. 347
Thailand	Vang Tao (L)/Chong Mek (T)	Pakse (L)/Ubon Ratchathani (T)	S. 389
Vietnam	Dansavanh (L)/Lao Bao (V)	Savannakhet (L)/Dong Ha (V)	S. 385
Vietnam	Na Phao (L)/Cha Lo (V)	Thakkek (L)/Dong Hoi (V)	S. 382
Vietnam	Nam Phao (L)/Cau Treo (V)	Lak Sao (L)/Vinh (V)	S. 382
Vietnam	Nam Soi (L)/Na Meo (V)	Sam Neua (L)/Thanh Hoa (V)	S. 368
Vietnam	Nong Haet (L)/Nam Can (V)	Phonsavan (L)/Vinh (V)	S. 368
Vietnam	Sop Hun (L)/Tay Trang (V)	Muang Khua (L)/Dien Bien Phu (V)	S. 368

Von Malaysia

NACH	GRENZÜBERGANG	GRENZSTÄDTE	SIEHE
Brunei Darussalam	Bandar Labuan (M)/Muara (B)	Pulau Labuan (M)/Bandar Seri Begawan (B)	S. 479
Brunei Darussalam	Miri (M)/Kuala Berait (B)	Miri (M)/Bandar Seri Begawan (B)	S. 496
Indonesien	Johor Bahru (M)/Riau Islands (I)	Johor Bahru (M)/Riau Islands (I)	S. 444
Indonesien	Melaka (M)/Dumai (I)	Melaka (M)/Bukittinggi (I)	S. 426
Indonesien	Tawau (M)/Tarakan & Nunukan (I)	Tawau (M)/Tarakan & Nunukan (I)	S. 477
Indonesien	Tebedu (M)/Entikong (I)	Kuching (M)/Pontianak (I)	S. 486
Philippinen	Sandakan (M)/Zamboanga (P)	Sandakan (M)/Zamboanga (P)	S. 473
Singapur	Johor Bahru (M)/Singapur	Johor Bahru (M)/Singapur	S. 446
Thailand	Bukit Kayu Hitam (M)/Sadao (T)	Alor Setar (M)/Hat Yai (T)	S. 440
Thailand	Padang Besar (M)/Hat Yai (T)	Kangar (M)/Hat Yai (T)	S. 440
Thailand	Pulau Langkawi (M)/Ko Lipe & Satun (T)	Pulau Langkawi (M)/Ko Lipe & Satun (T)	S. 442
Thailand	Rantau Panjang (M)/Sungai Kolok (T)	Kota Bharu (M)/Bangkok (T)	S. 457

Von Myanmar

NACH	GRENZÜBERGANG	GRENZSTÄDTE	SIEHE
China	Mu-Se (My)/Ruili (Ch)	Mu-Se (My)/Ruili (Ch)	S. 554
Indien	Tamu (My)/Moreh (India)	Mawlaik (My)/Imphal (India)	S. 1002
Thailand	Hteke (My)/Phu Nam Ron (T)	Dawei (My)/Kanchanaburi (T)	S. 788
Thailand	Kawthoung (My)/Saphan Pla Pier (T)	Kawthoung (My)/Ranong (T)	S. 535
Thailand	Myawaddy (My)/Mae Sot (T)	Hpa-an (My)/Mae Sot (T)	S. 535
Thailand	Tachileik (My)/Mae Sai (T)	Kyaingtong (My)/Mae Sai (T)	S. 542

Von Thailand

NACH	GRENZÜBERGANG	GRENZSTÄDTE	SIEHE
Kambodscha	Aranya Prathet (T)/Poipet (K)	Bangkok (T)/Siem Reap (K)	S. 806
Kambodscha	Ban Pakard (T)/Psar Pruhm (K)	Chanthaburi (T)/Pailin (K)	S. 805
Kambodscha	Chong Chom (T)/O Smach (K)	Surin (T)/Samraong (K)	S. 806
Kambodscha	Chong Sa-Ngam (T)/Choam (K)	Chong Sa-Ngam (T)/Anlong Veng (K)	S. 806
Kambodscha	Hat Lek (T)/Cham Yeam (K)	Trat (T)/Koh Kong (K)	S. 805
Laos	Ban Huay Kon (T)/Muang Ngeun (L)	Phrae (T)/Hongsa (L)	S. 775
Laos	Bueng Kan (T)/Paksan (L)	Bueng Kan (T)/Paksan (L)	S. 798
Laos	Chiang Khong (T)/Huay Xai (L)	Chiang Rai (T)/Huay Xai (L)	S. 775
Laos	Chong Mek (T)/Vang Tao (L)	Ubon Ratchathani (T)/Pakse (L)	S. 798
Laos	Mukdahan (T)/Savannakhet (L)	Mukdahan (T)/Savannakhet (L)	S. 798
Laos	Nakhon Phanom (T)/Thakkek (L)	Nakhon Phanom (T)/Thakkek (L)	S. 798
Laos	Nong Khai (T)/Tha Na Long (L)	Nong Khai (T)/Vientiane (L)	S. 800
Laos	Tha Li (T)/Kaen Thao (L)	Loei (T)/Pak Lai (L)	S. 798
Malaysia	Hat Yai (T)/Padang Besar (M)	Hat Yai (T)/Kangar (M)	S. 440
Malaysia	Ko Lipe & Satun (T)/ Pulau Langkawi (M)	Ko Lipe & Satun (T)/Pulau Langkawi (M)	S. 850
Malaysia	Sadao (T)/Bukit Kayu Hitam (M)	Hat Yai (T)/Alor Setar (M)	S. 440
Malaysia	Sungai Kolok (T)/Rantau Panjang (M)	Sungai Kolok (T)/Kota Bharu (M)	S. 829
Myanmar	Mae Sai (T)/Tachileik (My)	Mae Sai (T)/Kyaingtong (My)	S. 776
Myanmar	Mae Sot (T)/Myawaddy (My)	Mae Sot (T)/Hpa-an (My)	S. 789
Myanmar	Phu Nam Rom (T)/Hteke (My)	Kanchanaburi (T)/Dawei (My)	S. 788
Myanmar	Saphan Pla Pier (T)/Kawthoung (My)	Ranong (T)/Kawthoung (My)	S. 831

Von Vietnam

NACH	GRENZÜBERGANG	GRENZSTÄDTE	SIEHE
Kambodscha	Le Thanh (V)/O Yadaw (K)	Pleiku (V)/Ban Lung (K)	S. 941
Kambodscha	Loc Ninh (V)/Trapeang Sre (K)	Binh Long (V)/Snuol (K)	S. 317
Kambodscha	Moc Bai (V)/Bavet (K)	Ho Chi Minh City (V)/Phnom Penh (K)	S. 853
Kambodscha	Tinh Bien (V)/Phnom Den (K)	Chau Doc (V)/Takeo (K)	S. 959
Kambodscha	Vinh Xuong (V)/Kaam Samnor (K)	Chau Doc (V)/Phnom Penh (K)	S. 959
Kambodscha	Xa Mat (V)/Trapeang Plong (K)	Tay Ninh (V)/Kompong Cham (K)	S. 317
Kambodscha	Xa Xia (V)/Prek Chak (K)	Ha Tien (V)/Kep (K)	S. 959
China	Huu Nghi Quan (V)/Youyi Guan (Ch)	Dong Dang (V)/Pingxiang (Ch)	S. 895
China	Lao Cai (V)/Hekou (Ch)	Hanoi (V)/Kunming (Ch)	S. 893
China	Mong Cai (V)/Dongxing (Ch)	Mong Cai (V)/Dongxing (Ch)	S. 895
Laos	Cau Treo (V)/Nam Phao (L)	Vinh (V)/Lak Sao (L)	S. 898
Laos	Lao Bao (V)/Dansavanh (L)	Dong Ha (V)/Savannakhet (L)	S. 905
Laos	Cha Lo (V)/Na Phao (L)	Dong Hoi (V)/Thakek (L)	S. 898
Laos	Nam Can (V)/Nong Haet (L)	Vinh (V)/Phonsavan (L)	S. 898
Laos	Nam Soi (V)/Na Meo (L)	Thanh Hoa (V)/Sam Neua (L)	S. 368
Laos	Tay Trang (V)/Sop Hun (L)	Dien Bien Phu (V)/Muang Khua (L)	S. 898

Gesundheit

Je nach Ziel in Südostasien ist die Qualität medizinischer Versorgung sehr unterschiedlich.

Traveller überschätzen tropische Infektionskrankheiten gerne, dabei führen diese selten zu ernsthaften Erkrankungen oder gar Todesfällen.

Für lebensbedrohliche Situationen sind meistens Unfallverletzungen und bereits bestehende Probleme verantwortlich. Auf irgendeine Weise erkranken jedoch die meisten Touristen, sei es an Atemwegsinfektionen, Durchfall oder Denguefieber. Viele gängige Beschwerden lassen sich aber mit gesundem Menschenverstand vermeiden oder mit einer gut ausgestatteten Reiseapotheke behandeln.

VOR DER REISE

Arzneimittel sollten in ihrer Originalverpackung bleiben. Ratsam ist auch ein unterschriebener, datierter Brief des Hausarztes, der Auskunft über den Gesundheitszustand und derzeit eingenommene Medikamente einschließlich deren Gattungsnamen gibt. Auch für Spritzen oder Nadeln im Gepäck ist ein Arztbrief über die medizinische Notwendigkeit hilfreich. Herzpatienten sollten die Kopie eines vor der Reise durchgeführten EKGs dabeihaben.

Wer regelmäßig Medikamente nimmt, hat besser die doppelte Menge dabei, falls man bestohlen wird oder die Arzneimittel verlieren sollte. Außer in Singapur gibt's in manchen Ländern Medikamente rezeptfrei. Neuere Mittel wie Antidepressiva, Blutdruckmittel oder die Pille sind allerdings teilweise nur schwer zu bekommen.

Versicherung

Auch wer gesund und munter ist, sollte auf eine Krankenversicherung nicht verzichten, denn Unfälle passieren schnell. Eventuell muss man Extremsportarten wie Bergsteigen zusätzlich versichern. Kommt die eigene Krankenversicherung nicht für Kosten im Ausland auf, ist eine separate Auslandskrankenversicherung mit Rücktransport im Notfall ratsam.

Vor der Abreise sollte man sich erkundigen, ob die Versicherung die Kosten direkt übernimmt oder ob sie Ausgaben für Arztbesuche und Medikamente erst später erstattet. In vielen Ländern zahlt man Arztbesuche bar. Um nach der Reise die Kostenerstattung zu beantragen, muss man unbedingt alle Quittungen aufbewahren. Manche Verträge fordern auch, erst einen Arzt im Heimatland anzurufen, der sofort eine Ferndiagnose stellt.

Taucher müssen sich erkundigen, ob ihre Versicherung auch bei der Taucherkrankheit haftet. Infos zu speziellen Versicherungen erhält man z.B. online unter **Divers Alert Network** (www.diversalertnetwork.org). Vor der Abreise sollte man sich untersuchen lassen, denn unter bestimmten gesundheitlichen Bedingungen darf man diesem Sport nicht nachgehen.

Empfohlene Impfungen

Auf Tropenmedizin spezialisierte Kliniken informieren darüber, welche Impfungen für die geplante Reise empfohlen werden. Einige Impfungen werden mehrmals und über einen längeren Zeitraum durchgeführt; daher sollte man sechs Wochen vor der Reise seinen Arzt aufsuchen.

Die Weltgesundheitsorganisation (WHO) empfiehlt Travellern nach Südostasien folgende Impfungen:

- Diphtherie und Tetanus bei Erwachsenen
- Hepatitis A
- Hepatitis B
- Masern, Mumps und Röteln
- Polio
- Typhus
- Windpocken

Folgende Schutzimpfungen werden Reisenden empfohlen, die länger als einen Monat im Land bleiben wollen oder besonders gefährdet sind:

- Japanische Enzephalitis
- Meningitis
- Tollwut
- Tuberkulose

Notwendige Impfungen

Die Gelbfieberschutzimpfung ist die einzige vorgeschriebene Prophylaxe-Maßnahme, wenn man sechs Tage vor der Südostasien-Reise ein Land besucht hat, in dem diese Krankheit grassiert. Kommt man von Afrika oder Südamerika aus in die Region, sollte man sich vorher erkundigen, ob man einen Impfnachweis braucht.

IN SÜDOSTASIEN

Medizinische Versorgung

Mittlerweile haben fast alle Hauptstädte in Südostasien Krankenhäuser, die auf Touristen und Auswanderer spezialisiert sind. Diese sind zwar oft teurer als die örtlichen medizinischen Einrichtungen, bieten aber auch deutlich bessere medizinische Betreuung und die Mitarbeiter sprechen Englisch.

In ländlichen Gegenden ist es schwierig, verlässliche ärztliche Betreuung zu finden. Gute Infoquellen hierzu sind die Botschaft des Heimatlandes und Versicherungsgesellschaften.

Der Standard der medizinischen Versorgung variiert stark:

Brunei Darussalam Die allgemeine medizinische Versorgung durch Einwanderer und in anderen Ländern ausgebildete Einheimische (es gibt keine lokale medizinische Fakultät) ist annehmbar. Schwere oder komplizierte Fälle sind in Singapur besser aufgehoben.

Indonesien Die lokale medizinische Versorgung entspricht noch nicht internationalen Standards. Ausländische Ärzte dürfen nicht in Indonesien arbeiten, allerdings beschäftigen manche Krankenhäuser, die hauptsächlich Ausländer behandeln, sogenannte „internationale Berater". Nahezu alle indonesischen Ärzte arbeiten tagsüber in staatlichen Krankenhäusern und nachts in Privatkliniken. Dies hat zur Folge, dass vielen privaten Institutionen ihr bestes Personal tagsüber nicht zur Verfügung steht. Notfälle können nach Australien oder Singapur ausgeflogen werden.

Kambodscha Internationale Kliniken in Phnom Penh und Siem Reap sowie eine von einer Nichtregierungsorganisation betriebene chirurgische Klinik in Battambang bieten eine primäre Grundversorgung und Notfallbehandlungen an. Staatliche Krankenhäuser in anderen Orten sollte man meiden. Wer ernsthaft erkrankt, wendet sich eventuell besser an die Klinik in Bangkok.

Laos In Laos gibt's keine empfehlenswerten medizinische Institutionen. Die nächstgelegenen akzeptablen Einrichtungen befinden sich in Nordthailand.

Malaysia In größeren Städten ist die medizinische Versorgung gut. Viele Probleme können in Kuala Lumpur zufriedenstellend gelöst werden.

Myanmar (Birma) Die lokale medizinische Versorgung ist eine Katastrophe, deshalb sollten Krankenhäuser nur im allergrößten Notfall aufgesucht werden. In Yangon findet man ein internationales Krankenhaus.

Osttimor Privatkrankenhäuser gibt's nur in Dili. Das staatliche Krankenhaus bietet einen Minimalstandard und sollte nach Möglichkeit gemieden werden.

Philippinen In zahlreichen großen Städten ist eine gute medizinische Versorgung gewährleistet.

Singapur Erkrankte werden in exzellenten medizinischen Einrichtungen versorgt und Patienten aus fast ganz Südostasien hierher überwiesen.

Thailand Nach Singapur ist Bangkok die zweite Wahl bei den Einwanderern, die in Südostasien leben und eine besondere Behandlung brauchen.

Vietnam Staatliche Krankenhäuser sind einfach und überfüllt. Nur wenige Kliniken haben die besondere Zulassung, um Ausländer behandeln zu dürfen. Als beste erste Anlaufstelle dienen Privatkrankenhäuser in Hanoi, Ho-Chi-Minh-Stadt und Da Nang.

SELTENE, ABER GEFÄHRLICHE KRANKHEITEN

Von den folgenden Krankheiten sind Einheimische aller Länder außer Singapur relativ häufig betroffen, Traveller jedoch nur selten:

- **Filariose** Die durch Mücken übertragene Krankheit kann durch entsprechenden Schutz verhindert werden.
- **Japanische Enzephalitis** (meistgefährdete Gebiete: Vietnam, Thailand und Indonesien) Durch Mücken übertragene Virenerkrankung, meist nur in ländlichen Gebieten. Wer mehr als einen Monat außerhalb von Städten verbringt, sollte sich impfen lassen.
- **Melioidose** (nur in Thailand) Infektion, die durch Hautkontakt mit Erde hervorgerufen wird. Die Symptome ähneln denen von Tuberkulose.
- **Tuberkulose** Entwicklungshelfer, Ärzte und Langzeitreisende sollten vorbeugen und sich vor und nach dem Aufenthalt medizinisch untersuchen lassen. Symptome sind Fieber, Husten, Gewichtsverlust und Müdigkeit.
- **Typhus** Mäusetyphus wird durch Flohbisse, Buschtyphus durch Milben übertragen. Symptome sind Fieber, Muskelschmerzen und Ausschlag. Insektenschutzmittel oder Doxycyclin kann vorbeugen.

Infektions-krankheiten

Denguefieber

Gefährdete Gebiete Alle Länder.
Diese durch Stechmücken übertragene Krankheit kommt nicht nur in ländlichen Regionen vor, sondern auch in Großstädten wie Bangkok und Singapur, auch die südlichen Inseln Thailands und die Provinz Chiang Mai sind stark gefährdet. Weil es keinen Impfstoff gibt, kann sie nur durch DEET-haltigen, regelmäßig angewendeten Mückenschutz verhindert werden. Symptome sind hohes Fieber sowie starke Kopf- und Gliederschmerzen (daher auch als „Knochenbrecherfieber" bekannt), auch Ausschlag und Durchfall kommen vor. Es gibt keine spezielle Behandlung außer viel Ruhe, begleitend kann Paracetamol eingenommen werden. Auf Aspirin sollte man verzichten, da es das Risiko innerer Blutungen erhöht. Denguefieber muss ein Arzt diagnostizieren und überwachen.

Filariose

Gefährdete Gebiete Alle Länder außer Singapur.
Die durch Fadenwürmer ausgelöste Krankheit kommt häufig an thailändischen Stränden vor. Der Ausschlag schwillt an und verbreitet sich langsam in Linien über den Körper. Besonders nachts kann die Haut stark jucken. Behandelt wird mit Medikamenten. Die Haut nicht einschneiden oder mit Eis kühlen.

Geschlechts-krankheiten

Gefährdete Gebiete Alle Länder.
Am häufigsten treten sexuell übertragbare Krankheiten wie Herpes, Warzen, Syphilis, Gonorrhö und Chlamydien auf. Oft zeigen sich keinerlei Symptome. Kondome schützen vor Gonnorhö und Chlamydien, aber nicht vor Warzen und Herpes. Entdeckt man nach dem Geschlechtsverkehr Ausschlag, Blasen bzw. ungewöhnlichen Ausfluss oder hat Schmerzen beim Wasserlassen, muss man unverzüglich einen Arzt aufsuchen. Wer während seiner Reise Geschlechtsverkehr hatte, sollte sich nach der Rückkehr untersuchen lassen.

Grippe

Gefährdete Gebiete Alle Länder.
In den Tropen ist die Grippe ganzjährig präsent. Symptome reichen von Fieber über Gliederschmerzen, Schnupfen und Husten bis zu Halsschmerzen. Menschen über 65, Herzkranke oder Diabetiker können sehr schwer erkranken und sollten sich daher impfen lassen. Es gibt keine spezielle Behandlung. Hilfreich sind Ruhe und Paracetamol.

Hepatitis A

Gefährdete Gebiete Alle Länder.
Hepatitis A ist in ganz Südostasien ein Problem. Das durch Aufnahme von verunreinigten Lebensmitteln und Wasser übertragene Virus infiziert die Leber und verursacht Gelbsucht (gelbe Haut und Augen), Übelkeit sowie Lethargie. Für die Krankheit gibt's keine bestimmte Behandlung – die Leber regeneriert sich mit der Zeit. Jeder Reisende sollte sich impfen lassen.

Hepatitis B

Gefährdete Gebiete Alle Länder.
Hepatitis B wird durch Sexualkontakte und den Austausch von Körperflüssigkeiten übertragen, kann aber durch Impfung verhindert werden. In einigen Regionen tragen 20 % der Bevölkerung das Virus in sich, wobei die Betroffenen das oft nicht einmal wissen. Langzeitfolgen sind Leberkrebs und -zirrhose.

Hepatitis E

Gefährdete Gebiete Alle Länder.
Mit Hepatitis E steckt man sich durch verunreinigtes Wasser und Lebensmittel an. Es treten ähnliche Symptome wie bei Hepatitis A auf, aber dieses Virus ist weit weniger verbreitet. Für Schwangere ist es eine ernsthafte, möglicherweise sogar tödliche Bedrohung. Es gibt keinen Impfstoff, deshalb sollte man beim Essen und Trinken unbedingt die empfohlenen Vorsichtsmaßnahmen einhalten.

HIV

Gefährdete Gebiete Alle Länder.
In Thailand ist HIV eine der häufigsten Todesursachen bei Menschen unter 50 Jahren. Auch Myanmar und Vietnam haben stark mit dem Virus zu kämpfen, weil es sich hier mit Abstand am schnellsten verbreitet. Übertragen wird die Krankheit vor allem durch Geschlechtsverkehr.

Leptospirose

Gefährdete Gebiete Thailand und Malaysia.
An Leptospirose erkrankt man häufig nach Rafting- oder Canyoningtouren. Frühe Symptome wie Kopfschmerzen und Fieber ähneln denen einer Grippe. Die Krankheit kann unproblematisch, aber auch tödlich verlaufen. Über einen Bluttest wird die Diagnose gestellt. Leptospirose kann mit Doxycyclin behandelt werden.

Malaria

Gefährdete Gebiete Alle Länder außer Singapur und Brunei.
In vielen Gegenden, besonders in Städten und Ferienorten, besteht so gut wie kein Infektionsrisiko, und die Nebenwirkungen der Medikationen sind stärker als die Wahrscheinlichkeit, überhaupt zu erkranken.

In ländlichen Regionen ist die Gefahr allerdings so groß, dass man die Nebenwirkungen der Tabletten leider in Kauf nehmen muss. Malaria kann immer tödlich enden. Vor der Reise sollte man ärztlichen Rat über die individuell richtige Dosierung einholen und sich ein Rezept ausstellen lassen.

Malaria, eine parasitäre Infektion, wird durch infizierte Moskitos übertragen. Das deutlichste Symptom ist Fieber, aber auch allgemeine Merkmale wie Kopfschmerzen, Durchfall oder Schüttelfrost können auftreten. Eine sichere Diagnose liefert nur eine Blutprobe.

Malariaprophylaxe bedeutet Schutz vor Stechmücken und Einnahme von Medikamenten.

Traveller sollten sich wie folgt vor Moskitostichen schützen:

➡ Unbedeckte Hautstellen mit auf DEET basierendem Insektenschutzmittel einsprühen.

➡ Unter einem mit Permethrin imprägnierten Moskitonetz schlafen.

➡ Unterkünfte mit Malariagittern und Klimaanlagen oder Ventilatoren buchen.

➡ In Risikogebieten Kleidung mit Permethrin imprägnieren.

➡ Langärmlige, helle Kleidung tragen.

➡ Mückenspiralen verwenden (bekommt man in Outdoorgeschäften).

➡ Insektenspray benutzen, bevor man das Zimmer zum Abendessen verlässt.

Masern

Gefährdete Gebiete Alle Länder außer Singapur und Brunei.

Masern stellen in einigen Teilen Südostasiens ein Problem dar, wobei viele vor 1966 geborene Menschen immun dagegen sind, weil

REISEAPOTHEKE

Folgende Medikamente und Utensilien gehören für Südostasien unbedingt ins Gepäck:

- ☐ Abführmittel (Laxative) wie Dulcolax
- ☐ Abschwellende Mittel gegen Erkältungen und Schnupfen, z. B. Xylometazolin (Olynth)
- ☐ Antibakterielle Salbe (mit dem Wirkstoff Mupirocin)
- ☐ Antibiotika für Hautinfektionen wie Amoxicillin oder Cephalexin
- ☐ Antihistaminika gegen Allergien, beispielsweise tagsüber Cetirizin und nachts Promethazin
- ☐ Antiseptikum für Schnitte und Kratzer, z. B. Betaisodona
- ☐ Bei Neigung zu Blasenentzündungen entsprechende Antibiotika
- ☐ DEET-haltiges Insektenschutzmittel wie Care Plus DEET Gel 30
- ☐ Durchfallerkrankungen: Antibiotika wie Norfloxacin oder Ciprofloxacin, Azithromycin gegen bakteriellen Durchfall und Medikamente mit dem Wirkstoff Tinidazol gegen durch Parasiten hervorgerufenen Durchfall sowie Amöbenruhr und „Durchfallbremsen" wie Imodium
- ☐ Entzündungshemmer wie Ibuprofen
- ☐ Erste-Hilfe-Zubehör: Schere, Pflaster, Bandagen, Mullbinden, Fieberthermometer (elektronisch, kein Quecksilberthermometer), sterile Nadeln und Spritzen, Sicherheitsnadeln und eine Pinzette
- ☐ Flüssigkeitsersatz bei Durchfallerkrankungen, z. B. Gastrolyte
- ☐ Halstabletten
- ☐ Jodtabletten zur Wasserreinigung
- ☐ Kortisoncreme und Kortison gegen Juckreiz und Allergieschübe, z. B. 12 %iges Hydrocortison
- ☐ Krampflösende Mittel gegen Magenkrämpfe wie Buscopan, Medikamente gegen Magenverstimmung wie ein Antazidum (z. B. Talaid, Maloxan oder Gaviscon)
- ☐ Medikamente gegen Pilzinfektionen, beispielsweise Clotrimazol-Creme oder Diflucan-Tabletten
- ☐ Medikamente gegen Übelkeit sowie Erbrechen
- ☐ Paracetamol gegen Schmerzen
- ☐ Permethrinhaltiges Insektenspray für Kleidung, Zelte und Moskitos
- ☐ Sonnencreme und -hut
- ☐ Verhütungsmittel

Taucher sollten sich unbedingt über die Behandlung von Korallenschnitten und tropischen Ohrenentzündungen informieren und entsprechende Medikamente einpacken.

sie die Krankheit bereits in ihrer Kindheit hatten. Die hochansteckende bakterielle Infektion verbreitet sich durch Husten und Niesen, beginnt mit hohem Fieber und Hautauschlag und kann zu Lungenentzündung sowie Hirnschäden führen. Es gibt keine spezielle Behandlung gegen Masern.

Schistosomiasis

Gefährdete Gebiete Laos, die Philippinen, Vietnam und Sulawesi (Indonesien).
Schistosomiasis ist eine Wurmkrankheit. Beim Schwimmen in verunreinigtem Wasser dringen winzige Parasiten in die Haut ein. Reisende infizieren sich meist nur leicht und ohne Symptome. Wenn die Würmer durch die Lunge wandern und eine allergische Reaktion verursachen, entwickelt sich einige Wochen nach der Ansteckung in seltenen Fällen „Katayama-Fieber" mit Husten und Fieber, was medikamentös unkompliziert behandelt werden kann.

Tollwut

Gefährdete Gebiete Alle Länder außer Singapur und Brunei.
Die tödliche Krankheit wird durch Bisse oder den Speichel infizierter Tiere wie Hunde oder Affen übertragen. Nach einem Biss sollte man die Wunde vorsichtig mit Wasser und Seife auswaschen und jodhaltiges Desinfektionsmittel auftragen und muss sofort einen Arzt aufsuchen, der die Nachbehandlung (Postexpositions-Prophylaxe) beginnt. Eine Impfung vor der Reise vereinfacht die Maßnahmen. Wenn man nicht geimpft ist, braucht man so schnell wie möglich eine Behandlung mit Immunglobulinen gegen Tollwut.

Typhus

Gefährdete Gebiete Alle Länder außer Singapur.
Diese bakterielle Infektion verbreitet sich über verunreinigtes Essen und Wasser. Symptome sind langsam ansteigendes, hohes Fieber sowie Kopfschmerzen, manchmal auch trockener Husten und Magenschmerzen. Typhus wird durch Bluttests nachgewiesen und mit Antibiotika behandelt. Traveller, die länger als eine Woche in Südostasien verbringen oder sich in ländlichen Regionen aufhalten, wird eine Impfung empfohlen, allerdings gewährt diese keinen absoluten Schutz, deshalb sollte man vorsicht sein beim Essen und Trinken!

Zwergfadenwurm

Gefährdete Gebiete Kambodscha, Myanmar und Thailand.
Zwergfadenwürmer werden durch Hautkontakt mit Erde übertragen, bei Reisenden aber eher selten. Betroffene leiden unter dem ungewöhnlichen Hautausschlag *larva currens*, eine gradlinige, sporadisch auftretende Flechte auf dem Gefäßstrang. Andere Symptome zeigen sich oft erst, wenn das komplette Immunsystem gestört ist und der Parasit eine schwere Infektion auslöst. Strongyloiden müssen medikamentös behandelt werden.

Durchfallerkrankungen

Das am weitesten verbreitete Gesundheitsproblem sind wohl die Durchfallerkrankungen, an denen in den ersten beiden Reisewochen zwischen 30 und 50 % der Urlauber leiden. In über 80 % der Fälle sind Bakterien die Verursacher, sodass Antibiotika schnell helfen können. Ob man diese nehmen sollte, hängt von der jeweiligen Situation ab.

Reisedurchfall ist durch mindestens drei wässrige Darmentleerungen innerhalb von 24 Stunden definiert, mit wenigstens einer Begleiterscheinung wie Fieber, Krämpfe, Übelkeit und Erbrechen.

Man muss nun unbedingt zu viel Flüssigkeitsverlust verhindern, am besten mit elektrolythaltigen Lösungen wie Normhydral. Antibiotika wie Norfloxacin, Ciprofloxacin oder Azithromycin töten die Bakterien rasch ab. Imodium stoppt zwar nur die Symptome, kann aber z. B. auf einer langen Busreise durchaus hilfreich sein. Bei Fieber oder Blut im Stuhl sollte es aber nicht eingenommen werden. Wer nicht auf Antibiotika anspricht, muss sofort einen Arzt aufsuchen.

Amöbenruhr

Amöbenruhr kommt bei Travellern nur sehr selten vor, wird aber oft fälschlicherweise von schlecht ausgestatteten Laboren diagnostiziert. Die Symptome Fieber, blutiger Stuhl und allgemeines Unwohlsein ähneln denen einer bakteriellen Diarrhöe. Bei Blut im Stuhl sollte man sofort einen Arzt aufsuchen. Behandelt wird die Krankheit mit zwei Medikamenten: Tinidazole oder Metronidazole töten die Parasiten im Darm ab, ein weiteres Mittel wirkt gegen die Zysten. Unbehandelt kann eine Erkrakung Leber- und Darmabszesse zur Folge haben.

Giardiasis

Giardia lamblia ist ein kleiner Parasit, der Südostasienreisende recht häufig befällt und Übelkeit, schlimme Blähungen, Müdigkeit und zeitweise auftretenden Durchfall verursacht. Nach faulen Eiern riechende Rülpser wurden ausschließlich der Giardiasis zugeschrieben, laut Forschungsarbeiten in Nepal sind sie aber nicht für diese Infektion spezifisch. Es ist möglich, dass der der Parasit den Körper ohne Behandlung verlässt – das kann allerdings Monate dauern. Ein übliches Medikament ist Tinidazol; als weitere Option für die Behandlung gilt außerdem das Arzneimittel Metronidazol.

Gesundheitsrisiken

Hautprobleme

Pilzbefall ist in den Tropen nichts Ungewöhnliches. Bei Travellern überwiegen zwei Arten: Die erste tritt an feuchten Stellen auf, in der Leiste, den Armbeugen und zwischen den Zehen, wo sich rote, meist juckende Flecken langsam ausbreiten. Man sollte die Haut möglichst trocken halten, nicht reiben und eine Fungizidsalbe wie Clotrimazol oder Lamisil auftragen. Weit verbreitet ist auch *tinea versicolor*, der kleine helle Flecken auf Rücken, Brust und Schultern verursacht. Ein Arzt kann weiterhelfen.

Schnitte und Kratzer entzünden sich in feuchtwarmem Klima leicht. Um Komplikationen wie Abszesse zu vermeiden, alle Verletzungen sorgfältig pflegen. Wunden müssen sofort mit sauberem Wasser gereinigt und einem Antiseptikum behandelt werden. Wer Zeichen einer Infektion (zunehmende Schmerzen und Rötung) feststellt, sollte einen Arzt aufsuchen. Taucher und Surfer müssen besonders vorsichtig sein, da sich Korallenschnitte recht leicht entzünden.

Hitze

In vielen Teilen Südostasiens ist es heiß und feucht und die meisten Menschen brauchen mindestens zwei Wochen, um sich an das Klima zu gewöhnen. Füße und Knöchel können anschwellen, und starkes Schwitzen löst eventuell Muskelkrämpfe aus. Man sollte viel trinken, sich in der Hitze nicht zu viel bewegen und es nach der Ankunft erst einmal langsam angehen lassen. Gegen Krämpfe helfen Ruhe, eine doppelte Dosis Elektrolytlösung und sanftes Stretching der Beine.

Dehydrierung trägt am stärksten zu Erschöpfung durch Hitze bei. Symptome sind Schwächegefühl, Kopfschmerzen, Reizbarkeit, Übelkeit oder Erbrechen, feuchte Haut sowie ein schneller, schwacher Puls kombiniert mit leicht erhöhter Körpertemperatur. In dem Fall muss man sofort aus der Sonne oder Hitze gehen, sich Luft zufächeln und kühle feuchte Tücher auf die Haut legen. Betroffene sollten sich mit hochgelegten Beinen hinlegen und Wasser trinken, das mit einem viertel Teelöffel Salz pro Liter versetzt ist. Normalerweise erholt man sich schnell wieder davon, auch wenn man sich oft noch für ein paar Tage schlapp fühlt.

Ein Hitzschlag ist ein medizinischer Notfall. Symptome – Schwächegefühl, Übelkeit, trockener heißer Körper mit Temperaturen über 41 °C, Schwindel, Verwirrung, Koordinationsverlust, Krämpfe, manchmal sogar Kreislaufkollaps oder Ohnmacht – treten plötzlich auf. In diesem Fall muss man sofort medizinische Hilfe holen, die Person an einen kühleren Ort bringen, die Kleidung ausziehen, kalte Luft zufächeln und kühle feuchte Tücher oder Eis auf den Körper legen, besonders auf Leistengegend und Achselhöhlen.

In den Tropen treten auch häufig durch einen Schweißstau unter der Haut verursachte Hitzebläschen auf. Die kleinen juckenden Flecken lassen sich eindämmen, indem man sich aus der Wärme in einen klimatisierten Raum begibt und kalt duscht. Cremes und Salben verstopfen die Haut, aber man kann sich vor Ort Puder gegen die Bläschen kaufen, der ganz gut hilft.

Insektenbisse & -stiche

Wanzen übertragen zwar keine Krankheiten, aber ihre Bisse sind unangenehm und jucken. Die Tiere leben in den Ritzen von Möbeln und Wänden und wandern nachts in Betten, um sich an den darin Liegenden satt zu essen. Ihre Bisse können mit Antihistaminen behandelt werden.

Läuse befallen verschiedene Körperteile, meist jedoch Kopf und Intimbereich. Sie übertragen sich durch engen Kontakt mit infizierten Personen und Bettzeug. Manchmal wird man die Biester nur schwer wieder los und muss mehrmals Antiläuseshampoos, z. B. mit Permethrin, anwenden. Den Körper

LEBENSMITTEL & TRINKWASSER

Verunreinigte Lebensmittel und Wasser sind die größten Risikofaktoren für Durchfallerkrankungen. Ein paar Vorsichtsmaßnahmen:

- Nur frisch gekochte Lebensmittel und schälbare Früchte essen.
- Meeresfrüchte und Essen, das schon lange herumsteht, meiden.
- In belebten Restaurants mit vielen Kunden essen.
- Niemals Leitungswasser trinken, sondern nur Wasser aus versiegelten Flaschen oder selbst gefiltertes Wasser.
- Auf Eis verzichten.
- Keine frisch zubereiteten Fruchtsäfte trinken – sie könnten mit Leitungswasser verdünnt sein.
- Abkochen ist die sicherste Methode, Wasser zu reinigen. Jod gilt als bestes chemisches Reinigungsmittel, allerdings sollten Schwangere und Schilddrüsenerkrankte darauf verzichten.

INFOS IM INTERNET

Centers for Disease Control & Prevention (www.cdc.gov) Länderspezifische Hinweise.

International Travel & Health (www.who.int/ith) Ratschläge der Weltgesundheitsorganisation (WHO).

MD Travel Health (www.mdtravelhealth.com) Tipps zur Gesundheit auf Reisen für jedes Land.

behandelt man mit medizinischen Cremes oder Salben. Im Intimbereich werden Läuse durch Geschlechtsverkehr übertragen.

Zecken fängt man sich in ländlichen Gegenden schnell ein. Sie beißen sich bevorzugt hinter den Ohren, am Bauch oder in den Achselhöhlen fest. Wer nach einem Biss Hautausschlag (an der Bissstelle oder woanders), Fieber oder Gliederschmerzen bemerkt, sollte einen Arzt aufsuchen. Doxycyclin kann durch Zecken übertragbare Krankheiten verhindern.

Blutegel, die in feuchten Regenwaldgebieten leben, übertragen keine Krankheiten, aber ihre Bisse jucken oft noch Wochen später und entzünden sich leicht, deshalb sollte man auf betroffene Stellen ein Antiseptikum auf Jodbasis auftragen.

Wer eine ausgeprägte Bienen- oder Wespenstichallergie hat, muss für den Notfall immer eine Adrenalinspritze dabeihaben (z. B. Epipen). Für alle anderen sind die Schmerzen das größte Problem. Am besten kühlt man den Stich mit etwas Eis und nimmt ein Schmerzmittel.

Quallen in südostasiatischen Gewässern sind häufig nicht gefährlich, aber sehr lästig. Als Erste Hilfe bei Stichen dient über die betroffene Stelle geschütteter Essig, der das Gift neutralisiert. Sand oder Wasser sollte man nicht in die Stiche einreiben. Gegebenenfalls Schmerzmittel nehmen und medizinischen Rat suchen, wenn man sich nach dem Stich krank fühlt. Wenn es in der Gegend gefährliche Quallen gibt, holt man sich Rat von Einheimischen und meidet das Wasser.

Sandfliegen trifft man an Stränden (vor allem an abgelegenen) in ganz Südostasien an. Ihre Bisse jucken sehr stark und können sich auch leicht entzünden. Gegen den Juckreiz hilft Antihistamin. Wer sich trotzdem kratzen muss, sollte die Handfläche nehmen und nicht die Nägel, sonst steigt das Risiko einer Infektion.

Parasiten

Zahlreiche für Südostasien typische Parasiten befallen Reisende nur selten. Zwei Dinge helfen: Schuhe tragen und keine rohe Nahrung zu sich nehmen; das gilt besonders für Fisch, Schweinefleisch und Gemüse. Viele Parasiten gelangen beim Barfußgehen durch die Haut in den Körper, darunter Strongyloide, Hakenwürmer und kutane Hautlarven.

Schlangen

In Südostasien gibt's sowohl jede Menge harmlose als auch giftige Schlangen. Am besten hält man grundsätzlich alle für gefährlich und versucht nie, eine zu fangen. In Gegenden, wo diese Tiere herumkriechen könnten, sollte man knöchelhohe Schuhe und lange Hosen tragen. Als Erste-Hilfe-Maßnahme nach einem Biss bindet man den betroffenen Körperteil mit einem elastischen Verband ab. Dabei beginnt man an der Bissstelle und arbeitet sich Richtung Brust vor. Der Verband sollte nicht so fest sein, dass der Blutkreislauf unterbrochen wird, zudem müssen Finger bzw. Zehen frei bleiben, damit man den Puls fühlen kann. Arm oder Bein sollte man mit einer Schiene aus Holz ruhigstellen und den Betroffenen zum nächsten Arzt bringen. Keinen Druckverband anwenden und nicht versuchen, das Gift herauszusaugen! Gegengifte sind für die meisten Arten erhältlich, allerdings nicht immer in ländlichen Gebieten von weniger entwickelten Ländern wie Kambodia, Laos und Myanmar.

Sonnenbrand

Weil man sogar an bedeckten Tagen schnell einen Sonnenbrand bekommt, benutzt man am besten eine starke Sonnencreme (mind. Faktor 30) und reibt sich nach dem Schwimmen immer noch mal ein. Ratsam sind auch ein breitkrempiger Hut und eine Sonnenbrille. In der heißesten Zeit des Tages von 10 bis 14 Uhr sollte man sich nicht in die Sonne legen. Wer einen Sonnenbrand hat, muss die Sonne meiden, bis sich die Haut erholt hat. Kühle Kompressen und Schmerzmittel helfen gegen Unwohlsein. Zusätzlich kann man zweimal täglich eine 1%ige Hydrocortisoncreme auftragen.

Frauen & Gesundheit

Hygieneprodukte bekommt man in städtischen Gegenden problemlos, allerdings kann die Auswahl an Verhütungsmitteln begrenzt sein. Am besten bringt man seinen persönlichen Vorrat mit. Hitze, Feuchtigkeit und Antibiotika verursachen eventuell Pilzbefall, der mit Antimykotika und Wirkstoffen wie Clotrimazol behandelt wird. Eine praktische Alternative ist Fluconazol (Diflucan) in Tablettenform. Infektionen des Harntrakts können durch Flüssigkeitsmangel oder lange Busreisen ohne Toilettenpausen ausgelöst werden – entsprechende Antibiotika mitnehmen.

Schwangere müssen sich vor der Reise von einem Spezialisten beraten lassen. Als ideal gilt das zweite Drittel der Schwangerschaft (zwischen der 16. und 28. Woche). Dann ist das Risiko am geringsten und frau fühlt sich meist am wohlsten. Im ersten Drittel besteht das Risiko einer Fehlgeburt und im letzten Drittel kann es zu Beschwerden wie vorzeitigen Wehen oder hohem Blutdruck kommen. Schwangere sollten stets in Begleitung reisen. Wichtig ist eine Liste mit allen vertrauenswürdigen medizinischen Einrichtungen vor Ort und dass ärztliche Betreuung gewährleistet ist. Ländliche Regionen mit schlechter Verkehrsverbindung und mangelnder medizinischer Versorgung sind zu meiden. Frauen müssen auch unbedingt prüfen, ob die Kranken- oder Reisekrankenversicherung alle mit der Schwangerschaft verbundenen Behandlungen deckt, beispielsweise bei frühzeitigen Wehen.

Malaria ist für Schwangere sehr gefährlich. Die Weltgesundheitsorganisation (WHO) empfiehlt, nicht in Gegenden mit chloroquin-resistenter Malaria zu reisen. Für Schwangere ist keines der effektiveren Medikamente unbedenklich.

Reisedurchfall kann schnell zu Dehydrierung führen und eine unzureichende Durchblutung der Plazenta zur Folge haben. Viele Medikamente zur Behandlung von Durchfallerkrankungen werden für Schwangere nicht empfohlen. Azithromycin gilt als sicher.

Sprache

Dieses Kapitel bietet ein Grundvokabular, das Travellern in Südostasien bei der Verständigung mit den Einheimischen hilft. Liest man die Aussprachehilfe wie einen englischen Text, sollten einen die Einwohner verstehen. Betonte Silben sind kursiv geschrieben und höfliche sowie informelle Formen mit „höfl." bzw. „inf." abgekürzt. Die Abkürzungen „m" und „f" stehen jeweils für die männliche bzw. die weibliche Form.

BIRMANISCH

Im Birmanischen wird unterschieden zwischen aspirierten (mit einem Ausstoß der Luft) und unaspirierten Konsonanten. Mit einem anschließenden Ausstoß der Luft werden folgende Laute gesprochen: ch („tsch"), k (wie in „Küche"), ş (wie in „fast"), t (wie in „Tennis"); und mit einem Ausstoß der Luft vor dem Ton: hl (wie in „Leben"), hm (wie in „mich"), hn (wie in „nicht"), hng (wie in „hing"), hny (wie in „Canyon"). Der Apostroph (') steht für den Laut, den man z. B. zwischen den Silben bei „oh-oh" hört. Th wird wie ein hartes englisches „th" („thin") ausgesprochen, ţh wie das weiche „th" im englischen Wort „their".

Zudem gibt's im Birmanischen drei verschiedene Tonhöhen (das Heben und Senken der Tonlage bei bestimmten Silben), die hier am Akzent über dem Vokal erkennbar sind: Unterschieden wird etwa zwischen einem hohen gebrochenen „a" (á), einem einfachen hohen „a" (à) und einem tiefen „a" (a). Den Diphthong ai spricht man wie in „Weile", aw wie in „borgen" und au wie in „braun".

MEHR SPRACHKENNTNISSE?

Allen, die sich noch ausführlicher mit den Sprachen Südostasien beschäftigen wollen, empfehlen wir Lonely Planets *Southeast Asia Phrasebook*. Es ist unter **shop.lonelyplanet.com** erhältlich.

Grundlagen

Hallo.	မင်္ဂလာပါ။	ming·guh·la·ba
Tschüss.	သွားမယ်နော်။	thwà·me·naw
Verzeihung	ဆောရီးနော်။	sàw·rì·naw
Tut mir leid.	ဆောရီးနော်။	sàw·rì·naw
Bitte.	တဆိတ်လောက်။	duh·şay'·lau'
Danke.	ကျေးဇူး တင်ပါတယ်။	jày·zù ding·ba·de
Ja.	ဟုတ်ကဲ့။	hoh'·gé
Nein.	ဟင့်အင်း။	híng·in
Hilfe!	ကယ်ပါ။	ge·ba

ZAHLEN – BIRMANISCH

1	တစ်	di'
2	နှစ်	hni'
3	သုံး	thòhng
4	လေး	lày
5	ငါး	ngà
6	ခြောက်	chau'
7	ခုနစ်	kung·ni'
8	ရှစ်	shi'
9	ကိုး	gòh
10	တစ်ဆယ်	duh·şe

Wie heißen Sie?
နာမည် ဘယ်လို ခေါ်သလဲ။ nang·me be·loh kaw·ţhuh·lè

Ich heiße ...
ကျနော့်/ကျမ နာမည်က- - - ပါ။ juh·náw/juh·má nang·me·gá ... ba (m/f)

Sprechen Sie Englisch?
အင်္ဂလိပ်လို ပြောတတ်သလား။ ìng·guh·lay'·loh byàw·da'·thuh·là

Ich verstehe nicht.

နားမလည်ဘူး။	nà·muh·le·bòo

Wie viel kostet das?

ဒါဘယ်လောက်လဲ။	da be·lau'·lè

Wo sind die Toiletten?

အိမ်သာ ဘယ်မှာလဲ။	ayng·ṭha be·hma·lè

Ich hätte gern die ...	ပေးပါ။	... bày·ba
Rechnung	ဘောက်ချာ	bau'·cha
Speisekarte	မီးနူး	mì·nù
Rufen Sie ...!	ခေါ်ပေးပါ။	... kaw·bày·ba
einen Arzt	ဆရာဝန်	ṣuh·ya·wung
die Polizei	ရဲ	yèh

FILIPINO

Filipino ist ganz einfach auszusprechen – nämlich genau so, wie man es schreibt – und klingt außerdem ganz ähnlich wie Englisch. Alle Buchstaben werden immer gleich ausgesprochen: ai wie in „Weile", ay wie in „hey", ew wie ein langes „i" mit gespitzten Lippen, oh wie in „lohnen", ow wie der Diphthong in „Pause" und ooy wie das „wea" im englischen „weak". Das r ist stärker als im Englischen und wird gerollt. Der Knacklaut, ausgesprochen wie die Pause zwischen den zwei Silben in oh-oh, ist im Folgenden durch einen Apostroph (') dargestellt.

Grundlagen

Guten Tag.	*Magandáng araw pô.* (pol)	ma·gan·*dang* a·row po'
	Magandáng araw. (inf)	ma·gan·*dang* a·row
Tschüss.	*Paalam na pô.*(pol)	pa·a·lam na po'
	Babay. (inf)	*ba*·bai
Ja.	*Opò.* (pol)	o·po'
	Oo. (inf)	o·o
Nein.	*Hindí pô.* (pol)	heen·*dee'* po'
	Hindî. (inf)	heen·*dee'*
Danke.	*Salamat pô.* (pol)	sa·*la*·mat po'
	Salamat. (inf)	sa·*la*·mat
Hilfe!	*Saklolo!*	sak·*lo*·lo

ZAHLEN – FILIPINO

1	*isá*	ee·sa
2	*dalawá*	da·la·*wa*
3	*tatló*	tat·*lo*
4	*apat*	*a*·pat
5	*limá*	lee·*ma*
6	*anim*	*a*·neem
7	*pitó*	pee·*to*
8	*waló*	wa·*lo*
9	*siyám*	see·*yam*
10	*sampû*	sam·*poo'*

Wie heißen Sie?

Anó pô ang pangalan ninyó?	a·*no* po' ang pa·*nga*·lan neen·*yo*

Ich heiße ...

Ang pangalan ko pô ay ...	ang pa·*nga*·lan ko po' ai ...

Sprechen Sie Englisch?

Marunong ka ba ng Inglés?	ma·*roo*·nong ka ba nang eeng·*gles*

Ich verstehe nicht.

Hindí ko náiintindihán.	heen·*dee* ko *na*·ee·een·teen·dee·*han*

Wie viel kostet das?

Magkano?	mag·*ka*·no

Wo sind die Toiletten?

Násaán ang kubeta?	*na*·sa·*an* ang koo·*be*·ta

Ich hätte gern die Speisekarte.

Gustó ko ng menú.	goos·*to* ko nang me·*noo*

Bitte bringen Sie mir die Rechnung.

Pakidalá ang tsit.	pa·kee·da·*la* ang tseet

Rufen Sie ...!	*Tumawag ka ng ...!*	too·*ma*·wag ka nang ...
einen Arzt	*doktór*	dok·*tor*
die Polizei	*pulís*	poo·*lees*

INDONESISCH & MALAIISCH

Indonesisch und Malaiisch ähneln sich sehr. In diesem Abschnitt findet man deshalb Übersetzungen für beide Sprachen, die jeweils dort mit einem (I) bzw. einem (M) gekennzeichnet sind, wo es Unterschiede gibt. Die meisten Buchstaben werden wie im Englischen ausgesprochen, nur c spricht man immer wie das „tsch" in „Matsch" aus. Beinahe alle Silben werden gleich stark betont, es ist jedoch nicht verkehrt, die vorletzte Silbe etwas stärker hervorzuheben.

Grundlagen

Guten Tag.	*Salam./Helo.* (I/M)
Tschüss.	*Selamat tinggal/jalan.* (beim Gehen/Bleiben)
Verzeihen Sie ...	*Maaf.*
Tut mir leid.	*Maaf.*
Bitte.	*Silakan.*
Danke.	*Terima kasih.*
Ja.	*Ya.*
Nein.	*Tidak.*

ZAHLEN – INDONESISCH/ MALAIISCH

1	*satu*
2	*dua*
3	*tiga*
4	*empat*
5	*lima*
6	*enam*
7	*tujuh*
8	*delapan* (I) *lapan* (M)
9	*sembilan*
10	*sepuluh*

Hilfe!	*Tolong!*
Wie heißen Sie?	*Siapa nama anda/kamu?* (I/M)
Ich heiße ...	*Nama saya ...*
Sprechen Sie Englisch?	*Anda bisa Bahasa Inggris?* (I) *Adakah anda berbahasa Inggeris?* (M)
Ich verstehe nicht.	*Saya tidak mengerti.* (I) *Saya tidak faham.* (M)
Wie viel kostet das?	*Berapa harganya?*
Wo sind die Toiletten?	*Kamar kecil di mana?* (I) *Tandas di mana?* (M)
Ich hätte gern die Speisekarte.	*Saya minta daftar makanan.*
Bitte bringen Sie mir die Rechnung.	*Tolong bawa kuitansi/bil.* (I/M)
Rufen Sie einen Arzt!	*Panggil doktor!*
Rufen Sie die Polizei!	*Panggil polis!*

KHMER

In unserer Aussprachehilfe werden Vokalkombinationen mit einem h am Ende hart und aspiriert (mit einem Ausstoß der Luft) gesprochen. Die Symbole für Vokale sind wie folgt zu lesen: aa wie das offene „a" in „Kabel", a und ah kürzer und härter als aa, i wie in „Mitte", uh wie das „a" in „hat", ii wie das lange „i" in „Lied", eu wie das lange „u" in „Mut", euh wie eu (kurz und hart), oh wie das „o" im englischen „dose" (kurz und hart), ow wie im englischen „glow", u wie in „Suppe" (kurz und hart), uu wie in „gut", ua wie das „ou" in „Tour", uah wie ua (kurz und hart), œ wie das „er" im englischen „her" (offener), ia wie das „i" in „Bier", e wie in „Deck", ai wie in „Eis", ae wie das „ä" in „Bäcker", ay wie ai (etwas nasaler), ey wie in „hey", o wie das „au" in „Bau", av wie ein nasales ao (das „v" ist stumm"), euv wie ein nasales eu (das „v" bleibt stumm"), ohm wie das „ome" im englischen „home", am wie in „Hamburger", ih wie das „i" in „Miete" (kurz und hart), eh wie ein kurzes, hartes „ey", und awh bzw. aw wie das englische „aw" in „jaw" (kurz und hart).

Einige Konsonantenkombinationen sind zur Vereinfachung der Aussprache durch einen Apostroph voneinander getrennt, so z. B. „j-r" in j'rook und „ch-ng" in ch'ngain. Das k wird wie das „g" in „gehen" ausgesprochen, kh wie das „k" in „Kind", p und ph wie das deutsche „p", r wie das deutsche „r", aber hart und rollend, t und th wie das deutsche „t".

Grundlagen

Hallo	ជម្រាបសួរ	johm riab sua
Tschüss.	លាសិនហើយ	lia suhn hao-y
Verzeihen Sie.	សូមទោស	sohm toh
Tut mir leid.	សូមទោស	sohm toh
Bitte.	សូម	sohm
Danke.	អរគុណ	aw kohn
Ja.	បាទ/ចាស	baat/jaa (m/f)
Nein.	ទេ	te
Hilfe!	ជួយខ្ញុំផង!	juay kh'nyohm phawng

Wie heißen Sie?

អ្នកឈ្មោះអី?	niak ch'muah ei

Ich heiße ...

ខ្ញុំឈ្មោះ...	kh'nyohm ch'muah ...

Spricht irgendjemand Englisch?

ទីនេះមានអ្នកចេះ ភាសាអង់គ្លេសទេ?	tii nih mian niak jeh phiasaa awngle te

Ich verstehe nicht.

ខ្ញុំមិនយល់ទេ	kh'nyohm muhn yuhl te

ZAHLEN – KHMER

1	មួយ	muy
2	ពីរ	pii
3	បី	bei
4	បួន	buan
5	ប្រាំ	bram
6	ប្រាំមួយ	bram muy
7	ប្រាំពីរ	bram pii
8	ប្រាំបី	bram bei
9	ប្រាំបួន	bram buan
10	ដប់	dawp

Wie viel kostet das?

នេះថ្លៃប៉ុន្មាន?	nih th'lay pohnmaan

Wo sind die Toiletten?

បង្គន់នៅឯណា?	bawngkohn neuv ai naa

Haben Sie eine Speisekarte auf Englisch?

មានម៉ឺនុយជា	mien menui jea
ភាសាអង់គ្លេសទេ?	piasaa awnglay te

Die Rechnung bitte.

សូមគិតលុយ	sohm kuht lui

Rufen Sie einen Arzt!

ជួយហៅគ្រូពេទ្យមក!	juay hav kruu paet mao

Rufen Sie die Polizei!

ជួយហៅប៉ូលិសមក!	juay hav polih mao

LAOTISCH

Laotisch ist eine tonale Sprache, was bedeutet, dass viele identische Töne nur durch eine kleine Änderung der Tonlage des Sprechers differenziert werden. Variationen in der Tonlage hängen von der natürlichen Stimmlage des Sprechers ab und sind somit sehr individuell. Es gibt sechs Tonlagen, die durch Akzente auf den Buchstaben gekennzeichnet sind: tief (z. B. dại), hoch (z. B. heúa), steigend (z. B. săam), hoch fallend (z. B. sâo) und tief fallend (z. B. khào). Für den Mittelton (z. B. het) wird kein Akzent gesetzt.

Die Vokale spricht man folgendermaßen aus: i wie in „fit", ii wie in „Miete", ai wie in „heil", aa wie das „a" in „Bad", a wie ein kurzes aa, ae wie das „ä" in „Gerät", eh wie „ey", oe wie das „ö" in „Göttingen", eu wie das „ö" in „stören", u und uu wie das „u" in „Glut", ao wie das „au" in „Frau", aw wie das „aw" im englischen „jaw", o und oh wie im englischen „toe", ia wie in „Ei", ua wie in „Tour", iu wie „iu" und awy wie „oi". Die meisten Vokale werden ausgesprochen wie im Englischen. Ausnahmen sind đ (ein hartes 't', etwa wie ein 'dt') und ɓ (ein hartes 'p', ähnlich einem 'pp')

Bindestriche weisen auf Silbenpausen innerhalb der Wörter hin, z. B. bei àng-gít („Englisch"). Zur Vereinfachung der Aussprache sind manche Buchstaben durch einen Punkt getrennt, etwa bei kĕe·an („Schreiben").

Grundlagen

Hallo.	ສະບາຍດີ	sábại-dĕe
Tschüss.	ສະບາຍດີ	sábại-dĕe
Verzeihen Sie ...	ຂໍໂທດ	kŏr tôht
Tut mir leid.	ຂໍໂທດ	kŏr tôht
Bitte.	ກະລຸນາ	ga-lú-náh
Danke.	ຂອບໃຈ	kòrp jại

ZAHLEN – LAOTISCH

1	ໜຶ່ງ	neung
2	ສອງ	sŏrng
3	ສາມ	săhm
4	ສີ່	see
5	ຫ້າ	hàh
6	ຫກ	hók
7	ເຈັດ	jét
8	ແປດ	ɓàat
9	ເກົ້າ	gôw
10	ສິບ	síp

Ja.	ແມ່ນ	maan
Nein.	ບໍ່	bor
Hilfe!	ຊ່ວຍແດ່	soo·ay daa

Wie heißen Sie?

ເຈົ້າຊື່ຫຍັງ	jôw seu nyăng

Ich heiße ...

ຂ້ອຍຊື່ ...	kòy seu ...

Sprechen Sie Englisch?

ເຈົ້າປາກ	jôw ɓàhk
ພາສາອັງກິດໄດ້ບໍ່	páh-săh ạng·kít dâi bor

Ich verstehe nicht.

ບໍ່ເຂົ້າໃຈ	bor kòw jại

Wie viel kostet (der/die/das) ...?

ເທົ່າໃດ	... tow dại

Wo sind die Toiletten?

ຫ້ອງນ້ຳຢູ່ໃສ	hòrng nâm yoo săii

Bitte bringen Sie die Speisekarte.

ລາຍການອາຫານ	lái-gạhn ạh-hăhn

Bitte bringen Sie die Rechnung.

ຂໍແຊັກແດ້	kŏr saak daa

Rufen Sie einen Arzt!

ຊ່ວຍຕາມຫາໝໍ	soo·ay đạhm hăh mŏr
ໃຫ້ແດ່	hài daa

Rufen Sie die Polizei!

ຊ່ວຍເອີ້ນຕຳລວດແດ່	soo·ay ĕrn đam-lòo·at daa

TETUM

Im Tetum spricht man die meisten Buchstaben stets gleich und generell wie im Englischen aus. Ausnahmen: J klingt wie das „g" in „genieren" (und manchmal wie das „s" in „singen"), x wie das „sch" in „Schiff" (und manchmal wie das „s" in „fast"), lh und nh wie das „li" in „Million" und „ny" in „Canyon" (außerhalb von Dili schreibt man oft nur l und n).

Fast alle Wörter werden auf der vorletzten Silbe betont. Liegt die Betonung auf einer anderen Silbe, erkennt man das am Akzent auf dem Vokal (wie bei *polísia*).

Grundlagen

Hallo.	*Haló./Olá.* (pol/inf)
Tschüss.	*Adeus.*
Entschuldigung.	*Kolisensa.*
Tut mir leid.	*Disculpa.*
Bitte.	*Favór ida./Faz favór.*
Danke.	*Obrigadu/a.* (m/f)
Ja.	*Sin./Diak./Los.*
Nein.	*Lae.*
Hilfe!	*Ajuda!*

ZAHLEN – TETUM

1	*ida*
2	*rua*
3	*tolu*
4	*hat*
5	*lima*
6	*nen*
7	*hitu*
8	*ualu*
9	*sia*
10	*sanulu*

Wie heißen Sie?	*Ita-nia naran saida?*
Ich heiße ...	*Hau-nia naran ...*
Sprechen Sie Englisch?	*Ita koalia Inglés?*
Ich verstehe nicht.	*Hau la kompriende.*
Wie viel kostet das?	*Folin hira?*
Wo sind die Toiletten?	*Sintina iha nebé?*
Bitte bringen Sie die ...	*Favór ida lori hela*
Speisekarte.	*menu*
Rechnung.	*konta mai.*
Rufen Sie einen Arzt!	*Bolu dotór!*
Rufen Sie die Polizei!	*Bolu polísia!*

THAI

Die Bedeutung einer Silbe kann sich im Thai durch unterschiedliche Tonhöhen verändern. Im Standard-Thai gibt's fünf Tonhöhen – tief (z. B. bàht), mittel (z. B. dee), fallend (z. B. mâi), hoch (z. B. máh) und steigend (z. B. săhm) –, die von der natürlichen Stimmlage des jeweiligen Sprechers abhängen. Aus diesem Grund hat die Sprache keine festen „Tonlagen".

Bindestriche weisen auf Silbenpausen innerhalb der Wörter hin. Zur Vereinfachung der Aussprache sind manche Buchstaben durch einen Punkt voneinander getrennt (z. B. mêu·a-rai).

Der Vokal a wird wie das „e" in „machen" ausgesprochen, aa wie das „a" im englischen „bad", ah wie das „a" in „Vater", ai wie das „ei" in „weise", air wie in „Flair" (ohne das „r"), eu wie das „ö" in Göttingen, ew wie „iu", oh wie das „o" im englischen „toe", or wie in „Styropor" und ow wie „au".

Wichtig ist auch die Aussprache folgender Konsonanten: ƀ (ein harter „p"-Laut fast wie das „b" im englischen „hip-bag"), đ (ein harter „t"-Laut wie das scharfe „d" im englischen „mid-tone") und r (wie in „rennen", aber geschlagen; oft ausgesprochen wie ein „l").

Grundlagen

Hallo.	สวัสดี	sà-wàt-dee
Tschüss.	ลาก่อน	lah gòrn
Verzeihen Sie ...	ขออภัย	kŏr à-pai
Tut mir leid.	ขอโทษ	kŏr tôht
Bitte.	ขอ	kŏr
Danke.	ขอบคุณ	kòrp kun
Ja.	ใช่	châi
Nein.	ไม่	mâi
Hilfe!	ช่วยด้วย	chôo·ay dôo·ay

Wie heißen Sie?
คุณชื่ออะไร kun chêu à-rai

ZAHLEN – THAI

1	หนึ่ง	nèung
2	สอง	sŏrng
3	สาม	săhm
4	สี่	sèe
5	ห้า	hâh
6	หก	hòk
7	เจ็ด	jèt
8	แปด	ƀàat
9	เก้า	gôw
10	สิบ	sìp

Ich heiße ...
ผม/ดิฉัน ชื่อ... — pŏm/dì-chăn chêu ... (m/f)

Sprechen Sie Englisch?
คุณพูดภาษาอังกฤษได้ไหม — kun pôot pah-săh ang-grìt dâi măi

Ich verstehe nicht.
ผม/ดิฉันไม่เข้าใจ — pŏm/dì-chăn mâi kôw jai (m/f)

Wie viel kostet das?
เท่าไร — tôw-rai

Wo sind die Toiletten?
ห้องน้ำอยู่ที่ไหน — hôrng nám yòo têe năi

Ich hätte gern die Speisekarte.
ขอรายการอาหารหน่อย — kŏr rai gahn ah-hăhn nòy

Die Rechnung bitte.
ขอบิลหน่อย — kŏr bin nòy

Bitte rufen Sie einen Arzt.
เรียกหมอหน่อย — rêe·ak mŏr nòy

Bitte rufen Sie die Polizei.
เรียกตำรวจหน่อย — rêe·ak đam·ròo·at nòy

VIETNAMESISCH

Seit 1910 wird Vietnamesisch offiziell in lateinischen Buchstaben geschrieben.

In unserer Aussprachehilfe spricht man a wie das „e" in „Bett", aa wie das „a" in „Garten", aw wie im englischen „law", er wie im englischen „her", oh wie in „Show", ow wie „au", u wie in „Ruck", uh wie das „a" in „hat" und uhr wie im englischen „fur" (ohne das „r"). Diphtonglaute sind im folgenden Abschnitt durch Akzente (z. B. dee·úhng) getrennt. Das d wird wie das „t" in „Stopp" gesprochen, đ wie das „d" in „Dogma" und ğ wie das „k" in „Kirmes".

Durch ein Tonsystem werden Unterscheidungen bei Wörtern gemacht und manche Vokale dementsprechend in einer hohen oder niedrigen Stimmlage gesprochen. Es gibt sechs Tonlagen, die in der Schriftsprache (und in unserer Aussprachehilfe) anhand von Akzenten auf dem Vokal angezeigt werden: mittel (ma), niedrig fallend (mà), niedrig steigend (mả), hoch gebrochen (mã), hoch steigend (má) und fallend gebrochen (mạ). Der Mittelton ist flach.

Abweichungen im Vokabular zwischen Nord- und Südvietnam sind in der Aussprachhilfe mit einem (N) und einem (S) gekennzeichnet.

ZAHLEN – VIETNAMESISCH

1	*một*	mạwt
2	*hai*	hai
3	*ba*	baa
4	*bốn*	báwn
5	*năm*	nuhm
6	*sáu*	sóh
7	*bảy*	bảy
8	*tám*	dúhm
9	*chín*	jín
10	*mười*	muhr·eè

Grundlagen

Hallo.	*Xin chào.*	sin jòw
Tschüss.	*Tạm biệt.*	daạm bee·ụht
Verzeihen Sie ...	*Xin lỗi.*	sin lõy
Tut mir leid.	*Xin lỗi.*	sin lõy
Bitte.	*Làm ơn.*	laàm ern
Danke.	*Cảm ơn.*	ğaảm ern
Ja.	*Vâng./Dạ.* (N/S)	vuhng/yạ
Nein.	*Không.*	kawm
Hilfe!	*Cứu tôi!*	ğuhr·oó doy

Wie heißen Sie?
Tên là gì? — den laà zeè

Ich heiße ...
Tên tôi là ... — den doy laà ...

Sprechen Sie Englisch?
Bạn có nói tiếng Anh không? — baạn ğó nóy dee·úhng aang kawm

Ich verstehe nicht.
Tôi không hiểu. — doy kawm heẻ·oo

Wie viel kostet das?
Cái này giá bao nhiêu? — ğaí này zaá bow nyee·oo

Wo sind die Toiletten?
Nhà vệ sinh ở đâu? — nyaà vẹ sing ér đoh

Ich hätte gern die Speisekarte.
Tôi muốn thực đơn. — doy moo·úhn tụhrk đern

Die Rechnung bitte.
Xin tính tiền. — sin díng dee·ùhn

Bitte rufen Sie einen Arzt.
Làm ơn gọi bác sĩ. — laàm ern gọy baák seẽ

Bitte rufen Sie die Polizei.
Làm ơn gọi công an. — laàm ern gọy ğawm aan

Hinter den Kulissen

WIR FREUEN UNS ÜBER EIN FEEDBACK

Post von Travellern zu bekommen ist für uns ungemein hilfreich – Kritik und Anregungen halten uns auf dem Laufenden und helfen, unsere Bücher zu verbessern. Unser reiseerfahrenes Team liest alle Zuschriften genau durch, um herauszufinden, was an unseren Reiseführern gut und was schlecht ist. Wir können solche Post zwar nicht individuell beantworten, aber jedes Feedback wird garantiert schnurstracks an die jeweiligen Autoren weitergeleitet, rechtzeitig vor der nächsten Nachauflage.

Wer Ideen, Erfahrungen und Korrekturhinweise zum Reiseführer mitteilen möchte, hat die Möglichkeit dazu auf **www.lonelyplanet.com/contact/guidebook_feedback/new**. Anmerkungen speziell zur deutschen Ausgabe erreichen uns über **www.lonelyplanet.de/kontakt**.

Hinweis: Da wir Beiträge möglicherweise in Lonely Planet Produkten (Reiseführer, Websites, digitale Medien) veröffentlichen, ggf. auch in gekürzter Form, bitten wir um Mitteilung, falls ein Kommentar nicht veröffentlicht oder ein Name nicht genannt werden soll. Wer Näheres über unsere Datenschutzpolitik wissen will, erfährt das unter www.lonelyplanet.com/privacy.

DANK AN UNSERE LESER

Wir danken unseren Lesern, die mit der letzten Ausgabe unterwegs waren und hilfreiche Hinweise, Tipps und interessante Geschichten beigetragen haben:

A Anna Meisser, Anne Fortin **B** Billy Allen, Bonnie Cheung, Brittney Laver **C** Carla Giustozzi, Christopher Sadler, Colin Pischke **D** Daniel Cox **E** Eduard Ringe, Erica Wijarnako **F** Florian Reichert **G** George Bloomfield **H** Heather Adams, Hendriekje Decorte **J** Johann Schelesnak, Johannes Wölfel, John Roberts **K** Katarzyna Jaklewicz, Katie Ingham **L** Lauren Marinigh, Laurie Collard, Leorah McGinnis, Lucie Samohylova **M** Manon van der Steen, Matias Rivera, Michelle Biggs, Miriam Ganem-Rosen, Moritz Laux **N** Nadia Muttalib, Nadine Timm **O** Ola Wawrzon, Oliver Heard, Omar Risk **P** Pam Gould **R** Rick Beunk, Romuald Chasseur, Ruth Obando **S** Sam Hoagland, Sander Jansen, Sandro Ferrari, Sarah Anthony **T** Thomas Wiser **V** Viktoria Jokisch

DANK DER AUTOREN

Nick Ray

Wie immer ein riesiges und herzliches Dankeschön an die Menschen Südostasiens, deren Wärme, Geist und Humor mich sowohl fröhlich als auch bescheiden machen. Der größte Dank gilt meiner wunderbaren Frau Kulikar Sotho, denn ohne ihre Unterstützung und Ermutigung wären diese Abenteuer nicht möglich, sowie unseren Kindern Julian und Belle, weil sie unser Leben so unermesslich bereichern. Weiter bedanke ich mich bei meinen Eltern, die mir die Freiheit geben zu reisen und mich oft in diesem Teil der Welt besuchen. Bei meinen Mitreisenden, Freunden und Kontakten in Südostasien möchte ich mich dafür bedanken, dass sie mir immer wieder neue Perspektiven eröffnen. Ein großes Dankeschön richtet sich an meine Mitautoren für den unermüdlichen Einsatz, den sie erbracht haben, um dies zu einer würdigen Ausgabe zu machen. Abschließend bedanke ich mich beim Team von Lonely Planet. Die Autoren mögen das Gesicht des Buches sein, doch ein großer Teil der Arbeit findet hinter den Kulissen statt. Vielen Dank für die tolle Arbeit!

Isabel Albiston

Vielen Dank an alle, die mir während meiner Reise auf die eine oder andere Weise geholfen haben, besonders an Mrs Lee, Stephen Baya und Tine Hjetting, Mado in Pa Lungan, Dina Bailey, Chongteah Lim, Leslie Chiang, Anthony Chieng, Polycarp Teo Sebum und Louise, Jacqueline Fong und Jo-Lynn Liao. Danke auch an Stefan Arestis und Sebastien Chaneac für die lustigen Stunden und an meine Freunde und Familie für die Liebe und die Unterstützung. Zu guter Letzt ein großes Dankeschön an Sarah.

Greg Bloom

Ein großes Dankeschön an meinen engagierten Assistenten Windi. Das kumulierte Wissen meiner *barkada* (Gruppe von Freunden) in Manila war so wichtig und hilfreich wie immer. Bei Anna bedanke ich mich für ihren geduldigen Zuspruch im Angesicht der Deadline. Ein Dankeschön an Alan in Sagada und an den Herrn im Mabanlay *dap-ay* (ein Treffpunkt im Freien) in Dagdag für die Einladung zu seiner *begnas* (eine traditionelle Feier).

Ria de Jong

Ich bedanke mich bei der Verantwortlichen Redakteurin Sarah Reid für das Händchenhalten während meines ersten Abenteuers mit Lonely Planet und bei Cristian Bonetto, der mir auf dem langen Weg vorangegangen ist. Ein Dankeschön auch an meine Eltern und meine Schwester, die meine Begeisterung für abseitige Pfade genährt haben und an meinen Wanderzirkus, bestehend aus Craig, Cisca und William.

David Eimer

Ein herzliches Dankeschön an Htwe Htwe in Hsipaw für die Tipps und den Transport sowie an Samara und Yu Yu für die Führung in Yangon. Danke auch an Laura Crawford und den Rest des Lonely Planet Teams in London. Wie immer bedanke ich mich abschließend bei jedem, der mir auf dem Weg mit Rat und Tat zur Seite gestanden ist.

Sarah Reid

Ein großes Dankeschön gilt meinen Managern bei Lonely Planet für die Unterstützung bei meinem wundervollen Abenteuer in Osttimor. Ich bedanke mich außerdem bei meinem großartigen Führer Luis für seine vorsichtige Fahrweise, die unendliche Geduld und den Reichtum an Wissen. Auch den vielen anderen netten und hilfsbereiten Menschen, denen ich in Osttimor begegnen durfte (besondere Grüße an Des, Neyl, Megan und Dan) möchte ich herzlich danken, ebenso wie Timmy, der mich sowohl auf Reisen wie auch im Leben begleitet.

Simon Richmond

Terima kasih (Vielen Dank) an: Nozara Yusof, Alex Yong, Andrew Sebastian, Narelle McMurtrie, Gregers Reimann und Scott Dunn.

Iain Stewart

Vielen Dank an Nick Ray, Laura Crawford und die Redaktion von Lonely Planet. Vor Ort unterstützte uns ein großartiges Team von Autoren: Anna, Brett, Jess und Ben. Grüße an Slo und Mark in Ho-Chi-Minh-Stadt, Caroline und Neil, Vinh Vu, Ben und Bich, Howard und Deb, Mark und Dzung in Hoi An.

Ryan Ver Berkmoes

Ich danke von Herzen meinen außergewöhnlichen Freunden Amy Brenneman, Romy und Lola; dem unvergleichlichen Hanafi; Patticakes, Ibu Cat, Stuart, Rucina und Kerry und Milt Turner. Auch Amber Clifton, Paul Landgraver, Ilham, Saripa, Philip, Edwin und vielen, vielen anderen, die großzügig ihre Zeit, Ideen und Erfahrungen mit mir geteilt haben. Außerdem danke ich Alexis Averbuck, den ich einst auf Bali kennengelernt und mittlerweile geheiratet habe.

Richard Waters

Mein tief empfundener Dank gilt den Menschen in Laos, die mich stets wie einen alten Freund willkommen heißen, wenn ich wieder einmal das Glück habe, dort zu sein. Ich bedanke mich bei meiner Redakteurin Laura sowie bei Eliz V, Dennis, Mr Saly, Harp, Marcus, Michel S, Ivan, Matt V, Basile und schließlich bei meiner Frau und meinen Kindern, die mir meine Reisen an die ungewöhnlichsten Orte zugestehen.

China Williams

Ein herzliches Dankeschön an meine Kinder Felix und Phoebe sowie an meinen Ehemann Matt, weil sie für meine Reisen die besten Begleiter sind. Ich danke auch meinen wunderbaren thailändischen Freunden und ehemaligen Schülern, mit denen ich täglich auf Facebook abhänge. Außerdem möchte ich Sarah Reid danken, die mich für dieses Projekt berücksichtigt hat, genauso wie all den anderen Thailand-Autoren von Lonely Planet, die bei dieser Ausgabe mitgeholfen haben.

QUELLENANGABEN

Klimakartendaten aus Peel MC, Finlayson BL & McMahon TA (2007) 'Updated World Map of the Köppen-Geiger Climate Classification', Hydrology and Earth System Sciences, 11, 163344.

Illustration auf S. 272–273, S. 722–723 und S. 910–911 von Michael Weldon.

Umschlagfoto: Nahaufnahme des Tempels, Angkor, Kambodscha/Csilla Zelko 500px ©

DIESES BUCH

Dies ist die 5. deutsche Auflage von *Südostasien für wenig Geld*, basierend auf der mittlerweile 18. englischen Auflage von *Southeast Asia on a Shoestring*. Die vorliegende Auflage wurde geschrieben von Nick Ray, Isabel Albiston, Greg Bloom, Ria de Jong, David Eimer, Sarah Reid, Simon Richmond, Iain Stewart, Ryan Ver Berkmoes, Richard Waters und China Williams.
Für die Recherche in Kambodscha war Jessica Lee zuständig, für Indonesien Loren Bell, Stuart Butler, Trent Holden, Anna Kaminski, Hugh McNaughten, Adam Skolnick und Iain Stewart. Für Malaysia recherchierten Greg Benchwick, Anita Isalska, Robert Scott Kelly und Brett Stewart sowie zuvor David Eimer.
Die Recherche für Singapur übernahm Cristian Bonetto. Für Thailand übernahmen Mark Beales, Tim Bewer, Joe Bindloss, Austin Bush, David Eimer, Bruce Evans, Damian Harper und Isabella Noble die Recherche. Für Vietnam recherchierten Brett Atkinson, Anna Kaminski, Jessica Lee und Benedict Walker. Dieser Reiseführer wurde vom Lonely Planet Büro in Melbourne in Auftrag gegeben und von folgenden Personen produziert:

Verantwortliche Redakteure Laura Crawford, Sarah Reid

Leitende Redakteurin Andrea Dobbin

Redaktion Kate Mathews, Luna Soo

Leitende Kartografin Diana Von Holdt

Layoutdesign Wendy Wright

Redaktionsassistenz Carolyn Bain, Carolyn Boicos, Paul Harding, Gabrielle Innes, Ali Lemer, Jodie Martire, Susan Paterson, Ross Taylor, Amanda Williamson

Kartografieassistenz Julie Dodkins, Michael Garrett, Valentina Kremenchuskaya, Alison Lyall, Julie Sheridan

Umschlagrecherche Campbell McKenzie

Dank an Anita Banh, Grace Dobell, Bruce Evans, Mao Monkolransey, Catherine Naghten, Stephen Nolan, Kirsten Rawlings, Juan Winata

Register

Kartenseiten **000**
Fotoseiten **000**

L

M

Kartenseiten **000**
Fotoseiten 000

N

Kartenseiten **000**
Fotoseiten **000**

Kartenseiten **000**
Fotoseiten **000**

T

U

V

Kartenseiten **000**
Fotoseiten **000**

Kartenlegende

Sehenswertes

- Strand
- Vogelschutzgebiet
- Buddhistisch
- Burg/Festung
- Christlich
- Konfuzianisch
- Hinduistisch
- Islamisch
- Jainistisch
- Jüdisch
- Denkmal
- Museum/Galerie/ Historisches Gebäude
- Ruine
- Sento/Onsen
- Shintoistisch
- Sikhistisch
- Taoistisch
- Weingut/Weinberg
- Zoo/Tierschutzgebiet
- Andere Sehenswürdigkeit

Aktivitäten, Kurse & Touren

- Bodysurfen
- Tauchen
- Kanu-/Kajakfahren
- Kurs/Tour
- Skifahren
- Schnorcheln
- Surfen
- Schwimmen/Pool
- Wandern
- Windsurfen
- Andere Aktivität

Schlafen

- Hotel/Pension
- Campingplatz

Essen

- Restaurant

Ausgehen & Nachtleben

- Bar/Kneipe/Club
- Café

Unterhaltung

- Theater/Kino/Oper

Shoppen

- Geschäft/Einkaufszentrum

Praktisches

- Bank
- Botschaft/Konsulat
- Krankenhaus/Arzt
- Internet
- Polizei
- Post
- Telefon
- Toilette
- Touristeninformation
- Noch mehr Praktisches

Landschaften

- Strand
- Hütte/Unterstand
- Leuchtturm
- Aussichtspunkt
- Berg/Vulkan
- Oase
- Park
- Pass
- Rastplatz
- Wasserfall

Städte

- Hauptstadt
- Landeshauptstadt
- Stadt/Großstadt
- Ort/Dorf

Transport

- Flughafen
- Grenzübergang
- Bus
- Seilbahn/Standseilbahn
- Fahrradweg
- Fähre
- Metro/MRT-Bahnhof
- Einschienenbahn
- Parkplatz
- Tankstelle
- Skytrain-/S-Bahn-Station
- Taxi
- Bahnhof/Eisenbahn
- Straßenbahn
- U-Bahn-Station
- Anderes Verkehrsmittel

Hinweis: Nicht alle Symbole kommen in den Karten dieses Reiseführers vor.

Verkehrswege

- Mautstraße
- Autobahn
- Hauptstraße
- Landstraße
- Verbindungsstraße
- Sonstige Straße
- Unbefestigte Straße
- Straße im Bau
- Platz/Fußgängerzone
- Stufen
- Tunnel
- Fußgängerbrücke
- Spaziergang/Wanderung
- Wanderung mit Abstecher
- Pfad/Wanderweg

Grenzen

- Staatsgrenze
- Bundesstaaten-/Provinzgrenze
- Umstrittene Grenze
- Regionale Grenze/Vorortgrenze
- Meeresschutzgebiet
- Klippen
- Mauer

Gewässer

- Fluss/Bach
- Periodischer Fluss
- Kanal
- Gewässer
- Trocken-/Salz-/ Periodischer See
- Riff

Gebietsformen

- Flughafen/Start- & Landebahn
- Strand/Wüste
- Christlicher Friedhof
- Sonstiger Friedhof
- Gletscher
- Watt
- Park/Wald
- Sehenswertes Gebäude
- Sportanlage
- Sumpf/Mangroven

UNSERE AUTOREN

Nick Ray

Hauptautor, Kambodscha Nick kommt aus Watford in England – ein Ort, der zum Reisen anregt. Heute lebt er mit seiner Frau Kulikar und ihren zwei Kindern Julian and Belle in Phnom Penh. Er hat schon an zahlreichen Reiseführern über Südostasien mitgewirkt, darunter auch die Lonely Planet Titel *Kambodscha, Laos* und *Vietnam*. Wenn er gerade nicht schreibt, erforscht Nick die entlegenen Ecken der Mekong-Region als Location-Scout und Manager für Film und Fernsehen, u. a. für *Tomb Raider* und *Top Gear Vietnam*. Motorräder sind für ihn eine Teilzeitleidenschaft (das Fahren ist seine Leidenschaft, die Instandhaltung betreibt er aber nur in Teilzeit) und er hat den Großteil von Indochina auf zwei Rädern bereist.

Isabel Albiston

Brunei, Malaysisch-Borneo Vor sechs Jahren war Isabel zum ersten Mal in Malaysia und genießt es jedes Mal mehr, bei schweißtreibenden Dschungelwanderungen rutschige Pfade hinaufzukraxeln. Nach drei Monaten in Borneos Wäldern und Langhäusern, während der sie jede Menge *tuak* getrunken, auf dem Rainforest World Music Festival getanzt und den Sultan in seinem Palast in Brunei besucht hat, wäre sie am liebesten einfach dageblieben. Als Journalistin hat Isabel schon für eine Reihe von Zeitungen und Zeitschriften geschrieben, darunter den britischen *Daily Telegraph*.

Greg Bloom

Philippinen Seit über zehn Jahren lebt Greg schon in Südostasien und pendelt dort zwischen Kambodscha und seiner derzeitigen Heimat Manila. Dies ist bereits die fünfte Auflage von *Südostasien für wenig Geld* in Folge, an der er mitgearbeitet hat. Auch diesmal gab es wieder jede Menge Highlights (feuchtfröhliche *begnas* in Ifugao und Sagada mit jeder Menge *ginebra*) sowie einige Tiefpunkte (der Verlust einer Brieftasche voller Geld während desTyphoons Ineng in Bontoc). Wenn er gerade nicht über Südostasien schreibt, trifft man Greg oft in Russland oder bei einem Ultimate-Frisbee-Spiel irgendwo in Asien.

Ria de Jong

Singapur Ria wurde in Sri Lanka als Kind niederländisch-australischer Eltern geboren und genießt seit jeher die spannenden Kontraste des asiatischen Kontinents. Nach einer Kindheit in Townsville, Australien, zog Ria nach Sydney, um dort als Feuilletonistin zu arbeiten, machte sich dann aber erstmal für fünf Jahre in die Philippinen auf. Seit sie 2015 mit ihrem Mann und zwei kleinen Kindern nach Singapur gezogen ist, genießt Ria es, immer neue Ecken des winzigen Stadtstaats zu entdecken. Dies ist ihr erster Lonely Planet Titel.

David Eimer

Myanmar Zum ersten Mal besuchte David Myanmar, als noch die Militärjunta an der Macht war. Seitdem ist er immer wieder zurückgekehrt und hat dabei alle möglichen Ecken des Landes kennengelernt. Wenn er gerade nicht reist, lebt David in Bangkok und arbeitet als Journalist für verschiedene Zeitungen und Zeitschriften. Der gebürtige Londoner hat vorher bereits in Peking und L.A. gelebt. Für Lonely Planet hat er schon an über einem Dutzend Titeln mitgearbeitet.

Sarah Reid

Osttimor Lonely Planet Redakteurin und Reiseautorin Sarah Reid hat einen Besuch in Osttimor geplant, seit sie in ihrem früheren Leben als Journalistin die Besetzung von *Balibo* in Sydney interviewte. Deswegen war sie sehr glücklich, als sie sechs Jahre später (pünktlich zum 40. Jahrestag der in dem Film dargestellten Ereignisse) ihre Pläne bei den Recherchen für diesen Band in die Tat umsetzen konnte. Seit sie in Byron Bay, Australien, geboren wurde, hat Sarah bereits auf drei Kontinenten gelebt und über 80 Länder besucht.

Simon Richmond
Malaysia Simon reiste zum ersten Mal Anfang der 1990er-Jahre in die Region. Seitdem hat sich einiges verändert, aber Malaysia bleibt sein liebstes Reiseziel, denn es bietet eine unvergleichliche Mischung verschiedener Kulturen, tolle Landschaften, große Abenteuer und – enorm wichtig – köstliches Essen. Der preisgekrönte Reiseautor und Fotograf hat schon an Unmengen von Titeln für Lonely Planet und andere Verlage mitgearbeitet. Mehr über Simons Reisen erfährt man unter www.simonrichmond.com sowie auf Twitter und Instagram (@simonrichmond).

Iain Stewart
Vietnam Seit seinem ersten Besuch im Jahr 1991 hat Iain beinahe jede Provinz des Landes besucht, um die perfekten *bia hoi* und *ca phe sua* zu finden. Dieses Mal war er auf der Küstenstraße zwischen Vung Tau und Hoi An unterwegs und konnte auf dem Weg das unbeschreibliche Küstenpanorama und einige unvergessliche Mahlzeiten genießen.

Ryan Ver Berkmoes
Indonesien Das erste Mal verschlug es Ryan 1993 nach Indonesien. Seitdem ist er kreuz und quer durch den Inselstaat gereist und hat sein Bestes versucht, möglichst viele der 17 000 Eilande zu sehen. Diesmal besuchte er die antiken Dörfer in Westtimor und entdeckte einen neuen Lieblingsstrand auf Flores (nahe Paga). Wenn er nicht auf den Inseln unterwegs ist, bereist Ryan die Welt und schreibt darüber oder macht auch mal eine Pause in seiner Heimat New York. Mehr über ihn erfährt man unter ryanverberkmoes.com bei Twitter (@ryanvb).

Richard Waters
Laos In seiner ersten Nacht in Laos im Jahr 1999 versagte der Motor von Richards Rennboot auf dem Mekong, und während er am Flussufer festsaß, sah er in der Dämmerung eine Leiche an sich vorbeitreiben. Seine Erfahrungen seitdem waren um einiges besser (noch in dieser Nacht sah er zum ersten Mal Luang Prabang). Als Autor für Lonely Planet hat er auch schon über Malawi, Transsilvanien, Griechenland und Borneo geschrieben. Als Journalist arbeitet er regelmäßig für den *Daily Telegraph*, die *Sunday Times* und den *Independent* und hat schon den einen oder anderen internationalen Preis für seine Arbeit gewonnen. Mit seiner Frau und den Kindern lebt er in den Cotswolds und schreibt auch den Blog Soul Tonic.

China Williams
Thailand Zum ersten Mal kam China 1997 nach Thailand, um im Nordosten des Landes Englisch zu unterrichten. Seitdem hat sie schon zwei Reisepässe gefüllt und auch die ihrer beiden Kinder schon mit thailändischen Stempeln versehen. Bevor die Kleinen da waren, hat China fast überall in den USA gelebt, doch jetzt hat sie ihren Hafen in einem Vorort von Baltimore in Maryland gefunden.

DIE LONELY PLANET STORY

Ein uraltes Auto, ein paar Dollar in den Hosentaschen und Abenteuerlust, mehr brauchten Tony und Maureen Wheeler nicht, als sie 1972 zu der Reise ihres Lebens aufbrachen. Diese führte sie quer durch Europa und Asien bis nach Australien. Nach mehreren Monaten kehrten sie zurück – pleite, aber glücklich –, setzten sich an ihren Küchentisch und verfassten ihren ersten Reiseführer *Across Asia on the Cheap.* Binnen einer Woche verkauften sie 1500 Bücher und Lonely Planet war geboren. Heute unterhält der Verlag Büros in Franklin, London, Melbourne, Oakland, Peking und Delhi mit über 600 Mitarbeitern und Autoren. Sie alle teilen Tonys Überzeugung, dass ein guter Reiseführer drei Dinge tun sollte: informieren, bilden und unterhalten.

Lonely Global Limited
Unit E, Digital Court,
The Digital Hub,
Rainsford Street,
Dublin 8,
Ireland

Obwohl die Autoren und Lonely Planet alle Anstrengungen bei der Recherche und bei der Produktion dieses Reiseführers unternommen haben, können wir keine Garantie für die Richtigkeit und Vollständigkeit dieses Inhalts geben. Deswegen können wir auch keine Haftung für eventuell entstandenen Schaden übernehmen.

Verlag der deutschen Ausgabe:
MAIRDUMONT, Marco-Polo-Straße 1, 73760 Ostfildern,
www.lonelyplanet.de, www.mairdumont.com, lonelyplanet-online@mairdumont.com

Chefredakteurin deutsche Ausgabe: Birgit Borowski

Redaktion: Thomas Grimpe, Kai Wieland, Isolde Bacher; Verlagsbüro Wais & Partner, Stuttgart
Mitarbeit: Andrea Hehn
Übersetzung der 5. Auflage: Julie Bacher, Anne Cappel, Cora Hartwig, Britt Maaß, Gunter Mühl, Petra Sparrer, Svenja Tengs, Katja Weber
(An früheren Auflagen haben zusätzlich mitgewirkt: Tobias Büscher, Karen Gerwig, Monika Grabow, Eva Kemper, Margit Riedmeier, Claudia Riefert)
Technischer Support: Primustype, Notzingen

Südostasien für wenig Geld
5. deutsche Auflage Februar 2017,
übersetzt von *Southeast Asia on a shoestring, 18th edition,* Oktober 2016
Lonely Planet Global Limited

Printed in Poland

MIX
Papier aus verantwortungsvollen Quellen
FSC® C018236